Knaurs Neues Jugendlexikon

KNAURS NEUES JUGEND LEXIKON

Knaur

Herausgeber: Günther Kirchberger, Nikolaus Dominik

Mitarbeiter: Birke Bärwinkel, Barbara Gabor-Pillat, Beat Gambetti,
Björn Guðmundsson, Hans-Joachim Helm, Karlheinz Krause,
Stefanie Schulz

Die Folie des Schutzumschlags sowie die Einschweißfolie sind PE-Folien und
biologisch abbaubar. Dieses Buch wurde auf chlor- und säurefreiem Papier gedruckt.

Knaur Verlag, München
Copyright © 1998 bei Droemersche Verlagsanstalt Th. Knaur Nachf., München
Alle Rechte vorbehalten. Das Werk darf – auch teilweise – nur mit Genehmigung des
Verlages wiedergegeben werden.
Umschlaggestaltung: Agentur ZERO, München
Satz: Quark XPress im Verlag
Grafiken: Birke Bärwinkel, München; Huber Kartographie, München; Jörg Mair, Herrsching
Reproduktion: digital color, München
Druck und Bindung: Appl, Wemding
Printed in Germany
ISBN 3-426-66405-4

5 4 3 2 1

Vorwort

Computer, digitale Speichermedien und das Internet sind die wichtigsten Informationsträger unserer Zeit. Ohne sie scheinen wir nicht mehr auszukommen in der Berufswelt, in der Schule und in der Freizeit. Ist ein Lexikon in Buchform somit nicht überflüssig geworden? Keineswegs. Der PC ist zu einem festen Bestandteil der modernen Gesellschaft geworden, auf den keiner von uns mehr verzichten kann. Gleichzeitig ist das Leben so kompliziert geworden, dass Informationen immer mehr Bedeutung für jeden Einzelnen gewinnen. Ein Großteil der heutigen Berufe ist damit befasst, Informationen zu sammeln und zu verbreiten. Es gibt viele Situationen, in denen man sich über bestimmte Ereignisse oder Zusammenhänge informieren muß – vielleicht weil man in der Schule ein bestimmtes Thema als Aufgabe gestellt bekommt oder weil man einfach neugierig ist und über eine Sache mehr erfahren will. Aber nicht jeder hat einen Computer, und vor allem hat man nicht ständig seinen Computer mit dem Internet-Anschluss zur Verfügung. Außerdem ist es etwas umständlich, den PC oder den Laptop einzuschalten, eine CD-ROM einzulegen und eine bestimmte Information abzurufen oder im Internet danach zu suchen. In einem Lexikon nachzuschlagen ist demgegenüber wesentlich einfacher und bietet überdies die Informationen in knapper und leicht verständlicher Form.

Knaurs Neues Jugendlexikon gibt einen Überblick über das, was man von der Welt, der Natur, der Technik, der Kultur und dem Menschen wissen sollte. Junge Leser finden darin mehr als nur knappe, sachliche Erklärungen. Sie können sich darin vertiefen und mit Hilfe von Verweisen auf andere Stichwörter auf Entdeckungsreise gehen. Mehrseitige Artikel bieten unter dem Titel »Wissen im Überblick« umfassende Darstellungen zu Gebieten, in denen es auf innere Zusammenhänge oder historische Entwicklungen ankommt. In den Randspalten bietet dieses Lexikon darüber hinaus interessante und oft auch kuriose Informationen, die das Stichwort ergänzen und als Auflockerung der Sachinformation unterhalten sollen.

Dieses Jugendlexikon unterscheidet sich von einem Nachschlagewerk für erwachsene Leser durch die Auswahl der Stichwörter und ihre Präsentation. Es ist ein eigenständiges Nachschlagewerk, das auf die Bedürfnisse und Interessen der jungen Leser zugeschnitten ist; denn man findet darin zahlreiche Begriffe ausführlich beschrieben, die für Jugendliche einen besonderen Stellenwert haben.

Knaurs Neues Jugendlexikon beschreibt sowohl die historischen Wurzeln und Entwicklungen als auch ganz moderne Erscheinungen und aktuelle Ereignisse. Es bemüht sich, die komplizierten Zusammenhänge leicht verständlich darzustellen, ohne sie unnötig zu vereinfachen. Deshalb ist die Sprache sachlich, aber anspruchsvoll gehalten. Gleichzeitig soll dieses Buch die Neugier und die Kritikfähigkeit wecken und die jungen Leser dazu anregen, sich über die Umwelt und Gesellschaft eingehend zu informieren.

Dieses Nachschlagewerk soll den Jugendlichen helfen, die moderne Welt in ihrer ganzen Vielfalt besser zu überschauen und zu verstehen, damit sie die Gesellschaft aktiv mitgestalten können. *Knaurs Neues Jugendlexikon* ist ein hilfreicher, informativer und hoffentlich auch unterhaltsamer Begleiter durch eine komplizierte Welt, die sich ständig verändert. Es erklärt dabei so unterschiedliche Dinge wie *Virtuelle Realität, Ozonloch, Chaostheorie, Aids, Quarks, Evolution, Superstrings* oder *Empfängnisverhütung*.

Die Herausgeber

Lautschrifttabelle

Die abweichende Aussprache fremdsprachiger Wörter und Namen wird in eckigen Klammern wiedergegeben. Die zusätzlich zu den bekannten deutschen Buchstaben verwendeten Zeichen entstammen der Internationalen Lautschrift (International Phonetic Association; IPA)

[a]	helles, kurzes a	[u]	kurzes u
[a:]	helles, langes a	[u:]	langes u
[ʌ]	dunkles, kurzes a	[ʊ]	offenes u
[ã]	nasales a	[y]	kurzes ü
[e]	geschlossenes, kurzes e	[y:]	langes ü
[e:]	geschlossenes, langes e	[aɪ]	unbetontes ai
[ɛ]	offenes, kurzes e	[au]	unbetontes au
[ɛ:]	offenes, langes e	[ɛɪ]	Verbindung von offenem e und i
[ɛ̃]	nasales e	[ɔɪ]	Verbindung von offenem o und i
[æ]	sehr offenes, mittellanges e	[ou]	Verbindung von offenem o und u
[ə]	dunkles, kurzes, gemurmeltes e	[ç]	ch (wie in *ich*)
[ə:]	dunkles, langes e	[x]	ch (wie in *ach*)
[ɪ]	sehr kurzes i	[ɣ]	tief in der Kehle geriebenes g
[i]	kurzes i	[ŋ]	ng (wie in *Fang*)
[i:]	langes i	[s]	stimmloses s (wie in *Last*)
[o]	geschlossenes, mittellanges o	[z]	stimmhaftes s (wie in *Rose*)
[o:]	geschlossenes, langes o	[ð]	stimmhafter engl. th-Laut (wie in *mother*)
[õ]	geschlossenes, nasales o		
[ɔ]	offenes, kurzes o	[θ]	stimmloser engl. th-Laut (wie in *Southampton*)
[ɔ:]	offenes, langes o		
[ø]	geschlossenes, kurzes ö	[ʒ]	stimmhaftes sch (wie in *Genie*)
[ø:]	geschlossenes, langes ö	[ʃ]	stimmloses sch (wie in *schön*)

Sonstige Zeichen der Lautschrift:

: Längezeichen; der unmittelbar vorausgegangene Vokal wird lang gesprochen.
ˈ Hauptbetonung; die Betonung liegt auf der nachfolgenden Silbe.

Schwerpunktartikel – Wissen im Überblick:

Aids	S. 18–19	Film	S. 216–218
Altertum	S. 28–29	Gentechnik	S. 248–249
Baukunst	S. 72–73	Internet	S. 314–315
Chaostheorie	S. 110–111	Evolution des Menschen	S. 426
Comics	S. 118–119		
Computer	S. 120–121	Ozon	S. 490–491
Dinosaurier	S. 144–145	Rockmusik	S. 560–561
Drogen	S. 154–155	Schwangerschaft und embryonale Entwicklung	S. 594–596
Elementarteilchen	S. 174–175		
Empfängnisverhütung	S. 178–179	Sexualität	S. 608
Erdgeschichte	S. 186–187	Virtuelle Realität	S. 702–703
Europäische Union	S. 196–197	Vorgeschichte	S. 706–707
Evolution	S. 200–201	Weltkriege	S. 722–724

A, 1. der erste Buchstabe im → Alphabet; **2.** Einheitenzeichen für die Stromstärken → Ampere; **3.** Abkürzung für Autobahn (z. B. A 8).

a, 1. in der Musik der 6. Ton der C-Dur-Tonleiter; das eingestrichene a (a') ist als sog. Kammerton seit 1939 mit 440 Schwingungen pro Sekunde festgelegt; **2.** Einheitenzeichen für das Flächenmaß → Ar.

a- [griech.], verneinende Vorsilbe in Fremdwörtern; ihre Bedeutung entspricht der deutschen Vorsilbe *un-* (z. B. *asozial*). Vor Vokalen wird sie zu **an-** (z. B. *an-organisch*).

à [frz.], Präposition, die in der Bedeutung »zu, für, je, zu je« auch ins Deutsche übernommen worden ist (z. B. zehn Kisten *à* zwölf Flaschen).

Aachen, deutsche Großstadt (254 000 Einwohner) in Nordrhein-Westfalen. → Karl der Große machte Aachen als Kaiserpfalz (→ Pfalz) zur Hauptresidenz seines Reiches. Im Aachener Dom, dessen Kern die karolingische Pfalzkapelle bildet, wurden von 936 bis 1531 die deutschen Könige gekrönt.

Aal, *Echter Aal* oder *Flussaal,* schlangenförmiger → Knochenfisch, der mit etwa 16 Arten in fast allen Teilen der Erde verbreitet ist. Die bekannteste Art ist der *Europäische Flussaal,* ein begehrter Speisefisch, der von Island bis zu den Kanarischen Inseln vorkommt. Bis zur Geschlechtsreife hält er sich in Küstengewässern oder im Süßwasser auf und wandert dann zur Fortpflanzung ins Meer. Dort legt er innerhalb von eineinhalb Jahren je nach Herkunft zwischen 3000 und 6000 km zurück und laicht schließlich in der Sargassosee (südlich der → Bermudas). Nach dem Ablaichen in etwa 400 m Tiefe sterben die Alttiere. Aus den Eiern schlüpfen durchsichtige, weidenblattförmige Larven aus, die mit dem Golfstrom nach Europa getragen werden, wo sie im dritten Lebensjahr zu *Glasaalen* (7–8 cm lang) werden. Diese steigen in großen Schwärmen in die Flüsse auf und verfärben sich dabei (sog. *Gelbaale*). Die Männchen werden bis zu 50 cm lang und bis zu 170 g schwer. Sie bleiben in den Unterläufen der Flüsse, während die Weibchen, die eine Länge von bis zu 1,5 m und ein

■ **Aal:** Die Europäischen Flussaale laichen in der Sargassosee

Gewicht von 6 kg erreichen, flussaufwärts wandern. Aale ernähren sich entweder als sog. *Spitzkopfaale* von Kleintieren (Insektenlarven, Würmer, Muscheln, Schnecken usw.) oder als Raubfische von größeren Fischen und Fröschen (sog. *Breitkopfaale*). Mit dem Alter verändern sie erneut ihr Aussehen und werden zu *Blank-* oder *Silberaalen,* die nach 9 bis 15 Jahren im Süßwasser Anfang Herbst flussabwärts zum Meer wandern, um sich fortzupflanzen.

Aargau, Kanton in der → Schweiz.

Aas, verwesender Tierkörper. Viele Tiere (und Pflanzen) ernähren sich von Aas. Die wichtigsten Aasfresser sind Insekten, insbesondere die **Aaskäfer** (wie z. B. der Totengräber).

Abakus [lat.], *der,* ein Rechenbrett, mit dem man durch Verschieben von Kugeln oder Scheiben auf Stäben alle Grundrechenarten ausführen kann.

Abbildung, 1. die Erzeugung eines Bildes mit Hilfe der Lichtstrahlen, die von ihm ausgehen bzw. die es reflektiert; **2.** in der Mathematik die eindeutige Zuordnung aller Elemente einer Menge A (Objektmenge) zu je einem Element der Menge B (Bildmenge). Diese Abbildung wird auch als → Funktion bezeichnet.

ABC-Waffen, Sammelbezeichnung für atomare (→ Atomwaffen), biologische und chemische Kampfmittel. Der Einsatz von biologischen und chemischen Kampfstoffen ist völkerrechtlich verboten.

Abendland, *Okzident,* ursprünglich der westliche (d. h. gegen Abend gelegene) Teil der antiken Welt im Gegensatz zu dem im Osten liegenden Morgenland. Heute bezeichnet man damit zumeist Europa, wenn man von einer

Aargau

■ Vierpunktiger **Aaskäfer**

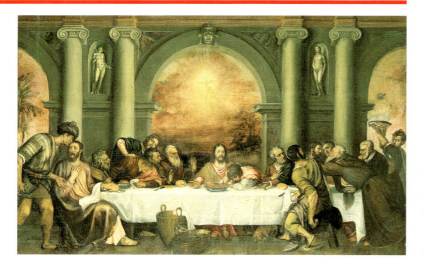

■ *Das Abendmahl von Tizian (um 1476–1576). El Escorial, Real Monasterio*

■ *Abfall: Das Abfallaufkommen wurde in Deutschland durch vermehrte Wiederverwertung deutlich gesenkt*

Abfall in Deutschland

Mit etwa 360 kg Hausmüll pro Einwohner liegt Deutschland in Europa an 12. Stelle (Finnland mit 620 kg an 1. Stelle).

geschichtlich entstandenen, gemeinsamen Kultur ausgeht, die durch die griechisch-römische Antike und das Christentum geprägt ist.

Abendmahl, das letzte gemeinsame Mahl von → Jesus Christus und seinen Jüngern am Vorabend seiner Kreuzigung (das in den Evangelien des Neuen Testaments beschrieben wird). In Erinnerung daran wird in den christlichen Religionen das Sakrament der → Eucharistie gefeiert. Dabei werden Christus und sein Opfertod in der Gestalt von Brot und Wein (Leib und Blut Christi) vergegenwärtigt.

Abendstern, der Planet Venus, wenn er als heller Stern nach Sonnenuntergang am westlichen Abendhimmel erscheint. Als Morgenstern bezeichnet man die Venus, wenn sie vor Sonnenaufgang am Himmel zu sehen ist.

Aberglaube, eine Haltung, die das Wirken von übernatürlichen Mächten annimmt, die weder durch die wissenschaftlichen Naturgesetze erklärt werden können noch in einer Religion begründet sind.

Abessinien, früherer Name für → Äthiopien.

Abfahrtslauf, alpiner Skiwettbewerb, bei dem eine ausgesteckte Bergstrecke bei den Männern 3000 m lang und mit einem Gefälle von 850–1000 m, bei den Damen 2500 m lang und mit einem Gefälle 500–700 m in möglichst kurzer Zeit bewältigt werden muß.

Abfall, alle Stoffe, die bei der industriellen Fertigung oder im Haushalt als nicht mehr verwendbare Nebenprodukte anfallen. Ein Teil des Abfalls kann wiederverwertet werden und wird gesammelt (→ Recycling); der Rest des Hausmülls wird auf Deponien gelagert oder in Müllverbrennungsanlagen verbrannt. Organische Abfälle (z. B. Nahrungsreste) können kompostiert werden und zu Humus verrotten. Für den Menschen und die Umwelt gefährliche Abfallstoffe müssen als Sondermüll unter besonderen Vorsichtsmaßnahmen entsorgt werden; dies gilt vor allem für den → Atommüll.

Abgase, bei einer Verbrennung (z. B. in Motoren, Heizungen, Kraftwerken oder Fabriken) entstehende heiße Gase, die in die Umwelt abgegeben werden. Neben Sauerstoff, Kohlendioxid und Wasserdampf enthalten sie auch giftige Gase wie → Kohlenmonoxid, Schwefeldioxid, Schwefelwasserstoffe und Stickoxide sowie feste Stoffe (Ruß). Durch den Einbau von Katalysatoren und Filtern können Abgase gereinigt werden. Für Kraftfahrzeuge sind bestimmte Abgasgrenzwerte festgelegt; ihre Einhaltung wird durch eine Abgasuntersuchung (→ AU) überprüft.

Abgeordneter, vom Volk gewähltes Mitglied eines Parlaments. Der Abgeordnete ist offiziell nicht durch Weisungen (einer Partei oder Fraktion) gebunden; sein Mandat gilt für einen bestimmten Zeitraum (Wahlperiode). Durch Indemnität und → Immunität genießt er besonderen Schutz; finanzielle Unabhängigkeit soll eine Entschädigung (→ Diäten) sichern.

Abitur [von lat. abire = »(von der Schule) abgehen«], *das,* Reifeprüfung als Abschluss der Oberstufe eines Gymnasiums sowie des Abendgymnasiums oder Kollegs. Das Abitur ist Voraussetzung, um als Student zu allen → Hochschulen zugelassen zu werden. Daneben gibt es ein *Fachabitur,* das man an Fachoberschulen erwerben kann und das zum Studium an einer → Fachhoch-

■ *Beim Abfahrtslauf werden Spitzengeschwindigkeiten von über 140 km/h erreicht*

■ *Abruzzen:* Blick auf die Montagna della Maiella

schule berechtigt. In Österreich und der Schweiz wird das Abitur als *Matura* bezeichnet.

Ablass, in der katholischen Kirche Erlass von zeitlichen Sündenstrafen, der durch gute Werke, Gebete oder Buße erworben oder zu bestimmten Anlässen vom Papst erteilt werden kann. Im späten Mittelalter wurde der Ablass von der Kirche missbraucht, indem Prediger sich für die Erteilung des Ablasses bezahlen ließen. Der Ablasshandel war einer der Auslöser für die → Reformation.

Ablativ [von lat. ablatus = »fortgetragen«], *der,* im Lateinischen und in anderen indogermanischen Sprachen der Fall (→ Kasus), der eine Entfernung, Trennung oder Richtung ausdrückt und auf die Frage »woher?« antwortet; als *Instrumentalis* bezeichnet er auch das Mittel (Werkzeug) einer Handlung.

Ablaut, gesetzmäßiger Wechsel des Stammvokals, der im Deutschen eine große Rolle bei der → Konjugation von starken Verben (z. B. *binden, band, gebunden*) sowie bei der Ableitung von Wörtern (z. B. *Grube* von *graben*) spielt.

Abonnement [frz. abɔnə'mã], *das,* auf Dauer oder für einen bestimmten Zeitraum vereinbarter Bezug einer Zeitung oder Zeitschrift. Abonnements gibt es auch für Theater- und Konzertveranstaltungen. Eine moderne Form des Abonnements ist das → Pay-TV.

Aborigines [engl. æbə'rɪdʒiniːs], eigentlich die eingeborene Bevölkerung eines Landes, heute vor allem Bezeichnung für die Ureinwohner → Australiens, die zu den Australiden zählen. Die australische Urbevölkerung lebt nachweisbar schon seit mindestens 40 000 Jahren auf dem »fünften Kontinent«. Die Aborigines besitzen eine eigentümliche Kultur, die heute nur mehr in spärlichen Resten existiert; ursprünglich lebten sie als Wildbeuter in kleinen Horden mit besonderen Bräuchen (u. a. Initiationsriten, Totemismus und magische Kultpraktiken). Im Mittelpunkt ihrer Weltanschauung steht die Traumzeit.

Abraham, im Alten Testament einer der → Patriarchen, der als Stammvater Israels gilt. Er wanderte aus Ur in Mesopotamien nach Kanaan. Als Gott ihn aufforderte, seinen einzigen Sohn Isaak zu opfern, war Abraham dazu bereit.

Abrüstung, Beschränkung oder Vernichtung von konventionellen und nuklearen Waffen, um ein militärisches Gleichgewicht zu bewahren und den internationalen Frieden zu sichern. Abrüstungskonferenzen und -abkommen spielten vor allem in der Zeit des kalten Krieges eine Rolle, als die Welt politisch in zwei Lager mit den militärischen Sicherheitsbündnissen → NATO (Westen) und → Warschauer Pakt (Ostblock) gespalten war. Die Abrüstungsidee reicht bis zu den Haager Friedenskonferenzen von 1899 und 1907 zurück. Am wichtigsten wurde die Abrüstungskonferenz in Genf (ab 1962), zu deren Erfolgen u. a. ein Atomwaffensperrvertrag (1968, 176 Unterzeichner) und ein Verbot von bakteriologischen und toxischen Waffen (1972) gehören.

Abruzzen, italienische Gebirgskette im mittleren → Apennin (höchste Erhebung: *Corno Grande* mit 2912 m); auch Bezeichnung für eine Region in Italien.

ABS, Abkürzung für → Antiblockiersystem.

Abschiebehaft, richterlich angeordnete Haft für Ausländer, die ohne Aufenthaltsgenehmigung in Deutschland sind. Wer sich als Ausländer illegal in Deutschland aufhält, weil er kein → Asyl erhält oder wegen einer Straftat sein Aufenthaltsrecht verwirkt, wird in Gewahrsam genommen, bis er ausgewiesen, d. h. in sein Heimatland abgeschoben wird.

Abseits, Regelverstoß eines angreifenden Spielers in verschiedenen Ballspielarten und beim Eishockey. Beim Fußball befindet sich ein Spieler im Abseits, wenn er bei der Ballabgabe der gegnerischen Torlinie näher ist als der Ball und nicht noch mindestens zwei gegnerische Spieler dazwischen oder auf gleicher Höhe sind. Im Eishockey darf ein Spieler nicht in das Angriffsdrittel laufen, bevor der von der eigenen Mannschaft gespielte Puck die blaue Linie überschritten hat. Abseits ist auch, wenn der Puck über zwei Linien des Mitteldrittels gespielt wird.

absolut [lat. »losgelöst«], uneingeschränkt, unbedingt. Unter **absoluter Mehrheit** der Stim-

■ *Ein Aboriginal mit traditioneller Körperbemalung*

Aborigines

Die Traumzeit ist der zentrale Begriff der australischen Aborigines, die eine besondere, sehr alte Schöpfungsgeschichte besitzen. Die Traumzeit ist gleichzeitig die Erinnerung an den Ursprung des Lebens und die Urzeit selbst, als die Ahnen auf einer kahlen, eintönigen Fläche lebten, die sie träumend und handelnd zu der Welt formten, wie sie sich heute zeigt. Sie schufen dabei alle Menschen, Tiere und Pflanzen sowie alle Dinge und Elemente der Natur. Damals konnten sich alle Dinge in alles verwandeln. In der Traumzeit sind sichtbare und unsichtbare Welt untrennbar verwoben, so dass der Mensch mit der umgebenden Natur in Harmonie ist. Die Traumzeit bedeutet das Sein an sich, in Vergangenheit, Gegenwart und Zukunft.

Absolutismus: *Ludwig XIV. von Frankreich, Gemälde von Hyacinthe Rigaud (1659–1743). Orléans, Musée des Beaux-Arts*

men versteht man mehr als 50 Prozent der abgegebenen Stimmen.

absoluter Nullpunkt, Anfangspunkt der sog. thermodynamischen Temperaturskala, die nach dem britischen Physiker William Thomson, Lord Kelvin of Largs, benannt ist und in → Kelvin (K) gemessen wird. 0 K, die theoretisch tiefstmögliche Temperatur, ist durch einen völligen Stillstand der Bewegung der Moleküle gekennzeichnet, aber in der Natur nicht erreichbar. Sie entspricht −273,15 °C.

absolutes Gehör, die Fähigkeit, ohne Hilfsmittel oder Bezugston die Höhe eines gehörten Tons zu erkennen.

Absolution [lat.], *die,* Lossprechung von Sünden durch den Priester in der → Beichte.

Absolutismus, Regierungsform der absoluten Monarchie, bei der der Herrscher die alleinige Herrschaftsgewalt innehat, nicht an die Zustimmung des Adels, der Stände oder eines Parlaments gebunden ist und sich nur Gott verantwortlich fühlt. Diese Regierungsform, die sich in Europa im 17. und 18. Jh. (Zeitalter des Absolutismus) durchsetzte, begünstigte einen straff organisierten Staat mit einer einzigen Zentralmacht. Seinen Höhepunkt fand der Absolutismus im Frankreich König → Ludwigs XIV. und in seiner Gleichsetzung von Herrscher und Staat: »L'état c'est moi.« (Der Staat bin ich). Im 18. Jh. setzte sich ein *aufgeklärter Absolutismus* durch, bei dem sich der Herrscher zwar humanen Vorstellungen verpflichtet fühlte, aber immer noch keine Mitbestimmung durch die Untertanen duldete (z. B. Friedrich der Große in Preußen oder Joseph II. in Österreich).

Absorption [von lat. absorbere = »verschlingen«], *die,* in der Physik das völlige oder teilweise Verschlucktwerden von Wellen oder Teilchen, wenn sie als Strahlung durch gasförmige, flüssige oder feste Materie hindurchgehen. Beispielsweise **absorbieren** die dunklen Gläser einer Sonnenbrille einen Teil des Sonnenlichts. In der Chemie bezeichnet Absorption die Aufnahme von Gasen durch flüssige oder feste Stoffe (z. B. Sauerstoff in Wasser).

Abstammungslehre, die wissenschaftliche Lehre, die im Gegensatz zum biblischen Schöpfungsbericht davon ausgeht, dass das Leben, wie es heute auf der Erde existiert, durch eine Veränderung der Arten entstanden ist und nicht in der heutigen Erscheinungsform geschaffen wurde. Alle Arten, die heute existieren und die bereits ausgestorbenen, gehen auf ganz einfache Urformen zurück, die sich im Laufe der Zeit zu der heutigen Vielfalt höher und auseinanderentwickelt haben (→ Evolution). Entwickelt wurde diese Lehre erst zu Beginn des 19. Jh. von → Darwin und Lamarck.

Abstinenz [lat.], *die,* Enthaltsamkeit, freiwilliger oder verordneter Verzicht vor allem auf bestimmte Speisen (Fasten), Alkohol und sexuelle Betätigung.

abstrakt [lat. »abgetrennt«], von der dinglichen Wirklichkeit abgelöst, ungegenständlich, nur gedacht oder rein begrifflich vorhanden. Gegensatz: → konkret. Unter **Abstraktion** versteht man einen Vorgang der Begriffsbildung, bei dem die als wesentlich betrachteten Merkmale der Dinge betont werden; die Abstraktionsfähigkeit setzt eine bestimmte Entwicklungsstufe im Denken voraus und ist nur dem Menschen eigen.

Abstrakte Formen, *Gemälde von August Macke (1887–1914). Bonn, Städtisches Kunstmuseum*

abstrakte Kunst, eine Stilrichtung der modernen Kunst, die bewusst auf eine realistische Darstellung der Natur verzichtet und ihre Wirkung durch eine eigene, innere Logik der Formen und Farben erreichen will. Oft greift der Künstler dabei auf klare, geometrisch strenge Formen oder reine Farbflächen zurück. Als einer der Begründer der abstrakten Malerei gilt der russische Künstler Wassily → Kandinsky.

Abszess [von lat. abscedere = »weggehen«], *der,* abgekapselte Eiteransammlung als Folge von abgestorbenem Gewebe, das sich zu Eiter verflüssigt.

absurd [lat. »misstönend«], widersinnig, abwe-

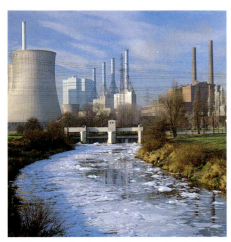

■ *Abwasser: Zahlreiche Flüsse werden durch massive Einleitungen nach wie vor stark belastet*

gig. Das **absurde Theater** ist eine moderne Form des → Dramas, die das Absurde des menschlichen Daseins in einer sinnlos gewordenen Welt darstellt (→ Beckett).

Abt, Leiter einer **Abtei,** eines Klosters, der keinem Bischof, sondern unmittelbar dem Papst unterstellt ist. Weibliche Entsprechung ist die **Äbtissin.**

Abtreibung, andere Bezeichnung für → Schwangerschaftsabbruch.

Abwärme, bei der Energieerzeugung entstehende Wärme, die nicht verbraucht und durch Kühlluft oder Kühlwasser an die Umwelt abgegeben wird. Die in Kraftwerken anfallende Abwärme belastet die Umwelt (etwa durch Erwärmung von Flüssen), kann aber für Heizzwecke oder zur Warmwasserbereitung genutzt werden.

Abwasser, das Wasser, das Industrie und Haushalte durch Schmutz und Chemikalien verunreinigt haben. Es fließt über die Kanalisation in Kläranlagen, wo es gereinigt wird, bevor es wieder in die Gewässer eingeleitet wird.

Abwertung, Herabsetzung des Werts einer bestimmten → Währung gegenüber ausländischen Währungen. Als Folge einer Abwertung werden die Waren, die ein Land ausführt (Exporte), im Ausland billiger und aus dem Ausland eingeführte Waren (Importe) teurer.

a cappella [it. »(wie) in der Kirche«], in der Musik Bezeichnung für einen Gesang ohne Begleitung von Instrumenten.

Achäer, *Achaier,* im Altertum ein griechischer Stamm, der in Südthessalien und an der Nordküste des Peloponnes lebte und zur → mykenischen Kultur gehörte. Homer bezeichnet in der → »Ilias« mit diesem Namen die gesamten Griechen.

Achat [griech.], *der,* ein Halbedelstein. Der Name stammt von dem süditalienischen Fluss Achates, wo erstmals Achate gefunden worden sein sollen.

Achilleus, *Achilles,* der bedeutendste griechische Held im Kampf um → Troja. Er besiegte den tapfersten trojanischen Helden, Hektor, im Zweikampf und wurde an seiner einzigen verletzlichen Stelle, seiner Ferse, von einem Pfeil des → Paris getötet, den der Gott Apollon lenkte. Deshalb nennt man heute die Schwachstelle eines Menschen **Achillesferse.**

Achse, Gerade, um die sich ein Körper dreht *(Rotationsachse).* In der Technik versteht man darunter ein stabförmiges Teil einer Maschine, um das sich andere Teile drehen. Bei Fahrzeugen verbinden Achsen zwei Räder, die einander gegenüberliegen. In der Mathematik spricht man von *Koordinatenachsen,* die in Koordinatensystemen (z. B. X und Y) senkrecht aufeinander stehen, und *Symmetrieachsen.*

Acht, im germanischen und altdeutschen Recht Ausschluss aus der Gemeinschaft bei schweren Verbrechen. Der Geächtete war rechtlos und vogelfrei und durfte von jedermann getötet werden; außerdem durfte ihn niemand aufnehmen oder unterstützen. Da die weltliche Ächtung später mit dem Kirchenbann verbunden war, spricht man von Acht und → Bann.

Actinium [von griech. aktis = »Strahl«], *das,* ein radioaktives → chemisches Element.

A. D., Abkürzung für → Anno Domini.

adagio [it. aˈdaːdʒo], in der Musik Anweisung für eine langsame, ruhige Vortragsweise.

Adam [hebr. »der Mensch«], in der → Bibel der erste Mensch, der von Gott aus dem Staub des Erdbodens geschaffen wurde. Bis zum Sündenfall lebte er zusammen mit → Eva im Paradies.

Adapter [lat.-engl. »Anpasser«], *der,* ein Zusatz- oder Verbindungsteil, mit dessen Hilfe elektrische Geräte einander angepasst werden können, etwa bei Steckern oder Buchsen unterschiedlichen Typs.

Addis Abeba, Hauptstadt von → Äthiopien. Die 2,2 Mio. Einwohner zählende Stadt ist Sitz der → OAU.

Addition [von lat. addere = »hinzufügen«], *die,* Zusammenzählen, eine der vier Grundrechenarten. Gegensatz: → Subtraktion.

Adel, ein gesellschaftlicher Stand mit besonde-

■ Der **Achat** wird als Schmuckstein, aber auch für technische Zwecke verwendet

Abtreibung

Als **Abtreibungspille** wird das in Frankreich entwickelte Medikament RU 486 bezeichnet, das zu einem Schwangerschaftsabbruch führt. Das Präparat blockiert das Schwangerschaftshormon Progesteron und verhindert, dass sich die befruchtete Eizelle in der Gebärmutterschleimhaut einnistet. Durch ein später verabreichtes Wehenmittel wird eine Abstoßung der Eizelle bewirkt. Diese künstlich eingeleitete »Fehlgeburt« ist in den meisten Fällen verträglicher als eine operative Abtreibung. Während das Mittel in vielen Ländern (teilweise bis zum Beginn des dritten Schwangerschaftsmonats) eingesetzt wird, ist es in Deutschland bislang nicht zugelassen.

Actinium

Zeichen: Ac
Ordnungszahl: 89
Atommasse: 227,28
Dichte: 10,07 g/cm³
Schmelzpunkt: 1050 °C
Siedepunkt: 3200 °C

■ **Adler:** *Der Raubadler ist in vor allem in Steppenregionen beheimatet*

■ *Das **Adenauer-Denkmal** vor dem Bundeskanzleramt in Bonn*

ren Vorrechten, die durch Geburt, Besitz oder hervorragende Leistungen erworben werden. Eine aristokratische, d. h. adlige Schicht bildete sich in den meisten Staaten schon im Altertum heraus (z. B. in Griechenland und Rom); besonders prägend für die Gesellschaft wurde der Adel im Mittelalter. Der **Hochadel** (neben den geistlichen Landesherren und Bischöfen die weltlichen Landesherren, Herzöge, Fürsten und Grafen), ein durch altes Geschlecht und großen Besitz gekennzeichneter Geburtsadel, war in Deutschland direkt dem Kaiser unterstellt und nahm Einfluss auf die Reichspolitik, während sich der *niedere Adel* (Barone oder Freiherren, Ritter und Edle sowie Adlige mit »von« vor dem Namen), ein Dienstadel der → Ritter und Ministerialen, zum Träger der ritterlichen Kultur entwickelte. Da die Angehörigen des Adels nicht nur politische Vorrechte genossen, sondern auch Anrecht auf eine höhere Bildung hatten und wichtige Stellungen in Staat und Kirche einnahmen, bestimmten sie lange Zeit die Gesellschaft und die Kultur. Der Einfluss des Adels schwand in der Neuzeit mit der Abschaffung der Monarchien und der Ausrufung von Republiken. In Deutschland wurden 1919 die noch verbliebenen Vorrechte des Adelsstandes abgeschafft; im Gegensatz zu Österreich dürfen Adelstitel aber weiterhin als Bestandteil des Namens geführt werden.

Adenauer, Konrad (1876–1967), deutscher Politiker. Er war 1917–1933 Oberbürgermeister von Köln und gehörte nach dem Zweiten Weltkrieg zu den Mitbegründern der → CDU. 1949 wurde er zum ersten Bundeskanzler der neuen Bundesrepublik Deutschland gewählt; dieses Amt hatte er bis 1963 inne. Während seiner Amtszeit leistete er viel für die Aussöhnung mit Frankreich (1963 deutsch-französischer Freundschaftsvertrag), vereinbarte mit der Sowjetunion die Wiederaufnahme diplomatischer Beziehungen (im Gegenzug Freilassung von deutschen Kriegsgefangenen) und trug maßgeblich zur Schaffung der EWG (→ Europäische Union) bei.

Adern, Blutgefäße, röhrenförmige Versorgungsbahnen, die bei vielzelligen Lebewesen den Körper durchziehen. Man unterscheidet dabei zwischen den vom Herzen wegführenden → Arterien und den zum Herzen hinführenden → Venen; außerdem gibt es die → Kapillaren, die feinen Haargefäße.

Adhäsion [lat.], *die,* in der Physik das Aneinanderhaften von zwei verschiedenen (festen oder flüssigen) Stoffen. Die Adhäsion beruht auf den Anziehungskräften, die bei geringer Entfernung zwischen den → Molekülen wirken. So haftet beispielsweise ein Kaugummi am Tisch oder ein Wassertropfen am Glas. Im Gegensatz dazu ist die → Kohäsion das innere Zusammenhalten *eines* Stoffes.

Adjektiv [von lat. (nomen) adiectivum = »hinzugefügt(es Wort)«], *das,* auch als *Eigenschafts-* oder *Beiwort* bezeichnet, weil es Eigenschaften, Merkmale usw. des Hauptworts (→ Substantiv) benennt. Das Adjektiv kann attributiv, prädikativ oder adverbial gebraucht werden. Bei der Verwendung als Attribut wird das Adjektiv im Deutschen zumeist gebeugt (z. B. das *rothaarige* Mädchen). Beim prädikativen Gebrauch ist es ungebeugt und kann sich auf das Subjekt (Der Wein ist *süß*) oder das Objekt (Der Mensch hält den Affen für *dumm*) eines Satzes beziehen. Wird ein Adjektiv adverbial gebraucht, kann es das Geschehen, das vom Verb genannt wird, näher bezeichnen; es bleibt dabei ebenfalls ungebeugt (Keith singt *falsch*). Adjektive können auch substantiviert werden und an die Stelle eines Subjekts oder Objekts treten (die *Schönen* und die *Reichen*).

Adler, 1. in allen Kontinenten außer Südamerika verbreitete Gattung von Greifvögeln, die an ihrem kräftigen Hakenschnabel und ihren starken Krallen zu erkennen sind. Als Raubvögel ernähren sie sich von kleinen Säugetieren und Vögeln, teilweise auch von Aas. Die größten unter ihnen erreichen eine Körperlänge von knapp 1 m; die Spannweite ihrer Flügel kann bis zu 2,3 m betragen. Der bekannteste einheimische Adler ist der *Steinadler,* der in Mitteleuropa nur noch selten vorkommt. Eine eigene Gattung bilden die *Seeadler* (Spannweite bis über 2,5 m); **2.** Wappentier, das schon in der Antike (u. a. in Babylon und Persien) vorkommt. Besonders bekannt ist der *Doppeladler,* der in Byzanz und später im russischen Zarenreich sowie im deutschen Kaiserreich verwendet wurde; 1804 übernahm ihn das Kaiserreich Österreich. Der einköpfige schwarze Adler Preußens (in Gold) wurde 1871 vom Deutschen Reich übernommen; ohne Attribute wurde er 1919 zum Wappen der Weimarer Republik und 1950 zum Wappentier der Bundesrepublik Deutschland.

Adonis, in der griechischen Sage ein Jüngling, in den sich die Göttin → Aphrodite verliebte, weil er so schön war.

Adoption [von lat. adoptare = »hinzuerwählen«], *die,* Annahme als Kind, die von einem Vormundschaftsgericht festgesetzt wird. Das adoptierte Kind wird rechtlich zu einem ehelichen Kind des Paares, das es annimmt, während das Verwandtschaftsverhältnis zu seinen leiblichen Eltern erlischt.

Adrenalin, *das,* ein → Hormon des Nebennierenmarks, das in bestimmten Situationen (Stress, Gefahren, Angst, Erregung) vermehrt ausgeschüttet wird und dann u. a. die Leistung des Herzens steigert (erhöhter Blutdruck und Beschleunigung des Pulses). Durch die Erhöhung des Blutzuckerspiegels werden Stoffwechsel sowie körperliche und geistige Leistungsfähigkeit gefördert. Gegenspieler ist das → Insulin.

Adria, *Adriatisches Meer,* nördlicher Teil des Mittelmeers zwischen Italien und der Balkanhalbinsel. Die Adria ist etwa 800 km lang und bis zu 220 km breit; die engste Stelle ist die Straße von Otranto (75 km breit). Die größte Tiefe beträgt 1260 m.

Adsorption [lat.], *die,* Aufnahme von gasförmigen Stoffen oder Teilchen, die in Flüssigkeiten gelöst sind oder sich in → Suspension befinden, an der Oberfläche von festen Stoffen. Besonders gute Adsorptionsmittel sind poröse Stoffe.

Advantage [engl. əd'vɑ:ntɪdʒ »Vorteil«], *der,* im Tennis gewonnener Punkt beim Stand von 40:40 (→ Deuce). Nur der Spieler, der so im »Vorteil« ist, kann mit dem nächsten gewonnenen Punkt ein Spiel siegreich beenden.

Advent [von lat. adventus = »Ankunft (des Herrn)«], *der,* Zeitraum, der die vier letzten Sonntage vor Heiligabend umfasst.

Adverb [von lat. ad verbum = »zum Verb«], *das,* ein auch als *Umstandswort* bezeichnetes unveränderliches Wort, das die Umstände, die ein Satz angibt, näher beschreibt (z. B. Petra badet *gern.*). Als Attribut kann es auch bei einem Substantiv, Adjektiv oder anderen Adverb stehen (der Mensch *dort;* ein *besonders* schönes Geschenk; sie läuft *sehr* schnell). Adverbien sind zumeist aus anderen Wortarten abgeleitete Wörter. Im Wesentlichen können Adverbien Umstände des Ortes, der Zeit, der Art und Weise und des Grundes bezeichnen (→ Adverbiale).

Adverbiale, *Adverbial* [lat.], *das,* eine adverbiale Bestimmung, die als Satzglied die näheren Umstände eines Geschehens (das ein Verb angibt) näher bezeichnet. Es gibt lokale (Ort, Richtung), temporale (Zeit), modale (Art und Weise, Beschaffenheit, Menge, Mittel usw.) und kausale (Grund, Folge, Zweck usw.) Adverbialbestimmungen, die aus einem Adverb oder einem mehrere Wörter umfassenden Ausdruck bestehen können.

AE, Abkürzung für → Astronomische Einheit.

aero- [griech.], Vorsilbe mit der Bedeutung »Luft-« oder »Gas-« (z. B. *Aeroclub* = Luftsportverein).

Aerodynamik [griech.], *die,* wissenschaftliches Teilgebiet, das sich mit den Bewegungen der Gase befasst und vor allem untersucht, wie das Umströmen der Luft Fahrzeuge beeinflusst.

Affekt [lat.], *der,* verhältnismäßig kurz dauernder, besonders intensiver Gefühlszustand, der häufig von körperlichen Anzeichen begleitet wird. Bei **Affekthandlungen,** die in einem Zustand hoher Erregung begangen werden, geht die Kontrolle durch den Willen und die Vernunft weitgehend verloren; bei strafbaren Handlungen wird dies vom Gericht als mildernder Umstand berücksichtigt.

Affen, Unterordnung der → Primaten. Ihre Vertreter sind die am höchsten entwickelten Säugetiere und entwicklungsgeschichtlich (→ Evolution) mit dem Menschen am engsten verwandt, insbesondere die → Menschenaffen. Die rund 150 Arten, deren Größe von der eines Eichhörnchens (Zwergseidenäffchen mit 70 g Gewicht) bis zum 250 kg schweren Gorilla reicht, kommen in den tropischen und subtropischen Gebieten (mit Ausnahme von Australien) vor. Nach ihrem Verbreitungsgebiet werden sie in *Altweltaffen* (auch *Schmalnasen* genannt, in Afrika und Asien lebend) und *Neuweltaffen* (auch *Breitnasen,* in Amerika) unterteilt. Sie sind fast am ganzen Kör-

Beispiele für Adverbialien

lokal:
Björk kommt *aus Island.*

temporal:
Björk war *mehrere Jahre lang* Sängerin bei den Sugarcubes.

modal:
Björks Band kommt *ohne Gitarristen* aus.

kausal:
Trotz ihrer 1,55 m ist Björk eine große Sängerin.

Familien der Affen

Neuweltaffen:
Kapuzinerartige
Springtamarine
Krallenaffen
Altweltaffen:
Meerkatzenartige
Gibbons
Große Menschenaffen
Menschen

■ **Affen:** *Der Mandrill lebt in den Regenwäldern Westafrikas*

Afghanistan	
Staatsname:	Islamischer Staat Afghanistan
Staatsform:	Islamische Republik
Hauptstadt:	Kabul
Fläche:	652 225 km²
Einwohner:	20,1 Mio.
Bevölkerungsdichte:	31/km²
Amtssprache:	Paschtu, Dari
Währung:	Afghani (Af)
Nationalitätskennzeichen:	AFG

Afghanistan

per behaart und besitzen Greifhände und -füße; bei den Arten mit Schwanz wird dieser ebenfalls zum Greifen verwendet. Die meisten Affen halten sich vorwiegend auf Bäumen auf und sind gute Kletterer, sie leben in großen Horden (z. B.→ Paviane) oder in kleineren Sippen zusammen, in denen eine strenge Rangordnung herrscht. Affen sind Allesfresser; einige Arten jagen auch kleine Säugetiere. Biologisch gehört auch der → Mensch zur Unterordnung der Affen, die sich aus einer Familie von → Halbaffen entwickelt hat.

Affinität [lat. »Verwandtschaft«], *die,* in der Chemie Neigung eines Stoffes, mit einem anderen eine Bindung einzugehen.

Afghanistan, Staat in Mittelasien. Das überwiegend aus Hochflächen und Hochgebirgen (vor allem Hindukusch) bestehende Binnenland war schon im 2. Jt. v. Chr. von iranischen Stämmen besiedelt und gehörte später zum persischen Reich. Im 8. Jh. wurde es islamisiert. Ein eigenständiger Staat entstand erst 1747. Im 19. und frühen 20. Jh. war Afghanistan eine Pufferzone zwischen Russland und dem britischen Machtbereich. 1919 konnte es seine Unabhängigkeit von Großbritannien erringen, doch nach dem Zweiten Weltkrieg kam es zunehmend unter sowjetischen Einfluss. Die seit 1925 bestehende Monarchie wurde 1973 abgeschafft; nach einem Militärputsch übernahm 1978 ein kommunistisches Regime die Macht. Der Bürgerkrieg zwischen den von der Sowjetunion unterstützten Regierungstruppen und den islamischen Freiheitskämpfern, den *Mudschaheddin,* führte 1989 zum Rückzug der sowjetischen Truppen und 1992 zum Sturz des kommunistischen Regimes. Die Machtkämpfe zwischen rivalisierenden Rebellengruppen hielten weiter an; Mitte 1996 eroberten die Taliban-Milizen die Hauptstadt Kabul und errichteten einen streng islamischen Gottesstaat. Fast 3 Millionen Flüchtlinge leben in Iran und Pakistan. Die Wirtschaft ist stark durch den Bürgerkrieg beeinträchtigt; die Krieg führenden Parteien finanzieren ihren Kampf vor allem durch den Anbau von → Opium.

Afrika, drittgrößter Kontinent der Erde. Der Erdteil misst von der Nordspitze (Kap Blanc in Tunesien) bis zur Südspitze (Nadelkap in Südafrika) knapp 8000 km, von Westen nach Osten 7600 km. Umgeben ist Afrika im Westen vom Atlantischen Ozean, im Süden und Osten vom Indischen Ozean, im Norden vom Mittelmeer und im Nordosten vom Roten Meer. Von Europa ist es an der engsten Stelle des Mittelmeers

■ **Afrika:** Elefanten vor dem mächtigen Massiv des Kilimandscharo

nur durch die 16 km breite Meerenge von → Gibraltar getrennt; mit Asien ist es auf einer Länge von 150 km durch die Landenge von Suez verbunden, die vom → Suezkanal durchstoßen wird. In der näheren Umgebung von Afrika befinden sich relativ wenige Inseln; die bekanntesten sind die Kanarischen Inseln im Nordosten und Sansibar und Madagaskar im Südosten. Außerdem gehören noch die Kapverden im Atlantik sowie die Komoren und die Seychellen im Indischen Ozean zu Afrika.

Der Kontinent ist insgesamt recht hoch; *Niederafrika* (durchschnittliche Höhe 600 m) nimmt den Westen und Norden, *Hochafrika* (1500–2000 m hoch) den Osten und Süden ein. Afrika besteht aus Beckenlandschaften, die durch relativ flache Schwellen voneinander getrennt sind. Faltengebirge gibt es im Nordwesten (Atlas) und ganz im Süden (Kapgebirge); im Osten befindet sich eine Grabenbruchzone mit jungen Vulkanen (darunter auch die höchste Erhebung Afrikas, der → Kilimandscharo). Der größte Teil des Kontinents besitzt ein tropisches Klima. Neben großen Regenwald- und Savannengebieten besitzt Afrika ausgedehnte Wüsten, die → Sahara im Norden und Kalahari und Namib im Süden. Die größten Flüsse sind → Nil, Kongo, Niger und Sambesi; der größte See ist der Victoriasee.

Nordafrika ist durch die arabisch-islamische Kultur geprägt und dort leben überwiegend Europide, während die Gebiete südlich der Sahara von Negriden und Angehörigen älterer Völkergruppen (→ Pygmäen, Buschmänner und Hottentotten) bewohnt werden. Afrika gilt als die Wiege der Menschheit, wo sich vor etwa 4,5 Mio. Jahren die ersten Vorfahren der heutigen Menschen entwickelten. Eine durch schriftliche Zeugnisse belegte Hochkultur entstand aber erst ab dem 3. Jt. v. Chr. in → Ägypten. Über die Reiche südlich der Sahara (z. B. Kusch in Nubien, Aksum

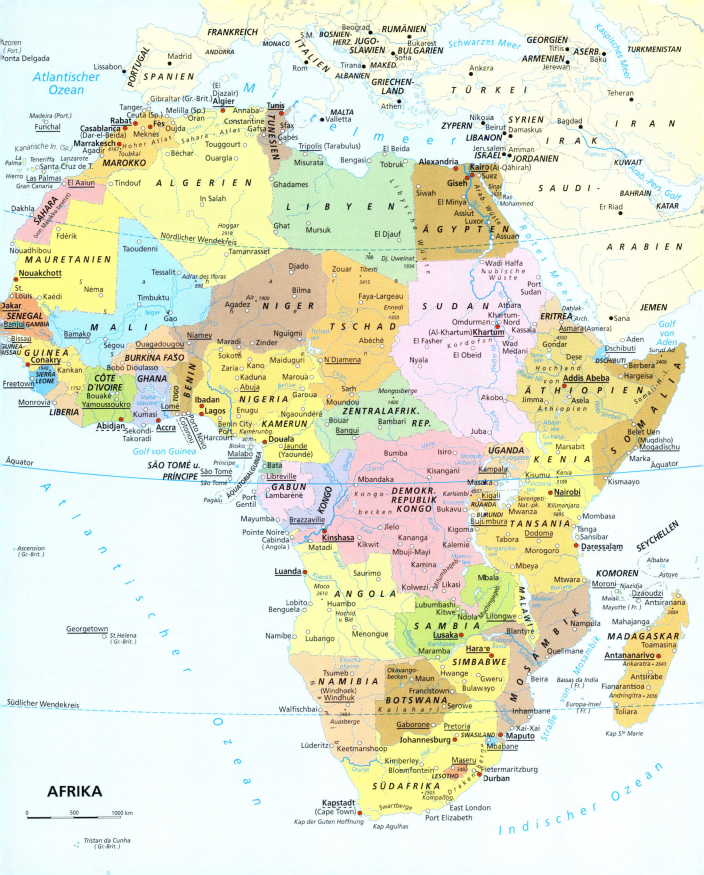

Afrika

Fläche: 30,273 Mio. km²

Einwohner: 720 Mio.

Bevölkerungsdichte: 23,8 E./km²

Selbstständige Staaten:

Ägypten, Algerien, Angola, Äquatorialguinea, Äthiopien

Benin, Botswana, Burkina Faso, Burundi

Côte d'Ivoire

Dschibuti

Eritrea

Gabun, Gambia, Ghana, Guinea, Guinea-Bissau

Kamerun, Kap Verde, Kenia, Komoren, Kongo (Dem. Rep.), Kongo (Rep.)

Lesotho, Liberia, Libyen

Madagaskar, Malawi, Mali, Marokko, Mauretanien, Mauritius, Mosambik

Namibia, Niger, Nigeria

Ruanda

Sambia, São Tomé e Príncipe, Senegal, Seychellen, Sierra Leone, Simbabwe, Somalia, Südafrika, Sudan, Swasiland

Tansania, Togo, Tschad, Tunesien

Uganda

Zentralafrikanische Republik

Abhängige Gebiete:

Ceuta und Melilla (span.)

Kanaren (span.)

Madeira (portugies.), Mayotte (frz.)

Réunion (frz.)

St. Helena (brit.), Sokotra (jemenit.)

Westsahara (marokkan.)

---

in Äthiopien) ist nur wenig bekannt. Schon früh wurde Afrika von anderen Nationen (zuerst von den Phöniziern und Römern, dann von den Arabern, später von Portugiesen, Engländern, Franzosen und Deutschen) kolonisiert. Diese Kolonisation, bei der die Europäer Afrika unter sich aufteilten, prägte den Kontinent bis weit ins 20. Jh. hinein. Vom 16. Jh. bis ins späte 19. Jh. wurden schwarze Sklaven aus Westafrika nach Amerika verschleppt (→ Sklaverei). Erst nach dem Zweiten Weltkrieg wurden die afrikanischen Staaten, deren Grenzen von den Kolonialmächten (1884/85 auf der Berliner Konferenz) vielfach willkürlich festgelegt worden waren, unabhängig; die meisten von ihnen zählen heute zu den → Entwicklungsländern.

AG, Abkürzung für → Aktiengesellschaft.

Ägäisches Meer, *Ägäis,* inselreiches Nebenmeer des Mittelmeers, das zwischen Griechenland und Kleinasien liegt. Die größte Tiefe erreicht es im südlichen Becken mit 2962 m.

Agamemnon, in der griechischen Sage König von → Mykene. Im → Trojanischen Krieg war er der oberste Heerführer der Griechen.

Agave, eine mit den → Liliengewächsen verwandte Gattung mit etwa 300 Arten, die in Amerika (südliches Nord- bis nördliches Südamerika) wachsen und durch fleischige oder ledrige Blätter gekennzeichnet sind. Die trichterförmigen Blüten können bis zu 8 m hoch werden. Bereits gegen Ende des 15. Jh. wurde die Agave in Europa eingeführt, wo sie als Zierpflanze wächst.

Agglomeration [von lat. agglomerare = »aneinander drängen«], *die,* Ballungsraum, zumeist eine Großstadt mit den umgebenden Vororten und Satellitenstädten (z. B. München) oder mehrere Großstädte auf engem Raum (z. B. Ruhrgebiet).

Aggregat [von lat. aggregatum =«angehäuft«], *das,* ein aus mehreren Einzelteilen zusammengesetztes Gebilde. In der Technik versteht man darunter einen aus mehreren Einzelmaschinen oder -geräten bestehenden Maschinensatz, während in der Mathematik damit ein mehrgliedriger Ausdruck bezeichnet wird, dessen Glieder durch die Zeichen + oder – verknüpft sind.

Aggregatzustand, physikalische Erscheinungsform der Materie. Man unterscheidet zumeist zwischen *festem, flüssigem* und *gasförmigem* Zustand; alle Stoffe verändern abhängig von der Temperatur und vom Druck ihre Zustandsform (Wasser z. B. existiert in fester Form als Eis, verflüssigt sich ab einer bestimmten Temperatur und wird bei noch höheren Temperaturen als Dampf gasförmig). Als vierter Aggregatzustand wird häufig der → *Plasmazustand* bezeichnet. Wenn man von den Bewegungseigenschaften der Moleküle ausgeht, unterscheidet man zwischen *kristallin* (→ Kristall), → *amorph* und *gasförmig* (→ Gas).

Aggression [von lat. aggressio = »Angriff«], *die,* feindselige Haltung oder Handlung, auch rechtswidriger Angriff gegen einen anderen Staat. Unter Aggressivität versteht man Angriffslust, d. h. die Neigung, etwas zu beschädigen oder jemanden zu verletzen. Umstritten ist, ob aggressive Neigungen beim Menschen angeboren sind (Aggressionstrieb wie bei vielen Tierarten) oder erst im Laufe der persönlichen Entwicklung erlernt werden.

Agitation [lat.], *die,* Beeinflussung der öffentlichen Meinung mit aggressiven Mitteln, vor allem für politische Zwecke.

Ägypten, Land in Nordafrika, dessen Staatsgebiet größtenteils aus Wüste besteht (im Westen befindet sich das felsige Tafelland der Libyschen Wüste, im Osten die gebirgige Arabische Wüste, im Nordosten die Halbinsel Sinai). Es wird jedoch auf einer Länge von mehr als 1500 km vom → Nil durchflossen; entlang dessen Lauf und im Delta ist es sehr fruchtbar. Die Bevölkerung, die zu etwa 85 % aus Arabern besteht, lebt vorwiegend von der Landwirtschaft. Die Industrie stützt sich vor allem auf die Erdölvorkommen. Wichtige Einnahmequellen stellen die Gebühren für

■ **Aggression:** *Droh- und Angriffsverhalten, hier zwischen Hundemännchen derselben Art*

Ägypten: *Die Fassade des Felsentempels von Abu Simbel*

nen das Land weiterhin verwalteten (bis 1811). Vor allem nach dem Bau des Suezkanals geriet Ägypten zunehmend unter britische Kontrolle. 1914 endete die osmanische Oberhoheit offiziell. 1936 wurde das Land unter König Faruk unabhängig; seit einem Staatsstreich 1952 ist Ägypten eine Republik. Unter Staatspräsident Nasser lehnte sich Ägypten zunächst eng an die Sowjetunion an, doch unter seinen Nachfolgern Sadat und Mubarak näherte es sich wieder dem Westen an. Ägypten beteiligte sich zwar zusammen mit seinen Nachbarstaaten an den vier Kriegen gegen Israel, schloß aber 1979 als erster arabischer Staat einen Friedensvertrag mit Israel.
Die bedeutendsten Bauwerke Ägyptens, die Pyramiden, entstanden bereits im Alten Reich.
Ahorn, Gattung von Holzgewächsen, die vor allem in Nordamerika und Ostasien verbreitet sind. Charakteristisch sind die fünflappigen Blätter und die (Spaltfrüchte je zwei geflügelte Nüsschen).

Ähre: *Hafer (Ähre in Rispen), Weizen (unbegrannte Ähre) und Roggen (begrannte Ähre)*

Ähre, Blütenstand, bei dem die Blüten ohne Stiel an der Verlängerung der Hauptachse sitzen.
Aids [eɪdz], siehe S. 18–19.
Airbag [engl. ˈɛabæg »Luftsack«], *der,* modernes Sicherheitssystem in Kraftfahrzeugen. Bei einem Aufprall des Fahrzeugs bläst sich innerhalb von Sekundenbruchteilen ein riesiger »Luftballon« auf, der im Lenkrad oder Armaturenbrett eingebaut ist. Dadurch sollen Fahrer und Beifahrer vor schweren Kopfverletzungen und Quetschungen geschützt werden.
Airbus [engl. [ˈɛə–] »Luftbus«], *der,* zweistrahliges Großraum-Passagierflugzeug für Kurz- und Mittelstrecken, das von mehreren europäischen Firmen gemeinsam entwickelt worden ist.

die Benutzung des → Suezkanals und der Fremdenverkehr dar. Im schon sehr früh besiedelten Gebiet am Nil entwickelte sich eine der ältesten Hochkulturen der Menschheit. Um 3000 v. Chr. entstand mit der Vereinigung von Ober- und Unterägypten ein zentral regiertes Reich, das über 2600 Jahre lang Bestand hatte. Das sog. *Alte Reich* (ab 2640 v. Chr.) bestand etwa 500 Jahre; nach einer hundertjährigen Zwischenperiode, in der die Gaufürsten gegeneinander kämpften, wurde die Einheit mit dem *Mittleren Reich* wiederhergestellt. Nach etwa 400 Jahren folgte eine zweite Zwischenperiode, in der die Hyksos 100 Jahre lang das Land beherrschten. Nach ihrer Vertreibung um 1550 v. Chr. entstand das *Neue Reich,* das sich knapp 400 Jahre behaupten konnte und während dieser Zeit das Herrschaftsgebiet nach Palästina, Syrien und Sudan ausdehnte. Um 1070 v. Chr. begann eine dritte Zwischenperiode, die durch zunehmende Aufspaltung gekennzeichnet war und über 350 Jahre dauerte. In der Spätzeit (ab 712 v. Chr.) wurde Ägypten mehrfach von anderen Ländern (Äthiopien, Persien) beherrscht; 332 v. Chr. wurde es von Mazedonien erobert. Das Diadochenreich der → Ptolemäer wurde 30 v. Chr. von den Römern übernommen. 359 n. Chr. wurde Ägypten Teil des Byzantinischen Reiches, ehe es 640/41 von den Arabern erobert wurde. Ab 1250 stand es unter der Herrschaft der Mamelucken, die auch nach der Machtübernahme durch die Osma-

Ägypten (Misr)
Staatsname: Arabische Republik Ägypten
Staatsform: Präsidiale Republik
Hauptstadt: Kairo
Fläche: 1 001 449 km²
Einwohner: 62,5 Mio.
Bevölkerungsdichte: 62/km²
Amtssprache: Arabisch
Währung: Ägyptisches Pfund (ägypt. £)
Nationalitätskennzeichen: ET

Ägypten

Die ägyptischen Dynastien

Frühzeit (um 2950–2640 v. Chr.)
1. und 2. Dynastie

Altes Reich (um 2640–2134 v. Chr.)
3.–8. Dynastie

1. Zwischenzeit (2134–2040 v. Chr.)
9. und 10. Dynastie

Mittleres Reich (um 2040–1650 v. Chr.)
11.–14. Dynastie

2. Zwischenzeit (um 1650–1552 v. Chr.)
15.–17. Dynastie

Neues Reich (1551–1070 v. Chr.)
18.–20. Dynastie

3. Zwischenzeit (1070–712 v. Chr.)
21.–24. Dynastie

Spätzeit (712–332 v. Chr.)
25.–31. Dynastie

Wissen im Überblick: Aids

Was ist Aids?

Der Name kommt aus dem Englischen: *Acquired Immune Deficiency Syndrome;* er bedeutet »erworbenes Immundefekt-Syndrom« und bezeichnet eine Abwehrschwäche des körpereigenen Immunsystems. Das Virus, das diese Krankheit beim Menschen auslöst, wird HI-Virus oder kurz HIV *(Human Immunodeficiency Virus)* genannt. Gelangt dieses Virus in die Blutbahn, können die weißen Blutkörperchen (Lymphozyten) befallen werden, die die Funktion des menschlichen Immunsystems gewährleisten. Dieser Immundefekt schwächt den Organismus, so dass er sich gegen Krankheitserreger nicht mehr zur Wehr setzen kann. Die Krankheit wird durch Ansteckung weitergegeben. Im Krankheitsfall treten immer mehrere Krankheitssymptome auf.

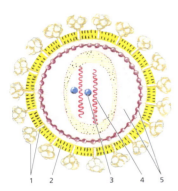

1: *Zucker-Eiweiß-Moleküle*
2: *Fetthülle*
3: *Übersetzermolekül*
4: *Erbprogramm (RNS)*
5: *Innere Hüllen*

Wie wird Aids übertragen?

Das Aids-Virus muss direkt in die Blutbahn gelangen oder mit Schleimhäuten in Kontakt kommen, wobei schon eine kleine Verletzung ausreicht, damit es in den Körper gelangt. Alle Körperflüssigkeiten eines HIV-Trägers können das Virus in verschiedener Konzentration enthalten, aber hauptsächlich sind dies Blut, beim Mann Sperma und bei der Frau Scheidensekrete sowie Stuhl und Urin. Eine Ansteckung über Speichel beim Küssen oder durch Tränenflüssigkeit konnte bisher in keinem Fall nachgewiesen werden. Bei engen Alltagskontakten mit HIV-Infizierten besteht also keine Ansteckungsgefahr.
Vier Infektionswege gelten als Hauptübertragungsarten:
– ungeschützter Sexualverkehr, d. h. Geschlechtsverkehr ohne Kondom, mit einem HIV-infizierten Partner;
– gemeinsames Benutzen von Spritzen bei Drogenkonsumenten, von denen einer HIV-positiv ist;
– Ansteckung eines Babys im Mutterleib einer HIV-infizierten Schwangeren;
– Übertragung des Virus durch eine Bluttransfusion (wenn der Spender HIV-positiv war).
Diese vier Gefahrenwege müssen aber nicht immer zu einer Ansteckung führen; so werden etwa nur 8 Prozent der Kinder von HIV-positiven Schwangeren im Mutterleib ebenfalls mit dem HI-Virus infiziert. Blutkonserven unterliegen in Deutschland und anderen Industriestaaten seit einigen Jahren einer strengen Kontrolle, so dass die Gefahr einer Ansteckung sehr gering ist. Da sie jedoch in vielen Ländern Asiens und Afrikas häufig nicht auf HI-Viren hin untersucht werden, besteht dort bei Bluttransfusionen ein hohes Ansteckungsrisiko.

Wie wirkt das Aids-Virus?

Das HI-Virus ist ein *Retrovirus,* ein sehr kleines Virus, das etwa einen zehntausendstel Millimeter misst. Zur Entfaltung seiner schädlichen Wirkung braucht es eine Wirtszelle. Im menschlichen Organismus sind das die *T4-Helferzellen,* eine Untergruppe der weißen Blutkörperchen. Diese Zellen mobilisieren die Abwehrkräfte gegen Krankheiten. Das HIV dringt in diese Zellen ein, verändert sie und zerstört sie später. Ist eine bestimmte Menge von T4-Helferzellen vernichtet, ist das Immunsystem nicht mehr in der Lage, körperfremde Eindringlinge abzuwehren. Wie man heute jedoch weiß, ist das Virus nicht allein die Ursache für die Aids-Erkrankung. Es gibt nämlich Menschen, die schon über zehn Jahre mit dem Virus leben, ohne zu erkranken. Frühe Anzeichen für eine HIV-Infektion sind geschwollene Lymphknoten, Herpes, Pilzerkrankungen, Durchfall und Mattigkeit, in fortgeschrittenem Stadium eine erhöhte Anfälligkeit für Infektionen, Krebsgeschwüre, Auszehrung und Kräfteverfall bis zum Tod. Die häufigsten Todesursachen sind schwere Lungenentzündungen, Tuberkulose und eine seltene Krebsform *(Kaposi-Sarkom).* Durch die Aids-Krankheit können auch das Gehirn und das Zentralnervensystem schwer geschädigt werden.

Seit wann gibt es Aids?

Die ersten Aids-Fälle wurden 1981 an der amerikanischen Westküste festgestellt. Das Aids-Virus wurde 1983 von dem französischen Wissenschaftler Luc Montagnier isoliert. Seitdem arbeiten Wissenschaftler in aller Welt an der Entwicklung eines Impfstoffes. Bislang gilt Aids als unheilbare Krankheit, die früher oder später zum Tod führt.

Wie viele Menschen sind aidskrank?

Auf dem 11. Welt-Aids-Kongress 1996 in Vancouver (Kanada) wurde die Zahl der Aids-Fälle weltweit mit 7,7 Mio. Menschen angegeben. Die Weltgesundheitsorganisation WHO geht davon aus, dass auf der ganzen Erde seit Ausbruch der Aids-Epidemie etwa 28 Mio. Menschen von dem HI-Virus befallen worden sind. Davon sind bislang 6,9 Mio. gestorben, 4,5 Mio. Erwachsene und 2,4 Mio.

Wissen im Überblick: Aids

Kinder. 1996 lebten rund 22 Mio. Menschen mit dem Aids-Erreger in ihrem Körper; 1 Mio. davon sind Kinder. Schätzungsweise werden es Ende des Jahrhunderts weltweit 40–50 Mio. Menschen sein, die sich mit Aids infiziert haben werden.
In Deutschland (seit 1989 einschließlich der neuen Bundesländer) sind seit 1982 insgesamt etwa 16 000 Personen an Aids erkrankt; über 10 000 Erkrankte sind bisher an der Immunschwäche gestorben (Stand: Ende 1996). Davon waren 89 Prozent Männer. Die Gesamtzahl der Infektionen seit Beginn der Epidemie wurde Anfang 1997 auf 59 000–71 000 geschätzt. Jährlich infizieren sich in Deutschland 2000–3000 Personen mit dem HI-Virus; davon sind etwa 80 Prozent Männer und 1 Prozent Kinder (unter 13 Jahren). Die regionale Verteilung der HIV-Infektionen ist sehr unterschiedlich: 53 Prozent entfallen allein auf die Großstädte Frankfurt/M. München, Berlin, Düsseldorf, Köln und Hamburg; in den neuen Bundesländern wurden bislang 2 Prozent HIV-Infektionen festgestellt.

Wer ist von Aids betroffen?

Die größten Gruppen unter den Aids-Kranken sind in den Industriestaaten homosexuelle Männer und Drogenabhängige beiderlei Geschlechts, die sich durch unsaubere Injektionsnadeln beim »Fixen« gegenseitig anstecken. Jede siebte HIV-Infektion weltweit geht auf ungeschützten Sexualkontakt unter Homosexuellen zurück. In den meisten Ländern Asiens und Afrikas ist ein hoher Prozentsatz der Prostituierten mit Aids infiziert; die Zahlen sind jedoch regional sehr unterschiedlich. Die größten Gefahren für Heterosexuelle sind Geschlechtsverkehr mit einem fremden Partner, ohne dass ein Kondom benutzt wird, und »Sextourismus« nach Asien (vor allem Thailand), Südamerika (Brasilien) und Zentralafrika. Bei jedem ungeschützten Geschlechtsverkehr besteht das Risiko, sich mit Aids anzustecken.

Kann Aids behandelt werden?

Seit 1987 gibt es das Medikament AZT *(Azidothymidin)*. Es kann Aids zwar nicht heilen, aber die Vermehrung des gefährlichen Virus bremsen. Daneben existieren die beiden chemischen Substanzen DDC *(Dideoxycytidin)* und DDI *(Dideoxyinosin)*, die ähnlich wie AZT wirken. 1996 waren bereits neun wirksame Aids-Medikamente auf dem Markt. Durch die Infusion des körpereigenen Immunmodulators Interleukin 2 kann das angegriffene Immunsystem stabilisiert werden. Die neuen Medikamente haben eine antivirale Wirkung. Mit diesen sog. Protease-Hemmern kann das Virus durch Kombination mehrerer Präparate erfolgreich bekämpft werden. Entscheidend für diesen Erfolg sind die »Levy-Faktoren«. Diese körpereigenen Substanzen gelten als biochemischer Schutzschild, der bei HIV-Langzeitüberlebenden das Immunsystem auch nach zehn Jahren nicht zusammenbrechen lässt. In jedem Fall wichtig ist, dass die Krankheit möglichst früh erkannt und behandelt wird.

Wann sollte ein Aids-Test gemacht werden?

Durch einen speziellen Bluttest können HIV-Antikörper nachgewiesen werden, wenn die Blutprobe HIV-infiziert ist. Jeder, der sich einem Infektionsrisiko ausgesetzt hat, sollte einen Test machen. Wer das Aids-Virus in sich trägt, gefährdet nämlich nicht nur sich selbst, sondern auch andere Menschen. Zum Test kann jeder gehen (auch ohne Genehmigung der Eltern); in der Regel kommt die Krankenkasse für die Kosten auf. Die Gesundheitsämter bieten anonyme Tests an.

Berühmte Persönlichkeiten, die an Aids gestorben sind
Michel Foucault, französischer Philosoph († 1984)
Rock Hudson, amerikanischer Filmschauspieler († 1985)
Keith Haring, amerikanischer Graffiti-Künstler († 1990)
Kurt Raab, deutscher Filmschauspieler († 1988)
Freddy Mercury, britischer Rocksänger (»Queen«, † 1991)
Tina Chow, amerikanisches Model († 1992)
Anthony Perkins, amerikanischer Filmschauspieler († 1992)
Rudolph Nurejew, russischer Tänzer († 1993)
Derek Jarman, britischer Filmregisseur († 1994)

HIV-Infizierte nach Erdteilen (1996)

Westeuropa	510 000
Osteuropa und GUS-Staaten	50 000
Ostasien und Pazifikraum	100 000
Süd- und Südostasien	5 200 000
Nordafrika und Vorderasien	200 000
Zentralafrika	14 000 000
Nordamerika	1 200 000
Karibik	330 000
Mittel- und Südamerika	1 600 000
Australien	13 000

Sexualverhalten und Infektionsrisiko
risikofrei:
– Küssen und Streicheln, Umarmung, Petting (mit äußerlichen Genitalkontakten), gegenseitige Befriedigung mit der Hand;
risikoarm:
– Zungenküsse (ohne Verletzung des Zahnfleisches), Vaginal- und Analverkehr unter Verwendung von Kondomen, Cunnilingus (ohne Verletzung des Zahnfleisches oder der Vulva), Fellatio (ohne dass Samenflüssigkeit in den Mund gelangt);
risikoreich:
– Anilinctus (Kontakt zwischen Anus und Mund bzw. Zunge), Anal- und Vaginalverkehr ohne Verwendung von Kondomen, Oralverkehr (wenn Samen- oder Scheidenflüssigkeit in den Mund gelangt), sadomasochistische Sexualpraktiken mit Blutkontakt.

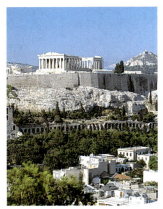
Die **Akropolis** von Athen

Aischylos, *Äschylus* (525–456 v. Chr.), griechischer Dramatiker, der die antike → Tragödie begründete.

Akkad, *Akkade,* Hauptstadt des gleichnamigen semitischen Reichs im Norden von → Mesopotamien. Es wurde um 2350 v. Chr. von König Sargon I. gegründet und um 2150 v. Chr. von den Guläern, einem Bergvolk aus dem westlichen Iran, zerstört. Das **Akkadische** war ab 2500 bis ins 1. Jt. v. Chr. die im gesamten Vorderen Orient gebräuchliche Verkehrssprache.

Akklimatisierung, *Akklimatisation* [lat.], Anpassung an neue oder veränderte Umweltbedingungen, vor allem an ein fremdes Klima.

Akkommodation [lat.], *die,* funktionelle Anpassung eines Organs an die jeweilige Aufgabe, im besonderen die Einstellung des → Auges auf die Entfernung eines Objekts, das gerade betrachtet wird. Die Linse krümmt sich bei nahen Gegenständen stärker, um die Lichtstrahlen stärker zu brechen und dadurch ein scharfes Bild zu erhalten.

Akkord [lat.-frz.], *der,* **1.** in der Musik Zusammenklang von mindestens drei Tönen verschiedener Tonhöhe; **2.** in der Wirtschaft Bezahlung nach der geleisteten Stückzahl (z. B. am Fließband) und nicht nach einer bestimmten Arbeitszeit (Zeitlohn).

Akkordeon [lat.-frz.], *das,* ein → Harmonikainstrument, das als *Ziehharmonika* gespielt wird. Der Ton wird durch Metallzungen erzeugt, deren freies Ende in einem Luftstrom schwingt (sog. Durchschlagzungen). Der Luftstrom entsteht durch Betätigen eines Faltenbalgs. Das Drücken von Tasten auf der rechten Seite (Melodie- oder Diskantseite) bzw. Knöpfen auf der linken Seite (Bassseite) lenkt den Luftstrom über Ventile zu den gewünschten Stimmzungen.

Akkumulator, *Akku* [lat. »Anhäufer«], *der,* ein → galvanisches Element, das elektrische Energie (→ Gleichstrom) speichern kann. Die chemischen Reaktionen, die sich beim Aufladen abspielen, vollziehen sich bei der Stromentnahme in umgekehrter Richtung. In einer Akkuzelle sind zwei chemisch unterschiedliche → Elektroden von einem → Elektrolyten umgeben. Nach dem Material, aus dem die Elektroden hergestellt sind, unterscheidet man mehrere Akkutypen. Beim *Bleiakku* (Autobatterie) bestehen die Elektroden aus Blei bzw. Bleioxid, während der Elektrolyt verdünnte Schwefelsäure ist; pro Zelle entsteht dabei eine → Spannung von 2 Volt. Ein anderer gebräuchlicher Akkutyp ist der *Nickel-Cadmium-Akku* (pro Zelle 1,2 Volt), der im Haushalt oft als preisgünstiger Ersatz für Batterien verwendet wird. *Nickel-Metallhydrid-Akkus* enthalten keine Schwermetalle und sind deshalb umweltfreundlich.

Akkusativ [lat. »die Anklage betreffend«], *der,* Wenfall, der 4. Fall in der → Deklination des Substantivs. Im Satz steht das Objekt am häufigsten im Akkusativ (z. B. Karl-Heinz streichelt *die Birke*).

Akne, eine Erkrankung der Talgdrüsen, die besonders in der Pubertät auftritt und zur Bildung von entzündlichen Knötchen (»Mitesser«) führt.

Akronym [von griech. akros = »oberst« und onoma = »Name«], *das,* ein auch als *Initialwort* bezeichnetes Kurzwort, das aus den Anfangsbuchstaben mehrerer Wörter gebildet ist und im Gegensatz zu einer Abkürzung (wie *LKW* oder *DDR*) mit dem Lautwert der Buchstaben ausgesprochen wird (z. B. *UFO* = »Unbekanntes Flugobjekt«).

Akropolis [griech.], *die,* hochgelegener Burgberg in vielen griechischen Städten des Altertums, der zum Schutz der Bevölkerung diente. Am berühmtesten ist heute die Akropolis von → Athen.

Akt [von lat. actum = »Handlung«], *der,* **1.** Handlung, vor allem in feierlicher Form (z. B. *Staatsakt*); **2.** Hauptabschnitt (Aufzug) eines Theaterstücks; **3.** in der Kunst Darstellung des nackten Körpers.

Aktie [lat.-ndl. »klagbarer Anspruch«], *die,* Wertpapier, mit dem man einen Anteil am Grundkapital einer → Aktiengesellschaft erwirbt. Aktien werden an der → Börse gehandelt, wo ihr aktueller Wert täglich neu festgesetzt wird.

Aktiengesellschaft, *AG,* eine Kapitalgesellschaft, an der die Gesellschafter mit finanziellen Einlagen (→ Aktien) beteiligt sind. Die *Aktionäre* müssen nur in der Höhe dieser Einlage haften. Das Grundkapital einer AG muss mindestens 100 000 DM betragen. Gewinnanteile werden in Form von → Dividenden ausgeschüttet. Aktiengesellschaften besitzen als geschäftsführendes Organ einen Vorstand und werden von einem Aufsichtsrat kontrolliert; oberstes Organ ist die Hauptversammlung, in der jeder Aktionär Stimmrecht hat.

aktiv [lat.], tätig, etwas selbst ausübend (z. B. aktives Wahlrecht). Gegensatz: → passiv.

Aktiv, *der,* Tätigkeitsform des → Verbs. Sie sagt als Handlungsrichtung aus, was das → Subjekt eines Satzes tut (z. B. Nikolaus *schreibt* Gedichte.). Gegensatz: → Passiv.

■ **Akkumulator:** Schnittbild einer Autobatterie (Bleiakkumulator)

Aktiva [lat.], *Mz.*, die Vermögenswerte eines Unternehmens, die in der Bilanz auf der linken Seite stehen (Gegensatz: Passiva).

Akupunktur [von lat. acus = »Nadel« und pungere = »stechen«], *die*, aus der altchinesischen Medizin übernommene Heilmethode. Dabei werden bestimmte Hautstellen mit dünnen Nadeln gereizt. Die Hautbereiche, die sich für die Behandlung der einzelnen Krankheiten besonders eignen, sind im Laufe von mehreren Jahrtausenden systematisch erfasst und zusammengestellt worden. Eine Spielart der Akupunktur ist die **Akupressur**, eine Druckmassage mit Hilfe der Fingerspitzen.

■ *Die **Akupunktur** hat sich bei der Schmerzbehandlung mittlerweile auch in Europa durchgesetzt*

Akustik [griech. »das Gehör betreffend«], *die*, Lehre vom Schall. Sie ist ein Teilgebiet der Mechanik und befasst sich mit mechanischen Schwingungen im menschlichen Hörbereich (etwa 16 – 20 000 Hz).

Akustikkoppler, ein Gerät, mit dessen Hilfe man zwei räumlich getrennte Computer miteinander verbinden kann; die Daten werden dabei über das Fernsprechnetz weitergeleitet.

akut [lat. »spitz«], brennend, dringend. In der Medizin bezeichnet akut (im Gegensatz zu → chronisch) Schmerzen und Krankheiten, die unvermittelt einsetzen und heftig verlaufen.

Akzent [von lat. »beitönen«], *der*, Betonung oder Betonungszeichen, im weiteren Sinne auch der für eine Sprache oder Region typische Tonfall. Mit Hilfe des Akzents kann eine bestimmte Silbe in einem Wort oder ein bestimmtes Wort in einem Satz hervorgehoben werden, wobei die meisten Sprachen über einen *dynamischen* Akzent (durch Steigerung der Tonstärke) und einen *musikalischen* Akzent (durch Erhöhung der Tonlage) verfügen. In vielen Sprachen gibt es Akzentzeichen, die die Betonung und Aussprache von Lauten regeln: Akut (´, z. B. frz. *égalité*), Gravis (`, frz. *mère*), Zirkumflex (^, frz. *côte*). In slawischen Sprachen ist der Háček (ˇ) von Bedeutung, der den Lautwert bestimmter Buchstaben verändert (z. B. č = tʃ, ř = rʃ).

Alaska, zu den → Vereinigten Staaten von Amerika gehörender Bundesstaat, der im Nordosten des nordamerikanischen Kontinents liegt und von Asien durch die → Beringstraße getrennt ist. Das 1741 von Bering entdeckte Alaska gehörte zunächst zu Russland, ehe es 1867 von den USA für 7,2 Mio. Dollar erworben wurde. Seit 1959 bildet Alaska den 49. Bundesstaat der USA.

Albanien, südosteuropäischer Staat auf dem → Balkan. Die albanische Bevölkerung, die überwiegend dem Islam angehört, lebt hauptsächlich von der Landwirtschaft. Die Industrie stützt sich auf reiche Bodenschätze (vor allem Chromerz und andere Erze sowie Erdöl). Das im Altertum von den Illyrern bewohnte Bergland am Adriatischen Meer wurde 168 v. Chr. römisch und gehörte ab 395 zum Byzantinischen Reich. Ab 1388 eroberten die Osmanen nach und nach das gesamte albanische Gebiet. Die türkische Provinz wurde erst 1912 unabhängig. Das Königreich Albanien (seit 1928) wurde 1939 von Italien annektiert. Nach dem Zweiten Weltkrieg wurde Albanien eine kommunistische Volksrepublik. Das kommunistische Regime brach 1991 aufgrund von wirtschaftlichen Schwierigkeiten zusammen.

Albatrosse, zu den Röhrennasen gehörende Seevögel, die eine Spannweite von über 3,2 m erreichen können.
Die meisten Albatrosarten leben auf der Südhalbkugel; sie ernähren sich vorwiegend von Fischen und anderen Meerestieren.

Albino [lat.-span. »Weißling«], *der*, ein Mensch oder ein Tier, bei dessen Haut und Haar der Farbstoff (→ Pigment) fehlt, so dass diese fahlweiß aussehen.

Alchemie, *Alchimie* [arab. »die Chemie«], *die*, im Mittelalter und in der frühen Neuzeit die Lehre von den chemischen Stoffen und Verbindungen und die praktische Beschäftigung damit. Einerseits entwickelte sich die Alchemie zu einer Geheimlehre mit mysteriösen Schriften voller Formeln und Symbole, aber andererseits führte sie auch zu wichtigen wissenschaftlichen Erkenntnissen und Erfindungen wie etwa Porzellan oder Schwarzpulver. Aus der Alchemie, die ihre Wurzeln im späten Altertum hatte, ging die moderne Chemie hervor.

Albanien (Shqipëria)
Staatsname: Republik Albanien
Staatsform: Präsidiale Republik
Hauptstadt: Tirana
Fläche: 28 748 km²
Einwohner: 3,4 Mio.
Bevölkerungsdichte: 118/km²
Amtssprache: Albanisch
Währung: Lek
Nationalitätskennzeichen: AL

Albanien

■ **Albino:** *Der Pigmentmangel ist meist angeboren, kann aber auch durch Vergiftung oder Krankheit hervorgerufen worden sein*

Künstliches Gold?

Die Alchemie ging davon aus, dass man Stoffe umwandeln könne, vor allem unedle Metalle in Gold oder Silber. Dies sollte mit Hilfe des »Steins der Weisen« *(lapis philosophorum)* geschehen, nach dem deshalb alle Alchemisten suchten.

Alemannen

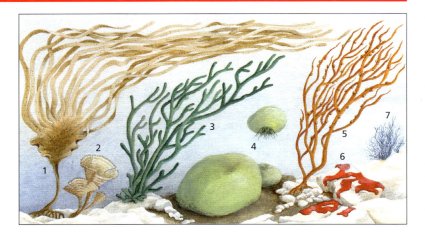

■ *Algen:* **1** *Fingertang, bis 3 Meter lang;* **2** *Trichteralge, 4 bis 10 cm hoch;* Grünalgen: **3** *Grüne Gabelalge, bis 40 cm hoch;* **4** *Meerball, 5–20 cm Durchmesser;* Rotalgen: **5** *Besentang, 20–50 cm hoch;* **6** *echte Hildenbrandita, bis 5 cm;* Blaualgen: **7** *Sirenenhaar, 3–4 cm.*

Algen
• • • • • • • • • • • • • • • • • • • •
Die **Blaualgen** sind fladenförmige Einzeller, die sich oft zu Kolonien zusammenschließen; sie gehören als *Cyanobakterien* zusammen mit den anderen Bakterien zu den Prokaryonten, die den Pflanzen und Tieren (→ Eukaryonten) gegenüberstehen.

Alexandria
• • • • • • • • • • • • • • • • • • • •
In Alexandria bestand die größte Buchsammlung des Altertums, die **Alexandrinische Bibliothek;** sie wurde im 2. Jh. v. Chr. gegründet und enthielt im Museion rund 700 000 Bücherrollen, die bei der Eroberung durch die Römer 48 v. Chr., bei Auseinandersetzungen zwischen Christen und Heiden 391 und endgültig bei der Eroberung durch die Araber 642 vernichtet wurden.

Alemannen, westgermanischer Stamm, der zu den Sueben gehörte und ursprünglich an der Elbe siedelte. In der Zeit der → Völkerwanderung ließen sich die Alemannen im südwestdeutschen Raum nieder. Ab dem 9. Jh. wurden sie → »Schwaben« genannt.

Aleuten, etwa 2500 km lange Inselkette, die als bogenförmige Fortsetzung der Halbinsel Alaska das Beringmeer vom Pazifischen Ozean trennt und zahlreiche Vulkane besitzt. Die etwa 150 Inseln mit fast 38 000 km² Fläche gehören seit 1867 zu den USA. Südlich davon befindet sich der über 7800 m tiefe **Aleutengraben.**

Alexander der Große (356–323 v. Chr.), König von → Mazedonien. Er war der Sohn Philipps II. und dehnte den mazedonischen Herrschaftsbereich nach Thessalien und Thrakien aus und errang die Vormachtstellung in Griechenland im »Korinthischen Bund« gegen die Perser. In der griechischen Kultur unterrichtete ihn der Philosoph → Aristoteles. Nach der Ermordung seines Vaters (336 v. Chr.) wurde er König und eroberte mit Hilfe eines mazedonisch-griechischen Heeres (etwa 40 000 Mann) das persische Weltreich (→ Persien). Er befreite zunächst die griechischen Städte in Kleinasien, stieß bis Ägypten vor und unterwarf danach Mesopotamien; den persischen Großkönig Dareios III. besiegte er in zwei Schlachten (333 v. Chr. bei Issos und 331 v. Chr. bei Gaugamela). Bis 327 v. Chr. besetzte er das gesamte Gebiet des persischen Reichs und schuf ein eigenes Weltreich, das er nach Indien und Mittelasien auszudehnen versuchte. Nach seinem Tod (durch eine fieberhafte Erkrankung) zerbrach das Riesenreich in die Teilreiche der → Diadochen, aber die Feldzüge und die Gründung von mehr als 80 Städten in Asien sorgten für eine Ausbreitung der griechischen Kultur, die viele orientalische Elemente aufnahm und als → Hellenismus mehrere Jahrhunderte prägend blieb.

Alexandria, arab. *Al-Iskandariya,* Hafenstadt (3 Mio. Einwohner) in → Ägypten. Die Stadt wurde 331 v. Chr. von → Alexander dem Großen westlich des Nildeltas gegründet und entwickelte sich unter den Ptolemäern als Residenz zum Zentrum der hellenistischen Kultur. Auf der Insel Pharos, die mit dem Festland durch einen Damm verbunden war, befand sich ein 110 m hoher Leuchtturm (299–279 v. Chr. errichtet), der zu den sieben → Weltwundern der Antike gehörte und erst 1326 einstürzte.

Algebra [arab. »die Einrenkung (gebrochener Teile)«], *die,* ursprünglich Teilgebiet der Mathematik, das sich mit der Auflösung von → Gleichungen beschäftigte. Heute versteht man darunter allgemein die Beziehung zwischen mathematischen Objekten und den Regeln, denen sie unterliegen. In der modernen Mathematik befasst sich die Algebra mit der Untersuchung sog. *algebraischer Strukturen* (z. B. Gruppen, Ringe, Vektorräume).

Algen, sehr artenreiche Gruppe von niederen Pflanzen, deren Vertreter bevorzugt in feuchten Lebensräumen vorkommen. Sie leben entweder als *Benthos* auf dem Grund von Gewässern oder treiben als *Plankton* im Wasser. Die Formenvielfalt reicht von mikroskopisch kleinen Einzellern bis zu großen Meeresalgen (→ Tang). Alle Arten besitzen → Chlorophyll, das sie zur → Photosynthese befähigt, aber die grüne Farbe wird bisweilen von anderen Farbstoffen überdeckt. Algen vermehren sich geschlechtlich oder ungeschlechtlich (→ Generationswechsel). Die wichtigsten Untergruppen sind *Grün-, Joch-, Geißel-, Braun-* und *Rotalgen;* nicht dazu gehören hingegen die sog. *Blaualgen.* Algen sind nicht nur eine wichtige Nahrungsquelle für die im Wasser lebenden Tiere, sondern werden auch für die menschliche Ernährung von immer größerer Bedeutung.

Algerien, Staat in Nordafrika. Im nördlichen Teil, der aus Gebirgsland (→ Atlas) und einer 1100 km langen Küste besteht, leben etwa 95 % der Bevölkerung (70 % Araber, 30 % Berber). Der Süden gehört zur → Sahara. Grundlage der Wirtschaft ist die Förderung von Erdöl und Erdgas. Anbau von Getreide, Gemüse und Obst (vor allem Weinbau) ist nur in einem schmalen Küstenstreifen im Norden möglich; in dem Hochland der Schotts und in der nördlichen Sahara wird Viehzucht betrieben. Das im Altertum von

alkoholische Getränke 23

■ *Algerien: Das vulkanische Gebirgsmassiv des Hoggar (bis 2918 m hoch)*

den → Berbern bewohnte Küstenland wurde als Numidien römische Provinz und kam ab Mitte des 7. Jh. unter islamischen Einfluss. Nachdem es ab 1519 unter osmanischer Herrschaft gestanden hatte, wurde es 1830 von Frankreich erobert. Nach einem bewaffneten Aufstand der Nationalen Befreiungsfront (FLN), den Frankreich militärisch niederzuschlagen versuchte und der Terroraktionen der französischen Geheimen Armeeorganisation (OAS) hervorrief, wurde Algerien 1962 unabhängig. Seit mehreren Jahren gibt es in Algerien bürgerkriegsähnliche Auseinandersetzungen zwischen der Regierung und den islamischen Fundamentalisten.

Algier, [ˈalʒiːɐ̯] arab. *El-Djesair,* Hauptstadt und wichtigster Hafen von Algerien (ca. 3 Mio. Einwohner).

Algorithmus [arab.-lat.], *der,* Angabe der Einzelschritte zur Lösung eines bestimmten Problems.

alias [lat. »anders«], auch … genannt; wenn jemand mehrere (Deck-)Namen verwendet.

Alibi [lat. »anderswo«], *das,* Beweis, dass sich jemand, der einer bestimmten Tat verdächtigt wird, zur Tatzeit nicht am Tatort aufgehalten hat.

Alimente [lat. »Nahrung«], *Mz.,* Unterhaltsbeiträge, die ein Elternteil für uneheliche Kinder oder nach einer Trennung oder Scheidung für seine Kinder entrichten muss.

Alkalien [arab.-span. »die Pottasche«], *Mz.,* chemische Verbindungen, deren Lösungen (→ Basen) in Wasser alkalisch reagieren und rotes Lackmuspapier blau färben. Im engeren Sinne sind damit die Hydroxide der Alkalimetalle und der Erdalkalimetalle gemeint. *Alkalimetalle:* Lithium, Natrium, Kalium, Rubidium, Cäsium, Francium *Erdalkalimetalle:* Beryllium, Magnesium, Calcium, Strontium, Barium, Radium

Alkaloide [arab.-griech.], *Mz.,* zumeist sehr giftige Stickstoffverbindungen in Pflanzen. Während manche Alkaloide als Nervengifte bereits in geringster Konzentration tödlich wirken (z. B. *Strychnin* als Alkaloid des Brechnussbaums), können andere, in kleiner Menge genossen, eine heilende (z. B. → *Chinin),* anregende (→ Koffein, Nikotin) oder berauschende (→ Kokain) Wirkung haben.

Alkohol [arab.-span. »das Antimonpulver«], *der,* organisch-chemische Verbindungen, die aus Kohlenstoff- (C), Sauerstoff- (O) und Wasserstoffatomen (H) bestehen. Kennzeichen ist mindestens eine OH-Gruppe. Der bekannteste Alkohol ist *Ethanol* (Ethylalkohol oder Weingeist, C_2H_5OH), eine farblose, leicht entflammbare Flüssigkeit, die vor allem bei der alkoholischen Gärung entsteht und in Wein, Bier und Spirituosen für die berauschende Wirkung sorgt. Ethanol dient nicht nur als Genussmittel, sondern wird auch als Konservierungs- und Lösungsmittel (z. B. in Medikamenten) eingesetzt. Andere Alkohole sind *Methanol* (Methylalkohol oder Holzgeist, CH_3OH), eine farblose Flüssigkeit, die sehr giftig ist (kann zur Erblindung führen) und in der Industrie (z. B. als Lösungsmittel und Zusatz zu Treibstoffen) verwendet wird, und *Propanole* (Propylalkohole, C_3H_7OH), die als Lösungsmittel in Frostschutzmitteln und in der Kosmetik Anwendung finden.

alkoholische Getränke, bereits im Altertum in der Form von → Wein, Bier oder Met bekannt. Alkohol wurde als Rauschmittel zunächst ausschließlich für religiöse Rituale verwendet, entwickelte sich aber in vielen Kulturen rasch zu einem beliebten Getränk. Alkoholische Getränke wirken, in kleinen Mengen genossen, anregend bis enthemmend; größere Mengen führen zu Rausch (mit Sinnestäuschungen, herabgesetztem Reaktionsvermögen, Schwierigkeiten beim Sprechen und Gehen bis hin zu Lähmungserscheinungen) und Alkoholvergiftung. Der dauerhafte übermäßige Genuss führt zu körperlich-psychischer Abhängigkeit (→ Alkoholismus) mit der Möglichkeit schwerer organischer Schädigungen. In den islamischen Kulturen ist der Genuss von alkoholischen Getränken vollständig verboten.

Die Alkoholkonzentration in den alkoholischen Getränken wird in Volumenprozent (Vol.-%) angegeben. Während die natürliche alkoholische Gärung zu Getränken mit höchstens etwa 16 % führt, kann der Alkoholgehalt durch → Destillation oder Zusatz von hochprozentigem Alkohol erhöht werden.

Algerien (Al-Djazair)

Staatsname: Demokratische Volksrepublik Algerien

Staatsform: Präsidiale Republik

Hauptstadt: Algier

Fläche: 2 381 741 km²

Einwohner: 27,8 Mio.

Bevölkerungsdichte: 12/km²

Amtssprache: Arabisch

Währung: Algerischer Dinar (DA)

Nationalitätskennzeichen: DZ

Algerien

alkoholische Getränke
••••••••••••••••••••

Alkoholgehalt in Vol.-%

Bier	2,5–7
Wein	8–16
Likörweine	16–22
Likör	20–55
Branntwein	35–70
Rum	40–80

Alkoholfreies Bier ist ein normal gebrautes Bier, dem nach der Gärung der Alkohol entzogen wird (bis auf etwa 0,5 %), während die Aromastoffe weitgehend erhalten bleiben.

Alkoholismus

Warum Europäer Alkohol besser vertragen

Chinesen und Indianer vertragen weniger Alkohol als Europäer und werden auch schneller betrunken. Ihnen fehlt nämlich ein bestimmtes Gen, das bei Europäern vorhanden ist. Dieses Gen ist für die Erzeugung des Enzyms *Ethanoldehydrogenase* verantwortlich, das die Fähigkeit besitzt, im menschlichen Körper Alkohol umzuwandeln, und am Abbau des Blutalkohols beteiligt ist.

Alkoholiker in Deutschland

1997 gab es in Deutschland ungefähr 2,5 Mio. Alkoholkranke, darunter 500 000 Kinder und Jugendliche.

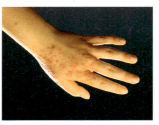

■ *Allergie* durch intensive Sonneneinwirkung

■ *Alligator:* Ein ausgewachsener Mississippi-Alligator

Alkoholismus, eine Suchtkrankheit, die durch ständige übermäßige Einnahme von → alkoholischen Getränken hervorgerufen wird. Sie führt einerseits durch die chronische Alkoholvergiftung zu schweren körperlichen Dauerschäden (Verdauungsorgane und Leber sowie Gehirnzellen), andererseits zu Persönlichkeitsveränderungen, zumeist verbunden mit sozialem Abstieg. Die Behandlung von Alkoholismus erfordert eine Entziehungskur, um den Körper zu entgiften. Damit der Alkoholkranke von seiner körperlich-psychischen Abhängigkeit befreit wird, ist außerdem eine psychotherapeutische Behandlung notwendig, die auch die Gründe für den übermäßigen Alkoholkonsum klärt. Voraussetzung für eine Heilung ist die vollständige → Abstinenz; hilfreich kann dabei die Unterstützung durch die *Anonymen Alkoholiker* sein, eine weltweite Selbsthilfeorganisation von ehemaligen Alkoholkranken. Ein zunehmendes Problem stellt heute der *Jugendalkoholismus* dar.

Allah [arab. »der Gott«], der Name Gottes im → Islam. Ursprünglich wurde damit die altarabische Hauptgottheit in → Mekka bezeichnet. Später wurde → Mohammed zum Propheten Allahs berufen und verkündete, es gebe nur einen einzigen wahren Gott. Seine Offenbarungen sind im → Koran enthalten.

Allegorie [griech.-lat. »Anderssagen«], *die,* bildhafte Darstellung eines Begriffs oder Vorgangs in der Literatur und den bildenden Künsten (z. B. Justitia mit verbundenen Augen und Zepter und Schale in den Händen als Darstellung der Gerechtigkeit).

allegro [it.], in der Musik Anweisung für eine lebhafte, schnelle Vortragsweise.

Allergie [von griech. allos = »anderer« und ergon = »Tätigkeit«], *die,* krankhafte, überempfindliche Reaktion des → Immunsystems mit Überempfindlichkeit auf bestimmte → Antigene, die durch Einatmen, die Nahrung oder andere Kontakte in den Körper gelangen.

Allgäu, Landschaft im süddeutschen Alpenvorland, die nach Süden hin durch die Allgäuer Alpen begrenzt wird; Hauptort ist Kempten.

Alligatoren, Familie der → Panzerechsen, deren Vertreter mit einer Ausnahme *(China-Alligator)* in tropischen und subtropischen Flussgebieten Amerikas leben. Am größten wird der *Mississippi-Alligator* (bis 6 m), der im Südosten der USA zu Hause ist. Kleiner sind die in Mittel- und Südamerika lebenden → Kaimane.

Alliierte [lat.-frz.], Verbündete, vor allem Bezeichnung für die Staaten, die im Ersten und

im Zweiten Weltkrieg als Verbündete gegen Deutschland kämpften; im engeren Sinne sind damit die USA, Großbritannien und Frankreich gemeint.

Alliteration [von lat. ad = »zu« und littera = »Buchstabe«], *die,* Stabreim, bei dem die Anfangslaute der betonten Silben gleich sind (z. B. *wild wogende Wellen).*

Almanach [lat. »Kalender«], *der,* Jahrbuch, zumeist bebildert und kalendarisch aufgebaut.

Almosen [griech.-lat. »Mitleid«], *das,* kleine Geldspende für Bedürftige.

Alpen, größtes und höchstes Gebirge Europas, an dem Frankreich, die Schweiz, Österreich, Deutschland, Italien und Slowenien teilhaben. Die Alpen erstrecken sich über 1220 km von der Riviera bis zum ungarischen Tiefland und sind 150 – 250 km breit.

Erdgeschichtlich sind die Alpen ein relativ junges Faltengebirge, das hauptsächlich im Erdmittelalter (→ Jura, Kreide) und in der Erdneuzeit (→ Tertiär) entstand. Die heutige Form erhielten sie in der Eiszeit, als mächtige Gletscher bis weit ins Vorland hinausreichten. Die Erwärmung führte zu einem Zurückweichen der Gletscher, so dass heute nur noch die höchsten Bereiche mit Eis bedeckt sind; im Alpenvorland bildeten sich durch schmelzendes Eis viele Seen (z. B. Ammersee).

Nach dem Aufbau kann man drei große Bereiche unterscheiden: *nördliche Kalkalpen, Zentral-*

altamerikanische Kulturen

■ *Alpen:* Blick von der Zugspitze auf die Stubaier und Ötztaler Alpen

alpen (aus Glimmerschiefer, Granit und Gneis bestehend) und *Südalpen* (Kalkgestein). Im Alpengebiet entspringen viele große Flüsse (z. B. Rhein, Rhône, Po); Wasser aus den Alpen speist auch eine Vielzahl von Seen (Bodensee, Lago Maggiore, Gardasee). Im nördlichen Voralpenland und in der Poebene füllten gewaltige Schuttmassen, die durch die Erosion des Gebirges entstanden, große Tröge auf.
Alpha, A, α, erster Buchstabe des griechischen → Alphabets, der im Deutschen dem A entspricht.
Alphabet [griech.-lat.], *das,* nach den ersten beiden griechischen Buchstaben (Alpha und Beta) benannte feste Reihenfolge der Schriftzeichen einer Sprache.
alphanumerisch [griech.-lat.], aus den Buchstaben des → Alphabets und den Dezimalziffern bestehend.
Alphastrahlung, aus den Alphateilchen (zweifach positiv geladene Heliumkerne, d. h. zwei Protonen und zwei Neutronen) bestehende Strahlung, die 1896 beim Zerfall von → Radium entdeckt wurde. Die Atomkerne, die beim Zerfall von radioaktiven Elementen (→ Radioaktivität) ausgestoßen werden, ergeben eine energiereiche Strahlung, die in anderen Atomen zu Umwandlungen des Kerns führen kann.
Alraune, *die,* **Alraun,** *der,* die gespaltene Wurzel eines Nachtschattengewächses *(Mandragora officinarum),* die wie eine menschliche Gestalt aussieht (oder entsprechend geschnitzt worden ist). Die Alraunwurzel galt bereits in der Antike als Zauberpflanze.
Alt [lat.-it.], *der,* tiefste Stimmlage von Frauen und Knaben, deren Umfang von a bis f" reicht.
Altai, über 2000 km langes Hochgebirge in Mittelasien, (höchste Erhebung: *Belucha,* 4506 m).
altamerikanische Kulturen, alle Kulturen der amerikanischen Ureinwohner, die sich vor der Entdeckung durch → Kolumbus entwickelten und deshalb auch als *präkolumbische Kulturen* bezeichnet werden. Über die Frühzeit, die bis in die Zeit der Einwanderung aus Asien zurückreicht, weiß man nur wenig. Weit mehr ist dagegen über die Kulturen bekannt, die von den europäischen Entdeckern und Eroberern angetroffen und später vernichtet wurden. Am besten erforscht sind somit die jüngsten Hochkulturen in Mittelamerika (→ Azteken, Maya) und im Andenraum (→ Inka).
Die Ureinwohner Amerikas, die → Eskimos und → Indianer, wanderten vermutlich während der letzten Eiszeit aus Nordasien ein, als zwischen Alaska und Sibirien eine Landbrücke bestand. Nachweisbar geschah dies vor 20 000 bis 12 000 Jahren, aber es gibt auch Funde von Feuerstätten und Werkzeugen, für die ein noch höheres Alter bestimmt wurde (30 000 bis 40 000 Jahre). Möglicherweise erreichten die ersten Menschen Amerika mit Wasserfahrzeugen. In jedem Fall drangen sie ziemlich rasch nach Süden vor; denn die Anwesenheit von Menschen an der Südspitze Amerikas ist bereits für die Zeit vor 11 000 Jahren belegt. Die Einwanderung, die vermut-

Höchste Berge in den Alpen

Westalpen:
Montblanc (F/CH)	4807 m
Monte Rosa (I/CH)	4634 m
Matterhorn (CH/I)	4478 m

Ostalpen:
Bernina (CH/I)	4050 m
Großglockner (A)	3998 m
Ortler (I)	3899 m

Höchster deutscher Alpengipfel:
Zugspitze	2962 m

Alraune

Der Sage nach wuchs die Alraune unter einem Galgen, wo sie aus dem Sperma eines Gehängten entstand (»Galgenmännlein«). Die Alraune heulte und schrie jedoch so grässlich, dass jeder, der sie hörte, sterben musste. Man konnte sie deshalb nur ausgraben, wenn man sich die Ohren verstopfte und die Alraune am Schwanz eines Hundes festband, der sie herauszog und dann tot umfiel.
Der Sage nach brachte eine Alraune ihrem Besitzer großen Nutzen, aber sie musste zu Lebzeiten verkauft werden, und zwar billiger, als der Besitzer sie erworben hatte. Geschah dies nicht, verfiel der Besitzer mit seiner Seele dem Teufel.

■ *altamerikanische Kulturen:* Das von den Maya erbaute Observatorium in Palenque, Mexiko

Wichtige altamerikanische Kulturen

Azteken (13.–16. Jh., Mexiko)
Chavin-Kultur (1. Jt. v. Chr., Peru)
Inka (13.–16. Jh., Peru)
Maya (3.–9. Jh., Mexiko)
Mixteken (10.–15. Jh., Mexiko)
Olmeken (1. Jt. v. Chr., Mexiko)
Tolteken (10.–12. Jh., Mexiko)
Zapoteken (6.–9. Jh., Mexiko)

Altar

Ein besonders großer Altar war der **Pergamonaltar,** der auf dem Burgberg von Pergamon, der Hauptstadt des gleichnamigen hellenistischen Reichs im Nordwesten von Kleinasien, stand. Er wurde um 180 v. Chr. von König Eumenes II. errichtet und war Zeus und Athene geweiht. Der monumentale Bau (mit Stufenunterbau, Podium mit umlaufendem Relieffries, das den Kampf zwischen den olympischen Göttern und den Giganten darstellt, ionischer Säulenhalle und großer Freitreppe) befindet sich heute im Pergamonmuseum in Berlin. Er wurde bisweilen zu den sieben Weltwundern der Antike gerechnet.

Die Bücher des Alten Testaments

Fünf Bücher Mose (u. a. Genesis, Exodus)
Bücher der Geschichte des Volkes Gottes (u. a. Richter, Könige, Samuel, Chronik und Makkabäer)
Bücher der Lehrweisheit und Psalmen (u. a. Hiob, Hohelied, Sprichwörter)
Bücher der Propheten (u. a. Jesaja, Ezechiel, Daniel, Zwölfprophetenbuch)

lich in mehreren Wellen erfolgte, hörte mit dem Ende der Eiszeit auf. Die Einwanderer waren lange Zeit Jäger und Sammler, die Mammute und Bisons töteten (etwa die Clovis- und Folsom-Jäger ab 10 000 v. Chr. in Nordamerika). Die wichtigsten Lebensgebiete lagen zwischen der nordamerikanischen Pazifikküste und dem zentralen Andengebiet. Getreide wurde erstmals vor 7000 Jahren in Mexiko angebaut; Keramik ist für die Zeit vor 5500 Jahren nachgewiesen. Die frühen Kulturen kannten nur dörfliche Siedlungen; Städte entwickelten sich erst ab 500 v. Chr. um Tempelzentren herum. Große Metropolen (wie etwa Teotihuacan oder Machu Picchu) entstanden erst spät und blieben selten.
Große Leistungen vollbrachten die mittelamerikanischen Kulturen vor allem auf dem Gebiet der Astronomie und der Kalenderberechnung.
Altamira, Höhle in Nordwestspanien mit Felsmalereien aus der Altsteinzeit, die 1879 entdeckt wurden. Die farbigen Tierzeichnungen stammen aus der jüngeren Altsteinzeit und sind rund 14 000–20 000 Jahre alt.
Altar [lat. »Aufsatz auf dem Opfertisch«], *der,* in den Religionen eine Stätte, an der einer Gottheit Opfer dargebracht oder Gebete gesprochen wurden. Der Altar war ursprünglich ein erhöhter Platz (aus Erde, Stein, Holz oder Metall) und wurde in den Religionen der Hochkulturen zum festen Bestandteil von Tempeln; häufig wurden auf den Altären Brand- oder Trinkopfer dargebracht.
Die christliche Religion verwendete zunächst einen Tisch, an dem die Eucharistie in Erinnerung an das letzte → Abendmahl Jesu gefeiert wurde; daraus entwickelte sich der fest stehende Altar, der häufig Reliquien von Heiligen enthielt oder über Gräbern von Märtyrern errichtet wurde. In der katholischen Kirche besteht der Altar aus einem Unterbau *(Stipes)* und einer Altarplatte *(Mensa),* die beide aus Naturstein gefertigt sind; er ist mit drei Leinentüchern bedeckt.
alternative Energien, Energien, die weder durch Verbrennung fossiler Brennstoffe (z. B. → Erdöl) noch durch Kernkraft erzeugt werden und daher auch nicht die Umwelt belasten oder den Menschen gefährden. Beispiele sind *Solarenergie* (Umwandlung von Sonnenlicht in Wärme), *Windenergie* (Stromerzeugung durch Rotoren, die vom Wind angetrieben werden), *Gezeitenenergie* (Ausnutzung des Unterschieds des Wasserstands zwischen Ebbe und Flut), *Energie aus nachwachsenden Rohstoffen* (Bioalkohol oder -sprit aus Pflanzen) oder *Biomasse* (Nutzung von Biogas, das aus organischen Abfällen entsteht). Der Vorteil der alternativen Energien besteht darin, dass bei ihnen weniger Schadstoffe als bei den herkömmlichen Arten der Energieerzeugung entstehen und dass sie sich nicht erschöpfen (weshalb sie auch als *erneuerbare Energien* bezeichnet werden); doch gegenwärtig ist der Nutzungsgrad noch zu gering, um die herkömmlichen Energieträger zu ersetzen.
Altersbestimmung, wissenschaftliche Festlegung, wie weit ein erdgeschichtliches Ereignis (→ Erdgeschichte) zurückliegt oder wie alt ein vorgeschichtlicher Fund (aus der Zeit, bevor es Aufzeichnungen durch den Menschen gibt) ist. Für die Angabe größerer Zeiträume genügt die Bestimmung einer Erdschicht anhand von typischen Gesteinen oder → Leitfossilien *(Stratigraphie).* Jüngere Ereignisse werden auch durch Auszählen der Jahresringe von Holzfunden *(Dendrochronologie)* datiert. Das wichtigste Mittel zur wissenschaftlichen Altersbestimmung ist heute die *C-14-Methode:* Dieses auch als *Radiocarbon-Methode* bezeichnete Verfahren misst das Verhältnis zwischen dem stabilen Kohlenstoffisotop ^{12}C und dem radioaktiven Kohlenstoffisotop ^{14}C; letzteres besitzt eine → Halbwertzeit von 5760 Jahren und wird auch von tierischen und pflanzlichen Organismen aufgenommen.
Altertum, siehe S. 28–29.
Altes Testament, *A. T.,* Teil der christlichen → Bibel, der die aus altjüdischen Schriften übernommenen kanonisierten Bücher enthält; nicht aufgenommen worden sind die → Apokryphen.
Alte Welt, Bezeichnung für die schon im Altertum bekannten Kontinente Europa, Asien und Afrika.
Altruismus [frz.-lat.], *der,* Verhalten, das durch Uneigennützigkeit und Rücksicht gegenüber den Mitmenschen gekennzeichnet ist. Gegensatz: → Egoismus.
Altsteinzeit, *Paläolithikum,* ältester Abschnitt der Vorgeschichte.
Aluminium [von lat. alumen = »Alaun«], *das,* ein → chemisches Element von glänzender silberweißer Farbe. Aluminium ist ein Leichtmetall. An seiner Oberfläche bildet sich an der Luft eine Oxidschicht, die das Metall gegen → Korrosion schützt. Da Aluminium sehr leicht ist und sich gut verarbeiten lässt, wird es oft beim Bau von Fahrzeugen und Flugzeugen verwendet. Es leitet Wärme und Elektrizität gut (Verwendung in Stromkabeln). Dünngewalztes Aluminium wird als **Alufolie** im Haushalt zum Verpacken

von Lebensmitteln benutzt. In der Natur kommt Aluminium in Verbindungen vor. Es wird aus → Bauxit hergestellt, wobei zunächst Tonerde (Aluminiumoxid) entsteht; diese wird durch → Elektrolyse in Aluminium und Sauerstoff zerlegt.

Alzheimer-Krankheit, nach dem deutschen Neurologen *Alois Alzheimer* (1864–1915) benannte Erkrankung des Gehirns, die erblich bedingt ist und zumeist erst nach dem 40. Lebensjahr auftritt. Der bislang nicht heilbare, unaufhaltsam fortschreitende Abbau von Gehirnsubstanz führt zu Gedächtnisverlust, Orientierungs- und Sprachstörungen und allgemeiner Geistesverwirrung.

Amalgam [griech.-arab.-lat. »das Erweichende«], *das,* Legierung aus → Quecksilber und anderen Metallen.

Amateur [frz. -tø:ɐ̯ »Liebhaber«], *der,* jemand, der eine Tätigkeit nicht beruflich (als Profi), sondern nur aus Liebhaberei betreibt.

Amazonas, größter Strom Südamerikas und wasserreichster Fluss der Erde (Einzugsgebiet: über 7 Mio. km^2). Drei in den Anden entspringende Quellflüsse speisen den 6518 km langen Strom, der mehr als 200 Nebenflüsse (davon 100 schiffbar) besitzt und in einer Trichtermündung mit drei Hauptarmen in den Atlantischen Ozean fließt. An der Mündung ist der Amazonas 250 km breit; die Wirkung der Gezeiten macht sich bis 800 km ins Landesinnere hinein bemerkbar. 4300 km sind für Schiffe befahrbar (Seeschiffe können bis Manaus, kleinere sogar bis Iquitos fahren). Das etwa 3,6 Mio. km^2 große **Amazonastiefland** macht ein Fünftel von Südamerika aus; es besteht zum großen Teil aus tropischem Regenwald, der heute zunehmend von Brandrodungen bedroht wird und in jedem Jahr etwa 15,4 Mio. Hektar schrumpft.

Amazonen [von griech. anazos = »brustlos«], in der griechischen Sage ein kriegerisches Volk, das nur aus Frauen bestand.

ambulant [lat.-frz. »umherziehend«], nicht an einen festen Ort gebunden (z. B. ambulantes Gewerbe); in der Medizin bezeichnet man damit eine Krankenbehandlung, bei der ein Patient nicht in ein Krankenhaus aufgenommen werden muss (Gegensatz: stationäre Behandlung).

Ameisen, zu den Hautflüglern gehörende → Insekten, die über die ganze Erde, von den Tropen bis zum Polarkreis, verbreitet sind. Es gibt fast 10 000 Arten, deren Vertreter 1 mm bis 4 cm lang sind. Man kann dabei drei Typen von Einzeltieren unterscheiden: die Männchen, geflügelte Ameisen, die kurz nach der Begattung sterben; die geschlechtsfähigen Weibchen, die zunächst ebenfalls Flügel besitzen, diese aber abwerfen, wenn sie befruchtet worden sind (jedes dieser Weibchen wird als Königin bezeichnet; ihre ausschließliche Aufgabe nach der einmaligen Befruchtung ist es, Eier zu legen); die ungeflügelten Weibchen, deren Geschlechtsorgane zurückgebildet sind und die als Arbeiterinnen bezeichnet werden. Die Ameisen leben in »Staaten«, die entweder auf dem Boden in sog. Ameisenhaufen oder (bei tropischen Arten) als Nester in Baumkronen angesiedelt sind. Ein Ameisenvolk kann über eine Million Einzeltiere umfassen, in der Mehrzahl Arbeiterinnen. Diese sorgen für die Nahrung und kümmern sich um die Königin und ihre Brut; bestimmte Arbeiterinnen mit vergrößerten Mundwerkzeugen übernehmen als »Soldaten« die Verteidigung. Viele Arten besitzen einen Giftstachel, mit dem sie eine ätzende Säure *(Ameisensäure)* abgeben können. Die Ameisen verfügen über einen hochentwickelten Orientierungssinn, der vor allem auf dem Geruchssinn (in den Fühlern) beruht; sie markieren deshalb den »Ameisenstaat« für die anderen Mitglieder mit Hilfe von Duftstoffen. Durch die »Fühlersprache« können sie auch über Tastreize Nachrichten austauschen. Eine wichtige Rolle spielt auch die akustische Verständigung, die vor allem für Notsignale benutzt wird. Das Geräusch erzeugende Organ befindet sich zwischen den Körpersegmenten; durch Bewegungen des Hinterleibs werden Töne erzeugt, wobei ein Dorn über ein Rippenfeld kratzt. Die Ameisen sind ursprünglich Jäger, aber es gibt auch Arten, die sich von Pflanzensäften, Früchten, Samen oder Pilzen ernähren; einige »melken« Blatt- und Schildläuse und leben von deren süßen Ausscheidungen. In Deutschland kommen etwa 80 Arten vor (z. B. *Rote Waldameise, Schwarze Rasenameise*).

Ameisenbären, Säugetiere in Mittel- und Südamerika, die mit den → Faultieren und → Gürteltieren verwandt sind. Die röhrenförmig verlängerte Schnauze besitzt keine Zähne, verfügt

■ *Aluminium*

Aluminium

Zeichen: Al
Ordnungszahl: 13
Atommasse: 26,98
Dichte: 2,7 g/cm^3
Schmelzpunkt: 660 °C
Siedepunkt: 2467 °C

Tropische Ameisenarten

Treiberameisen sind umherziehende *Wanderameisen,* die sich in riesigen Kolonnen mit einer Geschwindigkeit von 20 m/h vorwärtsbewegen und alles fressen, was sich ihnen in den Weg stellt.

Blattschneiderameisen züchten einen speziellen Pilz als Nahrung.

Weberameisen heften mit Hilfe ihrer Larven (die einen Seidenfaden liefern) eng nebeneinander wachsende Blätter zusammen.

Amazonenameisen verschleppen die Puppen anderer Ameisenarten, damit die daraus schlüpfenden Arbeiterinnen für ihre Nachkommen sorgen.

■ *Ameisen* (von links): Rote Waldameise, Glänzend Schwarze Holzameise, Roßameise, Wegameise, Amazonenameise.

Wissen im Überblick: Altertum

■ *Die berühmten Königsgräber von Petra, der antiken Hauptstadt des Nabatäerreiches (1. Jh. v. Chr. bis 2. Jh. n. Chr.)*

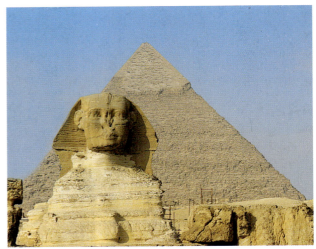

■ *Die Pyramide des Chephren (um 2500 v. Chr.) und der Sphinx in Gizeh, Ägypten*

Unter Altertum versteht man den ersten durch schriftliche Zeugnisse belegten Abschnitt der Menschheitsgeschichte. Geprägt wird das Altertum durch die frühesten Hochkulturen der Menschheit, deren Einflussbereich sich zunächst auf Stadtstaaten und später auf große Reiche bis hin zu ersten Weltreichen erstreckte. Da die Entwicklung in den einzelnen Regionen der Erde unterschiedlich verlief, begann und endete das Altertum für die verschiedenen Völker zu einem jeweils anderen Zeitpunkt. In der Regel versteht man unter Altertum den Zeitraum von etwa 3000 v. Chr. bis etwa 600 n. Chr.

Der Unterschied zur kulturellen Entwicklung in der Vorgeschichte bestand im Altertum vor allem in der Sesshaftigkeit der Bewohner, die in größeren Ansiedlungen eine eigenständige Kultur entwickelten. Die Hochkulturen des Altertums kannten bereits die Metallverarbeitung (Kupfer, Bronze und Eisen), so dass sie über widerstandsfähige Werkzeuge verfügten. Die Erfindung (oder später Übernahme) einer Schrift ermöglichte es, geschichtliche Ereignisse dauerhaft aufzuzeichnen und Erfahrungen, die bisher nur mündlich weitergegeben werden konnten, für die Nachwelt festzuhalten.

Soweit es Geschichtsschreibung und Archäologie anhand von Aufzeichnungen, Berichten späterer Historiker und Ausgrabungen rekonstruieren können, befanden sich die kulturellen Schwerpunkte des Altertums in Vorderasien, Nordafrika und Südeuropa, insbesondere im Mittelmeerraum. Wichtige Kulturzentren, über die weniger bekannt ist, lagen damals in Südost- und Ostasien. Relativ wenig weiß man bisher auch über die Anfänge der kulturellen Entwicklung in Amerika, Afrika, Australien und teilweise in Nordeuropa.

Die ersten Hochkulturen bildeten sich in **Mesopotamien** heraus. Im Süden entstand im 4. Jt. v. Chr. **Sumer** mit mehreren selbstständigen Stadtstaaten (darunter *Ur*). Im Norden wurde um 2350 v. Chr. das Reich von **Akkad** gegründet, das nur 200 Jahre bestand.

Das *neusumerische Reich* von Ur wurde um 1850 v. Chr. von **Babylon** abgelöst, das mehrmals von Nachbarvölkern erobert und zerstört wurde. Im Norden Mesopotamiens entstand mit **Assyrien** ein weiteres Reich, das ab 1350 v. Chr. zu einer Großmacht aufstieg und im 1. Jt. v. Chr. auch Babylon eroberte. 612 v. Chr. trat das *neubabylonische Reich* an seine Stelle, das aber bereits 539 v. Chr. von den Persern erobert wurde.

Im **Iran** entstand gegen Ende des 7. Jh. v. Chr. im Nordwesten das Reich der **Meder,** die 612 v. Chr. Assyrien besiegten und bis nach Armenien und Kleinasien vordrangen. 550 v. Chr. unterlagen sie den Persern. Das **Persische Reich** wurde durch Siege über die Meder und die Lyder (545 v. Chr.) begründet und eroberte 525 v. Chr. Ägypten. Es wurde erst im frühen 5. Jh. v. Chr. von den Griechen am Vordringen nach Europa gehindert. 333 und 331 v. Chr. wurde es von den Makedoniern und Griechen unter Alexander dem Großen vernichtet. Das kurzlebige Diadochenreich der *Seleukiden* fiel um die Mitte des 2. Jh. in die Hände der **Parther,** die 224 n. Chr. von den persischen *Sassaniden* besiegt wurden.

Ein bedeutendes Reich in **Kleinasien** schufen die **Hethiter,** die im 2. Jt. v. Chr. das gesamte kleinasiatische Gebiet beherrschten und bis nach Mesopotamien vordrangen; um 1200 v. Chr. zerbrach es unter dem Ansturm der sog. Seevölker. In Anatolien traten an ihre Stelle die **Phrygier.** Die **Phönizier,** die vor dem 2. Jt. v. Chr. in Westkanaan eingewandert waren, unterhielten von mehreren Städten an der libanesisch-israelischen Mittelmeerküste aus einen regen Handel. Im 1. Jt. v. Chr. gründeten sie Handelsstützpunkte und Kolonien im ganzen Mittelmeerraum. Ihre mächtigste Kolonie war **Karthago,** das im westlichen Mittelmeerraum ein eigenes Reich gründete. Nach drei Kriegen wurde es 146 v. Chr. von den Römern zerstört.

In **Nordafrika** entstand am Nil um 3000 v. Chr. durch die Vereinigung von Ober- und Unterägypten das **ägyptische Pharaonenreich** (Altes, Mittleres und Neues Reich), das bis 332 v. Chr. bestand.

Wissen im Überblick: Altertum

■ *Der Apollo-Tempel in Pompeji (Italien), das 79 n. Chr. durch den Ausbruch des Vesuvs verschüttet wurde*

■ *Tholos im Heiligtum der Athene Pronaia in Delphi, Griechenland (5./4. Jh. v. Chr.)*

Nach der Eroberung durch Alexander den Großen regierten dessen Nachfolger, die *Ptolemäer*. 30 v. Chr. fiel Ägypten an Rom, gehörte ab 359 n. Chr. zum **Byzantinischen Reich** und wurde 640 von den Arabern erobert.

In der **Ägäis** entwickelte sich die griechische Kultur, die das klassische Altertum und das Abendland prägen sollte. Großen Einfluss auf die griechische Kultur hatte die um 2000 v. Chr. auf *Kreta* entstandene **minoische Kultur.** Sie wurde von der **mykenischen Kultur** der *Achäer* abgelöst, die sich um 1600 v. Chr. auf dem griechischen Festland bildete. Diese zerfiel um 1100 v. Chr. im Zuge der *dorischen Einwanderung*. Zwischen 1200 und 800 v. Chr. breitete sich die griechische Kultur auch auf die Kykladen und nach Kleinasien aus. Um 800 v. Chr. entstanden die ersten der Stadtstaaten, die das antike **Griechenland** bestimmten und mit ihren Kolonien bis Süditalien, Nordafrika und in den Schwarzmeerraum vorstießen. Die Griechen wehrten erfolgreich die persischen Eroberungszüge ab. Unter der Führung **Makedoniens** entstand ein eigenes Weltreich, das aber rasch in sich bekriegende Teilgebiete, die Diadochenreiche, zerfiel. 146 v. Chr. wurde Griechenland von den Römern erobert.

In **Italien** entwickelte sich ab dem 8. Jh. v. Chr. die Kultur der **Etrusker,** die Mittelitalien beherrschten. Im 5. Jh. v. Chr. begann der Aufstieg des **Römischen Reiches,** das bis zum Ende des 3. Jh. v. Chr. ganz Italien eroberte und sich später im gesamten Mittelmeerraum und in den angrenzenden Ländern ausbreitete (größte Ausdehnung im 2. Jh. n. Chr.). 395 n. Chr. wurde es in das **Weströmische** und das **Oströmische Reich** geteilt. Der Untergang des Weströmischen Reichs 476 im Gefolge der Völkerwanderung gilt allgemein als das Ende des Altertums. Das Oströmische Reich bestand als **Byzantinisches Reich** weiter bis 1453, als es von den Osmanen (Türken) erobert wurde.

In **West- und Mitteleuropa** breiteten sich im 1. Jt. v. Chr. die Kelten aus, die bis auf die Britischen Inseln und nach Süd- und Südosteuropa vorstießen. Im 1. Jt. n. Chr. wanderten aus Nordeuropa die **Germanen** ein, die weit nach Süden, Westen und Osten vordrangen.

Im **Industal** herrschte 2300 1750 v. Chr. die *Harappa-Kultur*. Um die Mitte des 2. Jt. v. Chr. drangen aus dem Nordwesten die indogermanischen **Arier** ein, die in Indien die auf ein Kastensystem gegründete *wedische Kultur* errichteten.

In **China** entstand mit der *Shang-Dynastie* im 16. Jh. v. Chr. ein Reich, das sich unter der *Zhou-Dynastie* weiter ausdehnte. Ein erstes zentralisiertes Kaiserreich bildete sich im 3. Jh. v. Chr. mit der *Quin-* und der *Han-Dynastie*.

Im Altertum bestand ein Fernhandelsverkehr zwischen dem Mittelmeerraum und dem Fernen Osten. Invasionen nomadisierender »Barbaren« *(Germanen, Slawen, Hunnen, Awaren* und *Turkvölker)* zerstörten im Zuge der **Völkerwanderung** ab 375 n. Chr. die antiken Großreiche im Westen und im Osten.

■ *Ameisenbär:* Der auf Bäumen lebende Tamandua

Americium
• • • • • • • • • • • • • • • • • • • •
Zeichen: Am
Ordnungszahl: 95
Atommasse: 243
Dichte: 13,7 g/cm^3
Schmelzpunkt: 1176 °C
Siedepunkt: 2607 °C

Amerika
Nord- und Mittelamerika
Fläche: 24,219 km^2
Einwohner: 463 Mio.
Bevölkerungsdichte: 19,1/km^2
Selbstständige Staaten:
Antigua und Barbuda
Bahamas, Barbados, Belize
Costa Rica
Dominica, Dominikanische Republik
El Salvador
Grenada, Guatemala
Haiti, Honduras
Jamaika
Kanada, Kuba
Mexiko
Nicaragua
Panama
Saint-Kitts- und Nevis
Saint Lucia, Saint Vincent und die Grenadinen
Trinidad und Tobago
Vereinigte Staaten von Amerika
Abhängige Gebiete:
Anguilla (brit.), Aruba (ndl.)
Bermuda (brit.)
Cayman-Inseln (brit.)
(Fortsetzung S. 31)

aber über eine klebrige Zunge, die bis zu einem halben Meter vorreichen kann. Sie ernähren sich von Ameisen und Termiten.

Amercium [von »Amerika«], ein künstliches → chemisches Element, das erstmals 1944 erzeugt wurde. Es ist ein radioaktives → Transuran, das zahlreiche → Isotope besitzt.

Amerika, der zweitgrößte Kontinent der Erde. Der Doppelkontinent besteht aus *Nord-* und *Südamerika,* die durch eine Festlandsbrücke und Inseln *(Mittelamerika* und *Westindien)* miteinander verbunden sind. Er misst von der nördlichsten kanadischen Insel bis zur Südspitze, Kap Hoorn, über 15 500 km. Umgeben ist Amerika im Osten vom Atlantischen Ozean (mit dem Golf von Mexiko und der Karibik), im Westen vom Pazifischen Ozean und im Norden vom Nordpolarmeer. Zum Kontinentalblock gehört auch → Grönland, die größte Insel der Erde, die im Nordosten in der Arktis liegt.

Ein einheitliches Merkmal für beide Teile Amerikas ist die dreigliedrige Oberflächengestalt: Im Westen reichen die → Kordilleren, ein junges Faltengebirge mit teilweise noch tätigen Vulkanen (in Nordamerika als → Rocky Mountains und Küstengebirge, in Südamerika als → Anden bezeichnet), auf einer Länge von 15 000 km von Alaska bis Feuerland (höchste Erhebungen: Mount McKinley mit 6195 m in der Alaskakette und Aconcagua in den Anden mit 6960 m). Auf der Ostseite befinden sich Mittelgebirge (in Nordamerika Appalachen, in Südamerika die Bergländer von Guyana, Brasilien und Patagonien). Dazwischen erstrecken sich weite Ebenen, die von großen Flüssen (→ Mississippi, Amazonas) durchzogen werden.

Da es keine in west-östlicher Richtung verlaufenden Gebirgszüge gibt, führt der ungehinderte Austausch von kalten und heißen Luftmassen zu raschen Temperaturänderungen mit häufig auftretenden Wirbelstürmen. Nordamerika, das überwiegend in der subpolaren und gemäßigten Klimazone liegt, besitzt neben der Tundra im Norden große Nadelwälder, baumlose Prärien sowie Laub- oder Nadelwälder in den Gebirgen. Die Großen Seen südlich des Kanadischen Schildes, die der St.-Lorenz-Strom mit dem Atlantik verbindet, sind mit mehr als 245 000 km^2 die größte Süßwasserfläche der Erde. Mittelamerika befindet sich in der subtropischen und tropischen Klimazone; als Grenze zu Nordamerika gilt die Landenge von Tehuantepec. Südamerika liegt überwiegend im tropischen Bereich, reicht aber im Süden in die subpolare Zone hin-

ein; doch fast die gesamte Westküste befindet sich im Einflussbereich des kalten Humboldtstroms. Neben tropischen Regenwäldern im Amazonastiefland findet man im Norden und Süden Savannen und Trockensavannen sowie baumlose Strauch- und Wiesenlandschaften.

Die Urbevölkerung von Amerika (→ altamerikanische Kulturen) wanderte vermutlich über eine früher bestehende Festlandbrücke aus Asien ein und breitete sich über den gesamten Doppelkontinent aus (→ Eskimos und → Indianer bzw. Indios). Die meisten der heutigen Einwohner sind jedoch Nachkommen europäischer Einwanderer, die erst nach der Entdeckung Amerikas durch → Kolumbus ins Land kamen. Hinzu kommen noch die Nachkommen der Schwarzen, die ab dem 16. Jh. als Sklaven nach Amerika gebracht wurden. Nach der Sprache unterscheidet man *Angloamerika* und *Lateinamerika;* im englischsprachigen Norden dominiert die weiße Bevölkerung (80 %), während im spanisch- und portugiesischsprachigen Mittel- und Südamerika die weiße Bevölkerung etwa 50 % ausmacht und der Anteil der Vermischung zwischen den drei ethnischen Bevökerungsgruppen sehr hoch ist. Hochkulturen entwickelten sich in Amerika wesentlich später als in der Alten Welt; die um

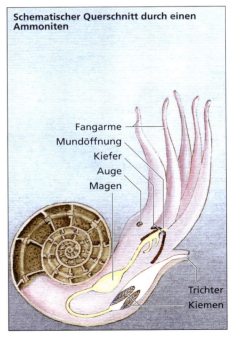

■ *Ammoniten:* Von dieser ausgestorbenen Gruppe der Kopffüßer sind über 5000 Arten bekannt

Amphibien

1500 bestehenden indianischen Reiche in Mittelamerika und im nördlichen Südamerika wurden innerhalb kurzer Zeit von den europäischen Eroberern vernichtet. Auch die in Stammesverbänden lebenden Indianer in Nord- und Südamerika wurden von den europäischen Einwanderern in Rückzugsgebiete und schließlich in Reservate zurückgedrängt. Politisch gesehen bestand Amerika zunächst aus Kolonien der damaligen europäischen Großmächte (Spanien, Portugal, England, Frankreich und Niederlande), aber die meisten Länder konnten in Befreiungskriegen ihre Unabhängigkeit gewinnen; lediglich in der Karibik und in Südamerika gibt es noch kleinere Überseegebiete Frankreichs, Großbritanniens und der Niederlande. In Nordamerika entwickelten sich die Vereinigten Staaten im 20. Jh. wirtschaftlich und militärisch zur Weltmacht, die meisten Länder in Mittel- und Südamerika hingegen zählen heute zu den verarmten Entwicklungsländern, die häufig durch politische und soziale Konflikte erschüttert werden.

Amethyst [griech. »nicht trunken«], *der,* violett gefärbtes Quarzmineral, ein Schmuckstein.

Aminosäuren, organische Säuren, die Bausteine der für Organismen lebensnotwendigen → Eiweiße sind. Von den in der Natur vorkommenden sind etwa 20 in Lebewesen enthalten. Während Pflanzen und Mikroorganismen alle zum Leben notwendigen Aminosäuren selbst aufbauen können, müssen Tiere und auch der Mensch einen Teil davon aus der Nahrung gewinnen *(essentielle Aminosäuren).*

Ammoniak [ägypt.-griech.-lat.], *das,* ein farbloses, stechendes Gas, das eine Verbindung von Stickstoff und Wasserstoff (NH_3) ist. Ammoniak löst sich sehr gut in Wasser und bildet als wässrige Lösung Salmiakgeist, der in vielen Reinigungsmitteln enthalten ist. Es ist ein Ausgangsstoff zur Herstellung von Düngemitteln und Sprengstoffen.

Ammoniten [griech.], *Ammonshörner,* eine Gruppe von → Kopffüßern, deren Vertreter am Ende der Kreidezeit ausstarben. Sie besaßen ein Kalkgehäuse, das spiralenförmig aufgerollt war und einen Durchmesser bis über 2,5 m hatte.

Amnesie [griech.-lat.], *die,* Gedächtnisschwund, partieller bis völliger Verlust von Erinnerungen, der zeitlich begrenzt ist.

Amnestie [griech.-lat. »Vergebung«], *die,* allgemeine Begnadigung durch gesetzlichen Beschluss.

Amnesty International [engl. [ˈæmnəstɪ ɪntəˈnæʃənəl], *ai,* 1961 in London gegründete Menschenrechtsorganisation, die 1977 den Friedensnobelpreis erhielt. Sie setzt sich für die Rechte von politischen Gefangenen ein.

Amöben [von griech. amoibe = »Wechsel«], zu den Wurzelfüßern gehörende einzellige Tiere, die bis zu 2 mm groß werden. Sie kommen vor allem in Gewässern (Süßwasser und Meer) sowie als → Parasiten oder als zumeist harmlose Bewohner des Darms in anderen Organismen vor. Die Amöben besitzen keine dauerhafte Körpergestalt und werden deshalb auch als *Wechseltierchen* bezeichnet; ihr Protoplasma kann nach allen Seiten fließen, wobei zur Fortbewegung und Nahrungsaufnahme Scheinfüßchen *(Pseudopodien)* ausgebildet werden. Die Vermehrung geschieht in der Regel durch Teilung.

Amok [malaiisch amuk = »rasend«], *der,* ein Anfall von unvermittelt einsetzender Zerstörungswut, die bis zum ungezielten Töten von Menschen und Tieren reichen kann.

Amor, römischer Gott der Liebe; er entspricht dem griechischen → Eros.

amorph [griech. »formlos«], ohne feste Gestalt, ungeformt. Während man in der Biologie unregelmäßig geformte Organismen (z. B. → Amöben) als amorph bezeichnet, versteht man in der Physik darunter eine Zustandsform (→ Aggregatzustand), bei der die Atome oder Moleküle nicht wie Kristalle zu festen Gittern angeordnet, sondern leicht beweglich sind. Neben den Flüssigkeiten gehören auch feste Stoffe wie Wachs zu den amorphen Stoffen.

Ampere [amˈpɛːɐ̯], *das,* nach dem französischen Physiker *André Marie Ampère* (1775–1836) benannte Maßeinheit für die elektrische Stromstärke (Einheitenzeichen *A,* → Elektrizität).

Amphibien [von griech. amphibios = »doppellebig«], Klasse der → Wirbeltiere, deren Vertreter sowohl im Wasser als auch auf dem Land

■ **Amphibien:** Der Wasserfrosch ist in ganz Europa verbreitet

---

Grönland (dän.), Guadeloupe (frz.)
Jungferninseln (am.), Jungferninseln (brit.)
Martinique (frz.), Montserrat (frz.)
Niederländische Antillen (ndl.)
Puerto Rico (am.)
Saint Pierre und Miquelon (frz.)
Turks- und Calcos-Inseln (brit.)

Südamerika

Fläche: 17, 836 Mio. km^2

Einwohner: 310 Mio.

Bevölkerungsdichte: 17,4 E./km^2

Selbstständige Staaten:

Argentinien
Bolivien, Brasilien
Chile
Ecuador
Guyana
Kolumbien
Paraguay
Peru
Suriname
Uruguay
Venezuela

Abhängige Gebiete:

Französisch-Guayana (frz.)
Falkland-Inseln (brit.)

Amerika

Amerika wurde vermutlich bereits um 1000 von den Wikingern (unter *Leif Erikson*) entdeckt; die nordamerikanische Küste wurde damals als »Vinland« bezeichnet, weil im Hinterland wilder Wein wuchs. Als eigentlicher Entdecker Amerikas gilt jedoch der italienische Seefahrer *Christoph Kolumbus,* der im Dienste Spaniens den westlichen Seeweg nach Indien finden wollte und auf vier Reisen (zwischen 1492 und 1504) Teile Mittel- und Südamerikas erkundete.

Benannt ist Amerika nach dem florentinischen Seefahrer *Amerigo Vespucci* (1451–1512), der im Dienste Spaniens und Portugals die mittel- und südamerikanischen Küstengebiete bereiste und erkannte, dass sie zu einem eigenen, zusammenhängenden Kontinent gehörten. Der deutsche Kartograph Martin Waldseemüller gab dem neu entdeckten Kontinent auf seiner Weltkarte von 1507 den Namen *America* nach Vespuccis Vornamen.

Amerikanische Jungferninseln

Amerikanisch Samoa

■ Das **Amphitheater** von Ephesos (Türkei) bot einst über 24 000 Zuschauern Platz

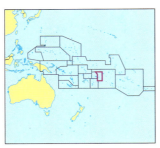

■ **Amseln:** Männchen (links) und Weibchen (rechts)

leben können und entwicklungsgeschichtlich (→ Evolution) zwischen den Fischen und den ausschließlichen Landbewohnern stehen; anderer Name für Lurche.

Amphibienfahrzeuge, Fahrzeuge, die sich dank ihrer besonderen Bauweise sowohl im Wasser wie auch an Land fortbewegen können.

Amphitheater [griech.-lat. »Rundtheater«], bei den Römern ein offener Bau mit ovaler → Arena. Die Sitzreihen der Zuschauer steigen rund um den Innenraum an. Das bekannteste und größte Amphitheater ist das → Kolosseum (1. Jh. n. Chr.), das 50 000 Zuschauer fasste.

Amplitude [lat. »Weite«], *die,* größter Ausschlag einer → Schwingung.

Amputation [von lat. amputare = »ringsherum wegschneiden«], *die,* Entfernung eines Körperteils durch eine Operation.

Amsel, *Schwarzdrossel,* einheimischer Singvogel. Das Männchen besitzt ein schwarzes Gefieder und einen gelben Schnabel, während das Weibchen graubraun ist. Die in Europa, Nordafrika und Vorderasien verbreitete Amsel wird bis zu 25 cm lang und ernährt sich von Würmern, Insekten und Früchten. Ursprünglich lebte sie im Wald, doch heute ist sie zunehmend in städtischen Grünanlagen heimisch.

Amsterdam, Hauptstadt der → Niederlande. Die an der Mündung der Amstel in einen Nebenarm des IJsselmeeres teilweise auf Pfählen errichtete Hafenstadt (als Ballungsraum 1,1 Mio. Einwohner) ist eine bedeutende Handelsstadt und der kulturelle Mittelpunkt der Niederlande. Die Altstadt ist von zahlreichen Kanälen *(Grachten)* durchzogen.

Amtsgericht, erste Instanz der ordentlichen Gerichtsbarkeit, d. h. das unterste Gericht, das für Zivil- und nicht schwerwiegende Strafsachen sowie für Fälle der freiwilligen Gerichtsbarkeit (z. B. Nachlass und Vormundschaft) zuständig ist. Zumeist entscheidet ein Einzelrichter; bei bedeutsameren Strafsachen wird die Entscheidung durch ein Schöffengericht gefällt.

Amundsen [ˈaːmʊnsən], Roald (1872–1928), norwegischer Polarforscher, der 1911 als erster den Südpol erreichte und 1926 mit einem Luftschiff den Nordpol überflog. Beim Versuch, den italienischen Polarforscher Nobile zu retten, auf dem Flug in die Arktis verschollen.

Amur, chin. *Heilongjiang,* Fluss in Ostasien, der zusammen mit seinem Quellfluss Argun 4345 km lang ist und in das Ochotskische Meer mündet. Nur im Sommer und Frühherbst eisfrei und schiffbar. Auf einer Länge von 1900 km bildet er die Grenze zwischen Russland und China.

Anabolika [von griech. anabole = »Erdaufwurf«], *Mz.,* Hormonpräparate (anabole Steroide), die den **Anabolismus,** d. h. den Aufbaustoffwechsel, fördern und damit das Muskelwachstum stärken.

Anachronismus [griech.], *der,* Verlegung eines Ereignisses in einen Zeitrahmen, in den es historisch nicht gehört; eine durch die allgemeine Entwicklung der Zeit überholte Erscheinung.

Anakonda, ungiftige Riesenschlange, die über 9 m lang und mehr als 200 kg schwer wird. Sie gehört zu den Boaschlangen und ist das längste heute noch lebende Kriechtier. Anakondas leben als ausschließliche Wassertiere im nördlichen Südamerika (Orinoko- und Amazonasbecken) und ernähren sich von Fischen und Landtieren (Leguane, Vögel und Säugetiere), die ans Flussufer kommen. Die Jungen werden lebend geboren und sind bei der Geburt bereits 70 cm lang.

anal [lat.], den Anus (After) betreffend.

■ **Anakonda**

Analgetika [griech.-lat.], *Mz.,* schmerzlindernde oder schmerzstillende Medikamente.

analog [griech.], entsprechend, ähnlich. Ein analoges Signal ist ein Signal, dessen physikalischer Wert sich kontinuierlich verändert. Beispiel für eine analoge Darstellung ist eine Uhr mit einem Zifferblatt, die den Zeitablauf durch die stetige Bewegung der Zeiger darstellt. Gegensatz: → digital.

Analphabet [griech.-lat.], *der,* jemand, der nicht lesen und schreiben kann.

Analverkehr, Variante des → Geschlechtsverkehrs, bei dem der Penis in den After des Partners eingeführt wird.

Analyse [griech. »Auflösung«], *die,* Untersuchung eines Gegenstands, wie er aufgebaut ist und aus welchen Bestandteilen er zusammengesetzt ist. Gegensatz: → Synthese.

Anämie [griech.-lat. »Blutarmut«], *die,* krankhafte Verminderung der roten Blutkörperchen oder des roten Blutfarbstoffs (→ Hämoglobin), wodurch der Sauerstofftransport gestört wird. Die Folgen sind Blässe, Müdigkeit, herabgesetzte Leistungsfähigkeit, Schwindel und Atemnot.

Ananas [indian.-port.], *die,* tropische Staudenpflanze, die wohlschmeckende fleischige Früchte hervorbringt.

Anarchie [von griech. anarchia = »Herrenlosigkeit«], *die,* Zustand der Herrschaftslosigkeit. Der politische **Anarchismus** strebt die Beseitigung jeglicher staatlichen und gesetzlichen Ordnung an, um dem einzelnen unbeschränkte Freiheit zu ermöglichen (z. B. Bakunin im Russland des 19. Jh.).

Anästhesie [griech. »Unempfindlichkeit«], *die,* gezielte Ausschaltung der Schmerzempfindung eines Patienten, wenn ein mit Schmerzen verbundener Eingriff vorgenommen werden soll durch → Narkose oder *Lokalanästhesie*.

Anatolien, türk. *Anadolu,* asiatischer Teil der Türkei. Das auch als Kleinasien bezeichnete Gebiet bildet eine Halbinsel zwischen Mittelmeer und Schwarzem Meer. Anatolien ist ein trockenes Hochland zwischen dem Pontischen Gebirge im Norden und dem Taurus im Süden.

Es gehört zu den ältesten Kulturlandschaften der Erde, wo mit → Çatal Hüyük eine der ersten städtischen Siedlungen entstand. Die Westküste mit zahlreichen vorgelagerten Inseln wurde schon in frühester Zeit von den Griechen kolonisiert (→ Ionier).

Anatomie [griech. »Zergliederung«], *die,* Lehre vom Bau tierischer und pflanzlicher Organismen, beim Menschen als Wissenschaft vom Körper ein Teilgebiet der Medizin.

Andalusien, span. *Andalacia,* Landschaft in Südspanien und größte Region Spaniens (Hauptstadt: Sevilla). Sie besteht aus zwei unterschiedlichen Naturräumen: Im Nordwesten liegt ein vom Guadalquivir durchflossenes Tiefland, während das gebirgige Hochland im Südosten steil zum Mittelmeer hin abfällt.

andante [it.], in der Musik Anweisung für eine gemessene, mäßig langsame Vortragsweise.

Anden, Teil der → Kordilleren, ein erdgeschichtlich junges Faltengebirge an der Westseite Südamerikas. Die Anden sind fast 8000 km lang und 200–700 km breit und reichen von der Karibik bis Feuerland. Höchste Erhebung ist der *Aconcagua* (6960 m). Sie besitzen zahlreiche noch tätige Vulkane und werden häufig von Erdbeben erschüttert; trotzdem sind sie seit alten Zeiten bis in 5000 m Höhe besiedelt.

Andersen [ˈanɐsn̩], Hans Christian (1805–1875), dänischer Dichter, der vor allem durch seine Kindermärchen (z. B. »Die kleine Seejungfrau«) berühmt wurde.

Andorra, kleines Fürstentum in den → Pyrenäen. Das überwiegend von Ausländern, vor allem Spaniern, bewohnte Bergland (nur 23 % der Bevölkerung sind Andorraner) lebt hauptsächlich vom Fremdenverkehr. Seit 1278 sind der spanische Bischof von Seo de Urgel und der französische Graf von Foix bzw. der französische Staatspräsident (als dessen Rechtsnachfolger)

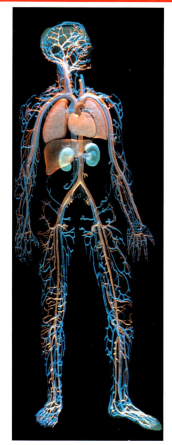

■ **Anatomie:** *Modell des menschlichen Blutkreislaufs*

■ **Andalusien:** *Weite Teile von Niederandalusien werden durch große Olivenhaine bestimmt. Die Olive ist das Hauptanbauprodukt der Region*

Andorra (Andorre)
Staatsname: Fürstentum Andorra
Staatsform: Souveränes Fürstentum
Hauptstadt: Andorra la Vella
Fläche: 453 km²
Einwohner: 65 000
Bevölkerungsdichte: 143/km²
Amtssprache: Katalanisch
Währung: Französischer Franc (FF), spanische Peseta (Pta)
Nationalitätskennzeichen: AND

Andorra

■ *Anis:* Frucht des Sternanisbaumes

gemeinsames Staatsoberhaupt. Das bisherige Feudalsystem wurde 1993 durch eine demokratische Verfassung ersetzt.

androgyn [von griech. »Mannweib«], männliche und weibliche Merkmale vereinigend (in der Botanik). Menschen werden als androgyn bezeichnet, wenn sie einen Typ verkörpern, der gleichzeitig männliche und weibliche Züge zeigt (wie etwa Michael → Jackson).

Andromedanebel, → Galaxie im Sternbild Andromeda. Der Andromedanebel ist ein → Spiralnebel, der mit 150 000 Lichtjahren Durchmesser und einer Masse von 310 Mrd. Sonnen etwa eineinhalbmal so groß ist wie die Milchstraße und gemeinsam mit dieser und etwa 25 kleineren Galaxien zur sog. lokalen Gruppe gehört. Er ist die nächste größere Galaxie und etwa 2,3 Mio. Lichtjahre entfernt.

Äneas, *Aineas,* trojanischer Sagenheld, der als Ahnherr der Römer gilt.

Anekdote [griech.-frz. »noch nicht Herausgegebenes«], *die,* eine kurze, oft heitere Geschichte, die eine bestimmte Persönlichkeit, Gesellschaftsschicht oder Zeit charakterisiert.

Angeklagter, bei einem Gerichtsprozess die Person, die einer Straftat verdächtig ist. Bei Zivilsachen als *Beklagter* bezeichnet.

Angeln, Fischfang mit Hilfe einer *Angelrute,* mit der eine Schnur ausgeworfen wird. Die Schnur läuft über eine Rolle durch Leitringe hindurch; an ihrem Ende befindet sich der *Angelhaken,* der je nach Fischart und Gewässer eine andere Form und Größe haben kann (zumeist mit Widerhaken). Am Haken hängt ein *Köder,* entweder ein natürlicher (Würmer, Insekten, Köderfische usw.) oder ein künstlicher (Nachbildung von Fliegen und Fischen oder Blinker für optische Anlockung). Ein *Schwimmer* (aus Kork) oder ein *Senker* (aus Blei) sorgt dafür, dass der Köder in gleichbleibender Tiefe im Wasser schwebt. Zum Angeln ist in Deutschland ein staatlicher *Fischereischein* notwendig.

Angelsachsen, historische Bezeichnung für die germanischen Stämme der *Angeln, Sachsen* und *Jüten,* die im 5. Jh. vom europäischen Festland auf die Britischen Inseln übersetzten und dort die einheimischen → Kelten zurückdrängten. Danach entstanden kurzlebige kleine Königreiche, die sich untereinander bekämpften und erst im 9. Jh. vom König von Wessex vereint wurden; seit dem 6./7. Jh. waren sie von Missionaren christianisiert worden. Ab dem 9. Jh. standen die Angelsachsen unter dem Einfluss der → Normannen; 1066 wurden sie von ihnen in der Schlacht von Hastings endgültig unterworfen.

Angina [von griech. agchóne »Erwürgen«], *die,* Entzündung im Rachenraum, Mandelentzündung.

Anglikanische Kirche, die englische Staatskirche *(Church of England),* die durch den Bruch zwischen dem englischen König → Heinrich VIII. und Rom entstand. Mit der *Suprematsakte* erkannte das Parlament den König als Oberhaupt der Kirche an. Unter Heinrichs Nachfolgern wurden Reformen durchgeführt, die sich am → Kalvinismus orientierten.

Angola, Staat in Südafrika. Das im 15. Jh. von den Portugiesen entdeckte Land ist ein Hochland mit schmaler Küste, das überwiegend von Bantustämmen bewohnt wird. Obwohl der größte Teil der Bevölkerung in der Landwirtschaft tätig ist (wichtiges landwirtschaftliches Ausfuhrgut ist Kaffee), bilden die Bodenschätze (vor allem Erdöl sowie Diamanten und Erdgas) die Grundlage der Wirtschaft. Bis 1975 war Angola portugiesische Kolonie. Nach einem Befreiungskrieg wurde es in die Unabhängigkeit entlassen. Der Bürgerkrieg, der seitdem zwischen den beiden Befreiungsbewegungen, der regierenden MPLA und der Unita, herrschte, forderte etwa 500 000 Opfer. Ende 1994 kam ein Friedensabkommen zustande, das der Unita eine Regierungsbeteiligung zusicherte.

Anguilla, aus zwei Inseln in der → Karibik bestehende britische Kronkolonie (96 km², 9000 Einwohner).

Animation [lat.-engl. »Belebung«], *die,* im Film ein technisches Verfahren, durch das sich unbelebte Gegenstände bewegen (Trickfilm). Bei der Computergrafik erlaubt die Animation bewegte, perspektivische Darstellungen von Objekten, die in der Realität nicht existieren.

Animismus [von lat. anima = »Seele«], *der,* bei den → Naturvölkern die Vorstellung, dass die gesamte umgebende Natur »beseelt« ist.

Anion, *das,* negativ geladenes → Ion.

Anis, Doldengewächs, das ursprünglich in Vorderasien beheimatet war. Sein Samen wird als Gewürz verwendet. Aus seinen Früchten wird ein Öl gewonnen, das in der Medizin als Hustenmittel dient.

Ankara, seit 1923 Hauptstadt (2,6 Mio. Einwohner) der → Türkei.

Anker, ein schwerer Doppelhaken aus Metall, mit dem Schiffe im freien Wasser festgehalten werden können. Als Anker bezeichnet man bei elektrischen Maschinen (wie etwa Motoren oder

Generatoren) den feststehenden oder rotierenden Teil, der Wicklungen trägt; in diesen Ankerwicklungen wird durch ein Magnetfeld eine Spannung induziert. In den mechanischen Uhren ist der Anker der bewegliche Teil, der in das Hemmungsrad (Hemmung) greift; er wird von der → Unruh gesteuert.

Ankläger, bei einem Strafprozess der Staatsanwalt, der die Anklage, d. h. die öffentliche Klage, gegen den Beschuldigten, den Angeklagten, vertritt. Neben dem Staatsanwalt können noch *Nebenkläger* auftreten (z. B. Angehörige einer Person, die bei der Tat getötet worden ist). Im Zivilprozess spricht man von *Kläger* und *Beklagtem*.

Annexion [lat.], *die,* gewaltsame Aneignung eines fremden Gebiets durch einen Staat, der dieses annektiert.

Anno Domini [lat. »im Jahre des Herrn«], *A. D.,* bei altertümlichen Jahreszahlen häufig verwendet. Der Zusatz bedeutet »nach Christi Geburt« (→ Zeitrechnung).

Annonce [lat.-frz. [a'nõ:sə]. *die,* Anzeige in einer Zeitung.

Anode [griech. »Aufweg«], *die,* positiv geladene → Elektrode, der Pluspol einer Stromquelle. Gegensatz: → Kathode.

anomal [griech. »uneben«], regelwidrig, fehlerhaft, nicht normal. Eine **Anomalie** ist eine Abweichung vom Gesetzmäßigen, z. B. eine Fehlbildung.

anonym [griech.], ohne Angabe des Namens (des Verfassers).

anorganisch [griech.], zum unbelebten Teil der Natur gehörend. In der Naturwissenschaft ist die **anorganische Chemie** ein wichtiges Teilgebiet, das in erster Linie mineralische Verbindungen ohne Kohlenstoffanteil erforscht.

Antarktis [griech. »südlich«], *die,* das Gebiet um den → Südpol herum, einschließlich der vor-

Angola	
Staatsname:	Republik Angola
Staatsform:	Republik
Hauptstadt:	Luanda
Fläche:	1 246 700 km²
Einwohner:	11 Mio.
Bevölkerungsdichte:	9/km²
Amtssprache:	Portugiesisch
Währung:	Neuer Kwanza (NKz)
Nationalitätskennzeichen:	ANG

Angola

Niedrigste Temperatur

Mit −94,5 °C wurde die kälteste Temperatur auf der Erde in der Antarktis gemessen. Der kälteste Ort der Erde liegt ebenfalls in der Antarktis, der sog. *Kältepol* mit einer Durchschnittstemperatur von −57 °C.

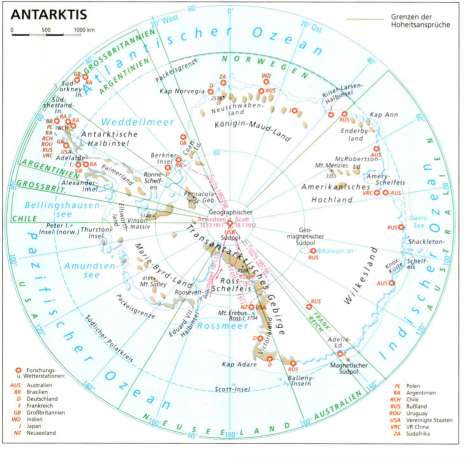

Antigua und Barbuda
Staatsform: Parlamentarische Monarchie
Hauptstadt: St. John's
Fläche: 442 km²
Einwohner: 65 000
Bevölkerungsdichte: 147/km²
Amtssprache: Englisch
Währung: Ostkaribischer Dollar (EC $)
Nationalitätskennzeichen: AG

Antigua und Barbuda

Antarktis: *Gletscher in der Royal Bay auf der Insel Südgeorgien*

gelagerten Inseln und Schelfeismeere. Die Landmasse, der auch als Antarktika bezeichnete »sechste Kontinent«, umfasst insgesamt fast 14 Mio. km² und ist von einer bis zu 4,5 km dikken Eisschicht überzogen. Am Rand ragen hohe Gebirge mit eisfreien Bergen auf; die höchste Erhebung ist der *Mount Vinson* (5140 m). Insgesamt sind etwa 200 000 km² eisfrei; die Vegetation (überwiegend Moose und Flechten) ist ebenso spärlich wie die Tierwelt (Robben, Pinguine und andere Vögel). Das Klima ist menschenfeindlich: äußerst kalte Winter und kühle Sommer mit geringen Niederschlägen. Bis auf Forschungsstationen, die teilweise dauerhaft bemannt sind, ist der Kontinent unbewohnt. Mehrere Staaten (u. a. Chile, Argentinien, Australien, Neuseeland, Großbritannien und Frankreich) erheben Gebietsansprüche. Der 1961 in Kraft getretene und 1991 verlängerte Antarktisvertrag regelt die ausschließlich friedliche Nutzung; zusätzliche Vereinbarungen sichern den Schutz der Umwelt in der Antarktis (u. a. Verbot der Förderung von Bodenschätzen).

Antenne [lat. »Segelstange«], *die,* aus Metall bestehende Vorrichtung zum Senden und Empfangen von → elektromagnetischen Wellen. *Sendeantennen* wandeln elektrische Signale in Radiowellen um und strahlen sie ab; Empfangsantennen arbeiten umgekehrt. Je nach Verwendungszweck gibt es unterschiedlich aufgebaute Antennentypen (z. B. *Stab-, Rahmen-, Dipol-* und *Richtantenne*). Neben diesen sog. Linearstrahlern gibt es Flächenstrahler wie die *Parabolantenne,* eine schüsselförmige Antenne, die sehr schwache Signale in ihrem Brennpunkt bündeln kann und u. a. zum Empfang von Fernseh- und Rundfunkprogrammen dient, die über Satellit (→ Satellitenfernsehen) ausgestrahlt werden.

Anthologie [griech. »Blumenlese«], *die,* Sammlung von ausgewählten Gedichten oder Texten.

Anthropologie [griech.], *die,* Wissenschaft vom Menschen. Als Teilgebiet der → Biologie erforscht sie die Abstammung des Menschen und seine → Evolution aus dem Tierreich sowie die Entwicklung der menschlichen → Rassen.

anthropomorph [griech.], menschenähnlich, von menschlicher Gestalt.

Anthroposophie [griech. »Menschenweisheit«], *die,* von *Rudolf Steiner* (1861–1925) begründete Lehre, nach der sich die Welt in einer stufenweisen Entwicklung zum Höheren hin befindet. Besonders einflussreich erwiesen sich Steiners pädagogische Gedanken, die er in den *Waldorfschulen* verwirklichte.

anti- [griech.], Vorsilbe mit der Bedeutung »gegen« (z. B. *Antiteilchen*).

antiautoritär [lat.-frz.], gegen autoritäre Macht und Normen gerichtet.

Antibabypille, gebräuchliches Mittel der → Empfängnisverhütung. Darunter versteht man Ovulationshemmer, die von Frauen oral eingenommen werden. Die Antibabypille ist ein sehr zuverlässiges Verhütungsmittel, kann aber unangenehme bis gefährliche Nebenwirkungen hervorrufen (von Übelkeit und Gewichtszunahme bis zu Depressionen, Migräne und schweren organischen Leiden).

Antibiotika, *Mz.,* aus Stoffwechselprodukten von Bakterien, Pilzen, Flechten, Algen oder höheren Pflanzen gewonnene Wirkstoffe. Sie können → Mikroorganismen, die Infektionskrankheiten hervorrufen, in ihrem Wachstum hemmen oder abtöten. Das bekannteste Antibiotikum ist das → Penicillin.

Antiblockiersystem, *ABS,* eine elektronische Vorrichtung an Motorbremsen, die bei einer Notbremsung das Blockieren der Räder verhindert, so dass das Fahrzeug lenkbar bleibt.

Antigene [griech.-lat.], *Mz.,* vom Organismus als fremd erkannte Eiweißstoffe, die belebt (z. B. → Bakterien, Schimmelpilze) oder unbelebt (Staub, Nahrung, Medikamente) sein können und beim Eindringen in den menschlichen Körper die Bildung von körpereigenen Abwehrstoffen, sog. Antikörpern, bewirken. Das wiederholte Eindringen größerer Mengen von Antigenen kann zu einer Immunisierung oder zu einer → Allergie führen.

Antigone, in der griechischen Sage Tochter des → Ödipus. Sie begrub ihren im Zweikampf gefallenen Bruder Polyneikes, obwohl der König von Theben, ihr Onkel Kreon, dies ausdrücklich verboten hatte, und wurde deshalb lebend eingemauert.

Antigua und Barbuda, Inselstaat in der → Karibik, der aus den beiden Inseln Antigua und Barbuda sowie der unbewohnten Vulkaninsel *Redonda* besteht. Die beiden Hauptinseln wurden 1493 von → Kolumbus entdeckt. Nach der Ausrottung der indianischen Ureinwohner durch die Spanier wurden die Inseln im 17. Jh. von den Engländern neu besiedelt. Rund 95 % der heutigen Bevölkerung sind Schwarze, die Nachkommen von afrikanischen Sklaven, die für die Arbeit auf Plantagen nach Westindien gebracht wurden. Antigua ging 1814, Barbuda 1870 in britischen Besitz über. Der Inselstaat wurde 1981 unabhängig, gehört aber weiterhin dem → Commonwealth an. Bedeutendster Wirtschaftszweig ist heute der Tourismus. Baumwolle hat Zuckerrohr als wichtiges landwirtschaftliches Erzeugnis abgelöst.

Antike [lat.-frz.], *die,* das (klassische) → Altertum und seine Kultur.

Antillen, Inselgruppe, die das → Karibische Meer vom Atlantik trennt und alle mittelamerikanischen Inseln außer den Bahamas umfasst. Man unterscheidet die *Großen Antillen* (Kuba, Jamaika, Hispaniola und Puerto Rico) in der nördlichen Karibik und die *Kleinen Antillen* (Inseln über dem Winde und Inseln unter dem Winde) östlich und südlich davon, bis zur venezolanischen Küste. Zusammen mit den Bahamas bilden die Antillen → Westindien.

Antilopen, Sammelbezeichnung für horntragende Huftiere (Bovidae) mit Ausnahme von Rindern, Ziegen und Schafen. Es handelt sich dabei um in Afrika und Südasien vorkommende wiederkäuende Pflanzenfresser, die in Herden oder kleinen Familiengruppen leben und bis zu 3,5 m lang und bis zu 1,8 m hoch werden können.

Antimaterie, → Materie, die aus *Antiteilchen* besteht. Antiteilchen sind → Elementarteilchen, die die gleichen Eigenschaften wie die normalen Teilchen besitzen, aber die entgegengesetzte elektrische Ladung aufweisen. Da es bei einem Kontakt zwischen Materie und Antimaterie zu einer vollständigen Umwandlung in Energie kommt (sog. Annihilation), gibt es vermutlich heute keine größeren Mengen von Antimaterie im Universum. Im Labor jedoch wurde Antimaterie bereits 1970 erzeugt.

■ **Antillen:** Die malerische Silhouette des Petit Piton bestimmt die Südwestküste von Saint Lucia

Antimon, *das,* ein → chemisches Element. Das glänzende silberweiße Halbmetall wird in Legierungen zum Härten von anderen Metallen verwendet.

Antipathie [griech.], *die,* Abneigung, Widerwille. Gegensatz: → Sympathie.

Antipoden [griech. »Gegenfüßler«], *Mz.,* die auf der gegenüberliegenden Seite der Erde lebenden Menschen.

Antisemitismus, Judenfeindlichkeit, eine besondere Form rassistischer Vorurteile (→ Rassismus). Der Begriff »Antisemitismus« wurde erst im späten 19. Jh. geprägt, aber die Judenfeindlichkeit reicht bis in die Antike zurück, als das jüdische Volk in viele Länder zerstreut wurde. Da die Juden auch in der → Diaspora an ihrem Glauben und ihren Gebräuchen festhielten, unterschieden sie sich oft von den Einheimischen und wurden mit Misstrauen betrachtet. Andererseits erwarben sich Juden als Kaufleute und vor allem als Geldverleiher eine einflussreiche Stellung, so dass sie Neid weckten.

Im Altertum und im Mittelalter kam es wiederholt zu Judenverfolgungen. Neid und Aberglaube führten zu Vertreibungen und → Pogromen, bei denen Angehörige jüdischer Gemeinden Massenmorden zum Opfer fielen. In anderen Regionen durften die Juden nur in bestimmten Wohngebieten (→ Gettos) leben und waren von vielen Berufen ausgeschlossen. Erst gegen Ende des 18. Jh. wurden die jüdischen Mitbürger in Frankreich rechtlich gleichgestellt, in Deutschland sogar erst 1871.

Antimon
Zeichen: Sb (von lat. *stibium* = »*Spießglas*«)
Ordnungszahl: 51
Atommasse: 121,75
Dichte: 6,69 g/cm^3
Schmelzpunkt: 631 °C
Siedepunkt: 1750 °C

■ **Antilope**

■ **Antisemitismus:** Schon bald nach der Machtergreifung der Nationalsozialisten 1933 wurden in Deutschland jüdische Geschäfte boykottiert

Apfel

Der Apfel spielt auch eine wichtige Rolle in der Mythologie (z. B. beim Urteil des Paris, der der schönsten Göttin einen Apfel überreichen sollte, oder in der nordischen Sage als goldene Äpfel, die die ewige Jugend der → Asen erhalten). In der Bibel ist der Apfel die »verbotene Frucht«, deren Genuss zur ersten Sünde und zur Vertreibung aus dem → Paradies führt. Allerdings beruht diese Überlieferung auf einer falschen Übersetzung: Die in lateinischer Sprache abgefasste Vulgata spricht von »lignumque scientiae boni et mali«, vom »Holz der Erkenntnis von Gut und Böse«, aber in älteren Übersetzungen ist der Genitiv mali (= »des Bösen«) fälschlich von malum (= »Apfel«) abgeleitet worden.

Aphrodite

Die Liebesgöttin wird seit uralten Zeiten verehrt; vermutlich geht sie auf eine phönizische oder sogar mesopotamische Gottheit zurück, aber als Muttergöttin wurde sie bereits in vorgeschichtlicher Zeit verehrt. Beweis dafür sind sehr alte Statuetten, die als Symbol der Fruchtbarkeit eine nackte Frau mit übertrieben großen Geschlechtsmerkmalen darstellen (sog. *Venus der Steinzeit* wie z. B. die Venus von Willendorf).

Der moderne, im 19. Jh. entstandene Antisemitismus widersetzte sich einer gesellschaftlichen Eingliederung jüdischer Bürger; er war eng mit nationalistischen Bestrebungen verbunden und fand seinen Höhepunkt im Nationalsozialismus, der pseudowissenschaftliche Gründe (»Überlegenheit der arischen Rasse«) vorschob. In Deutschland und später auch in den von ihm besetzten Ländern wurde die jüdische Bevölkerung zunächst unterdrückt, dann mit Gewaltaktionen verfolgt und systematisch ermordet.
antiseptisch [griech.], Infektion von Wunden verhindernd. Ein **Antiseptikum** ist ein Mittel, das Bakterien abtötet.
Antithese [griech.], *die,* Gegenbehauptung, die einer These gegenübergestellt wird.
Anziehungskraft, die → Kraft, die zwischen zwei Körpern herrscht und die Entfernung zwischen ihnen zu verringern versucht. Wirksam wird sie bei der Schwerkraft (→ Gravitation) und bei der Anziehung zwischen entgegengesetzten elektrischen Ladungen (→ Elektrizität) oder Magnetpolen (→ Magnetismus).
Aorta [von griech. aeirein = »emporheben«], *die,* von der linken Herzhälfte ausgehende Hauptschlagader, die das Stammgefäß des Blutkreislaufs darstellt.
Apartheid [Afrikaans »Gesondertheit«], *die,* in Südafrika bis Ende 1993 praktizierte Rassentrennung zwischen der weißen Minderheit und der farbigen Bevölkerungsmehrheit. Die seit 1948 in der Verfassung verankerte Rassentrennung, auf der die Alleinherrschaft der weißen Minderheit beruhte (kein Wahlrecht für Schwarze, keine Beteiligung an der Regierung), wurde endgültig durch die neue Verfassung von 1996 aufgehoben.
Apennin, langgestrecktes Gebirgssystem auf der italienischen Halbinsel, das sich auf einer Länge von 1500 km vom Ligurischen Meer im Nordwesten bis zur Kalabrischen Halbinsel im Südosten erstreckt. Der höchste Abschnitt sind die → Abruzzen.
Apfel, vitaminreiche, aromatische, süß bis säuerlich schmeckende Frucht des Apfelbaums, der ursprünglich in West- und Zentralasien beheimatet war und heute in allen Erdteilen gezüchtet wird. Wild kommt in Europa der *Holzapfel* vor, aber die heute bekannten Apfelsorten gehen auf eine domestizierte Art zurück.
Apfelsine [ndl. »Apfel aus China«], *die,* heute zumeist als → Orange bezeichnete Frucht.
Aphel [von griech. apo = »weg« und helios = »Sonne«], *das,* sonnenfernster Punkt auf der

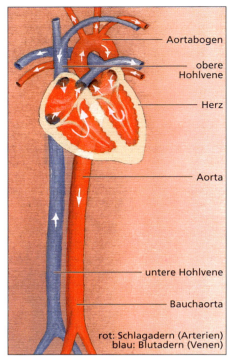

■ **Aorta:** *Die Hauptschlagader des menschlichen Körpers*

Umlaufbahn eines Planeten. Gegensatz: → Perihel.
Aphorismus [griech.-lat. »Abgrenzung«], *der,* geistreicher, knapp und treffend formulierter Gedanke, der in Prosaform eine besondere Erkenntnis oder Lebensweisheit enthält.
Aphrodite, griechische Göttin der (geschlechtlichen) Liebe, der bei den Römern → Venus entspricht.
APO, Abkürzung für *Außerparlamentarische Opposition,* eine ab 1966 in der Bundesrepublik auftretende, nur locker organisierte Bewegung von politisch engagierten Studenten und Jugendlichen, die mit Demonstrationen, Protestaktionen und Flugblättern versuchten, politische und gesellschaftliche Reformen durchzusetzen. Eine führende Rolle spielte dabei der Sozialistische Studentenbund mit *Rudi Dutschke* (1940–1979) an der Spitze. Als die sozialliberale Koalition 1969 die große Koalition von CDU/CSU und SPD ablöste, wurde eine außerparlamentarische Opposition überflüssig.
Apokalypse [griech. »Enthüllung«], *die,* eine Schrift, die sich mit dem nahenden Weltende befasst und dieses Ereignis in Schreckensbil-

■ **Apollo-Programm:** Die Kommandokapsel von Apollo 11, mit der am 20.7.1969 die ersten Menschen auf dem Mond landeten

dern beschreibt (am bekanntesten ist die *Offenbarung des Johannes* im Neuen Testament). Allgemein bezeichnet man damit einen grauenvollen Untergang.

Apokryphen [griech. »verborgen«], *Mz.,* Bücher, die nicht in den offiziellen Kanon der biblischen Schriften (→ Bibel) aufgenommen wurden, aber diesen in Form und Inhalt sehr ähnlich sind.

Apollon, griechischer Gott, der als Schutzgott der Künste galt. Außerdem war er der Gott der Weissagungen mit Orakelstätten in → Delphi und Delos. Unter dem Beinamen Phoibos (oder Phöbus, »der Leuchtende, Reine«) wurde er später auch als Licht- und Sonnengott verehrt. Die Römer übernahmen ihn als Apollo. Mit **apollinisch** bezeichnet man heute etwas Harmonisches, Maßvolles; der Gegensatz ist → dionysisch.

Apollo-Programm, amerikanisches Projekt zur bemannten Mondlandung in den 60er Jahren. Nach Vorbereitungsflügen und zwei Mondumkreisungen (Apollo 8 und 10) setzte das Landefahrzeug von Apollo 11 (»Eagle«) am 20. 7. 1969 erfolgreich auf dem Mond auf. Knapp acht Stunden später betraten die Astronauten Neil Armstrong und Edwin Aldrin als erste Menschen den Mond. Danach gab es bis Ende 1972 noch fünf weitere Mondlandungen (Apollo 12, 14 bis 17).

Apostel [griech.-lat. »Bote«], im → Neuen Testament (N.T.) die ersten zwölf Jünger, die Jesus auswählte und später aussandte, um die christliche Heilsbotschaft zu verkünden.

Apostroph [griech. »abgewandt«], *der,* Auslassungszeichen, das durch ein Häkchen (') den Wegfall eines Lautes *(kann's* statt »kann *es«)* oder einer Silbe *('runter* statt »herunter«) anzeigt.

Apotheose [griech. »Vergöttlichung«], *die,* in der griechischen und römischen Antike Erhebung eines Menschen, der sich als Held oder Herrscher um den Staat verdient gemacht hatte, zu einer Gottheit. Heute versteht man darunter eine Verklärung sowie ein wirkungsvolles Schlussbild im Theater.

Appalachen, erdgeschichtlich altes, waldreiches Faltengebirge an der Ostseite Nordamerikas, das sich auf einer Länge von 3000 km von Neufundland bis fast zum Golf von Mexiko erstreckt und bis zu 600 km breit ist. Die höchste Erhebung ist der *Mount Mitchell* (2038 m).

■ **Appenzell:** Das von Wiesen und Weiden beherrschte Voralpenland wird vor allem für die Viehwirtschaft genutzt

Appenzell, Kanton in der → Schweiz, der in die Halbkantone **Appenzell Innerrhoden** und **Appenzell Ausserrhoden** unterteilt ist.

Apposition, [lat. »Zusatz«], *die,* erklärende Beifügung, ein substantivisches → Attribut, das im gleichen Fall wie das Bezugswort steht und diesem nachfolgt.

Aprikose, Frucht des Aprikosenbaums, der ursprünglich in Ost- und Zentralasien beheimatet war. Die pfirsichähnliche Steinfrucht wird in Österreich als *Marille* bezeichnet.

Apsis [griech.-lat. »Bogen«], *die,* abgerundeter oder vieleckiger Abschlussraum in einer Kirche.

Apulien, it. *Puglia,* Region in Südostitalien, die zwischen Adria und Ionischem Meer liegt.

Aquädukt [von lat. aquae ductus = »Wasserleitung«], *das,* altrömisches brückenartiges Bauwerk, das mit Hilfe einer Rinne Wasser weiterleitete.

Aquaplaning [lat.-engl. »Wassergleiten«], *das,*

Die zwölf Apostel

Petrus (eigentlich Simon)

Andreas (Bruder von Petrus)

Jakobus der Ältere (Vetter von Jesus)

Johannes (Bruder von Jakobus, Evangelist)

Jakobus der Jüngere (der »Gerechte«)

Bartholomäus (im Evangelium nach Johannes: Natanael)

Judas Thaddäus (Sohn von Jakobus d. J.)

Matthäus (der Zöllner, Evangelist)

Philippus

Simon (der Zelot oder »Eiferer«)

Thomas (der »Ungläubige«)

Judas Iskariot (nachdem er Jesus verraten und sich erhängt hatte, wurde durch das Los als zwölfter Apostel Matthias bestimmt)

Appenzell Ausserrhoden   Appenzell Innerrhoden

■ **Apulien:** Alte Trullihäuser in Alberobello

Äquatorialguinea (República de Guinea Ecuatorial)
Staatsname: Republik Äquatorialguinea
Staatsform: Präsidiale Republik
Hauptstadt: Malabo
Fläche: 28 051 km²
Einwohner: 400 000
Bevölkerungsdichte: 14/km²
Amtssprache: Spanisch
Währung: CFA-Franc
Nationalitätskennzeichen: GQ

Äquatorialguinea

Aquarium

Das größte Aquarium Europas befindet sich in Barcelona. Es bildet auf einer Fläche von 13 000 m² die Unterwasserwelt des Mittelmeeres nach und enthält 300 Tierarten (mit 8000 Exemplaren), darunter auch 30 Haie und giftige Fische.

Harun ar-Raschid

Inbegriff für die Blütezeit des arabischen Weltreichs war der Kalif Harun ar-Raschid, der 786-809 regierte. Er wurde zu einer Symbolfigur, die in den Märchen von »Tausendundeiner Nacht« wegen ihrer Macht und Weisheit gerühmt wurde. Nach seinem Tod kam es unter seinen beiden Söhnen zum Bürgerkrieg und zur Teilung des Reiches.

Bezeichnung für das unkontrollierte Gleiten eines Fahrzeugreifens bei zu schnellem Fahren durch eine Pfütze oder auf regennasser Straße. Dabei bildet sich unter dem Reifen ein dünner Wasserfilm, der die Bodenhaftung verhindert.

Aquarell [lat.-it.], *das,* mit durchscheinenden Wasserfarben gemaltes Bild.

Aquarium [von lat. acqua = »Wasser«], *das,* Glasbehälter, in dem Wassertiere und -pflanzen gehalten und gezüchtet werden.

Äquator [lat. »Gleichmacher«], *der,* größter → Breitengrad der Erdkugel. Der Äquator verläuft senkrecht zur Erdachse. Der Erdäquator, der einen Umfang von 40 076 km hat, teilt den Globus in zwei Halbkugeln, die nördliche und die südliche Hemisphäre.

Äquatorialguinea, Staat in Westafrika. Das überwiegend von Bantustämmen bewohnte Land besteht aus einem Festlandsteil (Mbini) und mehreren vorgelagerten Inseln sowie – weiter nördlich gelegen – den Inseln Bioko (wo sich die Hauptstadt Malabo befindet) und Pagalu. Die Insel Fernando Póo, das heutige Bioko, wurde im 15. Jh. von den Portugiesen entdeckt. 1775/78 fiel das Gebiet an Spanien. Die beiden Teile der Kolonie Spanisch-Guinea erhielten 1959 den Status von Überseeprovinzen (1963 vereinigt). Seit 1968 ist Äquatorialguinea unabhängig. Wichtigster Wirtschaftsbereich ist die Landwirtschaft (Hauptausfuhrgüter sind Kakao und Holz).

Äquinoktium [lat.], *das,* → Tagundnachtgleiche.

äquivalent [lat.], gleichwertig.

Ar, Flächenmaß, Abkürzung *a.* 1 a = 100 m².

Araber, *arabisches Vollblut,* Pferderasse, die ursprünglich aus Iran und Kleinasien stammte.

Arabien, *Arabische Halbinsel,* 3,2 Mio. km² große Halbinsel in Vorderasien, die vom Roten Meer, Arabischen Meer und Persischen Golf umgeben ist. Da das Innere des bis auf 3000 m Höhe ansteigenden Tafellands aus Wüsten (u. a. Große Arabische Wüste) besteht, ist Arabien nur dünn besiedelt. Den größten Teil der Halbinsel nimmt → Saudi-Arabien ein. Aufgrund der riesigen Erdölvorkommen (hauptsächlich am Persischen Golf) besitzt die Region eine große wirtschaftliche Bedeutung.

Die **Araber** waren ursprünglich semitische Stämme (→ Semiten), die als Nomaden auf der Arabischen Halbinsel lebten. Mit dem Islam breiteten sie sich ab 7. Jh. über Vorderasien und Nordafrika aus und stießen sogar bis Europa vor. Sie schufen ein Weltreich, das in seiner größten Ausdehnung vom Atlantik bis nach Indien reich-

■ *Arabien:* Traditionsgemäß zeigen sich die Frauen in vielen arabischen Staaten nur verschleiert in der Öffentlichkeit

te. Aber schon im 9. Jh. lösten sich zahlreiche arabische Teilstaaten vom Kalifat. Während der → Kreuzzüge kam es im Heiligen Land zur Konfrontation zwischen den Arabern und den Heeren europäischer Nationen. Das islamische Reich kam ab dem 15. Jh. unter die Herrschaft der Osmanen. Die arabische Kultur (Wissenschaft und Literatur) war im Mittelalter ein wichtiger Übermittler von antikem Wissen, weil viele griechische und römische Werke nur in ihrer arabischen Übersetzung erhalten blieben. Nach dem Niedergang und Zerfall des Osmanischen Reiches wurden die arabischen Gebiete von Europa besetzt; daraus entstanden nach dem Ersten Weltkrieg Nationalstaaten. Heute versteht man unter Arabern die Bewohner aller arabisch sprechenden Länder.

Die **arabische Sprache** ist eine semitische Sprache, die sich mit dem Islam ab 650 über Vorderasien und Nordafrika ausbreitete und zu einer wichtigen Verkehrssprache wurde.

arabische Ziffern, die heute im → Dezimalsystem üblichen zehn Ziffern. Die Araber übernahmen sie von den Indern; über Spanien gelangten sie ab dem 10. Jh. auch nach Europa, wo sie die → römischen Ziffern ablösten.

Arafat, Jassir (* 1929), Präsident des palästinensischen Autonomierates. Als Führer der palästinensischen Befreiungsorganisation → PLO kämpfte er für einen eigenständigen Palästinenserstaat. 1994 unterzeichnete er ein Friedensabkommen mit Israel und erhielt zusammen mit den zwei israelischen Politikern Rabin und Peres 1994 den Friedensnobelpreis.

Aralsee, früher viertgrößter See der Erde (heute mit 33 600 km² nur mehr an sechster Stelle), der ohne Abfluss in Mittelasien (Kasachstan und Usbekistan) liegt. Da riesige Bewässerungsanlagen und Stauseen seinen Zuflüssen viel Wasser entnehmen, ist seine Fläche in den letzten 35 Jahren um mehr als die Hälfte geschrumpft, das Volumen sogar um drei Viertel, während sich der Salzgehalt mit 2,7 % vervierfacht hat. Dies hat zu einer Zweiteilung des Gewässers geführt; der Kleine Aralsee im Norden und der Große Aralsee im Süden sind nur noch durch eine Schleuse miteinander verbunden.

Aramäisch, eine semitische Sprache, die im 1. Jt. v. Chr. zur Verkehrssprache in Vorderasien wurde und dabei das → Akkadische ablöste; erst ab 650 n. Chr. trat das Arabische an seine Stelle.

Arbeit, in der Physik das Produkt aus der Kraft, die auf einen Körper einwirkt, und dem zurückgelegten Weg. Arbeit im physikalischen Sinn wird also immer dann verrichtet, wenn ein Körper bewegt wird und dabei eine entgegenwirkende Kraft (zumeist die Schwerkraft in Form des Gewichts des Körpers) überwunden werden muss *(mechanische Arbeit).* Der Begriff der Arbeit ist auch auf andere physikalische Gebiete übertragen worden.

Arbeitslosenversicherung, in Deutschland Pflichtversicherung für alle Arbeitnehmer. Die Hälfte des monatlichen Beitrages übernimmt der Arbeitgeber. Wird ein Arbeitnehmer arbeitslos, erhält er ein Jahr lang *Arbeitslosengeld;* danach wird er bei Bedürftigkeit vom Staat durch *Arbeitslosenhilfe* unterstützt.

Archaebakterien, *Archaea-Mikroben,* urtümliche Lebewesen, die früher den → Bakterien zugeordnet wurden, aber eine dritte, von den prokaryontischen (ohne echten Zellkern) und → eukaryontischen (mit Zellkern) Lebewesen unterschiedene Lebensform darstellen. Sie leben in extrem, lebensfeindlichen Umgebungen (vor allem in heißen Quellen von Vulkanfeldern), kommen ohne Sauerstoff aus, ernähren sich von Stickstoff, Wasserstoff und Kohlendioxid und produzieren → Methan.

Archaikum [von griech. archaikos = »altertümlich«], *das,* ein vor etwa 4 Mrd. Jahren einsetzender Abschnitt in der → Erdgeschichte.

archaisch [griech.], frühzeitlich, altertümlich.

Archäologie [griech.], *die,* Altertumskunde, Wissenschaft, die sich mit den sichtbaren Überresten von Kulturen des Altertums befasst, die durch Ausgrabungen zutage gefördert werden.

Archetyp, *Archetypus* [griech. »Urbild«], *der,* in der Psychologie eine Urvorstellung, die als Inhalt des »kollektiven Unbewussten« (C. G. Jung) seit Urzeiten übermittelt worden und allen Menschen gemeinsam ist. Solche urtümlichen Bilder kommen vor allem in Mythen, Religionen und Märchen zum Ausdruck.

Archimedes (um 285–212 v. Chr.), griechischer Mathematiker und Physiker, der in Syrakus (Süditalien) lebte. Als Erfinder konstruierte er viele Geräte (u. a. Flaschenzug) und Kriegsmaschinen. Er berechnete für die Kreiszahl π einen Näherungswert, der nur um 0,06 % vom heute bekannten Wert abweicht, und ermittelte die Fläche von Parabelsegmenten sowie den Rauminhalt von Rotationskörpern (Kugel, Zylinder und Kegel). Auf dem Gebiet der Physik entdeckte er das Prinzip des → Auftriebs und das Hebelgesetz.

Archipel [griech.-it. »Hauptmeer«], *der,* eine Inselgruppe.

Architekt [griech. »Baumeister«], *der,* Fachmann, der auf einer Hochschule ausgebildet worden ist, um Bauwerke zu entwerfen. Die Baukunst wird als **Architektur** bezeichnet (→ Baukunst, Sonderseite); die Wissenschaft von der Baukunst ist die **Architektonik.**

Archiv [griech. »Regierungsgebäude«], *das,* Sammlung, die Dokumente systematisch erfasst und zusammenträgt.

ARD, Abkürzung für *Arbeitsgemeinschaft der öffentlich-rechtlichen Rundfunkanstalten der Bundesrepublik Deutschland,* zumeist für das Erste Programm des deutschen → Fernsehens verwendet.

Arena [lat. »Sand«], *die,* im römischen Theater ein großer, mit Sand bestreuter Platz, auf dem Kampfspiele vorgeführt wurden; heute Bezeichnung für die Fläche in der Mitte einer Sportanlage, auf der Wettkämpfe veranstaltet werden.

Areopag [griech. »Areshügel«], *der,* der höchste Gerichtshof im antiken → Athen.

Ares, griechischer Gott des (blindwütigen Angriffs-)Krieges, dem in der römischen Mythologie → Mars entspricht.

Argentinien, Staat in Südamerika. Argentinien ist das zweitgrößte Land Südamerikas. Es erstreckt sich von den → Anden im Osten bis zum Atlantik im Westen und reicht im Süden bis → Feuerland. Landschaftlich ist es in drei Großräume gegliedert: Gebirge im Westen, flaches Land (Gran Chaco, Zwischenstromland und → Pam-

---

Argentinien (Argentina)

Staatsname: Republik Argentinien

Staatsform: Bundesrepublik

Hauptstadt: Buenos Aires

Fläche: 2 766 889 km²

Einwohner: 34,5 Mio.

Bevölkerungsdichte: 12,5/km²

Amtssprache: Spanisch

Währung: Argentinischer Peso (arg $)

Nationalitätskennzeichen: RA

Argentinien

Argentinien: *Der Gletscher Moreno im Nationalpark Los Glaciares*

Argon
Zeichen: Ar
Ordnungszahl: 18
Atommasse: 39,95
Dichte: 1,78 g/cm^3
Schmelzpunkt: −189,2 °C
Siedepunkt: −185,7 °C

pas) im Norden und Osten und Tafelland im Süden (Patagonien). Die Bevölkerung setzt sich zu mehr als 90 % aus den Nachkommen weißer Einwanderer (vor allem italienischer und spanischer Herkunft) zusammen. Die argentinische Wirtschaft ist in hohem Maße landwirtschaftlich geprägt (Viehzucht und Ackerbau). Entdeckt wurde das Land, dessen Nordteil gegen Ende des 15. Jh. von den Inka unterworfen wurde, 1515 von den Spaniern, die es im selben Jahrhundert besiedelten. 1776 entstand das spanische Vizekönigreich Rio de la Plata, das 1816 seine Unabhängigkeit ausrief. Der heutige Bundesstaat kam nach mehreren Bürgerkriegen 1880 zustande. Nachdem mehrmals Militärjuntas die Macht übernahmen, gibt es seit 1983 wieder eine demokratisch gewählte Regierung.

Argon [von griech. argos = träge], *das,* ein → chemisches Element, das zu den → Edelgasen zählt. Wegen seiner Reaktionsträgheit (die auch den Namen erklärt) und seiner geringen Wärmeleitfähigkeit wird Argon zur Füllung von Leuchtröhren verwendet.

Argos, *Argus,* in der griechischen Sage ein riesiges Ungeheuer, das wegen seiner vielen Augen am ganzen Körper als Wächter diente. Von **Argusaugen** spricht man, wenn jemand mit besonders scharfem Blick über etwas wacht.

Argument [lat.], *das,* etwas, was bei einer Beweisführung vorgebracht wird, um eine Aussage zu bekräftigen.

Ariadne, Tochter des kretischen Königs → Minos. Sie gab dem griechischen Helden → Theseus ein Wollknäuel *(Ariadnefaden),* mit dessen Hilfe er aus dem Labyrinth herausfand, nachdem er dort den → Minotaurus getötet hatte.

Ariane, dreistufige europäische Trägerrakete, die vom Raumfahrtzentrum Kourou in Französisch-Guayana aus startet und für zahlreiche Länder → Satelliten in eine Erdumlaufbahn befördert. Die Rakete wurde von der → ESA als Gemeinschaftsprojekt entwickelt und hatte Ende 1979 ihren ersten Testflug. *Ariane 5,* die den zuletzt verwendeten Typ ablösen soll, kann eine Nutzlast von bis zu 6,8 t tragen.

Arie [it. »Weise (des Auftretens)«], *die,* ein Sologesangsstück mit instrumentaler Begleitung, das wichtiger Bestandteil der → Oper und des → Oratoriums ist.

Arier [von Sanskrit arya = »der Edle«], die gemeinsamen Vorfahren von Indern und Iranern, die um 1500 v. Chr. aus Zentralasien in Nordindien eindrangen und im 15./14. Jh. v. Chr. in Mesopotamien das Reich von Mitanni errichteten. Es handelte sich dabei um eine kriegerische Oberschicht, die eine → indogermanische Sprache verwendete. Als arische Sprachen werden in der Sprachwissenschaft die indoiranischen Sprachen (z. B. Sanskrit) bezeichnet. Im 19. Jh. wurde der Begriff fälschlich mit »indogermanisch« gleichgesetzt; im → Nationalsozialismus verwendete man »arisch« für die Angehörigen der »nordischen«, d. h. germanischen Rasse, im Gegensatz zur »jüdischen Rasse«.

Aristokratie [griech. »Herrschaft der Vornehmsten«], *die,* eine Herrschaftsform, bei der eine kleine gesellschaftliche Führungsschicht die Macht innehat; auch Bezeichnung für den Adel als Oberschicht mit besonderen gesellschaftlichen Vorrechten.

Aristophanes (um 445–385 v. Chr.), griechischer Dichter. Seine Komödien (z. B. »Lysistrata«) sind durch einen derben Witz gekennzeichnet.

Aristoteles (384–322 v. Chr.), griechischer Philosoph. Er war ein Schüler → Platons und wurde nach dessen Tod Erzieher von → Alexander dem Großen; in Athen begründete er die Peripatetische Schule. Aristoteles hinterließ ein umfassendes Werk, das sich mit Logik, Physik, Metaphysik, Ethik, Politik und Dichtung befasste.

Arithmetik [griech. »Rechenkunst«], *die,* ein Teilgebiet der Mathematik, das sich mit Zahlen und Zahlentheorie befasst. Die Arithmetik schließt die vier → Grundrechenarten sowie deren Erweiterungen (Potenzieren, Wurzelziehen und Logarithmieren) und die arithmetischen Reihen mit ein.

Arktis 43

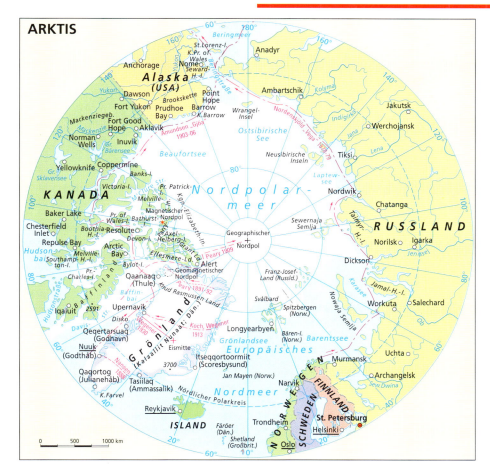

■ *Arkade*

Arkade [lat.-it.-frz.], *die,* Mauerbogen, der von zwei Pfeilern getragen wird. Als Arkaden bezeichnet man einen Gang, der auf einer Seite offen ist und von einer Bogenreihe begrenzt wird.

Arkadien, gebirgige Landschaft auf dem → Peloponnes.

Arktis [griech. »nördlich«], *die,* die Meeres- und Landgebiete um den → Nordpol, nördlich der Baumgrenze. Im Zentrum der etwa 26 Mio. km² großen Arktis befindet sich das Nordpolarmeer, das größtenteils das ganze Jahr über von Eis bedeckt ist. Der Landanteil (etwa 8 Mio. km²) entfällt auf Russland, Alaska, Kanada und Grönland sowie einige Inseln (z. B. → Spitzbergen). Das Klima ist durch lange, kalte Winter und kühle Sommer gekennzeichnet; die Vegetation (→ Tundra) auf den Dauerfrostböden ist recht

■ *Eine Expedition in den endlosen Weiten der* **Arktis**

Armenien (Hayastan)

Staatsname:	Republik Armenien
Staatsform:	Präsidiale Republik
Hauptstadt:	Jerewan
Fläche:	29 800 km²
Einwohner:	3,8 Mio.
Bevölkerungsdichte:	127,5/km²
Amtssprache:	Armenisch
Währung:	Dram (ARD)
Nationalitätskennzeichen:	ARM

Armenien

Arsen
· · · · · · · · · · · · · · · · · · · ·
Zeichen: As
Ordnungszahl: 33
Atommasse: 74,92
Dichte: 5,73 g/cm³
Schmelzpunkt: 817 °C
Siedepunkt: 613 °C

---

spärlich. Im Gegensatz zur → Antarktis ist die Arktis bewohnt (→ Eskimos).

Armbrust, im Mittelalter verbreitete Schusswaffe, die sich aus dem Bogen entwickelt hat und Pfeile, Bolzen oder Kugeln verschießen kann. Sie besteht aus einem Bogen mit Sehne sowie einem Schaft mit Bolzenrinne und Drücker. Nach dem Spannen der Sehne mit Hilfe einer Kurbel wird der Bolzen in die Rinne eingelegt; die Sehne wird wie bei einer Handfeuerwaffe mit einem Drücker ausgelöst.

Armee [lat.-frz. »bewaffnet«], *die,* bewaffnete Landstreitkräfte eines Staates, das Heer eines Landes. Im engeren Sinn versteht man darunter einen großen Truppenverband, der unter einem gemeinsamen Oberbefehl steht und für eine spezielle Aufgabe oder in einem bestimmten Gebiet eingesetzt wird.

Ärmelkanal, *Der Kanal,* Meeresstraße zwischen England und Frankreich, die den Atlantischen Ozean mit der Nordsee verbindet. Der Ärmelkanal ist 550 km lang und bis zu 200 km breit; an der schmalsten Stelle *(Straße von Dover* bzw. *Pas de Calais)* ist er nur 32 km breit. 1994 wurde für den Zugverkehr ein Tunnel (→ Eurotunnel) fertiggestellt, der unter dem Kanal verläuft.

Armenien, asiatischer Staat im → Kaukasus. Das karge Hochland war schon im Altertum besiedelt; das erste geschichtlich belegbare Volk waren die Churriter. Die Armenier, ein indogermanisches Volk, wanderten im 7. Jh. v. Chr. ein. Ihr Reich stand zumeist unter der Oberhoheit verschiedener Völker (Perser, Byzanz, Araber, Osmanen) und wurde mehrmals erobert und geteilt. Im 19. Jh. fiel ein Großteil des Gebiets an Russland; ab 1920 gehörte Armenien zur → Sowjetunion, ehe es nach dem Zusammenbruch des Kommunismus 1991 wieder unabhängig wurde. Seit 1988 besteht ein Konflikt mit dem Nachbarstaat → Aserbaidschan um die armenische Enklave *Bergkarabach,* wobei der 1994 geschlossene Waffenstillstand weitgehend eingehalten wird. Die Armenier (über 93 % der Bevölkerung) sind Christen mit eigener Kirche (gregorianische Kirche). Die reichen Bodenschätze (Erze, Edelmetalle, Erdöl) bilden die Grundlage der armenischen Wirtschaft (Maschinenbau, chemische Industrie und Textilindustrie). Die Landwirtschaft (neben Getreide, Gemüse und Obst Anbau von Wein, Tabak und Baumwolle) ist überwiegend auf künstliche Bewässerung angewiesen; eine wichtige Rolle spielt die Schafzucht.

■ *Louis Armstrong, eine der großen Legenden der Jazzgeschichte*

Arminius (16 oder 18 v. Chr.–19 oder 21 n. Chr.), germanischer Fürst der Cherusker, der im Dienste Roms germanische Truppen befehligte. Nach seiner Rückkehr in die Heimat organisierte er den Widerstand gegen die Römer und besiegte 9 n. Chr. im Teutoburger Wald ein römisches Heer (etwa 20 000 Mann). Dieser Sieg verhinderte, dass sich Rom auch das rechtsrheinische Germanien einverleibte. An die Schlacht erinnert das 1875 auf der Grotenburg bei Detmold errichtete *Hermannsdenkmal* (der falsche Name »Hermann« als Übersetzung für den römischen Namen »Arminius« kam im 17. Jh. auf).

Armstrong [ˈɑːmstrɔŋ], **1.** Neil (* 1930), amerikanischer Astronaut, der als erster Mensch den Mond betrat (→ Apollo-Programm). **2.** Louis, genannt *Satchmo* (1901–1971), amerikanischer Jazztrompeter und -sänger. Armstrong war eine der berühmtesten Persönlichkeiten der Jazzgeschichte, mit seinen virtuosen Soli wirkte er stilbildend.

Arnika, eine zu den Korbblütlern gehörende Heilpflanze, aus deren Blüten und Wurzeln Tinkturen zur Wundheilung bereitet werden.

Aroma [griech. »Gewürz«], *das,* angenehmer, zumeist deutlich ausgeprägter Duft oder Geschmack von Speisen und Genussmitteln, der auf flüchtige (ätherische) Öle zurückgeht. Heute werden *Aromastoffe,* die aus Pflanzen und Früchten gewonnen oder künstlich hergestellt werden, oft Nahrungsmitteln, Getränken, Gewürzen und Kosmetika beigemischt.

Arroganz [lat.], *die,* anmaßendes, überhebliches Benehmen.

Arsen [griech.], *das,* ein → chemisches Element. Die beständigste Form, in der das Halbmetall vorkommt, besitzt eine glänzende graue Farbe.

Arsenik (ein Arsenoxid) ist ein sehr giftiges Pulver mit weißer Farbe.

Art, *Spezies,* in der Biologie eine grundlegende Kategorie, die bei der systematischen Beschreibung von Pflanzen und Tieren alle Einzelwesen zusammenfasst, die in den wesentlichen Merkmalen übereinstimmen. Ein wichtiges Kennzeichen der Art ist, dass sich ihre Vertreter untereinander fortpflanzen können.

Artefakt [von lat. arte factum = »mit Geschick Gemachtes«], *das,* ein von menschlicher Hand hergestellter Gegenstand.

Artemis, griechische Göttin der Jagd; in der römischen Mythologie entspricht ihr → Diana. Ihr Tempel in Ephesos war eines der sieben → Weltwunder der Antike.

Artenschutz, die durch Gesetze geregelten Maßnahmen zum Schutz von seltenen Pflanzen- und Tierarten und zur Erhaltung ihrer natürlichen Lebensräume (→ Biotope). Neben dem Naturschutzgesetz gibt es besondere internationale Vereinbarungen. Die gefährdeten Pflanzen- und Tierarten stehen auf der *Roten Liste.*

Arterie [griech.], *die,* Schlagader. Die Arterien führen im → Blutkreislauf hellrotes, sauerstoffreiches Blut vom Herzen weg zu den Organen.

Arteriosklerose [griech.], *die,* Arterienverkalkung, häufigste Erkrankung der → Arterien, die durch Veränderungen der Gefäßwand zu Gefäßverengungen bis -verschlüssen führt. Die Folgen sind Durchblutungsstörungen, eine Abnahme der körperlichen und geistigen Leistungsfähigkeit sowie Schlaganfall oder Herzinfarkt, wenn die betroffenen Gewebe ganz absterben. Neben Veranlagung und Alter gibt es weitere Risikofaktoren (u. a. Ernährung, Nikotin und Stoffwechselerkrankungen wie z. B. → Diabetes).

artesischer Brunnen, ein natürlicher Brunnen, der auf dem Prinzip der → kommunizierenden Röhren beruht. Voraussetzung dafür ist eine wasserführende Schicht (Sand oder Kies), die sich zwischen zwei wasserundurchlässigen Schichten (Ton oder Mergel) befindet. Durch einen Überdruck des Grundwassers steigt das Wasser von selbst zur Oberfläche auf.

Artikel [lat. »kleines Gelenk«], *der,* **1.** in der Grammatik das *Geschlechtswort,* das als Attribut bei einem Substantiv steht und dabei das grammatische Geschlecht eines Wortes anzeigt. Im Deutschen geht der Artikel immer dem Substantiv voraus und wird dekliniert, d. h., seine Form richtet sich nach dem → Genus, Numerus und Kasus des Bezugsworts. Man unterscheidet zwischen bestimmtem (der, die, das) und unbestimmtem (einer, eine, ein) Artikel; **2.** Abschnitt in einem Gesetz oder Vertrag (häufig mit *Art.* abgekürzt); **3.** kurzer Aufsatz in einer Zeitung oder Zeitschrift; **4.** Warenart.

Artillerie [von frz. artiller = »mit Kriegsgerät ausrüsten«], *die,* mit Geschützen *(Feld-, Panzer- und Raketenartillerie)* ausgerüstete Truppengattung. Die Artillerie entstand zu Beginn des 14. Jh., nachdem das → Schießpulver erfunden worden war; bereits im 15. Jh. wurden mobile Feldgeschütze entwickelt. Die reitende Artillerie wurde von Friedrich dem Großen eingeführt. Schon früh verfügte auch die Marine über Geschütze *(Küstenabwehr- und Schiffsartillerie)*. Im 20. Jh. kamen die *Flak-* (zur Abwehr von Luftzielen) und die *Raketenartillerie* hinzu.

Artus, engl. *Arthur,* sagenhafter König in Britannien. Die Figur geht vermutlich auf einen keltischen Heerführer zurück, der um 500 gegen die eindringenden → Angelsachsen kämpfte. In der mittelalterlichen Dichtung wurde Artus zum glanzvollen Herrscher, der im Schloss Camelot Hof hielt. Zu seiner *Tafelrunde* gehörten die edelsten Ritter des Landes.

Asbest [griech. »unauslöschlich«], *der,* ein faseriger Mineralstoff von blaugrauer bis weißer Farbe. Die langen Fasern lassen sich leicht zu einem feuerfesten Gewebe verarbeiten. Asbest wurde früher zur Schalldämmung, als Baustoff (in Form von Asbestzement für Dachplatten und Wasserrohre), in der Technik (Bremsbeläge beim Automobil) und wegen seiner Säurebeständigkeit auch in der Chemie eingesetzt. Bei der Bearbeitung werden ebenso wie bei der Alterung des Materials feinste Asbestteilchen frei, die sich in der Lunge festsetzen und Krebs hervorrufen können.

ASCII, Abkürzung für *American Standard Code of Information Interchange* (Amerikanischer Standardcode für Informationsaustausch), das international gebräuchliche Standardsystem für die Darstellung von Zahlen und Ziffern in → binärer Form.

Asen, germanisches Göttergeschlecht, dessen Wohnsitz **Asgard** war.

aseptisch [griech.], keimfrei.

Aserbaidschan, asiatischer Staat im → Kaukasus. Das aus Gebirgsland und Steppen bestehende Land am Kaspischen Meer wurde Mitte des 7. Jh. von den Arabern erobert; ab dem 11. Jh. wanderten türkische Stämme ein. Die Aserbaidschaner, die heute über 85 % der Bevölkerung ausmachen, sind ein muslimisches Turkvolk. Nach wechselnder Herrschaft verschiedener Völker und Dynastien fiel der nördliche Teil

■ *Arnika*

Aserbaidschan (Azärbaycan)
Staatsname: Aserbaidschanische Republik
Staatsform: Präsidiale Republik
Hauptstadt: Baku
Fläche: 86 600 km²
Einwohner: 7,6 Mio.
Bevölkerungsdichte: 88/km²
Amtssprache: Aserbaidschanisch
Währung: Aserbeidschan. Manat (A. M.)
Nationalitätskennzeichen: AZ

Aserbaidschan

1828 an Russland, während der südliche Teil persisch blieb. Aserbaidschan gehörte ab 1920 zur → Sowjetunion; 1991 wurde es unabhängig. Mit dem Nachbarland → Armenien besteht seit 1988 ein bewaffneter Konflikt um die Enklave *Bergkarabach*, wobei der 1994 geschlossene Waffenstillstand weitgehend eingehalten wird. Bergkarabach liegt auf aserbaidschanischem Gebiet, gehört aber historisch zu Armenien und wird auch überwiegend von Armeniern bewohnt. Die aserbaidschanische Wirtschaft basiert auf der Verarbeitung von Rohstoffen (reiche Vorkommen von Erzen, Edelmetallen, Erdöl und Erdgas) und der Herstellung von Textilien. Wichtige Zweige der Landwirtschaft sind Anbau von Baumwolle, Schaf- und Seidenraupenzucht.

Ashram [von Sanskrit *āśrama* = »Einsiedelei«], *der,* in Indien ein religiöses (hinduistisches oder buddhistisches) Zentrum, in dem ein → Guru seine Schüler versammelt und unterweist.

Asien, der größte Kontinent der Erde, der von seiner nördlichsten Spitze (Kap Tscheljuskin) bis zum südlichsten Punkt (der zu Indonesien gehörenden Insel Roti) über 8500 km misst und sich von Westen (Kleinasien) bis Osten (Tschuktschen-Halbinsel) über mehr als 11 000 km erstreckt. Umgeben ist Asien im Norden vom Nordpolarmeer, im Osten und Südosten vom Pazifischen Ozean mit seinen Randmeeren, im Süden vom Indischen Ozean mit seinen Randmeeren und im Südwesten vom Mittelmeer und vom Schwarzen Meer. Im Westen gibt es keine klare natürliche Abgrenzung gegenüber Europa, so dass die beiden Kontinente gemeinsam die zusammenhängende Landmasse *Eurasien* bilden; als Grenze gilt der → Ural. Von Amerika ist Asien nur durch die 50 km breite → Beringstraße getrennt, während es durch die Landenge von Suez mit dem afrikanischen Kontinent verbunden ist, Banda- und Molukkensee trennen Asien von Australien und Ozeanien. Zu Asien gehören auch zahlreiche Inseln; die bekanntesten sind Sri Lanka, die Malaiischen Inseln, die Philippinen, Taiwan und die japanischen Inseln.

Von Westen nach Osten durchzieht den asiatischen Kontinent eine ausgedehnte Gebirgszone, die weite Hochländer (u. a. Anatolien, Iran, Tibet und Mongolei) einschließt und im → Himalaja (höchste Erhebung: Mount Everest mit 8848 m) und im → Karakorum am höchsten aufragt. Tiefländer prägen Westsibirien und teilweise Ost- und Südasien; Hochebenen und Tafelländer findet man in Arabien, Indien und Ost- und Mittelsibirien. Der Malaiische Archipel, auf dem sich die Faltengebirge der hinterindischen Halbinsel in erdgeschichtlich jungen Gebirgen mit tätigen Vulkanen fortsetzen, besteht aus etwa 20 000 Inseln. Bedeutende Flüsse sind Ob, Jenissej und Irtysch, die ins Nordpolarmeer münden, Amur, Huang He, Chang Jiang und Mekong (in den Pazifik) sowie Ganges und Indus (in den Indischen Ozean). Das → Kaspische Meer ist der größte Binnensee der Erde, der → Baikalsee der tiefste See.

Der größte Teil Asiens liegt auf der nördlichen Erdhalbkugel; nur der Malaiische Archipel reicht über den Äquator hinaus. Der Kontinent ist in klimatischer Hinsicht von extremen Gegensätzen bestimmt; er hat Anteil an allen Klimazonen und umfasst die Gebiete mit den niedrigsten Temperaturen außerhalb der Antarktis (in Ostsibirien) wie auch die heißesten Regionen der Erde (in Mesopotamien und im Pandschab). Während Nord- und Zentralasien ein kontinentales Klima mit großen Temperaturunterschieden zwischen Sommer und Winter besitzen, werden Süd- und Südostasien vom → Monsun beeinflusst, der auch für die Taifune verantwortlich ist. Von der Arabischen Halbinsel bis zur Wüste Gobi erstreckt sich ein ausgedehnter Trockengürtel. An der Nordküste und auf den vorgelagerten Inseln dehnt sich die arktische → Tundra aus, an die sich südlich mit der sibirischen Taiga das größte Waldgebiet der Erde (Nadel- und Birkenwälder) anschließt. Steppe und Wüste kennzeichnen den Trockengürtel. In Süd- und Südostasien findet man Monsunwälder und Savannen, während der tropische Regenwald von Südindien bis zum Malaiischen Archipel reicht.

Asien, das mit etwa 3,5 Mrd. Menschen drei Fünftel der gesamten Erdbevölkerung beherbergt, wird im Wesentlichen von Mongoliden (vor allem in Nord-, Zentral- und Ostasien) und Europiden (im Westen und Süden) bewohnt; daneben gibt es in Rückzugsgebieten Reste einer älteren Bevölkerung (Ainu auf Hokkaido, Negritos auf den Philippinen). In Asien entwickelten sich die frühesten Hochkulturen des Altertums (vor allem in → Mesopotamien, im Industal und in China). Während in der Antike ein reger Handelsverkehr herrschte, wusste man im Mittelalter wenig über Asien. Erst die Entdeckung des Seewegs nach Indien (1498 durch Vasco da Gama) führte zu einer stärkeren handelsmäßigen Erschließung, die ab dem 18. Jh. europäische Kolonien in Süd- und Ostasien entstehen ließ. Ab dem 16. Jh. breitete sich das russische Zarenreich nach Sibirien aus. Vorderasien wurde bis zum Ersten

Weltkrieg vom → Osmanischen Reich beherrscht, nachdem es vorher unter arabischer Herrschaft gestanden hatte. Wenige asiatische Länder, wie China, Japan, Türkei, Iran und Thailand, bewahrten ihre Selbstständigkeit. Nach dem Zweiten Weltkrieg gewannen die Kolonien ihre Unabhängigkeit. Auch danach war Asien Schauplatz einer Reihe von Kriegen und Bürgerkriegen; während Japan in Ostasien zur führenden Wirtschaftsmacht aufstieg, entwickelte sich die Volksrepublik China auf dem asiatischen Festland unter kommunistischer Herrschaft zur einflussreichsten politischen Macht.

Askese [griech. »Übung«], *die,* eine Lebensweise, die durch strenge Enthaltsamkeit gekennzeichnet ist. In verschiedenen Religionen wird die Askese gefordert oder (insbesondere von Mönchen und Einsiedlern) freiwillig praktiziert, um zu sittlicher Vollkommenheit oder zu einer Begegnung mit Gott zu gelangen.

Asklepios, griechischer Gott der Heilkunde.

Äskulap, römische Entsprechung zu → Asklepios. Der **Äskulapstab,** ein Stab, um den sich eine Schlange ringelt, ist das Symbol der Medizin und der Ärzte.

asozial [lat.], gemeinschaftsunfähig.

Asseln, zu den Höheren → Krebsen gehörende Ordnung mit über 4000 Arten, deren Vertreter im Wasser (bis zu 10 000 m Tiefe wie z. B. die *Riesentiefseeassel)* und auf dem Land leben. Die meisten Asseln sind 1–3 cm lang. Ihr Körper ist schildförmig abgeplattet; die stabförmigen Brustbeine sind zu kräftigen Laufbeinen ausgebildet, während blattförmig verbreiterte Hinterleibsbeine als Atmungsorgane dienen. Bekannte Arten sind *Wasser-, Mauer-* und *Kellerassel.*

Assembler [engl. əˈsɛmblə »Sammler«], *der,* bei Computern Übersetzungsprogramm für die sog. **Assembler-Sprache.** Dies ist eine maschinenorientierte Programmiersprache, bei der jeder Befehl einem Maschinenbefehl entspricht.

Assimilation [lat. »Ähnlichmachung«], *die,* Anpassung, Angleichung, **1.** in der Biologie die Umwandlung von körperfremden Stoffen, die ein Lebewesen aus der Nahrung bezieht, in körpereigene Stoffe (z. B. Assimilation von Kohlenstoff bei der → Photosynthese, wo Pflanzen aus dem Kohlendioxid der Luft Kohlenhydrate herstellen); **2.** Anpassung von Menschen an ihre Umgebung, wobei sie die dort geltenden Vorstellungen und Werte übernehmen.

Assonanz [lat. »anklingen«], *die,* ein Reim, der

■ *Asien: Der alte Tempelbezirk im Zentrum von Kathmandu, der Hauptstadt Nepals*

vom Gleichklang der Vokale lebt, während die Konsonanten nicht übereinstimmen (z. B. *Gabe – Tage*).

Assoziation [lat.-frz.], *die,* Verknüpfung von Vorstellungen oder Gefühlen. Dabei löst der eine Gedanke oder Eindruck den anderen aus, weil beide vom Gehirn aufgrund ihrer Ähnlichkeit, ihres Gegensatzes, ihres ursächlichen Zusammenhangs oder ihrer zeitlichen oder räumlichen Nähe miteinander verbunden werden (beispielsweise assoziiert man Donner mit Blitz, weil gewöhnlich auf einen Blitz ein Donner folgt).

Assyrien, ein Reich im Norden von Mesopotamien, mit **Assur** als Zentrum. Bereits um 2400 v. Chr. bestand am Tigris ein Stadtstaat, der mit → Babylon um die Vorherrschaft im Zweistromland kämpfte. Nachdem Assyrien jahrhundertelang von Babylon und danach vom Mitanni-Reich der kleinasiatischen Churriter abhängig gewesen war, dehnte es im 10./9. Jh. v. Chr. seinen Machtbereich stark aus und eroberte Babylon. Seine größte Ausdehnung erreichte es unter Asarhaddon (680–669 v. Chr.), der sogar Ägypten einnahm. Gegen Ende des 7. Jh. v. Chr. wurde das assyrische Reich von den Chaldäern und den Medern zerstört; 612 v. Chr. fiel die damalige Hauptstadt Ninive.

Astat [griech. »unbeständig«], *das,* ein → che-

■ *Assel: Die Kellerassel hält sich an feuchten, dunklen Orten auf*

Astat
. . . .
Zeichen: At
Ordnungszahl: 85
Atommasse: 210
Schmelzpunkt: 302 °C
Siedepunkt: 337 °C

Asien

Asien
Fläche: 44,699 Mio. km²
Einwohner: 3 500 Mio.
Bevölkerungsdichte: 78,3 /km²

Selbstständige Staaten:

Afghanistan, Armenien, Aserbaidschan

Bahrain, Bangladesch Bhutan, Brunei

China

Georgien

Indien, Indonesien, Irak, Iran, Israel

Japan, Jemen, Jordanien

Kambodscha, Kasachstan (asiat. Teil), Katar, Kirgistan, Korea (Nord), Korea (Süd), Kuwait

Laos, Libanon

Malaysia, Malediven, Mongolei, Myanmar

Nepal

Oman

Pakistan, Philippinen

Russland (asiat. Teil)

Saudi-Arabien, Singapur, Sri Lanka, Syrien

Tadschikistan, Taiwan, Thailand, Türkei (asiat. Teil), Turkmenistan

Usbekistan

Vereinigte Arabische Emirate, Vietnam

Zypern

Abhängiges Gebiet

Macao (bis 1999 port.)

Die letzte in Asien noch bestehende europäische Überseeprovinz ist → Macao. Die ehemalige britische Kronkolonie Hongkong wurde Mitte 1997 an China zurückgegeben, behält aber noch für 50 Jahre das bisherige Wirtschafts- und Gesellschaftssystem bei innerer Autonomie. Die ehemalige portugiesische Kolonie Macao ist seit 1976 autonom und fällt 1999 an China zurück.

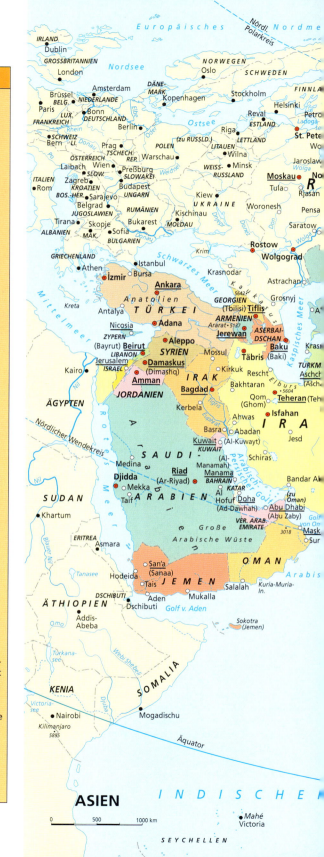

misches Element. Das instabile, radioaktive Element gehört zu den → Halogenen.

Asteroid [von griech. aster = »Stern« und eides = »ähnlich«], *der,* Bezeichnung für → Planetoid.

Ästhetik [griech. »(sinnliche) Wahrnehmung«], *die,* Wissenschaft vom Schönen, die vor allem untersucht, wie Kunstwerke aufgebaut sind und wie sie auf den Betrachter, Hörer oder Leser wirken; auch Bezeichnung für das Schöne.

Asthma [griech. »Engbrüstigkeit«], *das,* starke Atemnot, die in Anfällen auftritt.

Astigmatismus [griech.-lat.] *der,* Zerr- oder Stabsichtigkeit, eine Sehstörung, bei der das Auge infolge einer Hornhautverkrümmung die einfallenden Lichtstrahlen nicht mehr in einem Punkt vereinigen kann.

Astrologie [griech. »Sternkunde«], *die,* Sterndeutung. Im Altertum ging man davon aus, dass die Gestirne einen Einfluss auf das Schicksal der Menschen auf der Erde hätten. Bereits in den ältesten Hochkulturen wie Sumer und Ägypten entwickelte sich aus der Sternbeobachtung (→ Astronomie) eine Astralreligion. Bestimmte Stellungen der Gestirne wurden zu gleichzeitig auf der Erde stattfindenden Geschehnissen in Beziehung gesetzt und später als günstige oder unheilvolle Vorzeichen aufgefasst. Besondere Bedeutung gewannen vor allem die → Tierkreissternzeichen. In hellenistischer Zeit (→ Hellenismus) wurde die Astrologie systematisiert; damals entstanden auch die ersten individuellen → Horoskope. Erst ab dem 17. Jh. wurde die Astrologie aus den Naturwissenschaften verbannt und glitt in den → Aberglauben ab.

Astronaut [griech.-lat.], *der,* Raumfahrer. Die russischen Weltraumfahrer werden als → Kosmonauten bezeichnet.

Astronomie [von griech. astros = »Stern« und nomos = »Gesetz«], *die,* Stern- oder Himmelskunde, eine sehr alte Wissenschaft, die bereits im Altertum in Mesopotamien und Ägypten entstand. Damals hatte die Sternbeobachtung in erster Linie praktische Aufgaben, weil mit ihrer Hilfe die Zeitberechnung (→ Kalender) und die Navigation auf hoher See möglich wurden. Schon früh entwickelte sich eine mit kultischer Verehrung der Gestirne verbundene Astralreligion, die später zur → Astrologie wurde. Zu einer echten Wissenschaft wurde die Astronomie bei den Griechen, die aus der Himmelsbeobachtung ein geozentrisches Modell ableiteten: Danach bestand der Himmel aus Kristallschalen, an denen die Sterne und Planeten befestigt waren. Die bedeutendsten Astronomen

■ *Ein amerikanischer **Astronaut** auf dem Mond*

des Mittelalters waren die Araber, von denen viele der heute noch gebräuchlichen Sternnamen (wie etwa Aldebaran oder Wega) stammen. Zu Beginn der Neuzeit schuf → Kopernikus die Grundlagen für ein → heliozentrisches Weltbild. Mit der Erfindung der → Teleskope wurden die Möglichkeiten der Sternbeobachtung enorm verbessert, weil nunmehr auch Himmelskörper entdeckt wurden, die für das bloße Auge nicht sichtbar waren. Bis zum 19. Jh. beschäftigten sich die Astronomen vorwiegend mit der Himmelsmechanik, d. h. mit der Vorausberechnung der Himmelserscheinungen, im wesentlichen der Bewegungen der Himmelskörper im Sonnensystem. Außerdem wurden die → Fixsterne in Form von Sternkarten und -katalogen aufgezeichnet. Erst danach wandte man sich auch dem Aufbau der Sterne *(Astrophysik)* und ihrer Entstehung und Entwicklung (→ Kosmogonie) zu. Die Entdeckung von anderen → Galaxien weitete das Beobachtungsgebiet auf das gesamte Universum aus, wobei man im 20. Jh. nicht mehr nur das Licht als Medium der Beobachtung (optische Teleskope) nutzte, sondern auch andere Formen der Strahlung wie etwa Radio- (→ Radioastronomie), Infrarot-, Ultraviolett-, Röntgen- und Gammastrahlung heranzog. Mit der räumlichen Struktur und der Entwicklung des gesamten Weltalls befasste sich die → Kosmologie. In den letzten Jahrzehnten erhielt die Astronomie Unterstützung durch die Weltraumfahrt, die bessere Beobachtungsmöglichkeiten außerhalb der Erdat-

■ ***Athene:*** *Römische Kopie der Originalstatue von Myron (5. Jh. v. Chr.). Frankfurt am Main, Liebighaus*

mosphäre (z. B. durch das → Hubble-Weltraumteleskop) oder Nahaufnahmen und -messungen mit Hilfe von Raumsonden bot.

Astronomische Einheit, *AE,* in der Astronomie verwendete Einheit für Entfernungsangaben im Sonnensystem. Sie entspricht der mittleren Entfernung Erde–Sonne, die 1976 mit 149 597 870 km bestimmt wurde.

Asyl [griech. »Unverletzliches«], *das,* Zufluchtsort für Verfolgte, auch Unterkunft für Obdachlose. Unter **Asylanten** versteht man Menschen, die in einem anderen Land Zuflucht suchen, weil sie in ihrer Heimat (aus ethnischen oder weltanschaulichen Gründen) verfolgt werden.

A. T., Abkürzung für → Altes Testament.

Atheismus [von griech. atheos = »ohne Gott«], *der,* eine Weltauffassung, die nicht nur den Glauben an einen Gott (bzw. Götter) ablehnt, sondern grundsätzlich die Existenz einer göttlichen Weltordnung verneint.

Athen, griech. *Athenai,* Hauptstadt von → Griechenland. Der Ballungsraum Athen (einschließlich des Hafens *Piräus*) hat etwa 3,4 Mio. Einwohner. Im Altertum war Athen ein bedeutender Stadtstaat, der die Halbinsel → Attika umfaßte. Im 6. und 5. Jh. v. Chr. entwickelte Athen eine demokratische Regierungsform. Seine höchste Blüte hatte Athen nach den → Perserkriegen, in deren Verlauf es 480/79 v. Chr. zerstört worden war; mit der Gründung des Attischen Seebundes (477 v. Chr.) errang es die Vormachtstellung in Griechenland, die aber im → Peloponnesischen Krieg (431–404 v. Chr.) durch → Sparta und endgültig 338 v. Chr. (Schlacht bei Chaironeia) durch → Mazedonien vernichtet wurde. 86 v. Chr. wurde Athen von den Römern erobert, blieb aber dank seiner Philosophenschulen noch für Jahrhunderte ein kultureller Mittelpunkt. Während der → Völkerwanderung wurde die Stadt mehrfach erobert und geplündert; mit der Schließung der Akademien im Jahre 592 durch den byzantinischen Kaiser Justinian I. verlor sie ihre kulturelle Bedeutung. 1456 wurde Athen von den Osmanen erobert; erst 1834 wurde es nach dem Befreiungskrieg gegen die Türken die Hauptstadt des griechischen Königreichs.

Athene, griechische Göttin des Friedens und des Krieges, der Künste und der Weisheit.

Äther [griech. »obere Luft«], *der,* in der Chemie fachsprachlich **Ether,** eine organische Verbindung, die kettenförmig aufgebaut ist (allgemeine Formel: R–O–R, wobei R als Rest eine einbindige Kohlenwasserstoffgruppe bezeichnet). Die meisten Äther sind farblose, rasch verdunstende Flüssigkeiten, die brennbar sind und angenehm riechen. Sie werden als Lösungsmittel für Fette, Öle und andere Stoffe genutzt. *Diäthyläther* (1525 von Paracelsus hergestellt) wurde früher in der Medizin als Narkosemittel verwendet (Inhalieren von Dämpfen).

Äthiopien, früher auch als *Abessinien* bezeichneter Staat in Ostafrika. Die Hochländer, die das Kerngebiet Äthiopiens bilden, eignen sich dank eines gemäßigten Klimas und reichlicher Niederschläge für die Landwirtschaft, während die Tiefländer heiß und trocken sind. Die Bevölkerung setzt sich aus etwa 80 Völkern zusammen (vor allem Oromo, Amharen und Tigre). Fast drei Viertel der Einwohner sind in der Landwirtschaft tätig (Hauptausfuhrgut ist Kaffee). Dürreperioden führten wiederholt zu Hungersnöten (Mitte der 80er Jahre kamen dabei fast 1 Mio. Menschen um). Im 1. Jh. n. Chr. entstand hier ein vom Handel lebendes Königreich (mit der Hauptstadt Aksum), das im 4. Jh. das Christentum annahm und im 10. Jh. zerstört wurde. Ab dem 13. Jh. regierten in Äthiopien die Herrscher, die den Titel *Negus Negesti* (»König der Könige«) trugen. 1934–1941 war Äthiopien von Italien besetzt. Der letzte Negus, Haile Selassie (1930 gekrönt), wurde 1974 vom Militär abgesetzt, das eine sozialistische Volksrepublik errichtete. In einem langen Bürgerkrieg (1962–1991) löste sich → Eritrea von Äthiopien; der Sieg der Eritreischen Volksbefreiungsfront EPLF führte zum Sturz des sozialistischen Präsidenten Mengistu. 1993 erkannte Äthiopien die Souveränität Eritreas an. Seit 1994 ist Äthiopien eine Bundesrepublik mit neun Regionen, die entsprechend den Siedlungsgebieten der verschiedenen Volksgruppen gebildet worden sind.

Athlet [griech.], *der,* ursprünglich ein Wettkämpfer, der im antiken Griechenland an den → Olympischen Spielen teilnahm, heute allgemeine Bezeichnung für einen Sportler.

Atlantis, sagenhafte Insel im Atlantischen Ozean, die von → Platon beschrieben wurde. Der westlich der Straße von Gibraltar gelegene Inselkontinent ging laut den Berichten, die ägyptische Priester übermittelten, um 9560 v. Chr. bei einer Naturkatastrophe unter.

Atlantischer Ozean, *Atlantik,* zweitgrößter Ozean der Erde (mit Nebenmeeren über 106 Mio. km², der sich zwischen Europa und Afrika im Osten und Amerika im Westen ausdehnt. Seine größte Tiefe erreicht er im Puerto-Rico-Graben (9219 m).

Atlas, 1. griechischer Riese, der im äußersten

Asyl

Das **Asylrecht,** das schon im Altertum Schutz vor Verfolgung gewährte (vor allem an heiligen Stätten und später in christlichen Kirchen und Klöstern) wurde in Deutschland aufgrund der Erfahrungen mit dem Nationalsozialismus im Grundgesetz verankert und gilt für alle, die in ihrem Heimatland wegen ihrer politischen oder religiösen Gesinnung oder ethnischen Zugehörigkeit verfolgt werden. Da Anfang der 90er Jahre die Zahl der Asylbewerber erheblich gestiegen war (1992: über 438 000), wurde das Asylrecht 1993 durch eine Änderung des Grundgesetzes eingeschränkt: Danach gilt dieses Recht nicht für Personen, die aus einem Mitgliedstaat der Europäischen Union oder einem als verfolgungssicher definierten Land (»sicheres Herkunftsland«) kommen; solche Bewerber können sofort abgeschoben werden.

Äthiopien (Ityop'ya)
Staatsname: Demokratische Bundesrepublik Äthiopien
Staatsform: Föderale Republik
Hauptstadt: Addis Abeba
Fläche: 1 130 139 km²
Einwohner: 55 Mio.
Bevölkerungsdichte: 49/km²
Amtssprache: Amharisch
Währung: Birr (Br)
Nationalitätskennzeichen: ETH

Äthiopien

Atmosphäre

Obwohl die Atmosphäre nur aus leichten Gasen besteht, besitzt sie aufgrund ihrer gewaltigen Größe ein riesiges Gewicht; die Gesamtmasse beträgt etwa 5×10^{15} Tonnen. Sie übt daher auch einen starken Druck (1035 g auf 1 cm^2) auf die Erdoberfläche aus; Früher wurde diese »Atmosphäre« (at) auch als Einheit für den → Druck verwendet, heute durch Pascal ersetzt.

Atoll

Das größte Atoll ist Kwajalein, das zu den Marshallinseln gehört; ein über 280 km langes Korallenriff umgibt eine Lagune, die eine Fläche von ca. 2850 km^2 besitzt.

Westen der antiken Welt das Himmelsgewölbe tragen musste, weil er zusammen mit den Titanen gegen die Götter gekämpft hatte; **2.** Faltengebirge in Nordwestafrika, das aus mehreren parallel verlaufenden Gebirgszügen besteht (*Rifatlas, Mittlerer Atlas, Hoher Atlas, Teilatlas* und *Saharaatlas;* zwischen letzteren liegt das Hochland der Schotts) und sich zwischen Mittelmeer und Sahara von der marokkanischen Atlantikküste bis zum Golf von Tunis erstreckt. Seine höchste Erhebung erreicht der Atlas im Jebel Touhkal (4167 m); **3.** Sammlung von geographischen Karten in Buchform.

Atmosphäre [von griech. atmos = »Dampf« und sphaira = »(Himmels-)Kugel«], *die,* Gashülle um einen Himmelskörper, im besonderen die Lufthülle, die die Erde umgibt.

Die *Erdatmosphäre* setzt sich aus 78 % Stickstoff, 21 % Sauerstoff, 0,9 % Argon sowie weiteren Edelgasen und Kohlendioxid zusammen. Sie reicht bis weit in den Weltraum hinein (etwa 60 000 km), wird aber mit zunehmender Höhe immer dünner; nur nahe der Erdoberfläche ist sie dicht genug, um eine Atmung zuzulassen. Die Atmosphäre besteht aus mehreren Schichten, die unterschiedliche Temperaturen aufweisen: *Troposphäre* (bis etwa 10 km Höhe, über dem Äquator bis 17 km), *Stratosphäre* (bis 50 km), *Mesosphäre* (bis 80 km), *Thermosphäre* (bis 1000 km; bis 500 km auch als *Ionosphäre* bezeichnet), *Exosphäre* (oberhalb von 1000 km, keine klare Abgrenzung zum Weltraum). Die Temperatur nimmt zunächst in der untersten Atmosphäreschicht ab (um etwa 6,5 °C je Kilometer) und sinkt an der Grenze zur Stratosphäre auf –50 °C ab; danach erhöht sie sich wieder bis auf 0 °C, bevor sie in der Mesosphäre bis –90 °C absinkt; in der Thermosphäre erhöht sie sich erneut und überschreitet in 180 km Höhe 500 °C. Eine für das Leben besonders wichtige Schicht ist die → Ozonschicht, die in einer Höhe von 12 bis 50 km einen Großteil der UV-Strahlung absorbiert. Eine besondere Rolle spielt auch die Ionosphäre: Sie enthält mehrere Schichten, an denen die im Funkverkehr und für den Rundfunk verwendeten Wellen (Kurz-, Mittel- und Langwellen) reflektiert werden; Störungen in diesen von der Sonne ionisierten Schichten beeinflussen den Funkverkehr und den Rundfunkempfang. In der Atmosphäre spielt sich das → Wetter ab.

Atmung, bei Lebewesen Gasaustausch mit der Umwelt. Dabei nimmt der Organismus → Sauerstoff auf und gibt → Kohlendioxid ab. Die

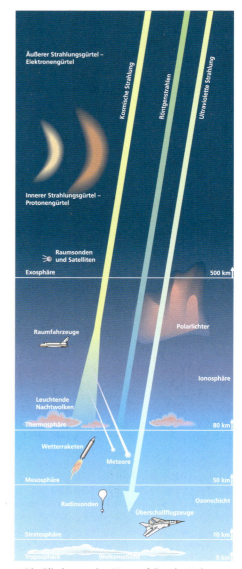

■ *Die Gliederung der Atmosphäre der Erde*

Atmung erfolgt bei Tieren und beim Menschen über besondere *Atmungsorgane* (→ Lunge, Kiemen, Tracheen) und die Haut (die bei höheren Tieren nur eine geringe Rolle spielt).

Ätna, größter und höchster tätiger Vulkan Europas, der im Osten von Sizilien liegt und 3370 m hoch ist.

Atoll [drawidisch-engl. »verbindend«], *das,* ring- oder kranzförmige Koralleninsel in warmen Meeren (z. B. Südsee). Innerhalb des Rings befindet sich zumeist eine seichte → Lagune.

Atomwaffen

*Die Kühltürme des **Atomkraftwerks** von Grafenrheinfeld*

Atom [griech. »unteilbar«], *das*, kleinster Teil eines → chemischen Elements, der sich mit chemischen Mitteln nicht weiter zerlegen lässt. Jedes Element besitzt einen eigenen Atomtyp, der vom einfachsten Atom, dem → Wasserstoffatom, bis zu den kompliziertesten Atomen, denen des → Urans und der → Transurane, reicht. Wie man heute weiß, verfügt das Atom über einen inneren Aufbau; es besteht aus einem **Atomkern** und einer **Atomhülle**. Der Kern, in dem sich fast die gesamte Masse des Atoms (99,9 %) konzentriert, besteht aus elektrisch positiv geladenen → Protonen und ungeladenen → Neutronen, während die Atomhülle aus negativ geladenen → Elektronen besteht. Da das Atom insgesamt nach außen hin elektrisch neutral ist, muss die Zahl der Protonen (Kernladungszahl) und der Elektronen gleich groß sein. Die Atome eines Elements besitzen zwar immer dieselbe Kernladungszahl, müssen aber nicht die gleiche Masse aufweisen, weil die Zahl der Neutronen verschieden sein kann (→ Isotope). Mehrere Atome (desselben Elements oder verschiedener Elemente) können zusammen → Moleküle bilden.

Die Elektronen, die nur eine sehr geringe Masse besitzen, bewegen sich mit hoher Geschwindigkeit um den Kern herum, wobei die elektrische Anziehung zwischen den entgegengesetzten Ladungen Hülle und Kern zusammenhält. Die Elektronen können sich jedoch nicht auf beliebigen Bahnen bewegen; vielmehr besteht die Hülle aus sog. Schalen, die jeweils nur eine bestimmte Anzahl von Elektronen aufnehmen können (von innen nach außen 2, 8, 18, 32, d. h. 2-mal das Quadrat der Schalennummer).

Nicht alle Atome sind stabil; bei manchen, als instabil bezeichneten Elementen zerfallen die Atome innerhalb einer bestimmten Zeit (→ Halbwertszeit) von selbst oder durch Einwirken anderer Kräfte, indem sie Alpha-, Beta- oder Gammastrahlung abgeben (→ Radioaktivität). Bei dieser → Kernspaltung wird viel Energie frei, die für friedliche (→ Kernkraftwerke) und für kriegerische Zwecke (→ Atomwaffen) benutzt werden kann. Die Atome von leichten Elementen können auch verschmelzen und schwerere Atome erzeugen, wobei wiederum viel Energie frei wird (→ Kernfusion). Siehe auch Sonderseite Elementarteilchen.

Atomenergie → Kernenergie.
Atomkraftwerk → Kernkraftwerk.
Atommasse, die früher auch als *Atomgewicht* bezeichnete Masse eines Atoms, die im Verhältnis zur Masse des Kohlenstoffatoms (1961 mit 12 festgelegt) angegeben wird.
Atommüll, radioaktiver Abfall (→ Radioaktivität), der aufgrund seiner Gefährlichkeit eigens entsorgt werden muss. Solche Abfälle entstehen in → Kernkraftwerken, Forschungsreaktoren und der Nuklearmedizin. Während die radioaktive Strahlung bei schwach- und mittelradioaktiven Abfällen nach mehreren Jahrzehnten abklingt, so dass nur eine Zwischenlagerung notwendig ist, müssen hoch radioaktive Abfälle, die mehrere tausend Jahre gefährliche Strahlung abgeben, endgelagert werden. Der Abfall wird zu diesem Zweck verglast und in Edelstahlbehältern beispielsweise in stillgelegten unterirdischen Salzbergwerken deponiert.
Atomuhr, ein Gerät, das mit höchstmöglicher Genauigkeit die Zeit misst. Die Zeitmessung beruht auf der stets gleich bleibenden Eigenschwingung von bestimmten Atomen, so dass der Gang der Uhr im Gegensatz zu mechanischen oder elektrischen Uhren völlig unabhängig von äußeren Einflüssen ist.
Atomwaffen, auch als *Nuklear-* oder *Kernwaffen* bezeichnete Kampfmittel, die auf dem Prinzip der → Kernspaltung oder der → Kernfusion beruhen und eine ungeheuer große Energie freisetzen können. Die direkte Vernichtungskraft äußert sich in Hitze und Druckwellen, während die radioaktive Strahlung (→ Radioaktivität), die dabei frei wird, auch gefährliche Langzeitwirkungen hat. Als Waffensysteme verwendet man nukleare Geschosse, Sprengköpfe, Minen oder Bomben, die direkt abgefeuert, von Flugzeugen abgeworfen oder von Raketen ans Ziel transportiert werden können. Als Kern-

Abmessungen des Atoms

Durchmesser:
Atom 10^{-10} m
Atomkern 10^{-14} m

Masse:
Proton $1{,}67 \times 10^{-24}$ g
Elektron $9{,}11 \times 10^{-28}$ g

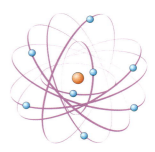

*Schematische Darstellung des **Atoms***

Die Geschichte der Atomtheorie

Die Vorstellung, dass die Materie aus kleinsten, nicht mehr weiter zerlegbaren Teilchen besteht, reicht bis in die griechische Antike zurück. Die griechischen Naturphilosophen Leukipp (um 450 v. Chr.) und vor allem sein Schüler Demokrit (460–371 v. Chr.) entwickelten die *atomistische* Theorie, die erst in der Neuzeit fortgeführt wurde. Hinweise für die reale Existenz der Atome fand der englische Chemiker John Dalton (1766–1844), der Begründer der modernen Atomtheorie. Atommodelle, die sich mit dem inneren Aufbau des Atoms beschäftigten, entstanden ab dem frühen 20. Jh. (u. a. Bohrsches, Bohr-Sommerfeldsches und Schrödingersches Atommodell).

Atommüll in Deutschland

In Deutschland ist das ehemalige Salzbergwerk Gorleben für die Endlagerung hoch radioaktiver Abfälle vorgesehen. In Betrieb ist Morsleben als Endlager für schwach- und mittelradioaktive Abfälle. Ebenfalls als Endlager für schwach- und mittelradioaktive Abfälle ist der Schacht Konrad in einem ehemaligen Salzbergwerk bei Salzgitter geplant.

Atomwaffen

Die Sprengkraft von Atomwaffen wird in kg TNT, d. h. im Verhältnis zum konventionellen Sprengstoff 2, 4, 6-Trinitrotoluol, angegeben (die Hiroshima-Bombe beispielsweise hatte eine Sprengkraft von 20 000 kg TNT).

Die erste Atombombe wurde 1945 in den USA entwickelt (Test am 16. 7. 1945); die zweite (Uran) und die dritte Atombombe (Plutonium) wurden auf Hiroshima (6. 8. 1945) bzw. Nagasaki (9. 8. 1945) abgeworfen. Die erste Wasserstoffbombe wurde 1952 von den USA auf einer Insel im Pazifik gezündet.

■ *Explosion einer* **Atombombe**, *die den charakteristischen »Atompilz« zeigt*

sprengstoff für Atombomben dienen angereichertes → Uran oder → Plutonium; dabei werden zwei oder mehrere Mengen des Kernmaterials mit Hilfe von konventionellen Sprengstoffen miteinander vereint, so dass die sog. kritische Masse überschritten und eine → Kettenreaktion ausgelöst wird. Bei der *Wasserstoffbombe* entsteht noch mehr Energie, die durch die Verschmelzung von leichten Atomkernen (z. B. → Deuterium oder → Lithium) entsteht. Um die für die Kernfusion notwendige hohe Temperatur zu erreichen, muss als Zünder ein thermonuklearer Sprengkörper benutzt werden. Die *Neutronenbombe,* die eine kleine Wasserstoffbombe und eine Plutoniumbombe als Zünder verwendet, entwickelt verhältnismäßig wenig Hitze und Druck, aber eine sehr starke Neutronenstrahlung, die sich in erster Linie gegen Lebewesen richtet.
Die Weiterverbreitung der Atomwaffen soll durch den **Atomwaffensperrvertrag** (→ Abrüstung) verhindert werden: Die unterzeichnenden Staaten, die Kernwaffen besitzen, verpflichten sich, keine solchen Waffen weiterzugeben (und auf ihre Anwendung gegen Staaten ohne Kernwaffen zu verzichten), während die Unterzeichner, die über keine Atomwaffen verfügen, sich verpflichten, solche Waffen weder herzustellen noch zu erwerben.
atonale Musik, eine Musik, die nicht auf dem Prinzip der → Tonalität beruht. Im Gegensatz zur traditionellen *tonalen* Musik, die auf einem Grundton bzw. einer Grundtonart aufgebaut ist, verzichtet die nichttonale Musik auf die Dur- und Moll-Zuordnung und die Ordnung der Dreiklänge und unterscheidet nicht mehr zwischen Konsonanz und → Dissonanz. Die Atonalität wird vor allem mit der »Wiener Schule« von Arnold → Schönberg in Verbindung gebracht.
Atrium [lat.], *das,* der offene Hauptraum des Hauses im alten Rom, später der Innenhof.
Attentat [lat.-frz.], *das,* politisch oder ideologisch motivierter Mordanschlag.
Attest [lat.], *das,* ärztliche Bescheinigung, dass eine Krankheit vorliegt.
Attika, Halbinsel im Südosten von Mittelgriechenland, die schon im 3. Jt. v. Chr. besiedelt war.
Attila (um 395–453), König der → Hunnen (seit 434). Im → Nibelungenlied wird er *Etzel* genannt.
Attrappe [frz. »Falle, Schlinge«], *die,* eine Nachbildung, die täuschend echt wirkt.
Attribut [lat.], *das,* Beifügung, die ein Substantiv (der *spannende* Film, der Mann *dort),* Adjektiv (ein *außergewöhnlich* hübsches Mädchen) oder Adverb (in der Erde *tief* drinnen) näher bestimmt; als Attribute können Artikel, Pronomen, Substantive, Adjektive, Adverbien und Adverbial- und Präpositionalausdrücke verwendet werden.
Ätzen, Behandlung der Oberfläche von Materialien mit chemischen Mitteln, die eine auflösende Wirkung besitzen (Säuren, Laugen), um kleine Vertiefungen zu erhalten.
AU, Abkürzung für *Abgasuntersuchung.* Bei der Überprüfung werden bei PKWs mit → Ottomotor Zündung, Leerlauf und Kohlenmonoxidgehalt der Auspuffgase gemessen; eingebaute Katalysatoren werden einem Funktionstest unterzogen. Bei → Dieselmotoren wird der Rußgehalt der Abgase bei einer bestimmten Drehzahl gemessen. Wenn die Werte die vorgeschriebenen Grenzen überschreiten, muss der Motor neu eingestellt werden.
Aubergine [arab.-span.-frz. obɛrˈʒiːnə], *Eierfrucht,* aus dem asiatischen Tropen stammendes Nachtschattengewächs mit ei- bis schlangenförmigen, zumeist blauvioletten Früchten, die bis zu 30 cm lang und bis zu 1 kg schwer werden.
Audienz [lat. »Gehör«], *die,* offizieller, meist feierlicher Empfang bei einer hoch gestellten Persönlichkeit.
Audiovision [von lat. audio = »ich höre« und visio = »Sehen«], *die,* Technik, mit der Ton- und Bildsignale aufgenommen, gespeichert und wie-

dergegeben werden können. **Audiovisuelle Medien** sind Medien, die gleichzeitig Bild und Ton übertragen; dazu gehören u. a. Film, Fernsehen, Video, Video-CD, CD-I und Laser-CD.

Auerhuhn, in Europa und Asien verbreitetes Rauhfußhuhn, das im Wald lebt und bis zu 110 cm lang und 4 bis 5 kg schwer wird. Auffällig ist die *Balz* des Auerhahns (März bis Mai), der in der Morgen- und Abenddämmerung eigentümliche, wetzende bis schnallende Töne mit Doppelschlägen hervorbringt.

Auerochse, *Ur,* ausgestorbenes europäisches Wildrind, das noch Ende des 16. Jh. in Polen vorkam. Die schwarzbraunen männlichen Tiere wurden bis zu 3,1 m lang und erreichten eine Schulterhöhe von über 1,8 m; die kleineren weiblichen Tiere waren rotbraun. Die kräftigen, spitzen Hörner waren bis zu 80 cm lang. Aus dem Auerochsen, der schon im 6. Jt. v. Chr. domestiziert wurde, entwickelte sich unser Hausrind (→ Rinder).

Aufklärung, Bezeichnung für eine geistige Bewegung, die sich auf die philosophischen Erkenntnisse des → Empirismus und des → Rationalismus stützte. Als Epoche sind das 17. und 18. Jh. das *Zeitalter der Aufklärung.* Die Aufklärung ging als kulturelle »Revolution« den politischen Umwälzungen der feudalen Gesellschaft voraus, die das wirtschaftlich erstarkte Bürgertum in Europa an die Macht brachten. Sie begann in England im 17. Jh. (Bacon, Hobbes, Locke, Hume) und setzte sich im 18. Jh. in Frankreich fort (Voltaire, Rousseau, Montesquieu und die Enzyklopädisten um d'Alembert und Diderot); von dort griff sie auf die meisten anderen europäischen Länder über. In Deutschland vertraten die Philosophen Leibniz, Christian Wolff, Schelling und vor allem → Kant aufklärerische Standpunkte.

In einem engeren Sinne wird die auf den → Barock folgende Epoche (1720–85) als Aufklärung verstanden; literarische Vertreter dieser Epoche sind Gottsched, Klopstock und Lessing. Die Aufklärung, die den Gebrauch der Vernunft forderte und die Freiheit des einzelnen betonte, setzte es sich zum Ziel, den Menschen von der Bevormundung durch Traditionen und Institutionen zu befreien, die sich nicht durch die Vernunft begründen lassen. Dies führte zur Kritik an der Religion und am bestehenden Staatssystem und zur Entwicklung der modernen Naturwissenschaften und eines wissenschaftlich begründeten Weltbildes. Politische Folgen waren die Einführung der → konstitutionellen Monar-

■ *Auerochse: Die ausgerottete Stammform des Hausrinds; hier eine Rückzüchtung*

chie (in England), ein aufgeklärter → Absolutismus (in Österreich und Deutschland) und die → Französische Revolution.

Aufsichtsrat, bei einer → Aktiengesellschaft vorgeschriebenes Gremium.

Auftrieb, die der → Schwerkraft entgegengerichtete Kraft, die in einer Flüssigkeit oder in einem Gas auf einen Körper wirkt. Von *statischem Auftrieb* spricht man, wenn der Körper in der flüssigen oder gasförmigen Umgebung ruht, von *dynamischem Auftrieb,* wenn er sich darin bewegt (z. B. ein Flugzeug). Der statische Auftrieb ist gleich dem Gewicht der Flüssigkeit oder des Gases, das von dem Körper verdrängt wird. Deshalb steigt z. B. ein Ballon, wenn er leichter ist als die von ihm verdrängte Luftmenge; er schwebt, wenn beide gleich schwer sind, und sinkt, wenn er schwerer ist. Der dynamische Auftrieb entsteht durch eine Strömung am bewegten Körper (etwa einem Flugzeug) und wirkt senkrecht zur Bewegungsrichtung.

Aufwertung, eine Wechselkursänderung gegenüber ausländischen Währungen, die den Außenwert erhöht, so dass die eigene Währung im Ausland teurer wird. Eine Aufwertung verteuert die Ausfuhren und verbilligt die Einfuhren; sie ist deshalb ein Mittel, um hohe Exportüberschüsse abzubauen.

Aufwind, eine warme Luftströmung, die aufwärts gerichtet ist und vor allem durch starke Sonneneinstrahlung an Berghängen und vor Kaltfronten entsteht. Von besonderer Bedeutung sind Aufwinde für den → Segelflug.

Was ist Aufklärung?

Laut Immanuel Kant (1783) ist Aufklärung »der Ausgang des Menschen aus seiner selbst verschuldeten Unmündigkeit. Unmündigkeit ist das Unvermögen, sich seines Verstandes ohne Leitung eines anderen zu bedienen.«

Auftrieb

Das Prinzip des statischen Auftriebs wurde bereits von → Archimedes erkannt. Im Bad hatte Archimedes festgestellt, dass das Wasser überfloss, wenn er in eine bis zum Rand gefüllte Wanne hineinstieg. Sein Körper verdrängte eine bestimmte Menge Wasser, die seinem Körpervolumen entsprach. Außerdem schien sein Körper leichter zu werden, je tiefer er eintauchte. Er nutzte diese Erkenntnis, als er untersuchen sollte, ob eine für König Hieron angefertigte Krone aus reinem Gold bestand. Er tauchte zuerst die Krone und danach einen gleich schweren Goldklumpen in einen Wasserbehälter. Da jedes Metall ein bestimmtes spezifisches Gewicht besitzt, verdrängt es unterschiedlich viel Wasser. Die Krone wog zwar ebenso viel wie das Gold, das Hieron dem mit der Anfertigung der Krone beauftragten Künstler gegeben hatte, aber sie verdrängte mehr Wasser als der Goldklumpen, musste also aus einer Legierung bestehen, die ein geringeres spezifisches Gewicht als Gold besaß. Ohne die Krone zu beschädigen, konnte Archimedes somit beweisen, dass der Künstler den König betrogen und dem Gold Silber beigemischt hatte.

Auge, bei Tieren und beim Menschen das Sinnesorgan, das zur Wahrnehmung von Lichtwellen dient. In der Tierwelt findet man unterschiedlich aufgebaute Augen; ihr gemeinsames Prinzip besteht darin, dass *Sehfarbstoffe* in speziellen *Sehzellen* Lichtreize aufnehmen und dabei Nervenimpulse auslösen. Die *Augenflecken* der Einzeller und die einzelnen Sehzellen primitiver Mehrzeller ermöglichen nur eine Wahrnehmung von Helligkeitsunterschieden. Ein Erkennen der Richtung des einfallenden Lichts machen die *Pigmentbecheraugen* von Plattwürmern sowie die *Grubenaugen* von Schnecken möglich; die *Becheraugen* von Quallen können Bewegungen erkennen. *Blasen-* oder *Lochkameraaugen*, wie sie etwa Hohltiere und Stachelhäuter besitzen, befähigen bereits zu einem Bildsehen mit einem Erkennen von Entfernungen. Ihre Weiterentwicklung ist das *Linsenauge,* das bei Kopffüßern und Wirbeltieren unterschiedlich ausgebildet ist. Die aus zahlreichen Einzelaugen zusammengesetzten *Facettenaugen* der Insekten erlauben ebenfalls ein Bild- und Farbsehen. Das Auge des Menschen liegt geschützt in einer knöchernen Augenhöhle. Der etwa 2,4 cm große kugelförmige *Augapfel,* der mit Hilfe mehrerer Muskeln bewegt werden kann, umschließt die vordere und hintere *Augenkammer* und den *Glaskörper* und ist mit verschiedenen Hautschichten (*Leder -, Ader-, Horn-* und *Netzhaut*) ausgekleidet. In einer Ausbuchtung des Glaskörpers befindet sich die *Linse;* sie ist von einer elastischen, durchsichtigen Membran umgeben. Zwischen vorderer und hinterer Augenkammer liegt die ringförmige *Regenbogenhaut* (oder *Iris*), deren Pigmentgehalt dem Auge seine Farbe verleiht; sie umgrenzt die *Pupille.*

Die Lichtstrahlen durchdringen die durchsichtige Hornhaut und die mit Flüssigkeit gefüllte vordere Augenkammer und fallen durch die Pupille auf die Linse (ihre Brechkraft hängt davon ab, wie stark sie von den Muskeln gekrümmt wird; → Akkomodation). Das Licht wird dabei so gebrochen, dass sich die Lichtstrahlen auf der hinteren Innenwand des Augapfels zu einem Bild vereinigen; dieses Bild auf der Netzhaut steht auf dem Kopf. In der Netzhaut oder *Retina* sitzen ungefähr etwa 125 Millionen stäbchen- und zapfenförmige Sehzellen; während die Zapfen farbempfindlich sind, nehmen die Stäbchen Helldunkelunterschiede wahr. Wo sie am stärksten konzentriert sind *(gelber Fleck),* befindet sich die Stelle der größten Sehschärfe. Keine Sehzellen dagegen enthält die Netzhaut

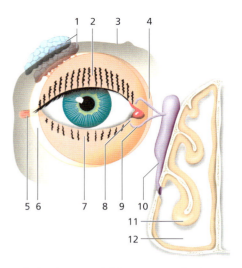

■ *Berieselungs- und Schutzapparat des Auges:* **1** *Tränendrüse;* **2** *Oberlid mit Meibomschen Talgdrüsen;* **3** *Umriß der Augenhöhle (Orbita);* **4** *Bindehautsack;* **5** *äußeres Lidband;* **6** *Lederhaut (Sclera) des Augapfels;* **7** *Unterlid;* **8** *Tränenpunkt mit Öffnung des Tränenröhrchens;* **9** *Tränenröhrchen;* **10** *Tränensack mit Tränen-Nasen-Gang, der unterhalb der unteren Nasenmuschel in die Nasenhöhle mündet;* **11** *untere Nasenmuschel;* **12** *unterer Nasengang*

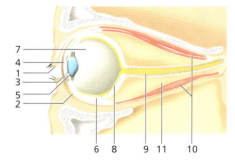

■ *Schnitt durch das menschliche Auge:* **1** *Oberes Augenlid;* **2** *Bindehaut;* **3** *Hornhaut;* **4** *Regenbogenhaut;* **5** *Linse;* **6** *Lederhaut;* **7** *Glaskörperraum;* **8** *Netzhaut;* **9** *Augapfel mit Sehnerv;* **10** *Augenmuskeln;* **11** *Fettpolster*

an der Stelle, wo sie vom Sehnerv durchdrungen wird *(blinder Fleck).* Die *Augenlider* sollen das Auge vor mechanischen Verletzungen und zu grellem Licht schützen; die Tränenflüssigkeit verhindert, dass der Augapfel austrocknet,

Augsburg, deutsche Großstadt (262 000 Einwohner) in Bayern. Die über 2000 Jahre alte Stadt, die heute die Hauptstadt des Regierungsbezirks → Schwaben ist, wurde im 15. und 16. Jh.

durch die Kaufmannsfamilie → Fugger reich und berühmt.

Augsburger Religionsfriede, auf dem Reichstag 1555 in Augsburg zwischen König Ferdinand I. und den Reichsständen geschlossen. Die lutherische Religion, die im **Augsburger Bekenntnis** auf dem Reichstag 1530 dargelegt worden war, wurde damals als Konfession anerkannt. Danach durften die weltlichen Reichsfürsten ihre Religion frei wählen; ihre Untertanen dagegen mussten die Konfession des Landesherrn annehmen.

Auguren, altrömische Priester, die den Willen der Götter anhand von Vorzeichen (z. B. Blitz und Donner) deuteten.

Augustinus, Aurelius (354–430), in Nordafrika geborener Kirchenlehrer, der Anhänger des → Manichäismus war, bevor er 387 getauft und 396 Bischof wurde. Er verfasste zahlreiche Schriften (z. B. »Vom Gottesstaat«), die großen Einfluss auf die Theologie hatten.

Augustus [»der Erhabene«], eigentlich Gaius Octavius (63 v. Chr.–14 n. Chr.), römischer Feldherr und erster römischer Kaiser. Er war ein Großneffe Cäsars, der ihn adoptierte und als Erben einsetzte. Nach dessen Tod war er Konsul und teilte sich ab 43 v. Chr. im zweiten → Triumvirat die Macht mit Marcus Antonius und Lepidus. Er gewann zunächst die westliche Hälfte des Römischen Reiches, bevor er in einem Bürgerkrieg gegen Antonius die Alleinherrschaft erlangte. 27 v. Chr. erhielt er vom Senat den Ehrennamen »Augustus« (den alle Nachfolger übernahmen). Später übertrug man ihm alle wichtigen Staatsämter, so dass er faktisch der erste Kaiser des Römischen Reiches war. Während seiner Herrschaft erlebte Rom kulturell und wirtschaftlich eine Blütezeit.

au pair [frz. oˈpɛːr »zum gleichen (Wert)«], Leistung ohne Bezahlung, für eine Gegenleistung. Ein **Au-pair-Mädchen** arbeitet im Ausland gegen Unterkunft und Verpflegung (sowie meist ein Taschengeld) in einem Haushalt, um die Sprache des Landes besser zu erlernen.

Auschwitz, poln. *Oświęcim,* Stadt in Polen (50 km westlich von Krakau), wo 1940 von der → SS das größte → *Konzentrationslager* eingerichtet wurde. Ab 1942 wurden im Zuge der »Endlösung« zahllose Juden aus ganz Europa dorthin deportiert. Neben dem Stammlager entstanden zahlreiche Außenstellen, darunter das Vernichtungslager bei Birkenau. Bis 1945 wurden in Auschwitz 2,5–4 Mio. Menschen ermordet. Viele Rechtsradikale leugnen, dass in den Konzentrations- und Vernichtungslagern 6 Mio. Juden umgekommen sind, und bezeichnen dies als **Auschwitzlüge.** Seit 1994 steht das öffentliche Leugnen des systematischen Völkermords an den Juden unter Strafe (bis zu fünf Jahre Gefängnis).

Ausländer, alle Personen, die nicht die Staatsangehörigkeit ihres Aufenthaltslandes besitzen. Während die Staatsbürgerschaft in manchen Ländern (wie etwa USA) vom Geburtsort abhängt, beruht sie in der Bundesrepublik auf der Abstammung. Kinder von Ausländern, die in Deutschland geboren werden, haben deshalb nicht die deutsche Staatsbürgerschaft, sondern die Nationalität ihrer Eltern. Da etwa 8,5 % aller Erwerbstätigen in Deutschland Ausländer sind, leisten die ausländischen Mitbürger einen wichtigen Beitrag zum Bruttosozialprodukt und zu den Steuer- und Sozialabgaben, besitzen aber kein Wahlrecht (Bürger der → Europäischen Union haben das kommunale Wahlrecht). Anfang 1996 lebten 7,17 Mio. Ausländer in Deutschland, hauptsächlich Türken (über 2 Mio.) und Bürger des ehemaligen Jugoslawien (knapp 800 000), gefolgt von Italienern, Griechen und Polen.

Auslese, in der Biologie ein wichtiger Vorgang der → Evolution, bei dem nur die am besten an ihre Umgebung angepassten Individuen überleben und sich fortpflanzen. Diese *natürliche Auslese* oder *Selektion* wurde von → Darwin erkannt.

Aussiedler, ursprünglich Heimatvertriebene, die die deutsche Staatsangehörigkeit besaßen oder deutsche Vorfahren hatten und ihre Siedlungsgebiete in Osteuropa verlassen mussten. Heute handelt es sich um deutschstämmige Rückkehrer (und ihre nichtdeutschen Ehegatten und Kinder), die bisher in Osteuropa oder in der ehemaligen Sowjetunion lebten; sie verlassen ihre bisherige Heimat aus wirtschaftlichen Gründen oder weil sie dort diskriminiert werden.

Austastlücke, Zeitspanne, die ein Elektronenstrahl benötigt, um beim Aufbau eines Fernsehbildes auf dem Bildschirm vom Ende einer Zeile oder eines Halbbildes zum Anfang der nächsten Zeile bzw. des nächsten Halbbildes zurückzuspringen. Die vertikale Austastlücke wird für die Übertragung von → Videotext genutzt.

Austern, Familie der → Muscheln, deren Vertreter in gemäßigten und warmen Meeren vorkommen. Sie besitzen eine dicke, runde bis langgestreckte Schale, die mit der Unterseite am Untergrund festgewachsen ist. Sie leben zumeist im flachen Wasser auf sog. *Austernbänken.* Da sie

Aussiedler

1996 reisten 172 181 Aussiedler in die Bundesrepublik Deutschland ein, in erster Linie aus Ländern der ehemaligen Sowjetunion. Die meisten Aussiedler kamen 1990: 397 075.

■ **Augustus** *(63 v. Chr. - 14. n. Chr.), erster römischer Kaiser*

■ **Auster**

Australien

Australien (Australia)
Staatsname: Australischer Bund
Staatsform: Parlamentarische Monarchie
Hauptstadt: Canberra
Fläche: 7 682 300 km^2
Einwohner: 18 Mio.
Bevölkerungsdichte: 2/km^2
Amtssprache: Englisch
Währung: Australischer Dollar ($ A)
Nationalitätskennzeichen: AUS

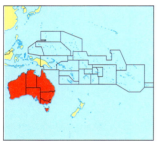

Australien

■ *Australien:* Die Hauptstadt Sydney mit dem weltberühmten Opera House

essbar sind und sogar als Delikatesse gelten, werden sie auch künstlich in vom offenen Meer abgetrennten »Austernparks« gezüchtet.

Australien, der kleinste Kontinent der Erde. Von Kap York bis zum Südostkap beträgt die größte Entfernung in nord-südlicher Richtung über 3700 km, während die westöstliche Ausdehnung über 4000 km beträgt. Australien ist ganz von Meeren (Indischer und Pazifischer Ozean) umgeben; von Asien ist es durch die Timorsee, von Neuguinea durch die Meeresenge der Torres-Straße getrennt. Zusammen mit der im Südosten vorgelagerten Insel Tasmanien sowie mehreren Inselgruppen bildet das Festland das Staatsgebiet des → Australischen Bundes. Vor der Nordostküste befindet sich das größte Korallenriff der Erde, das *Große Barriereriff* (2000 km lang und 300 km breit, etwa 600 Inseln).

Australien liegt ganz auf der Südhalbkugel und ist vom amerikanischen und vom afrikanischen Kontinent weit entfernt; mit Südostasien war es früher durch eine Landbrücke verbunden. Im Osten erstreckt sich das 3000 km lange Faltengebirge der australischen Kordilleren, die auch als Great Dividing Range (Großes Scheidegebirge) bezeichnet werden (höchste Erhebung: *Mount Kosciusko,* 2230 m). Westlich davon liegt ein Tiefland mit den beiden einzigen großen Flüssen, Darling und Murray; in der Mitte und im Westen dehnen sich die flachen Tafelländer des Australischen Schildes aus, die von einzelnen Bergen und Mittelgebirgen durchsetzt sind. Australien befindet sich im tropischen, subtropischen und gemäßigten Klimabereich. Es erhält nur in den küstennahen Bereichen genügend Niederschläge; dort findet man Regen- und Mangrovewälder sowie Savannen. Die größten Teile Australiens im Westen und im Inneren sind jedoch Trockengebiete mit Wüsten, Trockensteppen und Dornsavannen.

Australien wurde vermutlich schon vor 40 000 Jahren oder noch früher von Südostasien aus besiedelt; von den Ureinwohnern, den → Aborigines, gibt es heute nur noch rund 250 000. Im 17. Jh. wurde der Kontinent von Europäern entdeckt; ab 1770 wurde er von Großbritannien in Besitz genommen und diente im 19. Jh. als Sträflingskolonie. Die sechs britischen Kolonien schlossen sich 1901 zum → Australischen Bund zusammen.

Australischer Bund, Staat in → Ozeanien. Der 1901 gegründete Australische Bund, der aus der Vereinigung von sechs britischen Kolonien entstand, umfasst den gesamten Kontinent → Australien sowie mehrere Inseln. Er besteht aus sechs Bundesstaaten (Neusüdwales, Victoria, Queensland, Südaustralien, Westaustralien, Tasmanien), zwei Territorien (Nord- und Hauptstadtterritorium) und verschiedene Außenbesitzungen (Weihnachtsinsel, Kokosinseln, Norfolkinseln). 1907 erhielt Australien mit dem Dominionsstatus mehr Selbstständigkeit vom Mutterland; seit Ende 1939 ist es auch nominell unabhängig, gehört aber weiterhin dem → Commonwealth an. Die Bevölkerung setzt sich hauptsächlich aus Nachkommen europäischer Einwanderer (vor allem britischer und irischer Herkunft) zusammen. Der australische Kontinent ist reich an Bodenschätzen (riesige Vorkommen an Kohle und Erzen sowie Erdöl und Erdgas). Die Industrie konzentriert sich auf die Städte im Südosten. Wichtigster Bereich der Landwirtschaft ist die Schafzucht (Australien erzeugt ein Viertel der Wollproduktion der Erde). Im Südwesten und Südosten werden Getreide und Zuckerrohr angebaut.

Autarkie [von griech. autos = »selbst« und arkein = »genügen«], *die,* (wirtschaftliche) Unabhängigkeit eines Staates vom Ausland.

authentisch [griech.], echt, verbürgt.

Autismus [von griech. autos = »selbst«], *der,* extreme Form der Ichbezogenheit, die mit einem Sichabsondern von der Außenwelt und mit einer Flucht in die eigene Vorstellungswelt verbunden ist.

auto- [griech.], Vorsilbe mit der Bedeutung »selbst« (z. B. *Autogamie,* »Selbstbefruchtung«).

Autobiographie [griech.], *die,* literarische Beschreibung des eigenen Lebens.

Autodidakt [griech.], *der,* jemand, der sich bestimmte Kenntnisse ausschließlich durch Selbstunterricht beigebracht hat.

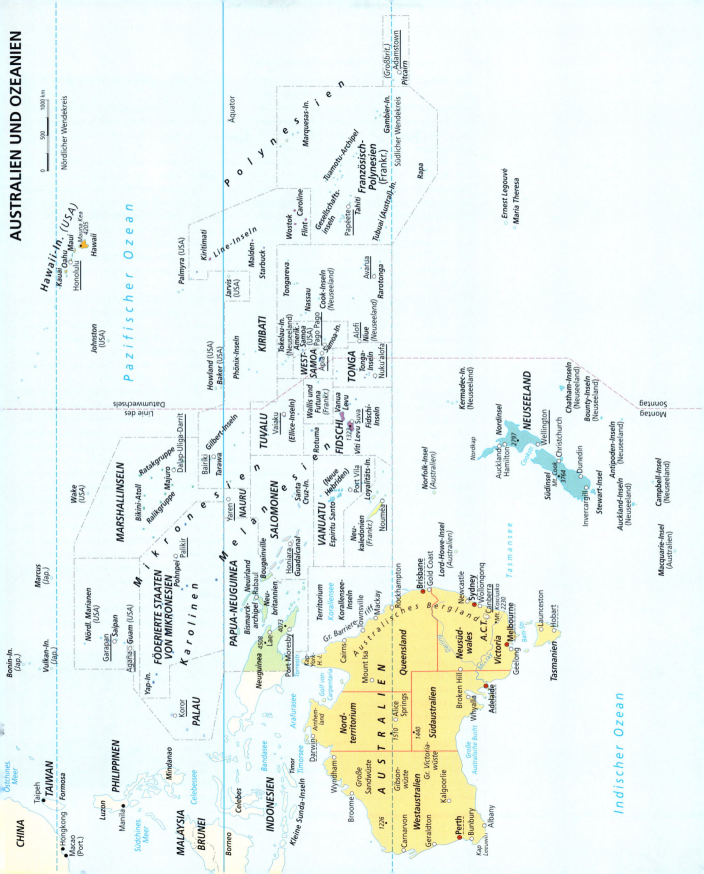

Aus der Geschichte des Automobils

- 1867: erster Benzinmotor (Nikolaus Otto)
- 1885: erster Wagen mit Verbrennungsmotor (Carl Benz)
- 1886: erster vierrädriger Kraftwagen (Gottlieb Daimler)
- 1894: erster Dieselmotor (Rudolf Diesel)
- 1908: erstes Serienauto (Henry Ford)

Autofokus, *Autofocus* [griech.-lat.-engl.], automatische Scharfeinstellung bei Fotoapparaten.

autogenes Training, Methode, durch die ein Patient mit Hilfe von Autosuggestion zu »konzentrativer Selbstentspannung« gelangen soll.

Autogramm [von griech. autos = »selbst« und gramma = »Schriftzeichen«], *das,* eigenhändige Unterschrift (einer berühmten Persönlichkeit).

Automat [griech. »sich selbst bewegend«], *der,* eine Vorrichtung, die bestimmte Vorgänge selbsttätig ausführt, sobald ein bestimmter Impuls ausgelöst worden ist. *Waren-* und *Spielautomaten* reagieren beispielsweise auf den Einwurf einer Münze.

Automatik, in der Technik eine Vorrichtung, die Vorgänge steuert, regelt und ablaufen lässt, ohne dass der Mensch eigens eingreifen muss. Insbesondere gilt diese Bezeichnung für das *automatische Getriebe* in Kraftfahrzeugen.

Automobil [griech.-lat. »selbstbeweglich«], *das,* auch kurz als *Auto* bezeichnetes mehrrädriges Fahrzeug, das von einem Motor angetrieben und zum Transport von Personen oder Gütern verwendet wird. Die Bezeichnung umfasst Personenkraftwagen (PKW), Lastkraftwagen (LKW), Omnibusse und Spezialfahrzeuge.
Die Hauptbestandteile des Automobils sind das Fahrgestell, der Aufbau (Karosserie) und der Motor. Moderne Autos besitzen eine selbsttragende *Karosserie,* an der das Fahrwerk und der Motor befestigt sind. Das *Fahrwerk* besteht aus den Rädern (Reifen und Felgen) und der Radaufhängung (bei PKWs Schraubenfedern und Stoßdämpfer mit Aufhängung, bei LKWs zumeist Blattfedern und starre Achsen; daneben gibt es auch Luft- und Gasfederung). Ein wichtiger Teil des Fahrwerks ist die Bremsanlage: Während bei PKWs hydraulische Bremsen überwiegen, werden bei LKWs hauptsächlich pneumatische Bremsen verwendet. Bei manchen Autos ist ein → Antiblockiersystem (ABS) eingebaut. Der *Motor* erzeugt die Antriebskraft. Die meisten PKWs besitzen einen Benzinmotor (→ Ottomotor); neben dem → Dieselmotor (vor allem bei LKWs) werden noch die → Gasturbine und der → Elektromotor zum Antrieb verwendet. Die vom Motor erzeugte Antriebskraft wird durch das *Getriebe* auf die Räder übertragen.
Die Abgase werden bei den meisten neuen Fahrzeugen durch → *Katalysatoren* (bei Benzinmotoren) bzw. durch *Rußfilter* (bei Dieselmotoren) gereinigt. Ein *Turbolader* ist eine Vorrichtung, die von den Abgasen angetrieben wird; sie verdichtet die Ansaugluft und erhöht die Leistung des Motors.
Unter *Fahrzeugelektrik* versteht man die gesamte elektrische Ausrüstung eines Automobils (Zündung, Lichtanlage, Anlasser, Batterie, Lichtmaschine usw.).

Autonome, Anhänger einer politisch motivierten Protestbewegung, die nicht fest organisiert ist. Ihre Mitglieder lehnen das bestehende Gesellschaftssystem ab; sie wollen den Staat durch selbstverwaltete Strukturen ersetzen und billigen Gewalt gegen Sachen und Personen.

Autonomie [von griech. autos = »selbst« und nomos = »Gesetz«], *die,* Selbstständigkeit, Unabhängigkeit im Sinne einer politischen Selbstverwaltung.

Autopilot, automatische Anlage zur Steuerung eines Flugzeugs oder eines anderen Fahrzeugs.

Autopsie [griech. »Sehen mit eigenen Augen«], *die,* Öffnung einer Leiche, um die genaue Todesursache festzustellen.

Autor [lat.] *der,* Urheber, Verfasser eines (vor allem schriftlichen) Werkes.

Autorität [lat.], *die,* das Ansehen und der damit verbundene Einfluss, die eine Person dank ihrer gesellschaftlichen oder beruflichen Stellung oder ihrer persönlichen Leistung genießt. Unter **autoritär** versteht man eine Haltung, die unbedingten Gehorsam fordert und keine Kritik zulässt.

autotroph [von griech. autos = »selbst« und trophe = »Nahrung«], sich ausschließlich von anorganischen Stoffen ernährend. Die **Autotrophie,** die Fähigkeit, anorganische Stoffe in körpereigene Stoffe umzuwandeln, unterscheidet die Pflanzen von den → *heterotrophen* Tieren.

Avantgarde [frz. a'vã:gardə »Vorhut«], *die,* Vorkämpfer für neue Ideen zumeist auf literarischem oder künstlerischem Gebiet.

Avocado [aztek.-span.], *die,* aus Mittelamerika stammendes, bis zu 20 m hoch werdendes Lorbeergewächs mit essbaren birnenförmigen Steinfrüchten.

■ *Avocado*

■ *Ayers Rock:* Der von den Aborigines Australiens als heilig verehrte Fels ist der größte Inselberg der Erde

AWACS [engl. 'eɪwæks], Abkürzung für *Airborne Early Warning and Control System,* das fliegende Frühwarn- und Kontrollsystem der → NATO. Damit können aus der Luft sämtliche Boden- und Luftbewegungen in einem Umkreis von bis zu 450 km kontrolliert werden.

Axiom [griech. »Grundwahrheit«], *das,* in der Logik und Mathematik ein Grundsatz, der nicht von anderen Sätzen abgeleitet ist und als wahr anerkannt wird, ohne dass er bewiesen werden kann. Er muss auch nicht begründet werden, weil er unmittelbar einleuchtet.

Ayatollah, *Ajatollah* [pers. »Licht Gottes«], *der,* schiitischer Ehrentitel (→ Schia) für hohe Geistliche. Besondere Bedeutung erhielt er in den 80er Jahren durch → Khomeini.

Ayers Rock [engl. 'ɛəz 'rɒk], ein 940 m hoher Fels in Australien (Nordwestterritorium), der etwa 350 m über die umgebende Landschaft aufragt und als größter Monolith (roter Sandstein) der Erde gilt (etwa 2,5 km lang und 1,5 km breit).

Azoikum [von griech. azoos = »ohne Leben«], *das,* in der → Erdgeschichte der unterste Abschnitt der Erdurzeit, der vor etwa 4,6 Mrd. Jahren mit der Entstehung der Erde begann.

Azoren, port. *Açores,* Inselgruppe vulkanischen Ursprungs im mittleren Atlantik (2247 km^2, 268 000 Einwohner). Sie sind eine autonome Region von Portugal und besitzen ein subtropisches Klima mit reicher Vegetation.

Azteken, indianisches Volk in → Mexiko, das zu den Nahua gehört. Die Azteken wanderten erst im 13. Jh. in das Hochtal von Mexiko ein, das damals schon besiedelt war. Innerhalb von kurzer Zeit dehnten sie ihren Machtbereich auf ganz Mexiko aus, doch bereits 1519–1521 wurde ihr Reich von den Spaniern (unter Hernando → Cortez) erobert, die auch die Hauptstadt Tenochtitlan zerstörten. Die aztekische Kultur, die eindrucksvolle Bauwerke (Tempelpyramiden, Brücken und Aquädukte) hinterließ und Menschenopfer kannte, zählt zu den am besten erforschten → altamerikanischen Kulturen.

B, Abkürzung für Bundesstraße (z. B. *B 85*).

b, 1. in der Musik die erniedrigte 7. Stufe der C-Dur-Tonleiter; **2.** als Vorzeichen (oder → Versetzungszeichen) vor einer Note die Anweisung, daß der betreffende Ton um einen Halbton erniedrigt wird (Zeichen b).

Baal [semit. »Herr«], eine westsemitische Gottheit, die im Altertum in Syrien und Phönizien als Fruchtbarkeits-, Natur- und Wettergott verehrt wurde.

Babylon, Hauptstadt des gleichnamigen Reichs in → Mesopotamien, das unter Hammurapi (1728–1686 v. Chr.) seinen Machtbereich auf das gesamte Zweistromland bis nach → Assyrien ausdehnte. Berühmt ist Hammurapis Gesetzeskodex. Nachdem die Hethiter das babylonische Reich um 1530 v. Chr. zerstört hatten, eroberten die Kassiten, ein iranisches Bergvolk, das Land. Die Herrschaft der Kassiten endete um 1160 v. Chr. mit dem Einfall der Elamiter, die im Südwesten des Iran beheimatet waren. Ab 1156 v. Chr. herrschte etwa 90 Jahre lang die einheimische zweite Dynastie von Isin, deren mächtigster Herrscher Nebukadnezar I. (1125–1104 v. Chr.) war. Im 1. Jt. v. Chr. geriet Babylon unter die Herrschaft des assyrischen Reiches, bis 626 v. Chr. das neubabylonische Reich der *Chaldäer* entstand. Dieses dehnte sich unter Nebukadnezar II. (605–562 v. Chr.) bis Palästina aus (Eroberung von Jerusalem und Deportation der jüdischen Bevölkerung in die *babylonische Gefangenschaft*). 539 wurde Babylon von den Persern unter Kyros II. erobert.

Bacchus, römischer Gott der Fruchtbarkeit, der Ekstase und des Weins, der dem griechischen → Dionysos entspricht.

Bach, Johann Sebastian (1685–1750), deutscher Komponist und Musiker des → Barock, der einer bedeutenden Musikerfamilie entstammte. Er begann seine musikalische Laufbahn als Organist und Kammermusiker. Ab 1714 war er Konzertmeister in Weimar und ab 1717 Hofkapellmeister in Köthen, ehe er 1723 Thomaskantor in Leipzig wurde. Bachs Werke (Konzerte, Kantaten und Choräle) gelten als Höhepunkte ihrer Gattungen. Traditionelle Formen wie die Fuge brachte er zu ihrer Vollendung. Er hinterließ

■ *Johann Sebastian Bach* (1685-1750), Gemälde von Johann Jakob Ihle. Eisenach, Bachhaus

ein umfangreiches instrumentales und vokales Werk.

Bache, weibliches → Wildschwein.

Backbord [von engl. back = »Rücken« und board = »Bord«], die linke Seite des Schiffes. Gegensatz: Steuerbord.

Baden, historisches Land (ab dem 12. Jh. Markgrafschaft, ab 1806 Großherzogtum in Südwestdeutschland, ab 1919 Freistaat), seit 1952 Teil von Baden-Württemberg. Es reicht vom Bodensee im Süden bis zur Taubermündung im Norden; die Hauptstadt ist *Karlsruhe.*

Baden-Württemberg, Bundesland in Südwestdeutschland, das 1952 nach einer Volksabstimmung durch Zusammenschluß der Länder → Baden und → Württemberg sowie Württemberg-Hohenzollern entstand. Der Rhein und der Bodensee bilden natürliche Grenzen zu Frankreich im Westen und zur Schweiz im Süden. Das waldreiche Land (Schwarzwald, Odenwald) ist in der Oberrheinischen Tiefebene und im Bodenseegebiet durch Landwirtschaft (Obst, Wein) geprägt. Dank seiner städtischen Zentren weist Baden-Württemberg den höchsten Industrialisierungsgrad aller deutschen Bundesländer auf.

Badminton [engl. 'bædmɪntən] *das,* Federballspiel; in einem Spielfeld, das durch ein Netz in zwei Hälften geteilt wird, muß ein »Federball« (ein Korkball mit einem Kranz von Federn) von den Spielern mit Hilfe von Schlägern über das Netz gebracht werden, ohne daß er den Boden berührt.

BAföG, Abkürzung für das *Bundesausbildungsförderungsgesetz,* das die finanzielle Unterstützung von Studenten und Schülern in der Bundesrepublik regelt.

Die wichtigsten Werke von J. S. Bach

6 Brandenburgische Konzerte
 Weihnachtsoratorium
h-Moll-Messe
Johannes- und Matthäuspassion
Das wohltemperierte Klavier I und II
Goldberg-Variationen
Musikalisches Opfer
Die Kunst der Fuge

Babylon

In der Bibel wird Babylon als Babel erwähnt: Dort wurde angeblich ein gewaltiger Turm errichtet, der bis zum Himmel reichen sollte. Um dies zu verhindern, verwirrte Gott die Sprache der Menschen, so dass keiner mehr den anderen verstand und sich die Menschen mit verschiedenen Sprachen über die ganze Erde zerstreuten. Diese Sage vom Turmbau zu Babel und der babylonischen Sprachverwirrung geht vermutlich auf einen historischen Tempelturm (ein Heiligtum für den Gott Marduk) zurück.
Die *Hängenden Gärten der Semiramis* in Babylon, Dachgärten über Gewölben, die zu den sieben → Weltwundern der Antike gerechnet wurden, gehen vermutlich nicht auf diese sagenhafte Königin zurück, die Ende des 9./Anfang des 8. Jh. v. Chr. die Regentschaft für ihren Sohn innehatte, sondern stammen erst aus der Zeit von Nebukadne-zar II. (Anfang des 6. Jh. v. Chr.).

Baden-Württemberg:

Fläche: 35 752 km^2
Einwohner: 10,32 Mio.
Hauptstadt: Stuttgart

Regierungsbezirke:
Karlsruhe (Nordbaden)
Freiburg (Südbaden)
Stuttgart (Nordwürttemberg)
Tübingen (Südwürttemberg-Hohenzollern)

Bahamas
Staatsname: Commonwealth der Bahamas
Staatsform: Parlamentarische Monarchie
Hauptstadt: Nassau
Fläche: 13 939 km²
Einwohner: 277 000
Bevölkerungsdichte: 20/km²
Amtssprache: Englisch
Währung: Bahama-Dollar (B $)
Nationalitätskennzeichen: BS

Bahamas

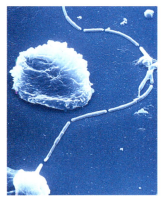

■ *Bakterien* vermehren sich durch Querteilung

Bagdad, am Tigris liegende Hauptstadt des → Irak, mit Vororten etwa 4 Mio. Einwohner.

Bahamas, Inselstaat in der → Karibik. Er besteht aus fast 700 Inseln, von denen nur 29 bewohnt sind, sowie aus 2400 Riffen und Klippen. Der größte Teil der Bevölkerung (fast 70 %), die sich überwiegend aus Nachkommen schwarzer Sklaven zusammensetzt, lebt auf *New Providence*. Die Wirtschaft stützt sich in erster Linie auf den Fremdenverkehr sowie auf ausländische Banken und Briefkastenfirmen, die von günstigen Steuergesetzen profitierten. Die Inselgruppe wurde 1492 von Kolumbus entdeckt. Nachdem die Spanier die indianischen Eingeborenen als Sklaven verschleppt hatten, wurden die Inseln ab Mitte des 17. Jh. von den Engländern neu besiedelt. Die Bahamas, die seit 1729 britische Kronkolonie waren, erlangten 1973 ihre Unabhängigkeit, gehören aber weiterhin dem → Commonwealth an.

Bahnengolf, eine Abart des → Golfs im Kleinen. Der Spieler muss auf achtzehn Bahnen mit möglichst wenig Schlägen (höchstens sechs pro Bahn) den Ball ins Loch bringen, wobei künstliche Hindernisse überwunden werden müssen.

Bahrain, Emirat am → Persischen Golf. Der Inselstaat besteht aus 33 Inseln, Die Hauptinsel besteht aus einem Kalksteinplateau mit Sanddünen und Salzsümpfen, das nur im Küstenbereich eine landwirtschaftliche Nutzung erlaubt. Die überwiegend arabische Bevölkerung weist einen hohen Ausländeranteil (über 36 %) auf. Grundlage der Wirtschaft ist die Förderung und Weiterverarbeitung von Erdöl. Bahrain wurde im 7. Jh. von den Arabern erobert. Es war im 16. Jh. portugiesisch und im 17/18. Jh. persisch, ehe es 1783 selbstständig wurde. Ab dem 19. Jh. stand es unter britischer Oberhoheit. Seit 1971 ist es unabhängig.

Baikalsee, 31 500 km² großer Gebirgssee in Südsibirien, 455 m über dem Meeresspiegel gelegen. Er ist der tiefste Süßwassersee der Erde (bis 1620 m) und liegt in einer gewaltigen Grabensenke.

Baisse [frz. 'bɛːsə »Rückgang«], *die,* Kurssturz, starkes Absinken der Börsenkurse. Gegensatz: → Hausse.

Bakterien [griech.-lat. »Stäbchen«], einzellige → Mikroorganismen, die zusammen mit den Blaualgen (→ Algen) als Prokaryonten eine eigenständige Gruppe von Lebewesen bilden. Die 0,0002 bis 0,08 mm großen Bakterien besitzen einen vielgestaltigen Körper, der nur aus einer Zelle besteht. Im Gegensatz zu tierischen

Bali: *Der Tempel Tanah Lot ist eines der bedeutendsten Heiligtümer der Insel*

oder pflanzlichen Zellen besitzen sie keinen eigentlichen Zellkern. Nach ihrer Gestalt unterscheidet man → *Bazillen* (stäbchenförmig), *Kokken* (kugelförmig) und *Spirillen* (schraubenförmig). Bakterien vermehren sich ungeschlechtlich durch Querteilung; dabei entstehen oft größere Bakterienverbände. Eine Bakterienkultur, die sich alle 15 Minuten verdoppeln kann, benötigt zur Vermehrung günstige Umweltbedingungen; die Bazillen können auch eine widerstandsfähige Dauerform (Sporen) ausbilden.

Die seit etwa 3 Mrd. Jahren auf der Erde nachweisbaren Bakterien, die im Boden, in der Luft und im Wasser vorkommen, sind an vielen Vorgängen des natürlichen Kreislaufs des Lebens beteiligt; sie sind für den Abbau organischer Stoffe (Verwesung, Fäulnis und Gärung) verantwortlich und werden auch vom Menschen genutzt (Reinigung von Abwässern, Aufbereitung von Abfällen, Herstellung von Lebensmitteln wie Käse und Essig sowie alkoholischen Getränken). Viele Bakterien leben als Symbionten oder → Parasiten in anderen Lebewesen (z. B. im Darm) oder sind Krankheitserreger, die in den Körper von Lebewesen eindringen und während ihres Wachstums giftige Stoffe abgeben; andererseits kann man aus Bakterien auch → Antibiotika gewinnen.

Bakterien brauchen entweder Sauerstoff (sog. *Aerobier)* oder können sich nur in einer Umgebung ohne Sauerstoff entwickeln (sog. *Anaerobier).* Während manche von ihnen das Sonnenlicht als Energiequelle nutzen (→ Photosynthese), gewinnen andere ihre Energie durch die →

Balkan: Die Plitvicer Seen in Kroatien sind durch Wasserfälle miteinander verbunden (Nationalpark)

Oxidation anorganischer Stoffe (sog. Chemosynthese).

Bakteriophagen [griech. »Bakterienfresser«], *Phagen, Mz.,* winzige → Viren (hundert- bis tausendmal kleiner als ein Bakterium), die in → Bakterien eindringen und diese durch Vermehrung zerstören. Sie schleusen ihre Erbsubstanz in die Bakterienzelle ein und verändern dadurch deren Stoffwechsel. In der → Gentechnologie werden sie dazu genutzt, gezielt bestimmte Gene in das Erbmaterial der Bakterien einzufügen, die dann diese fremde → DNA zusammen mit dem Erbmaterial des Phagen vermehren und veränderte Eigenschaften zeigen (z. B. Produktion von menschlichem → Insulin).

Balalaika, *die,* russisches Saiteninstrument mit dreieckigem Schallkörper und langem Hals mit Bünden. Die drei Saiten werden gezupft.

Balance [frz. ba'lā:sə »Waage«], *die,* Gleichgewicht.

Balder, *Baldur,* der nordgermanische Lichtgott.

Baldrian, kraut- und staudenartige Gewächse; der bei uns vorkommende *Gemeine Baldrian* (Katzenkraut) wird als Heilpflanze genutzt.

Balearen, Inselgruppe (5014 km², 765 100 Einwohner) im westlichen Mittelmeer, die als Provinz zu → Spanien gehört. Die Inseln sind sehr gebirgig und werden wegen ihres milden Klimas von vielen Touristen besucht. Die größten Inseln sind *Mallorca, Menorca, Ibiza* und *Formentera.*

Bali, westlichste der Kleinen Sunda-Inseln, die zu → Indonesien gehört. Bali (5561 km², 2,1 Mio. Einwohner) besitzt eine eigenständige Kultur, die in seinen hinduistischen Tempelanlagen Ausdruck findet.

Balkan [türk. »Gebirge«], *der,* in west-östlicher Richtung verlaufendes, 600 km langes Faltengebirge in Bulgarien (höchste Erhebung: *Botew* 2376 m). Die nach diesem Gebirge benannte **Balkanhalbinsel** ist die östlichste der südeuropäischen Halbinseln; im Norden wird sie von der Linie Save-Donau abgegrenzt. Zur Balkanhalbinsel gehören der südliche Teil des ehemaligen Jugoslawiens (Kroatien, Bosnien-Herzogowina, Restjugoslawien, Makedonien), Albanien, Griechenland und der europäische Teil der Türkei. Zwischen den Gebirgszügen erstrecken sich fruchtbare, von Flüssen durchzogene Tiefebenen und Becken.

Ballade [engl.-frz.-it.], *die,* ursprünglich ein Tanzlied, das aus den romanischen Ländern eingeführt worden ist. Heute versteht man darunter ein erzählendes Gedicht, das meist gereimt ist.

Ballast, *der,* eigentlich die wertlose Fracht, die bei Freiballons (→ Ballon) zum Ausgleich des Gewichts dient und über Bord geworfen wird, wenn der Ballon höher steigen soll. Bei Schiffen soll der Ballast für den notwendigen Tiefgang sorgen. Im allgemeinen Sprachgebrauch versteht man darunter eine nutzlose Last oder Bürde.

Ballett [von it. balletto = »kleiner Tanz«], *das,* der Bühnentanz und die Tanzgruppe, die ihn ausführt. Auch speziell für solche Tänze geschriebene Musiken werden als Ballett bezeichnet (z. B. das Ballett »Schwanensee« von Tschaikowski).

Ballistik [von griech. Ballein = »werfen«], *die,* Lehre von der Flugbahn, die ein geschleuderter oder geschossener Körper beschreibt.

Ballon [frz. ba'lõ: »Kugel«], *der,* eine dünne Hülle, die sich mit Luft oder einem Gas, das leichter als Luft ist (z. B. → Helium), füllen und aufblähen lässt. *Luftballons* sind ein Kinderspielzeug, während größere Ballons für wissenschaftliche Zwecke benutzt werden *(Wetter-* und *Höhenballons).* Mit Heißluft oder Gas gefüllte Ballons *(Freiballons)* können auch Körbe tragen, so dass sie als Luftfahrzeuge dienen. Solche Ballons bewegen sich nach dem Prinzip des → Auftriebs nach oben und unten, wobei das Abwerfen von → Ballast zum Steigen und das Ablassen von Gas zum Sinken führt. Sie werden in waagerechter Richtung von den Luftströmungen getrieben.

Balsa [span. »Floß«}, *das,* sehr leichtes Holz des in Mittel- und Südamerika wachsenden *Balsa-*

Bahrain	
Staatsform:	Absolute Monarchie
Staatsname:	Staat Bahrain
Hauptstadt:	Manama
Fläche:	678 km²
Einwohner:	564 000
Bevölkerungsdichte:	832/km²
Amtssprache:	Arabisch
Währung:	Bahrain-Dinar (BD)
Nationalitätskennzeichen:	BRN

Bahrain

Balder

Bei einer Versammlung der Asen wird Balder unwissentlich von seinem blinden Bruder Hödur getötet, als dieser auf Betreiben von Loki einen Mistelzweig auf ihn abschießt. Mit Balders Tod gibt es keine Gerechtigkeit mehr in der Welt; erst nach der Götterdämmerung kann er die Unterwelt (Hel) wieder verlassen und zusammen mit Hödur über eine neue, friedliche Welt herrschen. Da Balder auch der Gott des Frühlings ist, spiegelt sein Mythos die sterbende und wiederaufblühende Vegetation wider.

Balkanhalbinsel

baums, das heute vor allem für Modellflugzeuge genutzt wird.
Balsam [hebr. »Wohlgeruch«], *der,* eine angenehm riechende Mischung aus Harzen und ätherischen Ölen, die von *Balsampflanzen* stammen. Die zähflüssigen, an der Luft hart werdenden Stoffe werden in der Kosmetikindustrie (für Parfüms) und in der Medizin (für Salben) sowie für die Herstellung von Lacken verwendet.
Baltikum [lat.], *das,* ursprünglich Bezeichnung für die zum Russischen Reich gehörenden Landschaften Livland, Estland und Kurland, heute für die drei baltischen Länder → Estland, → Lettland und → Litauen. Zu den baltischen Völkern zählen neben den Letten und Litauern auch die Pruzzen (Preußen), während die Esten nicht zur indogermanischen, sondern zur finnisch-ugrischen Sprachgruppe gehören.
Balz, bei vielen Tieren (Vögeln, Fischen und Insekten) das Werbeverhalten, das der → Begattung vorausgeht. Das Männchen lockt dabei das Weibchen durch besondere Laute, Bewegungen und Zurschaustellung von auffälligen Körperteilen (Imponiergehabe) an, um es leichter begatten zu können.
Bamberg, deutsche Stadt (70 000 Einwohner) in Oberfranken (Bayern), die seit 1007 Bistum (seit 1817 Erzbistum) ist. Berühmt ist der spätromanisch-frühgotische Dom (12./13. Jh.).
Bambus [ndl.-malai.], *der,* Gattung von tropischen und subtropischen Süßgräsern, die in Asien und Amerika beheimatet sind. Die dicken, verheizten Halme werden bis zu 40 m hoch. Während die Stängel als Baumaterial und zur Herstellung von Flechtwerk genutzt werden, bereitet man die jungen Bambussprossen als Gemüse zu.
banal [frz. »alltäglich«], gewöhnlich (in abwertendem Sinn gebraucht), nichtssagend.
Banane [port.-afrikan.], *die,* leicht gebogene Frucht (Beerenfrucht) der bis zu 10 m hoch werdenden Bananenstaude, die in tropischen und subtropischen Gebieten in Plantagen angebaut wird.
Bandkeramik, eine in Mitteleuropa beheimatete jungsteinzeitliche Kultur (5.–3. Jt. v. Chr.), die nach dem bänderartigen Muster ihrer Tongefäße benannt ist.
Bandscheibe, eine knorpelige Scheibe mit weichem Gallertkern, die sich zwischen je zwei Wirbeln der → Wirbelsäule befindet und dank ihrer Elastizität den auf der Wirbelsäule lastenden Druck ausgleicht. Mit dem Alter nutzen sich die

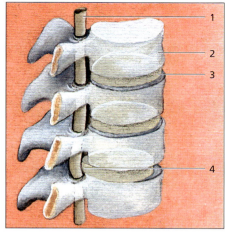

■ ***Bandscheiben:*** **1** *Rückenmark;* **2** *Wirbelkörper;* **3** *Bandscheibe;* **4** *Bandscheibenvorfall, drückt auf das Rückenmark*

Bandscheiben ab, was zum **Bandscheibenvorfall** (zeitweiliges oder dauerhaftes Hervortreten des Bandscheibenkerns) führen kann.
Bandwürmer, eine Klasse von Plattwürmern, deren erwachsene Vertreter als → Parasiten im Darm von Wirbeltieren leben. Die bis zu 15 m lang werdenden Tiere werden mit der Nahrung (z. B. rohes oder nicht durchgebratenes Fleisch) aufgenommen; sie entziehen dem Wirt nicht nur Nährstoffe, sondern geben auch giftige Stoffe ab. Die Jugendform des Bandwurms wird als Finne oder Blasenwurm bezeichnet.
Bangkok, thailänd. *Krunk Thep,* Hauptstadt und größte Stadt (5,9 Mio. Einwohner) von → Thailand. Sie liegt nahe der Mündung des Menam und ist der wichtigste thailändische Hafen.
Bangladesch, Staat in Südostasien. Das fast ganz von Indien umschlossene Land am Bengalischen Golf besteht überwiegend aus Tiefland im Deltagebiet der Flüsse → Ganges und → Brahmaputra. Die fruchtbaren Schwemmlandböden werden landwirtschaftlich genutzt; angebaut werden vor allem Reis, Tee, Tabak, Baumwolle und Jute. Bangladesch bildet den Ostteil von Bengalen (der Westteil gehört zu → Indien) und stand ab 1200 unter muslimischer Oberhoheit. Mitte des 18. Jh. kam es unter britische Herrschaft. Als Britisch-Indien 1947 in die Unabhängigkeit entlassen und in Indien und Pakistan geteilt wurde, kam Ostbengalen wegen seiner überwiegend muslimischen Bevölkerung zu → Pakistan (dessen Westteil etwa 1800 km entfernt liegt). Die Unterdrückung Ostpakistans, das über-

---

Bangladesch (Bāmlādeś)

Staatsname: Volksrepublik Bangladesch

Staatsform: Republik

Hauptstadt: Dhaka

Fläche: 143 998 km²

Einwohner: 120 Mio.

Bevölkerungsdichte: 833/km²

Amtssprache: Bengali

Währung: Taka (Tk.)

Nationalitätskennzeichen: BD

Bangladesch

Baltikum
● ● ● ● ● ● ● ● ● ● ● ● ●
Der Name »Baltikum« rührt vom lateinischen *Baltia* her, das der Name für ein schon im Altertum bekanntes Bernsteingebiet im Ostseeraum war.

Banken

Eine Art Bankenwesen mit der Einrichtung von Konten und bargeldlosem Zahlungsverkehr bestand schon im Altertum, während sich die moderne Bank im Mittelalter in Italien entwickelte. Die erste öffentliche Bank entstand zu Beginn des 15. Jh. in Spanien; die erste deutsche Bank wurde 1619 in Hamburg gegründet. Die erste moderne Kreditbank war die Bank von England (1694).

Banknote

Die Banknoten entwickelten sich aus den Depositenscheinen, die im mittelalterlichen Italien von Geldwechslern ausgestellt wurden, wenn Kaufleute bei ihnen Hartgeld hinterlegten. Dieser Hinterlegungsschein berechtigte den Inhaber, den entsprechenden Betrag in Hartgeld bei dem Geldwechsler abzuholen. Die Zahlung mit solchen Scheinen machte den Geldverkehr angesichts der vielfältigen Münzen übersichtlicher und bequemer. Bereits lange vorher gab es in China Papiergeld.

■ Der **Malaienbär** ist in Hinterindien von Assam bis Borneo und Sumatra verbreitet

Barium

Zeichen: Ba
Ordnungszahl: 56
Atommasse: 137,33
Dichte: 3,5 g/cm^2
Schmelzpunkt: 725 °C
Siedepunkt: 1640 °C

wiegend von Bengalen bewohnt wird, führte Ende der 60er Jahre zu bürgerkriegsähnlichen Unruhen und 1971 zur Ausrufung eines eigenen Staates. Das militärische Eingreifen Indiens sicherte die Unabhängigkeit von Bangladesch, das in der Folgezeit mehrmals Militärputsche erlebte.

Banjo [engl.-afrikan. 'bɛndʒo], *das*, ein vier- bis neunsaitiges Zupfinstrument mit langem Hals und rundem Schallkörper. Es wird heute vor allem in der → Countrymusic verwendet.

Banken [von it. banco = »Tisch des Geldwechslers«], Unternehmen, die Geldgeschäfte tätigen. Zu den gebräuchlichen Aktivitäten von Banken gehören die Annahme von Kundengeldern als Einlagen (verzinste Spargutgaben), die Durchführung des bargeldlosen Zahlungsverkehrs ihrer Kunden, der An- und Verkauf von ausländischen Währungen, die Gewährung von Darlehen und Krediten, der An- und Verkauf sowie die Verwaltung von Wertpapieren. Nach ihrer Rechtsform unterscheidet man *private*, *öffentlich-rechtliche* (wie z. B. Sparkassen) und *Genossenschaftsbanken*.

Banknote, ein Geldschein, der auf einen bestimmten Betrag lautet und als gesetzliches Zahlungsmittel im Umlauf ist. Banknoten dürfen nur von → Notenbanken der einzelnen Staaten (in Deutschland von der Deutschen Bundesbank) ausgegeben werden.

Bankrott [von it. bancarotta = »zerbrochene Bank«], *der*, finanzieller Zusammenbruch eines Unternehmens, das zahlungsunfähig ist.

Bann, im Mittelalter das königliche Recht, etwas zu gebieten oder zu verbieten. Im kirchlichen Bereich bezeichnete man damit die Exkommunikation, das Verbot, die Sakramente zu empfangen. Da bei einer weltlichen Ächtung zumeist der Kirchenbann hinzukam, spricht man auch von → Acht und Bann. Unter **Bannmeile** versteht man das genau abgegrenzte Gebiet um den Sitz der gesetzgebenden Länder- und Bundesgremien sowie des Bundesverfassungsgerichtes herum, in dem keine öffentlichen Versammlungen abgehalten werden dürfen.

Bantu [afrikan. »Menschen«], eine etwa 90 Mio. Menschen umfassende Gruppe von Völkern und Stämmen, die in Zentral- und Südafrika leben und Bantusprachen (z. B. Suaheli, Zulu) verwenden.

Baptisten [griech.-lat. »Täufer«], eine protestantische Freikirche, die im 17. Jh. in England entstand und heute vor allem in den USA verbreitet ist (etwa 35 Mio. Mitglieder).

Bar [von griech. baros = »Schwere«], alte Maßeinheit für den (Luft-)Druck. 1 Bar = 100 000 Pa (→ Pascal). In der → Meteorologie wurde der Luftdruck zumeist in *Millibar* angegeben.

Barbados, Inselstaat in der → Karibik. Die zu den Kleinen → Antillen gehörende Insel wurde zu Beginn des 16. Jh. entdeckt und im 17. Jh. von den Engländern besiedelt. Die Nachkommen der afrikanischen Sklaven, die für die Arbeit auf Plantagen nach Barbados gebracht wurden, bilden heute die Bevölkerungsmehrheit. Der Tourismus hat inzwischen die Landwirtschaft (vor allem Anbau von Zuckerrohr) als Haupteinnahmequelle abgelöst. Barbados ist seit 1966 unabhängig, gehört aber weiterhin dem → Commonwealth an.

Barbaren [griech. »Ausländer«], in der Antike zunächst Bezeichnung für alle Nichtgriechen. Heute gilt der Ausdruck allgemein für rohe, ungebildete Menschen.

Barbarossa [it. »Rotbart«], Beiname für den deutschen Kaiser → Friedrich I.

Barbecue [engl. 'bɑːbɪkjuː »Bratrost«], *das*, Gartenfest, bei dem Fleisch (vorzugsweise ganze Tiere) am Spieß gebraten wird.

Barcelona [span. barθeˈlona], zweitgrößte Stadt → Spaniens (als Ballungsraum 4,7 Mio. Einwohner). Die katalanische Hauptstadt liegt am Mittelmeer und ist der wichtigste spanische Hafen und das bedeutendste Handels- und Industriezentrum des Landes.

Bären, Familie von Raubtieren, die in Europa, Asien und Amerika leben. Sie besitzen einen massigen, bis zu 3 m langen Körper mit kurzem Hals und kurzem Schwanz und bewegen sich auf kräftigen, kurzen Beinen fort. In kalten Gebieten halten die Allesfresser einen Winterschlaf. Die bekanntesten Bärenarten sind *Braunbär*, *Grizzlybär*, *Schwarzbär*, → *Eisbär* und *Kragenbär*. Eigene Familien bilden die *Kleinbären*, die in Nordamerika leben (z. B. Waschbär), und die *Katzenbären* (z. B. → Panda).

Bariton [it.], *der*, männliche Stimmlage zwischen → Bass und → Tenor, die einen Umfang von etwa A bis e' oder g' hat.

Barium [von griech. barys = »schwer«], *das*, ein → chemisches Element. Das reaktionsfreudige silberweiße Leichtmetall kommt nur in Verbindungen vor, z. B. in *Baryt* (Bariumsulfat). Wasserlösliche Bariumverbindungen sind sehr giftig. In Wasser unlösliche Verbindungen werden u. a. zur Papier- und Farbenherstellung und als Kontrastmittel bei Röntgenuntersuchungen verwendet.

Barock [von part. barocco = »unregelmäßig«], *das* oder *der,* Kunststil, nach dem auch eine europäische Kulturepoche (1600–1770) benannt wurde. Die Spätphase (ab 1720) wird zumeist als → *Rokoko* bezeichnet. Die Barockzeit ist die Epoche des → Absolutismus und der → Gegenreformation. Die Pracht der großen, reich verzierten Palast-, Kirchen- und Klosterbauten diente der Selbstdarstellung der weltlichen und geistlichen Fürsten, die damals die Träger der Kunst waren. Wichtige Merkmale der Barockarchitektur sind Bewegtheit, reicher plastischer Schmuck und malerische Ausgestaltung der Innenräume. Die Malerei betont den Wechsel von Licht und Dunkelheit und einen tief empfundenen Realismus. In der Musik, die eine starke Neigung zum Grandiosen hat, entstehen neue Gattungen wie → Oper, → Oratorium und Konzert; besondere Merkmale sind die Variation und der Generalbass. In der Literatur dominieren die Gegensätze von Leben und Tod, Diesseits und Jenseits, die in der Dichtung zu einer bildreichen, kraftvollen Sprache führen.

Barometer [von griech. bares = »Schwere« und »metres« = »Messer«], *das,* Gerät zur Messung des → Luftdrucks.

Barrel [engl. 'bærəl »Fass«], *das,* im angloamerikanischen Raum verwendetes Hohlmaß, das vor allem für die Angabe von Erdölmengen gebraucht wird. In den USA entspricht 1 Barrel 158,987 l.

Barsche, Familie von räuberischen Süßwasserfischen der nördlichen Erdhalbkugel. Am bekanntesten und auch als Speisefische geschätzt sind *Flussbarsch* und *Zander.*

Bartók, Béla (1881–1945), ungarischer Komponist. Er erforschte die osteuropäische Volksmusik und übernahm Elemente daraus in seine Kompositionen, die sich von der → Tonalität lösten und die Rhythmik betonten.

Baryonen [von griech. barys = »schwer«], *Mz.,* die schweren → Elementarteilchen, deren Ruhemasse mindestens so groß wie die des → Protons ist. Neben den Kernteilchen, den *Nukleonen* (Protonen und → Neutronen), gehören noch die *Hyperonen* dazu, instabile Teilchen, die in der → Höhenstrahlung vorkommen und in Teilchenbeschleunigern künstlich erzeugt werden.

Basalt [griech.-lat.], *der,* sehr hartes vulkanisches Gestein von grauschwarzer bis schwarzer Farbe. Er wird als Schotter verwendet.

Basar, *Bazar* [pers. »Markt«], *der,* orientalischer Markt mit Ladenstraßen und das dazugehörige Händlerviertel. Heute bezeichnet man so auch offene Verkaufsstätten in Kaufhäusern und den Verkauf von Waren zu wohltätigen Zwecken.

Baseball [engl. 'beɪsbɔːl], *der,* aus den USA stammendes Schlagballspiel zwischen zwei Mannschaften mit je neun Spielern. Gespielt wird auf einem Hartplatz (175 m x 125 m), dessen quadratisches Innenfeld eine Seitenlänge von 27,47 m besitzt. Die angreifende Mannschaft hat zunächst nur einen Mann im Spiel, den *Batter* (Schläger). Dieser versucht, den vom *Pitcher* (Werfer) der gegnerischen Mannschaft geworfenen Ball mit einer Keule zu treffen und möglichst weit wegzuschlagen. Solange der Ball nicht von der gegnerischen Mannschaft zu einem der Mitspieler *(Basemen)* zurückbefördert wird, die an den drei Ecken *(Bases)* des Spielfeldes stehen, darf der Schläger als Läufer das Feld umrunden. Dabei kann er seinen Lauf an jeder Ecke unterbrechen und bei einem neuen Schlag des nächsten Schlägers fortsetzen. Wenn ein gegnerischer Baseman den Ball fängt, bevor der Läufer die Ecke erreicht, ist dieser »aus«; ebenso wenn der Läufer während des Laufs vom Ball berührt wird. Sind bei einem Durchgang drei Spieler aus, dann wechselt das Schlagrecht an die andere Mannschaft. Der Schläger ist aus, wenn er den geworfenen Ball dreimal verfehlt und der *Catcher* (Fänger) den Ball fängt. Gespielt werden neun Durchgänge.

Basel, Hauptstadt (196 000 Einwohner) des Schweizer Halbkantons **Basel-Stadt.** Die zweitgrößte Stadt der → Schweiz liegt zu beiden Seiten des Rheins. Basel ist auch ein wichtiges Handelszentrum und ein bedeutender Standort der chemisch-pharmazeutischen Industrie. Der Hauptort des anderen Halbkantons, **Basel-Land,** ist *Liestal.*

Basen [griech. »Grundlage«], *Laugen,* chemische Verbindungen, die in einer wässrigen Lösung alkalisch (→ Alkalien) reagieren, d. h. OH-Ionen bilden und mit → Säuren durch Neutralisation → Salze bilden, wobei Wasser abgespalten wird.

BASIC ['beɪsɪk], Abkürzung für engl. *Beginner's All Purpose Symbolic Instruction Code,* eine dialogorientierte Programmiersprache, die leicht zu erlernen, aber unübersichtlich ist und eine hohe Rechenzeit benötigt.

Basilika [griech. »Königshalle«], *die,* ursprünglich bei den Römern eine Markt- und Gerichtshalle von langgestreckter, zumeist mehrschiffiger Form. Daraus entstand in frühchristlicher Zeit eine Kirchenbauform, bei der das Mittelschiff über die Seitenschiffe emporgezogen wurde.

Bedeutende Barockkünstler

Baukunst:
Bernini; Balthasar Neumann, Brüder Asam

Malerei:
Caravaggio, Tiepolo; El Greco; Rubens, Rembrandt; Watteau

Musik:
Scarlatti, Vivaldi, Lully; Purcell, Händel; Gluck, Buxtehude, Johann Sebastian Bach

Literatur:
Cervantes, Calderon; Tasso; Corneille; Gryphius, Grimmelshausen

Barometer

Die heute verwendeten Messinstrumente funktionieren nach unterschiedlichen Prinzipien. Das *Quecksilberbarometer* geht auf den italienischen Physiker *Evangelista Torricalli* (1608–1647) zurück. Eine oben verschlossene, mit → Quecksilber gefüllte Glasröhre steht in einem offenen Gefäß, das Quecksilber enthält. Die Quecksilbersäule fällt dann so weit, bis ihr Gewicht dem Luftdruck, der auf das Quecksilber lastet, die Waage hält. Wenn der Luftdruck steigt, erhöht sich auch die Säule in der Röhre; fällt er, so sinkt sie wieder. Auf Meereshöhe ist die Quecksilbersäule bei normalem Luftdruck 760 mm hoch. Deshalb war die früher für den Druck verwendete Maßeinheit, *Torr,* als 760. Teil einer → Atmosphäre definiert. Im Alltag gebräuchlicher ist das Mitte des 19. Jh. erfundene *Aneroid-* oder *Dosenbarometer.* Eine luftleere Metalldose wird dabei durch den Luftdruck verformt. Ein Hebelsystem überträgt die Stärke der Verformung auf eine Messskala.

Basel-Land   Basel-Stadt

Basketball

Beim Basketball stehen sich zwei Mannschaften mit fünf Spielern (und bis zu fünf oder sieben Auswechselspielern) gegenüber. Gelungene Korbwürfe von einer Stelle außerhalb der sogenannten Drei-Punkte-Linie erzielen drei Punkte, Würfe innerhalb dieses Bereichs zwei Punkte und verwandelte Freiwürfe einen Punkt. Körpereinsatz wird als Foul bestraft; fünf Fouls führen zum Ausschluss eines Spielers. Fouls werden mit Freiwürfen für die gegnerische Mannschaft geahndet. Außerdem müssen sich die Spieler an bestimmte Zeitregeln halten, d. h. innerhalb einer bestimmten Zeit einen Wurf versuchen.

Basilikum [griech. »königlich«], *das,* aus Vorderindien stammendes Gewürzkraut.

Basis [griech. »Sockel«], *die,* Grundlage, Stützpunkt (z. B. *Raketenbasis);* in der Geometrie die Grundlinie eines Dreiecks oder die Grundfläche eines Körpers (z. B. einer Pyramide). In der Mathematik versteht man darunter die Grundzahl einer → Potenz (z. B. *3* in 3^2) oder eines → Logarithmus.

Basken, ein nicht indogermanisches Volk, das seit der Steinzeit in den Westpyrenäen ansässig ist. Das von ihnen bewohnte Gebiet gehört heute zu Frankreich (Departement Basses-Pyrénées) und Spanien (Baskenland). In Spanien kämpft das *Baskenland,* das 1979 einen Autonomiestatus erhielt, für die Unabhängigkeit. Die baskische Untergrundorganisation *ETA* (Euzkadi Ta Askatasuna = bask. »Vaterland und Freiheit«) hat zahlreiche Terrorakte verübt.

Basketball [engl. »Korbball«], *der* oder *das,* ein aus den USA stammendes Ballspiel, bei dem der Ball in einen 3,05 m über dem Boden hängenden »Korb« (ein Ring von 45 cm Innendurchmesser, an dem ein unten offenes Netz hängt) geworfen werden muss.

Bass [it. »tief«], *der,* tiefe Stimmlage bei Männern, die einen Umfang von etwa E-d' bzw. f' hat. Auch Bezeichnung für ein Saiteninstrument, das in der Basslage spielt.

Bast, 1. aus Pflanzenfasern hergestelltes Material, das zum Binden und Flechten verwendet wird; **2.** die sekundäre Rinde, das Gewebe, das beim Wachstum von Baumstämmen unter der Borke entsteht; **3.** die behaarte Haut des wachsenden Geweihs von → Hirschen und Rehen.

Bastard [frz.], *der,* ursprünglich Bezeichnung für das anerkannte Kind eines Adligen aus einer nicht ehelichen Verbindung. In der Biologie bezeichnet man mit Bastard (oder → Hybride) einen Mischling, der durch Kreuzung von zwei Arten mit unterschiedlichem Erbgut entstanden ist.

Bastille [frz. bas'tij], *die,* zunächst in Frankreich eine befestigte Schlossanlage, später Bezeichnung für die Burg in Paris, die als Staatsgefängnis genutzt wurde. Der *Sturm auf die Bastille* am 14. Juli 1789 löste die → Französische Revolution aus; im Andenken an dieses Ereignis ist der 14. Juli in Frankreich Nationalfeiertag.

Batik [malai. »gesprenkelt«], *der* und *die,* ein altes, aus Südostasien stammendes Verfahren zur Herstellung von gemusterten Stoffen. Dabei werden die Stellen, die beim späteren Färben des Stoffs keine Farbe annehmen sollen, mit flüssigem Wachs überzogen.

■ *Basketball:* In den USA eine der beliebtesten Mannschaftssportarten

Batterie [frz.], *die,* eine Zusammenschaltung von mehreren → galvanischen Elementen, die auf elektrochemischem Weg eine → Spannung erzeugen (z. B. → Akkumulator).

Bauchspeicheldrüse, *Pankreas,* hinter dem Magen liegende Anhangdrüse des Mitteldarms, die zum einen Verdauungssäfte produziert und zum anderen in besonderen eingelagerten Zellgruppen, den *Langerhansschen Inseln,* das für den Stoffwechsel notwendige, lebenswichtige Hormon → Insulin und seinen Gegenspieler Glucagon erzeugt.

Baud, nach dem französischen Ingenieur *Émile Baudot* (1845–1903), dem Erfinder des Schnelltelegrafen, benannte Maßeinheit für die Übertragungsgeschwindigkeit von Daten. 1 Bd = 1 Schaltschritt bzw. eine Informationseinheit pro Sekunde (bei binären Signalen in der → elektronischen Datenverarbeitung = 1 bit/s).

Bauernkriege, Aufstände der Bauern im Spätmittelalter (ab dem 14. Jh.) in Mittel- und Westeuropa. Die deutschen Bauern, die sich 1524/25 erhoben und in ihrem Kampf von einigen Städten und Rittern (wie Florian Geyer und Götz von Berlichingen) unterstützt wurden, wehrten sich gegen eine weitere Beschneidung ihrer Rechte (durch Ausdehnung der Gerichtsherrschaft des Landesherrn) und die Erhöhung der Abgaben und Frondienste. Der Aufstand, der

*Aufbauschema einer **Drüsenzelle (Bauchspeicheldrüse)**. In der Mitte ist der Zellkern (violett) angeschnitten; die verschiedenen Teile des Zellleibes sondern das Drüsensekret ab, das am oberen Zellpol durch die Zellmembran ausgeschleust wird.*

von Südwestdeutschland (»Bundschuh«) auf das Elsass, die Steiermark, Tirol, Franken und Thüringen übergriff, wurde nach anfänglichen militärischen Erfolgen von den Landesfürsten blutig niedergeschlagen.

Bauhaus, eine 1919 von Walter Gropius in Weimar gegründete Kunst- und Architekturschule, die 1925 als Hochschule für Bau und Gestaltung nach Dessau verlegt wurde; nach ihrer Übersiedlung 1932 nach Berlin wurde sie 1933 aufgelöst. Das Bauhaus versammelte Künstler aller Gattungen und strebte eine Vereinigung von Handwerk, Technik, Industrie und Kunst an. Seine neue Ästhetik war durch Klarheit und Sachlichkeit, Zweckmäßigkeit und materialgerechte Formen bestimmt. Bedeutende Vertreter der Bauhauskunst sind Ludwig Mies van der Rohe (Architektur), László Moholy-Nogy (Grafik und Plastik), Lionel Feininger (Malerei und Grafik), Wassily Kandinsky (Malerei) und Paul Klee (Malerei).

Baukunst, siehe S. 72–73.

Baum, ein vieljähriges Holzgewächs mit tief in den Boden reichenden Wurzeln und einem hohen Stamm, dessen Äste und Zweige eine Krone bilden. Nach der Art der Blätter unterscheidet man Laubbäume und Nadelbäume. Die

Baumgrenze ist die Grenzlinie in der Landschaft, von der an kein Baumwuchs mehr möglich ist, weil die klimatischen Bedingungen zu ungünstig sind.

Baumwolle, eine in tropischen und subtropischen Gebieten angebaute strauchartige Nutzpflanze, deren Fruchtkapseln weiche, bis zu 5 cm lange Samenhaare liefern. Diese Fasern kann man zu Garnen verspinnen.

Bauxit [nach dem ersten Fundort Les Baux in Frankreich], *das,* ein gelbbraunes bis braunrotes Mineralgemenge, aus dem → Aluminium gewonnen wird.

Bayerischer Wald, Mittelgebirge im Osten von → Bayern, das sich zwischen Regensburg und Passau erstreckt. Der bayerische Teil des → Böhmerwalds wird oft ebenfalls als Bayerischer Wald bezeichnet.

Bayern, Bundesland in Südostdeutschland. Bayern ist der größte Flächenstaat der Bundesrepublik und hat im Osten, Norden und Westen Anteil an Mittelgebirgen, im Süden am Hochgebirge der Alpen. Nach dem Zweiten Weltkrieg sind in dem einstigen Agrarland große Industriezentren entstanden; trotzdem prägt die Landwirtschaft noch weite Gebiete. Das von drei Volksstämmen (Baiern, Franken und Schwaben) besiedelte Gebiet war schon im 6. Jh. ein Herzogtum, das bis Kärnten und Tirol reichte (1156 Abtrennung des Herzogtums Österreich). Die ab 1180 regierenden Wittelsbacher erhielten 1623 die Kurwürde; 1628 kam die Oberpfalz hinzu.

■ *Baumwolle*

Bayern

Fläche: 70 554 km^2
Einwohner: 11,99 Mio.

Regierungsbezirke (mit Hauptstadt):
Oberfranken (Bayreuth)
Unterfranken (Würzburg)
Mittelfranken (Ansbach)
Oberpfalz (Regensburg)
Niederbayern (Landshut)
Oberbayern (München)
Schwaben (Augsburg)

■ *Bayern: Zwischen gelebtem Brauchtum und touristischem Image; das Bild des Voralpenlandes wird im Ausland häufig mit Deutschland gleichgesetzt*

Wissen im Überblick: Baukunst

Links: Das barocke Residenzschloss Ludwigsburg wurde von Herzog Eberhard Ludwig 1703 in Auftrag gegeben und 1733 fertiggestellt

Oben: Die 1989 eingeweihte Grand Arche im Pariser Hochhausviertel La Défense

Die Baukunst oder Architektur ist die älteste der *bildenden Künste*. Sie setzt eine Sesshaftigkeit voraus; Nomadenvölker haben keine Baukunst hervorgebracht. Die Architektur ist die Kunst, durch Aufschichten, Zusammenfügen und Vermischen verschiedenster Materialien einem *Bauwerk* Gestalt zu geben. Bauwerke wurden lange Zeit aus natürlichen Materialien wie Holz, Stein oder Lehm hergestellt. Mit der Entwicklung der (ungebrannten) Ziegel durch die Sumerer und mit den aufeinander geschichteten Steinblöcken der Ägypter wurde es im frühen 3. Jt. v. Chr. möglich, große Bauwerke zu errichten.

Die Weiterentwicklung der Baukunst war eng mit der Entwicklung der Technik und Mathematik verknüpft. Ohne die Kenntnis verschiedener Baustoffe und ihrer Verarbeitungsmöglichkeiten sowie der *Statik* wäre der Bau größerer Gebäude nicht möglich.

Die Unterscheidung zwischen *Sakralbauten* (religiöse Bauwerke wie Tempel und Kirchen) und *Profanbauten* (weltliche Bauwerke wie Paläste und Wohnhäuser sowie Zweckbauten wie Brücken) ist in fast allen Zivilisationen bestimmend für die Baukunst. Welche Bauwerke größer und prächtiger errichtet werden, ist von der jeweiligen Kultur abhängig. Während die Bauwerke der Griechen ihre höchste Pracht in Tempelanlagen entfalteten, räumte die römische Baukunst den oft monumentalen Zweckbauten (Amphitheater, Thermen und Aquädukte) den Vorrang ein.

Im Mittelalter bildete sich in Europa ein gleichrangiges Nebeneinander von Profan- und Sakralbauten heraus. Damals entstand auch der Begriff »Baukunst«. Bauzeichner, Steinmetze und Zimmerleute, die gemeinsam an einem Bauwerk arbeiteten, schlossen sich in Werkstattgemeinschaften zusammen, den *Bauhütten*. Diese arbeiteten zunächst ausschließlich am eigenen Gotteshaus, entwickelten sich aber später zu selbstständigen Schulen für alle Handwerker und Künstler.

Die **Romanik** wurde noch weitgehend durch den Kirchenbau bestimmt: Basilikaform und gemauerter Rundbogen waren typische Elemente. Die Sakralbauten wurden aber auch vom Burgenbau beeinflusst. Romanische Kirchen besaßen meterdicke Mauern und kleine runde Fenster, die nur wenig Licht ins Innere ließen; sie wirkten durch ihre Wuchtigkeit wie Burganlagen.

Im Gegensatz zur Romanik strebte die Baukunst der **Gotik** nach Schwerelosigkeit. Anstelle wuchtiger Mauern waren nunmehr Rippen, Strebepfeiler und Spitzbogen das tragende Gerüst der Bauten; außerdem kam das fein gearbeitete Maßwerk als Bauschmuck hinzu. Die Gotik war die große Zeit der Kathedralen.

In der folgenden Epoche der **Renaissance** legte man nicht nur großen Wert auf bedeutende Einzelbauten wie Schlösser, Rathäuser und Kirchen, sondern betonte auch die städtebauliche Gestaltung. Damals kamen die ersten individuellen Baumeister auf (in Italien Brunelleschi, Bramante und Palladio). Als Wiedergeburt der Kunst aus dem Geist der Antike strebte die Renaissance Klarheit, überschaubare Weite und klassisch strenge Ordnung an. Die Bauwerke waren im Gegensatz zur hoch aufstrebenden Linie der Gotik waagerecht gegliedert. Das gotische Spitzgewölbe machte einem runden, kühn gespannten Tonnengewölbe Platz.

Im Zeitalter des **Barock** trat die Macht der weltlichen und geistlichen Fürsten auch äußerlich in Erscheinung; es entstanden prunkvolle Schloss- und Kirchenbauten. Im Unterschied zur klassisch strengen Linie der Renaissance wurde nun die gerade Linie vermieden

Wissen im Überblick: Baukunst

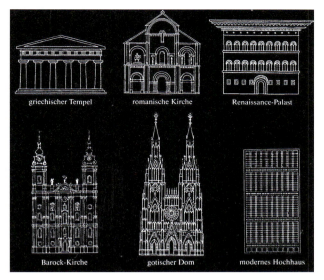

■ Übersicht über die verschiedenen Stilrichtungen der Baukunst von der Antike bis in die Gegenwart

oder kaschiert; geschwungene Formen herrschten vor. Stufen und Gesimse waren gekrümmt; selbst die gerade Säule wurde in sich gedreht.

Aus dem Barock entwickelte sich der zierliche **Rokokostil**, der die schweren Formen durch Leichtigkeit und Eleganz ersetzte und sich vor allem auf die Gestaltung der Innenräume konzentrierte. Im Gegensatz hierzu war der im 18. Jh. aufkommende **Klassizismus** durch bewusste Rückgriffe auf die antiken Bauwerke gekennzeichnet.

Im 19. Jh. entwickelte sich eine Vielzahl von Baustilen, die Stile früherer Zeiten nachahmten: **Neugotik, Neurenaissance** und **Neubarock**. Andererseits entstand auch eine Baukunst, die bestrebt war, sich von diesen historisierenden, die eigentliche Form des Bauwerks verdeckenden Elementen zu befreien und die Konstruktion des Gebäudes als Eigenwert anzuerkennen. Die rasante Entwicklung der Technik im 19. Jh. beeinflusste auch die Bauweise. Gerüstkonstruktionen aus Stahl und Glas schufen Bahnhofshallen, Fabrikanlagen und Gewächshäuser. 1883 wurde in Chicago der erste *Wolkenkratzer* errichtet.

Im 20. Jh. bestimmte nach der kurzen Phase des **Jugendstils**, der originelle Fassaden in vielfältigen Formen gestaltete, der **Funktionalismus** die Baukunst. »Die Form hat immer der Funktion zu folgen« war ein Leitsatz des russischen Konstruktivismus, der niederländischen Gruppe *De Stijl* und des *Bauhauses* in Deutschland. Beton und Glas wurden die neuen Grundbaustoffe. Ornamente wurden, wenn überhaupt, nur sparsam eingesetzt. Die Skelettkonstruktion machte es möglich, den ganzen Bau auf Stelzen zu stellen, so dass das Gebäude über dem Boden zu schweben schien. Im nationalsozialistischen Deutschland und in anderen diktatorisch regierten Staaten orientierte sich die Baukunst an einer vom Klassizismus abgeleiteten Monumentalarchitektur.

Baustile
Romanik (etwa 950-1250)
Bedeutende romanische Bauwerke sind die Klosterkirche St. Michael in Hildesheim, die Stiftskirche St. Cyriakus in Gernrode und der Kaiserdom in Speyer.
Gotik (1250–1500)
Die Kathedralen in Reims, Chartres und Amiens sowie Notre-Dame in Paris sind herausragende Beispiele der französischen Gotik. Der Kölner Dom ist ebenfalls eine bedeutende gotische Kirche.
Renaissance (1420-1600)
Einer der größten Kirchenbauten der Neuzeit, die Peterskirche in Rom, ist im Renaissancestil errichtet. Beispiele in Deutschland sind vor allem das Augsburger Rathaus und das Heidelberger Schloss sowie die Rathäuser in Paderborn und Bremen.
Barock (1600–1750)
Das Schloss von Versailles gehört zu den bedeutendsten Barockbauten. Herausragende deutsche Barockbaumeister waren Dientzenhofer, Neumann, de Cuvellié und Pöppelmann (Zwinger in Dresden).
Rokoko (1730–1775)
Bedeutende Rokokobauten in Deutschland sind Schloss Sanssouci und die oberbayerische Wallfahrtskirche Wies.
Klassizismus (1750–1840)
Klassizistische Bauten in Deutschland schufen vor allem Karl Friedrich von Schinkel (in Berlin), Weinbrenner (in Karlsruhe) und Leo von Klenze (in München).
Jugendstil (1890–1914)
Einer der bekanntesten Jugendstilbauten ist die Kirche Sagrada Familia von Antonio Gaudí in Barcelona.
Funktionalismus (ab 1920)
Bedeutende Vertreter des Funktionalismus waren Hugo Häring, Mies von der Rohe, Louis Henry Sullivan und Frank Lloyd Wright.
Postmoderne (seit 1975)
Beispiele für postmoderne Bauten in Deutschland sind das Olympiastadion in München und die Staatsgalerie in Stuttgart.

Bedeutende Architekten des 20. Jh. waren in Deutschland und Österreich: Walter Gropius, A. Loos, Mies van der Rohe, O. Wagner, J. Hoffmann, P. Behrens, E. Eiermann und R. Riemerschmidt, in Frankreich: Le Corbusier, in Spanien: A. Gaudí und in Finnland: A. Alto.

Die **Postmoderne** (seit etwa 1975) versucht durch historische Zitate und das Wiederaufgreifen von Farbe und Ornament am und im Bauwerk das sachlich-nüchterne Prinzip aufzulockern, das seit Mitte der 20er Jahre in der Baukunst vorherrschte. Daneben gibt es eine *ökologische Bauweise,* die Energie sparen will und Materialien wie Naturstein, Holz und Lehm verwendet.

Beatles

John Lennon (1940–1980): Rhythmusgitarre, Gesang
Paul McCartney (* 1942): Bassgitarre, Gesang
George Harrison (* 1943): Leadgitarre, Gesang
Ringo Starr (* 1940): Schlagzeug, Gesang

Die Beatles hatten zahlreiche Hits, zumeist vom Komponistenduo Lennon/McCartney geschrieben (z. B. »Yesterday«); sie erweiterten auf ihren Langspielplatten das musikalische Spektrum der Rock- und Popmusik (beispielsweise durch Verwendung von exotischen Instrumenten wie Sitar oder elektronischer Verfremdung). Am einflussreichsten war die LP »Sgt. Pepper's Lonely Hearts Club Band« (1967). Außerdem traten sie in zwei Kinofilmen auf und drehten selbst einen Fernsehfilm (»Magical Mystery Tour«).

Werke von Beethoven

9 Sinfonien (darunter die 3., »Eroica«, die 5., »Schicksalssinfonie«, die 6., »Pastorale«, und die 9. mit Schillers »Ode an die Freude« als Schlusschor)

Fidelio (Oper, endgültige Fassung 1814)

Missa Solemnis (1824)

Ouvertüren zu Egmont, Coriolan und Leonore

5 Klavierkonzerte, 1 Violinkonzert sowie zahlreiche kammermusikalische Werke

---

1806 wurde Bayern Königreich, das auch nach dem Beitritt zum Deutschen Reich Sonderrechte behielt. Nach der Abschaffung der Monarchie 1918 wurde es Freistaat, der aber unter der NS-Herrschaft seine Eigenstaatlichkeit verlor. Bayern wurde 1945 wiederhergestellt, aber ohne die Rheinpfalz, die zum neuen Bundesland → Rheinland-Pfalz kam.

Bazillen [lat. »Stäbchen«], eine Gruppe von stäbchenförmigen → Bakterien, die in einer kugelförmigen Ruhe- oder Dauerform (Sporen) ungünstige Bedingungen überbrücken können.

Beat [engl. bi:t »Schlag«], der, im → Jazz und in der Rockmusik der betonte Taktteil, der für einen gleichmäßigen Grundrhythmus sorgt. In den 60er Jahren wurde der größte Teil der englischen Rockmusik als **Beatmusik** bezeichnet.

Beatles [engl. bi:tlz], englische Rockgruppe aus Liverpool, die ab 1962 die Pop- und Rockmusik und die gesamte Jugendkultur nachhaltig prägte. Die Beatles traten ab 1966 nicht mehr live auf und nahmen nur noch Schallplatten auf. 1970 lösten sie sich auf.

Bebel, August (1840–1913), deutscher Politiker, der 1869 zusammen mit *Wilhelm Liebknecht* (1826 bis 1900) die Sozialdemokratische Arbeiterpartei gründete. 1890 wurde er Vorsitzender der neugegründeten Sozialdemokratischen Partei Deutschlands (→ SPD).

Becken, ein Schlaginstrument, das aus einem runden, leicht gewölbten Metallteller besteht.

Beckett, Samuel (1906–1989), irischer Schriftsteller, der vor allem als Dramatiker hervortrat. Mit Stücken wie »Warten auf Godot« begründete er das *absurde Theater*. 1969 erhielt er den Nobelpreis für Literatur.

Becquerel [bɛkəˈrɛl], nach dem französischen Physiker *Antoine-Henri Becquerel* (1852–1908) benannte Maßeinheit für die Strahlungsstärke eines radioaktiven Stoffes (Zeichen *Bq*). 1 Bq ist als ein Zerfall pro Sekunde definiert.

Bedecktsamer, eine Abteilung der → Samenpflanzen, bei denen die Samenanlagen von den Fruchtblättern umhüllt werden.

Beduinen [arab. »Wüstenbewohner«], nomadisch lebende Hirtenstämme arabischer Herkunft, insbesondere auf der Arabischen Halbinsel und in Nordafrika.

Beere, eine Frucht, deren gesamtes Fruchtfleisch im reifen Zustand saftig ist (im Gegensatz zur → Steinfrucht) und mehrere Kerne (= Samen) enthält (z. B. Weintraube, Johannisbeere, Stachelbeere, Tomate, aber auch Banane, Zitrone, Kürbis und Melone).

Beethoven, Ludwig van (1770–1827), deutscher Komponist, der 1792 nach Wien übersiedelte und als Schüler von → Haydn die *Wiener Klassik* vollendete. Obwohl er schon früh an einem Gehörleiden erkrankte, das 1818 zur völligen Taubheit führte, konnte er sich als freier Komponist behaupten, der von keinem kirchlichen oder fürstlichen Gönner abhängig war. Seine Werke zeichnen sich durch Reichtum und Kühnheit der thematischen Verarbeitung und durch die Kraft der rhythmischen Bewegung aus.

Befehlsform, deutsche Bezeichnung für → Imperativ.

Befruchtung, die Verschmelzung einer männlichen und einer weiblichen Geschlechtszelle. Da die Keimzellen (→ Gameten) jeweils nur einen einfachen → Chromosomensatz besitzen, entsteht durch die Vereinigung der beiden Zellen ein doppelter Chromosomensatz, der Erbanlagen beider Elternteile enthält. Aus der befruchteten Eizelle (→ Zygote) entwickelt sich durch Zellteilung der neue Organismus.

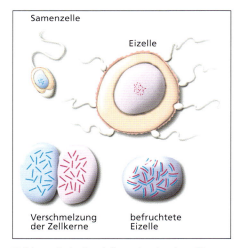

■ *Schematische Darstellung der einzelnen Etappen der **Befruchtung***

Die Befruchtung ist der grundlegende Vorgang bei der geschlechtlichen → Fortpflanzung. Während es bei einigen zwittrigen Lebewesen (→ Zwitter) eine *Selbstbefruchtung* gibt, findet die Befruchtung bei Lebewesen mit zwei verschiedenen Geschlechtern als *Fremdbefruchtung* zwischen einem männlichen und einem weiblichen Einzelwesen statt. Man unterscheidet dabei zwischen *innerer* und *äußerer* → Besamung. Der Befruchtung im Inneren des Mutterleibs, die man bei Insekten, Reptilien, Vögeln und Säugern findet, muss die → Begattung vorausgehen. Voraussetzung für die Befruchtung bei den Blütenpflanzen ist die → Bestäubung.

Begattung, die beim Tier auch als *Paarung* bezeichnete körperliche Vereinigung eines männlichen und eines weiblichen Lebewesens.

Begnadigung, der Erlass oder die Verkürzung einer Strafe, auch die Umwandlung in eine weniger schwere Strafe (z. B. der Todesstrafe in eine Haftstrafe). Eine Begnadigung gilt im Gegensatz zur → Amnestie nur für einen Einzelnen. Das Recht zur Begnadigung hat zumeist das Oberhaupt eines Staates bzw. Landes.

Begonien, in den Tropen beheimatete Schiefblattgewächse, die in Mitteleuropa als Zierpflanzen mit prächtig gefärbten Blüten gezüchtet werden.

Behinderte, Menschen, die durch einen angeborenen oder erworbenen gesundheitlichen Schaden (körperlicher, geistiger oder seelischer Natur) dauerhaft oder langfristig daran gehindert sind, ohne Hilfe voll am Gemeinschaftsleben teilzunehmen. In Deutschland sind sie nach dem Grad ihrer Behinderung eingestuft (ab 50 % als *Schwerbehinderte*). Bei der Arbeitsplatzvergabe schreibt das Gesetz eine Bevorzugung Schwerbehinderter vor. Die körperliche Leistungsfähigkeit beweist der **Behindertensport,** der sogar eine eigene Olympiade (→ Paralympics) besitzt.

Beichte, in der christlichen Religion das Bekennen der → Sünden des einzelnen Gläubigen. Während die evangelischen Kirchen nur ein allgemeines Sündenbekenntnis im Gottesdienst kennen, gibt es in der katholischen Kirche die *Ohrenbeichte.* Bei diesem persönlichen Bußsakrament bekennt der Einzelne reumütig seine Sünden gegenüber einem Priester, von dem er die → Absolution erhält. Das **Beichtgeheimnis** verpflichtet den Beichtvater zu strengstem Stillschweigen über alles, was er im Beichtstuhl hört.

Beifügung, deutsche Bezeichnung für → Attribut.

Beijing [beidʒɪŋ], *Peking,* Hauptstadt (als Ballungsraum 10,8 Mio. Einwohner) der Volksrepublik → China. In Zentrum liegt die Kaiserstadt mit der Verbotenen Stadt, die auch den Kaiserpalast enthält.

Beirut, Hauptstadt des → Libanon. Die am Mittelmeer gelegene Stadt (als Ballungsraum 1,9 Mio. Einwohner) geht auf eine phönizische Siedlung aus der Mitte des 2. Jt. v. Chr. zurück. Beirut ist der wichtigste libanesische Hafen, wurde aber im Bürgerkrieg schwer beschädigt.

Beischlaf, der → Geschlechtsverkehr zwischen Mann und Frau.

Belau, andere Bezeichnung für → Palau.

Belgien, Staat in Westeuropa. Belgien besteht im Norden aus Tiefland, das mit einer 65 km langen Küste an die Nordsee grenzt. Der mittlere Bereich ist hügelig, während im Süden das bewaldete Mittelgebirge der Ardennen liegt. Die belgische Wirtschaft stützt sich vor allem auf die verarbeitende Industrie (Stahl und Eisen, Textilien). Das von keltischen Stämmen (→ Kelten) bewohnte Land, das im 1. Jh. v. Chr. von den Römern unterworfen wurde, war ab dem 5. Jh. Kerngebiet der → Franken. 1477 fiel es zusammen mit den Niederlanden an die → Habsburger. 1815 wurde es auf dem → Wiener Kongress mit den Niederlanden vereinigt, von denen es sich 1830 in einem Aufstand löste. Seit 1831 ist Belgien ein Königreich. 1885 erwarb König Leopold II. einen Großteil des Kongogebiets, der 1908–1960 belgische Kolonie war (→ Kongo, Dem. Rep.). Im Ersten und Zweiten Weltkrieg wurde Belgien von deutschen Truppen besetzt. Der Sprachenstreit zwischen den Flamen (57 % der Bevölkerung) im Norden und den Wallonen (42 %) im Süden führte ab 1980 zur Umwandlung in einen Bundesstaat mit autonomen Regionen und Sprachgemeinschaften (1993 abgeschlossen). Die Hauptstadt → Brüssel ist eine eigene, zweisprachige Region. Im Osten befindet sich das deutschsprachige Gebiet Eupen-Malmedy.

Belgrad, serb. *Beograd,* Hauptstadt (1,6 Mio. Einwohner) von → Serbien und Restjugoslawien.

Belichtung, in der → Fotografie der Vorgang, bei dem eine strahlungsempfindliche Schicht einer Bestrahlung (durch Licht, Infrarotlicht, Röntgenstrahlen) ausgesetzt wird. Da die Belichtung von der Beleuchtungsstärke und der Belichtungszeit abhängt, verfügen die meisten Fotoapparate über **Belichtungsmesser,** die anzeigen, welche Blende und Belichtungszeit eingestellt werden müssen.

Belize, mittelamerikanischer Staat im Südosten der Halbinsel → Yucatán. Das kleine Land an der Karibikküste, das viele vorgelagerte Koralleninseln und Riffe besitzt, ist nur dünn besiedelt. Die Bevölkerung besteht vorwiegend aus → Kreolen, Mestizen und Indianern. Wirtschaftliche Grundlage sind Land- und Forstwirtschaft (Hauptexportgüter sind Zucker, Zitrusfrüchte und Bananen). Das ursprünglich von den → Maya besiedelte Gebiet stand bis ins 19. Jh. unter spanischer Oberhoheit, wurde aber von den Briten genutzt. Als *Britisch-Honduras* wurde es 1871

Belgien (België, Belgique)
Staatsname: Königreich Belgien
Staatsform: Parlamentarische Monarchie
Hauptstadt: Brüssel
Fläche: 30 519 km²
Einwohner: 10,1 Mio.
Bevölkerungsdichte: 331/km²
Amtssprache: Niederländisch, Französisch, Deutsch
Währung: Belgischer Franc (bfr)
Nationalitätskennzeichen: B

Belgien

Belize

Staatsform:	Parlamentarische Monarchie
Hauptstadt:	Belmopan
Fläche:	22 965 km²
Einwohner:	215 000
Bevölkerungsdichte:	9/km²
Amtssprache:	Englisch
Währung:	Belize-Dollar (Bz $)
Nationalitätskennzeichen:	BH

Belize

Benzin

Der Name *Benzin* stammt von *Benzoe,* der Bezeichnung für ein südostasiatisches Harz, die zuerst für Benzol und später für das Erdöldestillat Benzin verwendet wurde.

Kronkolonie. Seit 1981 ist Belize (den neuen Namen erhielt das Land 1973) unabhängig.

Belletristik [von frz. belles-lettres = »schöne Literatur«], *die,* schöngeistige Literatur, die im Unterschied zur (wissenschaftlichen) Fach- und Sachliteratur der Unterhaltung des Lesers dient und deren Werke (Romane, Erzählungen usw.) fiktionalen Inhalts (→ Fiktion) sind.

Benelux, Kurzwort aus *Belgique, Nederland und Luxembourg* für die seit 1948 bzw. 1960 bestehende Zoll- und Wirtschaftsunion zwischen → Belgien, den → Niederlanden und → Luxemburg.

Benin, Staat in Westafrika. Das am Golf von Guinea gelegene Land, das nach Norden hin sanft ansteigt, reicht bis zum → Niger. Die aus etwa 60 Sudanvölkern bestehende Bevölkerung ist hauptsächlich in der Landwirtschaft tätig (Hauptexportgut ist Baumwolle). Im 17. Jh. entstanden mehrere Königreiche, die vor allem vom Sklavenhandel lebten. 1884 wurden sie von den Franzosen zur Kolonie Dahome vereinigt. 1960 erhielt das Land unter dem Namen *Dahomey* seine Unabhängigkeit. Nach zahlreichen Militärputschen wurde es 1975 eine sozialistische Volksrepublik mit Einheitspartei und in Benin umbenannt. Erst 1990 wurden andere Parteien zugelassen.

Benutzeroberfläche, eine → Software, die dem Benutzer am Bildschirm durch grafische Gestaltung, → Menütechnik und → Piktogramme hilft, die Funktionen eines Programms ohne lange Schulung zu verstehen und anzuwenden. Die bekannteste grafische Benutzeroberfläche ist → Windows.

Benzin, *das,* eine farblose, leicht entzündbare Flüssigkeit, die durch → Destillation aus → Erdöl oder durch Kohleverflüssigung hergestellt wird. Es handelt sich dabei um ein Gemisch verschiedener → Kohlenwasserstoffe. Benzin wird in erster Linie als Kraftstoff für Verbrennungsmotoren verwendet, wo es mit Luft zu einem explosiven Gemisch vermengt wird: Die bei der Verbrennung freigesetzte Energie wird zum Antrieb des Fahrzeugs verwendet. Bisweilen werden dem Benzin Bleiverbindungen als »Antiklopfmittel« zugesetzt; diese verhindern ein verfrühtes Entzünden des Benzin-Luft-Gemisches. Da Bleiverbindungen jedoch sehr giftig sind, wird in der Bundesrepublik seit Ende 1996 nur noch bleifreies Benzin angeboten. Wegen seiner fettlösenden Eigenschaften wird Benzin auch als Reinigungs- und Spülflüssigkeit eingesetzt.

Benzol [lat.], *das,* ein aromatischer → Kohlenwasserstoff (C_6H_6), der als farblose, mit rußender Flamme brennende Flüssigkeit vorkommt. Auf dem ringförmig aufgebauten Stoff *(Benzolring)* basieren viele organische Verbindungen, z. B. Farbstoffe und Arzneimittel. Benzol ist jedoch sehr giftig und krebserregend.

Berber, die europide Bevölkerung Nordafrikas (vor allem im Atlasgebirge und in Algerien), zu denen neben den *Kabylen* und den *Tuareg* auch die *Guanchen,* die Urbevölkerung der → Kanarischen Inseln, gehören.

Berg, Alban (1885–1935), österreichischer Komponist, der wie sein Lehrer → Schönberg den Übergang zur → atonalen Musik wagte und Werke der → Zwölftonmusik schuf.

Bergbau, der Abbau von Bodenschätzen (Kohle, Metallerze, Minerale, Salze, Edelmetalle, Edelsteine, Erdöl und -gas) durch Bohren oder Schürfen. Man unterscheidet dabei zwischen *Tagebau,* wenn sich die Lagerstätten an der Erdoberfläche oder dicht darunter befinden und durch offene Gruben ausgebeutet werden (z. B.

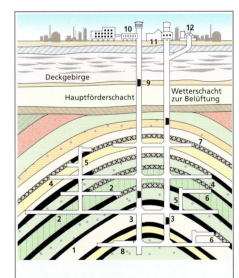

Steinkohlenbergwerk

1. Kohlenflöze;
2. Sohlen, wie Stockwerke angeordnete Streckennetze;
3. Füllörter, Übergänge von der Strecken- zur Schachtförderung;
4. Hauptquerschläge;
5. Blindschächte;
6. Ortsquerschläge zu den Abbaubetrieben;
7. Bergeversatz zum Ausfüllen der beim Abbau entstehenden Hohlräume;
8. Wasserhaltung mit Pumpen zum Heben des zulaufenden Wassers;
9. Förderkörbe, mit Förderwagen beladene Gestelle;
10. Förderturm mit Fördermaschine;
11. Fördergerüst und Fördermaschinenhaus;
12. Grubenventilator

■ *Bergbau:* Schematische Darstellung eines Steinkohlenbergwerks

■ **Bergsteigen** ist in den Alpen mittlerweile zum Massensport geworden

■ **Berlin:** Der Eingang zum Ehrenhof des Charlottenburger Schlosses

Benin (Bénin)

Staatsname:	Republik Benin
Staatsform:	Präsidiale Republik
Hauptstadt:	Porto Novo
Fläche:	112 622 km²
Einwohner:	5,3 Mio.
Bevölkerungsdichte:	47/km²
Amtssprache:	Französisch
Währung:	CFA-Franc
Nationalitätskennzeichen:	DY

Benin

Berkelium

Zeichen: Bk
Ordnungszahl: 97
Atommasse: 247
Dichte: 14 g/cm³

Berlin

Fläche: 889 km²
Einwohner: 3,47 Mio.

Braunkohle), und *Untertage-* oder *Tiefbau,* wenn die Bodenschätze in größerer Tiefe liegen und mit Hilfe von senkrechten Schächten und waagrechten Stollen abgebaut werden. Erdöl und -gas, die auf dem Festland und in Küstennähe erschlossen werden, kommen dank des Überdrucks von selbst an die Oberfläche oder können nach oben gepumpt werden. Für die Zukunft ist auch der *Meeresbergbau* (Förderung von Manganknollen und anderen Erzen in der Tiefsee) von Bedeutung.

Bergkristall, ein Mineral, die reinste Form von → Quarz. Seine durchsichtigen, farblosen Kristalle dienen als Schmucksteine.

Bergsteigen, ein auch als *Alpinismus* bezeichneter Sport, der vom Bergwandern bis zum Klettern im Hochgebirge reicht. Beim sportlichen Klettern unterscheidet man zwischen dem Klettern mit Hilfsmitteln (Hammer, Stahlhaken und Seil) und dem Freiklettern *(Free Climbing).*

Beringstraße, eine flache, nur 85–100 km breite Meeresenge zwischen Sibirien und Alaska, die Asien von Amerika trennt.

Berkelium [nlat., von der amerikanischen Universitätsstadt Berkeley abgeleitet], *das,* ein → chemisches Element, das nicht in der Natur vorkommt, sondern ein künstlich hergestelltes, radioaktives → Transuran ist.

Berlin, Hauptstadt und größte Stadt von → Deutschland, die außerdem ein Bundesland bildet. Die ab dem 13. Jh. nachgewiesene Stadt an der Spree war zunächst die Residenz von Kurbrandenburg und später von → Preußen. 1871–1945 war Berlin die Hauptstadt des Deutschen Reiches. Nach dem Zweiten Weltkrieg, in dem Berlin schwere Zerstörungen erlitt, wurde es von den Siegermächten geteilt. Westberlin, die drei Westsektoren, gehörte zur Bundesrepublik, besaß aber einen Sonderstatus; Ostberlin, der sowjetische Sektor, war seit 1949 die Hauptstadt der → DDR. Die ab dem 13. August 1961 von der DDR errichtete **Berliner Mauer,** die den Flüchtlingsstrom in den Westen stoppen sollte, verschärfte den Ost-West-Konflikt. 1971 bekräftigte ein zwischen den USA, Großbritannien, Frankreich und der Sowjetunion abgeschlossenes Berlin-Abkommen die Verantwortung der vier Mächte für die geteilte Stadt und sicherte die Zufahrtswege nach Westberlin. Die Mauer fiel 1989 nach der Demokratisierung der DDR. Mit der Wiedervereinigung Deutschlands wurde Berlin wieder Hauptstadt; 1991 entschied sich der Bundestag auch für Berlin als Regierungs- und Parlamentssitz. Der Umzug wird erst gegen Ende des Jahrzehnts durchgeführt werden, während der Bundespräsident bereits seit 1994 seinen Sitz in Berlin hat und auch einzelne Parlamentssitzungen dort stattfinden.

Berlioz [bɛr'ljo:z], Hector (1803–1869), französischer Komponist, der die Programmmusik (→ Musik) mit begründete und die Musik um ungewöhnliche Klangeffekte bereicherte.

Bermuda, aus etwa 360 Inseln bestehende bri-

Bern

■ *Bernstein*

Beryllium
· · · · · · · · · · · · · · · · · · · ·
Zeichen: Be
Ordnungszahl: 4
Atommasse: 9,01
Dichte: 1,85 g/cm³
Schmelzpunkt: 1278 °C
Siedepunkt: 2970 °C

Beschneidung bei Mädchen
· · · · · · · · · · · · · · · · · · · ·
Bei einigen islamischen Völkern, vor allem in Afrika, gibt es auch eine Beschneidung der Mädchen; man unterscheidet dabei zwischen *Sunna-* (Entfernen der Spitze der Klitoris), *milder* (Entfernen der Klitoris und der kleinen Schamlippen) und *pharaonischer Beschneidung* (Entfernen der Klitoris und der kleinen und großen Schamlippen sowie Zusammennähen zu einer kleinen Öffnung). Dieser Eingriff beeinträchtigt nicht nur das sexuelle Lustempfinden, sondern birgt auch viele Gefahren für die Gesundheit des beschnittenen Mädchens. Heute sind weltweit etwa 100 Mio. Mädchen und Frauen beschnitten.

tische Kolonie (53 km², 63 000 Einwohner) in der → Karibik. Das als **Bermudadreieck** bezeichnete Seegebiet zwischen den Bermudas, Puerto Rico und Florida ist dafür berüchtigt, dass dort häufig Flugzeuge und Schiffe unter rätselhaften Umständen verunglücken oder verschwinden.

Bern, Bundeshauptstadt (127 500 Einwohner) der → Schweiz und Kanton, dessen Nordwestteil seit 1978 einen eigenen Kanton (→ Jura) bildet. Die in der Westschweiz an der Aare gelegene Stadt ist der Sitz des Weltpostvereins.

Bernhardiner, eine Hunderasse mit kräftigem Körperbau. Die bis zu 80 cm hohen Tiere werden auch zum Aufspüren von Lawinenopfern eingesetzt.

Bernstein [von niederdt. bernen = »brennen«, weil Bernstein entzündbar ist], versteinertes Harz fossiler Nadelbäume von gelber bis gelbbrauner Farbe, das hauptsächlich aus dem → Tertiär stammt. Häufig sind darin pflanzliche oder tierische Überreste (→ Fossilien) enthalten. Klare, helle Stücke, auch mit Einschlüssen, werden zu Schmucksteinen verarbeitet. Bernstein findet man vor allem an der Ostseeküste (die Halbinsel Samland ist die größte Lagerstätte der Welt) und in der Karibik.

Bernstein ['bə:nstaın], Leonard (1918–1990), amerikanischer Komponist und Dirigent, der in seinen Werken Elemente des Jazz und der populären Musik verwendete. Sein erfolgreichstes Werk ist das Musical »Westside Story« (1957).

Berufsausbildung, die auch als *Lehre* bezeichnete Erstausbildung in einem Beruf, der staatlich als Ausbildungsberuf anerkannt ist. Dazu gehören die praktische Ausbildung in einem Betrieb und der zwei- bis dreijährige Besuch einer Berufsschule. Die Ausbildung schließt mit einer Prüfung ab.

Berufsberatung, ein Dienst des Arbeitsamtes, der Jugendliche und Erwachsene über Möglichkeiten der Berufswahl, der beruflichen Fortbildung und der Umschulung informiert.

Berufung, ein Rechtsmittel, das die Prozessbeteiligten gegen ein Urteil in erster Instanz (→ Gerichte) einlegen können, wenn sie nicht mit der gerichtlichen Entscheidung einverstanden sind. Das Urteil wird dann von einem Gericht der nächsthöheren Instanz überprüft. Gegen Berufungsurteile ist als Rechtsmittel nur die → Revision möglich.

Beryllium [griech.-lat.], *das,* ein → chemisches Element, das auch Bestandteil des Edelsteins **Beryll** ist. Beryllium ist ein silberweißes, hartes Leichtmetall, das zum Härten von Kupfer und Nickel sowie für Hitzeschilde bei Luft- und Raumfahrzeugen verwendet wird.

Besamung, das Eindringen der männlichen Samenzelle (→ Spermium) in die weibliche Eizelle als Voraussetzung für die → Befruchtung. Dabei wird zwischen *äußerer* und *innerer* Besamung unterschieden. Im ersten Fall vollzieht sich der Vorgang außerhalb des Körpers; zu diesem Zweck geben z. B. Fische und Muscheln die Ei- und Samenzellen ins Wasser ab. Bei der inneren Besamung ist eine → Begattung notwendig, weil die Eizellen nicht beweglich sind. Die *künstliche Besamung* wird bei der Zucht von Haustieren eingesetzt.

Beschleunigung, die Änderung der → Geschwindigkeit eines Körpers. Eine Geschwindigkeitsabnahme als negative Beschleunigung wird als *Verzögerung* oder *Bremsung* bezeichnet. Da sich die Größe der Geschwindigkeit (v) mit der Zeit (t) ändert, wird die Beschleunigung als v/t (z. B. Meter durch Sekundenquadrat = m/s²) gemessen.

Beschneidung, das Einschneiden oder Entfernen der → Vorhaut bei Jungen, das nicht nur bei Naturvölkern (in Afrika, Südamerika und Ozeanien), sondern auch bei den Juden und Moslems üblich ist.

Bestäubung, bei Pflanzen die Übertragung von Blütenstaub (→ Pollen) auf die → Narbe der Blüte (bei Bedecktsamern) oder die frei liegenden Samenanlage (bei Nacktsamern). Wenn dieser Vorgang innerhalb derselben (zwittrigen) Blüte geschieht, spricht man von *Selbstbestäubung*. Die Bestäubung zwischen Blüten verschiedener Pflanzen heißt *Fremdbestäubung*. Die Bestäubung, die bei höheren Pflanzen Voraussetzung für die → Befruchtung ist, geschieht durch den

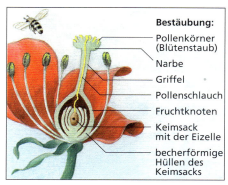

■ *Die **Bestäubung** geht bei Blütenpflanzen der Befruchtung voraus*

Wind, kleine Tiere, in erster Linie Insekten, die von den Blüten durch Farben, Duftstoffe oder Nektar angelockt werden, oder Wasser (bei unter Wasser lebenden Pflanzen).

Bestrahlung, in der Medizin die Behandlung mit Mikrowellen, Wärmestrahlen, sichtbarem und ultraviolettem Licht sowie Röntgenstrahlen und ionisierenden Strahlen.

Bestseller [engl.], *der,* ein Buch, das sich innerhalb kurzer Zeit sehr gut verkauft.

Beta [griech.], zweiter Buchstabe des griechischen → Alphabets.

Betastrahlung, eine bei radioaktivem Zerfall (→ Radioaktivität) auftretende Strahlung, die aus → Elektronen oder → Positronen besteht. Die aus den Atomen radioaktiver Elemente herausgeschleuderten Teilchen haben eine ionisierende Wirkung (→ Ionisation), wenn sie in Materie eindringen.

Beton [frz.-lat.], *der,* eine Mischung aus → Zement, Sand und/oder Kies sowie Wasser, die als Baustoff verwendet wird. Die breiartige Masse wird in Formen oder Schalungen gegossen und härtet dann zu einem »künstlichen Stein« aus. Der Zement bildet dabei Kristalle (Silikate), die Sand- und Kieskörner miteinander verbinden. *Stahlbeton* ist ein Beton, der mit Eiseneinlagen verstärkt wird, um die Festigkeit zu erhöhen.

Betriebsrat, die von den Arbeitnehmern eines Betriebes gewählte Vertretung, die im Rahmen der Mitbestimmung die Arbeitnehmerinteressen gegenüber der Firmenleitung wahrnimmt.

Betriebssystem, der Teil der → Software eines Computers, der vorhanden sein muss, damit die Anwendungsprogramme (z. B. für Textverarbeitung) auf der → Hardware laufen. Das Betriebssystem übernimmt die Steuerung der Ein- und Ausgabevorgänge, der → Peripheriegeräte und der Anwendungsprogramme.

Beugung, in der Grammatik deutsche Bezeichnung für → Flexion, in der Physik für → Diffraktion.

Beuteltiere, eine Ordnung urtümlicher Säugetiere, die im frühen Tertiär in vielfältigen Arten und Formen über die ganze Erde verbreitet waren, aber später von den höher entwickelten Säugern verdrängt wurden und heute nur mehr in Australien und auf einigen Nachbarinseln sowie in Amerika vorkommen. Da die Beuteltiere keine → Plazenta besitzen, werden ihre Jungen in einem frühen Entwicklungsstadium geboren. Die blinden und tauben Jungen müssen den Weg zu den Zitzen des Muttertieres finden, wo

■ **Beuteltiere:** *Der Bilchbeutler ist vor allem im Südosten von Australien beheimatet*

sie sich festsaugen und im Schutz eines Hautbeutels ihre Entwicklung vollenden. Bekannte Beuteltiere sind Wombats und → Kängurus.

Beuys [bɔys], Joseph (1921–1986), deutscher Aktionskünstler, der den Kunstbegriff auf alle Lebensbereiche erweiterte (»Alles ist Kunst«) und für seine Kunstobjekte natürliche Materialien wie Fett, Filz oder Erde bevorzugte.

BGB, Abkürzung für → Bürgerliches Gesetzbuch.

Bhutan, Staat in Südasien. Das zwischen Indien und China am Südrand des → Himalaja gelegene Land besteht aus Hochgebirge und Gebirge sowie einer Ebene im Süden. Da es größtenteils von Wald bedeckt ist, bildet die Forstwirtschaft die wirtschaftliche Grundlage. Die tibetischen Bhotia, die heute die Bevölkerungsmehrheit ausmachen, wanderten ab dem 9. Jh. ein. Ein eigener Staat entstand im 17. Jh. Das Königreich, das seit 1960 eine konstitutionelle Monarchie ist, wird außenpolitisch von Indien vertreten. Der → Buddhismus ist Staatsreligion.

Biathlon [von lat. bi- = »zwei-« und griech. athlon = »Kampf«], *das,* eine Wintersportart, die Skilanglauf mit Schießen auf Scheiben verbindet.

Bibel [von griech. biblion = »Buch«], die *Heilige Schrift,* die nach dem christlichen Glauben die Offenbarungen Gottes enthält. Die Bibel besteht aus dem in Hebräisch verfassten → *Alten Testament* und dem in Griechisch geschriebenen → *Neuen Testament.*

Biber, ein in Eurasien und Nordamerika lebendes Nagetier mit dichtem Pelz, das bis zu 35 kg schwer und 1 m lang wird und einen abgeplatteten, über 30 cm langen und 15 cm breiten Schwanz besitzt. Die in Deutschland im 19. Jh. fast ausgerotteten Biber sind gewandte Schwimmer mit Schwimmhäuten an den Hinterfüßen. Sie leben in Erdbauten am Ufer von Seen und in Flussauen und legen Dämme an, indem sie mit ihren starken Zähnen Bäume durch keilförmiges

Beuteltiere

Das größte Beuteltier ist das Rote Känguru: Ein erwachsenes Männchen wird bis über 2,10 m hoch und erreicht bei einem Gewicht von 85 kg eine Länge von 2,65 m einschließlich des Schwanzes. Das kleinste Beuteltier ist die nur wenige Gramm schwere Zwergflachkopfmaus (4,5 cm Körper- und 5 cm Schwanzlänge).

Bhutan (Druk Yul)
Staatsname: Königreich Bhutan
Staatsform: Konstitutionelle Monarchie
Hauptstadt: Thimphu
Fläche: 47 000 km²
Einwohner: 1,6 Mio.
Bevölkerungsdichte: 34/km²
Amtssprache: Dzongha
Währung: Ngultrum (NU)
Nationalitätskennzeichen: BHT

Bhutan

Bibel

Die Bibel ist vollständig oder teilweise in mehr als 700 Sprachen übersetzt. Die *Vulgata,* die ab 383 n. Chr. von Hieronymus erstellte lateinische Übersetzung, blieb bis ins 20. Jh. der verbindliche Bibeltext der katholischen Kirche. Aus dem Urtext übersetzte Luther die Bibel ins Deutsche; die vollständige *Lutherbibel* erschien 1534.

Biedermeier

Die ursprünglich satirisch gemeinte Bezeichnung *Biedermeier* geht auf die erfundene Figur des treuherzigen Spießbürgers Gottlieb Biedermaier zurück, der für die Schriftsteller Ludwig Eichrodt und Adolf Kußmaul in den »Fliegenden Blättern« (1855–1857) als fiktiver Verfasser fungierte.

Bienen

Die Königin fliegt kurz nach dem Schlüpfen aus dem Stock aus und wird ein einziges Mal im Flug von mehreren Drohnen begattet. Dieser Samenvorrat muss für ihr ganzes Leben ausreichen. Während die alte Königin mit der Hälfte des Volkes ausgeschwärmt ist, um ein neues Zuhause zu finden, kehrt die begattete Jungkönigin ins Nest zurück, wo sie mögliche Rivalinnen totsticht. Sie legt dann jeden Tag bis zu 2000 Eier und kann es in ihrer Lebenszeit (vier bis fünf Jahre) auf etwa 2 Mio. Eier bringen.
Die Staaten bildenden Bienen besitzen eine eigene »Sprache«, mit der sie die Lage von Futterorten mitteilen. Sie orientieren sich am Sonnenstand und können die Schwingungsrichtung von Licht erkennen, so dass sie selbst bei bewölktem Himmel wissen, wo die Sonne steht. Mit bestimmten Bewegungsmustern (Rund- und Schwänzeltanz) teilen sie im Stock den anderen Bienen mit, in welcher Entfernung und in welchem Winkel zur Sonne sich der Futterplatz befindet.

■ **Biber:** *Der Ruderschwanz dient im Wasser als Schwimmflosse*

Benagen fällen. Diese Dammsysteme halten den Wasserspiegel gleichbleibend, damit die Eingänge zu den Wohnburgen immer unter Wasser liegen.

Bibliografie, *Bibliographie* [von griech. biblion = »Buch« und graphein = »schreiben«], *die,* ein Verzeichnis, in dem die zu einem bestimmten Thema erschienenen Bücher und Schriften zusammengestellt sind.

Bibliothek [griech. »Büchergestell«], *die,* eine systematisch geordnete Sammlung von Büchern und anderen Druckschriften (heute auch audiovisuellen Medien) und das Gebäude, in dem diese Schriften aufbewahrt werden. Man unterscheidet zwischen *wissenschaftlichen Staats- und Universitätsbibliotheken,* die in der Regel nur für berufliche Zwecke (vor allem von Studenten und Wissenschaftlern) genutzt werden dürfen, und *öffentlichen Bibliotheken,* die allen offen stehen und (z. B. als Stadtbüchereien) nicht nur der Information, sondern auch der Unterhaltung dienen.

Biedermeier, die auch als → *Vormärz* oder *Restauration* bezeichnete Kulturepoche zwischen dem → Wiener Kongress (1814/15) und der März-Revolution 1848. Merkmale dieser Zeit sind angesichts der Wiederherstellung der alten politischen und sozialen Ordnung Weltschmerz und Rückzug ins Private. Dies zeigt sich in der Malerei, die bevorzugt idyllische Landschaften, Szenen aus dem bürgerlichen Leben und einfache Menschen darstellt (z. B. → Spitzweg). Auch in der Literatur geben Selbstbescheidung, Wahrung des richtigen Maßes und unpolitische Haltung den Ton an (z. B. Stifter, Gotthelf, Mörike). Als Gegenbewegung gibt es dazu das → Junge Deutschland mit seiner politischen Literatur. Am deutlichsten wird die biedermeierliche Stimmung in der Wohnkultur mit ihren hellen, zierlichen, zweckmäßig gebauten und bequemen Möbeln.

■ *Eine* **Honigbiene** *im Anflug auf eine Blüte*

Bienen, eine fast weltweit in mehr als 20 000 Arten verbreitete Familie von Hautflüglern, zu der auch die → Hummeln gehören. Die meisten Bienenarten leben als sog. *Einsiedlerbienen* allein; hoch entwickelte Arten wie die *Honigbienen* dagegen bilden große Gemeinschaften, die als »Staaten« bezeichnet werden. Ein Bienenvolk besteht aus einer Königin (fortpflanzungsfähige weibliche Biene), 20 000 bis 80 000 Arbeiterinnen (weibliche Bienen, deren Geschlechtsorgane zurückgebildet sind und die bestimmte Aufgaben wie Nahrungssuche, Nestbau und Brutpflege übernehmen) und etwa 200 Drohnen (männliche Bienen, die nach der Begattung der Königin vertrieben werden). Drohnen entwickeln sich aus unbefruchteten Eiern, Arbeiterinnen und Königin aus befruchteten Eiern; die Larve der Königin erhält aber eine besondere Nahrung *(Gelée royale)*.
Zur Abwehr von Feinden verfügen die Arbeiterinnen über einen Stachel am Hinterleib, mit dem sie beim Stechen ein Gift einspritzen. Da der Stachel winzige Widerhaken trägt, bleibt er in der Haut von Wirbeltieren hängen. Wenn die Biene ihren Stachel wieder herausziehen will, wird er aus dem Körper herausgerissen, was zu ihrem Tod führt. Bienenstiche können allergische Reaktionen (→ Allergie) hervorrufen.
Bienen ernähren sich von Pollen und Nektar, die sie aus Blüten einsammeln. Da sie dabei die Blüten bestäuben (→ Bestäubung), spielen sie eine wichtige Rolle in der Natur. Den Nektar saugen

sie mit ihrem Rüssel auf, während der Blütenstaub am Haarkleid hängen bleibt und mit den Beinen in besondere Körbchen an den Hinterbeinen befördert wird. Mit dem Nektar, den die Bienen im Stock wieder hervorwürgen, und den Pollen werden auch die Larven ernährt. *Blütenhonig* ist eingedickter Nektar, der durch viele Bienenmägen gegangen und mit körpereigenen Absonderungen angereichert worden ist. Außer Honig erhält man von den Bienen wohlriechendes → Wachs, das die Tiere mit besonderen Drüsen produzieren, um ihre Waben zu bauen.

Bier, ein durch → Gärung aus Getreide hergestelltes → alkoholisches Getränk, das schon im Altertum (in Ägypten und Mesopotamien) bekannt war. Im Mittelalter wurde Bier vor allem in den Klöstern gebraut, um den Speiseplan der Mönche aufzubessern. Beim heutigen Bierbrauen wird zunächst → Malz bereitet, indem man das Getreide (Gerste oder Weizen) in Wasser keimen lässt. Das getrocknete Malz wird mit heißem Wasser zu einer Maische vermischt, der → Hopfen zugesetzt wird. Bei der anschließenden Gärung dieser stärkehaltigen Würze (mit Hilfe von Bierhefe, → Hefe) entstehen Alkohol und Kohlensäure. Bier wird offen (aus dem Fass bzw. Tank) oder in Flaschen verkauft. Nach dem seit 1516 bestehenden deutschen *Reinheitsgebot* darf Bier in Deutschland nur aus Malz, Hopfen, Hefe und Wasser hergestellt werden.

Bifokalglas [von lat. bi- = »doppelt« und focus = »Feuerstätte«], bei Brillen ein zweifach geschliffenes Glas, bei dem der obere Teil zum Weitsehen und der untere Teil zum Nahsehen dient.

Bigamie [von lat. bi- = »zwei-« und griech. gamos = »Ehe«], *die,* eine gesetzlich nicht zulässige Ehe, bei der jemand heiratet, obwohl er bereits mit einem anderen Ehepartner rechtskräftig verheiratet ist.

Bikini, ein zweiteiliger, knapp geschnittener Damenbadeanzug.

Bilanz [it. »Waage«], *die,* als Abschluss des Rechnungsjahres eines Unternehmens die Gegenüberstellung von zwei verschiedenen Zahlenreihen für Einnahmen und Vermögen (→ Aktiva) auf der linken Seite sowie Ausgaben und Schulden (→ Passiva) auf der rechten Seite.

bilateral [lat.], zweiseitig, beide Seiten betreffend.

bildende Kunst, umfassende Bezeichnung für die Baukunst, die → Bildhauerei oder Plastik, die → Malerei und die → Graphik sowie Kunsthandwerk oder Gewerbe.

Bilderschrift, eine Schrift, die im Gegensatz zu Buchstaben- und Silbenschriften keine sprachlichen Laute festhält, sondern etwas Außersprachliches (z. B. eine Person, einen Gegenstand oder ein Ereignis) darstellt. Deshalb besteht eine erkennbare Ähnlichkeit zwischen dem Zeichen und dem Inhalt, der vermittelt werden soll.

Bildhauerkunst, die Kunst, einen festen Stoff so zu verändern und zu gestalten, dass er in seiner räumlichen Form etwas darstellt. Wenn ein Werk aus einem Material hergestellt wird, das geformt oder gegossen (und danach wie Ton gebrannt) wird, spricht man von einer *Plastik.* Ein Werk, das dagegen durch Hauen oder Schnitzen aus einem Material herausgearbeitet wird, heißt *Skulptur.* Die Verwendung vorgefundener Gegenstände, die besonders angeordnet und zusammengestellt werden, bezeichnet man als *Objektkunst.* Nach der Form wird zwischen *Vollplastik* (z. B. eine frei im Raum stehende Statue) und → *Relief* (z. B. ein Fries mit an eine Fläche gebundenen Figuren) unterschieden.

Bildplatte, *Laser Disc,* ein scheibenförmiger Datenträger aus Kunststoff (mit 30 cm Durchmesser), der Bild- und Toninformationen speichern kann. Wie bei der → Compactdisc werden die digitalisierten Informationen mit Hilfe eines → Laserstrahls abgetastet und in elektrische Schwingungen umgewandelt. Eine technische Weiterentwicklung ist die → Video-CD.

Bildröhre, eine in Fernsehgeräten und → Monitoren eingebaute *Elektronenstrahlröhre,* die elektrische Signale auf dem Bild- oder Leuchtschirm in sichtbares Licht umwandelt.

Bildschirmtext → Btx.

Billard [frz. 'biljart], *das,* ein Spiel, bei dem Kugeln aus Elfenbein oder Kunststoff mit einem langen Stab (→ *Queue)* gestoßen werden. Spielfläche ist eine rechteckige Schieferplatte, die mit Tuch bezogen ist und eine Umrandung aus Gummi *(Bande)* besitzt. Beim *Karambolage-Billard,* das mit drei Kugeln gespielt wird, muss die eigene Kugel die zwei anderen berühren; sie darf dabei auch von der Bande abprallen oder muss – bei bestimmten Spielarten wie Einband- oder Dreiband-Karambol – vorher eine bzw. drei Banden berühren. Beim *Pool-Billard* besitzt der Tisch sechs Löcher, in den Ecken sowie auf beiden Längsseiten in der Mitte. Gespielt wird mit einer weißen Kugel zum Anstoßen und 15 durchnummerierten farbigen Kugeln. Diese Kugeln müssen mit Hilfe der weißen Kugel in eines der Löcher befördert werden.

Biersorten

Man unterscheidet zwischen *obergärigem* Bier, das bei 15–20 °C vergoren wird, wobei die Hefe nach oben steigt (z. B. *Weizen-, Alt-* und *Kölschbier),* und *untergärigem* Bier, das bei 9 °C vergoren wird, wobei sich die Hefe am Boden absetzt (z. B. *Lager-, Export-, Märzen-* und *Bockbier).* Der Alkoholgehalt von Bier liegt je nach Sorte zwischen 3 und 6,5 %; daneben gibt es noch kalorienreduzierte *Leichtbiere* (2,5 %) und *alkoholfreie Biere* (0,5 %).

Die Geschichte des Bikini

Der von dem französischen Modeschöpfer Louis Réard 1946 entwickelte Bikini unterschied sich von den bisherigen Modellen durch seine damals gewagte Sparsamkeit an Textilien; er bestand nur aus einem knappen Höschen und einem zumeist trägerlosen Oberteil. Der zugkräftige Name bezieht sich auf ein zu den Marshallinseln gehörendes Atoll, wo die USA kurz vorher eine Atombombe gezündet hatten.

Das binäre Zahlensystem

•••••••••••••••••••••

Ein binärer Ausdruck ist aus Zweierpotenzen aufgebaut, die durch Einsen und Nullen dargestellt werden. Also:

Potenzausdruck	Dezimalausdruck	Binärausdruck
2^0	= 1	= 1
2^1	= 2	= 10
2^2	= 4	= 100
2^3	= 8	= 1000
2^4	= 16	= 10000
2^5	= 32	= 100000

Der Dezimalausdruck 43 besteht aus den Zweierpotenzen 32, 8, 2 und 1 bzw. den Binärausdrücken 100 000, 1000, 10 und 1, was insgesamt – wenn man die einzelnen Binärzahlen addiert – den Binärausdruck 101 011 ergibt.

Binsenwahrheit

•••••••••••••••••••••

Eine *Binsenwahrheit* oder *Binsenweisheit* ist eine allgemein bekannte Wahrheit, eine Tatsache, die jeder kennt. Der Ausdruck geht auf eine griechische Sage zurück, nach der König → Midas seine Unzufriedenheit äußerte, als Apollon bei einem musikalischen Wettstreit mit Pan den Siegespreis zuerkannt bekam. Der zornige Gott zauberte Midas dafür Eselsohren an. Der König konnte die Demütigung zwar durch eine Mütze verbergen, aber seinem Barbier musste er die Ohren zeigen. Dieser durfte das Geheimnis bei Androhung der Todesstrafe nicht verraten. Als er es nicht für sich behalten konnte, grub er ein Loch, flüsterte das Geheimnis hinein und schüttete es wieder zu. Doch daraus wuchsen Binsen hervor, die die Wahrheit in alle Welt hinausflüsterten, wenn der Wind sie bewegte: »König Midas hat Eselsohren.«

Bimetall [von lat. bis = »zweimal«], zwei fest miteinander verschweißte oder verklebte Streifen verschiedener Metalle. Bei Erwärmung dehnen sich die zwei Metalle (z. B. Eisen und Messing) in unterschiedlichem Maße aus; der gesamte Streifen biegt sich dabei zu der Seite des Metalls hin, dessen Länge sich in geringerem Maße verändert.

Bims, *Bimsstein,* vulkanisches Gestein (Lava), das durch entweichendes Gas schaumig aufgebläht worden ist. Aufgrund der vielen Hohlräume ist Bimsstein sehr leicht.

binär [lat.], aus zwei Teilen oder Einheiten bestehend. Ein **binäres Zahlensystem** ist ein Zahlensystem, das nur zwei Ziffern (0 und 1) verwendet und damit alle Zahlen darstellt. Ein **Binärcode** ist allgemein ein → Code, der mit nur zwei Zeichen auskommt. Ein binärer Zahlencode eignet sich besonders gut für elektronische Rechner, weil dessen Schaltelemente nur zwei verschiedene physikalische Zustände (z. B. Stromfluss oder kein Stromfluss) kennen.

Bindewort, deutsche Bezeichnung für → Konjunktion.

Bindung, allgemein der Zusammenhalt von Teilchen, der durch bestimmte Kräfte bewirkt wird. Man unterscheidet dabei zwischen der *chemischen Bindung,* die bewirkt, dass Atome in → Molekülen zusammenhalten, und der *Kernbindung,* die → Nukleonen im Atomkern zusammenhält.

Binsen, grasähnliche Pflanzen, die an feuchten Standorten (z. B. am Ufer von Seen und langsam fließenden Gewässern) wachsen und bis über 3 m hoch werden. Die Halme und Blätter werden zum Flechten verwendet.

Bio- [von griech. bios = »Leben«], Vorsilbe mit der Bedeutung »Lebens-«, d. h. auf das Leben oder Lebewesen bezogen.

Biochemie, ein Teilgebiet der Chemie, das sich mit den chemischen Grundlagen der Lebensvorgänge und der Stoffe befasst, die in → Organismen vorkommen. Im Besonderen beschäftigt sich die Biochemie mit Eiweißen, Kohlehydraten und Fetten, die vom Organismus als Bausteine oder Energiequellen verwendet werden, sowie mit → Enzymen und Hormonen, die chemische Reaktionen steuern.

Biografie, *Biographie* [griech.], *die,* eine Lebensbeschreibung in literarischer Form, im weiteren Sinn auch die Lebensgeschichte eines Menschen.

Bioindikator [griech.-lat.], *der,* ein lebender Organismus (Pflanze oder Tier), der auf schädliche Veränderungen in der Umwelt sehr empfindlich reagiert und deshalb als Anzeiger für solche Auswirkungen eingesetzt werden kann.

Biologie [kriech.], *die,* Wissenschaft vom Leben, die in zahlreichen Untergebieten die Grundlagen des Lebens und die Lebewesen behandelt.

biologische Schädlingsbekämpfung, die Bekämpfung tierischer und pflanzlicher Schädlinge mit Hilfe ihrer natürlichen Feinde, entweder durch Tiere, die diese Schädlinge fressen (z. B. Vögel und Insekten), oder durch Parasiten, die die Schädlinge infizieren und töten.

Biosphäre [griech.] der von Lebewesen bevölkerte, vom Boden der Tiefsee bis in die → Atmosphäre reichende Raum der Erde.

Biotechnologie, die Nutzung der für den Menschen vorteilhaften Eigenschaften von lebenden Organismen. Beispielsweise sorgen → Hefepilze bei der Herstellung von Wein und Bier für die alkoholische → Gärung; Milchsäurebakterien wandeln Milch in → Käse um. Bakterien reinigen in → Kläranlagen die Abwässer und bauen Kunststoffabfälle ab. Die Bedeutung der Biotechnologie hat sich noch erhöht, seit es möglich ist, durch die → Gentechnologie die Erbeigenschaften von Mikroorganismen gezielt zu verändern. Man kann auf diesem Weg Bakterien für den Menschen wichtige Stoffe (z. B. Enzyme) in großem Umfang erzeugen lassen und Tieren und Pflanzen neue Eigenschaften verleihen, die sich durch Züchtung nicht so leicht oder überhaupt nicht erreichen lassen. Allerdings stellen solche Neuzüchtungen einen Eingriff ins Ökosystem dar, dessen Folgen sich nicht überschauen lassen.

Biotop [griech.], *der* oder *das,* der natürliche Lebensraum, in dem Tiere und Pflanzen in einer bestimmten Lebensgemeinschaft vorkommen.

Birken, in den nördlichen, klimatisch gemäßigten Gebieten wachsende Laubbäume, die einen schlanken Stamm mit weißer Rinde besitzen.

Birma, *Burma,* bis 1989 Name von → Myanmar.

■ **Biotop:** Das Hochmoor bei Goldenstedt, Niedersachsen

Birne, seit dem Altertum bekannte Frucht des Birnbaums, der heute weltweit angebaut wird. Von der süß schmeckenden Birne gibt es zahlreiche Sorten.

Bischof [von griech. eskipos = »Aufseher«], *der,* ein leitender Geistlicher in den christlichen Kirchen. In der katholischen Kirche wird er vom Papst ernannt und steht einer → Diözese voran. Als Nachfolger der → Apostel ist er Lehrer und Hirte und darf Priester weihen und die → Firmung spenden. In den evangelischen Kirchen ist der Bischof der Leiter einer Landeskirche und wird von der → Synode auf Lebenszeit gewählt, kann von ihr aber auch wieder abberufen werden. Im Gegensatz zur katholischen Kirche kann das Bischofsamt in den evangelischen Landeskirchen auch von Frauen ausgeübt werden. In einigen Landeskirchen wird anstelle von Bischof der Titel *Präses* oder *Propst* verwendet.

Bisexualität [griech.], *die,* Doppelgeschlechtlichkeit, eine Form der → Sexualität, deren Begehren sowohl auf das andere als auch das eigene Geschlecht ausgerichtet ist.

Bismarck, Otto von (1815–1898), deutscher Politiker. Als preußischer Ministerpräsident (1862–1890) strebte er die Vorherrschaft Preußens in Deutschland an, die er durch den Sieg über Österreich 1866 und die Gründung des Norddeutschen Bundes 1867 durchsetzte. Nach dem → Deutsch-Französischen Krieg trug er zur Gründung des Deutschen Reiches 1871 bei und wurde der erste Reichskanzler. Während er außenpolitisch durch Bündnisse die Kräfteverhältnisse in Europa zu sichern versuchte, kämpfte er im Inneren vergeblich gegen die katholische Zentrumspartei (»Kulturkampf«, 1872–1878) und die sozialdemokratische Bewegung (Sozialistengesetz 1878). Er bemühte sich durch die Einführung einer Sozialversicherung um eine Aussöhnung mit der Arbeiterschaft. Bismarcks Einfluss auf die Politik verringerte sich mit dem Tod von Kaiser Wilhelm I. (1888). Dessen Nachfolger, Kaiser Wilhelm II., entließ Bismarck 1890.

Bismut, neuere Bezeichnung für das chemische Element → Wismut.

Bison [lat. »Auerochse«], *der,* ein mit dem europäischen → Wisent verwandtes Wildrind, das in den nordamerikanischen Prärien lebt. Der Bison ist das größte Tier in Nordamerika und besitzt einen massigen Körper (bis 3 m lang, 1,9 m Schulterhöhe und 1000 kg schwer) mit wuchtigem Schädel und braunem Fell. Der Bison war die Ernährungsgrundlage der nordamerikanischen

■ ***Bisons*** *leben heute nur noch in einigen Reservaten Nordamerikas*

→ Indianer, doch im 19. Jh. wurde der Bison von weißen Siedlern fast ausgerottet. Heute hat sich der Bestand in Schutzgebieten wieder auf etwa 30 000 erhöht.

Bit, Abkürzung für *Binary Digit* (Zweierzahl), die kleinste mögliche Informationseinheit in einem → binären Zahlensystem und gleichzeitig die kleinste Speichereinheit in einem Computer, als 1 oder 0 ausgedrückt. Um Zeichen (Buchstaben und Zahlen) zu bilden, werden 8 Bit zu einem → Byte zusammengefasst.

Bizet [biˈzɛ], Georges (1838–1875), französischer Komponist. Seine Oper »Carmen« (1875) war zunächst nicht erfolgreich, gehört aber heute zu den meistgespielten Opern.

Black-out, *Blackout* [engl. ˈblækaʊt »Verdunkelung«], *das* oder *der,* eine plötzliche, vorübergehende Ausfallerscheinung (z. B. des Erinnerungsvermögens oder der Sprache) bei gefühlsmäßigen Spannungszuständen.

Blankvers, ein fünfhebiger, reimloser Jambus, der zuerst in England (z. B. in den Dramen → Shakespeares) verwendet wurde.

Blasinstrumente, alle Musikinstrumente, bei denen der Ton durch einen Luftstrom erzeugt wird, entweder mit dem Mund oder mit Hilfe eines Blasebalgs. Man unterscheidet zwischen → *Holz-* und → *Blechblasinstrumenten* sowie → *Harmonikainstrumenten.*

Blasphemie [griech. »Schmähung«], *die,* Gotteslästerung.

Blatt, bei höheren Pflanzen ein seitlich an der Sprossachse wachsendes Organ, das die → Photosynthese, den Gasaustausch und die Abgabe von Wasser in Form von Wasserdampf zur Aufgabe hat. Die Blätter können in ihrer Größe und Form sehr unterschiedlich sein; sie sind flächig (wie bei Laubbäumen) oder nadelförmig (wie bei Nadelgehölzen). Blätter können auch

Blei
● ● ● ● ● ● ● ● ● ● ● ● ● ● ● ● ● ●
Zeichen: Pb (von lat. *plumbum*)
Ordnungszahl: 82
Atommasse: 207,2
Dichte: 11,35 g/cm³
Schmelzpunkt: 327,5 °C
Siedepunkt: 1740 °C

■ *Blauer Reiter:* Titelblatt der Zeitschrift (1911) von Wassily Kandinsky. München, Lenbachhaus

wie bei den → Kakteen zu Wasserspeichern, zu Dornen oder zu Ranken umgebildet sein. → Blüten bestehen ebenfalls aus umgewandelten Blättern.

Blattläuse, zu den Pflanzensaugern gehörende Insekten, die bis zu 3 mm lang werden. Sie ernähren sich von Pflanzensäften und können in solchen Massen auftreten, dass die befallene Pflanze eingeht. Ihre Ausscheidungen sind sehr zuckerhaltig und eine begehrte Nahrung für andere Insekten; Ameisen halten sich oft sogar Herden von Blattläusen.

Blaualgen → Algen.

Blauer Reiter, eine 1911 in München von → Marc und → Kandinsky gegründete Künstlervereinigung. Ihre Mitglieder wandten sich gegen die Wirklichkeitsnachahmung der akademischen Malerei und strebten nach ursprünglicher Ausdruckskraft.

Blausäure, *Cyanwasserstoff,* eine farblose, äußerst giftige Flüssigkeit mit der chemischen Formel HCN, die intensiv nach Bittermandeln riecht. Schon kleinste Mengen wirken tödlich. In der Natur kommt Blausäure in den Kernen verschiedener Früchte (Pfirsiche, Pflaumen, Kirschen, Bittermandeln) vor. Ein Salz der Blausäure ist → Zyankali.

Blauwale, zu den → Walen gehörende Meeressäugetiere. Sie sind die größten lebenden Tiere der Erde und werden über 30 m lang und bis zu 140 t schwer. Blauwale sind trotz eines Fangverbotes, an das sich nicht alle Nationen halten, vom Aussterben bedroht; ihre Zahl wird auf 4000 geschätzt.

Blechblasinstrumente, aus Metall (zumeist Messinglegierung) hergestellte → Blasinstrumente. Der Ton wird bei ihnen durch Anblasen auf einem trichterförmigen Mundstück erzeugt. Die Tonhöhe wird mit Hilfe von Ventilen, Zügen oder Grifflöchern verändert. Zu den Blechblasinstrumenten gehören → Trompete, Posaune, Waldhorn, Flügelhorn und Tuba.

Blei, ein → chemisches Element. Das weiche Schwermetall von blaugrauer Farbe wurde schon früh aus dem Mineral **Bleiglanz** gewonnen und für viele Zwecke eingesetzt. So wurden aus dem leicht formbaren Metall Rohre für Wasserleitungen und Kugeln für Schusswaffen hergestellt; im Druckwesen wurde es früher für die Lettern verwendet. Auch in → Akkumulatoren wird Blei benutzt. Durch den Zusatz von Bleiverbindungen wurde → Benzin klopffest gemacht; da aber alle Verbindungen dieses Metalls sehr giftig sind und die Umwelt stark belasten, sind die heute gebauten → Ottomotoren auf den Verbrauch von bleifreiem Benzin umgestellt worden.

Blende, bei Kameras der Teil des → Objektivs, der die einfallende Lichtmenge regelt. Jede nächsthöhere Blendenzahl halbiert die Lichtmenge, die vom Objektiv durchgelassen wird und auf den Film fällt. Je kleiner die Blendenöffnung ist, desto größer ist die Tiefenschärfe eines Bildes.

Blinddarm, eine sackartige Ausstülpung des Dickdarms (→ Darm), die von der Einmündung des Dünndarms in den Dickdarm abgeht und »blind« endet, d. h. am Ende geschlossen ist und einen wurmförmigen Anhang *(Appendix)* besitzt. Dieser etwa 8 cm lange und nur bleistiftdicke Fortsatz besitzt keine Darmfunktion mehr, kann sich aber durch Darmkeime entzünden. Die **Blinddarmentzündung** ist also in Wirklichkeit eine Entzündung des *Wurmfortsatzes*, der dann operativ entfernt werden muß.

Blindenschrift, eine aus (in dickes Papier geprägten) Punkten bestehende Schrift, die durch Ertasten mit den Fingerkuppen gelesen wird. Die Buchstaben und Ziffern werden in der heute international gebräuchlichen → Brailleschrift durch Zeichen dargestellt, die jeweils aus maximal sechs Punkten in zwei senkrechten Spalten und drei waagerechten Reihen bestehen.

Blindheit, eine angeborene oder durch Verletzung oder Krankheit erworbene Verminderung des Sehvermögens, die bis zum völligen Verlust der Sehkraft auf beiden Augen reichen kann.
Blindschleiche, bekannteste in Europa vorkommende Art der → Schleichen. Die Blindschleiche wird bis zu 50 cm lang (über die Hälfte entfällt auf den Schwanz, den sie wie eine → Eidechse abwerfen kann). Ihre Gliedmaßen sind äußerlich völlig zurückgebildet.
Blitz, eine elektrische Funkenentladung in der Atmosphäre zwischen der Erde und einer Wolke oder zwischen zwei entgegengesetzt geladenen Wolken. Dabei entstehen Spannungen von etwa 10 Mio. Volt und Stromstärken von bis zu 100 000 Ampère. Da die Luft aufgrund der hohen Temperatur des Stroms stark erwärmt wird (bis zu 30 000 °C), dehnt sie sich explosionsartig aus; die Druckwelle ist als → Donner wahrzunehmen.
Blitzableiter, eine Vorrichtung, die Blitzströme auffangen und gefahrlos in den Boden ableiten soll. Dabei zieht ein Metallstab, der am höchsten Punkt eines Gebäudes angebracht ist, den Blitz auf sich und führt ihn über eine seitlich am Bauwerk angebrachte Leitung am Haus vorbei in das Erdreich ab.
Blitzlicht, in der → Fotografie verwendet, wenn die natürliche Helligkeit nicht ausreicht, um den Film zu belichten. Durch »Blitzbirnen« (Kolbenblitz) oder elektronische Blitzgeräte wird für Sekundenbruchteile ein helles Licht erzeugt. Bei der *Blitzlampe* verglüht ein dünner Metalldraht in Sauerstoff; deshalb ist sie nur einmal verwendbar. Beim *Elektronenblitz* wird in einer mit Edelgas gefüllten Röhre eine Hochspannungsentladung (über 10 000 Volt) herbeigeführt, die das Edelgas zum Leuchten bringt.
Blizzard [engl. 'blɪzəd], *der,* ein Schneesturm in Nordamerika, der durch arktische Kalteinbrüche ausgelöst wird und verheerende Auswirkungen haben kann.
Blockflöte, eine aus Holz hergestellte Längsflöte, die in Ägypten schon im 3. Jt. v. Chr. bekannt war. Die Tonhöhe kann mit Hilfe von sieben Grifflöchern und einem Überblasloch auf der Rückseite verändert werden.
Bluebox [engl. 'bluːbɔks »blauer Kasten«], *die,* auch als **Blue Screen** [engl. 'bluːskriːn »blauer Schirm«] bezeichnetes elektronisches Bildmischverfahren, bei dem Personen und Gegenstände vor einen beliebigen Hintergrund gestellt werden können. Dazu nimmt eine Kamera die Person (oder den Gegenstand), die im Vordergrund

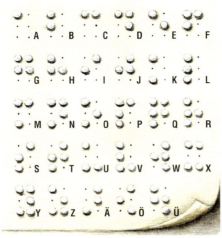

■ **Blindheit:** Die von Louis Braille 1825 entwickelte Blindenschrift (Brailleschrift)

erscheinen soll, vor einer blauen Wand auf. Eine zweite Kamera nimmt den Hintergrund auf, z. B. eine Landschaft. Die Elektronik der Bluebox ersetzt nun alle blauen Farbstellen hinter der Person durch das Bild der zweiten Kamera, so dass diese in der gefilmten Landschaft zu stehen scheint. Blau wird verwendet, weil es im Gegensatz zu anderen Farben nicht in der menschlichen Haut vorkommt.

Blindheit

Der erste *Blindenhund* in Deutschland wurde 1916 während des Ersten Weltkriegs in einem Lazarett bei Stettin eingesetzt. Damals begann die gezielte Schulung von Hunden, die Blinde führen sollten.

Blitz

Eine seltene, noch kaum erforschte Erscheinung sind *Kugelblitze,* die im Gegensatz zu den mit ungeheurer Geschwindigkeit herabschießenden, gezackten Linienblitzen fast reglos in der Luft schweben und nach wenigen Sekunden erlöschen oder mit einem lauten Knall zerplatzen. Möglicherweise handelt es sich dabei um Plasmawirbel, die für kurze Zeit stabil sind.

■ **Blitz:** Die hier abgebildeten Linienblitze sind die verbreitetste Erscheinungsform

Die Geschichte der Bluejeans

Der nach Amerika ausgewanderte Schneider Levi Strauss stellte Hosen aus Baumwolle als Arbeitskleidung her, die bald indigoblau gefärbt wurden, damit sie weniger schmutzempfindlich waren. Die Cowboys, die eine eng am Körper anliegende Hose bevorzugten, führten die Sitte ein, die Jeans zuerst ins Wasser zu legen: Sie zogen die nassen Hosen an und ließen sie am Körper trocknen, damit sie hauteng schrumpften. Später wurden die Nähte der Hosentaschen mit Kupfernieten verstärkt.

Zwölftaktiges Bluesschema

1. Gruppe:
4 Takte erste Stufe (z. B. C-Dur)
2 Gruppe:
2 Takte vierte Stufe (F-Dur)
2 Takte erste Stufe (C-Dur)
3. Gruppe:
2 Takte fünfte Stufe (G-Dur)
2 Takte erste Stufe (C-Dur)

Berühmte Bluesmusiker

Robert Johnson
Blind Lemon Jefferson
John Lee Hooker
Leadbelly
Muddy Waters
B. B. King
Howlin' Wolf

Bluesrock-Gruppen

Großbritannien und Irland:
Jeff Beck Group
Blodwyn Pig
Chicken Shack
Colosseum
Cream
Fleetwood Mac
John Mayall's Bluesbreakers
Savoy Brown
Taste

USA:
Allman Brothers
Big Brother and the Holding
   Company
Blues Project
Paul Butterfield Blues Band
Jimi Hendrix Experience
Johnny Winter
ZZ Top

Bluejeans, *Blue Jeans* [engl. ˈbluːdʒiːnz] *Mz.,* eine blaugefärbte → Jeans, die um 1860 in den USA aufkam.

Blue Notes [engl. ˈbluːnoʊtz »blaue Noten«], *die,* zwei im → Blues verwendete → Intervalle, die zwischen großer und kleiner → Terz bzw. übermäßiger und verminderter → Septime liegen und der europäischen Tonalität fremd sind. Diese Zwischenstufen bringen eine gedrückte, melancholische Stimmung zum Ausdruck.

Blues [engl. bluːz], *der,* eine Musikrichtung, die als Lied der schwarzen Sklaven in den amerikanischen Südstaaten Mitte des 19. Jh. entstanden ist. Kennzeichnend für den Blues ist neben den → Blue Notes ein zwölftaktiges Schema mit drei Viertaktgruppen. Der Blues hatte großen Einfluss auf die Entstehung des → Jazz und der Rockmusik.

Bluesrock, *Blues Rock,* eine Stilrichtung der → Rockmusik, die sich an das zwölftaktige Schema und die Akkordfolge des → Blues hält, aber zumeist Wert auf freie Improvisation mit langen Soli der einzelnen Instrumente legt. Der Bluesrock entwickelte sich in der ersten Hälfte der 60er Jahre in Großbritannien und wurde in der zweiten Hälfte der 60er Jahre auch in den USA übernommen.

Blumen, blühende Pflanzen, insbesondere die Blütenstängel mit der → Blüte.

Blumentiere, auch als *Korallentiere* bezeichnete → Hohltiere, die fest sitzend im Meer leben, als Einzelpolypen oder zu Kolonien vereinigt. Sie besitzen einen walzenförmigen Körper mit einem Kranz von → Tentakeln und erinnern äußerlich an Blumen. Die oft farbenprächtige Tentakelkrone kann je nach Art wenige Millimeter bis 1,5 m Durchmesser haben. Aus ihren Kalkskeletten bilden sich Riffe. Zu den Blumentieren gehören u. a. Seerosen.

Blut, eine Körperflüssigkeit, die im geschlossenen Blutkreislauf zirkuliert und aus *Blutplasma* (55 %) und *Blutzellen* besteht. Ein erwachsener Mensch besitzt etwa 5–6 l Blut (7–8 % seines Körpergewichts). Das Blutplasma ist eine klare Flüssigkeit, die neben Wasser (90 %) Eiweiße (7–8 %) und Salze enthält und zahlreiche Nährstoffe und Abfallprodukte des Stoffwechsels transportiert. Die festen Bestandteile des Blutes sind frei bewegliche Zellen. Man unterscheidet dabei zwischen den *roten Blutkörperchen (Erythrozyten),* den *weißen Blutkörperchen (Leukozyten)* und den *Blutplättchen (Thrombozyten).* Den Hauptanteil (99 %) der Blutzellen bilden die roten Blutkörperchen (etwa 5 Mio. in 1 mm^3 Blut). Sie sind flache, in der Mitte leicht eingedellte Scheiben mit einem Durchmesser von 8 μm und enthalten den roten Farbstoff *(Hämoglobin),* der dem Blut seine Farbe gibt. Ihre Aufgabe liegt im Gasaustausch: Sie transportieren Sauerstoff zum Gewebe und befördern Kohlendioxid zur Lunge, wo es ausgeatmet wird. Sie haben eine Lebensdauer von 120 Tagen und werden im Knochenmark neu gebildet. Die weißen Blutkörperchen (ca. 5000–10 000 in 1 mm^3 Blut) sind kugelförmige, farblose Zellen, die auch ins Gewebe wandern können. Es gibt drei Gruppen davon *(Granulozyten, Lymphozyten* und *Monozyten),* die eingedrungene Bakterien, Fremdkörper und Reste von Körperzellen unschädlich machen oder Antikörper bilden. Die Blutplättchen sind Fragmente von Zellen, die durch den Zerfall der Riesenzellen des Knochenmarks entstehen (ca. 200 000–500 000 in 1 mm^3 Blut). Sie sind wichtig für die Blutgerinnung und sorgen bei Verletzungen dafür, dass sich die Wunde rasch schließt, indem sie sich zusammenballen und einen Pfropf bilden.

Blüte, bei höheren Pflanzen ein Spross, der die kreisförmig übereinander angeordneten *Blütenblätter* trägt. Diese unterscheiden sich von den anderen Blättern durch ihre Form und ihre Farbe. Die Blüte ist ein Pflanzenorgan, das der geschlechtlichen Fortpflanzung dient. Die männlichen und weiblichen Geschlechtszellen befinden sich dabei in umgewandelten Blütenblättern. In der Mitte stehen die *Fruchtblätter,* die weiblichen Geschlechtsorgane; sie sind oft zu einem *Stempel* verwachsen. Der untere Teil bildet bei den Bedecktsamern den *Fruchtknoten,* der die Samenanlagen enthält; bei Nacktsamern sind die Samenanlagen frei zugänglich. Der *Fruchtknoten* geht im oberen Teil in einen unterschiedlich langen *Griffel* über, der an seiner Spit-

Aufbau der Blüte:
Narbe
Blütenblatt
Griffel
Staubblatt
Staubbeutel
Staubfaden
Fruchtknoten
Kelchblatt
Blütenboden
Stängel

ze die → *Narbe* trägt. Diese nimmt bei der → Bestäubung den Pollen auf. Aus dem Fruchtknoten entwickelt sich später die → *Frucht* mit dem Samen. Kreisförmig um die Fruchtblätter herum sind die *Staubblätter* oder *-gefäße* angeordnet; sie sind die männlichen Geschlechtsorgane und bestehen aus den *Staubfäden* und den *Staubbeuteln,* in denen sich die → *Pollenkörner* bilden. Die inneren Teile der Blüte werden von einer Blütenhülle geschützt, die mit ihren großen, auffällig gefärbten Blättern *(Blütenkrone)* Insekten oder andere Tiere zur Bestäubung anlockt und häufig außen kleinere grüne *Kelchblätter* besitzt.

Viele Blüten sind zwittrig und enthalten sowohl männliche als auch weibliche Geschlechtsorgane. Andere Blüten dagegen sind eingeschlechtlich und bilden entweder nur Staubgefäße oder Fruchtblätter aus. Wenn diese beiden eingeschlechtlichen Blütenformen auf derselben Pflanze zu finden sind, bezeichnet man die Pflanzen als *einhäusig* (z. B. Eiche). Hat eine Pflanze nur männliche oder weibliche Blüten, so nennt man sie *zweihäusig* (z. B. Eibe).

Die Blüten sind in ihrer Gestalt sehr vielfältig ausgebildet (z. B. glocken-, röhren- oder trichterförmig). Bei vielen Pflanzen sind mehrere Blüten zu einem **gemeinsamen Blütenstand** vereinigt.

Blutegel, ein bis zu 30 cm langer Ringelwurm, der im Wasser lebt und sich von Blut ernährt. Er saugt sich mit einem Saugnapf an Fischen, Lurchen und Säugern fest, denen er mit seinen sägeartigen Kieferscheiben eine Wunde beibringt. Dabei sondert er einen Stoff *(Hirudin)* ab, der die Blutgerinnung hemmt, so dass die Wunde bis zu zehn Stunden blutet.

Blütenpflanzen, andere Bezeichnung für → Samenpflanzen.

Blutgruppen, Merkmale des → Blutes, die vererbt werden und darauf beruhen, dass das menschliche Blutserum Antikörper enthält, die die Blutzellen verklumpen oder auflösen können, wenn diese nicht die entgegengesetzten → Antigene besitzen. Eine → Bluttransfusion ist deshalb nur möglich, wenn Spender und Empfänger die gleiche Blutgruppe haben oder die verschiedenen Blutgruppen miteinander verträglich sind. Das bekannteste der mehr als zehn verschiedenen Blutgruppensysteme ist das *AB0-System,* das vier Hauptgruppen umfasst: A (in Deutschland etwa 44 % der Bevölkerung), B (12 %), AB (6 %) und 0 (38 %).

Blutkreislauf, *Zirkulation,* der Umlauf des → Blutes im Körper, wobei die *Blutgefäße* als Transportwege dienen. Für die Bewegung sorgt das → *Herz* als Pumpe. Der Mensch und die höheren Tiere besitzen ein geschlossenes System, während die niederen Tiere mit offenem System keine Zirkulation benötigen. Das Blut wird zunächst von der linken Herzkammer in die → Arterien geleitet, die in die → Kapillaren münden. Das Kapillarsystem versorgt das Gewebe. Von dort fließt das Blut in die → Venen, die es zum Herzen (rechte Herzkammer) zurücktransportieren. Dies ist der *große Blutkreislauf* (oder *Körperkreislauf).* Beim *kleinen Blutkreislauf* (oder *Lungenkreislauf)* fließt das Venenblut aus der rechten Herzkammer zur → Lunge und von dort zurück zur linken Herzkammer, wo der Kreislauf neu beginnt. Beim Menschen braucht das Blut für einen Umlauf etwa eine Minute. Die Aufgaben des Körperkreislaufes bestehen darin, das Gewebe mit Sauerstoff und Nährstoffen zu versorgen und Kohlendioxid und Stoffwechselprodukte abzutransportieren. Der Lungenkreislauf befreit das Blut in der Lunge vom Kohlendioxid, das ausgeatmet wird, und versorgt es mit eingeatmetem Sauerstoff.

Blutrache, eine frühe Form der Selbstjustiz (z. B. bei den Germanen), bei der eine Verletzung der Sippenehre, insbesondere wenn ein Angehöriger der Sippe getötet worden ist, vergolten werden muss. Im Allgemeinen muss der Schuldige oder ein Verwandter von ihm getötet werden.

Bluttransfusion, die Übertragung von → Blut von einem Spender an einen Empfänger. Dies ist ohne Gefahr für den Empfänger nur möglich, wenn die → Blutgruppen der beiden miteinander verträglich sind. In den meisten Fällen werden für die Transfusion **Blutkonserven** ver-

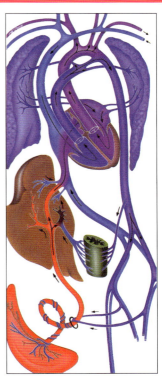

■ *Blutkreislauf* vor der Geburt: *(Herz und Blutgefäße: blau bis violett; Lunge: blau; Leber: braun; Plazenta = Mutterkuchen: rot)*

Anti-A	Anti-B	Anti-AB	Blutgruppe Häufigkeit %
			A 43,5
			B 12,2
			AB 5,4
			Null 38,8

■ *Bestimmung der **Blutgruppen** mittels Testseren. Auf einem Objektträger werden die Testseren Anti-A, Anti-B und Anti-AB mit einem Tropfen Blut gut vermischt. Nach zwei Minuten wird abgelesen, ob eine Agglutination (Zusammenballung der Blutkörperchen) eingetreten ist*

Bolivien (Bolivia)
Staatsname: Republik Bolivien
Staatsform: Präsidiale Republik
Hauptstadt: Sucre
Fläche: 1 098 581 km²
Einwohner: 7,4 Mio.
Bevölkerungsdichte: 7/km²
Amtssprache: Spanisch, Ketschua, Aimará
Währung: Boliviano (Bs)
Nationalitätskennzeichen: BOL

Bolivien

■ **Bodybuilding**

■ **Boa:** Die Grüne Hundskopfboa

wendet: in einem besonderen Gefäß aufbewahrtes Spenderblut.

BND, Abkürzung für *Bundesnachrichtendienst,* den deutschen Geheimdienst, der unmittelbar dem Bundeskanzleramt unterstellt ist. Seine Aufgabe ist es, geheime Informationen aus dem Ausland zu beschaffen.

Boaschlangen, Unterfamilie der Riesenschlangen, deren Vertreter in den tropischen Gebieten Amerikas leben und zwischen 50 cm und 9 m lang werden. Die bekanntesten Arten sind die *Große → Anakonda* und die *Boa constrictor* oder *Königsschlange.*

Bob, Abkürzung für **Bobsleigh** [von. engl. bob = »sich auf und ab bewegend und sleigh [sleɪ] = »Schlitten«], der, ein Rennschlitten, der im Gegensatz zum Rodelschlitten lenkbar ist. Die von zwei oder vier Mann gefahrenen Bobs erreichen Geschwindigkeiten bis zu 150 km/h.

Boccia [it. ˈbotʃa »Kugel«], das oder die, ein aus Italien stammendes Spiel, bei dem die Spieler zweier Mannschaften versuchen müssen, je vier Kugeln (bis 900 g schwer) möglichst dicht an eine kleinere Zielkugel zu werfen.

Bock, Bezeichnung für ein männliches Tier bei einigen Arten, vor allem Geweih- oder Gehörntragenden (z. B. Rehbock, Ziegenbock).

Bodensee, Schwäbisches Meer, der größte See Deutschlands (von den 538 km² entfallen 305 auf Deutschland, 173 auf die Schweiz und 60 auf Österreich). Der bis zu 252 m tiefe Bodensee ist das Zungenbecken des eiszeitlichen Rheingletschers und wird vom heutigen Rhein durchflossen. Wegen des milden Klimas gedeihen hier Weinreben und Obst.

Bodybuilding [engl. ˈbɔdɪbɪldɪŋ »Körperaufbau«], das, ein Krafttraining zum gezielten Muskelaufbau und zur Verbesserung der Körpergestalt.

Bodycheck [engl. ˈbɔdɪtʃɛk »Körperhindernis«], *der,* ein hartes Rempeln des Gegenspielers, das im → Eishockey erlaubt ist, wenn dabei nur die Schulter oder die Hüfte eingesetzt werden.

Bodyguard [engl. ˈbɔdɪgɑːd], *der,* ein persönlicher Leibwächter.

Bogenschießen, eine Sportart, bei der mit einem Bogen aus Holz, Metall oder Glasfiber Pfeile auf eine Zielscheibe in einer Entfernung von 30 bis 90 m geschossen werden.

Bogotá [span. boɣoˈta] *Santa Fe de Bogotá,* Hauptstadt von → Kolumbien. Die in einem Hochbecken der östlichen Kordilleren gelegene Stadt (5 Mio. Einwohner) wurde 1537 von den Spaniern gegründet.

Böhmen, tschech. *Cechy,* der größte Landesteil von → Tschechien, der ursprünglich von → Kelten (von den keltischen Bojern leitet sich auch der Name ab) bewohnt war und ab dem 2. Jh. von Germanen und ab Ende des 6. Jh. von Slawen besiedelt wurde. Böhmen war jahrhundertelang ein Teil des → Heiligen Römischen Reiches, bewahrte aber gleichzeitig seine Selbstständigkeit. 1198 wurde es ein Königreich, das von 1526 bis zum Ende des Ersten Weltkrieges unter der Herrschaft der → Habsburger war. 1918 wurde Böhmen Teil der neu gegründeten → Tschechoslowakei. Die Beckenlandschaft ist von Mittelgebirgen (Erzgebirge, Sudeten, Böhmisch-Mährische Höhe, Böhmerwald, Oberpfälzer Wald und Fichtelgebirge) umgeben. Im Zentrum liegt die tschechische Hauptstadt → Prag.

Böhmerwald, tschech. *Sumava,* Grenzgebirge zwischen Bayern, Österreich und Tschechien. Er gliedert sich in den *Oberpfälzer Wald* im Norden und den → *Bayerischen Wald* im Süden. Der höchste Berg des Mittelgebirges ist der *Große Arber* (1456 m).

Bohr, Niels (1885–1962), dänischer Physiker. Er entwickelte 1913 ein verbessertes Atommodell durch die Einbeziehung der → Quantentheorie. 1922 erhielt er den Nobelpreis.

Bolivien, nach dem südamerikanischen Befreiungskämpfer **Simón Bolívar** (1783–1830) benannter Staat in Südamerika. Zwei Drittel des Landes sind Tiefland im Einzugsgebiet der Flüsse → Amazonas und Parana, während das Hochland (bis über 3000 m hoch) im Westen

■ **Bonn:** Das Poppelsdorfer Schloß (1715–1756 erbaut)

von den → Anden begrenzt wird. Die Bevölkerung besteht fast zu drei Vierteln aus Indianern und Mestizen. Bolivien ist reich an Bodenschätzen (vor allem Erze, Erdöl und Erdgas). Die bolivianischen Bauern pflanzen trotz der Bekämpfung des Rauschgifthandels durch die Regierung immer noch Koka an, aus deren Blättern → Kokain gewonnen wird. Das im 15. Jh. von den → Inka eroberte Gebiet kam 1533 zum spanischen Vizekönigreich Peru. 1825 errang das Land seine Unabhängigkeit. In drei Kriegen gegen seine Nachbarstaaten verlor es über die Hälfte seines Gebiets (an Chile, Brasilien und Paraguay). Bolivien erlebte zahlreiche Militärputsche. Seit 1982 gibt es wieder eine zivile Regierung.

Böll, Heinrich (1917–1985), deutscher Schriftsteller, der in Erzählungen und Romanen zunächst über den Krieg und später über die Missstände in der bundesdeutschen Gesellschaft schrieb. 1972 erhielt er den Nobelpreis für Literatur.

Bologna [boˈlɔɲɲa], Stadt (404 000 Einwohner) in Oberitalien. Sie ist heute ein bedeutendes wirtschaftliches Zentrum und besitzt die älteste Universität Europas (1119 gegründet).

Bolschewiki [russ. »Mehrheitler«], Bezeichnung für die Anhänger → Lenins, nachdem sie 1903 auf dem zweiten Parteitag der Sozialdemokratischen Arbeiterpartei Russlands die Mehrheit erhalten hatten. Ihre Gegner, die den gemäßigten Flügel vertraten, wurden als *Menschewiki* (»Minderheitler«) bezeichnet. Die Bolschewiki verfolgten eine auf dem → Marxismus beruhende, radikal-revolutionäre Politik, die sich mit der → Oktoberrevolution 1917 in der Sowjetunion durchsetzte. Bis zum Tod Stalins (1953) wurde der sowjetische Kommunismus auch als *Bolschewismus* bezeichnet.

Bombay, früherer Name der indischen Stadt → Mumbai.

Bombe [lat.-it.-frz. »dumpfes Geräusch«], *die,* ein aus Metall bestehender Hohlkörper, der mit einem Sprengstoff oder einem Brandsatz gefüllt ist und mit einem Zünder zur Explosion gebracht wird.

Bonaparte [frz. bɔnaˈpart], Familienname von → Napoleon I.

Bonifatius, eigentlich *Winfrid* (672/673–754), angelsächsischer Missionar und Heiliger, der ab 719 im Auftrag von Papst Gregor II. die Germanen christianisierte. Der »Apostel der Deutschen« gründete zahlreiche Bistümer und Klöster. Bei der Missionierung der Friesen starb er den Märtyrertod.

Bonmot [frz. bõˈmo »treffendes Wort«], *das,* geistreiche, witzige Bemerkung.

Bonn, am Rhein gelegene Stadt (310 000 Einwohner) in Nordrhein-Westfalen, die 1949–1990 die Hauptstadt der Bundesrepublik war und bis zum Umzug nach Berlin Sitz der Regierung und des Bundestages bleibt.

Bonobo, *Zwergschimpanse,* ein im Kongo (Dem. Rep.) beheimateter Menschenaffe, der zierlicher gebaut ist als gewöhnliche → Schimpansen. Bonobos gelten als besonders intelligent und von den Primaten als am engsten mit dem Menschen verwandt.

Bonsai [japan. »Baum in der Schale«], *der,* ein Zwergbaum oder -strauch, der durch Rückschneiden und Drahtbindung der Wurzeln und Zweige sowie durch Nährstoffentzug künstlich klein gehalten wird, wobei aber alle Merkmale (Stamm, Äste, Blätter) arttypisch ausgebildet sind. Die Bonsai-Kunst entstand vor mehr als 1000 Jahren in China und wurde später in Japan weiterentwickelt.

Bonus [lat. »gut«], *der,* eine Sondervergütung, die etwa als zusätzlicher Gewinnanteil von → Aktiengesellschaften oder als zusätzlicher Rabatt von Versicherungen für langjährige Kunden gewährt wird. Ein Bonus kann auch als Vorteil gegenüber anderen Teilnehmern eingeräumt werden, um eine ungünstige Ausgangssituation auszugleichen (z. B. in der Schule). Gegensatz: *Malus.*

Bonze [japan. »Priester«], *der,* heute im abwertenden Sinn allgemein für einen → Funktionär gebraucht, der sich seiner Umgebung entfremdet hat und die Vorteile seiner Stellung für sich nutzt.

Boom [engl. buːm »Brausen«], *der,* ein wirtschaftlicher Aufschwung, der plötzlich erfolgt, Hochkonjunktur.

booten [engl. ˈbuːtən], das → Betriebssystem eines Computers durch Neustarten laden.

Wichtige Werke von Böll

Billard um halb zehn (1959)
Ansichten eines Clowns (1963)
Gruppenbild mit Dame (1971)
Die verlorene Ehre der Katharina Blum (1974)

■ **Bonsai**

Bootlegger

Eine andere Form der Raubpressung stellen die **Counterfeits** [engl. ˈkaʊntəfɪts »Fälschungen«] dar, die bestehende, legal erschienene Erzeugnisse kopieren und illegal vertreiben; dabei kann es sich einerseits um das Nachpressen von Tonträgern handeln, die im Handel vergriffen sind, aber vom Rechtsinhaber nicht neu aufgelegt werden, und andererseits um das Kopieren von aktuellen Tonträgern, wobei die illegalen Kopien von den legalen Produkten oft nicht zu unterscheiden sind, aber den Fälschern einen hohen Gewinn ermöglichen, da nur die Kosten für die Herstellung anfallen. Im asiatischen Raum werden vor allem von Kassetten Raubkopien hergestellt. Zunehmend werden auch von Videofilmen Raubkopien in Umlauf gebracht.

Bor

Zeichen: B
Ordnungszahl: 5
Atommasse: 10,81
Dichte: 2,34 g/cm³
Schmelzpunkt: 2079 °C
Siedepunkt: 2550 °C

Börse

Die Entwicklung der Aktienkurse an den Börsen in Deutschland lässt sich am *Dax* ablesen, dem *Deutschen Aktienkurs,* der auf 30 deutschen Standardwerten beruht und seit 1988 berechnet wird. Einen Hinweis auf die internationale Entwicklung gibt der *Dow-Jones-Index,* der seit 1897 berechnet wird und 30 amerikanische Industriewerte zur Grundlage hat.

Bootlegger [engl. ˈbuːtlɛgə »Schmuggler«], *der,* ursprünglich Bezeichnung für einen Alkoholschmuggler, der in den USA während der Zeit der Prohibition unerlaubt Schnaps brannte und verkaufte. Heute nennt man so die Hersteller von Raubpressungen (vor allem von Schallplatten und CDs). **Bootlegs** sind unrechtmäßig, d. h. ohne Erlaubnis der Künstler hergestellte Tonträger, für die auch keine Gebühren an die Verwertungsgesellschaften abgeführt werden (→ Urheberrecht).
Bor [mlat.], *das,* ein → chemisches Element. Das harte schwarzgraue Halbmetall kommt in der Natur nur in gebundener Form vor. Borverbindungen finden in der Glasindustrie (für die Herstellung hitzefester Gläser), in Waschmitteln (als Weißmacher) und als Schleifmittel Verwendung.
Bordeaux [bɔrˈdo], südwestfranzösische Hafenstadt (213 000 Einwohner) an der Garonne, die über die Gironde, die über 70 km lange Trichtermündung der Garonne, mit dem offenen Meer verbunden ist. Ihr Umland, das **Bordelais,** ist für seine Weine weltberühmt.
Bordell [frz. »Bretterhütte«], *das,* auch als *Freudenhaus* bezeichnetes Gebäude, in dem gewerbsmäßig → Prostitution ausgeübt wird.
Borkenkäfer, eine etwa 2000 Arten umfassende Familie von Käfern, die zwischen 1 und 12 mm lang werden. Ebenso wie ihre Larven ernähren sie sich von Holz. Da sie dazu Gänge in den Stamm bohren und oft in großer Zahl bereits erkrankte Bäume befallen, tragen sie zum → Waldsterben bei.
Borneo, mit 746 950 km² die drittgrößte Insel der Erde. Borneo liegt im westlichen Pazifik und gehört zu den Großen Sundainseln. Der größte Teil der Insel (73 %) ist indonesisch. Die früheren britischen Protektorate Sarawak und Sabah im Norden und Nordwesten sind seit 1963 Teilstaaten von → Malaysia; das dazwischen liegende Sultanat → Brunei ist selbstständig.
Börse, ein regelmäßiger Markt für Wertpapiere, Devisen oder Waren, die dort zwar erworben und verkauft werden, aber nicht selbst an Ort und Stelle vorhanden sind. Kauf und Verkauf bestimmen über die **Börsenkurse,** die amtlich festgelegt werden und den Wert einer → Aktie angeben. Eine Aktie mit einem Nennwert von 100 DM kann in Wirklichkeit einen ganz anderen Kurswert besitzen, je nachdem wie sie an der Börse notiert wird.
Bosch, Hieronymus (1450–1516), niederländischer Maler, der seine religiösen Bilder mit grotesk-allegorischen Szenen und phantastischen

■ *Borkenkäfer befallen meist bereits deutlich geschwächte Bäume*

Fabelwesen bereicherte. Er steht mit seiner Kunstauffassung zwischen Mittelalter und Neuzeit und ist auch ein Vorläufer für den → Surrealismus und den phantastischen Realismus des 20. Jh.
Bosnien-Herzegowina, Staat auf dem → Balkan. Das südosteuropäische Land, das unter der Herrschaft des → Osmanischen Reiches ab dem 15. Jh. seine muslimische Kultur erhielt, gehörte ab 1918 zu → Jugoslawien (seit 1946 als Teilrepublik). 1992 erklärte es seine Unabhängigkeit. Da dort aber neben den Muslimen auch Serben und Kroaten leben, entstanden im selben Jahr zugleich eine serbische und eine kroatische Republik. Der Bürgerkrieg zwischen den einzelnen Gebieten führte zu Vertreibungen und Massakern, die als »ethnische Säuberungen« umschrieben wurden. Ende 1995 kam auf internationale Vermittlung ein Friedensabkommen zu Stande, in dem sich die Krieg führenden Parteien darauf verständigten, die Einheit des Staates Bosnien-Herzegowina in seinen bisherigen Grenzen zu erhalten, aber das Staatsgebiet aufzuteilen: in eine muslimisch-kroatische Föderation (51 %) und eine serbische Republik (49 %). Die beiden Teilstaaten werden außenpolitisch durch ein gemeinsames Parlament, ein dreiköpfiges Staatspräsidium (aus je einem Serben, Kroaten und Muslimen mit wechselndem Vorsitz) und eine für Finanzpolitik und Außenhandel zuständige Regierung vertreten. Erste Wahlen fanden im September 1996 statt. Eine internationale Friedenstruppe (IFOR) soll die Einhaltung des Abkommens überwachen. Insgesamt

Bosporus: Blick auf Istanbul am Goldenen Horn

forderte der dreieinhalb Jahre dauernde Bürgerkrieg etwa 200 000 Tote; 3,5 Mio. Menschen wurden aus ihrer Heimat vertrieben.

Bosporus, die 30 km lange und 660–3300 m breite Meeresstraße zwischen Europa und Kleinasien, die das → Schwarze Meer und das Marmarameer verbindet.

Boston, [ˈbɔstən], an der nordamerikanischen Ostküste gelegene Großstadt (als Ballungsraum 4,2 Mio. Einwohner), Hauptstadt des US-Bundesstaates Massachusetts. Boston ist heute ein Bildungs- und Verlagszentrum (im Vorort Cambridge befindet sich die berühmte *Harvard University*).

Botanik [griech.], *die,* Pflanzenkunde, die Wissenschaft, die sich als Teilgebiet der → Biologie mit dem Pflanzenreich befasst.

botanische Gärten, große Gartenanlagen, die im Freiland und in Gewächshäusern einheimische und ausländische, zumeist auch exotische Pflanzen ziehen. Der erste botanische Garten in Deutschland wurde 1580 in Leipzig geschaffen.

Botschaft, die ständige diplomatische Vertretung eines Staates in einem anderen Land oder bei einer internationalen Organisation (z. B. bei den Vereinten Nationen). Der **Botschafter,** der beim Staatsoberhaupt beglaubigt *(akkreditiert)* sein muss, genießt wie auch die übrigen Angestellten der Botschaft Immunität.

Botswana, Staat in Südafrika. Den größten Teil des Landes bildet die Kalahari, eine abflusslose Beckenlandschaft mit Trockensavanne. Die Bevölkerung bestand ursprünglich aus → Buschmännern, die ab 1600 von Bantustämmen (heute 95 %) verdrängt wurden. Die Wirtschaft stützt sich auf den Bergbau (vor allem Diamanten, Kupfer und Nickel) und die Viehzucht. 1885 wurde das Gebiet als *Betschuanaland* britisches Protektorat. Seit 1966 ist es unabhängig, gehört aber weiterhin dem → Commonwealth an (→ Infokasten siehe Seite 92).

Botticelli [bottiˈtʃɛlli], Sandro (1445–1510), italienischer Maler, ein Meister der florentinischen Frührenaissance, der streng stilisierte, aber anmutige allegorische und mythologische Darstellungen schuf.

Boule [frz. buːl »Kugel«], *das* oder *die,* französische Entsprechung zum → Boccia.

Boulevard [frz. buləˈvaːɐ̯], *der,* breite Ring- oder Prachtstraße, die häufig von Bäumen gesäumt ist. Als **Boulevardpresse** bezeichnet man Zeitungen, die in großen Auflagen zu relativ billigem Preis erscheinen und überwiegend im Straßenverkauf angeboten werden; sie sind durch ihre besondere Aufmachung (reißerische Schlagzeilen, kurze Artikel, viele Bilder) gekennzeichnet, die sich an ein breites Publikum wendet. Mit **Boulevardtheater** sind die Theater in den Großstädten gemeint, die in ihrem Repertoire ausschließlich leichte Unterhaltungsstücke haben.

Bourbonen [burˈboːnən], französisches Herrschergeschlecht, das aus einer Seitenlinie der Kapetinger hervorging. Es gelangte mit Heinrich IV. (Regierungszeit 1589–1610) auf den französischen Königsthron und stellte bis zur Französischen Revolution, als Ludwig XVI. abgesetzt und hingerichtet wurde, den französischen König. Nach der Niederlage → Napoleons kamen die Bourbonen erneut auf den Thron. Der letzte französische König, der »Bürgerkönig« Louis Philippe (1830–1848) entstammte einer Nebenlinie, dem Hause Orléans. In Spanien kam die 1700 begründete Linie *Bourbon-Anjou* auf den Thron; ihr entstammt auch der jetzige spanische König Juan Carlos.

Bourgeoisie [frz. burʒoaˈziː »Bürgerschaft«], *die,* zunächst in Frankreich Bezeichnung für das Bürgertum als Stand zwischen Adel und Bauern, im 19. Jh. dann auf das wohlhabende Besitzbürgertum eingeschränkt und vom → Marxismus als herrschende Klasse der kapitalistischen Gesellschaft definiert.

Bowiemesser, dolchartiges Jagdmesser.

Bowling [von engl. bowl boʊl = »Kugel«], *das,* amerikanische Form des → Kegelns, bei der mit zehn in einem Dreieck aufgestellten Kegeln *(Pins)* gespielt wird. Die Kugel hat drei Löcher; die Bahn ist knapp 20 m lang.

Bosnien-Herzegowina (Bosna i Hercegovina)

Staatsname: Republik Bosnien-Herzegowina

Staatsform: Republik

Hauptstadt: Sarajevo

Fläche: 51 129 km²

Einwohner: 3,5 Mio.

Bevölkerungsdichte: 68,5/km²

Amtssprache: Serbokroatisch

Währung: Bosnisch-herzegowin. Dinar (BHD)

Nationalitätskennzeichen: BIH

Bosnien-Herzegowina

Botswana
Staatsname: Republik Botswana
Staatsform: Präsidiale Republik
Hauptstadt: Gaborone
Fläche: 600 372 km²
Einwohner: 1,5 Mio.
Bevölkerungsdichte: 2,5/km²
Amtssprache: Setswana, Englisch
Währung: Pula (P)
Nationalitätskennzeichen: RB

Botswana

Brandenburg
Fläche: 29 476 km²
Einwohner: 2,54 Mio.
Hauptstadt: Potsdam

Boxen [engl. »(mit der Hand) schlagen«], ein als Sportart durchgeführter Faustkampf. Die beiden Boxer kämpfen in einem quadratischen *Boxring* (4,90–6,10 m Seitenlänge), der durch Eckpfosten und Seile begrenzt wird. Während früher mit bloßen Fäusten gekämpft wurde, verwendet man seit 1892 gepolsterte Handschuhe. Erlaubt sind nur Schläge gegen den Kopf und den Körper (bis zur Gürtellinie); verboten sind Nieren- und Nackenschläge sowie Schläge mit der offenen Hand und Kopfstöße. Die Kämpfe gehen bei Amateuren über drei Runden (zu je drei Minuten), bei Profis über 12 bis 15 Runden; zwischen den Runden ist jeweils eine Minute Pause. Ein Kampf wird vorzeitig beendet, wenn einer der Kämpfer niedergeschlagen und ausgezählt wird, d. h. innerhalb von zehn Sekunden nicht mehr auf die Beine kommt bzw. kampfunfähig ist *(K.-o.-Sieg);* wenn er vom *Ringrichter* abgebrochen wird, weil einer der beiden Boxer deutlich angeschlagen oder verletzt ist *(technischer K. o.);* wenn die Ecke eines Boxers wegen deutlicher Unterlegenheit »das Handtuch wirft«, d. h. aufgibt; oder wenn ein Boxer wegen eines schweren Regelverstoßes (z. B. Tiefschlag) disqualifiziert wird. Geht der Kampf über die volle Zeit, so gibt es einen Punktsieger, den drei bis fünf *Punktrichter* (einschließlich des Ringrichters) ermitteln (Bewertung der erzielten Treffer). Die Boxer sind in 17 *Gewichtsklassen* eingeteilt.

Boykott [engl.], *der,* zielgerichtete Form der Ächtung (in wirtschaftlicher, gesellschaftlicher oder politischer Hinsicht). Heute wird vor allem der wirtschaftliche Boykott (z. B. *Handelsboykott)* als politisches Druckmittel gegen einzelne Staaten eingesetzt.

Brahma, im → Hinduismus der Schöpfergott, der als oberste Gottheit das Universum eine Weltperiode lang beherrscht. Er wird oft mit vier Gesichtern und vier Armen dargestellt; in seinen vier Händen hält er die vier Weden (religiöse Schriften). In neuerer Zeit wird er als Gott der Weisheit und als Stammvater der **Brahmanen** verehrt. Die Brahmanen waren ursprünglich die vedischen Priester; heute sind sie in der hinduistischen Gesellschaft Indiens die Angehörigen der höchsten → Kaste, die sich allen Geschöpfen überlegen fühlen und keine körperlichen Arbeiten (bis auf die Durchführung von Brandopfern) verrichten.

Brahmaputra, Fluss in Südasien (2900 km), der im Himalaja entspringt und in Bangladesch zusammen mit dem Ganges in den Golf von Bengalen mündet.

■ *Brahma* ist einer der drei Hauptgötter des Hinduismus

Brahms, Johannes (1833–1897), deutscher Komponist und Pianist. Er verband Romantik und klassizistische Formstrenge und bearbeitete auch zahlreiche Volkslieder. Am bekanntesten neben seiner Kammermusik sind seine Chorwerke.

Brailleschrift [ˈbraːjə-], eine nach ihrem Erfinder, dem französischen Blindenlehrer *Louis Braille* (1809–1852), benannte, 1825 erfundene → Blindenschrift.

Brainstorming [von engl. brainstorm ˈbreɪnstɔːm = »Geistesblitz«], *das,* ein Verfahren, die beste Lösung eines Problems zu finden, indem spontane Einfälle gesammelt werden.

Brandenburg, nordöstliches Bundesland der Bundesrepublik → Deutschland (seit 1990). Im Osten bildet die Oder die Landesgrenze zu Polen. Die ehemalige *Mark Brandenburg* war das Kernland von → Preußen. Die Landschaft besteht aus Seen, Kiefernwäldern und Sumpfgebieten sowie in Urstromtälern zumeist aus fruchtbaren Ackerböden und Wiesen. Brandenburg ist nicht nur ein Agrarland, sondern auch ein wichtiger Industriestandort (Maschinen- und Fahrzeugbau, Eisen- und Stahlerzeugung, Braunkohle und Chemieindustrie).

Brandt, Willy, eigentlich *Herbert Frahm* (1913–1992), deutscher Politiker. Er war 1957–1966 Regierender Bürgermeister von Berlin (West) und 1964–1987 Vorsitzender der → SPD. Nachdem er in der großen Koalition 1966–1969 Bundesaußenminister war, wurde er 1969 der erste sozialdemokratische Bundeskanzler. Während seiner Regierungszeit bemühte er sich mit einer neuen Ostpolitik um Entspannung und Aussöhnung mit Osteuropa (1970 Verträge mit der UdSSR und Polen), wofür er 1971 den Friedensnobelpreis erhielt, und um eine Normalisierung der Beziehungen zur DDR. Nach der Spionageaffäre um seinen Referenten Guillaume trat er 1974 als Bundeskanzler zurück. 1976–1992 war er Vorsitzender der Sozialistischen Internationale, 1977–1989 der Nord-Süd-Kommission.

Branntwein, ein durch → Gärung und anschließende → Destillation (»Brennen«) gewonnenes alkoholisches Getränk, das aus zucker- oder stärkehaltigen Stoffen (vor allem Früchte, Getreide, Zuckerrohr) hergestellt wird.

Brasilia, Hauptstadt (1,8 Mio. Einwohner) von → Brasilien (seit 1960). Brasilia wurde innerhalb weniger Jahre auf einem Hochplateau im Landesinneren errichtet und besticht durch moderne, funktionale Architektur.

Brasilien, Bundesstaat in Südamerika. Brasilien ist der größte Staat Südamerikas und verfügt über reiche Rohstoffvorkommen (vor allem Erze). Im Norden besteht es aus Bergland mit Plateaus und Tafelbergen, während sich im Süden das Brasilianische Bergland anschließt, das mehr als die Hälfte der Gesamtfläche einnimmt. Brasilien hat einen Anteil von 70 % am → Amazonastiefland, in dem sich das größte Regenwaldgebiet der Erde befindet. Die Bevölkerung, die hauptsächlich in den Küstenstaaten lebt, besteht zu mehr als 50 % aus Weißen (vorwiegend Nachkommen portugiesischer, italienischer und spanischer Einwanderer) sowie Mischlingen (etwa ein Drittel Mulatten und Mestizen) und Schwarzen (11 %). Indianische Minderheiten leben in Rückzugsgebieten vor allem im Urwald. Brasilien befindet sich am Übergang zum Industriestaat, erzeugt aber noch in hohem Maße landwirtschaftliche Produkte (insbesondere Kaffee). Das Land wurde 1500 von den Spaniern entdeckt, fiel aber aufgrund des Vertrags von Tordesillas (der 1494 die neu entdeckten Gebiete östlich des 46. Grades westlicher Länge den Portugiesen zusprach) an Portugal. Es wurde im 16. Jh. zunächst an den Küsten besiedelt, ab Mitte des 17. Jh. auch im Landesinneren. 1822 erklärte Brasilien seine Unabhängigkeit als konstitutionelles Kaiserreich. Die aus Afrika stammenden Sklaven erhielten erst 1888 ihre Freiheit. Nach einer Wirtschaftskrise wurde 1889 die Republik ausgerufen. Diktaturen und Militärregime beherrschten Brasilien im 20. Jh., bevor seit 1985 wieder eine Zivilregierung die Politik des Landes bestimmt.

■ **Brasilia:** Die von Oscar Niemeyer erbaute Kathedrale

Bratislava, ['bratjislava] slowakischer Name von → Preßburg.

Bratsche, deutsche Bezeichnung für → Viola.

Braunkohle, nicht sehr hochwertige Kohle von dunkelbrauner bis schwarzbrauner Farbe, die zumeist im Tagebau (→ Bergbau) gewonnen und für Heizzwecke in Brikettform gepresst wird.

Braunschweig, deutsche Großstadt (257 000 Einwohner) in Niedersachsen. Sie war im Mittelalter die Residenz des Fürstengeschlechts der Welfen und Mitglied der → Hanse.

Breakdance [engl. 'breɪkdɑːns »Unterbrechungstanz«], *der,* in den amerikanischen Großstädten entstandene Form des Tanzens; Kennzeichnend sind abgehackte, roboterhafte Bewegungen und akrobatische Sprünge und Drehungen auf dem Rücken.

Brecht, Bertolt (1898–1956), deutscher Schriftsteller, der zu den einflussreichsten Dramatikern des 20. Jh. gehört. Nach provozierenden Stücken, die den Individualismus verherrlichten und die bürgerliche Gesellschaft verspotteten (z. B. »Baal«, 1919), wandte er sich in seinen Lehrstücken einer Gesellschaftskritik aus marxistischer Sicht zu. 1933 musste er nach Hitlers Machtergreifung emigrieren. 1949 kehrte er nach Deutschland zurück und gründete in Ostberlin zusammen mit seiner zweiten Frau Helene Weigel die Theatergruppe *Berliner Ensemble.* Im Exil

Brasilien (Brasil)
Staatsname: Föderative Republik Brasilien
Staatsform: Bundesrepublik
Hauptstadt: Brasilia
Fläche: 8 511 965 km²
Einwohner: 161,5 Mio.
Bevölkerungsdichte: 19/km²
Amtssprache: Portugiesisch
Währung: Real (R $)
Nationalitätskennzeichen: BR

Brasilien

Wichtige Stücke von Brecht

• • • • • • • • • • • • • • • • • • •

Leben des Galilei
(drei Fassungen 1938–1955)

Mutter Courage und ihre Kinder
(1939)

Herr Puntila und sein Knecht
Matti (1940)

Der gute Mensch von Sezuan
(1938–1942)

Der kaukasische Kreidekreis
(1944/1945)

Bremen
Fläche: 404 km² Einwohner: 680 000

entstanden seine bedeutendsten Stücke. Brecht war ein wichtiger Theaterregisseur und -theoretiker; das von ihm entwickelte *Epische Theater* soll nicht dem Kunstgenuss von wenigen dienen, sondern einem breiten Publikum Erkenntnisse vermitteln und mit dem Mittel der Verfremdung gesellschaftliche Zusammenhänge bewusst machen. Außer Theaterstücken verfasste er Gedichte (u. a. »Hauspostille«, 1927), Prosa und theoretische Schriften.

Brechung, auch als *Refraktion* bezeichnete Richtungsänderung von Wellen, wenn sie aus einem → Medium (z. B. Luft) in ein zweites (z. B. Wasser) übertreten, in dem sie sich mit unterschiedlicher Geschwindigkeit ausbreiten.

Breite, *geographische Breite,* die Lage eines Punktes auf der Erdoberfläche, die durch den Winkel zwischen in diesem Punkt gefällten Lot und der Äquatorebene bestimmt ist. Sie gibt in → Grad an, wie weit der Punkt vom Äquator entfernt ist. Die Erdoberfläche ist in **Breitengrade** eingeteilt, die auf jeder Erdhalbkugel von 0 ° bis 90 °, vom Äquator zum jeweiligen Pol, gemessen werden. Orte auf der nördlichen Halbkugel liegen auf einem Breitengrad *nördlicher Breite,* Orte auf der südlichen Halbkugel auf einem Breitengrad *südlicher Breite.* Besitzen zwei Orte dieselbe geographische Breite, so befinden sie sich auf demselben parallel zum Äquator verlaufenden **Breitenkreis.** Die Entfernung zwischen zwei Breitenkreisen beträgt (infolge der Abplattung der Erde) zwischen 110,6 km (am Äquator) und 111,7 km (an den Polen).

Breitwandformat, ein neues Bildformat bei Fernsehgeräten und -sendungen, das im Gegensatz zum herkömmlichen Format (4:3) ein Seitenverhältnis von 16:9 besitzt.

Bremen, Hauptstadt (549 000 Einwohner) des gleichnamigen deutschen Stadtstaates. Die Stadt an der Weser trat 1358 der → Hanse bei und entwickelte sich zum zweitgrößten Hafen Deutschlands, obwohl sie über 110 km von der Nordsee entfernt liegt. Bremen, seit 1646 Reichsstadt, wurde 1949 unter dem Namen *Freie Hansestadt Bremen* das kleinste Bundesland der Bundesrepublik Deutschland. Zum Bundesland gehört auch **Bremerhaven** (131 000 Einwohner), das 1827 an der Wesermündung als Vorhafen von Bremen für größere Seeschiffe gegründet wurde und heute der größte deutsche Fischereihafen ist. Der Umschlag von Kaffee, Tabak und Baumwolle (Import) sowie von Stahl und Fahrzeugen (Export) prägt die hier angesiedel-

■ **Bremen:** *Die Bremer Stadtmusikanten von Gerhard Marcks (1956)*

te Industrie (neben Schiffbau Röstereien, Tabakindustrie, Maschinen- und Fahrzeugbau).

Bremse, Vorrichtung zur Verringerung oder zum Stoppen einer Bewegung (z. B. bei einem Fahrzeug oder einer Maschine). Zumeist wird dazu eine mechanische Einrichtung verwendet, die über → Reibung wirkt. Moderne → Automobile sind mit *Scheibenbremsen* ausgerüstet; bei diesen wird die Verzögerung durch feststehende Bremsklötze bewirkt, die sich auf die mit den Rädern fest verbundenen Bremsscheiben pressen. Oft sind an der Hinterachse *Backen-* oder *Trommelbremsen* angebracht; die Bremsbacken werden dabei von innen an die rotierende Bremstrommel gedrückt.

Bei Personenkraftwagen wird die Kraft, die auf das Bremspedal ausgeübt wird, über die Bremsflüssigkeit in den Bremsleitungen an die einzelnen Radbremszylinder übertragen. Die Bremskolben drücken die Bremsbeläge gegen die Scheiben oder Trommeln und verzögern so mittels Reibung die Geschwindigkeit des Autos. Da dabei eine Flüssigkeit zur Kraftübertragung verwendet wird, bezeichnet man diesen Bremstyp auch als *hydraulische Bremse.* Lastkraftwagen sind zumeist mit *pneumatischen Bremsen* ausgerüstet, die mit Luft betrieben werden. Um die Bremswirkung zu erhöhen, werden Brems-

■ **Bremsen:** Jede Art hat eine kennzeichnende Musterung der Komplexaugen

kraftverstärker sowie das → Antiblockiersystem eingesetzt.
Die *Handbremse* ist ein davon unabhängiges Bremssystem; sie wirkt zumeist über einen Seilzug auf die Bremsbacken der Hinterräder.
Bremsen, zu den → Fliegen gehörende Insekten, die bis zu 3 cm lang werden. Die Weibchen saugen mit einem kräftigen Stechrüssel Blut aus Säugetieren, während sich die harmlosen Männchen von Blütenstaub ernähren.
Brennelement, ein stab- oder kugelförmiger Behälter (z. B. aus → Magnesium oder Graphit), der das spaltbare Material (→ Uran, Plutonium) für Kettenreaktionen in einem → Kernreaktor umhüllt. Für Brennelemente ist eine besondere Entsorgung notwendig; die abgebrannten Elemente müssen entweder wieder aufbereitet oder endgelagert werden (→ Atommüll).
Brennnesseln, bis zu 1,5 m hoch werdende Nesselgewächse, die klimatisch gemäßigten Gebieten vorkommen. An den Blättern und Stängeln dieser Kräuter befinden sich *Brennhaare,* die bei Berührung leicht abbrechen, in die Haut eindringen und ihren giftigen Inhalt in die Wunde ergießen. Die Giftstoffe rufen Juckreize und Entzündungen hervor.
Brennpunkt, in der → Optik der Punkt, in dem die einfallenden Lichtstrahlen mit Hilfe einer → Linse oder eines → Hohlspiegels vereinigt werden. Der Abstand des Brennpunktes von der Linse oder vom gekrümmten Spiegel wird als **Brennweite** bezeichnet. In der Geometrie versteht man unter Brennpunkten zwei besondere Punkte in einer → Ellipse.
Brentano, Clemens (1778–1842), deutscher Dichter der Romantik. Neben formvollendeten Gedichten schrieb er vor allem märchenhafte Erzählungen und Märchen.
Bretagne [brə'taŋ], Halbinsel und Region (27 209 km^2) im Nordwesten von → Frankreich

mit der Hauptstadt *Rennes.* Den größten Teil der Bevölkerung stellen die **Bretonen,** eine seit dem 5. Jh. hier ansässige Volksgruppe keltischer Abstammung.
Briefmarken, aufklebbare *Postwertzeichen,* die als Gebühr für die Beförderung von Postsendungen (Briefe, Postkarten, Pakete) im Voraus gekauft und auf der Post durch einen Stempelaufdruck entwertet werden. Vorläufer solcher Marken gab es bereits um die Mitte des 17. Jh.; die ersten Briefmarken im heutigen Sinne kamen 1840 in Großbritannien heraus (1- und 2-Penny-Marke). In Deutschland wurde die Briefmarke 1849 eingeführt (1-Kreuzer-Marke in Bayern, der »schwarze Einser«).
Brille, eine Sehhilfe, die Sehfehler ausgleichen soll, wenn die → Hornhaut des Auges sich nicht mehr ausreichend anpassen kann und Gegenstände in der Ferne oder Nähe verschwommen erscheinen (Brechungsfehler). Während man anfangs geschliffene → Berylle verwendete, benutzt man seit dem 13. Jh. geschliffene Gläser (→ Linsen). Bei Weitsichtigkeit nimmt man → konvexe Linsen, die das Licht sammeln, bei Kurzsichtigkeit → konkave Linsen, die das Licht zerstreuen; außerdem gibt es zylindrische Gläser gegen → Astigmatismus. Die Stärke der Gläser wird in → Dioptrien angegeben. Besonders starke Gläser werden meist aus Kunststoff hergestellt, damit sie nicht so schwer sind. Für Menschen, die sowohl kurz- als auch weitsichtig sind, gibt es Mehrstärkenbrillen, bei denen der Übergang zwischen den einzelnen Abschnitten entweder stufenweise (→ Bifokal- und Trifokalgläser) oder stufenlos (Gleitsichtbrille) erfolgt.
Brillenschlange, häufigste Art der → Kobras. Sie kommt in Mittelasien bis Süd- und Ostasien vor und wird über 2 m lang. Ihren Namen hat sie von der schwarzweißen Brillenzeichnung auf dem Nacken, den sie bei Erregung scheibenförmig auseinanderspreizen kann.
Britische Inseln, Inselgruppe nordwestlich vom europäischen Festland, die vom Atlantik und von der Nordsee umgeben ist und durch den → Ärmelkanal vom Festland getrennt ist. Die Hauptinseln sind → Großbritannien (wo sich England, Wales und Schottland befinden) und → Irland; daneben gibt es zahlreiche kleinere Inseln *(Hebriden, Shetland, Orkney).*
Brocken, höchster Berg im → Harz (1142 m).
Brom [griech. »Gestank«], *das,* ein → chemisches Element, das in reiner Form eine schwarzrote, rasch verdampfende Flüssigkeit mit stechendem Geruch ist. In der Natur kommt Brom nur in

Brom

Zeichen: Br
Ordnungszahl: 35
Atommasse: 79,9
Dichte: 3,12 g/cm^3
Schmelzpunkt: −7,2 °C
Siedepunkt: 58,8 °C

Bruchrechnen

Beim Rechnen mit Brüchen muss man beachten, dass nur gleichnamige Brüche, d. h. Brüche mit gleichem Nenner, zusammengezählt oder voneinander abgezogen werden können, z. B.:

$$\frac{3}{8} + \frac{4}{8} = \frac{7}{8} \quad \text{und} \quad \frac{6}{7} - \frac{4}{7} = \frac{2}{7}$$

Hat man keine gleichnamigen Brüche, so muss man sie durch Erweitern, also Malnehmen von Zähler und Nenner eines Bruchs mit der gleichen Zahl, z. B.:

$$\frac{4}{7} = \frac{4 \times 3}{7 \times 3} = \frac{12}{21},$$

auf einen gemeinsamen Nenner bringen, z. B.:

$$\frac{2}{7} + \frac{3}{5} = \frac{2 \times 5}{7 \times 5} + \frac{3 \times 7}{5 \times 7} = \frac{10}{35} + \frac{21}{35} = \frac{31}{35}$$

Dabei ändert sich der Wert der Brüche nicht. Der Wert eines Bruchs verändert sich auch nicht, wenn man ihn kürzt, d. h., wenn man Zähler und Nenner durch die gleiche Zahl teilt, z. B.:

$$\frac{14}{21} = \frac{14 : 7}{21 : 7} = \frac{2}{3}$$

Bei der Multiplikation von Brüchen werden die Zähler und Nenner malgenommen, z. B.:

$$\frac{3}{5} \times \frac{2}{7} = \frac{6}{35},$$

während beim Dividieren zweier Brüche der erste Bruch mit dem Kehrwert des zweiten Bruchs multipliziert werden muss, z. B.:

$$\frac{2}{5} : \frac{3}{7} = \frac{2}{5} \times \frac{7}{3} = \frac{14}{15}$$

Salzverbindungen vor. Das sehr reaktionsfreudige Element aus der Gruppe der → Halogene ist stark ätzend und giftig. In der chemischen Industrie wird es zur Herstellung von lichtempfindlichen Salzen (für die Fotografie), Arzneimitteln und Farbstoffen verwendet.

Brombeere, Frucht des ursprünglich in Eurasien und Nordamerika beheimateten Brombeerstrauchs. Die dunkelroten bis schwarzvioletten Sammelfrüchte (die aus vielen kleinen Steinfrüchtchen bestehen) werden als Wildbeeren gesammelt oder als Kultursorten angebaut.

Bronchien [griech. »Kehle«], *Mz.*, die Verzweigungen der → Luftröhre, die zum linken und zum rechten Lungenflügel führen, sich dort in immer feinere *Bronchiolen* verästeln und zum Schluss in den *Alveolen* (Lungenbläschen) münden. Sie sind mit Schleimhäuten sowie Flimmerhärchen ausgekleidet, die die Atemluft von Staubkörnern filtern. Eine Entzündung dieser Schleimhäute wird als **Bronchitis** bezeichnet.

Bronze [lat.-frz. ˈbröːsə], *die,* eine Sammelbezeichnung für → Legierungen von → Kupfer mit anderen Metallen. Zumeist wird als Legierungsmetall → Zinn verwendet (bei mindestens 60 % Kupferanteil). Der Vorteil der Bronzelegierung gegenüber reinem Kupfer besteht darin, dass Bronze leichter geschmolzen werden kann und härter ist.

Bronzezeit, eine Epoche im Übergang zwischen Vorzeit und → Altertum. Ihren Namen hat sie von der → Bronze, die allmählich den Stein als Grundstoff für Werkzeuge und Waffen ablöste und das häufigste Material für die Herstellung von Gebrauchsgegenständen und Schmuck wurde. Am frühesten wurde Bronze in → Mesopotamien verwendet (um die Mitte des 3. Jt. v. Chr.); von dort gelangte die Kenntnis der Bronzeherstellung über Anatolien und Ägypten nach Europa. In Mitteleuropa setzte die Bronzezeit um 2000 v. Chr. ein *(Aunjetitzer Kultur* in Böhmen und Mitteldeutschland) und endete um 700 v. Chr., als das festere Eisen die Bronze als Werkstoff ergänzte und später verdrängte. Während der Bronzezeit vollzog sich in Mitteleuropa auch eine Veränderung der Kultur (Übergang von Sippen und kleinen Siedlungen zu Völkern und größeren, oft befestigten Siedlungen; Herausbildung von Stammesfürsten).

Browser [von engl. to browse braʊz »blättern, schmökern«], *der,* ein → Programm, mit dem man sich im → Internet orientieren kann, Zugriff auf Adressen hat und → Web-Seiten laden kann.

Bruch, in der Mathematik eine → *rationale Zahl,*

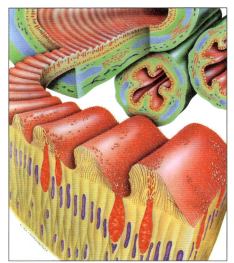

■ *Wand der* **Bronchien**: *Die Innenwand besteht aus Schleimhaut (rot) mit Flimmerzellen (Zellkerne violett); die Flimmerhaare bewegen das von den Drüsenzellen (dunkelrot) abgesonderte Sekret weiter. Auf die Schleimhautschicht folgt nach außen eine Bindegewebeschicht mit Muskelzellen und Blutgefäßen, Knorpelspangen (blau) verstärken die Wand.*

die entsteht, wenn etwas Ganzes geteilt wird (z. B. ein Achtel als der achte Teil eines Ganzen). Dargestellt wird ein Bruch als → Quotient zweier ganzer Zahlen, allgemein a/b oder $\frac{a}{b}$, wobei a *Zähler* und b *Nenner* heißt und b ≠ 0 sein muss. An die Stelle des Bruchstrichs kann auch ein Doppelpunkt treten (a:b). Man unterscheidet zwischen *Stammbrüchen* (Zähler 1, z. B. $\frac{1}{5}$) *echten Brüchen* (Zähler kleiner als Nenner, z. B. $\frac{2}{3}$), *unechten Brüchen* (Zähler größer als Nenner, z. B. $\frac{4}{3}$) und *uneigentlichen Brüchen,* die ganze Zahlen sind (z. B. $\frac{8}{4}$ = 2).

Brücke, ein Bauwerk, mit dem eine Schlucht, ein Tal, ein Gewässer oder ein Verkehrsweg überquert wird. Die Grundtypen, *Balken-, Bogen-* und *Hängebrücke,* sind schon seit dem Altertum bekannt; seit dem 19. Jh. kennt man auch bewegliche Brücken: *Zug-, Hub-, Klapp-* und *Drehbrücke.* Nach dem Material, aus dem sie erbaut sind, unterscheidet man *Holz-, Stein-, Beton-, Eisen-* und *Stahlbrücken,* die eine unterschiedliche Spannweite und Tragfähigkeit ermöglichen.

Brückenechse, *Tuatara,* einzige erhaltene Art der Schnabelköpfe. Die in Neuseeland lebende, bis zu 65 cm lange und bis zu 1 kg schwere Brückenechse hat sich seit etwa 200 Millionen Jah-

■ *Brücke: Die Spannbetonbrücke über den Sylvensteinspeicher, Oberbayern*

ren nicht verändert. Sie ist eine kräftig gebaute Echse mit Nacken- und Rückenkamm aus dornförmigen, beweglichen Hornplättchen.

Bruckner, Anton (1824–1896), österreichischer Komponist und Organist. Beeinflusst von Wagner, Beethoven und Bach, schuf er vor allem Sinfonien und geistliche Werke.

Bruegel ['brøyəl], *Breugel,* flämische Malerfamilie. Die bedeutendsten Mitglieder sind *Pieter Bruegel der Ältere* (um 1525/30–1569), auch »Bauernbruegel« genannt, der farbenfrohe ländliche Szenen und Landschaften malte, und seine beiden Söhne *Pieter Bruegel der Jüngere* (um 1564–1638), wegen seiner Höllendarstellungen »Höllenbruegel« genannt, und *Jan Bruegel der Ältere* (1568–1625), wegen seiner in warmen, samtigen Farben gemalten Blumenstilleben »Samt-« oder »Blumenbruegel« genannt.

Brunei, südostasiatisches Sultanat an der Nordwestküste von → Borneo. Das Land besteht aus zwei nicht zusammenhängenden Teilen, die von dem zu Malaysia gehörenden Sarawak umgeben sind. 1888 wurde der Rest des im 15. Jh. von muslimischen Malaien gegründete Sultanats britisches Protektorat. Brunei erhielt 1984 seine Unabhängigkeit. Dank seiner reichen Erdöl- und Erdgasvorkommen gehört es zu den wohlhabendsten Ländern der Erde.

Brunnen, eine Anlage zur Gewinnung von Trink- oder Nutzwasser. *Schacht-* oder *Rohrbrunnen* reichen bis in die wasserführende Schicht (Grundwasser). Das Wasser wird durch Schöpfen oder Pumpen an die Oberfläche befördert. Beim → artesischen Brunnen tritt das Wasser selbstständig zutage.

Brunst, bei Geweih- oder Hornträgern auch als *Brunft* bezeichnete Paarungszeit der Säugetiere. Die Paarungsbereitschaft, die entweder einmal im Jahr oder mehrmals in bestimmten Abständen durch → Hormone ausgelöst wird, ist oft von Kämpfen zwischen den männlichen Rivalen, Absonderung von Duftstoffen oder besonderen Paarungsschreien begleitet.

Brüssel, fläm. *Brussel,* frz. *Bruxelles,* Hauptstadt von → Belgien (mit Vororten 950 000 Einwohner). Brüssel ist heute Sitz von Einrichtungen der → EU und der → NATO.

brutto [it. »roh«], in der Kaufmannssprache ohne Abzug, d. h. *Bruttogewicht* = Gewicht einschließlich Verpackung, *Bruttoeinkommen* = Einkommen ohne Abzug der Steuern.

Bruttosozialprodukt, *BSP,* als Wert aller Waren und Dienstleistungen, die in einem bestimmten Zeitraum erzeugt werden, das Maß für die Leistung einer Volkswirtschaft. Das wirtschaftliche Wachstum eines Landes gibt das *reale BSP* an, das die Preise eines bestimmten Vergleichsjahres zugrunde legt und die tatsächlichen Veränderungen besser als das *nominale BSP* (aktuelle Preise als Grundlage) erkennen lässt. Seit 1993 wird in der Bundesrepublik zur Berechnung der wirtschaftlichen Leistung das **Bruttoinlandsprodukt** *(BIP),* gewählt, weil es die tatsächliche Gesamtleistung eines Landes besser als das BSP beschreibt; das BIP berücksichtigt die Einkommen von Ausländern in Deutschland und zieht die Einkommen von Deutschen im Ausland ab. Das BSP und das BIP lassen sich nach den einzelnen Bereichen aufschlüsseln, in denen die Wirtschaftsleistungen erzielt worden sind (z. B. Landwirtschaft, Industrie, Dienstleistungssektor). Für Vergleiche mit anderen Ländern wird häufig das Pro-Kopf-Volkseinkommen gewählt, d. h. das BIP pro Kopf der Bevölkerung.

Brutus, Marcus Junius (85–42 v. Chr.), römischer Senator, der sich 44 v. Chr. als Verschwörer an der Ermordung → Cäsars beteiligte, um eine absolute Monarchie zu verhindern und die alte Republik zu retten.

BSE, Abkürzung für *Bovine spongiforme Encephalopathie,* eine bei Rindern auftretende Krankheit, die bei den betroffenen Tieren zu Hirnstörungen (was sich in unkontrolliertem Ausschlagen und Torkeln äußert) und zum Tod führt. Umgangssprachlich wird diese Rinderseuche als *Rinderwahnsinn* bezeichnet. Die Krankheit wurde erstmals Anfang der 80er Jahre in Großbri-

---

Brunei

Staatsname:	Brunei Darussalam
Staatsform:	Sultanat
Hauptstadt:	Bandar Seri Begawan
Fläche:	5765 km²
Einwohner:	285 000
Bevölkerungsdichte:	49/km²
Amtssprache:	Malaiisch
Währung:	Brunei-Dollar (BR $)
Nationalitätskennzeichen:	BRU

Brunei

Bruttosozialprodukt
• •
1996 betrug das Bruttosozialprodukt der Bundesrepublik Deutschland 3506,8 Mrd. DM, das Bruttoinlandsprodukt 3064,8 Mrd. DM.

tannien beobachtet. Ursache dafür ist an die Rinder verfüttertes Tiermehl aus Schlachtabfällen von Schafen, die mit der tödlichen Hirnkrankheit *Scrapie* infiziert waren. BSE wird vermutlich durch → Prionen ausgelöst. Damit verwandt sind beim Menschen auftretende Erkrankungen des Zentralnervensystems, insbesondere die *Creutzfeldt-Jakob-Krankheit,* die zu fortschreitendem Schwachsinn und Lähmungen und schließlich zum Tod führt. Die Möglichkeit einer Übertragung von BSE auf den Menschen (z. B. durch den Genuss von Rindfleisch) lässt sich nicht ausschließen. An BSE infizierte oder erkrankte Rinder müssen deshalb notgeschlachtet und die Kadaver vernichtet werden.

Btx, Abkürzung für → *Bildschirmtext,* Informationsdienst, bei dem Texte und Grafiken über die Telefonleitung übertragen werden und auf dem Fernsehbildschirm zu sehen sind. Notwendig sind dazu ein Telefonanschluss, ein → Modem und ein Btx-fähiger Bildschirm, d. h. ein Fernseher mit → Decoder oder ein PC mit spezieller Software, sowie eine Tastatur, die ähnlich wie eine Fernbedienung aussieht.

Buch, ein aus mehreren Blättern bestehendes Werk, das beschriebene oder bedruckte Seiten enthält und in einen Einband gehüllt ist. Beim Hardcover sind die Blätter (zumeist mit Faden geheftet) in einen festen Buchdeckel eingebunden; bei → Taschenbüchern sind die Einzelblätter in einen flexiblen Einband geklebt. Vorläufer der heutigen, aus → Papier hergestellten Bücher gab es bereits seit dem Anfang des 3. Jt. v. Chr.: Während in Mesopotamien gebrannte Tontafeln verwendet wurden, benutzten die Ägypter → Papyrus. In China schrieb man auf Bambus- oder Holzstreifen, in Indien auf Palmblätter. Mit Wachs überzogene Holztafeln gab es in Griechenland und Rom, bevor im 3. Jh. v. Chr. aus Kleinasien → Pergament zum Beschreiben eingeführt wurde. Im Altertum herrschten Schriftrollen vor, aber schon in der Spätantike wurden Papyrus- und Pergamentblätter und auch Wachstäfelchen zu »Büchern« *(Codices)* zusammengelegt. Papier wurde bereits im 2. Jh. v. Chr. in China erfunden, kam aber erst ab dem 8. Jh. mit den Arabern nach Europa, wo es im ausgehenden Mittelalter das teurere Pergament verdrängte. Die Erfindung des **Buchdrucks** mit beweglichen Lettern um 1450 durch → Gutenberg war die Voraussetzung dafür, dass das Buch zu einem Massenerzeugnis werden konnte; bis dahin mussten die Bücher mit der Hand abgeschrieben werden.

■ Meditierender **Buddha** im Lotussitz. Statue in Kathmandu, Nepal

Buchen, in Regionen mit gemäßigtem Klima verbreitete Laubbäume, von denen die *Rotbuche* in Mitteleuropa wächst. Die Buche ist ein wichtiger Nutzbaum, dessen rötliches Holz für Möbel und als Baumaterial verwendet wird. Aus ihren dreikantigen Nussfrüchten *(Bucheckern)* wird Öl hergestellt.

Büchner, Georg (1813–1837), deutscher Schriftsteller, dessen Werk zum größten Teil erst nach seinem Tod veröffentlicht wurde. Er musste wegen der revolutionären Flugschrift »Der hessische Landbote« (1834) nach Straßburg ins Exil gehen. Seine Dramen (»Dantons Tod«, 1835, »Leonce und Lena«, 1836, »Woyzeck«, 1836) nehmen Elemente des Dokumentarstücks, des → absurden Theaters und des → Naturalismus vorweg und befassen sich mit dem Sinn des menschlichen Seins.

Bückling, geräucherter → Hering.

Budapest [ungar. ˈbudɔpɛʃt], beiderseits der Donau gelegene Hauptstadt von → Ungarn. Die 2 Mio. Einwohner zählende Stadt, die heute das wirtschaftliche und kulturelle Zentrum des Landes ist, entstand 1872 aus zwei bis dahin selbstständigen Städten, dem hoch gelegenen *Buda (Ofen)* auf dem rechten Ufer und *Pest* auf dem linken, flachen Ufer.

Buddha [Sanskrit »Der Erleuchtete«], eigentlich *Siddharta Gautama* (um 560–480 v. Chr.), indischer Religionsstifter, der als junger Adliger im Luxus lebte und dann ein asketisches Leben wählte. Er wurde im Alter von 29 Jahren Wandermönch und hatte sieben Jahre später unter einem Feigenbaum die Erleuchtung, die ihn zu einem »mittleren Weg« zwischen völliger Hingabe an die Welt und → Askese führte. Die Verkündigung dieser Lehre begründete eine eigene Weltregion, den **Buddhismus.** Das letzte Ziel des Buddhismus ist die Erlösung vom Leiden durch den *Achtfachen Weg,* der zum → Nirwana führt. Die buddhistische Religion, die das hinduistische → Kastenwesen ablehnte und ohne die → Brahmanen auskam, breitete sich durch Missionare in ganz Südost- und Ostasien aus. Weltweit sind heute etwa 320 Mio. Menschen Anhänger des Buddhismus.

Budget [frz.-engl. byˈdʒe: »Haushalt«], *das,* Haushaltsplan, der die geplanten Einnahmen und Ausgaben einer öffentlichen Körperschaft (z. B. eines Staates) für einen bestimmten Zeitraum aufführt.

Buenos Aires [ˈbu̯enos ˈai̯res], an der Mündung des Rio de la Plata gelegene Hauptstadt von → Argentinien.

Büffel, zwei Gattungen von wild lebenden Rindern, die einen massigen Körper (bis 3 m lang und 900 kg schwer) und große, kräftige Hörner besitzen. Man unterscheidet zwischen den *Asiatischen* (z. B. Wasserbüffel) und den *Afrikanischen Büffeln* (Kaffernbüffel).

Bug, *der,* bei Schiffen der vorderste Teil. Gegensatz: Heck.

Bukarest, rumän. *București,* Hauptstadt (als Ballungsraum 2,35 Mio. Einwohner) von → Rumänien.

Bulgarien, südosteuropäischer Staat auf dem → Balkan. Im Norden befindet sich das Tiefland der Donauebene. Daran schließt sich das Balkangebirge an, das den mittleren Bereich in westöstlicher Richtung durchzieht. Im Süden liegen waldreiche Gebirge und Becken. Die Bevölkerung umfasst neben mehr als 85 % Bulgaren knapp 10 % Türken und etwa 3,5 % → Roma. Die Industrie hat nach dem Zweiten Weltkrieg die Landwirtschaft als wichtigsten Wirtschaftsbereich abgelöst. Trotz der fortschreitenden Privatisierung leidet das Land unter einer anhaltenden Wirtschaftskrise. Das ehemalige Thrakerreich (5. Jh. v. Chr.) wurde im 1. Jh. Teil des Römischen Reichs. Ab dem 7. Jh. wanderten die Bulgaren, ein Turkvolk aus Mittelasien, ein und schufen eigene Reiche. Gegen Ende des 14. Jh. wurde das Land, das unter byzantinischer Herrschaft das orthodoxe Christentum angenommen hatte, eine osmanische Provinz (→ Osmanisches Reich). Das 1878 errichtete Fürstentum Bulgarien errang 1908 seine volle Unabhängigkeit. Im Ersten und Zweiten Weltkrieg kämpfte das bulgarische Königreich auf deutscher Seite. 1945 wurde Bulgarien eine Volksrepublik. Nach dem Zusammenbruch des Kommunismus wurde ab 1990 eine Demokratisierung eingeleitet; bei den Wahlen 1996 setzten sich die konservativen Parteien gegenüber den Sozialisten durch.

Bulle, bei einigen Säugetieren das erwachsene männliche Tier (z. B. *Elefantenbulle*).

Bulle [lat. »Siegelkapsel«], *die,* ursprünglich ein kreisrundes Metallsiegel, das Urkunden in Kraft setzte. Im Mittelalter wurden auch die Urkunden mit einem Metallsiegel als Bullen bezeichnet. Wichtige päpstliche Erlasse heißen ebenfalls Bullen.

Bulletin [frz. bylˈtɛ̃: »Wahlzettel«], *das,* amtliche Bekanntmachung, auch Krankenbericht.

Bully [engl.], *das,* im → Hockey und → Eishockey das Anspiel, das zwischen zwei Spielern beider Mannschaften ausgeführt wird.

■ **Bulle:** Geschlechtsreifer Auerochse

Bumerang [austral.-engl.], *der,* ein gekrümmtes Wurfholz, das von den australischen → Aborigines zur Jagd verwendet wird. Bei einer bestimmten Form (wenn die Ebenen beider Enden leicht gegeneinander verdreht sind) kann der Bumerang zum Werfer zurückkehren.

Bundesbank, *Deutsche Bundesbank,* die 1957 gegründete zentrale Notenbank der Bundesrepublik (mit Sitz in Frankfurt am Main), die allein in Deutschland Banknoten ausgeben darf, den Geldumlauf regelt und für die Stabilität der Währung sorgt.

Bundesgerichtshof, *BGH,* das oberste Gericht in der Bundesrepublik Deutschland, das als letzte Instanz über → Revisionen in Zivil- und Strafsachen entscheidet (Sitz in Karlsruhe).

Bulgarien (Bălgarija)
Staatsname: Republik Bulgarien
Staatsform: Republik
Hauptstadt: Sofia
Fläche: 110 994 km²
Einwohner: 8,8 Mio.
Bevölkerungsdichte: 79/km²
Amtssprache: Bulgarisch
Währung: Lew (Lw)
Nationalitätskennzeichen: BG

Bulgarien

Weitere Bundesgerichte

Bundesarbeitsgericht (Sitz in Kassel)
Bundesfinanzhof (Sitz in München)
Bundessozialgericht (Sitz in Kassel)
Bundesverwaltungsgericht (Sitz in Berlin).

Bundesgrenzschutz

Deutsche Bundeskanzler

Konrad Adenauer (CDU)	1949–63
Ludwig Erhard (CDU)	1963–66
Kurt Georg Kiesinger (CDU)	1966–69
Willy Brandt (SPD)	1969–74
Helmut Schmidt (SPD)	1974–82
Helmut Kohl (CDU)	seit 1982

Österreichische Bundeskanzler

Leopold Figl (ÖVP)	1945–53
Julius Raab (ÖVP)	1953–61
Alfons Gorbach (ÖVP)	1961–64
Josef Klaus (ÖVP)	1964–70
Bruno Kreisky (SPÖ)	1970–83
Fred Sinowatz (SPÖ)	1983–86
Franz Vranitzky (SPÖ)	1986–97
Viktor Klima (SPÖ)	seit 1997

Deutsche Bundespräsidenten

Theodor Heuss (FDP)	1949–59
Heinrich Lübke (CDU)	1959–69
Gustav Heinemann (SPD)	1969–74
Walter Scheel (FDP)	1974–79
Karl Carstens (CDU)	1979–84
Richard von Weizsäcker (CDU)	1984–94
Roman Herzog (CDU)	seit 1994

Österreichische Bundespräsidenten

Karl Renner (SPÖ)	1945–50
Theodor Körner (SPÖ)	1951–57
Adolf Schärf (SPÖ)	1957–68
Franz Jonas (SPÖ)	1965–74
Rudolf Kirchschläger	1974–86
Kurt Waldheim	1986–92
Thomas Klestil (ÖVP)	seit 1992

Bundesgrenzschutz, *BGS,* eine 1951 gegründete Sonderpolizei des Bundes, die dem Bundesinnenministerium unterstellt ist und vorrangig die Staatsgrenze sichern soll (Verhinderung von unrechtmäßigen Grenzübertritten).

Bundeskanzler, in Deutschland der Chef der → Bundesregierung, der auf Vorschlag des Bundespräsidenten vom → Bundestag gewählt wird. Er muss dazu die Mehrheit der Stimmen der Abgeordneten auf sich vereinigen. Der Bundeskanzler bestimmt die Richtlinien der Politik und schlägt die Bundesminister vor. In Österreich ist der Bundeskanzler der Vorsitzende der Bundesregierung, der vom Bundespräsidenten ernannt wird; er wird nicht vom Parlament gewählt, aber dieses kann ihm das Vertrauen entziehen. In der Schweiz ist der Bundeskanzler der Vorsteher der *Bundeskanzlei,* die für Verwaltungsaufgaben zuständig ist; er wird für einen Zeitraum von vier Jahren von der → Bundesversammlung gewählt.

Bundesländer, die Gliedstaaten eines Bundesstaates; in Deutschland und in Österreich *Länder,* in der Schweiz *Kantone,* in den USA *States.*

Bundespräsident, in Deutschland das Staatsoberhaupt, das von der → Bundesversammlung für fünf Jahre (bei Wiederwahl insgesamt höchstens zehn Jahre) gewählt wird. Der Bundespräsident hat in erster Linie repräsentative Aufgaben und vertritt die Bundesrepublik völkerrechtlich. Außerdem schlägt er den → Bundeskanzler vor, ernennt und entlässt den Kanzler und die Bundesminister und unterzeichnet Gesetze. In Österreich wird der Bundespräsident direkt vom Volk gewählt (für sechs Jahre mit der Möglichkeit einer einmaligen Wiederwahl). Er hat umfangreichere Aufgaben als der deutsche Bundespräsident und ist der Bundesversammlung verantwortlich. In der Schweiz wird der Vorsitzende der Bundesregierung, des → Bundesrates, als Bundespräsident bezeichnet. Er wird von der Bundesversammlung aus der Reihe der Bundesratsmitglieder für ein Jahr gewählt.

Bundesrat, in Deutschland die Interessenvertretung der Bundesländer, die aufgrund der bundesstaatlichen Struktur bei der Gesetzgebung und der Verwaltung des Bundes mitwirkt. Die Mitglieder des Bundesrats sind Minister der Landesregierungen, die von diesen bestellt oder abberufen werden. Je nach Einwohnerzahl des Bundeslandes besitzen die Länder zwischen 3 und 6 Stimmen. Als Bundesratspräsident wird turnusmäßig (in der Reihenfolge der Bevölkerungsgröße der Länder) der Ministerpräsident

Baden-Württemberg

Bayern

Berlin

Brandenburg

Bremen

Hamburg

Hessen

Mecklenburg-Vorpommern

Bundesverfassungsgericht 101

Niedersachsen

Nordrhein-Westfalen

Rheinland-Pfalz

Saarland

Sachsen

Sachsen-Anhalt

Schleswig-Holstein

Thüringen

(bzw. Regierende Bürgermeister) eines Landes für ein Jahr gewählt. Erhebt der Bundesrat Einspruch gegen ein Gesetz, so kann dieser Einspruch von der Bundestagsmehrheit (→ Bundestag) zurückgewiesen werden, sofern das Gesetz nicht der Zustimmung der Länder bedarf. In Österreich ist der Bundesrat ebenfalls die Vertretung der Bundesländer; seine Mitglieder werden von den Landtagen gewählt. Jedes Bundesland entsendet je nach Einwohnerzahl zwischen drei und zwölf Mitglieder; der Vorsitz wechselt jedes halbe Jahr.

In der Schweiz ist der Bundesrat die Bundesregierung; sie besteht aus sieben Mitgliedern (von der Bundesversammlung für vier Jahre gewählt), die jeweils einem Departement (= Ministerium) vorstehen und aus deren Mitte jedes Jahr ein Bundespräsident als Vorsitzender gewählt wird. Die Interessen der Kantone vertritt in der Schweiz der *Ständerat* (zwei Abgeordnete je Kanton); er bildet zusammen mit dem Bundesrat die → Bundesversammlung.

Bundesregierung, in Deutschland und in Österreich Bezeichnung für das oberste kollegiale Regierungsorgan des Bundes; wird in der Schweiz als *Bundesrat* bezeichnet.

Bundesrepublik Deutschland, amtliche Bezeichnung für → Deutschland.

Bundesstaat, eine Staatsform, bei der sich mehrere Bundesländer zu einem Gesamtstaat zusammengeschlossen haben. Die Gliedstaaten treten dabei einen Teil ihrer Staatsgewalt an den Bund ab, wirken aber in einer zweiten Kammer (→ Bundesrat, Senat) an der Gesetzgebung mit und bleiben in einigen Bereichen selbstständig (in Deutschland z. B. Kultur und Bildung). Bundesstaaten sind u. a. die Bundesrepublik Deutschland, Österreich, die Schweiz und die Vereinigten Staaten von Amerika.

Bundestag, in Deutschland die gewählte Volksvertretung, die den Bundeskanzler wählt, die Bundesregierung kontrolliert, den Haushaltsplan genehmigt und die Bundesgesetze berät und beschließt. Die Abgeordneten werden, sofern der Bundestag nicht vorzeitig aufgelöst wird, alle vier Jahre vom Volk gewählt (in allgemeiner, unmittelbarer, freier, gleicher und geheimer Wahl). In Österreich entspricht dem deutschen Bundestag der → Nationalrat.

Bundesverfassungsgericht, *BVG,* in Deutschland das oberste Gericht (mit Sitz in Karlsruhe), das entscheidet, ob gesetzliche Bestimmungen mit der Verfassung vereinbar sind. Das BVG ist auch für Streitfragen zwischen Bund und Län-

Stimmen der Bundesländer im Bundesrat

Baden-Württemberg	6
Bayern	6
Berlin	4
Brandenburg	4
Bremen	3
Hamburg	3
Hessen	4
Mecklenburg-Vorpommern	3
Niedersachsen	6
Nordrhein-Westfalen	6
Rheinland-Pfalz	4
Saarland	3
Sachsen	4
Sachsen-Anhalt	4
Schleswig-Holstein	4
Thüringen	4

Bungeejumping

Bungee-Springen wurde vermutlich auf der zu Vanuatu gehörenden Pfingstinsel im Südwestpazifik erfunden. Junge Männer bewiesen dort ihren Mut durch einen Sprung von einem Bambusgerüst, gesichert durch ein Seil aus zusammengeknoteten Lianen, das nur wenig kürzer als das Gerüst war. 1985 kam diese Mutprobe als Extremsportart über Neuseeland nach Europa. Das jetzt verwendete Seil besteht aus Naturkautschuk und setzt sich aus etwa 1000 Gummifäden zusammen; seine Dehnungsfähigkeit beträgt 200–300% (erst bei einer Überdehnung von 700% würde das Gummiseil reißen). Bei dem etwa drei Sekunden dauernden freien Fall erreicht der Körper eine Geschwindigkeit von 100 km/h. Während des Sprungs steigt die Körpertemperatur; die Nebennieren geben Stresshormone (Adrenalin und Cortison) in die Blutbahn ab, der Herzschlag erhöht sich, und die Blutgefäße erweitern sich. Die Neurotransmitter im Gehirn, durch die Informationen zwischen den Nervenzellen übertragen werden, steigern die Reaktionsfähigkeit und verringern die Schmerzempfindlichkeit. Nach dem gelungenen Sprung werden körpereigene Substanzen (Endorphine) freigesetzt, die ähnlich wie bestimmte Rauschgifte ein Hochgefühl erzeugen.

■ *Bungeejumping*

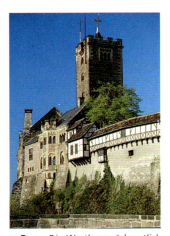

■ **Burg:** *Die Wartburg südwestlich von Eisenach*

dern und für Verfassungsbeschwerden von Bürgern zuständig.

Bundesversammlung, in Deutschland das Wahlgremium, das alle fünf Jahre zur Wahl des → Bundespräsidenten zusammentritt. Es setzt sich aus den Abgeordneten des → Bundestages und ebenso vielen von den Landtagen bestimmten Personen zusammen. In Österreich ist die Bundesversammlung eine gemeinsame Sitzung von → *Nationalrat* und → *Bundesrat,* die im Wesentlichen nur die Vereidigung des Bundespräsidenten vornimmt sowie über eine vorzeitige Entlassung des Staatsoberhaupts entscheidet. In der Schweiz ist die Bundesversammlung das Parlament, das aus *Nationalrat* (= Volksvertretung) und *Ständerat* (= Vertretung der Kantone) besteht; sie ist für die Gesetzgebung zuständig und wählt den siebenköpfigen → Bundesrat.

Bundeswehr, die deutschen Streitkräfte, die sich in *Heer, Luftwaffe* und *Marine* gliedern. Die Angehörigen der Bundeswehr sind Wehrpflichtige (z. Zt. 10 Monate), länger dienende Freiwillige oder Zeitsoldaten (bis 15 Jahre) und Berufssoldaten.

Bündnis 90/Die Grünen, deutsche Partei, die 1993 durch Zusammenschluss aus dem ostdeutschen *Bündnis 90* und den vorwiegend westdeutschen → *Grünen* hervorgegangen ist.

Bungeejumping, *Bungee Jumping* [engl. ˈbandʒɪdʒampɪŋ »Gummibandspringen«], *das,* eine Art Mutprobe, bei der man aus großer Höhe springt. Dabei hängt man an einem elastischen Seil, das den Fall kurz vor dem Aufprall auf dem Boden bzw. dem Wasser abfängt.

Bunsenbrenner, von *Robert Wilhelm Bunsen* (1811–1899) erfundener Leuchtgasbrenner mit verstellbarer Öffnung, mit dem man hohe Temperaturen erzeugen kann.

Buren [von ndl. »Bauer«], die auch als *Boers* oder *Afrikaaner* bezeichneten Nachkommen der niederländischen, hugenottischen und deutschen Siedler, die ab 1652 in Südafrika einwanderten.

Burg, ein befestigter Bau, der gleichzeitig als Wohnsitz und als Schutzanlage diente. Im engeren Sinne versteht man unter Burgen die mittelalterlichen Festungen, die im Besitz des Adels waren und häufig der Sicherung des Herrschaftsgebiets dienten.

Burgenland, im Osten von → Österreich, am Ostrand der Alpen, gelegenes Bundesland. Dank seiner günstigen klimatischen Bedingungen und seiner fruchtbaren Böden bietet es gute Voraussetzungen für die Landwirtschaft.

Bürger, ursprünglich die Bewohner einer Siedlung, die vor den Mauern einer → *Burg* lag. Daraus entwickelte sich die mittelalterliche Stadt, deren Bewohner verschiedene Gewerbe betrieben und in Zünften und Gilden organisiert waren. In der feudalen Gesellschaft des späten Mittelalters und der frühen Neuzeit bildete das **Bürgertum** nach Adel und Geistlichkeit den dritten Stand, dessen Angehörige aber im Unterschied zur Landbevölkerung und zum lohnabhängigen vierten Stand frei waren. Mit dem Niedergang des Adels wurden die wirtschaftlich erstarkten Bürger zu Trägern des industriellen Fortschritts, die nach der Zerschlagung der Ständegesellschaft (durch bürgerliche Revolutionen wie die → *Französische Revolution*) auch die Politik des Staates bestimmten. Heute sind alle Angehörigen einer Nation *Staatsbürger.*

Bürgerinitiative, ein von Parteien oder Verbänden unabhängiger Zusammenschluss von Bürgern, die von der offiziellen Politik vernachlässigte Themen aufgreifen und sich für die Verwirklichung bestimmter Ziele (z. B. Umweltschutz, Verkehrsberuhigung) einsetzen.

Bürgerliches Gesetzbuch, *BGB,* die seit 1900 gültige Grundlage für die rechtlichen Beziehungen zwischen Privatpersonen (*Zivil-* oder *Privatrecht*). Es ist in fünf Bücher unterteilt: allgemeiner Teil (Grundsätze und Rechtsbegriffe), Schuld-, Sachen-, Familien- und Erbrecht. In Österreich wird das Privatrecht vom *Allgemeinen Bürgerlichen Gesetzbuch (ABGB)* von 1811 geregelt, in der Schweiz vom *Zivilgesetzbuch* von 1907.

Bürgerrechtsbewegung, eine politische Organisation, die sich für die Durchsetzung von Bürger- und Menschenrechten einsetzt.

Bürgschaft, bei Verträgen die schriftliche Verpflichtung eines *Bürgen,* dass er für die Schulden einer anderen Person aufkommt, wenn diese die geschuldete Summe oder einen Teil davon nicht zurückzahlt.

Burgund, frz. *Bourgogne* [bur'gɔŋ], Region und ehemalige Provinz in Ost- und Mittelfrankreich mit der Hauptstadt Dijon. Burgund ist eine landwirtschaftlich geprägte Region, die durch ihre Burgunderweine weltberühmt ist. Die *Burgunder,* ein ostgermanischer Stamm, von dem das Gebiet seinen Namen hat, leben hier seit der Mitte des 5. Jh.

Burkina Faso, Staat in Westafrika. Das Binnenland, dessen Nordteil in der → Sahelzone liegt, gehört wegen seiner Armut an Bodenschätzen und wegen der ungünstigen klimatischen Bedingungen mit häufigen Dürreperioden zu den ärmsten Entwicklungsländern der Erde. Bewohnt wird es von rund 160 verschiedenen Völkern, hauptsächlich Mossi (48 %). Das Kaiserreich der Mossi wurde gegen Ende des 19. Jh. von Frankreich besetzt. Die 1919 geschaffene Kolonie *Obervolta* wurde 1960 unabhängig. 1984 erhielt das Land seinen heutigen Namen. Nach wiederholten Militärputschen und der Einführung einer Einheitspartei fanden 1992 wieder freie Wahlen statt.

Bürokratie [frz.], *die,* ursprünglich Bezeichnung für und den gesamten Beamtenapparat, heute zumeist in abwertendem Sinn für engstirniges, an Vorschriften orientiertes Verhalten, das für Beamte typisch sein soll.

Burundi, Staat im östlichen Zentralafrika. Das zwischen dem Victoria- und dem Tanganjikasee gelegene Binnenland besteht größtenteils aus Hochflächen, die etwa 1500 m hoch liegen. Die Landwirtschaft erzeugt für den Export vor allem Kaffee, Tee und Baumwolle. Ursprünglich war das Land von dem → Pygmäenvolk der Twa besiedelt, die später in die Urwälder zurückgedrängt wurden und heute nur mehr 1 % der Bevölkerung ausmachen. Ab dem 14. Jh. wanderten Bantuvölker ein, zunächst die Ackerbau treibenden Hutu, danach die Tutsi, ein kriegerisches Volk von Rinderhirten. Das im 17. Jh. entstandene Reich der Tutsi wurde 1890 Teil von Deutsch-Afrika und war ab 1919 zusammen mit → Ruanda Völkerbundsmandat (ab 1946 UNO-Treuhandgebiet), das von Belgien verwaltet wurde. Das 1962 unabhängig gewordene Königreich wurde 1966 Republik. Ähnlich wie im Nachbarstaat Ruanda gibt es einen anhaltenden Konflikt zwischen den Volksgruppen der Tutsi (14 %) und der Hutu (85 %). Die Tutsi-Minderheit beherrscht den Staatsapparat und die Armee und unterdrückt die Hutu, was wiederholt zu gegenseitigen Massakern führte. Mitte 1996 kam es nach der Zuspitzung der Konflikte zu einem Militärputsch (→ Infokasten siehe Seite 104).

Busch, Wilhelm (1832–1908), deutscher Schriftsteller und Maler. Seine humoristischen Bildergeschichten stellen in satirischer Absicht die Schwächen einer spießbürgerlichen Gesellschaft dar.

Buschmänner, *San,* mit den → Hottentotten verwandte Angehörige eines kleinwüchsigen Volkes, das ursprünglich im ganzen südlichen Afrika verbreitet war. Von den → Bantu und den weißen Siedlern in Wüstengebiete wie die namibische Kalahari zurückgedrängt, gibt es heute noch etwa 50 000 Buschmänner. Sie leben traditionell als Jäger und Sammler.

■ *Mäusebussard*

Bussarde, bis zu 110 cm lange Greifvögel, die weltweit verbreitet sind. In Mitteleuropa lebt der *Mäusebussard* (bis 55 cm groß), der häufigste europäische Greifvogel.

Butan [von lat. butyrum = »Butter«], *das,* ein brennbarer, gasförmiger → Kohlenwasserstoff, der aus Erdgas oder Erdöl gewonnen wird. Das Gas, das verflüssigt in Stahlbehältern angeboten wird, findet für Heizzwecke (Campingkocher) und Feuerzeuge Verwendung.

Butter, aus dem Rahm der Milch von Rindern erzeugtes Speisefett. Durch Schleudern oder Zentrifugieren wird die Vollmilch von der Magermilch getrennt. In der *Buttermaschine* oder im *Butterfass* verbinden sich die Fettteilchen zu Butterkügelchen, wobei *Buttermilch* übrig bleibt. Für die Herstellung von 1 kg Butter benötigt man ungefähr 20–25 l Milch.

Burgenland

Burgund

Die Burgunder stammen vermutlich aus Skandinavien und gelangten im Zuge der Völkerwanderung zunächst in das Gebiet zwischen Oder und Weichsel und im 3. Jh. an den Oberlauf des Mains. Als sie sich am linken Rheinufer, im Raum Worms, niederließen, wurden sie im Auftrag der Römer 436 von den → Hunnen vernichtet; die überlebenden Burgunder wurden von den Römern am Westrand der Alpen, im späteren Savoyen, angesiedelt. Die Vernichtung der Burgunder durch die Hunnen ist der historische Hintergrund des → Nibelungenlieds.

Burkina Faso
Staatsform: Präsidiale Republik
Hauptstadt: Ouagadougou
Fläche: 274 200 km²
Einwohner: 10,3 Mio.
Bevölkerungsdichte: 37,5/km²
Amtssprache: Französisch
Währung: CFA-Franc
Nationalitätskennzeichen: BF

Burkina Faso

Burundi (Uburundi)
Staatsname: Republik Burundi
Staatsform: Präsidiale Republik
Hauptstadt: Bujumbura
Fläche: 27 834 km²
Einwohner: 6,4 Mio.
Bevölkerungsdichte: 230/km²
Amtssprache: Kirundi, Französisch
Währung: Burundi-Franc (F. Bu.)
Nationalitätskennzeichen: BU

Burundi

Bypass [engl. 'baɪpas »Umleitung«], *der,* in der Medizin die Umgehung eines Blutgefäßes, wenn dieses verengt oder verschlossen ist, indem ein Kunststoffstück oder eine körpereigene → Vene (zumeist aus dem Bein) eingesetzt wird.

Byte [engl. baɪt], *das,* Einheit für die Speicherkapazität von Computern bzw. elektronischen Speichermedien. Ein Byte besteht zumeist aus 8 Bit.

Byzantinisches Reich, *Oströmisches Reich,* durch die Teilung des → Römischen Reiches entstandenes Reich mit der Hauptstadt **Byzanz,** das eine eigene, christlich-hellenistische Kultur entwickelte und fast bis zum Ende des Mittelalters bestand. Die am Bosporus gelegene Stadt Byzanz, das heutige → Istanbul, wurde 323 von → Konstantin erobert, der sie zur zweiten römischen Hauptstadt machte und ihr seinen Namen gab: *Konstantinopel.* Als das Römische Reich nach dem Tod von Kaiser Theodosius 395 geteilt wurde, führte die östliche Reichshälfte das Erbe Roms fort. Nach dem Untergang des Weströmischen Reiches 476 konnte Byzanz sogar Teile des Reiches zurückgewinnen. Unter Kaiser Justinian I. (527 bis 565) erlebte es eine erste Blütezeit, doch schon im 7. Jh. musste es sich der Angriffe der Araber und später der Bulgaren erwehren. Im 9. Jh. führte der *Bilderstreit* (Verbot der Verehrung religiöser Bilder im Byzantinischen Reich) zum Streit mit dem Papst. 1054 trennte sich die Ostkirche im *Morgenländischen Schisma* von der römischen Kirche. Konstantinopel wurde 1203/04 von Kreuzfahrern erobert, die das *Lateinische Kaiserreich* (1204–1261) gründeten. Das wiederhergestellte Byzantinische Reich konnte sich noch zweieinhalb Jahrhunderte behaupten, bevor es 1453 mit der Eroberung Konstantinopels durch die Osmanen unterging.

C, 1. Einheitenzeichen für die elektrische Ladung → Coulomb; **2.** Abkürzung für → Celsius; **3.** bei römischen Zahlen das Symbol für 100 (= *centum*).
c. 1. in der Musik die erste Stufe der C-Dur-Tonleiter; **2.** bei Maßeinheiten Zeichen für → Zenti- (z. B. *cm* = Zentimeter).

Cabriolet → Kabriolett
Cache [engl. kæʃ »Versteck«], *das,* ein Hintergrundspeicher, der den Zugriff auf den Arbeitsspeicher oder auf die Festplatte verkürzen soll.
CAD, Abkürzung für engl. *Computer-Aided Design* (rechnerunterstützter Entwurf), allgemein der Einsatz von Computern im Entwicklungs- und Konstruktionsbereich.
Cadmium, *Kadmium* [von lat. cadmia = »Zinkerz«], *das,* ein → chemisches Element. Das weiche silberweiße Metall, das häufig zusammen mit → Zink vorkommt, wird u. a. als Korrosionsschutz sowie für Legierungen und Lote verwendet. Es ist jedoch sehr giftig und sammelt sich, wenn es über die Atemwege und die Nahrung in den menschlichen Körper gelangt, in den inneren Organen an, wo es ebenso wie am Skelett zu Schädigungen führen kann.
Cage [keɪdʒ], John (1912–1992), amerikanischer Komponist, Pianist und Schriftsteller, der als radikalster Neuerer der Musik des 20. Jh. gilt. Er schuf Werke für »präparierte« Instrumente, die (z. B. durch Metallgegenstände auf den Saiten eines Flügels) stark verfremdete Klänge hervorbringen, und führte das Zufallsprinzip in die Komposition ein. Außerdem war er Mitveranstalter des ersten → Happenings (1952).
Calcium, *Kalzium* [von lat. calx = »Kalk«], *das,* ein → chemisches Element. Das sehr leichte silberweiße Metall ist äußerst reaktionsfreudig und kommt deshalb in der Natur nur in Verbindungen vor. Es findet sich in Gesteinen (z. B. Kalkstein, $CaCO_3$), Böden und Organismen. Im menschlichen und tierischen Organismus baut Calcium in Verbindung mit → Phosphat die Knochen und Zähne auf. Die Schalen von Muscheln bestehen aus *Calciumcarbonat.*
Californium [lat., nach dem US-Staat → Kalifornien], *das,* ein → chemisches Element, das 1950 entdeckt wurde und zu den → Transuranen gehört.
Callgirl [von engl. call [ˈkɔːlgəːl] = »anrufen« und girl = »Mädchen«], *das,* eine Prostituierte, die man telefonisch zu sich nach Hause bestellen kann. Das männliche Gegenstück ist der **Callboy,** der allerdings die Wünsche von homosexuellen Kunden befriedigt; dagegen tritt der telefonisch abrufbare Mann für weibliche Kunden in Zeitungsanzeigen zumeist als *Kavalier* auf.
Calvin, Johannes, eigentlich *Jean Cauvin* (1509 bis 1564), französisch-schweizerischer Reformator. Er schuf ab 1536 ein bedeutendes Zentrum der Reformation in Genf, dessen strenge Ordnung das gesamte Leben der Stadt betraf. In seinem Hauptwerk »Christianae Religionis Institutio« (erstmals 1535, mehrmals überarbeitet) entwickelte er seine theologischen Vorstellungen. Dazu gehört auch eine »Erwählungslehre«, wonach das Schicksal des Menschen durch Gott vorherbestimmt ist (→ *Prädestination*).
CAM, Abkürzung für engl. *Computer-Aided Manufacturing* (rechnerunterstützte Fertigung), alle von einem Computer kontrollierten Herstellungsvorgänge, wie etwa die vollautomatische Fertigung von Autos, wobei Rechner die Produktion steuern und Roboter die gleich bleibenden, hohe Genauigkeit erfordernden Tätigkeiten ausführen.
Camcorder [engl.], *der,* Kurzwort aus engl. *Camera* und *Recorder,* eine tragbare Videokamera mit eingebautem Videorecorder. Das Gerät kann direkt an ein Fernsehgerät angeschlossen werden, um Aufnahmen abzuspielen.

Camping [engl. ˈkɛmpɪŋ], *das,* Wohnen auf einem Zeltplatz *(Campingplatz),* in einem Zelt oder in einem Wohnwagen bzw. Wohnmobil.

Cadmium
• • • • • • • • • • • • • • • • •
Zeichen: Cd
Ordnungszahl: 48
Atommasse: 112,31
Dichte: 8,65 g/cm³
Schmelzpunkt: 321 °C
Siedepunkt: 765 °C

John Cage
• • • • • • • • • • • • • • • • •
Als ungewöhnlichste Komposition von Cage erscheint »4'33«», bei der ein Pianist viereinhalb Minuten vor seinem Instrument sitzt und keinen einzigen Ton anschlägt, so dass der Hörer nur Schweigen bzw. Umgebungsgeräusche vernimmt.

Calcium
• • • • • • • • • • • • • • • • •
Zeichen: Ca
Ordnungszahl: 20
Atommasse: 40,08
Dichte: 1,55 g/cm
Schmelzpunkt: 839 °C
Siedepunkt: 1484 °C

Californium
• • • • • • • • • • • • • • • • •
Zeichen: Cf
Ordnungszahl: 98
Atommasse: 251
Schmelzpunkt: 900 °C

■ *Camcorder der neuesten Generation, basierend auf digitaler Bilddatentechnik*

■ **Canyon:** Der Canyon de Chelly mit dem Spider Rock, Arizona (USA)

Cäsar
• • • • • • • • • • • • • • •
Der Name *Cäsar* wurde von den römischen Kaisern übernommen und war auch die Wurzel für den deutschen und den russischen Herrschertitel → *Kaiser* bzw. → *Zar*.

Cäsium
• • • • • • • • • • • • • • •
Zeichen: Cs
Ordnungszahl: 55
Atommasse: 132,91
Dichte: 1,87 g/cm³
Schmelzpunkt: 28 °C
Siedepunkt: 669 °C

Campus [engl.], *der*, Gelände einer Universität oder Hochschule.
Camus [ka'my], Albert (1913–1960), französischer Schriftsteller. Seine vom → Existenzialismus geprägten Werke thematisieren die Sinnlosigkeit des menschlichen Daseins in einer absurden Welt. 1957 erhielt er den Nobelpreis für Literatur. Zu seinen wichtigsten Werken gehören der Essay »Der Mythos von Sisyphos« (1942) und die Romane »Der Fremde« (1942) und »Die Pest« (1947).
Canberra ['kænbərə], im Südosten des australischen Kontinents gelegene Hauptstadt (325 000 Einwohner) des → Australischen Bundes, die 1913 gegründet wurde.
canceln [engl. 'kænsəln], absagen (z. B. wird ein Flug *gecancelt*).
Cannabis [griech.-lat. »Hanf«], *der*, ein → Hanfgewächs. Aus dem Harz, das die weiblichen Blüten absondern, wird → Haschisch gewonnen; die Blätter und Blütenrückstände lassen sich zu → Marihuana verarbeiten (→ Drogen).
Canterbury ['kæntəbəri], südenglische Stadt (34 000 Einwohner) in der Grafschaft Kent. Die auf eine römische Siedlung zurückgehende Stadt, die heute der Sitz des Primas der → anglikanischen Kirche ist, erhielt bereits Ende des 6. Jh. eine Kathedrale und eine Benediktinerabtei.
Canyon ['kænjən], *der*, die englische Form von Cañon [span.-mexikan. »Röhre«], ein tief in die Landschaft eingeschnittenes Tal mit steilen Wänden. Die Hänge, die oft ein stufenförmiges Profil zeigen, sind durch fließende Gewässer ausgewaschen worden. Berühmt sind die Canyons im Südwesten der USA, insbesondere der *Grand Canyon* des Colorado, der sich 1800 m tief einschneidet.

Caracas, in einem Hochbecken der Küstenkordillere gelegene Hauptstadt (als Ballungsraum 3,4 Mio. Einwohner) von → Venezuela, die 1567 von den Spaniern gegründet wurde.
Carbonate, *Karbonate* [von lat. carbo = »Kohle«], Salze der → Kohlensäure, z. B. *Calciumcarbonat* ($CaCO_3$) oder *Soda* (Na_2CO_3).
Caritas [lat. »Nächstenliebe«], *die,* eigentlich *Deutscher Caritasverband,* eine Wohltätigkeitsorganisation der katholischen Kirche in Deutschland.
Carroll ['kærəl], Lewis, eigentlich *Charles Lutwidge Dodgson* (1832–1898), englischer Mathematiker und Schriftsteller, der durch seine hintersinnigen Kinderbücher »Alice im Wunderland« (1865) und »Alice im Spiegelreich« (1871) berühmt wurde.
Carstens, Karl (1914–1992), deutscher CDU-Politiker, der 1976–1979 Bundestagspräsident und 1979–1984 Bundespräsident war.
Cartoon [engl. kar'tu:n »Witzzeichnung«], *der,* eine gezeichnete Geschichte, häufig mit satirischem Inhalt; oft auch in der gleichen Bedeutung wie → Comics gebraucht.
Cartridge [engl. 'kɑ:tridʒ »Patrone«], *die,* in der → elektronischen Datenverarbeitung eine *Magnetbandkassette,* die als externer Speicher eingesetzt wird und je nach Länge des → Magnetbandes bis zu 1 Gigabyte Daten aufnehmen kann. Notwendig ist dazu ein spezielles externes Laufwerk.
Cäsar, Gajus Julius (100–44 v. Chr.), römischer Feldherr und Staatsmann, der u. a. Gallien eroberte (58–51). Auf seine Legionen gestützt, besiegte er im Bürgerkrieg 49–45 seinen ehemaligen Rivalen und früheren Verbündeten Pompejus und errang die Alleinherrschaft in Rom (44 Diktator auf Lebenszeit). Nach seiner Ermordung durch republiktreue Verschwörer (→ Brutus) wurde sein Großneffe Gajus Octavianus (→ Augustus) sein Nachfolger. Cäsar führte als oberster Priester *(Pontifex Maximus)* 46 eine Kalenderreform durch (sein *Julianischer* → Kalender blieb über 1600 lang Jahre gültig) und verfasste zahlreiche Bücher (vor allem über den Gallischen Krieg, »De bello Gallico«, und den Bürgerkrieg, »De bello civili«).
Cash [engl. 'kæʃ], *das,* Bargeld, Barzahlung.
Cäsium, *Zäsium* [lat. »blaugrau«], *das,* ein chemisches Element. Das zu den → Alkalimetallen gehörende weiche, weißglänzende Metall ist sehr reaktionsfreudig und wird für Photozellen verwendet, weil es bei Lichteinfall leicht Elektronen abspaltet.

Çatal Hüyük [türk. tʃɑˈtɑl hyˈjyk], ausgegrabene Stadt in → Anatolien, die heute als die älteste Stadtkultur der Erde gilt; sie war bereits in der Jungsteinzeit bewohnt. Die bislang zwölf freigelegten Schichten reichen bis ins 7. Jt. v. Chr. zurück.

Catchen [ˈkɛtʃn], *das,* Kurzform von engl. **Catch-as-catch-can** (»greif, wie du greifen kannst«), ein Freistilringen, bei dem nahezu alle Griffe erlaubt sind und das heute von Berufsringern (oft in phantasievoller Verkleidung und mit Phantasienamen) in Schaukämpfen betrieben wird.

Cayman-Inseln, [ˈkeɪmən], *Kaimaninseln,* britische Kolonie (259 km², 30 000 Einwohner) in der → Karibik, die 1503 von → Kolumbus entdeckt und 1670 von den Spaniern an England verkauft wurde.

CB-Funk [von engl. Citizen Band = »Bürgerfrequenzband«], gebührenfreier Amateurfunk, der einen bestimmten Frequenzbereich im Kurzwellenbereich (1975 in der Bundesrepublik freigegeben, heute 40 Kanäle) benutzt. Die mobilen Funkstationen in Autos oder als Handgeräte (→ Walkie-Talkie) müssen nicht angemeldet werden. Die maximale Reichweite beträgt etwa 10 km.

CC, Abkürzung für **1.** frz. *Corps consulaire,* das konsularische Korps, das die Angehörigen der ausländischen → Konsulate in einem Land umfasst, auch an Autos (ähnlich einem Nationalitätenkennzeichen) zu finden; **2.** engl. → *Compact Cassette.*

CD, Abkürzung für **1.** frz. *Corps diplomatique,* das diplomatische Korps, das die Angehörigen der ausländischen → Botschaften umfasst; **2.** engl. → *Compactdisc.*

CD-I, Abkürzung für engl. *Compact Disc Interactive,* die interaktive → Compactdisc, auf der gleichzeitig Ton- und Bilddaten gespeichert sind und auch gemeinsam abgerufen werden können. Die CD-I, für die ein besonderes Abspielgerät *(CD-I-Player)* sowie ein Fernsehgerät als Monitor notwendig sind, bietet einerseits Filme in wesentlich besserer Qualität als Videobänder und andererseits Spiele mit zahlreichen Variationsmöglichkeiten.

CD-ROM, Abkürzung für engl. *Compact Disc Read Only Memory,* eine CD mit einem nur lesbaren Speicher. Die CD-ROM ist eine optische Speicherplatte, deren → digitale Daten (Töne, Texte, Grafiken, bewegte Bilder) in einem speziellen Laufwerk mit Hilfe eines → Laserstrahls abgetastet und in → analoge Signale umgewandelt werden. Gegenüber magnetischen Speichern (→ Floppy-Disk) besitzt die CD-ROM eine wesentlich höhere Speicherkapazität (gegenwärtig etwa 600 Megabyte, was etwa 350 000 beschriebenen Schreibmaschinenseiten entspricht). Deshalb wird sie für umfangreiche → Programme und Datensätze (z. B. Enzyklopädien mit Ton-, Bild- und Filmbeispielen) genutzt. Sie ist nicht beschreibbar, so dass Daten auch nicht versehentlich gelöscht werden können.

CDU, Abkürzung für *Christlich-Demokratische Union.* Die 1945 als Sammelbewegung christlich-konservativer Kräfte entstandene Partei ist in allen Bundesländern bis auf Bayern mit einem Landesverband vertreten; mit der bayerischen Schwesterpartei → CSU bildet sie im Bundestag eine Fraktion.

Cello [ˈtʃɛlo], *das,* Kurzform von → Violoncello.

Celsius-Skala, nach dem schwedischen Astronomen *Anders Celsius* (1701–1744) benannte Einteilung zur Messung der → Temperatur. Die 1742 von Celsius vorgeschlagene Temperaturskala, die heute für die meisten Thermometer auf der Erde verwendet wird, ist in 100 gleiche Abschnitte *(Grad Celsius,* abgekürzt °C) unterteilt. Ursprünglich bezeichnete 0 °C den Siedepunkt, 100 °C den Gefrierpunkt von Wasser; 1750 wurde die Richtung der Skala umgekehrt.

Cembalo [it. ˈtʃɛmbalo], *das,* eigentlich *Clavicembalo,* ein flügelförmiges Tasteninstrument, ein Vorläufer des → Klaviers. Die Saiten werden durch Federkiele angerissen und erzeugen einen harfenartigen Klang. Das ab dem 16. Jh. gebräuchliche Instrument wurde im 18. Jh. durch das Hammerklavier verdrängt.

Center [amerikan. ˈsɛntɐ], *das,* Zentrum, Mittelpunkt, Ort oder Gebäude, an dem bestimmte Tätigkeiten und Dienstleistungen konzentriert sind (z. B. *Einkaufscenter*).

Cer, *Zer* [nach dem Planetoiden Ceres], *das,* ein → chemisches Element, das zu den seltenen Erden gehört. Das reaktionsfreudige Metall wird als Legierung für Zündsteine von Feuerzeugen verwendet.

CERN, Abkürzung für frz. *Conseil européen pour la recherche nucléaire,* die Europäische Organisation für Kernforschung. Das 1952 gegründete Kernforschungszentrum hat seinen Sitz in Genf und unterhält mehrere Labors und Anlagen für Kern-, Hochenergie- und Teilchenphysik.

Cervantes Saavedra [θɛrˈβantes saaˈβeðra], Miguel de (1547–1616), spanischer Dichter. Sein Roman »Don Quijote von La Mancha« (1605/15) parodiert in kunstvoller Form die damals belieb-

Cayman-Inseln

CD-ROM

Die CD-ROM wird auch von Rockmusikern als Medium genutzt, weil sie die Möglichkeit bietet, neben der Musik auch eine Fülle von weiteren Informationen (Texte, dokumentarisches Material, Spielszenen) vorzuführen. Als erstes Beispiel gilt die CD-ROM »Freak Show« (1993) der avantgardistischen Rockgruppe Residents.

CDU

Die CDU hat 654 000 Mitglieder. Vorsitzender ist seit 1973 Helmut → Kohl.

Cer

Zeichen: Ce
Ordnungszahl: 58
Atommasse: 140,12
Dichte: 6,66 g/cm³
Schmelzpunkt: 799 °C
Siedepunkt: 3426 °C

■ *Miguel de Cervantes Saavedra*

Wichtige Chaplin-Filme
Goldrausch (1925)
Moderne Zeiten (1936)
Der große Diktator (1940)
Ein König in New York (1957)

ten Ritterromane und stellt im Titelhelden eine tragische Figur dar, die in einer Traumwelt lebt und mit ihrem Idealismus an der Wirklichkeit scheitert.

Ceylon, alter Name für → Sri Lanka.

Cézanne [se'zan], Paul (1839–1906), französischer Maler, der als Wegbereiter der modernen Malerei gilt. Er entwickelte sich in seinen Bildern vom → Impressionismus zu einer auf geometrischen Formen aufbauenden Malweise, die eine wichtige Anregung für den → Kubismus war. Die Loslösung der Farben und Formen von ihrer gegenständlichen Bedeutung nahm die → abstrakte Malerei vorweg.

CH, Abkürzung für *Confoederatio Helvetica,* auch Nationalitätenkennzeichen für die → Schweiz.

Chagall [ʃa'gal], Marc (1887–1985), russisch-französischer Maler, der in seinen Bildern Erinnerungen an die osteuropäische Heimat und die jüdische Kultur zu einer eigenständigen Traumwelt verarbeitete. Er verschmolz dabei surrealistische und kubistische Elemente. Chagall schuf auch Buchillustrationen, Kirchenfenster, Wandbilder und Bühnendekorationen.

■ *Chamäleon: Riesenchamäleon aus Madagaskar*

Chamäleons, in Afrika, Südspanien und Indien lebende Echsen, die bis zu knapp 1 m lang werden. Ein sprichwörtliches Kennzeichen ist ihre Fähigkeit, die Farbe zu wechseln, um sich der Umgebung anzupassen; allerdings ändern sie ihre Farbe auch nach Stimmung und Tageszeit. Zu erkennen sind sie an ihren Augen, die sich unabhängig voneinander bewegen können, und an ihrer körperlangen, klebrigen Zunge, die sie weit vorschnellen lassen, um Beutetiere zu umfassen. Da die meisten Chamäleons auf Bäumen leben, besitzen sie Greifklauen; der Schwanz, der halb so lang wie der Körper sein kann, dient ebenfalls als Greifwerkzeug.

Champagne [ʃã'paɲ], *die,* Landschaft in Frank-

■ *Wiesenchampignon*

reich. Nach einem speziellen Verfahren (Flaschengärung, Rütteln der Flaschen in besonderen Gestellen und Entfernen der abgestorbenen Hefe durch das sog. Degorgieren) wird dort der berühmteste → Schaumwein der Welt, der **Champagner,** hergestellt.

Champignon [frz. ʃãpi'ɲõ »Pilz«], *der,* ein essbarer Lamellenpilz, dessen wild wachsende Arten wie Wald- und Wiesenchampignon mit dem sehr giftigen Knollenblätterpilz verwechselt werden können. Der Champignon wird auch in dunklen Kellergewölben und stillgelegten Bergwerksstollen gezüchtet.

Champion [engl. 'tʃæmpiən »Kämpfer, Sieger«], *der,* Gewinner bei einem (sportlichen) Wettbewerb.

Chance [frz. ʃãːs(ə)], *die,* Glücksfall, günstige Gelegenheit.

Chanson [frz. ʃã'sõː »Lied«], *das,* ursprünglich ein singbares Gedicht, heute ein anspruchsvolles, in Strophen und → Refrain gegliedertes Lied, das dem oft literarischen Text große Bedeutung zuweist. Die berühmtesten Vertreter des Chansons stammen aus Frankreich (z. B. Charles Aznavour), während sich in Deutschland vor allem das *politische Chanson* (z. B. Wolf Biermann) durchsetzte.

Chaos [von griech. chainein = »gähnen«], *das,* in der griechischen Mythologie das unermesslich weite, leere und finstere Weltall am Anfang der Welt, das als gestaltlose Urmasse im Gegensatz zum geordneten → Kosmos steht. Allgemein versteht man darunter ein völliges Durcheinander.

Chaostheorie, siehe S. 110–111.

Chaplin ['tʃæplɪn], Sir Charles, genannt Charlie (1889–1977), britischer Filmschauspieler und Regisseur, der in seinen zahlreichen Stummfilmen eine komische, später auch tragische Figur mit unverwechselbarem Äußeren (Anzug, Hut und Stöckchen) schuf. Die Tragikomik bestimmt auch seine Tonfilme.

Charakter [griech. »eingeprägtes Schriftzeichen«], *der,* die Gesamtheit der inneren Merkmale eines Menschen, die Eigenheiten, die seine Wesensart bestimmen. Auch der Mensch, der bestimmte Wesenszüge trägt, wird als Charakter bezeichnet.

Charisma [griech. »Gnadengeschenk«], *das,* die besondere Ausstrahlung eines Menschen (beispielsweise sagt man von einem Politiker, der eine große Wirkung auf die Öffentlichkeit hat, dass er Charisma besitzt).

Charme [frz. ʃarm], *der,* Zauber, Reiz, ein liebenswürdiges Wesen, das andere für sich einnimmt.

Charon, in der griechischen Mythologie der greise Fährmann, der auf seinem Kahn die Toten über die drei Flüsse, die die Welt begrenzen *(Acheron, Kokytos* und *Styx),* übersetzte und bis zum Tor der Unterwelt (→ Hades) beförderte. Allerdings mussten diese Toten auf der Oberwelt bestattet worden sein. Da sie für die Überfahrt einen Fährlohn zahlen mussten, wurde den Verstorbenen eine Münze *(Obolus)* unter die Zunge gelegt.

Charta [lat. »Urkunde«], *die,* Verfassungsurkunde, z. B. die → *Magna Charta* oder die *Charta der Vereinten Nationen.*

Charter [engl. tʃarte »Urkunde«], *der,* ursprünglich ein Schutzbrief, später dann ein Frachtvertrag für ein Schiff. **Chartermaschinen** sind Flugzeuge, die im Gegensatz zu Linienmaschinen, die im Besitz einer Fluggesellschaft sind, nur gemietet werden, um Passagiere zu einem Bestimmungsziel zu fliegen. **Charterflüge** sind ein wichtiger Bestandteil von Pauschalreisen.

Charts [engl. tʃa:ts »Tabellen«], *Mz.,* Zusammenstellung der beliebtesten, durch Verkauf oder Zuschriften ermittelten Musiktitel (in der Unterhaltungsmusik), eine offizielle Hitparade.

Charybdis [griech.], in der → *Odyssee* ein Meeresungeheuer, das vorüberfahrende Schiffe verschlingt und dann zerschellen lässt. Dahinter verbirgt sich ein gefährlicher Strudel am Nordende der Straße von Messina bei Sizilien. Am gegenüberliegenden Ufer befindet sich der Sage nach ein anderes Ungeheuer, die Szylla.

Chassis [frz. ʃa'si: »Rahmen«], *das,* Fahrgestell eines → *Automobils,* bei elektronischen Geräten (z. B. Fernsehgerät) auch das Gestell für die Bauteile.

Chat [von engl. to chat [tʃæt] »plaudern«], *der,* Unterhaltung mehrerer Computerbenutzer über einen → *Online-Dienst* oder im → *Internet* (wobei man in Echtzeit mit Hilfe von Tastatur und Bildschirm und zumeist in englischer Sprache chattet). Im Internet gibt es dafür eigene *Chat Rooms* (»Plauderzimmer«) und *Chat Channels* (»Plauderkanäle«), deren Name auf das spezielle Thema der jeweiligen Diskussionsrunde hinweist. Die Teilnehmer, die unter »Spitznamen« auftreten, verwenden für ihre Plauderei häufig englische Kürzel, z. B. CUl8er für »see you later« (bis später).

Chauvinismus [frz. ʃovi'-], *der,* übersteigerter → *Nationalismus* und *Patriotismus.* Die Haltung eines Mannes, der von einer angeblichen Überlegenheit des eigenen Geschlechts gegenüber dem weiblichen Geschlecht ausgeht, wird ebenfalls als Chauvinismus bezeichnet. In der Umgangssprache nennt man einen solchen Mann einen **Chauvi.**

Checkliste [engl. 'tʃɛk-], aus dem Flugverkehr übernommener Begriff für eine Auflistung, deren Punkte man durchgeht, um das Funktionieren der einzelnen Apparate oder das Vorhandensein der notwendigen Ausrüstungsgegenstände zu überprüfen. Umgangssprachlich bedeutet **checken** heute soviel wie »begreifen, verstehen«.

Chef [frz. ʃɛf »Oberhaupt«], *der,* Vorgesetzter, Leiter. In zusammengesetzten Wörtern wird **Chef-** in der Bedeutung »leitend« verwendet (z. B. *Chefarzt, Chefredakteur).*

Chemie [von griech. chymos = »Flüssigkeit«], *die,* zu den → *Naturwissenschaften* zählende Wissenschaft, die sich mit den Grundstoffen (→ *chemische Elemente*) befasst und ihre Zusammensetzung sowie ihre Verbindungen und ihre Umwandlung in andere Verbindungen untersucht. Jede chemische Verbindung ist aus zwei oder mehreren Elementen aufgebaut; diese Elemente, von denen heute 111 bekannt sind, können nur auf physikalischem Wege (durch → *Kernspaltung* oder → *Kernfusion*) in andere Elemente umgewandelt werden bzw. wandeln sich durch radioaktiven Zerfall (→ *Radioaktivität*) selbst in leichtere Elemente um. Allgemein wird zwischen → *anorganischer* und → *organischer* Chemie unterschieden. Die *analytische* Chemie untersucht die Zusammensetzung und den Aufbau von Verbindungen, während sich die *synthetische* Chemie zur Aufgabe setzt, aus einfachen Verbindungen komplexere Verbindungen mit neuen Eigenschaften herzustellen.

chemische Elemente, die Grundstoffe, die durch chemische Verfahren nicht in einfachere Stoffe zerlegt werden können. Elemente bestehen aus → *Atomen,* die eine bestimmte Kernla-

---

Chauvinismus

Das französische Wort *chauvinisme* leitet sich von einer Bühnenfigur ab, nämlich Nicolas *Chauvin,* einem extrem nationalistischen und patriotischen Rekruten in der 1831 in Paris uraufgeführten Komödie »La cocarde tricolore« der Brüder C. T. und H. Cogniard.

Wissen im Überblick: Chaostheorie

Die Chaosforschung

Die Chaosforschung geht von der Annahme aus, dass in der Welt eine *Nichtlinearität* vorherrscht. Ursachen und Folgen von Vorgängen entsprechen einander also nicht. Kleinste Ursachen können somit riesige Katastrophen auslösen *(Schmetterlingseffekt),* ohne dass vorher zwischen ihnen ein erkennbarer Zusammenhang bestanden hätte. Chaotische Abläufe bedeuten aber keine Aufhebung der physikalischen Gesetze; sie sind nur in ihrer Komplexität unüberschaubar und nach den Gesetzen der klassischen Physik nicht berechenbar.

Die Wurzeln der Chaosforschung liegen in der Physik des frühen 20. Jahrhunderts. Die Relativitätstheorie Einsteins und die Quantenmechanik Heisenbergs veränderten das Weltbild der klassischen Mechanik radikal. Die Erscheinungen in der Welt ließen sich plötzlich nicht mehr mit den Kategorien von Raum, Zeit und Kausalität beschreiben; neu entdeckte komplexe Sachverhalte und nichtlineare Systeme erschienen nicht mehr mathematisch fassbar. Früher vernachlässigte Nebenbedingungen erwiesen sich als entscheidend für die Beschleunigung eines Vorgangs hin zu nicht logischen Zuständen *(Chaos)*. Ein gleichmäßig schwingendes Pendel konnte auf einmal eine völlig chaotische, d. h. unvorhersehbare Bahn beschreiben, wenn ein winziger immer wiederkehrender Einfluss hinzukam.

Obwohl der Begriff »Chaos« im Gegensatz zu »Ordnung« steht, sprechen die Chaosforscher von einem *deterministischen Chaos.* Ein scheinbar zufälliger Zustand entsteht durch Turbulenzen, die nach strengen Gesetzmäßigkeiten verlaufen. Aufgrund ständig wechselnder Ausgangsbedingungen, die nicht genau wiederherstellbar sind, ergibt sich eine *Unschärfe*. Deshalb ist eine exakte Vorhersage des Wetters nicht mehr möglich, wenn sich Luftdruck und Luftfeuchtigkeit sowie Temperatur auch nur geringfügig ändern. Unter Berücksichtigung von Turbulenzen treffen allgemeine Aussagen dennoch zu.

Das Fraktal

Der zentrale Begriff der Chaostheorie ist das *Fraktal;* er wurde 1975 von dem amerikanischen Mathematiker Benoît Mandelbrot geprägt. Fraktale sind geometrische Gebilde, mit denen man die ganze Vielfalt der in der Natur vorkommenden Formen erfassen kann, wie etwa die Umrisse von Küstenlinien, die Struktur von Bäumen und menschlichen Organen (z. B. Lunge) und die Gestalt von Wolken, Galaxien und Polymeren. Fraktale sind sich oft »selbstähnlich«, d. h., ein Ast ähnelt einem ganzen Baum, ein Zweig wiederum dem Ast und die Verästelung im Blatt findet ihre Entsprechung im Zweig.

Mit Hilfe der *fraktalen Geometrie* ist es möglich, die Unregelmäßigkeiten in der Natur zu beschreiben und zu messen. Mandelbrot wies dies anhand der Küstenlänge Englands nach. Die Antwort auf die Frage »Wie lang ist Englands Küstenlinie?« machte ihn

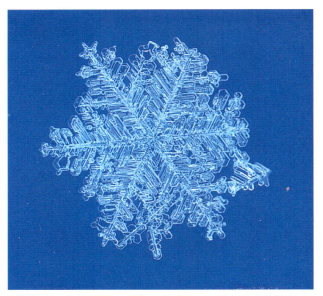

■ *Fraktale in der Natur: Eine Schneeflocke setzt sich bis in ihre kleinsten Strukturen aus lauter selbständlichen Strukturen zusammen*

berühmt. Je nachdem welchen Maßstab er anlegte, veränderte sich die Küstenlänge. Bei einem Maßstab ab 1:200 000 ergab sich eine ungenaue Länge von 2600 km; bei einem Maßstab von 1:100 000 wuchs diese Länge auf 3800 km an. Nahm er einen Maßstab von 1:50 000, so verlängerte sich die englische Küste auf 8640 km. Wenn man alle Einzelheiten wie Felsen, Steine oder Staubkörner berück-

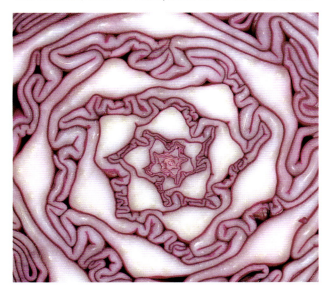

■ *Der Schnitt durch einen Rotkohl offenbart bizarr verkrumpelte Strukturen, die sich durch den Wuchs der übereinandergeschichteten Blätter ergeben*

Wissen im Überblick: Chaostheorie

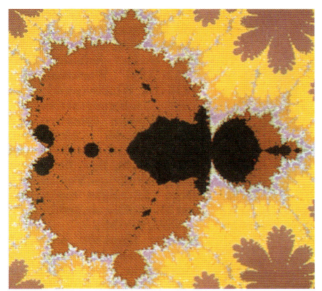

Die quadratische Abbildung der Ebene als Mandelbrot-Menge (nach Benoît Mandelbrot). Bei zunehmender Vergrößerung ihres unendlich verschlungenen Randes erscheinen immer wieder dieselben Strukturen

sichtigte, würde die englische Küste unendlich lang werden. Mandelbrot führte sein Fraktal mit der folgenden Formel ein:
»Die ‚Verkrumpelung' einer Linie ist das Verhältnis der Logarithmen, gebildet aus der Zahl der Maßstäbe und dem Kehrwert der jeweiligen Maßstabslänge.«
Oder mit anderen Worten: Eine Küste lässt sich nicht quantitativ messen, sondern nur qualitativ, in Abhängigkeit vom gewählten Maßstab, bestimmen. An die Stelle der mathematischen Länge setzte Mandelbrot seine »fraktale Dimension«. Eine schnurgerade Küstenlinie hat dann eine *Fraktalität* nahe 1, eine sehr gewundene wie die norwegische Küste liegt nahe bei 2. Für die englische Küstenlinie ergibt sich der Wert 1,26.
Überall, wo Chaos, Turbulenzen und nicht logische Systeme zu finden sind, spielt die fraktale Geometrie eine Rolle. Eine sich immer weiter verzweigende menschliche Lunge folgt derselben fraktalen Gesetzmäßigkeit wie ein rasch strömender Fluss. Fraktale unterliegen trotz ihrer komplizierten Formel einem einfachen Prinzip der Wiederholung, dem »Apfelmännchen«.

Das Apfelmännchen

Apfelmännchen ist der Spitzname für die grafische Darstellung der fraktalen Geometrie. Die wie aufeinander gesetzte »Äpfel« unterschiedlicher Größe wirkenden Gebilde werden als *Mandelbrot-Menge* bezeichnet. Dabei entstehen an den Rändern Formen, die an Seepferdchen erinnern. Die Mandelbrot-Menge ist fraktal und zusammenhängend; jeder Punkt des Apfelmännchens lässt sich erreichen, ohne diese Menge zu verlassen.
Ein anderes fraktales Gebilde ist die *Koch'sche Schneeflocke*. Sie entsteht nach einem einfachen Prinzip: Bei einem gleichseitigen Dreieck wird auf das mittlere Drittel jeder Seite wieder ein gleichseitiges Dreieck gezeichnet. Wenn man dies etliche Male wiederholt, ergibt sich ein schneeflockenähnliches Gebilde.

Der Schmetterlingseffekt

Der *Schmetterlingseffekt* ist ein Sinnbild für die Unvorhersagbarkeit von Ereignissen. Eine winzige Ursache löst weit entfernt oder nach langer Zeit ein Geschehen aus, ohne dass sich ein offensichtlicher Zusammenhang zwischen beiden herstellen ließe. Die Chaostheorie demonstriert diese Wirkung anhand eines berühmten Beispiels: Die Luftbewegungen, die ein Schmetterling beim Flügelschlagen in China verursacht, können der Auslöser für einen Wirbelsturm sein, der Wochen später in der Karibik toben wird.
Dendritisches Wachstum: Wie bei einem Baum (griech. dendron) verzweigtes Wachstum. Von den Hauptstangen spalten sich Äste ab, aus denen Zweige hervorgehen, die kleinere Zweige sprießen lassen usw.

Wichtige Begriffe der Chaostheorie

Nichtlineare Systeme: Systeme, deren Elemente keine lineare Wechselwirkung zeigen. Nur in solchen Systemen ist Chaos möglich.
Selbstähnlichkeit: Eigenschaft vieler Fraktale. Bei starker Vergrößerung ähneln die fraktalen Objekte sich selbst. So enthalten Apfelmännchen an ihren Rändern wiederum kleine Apfelmännchen, die bei noch stärkerer Vergrößerung an ihren Rändern Apfelmännchen zeigen, usw. An dieser Selbstähnlichkeit scheitert die exakte Messung natürlicher Gebilde (z. B. Küste), weil bei fortschreitender Verfeinerung des Messvorgangs neue Selbstähnlichkeiten zu Tage treten.
Turbulenz: Komplexes, nichtlineares Geschehen (z. B. die Rauchfahne einer Zigarette). Solche Turbulenzen entstehen durch »diffuses Wachstum«. Das Tempo der Anlagerung neuer Teilchen an einen Haufen ist nur durch die Eigenbewegung (Diffusion) begrenzt; dabei entstehen Hügel und Mulden, die sich in Fraktale aufspalten.

chemische Formel

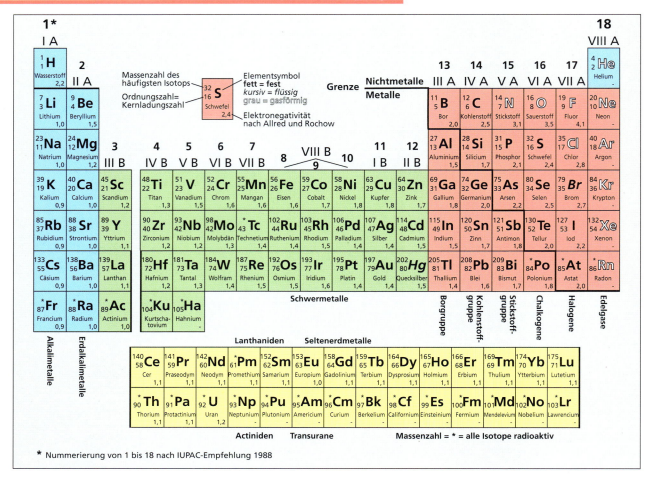

Das Periodensystem der chemischen Elemente

Neue chemische Elemente

1994 wurde ein neues chemisches Element entdeckt, das in dem linearen Teilchenbeschleuniger Unilac durch die Verschmelzung von Nickel- und Bleiatomkernen künstlich erzeugt wurde. Bei dem Element mit der Ordnungszahl 110 handelt es sich um das schwerste Atom, das bis dahin erzeugt worden war (269mal schwerer als Wasserstoff). Wenig später wurde auch eine schwerere Spielart des neuen Elements, das Isotop 271, gefunden. Ende 1994 wurde ein 111. Element entdeckt, das aus 272 Nukleonen besteht und damit 272mal schwerer als Wasserstoff ist.

dungszahl besitzen; diese Zahl ist gleich der Zahl der → Protonen im Atomkern (sog. *Ordnungszahl*). Von vielen Elementen gibt es mehrere Spielarten, die sich in der Zahl der → Neutronen unterscheiden (→ *Isotope*). Eine systematische Einteilung der Elemente ist das 1869 aufgestellte → Periodensystem, das alle bekannten chemischen Elemente nach der Ähnlichkeit ihrer Eigenschaften gruppiert. Gegenwärtig sind 111 Elemente bekannt, von denen 92 in der Natur vorkommen; zahlreiche Elemente treten dabei nur in gebundener Form (→ chemische Verbindungen) auf. Die übrigen 19 Elemente sind auf künstlichem Weg (durch Beschuss von Atomkernen durch andere Kerne) hergestellt worden; es handelt sich dabei um radioaktive → Transurane. Die Elemente werden auch in Metalle,

Halbmetalle und Nichtmetalle eingeteilt. Es gibt nur zwei Elemente, die bei Zimmertemperatur flüssig sind: Brom und Quecksilber; alle anderen sind fest oder gasförmig.

chemische Formel, eine internationale Schreibweise, die angibt, aus welchen und wie vielen Atomen eine → chemische Verbindung zusammengesetzt ist. Die → chemischen Elemente werden durch Zeichen dargestellt, die aus den Anfangsbuchstaben der wissenschaftlichen Namen der Elemente (teilweise durch einen zweiten Buchstaben ergänzt) bestehen: z. B. *K* = Kalium, *O* = Sauerstoff (von *Oxygenium*), *Na* = Natrium, *Pb* = Blei (von *Plumbum*). Die chemische Formel zeigt an, aus wie vielen Atomen ein → Molekül besteht (ausgedrückt durch tiefgestellte Ziffern nach den Zeichen der Elemente) und in welcher Menge die einzelnen Elemente anteilsmäßig bei einer Verbindung oder Reak-

■ *Blick über Chicago*

tion vertreten sind (ausgedrückt durch Ziffern vor den Zeichen). Bei einer Reaktion muss die Anzahl der Atome in den Ausgangsstoffen der Anzahl der Atome in den erzeugten Stoffen entsprechen *(chemische Gleichung)*. Beispielsweise entsteht aus zwei Teilen Wasser (H) und einem Teil Sauerstoff (als Molekül O_2) Wasser: $2 H_2 + O_2 \rightarrow 2 H_2O$.

Neben dieser *Brutto-* oder *Summenformel* gibt es die *Strukturformel,* die alle Atome einzeln durch ihre Symbole darstellt und bei jedem die Anzahl der Bindungen durch Valenzstriche anzeigt, und die *Konfigurationsformel,* die auch die räumliche Anordnung der einzelnen Atome im Molekül darstellt.

chemische Verbindungen, einheitliche Stoffe, die aus → Molekülen bestehen. Sie setzen sich aus zwei oder mehreren → chemischen Elementen zusammen, wobei die Verbindungen zumeist völlig andere Eigenschaften als die elementaren Bestandteile zeigen. Diese Verbindungen bilden sich in der Natur durch eine *chemische Reaktion* oder werden künstlich hergestellt. So entsteht aus dem Metall Natrium (Na) und dem giftigen Gas Chlor (Cl_2) der kristalline Stoff Kochsalz (NaCl). Chemische Verbindungen unterscheiden sich von → Gemischen durch die **chemische Bindung,** die die Atome im Molekül zusammenhält (z. B. Atom- und Ionenbindung). Heute sind mehr als 7 Mio. Verbindungen bekannt.

Chemnitz, deutsche Großstadt (274 000 Einwohner) in Sachsen, die von 1953 bis 1990 *Karl-Marx-Stadt* hieß. Die freie Reichsstadt war im Mittelalter ein Zentrum der Textilherstellung und entwickelte sich im 19. Jahrhundert zu einer Industriestadt.

Cherusker, ein germanischer Stamm, der zwischen Weser und Elbe siedelte und unter der Führung von → Arminius die Römer 9 und 15/16 n. Chr. schlug, bevor er von den Chatten besiegt und von den → Sachsen vereinnahmt wurde.

Chicago, [ʃɪ'ka:goʊ] drittgrößte Stadt der USA (mit Vororten 8 Mio. Einwohner). Die im Bundesstaat Illinois am Michigansee gelegene Stadt ist ein bedeutendes Handels- und Finanzzentrum und der wichtigste Verkehrsknotenpunkt Nordamerikas. Ihr Binnenhafen ist über den St.-Lorenz-Seeweg (→ Sankt-Lorenz-Strom) mit dem Atlantik verbunden.

Chiffre [frz. 'ʃifrə »Ziffer«], *die,* Geheimzeichen, auch Kennziffer bei einer → Annonce.

Chile ['tʃi:le], Staat in Südamerika. Das Land reicht in einer Länge von fast 4300 km von der Atacamawüste im Norden bis → Feuerland im Süden, ist aber nur zwischen 90 und 400 km breit. Es wird ganz vom Hochgebirge der → Anden beherrscht. Zwischen der Hochkordillere im Osten und der niedrigeren Küstenkordillere erstreckt sich das fruchtbare, landwirtschaftlich genutzte Längstal, in dem der größte Teil der chilenischen Bevölkerung (über 90 % Weiße und Mestizen, nur noch Minderheiten der indianischen Ureinwohner) lebt. Chile verfügt über reiche Bodenschätze (vor allem Kupfer). Zum Staatsgebiet gehören mehrere Inseln im Pazifik, u. a. die → Osterinsel. Das Gebiet wurde ab 1539 von den Spaniern erobert. Seine Unabhängigkeit von Spanien gewann das Land 1818. Durch Gebietsgewinne im Salpeterkrieg (1879–1883) sicherte es sich vorübergehend das

Chile

Staatsname: Republik Chile
Staatsform: Präsidiale Republik
Hauptstadt: Santiago de Chile
Fläche: 756 626 km^2
Einwohner: 14,2 Mio.
Bevölkerungsdichte: 19/km^2
Amtssprache: Spanisch
Währung: Chilenischer Peso (chil $)
Nationalitätskennzeichen: RCH

Chile

■ **Chile:** *Alpakas am Lago Chungara, im Hintergrund der Vulkan Parinacota*

China (Zhongguo)
Staatsname: Volksrepublik China
Staatsform: Sozialistische Volksrepublik
Hauptstadt: Beijing
Fläche: 9 560 961 km²
Einwohner: 1191 Mio.
Bevölkerungsdichte: 124,5/km²
Amtssprache: Chinesisch
Währung: Renmini Yuan (RMB. Y)
Nationalitätskennzeichen: VRC

China

China

China besitzt eine alte Kultur, die viele Errungenschaften hervorbrachte. Erfindungen wie die Herstellung des *Papiers,* des *Porzellans* oder des *Schießpulvers* stammen aus dem »Reich der Mitte« und gelangten gegen Ende des Mittelalters nach Europa. Die *Seidenraupenzucht* kommt ebenfalls aus China.

Weltmonopol für → Salpeter, aber im 20. Jh. wurden die wirtschaftlichen Schwierigkeiten immer größer. Nachdem 1970 mit Allende erstmals eine sozialistische Regierung gewählt worden war, übernahm das Militär 1973 durch einen blutigen Putsch die Macht. Das diktatorische Regime der Militärjunta unter General Pinochet endete erst, als das Volk 1988 eine Verlängerung der Amtsperiode Pinochets ablehnte und der Sieg der Opposition bei den Wahlen 1989 die Rückkehr zur Demokratie einleitete.

Chili [span.-aztek. 'tʃiːli], *der,* in Mittelamerika beheimatete Paprikaart, die den *Cayennepfeffer* liefert.

Chimära, *Chimäre* [griech. »Ziege«], *die,* in der griechischen Sage ein feuerspeiendes, am Eingang zum → Hades lebendes Ungeheuer, das drei Köpfe besitzt und vorn wie ein Löwe, in der Mitte wie eine Ziege und hinten wie eine Schlange aussieht. Die → Gentechnologie verwendet den Ausdruck auch für durch Genmanipulation künstlich geschaffene Lebewesen, deren → Genom aus den Genen mehrerer Lebewesen zusammengesetzt ist; eine *Schiege* wäre dann ein Zwitterwesen, halb *Schaf,* halb *Ziege.* Als *Schimäre* bezeichnet man auch ein Hirngespinst.

China, Staat in Ostasien, der als drittgrößtes Land der Erde die meisten Einwohner besitzt (voraussichtlich 1,3 Mrd. im Jahr 2000). China ist ein sehr gebirgiges Land. Hochgebirge befinden sich im Westen (Randgebirge des Hochlandes von → Tibet und Tian Shan), während Südchina vorwiegend aus Bergländern besteht. Tiefländer gibt es nur im Nordosten (Mandschurei) und an den Unterläufen der Flüsse Huang He und Chang Jiang. Neben Chinesen (92 %) setzt sich die Bevölkerung aus 55 nationalen Minderheiten zusammen, u. a. Mongolen, Mandschu, Koreanern, Tibetern und Turkvölkern. Obwohl nur etwa 10 % der Gesamtfläche landwirtschaftlich genutzt werden können (vor allem Anbau von Getreide), ist der größte Teil der Bevölkerung in der Landwirtschaft tätig. Die Produktion reicht dank der fruchtbaren Böden sogar für den Export aus. Seit den 50er Jahren ist die Industrie auf dem Vormarsch; konzentriert sich auf die großen Städte im Osten und Südosten. China besitzt auch reiche Bodenschätze (vor allem Kohle, Erze und Erdöl). Die Geschichte des schon in frühester Zeit besiedelten Landes (Funde etwa 1,7 Mio. Jahre alter Knochen von Frühmenschen) reicht bis ins späte 3. Jt. v. Chr. zurück. Schriftliche Überlieferungen gibt es seit der Shang-Dynastie (ab Mitte des 18. Jh. v. Chr.)

■ Die **Chinesische Mauer**, das längste Bauwerk auf der Erde

Die verschiedenen feudalen Teilstaaten (→ Feudalismus) wurden 221 v. Chr. zu einem zentral regierten Kaiserreich vereinigt, das aber in der Folgezeit mehrmals zerfiel und wieder vereint wurde. Wiederholt musste es sich gegen Einfälle von Völkern aus Mittelasien (Hunnen, Mongolen) wehren; von 1279 bis 1368 stand es unter mongolischer Herrschaft. 1644 wurde die chinesische Hauptstadt Peking von den halbnomadischen Mandscharen erobert, die bis 1911 den Kaiser stellten. Gegen Ende des 18. Jh. erreichte das Chinesische Reich seine größte Ausdehnung, doch im 19. Jh. wuchs der Einfluss europäischer Mächte. Diese erzwangen die Öffnung von Häfen für den Handel und die Abtretung von Gebieten (z. B. von → Hongkong an Großbritannien) und schlugen zusammen mit Japan 1900 den nationalistischen *Boxeraufstand* nieder. Nach inneren Unruhen wurde China 1912 Republik. Aus dem Kampf zwischen den Nationalisten *(Guomindang)* und den Kommunisten, die 1937–1945 im Krieg gegen Japan verbündet waren, gingen die Kommunisten nach einem erneuten Bürgerkrieg als Sieger hervor. 1949 rief → Mao Zedong die Volksrepublik aus, während sein Gegenspieler Jang Jieshi (Tschiang Kai-schek) nach → Taiwan flüchten musste und dort *Nationalchina* gründete. Mao konnte sich gegen-

über seinen innenpolitischen Rivalen wie → Deng Xiaoping mit Hilfe der Armee durchsetzen. Die *Kulturrevolution* (1966–1969) versuchte die chinesische Gesellschaft im kommunistischen Sinne umzugestalten, während sich China außenpolitisch vom früheren Verbündeten Sowjetunion abwandte. Nach Maos Tod verstärkte sich die Annäherung an den Westen, die 1971 durch den Beitritt zur UNO (gleichzeitig Ausschluss Taiwans) eingeleitet worden war. Die kommunistische Regierung führte zwar wirtschaftliche Reformen durch, ließ aber keine Demokratisierung zu und schlug 1989 Protestdemonstrationen von Studenten blutig nieder (→ *Infokasten* siehe Seite 116).

Chinesische Mauer, *Große Mauer,* ein Schutzwall, der ab Ende des 3. Jh. v. Chr. in Nordchina errichtet wurde, um das Reich gegen die Einfälle von innerasiatischen Völkern zu verteidigen. Ihre heutige Form erhielt die 6–16 m hohe und 5–7 m dicke Mauer während der Ming-Dynastie. Sie ist insgesamt etwa 6250 km lang und erstreckt sich von Ostturkestan bis zum Pazifik.

Chinin [von indian. quina-quina = »Rinde der Rinden«], *das,* aus der *Chinarinde* gewonnenes Pulver von weißer Farbe, das einen bitteren Geschmack besitzt. Das → Alkaloid wird als Medikament eingesetzt, um Fieber zu senken und → Malaria zu behandeln.

Chip [engl. tʃip »Stückchen«], *der,* **1.** bei Glücksspielen (z. B. Roulette) eine Spielmarke, die für einen bestimmten Geldbetrag (als Einsatz) steht; **2.** in dünne Scheiben geschnittene Kartoffeln, in Fett gebacken und oft gewürzt; **3.** in der Computertechnologie ist ein Chip ein nur wenige Quadratmillimeter großes Siliziumplättchen, das als → Halbleiterbaustein dient und auf dem elektronische Schaltungen (→ integrierte Schaltkreise) in großer Dichte untergebracht sind. Man unterscheidet dabei zwischen *Steuerchips,* die Festprogramme für gleich bleibende Abläufe enthalten, und *Speicherchips,* die eine riesige Datenmenge speichern können (der 64-Megabit-Chip etwa kann über 4000 Seiten Text aufnehmen).

Chirurg [griech. »Handwerker«], *der,* ursprünglich Wundarzt, ein Facharzt, der operative Eingriffe vornimmt. Die **Chirurgie** ist das medizinische Fachgebiet, das die Behandlung von bestimmten inneren Krankheiten, Verletzungen und Missbildungen umfasst, die nicht mit Hilfe von Medikamenten geheilt werden können. Neben operativen Eingriffen, bei denen der Körper des Patienten aufgeschnitten werden muss, gibt es neue Techniken, bei denen spezielle Instrumente (→ *Endoskop*) in den Körper eingeführt werden, wofür entweder die natürlichen Körperöffnungen und -gänge genutzt werden oder nur kleine Wunden erforderlich sind.

Chitin [von griech. chiton = »Brustpanzer«], *das,* der Grundstoff des Außenskeletts, das → Gliederfüßer als fester Panzer umgibt. Da der Chitinpanzer nicht mitwächst, müssen ihn die Tiere während ihres Wachstums in regelmäßigen Abständen abstreifen und durch einen neuen ersetzen.

Chlor [griech. »gelblichgrün«], *das,* ein → chemisches Element. Da das giftige Gas aus der Gruppe der → Halogene sehr reaktionsfreudig ist, kommt es in der Natur nur in gebundener Form vor. Die bekannteste Chlorverbindung ist das *Stein-* oder *Kochsalz (Natriumchlorid,* NaCl); das Chlor tritt darin als → *Ion* auf, das nicht mehr reaktionsfähig ist. Elementares Chlor wird dem Trinkwasser und dem Wasser in Schwimmbädern beigesetzt (»gechlortes Wasser«), weil es eine keimtötende Wirkung besitzt. Außerdem wird Chlor zum Bleichen (z. B. von Papier) eingesetzt, aber dieses Verfahren ist mit hohen Umweltbelastungen verbunden. Künstlich hergestellte Chlorverbindungen wie *PCB* (Polychlorierte Biphenyle) oder *Dioxine* gehören zu den giftigsten Stoffen der Welt.

Chlorophyll [griech. »Blattgrün«], *das,* Farbstoff in Pflanzenzellen, der den Pflanzen die grüne Farbe verleiht und sie zur → *Photosynthese* befähigt. Das Chlorophyll absorbiert Sonnenlicht und macht es als Energiequelle für den Aufbau von → Kohlenhydraten nutzbar.

Cholera [griech. »Gallensucht«], *die,* eine mit heftigen Brechdurchfällen verbundene Infektionskrankheit des Darms, die durch mit dem Kot ausgeschiedene Bakterien (in verunreinigtem Wasser und verschmutzten Lebensmitteln) übertragen wird. Die früher vorwiegend in Südasien verbreitete, heute vor allem in Lateinamerika und Afrika auftretende Krankheit führt durch hohen Flüssigkeits- und Salzverlust zu einer inneren Austrocknung des Körpers und kann ein Kreislaufversagen hervorrufen. Im 19. Jh. starben Millionen von Menschen bei Choleraseuchen, ehe Schutzimpfungen die Krankheit in den meisten Erdteilen eindämmten.

Choleriker [von griech. chole = »Galle, Zorn«], ein jähzorniger, aufbrausender Mensch. Er gehört zu den von → Hippokrates aufgestellten vier Typen von Temperamenten.

Die chinesische Schrift

In China entwickelte sich die Schrift im 2. Jt. v. Chr. aus einer Bilderschrift zu einer Wortschrift, d. h., die einzelnen Zeichen stehen nicht (wie in Schriften mit einem Alphabet) für bestimmte Laute, sondern für ganze Begriffe (z. B. »Mensch«, »schwarz«, »laufen«). Der Vorteil einer solchen Schrift besteht darin, dass sie von der Aussprache unabhängig ist und von Sprechern unterschiedlicher Dialekte gelesen werden kann. Allerdings benötigt sie grundsätzlich so viele Zeichen, wie es Begriffe gibt. Die rund 50 000 zur Verfügung stehenden Zeichen gibt es in der heutigen Form schon seit dem 4. Jh. Für den normalen Gebrauch im Alltag genügen etwa 4000 Zeichen. 1956 wurden in der VR China für den amtlichen Sprachgebrauch 517 vereinfachte Schriftzeichen eingeführt. Die Zeichen werden heute zumeist waagerecht von links nach rechts geschrieben, während sie ursprünglich von oben nach unten und von rechts nach links angeordnet waren.

Die chinesischen Dynastien

Xia (2205–1766 v. Chr.)

Shang (1766–1122 v. Chr.)

Zhou (westliche 1122–770 v. Chr., östliche 770–256 v. Chr.)

Qin (221–206 v. Chr.)

Han (westliche 206 v. Chr.–9 n. Chr., östliche 25–220)

Zeit der Aufspaltung in drei Reiche (220–280) und verschiedene Dynastien (265–580)

Sui (581–618)

Tang (618–906)

Zeit der fünf Dynastien im Norden (906–960) und der zehn Staaten im Süden (901–979)

Song (nördliche 960–1126, südliche 1127–1279)

Yuan (1280–1368)

Ming (1368–1644)

Qing (1644–1911)

Chlor

Zeichen: Cl
Ordnungszahl: 17
Atommasse: 35,45
Dichte: 3,21 g/cm³
Schmelzpunkt: –101 °C
Siedepunkt: –34,5 °C

Christus
• • • • • • • • • • • • • • • • • •
Die heute in den meisten Ländern gültige Zeitrechnung geht von der Geburt Christi als Jahr 0 aus und bezieht alle Datierungen darauf, als Jahre vor oder nach Christi Geburt (abgekürzt *v. Chr.* oder *n. Chr.*). Allerdings ist die Geburt des historischen Jesus Christus, ausgehend von den überprüfbaren Angaben im Neuen Testament (Regierungszeit des römischen Kaisers Tiberius, Volkszählung, Stern von Bethlehem usw.), zu spät angesetzt. Der wahrscheinliche Zeitpunkt für Christi Geburt liegt etwa zwischen 7 und 4 v. Chr.

Cholesterin [von griech. chole = »Galle« und stear = »Fett«], *das,* ein fettähnlicher Stoff, der im gesamten menschlichen Organismus vorkommt. Ein erhöhter Cholesterinspiegel des Blutes kann auf Krankheiten wie → Diabetes oder Gicht hindeuten.

Chopin [ʃɔˈpɛ̃], Frédéric (1810–1849), polnischer Komponist und Pianist. Er schrieb seine Werke ausschließlich für Klavier (teilweise mit Orchesterbegleitung) und ließ sich in seinen lyrischen Stücken von der polnischen Volksmusik beeinflussen.

Chor [griech. »Tanzplatz«], *der,* ursprünglich im griechischen Theater der Platz für den Kultgesang und die aus mehreren Sprechern bestehende Gruppe, die in der antiken → Tragödie das Volk verkörperte. Daraus entstand die musikalische Bedeutung einer Gruppe von Sängern (z. B. *Knaben-, Männerchor),* die gemeinsam (in mehreren Stimmlagen) singen. Auch ein Musikstück für einen solchen Gesang wird als Chor bezeichnet. Im Kirchenbau versteht man darunter den erhöhten Raum mit dem Hauptaltar (und dem Chorgestühl), der das Kirchenschiff abschließt; er ist den Geistlichen vorbehalten, die hier ursprünglich das gemeinsame Chorgebet verrichteten.

Choral [lat. »Chorgesang«], *der,* in der katholischen Kirche der einstimmige, unbegleitete Gesang der Gemeinde, in der evangelischen Kirche ein Kirchenlied.

Choreographie [von griech. choreia = »Tanz« und graphein = »schreiben«], *die,* Entwurf von Tanzschritten und -bewegungen und Einstudierung von Bühnentänzen für das → Ballett.

Christentum, Weltreligion, die sich auf → Jesus Christus als Stifter beruft und aus dem Judentum hervorgegangen ist. Gegenwärtig bekennen sich etwa 1,8 Mrd. Menschen, fast ein Drittel der Menschheit, zum Christentum. Das Christentum entstand als Glaubensbewegung in Palästina und breitete sich ab dem 1. Jh. im römischen Weltreich aus. Es konnte auch durch *Christenverfolgungen* nicht unterdrückt werden und wurde 380 unter Kaiser Theodosius I. Staatsreligion. Zwischen dem 5. und 12. Jh. wurden die germanischen und slawischen Völker durch Missionierung zum christlichen Glauben bekehrt. Da ab dem 7. Jh. gleichzeitig der → Islam vordrang, kam es jahrhundertelang zu kriegerischen Auseinandersetzungen zwischen Christen und Mohammedanern (→ Kreuzzüge). Mit den Entdeckungsfahrten und Kolonialisierungen der Europäer ab dem 16. Jh. gelangte das Christentum durch Missionare auch nach Asien, Afrika, Amerika und Australien.
Mittelpunkt der christlichen Religion blieb lange Zeit Rom, das noch heute der Sitz des → Papstes ist. 1054 spaltete sich die christliche Kirche in die abendländische *lateinische Kirche* und die *Ostkirche,* aus der sich die → orthodoxen Kirchen entwickelten. Im 16. Jh. kam es zur Abspaltung der *evangelischen Kirchen* von der *katholischen Kirche* (→ Reformation). Heute gibt es neben den großen Konfessionen (Katholiken, Protestanten, Ostkirchen und Anglikaner) noch zahlreiche christliche Gemeinschaften (z. B. Adventisten, Neuapostolische Kirche, Pfingstbewegung, Zeugen Jehovas).
Die christliche Lehre geht vom Glauben an die Dreieinigkeit Gottes (Vater, Sohn und Heiliger Geist) aus. Der in Jesus Christus Mensch gewordene Gott ist am Kreuz gestorben, um die Menschen von ihren Sünden zu erlösen, und verheißt mit seiner Auferstehung und Himmelfahrt die Hoffnung auf ein ewiges Leben. Das Hauptgebot der christlichen Religion ist die Liebe zu Gott und zum Nächsten. Mit der → Taufe wird der Einzelne in die Gemeinschaft der Gläubigen aufgenommen. Das Leben und die Lehre Jesu Christi sind in der → Bibel, der »Heiligen Schrift«, festgehalten.

Christo, eigentlich *Christo Javacheff* (* 1935), bulgarischer Verpackungskünstler, der Objekte (von Gegenständen und Möbeln bis zu Gebäuden und Landschaften) mit Plastikfolien einhüllt (1995 Verhüllung des Reichstagsgebäudes in Berlin).

Christus [griech. »der Gesalbte«], *der,* Ehrenname für → Jesus, den Stifter der christlichen Religion (→ Christentum). Der Name ist eine Lehnübersetzung von hebräisch *Maschiach* (→ Messias).

Chrom [von griech. chroma = »Farbe«], *das,* ein → chemisches Element. Das bläulichweiße, glänzende Metall ist sehr hart. In der Natur kommt es nur in gebundener Form vor; einige wasserlösliche Chromverbindungen sind sehr giftig. Chrom wird in Stahllegierungen und als Überzug für Metalle verwendet; durch den Chromzusatz wird die Legierung veredelt (Edelstahl). Der Überzug schützt Metalle vor Korrosion und erhält den Glanz *(verchromen).*

Chromatik [griech.], *die,* durch Halbtonschritte *(chromatische Tonleiter)* gekennzeichnete Musik. Gegensatz: → Diatonik.

Chromosom [griech. »Farbkörper«], *das,* ein bei allen Lebewesen vorhandenes mikroskopisch

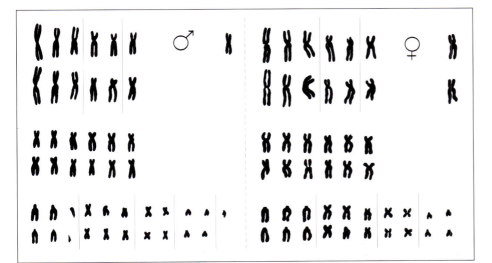

■ **Chromosom:** Der Chromosomensatz des Menschen, männlich (links) und weiblich (rechts)

kleines, fadenförmiges Gebilde, das die Erbanlagen (→ Gene) trägt und durch Einfärbung (daher auch der Name) sichtbar wird. Die Chromosomen befinden sich (mit Ausnahme der Prokaryonten, bei denen das Erbmaterial nicht vom Rest der Zelle abgetrennt ist) im Zellkern. Jeder Zellkern enthält eine für die Tier- oder Pflanzenart charakteristische Anzahl von Chromosomen (Chromosomensatz). In den Körperzellen ist dieser Chromosomensatz in doppelter Ausführung vorhanden (→ diploid), in den Geschlechtszellen einfach (→ haploid), so dass der vereinigte Zellkern von einer männlichen und einer weiblichen Geschlechtszelle nach der Befruchtung wieder einen doppelten Chromosomensatz enthält. Man unterscheidet zwischen den Geschlechtschromosomen (Heterosomen), die das Geschlecht eines Individuums bestimmen (→ X- und Y-Chromosom), und den bei beiden Geschlechtern gleichen, paarweise vorhandenen Chromosomen (Autosomen). Der Mensch besitzt 46 Chromosomen (2 Heterosomen und 44 Autosomen), d. h. einen zweifachen Satz von 23 Chromosomen. Jedes Chromosom enthält neben Proteinen vor allem → DNA als Träger des Erbmaterials.

Chronik [griech. »Zeitbuch«], *die*, eine Aufzeichnung geschichtlicher Ereignisse in der zeitlichen Reihenfolge.

chronisch [griech.], andauernd: in der Medizin bezeichnet chronisch einen langsamen, anhaltenden Krankheitsverlauf (im Gegensatz zu akut).

Chronologie [griech. »Zeitkunde«], *die*, zum einen die Wissenschaft von der Zeitmessung, zum anderen der zeitliche Ablauf von Geschehnissen (Chronologie der Ereignisse).

Chronometer [griech.], *der*, Zeitmesser, insbesondere eine sehr genau gehende Uhr, die sich transportieren lässt und beispielsweise in der Schifffahrt Verwendung findet.

Chuzpe [jidd. »Frechheit«], *die*, Unverschämtheit, unbekümmert dreistes Verhalten.

CIA [siːaɪˈeɪ], *die* oder *der*, Abkürzung für engl. *Central Intelligence Agency* (Zentrale Erkennungsbehörde), den amerikanischen Geheimdienst.

Cicero, Marcus Tullius (106–43 v. Chr.), römischer Redner, Staatsmann und Philosoph. Er war ein Verfechter der Republik und wurde im Bürgerkrieg, der nach → Cäsars Ermordung ausbrach, selbst umgebracht. Cicero hinterließ zahlreiche Schriften (»Über den Redner«, 55 v. Chr., »Über den Staat«, 54–51 v. Chr.).

Circe, eine verführerische Frau, die Männer betört (»bezirzt«), nach der latinisierten Form von **Kirke,** einer griechischen Zauberin, die in der → Odyssee die Gefährten des Odysseus in Schweine verwandelte.

City [engl. ˈsɪti »Stadt«], *die*, Innenstadt, Zentrum einer Großstadt, insbesondere das Geschäftsviertel.

Clinch [engl. klɪntʃ], *der*, im → Boxen Umklammerung und Festhalten des Gegners, so dass dieser keine kraftvollen Schläge anbringen kann.

Clinton, Bill (* 1946), amerikanischer Politiker (Demokrat), seit 1993 der 42. Präsident der USA (Ende 1996 wiedergewählt).

Chrom

Zeichen: Cr
Ordnungszahl: 24
Atommasse: 52
Dichte: 7,18 g/cm³
Schmelzpunkt: 1857 °C
Siedepunkt: 2672 °C

■ *Das **Cockpit** des Airbus A340*

Clique [frz. klıkə »Klüngel«], *die,* in abwertender Bedeutung eine Gruppe, die in erster Linie ihre eigenen Interessen verfolgt *(Cliquenwirtschaft).* Clique bezeichnet aber auch einen engen Kreis von zumeist gleichaltrigen Freunden und Bekannten, die viele Sachen gemeinsam unternehmen.

Clou [frz. klu: »Nagel«], *der,* überraschender Höhepunkt.

Clown [engl. klaun »Tölpel«], *der,* ursprünglich die lustige Person im englischen Theater, heute ein berufsmäßiger Spaßmacher im Zirkus und Varieté.

Cluster [engl. ˈklʌstə »Büschel«], *der,* in der Musik ein Klanggebilde, das durch Übereinanderlagerung von → Intervallen entsteht. Eine solche »Klangtraube« kommt beispielsweise zustande, wenn die nebeneinander liegenden Tasten eines Klaviers gleichzeitig gedrückt werden.

Co., Abkürzung für engl. *Company* (»Firma«).

Coach [engl. koutʃ, von coachman = »Kutscher«], *der,* Trainer, Betreuer von Sportlern.

Cockpit [engl. »Hahnengrube«], *das,* in einem Flugzeug die Pilotenkabine, in einem Rennwagen der Fahrersitz.

Cocktail [engl. kɔkteɪl »Hahnenschwanz«], *der,* ein Mischgetränk, das aus mehreren Spirituosen und Fruchtsäften zusammengestellt und in einem *Shaker* geschüttelt und *gemixt* wird.

Code, *Kode* [frz. kɔd, engl. koʊd], *der,* ein Zeichensystem, das für die Übermittlung oder Verarbeitung von Nachrichten verwendet wird. Jede Form von → Kommunikation muss sich eines Codes bedienen, der den Teilnehmern gemeinsam ist, damit sie die übermittelten Informationen auch verstehen. Ein Code ist auch ein bestimmter Schlüssel, mit dem man Geheimschriften entziffern kann, wenn diese verschlüsselt *(codiert)* sind; für die Entschlüsselung technischer Codes, die sich verschlüsselter Signale bedienen, ist ein → Decoder notwendig.

Cognac [kɔˈɲak], Stadt in Frankreich, in deren Anbaugebiet der gleichnamige Weinbrand hergestellt wird.

Coitus interruptus [lat.], *der,* unterbrochener Geschlechtsverkehr, eine Spielart des → Koitus, die der Empfängnisverhütung dient.

Collage [frz. kɔˈlaːʒə »Klebearbeit«], *die,* ein aus verschiedenen Materialien (häufig Fotos) zusammengestelltes Bild.

College [engl. ˈkɔlɪdʒ], *das,* in den USA eine Hochschule, die als Eingangsstufe in die Universität dient. Als College bezeichnet man auch allgemein eine an die Universität angegliederte Lehranstalt, in der die Dozenten und Studenten räumlich zusammenleben, oder ein Institut einer Universität.

Colombo, Hauptstadt (615 000 Einwohner) von → Sri Lanka. Die an der Südwestküste gelegene Stadt ist ein bedeutendes Industiezentrum und ein wichtiger Seehafen.

Colt [engl.], ein nach seinem Erfinder, dem amerikanischen Ingenieur *Samuel Colt* (1814–1862), benannter → Revolver.

Come-back, *Comeback* [engl. ˈkʌmbæk »Zurückkommen«], *das,* erfolgreiche Wiederbetätigung von früher prominenten Politikern, Schauspielern oder Sportlern nach einer längeren Pause.

COMECON, Kurzwort aus engl. *Council for Mutual Economic Assistance* (Rat für gegenseitige Wirtschaftshilfe), internationale Bezeichnung für die 1949 gegründete Wirtschaftsorganisation der osteuropäischen Staaten (und anderer kommunistischer Staaten wie Mongolei, Kuba und Vietnam), die 1991 aufgelöst wurde.

Comics, siehe S. 120–121.

Commonwealth [engl. ˈkɔmənwɛlθ »Gemeinschaft«], *das,* Staatenbund. Das *Commonwealth of Nations* ist die Gemeinschaft der Staaten, die aus dem ehemaligen britischen Weltreich entstanden sind. Das Commonwealth umfasst heute neben dem Vereinigten Königreich (→ Großbritannien und Nordirland) 51 Staaten, die noch enge Beziehungen zum britischen Mutterland pflegen und deren nominelles Oberhaupt die britische Königin ist.

Compact Cassette, *CC* [engl.], *die,* eine 1963 auf den Markt gekommene Kompaktkassette, bei der sich das aufgerollte → Tonband einschließlich der gesamten Mechanik in einem schützenden Gehäuse befindet. Das Band ist etwa 3,8 mm breit und wird mit einer Bandgeschwindigkeit von 4,74 m pro Sekunde abgespielt. Die gebräuchlichsten unbespielten Kassetten haben eine Spieldauer von 60, 90 und 120 Minuten. Nach der Beschichtung des Bandes unterscheidet man zwischen *Eisenoxid-, Chromdioxid-* und *Reineisen*-Kassetten. Das Prinzip der Kompaktkassette wird auch von der *Digitalen Compact Cassette (DCC),* die sich äußerlich nicht von der CC unterscheidet, aber einen besonderen Recorder benötigt und → digitale Signale aufzeichnet, und von → DAT verwendet. Kompaktkassetten, die bereits bespielt in den Handel kommen, werden als *MusiCassetten* bezeichnet.

Compactdisc, *Compact Disc, CD* [engl.], *die,* Kompaktplatte, ein Tonträger, auf dem Musik und Sprache in → digitaler Form gespeichert sind. Auf der mit einer spiegelnden Silberschicht (die Seite mit dem Label ist mit Aluminium überzogen) versehenen Kunststoffscheibe (12 cm Durchmesser, Single-CD 8 cm, ca. 1,2 mm dick) ist die Information in Form von kleinen Vertiefungen *(Pits)* eingebrannt. Ein → Laserstrahl (im *CD-Player*) tastet diese 4–5 Mrd. Pits spiralförmig von innen nach außen ab, wobei die glatte Oberfläche den Strahl reflektiert, während

ihn die Vertiefungen »verschlucken«. Die elektrischen Impulse, die der reflektierte Laserstrahl in einem Detektor erzeugt, werden im Digital-Analog-Wandler in elektrische Schwingungen rückübersetzt und von Lautsprechern als Töne hörbar gemacht. Dank dieser optischen Abtastung gibt es im Gegensatz zu herkömmlichen → Schallplatten keinen mechanischen Verschleiß. Die CD hat eine Spieldauer von bis zu 80 Minuten (die kleine Single-CD bis zu 20 Minuten). Aufgrund ihrer großen Speicherkapazität wird die CD heute auch für die Speicherung von Bildinformationen (Videodisc, CD-I) und im Computer (→ CD-ROM) verwendet.

Compiler [engl. kɔmˈpaɪlə »Zusammensteller«], *der,* in der elektronischen Datenverarbeitung ein Übersetzungsprogramm, das den Code von → Programmiersprachen in einen Maschinencode übersetzt, d. h. in eine für die Maschine verständliche Form bringt.

Computer [kɔmˈpjüːtɐ] siehe S. 122–123.

Computeranimation, eine → Animation mit Hilfe eines Computers, bei der die Bewegungsabläufe unbewegter Objekte von einem Rechner erzeugt werden. Bei der zweidimensionalen Animation übernimmt der Rechner das Zeichnen der für die scheinbare Bewegung notwendigen Einzelbilder. Für die dreidimensionale Animation sind aufwendigere Verfahren erforderlich, die eine räumliche, d. h. perspektivische Wirkung der bewegten Objekte erzeugen. Das Endprodukt können dann – wie in Spielbergs »Jurassic Park« – Dinosaurier sein, die nur im Rechner existieren, aber realistisch wirken und in Realfilmszenen eingepasst sind, so dass man sie nicht von den mit der Kamera gefilmten Objekten und Szenen unterscheiden kann. Heute können auch sämtliche Gegenstände und Szenen mit Hilfe des Rechners erzeugt werden, wie bei »Toy Story«, wo Spielzeugfiguren die Darsteller sind.

Computerspiele, besondere → Softwareprogramme, die mit Hilfe eines einfachen → Prozessors, eines Bildschirms und eines Steuergeräts genutzt werden. Es gibt dabei Spielprogramme, die nur auf speziellen Spielcomputern laufen; diese kleinen Mikrocomputer besitzen zumeist nur einen Bildschirm mit Flüssigkristallanzeige und keine Tastatur, sondern ein Joystickähnliches Eingabegerät. Andere Spielcomputer haben keinen eigenen Bildschirm, sondern lassen sich an ein Fernsehgerät anschließen; solche Spiele werden auch als *Video-* oder *Telespiele* bezeichnet. In vielen Fällen läuft die Soft-

Angaben auf CDs

DDD = digital aufgenommen, digital abgemischt und digital überspielt

ADD = analog aufgenommen, digital abgemischt und digital überspielt

AAD = analog aufgenommen, analog abgemischt und digital überspielt

ADRM = analog aufgenommen, digital remastered, d. h. von analogen Bändern neu abgemischt (digital überspielt)

Commonwealth

Wissen im Überblick: Comics

Comic ist die Kurzform für *Comicstrip* (»lustiger Streifen«). Es handelt sich dabei um farbige oder schwarzweiße gezeichnete Bildergeschichten, die zumeist in Fortsetzungen veröffentlicht werden. Angeregt durch die europäischen Karikaturen des 18. Jh. und die Bilderbogen des 19. Jh. (z. B. von Wilhelm Busch), entstanden in den USA die ersten Comicstrips in den farbigen Sonntagsbeilagen der Zeitungen. Richard Outcault zeichnete 1896 die erste Comic-Serie, »The Yellow Kid«: Hauptfigur war eine koboldartige Gestalt, die immer ein gelbes Nachthemd trug. 1897 erschien in einer amerikanischen Sonntagsbeilage die Fortsetzungsgeschichte »The Katzenjammer Kids« von Rudolf Dirks, der erste Comicstrip, der ein riesiger Erfolg wurde. Die Geschichte ist eine amerikanische Version von »Max und Moritz«.

Dirks schuf die Merkmale, die noch heute für die Comics gültig sind: Der Text erscheint im Bild in Sprechblasen und besteht hauptsächlich aus wörtlicher Rede. Neben Sprechblasen gibt es auch Blasen für Gedanken, Flüstern und Geräusche. Auch lautmalende Wörter wie »Knall«, »Klopf«, »Wumm« oder »Peng«, werden ins Bild aufgenommen, oft durch eine besondere Schrift und Farbe hervorgehoben. In Deutschland verwendete man früher für den Text in den Sprechblasen fast immer eine normierte Druckschrift, mittlerweile sieht er wie in den meisten anderen Ländern auch wie von Hand geschrieben aus. Die Geschichten sind als Endlosreihe angelegt, mit gleich bleibenden Hauptpersonen, die zumeist die gleiche Kleidung tragen, damit man sie leichter wieder erkennt. Die Bildabfolge verläuft als »Streifen« von links nach rechts über die gesamte Zeitungs-, Heft- oder Buchseite. Jedes einzelne Bild ist von einer schwarzen Linie eingerahmt; ebenso wesentlich ist die schwarze Umrisslinie um sämtliche Bildelemente. Besonders wichtig für den Ablauf der Geschichten sind verschiedene Blickwinkel, aus denen das Geschehen gezeigt wird; sie übernehmen häufig Aufnahmetechniken des Films: »Totale«, »Großaufnahme«, extreme Perspektiven und zeitlupenartige oder geraffte Darstellungen von Bewegungen.

Die frühen Comics waren für die ganze Familie bestimmt, im Stil und Inhalt lustig oder komisch. Auch Maler wie Lyonel Feininger und Winsor McCay zeichneten damals Comics. 1906 erschienen von Feininger »We Willie Winkie's World« und »The Kinder Kids«, stilistisch zwischen Jugendstil und Expressionismus angesiedelt. In »Little Nemo In Slumberland« entwickelte McCay 1905 eine extreme perspektivische Darstellungsweise sowie surrealistisch anmutende Traumsequenzen.

Nach 1914 erreichten die Comics große Verbreitung. Seit den 30er Jahren erschienen auch Comics mit ernstem, spannendem Inhalt: Kriminalgeschichten wie »Dick Tracy« von Chester Gould (1931), Sciencefictionserien wie »Flash Gordon« von Alex Raymond (1934) oder Serien mit Helden, die übermenschliche Kräfte haben, wie »Superman« von J. Siegel und J. Shuster (1938), »Batman« von Bob Kane (1939) oder »Tarzan« von Hal Foster (1929) und von B. Hogarth (ab 1937). Rasche Beliebtheit fanden auch Comics, deren Hauptfiguren Tiere sind, wie etwa »Felix the Cat« von Pat Sullivan (1921) und vor allem »Micky Mouse« von Walt Disney (seit 1928), seit 1934 um die Ente »Donald Duck« erweitert, die insbesondere durch die Zeichnungen von C. Barks berühmt wurde. Die Comichefte, die zunächst nur Sammlungen der in den Zeitungen erschienenen Comicstrips waren, entwickelten sich ab Mitte der 30er Jahre zu eigenständigen Fortsetzungsgeschichten mit teilweise eigenen Helden.

Parallel dazu entstanden Comics für erwachsene Leser, wie etwa »Pogo« von Walt Kelly (1949), wo das aktuelle politische Geschehen mit Hilfe von tierischen Helden parodiert wurde. Die »Peanuts« von Charles Shultz spiegelten ab 1950 die Sehnsüchte und Enttäuschungen Erwachsener in den Handlungen von Kindern wie Charlie Brown wider. Seit 1952 erscheint allmonatlich das Comicmagazin »MAD«. Comics wie »Tricky Cad« von J. Collin (1953-1959) waren Wegbereiter für die Pop-Art.

Seit den 60er Jahren erweiterte sich das Angebot an Comics für Erwachsene ständig. So erschienen freche, schlüpfrige Underground-Comics von Robert Crumb und G. Shelton, politisch-satirische Comics von Gorry Trudeau (1970 »Doonesburg«), erotische Comics wie »Barbarella« von Jean-Claude Forest (1963) und die »Asterix«-Comics von René Goscinny und Albert Uderzo, die zur Zeit der Besetzung Galliens durch die Römer spielen, aber stets auf die Gegenwart parodistisch Bezug nehmen. Art Spiegelmans »The Comics Magazine for Damned Intellectuals«, das sich mit »Maus« an die Darstellung der NS-Zeit im Comic wagte, erhielt 1991 sogar eine eigene Ausstellung im New Yorker Modern Art Museum.

Wissen im Überblick: Comics

Die bekanntesten deutschen Comics-Zeichner sind G. Seyfried mit seinen politisch-satirischen Comics, Brösel (eigentlich R. W. Feldmann) mit den »Werner«-Comics und Franziska Becker, deren Comics von Beziehungskisten und Frauenproblemen handeln. Mit Auflagen teilweise in Millionenhöhe haben sich die Comics heute weltweit als Lektüre durchgesetzt. Seit einigen Jahrzehnten sind sie auch als eigenständiges Erzählmedium anerkannt. Zahlreiche Comicserien sind verfilmt worden, als Zeichentrick (z. B. »Peanuts«) oder als Realfilm (»Superman« und »Batman«).

Die neueste Entwicklung sind Comics, die ausschließlich für die Nutzer von Personalcomputern bestimmt sind: Comics, die mit dem Computer gezeichnet worden und in einem veränderten, dem PC-Bildschirm angepassten Format gehalten sind und nur über ein Modem abgerufen werden können.

Wissen im Überblick: Computer

Computer bedeutet eigentlich »Rechner«, aber der Computer ist eine elektronische Rechenanlage, mit der man nicht nur rechnen, sondern ganz allgemein *Daten* verarbeiten kann. Die modernen Computer können Informationen aller Art (Ziffern, Buchstaben, Zahlen, Texte, Töne und Bilder) speichern und bearbeiten. Da es sich aber bei diesen Informationen in der Regel um *analoge* Signale handelt, müssen diese *digitalisiert* werden. Erst wenn sie in digitale Informationen umgewandelt worden sind, die aus *binären* Zeichen bestehen, können sie vom Computer gelesen und »verstanden« werden. Der Computer kann nämlich nur zwischen zwei Zuständen (»Strom fließt« und »es fließt kein Strom«) unterscheiden, für die die Binärzeichen (1 und 0) stehen.

Die »Elektronengehirne«, wie man die Computer früher nannte, sind seit der Erfindung des *Chip* immer leistungsfähiger geworden. Da sie jedoch technische Geräte sind, die der Mensch entworfen und hergestellt hat, können sie nur so »intelligent« sein wie die Menschen, die mit ihnen umgehen.

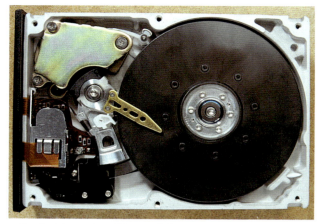
■ *Eine Festplatte mit geöffnetem Gehäuse*

Geschichte des Computers

So leistungsfähig und kompliziert gebaut die heutigen Computer auch sein mögen, beruhen sie dennoch auf uralten, einfachen *Rechenmaschinen:* Die erste Rechenmaschine war der *Abakus,* der vor rund 5000 Jahren im Orient erfunden wurde. Durch Verschieben von Kugeln und Scheiben konnten damit alle Grundrechenarten ausgeführt werden. In Europa konstruierten Schickart (1623), Pascal (1642), Leibniz (1673) und Grillet (1678) *mechanische Rechenmaschinen.* Die ersten *programmgesteuerten Rechenmaschinen* erfand der englische Mathematiker Charles Babbage (1792–1871), der 1822 die »Differenzmaschine« zum Berechnen von Logarithmen und trigonometrischen Funktionen entwickelte. Als sie aus technischen Gründen nicht funktionierte, entwarf er 1832 mit der »Analytischen Maschine« eine allgemeine Rechenmaschine. Diese verfügte über eine Zentraleinheit, einen Speicher und eine einfache Programmsteuerung durch externe Befehle, die mit Hilfe von Lochkarten eingelesen werden sollten. Sie funktionierte ebenfalls mechanisch und wurde nie verwirklicht, weil damals keine ausreichend genauen Bauteile angefertigt werden konnten. Mit elektrischem Strom betriebene Rechenmaschinen wurden um 1890 entwickelt. Sie konnten Rechenergebnisse speichern und ausdrucken, wobei allerdings jedes Mal neue Eingaben von Hand erforderlich waren.

Der Ursprung von *Programmen* reicht bis ins frühe 19. Jh. zurück: 1804 entwickelte Joseph-Marie Jacquard (1752–1834) eine Lochkarte für die Steuerung von Webstühlen. Die Umsetzung von Informationen in eine maschinenlesbare Form gelang 1890 Hermann Hollerith. Die Lochkarte und die Bearbeitungsgeräte dafür (Hollerithmaschinen ab 1910) nahmen *externe Speicher* vorweg.

Mit der Entwicklung der Elektronik entstanden die Rechner im heutigen Sinne. In Deutschland begann Konrad Zuse (1910–1995) im Jahre 1932 mit der Entwicklung programmierbarer Rechenanlagen fast zeitgleich mit dem Franzosen Couffignal und den Amerikanern Aiken und Stibitz. ZUSE Z1 (1938) benutzte noch mechanische Speicher, während ZUSE Z3 (1941) bereits mit elektromagnetischen Relais und Speichern arbeitete. Das erste »Elektronengehirn« hieß ENIAC (Electronic Numerical Integrator and Computer); es wurde 1943–1946 in den USA von Eckert, Goldstine und Mauchly gebaut. Das »Gehirn« dieser Maschine bestand aus 18 000 Röhren. Die Anlage nahm 140 m^2 ein und hatte einen gewaltigen Energiebedarf (150 kW). Ab 1944 entwickelte der amerikanische Mathematiker John von Neumann (1903–1957) einen Programmspeicher. Elektronische Röhrenspeicher wurden 1947, Ferritkernspeicher 1949 erfunden.

Die Erfindung des *Transistors* (1948) war die Voraussetzung für die *zweite Computergeneration.* Der erste mit Transistoren bestückte Computer (1955) hatte nur mehr eine Leistungsaufnahme von 200 W. Die *dritte Computergeneration* wurde durch die Verwendung von *ICs* (integrierter Schaltkreise) möglich (ab etwa 1965). Die *vierte Computergeneration* (seit 1972) stützt sich auf hochintegrierte Schaltkreise *(Mikrochips).*

Das erste *Betriebssystem* wurde 1954 entwickelt. Das heute

■ *Teilansicht der Hauptplatine eines PCs*

Wissen im Überblick: Computer

gebräuchlichste, MS-DOS, kam 1981 auf den Markt. 1979 war die erste *Anwendungssoftware* verfügbar; im gleichen Jahr konnte man auch das erste leistungsfähige Textverarbeitungssystem erwerben. Windows, die heute am weitesten verbreitete *Benutzeroberfläche,* gibt es seit 1983.

Durch die schnelle Weiterentwicklung der Mikroelektronik wurden die Geräte immer leistungsfähiger: Ein moderner Personalcomputer besitzt heute dieselbe Leistungsfähigkeit wie die meisten Großrechner vor 20 Jahren. Heutige Supercomputer können über 5 Mrd. Rechenoperationen in der Sekunde ausführen. Der amerikanische Konzern IBM, der weltweit größte Computerhersteller, legte 1982 eine Art Standard für die heutigen PCs fest. Da die Rechner nicht nur immer leistungsfähiger, sondern gleichzeitig auch billiger wurden, fanden sie immer weitere Verbreitung. Seit 1993 sind *Power-PCs* auf dem Markt, die auf kein bestimmtes Betriebssystem festgelegt sind. Miteinander vernetzte PCs ersetzen dabei zunehmend teure Großrechneranlagen.

Der Personalcomputer

In einem Gehäuse sind die *Hauptplatine,* die *Zentraleinheit* (oder CPU), die *Festplatte* und ein oder mehrere *Diskettenlaufwerke* (heute in der Regel auch ein *CD-ROM-Laufwerk*) untergebracht. Die Zentraleinheit, die in erster Linie die Rechenleistung des Computers bestimmt, besteht aus dem *Prozessor* (mit Rechen- und Steuerwerk) und dem *internen Speicher* (ROM und RAM). Als Eingabegeräte dienen die *Tastatur* (zur Eingabe von Daten) und die *Maus* (zum Bewegen des Cursors, zum Aufrufen von Programmen, zur Eingabe von Befehlen sowie zum Zeichnen). Neben beweglichen Abrollgeräten gibt es auch (vor allem bei tragbaren PCs) stationäre *Trackballs* und *Trackpads.* Der *Joystick* wird in erster Linie bei Computerspielen benutzt. Ansehen kann man sich die eingegebenen oder bereits verarbeiteten Daten auf dem *Monitor* (bzw. bei tragbaren Computern auf dem eingebauten Bildschirm). Will man die Ergebnisse seiner Arbeit auf Papier ausgeben, benutzt man einen *Drucker.* Das *Modem* ist sowohl Ein- als auch Ausgabegerät; mit seiner Hilfe kann man über die Telefonleitung Daten übermitteln und empfangen und mit anderen Computernutzern weltweit kommunizieren (Internet). Töne, Musik, Sprache oder Hintergrundgeräusche z. B. von Computerspielen, die durch die *Soundkarte* erzeugt werden, kann man über angeschlossene Lautsprecher hören. Zur Speicherung von Programmen und Daten dienen entweder die eingebaute Festplatte (die mehrere Gigabyte Speicherkapazität haben kann) oder *Disketten* (zumeist bis 1,44 MByte Kapazität; bei speziellen Laufwerken und Disketten 120 MByte Fassungsvermögen). Diese Speichermedien können im Gegensatz zur *CD-ROM* beliebig oft gelöscht und neu beschrieben werden. Daneben gibt es verschiedene Peripheriegeräte für die Ein- und Ausgabe (z. B. *Grafiktablett, Scanner, Plotter*) sowie die externe Speicherung (*Wechselplatten* und *-kassetten* sowie *Streamer,* d. h. ein Bandgerät, das Magnetbänder für die analoge oder digitale Speicherung verwendet).

PC-Anwendungen

Mit einem Personalcomputer kann man nicht nur rechnen, Texte und Grafiken erstellen und bearbeiten oder spielen, sondern auch seit Mitte der 80er Jahre mit den geeigneten Software-Programmen Texte, Grafiken und Fotos zu seitenweise gestalteten Veröffentlichungen vereinigen (*Desktoppublishing*) oder seit den 90er Jahren Multimedia-Möglichkeiten nutzen (wie etwa *Fotos* bearbeiten, *Videos* anschauen, schneiden und nachvertonen, *Musik* aufnehmen und wiedergeben oder mittels *Sampling* selbst produzieren, über nationale und internationale *Netzwerke* einkaufen, Banküberweisungen tätigen, Reisen buchen, Informationen aus Datenbanken abrufen und weltweit kommunizieren).

Die Computertechnologie ist erst 50 Jahre alt und entwickelt sich rasant weiter. Die Leistung der Rechner hat sich in den letzten 20 Jahren verhundertfacht, in einigen Bereichen sogar vertausendfacht. Bis 2020 wird sie sich etwa alle 18 Monate nochmals verdoppeln. Künftige Computer werden nicht nur noch schneller rechnen und noch mehr speichern können, sondern auch Bilder und Personen erkennen und ähnlich wie ein Mensch lernen. Bereits heute verstehen Computer menschliche Sprache und reagieren auf gesprochene Befehle.

Computertypen

Supercomputer (z. B. für die Raumfahrt und die wissenschaftliche Forschung)
Großrechner (für komplexe Simulationen)
Minicomputer (sog. Workstations für den Einsatz am Arbeitsplatz)
Mikrocomputer (Personal- und Heimcomputer).

Tragbare Computer

Laptop (Größe eines Aktenkoffers, 5–9 kg Gewicht)
Notebook (Größe eines Buches, 2–3 kg)
Subnotebook (Größe eines DIN-A5-Blattes, unter 2 kg)
Notepad/Penbook (Größe zwischen DIN-A4-Blatt und Handfläche, 0,7–3 kg, Eingabe mittels elektronischen Schreibstiftes, wobei die persönliche Handschrift in verarbeitbare Zeichen umgewandelt wird)
Palmtop (Größe einer Handfläche, 0,3–1 kg)

Computerarten

Netzwerk (Verknüpfung von EDV-Anlagen untereinander oder Anschluss an entfernte EDV-Anlagen)
Parallelrechner (Aufteilung der Rechenvorgänge auf viele gleichzeitig arbeitende Mikroprozessoren)
neuronale Computer (lernfähige Rechner mit vernetzten Mikroprozessoren nach dem Vorbild der menschlichen Nervenzellen)

Costa Rica

Staatsname:	Republik Costa Rica
Staatsform:	Präsidiale Republik
Hauptstadt:	San José
Fläche:	51100 km^2
Einwohner:	3,4 Mio.
Bevölkerungsdichte:	66,5/km^2
Amtssprache:	Spanisch
Währung:	Costa-Rica-Colón (¢)
Nationalitätskennzeichen:	CR

Costa Rica

Cookinseln

ware auf einem der gängigen → Personalcomputer, wobei es entweder Spiele nur für ein bestimmtes → Betriebssystem (z. B. AMIGA) oder Versionen für verschiedene Betriebssysteme (z. B. MS-DOS, Macintosh) gibt. Computerspiele verwenden als Datenträger Magnetbandkassetten, → Disketten oder → CD-ROMs und erfordern manchmal das Vorhandensein einer → Soundkarte und eines → Joysticks. Die Bandbreite der Gestaltung und Darstellungsmöglichkeit von Computerspielen, die in hohem Maße vom Speichermedium abhängt, reicht von einfachen Wortfragen und Grafiken über bewegte Animationsbilder bis zu Filmen. Die am weitesten entwickelten Computerspiele sind → interaktiv und versetzen den Spieler in eine eigene → virtuelle Realität, erfordern aber zumeist eine umfangreiche Computertechnologie und spezielle Geräte (→ Datenanzug), die es bisher nur in besonders ausgerüsteten Spielsalons gibt.

Computer-Tomographie, CT [engl.-griech.], *die,* medizinisches Untersuchungsverfahren, das mit Hilfe von → Röntgenstrahlung den Körper Schicht für Schicht durchdringt und die Ergebnisse auf einem Computerbildschirm sichtbar macht.

Computerviren, über »verseuchte« Speichermedien (z. B. Disketten) in einen Rechner versehentlich eingedrungene oder bewusst eingeschleuste → Programme, die Datenbestände und andere Programme stören oder vernichten können. Ihren Namen haben sie, weil sie sich wie richtige → Viren vermehren. In vielen Fällen sind die Viren so programmiert, dass sie ihre Tätigkeit erst zu einem bestimmten Zeitpunkt aufnehmen (z. B. der Virus *Michelangelo* am Geburtstag des gleichnamigen Künstlers).

Concorde [frz. kõˈkɔrd »Eintracht«], *die,* 1969 von Frankreich und Großbritannien entwickeltes Überschall-Verkehrsflugzeug, das seit 1976 im Linienverkehr fliegt und dabei eine Geschwindigkeit von 2,2 → Mach erreicht.

Conga [engl.-span. »Kreis«], *die,* eine Handtrommel, die sich nach unten kegelförmig verjüngt und einen tiefen, dunklen Klang besitzt.

Connections [engl. kəˈnɛkʃns »Verbindungen«], *Mz.,* (gute) Beziehungen.

contra [lat.], gegen.

Cook [kʊk], James (1728–1779), englischer Seefahrer, der zweimal die Welt umsegelte, das erste Mal (1768–1771) von Osten nach Westen, das zweite Mal (1772–1775) von Westen nach Osten. Auf seinen Reisen entdeckte er neben zahlreichen Südseeinseln auch die Ostküste Australiens. Eine dritte Reise, auf der er die viel gesuchte Durchfahrt zwischen Pazifik und Atlantik in Nordamerika finden wollte, musste er abbrechen. Auf Hawaii wurde er von Eingeborenen erschlagen.

Cook-Inseln, mit → Neuseeland assoziiertes Gebiet in → Ozeanien. Die überwiegend von → Polynesiern bewohnte Inselgruppe (240 km^2, 19 000 Einwohner) erhielt 1965 ihre innere Eigenständigkeit.

cool [engl. kuːl »kühl«], gelassen, sachlich-nüchtern (*cool* bleiben), auch sehr gut (ein *cooler* Typ).

Cooper [ˈkuːpə], James Fenimore (1789–1851), amerikanischer Schriftsteller, der vor allem durch seine »Lederstrumpf«-Romane (1823–1841) über das Leben der nordamerikanischen Pioniere und Indianer bekannt wurde.

Copyright [engl. ˈkɔpiraɪt »Vervielfältigungsrecht«], *das,* englische Bezeichnung für das → Urheberrecht. In urheberrechtlich geschützten Publikationen muss der Vermerk © zu finden sein.

Coriolis-Kraft, nach dem französischen Physiker *Gustave Coriolis* (1792–1843) benannte Kraft, die als Trägheitskraft in einem rotierenden System neben der → Zentrifugalkraft auf den Körper einwirkt. Sie ist dafür verantwortlich, dass die Winde und Meeresströmungen auf der sich um ihre eigene Achse drehenden Erde nach rechts (auf der nördlichen Halbkugel) oder links (auf der südlichen Halbkugel) abgelenkt werden.

Corpus delicti [lat.], *das,* im Rechtswesen ein Gegenstand, der für eine kriminelle Tat verwendet worden ist und als Beweisstück vor Gericht dazu dient, einen Täter zu überführen.

Cortez, *Cortés,* Hernan(do) (1485–1547), spani-

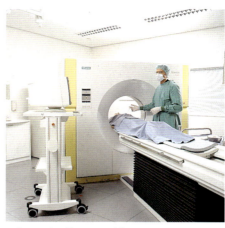

■ *Computer-Tomographie*

Costa Rica: *Der Vulkan Poas (2704 m) in der Provinz Alajuela*

scher Konquistador (»Eroberer«), der 1519–1521 von Kuba aus das Reich der → Azteken in Mexiko eroberte und 1522–1528 Statthalter in Neuspanien war.

Costa Rica, Staat in Mittelamerika. Gebirge mit noch tätigen Vulkanen trennen das Tiefland im Norden an der Karibikküste vom Bergland an der Pazifikküste. Die Bevölkerung ist überwiegend weiß (etwa 80 %). Die Wirtschaft stützt sich auf die Landwirtschaft, die für den Export Bananen, Kaffee und Ananas erzeugt. Das 1502 von → Kolumbus entdeckte und ab 1560 von den Spaniern eroberte Land löste sich 1821 kampflos von Spanien. 1823–1839 gehörte es zur *Zentralamerikanischen Föderation.* Bis zur Mitte des 20. Jh. (1949 neue Verfassung mit Abschaffung des Militärs) wurde es von Bürgerkriegen, Revolutionen und Kriegen mit Nachbarstaaten geprägt.

Côte d'Ivoire [frz. kot di'wa:r »Elfenbeinküste«], Staat in Westafrika. Der Name erinnert daran, dass hier früher mit Elfenbein gehandelt wurde. Die Elfenbeinküste ist vorwiegend ein von Bergen überragten Hochland, mit einer schmalen Ebene an der Atlantikküste. Die Bevölkerung umfasst über 60 verschiedene Völker. Der größte Teil ist in der Landwirtschaft tätig, die für den Export vor allem Kakao, Kaffee und Baumwolle erzeugt. Das Land war ab 1893 eine französische Kolonie und erhielt 1960 die volle Unabhängigkeit.

Coubertin [kubɛr'tɛ̃], Pierre Baron de (1863–1937), französischer Pädagoge, der die → Olympischen Spiele wieder ins Leben rief und 1896–1925 Präsident des → IOC war. Von ihm stammt auch der Entwurf für die fünf olympischen Ringe.

Coulomb [ku'lõ], nach dem französischen Physiker *Charles Augustin de Coulomb* (1736–1806) benannte Maßeinheit für die elektrische Ladung (Einheitszeichen C). Sie entspricht der → Elektrizitätsmenge, die bei einer Stromstärke von 1 Ampere in einer Sekunde durch einen Leiter fließt.

Count-down, *Countdown* [engl. kaunt'daun »Herunterzählen«], *der,* beim Start einer → Rakete von einer Abschussrampe das Rückwärtszählen der Sekunden bis null, auch die für den Start notwendigen Kontrollmaßnahmen.

Countrymusik, *Country Music* [engl. 'kʌntrɪ 'mju:zɪk »ländliche Musik«], die amerikanische Volksmusik der Weißen in den Vereinigten Staaten. In den 20er Jahren entwickelte sich daraus mit **Country and Western** eine im Mittelwesten der USA beheimatete Unterhaltungsmusik (mit Nashville in Tennessee als Zentrum). Die häufig an die Cowboy- und Pionierromantik anknüpfende C&W-Musik bevorzugt traditionelle Instrumente wie Fiedel, Mundharmonika und *Pedal Steel Guitar,* ein im Sitzen gespieltes Saiteninstrument, bei dem die Saiten mit Hilfe eines Metallstücks verkürzt und die Akkorde über eine Pedalvorrichtung verändert werden. Countrymusik hat überwiegend konservative Texte; doch seit den 60er Jahren werden auch sozialkritische Themen behandelt. Eine besondere Form der Countrymusik ist der in der Volksmusik der irischen und schottischen Siedler der Appalachen wurzelnde *Bluegrass,* während *Hillbilly Music* (»Hinterwäldlermusik«) eine frühere (abwertend gemeinte) Bezeichnung für Countrymusik ist.

Aus der Verbindung von Country- und → Rockmusik entstand in der zweiten Hälfte der 60er Jahre **Countryrock** *(Country Rock),* der mit elektrisch verstärkten Instrumenten gespielt wird und sich zunächst durch seine kritischen Texte von der Countrymusik abhob. Der heutige Countryrock hat inzwischen Elemente des schwarzen → Blues aufgenommen.

Coup [frz. ku: »Schlag«], *der,* ein Unternehmen, das überraschend ausgeführt wird.

Coupé [frz. ku'pe: »abgeschnitten«], *das,* früher

Côte d'Ivoire
Staatsname: Republik Côte d'Ivoire
Staatsform: Präsidiale Republik
Hauptstadt: Yamoussoukro
Fläche: 322 463 km²
Einwohner: 14,2 Mio.
Bevölkerungsdichte: 44/km²
Amtssprache: Französisch
Währung: CFA-Franc
Nationalitätskennzeichen: CI

Cote d´Ivoire

Bekannte Countrysänger

Garth Brooks
Johnny Cash
Merle Haggard
Willie Nelson
Dolly Parton
Jimmie Rodgers
Linda Ronstadt
Hank Snow
Don Williams
Hank Williams
Dwight Yoakam

Bekannte Countryrock-Gruppen

Band
Buffalo Springfield
Dillards
Eagles
Flying Burrito Brothers
New Riders of the Purple Sage
Nitty Gritty Dirt Band
Poco

CSU

Die CSU hat 180 000 Mitglieder. Ihr Vorsitzender ist seit 1988 der gegenwärtige Bundesfinanzminister *Theo Waigel* (* 1939).

Curium

Zeichen: Cm
Ordnungszahl: 96
Atommasse: 247
Dichte: 13,51 g/cm^3
Schmelzpunkt: 1340 °C
Siedepunkt: 3110 °C

Bezeichnung für ein Abteil in einem Eisenbahnwaggon, heute zweitüriger Personenkraftwagen mit einem Dach, das schräg nach hinten abfällt.

Cover [engl. ˈkʌvə »Umschlag«], *das,* Titelseite einer Illustrierten. Ein *Covergirl* ist ein Mädchen, dessen Foto auf der ersten Seite einer Illustrierten erscheint und die Aufmerksamkeit der Käufer auf diese ziehen soll. Als Cover wird auch die künstlerisch gestaltete Hülle einer Schallplatte bzw. CD oder eines Buches bezeichnet.

Coverversion [engl. ˈkʌvəvəːʃn], *die,* in der Unterhaltungsmusik Fassung eines Musikstücks (instrumental oder gesungen) durch einen anderen Interpreten als den Urheber der Originalaufnahme.

Cowboy [engl. ˈkaʊbɔy »Kuhjunge«], *der,* amerikanischer berittener Viehhirt, der als legendäre Figur der amerikanischen Pioniergeschichte (bei der Erschließung des »Wilden Westens«) gilt und ein bestimmtes männliches Ideal (kühnes Draufgängertum) verkörpert. Der Cowboy ist eine zentrale Gestalt in Western (Wildwestfilme und -romane).

■ *Cowboys* beim Bullenreiten

CPU, Abkürzung für engl. *Central Processor Unit* (zentrale Verarbeitungseinheit), die → Zentraleinheit des Computers. Eine CPU besteht aus Steuerwerk, Rechenwerk und Arbeitsspeicher. Sie führt arithmetische und logische Befehle aus und steuert den Ablauf aller Tätigkeiten des Computers.

Crack [engl. krɛk »Knall«], *der,* besonders guter Sportler. Auch ein vor allem in den USA verbreitetes Rauschgift, das auf der Basis von → Kokain hergestellt wird, bezeichnet man als Crack.

Cranach, Lucas der Ältere (1472–1553), deutscher Maler und Kupferstecher, der neben Porträts und mythologischen Szenen vor allem religiöse Bilder schuf. Er wurde zum Schöpfer einer eigenen protestantischen Kunst und illustrierte auch die Lutherbibel.

Crash [engl. krɛʃ »Krachen«], *der,* Zusammenstoß von Fahrzeugen bei einem Verkehrsunfall. Ein **Crashtest** ermittelt durch nachgestellte Unfallsituationen (Aufprall auf einen Betonblock oder ein anderes Fahrzeug), wie sich ein Fahrzeug bei einem Unfall (Festigkeit und Verformung der Karosserie usw.) verhält. Mit Hilfe von Testpuppen *(Dummys),* die mit Sensoren ausgestattet sind, können die beim Zusammenprall auftretenden Kräfte gemessen und auf diese Weise die Verletzungsrisiken abgeschätzt werden. Dadurch soll die Sicherheit beim Bau von Kraftfahrzeugen erhöht werden.

Credo [lat. »ich glaube«], *das,* apostolisches Glaubensbekenntnis (nach den ersten Worten *credo in unum deum* = »ich glaube an den einen Gott«) in der katholischen → Liturgie Teil der Messe.

crescendo [it. krɛˈʃɛndo »wachsend«], in der Musik Anweisung für »in der Tonstärke anschwellend, lauter werden«.

Crew [engl. kruː], *die,* Mannschaft, Besatzung (z. B. eines Flugzeugs).

Cromwell, Oliver (1599–1658), englischer Staatsmann, der als militärischer Führer der protestantischen Opposition im Parlament den katholischen König Karl I. stürzte und hinrichten ließ. Er machte England zur Republik, herrschte aber ab 1653 als *Lord Protector* mit außerordentlichen Vollmachten. Cromwell bereitete durch Siege über die Niederlande und Spanien Englands Aufstieg zu einer Großmacht vor und leitete mit der Eroberung Jamaikas den britischen Kolonialismus ein. Nach seinem Tod wurde das Königtum wiederhergestellt.

Cross-Country [engl. -ˈkʌntrɪ], *das,* in verschiedenen Sportarten ein Querfeldeinrennen.

CSU, Abkürzung für *Christlich-Soziale Union.* Die 1945 gegründete christlich-konservative Volkspartei tritt nur in Bayern an, wo sie seit 1962 allein die Regierung stellt; bildet im Bundestag mit der CDU eine gemeinsame Fraktion.

Cunnilingus [von lat. cunnus = »weibliche Scham« und lingere = »lecken«], *der,* eine Spielart des → Oralverkehrs, bei der das weibliche Geschlechtsorgan mit dem Mund (Zunge, Lippen, Zähne) erregt wird. Die Entsprechung beim Mann ist die → Fellatio.

Cup [engl. kʌp »Schale«], *der,* ein Pokal, der als Siegespreis in Sportarten vergeben wird (z. B. *Davis-Cup* im Tennis).

Curie [ky'ri:], *das,* nach dem französischen Physikerehepaar *Pierre* (1859–1906) und *Marie Curie* (1867–1934) benannte Maßeinheit für die Radioaktivität (Zeichen *Ci*), seit 1986 durch → Becquerel ersetzt. Marie Curie, eine Chemikerin und Physikerin polnischer Abstammung, entdeckte 1898 zusammen mit ihrem Mann die radioaktiven Elemente → Polonium und → Radium. 1903 erhielt sie (zusammen mit ihrem Mann und dem Physiker → Becquerel) den Nobelpreis für Physik, 1911 den Nobelpreis für Chemie (für die Gewinnung von Radium aus Pechblende).

Curium [nlat., abgeleitet vom Familiennamen → Curie], *das,* ein radioaktives → chemisches Element, das in der Natur nicht vorkommt.

Curling [von engl. curl [kə:l] = »sich winden«], *das,* aus Schottland stammendes → Eisstockschießen. Zwei Mannschaften (mit je vier Spielern) versuchen dabei, ihre Steine (knapp 30 cm Durchmesser und fast 20 kg schwer) näher als die der gegnerischen Mannschaft an den Mittelpunkt des Zielkreises zu bringen. Die Mitspieler fegen die Bahn vor dem über das Eis gleitenden Stein mit einem Besen, wobei das Eis kurzzeitig durch die Erwärmung schmilzt und sofort wieder gefriert, so dass sich der Stein auf der glatter gewordenen Oberfläche weiterbewegt.

Curry [engl.-tamil ['kœri] »Tunke«], *das* und *der,* eine pikante Mischung mehrerer scharfer Gewürze. Als Curry bezeichnet man auch indische Fleisch- oder Fischgerichte mit Reis in einer Currysauce.

Cutter, Cutterin [von engl. cut [kʌt] = »schneiden«], beim Film, Fernsehen oder Rundfunk die Person, die nach der Anweisung des Regisseurs Bild- oder Tonaufnahmen schneidet und für die endgültige Fassung zusammenklebt.

Cyberpunk [engl. 'saɪbəpʌŋk], *der,* von Gardner Dozois, einem Herausgeber für Sciencefictionliteratur, geprägte Bezeichnung für die Romane das SF-Autors *William Gibson*. Cyberpunk verbindet die völlige Versenkung in die von Computern erzeugte »Wirklichkeit« mit der anarchischen Haltung des → Punk und sieht daher den Computer und seine Verwendung als selbstverständlich an. Im übertragenen Sinne versteht man unter einem Cyberpunk eine computerbegeisterte Person, die Computer zwar als User ständig verwendet, sich aber im Gegensatz zu Hackern und Computerfreaks nicht für die Technik interessiert.

Crashtests *liefern den Autokonstrukteuren neue Erkenntnisse über die Möglichkeiten der Verbesserung der Sicherheit für die Insassen*

Cyberspace ['saɪbəspeːs], von engl. cybernetics = »Kybernetik« und space = »Raum«], *der,* ein von dem Sciencefictionautor William Gibson in seiner → Cyberpunk-Romantrilogie erfundenes Kunstwort, das eine von Computern erzeugte → virtuelle Realität bezeichnet. Im engeren Sinne ist damit der vom Rechner simulierte künstliche Raum gemeint, im weiteren Sinne die gesamte künstliche Welt, die mit Hilfe besonderer Apparaturen (→ Datenanzug) wie eine reale Umgebung wahrgenommen werden kann. Der Cyberspace ist somit die am weitesten entwickelte Form der → Computeranimation. Im Cyberspace kann man sich scheinbar auch bewegen und in das Geschehen eingreifen. Ursprünglich wurde diese Technologie im Auftrag des Militärs für einen möglichen Einsatz in Kampfflugzeugen entwickelt; ihre wichtigsten Anwendungsbereiche sind heute Architektur (z. B. Konstruktion von Modellhäusern, die man wie ein richtiges Gebäude begehen kann), Wissenschaft (z. B. Erprobung von denkbaren Molekülverbindungen im Modell) und vor allem Unterhaltung (→ Computerspiele).

Cyborg [engl. 'saɪbɔːg], *der,* Kunstwort aus *Cybernetic Organism* (kybernetischer Organismus). Der Cyborg ist ein wissenschaftliches Projekt eines Menschen, bei dem bestimmte Organe durch technische Geräte ersetzt werden sollen, um seine Wahrnehmungsfähigkeiten zu erhöhen (z. B. durch künstliche Augen, die auch infrarotes Licht sehen können) und ihn gegenüber extremen Umweltbedingungen (z. B. auf anderen Planeten) anpassungsfähiger zu machen.

Cyberpunk

Die Romane von William Gibson, insbesondere die seiner Romantrilogie »Neuromancer« (1984), »Biochips« (1986) und »Mona Lisa Overdrive« (1988), verwerten zahlreiche außerliterarische Elemente (vor allem Popmusik, Film, Hochtechnologie) und beschreiben eine Zukunftswelt, in der man durch eine direkte Verbindung zwischen menschlichem Gehirn und elektronischem Rechner in den Cyberspace gelangen (»interfacen«) kann.

Hochzeit im Cyberspace

Am 20. August 1994 wurde in den USA die erste Trauung im Cyberspace geschlossen: Das Paar und der Geistliche befanden sich mit Hilfe der notwendigen Apparaturen in der versunkenen Stadt Atlantis, die nur in der virtuellen Realität bzw. im Computer bestand, während die übrigen das Geschehen auf einem Bildschirm verfolgen konnten.

D, bei → römischen Zahlen das Zeichen für 500.

d, 1. in der Musik die 2. Stufe der C-Dur-Tonleiter; **2.** bei Maßeinheiten Zeichen für → Dezi- (z. B. *dm* = Dezimeter).

da capo [it. »vom Kopf an«], in der Musik Anweisung, dass etwas noch einmal von Anfang an gespielt werden soll.

Dachs, zu den → Mardern gehörendes Raubtier, das in Europa und Asien vorkommt. Dachse werden etwa 75 cm lang und bis zu 20 kg schwer und besitzen ein borstiges graues Fell mit schwarzweißer Zeichnung am Kopf. Sie leben in unterirdischen Erdbauten mit mehreren Ausgängen, die sie erst in der Abenddämmerung verlassen. Der Dachs ist ein Allesfresser und hält einen Winterschlaf.

■ *Dachs*

Dackel, *Dachshund,* eine → Hunderasse. Die kurzbeinigen Dackel wurden ursprünglich für das Aufstöbern von Dachsen und Füchsen in ihrem Bau gezüchtet. Nach dem Haarkleid unterscheidet man *Kurzhaar-, Langhaar-* und *Rauhaardackel.*

Dadaismus, 1916 in Zürich gegründete künstlerisch-literarische Bewegung, die bis 1923 bestand und sich gegen die Kunstvorstellungen der bürgerlichen Gesellschaft wandte. Die Auftritte und Werke der Dadaisten verletzten bewusst die Normen und Erwartungen der bürgerlichen Kultur, indem sie sich über die inhaltlichen und formalen Regeln der Ästhetik hinwegsetzten, die herkömmliche Darbietung von Kunst aufgaben und dem Zufall breiten Raum einräumten (Vortragen von Lautgedichten, die aus sinnlosen Buchstabenfolgen bestanden, gleichzeitiges Vorlesen von mehreren Gedichten, Konzerte aus Geräuschen). Wichtige Vertreter des Dadaismus waren u. a. die Schriftsteller Hugo Ball, Richard Huelsenbeck und Tristan Tzara sowie die Maler Hans Alp, Kurt Schwitters, Georges Grosz, Marcel Duchamp und Francis Picabia. Die dadaistischen Errungenschaften → Collage und Montage sind wichtige Stilmittel der modernen Kunst geworden.

Dädalus, lateinische Form von **Daidalos** [griech. »der Kunstreiche«], in der griechischen Sage ein genialer Erfinder, der nach Kreta verbannt wurde und dort für König Minos zahlreiche Arbeiten schuf. Er baute u. a. ein Labyrinth für den → Minotaurus, in dem er selbst zusammen mit seinem Sohn *Ikarus* gefangen gehalten wurde. Mit Hilfe von Flügeln, die er aus Federn und Wachs anfertigte, konnten beide zwar fliehen, aber Ikarus kam der Sonne zu nahe, so dass das Wachs schmolz und er ins Meer stürzte.

Dahlien, aus Mittelamerika stammende Gartenpflanzen (Korbblütler), die in zahlreichen Sorten mit prächtigen, unterschiedlich gefärbten und geformten Blüten vorkommen.

Dalai-Lama [von mongol. dalai = »Meer, Gott« und lama = »der Obere«], *der,* Titel für den Priesterfürsten, der das weltliche Oberhaupt des tibetischen → Lamaismus ist. Der Dalai-Lama hatte ursprünglich seinen Sitz in Lhasa, der Hauptstadt von → Tibet. Der gegenwärtige *14. Dalai-Lama* (* 1935; 1940 inthronisiert) ging 1959 ins Exil, nachdem Tibet 1950 von China besetzt worden war. Für sein Eintreten für humanitäre Werte erhielt er 1989 den Friedensnobelpreis.

Dalí, Salvador (1904–1989), spanischer Maler, der als berühmtester Künstler des → Surrealismus gilt. Er ließ sich von der Psychoanalyse → Freuds zu seinen Bildern anregen, die Traumwelten und -szenen darstellen und naturalistische Wiedergabe mit widersinnigen Einzelheiten (z. B. »weiche« Uhren, unförmige und verzerrte Menschen und Tiere) verbinden. Dalí schuf

Dadaismus

Der lautmalende Name Dada kommt vermutlich von dem in der Kindersprache verwendeten französischen Wort dada = »Holzpferd«. Er soll zufällig von zwei Dadaisten in einem Wörterbuch gefunden worden sein, als sie einen Namen für die Sängerin ihres Kabaretts suchten.

Dalai-Lama

Nach buddhistischem Glauben ist der Dalai-Lama die irdische Verkörperung eines *Bodhisattva* (d. h. eines Anwärters auf die Buddhaschaft, der auf seinem Weg zur Erleuchtung und Erlösung schon sehr weit vorwärts gekommen ist) und wird ständig wiedergeboren. Wenn der alte Dalai-Lama stirbt, kommt er innerhalb von 49 Tagen in einem neugeborenen Kind wieder zur Welt. Er kann dann anhand von besonderen Merkmalen oder Taten erkannt werden und wird sofort, nachdem ihn die Mönche gefunden haben, zum neuen Oberhaupt ausgerufen. Der erste der bis heute vierzehn Dalai-Lamas war der 1391–1475 lebende Abt des Klosters Tashilhunpo.

■ *Dahlien*

Damaskus

Dänemark (Danmark)

Staatsname: Königreich Dänemark

Staatsform: Parlamentarische Monarchie

Hauptstadt: Kopenhagen

Fläche: 43 093 km²

Einwohner: 5,2 Mio.

Bevölkerungsdichte: 121/km²

Amtssprache: Dänisch

Währung: Dänische Krone (dkr)

Nationalitätskennzeichen: DK

Dänemark

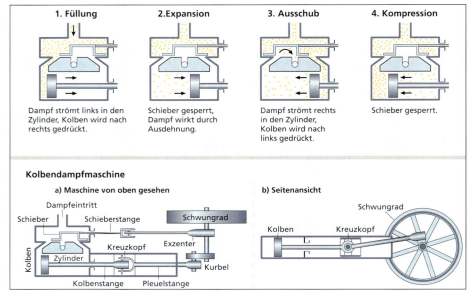

■ Die **Dampfmaschine** wandelt die Wärmeenergie des Dampfes in mechanische Energie um

auch zahlreiche Graphiken und Skulpturen und wirkte an Filmen mit.

Damaskus, arab. *Dimashq,* Hauptstadt (1,44 Mio. Einwohner) von → Syrien.

Damm, lang gestreckte Aufschüttung von Erde, Steinen, Schotter, Kies oder Sand, die entweder als Fahrstrecke für Schienenfahrzeuge (Bahndamm) oder zum Aufstauen von Wasser (→ Deich) bzw. zum Abstützen eines Flussbettes dient.

Damokles, ein Höfling des im 4. Jh. v. Chr. in Unteritalien regierenden griechischen Tyrannen Dionysios II. von Syrakus. Dieser ließ angeblich bei einem Festmahl über seinem Günstling ein Schwert aufhängen, das nur an einem dünnen Pferdehaar befestigt war, um ihm zu zeigen, in welcher Gefahr ein Herrscher ständig schwebt. Seitdem bezeichnet man eine ständig drohende Gefahr manchmal auch als **Damoklesschwert.**

Dämon [griech. »Zuteiler (des Schicksals)«], *der,* eine übermenschliche Kraft, die sich nicht genau bestimmen lässt und Gutes oder Böses bringt. Das Christentum setzte die heidnischen Dämonen mit teuflischen Mächten gleich.

Dampf, der gasförmige Zustand, in den flüssige Stoffe beim Sieden übergehen.

Dampfmaschine, Vorrichtung, die die Wärmeenergie des Wasserdampfes in mechanische → Energie umwandelt. In einem Kessel wird Wasser erhitzt. Der unter Druck stehende Wasserdampf strömt in einen Zylinder, dehnt sich aus und treibt dort einen beweglichen Kolben an. Ein Schieber sorgt dafür, dass Dampf abwechselnd vor und hinter den Kolben geleitet wird. Die Vor- und Rückwärtsbewegung des Kolbens wird über eine → Pleuelstange auf die Kurbelwelle übertragen und so in eine Drehbewegung umgewandelt, die das Schwungrad antreibt. Die erste Dampfmaschine, die nach diesem Prinzip arbeitete, wurde 1765 von dem schottischen Ingenieur *James Watt* (1736–1819) erfunden.

Dänemark, Staat im nördlichen Mitteleuropa. Das Land besteht aus der Halbinsel *Jütland* (23 814 km²) sowie 474 Inseln, von denen die größten *Seeland, Fünen, Lolland* und *Falster* sind. Landschaftlich handelt es sich hauptsächlich um Tiefland. Zu Dänemark gehören auch die autonomen Gebiete → *Färöer* und → *Grönland*. Neben etwa 97 % Dänen gibt es verschiedene Minderheiten, darunter 1,6 % Deutsche, die vorwiegend in Nordschleswig leben. Obwohl Dänemark ein moderner Industriestaat ist, werden 70 % seiner Gesamtfläche immer noch landwirtschaftlich genutzt (Anbau von Getreide und Zuckerrüben, Viehzucht). Im 10. Jh. entstand ein dänischer Staat, der auch Norwegen umfasste. Die dänischen → Wikinger, die auch als Normannen bezeichnet wurden, gelangten auf ihren Beutezügen, die sie bis zur Mitte des 11. Jh.

unternahmen, bis in den Mittelmeerraum. Ein Nordseereich, das auch England und Schottland mit einschloss, und ein Ostseereich waren nur von kurzer Dauer. Die 1397 geschlossene *Kalmarer Union* vereinte die drei Königreiche Dänemark, Norwegen und Schweden (mit Finnland), doch Schweden und Finnland lösten sich bereits 1523 ab. 1814 musste Dänemark auch Norwegen (an Schweden) abtreten. Die deutsch-dänischen Kriege 1848–1850 und 1864 führten zum Verlust von Schleswig, Holstein und Lauenburg. Island, das seit 1380 zu Dänemark gehörte, erhielt 1918 seine Selbstständigkeit, blieb aber bis 1944 in → Personalunion mit Dänemark verbunden.

Dante Alighieri (1265–1321), italienischer Dichter, der in seinem berühmtesten Werk, dem Epos »Die göttliche Komödie« (1307–1321), seine Reise durch Hölle, Fegefeuer und Himmel schildert und ein umfassendes Weltbild der damaligen Zeit entfaltet.

Dardanellen, im Altertum als *Hellespont* bezeichnete Meeresstraße zwischen dem → Ägäischen Meer und dem Marmarameer, 65 km lang und 2–6 km breit.

Darlehen, geliehener Geldbetrag, der innerhalb einer bestimmten Frist, in der Regel mit → Zinsen, zurückgezahlt werden muss.

Darm, bei den Wirbeltieren der schlauchförmige Abschnitt des Verdauungstraktes, der vom Magenausgang bis zum After reicht. Beim Menschen besitzt der Darm eine Länge von etwa 7–9 m, erscheint aber aufgrund des Spannungszustandes der Darmmuskulatur nur 3 m lang. Er besteht aus zwei großen Abschnitten, dem *Dünndarm,* der mit dem etwa 30 cm langen *Zwölffingerdarm* beginnt und sich im *Leer-* und *Krummdarm* fortsetzt, und dem *Dickdarm,* der sich aus sechs kürzeren Abschnitten zusammensetzt (u. a. → *Blinddarm)* und mit dem *Mastdarm* in den Afterkanal mündet. Der Darm hat die Aufgabe, die Nahrung zu verdauen. Die Muskulatur des Darms befördert den Nahrungsbrei durch rhythmische Zusammenziehungen *(Peristaltik)* weiter. Zahlreiche Drüsen in der inneren Schleimhaut des Dünndarms sondern Verdauungssekrete ab, die den im → Magen vorbereiteten Nahrungsbrei aufschließen. Als *Darmzotten* bezeichnete Erhebungen vergrößern die Oberfläche der Schleimhaut auf rund 40 m^2, um dem Speisebrei möglichst viele Nährstoffe zu entziehen. Im Dickdarm werden die unverdauten Nahrungsbestandteile durch Wasserentzug in Kot umgewandelt, der durch den After ausgeschieden wird.

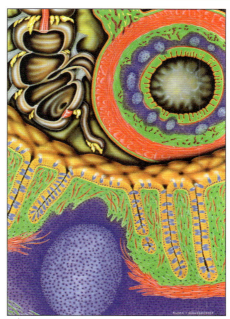

■ *Darm:* Oben links der aufsteigende Teil des Dickdarms aufgeschnitten; rechts daneben Querschnittsbild des Wurmfortsatzes des Blinddarms; von innen nach außen sieht amn folgende Schichten: Schleimhaut (grün) mit Lymphfollikel (violett), Muskelschicht (rot). Darunter ein vergrößerter Ausschnitt mit Lymphfollikel (violett), in der Schleimhaut erkennt man röhrenförmige Einbuchtungen.

Darts [engl. dɑːts »Wurfpfeile«], *das,* aus England stammendes Wurfpfeilspiel. Die mit Federn versehenen Pfeile besitzen eine Stahlspitze. Die runde Zielscheibe (46 cm Durchmesser) ist in 20 gleich große, keilförmige Felder eingeteilt, denen jeweils eine bestimmte Punktzahl zugeordnet ist.

Darwin ['dɑːwɪn], Charles (1809–1882), britischer Naturforscher, der herausfand, dass die Lebewesen nicht unveränderlich sind, sondern von einfacheren Vorfahren abstammen und auf ganz einfache Lebensformen zurückgehen. Er beschrieb die → Evolution als einen Vorgang, bei dem sich die Lebewesen über zumeist ausgestorbene Zwischenformen zu ihrem heutigen Aussehen entwickelt haben. Kleine Veränderungen des Erbguts (→ Mutationen) und die natürliche Auslese (→ Selektion) führten zur Entstehung neuer Arten.

Der von ihm begründete **Darwinismus** vertritt die Theorie, dass sich beim Kampf ums Dasein nur die Lebewesen durchsetzen und fortpflanzen, die am besten an die Lebensbedingungen

Darwinismus

Der Darwinismus beeinflusste das philosophische Denken des 19. Jh. und wurde als Sozialdarwinismus auch auf die menschliche Gesellschaft übertragen. Die sozialdarwinistische Anschauung, die von einer Ungleichheit der Menschen und einem fortwährenden Konkurrenzkampf zwischen den Individuen, Bevölkerungsgruppen, Völkern und Rassen ausgeht, wirkte in rassistischen Ideologien wie dem → Nationalsozialismus nach.

Datenanzug
. . . .
Ein spezieller Datenanzug ist auch eine notwendige Voraussetzung für Cybersex. Er enthält dann zusätzlich Geräte, die erogene Zonen des eigenen Körpers (und des Partners, der mit dem Computer verbunden ist) durch taktile Reize stimulieren und eine sexuelle Erregung hervorrufen.

der Umwelt angepasst sind und dadurch zu einer allmählichen Umgestaltung und Höherentwicklung der Arten beitragen.

DAT, Abkürzung für engl. *Digital Audio Tape* (Digitales Tonband), ein 1987 eingeführtes System zur → digitalen Aufzeichnung und Wiedergabe von Tönen.

Datenanzug, *DataSuit* [engl. 'deɪtə'sjuːt], mit einem Computersystem gekoppeltes Gerät, das in Form eines Anzugs den Körper umhüllt und über → Sensoren die Glieder und einige Körperbereiche abtastet. Die ermittelten Daten werden an den Rechner weitergeleitet und von dem Programm berücksichtigt, das eine → virtuelle Realität erzeugt. So kann der Träger → interaktiv an dieser eigentlich nur im Computer existierenden Wirklichkeit teilhaben. Zu einem Datenanzug gehört ein besonderer Helm; zwei eingebaute Bildschirme übermitteln die vom Computer erzeugten Bilder und ermöglichen so das Erlebnis eines scheinbar dreidimensionalen Raums (→ Cyberspace). Die im Helm eingebauten Sensoren geben die Augen- und Kopfbewegungen des Trägers an den Rechner weiter, der den veränderten Blickwinkel mit einberechnet. Mit Hilfe eines **Datenhandschuhs** *(DataGlove),* der über Sensoren Fingerbewegungen feststellt, kann sich sein Träger in der virtuellen Realität bewegen und Gegenstände darin berühren. Außerdem vermittelt der Handschuh über Rückkoppelung dem Tastsinn Reize, die erfahrbar machen, wie fest, rauh oder schwer ein Gegenstand im Cyberspace ist.

Datenautobahn, engl. *Information Highway,* Bezeichnung für ein Datennetz, das mit Hilfe von → Glasfaserkabeln Texte, Töne und Bilder übertragen kann.

Datenbank, im weitesten Sinne eine Ansammlung von vielen gleichartigen Daten, die nach einem bestimmten Prinzip geordnet sind. Im engeren Sinne versteht man darunter ein elektronisches Informationssystem, dessen Daten für viele Anwender verfügbar sind und kostenlos oder gegen eine Gebühr durch → Datenfernübertragung abgerufen werden können.

Datenfernübertragung, *DFÜ,* der Austausch von Daten zwischen Computern über ein → Modem oder → Netzwerke.

Datenschutz, der Schutz vor dem Missbrauch persönlicher Daten, in der Bundesrepublik erstmals 1977 im *Bundesdatenschutzgesetz* festgelegt. Jeder Bürger hat das Recht, Auskunft darüber zu erhalten, welche Daten über ihn gespeichert sind, und unrichtige Daten berichtigen

■ *Dattelpalme*

oder löschen zu lassen. Über die Einhaltung wachen auf Bundes- und Landesebene *Datenschutzbeauftragte.*

Datenverarbeitung → elektronische Datenverarbeitung.

Dativ [von lat. (Casus) dativus = »Gebefall«], *der,* in der Grammatik der dritte Fall, der zum Ausdruck bringt, wem sich die Handlung des → Verbs mittelbar zuwendet. Das Dativobjekt wird deshalb auch als *indirektes Objekt* bezeichnet (z. B. Das Mädchen erklärt *dem Jungen* das Computerspiel).

Dattelpalme, eine in tropischen und subtropischen Gebieten von Afrika und Asien beheimatete Palme, die über 20 m hoch wird. Ihre Früchte, die zu den Beeren gehörenden **Datteln,** wachsen in dichten Büscheln, werden 3 cm lang und bestehen aus süßem Fruchtfleisch.

Datum [lat.], *das,* die Zeitangabe nach dem Kalender (z. B. 6. Januar 1946). Als **Datumsgrenze** bezeichnet man eine 1845 festgelegte gedachte Linie im Pazifischen Ozean, die annähernd mit dem 180. → Längengrad zusammenfällt. Da sich die Erde um die eigene Achse dreht und dabei Tag und Nacht wechseln, haben nur die Orte, die sich auf demselben Längengrad befinden, die gleiche Tageszeit. Die Erde ist in 24 gleiche, 15 Grad breite Streifen unterteilt, die jeweils einer Stunde entsprechen. Dem Nullmeridian, der durch Greenwich bei London verläuft, ist 12 Uhr mittags zugeordnet. Wenn man den 180-Grad-Meridian (= 24 Uhr) überschreitet, kommt es zu einem Datumssprung: Bei Reisen in west-östlicher Richtung gilt das gleiche Tagesdatum zwei Tage lang, während in der anderen Richtung ein Tag übersprungen wird.

David, israelitischer König, der um 1000–965 v. Chr. regierte. Er einte alle zwölf Stämme → Israels und schuf durch Eroberungen ein Reich, das sich vom Sinai bis Damaskus erstreckte und dessen Einfluss bis zum Euphrat reichte. David eroberte Jerusalem und machte es zur neuen Hauptstadt, die auch das religiöse Zentrum wurde. Zahlreiche → Psalmen und Klagelieder im Alten Testament werden ihm zugeschrieben.

Davidstern, ein sechseckiger Stern, der aus zwei gleichseitigen, ineinander verschlungenen Dreiecken besteht. Er entwickelte sich ab dem 15. Jh. zum Symbol des Judentums und wurde 1897 das Wahrzeichen des → Zionismus. Seit der Staatsgründung 1948 ist der blaue Davidstern Teil der Flagge → Israels.

DB, Abkürzung für → *Deutsche Bahn.*

DDR, Abkürzung für → *Deutsche Demokratische Republik.*

DDT, Abkürzung für *Dichlordiphenyltrichloräthan,* ein Schädlingsbekämpfungsmittel (gegen Insekten). Wegen der Langzeitwirkung auf den Menschen (Anreicherung durch die Nahrungskette im Körper) ist es in vielen Ländern (auch in Deutschland) verboten.

Dealer [engl. 'di:lə = »Händler«], *der,* Person, die mit illegalen Waren (vor allem Drogen) handelt.

Debatte [frz. »Erörterung«], *die,* Diskussion über ein bestimmtes Thema (z. B. im Bundestag).

Debussy [dəby'si], Claude (1862–1918), französischer Komponist, der als Begründer des musikalischen → Impressionismus gilt und Werke mit fein differenzierten Klangfarben schuf.

Debüt [franz. de'by »Anfang«], *das,* erster Auftritt z. B. eines Künstlers in der Öffentlichkeit.

Decoder [engl. di:'koʊdə »Entschlüsseler«], *der,* allgemein ein Gerät, das zum Entschlüsseln von Daten oder Signalen dient, die in codierter Form übermittelt werden.

Deduktion [lat.], *die,* in der Philosophie die Ableitung des Besonderen aus dem Allgemeinen. Der Gegensatz zu dieser Methode ist die → Induktion.

de facto [lat. »von der Tatsache her«], tatsächlich; im Rechtswesen der Gegensatz zu → *de jure.* Bei einer De-facto-Anerkennung beispielsweise wird ein Staat im praktischen Umgang als Staat behandelt, obwohl keine völkerrechtlichen Vereinbarungen bestehen.

Defätismus [von frz. défaite = »Niederlage«], Schwarzseherei, wenn man nicht an den Erfolg einer Sache glaubt.

Defekt [lat.], *der,* Fehler, Schaden.

Defensive [lat.], Verteidigung, Abwehrhaltung. Gegensatz: → Offensive.

Definition [lat.], *die,* genaue Bestimmung eines Begriffs durch Angabe seiner wesentlichen Merkmale.

definitiv [lat.], endgültig.

Defizit [lat.], *das,* Mangel, Fehlbetrag.

Deflation [von lat. deflare = »wegblasen«], *die,* **1.** in der Wirtschaft die Verringerung der Geldmenge, die sich im Umlauf befindet, wodurch der Geldwert steigt und die Preise zurückgehen. Gegensatz: → Inflation; **2.** in der Geologie die Abtragung von Sand und lockerem Gestein durch Winde.

Defloration [von lat. deflorare = »die Blüte abpflücken«], *die,* Entjungferung, die beim ersten Geschlechtsverkehr zum Zerreißen des Jungfernhäutchens (→ Hymens) führt.

Defoe [də'foʊ], Daniel (1660–1731), englischer Schriftsteller, der durch seinen Roman → »Robinson Crusoe« (1719) berühmt wurde.

Deformation [lat. »Verunstaltung«], *die,* Verformung, bei Organismen auch eine Missbildung.

Degas [də'ga], Edgar (1834–1917), französischer Maler und Bildhauer, der unter dem Einfluss des → Impressionismus in seinen Bildern das Spiel des Lichts darstellte und mit zeichnerischer Klarheit flüchtige Bewegungen erfasste.

Degen, Hieb- und Stichwaffe mit einer langen, schmalen, geraden Klinge. Die im 14. Jh. entwickelte Waffe wird noch heute im → Fechtsport eingesetzt.

Degeneration [lat.], *die,* Entartung, in der Biologie eine Abweichung vom normalen Zustand und Erscheinungsbild von Zellen, Organen oder ganzen Lebewesen. Diese Schädigung führt zu einer allmählichen Verschlechterung der Leistungsfähigkeit.

Deich, ein Wall am Meer oder an einem Flussufer, der als Damm bei Sturmfluten oder Überschwemmungen Schutz bieten soll. Die flachere Seite ist dem Wasser zugewandt.

Deismus [von lat. deus = »Gott«], *der,* eine vor allem in der → Aufklärung verbreitete Gottesauffassung. Danach hat Gott zwar die Welt erschaffen, existiert aber außerhalb der Geschichte und greift nicht mehr in das Weltgeschehen ein.

■ *Davidstern*

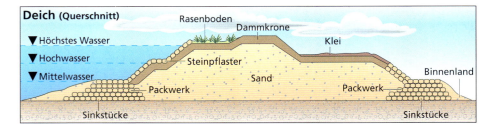

Delphi

In Delphi saß eine weissagende Priesterin, die → Pythia, auf einem Dreifuß über einer Erdspalte, aus der Dämpfe aufstiegen, die sie in einen Rauschzustand versetzten. Was sie von sich gab, wurde von den Priestern in Verse übertragen. Die vieldeutigen Weissagungen betrafen nicht nur persönliche Fragen (wie etwa die Sühnemaßnahmen für ein Verbrechen), sondern beeinflussten bis zum 5. Jh. v. Chr. auch das öffentliche Leben (bei Anfragen zu politischen Entscheidungen).

■ *Delphin*

Déjà-vu-Erlebnis [frz. deʒaˈvyː- »schon gesehen«], Erinnerungsverfälschung, das Gefühl, dass man etwas schon einmal erlebt hat oder von früher kennt (z. B. wenn man an einen Ort kommt, an dem man noch nie gewesen ist).
de jure [lat. »von Rechts wegen«], auf rechtlicher Grundlage, im Gegensatz zu → de facto.
Deka- [griech.], Vorsilbe, die »zehn« bedeutet; als Vorsatz bei Maßeinheiten mit der Bedeutung »zehnfach« (Zeichen *da,* z. B. 1 *Dekagramm* = 1 dag = 10 Gramm).
Dekade [griech. »Menge von zehn«], *die,* Zeitraum, der zehn Einheiten eines bestimmten Zeitmaßes (z. B. zehn Jahre) umfasst.
Dekadenz [frz.], *die,* Verfall, Niedergang in sittlicher oder kultureller Hinsicht.
Dekan [lat. »Führer von zehn Mann«], *der,* bei Hochschulen Leiter einer → Fakultät, in der Kirche der Vorsteher eines evangelischen Kirchenkreises oder der Vorstand eines katholischen Kollegiums, auch **Dechant** genannt.
Deklamation [lat. »Vortrag«], *die,* der ausdrucksvolle, oft auch übertriebene Vortrag eines Textes (z. B. eines Gedichts).
Deklaration [lat. »Darlegung«], *die,* offizielle Erklärung, beim Zoll die Angabe von mitgeführten Gegenständen, die zollpflichtig sind.
Deklination [lat.], *die,* Beugung, in der Grammatik die Abwandlung der Formen von bestimmten Wortarten (→ Substantive, → Adjektive, → Pronomen, → Artikel) nach dem Fall (→ Kasus) und der Zahl (→ Numerus).
Delacroix [delaˈkrwa], Eugene (1798–1863), französischer Maler, der als wichtigster Vertreter der romantischen Malerei in Frankreich gilt.
Delegation [lat. »Beauftragung«], *die,* Abordnung, außerdem die Übertragung einer Aufgabe oder Zuständigkeit (eine Aufgabe wird an einen anderen **delegiert).**
delikat [frz.], köstlich, wohlschmeckend. Als delikat wird auch eine heikle Situation bezeichnet. Eine **Delikatesse** ist ein Leckerbissen.
Delikt [lat.], *das,* Vergehen, strafbare Handlung.

Eine Person, die eine Straftat begeht, wird als **Delinquent** bezeichnet.
Delirium [lat. »Irrsinn«], *das,* mit Sinnestäuschungen verbundene Verwirrung, die durch hohes Fieber bei Krankheiten, bestimmte Geisteskrankheiten, übermäßigen Genuss von Alkohol oder Rauschgift sowie Entzug von Suchtmitteln hervorgerufen wird.
Delphi, antike Stadt in Mittelgriechenland, wo sich ein Heiligtum des Gottes → Apollon befand. Dieses war der Sitz des berühmtesten → Orakels des Altertums.
Delphine, *Delfine,* zu den → Walen gehörende Säugetiere aus der Unterordnung der Zahnwale, die in allen Meeren (in Südamerika und Indien auch in großen Flüssen) leben. Sie werden je nach Art 1–10 m lang. Der fischähnliche Körper besitzt eine schnabelartig verlängerte Schnauze mit kräftigem Gebiss. Delphine sind gewandte Schwimmer, die bis zu 35 km/h Geschwindigkeit erreichen. Die zumeist in Gruppen (»Schulen«) lebenden Tiere, die sich durch differenzierte Laute (teilweise oberhalb des menschlichen Hörbereichs) verständigen und sich mit Hilfe einer Echopeilung (→ Echolot) durch Ultraschallwellen orientieren, sind sehr intelligent.
Delta [griech.], *das,* der vierte Buchstabe des griechischen Alphabets (Δ), nach dessen Form die mehrarmige Mündung eines Flusses bezeichnet wird.
Demagoge [griech. »Volksführer«], *der,* heute abwertende Bezeichnung für einen Volksverführer, der seine Zuhörer durch mitreißende Reden aufhetzt.
Demarkation [frz.], *die,* Abgrenzung. Eine **Demarkationslinie** ist eine vertraglich festgelegte Grenzlinie zwischen Staaten, die aber völkerrechtlich nicht als Staatsgrenze gilt.
Dementi [frz.], *das,* Widerruf, offizielle Richtigstellung einer Nachricht.
Demenz, *Dementia* [lat. »Geistesschwäche«], *die,* erworbener Schwachsinn, der zu einer dauerhaften Verminderung der Intelligenz führt.

Die Demenz geht auf Hirnschädigungen (z. B. durch → Alzheimer-Krankheit) zurück.

Demission [frz.], *die,* Entlassung oder Rücktritt einer Regierung oder einzelner Minister.

Demokraten, Bezeichnung für die Anhänger der *Democratic Party* (Demokratische Partei) in den Vereinigten Staaten von Amerika.

Demokratie [griech.], *die,* Volksherrschaft, eine Staatsform, bei der sich das Volk selbst regiert. Man unterscheidet dabei zwischen einer *direkten* oder *plebiszitären* Demokratie, in der das Volk alle wichtigen Entscheidungen in Volksabstimmungen trifft (nur noch in Schweizer Kantonen üblich, und einer *repräsentativen* Demokratie, in der das Volk → Abgeordnete wählt und als seine Vertreter damit beauftragt, die Regierung zu wählen und Gesetze zu beschließen. Wenn der Regierungschef direkt vom Volk gewählt wird (wie in den USA), spricht man von einer *präsidialen* Demokratie, wenn er dagegen von den Abgeordneten gewählt wird (wie in Deutschland), von einer *parlamentarischen* Demokratie. Im letzteren Fall kann er auch vom Parlament abgewählt werden, falls er nicht mehr das Vertrauen der Mehrheit der Abgeordneten besitzt. Grundlage für jede Demokratie sind die Freiheit und die Gleichheit aller Bürger, die durch die → Gewaltenteilung garantiert werden sollen. In den sog. *Volksdemokratien* gibt es keine Teilung der Staatsgewalten; dort vereinigt sich die gesamte Macht in einer Staatspartei (z. B. Kommunistische Partei der Volksrepublik China).

Die Staatsform der Demokratie ist fast 2500 Jahre alt. Im Altertum hatten mehrere griechische Stadtstaaten (z. B. Athen im 4. Jh. v. Chr.) eine demokratische Verfassung, aber damals durfte nur eine Minderheit (nur die Einwohner über 30 Jahre, die Bürgerrecht besaßen, nicht aber die Frauen und Sklaven) entscheiden. Auch die freien Städte im Mittelalter wurden durch Selbstverwaltung der Bürger demokratisch regiert. Die moderne Demokratie nahm ihren Anfang in England (Begründung der parlamentarischen Herrschaft durch die *Bill of Rights,* 1689), den USA (Berufung auf die Menschenrechte in der *Unabhängigkeitserklärung,* 1776, und auf die Idee der Gewaltenteilung in der *amerikanischen Verfassung,* 1787) und Frankreich (Betonung der Menschen- und Bürgerrechte in der *Französischen Revolution,* 1789).

Demonstration [lat. »Zeigen«], *die,* eindringliche Darlegung, um etwas anschaulich zu beweisen; außerdem eine öffentliche Massenkundgebung, die gegen etwas protestiert oder für bestimmte Ziele eintritt.

Demontage [frz. -'ta:ʒə], *die,* Abbau von Anlagen, im übertragenen Sinne gezielte Verringerung des Ansehens und der Macht einer einflussreichen Person.

Demoskopie [von griech. demos = »Volk« und skopein = »betrachten«], *die,* Meinungsforschung, eine statistische Untersuchungsmethode, die durch Meinungsumfragen (mit Hilfe von vereinheitlichten mündlichen Befragungen und Fragebogen) die öffentliche Meinung zu ermitteln versucht. Befragt wird dabei eine Personengruppe, die als repräsentativer Bevölkerungsquerschnitt gilt.

Deng Xiaoping [dəŋɕiaupɪŋ] (* 1904–1997), chinesischer Politiker, der zweimal (1965–1969 und 1976) entmachtet und aller Ämter enthoben wurde, aber ab 1977 zum mächtigsten Politiker der Volksrepublik → China aufstieg. Er leitete durch eine Liberalisierung der Wirtschaftspolitik die Modernisierung des Landes ein, verhinderte aber gleichzeitig eine Demokratisierung und ließ 1989 Studentendemonstrationen blutig niederschlagen.

Den Haag [ndl. dɛn 'ha:x] amtlich *s-Gravenhage,* Residenzstadt und Regierungssitz der → Niederlande. Die an der Nordsee gelegene Stadt (445 000 Einwohner) ist Sitz des → Internationalen Gerichtshofs.

Denkmalschutz, alle Maßnahmen, die dazu dienen, für die Kulturgeschichte wichtige, insbesondere künstlerisch bedeutsame Zeugnisse vor Verfall, Zerstörung und Veränderung zu schützen. Bauwerke, die unter Denkmalschutz stehen, dürfen nicht ohne behördliche Genehmigung verändert oder abgerissen werden. Auf internationaler Ebene kümmert sich neben der → UNESCO der 1965 gegründete *ICOMOS* (International Council of Monuments and Sites) um die Erhaltung von Kulturdenkmälern.

Denunziation [lat. »Ankündigung«], *die,* Anzeige, die jemand aus niedrigen Beweggründen macht, um einem anderen zu schaden.

Departement [frz. departə'mã:], *das,* in Frankreich ein Verwaltungsbezirk, an dessen Spitze ein *Präfekt* steht. In der Schweiz versteht man darunter eine Regierungsbehörde (= Ministerium) mit einem Bundesrat an der Spitze. In den USA entspricht das **Department** [engl. dɪ'pɑːtmənt] einem deutschen Ministerium.

Deponie [lat.], *die,* Platz zum Ablagern von Abfall.

Deportation [lat.], *die,* Verschleppung, zwangs-

Denkmalschutz

Kulturdenkmäler in Deutschland:

mittelalterliche Hansestadt Lübeck

Dom von Aachen mit Pfalzkapelle Karls des Großen (800)

Dom von Speyer (1030–1106)

Rokoko-Wallfahrtskirche »Die Wies« in Oberbayern (1745–1754)

Würzburger Barock-Residenz (1720–1744) von Balthasar Neumann

Barockschlösser Augustusburg (1725–1728) und Falkenlust (1729–1740) bei Brühl

römische Baudenkmäler (1.–3. Jh.), Dom (4. Jh.) und Liebfrauenkirche in Trier

Dom (1054–1079) und Michaeliskirche (1010–1033) in Hildesheim

Schlösser und Parks von Sanssouci in Potsdam (1745–1747) und Berlin (Glienicke und Pfaueninsel)

ehem. Benediktinerabtei Lorsch mit karolingischer Torhalle (764)

Silbererzbergwerk Ramelsberg (10. Jh.) und Altstadt von Goslar (922)

Zisterzienserkloster Maulbronn (1147)

Altstadt von Bamberg (902) mit Barockbauten und Gartenanlage

Altstadt von Quedlinburg mit Schloss und Stiftskirche

stillgelegte Eisenhütten in Völklingen

Ausgrabungsstätte (Fossilien) in Messel

Kölner Dom (1248–1880)

Bauhaus in Weimar und Dessau

Luther-Gedenkstätten in Eisleben (Geburts- und Sterbehaus) und Wittenberg (Lutherhaus)

*Tanzende **Derwische** am Berg Nemrud (Türkei)*

weise Verschickung von Einzelnen oder Gruppen aufgrund staatlicher Anordnung.

Depot [frz. de'po], *das,* **1.** ein Aufbewahrungsort für Gegenstände und Wertpapiere; **2.** eine Sammelstelle für Busse oder Straßenbahnen; **3.** ein Bodensatz im Wein, der sich in der Flasche abgelagert hat.

Depression [lat.], *die,* **1.** Gefühl der Niedergeschlagenheit, das nach einem erschütternden Ereignis, aber auch als Folge von schweren körperlichen Krankheiten auftreten kann oder Teil einer manisch-depressiven Erkrankung ist; **2.** in der Geographie versteht man darunter ein Gebiet auf dem Festland, das unterhalb des Meeresspiegels liegt (z. B. das Death Valley in Ostkalifornien, 86 m unter dem Meeresspiegel); **3.** in der Wirtschaft bezeichnet man damit einen durch Arbeitslosigkeit und sinkende Nachfrage gekennzeichneten Rückgang oder Tiefstand der wirtschaftlichen Entwicklung. Gegensatz: → Konjunktur.

Derby [engl.], *das,* Pferderennen das alljährlich für die dreijährigen Vollblüter eines Landes veranstaltet wird (z. B. *Deutsches Derby* in Hamburg).

Dermatologie [griech.], *die,* Fachgebiet der Medizin, das sich mit Haut- und Geschlechtskrankheiten befasst.

Derwisch [pers. »Bettler«], *der,* Angehöriger einer islamischen religiösen Bruderschaft, der als wandernder Bettelmönch oder in einem Kloster lebt und durch → Askese eine mystische Einheit mit Gott zu erreichen versucht.

Descartes [de'kart], René (1596–1650), französischer Philosoph, Mathematiker und Naturforscher, der u. a. die analytische Geometrie begründete und das optische Brechungsgesetz entdeckte. In der Philosophie schuf er die Grundlagen für den neuzeitlichen → Rationalismus und ein dualistisches Weltbild mit dem Gegensatz von Geist und Materie. Von ihm stammt der Satz »*Cogito ergo sum*« (»Ich denke, also bin ich«), der die Selbstständigkeit des Denkens und den Zweifel zur Grundlage exakter Vernunfteinsichten erhebt.

Deserteur [frz. -'tø:ɐ̯], *der,* Fahnenflüchtiger, der die Truppe verlässt, um in Kriegszeiten nicht kämpfen und in Friedenszeiten seinen Militärdienst nicht ableisten zu müssen.

Design [engl. di'zain], *das,* Entwurf im künstlerisch-industriellen Bereich, Muster.

Designerdrogen [engl.], künstlich, vollständig auf chemischer Basis hergestellte → Drogen, die die Wirkung natürlicher Drogen nachahmen. Bekannte Designer-Drogen sind → Crack und → Ecstasy.

Desinfektion [lat.], *die,* das Abtöten von Krankheitserregern mit physikalischen (z. B. Abkochen, Dampf, Heißluft, Bestrahlung, Ultraschall) oder chemischen Mitteln (z. B. Alkohol).

Desktoppublishing *Desktop Publishing* [engl. [-'pabliʃiŋ] »Veröffentlichung vom Schreibtisch aus«], *DTP, das,* die Herstellung und optische Gestaltung von Publikationen (z. B. Zeitungen, Zeitschriften, Bücher) mit Hilfe eines Computers. DTP setzt eine spezielle → Software voraus. Das DTP-System eröffnet dem Anwender die Möglichkeit, aus einer breiten Palette von Schrifttypen *(Fonts)* und -größen auszuwählen, Bilder und Grafiken in die Texte einzupassen, das gesamte → Layout am Bildschirm zu gestalten und sich anzuschauen, wie später das fertige Produkt aussehen wird.

Desoxyribonukleinsäure, der chemische Stoff, der bei allen Organismen (mit Ausnahme einiger → Viren) die Erbinformation trägt und der wesentliche Bestandteil der → Chromosomen ist. Die zumeist als *DNS* oder international → *DNA* abgekürzte Verbindung gehört zu den → Nukleinsäuren und besteht aus Riesenmolekülen. Die Einzelbausteine dieser Moleküle heißen *Nukleotide,* die jeweils aus einem Zucker- und einem Phosphatmolekül (als Grundgerüst) und einer seitlich davon abstehenden → Base bestehen. Sie sind zu langen Ketten aneinander gereiht. Die Reihenfolge der Basen bestimmt als → genetischer Code die Erbinformation, die an die Nachkommen weitergegeben wird. Bei der DNA winden sich zwei Stränge als → Doppelhelix umeinander. Da jeder Strang die gesamte Erbinfor-

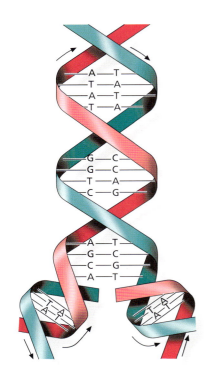

Desoxyribonukleinsäure (DNA)

mation enthält, kann er sich bei der Teilung einer Zelle leicht verdoppeln. Dabei trennen sich die Stränge und sie bauen dann jeweils den anderen Strang auf, indem sie an jede Base die dazu komplementäre Base anlagern (sog. *DNA-Replikation*). Seit den 70er Jahren kann man die DNA durch gezielte Eingriffe im Labor verändern; dazu »zerschneidet« man ihre Molekülfäden an bestimmten Stellen und setzt DNA-Moleküle aus anderen Lebewesen ein (→ Gentechnologie).
Die Basen sind paarweise miteinander verbunden: Adenin mit Thymin (bzw. Uracil), Cytosin mit Guanin. Diese komplementäre Basenstruktur ist sowohl für die Doppelstranggestalt der DNA als auch für die Vermehrung und die Übertragung der Information von der DNA auf die → RNA von Bedeutung.

Despot [griech.], *der,* im Altertum ursprünglich ein Herrscher, der unbeschränkte Gewalt hatte; heute im negativen Sinn ein Gewaltherrscher und im übertragenen Sinn jemand, der sich rücksichtslos benimmt.

Dessert [frz. dɛˈsɛːʀ], *das,* Nachspeise.

Destillation [von lat. destillare = »herabträufeln«], *die,* chemisches Verfahren, um Stoffgemische durch Verdampfen voneinander zu trennen. Da die Stoffe einen unterschiedlichen Siedepunkt besitzen, gehen sie bei verschiedenen Temperaturen in Dampf über. Die verdampften Stoffe können dann in Kühlrohren durch → Kondensation wieder verflüssigt werden und als reines *Destillat* abgeleitet werden.

Die Basen der DNA

Adenin
Cytosin
Guanin
Thymin
Bei der RNA tritt an die Stelle von Thymin die Base Uracil.

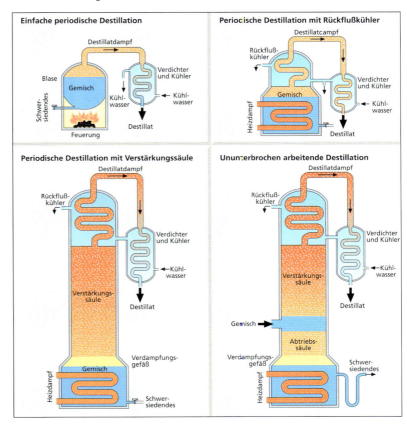

destruktiv [lat.], zerstörerisch.
Detail [frz. deˈtaj], *das,* Einzelheit.
Detektiv [engl. »Ermittler«], *Privatdetektiv,* eine Person, die mit polizeilicher Genehmigung im Auftrag von privaten Kunden Ermittlungen anstellt, um belastendes Material zu sammeln.
Determinismus [lat.], *der,* philosophische Lehre, die von der Vorbestimmung aller Ereignisse ausgeht. Danach ist jedes Geschehen die Folge einer direkten Ursache. Danach kann es keinen freien Willen geben.
Deuce [engl. dju:s], *das,* Einstand, im → Tennis beim Spielstand von 40:40 Ausgleich eines Vorteils (→ Advantage) durch den Gegenspieler.

■ **Destillation:** *Schematische Darstellung verschiedener Destillierverfahren*

Staatsoberhäupter der DDR

(bis 1960 als Präsident, 1960–1990 als Vorsitzender des Staatsrats, 1990 als Präsidentin der Volkskammer)

Wilhelm Pieck (1876–1960), SED 1949–60

Walter Ulbricht (1893–1973), SED 1960–73

Willi Stoph (*1914), SED 1973–76

Erich Honecker (1912–1994), SED 1976–89

Egon Krenz (*1937), SED Okt.–Dez. 1989

Manfred Gerlach (*1928), LDP Dez. 1989–April 1990

Sabine Bergmann-Pohl (*1946), CDU April–Okt. 1990

Deus ex machina [lat.], *der,* im antiken Theater der »Gott aus der Maschine«, der überraschend auftrat und die Verwicklung des Geschehens auflöste. Heute versteht man darunter eine überraschende Lösung von Konflikten durch ein unerwartetes Eingreifen von außen.

Deuterium [griech. »das zweite«], *das,* ein Isotop von → Wasserstoff, das auch als schwerer Wasserstoff (Zeichen *D*) bezeichnet wird.

Deutsche Bahn, *DB,* Unternehmen, das für die deutsche → Eisenbahn zuständig ist.

Deutsche Demokratische Republik, *DDR,* der 1949 auf dem Boden der sowjetischen Besatzungszone (→ deutsche Geschichte) entstandene Staat (108 333 km², zuletzt 16,64 Mio. Einwohner), der das Gebiet der heutigen neuen Bundesländer (→ Deutschland) umfasste und von Ostberlin (→ Berlin) aus regiert wurde. Die DDR war eine sozialistische Volksrepublik, in der die → SED die Politik und das gesellschaftliche Leben bestimmte. Die Wirtschaft war staatlich gelenkt. Als Mitglied des → Warschauer Pakts und des → COMECON war die DDR Teil des »Ostblocks« und entwickelte sich vorübergehend zur wichtigsten Wirtschaftsmacht in Osteuropa hinter der Sowjetunion. Als nach den blutig niedergeschlagenen Aufständen vom 17. Juni 1953 immer mehr Bürger in den Westen flüchteten, errichtete die DDR im August 1961 eine Mauer in Berlin und sicherte ihre Grenze zur Bundesrepublik mit Wachposten und Todesstreifen. Mehr als 3 Mio. Menschen flüchteten bis zum Bau der Mauer aus der DDR. In den 70er Jahren kam es in den Beziehungen mit der Bundesrepublik durch verschiedene Verträge (1972 Grundvertrag) und Abkommen zu einer Normalisierung. Während in der zweiten Hälfte der 80er Jahre in Osteuropa die Bewegungen für mehr Demokratisierung erstarkten, verschlechterte sich in der DDR die wirtschaftliche Lage, ohne dass die SED unter der Führung von → Honecker politische Reformen zuließ. Eine neuerliche Fluchtwelle über Ungarn und die Tschechoslowakei und Massendemonstrationen führten 1989 zunächst zu einer Liberalisierung und Öffnung der Grenzübergänge zur Bundesrepublik. 1990 kam es zu den ersten freien Volkskammerwahlen. Ab Juli 1990 bestand eine Währungs-, Wirtschafts- und Sozialunion mit der Bundesrepublik, der die DDR am 3. Oktober 1990 beitrat.

deutsche Geschichte, in der Frühzeit die Geschichte der → Germanen, die sich während der → Völkerwanderung auf dem Boden des späteren Deutschland ansiedelten. Ein deutsches

■ ***Deutsche Bundesbahn:*** *Der Intercity-Express (ICE)*

Reich entstand erst nach der Teilung des → Fränkischen Reichs. Dessen Ostteil, den Ludwig der Deutsche 843 erhielt, umfasste die Stämme der Franken, Sachsen, Bayern, Alemannen, Friesen und Thüringer. Als die Karolinger ausstarben, wählte eine Versammlung der deutschen Stammesherzöge 911 den Frankenherzog Konrad zum König. 920 kam der Begriff »Deutsches Reich« *(regnum teutonicam)* auf. Die Könige des Deutschen Reiches ließen sich ab Otto I. (→ Ottonen) zum römischen Kaiser krönen und führten die Tradition des Römischen Imperiums als → *Heiliges Römisches Reich deutscher Nation* fort, wodurch sie den Schutz der Kirche und des Papstes übernahmen und auch Anspruch auf die weltliche Herrschaft über das christliche Abendland erhoben. Dies führte häufig zu Machtkämpfen zwischen Kaisertum und Papsttum (z. B. Investiturstreit).

Nachdem Lothringen bereits 925 eingegliedert worden war, dehnte Deutschland im Kampf gegen die Slawen seinen Herrschaftsbereich nach Osten aus. Vorübergehend hatte es auch die Oberhoheit über Polen, Böhmen und Ungarn. Ab 1033 gehörte Burgund zum Deutschen Reich. Seine größte Ausdehnung hatte das Reich unter Heinrich VI. (1190–1197), als es sich bis Sizilien erstreckte, doch ab 1250 ging der Einfluss in Italien und Sizilien zurück. Im Spätmittelalter wuchs die Macht der Territorialfürsten auf Kosten des Kaisers und einer zentralen Macht. Ab 1356 wurde der deutsche König von den → Kurfürsten nach dem Mehrheitsprinzip gewählt (→ Goldene Bulle). Die auf dem → Lehnswesen beruhende feudale Gesellschaftsordnung machte die Bauern zu Leibeigenen der Grundherren. Aufstände ab dem 14. Jh. führten im frühen 16. Jh. zu den → Bauernkriegen. Gleichzeitig erstarkte das Bürgertum in den Reichsstädten, deren Einfluss durch den Handel wuchs. Besonders mäch-

tig wurde der Städtebund der → Hanse. Eine sehr wichtige Rolle spielte die Geistlichkeit; die Kirchenfürsten hatten auch weltliche Macht und regierten eigenständig große Gebiete.

Die → Reformation führte ab 1517 zu einer religiösen Spaltung Deutschlands, die auch durch den → Augsburger Religionsfrieden (1555) nicht überwunden werden konnte. Im → Dreißigjährigen Krieg (1618–1648) zerfiel das Land in rund 300 oft winzige, selbstständige Einzelstaaten. Das Reich bestand nur noch dem Namen nach, zumal sich die → Schweiz und die → Niederlande lösten und Elsass und Lothringen an Frankreich verloren gingen. Während der Zeit des → Absolutismus begann der Aufstieg der größeren Einzelstaaten wie Bayern, Sachsen, Preußen und Österreich. Der → Siebenjährige Krieg (1756–1763) leitete die Auseinandersetzung zwischen Preußen und Österreich um die Vorherrschaft in Deutschland ein. Eine territoriale Neuordnung zeichnete sich mit dem Reichsdeputationshauptschluss (1803) ab, mit dem mehr als 100 Kleinstaaten, darunter fast alle geistlichen Fürstentümer, und Reichsstädte aufgelöst wurden. Das Deutsche Reich endete offiziell 1806, als Franz II. auf Druck → Napoleons auf den Kaisertitel verzichtete.

Nach der Wiederherstellung der alten Staatsordnung auf dem → Wiener Kongress wurde 1815 der *Deutsche Bund* gegründet, der aus 35 Staaten und vier freien Städten bestand. Diese bis 1866 existierende Konföderation (mit einem ständigen Bundestag in Frankfurt am Main) wurde von Österreich beherrscht. Revolutionäre Bewegungen, die 1830 in einigen Staaten für Verfassungen sorgten und 1848 ein kurzlebiges deutsches Parlament (Frankfurter Nationalversammlung) erbrachten, führten nicht zur erhofften nationalen Einheit. Diese wurde erst möglich, als sich Preußen 1866 im Deutschen Krieg gegen Österreich durchsetzte. Der 1866 gegründete und von Preußen dominierte *Norddeutsche Bund* war die Vorstufe zum *Deutschen Reich,* das 1871 nach dem → Deutsch-Französischen Krieg als Bundesstaat ohne Beteiligung Österreichs (»kleindeutsche Lösung«) gegründet wurde. Kaiser wurde der preußische König (→ Hohenzollern).

Deutschland entwickelte sich zu einem blühenden Industriestaat und gleichzeitig zu einer europäischen Großmacht. Während die Außenpolitik → Bismarcks durch Bündnisse um ein Gleichgewicht in Europa bemüht war, verschärften sich unter Wilhelm II. die Spannungen mit den anderen Staaten, was 1914 zum Ausbruch des Ersten Weltkrieges (→ Weltkriege) führte.

Die deutsche Niederlage hatte 1918 die Abdankung des Kaisers (Novemberrevolution) und aller Landesfürsten zur Folge. Deutschland erhielt 1919 eine demokratische Verfassung. In der → *Weimarer Republik* hatten zunächst die gemäßigten Parteien die parlamentarische Mehrheit. Trotz mehrerer Umsturzversuche und der Belastungen durch den → Versailler Friedensvertrag gelang es Deutschland, sich zu erholen und sich mit seinen Nachbarn auszusöhnen. Der Ausbruch der → Weltwirtschaftskrise 1929 verschärfte jedoch die Spannungen und stärkte die extremen politischen Strömungen. Nachdem ab 1930 keine parlamentarischen Mehrheiten mehr zustande kamen und mit Notverordnungen regiert werden musste, wurde 1933 → Hitler zum Reichskanzler berufen. Unter dem Nationalsozialismus wurden alle anderen Parteien ausgeschaltet und eine Diktatur errichtet. Das sog. *Dritte Reich* betrieb eine gewaltige Aufrüstung und vergrößerte sein Gebiet durch den Anschluss Österreichs (1938) und die Besetzung der Tschechoslowakei (1939). Die 1935 eingeführten Nürnberger Rassengesetze leiteten in Deutschland und später in den besetzten Gebieten eine Politik der Unterdrückung und planmäßigen Ermordung der Juden ein (→ Antisemitismus). Mit dem Angriff auf Polen wurde 1939 der Zweite Weltkrieg (→ Weltkriege) ausgelöst.

Nach der militärischen Niederlage wurde Deutschland 1945 von den Siegermächten besetzt. Im Potsdamer Abkommen wurde Deutschland in vier Besatzungszonen aufgeteilt, deren Regierungsgewalt ein Alliierter Kontrollrat in Berlin übernahm. Die Gebiete östlich der Oder und Neiße wurden der Verwaltung Polens und der Sowjetunion unterstellt, wobei die dort lebenden Deutschen als Vertriebene nach West- und Ostdeutschland auswandern mussten; das → Saarland wurde bis 1957 von Frankreich verwaltet. Meinungsverschiedenheiten zwischen den → Alliierten, die später im Kalten Krieg mündeten, führten zu einer getrennten Entwicklung der Besatzungszonen. Über ein Vereinigtes Wirtschaftsgebiet (ab 1947) entstand in den drei Westzonen am 7. 9. 1949 die *Bundesrepublik* → *Deutschland*. Auf dem Boden der sowjetisch besetzten Ostzone wurde am 7. 10. 1949 die → *Deutsche Demokratische Republik* ausgerufen.

Deutsche Mark, *DM,* die Währungseinheit für die Bundesrepublik Deutschland. Die DM wur-

Deutschland
Staatsname: Bundesrepublik Deutschland
Staatsform: Parlamentarischer Bundesstaat
Hauptstadt: Berlin
Fläche: 356 978 km²
Einwohner: 81,6 Mio.
Bevölkerungsdichte: 228,5/km²
Amtssprache: Deutsch
Währung: Deutsche Mark (DM)
Nationalitätskennzeichen: D

Deutschland

de mit der Währungsreform 1948 als Nachfolgewährung für die *Reichsmark* (seit 1924) eingeführt.

Deutsche Post, das in Deutschland für die → Post zuständige Dienstleistungsunternehmen ist in drei selbstständige Dienst unterteilt *Postbank* (für Postgirodienste und Postsparkasse) *Postdienst* (für Versand von Briefen, Postkarten und Paketen) und *Telekom*.

Deutscher Orden, *Deutscher Ritterorden, Deutschherren,* ein 1190 während eines → Kreuzzuges in Palästina gegründeter Ritterorden, der ursprünglich der Krankenpflege diente und 1198 in einen geistlichen Ritterorden umgewandelt wurde. Ordenstracht war ein weißer Mantel mit einem schwarzen Kreuz. Der Orden unterwarf im 13. Jh. die Pruzzen und Litauer und bekehrte sie zum Christentum. Durch zahlreiche deutsche Siedlungen schuf er einen eigenen Ordensstaat, der sich im 14. Jh. von der Weichselmündung bis zum Finnischen Meerbusen erstreckte. Der Niedergang des Ordens begann im 15. Jh., als das Ordensheer in der Schlacht von Tannenberg (1410) gegen Polen unterlag und die westliche Hälfte Preußens abtreten musste. Das Ordensgebiet wurde 1511 reformiert und in ein weltliches Herzogtum (ab dem 17. Jh. zu Brandenburg gehörig) umgewandelt. Der Orden selbst wurde 1808 von → Napoleon aufgelöst, aber sein katholischer Zweig besteht noch in Österreich.

deutsche Sprache, eine → indogermanische Sprache, die zur Gruppe der → germanischen Sprachen gehört und heute von rund 100 Mio. Menschen in Mitteleuropa gesprochen wird. Die deutsche Sprache entwickelte sich ab dem 5. Jh. aus germanischen Stammessprachen. Im 6. und 7. Jh. trennte sich das *Hochdeutsche* in der zweiten Lautverschiebung sowohl von den anderen germanischen Sprachen als auch vom *Niederdeutschen* (z. B. Westfälisch oder Mecklenburgisch). Das Hochdeutsche ist keine einheitliche Sprache, sondern umfasst zahlreiche → Mundarten. Während die *oberdeutschen* Mundarten (wie Alemannisch oder Bayerisch) diese Lautverschiebung vollständig durchgeführt haben, ist dies bei den *mitteldeutschen* Mundarten (wie Sächsisch oder Hessisch) nicht der Fall. Historisch unterscheidet man drei große Abschnitte: *Althochdeutsch* (750–1050), *Mittelhochdeutsch* (1050–1350), *Frühhochdeutsch* (1350–1650), *Neuhochdeutsch* (ab 1650).
Eine überregionale Schriftsprache bildet sich in der frühneuhochdeutschen Periode heraus. Die neuhochdeutsche Schriftsprache ist im Gegensatz zu früheren Sprachen in der → Rechtschreibung und → Grammatik geregelt, entwickelt sich aber weiter.

Deutsches Reich, der 1871 gegründete Bundesstaat, dem 22 Königreiche und Fürstentümer sowie drei Stadtstaaten und das im → Deutsch-Französischen Krieg gewonnene Reichsland Elsass-Lothringen angehörten. Staatsoberhaupt war bis 1918 als erblicher Kaiser der König von → Preußen. Während der → Weimarer Republik (1918–1933) waren es 18 Länder, die nach der nationalsozialistischen Machtübernahme gleichgeschaltet wurden. Das Deutsche Reich endete 1945 mit der Kapitulation (→ Zweiter Weltkrieg): Deutschland wurde von den alliierten Siegermächten besetzt und geteilt: Das Gebiet östlich der Oder-Neiße-Linie fiel an Polen, der nördliche Teil → Ostpreußens mit Königsberg an die Sowjetunion; auf dem Boden der Besatzungszonen entstanden 1949 die Bundesrepublik → Deutschland und die → Deutsche Demokratische Republik.

Deutsch-Französischer Krieg, der 1870/71 zwischen Preußen und Frankreich geführte Krieg um die Vorherrschaft in Europa. Die Niederlage Frankreichs führte zur Ausrufung der französischen Republik, die im Frankfurter Frieden umfangreiche Entschädigungen zahlen und außerdem Elsass und Lothringen abtreten musste. Eine weitere Folge war die Gründung des → Deutschen Reichs unter preußischer Führung bereits vor Beendigung des Krieges.

Deutschland, *Bundesrepublik Deutschland,* Bundesstaat in Mitteleuropa. Das Land erstreckt sich zwischen dem Hochgebirge der → Alpen im Süden und der Nord- bzw. Ostsee im Norden. An das hügelige Alpenvorland schließt sich nördlich eine breite Zone von Mittelgebirgen an (u. a. → Rheinisches Schiefergebirge, Harz, Erzgebirge und Bayerischer Wald). Das norddeutsche Tiefland reicht bis zur Küste. Außerdem gehören zu Deutschland Helgoland, die → Friesischen Inseln in der Nordsee sowie Fehmarn, Rügen und der größte Teil von Usedom in der Ostsee. Die Bundesrepublik entstand 1949 auf dem Boden der drei westlichen Besatzungszonen (→ deutsche Geschichte) und setzte sich ursprünglich aus zehn Bundesländern (Saarland seit 1957) zusammen. Der Westteil von → Berlin hatte einen Sonderstatus. Ihre staatliche Eigenständigkeit erhielt die Bundesrepublik mit dem *Deutschlandvertrag* (1952), der das Besatzungsstatut aufhob, aber erst 1955 in Kraft trat, als die Bundesrepublik

Deutschland 141

Bundesländer

Alte Bundesländer	Fläche in km²
Baden-Württemberg	35 751
Bayern	70 554
Berlin	889
Bremen	404
Hamburg	755
Hessen	21 114
Niedersachsen	47 348
Nordrhein-Westfalen	34 072
Rheinland-Pfalz	19 846
Saarland	2 570
Schleswig-Holstein	15 732

Neue Bundesländer	
Brandenburg	29 476
Mecklenburg-Vorpommern	23 420
Sachsen	18 408
Sachsen-Anhalt	20 443
Thüringen	16 176

Dezimalsystem

Das Dezimalsystem wurde von den Indern um 500 v. Chr. entwickelt und gelangte über den Vorderen Orient nach Europa (→ arabische Ziffern). Das Rechnen mit der Grundzahl 10 bietet sich für den Menschen an, weil früher an den zehn Fingern abgezählt wurde. Es gibt jedoch noch andere Zahlensysteme, die unterschiedliche Grundzahlen verwenden, z. B. das in Babylon verwendete *Hexadezimalsystem* (mit der Grundzahl 60) und das → *binäre* oder *duale Zahlensystem* (mit der Grundzahl 2).

Einzelgewerkschaften des DGB

IG Metall
Gewerkschaft öffentliche Dienste, Transport und Verkehr (ÖTV)
IG Bauen-Agrar-Umwelt
IG Chemie, Papier und Keramik
Deutsche Postgewerkschaft
Gewerkschaft Handel, Banken und Versicherungen
Gewerkschaft der Eisenbahner Deutschlands
IG Bergbau und Energie
Gewerkschaft Nahrung-Genuss-Gaststätten
Gewerkschaft Erziehung und Wissenschaft
Gewerkschaft Textil-Bekleidung
IG Medien, Druck und Papier
Gewerkschaft der Polizei
Gewerkschaft Holz und Kunststoff
Gewerkschaft Gartenbau, Land- und Forstwirtschaft
Gewerkschaft Leder

Mitglied der → NATO wurde. Die ersten Jahrzehnte der Republik waren durch eine enge Anlehnung an den Westen gekennzeichnet; eine Entspannung mit den östlichen Nachbarn leiteten erst die Ostverträge 1970 ein. Nachdem die Bundesrepublik lange Zeit den Alleinvertretungsanspruch für alle Deutschen erhoben hatte (sog. *Hallstein-Doktrin),* normalisierten sich nunmehr die Beziehungen zur DDR *(Grundvertrag* 1972). In wirtschaftlicher Hinsicht (seit 1957 Mitglied der EWG → EU) entwickelte sich die Bundesrepublik nach anfänglichen Schwierigkeiten (→ Währungsreform und Neuaufbau der im Krieg zerstörten Industrie) zu einem der führenden Industriestaaten, dessen Wirtschaft in erster Linie auf dem Export beruht. Mit der Wiedervereinigung im Oktober 1990 erhielt Deutschland die volle Souveränität.

Devisen [frz.], Zahlungsmittel in einer ausländischen → Währung.

Devon [von der engl. Grafschaft Devonshire], *das,* ein Abschnitt in der → Erdgeschichte (vor 410–360 Mio. Jahren).

Dezi- [lat.], Vorsatz bei Maßeinheiten mit der Bedeutung »Zehntel-« (Zeichen *d,* z. B. Deziliter = dl = 1/10 Liter).

Dezibel, Pseudomaßeinheit (Zeichen *dB)* für den Schalldruck (Lautstärke). Die Angabe 10 dB bedeutet, dass etwas zehnmal lauter erscheint als ein bestimmter Schalldruck. Dieser Bezugspunkt von 0 dB wird als Hörschwelle des menschlichen Ohrs bezeichnet.

Dezimalsystem [von lat. decimus = »der zehnte«], Zahlensystem, das auf der Grundzahl 10 beruht. Jede → reelle Zahl kann in einem solchen Zahlensystem mit Hilfe von zehn Ziffern ausgedrückt werden: 0–9. Bei einer Zahl, die sich aus mehreren Ziffern zusammensetzt, gibt die Stelle, an der eine Ziffer steht, ihren Wert an. Jede Stelle weiter nach links bedeutet das Zehnfache: z. B. $71\,342 = 2 + 4 \times 10 + 3 \times 10^2 + 1 \times 10^3 + 7 \times 10^4$. Bei *Dezimalbrüchen* bedeutet jede Stelle weiter rechts vom Komma den zehnten Teil: z. B. $2{,}486 = 2 + 4 \times 10^{-1} + 8 \times 10^{-2} + 6 \times 10^{-3}$.

DFÜ, Abkürzung für → *Datenfernübertragung.*

DGB, Abkürzung für *Deutscher Gewerkschaftsbund,* den 1949 gegründeten Dachverband für die → Gewerkschaften in Deutschland. Der DGB hat etwa 9,4 Mio. Mitglieder.

Dhaka, *Dacca,* im Gangesdelta gelegene Hauptstadt (mit Vororten 7,8 Mio. Einwohner) von → Bangladesch.

Diabetes [griech. »Hindurchgehenlassen«], *der,* Krankheit, bei der vermehrt Flüssigkeiten oder

■ ***Deutscher Gewerkschaftsbund*** (DGB) *und die Logos der IG Metall sowie der Gewerkschaft öffentliche Dienste, Transport und Verkehr (ÖTV)*

bestimmte Stoffwechselprodukte ausgeschieden werden. Zumeist ist damit der **Diabetes mellitus,** die → Zuckerkrankheit, gemeint.

Diadochen [griech. »Nachfolger«], die Feldherren, die als Nachfolger von → Alexander dem Großen das eroberte Weltreich nach Alexanders Tod (323 v. Chr.) unter sich aufteilten, um ihr jeweiliges Herrschaftsgebiet allein zu regieren.

Diagnose [griech.], *die,* in der Medizin die Feststellung einer Krankheit durch den Arzt.

Diagonale [griech.], *die,* in der Geometrie eine gerade Linie, die in einem Vieleck zwei nicht benachbarte Ecken verbindet.

Diagramm [griech.], *das,* zeichnerische Darstellung von Zahlenwerten, durch die ein leicht erfassbares Schaubild entsteht (z. B. die Entwicklung der Preise in einem Jahr).

Diakon [griech. »Diener«], *der,* in der katholischen Kirche ein Mann, der die Diakonatsweihe (Vorstufe zum → Priestertum) empfangen hat und in der Seelsorge oder als Religionslehrer tätig ist. In der evangelischen Kirche ist der Diakon ein Laie, der mit der Gemeindearbeit, Krankenpflege oder Mission beschäftigt ist. Eine **Diakonisse** ist eine evangelische unverheiratete Frau, die in einem Mutterhaus lebt und als Gemeinde- oder Pflegeschwester arbeitet.

diakritisch [griech.], unterscheidend. Ein **diakritisches Zeichen** ist ein Zeichen, das zur Unterscheidung dient und bei Buchstaben als zusätzliches Zeichen die Aussprache regelt (z. B. →Akzent oder ein Zeichen, das beispielsweise als Strich unter dem betreffenden Buchstaben angibt, ob er kurz oder lang ausgesprochen werden soll).

Dialekt [griech.], *der,* eine *Mundart,* die als

besondere Sprechweise auf die Menschen einer bestimmten Region beschränkt ist und auch in der → Grammatik Besonderheiten aufweisen kann. Im Gegensatz zur Hochsprache ist der Dialekt keine *Schriftsprache* und verwendet häufig Laute, die sich durch die normalen Buchstaben nur unzureichend wiedergeben lassen, sowie in der Hochsprache unbekannte Wörter und Ausdrücke.

Dialektik [griech. »(Kunst der) Gesprächsführung«], *die,* eine philosophische Methode, die durch die Gegenüberstellung von Gründen für und gegen eine Sache zu ergründen versucht, was richtig ist. Die moderne Form der Dialektik wurde von → Hegel geprägt: Eine → *These* erzeugt ihre Gegenmeinung, die → *Antithese;* der Widerspruch zwischen beiden wird in der → *Synthese* verbunden und überwunden.

Dialog [griech.], *der,* von zwei Personen abwechselnd geführtes Gespräch (z. B. in einem Theaterstück). Gegensatz: → Monolog.

Dialyse [griech. »Auflösung«], *die,* Verfahren zur Trennung von gelösten Stoffen aus Lösungen mit Hilfe einer halb durchlässigen Membran. In der Medizin wird die Dialyse eingesetzt, um Stoffwechselüberreste oder Gifte aus dem Blut zu entfernen *(Blutwäsche),* wenn die → Niere nur unzureichend oder gar nicht funktioniert.

■ ***Diamant:*** Rohdiamanten vor der Politur

Diamant [von griech. adamas = »der Unbezwingbare«], *der,* das härteste Mineral der Erde, das geschliffen (dann als *Brillant* bezeichnet) auch als Schmuckstein verwendet wird und den teuersten Edelstein darstellt. Ein Diamant ist reiner → Kohlenstoff in kristalliner Form. Er ist bei hohen Temperaturen und unter hohem Druck in der Erdkruste entstanden. Kleinere Diamanten können auch künstlich hergestellt werden; diese nicht so wertvollen Industriediamanten werden aufgrund ihrer Härte in Werkzeugen zum Bohren, Schneiden oder Schleifen (Bohrkronen, Diamantsägeblätter) verwendet. Tonabnehmer von hochwertigen Schallplattenspielern benutzen als Abtaststift eine Diamantnadel. Das Gewicht von Diamanten wird in → Karat gemessen.

Diana, römische Göttin des Waldes und der Jagd, die der griechischen → Artemis entspricht.

Diapositiv, *Dia* [griech.], *das,* ein durchsichtiges fotografisches Bild (im Unterschied zum → Negativ). Dias können mit Hilfe eines **Diaprojektors** auf einer weißen Leinwand vergrößert abgebildet werden.

Diaphragma [griech. »Scheidewand«], *das,* **1.** in der Medizin ein auch als → *Pessar* bezeichnetes mechanisches Mittel zur → Empfängnisverhütung; **2.** in der Chemie eine halbdurchlässige Trennwand, die eine Vermischung von Elektrolyten (→ Elektrolyse) verhindern soll.

Diaspora [griech. »Zerstreuung«], *die,* Bezeichnung für eine religiöse und/oder nationale Minderheit und deren Situation (z. B. die Juden, die außerhalb von Israel ihr Zuhause haben).

Diät [griech.], *die,* besondere Schonkost für Kranke, auch eine speziell abgestimmte Ernährungsweise, die bei Übergewicht zum Abnehmen führen soll.

Diäten [frz.], *Mz.,* eigentlich Tagegelder, die Bezüge, die Abgeordnete in einem → Parlament als Aufwandsentschädigung erhalten.

Diatonik [griech.], *die,* in der Musik ein System von siebenstufigen Dur- und Moll-Tonleitern, die aus fünf Ganz- und zwei Halbtönen bestehen. Der Gegensatz dazu ist die → Chromatik.

Dichotomie [griech.], *die,* Zweiteilung, eine Gliederung nach zwei Gesichtspunkten.

Dichte, die *spezifische Masse,* die als Quotient aus Masse und Volumen angibt (z. B. in g/cm³), wie dicht die Masse eines Stoffes in einen bestimmten Raum zusammengedrängt ist. Wenn man gleich große Stücke von verschiedenen Stoffen nimmt, haben sie eine unterschiedliche Masse, weil ihre Dichte verschieden ist: 1 cm³ Gold z. B. hat eine Masse von 19,3 g, während ein ebenso großer Korkwürfel nur eine Masse von 0,2 g besitzt. Die Dichte ist eine Materialkonstante, die von der Temperatur und vom Druck abhängig ist.

Dichtung, der Bereich der → Literatur, der die sog. Sprachkunstwerke umfasst. Die Dichtung wird zumeist auf die drei literarischen Gattungen → *Epik,* → *Dramatik* und → *Lyrik* beschränkt.

Dickens [ˈdɪkɪnz], Charles (1812–1870), englischer Schriftsteller, der als Begründer des sozialen Romans gilt und in seinen phantasie- und

Diamant

Der größte Diamant, der bisher gefunden wurde, ist der Cullinan (3106 Karat oder 621,2 g); er wurde 1905 entdeckt.

Dichte einiger Stoffe

Feststoffe und Flüssigkeiten bei 0 °C in g/cm³

Aluminium	2,7
Blei	11,3
Diamant	3,5
Gold	19,3
Kupfer	8,9
Platin	21,4
Silber	10,5
Zink	7,1
Wasser	1,00
Alkohol	0,78
Quecksilber	13,55

Gase (bei 0 °C und 1013 hPa in g/l)

Wasserstoff	0.089
Helium	0,1785
Sauerstoff	1,429
Stickstoff	1,251
Kohlendioxid	1,977

Im Gegensatz zur → Wichte ist die Dichte nicht vom Ort der Messung abhängig, d. h., sie ist auf dem Mond genauso groß wie auf der Erde, obwohl das spezifische Gewicht dort sechsmal geringer ist.

Diffraktion

Besondere Bedeutung haben *Beugungsgitter* (erstmals 1821 von dem deutschen Physiker Joseph von Fraunhofer, 1787–1826, hergestellt). Solche Vorrichtungen bestehen aus vielen schmalen Spalten, die sich dicht nebeneinander befinden. Ein Beugungsgitter zerlegt weißes Licht, so dass ein Spektrum erzeugt wird. Anhand der Spektrallinien, die für die Lichtquelle charakteristisch sind, kann man beispielsweise die chemische Zusammensetzung von Sternen ermitteln. Mit Hilfe von Kristallen, die als räumliche Gitter dienen, kann man sehr kurze Wellen wie z. B. Röntgenstrahlen beugen. Die *Röntgenbeugung* hilft bei der Bestimmung der Struktur von Kristallen.

humorvollen Werken die Missstände in den unteren Bevölkerungsschichten aufzeigte. Zu seinen bekanntesten Romanen gehören »Oliver Twist« (1838) und »David Copperfeld« (1850).

Diebstahl, das vorsätzliche Wegnehmen von fremdem Eigentum. Man unterscheidet dabei nach dem Wert der Beute und der Art des Diebstahls (z. B. Einbruch) zwischen *leichtem* und *schwerem* Diebstahl. Wenn der Dieb gegenüber der bestohlenen Person gewalttätig wird oder ihr droht, spricht man von *Raub*, bei Verwendung von Waffen von *schwerem* Raub.

Dieselmotor, ein nach seinem Erfinder *Rudolf Diesel* (1858–1913) benannter → Verbrennungsmotor (1892 patentiert). Im Unterschied zu einem mit Benzin betriebenen → Ottomotor wird darin nur reine Luft und kein Luft-Kraftstoff-Gemisch angesaugt. Durch die hohe Verdichtung erwärmt sich die Luft so stark, dass sich eingespritzter **Diesel(kraftstoff),** ein Leichtöl, sofort entzündet; deshalb sind weder ein Vergaser noch eine Zündanlage notwendig. Die Vorteile des Dieselmotors gegenüber dem Ottomotor sind eine bessere Ausnutzung des Kraftstoffs, eine längere Betriebsdauer aufgrund der stabileren Bauart und ein geringerer Schadstoffausstoß. Nachteile sind eine geringere Leistung bei höherem Gewicht, eine größere Geräuschentwicklung und ein höherer Rußanteil in den Abgasen (der als krebserregend gilt).

diffamieren [lat.], durch üble Nachrede in Verruf bringen.

Differenz [lat.], *die,* Unterschied, auch Meinungsverschiedenheit.

Differenzialgetriebe, *Differentialgetriebe, Ausgleichsgetriebe,* bei Kraftfahrzeugen notwendig, weil sich bei der Fahrt durch Kurven die äußeren Räder schneller drehen als die inneren. Das Differenzial gleicht diesen Geschwindigkeitsunterschied zwischen den Rädern aus.

Differenzialrechnung, *Differentialrechnung,* Teilgebiet der Mathematik, das sich mit → Funktionen befasst und mit der → Integralrechnung zur → Infinitesimalrechnung zusammengefasst wird.

Diffraktion [lat.], *die,* auch als *Beugung* bezeichnete Abweichung von → Wellen von der geradlinigen Ausbreitung, wenn sich ein Hindernis im Strahlengang befindet. Die Welle ändert dann ihre Richtung an den Rändern des Hindernisses und gelangt so auch in dessen Schatten. Merkliche Abweichungen treten auf, wenn die Wellenlänge der Größe des Hindernisses entspricht. Dies spielt eine Rolle bei Rundfunkwellen im Mit-

*Das Modell des ersten **Dieselmotors** (1897). München, Deutsches Museum*

tel- und Langwellenbereich, die dann der Erdkrümmung folgen. An engen Spalten treten beim Licht Beugungserscheinungen auf; dann erscheinen hinter dem Spalt helle und dunkle Streifen, weil die gebeugten Wellen durch → Interferenz verstärkt oder geschwächt werden.

Diffusion [lat. »Auseinanderfließen«], *die,* in der Chemie die langsame, selbstständige Vermischung von Gasen, Flüssigkeiten und Lösungen fester Stoffe.

digital [von engl. digit = »Stelle, Ziffer«], durch Ziffern dargestellt. Ein **digitales Signal** ist ein Signal, das im Gegensatz zu einem → analogen Signal nicht fortlaufend, sondern stufenweise durch Ziffern dargestellt wird, indem bestimmten Werten jeweils ein Zahlenwert zugeordnet wird. Beispielsweise zeigt eine digitale Uhr den Zeitablauf nicht durch die gleichmäßige Bewegung von Zeigern auf einem Zifferblatt an, sondern durch den Wechsel von Ziffern, die jeweils für einen bestimmten Zeitpunkt stehen (etwa 12:23:30 für 12.23 Uhr und eine halbe Minute). Bei der heutigen Digitalisierung verwendet man das → binäre Zahlensystem, das nur die Ziffern 0 und 1 benutzt, weil der Computer diese als »Spannung« und »keine Spannung« entschlüsseln kann.

Digital Video Disc [ˈdɪdʒɪtəl-], Weiterentwicklung der → Video-CD. Der Datenträger ist ebenfalls so groß wie eine → CD, besitzt aber eine

Diplomat 145

weit höhere Speicherkapazität (etwa 8500 Megabyte pro Seite). Die DVD kann deshalb bis zu 240 Minuten (bei doppelseitiger Nutzung bis zu 480 Minuten) Film in hervorragender Bild- und Tonqualität speichern.

Digitizer [engl. 'dɪdʒɪ'taɪzə], *der,* Eingabegerät für → Personalcomputer, das ähnlich wie ein Zeichenbrett aussieht und das darauf liegende Vorlage durch einen Lichtstift *(Light pen)* oder einen → Scanner abtastet, um sie in digitale Daten umzuwandeln.

Diktafon, *Diktaphon,* kleines → Tonbandgerät, das zum Diktieren von Briefen und Nachrichten verwendet wird.

Diktatur [lat.], *die,* Herrschaft eines Diktators oder eines Regimes, das mit unbeschränkter Gewalt ein Staatswesen regiert.

Dilemma [griech.], *das,* Zwangslage, in der man die Wahl zwischen zwei unangenehmen Dingen hat.

Dilettant [it.], *der,* (häufig in abwertendem Sinn) ein Nichtfachmann ohne spezielle Ausbildung oder sogar ein Stümper.

Dill, bis zu 1,2 m hohes Doldengewächs, das vom Mittelmeerraum bis Indien heimisch ist. Die jungen Blattspitzen werden als Gewürz verwendet.

Diluvium [lat. »Überschwemmung«], *das,* veraltete Bezeichnung für → Pleistozän.

Dimension [lat], *die,* Abmessung, die Richtungen, in die sich etwas erstreckt. Ein Raum beispielsweise besitzt drei Dimensionen (Länge, Breite und Höhe); als vierte Dimension wird oft die Zeit aufgefasst.

Dimmer [eng. »Dämpfer«], *der,* Schalter, mit dem man die Helligkeit von elektrischem Licht stufenlos regeln kann.

DIN, Abkürzung für *Deutsches Institut für Normung* (früher *Deutsche Industrie-Norm).* Das Institut (mit Sitz in Berlin) setzt die Normen für die Größe, Form, Farbe usw. von technischen Erzeugnissen sowie die gebräuchlichen physikalischen Einheiten fest.

Dingo [austral.], *der,* in Australien lebender Wildhund. Er wird etwa so groß wie ein Schäferhund und besitzt ein rötliches bis gelbbraunes Fell.

Dinosaurier, siehe S. 146–147.

Diode [griech.], *die,* elektronisches Bauteil, das wie ein Ventil funktioniert und Ströme nur in einer Richtung fließen lässt. Es wird deshalb als → Gleichrichter für Wechselströme verwendet. Dioden können → Elektronenröhren mit zwei Elektroden oder Halbleiter-Bauelemente sein.

Dionysos, griechischer Gott der Fruchtbarkeit und des Weins, der auch bisweilen *Bakchos* genannt wird. Unter **dionysisch** versteht man etwas Rauschhaftes. Gegensatz: → apollinisch.

Dioptrie [griech.] *die,* Einheit (Zeichen *dpt),* mit der die Brechkraft (Kehrwert der → Brennweite) von Linsen gemessen wird. Für Sammellinsen wird die Brechkraft in positiven, für Zerstreuungslinsen in negativen Werten angegeben. 1 dpt = 1/m. +4 dpt bedeutet also, dass die betreffende Sammellinse eine Brennweite von 0,25 m hat, –2 dpt, dass die zugehörige Zerstreuungslinse eine Brennweite von 0,5 m hat. Die Stärke von → Brillengläsern wird in Dioptrien angegeben.

Dioxin *das,* chemische Verbindung *(TCDD =* 2,3,7,8-Tetrachlordibenzoparadioxin), die zu den giftigsten Stoffen auf der Erde zählt und bereits in winzigsten Mengen zum Tod oder zu Missbildungen führen kann. Dioxin entsteht als Verunreinigung bei chemischen Prozessen (z. B. Herstellung von Holz- und Pflanzenschutzmitteln) und bei Verbrennungsvorgängen (etwa von Kunststoffmüll).

Diözese [griech. »Verwaltungsbezirk«], *die,* das Amtsgebiet eines katholischen → Bischofs, das auch als *Bistum* bezeichnet wird.

Diphtherie [von griech. diphthera = »Leder«], *die,* Infektionskrankheit, die durch → Bazillen verursacht wird. Übertragen wird sie durch Tröpfcheninfektion (Anhusten oder Anniesen). Die Krankheit äußert sich in einer Entzündung der oberen Atemwege, wobei sich die Schleimhäute mit einem weißlichen, hautähnlichen Belag überziehen. Wenn sich die Bakteriengifte im ganzen Körper ausbreiten, können sie zu Erstickungsanfällen, Nervenlähmungen und Herzmuskelschädigungen führen.

Diphthong [von griech. di- = »zwei« und phthongos = »Laut«], *der,* ein aus zwei unmittelbar aufeinander folgenden → Vokalen gebildeter Laut (z. B. *ei, au, eu).*

diploid [griech.], in der Genetik Bezeichnung für den doppelten Chromosomensatz, wie ihn jede normale Körperzelle aufweist. Gegensatz: → haploid.

Diplom [griech.], *das,* Urkunde, die als Zeugnis bestätigt, dass jemand eine Auszeichnung erhalten oder eine Ausbildung an einer Hochschule abgeschlossen hat. Der Titel wird mit *Dipl.* abgekürzt (z. B. *Dipl.-Ing.).*

Diplomat [frz.], *der,* höherer Beamter im auswärtigen Dienst, der als offizieller Vertreter eines souveränen Staates in einem anderen Staat oder

DIN-Papierformate (in mm)

DIN A0: 841 x 1189
    A1: 594 x 841
    A2: 420 x 594
    A3: 297 x 420
    A4: 210 x 297
    A5: 148 x 210
    A6: 105x 148

Dionysos

Aus dem *Dithyrambos,* dem ekstatischen Chorlied des Dionysoskultes, entwickelten sich vermutlich → Tragödie und → Komödie.

Dioxin

Bei einem Unfall in einer Chemiefabrik in Seveso (Italien) wurde durch die Freisetzung von Dioxin ein von mehr als 5000 Menschen bewohntes Gebiet verseucht.

Wissen im Überblick: Dinosaurier

Obwohl die Dinosaurier bereits vor 65 Mio. Jahren ausstarben, sind sie noch heute allgemein bekannt. Viele Jahrmillionen lang waren sie die beherrschenden Lebewesen der Erde; zu ihnen gehörten die größten Landtiere, die je existierten. Der Aufstieg der Säugetiere wurde erst möglich, als sie verschwanden.

Da es heute keine Dinosaurier mehr gibt, muss man ihre Gestalt und Lebensweise aus den versteinerten Überresten und Spuren rekonstruieren. Man hat Knochen und Abdrücke von zahlreichen Gattungen und Arten gefunden. Der Zeitraum, in dem sie weltweit verbreitet waren, umfasst 140 Mio. Jahre, so dass sich eine gewaltige, mit den Säugern vergleichbare Arten- und Formenvielfalt entwickelte. Viele Fragen sind noch offen; beispielsweise weiß man nicht, ob die Dinosaurier wie die Reptilien wechselwarme Tiere oder wie die Säuger und Vögel Warmblüter waren.

Vor etwa 205 Mio. Jahren entwickelten sich die Dinosaurier aus den Reptilien und prägten danach den erdgeschichtlichen Abschnitt, der als Mesozoikum oder Erdmittelalter bezeichnet wird. In der Trias entstanden die unmittelbaren Vorfahren der Dinosaurier, die *Thecodontier* oder Hülsenzähner. Die Dinosaurier werden nach der Anordnung ihrer Beckenknochen unterschieden. Es gibt zwei große Gruppen: die **Saurischier**, die echsenhüftigen oder Echsenbecken-Dinosaurier, bei denen die Beckenknochen wie bei den meisten Reptilien angeordnet sind (mit dem vorderen Knochen nach vorn zeigend), und die **Ornithischier**, die vogelhüftigen oder Vogelbecken-Dinosaurier, bei denen die Beckenknochen an Vögel erinnern (mit nach hinten weisendem Vorderknochen).

Zu den Saurischiern gehören die zweibeinigen **Theropoden** (Wildfüßer), die sich von Fleisch ernährten. Bei diesen unterscheidet man die kleineren **Coelurosaurier** oder Hohlknochenechsen (darunter die *Dromaeosauriden* oder Rennechsen wie etwa den bis zu 1,8 m langen *Velociraptor*, einen der schnellsten und gefährlichsten Räuber) und die **großen Carnosaurier** oder Fleischechsen (darunter der bis zu 15 m lange, 6 m hohe und 7 t schwere *Tyrannosaurus rex*). Bei den vierbeinigen Saurischiern, die sich vorwiegend von Pflanzen ernährten, unterscheidet man die bis zum frühen Jura verbreiteten kleineren **Prosauropoden** (darunter die *Mussaurier* oder Mausechsen, die zu den kleinsten Dinosauriern überhaupt gehörten) und die riesigen **Sauropoden** oder Echsenfüßer (z. B. die gewaltigen *Brachiosaurier*, die bis zu 27 m lang, 12 m hoch und 77 t schwer wurden).

Die Pflanzen fressenden Ornithischier lassen sich in zwei Unterordnungen einteilen: die vorwiegend auf zwei Beinen laufenden **Ornithopoden** oder Vogelfüßer (wie etwa die in Herden lebenden *Hadrosaurier* oder Entenschnäbel), die auf vier Beinen laufenden, gepanzerten **Stegosaurier** (z. B. der bis zu 9 m lange *Stegosaurus*, der auf dem Rücken zwei Reihen von breiten Knochenplatten und einen mit langen Dornen versehenen Schwanz besaß) und die erst in der Kreidezeit entstandenen **Ceratopsier** oder Hornechsen (beispielsweise der 9 m lange und 10 t schwere *Triceratops*).

Die Dinosaurier beherrschten von der frühen Trias bis zum Ende der Kreidezeit die gesamte Erde, doch vor etwa 65 Mio. Jahren starben sie plötzlich

Wissen im Überblick: Dinosaurier

aus. Während man früher annahm, die Dinosaurier hätten sich nicht den klimatischen Veränderungen anpassen können oder wären von den Säugern verdrängt worden, glaubt man heute, dass sich damals eine weltweite Katastrophe ereignete, die zum Aussterben zahlreicher Lebensformen führte. Eine auffällige Konzentration des auf der Erde seltenen Metalls Iridium an der Grenze zwischen Kreide und Tertiär deutet darauf hin, dass ein etwa 10 km großer Meteorit vor der Küste Yucatans aufschlug und riesige Staubmassen in die Atmosphäre schleuderte. Die Verdunklung der Sonne bewirkte über Jahre ein Absinken der Temperaturen und eine Beeinträchtigung des Pflanzenwachstums, so dass die größeren Tiere, die sich von Pflanzen ernährten, und die von ihnen lebenden Fleischfresser ausstarben und nur kleinere Tiere wie die damals unscheinbaren Säuger überlebten.

Die einzigen heute lebenden Nachkommen der Dinosaurier sind die *Vögel*, die sich aus Saurischiern entwickelt haben.

Aus den Thecodontiern entwickelten sich im Erdmittelalter neben den Dinosauriern noch weitere Archosaurier (Herrscherechsen), nämlich die *Krokodile* und die *Pterosaurier* (Flugechsen). Die Krokodile haben bis heute überlebt, wurden aber in der Kreidezeit bis zu 15 m lang. Sie waren außerdem wesentlich vielfältiger als heute; neben krokodilähnlichen Wasserbewohnern gab es auch kleinere Vertreter (die kleinsten waren nur 30 cm lang), die ganz an Land lebten und teilweise auf zwei Beinen aufrecht gingen. Die Flugechsen hatten Hautflügel, die durch den extrem verlängerten vierten Finger gespannt wurden und in Oberschenkelhöhe am Körper festgewachsen waren. Die größten unter ihnen (wie *Quetzalcoatlus*) besaßen eine Spannweite von bis zu 12 m und waren damit die größten flugfähigen Geschöpfe, die je existierten.

Die *Plesio-* und *Ichthyosaurier* waren Nachkommen von Reptilien, die wieder ins Meer zurückgekehrt waren. Ihre Gliedmaßen hatten sich zu paddelförmigen Flossen umgestaltet. Während die Plesiosaurier, die einschließlich ihres sehr langen Halses bis zu 14 m lang wurden, zur Eiablage an Land krochen, hielten sich die Fischsaurier ausschließlich im Wasser auf. Die bis zu 15 m langen Tiere hatten einen stromlinienförmigen Körper mit fischartigem Schwanz und brachten lebende Junge hervor.

Wären die Dinosaurier nicht ausgestorben, hätte sich aus ihnen möglicherweise eine Lebensform entwickelt, die ähnlich wie der Mensch Intelligenz erworben und eine Kultur und Technologie begründet hätte. Vielleicht sähe dieses Geschöpf sogar so ähnlich wie ein Mensch aus: ein auf zwei Beinen aufrecht gehender *Dinosauroide* oder »Dinosauriermensch«. Der wahrscheinlichste Kandidat für den »Stammvater« einer intelligenten Dinosaurierrasse mit dem »Dinosauriermenschen« als Endstadium wäre der bis zu 2 m lange *Stenonychosaurus* aus der Unterordnung der Therapoden gewesen. Er gehörte zur Familie der Saurornithoiden, der »vogelähnlichen Echsen«, die sich auf zwei langen Beinen fortbewegten und lange Arme mit Greifhänden besaßen. Er verfügte über das größte Gehirn aller Dinosaurier (größer als bei einem Emu) und konnte räumlich sehen.

Die größten Dinosaurier waren die Sauropoden; möglicherweise erreichten einige Arten von ihnen das Höchstgewicht, das für Wirbeltiere an Land möglich ist: etwa 120 t. Als größte Art gilt gegenwärtig der *Seismosaurus*, von dem man fossile Spuren in New Mexico gefunden hat; Knochenvergleiche deuten auf eine Länge von fast 50 m hin. Das riesige Tier lebte vor etwa 150 Mio. Jahren in der Jurazeit. Wegen seines ungeheuren Gewichts von 80 t musste es jeden Tag so viel fressen wie 20 Elefanten. Um seine Verdauung zu unterstützen, nahm es vermutlich auch Steine zu sich.

Als schwerster Fleisch fressender Dinosaurier gilt der 12,5 m lange *Gigantosaurus* (rund 8 t), von dem 1995 in Patagonien Überreste entdeckt wurden. Zu den gewaltigsten Fleischfressern gehörte auch der 1996 in der marokkanischen Sahara entdeckte *Carcharodontosaurus*, der 15 m lang wurde und vor rund 100 Mio. Jahren lebte; allein sein Schädel war 160 cm lang.

Der kleinste Dinosaurier war der nur hühnergroße *Compsognathus*. Er war ein im Oberjura in Europa verbreiteter Fleischfresser, der nur 3,6 kg wog und einschließlich Schwanz 50 cm lang wurde. Er war in mancher Hinsicht wie ein Vogel gebaut.

■ Links oben: Der pflanzenfressende Barosaurus wurde bis zu 27 m lang.
Rechts oben: Der Rhamphorhynchus hatte eine Flügelspannweite von etwa 1 m.
Links: Die meisten pflanzenfressenden Dinosaurier lebten amphibisch in ausgedehnten Sumpflandschaften

Berühmte Dirigenten

Claudio Abbado (*1933), Berliner Philharmoniker
Daniel Barenboim (*1942), Chicago Symphony Orchestra, Berliner Staatsoper
Leonard Bernstein (1918–1990), New York Philharmonic Orchestra
Karl Böhm (1894–1981), Wiener Staatsoper
Pierre Boulez (*1925), New York Philharmonic Orchestra
Sergiu Celibidache (1912–1996), Münchner Philharmoniker
Riccardo Chailly (*1953), Concertgebouw Orkest Amsterdam
Christoph von Dohnanyi (*1929), Cleveland Orchestra
Wilhelm Furtwängler (1886–1954), Berliner Philharmoniker
Bernhard Haitink (*1929), Concertgebouw Orkest Amsterdam
Herbert von Karajan (1908–1989), Berliner Philharmoniker
Otto Klemperer (1885–1973), New Philharmonic Orchestra London
James Levine (*1943), New Yorker Met
Lorin Maazel (*1930), Symphonieorchester des Bayerischen Rundfunks
Kurt Masur (*1927), Leipziger Gewandhausorchester, New York Philharmonic Orchestra
Zubin Mehta (*1936), New York Philharmonic Orchestra, Israel Philharmonic Orchestra
Riccardo Muti (*1941), Philadelphia Orchestra, Mailänder Scala
Seji Ozawa (*1935), Boston Symphony Orchestra
Rattle, Simon (*1955), City of Birmingham Symphony Orchestra
Esa-Pekka Salonen (*1958), Musikdirektor Los Angeles
Wolfgang Sawallisch (*1923), Bayerische Staatsoper, Philadelphia Orchestra
Giuseppe Sinopoli (*1946), London Philharmonic Orchestra, Staatskapelle Dresden
Sir Georg Solti (*1912–1997), Chicago Symphony Orchestra
Arturo Toscanini (1867–1957), New York Philharmonic Orchestra, NBC Symphony Orchestra

bei einer internationalen Organisation (z. B. UNO) beglaubigt ist und die Interessen seines Landes vertritt. Heute unterscheidet man vor allem zwischen → *Botschafter* (als offizieller Vertreter des Regierungschefs im Ausland) bzw. → *Nuntius* (als diplomatischer Vertreter des Papstes), *Gesandter* bzw. *Internuntius* und *Geschäftsträger*. Die Diplomaten genießen im jeweiligen fremden Staat Sonderrechte (→ Immunität und → Exterritorialität). Ständige Vertreter eines Landes in wichtigen ausländischen Städten sind die → *Konsuln*.

Dipol [griech.], *der,* beim → Elektromagnetismus zwei gleich große, aber entgegengesetzte (elektrische oder magnetische) Ladungen, die sich in einem bestimmten Abstand voneinander befinden (z. B. bei einem Stabmagneten). In der Rundfunktechnik nennt man so eine bestimmte Antennenform. Im einfachsten Fall handelt es sich dabei um einen Draht oder Metall(kohle)stab von halber Wellenlänge. Die Zu- oder Ableitung erfolgt in der Mitte des Stabes.

Direktmandat, ein politisches → Mandat, das ein Abgeordneter nicht über eine Wahlliste (Zweitstimme für die Partei), sondern durch Persönlichkeitswahl (Erststimme für einen speziellen Kandidaten) erhält.

Dirigent [lat.], *der,* Leiter eines → Orchesters oder eines Chors.

Disco [engl.], *der,* eine Mitte der 70er Jahre entstandene, auf dem *Philly-Sound* aufbauende Tanzmusik, die in erster Linie das rhythmische Element mit durchgängigem → Beat betonte und häufig Streicher und hohe Stimmen einsetzte (z. B. Bee Gees).

Disharmonie [lat.], *die,* Missklang, Gegensatz zu → Harmonie.

■ *Diskothek: Harte Beats und Lichteffekte*

Diskette [engl. »kleine Scheibe«], *Floppy Disk,* eine mit einer magnetisierbaren Schicht überzogene Kunststoffscheibe, die als → Speichermedium für → digitale Daten dient. Sie ist in eine Hülle eingeschweißt. Im **Diskettenlaufwerk** wird die rotierende Scheibe von einem Schreib-Lese-Kopf durch ein Fenster beschrieben oder gelesen. Die gebräuchlichsten Formate sind 3,5 und 5,25 Zoll; sie haben gegenwärtig eine Speicherkapazität von bis zu 2 Megabyte.

Diskont [it.], *der,* Betrag, den eine Bank bei einem → Wechsel abzieht, wenn sie ihn ankauft und dabei die erst später fällig werdende Summe auszahlt. Als *Diskontsatz* bezeichnet man den Zinssatz, den die Bundesbank beim Ankauf von Wechseln erhebt. Durch Erhöhung oder Senkung des Diskontsatzes beeinflussen → Notenbanken die wirtschaftliche Entwicklung, weil dieser Satz Auswirkungen darauf hat, ob die Kredite teurer oder billiger werden.

Diskothek [frz.], *die,* Sammlung von Schallplatten, außerdem ein zumeist kurz als **Disko** bezeichnetes Tanzlokal, in dem Musik von Schallplatten (bzw. CDs) gespielt wird. Die Person, die diese Schallplatten auflegt, wird als **Diskjockey** oder kurz als **DJ** [ˈdɪdʒeɪ] bezeichnet.

diskret [frz.], unaufdringlich, zurückhaltend, bei physikalischen oder mathematischen Werten auch getrennt, abgrenzbar.

diskriminieren [lat. »absondern«], benachteiligen (z. B. *Rassendiskriminierung*).

Diskussion [lat.], Erörterung, Auseinandersetzung, Streitgespräch.

Diskuswerfen, eine Disziplin der → Leichtathletik, bei der eine Wurfscheibe, der **Diskus,** möglichst weit geschleudert werden muss. Der Diskus ist eine Holzscheibe mit 18 bzw. 22 cm Durchmesser (mit Metallkern und Einfassung), die bei den Damen 1 kg und bei den Herren 2 kg schwer ist und mit eineinhalb Umdrehungen (der Werfer steht mit dem Rücken zur Wurfrichtung) aus einem 2 m großen Wurfkreis herausgeschleudert werden muss.

Disneyland [ˈdɪznɪlænd], *das,* nach dem amerikanischen Filmproduzenten *Walt Disney* (1901–1966) benannte Vergnügungsparks.

Dispersion [lat. »Zerstreuung«], *die,* **1.** in der Chemie die Verteilung eines Stoffes in einem anderen, so dass seine feinsten Teilchen darin schweben; **2.** in der Physik die Eigenschaft, dass die Geschwindigkeit, mit der sich Wellen fortpflanzen, von der Wellenlänge und von der *Brechzahl* des Stoffes (→ Brechung) abhängt, in dem sich die Wellen als Medium bewegen. Wenn

Disneyworld in Orlando, Florida

beispielsweise weißes Licht durch ein → Prisma fällt, wird es aufgefächert und in seine farbigen Bestandteile zerlegt, weil es sich aus Licht verschiedener Wellenlängen zusammensetzt und in unterschiedlichem Maße gebrochen wird.

Display [engl. dɪsˈpleɪ »Auslage«], *das,* bei elektronischen Geräten die Anzeige, die elektrische Signale in für das menschliche Auge wahrnehmbare Zeichen (Ziffern oder Buchstaben) umwandelt.

disqualifizieren [engl.], aus einem sportlichen Wettbewerb ausschließen, weil jemand gegen die Regeln verstoßen hat.

Dissens [lat.], *der,* Meinungsverschiedenheit. Gegensatz: Konsens.

Dissertation [lat. »Erörterung«], *die,* wissenschaftliche Arbeit, die zur Erlangung des → Doktorgrads notwendig ist.

Dissident [russ.], *der,* jemand, der von der offiziellen politischen Meinung abweicht. Als Dissidenten wurden die Bürgerrechtler in den osteuropäischen Staaten während der Zeit des → Kommunismus bezeichnet.

Dissonanz [lat.], *die,* Missklang, in der Musik ein »Zusammenklingen« von Tönen, das nach den überkommenen harmonischen Vorstellungen der tonalen Dur- und Mollmusik (→ Tonalität) als misstönend empfunden wird.

Distanz [lat.], *die,* Entfernung, Abstand.

Disteln, in Eurasien und Afrika wachsende Korbblütler. Die bis zu 2 m hoch werdenden Kräuter und Stauden besitzen stachelige Stiele und Blätter. In Mitteleuropa gibt es sechs Arten, darunter die unter Naturschutz stehende *Silberdistel.*

Disziplin [lat.], *die,* Verhalten, das durch Unterordnung oder Orientierung an bestimmten Regeln geprägt ist, im weiteren Sinn ein Fachgebiet oder eine besondere Sportart.

dito [frz.], desgleichen (im Hinblick auf etwas Gesagtes).

Diversifikation [lat.], *die,* in der Wirtschaft die Ausweitung einer Produktion durch Einführung von neuen Erzeugnissen.

Dividende [lat.], *die,* der bei → Aktien anfallende Gewinnanteil, der an die Aktionäre ausgeschüttet wird.

Division [lat.], *die,* **1.** Teilung, eine der vier → Grundrechenarten, bei der Zahlen durch andere zerlegt werden (z. B. 12 : 3 = 4). Die Zahl, die durch eine andere geteilt wird, heißt **Dividend,** während die Zahl, durch die eine andere geteilt wird, **Divisor** genannt wird; **2.** unter Division versteht man auch einen aus mehreren Waffengattungen bestehenden Truppenverband.

DJ, Abkürzung für Diskjockey (→ Diskothek).

DKP, Abkürzung für die *Deutsche Kommunisti-*

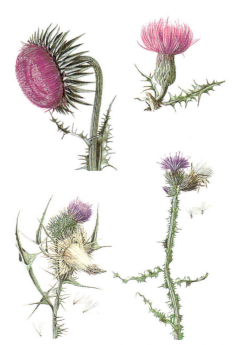

Disteln: Oben, von links nach rechts: Nickende Distel, Stengellose Kratzdistel; unten, von links nach rechts: Lanzettkratzdistel, Sumpfkratzdistel

DJ

In der → Rap- und → Technomusik kann der DJ auch selbst in die Musik eingreifen und die gespielten Platten so verändern, dass sie zu einem neuen Klangerlebnis werden. Dazu gehören neben dem → Scratching das Mischen, mit dem aus mehreren Platten ein einziges Stück erzeugt, die Klänge und Klangmuster verändert (z. B. durch Veränderung der Tonhöhe oder Wiederholung von Mustern) und zumeist gesampelte Klänge (→ Sampling) hinzugefügt werden können. Bei Rap-Platten wird der DJ oft als eigenständiger Musiker erwähnt; in der Technomusik bringt der DJ sogar eigene Platten heraus (entweder von ihm selbst mit Musikcomputern erzeugte Musik oder Remixes von Stücken anderer Musiker).

Walt Disney

Disney gründete 1923 ein Studio zur Herstellung von Zeichentrickfilmen. Berühmt geworden sind vor allem die Filme um Mickey Mouse und Donald Duck sowie lange Zeichentrickfilme wie Schneewittchen und die sieben Zwerge (1937), »Fantasia« (1941), »Das Dschungelbuch« (1970), »Der König der Löwen« (1994). Außerdem produzieren die Disney-Studios Dokumentarfilme (über Tiere und Natur) und Filme mit realen Schauspielern.

Dominica

Staatsname: Commonwealth von Dominica

Staatsform: Parlamentarische Republik

Hauptstadt: Roseau

Fläche: 751 km²

Einwohner: 71 000

Bevölkerungsdichte: 94,5/km²

Amtssprache: Englisch

Währung: Ostkaribischer Dollar (EC $)

Nationalitätskennzeichen: WD

Dominica

■ **Deutsche Dogge**

sche Partei, die 1968 als Nachfolgeorganisation der → KPD gegründet wurde und politisch und finanziell eng mit der → DDR verbunden war.

Dnjepr, 2200 km langer Fluss, der nordwestlich von Moskau entspringt, durch Russland, Weißrussland und die Ukraine fließt und in das Schwarze Meer mündet.

DNA, international gebräuchliche Abkürzung für engl. *Desoxyribonucleic Acid,* die → Desoxyribonukleinsäure, die im Deutschen auch als *DNS* abgekürzt wird.

Dock, Anlage, in der Schiffe überholt oder repariert werden. Man unterscheidet zwischen *Trocken-* und *Schwimmdocks.* Das Trockendock ist ein Becken, in das Schiffe hineinfahren können. Mit Hilfe von Schleusen wird es wasserdicht verschlossen, so dass auch die unteren Teile des Schiffs zugänglich werden. Trockendocks werden auch für den Bau von Schiffen verwendet. Das Schwimmdock ist eine trogförmige, vorn und hinten offene Anlage, die zum beschädigten Schiff transportiert werden kann. Da es eine hohle Wandung besitzt, kann es durch Einlassen von Wasser (Fluten) abgesenkt werden. Das Schiff wird dann in das Dock hineingezogen. Wenn der Boden und die Wandung des Docks wieder leer gepumpt werden, hebt sich die Anlage zusammen mit dem Schiff und legt den Schiffsboden frei.

documenta, Ausstellung für internationale zeitgenössische Kunst, die seit 1955 im Abstand von vier oder fünf Jahren in Kassel stattfindet.

Doge [venezian. ˈdoːʒə »Herzog«], *der,* vom späten 7. Jh. bis zum ausgehenden 18. Jh. der Titel des Oberhaupts der Stadtrepublik Venedig.

Doggen, eine Gruppe von Hunderassen, die vermutlich auf antike Kampfhunde zurückgehen. Doggen sind kräftig gebaut und besitzen einen gedrungenen Körper. Zu ihnen gehören kleine (wie *Mops, Bulldogge* und *Bullterrier*) und große Rassen (wie *Rottweiler, Boxer* und *Deutsche Dogge*).

Dogma [griech.], *das,* ein Lehrsatz, der in politischer oder religiöser Hinsicht als Richtschnur gilt.

Doktor [lat.], *der,* höchste akademische Grad, der an der Universität erworben wird, als Titel mit **Dr.** abgekürzt.

Doktrin [lat.], *die,* Lehre, die das Vorgehen oder Denken starr festlegt. Jemand, der eine Theorie ungeachtet ihrer Gültigkeit unnachgiebig vertritt, wird als **doktrinär** bezeichnet.

Dokument [lat.], *das,* amtliches Schriftstück, Urkunde.

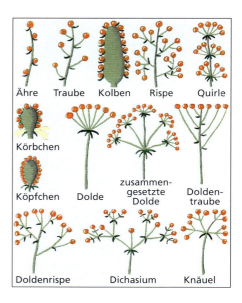

Dolde, zusammengesetzter → Blütenstand, der an einen Schirm erinnert. Die auf gleich langen Stielen sitzenden Blüten entspringen dicht zusammengedrängt einer gemeinsamen Hauptachse. Solche Blütenstände besitzen die *Doldengewächse,* zu denen zahlreiche Gemüse-, Gewürz- und Zierpflanzen gehören (u. a. Sellerie, Möhre, Petersilie, Kümmel und Liebstöckel).

Dollar [engl. ˈdɔlə], *der,* Währungseinheit in den USA, Kanada, Australien, Neuseeland und vielen anderen Ländern (Zeichen $). 1 $ = 100 Cent.

Dolmen [frz. »Steintisch«], *der,* vorgeschichtliche Grabkammer, die aus vier bis sechs aufgestellten großen Steinblöcken und einer oder zwei Deckplatten besteht. Die vor allem in Nord- und Westeuropa zu findenden Dolmen stammen aus der Jungstein- und Bronzezeit (→ Vor- und Frühgeschichte).

Dolmetscher [türk.], *der,* berufsmäßiger Übersetzer.

Dolomiten, Gruppe von Bergmassiven der südlichen Kalkalpen (→ Alpen) in Südtirol. Die höchste Erhebung befindet sich in der *Marmolada-*Gruppe (3342 m).

Dom [lat.], *der,* die bischöfliche Hauptkirche einer Stadt.

Dominica, Inselstaat in der → Karibik. Dominica ist eine zu den Kleinen → Antillen gehörende gebirgige Insel vulkanischen Ursprungs, die überwiegend von Schwarzen und Mulatten bewohnt wird und in erster Linie von der Landwirtschaft und vom Fremdenverkehr lebt. Sie

Dolmen bei Locmariaquer (Morbihan), Frankreich

wurde 1493 von → Kolumbus entdeckt. Im 17. und 18. Jh. stritten sich Frankreich und Großbritannien um ihren Besitz, ehe sie zu Beginn des 19. Jh. endgültig britische Kolonie wurde. Seit 1978 ist Dominica unabhängig, gehört aber weiterhin dem → Commonwealth an.

Dominikanische Republik, Inselstaat in der → Karibik, der den östlichen Teil der Insel → Hispaniola umfasst. Neben der Küstenebene prägen mehrere Gebirge und Senken die Landschaft. Die Bevölkerung besteht zu mehr als 70 % aus Mulatten und Schwarzen. Wirtschaftlich stützt sich die Dominikanische Republik auf die Landwirtschaft, den Bergbau und den Fremdenverkehr. 1697 wurde Hispaniola zwischen Frankreich und Spanien geteilt. Der spanische Ostteil wurde zweimal von → Haiti unterworfen und erhielt 1865 seine endgültige Unabhängigkeit von Spanien. Seitdem wurde der Staat überwiegend von diktatorischen oder autoritären Regimen regiert. 1965 musste ein Bürgerkrieg durch eine militärische Intervention der → OAS beendet werden.

Dominion [engl. dəˈmɪnjən], *das,* bis 1947 Bezeichnung für ein Kronland des → Commonwealth, das weitgehende Unabhängigkeit vom Mutterland besaß und sich selbst regierte.

Don, 1870 km langer Fluss im europäischen Teil von → Russland, der südlich von Moskau entspringt und in das Asowsche Meer mündet.

Donar, der germanische Gott des Gewitters und der Fruchtbarkeit, der bei den Nordgermanen → *Thor* hieß.

Donau, mit 2860 km der zweitlängste Fluss Europas. Die Quellflüsse Breg und Brigach vereinigen sich bei Donaueschingen zur Donau. Auf ihrem Weg durchfließt die Donau Süddeutschland, Österreich, Ungarn, Kroatien und Serbien und bildet dann die Grenze zwischen Rumänien und Bulgarien. Mit drei Hauptarmen, die ein sumpfiges Delta (mit fast 5000 km² das größte Flussdelta Europas) bilden, mündet sie in das Schwarze Meer. Der 1992 fertiggestellte *Rhein-Main-Donau-Kanal* zwischen Bamberg und Kelheim verbindet die Donau mit dem Rhein und ermöglicht die Schifffahrt auf einer 3500 km langen Wasserstraße, die von der Nordsee (Rotterdam) bis zum Schwarzen Meer führt.

Döner, *Dönerkebab* [türk.], *der,* ein aus der Türkei stammendes Gericht. An einem sich drehenden, senkrechten Spieß wird Hammelfleisch gebraten, von dem Stücke abgeschnitten und zusammen mit Salatblättern und Zwiebeln in ein aufgeschnittenes großes Brötchen gegeben werden.

Don Juan [dɔnˈxu̯an], die Figur eines gewissenlosen Verführers und Frauenhelden im Drama »Der Spötter von Sevilla und der steinerne Gast« (1630) des spanischen Dichters Tirso de Molina (1571/84–1648).

Donner, krachendes Geräusch, das bei einem → Gewitter auf den → Blitz folgt. Zu Donner kommt es, weil die Luft durch die Blitzentladung stark erhitzt wird und sich explosionsartig ausdehnt. Da sich der Donner nur mit → Schallgeschwindigkeit fortpflanzt, ist er je nach Entfernung erst lange nach dem Blitz (der sich mit → Lichtgeschwindigkeit bewegt und sofort zu sehen ist) zu hören.

Don Quijote [dɔnkiˈʃɔt], Titelheld des Romans »Don Quijote de la Mancha« von → Cervantes. Er ist ein weltfremder Idealist, der zusammen mit seinem nüchtern-realistischen Diener Sancho Pansa eine Reihe von tragikomischen Abenteuern erlebt und an der verständnislosen Wirklichkeit scheitert.

Dope [engl. doʊp], *das,* Rauschgift (zumeist für Haschisch verwendet). Als **Doping** bezeichnet man bei Sportlern das Verabreichen von Medikamenten, die eine anregende Wirkung haben oder das Muskelwachstum fördern und den Sportler kurzzeitig zu Höchstleistungen führen sollen.

Doppelhelix, die Form des Moleküls der → Desoxyribonukleinsäure. Die zwei langen, aus Nukleotiden zusammengesetzten Ketten der DNA sind spiralförmig umeinander gewunden. Da sie durch ihre beiden Basenpaare miteinander verbunden sind, sieht das Ganze wie eine verdrehte Strickleiter aus. Die Molekülstruktur der DNA wurde 1953 von *James Watson* und *Francis Crick* entdeckt, die dafür 1962 den Nobelpreis für Physiologie erhielten.

Doppelstern, ein Sternenpaar, das am Himmel

Donner

Wenn es donnert, kann man die Entfernung eines Gewitters bestimmen. In einer Sekunde legt der Schall etwa 330 m zurück. Wenn man also die Sekunden zählt, die zwischen einem Blitz und dem auf ihn folgenden Donner liegen, und durch 3 teilt, erhält man die annähernde Entfernung des Gewitters in Kilometern.

Dominikanische Republik (República Dominicana)

Staatsform: Präsidiale Republik

Hauptstadt: Santo Domingo

Fläche: 48 442 km²

Einwohner: 7,8 Mio.

Bevölkerungsdichte: 161/km²

Amtssprache: Spanisch

Währung: Dominikanischer Peso (dom $)

Nationalitätskennzeichen: DOM

Dominikanische Republik

Doppler-Effekt

Der Doppler-Effekt tritt auch bei anderen Wellen auf. Beim Licht äußert er sich in einer Verschiebung der Spektrallinien. Bei einem Himmelskörper, der sich vom Beobachter auf der Erde entfernt, verschieben sich die Spektrallinien zum roten Bereich hin *(Rotverschiebung)*. Kommt der Himmelskörper dagegen näher, so entsteht eine *Blauverschiebung* (eigentlich zum violetten Bereich hin). Beide Erscheinungen werden in der Astronomie benutzt, um die Geschwindigkeit von weit entfernten Sternen und Galaxien zu messen.

Drachen

Drachen sind fester Bestandteil vieler Heldensagen, in denen der Held einen Furcht erregenden Drachen erschlägt und dabei einen Schatz gewinnt oder eine Prinzessin errettet. Der bekannteste Drachenkampf ist der von → Siegfried. In vielen antiken Mythen ist der Drache der Widersacher der Götter (z. B. die *Midgardschlange,* gegen die → Thor kämpft) und die Verkörperung des Chaos (bei den Babyloniern *Tiamat,* die von Marduk besiegt wird). Bereits im Alten Testament wird der Drache mit dem Teufel gleichgesetzt. Das Christentum sieht im Drachen die Verkörperung des Bösen. Viele Heiligenlegenden (z. B. die vom hl. Georg) symbolisieren mit der Tötung des Drachen den Sieg des Guten über das Böse oder das Heidentum. Im Fernen Osten jedoch wird der Drache als Sendbote des Himmels und Glücksbringer verehrt.

scheinbar oder tatsächlich eng beieinander steht. *Optische* Doppelsterne bilden von der Erde aus gesehen ein solches Paar, weil sie sich in derselben Blickrichtung befinden, sind aber unterschiedlich weit von der Erde entfernt. Die *physischen* Doppelsterne umkreisen dagegen ein gemeinsames Gravitationszentrum und sind zwischen 180 Mio. und mehr als 75 Mrd. km voneinander entfernt. Der hellere Stern wird als *Hauptstern* oder *Hauptkomponente* bezeichnet, der lichtschwächere als sein *Begleiter.* Oft ist letzterer so klein, dass er unsichtbar bleibt. Es gibt auch Mehrfachsysteme, die aus drei oder sogar vier Sternen bestehen. Vermutlich gehört ein Großteil der Sterne im Universum zu solchen Mehrfachsystemen.

Doppler-Effekt, ein nach dem österreichischen Physiker *Christian Doppler* (1803–1853) benanntes Prinzip, wonach sich die → Frequenz oder Wellenlänge ändert, wenn sich eine Schall- oder Lichtquelle und ihr Beobachter relativ zueinander bewegen. Wenn ein Polizeifahrzeug näher kommt, erscheint das Sirenengeräusch höher. Entfernt es sich dagegen, klingt die Sirene tiefer. Ursache dafür ist, dass das Ohr des Beobachters mehr Schwingungen pro Sekunde erreichen, wenn sich die Schallquelle nähert, und weniger, wenn sie sich entfernt. Der Frequenzunterschied zwischen einer ruhenden und einer sich bewegenden Schallquelle hängt von der Geschwindigkeit bezüglich des Beobachters ab.

Dorer, zu den → Indogermanen gehörender Volksstamm, der ab dem 12. Jh. v. Chr. Mittelgriechenland und den → Peloponnes besiedelte *(dorische Wanderung)* und später auch nach Kreta, auf die Inseln der Ägäis sowie nach Kleinasien und Unteritalien vordrang. Die Dorer gelten als einer der vier Hauptstämme der → Griechen. Die wichtigste dorische Siedlung in Griechenland wurde → Sparta.

Dorsche, in kalten oder gemäßigt warmen Meeren lebende Familie der Dorschfische, zu der wichtige Nutzfischarten wie der → *Kabeljau,* der → *Schellfisch* und der Seelachs oder Köhler gehören.

Dortmund, westfälische Großstadt (601 000 Einwohner) im Osten des → Ruhrgebiets. Die ehemalige Reichs- und Hansestadt entwickelte sich im 19. Jh. zu einer bedeutenden Industriestadt (vor allem Stahl).

Dosis [griech.], *die,* kleine, genau bemessene Menge eines Stoffes oder verordneten Medikaments. Als Dosis wird auch die Strahlungsmenge bezeichnet, die ein Körper aufnimmt.

Dossier [frz. dɔ'sje:], *das,* Akte, in der alle Schriftstücke zu einem bestimmten Vorgang gesammelt sind.

Dostojewski, Fjodor Michailowitsch (1821 bis 1881), russischer Schriftsteller, der den psychologischen Roman begründete. In seinen Werken verbindet er die Darstellung von seelischen Konflikten und existenziellen Fragen mit einer spannenden Handlung und wählt als Hauptfiguren zumeist gesellschaftliche Außenseiter. Berühmt sind seine Romane »Schuld und Sühne« (1866), »Der Spieler« (1868), »Der Idiot« (1868), »Die Dämonen« (1872) und »Die Brüder Karamasow« (1879/80).

Double [frz. du:bl »Doppelgänger«], *das,* jemand, der aufgrund seiner äußeren Ähnlichkeit als Ersatz für eine bekannte Persönlichkeit auftritt.

Downsyndrom ['daun-], eine Erbkrankheit, → Mongolismus.

Dozent [lat.], *der,* Lehrbeauftragter an einer → Universität oder einer anderen Einrichtung der beruflichen Aus- und Weiterbildung.

Drache, ein → Fabelwesen, das in den Mythen und Märchen vieler Völker vorkommt. Drachen sind vielgestaltige Mischwesen und werden zumeist als riesige Ungeheuer mit einem schlangenähnlichen Körper geschildert, besitzen oft Flügel und speien häufig Feuer.

Drachen, ein Gerüst aus leichtem Holz, das mit farbigem Papier oder Stoff bespannt ist. Man kann den Drachen an einer langen Schnur hoch in den Himmel aufsteigen lassen, wenn das Gebilde durch den Gegenwind Auftrieb erhält.

Drachenfliegen, zu Beginn der 60er Jahre in den USA entstandene Flugsportart mit *Hängegleitern.* Das Fluggerät besteht aus einem deltaförmigen Tragsegel und einem Aluminium-

■ *Drachenfliegen*

gerüst. Der an Gurten hängende Pilot kann das Gerät durch Gewichtsverlagerung über ein Steuertrapez lenken. Er startet von einem Berghang aus und nutzt den Aufwind.

Dracula, der Titelheld des gleichnamigen Schauerromans (1897) von *Bram Stoter* (1857–1912). Dracula ist ein rätselhafter, 400 Jahre alter Graf aus Transsylvanien, der sich als → Vampir von Menschenblut ernährt, aber als Untoter nur leben kann, solange die Sonne nicht scheint. Wenn er jemanden beißt, um sein Blut auszusaugen, macht er das Opfer selbst zu einem Vampir.

drakonisch, sehr streng, abgeleitet von *Drakon,* der um 621 v. Chr. in Athen äußerst strenge Gesetze erließ.

Drama [griech. »Handlung«], *das,* literarische Form, in der eine Handlung szenisch durch sprechende Personen dargestellt wird. Es ist für eine Aufführung durch Schauspieler auf der Bühne geschrieben. Das Drama umfasst als Gattungen die ernste → Tragödie und die heitere → Komödie sowie die → Tragikomödie, die komische und tragische Elemente vereint.

Dramaturgie [griech.], *die,* Lehre, wie ein Drama aufgebaut ist, außerdem die Bearbeitung eines Stoffs für seine Aufführung.

Dränage, *Drainage* [frz. [-'naːʒə], *die,* Entwässerung und Ableitung von überschüssiger Bodennässe durch Gräben und Rohre.

Drehbank, Maschine zum Bearbeiten von Metallen, Holz und Kunststoffen. Während das bearbeitete Werkstück gedreht wird, hebt ein Werkzeug (z. B. ein Drehmeißel) feine Späne ab und verleiht ihm so die gewünschte Form.

Drehbuch, die Textvorlage für einen Film oder ein Fernsehspiel. Es enthält alle für die Verfilmung wichtigen Einzelheiten, d. h. nicht nur die gesprochenen Texte und die Handlungsanweisungen, sondern oft auch Anweisungen zur Ausstattung, Kameraführung, Beleuchtung und Tonaufnahme.

Drehimpuls, auch als *Drall* bezeichnete Bewegungsgröße (→ Impuls) von Körpern, die sich um ihre eigene Achse drehen (z. B. Erde). Der Drehimpuls ist das Produkt von Trägheitsmoment und Winkelgeschwindigkeit und lässt sich als → Vektor darstellen. Der Drehimpuls bleibt erhalten, wenn keine äußeren Kräfte einwirken. Die → Elementarteilchen besitzen einen inneren Drehimpuls, den sog. → Spin.

Drehstrom, ein *Dreiphasenstrom,* der aus drei jeweils um 120° gegeneinander phasenverschobenen → Wechselströmen verkettet ist. Der auch als *Kraftstrom* bezeichnete Drehstrom ist die in der Versorgung mit elektrischer Energie am häufigsten verwendete Stromart. Er wird durch drei Außenleiter übertragen, zwischen denen die Spannung jeweils 380 V beträgt.

3 D, Abkürzung für dreidimensional oder Stereo (z. B. *3-D-Film*).

Dreieck, geometrische Figur, die entsteht, wenn drei Punkte *(Ecken),* die nicht auf einer Geraden liegen, durch gerade Strecken *(Seiten)* miteinander verbunden werden. Die Summe der drei Winkel in einem Dreieck beträgt immer 180°. Man unterscheidet nach der Größe der Winkel *spitzwinklige* (alle Winkel kleiner als 90°), *rechtwinklige* (ein Winkel 90°) und *stumpfwinklige* Dreiecke (ein Winkel größer als 90°) und nach dem Größenverhältnis der Seiten *ungleichseitige* (alle Seiten verschieden lang), *gleichschenklige* (zwei Seiten gleich lang) und *gleichseitige* Dreiecke (alle Seiten gleich lang).

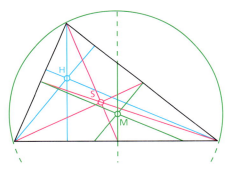

■ **Dreieck:** *M = Schnittpunkt der Mittellote (Mittelpunkt des Umkreises); S = Schnittpunkt der Seitenhalbierenden (Schwerpunkt); H = Schnittpunkt der Höhenlinien*

Dreifaltigkeit, die *Dreieinigkeit (Trinität)* von Gott Vater, Gott Sohn (→ Jesus Christus) und Gott Heiligem Geist, die nach christlichem Glauben ein einziges göttliches Wesen sind.

Dreiklang, ein → Akkord, bei dem drei Töne, *Grundton,* → *Terz* und → *Quinte,* zusammenklingen.

Dreisprung, technisch schwierige Sprungdisziplin der → Leichtathletik, bei der unmittelbar hintereinander drei Sprünge ausgeführt werden müssen. Der Sportler springt entweder mit dem linken oder rechten Bein ab, benutzt für den zweiten Absprung dasselbe Bein und springt zum Schluss mit dem anderen Bein ab, also links-links-rechts oder rechts-rechts-links.

Dreißigjähriger Krieg, zwischen 1618 und 1648 in Deutschland geführter Glaubens- und macht-

Dracula

Die Figur des Grafen Dracula geht auf die historische Gestalt des walachischen Fürsten Vlad Țepeș (1430/31 bis 1476/77) zurück, der den Beinamen »Dracula« (»Sohn des Dracul«) besaß, weil sein Vater als Ritter des Drachenordens den Beinamen »Dracul« (»Drache«) hatte. Der wegen seiner Grausamkeit berüchtigte Fürst ließ im Krieg gegen die Türken zahlreiche Menschen pfählen (der rumänische Beiname »Țepeș« bedeutet »Pfähler«), gilt aber in Rumänien als Nationalheld.

Drama

Das Drama ist religiösen Ursprungs. Im altgriechischen Drama wurde zunächst die Geschichte der Götter dargestellt, wobei ein Einzelner das mythologische Geschehen vortrug und eine Gruppe, der Chor, das Erzählte erläuterte. Später traten mehrere Schauspieler auf, die Dialoge sprachen und auch die Schicksale von Menschen darstellten. So entstanden die griechische Tragödie und Komödie. Das Drama geriet in Europa bis zum Hochmittelalter in Vergessenheit. Erst um 1000 entwickelten sich die Mysterienspiele, die biblische Geschehnisse in dramatischer Form und in der Volkssprache aufführten. Diese Tradition hat sich in den Passionsspielen erhalten. Später wurde auch das Leben von Heiligen dargestellt. Der Übergang vom geistlichen zum weltlichen Drama erfolgte im späten Mittelalter, als geschichtliche Ereignisse und frei erfundene Begebenheiten vom Dichter gestaltet wurden. Ab dem 15. Jh. entwickelte sich auch ein weltliches Lustspiel (z. B. Fastnachtsspiele in Deutschland).

Drehstrom

Im Haushalt werden Geräte mit geringem Stromverbrauch (z. B. Lampen und normale Haushaltsgeräte) nur an eine Phase und den Mittelpunktleiter angelegt, wobei die Spannung 220 V beträgt. Geräte mit hohem Stromverbrauch dagegen (z. B. Elektromotoren) werden an alle drei Phasen angeschlossen.

politischer Krieg, in dem mehr als ein Drittel der Bevölkerung umkam. Die → Reformation hatte in Deutschland zu einer religiösen Spaltung geführt. Außerdem gab es Konflikte zwischen den deutschen Landesfürsten, die ihre Macht zu vergrößern versuchten. Zwei Lager standen sich gegenüber, die *Liga* der katholischen Fürsten und die *Union* der protestantischen Fürsten. Der drei Jahrzehnte währende Krieg begann mit dem »Prager Fenstersturz«, als sich die böhmischen Adligen gegen die Herrschaft des katholischen Kaisers auflehnten und zwei kaiserliche Räte aus dem Fenster der Prager Burg warfen. Der Aufstand in Böhmen weitete sich aus, als die böhmischen Stände den habsburgischen König Ferdinand II. (seit 1619 auch Kaiser) absetzten und den pfälzischen Kurfürsten Friedrich V., den Führer der Union, zu ihrem König machten. Der Kaiser besiegte zusammen mit der Liga Böhmen und eroberte die Pfalz. Als die kaiserlichen Truppen nach Norddeutschland vorrückten, trat Dänemark auf protestantischer Seite in den Krieg ein. Das katholische Heer unter den Feldherren Tilly und Wallenstein schlug den dänischen König Christian IV. und zwang ihn 1629 im Frieden von Lübeck zur Neutralität. Der Versuch des Kaisers, den Protestantismus in Deutschland entscheidend zu schwächen, indem er die Rückgabe aller eingezogenen Kirchengüter anordnete, führte dazu, dass die Reichsstände aus Angst vor einem kaiserlichen Machtzuwachs die Absetzung Wallensteins erzwangen. 1630 griff auch das protestantische Schweden ein, das von Frankreich unterstützt wurde. Das Heer von Gustav II. Adolf drang bis Süddeutschland vor. Der vom Kaiser erneut berufene Wallenstein konnte zwar den schwedischen Vorstoß nach Wien aufhalten, wurde aber 1632 bei Lützen besiegt. In dieser Schlacht fiel auch der schwedische König. Wallenstein, der eigenmächtig mit den Schweden verhandelte, wurde abgesetzt und 1634 ermordet. Trotz der Niederlage Schwedens und des Friedens von Prag 1635 ging der Krieg weiter. Frankreich mischte sich aktiv ein und unterstützte die Schweden und die deutschen Kurfürsten, um sich aus der Umklammerung der Habsburger zu lösen, die auch in Spanien herrschten. Nachdem keine der beiden Seiten eine militärische Entscheidung herbeiführen konnte, wurde ab 1644 über einen Frieden verhandelt. Doch erst 1648 – Deutschland war in weiten Teilen verwüstet und ausgeblutet – fand der Krieg mit dem *Westfälischen Frieden* (in Münster und Osnabrück geschlossen) ein Ende, ohne dass eine der

■ **Dresden:** *Die Semperoper*

Parteien gesiegt hatte. Während die Reichsfürsten weitgehende Unabhängigkeit vom Kaiser gewannen, wurde Deutschland für lange Zeit bedeutungslos (→ deutsche Geschichte).

Dresden, Hauptstadt des Freistaats → Sachsen (474 000 Einwohner). Der größte Teil der im Zweiten Weltkrieg bei Luftangriffen (1945) zerstörten Bauwerke wurde wieder aufgebaut (wie Zwinger und Semperoper).

Dressur [frz.], *die,* das Abrichten von Tieren, um bestimmte Kunststücke zu vollbringen.

Dressurreiten, die »Hohe Schule« des → Reitsports. In einem 20 x 40 m bzw. 20 x 60 m großen Dressurviereck müssen an festgelegten Stellen bestimmte Lektionen in den drei Gangarten des Pferdes (Schritt, Trab und Galopp) vorgeführt werden (z. B. Übergänge, Galoppwechsel, Passagen, Pirouetten). Mit Noten von 10 bis 0 werden dabei der Ausbildungsstand des Pferdes sowie der Sitz und die Einwirkung des Reiters bewertet.

Drittes Reich, im → Nationalsozialismus verwendete Bezeichnung für das Deutsche Reich nach der Machtübernahme durch → Hitler.

Dritte Welt, ursprünglich Bezeichnung für alle Staaten in Afrika, Asien und Lateinamerika, die sich aus den Auseinandersetzungen zwischen Ost und West heraushielten. Heute wird die Bezeichnung allgemein für die → Entwicklungsländer verwendet.

Droge [frz.], *die,* für Arzneien verwendeter pflanzlicher oder tierischer Stoff; in der Umgangssprache zumeist so viel wie → Rauschgift.

Drogen, siehe S. 156–157.

■ *Dromedar*

Drohne, männliche → Biene.

Dromedar, einhöckeriges → Kamel, das in heißen Wüstengebieten als Reit- und Tragetier genutzt wird.

Drosseln, weltweit verbreitete → Singvögel, die bis über 30 cm groß werden. Die meisten Drosseln sind → Zugvögel. Zu den in Mitteleuropa vorkommenden Drosseln gehören u. a. → *Amsel, Misteldrossel, Singdrossel* und → *Nachtigall.*

Druck, in der Physik die auf einer Fläche lastende Kraft. Der Druck ist der Quotient aus der in → Newton gemessenen Druckkraft und der Fläche, auf die diese Kraft senkrecht einwirkt. Einheit für den Druck ist → Pascal; früher wurden auch → Bar (= 100 000 Pa), Torr (= 133 Pa) und → Atmosphäre (= 101 330 Pascal) verwendet.

Drucken, die Vervielfältigung von Texten und Bildern, die von einer eingefärbten Druckform durch verschiedene Verfahren auf Papier (z. B. Buch- und Zeitungsdruck) oder auf Stoff (Textildruck) übertragen werden. Man unterscheidet dabei mechanische und nicht mechanische Druckverfahren Es gibt vier mechanische Verfahren: Beim *Hochdruck* stehen die druckenden Elemente erhöht hervor (z. B. für Bücher und Zeitungen). Beim *Tiefdruck* sind die druckenden Elemente in die Platte eingraviert oder eingeätzt und liegen tiefer (→ Radierung und → Kupferstich). Beim *Flachdruck* liegen druckende und nicht druckende Teile gleich hoch und werden chemisch so behandelt, dass nur erstere die Druckfarbe annehmen (→ Lithografie, → Offsetdruck und Lichtdruck). Der *Siebdruck* verwendet ein Sieb, durch dessen Maschen die Farbe auf die Vorlage gepresst wird (z. B. für Plakate). Außerdem gibt es nicht mechanische Verfahren wie die → *Xerographie,* ein elektrostatisches Druckverfahren, und den *Laserdruck* (→ Drucker).

Drucker, ein → Peripheriegerät für → Computer, das zur Ausgabe von verarbeiteten Daten dient.

Druckluft, *Pressluft,* in einem → Kompressor verdichtete Luft, die als Antriebsmittel z. B. für Werkzeuge (wie etwa *Drucklufthammer*) oder Bremsen *(Druckluftbremsen)* verwendet wird.

Druiden [lat.], keltische Priester in Gallien und auf den Britischen Inseln.

Drüsen, Organe, deren Aufgabe es ist, lebensnotwendige Stoffe (→ *Sekrete*) zu erzeugen und diese entweder direkt nach außen (Drüsen mit äußerer Sekretion wie z. B. Speicheldrüsen) oder an das Blut (innersekretorische Drüsen wie etwa die Schilddrüse) abzugeben. Außerdem gibt es Drüsen, die ihre Absonderungen sowohl nach außen abführen als auch an das Blut abgeben (sog. *gemischte Drüsen* wie z. B. die Bauchspeicheldrüse). Die von den innensekretorischen Drüsen produzierten Stoffe werden als → Hormone bezeichnet.

Dschibuti, Staat in Ostafrika. Die Bevölkerung besteht zum größten Teil aus somalischen Issa und äthiopischen Afar, von denen noch fast ein Drittel als Nomaden lebt. Da Dschibuti überwiegend durch Halbwüsten und Bergland bestimmt ist, kann nur ein geringer Teil des Landes landwirtschaftlich genutzt werden (Anbau von Kaffee, Viehzucht). Das Land war seit Ende des 19. Jh. eine französische Kolonie *(Französisch Somaliland)* und gehörte später unter dem Namen *Territorium der Afar und Issa* als Überseedepartement zu Frankreich. Seit 1977 ist Dschibuti unabhängig, wird aber häufig von Unruhen erschüttert, weil die Afar gegen die Vorherrschaft der Issa kämpfen.

Dschihad [arab.], *der,* im Islam der heilige Krieg, der sich als Glaubenskrieg gegen die Ungläubigen richtet und darauf ausgerichtet ist, das muslimische Einflussgebiet auszuweiten (→ *Infokasten* siehe Seite 158).

Dschingis-Khan [mongol. »Allmächtiger Herr«], eigentlich *Temudschin* (um 1155–1227), ein Mongolenfürst, der 1206 zum Khan ausgerufen wurde. Er eroberte mit seinen Reiterheeren ein riesiges Reich in Innerasien und unterwarf dabei China sowie die meisten Staaten südlich und westlich der → Mongolei.

Dschunke [port.-malai.], *die,* chinesisches Segel-

Drucker

Nach der verwendeten Drucktechnik unterscheidet man Anschlagdrucker wie *Typenraddrucker,* die wie bei einer Schreibmaschine die einzelnen Schriftzeichen durch auf einem Rad nebeneinander angeordnete Typen und ein Farbband auf das Papier bringen (nicht grafikfähig, d. h., man kann damit keine Bilder drucken), und *Matrixdrucker,* die jedes Zeichen in einzelne Punkte zerlegen und auf einer Punktmatrix darstellen (die wichtigsten dieser grafikfähigen Drucker sind die *Nadeldrucker,* die mit bis zu 48 winzigen, vorschiebbaren Nadeln und einem Farbband Punktmuster erzeugen). Anschlagfreie Drucker (alle grafikfähig) sind: *Thermodrucker,* die ein Spezialpapier durch Erwärmen mit Nadeln einfärben, *Tintenstrahldrucker,* die jedes Zeichen im Druckkopf in einzelne Punkte zerlegen und aus kleinen, einzeln ansteuerbaren Düsen Tinte auf das Papier spritzen, und *Laserdrucker,* die mit einem Laserstrahl die Oberfläche einer Trommel an bestimmten Punkten kurzzeitig elekrostatisch aufladen, so dass sich dort (ähnlich wie bei einem Fotokopiergerät) Tonerpulver ablagert und dieses beim Abrollen auf das Papier eingebrannt wird.

Wissen im Überblick: Drogen

In fast allen Kulturgesellschaften wurden und werden Drogen genommen. Verschiedene Stoffe wie Alkohol, Tabak oder Kaffee gelten als »legal« (und werden von der Gesellschaft gebilligt); Drogen wie Heroin, Kokain, LSD, Haschisch oder Designerdrogen mit bewusstseinsverändernder Wirkung sind dagegen in den meisten Gesellschaften als »illegale Drogen« verboten. Die Wirkung der Drogen geht auf Stoffe zurück, die von Pflanzen stammen (Alkaloide) oder im Labor künstlich erzeugt werden. Es handelt sich dabei um *psychotrope* Wirkstoffe, die das menschliche Zentralnervensystem beeinflussen; sie verändern damit vorübergehend die Psyche, die Stimmung und das Verhalten des Einzelnen. Drogen können je nach Wirkstoff beruhigend, einschläfernd oder erregend wirken, das Wohlbefinden steigern, zu einem Rauschzustand führen oder Halluzinationen erzeugen. In jedem Fall verändern sie die Wahrnehmungswelt, wobei die individuelle Persönlichkeit des Konsumenten und die aktuelle Situation der Drogeneinnahme oft von großer Bedeutung für das Erlebnis sind.

■ *Die wohl schwerste Form der Drogensucht wird durch das Injizieren von Heroin hervorgerufen*

Die Sucht nach Drogen

Bei Personen, die Drogen wiederholt konsumieren, entsteht ein als »unwiderstehlicher Drang« empfundenes Bedürfnis, die unter Drogeneinfluss erfahrenen Bewusstseinszustände erneut erleben zu wollen. Daraus ergibt sich oft eine Abhängigkeit, meist mit schweren gesundheitlichen Schäden. Man unterscheidet zwischen seelischer (psychischer) und körperlicher (physischer) Abhängigkeit, die gemeinsam die Sucht ausmachen. Der Stoffwechsel im Körper passt sich dem Suchtmittel an, so dass die Droge zu einem unentbehrlichen, aber zerstörerischen »Nährstoff« wird. Die Sucht ist eine Krankheit und beim Absetzen der Droge treten schwere »Entzugserscheinungen« auf: Depressionen bis hin zu Selbstmordgedanken, Kopfschmerzen, Schlafstörungen, Zittern, totale Erschöpfung. Die Rückfallquote nach einer Behandlung ist mit 90 Prozent sehr hoch.

Die »gängigsten« illegalen Drogen sind:
Amphetamine: Verschreibungspflichtige Aufputschmittel (»Benzedrin« und »Pervitin«). Die in der Drogenszene »Speed«, »Pep Pills« oder »Ups« genannten Mittel beseitigen das Schlafbedürfnis. Ihr Missbrauch führt zu Angstzuständen, Herzrasen und Verfolgungswahn. Als Entzugserscheinungen treten Verwirrtheit, Depressionen und Heißhunger auf.
Ecstasy: Eine illegale Designerdroge in Tablettenform, die zu einem mehrstündigen Halluzinationstrip führt. Der schon 1912 entdeckte Wirkstoff ist auch unter dem Namen »XTC« bekannt. Überdosierung führt zu Übelkeit, Brechreiz, Aggression und Schlaflosigkeit.
Haschisch: Aus dem Harz der oberen Blätter und Blüten des Faserhanfs *(Cannabis sativa)* gewonnen. Hauptwirkstoff ist Tetrahydrocannabinol (THC). Haschisch wird in der Regel geraucht *(Joint)* oder in Tee aufgelöst getrunken. Sein Genuss hat eine Unterbrechung des Kurzzeitgedächtnisses zur Folge. Das »High-Sein« führt zu Selbstüberschätzung, Halluzinationen, erotischen Empfindungen und Heißhunger.
Marihuana: Getrocknete Blätter, Blüten und Stängelstücke der Hanfpflanze. Mit Tabak vermischt wird es als »Joint« geraucht. Körperliche Abhängigkeit entsteht nach derzeitigem Wissensstand nicht. Deshalb werden Marihuana und Haschisch auch als »weiche Drogen« bezeichnet.
Heroin: Ein morphinhaltiger Stoff, der aus den angeritzten Kapseln des Schlafmohns gewonnen wird. Wird Morphium mit Essigsäure behandelt, entsteht Heroin. Diese Droge ist dreimal so stark wie Morphium und macht extrem abhängig. Sie kommt in Kristallform (»brown sugar«) oder als Pulver vor und wird in der Regel gespritzt, seltener geraucht oder inhaliert. Bei Überdosierung drohen Lähmung des Atemzentrums und Erstickungstod (»Goldener Schuss«). Wegen der Verwendung nicht steriler Spritzen unter Heroinabhängigen besteht die große Gefahr einer Aidsinfektion durch Blutreste in der Spritze.
Kokain: Das weiße, aus den Blättern des Kokastrauches gewonnene Pulver (»Schnee«, »Koks« oder »Charley« genannt), das zumeist geschnupft wird, führt zu starker körperlicher Abhängigkeit. Kokaingenuss beseitigt Schlafbedürfnis, Hunger und Ermüdung und erzeugt kurzfristig Hyperaktivität, ungebremste Geselligkeit und gesteigertes Selbstvertrauen. Auf die Rauschwirkung folgen erhebliche Entzugserscheinungen.
LSD: Die auch »Acid« genannte Psychodroge *Lysergsäurediäthylamid* wurde erstmals 1938 hergestellt. Schon in winzigen Dosen führt ein »LSD-Trip« zu Halluzinationen: Die Außenwelt wird nicht mehr wahrgenommen; intensive Bilder und Töne beherrschen die Empfindungen. Die große Gefahr bei LSD sind »Horrortrips«, die bis zum Zusammenbruch und Selbstmord führen können. Noch Monate nach dem »Trip« können sich Angst- und Verwirrungszustände einstellen (»Flashback« und »Echo-Effekt«).

Wissen im Überblick: Drogen

■ *Zu den aus dem Indischen Hanf gewonnenen Drogen zählen Marihuana (getrocknete Blüten und Blätter) und Haschisch (Harz der Blüten und oberen Blätter)*

Wege aus der Drogensucht

Hilfe aus der Drogensucht bieten verschiedene Selbsthilfegruppen, die Therapieplätze beschaffen und Abhängige in Arbeits- und Wohngemeinschaften unterbringen, um ihnen zu helfen, drogenfrei zu leben. Drogenberatungsstellen in allen größeren Städten vermitteln vertraulich medizinische Hilfe. Unter strenger ärztlicher Kontrolle können Suchtkranke anstelle von Heroin die Ersatzdroge *Methadon* einnehmen. Sie sind dann nicht mehr gezwungen, kriminell zu werden, um sich Geld für ihre Drogen zu beschaffen. Andere Überlegungen zielen darauf hin ab, neben weichen Drogen wie Haschisch auch harte Drogen kontrolliert und in kleinen Mengen an Süchtige abzugeben. Damit wird allerdings nicht das Problem der Sucht gelöst; Sucht ist eine Krankheit und muss medizinisch behandelt werden.

Drogenschmuggel und Abhängigkeit

Kolumbien (Koka), das »Goldene Dreieck« Myanmar, Laos und Thailand (Opium), Afghanistan, Marokko und der Libanon (Cannabis) gelten weltweit als bedeutendste Rauschgiftzentren. In osteuropäischen Labors, vor allem in Polen und Lettland, werden die größten Produzenten chemischer Ersatzdrogen vermutet; über das Transitland Russland kommen die Drogen nach Europa.
Der Drogenmissbrauch hat in den letzten Jahren zugenommen. Allein in Deutschland sind schätzungsweise 120 000 Menschen von harten Drogen abhängig. Dennoch verringerte sich die Zahl der Drogentoten 1996 auf 1712; fünf Jahre vorher waren es noch 2125. Während die Heroinabhängigkeit abnahm, erhöhte sich die Zahl beschlagnahmter synthetischer Drogen erheblich. Der Anstieg beim Missbrauch von aufputschenden Amphetaminderivaten, zu denen auch Ecstasy gehört, und von LSD betrug 50 bzw. über 100 Prozent. Viele Erstkonsumenten schätzten die Gefährlichkeit der in Form von bunten Pillen vor allem in der Technoszene angebotenen Modedroge Ecstasy falsch ein, obwohl 1996 allein in Deutschland 20 Todesfälle direkt auf einen Ecstasy-Konsum zurückgingen.

Einteilung der psychotropen Drogen

Nach der Wirkung kann man die Drogen einteilen in:
Analgetica oder *Euphorica* (schmerzstillende, das Wohlbefinden steigernde Wirkung)
Sedativa oder *Tranquillizer* (beruhigend)
Hypnotica (Schlafmittel)
Inebriantia (Betäubungsmittel)
Stimulantia oder *Excitantia* (anregend)
Halluzinogene oder *Psychotomimetica* (bewusstseinserweiternd, Halluzinationen erzeugend)

Andere weit verbreitete Drogen

Barbiturate: Salze der Barbitursäure, in der Medizin als Beruhigungsmittel verwendet; bei Missbrauch Gefahr von Sucht und schweren körperlichen Schädigungen.
Crack: Mit Backpulver aufgebackenes Kokain, wird geraucht; sehr starke, euphorisierende Wirkung für wenige Minuten, in hohem Maße suchterzeugend, äußerst schädlich für der Körper.
Fentanyl: In der Anästhesie verwendetes Betäubungsmittel; auch Bezeichnung für künstlich hergestellte Opiate, die ähnlich, aber wesentlich stärker als Morphin wirken; hochgiftig und suchterzeugend.
Meskalin: Aus dem in Lateinamerika wachsenden Peyotekaktus gewonnenes Alkaloid, das auch synthetisch hergestellt werden kann; pulverförmiges Halluzinogen, wird oral eingenommen; erzeugt keine physische Abhängigkeit; bewusstseinsverändernde Wirkung.
Morphium: In der Medizin als schmerzstillendes Mittel verwendetes Alkaloid des Opiums; in hohem Maße suchterzeugend; schädigt Gehirn und Leber.
Opium: Aus dem Saft des Schlafmohns gewonnener Stoff, der geraucht wird; enthält verschiedene Alkaloide (vor allem Morphin); schmerzlindernde und euphorisierende Wirkung; suchterzeugend.

Dschibuti (Djibouti, Gîbuti)
Staatsname: Republik Dschibuti
Staatsform: Präsidiale Republik
Hauptstadt: Dschibuti
Fläche: 23 200 km²
Einwohner: 577 000
Bevölkerungsdichte: 25/km²
Amtssprache: Arabisch, Französisch
Währung: Dschibuti-Franc (FD)
Nationalitätskennzeichen: DJI

Dschibuti

Duell

Früher duellierten sich Angehörige der Oberschicht und Offiziere nach bestimmten Regeln. Wer sich in seiner Ehre verletzt fühlte, konnte *Satisfaktion,* d. h. Genugtuung durch die Rücknahme der Beleidigung oder ein Duell fordern. Die Wahl der Waffen (Hieb-, Stich- oder Schusswaffen) lag beim Herausforderer. Jeder der beiden Beteiligten hatte einen *Sekundanten,* der als Beistand und Zeuge das Zweikampfes diente. Das Duell war erst beendet, wenn einer der Duellanten verletzt oder getötet wurde. Wenn der Geforderte die Forderung nicht annahm und auch seine Beleidigung nicht zurücknahm, verlor er seine Satisfaktionsfähigkeit. Duelle sind heute verboten.

schiff mit flachem Rumpf und rechteckigen, aus Bast geflochtenen Segeln an bis zu fünf Masten.
DTP, Abkürzung für → *Desktoppublishing.*
Dualismus [lat.], *der,* Zweiheit, in der Philosophie die Auffassung, dass in der Welt zwei gegensätzliche Wesenheiten oder Prinzipien wirken: das Gute und das Böse, Leib und Seele usw.
Dualsystem, ein Zahlensystem, das mit zwei Ziffern auskommt, → binäres System.
Dub [engl. dʌb], *das,* in der Aufnahmetechnik von Schallplatten versteht man darunter, dass die auf mehreren Tonbandspuren aufgenommenen Stimmen eines Musikstücks neu gemischt und häufig mit zusätzlichen Effekten (z. B. Hall oder Echo) versehen werden.
Dublin [ˈdʌblɪn] irisch *Balle Átha Cliath,* Hauptstadt von → Irland. Die an der Ostküste, an der Mündung des Liffey in die Irische See gelegene Hafenstadt (478 000 Einwohner) ist der kulturelle und wirtschaftliche Mittelpunkt des Landes.
Dudelsack, *Sackpfeife,* ein bereits im Altertum bekanntes Blasinstrument, das heute vor allem in Schottland gespielt wird. Ein Windsack aus Leder (Schafs- oder Ziegenbalg) wird vom Spieler durch Anblasen über ein Rohr mit Luft gefüllt. Die Luft strömt gleichzeitig in bis zu acht Pfeifen, von denen eine Grifflöcher besitzt und als Melodiepfeife dient, während die anderen, die sog. *Bordunpfeifen,* gleich bleibende Begleittöne erzeugen.
Duden, Standardwerk für die deutsche Rechtschreibung (→ Orthographie).
Duell [lat.], *das,* Zweikampf.
Duett [it.], *das,* in der Musik ein Stück für zwei Gesangsstimmen.
Duftstoffe, Riechstoffe, die von Pflanzen oder Tieren erzeugt werden und bereits in geringer Menge wahrnehmbar sind. Pflanzen locken durch ihren Duft Insekten an, die für die → Bestäubung wichtig sind. Tiere produzieren in besonderen *Duftdrüsen* Stoffe, die verschiedene Aufgaben haben können: Anlockung von Geschlechtspartnern, Markierung von Revieren, Abschreckung von Feinden oder Orientierungshilfe (Markierung von *Duftstraßen* bei Insekten). Manche Tiere besitzen Stinkdrüsen (z. B. → Stinktiere und → Wanzen), mit denen sie sich gegen Feinde verteidigen. Säugetiere verwenden für die Duftmarken, mit denen sie ihr Revier abgrenzen, auch Exkremente (z. B. Kot bei vielen Huftieren). Der Mensch sondert mit besonderen Schweißdrüsen ebenfalls Duftstoffe ab.
Dukaten [it.], *Mz.,* ursprünglich aus Italien stam-

mende Goldmünzen, die vom späten Mittelalter bis zum 19. Jh. in ganz Europa verbreitet waren (in Deutschland vom 14. Jh. bis 1857).
Dumas [dyˈma]. Alexandre der Ältere (1802 bis 1870), französischer Schriftsteller, der neben erfolgreichen Dramen über 300 Romane schrieb. Die bekanntesten seiner spannenden, für ein Massenpublikum verfassten Werke sind »Die drei Musketiere« (1844) und »Der Graf von Monte Christo« (1845/46). Sein Sohn *Alexandre Dumas der Jüngere* (1824–1895) begründete den modernen Gesellschaftsroman und wurde durch »Die Kameliendame« (1848) berühmt.
Dumping [engl. ˈdʌmpɪŋ »verschleudern«], *das,* etwas zu niedrigen Preisen (unter dem Marktpreis) verkaufen, um die Konkurrenz auszustechen und einen Marktanteil zu erringen.
Dunant [dyˈnɑ̃], Henri (1828–1910), schweizerischer Schriftsteller, der als Zeuge der Schlacht von Solferino (1859) auf das Elend der im Krieg verwundeten Soldaten aufmerksam machte. Auf seine Anregung hin wurde 1863 eine internationale Konferenz in Genf einberufen, die das → Rote Kreuz gründete und 1864 die → Genfer Konvention beschloss. Dunant erhielt 1901 den Friedensnobelpreis.
Düne, durch Wind angehäufter, trockener Sand an Küsten und in Wüsten. Reihendünen bilden sich bei gleich bleibender Windrichtung. Wanderdünen bedrohen in Wüstengebieten oft fruchtbare Landstriche, so dass sie mit Zäunen, tief wurzelnden Gräsern oder Bäumen befestigt werden.
Düngemittel, Nährstoffe für Pflanzen, die dem Boden zugesetzt werden, um das Wachstum der Pflanzen und somit die Ernteerträge zu erhöhen. *Natürliche* oder *organische* Düngemittel sind Stallmist, Jauche (Odel) und Kompost. Diese Stoffe verwesen im Boden und werden zu Humus. *Kunstdünger* oder *mineralische* Dünger enthalten Mineralstoffe wie etwa Stickstoff, Phosphor, Kalium und Calcium sowie in geringeren Mengen Eisen, Schwefel, Magnesium und andere Spurenelemente. Da dabei verwesendes Pflanzenmaterial fehlt, bildet der Kunstdünger keinen Humus; er wird (in Wasser gelöst) direkt von den Wurzeln aufgenommen.
Duo [it.], *das,* in der Musik Stück für zwei Instrumente sowie eine aus zwei Musikern bestehende Instrumentalgruppe.
Duplikat [lat.], *das,* Zweitanfertigung (z. B. die Durchschrift eines Schriftstücks).
Dur [von lat. durus = »hart«], *das,* in der Musik eines der beiden Tongeschlechter. Dur-Tonarten

besitzen im Gegensatz zu → Moll-Tonarten eine große Terz, die vom Hörer als »hart« empfunden wird.

Durchmesser, Zeichen Ø, in der Geometrie eine gerade Strecke, die zwei Punkte auf einem Kreis oder der Oberfläche einer Kugel verbindet und durch den Mittelpunkt verläuft.

Dürer, Albrecht (1471–1528), deutscher Maler, Zeichner und Kupferstecher, der sich von der italienischen Renaissancekunst und der flämischen Malerei zu einer Erneuerung der deutschen Malerei anregen ließ. In seinen Gemälden und Zeichnungen betonte er eine nach bestimmten Formgesetzen konstruierte Schönheit (insbesondere bei der Darstellung der menschlichen Gestalt), stellte aber gleichzeitig Menschen (Porträts), Landschaften, Pflanzen und Tiere naturgetreu dar. Neben Gemälden (»Adam, Eva«, 1507, Altarbilder und Selbstbildnisse) schuf er vor allem Holzschnitte, Kupferstiche und Radierungen von künstlerischer Vollkommenheit (z. B. »Ritter, Tod und Teufel«).

Dürrenmatt, Friedrich (1921–1990), Schweizer Schriftsteller, der vor allem durch zeitkritische, tragikomische Bühnenstücke, Hörspiele und Erzählungen hervortrat. Am bekanntesten sind seine Bühnenstücke »Der Besuch der alten Dame« (1956) und »Die Physiker« (1962).

Düse, zumeist ein Rohr, das sich in einer Richtung stetig verengt. Je enger die Öffnung ist, desto höher ist die Strömungsgeschwindigkeit, wenn ein Gas oder eine Flüssigkeit hindurchgeschickt wird.

Düsenflugzeug, *Jet,* ein von einem → Strahltriebwerk angetriebenes Flugzeug.

Düsseldorf, am Niederrhein gelegene Hauptstadt von → Nordrhein-Westfalen. Die westdeutsche Industriestadt (573 000 Einwohner) ist ein bedeutendes Messezentrum.

DVD, Digital Versatile Disk, Weiterentwicklung der → CD-ROM, die eine Speicherkapazität von 2,6 Gigabyte (5,2 Gigabyte, wenn sie doppelseitig beschrieben wird) hat. Das entspricht dem Speicherplatz, den etwa 5200 digitalisierte Fotos oder 230 Minuten bewegte Bilder einnehmen. Benötigt wird dazu ein spezielles Laufwerk, das die DVD auch beschreiben kann.

Dvořák ['dvɔrʒaːk], Anton (1841–1904), tschechischer Komponist, der in seine Musik Elemente der böhmischen und mährischen Volksmusik aufnahm. Am bekanntesten sind seine 9. Sinfonie »Aus der Neuen Welt« (1893) und seine Oper »Rusalka« (1900).

Dyck [dɛɪk], Anthonis van (1599–1641), flämi-

■ *Dünen* in der Wüste Namib, Namibia

scher Barockmaler, der vor allem genau beobachtete, ausgewogen komponierte Porträtbilder schuf (ab 1632 als Hofmaler in London).

Dynamik [griech. »(Lehre von der) Kraft«], *die,* lebhafte Bewegtheit; **1.** in der Physik ein Teilgebiet der → Mechanik, das sich mit dem Einfluss von Kräften auf die Bewegung von Körpern befasst. Die *Hydrodynamik* beschäftigt sich mit den mechanischen Vorgängen bewegter Flüssigkeit, während sich die → *Aerodynamik* mit Luftströmungen befasst. **2.** In der Musik ist damit die Klangfülle bzw. Tonstärke gemeint (z. B. *forte, f* = »stark«, *piano, p* = »leise«).

Dynamit [von griech. dynamis = »Kraft«], *das,* ein 1867 von Alfred Nobel (→ Nobelpreise) erfundener Sprengstoff. Die Mischung aus stoßempfindlichem → Nitroglyzerin und Kieselgur ergibt einen Sprengstoff, den man gefahrlos transportieren kann, weil er erst durch die Zündung eines anderen Sprengstoffs *(Initialzündung)* zur Explosion gebracht wird.

Dynamo [von griech. dynamis = »Kraft«], *der,* ein → Generator, d. h. eine Maschine zur Erzeugung von elektrischem Strom. Ein Dynamo wandelt mechanische in elektrische Energie um, indem eine Drahtwicklung, die sich in einem Magnetfeld dreht, durch → Induktion Strom erzeugt.

Dynastie [griech. »Herrschaft«], *die,* ein Herrschergeschlecht.

Dysprosium, ein → chemisches Element. Das silberglänzende Schwermetall wird beim Bau von Kernreaktoren verwendet.

■ *Dudelsack*

Dysprosium

Zeichen: Dy
Ordnungszahl: 66
Atommasse: 162,5
Dichte: 8,55 g/cm³
Schmelzpunkt: 1412 °C
Siedepunkt: 2562 °C

E, 1. Abkürzung für Europastraße (z. B. *E 9*); **2.** Abkürzung für Elektro- bzw. für elektrisch verstärkt (z. B. *E-Lok* = Elektrolok,; **3.** Abkürzung für → *Exa-*.

e, 1. in der Musik die 3. Stufe der C-Dur-Tonleiter; **2.** in der Physik das Zeichen für → Elektron; **3.** Abkürzung für electronic (z. B. → *E-Mail*); **4.** in der Mathematik die sog. *Eulersche Zahl,* die eine → reelle, → transzendente Zahl (2,71828 ...) und die Basis des natürlichen Logarithmus ist.

Ebbe, bei den Gezeiten das regelmäßige Sinken des Meeresspiegels. Gegenteil: → Flut.

Eber, das männliche → Schwein.

Ebert, Friedrich (1871–1925), deutscher Politiker, der 1913–1919 Vorsitzender der SPD war und 1919 zum ersten Reichspräsidenten der → Weimarer Republik gewählt wurde (bis 1925).

ec, Abkürzung für → *Eurocheque.*

Echo [griech.], *das,* Widerhall. Zumeist versteht man darunter die → Reflexion von Schallwellen an einem Hindernis. Der → Schall wird von einer großen Fläche (z. B. einer Wand) zurückgeworfen, so dass ein Geräusch oder gesprochenes Wort nochmals zu hören ist.

Echolot, Gerät, mit dem man die Tiefe eines Gewässers bestimmen kann. Man sendet dazu Schallwellen aus, die vom Meeresboden zurückgeworfen werden, und fängt sie wieder auf. Aus der Zeit, die vom Aussenden bis zum Empfang vergeht, kann man die zurückgelegte Entfernung berechnen, weil die Schallgeschwindigkeit (im Meerwasser etwa 1500 m/s) bekannt ist. Da die Schallwellen auch von anderen Hindernissen reflektiert werden, lassen sich mit Hilfe eines Echolots auch U-Boote, Schiffwracks oder Fischschwärme feststellen. In der Schifffahrt verwendet man dafür → Ultraschallwellen.

Echsen, zusammen mit den → Schlangen eine Unterordnung der Schuppenkriechtiere. Sie sind über die ganze Erde verbreitet, aber die meisten Arten kommen in warmen Zonen vor. Die einzigen heute noch lebenden Vertreter, die das Meer in ihren Lebensraum einbeziehen, sind die *Meerechsen.* Die Echsen machen etwa die Hälfte aller heute noch lebenden → Reptilien aus (etwa 3000 Arten); ihre Größe reicht von knapp 4 cm Länge bei den *Geckos* bis zu 3 m Länge bei

■ *Echse:* Die Tannenzapfenechse ist in Westaustralien verbreitet

Waranen. Sie besitzen in der Regel vier Gliedmaßen, die aber bei den → *Schleichen* und *Doppelschleichen* teilweise oder ganz zurückgebildet sein können. Zahlreiche Echsenarten können bei Gefahr ihren Schwanz abwerfen (z. B. → *Eidechsen*). Neben den oben erwähnten Echsengruppen gibt es noch → Leguane und Skinke.

Ecstasy, *XTC* [engl. 'ekstasi »Ekstase«], *das,* eine → Designerdroge, die auf dem Wirkstoff *(MMDA)* der → Muskatnuss beruht. Sie wurde früher als Appetitzügler verwendet und wird heute vor allem von Anhängern der → Technomusik genommen, weil sie eine entspannende Wirkung hat und gleichzeitig stundenlanges Tanzen ohne Ermüdung ermöglicht. Überbeanspruchung des Körpers und Kreislaufzusammenbrüche können die Folge sein. Bei häufiger Anwendung können auch Teile des Gehirns geschädigt werden.

ECU [e'ky:], *der* oder *die,* Abkürzung für engl. *European Currency Unit* (europäische Währungseinheit). Der ECU ist bislang nur eine Rechengröße im → Europäischen Währungssystem, soll aber in der Europäischen Währungsunion (ab 1999) offizielles Zahlungsmittel werden (→ Euro). Im Augenblick setzt er sich aus einem »Währungskorb« zusammen, in dem alle Währungen der EU-Mitglieder mit einem bestimmten Anteil vertreten sind, der sich nach dem wirtschaftlichen Gewicht des jeweiligen Landes bemisst (z. B. Deutschland mit 32 %).

Ecuador, südamerikanischer Staat in den → Anden. Das Land besteht aus Tiefländern an der Pazifikküste im Westen und im Einzugsbereich des → Amazonas. Das Andenhochland wird von zwei Hochgebirgen umrahmt. Zum ecuadorianischen Staatsgebiet zählen außerdem die → Galapagosinseln im Pazifischen Ozean. Indianer und Mestizen machen mehr als 75 % der Bevölkerung aus, die hauptsächlich von der Landwirtschaft (vor allem Bananen, Kaffee,

Echo

Damit die von einem Hindernis zurückgeworfenen Lautäußerungen nicht miteinander verschmelzen, muss zwischen ihnen ein bestimmter zeitlicher Abstand liegen. Das menschliche Ohr kann Geräusche gerade noch voneinander trennen, wenn der Abstand zwischen ihnen eine Fünftelsekunde beträgt. Das Hindernis muss also mindestens halb so weit entfernt sein, wie der Schall in 0,2 Sekunden zurücklegt (d. h. $66/2 = 33$ m). Andernfalls gibt es einen *Nachhall,* der zwar bei Sprache insbesondere in geschlossenen Räumen, wenn parallele Wände den Schall mehrmals zurückwerfen, störend wirken kann, aber als besonderer Klangeffekt bei Musik in Konzertsälen bewusst herbeigeführt wird. Wenn das Hindernis weiter entfernt ist, wie z. B. im Gebirge, kann man ganze Wörter deutlich als Echo vernehmen.

1 ECU = 1,97 DM (Mitte 1998)

Ecuador	
Staatsname:	Republik Ecuador
Staatsform:	Präsidiale Republik
Hauptstadt:	Quito
Fläche:	283 561 km²
Einwohner:	11,5 Mio.
Bevölkerungsdichte:	40,5/km²
Amtssprache:	Spanisch
Währung:	Sucre (S/.)
Nationalitätskennzeichen:	EC

Ecuador

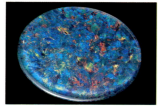

■ **Edelstein:** Polierter Opal

■ **Ecuador:** Indios und Mestizen machen über 75% der Bevölkerung aus

Kakao, Zuckerrohr und Fischerei sowie von der Förderung von Erdöl lebt. Das schon früh besiedelte Land, durch das – wie sein Name besagt – der → Äquator verläuft, gehörte ab dem 15. Jh. zum → Inkareich, bevor es im 16. Jh. von den Spaniern erobert wurde. Es fiel danach an Peru bzw. Neugranada (heutiges Kolumbien). Eine Revolution (ab 1809) führte zur Unabhängigkeit von Spanien. 1822–1830 war das Land Teil von Großkolumbien. 1942 musste es fast die Hälfte seines Staatsgebietes im Amazonastiefland an Peru abtreten. Seit seiner Unabhängigkeit hat das Land zahlreiche Revolutionen und Militärputsche erlebt.

Edda, ein um 1220–1230 von dem isländischen Dichter *Snorri Sturluson* (1178/79–1241) verfasstes Lehrbuch über die → Skaldendichtung. Die auch als *jüngere* oder *Prosa-Edda* bezeichnete Snorra-Edda beschreibt die nordische Mythologie und ergänzt die dichterischen Regeln durch Beispiele von Götter- und Heldensagen. Im 17. Jh. wurde der Name auch auf eine Sammlung von rund 30 Liedern übertragen. Diese *ältere* oder *Lieder-Edda,* die in einer Handschrift von 1280 überliefert ist, enthält Götter- und Heldensagen, die zwischen dem 9. und 12. Jh. entstanden.

Edelgase, → chemische Elemente, die auf der Erde in gasförmigem Zustand vorkommen. Sie werden als »Edelgase« bezeichnet, weil sie sehr reaktionsträge sind und kaum → chemische Verbindungen eingehen. Die sechs Gase, die farb-, geruch- und geschmacklos sind und zusammen nicht einmal 1 % der Luft ausmachen, sind → *Helium, Neon, Argon, Krypton, Xenon* und *Radon.*

Edelmetalle, relativ seltene und deshalb kostbare Metalle, die nur in geringem Maße von chemischen Stoffen angegriffen werden (→ Oxidation, → Korrosion). Zu den Edelmetallen gehören neben → Gold und → Silber die sog. → Platinmetalle Platin, Ruthenium, Rhodium, Panadium, Osmium und Iridium sowie → Quecksilber. Wegen ihrer Beständigkeit werden sie nicht nur zu Schmuck verarbeitet, sondern auch in der Technik verwendet (z. B. in Legierungen oder wie Platin bei → Katalysatoren).

Edelsteine, seltene → Minerale, die wegen ihrer Härte und schönen Farbe zu Schmuck verarbeitet werden. Durch Schleifen und Polieren erhalten sie einen besonderen Glanz. Durchsichtige und durchscheinende Edelsteine zeigen dank ihrer → Facetten eine besondere Lichtbrechung. Die kostbarsten und bekanntesten Edelsteine neben dem → Diamanten sind → *Amethyst, Aquamarin,* → Beryll, → Granat, Malachit, → Opal, → Rubin, → Saphir, → Smaragd, Topas *und* → *Türkis.* Zu den Edelsteinen werden auch organische Produkte wie → Bernstein oder → Perlen gezählt. Weniger seltene Edelsteine werden *als Schmucksteine* oder manchmal auch fälschlich als »Halbedelsteine« bezeichnet. Gewonnen werden die Edelsteine im Bergbau und in Steinbrüchen aus Gesteinen und Erzen sowie durch Auswaschen von Ablagerungen fließender Gewässer. Heute kann man kristalline Edelsteine auch künstlich herstellen.

Edelweiß, eine in Gebirgen wachsende Staudenpflanze aus der Gattung der → Korbblütler. Die in den Alpen vorkommende Edelweißart steht unter Naturschutz.

■ **Edelweiß**

Edison [ˈɛdɪsn], Thomas Alva (1847–1931), amerikanischer Elektrotechniker, der u. a. den Phonographen (1877), einen Vorläufer des Grammophons, und die Kohlenfadenglühlampe (1879) erfand. Außerdem verbesserte er mit dem Kohlekörnermikrophon (1876) das → Telefon, schuf mit seiner Entdeckung der Glühemission

(Edison-Effekt, 1883) die Grundlagen für die → Elektronenröhre und entwickelte einen Kinetographen (1891) für Filmaufnahmen.

EDV, Abkürzung für → *Elektronische Datenverarbeitung.*

Efeu, immergrüne Kletterpflanze, die zu den Araliengewächsen gehört. Der in Mitteleuropa vorkommende *Gemeine Efeu,* der auch als Zierpflanze kultiviert wird, wächst kriechend auf dem Erdboden oder dank seiner Haftwurzeln an Mauern und Bäumen bis zu einer Höhe von 30 m.

EFTA, Abkürzung für engl. *European Free Trade Association* (Europäische Freihandelsvereinigung), eine 1960 gegründete Wirtschaftsgemeinschaft, der seit 1995 nur noch die Schweiz, Liechtenstein, Norwegen und Island angehören. Seit 1994 sind die EFTA-Staaten mit Ausnahme der Schweiz Teil des mit der EU vereinbarten *Europäischen Wirtschaftsraums.*

EG, Abkürzung für *Europäische Gemeinschaften,* die seit 1993 Teil der → Europäischen Union sind.

Egoismus [von lat. ego = »Ich«], *der,* Selbstsucht. Gegensatz: → Altruismus. Ein Mensch, der in erster Linie nur an sich denkt, wird als *Egoist* bezeichnet.

Ehe, eine Lebensgemeinschaft zwischen Mann und Frau, die rechtlich geregelt und auf Dauer (bis zum Tode eines der beiden Partner) angelegt ist. In Deutschland muss die Ehe vor einer staatlichen Behörde (Standesamt) geschlossen werden, um gesetzlich anerkannt zu werden. Der *standesamtlichen* Trauung kann eine *kirchliche* Trauung folgen, wobei die Ehe in der katholischen Kirche als unauflösliches → Sakrament betrachtet wird. Heiraten dürfen in der Regel nur volljährige Personen, wenn sie nicht nahe miteinander verwandt sind. Auf Antrag eines oder beider Ehepartner kann die Ehe von einem Gericht aufgelöst werden, wenn sie »zerrüttet« ist (→ Scheidung).
In den meisten Kulturen kennt man nur die *Einehe* zwischen *einem* Mann und *einer* Frau (→ Monogamie). In anderen Kulturkreisen, z. B. in islamischen Ländern, ist dagegen auch die *Mehrehe* (→ Polygamie) erlaubt, bei der in der Regel ein Mann mehrere Frauen heiratet (sog. *Vielweiberei*).

Ei, *Eizelle,* die weibliche → Keimzelle. Das Ei ist in der Regel unbeweglich und entwickelt sich bei mehrzelligen Pflanzen und Tieren in besonderen → Geschlechtsorganen, bei den Pflanzen entweder im Archegonium (Moose, Pflanzen) oder in der → Samenanlage, bei den höheren Tieren und beim Menschen im → Eierstock. Je nach Tierart ist es unterschiedlich groß: Beim Menschen beträgt die Größe nur 0,12–0,2 mm, während sie bei Tieren zwischen 0,02 mm (Würmern) und 22 cm (Walhai) schwankt. Das Ei ist eine Riesenzelle, die im wesentlichen aus dem *Eikern* (Keimbläschen) und dem *Eidotter* (eingelagerte Nährstoffe) sowie der Ei- oder Dotterhaut besteht. Bei vielen Tieren ist das Ei zusätzlich von einer Flüssigkeit umhüllt (Eiklar), die es vor dem Austrocknen schützen soll, und mit einer Schale als weiterer Schutzhülle umgeben. Bei → Amphibien ist diese Schutzhülle eine Gallertmasse, bei Insekten eine Chitinschale und bei Vögeln eine Kalkschale. Der Dotter kann sehr groß sein, wenn sich der Embryo außerhalb des Mutterleibes entwickeln muss.
Damit aus dem Ei ein neues Einzelwesen entstehen kann, muss es – außer bei der → Jungfernzeugung – befruchtet werden. Die → Befruchtung kann bei Tieren innerhalb oder außerhalb des weiblichen Körpers geschehen. Das befruchtete Ei (→ Zygote) entwickelt sich bei lebend gebärenden Tieren und beim Menschen im Körperinneren in der Gebärmutter. Bei Tieren, die ihre Eier ablegen, unterscheidet man mehrere Formen: Es gibt Tiere, die sich überhaupt nicht um ihre Eier kümmern, sondern sie einfach an die Umgebung abgeben; einige bedienen sich auch anderer Tiere als → Wirte (z. B. Würmer). Andere betreiben *Brutfürsorge* und legen ihre Eier an geeigneten Orten ab, wo die Eier geschützt sind und die Jungen oder Larven später unbehindert ausschlüpfen und ausreichend Nahrung finden können (z. B. Insekten, Reptilien). Tiere mit *Brutpflege* bewachen nach der Eiablage ihre Eier und halten sie warm; sie sorgen auch noch nach dem Ausschlüpfen für die Nachkommen. Von der Art der Eiablage hängt ab, wie viele Eier die Tiere legen: Die Zahl der gelegten Eier schwankt zwischen 50 Millionen (bei Spulwürmern) und einem einzigen Ei bei manchen Vögeln.

Eiben, zweihäusige Nadelbäume, die auf der nördlichen Erdhalbkugel vorkommen. In Mitteleuropa wächst die *Gemeine Eibe,* die etwa 10 m hoch wird und sehr alt werden kann (bis zu 3000 Jahre). Samen und Laub der unter Naturschutz stehenden Eibe sind giftig, nicht jedoch der beerenartige rote Samenmantel, der bei den weiblichen Pflanzen den Samen umhüllt.

Eichen, einhäusige Laubbäume, die in zahlreichen Arten auf der nördlichen Erdhalbkugel verbreitet sind. Eichen können über 1000 Jahre alt

■ *Thomas Alva Edison*

Ehe

Es gibt auch eheähnliche Lebensgemeinschaften (sog. Ehen ohne Trauschein oder »wilde Ehen«) die vom Gesetz nicht anerkannt oder geschützt werden. In manchen Ländern (z. B. Dänemark oder Norwegen) dürfen auch zwei Personen des gleichen Geschlechts eine Ehe schließen.

Ei

Wenn man von Eiern spricht, meint man zumeist *Vogeleier.* Die Größe von Vogeleiern reicht von 1,25 cm Länge (Kolibris) bis zu 16 cm Länge (Strauß). Das Straußenei entspricht mit einem Gewicht von bis zu 1,6 kg rund 30 Hühnereiern. Die Eier des erst im 17. Jh. ausgestorbenen Elefantenvogels, der auf Madagaskar lebte, waren sogar über 30 cm lang und wogen etwa 10 kg. Aufgrund ihres hohen Eiweißanteils sind die Eier von Vögeln, zumeist von → Hühnern, ein wichtiges Nahrungsmittel.

Ei des Kolumbus

Als *Ei des Kolumbus* bezeichnet man die verblüffend einfache Lösung einer scheinbar unlösbaren Aufgabe. Kolumbus soll nämlich das Problem, ein Ei auf die Spitze zu stellen, dadurch gelöst haben, dass er einfach die Eischale eindrückte, bis das Ei nicht mehr umfiel.

Eichen
∙ ∙ ∙ ∙ ∙ ∙ ∙ ∙ ∙ ∙ ∙ ∙ ∙ ∙ ∙
Im Altertum genossen Eichen große Verehrung und waren den höchsten Göttern (bei den Germanen beispielsweise → Donar) geweiht.

■ *Eicheln*

■ *Eichhörnchen*

werden und eine Höhe von 50 m erreichen. Ihre Früchte, die nussartigen *Eicheln*, sind bis zur Reife teilweise von einem harten grünen Fruchtbecher umschlossen. Eichen liefern ein seit langer Zeit geschätztes Nutzholz.

Eichendorff, Joseph Freiherr von (1788–1857), deutscher Dichter der Spätromantik. Er verfasste kunstvolle, in einem schlichten, volkstümlichen Ton gehaltene Gedichte und lyrisch gestimmte Novellen (»Aus dem Leben eines Taugenichts«, 1826).

Eichhörnchen, zu den *Baumhörnchen* gehörende Nagetiere, die mit vielen Arten in Europa, Asien und Amerika vertreten sind und als geschickte Kletterer vor allem in Wäldern leben. Sie werden bis zu 30 cm lang und besitzen einen fast ebenso langen, buschigen Schwanz.

Eichung, die Prüfung von Messgeräten und Maßen, früher auch von Gewichten, die im öffentlichen Leben (z. B. im Handel) verwendet werden.

Eid, die feierliche Beteuerung einer Erklärung oder Aussage, die mit der religiösen Formel »so wahr mir Gott helfe« verbunden werden kann. Bei einer Aussage vor Gericht soll damit der Wahrheitsgehalt bekräftigt werden, während der *Diensteid* vor der Übernahme einer beruflichen Aufgabe (z. B. bei Beamten) eine besondere Treuepflicht unterstreicht. Wer vorsätzlich eine falsche Aussage beeidet, schwört einen → *Meineid;* wer dies fahrlässig tut, leistet einen *Falscheid.*

Eidechsen, eine Familie der → Echsen, deren Vertreter über die Alte Welt verbreitet sind. Sie sind 12–90 cm lang und besitzen kräftige Beine und einen langen Schwanz, den sie an einer vorgebildeten Bruchstelle bei Gefahr abwerfen können (der abgeworfene Schwanz wächst als Knorpelstab nach). In Mitteleuropa bekannte Eidechsenarten sind *Zaun-, Smaragd-, Mauer-* und *Waldeidechse.*

Eidgenossenschaft, *Schweizerische Eidgenossenschaft,* der »Ewige Bund«, den die Urkantone Uri, Schwyz und Unterwalden 1291 gegen die Versuche der → Habsburger schlossen, die Landeshoheit über die schweizerischen Gebiete zu gewinnen. Als sich im 14. Jh. weitere Kantone anschlossen, entstand daraus die → Schweiz.

Eierstock, *Ovarium,* bei mehrzelligen Tieren und beim Menschen ein Teil der weiblichen → Geschlechtsorgane. In den paarigen Keimdrüsen entstehen die → Eizellen. Beim Menschen enthält jeder der pflaumengroßen, 10–15 g schweren Eierstöcke, die sich auf beiden Seiten an der hinteren Wand des Beckens befinden, mehr als 200 000 Follikel, von denen aber insgesamt nur rund 400 zur Reife kommen. Während der sog. *fertilen Phase,* zwischen der ersten → Menstruation und dem → Klimakterium, reift monatlich ein befruchtungsfähiges Ei heran, das nach dem → Eisprung vom → Eileiter aufgenommen wird. Die Eierstöcke produzieren außerdem → Hormone (Östrogen und Gestagen).

Eigenschaftswort, deutsche Bezeichnung für → Adjektiv.

Eigentum, das umfassende Recht, dass jemand über eine Sache nach Belieben verfügen und sie nutzen kann (z. B. ein Fahrrad oder ein Grundstück). Das → Grundgesetz schützt das Eigentum, die Eigentumsrechte sind jedoch durch Gesetze eingeschränkt. Die *Sozialbindung des Eigentums* verlangt, dass das Eigentum auch dem Gemeinwohl verpflichtet ist. Deshalb kann das Eigentum eines Einzelnen (gegen Entschädigung) eingezogen und in *Gemeineigentum* überführt werden, wenn es zum Wohle der Allgemeinheit geschieht (z. B. → Enteignung eines Grundstücks, das für den Bau einer Straße benötigt wird). Geschützt ist auch das → *geistige Eigentum.* Rechtlich unterschieden vom Eigentum ist der *Besitz,* der nur besagt, dass jemand eine Sache tatsächlich in seinem Besitz hat, ohne dass sie ihm rechtlich gehören muss (z. B. der Mieter einer Wohnung).

Eileiter, die auch als *Tuben* bezeichneten schlauchförmigen Gänge, die nach dem → Eisprung das reife Ei aufnehmen und zur Gebärmutter transportieren. Jeder der beiden Eileiter ist 12–15 cm lang und erweitert sich beim → Eierstock trichterförmig. Im Eileiter findet die → Befruchtung statt, wenn die → Spermien bis zur Eileiterlichtung vordringen.

Einbaum, einfaches Boot, das aus einem ausgehöhlten oder ausgebrannten Baumstamm hergestellt wird. Einbäume gehören zu den primitivsten Wasserfahrzeugen und wurden bereits in vorgeschichtlicher Zeit verwendet. Heute ist es noch bei einigen Naturvölkern anzutreffen.

einhäusig, Bezeichnung für → Samenpflanzen, bei denen sich die männlichen und die weiblichen Blüten auf derselben Pflanze befinden. Gegensatz: → zweihäusig.

Einheiten, die Maßeinheiten, die international verwendet werden, um physikalische Größen wie etwa die Länge, die Masse oder die Zeitdauer einheitlich bestimmen zu können. Früher verwendete man beispielsweise zur Angabe der Länge Maße, die (wie → Elle und Fuß) den menschlichen Körper als Vergleichsgröße heranzogen. Solche Maßeinheiten sind zwangsläufig individuell verschieden, weil sie vom Körperbau der Person abhängen, die misst. Auch die Vielfalt der regional unterschiedlichen Maßeinheiten machte eine Festlegung eines einheitlichen Maßsystems notwendig. Bis zum Ende des 18. Jh. besaß noch jeder Staat seine eigenen Maßeinheiten, die zudem noch nicht voneinander abgeleitet werden konnten. Ab Mitte des 19. Jh. setzten sich die *metrischen Einheiten* durch, die auf dem → Meter basierten (Meterkonvention von 1875). Als sog. *Basiseinheiten* einigte man sich auf Meter, → Kilogramm und → Sekunde als Einheiten für Länge, Masse und Zeit. Zu Beginn des 20. Jh. kam noch eine elektrische Grundeinheit, das → Ampere, hinzu. Daraus entstand das *Internationale Einheitensystem* (→ SI-Einheiten), das mit sieben Basiseinheiten auskommt und die anderen Einheiten davon ableitet (z. B. Quadratmeter) oder durch dezimale Vielfache und Teile angibt (→ Vorsätze).

Einhorn, → Fabelwesen, das zumeist als Pferd (manchmal auch als Ziege) mit einem geraden, spitzen Horn auf der Stirn dargestellt wird. Das Einhorn gilt als sehr scheu und als Sinnbild der Keuschheit. Deshalb wurde es im Mittelalter zum → Attribut der Jungfrau → Maria.

Einsiedlerkrebs, im Meer lebender Krebs, der seinen ungepanzerten Hinterleib mit einem leeren Schneckenhaus schützt. Wenn das Schneckenhaus, in das er sich bei Gefahr ganz zurückzieht, zu klein wird, sucht er sich ein neues, größeres Gehäuse.

Einspritzmotor, ein → Verbrennungsmotor, der anstelle eines → Vergasers eine *Einspritzpumpe* besitzt. Diese spritzt den Kraftstoff durch ein Ventil vor oder in den Verbrennungsraum. Da alle → Dieselmotoren Einspritzer sind, bezieht sich die Bezeichnung zumeist auf → Ottomotoren mit Einspritzpumpe, um sie von den Vergasermotoren zu unterscheiden. Der Vorteil eines Motors mit Kraftstoffeinspritzung liegt in der höheren Motorleistung bei gleichzeitig geringerem Kraftstoffverbrauch und vermindertem Ausstoß von Schadstoffen.

Einstein, Albert (1879–1955), deutsch-amerikanischer Physiker, der 1933 wegen seiner jüdischen Abstammung in die USA emigrieren musste und dort 1940 die amerikanische Staatsbürgerschaft erwarb. Seine bedeutendste Leistung ist die von ihm aufgestellte → Relativitätstheorie (1905 und 1914–1916), die nachhaltig unsere Vorstellungen von Raum und Zeit veränderte und die theoretischen Grundlagen für die Kernspaltung schuf. 1921 erhielt er den Nobelpreis für Physik.

Einsteinium [von → Einstein abgeleitet], *das,* ein → chemisches Element, das zu den → Transuranen zählt. Es wurde 1952 als Reaktionsprodukt bei der Explosion der ersten → Wasserstoffbombe entdeckt und kann heute künstlich hergestellt werden.

Eintagsfliegen, weltweit verbreitete → Insekten, die bis zu 6 cm lang werden und zwei zarte Flügelpaare besitzen. Da die Mundwerkzeuge und der Darm bei den erwachsenen Vollinsekten verkümmert sind, können sie keine Nahrung aufnehmen und leben nur mehrere Stunden oder Tage. Während dieser kurzen Zeit müssen sie sich fortpflanzen. Das Weibchen legt seine Eier ins Wasser.

Einzahl, deutsche Bezeichnung für → Singular.

Einzeller, alle Lebewesen, die nur aus einer einzigen Zelle bestehen. Pflanzliche Einzeller bezeichnet man als → *Protophyten,* tierische Einzeller als → *Protozoen.* Bei den einzelligen Lebewesen unterscheidet man noch nach dem Aufbau der Zelle zwischen *Prokaryonten* (die wie z. B. → Bakterien über keinen Zellkern verfügen) und → *Eukaryonten* (bei denen das Erbmaterial wie etwa bei den → Amöben in einem Zellkern verpackt ist). Der mikroskopisch kleine Einzeller besitzt Organellen, deren Funktion den Aufgaben der Organe bei vielzelligen Lebewesen entspricht. Einzeller vermehren sich zumeist durch → Zellteilung; bei den → Wimpertierchen gibt es auch eine geschlechtliche Fortpflanzung, die sog. *Konjugation,* bei der zwei Einzeller Erbmaterial austauschen.

Eis, der feste → Aggregatzustand von → Was-

Basiseinheiten

Länge:	Meter
Zeit:	Sekunde
Masse:	Gramm
Stoffmenge:	Mol
Stromstärke:	Ampere
Temperatur:	Kelvin
Lichtstärke:	Candela

Einsteinium

Zeichen: Es
Ordnungszahl: 99
Atommasse: 252
Schmelzpunkt: 860 °C

Einsiedlerkrebs

Der Einsiedlerkrebs lebt häufig in Symbiose mit Seeanemonen, die sich auf dem Schneckenhaus ansiedeln. Beide Tieren ziehen Nutzen aus dem Zusammenleben: Die Anemone ernährt sich von den Nahrungsabfällen des Krebses und schützt ihn gleichzeitig mit ihren Tentakeln, die über Nesselkapseln verfügen, gegen Angreifer. Wechselt der Einsiedlerkrebs sein Haus, so nimmt er die Seeanemone sogar mit und drückt sie gegen die neue Schale.

■ *Einsiedlerkrebs*

Eis

Als *Speiseeis* bezeichnet man eine gefrorene, mehr oder weniger feste Masse aus Milch oder Sahne, Zucker und Früchten oder anderen Geschmacksstoffen. *Sorbet* nennt man ein nur halbgefrorenes Eis aus Fruchtsaft und geschlagenem Eiweiß, das von den Persern erfunden wurde und ursprünglich ein Eisgetränk war.

Eisen

Zeichen: Fe (von lat. ferum)
Ordnungszahl: 26
Atommasse: 55,85
Dichte: 7,87 g/cm³
Schmelzpunkt: 1535 °C
Siedepunkt: 2750 °C

Die schnellste Eisenbahn

Den Geschwindigkeitsrekord für Eisenbahnen hält der französische Hochgeschwindigkeitszug TGV mit 515 km/h (am 18. 5. 1990 auf der Strecke zwischen Courtalain und Tours aufgestellt). Die schnellste Dampflokomotive erreichte 200 Stundenkilometer.

Geschichte der Eisenbahn

1804: erste Dampflokomotive (von Richard Trewithick)
1825: erste öffentliche Dampfeisenbahn in England (mit einer von George Stephenson erbauten Lokomotive)
1835: erste Eisenbahnlinie in Deutschland (zwischen Nürnberg und Fürth)
1837–1839: erste deutsche Fernstrecke (zwischen Leipzig und Dresden)
1869: Fertigstellung der ersten transkontinentalen Eisenbahnstrecke in Nordamerika
1870: erste elektrische Lokomotive (von Wernher von Siemens)
1903: erster Schnelltriebwagen
1910: erste elektrifizierte Fernstrecke (zwischen Dessau und Bitterfeld)
1964: erster Hochgeschwindigkeitszug (zwischen Tokio und Osaka)

ser, wenn dessen Temperatur unter den → Gefrierpunkt sinkt. Wasser gefriert bei normalem Luftdruck bei 0 °C und dehnt sich dabei aus. Diese Ausdehnung führt dazu, dass eine Flasche, in der Wasser zu Eis gefriert, zerspringt und sogar riesige Felsen gesprengt werden, wenn in Spalten oder Hohlräumen Eis entsteht. Da Eis mehr Raum einnimmt als Wasser, besitzt es eine geringere Dichte (0,916 g/cm³) und schwimmt im Wasser (z. B. → Eisberge). In der → Atmosphäre kommt Eis in Kristallform als → Hagel, → Graupel und → Schnee vor.

■ *Eisbären*

Eisbär, ein in arktischen Gebieten rund um den Nordpol lebender → Bär, der bis zu 2,5 m lang und über 400 kg schwer wird. Eisbären besitzen ein dichtes gelblichweißes Fell. Sie sind gute Schwimmer und ernähren sich vorwiegend von Fleisch (Robben, Wasservögel, Fische).

Eisberge, große Eisschollen, die im Wasser schwimmen. Sie können bis zu 100 m hoch werden, wobei nur etwa ein Neuntel aus dem Wasser hervorragt, so dass sie eine große Gefahr für Schiffe bilden. In den Polargebieten brechen große Stücke von → Gletschern oder vom antarktischen Inlandeis ab und stürzen ins Meer.

Eisbrecher, wuchtig gebaute Schiffe mit starken Antriebsmaschinen, die bei Vereisung von Gewässern vor anderen Schiffen herfahren und die Eisdecke aufbrechen.

Eisen, ein → chemisches Element. Das im Reinzustand ziemlich weiche silberweiße Metall überzieht sich in feuchter Luft mit einer Oxidschicht (→ Rost). Reines Eisen findet man nur in → Meteoriten, während Eisen auf der Erde in chemischen Verbindungen, als **Eisenerz,** vorkommt. Daraus gewinnt man durch Verhüttung in → Hochöfen *Roheisen,* aus dem man → Stahl herstellen kann. Eisen ist das vierthäufigste Element in der Erdkruste und macht den größten Teil des Erdkerns (90 %) aus, der aus Nickeleisen besteht. Im Altertum war es der Rohstoff, aus dem die meisten Werkzeuge und Waffen hergestellt wurden (→ Eisenzeit); auch heute ist es noch einer der wichtigsten Werkstoffe.

Eisenbahn, ein auf Schienen (Gleisen) rollendes Verkehrsmittel, das Personen und Fracht transportieren kann. Ein Eisenbahnzug besteht aus einer *Lokomotive* und den vor ihr gezogenen Wagen *(Waggons)* bzw. aus einzelnen *Triebwagen.* Die Lokomotive wird von einem Elektro- oder Dieselmotor angetrieben: Früher wurde dafür eine → Dampfmaschine verwendet.
In Stellwerken werden die Weichen und Signalanlagen gesteuert. Zu den Sicherheitseinrichtungen gehört die induktive Zugsicherung, die eine automatische Abbremsung des Zuges bewirkt, wenn ein Haltesignal überfahren wird. Eine Sicherheitsfahrschaltung (»Totmann-Schaltung«) überwacht den Lokomotivführer: Dieser muss in bestimmten Zeitabständen einen Schalter betätigen; andernfalls wird automatisch eine Bremsung eingeleitet.

Eisenzeit, in der Menschheitsgeschichte die Epoche, die auf die → Bronzezeit folgte. Damals wurde das → Eisen zum wichtigsten Rohstoff, aus dem Waffen und Werkzeuge angefertigt wurden, weil es wegen seiner größeren Härte der → Bronze überlegen war. Zwar gab es schon im 3. Jt. v. Chr. Gegenstände aus Eisen, aber diese bestanden aus reinem Eisen, das jedoch nur in kleinen Mengen (vor allem in Form von Eisenmeteoriten) zu finden war. Im 2. Jt. v. Chr. gelang es, Eisen aus → Erz zu gewinnen. Vermutlich liegt der Ursprung der Eisenherstellung in → Anatolien und breitete sich von dort im östlichen Mittelmeerraum und im Vorderen Orient aus. Im 1. Jt. v. Chr. gelangte die neue Technik der Metallbearbeitung nach Griechenland und Italien und um 600 v. Chr. auch nach Nordeuropa sowie nach Indien und China (wo man das Gusseisen erfand). Bei den meisten Hochkulturen fällt die Geschichte des → Altertums mit der Eisenzeit zusammen, während die Eisenzeit in den meisten Gebieten Nord-, Mittel- und Westeuropas der → Vorgeschichte zugerechnet wird. In Mitteleuropa gliedert sich die Eisenzeit in zwei Abschnitte, die von der Kultur der → Kelten bestimmt wurden: die *Hallstattzeit* (800–400 v. Chr.) und die *Latènezeit* (400 v. Chr. bis Christi Geburt). Bisweilen werden auch die Zeit des Römischen Kaiserreichs, die Zeit der Völkerwanderung und das Frühmittelalter noch zur Eisenzeit gezählt, soweit im germanischen Raum schriftliche Aufzeichnungen fehlen. In anderen Regionen (z. B.

■ *Eishockey*

in Nordeuropa) endete die Eisenzeit noch später (erst nach 1000).

Eishockey, aus Kanada stammendes Mannschaftsspiel, das ähnlich wie → Hockey, aber auf Eis gespielt wird. Jede Mannschaft besteht aus 18–22 Spielern, von denen sich jeweils nur sechs (ein Torwart und fünf Feldspieler) gleichzeitig auf dem Eis befinden dürfen. Die Spieler bewegen sich auf Schlittschuhen und versuchen, mit ihren »Stöcken« (hölzerne Eishockeyschläger) den *Puck* (eine kleine Hartgummischeibe von 2,54 cm Dicke und 7,62 cm Durchmesser sowie 150–170 g Gewicht) in das gegnerische Tor zu befördern. Die Spielfläche ist durch zwei blaue Querlinien in drei Zonen eingeteilt: Verteidigungs-, neutrales und Angriffsdrittel. Außerdem gibt es drei rote Querlinien: die beiden Torlinien und die Mittellinie.

Ein Spiel dauert 60 Minuten, unterteilt in drei Drittel. Allerdings ist dies die effektive Spielzeit, d. h., bei allen Unterbrechungen, die einer der Schiedsrichter (zwei Linien- und ein Oberschiedsrichter) durch einen Pfiff anzeigt, wird die Uhr angehalten. Eishockey ist ein sehr schnelles Spiel mit großem Körpereinsatz. Um Verletzungen zu vermeiden, tragen die Spieler eine gepolsterte Schutzkleidung und Helme. Seit mehreren Jahren gibt es auch Dameneishockey.

Eiskunstlauf, ein Eislaufwettbewerb, der sportliche und künstlerische Elemente vereint und als *Einzellauf* (getrennt nach Damen und Herren) und als *Paarlauf* durchgeführt wird. Jeder Wettbewerb besteht aus zwei Teilen, dem *Kurzprogramm* und der *Kür*. Beim Kurzprogramm muss eine bestimmte Anzahl von vorgeschriebenen Elementen innerhalb einer festgesetzten Zeit vorgeführt werden, während die Kür frei gestaltet werden kann und nur zeitlich festgelegt ist. Die Begleitmusik dafür darf der Läufer selbst auswählen. Die Sportler werden von Kampfrichtern mit Noten von 0 bis 6 bewertet, wobei es Zehntelnoten (z. B. 5,8) gibt, um eine Leistung genauer zu differenzieren. Vergeben werden eine *A-* und eine *B-Note,* die sich jeweils aus dem Durchschnitt der Kampfrichterbewertungen errechnen. Die A-Note bewertet die technische Ausführung, die B-Note die künstlerische Darbietung. Benotet werden dabei Schrittkombinationen, Pirouetten und Sprünge sowie die tänzerische Umsetzung. Ein Eiskunstlaufwettbewerb, der das tänzerische Element stark betont, ist der **Eistanz** (nur für Paare). Er setzt sich aus drei Teilen zusammen (*Pflichttänze, Originalprogramm* und *Kürtanz*) und ordnet die Laufelemente (Schrittkombinationen, Drehungen, flache Sprünge und Hebefiguren) dem Rhythmus der Musik unter.

Eisprung, *Ovulation,* die auch als *Follikelsprung* bezeichnete Ausstoßung der reifen → Eizelle. Etwa alle vier Wochen platzt an der Oberfläche des → Eierstocks ein Follikel und gibt das Ei frei, das vom → Eileiter aufgenommen wird. Der Eisprung findet in der Mitte des monatlichen Zyklus statt, bei einer → Periode von 28 Tagen also am 14. Tag vor dem Beginn der → Menstruation. Wenn das Ei auf dem Weg zur Gebärmutter befruchtet wird (→ Befruchtung), nistet es sich in der Gebärmutterschleimhaut ein (Nidation).

Eisschnelllauf, ein Eislaufsport für Damen und Herren, der über Kurz- (500 und 1000 m), Mittel- (1500 und 3000 m) und Langstrecken (5000 und 10 000 m) ausgetragen wird.

Eisstockschießen, *Eisschießen,* ein vor allem in den Alpenländern verbreiteter Volkssport, der auf zugefrorenen Seen oder speziellen Bahnen betrieben wird. Das Eisstockschießen ist ein Mannschaftssport. Jede Mannschaft besteht aus vier Spielern. Jeder Schütze muss versuchen, seinen *Eisstock,* ein rundes, mit Eisen beschlagenes Wurfinstrument aus Holz (35 cm hoch und 4,4–6 kg schwer), auf der 4 m breiten und 42 m langen Eisbahn möglichst nahe an eine würfelförmige Holzdaube zu befördern, die 35 m weit von der Abwurflinie entfernt liegt. Gegnerische Eisstöcke, die sich näher bei der Daube befinden, dürfen weggestoßen werden.

Eiszeiten, auch als *Kalt-* oder *Glazialzeiten* bezeichnete Abschnitte der → Erdgeschichte, in denen sich aufgrund von Klimaveränderungen große Teile der Erdoberfläche mit Eis überziehen. Perioden, in denen weite Gebiete der Erde vergletschert waren, gab es beispielsweise vor

Eishockey

Regelverstöße, vor allem Fouls, werden beim Eishockey mit Zeitstrafen geahndet, die der betreffende Spieler auf einer Strafbank absitzen muss. Es gibt dabei die *kleine Strafe* (2 Minuten), die *große Strafe* (5 Minuten z. B. bei einem Foul mit Verletzung), die *Disziplinarstrafe* (10 Minuten) und die *Matchstrafe* (Ausschluss für den Rest des Spiels). Wenn gegen eine Mannschaft in Unterzahl ein Tor geschossen wird, darf der Spieler bei einer kleinen Strafe sofort wieder ins Feld zurück. Bei einer Disziplinarstrafe darf der betreffende Spieler ersetzt werden. Strafen für den Torwart muss ein Feldspieler absitzen.

Ejakulation

Als *Ejaculatio praecox* (»vorzeitige Ejakulation«) wird ein Samenerguss bezeichnet, der schon vor oder zu Beginn des Geschlechtsverkehrs eintritt.

EKD

Vorsitzender des Rats der Evangelischen Kirche in Deutschland ist seit 1991 Bischof Klaus Engelhardt (* 1932).

Ekliptik

Der Name *Ekliptik* rührt von der *Eklipse* [griech. »das Verschwinden«] her, mit der man in der Astronomie die Verfinsterung der Sonne (durch den Mond) oder des Mondes (durch den Erdschatten) bezeichnet. Diese Sonnen- und Mondfinsternisse ereignen sich nämlich in der Ekliptik.

275 Mio. und vor 600 Mio. Jahren. Im engeren Sinne versteht man darunter die *quartäre Eiszeit,* das → *Pleistozän,* das vor etwa 1,8 Mio. Jahren begann und in Deutschland in vier (im Alpenraum: Günz, Mindel, Riss und Würm) bzw. in drei Kaltzeiten (in Norddeutschland: Elster, Saale und Weichsel) und drei Warmzeiten (Cromer, Holstein und Eem) gegliedert ist. Die Eismassen rückten dabei im Norden von Skandinavien, im Süden von den Alpen her vor. Sie bedeckten ganz Norddeutschland und Süddeutschland bis etwa zu der Höhe, wo heute München liegt. Bei ihrem Vordringen und Rückzug gestalteten die → Gletscher die Norddeutsche Tiefebene und das Alpenvorland tief greifend, u. a. durch Grund- und Endmoränen (→ Moräne); auch die süddeutschen Seen und die Urstromtäler gehen auf die Gletscher zurück. In der Eiszeit entwickelte sich der → Mensch zum *Homo sapiens,* der jedoch nur in der Zone zwischen den vereisten Gebieten überleben konnte. Vor etwa 13 000 Jahren endete die letzte Eiszeit; doch möglicherweise befinden wir uns heute in einem *Interglazial,* einer Wärmezwischenzeit, auf die wieder eine Kaltzeit folgt.

Eiter, eine flüssige gelbliche Absonderung von entzündetem → Gewebe, die aus weißen Blutkörperchen (→ Leukozyten), zerfallenen Gewebezellen und Blutserum besteht.

Eiweiße, heute zumeist als *Proteine* bezeichnete organische Verbindungen, die von lebenden Zellen im Organismus erzeugt werden. Die Eiweißkörper sind aus → Aminosäuren aufgebaut, die kettenartig miteinander verknüpft sind. Sie unterscheiden sich durch die Reihenfolge ihrer Bausteine. Die Vorlage für den Zusammenbau der Ketten ist als Erbinformation in der → DNA enthalten und wird durch die Boten-RNA (→ RNA) an die → Ribosomen übermittelt, wo die Moleküle richtig zusammengesetzt werden. Proteine haben sehr unterschiedliche Eigenschaften und Aufgaben. Die sog. *Strukturproteine* geben den Zellen erst ihre Gestalt und sorgen dafür, dass die einzelnen Zellen im Gewebe zusammenhalten. Andere Proteine lenken die chemischen Vorgänge des Stoffwechsels (→ Enzyme). Alle Lebewesen unterscheiden sich durch ihre körpereigenen Proteine. Um diese aufbauen zu können, müssen Tiere und auch der Mensch pflanzliche oder tierische Eiweiße mit der Nahrung aufnehmen, bei der Verdauung in ihre Aminosäuren zerlegen und diese neu zusammenfügen.

Eizelle, bei Menschen, Tieren und Pflanzen die auch als → *Ei* bezeichnete weibliche → Keimzelle.

Ejakulation [von lat. eiaculare = »hinauswerfen«], *die,* das auch als *Samenerguss* bezeichnete Ausspritzen der Samenflüssigkeit (→ Sperma) aus dem Penis beim → Orgasmus des Mannes.

EKD, Abkürzung für *Evangelische Kirche in Deutschland.* In der EKD sind seit 1948 alle evangelischen Landeskirchen Deutschlands zusammengeschlossen. Seit der deutschen Wiedervereinigung umfasst sie 24 unierte, lutherische und reformierte Landeskirchen mit rund 30 Mio. Gläubigen.

Ekliptik [griech.], *die,* in der → Astronomie die Umlaufbahn, auf der sich die Sonne im Laufe eines Jahres zu bewegen scheint. Da in Wirklichkeit die Erde die Sonne umkreist, ist die Ekliptik der Kreis, in dem die Ebene der Umlaufbahn der Erde die Himmelskugel schneidet. Gegenüber dem Himmelsäquator ist die Ekliptik um etwa 23,5° geneigt. Die beiden Schnittpunkte der Ekliptik mit dem Himmelsäquator heißen *Äquinoktien* (oder → Tagundnachtgleichen); die beiden Punkte auf der Ekliptik, die am weitesten vom Himmelsäquator entfernt sind, nennt man *Solstitien* (oder → Sonnenwenden). Die Zone beiderseits der Ekliptik wird als → *Tierkreis* bezeichnet, weil die Sonne dabei die als Tierkreiszeichen bekannten zwölf Sternbilder durchläuft.

Ekstase [griech. »Außersichsein«], *die,* Zustand der Verzückung, bei dem jemand die Kontrolle über sein Bewusstsein teilweise verliert.

Ekzem [griech.], *das,* entzündliche Hauterkrankung, die mit Juckreiz, Rötung, Bläschen, Ausschlag und Schuppung verbunden ist. Ursache dafür kann eine angeborene Überempfindlichkeit der Haut oder die Reizung durch chemische Stoffe oder → Mikroben sein.

Elastizität [griech.], *die,* Dehn- oder Biegbarkeit, im übertragenen Sinne Geschmeidigkeit. Ein *elastischer* Körper hat die Eigenschaft, dass er zu seiner ursprünglichen Form zurückkehrt, wenn er durch Druck, Zug oder Verdrehung verformt worden ist und diese Krafteinwirkung nachlässt. Wird ein Material über seine *Elastizitätsgrenze* hinaus belastet, so entsteht eine bleibende Veränderung der Form. Ein besonders elastisches Material ist → Gummi. In der Technik wird die Elastizität bestimmter Metalle für die Herstellung von → Federn genutzt.

Elch, die größte Hirschart, die in den nördlichen Regionen Europas, Asiens und Amerikas vorkommt. Elche werden bis 3 m lang und über

Elektrizität 169

■ *Afrikanischer Elefant*

2 m hoch und können 500 kg schwer werden. Die männlichen Tiere tragen ein mächtiges schaufelförmiges Geweih.

Electronic Banking [engl. ɪlɛkˈtrɔnɪk ˈbæŋkɪŋ, *das*, elektronischer Bankverkehr (z. B. Abheben von Bargeld am Geldautomaten, Ausdrucke der Kontoauszüge, Überweisung mit Hilfe eines Computers). Voraussetzung dafür ist eine maschinell lesbare Scheckkarte mit individueller Geheimnummer (z. B. die → Eurochequekarte). Bankkunden können Aufträge außerdem von zu Hause aus erteilen (entweder mit Geheimnummer und Codewort über Telefon oder bei Anschluss an einen → Online-Dienst über einen PC mittels Modem).

Elefanten [griech.-ägypt. »Elfenbein«], in Afrika und Südostasien lebende Rüsseltiere, die mit einer Länge bis über 7 m, einer Schulterhöhe von bis zu 4 m und einem Gewicht von 6 t die größten lebenden Landsäugetiere sind. Die Nase hat sich zu einem bodenlangen, muskulösen Rüssel umgebildet, der nicht nur zum Riechen, sondern auch zum Tasten und Greifen dient. Aus den oberen Schneidezähnen haben sich zwei lange Stoßzähne entwickelt, die bis zu 4 m lang und über 200 kg schwer werden können. Da sie aus dem begehrten → Elfenbein bestehen, werden Elefanten immer noch von Wilderern gejagt und sind in verschiedenen Gegenden Afrikas vom Aussterben bedroht. Der *afrikanische Elefant* ist an seinen großen Ohren zu erkennen; männliche und weibliche Tiere besitzen gut ausgebildete Stoßzähne. Der kleinere *indische Elefant* besitzt kleinere Ohren und nur einen Greiffinger an der Rüsselspitze; bei den weiblichen Tieren sind die Stoßzähne zumeist nicht zu erkennen. Elefanten sind Pflanzenfresser, die täglich etwa einen Zentner Grünfutter brauchen; sie leben in umherziehenden Herden. Da sie intelligent und sehr kräftig sind, werden sie in Asien schon seit dem Altertum als Arbeitstiere gehalten und eingesetzt (z. B. beim Holzfällen und -transportieren).

Elektrizität [frz.], *die*, in der Physik die Bezeichnung für alle Erscheinungen, die mit elektrischen → Ladungen verbunden sind. Auch die Energie, die auf elektrischem Strom beruht, wird häufig als Elektrizität bezeichnet.
In der Physik befasst sich die *Elektrostatik* mit ruhenden Ladungen. Es gibt zwei Arten von Ladungen, *positive* und *negative*, zwischen denen Kräfte herrschen. Normalerweise sind diese Ladungen in der Materie gleichmäßig verteilt und heben einander gegenseitig auf. Die Träger der Ladung sind die elektrisch geladenen → Elementarteilchen, also vor allem → Protonen (positiv geladen) und → Elektronen (negativ geladen). Wenn die Ladungen wie bei der → Reibung voneinander getrennt werden, entsteht in der Umgebung ein *elektrisches* → *Feld, in* dem auf die Ladungsträger eine Kraftwirkung ausgeübt wird. Diese Kraftfelder machen sich bemerkbar, wenn es zu einem örtlichen Ladungsüberschuss kommt, also an einer Stelle mehr negative oder positive Ladungen vorhanden sind. Wie → Coulomb 1785 entdeckte, ist die abstoßende oder anziehende Kraft zwischen elektrischen Ladungen proportional der Größe der Ladungen und umgekehrt proportional dem Quadrat ihres Abstandes *(Coulombsches Gesetz).*
Mit den Wechselwirkungen zwischen bewegten Ladungen befasst sich die *Elektrodynamik.* Wenn die Ladungsträger frei beweglich sind, entsteht als Bewegung der Ladungen ein *elektrischer Strom.* In einem *elektrischen* → *Leiter* sind es Elektronen, die sich im Metall bewegen, bei → Elektrolyten hingegen → Ionen. Der Strom wird durch seine Stärke und seine → Spannung bestimmt. Die *Stromstärke,* die in → Ampere gemessen wird, ist die Ladungsmenge, die in einer bestimmten Zeit durch den Leiter fließt. Die in → Volt gemessene *elektrische Spannung* ist die sog. *Potenzialdifferenz,* die im elektrischen Feld besteht: Zwischen verschiedenen Stellen des Feldes besteht eine Spannung oder ein Gefälle, so dass eine bestimmte Arbeit aufge-

Elefanten
Die Elefanten sind die einzigen überlebenden Arten der Rüsseltiere, die sich im Eozän (→ Erdgeschichte) entwickelten und früher weit verbreitet waren. Am bekanntesten sind die Mastodonten und die → Mammuts, die ihre Blütezeit im → Pleistozän hatten, aber während der Eiszeit ausstarben. Im Tertiär gab es noch zahlreiche andere Rüsseltiere.

170 Elektroden

■ *Elektrizität:* Stromleitungen in einem Umspannwerk

Elektrizität

Als natürliche Erscheinung ist die Elektrizität schon seit dem Altertum bekannt (z. B. elektrische Entladungen bei → Blitzen oder elektrostatische Aufladungen, die beim Reiben bestimmter Materialien entstehen. »Elektrisch« leitet sich vom griechischen Wort *elektron* für »Bernstein« her, weil die durch Reibung entstehende Elektrizität zuerst bei Bernstein beobachtet wurde. Bei anderen Phänomenen wie den elektromagnetischen Schwingungen erkannte man erst viel später, dass sie mit Elektrizität in Verbindung stehen.

wendet werden muss, um eine Ladung darin zu verschieben. Nur wenn eine Ladung senkrecht zu den Feldlinien bewegt wird, benötigt man keine Arbeit, weil dort das Kraftfeld dieselbe Stärke *(Potenzial)* besitzt. Besteht jedoch eine Spannung, so werden die Elektronen in Bewegung gesetzt; es fließt somit ein Strom. Zwischen den Enden des Leiters, die einen geschlossenen Kreis bilden müssen, muss demnach ein ständiges Gefälle bestehen. Das Material, durch das der Strom fließt, setzt dem Strom aber einen Widerstand entgegen. Der in → Ohm gemessene *elektrische →Widerstand*, der auch von der Temperatur abhängt, gibt an, ob ein Stoff ein guter (kleiner Widerstand) oder ein schlechter Leiter (großer Widerstand) ist. Stoffe mit großem Widerstand, die elektrischen Strom fast nicht oder überhaupt nicht leiten, bezeichnet man als → Isolatoren; sie sind wichtig für die Abdichtung von Leitern nach außen.

Die elektrische Leistung wird in → Watt gemessen; sie ist als Produkt von Stromstärke und -spannung festgelegt. Bei Elektrogeräten wird die Höchstleistung angegeben, die sie aufnehmen (z. B. ein Bügeleisen mit 1200 W). Die Arbeit, die von der Stromquelle abgegeben wird, um die Elektronen zu bewegen, und beispielsweise von einem Heizgerät verbraucht wird, um in Wärmeenergie umgewandelt zu werden, berechnet sich als Produkt von Leistung und Zeit und kann als Wattsekunden oder Kilowattstunden angegeben werden.

Man unterscheidet zwischen → *Gleichstrom* (Bewegung des Elektronenflusses in eine Richtung) und → *Wechselstrom* (periodischer Wechsel der Richtung und der Stromstärke). Der Wechselstrom wird bei uns für die Stromversorgung in den Elektrizitätsnetzen verwendet. Sind dabei drei Wechselströme miteinander verkettet, so spricht man von → *Drehstrom.* Als *Stromstoß* wird ein nur für kurze Zeit fließender Strom bezeichnet.

Der elektrische Strom hat verschiedene Wirkungen, die in der Technik genutzt werden. Er entwickelt Wärme (worauf Heiz- und Kochgeräte beruhen), baut ein Magnetfeld auf (Elektromagnetismus) und hat eine chemische Wirkung, die bei der → Elektrolyse verwertet wird. Elektrischer Strom ist immer mit → Magnetismus verbunden, weil jede sich bewegende elektrische Ladung von einem Magnetfeld umgeben ist. Deshalb werden elektrische und magnetische Erscheinungen zum → Elektromagnetismus zusammengefasst.

Elektroden [engl.], *Mz.* die Übergangsstellen in einem elektrischen Stromkreis, an denen Ionen oder freie Elektronen in eine Flüssigkeit (bei → Elektrolyten), ein Gas (bei Gasentladungen) oder ein Vakuum (bei → Elektronenröhren) eintreten oder wieder austreten. Sie bestehen zumeist aus Metall und sind elektrisch leitend. Die positive Elektrode, in die negative Ladungen eintreten, heißt → *Anode;* die negative Elektrode, wo sie austreten, nennt man → *Kathode.*

Elektrolyse [griech.], *die,* Zerlegung chemischer Stoffe mit Hilfe von elektrischem Strom (→ Elektrizität). In die Lösung oder Schmelze einer chemischen Verbindung (Katalyt) ragen zwei → Elektroden (die eine positiv, die andere negativ) hinein, die mit einer Stromquelle verbunden sind. Beispielsweise liegen in einer wässrigen Kochsalzlösung (NaCl) die Elemente, aus denen die Verbindung besteht, in Form von → Ionen (Na$^+$, Cl$^-$) vor. Die negativ geladenen Chloratome, die *Anionen,* wandern zur positiven Elektrode *(Anode),* während sich die positiv geladenen Natriumionen, die Kationen, zur negativen Elektrode *(Kathode)* bewegen. Die Chlorionen bilden Chlorgas (Cl$_2$); aus den Natriumionen entsteht metallisches Natrium, das mit dem Wasser reagiert, so dass sich Natronlauge bildet. In der Technik wird die Elektrolyse zum → Galvanisieren verwendet, um eine dünne Metallschicht auf eine andere Schicht aufzutragen.

Als **Elektrolyt** wird ein chemischer Stoff bezeichnet, der in einer wässrigen Lösung oder im

geschmolzenen Zustand elektrischen Strom leitet. Elektrolyte müssen sich in → Ionen aufspalten können; dazu gehören → Salze, → Säuren und → Basen.

Elektromagnet [griech.], *der*, eine Drahtspule, die einen Eisenkern besitzt und von einem elektrischen Strom durchflossen wird. Beim Stromdurchfluss entsteht ein Magnetfeld (→ Elektromagnetismus), das durch den Eisenkern verstärkt wird. Elektromagnete werden z. B. als → Relais verwendet oder in großen Ausführungen zum Heben von Lasten eingesetzt.

Elektromagnetismus, zusammenfassende Bezeichnung für elektrische und magnetische Erscheinungen. Bereits der britische Physiker *James Clerk Maxwell* (1831–1879) erkannte, dass sich elektrische und magnetische Felder gegenseitig induzieren können (→ Induktion). Wenn ein elektrischer Strom fließt, ist er stets von einem magnetischen Feld umgeben. Andererseits erzeugt ein sich veränderndes magnetisches Feld (→ Magnetismus) ein elektrisches Feld. Da geschlossene magnetische Feldlinien den induzierten Strom kreisförmig umfassen und die elektrischen Feldlinien ihrerseits die magnetischen Induktionslinien kreisförmig umschließen und wiederum von magnetischen Feldlinien umgeben sind, kann man magnetische und elektrische Felder zu *elektromagnetischen Feldern* zusammenfassen. Die periodischen Veränderungen dieser Felder breiten sich mit Lichtgeschwindigkeit im Raum aus und werden als **elektromagnetische Schwingungen** oder **Wellen** bezeichnet. Sie wurden 1861 von Maxwell vorausgesagt und 1887 von Heinrich → Hertz nachgewiesen. Sie sind → Transversalwellen, bei denen die elektrischen und magnetischen senkrecht aufeinander und auch senkrecht zur Ausbreitungsrichtung stehen.

Elektromotor, eine Maschine, die elektrische Energie in mechanische Energie umwandelt. Umgekehrt kann ein Elektromotor auch als → Generator verwendet werden. Das Prinzip des Elektromotors beruht darauf, dass ein von einem elektrischen Strom durchflossener Leiter durch ein Magnetfeld in Bewegung gesetzt wird. Ein solcher Motor besteht immer aus mindestens zwei Magneten, dem feststehenden *Ständer* (oder *Stator*) und dem sich drehenden *Läufer* (oder *Rotor*). Der Läufer ist zumeist kein einzelner Magnet, sondern setzt sich aus drei oder mehr Elektromagneten zusammen, die als Anker bezeichnet werden. Der Ständer, der ein Dauer- oder ein Elektromagnet sein kann, umschließt

den Läufer. Fließt nun Strom durch die Spulen des Läufers, so entsteht ein Magnetfeld mit einem Nord- und einem Südpol. Da sich gleichnamige Pole abstoßen und ungleichnamige anziehen, dreht sich die Läuferspule. Wenn sich die ungleichnamigen Pole gegenüberstehen, wird die Stromrichtung umgedreht; das Magnetfeld wechselt dann, so dass die Pole einander wieder abstoßen. Dieser Wechsel setzt den Elektromotor in Bewegung.

Elektron [griech.], *das,* im → Atom das negativ geladene → Elementarteilchen, das sich um den Kern herumbewegt. Die Zahl der Elektronen und ihre Anordnung in den sog. *Elektronenschalen* ist für die unterschiedlichen Eigenschaften der → chemischen Elemente verantwortlich. Elektronen gehören zu den → *Leptonen,* den leichten Elementarteilchen, und besitzen eine sehr kleine Masse, die über 1800-mal geringer ist als die des → Protons (etwa 9,110 g). Sie sind die Träger der negativen → Elementarladung. Da sich in der Elektronenhülle um den Atomkern normalerweise genauso viele Elektronen befinden wie Protonen im Kern, gleichen negative und positive Ladungen einander aus. Das Atom ist damit neutral. Besitzt ein Atom jedoch einen Überschuss an Elektronen, so ist es negativ geladen; weist es einen Elektronenmangel auf, so ist es positiv geladen. Solche Atome werden als → Ionen bezeichnet. In Metallen sind die äußeren Elektronen der Atome frei beweglich und fließen bei Vorhandensein einer Spannung als

■ *Elektromagnetische Schaltelemente*

elektronische Schwingungen

Zu den elektromagnetischen Schwingungen gehören nicht nur die mit technischen Geräten erzeugten elektrischen Schwingungen, sondern alle Wellen von Radiowellen (→ Rundfunk) über sichtbare Lichtwellen bis hin zu → Höhenstrahlen. Das *elektromegnetische* → *Spektrum* umfasst also alle Wellen von der längsten bis zur kürzesten Wellenlänge.

Elektronik

Die Elektronik nahm ihren Anfang mit der → Elektronenröhre und entwickelte sich mit den sog. → Halbleiter-Bauelementen weiter. → Integrierte Schaltungen, → Chips und → Mikroprozessoren waren weitere wichtige Entwicklungsstufen, die zu einer immer stärkeren Miniaturisierung der Bauteile und der Geräte geführt haben.

elektrischer Strom durch den Leiter (→ Elektrizität). Beim Zerfall radioaktiver Elemente werden Elektronen als → Betastrahlung freigesetzt. Elektronen verhalten sich nicht nur wie Teilchen, sondern auch wie → Wellen und zeigen deshalb → Interferenz- und Beugungserscheinungen (→ Diffraktion).

Elektronenmikroskop, ein → Mikroskop, das zum Abtasten des Untersuchungsgegenstands statt Lichtstrahlen → Elektronen verwendet. Da deren Wellenlänge viel kürzer ist als die von sichtbarem Licht (ca. 0,004 mm gegenüber 0,38–0,75 µm), können kleinere Einzelheiten erkannt werden. Ein Elektronenmikroskop ermöglicht eine mehr als 100 000fache Vergrößerung, während das normale Lichtmikroskop Gegenstände nur etwa tausendfach vergrößern kann. Eine noch stärkere Vergrößerung ermöglicht das → Rastertunnelmikroskop.

Elektronenröhre, zu Beginn des 20. Jh. entwickeltes Gerät, das als → Gleichrichter und Verstärker für elektrische Ströme verwendet werden kann. Zumeist handelt es sich dabei um einen luftleer gepumpten Glaskolben, in den mindestens zwei → Elektroden eingeschmolzen sind. Bei der *Diode* treten an einer mit dem Minuspol einer Spannungsquelle verbundenen Kathode, die aufgeheizt wird, Elektronen aus. Sie werden von einer Anode aufgefangen, die mit dem Pluspol verbunden ist. Da der Vorgang nur in dieser Richtung verlaufen kann, ist es möglich, → Wechselstrom in → Gleichstrom umzuwandeln. Bei der *Triode* befindet sich zwischen Anode und Kathode eine dritte Elektrode, die gitterförmig gebaut ist. Das mit dem negativen oder positiven Pol einer Spannungsquelle verbundene Gitter dient zur Steuerung des Anodenstroms, weil es den Anodenstrom entweder verstärkt oder abschwächt. Weitere Gitter (bei der *Pentode* z. B. insgesamt drei) erhöhen als Schutz- und Bremsgitter die Verstärkungswirkung. Elektronenröhren wurden früher z. B. in Rundfunk- und Fernsehempfängern als Schaltelemente verwendet, sind aber wegen ihrer unhandlichen Größe und Empfindlichkeit durch Halbleiterbauelemente (→ Transistoren) ersetzt worden.

Elektronik, Teilgebiet der → Elektrotechnik, das sich mit der Bewegung und Steuerung geladener Teilchen im Vakuum, in Gasen und in Festkörpern sowie ihrer technischen Anwendung befasst. Es geht dabei in erster Linie um die Leitung und Steuerung von elektrischen Strömen (→ Elektrizität), wodurch die Herstellung besonders leistungsfähiger und kleiner Bau- und Schaltelemente möglich geworden ist. Deshalb versteht man heute unter Elektronik vor allem die Entwicklung und Verwendung solcher Bauelemente. *Elektronische Bauelemente* sind dank ihrer winzigen Abmessungen und ihres geringen Stromverbrauchs die Voraussetzung für zahlreiche moderne Geräte (wie z. B. → Computer).

elektronische Datenverarbeitung, *EDV,* die Verarbeitung von Informationen mit Hilfe von elektronischen Rechenanlagen (→ Computer). Die EDV umfasst die Erfassung, Bearbeitung, Speicherung und Übermittlung von Informationen, die zuerst → digitalisiert werden, damit sie von elektronischen Rechnern verarbeitet werden können. Bei der Datenausgabe müssen die digitalen Daten wieder in → analoge Signale umgewandelt werden, die als Texte, Bilder oder Töne wahrnehmbar sind. Der automatische, sehr schnelle Ablauf der einzelnen Rechenvorgänge nach einem → Programm ermöglicht die Verarbeitung von großen Datenmengen und die Berechnung komplizierter Vorgänge. Durch die Vernetzung von Rechnern ist es möglich, Daten weltweit auszutauschen und auch mit kleinen Heimcomputern die Möglichkeiten großer Rechenanlagen an anderen Orten (z. B. → Datenbanken) zu nutzen.

elektronische Musik, eigentlich jede Musik, die mithilfe von elektronischen Instrumenten erzeugt wird (das wichtigste ist heute der → *Synthesizer*). Im engeren Sinne versteht man darunter die experimentelle Musik, die ab 1950 in Tonstudios hervorgebracht wurde. Dabei wurden anstelle von natürlichen Klängen künstlich erzeugte Töne (von sog. Tongeneratoren produzierte Schwingungen: Sinustöne, weißes Rauschen, Knack und Impuls) verwendet oder natürliche Klänge und Geräusche mit Hilfe von elektronischen Geräten (z. B. Filter, Echogeräte, Modulatoren, Verzerrer und Effektgeräte) bearbeitet. Heute setzt man Computer zur Klangerzeugung und -bearbeitung ein. Die elektronische Musik war zunächst der zeitgenössischen → E-Musik vorbehalten, aber seit Ende der 60er Jahre spielt sie auch eine wichtige Rolle in der → U-Musik, insbesondere in der → Rockmusik und in der Newage-Musik.

Elektronvolt, *Elektronenvolt,* in der Kernphysik eine Maßeinheit (Zeichen *eV*) für die Energie von → Elementarteilchen. 1 eV ist die Energie, die ein Elektron gewinnt, wenn es ein Spannungsgefälle von 1 V durchläuft, und entspricht $1{,}6021892 \times 10^{-19}$ → Joule. Aufgrund der Gleichwertigkeit von Masse und → Energie wird auch die Ruhemasse von Elementarteilchen, d. h. die Masse eines in Ruhe befindlichen Elementarteilchens, in eV angegeben.

Elektrosmog, Bezeichnung für die elektromagnetische Strahlung, die bei der Erzeugung, beim Transport oder beim Verbrauch von elektrischer und anderer Energie an die Umwelt abgegeben wird. Nach heutigen Erkenntnissen kann sich Elektrosmog, wie er beispielsweise in der Nähe von Hochspannungsleitungen oder Radaranlagen entsteht oder durch Mobiltelefone und elektrische Haushaltsgeräte (z. B. Mikrowellenherde) erzeugt wird, schädlich auf die menschliche Gesundheit auswirken.

Elektrotechnik, Teilgebiet der → Technik, das sich mit der Verwertung der → Elektrizität für technische Zwecke (z. B. industrielle Herstellung von Elektrogeräten) befasst. Die Elektrotechnik umfasst die *elektrische Energietechnik,* d. h. die Erzeugung und Übertragung von elektrischer Energie, die *Nachrichtentechnik,* die Nachrichten in Form von elektrischen Signalen überträgt und verarbeitet, die *Messtechnik,* die mit Hilfe von technischen Geräten physikalische Größen wie z. B. die Temperatur misst, und die *Regelungs-* und *Steuertechnik,* die physikalische Größen wie etwa die Temperatur in einem Raum konstant hält. Auch die *Elektroakustik,* die Umwandlung von Schall in elektrische Schwingungen und umgekehrt (z. B. beim Mikrofon und beim → Lautsprecher), wird zur Elektrotechnik gerechnet.

Element [lat.], *das,* Grundstoff. Im Altertum ging man davon aus, dass die Welt aus nur vier Stoffen, nämlich den Elementen Wasser, Erde, Luft und Feuer, bestünde. **1.** In der Chemie versteht man darunter einen Grundstoff, der sich mit chemischen Mitteln nicht weiter zerlegen lässt (→ chemische Elemente); **2.** In der Mathematik ist das Element ein Bestandteil einer Menge (→ Mengenlehre).

Elementarladung, die elektrische → Ladung eines → Elementarteilchens, beim → Elektron als negative Elementarladung, beim → Proton als positive Elementarladung. Beim Proton setzt sich diese Ladung aus den drittelzahligen Elementarladungen von je drei → Quarks zusammen. Sie beträgt annähernd $1{,}6022 \times 10^{-19}$ → Coulomb.

Elementarteilchen, siehe S. 174–175.

Elfen [engl.], übernatürliche Wesen von zwergenhafter Gestalt. In England entwickelte sich das Bild der Elfen, wie es in den meisten Sagen und Märchen verbreitet ist: anmutige, zumeist weibliche Geister (der männliche Geist heißt *Elf*). In der germanischen Mythologie waren die *Elben* oder *Alben* halb göttliche und halb zwergenhafte Wesen, die zunächst als Schutzgeister aufgefasst wurden und sich später zu dämonischen Geschöpfen entwickelten.

Elfenbein, gelblichweiße Knochensubstanz der Stoßzähne von → Elefanten und → Walrössern. Aus Elfenbein wurden früher wertvolle Schnitzereien sowie Billardkugeln, Schachfiguren und Ähnliches hergestellt. Da die Elefanten nur wegen ihrer Stoßzähne fast ausgerottet worden sind, ist bei uns die Einfuhr von Elfenbein heute verboten.

Elfenbeinküste, früherer Name der → Côte d'Ivoire.

Elisabeth I. (1533–1603), englische Königin (ab 1558). Die Tochter → Heinrichs VIII. führte die → anglikanische Staatskirche wieder ein und ließ ihre katholische Rivalin, die schottische Königin *Maria Stuart* (1542–1587), nach 19-jähriger Gefangenschaft hinrichten. Unter ihrer Herrschaft stieg England durch den Sieg über die spanische Armada zur europäischen Großmacht auf. Die Epoche ihrer Regierungszeit, die durch eine besondere Blüte der Kultur gekennzeichnet war (z. B. → Shakespeare), wird als *Elisabethanisches Zeitalter* bezeichnet.

Elisabeth II. (* 1926), seit 1952 Königin des Vereinigten Königreichs (→ Großbritannien und Nordirland) und gleichzeitig Oberhaupt zahlreicher Mitgliedstaaten des → Commonwealth.

Elite [frz. »Auslese«], *die,* Führungsschicht; in einer größeren Gemeinschaft die Minderheit, die auf bestimmten Gebieten besondere Leistungen vollbringt (z. B. die kulturelle Elite).

Elle, altes Längenmaß, das nach dem auf der Innenseite liegenden Unterarmknochen benannt ist und von der Länge des Unterarms abgeleitet wurde. Es gab je nach Region verschiedene Ellenmaße, die zwischen 55 und 85 cm lagen.

Ellipse [griech. »Auslassung«], *die,* in der Geometrie eine Figur, die entsteht, wenn man einen Kegel schräg durchschneidet (→ Kegelschnitte). Die Ellipse besitzt zwei feste Punkte, die sog. *Brennpunkte.* Für jeden Punkt auf der geschlossenen Kurve der Ellipse ist die Summe der Entfernungen von den beiden Brennpunkten gleich. Himmelskörper und künstliche Satelliten bewegen sich auf elliptischen Bahnen, wie → Kepler bereits zu Beginn des 17. Jh. anhand der Planeten entdeckte.

Elementargeister

Die Elementargeister sind im Volksglauben und in der Sage die Geister, die die vier Elemente bewohnen. Nach dem deutschen Mediziner und Naturforscher *Theophrastus Paracelsus von Hohenheim* (1493–1541) sind dies *Nymphen* (Wasser), *Sylphen* (Luft), *Pygmäen* oder *Zwerge* (Erde) und *Salamander* (Feuer).

Elfen

Von den Alben leitet sich auch der *Alb* (früher *Alp* geschrieben), der sich noch im *Alb-* oder *Alptraum* erhalten hat. Im Volksglauben stellte man sich den Alb als Nachtgeist vor, der sich dem Schläfer nachts auf die Brust setzte und dadurch schwere Träume (»Albdrücken«) verursachte.

Ellipse

Eine Ellipse lässt sich mit Hilfe eines Bleistiftes und eines Fadens konstruieren: An zwei Punkten wird ein Faden befestigt, der länger als die Entfernung zwischen den Punkten ist. Wenn man den Faden mit einem Bleistift gespannt hält und dann eine Linie zeichnet, erhält man eine Ellipse.
Da dieses Verfahren – nur mit Hilfe von zwei Pflöcken, einer Schnur und einem Stock – auch von Gärtnern benutzt wird, um ovale Beete anzulegen, bezeichnet man es als *Gärtnerkonstruktion.*

Wissen im Überblick: Elementarteilchen

Ursprünglich glaubte man, die Materie bestünde aus kleinsten Teilchen, die nicht weiter zerlegbar seien. Als Elementarteilchen galten lange Zeit die **Atome,** bevor man entdeckte, dass die Atome ebenfalls eine innere Struktur besitzen und sich aus kleineren Teilen zusammensetzen: den **Protonen und Neutronen** im Kern und den **Elektronen** in Umlaufbahnen oder Schalen um den Kern herum. Später fand man mit Hilfe von Teilchenbeschleunigern, in denen durch Zertrümmerung von Teilchen kleinere Teilchen erzeugt werden, und Detektoren, mit denen sich die Spuren zerfallender Teilchen nachweisen lassen, eine Fülle weiterer Teilchen. Inzwischen kennt man im subatomaren Bereich einen regelrechten »Teilchenzoo«. Diese Teilchen lassen sich aufgrund ihrer Masse und Eigenschaften zu Gruppen zusammenfassen: **Leptonen** (z. B. Elektron, Neutrino), **Baryonen** (z. B. Proton, Neutron), **Mesonen** (z. B. Pion, Kaon) und **Bosonen** (z. B. Photon). Die Baryonen und Mesonen werden gemeinsam als **Hadronen** bezeichnet.

Zu jedem Materieteilchen gibt es ein **Antiteilchen,** das sich durch das Vorzeichen der Ladung unterscheidet (z. B. Elektron – Positron, Proton – Antiproton). In der Natur kommen diese Antiteilchen aber kaum noch vor, weil Antimaterie vernichtet wird, wenn sie auf Materie trifft.

Während die Leptonen elementar zu sein scheinen, sind die Hadronen aus kleineren Teilchen aufgebaut, den **Quarks.** Die Baryonen bestehen aus drei Quarks, die Antibaryonen aus drei Antiquarks; die Mesonen werden durch ein Quark und ein Antiquark gebildet. Nach einer anderen Theorie besitzen jedoch auch die Quarks eine innere Struktur und sind ihrerseits aus *Präquarks* (u. a. als Rishonen, Preonen bezeichnet) aufgebaut. Diese unvorstellbar kleinen Teile könnten dann auch die Bausteine der Leptonen sein. Denkbar wären dafür zwei hypothetische Teilchen namens *Tohu* (mit der elektischen Ladung $1/3$) und *Wabohu* (neutral) und ihre Antiteilchen. So ergäben etwa zwei Tohus und Wabohu ein Up-Quark mit der Ladung $2/3$ und drei Antitohus ein Elektron mit der Ladung -1.

Zwischen den Materieteilchen gibt es *Wechselwirkungen,* die alle physikalischen Erscheinungen im Universum beschreiben. Diese Wechselwirkungen, die wir als Grundkräfte erfahren, werden von sog. **Austauschteilchen** übermittelt, die unterschiedliche Reichweite haben. Zwischen allen Teilchen herrscht die *Gravitation,* die im Prinzip unendlich weit in den Raum hineinreicht; sie wird von den (bislang nicht nachgewiesenen) *Gravitonen* übertragen. Die *elektromagnetische Kraft,* deren Wirkungsbereich ebenfalls unbegrenzt ist, besteht zwischen geladenen Teilchen und wird von den *Photonen* übertragen. Die *starke Kraft,* die zwischen den Hadronen herrscht und für den Zusammenhalt im Atomkern sorgt, hat als Austauschteilchen auf der Ebene der Quarks die *Gluonen;* diese Kraft wird auch als *Farbkraft* bezeichnet. Obwohl die starke Kraft nur eine geringe Reichweite innerhalb des Atomkerns besitzt, ist sie etwa 39 Größenordnungen größer als die Gravitation und mehr als hundertmal stärker als die elektromagnetische Kraft. Die *schwache Kraft,* deren Reichweite noch geringer ist, betrifft Hadronen und Leptonen und wird von den *intermediären Vektorbosonen* übermittelt. Während die Austauschteilchen für die Kräfte mit großer Reichweite masselos sind, besitzen die Teilchen für den Austausch von Kräften mit kurzer Reichweite eine Masse. Elektromagnetische und schwache Kraft werden bisweilen zur *elektroschwachen Kraft* zusammengefasst. Um eine Zusammenfassung aller Kräfte zu einer einzigen Kraft bemüht sich die *Große Vereinigungstheorie.*

Gegenwärtig geht man von drei Familien elementarer Teilchen aus: den Quarks, aus denen die Hadronen aufgebaut sind, den Leptonen sowie den Bosonen als Austauschteilchen zwischen ihnen. Hadronen und Leptonen fasst man als **Fermionen** zusammen. Um noch kleinere Teilchen zu finden, die elementarer sind, bräuchte man Energien, für deren Erzeugung die heutigen Beschleuniger nicht ausreichen. Diskutiert wird außerdem die Existenz eines sog. *Higgs-Teilchens,* das den Teilchen, die eine Masse besitzen, ihre Masse vermittelt.

Während die meisten Elementarteilchen nur Bruchteile einer Sekunde existieren, bestehen die für die Materie entscheidenden Teilchen (Protonen, Elektronen, Neutrinos und Photonen) vermutlich unendlich lang. Andere Hadronen, die man heute kennt, zerfal-

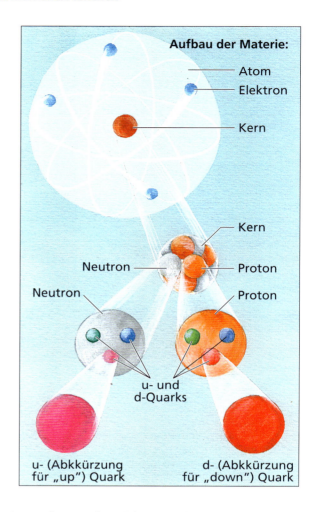

Wissen im Überblick: Elementarteilchen

Teilchenfamilien nach dem Standardmodell

Leptonen:

Elektron, Myon, Tauon und zugehörige ungeladene Neutrinos (Elektron-Neutrino, Myon-Neutrino, Tauon-Neutrino)

Quarks:

Up- und Downquark, Strange- und Charm-Quark, Bottom- und Top-Quark. (Für die Mitglieder beider Familien gibt es jeweils die Antiteilchen.)

Bosonen:

Graviton, Photon, 8 Gluonen, Z^0-Boson, W^+-Boson, W^--Boson

Wegen der Symmetrie, die im Universum besteht, vermutet man, dass es noch weitere Teilchen geben muss. Die sogenannte Supersymmetrie, die einen Zusammenhang zwischen den Materieteilchen und den Austauschteilchen der vier Grundkräfte herstellt, nimmt an, dass es für alle bekannten Fermionen und Bosonen zugehörige Partner gibt. Die supersymmetrischen Bosonenpartner der Leptonen und Quarks, die Eigenschaften von Kraftteilchen hätten, sollen den Namen ihres jeweiligen Materieteilchens mit einem vorangesetzten S tragen (also *Selektron* usw.), während die Fermionenpartner der Bosonen, die Eigenschaften von Materieteilchen hätten, den Namen des jeweiligen Bosons mit der Endung -ino erhalten sollen (also *Photino*, *Gluoino* usw.). Von diesen »exotischen« Teilchen ist bislang noch keines entdeckt worden. Nach einer anderen Theorie sind die kleinsten Elementarteilchen keine punktförmigen Teilchen ohne Ausdehnung, sondern winzige *Superstrings*. Die Elementarteilchen wären dann als unterschiedliche Schwingungszustände dieser schleifenförmigen linearen Gebilde aufzufassen.

len dagegen in stabile Teilchen. Alle Teilchen sind kurz nach dem *Urknall* entstanden, doch auf der Erde kommen nur noch Up- und Down-Quarks vor. Die anderen Quarks existieren dagegen in einem so hohen Energiezustand, dass sie wie die *Strange-* und *Charm-Quarks* entstehen, wenn kosmische Strahlen auf die Erdatmosphäre treffen, oder wie die *Bottom-* und *Top-Quarks* nur für Bruchteile von Sekunden in riesigen Beschleunigern erzeugt werden können.

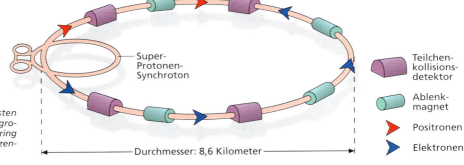

■ Eine Nachschöpfung der allerersten Augenblicke des Universums: der große Elektronen-Positronen-Speicherring des Europäischen Kernforschungszentrums CERN in Genf

El Salvador

El Salvador	
Staatsname:	Republik El Salvador
Staatsform:	Präsidiale Republik
Hauptstadt:	San Salvador
Fläche:	21 041 km²
Einwohner:	5,8 Mio.
Bevölkerungsdichte:	276/km²
Amtssprache:	Spanisch
Währung:	El-Salvador-Colón (₡)
Nationalitätskennzeichen:	ES

El Salvador

Embryo

Die heutigen wissenschaftlichen Methoden machen es möglich, durch → künstliche Befruchtung entstandene Embryonen einer Frau einzupflanzen, die nicht die Spenderin der → Eizelle ist. In Deutschland kontrolliert ein 1991 verabschiedetes *Embryonenschutzgesetz* den Umgang mit Embryonen (u. a. → Leihmutterschaft, → Keimbahntherapie, → Klonen und Erzeugung von Embryonen für Forschungszwecke).

El Salvador, Staat in Mittelamerika. El Salvador, vorwiegend ein Hügel- und Gebirgsland vulkanischen Ursprungs, ist das am dichtesten bevölkerte Land Mittelamerikas. Über 95 % der Bevölkerung stellen Mestizen und Indianer. Die Wirtschaft stützt sich in erster Linie auf die Landwirtschaft. Das Land wurde ab 1524 von den Spaniern erobert und löste sich 1821 von Spanien. 1841 wurde die Republik ausgerufen. Nach jahrzehntelanger Herrschaft von Familienclans regierten ab den 30er-Jahren Militärdiktaturen. 1979 brach ein Bürgerkrieg zwischen links- und rechtsextremen Gruppen aus, der erst 1992 beendet wurde.

Elsass, frz. *Alsace* [al'zas], Region in Ostfrankreich, auf der linken Seite des Oberrheins. Während der → Völkerwanderung wurde das Gebiet von → Alemannen besiedelt, so dass im Elsass noch heute eine alemannische Mundart gesprochen wird. Das Elsass gehörte nach der Teilung des → Frankenreichs zunächst zu Deutschland, fiel aber nach dem → Dreißigjährigen Krieg an Frankreich. 1871 musste Frankreich das Gebiet an Deutschland abtreten, erhielt es jedoch nach dem Ersten Weltkrieg durch den → Versailler Vertrag zurück. Hauptstadt ist → Straßburg.

Elster, etwa 20 cm großer Rabenvogel mit langem Schwanz und schwarz-weißem Gefieder, der in Eurasien, Nordafrika und Nordamerika vorkommt. Elstern halten sich zumeist in der Nähe von menschlichen Siedlungen auf. Da sie bisweilen glänzende Gegenstände aufsammeln, spricht man auch von einer *diebischen Elster*.

Email [frz. e'maj], *das,* ein glasiger, zumeist gefärbter Überzug auf Metallgeräten aus Eisen, z. B. auf Kochtöpfen, Küchenherden oder alten Reklameschildern. Dabei wird das Glas auf den Untergrund aufgeschmolzen. Email schützt die Oberfläche des Metalls gegen Rost. Die Blütezeit der Emailkunst war das Mittelalter.

■ *Elster*

E-Mail, *e-mail* ['i:meil], *die,* von engl. *Electronic Mail* (elektronische Post) abgeleitete Bezeichnung für eine Nachricht (oder allgemein Daten), die man mit einem Computer per → Datenfernübertragung übermittelt und in einer → Mailbox ablegt. Dort ist sie für den Adressaten abrufbar und am eigenen Bildschirm lesbar. Die Mailbox wird von → Online-Diensten zur Verfügung gestellt, die jedem Teilnehmer eine einmalige und unverwechselbare *E-Mail-Adresse* zuweisen.

Emanzipation [lat.], *die,* im alten Rom die Freilassung eines Sklaven oder die Entlassung eines Sohnes in die Selbstständigkeit. Heute bezeichnet man als Emanzipation zumeist die Befreiung aus einer gesellschaftlich bedingten Abhängigkeit, vor allem der Frau, die eine Gleichstellung mit dem Mann erreichen will.

Embargo [span. »Beschlagnahme«], *das,* ein Verbot, dass ein Land bestimmte Waren (vor allem Waffen) ein- oder ausführen darf. Embargos werden beispielsweise gegen Länder erlassen, die das Völkerrecht verletzen.

Emblem [frz. ã'ble:m], *das,* Kennzeichen, bei einem Staat auch ein Hoheitszeichen.

Embolie [griech. »Hineindringen«], *die,* in der Medizin die Verstopfung eines Blutgefäßes durch ein Blutgerinnsel, anderes körpereigenes Material (z. B. Fett), einen Fremdkörper, Bakterien, Parasiten oder Luft. Ein solcher Verschluss führt dazu, dass das von dem Blutgefäß versorgte Gewebe abstirbt. Lebensgefährlich sind Embolien, die das Herz, die Lunge oder das Gehirn in Mitleidenschaft ziehen.

Embryo [griech.], *der,* ein Keim, der sich im Anfangsstadium seiner Entwicklung befindet, beim Menschen die Leibesfrucht von der Befruchtung bis etwa zum Ende des dritten Schwangerschaftsmonats, wenn sich die Anlagen für die Organe herausbilden. Danach wird der Embryo als → Fötus bezeichnet. Zur Entwicklung des Embryos siehe Sonderseite Schwangerschaft.

Emigrant [lat.], *der,* Auswanderer; eine Person, die ihr Heimatland zumeist aus politischen Gründen verlässt.

Emission [lat. »Entsendung«], *die,* in der Physik die Aussendung von Strahlen oder Teilchen. Als Emission bezeichnet man auch das Ausströmen von Stoffen in die Umwelt, die die Luft verunreinigen. Die *Emissions-Grenzwerte* legen die gesetzlich erlaubten Höchstwerte (z. B. für die → Abgase von Kraftfahrzeugen) fest.

Emoticon [i:'moυtikɔn], *das,* von engl. *emotional icon* (gefühlsmäßiges → Icon) abgeleitete Bezeichnung für eine Kombination mehrerer

Schriftzeichen, die beim → Chatten im → Internet verwendet wird. Die Bedeutung der einzelnen Emoticons erklärt sich, wenn man sich die Zeichenkombination um 90° nach rechts gedreht vorstellt (oder als Betrachter den Kopf nach links zur Seite legt).

Emotion [frz.], *die,* eine Gemütsbewegung, gefühlsmäßige Erregung.

Empfängnisverhütung, siehe S. 178–179.

Emphase [griech.], *die,* Nachdruck beim Reden.

Empire, *das,* **1.** [frz. ã'pi:r], das französische Kaiserreich unter der Herrschaft von → Napoleon I. (1804–1815, *Premier Empire*) und Napoleon III. (1852–1870, *Second Empire*). Auch der damalige Kunststil (bis etwa 1830) wird als Empire bezeichnet. Der *Empirestil* war durch Klarheit und Formstrenge bestimmt und beeinflusste innerhalb des → Klassizismus vor allem das Kunsthandwerk (Möbel und Innendekoration) in ganz Europa; **2.** ['ɛmpaɪə], das britische Weltreich in der Zeit des Kolonialismus (ab dem 19. Jh.).

Empirismus [von griech. empeiria = »Erfahrung«], *der,* philosophische Auffassung, die davon ausgeht, dass jede Erkenntnis nur über Sinneserfahrungen möglich ist. Gegensatz: → Rationalismus.

Emu [engl.-port.], *der,* ein straußenähnlicher Laufvogel, der in Australien beheimatet ist. Der Emu wird bis zu 1,80 m groß und bis zu 60 kg schwer.

Emulsion [von lat. emulgere = »ausmelken«], *die,* eine Verteilung von zwei Flüssigkeiten, die sich nicht miteinander vermischen (z. B. Öl mit Wasser). Öl verteilt sich in Form von winzigen Tröpfchen in der wässrigen Umgebung. Auch Milch ist eine Emulsion (Fetttröpfchen in Wasser).

E-Musik, Bezeichnung für *ernste Musik.* Die E-Musik fasst die → *klassische Musik* und die *zeitgenössische Musik* zusammen. Die Abgrenzung zur → U-Musik ist oft willkürlich.

Endlagerung, dauerhafte und sichere Entsorgung von radioaktiven Abfällen, die noch eine starke Strahlung abgeben. Die für die Umwelt und den Menschen gefährlichen Abfälle (z. B. abgebrannte Brennelemente aus → Kernkraftwerken, medizinische Präparate) dürfen viele Jahrhunderte lang nicht in Kontakt mit der Umgebung kommen. Für die Endlagerung hochradioaktiver Stoffe wie Plutonium gibt es bislang keine Anlage; sie können deshalb nur für befristete Zeit *zwischengelagert* werden. Atommüll mit geringer radioaktiver Strahlung, schwach- und mittelradioaktive Abfälle, werden in mehreren Ländern endgelagert (in Deutschland in Morsleben). Für die umstrittene Endlagerung sind Lager in tiefen, geologisch stabilen Erdformationen geplant, in Deutschland beispielsweise in Salzstöcken, während man in anderen Ländern Granit den Vorzug gibt.

endogen [griech.], im Inneren (des Körpers oder der Erde) entstehend. Gegensatz: *endogen.*

Endorphine, vom Körper produzierte → Hormone, die Schmerzen unterdrücken und eine mit Opiaten vergleichbare euphorisierende Wirkung haben.

Endoskop [griech.], *das,* in der Medizin verwendetes röhrenförmiges Instrument, das in Hohlorgane (z. B. Magen) und Hohlräume des Körpers eingeführt werden kann und über eine Beleuchtung und ein optisches System verfügt. Endoskope werden nicht nur verwendet, um den Körper von innen zu betrachten, sondern auch für kleine chirurgische Eingriffe eingesetzt (→ Chirurgie).

Energie [griech.], *die,* in der Physik die in einem Körper steckende Fähigkeit, → Arbeit zu verrichten. Energie lässt sich deshalb auch als gespeicherte Arbeit auffassen. Es gibt verschiedene Erscheinungsformen von Energie, die alle ineinander umgewandelt werden können (z. B. Bewegung in Wärme). Bei der *mechanischen* Energie unterscheidet man zwischen der *potenziellen* oder *Lageenergie,* die ein Körper aufgrund seiner Lage im Raum unter dem Einfluss einer Kraft (z. B. der Schwerkraft) besitzt (wenn etwa ein Gegenstand hochgehoben wird, erhält er eine potenzielle Energie, die seiner erhöhten Lage

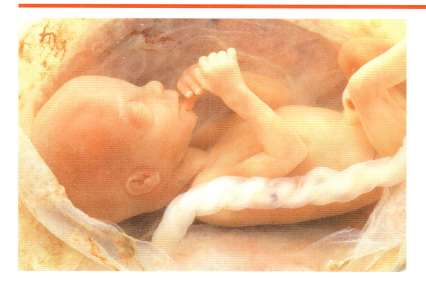

■ *Embryo (im Alter von vier Monaten)*

Emoticon

Das bekannteste Emoticon ist das sog. *Smiley:* :-), das für einen lachenden Gesichtsausdruck steht. Andere bekannte Emoticons sind z. B. :-(= traurig«, ;-) = »zwinkert (oder flirtet)«, :*) = »betrunken«, :-X = »ich sage nichts«. Inzwischen gibt es über 600 solche Zeichenkombinationen, die wortlos etwas über den Benutzer aussagen und eine eigene Geheimsprache darstellen.

■ *Emu*

Wissen im Überblick: Empfängnisverhütung

■ *Die Entscheidung für eines der mechanischen, hormonellen oder chemischen Verhütungsmittel sollte in Absprache mit dem behandelnden Gynäkologen getroffen werden*

Unter Empfängnisverhütung versteht man alle Methoden, die eine Schwangerschaft als Folge des Geschlechtsverkehrs verhindern sollen.

Beim **Coitus interruptus,** dem »unterbrochenen Geschlechtsverkehr«, zieht der Mann seinen Penis vor dem Samenerguss aus der Scheide der Frau. Allerdings tritt oft schon vor der eigentlichen Ejakulation Samen aus, weshalb dies eine der unsichersten Verhütungsmethoden ist.

Gemäß der **Knaus-Ogino-** oder **Kalendermethode** sollte der Geschlechtsverkehr nur an den Tagen des Monats ungeschützt erfolgen, an denen die Frau von Natur aus unfruchtbar ist. Das sind die Tage des Menstruationszyklus, die außerhalb der Zeit des Eisprungs liegen. Die Knaus-Ogino-Methode geht davon aus, dass der Eisprung, der sicherste Zeitpunkt einer Befruchtung, 14 Tage vor der nächsten Menstruation stattfindet. Zusätzlich sollte noch 6 Tage vor und 5 Tage nach dem Eisprung auf Geschlechtsverkehr verzichtet werden, weil die Spermien im Körper der Frau mehrere Tage weiterleben und ein Ei befruchten könnten. Diese Methode gilt jedoch als sehr unsicher, weil der monatliche Zyklus meist unregelmäßig verläuft.

Etwas sicherer ist die **Temperaturmethode,** bei der die Frau täglich zur selben Zeit (am besten vor dem Aufstehen) ihre Körpertemperatur misst. Kurz vor dem Eisprung (Ovulation) kommt es zu einem geringen Temperaturabfall, während kurz nach dem Eisprung die Körpertemperatur um etwa 0,2 °C ansteigt. Diese erhöhte Temperatur sollte an drei aufeinander folgenden Tagen gemessen werden, bevor einigermaßen sicher feststeht, dass es sich um die unfruchtbaren Tage der Frau handelt. Zusätzliche Sicherheit bietet die **Billings-Methode,** die Überprüfung des Vaginalschleims:

An Tagen um den Eisprung herum ist dieser Schleim dünnflüssig und glitschig.

Etwa 96 % Sicherheit bietet das **Kondom,** das auch **Präservativ** genannt wird. Dabei handelt es sich um eine Gummihülle, die über das erigierte Glied des Mannes gestreift wird, so dass sich das Sperma beim Samenerguss in der Spitze des Überzugs sammelt. Kondome haben keine gesundheitsschädlichen Nebenwirkungen und bieten als einziges Verhütungsmittel auch Schutz vor Geschlechtskrankheiten, Aids und Gebärmutterhalskrebs.

Das **Intrauterinpessar,** das auch **Spirale** genannt wird, weil die ersten Intrauterinpessare die Form einer Spirale hatten, gibt es in verschiedenen Formen und Größen. Es ist ein 24 cm langer, flexibler Plastikgegenstand, der vom Arzt durch den Gebärmutterhals in die Gebärmutter eingelegt wird. Die mit Kupfer umhüllten Spiralen müssen etwa alle zwei Jahre ausgetauscht werden. Die Spirale verändert die Zellen der Gebärmutterschleimhaut so, dass sich dort kein befruchtetes Ei einnisten kann. Es gibt auch Intrauterinpessare, die zwölf Monate lang täglich eine winzige Menge des Geschlechtshormons Progesteron abgeben. Für sehr junge Mädchen ist die Spirale allerdings nicht zu empfehlen.

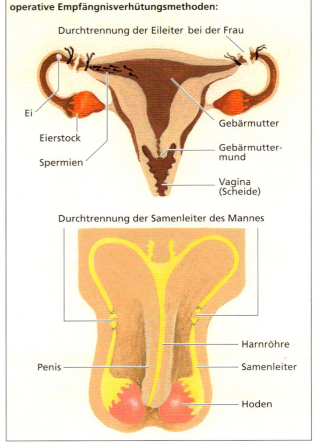

Wissen im Überblick: Empfängnisverhütung

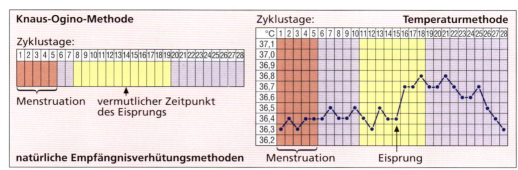

Natürliche Empfängnisverhütungsmethoden: Die Methode nach Knaus-Ogino und die Temperaturmethode

Das auch als **Scheidenpessar** bezeichnete **Diaphragma** ist eine Kappe aus Gummi mit einem flexiblen Rand, der die Kappe automatisch in die richtige Lage über den Gebärmuttermund springen lässt. Vor jedem Geschlechtsverkehr wird das Diaphragma durch die Vagina über den Gebärmuttermund gestülpt; das erfordert einige Übung. Mindestens 6 bis spätestens 24 Stunden nach dem Geschlechtsverkehr wird das Diaphragma wieder entfernt, mit warmen Wasser gewaschen und getrocknet; danach ist es erneut einsatzbereit. Da das Diaphragma eng am Muttermund anliegt, können die eindringenden Spermien des Mannes nicht in die Gebärmutter gelangen; somit findet keine Befruchtung statt. Das Diaphragma bietet einen 97%igen Empfängnisschutz. Ganz ähnlich funktionieren die *Portio-Kappen*; sie lassen sich jedoch schwieriger auf den Gebärmuttermund aufsetzen und wieder entfernen, weil sie sehr viel kleiner sind.

Als eines der sichersten Empfängnisverhütungsmittel gilt die **Antibabypille**; sie gewährleistet 99%igen Schutz vor einer Schwangerschaft. Die Pille enthält zwei Sexualhormone: Östrogen und Gestagen. Diese greifen in den natürlichen Hormonhaushalt der Frau ein und täuschen dem Körper eine Schwangerschaft vor. Deshalb wird von den Eierstöcken kein Ei produziert und zur Befruchtung freigegeben. Gleichzeitig verändert sich die Gebärmutterschleimhaut, die dick und klebrig wird; sie liegt klumpenförmig vor dem Gebärmuttereingang und verhindert so, dass Spermien eindringen können. Die **Minipille** enthält nur Gestagene; dadurch sollen schädliche Nebenwirkungen ausgeschaltet werden, die auf Östrogen zurückgehen. Die Minipille bietet einen 97%igen Schutz vor Schwangerschaft. Die **Mikropille** enthält ganz schwach dosiertes Östrogen und Gestagen. Wegen erheblicher Nebenwirkungen sind die **Pille danach,** die **Einmonats-** und die **Dreimonatsspritze** umstritten. Die Pille muss vom Arzt verschrieben werden. Sie sollte nur nach persönlicher Beratung durch einen Arzt angewendet werden, weil sie starke Nebenwirkungen auf den weiblichen Körper haben kann.

Chemische Verhütungsmittel allein bieten einen etwa 80%igen Empfängnisschutz. Dabei werden Cremes, Gelees, Schaum, Zäpfchen oder Tabletten, die eine samenabtötende Wirkung haben, kurz vor dem Geschlechtsverkehr tief in die Vagina eingeführt.

Es gibt auch die Möglichkeit einer operativen Methode der Empfängnisverhütung: die **Sterilisation**. Diese Methode bietet zwar fast 100%ige Sicherheit, lässt sich aber in der Regel nicht mehr rückgängig machen. Eine solche Sterilisation ist sowohl bei der Frau (→ *Tubenligatur*) als auch beim Mann möglich (→ *Vasektomie*). Bei der Frau werden die Eileiter durchgetrennt.

Äquivalenz von Energie und Masse

Da auch jede Art von Energie ähnlich wie Masse eine Trägheit besitzt, sind Masse und Energie einander gleichwertig. Aus der speziellen → Relativitätstheorie von Einstein folgt, dass die Masse von ihrer Bewegung abhängt und mit wachsender Geschwindigkeit immer stärker zunimmt. Würde sie sich mit Lichtgeschwindigkeit bewegen, so würde sie unendlich groß werden. Nach der Formel $E = mc^2$ ist die Energie gleich der Masse mal dem Quadrat der Lichtgeschwindigkeit.

entspricht), und der *kinetischen* oder *Bewegungsenergie,* über die ein sich bewegender Körper verfügt. Andere Energieformen sind *Wärmeenergie* (→ Wärme), *elektrische Energie* (→ Elektrizität), *magnetische Energie* (→ Magnetismus), *chemische Energie,* die bei der → Verbrennung freigesetzt wird, und *nukleare* oder → Kernenergie.

Nach Einsteins → Relativitätstheorie ist auch Masse eine Form von Energie und lässt sich daher in Energie umwandeln (z. B. bei der → Kernspaltung); aber auch Energie kann in Masse umgewandelt werden (z. B. bei der sog. *Paarerzeugung,* bei der aus einem Lichtquant durch spontane Umwandlung ein Teilchen und ein Antiteilchen, nämlich ein → Elektron und ein → Positron, entstehen).

Das Gesetz von der *Erhaltung der Energie* besagt, dass Energie weder erzeugt noch vernichtet, sondern lediglich von einer Form in eine andere umgewandelt werden kann. Deshalb bleibt in einem geschlossenen System die Summe aller darin vorhandenen Energien immer gleich.

Engagement [frz. ãgaʒ(ə)'mã], *das,* Verpflichtung. Äußert sich in dem Gefühl der Verpflichtung, etwas zu tun und persönlichen Einsatz zu zeigen. Als Engagement wird auch die Anstellung eines Künstlers (z. B. an einem Theater) bezeichnet.

Engel [von griech. angelos = »Bote«], in verschiedenen Religionen Geister, die Gott dienen und zwischen Gott und Menschen als Boten vermitteln. Zumeist sind sie nicht körperlos, sondern besitzen einen Leib aus Licht oder Feuer. Unter den Engeln der → Bibel besteht eine hierarchische Gliederung, die bis zu den *Erzengeln* Gabriel, Michael, Raphael und Uriel hinaufreicht. Die gefallenen Engel unter der Führung von → Luzifer werden mit den Höllengeistern (→ Teufel) gleichgesetzt. Persönliche Beschützer des einzelnen Menschen sind die *Schutzengel.* In der Kunst werden Engel schon seit frühchristlicher Zeit dargestellt, aber erst seit dem 4. Jh. mit Flügeln. Anfangs waren sie schöne Jünglinge; im 12./13. Jh. kamen Kinderengel hinzu.

Engels, Friedrich (1820–1895), deutscher Philosoph und Politiker, der zusammen mit → Marx das »Kommunistische Manifest« (1848) verfasste und den dialektischen → Materialismus begründete.

Engerling, im Boden lebende → Larve verschiedener Käferarten (vor allem des → Maikäfers). Engerlinge sind Pflanzenschädlinge, weil sie Wurzeln anfressen.

England, der Südteil der Insel → Großbritannien.

englischer Garten, nach englischem Vorbild angelegter Landschaftspark in Städten, der sich in seiner Gestaltung im Gegensatz zum *französischen Garten* an der Natur orientiert, aber oft Bauwerke und Denkmäler enthält. Berühmt in Deutschland ist der Englische Garten in München, der im 18. Jh. entstand.

Enklave [frz.], *die,* ein Gebiet, das zu einem anderen Staat gehört, aber vom eigenen Staatsgebiet umschlossen wird. Das Gegenteil ist eine *Exklave,* die vom Gebiet eines anderen Staates eingeschlossen wird.

entartete Kunst, in der Zeit des → Nationalsozialismus Bezeichnung für zeitgenössische Kunstwerke, die nicht den künstlerischen Vorstellungen des NS-Regimes entsprachen. Unter dem Titel »Entartete Kunst« wurde 1937 im Haus der Kunst in München eine Ausstellung eröffnet, die solche zumeist abstrakten Kunstwerke zeigte, um sie öffentlich zu brandmarken. Die Werke (z. B. von Ernst Barlach, Max Beckmann, George Grosz, Ernst Ludwig Kirchner, Karl Schmidt-Rottluff) wurden beschlagnahmt und ins Ausland verkauft oder vernichtet. Die Künstler selbst erhielten Ausstell- oder Arbeitsverbot, so dass viele von ihnen emigrieren mussten (z. B. Oskar Kokoschka und Lionel Feininger).

Entdeckungsreisen, Reisen, deren Ziel die Entdeckung und Erforschung eines unbekannten Teils der Erde war und die zumeist auch neue Handelswege und Herrschaftsgebiete (→ Kolonien) erschließen sollten. Entdeckungsreisen reichen bis weit ins Altertum zurück, obwohl längere Landreisen sehr beschwerlich waren und sich die Schifffahrt zumeist in küstennahen Gewässern bewegte. Letztlich geht fast jede Besiedlung von bis dahin unbekannten Erdteilen und Inseln auf Entdeckungsreisen zurück. Als früheste Expedition ist eine Reise überliefert, die eine kleine Flotte im Auftrag der ägyptischen Königin Hatschepsut zu Beginn des 15. Jh. v. Chr. nach Punt (vermutlich an der Küste der Halbinsel von Somalia gelegen) unternahm. Besondere Leistungen sind die Umseglung Afrikas durch die → Phönizier (596–594 v. Chr.) und im frühen Mittelalter die Entdeckung → Grönlands (um 1000) und der nordamerikanischen Küste (um 985) durch die → Wikinger. Berühmt ist auch Marco → Polo, der 1271–1295 bis nach China reiste. Das eigentliche Zeitalter der Entdeckungen begann im 15. Jh., als die Portugiesen die afrikanische Westküste erforschten (Heinrich der

Seefahrer, 1418), die Südspitze Afrikas umfuhren (Bartolemeo Diaz, 1487) und um das Kap der Guten Hoffnung den Seeweg nach Indien fanden (Vasco da Gama, 1497–1499). In spanischen Diensten entdeckte → Kolumbus 1492 Amerika. Die Entdeckungsreisen standen damals im Dienste des Handels (vor allem Einfuhr von Gewürzen), führten aber schon früh zu blutigen Eroberungen (in Mittel- und Südamerika) und leiteten die Zeit des europäischen → Kolonialismus ein. Die erste Erdumsegelung gelang Magalhães 1519–1522. In Südostasien taten sich die Niederländer hervor, die 1642 Neuseeland entdeckten. Australien wurde zu Beginn des 17. Jh. entdeckt, aber erst im späten 18. Jh. besiedelt. Afrika und Zentralasien wurden im 19. Jh. von Europäern erforscht. Im 20. Jh. wurden die Pole erreicht, 1909 der Nordpol durch den Amerikaner Robert Peary, 1911 der Südpol durch → Amundsen.

Enteignung, die Entziehung des → Eigentumsrechts durch den Staat. In Deutschland ist eine Enteignung nur möglich, wenn sie dem Allgemeinwohl dient und gesetzlich geregelt ist. Der Enteignete wird in der Regel entschädigt.

■ *Ente:* Australische Kasarka-Ente

Enten, weltweit verbreitete Schwimmvögel, die sich dank der Schwimmhäute zwischen ihren Zehen und dank ihres wasserabweisenden Gefieders (das sie mit dem Fett ihrer Bürzeldrüse einstreichen) geschickt im Wasser bewegen können. Sie sind kleiner als die mit ihnen verwandten → Gänse und besitzen einen kürzeren Hals. Man unterscheidet zwischen *Schwimmenten,* die in flachen Gewässern leben und ihre Nahrung an der Wasseroberfläche oder durch »Gründeln« aufnehmen, indem sie nur mit Kopf und Oberkörper tauchen und im Schlamm wühlen (z. B. *Stock-* und *Krickente),* und *Tauchenten,* die ihre Nahrung tauchend auch aus größeren Tiefen holen (z. B. *Eider-* und *Tafelente).* Viele Wildenten sind Zugvögel. Unsere zumeist weiße *Hausente* stammt von der Stockente ab.

Entente [frz. ã'tã:t(ə) »Einverständnis«], *die,* Bündnis zwischen Staaten, um ein gemeinsames politisches Ziel zu verfolgen, insbesondere die *Entente cordiale,* das »herzliche Einverständnis« zwischen Frankreich und Großbritannien 1904, das sich gegen das deutsche Kaiserreich richtete (seit 1907 durch Russland zur *Triple-Entente* erweitert). Als Entente wurden im Ersten Weltkrieg die Gegner der Mittelmächte Deutschland und Österreich bezeichnet.

Enthusiasmus [griech.], *der,* Begeisterung, Schwärmerei.

Entmündigung, die Aufhebung oder Beschränkung der → Geschäftsfähigkeit eines Menschen durch Gerichtsbeschluss (z. B. bei einer Geisteskrankheit). Der Entmündigte erhält dabei einen → Vormund.

Entropie [von griech. entrepein = »umkehren«], *die,* in der Physik das Maß für die Unordnung in einem System. Beispielsweise verteilen sich die → Moleküle eines Gases (wie etwa Luft) gleichmäßig in einem Raum. Würden sie sich dagegen in einem bestimmten Teil des Raums sammeln, wäre dies ein hoher Grad von Ordnung. Da die gleichmäßige Verteilung der Zustand der höchsten Wahrscheinlichkeit ist, strebt die Natur bei allen von selbst ablaufenden Vorgängen nach Unordnung. In einem geschlossenen System, in dem keine Energie ab- oder zugeführt wird, erhöht sich also die Entropie immer weiter bis zum Endzustand, an dem jede Stelle des Systems den gleichen Wert annimmt (z. B. dieselbe Temperatur hat).

Entwicklungsländer, die Länder der → Dritten und Vierten Welt, die im Vergleich zu den Industriestaaten als wirtschaftlich unterentwickelt gelten und teilweise nicht ohne ausländische Hilfe bestehen können. Gegenwärtig werden etwa 170 Staaten als Entwicklungsländer eingestuft, die überwiegend auf der südlichen Erdhalbkugel liegen; am stärksten betroffen ist Afrika. Entwicklungsländer sind zumeist landwirtschaftlich geprägt und verfügen über keine oder nur wenige Rohstoffe oder beuten ihre Rohstoffvorkommen nur in geringem Maße aus, so dass sie Rohstoffe ebenso wie Fertigwaren teuer einführen müssen. Sie sind deshalb von der **Entwicklungshilfe** abhängig, die von den Industriestaaten geleistet wird und überwiegend an Bedingungen gebunden ist (Warenkäufe in den Geberländern, Aufträge an Firmen aus diesen Ländern bei Projekten).

Entwicklungshilfe

Nach den Forderungen der → UNO sollen die Industriestaaten eine Entwicklungshilfe in Höhe von 0,7 % ihres → Bruttosozialprodukts leisten. Die meisten Länder sind jedoch weit davon entfernt; Deutschland beispielsweise gibt gegenwärtig nur etwa 0,3 % seines Bruttosozialprodukts für Entwicklungshilfe aus.

Epen der Weltliteratur

Bedeutende Epen sind das sumerische → *Gilgamesch-Epos*, das altindische → *Mahabharata*, in der griechischen Antike die → *Ilias* und die → *Odyssee* und bei den Römern die *Aeneis* von → Vergil, im Mittelalter das → *Nibelungenlied* und die *Göttliche Komödie* von → Dante sowie in neuerer Zeit »*Orlando furioso*« (»*Der rasende Roland*«, 1516) von Ludovico Ariosto (1474–1533), »*Paradise Lost*« (1667/1674, »*Das verlorene Paradies*«) von John Milton (1608–1674) und »*Der Messias*« (1748–1773) von Friedrich Gottlieb Klopstock (1724–1803).

■ *Frühlingsenzian*

Erbium

Zeichen: Er
Ordnungszahl: 68
Atommasse: 167,26
Dichte: 9,07 g/cm^3
Schmelzpunkt: 1529 °C
Siedepunkt: 2863 °C

Erbkrankheiten

Die Anlagen für Erbkrankheiten werden entweder → rezessiv oder dominant vererbt: Im ersten Fall tritt die Krankheit bei den Nachkommen nur in Erscheinung, wenn das defekte Gen im doppelten Chromosomensatz zweimal vorkommt, im anderen Fall auch dann, wenn das zweite Gen gesund ist. Für Paare, die Kinder haben wollen, ist es deshalb wichtig zu wissen, ob sie Anlagen für Erbkrankheiten besitzen und mit welcher Wahrscheinlichkeit ihre Kinder erkranken werden. Mit Hilfe der → Gentechnik soll erreicht werden, die defekten Gene durch gesunde Gene zu ersetzen (sog. *Gentherapie*).

Entziehungskur, eine ärztliche Behandlung von Suchtkrankheiten (wie etwa → Alkoholismus oder Rauschgiftsucht). Bei einer Entziehung wird die betreffende → Droge unter Kontrolle ganz abgesetzt oder ihre Einnahme planmäßig verringert. Häufig treten dabei *Entzugserscheinungen* auf wie etwa Übelkeit und Erbrechen, Krämpfe, Delirien und Kreislaufstörungen. Vielfach sind psychotherapeutische Begleitmaßnahmen und eine Betreuung notwendig, damit es zu keinem Rückfall kommt.

Entzündung, Abwehrreaktion des Organismus gegenüber inneren oder äußeren Reizen, die das Gewebe schädigen (z. B. bei Druck, mechanischen Verletzungen, übermäßiger Wärme oder Kälte, chemischen Stoffen und Erregern). Sie ruft Rötungen, Erwärmung, Schwellungen und Schmerzen hervor.

Environment [engl. ɪnˈvaɪərənmənt »Umgebung«], *das,* in der modernen Kunst eine Darstellungsweise, die den umgebenden Raum in das Kunstwerk (z. B. eine → Plastik) mit einbezieht und teilweise sogar einen ganzen Raum künstlerisch gestaltet. Ein wichtiger deutscher Vertreter war → Beuys.

Enzian, Gebirgspflanze mit blauen, purpurroten oder weißen Blüten, die in Deutschland unter Naturschutz steht. Aus den Wurzeln des fast 1,50 m hoch werdenden *gelben Enzians* wird der Enzianschnaps hergestellt.

Enzyklika [griech.], *die,* ein Rundschreiben des → Papstes an die Bischöfe. Die päpstlichen Enzykliken behandeln zumeist Fragen der kirchlichen Lehre oder nehmen Stellung zu Problemen in der Welt; sie sind in der Regel nach ihren lateinischen Anfangsworten benannt (z. B. »Humanae vitae«, 1968, von Paul VI. über Geburtenregelung). Im Gegensatz zum → Dogma ist die Enzyklika zwar keine unfehlbare Lehrentscheidung des Papstes, verlangt aber vom Gläubigen, dass er diese Meinung übernimmt.

Enzyklopädie [von griech. enkyklios = »im Kreise gehend« und paideia = »Lehre«], *die,* umfassende Darstellung in der Form eines Lexikons entweder zu allen Sachgebieten oder über ein spezielles Fachgebiet.

Enzym [von griech. en = »hinein, innerhalb« und zyme = »Sauerteig«], *das,* eine früher als *Ferment* bezeichnete Eiweißverbindung, die als biologischer Katalysator dient und chemische Reaktionen beschleunigt oder steuert. Jedes Enzym ist nur für eine ganz bestimmte Reaktion zuständig, so dass es in einer Zelle eine Vielzahl von Enzymen geben muss, um den gesamten Stoffwechsel zu regeln. Die Enzyme bestimmen somit, welche Lebensvorgänge in einer Zelle ablaufen. Da ihr Aufbau durch → Gene festgelegt ist, muss es für jedes Enzym ein anderes Gen geben.

Eos, griechische Göttin der Morgenröte. Bei den Römern wurde sie *Aurora* genannt.

Epidemie [griech.], *die,* ansteckende Krankheit oder Seuche, die in einem bestimmten Gebiet innerhalb kurzer Zeit als Massenkrankheit auftritt.

Epik [griech.], *die,* erzählende Dichtung, neben → Lyrik und → Dramatik eine der großen Gattungen der Dichtung. Die wichtigsten Formen der epischen Dichtung sind → Epos, → Roman, → Novelle, Erzählung, Kurzgeschichte und → Fabel sowie volkstümliche Formen wie → Märchen, → Sage und → Legende.

Epilepsie [griech.], *die,* als *Fallsucht* bezeichnete Krankheit, die auf Gehirnschäden und Stoffwechselstörungen zurückgeht und zumeist erblich bedingt ist. *Epileptische Anfälle* reichen von leichten Bewusstseinstrübungen und Zuckungen bis zu Bewusstlosigkeit, Krämpfen und Stürzen.

Epilog [griech.], *der,* ein Nachwort in einem Buch (Gegensatz: → Prolog), Nachspiel im Theater.

episches Theater, das auch als *dialektisches Theater* bezeichnete Drama → Brechts, das keine → Illusion anstrebt und die Identifizierung mit dem Geschehen und den Figuren auf der Bühne verhindern will. Zu diesem Zweck werden *Verfremdungseffekte* (z. B. eingeschobene Kommentare und Lieder, Schrifttafeln) eingesetzt. Außerdem machen die Schauspieler deutlich, dass sie die Bühnenfiguren nur spielen.

Episkopat [lat.], *das,* das Amt eines Bischofs oder die Gesamtheit aller Bischöfe.

Episode [griech.], *die,* ursprünglich im antiken Theater eine zwischen die Chorgesänge eingeschobene Handlung, dann eine Nebenhandlung in einem literarischen Werk, im übertragenen Sinne eine Begebenheit ohne besondere Bedeutung.

Epistel [griech. »Brief«], *die,* ein Apostelbrief im → Neuen Testament und die Lesung daraus im Gottesdienst.

Epizentrum [griech. »über dem Mittelpunkt«], *das,* die Stelle, die sich senkrecht über einem → Erdbebenherd auf der Erdoberfläche befindet. Dort machen sich die Erschütterungen am stärksten bemerkbar.

Epos [griech.], *das,* ursprünglich eine Heldendichtung, später in der Literatur Bezeichnung für eine Versdichtung mit erzählendem Inhalt

oder allgemein ein umfangreiches episches Werk.

Equalizer [engl. 'i:kwəlaɪzə »Ausgleicher«], *der,* Gerät, mit dem man z. B. bei Hi-Fi-Anlagen den Klang entzerrt, indem bestimmte → Frequenzbereiche gedämpft oder hervorgehoben werden.

Equipe [frz. e'kip], *die,* Mannschaft, insbesondere im Sport gebraucht (z. B. *Reiterequipe*).

Erbanlagen, deutsche Bezeichnung für → Gene.

Erbinformation, die Information, die ein Organismus an seine Nachkommen weitergibt, damit sie die gleichen Merkmale und Eigenschaften ausbilden. Die kleinste Einheit für die Erbinformation ist das → Gen. Normalerweise sind die ererbten Merkmale eines Lebewesens eine Kombination der Merkmale seiner Eltern (und deren Vorfahren), aber durch → Mutation können sich solche Erbinformationen verändern, so dass ein Lebewesen ein neues Merkmal erhält. Mit den Methoden der → Gentechnologie ist es möglich, in die Erbinformation einzugreifen und die Eigenschaften eines Lebewesens gezielt zu verändern.

Erbium [nach der schwed. Stadt Ytterby], *das,* ein → chemisches Element, das zu den seltenen Erdmetallen gehört.

Erbkrankheiten, Erkrankungen des Organismus, die auf Fehler im Erbmaterial zurückgehen und auf die Nachkommen vererbt werden. Solche genetisch bedingten Erkrankungen können z. B. zu Stoffwechselstörungen, Missbildungen und Schwachsinn führen und verkürzen in besonders schweren Fällen die Lebenserwartung oder haben lebensbedrohende Auswirkungen. Ursachen für Erbkrankheiten sind *Chromosomenanomalien,* ein *einzelnes defektes Gen* oder *mehrere genetische Faktoren,* die zusammenwirken und oft nur zur Wirkung gelangen, wenn bestimmte Umweltfaktoren hinzukommen.

Erbrecht, die gesetzlichen Bestimmungen darüber, was mit der Hinterlassenschaft, dem Erbe, eines Verstorbenen geschieht. Der *Erblasser,* d. h. der Verstorbene, kann in einem → Testament verfügen, wie sein Nachlass verteilt werden soll. Wenn es keine solche Verfügung gibt, gilt die gesetzliche *Erbfolge.* Erbberechtigt sind zunächst die Kinder, Ehepartner und Eltern und – wenn keine solchen Erben vorhanden sind – die Verwandten in absteigendem Verwandtschaftsgrad (Geschwister, Großeltern usw.). Fehlen gesetzliche Erben, so fällt das Erbe an den Staat. Auch eine testamentarische Verfügung kann nicht über die gesamte Hinterlassenschaft bestimmen; Kindern, Ehegatten und Eltern steht ein *Pflichtteil* (die Hälfte des gesetzlichen Anteils) zu. Da zu einem Erbe auch mögliche Schulden gehören können, brauchen die Erben eine Erbschaft nicht anzunehmen.

Erbsen, Gemüsepflanzen, die zu den ältesten angebauten Nutzpflanzen (bereits im 8. Jt. v. Chr.) gehören. Erbsenpflanzen sind → Schmetterlingsblütler, die als Schoten bezeichnete Hülsenfrüchte hervorbringen. In den Hülsen befinden sich die eigentlichen Erbsen, kugelige, eiweißreiche Samen.

Erbsünde, nach christlicher Auffassung die Ursünde von → Adam und Eva, die an alle Nachkommen weitergegeben wird. Der Mensch wird in diesen Zustand, der ihn von Gott trennt, hineingeboren. Laut katholischer Lehre befreit die → Taufe den Menschen von der Ungnade, aber nicht von der Sündhaftigkeit (Neigung zu bösen Taten), während in der evangelischen Kirche die Erbsünde ein grundsätzlich gestörtes Verhältnis zwischen dem Menschen und Gott ist und nur durch Gottes Gnade überwunden werden kann.

Erdbeben, Erschütterungen der Erdkruste (→ Erde), die durch Verschiebungen und Brüche als Ausgleich von Spannungen in der Erdkruste *(tektonische Beben),* Einsturz von unterirdischen Hohlräumen *(Einsturzbeben)* oder Vulkanausbrüche *(vulkanische Beben)* ausgelöst werden. Die Beben breiten sich vom **Erdbebenherd,**

Erdbeben

Die schwersten Erdbeben mit den meisten Todesopfern ereigneten sich in China (1556: 80 000 Tote, 1976: zwischen 250 000 und 750 000 Toten).

Die Stärke von Erdbeben wird mithilfe der nach oben offenen *Richterskala* (ab 7 schwere Zerstörungen, bisher 8,6 als höchster Wert) oder der zwölfstufigen *Mercalli-Skala* (von Stufe I = unmerklich bis Stufe XII = landschaftsverändernd) gemessen.

■ **Erdbeben** führen oft zu großräumigen Schäden; sie können mitunter ganze Inseln im Meer versinken bzw. neue entstehen lassen

Erde

Durchmesser:
12 742 km (Mittelwert)
12 756 km (am Äquator)
12 713,5 km (an den Polen)

Umfang:
40 075 km (am Äquator)
40 008 km (an den Polen)

Oberfläche: 510,07 Mio. km²

Volumen: 1,08 Mrd. km³

Masse: 5,97 × 10²⁴ t

mittlere Dichte: 5,515 g/cm³

Die Erdkruste, die unter den Kontinenten bis zu 80 km und unter den Ozeanen nur etwa 10 km dick ist, besteht hauptsächlich aus Gesteinen (überwiegend aus Silicium, Aluminium und Magnesium), die an der Oberfläche von Ablagerungen bedeckt sind. Da die tiefste Bohrung bisher nur etwa 10 000 m weit in das Erdinnere vorgedrungen ist, beruht das Wissen über den Aufbau der tiefer liegenden Schichten vor allem auf seismischen Messungen, d. h. auf Beobachtungen, wie sich die Ausbreitung von → Erdbebenwellen verändert. Die Zusammensetzung des Erdmantels ist noch nicht sicher geklärt; vermutlich besteht er aus Silikaten. Sein oberer Teil bildet zusammen mit der Erdkruste die *Lithosphäre;* diese setzt sich aus mehreren Platten zusammen, die sich gegeneinander verschieben (→ Plattentektonik). Der Erdkern besteht wahrscheinlich aus Nickeleisen (90 % Eisenanteil); der äußere Kern ist eine flüssige Metallschmelze, die ständig in Bewegung ist, der innere Kern ist dagegen vermutlich fest. Mit der Tiefe nehmen Dichte, Druck und Temperatur zu; im festen Erdkern herrscht ein Druck, der etwa drei Millionen Mal höher ist als auf der Erdoberfläche, während die Temperatur auf über 4000 °C steigt.

Erdmagnetismus

Die magnetischen Pole fallen nicht mit den Polen der Erdachse zusammen: der magnetische Südpol liegt gegenwärtig in der Arktis (etwa auf 76° nördl. Breite und 101° westl. Länge), der magnetische Nordpol in der Antarktis (etwa auf 66° südl. Breite und 139° östl. Länge). Ihre Lage verändert sich jedoch mit der Zeit.

Aufbau der Erde

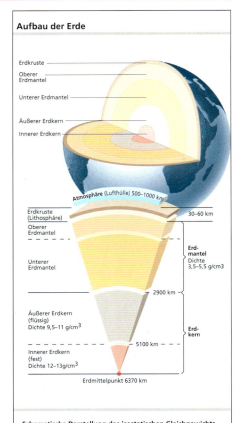

Schematische Darstellung des isostatischen Gleichgewichts der Erdkruste

der bis zu 700 km tief liegen kann, wellenförmig aus. Diese *seismischen Wellen,* die am stärksten im → Epizentrum zu spüren sind, führen in der näheren Umgebung zu schweren Zerstörungen (Bodenrisse und Krater, Erdrutsche, Einsturz von Gebäuden) und sind oft noch in großer Entfernung wahrnehmbar. Sie werden von → Seismographen gemessen.

Besonders häufig treten Erdbeben in den *Erdbebenzonen* auf, die alle im Bereich von jungen → Faltengebirgen und Bruchzonen liegen *(zirkumpazifischer Bogen* und *transatlantischer Gürtel).* Wenn sich Erdbeben unter dem Meeresgrund ereignen, spricht man von *Seebeben.* Solche Seebeben können gefährliche Flutwellen (Tsunamis) verursachen.

Erdbeere, die Frucht der zu den Rosengewächsen gehörenden staudenförmigen Erdbeerpflanze. Aus den weißgelben Blüten bilden sich Scheinfrüchte, deren Fruchtfleisch aus der Blütenachse besteht. Darauf sitzen die eigentlichen Früchte, winzige braune Nüsschen. Neben der in vielen Sorten angebauten süßen *Gartenerdbeere* gibt es die würzig schmeckende, kleinere *Walderdbeere.*

Erde, Zeichen ♁, der (von der Sonne aus gesehen) dritte Planet unseres → Sonnensystems. Die Erde ist von der Sonne 149,6 Mio. km entfernt (größter Abstand 152,1 Mio. km Anfang Juli, geringster Abstand 147,1 Mio. km Anfang Januar) und umkreist sie mit einer mittleren Geschwindigkeit von 29,8 km/s in 365 Tagen und 6 Stunden (→ Jahr). Innerhalb von 24 Stunden dreht sie sich einmal um ihre eigene Achse (→ Tag). Die Rotationsachse ist gegenwärtig um 66° 34' gegen die Ebene geneigt, in der die Erdbahn verläuft (→ Ekliptik); die Auswirkungen davon bedingen die → Jahreszeiten. Die Rotation ist für die Abplattung der Erdkugel an den Polen verantwortlich. Im heutigen Stadium der → Erdgeschichte sind etwa 70 % der Erdoberfläche mit Wasser bedeckt.

Die Erde entstand vor ungefähr 4,6 Mrd. Jahren zusammen mit den anderen → Planeten unseres Sonnensystems. Sie verfestigte sich an der Oberfläche, während der Erdkern noch teilweise flüssig ist. Man unterscheidet zwischen *Erdkruste* (bis 80 km dick), *Erdmantel* (in 60–2850 km Tiefe) sowie *äußerem* (2900–5100 km Tiefe) und *innerem Erdkern* (unter 5100 km Tiefe).

Die Erde ist von einer → Atmosphäre umhüllt, die zusammen mit dem erdmagnetischen Feld (→ Erdmagnetismus) einen Schutzschirm gegen gefährliche Sonnenstrahlung und kosmische Strahlung bildet. Ein großer Trabant, der → Mond, umkreist die Erde.

Erdgas, ein Gemisch verschiedener Naturgase (vorwiegend → Methan und andere → Kohlenwasserstoffe), die in der Erdkruste entstanden sind. Da es in seinen Lagerstätten (zumeist in der Nähe von Erdöl- oder Kohlevorkommen) unter hohem Druck steht, strömt es durch Bohrlöcher aus. Erdgas ist leicht entzündlich und wird in erster Linie zum Heizen sowie in der chemischen Industrie verwendet.

■ Die **Erde** (gut sichtbar: Afrika)

Erdgeschichte, siehe S. 186–187.

Erdmagnetismus, die magnetischen Kräfte (→ Magnetismus) der Erde, die weltweit zu spüren sind. Ursachen für den Erdmagnetismus sind elektrische Ströme im Erdinneren, die durch die Eigenbewegung des flüssigen Erdkerns gegenüber dem Erdmantel erzeugt werden, und in der Ionosphäre (→ Atmosphäre). Diese elektrischen Ströme bauen ein magnetisches Feld um sich auf, das die → Erde als Schutzschirm umgibt. Die Richtung des Erdmagnetismus scheint sich etwa alle 1 Mio. Jahre umzukehren. Die → Kompassnadel zeigt an, wie die Kraftlinien des Magnetfeldes verlaufen.

Erdnüsse, die Früchte der *Erdnusspflanze,* einer zu den → Schmetterlingsblütlern gehörenden buschartigen Pflanze, die in tropischen und subtropischen Gebieten angebaut wird. Erdnusskerne sind reich an Öl (bis 50 %), Eiweiß, Kohlenhydraten und Vitaminen. Sie können roh oder geröstet (gesalzen oder gezuckert) gegessen werden.

Erdöl, *Petroleum,* ein flüssiges, braunschwarzes Gemisch vieler → Kohlenwasserstoffe. Solche Gemische entstehen aus abgestorbenen tierischen und pflanzlichen Meereslebewesen, die sich, von Sauerstoff abgeschlossen, am Meeresgrund zersetzen. Darüber lagern sich Ton und Sand ab. In tieferen Erdschichten bilden sich dann unter hohem Druck und bei hohen Temperaturen die Kohlenwasserstoffe. Eine Erdöllagerstätte entsteht, wenn sich die Kohlenwasserstoffe in »Erdölfallen« ansammeln; darüber befindet sich eine undurchlässige Gesteinsschicht (Ton, Mergel). Wird eine solche Lagerstätte zur Erdölförderung angebohrt, so fließt das Erdöl entweder wegen des dort herrschenden Drucks an

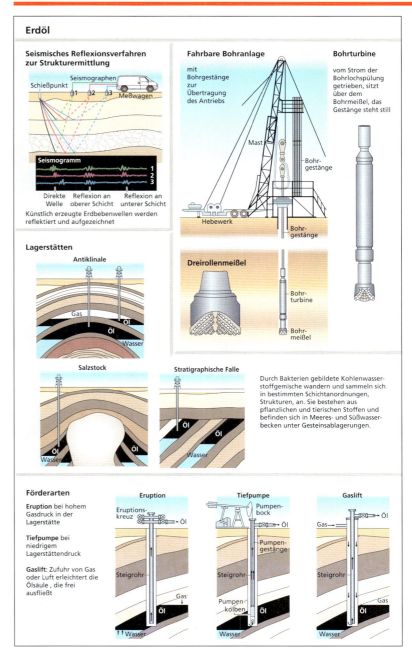

die Erdoberfläche, oder es muss nach oben gepumpt werden. In Rohrleitungen *(Pipelines)* wird es zu Häfen transportiert, wo es auf große Tanker verladen wird. Die größten Erdölvorkommen befinden sich im Nahen Osten und auf dem amerikanischen Kontinent. Da die bekann-

Wissen im Überblick: Erdgeschichte

	System (Formation)	Abteilung	Beginn vor	Dauer (in Mio. Jahren)	Erdgeschichte	Lebensformen
Neozoikum (Erdneuzeit)	Quartär	Holozän (*Alluvium*, Gegenwart) Pleistozän (*Diluvium*, Eiszeit)	etwa 13 000 Jahren 1,8 Mio. Jahren	etwa 1,8	Die eiszeitlichen Gletscher schmelzen ab. Entwicklung des heutigen Gesichts der Erde. Gewaltige Vereisungen in mehreren Eiszeiten, dazwischen Warmzeiten. Schwankungen des Meeresspiegels.	Vorherrschaft des Menschen. Heutige Pflanzen und Tiere. Tundraartige Vegetation, nach der Erwärmung Birken- und Kiefernwälder. Großsäugetiere (wie etwa Mammut) sterben aus. Auftreten des Jetztmenschen.
	Tertiär	*Jungtertiär:* Pliozän Miozän *Alttertiär:* Oligozän Eozän Paläozän	5 Mio. Jahren 24 Mio. Jahren 36 Mio. Jahren 55 Mio. Jahren 66 Mio. Jahren	3,2 19 12 19 11	Durch Gebirgsfaltung entstehen die Alpen, die Kordilleren und der Himalaja. Die heutige Oberflächengestalt der Erde bildet sich aus. Braunkohle- und Salzlagerstätten. Erhöhter Vulkanismus.	Schnelle Verbreitung der Säugetiere und Vögel. Großforaminiferen bis 15 cm Durchmesser. Blütenpflanzen entstehen in großer Zahl. Am Ende der Tertiärzeit Vorfahren der Menschenaffen und der Menschen.
Mesozoikum (Erdmittelalter)	Kreide	Obere Kreide Untere Kreide	97 Mio. Jahren 140 Mio. Jahren	33 43	Einsetzen der Gebirgsfaltung mit großräumigen Verschiebungen von Land und Meer. Große Teile der Erde sind vom Meer bedeckt. Feuchtwarmes Klima.	Blütezeit der Foraminiferen. Am Ende der Kreide sterben die Großsaurier und Ammoniten aus. Erste Blütenpflanzen treten auf. Höherentwickelte Säugetiere (Insektenfresser) entfalten sich.
	Jura	Malm (*Weißer Jura*) Dogger (*Brauner Jura*) Lias (*Schwarzer Jura*)	160 Mio. Jahren 184 Mio. Jahren 210 Mio. Jahren	20 24 36	Die Erde ist größtenteils von Wasser bedeckt. Die Lage der Kontinente ist ähnlich wie in der Trias. Gegen Ende der Jurazeit beginnt die Verschiebung der heutigen Kontinente (Plattentektonik) durch Beginn der Gebirgsfaltung.	Die Ammoniten (als Leitfossilien) sind weltweit verbreitet. Die Saurier sind ebenfalls in großer Zahl vertreten. Urvogel Archäopteryx, das Bindeglied zwischen Dinosauriern und Vögeln, im oberen Jura.
	Trias	Keuper Muschelkalk Buntsandstein	230 Mio. Jahren 243 Mio. Jahren 250 Mio. Jahren	20 13 17	Der Meeresgürtel der Tethys trennt die Kontinente Laurasia und Gondwana. Mächtige Gesteinsschichten lagern sich ab. Auf dem Festland herrscht am Rande ein tropisches Klima, im Inneren ein Wüstenklima mit großflächigen Ablagerungen.	Reptilien breiten sich aus. Auftreten der ersten Säugetiere. Die Siegelbäume sterben aus. Nacktsamer gewinnen an Bedeutung.
Paläozoikum (Erdaltertum)	Perm	Zechstein Rotliegendes	270 Mio. Jahren 285 Mio. Jahren	20 15	Der Nordkontinent (Laurasia) und der Südkontinent (Gondwana) vereinigen sich zu dem Kontinent Pangäa. Lebhafter Vulkanismus im Rotliegenden mit trockenem Klima. Im Zechstein Vorstoß des Meeres, der mächtige Salzlager hinterlässt.	Nadelbäume treten allmählich an die Stelle der Farne. Die Vorherrschaft der Amphibien wird von den Reptilien abgelöst. Die Trilobiten sterben aus.
	Karbon	Oberkarbon Unterkarbon	325 Mio. Jahren 360 Mio. Jahren	30 35	Die variszische Gebirgsbildung erreicht ihren Höhepunkt. Die heutigen Mittelgebirge entstehen. An den Innen- und Randsenken der Gebirge bilden sich Steinkohlelagerstätten. Am Ende der Karbonzeit große Eiszeiten auf dem Südkontinent.	Die ersten Reptilien erscheinen. Korallen und Brachiopoden als wichtige Leitfossilien. In ausgedehnten Sumpfwäldern entwickeln sich riesige Farne, Schachtelhalme sowie Siegel- und Schuppenbäume. Erste geflügelte Insekten.
	Devon	Oberdevon Mitteldevon Unterdevon	375 Mio. Jahren 390 Mio. Jahren 410 Mio. Jahren	15 15 20	Ein großer nordatlantischer Festlandsblock (Old Red) steht dem Südkontinent gegenüber. Große Schieferlagerstätten entstehen.	Die ersten Landwirbeltiere entwickeln sich über Fische und Lurche. Primitive Gefäßpflanzen (Farne, Schachtelhalme, Bärlappgewächse) erobern das Land.
	Silur	Obersilur Untersilur	420 Mio. Jahren 440 Mio. Jahren	10 20	Die Verteilung zwischen Meer und Land etwa wie im Ordovizium. Gegen Ende der Silurzeit Hauptphase der kaledonischen Gebirgsbildung. Zunahme der Landfläche.	Die ersten Landtiere wie Skorpione und Tausendfüßler breiten sich aus. Graptolithen als wichtige Leitfossilien. Panzerfische entwickeln sich. Erste Gefäßpflanzen.
	Ordovizium	Oberordovizium Mittelordovizium Unterordovizium	460 Mio. Jahren 480 Mio. Jahren 500 Mio. Jahren	20 20 20	Nach der Ausbreitung des Meeres herrscht ein feuchtwarmes Klima vor. Die kaledonische Gebirgsbildung mit Krustenbewegung und Vulkanismus beginnt.	Entwicklung einer Vielfalt von Tierstämmen. Neben Kalkschalern und Trilobiten sind Graptolithen die wichtigsten Leitfossilien. Am Ende des Ordoviziums erscheinen als erste Wirbeltiere die Fische.
	Kambrium	Oberkambrium Mittelkambrium Unterkambrium	520 Mio. Jahren 545 Mio. Jahren 590 Mio. Jahren	20 25 45	Wasser bedeckt den größten Teil der Erde. Ein Nord- und ein Südkontinent werden durch einen großen Ozean getrennt. Gegen Ende des Kambriums weltweiter Rückzug des Meeres.	Im Meer lebt eine reiche Tierwelt von Wirbellosen, deren wichtigste Gruppen bereits vertreten sind, vor allem Trilobiten und Brachiopoden. Kalkalgen sind wichtige Gesteinsbildner.
Präkambrium (Erdurzeit)	Proterozoikum	Oberproterozoikum Mittelproterozoikum Unterproterozoikum	900 Mio. Jahren 1,7 Mrd. Jahren 2,5 Mrd. Jahren	310 800 1800	Nach der Bildung der festen Erdkruste entstehen Urkontinente, die etwa ein Drittel der Erdoberfläche bedecken, und Urozeane. Erzlagerstätten und erste Sedimentgesteine bilden sich.	Algen und Bakterien entwickeln sich. Kurz vor dem Beginn des Kambriums erscheinen vielzellige Organismen. Das Leben ist auf das Meer beschränkt.
	Archaikum		4 Mrd. Jahren	1500	Bildung einer festen Erdkruste.	Bakterienartige Einzeller als erste Lebewesen (in ca. 3,7 Mrd. Jahre alten Gesteinen).
	Azoikum		4,6 Mrd. Jahren	600	Entstehung der Erde, Bildung einer (sauerstofffreien) Uratmospäre.	

Wissen im Überblick: Erdgeschichte

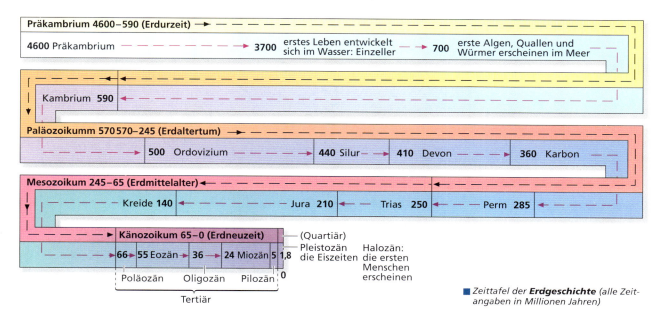

■ Zeittafel der **Erdgeschichte** (alle Zeitangaben in Millionen Jahren)

■ Oben: Das Fohlen des Großen Urpferdes. Messel (Rheinland-Pfalz), Heimatmuseum

Links: Ammoniten, eine ausgestorbene Gruppe der Kopffüßer, waren von der Silur- bis in die Kreidezeit in über 5000 Arten verbreitet. In manchen Regionen, z.B. hinter der Hauptkette des Himalaja auf der Tibetischen Hochebene, die in jener Zeit vom Tethysmeer bedeckt war, gibt es in manchen Regionen ausgedehnte Ammonitenbänke.

Eritrea	
Staatsform:	Präsidiale Republik
Hauptstadt:	Asmara
Fläche:	121 144 km²
Einwohner:	3,8 Mio.
Bevölkerungsdichte:	31/km²
Amtssprache:	Tigrinya, Arabisch
Währung:	Birr (Br)
Nationalitätskennzeichen:	ER

Eritrea

Ernährung

Der *Nährwert* von Nahrungsmitteln hängt davon ab, wie viel Energie bei der Verbrennung im Körper frei wird; er wird in → Joule (früher in → Kalorien) angegeben. Der Energiebedarf liegt je nach Alter, Gewicht und körperlicher Tätigkeit zwischen knapp 5000 kJ bei Kleinkindern und rund 10 000 kJ bei Erwachsenen pro Tag (bei körperlicher Arbeit auch bis zu 15 000 kJ).

ten Erdölvorräte nur noch für etwa 50 Jahre reichen, sucht man nach neuen Lagerstätten *(Prospektion)*.
Das Erdöl wird in Raffinerien durch → Destillation in seine Bestandteile (Teer, Leicht- und Schweröl) getrennt. Erdöl ist nicht nur die Grundlage für Motorentreibstoffe, sondern auch ein wichtiger Grundstoff für die chemische Industrie; fast alle Kunststoffe und auch viele Arzneimittel werden aus Erdölprodukten gewonnen.
Erdung, eine elektrischen Strom leitende Verbindung zwischen elektrischen Geräten oder Anlagen und der Erde. Sie soll gegen störende oder gefährliche Ströme schützen. Auch der → Blitzableiter ist eine Art von Schutzerdung.
Erektion [lat. »Aufrichtung«], *die,* Versteifung von Organen, die sich dabei aufrichten. Dies geschieht durch Schwellkörper, die sich mit Blut füllen, wobei der Blutabfluss behindert ist. Menschliche Organe, die **erigieren,** sind beim Mann der → Penis und bei der Frau die → Klitoris sowie die Brustwarzen. Eine Erektion kann durch Berührungsreize oder sexuell erregende Sinneseindrücke und Vorstellungen ausgelöst werden.
Erfrierung, die Schädigung von Gewebe durch übermäßige Kälte, die zu einer unzureichenden Durchblutung und zum Absterben des Gewebes führt. Erfrierungserscheinungen sind zunächst Rötungen und Bläschen. Nach längerer Kälteeinwirkung bleiben bläuliche, schmerzhafte *Frostbeulen* zurück.
Erfurt, Hauptstadt von → Thüringen. Die an der Gera gelegene Großstadt (213 000 Einwohner) war als Mitglied der Hanse ein wichtiger Handelsplatz.
Erhard, Ludwig (1897–1977), deutscher Politiker (CDU), der 1949–1963 Wirtschaftsminister war (als »Vater des deutschen Wirtschaftswunders« bezeichnet) und die soziale Marktwirtschaft begründete. 1963 wurde er als Nachfolger von → Adenauer Bundeskanzler, musste aber 1966 nach dem Bruch der Koalition mit der FDP zurücktreten.
Erinnyen [griech. »die Grollenden«], in der griechischen Mythologie die drei Rachegöttinnen, die Verbrecher, vor allem Mörder, verfolgten und in den Wahnsinn trieben. Bei den Römern entsprechen ihnen die Furien.
Eris, die griechische Göttin der Zwietracht.
Eritrea, Staat in Nordostafrika. Das landwirtschaftlich (vor allem Anbau von Kaffee und Tabak) geprägte Eritrea besteht aus einer Küstenebene mit geringen Niederschlägen, Bergland

im Süden und Hochland im Norden. Die Bevölkerung umfasst neun verschiedene Völker (davon etwa die Hälfte Tigrinya); über eine halbe Million Flüchtlinge leben im benachbarten Sudan. Das Land ist erst seit 1993 unabhängig. Es war seit dem Altertum mit der Geschichte → Äthiopiens verbunden und wurde 1890 italienische Kolonie. 1941 wurde es von Großbritannien besetzt. Ab 1952 war es Teil einer Föderation mit Äthiopien, das es aber 1962 als Provinz einverleibte. Seitdem kämpften Befreiungsbewegungen für die Unabhängigkeit, die nach dem militärischen Sieg 1991 erreicht wurde. In einer Volksabstimmung sprach sich die Bevölkerung 1993 für die Trennung von Äthiopien aus.
Erlen, zu den Birkengewächsen gehörende Bäume und Sträucher, die auf der nördlichen Erdhalbkugel in der gemäßigten Zone sowie auf der Südhalbkugel in den Anden wachsen. Aus den verholzten Zapfen der weiblichen Blüten entstehen kleine, geflügelte Nussfrüchte.
Erlösung, in vielen Weltreligionen die Vorstellung, dass der Mensch von seiner Schuldhaftigkeit und Gottesferne oder wie im → Buddhismus und → Hinduismus von seinem leidvollen Dasein befreit werden muss. Da der Mensch dazu nicht allein im Stande ist, hofft er auf die Hilfe einer Gottheit. Im Judentum ist dies der → Messias, im Christentum → Jesus Christus, der die Menschen durch seinen Tod und seine Auferstehung von der Erbsünde erlöst.
Ernährung, die Aufnahme von Flüssigkeiten und festen Nährstoffen, die für den Organismus lebensnotwendig sind. Die wichtigsten Nährstoffe sind → Eiweiße, → Fette und → Kohlenhydrate sowie → Vitamine, Mineralstoffe und Spurenelemente, die in einer ausgewogenen Nahrung enthalten sind. Wichtig sind auch *Ballaststoffe* (z. B. faserreiches Gemüse und Vollkornbrot), weil sie die Verdauung fördern. Da der → Mensch entwicklungsgeschichtlich ein »Allesfresser« ist, besteht seine Nahrung aus tierischer und pflanzlicher Kost. Viele Menschen ernähren sich jedoch ausschließlich von pflanzlicher Kost (→ Vegetarier). Eine falsche Ernährung (z. B. einseitige Ernärung oder Vitaminmangel) kann zu Mangelkrankheiten und Folgeerscheinungen wie Gefäß- und Kreislauferkrankungen führen.
erogene Zonen, die Bereiche der Körperoberfläche, die sexuell erregbar sind. Wenn diese Stellen durch Berührung gereizt werden, entstehen Lustgefühle. Die wichtigsten erogenen Zonen sind neben den Körperbereichen um die

→ Geschlechtsorgane herum die Brustwarzen, der Mund und die Zunge, der Hals sowie der After.

Eros, der griechische Gott der Liebe, der als Sohn von → Ares und → Aphrodite galt. Bei den Römern entspricht ihm → Amor.

Erosion [lat. »Zerfressung«], *die,* Abtragung der Erdoberfläche durch Wasser und im weiteren Sinn auch durch Eis, Schnee und Wind. Eine Bodenerosion wird beispielsweise in den tropischen Regenwäldern durch Rodungen ausgelöst, die Bäume und Pflanzen beseitigen, so dass die dünne, fruchtbare Erdschicht nicht mehr festgehalten und daher fortgeschwemmt wird. Eine Folge davon ist die Verödung des Bodens.

Erotik, *die,* ursprünglich die Liebeskunst. Heute versteht man darunter zumeist die »kultivierte« Form der geschlechtlichen Liebe, die auch das Seelisch-Geistige einbezieht und daher in einem gewissen Gegensatz zu der nur auf das Körperliche ausgerichteten → Sexualität steht.

Erste Hilfe, Soforthilfsmaßnahmen, die der Einzelne bei einem Verletzten oder plötzlich Erkrankten leisten kann, bis der Arzt oder Rettungsdienst eintrifft. Dazu gehören die richtige Lagerung, die vorläufige Versorgung von Wunden und Verletzungen, die Überprüfung der Atmung und des Kreislaufs und die Wiederbelebung. Wenn man an einem Unfallort eintrifft, muss man nach dem Gesetz Erste Hilfe leisten. Deshalb ist man verpflichtet, einen Ersten-Hilfe-Kurs zu machen, wenn man den Führerschein erwerben will.

Erster Weltkrieg, der 1914–1918 zwischen den sog. *Mittelmächten* (Deutschland, Österreich-Ungarn) und den *alliierten Mächten* oder der → *Entente* (Frankreich, Großbritannien und Russland) geführte Krieg, an dem sich später noch zahlreiche andere Staaten beteiligten (→ Weltkriege).

Eruption [lat. »Ausbruch«], *die,* eine Erscheinung des → Vulkanismus, bei der geschmolzenes → Magma aus dem Erdinneren bis zur Erdoberfläche empordringt und als → Lava mit den darin enthaltenen Gasen ausgeschleudert wird.

Erz, Minerale oder Gesteine mit hohem Metallgehalt. Für die Metallgewinnung muss das betreffende Metall rein oder (in gebundener Form) zu einem hohen Prozentsatz angereichert sein. Wichtige Eisenerze sind z. B. *Magnetit, Pyrit* und *Hämatit.* Diese Eisenerze müssen in Hochöfen »verhüttet«, also auf chemischem Weg in reines Metall umgewandelt werden. Edelmetalle wie Gold und Silber liegen zumeist in rei-

■ *Erosion: Dieser bizarre Hang in Mustang (Nepal) wurde durch Winderosion geformt*

ner Form vor und werden auf physikalischem Weg vom »tauben« Nebengestein getrennt.

Erzgebirge, etwa 150 km langes und 40 km breites Mittelgebirge zwischen Sachsen und Böhmen. Der Name rührt davon her, dass das Gebirge früher reich an Erzen war. Die höchsten Erhebungen sind der *Keilberg* (1244 m) und der *Fichtelberg* (1214 m).

ESA, Abkürzung für engl. *European Space Agency,* die 1975 gegründete Europäische Raumfahrtbehörde, die alle europäischen Unternehmungen (außerhalb der → GUS-Staaten) auf dem Gebiet der Weltraumfahrt koordiniert. Sie umfasst gegenwärtig 14 Mitgliedstaaten.

Eschatologie [von griech. *eschatos* = »der letzte«], *die,* Lehre von den letzten Dingen, d. h. vom Ende der Welt und vom endgültigen Schicksal der Menschheit und des einzelnen Menschen. In vielen Mythologien und Religionen wird ein Weltende geschildert (z. B. das → Jüngste Gericht im Christentum), auf das eine neue, schönere Welt folgt.

Eschen, zu den Ölbaumgewächsen gehörende Bäume, die in der gemäßigten Zone der nördlichen Erdhalbkugel wachsen. Das zähe, harte Holz des bis zu 40 m hohen Baums wird für die Möbelherstellung genutzt.

Esel, zur Familie der → Pferde gehörende Unpaarhufer, die wild in Nordafrika leben. In Freiheit ist der Esel fast ausgerottet, doch er wird heute noch in vielen Ländern als Reit- und Lasttier genutzt. Er ist kleiner als das Pferd (bis 1,40 m Schulterhöhe) und besitzt längere Ohren und einen langen, am Ende quastenartig behaarten Schwanz. Durch Kreuzung von Esel und Pferd entstehen das → *Maultier* und der → *Maulesel.*

Eskalation [engl.], *die,* eine allmähliche Steigerung im Einsatz von politischen und militärischen Mitteln, die eine Krisensituation zu einem offenen Konflikt (z. B. einer bewaffneten Aus-

Eschen
∙ ∙ ∙ ∙ ∙ ∙ ∙ ∙ ∙ ∙ ∙ ∙ ∙ ∙ ∙ ∙ ∙ ∙ ∙ ∙
Eine besondere Bedeutung spielt die Esche in der nordischen Mythologie, wo die Weltenesche Yggdrasil als Schicksalsbaum gilt. Dieser Weltenbaum, in dessen Schatten sich die gesamte Welt ausbreitet und der sogar den Himmel überragt, kündigt mit dem Beben seines Stammes den Weltuntergang an.

*Die traditionelle Behausung des **Eskimo** – der Iglu*

einandersetzung) ausweitet, allgemein eine Verschärfung.

Eskimo [indian. »Schneeschuh-Flechter«], *der,* Angehöriger eines zur mongoliden Rasse gehörenden Volkes (ca. 100 000), das in Grönland, Alaska, Kanada und Nordostsibirien lebt. Die Eskimos sind wie die → Indianer asiatischer Herkunft und über die Beringstraße nach Nordamerika eingewandert (→ altamerikanische Kulturen). Sie bezeichnen sich selbst als *Inuit* (»Menschen«). Ihre Kultur ist ganz dem arktischen und subarktischen Lebensraum (→ Arktis) angepasst. Sie lebten ursprünglich als Jäger und Fischer und wohnten in → Iglus.

Esoterik [von griech. esoteros = »der Innere«], *die,* eigentlich eine Geheimlehre, deren Wissen nur Eingeweihten zugänglich ist. Heute versteht man darunter zumeist die Beschäftigung mit übersinnlichen Erscheinungen, die sich als Gegenreaktion zur → Rationalität des wissenschaftlichen Denkens entwickelt hat, weil die naturwissenschaftliche Erklärung der Welt keine Sinnerfüllung des Lebens anbieten kann. Die Esoterik versucht alle Bereiche, Mythos und Religion, okkulte Erscheinungen (→ Okkultismus), Philosophie, Naturwissenschaften und Psychologie, zu einer ganzheitlichen Weltsicht zu vereinigen (→ Newage).

Esperanto [von span. esperar = »hoffen«], *das,* eine 1887 von dem polnischen Augenarzt *Ludwik Zamenhof* (1859–1917) entwickelte Sprache, die Wörter mit romanischen und germanischen Wurzeln (für einen kleinen Grundwortschatz), eine begrenzte Anzahl von Vor- und Nachsilben sowie eine einfache Grammatik (nur 16 Regeln) verwendet. Esperanto war als leicht zu erlernende künstliche Weltsprache geplant.

Essay [engl. 'ɛse »Versuch«], *der und das,* eine literarische Kunstform, die auf die »*Essais*« des französischen Philosophen und Schriftstellers *Michel de Montaigne* (1533–1592) zurückgeht. Heute versteht man darunter einen Prosatext, der ein bestimmtes Thema knapp und geistvoll in einem anspruchsvollen Stil behandelt. Bedeutende Essayisten des 20. Jh. sind André Gide und Paul Valéry in Frankreich, T. S. Eliot und Aldous Huxley in Großbritannien, Umberto Eco in Italien sowie Theodor Adorno, Walter Benjamin, Hermann Broch, Thomas → Mann und Ernst Jünger im deutschsprachigen Raum.

Essen, größte Stadt (618 000 Einwohner) des → Ruhrgebiets. Die früher durch die Stahlindustrie und den Kohlebergbau geprägte Stadt in Nordrhein-Westfalen ist heute Sitz großer Wirtschaftsunternehmen.

Essener [aramäisch »die Frommen«], eine jüdische Sekte, die um 150 v. Chr.–70 n. Chr. am Toten Meer lebte. Das Zentrum ihrer asketisch lebenden mönchischen Gemeinschaft war → Qumran. Das Christentum hat von den Essenern u. a. die → Taufe übernommen.

Essenz [lat. »Wesen«], *die,* konzentrierter Auszug von wirksamen Bestandteilen zumeist pflanzlicher Stoffe. Im übertragenen Sinne versteht man darunter das Wesentliche einer Sache.

Essig, ein saures Würz- und Konservierungsmittel, das schon seit dem Altertum bekannt ist. Essig wird durch das Vergären (→ Gärung) des Alkohols von Früchten (Fruchtessig), Wein oder Branntwein gewonnen. Die im Essig enthaltene *Essigsäure* kann auch künstlich hergestellt werden.

Establishment [engl. ɪsˈtæblɪʃmənt], *das,* oft abfällig gebrauchte Bezeichnung für den Teil einer Gesellschaft, dessen Angehörige einflussreiche Stellungen innehaben **(etabliert** sind) und sich gesellschaftlichen Veränderungen entgegenstellen.

Ester, → anorganische Verbindungen, die aus → Säuren und → Alkoholen entstehen, wobei Wasser abgespalten wird. Da sie angenehm nach Früchten riechen, werden sie für Parfüms und als Aromastoffe verwendet. Ester sind → Fette, → Öle und → Wachse.

Estland, Staat im → Baltikum. Das aus Hügeln und Niederungen mit Mooren bestehende Land, das fast zu einem Drittel von Wald bedeckt ist,

Estland: Das Windmühlen-Museum in Angla

umfasst außerdem über 1500 vorgelagerte Inseln in der Ostsee, von denen die größten *Ösel, Dagö* und *Moon* sind. Neben rund 64 % Esten leben knapp 30 % Russen in Estland. Die estnische Wirtschaft stützt sich in erster Linie auf die Landwirtschaft und die Nahrungsmittel- und Möbelindustrie. Die Esten wurden im 13. Jh. von den Deutschen und Dänen unterworfen und christianisiert und kamen 1346 unter die Herrschaft des → Deutschen Ordens. Das Gebiet fiel 1561 an Schweden und gehörte ab 1721 zum russischen Zarenreich. 1918 erklärte Estland seine Unabhängigkeit, aber 1940 verleibte sich die Sowjetunion mit dem Einverständnis Deutschlands *(Hitler-Stalin-Pakt)* Estland als *Estnische Sozialistische Sowjetrepublik* ein. Die Ende der 80er Jahre verstärkten Unabhängigkeitsbestrebungen führten 1991 zur Proklamation einer selbstständigen Republik.

Etat [frz. eˈta: »Staat«], *der,* Plan für den Staatshaushalt, im weiteren Sinne die finanziellen Mittel, die für einen bestimmten Zeitraum und Zweck verfügbar sind.

Ethik [griech.], *die,* in der Philosophie die Lehre vom richtigen sittlichen Verhalten des Menschen.

Etrusker, ein nicht indogermanisches Volk, das in der Antike Mittelitalien bewohnte und im 7.–4. Jh. v. Chr. mit seinen Stadtstaaten die heutige → Toskana, die Poebene und vorübergehend auch → Rom und Kampanien beherrschte. Der Niedergang der etruskischen Kultur begann im 5. Jh. v. Chr. und wurde im 3. Jh. v. Chr. mit der Eroberung durch die Römer abgeschlossen. Die etruskische Kunst ist eigenständig, aber deutlich von der griechischen und orientalischen Kunst beeinflusst. Erhalten sind zahlreiche Wandmalereien in den Totenstädten, den reich ausgestatteten Grabanlagen, die ein anschauliches Bild vom Alltag und von den Jenseitsvorstellungen der Etrusker vermitteln.

Etüde [frz.], *die,* in der Musik ein Übungsstück, das ursprünglich zur Verbesserung der Spiel- oder Gesangstechnik diente. Die *Konzertetüde* (z. B. von → Chopin oder → Debussy) führt die virtuosen Fähigkeiten eines Musikers vor.

Etymologie [griech.], *die,* Wissenschaft von der Herkunft der Wörter und ihrer ursprünglichen Bedeutung, im weiteren Sinn die Geschichte eines Wortes und seine Grundbedeutung.

EU, Abkürzung für → *Europäische Union.*

Eucharistie [griech. »Danksagung«], *die,* eigentlich das Dankgebet, das vor dem Abendmahl gesprochen, aber zumeist für das Sakrament des Abendmahls insgesamt gebraucht wird. Als Feier des heiligen Abendmahls ist die Eucharistie in der christlichen Religion der Mittelpunkt des Gottesdienstes. Der katholische Gottesdienst wird auch als **Eucharistiefeier** bezeichnet.

Eugenik [von griech. eugenetes = »wohlgeboren«], *die,* Lehre von der Erbgesundheit, die die Erkenntnisse der genetischen Forschung (→ Genetik) nutzen will, um die Ausbreitung von unerwünschten Erbanlagen (vor allem → Erbkrankheiten) zu verhindern bzw. die Ausbreitung von erwünschten Erbanlagen zu fördern. In Verruf kam die Eugenik als »Rassenhygiene« im → Nationalsozialismus, wo sie dazu missbraucht wurde, Menschen mit genetischen Schäden (z. B. Schwachsinnige) als »unwertes« Leben auszugrenzen, zu sterilisieren oder umzubringen.

Eukalyptus [von griech. eu- = »gut« und kalyptos = »verhüllt«], *der,* schnell wachsende Bäume und Sträucher in warmen Gebieten Australiens. Die Blätter der bis über 100 m hohen Bäume enthalten das ätherische *Eukalyptusöl,* das als Heilmittel (vor allem gegen Husten) verwendet wird.

Eukaryonten [von griech. eu- = »gut« und karyon = »Kern«], *Mz.,* umfassende Bezeichnung für alle Lebewesen, die einen echten Zellkern besitzen.

Euklid (um 365–300 v. Chr.), griechischer Mathematiker, der in Alexandria lebte und als »Vater der Geometrie« gilt. Sein 13-bändiges Hauptwerk »Elemente«, eine Zusammenfassung des mathematischen Wissens seiner Zeit, war 2000 Jahre lang die Grundlage für die → Geometrie. Erst im 19. Jh. wurde die *euklidische Geometrie,* die klassische Geometrie der Ebene, durch eine → nichteuklidische Geometrie ergänzt, die nicht die → Axiome der euklidischen Geometrie, insbesondere das → Parallelenaxiom, erfüllt.

Eulen, weltweit verbreitete Nachtvögel, die bis zu 80 cm groß werden. Sie besitzen einen gro-

Estland (Eesti)
Staatsname: Republik Estland
Staatsform: Republik
Hauptstadt: Tallinn (Reval)
Fläche: 45 100 km²
Einwohner: 1,5 Mio.
Bevölkerungsdichte: 33/km²
Amtssprache: Estnisch
Währung: Estnische Krone (ekr)
Nationalitätskennzeichen: EST

Estland

Eukalyptusbaum

Die größte europäische Eule ist der Uhu

Eulen

Im alten Griechenland galten Eulen als Symbol der Weisheit. Sie wurden als Begleiter der athenischen Schutzgöttin → Athene dargestellt. Da sie in Athen sehr häufig waren und auch auf den athenischen Münzen abgebildet wurden, soll der Vergleich, etwas sei so, wie wenn man »Eulen nach Athen trüge«, bedeuten, dass man etwas Überflüssiges tut.

Euro

Ein Euro hat 100 Cent und entspricht einem → ECU. Es werden Münzen zu 1 und 2 Euro sowie Banknoten zu 5, 10, 20, 50, 100, 200 und 500 Euro herausgegeben.

Europäische Währungsunion

An der Währungsunion dürfen sich nur die EU-Staaten beteiligen, die im Hinblick auf die Staatsverschuldung sowie auf die Stabilität der Verbraucherpreise, der Wechselkurse und der Zinssätze bestimmte Bedingungen (sog. *Konvergenzkriterien*) erfüllen.

ßen Kopf, der sich fast um 180° drehen kann, einen hakenförmig gebogenen Schnabel und kräftige Greiffüße. Dank ihrer nach vorn gerichteten, lichtempfindlichen Augen können sie gut sehen und Entfernungen richtig einschätzen. Sie verfügen über ein gutes Gehör. Das weiche Gefieder dämpft das Fluggeräusch der meist in der Dämmerung jagenden Eulen, die ihre Beute (vor allem kleine Säuger wie Mäuse und Ratten) im Ganzen hinunterschlingen und unverdauliche Reste als Gewölle ausspeien. Man unterscheidet zwischen *Schleiereulen* und *echten Eulen*. Zu letzteren gehören auch die → Uhus und → Käuze. In Deutschland stehen alle Eulen unter Naturschutz.

Eulenspiegel, Till, Held eines ursprünglich in niederdeutscher Sprache verfassten Volksbuches, dessen erste hochdeutsche Fassung 1515 erschien. Das historische Vorbild, das 1300–1350 lebte, soll in Mölln begraben sein. Eulenspiegel wird als Schelm geschildert, der mit seinen Streichen die städtischen Bürger sowie die geistlichen und weltlichen Herren zum Narren hält.

Euphemismus [griech.], *der*, eine Umschreibung, die einen unangenehmen Sachverhalt durch ein neutrales oder mit angenehmeren Vorstellungen verbundenes Wort in beschönigender Form ausdrückt (z. B. *geistige Umnachtung* anstatt *Wahnsinn*) oder einen unflätigen bzw. tabuisierten Ausdruck durch ein Wort ersetzt, das nicht als anstößig gilt (z. B. *miteinander schlafen* anstelle von *Geschlechtsverkehr haben*).

Euphorie [griech. »leichtes Tragen«], *die*, ein Gefühl der Hochstimmung.

Euphrat, größter Fluss in Vorderasien (2760 km), der in Ostanatolien entspringt und in den Persischen Golf mündet.

Eurasien, Bezeichnung für die aus → Europa und → Asien bestehende Festlandsmasse, die einen einzigen Kontinent bildet.

Euripides (um 480–406 v. Chr.), griechischer Dichter. Seine Tragödien, in denen die handelnden Personen nicht zu idealen Figuren stilisiert wurden, führten als Neuerung den → Prolog ein und vermehrten die Zahl der Schauspieler. Von seinen 92 Dramen sind 18 erhalten geblieben.

Euro, Name der gemeinsamen Währung, die in zunächst 11 Mitgliedstaaten der EU im Rahmen der → Europäischen Währungsunion Anfang 1999 eingeführt wird. Zunächst wird für jede Landeswährung ein verbindliches und unwiderrufliches Umrechnungsverhältnis festgesetzt. Der Euro wird in der ersten Zeit nur für den bargeldlosen Zahlungsverkehr verwendet, tritt aber ab Anfang 2002 auch mit Münzen und Geldscheinen parallel neben die einzelnen Landeswährungen, bevor er sie Mitte 2002 als alleiniges Zahlungsmittel ersetzen soll.

Eurocheque [frz. -ʃɛk], *EC, der,* ein Scheck, der in Verbindung mit einer speziellen Scheckkarte in nahezu allen europäischen Ländern angenommen wird und auf die jeweilige Landeswährung ausgestellt werden kann (Höchstbetrag in Deutschland 400 DM). In Verbindung mit einer Geheimzahl kann die maschinell lesbare Scheckkarte auch für → Electronic Banking und zum bargeldlosen Einkauf (wobei der Kaufpreis direkt vom Konto abgebucht wird) verwendet werden.

Europa, zu → Eurasien gehörender Erdteil, der aufgrund seiner kulturellen Bedeutung und seiner geschichtlichen Entwicklung als selbstständige Einheit gesehen und mit dem → Abendland gleichgesetzt wird. Europa ist auf drei Seiten von Meeren umgeben, im Norden vom Europäischen Nordmeer, im Westen vom Atlantischen Ozean und im Süden vom Mittelmeer. Durch tief eindringende Randmeere (z. B. Nord- und Ostsee, Schwarzes Meer) ist es in zahlreiche Halbinseln gegliedert. Der → Ural, das Kaspische Meer, der → Kaukasus und das Schwarze Meer grenzen Europa gegenüber Asien ab. Von Afrika wird Europa durch das Mittelmeer getrennt, das an der engsten Stelle, der Straße von → Gibraltar, nur 16 km breit ist. Zu Europa gehören außerdem verschiedene vom Festland abgetrennte Inseln (vor allem die → Britischen Inseln, → Island, → Korsika, → Sardinien, → Kreta und → Malta; weiter abgelegen sind die → Azoren und → Spitzbergen). Osteuropa besteht vorwiegend aus Flachland, während in Mittel-, Nord- und Westeuropa Schollengebirge vorherrschen, durchzogen von einem breiten Tiefland, das von Nordfrankreich bis zum Ural reicht. Weiter im Süden gibt es hohe Faltengebirge (Alpen, Pyrenäen, Karpaten) sowie tätige Vulkane im Mittelmeerraum (Ätna, Vesuv). Europa befindet sich zum größten Teil in einer Zone mit gemäßigtem Klima. Im Westen herrscht ein mildes, feuchtes Seeklima, im Osten ein kontinentales Klima mit großen Temperaturunterschieden zwischen Sommer und Winter; der Süden wird von einem mediterranen Klima mit heißen Sommern und milden Wintern geprägt. Ursprünglich war Europa vorwiegend von Wald bedeckt (im Norden Nadel- und Birkenwälder, weiter im Süden Misch- und Laubwälder); daran schlossen sich Steppengürtel und im Mittelmeerraum eine Zone mit Hartlaubgewächsen an. Im äußersten Norden fin-

det man auch → Tundra. Etwa die Hälfte der europäischen Gesamtfläche ist jedoch im Laufe der Jahrtausende in Kulturland umgewandelt worden.

Europa wird überwiegend von indogermanischen Völkern bewohnt. Minderheiten mit nicht indogermanischen Sprachen findet man in Spanien und Frankreich (Basken), in Lappland, Finnland, Ungarn und in Estland (finnisch-ugrische Völker) sowie auf Malta und in der Türkei. Eine Besiedlung Europas lässt sich bereits in vorgeschichtlicher Zeit nachweisen *(Heidelbergmensch* und → *Neandertaler).* Ab der griechisch-römischen Antike und vor allem im Mittelalter hatte Europa eine beherrschende Stellung, die in der Zeit des → Kolonialismus weltumfassend wurde und bis ins 20. Jh. anhielt.

Europäischer Wirtschaftsraum, 1994 zwischen → EU und → EFTA vereinbarter größter Binnenmarkt der Welt, der einen freien Personen-, Waren- und Kapitalverkehr zwischen den Ländern der beiden Wirtschaftsgemeinschaften regelt.

Europäisches Währungssystem, *EWS,* das 1979 gegründete Währungssystem der Mitgliedstaaten der → EU, in dem das Verhältnis der Einzelwährungen zueinander festgelegt ist. Es gibt dabei feste Leitkurse, um die herum die tatsächlichen Marktkurse der einzelnen Währungen innerhalb einer bestimmten Bandbreite schwanken dürfen. Wenn dieser Rahmen nicht mehr eingehalten wird, müssen die zentralen Notenbanken durch Währungsan- und -verkäufe eingreifen.
Da das Endziel des EWS eine gemeinsame Währung ist, die für alle EU-Staaten gilt, wird 1999 die **Europäische Währungsunion** eingeführt. Die *Europäische Zentralbank* (mit Sitz in Frankfurt/Main) gibt die auch die gemeinsame Währung, den → *Euro,* heraus.

Europäische Union, siehe S. 196–197.

Europarat, 1949 gegründete Organisation (mit Sitz in Straßburg) für die Zusammenarbeit zwischen den europäischen Staaten, die vor allem Demokratie und Menschenrechte stärken will. Der Europarat hat gegenwärtig 40 Mitglieder.

Europium [von »Europa« abgeleitet], *das,* ein → chemisches Element, das zu den seltenen Erden gehört.

Eurotunnel, Eisenbahnverbindung zwischen

Europa

Fläche: 9 839 000 km²
Einwohner: 728 Mio.
Bevölkerungsdichte: 74/km²

Selbstständige Staaten:
Albanien
Andorra
Belgien
Bosnien-Herzegowina
Bulgarien
Dänemark
Deutschland
Estland
Finnland
Frankreich
Griechenland
Großbritannien und Nordirland
Irland
Island
Italien
Jugoslawien
Kroatien
Lettland
Liechtenstein
Litauen
Luxemburg
Makedonien
Malta
Moldawien
Monaco
Niederlande
Norwegen
Österreich
Polen
Portugal
Rumänien
Russland (europ. Teil)
San Marino
Schweden
Schweiz
Slowakei
Slowenien
Spanien
Tschechien
Türkei (europ. Teil)
Ukraine
Ungarn
Vatikanstaat
Weißrussland

Abhängiges Gebiet:
Gibraltar (brit.)

Der Name *Europa* stammt aus der griechischen Mythologie. Europa ist die Tochter eines phönikischen Königs. Als Zeus sich in sie verliebt, verwandelt er sich in einen schönen weißen Stier und entführt sie nach Kreta.

Wissen im Überblick: Europäische Union

Die Entstehung der Europäischen Union

Die Europäische Union (EU) ist ein wirtschaftlicher und politischer Zusammenschluss von derzeit 15 europäischen Staaten: *Belgien* (mit 25 Sitzen im Europäischen Parlament vertreten, das 626 Abgeordnete umfasst), *Dänemark* (16), *Deutschland* (99), *Finnland* (16), *Frankreich* (87), *Griechenland* (25), *Großbritannien* (87), *Italien* (87), *Irland* (15), *Luxemburg* (6), *Niederlande* (31), *Österreich* (21), *Schweden* (22), *Spanien* (64) und *Portugal* (25).

■ *Der Euro wird ab 2002 in den meisten EU-Staaten die derzeitige Landeswährung ersetzen*

■ *Der Sitz der Europäischen Union in Brüssel am Place Robert Schuman*

Die EU-Organe

Europäische Kommission
Die 20 Kommissare der Kommission werden für vier Jahre ernannt und haben die Aufgabe, Durchführungsbestimmungen zu erlassen, das EU-Recht zu kontrollieren und Beschlüsse des EU-Ministerrates auszuführen. Die Kommission führt den Haushalt aus und hat Auskunftspflicht gegenüber dem Europäischen Parlament. Sie ist als stärkstes Organ der Gemeinschaft unabhängig. Präsident ist seit 1995 der frühere luxemburgische Ministerpräsident *Jacques Santer* (* 1937, Luxemburg). Sitz: Brüssel.

Das Europäische Parlament
Das aus der Europäischen Versammlung hervorgegangene Europäische Parlament wird seit 1979 von der Bevölkerung der Mitgliedstaaten direkt gewählt. Es hat 626 Abgeordnete. Die Wahlperiode beträgt fünf Jahre. Das Parlament muss den EU-Haushalt bewilligen und die berufenen EU-Kommissare bestätigen. Es hat erheblichen Einfluss auf die verschiedenen EU-Organe. Die Rechte der Abgeordneten reichen von der Unterrichtung und Anhörung des Europäischen Rates bis zur Mitwirkung und Mitentscheidung in außen-, sicherheits- und rechtspolitischen Fragen. An der Spitze des Parlaments steht ein gewähltes Präsidium mit einem Präsidenten. Sitz des Parlaments ist Straßburg.

Der EU-Ministerrat
Der »Rat« besteht aus je einem Minister der 15 Mitgliedstaaten. Er ist das zentrale politische Organ der Gemeinschaft und bestimmt die Entwicklung der europäischen Integration. Ohne seine Zustimmung ist die EU-Kommission in den meisten Bereichen machtlos. Der »Rat« hat bei Vorschlägen der Kommission Abänderungs- und Initiativrecht. Er erlässt die Verordnungen, Richtlinien und Entscheidungen für die Staatengemeinschaft. Der Vorsitz wechselt alle sechs Monate. Sitz des Ministerrates ist Brüssel (Belgien). Der Ministerrat wird durch ein Generalsekretariat unterstützt.

Der Europäische Gerichtshof
Der Europäische Gerichtshof ist die oberste gerichtliche Instanz in der EU. Er wurde 1953 ins Leben gerufen und umfasst 13 Richter, 6 Generalanwälte und 6 Kammern. Er entscheidet über Streitsachen innerhalb der Union und die Wahrung der europäischen Verträge. Seine Rechtsprechung steht über nationalen Rechtsentscheidungen der einzelnen Staaten. Sitz: Luxemburg.

Der Europäische Rat
Der Europäische Rat wurde 1974 als regelmäßiges Gipfeltreffen der Regierungschefs der Mitgliedstaaten ins Leben gerufen. Mindestens zweimal im Jahr kommen die Staats- und Regierungschefs zusammen, der Vorsitz liegt bei dem Staats- oder Regierungschef, dessen Land den Vorsitz im Ministerrat führt. Dieses Land ist auch Gastgeber des Gipfeltreffens. Der Europäische Rat legt dem Europäischen Parlament jährlich einen Bericht über die »Fortschritte der Union« vor. In der Vergangenheit konnte der Rat oftmals Probleme lösen, bei denen es im Ministerrat nicht zu einer Einigung gekommen war.

Wissen im Überblick: Europäische Union

Chronik der EU

18. 4. 1951	Gründung der Europäischen Gemeinschaft für Kohle und Stahl *(EGKS/Montanunion)*. Kernländer: Belgien, Frankreich, Italien, Luxemburg, die Niederlande und Deutschland. Ziel: Schaffung eines gemeinsamen Marktes für Kohle, Stahl und Eisenerz.
25. 3. 1957	Unterzeichnung der *Römischen Verträge (EWG)* durch Belgien, Deutschland, Frankreich, Italien, Luxemburg und die Niederlande. Ziel: Gemeinsamer Agrar- und Industriemarkt mit schrittweiser Verschmelzung der Volkswirtschaften. Gründung der Europäischen Atomgemeinschaft *(EAG/Euratom)* in Rom. Ziel: Förderung der friedlichen Nutzung der Kernenergie und Kernforschung.
1. 1. 1958	Die *Römischen Verträge* treten in Kraft. Die Europäische Versammlung (später Europäisches Parlament) konstituiert sich.
1. 7. 1967	Fusionsvertrag von EWG, Montanunion und Euratom.
1. 7. 1968	Vollendung der Zollunion; die Binnenzölle werden abgeschafft.
1. 1. 1973	Erweiterung der Gemeinschaft; Beitritt von Dänemark, Großbritannien und Irland.
7. 6. 1979	Erste Direktwahl zum Europäischen Parlament
7. 7. 1979	Einführung des Europäischen Währungssystems *EWS*.
1. 1. 1981	Griechenland tritt der EU bei.
1. 1. 1986	Spanien und Portugal werden Mitglieder der Europäischen Gemeinschaft. Die EU erhält eine gemeinsame Flagge und Hymne (»An die Freude«, Schlusschor aus Beethovens 9. Sinfonie).
7. 2. 1992	Unterzeichnung der *Maastrichter Verträge* zur Europäischen Union (EU); Vereinbarung einer Wirtschafts- und Währungsunion, die in drei Stufen bis 1999 verwirklicht werden soll.
1. 1. 1993	Der Europäische Binnenmarkt tritt in Kraft; freier Verkehr von Waren, Personen, Dienstleistungen und Kapital mit Abschaffung der Grenzkontrollen.
1. 1. 1994	Der Europäische Wirtschaftsraum bezieht die EFTA-Mitglieder Island, Liechtenstein und Norwegen mit ein.
1. 1. 1995	Österreich, Finnland und Schweden treten der EU bei.

1999 beginnt die Einführung der gemeinsamen Währung *Euro*. Zeitgleich erfolgt die Errichtung einer Europäischen Zentralbank (in Frankfurt/M.). Beschlossen ist auch die Ausweitung der EU auf mehrere osteuropäische Länder.

Die 15 Mitglieder der EU

Belgien
Dänemark
Deutschland
Finnland
Frankreich
Griechenland
Großbritannien und Nordirland
Irland
Italien
Luxemburg
Niederlande
Österreich
Portugal
Schweden
Spanien

Nicht zur EU gehören die zu Dänemark gehörenden autonomen Außenbesitzungen Färöer und Grönland und die mit der britischen Krone verbundenen Gebiete Kanalinseln und Isle of Man.

Zahlreiche Staaten sind mit der EU assoziiert und arbeiten mit ihr politisch, wirtschaftlich und kulturell zusammen; offizielle Beitrittsgesuche liegen vor von: Bulgarien, Estland, Lettland, Litauen, Malta, Polen, Rumänien, Slowakei, Slowenien, Tschechien, Türkei, Ungarn und Zypern. Besondere Abkommen gibt es mit 70 AKP-Staaten im afrikanischen, karibischen und pazifischen Raum (Lomé-Abkommen), die auch die Einfuhr von Erzeugnissen aus diesen Ländern in die EU regeln, sowie mit den meisten GUS-Staaten.

■ Der **Mount Everest** (im Hintergrund)

Europium
Zeichen: Eu
Ordnungszahl: 63
Atommasse: 151,96
Dichte: 5,24 g/cm³
Schmelzpunkt: 822 °C
Siedepunkt: 1597 °C

Eurotunnel
Er ist 38 km lang und verbindet die Orte Sangatte (bei Calais) und Folkestone (bei Dover). Die beiden Eisenbahnröhren, die einen Durchmesser von 7,6 m haben, liegen bis zu 100 m unter der Wasseroberfläche und bis zu 40 m unter dem Meeresboden. Befahren wird der Tunnel von einem Hochgeschwindigkeitszug, dem *Eurostar*, der zwischen Paris bzw. Brüssel und London verkehrt und für diese Strecke etwa 3 Stunden bzw. 3 1/4 Stunden benötigt (davon 15–20 Minuten im Tunnel). Im Pendelverkehr werden Autos auf Waggons sowie Fahrgäste befördert.

Eurovision
Kennzeichen der Eurovisionssendungen sind das Eurovisionssymbol, ein Strahlenkranz mit zwölf Sternen, und die Eurovisionsmelodie, die Fanfare aus dem »Tedeum« von Marc-Antoine Charpentier (1634–1704).

Frankreich und Großbritannien, die unter dem → Ärmelkanal verläuft. Der Tunnel wurde ab 1987 gebaut und 1994 eröffnet.

Eurovision [griech.-lat.], *die,* eine Organisation, der Fernsehanstalten in vielen Ländern Europas angeschlossen sind (Sitz in Genf, technische Koordinierungszentrale in Brüssel). Sie kümmert sich um den Programmaustausch zwischen Mitgliedanstalten und außereuropäischen Anstalten und organisiert die zeitgleiche Übertragung von gemeinsamen Fernsehsendungen.

Euthanasie [griech. »leichter Tod«], *die,* Sterbehilfe; Erleichterung des Sterbens durch Verabreichen von Mitteln, die einerseits die Schmerzen lindern und andererseits rascher zum Tod führen. In den meisten Ländern ist es auch bei unheilbar Kranken verboten, den Tod mit Medikamenten gezielt herbeizuführen *(aktive Sterbehilfe)*. Zudem ist der Begriff historisch vorbelastet, weil er im → Nationalsozialismus dazu missbraucht wurde, Geisteskranke, missgebildete Menschen und in Sicherungsverwahrung untergebrachte Personen als »unwertes Leben« zu töten.

e. V., Abkürzung für *eingetragener Verein*.

Eva [von hebr. chaja = »leben«], in der → Bibel die erste Frau und Urmutter des menschlichen Geschlechts. Sie wurde von Gott aus einer Rippe → Adams geschaffen.

evakuieren [lat.], aussiedeln, ein Gebiet von seinen Bewohnern räumen (z. B. bei Gefahr); in der Technik auch die Erzeugung eines → Vakuums.

evangelische Kirchen, die christlichen Religionsgemeinschaften, die im 16. Jh. aus der → Reformation hervorgegangen sind und oft als *protestantisch* (→ Protestantismus) bezeichnet werden. Sie berufen sich auf das → Evangelium und das Urchristentum als einzige Glaubensgrundlagen. Die *lutherischen* Kirchen gehen auf → Luther zurück, während die *reformierten* Kirchen auf den Lehren der schweizerischen Reformatoren → Calvin und → Zwingli beruhen. Als *unierte* Kirchen bezeichnet man die lutherischen und reformierten Kirchen, die sich zu einer Union zusammengeschlossen haben. In Deutschland bilden diese drei Gruppen die → EKD. Vor allem im angelsächsischen Raum gibt es noch andere protestantische Kirchen. Insgesamt zählen die evangelischen Kirchen etwa 375 Mio. Anhänger.

Evangelium [griech. »gute Botschaft«], *das,* die Heilsbotschaft von Jesus Christus, die in Form von vier Berichten über das Leben Jesu im → Neuen Testament steht. Die **Evangelisten** sind die Verfasser der vier Evangelien: *Markus, Matthäus, Lukas* und *Johannes*.

Event [engl. ı'vent = »Ereignis«], *der* oder *das,* Veranstaltung.

Everest, *Mount Everest,* tibet. *Qomolangma,* mit 8846 m der höchste Berg der Erde, zwischen Nepal und Tibet im → Himalaja gelegen. Er wurde erstmals 1953 von *Edmund Hillary* (* 1919) und dem Sherpa Tenzing Norgay bestiegen.

Evolution, siehe S. 200–201.

EWS, Abkürzung für → *Europäisches Währungssystem*.

Exa- [von griech. hex = »sechs«], als Vorsatz bei Maßeinheiten in der Bedeutung »trillionenfach« (Zeichen *E,* z. B. EJ = Exajoule = 10^{18} J).

Exekution [lat. »Vollstreckung«], *die,* Hinrichtung als Durchführung eines Todesurteils.

Exekutive [lat. »Ausführung«], *die,* die vollstreckende Gewalt des Staates (die Regierung und die ihnen untergeordneten Behörden), zusammen mit → Judikative und → Legislative eine der drei Staatsgewalten.

Exhibitionismus [lat. »Darbietung«], *der,* Entblößung der Geschlechtsteile in der Öffentlichkeit.

exhumieren [lat.], eine bereits bestattete Leiche ausgraben, um die genaue Todesursache oder die Identität des Toten zu untersuchen.

Exil [lat.], *das,* Verbannung, auch der Ort, an den jemand verbannt wird *(ins Exil gehen)*.

Exilliteratur bezeichnet man die Literatur von → Emigranten, die ihr Land aus politischen Gründen verlassen mussten und ihre Werke nur im Ausland veröffentlichen können. Insbesondere ist damit die deutschsprachige Exilliteratur gemeint, die zwischen 1933 und 1945 außerhalb von Deutschland erschien.

Existenz [lat.], *die,* Leben, Dasein, im weiteren Sinn auch der zum Überleben notwendige Unterhalt eines Menschen.

Existenzialismus, *Existentialismus* [frz.], *der,* eine Strömung der modernen Philosophie, die die Existenz des Einzelnen in den Mittelpunkt stellt und die Selbstbestimmung des Menschen in einer Welt ohne Gott betont. Bedeutende Vertreter des französischen Existenzialismus sind → Sartre und → Camus. Die *Existenzphilosophie* entstand bereits im 19. Jh.; sie geht auf den dänischen Philosophen *Sören Kierkegaard* (1813–1855) zurück und wurde im 20. Jh. in Deutschland von *Martin Heidegger* (1889–1976) und *Karl Jaspers* (1883–1969) fortgeführt.

exklusiv [lat.], ausschließlich, auf einen bestimmten Personenkreis begrenzt, vornehm.

Exkommunikation [lat.], *die,* in der katholischen Kirche der einstweilige Ausschluss eines Gläubigen von der Teilnahme an den → Sakramenten (bei schweren Verfehlungen).

Exkremente [lat.], *Mz.,* Ausscheidungen des Körpers (Kot und Harn).

Exkurs [lat.], *der,* kurze Erörterung innerhalb eines längeren Vortrags, Abschweifung (vom Hauptthema).

Exkursion [lat.], *die,* Ausflug, zumeist als Bezeichnung für eine Studienfahrt oder Lehrwanderung verwendet.

Exodus [griech.], *der,* ursprünglich der biblische Auszug der Juden aus Ägypten (Titel des 2. Buches Mose im → Alten Testament); im übertragenen Sinne verwendet, wenn eine große Anzahl Menschen einen bestimmten Raum verlässt.

Exorzismus [griech.], *der,* Austreibung von bösen Geistern und Dämonen aus dem Körper eines *Besessenen* bzw. ihre Vertreibung von einem Ort. Erreicht werden soll dies durch beschwörende Formeln und Gebete.

Expansion [lat.], *die,* Ausdehnung, Ausweitung (des politischen oder wirtschaftlichen Einflusses).

Expedition [lat. »Erledigung, Feldzug«], *die,* **1.** mit der Versendung von Waren beschäftigter Teil einer Firma; **2.** Forschungsreise.

Experiment [lat.], *das,* Versuch (vor allem im Bereich der Naturwissenschaften).

Experte [lat.], *der,* Sachverständiger, Fachmann, der sich auf einem Gebiet besonders gut auskennt. Als **Expertise** bezeichnet man das schriftliche Gutachten eines Sachverständigen zu einem Kunstwerk, in dem die Echtheit bestätigt wird.

Expertensystem, mit der Entwicklung der → künstlichen Intelligenz verbundenes Computerprogramm, das bei bestimmten Aufgaben (wie Beratung und Problemlösung) die Rolle eines menschlichen Fachmannes übernehmen kann. Solche Systeme bestehen zumeist aus einer *Wissensbasis* und einer *Interferenzmaschine.* Die Interferenzmaschine zieht nach festgelegten → Algorithmen Schlussfolgerungen aus der Wissensbasis (die die auszuwertenden Daten enthält) und bietet Lösungsvorschläge an. Anwendungsgebiete sind gegenwärtig z. B. die medizinische Diagnostik, die Molekularbiologie und die Inspektion von Kraftfahrzeugen.

Explosion [frz.-lat.], *die,* plötzliche Entspannung und Ausdehnung von Gasen, die unter hohem Druck stehen. Ein harmloses Beispiel ist das Zerplatzen eines Luftballons: Wenn der Druck im Inneren zu groß wird für die Dehnfähigkeit der Gummihülle (d. h., wenn man ihn zu stark aufbläst) oder wenn man ein Loch in die Hülle sticht, strömt die Luft aus und zerreißt bei der schlagartigen Ausdehnung die gesamte Hülle. Bei → Sprengstoffen wird die Explosion durch sehr rasch ablaufende chemische Reaktionen verursacht, die den Stoff in heiße Gase umwandeln. Mit der plötzlichen Freisetzung der Energie ist eine starke Druckwelle verbunden, die in der näheren Umgebung eine zerstörende Wirkung hat und weiter entfernt als lauter Knall zu hören ist. Wenn sich die Druckwelle mit Überschallgeschwindigkeit ausbreitet, spricht man von einer *Detonation.*

Exponent [von lat. exponere = »herausstellen«], *der,* in der Mathematik die Hochzahl, die anzeigt, wie oft die → Basis mit sich selbst malgenommen oder *potenziert* (→ Potenz) werden soll (z. B. $2^4 = 2 \times 2 \times 2 \times 2 = 16$). Ein negativer Exponent bedeutet, dass 1 durch die potenzierte Zahl geteilt wird (z. B. $10^{-3} = \frac{1}{10 \times 10 \times 10} = 0{,}001$).

Export [lat.], *der,* Ausfuhr, Verkauf von Waren ins Ausland. Gegensatz: → Import.

Express- [lat.], Eil-, Schnell- (z. B. *Expressgut*).

Expressionismus [von lat. expressio = »Ausdruck«], *der,* in der Kunst eine Stilrichtung im frühen 20. Jh., die den Ausdruck von Gefühl und Leidenschaft betonte. Der Expressionismus wollte im Gegensatz zum → Naturalismus nicht die äußere Wirklichkeit oder objektive Wahrnehmungen wiedergeben, sondern konzentrierte sich auf das innere, seelische Erleben. Im Unterschied zum → Impressionismus ging es ihm dabei nicht um die Darstellung des Eindrucks, sondern um einen subjektiv gesteigerten Ausdruck. In der Malerei und in der Plastik suchte man

Exponent

Exponenten sind wichtig, wenn man sehr große oder sehr kleine Zahlen (z. B. bei Maßeinheiten) durch einen kurzen, übersichtlichen Ausdruck wiedergeben will. Um beispielsweise die Masse eines → Protons in Gramm anzugeben, bräuchte man ausgeschrieben 23 Nullen hinter dem Komma; bei der Verwendung eines negativen Exponenten kann man kurz $1{,}673 \times 10^{-24}$ g schreiben.

Wissen im Überblick: Evolution

Das Leben, wie wir es heute auf der Erde kennen, ist das Ergebnis einer langen Entwicklung. Während man früher annahm, alle Lebensformen wären – wie es auch der biblische Schöpfungsbericht erzählt – irgendwann einmal erschaffen worden, weiß man seit Darwin, dass die Vielfalt der heute existierenden Tiere und Pflanzen nicht immer vorhanden war, sondern sich im Laufe von Hunderten von Jahrmillionen entwickelt hat.

Vor etwa 3,5 Mrd. Jahren, als die Erde rund 1 Mrd. Jahre alt war, vollzog sich der Übergang von der unbelebten Materie zum Leben, als sich aus organischen Verbindungen die ersten Lebensformen bildeten. Es handelte sich um einzellige, bakterienartige Lebewesen, die ihre Energie vermutlich durch chemische Vorgänge gewannen. Vor mehr als 2 Mrd. Jahren entwickelte sich bei solchen einzelligen Lebewesen die Photosynthese, mit deren Hilfe Bakterien die Sonnenenergie für sich nutzen konnten. Gleichzeitig wurde dabei Sauerstoff freigesetzt, was zu einer Atmosphäre mit hohem Sauerstoffgehalt führte. Damit war die Grundlage für das pflanzliche und tierische Leben geschaffen.

Über 2,5 Mrd. Jahre lang existierte das Leben nur in Form von Einzellern, die sich durch Teilung vermehrten, zunächst als *prokaryotische*, d. h. kernlose Organismen und später (seit vermutlich 1,4 Mrd. Jahren) als *eukaryotische* Organismen mit einem Zellkern. Aus letzteren entstanden vor rund 1 Mrd. Jahre die ersten mehrzelligen Lebewesen. Damit begann eine rasante Entwicklung, denn aus einfachsten Lebensformen bildeten sich zahllose Pflanzen- und Tierarten. Innerhalb eines erdgeschichtlich kurzen Zeitraums entwickelten sich die verschiedenen Stämme. Bereits vor über 600 Mio. Jahren bestanden alle heute bekannten Tierstämme, von den einfachsten Mehrzellern bis zu den Chordatieren, aus denen die Wirbeltiere, die Säugetiere und schließlich auch der Mensch hervorgingen.

Über die längste Zeit der Erdgeschichte entwickelte sich das Leben im Wasser, denn es bot die besten Voraussetzungen (gleichmäßige Umweltbedingungen, zahlreiche Nährstoffe). Vor etwa 400 Mio. Jahren evolierte dann das Leben, zunächst in Form von Pflanzen, die die Erde mit üppigem Wachstum überzogen. Das Land war eigentlich eine lebensfeindliche Umgebung, die die Lebewesen mit hohem Luftdruck belastete und mit Austrocknung bedrohte. Doch es eröffnete Möglichkeiten für Entwicklungsformen, die im Wasser nicht gegeben waren. Vor etwa 360–380 Mio. Jahren wagten sich auch die Tiere an Land, zunächst die Gliedertiere, dann die Wirbeltiere. Aus Lungenfischen oder Quastenflossern entwickelten sich Amphibien, die noch im Wasser leben konnten. Während neben Schnecken und Würmern vor allem die Gliedertiere das Land im Kleinen eroberten, gingen aus den Amphibien die Kriechtiere hervor, die Vorfahren der heute lebenden Reptilien, Vögel und Säuger.

Da sich die Tiere im Gegensatz zu den Pflanzen stets von anderen Tieren oder Pflanzen ernährten, war ihre Ausbreitung an den Pflanzenwuchs gebunden. So ermöglichte die Entwicklung der bedecktsamigen Blütenpflanzen gegen Ende des Erdmittelalters auch die Entfaltung der Insekten und später der Vögel, deren bevorzugte Nahrung die Insekten wurden. Die Reptilien waren durch ihre wechselwarme Körpertemperatur noch in hohem Maße von den Umwelt-

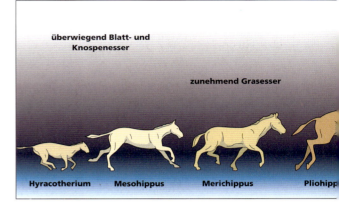

■ *Fast die gesamte Spanne des Tertiärs, mehr als 50 Jahrmillionen nahm die Entwicklungsgeschichte der Pferde in Anspruch. Aus kleinen, zurückgezogenen Waldbewohnern wurden schnelle, ausdauernde Läufer, die aus ihrem nrodamerikanischen Entwicklungszentrum heraus Südamerika, Eurasien und Afrika besiedelten. Die Ausbreitung von Steppen und Savannen bot ihnen neue Entwicklungsmöglichkeiten, doch nur in Eurasien und Afrika konnten die Pferde überleben. In Nord- und Südamerika starben sie aus. Ihre Evolution folgt verschlungenen Pfaden und nicht einer geraden Linie. Ihr heute noch existierender Ast ist der letzte einer ehemals reichhaltigen Pferdefamilie.*

bedingungen abhängig. Vor mehr als 220 Mio. Jahren entwickelten sich mit den Säugetieren warmblütige Lebewesen, die aber lange Zeit als kleine, nur bei Nacht aktive Geschöpfe im Schatten der viel größeren und vielfältigeren Dinosaurier leben mussten. Vor 140 Mio. Jahren entstanden aus den Dinosauriern die Urvögel. Die Vögel sind neben den Insekten die einzigen Tiere, die den Luftraum wirklich zu beherrschen gelernt haben, und damit hinsichtlich ihrer körperlichen Leistungsfähigkeit eigentlich das bisherige Spitzenprodukt der Evolution. Am höchsten haben sich jedoch die Säugetiere entwickelt, die es mit dem Menschen geschafft haben, das einzige wirklich intelligente Wesen hervorzubringen.

Die Evolution ist dadurch bestimmt, dass Altes vergeht und Neues entsteht. Im Laufe der Geschichte des Lebens sind zahllose Arten ausgestorben, und noch mehr haben sich entwickelt. Seit Darwin nimmt man an, dass diese Veränderung und Weiterentwicklung das Ergebnis einer natürlichen Auslese ist. Die Veränderung wird durch zufällige Variationen bei den Nachkommen möglich. Mit ihrem Erbgut geben Pflanzen und Tiere den Bauplan weiter, der ihrem Organismus zugrunde liegt. Wenn sich nun im Erbgut etwas ändert, wird auch der neu entstehende Organismus verändert. Diese Mutationen oder Veränderungen können wesentliche oder unwesentliche Merkmale betreffen, aber sie werden alle durch das Überleben des veränderten Einzelwesens in der Natur einer Tauglichkeitsprüfung unterzogen. Erweisen sie sich als tauglich oder sogar als vorteilhaft und kann das Einzelwesen sie durch Fortpflanzung weitergeben, so können sie zur Veränderung einer Art führen. Die Evolution ist also nicht auf ein bestimmtes Ziel wie etwa die »Höherentwicklung« hin

Wissen im Überblick: Evolution

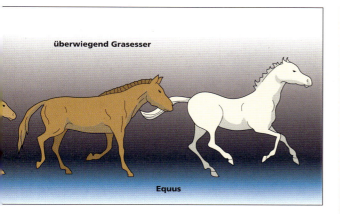

ausgerichtet, sondern ein Zusammentreffen von zufälligen Ereignissen, die zueinander passen. Evolutionärer Fortschritt ist als Wechselspiel von Zufall und natürlicher Selektion zu verstehen. Doch die Höherentwicklung erfordert eine Loslösung von der natürlichen Umwelt, wie dies etwa die an Land gehenden Pflanzen und Tiere und viel später der Mensch taten. Beim Wettbewerb mit anderen Lebensformen kann die Spezialisierung hilfreich sein, um ein geringes Nahrungsangebot und ökologische Nischen zu nutzen, so dass eine große Vielfalt entstand. Andererseits erwiesen sich solche hochspezialisierten Arten als wenig anpassungsfähig, insbesondere bei klimatischen Veränderungen, wie sie in der Erdgeschichte häufig vorkamen. Ganz neue Arten entstehen, wenn sich in der Natur durch Überfluss neue Lebensräume auftun.

Die Evolution ist kein gleichmäßiger, allmählicher Vorgang, obwohl sie sich über einen langen Zeitraum hinweg vollzieht, sondern eher ein Wechsel von gradueller und punktueller Veränderung. Wie man heute weiß, gab es im Laufe der Erdgeschichte immer wieder gewaltige, weltweite Katastrophen (wie etwa den Einschlag großer Meteoriten), die das Leben bisweilen fast völlig vernichteten. Bei einer solchen Katastrophe wurden vor etwa 680 Mio. Jahren vermutlich bis zu 98 % aller Lebensformen vernichtet. Eine jüngere Katastrophe, die vor über 65 Mio. Jahren zum Aussterben der Dinosaurier führte, löschte auch alle über 10 kg schweren Landtiere aus. Solche Massensterben scheinen zur Evolution zu gehören, denn trotz aller Katastrophen haben nahezu alle Tierstämme überlebt, die einfachsten wie auch die am höchsten entwickelten. Und trotz der heutigen Vielfalt sind mehr als 99 % der Arten, die im Laufe der Jahrmillionen die Erde bevölkerten, heute ausgestorben. Die Evolution ist keine geradlinige, nach oben – etwa zum Menschen – führende Entwicklung, sondern eine Entwicklung, die auf ihrem Weg vielfältige Abzweigungen, Sackgassen und Umwege wählt. Aber allen Lebewesen, die heute leben und die je auf der Erde existierten, ist immer noch gemeinsam, dass sie aus denselben organischen Stoffen aufgebaut sind und ein genetisches Programm enthalten, das den Bauplan der stammesgeschichtlichen Entwicklungslinie enthält, welches sie an ihre Nachkommen weitergeben.

Wie komplizierte Lebewesen aus organischen Verbindungen entstanden sind, ist noch ungeklärt, denn die lebenden Organismen besitzen zwei grundlegende neue Fähigkeiten: den Stoffwechsel mit der Möglichkeit, aus anorganischen Stoffen Energie zu gewinnen, und die Informationsspeicherung mit der Fähigkeit, diese Information durch Zellteilung weiterzugeben. Erst das Zusammenwirken dieser beiden Fähigkeiten ermöglicht organisches Leben. Vielleicht haben sie sich unabhängig voneinander entwickelt. Die prokaryotischen Bakterien sind sehr einfach aufgebaute Lebewesen, bei denen die Erbinformation über die ganze Zelle verteilt ist. Dank der zahlreichen Stoffwechselmöglichkeiten haben sie einen Lebensraum erobert, der von Vulkanen bis zu Eiswüsten reicht. Eukaryotische Einzeller dagegen besitzen einen abgetrennten Zellkern, in dem sich das Erbmaterial befindet, und Organellen, beständige Zelleinschlüsse mit einer bestimmten Funktion: die *Mitochondrien* und bei den pflanzlichen Einzellern die *Chloroplasten*. Möglicherweise waren diese Zellbestandteile ursprünglich selbstständige Bakterien, die von Urzellen aufgenommen wurden und zunächst als Fremdkörper oder Nahrung behandelt wurden, aber später in Symbiose mit ihnen lebten. Eine große Rolle für die Evolution spielt die geschlechtliche Fortpflanzung, weil sie die Erbanlagen der Elternzellen neu kombiniert und mit Variationen das Aussehen und die Leistungsfähigkeit der Art in den Nachkommen verändert und erweitert.

Gliederung der Lebewesen

1. Überreich: Archaebakterien
2. Überreich: Eubakterien
3. Überreich: Eukaryonten

1. Reich: Pflanzen
  I. Algen
  II. Pilze
  III. Moose
  IV. Gefäßpflanzen
    1. Abteilung: Farnpflanzen
    2 Abteilung: Samenpflanzen (Nackt- und Bedecktsamer)

2. Reich: Tiere
  1. Unterreich: Einzeller (Geißel-, Sporen-, Wimperntierchen, Wurzelfüßer)
  2. Unterreich: Vielzeller (Mitteltierchen, Schwämme und echte Vielzeller mit 20 Stämmen, u. a. Nesseltiere, Weichtiere, Ringelwürmer, Gliederfüßer und Stachelhäuter)
    20. Stamm: Chordatiere (4 Unterstämme)
      4. Unterstamm: Wirbeltiere (2 Überklassen und 6 Klassen)

      1. Knorpelfische   4. Reptilien
      2. Knochenfische 5. Vögel
      3. Lurche   6. Säuger

■ Zu den **Extremsportarten** zählt auch das Fallschirmspringen; hier eine spektakuläre Formation

dies durch grelle Farben und verzerrte Formen zu erreichen (z. B. die Künstler der Dresdner Malervereinigung »Brücke« wie Ernst Ludwig Kirchner oder der Bildhauer Ernst Barlach). In der Literatur (vor allem Lyrik und Drama) verwendete man eine Sprache, die gegen die Regeln der Grammatik, des Satzbaus und teilweise sogar der Logik verstieß (z. B. Lyriker wie Georg Trakl und Georg Heym oder Dramatiker wie Georg Kaiser oder Ernst Toller). In der Musik löste man sich von den traditionellen Bindungen, insbesondere von der → Tonalität, und steigerte das rhythmische Element (z. B. → Schönberg, → Strawinski oder → Berg). Eine besondere Rolle spielte der Expressionismus auch im deutschen Stummfilm (vor allem Friedrich Wilhelm Murnau und Fritz Lang).

extensiv [lat.], ausgedehnt. Eine *extensive Landwirtschaft* nutzt große Flächen bei schonender Bearbeitung mit wenig Arbeitskräften und finanziellen Mitteln.

extern [lat.], außerhalb von etwas befindlich. Gegensatz: intern.

Exterritorialität [lat.], *die,* ein Status, den nach dem Völkerrecht ein Staat Botschaften und internationalen Organisationen gewährt, die sich auf seinem Gebiet befinden. Die Angehörigen und die Räume der diplomatischen Vertretung oder der Organisation unterstehen nicht der Hoheit und Gerichtsbarkeit des Aufenthaltsstaates.

Extrakt [lat.], *der,* Auszug (z. B. aus pflanzlichen Stoffen). Bei Büchern oder Reden ist der Extrakt im Gegensatz zum Exzerpt ein Auszug, der nicht genau mit der Vorlage übereinstimmt, sondern wesentliche inhaltliche Punkte zusammenfasst. Die zugehörige Tätigkeit bezeichnet man als **extrahieren**.

Extremismus [lat.], *der,* politische Haltung oder Richtung, die durch radikale Vorstellungen und Ziele geprägt ist. In Deutschland sind damit verfassungsfeindliche Bestrebungen gemeint, die der → Verfassungsschutz überwacht und aufzeichnet *(Verfassungsschutzbericht)*. Häufig sind damit Gewalttaten verbunden, die durch die extremistische Einstellung der Täter motiviert sind (z. B. Gewalt gegen Ausländer). Die meisten Extremisten sind in politischen Gruppierungen und als extremistisch eingestuften Parteien organisiert. Nach den ideologischen Zielen unterscheidet man zwischen *Rechts-* (z. B. → Skinheads) und *Linksextremismus* (z. B. → Autonome).

Extremitäten [lat.], *Mz.,* die Gliedmaßen.

Extremsportarten, besondere Sportarten, die den Mut herausfordern, weil sie Körper und Psyche aufs Äußerste belasten und häufig mit Gefahr für Leib und Leben verbunden sind. Zu den am häufigsten ausgeübten Extremsportarten gehören → *Free climbing* und → *Bungeejumping*.

Exzenter [lat.], *der,* eine Scheibe, die sich um eine außerhalb ihres Mittelpunkts (exzentrisch) gelegene Achse dreht. Die Drehbewegung der Scheibe kann so in eine Vor- und Rückwärtsbewegung eines Gestänges *(Exzenterstange)* umgesetzt werden, das an der Achse befestigt ist. Exzenter werden in vielen Maschinen verwendet.

exzentrisch [lat.], außerhalb des Mittelpunkts gelegen, im übertragenen Sinne verschroben.

Eyck [εik], Jan van (um 1390–1441), niederländischer Maler, der mit einer neuen realistischen Darstellungsweise die symbolische Malkunst des Mittelalters überwand. Zusammen mit seinem Bruder *Hubert van Eyck* (um 1370–1426) schuf er den Genter Flügelaltar, der erst 1432 vollendet wurde.

F, 1. Einheitenzeichen für → Farad; **2.** Abkürzung für → Fahrenheit.

f, 1. in der Musik die 4. Stufe der C-Dur-Tonleiter; **2.** in der Literatur Abkürzung für (und) folgende (Seite), ff. bedeutet (und) folgende (Seiten).

Fabel, der Stoff oder die Handlung, die einem epischen oder dramatischen Werk zugrunde liegen. Im engeren Sinne bezeichnet man als Fabel eine lehrhafte Erzählung (oft in Versen), in der Tiere, teilweise auch Pflanzen, an die Stelle von Menschen treten. Indem sie wie Menschen sprechen und handeln, machen sie zumeist in satirischer Form eine Lebensweisheit deutlich. Bekannte Verfasser solcher Fabeln sind der griechische Dichter Äsop (um 550 v. Chr.), → La Fontaine und → Lessing.

Fabelwesen, Geschöpfe, die es zwar nicht wirklich gibt, an deren Existenz man in früheren Zeiten aber häufig glaubte. Insbesondere unbekannte oder wenig erforschte Gebiete der Erde wurden mit phantastischen Geschöpfen bevölkert, die zumeist Mischwesen aus verschiedenen Tierarten waren und als riesenhafte Ungeheuer gedacht wurden. Die Fabelwesen leben in → Sagen und → Märchen (insbesondere der Drache) sowie in der Kunst und → Heraldik fort. In der modernen Literatur und im Film kommen Fabelwesen in der → Fantasy vor.

Fabrik [von lat. fabrica = »Handwerksarbeit«], *die,* Betrieb, der mit Hilfe von Maschinen Erzeugnisse in großer Menge herstellt. Fabriken traten ab dem späten 18. Jh. an die Stelle von handwerklichen Betrieben, als die Industrialisierung die Herstellung von Massenprodukten ermöglichte.

Facette [frz. faˈsɛtə], *die,* eine durch Schleifen entstehende kleine, eckige Fläche bei → Edelsteinen, Glas oder Metall.

Facettenauge, das aus zahlreichen → Augen zusammengesetzte Sehorgan der → Gliedertiere.

Fachhochschulen, im Unterschied zur → Universität auf bestimmte Studienfächer spezialisierte Hochschulen. Zum Studium an einer solchen Hochschule berechtigt die *Fachhochschulreife,* die man an einer → Fachoberschule erwirbt.

Fachoberschule, zweijährige, berufsorientierte Schule, die man nach dem Besuch der Realschule (mittlere Reife) oder dem Erwerb der Fachschulreife besuchen kann und die im Unterschied zum → Gymnasium auf bestimmte Fächer ausgerichtet ist. Eine abgeschlossene Berufsausbildung verkürzt die Schulzeit auf ein Jahr. Der Abschluss berechtigt zum Studium an einer → Fachhochschule.

Fachwerkbau, Bauweise im 15.–17. Jh., bei der die Zwischenräume eines hölzernen Rahmenwerks, die sog. *Fächer,* mit Lehm oder Backsteinen ausgefüllt wurden. Die häufig kunstvoll verzierten Balken bleiben sichtbar.

■ *Fachwerkhaus* in Borgholzhausen, Nordrhein-Westfalen

Fadenwürmer, *Nematoden,* weltweit verbreitete schlauchförmige Rundwürmer, die zwischen 0,1 mm und 1 m lang werden und oft als → Parasiten in Pflanzen und Tieren leben. Im Menschen schmarotzende Fadenwürmer sind beispielsweise *Spul-* und *Hakenwürmer;* andere Fadenwürmer kommen in Tieren vor und werden (wie z. B. die → Trichinen) auf den Menschen übertragen.

Fagott [it.], *das,* Holzblasinstrument mit einer über 2,5 m langen Röhre, die in drei nebeneinander liegende, durch ein U-förmiges Unterstück miteinander verbundene Teilstücke gliedert ist. Angeblasen wird es durch ein S-förmiges Metallröhrchen mit einem Doppelrohrblatt. Das im 16. Jh. entwickelte Instrument diente im 17. und 18. Jh. als Generalbassinstrument und besitzt seit dem 19. Jh. ein Klappensystem. Im Sinfonieorchester übernimmt das Fagott zusammen mit dem *Kontrafagott* (Rohrlänge über 5,9 m) die Bassstimme bei den Holzbläsern.

Fahne, an einer Stange befestigtes, zumeist rechteckiges Tuch, das ein- oder mehrfarbig ist

Die häufigsten Fabelwesen

Mischwesen aus Mensch und Tier:

Garuda (Kopf, Flügel und Krallen eines Adlers, Rumpf und Beine eines Menschen)

Nixe (Oberkörper einer Frau, Unterkörper eines Fisches)

Satyr (Oberkörper eines Menschen, aber mit kleinen Hörnern und spitzen Ohren, Unterkörper eines Ziegenbocks)

Sirene (Oberkörper einer Frau, Unterkörper eines Seevogels oder eines Fisches)

Sphinx (Kopf und Brüste einer Frau, Leib eines Löwen und Vogelflügel, teilweise auch Hundekörper und Schlangenschwanz) Zentaur (Oberkörper eines Menschen, der auf einem Pferdekörper sitzt)

Mischwesen aus verschiedenen Tieren:

Basilisk (vierbeiniger Hahn mit Schlangenschwanz, teilweise mit Adlerschnabel und Drachenflügeln)

Chimäre (Kopf eines Löwen, Leib einer Ziege und Schlangenschwanz)

Drache (Reptil mit Schlangenleib und oft Fledermausflügeln)

Einhorn (Pferd mit Horn)

Greif (Vogel mit Adlerkopf und Löwenkörper)

Pegasus (Pferd mit Flügeln)

■ *Fagott*

Umrechnung zwischen Celsius und Fahrenheit

$1\ °C = \frac{9}{5}\ °F$

Will man eine in Grad Celsius angegebene Temperatur in Fahrenheit umrechnen, muss man zum Schluss noch 32° hinzuzählen, weil Temperaturangaben in Celsius vom Gefrierpunkt von Wasser als Nullpunkt ausgehen; also:

10 °C = (10 × 9 : 5) + 32 = 50 °F.

$1\ °F = \frac{5}{9}\ °C$

Wenn man eine in Grad Fahrenheit angegebene Temperatur in Celsius umrechnen will, muss man zunächst 32° abziehen; also:

77 °F = (77 − 32) × 5 : 9 = 25 °C.

Geschichte des Fahrrades

1817: Erfindung der Draisine, eines lenkbaren Laufrades, durch Karl von Drais

1839: Laufrad mit Pedalen und Hebelantrieb für das Hinterrad (McMillan)

1867: Veloziped, Tretkurbelfahrrad mit Bremse (Michaux)

1869: Hinterradantrieb (Trefz)

1879: Kettenantrieb (Lawson, bereits 1869 von Guilmet entwickelt, aber danach in Vergessenheit geraten)

1888: Lufttreifen (Dunlop)

1900: Freilauf mit Rücktrittbremse (Sachs)

und bildliche Darstellungen (z. B. heraldische Symbole) enthalten kann. Fahnen, die bereits im Altertum als Herrschafts- und Feldzeichen verwendet wurden, dienen seit der Neuzeit als nationale Wahrzeichen. Eine *weiße Fahne* wird seit dem 18. Jh. verwendet, um im Krieg anzuzeigen, dass eine Truppe oder eine Festung bereit ist, sich zu ergeben. Auch Unterhändler, die über etwas verhandeln wollen, führen eine weiße Fahne mit sich.

Als **Fahnenflucht** oder Desertion (→ Deserteur) wird bei einem Soldaten das eigenmächtige Verlassen seiner Truppe bezeichnet, wenn er sich dadurch dem Wehrdienst oder einem bewaffneten Einsatz entziehen will.

Fähre, Wasserfahrzeug, mit dem Personen, Güter oder Fahrzeuge über Flüsse, Seen oder schmalere Meeresstraßen befördert werden. Seit den 60er Jahren werden auch → Luftkissenfahrzeuge als Fähren eingesetzt.

Fahrenheit, nach dem deutschen Physiker *Gabriel Daniel Fahrenheit* (1686–1736) benannte Maßeinheit für die Temperatur (Zeichen *F*). Fahrenheits 1714 eingeführte Messskala ging ursprünglich von einem Nullpunkt aus, der bei −17,8 °C lag (die Temperatur einer Mischung aus Eis und Salmiak), und wählte als anderen Fixpunkt die normale Körpertemperatur. Ein Grad Fahrenheit ist der 180. Teil des Temperaturunterschiedes zwischen dem Gefrierpunkt (32 °F) und dem Siedepunkt von Wasser (212 °F). Die Fahrenheit-Skala ist noch teilweise im angelsächsischen Sprachraum (vor allem in den USA) im Gebrauch.

Fahrrad, zweirädriges Fahrzeug, das durch Muskelkraft bewegt wird. Die Kraft wird durch Bewegen einer Tretkurbel (mit Pedalen) über eine Kette auf einen Zahnkranz übertragen, der an der Hinterachse befestigt ist und das Hinterrad antreibt. Da das Kettenrad an der Tretkurbel mehr Zähne hat als der Zahnkranz, macht das Hinterrad mehr Umdrehungen. Wenn das Verhältnis 3:1 beträgt (z. B. 48 Zähne beim Kettenrad und 16 Zähne beim Zahnkranz), spricht man von einer Übersetzung von 1:3, d. h., bei jeder Umdrehung des Kettenrades macht das Hinterrad drei Umdrehungen. Moderne Fahrräder besitzen zumeist eine *Gangschaltung,* bei der man zwischen mehreren Übersetzungen wählen kann. Dabei hat das Hinterrad entweder mehrere Zahnkränze, auf die die Kette umgelegt wird (Kettenschaltung), oder ein Planetengetriebe, bei dem sich in der Hinterradnabe verschieden große, zuschaltbare Zahnräder befinden (Nabenschaltung). Je größer das Übersetzungsverhältnis ist, desto mehr Kraft muss man beim Treten aufwenden; deshalb eignet sich ein kleines Übersetzungsverhältnis für Steigungen und ein großes für ebene Strecken und Gefälle. Der Freilauf macht es möglich, dass ein Rad weiterrollt, wenn man nicht in die Pedale tritt. Lediglich Fahrräder, die auch rückwärts fahren sollen, besitzen keinen Freilauf (z. B. beim Kunstradfahren). Der Freilauf ist häufig mit der *Rücktrittbremse* kombiniert. Mit der Hand betätigt man die *Felgenbremse,* die mit Bremsbacken die Bewegung des Vorder- oder Hinterrades abstoppt.

Ein verkehrstüchtiges Rad muss mit einem Scheinwerfer, einer Schlussleuchte und Rückstrahlern sowie einer Klingel ausgerüstet sein. *Herrenfahrräder* besitzen im Gegensatz zu *Damenfahrrädern* ein Oberrohr, das den Lenkerschaft mit dem Sattelrohr verbindet.

Nach der Verwendung unterscheidet man zwischen *Touren-, Sport-* und *Rennrädern.* Spezielle Fahrräder sind *BMX-Fahrrad,* ein kleines, ungefedertes Rad ohne Gangschaltung, das sehr geländegängig ist, *Mountainbike,* ein Sportrad, das sich aufgrund seiner Profilreifen und Gangschaltung in erster Linie für das Fahren in bergigem Gelände eignet, und *Trekkingrad,* das man sowohl auf der Straße als auch im Gelände benutzen kann.

fair [engl. fɛːɐ̯], gerecht, im Sport auch regelgerecht. Unter **Fairness** versteht man ein anständiges Verhalten gegenüber anderen.

Fäkalien [von lat. faeces = »Auswurf«], *Mz.,* der ausgeschiedene Kot und Harn.

Fake [engl. feɪk], *der,* ein Schwindel, eine erfun-

■ *Fakir: Vorführungen, die immer wieder unter die Haut gehen*

dene Geschichte, die durch Vermischung von Fakten und Erfindungen beispielsweise Lesern vormachen soll, dass der Inhalt eines fingierten Berichts wahr ist. Fakes sind auch in der Fotografie (vor allem durch Montage und Computerbehandlung von Bildern) und im Film und Fernsehen möglich.

Fakir [arab. »arm«], *der,* in islamischen Ländern ein asketisch lebender Bettelmönch. In Indien stellt der Fakir, der oft als Heiliger verehrt wird und sich durch → Askese und besondere Übungen (→ Yoga) von der Welt löst, seine vollkommene Beherrschung des Körpers dadurch unter Beweis, dass er auf einem Nagelbrett liegt oder sich Gegenstände durch die Wangen bohrt, ohne Schmerz zu empfinden.

Faksimile [lat. »mache ähnlich«], *das,* Nachbildung, die genau mit dem Original übereinstimmt (z. B. der originalgetreue Nachdruck einer Handschrift).

Fakt, Faktum [lat.], *das,* Tatsache. Als **faktisch** bezeichnet man etwas, was sich auf Tatsachen gründet.

Faktor [lat. »Macher«], *der,* allgemein ein wichtiger Umstand bei einer Sache, in der Mathematik eine Zahl, die mit einer anderen multipliziert wird (→ Multiplikation).

Fakultät [lat. »Wissensgebiet«], **1.** an einer → Universität eine Abteilung, die mehrere zusammengehörende Fachgebiete umfasst, heute zumeist als *Fachbereich* bezeichnet; **2.** in der Mathematik das Produkt einer Zahlenreihe, die mit 1 beginnt und alle natürlichen Zahlen bis zu einer bestimmten Stelle umfasst (z. B. *6 Fakultät,* geschrieben *6!* = 1 × 2 × 3 × 4 × 5 × 6 = 720).

Falken, weltweit verbreitete → Greifvögel, die einen schlanken, bis zu 35 cm langen Körper, schmale Flügel und einen hakenförmig gebogenen Schnabel besitzen. In Mitteleuropa sind zehn Arten heimisch (z. B. *Turm-, Wanderfalke*). Falken sind geschickte Flieger, die ihre Beute entweder im Sturzflug schlagen oder die Beutetiere zunächst im *Rüttelflug* (mit schnell schlagenden Flügeln in der Luft stehend) beobachten und sich dann auf sie niederstürzen.

Falklandinseln, britische Kronkolonie im südlichen Atlantik (12 173 km², 2000 Einwohner). Auf die 1833 von den Briten besetzten Inseln erhebt unter dem Namen *Malvinen* auch → Argentinien Ansprüche. Die argentinische Besetzung der Inselgruppe 1982 führte zum *Falklandkrieg* und zur Rückeroberung durch britische Truppen.

Fall, deutsche Bezeichnung für → Kasus.

■ *Wanderfalke*

Fallschirm, schirmförmiges Gerät aus Stoff, mit dem man den freien Fall abbremsen kann. Die geöffnete Stoffhülle erzeugt beim Hinabsinken einen so großen Luftwiderstand, dass die Fallgeschwindigkeit auf etwa 5–6 m/s verringert wird und Menschen oder Gegenstände, die daran hängen, unbeschadet landen können. Bei den halbkugelförmigen Fallschirmen befindet sich in der Mitte eine Öffnung, durch die die angestaute Luft entweicht, um Pendelbewegungen während des Flugs zu vermeiden. Der Fallschirm wiegt etwa 5 kg und ist in einem Sack verpackt, den der Springer am Körper trägt. Er entfaltet sich, wenn eine Reißleine betätigt wird, oder selbsttätig durch eine lange Aufziehleine, die mit dem Flugzeug verbunden ist. Damit sich der Fallschirm ganz öffnen kann, ist eine bestimmte Mindesthöhe (etwa 70–80 m) notwendig. Es gibt *Rettungs-* und *Lastenfallschirme* (z. B. zum Abwerfen von Hilfsgütern über unwegsamem Gelände). Der Fallschirm wird auch für militärische Zwecke genutzt *(Fallschirmspringen).* In der Luft- und Raumfahrt werden Fallschirme als Bremsschirme verwendet, um die Landerollstrecke eines Flugzeugs (z. B. auf einem → Flugzeugträger) zu verringern oder eine Raumkapsel zur Erde schweben zu lassen. Das *Fallschirmspringen* ist ein beliebter Freizeit- und Wettkampfsport, wobei häufig lenkbare, rechteckige Gleitfallschirme verwendet werden. Man unterscheidet dabei zwischen Ziel-, Formations- und Figurenspringen.

Falschgeld, nachgemachtes Geld (Münzen und Banknoten). Die Herstellung und Verbreitung von Falschgeld ist mit hohen Strafen belegt.

Falklandinseln

falsifizieren

Jede naturwissenschaftliche Theorie muss nach dem österreichisch-britischen Philosophen *Karl Popper* (1902–1994) grundsätzlich falsifizierbar sein, d. h., ihre Sätze müssen durch empirisch gewonnene Gegenargumente widerlegbar sein.

Faradayscher Käfig

Die Blechkarosserie eines Autos wirkt als Faradayscher Käfig und schützt so die Insassen vor einem → Blitz, weil sie verhindert, dass die hohe Ladungsmenge ins Innere gelangt.

Bestimmte, nur schwer oder überhaupt nicht nachahmbare Merkmale sollen bei Banknoten eine Fälschung verhindern.

falsifizieren [lat. »verfälschen«], eine → Hypothese durch Gegenbeispiele widerlegen. Gegensatz: verifizieren.

Faltengebirge, durch Auffaltung ursprünglich horizontaler Gesteinsschichten entstandene → Gebirge. Da sie erdgeschichtlich jung sind (erst seit der → Kreidezeit entstanden), hat die Erosion noch keine Zeit gefunden, sie weit abzutragen; sie bilden deshalb die höchsten Erhebungen der Erde.

Familie, in der biologischen → Systematik eine Kategorie, in der miteinander verwandte → Gattungen zusammengefasst werden (z. B. Familie der Hirsche). Im engeren Sinne versteht man unter einer Familie eine besondere Form des Zusammenlebens bzw. die dadurch gebildete soziale Gruppe. Eine Familie besteht normalerweise aus einem verheirateten Elternpaar und einem oder mehreren Kindern, für deren Unterhalt die Eltern sorgen. Dies ist eine *Kleinfamilie,* während bei einer *Großfamilie* mehrere Generationen zusammenleben. In den Industrieländern dominieren Kleinfamilien mit wenigen Kindern; in den Entwicklungsländern dagegen, wo die Nachkommen eine wirtschaftliche Absicherung für das Alter bedeuten, ist die Kinderzahl höher. Insgesamt ist die Bedeutung der Familie in der modernen Gesellschaft zurückgegangen, weil viele Paare keine Kinder haben und immer mehr Menschen als → Singles leben.

Fan [engl. fɛn], *der,* begeisterter Anhänger (vor allem beim Sport und bei der Popmusik).

Fanatismus [von lat. fanaticus = »von der Gottheit ergriffen, rasend«], *der,* leidenschaftliches, blindes Eintreten für eine bestimmte Überzeugung.

Fantasy [engl. ˈfæntəsi], *die,* in der Literatur und im Film eine Gattung, die von Märchen, Sagen und Mythen beeinflusst ist und Traumwelten darstellt, die in einer phantastischen Vergangenheit (z. B. »Der Herr der Ringe« von J. R. R. Tolkien) oder in einer zeitlich nicht bestimmbaren Parallelwelt (z. B. »Masters of Universe«) angesiedelt sind. Der Übergang zum modernen Märchen (etwa »Die unendliche Geschichte« von Michael Ende) und zur Sciencefiction (z. B. die Filmtrilogie »Krieg der Sterne«) ist teilweise fließend.

Farad, *das,* nach dem englischen Physiker → *Faraday* benannte Maßeinheit für die elektrische Kapazität (Zeichen *F*). Ein → Kondensator hat die Kapazität 1 F, wenn er bei einer elektrischen Ladung von 1 Coulomb eine Spannung von 1 Volt besitzt (1 F = 1 C/V). Da in der Praxis wesentlich kleinere Kapazitäten verwendet werden, nimmt man als Maßeinheiten lieber *Milli-, Mikro-, Nano-* und *Pikofarad.*

Faraday [ˈfærədɪ], Michael (1791–1867), englischer Physiker und Chemiker, der u. a. die elektromagnetische → Induktion und zahlreiche für die moderne Physik bedeutsame Begriffe (z. B. *Elektrolyse, Kathode* und *Anode, Anion* und *Kation*) prägte. Er entwickelte auch den *Faradayschen Käfig,* eine auf allen Seiten geschlossene Umhüllung aus einem leitenden Metall- oder Metallnetz, die das Innere gegen elektrische Felder abschirmt.

Farbe, eine durch die unterschiedliche Wellenlänge von → Licht ausgelöste Empfindung des Gehirns. Die Fähigkeit des *Farbensehens* ist an die zapfenförmigen Sehzellen in der Netzhaut des → Auges gebunden. Das menschliche Auge nimmt elektromagnetische Schwingungen wahr, deren Wellenlänge zwischen etwa 380 und 750 mm liegt. Die unterschiedlichen Wellenlängen werden als verschiedene Farben bewertet, indem die Lichtstrahlen in den drei verschiedenen Zapfenarten drei lichtempfindliche Stoffe unterschiedlich stark zerlegen. Jeder Farbreiz löst also drei Teilerregungen aus, so dass sich die jeweilige Farbempfindung eigentlich aus drei Empfindungen zusammensetzt. Tatsächlich lassen sich alle für den Menschen erkennbaren Farbnuancen durch Mischen von drei Farben, Purpurrot, Blaugrün und Blauviolett, erzeugen.
Die längsten Wellenlängen des sichtbaren Lichts werden als Rot, die kürzesten als Violett gesehen; dazwischen liegen Indigo, Blaugrün, Grün, Gelb und Orange. Für den Menschen nicht wahrnehmbar sind längere Wellenlängen, die als → infrarotes Licht, und kürzere Wellenlängen, die als ultraviolettes Licht bezeichnet werden. Weißes Licht, das sich wie z. B. das Sonnenlicht aus Lichtwellen verschiedener Wellenlängen zusammensetzt, kann man mit Hilfe eines → Prismas in seine sieben *Spektralfarben* zerlegen (→ Spektrum), wie dies in der Natur Regentropfen tun (→ Regenbogen). Andererseits lässt sich mithilfe einer Sammellinse weißes Licht aus farbigem Licht erzeugen. Mischungen, bei denen keine Farbempfindung überwiegt, ergeben *unbunte,* graue Farben, die sich in erster Linie durch ihre Helligkeit voneinander unterscheiden. Bei *bunten* Farben dagegen ist eine Farbe nicht nur durch ihren Farbton, sondern auch durch ihre

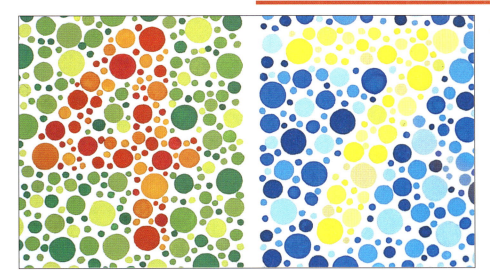

■ *Farbenblindheit:* Links: Bei Rot-Grün-Blindheit ist die 4 nicht zu erkennen. Rechts: Bei Gelb-Blau-Blindheit ist die 7 nicht zu erkennen

Farbe

Dass jede Farbe oder Farbempfindung durch Mischen von Grundfarben erzeugt werden kann, wird heute in der Technik ausgenutzt: Farbdruck (z. B. Vierfarbendruck mit gelben, roten, blauen und schwarzen Druckplatten), Farbfotografie (→ Fotografie) und Farbfernsehen (→ Fernsehen).

Farbenblindheit

Farbenblindheit lässt sich mit Hilfe von speziellen Testtafeln feststellen, auf denen aus kleinen Farbflecken zusammengesetzte Buchstaben und Symbole vor einem Hintergrund mit Punkten in derselben Helligkeit und in einer sog. Verwechslungsfarbe stehen. Ein Farbenblinder kann diese Buchstaben und Ziffern nicht erkennen oder nimmt (aufgrund von Helligkeitsunterschieden) andere Zeichen wahr.

Helligkeit und den Grad ihrer Sättigung bestimmt.

Die Farbe eines Gegenstandes, der nicht selbst leuchtet, zeigt sich erst, wenn weißes Licht darauf fällt. Er absorbiert einen Teil des Lichts und reflektiert den Rest. Falls er alles Licht verschluckt, erscheint er schwarz, falls er alles Licht reflektiert, weiß. In allen anderen Fällen hat er die Farbe des Lichts, das er zurückwirft. Ein grüner Gegenstand beispielsweise reflektiert grünes Licht und absorbiert die anderen Wellenlängen.

Farbenblindheit, eine Fehlsichtigkeit, bei der jemand bestimmte Farben nicht unterscheiden kann. Eine *totale* Farbenblindheit (bei erblicher Blindheit der farbempfindlichen Zapfen in der Netzhaut) kommt nur selten vor; in einem solchen Fall erkennt man nur Helligkeitsunterschiede, d. h. Grautöne. Die *partielle* Farbenblindheit betrifft den Ausfall einer Grundfarbe, so dass man z. B. nicht zwischen Rot und Grün unterscheiden kann (sog. *Rot-Grün-Blindheit*). Farbenblindheit ist zumeist erblich bedingt und betrifft überwiegend Männer.

Farne, artenreiche Klasse von blütenlosen Blattpflanzen, die vorwiegend in Wäldern wachsen und in tropischen Gebieten so groß wie Bäume werden (sog. *Baumfarne*). Sie besitzen zumeist große, gefiederte Blattwedel, die bei jungen Farnen eingerollt sind. Die Farne gehören zu den ältesten Landpflanzen der Erde und bildeten in der → Karbonzeit riesige Wälder. Sie zeigen einen → Generationswechsel: In der ungeschlechtlichen Generation vermehren sie sich durch → Sporen, während die geschlechtliche Generation, die sich aus den Sporen entwickelt, nur einige Zentimeter lange und wenige Wochen lebende Lappen mit männlichen und weiblichen Geschlechtsorganen bildet. Aus der befruchteten Eizelle entsteht die vertraute Farnpflanze.

■ *Farn:* Gemeiner Tüpfelfarn (Blattunterseite)

Färöer, eine zu → Dänemark gehörende Inselgruppe (1399 km², 47 000 Einwohner), die zwischen Skandinavien und Island liegt und seit 1948 eine weitgehende innere Selbstverwaltung besitzt. Die Färöerinseln sind im Gegensatz zu Dänemark nicht Mitglied der → EU.

Fasan, ein ursprünglich aus Asien stammender

Färöer

Faschismus

Der Begriff geht auf die politische Bewegung zurück, die 1919 von *Benito Mussolini* (1883–1945) in Italien begründet wurde. Als Symbol verwendeten die Faschisten die Rutenbündel *(Fasces)*, die im Römischen Reich den höchsten Beamten und Herrschern vorangetragen wurden und zusammen mit einem Beil das Zeichen für die Amts- und Strafgewalt waren. 1922 übernahmen die Faschisten die Macht in Italien, indem sie mit einem Marsch auf Rom den König zwangen, Mussolini zum Regierungschef zu ernennen. Als *Duce* (»Führer«) schuf Mussolini einen totalitären Einparteienstaat und unterdrückte jegliche Opposition durch eine Terrorherrschaft. Nach militärischen Niederlagen im Zweiten Weltkrieg und der Invasion der Alliierten in Italien wurde Mussolini 1943 gestürzt und verhaftet. Er wurde zwar von deutschen Fallschirmjägern befreit und konnte in Oberitalien eine kurzlebige Republik errichten, wurde aber auf der Flucht in die Schweiz von italienischen Partisanen erschossen.

Fata Morgana

Die Bezeichnung Fata Morgana geht auf eine Sagengestalt zurück, die in arabischen Märchen vorkommt. Danach soll eine Fee Morgana für die Luftspiegelungen verantwortlich sein, die in der Straße von Medina besonders häufig auftreten.

Fatwa

Der von Radio Teheran verbreitete Aufruf Khomeinis gegen Rushdie (14. Februar 1989): »Ich gebe den stolzen moslemischen Völkern der Welt bekannt, dass der Autor der ›Satanischen Verse‹, eines Buches, das sich gegen den Islam, den Propheten und den Koran richtet, sowie alle, die an seiner Veröffentlichung beteiligt waren und den Inhalt kannten, zum Tode verurteilt sind. Jeder, der beim Versuch stirbt, die Welt von Rushdie zu befreien, gilt als Märtyrer und kommt direkt ins Paradies.«

Hühnervogel, der vom Menschen in den anderen Erdteilen verbreitet worden ist. In Mitteleuropa kommt heute wild lebend der *Edelfasan* vor. Das Männchen besitzt ein metallisch schillerndes Gefieder und ist einschließlich seines langen Schwanzes 85 cm lang. Exotische Arten wie *Gold-* oder *Diamantfasan,* die ein besonders farbenprächtiges Gefieder besitzen, werden als Ziervögel in Fasanerien gehalten.

Faschismus [it.], *der,* eine durch Führerprinzip und extremen → Nationalismus gekennzeichnete rechtsradikale Bewegung, die ihre politischen Ziele durch Gewaltanwendung zu erreichen versucht und demokratische Staatsformen ablehnt. Die faschistische Idee entwickelte sich in Italien, wurde aber in den 20er und 30er Jahren auch in anderen europäischen und südamerikanischen Ländern übernommen (z. B. in Spanien, Portugal, Österreich, Kroatien). In Deutschland waren die Nationalsozialisten (→ Nationalsozialismus) anfangs vom italienischen Faschismus beeinflusst. Die nach dem Zweiten Weltkrieg an faschistisches Gedankengut anknüpfenden Parteien und politischen Strömungen werden als Neofaschisten bezeichnet.

Faser, fadenförmiger Bestandteil des Gewebes von Pflanzen, Tieren und Menschen (z. B. *Muskelfaser).* Als *Textilfasern* bezeichnet man feine Gebilde, die wie Tierhaare eine begrenzte Länge haben oder wie Natur- oder Kunstseide endlos lang sind. Fasern von begrenzter Länge müssen vor der weiteren Verarbeitung zu Spinngarnen versponnen werden. Nach der Herkunft unterscheidet man zwischen *Naturfasern* (z. B. Baumwolle, Hanf), *mineralischen Fasern* (Asbest) und *Kunstfasern* (Chemiefasern). Auf anorganischer Basis werden heute *Glas-* und *Metallfasern* hergestellt.

Fasten, das (freiwillige) völlige oder teilweise Verzichten auf Nahrung für einen bestimmten Zeitraum. Das Fasten kann medizinische oder religiöse Gründe haben. Allgemein kann Fasten den Körper entschlacken. Dass Fasten auch bewusstseinsverändernde Wirkungen bis hin zu → Trancezuständen und → Visionen haben kann, wird seit dem Altertum in vielen Kulturen ausgenutzt.

Fastenzeiten gibt es in nahezu allen Religionen. Die christlichen Kirchen kennen eine 40tägige Fastenzeit von Aschermittwoch bis Ostern, die darauf zurückgeht, dass → Jesus 40 Tage lang in der Wüste fastete, bevor er öffentlich wirkte. Im Islam gibt es den Fastenmonat → Ramadan.

Fastfood, *Fast Food* [engl. ˈfɑːstfuːd »schnelles Essen«], *das,* Bezeichnung für vorgefertigte Gerichte, die schnell zubereitet werden können (z. B. Hamburger), und für die Schnellimbissstätten, die solche Gerichte anbieten.

fatal [lat.], verhängnisvoll, mit unangenehmen Folgen. Als **Fatalismus** bezeichnet man eine Schicksalsgläubigkeit, die davon ausgeht, dass alles vom *Fatum* (= Schicksal) vorbestimmt sei und man nichts dagegen tun könne.

Fata Morgana [it.], *die,* Sinnestäuschung, die vor allem in Wüsten durch → Luftspiegelungen hervorgerufen wird und weiter entfernte Landschaften näher erscheinen lässt.

Fatwa, *Fetwa* [arab.], *das,* im Islam ein Rechtsgutachten des Muftis, d. h. eines islamischen Rechtsgelehrten, ob eine Handlung mit den Grundsätzen des islamischen Rechts vereinbar ist. Traurige Berühmtheit erlangte das Fatwa gegen den indisch-britischen Schriftsteller *Salman Rushdie* (* 1947): Der iranische Ayatollah → Khomeini verhängte 1989 ein Todesurteil gegen Rushdie, weil dessen Roman »Die satanischen Verse« (1988) angeblich blasphemisch sei und den Islam beleidige. Der nach wie vor gültige Aufruf an alle, Rushdie zu töten, ist mit einer hohen Geldprämie verbunden.

Fäulnis, die Zersetzung von organischen Stoffen durch Mikroorganismen (→ Bakterien und → Pilze), die stickstoffhaltige Verbindungen wie z. B. Eiweiße unter Luftabschluss zerlegen. Dabei entstehen einfachere Verbindungen wie Ammoniak und übel riechende Gase (Schwefelwasserstoff). Wenn Sauerstoff hinzukommt, geht die Fäulnis in die rascher ablaufende → Verwesung über. Die Fäulnis spielt eine wichtige Rolle für den natürlichen Abbau von organischem Abfall und wird in → Kläranlagen genutzt.

Faultiere, zu den Zahnarmen gehörende Säugetiere, die in den tropischen Urwäldern Süd- und Mittelamerikas vorkommen. Sie leben fast ausschließlich auf Bäumen, wo sie sich hängend fortbewegen. Ihren Namen haben sie von den fast zeitlupenartig langsamen Bewegungen. Die heutigen Faultiere werden bis etwa 70 cm lang, während das ausgestorbene Riesenfaultier eine Länge von 3 m hatte.

Fauna [von der röm. Fruchtbarkeitsgöttin Fauna], *die,* Tierwelt (eines bestimmten Gebiets).

Faust, die Titelfigur eines zweiteiligen Dramas von → Goethe. Der Faustlegende liegt vermutlich die historische Gestalt des deutschen Arztes und Alchemisten *Johannes* oder *Georg Faust* (um 1480–1536 oder 1540) zugrunde, der sich von

■ *Faultier*

einem humanistischen Gelehrten zu einem Scharlatan und Kurpfuscher entwickelte und schon früh mit anderen Zaubersagen sowie dem mittelalterlichen Motiv des Teufelspakts in Verbindung gebracht wurde.

Faustball, ein im späten 19. Jh. in Deutschland eingeführtes Ballspiel. Der Ball muss mit der geschlossenen Faust oder dem Unterarm über ein Seil geschlagen werden, das in 2 m Höhe in der Mitte des 50 m langen und 20 m breiten Spielfeldes gespannt ist. Die Mannschaften bestehen aus je fünf Spielern, die den Ball höchstens dreimal berühren dürfen, um ihn in das gegnerische Feld zurückzuschlagen. Ein Spieler hat dabei jeweils nur einen Versuch. Der Ball darf vor jedem Schlag nur einmal auf dem Boden aufspringen. Berührt der Ball oder ein Spieler das Seil, so ist das ebenso ein Fehler, wie wenn der Ball unter dem Seil durchgeht oder ins Aus geschlagen wird. Jeder Fehler wird der anderen Mannschaft als Punkt angerechnet. Ein Spiel dauert zweimal 15 Minuten (mit Seitenwechsel).

Faustkeil, in der Altsteinzeit (→ Vorgeschichte) verwendetes keilförmiges Steinwerkzeug, das auf beiden Seiten durch Abschlagen bearbeitet ist.

Faustrecht, in früheren Zeiten die Sitte, sein Recht gewaltsam durchzusetzen. Das Faustrecht hatte Bedeutung in Gesellschaften oder Gegenden, wo es keine staatliche Rechtsordnung gab oder diese nicht verwirklicht werden konnte (z. B. bei den amerikanischen Pionieren im »Wilden Westen«).

Fauxpax [frz. foˈpa »Fehltritt«], *der,* taktloses Benehmen, Verstoß gegen die Umgangsformen, Peinlichkeit.

Favorit [frz.], *der,* Günstling, bei einem Wettbewerb derjenige, der die größten Aussichten auf den Sieg hat.

Fax, Kurzform für → Telefax.
Fayence [frz. faˈjã:s], *die,* weiß glasierte, bunt bemalte Töpferei, die nach der italienischen Stadt *Faenza* benannt ist.
FBI [ɛfbiːˈaɪ], *das,* Abkürzung für engl. *Federal Bureau of Investigation,* die amerikanische Bundeskriminalpolizei.
FCKW, Abkürzung für → *Fluorchlorkohlenwasserstoff.*
FDP, Abkürzung für *Freie Demokratische Partei.* Die FDP entstand 1948 als Zusammenschluss von liberalen Gruppierungen, nachdem bereits 1919–1933 in der → Weimarer Republik eine linksliberale *Deutsche Demokratische Partei* (DDP) bestanden hatte. Mit Ausnahme der Zeit von 1956 bis 1961 und 1966 bis 1969 war die FDP in der Bundesrepublik immer als Koalitionspartner der CDU/CSU bzw. der SPD an der Regierung beteiligt.
Feature [engl. ˈfiːtʃə], *das,* im Fernsehen oder Rundfunk eine besondere Form, die Reportage, Gespräche und Kommentar verbindet und über ein spezielles, oft aktuelles Thema in unterhaltsam-informativer Form berichtet.

■ *Fechten*

Fechten, Zweikampf mit Hieb- oder Stichwaffen wie → Schwert, → Degen, → Florett oder → Säbel. Heute verwendet man im **Fechtsport** die drei zuletzt genannten Waffen, die sich im Gewicht und in der Verwendung unterscheiden. Ziel aller Fechtdisziplinen ist es, beim Gegner innerhalb einer bestimmten Zeit fünf Treffer anzubringen. Die Trefferfläche ist beim Florett der Oberkörper ohne Kopf und Arme, beim Säbel (nur für Herren) der Oberkörper einschließlich Kopf und Arme und beim Degen der gesamte Körper. Die beiden Fechter oder Fechterinnen stehen sich auf der sog. *Planche,* der 2 m breiten und 118 m langen Fechtbahn, gegenüber und sind durch besondere Westen, Handschuhe und Drahtmasken geschützt. Die Treffer werden

Faust

Der Goethesche Faust, der den für die Neuzeit charakteristischen Typ des nach immer mehr Wissen strebenden Gelehrten und Wissenschaftlers verkörpert, geht auf eine sagenhafte Gestalt aus einem frühneuzeitlichen Volksbuch zurück: *Dr. Faustus,* der sich von der Wissenschaft ab- und der Magie zuwendet. Er schließt einen Pakt mit dem Teufel, um sich mehr Wissen und Macht zu verschaffen, und wird nach Ablauf der Zeit, in der ihm der Teufel zu Diensten ist, in die Hölle geholt. Der Stoff wurde um 1589 von dem englischen Dramatiker Christopher Marlowe (1564–1593) für die Bühne bearbeitet. Faustspiele, von Wandertruppen und später Puppenspielern aufgeführt, waren in Deutschland ab dem 17. Jh. bekannt. Die deutsche Dichtung nahm sich des Stoffs in der zweiten Hälfte des 18. Jh. an (neben Goethe auch → Lessing und Friedrich Maximilian Klinger). Das Schicksal von Faust wurde seitdem wiederholt in der Literatur (z. B. von Thomas → Mann) und in der Musik (Opern u. a. von → Berlioz und Charles Gounod, 1859) bearbeitet.

FDP

Die FDP hat 77 500 Mitglieder. Seit Mitte 1995 ist ihr Vorsitzender Wolfgang Gerhardt (* 1943).

Begriffe aus dem Fechten

Parade: Abwehr eines Angriffs durch Ausweichen oder Abdecken mit der Waffe.
Riposte: Nachstoß oder Hieb nach einer parierten Parade als Gegenangriff. Wenn der Gegner darauf neuerlich mit einem Angriff reagiert, wird dies als *Contra-Riposte* bezeichnet.
Touché: erzielter Fechttreffer beim Gegner.
Volte: seitliches Ausweichen aus der Gefechtslinie, wobei der Gegner bisweilen in die Waffe läuft.

Feigenblatt

In der Kunst berühmt ist das drei- bis fünflappige Feigenblatt, das bei Gemälden und Statuen früher die Geschlechtsorgane verdeckte.

beim Florett- und Degenfechten automatisch angezeigt (wobei die Spitze der Waffe auf Druck reagiert und die Fechter auf einer elektrisch leitenden Matte kämpfen) bzw. beim Säbelfechten vom Obmann des Kampfgerichts angesagt. Treffer werden nur gewertet, wenn sie nicht mit Regelverstößen verbunden sind.

Feder, 1. aus → Horn bestehendes, leichtes Gebilde, das entwicklungsgeschichtlich aus den Schuppen von Reptilien entstanden ist und nur bei → Vögeln vorkommt. Die Federn, die beim Vogel die Haut bedecken, dienen zum Schutz gegen Nässe und Kälte und sind auch die Voraussetzung für die Flugfähigkeit. Man unterscheidet zwischen den weichen *Daunenfedern,* die sich beim erwachsenen Vogel unter dem Federkleid befinden, und den *Konturfedern* (Schwung-, Deck- und Schwanzfedern), die die Umrisse des Vogels bestimmen. Die in regelmäßigen Abständen stattfindende Erneuerung des Federkleids bezeichnet man als → *Mauser;* **2.** in der Technik versteht man unter einer Feder ein elastisches Maschinenteil, das sich verbiegt, wenn es belastet wird, und danach strebt, wieder in die Ausgangslage zurückzukehren. Da es bei der Verformung Energie aufnimmt, die es bei der Entlastung wieder abgibt, kann es mechanische Arbeit speichern (z. B. als *Uhrfeder*). Federn können viele Formen aufweisen (z. B. *Schrauben-, Spiral-* oder *Blattfeder*) und bestehen zumeist aus einem biegsamen Metall. Sie werden u. a. für die Messung von Kräften (in Federwaagen) und die Dämpfung von Schwingungen (bei Stoßdämpfern) verwendet.

Federball, allgemeine Bezeichnung für → Badminton als Freizeitsport.

Feedback [engl. 'fi:dbæk], *das,* in der → Kybernetik die Rückkopplung eines Systems.

Fehde, bei den → Germanen und im Mittelalter eine besondere Form des → Faustrechts, bei der sich jemand, der in seinen Rechten verletzt worden war, durch Selbsthilfe sein Recht verschaffte. Die Fehde musste offiziell angekündigt werden (bei den mittelalterlichen Rittern durch den *Fehdebrief* oder das Zuwerfen des *Fehdehandschuhs*). Der 1495 von Kaiser Maximilian I. verkündete »Ewige Landfriede« schaffte das Fehderecht ab.

Fehlgeburt, vorzeitiger Abgang des → Fetus während der ersten 28 Schwangerschaftswochen, bevor er außerhalb des Mutterleibs überlebensfähig ist. Der tot geborene Fetus muss dabei weniger als 1000 g wiegen. Ein älter und schwererer Fetus wird als *Totgeburt* bezeich-

■ *Feige*

net. Die Ursachen für eine spontane Fehlgeburt können bei der Schwangeren (z. B. eine unterentwickelte oder missgebildete Gebärmutter) oder beim Fetus (z. B. Vergiftung) liegen oder erblich bedingt sein. Eine Fehlgeburt kann auch bewusst durch einen Schwangerschaftsabbruch herbeigeführt werden.

Feigenbaum, zu den Maulbeergewächsen gehörender, bis zu 10 m hoher Baum, der ursprünglich im Mittelmeerraum und im Vorderen Orient beheimatet war und schon im Altertum als Nutzbaum angebaut wurde. Der → zweihäusige Feigenbaum kommt in zwei Spielarten vor, als *Bocks-* oder *Holzfeige,* die neben den männlichen Blüten nur ungenießbare Früchte hervorbringt, und als *Kultur-* oder *Essfeige,* aus deren weiblichen Blüten sich dreimal im Jahr Früchte entwickeln. Die birnenförmige **Feige** ist ein Fruchtstand von grüner bis violetter Farbe, der saftiges, süß schmeckendes Fruchtfleisch besitzt. Feigen werden roh oder getrocknet gegessen.

Feingehalt, bei Edelmetalllegierungen der Anteil des Edelmetalls (im Verhältnis zum Gesamtgewicht des Metalls). Der Feingehalt wird normalerweise in Promille angegeben, d. h., Gold 666 bedeutet, dass der Goldanteil 666/1000 beträgt, also in 1000 g der Legierung 666 g Gold enthalten sind. Früher wurde der Feingehalt von

■ *Fenchel*

Gold in → *Karat* (24 Karat = reines Gold) und der von Silber in *Lot* (16 Lot = reines Silber) angegeben.

Feld, in der Physik die räumliche und zeitliche Verteilung einer physikalischen Größe, so dass jedem Punkt des Raums ein bestimmter Wert zugeordnet ist. Mathematisch lässt sich das Feld als → *Funktion* seiner → *Koordinaten* beschreiben (z. B. als → *Vektor*). Es gibt beispielsweise *elektrische, magnetische* und *Gravitationsfelder.* Bei Kraftfeldern, die auf andere Körper eine Kraft ausüben, kann man die Größe und die Richtung dieser Kraft durch *Feldlinien* angeben. Die *Feldstärke* hängt von der Dichte der Feldlinien ab.

Feldspat, eine wichtige Gruppe gesteinsbildender Silikate. Mit etwa 60 % sind die Feldspäte die häufigsten Minerale der Erdkruste. Feldspat ist weißgelb bis rötlich oder farblos. Durch → Verwitterung entstehen daraus → Ton und Kaolin.

Feldstecher, kleines Prismendoppelfernrohr (→ Fernrohr), das eine 20fache Vergrößerung ermöglicht und einen räumlichen Eindruck vermittelt.

Fellatio [von lat. fellare = »saugen«], *die,* Stimulierung des männlichen Geschlechtsorgans mit dem Mund (Lippen, Zunge, Zähne). Die Entsprechung beim weiblichen Geschlechtsorgan heißt Cunnilingus.

Feme, im Mittelalter sog. *Freigerichte* (vor allem in Westfalen und Niederdeutschland), die oft heimlich tagten und ihre Urteile bei schweren Verbrechen fällten. Wurde ein Beschuldigter vor ein Femegericht geladen und erschien nicht, so wurde er »verfemt«, d. h. geächtet und konnte jederzeit hingerichtet werden.

Femininum [lat.], *das,* in der Grammatik das weibliche Geschlecht eines Substantivs (z. B. die Kuh).

Feminismus [frz.], kämpferische Frauenbewegung gegen die Benachteiligung der Frau in allen Gesellschaftsbereichen. Die feministische Bewegung lehnt die patriarchalische Gesellschaft (→ Patriarchat) ab und strebt die Wiederherstellung der »weiblichen Identität« an, die den männlichen Werten eigene Qualitäten wie Sinnlichkeit oder Mitfühlen gegenüberstellt. Seit den 60er Jahren ist auch eine eigene feministische Literatur und Presse entstanden.

Fenchel, im Mittelmeerraum heimische Heil- und Gewürzpflanze, die bis zu 2 m hoch wird. Die kümmelartigen Spaltfrüchte, die ein ätherisches Öl enthalten und süß-würzig schmecken, werden zum Würzen und für die Herstellung von Tee verwendet. Die Knolle des *Gemüse-* oder *Zwiebelfenchels* wird roh oder gekocht als Gemüse gegessen.

Fermate [it. »Halt«], *die,* in der Musik ein Zeichen (∩) über oder unter der Note, das anzeigt, dass ein Ton oder eine Pause länger ausgehalten wird.

Ferment [lat. »Sauerteig«], *das,* veraltete Bezeichnung für → Enzym.

Fermentation, *Fermentierung,* die chemische Veränderung von pflanzlichen Stoffen durch Mikroorganismen (→ Bakterien, → Hefepilze) bzw. durch die von ihnen erzeugten oder freigesetzten Enzyme. Es handelt sich dabei um erwünschte Gärungsvorgänge, die das Aussehen, den Geschmack oder den Geruch verbessern, indem sie Farb- und Aromastoffe bilden. Die Fermentation wird zum Beispiel für die Herstellung von Käse genutzt.

Fermium, ein künstlich erzeugtes radioaktives → chemisches Element, das zu den → Transuranen gehört.

Fernbedienung, Gerät, mit dem man elektronische Apparate (z. B. ein Fernsehgerät oder eine Stereoanlage) drahtlos steuern, d. h. ein- und ausschalten sowie bestimmte Werte (Lautstärke usw.) regeln kann. Die Fernbedienung strahlt zumeist einen Lichtimpuls im → infraroten Bereich oder ein Signal im → Ultraschallbereich

Feme
• • • • • • • • • • • • • • •
Auf diese 1810 endgültig beendete Tradition beriefen sich die Fememorde in der Zeit der → Weimarer Republik, als rechtsradikale Gruppen (wie die Schwarze Reichswehr) ihre Gegner (z. B. die Politiker Erzberger und Rathenau) und auch Verräter in ihren eigenen Reihen ermordeten.

Fermium
• • • • • • • • • • • • • • •
Zeichen: Fm
Ordnungszahl: 100
Atommasse: 257

Fernrohr

Die Vergrößerung hängt vom Verhältnis der → Brennweiten zwischen Objektiv und Okular ab. Wenn das Objektiv eine Brennweite von 40 cm und das Okular eine Brennweite von 5 cm besitzt, so kann das Fernrohr achtfach (= 40 cm : 5 cm) vergrößern. Wichtig ist außerdem die Lichtstärke des Objektivs, die von dessen Durchmesser abhängt und über die Helligkeit des Gesichtsfeldes (das ist der Bereich, den man durch das Fernrohr sieht) entscheidet. Ein großes Objektiv, das viel Licht in das Fernrohr eintreten lässt, ist vor allem in der Dämmerung wichtig (z. B. bei einem Nachtglas). Die Angabe 8 x 50 bei einem Fernrohr besagt, dass es eine achtfache Vergrößerung und einen Objektivdurchmesser von 50 mm besitzt.

Geschichte des Fernrohrs

um 1608: Erfindung des 1609 von Galilei nachgebauten Fernrohrs (mit Sammel- und Zerstreuungslinse) in den Niederlanden (vermutlich durch den Brillenmacher Lipperhey)

1611: Bau des von Kepler entworfenen Fernrohrs (mit zwei Sammellinsen)

ab 1616: Entwicklung des Spiegelteleskops (Verbesserung u. a. durch Newton 1671 und Wilhelm Herschel 1766)

■ *Fernmeldetechnik:* Die Erdfunkstelle bei Raisting, Oberbayern

aus. Der dafür empfindliche Empfänger wandelt das Signal in elektrische Impulse um. Der Apparat reagiert dann auf den entsprechenden Befehl. Die Fernbedienung hat eine begrenzte Reichweite und muss bei Infrarotimpulsen direkten Sichtkontakt zum Empfänger haben.

Fernmeldetechnik, *Telekommunikation,* die Übertragung von Signalen über weitere Entfernungen hinweg. Die Übertragung geschieht dabei über Kabel (mit Hilfe von elektrischen Strömen), Glasfaser (Licht) oder Funk (elektromagnetische Schwingungen). Übermittelt werden können Töne, Texte und Bilder, die dazu in Signale umgewandelt werden müssen, entweder in → analoge oder heute zumeist in → digitale. Die moderne Fernmeldetechnik umfasst in erster Linie die Übertragungsnetze für → Telefon, Sprechfunk und → Rundfunk (Hörfunk und Fernsehen). Dank der Verwendung von Glasfaserleitungen können heute viele Informationen gleichzeitig über eine einzige Leitung übertragen werden.

Fernrohr, *Teleskop,* optisches Instrument, mit dem man weit entfernte Gegenstände scheinbar näher an das Auge heranholen kann. Ein Fernrohr besteht aus einer Sammellinse (→ *Objektiv),* die ein verkleinertes, auf dem Kopf stehendes Bild des Gegenstands erzeugt. Dieses Bild wird dann durch eine als Lupe wirkende Sammellinse (→ *Okular)* vergrößert. Eine Umkehrlinse zwischen beiden sorgt dafür, dass das Bild wieder richtig steht. Die gleiche Wirkung erzielt man durch → Prismen, die den Strahlengang umlenken und gleichzeitig eine Verkürzung des Fernrohrs ermöglichen. Dieses Prinzip wird auch beim → Feldstecher angewandt. Bei dem von → Galilei entwickelten Fernrohr tritt an die Stelle einer Sammellinse eine Zerstreuungslinse, die das Bild vergrößert und aufrecht stellt, so dass keine Umkehrlinse notwendig ist.

In der → Astronomie werden sehr große Teleskope eingesetzt. Kleinere Teleskope, die sog. *Refraktoren,* benutzen Linsen; die größeren (ab 1 m Durchmesser), die sog. *Reflektoren,* verwenden Spiegel, weil sich Linsen ab einer bestimmten Größe verbiegen würden. Das größte → Spiegelteleskop der Welt befindet sich auf Mauna Kea (Hawaii); sein Spiegel hat einen Durchmesser von 10 m.

Fernsehen, *Television,* Aufnahme, Übertragung und Wiedergabe von bewegten Bildern sowie Tönen mit Hilfe von → elektromagnetischen Schwingungen. Das Bild wird dabei von einer Fernsehkamera aufgenommen und in elektrische Signale umgewandelt. Diese Signale können auf verschiedene Weise von einem Sender ausgestrahlt werden. Der Fernsehempfänger wandelt die Signale in sichtbare Bilder zurück. Eine elektronische Fernsehkamera zerlegt das aufgenommene Bild in kleine Punkte, deren Farbe und Helligkeit durch Strom- und Spannungsschwankungen von elektrischen Impulsen ausgedrückt werden kann. Dies geschieht in rascher Abfolge zeilenweise.

Die Bildsignale werden über einen Sender zum Empfänger geschickt, entweder funktechnisch, mit Hilfe einer Kabelleitung (→ Kabelfernsehen) oder über einen Satelliten (→ Satelliten). Im ersten Fall benötigt der Empfänger eine → Antenne, die sich in Reichweite der Sendeantenne befinden muss (höchstens 50 km und keine Hindernisse dazwischen). Die Bildsignale werden dabei sog. Trägerwellen aufmoduliert (→ Modulation); das sind ultrakurze Funkwellen mit einer Frequenz, die höher als die der Bildsignale sein muss (zwischen 44 und 790 MHz).

Das Fernsehgerät setzt die Signale wieder Zeile für Zeile in Bildpunkte auf dem Bildschirm um. Auf diese Weise entsteht ein in rascher Geschwindigkeit wechselndes Bild, das für das menschliche Auge als bewegtes Bild erscheint.

Viele Bildzeilen übereinander ergeben ein Rasternetz, d. h., der Bildschirm ist wie mit einem Netz überzogen und in einzelne Rasterpunkte zerlegt. Diese Rasterpunkte entsprechen den einzelnen Bildpunkten. Die Anzahl der Zeilen beträgt in Deutschland 625, in den USA 525. Da jede der Zeilen in 800 Punkte unterteilt ist, ergibt

dies insgesamt 500 000 Bildpunkte auf dem Schirm. Um ein nicht flimmerndes Bild zu erhalten, müssen 25 Einzelbilder in der Sekunde gesendet werden, was somit 12,5 Mio. Signale pro Sekunde ausmacht.

Die Bilder werden durch einen Elektronenstrahl auf die Leuchtschicht des Bildschirms geworfen. Beim Schwarzweißfernsehen ist für die Aufnahme und die Wiedergabe des Bildes nur ein Elektronenstrahl notwendig. Beim Farbfernsehen dagegen wird das Bild in ein rotes, ein grünes und ein blaues Bild aufgeteilt, so dass drei Elektronenstrahlen verwendet werden. Die Mischung dieser drei Bilder ergibt das farbige Bild auf dem Fernsehschirm. Die drei gebräuchlichsten Fernsehsysteme sind → *PAL* (z. B. Deutschland), *SECAM* (Frankreich, Osteuropa) und *NTSC* (USA, Japan).

Hoch auflösendes Fernsehen (mit besserer Bild- und Tonqualität) und *digitales* Fernsehen benötigen spezielle Empfangsgeräte oder → Decoder.

Gleichzeitig mit dem Bild werden auch die zugehörigen Tonsignale übertragen. Seit 1981 werden auch Sendungen mit stereophonem Ton ausgestrahlt, die beim Empfangsgerät mindestens zwei räumlich getrennte Lautsprecher voraussetzen.

Fernsprecher, deutsche Bezeichnung für → Telefon.

Fernunterricht, *Fernstudium,* eine Ausbildung, bei der man nicht unmittelbar mit Lehrern zu tun hat, sondern den Stoff durch Fernsehen, Rundfunk oder Studienbriefe vermittelt bekommt und zu Hause lernen kann. Man muss schriftliche Hausaufgaben machen, die korrigiert und benotet werden, und eine Schlussprüfung ablegen.

Fernwärme, *Fernheizung,* eine Energieversorgung, bei der heißer Dampf oder heißes Wasser durch oft sehr lange, isolierte Röhren zu den Haushalten geleitet wird. Die Energie dafür stammt aus der → Abwärme von Fernheizkraftwerken oder Müllverbrennungsanlagen.

Fertilität [lat.], *die,* Fruchtbarkeit, die Fähigkeit von Menschen, Tieren und Pflanzen, Nachkommen hervorzubringen. Gegensatz: Sterilität.

Festival [engl.], *das,* eine große, zumeist in regelmäßigen Abständen stattfindende Veranstaltung, die oft in einem festlichen Rahmen abgehalten wird (z. B. *Filmfestival*).

Festkörper, ein Stoff im festen → Aggregatzustand. Die Atome oder Moleküle sind dabei durch elektromagnetische Wechselwirkungen so starr angeordnet, dass sie einer Veränderung der Form oder des Volumens großen Widerstand entgegensetzen. Man unterscheidet zwischen → *amorphen* Festkörpern, die eine unregelmäßige Molekülanordnung besitzen (z. B. Glas, Kunststoff), und *kristallinen* Festkörpern (→ Kristall), deren Moleküle in einem regelmäßigen Gitter angeordnet sind.

Festplatte, bei Computern ein Datenspeicher, der entweder fest in das Gehäuse der Zentraleinheit eingebaut ist oder als externer Speicher ein eigenes Laufwerk besitzt. Die Festplatte besteht aus einer oder mehreren runden Kunststoffscheiben, die magnetisch beschichtet sind und mit Hilfe eines oder mehrerer Schreib-Lese-Köpfe beschrieben und wieder gelesen werden können. Die Festplatte ist gegenwärtig der Datenspeicher mit der größten Speicherkapazität (mehrere Gigabyte).

Fetisch [von port. feitico = »Zauber«], *der,* bei afrikanischen Völkern und später auch bei den Schwarzen in Westindien ein Gegenstand, der verehrt wurde, weil ihm Zauberkräfte zugeschrieben wurden, allgemein etwas, das übertrieben bewundert wird.

Fette, feste organische Verbindungen pflanzlichen oder tierischen Ursprungs. Sie sind leichter als Wasser und nicht wasserlöslich. Da sie einen sehr hohen Energiegehalt besitzen, sind sie wesentlich für die → Ernährung und dienen dem menschlichen Organismus als Energiereserve. Fette sind chemisch gesehen → Ester von → Glycerin mit drei Molekülen *Fettsäure.* Nach der Anzahl der Wasserstoffatome an den Molekülen unterscheidet man zwischen *gesättigten* und *ungesättigten* Fettsäuren. Tierische Fette enthalten gesättigte Fettsäuren, die für den menschlichen Organismus schädlich sein können. Pflanzliche Fette sind zumeist ungesättigt und deshalb leicht verdaulich. Mehrfach ungesättigte Fettsäuren sind auch die *essenziellen Fettsäuren,* die als → Vitamin F zusammengefasst werden. Fette, die bei Zimmertemperatur flüssig sind, bezeichnet man als *fette* → *Öle.* Für technische Zwecke (z. B. als Schmiermittel für Maschinen) verwendete Schmierfette werden vorwiegend aus Erdöl gewonnen.

Fetus, *Fötus* [lat.], *der,* beim Menschen die Leibesfrucht ab dem 85. Tag der → Schwangerschaft bis zur Geburt. Vorher wird der Fetus als → Embryo bezeichnet.

Feuchtgebiet, ein Lebensraum für Pflanzen und Tiere mit erhöhtem Wasseranteil im Boden, z. B. ein Moor oder Sumpf. Feuchtgebiete sind wichtige → Biotope (Abb. siehe Seite 214).

Geschichte des Fernsehens

- **1884:** Erfindung der Nipkowscheibe durch Paul Nipkow (Bildzerlegung durch eine Scheibe mit spiralenförmig angeordneten Löchern)
- **1897:** Erfindung der Elektronenstrahlröhre durch Karl Ferdinand Braun (Grundlage für die Bildröhre)
- **1925:** Fernsehvorführungen in den USA, Großbritannien und Deutschland
- **1923:** Erfindung der Ikonoskop-Bildröhre (elektronischer Bildabtaster) durch Zworykin
- **1929:** erste Fernsehversuchssendungen in Berlin
- **1930:** erste elektronische Sende- und Empfangsanlage; Herstellung der ersten Fernsehgeräte
- **1936:** Live-Fernsehübertragung von den Olympischen Spielen in Berlin
- **1946:** Sendebeginn des Fernsehens in den USA und Großbritannien
- **1952:** regulärer Sendebeginn in Deutschland (zuerst im Bereich des Nordwestdeutschen Rundfunks)
- **1953:** Einführung eines Farbfernsehsystems in den USA (NTSC), 1958 Entwicklung eines französischen (SECAM) und 1961 eines deutschen Farbfernsehsystems (PAL)
- **1962:** erste Satellitenübertragung (Telstar)
- **1963:** Zweites Deutsches Fernsehen (ZDF)
- **1967:** erste Farbfernsehsendung in Deutschland
- **1984:** erste private Fernsehsender in Deutschland (RTL und SAT 1)
- **1996:** Einführung des digitalen Fernsehens in Deutschland (DF 1)

Beim *digitalen Fernsehen* werden die Ton- und Bildsignale nicht wie beim herkömmlichen Fernsehen als → analoge, sondern als → digitale Signale übermittelt. Auf diese Weise können über einen einzigen Kanal bis zu 15 Fernsehprogramme gleichzeitig gesendet werden, was die Ausstrahlung einer Vielzahl von sog. *Spartenprogrammen* ermöglicht. Für den Empfang notwendig ist ein spezieller → Decoder *(Set-Top-Box).* In Deutschland wurde das digitale Fernsehen Mitte 1996 als → Pay-TV eingeführt *(DF 1).*

■ *Feuchtgebiet:* Diepholzer Moorniederung, Niedersachsen

Fidschi (Viti)

Staatsname:	Republik Fidschi
Staatsform:	Republik
Hauptstadt:	Suva
Fläche:	18 272 km²
Einwohner:	784 000
Bevölkerungsdichte:	43/km²
Amtssprache:	Fidschianisch, Englisch
Währung:	Fidschi-Dollar ($ F)
Nationalitätskennzeichen:	FJI

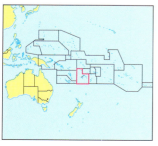

Fidschi

Feudalismus [von lat. feudum = »Lehen«], *der,* Gesellschaftssystem, in dem eine adlige Oberschicht für ihre Dienste und Treue vom Herrscher mit Grundbesitz belohnt wird, der nicht vererbbar ist. Zumeist ist damit das europäische → Lehnswesen im Mittelalter gemeint.

Feuer, eine → Verbrennung, bei der Flammen oder Glut, Licht und Wärme entstehen. Das Feuer gehört zu den wichtigsten Voraussetzungen für die menschliche Kultur und wurde bereits in der Altsteinzeit (→ Vorgeschichte) genutzt.

Feuerland, Inselgruppe im äußersten Süden von → Südamerika, die durch die → Magellanstraße vom Festland getrennt ist. Die gleichnamige Hauptinsel ist 47 000 km² groß. Der größere Westteil gehört zu → Chile, der östliche Teil (einschließlich der Staateninsel) zu → Argentinien.

Feuersalamander, bekanntester und größter Vertreter (bis 25 cm lang) der → Schwanzlurche in den europäischen Mittelgebirgen.

Feuerstein, *Flint,* ein schwarzgraues, weißgraues oder gelblich weißes Gestein, ein → Quarzmineral. Sein Name rührt daher, dass man beim Aufschlagen von Feuerstein auf Eisen Funken erzeugen kann. Das spröde Gestein zerbricht in scharfkantige Stücke, die in der → Steinzeit als Werkzeuge und Waffen (Faustkeile, Pfeilspitzen, Axtklingen) verwendet wurden.

Feuilleton [frz. fœjə'tõ: »Blättchen«], *das,* der Teil der Zeitung, der sich mit Kultur befasst und Berichte, Aufsätze und Kritiken enthält. Als Feuilleton wird auch eine besondere Form des Zeitungsaufsatzes bezeichnet, die in einem unterhaltsamen Plauderton, in einem *feuilletonistischen* Stil, abgefasst ist.

Fichte, Johann Gottlieb (1762–1814), deutscher Philosoph des → Idealismus. Er entwickelte eine »Wissenschaftslehre« als geschlossenes philosophisches System und stellte in ihren Mittelpunkt das schöpferische, über sich selbst nachdenkende Ich. Fichte forderte die Freiheit des Einzelnen und der Gesellschaft auch in politischer Hinsicht und trat in seinen »Reden an die deutsche Nation« (1807/08) gegen die napoleonische Fremdherrschaft und für einen deutschen Nationalstaat ein.

Fichtelgebirge, waldreiches Mittelgebirge im Nordosten Bayerns. Höchste Erhebungen sind der *Schneeberg* (1051 m) und der *Ochsenkopf* (1024 m).

Fichten, zu den Kieferngewächsen gehörende Nadelbäume mit spitzen, vierkantigen Nadeln, die spiralig um den Zweig herum angeordnet sind, und hängenden Zapfen. Am bekanntesten ist die *Gemeine Fichte* oder *Rottanne,* die bis zu 50 m hoch wird und der wichtigste Waldbaum in Nord- und Mitteleuropa ist (für Möbel- und Papierherstellung genutzt).

Fidschi, Inselstaat in → Ozeanien, der aus über 320 größeren und zahlreichen kleinen, gebirgigen Inseln zumeist vulkanischen Ursprungs besteht (105 davon sind bewohnt). Die Wirtschaft stützt sich vor allem auf die Landwirtschaft (Zuckerrohr, Kokospalmen) und den Tourismus. Die Mitte des 17. Jh. entdeckten Inseln wurden 1874 britische Kolonie. 1970 erhielten sie ihre Unabhängigkeit und waren bis 1987 eine parlamentarische Monarchie im → Commonwealth. Die Spannungen zwischen den melanesischen Ureinwohnern (etwa 50 %) und der indischen Bevölkerung (knapp 45 %) führten zu einem Militärputsch und zur Ausrufung der Republik. Die geänderte Verfassung räumt den eingeborenen Fidschianern Vorrechte ein.

Fieber, ein Ansteigen der Körpertemperatur über den Normalwert (beim Menschen etwa 37 °C). Es wird mit einem *Fieberthermometer* gemessen. Am genauesten lässt sich die Körpertemperatur im Mund, im Ohr oder im After messen, während die Messung in der Achselhöhle niedrigere Werte (etwa 0,5 °C weniger) ergibt. Fieber entsteht zumeist bei → Infektionskrankheiten und ist eine Abwehrmaßnahme des Körpers gegen Krankheitserreger. Dabei wird im Gehirn die Regulierung der Wärmeerzeugung und -abgabe gestört, so dass die Körpertemperatur erhöht und die normale Temperatur gleich-

■ *Fichtelgebirge:* Die markanten »Drei Brüder«

zeitig als kalt empfunden wird (Schüttelfrost). Fieber über 42 °C ist lebensgefährlich.

Fiktion [lat.], *die,* etwas Erdichtetes oder Ersonnenes, das nicht in der Realität, sondern nur in der Vorstellung besteht. Die Fiktionalität des Inhalts unterscheidet auch die Dichtung und Unterhaltungsliteratur von der Fach- und Sachliteratur. Nur angenommene oder erdichtete Inhalte oder Personen sind **fiktiv.**

Filiale [von lat. filia = »Tochter«], *die,* Zweigstelle eines Unternehmens oder eines Geschäfts.

Film [engl. »Häutchen«], *der,* **1.** dünne Schicht, die sich als Überzug auf einem anderen Stoff befindet (z. B. ein *Ölfilm* auf dem Wasser); **2.** zumeist ist mit Film der für fotografische Aufnahmen (→ Fotografie) verwendete Rohfilm gemeint, ein aus Kunststoff hergestelltes Trägermaterial, auf das eine lichtempfindliche Schicht aufgebracht ist; **3.** als Film bezeichnet man auch belichtetes Aufnahmematerial, das aus zahlreichen fotografischen Einzelbildern besteht und bei der Projektion auf eine Leinwand durch den raschen Bildwechsel ein bewegtes Bild ergibt. Nach dem Bildformat unterscheidet man zwischen *8-mm-* (vor allem für Amateure), *16-mm-* (z. B. für Fernsehen), *35-mm-* (normaler Kinofilm) und *70-mm-Film* (für Breitwandfilme). Der für den Heimgebrauch verwendete Super-8-Film ist weitgehend von → Video abgelöst worden. Weitere Unterscheidungsmerkmale sind die Herstellungsweise *(Real-* oder *Trickfilm),* die Länge *(Lang-* oder *Kurzfilm),* der Aufführungsort, für den der Film ursprünglich aufgenommen wird *(Kino-* oder *Fernsehfilm),* und der Inhalt *(Spiel-, Dokumentar-, Kultur-, Lehr-, Industrie-* und *Werbefilm).* Der Spielfilm hat sich zu einer eigenen Kunstform mit zahlreichen → Genres entwickelt. Siehe auch S. 216–217.

Filter, 1. Vorrichtung, um feste Stoffe abzutrennen, die Flüssigkeiten oder Gasen beigemischt sind (z. B. Aktivkohlefilter in Gasmasken oder Papierfilter für Kaffee oder Tee); **2.** In der → Optik und → Fotografie werden farbige Gläser verwendet, um Lichtstrahlen mit einer bestimmten Wellenlänge »herauszufiltern« (→ Absorption); **3.** In der Elektronik ist ein Filter eine Schaltung, um bestimmte → Frequenzen zu unterdrücken, hervorzuheben oder durchzulassen.

Finale [lat.], *das,* Schlussteil (in der Musik); im Sport Endkampf oder -spiel.

Fingerabdruck, Abdruck von Fingerspitzen auf einem Gegenstand. Die Papillaren oder Hautleisten der sog. *Fingerbeere* (Unterseite des letzten Fingerglieds) besitzen ein unveränderliches Muster von Bogen, Schleifen und Wirbeln, das bei jedem Menschen verschieden ist und sich deshalb als Erkennungsmerkmal bei der kriminalistischen Arbeit nutzen lässt. Sie hinterlassen auf berührten Gegenständen Fett- und Schweißspuren, die man mit Hilfe von bestimmten Pulvern sichtbar machen kann.

Fingerhut, *Digitalis,* zu den Rachenblütlern gehörende Staudenpflanze, die etwa 1–2 m hoch wird. Ihren Namen hat sie von den fingerhutähnlichen roten, gelben oder weißen Blüten. Der unter Naturschutz stehende Fingerhut ist sehr giftig, aber aus seinen Blättern wird auch ein Medikament gewonnen, das man gegen Herzmuskelschwäche einsetzt.

finnisch-ugrische Sprachen, Gruppe von Sprachen, deren Sprecher heute zwischen der finnischen Halbinsel und Nordwestsibirien sowie in Ungarn leben. Sie sind nicht mit den → indogermanischen Sprachen verwandt, sondern gehören zu den uralischen Sprachen. Beispiele sind *Finnisch, Lappisch, Estnisch* und *Ungarisch.*

Finnland, Staat in → Skandinavien. Den größten Teil des Landes nimmt die Seenplatte im Süden (mit rund 55 000 Seen) ein. Der Küste sind über 6500 Inseln sowie zahlreiche → Schären in der Ostsee vorgelagert. Die Bevölkerung besteht neben 93,5 % Finnen aus fast 6 % Schweden sowie einer Minderheit von → Lappen. Die finnische Wirtschaft stützt sich vor allem auf den Holzreichtum und die Erzvorkommen des Landes. Das von nicht indogermanischen Lappen und Finnen besiedelte Land wurde im 13. Jh. schwedisch. Nachdem Finnland bereits 1713–1721 von Russland besetzt worden war und Karelien verlor, kam es 1809 ganz unter russische Oberhoheit. Es war zunächst ein autonomes Großfürstentum. 1917 erklärte es sich nach der → Oktoberrevolution in Russland zu einer selbstständigen Republik. Nach dem Zweiten Weltkrieg bewahrte es zwar seine Neutralität, nahm aber

Finnland (Suomi)
Staatsname: Republik Finnland
Staatsform: Republik
Hauptstadt: Helsinki
Fläche: 338 145 km²
Einwohner: 5,1 Mio.
Bevölkerungsdichte: 15/km²
Amtssprache: Finnisch, Schwedisch
Währung: Finnmark (Fmk)
Nationalitätskennzeichen: FIN und SF

Finnland

Wissen im Überblick: Film

Anfänge des Kinos

Der Film entwickelte sich aus der Fotografie. In den 70er Jahren des letzten Jahrhunderts gab es in den USA und Frankreich die ersten Versuche, Bewegungen fotografisch aufzuzeichnen. 1877 wurde mit dem *Praxinoskop* der erste Projektionsapparat für laufende Bilder erfunden. Thomas Alva Edison entwickelte in den 90er Jahren eine Aufnahmekamera *(Kinetograph)* und ein Wiedergabegerät *(Kinetoskop)*. Sein Assistent W. Dickson verwendete als erster den von George Eastman entwickelten Rollfilm in Form eines perforierten Endlosfilms. 1895 stellten die französischen Brüder Louis und Auguste Lumière ihren *Cinématographe* vor, der sowohl Kamera, Kopiervorrichtung und Projektor war. Damit war der Kinofilm geboren, der seitdem durch zahlreiche Erfindungen weiterentwickelt und verbessert worden ist, aber immer noch nach demselben Prinzip funktioniert.

Als Geburtsstunde des Kinos gilt der 28. Dezember 1895; damals zeigten die Brüder Lumière in einem Pariser Café mehrere Kurzfilme. In den ersten Jahren wurden die »laufenden Bilder« als Attraktion auf Jahrmärkten gezeigt, in »Wanderkinos«, die von Ort zu Ort zogen. Um das Publikum anzulocken, führte man Aufsehen erregende Szenen vor. Noch war das neue Medium Film weit davon entfernt, als eigenständige künstlerische Darstellungsform ernst genommen zu werden. Damals gab es weder Regisseure noch Kameraleute oder Drehbuchautoren im heutigen Sinn. Die Schauspieler waren zumeist Zirkusangehörige oder Schausteller.

Stummfilm

Die ersten Kinos in Europa und Amerika entstanden zu Beginn des 20. Jh. Eine Vorstellung bestand aus mehreren zehnminütigen Kurzfilmen mit verschiedenen Themen. Je nach Handlung entwickelten sich so Genres wie Abenteuerfilm, Western, Komödie oder Melodram. Die Schwarzweißfilme wurden mit Livemusik untermalt (von einem Klavier oder Harmonium, später auch von einem kleinen Orchester). Da sie stumm waren, gab es Untertitel, teilweise auch Kommentare von Ansagern.

Die Kinos hatten überraschend großen Zulauf. Da die Filmproduzenten damit immer mehr Geld verdienen konnten und in neue Filme investierten, bildeten sich berufsmäßige Regisseure und Kameraleute heraus. Die Darsteller waren zunehmend Bühnenschauspieler. Damit entstand eine eigene Filmindustrie. Mit steigender Professionalität erhöhte sich auch die künstlerische Qualität vieler Filme.

Gleichzeitig entwickelte sich das Starkino: Die Menschen gingen nicht mehr nur ins Kino, um interessante Filme, sondern auch um bestimmte Schauspieler zu sehen. *Slapstickfilme* aus den USA mit Stars wie Charlie Chaplin oder Buster Keaton waren auch in Europa sehr erfolgreich. In Deutschland übte in den 20er Jahren der Expressionismus großen Einfluss auf den Film aus (z. B. »Das Kabinett des Dr. Caligari« von Robert Wiene, 1920). In der Sowjetunion wurde die Filmindustrie nach der Oktoberrevolution verstaatlicht,

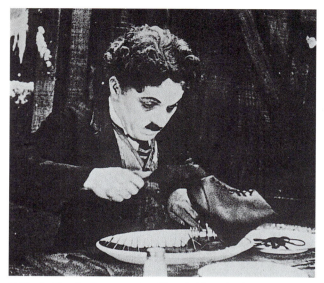

■ *Charlie Chaplin, Szene aus dem Film »Goldrausch« (1924)*

so dass der Film unter den Einfluss der Politik geriet. Dennoch entstand dort eines der berühmtesten Werke der Filmgeschichte: »Panzerkreuzer Potemkin« (1925) von Sergej Eisenstein. In Frankreich schuf der spanische Regisseur Luis Buñuel zusammen mit dem Maler Salvador Dali zwei surrealistische Meisterwerke, »Ein andalusischer Hund« (1928) und »Das goldene Zeitalter« (1930).

Tonfilm

Obwohl der Tonfilm bereits 1927 in den USA erfunden wurde, dauerte die Umstellung vom stummen auf den »tönenden« Film bis 1932. Walt Disney, der 1926 in den USA die Zeichentrickfilmfigur *Mickey Mouse* erfand, hatte später großen Erfolg mit seiner Mischung von gezeichneten Figuren, die sprechen konnten, und Musik. Die 30er Jahre waren die Glanzzeit Hollywoods und seiner großen Studios und Filmgesellschaften (wie MGM, Paramount, Universal oder Warner Brothers) mit fest angestellten Regisseuren und Schauspielern. Damals entstanden Kriminalfilme wie »Der kleine Cäsar« (1930), Horrorfilme wie »King Kong« (1933), Western wie »Stagecoach« (1939) oder Komödien wie »Leoparden küsst man nicht« (1938). Komiker wie Stan Laurel und Oliver Hardy, die Marx Brothers und W. C. Fields entwickelten einen eigenen Stil.

In Deutschland wurden neben Publikumserfolgen wie »Die Drei von der Tankstelle« (1930) oder »Der Kongress tanzt« (1931) auch bedeutende Filme wie »Der blaue Engel« (1930) von Josef von Sternberg, »Die Dreigroschenoper« (1931) von G. W. Pabst oder »M« (1931) und »Das Testament des Dr. Mabuse« (1933) von Fritz Lang gedreht. Doch nach der nationalsozialistischen Machtübernahme gingen viele bekannte Regisseure (wie Lang, Robert Siodmak, Billy Wilder oder Max Ophüls) und Filmschauspieler (wie Marlene Dietrich, Peter Lorre oder Conrad Veidt) ins Ausland; eini-

Wissen im Überblick: Film

■ *Alfred Hitchcock, Dreharbeiten zum Film »Frenzy« (1971)*

ge von ihnen fassten in Hollywood Fuß und machten Weltkarriere. Der deutsche Film wurde während dieser Zeit durch Propaganda- und Durchhaltefilme (»Jud Süß«, 1940, und »Kolberg«, 1944) sowie harmlose Musikfilme und Komödien (wie etwa »Wir machen Musik«, 1942, oder »Die Feuerzangenbowle«, 1944) bestimmt.

Farbfilm

Ab 1939 setzte sich der Farbfilm durch; einer der ersten abendfüllenden Farbfilme war »Vom Winde verweht« (1939) von Victor Fleming. »Fantasia« (1940) von Walt Disney hatte sogar schon Stereoton, aber nur wenige Kinos konnten dies nutzen. 1941 entstand »Citizen Kane«, der noch heute als bester Film aller Zeiten gilt; sein Regisseur Orson Welles, damals erst 26 Jahre alt, war auch der Hauptdarsteller, Drehbuchverfasser und Produzent. In den 40er Jahren begann die Hollywoodkarriere des britischen Regisseurs Alfred Hitchcock, der in den nächsten Jahrzehnten zahlreiche Thriller wie »Schatten des Zweifels« (1943), »Das Fenster zum Hof« (1954), oder »Die Vögel« (1962) drehen sollte. Die Kriminalfilme der »*Schwarzen Serie*« waren von starkem Pessimismus geprägt, brachten aber bedeutende Regisseure wie John Huston (»Die Spur des Falken«, 1941) oder Howard Hawks (»Tote schlafen fest«, 1946) und Stars wie Humphrey Bogart hervor. Nach dem Zweiten Weltkrieg bekam Hollywood Konkurrenz aus Europa, wo in den 30er und 40er Jahren nur wenige Regisseure auf sich aufmerksam gemacht hatten (z. B. Jean Renoir mit »Die große Illusion«, 1937, und »Die Spielregel«, 1939). Der europäische Film wurde zunächst vom italienischen *Neorealismus* geprägt (»Rom, offene Stadt« von Roberto Rossellini, 1945, »Fahrraddiebe« von Vittorio de Sica, 1948). In den USA wurde die Tradition der Schwarzen Serie fortgesetzt und erweitert (z. B. »Der dritte Mann« von Carol Reed, 1950). Die 50er Jahre waren auch die große Zeit des *Western* (z. B. »Zwölf Uhr mittags« von Fred Zinnemann, 1952, John Ford, »Der schwarze Falke«, 1956), der in den 60er Jahren gewalttätiger (z. B. »The Wild Bunch« von Sam Peckinpah, 1968) und in den 70er Jahren pessimistischer wurde (»McCabe & Mrs. Miller« von Robert Altman, 1971). In den 50er Jahren wurde auch der *Sciencefictionfilm* populär (»Alarm im Weltall« von Fred M. Wilcox, 1956). Musicals wie »Singin' In The Rain« (1952) mit Gene Kelly lockten die Massen ins Kino.

Doch mit dem Fernsehen erwuchs dem Kinofilm ein gewaltiger Konkurrent. Als die Besucherzahlen stark zurückgingen und das alte Studiosystem zerbrach, musste Hollywood neue Wege finden, um das Kino wieder attraktiv zu machen, und erfand das *CinemaScope-Verfahren*. Die inhaltliche Entsprechung dieses Breitwandformats waren *Monumentalfilme* wie »Die Zehn Gebote« (1956) von Cecil B. de Mille oder »Ben Hur« (1959) von William Wyler. Ein anderer Versuch, die Beschränkungen des »Pantoffelkinos« zu übertreffen, war nur kurzlebig: der *3-D-Film*, der räumlich wirkende Bilder bot, aber für den Zuschauer eine Spezialbrille erforderte.

Als Reaktion auf die Krise des Kinos entstand in Frankreich Ende der 50er Jahre die *Nouvelle Vague*, die »neue Welle«, die von Regisseuren wie François Truffaut (»Sie küssten und sie schlugen ihn«, 1959), Jean-Luc Godard (»Eine Frau ist eine Frau«, 1961) und Alain Resnais (»Letztes Jahr in Marienbad«, 1961) geprägt wurde.

Der deutsche Nachkriegsfilm flüchtete sich nach dem Versuch, die nationalsozialistische Vergangenheit aufzuarbeiten (z. B. »Die Mörder sind unter uns« von Wolfgang Staudte, 1946, »In jenen Tagen« von Helmut Käutner, 1947), im Westen in anspruchslose Heimat- und Revuefilme und hatte seine größten Erfolge in den 60er Jahren mit Edgar-Wallace-Krimis, Karl-May-Verfilmungen und Paukerfilmen. Doch 1962 forderten Nachwuchsregisseure im »Oberhausener Manifest« neue Inhalte und eine kritische Auseinandersetzung mit den politischen und wirtschaftlichen Verhältnissen in der Bundesrepublik. Neben dem kommerziellen Film entwickelte sich der *Autorenfilm*, bei dem Regisseure, die oft ihre eigenen Drehbücher schrieben, unabhängig von großen Produktionsfirmen ihre Filme drehten (z. B. »Abschied von gestern« von Alexander Kluge, 1966). Der »Filmverlag der Autoren« ermöglichte es seinen Mitgliedern, eigene Projekte von der Planungsphase bis zum Verleih durchzuführen.

Auch in den USA und Großbritannien gab es Regisseure, die fernab der Major Companies, der großen Firmen, mit wenig Geld, aber viel Phantasie und Improvisationsgeschick interessante Filme drehten. Damit war der *Independent Film* geboren. Eine andere Art des »Kunstfilms« ging von Regisseuren aus, die einen individuellen Stil hatten und diesen über Jahrzehnte hinweg verwirklichten: in Italien etwa Federico Fellini (»La Strada«, 1954, »Achteinhalb«, 1962) und Bernardo Bertolucci (»1900«, 1976), in Schweden Ingmar Bergman (»Das siebte Siegel«, 1956), in Japan Akira Kurosawa (»Rashomon«, 1950) oder in der Sowjetunion Andrej Tarkowskij (»Stalker«, 1979).

Der kommerzielle Film, der von Publikumserfolgen lebte, versuchte mit großem finanziellen Aufwand, möglichst viele, vor allem junge Zuschauer ins Kino zu ziehen. In den 70er und 80er Jahren wurde der internationale Film durch teure Produktionen geprägt, die mit vielen »Special Effects« das Unterhaltungsbedürfnis zu befriedigen versuchten und immer spektakulärer wurden, aber sel-

Wissen im Überblick: Film

Paul Mazursky, Szene aus »Ein ganz normaler Hochzeitstag« (1990) mit Bette Midler und Woody Allen in den Hauptrollen

ten auch künstlerische Ziele hatten (z. B. die Indiana-Jones-Trilogie von Steven Spielberg oder »Krieg der Sterne« von George Lucas). Der bislang teuerste und gleichzeitig erfolgreichste Film ist »Titanic« (1997) von James Cameron.

Neue technische Verfahren und entsprechend ausgerüstete Kinos boten ein Filmerlebnis, das Fernsehen und Video nur unzureichend wiedergeben konnten. Die Einbeziehung der Computertechnologie ermöglichte neue Formen der Tricktechnik, bei denen ein Großrechner an die Stelle des Trickfilmzeichners trat und mit Hilfe der Computeranimation realistisch wirkende Dinosaurier oder riesige UFOs in die Szenen mit richtigen Schauspielern einbaute (wie in Spielbergs »Jurassic Park«, 1993, oder Emmerichs »Independence Day«, 1996), Schauspieler in historische Dokumentaraufnahmen einfügte (wie in Zemeckis »Forrest Gump«, 1994) oder den gesamten Film herstellte (wie bei Lasseters »Toy Story«, 1996). Dank des *Body-Mapping*, bei dem Schauspieler aus verschiedenen Perspektiven mit Laserstrahlen abgetastet und vermessen werden, auch virtuelle Doppelgänger (sogar von toten Schauspielern) in Filmen auftreten und die gefährlichsten Szenen ausführen.

Das filmische Prinzip

Die Trägheit des Auges macht es möglich, dem Gehirn durch eine rasche Abfolge von Einzelbildern ununterbrochene Bewegungsabläufe vorzutäuschen. Für das menschliche Auge entsteht der Eindruck einer Bewegung, wenn ihm mehr als 16 Einzelbilder pro Sekunde vorgeführt werden, auf denen ein Vorgang zu sehen ist.

Der Kinofilm funktioniert nach folgendem Prinzip: Bei der Aufnahme und bei der Projektion wird der Film ruckweise transportiert, so dass das Bild in der Sekunde 24-mal wechselt und die Bilder im Gehirn des Betrachters zu einem einzigen bewegten Bild verschmelzen. Dieses Bild kann heute farbig, riesengroß und breit (wie beim IMAX-System) oder sogar dreidimensional sein, begleitet von einem entsprechend eindrucksvollen Klang (Dolby Surround, THX).

Berühmte Filmregisseure

Europa
Ingmar Bergman (Schweden, * 1918, »Das Schweigen«, 1964)
Bernardo Bertolucci (Italien, * 1941, »Der letzte Tango in Paris«, 1972)
Luis Buñuel (Spanien, 1900–1983, »Der diskrete Charme der Bourgeoisie«, 1972)
Rainer Werner Fassbinder (Deutschland, 1945–1982, »Die Ehe der Maria Braun«, 1978)
Federico Fellini (Italien, 1920–1993, »Satyricon«, 1969)
Jean-Luc Godard (Frankreich, * 1930, »Außer Atem«, 1959)
Peter Greenaway (Großbritannien, * 1942, »Der Kontrakt des Zeichners«, 1982)
Alfred Hitchcock (Großbritannien, 1899-1980, »Psycho«, 1960)
Stange Kubrick (Großbritannien, * 1928, »Clockwork Orange«, 1971)
Fritz Lang (Deutschland, 1890–1976, »Metropolis«, 1927)
Sergio Leone (Italien, 1929–1989, »Spiel mir das Lied vom Tod«, 1968)
F. W. Murnau (Deutschland, 1888–1931, »Nosferatu – Eine Symphonie des Grauens«, 1922)
Pier Paolo Pasolini (Italien, 1922–1975, »Teorema«, 1968)
Roman Polanski (Polen, * 1933, »Tanz der Vampire«, 1966)
Andrej Tarkowskij (Russland, 1932-1986, »Solaris«, 1972)
François Truffaut (Frankreich, 1932–1984, »Auf Liebe und Tod«, 1983)
Wim Wenders (Deutschland, * 1945, »Der Himmel über Berlin«, 1988)
Lina Wertmüller (Italien, * 1928, »Liebe und Anarchie«, 1973)

USA
Woody Allen (* 1935, »Manhattan«, 1978)
Robert Altman (* 1928, »Short Cuts«, 1993)
Peter Bogdanovich (* 1939, »Die letzte Vorstellung«, 1971)
Francis Ford Coppola (* 1939, »Apocalypse Now«, 1979)
John Ford (1895-1973, »Der Mann, der Liberty Valance erschoss«, 1962)
Howard Hawks (1896–1977, »El Dorado«, 1966)
John Houston (1906–1987, »African Queen«, 1952)
George Lucas (* 1944, »Krieg der Sterne«, 1977)
David Lynch (* 1946, »Blue Velvet«, 1986)
Martin Scorsese (* 1942, »Taxi Driver«,1975)
Steven Spielberg (* 1947, »Schindlers Liste«, 1993)
Orson Welles (1915–1985, »Citizen Kane«, 1941)
Billy Wilder (* 1906, »Manche mögen's heiß«, 1959)

Japan
Akira Kurosawa (* 1910, »Die sieben Samurai«, 1953)

■ *Finnland:* Der Malla-Nationalpark in der Provinz Lappi

in seiner Politik Rücksicht auf den sowjetischen Nachbarn. Deshalb wurde eine nur scheinbare Selbstständigkeit im Einflussbereich der Sowjetunion als *Finnlandisierung* bezeichnet. Anfang 1995 trat Finnland der → EU bei.

Finte [it. »List«], Vorwand, beim Boxen und Fechten ein Scheinangriff.

Firma [it. »bindende (Unterschrift auf einem Vertrag)«], *die,* Betrieb, Unternehmen.

Firmament [lat. »Stütze«], *das,* Himmelsgewölbe.

Firmung [von lat. firmare = »bestärken«], in der katholischen Kirche eines der sieben Sakramente, das von einem Bischof oder Weihbischof durch Handauflegen, Salbung und einen Backenstreich gespendet wird. Der gefirmte Jugendliche soll dabei in seinem Glauben gefestigt werden.

Firn, durch wiederholtes Schmelzen und Gefrieren körnig gewordener Schnee.

First Lady [engl. ˈfəːst ˈleɪdɪ], die erste Frau (im Staat), d. h. die Ehefrau des Staatsoberhaupts.

Fische, 1. im Wasser lebende, wechselwarme → Wirbeltiere, die durch → Kiemen atmen. Sie besitzen → Flossen und zumeist eine mit Schuppen bedeckte Haut. Die meisten Fische vermehren sich durch Eier *(Laich),* aber es gibt auch lebend gebärende Arten (z. B. einige Haiarten und Zahnkärpflinge). Die Larven unterscheiden sich oft erheblich von den erwachsenen Fischen. Mithilfe des Seitenliniensystems, das sich auf beiden Seiten vom Kopf bis zum Schwanz erstreckt, können die Fische den Wasserdruck und die Strömungsrichtung wahrnehmen. Es gibt zwei Klassen: → *Knorpelfische* und → *Knochenfische.* Fische stellen für den Menschen ein wichtiges Nahrungsmittel dar (→ Fischeiweiß); **2.** → Tierkreiszeichen (♓), das dem gleichnamigen Sternbild (lat. *Pisces*) und im → Horoskop dem Zeitraum 20. Februar–20. März entspricht.

Fischerei, Fang von Fischen und anderen Wassertieren (z. B. Krebse, Krabben, Garnelen, Tintenfische). Man unterscheidet zwischen *Hochseefischerei* (außerhalb der 200-Meilen-Zone mit besonderen Fangschiffen, auf denen die gefangenen Fische auch tiefgefroren oder verarbei-

■ *Fische:* Der bis zu 18 m lange Walhai ist ein Planktonfresser

tet werden können), *Küstenfischerei* (innerhalb der 200-Meilen-Zone mit Hilfe von Kuttern und kleineren Fangschiffen) und *Binnenfischerei* (im Süßwasser). Zum Fischen verwendet man Grund-, Schlepp- und Treibnetze, für den Fang von → Aalen auch Reusen. Die zumeist als Sport betriebene Fischerei mit einer Angel wird als → Angeln bezeichnet. Zur Fischerei gehört auch die Fischzucht (häufig in künstlich angelegten Fischteichen).

Fischotter → Otter.

Fiskus [lat. »Geldkorb«], *der,* Staatskasse.

Fistel [von lat. fistula = »Röhre«], *die,* röhrenförmige Verbindung zwischen einem Organ oder einem Körperhohlraum und der Körperoberfläche oder einem anderen Organ. Fisteln können angeboren sein oder durch eine Erkrankung entstehen.

Fixer [engl.], *der,* jemand, der sich Rauschgift spritzt.

fixieren [frz.], festhalten (z. B. in schriftlicher Form), festsetzen. Zeichnungen werden mit einem *Fixativ* (Schellack- oder Kollophoniumlösung) fixiert, so dass ihre Striche nicht mehr verwischt werden können. In der → Fotografie verwendet man ein *Fixiersalz* (zumeist Natriumthiosulfat), um in einer wässrigen Lösung, dem sog. *Fixierbad*, das nicht belichtete Silberhalogenid herauszulösen und so das Bild lichtbeständig zu machen.

Fixsterne, die Himmelskörper, die wie etwa die → Sonne selbst leuchten und im Gegensatz zu den Wandelsternen (→ Planeten) am Himmel festzustehen scheinen, weil sie sehr weit entfernt sind und ihren Standort nur sehr langsam verändern.

Fjord [norweg.], *der,* tief eingeschnittene Meeresbucht, die an einer steilen Küste weit ins Landesinnere hineinreicht. Solche Buchten sind in der → Eiszeit entstanden: Durch Gletscher trogförmig ausgebildete Flusstäler haben sich nach dem Anstieg des Meeresspiegels mit Meerwasser gefüllt.

FKK, Abkürzung für *Freikörperkultur*. Die auch als *Nudisten* bezeichneten Anhänger, die sich seit Beginn des Jahrhunderts in eigenen Vereinigungen organisiert haben, fördern eine natürliche Nacktheit beim Aufenthalt in der freien Natur, insbesondere beim Baden. Heute versteht man darunter zumeist Nacktbaden.

Flachs, *Lein,* über 1 m hoch werdende Faserpflanze, die in Europa in Gebieten mit gemäßigtem Klima angebaut wird. Aus den Stängeln des *Faser-* oder *Gespinstleins* stellt man → Bastfasern her. Aus den Samen des etwas kleineren *Ölleins* gewinnt man Leinöl.

Flagellaten, *Geißelträger,* Klasse von einzelligen Lebewesen, die sich mit einem als Geißel bezeichneten fadenförmigen Organell fortbewegen.

Flagge, als Hoheitszeichen für einen Staat *(Nationalflagge)* verwendete Fahne, die an einem Flaggenmast hochgezogen (»gehisst«) wird. Beim Tod von Politikern wird die Flagge an öffentlichen Gebäuden zum Zeichen der Trauer auf halbmast gesetzt. Auch Schiffe führen eine Flagge mit, wobei es für Handelsschiffe eine spezielle *Handelsflagge* gibt. Früher verwendete man zur Verständigung zwischen Schiffen *Signalflaggen* (mit einem speziellen Flaggenalphabet).

Flamen, die flämisch sprechende Bevölkerung in Nordbelgien sowie in den südlichen Niederlanden und in Nordostfrankreich (zwischen Dünkirchen und Lille). Die Flamen sind ein mit den Niederdeutschen verwandtes germanisches Volk, das zu den → Franken gehört.

Flamenco [span.], *der,* aus Andalusien stammendes Tanzlied, dessen Rhythmus durch das → Kastagnettenspiel der Tänzer (Einzeltänzer oder Tanzpaar) und durch Händeklatschen und Füßestampfen der Umstehenden betont wird. Zumeist wird es von Gitarristen begleitet.

Flamingos, bis zu 1,4 m große Wasservögel mit langen Beinen und Hälsen, die in tropischen und subtropischen Gebieten leben (in Europa noch in Südspanien und Südfrankreich).

■ *Flamingos*

Flaschenzug, Vorrichtung zum Heben von schweren Lasten. Die einfachste Art besteht aus einer festen oberen und einer beweglichen unteren Rolle, an der die Last hängt. Die Rollen sind mit einem Seil verbunden. Wenn man daran zieht, muss man nur die halbe Kraft aufwenden, aber dafür muss das Seil die doppelte Strecke gezogen werden. Je mehr Rollen bei einem Flaschenzug verwendet werden, desto weniger Kraft ist zum Heben notwendig. Bei vier Rollen braucht man nur ein Viertel der Kraft; die → Arbeit bleibt jedoch gleich, weil sich der Weg vervierfacht.

Flaubert [floˈbɛːr], Gustave (1821–1880), französischer Schriftsteller, der als Begründer des literarischen → Realismus gilt und in seinen Romanen den *inneren Monolog* einführte. Sein bekanntestes Werk ist »Madame Bovary« (1857).

Flaute, Windstille. Im Wirtschaftsleben bezeichnet man einen schlechten Geschäftsgang als Flaute.

Flechte, volkstümliche Bezeichnung für verschiedene Hauterkrankungen (wie z. B. → Ekzeme oder Schuppenflechte).

Flechten, niedere Pflanzen, die entweder einen Überzug an Bäumen und Steinen bilden *(Krustenflechten)* oder blatt- oder strauchförmig wachsen. Sie bestehen jeweils aus einer → Alge und einem Schlauchpilz (→ Pilze), die in → Symbiose miteinander leben. Flechten sind nahezu weltweit verbreitet und haben tropische wie auch polare Regionen erobert; häufig machen sie als Erstbesiedler ein Gebiet überhaupt erst bewohnbar.

Fledermäuse, *Flattertiere,* kleine Säugetiere, die mit Flughäuten zwischen den stark verlängerten Fingern ausgestattet sind. Die Fledermäuse sind die einzigen flugfähigen Säuger. Als Nachttiere orientieren sie sich bei ihren Flügen mit Hilfe von → Ultraschallwellen. Sie stoßen Laute im Ultraschallbereich aus und nehmen die von Hindernissen zurückgeworfenen Wellen wahr.

Fleisch, das Muskelgewebe und die inneren Organe von Tieren (insbesondere von warmblütigen). Neben Wasser (etwa 75 %) besteht es vorwiegend aus → Eiweiß und ist daher ein wichtiger Teil der menschlichen → Ernährung.

Fleisch fressende Pflanzen, auch als *Tier fangende Pflanzen* bezeichnete Pflanzen, die mit besonderen Fangeinrichtungen (klebrige Tentakel oder Blätter, mit Wasser gefüllte Blasen, als Fangklappen dienende Blätter) Insekten und andere kleine Tiere festhalten, um sie durch ausgeschiedene Säfte zu verdauen. Die tierischen Eiweiße sind dabei nur eine zusätzliche Nahrungsquelle, die diese Pflanzen auf nährstoffarmen Böden benötigen. Zu den Fleisch fressenden Pflanzen gehören *Sonnentau, Fettkraut, Venusfliegenfalle* und *Wasserschlauch.*

■ *Fledermäuse*

Flexibilität [lat.], *die,* Biegsamkeit, im übertragenen Sinn die Fähigkeit, sich auf wechselnde Situationen einzustellen.

Flexion [lat.], *die,* in der Grammatik die Beugung (→ Deklination oder → Konjugation) eines Wortes. Die Abwandlung der Wörter betrifft bei Substantiven, Adjektiven, Pronomen, Artikeln und Numeralen → Genus, → Numerus und → Kasus, bei den Verben Numerus und → Tempus. Sprachen, die über eine solche Beugung verfügen und damit die Beziehungen der Wörter in einem Satz ausdrücken, nennt man *flektierend.*

Flieder, zu den Ölbaumgewächsen gehörende Sträucher und kleine Bäume mit weißen, roten oder violetten Blüten, die röhrenförmig verwachsen sind und stark duften.

Fliegen, zweiflügelige → Insekten, die mit mehr als 50 000 Arten weltweit verbreitet sind. Ihre Larven (→ Maden) besitzen keine Beine und verwandeln sich durch Verpuppung (→ Puppe) in das Vollinsekt. Fliegen können je nach Art zwischen 1 mm und 5,5 cm lang werden. Sie sind gedrungen gebaut und besitzen zumeist kurze Fühler und Fresswerkzeuge, mit denen sie stechen und saugen oder lecken können. Fliegen ernähren sich von Pflanzensäften, Nektar, Aas, Blut oder kleineren Insekten und können dabei auch Krankheiten übertragen. Ihre Eier legen sie in Tierkadavern, Wunden von lebenden Tieren und in oder an Pflanzen ab. Zu den Fliegen gehören die in Mitteleuropa häufige *Stubenfliege,*

■ *Fleisch fressende Pflanzen: Der Langblättrige Sonnentau*

■ *Fliegenpilze*

die *Schmeißfliegen,* die man oft auf Exkrementen und Lebensmitteln findet, die kleinen *Frucht-* und *Taufliegen* und die in tropischen Gebieten verbreiteten *Stechfliegen* (z. B. die → Tsetsefliege).

Fliegende Fische, *Flugfische,* vorwiegend in tropischen Meeren lebende, heringähnliche → Knochenfische, die in Schwärmen auftreten. Sie können ihre vergrößerten Brustflossen als »Tragflächen« verwenden, um etwa auf der Flucht vor Feinden mehrere Sekunden lang bis zu 200 m über die Wasseroberfläche zu gleiten.

Fliegenpilz, giftiger Lamellenpilz mit rotem oder orangegelbem Hut (bis zu 20 cm), der durch lose Hautschuppen seine typischen weißen Tupfer erhält. Er enthält ein Alkaloid namens Muskarin, das als → Halluzinogen wirkt, und wird deshalb von manchen Völkern als Rauschmittel verwendet. Der Verzehr größerer Mengen führt zum Tod.

Fliehkraft, andere Bezeichnung für → Zentrifugalkraft.

Fließband, ein Laufband, das sich mit gleichmäßiger Geschwindigkeit bewegt und Werkstücke von einem Arbeitsplatz zum nächsten befördert. Dadurch wird die ununterbrochene Arbeit an einem Erzeugnis möglich, das in mehreren Arbeitsgängen hergestellt wird. Jeder Arbeiter führt dabei gleich bleibende Schritte durch, bis am Ende der Fließbandproduktion das Endprodukt zusammenmontiert ist.

Flip-Flop-Schaltung [engl.], in der Elektronik eine Kippschaltung, die nur zwischen zwei Zuständen (Strom führend oder stromlos) wechseln kann. In der elektronischen Datenverarbeitung wird sie als Speicher für → binäre Informationen verwendet.

Flipper [von engl. flip = »schnellen«], *der,* Spielautomat, bei dem der Spieler verhindern muss, dass eine kleine Kugel zwischen den zwei *Flippern* (Vorrichtungen, mit denen die Kugel zurückgeschnipst werden kann) hindurchrollt. Bei der Berührung bestimmter Hindernisse sammelt die Kugel Punkte.

Floating [engl. ˈfloʊtɪŋ »treibend«], *das,* Schwanken des im Ausland gültigen Wertes einer Währung durch die Freigabe des → Wechselkurses. Man lässt einen Wechselkurs **floaten,** damit er sich frei nach Angebot und Nachfrage entwickelt, bevor man zu einem neu bewerteten festen Wechselkurs zurückkehrt.

Flöhe, flügellose → Insekten, die 1–7 mm groß werden. Sie besitzen einen seitlich stark zusammengedrückten Körper mit kräftigen Hinterbei-

■ *Blick auf* **Florenz** *mit der charakteristischen Domkuppel*

nen, die gewaltige Sprünge ermöglichen (bis zu 30 cm hoch und bis zu 50 cm weit). Flöhe halten sich im Haar- und Federkleid von Tieren auf und ernähren sich als → Parasiten saugend vom Blut von Säugern und Vögeln. Zumeist begnügen sie sich mit einem bestimmten Wirt (z. B. *Hunde-, Hühner-* oder *Menschenfloh).* Einige Arten übertragen gefährliche Krankheiten wie Fleckfieber oder Pest.

Floppydisk *Floppy Disk* [engl. »schlaffe Scheibe«], *die,* biegsame → Diskette, die als Datenträger für Computer dient.

Flora [von der gleichnamigen röm. Frühlingsgöttin], *die,* Pflanzenwelt (eines bestimmten Gebietes). Als Flora bezeichnet man auch die Gesamtheit der → Bakterien, die in einem Körperorgan von Natur aus vorkommen (z. B. *Darm-, Scheiden-, Mundflora).*

Florenz, it. *Firenze,* am Arno gelegene Hauptstadt (400 000 Einwohner) der italienischen Region → Toskana. Im Mittelalter war Florenz der führende Stadtstaat in Mittelitalien und ein bedeutendes Handelszentrum. Seine Blütezeit hatte es unter den Medici. Die vor allem durch Bauwerke aus der Renaissance geprägte Stadt besitzt berühmte Kunstsammlungen (insbesondere Uffizien und Palazzo Pitti).

Florett [it.], *das,* eine Stichwaffe beim → Fechten, die eine dünne, vierkantige Klinge besitzt.

Florida, im Südosten Nordamerikas liegender Bundesstaat der → Vereinigten Staaten von Amerika, der hauptsächlich die gleichnamige Halbinsel einnimmt. Florida ist bekannt durch seine Seebäder und das Raketenversuchsgelände *Cape Canaveral.*

Floskel [lat. »Blümchen«], *die,* leere, nichts sagende Redensart.

Flosse, zur Fortbewegung und Steuerung dienendes Organ von Wirbeltieren, die im Wasser leben. Flossen kommen paarweise (als Brust- und

Bauchflossen) und unpaarig (als Rücken-, After- und Schwanzflossen) vor.

Flöte, Holzblasinstrument, das zu den ältesten Musikinstrumenten der Menschheit gehört. Die Töne entstehen durch Anblasen einer Kante und werden durch Schließen oder Öffnen der Grifflöcher verändert. Man unterscheidet nach der Bauart zwischen *Schnabel-* (→ Blockflöte) und *Querflöte*.

Flotte, alle Schiffe eines Staates. Man unterscheidet zwischen *Handels-, Fischerei-* und *Kriegsflotte*.

Flöz, in der Bergmannssprache eine Schicht, die so viel nutzbares Gestein enthält, dass sich ein Abbau wirtschaftlich lohnt (z. B. *Steinkohle-* oder *Mineralflöze*).

Flüchtlinge, alle Personen, die ihre Heimat verlassen müssen, weil sie durch kriegerische Auseinandersetzungen vertrieben werden oder aus politischen, ethnischen oder religiösen Gründen zur Auswanderung gezwungen sind.

Fluchtlinie, bei einer Zeichnung die Linie, die zum sog. **Fluchtpunkt** hinstrebt und dadurch den Eindruck einer → Perspektive erweckt.

Flugbahn, die Bahn, die ein schräg aufwärts geworfener oder geschossener Körper beschreibt. Die so entstehende Kurve wird als *ballistische Kurve* (→ Ballistik) bezeichnet.

Flügel, 1. in der Biologie ein Organ, das Tiere zum Fliegen befähigt. Es handelt sich dabei um Umbildungen der Vorderbeine, die bei Vögeln → Federn tragen und bei Fledermäusen mit Flughäuten versehen sind, oder um häutige Ausstülpungen des Außenskeletts bei Insekten; **2.** in der Technik nennt man so die Tragflächen eines → Flugzeuges, die für den → Auftrieb sorgen; **3.** in der Architektur ist ein Flügel der Seitenteil eines Gebäudes; **4.** ein Tasteninstrument, dessen Gehäuse im Grundriss einer rechten Schwinge ähnelt (weil sich die waagrecht verlaufenden Saiten nach rechts in den oberen Stimmlagen verkürzen).

Flughafen, Anlage für den zivilen Luftverkehr. Auf den *Rollbahnen* können → Flugzeuge starten und landen. Zu einem Flughafen gehören auch Gebäude für die Abfertigung, Hallen und Werkstätten sowie ein → Tower, von dem aus der Flugverkehr überwacht wird.

Flugzeug, ein Luftfahrzeug, das im Gegensatz zum → Ballon oder zum → Luftschiff schwerer als Luft ist. Die Kraft, die es in der Luft hält, ist der aerodynamische → Auftrieb, der an den Tragflächen oder durch einen Drehflügel (→ Hubschrauber) erzeugt wird.

Ein Flugzeug besteht im wesentlichen aus dem Rumpf mit den Tragflächen, dem Leit- und dem Steuerwerk, dem Fahrwerk und dem Triebwerk. An Bord befinden sich verschiedene Geräte und Navigationsinstrumente für die Flugüberwachung, die Steuerung und die Verständigung mit Bodenstationen. Im Rumpf sind die Besatzung, die Passagiere und die Fracht untergebracht: im *Cockpit* der Pilot (bei Verkehrsmaschinen ist stets ein Kopilot dabei), in der Kabine dahinter die Fluggäste.

Die Tragflächen sind so geformt, dass die Luft an der Oberseite schneller vorbeiströmt als an der Unterseite. Deshalb entsteht auf der Oberseite ein Unterdruck, an der Unterseite ein Überdruck; der Druckunterschied hebt das Flugzeug. Das Leitwerk am Ende des Rumpfes stabilisiert das Flugzeug. Es besteht aus einem Höhen- und Seitenleitwerk mit Höhen- und Querrudern, die die Bewegungsrichtung steuern. Diese Ruder werden mit dem Steuerwerk betätigt. Das Fahrwerk wird nur für den Start und die Landung benötigt und deshalb während des Fluges eingezogen. Die an den Tragflächen oder am Rumpf befestigten Triebwerke erzeugen die Vortriebskraft. Es gibt dabei → Propeller-, Turbinenpropeller- und Strahltriebwerke. Ohne Triebwerk kommen → Segelflugzeuge aus, die bei ihrem Gleitflug Luftbewegungen ausnutzen.

Flugzeugträger, großes Kriegsschiff, auf dessen Deck Flugzeuge mit Hilfe von Katapulten starten und mithilfe von Halteseilen landen können.

Flughafen
••••••••••••••••••••

Die verkehrsreichsten Flughäfen sind international Chicago (O'Hare), Atlanta, Dallas-Fort Worth, London (Heathrow), Los Angeles, Tokio (Haneda), Frankfurt/M. (Rhein-Main), San Francisco, Denver, Miami, New York (J. F. Kennedy) und Paris (Charles de Gaulle) sowie national (außer Frankfurt/M.) Düsseldorf (Lohausen), München (Erding), Berlin (Tegel, Tempelhof und Schönefeld), Hamburg (Fuhlsbüttel), Stuttgart (Echterdingen), Köln-Bonn (Wahn), Hannover (Langenhagen), Nürnberg, Leipzig-Halle, Dresden und Bremen.

■ *Flugzeugträger* sind die wichtigsten Einheiten der Seestreitkräfte

Fluor

Zeichen: F
Ordnungszahl: 9
Atommasse: 19
Dichte: 1,7 g/cm^2
Schmelzpunkt: −219,5 °C
Siedepunkt: −188 °C

Fluorchlorkohlenwasserstoffe

1990 einigte sich eine Konferenz zum Schutz der Ozonschicht darauf, ab 2000 keine FCKW mehr zu erzeugen. Die EU verzichtete sogar schon ab 1996 auf die FCKW-Produktion; in der Bundesrepublik Deutschland wurde die Produktion Mitte 1994 eingestellt.

Die größten Flüsse der Erde

Name	Länge in km
Nil (afrik.)	6671
Amazonas (südam.)	6518
Jangtsekiang (asiat.)	6300
Ob (asiat.)	5570
Hwangho (asiat.)	5464
Jenissej (asiat.)	5391
Amur (asiat.)	4345
Kongo (afrik.)	4374
Lena (asiat.)	4313
Paraná/Rio de la Plata (südam.)	4264
Mackenzie/Peace River (nordam.)	4241
Niger (afrik.)	4184
Mekong (asiat.)	4184
Mississippi (nordam.)	3778
Missouri (nordam.)	3725
Wolga (eur.)	3531
Murray/Darling (austr.)	3490
Rio Madeira (südam.)	3240
São Francisco (südam.)	3199
Indus (asiat.)	3180
Rio Grande (nordam.)	3034
Syrdarja (asiat.)	2991
Brahmaputra (asiat.)	2896
Donau (eur.)	2858
Yukon (nordam.)	2849
Euphrat (asiat.)	2760
Ganges (asiat.)	2700
Sambesi (afrik.)	2660
Paraguay (südam.)	2600
Ural (asiat.)	2534

Fluor [lat. »das Fließen«], *das,* ein → chemisches Element aus der Gruppe der → Halogene. Das gelblich grüne giftige Gas ist sehr reaktionsfreudig und kommt deshalb in der Natur nur in gebundener Form vor. Mit Wasserstoff verbindet es sich zu *Fluorwasserstoff,* der zum Ätzen von Glas verwendet wird. *Natriumfluorid* (NaF) wird der Zahnpasta als Schutz gegen → Karies beigegeben. Die früher als Treibmittel in Spraydosen verwendeten → *Fluorchlorkohlenwasserstoffe* sind heute in vielen Industrieländern verboten, weil sie die Ozonschicht zerstören.

Fluorchlorkohlenwasserstoffe, *FCKW,* organische Verbindungen, bei denen die Wasserstoffatome durch Fluor- und Chloratome ersetzt worden sind. Die chemisch sehr stabilen, ungiftigen Verbindungen wurden früher als Kühlmittel in Kühlschränken, als → Treibgas für Spraydosen und in Klimaanlagen verwendet. Da sie jedoch in den oberen Schichten der → Atmosphäre → Ozon in Sauerstoff umwandeln, hat sich ein Ozonloch gebildet, das die Schutzfunktion der Ozonschicht gegen UV-Licht verringert.

Fluoreszenz [engl.], *die,* bei bestimmten chemischen Stoffen oder Mineralen die Eigenschaft, dass sie zu leuchten beginnen, wenn man sie Licht-, Röntgen- oder Elektronenstrahlen aussetzt.

Flurbereinigung, Neuordnung von Geländeflächen durch Zusammenlegung des zersplitterten Grundbesitzes.

Flüsse, fließende Gewässer auf dem Festland, die Oberflächenwasser sowie Wasser aus Quellen sammeln und dem Meer oder einem See zuführen. Kleinere Wasserläufe werden als *Bäche,* größere als *Ströme* bezeichnet. Die Entwässerung eines Flusses geschieht meist oberirdisch, kann aber auch (z. B. in → Karstgebieten) unterirdisch erfolgen.

Flüssigkeit, ein Stoff, der aufgrund seines flüssigen → Aggregatzustandes im Gegensatz zu einem → Festkörper keine feste äußere Form besitzt und sich in einem Gefäß dem Hohlraum anpasst. Die Atome und Moleküle liegen dicht zusammen, lassen sich aber leicht verschieben. Im Gegensatz zu Gasen bleibt das Volumen dabei beständig. Wenn die Temperatur von Flüssigkeiten unter den Gefrierpunkt sinkt, können sie erstarren (z. B. Wasser zu → Eis). Steigt die Temperatur über den Siedepunkt, werden sie gasförmig.

Flüssigkristallanzeige, auch als → *LCD* bezeichnete Anzeige für → alphanumerische Zeichen (z. B. bei elektronischen Geräten oder Digitaluhren), die sog. *Flüssigkristalle* verwendet. Diese Kristalle können mit geringer Stromzufuhr dazu gebracht werden, dass sie das Licht anders als die Umgebung brechen.

Flusspferde, in Afrika lebende Paarzeher, die bis zu 4,5 m lang und bis zu 3 t schwer werden. Sie besitzen einen plumpen Körper mit kurzen Beinen, können aber sehr gut schwimmen und mehrere Minuten lang tauchen. Die in Ost- und Zentralafrika beheimateten *großen Flusspferde* werden auch als *Nilpferde* bezeichnet. In Westafrika leben die kleineren *Zwergflusspferde* (1,5 m lang).

Flut, bei den → Gezeiten das regelmäßige Ansteigen des Meeresspiegels. Gegenteil: → Ebbe.

Föderalismus [lat.], *der,* eine staatliche Ordnung, bei der sich Einzelstaaten zu einem Staatenbund (z. B. Vereinigte Arabische Emirate) oder einem Bundesstaat (z. B. Vereinigte Staaten von Amerika) zusammengeschlossen haben, aber dabei ein Höchstmaß an Selbstständigkeit und Eigenverantwortung behalten. Während die Mitglieder eines Staatenbundes selbstständig bleiben, besitzen die Gliedstaaten eines Bundesstaates eine zentrale Bundesregierung, die für bestimmte Bereiche allein zuständig ist. In der Bundesrepublik Deutschland zeigt sich der Föderalismus darin, dass die Bundesregierung zwar allein über die Außen- und Verteidigungspolitik bestimmt, die Bundesländer aber in allen anderen Bereichen (über den → Bundesrat) mitentscheiden oder die alleinige Entscheidungsgewalt haben (z. B. Kultur).

Föderation [lat.], *die,* Vereinigung, Staatenbund.

Föhn, trockener, warmer Fallwind, der insbesondere in Tälern am Alpennordrand und im Alpenvorland auftritt, wenn auf der anderen Seite des Gebirges regnerisches Wetter herrscht. Wetterfühlige Menschen reagieren auf Föhn oft mit Kopfschmerzen, Schlaflosigkeit und Reizbarkeit.

Fokus [lat. »Herd«], *der,* Brennpunkt (z. B. bei einer Linse).

Folie [lat. »Blatt«], *die,* sehr dünnes Material (Metall oder Kunststoff), das beispielsweise zum Einpacken oder Einbinden verwendet wird.

Folk [engl. fouk], *der,* eigentlich *Folk Music* (Volksmusik), eine populäre Musik, die neben Elementen der → Volksmusik seit den 60er Jahren auch Einflüsse der → Rockmusik enthält, aber häufig nur akustische Instrumente verwendet. Die amerikanische Folk Music war früher sehr

politisch und sozialkritisch geprägt (z. B. Pete Seeger, Woody Guttrie und Bob Dylan), während die Folk Music in Großbritannien und Irland an die Tradition der Barden anknüpfte. An die Stelle des Folk ist die → World Music getreten. Heute versteht man unter Folk zumeist britischen und amerikanischen → *Folkrock*.

Folklore [engl.], *die,* volkstümliche Kultur (Volksglaube, Volksmusik, Brauchtum).

Folkrock, *Folk Rock* [fouk-], eine auf angloamerikanischer Volksmusik beruhende Stilrichtung der → Rockmusik, die auf dem traditionellen → Folk aufbaut, aber zumeist elektrisch verstärkte Instrumente einsetzt. Der Folkrock bezog schon früh Elemente aus anderen, oft exotischen Musikkulturen ein und benutzte Instrumente, die in der Rockmusik eher ungewöhnlich sind (z. B. Flöte, Geige, Harfe). Er zeichnet sich zumeist durch melodiöse Spielweise und mehrstimmigen Harmoniegesang aus, greift auf überlieferte Lieder (Traditionals) zurück und verwendet häufig die Form der → Ballade.

Folter, die Anwendung von körperlicher oder psychischer Gewalt, um einen Gefangenen zu einem Geständnis zu zwingen oder seinen Widerstand zu brechen. Die Folter war im Mittelalter als *Peinliche Befragung* ein fester Bestandteil des Gerichtsverfahrens, weil ein Geständnis für die Verurteilung notwendig war. Sie wurde zwar im 18. Jh. in den meisten Staaten abgeschafft, aber auch heute noch bedienen sich in autoritären Staaten Militär und Polizei bei politischen Gegnern der Folter.

Fonds [frz. fõ:], *der,* für einen bestimmten Zweck vorhandene Geldvorräte.

Fondue [frz. fõ'dy »geschmolzen«], *das,* ein Gericht, bei dem Fleischstückchen in heißem, flüssigem Fett gegart werden. Beim *Käsefondue* tunkt man Weißbrot in geschmolzenen, mit Weißwein vermischten Käse.

Fontane, Theodor (1819–1898), deutscher Schriftsteller, der in seinen realistischen Gesellschaftsromanen den Wandel der Lebensformen und Wertvorstellungen beschrieb. Bekannt sind seine Romane »Irrungen, Wirrungen« (1888) »Effi Briest« (1895) und »Der Stechlin« (1899).

Fonts [engl.], *Mz.,* bei der → elektronischen Datenverarbeitung die Schriften, mit denen die Zeichen auf dem Bildschirm dargestellt und vom → Drucker ausgedruckt werden.

Football, *American Football* [engl. 'futbɔ:l], *der,* ein aus dem → Rugby entstandenes Ballspiel für zwei Mannschaften mit je elf Spielern und zahlreichen Auswechselspielern. Das Spielfeld ist etwa 109,8 m × 48,8 m groß und in 5-Yards-Zonen unterteilt. Ziel jeder Mannschaft ist es, den eiförmigen Ball in die gegnerische Endzone zu bringen. Ein solcher *Touch-Down* zählt sechs Punkte. Danach kann noch ein zusätzlicher Punkt erzielt werden, wenn es gelingt, den Ball aus 13 Yards Entfernung durch das gegnerische Tor zu schießen. Dieses Tor besteht aus zwei senkrechten (bei den Profis 9 m hohen) Torstangen und einer Querlatte in etwa 3 m Höhe, über die hinweg der Ball durch die Pfosten getreten werden muss. Wenn aus dem Feld heraus der Ball durch das Tor geschossen wird, erbringt dieses *Field-Goal* drei Punkte.

Die angreifende Mannschaft muss mit höchstens vier Versuchen 10 Yards (= 9,14 m) Raum gewinnen, d. h. der gegnerischen Endzone 10 Yards näher kommen, bevor der Ball führende Spieler zu Boden gerissen wird. Falls die Angreifer diesen Raumgewinn erzielen, dürfen sie erneut vier Versuche starten, weiter nach vorn zu kommen. Der Ball wird dabei von einem Spieler durch die Beine nach hinten einem Mitspieler zugeworfen *(Snap)*. Der angreifende Spieler kann dann zusammen mit dem Ball nach vorn laufen, wobei ihn seine Mitspieler gegen die Verteidiger abzuschirmen versuchen, oder den Ball einem nach vorn sprintenden Mitspieler zuwerfen. Die Verteidiger dürfen den Spieler, der den Ball trägt, festhalten und umwerfen. Der Angreifer, der einen Pass fängt, darf jedoch nicht berührt werden, solange er noch nicht im Ballbesitz ist. Wenn die angreifende Mannschaft in vier Versuchen nicht erfolgreich ist oder ein Verteidiger den Ball abfängt, darf die andere Mannschaft angreifen.

■ *Bei* **Föhn** *bilden sich über Berggipfeln häufig linsenförmige Wolken*

Bekannte Folkrock-Gruppen

USA:
Byrds
Crosby, Stills & Nash
Kaleidoscope
Lovin' Spoonful
Mamas and Papas
Pearls Before Swine
Seatrain
Simon and Garfunkel
Youngbloods

Großbritannien:
Fairport Convention
Fotheringay
Incredible String Band
Lindisfarne
Matthews Southern Comfort
Pentangle
Strawbs
Steeleye Span
Tyrannosaurus Rex

Folter

Laut → amnesty international gab es 1996 noch in 120 Ländern Folter und Misshandlung.

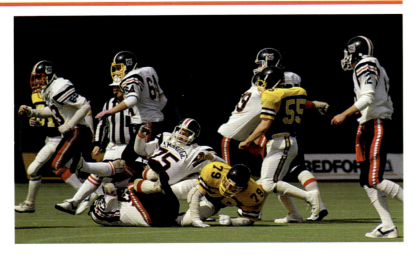

Spielerbezeichnungen beim Football

Offense (Angriff):

5 Linemen in der vordersten Linie:
Center: Der Mittelstürmer wirft den Ball bei jedem Versuch nach hinten.
2 Guards: Die Innenstürmer stehen beiderseits vom Center und sollen die Gegenspieler abblocken.
2 Tackles: Die Angreifer stehen ebenfalls in der ersten Linie und haben ähnliche Aufgaben.
3 Receiver (Tight-End, Flanker und *Split-End):* Die Außenstürmer stehen weiter hinten und nehmen die Pässe an (während die Spieler in der ersten Linie keinen Pass fangen dürfen).

Backfield:

Quarterback: Er steht hinter dem Center und nimmt den Ball auf, wirft die Pässe und lenkt das Spiel.
2 Running-Backs (Half-Back und *Full-Back):* Die Hinterspieler übernehmen den Ball vom Quarterback und versuchen die gegnerische Zone durch einen Lauf zu erreichen.

Defense (Verteidigung):

2 Defense-Tackles, 2 Defense-Ends und *eventuell 1 Nose-Guard:* Die Offensivverteidiger und Außenverteidiger stehen in der ersten Linie und sollen den gegnerischen Quarterback am Pass hindern.
3 Line-Backers (1 Middle- und *2 Outside-Linebackers):* Die Linienverteidiger stehen hinter der Verteidigungslinie.

(Fortsetzung nächste Seite)

Die Verteidiger können ebenfalls Punkte erzielen (z. B. durch Zurückdrängen der Angreifer in deren Endzone).

Football ist in erster Linie ein von Taktik und Strategie bestimmtes Spiel, das zahlreiche eingeübte Spielzüge kennt und jedem Spieler genau festgelegte Aufgaben zuweist. Deshalb bestehen die Mannschaften aus Einzelspielern und Mannschaftsteilen mit speziellen Funktionen und Bezeichnungen. Ein Spiel dauert 4-mal 15 Minuten, aber bei jeder Unterbrechung wird die Uhr angehalten. Außerdem darf jede Mannschaft Auszeiten nehmen, um die Taktik der nächsten Spielzüge zu besprechen. Die Spieler tragen einen Kunststoffhelm, gepolsterte Kleidung sowie besondere Schutzvorrichtungen für Schenkel und Schienbeine.

Als *Super Bowl* wird das Endspiel der amerikanischen Meisterschaft bezeichnet, das in den USA ungeheuer beliebt ist und im Rahmen einer großen Fernsehshow übertragen wird.

Förde, eine tief ins Land hineinreichende Meeresbucht (z. B. *Kieler Förde*).

Forellen, zwei Arten von Lachsfischen. Bei der *europäischen Forelle* kann man nach dem Lebensraum drei Unterarten unterscheiden: *Meer-, See-* und *Bachforelle.* Die aus Nordamerika stammende *Regenbogenforelle* wurde 1880 in Europa eingeführt. Alle Forellen sind begehrte Speisefische, Bach- und Regenbogenforellen werden in Teichen gezüchtet.

Formalität [lat.], *die,* Förmlichkeit, Formsache.

Format [lat. »Geformtes«], *das,* eine bestimmte, durch Normen festgelegte Abmessung (z. B. von Papierblättern).

Formatierung, in der → elektronischen Datenverarbeitung die Strukturierung der Daten, insbesondere bei magnetischen Datenträgern (→ Festplatte, → Disketten) die Einteilung in Sektoren und Spuren *(Vorformatierung)* oder in mehrere Bereiche, die einem → Betriebssystem zugewiesen werden *(Partitionierung).* Die (leeren) Datenträger erhalten dadurch Bezugspunkte, an denen sich das System orientieren kann.

Formel [lat. »Regel«], ein feststehender Ausdruck (z. B. *Beschwörungsformel),* in der Mathematik und Naturwissenschaft eine verkürzte Schreibweise, um mit Hilfe von Zeichen, Buchstaben und Ziffern einen Rechenvorgang bzw. einen physikalischen oder chemischen Sachverhalt auszudrücken.

forte [it.], in der Musik die Anweisung für einen lauten, kräftigen Vortrag. **Fortissimo** bedeutet »sehr laut«. Gegensatz: → piano.

Fortpflanzung, bei Pflanzen, Tieren und Menschen die Erzeugung von Nachkommen. Man unterscheidet zwischen *ungeschlechtlicher* und *geschlechtlicher* Fortpflanzung. Niedere Pflanzen und Tiere (vor allem einzellige Lebewesen) pflanzen sich ungeschlechtlich fort *(asexuelle* oder *vegetative Fortpflanzung),* indem sich Körperzellen des »mütterlichen« Organismus teilen. Die Tochterzellen besitzen somit dasselbe Erbgut wie der Elternorganismus. Andere Formen der ungeschlechtlichen Fortpflanzung sind die *Knospung* (Abschnürung von Körperauswüchsen, die sich zu eigenen Individuen entwickeln), und die *Sporenbildung* (Vermehrung durch bewegliche Verbreitungszellen, die sich ohne Befruchtung zu neuen Individuen entwickeln).

Bei den höheren Pflanzen und Tieren findet eine geschlechtliche Fortpflanzung statt, bei der eine weibliche → Eizelle durch eine männliche Samenzelle (→ Spermium) befruchtet wird (→ Befruchtung). Das neue Lebewesen entsteht aus der Verschmelzung besonderer Geschlechtszellen (→ Keimzellen) und enthält somit eine Kombination der Erbanlagen beider Elternteile. Zumeist ist diese Art der Fortpflanzung an zwei verschiedene Geschlechter gebunden, aber es gibt in der Tier- und Pflanzenwelt auch Lebewesen, die sowohl männliche als auch weibliche Keimzellen hervorbringen (→ Zwitter, → einhäusige Pflanzen). Bei manchen Pflanzen und Tieren gibt es einen Wechsel zwischen geschlechtlicher und ungeschlechtlicher Fortpflanzung (→ Generationswechsel). Bei anderen entwickeln sich die Nachkommen aus unbefruchteten Eizellen (→ *Jungfernzeugung).* Viele Pflanzen, die sich

geschlechtlich fortpflanzen, haben zusätzlich die Möglichkeit, sich auf ungeschlechtlichem Wege durch Ausläufer (Seitensprosse) zu vermehren.
Fortuna, römische Göttin des Glücks.
Forum [lat.], *das,* in der Antike der Marktplatz in den römischen Städten, im heutigen Sinn ein Ort für die öffentliche Diskussion eines Problems.
Fossilien [lat. »ausgegraben«], *Mz.,* die versteinerten Überreste von Pflanzen und Tieren aus vergangenen Epochen der → Erdgeschichte. Als Fossilien bezeichnet man auch die Spuren von Lebewesen, z. B. Fährten von Dinosauriern oder die Röhren von Würmern. Besonders wichtig sind die → Leitfossilien, die in einer bestimmten → geologischen Formation vorkommen.

■ *Fossilien: Ammonit*

Fotoapparat, *Kamera,* ein Gerät zum Aufnehmen von fotografischen Bildern (→ Fotografie). Bei modernen Kameras fallen die Lichtstrahlen durch ein mit einer → Blende ausgestattetes → Objektiv auf den Film. Der Lichteinfall wird durch den Verschluss gesteuert, der sich nach der Betätigung des Auslösers für eine bestimmte kurze Zeit öffnet. In den meisten Fotoapparaten ist ein → Belichtungsmesser eingebaut, so dass man die richtige Belichtungszeit und Blendenöffnung ablesen und einstellen kann; vielfach wird sie auch durch eine Belichtungsautomatik selbsttätig eingestellt.
Bei einfachen Fotoapparaten, den *Sucherkameras,* erfasst man das Motiv durch ein kleines Sucherfenster. Das Objektiv ist zumeist eingebaut; die Entfernung lässt sich nicht eigens einstellen (Fixfocus-Objektiv). Bei *Spiegelreflexkameras* blickt man über einen Spiegel durch das Objektiv auf das aufzunehmende Motiv. Der Spiegel klappt beim Auslösen hoch, und das Bild gelangt so auf den Film, wie es im Sucher zu sehen war.
Das am weitesten verbreitete Filmformat ist der *Kleinbildfilm* (mit 24 mm × 36 mm Bildgröße).

Die Entwicklung geht jedoch vom herkömmlichen Filmmaterial weg und hin zu Bildern, die auf einem → Chip gespeichert werden.
Foto-CD, eine → CD, auf der etwa 100 Kleinbilddias digital gespeichert werden können. Die auf herkömmliche Weise mit einer Kleinbildkamera aufgenommenen Fotos werden im Fotofachhandel digitalisiert und auf einer CD festgehalten. Man kann sie dann in einem speziellen Foto-CD-Player oder einem CD-ROM-Laufwerk mit einem Laserstrahl abtasten und auf einem Fernsehschirm oder einem Computerbildschirm ansehen. Die Aufnahmen besitzen eine hohe Bildschärfe.
Fotografie, *Photographie* [von griech. *photos* = »Licht« und *graphein* »schreiben«], *die,* ein Verfahren, bei dem Licht durch die Linse eines → Fotoapparats auf die lichtempfindliche Schicht eines → Films fällt. Das Licht ruft dort dauerhafte chemische Veränderungen hervor und erzeugt Abbilder der aufgenommenen Gegenstände.
Man unterscheidet zwischen *Schwarzweiß-, Farb-* und *Sofortbildfotografie.* Bei der *Schwarzweißfotografie* werden die Farben des aufgenommenen Motivs in verschiedene Grautöne umgesetzt. Auf dem Trägermaterial des Films ist eine dünne lichtempfindliche Schicht aufgetragen, eine Emulsion, die aus mikroskopisch kleinen Körnern von Silberverbindungen besteht. Je mehr Licht auf diese Silbersalze einwirkt, desto mehr metallisches Silber wird freigesetzt. Auf dem Film selbst ist jedoch keine Veränderung festzustellen; dort ist lediglich ein *latentes* (verborgenes) Bild entstanden. Um dieses Bild sichtbar zu machen, muss der Film mit einem Entwickler chemisch behandelt werden. Nach dem → Fixieren und dem Wässern wird das latente Bild sichtbar. Das Bild liegt nun als → *Negativ* vor, d. h., die hellen Stellen werden dunkel, die dunklen Stellen hell wiedergegeben. Von diesem Negativ kann man durch Kopier- und Vergrößerungsvorgänge Abzüge auf *Fotopapier* herstellen, die ein → *Positiv* mit der richtigen Verteilung von Hell und Dunkel ergeben.
In der *Farbfotografie* befinden sich auf dem Trägermaterial drei verschiedene Schichten übereinander. Jede dieser Schichten ist für eine der drei Grundfarben empfindlich: die oberste für Blau, die mittlere für Grün und die unterste für Rot. Zwischen den Schichten liegen noch Zwischenschichten, so liegt zwischen der blau- und der grünempfindlichen Schicht eine Gelbfilterschicht, die die restliche Blaustrahlung herausfiltert. Mit den drei Grundfarben können alle

2 Cornerbacks: Sie stehen weiter hinten außen und passen auf die Passempfänger der Angreifer auf.
Strong-Safety: Er steht auf der Seite, wo die Angreifer stärker besetzt sind.
Free-Safety: Er steht als freier Mann in der Abwehrreihe hinten und greift dort ein, wo es der gegnerische Spielzug erforderlich macht.

Forum

Im → Internet ist das Forum eine Einrichtung von → Online-Diensten, die als Diskussionsgruppe den Austausch von Informationen zu einem bestimmten Thema ermöglichen. Die Anbieter stellen dabei Foren zur Verfügung, in denen die Teilnehmer über spezielle Themen diskutieren können. Jeder Nutzer, der sich in ein solches Forum einwählt, kann sich über die bisherigen Diskussionsbeiträge informieren und auch selbst seine eigene Meinung einbringen.

Fotoapparat

Die einfachste Ausführung ist die *Camera obscura* [lat. »dunkle Kammer«] oder *Lochkamera,* ein geschlossener dunkler Kasten. Nur in einer Wand befindet sich ein winziges Loch, durch das Lichtstrahlen eindringen können. Die Wand auf der gegenüberliegenden Seite ist mit einem lichtempfindlichen Material versehen. Dort entsteht dann ein auf dem Kopf stehendes Bild.

Franc, Franken

Der Name Franc und Franken geht auf alte Münzen zurück, auf denen »Francorum rex« (König der Franken) stand.

Francium

Zeichen: Fr
Ordnungszahl: 87
Atommasse: 223
Schmelzpunkt: 27 °C
Siedepunkt: 677 °C

Frankenstein

Berühmt wurden Frankenstein und sein »Ungeheuer« durch zahlreiche Verfilmungen (z. B. »Frankenstein« von John Whale, 1931, mit Boris Karloff als Monster, oder »Mary Shelley's Frankenstein« von Kenneth Branagh, 1994).

Farben dargestellt werden. Auch bei diesem Verfahren erhält man zunächst ein Farbnegativ. Beim Farbumkehr- oder Farbdiafilm entsteht durch die Entwicklung ein *Diapositiv,* bei dem die drei Farbschichten übereinander liegen und ein farbrichtiges Abbild ergeben. Von diesem Dia kann man Farbabzüge oder Kopien im Positiv-Positiv-Verfahren anfertigen.

Bei der *Sofortbildfotografie* erhält man unmittelbar nach der Aufnahme ein bereits entwickeltes Fotopositiv. Hier sind (beim Zweiblattverfahren) in der Kamera zwischen Negativ und Positiv der Entwickler und der Fixierer aufgebracht. Nach dem Trennen der zwei Blätter ist das Bild fixiert. Beim Einblattverfahren entwickelt sich das Positiv als Schicht über dem Negativ.

Eine Neuerung für die Speicherung und Wiedergabe von Fotografien ist die → Foto-CD.

Fotokopie, die originalgetreue → Kopie eines Dokuments (Schriftstück, Zeichnung), die mit einem fotografischen Kopierverfahren hergestellt worden ist. Zumeist versteht man darunter eine *Xerokopie* (→ Xerographie).

Fötus, andere Schreibweise für → Fetus.

Foul [engl. faul], *das,* im Sport ein regelwidriges Verhalten gegenüber dem Gegenspieler.

Foyer [frz. foa'je: »Feuerstätte«], *das,* im Theater die Wandelhalle oder der Vorraum.

Fragment [lat.], *das,* Bruchstück, unvollendetes oder unvollständiges Werk.

Fraktal [von engl. fractional = »gebrochen«], *das,* ein unregelmäßig geformtes Gebilde ohne gerade Linien, das ein Grundelement der → Chaostheorie ist. Die *fraktale Geometrie* verwendet Elemente, die sich stets selbst ähnlich bleiben, gleichgültig, wie stark man sie vergrößert oder verkleinert. Damit lassen sich komplexe natürliche Gebilde wie Schneeflocken oder Küstenlinien mathematisch beschreiben und mit dem Computer darstellen.

Fraktion [lat. »Bruch«], *die,* **1.** im Parlament die Abgeordneten einer bestimmten Partei, wenn diese 5 % der Wählerstimmen auf sich vereinigt hat; **2.** in der Chemie der Teil eines Gemisches von Stoffen, der durch → Destillation, Extraktion oder Kristallisation abgetrennt worden ist.

Franc [frz. frã:], *der,* Währungseinheit in mehreren europäischen Ländern (z. B. *französischer* und *belgischer Franc*).

Francium [von lat. Francia = »Frankreich«], *das,* ein radioaktives → chemisches Element, das zu den → Alkalimetallen gehört.

Franken, ein westgermanischer Volksstamm, der im 3. Jh. aus dem Zusammenschluss kleinerer Stämme entstand und am Nieder- und Mittelrhein siedelte. Im 4. und 5. Jh. drangen die Franken nach Süden vor und schufen unter den → Merowingern und → Karolingern das → Fränkische Reich. Nach dessen Teilung bezeichnete man als (Ost-)Franken das fränkische Siedlungsgebiet an Rhein, Main und Neckar, das bis 939 ein Stammesherzogtum war. Heute ist Franken der nördliche Teil von → Bayern und besteht aus drei Regierungsbezirken: *Ober-, Mittel-* und *Unterfranken.*

Frankenstein, Titelheld des gleichnamigen Schauerromans (1818) von *Mary Shelley* (1797–1851). Der Wissenschaftler Dr. Victor Frankenstein erschafft aus Leichenteilen einen künstlichen Menschen, der sich gegen seinen Schöpfer wendet.

Frankfurt am Main, deutsche Großstadt (653 000 Einwohner) in → Hessen. Die 794 erstmals erwähnte Stadt war ab 1356 der Ort, wo der deutsche Kaiser gewählt wurde. Ab 18. Mai 1884 tagte in der Paulskirche die **Frankfurter Nationalversammlung,** die sich als gesamtdeutsche und durch freie Wahlen zustande gekommene Volksvertretung verstand und für Deutschland einen Nationalstaat anstrebte, aber an 28. März 1849 aufgelöst wurde, weil der zum Kaiser gewählte preußische König Friedrich Wilhelm IV. die Krone nicht annahm und die Reichsverfassung von den meisten deutschen Staaten nicht anerkannt wurde. Heute ist Frankfurt vor allem als Finanzzentrum (Sitz der Bundesbank und ab 1999 der Europäischen Zentralbank) und Messestandort (u. a. Internationale Buchmesse) von Bedeutung.

Fränkisches Reich, das Reich der → Franken, das im frühen Mittelalter das mächtigste germanische Reich war und in diesem Gebiet die Nachfolge des Römischen Reiches antrat. Es wurde von dem → Merowinger *Chlodwig* (um 466–511) begründet, der sich als fränkischer König (ab 482) von der römischen Oberhoheit löste und das Reichsgebiet durch die Eroberung → Galliens ausdehnte. Die Franken unterwarfen im 6. Jh. auch die Alemannen, Burgunder, Westgoten, Bayern und Thüringer. Nach Chlodwigs Tod wurde das Reich unter seinen Söhnen aufgeteilt. Daraus entstanden drei Reichsteile: *Austrien* (im Osten), *Neustrien* (im Westen) und *Burgund* (im Süden). Im 7. Jh. wurde der König bedeutungslos; die faktische Macht wurde von den *Hausmeiern* (ursprünglich die obersten Hofbeamten,

später die Führer der königlichen Gefolgschaft und des Adels) ausgeübt, die sich Mitte des 8. Jh. auch formell zum König erheben ließen. Mit Pippin III. (714/15–768, ab 751 König) herrschten die → Karolinger. Seine größte Ausdehnung erreichte das fränkische Reich unter → Karl dem Großen (747–814), der die Sachsen, Langobarden, Slawen und Awaren unterwarf und sich 800 zum römischen Kaiser krönen ließ. Doch schon 843 wurde es in ein *Westfränkisches* (→ Frankreich), ein *Mittelfränkisches* (Lotharingen, 870) aufgeteilt und ein *Ostfränkisches Reich* (→ deutsche Geschichte) geteilt, während sich → Burgund und → Italien selbstständig machten.

Franklin ['fræŋklɪn], Benjamin (1706–1790), amerikanischer Politiker, Schriftsteller und Naturwissenschaftler, der zu den Mitverfassern und Unterzeichnern der amerikanischen Unabhängigkeitserklärung gehörte. Seine Forschungen und Versuche auf dem Gebiet der Elektrizität führten ihn u. a. zur Erfindung des → Blitzableiters.

Frankreich, Staat in Westeuropa, der überseeische Departements und Gebiete in Afrika, Mittel- und Südamerika sowie in Ozeanien besitzt. Das Mutterland liegt zwischen dem → Ärmelkanal im Norden, dem Atlantik im Westen und dem Mittelmeer im Süden. Kerngebiet ist das Pariser Becken im Norden. Es wird ähnlich wie die beiden anderen Beckenlandschaften, das Aquitanische Becken der Garonne im Südwesten und die Senke der beiden Flüsse Rhône und Saone im Südosten von Mittelgebirgen begrenzt (Armorikanisches Massiv, Zentralmassiv, Jura, Vogesen, Ardennen). Im Süden und Westen hat Frankreich Anteil an Hochgebirgen (→ Pyrenäen, Alpen). Zu Frankreich gehört auch die Insel → Korsika im Mittelmeer. Obwohl Frankreich ein hoch industrialisiertes Land ist, spielt die Landwirtschaft weiterhin eine bedeutende Rolle (Viehzucht, Weinbau). Die französische Bevölkerung umfasst zahlreiche Minderheiten mit teilweise eigenen Sprachen (vor allem Elsässer und Lothringer, Bretonen, Katalanen, Basken und Korsen) sowie einen hohen Anteil an Ausländern (etwa 6,4 %), von denen ein Großteil aus Nordafrika stammt. Das Land wurde um die Mitte des 1. Jt. v. Chr. von den → Kelten besiedelt. Große Teile waren ab dem 1. Jh. v. Chr. als → Gallien und Aquitanien römische Provinzen. Im 5. Jh. drangen germanische Stämme (→ Westgoten, → Burgunder und → Franken) ein. Nach dem Zerfall des Weströmischen Reiches (→ römische Geschichte) entstand das → Fränkische Reich. Nach seiner Teilung (843 Vertrag von Verdun)

■ **Frankreich:** *Schloß Chambord*

entwickelte sich aus dem *Westfränkischen Reich* das spätere Frankreich. Im 9. Jh. musste es sich der Einfälle der → Normannen erwehren, die die Normandie erhielten und später ihre Macht bis zur Bretagne ausdehnten. Als die → Karolinger ausstarben, kamen mit Hugo Capet (um 940–996) die *Kapetinger* (987–1328) auf den Thron. 1154 fiel über die Hälfte Frankreichs durch Heirat und Erbschaft an England, das aber bis 1214 alle französischen Besitzungen außer im Südwesten verlor. Ab dem 13. Jh. stieg Frankreich zu einer Großmacht auf und gewann unter Philipp IV., dem Schönen (reg. 1258–1314), die Vormachtstellung in Europa. Nach dem Erlöschen der Kapetinger kamen Nebenlinien an die Macht: das Haus *Valois* (1328–1589) und danach das Haus *Bourbon* (→ Bourbonen). Im → Hundertjährigen Krieg (1337–1453) wurden die Engländer endgültig verdrängt. Das Papsttum kam im 14. Jh. mit der erzwungenen Übersiedlung des Papstes nach Avignon (1309–1376) unter französischen Einfluss. Die 1562 einsetzenden Religionskriege, die sich gegen die reformierten → Hugenotten richteten, endeten erst 1598 mit dem *Edikt von Nantes*. Mit Heinrich IV. (reg. 1589–1610) begann der Aufbau einer absolutistischen Monarchie, die sich unter → Ludwig XIV. (reg. 1643–1715) voll entfaltete, als Frankreich die führende Großmacht in Europa war. Der Verlust der nordamerikanischen Kolonien an England im → Siebenjährigen Krieg (1756–1763) und wachsende Staatsschulden führten zusammen mit den politischen Ideen der Aufklärung 1789 zur → *Französischen Revolution,* die das Königtum abschaffte. Eine erste Republik (ab 1792) wurde von → Napoleon beendet, der 1799 die Macht übernahm und ein *Erstes Kaiserreich* (1804–1815) schuf. Frankreichs Versuch, ganz Europa unter seine Herrschaft zu bekommen, hatte die → Freiheitskriege und die Verbannung Napoleons zur Folge. Die 1815 eingeführte konstitionell-

---

Frankreich (France)

Staatsname: Französische Republik

Staatsform: Republik

Hauptstadt: Paris

Fläche: 543 965 km²

Einwohner: 58 Mio.

Bevölkerungsdichte: 106,5/km²

Amtssprache: Französisch

Währung: Französischer Franc (FF)

Nationalitätskennzeichen: F

Frankreich

Frankreich

Das Mutterland besteht aus 96 Departements; Korsika hat regionalen Sonderstatus.
Außerdem gehören zu Frankreich

als *Überseedepartements:*
Guadeloupe
Martinique
Französisch-Guayana
Réunion
Mayotte

und als *Überseegebiete* (mit beschränkter Selbstverwaltung):
Französisch-Polynesien
Neukaledonien
Saint-Pierre-et-Miquelon
Wallis und Futuna
Französische Süd- und Antarktisgebiete

Französische Staatspräsidenten der V. Republik

Charles de Gaulle	1959–69
Georges Pompidou	1969–74
Valéry Giscard d'Estaing	1974–81
François Mitterrand	1981–95
Jacques Chirac	seit 1995

le Monarchie wurde zweimal durch Revolutionen (1830 und 1848) abgeschafft, aber erst 1871, nachdem das *Zweite Kaiserreich* (1852–1870) im → Deutsch–Französischen Krieg gegen Preußen unterlegen war, wurde Frankreich endgültig Republik. Die *Vierte Republik* begann 1946 mit einer neuen Verfassung, nachdem Frankreich im → Zweiten Weltkrieg größtenteils von Deutschland besetzt worden war. Die gegenwärtige *Fünfte Republik* beruht auf der 1958 von de → Gaulle eingeführten Verfassung, die dem Staatspräsidenten weit reichende Vollmachten einräumt.

Frankreich erwarb im 17. und 19. Jh. große Kolonialgebiete in Amerika (von denen es nur die süd- und mittelamerikanischen Besitzungen behielt), Nordafrika, Südostasien (Indochina) und Ozeanien. Die meisten Länder gewannen nach dem Zweiten Weltkrieg ihre Unabhängigkeit: Viele wurden 1946 Mitglieder der *Französischen Union* (ab 1958 *Französische Gemeinschaft)* und erhielten später ihre Selbstständigkeit; andere errangen in teilweise blutigen und langwierigen Kämpfen ihre Unabhängigkeit.

Franz Joseph I. (1830–1916), österreichischer Kaiser (ab 1848), der absolutistisch regierte, eine starke Zentralgewalt förderte und 1860/61 dem Reich eine Verfassung gab. Unter seiner Regierung wurde die Doppelmonarchie Österreich-Ungarn (1867) eingeführt, ohne dass dadurch die Nationalitätenprobleme des Vielvölkerstaates gelöst wurden. Seine Kriegserklärung an Serbien löste den → Ersten Weltkrieg aus. Seine Gemahlin (ab 1854) war *Elisabeth* (1837–1898), die Tochter des Herzogs von Bayern, die noch heute als *Sissi* berühmt ist; sie wurde von einem italienischen Anarchisten ermordet.

Franz von Assisi, *Franziskus* (1182–1226), ita-

lienischer Wanderprediger, der den Bettelorden der *Franziskaner* oder *Minoriten* gründete und schon 1228 heilig gesprochen wurde.

Französische Revolution, 1789 durch den Sturm auf die → Bastille (14. *Juli*) ausgelöster Umsturz, der in → Frankreich die absolute Monarchie und das *Ancien Régime,* die Herrschaft der alten ständisch-feudalen Gesellschaftsordnung, abschaffte. Die Revolution hob nicht nur die Vorrechte des Adels auf, sondern verkündete allgemeine Menschen- und Bürgerrechte: »*Freiheit, Gleichheit, Brüderlichkeit*«. Mit der Einziehung der Kirchengüter und der Aufhebung der Klöster und Orden wurde die Macht der Kirche beendet. 1791 wurde Frankreich eine konstitutionelle Monarchie, d. h., die Macht des Königs wurde eingeschränkt, so dass er fast nur noch repräsentative Aufgaben zu erfüllen hatte. Nach der Verschärfung der politischen Gegensätze zwischen *Girondisten* und → *Jakobinern* rief der Nationalkonvent 1792 die Republik aus und ließ Anfang 1793 König Ludwig XVI. hinrichten. Der daraufhin einsetzenden Schreckensherrschaft der → Jakobiner unter → Robespierre fielen zahlreiche politische Gegner zum Opfer. Mitte 1794 wurde Robespierre gestürzt und hingerichtet. Ab 1795 herrschte ein *Direktorium* (aus fünf Mitgliedern des Konvents, der damaligen Volksvertretung); es stützte sich auf eine liberale Verfassung, die das Großbürgertum begünstigte (u. a. Zensuswahlrecht nur für die Bürger, die Grund- und Kopfsteuern zahlten). Im November 1799 übernahm → Napoleon durch einen Staatsstreich die Macht.

Französisch-Guayana, französisches Überseedepartement in Südamerika (83 534 km², 150 000 Einwohner). In dem Gebiet, das 1854–1938 als Sträflingskolonie (mit der *Teufelsinsel* vor der Küste) diente, befindet sich das europäische Raumfahrtzentrum *Kourou* (→ *Ariane*).

Französisch-Polynesien, französisches Überseeterritorium (4167 km², 210 000 Einwohner) in → Ozeanien, das etwa 130 Inseln (*Gesellschafts-, Tuamotu-, Gambier-, Marquesas-* und *Australinseln*) im Pazifik umfasst. Dazu gehört auch das Mururoa-Atoll, das von Frankreich für Atomwaffenversuche genutzt wird.

Frauenhaus, in Städten eine Einrichtung, in die (vom Ehemann) misshandelte Frauen mit ihren Kindern flüchten können.

Free Climbing [engl. ˈfriː ˈklaɪmɪŋ »freies Klettern«], *das*, Form des Bergsteigens, bei der der Kletterer keine Hilfsmittel wie Seil, Haken usw.

■ *Free Climbing*

verwendet. Das *Freiklettern* nutzt ausschließlich natürliche Haltepunkte im Fels (Risse, Tritte etc.).

Freejazz, *Free Jazz* [engl. ˈfriːdʒæz], *der,* um 1960 entstandene Stilrichtung der → Jazzmusik, die auf → Tonalität und feste metrische Formen verzichtet und die freie Improvisation mit Einbeziehung von Geräuschen betont (z. B. John Coltrane, Ornette Coleman, Cecil Taylor).

Fregatte, ursprünglich ein schnelles, bewaffnetes Segelschiff mit drei Masten. Seit dem Zweiten Weltkrieg versteht man darunter ein Kriegsschiff, das als Geleitschutz von Handelsschiffen und zur Jagd auf U-Boote eingesetzt wird.

Freiburg, frz. *Fribourg* [ˈfribuːr], Stadt und Kanton in der → Schweiz.

Freiheitskriege, die *Befreiungskriege* 1813–1815, in denen sich die europäischen Staaten nach dem fehlgeschlagenen Russlandfeldzug → Napoleons gegen Frankreich erhoben, um sich von der Fremdherrschaft zu befreien. Ein Koalitionsheer besiegte die französischen Truppen 1813 in der *Völkerschlacht bei Leipzig,* was das Ende der napoleonischen Herrschaft in Deutschland bedeutete. Nach der Einnahme von Paris (1814) musste Napoleon kapitulieren und wurde nach Elba verbannt. Als er 1815 nach Frank-

Französisch-Polynesien

Freiburg

Freimaurer
Berühmte Freimaurer waren z. B. Friedrich der Große, Haydn, Mozart, Lessing, Goethe, Washington, Liszt, Garibaldi, Roosevelt und Churchill.

Friedrich I.
Barbarossa soll der Sage nach im *Kyffhäuser,* einem bewaldeten Bergrücken in Nordthüringen, schlafen und auf seine Wiederkehr warten, um die Einheit des deutschen Reiches wiederherzustellen. Ursprünglich bezog sich die Sage auf seinen Enkel *Friedrich II.* (1194–1250), den letzten Stauferkaiser.

---

reich zurückkehrte, schlug die europäische Koalition sein Heer endgültig in der *Schlacht bei Waterloo.*

Freimaurer, internationale Bewegung, die auf die mittelalterlichen *Dombauhütten* zurückgeht. In England wurden diese Bünde von Kirchenbauleuten als Vereinigungen weitergeführt, die sich in Bauhütten versammelten. Aus deren englischer Bezeichnung *lodge* entwickelten sich die *Logen,* in denen die Freimaurer organisiert sind und die in jedem Land zu *Großlogen* zusammengefasst sind. Ihre Mitglieder vertreten von der → Aufklärung beeinflusste Ideen und setzen sich für Toleranz und Menschlichkeit ein. Die Freimaurer zählen heute weltweit etwa 6 Mio. Mitglieder.

Freischärler, Angehörige einer bewaffneten Truppe von Freiwilligen, die an der Seite der regulären Truppen kämpfen. Sie werden heute zumeist als → Partisanen bezeichnet.

Fremdenlegion, frz. *Légion étrangère,* 1831 in Frankreich gegründete Berufsarmee, die aus Freiwilligen anderer Nationen *(Legionäre)* zusammensetzt. Die Fremdenlegion wurde zuerst in Nordafrika und später in anderen Kolonialkriegen (vor allem im Indochinakrieg) eingesetzt. Unter den heute etwa 8000 Mann befinden sich rund 35 % Deutsche.

Fremdwort, ein Wort aus einer anderen Sprache, das in Schreibweise und Aussprache noch nicht der eigenen Sprache angepasst ist und deshalb als »fremd« empfunden wird (z. B. *Rhythmus).* Fremdwörter haben eine wichtige Aufgabe als Fachausdrücke, weil ihre Bedeutung auf einem bestimmten Gebiet oft genauer ist als ein Wort in der eigenen Sprache. Andererseits werden Fremdwörter oft eingesetzt, um eine höhere Bildung zum Ausdruck zu bringen, oder dienen als bedeutungsgleiche → Synonyme (z. B. *Telefon* = »Fernsprecher«, *Kreation* = »Schöpfung«). Wenn ein Fremdwort im Laufe der Zeit in die eigene Sprache übernommen und angepasst wird, bezeichnet man es als → Lehnwort.

Frequenz [lat.], *die,* Häufigkeit (z. B. von Besuchern), in der Physik bei periodischen Vorgängen die Zahl von Schwingungen in einer bestimmten Zeiteinheit. Maßeinheit für die Frequenz ist → Hertz.

Fresko [von it. a fresco (muro) = »auf die frische (Wand)«], *das,* Wand- oder Deckengemälde, das direkt auf den feuchten Putz der Mauer aufgetragen wird. Berühmt sind die Fresken von → Michelangelo in der Sixtinischen Kapelle in Rom.

■ *Fresko im Gewölbe des Welfenmünsters in Steingaden, Allgäu*

Frettchen, als Haustier gezüchtete Albinoform des Iltis. Das weiße oder blassgelbe Frettchen, das bis zu 45 cm lang wird, wurde bereits im Altertum zur Jagd auf Kaninchen eingesetzt.

Freud, Sigmund (1856–1939), österreichischer Mediziner und Psychologe, der die → *Psychoanalyse* begründete. Im Mittelpunkt seiner Theorie stehen die Triebenergien des Menschen: Todes-, Zerstörungs- und Geschlechtstrieb. → Neurosen können auf sexuelle Wünsche zurückgeführt werden, die in der Kindheit verdrängt worden sind. Seelische Störungen lassen sich deshalb behandeln, indem sich der Patient die ins → Unbewusste verdrängten Wünsche und Ängste bewusst macht. Freud hat zahlreiche Werke verfasst (z. B. »Die Traumdeutung«, 1900).

Friedrich I. *Barbarossa* (um 1121–1190), deutscher König (ab 1152) und Kaiser (ab 1155), der in fünf Italienzügen die alte Macht des → Heiligen Römischen Reichs deutscher Nation wiederherstellte.

Friedrich II., *der Große* (1712–1786), preußischer König (ab 1740). Er machte → Preußen zu einer europäischen Großmacht und regierte im Geist eines aufgeklärten → Absolutismus (innere Reformen, religiöse Toleranz, → Merkantilismus und straff organisiertes Beamtentum). 1740 eroberte er Schlesien, das er in mehreren Kriegen (u. a. im → Siebenjährigen Krieg) vor allem gegen Österreich behauptete. 1772 konnte er sein Herrschaftsgebiet um Westpreußen (1. Polnische Teilung) erweitern. Der »Alte Fritz« war ein Förderer der Künste.

Friedrich, Caspar David (1774–1840), deutscher Maler der Romantik, der stimmungsvolle Landschaftsbilder schuf.

Fries, in der Baukunst ein Streifen an Gebäuden, der mit plastischen Ornamenten oder Bildern verziert ist und eine Wand gliedert.

Friesen, ein westgermanischer Volksstamm an der Nordseeküste. Die Friesen, die im 1.–3. Jh.

■ *Frösche:* Diese Gattung der Taubfrösche lebt auf Madagaskar

unter römischer Oberhoheit standen und sich während der → Völkerwanderung nach Osten und Westen ausbreiteten, wurden im 8. Jh. christianisiert. 785 wurden sie von → Karl dem Großen unterworfen. Eine Provinz im Norden der Niederlande heißt noch heute *Friesland.*

Friesische Inseln, Inselgruppe vor der niederländischen und deutschen → Nordseeküste. Die *Westfriesischen Inseln* reichen von Texel bis zur Emsmündung und gehören zu den → Niederlanden. Die *Ostfriesischen Inseln* (Borkum, Juist, Norderney, Baltrum, Langeoog, Spiekeroog, Wangerooge) erstrecken sich von der Emsmündung bis zur Wesermündung und gehören zu Niedersachsen; die *Nordfriesischen Inseln* (Amrum, Föhr, Sylt, Nordstrand, Pellworm und die Halligen) liegen nördlich der Elbemündung vor der Küste Schleswig-Holsteins.

Frisch, Max (1911–1991), schweizerischer Schriftsteller und Dramatiker. In seinen Werken beschreibt er oft Menschen, die sich in der bürgerlichen Umwelt nicht zurechtfinden und durch Flucht in bestimmte Rollen ihre Identität suchen. Sehr bekannt sind die Romane »Stiller« (1954) und »Homo faber« (1957) sowie das Drama »Biedermann und die Brandstifter« (1958).

Frösche, *echte Frösche,* bekannteste Familie der → Froschlurche, die mit zahlreichen Arten über die ganze Erde verbreitet ist. Dazu gehören auch die → Kröten. Die Frösche sind durch kräftige Hinterbeine, die sie zum Springen befähigen, und durch große Schallblasen hinter dem Maul gekennzeichnet, mit denen die Männchen laute Quakgeräusche erzeugen, um ein Weibchen anzulocken. Die meisten Arten leben im Wasser oder zumindest in feuchten Gebieten. Aus den Eiern schlüpfen Larven aus, die sich als *Kaulquappen* in Gewässern entwickeln und erst nach ihrer Umwandlung den Schwanz abstoßen. Am bekanntesten in Mitteleuropa sind *Wasser-* und *Seefrosch.*

Froschlurche, Ordnung der → Lurche. Aus den im Wasser abgelegten Eiern schlüpfen Larven aus, die durch Kiemen atmen und gegen Ende ihrer Entwicklung Hinterbeine ausbilden. Erst kurz vor ihrer Umwandlung (Metamorphose) kommen auch Vorderbeine zum Vorschein. Sie beginnen dann mit der Lungenatmung, während sich der Schwanz zurückbildet. Die bekanntesten Vertreter der Froschlurche sind → *Frösche,* → *Kröten* und → *Unken.*

Frucht, bei Pflanzen der Behälter für den → Samen. Sie geht aus dem befruchteten Fruchtknoten hervor. Man unterscheidet zwischen *Einzel-, Sammel-* und *Scheinfrüchten.* Bei Einzelfrüchten entsteht aus einer Blüte eine einzige Frucht, die mehrere Samen enthalten kann. Solche Früchte können sich bei der Reife öffnen (*Öffnungs-* oder *Streufrüchte* wie etwa Hülsen, Schoten und Kapseln) oder geschlossen abfallen (*Schließfrüchte* wie etwa Nüsse, Beeren und Steinfrüchte). Sammelfrüchte bilden sich, wenn aus jedem Fruchtblatt eine Frucht entsteht. Die einzelnen Früchtchen (z. B. Nüsschen wie bei der Erdbeere oder Steinfrüchtchen wie bei der Himbeere) verwachsen zu einem Fruchtverband und täuschen eine Einzelfrucht vor. Wenn an einer

■ Schließfrüchte (Nr. 1–4): **1** *Johannisbeere (Beere),* **2** *Haselnuß (Nuß),* **3** *Pflaume (Steinfrucht),* **4** *Ahorn (Flugfrucht);* Öffnungsfrüchte (Nr. 5–7): **5** *Raps (Schotenfrucht),* **6** *Erbse (Hülsenfrucht),* **7** *Mohn (Kapselfrucht);* Sammelfrüchte (Nr. 8–10): **8** *Brombeere (Sammelsteinfrucht),* **9** *Erdbeere (Sammelnußfrucht),* **10** *Apfel (Sammelbalgfrucht)*

Frösche

Das giftigste Tier der Erde ist keine Schlange, sondern ein Frosch. In den tropischen Regenwäldern Lateinamerikas leben nur etwa 2 cm lange Bodenfrösche, die wegen ihrer leuchtend bunten Färbung als *Farbfrösche* bzw. wegen ihrer Lebensweise als *Baumsteigerfrösche* bezeichnet werden. Da sie durch ihre Haut ein Nervengift ausscheiden, das die südamerikanischen Indianer zum Vergiften ihrer Pfeilspitzen benutzen, nennt man sie auch *Pfeilgiftfrösche.* Am gefährlichsten ist der in Kolumbien vorkommende *Kokoi-Pfeilgiftfrosch,* den man nur mit Handschuhen berühren darf. Schon ein tausendstel Gramm seines Gifts reicht aus, um einen Menschen zu töten. Die Giftmenge eines einzigen Tieres genügt, um den Tod von 50 Menschen herbeizuführen.

Neue Führerscheinklassen

Die bisher in Deutschland gültigen Führerscheinklassen *I–V* wurden Mitte 1996 durch die Führerscheinklassen *A, B, C, D, E, L* und *T* ersetzt, die für alle EU-Staaten einheitliche Prüfungsanforderungen vorschreiben.

Frucht nicht nur der Fruchtknoten, sondern auch Teile der Blüte oder die Blütenachse beteiligt sind, spricht man von einer Scheinfrucht. Sieht ein ganzer Blütenstand wie eine Frucht aus, bezeichnet man ihn als *Fruchtstand* (z. B. ein Beerenfruchtstand wie die Ananas).

Fruchtwasser, die von der inneren Eihaut gebildete Flüssigkeit der *Fruchtblase,* in der sich die Leibesfrucht befindet. Das Fruchtwasser schützt gegen Erschütterungen und Druck. Durch Punktieren der Fruchtblase *(Amniozentese)* kann das Fruchtwasser untersucht werden, um den Gesundheitszustand des Embryos oder Fetus festzustellen.

Frühgeburt, ein lebensfähig geborenes Kind, das noch nicht vollständig entwickelt ist und zwischen der 28. und vor Ende der 38. Schwangerschaftswoche auf die Welt kommt. Frühgeborene müssen häufig in Brutschränken versorgt werden, damit sie am Leben bleiben.

Frühgeschichte, der Abschnitt der → Vorgeschichte, der am Übergang zu der durch schriftliche Zeugnisse belegten Geschichte steht.

Frühling, eine → Jahreszeit, die auf der nördlichen Erdhalbkugel mit dem Frühlingsäquinoktium (→ Tagundnachtgleiche) beginnt und bis zur Sommersonnenwende dauert.

Frustration [lat. »Täuschung (einer Erwartung)«], *die,* Gefühl der Enttäuschung, wenn ein Bedürfnis nicht befriedigt wird oder eine Handlung nicht den erwarteten Erfolg hat.

Füchse, hundeartige Raubtiere, die in rund 20 Arten über die ganze Erde verbreitet sind. Sie besitzen eine spitze Schnauze, große Ohren und einen buschigen Schwanz. In Mitteleuropa kommt der *Rotfuchs* vor, der bis zu 90 cm lang wird; sein Schwanz ist nochmals 50 cm lang. Er lebt in unterirdischen Höhlen und ernährt sich von Aas, Mäusen, Vögeln und anderen kleinen Tieren, die er nachts erbeutet. Andere bekannte Arten sind der in der Arktis lebende *Polarfuchs,* der in Pelztierfarmen gezüchtete *Silberfuchs* und der in Nordafrika und Nordasien beheimatete *Wüstenfuchs* (oder *Fennek*).

Fuge [lat. »Flucht«], *die,* in der Musik eine strenge zwei- oder mehrstimmige Form, bei der ein Thema von mehreren Stimmen nacheinander vorgetragen wird. Ihren Höhepunkt erreichte die Fuge bei Johann Sebastian → Bach (*Kunst der Fuge, Wohltemperiertes Klavier*).

Fugger, deutsche Kaufmannsfamilie in → Augsburg, die im 15. und 16. Jh. durch Handel, Bergbau und Geldgeschäfte zu großem Reichtum gelangte und als Bankiers des Kaisers und des Papstes auch Einfluss auf die Politik gewann.

Führerschein, amtliche Bescheinigung, die zum Führen bestimmter Fahrzeuge berechtigt und nach einer (praktischen und theoretischen) Fahrprüfung ausgestellt wird. In Deutschland gilt der Führerschein zunächst für eine Probezeit von zwei Jahren. Der Führerscheinbewerber muss ein bestimmtes Mindestalter haben, das sich nach der *Führerscheinklasse* richtet. Ab dem 15. Lebensjahr darf mit einer Prüfbescheinigung ein → Mofa gefahren werden.

Fundament [lat.], *das,* Grundlage (im materiellen Sinn als Grundmauer oder Sockel ebenso wie im übertragenen Sinn).

Fundamentalismus [lat.-engl.], *der,* eine Haltung, die unnachgiebig an den bestimmten, zumeist stark einengenden politischen oder religiösen Grundsätzen festhält und keine Liberalisierung oder Modernisierung der überlieferten Gedanken zulässt. Besondere Bedeutung kommt dem islamischen Fundamentalismus zu, der in zahlreichen arabischen Ländern versucht, die Religion zur Grundlage der Gesellschaft und des Staats zu machen (→ Scharia) und dabei jegliche Anpassung an die veränderte Zeit ablehnt.

Fünf-Prozent-Klausel, in Deutschland gültige Bestimmung, nach der politische Parteien bei Bundes- und Landtagswahlen in ein Parlament nur einziehen, wenn sie mindestens 5 % der abgegebenen gültigen Wählerstimmen erhalten (Ausnahme: drei → Direktmandate).

Funk [von engl. funky ˈfʌŋkɪ = »stinkig, toll«], *der,* in der → Jazz- und → Rockmusik eine Spielweise, die das rhythmische Element der Instrumente betont, kurze Riffs verwendet und die Melodie in den Hintergrund stellt. Funk wird vor allem von schwarzen Gruppen gespielt und hat eine wichtige Rolle in der Tanzmusik, wird aber auch als Stilmittel von weißen Rock- und Popgruppen eingesetzt.

■ *Polarfuchs* mit Winterfell

Funksprechgerät, *Sprechfunkgerät,* ein tragbares → Funktelefon mit geringer Leistung und Reichweite (0,5–50 km). Die Anlage besteht zumeist aus zwei Geräten *(Walkie-Talkies),* die beide senden und empfangen können. Im Gegensatz zum Amateurfunk ist keine Funklizenz erforderlich.

Funktechnik, die drahtlose Übermittlung von Signalen mit Hilfe von → elektromagnetischen Schwingungen.

Funktelefon, ein tragbares Telefon *(Handy),* das drahtlos (mit elektromagnetischen Wellen) funktioniert (→ Mobilfunk).

Funktion [lat. »Verrichtung«], *die,* Tätigkeit, Aufgabe. In der Mathematik versteht man unter Funktion oder *Abbildung* die eindeutige Zuordnung von Elementen einer gegebenen Menge *(Definitions-* oder *Argumentbereich)* zu Elementen einer anderen Menge *(Wertebereich).* Beispielsweise kann man jeder Zahl x aus dem Bereich der natürlichen Zahlen (1, 2, 3, 4, 5, ...) ihr Quadrat y (1, 4, 9, 16, 25, ...) zuordnen. x nennt man *unabhängige Variable* oder *Argument,* y bzw. f (x) *abhängige Variable* oder *Funktionswert* an der Stelle x. In einem → Koordinatensystem kann man die Funktion auch grafisch darstellen, indem man alle durch x- und y-Werte bestimmten Punkte verbindet und so eine Kurve erhält. Als → Gleichung für diese Funktion schreibt man $f(x) = x^2$ oder $y = x^2$

Funktionär [frz. »Beamter«], Beauftragter eines politischen, wirtschaftlichen oder sozialen Verbandes (z. B. einer Partei oder einer Gewerkschaft).

Furnier [von frz. fournier = »versehen«], *das,* bei Möbeln ein dünnes Deckblatt aus Edelholz, das auf weniger gutes Holz aufgeklebt wird.

Furunkel [lat. »kleiner Dieb«], *der* und *das,* eine gerötete Eiterbeule, bei der es sich um die schmerzhafte Entzündung eines Haarbalgs und seiner Talgdrüse handelt, die durch eingedrungene Bakterien hervorgerufen wird.

Fürwort, deutsche Bezeichnung für → Pronomen.

Fusion [lat. »Guss«], *die,* Verschmelzung (z. B. von Atomen, → *Kernfusion),* Vereinigung.

Fußball, aus England stammendes Ballspiel, das heute weltweit die beliebteste Mannschaftssportart ist. Zwei Mannschaften mit je elf Spielern (von denen drei und der Torwart ausgewechselt werden dürfen) versuchen, den Ball (ca. 70 cm Umfang) mit dem Fuß oder Bein bzw. mit dem Kopf in das gegnerische Tor (7,32 m breit und 2,44 m hoch) zu befördern. Der Torhüter darf als einziger den Ball mit der Hand berühren, aber nur im *Strafraum,* einem 16,47 m tiefen und 40,32 m breiten Rechteck vor dem Tor. Im *Torraum* (5,50 m tief und 18,32 m breit) unmittelbar vor dem Tor darf er in der Luft nicht behindert werden. In der Mitte des Spielfeldes (45–90 m breit und 90–120 m lang) befindet sich der Anstoßkreis, von wo aus der Ball zu Beginn jeder Halbzeit und nach jedem Tor (dann von der gegnerischen Mannschaft) gespielt wird. Die Spieler müssen verschiedene Regeln beachten, von denen die wichtigste die → *Abseitsregel* ist. Bei Regelverstößen, insbesondere bei → *Fouls,* gibt es für die gegnerische Mannschaft einen *Freistoß.* Das Spiel wird von einem *Schiedsrichter* geleitet, der von zwei *Schiedsrichterassistenten* (früher als *Linienrichter* bezeichnet) unterstützt wird. Der Schiedsrichter pfeift nicht nur Freistöße, sondern ermahnt die Spieler bei Regelverstößen. Bei schweren oder wiederholten Regelverstößen verwarnt er den betreffenden Spieler mit einer *gelben Karte* oder schließt ihn mit einer *roten Karte* für den restlichen Spielverlauf aus *(Feldverweis).* Bei den Amateuren gibt es außerdem Zeitstrafen (10 Minuten Ausschluss vom Spiel).

Ein Spiel dauert 2 x 45 Minuten; Unterbrechungen durch Verletzungen oder Spielverzögerungen müssen nachgespielt werden. Falls ein Spiel unentschieden bleibt, aber ein Sieger erforderlich ist, wird das Spiel um 2 x 15 Minuten verlängert. Sollte auch dann noch keine Entscheidung gefallen sein, so wird der Sieger durch ein *Elfmeterschießen* ermittelt.

Fußballweltmeister	
1930:	Uruguay
1934:	Italien
1938:	Italien
1950:	Uruguay
1954:	Deutschland
1958:	Brasilien
1962:	Brasilien
1966:	England
1970:	Brasilien
1974:	Deutschland
1978:	Argentinien
1982:	Italien
1986:	Argentinien
1990:	Deutschland
1994:	Brasilien
1998:	Frankreich

Futon [japan. »Matte«], *der,* aus Baumwolle hergestellte, hart gepolsterte Schlafmatte.

Begriffe aus dem Fußball

Eckball: Wenn der Ball über die Torauslinie der verteidigenden Mannschaft geht und zuletzt von einem eigenen Spieler berührt wird, darf die gegnerische Mannschaft den Ball von der jeweiligen Eckfahne aus ins Spielfeld treten.

Einwurf: Geht der Ball über die Seitenauslinie, so gibt es an dieser Stelle gegen die Mannschaft, die ihn zuletzt berührt hat, einen Einwurf. Der einwerfende Spieler muss den Ball mit beiden Händen (von hinten über den Kopf) schleudern und beim Abwurf mit beiden Füßen auf oder hinter der Seitenlinie stehen.

Feldverweis: Grobe Fouls und Revanchefouls sowie Schiedsrichterbeleidigungen können sofort mit einer *roten Karte* geahndet werden und ziehen eine zusätzliche Bestrafung durch das Sportgericht (zumeist Sperre für mehrere Spieltage) nach sich. Auch bei Fouls, die einen Spieler an einem sicheren Torerfolg hindern, kann der Schiedsrichter den foulenden Spieler vom Platz schicken.

Freistoß: Bei Regelverstößen einer Mannschaft erhält die gegnerische Mannschaft einen Freistoß zugesprochen. Dieser wird an der Stelle ausgeführt, wo der Spieler die Regelwidrigkeit (z. B. ein Foul) begangen hat. Man unterscheidet dabei zwischen *direkten* Freistößen, die direkt ins Tor geschossen werden dürfen, und *indirekten* Freistößen, bei denen der Ball vor dem Torschuss von einem Mitspieler berührt werden muss. Die gegnerischen Spieler müssen dabei mindestens 9,15 m vom Ball entfernt sein.

Strafstoß: Wenn der Ball von einem Feldspieler im eigenen Strafraum mit der Hand oder dem Arm berührt wird, gibt es für die gegnerische Mannschaft einen Strafstoß. Dieser wird auch als *Elfmeter* bezeichnet, weil der Schütze den Ball von einem 11 m vom Tor entfernten Punkt aus schießt. Auch Fouls innerhalb des Strafraums (die eine klare Torchance verhindern) werden mit einem Strafstoß geahndet.

Tor: Ein Tor ist erzielt, wenn der Ball mit vollem Umfang die Torlinie überschreitet. Wenn ein Spieler versehentlich den Ball ins eigene Tor schießt oder abfälscht, ist dies ein *Eigentor.*

(Fortsetzung nächste Seite)

Futurismus

Verwarnung: Wenn ein Spieler wiederholt Fouls begeht oder Schiedsrichterentscheidungen kritisiert, wird er mit einer *gelben Karte* verwarnt. Eine zweite Verwarnung führt zu einer *roten Karte*, die einen sofortigen Ausschluss des betreffenden Spielers zur Folge hat. Nach einer solchen gelb-roten Strafe ist er in Meisterschafts- und Pokalrunden automatisch für die nächste Begegnung gesperrt.

Höhere Leistungsfähigkeit von Fuzzylogik

Auf der Basis von exakter Logik arbeitende Systeme scheitern an komplexen Aufgaben oder benötigen zu viel Zeit für die Lösung. Mit Hilfe der Fuzzylogik werden zutreffende Aussagen durch Annäherung zuverlässig und schnell gefunden. Beispielsweise erkennt ein Rechner zwar einen Hund auf einer Fotografie sofort, aber wenn auf dem Bild nur die vordere Hälfte des Tieres zu sehen ist, versagt er, weil er nur die Umrisse in ihrer Gesamtheit kennt. Ein Computer auf fuzzylogischer Basis wird dagegen rasch die Auskunft liefern, es handle sich mit hoher Wahrscheinlichkeit um einen Hund.

Futur, *Futurum* [lat.], *das,* in der Grammatik die Zeitform des → Verbs, mit der die Zukunft ausgedrückt wird (z. B. Sie *wird* das Buch *lesen.*). Außerdem gibt es ein zweites Futur, das **Futurum exaktum** [lat. »vollendete Zukunft«], mit dem man in der Zukunft abgeschlossene Vorgänge ausdrücken kann (z. B. Sie *wird* das Buch morgen *ausgelesen haben.*).

Futurismus [it.], *der,* eine zu Beginn des 20. Jh. entstandene Kunstrichtung, die überlieferte Formen ablehnte und den technischen Fortschritt, Maschinen und Revolution verherrlichte. In der Literatur zerstörten die Futuristen den normalen Satzbau, verwendeten Laut malende Wörter und setzten auch grafische Mittel ein. Die futuristischen Maler versuchten, das zeitliche Nacheinander von Geschehnissen durch ein Nebeneinander von Formen darzustellen, die sich gegenseitig durchdringen.

Futurologie, Zukunftsforschung, eine fachübergreifende Wissenschaft, die sich mit den zu erwartenden Entwicklungen befasst.

Fuzzylogik [engl. 'fazı- »unscharfe Logik«], *die,* eine Erweiterung der mathematischen Logik im Rahmen der Erforschung der → künstlichen Intelligenz. Im Gegensatz zur klassischen Logik unterscheidet die »unscharfe Logik« nicht mehr nur zwischen wahren und falschen Aussagen. Die Grundidee dahinter ist, dass in vielen Fällen keine präzisen Angaben möglich sind. An vagen Formulierungen wie »sehr alt« oder »ein bisschen« scheitern Rechner, solange sie nur mit absoluten Zahlen operieren können. Mit Hilfe der »unscharfen Logik« kann man solche Aussagen mühelos in einem Annäherungsverfahren beschreiben. Die Zahl wird dabei nicht genau benannt, sondern umschrieben. Beispielsweise bestimmt die Fuzzylogik zwei Punkte in der Nähe von zwei Zentren nach dem Grad ihrer Zugehörigkeit: Punkt A gehört zu 80 % zum Zentrum A, Punkt B zu 30 % zum Zentrum B.

Praktische Anwendungen sind Geräte und Vorrichtungen, die selbsttätig die bestmögliche Steuerung übernehmen (z. B. die sanfte Beschleunigung und Abbremsung von U-Bahnen).

G, bei physikalischen Maßeinheiten Abkürzung für → Giga- (z. B. *Gt* = Gigatonne).

g, 1. in der Musik die 5. Stufe der C-Dur-Tonleiter; **2.** Einheitenzeichen für → Gramm.

Gabun, Staat in Zentralafrika, das beiderseits des Äquators an der Atlantikküste liegt. Das Küstentiefland steigt nach Osten hin zu einer Mittelgebirgslandschaft an, die dann in Hochebenen übergeht. Die Bevölkerung besteht aus 40 verschiedenen Völkern, vor allem Bantustämmen. Die Wirtschaft stützt sich neben dem Holzreichtum auf die Bodenschätze des Landes (Erdöl und Erdgas, Mangan, Uran). Das Land wurde 1472 von den Portugiesen entdeckt. 1886 wurde es französische Kolonie und gehörte ab 1910 zu *Französisch-Äquatorialafrika*. Seit 1960 ist Gabun selbstständig.

Gadolinium, *das,* ein → chemisches Element. Das zu den seltenen Erden gehörende silberweiße bis gelbliche Schwermetall, das nach dem finnischen Chemiker J. *Gadolin* (1760–1852) benannt ist, kommt als Verbindung in Mineralen vor. Es wird für Legierungen und in der Kerntechnik verwendet.

Gage [frz. ˈgaːʒə], *die,* das Gehalt von Künstlern.

Galápagosinseln, zu → Ecuador gehörende Inselgruppe (7812 km²) im Pazifik. Von den 13 größeren und 17 kleineren Inseln vulkanischen Ursprungs sind nur drei bewohnt (ca. 8000 Einwohner). Bekannt sind die Inseln wegen ihrer einzigartigen Tier- und Pflanzenwelt; viele Arten wie die Riesenschildkröten (→ Schildkröten), die Meerechsen und etliche Vogelarten kommen nur dort vor.

Galaxie, *Galaxis* [griech.], *die,* Milchstraße. In der Astronomie versteht man unter Galaxien sog. *Nebel* außerhalb unserer eigenen → Milchstraße, die zwischen 1 und 1000 Mrd. Sonnensysteme enthalten und zumeist sehr weit entfernt sind. Nach ihrer erkennbaren Form unterscheidet man zwischen → *Spiralnebeln, Balkenspiralen* (mit balkenartig verbreitertem Kern und zwei Spiralarmen), *elliptischen Nebeln* (ohne Spiralarme) und *irregulären Nebeln* (ohne erkennbare Struktur). Vermutlich gibt es mehrere hundert Milliarden oder sogar Billionen Galaxien im Universum, aber nur einige tausend sind bisher untersucht worden. Die nächste größere Galaxie ist der → Andromedanebel; die fernsten Galaxien, die man von der Erde aus erkennen kann, sind rund 15 Mrd. Lichtjahre entfernt.

■ Die **Galaxie** Rosette Nebula

Galeere [it.], *die,* in der Antike und im Mittelalter ein zweimastiges Kriegsschiff, das von Sklaven oder *Galeerensträflingen* gerudert wurde.

Galerie [frz.], *die,* ursprünglich ein bedeckter Gang, im weiteren Verlauf ein langer, an einer Seite offener, umlaufender Gang. Als Galerie bezeichnet man auch eine Gemäldesammlung oder eine Kunsthandlung, die ihre Werke ausstellt.

Galilei, Galileo (1564–1642), italienischer Mathematiker und Physiker, der die moderne, auf messbaren Versuchen beruhende Naturwissenschaft begründete. Er leitete die Gesetze für den freien Fall, die Pendelbewegung und die Wurfbahn her. 1609 baute er ein → Fernrohr, mit dessen Hilfe er u. a. die vier größten Jupitermonde und die Saturnringe entdeckte.

Galle, bitter schmeckende Flüssigkeit von gelber bis dunkelgrüner Farbe, die von der Leber abgesondert wird. In der **Gallenblase** wird sie gespeichert und eingedickt. Bei Bedarf wird sie an den Dünndarm abgegeben, damit eiweiß- und fettreiche Nahrung besser verdaut werden kann. **Gallensteine** sind steinartige Gebilde, die in der Gallenblase oder in den Gallenwegen entstehen und zu → Koliken führen können.

Gallien, das im Altertum von den → Kelten (die

Gadolinium

Zeichen: Gd
Ordnungszahl: 64
Atommasse: 157,25
Dichte: 7,9 g/cm³
Schmelzpunkt: 1313 °C
Siedepunkt: 3266 °C

Gabun (Le Gabon)
Staatsname: Gabunische Republik
Staatsform: Präsidiale Republik
Hauptstadt: Libreville
Fläche: 267 667 km²
Einwohner: 1,3 Mio.
Bevölkerungsdichte: 5/km²
Amtssprache: Französisch
Währung: CFA-Franc
Nationalitätskennzeichen: G

Gabun

Galaxiehaufen

Galaxien- oder *Nebelhaufen* sind Ansammlungen von zehn bis 1000 Galaxien. Unsere eigene Galaxis gehört zur *Lokalen Gruppe,* die mehr als 25 größere und kleinere Galaxien enthält. Mehrere Nebelhaufen (im Durchschnitt ein Dutzend) bilden einen *Superhaufen.* Unsere eigene Lokale Gruppe liegt am Rande des *Virgo-Superhaufens.*

Galilei

Als Galilei in seinem Werk »Dialog« (1632) das geozentrische Weltbild des Ptolemäus und das → heliozentrische Weltbild des → Kopernikus verglich und die wissenschaftliche Unhaltbarkeit des alten Systems aufzeigte, kam er in Konflikt mit der Kirche (weil seine Auffassung der Bibel widersprach) und wurde 1633 vor einem Inquisitionsgericht zum Widerruf gezwungen. Bis zum Ende seines Lebens stand er unter Hausarrest. Der Ausspruch »Und sie bewegt sich doch« (gemeint ist die Erde, die sich um die Sonne dreht) wurde ihm erst nach seinem Tod zugedichtet. Erst 1993 wurde er von der katholischen Kirche rehabilitiert.

Gallium

Zeichen: Ga
Ordnungszahl: 31
Atommasse: 69,72
Dichte: 5,9 g/cm^3
Schmelzpunkt: 30 °C
Siedepunkt: 2403 °C

Einer anderen Erklärung zufolge soll sich der Name *Gallium* vom lateinischen *gallus* = »Hahn« herleiten, weil der Entdecker des Elements P.-E. Lecoq de Bosbaudran hieß und *le coq* im Französischen »der Hahn« bedeutet.

galvanische Elemente

Die Bezeichnung *galvanisch* geht auf den italienischen Naturforscher Luigi Galvani (1737–1798) zurück. Dieser stellte an frisch präparierten Froschschenkeln fest, dass sich die Muskeln ruckartig zusammenzogen, wenn sie mit zwei verschiedenen Metallen, die miteinander verbunden waren, in Berührung kamen. Die Erklärung dafür ist, dass zwischen den Metallen ein Strom floss, den der Froschmuskel anzeigte. Dies ist das Prinzip des Galvanismus.

Gänsehaut

Als *Gänsehaut* wird die durch Kältereiz oder Aufregung hervorgerufene Veränderung der Haut bezeichnet. Dabei ziehen sich die Muskeln der Haarbälge zusammen, so dass die Haarbälge wie bei der Haut einer gerupften Gans hervortreten und sich die Haare aufrichten.

von den Römern **Gallier** genannt wurden) bewohnte Gebiet. Es umfasste die westliche Poebene (von den Römern *Gallia cisalpina* = »Gallien diesseits der Alpen« genannt), den Westteil der Schweiz, Frankreichs und Belgiens (*Gallia transalpina* = »Gallien jenseits der Alpen«). Der oberitalienische Teil Galliens wurde von den Römern gegen Ende des 3. Jh. v. Chr. unterworfen. Ab 125 v. Chr. eroberten die Römer auch das jenseits der Alpen gelegene Gallien und machten es zu römischen Provinzen: *Gallia Narbonensis* (Hauptort: Narbo, das heutige Narbonne), *Gallia Belgica* (Hauptort: Augusta Treverorum = Trier), *Gallia Lugdunensis* (Hauptort: Lugdunum = Lyon) und *Aquitania* (Hauptort Burdigala = Bordeaux). Einen Großteil des Landes eroberte 58–51 v. Chr. → Cäsar, der den *Gallischen Krieg* in seinem Werk »De bello gallico« beschrieb. Das schnell romanisierte und bald auch christianisierte Gallien musste sich ab dem 2. Jh. n. Chr. Einfällen von germanischen Völkern erwehren und wurde gegen Ende des 5. Jh. von den → Franken erobert, die dort ihr → Fränkisches Reich errichteten.

Gallium [von lat. Gallia = »Gallien«], *das,* ein → chemisches Element. Das als Verbindung in Mineralen vorkommende silberweiße Metall wird u. a. in Thermometern zum Messen von hohen Temperaturen verwendet.

Galopp [it.-frz.], *der,* eine schnelle Fortbewegungsart bei Pferden und anderen Vierbeinern, bei der abwechselnd beide Vorder- und Hinterbeine eingesetzt werden.

galvanische Elemente, elektrische Stromquellen, die aus zwei verschiedenen, in einen → Elektrolyten getauchten → Elektroden (zwei Metalle oder Metall und Kohle) bestehen. Die durch Elektrolyse entstehende chemische Energie wird in elektrische Energie (→ Elektrizität) umgewandelt. *Primäre* galvanische Elemente sind Stromquellen wie z. B. Taschenlampenbatterien, denen man nur Strom entnehmen kann. Die *sekundären* galvanischen Elemente können dagegen nach dem Entladen wieder aufgeladen werden (→ Akkumulatoren).

galvanisieren, einen Gegenstand durch → Elektrolyse mit einer dünnen Metallschicht überziehen. Beispielsweise kann ein Eisenblech verkupfert werden, indem man das Blech mit dem Minuspol einer Spannungsquelle verbindet und den Pluspol an eine Kupferplatte anschließt. Beide Bleche taucht man dann in eine Kupfersulfatlösung, die als Elektrolyt dient. Nach einiger Zeit schlägt sich metallisches Kupfer am Eisenblech nieder. Die Kupferionen des Elektrolyten wandern zum Eisen und bilden dort einen hauchdünnen Kupferüberzug. Auf ähnliche Weise lassen sich Materialien *verchromen, versilbern* oder *vergolden.*

Gama, Vasco da (1468/69–1524), portugiesischer Entdecker, der 1497–1499 den Seeweg nach Indien fand (um das südafrikanische Kap der Guten Hoffnung herum).

Gambia, Staat in Westafrika. Der kleinste Staat des afrikanischen Festlandes erstreckt sich als schmaler Streifen (nur 25–45 km breit) zu beiden Seiten des gleichnamigen Flusses. Bis auf seine 80 km lange Antlantikküste an der Trichtermündung des Gambia ist das Land ganz von → Senegal umgeben. Die Bevölkerung besteht überwiegend aus Sudanvölkern (vor allem Mandingo). Gambias Wirtschaft stützt sich in erster Linie auf den Export von Erdnüssen. Das Mitte des 15. Jh. von den Portugiesen entdeckte Land war zunächst zwischen Spaniern und Niederländern und ab Ende des 16. Jh. zwischen Franzosen und Briten umkämpft. Die britische Kronkolonie (ab 1843) erhielt 1965 ihre Unabhängigkeit, gehört aber weiterhin dem Commonwealth an. 1982–1989 bestand unter dem Namen *Senegambia* eine Konföderation mit dem Nachbarstaat Senegal.

Gameten [von griech. gametes = »Gatte«], *Mz.,* die reifen, befruchtungsfähigen → Keimzellen. Bei weiblichen Lebewesen werden sie als → Eizellen, bei männlichen als Samenzellen (→ Spermium) bezeichnet. Im Unterschied zu den Körper-

■ *Mohandas Karamchand Gandhi*

zellen besitzen sie in ihrem Zellkern nur einen einfachen (→ haploiden) Chromosomensatz.

Gamma, Γ, γ, der dritte Buchstabe des griechischen → Alphabets.

Gammastrahlen, energiereiche Strahlung, die aus sehr kurzwelligen → elektromagnetischen Schwingungen (zwischen 10^{-10} m und 10^{-14} m Wellenlänge) besteht. Gammastrahlen entstehen beim radioaktiven Zerfall (→ Radioaktivität) von Atomkernen. Sie haben eine ähnlich durchdringende Wirkung wie Röntgenstrahlen und werden in der Medizin für → Bestrahlungen eingesetzt.

Gämsen, ziegenähnliche Horntiere, die in Europa und Asien im Hochgebirge vorkommen. Die bis zu 1,3 m lang und bis zu 60 kg schwer werdenden Tiere leben in Rudeln und sind gute Kletterer.

Gandhi, Mohandas Karamchand (1869–1948), indischer Freiheitskämpfer und Politiker, der mit dem Mittel des gewaltlosen Widerstands für die Unabhängigkeit Indiens kämpfte. Der »Mahatma« (Sanskrit für »große Seele«) entwickelte eine Politik des zivilen Ungehorsams gegen die britische Kolonialmacht. Er setzte sich auch für eine Milderung der Unterschiede im hinduistischen → Kastenwesen ein. Vergeblich bemühte er sich um die Überwindung der gewaltsamen Auseinandersetzungen zwischen Hindus und Muslimen. 1948 wurde er von einem fanatischen Hindu erschossen.

Ganges, 2700 km langer Fluss in Nordindien, der im Himalaja entspringt und in den Golf von Bengalen mündet. Zusammen mit dem → Brahmaputra bildet er ein riesiges Delta. An seinen Ufern befinden sich zahlreiche Wallfahrtsorte der Hindus, die ihn als heiligen Fluss verehren.

Ganglion [griech. »Geschwulst«], *das,* Nervenknoten, d. h. eine knotenförmige Anhäufung von Nervenzellen.

Gangway [engl. ˈgæŋweɪ »Durchgang«], *die,* treppenähnliche, bewegliche Vorrichtung, über die man ein Schiff oder ein Flugzeug besteigt oder verlässt.

Gänse, zu den Entenvögeln gehörende Schwimmvögel, die bis zu 90 cm groß werden und in den gemäßigten und kälteren Zonen Eurasiens und Nordamerikas leben. Sie ernähren sich von Pflanzen, die sie gründelnd im Wasser suchen oder an Land abweiden. Die Wildgänse sind gute Flieger und überwintern als Zugvögel in wärmeren Gebieten. Gänse werden

■ *Das rituelle Bad im **Ganges***

■ *Giuseppe Garibaldi*

schon seit dem Altertum als Haustiere gehalten; unsere Hausgans geht auf die → *Graugans* zurück. Zu den Gänsen zählen auch die kleineren *Pfeifgänse* und die → *Schwäne*.

Garantie [frz.], *die,* Gewähr, Sicherheit; im engeren Sinne die Zusicherung eines Herstellers, dass sein Gerät für einen bestimmten Zeitraum kostenlos repariert wird.

Gardasee, der größte oberitalienische See am Alpenrand (370 km², bis 346 m tief).

Garibaldi, Giuseppe (1807–1882), italienischer Freiheitskämpfer, der die Einigungsbestrebun-

Gambia (The Gambia)

Staatsname: Republik Gambia

Staatsform: Präsidiale Republik

Hauptstadt: Banjul

Fläche: 11 295 km²

Einwohner: 1,1 Mio.

Bevölkerungsdichte: 97/km²

Amtssprache: Englisch, Manding, Wolof, Ful

Währung: Dalasi (D)

Nationalitätskennzeichen: WAG

Gambia

Alkoholische Gärung

Bei der alkoholischen Gärung verwandeln Hefepilze Traubenzucker (beim → Wein) oder Malzzucker (beim → Bier) in → Alkohol. Andere Mikroorganismen, die industriell genutzt werden, sind die Milchsäurebakterien (die auch dafür verantwortlich sind, dass Milch sauer wird), die Buttersäurebakterien und die Essigsäurebakterien.

GAU

Der schwerste Reaktorunfall bisher ereignete sich am 26. April 1986 in → Tschernobyl.

gen Italiens *(Risorgimento)* vorantrieb. Als Führer von Freischaren kämpfte er gegen den → Kirchenstaat, die Österreicher, unter deren Herrschaft Oberitalien stand, und die Franzosen, die das bourbonische Königreich Neapel und Sizilien unterstützten. 1860 organisierte er den »Zug der Tausend« und stürzte die Bourbonen.

Garnelen, zehnfüßige kleine Krebse (ca. 5 cm lang), die im Meer leben. Sie besitzen einen seitlich zusammengedrückten Körper, der oft durchsichtig ist und lange Fühler aufweist. Die als Delikatesse geltenden Garnelen kommen unter der irreführenden Bezeichnung »Krabben« in den Handel.

Gärung, Spaltung von → Kohlenhydraten durch Mikroorganismen (→ Hefen, → Schimmelpilze und → Bakterien) oder deren → Enzyme. Bei diesem Vorgang entstehen organische Verbindungen und → Kohlendioxid. Eine wichtige Rolle spielt dabei, ob die Gärungsvorgänge unter Abschluss oder in Anwesenheit von Luftsauerstoff ablaufen. Beispiele für die erstgenannte Art sind die *alkoholische,* die *Milchsäure-* und die *Propionsäuregärung,* Beispiele für letztere die *Zitronensäure-* und die *Essigsäuregärung.* Die Gärung ist von großer Bedeutung für den Menschen, weil zahlreiche Lebens- und Genussmittel Gärungsprodukte sind.

Gas, ein Stoff im gasförmigen → Aggregatzustand. Die Moleküle von Gasen können sich wegen der geringen Kräfte, die zwischen ihnen herrschen, frei im Raum bewegen und füllen ihn gleichmäßig aus. Je kleiner dieser Raum ist, desto höher ist der Druck des Gases im Inneren. Der Druck steigt auch mit zunehmender Temperatur, weil sich das Gas auszudehnen versucht.

Gasturbine, eine von heißen Verbrennungsgasen angetriebene → Turbine. Gasturbinen werden beispielsweise bei den → Strahltriebwerken von Flugzeugen verwendet. Bei Kraftfahrzeugen wird das Prinzip der Gasturbine in Abgasturboladern eingesetzt: Die heißen Verbrennungsgase treiben ein Turbinenrad an, das die Ansaugluft der Verbrennungsmotoren vorverdichtet und auf diese Weise die Motorleistung erhöht.

GATT, Abkürzung für engl. *General Agreement on Tariffs and Trade,* das 1947 vereinbarte Allgemeine Zoll- und Handelsabkommen, das den freien Welthandel fördern sollte. An seine Stelle trat 1995 die → WTO.

Gattung, in der Biologie die Kategorie, die eng miteinander verwandte → Arten zusammenfasst (beispielsweise gehören die fünf Arten Löwe, Tiger, Jaguar, Leopard und Schneeleopard alle zur Gattung der Großkatzen). In der Literatur unterscheidet man die drei dichterischen Gattungen → Epik, → Lyrik und → Dramatik.

GAU, Abkürzung für *Größter anzunehmender Unfall* (in einem → Kernkraftwerk).

Gauguin [goˈgɛ̃], Paul (1848–1903), französischer Maler und Bildschnitzer, der durch seine Südseebilder berühmt wurde. Er versuchte den → Impressionismus durch zeichnerische Gliederung der Flächen und gesteigerte Farbkraft zu überwinden. Auf Tahiti und den Marquesasinseln, wo er ab 1891 lebte, entwickelte er für seine exotischen Darstellungen einen eigenen, symbolistisch vereinfachten Stil.

Gaulle [dəˈgoːl], Charles de (1890–1970), französischer Offizier und Politiker, der als General eine wichtige Rolle bei der Befreiung → Frankreichs von der deutschen Besatzung spielte. Er war 1945/46 und 1958 Ministerpräsident und 1959–1969 erster Staatspräsident der Fünften Republik. Zusammen mit dem deutschen Bundeskanzler → Adenauer bemühte er sich um die deutsch-französische Aussöhnung.

Gauß, Carl Friedrich (1777–1855), deutscher Mathematiker, Astronom und Physiker, auf den bahnbrechende Neuerungen auf vielen Gebieten zurückgehen (Algebra, Zahlentheorie, nichteuklidische Geometrie, genaue Berechnung der Bahn von Himmelskörpern, Landvermessung, Erforschung des Erdmagnetismus). Zusammen mit dem Physiker *Wilhelm Weber* (1804–1891) konstruierte er 1833 den ersten elektromagnetischen Nadeltelegrafen.

Gazastreifen [ˈgaːza-], wüstenhafter Küstenstreifen an der Mittelmeerküste in → Israel (378 km^2, 800 000 Einwohner). In dem seit 1967 von Israel besetzten Gebiet gilt ebenso wie im Gebiet um → Jericho (im Westjordanland) seit Mai 1994 eine Teilautonomie, d. h., die → Paläs-tinenser dürfen sich selbst verwalten *(Gaza-Jericho-Abkommen* zwischen Israel und → PLO).

Gazellen [arab.], eine zu den → Antilopen gehörende Gattung von Paarhufern. Sie besitzen einen zierlich gebauten, bis zu 1,7 m langen Körper mit langen Beinen und geraden oder gebogenen geringelten Hörnern. Die in Rudeln lebenden Gazellen kommen in Steppen- und Wüstengebieten Afrikas und Asiens vor.

Gebärmutter, *Uterus,* bei weiblichen Tieren ein Teil der inneren → Geschlechtsorgane. In der Gebärmutter entwickelt sich die befruchtete → Eizelle weiter. Beim Menschen ist die Gebärmut-

Geburt 241

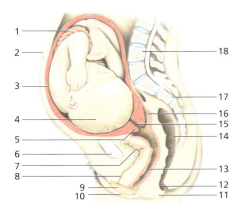

■ **Gebärmutter** mit geburtsreifem Kind: *Gebärmutter und Geburtswege rot.* **1** Nabelschnur; **2** mütterliche Bauchdecke mit Nabel; **3** Wand der Gebärmutter; **4** Kopf des Kindes; **5** Halsteil der Gebärmutter; **6** Schamfuge des Beckens; **7** Harnblase; **8** Harnröhre; **9** kleine Schamlippe; **10** große Schamlippe; **11** Damm; **12** Afteröffnung; **13** Scheide; **14** Mastdarm; **15** Halskanal der Gebärmutter; **16** hinteres Scheidengewölbe; **17** Mittelschnitt durch das Kreuzbein; **18** Mittelschnitt durch die Lendenwirbelsäule.

ter ein birnenförmiges, innen von einer Schleimhaut überzogenes Hohlorgan (7–9 cm groß), das sich bei der Frau in der Mitte des kleinen Beckens zwischen → Harnblase und Mastdarm (→ Darm) befindet. Es dehnt sich während der Schwangerschaft aus, wenn der Fetus wächst, und dringt dabei in die obere Bauchhöhle vor. In die Gebärmutter führen die beiden → Eileiter. Der Gebärmutterhals mündet mit dem *Muttermund* in die → Scheide.

Gebirge, ausgedehnte, zumeist vom Umland deutlich abgegrenzte Hochgebiete der Erdoberfläche, bei denen Berge und Täler wechseln. Nach der Höhe unterscheidet man *Mittel-* (bis etwa 1500 m) und *Hochgebirge* (über 1500 m). Wenn man die Gipfelform betrachtet, kann man zwischen *Kamm-, Ketten-, Kuppen-* und *Tafelgebirge* unterscheiden.

Gebirge können durch vulkanische Tätigkeit oder durch Bewegungen der Erdkruste (→ Plattentektonik) entstehen. Der über einen langen Zeitraum ablaufende Prozess der **Gebirgsbildung** beginnt mit der Anhäufung von Ablagerungsschutt am Meeresboden. Auf diese Weise häufen sich sog. Sedimentschichten an, die oft mehrere Kilometer dick sind und zum großen Teil aus den Gehäusen abgestorbener Meeresbewohner bestehen. Durch die Bewegung der Platten werden diese Sedimente zusammenge-

presst; sie werden dabei verformt, aufgefaltet und verschoben. So entstehen *Decken-* (z. B. → Alpen), *Falten-* (z. B. Schweizer Jura), *Bruchfalten-* und *Blockgebirge.*

Geburt, bei lebend gebärenden Tieren die Ausstoßung des → Fetus aus dem Mutterleib. Zumeist ist die *Niederkunft* oder *Entbindung* der Frau gemeint, die nach neunmonatiger → Schwangerschaft ein Kind zur Welt bringt, das außerhalb ihres Körpers lebensfähig ist. Wenn der Fetus verfrüht zur Welt kommt, aber lebensfähig ist, spricht man von einer → *Frühgeburt.* Wird ein Embryo oder Fetus schon zu einem Zeitpunkt ausgestoßen, zu dem er außerhalb des Mutterleibs nicht überleben kann, nennt man das Abgang *(Abort),* → *Fehlgeburt* oder *Totgeburt.*

Die Geburt gliedert sich in drei Phasen: die *Eröffnung* (vom Beginn der Geburtswehen bis zur vollständigen Öffnung des Muttermundes), die *Austreibung* (von dem Augenblick, wenn sich der Kopf des Kindes durch den äußeren Muttermund schiebt, bis zur Geburt) und die *Nachgeburt* (Ausstoßung der → Plazenta). Als → Wehen bezeichnete schmerzhafte, rhythmische Zusammenziehungen der → Gebärmutter leiten die Geburt ein. Dabei weitet sich der Ausgang der Gebärmutter, der Muttermund. Wenn die Fruchtblase, die den Fetus umgibt, platzt und das → Fruchtwasser abgeht, wird das Kind – normalerweise mit dem Kopf voraus – durch den Muttermund gepresst (Presswehen). Durch die stark gedehnte Scheide verlässt das Kind den Mutterleib. Das Neugeborene wird mit dem Durchtrennen der → Nabelschnur *(Abnabelung)* von der Plazenta gelöst. Etwa eine halbe Stunde nach der Geburt setzen die Nachwehen ein, die zur Ausstoßung der Plazenta (Mutterkuchen), der restlichen Nabelschnur und der Eihäute führen. Eine Geburt dauert bei einer erstgebärenden Frau etwa 5–10 Stunden.

Man unterscheidet heute zwischen der *natürlichen* Geburt, bei der das Kind nur mithilfe der natürlichen Geburtskräfte von Mutter und Kind auf die Welt kommt, und der *programmierten* Geburt, bei der die Wehen durch Medikamente eingeleitet und gesteuert werden.

Wenn das Kind nicht durch den Geburtskanal austreten kann (weil es falsch liegt oder das Becken der Mutter zu eng ist), muss der Arzt versuchen, das Kind in der Gebärmutter zu drehen oder es mit einer Geburtszange herauszuholen. Ist eine normale Geburt nicht möglich oder das Leben von Mutter und Kind gefährdet, so muss

Die höchsten Gebirge
• • • • • • • • • • • • • • •
in Afrika:
Atlas (höchste Erhebung: Dschebel Toubkal, 4167 m), in Algerien und Marokko;
Drakensberge (Thabana Ntlenyana, 3482 m), in Südafrika;
Kilimandscharo (Kibo, 5895 m), in Tansania;

in Amerika:
Alaska-Gebirge (Mount McKinley, 6198 m), in USA;
Anden (Aconcagua, 6960 m), in Chile, Argentinien, Bolivien, Peru, Ecuador, Kolumbien und Venezuela;
Rocky Mountains (Mount Elbert, 4396 m), in Kanada und USA;

in der Antarktis:
Sentinel Range (Mount Vinson, 5140 m);

in Asien:
Himalaja (höchste Erhebung: Mount Everest, 8846 m), in Bhutan, Nepal, Indien und China;
Hindukusch (Tiritsch-Mir, 7699 m), in Afghanistan und Pakistan;
Karakorum (K2, 8610 m), in Indien, Pakistan und China;
Kaukasus (Elbrus, 5642 m), in Russland und Georgien;
Kunlun Shan (Ulugh Muztagh, 7723 m), in China;
Pamir (Kongur Shan, 7719 m), in Tadschikistan);
Tian Shan (Pik Pobedy, 7439 m), in Kirgistan und China;
Trans-Alai (Pik Lenin, 7134 m), in Kirgistan und Tadschikistan;

in Europa:
Alpen (Mont Blanc, 4807 m), in Frankreich, Italien, Schweiz, Deutschland, Österreich und Slowenien;
Pyrenäen (Pico de Aneto, 3404 m), in Spanien und Frankreich

Geheimdienste

Bekannte Geheimdienste sind: in Deutschland *Bundesnachrichtendienst (BND), Militärischer Abschirmdienst* und → *Verfassungsschutz,* in Großbritannien der *Secret Service,* in den USA der → *CIA,* in Israel der *Mossad* und in der ehemaligen Sowjetunion der *KGB.* Berüchtigt war der *Staatssicherheitsdienst* der ehemaligen DDR (→ Stasi).

die Gebärmutter durch einen operativen Eingriff geöffnet werden (→ Kaiserschnitt).

Geburtenregelung, *Geburtenkontrolle,* alle Maßnahmen, die gezielt auf die Häufigkeit von Geburten (z. B. in Ländern mit hohem Bevölkerungszuwachs) und den Zeitpunkt einer erwünschten Schwangerschaft (Familienplanung) Einfluss nehmen. Zumeist ist damit die → Empfängnisverhütung gemeint.

Geckos, *Haftzeher,* eine Familie der → Echsen. Der Lebensraum der bis zu 40 cm langen Geckos reicht in den tropischen und subtropischen Gebieten von Regenwäldern bis zu Wüsten. Sie besitzen einen flachen Körper. Zu erkennen sind sie an ihren großen Augen mit durchsichtigem Lid und spaltförmiger Pupille und an ihren Füßen (Finger und Zehen sind verbreitert und tragen oft an der Unterseite mit winzigen Haken versehene Haftlamellen, mit denen sich die Tiere an kleinsten Unebenheiten festhalten und so auch senkrechte Wände hochklettern können).

Gedächtnis, die Fähigkeit, Sinneswahrnehmungen, Empfindungen und Vorstellungen im → Zentralnervensystem zu speichern, so dass sie bei Bedarf wieder ins Bewusstsein gerufen werden können. Dies geschieht mit Hilfe der Nervenzellen. Man unterscheidet zwischen *Ultrakurzzeit-* (Speicherung bis zu 10 Sekunden), *Kurzzeit-* (bis zu ein oder zwei Stunden) und *Langzeitgedächtnis* (dauerhafte Speicherung).

Gedicht, literarischer Text, der in *gebundener Sprache,* d. h. in → Versen, verfasst ist. Zumeist versteht man darunter nur kürzere lyrische Texte (→ Lyrik).

gedruckte Schaltung, eine elektronische Schaltanordnung, bei der Leiterbahnen aus Kupfer mit Hilfe von speziellen Druckverfahren einseitig auf eine Isolierplatte aufgebracht werden. Die andere Seite der Platte wird mit elektronischen Bauteilen wie → integrierten Schaltungen, → Transistoren, → Widerständen oder → Kondensatoren bestückt. Die Anschlüsse der Bauteile werden durch Bohrungen in dieser sog. *Platine* zu den Leiterbahnen auf der anderen Seite geführt und in einem Tauchlötbad fest mit ihnen verbunden.

Geflügel, Nutzvögel wie Hühner, Enten, Gänse oder Truthühner.

Gefrierpunkt, die Temperatur, bei der ein Stoff vom flüssigen in den festen → Aggregatzustand übergeht. Der Gefrierpunkt von Wasser wurde als Nullpunkt für die → Celsius-Skala (0 °C) gewählt.

Gegenreformation, die Zeit zwischen dem → Augsburger Religionsfrieden und dem Ende des → Dreißigjährigen Krieges, als die katholische Kirche versuchte, eine weitere Ausbreitung der → Reformation zu verhindern und protestantische Gebiete gewaltsam wieder zum katholischen Glauben zu bekehren.

Geheimdienste, *Nachrichtendienste,* staatliche Organisationen, die durch → Spionage in anderen Ländern wichtige politische, militärische, wirtschaftliche oder wissenschaftlich-technologische Informationen beschaffen oder gefährliche Projekte im Ausland durch → Sabotage behindern sollen. Zu den Aufgaben von Geheimdiensten gehört auch die Abwehr von ausländischen Spionen im Inland und die Bekämpfung von innenpolitischen Gegnern.

Geheime Staatspolizei, *Gestapo,* die 1933 in Deutschland entstandene politische Polizei, die unter dem → Nationalsozialismus alle politischen Gegner des NS-Regimes verfolgte. Sie arbeitete ab 1939 eng mit dem Sicherheitsdienst der → SS *(SD)* zusammen und hatte besondere Befugnisse: Sie durfte Verdächtige in Schutzhaft nehmen und in → Konzentrationslager einweisen, Gefangene foltern und hinrichten. Während des Zweiten Weltkrieges war sie für die Bewachung der Kriegsgefangenen zuständig und an der Verschleppung und Ermordung der Juden beteiligt.

Gehirn, im → Schädel gelegener Teil des → Zentralnervensystems. Das aus Nerven- und Gliazellen (mit Stütz- und Ernährungsfunktionen) bestehende Gehirn nimmt die Wahrnehmungen und Empfindungen der → Sinnesorgane auf, speichert und koordiniert sie und steuert die Aktivitäten des Körpers.

Beim Menschen ist das Gehirn in verschiedene Bereiche unterteilt: das *Vorderhirn* (mit dem *Großhirn* und dem *Zwischenhirn), Mittelhirn* und das *Hinterhirn* (oder *Kleinhirn).* Das Gehirn wiegt im Durchschnitt zwischen 1250 und 1370 g. Das *Großhirn,* das beim Menschen am stärksten

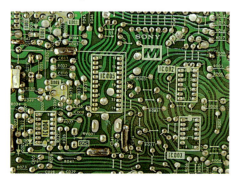

■ *gedruckte Schaltung*

Geigerzähler 243

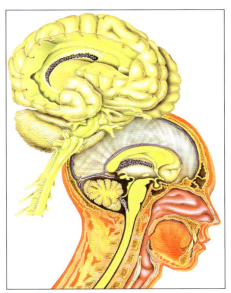

■ **Gehirn:** Oben: *Querschnitt durch die Großhirnhemisphäre, darunter das Kleinhirn und das Rückenmark.* – Unten: *Querschnitt durch den Schädel mit Schädelknochen, Hirnsichel (violett: ein Teil der harten Hirnhaut, der die Schädelhöhle unterteilt), Zwischenhirn, Kleinhirn (gefiedert), Rückenmark (gelb), Wirbelsäule; davor: Nasenhöhle und Zungenmuskulatur.*

entwickelt ist, besteht aus zwei Halbkugeln, die durch einen tiefen Einschnitt getrennt sind, aber durch einen dicken Nervenstrang, den sog. *Balken,* miteinander verbunden werden. Die äußers-te Schicht, die etwa 3 mm dicke graue *Großhirnrinde,* enthält rund 14 Mrd. Nervenzellen und umhüllt wie ein gefalteter Mantel mit vielen Windungen das weiße, aus Nervenfasern bestehende *Großhirnmark*. Sie ist in mehrere Lappen gegliedert, die mit bestimmten Leistungen und Funktionen verbunden sind. Das Großhirn ist der Sitz des Bewusstseins und Träger der Nervenfunktionen, die Denken, Erinnerung, bewusste Wahrnehmung, Sprechen und Handeln ermöglichen. Über die Rinde sind die Bereiche verteilt, die für unterschiedliche Aufgaben zuständig sind. Die linke Gehirnhälfte ist auf Funktionen spezialisiert, die folgerichtig und zeitlich aufeinander abgestimmt ablaufen (analytische Fähigkeiten wie etwa Logik, Rechnen und Sprache), die rechte Hälfte auf Funktionen, die durch den Raum bestimmt sind (synthetische Fähigkeiten wie Kreativität, visuelle Wiedererkennung und Rhythmusgefühl).

Fast vollständig umgeben vom Großhirn ist das *Zwischenhirn,* zu dem der Thalamus (Sehhügel), über den alle Sinnesempfindungen mit Ausnahme der Geruchsempfindungen laufen), der Hypothalamus (reguliert vegetative Funktionen wie Hunger, Durst und Körpertemperatur), die Hypophyse (Hirnanhangdrüse) und die → Zirbeldrüse gehören.

Zwischen Großhirn und Hirnstamm befindet sich als schmaler Bereich das *limbische System,* das vor allem gefühlsmäßige Reaktionen (wie Angst, Wut, Freude und sexuelles Verhalten) bestimmt. Unterhalb des Großhirns liegt im hinteren Bereich das faltenreiche *Kleinhirn,* das ebenfalls aus zwei Hälften besteht und für die Koordinierung der Körperbewegungen zuständig ist. Es ist an den Hirnstamm angeschlossen.

Im stielähnlichen *Hirnstamm,* der sich aus Mittelhirn (schließt sich an das Zwischenhirn an), Brücke und verlängertem Mark zusammensetzt und das Gehirn mit dem Rückenmark verbindet, befinden sich Steuerungszentren für die Atmung, den Herzschlag und den Blutkreislauf. Hier entspringen auch die zwölf *Hirnnerven* (Riech-, Seh-, Augenbewegungs-, Augenroll-, Drillings-, seitlicher Augenmuskel-, Gesichts-, Hör- und Gleichgewichts-, Zungen-, Schlund-, Eingeweide-, Beiläufer- und Unterzungennerv).

Gehirnerschütterung, durch Gewalteinwirkung (Stoß, Schlag oder Druck gegen den Schädel) hervorgerufene Schädigung des Gehirns. Sie kann zu kurzer Bewusstlosigkeit, Kreislaufstörungen und Übelkeit führen und mit Erinnerungslücken verbunden sein.

Gehör, der *Gehörsinn,* der akustische Reize (→ Schallwellen) wahrnimmt. Das Hörorgan ist das Ohr.

Geier, große Greifvögel, die sich überwiegend von Aas ernähren. Mit ihren großen Flügeln können sie gut segeln. Sie sind leicht an ihrem ungefiederten Kopf zu erkennen. Geier im engeren Sinne sind nur die *Altweltgeier,* die zu den Habichtartigen gehören und in Südeuropa, Afrika und Asien vorkommen. Dazu gehören *Gänse-, Bart-, Mönchs-* und *Ohrengeier.* Nicht unmittelbar verwandt mit ihnen sind die *Neuweltgeier* wie → *Kondor* und *Königsgeier,* die in Amerika leben.

Geige, deutsche Bezeichnung für → Violine.

Geigerzähler, *Geiger-Müller-Zählrohr,* nach den deutschen Physikern *Hans Geiger* (1882–1945) und *Walter Müller* (1905–1970) benanntes Gerät zum Nachweis von → Radioaktivität (Alpha-, Beta- und Gammastrahlen).

Fingerklimpern hält Gehirn fit

Einfache Fingerübungen helfen beim Gedächtnistraining. Gerade im Alter sind Fingerübungen, die nur wenige Sekunden dauern müssen, nützlich, um Vergesslichkeit und Interesselosigkeit zu bekämpfen. Werden die Finger wie beim Klavierspielen bewegt, erhöht sich die Durchblutung der Gehirnmasse um ein Viertel. Dadurch nehmen die für das Gedächtnis wichtigen Nervenzellenfortsätze (Dendriten) zu, die sich im Alter abbauen. Dieser Vorgang könnte eine Erklärung dafür sein, dass Pianisten von allen Musikern am längsten aktiv bleiben.

■ **Geige**

Geld

In früheren Zeiten wurden die Waren, die man brauchte, durch *Tauschhandel* erworben. Dabei wurden schon bald Waren eingetauscht, die man nicht für den eigenen Gebrauch benötigte, sondern weitertauschen konnte. Daraus entstanden allgemein anerkannte Tauschmittel, die einen bestimmten Wert besaßen und für die man beliebige Güter erhielt. Solche Tauschmittel waren z. B. Tierfelle oder Muscheln und vor allem Edelmetalle. Sie wurden zunächst nach der Stückzahl oder dem Gewicht bewertet; daran erinnern noch heute die Namen einiger Währungen (z. B. Pfund Sterling).

Da heute nur die staatlichen Notenbanken Geld ausgeben dürfen, muss der Staat gewährleisten, dass das vorhandene Angebot an Waren und Dienstleistungen der in Umlauf befindlichen Geldmenge entspricht. Wenn in einer Volkswirtschaft mehr Geld in Umlauf ist, als man Güter dafür kaufen kann, kommt es zu einer → Inflation, zu einer Geldentwertung. Produziert eine Volkswirtschaft jedoch mehr Güter und Dienstleistungen, als Geld zur Verfügung steht (→ Deflation), wird es notwendig, die Geldmenge zu erhöhen, damit die Preise nicht verfallen.

Gelenk

Nach der Form unterscheidet man zwischen *Kugelgelenk* (das wie das Schultergelenk eine Bewegung in jede Richtung erlaubt), *Nussgelenk* (das wie das Hüftgelenk in seiner Bewegungsfreiheit etwas eingeschränkt ist), *Drehgelenk* (zwischen Elle und Speiche), *Sattelgelenk* (das wie beim Daumen Bewegungen in zwei Ebenen gestattet), *Scharniergelenk* (das wie das Kniegelenk nur Bewegungen in einer Ebene ermöglicht), *Eigelenk* (das wie das Gelenk zwischen Handwurzelknochen und Speiche Bewegungen in zwei Richtungen, aber keine Drehung erlaubt) und *Plangelenk* (das wie bei den Halswirbeln nur eine Gleitbewegung möglich macht).

Geißeltierchen, die zum Tierreich zählenden → Flagellaten.

Geisteskrankheiten, in der Umgangssprache Bezeichnung für geistig-seelische Störungen, die bestimmte Fähigkeiten des Verstandes oder das Gefühlsleben beeinträchtigen und die Persönlichkeit verändern. In der Medizin bezeichnet man sie als → Psychosen.

Geisteswissenschaften, zusammenfassende Bezeichnung für alle Wissenschaften, die sich im Unterschied zu den → Naturwissenschaften mit Gegenständen des menschlichen Geistes befassen (z. B. Sprache, Literatur, Kunst, Philosophie, Religion, aber auch Geschichte, Politik, Wirtschaft und Recht).

geistiges Eigentum, durch das → Urheber- und → Patentrecht geschützte Besitzrechte an einer geistigen Schöpfung (z. B. literarische Werke, Musikstücke, Bilder) oder Erfindung (z. B. wissenschaftliche Verfahren oder technische Geräte). Geschützt sind auch Gebrauchsgeräte, für die man kein Patent anmelden kann *(Gebrauchsmuster),* und besondere Gestaltungen für gewerbliche Zwecke *(Geschmacksmuster).*

Gelbfieber, tropische Infektionskrankheit, die durch → Stechmücken übertragen wird. Hervorgerufen wird sie durch ein Virus. Die in Afrika und Lateinamerika vorkommende Krankheit, gegen die es eine Schutzimpfung gibt, verursacht hohes Fieber, blutiges Erbrechen sowie Leber- und Nierenschädigungen, die zum Tod führen können.

Gelbsucht, gelbliche Verfärbung der Haut, der Schleimhäute (insbesondere der Lederhaut des Auges) und der inneren Organe. Ursache dafür sind Gallenfarbstoffe, die bei erhöhtem Gehalt im Blut in Körpergewebe übertreten. Die Gelbsucht ist keine eigene Krankheit, sondern ein Anzeichen für verschiedene Erkrankungen, z. B. Leberschädigungen. Umgangssprachlich wird oft die → Hepatitis irrtümlicherweise als Gelbsucht bezeichnet.

Geld, ein Zahlungsmittel, das allgemein anerkannt wird, um damit Güter oder Dienstleistungen zu erwerben. Bereits im Altertum entwickelten sich *Münzen,* die leichter zu transportieren waren als große Stücke Edelmetall. Münzen spielten lange Zeit eine wichtige Rolle im Zahlungsverkehr. Bei den heute gebräuchlichen Münzen, dem *Hartgeld,* ist nicht mehr der Materialwert, sondern der Nennwert entscheidend. In unserem Jahrhundert werden aufgrund des geringen Nennwerts der Münzen nur noch kleine Beträge mit Hartgeld bezahlt.

Höhere Beträge bezahlt man mit *Papiergeld.* Dieses besteht aus → Banknoten, die sich in Europa im Mittelalter aus Hinterlegungsscheinen für Hartgeld entwickelten. Die von Banken herausgegebenen Geldscheine lauten auf einen bestimmten Betrag, der früher durch den entsprechenden Wert in Gold gedeckt sein musste. Hart- und Papiergeld bilden zusammen das *Bargeld.* Daneben gibt es noch *Buch-* oder *Giralgeld:* Guthaben bei Kreditinstituten, die man jederzeit abrufen kann. Mit Buchgeld kann man bargeldlos durch Schecks oder Überweisungen bezahlen.

Geldwäsche, das Einzahlen von Geldern aus illegalen Geschäften (vor allem Handel mit → Drogen oder Waffen) durch Mittelmänner auf mehrere Konten im In- und Ausland, um die Herkunft zu verschleiern. Bisweilen werden solche Gelder auch für Scheingeschäfte verwendet.

Gelenk, eine Verbindungsstelle zwischen Knochen, die es möglich macht, das starre → Skelett mit Hilfe von Sehnen und → Muskeln zu bewegen. Bei Wirbeltieren und beim Menschen besteht das Gelenk aus dem *Gelenkkopf* und der *Gelenkpfanne;* dabei greift ein abgerundeter Knochen in die Ausbuchtung des anderen Knochens. Die ineinander greifenden Gelenkflächen der Knochen sind von der aus Bindegewebe bestehenden *Gelenkkapsel* umgeben, deren Innenhaut eine schleimige Flüssigkeit *(Gelenkschmiere)* absondert, damit die Reibung nicht zu groß wird. Die Gelenkflächen selbst sind mit einer elastischen Knorpelschicht überzogen. Oft werden die Gelenke außen durch Bänder verstärkt.

Gemeinde, Verwaltungseinheit auf unterster Ebene. Gemeinden dürfen die sie betreffenden Angelegenheiten selbst regeln *(kommunale Selbstverwaltung)* und besitzen das Hoheitsrecht über ihr Gebiet. Sie haben eine eigene gewählte Volksvertretung *(Gemeinderat)* und einen *Bürgermeister* als leitendes Vollzugsorgan sowie einen Haushalt, den sie aus den Gemeindeabgaben (vor allem Steuern) finanzieren.

Gemisch, aus mehreren Stoffen bestehender Stoff, der (im Gegensatz zu einer → chemischen Verbindung) durch physikalische Methoden (wie etwa → Destillation oder Filtrierung) leicht in seine Einzelbestandteile getrennt werden kann. Gemische können Feststoffe (z. B. → Legierungen), Flüssigkeiten (z. B. → Lösungen) oder Gase (z. B. Luft) sein. Als Gemenge bezeichnet man *heterogene Gemische,* bei denen die einzelnen Bestandteile ihre kennzeichnenden Eigenschaf-

ten behalten (z. B. → Gesteine oder → Emulsionen).

Gemüse, pflanzliche Nahrungsmittel (mit Ausnahme von → Obst, → Getreide und → Kartoffeln), die roh oder zubereitet verzehrt werden können und einen wichtigen Bestandteil der menschlichen → Ernährung bilden. Je nach Pflanzenart werden verschiedene Teile der Pflanze genutzt.

Gen [von griech. genos = »Geschlecht«], *das,* die kleinste Einheit der → Erbinformation. Gene sind Abschnitte der → DNA, deren Abfolge von Einzelbausteinen *(Nukleotiden)* die Information enthält, welches → Protein aufgebaut werden soll. Da die Eiweißprodukte, die mithilfe dieser Information aufgebaut werden, die Form der Zellen und als → Enzyme auch die chemischen Vorgänge bestimmen, enthalten die Gene den gesamten Bauplan für ein Lebewesen und die Gebrauchsanweisung für sein richtiges Funktionieren. Bei allen Organismen mit Ausnahme der → Viren befinden sich die Gene auf den → Chromosomen.

Generalsekretär, hoher Vertreter von internationalen Vereinigungen und Bündnissen, der die Exekutive leitet (z. B. bei den → Vereinten Nationen oder der → NATO); bei westlichen Parteien der oberste Geschäftsführer, der die organisatorische Arbeit leitet. In den sozialistischen Staaten war der Generalsekretär der Leiter des Politbüros und damit der maßgebliche politische Führer (z. B. → Gorbatschow in der Sowjetunion als Generalsekretär der KPdSU).

Generalstreik, allgemeiner, umfassender Streik aller Arbeiter eines Landes.

Generation [lat. »Zeugung«], die einzelne Stufe in einer Geschlechterfolge, in der Technik auch eine Stufe in der Entwicklung von Geräten (z. B. eine neue Generation von Computern); beim Menschen der Zeitraum, den früher etwa ein Menschenleben umfasste (ungefähr 30 Jahre), und die Menschen, die annähernd gleich alt sind und manchmal eine ähnliche Einstellung besitzen (z. B. die *Generation der 68er* für die während der Studentenbewegung groß gewordenen Personen).

Generationswechsel, in der Biologie der regelmäßige Wechsel zwischen geschlechtlicher und ungeschlechtlicher Vermehrung (→ Fortpflanzung). Generationswechsel kommt bei vielen, vor allem niederen Tieren und Pflanzen vor.

Generator [lat. »Erzeuger«], *der,* Gerät, mit dem man elektrischen Strom erzeugen kann. Dabei wird mechanische Arbeit durch elektromagnetische → Induktion in elektrische Energie umgewandelt. Generatoren werden häufig auch als → *Dynamos* bezeichnet. Durch Wasserkraft, Dieselmotoren oder Dampf- und Gasturbinen angetriebene Drehstromgeneratoren erzeugen die Elektrizität für die Stromversorgung. In Kraftfahrzeugen befindet sich die → *Lichtmaschine,* die den Strom für die elektrischen Geräte und zum Aufladen der Autobatterie erzeugt.

Genesis [griech.], *die,* Schöpfung, Entstehung. Titel des 1. Buches Mose im → Alten Testament, das die Schöpfungsgeschichte beschreibt.

Genetik [von griech. genesis = »Erzeugung«], *die,* Vererbungslehre, die Wissenschaft, die sich mit den Gesetzmäßigkeiten der Weitergabe von → Erbanlagen befasst. Sie geht zurück auf die Untersuchungen, die Gregor → Mendel im 19. Jh. anstellte. Lange Zeit mussten sich die Genetiker darauf beschränken, die Vererbung anhand von Kreuzungsversuchen zu beobachten und auf die zugrunde liegenden Regeln zu schließen. Erst als in den 40er Jahren der Nachweis gelang, dass die → DNA der Träger der Erbinformation ist, entwickelte sich die Genetik zu einer echten Naturwissenschaft. Nach der Entdeckung der molekularen Struktur der DNA (→ Doppelhelix) in den 50er Jahren wurde es möglich, die Vorgänge der Vererbung auf der Ebene der → Gene zu erforschen. In den 70er Jahren war man im Stande, direkt in das Erbmaterial einzugreifen und die vererbten Eigenschaften zu verändern. Diese *Genmanipulation* war der Beginn der → Gentechnologie.

genetischer Code, die in der → Erbinformation verschlüsselte Anweisung, wie die → Proteine des Körpers bzw. ihre Bausteine, die → Aminosäuren, aufgebaut werden sollen. Den Code bildet die Reihenfolge der Nukleotide in der → DNA, die der Träger der Erbinformation ist. Dieser genetische Code ist für alle Lebewesen gleich. In der → Gentechnologie wird dies ausgenutzt, um von Bakterien bestimmte Proteine wie etwa menschliches → Insulin produzieren zu lassen, indem man ihnen das Gen dafür einfügt.

genetischer Fingerabdruck, *DNA-Analyse,* ein Verfahren, mit dessen Hilfe man die Identität eines Menschen anhand seiner → DNA feststellen kann.

Genf, frz. *Genève* [ʒəˈnɛːv], Stadt (174 000 Einwohner) und Kanton im Südwesten der → Schweiz. Das heutige Handels- und Bankenzentrum war im 16 Jh. eine Hochburg des → Kalvinismus. Genf ist außerdem Sitz zahlreicher internationaler Organisationen.

Gen

Die Anzahl der *Gene* ist sehr unterschiedlich, je nachdem wie komplex ein Lebewesen aufgebaut ist. Während manche Viren nur drei oder vier Gene besitzen, weist der Mensch etwa 100 000 verschiedene Gene auf, die in jeder seiner Körperzellen vorhanden sind.
Die **Genbank** ist eine Einrichtung, die Erbmaterial aufbewahrt. Zumeist wird die → DNA einer Zelle isoliert und in kleinere Stücke zerlegt, die in sog. *Plasmiden* (ringförmige DNA-Moleküle, die von Natur aus in Bakterien vorkommen) oder in → Viren gespeichert werden. Durch → Klonierung kann man alle DNA-Bruchstücke eines bestimmten → Genoms in einer *Genbibliothek* sammeln, die somit alle Gene eines Organismus (Tier, Pflanze, Bakterie, Virus) enthält. In Genbanken können auch die Genome von Pflanzen- und Tierarten aufbewahrt werden, die vom Aussterben bedroht sind. Da auch der Samen ein Speicher für die genetische Information ist, bezeichnet man als Genbanken auch Einrichtungen, in denen Samen von Nutzpflanzen (vor allem Getreide, Futterpflanzen und Gräser) gesammelt werden.

Genetischer Fingerabdruck

Mit einem sog. *Restriktionsenzym* kann man den DNA-Doppelstrang an bestimmten Stellen zerschneiden. Einige Stücke sind bei jedem Menschen unterschiedlich lang, so dass es ein bestimmtes Muster der DNA-Bruchstücke gibt. Dieses Muster ist für einen Menschen ebenso charakteristisch wie sein → Fingerabdruck. Bereits kleine Mengen Blut oder Sperma oder auch Hautfetzen bzw. Haare (mit der Wurzel) genügen, um die DNA zu untersuchen. Man kann damit die am Tatort gefundenen DNA-Spuren eindeutig einem Verdächtigen zuordnen, wenn man dessen DNA ebenfalls überprüft, oder ihn zweifelsfrei entlasten. Diese Methode ermöglicht auch den Nachweis, ob jemand der Vater einer bestimmten Person ist. Die DNA-Analyse ist als Beweis vor Gericht zugelassen, aber sie liefert nur eindeutige Ergebnisse, wenn das untersuchte DNA-Material nicht verunreinigt ist (bereits Bakterien können im Labor das Ergebnis verfälschen). *f*

genetischer Code

Der DNA stehen vier verschiedene Nukleotide zur Verfügung, die durch ihre Base (Adenin, Cytosin, Guanin, Thymin) bestimmt sind. Jeweils drei Nukleotide legen eine Aminosäure fest (z. B. CAA = Glutamin). Diese Dreiergruppe wird als *Basentriplett* oder *Codon* bezeichnet. Es gibt 64 (=4^3) Möglichkeiten, wie die vier Basen angeordnet sein können, so dass die meisten Aminosäuren durch mehr als ein Triplett festgelegt werden. Auch für den Beginn und das Ende einer Kette von Aminosäuren existieren Codons.

Genom

Da jedes Gen aus rund 10 000–30 000 Basenpaaren besteht (die DNA besitzt die Form einer → Doppelhelix, bei der jeweils zwei Basen miteinander verbunden sind), umfasst das menschliche Genom insgesamt etwa 3 Mrd. Basenpaare. Bei manchen Bakterien ist das Genom nur 5 Mio. Basenpaare groß, bei einem Hefepilz etwa 15 Mio. und bei einer Taufliege rund 180 Mio. Basenpaare.
Das Genom des Menschen enthält eine riesige Informationsmenge, die 1000 Bücher mit je 1000 Seiten füllen würde. Gespeichert ist diese Information in der DNA im Zellkern. Würde man die DNA eines einzigen menschlichen Zellkerns wie einen Faden ausspannen, so wäre sie 2 m lang, aber dieser genetische »Faden« hätte nur eine Dicke von zwei Millionstel Millimeter (2×10^{-9} m). Seit Ende der 80er Jahre wird in zahlreichen Labors versucht, das menschliche Genom zu entziffern. Dazu wird zunächst die Reihenfolge der Bausteine *(Sequenz)* bestimmt.
Koordiniert wird diese Forschung durch *HUGO (Human Genome Organization)* in Genf. Wenn die Sequenzierung gelungen ist, kann man daran gehen, die Funktion der einzelnen Gene zu bestimmen. Kennt man die Aufgaben jedes Gens, so kann man genetische Fehler (→ Erbkrankheiten) erkennen und möglicherweise korrigieren. Zu diesem Zweck erstellt man genetische Karten, auf denen die Position der einzelnen Gene auf den → Chromosomen erkennbar ist.

Genfer Konventionen, völkerrechtliche Abkommen, die zum Schutz von Kriegsopfern geschlossen worden sind. Die erstmals 1864 auf Anregung von Henri → Dunant getroffenen Vereinbarungen betreffen den Schutz und die Behandlung von verwundeten Soldaten, Kriegsgefangenen und Zivilpersonen im Kriegsfall. Sie sind von fast allen Staaten unterzeichnet worden und sichern die Tätigkeit des → Roten Kreuzes völkerrechtlich ab.

Genie [frz. ʒeˈniː], *das,* besondere schöpferische Begabung, besonders begabter Mensch.

Genitalien [lat. (membrum) genitale = »Zeugungs-, Gebärorgan«], *Mz.,* die → Geschlechtsorgane.

Genitiv [lat. (casus) genitivus = »die Herkunft bezeichnender (Fall)«], *der,* in der Grammatik der 2. Fall oder Wesfall (z. B. *des Menschen*).

Genmanipulation, Eingriff in das Erbmaterial, um die Eigenschaften, die ein Organismus vererbt oder durch Vererbung erhält, zu verändern. Heute bezeichnet man diese Methoden als *Gentechnik* oder → *Gentechnologie.*

Genom [aus Gen und Chromosom], *das,* die Gesamtheit der → Gene, die in einem Zellkern als einfacher Chromosomensatz vorhanden sind. Das Genom ist bei den einzelnen Tier- und Pflanzenarten unterschiedlich groß; beim Menschen umfasst es zwischen 100 000 und 300 000 Gene. → Viren besitzen sogar nur ein Dutzend Gene.

Genossenschaft, ein Verein mit einer nicht begrenzten Zahl von Mitgliedern (mindestens sieben), die sich zusammenschließen, um die wirtschaftliche Tätigkeit der Mitglieder *(Genossen)* zu fördern. Dies geschieht in erster Linie durch gemeinschaftlich betriebene Unternehmen, gemeinsame Errichtung von Bauten und Gewährung von Krediten. Die Genossenschaften sind als Selbsthilfeeinrichtungen in der Zeit der Industrialisierung entstanden. Man unterscheidet heute *ländliche* und *gewerbliche, Konsum-* und *Wohnungsbaugenossenschaften.*

Genotyp [griech.], *der,* die Gesamtheit der Erbfaktoren (→ Gene) eines Organismus.

Genozid [lat.], *der,* Völkermord, Ausrottung ethnischer oder religiöser Gruppen.

Genre [frz. ʒãːrə], *das,* Gattung, Art, vor allem in der Literatur, in der Kunst und im Film (z. B. das Genre des Kriminalfilms).

Gentechnik, siehe S. 248–249.

Genua, it. *Genova,* am Golf von Genua gelegene Hafenstadt (700 000 Einwohner) in Norditalien. Die Hauptstadt der Region Ligurien (→ Italien) ist heute der größte italienische Hafen. Im

■ *Genf*

Mittelalter war Genua eine selbstständige Republik, die als führende See- und Handelsmacht im Mittelmeer zahlreiche Kolonien hatte.

Genus [lat.], *das,* in der Grammatik das Geschlecht der Wörter (→ Substantive, Adjektive, Pronomina). In der deutschen Sprache gibt es drei Geschlechter: *Maskulinum* (männlich: z. B. *der Mann, der Hammer, der Begriff*), *Femininum* (weiblich: z. B. *die Frau, die Tasche, die Liebe*) und *Neutrum* (sächlich: z. B. *das Kind, das Buch, das Gefühl*). Das grammatikalische Geschlecht muss nicht immer mit dem natürlichen Geschlecht übereinstimmen (z. B. *das Weib, das Mädchen*).

Geographie, *Geografie* [griech. »Erdbeschreibung«], *die,* Erdkunde, die Wissenschaft, die sich mit der Erdoberfläche befasst. Sie hat zahlreiche Teilgebiete, die einzelne Räume und Gesichtspunkte behandeln (z. B. Länder, Klima, Gewässer, Pflanzen, Tiere, Bevölkerung, Wirtschaft).

Geologie [griech.], *die,* Wissenschaft, die sich mit dem Bau und der Entwicklung der Erde befasst.

geologische Formationen, Zeitabschnitte in der → Erdgeschichte, die durch eine einheitliche Tier- und Pflanzenwelt gekennzeichnet sind und anhand von → Fossilien abgegrenzt werden. Heute wird zumeist der Begriff → *System* anstelle von Formation verwendet.

Geometrie [griech. »Erdmessung«], *die,* ein Teilgebiet der Mathematik, das sich mit Linien und Figuren in der Ebene *(Planimetrie)* und im Raum *(Stereometrie)* befasst. Die Geometrie der Kugeloberfläche wird als *sphärische Geometrie* bezeichnet. Man unterscheidet zwischen der klassischen oder → *euklidischen Geometrie,* die den Bedingungen des Axiomensystems von

■ *geologische Formationen:* Bizarre Felszinnen im Brice Canyon, Utah (USA)

Euklid gehorcht, und der → *nichteuklidischen Geometrie.* Die *analytische Geometrie* stellt einen Zusammenhang zur → Algebra her und behandelt Punkte, die durch Zahlenpaare oder -tripel (→ Koordinatensysteme) festgelegt sind; algebraische Gleichungen können dabei grafisch dargestellt werden.

Geophysik [griech.], *die,* Wissenschaft, die sich mit den physikalischen Erscheinungen auf und in der Erde befasst (z. B. → Erdmagnetismus). Im weiteren Sinne gehört auch die → Meteorologie dazu.

Georgien, asiatischer Staat im → Kaukasus. Der Osten und die Mitte des Landes liegen in der transkaukasischen Senke, während der Norden am Großen Kaukasus und der Süden am Kleinen Kaukasus sowie am Armenischen Hochland Anteil hat. Zu Georgien gehören auch die beiden autonomen Republiken *Abchasien* (im Nordwesten) und *Adscharien* (im Südwesten) sowie das autonome Gebiet *Südossetien* (der Nordteil gehört zu Russland). Mehr als 70 % der Bevölkerung sind Georgier, ein kaukasisches Volk. Die georgische Wirtschaft ist durch Landwirtschaft und Bergbau geprägt. Ein erstes georgisches Reich entstand im späten 4. Jh. v. Chr. während der → Diadochenkriege. 65 v. Chr. wurde der Ostteil von den Römern unterworfen. Anfang des 8 Jh. eroberten die Araber das Land. Seine größte Ausdehnung hatte Georgien im 12. Jh., als es vom Schwarzen Meer bis zum Kaspischen Meer reichte. Im 14. Jh. wurde es von den Mongolen verwüstet. Danach zerfiel es und wurde zwischen Persien und dem Osmanischen Reich aufgeteilt. Im 19. Jh. kamen die Teilstaaten unter russische Herrschaft. 1918 erklärte sich Georgien für unabhängig, wurde aber 1921 zunächst als autonome Sowjetrepublik innerhalb der *Transkaukasischen SFSR* (zusammen mit → Aserbaidschan und → Armenien) und ab 1936 als *Grusinische SSR* in die → Sowjetunion eingegliedert. Seit 1991 ist Georgien unabhängig. Die Bestrebungen Abchasiens nach Unabhängigkeit und Südossetiens nach einem Anschluss an Nordossetien führten zu bürgerkriegsähnlichen Auseinandersetzungen.

geostationär [griech.-lat.], die Flugbahn eines künstlichen → Satelliten, der die Erde mit der gleichen Geschwindigkeit umkreist, mit der sich die Erde um ihre eigene Achse dreht, so dass er über einem bestimmten Punkt der Erde zu stehen scheint. Ein solcher scheinbar fester Standort, den ein Satellit in einer Höhe von etwa 36 000 km hat, ist wichtig für Nachrichtensatelliten.

geothermische Energie, durch die Erdwärme gewonnene Energie. Die Temperatur nimmt im Inneren der Erde etwa alle 33 m um 1 °C zu; besonders stark ist die Zunahme in Gebieten mit vulkanischer Tätigkeit. Diese Wärme wird in Form von heißem Wasser oder Dampf für Heizzwecke oder für die Energieerzeugung durch Dampfturbinen genutzt.

Gepard, in Afrika und Asien beheimatete Raubkatze, die bis zu 1,5 m lang wird und einen 80 cm langen Schwanz besitzt. Der schlanke, hochbeinige Gepard hat einen kleinen Kopf und kann im Unterschied zu anderen Katzenarten die Krallen nicht einziehen. Er ist das schnellste Landraubtier und erreicht auf kurzen Strecken eine Geschwindigkeit von bis zu 100 km/h.

■ *Geparden*

Gerade, in der Geometrie eine nicht gekrümmte Linie, die nach beiden Seiten nicht begrenzt ist.

Gerben, Herstellung von → Leder aus Tierhäuten. Die Felle werden zunächst enthaart und dann mit Hilfe von *Gerbstoffen* behandelt, so dass ihre Fasern gegen → Fäulnis geschützt und

Georgien (Sak'art'velo)
Staatsname: Republik Georgien
Staatsform: Präsidiale Republik
Hauptstadt: Tiflis
Fläche: 69 700 km^2
Einwohner: 5,5 Mio.
Bevölkerungsdichte: 79/km^2
Amtssprache: Georgisch
Währung: Lari (GEL)
Nationalitätskennzeichen: GE

Georgien

Wissen im Überblick: Gentechnik

Was ist Gentechnik?

Gentechnik ist ein Sammelbegriff für verschiedene molekularbiologische Methoden, die es möglich machen, die Erbinformation verschiedener Organismen zu isolieren, zu analysieren und neu zusammenzufügen und sie in lebenden Zellen zu vermehren. Gentechnische Eingriffe, die an Lebewesen (Pflanzen, Tiere und Mensch) vorgenommen werden, führen dazu, dass ihr Organismus verändert wird. Während bei der herkömmlichen *Züchtung* (z. B. durch *Kreuzung* von Tieren und Pflanzen verschiedener Rassen oder Sorten) die gesamten Erbanlagen der Eltern durch geschlechtliche Vermehrung vereinigt, zu einem neuen Chromosomensatz kombiniert und auf die Nachkommen übertragen werden, lassen sich gentechnisch einzelne Merkmale und Eigenschaften isolieren; sie können sogar über die Artgrenzen hinweg weitergegeben werden.

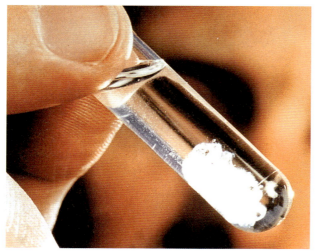

■ *Die Desoxyribonukleinsäure (DNA) enthält sämtliche Erbinformationen; hier sieht man die DNA aus Milliarden von Bakterien im Reagenzglas*

Die Gentechnik gilt als »wichtige Schlüsseltechnologie« der Zukunft. Ausgangspunkt für die neue Technologie ist das Gen. Gene sind die Grundeinheiten der Erbinformation, die für die Ausprägung jeweils eines einzigen Merkmals verantwortlich sind. Sie bestehen aus der DNA (Desoxyribonukleinsäure), einem in der Form eines Doppelstrangs angeordneten Molekül, das alle Informationen enthält, wie ein Lebewesen aufgebaut ist und funktioniert, und diese an die Nachkommen weitergibt. Als Genom bezeichnet man die gesamten Erbinformationen einer Zelle. Da die Gentechnik direkt in die Gene eingreift, können gentechnisch veränderte Organismen Eigenschaften besitzen, die unter den natürlichen Bedingungen der Vererbung nicht vorkommen. So kann man beispielsweise Tiere *klonen*, d. h. durch Manipulation am Embryo in einem frühen Stadium, in dem noch jede Zelle die Erbinformation für den gesamten Organismus enthält, identische Mehrlinge erzeugen. Auf diese Weise entstehen Tiergeschwister, die alle gleich aussehen und die gleichen Eigenschaften haben.

Das Gen enthält die Information« für die Bildung eines Proteins, das aus Aminosäuren aufgebaut ist. Es gibt 20 solche Bausteine, die im Eiweiß wie an einer Perlenkette aufgereiht sind. Diese »Perlenschnüre« falten sich zu räumlichen Gebilden. Der Befehl, in welcher Reihenfolge die einzelnen Aminosäuren miteinander verknüpft werden müssen, damit ein Protein mit einer bestimmten Funktion entsteht, ist in der DNA in *codierter* (verschlüsselter) Form enthalten. Die Proteine sind Strukturbestandteile, beispielsweise von Haaren oder Knochen; sie regeln als Enzyme oder Hormone den Stoffwechsel oder bestimmen Merkmale und Eigenschaften. Die Reihenfolge von vier durch eine bestimmte Base unterschiedenen Bausteinen *(Nukleotide)* bilden den *genetischen Code*, der dank der Kombinationsmöglichkeiten, wie die Nukleotide in einer Dreiergruppe angeordnet sind, aus 64 »Buchstaben« besteht. Alle Lebewesen, die einfachsten Bakterien und Einzeller ebenso wie hoch entwickelte Pflanzen und Tiere und auch der Mensch, haben einen derart strukturierten genetischen Code.

Geschichte der Molekulargenetik

Der Mensch erkannte sehr früh, dass bestimmte Eigenschaften und Merkmale vererbt werden. Daraus entstand die planmäßige Zucht von Pflanzen und Tieren, die das Ziel hatte, Nutztiere und -pflanzen zu »verbessern« (z. B. Steigerung der Milchleistung, Wachstum besonders großer Früchte) und die erwünschten Eigenschaften auch auf die Nachkommen der Züchtungen zu übertragen. 1865 ermittelte der österreichische Augustinermönch Gregor Mendel die Gesetzmäßigkeiten der Vererbung. Aber erst 1944 gelang dem amerikanischen Wissenschaftler Oswald Avery der experimentelle Nachweis, dass die DNA die Erbsubstanz war. Neun Jahre später zeigten James D. Watson und Francis Crick, wie die DNA aufgebaut ist, und veröffentlichten ihr Doppelhelix-Modell. Danach entwickelte sich die »molekulare« Genetik rasant weiter. 1965 wurde der vollständige genetische Code entschlüsselt; 1970 gelang die erste Synthese eines Gens, das im Labor aus seinen chemischen Bestandteilen zusammengesetzt wurde. Das Jahr 1973 gilt als Geburtsjahr der Gentechnik. Beim ersten gentechnischen Experiment konnten Gene in ein Bakterium eingesetzt werden.

Damit war es dem Menschen erstmals gelungen, in die Erbinformation eines Lebewesens direkt einzugreifen. Die Neukombination von Genen »im Reagenzglas« eröffnete die Möglichkeit, veränderte Gene nicht nur auf andere Lebewesen, sondern auch auf andere Arten zu übertragen *(Gentransfer)*. 1982 wurde das erste *transgene* Tier erzeugt. Die später zum Patent angemeldete »Genmaus« trägt das Wachstumshormon einer Ratte in sich und vererbt es an die Nachkommen.

1980 fand der erste gentechnische Eingriff am Menschen statt: Das Experiment, eine Genübertragung bei zwei schwer kranken Frauen, scheiterte zwar, aber die »Genmanipulation« hatte sich prinzipiell als durchführbar erwiesen. Die Gentechnik bietet die

Wissen im Überblick: Gentechnik

Möglichkeit, Erbkrankheiten zu heilen, denen ein fehlendes oder fehlerhaftes Gen zugrunde liegt. Um die Funktion dieses Gens beim Kranken wiederherzustellen, wird das entsprechende Gen eines gesunden Menschen in das Genom eines Kranken eingesetzt (z. B. in die Knochenmarkszellen, weil sich im Knochenmark die Stammzellen für die Bildung neuer Blutkörperchen befinden. Wenn die DNA einer Stammzelle verändert wird, können alle Blutkörperchen die neue DNA produzieren und die defekten Zellen ersetzen). 1989 wurde in den USA erstmals eine Gentherapie am Menschen zur Behandlung von Krebs genehmigt. Es gibt zwei Möglichkeiten: das »Ex-vivo-« und das »In-vivo-Verfahren«. Bei ersterem werden den Patienten Körperzellen entnommen und außerhalb des Körpers in Zellkulturen vermehrt und gezüchtet; die Zellen werden danach gentechnisch verändert und dem Patienten wieder eingespritzt oder eingepflanzt. Bei dem anderen Verfahren werden dem Organismus des Patienten neue Erbinformationen zugeführt; zu diesem Zweck muss das eingeschleuste Gen direkt dorthin gebracht werden, wo es gebraucht wird.

Nutzen und Gefahren der Gentechnik

Die Gentechnik hat sich bei der Entwicklung und Herstellung von Arzneimitteln bereits bewährt, nachdem es 1980 gelungen war, menschliches Insulin durch Bakterien industriell herzustellen. Insulin wird normalerweise von der Bauchspeicheldrüse erzeugt. Dieses für die Behandlung von Zuckerkranken notwendige Hormon wurde früher aus der Bauchspeicheldrüse von Schweinen und Rindern gewonnen. Seitdem kann es mit gentechnischen Methoden durch ein bestimmtes Bakterium *(Escherichia coli)* erzeugt werden, auf das die Erbinformation für menschliches Insulin übertragen wird. Auch der für Bluterkranke lebensnotwendige Blutgerinnungsfaktor wird seit 1984 gentechnisch hergestellt. Damals gelang es, das Gen für Faktor VIII zu finden, ein Protein, das eine entscheidende Rolle bei der Blutgerinnung spielt. Es wurde im Labor in Hamsterzellen eingeschleust und gezüchtet, so dass diese nun den menschlichen Faktor VIII produzieren.

In der Landwirtschaft setzt man gentechnische Verfahren ein, um die Erträge zu steigern und die Qualität zu verbessern. Umstritten sind dabei »transgene Pflanzen«, die beispielsweise gegen Frost oder bestimmte Unkrautvernichtungsmittel unempfindlich sind. Erste Freilandversuche in Deutschland (ab 1991) mit Petunien und später Nutzpflanzen (Zuckerrüben) wurden von Gegnern der Gentechnik als möglicherweise für die Umwelt gefährliche Eingriffe in die Erbanlagen von Lebewesen betrachtet. Auch Lebensmittel lassen sich gentechnisch verändern. Bierhefe etwa kann so manipuliert werden, dass unerwünschte Aromabestandteile noch während des Brauvorgangs abgebaut werden; das führt zu einer starken Verkürzung der Nachgärung. Auch an Bäckerhefe und Milchsäurebakterien werden gentechnische Eingriffe erprobt, um den Teigtrieb bzw. die Käsereifung zu beschleunigen. Gentechnisch erzeugte oder behandelte Lebensmittel sollten nach einer Forderung mehrerer europäischer Staaten für den Verbraucher eigens gekennzeichnet werden.

Problematisch ist der Einsatz der Gentechnologie beim Menschen. Es gibt etwa 7000 Krankheiten, die durch Defekte eines oder mehrerer Gene verursacht werden. Durch eine Beseitigung der genetischen Fehler könnten diese Krankheiten vielleicht geheilt werden.

■ *Genetisch veränderte Lebensmittel werden mit dem Begriff »Novel Food«-Produkte bezeichnet (in diesem Falle Sojabohnen)*

In Deutschland regelt das Gentechnikrecht von 1990 (novelliert 1993) den Schutz von Menschen, Tieren, Pflanzen und Umwelt vor möglichen Gefahren der Gentechnik. Die künstliche Veränderung menschlicher Keimzellen ist verboten. Vor jeder direkten Anwendung am Menschen ist die Zustimmung einer Ethikkommission erforderlich. Die reine Forschung (Grundlagenforschung) ist von gesetzlichen Einschränkungen weitgehend ausgenommen.

Während die Erbinformation niederer Lebewesen überschaubar ist (das Genom der Hefe beispielsweise enthält 6000 Gene, die aus rund 12 Mio. Bausteinen bestehen), umfasst das menschliche Genom schätzungsweise 70 000–100 000 Gene, die sich aus etwa 3 Mrd. DNA-Bausteinen zusammensetzen. Wissenschaftler arbeiten seit Ende der 80er Jahre im Rahmen eines weltweiten Forschungsprojekts *(Human Genome Project)* an der vollständigen »Kartierung« des Genoms, d. h. an der Erstellung einer Karte, auf der alle Gene des Menschen mit ihrer genauen Lage aufgeführt sind. Ziel dieser Arbeit ist es, nicht nur den gesamten Bauplan des Menschen zu entschlüsseln, sondern auch einzelne Gene zu lokalisieren, die für bestimmte Krankheiten verantwortlich sind, und das Zusammenwirken mehrerer Gene bei multifaktoriellen Erkrankungen (z. B. Krebs) kennenzulernen.

Gerichtsinstanzen bei Zivil- und Strafsachen

auf Länderebene:
erste Instanz: Amtsgericht
zweite Instanz (bei schweren Fällen auch erste Instanz): Landgericht (zuständig für Berufungen gegen Urteile von Amtsgerichten)
dritte Instanz (bei bestimmten politischen Delikten auch erste Instanz): Oberlandesgericht (zuständig für Berufungen gegen Urteile von Landgerichten und Revisionen gegen Urteile von Landgerichten)

auf Bundesebene:
vierte Instanz: Bundesgerichtshof (zuständig für Revisionen gegen Revisionen von Oberlandes- und Landgerichten)

Germanium

Zeichen: Ge
Ordnungszahl: 32
Atommasse: 72,59
Dichte: 5,32 g/cm³
Schmelzpunkt: 937 °C
Siedepunkt: 2830 °C

Der Geruchssinn

Der Geruchssinn ist nicht nur wichtig für die Beurteilung der Nahrung und störender oder sogar schädlicher Gerüche, sondern dient bei vielen Lebewesen auch zur Orientierung in der Umwelt, zur Verständigung (durch besondere Duftmarken) und zur frühzeitigen Erkennung von Feinden. Außerdem spielt er eine große Rolle beim Paarungsverhalten der Tiere, die mit Sexuallockstoffen (Pheromonen) einen Geschlechtspartner auf sich aufmerksam oder paarungsbereit machen. Die Geruchssignale werden direkt an das limbische System (→ Gehirn) übermittelt, das die Gefühle und Triebe steuert. Deshalb haben Gerüche zumeist eine sofortige Wirkung und lösen Sympathie, Ablehnung oder Ekel aus. In der Nase befindet sich auch das *Vomeronasalorgan*, das auch beim Menschen Pheronome aufnimmt und direkt an das Gehirn weiterleitet. Auf diese Weise steuert es viele Emotionen und bestimmt auch mit, ob ein anderer Mensch als sexuell anziehend empfunden wird.

widerstandsfähig gemacht werden. Es gibt zahlreiche organische Gerbstoffe, die aus Pflanzen (Holz, Rinde, Blätter oder Früchte) gewonnen werden können.

Gerichte, unabhängige Organe des Staates, die für die Rechtsprechung zuständig sind. Sie verkörpern zusammen die → Judikative, die eine der drei → Staatsgewalten darstellt. Gerichte sprechen ihre Urteile auf der Grundlage der → Gesetze. In Deutschland gliedert sich die Gerichtsbarkeit in sechs Bereiche: *Verfassungs-, Verwaltungs-, Arbeits-, Finanz-* und *Sozialgerichte* (die als außerordentliche Gerichtsbarkeit zusammengefasst werden) sowie *Zivil-* und *Strafgerichte* (ordentliche Gerichte). Je nach Schwere gibt es für die verschiedenen Fälle mehrere Instanzen, die auch → Berufungen und → Revisionen verhandeln. Oberste Instanz ist jeweils ein Bundesgericht; in den Instanzen darunter sind die Länder zuständig.
Die *ordentlichen Gerichte* entscheiden über Zivil- und Strafsachen. Sie sind mit mindestens einem berufsmäßigen → Richter besetzt. Bei schwereren Fällen kommen als Beisitzer ehrenamtliche Richter (→ Schöffen) hinzu. Zivilgerichte befassen sich mit Streitfällen des Zivil- oder Privatrechts (Zivilprozess), Strafgerichte mit Verstößen gegen die Strafgesetze (→ Strafprozess).
Daneben gibt es *Berufs-* und *Ehren-, Kirchen-* und *Verbandsgerichte* sowie internationale Gerichtshöfe wie etwa den *Europäischen Gerichtshof* (→ EU).

Germanen, Sammelbezeichnung für zahlreiche Völker und Stämme, die im Altertum in Nord- und Mitteleuropa lebten und verwandte Sprachen hatten. Die Bezeichnung wurde erst im 1. Jh. v. Chr. von den Römern verwendet, die damit die indoeuropäischen Stämme zwischen Rhein, Weichsel und Donau von den linksrheinischen → Kelten abgrenzten.
Über die Frühgeschichte der Germanen ist wenig bekannt. Ab dem 2. Jh. v. Chr. drangen sie in römisches Gebiet vor (Kimbern und → Teutonen), wurden aber von den Römern mithilfe des → Limes aufgehalten. Die germanischen Völker blieben bis in die ersten nachchristlichen Jahrhunderte hinein zersplittert; erst dann bildeten sich durch Zusammenschluss von Stämmen die noch heute bekannten Völker heraus (vor allem → Franken, Alemannen, Sachsen, Bayern, → Goten, Burgunder, → Wandalen). Die Zusammenstöße mit den Römern mehrten sich mit dem Beginn der germanischen → Völkerwanderung (ab dem 3. Jh. n. Chr.). Gleichzeitig leisteten viele Germanen Dienst im römischen Heer. Nach dem Einbruch der → Hunnen (375) überschritten mehrere germanische Völker endgültig die Grenzen zum Römischen Reich, errichteten eigene, zumeist nur kurzlebige Reiche (z. B. die → Westgoten in Spanien und Gallien, die Wandalen in Nordafrika, die Ostgoten in Italien, die Franken in Gallien, und die → Langobarden in Norditalien), was zum Untergang des Weströmischen Reiches führte. Damit begann das → Mittelalter mit der eigenständigen Geschichte der einzelnen germanischen Völker.

germanische Sprachen, Gruppe von Sprachen, die zu den → indogermanischen Sprachen gehören. Die germanischen Sprachen trennten sich durch die erste oder germanische Lautverschiebung (zwischen dem 5. Jh. v. Chr. und dem 3. Jh. n. Chr.) vom Indogermanischen. Sie gliedern sich in drei Untergruppen: *Nordgermanisch* (Dänisch, Schwedisch, Norwegisch und Isländisch), *Westgermanisch* (Englisch, Hoch- und Niederdeutsch, Niederländisch) und *Ostgermanisch* (untergegangene Sprachen wie Gotisch, Burgundisch oder Wandalisch). Auch die erst im Mittelalter bzw. in der Neuzeit entstandenen Sprachen Afrikaans (→ Buren) und → Jiddisch sind germanische Sprachen.

Germanium [lat.], *das,* ein → chemisches Element. Das seltene Halbmetall kommt in Verbindungen vor und wird für → Halbleiter-Bauelemente verwendet.

Gerste, eine → Getreideart, die zu den Süßgräsern gehört. Die Gerste, die an ihrem kurzen Halm und ihrer langen, mit Grannen (Borsten) besetzten Ähre zu erkennen ist, wird bei uns als *Sommer-* und *Wintergerste* angebaut. Sie dient vor allem als Futter und zur Bierherstellung.

Geruch, der *Geruchssinn,* der auf der Wahrnehmung von Geruchsstoffen (dampfförmige oder gelöste Stoffe wie beispielsweise ätherische Öle oder Fruchtester) beruht. Bei wirbellosen Tieren sind die Sinneszellen dafür über den ganzen Körper verteilt, während sie sich bei Spinnen, Krebsen und Insekten an den Beinen oder Fühlern befinden. Bei den Wirbeltieren sind sie in einem besonderen Organ, der → Nase, vereinigt; Kriechtiere besitzen zusätzlich ein Riechorgan im Gaumendach.
Beim Menschen sitzen die *Riechzellen* in einem kleinen Teil der Nasenschleimhaut, im oberen Teil des Nasenraums. Der Geruchssinn ist ein chemischer Sinn mit besonderen Rezeptoren für die verschiedenen Düfte. Der Mensch hat im Vergleich zu vielen Säugetieren und vor allem Insek-

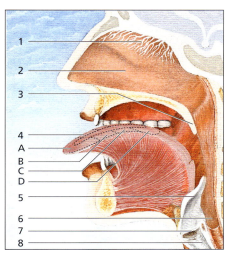

Geruchs- und Geschmackssinn: 1 *Riechzellen;* **2** *Nasenhöhle;* **3** *weicher Gaumen mit Halszäpfchen;* **4** *Zunge mit Geschmacksknospen:* **A** *süß,* **B** *salzig,* **C** *sauer,* **D** *bitter;* **5** *Kehldeckel;* **6** *Speiseröhre;* **7** *Stimmbänder;* **8** *Luftröhre*

ten einen nicht sehr gut entwickelten Geruchssinn, kann aber immerhin rund 10 000 Gerüche voneinander unterscheiden. Die beiden Riechschleimhäute des Menschen haben etwa 10 Mio. Riechzellen, von denen jede 8 bis 10 Riechhärchen trägt.

Gerundium [lat.], *das,* in der Grammatik der gebeugte → Infinitiv, der im Lateinischen durch eine eigene Form ausgedrückt wird (z. B. *amandi* = »des Liebens«).

Gerundiv [lat.], *das,* ein vom → Infinitiv abgeleitetes → Adjektiv mit passivischer Bedeutung, das eine auf die Zukunft ausgerichtete Notwendigkeit ausdrücken soll und im Lateinischen durch eine einzige Form wiedergegeben wird (z. B. *interrogandus* = »ein zu Fragender, einer, der gefragt werden muss«).

Gesamtschule, eine Schule, in der die heute üblichen Schultypen → Hauptschule, → Realschule und → Gymnasium nicht getrennt sind. Bei der *integrierten* Gesamtschule gibt es keine festen Klassen, sondern Grund- und Leistungskurse, die jeder Schüler individuell belegen kann. Bei der *kooperativen* Gesamtschule sind die verschiedenen Schulformen nur räumlich in einem gemeinsamen Schulzentrum zusammengefasst.

Geschäftsfähigkeit, die Berechtigung, Rechtsgeschäfte (z. B. Vertragsabschlüsse) verbindlich vorzunehmen. *Volle* Geschäftsfähigkeit hat man mit Beginn der → Volljährigkeit, sofern man im Vollbesitz seiner geistigen Kräfte ist.

Geschichte, *Historie,* das Geschehen, das zeitlich abläuft, insbesondere die Entwicklung der Menschheit und der einzelnen Völker und Staaten. Der Geschichtsbegriff kann sich auch auf die Natur (z. B. → *Erdgeschichte*) oder auf spezielle Gesichtspunkte der Menschheitsgeschichte (z. B. *Kultur-* oder *Wirtschaftsgeschichte*) beziehen. Als Wissenschaft bemüht sich die Geschichte, das vergangene Geschehen anhand von schriftlichen Zeugnissen zu erforschen. Für weit zurückliegende Epochen, aus denen keine solchen Dokumente überliefert sind, können die tatsächlichen Geschehnisse nur annähernd erschlossen werden. Bei der → *Vor-* und *Frühgeschichte* ist man auf andere Zeugnisse (z. B. Werkzeuge und Knochenfunde) angewiesen. Der geschichtliche Zeitraum, der durch schriftliche Quellen (teilweise sogar durch eine ältere *Geschichtsschreibung,* die das Geschehene aufzeichnet) abgedeckt ist, wird in *Alte* (→ Altertum), *Mittlere* (→ Mittelalter), *Neuere* und *Neueste* Geschichte (→ Neuzeit) unterteilt. Die jüngste Geschichte wird als → *Zeitgeschichte* bezeichnet.

Geschlecht, bei Lebewesen die Unterscheidung in *männliche* und *weibliche* Einzelwesen. Eine solche Trennung nach Geschlechtern findet man bereits bei niederen Tieren und Pflanzen. Sie ist durch die unterschiedlichen Aufgaben von männlichem und weiblichem Einzelwesen bei der geschlechtlichen → Fortpflanzung bedingt: Männliche Lebewesen (in der Biologie durch ♂ symbolisiert) sind durch ihr Erbgut darauf angelegt, → Spermien hervorzubringen, weibliche Lebewesen (Symbol: ♀) → Eizellen zu erzeugen.

Das Geschlecht ist zumeist genetisch festgelegt (beim Menschen durch die Geschlechtschromosomen: Ein Mensch mit zwei → X-Chromosomen ist weiblich, mit einem X- und einem → Y-Chromosom männlich). Manche Lebewesen ändern jedoch ihr Geschlecht aufgrund von Umweltbedingungen (Napfschnecken beispielsweise sind als junge Tiere männlich und als alte Tiere weiblich) oder sind → Zwitter, die sowohl männliche als auch weibliche Keimzellen hervorbringen können (z. B. Schwämme und viele Würmer). Die Geschlechtsunterschiede äußern sich in besonderen → Geschlechtsmerkmalen, die den inneren Aufbau des Körpers (vor allem die → Geschlechtsorgane) und die äußere Gestalt betreffen.

Geschlechtschromosomen, *Heterosomen,* → X-Chromosom und → Y-Chromosom.

Geschlechtshormone, *Sexualhormone,* die →

Geschlechtsverkehr

In einem weiteren Sinne umfasst der Geschlechtsverkehr alle Formen von intimen Kontakten zwischen Menschen, die sexuelle Lustempfindungen steigern und auf die Befriedigung sexueller Bedürfnisse abzielen. Dabei ist es gleichgültig, ob der Partner ein anderes Geschlecht hat (→ Heterosexualität) oder gleichgeschlechtlich ist (→ Homosexualität). Unterscheiden kann man dabei zwischen *Genital-* (Kontakt zwischen den Geschlechtsorganen der Partner), → *Oral-* und *Analverkehr* sowie der *manuellen* Stimulierung der Geschlechtsorgane des Partners (→ Masturbation).

Hormone, die von den Keimdrüsen (→ Eierstöcke und → Hoden) sowie der Nebennierenrinde produziert werden. Sie ermöglichen einerseits die für die geschlechtliche → Fortpflanzung notwendigen Funktionen und sind andererseits an der Ausbildung der Geschlechtsmerkmale beteiligt. Zu ihnen gehören *Östrogene, Gestagene* und *Androgene* sowie *Gonadotropine.*

Geschlechtskrankheiten, *venerische Krankheiten* [von lat. *venerius* = »geschlechtlich, unzüchtig«], ansteckende Krankheiten, die vorwiegend durch → Geschlechtsverkehr übertragen werden. Dazu gehören vor allem → *Syphilis,* → *Gonorrhö, Ulcus molle* (weicher Schanker, durch Bakterien hervorgerufene Hautgeschwüre an den Geschlechtsorganen) und *Lymphopathia venerea* (eine Lymphknotenschwellung, die durch ein Virus hervorgerufen wird), im weiteren Sinne auch Pilz- und Viruskrankheiten, deren Ansteckung auf sexuelle Kontakte zurückgeht. Auch → *Aids* kann in diesem Sinne als Geschlechtskrankheit betrachtet werden, wenn das Aids-Virus durch Geschlechtsverkehr erworben wird. Erkrankte Personen müssen sich umgehend ärztlich behandeln lassen und dürfen bis zur Heilung keinen Geschlechtsverkehr haben (einige Geschlechtskrankheiten sind meldepflichtig). Ein wirksames Mittel zum Schutz vor Geschlechtskrankheiten sind → Kondome.

Geschlechtsmerkmale, die charakteristischen Merkmale, durch die sich bei Lebewesen mit zwei Geschlechtern männliche und weibliche Einzelwesen unterscheiden. Es gibt die *primären* Geschlechtsmerkmale, die durch die Ausformung der → Geschlechtsorgane bedingt sind, und die *sekundären* Geschlechtsmerkmale, die zwar typisch für ein männliches oder weibliches Wesen sind, aber nicht in unmittelbarem Zusammenhang mit der → Fortpflanzung stehen. Sekundäre Geschlechtsmerkmale sind beim Menschen beispielsweise der Bartwuchs und die tiefere Stimmlage beim Mann und die Brüste bei der Frau; sie entwickeln sich erst in der → Pubertät und gehen auf den Einfluss von → Geschlechtshormonen zurück. Bei vielen Tierarten gibt es ebenfalls sekundäre Geschlechtsmerkmale, die Männchen und Weibchen unterscheiden (z. B. ein auffälligeres und farbenprächtigeres Gefieder bei männlichen Vögeln.

Geschlechtsorgane, *Genitalien,* die Körperorgane, die unmittelbar der geschlechtlichen → Fortpflanzung der Lebewesen dienen. Sie sind bei männlichen und weiblichen Einzelwesen zumeist deutlich voneinander unterschieden.

(Bei → einhäusigen Pflanzen und → Zwittern besitzt ein Individuum sowohl männliche als auch weibliche Geschlechtsorgane.)
Bei den → Blüten- oder Samenpflanzen bezeichnet man die weiblichen Geschlechtsorgane als → *Fruchtblätter,* die teilweise zum Fruchtknoten zusammengewachsen sind, und die männlichen als → *Staubblätter.* Algen, Moose und Farne besitzen sog. *Antheridien* (in denen sich die beweglichen männlichen Geschlechtszellen bilden) und *Archegonien* (in denen sich die Eizellen bilden). Bei den Tieren und beim Menschen kann man *innere* und *äußere* Geschlechtsorgane unterscheiden. Wirbellose Tiere verfügen oft nur über die inneren → Keimdrüsen. Die inneren Geschlechtsorgane der Frau sind die → Eierstöcke und die → Eileiter, die → Gebärmutter und die → Scheide. Die inneren Geschlechtsorgane des Mannes sind → Hoden mit Nebenhoden, → Samenleiter und Samenblase sowie → Prostata. Die äußeren Geschlechtsorgane umfassen bei der Frau den behaarten Scham- oder Venushügel, die großen und kleinen → Schamlippen, die → Klitoris und den Scheideneingang (→ Vagina), beim Mann den → Penis und den → Hodensack.

Geschlechtsumwandlung, die gezielte Veränderung der äußeren → Geschlechtsmerkmale eines Menschen, wenn er sich in seinen Empfindungen nicht mit dem → Geschlecht identifizieren kann, dem er äußerlich angehört (→ Transsexualität). Eine ärztliche Behandlung mit → Geschlechtshormonen und operative Eingriffe (mit der Bildung einer künstlichen → Vagina oder eines künstlichen → Penis) können die körperliche Erscheinung dem Geschlecht anpassen, dem sich der Betroffene zugehörig fühlt.

Geschlechtsverkehr, *Koitus,* im engeren Sinne die geschlechtliche Vereinigung von Mann und Frau, bei der das erigierte männliche Glied (→ Penis) in die → Scheide der Frau eingeführt wird. Durch rhythmische Bewegungen und mechanische Reizung der Geschlechtsorgane steigert sich die geschlechtliche Erregung. Der angestrebte Höhepunkt ist der → Orgasmus, der mit besonders starker Lustempfindung verbunden ist und beim Mann zur → Ejakulation und bei der Frau zu rhythmischen Zusammenziehungen der Scheide und der Gebärmutter führt. Da mit dem Ejakulat männliche Keimzellen (→ Spermium) in den weiblichen Körper gelangen und sich dort mit einer befruchtungsfähigen → Eizelle vereinigen können, ist der Geschlechtsverkehr die Voraussetzung für die → Fortpflanzung (bei natürlicher Befruchtung).

Geschwindigkeit 253

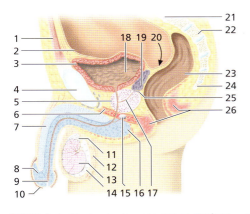

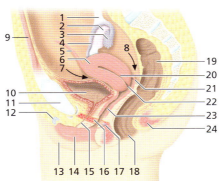

■ Schematische Darstellung der männlichen und weiblichen Geschlechtsorgane

■ Mittelschnitt durch ein männliches Becken: **1** Bauchwandmuskulatur; **2** Bauchfell (Peritoneum); **3** glatte Muskulatur der Harnblasenwand; **4** Schambeinfuge; **5** Vorsteherdrüse (Prostata); **6** bindegewebiger Beckenboden; **7** Schwellkörper des männlichen Gliedes; **8** Eichel; **9** kahnförmige Grube der Harnröhre; **10** Vorhaut; **11** Nebenhodenkopf; **12** Hodensack; **13** Hoden (Testis); **14** Nebenhodenschweif; **15** Schleimdrüse des bindegewebigen Beckenbodens; **16** Zwiebel des Harnröhrenschwellkörpers; **17** Spritzgang; **18** Schlitz des Harnleiters; **19** Bläschendrüse; **20** Douglasscher Raum; **21** fünfter Lendenwirbel; **22** Kreuzbein; **23** Mastdarm; **24** Steißbein; **25** letzter Abschnitt des Samenleiters; **26** äußerer willkürlich innervierter Schließmuskel des Mastdarms.

■ Mittelschnitt durch ein weibliches Becken: **1** Aufhängeband des Eierstockes; **2** Eierstock (Ovar); **3** Fransentrichter des Eileiters; **4** Eileiter; **5** rundes Führungsband der Gebärmutter; **6** glatte Muskulatur der Gebärmutter; **7** vordere Aushöhlung; **8** Douglasscher Raum; **9** Bauchwandmuskulatur; **10** Harnblase; **11** Schambeinfuge; **12** Schwellgewebe des Kitzlers; **13** große Schamlippe; **14** kleine Schamlippe; **15** weibliche Harnröhre (Urethra); **16** bindegewebiger Beckenboden; **17** Vorhofdrüse; **18** After (Anus); **19** Mastdarm; **20** Schleimhaut der Gebärmutter; **21** hinteres Scheidengewölbe; **22** äußerer Muttermund; **23** Scheide (Vagina); **24** äußerer willkürlich versorgter Schließmuskel des Mastdarms.

Geschlechtsverkehr ist aber nicht zwangsläufig mit der Zeugung von Nachkommen verbunden (→ Empfängnisverhütung), sondern eine besonders intensive Möglichkeit, die gefühlsmäßige Beziehung zu einem Partner zu vertiefen und den Geschlechtstrieb zu befriedigen.
Durch Drohungen oder mit Gewalt erzwungener Geschlechtsverkehr wird als Vergewaltigung bezeichnet.

Geschlechtswort, deutsche Bezeichnung für Artikel.

Geschmack, der *Geschmackssinn,* der auf der chemischen Wahrnehmung von Geschmacksstoffen (gelöste Stoffe, die zumeist mit der Nahrung aufgenommen werden) beruht. Das Sinnesorgan dafür sind bei den Säugern einschließlich Mensch die *Geschmacksknospen*, die sich in der Mundhöhle, vor allem in den warzenförmigen Erhebungen der Zunge *(Papillen),* befinden. Es gibt nur vier Geschmacksqualitäten, die wir wahrnehmen können: bitter, sauer, salzig und süß. Zuständig sind dafür jeweils bestimmte Bereiche der Zunge, die hauptsächlich vorne (süß und salzig), seitlich (sauer und salzig) und hinten am Zungengrund (bitter) liegen. Wenn man sagt, etwas schmecke nach Erdbeeren oder Vanille, stützt man sich nicht allein auf den Geschmackssinn, sondern auf die Erinnerung an ein Zusammenwirken von verschiedenen Sinnen, neben dem Geschmack vor allem Geruch und Tastsinn. Der Geschmack ist wichtig für die Beurteilung der Nahrung, insbesondere das Erkennen von ungenießbaren Stoffen.
Bei vielen wirbellosen Tieren sind die Rezeptoren für Geschmacksstoffe nicht auf die Mundhöhle beschränkt. Sie sind entweder über die ganze Körperoberfläche verteilt (z. B. bei Würmern) oder befinden sich an den Beinen (Spinnen) oder an den Fühlern (Insekten); allerdings kann man dabei nicht mehr eindeutig zwischen Ge-schmacks- und Geruchssinn unterscheiden.

Geschwindigkeit, die räumliche Bewegung eines Körpers, die in einer bestimmten Zeitspanne zur Ortsveränderung führt. In der Physik wird die Geschwindigkeit als Verhältnis von Weg und Zeit betrachtet, d. h., ein Körper legt eine bestimmte Strecke zurück und braucht dafür eine bestimmte Zeit. Die Geschwindigkeit wird als Quotient von Längen- und Zeiteinheiten

angegeben, z. B. Meter durch (pro) Sekunde (= m/s). Für langsamere Geschwindigkeiten wie etwa die von Kraftfahrzeugen verwendet man km/h. Die höchste im Universum mögliche Geschwindigkeit ist die → *Lichtgeschwindigkeit*. Die Änderung der Geschwindigkeit nennt man → Beschleunigung.

Geschwulst, *Tumor,* allgemein eine örtlich begrenzte Anschwellung des → Gewebes, die Anzeichen für eine Entzündung ist. Im engeren Sinne ist die Geschwulst eine durch unkontrollierte Zellwucherung verursachte Neubildung von Körpergewebe, die gut- oder bösartig sein kann. Bösartige Geschwülste nennt man zumeist → Krebs.

Geschwür, *Ulcus,* eine Entzündung, die mit einem tief reichenden Gewebeverlust der Haut oder Schleimhaut verbunden ist. Nach dem Abstoßen des abgestorbenen Gewebes bilden sich Narben.

Geselle, ein Handwerker, der seine (zumeist dreijährige) Ausbildungszeit als Lehrling, die *Lehre,* mit einer Prüfung abgeschlossen hat. Er erhält von der → Handwerkskammer den *Gesellenbrief,* wenn er seine theoretischen Kenntnisse bewiesen und sein *Gesellenstück,* ein praktisches Beispiel seiner beruflichen Fähigkeit, vorgelegt hat.

Gesellschaft, allgemein eine Gemeinschaft von Lebewesen einer Art, die zusammenleben (z. B. eine *Pflanzengesellschaft).* Zumeist ist damit eine menschliche Gesellschaft gemeint, in der die Menschen nach gemeinsamen Verhaltensnormen und Wertvorstellungen zusammenleben. Im Laufe der Zeit haben sich bestimmte, historisch und kulturell geprägte *Gesellschaftssysteme* herausgebildet (z. B. das bürgerliche Gesellschaftssystem). Die meisten Gesellschaften bestehen aus mehreren Schichten, deren Mitglieder sich in ihrer Bildung oder ihrem Einkommen unterscheiden.

Als Gesellschaft bezeichnet man auch eine privatrechtliche Vereinigung von Personen, die sich zusammengeschlossen haben, um gemeinsame wirtschaftliche Ziele zu verfolgen. Nach ihrer Rechtsform unterscheidet man beispielsweise → *Aktiengesellschaft, Kommanditgesellschaft (KG), Gesellschaft des bürgerlichen Rechts, Gesellschaft mit beschränkter Haftung (*→ GmbH*)* oder *Offene Handelsgesellschaft (OHG).*

Gesetz, eine Gesetzmäßigkeit, die als fester, gleichbleibender Zusammenhang zwischen Erscheinungen oder Vorgängen besteht oder als Regel vorgeschrieben ist. Wenn ein solcher Zusammenhang vom Menschen unabhängig ist und immer und überall gilt, spricht man von einem *Naturgesetz*. Wird er als Vorschrift erlassen, die für eine Gemeinschaft verbindlich ist, nennt man das ein *Rechtsgesetz*. Man unterscheidet dabei zwischen Gesetzen im *materiellen* Sinn, worunter alle Rechtsvorschriften und -verordnungen (z. B. von einer Regierung) fallen, und Gesetzen im *formellen* Sinn, die alle vom Gesetzgeber erlassenen Gesetze (→ *Gesetzgebung*) meinen. Sie bilden die Grundlage der → Rechtsprechung.

Gesetzgebung, der Erlass von allgemeinen Rechtsvorschriften, die für alle Bürger eines Staates gelten. Sie ist Aufgabe der → *Legislative,* einer der drei → Staatsgewalten. Das Parlament als gewählte Volksvertretung verabschiedet in einem förmlichen Verfahren ein → *Gesetz*. In der Bundesrepublik Deutschland ist die Gesetzgebung zwischen Bund und Ländern aufgeteilt, d. h., es gibt Bereiche, für die der Bundestag Gesetze erlässt, und andere Bereiche, für die das jeweilige Landesparlament zuständig ist.

Gesichtssinn, der Sinn für die Wahrnehmung von optischen Reizen. Er beruht auf den Sehorganen (→ Augen), deren Rezeptoren für bestimmte elektromagnetische Schwingungen (sichtbares → Licht) empfänglich sind.

Gestapo, Abkürzung für → *Geheime Staatspolizei.*

Gesteine, natürliche Anhäufungen von → Mineralen, die eine einheitliche Zusammensetzung besitzen und auf die gleiche Weise entstanden sind. Sie spielen eine große Rolle für den Aufbau der festen Erdkruste (→ Erde). Zumeist bestehen sie aus kristallisierten Mineralen, können aber zusätzlich auch andere Bestandteile (z. B. organische Stoffe, Flüssigkeiten oder Gase) enthalten. Nur etwa 250 aller Minerale sind gesteinsbildend. Es gibt mehrere Gesteinsarten, die man nach ihrer Entstehung unterscheiden kann: durch Erstarrung von Magma entstandene *Magmatite* (→ magmatische Gesteine, auch als Erstarrungsgesteine bezeichnet), durch Ablagerung und Verfestigung gebildete → *Sedimentgesteine* sowie *Metamorphite* (→ metamorphe Gesteine), die durch Umwandlung von Erstarrungs- und Sedimentgesteinen unter Druck und hohen Temperaturen entstanden sind.

Getreide, seit vorgeschichtlichen Zeiten angebaute Nutzpflanzen, die zu den → Gräsern gehören. Ihre an → Stärke reichen Früchte, die *Körner,* können zu Mehl verarbeitet oder an das Vieh verfüttert werden; teilweise stellt man da-

raus auch → Branntwein her. Getreide ist eines der wichtigsten Nahrungsmittel der Menschheit, die einen Großteil der Grundnährstoffe durch Getreide deckt (etwa 60 % des Kohlenhydrat- und 45 % des Eiweißbedarfs). Die wichtigsten Getreidearten, die teilweise in klimatisch unterschiedlichen Gebieten angebaut werden, sind → Weizen, → Reis, → Mais, → Gerste, → Hirse, → Hafer und → Roggen.

Getriebe, technische Vorrichtung, mit deren Hilfe man Bewegungen und Kräfte übertragen kann. Die Übertragung geschieht über Räder (Reib- oder Zahnräder), Zugmittel (Riemen oder Kette) oder andere Glieder (z. B. Kurbeln, Schrauben). Beim Kraftfahrzeug treibt die vom Verbrennungsmotor erzeugte Kraft eine Gelenkwelle (→ Kardanwelle) an und wird damit auf die Antriebsachse übertragen, so dass sich die Räder drehen.

Getto, *Ghetto* [it.], *das,* ursprünglich ein von den übrigen Teilen einer Stadt abgetrenntes Viertel, in dem die jüdischen Einwohner wohnen mussten (z. B. Warschauer Getto). Juden lebten zwar schon im Altertum freiwillig in eigenen Stadtvierteln zusammen, aber im Mittelalter verbot die Kirche das Zusammenleben von Christen und Juden, so dass förmliche, oft mit Mauern umgebene und nachts abgesperrte Viertel entstanden. Solche Viertel hielten sich bis ins 19. Jh. und wurden unter dem → Nationalsozialismus wieder eingeführt.

Gewaltenteilung, die Aufteilung der → Staatsgewalt in drei voneinander unabhängige Bereiche, die für die Gesetzgebung zuständige → *Legislative,* die → *Exekutive,* die die Ausführung übernimmt, und die → *Judikative,* deren Aufgabe die Rechtsprechung ist. Die Gewaltenteilung ist eine grundlegende Voraussetzung für eine → Demokratie.

Gewebe, 1. in der Biologie ein Verband von gleichartigen Körperzellen, die bestimmte Aufgaben erfüllen. Man unterscheidet vor allem zwischen *Haut-, Binde-, Stütz-, Muskel-* und *Nervengewebe;* **2.** bei Textilien spricht man von einem Gewebe, wenn ein Stoff durch waagerecht und senkrecht verlaufende Fäden hergestellt wird.

Gewehr, → Handfeuerwaffe mit langem Lauf, die um die Mitte des 14. Jh. entwickelt wurde. Beim *Vorderlader* wurde die Kugel zusammen mit dem → Schießpulver mit einem Ladestock in den Gewehrlauf geschoben. Gezündet wurde die Ladung mit einer Lunte, später mit einem Luntenschloss. In der zweiten Hälfte des 19. Jh. kam der *Hinterlader* auf; außerdem entstand die *Metallpatrone,* die neben dem eigentlichen Geschoss die Pulverladung und die Zündmasse

Getreide
1 Weizen
2 Roggen
3 Gerste
4 Hafer
5 Mais
6 Hirse
7 Reis

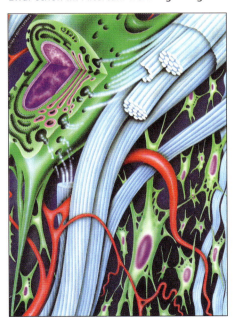

■ **Gewebe:** Bindegewebe aus der Unterhaut, das stark verformbar ist: elastische Fasern (rot), zugfeste Kollagenfasern, die aus mehreren Fibrillen gebildet werden (blau); im Bild links oben eine Art von Bindegewebszellen (Fibroblasten, grün; mit Zellkern, violett); eine andere Art von Bindegewebszellen (Fibrozyten, ebenfalls grün mit violetten Kernen) über das Bild verstreut.

Getriebe

Ein Getriebe ermöglicht durch die unterschiedliche Drehzahl zwischen An- und Abtrieb eine *Übersetzung* der Kraft, d. h., die Kraft kann so übersetzt werden, dass sich die Räder langsam drehen und dabei (beim Anfahren oder an einer Steigung) eine große Kraft entwickeln oder dass sie sich schnell drehen und einen weiten Weg zurücklegen. Bei Kraftfahrzeugen entsprechen dem Übersetzungsverhältnis zwischen Motor und Radantrieb verschiedene *Gänge;* der erste Gang hat das größte Übersetzungsverhältnis, der höchste Gang (zumeist der fünfte) das kleinste. Die Gänge sorgen dafür, dass bei unterschiedlichen Geschwindigkeiten die Motorkraft stets möglichst wirkungsvoll auf die Räder übertragen wird und die Motorleistung im günstigsten Drehzahlbereich bleibt. Nach demselben Prinzip arbeitet auch die Gangschaltung des → Fahrrads.

Geschichte der Gewerkschaften

Die ersten Gewerkschaften, die *Trade Unions,* entstanden 1825 in Großbritannien. In Deutschland bildeten sich organisierte Arbeitervertretungen ab 1868. Die freien Gewerkschaften schlossen sich 1919 zum *Allgemeinen Deutschen Gewerkschaftsbund* zusammen, der 1933 von den Nationalsozialisten zerschlagen wurde. Heute gibt es in Deutschland die (parteipolitisch neutralen) Einheitsgewerkschaften, die alle Arbeitnehmer eines Industriezweigs umfassen und deren Dachverband der *Deutsche Gewerkschaftsbund* (→DGB) ist. Eigene Gewerkschaften neben dem DGB, der etwa 9 Mio. Mitglieder hat, bestehen für die Angestellten *(Deutsche Angestellten-Gewerkschaften, DAG)* und die Beamten *(Deutscher Beamten-Bund, DBB).* Katholisch orientiert sind die im *Christlichen Gewerkschaftsbund Deutschland* zusammengefassten Gewerkschaften. Die Mitgliedschaft in einer Gewerkschaft ist in Deutschland freiwillig.

Gewicht

Wieviel ein Körper wiegt, hängt von seiner → Masse und von der Schwerkraft ab. Auf der Erde werden Masse und Gewicht umgangssprachlich oft gleichgesetzt, was zwar physikalisch nicht richtig ist, aber für den Alltag keine Rolle spielt. Die Unterscheidung macht sich erst bemerkbar, wenn ein Körper einer anderen Anziehungskraft als der irdischen unterliegt. Er behält dann zwar seine Masse, wiegt aber mehr oder weniger als auf der Erde. Da die Schwerkraft auf dem Mond etwa ein Sechstel der irdischen beträgt, wiegt dort ein Stein auch nur ein Sechstel von dem, was er bei gleicher Masse auf der Erde wiegen würde. In der Schwerelosigkeit des Weltraums wiegt ein Körper sogar überhaupt nichts, so dass ein Astronaut in einer Raumfähre, die um die Erde kreist, zu schweben beginnt.

enthält. Das *Repetiergewehr* machte mehrere Schüsse hintereinander möglich, indem die Munition mit Hilfe eines Repetierhebels aus einem Magazin nachgeladen wurde. Im 20. Jh. kamen *Maschinengewehre,* automatische Schnellfeuergewehre, hinzu. Für Jagdzwecke gibt es auch mehrläufige Gewehre und *Schrotflinten,* die Patronen mit einer Vielzahl von kleinen Bleikugeln verschießen.

Geweih, bei männlichen → Hirschen zwei aus dem Stirnbein wachsende Hautknochenauswüchse, die als Abwehrwaffen und für Brunstkämpfe dienen. Nur bei den → Rentieren besitzen auch die weiblichen Tiere ein Geweih. Während das Geweih wächst, ist es von einer behaarten Haut *(Bast)* überzogen, die zuerst weich und gut durchblutet ist, dann eintrocknet und an Bäumen abgescheuert wird. Das Geweih wird jedes Jahr nach der Paarungszeit abgeworfen und erneuert sich wieder, wobei es länger wird und sich zunehmend verästelt. Aus den Geweihstangen entwickeln sich im Laufe der Jahre durch Gabelung mehrere Enden (z. B. je vier beim *Achtender)* bzw. Schaufeln als Verbreiterung der Stange (bei Rentieren und Damhirschen). Beim Rehbock wird das Geweih als **Gehörn** bezeichnet.

Gewerbe, selbstständige wirtschaftliche Tätigkeit, die über einen längeren Zeitraum betrieben wird und auf Gewinn abzielt.

Gewerkschaften, Vereinigungen, in denen Arbeitnehmer zusammengeschlossen sind, um ihre gemeinsamen Interessen gegenüber den Arbeitgebern und dem Staat zu vertreten. Ziel ist eine Verbesserung der Arbeitsbedingungen (gerechte Bezahlung, Verringerung der wöchentlichen Arbeitszeit und Erhöhung des jährlichen Urlaubs, Absicherung gegen Unfall und Krankheit, Recht auf Mitbestimmung und Schutz vor Entlassung). Erreicht werden soll dies in *Tarifverhandlungen,* in denen die Gewerkschaften ihre Forderungen gegenüber den Arbeitgebern durchzusetzen versuchen. Wenn keine Einigung zustande kommt, können die Gewerkschaften zum Arbeitskampf aufrufen (→ Streik). Dazu ist jedoch eine Urabstimmung unter ihren Mitgliedern erforderlich.

Gewicht, *Gewichtskraft,* die Kraft, mit der ein Körper von einer großen Masse (z. B. Erde) angezogen wird (→ Gravitation). Der Körper übt diese Kraft auf seine Unterlage aus oder fällt – wenn er weder auf einem Untergrund ruht noch hängend befestigt ist – mit der sog. *Fallbeschleunigung* (9,81 m/s^2) in Richtung des Massenschwerpunkts (z. B. Erdmittelpunkt). Das Gewicht wird

in der Physik in → Newton gemessen. Im Alltag bezeichnet man auch die durch Wägen bestimmte Masse als Gewicht und verwendet dafür die für die Masse gebräuchlichen Maßeinheiten wie Kilogramm oder Tonne.

Gewichtheben, eine Sportart der → Schwerathletik. Eine Hantel, deren Gewicht durch Aufstecken von Eisenscheiben erhöht werden kann, muss beidarmig über den Kopf gehoben werden. Gewichtheben umfasst bei Wettkämpfen zwei Disziplinen: *Reißen* (das Gewicht muss in einem Zug vom Boden aus über den Kopf, zur sog. *Hochstrecke,* gehoben werden) und *Stoßen* (das Gewicht wird zunächst in Schulterhöhe gebracht und dann mit gestreckten Armen ruckartig hochgestemmt).

Gewichtsklassen, bei bestimmten Sportarten (→ Gewichtheben und Kampfsportarten wie → Boxen, → Ringen oder → Judo) Einteilung der Sportler nach ihrem Körpergewicht.

Gewitter, eine Erscheinung des → Wetters, bei der es durch eine elektrische Entladung in den Wolken zu → Blitz und → Donner kommt. Ein Gewitter entsteht, wenn feuchte Luftmassen infolge von Erwärmung rasch aufsteigen oder von einer Kaltfront nach oben gedrückt werden. Der Wasserdampf kühlt sich dabei ab und verdichtet sich zu hoch reichenden Gewitterwolken. Durch Aufwinde werden kleinere und größere Tröpfchen, die elektrisch aufgeladen sind, voneinander getrennt, so dass sich in der Wolke unterschiedlich geladene Bereiche bilden. Die elektrische Spannung zwischen den Wolkenteilen und zwischen Erde und Wolke entlädt sich in Blitzen. Gewitter sind zumeist mit heftigen Schauern oder Hagel verbunden.

Gewürze, Pflanzenteile (z. B. Wurzeln, Blätter, Früchte, Blüten, Samen), die frisch oder getrocknet unter Speisen und Getränke gemischt werden, um den Gesamtgeschmack zu verbessern, den Appetit anzuregen oder die Verdauung zu fördern.

Geysir [isländ.], *der,* durch Vulkanismus entstandene heiße Springquelle, die in regelmäßigen Abständen einen Wasserstrahl hochschleudert. Wenn das Grundwasser durch heiße Gase bis zum Sieden erhitzt wird, kommt es im Geysirschacht bei Druckentlastung zu einem schlagartigen Verdampfen, wobei der Wasserdampf auch Wasser mit sich nach oben reißt. Geysire gibt es beispielsweise auf Island, in den USA (z. B. Yellowstone-Nationalpark), in Japan und Neuseeland.

Gezeiten, *Tiden,* das regelmäßige Ansteigen (→ Flut) und Sinken (→ Ebbe) des Wasserspiegels in

Gibraltar 257

■ *Geysir*

den Meeren. Den Wasserstandsunterschied zwischen Ebbe und Flut bezeichnet man als *Tidenhub.*
Die Gezeiten gehen auf die Wechselwirkung zwischen der Anziehungskraft des Mondes und der Sonne und der → Fliehkraft (die beim Umlauf der Erde um das gemeinsame Schwerezentrum entsteht) zurück. Während sich beide Kräfte im Erdmittelpunkt aufheben, überwiegt auf der Seite der Erde, die dem Mond zugewandt ist, die Anziehungskraft: Das Wasser türmt sich zu einem Flutberg auf. Auf der abgewandten Seite ist die Anziehungskraft des Mondes kleiner als die Fliehkraft, so dass auch dort ein Flutberg entsteht. In den Meeresbereichen, die genau dazwischen liegen, herrscht Ebbe. Da sich die Erde um ihre eigene Achse dreht, laufen die beiden Flutberge in einem Tag ebenfalls um die Erde herum. Alle zwölf Stunden und 25 Minuten kommt es zu einer Flut.
Die Anziehungskraft der Sonne bewirkt ebenfalls Gezeiten, aber diese sind etwa zweieinhalbmal schwächer als die Mondgezeiten. Wenn Mond- und Sonnengezeiten zusammenfallen, d. h., wenn Sonne, Mond und Erde bei Voll- und Neumond in einer Linie stehen, verstärken sie sich zur sog. *Springflut.* Bei Halbmond, wenn Mond, Erde und Sonne ein rechtwinkliges Dreieck bilden, wirken die Anziehungskräfte von Sonne und Mond einander entgegen, so dass die besonders niedrige *Nippflut* entsteht.
Auf hoher See machen sich die Gezeiten kaum bemerkbar (die Weltmeere steigen nur um etwa 35 cm), doch an den Meeresküsten kann der Tidenhub mehrere Meter betragen (Nordseeküste 24 m, in Buchten bis über 20 m).
Ghana, Staat in Westafrika. An das schmale Küstentiefland schließt sich das von vereinzelten Bergen überragte Hochland von Aschanti an. Nordöstlich davon liegt das Voltabecken mit Hochebenen und einem riesigen Stausee. Die Bevölkerung besteht fast ausschließlich aus Sudanvölkern (vor allem Aschanti). Wirtschaftlich ist Ghana von der Land- und Forstwirtschaft geprägt (in erster Linie Kakao). Das im 15. Jh. von den Portugiesen entdeckte Land wurde als *Goldküste* bezeichnet, weil Goldstaub das wichtigste Handelsgut darstellte. 1850 entstand die britische Kolonie Goldküste, die später durch den Kauf niederländischer Niederlassungen erweitert wurde. Die Briten eroberten in einem fast 30 Jahre dauernden Krieg das Gebiet der einheimischen Aschanti. Das Protektorat (ab 1935) erhielt 1957 seine Unabhängigkeit, gehört aber weiterhin dem → Commonwealth an. Ghana war zunächst eine Monarchie; die Republik wurde 1960 ausgerufen. Seit 1966 putschte die Armee fünfmal.
Ghostwriter [engl. ˈgoʊstraɪtə »Geisterschreiber«], *der,* jemand, der für eine andere Person einen Text schreibt, ohne dass er als Verfasser genannt wird (z. B. ein Buch, das unter dem Namen eines bekannten Sportlers erscheint).
Gibbons, schwanzlose Affen, die mit den → Menschenaffen verwandt sind. Sie leben in Südostasien und werden bis knapp einen Meter groß. Dank ihrer langen, kräftigen Arme können sie gut klettern und sich von Ast zu Ast schwingen.
Gibraltar, britische Kolonie an der Südspitze der → Iberischen Halbinsel (6,5 km², 29 000 Einwohner). Die Halbinsel, die 1704 von englischen Truppen erobert wurde, aber von Spanien beansprucht wird, besteht im Wesentlichen aus einem 425 m hohen Kalkfelsen. Zusammen mit dem *Dschebel Musa* auf der afrikanischen Küste bildet der Felsen die Vorgebirge, die die **Straße von Gibraltar** flankieren und im Altertum als *Säulen des Herakles* den westlichen Rand der bekannten Welt bildeten. Die 60 km lange Meerenge, die Europa und Afrika trennt, ist nur 14–44 km breit.

Gewichtsklassen
Papiergewicht
Halbfliegengewicht
(nur beim Boxen)
Fliegengewicht
Bantamgewicht
Federgewicht
Superleichtgewicht (nur beim Judo)
Halbleichtgewicht (nur beim Judo)
Leichtgewicht
Halbweltergewicht
(nur beim Boxen)
Weltergewicht (nur beim Boxen)
Halbmittelgewicht
Mittelgewicht
Leichtschwergewicht
(nur beim Gewichtheben)
Mittelschwergewicht
(nur beim Gewichtheben)
Halbschwergewicht
Schwergewicht
Superschwergewicht

Ghana
Staatsname: Republik Ghana
Staatsform: Präsidiale Republik
Hauptstadt: Accra
Fläche: 238 538 km²
Einwohner: 17,4 Mio.
Bevölkerungsdichte: 73/km²
Amtssprache: Englisch
Währung: Cedi (₵)
Nationalitätskennzeichen: GH

Ghana

Gibraltar

Giftpilze

Der giftigste Pilz ist der *Grüne Knollenblätterpilz,* der für 90 % aller tödlich verlaufenden Pilzvergiftungen verantwortlich ist. Gefährlich sind vor allem Giftpilze, die leicht mit Speisepilzen verwechselt werden können (z. B. der Knollenblätterpilz mit Champignons, die Frühjahrsmorchel mit der Speisemorchel, der Satanspilz mit dem Steinpilz oder der Giftreizker mit dem Edelreizker).

Gießerei, Anlage, in der geschmolzenes Metall (z. B. Eisen oder eine Legierung wie → Bronze oder Messing) in Formen gegossen wird. Dabei werden entweder große Stücke (Blöcke, Platten), die weiterverarbeitet werden, oder besondere Formstücke hergestellt. Die Gussform (aus Sand oder Lehm) ist dabei die Negativform des Gegenstands, den man anfertigen will, d. h. ein Hohlraum, der mit dem flüssigen Metall ausgefüllt wird. Häufig werden Teilstücke gegossen, die später zusammengefügt werden.

Gift, natürlicher oder künstlich hergestellter Schadstoff, der schon bei Aufnahme von kleinen Mengen im Körper zu gesundheitlichen Störungen oder Schäden und unter Umständen sogar zum Tod führen kann. Auch Stoffe, die in kleiner Menge für den Organismus harmlos oder sogar bekömmlich sind, können zu einem Gift werden, wenn man sie in großen Mengen zu sich nimmt (z. B. Kochsalz oder Genussmittel wie Kaffee und Alkohol). Giftige Stoffe werden auch von → Bakterien, Pflanzen (→ Giftpflanzen), Pilzen (→ Giftpilze) und Tieren (z. B. → Giftschlangen, → Kröten und vielen Insekten) erzeugt.
Die Wirkung des Gifts hängt auch davon ab, wie es aufgenommen wird und welche Teile des Organismus es angreift (z. B. *Nervengifte,* die wie etwa Strychnin das Zentralnervensystem angreifen, oder *Blut-* und *Zellgifte,* die wie Blausäure Zellen schädigen). Gifte können feste Stoffe, Flüssigkeiten oder Gase sein.

Giftpflanzen, eine Gruppe von Pflanzen, die giftige Stoffe enthalten, so dass ihr Verzehr zu Vergiftungen führt. Insbesondere → Nachtschattengewächse sind oft giftig. Manche Giftpflanzen werden in der Medizin verwendet; bei geringer Dosierung kann man sie als Heilmittel einsetzen (z. B. Fingerhut).

Giftpilze, höhere → Pilze, deren Genuss bei Mensch und Tier zu Vergiftungen führt. Der giftige Teil ist der Fruchtkörper, der die Sporen trägt. Er enthält Stoffe, die als Eiweißgifte zum Kreislaufkollaps oder zur Herzlähmung führen können oder als Nervengifte wirken. Bereits geringe Mengen rufen oft schwere bis lebensgefährliche Vergiftungen hervor.

Giftschlangen, Gruppe von → Schlangen, die über Giftdrüsen verfügen (ein Drittel der heute etwa 2500 lebenden Schlangenarten ist giftig). Die Giftschlangen erzeugen in Drüsen einen chemischen Stoff, den sie mit speziellen Zähnen ihrem Opfer oder Gegner einspritzen; einige Arten können ihr Gift sogar meterweit verspritzen (z. B. die *Speikobra,* → Kobras). Das Gift dient

■ *Giftpilze: Der Grüne Knollenblätterpilz*

zur Abwehr von Feinden und zum Beuteerwerb; bei manchen Arten kann der Biss auch für Menschen tödlich sein. Aus Schlangengift können aber auch Heilmittel gewonnen werden. Es gibt vier Familien von gefährlichen Giftschlangen: *Giftnattern,* → *Vipern, Grubenottern* und *Seeschlangen.*

Giga- [von griech. *gigas* = »Riese«], abgekürzt *G,* als Vorsatz bei Maßeinheiten mit der Bedeutung »Milliarden-« (z. B. 1 Gt = 1 *Gigatonne* = 1 Mrd. Tonnen).

Gigabyte, in der → elektronischen Datenverarbeitung Maßeinheit für die Speicherkapazität. 1 Gbyte = 2^{30} (= 1 073 741 824) Byte.

Giganten, in der griechischen Mythologie wilde Riesen, die unversöhnliche Gegner der olympischen Götter waren. Als sie den Olymp erobern wollten, konnten sie von den Göttern nur besiegt werden, weil der sterbliche Held → Herakles half.

Gilgamesch, ein sagenhafter König des sumerischen Stadtstaates Uruk, der im 27. Jh. v. Chr. lebte. Er ist der Titelheld des ältesten erhaltenen → Epos der Menschheit, des **Gilgamesch-Epos,** das Ende des 2. Jt. v. Chr. entstand und in einer späteren Fassung (um 1200 v. Chr., 12 Tontafeln) erhalten ist.

Ginseng [chin.], *der,* in Ostasien wachsende Heilpflanze, die zu den Efeugewächsen gehört. Aus ihrer rübenähnlichen Wurzel wird seit langem ein Allheilmittel gewonnen.

Gips, *Calciumsulfat,* wasserhaltiger schwefelsaurer Kalk, der in der Natur als Mineral vorkommt. Gips kristallisiert, verliert aber beim Brennen sein Kristallwasser. Gebrannter Gips nimmt wieder Wasser auf und wird dabei hart, weshalb er als Bindemittel zum Bauen *(Mörtel, Gipsbeton, Stuck)* und für die Herstellung von Modellformen und Abdrücken verwendet wird.

Giraffen, in Afrika lebende hochbeinige Paarhufer, von denen es zwei Arten gibt. Zumeist ist

die *Langhalsgiraffe* gemeint, die bis zu 6 m hoch werden kann. Sie besitzt einen 2–3 m langen Hals, dessen sieben Wirbel stark verlängert sind, und eine Greifzunge, so dass sie in den Baumwipfeln weiden kann. Die andere Art ist das auch als *Kurzhals-* oder *Waldgiraffe* bezeichnete → Okapi.

Giroverkehr [it. giro ˈʒiːro = »Kreislauf«], bargeldloser Zahlungsverkehr, bei dem Geld überwiesen wird, indem es von einem eigenen Girokonto abgebucht und auf ein anderes verrechnet wird.

Gitarre [span.], *die,* Zupfinstrument, dessen Körper die Form einer 8 hat und einen flachen Boden und eine flache Resonanzdecke (mit Schalloch) besitzt. Zwischen Steg und leicht abgeknicktem Wirbelkopf sind die sechs Saiten (früher aus Darm, heute aus Metall oder Kunststoff) gespannt. Der Hals mit dem Griffbrett ist durch metallene Bünde unterteilt, die in das Holz eingelegt sind. Die Saiten werden entweder mit den Fingern gezupft oder mit einem Blättchen aus Kunststoff oder Schildpatt, dem → *Plektron,* durch Anschlagen zum Schwingen gebracht. Die akustische Gitarre wird als Solo- und Begleitinstrument eingesetzt, seltener in der → klassischen Musik als in der Volks- und Unterhaltungsmusik.

Elektrisch verstärkte Gitarren sind die wichtigsten Instrumente in der → Rockmusik, als Melodie *(Leadgitarre)* ebenso wie als Rhythmusinstrument *(Rhythmusgitarre).* Halbakustische Gitarren, die mit einem *Pick-up* (Abnehmer, der die Schwingungen der Saiten in elektromagnetische Signale umwandelt) ihren Klang verstärkten, waren bereits in den 30er Jahren auf dem Markt. Anfang der 40er wurde die erste elektrische Gitarre aus massivem Holz von Les Paul entwickelt.

Seit Anfang der 50er Jahre gibt es auch elektrisch verstärkte **Bassgitarren,** die als Entsprechung zum → Kontrabass die tiefe Stimme liefern und zumeist vier, bisweilen auch fünf oder sechs (in Quarten gestimmte) Saiten besitzen. Sie werden vor allem in der Rockmusik und im → Jazz eingesetzt.

Gladiatoren [lat.], *Mz.,* Schwertkämpfer im alten Rom, die in der → Arena in Zirkusspielen gegeneinander oder gegen wilde Tiere kämpften.

Glam Rock, *Glamour Rock* [engl. ˈglæm-], *der,* eine auch als *Glitter Rock* bezeichnete Stilrichtung der → Rockmusik, die in den 70er Jahren entstand. Die äußerliche Aufmachung der Musi-

■ *Giraffe*

ker (auffällige Kleidung, grell geschminkte Gesichter, teilweise sogar Masken) und die aufwendige Show waren dabei oft wichtiger als die Musik, die sich am → Hardrock orientierte. Häufig gaben sich die Musiker bewusst → androgyn und dekadent.

Glarus, Kanton in der → Schweiz.

Glas, Sammelbezeichnung für zahlreiche Schmelzprodukte, die bei raschem Abkühlen erstarren, ohne merklich zu kristallisieren. Glas ist ein → amorpher harter Stoff, der jedoch im inneren Aufbau der nicht regelmäßig angeordneten Moleküle mehr Ähnlichkeit mit einer Flüssigkeit als mit einem Festkörper hat. In der Natur kommt es in vulkanischen Gesteinen vor.

Bis in die Neuzeit verwendete man für die Glasherstellung Quarzsand, Kalk und Soda sowie später auch Pottasche. Heute werden nahezu alle chemischen Elemente als Bestandteile von Glasschmelzen genutzt. Die größte Bedeutung als Glasbildner haben anorganische Verbindungen wie Siliciumdioxid (Quarzsand). Durch Zusätze kann man die Eigenschaften des Glases (z. B. Färbung, Bruchfestigkeit, Widerstandsfähigkeit gegenüber hohen Temperaturen oder Chemikalien) beeinflussen. Die feinzermahlenen Bestandteile werden gemischt und zusammengeschmolzen. Die flüssige Schmelze wird durch Walzen,

Gitarre

In der Rockmusik verwendet man normalerweise eine sechssaitige E-Gitarre. Daneben gibt es noch eine zwölfsaitige Gitarre (bei der für jeden Ton zwei Saiten aufgezogen sind) und die selten (z. B. bei Led Zeppelin) gespielte Doppelhalsgitarre (die beide Besaitungen vereinigt). Es gibt Zusatzvorrichtungen und elektronische Effektgeräte, die den erzeugten Klang verändern können (z. B. *Vibrato-Hebel,* mit dem man alle Saiten gleichmäßig erhöhen oder erniedrigen kann, *Wah-Wah-Pedal,* mit dem man bestimmte Frequenzbereiche hervorheben kann, *Fuzz-Box,* mit der Töne verzerrt werden können). Sonderformen sind die waagerecht auf einem Untergestell befestigte *Hawaiigitarre,* bei der man mit einem verschiebbaren Steg die Saiten verkürzt und dabei einen besonderen Effekt mit gleitenden oder schwirrenden Tönen erzielt, die ebenfalls waagerecht gespielte *Steal Guitar,* bei der man mit einem Metallstück die Saiten verkürzt, oder die *Pedal Steel Guitar,* die eine Pedalvorrichtung zum Verändern der Akkorde besitzt. Besondere Spielweisen führen zur *Slide Guitar* oder zur *Bottleneck Guitar,* bei der die Saiten über dem Bunddraht mit einem harten Gegenstand oder einem Flaschenhals berührt und mit einem freibleibenden Finger abgedämpft werden, so dass gleitende Glissando- oder schwirrende Vibratotöne entstehen.

Glarus

Glas
• • • • • • • • • • • • •
Glas war in Mesopotamien und Ägypten schon im 3. Jt. v. Chr. bekannt. Im 1. Jh. v. Chr. wurde in Syrien das *Glasblasen* erfunden, wodurch es möglich wurde, auch große Glasgefäße herzustellen. Im Mittelalter begann man damit, Glasfenster zu machen.

Ziehen, Pressen, Gießen, Schleuderguss oder Blasen in die gewünschte Form gebracht. Durch Schneiden, Schleifen oder Polieren kann das abgekühlte Glas weiterbearbeitet werden.

Da Glas zumeist durchsichtig ist und Wärme und elektrischen Strom nur in geringem Maße leitet, ist es ein vielfältig genutzter Werkstoff. Es wird nicht nur für die Herstellung von Flach- (z. B. Glasscheiben) und Hohlgläsern (z. B. Flaschen, Glühlampen, Trinkgläser), sondern auch von optischen Gläsern (z. B. → Linsen) verwendet. Fadenartig ausgezogenes Glas liefert → *Glasfasern.*

Glasfasern, fadenförmiges → *Glas,* das für *Glaswatte* und *Glaswolle* (kurze Glasfäden zum Isolieren) und für *Glasgespinste* (lange Glasfäden für Gewebe) verwendet wird. Glasfasern dienen auch als Leiter zum Übertragen von Lichtstrahlen; die Biegsamkeit der Fasern ermöglicht sogar eine Übertragung durch Kurven und um Ecken herum, was beispielsweise für → Endoskope genutzt wird. Da die Übertragung dank der Totalreflexion an der Mantelfläche nahezu ohne Lichtverlust geschieht, kann man mit Hilfe von → Laserstrahlen auch Daten übermitteln. Diese Art der Informationsübertragung ist sehr wenig anfällig gegenüber elektromagnetischen Störungen und eignet sich wegen der geringen Dicke der Fasern (nur wenige Hundertstelmillimeter), von denen mehrere tausend zu einer Leitung gebündelt sind *(Glasfaserkabel),* für die gleichzeitige Übertragung von mehreren zehntausend Telefongesprächen oder für die Breitbandkommunikation (Kabelfernsehen, Bildtelefon).

Glasgow [ˈglɑːsgoʊ], die größte Stadt (682 000 Einwohner) → Schottlands.

Glasnost [russ. »Öffentlichkeit«], die, eine Politik der Offenlegung der Entscheidungen, die Gorbatschow zusammen mit → Perestroika Mitte der 80er Jahre in der ehemaligen Sowjetunion einführte, um das sozialistische System umzugestalten.

Glasur, gebrannter Überzug auf Tonwaren, der aus Ton und Quarzmehl sowie Flussmitteln besteht und glasartig durchsichtig ist. Die Glasur dichtet die poröse Oberfläche ab und macht sie glatt, dient aber auch dem Schmuck (Färbung, Schimmer).

Glaubensfreiheit, die gesetzlich verbürgte Freiheit, sein religiöses Bekenntnis (→ Konfession) frei wählen und ausüben zu können. In Deutschland ist die Glaubensfreiheit ein → Grundrecht.

Gläubiger, jemand, dem eine andere Person *(Schuldner)* Geld schuldet.

Gleichberechtigung, der gesetzlich verbürgte Anspruch auf die Gleichbehandlung von Mann und Frau. Die Gleichberechtigung ist in Deutschland ein → Grundrecht, aber auf manchen Gebieten werden Frauen noch immer benachteiligt (z. B. in manchen Berufen).

Gleichgewicht, Zustand, in dem sich die einwirkenden Kräfte ausgleichen, so dass keine Veränderung eintritt. Ursprünglich bezog sich der Begriff auf eine Waage, bei der die Gewichte auf beiden Seiten einander ausglichen. In der Physik gibt es ein *mechanisches* Gleichgewicht, nämlich die Ruhelage eines Körpers. Das Gleichgewicht heißt *stabil,* wenn der Körper nach einer Veränderung seiner Lage von selbst in seine Ausgangslage zurückkehrt (z. B. rollt eine Kugel, die man in einer Schale bewegt, zurück und bleibt in der Mitte liegen); man bezeichnet es als *labil,* wenn sich der Körper nach einer Lageveränderung weiter von der Gleichgewichtslage entfernt, (z. B. eine Kugel oben auf der gewölbten Rückseite einer Schale) und als *indifferent,* wenn der Körper nach der Lageveränderung in jeder neuen Lage verharrt (eine Kugel auf einer ebenen Fläche).

Gleichgewichtssinn, das Sinnessystem, mit dem ein Lebewesen die Lage seines Körpers im Raum und Lageveränderungen wahrnimmt, so dass es seine Bewegungen steuern kann. Die Sinnesorgane dafür reagieren auf die → Schwerkraft. Die Sinneszellen befinden sich im sog. *Vestibularapparat,* der die Bogengänge des inneren → Ohrs (Labyrinth) umfasst. Die drei ringförmigen Gänge sind in drei Ebenen angeordnet, die senkrecht aufeinander stehen, so dass sie den drei Richtungen im Raum (vor-zurück, links-rechts, oben-unten) entsprechen. Sie sind mit einer lymphartigen Flüssigkeit gefüllt, die aufgrund ihrer → Trägheit gegenüber ihrem sich bewegenden Behälter zurückbleibt, wenn der Kopf seine Lage ändert. Die Richtung und die Größe der Veränderung (→ Beschleunigung) wird durch kleine Kalkkristalle wahrgenommen, die auf winzigen beweglichen Sinneshaaren aufliegen. Bei einer Lageveränderung verschiebt die Flüssigkeit diese Härchen. Sie sind mit Sinneszellen verbunden, die den Reiz zum Gehirn weiterleiten. Der Reiz hört auf, wenn sich die Flüssigkeit (bei einer gleichförmigen Körperbewegung) mit der gleichen Geschwindigkeit wie der Bogengang bewegt. Eine Störung im Gleichgewichtsorgan führt zu Schwindelgefühlen, die

*Der **Gletscher** Briksdalsbreen in Norwegen*

oft mit Übelkeit und Erbrechen verbunden sein können.

Gleichrichter, elektronisches Bauelement (z. B. Diode, → Elektrode, oder → Halbleiter), das Wechselstrom in → Gleichstrom umwandelt.

Gleichstrom, ein elektrischer Strom, der immer in dieselbe Richtung fließt. Gegensatz: → Wechselstrom. Gleichstrom von gleich bleibender Stärke wird auf elektrochemischem Weg durch → Akkumulatoren, → Batterien und Solarzellen erzeugt, pulsierender Gleichstrom, der sich in seiner Stärke ändert, durch Gleichstromgeneratoren oder → Gleichrichter. Gleichstrom ist wichtig für die → Elektrolyse (Galvanotechnik), den Antrieb elektrischer Bahnen und die Stromversorgung von elektronischen Geräten.

Gleichung, in der Mathematik ein Ausdruck, bei dem zwei Größen *(Terme),* z. B. 2 × 3 und 6, einander gleich sind. Man schreibt 2 × 3 = 6. Auch → Funktionen können als Gleichungen *(Funktionsgleichungen)* geschrieben werden; andererseits kann man Gleichungen mit Unbekannten (z. B. y = 2x) auch grafisch in einem → Koordinatensystem darstellen. Das mathematische Teilgebiet, das sich mit Gleichungen befasst, ist die → Algebra.

Gletscher, Eisströme im Hochgebirge und in Polargebieten, die sich langsam talwärts bewegen. In Regionen, wo mehr Schnee fällt als wieder wegschmilzt, wird der Schnee unter seinem eigenen Gewicht zu Eis zusammengepresst, das bei Temperaturen nahe dem Schmelzpunkt zu fließen beginnt. Gletscher können sich mit einer Geschwindigkeit von 40 m bis zu mehreren Kilometern pro Jahr bewegen. An ihrem unteren Ende sammelt sich das Schmelzwasser in Bächen. In den Polargebieten brechen große Stücke ab und stürzen als → Eisberge ins Meer. Rund ein Zehntel des Festlandes (fast ausschließlich in der → Antarktis und der → Arktis) sind heute von Gletschereis bedeckt.

Gliederfüßer, ein Tierstamm, der vor allem → Tausendfüßer, → Krebse, → Spinnen und → Insekten umfasst. Sie besitzen ein panzerartiges Außenskelett aus → Chitin, das beim Wachstum immer wieder erneuert werden muss.

Gliedertiere, eine Stammgruppe, zu der über drei Viertel aller Tierarten gehören. Ihr Körper ist in einzelne Abschnitte unterteilt. Zu ihnen gehören u. a. die Ringelwürmer und die → Gliederfüßer.

Gliedmaßen, *Extremitäten,* bewegliche Fortsätze des Körpers, die bei Tieren verschiedene Aufgaben erfüllen. Gliedmaßen wie etwa Beine, Flügel oder Flossen dienen zur Fortbewegung, Mundwerkzeuge (z. B. bei Insekten) zur Nahrungsaufnahme, Fühler (von Gliederfüßern) als Tastorgane, Arme und Tentakel zum Greifen, speziell umgebildete Gliedmaßen auch zur Begattung (z. B. bei den Kopffüßern).

Glimmer, Gruppe von → Mineralen, die blättchen- und schuppenförmige Kristalle ausbilden und sich leicht spalten lassen. Die glitzernden Kristalle können hell oder dunkel sein. Sie sind in vielen Gesteinen enthalten, z. B. in *Glimmerschiefer,* einem metamorphen Gestein, → Granit und → Gneis.

Globus [lat. »Kugel«], *der,* kugelförmige, stark verkleinerte Nachbildung der Erde oder eines Himmelskörpers. Ein Erdglobus zeigt das Abbild der Erdoberfläche ohne die Verzerrungen, die bei einer → Landkarte entstehen.

Glockenspiel, → Schlaginstrument, das aus verschieden gestimmten Glocken besteht und das Spielen einer einfachen Melodie ermöglicht. Die als Musikinstrumente eingesetzten Glockenspiele verwenden gestimmte Metallplatten, die klaviaturähnlich aufgereiht sind, entweder senkrecht übereinander wie beim tragbaren *Schellenbaum* (vor allem in Militärkapellen) oder waagerecht nebeneinander (im Sinfonieorchester). Ebenfalls Verwendung im Orchester finden die

Es gibt mehrere Arten von Gleichungen

Identische Gleichungen gelten unter allen Umständen, weil sie nur bekannte Größen (Zahlen) verwenden oder man für ihre → Variablen jede beliebige Zahl einsetzen kann: $(a-b)^2 = a^2 - 2ab + b^2$.
In *Bestimmungsgleichungen* kommen Unbekannte vor; die Gleichung gilt dann nur für bestimmte Werte der Variablen: $3x = 18$ (x muss 6 sein, damit die Gleichung erfüllt ist). Bei $x^2 = 4$ erfüllen zwei Werte die Gleichung, nämlich 2 und −2. Verwendet eine Gleichung mehrere Unbekannte, so benötigt man mehrere Gleichungen, um sie eindeutig lösen zu können.

Gletscher

In den → Eiszeiten schoben sich Gletscher weit in die heute eisfreien Gebiete von Mitteleuropa vor und formten dabei durch Abtragung und Ablagerung das Gelände. Sie schürfen nämlich Täler trogförmig aus, schleifen Gesteine ab, häufen mitgenommenes Gesteinsmaterial zu *Drumlins* (runde Hügel) und → *Moränen* auf und hinterlassen durch Schmelzwasser Seen.

Die wichtigsten Werke Goethes

Lyrik:
»Prometheus« (1774)
»Römische Elegien« (1795)
»Der Zauberlehrling« (1797)
»West-östlicher Diwan« (1819)

Epik:
»Die Leiden des jungen Werther« (Briefroman, 1774, Neufassung 1787)
»Wilhelm Meisters Lehrjahre« (Roman, 1795)
»Hermann und Dorothea« (Epos, 1797)
»Die Wahlverwandtschaften« (Roman, 1809)
»Wilhelm Meisters Wanderjahre« (Roman, 1821)

Dramatik:
»Götz von Berlichingen« (1773)
»Iphigenie auf Tauris« (1779)
»Torquato Tasso« (1790)
»Faust. Erster Teil« (1808)
»Faust. Zweiter Teil« (1832)

Gold

Zeichen: Au (von lat. aurum)
Ordnungszahl: 79
Atommasse: 196,97
Dichte: 18,88 g/cm³
Schmelzpunkt: 1064 °C
Siedepunkt: 3080 °C

■ *Weißbartgnus*

Röhrenglocken, unterschiedlich lange, gestimmte Metallröhren, die an einem Rahmen hängen und mit einem Hämmerchen angeschlagen werden.

Glosse [griech. glossa = »Zunge, Sprache«], *die,* ursprünglich die Erläuterung eines komplizierten Begriffs (am Rand oder zwischen den Zeilen eines Textes); heute zumeist ein kurzer Zeitungskommentar, der zu einem aktuellen Thema Stellung nimmt.

Glucose [frz.], *die,* wissenschaftliche Bezeichnung für → Traubenzucker.

Glühlampe, elektrische Lichtquelle, bei der ein Metallfaden durch die Wärmewirkung von elektrischem Strom (→ Elektrizität) zum Glühen gebracht wird. Der Wolframfaden, der nur schwer schmilzt, befindet sich in einem Glaskolben *(Glühbirne),* der entweder luftleer oder mit einem Edelgas als Schutzgas (z. B. Argon) gefüllt ist, damit der Metallfaden nicht verbrennt. Nicht einmal 5 % der Energie werden dabei in Licht umgewandelt; der Rest ist Wärme.

Glühwürmchen, volkstümliche Bezeichnung für die weiblichen → Leuchtkäfer und ihre Larven.

Glyzerin, *Glycerin, das,* ein dreiwertiger → Alkohol. Er ist eine süßliche, ölige Flüssigkeit, die in allen natürlichen → Fetten und Ölen enthalten ist. Glyzerin wird u. a. für Kosmetika und Gefrierschutzmittel sowie für die Herstellung von Kunststoffen und → Nitroglyzerin verwendet.

GmbH, Abkürzung für *Gesellschaft mit beschränkter Haftung,* eine Handelsgesellschaft, die mit einem Stammkapital von mindestens 50 000 DM gegründet werden kann und im → Handelsregister eingetragen ist. Die Gesellschafter haften lediglich mit dem Firmenkapital, nicht mit ihrem Privatvermögen.

Gneis, Gruppe von → metamorphen Gesteinen, die hauptsächlich aus → Feldspat, → Quarz und → Glimmer bestehen. Gneis kann aus → magmatischen Gesteinen *(Orthogneis)* oder aus → Sedimentgesteinen *(Paragneis)* hervorgehen.

Gnu, kräftig gebaute → Antilope, die in den ost- und südafrikanischen Steppen vorkommt. Sie leben zumeist in größeren Herden.

Gobelin [frz. gɔˈblɛ̃], *der,* handgewebter Teppich mit bildlichen Darstellungen, der meist als Wandschmuck dient. Er ist nach der gleichnamigen französischen Färberfamilie benannt, in deren Haus im 17. Jh. eine königliche Manufaktur für Bildteppiche eingerichtet wurde. Die Entwürfe lieferten berühmte Maler wie Nicolas Poussin oder François Boucher.

Gobi, Beckenlandschaft (ca. 2 Mio. km², etwa 1000 m hoch) in Mittelasien, die zur → Mongolei und zu → China gehört. Sie besitzt ein extrem kontinentales Klima mit sehr geringen Niederschlägen. Der größte Teil ist Steppe, der Südwesten Wüste.

Goethe, Johann Wolfgang von (1749–1832), deutscher Dichter, der die Literatur seiner Zeit nachhaltig prägte und lang über seinen Tod hinaus beeinflusste. Er war an der literarischen Bewegung des → Sturm und Drang beteiligt, bestimmte zusammen mit Friedrich → Schiller die Weimarer → Klassik und war bis weit in die Zeit der → Romantik hinein tätig. Großen Einfluss auf sein Werk hatten neben der persönlichen Bekanntschaft mit vielen Dichtern (z. B. Gottsched, Herder, Lenz und Wieland) der Aufenthalt am Hof des Herzogs von Sachsen-Weimar (ab 1775, im Staatsdienst als Geheimer Rat und später als Minister tätig) und seine Italienreise (1786–1788), auf der er die antike Kultur und die bildenden Künste kennenlernte. Er verfasste Werke in allen dichterischen Gattungen, schrieb zahlreiche autobiographische Werke (vor allem »Aus meinem Leben, Dichtung und Wahrheit«, 1811–1822) und betätigte sich auch als Literatur- und Kunstkritiker sowie als Naturforscher (z. B. »Farbenlehre«, 1810).

Gogh [gɔx], Vincent van (1853–1890), niederländischer Maler, der als Wegbereiter des → Expressionismus gilt. In Südfrankreich schuf er eine große Anzahl von Landschaftsbildern, Stillleben und Selbstporträts, die sich durch intensive, leuchtende Farben und einen ausdrucksstarken Stil auszeichnen. Er hatte während seiner Lebenszeit keinen Erfolg und ging nach

Anfällen von geistiger Umnachtung 1889 in eine Nervenheilanstalt. Ein Jahr später nahm er sich das Leben.

Golanhöhen, 1967 von Israel besetztes und 1981 annektiertes Hochland. Der Golan gehörte vorher zu → Syrien und war häufig Ausgangspunkt für den Raketenbeschuss israelischer Dörfer.

Gold, ein → chemisches Element. Das seltene gelbe Edelmetall, das in der Natur zumeist in gediegenem Zustand, d. h. rein, vorkommt, ist weich und sehr widerstandsfähig gegenüber chemischen Reaktionen. Wegen seiner guten Leitfähigkeit wird es auch in der Elektrotechnik verwendet. Aus Gold werden vor allem Schmuckstücke (zumeist als Legierungen, als *Rotgold* mit Kupfer, als *Weißgold* mit Silber) und Münzen sowie Zahnersatz hergestellt. Gold wurde schon im Altertum aufgrund seiner Seltenheit als Tauschmittel verwendet, aus dem sich das → Geld entwickelte; bis ins 20. Jh. war es Grundlage für die meisten Währungen.

Goldene Bulle, ein 1356 von Kaiser Karl IV. (1316–1378, ab 1346 König) erlassenes Gesetz, das wichtige Fragen der Verfassung des → Heiligen Römischen Reiches regelte. Das Gesetz bestätigte das Recht der sieben → Kurfürsten, allein den König zu wählen (durch Mehrheitsentscheidung).

Goldener Schnitt, die Teilung einer Strecke in zwei Abschnitte, so dass das Verhältnis der Gesamtstrecke zum größeren Abschnitt dasselbe ist wie das Verhältnis dieses größeren Abschnitts zum kleineren. Der Goldene Schnitt wurde bereits im Altertum in der griechischen Kunst angewendet (z. B. bei Statuen und Bauwerken), weil er als harmonisches Verhältnis galt, das auch in der Natur bevorzugt wird (so teilt das Ellbogengelenk den menschlichen Arm im Goldenen Schnitt in Ober- und Unterarm mit Hand). Der Goldene Schnitt wird auch als *stetige Teilung* bezeichnet: Wenn man nämlich die kleinere Teilstrecke auf der größeren abträgt, entstehen wiederum zwei Abschnitte im Goldenen Schnitt.

Goldfisch, aus der Silberkarausche, einem → Karpfenfisch, gezüchteter Zierfisch, der in zahlreichen Rassen vorkommt und weltweit in Aquarien (10–30 cm lang) und Teichen (bis zu 60 cm lang) gehalten wird. Er stammt ursprünglich aus China und Japan, wo er bereits vor 1000 Jahren gezüchtet wurde.

Goldhamster, zu den → Hamstern gehörendes Nagetier, das als Haustier in Käfigen gehalten wird. Das bis zu 18 cm lange Tier besitzt einen kurzen Stummelschwanz. Der Goldhamster eignet sich auch gut als Versuchstier für Labore, weil das Weibchen bereits mit acht Wochen fortpflanzungsfähig wird und im Jahr sieben- bis achtmal Junge wirft (sechs bis dreizehn Junge pro Wurf). Der Goldhamster wird zwei bis vier Jahre alt.

Golf [it.], *der,* große Meeresbucht.

Golfspiel [engl.], ein aus Schottland stammendes Spiel, bei dem ein Gummiball (ca. 4 cm Durchmesser, höchstens 46 g schwer) mit möglichst wenig Schlägen in ein weit entferntes Loch befördert werden muss. Bei jedem Schlag darf der Ball nur von der Stelle aus gespielt werden, wo er liegen geblieben ist. Ein Spieler kann insgesamt bis zu 14 verschiedene Schläger verwenden, die aus Holz oder Eisen bestehen und jeweils einen unterschiedlich schweren, verschieden geformten Schlagkopf besitzen. Er kann damit den Ball entweder flach oder hoch »treiben« bzw. in das Loch schieben.

Ein Golfplatz ist 20–50 ha groß und besitzt 18 Löcher. Die Entfernung vom Abschlag *(Tee)* bis zum Loch ist dabei sehr unterschiedlich (zwischen 100 und 500 m). Der Ball wird von einem kleinen Aufsatz aus weggeschlagen, den man in den Boden eindrücken kann. Die Spielbahnen *(Fairways)* sind gemähte Flächen, die eine Breite von 20–50 m haben und von naturbelassenem Gelände (Wiesen, Büsche, Bäume, Bäche, Teiche)

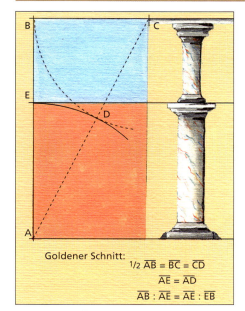

■ *Goldener Schnitt*

Goldhamster

Beim Goldhamster geht die Liebe durch die Nase. Fehlen die richtigen Düfte, können sich die Tiere nicht paaren. Die notwendigen Duftstoffe sind Pheromone, Botenstoffe, mit denen sich viele Tiere verständigen. Der Hamster beschnuppert ein Weibchen nach einem festgelegten Ritual: zuerst am Kopf, dann an den Flanken und danach am Hinterteil. Nur wenn das Männchen den Duftstoff riecht, gibt es Nachwuchs.

Begriffe aus dem Golfsport

Caddy: Helfer, der die Golfausrüstung transportiert und den Spieler berät.

Handicap: Spielstärke eines Golfspielers. Das Handicap gibt an, um wie viele Schläge ein Spieler über dem Standard eines Platzes liegt. Ein Spieler mit einem Handicap von 8 braucht also acht Schläge mehr, als der Platzstandard ist.

Par: Richtzahl für eine Bahn (je nach ihrer Länge), d. h. die Zahl der Schläge, die ein erstklassiger Spieler für die Bahn benötigt. Par 4 bedeutet, dass er vier Schläge für die Bahn braucht. Braucht ein Spieler einen Schlag weniger als Par, spricht man von einem *Birdie;* sind es sogar zwei Schläge unter Par, so ist es ein *Eagle.* Ein *Bogey* ist ein Schlag über Par. Falls es einem Spieler gelingt, vom Tee aus mit einem einzigen Schlag in das Loch zu treffen, heißt dies *As.*

Standard: Richtzahl der Schläge für einen ganzen Golfplatz.

Bekannte Gothic-Rock-Gruppen
• • • • • • • • • • • • • • • • • • • •
Bauhaus
Cure
Cult
Fields of Nephilim
Joy Division
Mission
Sisters of Mercy

■ *Gorilla*

umgeben sind. Neben diesen natürlichen Hindernissen gibt es noch künstliche, beispielsweise als *Bunker* bezeichnete Senken, die mit Sand gefüllt sind. Den Abschluss der Bahn bildet das Grün *(Green),* eine ganz kurz gemähte Grasfläche, in deren Mitte sich das Loch *(Hole)* befindet. Es hat einen Durchmesser von 10,8 cm und ist durch eine Fahne gekennzeichnet, die erst entfernt wird, wenn der Ball in unmittelbarer Nähe liegt und mit dem nächsten Schlag *eingeputtet* werden kann.

Golfkriege, der zwischen → Iran und → Irak 1980–89 geführte Krieg und der Krieg, der 1991 von internationalen Truppen der UNO (unter amerikanischer Führung) zur Befreiung von Kuwait geführt wurde, nachdem der Irak das Emirat im August 1990 (vor allem wegen der reichen Ölvorkommen) besetzt hatte.

Golfstrom, warme Meeresströmung im nördlichen Atlantik. Er entsteht nördlich der → Bahamas und fließt mit einer Geschwindigkeit von 2,5 m/s nahe der Meeresoberfläche als rund 50–100 km breiter und etwa 1000 m tief reichender Strom bis in europäische Gewässer. Er ist Teil des nordatlantischen Stromkreises. Der Golfstrom, der warmes, salzreiches Wasser aus der Karibik mitnimmt, sorgt dafür, dass das Klima in Nordwesteuropa milder ist, als es nach seiner geographischen Breite wäre.

Gonorrhö *Gonorrhöe* [griech. »Samenfluss«], *die,* auch als *Tripper* bezeichnete → Geschlechtskrankheit, die durch Bakterien (sog. *Gonokokken*) hervorgerufen wird. Sie kann zu schmerzhaften Entzündungen und eitrigem Ausfluss führen. Die Gonorrhö ist die häufigste durch Geschlechtsverkehr übertragene Krankheit.

Gorbatschow [russ. gɐrbaˈtʃɔf], Michail (* 1931), sowjetischer Politiker, der 1985 zum → Generalsekretär der Kommunistischen Partei der → Sowjetunion gewählt wurde und ab 1988 auch sowjetisches Staatsoberhaupt war (ab 1990 als Staatspräsident). Mit seiner Politik von → »Glasnost« (Offenheit) und → »Perestroika« (Umbau) strebte er eine Umgestaltung der Wirtschaft und der Gesellschaft in der UdSSR an. Er trat 1991 nach einem gescheiterten Putschversuch orthodoxer Kommunisten zurück. Die durch ihn ausgelösten Umwälzungen führten zum Ende des Kalten Krieges und zum Zusammenbruch des Kommunismus in Osteuropa. 1990 erhielt Gorbatschow den Friedensnobelpreis.

Gorillas, die größten → Menschenaffen, die bis zu 2 m groß und bis zu 300 kg schwer werden können. Sie kommen in Äquatorialafrika in zwei Unterarten vor: als Berggorilla und als Flachlandgorilla. Beide sind Pflanzenfresser, die in Familienverbänden vorwiegend am Boden leben. Der in Hochgebirgswäldern von Zentralafrika beheimatete Berggorilla ist vom Aussterben bedroht.

Gorki, Maxim, eigentlich Alexei Maximowitsch Peschkow (1868–1936), russischer Schriftsteller. Mit seinen naturalistischen Werken trug er zur Entwicklung des Sozialistischen Realismus bei. Bekannt sind seine Stücke »Nachtasyl« (1903) und »Die Sommergäste« (1903) sowie sein Roman »Die Mutter« (1907).

Gospelsong [engl. »Evangelienlied«], *der,* geistliche Gesangsform der Schwarzen in Nordamerika, die sich aus dem → Spiritual entwickelte und seit den 30er Jahren Elemente des → Jazz aufnahm. Typisch sind das Ruf-und-Antwort-Schema im Wechselgesang zwischen Vorsänger und Chor. Eine bedeutende Interpretin war Mahalia Jackson. Der Gospelsong beeinflusste wesentlich die → Soulmusik.

Goten, ostgermanischer Stamm (→ Germanen), der ursprünglich in Südskandinavien lebte. Er siedelte sich zunächst an der Weichsel an und drang während der → Völkerwanderung bis Kleinasien und zum Schwarzen Meer vor. Im 3. Jh. spalteten sie sich in *Ostgoten* und → *Westgoten.*

Gothic Rock [von engl. gothic ˈgɔθɪk- »unheimlich, düster«], *der,* Stilrichtung der → Rockmusik, die Anfang der 80er Jahre innerhalb der → New Wave entstand. Musikalisch ist der Gothic Rock durch getragene, teilweise vom → Psychedelic Rock beeinflusste Melodien, klagenden Gesang und düstere Texte geprägt.

Gotik, ein Kunststil (→ Baukunst), der in Europa den Abschluss der mittelalterlichen Kunst bildete. Er entwickelte sich um die Mitte des 12. Jh. in Frankreich und breitete sich in den folgenden 100 Jahren über ganz Europa aus. Der gotische Stil war zunächst durch Kathedralen mit hohen Innenräumen geprägt, die von Kreuzrippengewölben überspannt wurden; schlanke Fenster und Pfeiler betonten zusätzlich die lichte Höhe. Der romanische Rundbogen wurde durch den Spitzbogen ersetzt. Bedeutende gotische Kirchenbauten sind Nôtre-Dame in Paris, die Kathedrale in Chartres und das Straßburger Münster.

Die Bauskulptur bevorzugte in der Gotik von Pflanzen abgeleitete Formen. Die Statuen lösten sich erst allmählich von der Rückwand, erhielten aber dann eine Bewegtheit, die sich vor allem in der Körperhaltung und in den Falten des Gewands zeigte.

■ *Gotik:* Die Vorderansicht des Kölner Doms

Die Malerei konzentrierte sich auf die Flügelaltäre, woraus sich die Tafelbilder entwickelten, und auf die Glasmalerei. Bedeutende Maler der Gotik waren die Brüder → Eyck in den Niederlanden und → Dürer sowie Grünewald in Deutschland. Holzschnitt und Kupferstich wurden eigenständige Kunstformen. Holzschnitzkunst, Malerei und Baukunst wirkten im spätgotischen Schreinaltar zusammen.

Gott, die höchste Macht, die als personales Wesen der Schöpfer der Welt und des Menschen ist, die Vorgänge in der Natur und das menschliche Leben lenkt und der oberste Richter über das sittliche Verhalten ist.

Anfangs wurden Naturkräfte, Sonne, Mond und Sterne verehrt. In polytheistischen Religionen (→ Polytheismus) werden viele Gottheiten angenommen, die im Laufe der Geschichte menschliche Züge gewannen, zumeist miteinander verwandt oder verheiratet, und jeweils für bestimmte Bereiche (z. B. Fruchtbarkeit, Krieg, Wetter) zuständig waren. Die **Götter** können im Himmel, auf der Erde oder in der Unterwelt wohnen. In den Religionen mit mehreren Göttern gab es immer auch **Göttinnen.** Sie spielten in den frühen Kulturen eine wichtige Rolle als Mutter- und Fruchtbarkeitsgöttinnen, oft mit der Erde gleichgesetzt, und verschwanden erst mit dem Eingottglauben, der einen Vatergott verehrte.

Monotheistische Religionen (→ Monotheismus) gehen davon aus, dass es nur einen einzigen Gott gibt, der in sich alle göttlichen Funktionen und Eigenschaften vereinigt. Im → Pantheismus wird Gott mit der Natur gleichgesetzt. Der → Atheismus dagegen verneint die Existenz eines göttlichen Wesens.

Gouverneur [frz. guvɛrˈnøːɐ̯], *der,* Statthalter einer Provinz oder Kolonie; in den USA vom Volk gewählter oberster Beamter eines Bundesstaats.

Goya, Francisco, eigentlich *Francisco José de Goya y Lucentes* (1746–1828), spanischer Maler und Grafiker. Als Hofmaler (ab 1799) schuf er Porträts der königlichen Familie. In seinen Radierungen schilderte er schonungslos das Elend und die Grausamkeiten des Krieges.

Grad [lat. »Schritt, Stufe«], *der,* Maßeinheit (Zeichen °) für Winkel (1° ist der 360. Teil eines Vollkreises) oder Skalen physikalischer Werte (z. B. bei der Temperatur Grad → Celsius oder → Fahrenheit).

Gradnetz, ein Liniennetz von → Längen- und → Breitenkreisen, das man sich über die gesamte Erdkugel ausgebreitet vorstellen kann. Es ist ein Hilfsmittel, mit dem man die Lage jedes Punktes auf der Erde (z. B. eines bestimmten Ortes) genau angeben kann. Durch Projektion wird es auch auf → Landkarten abgebildet.

Graffiti [it.], *Mz.,* an Wände gesprühte Bilder und Parolen. Graffiti werden zumeist heimlich an öffentlichen Gebäuden oder in U-Bahnhöfen angebracht. Seit den 80er Jahren haben sie sich auch zu einer eigenen Kunstform (z. B. bei dem amerikanischen Maler *Keith Haring,* 1958–1990) entwickelt.

Grafik, *Graphik* [griech.], *die,* Zeichenkunst, ein Teilgebiet der → bildenden Künste, das Zeichnungen und Druckgrafik umfasst. Als Grafik bezeichnet man auch ein einzelnes grafisches Werk.

Gotik

Die Gotik wird in drei Perioden eingeteilt: *früh-, hoch-* und *spätgotisch.* In Frankreich wird der spätgotische Stil auch als *Flamboyant-Stil* (wegen der flammenförmigen Bauornamente) bezeichnet. Jedes Land entwickelte aber seinen eigenen Stil (z. B. *Decorated Style* in England oder die *Backstein-Gotik* in Nordeuropa). Der Name *Gotik* wurde in der Renaissancezeit in Italien geprägt, wo gotisch (abgeleitet von den Goten) soviel wie »barbarisch« oder »nicht antik« bedeutete.

■ *Graffiti* haben sich zu einer eigenen Kunstrichtung entwickelt

Verhaltensforschung an Graugänsen

Der österreichische Verhaltensforscher *Konrad Lorenz* (1903–1989) erforschte an Graugänsen das instinktive Verhalten von Tieren und entdeckte dabei die *Prägung,* d. h. die Festlegung von Lebewesen in einem frühen Alter auf bestimmte Auslöser (z. B. laufen die frisch geschlüpften Gänseküken dem ersten sich bewegenden Gegenstand nach, der Töne von sich gibt, und halten ihn für ihre Mutter).

Graubünden

Die *Gebrauchsgrafik,* auch *Grafik-Design* genannt, setzt die grafischen Mittel nicht für künstlerische Ziele, sondern zweckgebunden ein, um beispielsweise für Waren zu werben, Anzeigen zu entwerfen und Verpackungen, Buchumschläge oder Plattenhüllen zu gestalten. Besondere Bedeutung hat dabei in den letzten Jahren der Computer gewonnen, der auch bewegte grafische Bilder (z. B. für die Fernsehwerbung) ermöglicht.

Grafikkarte, eine im → Computer fest eingebaute → Platine, die Voraussetzung für die Darstellung der Zeichen auf dem Bildschirm ist. Jedes Zeichen wird durch die Zusammensetzung aus einzelnen Bildpunkten (→ Pixel) dargestellt. Je höher die Auflösung der Grafikkarte in Pixeln ist, desto besser ist die Qualität der Bilder auf dem Monitor.

Grafiktablett, ein → Digitizer, der in der → elektronischen Datenverarbeitung für die Dateneingabe verwendet wird. Das Grafiktablett besitzt eine mit → Sensoren versehene rechteckige Fläche, auf der man mit einem stiftähnlichen Instrument zeichnen kann.

Gramm, *das,* Maßeinheit für die Masse bzw. das Gewicht (Zeichen *g*). Das Gramm ist als tausendster Teil des → Kilogramms festgelegt.

Grammatik [von griech. gramma = »Geschriebenes«], *die,* in der Sprachwissenschaft die Beschreibung des Aufbaus und der Funktion einer Sprache, im engeren Sinn eine Sprachlehre, in der die Regeln über den richtigen Gebrauch einer Sprache gesammelt sind. Sie ist in Laut- (*Phonologie*), Formen- (*Morphologie*) und Satzlehre (→ *Syntax*) unterteilt.

Granat [lat.], *der,* Gruppe von Mineralen, die vor allem in → metamorphen Gesteinen vorkommen. Granate, die es in zahlreichen Abarten (rot bis grün) gibt, werden als → Edelsteine in der Schmuckindustrie verwendet.

Granate [it. »Granatapfel«], *die,* mit Sprengstoff gefüllter Hohlkörper, der als Geschoss in der → Artillerie verwendet wird. Eine Sonderform ist die *Handgranate,* die seit dem 17. Jh. im Nahkampf verwendet wird; sie wird geworfen.

Granit [it.], *der,* Gruppe von → magmatischen Tiefengesteinen, die eine körnige Struktur besitzen und hauptsächlich aus → Quarz, → Feldspat und → Glimmer bestehen.

Grapefruit [engl. ˈgreɪpfruːt »Traubenfrucht«], *die,* eine Zitrusfrucht, die als Kreuzung aus → Apfelsine und → Pampelmuse entstanden ist. Der seit Mitte des 18. Jh. in den Subtropen angebaute, bis zu 10 m hohe Grapefruitbaum liefert große Beerenfrüchte (10–15 cm Durchmesser) mit gelber Schale, die leicht bitter schmecken.

Graphit, *Grafit* [griech.], *der,* ein aus reinem Kohlenstoff bestehendes Mineral, das in kristallinen → Schiefern vorkommt. Das blättrige bis feinkörnige schwarzgraue Graphit wird für Bleistiftminen und Elektroden, als Schmiermittel und wegen seiner Hitzebeständigkeit in Kernreaktoren verwendet.

Graphologie, *Grafologie* [von griech. graphein = »schreiben«], *die,* Wissenschaft, die versucht, aus der Handschrift (z. B. aus Größe, Form und Schreibdruck der Buchstaben) eines Menschen auf seine Persönlichkeit und seine Fähigkeiten zu schließen. Graphologische Gutachten dienen nicht nur zur Beurteilung von beruflichen Bewerbungen, sondern werden auch herangezogen, um Fälschungen zu erkennen.

Gräser, *Süßgräser,* eine Familie von einkeimblättrigen Pflanzen, die zumeist als krautartige Stauden weltweit wachsen. Sie besitzen hohle Halme und schmale, spitze Blätter. Gräser bilden einen Großteil des Pflanzenwuchses in Savannen, Steppen und Wiesen und sind deshalb eine wichtige Nahrung für Pflanzenfresser. Als Viehfutter werden sie vom Menschen genutzt. Zu den Gräsern gehören auch die → Getreidearten und der baumartige → Bambus.

Grass, Günter (* 1927), deutscher Schriftsteller und Grafiker. In seinen an phantastischen Ideen und sinnlich-erotischen Episoden reichen Romanen und Erzählungen schildert er die Gesellschaft zeitkritisch, teils mit drastischem Realismus, teils mit groteskem Humor. Am bekanntesten sind seine Romane »Die Blechtrommel« (1959), »Hundejahre« (1963), »Der Butt« (1977) und »Ein weites Feld« (1995).

Graubünden, Kanton in der → Schweiz.

Graugans, eine wild lebende → Gänseart, aus der sich die Hausgans entwickelt hat.

Graupel, Niederschlag in Form von Eiskörnern (1–5 mm groß), die in hochreichenden Quellwolken dadurch entstehen, dass Wassertröpfchen an Eiskristallen angefrieren. Man unterscheidet zwischen weißen *Reifgraupeln* und den größeren *Frostgraupeln,* die von einer Eisschicht umgeben sind.

gravieren [frz.], etwas in Metall, Stein oder Glas einritzen.

Gravitation [lat.], *die,* Massenanziehung. Alle Massen ziehen sich gegenseitig an, wobei die Stärke dieser Anziehungskraft von der Größe der Massen und ihrem Abstand voneinander abhängt. Die Gravitation äußert sich auf der Erde als → *Schwerkraft* und ist die Ursache dafür, dass Massen ein → *Gewicht* besitzen. Sie gehört zu den vier Grundkräften (→ *Kraft*), die zwischen den Elementarteilchen wirken.

Graz, zweitgrößte Stadt Österreichs (238 000 Einwohner). Die an der Mur gelegene Landeshauptstadt der → *Steiermark* ist ein österreichisches Wirtschafts- und Messezentrum.

Greco, El [span. »der Grieche«], eigentlich *Domenico Theotokopulos* (um 1541–1614), griechisch-spanischer Maler, der in seinen Gemälden die gegenständliche Welt visionär übersteigerte und unwirkliche, kalt leuchtende Farben bevorzugte.

Greenpeace [engl. 'gri:npi:s »grüner Frieden«], *der,* eine 1971 in Kanada gegründete internationale Organisation (mit Sitz in Amsterdam), die sich mit dem Umwelt- und Artenschutz befasst. Die Organisation macht durch Öffentlichkeitsarbeit und Aufsehen erregende Aktionen (z. B. Behinderung von Atomwaffenversuchen und Walfangschiffen) auf schwerwiegende Gefahren für die Umwelt aufmerksam.

Gregorianischer Kalender, von Papst Gregor XIII. (1502–1585) eingeführter → *Kalender*, der 1582 an die Stelle des *Julianischen Kalenders* (→ *Cäsar*) trat und bis heute gültig ist.

Greifvögel, weltweit verbreitete Gattung von Raubvögeln, die bei Tag jagen. Sie besitzen einen hakenartig gekrümmten Schnabel und kräftige Krallen, die sie oft zum Töten der Beute benutzen. Es gibt vier Familien: → *Falken,* Habichtartige (→ *Adler,* Altweltgeier, → *Bussarde,* → Habichte), Neuweltgeier (→ *Geier*) und Sekretäre (in Afrika lebende langbeinige Vögel, die 1 m hoch werden und am Hinterkopf auffällige Schmuckfedern tragen).

Gremium [lat. »Schoß«], *das,* Ausschuss.

Grenada, Inselstaat in der → *Karibik,* der neben der gleichnamigen Insel die südlichen *Grenadinen* umfasst. Die überwiegend von Schwarzen und Mulatten bewohnten Inseln sind vulkanischen Ursprungs. Wirtschaftlich stützen sie sich auf die Landwirtschaft (Kakao, Muskat) und den Fremdenverkehr. Die Insel Grenada wurde 1498 von → *Kolumbus* entdeckt und *Concepción* getauft. Um die Mitte des 17. Jh. kam sie unter französische Herrschaft (Ausrottung der einheimischen Kariben). 1762 war sie britische Kolonie und gehörte 1958–1962 zur *Westindischen Föderation.* Grenada ist seit 1974 unabhängig, gehört aber weiterhin dem → Commonwealth an. 1983 wurde die Insel nach einem Putsch von US-Truppen besetzt. Seitdem politische Anbindung an die USA.

■ *Graubünden: Blick auf Soglio im Bergell*

Griechen, zusammenfassende Bezeichnung für die im Altertum in → *Griechenland* und den griechischen Kolonien (in Kleinasien und Unteritalien) lebenden Stämme, die sich selbst seit dem 7. Jh. v. Chr. als *Hellenen* bezeichneten. Sie umfassen mehrere indogermanische Stämme, die zwischen 1900 und 1200 v. Chr. einwanderten und unabhängige Kulturen (z. B. → *mykenische Kultur* und Stadtstaaten wie → *Athen* oder → *Sparta*) aufbauten. Die vier Hauptstämme der Griechen sind die → *Ionier,* die *Äoler,* die → *Achäer* und die *Dorer.*

Griechenland, Staat in Südosteuropa. Das Land, das den südlichen Teil der Balkanhalbinsel sowie zahlreiche Inseln im Ionischen und im Ägäischen Meer (vor allem → *Kreta*) umfasst, ist sehr gebirgig, besitzt aber ausgedehnte Becken. Wegen seiner vielen Halbinseln (von denen die größte der → *Peloponnes* ist) und Buchten ist die Küste über 15 000 km lang. Griechenland ist landwirtschaftlich geprägt (Obst, Tabak, Viehzucht), stützt sich aber auch auf den Bergbau und den Fremdenverkehr. Griechenland wurde bereits im 2. Jt. v. Chr. besiedelt. Im Altertum hatten die einzelnen griechischen Völker (→ *Griechen*) und Stadtstaaten ihre eigene Geschichte. Nach der kurzzeitigen Einigung durch → *Mazedonien* und dem Entstehen eines hellenistischen Großreichs kam es ab dem frühen 3. Jh. v. Chr. unter römische Herrschaft, hatte aber mit seiner Kultur nachhaltigen Einfluss auf das Römische Reich. Nach dem Untergang des Oströmischen Reiches (Byzanz) war es ab dem 15. Jh. Teil des → Osmanischen Reiches. Die vom Ausland unterstützte griechische Nationalbewegung konnte in einem Aufstand (ab 1821) die türkische Fremdherrschaft abschütteln. 1832 entstand das griechische Königreich, das ab 1864 als parlamentari-

Grenada	
Staatsname:	Staat Grenada
Staatsform:	Parlamentarische Monarchie
Hauptstadt:	Saint George's
Fläche:	344,5 km²
Einwohner:	91 000
Bevölkerungsdichte:	264/km²
Amtssprache:	Englisch
Währung:	Ostkaribischer Dollar (EC $)
Nationalitätskennzeichen:	WG

Grenada

Griechenland (Elláda)
Staatsname: Griechische Republik
Staatsform: Republik
Hauptstadt: Athen
Fläche: 131 957 km²
Einwohner: 10,4 Mio.
Bevölkerungsdichte: 79/km²
Amtssprache: Griechisch
Währung: Drachme (Dr.)
Nationalitätskennzeichen: GR

Griechenland

■ *Griechenland: Der Ort Oia auf Santorin*

Griechisches Alphabet

Buchstabe		Name	Lautwert
groß	klein		
Α	α	Alpha	a
Β	β	Beta	b
Γ	γ	Gamma	g
Δ	δ	Delta	d
Ε	ε	Epsilon	e (kurz)
Ζ	ζ	Zeta	z
Η	η	Eta	e (lang)
Θ	θ	Theta	th
Ι	ι	Iota	i
Κ	κ	Kappa	k
Λ	λ	Lambda	l
Μ	μ	My	m
Ν	ν	Ny	n
Ξ	ξ	Xi	x
Ο	ο	Omikron	o (kurz)
Π	π	Pi	p
Ρ	ρ	Rho	r
Σ	σς	Sigma	s
Τ	τ	Tau	t
Υ	ψ	Ypsilon	y
Φ	φ	Phi	ph
Χ	χ	Chi	ch
Ψ	ψ	Psi	ps
Ω	ω	Omega	o (lang)

sche Monarchie regiert wurde. Ein Militärputsch führte zu einem diktatorischen Regime, dessen Militärjunta 1973 den König absetzte. Auch nach der Rückkehr zur Demokratie 1974 blieb Griechenland eine Republik. 1981 trat Griechenland der → EU bei. Mehrfach gab es Konflikte mit der Türkei um Gebietsansprüche in der Ägäis und wegen → Zypern.

griechische Schrift, die älteste heute noch bestehende europäische Schrift. Die Schriftzeichen wurden von den → Phöniziern übernommen, aber durch Zeichen für die → Vokale ergänzt.

Grillen, weltweit verbreitete Grabheuschrecken, die bis zu 8,5 cm lang werden. Sie besitzen einen walzenförmigen Körper und lange Fühler. Die Männchen können die Weibchen durch ein Zirpen anlocken, das sie durch Aneinanderreiben der Flügel erzeugen. In Mitteleuropa kommen unteranderem *Maulwurfs-, Feld-, Wald-* und *Hausgrille* oder *Heimchen* vor.

■ *Grillen*

Grimm, Brüder, deutsche Gelehrte und Dichter, die gemeinsam die Germanistik begründeten. *Jacob Grimm* (1785–1863) und *Wilhelm Grimm* (1786–1859) begannen das 16-bändige »Deutsche Wörterbuch«, das erst 1961 vollendet wurde. Berühmt wurden sie vor allem durch die Märchensammlung »Kinder- und Hausmärchen« (1812–1185).

Grimmelshausen, Hans Jakob Christoffel von (um 1622–1676), deutscher Dichter, der in seinem Schelmenroman »Der abentheuerliche Simplicissimus Teutsch« (1669) realistisch-satirisch die Schrecken und Wirren des Dreißigjährigen Krieges beschrieb.

Grippe, *Influenza,* eine zumeist als → Epidemie auftretende → Infektionskrankheit, die durch → Viren hervorgerufen wird (Ansteckung durch Tröpfcheninfektion). Sie führt zu Schüttelfrost und Fieber (bis zu 40 °C), Kopf-, Glieder- und Brustschmerzen und kann auch eine → Lungenentzündung verursachen.

Grönland, autonomes, zu → Dänemark gehörendes Gebiet in der Arktis. Grönland ist die größte Insel der Erde (2,18 Mio. km², 58 000 Einwohner) und liegt nordöstlich von Nordamerika. Der größte Teil ist vom Eis bedeckt, das bis zu knapp 3,5 km Dicke erreicht. Nur 16 % der Gesamtfläche sind eisfrei (an den Küsten und auf den vorgelagerten Inseln). Dort siedelt die Bevölkerung, die größtenteils aus der Vermischung von → Eskimos und Europäern hervorgegangen ist und überwiegend von der Fischerei lebt. Grönland war bereits von Eskimos bewohnt, als es um 900 von den → Wikingern entdeckt wurde, die es »grünes Land« nannten. 986 entstanden erste Siedlungen. Die Kolonien verfielen ab dem 14. Jh. Ab 1721 besiedelten die Dänen Grönland, das auch nach der Auflösung der dänisch-norwegischen → Personalunion bei Dänemark blieb. 1953 wurde es fester Bestandteil des dänischen Königreiches, hat aber seit 1979 innere Autonomie (Dänemark ist weiterhin für Außen-, Verteidi-

Grönland

Großbritannien und Nordirland

Abhängige Gebiete

in Europa:
Gibraltar

in Mittelamerika:
Anguilla
Bermudas
Cayman-Inseln
Montserrat
Turks- und Calcos-Inseln

in Südamerika:
Falkland-Inseln, Südgeorgien und südliche Sandwich-Inseln
Jungfern-Inseln

in Afrika:
St. Helena

in Asien:
Britisches Territorium im Indischen Ozean (Tschagos-Inseln)

in Ozeanien:
Pitcairn

gungs- und Finanzpolitik zuständig.) 1984 trat es aus der → EU aus.

Großbritannien und Nordirland, Staat in Westeuropa. Das *Vereinigte Königreich,* wie sich Großbritannien selbst nennt, umfasst neben der Insel Großbritannien (die aus → England, → Schottland und → Wales besteht) den Nordteil der irischen Insel (→ Irland) und kleinere Inseln *(Hebriden, Orkney-* und *Shetlandinseln)* sowie zwei unmittelbar der britischen Krone unterstehende Gebiete *(Kanalinseln,* 195 km², und die Insel *Man,* 572 km²) sowie zahlreiche abhängige Gebiete vorwiegend in Übersee. Bergländer nehmen den Norden und Westen der Hauptinsel ein, Tiefländer den Osten und Süden. Die Bevölkerung umfasst neben Engländern (80 %), Schotten (10 %), Nordiren (4 %) und Walisern (2 %) noch zahlreiche Einwanderer aus den → Commonwealthländern, vor allem Inder. Die britische Wirtschaft ist in hohem Maße industrialisiert, obwohl fast vier Fünftel der Landesfläche immer noch landwirtschaftlich genutzt werden. Die wichtigsten Bodenschätze sind Kohle sowie Erdöl und Erdgas (vor der Küste in der Nordsee gefördert).

Die → Britischen Inseln wurden vom europäischen Festland aus besiedelt. Im 1. Jt. v. Chr. verdrängten → Kelten die früheren Bewohner, die zur Megalithkultur gehörten. Die Römer eroberten Teile der Hauptinsel ab Mitte des 1. Jh.

Großbritannien und Nordirland (Great Britain and Northern Ireland)

Staatsname: Vereinigtes Königreich Großbritannien und Nordirland

Staatsform: Parlamentarische Monarchie

Hauptstadt: London

Fläche: 244 752 km²

Einwohner: 58,3 Mio.

Bevölkerungsdichte: 238/km²

Amtssprache: Englisch

Währung: Pfund Sterling (£)

Nationalitätskennzeichen: GB und UK

Großbritannien und Nordirland

■ *Großbritannien:* Das House of Parliament und der Big Ben in London

v. Chr. und machten sie zu einer römischen Provinz, die erst im 5. Jh. aufgegeben wurde. Die germanischen Stämme der Angeln, Sachsen und Jüten (→ Angelsachsen) brachten Großbritannien ab Mitte des 5. Jh. in ihre Gewalt und drängten die Kelten in die unwegsamen Randgebiete zurück.

Das angelsächsische Königreich konnte sich bis 1066 der Angriffe durch die → Normannen erwehren, bevor Wilhelm der Eroberer, Herzog der Normandie, in der Schlacht bei Hastings König Harald II. schlug. Als das normannische Königshaus Mitte des 12. Jh. ausstarb, kam das Haus Plantagenet-Anjou an die Macht. England eroberte im 13. Jh. Wales, verlor aber im → *Hundertjährigen Krieg* (1337–1453) seine Besitzungen in Frankreich. Die Schwäche des englischen Königtums, das 1215 mit der → *Magna Charta* die Rechte des Adels anerkennen musste, führte zu einem Thronstreit *(Rosenkriege, 1455–1485)*, aus dem das Haus Tudor als Sieger hervorging. Unter → Heinrich VIII. entstand eine von Rom unabhängige → anglikanische Staatskirche (1533/34). England stieg unter → Elisabeth I. zu einer Großmacht auf, die 1588 die spanische Armada vernichtete. Unter Jakob I. (reg. 1603–1625) wurde Schottland mit England in → Personalunion vereinigt.

Im Bürgerkrieg (1642–1649) stürzte Oliver → Cromwell den König und führte eine Republik ein. Diese fand zwar schon 1660 ihr Ende, doch das Parlament erhielt in der *Bill of Rights* (1689) eine starke Stellung gegenüber dem König. 1707 wurden England und Schottland zu Großbritannien vereinigt. Ab 1714 regierte das Haus Hannover. Im 18. Jh. erweiterte Großbritannien seine Vormachtstellung dank seiner Flotte und baute ein riesiges Kolonialreich auf: in Amerika, Indien und später auch in Afrika. Im → *Siebenjährigen Krieg* (1756–1763) eroberte es Kanada, verlor aber 1783 die übrigen nordamerikanischen Kolonien, als sich die späteren Vereinigten Staaten im Unabhängigkeitskrieg vom britischen Mutterland lösten. Nach dem Sieg über → Napoleon war Großbritannien die stärkste Weltmacht, die im Krimkrieg (1853–1856) eine russische Vormachtstellung auf dem europäischen Festland verhinderte. Unter Königin → Viktoria hatte Großbritannien sein »goldenes Zeitalter«.

Seit 1910 ist das Haus Windsor auf dem britischen Thron. Im Ersten Weltkrieg kämpfte Großbritannien auf Seiten der → Entente und erhielt die deutschen Kolonien in Afrika sowie die vom Osmanischen Reich beherrschten Gebiete in Vorderasien. An die Stelle des → Empire trat das → Commonwealth, dessen Staaten mit dem Mutterland gleichberechtigt waren. Nach dem Zweiten Weltkrieg zerfiel das Kolonialreich; zahlreiche Kolonien wurden in die Unabhängigkeit entlassen. 1973 wurde Großbritannien Mitglied der EG (→ EU). Neben dem anhaltenden Konflikt in → Nordirland bestimmten vor allem wirtschaftliche Probleme die britische Nachkriegspolitik; sie konnten weder von den *Konservativen* noch von der sozialistischen *Labour*-Partei bewältigt werden, die einander wiederholt in der Regierung ablösten.

→ Irland stand seit 1541 unter britischer Herrschaft und wurde 1801 Teil von Großbritannien. Nach dem englisch-irischen Unabhängigkeitskrieg (1919–1921) wurde die Insel geteilt; der Nordteil, die Republik Ulster, blieb als Nordirland bei Großbritannien, während der Südteil eine unabhängige Republik wurde.

grotesk [frz.], seltsam, auf komische Weise verzerrt, lächerlich.

Grundgesetz, *GG,* die seit 23. 5. 1949 geltende → Verfassung der Bundesrepublik Deutschland, die vom Parlamentarischen Rat, einer von den damaligen elf Landtagen gewählten verfassunggebenden Versammlung, ausgearbeitet wurde. Sie war zunächst vorläufig und ist seit dem 3. 10. 1990 die Verfassung des wiedervereinten Deutschlands.

Das Grundgesetz enthält die **Grundrechte,** die Menschen- und Bürgerrechte, die über den vom Staat erlassenen Gesetzen stehen. In 20 Artikeln sind die Rechte des Einzelnen gegenüber dem Staat festgelegt (z. B. Recht auf freie Entfaltung der Persönlichkeit, Meinungsfreiheit und Asylrecht). Außerdem sind darin alle Bestimmungen festgelegt, die den Bundesstaat und das Verhältnis zwischen Bund und Ländern, die Bundesorgane (wie z. B. Bundestag und Bundesrat), die drei Staatsgewalten sowie grundsätzliche Regelungen für die Gesetzgebung, Verwaltung und Rechtsprechung des Bundes, das Finanzwesen und den Verteidigungsfall betreffen. Das Grundgesetz kann nur mit einer Zweidrittelmehrheit von Bundestag und Bundesrat geändert werden.

Grundrechenarten, die vier Rechenarten Addition, Subtraktion, Multiplikation und Division. Wenn in einem Rechenausdruck verschiedene Grundrechenarten verwendet werden, müssen zuerst die sog. *Punktrechnungen,* also Multiplikationen und Divisionen, und dann erst die *Strichrechnungen,* Addition und Subtraktion, ausgeführt werden:
5 + 6 × 4 : 8 − 4 = 5 + (6 × 4 : 8) − 4 = 5 + 3 − 4 = 4.

Grundwasser, das von Niederschlägen und aus Gewässern stammende Wasser, das im lockeren Boden versickert, bis es von wasserundurchlässigen Schichten (z. B. Ton) aufgehalten wird und die unterirdischen Hohlräume ausfüllt. Die Höhe des *Grundwasserspiegels* hängt von den klimatischen Bedingungen ab und schwankt deshalb je nach Jahreszeit. Das Grundwasser ist entscheidend für die Versorgung mit Trinkwasser. Wo das Grundwasser auf natürliche Weise zu Tage tritt, entspringen Quellen.

Grundzahl, die → Basis einer → Potenz oder eines Logarithmus.

Grüne, *Die Grünen,* 1980 gegründete Partei, die aus Bürgerinitiativen entstanden ist und sich vor allem für den Umweltschutz einsetzt. 1993 schlossen sich die Grünen mit → Bündnis 90 zu einer gemeinsamen Partei zusammen, die im Bundestag und in vielen Landtagen vertreten ist.

Guadeloupe [gwa'dlup], französisches Überseedepartement (1780 km², 420 000 Einwohner) in der → Karibik. Die 1493 von → Kolumbus entdeckte Insel, die zu den Kleinen → Antillen gehört, ist seit 1635 französische Kolonie.

Guam, zu den → Vereinigten Staaten von Amerika gehörendes Territorium (549 km², 133 000 Einwohner) in → Ozeanien. Die 1521 entdeckte Insel im Westpazifik, die zu den Marianen gehört, wurde 1898 von den Spaniern an die USA abgetreten. Auf Guam befindet sich ein wichtiger Militärstützpunkt der USA.

Guano [span.-indian.], *der,* Vogelmist, an den Küsten von Peru und Chile abgelagerter Kot von Seevögeln, der reich an Calciumphosphat und Stickstoff ist und deshalb als Dünger verwendet wird. Guano wird auch aus Fischabfällen hergestellt.

Guatemala, Staat in Mittelamerika. Das gebirgige Land, das nur an den Küsten schmale Ebenen besitzt, wird häufig von Erdbeben erschüttert. Die Bevölkerung, die zu mehr als 90 % aus Indianern und Mestizen besteht, lebt vorwiegend von der Landwirtschaft (Kaffee, Zuckerrohr, Bananen). Bevor das Land ab 1524 von den Spaniern erobert wurde, befanden sich hier Zentren der → Mayakultur. Guatemala löste sich 1821 von Spanien, gehörte zunächst zu Mexiko und danach zur *Zentralamerikanischen Föderation* und ist seit 1838 unabhängig. Im 20. Jh. wurde die Innenpolitik durch nordamerikanische Fruchtkonzerne und die Armee beeinflusst. (→ Infokasten siehe Seite 272)

Guerilla [span. ge'rilja], *die,* Kleinkrieg, der von nicht regulären Einheiten gegen eine Besatzungsmacht geführt wird. Auch die **Guerilleros** insgesamt werden als Guerilla bezeichnet.

Grundrechenarten

Bei der Addition werden Zahlen zusammengezählt: z. B. 13 + 8 = 21. Die Zahlen 13 und 8 werden als *Summanden,* das Ergebnis 21 als *Summe* bezeichnet.
Bei der Subtraktion werden Zahlen voneinander abgezogen: z. B. 23 − 16 = 7. Die Zahl 23 heißt *Minuend,* während die 16 *Subtrahend* genannt wird. 7, der Unterschied zwischen beiden, ist die *Differenz.*
Bei der Multiplikation werden Zahlen miteinander malgenommen: z. B. 5 × 3 = 15. Die Zahlen 5 und 3 heißen *Faktoren,* das Ergebnis 15 *Produkt.* Eigentlich ist die Multiplikation nur eine verkürzte Schreibweise für eine Addition von gleichen Zahlen, also 5 + 5 + 5 = 15 bzw. 3 + 3 + 3 + 3 + 3 = 15.
Bei der *Division* werden Zahlen durch andere Zahlen geteilt: z. B. 18 : 6 = 3. Die Zahl 18 wird *Dividend* genannt, die Zahl 6 *Divisor.* Das Ergebnis heißt *Quotient.* Die Division ist eigentlich eine verkürzte Schreibweise für eine Subtraktion, bei der das Ergebnis anzeigt, wie oft der Divisor vom Dividenden abgezogen werden kann, also 18 − 6 − 6 − 6.

Guam

■ **Guatemala:** *Eine Marimbagruppe*

Guatemala	Guinea (Guinée)	Guinea-Bissau (Guiné-Bissau)	Guyana
Staatsname: Republik Guatemala	Staatsname: Republik Guinea	Staatsname: Republik Guinea-Bissau	Staatsname: Kooperative Republik Guyana
Staatsform: Präsidiale Republik	Staatsform: Präsidiale Republik	Staatsform: Präsidiale Republik	Staatsform: Präsidiale Republik
Hauptstadt: Guatemala-Stadt	Hauptstadt: Conakry	Hauptstadt: Bissau	Hauptstadt: Georgetown
Fläche: 108 889 km²	Fläche: 245 857 km²	Fläche: 36 125 km²	Fläche: 214 969 km²
Einwohner: 10,5 Mio.	Einwohner: 6,7 Mio.	Einwohner: 1,1 Mio.	Einwohner: 830 000
Bevölkerungsdichte: 96,4/km²	Bevölkerungsdichte: 27/km²	Bevölkerungsdichte: 30,5/km²	Bevölkerungsdichte: 4/km²
Amtssprache: Spanisch	Amtssprache: Französisch	Amtssprache: Portugiesisch	Amtssprache: Englisch
Währung: Quetzal (Q)	Währung: Guinea-Franc (F. G.)	Währung: Guinea-Peso (PG)	Währung: Guyana-Dollar (G $)
Nationalitätskennzeichen: GCA	Nationalitätskennzeichen: RG	Nationalitätskennzeichen: GNB	Nationalitätskennzeichen: GUY

Guatemala   Guinea   Guinea-Bissau   Guyana

Guillotine [frz. gijo'ti:nə], *die,* Hinrichtungsmaschine, die während der → Französischen Revolution eingeführt wurde. Ein in Führungsschienen niedersausendes scharfes Fallbeil trennt dabei den Kopf vom Rumpf.

Guinea, Staat in Westafrika. Das Land, das sich von der Atlantikküste bis zum Quellgebiet des → Niger erstreckt, besteht vorwiegend aus Berg- und Tafelländern. Die beiden größten Volksgruppen sind die Mandingo (45 %) und die Fulbe (30 %). Der größte Teil der Bevölkerung ist in der Landwirtschaft tätig. Außerdem besitzt Guinea reiche Bodenschätze (Bauxit, Diamanten, Erze). Die 1882 gegründete Kolonie hieß ab 1893 *Französisch-Guinea*. Seit 1958 ist das Land unabhängig.

Guinea-Bissau, Staat in Westafrika, der auch die vorgelagerten *Bissagosinseln* umfasst. Das Land, das zu den ärmsten Staaten der Erde gehört, wird von zahlreichen Völkern bewohnt (vor allem Balanta, Fulbe und Mandingo). Wirtschaftliche Grundlage bilden die Landwirtschaft (Cashew-, Erd- und Kokosnüsse) und die Fischerei. Das Gebiet wurde bereits Mitte des 15. Jh. von den Portugiesen entdeckt, aber erst mehr als 140 Jahre später von ihnen besiedelt. Die Kolonie (ab 1879) erhielt 1974 ihre Unabhängigkeit, nachdem Nationalisten nach einem zwölfjährigen Guerillakrieg 1973 eine Republik ausgerufen hatten. 1980 scheiterte eine geplante Vereinigung mit → Kap Verde.

Gummi, durch *Vulkanisation* (Schwefelzusatz und Erhitzung) aus → Kautschuk hergestelltes Produkt, das fest ist, aber gleichzeitig elastisch bleibt. Gummi wird industriell für viele Erzeugnisse (z. B. Autoreifen) verwendet. Durch einen höheren Schwefelanteil (über 30 %) erhält man *Hartgummi*.

Gurke, zu den Kürbisgewächsen gehörende Kletterpflanze. Ihre bis zu 50 cm langen, fleischigen Früchte sind → Beeren.

Gürteltiere, in Mittel- und Südamerika sowie im südlichen Nordamerika vorkommende urtümliche Säugetiere, die zu den Zahnarmen gehören. Sie besitzen einen lederartigen bis verhornten Hautpanzer, der aus Platten und gürtelartigen Ringen besteht.

Guru [Sanskrit »ehrwürdig«], *der,* religiöser Lehrer im → Hinduismus, der von seinen Anhängern verehrt wird. Allgemein versteht man darunter eine Art Idol, das als Führer einer neuen Bewegung anerkannt wird.

GUS, Abkürzung für *Gemeinschaft Unabhängiger Staaten.* Der 1991 gegründete Staatenbund umfasst zwölf Republiken der ehemaligen → Sowjetunion (alle Sowjetrepubliken mit Ausnahme der baltischen Staaten). Er soll nach der Auflösung der UdSSR die Grundlage für eine gemeinsame Wirtschafts- und Sicherheitspolitik sein.

Gutenberg, Johannes, eigentlich *Johannes Gensfleisch* (um 1400–1468), deutscher Buchdrucker, der um 1436 den Druck mit beweglichen, aus Blei gegossenen Lettern erfand. Das berühmteste Buch der Mainzer Druckerei, die er gemeinsam mit dem Verleger *Johann Fust* betrieb, war die 1456 nach über dreijähriger Arbeit vollendete 42-zeilige *Gutenbergbibel.*

Guyana, Staat in Südamerika. Das Land besteht überwiegend aus Berg- und Hügelländern sowie im Norden aus Tiefland. Die Mehrheit der Bevölkerung, die vor allem von der Landwirtschaft (Anbau von Zuckerrohr) und vom Bergbau (Bauxit) lebt, machen Inder (über 50 %) und Schwarze (über 30 %) aus. Indianische Minderheiten gibt es noch im Landesinneren. Das Gebiet wurde im späten 16. Jh. von den Niederländern in Besitz genommen, bevor es von französischen und später von britischen Truppen besetzt wurde. 1815 wurde der niederländische Besitz zwischen Großbritannien und den Niederlanden (→ Suriname) aufgeteilt. Die Kolonie *Britisch-Guayana* erhielt 1966 ihre Unabhängigkeit, gehört aber weiterhin dem → Commonwealth an. 1970 wurde die Republik ausgerufen.

Gymnasium [griech. »Versammlungsplatz der Philosophen«], *das,* höhere Schule, die zur allgemeinen Hochschulreife (→ Abitur) führt.

Gymnastik [griech. »mit nacktem Körper Leibesübungen machen«], *die,* Gesamtheit der Leibesübungen, die im Stehen, Laufen oder Springen den Körper und die Bewegung trainieren sollen. Teilweise werden einfache Geräte wie Bälle, Keulen, Reifen oder Sprungseile verwendet. Die Gymnastik kann auch eingesetzt werden, um körperliche Funktionen zu erhalten oder wiederherzustellen *(Schwangerschafts-, Krankengymnastik).* Aus der rhythmischen Gymnastik hat sich die *Sportgymnastik* entwickelt.

Gynäkologie [von griech. gyne = »Frau«], *die,* Frauenheilkunde.

Die GUS-Staaten

Armenien
Aserbaidschan
Georgien
Kasachstan
Kirgisistan
Moldawien
Russische Föderation (Russland)
Tadschikistan
Turkmenistan
Ukraine
Usbekistan
Weißrussland

GUS

H, in der Meteorologie Zeichen für Hochdruckgebiete (z. B. auf Wetterkarten).

h, 1. in der Musik die 7. Stufe der C-Dur-Tonleiter; **2.** bei physikalischen Einheiten Abkürzung für → Hekto (z. B. *hl* = Hektoliter); **3.** Abkürzung für Stunde (lat. *hora*), z. B. 30 km/h.

Haare, bei Tieren und beim Menschen fadenförmige Gebilde aus → Horn. Von den Wirbeltieren besitzen nur die Säuger Haare, die eine wichtige Aufgabe bei der Regulierung der Körpertemperatur haben und darüber hinaus als Tarnung, Schmuck und Tastorgane dienen können. Bei den meisten Säugetieren ist der gesamte Körper mit Haaren (als Pelz oder Fell) bedeckt.
Beim Menschen beschränkt sich die dichte Körperbehaarung auf wenige Stellen.
Das einzelne Haar besteht aus einem sichtbaren *Haarschaft* und einer *Haarwurzel*, die sich unten zwiebelförmig verdickt und in einem *Haarbalg* steckt. Dieser sitzt auf einer durchbluteten *Haarpapille*, die als Bildung der Oberhaut in die Unterhaut eingestülpt ist. In den Haarbalg mündende Talgdrüsen fetten das Haar ein, so dass es geschmeidig bleibt. Das Haar besteht aus Hornzellen, die von der Wurzel her nachwachsen und nach oben zu verhornen, d. h. absterben. In die Haarrinde sind → Pigmente eingelagert, die dem Haar seine Farbe geben. Fehlen diese Pigmente, erscheint das Haar fahlweiß (→ Albinismus). Wenn die Pigmente im Alter abnehmen oder Luftbläschen dazwischengeraten, werden die Haare grau oder weiß.
Bei den Pflanzen sind die Haare Bildungen der Oberhaut, die ein- oder mehrzellig sein können und (wie die *Borsten-* und *Brennhaare*) davor schützen, dass die Pflanze gefressen wird, oder den Wasseraustausch verbessern.

Habichte, bis zu 60 cm große → Greifvögel mit kurzen Flügeln und langem Schwanz. Zu ihnen gehören *Hühnerhabicht* und → *Sperber*, die beide in Mitteleuropa beheimatet sind.

Habilitation [lat.], *die,* Berechtigung zum Lehren an einer Universität oder Hochschule. Voraussetzung dafür sind die Anfertigung einer *Habilitationsschrift,* eine Probevorlesung und ein Kolloquium.

Habsburger, Fürstengeschlecht, dessen Stammsitz, die *Habsburg* (»Habichtsburg«), im → Aargau lag. Durch eine geschickte Politik gewannen die Habsburger umfangreiche Gebiete im Südosten (u. a. Österreich, Steiermark, Kärnten und Tirol) und sicherten sich eine gewaltige Hausmacht, die durch Heirat und Erbe um Burgund, Spanien, die Niederlande, Böhmen, Schlesien und Ungarn gestärkt wurde. Ihre schweizerischen Stammlande verloren sie bereits im 14. Jh. Den Höhepunkt seiner Macht erreichte das Haus Habsburg unter *Karl V.* (reg. 1519–1556), dessen Reich dank der spanischen Kolonien so groß war, dass darin »die Sonne nicht unterging«.
Die Habsburger stellten erstmals mit Rudolf von Habsburg (reg. 1273–1291) einen deutschen König. Ab 1452 (Friedrich III.) entstammten mit einer Ausnahme alle deutschen Kaiser des → Heiligen Römischen Reichs dem Hause Habsburg. Nach dem Tod Karls V. spaltete sich das Geschlecht in eine deutsche und eine spanische Linie. Die spanische Linie erlosch 1700 mit Karl II. 1740 starb die männliche Linie der deutschen Habsburger aus, aber dank der → Pragmatischen Sanktion bestieg → Maria Theresia 1740 den österreichischen Thron. Aus der Heirat mit dem lothringischen Herzog Franz Stephan ging die Linie *Habsburg-Lothringen* hervor, die ab Franz I. (reg. 1745–1765) den deutschen Kaiser stellte. 1806 musste Franz II. (reg. 1804–1835), der sich 1804 zum österreichischen Kaiser hatte ausrufen lassen, auf die deutsche Kaiserkrone verzichten. Danach herrschten die Habsburger in → Österreich weiter. 1918 musste Karl I. (reg. 1916–1918) als letzter österreichischer Kaiser abdanken.

Hacker [von engl. hack hæk = »hacken«], Bezeichnung für eine Gruppe von erfahrenen Computerbenutzern, die sich über Datenfernübertragung (→ Modem) durch »Knacken« von Passwörtern oder unter Umgehung von Zugangsberechtigungen unerlaubt Zugang zu (Groß-)Rechnersystemen verschaffen, um dort Informationen abzurufen oder zu verändern. Die Hacker selbst grenzen sich von den *Crackern* ab, die durch ihr Eindringen bewusst Schäden verursachen. Hacken wird zur Computerkriminalität gerechnet, kann aber auch schwerwiegende Sicherheitsmängel aufdecken.

Hackordnung, bei Tieren eine Rangordnung, die anzeigt, welches Tier in einer Gruppe besondere Vorrechte besitzt. Bei Vögeln, die in größeren Gruppen zusammenlebenden (z. B. Haus-

Haare

Der Mensch besitzt etwa 300 000 bis 500 000 Haare, von denen etwa ein Viertel Kopfhaare sind. Sie sind bis zu einem Zehntelmillimeter dick und wachsen jeden Tag etwa um einen Viertelmillimeter. Die Haare haben je nach Länge eine Lebensdauer von mehreren Monaten bis zu etwa sechs Jahren.

■ *Habicht*

Hafnium

Zeichen: Hf
Ordnungszahl: 72
Atommasse: 178,49
Dichte: 13,31 g/cm^3
Schmelzpunkt: 2227 °C
Siedepunkt: 4602 °C

Hagel

Hagelkörner können so groß wie Hühnereier werden und ein Gewicht von bis zu 1 kg erreichen. Wenn die Eiskörner weniger als 5 mm Durchmesser haben, bezeichnet man den Niederschlag als → Graupel. Körner, die kleiner als 1 mm sind, heißen Grießel. Sie bilden sich, wenn im Winter Hochnebel gefriert.
Da Hagelschlag schwere Schäden in der Landwirtschaft anrichten kann, schießt man mit Raketen Chemikalien in die Wolken. Silberjodid führt zur Kondensierung des Wasserdampfes, der dann als Regen niedergeht.

■ *Halbaffen: Grauer Bambuslemur*

hühner), hacken die stärkeren Tiere als ranghöhere die schwächeren vom Futterplatz weg.
Hades [griech. »der Unsichtbare«], in der griechischen Mythologie der Gott der Unterwelt. In sein gleichnamiges Reich traten die Menschen nach ihrem Tod ein und existierten dort nur mehr als Schatten.
Hadronen [von griech. hadros = »stark«], *Mz.,* → Elementarteilchen, die der → starken Wechselwirkung unterliegen. Sie umfassen die → *Baryonen* und die → *Mesonen.*
Hadsch [arab. »Wanderung«], *der,* Wallfahrt nach Mekka. Jeder gläubige → Muslim soll diese Pilgerfahrt mindestens einmal im Leben unternehmen; er erhält dann den Ehrennamen *Hadschi.*
Hafen, natürlicher oder künstlich angelegter Ankerplatz für Schiffe, der zumeist in einer Bucht oder an der Mündung eines Flusses liegt. Man unterscheidet zwischen *Seehäfen,* die sich (wie etwa Marseille) direkt am Meer befinden, und *Binnenhäfen,* die (wie Duisburg) landeinwärts an einem großen Fluss liegen. Als *Freihafen* bezeichnet man den Teil eines Seehafens, in dem vom Meer aus eingeführte Güter unverzollt gelagert und umgeschlagen werden dürfen.
Hafer, zu den Süßgräsern gehörende → Getreideart, die schon seit dem Altertum bekannt ist. Hafer ist an seinen abstehenden Rispen zu erkennen. Der bei uns angebaute *Saathafer* wird als Viehfutter (vor allem für Pferde) und zur Herstellung von *Haferflocken* und *Hafergrieß* verwendet.
Haff, flache Meeresbucht, die vom offenen Meer durch einen Sandwall (→ Nehrung) abgetrennt ist (z. B. *Kurisches Haff*).
Hafnium [von lat. Hafnia = »Kopenhagen«], *das,* ein → chemisches Element. Das weiche, glänzende Metall, das in der Natur zusammen mit → Zirkonium in Küstensand vorkommt, wird für Legierungen und in der Kerntechnik verwendet.
Haftpflicht, die gesetzliche Verpflichtung, für die Folgen einer Handlung aufzukommen, durch die andere geschädigt werden. Für Schäden, die von Kindern verursacht werden, haften die Eltern. Zur finanziellen Absicherung gegenüber hohen Schadensforderungen gibt es die **Haftpflichtversicherung,** die beispielsweise für die Halter von Fahrzeugen gesetzlich vorgeschrieben ist und nicht vorsätzlich angerichtete Sach- und Personenschäden bis zu einer bestimmten Summe *(Deckungssumme)* trägt.
Hagebutte, die rote Sammelfrucht von verschiedenen wilden Rosen (vor allem Heckenrose). Aus

■ *Riffhai*

den an Vitamin C reichen Hagebutten kann man Marmelade und Tee herstellen.
Hagel, fester Niederschlag in Form von Eisstücken. Zu Hagel kommt es, wenn in hoch reichenden Quellwolken Wassertröpfchen an Eiskristallen (im oberen Bereich der Wolke) anfrieren und durch den Aufwind so lange am Fallen gehindert werden, bis sie durch weiteren unterkühlten Wasserdampf immer schwerer werden.
Hahn, Otto (1879–1968), deutscher Chemiker, der zusammen mit der österreichischen Physikerin *Lise Meitner* (1878–1968) zahlreiche radioaktive Elemente und Isotope entdeckte. Gemeinsam mit dem deutschen Chemiker *Fritz Straßmann* (1902–1980) gelang ihm 1938 die Spaltung von Uran (→ Kernspaltung) durch Neutronenbeschuss, was die Grundlage für die Atombombe und die Nutzung der Kernenergie war. 1944 erhielt er den Nobelpreis für Chemie.
Haie, Ordnung der → Knorpelfische. Die Haifische sind mit etwa 250 Arten in allen Weltmeeren vertreten, bevorzugen aber tropische Gewässer. Sie besitzen stromlinienförmige, lang gestreckte Körper. Die scharfen Zähne werden abgestoßen, wenn sie abgenutzt sind, und durch neue ersetzt, die sich in mehreren Reihen dahinter befinden. Viele Haiarten, die vorwiegend in der Nähe des Meeresgrundes leben, legen Eier ab, während bei anderen die Jungen im Mutterleib ausschlüpfen und sich dort einige Zeit entwickeln. Hochseehaie sind zumeist lebend gebärend. Haie ernähren sich als Räuber von Plankton bis zu Walen. Ihre Länge reicht von knapp 1 m bis zu 15 m.
Haiti, Inselstaat in der → Karibik, die den westlichen Teil der Insel → Hispaniola bildet. Zum Staatsgebiet gehören noch mehrere vorgelagerte Inseln. Der größte Teil Haitis ist gebirgig. Die

Bevölkerung besteht zu 95 % aus Schwarzen und Mulatten; bei einer Arbeitslosigkeit von 50 % leben etwa drei Viertel in völliger Armut. Landwirtschaftliches Hauptprodukt ist Kaffee. Aus dem 1697 von Spanien an Frankreich abgetretenen Westteil der Insel Hispaniola entwickelte sich die französische Kolonie *Sainte-Domingue.* Die Sklavenbefreiung (während der Französischen Revolution) führte zu Aufständen gegen die weiße Oberschicht und 1804 zu einem unabhängigen Haiti, das vorübergehend in ein Kaiserreich und eine Republik gespalten war und zeitweilig auch den spanischen Teil der Insel (→ Dominikanische Republik) beherrschte. 1915–1947 wurde Haiti von den USA kontrolliert. 1957–1986 regierte die Familie Duvalier (»Papa Doc« und »Baby Doc«) mit Terrormethoden. Der 1990 demokratisch gewählte Präsident Jean-Bertrand Aristide, ein Priester, wurde 1991 durch einen Militärputsch gestürzt, gelangte aber nach Sanktionen der USA Ende 1994 wieder in sein Amt. 1995 fanden Parlaments- und Präsidentschaftswahlen statt, bei denen sich Aristides Bewegung Lavalas durchsetzte.

Hakenkreuz, uraltes Symbol, das schon in der Steinzeit bekannt war und in den meisten Erdteilen verwendet wurde. Als *Swastika* stand es in der Indus-Kultur (→ Altertum) für das Sonnenrad. Zu Beginn des 20. Jh. wurde es (mit Balkenknick nach rechts statt nach links) als »indogermanisches Zeichen« für die arische Bewegung in Anspruch genommen und von antisemitischen Verbänden benutzt, ehe es zum Hoheitszeichen des → Nationalsozialismus wurde. Das Hakenkreuz ist seit 1945 in Deutschland verboten.

Halbaffen, Unterordnung der → Primaten. Ihre Vertreter, die in tropischen Gebieten Afrikas (einschließlich Madagaskar) und Südasiens vorkommen, sind dicht behaart. Sie besitzen affenartige Gliedmaßen und einen Schwanz sowie eine spitze, fuchsähnliche Schnauze. Die großen Augen weisen auf ihre vorwiegend nächtliche Lebensweise hin. Zu den Halbaffen gehören → Lemuren, Spitzhörnchen, Indris, Fingertiere, Loris, Galagos und Koboldmakis.

Halbleiter, Stoffe, deren elektrische Leitfähigkeit bei Zimmertemperatur zwischen → Leitern (Metalle) und Nichtleitern (→ Isolatoren wie Glas oder Keramik) liegt. Diese Stoffe leiten elektrischen Strom, wenn die Temperatur zunimmt, weil dann ihr elektrischer → Widerstand abnimmt. Wichtige Halbleiterelemente sind → Silicium, Germanium, Gallium und Selen. Sie sind die Grundlage von **Halbleiter-Bauelementen** wie → Transistoren oder → integrierten Schaltungen.

Halbwertszeit, die Zeit, in der die Hälfte der Atome eines radioaktiven Elements (→ Radioaktivität) zerfallen und sich in leichtere Atome umwandeln. Jedes radioaktive Element hat einen charakteristischen Wert, den man auch zur → Altersbestimmung nutzen kann. Die Halbwertszeit kann je nach Element oder Isotop zwischen Sekundenbruchteilen (z. B. Polonium) und mehreren Milliarden Jahren (z. B. Uran) liegen.

Halle an der Saale, mitteldeutsche Großstadt (290 000 Einwohner) in Sachsen-Anhalt. Die ehemalige Hansestadt mit Binnenhafen ist heute ein wichtiger Industriestandort.

Halleyscher Komet, nach dem englischen Astronomen *Edmond Halley* (1656–1742) benannter Komet, der alle 76 Jahre wiederkehrt (zuletzt 1986).

Halloween [engl. ˈhæləwiːn hallow = »heilig« und eve = »Vorabend«], *das,* ein ursprünglich keltisch-angelsächsisches Fest, das am Vorabend (31. Oktober) vor Allerheiligen in Großbritannien, Irland und den USA gefeiert wird.

Halluzination [lat. »Träumerei«], *die,* Sinnestäuschung, d. h. eine Wahrnehmung (Stimmen, Bilder usw.) ohne entsprechende Sinnesreize. Solche Trugwahrnehmungen können durch Geisteskrankheiten, Hirnverletzungen, Übermüdung, Vergiftungen, Alkohol oder Rauschgift (→ Halluzinogene) ausgelöst werden.

Halluzinogen, *das,* eine → Droge, die auf das Zentralnervensystem wirkt und → Halluzinationen hervorruft. Rauschgifte wie → LSD, Mescalin und Psilocybin, in geringerem Maße auch → Haschisch und Marihuana verändern die Wahrnehmung und wirken »bewusstseinserweiternd« (→ *psychedelische Drogen).* Sie können nicht nur angenehme traumähnliche, sondern auch psychoseähnliche Zustände *(Horrortrip)* herbeiführen. Da viele Pflanzen (z. B. → Cannabis, Peyotl-Kakteen) und Pilze (u. a. → Fliegenpilz, »Magic Mushroom«) Halluzinogene enthalten, wurden sie von vielen Kulturen als Drogen (oft mit religiöser Funktion) verwendet.

Halo [griech.], *der,* der durch Reflexion oder Brechung des Lichts an Eiskristallen in der Atmosphäre entstehende, zumeist ringförmige Hof um die Sonne oder den Mond.

Halogene [griech. »Salzbildner«], *Mz.,* Gruppe von nichtmetallischen → chemischen Elementen, die sehr reaktionsfreudig sind und ohne Beteiligung von Sauerstoff mit Metallen Salze bilden.

Haiti (Dayti)
Staatsname: Republik Haiti
Staatsform: Präsidiale Republik
Hauptstadt: Port-au-Prince
Fläche: 27 400 km^2
Einwohner: 7,2 Mio.
Bevölkerungsdichte: 263/km^2
Amtssprache: Französisch, Kreolisch
Währung: Gourde (Gde.)
Nationalitätskennzeichen: RH

Haiti

Halloween

Früher sollten zu Beginn des Winters die bösen Geister mit Furcht einflößenden Maskeraden vertrieben werden. In den USA höhlt man Kürbisse aus, schnitzt wild aussehende Fratzen hinein und beleuchtet sie von innen.

278 Halogenlampe

■ **Hamburg:** Bürgerhäuser am Nicolaifleet

Hamburg
Fläche: 755 km²
Einwohner: 1,7 Mio.

Handballregeln

Ähnlich wie beim Fußball gibt es Einwurf für die gegnerische Mannschaft, wenn der Ball über die Seitenlinie ins Aus geht, und *Eckwurf*, wenn er über die Torlinie ins Aus geht. Ein Halbkreis mit 9 m Abstand zu den Torpfosten wird als *Freiwurflinie* bezeichnet. Ein Freiwurf wird nach Regelverstößen (z. B. Behinderung des Gegners) verhängt. Bei schwereren Regelverstößen, die eine Torchance verhindern, gibt es einen *Siebenmeter*. Im Unterschied zum Freiwurf dürfen dabei keine Abwehrspieler an der Torraumlinie stehen.

Halogene sind → Fluor, Chlor, Brom, Jod und Astat. Die bekannteste Halogenverbindung ist Natriumchlorid, unser *Kochsalz*.

Halogenlampe, eine Glühlampe, die mit einer Mischung aus einem → Edelgas und einem → Halogen (zumeist Brom oder Jod) gefüllt ist. Solche Lampen zeichnen sich durch hohe Leuchtkraft und lange Lebensdauer aus. Sie werden u. a. in Autoscheinwerfern verwendet.

Hamburg, zweitgrößte Stadt in Deutschland und gleichzeitig als *Freie und Hansestadt Hamburg* ein Bundesland in Norddeutschland. Hamburg liegt an der Unterelbe, über 100 km von der Mündung in die Nordsee entfernt, und besitzt den größten deutschen Seehafen. Es ist eine wichtige Handelsmetropole und bedeutende Verlags- und Pressestadt. Die im frühen 9. Jh. entstandene Stadt verwaltete sich seit dem 13. Jh. selbst, seit 1510 als Reichsstadt. Sie gehörte zu den frühesten Mitgliedern der → Hanse und war im Spätmittelalter einer ihrer wichtigsten Umschlagplätze. 1937 entstand durch Eingemeindung von Altona, Harburg und Wandsbek *Großhamburg*.

Hammerwerfen, in der → Leichtathletik eine Sportart, bei der ein Wurfgerät (der *Hammer*, eine 7,25 kg schwere Eisenkugel, an der ein etwa 1,2 m langes Drahtseil mit Griff befestigt ist) mit drei oder vier Drehungen aus einem Wurfkreis (2,13 m Durchmesser) möglichst weit geschleudert werden muss.

Hämoglobin [von griech. haima = »Blut« und lat. globus = »Kugel«], *das,* Farbstoff der roten Blutkörperchen (→ Blut). Das Hämoglobin hat die Aufgabe, eingeatmeten Sauerstoff in der Lunge aufzunehmen und zu den Körpergeweben zu befördern sowie dort entstandenes Kohlendioxid an sich zu binden und zur Lunge zurückzubefördern, damit es ausgeatmet werden kann.

Hämorrhoiden, *Hämorriden* [griech. »Blutsturz«], *Mz.,* knotenförmige Erweiterungen der → Venen im Afterbereich (Krampfadern). Sie können vor allem beim Stuhlgang zu Juckreiz und zu Blutungen führen und werden durch Verstopfung, falsche Ernährung und vorwiegend sitzende Lebensweise begünstigt.

Hamster, in Eurasien vorkommende Nagetiere, die bis zu 35 cm lang werden. Sie besitzen einen kurzen Stummelschwanz. Eigentümlich sind die großen Backentaschen, in denen sie Vorräte für ihren Winterschlaf in den unterirdischen Bau transportieren. In Mitteleuropa lebt der bräunliche *Feldhamster*. Besonders bekannt ist der als Haustier gehaltene und für Versuchszwecke gezüchtete → *Goldhamster*.

Handball, ein Ballspiel, bei dem ein Lederball (bei den Herren 425–475 g, bei den Damen 300–400 g schwer) in das gegnerische Tor (3 m breit und 2 m hoch) befördert werden muss. Der Ball kann mit allen Körperteilen bis hinab zum Knie geworfen oder geschlagen werden. Allerdings darf dabei der gegnerische Torraum (ein 6 m großer Halbkreis um das Tor) nicht betreten werden. Dort darf sich nur der Torwart aufhalten, der den Ball mit dem gesamten Körper abwehren darf. Der Angreifer kann sich aber in den Torraum hineinfallen lassen; er muss den Ball werfen, bevor er selbst den Boden berührt *(Fallwurf)*. Die Spieler dürfen den Ball höchstens drei Sekunden in der Hand halten oder mit ihm höchstens drei Schritte machen und müssen ihn danach abspielen oder auf dem Boden auftippen. Der Gegenspieler darf am Werfen (Abspiel oder Torwurf) gehindert werden; jedoch ist es nicht erlaubt, ihn zu sperren, festzuhalten, zu umklammern oder umzustoßen. Zu Beginn jeder Halbzeit und nach jedem Tor wird das Spiel mit einem Anwurf von der Mitte aus eröffnet.

Beim *Hallenhandball* besteht eine Mannschaft aus zehn Feldspielern und zwei Torhütern, von denen jeweils sechs Feldspieler und ein Torwart im Spiel sein dürfen. Die übrigen sind Auswechselspieler, die beliebig oft eingesetzt werden dürfen. Die effektive Spielzeit beträgt 2 x 30 Minuten; bei Unterbrechungen durch Fouls oder Verletzungen wird die Uhr angehalten.

Beim *Feldhandball* spielen in jeder Mannschaft zehn Feldspieler und ein Torwart. Auch die Maße für die Tore (7,32 m breit, 2,44 m hoch), die Torraum- (13 m Radius) und die Freiwurflinie (19 m Radius) sowie das Spielfeld sind größer; der Punkt für den Strafwurf ist 14 m vom Tor entfernt. Außerdem ist das Spielfeld in drei Abschnitte eingeteilt. Im Drittel vor dem Tor dürfen sich höchstens sechs Spieler einer Mannschaft aufhalten; ansonsten gibt es Freiwurf für den Gegner.

Händel, Georg Friedrich (1685–1759), deutscher Komponist der Barockzeit, der ab 1712 in England lebte. Er komponierte 46 Opern und wandte sich ab 1741 dem → Oratorium zu, das er zu einer dramatischen, fast opernhaften Musikform weiterentwickelte (vor allem »Der Messias«, 1742). Berühmt sind auch seine Orchesterwerke wie etwa »Wassermusik«, (1715–1717) oder »Feuerwerksmusik« (1749).

Handelsschule, zwei bis drei Jahre dauernde kaufmännische → Berufsschule, deren Abschluss zum Besuch einer → Fachoberschule berechtigt.

Handfeuerwaffen, tragbare Schusswaffen wie Pistole, Revolver, Gewehr, Maschinenpistole und Karabiner.

Handke, Peter (* 1942), österreichischer Schriftsteller. Er begann mit provozierenden Sprechstücken (z. B. »Publikumsbeschimpfung«, 1966), die sich gegen das traditionelle Theater wandten und die Sprache selbst zu ihrem Thema machten, und wandte sich nach der Sprachkritik seiner frühen Romane und Texte (z. B. »Die Innenwelt der Außenwelt der Innenwelt«, 1970) einer subjektiven Erzählweise zu (z. B. »Der kurze Brief zum langen Abschied«, 1972). Handke hat auch zahlreiche Essays und autobiographische Bücher, Drehbücher zu Filmen und Theaterstücke geschrieben.

Handwerk, eine Tätigkeit, die in frühgeschichtlicher Zeit entstand, als sich Menschen auf die Herstellung und Bearbeitung von Werkzeugen und Waffen spezialisierten. Die Aufteilung der Arbeiten in dörflichen und städtischen Siedlungen führte zur Entstehung handwerklicher Berufe wie Töpfer, Weber, Schmied, Maurer, Zimmermann oder Bäcker. Im Mittelalter gab es in den Städten freie Handwerker, die sich ab dem 11. Jh. zusammenschlossen und in → *Zünften* organisierten. Als Konkurrenz zu den handwerklichen Betrieben kamen im 18. Jh. *Manufakturen* (gewerbliche Großbetriebe mit Handarbeit) und ab dem 19. Jh. industrielle Betriebe auf, die einheitliche Güter in großen Stückzahlen herstellten. Heute sind die selbstständigen Handwerksbetriebe freiwillig in *Innungen* zusammengeschlossen, deren Interessen auf regionaler Ebene von **Handwerkskammern** vertreten werden.

Handy [engl. 'hændɪ »handlich«], *das,* kleines, handliches Mobiltelefon.

Hanfgewächse, eine Familie von krautig wachsenden Pflanzen, die zwei wichtige Nutzpflanzen umfasst: *Hanf* (→ Cannabis), der für die Gewinnung von Fasern (z. B. für gröbere Flechtwaren) und die Herstellung von Papier verwendet wird, und → *Hopfen.*

Hannibal (247–183 v. Chr.), karthagischer Feldherr (→ Karthago), der im zweiten → Punischen Krieg (218–201 v. Chr.) auf dem Landweg in Italien einfiel. Er überquerte mit mehr als 45 000 Mann sowie 37 Kriegselefanten die Alpen und besiegte in mehreren Schlachten römische Heere, u. a. am Trasimenischen See (217) und bei Cannae (216). Wegen der ungenügenden Versorgung durch Karthago konnte er jedoch Rom nicht belagern und zog durch Süditalien. 203 wurde er nach Karthago zurückgerufen und unterlag in der entscheidenden Schlacht bei Zama (202). Um einer Auslieferung an Rom zu entgehen, floh er später nach Syrien und beging schließlich Selbstmord.

Hannover, an der Leine und am Mittellandkanal gelegene norddeutsche Großstadt (526 000 Einwohner). Die Landeshauptstadt von → Niedersachsen war 1814–1866 Residenzstadt des gleichnamigen Königreichs, das Preußen sich 1866 als Provinz einverleibte. Die alljährlich stattfindende Hannover-Messe ist die bedeutendste Industriemesse Europas. Im Jahr 2000 ist Hannover Veranstalter der Weltausstellung (Expo 2000).

Hanoi, am Roten Fluss (Song Hong) gelegene Hauptstadt von → Vietnam (mit 3,1 Mio. Einwohnern im Ballungsraum).

Hanse, Städtebund, der sich im Mittelalter aus dem Zusammenschluss einflussreicher deutscher Kaufleute entwickelte. Die Kaufleute hatten im Nord- und später auch im Ostseeraum Niederlassungen (z. B. Stalhof in London, Visby auf Golland, Peterhof in Nowgorod) und sicherten sich Handelsvorrechte. Die Hanse war zunächst eine lockere Interessengemeinschaft von etwa 70 aktiven Städten, die ab 1356 unter der Führung von Lübeck als Bündnis auftrat. Die Hanse trug nicht nur Konflikte mit den skandinavischen Herrschern aus, gegen die sie sich mit Boykott und Waffengewalt wehrte, sondern musste sich auch der englischen und niederländischen Konkurrenz sowie des wachsenden Einflusses der deutschen Fürsten und oberdeutschen Kaufleute (vor allem → Fugger und Welser) erwehren. Zudem verlagerte sich der Handel mit Beginn der Neuzeit vom Nord- und Ostseeraum weg. Während ihrer Blütezeit umfasste die Hanse als Mitglieder Städte von Finnland und Russland bis Mitteldeutschland und Belgien. Nach ihrem Niedergang im 15. und 16. Jh. bestand ab 1630 nur mehr ein Bündnis zwischen Lübeck, Hamburg und Bremen, deren amtliche Namen (z. B. Hansestadt Lübeck) noch heute an die glorreiche Vergangenheit erinnern. 1669 hörte die Hanse zu bestehen auf.

haploid [griech. »einfach«], Bezeichnung für Zellkerne, die nur einen → Chromosomensatz enthalten. Gegensatz: diploid.

Happening [engl. 'hepənɪŋ »Ereignis«], *das,* in der Kunst eine Veranstaltung, die spielerische,

■ **Hanf** (Cannabis sativa)

Hannibal

Der Schreckensruf »*Hannibal ante [oder ad] portas*«, »Hannibal vor [oder an] den Toren« wurde in Rom laut, als Hannibal 211 v. Chr. auf Rom zu marschierte, um die von den Römern belagerten Bundesgenossen (in Kampanien) zu entlasten. Daraus entwickelte sich später ein geflügeltes Wort, wenn man auf eine drohende Gefahr hinweisen wollte.

Harakiri

Harakiri begingen japanische Adlige, die damit ihre verletzte Ehre wiederherstellen, sich einer demütigenden Bestrafung oder Gefangenschaft entziehen oder gegen etwas demonstrieren wollten. Ab dem 17. Jh. wurde Harakiri als Todesstrafe verhängt, die den Verurteilten nicht entehrte. Ein Freund schlug ihm dabei den Kopf ab. Harakiri kommt als Selbstmord bis in die Gegenwart vor.

Bekannte Hardrock-Gruppen

USA:

Aerosmith
Alice Cooper
Amboy Dukes
Blue Cheer
Blue Öyster Cult
Cactus
Dust
Frost
Grand Funk Railroad
MC 5
Ted Nugent
Stooges
Van Halen

Großbritannien:

Armaggedon
Atomic Rooster
Deep Purple
Hard Stuff
Jeff Beck Group
Judas Priest
Led Zeppelin
May Blitz
Nazareth
Stack Waddy
Warhorse Whitesnake

Übrige Welt:

AC/DC (Australien)
April Wine (Kanada)
Bachman-Turner Overdrive (Kanada)
Mahagony Rush (Kanada)
Masters Apprentices (Australien)
Rush (Kanada)
Scorpions (Deutschland)

oftmals improvisierte Aktionen in den Vordergrund stellt und auf die Mitwirkung des Zuschauers abzielt, indem sie ihn ins Geschehen mit einbezieht. Happenings entstanden in den 60er Jahren und versuchten die strengen Grenzen zwischen Kunst und Alltag aufzuheben. Wichtige Vertreter waren Allan Kaprow (* 1927) in den USA und Wolf Vostell (* 1932) sowie Joseph → Beuys in Deutschland.

Harakiri [jap.], *das,* auch als Seppuku bezeichnetes Bauchaufschlitzen, das in Japan eine rituelle Form des Selbstmords bei den → Samurai darstellte.

Hardrock, *Hard Rock* [engl. ˈhɑːdrɔk], *der,* Stilrichtung der → Rockmusik, die den → Beat betont und laute, oft verzerrte Gitarren bevorzugt. Eine wichtige Rolle spielt der Sänger, der häufig mit schreiender Stimme singt. Die Stücke sind in rhythmischer und harmonischer Hinsicht zumeist einfach und überschaubar aufgebaut und bieten viel Platz für virtuose Improvisationen und perfektes Zusammenspiel der einzelnen Instrumente. Aus dem Hardrock hat sich in den 70er Jahren der → Heavymetal entwickelt; beide Stilrichtungen sind aber nicht deutlich voneinander zu trennen. Melodiösere, weniger schnelle Spielformen werden eher dem Hardrock zugerechnet, aggressivere, schneller gespielte Stücke eher dem Heavymetal. Hardrock-Elemente findet man auch bei anderen Rockgruppen (z. B. Who, Cream).

Hardware [engl. ˈhɑːdwɛə »Metallwaren«], *die,* alle maschinellen Teile einer EDV-Anlage, also Rechner (mit → Prozessoren und → Chips) sowie → Peripheriegeräte. Gegensatz: → Software.

Häresie [griech.], *die,* Ketzerei, eine Lehre, die von der offiziellen Lehre der Kirche abweicht.

Harfe, schon im Altertum bekanntes Saiteninstrument. Die heute verwendete *Rahmenharfe* besteht aus dem sich verjüngenden Resonanzkörper (mit mehreren Schalllöchern), dem S-förmigen Hals und der Baronstange oder Säule. Zwischen Hals und Schallkasten sind 448 Saiten senkrecht gespannt, die mit den Fingern beider Hände gezupft werden. Mit Hilfe von Pedalen kann man die Tonhöhe verändern.

Harmonie [griech.], *die,* als angenehm empfundene Übereinstimmung oder Ausgewogenheit zwischen einzelnen Teilen, in der bildenden Kunst auch soviel wie Ebenmäßigkeit. In der Musik versteht man unter Harmonie die ausgewogene Abfolge von Tönen (und Tonhöhen) oder den Zusammenklang von mehreren Tönen, der als wohlklingend gilt (vor allem beim → Dreiklang). Gegensatz: → Disharmonie. Die **Harmonielehre** befasst sich mit → Akkorden, ihrer Abfolge und Verbindung.

Harmonika [engl.], *die,* Instrumente, bei denen der Ton mit Hilfe eines Blasebalgs (z. B. *Ziehharmonika*) oder (wie bei der *Mundharmonika*) durch Anblasen erzeugt wird. Der Luftstrom bringt dabei Metallzungen zum Schwingen.

Harmonium [frz.], *das,* Tasteninstrument mit durchschlagenden Metallzungen, die ähnlich wie bei einer Orgel zu → Registern zusammengefasst sind. Der Luftstrom, der die Zungen in Schwingungen versetzt, wird durch Treten von zwei Pedalen erzeugt, die Blasebälge betätigen.

Harnblase, *Blase,* Hohlorgan, das bei Wirbeltieren und beim Menschen den *Harn* (→ Urin) speichert und sich stark dehnen kann. Die menschliche Harnblase kann bis zu 1,8 l Urin fassen. Ab einer bestimmten Menge empfindet man einen *Harndrang,* d. h., man fühlt sich genötigt, seine Blase zu entleeren. Der Urin wird durch die **Harnröhre** ausgeschieden, die bei der Frau etwa 3–4 cm lang ist und zwischen → Klitoris und → Vagina in den Scheidenvorhof mündet. Beim Mann ist sie über 20 cm lang und endet an der Eichel des → Penis; sie ist von einem Schließmuskel und einem Schwellkörper umgeben und stößt bei der → Ejakulation den Samen aus. Der Mensch scheidet täglich 1,5–2 l Harn aus. Im Harn enthalten sind auch Harnsäure (täglich etwa 1 g), die weiße Kristalle bildet und bei → Gicht erhöht im Blut auftritt, und Harnstoff (täglich etwa 30 g); der farb- und geruchlos ist; beide Verbindungen sind Endprodukte des Eiweißstoffwechsels.

Harpune [ndl. »Eisenklammer«], *die,* Wurfgeschoss mit Widerhaken, das an einer Leine befestigt ist und zum Fischfang benutzt wird. Harpunen werden entweder geworfen oder (beim Walfang) mit einer kleinen Kanone bzw. (bei der Unterwasserjagd) aus einer Art Gewehr abgeschossen.

Härte, allgemein der Widerstand, den ein fester Stoff gegenüber einer Verformung leistet. Bei → Mineralen versteht man darunter den Widerstand, wenn man sie anritzt, anbohrt oder schleift. Die Ritzhärte eines Minerals richtet sich nach der *Mohsschen Härteskala* (benannt nach dem deutschen Mineralogen *Friedrich Mohs,* 1773–1839). So hat Talk, ein Mineral, das man bereits mit dem Fingernagel anritzen kann, die Härte 1, während das härteste Mineral, der → Diamant, die Härte 10 besitzt.

Harz, deutsches Mittelgebirge, das in das nord-

■ *Feldhase*

westdeutsche Flachland hineinragt. Das etwa 100 km lange und 30 km breite Gebirge war im Mittelalter für den Erzabbau (Kupfer, Blei, Silber) wichtig. Höchste Erhebung ist der → Brocken (1142 m).

Harze, organische Stoffe, die zähflüssig bis fest sind und beim Erhitzen weich werden. *Naturharze* werden von Pflanzen, vor allem von Nadelbäumen gewonnen. Das Harz tritt als gelbe oder braune Substanz aus, wenn die Baumrinde verletzt wird. → *Bernstein* ist versteinertes Harz. Ein anderes Naturharz, *Schellack,* das früher für die Herstellung von → Schallplatten verwendet wurde, wird aus der Absonderung der südostasiatischen Lackschildlaus gewonnen. Industriell hergestellte *Kunstharze* werden für Lacke, Kitt und Leim verwendet.

Haschisch [arab. »Gras«], *das,* aus dem Blüten- und Blattharz der indischen Hanfpflanze (→ Cannabis) gewonnenes Rauschgift (Wirkstoff *Tetrahydrocannabinol*). Haschisch, das ebenso wie → Marihuana zu den »weichen« → Drogen gehört und eine euphorisierende Wirkung besitzt, wird zumeist als → Joint geraucht, in Tee getrunken oder als Pulver zu Kuchen verbacken.

Haselnuss, die Frucht des bis zu 5 m hoch werdenden Haselnussstrauchs. Die öl- und eiweißreichen Haselnüsse werden häufig zum Backen verwendet.

Hasen, weltweit verbreitete Säugetiere, die bis zu 70 cm lang werden. Sie besitzen lange, löffelartige Ohren und einen kurzen Schwanz. Die Hinterbeine sind länger als die Vorderbeine. Zu den Hasen gehören u. a. der auch in Mitteleuropa beheimatete *Feldhase,* der in nördlichen Regionen vorkommende *Schneehase,* dessen Fell im Winter weiß ist, und das → *Kaninchen.*

Hauff, Wilhelm (1802–1827), deutscher Schriftsteller, der vor allem durch seine romantischen Märchen (wie »Das Wirtshaus im Spessart«, »Das kalte Herz«, »Der kleine Muck« oder »Kalif Storch«) bekannt wurde.

Hauptmann, Gerhart (1862–1946), deutscher Schriftsteller, der mit seinen frühen Stücken (»Vor Sonnenaufgang«, 1889, und »Die Weber«, 1892) und der Novelle »Bahnwärter Thiel« (1892) dem Naturalismus in Deutschland zum Erfolg verhalf. Sein Werk umfasst neben sozialkritischen Stücken (z. B. »Die Ratten«, 1911) und Komödien (»Der Biberpelz«, 1893) auch neoromantische, historische und mythologische Dramen. 1912 erhielt er den Nobelpreis für Literatur.

Hauptschule, weiterführende, auf der Grundschule aufbauende Schule, die als Pflichtjahre die Klassen 5–9 (bei sechsjähriger Grundschule die Klassen 7–9) und eine 10. Klasse als freiwilliges Jahr umfasst.

Hauptwort, deutsche Bezeichnung für → Substantiv.

Hausfriedensbruch, unbefugtes Eindringen in fremde Räume oder auf umzäunte Grundstücke. Das *Hausrecht* wird auch vom Vermieter verletzt, wenn er gegen den Willen des Mieters seine Wohnung betritt. Hausfriedensbruch wird nur verfolgt, wenn ein Antrag zur Strafverfolgung gestellt wird.

Haushaltsplan, deutsche Bezeichnung für → Budget.

Hausse [frz. (h)o:s], *die,* an der Börse der Anstieg der → Aktienkurse. Gegensatz: → Baisse. Allgemein versteht man darunter einen wirtschaftlichen Aufschwung.

Haustiere, vom Menschen gezüchtete Nutztiere. Sie stammen von Wildtieren ab, die sich im Laufe der Zeit durch *Domestikation* allmählich den veränderten Lebensbedingungen anpassten. Durch Züchtung entstanden Rassen mit Merkmalen und Eigenschaften, die für den Menschen vorteilhaft sind (z. B. rasches Wachstum, hohe Fruchtbarkeit, Ausdauer, Schnelligkeit, Kraft). Die Haustierrassen unterscheiden sich deshalb erheblich von ihren wild lebenden Verwandten.

Haut, das größte Organ (etwa 1,6 m^2), das bei Wirbeltieren und beim Menschen den gesamten Körper umgibt. Beim Menschen ist die Haut ein → Gewebe, das mehrere Schichten umfasst: die dünne *Oberhaut,* die an der Oberfläche aus abgestorbenen, verhornten Zellen besteht (die an bestimmten Stellen zu einer → Hornhaut verdickt sind und deren oberste Schicht ständig schuppenförmig abblättert), die derbe, aus Bindehaut bestehende *Lederhaut,* die die Blutgefäße und Nerven enthält, und die aus Fett-

Mohssche Härteskala

Mineral	Härte
Talk	1
Gips	2
Kalkspat (Kalzit) usw.	3
Flussspat (Fluorit)	4
Apatit	5
Feldspat	6
Quarz	7
Topas	8
Korund	9
Diamant	10

Hausfriedensbruch

Als Hausfriedensbruch wird auch eine *Hausbesetzung* verfolgt, bei der jemand ein leer stehendes Haus widerrechtlich bezieht. Doch Hausbesetzer weisen mit ihren öffentliches Aufsehen erregenden Aktionen auf Missstände hin: dass zwar vielerorts Wohnungen gesucht werden, aber andererseits vorhandener Wohnraum nicht genutzt wird oder man Wohngebäude bewusst verfallen lässt, um sie abreißen zu können. Im Allgemeinen werden besetzte Häuser von der Polizei geräumt.

■ *Haselnuss*

Haustiere

Die meisten Haustiere sind in vorgeschichtlicher Zeit domestiziert worden; die ältesten sind *Haushund* (vermutlich schon vor mehr als 14 000 Jahren), *Hausschaf* und *-ziege* (vor über 10 000 Jahren), *Hausschwein* und *-rind* (vor etwa 8000 Jahren), die der Mensch alle im Vorderen Orient an sich gewöhnte und für sich nutzbar machte. Später folgten Pferd, Esel, Gans, Ente und Katze sowie in einigen Gegenden Kamel, Lama und Rentier.

Hautkrankheiten

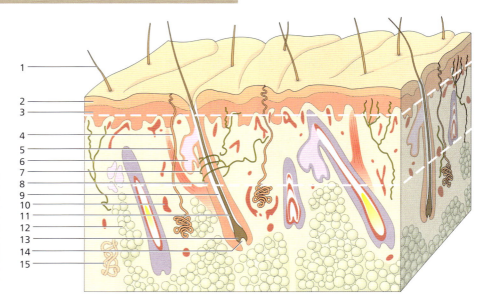

■ *Schnitt durch die* **Haut** *mit den drei Schichten: Oberhaut, Lederhaut und Unterhautzellgewebe.* **1** *Haarschaft;* **2** *hornige Oberfläche;* **3** *Melanozyten;* **4** *Stachelzellen;* **5** *aufrichtender Muskel des Haares;* **6** *Talgdrüse;* **7** *Nervenfaser;* **8** *Wurzelscheide, äußerer Teil;* **9** *Wurzelscheide, innerer Teil;* **10** *Gefäß;* **11** *Haarwurzel;* **12** *Fettgewebe;* **13** *Haarzwiebel;* **14** *Haarpapille;* **15** *Bindegewebe*

gewebe bestehende *Unterhaut*. Anhangsgebilde sind → Haare, → Nägel, → Schweiß- und Talgdrüsen.

Die Haut hat zahlreiche Schutzfunktionen und schirmt das Innere des Körpers nicht nur gegen mechanische Einwirkungen, sondern auch gegen chemische Einflüsse, übermäßige Wärme und Bakterien ab. Die in der Haut eingelagerten → Pigmente, die die Hautfarbe bestimmen, schützen auch gegen übermäßige Licht- und UV-Strahlung. Die Haut ist auch an der Regulierung der Körperwärme und des Wasserhaushalts beteiligt (vor allem durch Hautdurchblutung und Schwitzen). Dank ihrer vielen eingelagerten Sinneszellen dient sie als Sinnesorgan, das vielfältige Reize (Tastreize, Kälte- und Wärmeempfindungen, Schmerz usw.) aufnimmt.

Die **Hautatmung,** bei der Sauerstoff und Kohlendioxid direkt durch die Haut ausgetauscht werden, ist bei den niederen Tieren (z. B. Würmer) die einzige Form der Atmung, während sie bei den höheren Tieren, die eigene Atemorgane (→ Atmung) entwickelt haben, nur eine geringe zusätzliche Rolle spielt.

Hautkrankheiten, *Dermatosen,* krankhafte Hautveränderungen, die durch Mikroorganismen (wie etwa Bakterien, Viren, Pilze oder Protozoen), allergische Reaktionen oder Schädigungen (Verbrennungen, Verätzungen, Sonnenbrand) hervorgerufen werden. Andere Hautkrankheiten gehen auf Störungen der Hautdrüsen (z. B. Akne, Mitesser) oder angeborene Missbildungen (Muttermal) zurück. Neben harmlosen Hauterkrankungen (z. B. Warzen) gibt es auch sehr gefährliche Hautkrankheiten, die unbedingt behandelt werden müssen (z. B. → Syphilis, Hautkrebs).

Havanna, span. *La Habana,* an der Nordwestküste gelegene Hauptstadt von → Kuba mit 2,2 Mio. Einwohnern. Das 1515 von den Spaniern gegründete *San Cristobal de la Habana* (wie der amtliche Name lautet) ist das bedeutendste kubanische Handels- und Industriezentrum.

Havarie [ndl.], *die,* ursprünglich Bezeichnung für die durch Meerwasser beschädigte Ladung eines Schiffes, danach für einen Unfallschaden bei Schiffen und Flugzeugen.

Hawaii, Inselgruppe (16 705 km^2; 1,1 Mio. Einwohner) im Pazifik, die aus acht größeren bewohnten und über 120 kleineren Inseln und Atollen besteht. Es gibt zahlreiche noch tätige oder erloschene Vulkane (z. B. *Mauna Kea,* 4205 m). Die polynesischen Ureinwohner, die heute nicht einmal mehr ein Fünftel der Bevölkerung ausmachen, wanderten vermutlich ab dem 5. Jh. ein und gründeten kleine Königreiche. 1778 wurden die Inseln von → Cook entdeckt und *Sandwichinseln* genannt. 1898 wurde Hawaii von den USA annektiert, nachdem die Amerikaner bereits 1887 den Flottenstützpunkt Pearl Harbor gegründet hatten. Seit 1959 sind die 4500 km von Kalifornien entfernt liegenden Inseln der 50. Bundesstaat der → Vereinigten Staaten von Amerika.

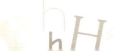

Haydn, Franz Joseph (1732–1809), österreichischer Komponist, der die *Wiener Klassik* begründete. Er entwickelte vor allem die → Sinfonie und das Streichquartett weiter. Neben mehr als 100 Sinfonien und über 80 Streichquartetten schuf er eine Fülle von Instrumental- und Vokalwerken (u. a. Opern, Messen und Oratorien, vor allem »Die Schöpfung«, 1798, und »Die Jahreszeiten«, 1801).

HDTV, Abkürzung für engl. *High Definition Television* (Hoch auflösendes Fernsehen), ein Fernsehsystem mit einer wesentlich verbesserten Bild- und Tonqualität. Statt des herkömmlichen Formats im Verhältnis 4:3 benutzt HDTV das → Breitwandformat 16:9. Für den Empfang von Sendungen in diesem System sind besondere Fernsehgeräte erforderlich.

Hearing [engl. ˈhɪərɪŋ], *das,* Anhörung (von Sachverständigen im Parlament).

Heavymetal, *Heavy Metal* [engl. ˈhɛvɪ ˈmɛtl »Schwermetall«], *das,* aus dem → Hardrock entstandene Stilrichtung der Rockmusik, die aggressiver und lauter ist und zumeist schneller gespielt wird. Heavymetal ist eine gitarrenbetonte Musik, deren Texte in erster Linie Fantasy-Themen (Monster, Zauberer, Dämonen und Teufel), Sex und Gewalt behandeln. Es gibt zahlreiche Stile, die sich auf die Lieblingsthemen der Songtexte (z. B. *Doom Metal, Death Metal*) oder die Spielweise (z. B. *Speed Metal, Thrash Metal*) beziehen.

Hebamme, staatlich geprüfte Geburtshelferin.

Hebbel, Friedrich (1813–1863), deutscher Dichter, der zwischen → Realismus und → Idealismus stand und in seinen Dramen vor allem historische Stoffe gestaltete (»Judith«, 1841, »Herodes und Mariamne«, 1850, »Die Nibelungen«, 1862). Seine tragischen Figuren scheitern im Konflikt zwischen individuellem Willen und allgemeiner Weltordnung und unterliegen ihrem Schicksal. Besonders bekannt ist sein bürgerliches Trauerspiel »Maria Magdalena« (1844).

Hebel, Vorrichtung zur Übertragung von Kräften, die es ermöglicht, große Lasten mit geringem Kraftaufwand zu bewegen. Der Hebel gehört zu den einfachsten »Maschinen«; er ist in seiner Urform ein stabförmiger Körper, der um eine Achse drehbar ist. Man unterscheidet dabei zwischen *einarmigen* (Drehpunkt an einem Ende) und *zweiarmigen* Hebeln (Drehpunkt zwischen den beiden Enden). Das Hebelprinzip beruht auf der Kraftübersetzung, die vom Verhältnis zwischen *Kraftarm* (Abstand zwischen Drehpunkt und dem Punkt, an dem die Kraft angreift) und

■ *Hecht*

Lastarm (Abstand zwischen Drehpunkt und Angriffspunkt der Last) abhängt. Da nach dem Hebelgesetz Last x Lastarm und Kraft x Kraftarm gleich sind (das zeigt z. B. eine Schaukel, die sich im Gleichgewicht befindet), kann man bei einem kurzen Lastarm eine schwere Last mit geringer Kraftanstrengung bewegen, wenn der Kraftarm lang genug ist. Die Arbeit, die verrichtet werden muss, bleibt jedoch dieselbe, weil ein entsprechend längerer Weg bewältigt werden muss. Beispiele für die Anwendung des Hebelprinzips im Alltag sind Flaschenöffner, Nussknacker, Schere, Schraubenschlüssel und Brechstange.

Hecht, zu den Lachsfischen gehörender Raubfisch, der in fließenden und stehenden Gewässern in fast ganz Europa, Sibirien und Nordamerika lebt. Er wird bis zu 1,5 m lang und bis zu 35 kg schwer. Der Hecht, der an seiner langen Schnauze zu erkennen ist, gilt als guter Speisefisch, der gern von Sportfischern geangelt wird.

Heck, der hintere Teil eines Fahrzeugs (vor allem bei Schiffen und Flugzeugen).

Hedonismus [von griech. hedone = »Lust«], *der,* in der Antike entstandene Philosophie, die das Streben nach Genuss und Sinnenlust als höchstes Ziel im Leben bezeichnet.

Hedschra [arab. »Auswanderung«], *die,* Übersiedlung → Mohammeds von Mekka nach Medina im Jahre 622 (= Beginn der islamischen Zeitrechnung).

Heer, die auch als → Armee bezeichnete bewaffnete Landstreitmacht eines Staates.

Hefe, winziger, einzelliger Schlauchpilz (→ Pilze), der sich durch Sprossung sehr schnell vermehrt. Hefepilze spalten → Kohlenhydrate wie z. B. Zucker in Alkohol und Kohlendioxid (→ Gärung), was für die Herstellung von Wein und Bier genutzt wird. Das von der Bäckerhefe freigesetzte Kohlendioxid lässt den Teig »aufgehen«. Heferassen wie die Wein- und die Bierhefe werden rein gezüchtet.

Eine besondere Erscheinung der Heavymetalmusik ist der **Headbanger** [ˈhɛdˈbæŋə], ein begeisterter Anhänger, der im Rhythmus der Musik den Kopf schüttelt und dabei teilweise heftig gestikuliert oder eine imaginäre Gitarre (»Luftgitarre«) spielt.

Bekannte Heavymetal-Gruppen

Accept
Anthrax
Black Sabbath
Celtic Frost
Def Leppard
Helloween
Kreator
Manowar
Megadeath
Metallica
Mötley Crue
Motörhead
Pantera
Pestilence
Queensryche
Quiet Riot
Rage
Saxon
Sepultura
Slayer
Tesla
Testament
Tool
Venom
Voivod
Warlock

Aufbau des Heeres

Das aus verschiedenen Waffengattungen wie → Infanterie oder → Artillerie bestehende Heer ist in zahlreiche Einheiten gegliedert: Kleinste Einheit ist die *Kompanie* (bei der Artillerie als *Batterie* bezeichnet); die nächstgrößeren Einheiten sind *Bataillon, Regiment, Brigade, Division* und *Korps*.

Hegel

Die Schüler von Hegel werden als *Hegelianer* bezeichnet. Sie spalteten sich um 1840 in die konservativen, das bestehende Gesellschaftssystem bejahenden *Alt-* oder *Rechtshegelianer* und die sozialrevolutionären *Jung-* oder *Linkshegelianer,* zu denen auch → Marx und Engels gehörten.

Hegel, Georg Wilhelm Friedrich (1770–1831), deutscher Philosoph des → Idealismus. In seinen Vorlesungen (über Religion, Ästhetik, Rechtsphilosophie, Geschichtsphilosophie und Philosophiegeschichte) entwarf er ein umfassendes System der europäischen Philosophie. Seine dialektische Methode (→ Dialektik) entwickelte er in der »Phänomenologie des Geistes« (1807).

Hegemonie [griech. »Anführen«], *die,* Vormachtstellung (eines Staates).

Heide, eine Landschaft mit nährstoffarmen, zumeist sandigen Böden, die durch Gräser, Sträucher und Kräuter, vor allem *Heidekraut,* gekennzeichnet ist. Am bekanntesten in Deutschland ist die *Lüneburger Heide.*

■ *Heidelberg: Die Altstadt mit dem Schloss*

Heidelberg, am Neckar gelegene Universitätsstadt (139 000 Einwohner) in Baden-Württemberg. Die ehemalige Hauptstadt der Kurpfalz besitzt die drittälteste Universität Deutschlands (1386 gegründet). Hauptanziehungspunkt für den Fremdenverkehr ist das *Heidelberger Schloss.*

Heiden, ursprünglich Bezeichnung für alle Menschen, die nicht zum auserwählten Volk Israels gehörten (Altes Testament), bzw. später für alle, die nicht als Christen getauft waren. Heute werden nur noch die Anhänger von polytheistischen Religionen (→ Polytheismus) als Heiden bezeichnet.

Heiland [althochdt. »Erlöser«], Beiname für → Jesus Christus im Neuen Testament, der als »Retter« seines Volkes und der ganzen Welt betrachtet wird.

Heilbutt, *Atlantischer* oder *Weißer Heilbutt,* zu den → Schollen gehörender Speisefisch, der über 4 m lang und bis zu 330 kg schwer werden kann.

heilig, Bezeichnung für einen Gegenstand, einen Ort, ein Lebewesen, eine Person oder eine Handlung, die dem → profanen Gebrauch entzogen werden und ausschließlich für kultische Zwecke da sind.

Heilige, Christen, die ein vorbildliches Leben geführt haben oder als *Märtyrer* für ihren Glauben gestorben sind und nach ihrem Tod vom Papst heilig gesprochen wurden. Die *Heiligsprechung* nimmt Selige (→ Seligsprechung) in das Verzeichnis der Heiligen auf, wenn für sie Wunder nachweisbar sind. Heilige werden in der katholischen und der orthodoxen Kirche verehrt, während die evangelische Kirche keine Heiligenverehrung kennt.

Heiliger Geist, nach christlichem Glauben die dritte göttliche Person (→ Dreifaltigkeit). In der Bibel erscheint der Heilige Geist in Gestalt von Feuerzungen (→ Pfingsten). In der bildenden Kunst wird er zumeist als Taube dargestellt.

Heiliges Land, in der Bibel Bezeichnung für → Palästina.

Heiliges Römisches Reich, *Sacrum Romanum Imperium,* Bezeichnung für das von Otto I. (→ Ottonen) gegründete deutsche Reich. Mit diesem Namen sollte an die Tradition der römischen Kaiser der Antike angeknüpft werden. Das ab 1157 verwendete Beiwort »heilig« sollte die Gleichrangigkeit des Kaisers gegenüber dem Papst unterstreichen. Im 15. Jh. kam der Zusatz »*deutscher Nation*« hinzu, nachdem das Reich seinen übernationalen Charakter verloren hatte. Das Heilige Römische Reich büßte immer mehr an Macht gegenüber den Fürsten ein, bestand aber offiziell bis 1806, als Franz I. von → Napoleon zum Verzicht auf die deutsche Kaiserkrone gezwungen wurde.

Heilpflanzen, *Heilkräuter,* Pflanzen, die als Heilmittel verwendet werden, weil sie bestimmte Wirkstoffe enthalten (→ Alkaloide, Glykoside und ätherische Öle). Oft werden nur bestimmte Teile der Pflanze genutzt, z. B. Blüten (wie bei der Kamille), Blätter (Pfefferminze), Wurzeln (Engelwurz), Samen (Lein) oder Früchte (Schlehdorn). Diese Teile werden zumeist getrocknet. Gebräuchlich sind vor allem Säfte, Tees, Aufgüsse und abgekochte Sude.

Heilpraktiker, Heilkundiger, der keine staatliche Zulassung *(Approbation)* als Arzt besitzt, aber nach einer Prüfung vor dem Gesundheitsamt Kranke in einem begrenzten Umfang behandeln darf. Zumeist beschränken sich die Behandlungsmethoden auf → Homöopathie und → Naturheilkunde.

Heilquelle, eine Quelle, die Mineralstoffe oder Spurenelemente enthält und bei Trink- oder

■ *Heilpflanzen: Engelwurz*

Badekuren eine heilende Wirkung für bestimmte Krankheiten hat.

Heilsarmee, *Salvation Army,* eine 1878 von dem ehemaligen Methodistenprediger *William Booth* (1829–1912) gegründete christliche Gemeinschaft, die ihren Sitz in London hat. Die Mitglieder der militärisch aufgebauten Organisation (Uniformen, »General« als Leiter) widmen sich der Bekämpfung der negativen Erscheinungen des modernen Großstadtlebens (vor allem Alkoholismus, Verwahrlosung, Obdachlosigkeit und Arbeitslosigkeit).

Heimatvertriebene, im engeren Sinne die Deutschen, die im und nach dem Zweiten Weltkrieg ihre Heimat in den ehemaligen Ostgebieten des Deutschen Reiches (in den Grenzen von Ende 1937) oder in osteuropäischen Gebieten mit deutschen Minderheiten (sog. *Volksdeutsche*) verloren.

Heine, Heinrich (1797–1856), deutscher Dichter, der 1831 als Zeitungskorrespondent nach Paris ging und bis zu seinem Tod in Frankreich blieb. Aufgrund seiner politischen Sympathien für das → Junge Deutschland wurden seine Schriften 1835 in Deutschland verboten. Er verfasste zahlreiche Gedichte, die entweder zeit- und gesellschaftskritisch oder romantisch-volksliedhaft waren (z. B. »Buch der Lieder«, 1827), feuilletonistisch-polemische Reiseberichte (»Reisebilder«, 1826–1831, »Harzreise«, 1826) und theoretische Schriften (»Die romantische Schule«, 1836). Bekannt ist auch sein satirisches Versepos »Deutschland, ein Wintermärchen« (1844).

Heinemann, Gustav (1899–1976), deutscher Politiker, der bis 1952 Mitglied der CDU war (Austritt aus Protest gegen die Wiederbewaffnung Deutschlands) und 1957 in die SPD eintrat. Er war 1949/50 Bundesinnenminister, 1966–1969 Bundesjustizminister und 1969–1974 der erste sozialdemokratische Bundespräsident.

Heinrich VIII. (1491–1547), englischer König (ab 1509), der die englische Kirche (→ Anglikanische Kirche) von Rom löste und sich selbst zu ihrem Oberhaupt machte *(Suprematsakte,* 1534). Der Bruch mit Rom erfolgte, als der Papst seine erste Ehe (der kein männlicher Thronfolger entsprang) nicht für nichtig erklären wollte. Heinrich hatte insgesamt sechs Frauen, von denen er zwei hinrichten ließ.

Heisenberg, Werner (1901–1976), deutscher Physiker, der die → Quantentheorie begründete und 1927 die *Heisenbergsche* → Unschärferelation *aufstellte. 1932 erhielt er den Nobelpreis für Physik.*

Heizwert, die spezifische Wärmemenge, die frei wird, wenn ein Stoff vollständig verbrennt.

Hektar [von griech. hekaton = »hundert« und Ar], der und das, ein Flächenmaß, das 100 Ar oder 10 000 m: entspricht.

Hekto- [griech.], in zusammengesetzten Wörter mit der Bedeutung »hundert«, ebenso als Vorsatz für Maßeinheiten, abgekürzt h (z. B. hl = Hektoliter = 100 l).

Hel, in der nordischen Mythologie die Göttin des Totenreiches.

Helena, in der griechischen Sage die schönste Frau. Sie war die Frau von Menelaos, dem König von Sparta, und wurde von → Paris entführt. Diese Entführung hatte den Krieg um → Troja zur Folge.

Helgoland, eine 2,1 km² große Felseninsel in der Nordsee (Deutsche Bucht), die zu Schleswig-Holstein gehört (1800 Einwohner). Auf der

Die sechs Frauen von Heinrich VIII.

Katharina von Aragonien (1533 geschieden)
Anna Boleyn (1536 hingerichtet)
Jane Seymour (1537 gestorben)
Anna von Kleve (1540 geschieden)
Catherine Howard (1542 hingerichtet)
Catherine Parr (Heirat 1543, überlebte den König)

Hel

Unter dem Einfluss des Christentums wurde aus dem Namen Hel für das Reich der nicht im Kampf gefallenen Toten (das auch *Niflheim* hieß) die → Hölle.

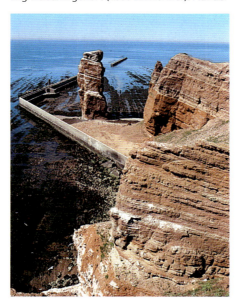

■ *Helgoland: Die Steilküste aus rotem Sandstein mit der Langen Anna*

Helium
• • • • • • • • • • • • • •
Zeichen: He
Ordnungszahl: 2
Atommasse: 4
Dichte: 0,18 g/l
Schmelzpunkt: −272 °C
Siedepunkt: −269 °C

Die zwölf Arbeiten des Herakles:
• • • • • • • • • • • • • •
1. Er erwürgte den unverwundbaren Löwen von Nemea, dessen Fell er später trug.
2. Zusammen mit seinem Neffen Iolaos tötete er die Hydra, eine vielköpfige Wasserschlange.
3. Er fing die Hirschkuh von Keryneia an.
4. Er fing den riesigen erymanthischen Eber.
5. Er vertrieb die stymphalischen Vögel, die mit ihren scharfen Federn Menschen beschossen, und tötete viele von ihnen.
6. Er reinigte die Ställe des Augias, indem er einen Fluss hindurchlenkte.
7. Er bändigte einen wütenden Stier auf Kreta.
8. Er zähmte die Menschen fressenden Pferde des Diomedes.
9. Er erbeutete den Gürtel der Amazonenkönigin Hippolyte.
10. Er raubte die Rinder des Geryon, eines dreiköpfigen Ungeheuers, das auf einer Insel am westlichen Rand der Welt hauste.
11. Er holte die goldenen Äpfel der Hesperiden, die in einem Garten am Rande der Erde von einem Drachen bewacht wurden. Nach einer anderen Version überredete er → Atlas, die Äpfel für ihn zu holen, und trug in der Zwischenzeit den Himmel an seiner Stelle.
12. Er stieg in die Unterwelt hinab und holte von dort den dreiköpfigen Höllenhund Kerberos (→ Zerberus).

Insel, die 1890 im Tausch gegen → Sansibar von Großbritannien an Deutschland fiel, befinden sich zahlreiche Forschungsstationen.
Helikopter [von griech. helix = »Windung« und pteron = »Flügel«], *der,* → Hubschrauber.
heliozentrisches Weltbild [von griech. helios = »Sonne« und lat. centrum = »Mittelpunkt«], die Auffassung, dass die Sonne im Mittelpunkt des Universums steht. Dieses Weltbild, das sich auf die astronomischen Entdeckungen von Kopernikus stützte, trat gegen den Widerstand der Kirche an die Stelle des älteren geozentrischen Weltbilds. Heute weiß man, dass auch die Sonne nicht den Mittelpunkt bildet, um den alles kreist, sondern nur einer von Millionen Sternen am Rande der → Milchstraße ist.
Helium, ein → chemisches Element. Das farb-, geruch- und geschmacklose Gas, das zu den → Edelgasen gehört, kommt in der Erdatmosphäre nur in Spuren vor, ist aber im Universum nach dem Wasserstoff das häufigste Element. Es wird hauptsächlich aus → Erdgasvorkommen gewonnen. Das leichte, nicht brennbare Helium wird für die Füllung von Luftballons und Luftschiffen verwendet. In Tauchgeräten wird eine Mischung aus Helium und Sauerstoff benutzt. Eine wichtige Rolle spielt Helium in der Kernphysik und Lasertechnologie.
Hellas, das antike Griechenland.
Hellenen, der Name, mit dem sich die → Griechen seit dem 7. Jh. v. Chr. bezeichnen.
Hellenismus, Bezeichnung für die Epoche, die von Alexander dem Großen bis zur römischen Kaiserzeit reichte und durch eine Vereinigung von griechischem Gedanken mit orientalischen Elementen (aus Ägypten und Vorderasien) gekennzeichnet war. Im Zeitalter des Hellenismus breitete sich die griechische Kultur im Mittelmeerraum und im Vorderen Orient aus (→ Diadochenreiche). Griechisch wurde zur gemeinsamen Verkehrssprache. Literatur, Kunst und Wissenschaft erlebten einen gewaltigen Aufschwung.
Helsinki, schwed. *Helsingfors,* Hauptstadt von → Finnland (mit 509 000 Einwohnern). Die Mitte des 16. Jh. gegründete und 1640 an ihren heutigen Standort am Finnischen Meerbusen verlegte Stadt ist das bedeutendste finnische Industriezentrum.
Helvetia [lat.], → Schweiz.
Hemingway [ˈhɛmɪŋweɪ], Ernest (1899–1961), amerikanischer Schriftsteller, der realistische Kurzgeschichten und Romane verfasste. Seine Werke sind in einer nüchtern-schmucklosen Sprache mit knappen Sätzen und sparsamen Dialogen gehalten und bewegen sich um wenige Themen (Männlichkeitsideale wie Kampf, Jagd und Liebe). Besonders bekannt sind »In einem anderen Land« (1929), »Wem die Stunde schlägt« (1940) und »Der alte Mann und das Meer« (1952). 1954 erhielt er den Nobelpreis für Literatur.
Hemisphäre [griech.], *die,* Erdhalbkugel.
Hepatitis, *Leberentzündung,* eine Entzündung der Leber, die oft mit → Gelbsucht verbunden ist und zu einer Schädigung der Leberzellen führen kann. Bei der *Virushepatitis* unterscheidet man zwischen Hepatitis A (durch Nahrung aufgenommen), B (mit Blut z. B. bei Injektionen oder Transfusionen übertragen), C, D und E.
Hera, die Göttermutter der griechischen Mythologie. Sie war die Schwester und Gemahlin von → Zeus und hatte mit ihm zwei Söhne und zwei Töchter. Da Zeus sie jedoch häufig betrog, verfolgte sie voller Eifersucht und Hass seine Geliebten und Kinder, insbesondere → Herakles. Bei den Römern entsprach ihr Juno.
Herakles, der größte Held der griechischen Sage, Sohn von → Zeus und einer Sterblichen, Alkmene. Nachdem er von Hera mit Wahnsinn geschlagen wurde, tötete er seine Frau und seine Kinder. Ein Orakelspruch verurteilte ihn dazu, im Dienste von König Eurystheus zwölf Arbeiten durchzuführen. Außer diesen zwölf Taten vollbrachte er noch weitere Heldentaten (u. a. befreite er → Prometheus, rettete → Theseus aus der Unterwelt und half den Göttern beim Kampf gegen die → Giganten). Herakles wurde schließlich in den Olymp entrückt und mit Hebe, der Göttin der Jugend, verheiratet. Als Gott wurde Herakles in der Antike im gesamten Mittelmeerraum verehrt.
Heraldik [frz.], *die,* Wappenkunde.
Herbarium [lat. »Kräuterbuch«], *das,* Sammlung von getrockneten Pflanzen.
Herbizid [von lat. herba = »Kraut« und caedere = »töten«], *das,* chemisches Mittel zur Unkrautvernichtung.
Herbst, eine Jahreszeit, die auf der nördlichen Erdhalbkugel mit dem Herbstäquinoktium (→ Tagundnachtgleiche) beginnt und bis zur Wintersonnenwende dauert.
Herder, Johann Gottfried (1744–1803), deutscher Philosoph, Theologe und Schriftsteller, der maßgeblichen Einfluss auf die Dichter des → Sturm und Drang hatte und mit seinen Volksliedsammlungen zum Anreger für die → Romantik wurde. Er schrieb über Sprache und Dichtung und verfasste ein großes Werk über Geschichts-

Allianzwappen

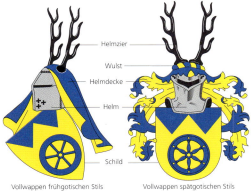
Vollwappen frühgotischen Stils · Vollwappen spätgotischen Stils

■ **Heraldik**

philosophie (»Ideen zur Philosophie der Geschichte der Menschheit«, 1784–1791).

Heringe, bekannteste Vertreter der Heringsfische, die in Schwärmen im Meer leben und wichtige Speisefische sind. Der *Atlantische Hering,* seit Jahrhunderten die im Nordatlantik am häufigsten gefangene Fischart, wird bis zu 45 cm lang.

Herkules, bei den Römern der Name für → Herakles.

Hermaphrodit [griech.], *der,* in der Biologie ein Zwitter, der Merkmale beider Geschlechter zeigt.

Hermelin, ein → Wiesel, das in Eurasien und Nordamerika vorkommt und 30 cm lang wird. Es wird wegen seines Pelzes geschätzt, der im Winter bis auf die schwarze hintere Schwanzhälfte weiß ist.

Hermes, in der griechischen Mythologie der Götterbote, der gleichzeitig der Schutzgott der Kaufleute, Reisenden und Diebe ist.

hermetisch [lat.], fest verschlossen.

■ *Hermelin* im Winterfell

Heroin [von griech. heros = »Held«], *das,* starkes Rauschgift, das aus Morphin (→ Morphium) hergestellt wird und süchtig macht. Heroin ist eine Droge, die gespritzt wird (»fixen«) und bei einer Überdosis zum Tod führt.

Herpes [von griech. herpein = »schleichen«], *der,* ein Hautausschlag, bei dem sich Bläschen bilden. *Herpes simplex* ist eine durch Viren hevorgerufene Krankheit, die vor allem an den Lippen und den Geschlechtsorganen in Erscheinung tritt. Eine andere Herpeserkrankung ist die *Gürtelrose (Herpes zoster),* deren bläschenförmiger Ausschlag auf rotem Grund in erster Linie den Brustkorb und den Lendenbereich befällt.

Herrentiere, deutsche Bezeichnung für → Primaten.

Hertz, nach dem deutschen Physiker *Heinrich Rudolf Hertz* (1857–1894) benannte Maßeinheit für die Frequenz (Zeichen *Hz*): 1 Hz = 1 Schwingung pro Sekunde.

Herz, im Brustkorb gelegenes muskulöses Hohlorgan, das bei vielen Tieren, vor allem Wirbeltieren, und beim Menschen den → Blutkreislauf unterhält. Das menschliche Herz wird von einer Scheidewand in eine linke und eine rechte Hälfte unterteilt, die jeweils aus einer Herzkammer und einem Vorhof bestehen. Vier Herzklappen (zwischen Vorhof und Kammer bzw. Kammer und Schlagader) regeln als Ventile die Richtung des Blutstroms. Durch den Wechsel von Muskelzusammenziehung *(Systole)* und -erschlaffung *(Diastole),* die zu einer Kontraktion bzw. Ausdehnung des Herzens führt, wirkt das Herz als Druck- und Saugpumpe und bewegt so das Blut im Körper. In die Vorhöfe münden die → Venen: Dabei gelangt in den rechten Vorhof sauerstoffarmes Blut aus dem Körpergewebe, das über die rechte Kammer in die zur Lunge führende

Hermaphrodit

In der griechischen Sage ist Hermaphroditos der Sohn von → Hermes und → Aphrodite, der sowohl männliche als auch weibliche Geschlechtsmerkmale zeigt. Er war als Jüngling so schön, dass sich die Quellnymphe Salmakis leidenschaftlich in ihn verliebte. Als er in ihrer Quelle badete, verschmolzen ihre Körper auf ihren Wunsch hin zu einem einzigen Leib.

hermetisch

Der mittellateinische Begriff *hermetice* geht auf Paracelsus zurück, der ihn nach dem ägyptischen Weisen *Hermes Trismegistos* (= Hermes, der dreimal Größte, eine Vermischung des griechischen Gottes Hermes mit dem ägyptischen Weisheitsgott Thot) prägte. Dieser sagenhafte Weise soll eine Glasröhre mit einem Siegel luftdicht abgeschlossen haben.

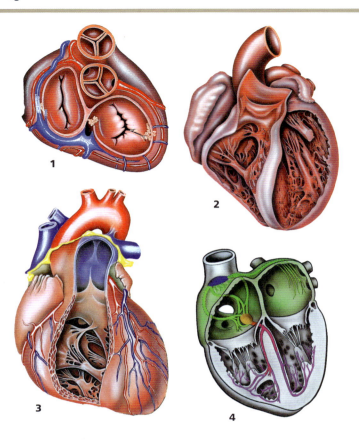

■ **Herz: 1** *Anordnung der Herzklappen (unten links die zweizipfelige Segelklappe oder Mitralklappe zwischen linkem Vorhof und linker Kammer; unten rechts die dreizipfelige Segelklappe oder Trikuspidalklappe zwischen rechtem Vorhof und rechter Kammer; in der Mitte oben die Pulmonalklappe zwischen rechter Kammer und Lungenschlagader; in der Mitte unten die Aortenklappe zwischen linker Kammer und Aorta-Hauptschlagader).* **2** *Querschnitt durch die eröffneten Herzkammern (unten links die rechte Herzkammer; unten rechts die linke Herzkammer; oben angeschnitten die Hauptschlagader).* **3** *Das Herz ist nur im Bereich der rechten Kammer aufgeschnitten. Auf der Herzoberfläche sieht man die Herzkranzgefäße; ganz oben die Hauptschlagader.* **4** *Das Reizleitungssystem des Herzens; grün: die beiden Vorhöfe; grau: die beiden Kammern; blau: der Sinusknoten; gelb: Vorhofknoten; rot und violett: das Reizleitungsbündel mit seinen Verzweigungen.*

Arterie gepresst wird. In den linken Vorhof fließt sauerstoffreiches Blut aus der Lunge, das durch die → Aorta in den Körper getrieben wird.

Angeborene und erworbene **Herzerkrankungen** können den ganzen Körper in Mitleidenschaft ziehen und sogar zum Tod führen. Besonders häufig sind Koronarerkrankungen, die die Herzkranzgefäße und damit die Durchblutung des Herzmuskels betreffen. Am gefährlichsten ist der **Herzinfarkt.** Eine anhaltende mangelhafte Durchblutung des Herzmuskels (z. B. bei einem Verschluss der Blutgefäße durch Bildung von Blutpfropfen, Verengung oder Verkrampfung der Blutgefäße) bewirkt ein Absterben von Gewebe, was eine *Herzinsuffizienz* (das Herz kann nicht mehr den erforderlichen Blutauswurf leisten) oder sogar Tod durch Herzstillstand zur Folge hat.

Bei Herzrhythmusstörungen wird ein künstlicher **Herzschrittmacher** eingepflanzt. Dieser batteriebetriebene Impulsgenerator gibt Stromstöße ab, die den Herzschlag regulieren. Wenn ein drohendes Herzversagen nicht mehr behandelt werden kann, wird eine **Herztransplantation** vorgenommen. Dem Patienten wird das gesunde Herz eines verstorbenen Spenders eingepflanzt, wobei die Abstoßungsreaktionen gegenüber dem fremden Gewebe unterdrückt werden müssen.

Herzog, Roman (* 1934), deutscher Jurist und Politiker (CDU), der 1978–1983 Mitglied der badenwürttembergischen Landesregierung (Kultus- und Innenminister) und 1987–1994 Präsident des → Bundesverfassungsgerichts war. Seit Mitte 1994 ist er Bundespräsident der Bundesrepublik Deutschland.

Hesse, Hermann (1877–1962), deutscher Schriftsteller, der zahlreiche Werke über Zivilisationsflucht, östliche Mystik und Künstlertum verfasste. Am bekanntesten sind seine Romane »Siddharta« (1922), »Der Steppenwolf« (1927), »Narziss und Goldmund« (1930) und »Das Glasperlenspiel« (1943). 1946 erhielt er den Nobelpreis für Literatur.

Hessen, Bundesland in der Mitte Deutschlands, das 1945 aus dem früheren Freistaat Hessen und der ehemaligen preußischen Provinz Hessen-Nassau gebildet wurde. Es liegt in der Mittelgebirgszone (Rheinisches Schiefergebirge und Hessisches Bergland) und hat im Süden Anteil an der Mainebene. Während im Norden die Landwirtschaft dominiert (Weinbau und Obstanbau im Rheingau und an der Bergstraße), kon-

zentriert sich die Industrie auf das Rhein-Main-Gebiet mit → Frankfurt als Zentrum. Der Name leitet sich vom germanischen Stamm der *Chatten* ab, die ab dem 1. Jh. nördlich des Mains siedelten. Das Gebiet gehörte zunächst zu Franken und dann zu Thüringen, bevor es Mitte des 13. Jh. als eigene Landgrafschaft abgetrennt wurde. 1292 wurde Hessen zum Reichsfürstentum erhoben. 1567 teilte Landgraf Philipp der Großmütige es in vier Gebiete auf. *Hessen-Kassel* wurde 1803 Kurfürstentum *(Kurhessen), Hessen-Darmstadt* 1806 Großherzogtum. 1866 verleibte sich Preußen Kurhessen ein, das zusammen mit anderen Teilen die Provinz *Hessen-Nassau* bildete. Das Großherzogtum Hessen wurde 1918 Freistaat. Nach dem Zweiten Weltkrieg entstand aus den amerikanisch besetzten Teilen Hessens das Bundesland Hessen, während *Rheinhessen* zu → Rheinland-Pfalz kam.

heterogen [griech.], ungleichartig. Gegensatz: → homogen.

Heterosexualität [griech.], *die,* Andersgeschlechtlichkeit, eine → Sexualität, deren Empfinden im Gegensatz zur → Homosexualität auf das andere Geschlecht ausgerichtet ist.

heterotroph [von griech. hetero = »anders« und trophe = »Ernährung«], sich von organischen Stoffen anderer Lebewesen ernährend; das Unterscheidungsmerkmal zwischen Tieren und (grünen) Pflanzen. Gegensatz: → autotroph.

Heuschnupfen, allergische Reaktion (→ Allergie) auf Pollen von Blüten und Gräsern, die mit einer Erkrankung der Schleimhaut der oberen Atemwege und der Augenbindehaut verbunden ist.

Heuschrecken, in mehr als 10 000 Arten weltweit verbreitete Insekten, die dank ihrer langen Hinterbeine weite Sprünge vollführen können. Die kleinsten von ihnen sind nur 2 mm lang; die größten erreichen eine Länge von 25 cm. Durch Reiben der Flügel erzeugen sie Zirplaute, mit deren Hilfe sich Männchen und Weibchen finden können. Zu den Heuschrecken gehören *Feldheuschrecken, Laubheuschrecken* und → *Grillen.*

Heuss, Theodor (1884–1963), deutscher Politiker (FDP) und Schriftsteller, der maßgeblich an der Ausarbeitung des → Grundgesetzes mitwirkte und 1949–1959 der erste Bundespräsident der Bundesrepublik Deutschland war.

Hexa- [griech.], in Wortzusammensetzungen mit der Bedeutung »sechs« (z. B. *hexagonal* = »sechseckig«).

Hexe, ursprünglich eine zauberkundige Frau,

■ Altägyptische **Hieroglyphen**

die mit ihren magischen Kräften Menschen und Tieren Schaden zufügen konnte. Nach den mittelalterlichen Vorstellungen waren Hexen mit dem Teufel im Bund und hatten mit ihm Geschlechtsverkehr (Teufelsbuhlschaft), konnten durch die Luft fliegen und sich in Tiere verwandeln und versammelten sich alljährlich in der → Walpurgisnacht beim *Hexensabbat* auf dem Blocksberg (→ Brocken). Im Mittelalter wurden viele Frauen im Auftrag der Kirche von der → Inquisition als Hexen verfolgt. In den Hexenprozessen ab dem 15. Jh. wurden zwischen 100 000 und 3 Mio. Menschen, in erster Linie Frauen, wegen Hexerei verurteilt und hingerichtet. Zu den bekanntesten Opfern gehören *Agnes Bernauer* (1435 in der Donau bei Straubing ertränkt) und → *Jeanne d'Arc.* Erst im späten 18. Jh. wurden die Hexenprozesse abgeschafft; die letzte »Hexe« in Europa wurde 1782 hingerichtet.

Hexenschuss, stechender Schmerz im Kreuz oder im Lendenbereich, der durch eine falsche Bewegung ausgelöst wird und zu Lähmungsgefühlen, Muskelverspannung und Einschränkungen der Beweglichkeit führt

Hierarchie [von griech. hieros = »heilig« und archein = »herrschen«], *die,* Rangordnung.

Hieroglyphen [griech. »heilige Schriftzeichen«], *Mz.,* Schriftzeichen, die bildähnliche Symbole verwenden und sich aus einer → Bilderschrift entwickelt haben. Zumeist wird damit die altägyptische Schrift bezeichnet, deren Entzifferung *Jean-François Champollion* (1790–1832) 1822 mithilfe des dreisprachigen »Steins von Rosette« gelang. Bisweilen werden auch die Schriften anderer Völker (z. B. Hethiter, Maya) Hieroglyphen genannt.

Herz

Das Herz, das beim Erwachsenen etwa 250–300 g schwer ist, »schlägt« (d. h., es zieht sich zusammen und erweitert sich wieder) in der Minute normalerweise rund 70–80-mal. Bei einer anstrengenden körperlichen Tätigkeit, bei psychischer Erregung oder Fieber erhöht sich die Zahl der Systolen und Diastolen, weil der Körper mehr Sauerstoff benötigt. In der Minute stößt jede Herzkammer etwa 5 l Blut aus, kann aber bei Bedarf wesentlich mehr Blut (maximal bis 30 l/min.) in den Kreislauf pumpen.

Die erste erfolgreiche Herztransplantation wurde 1967 von dem südafrikanischen Chirurgen *Christiaan Barnard* (* 1922) durchgeführt. Seit 1969 werden auch *Kunstherzen* eingepflanzt, die aber bisher nur eine begrenzte Überlebensdauer ermöglichen.

Hessen
Fläche: 21 114 km²
Einwohner: 6 Mio.
Hauptstadt: Wiesbaden
Regierungsbezirke: Darmstadt Gießen Kassel

Hexe

Durch Folter wurden Geständnisse erpresst. Sog. *Hexenproben* liessen den Angeklagten keine Chance: Bei der Wasserprobe beispielsweise war eine Frau schuldig, wenn sie, ins Wasser geworfen, an der Oberfläche schwamm; ging sie unter, war sie unschuldig, aber gleichzeitig ertrunken. Der 1487 verfasste »Hexenhammer« (lat. Titel »Malleus Maleficarum«) listete die Verbrechen der Hexen genau auf und schrieb auch die Durchführung der Hexenprozesse vor.

Hilfsverb

Im Deutschen werden die Hilfsverben *sein*, *werden* und *haben* für das Passiv (ich *werde* geliebt), den Konjunktiv (du *würdest* fahren) und zusammengesetzte Zeitformen wie Perfekt (er *ist* gekommen, sie *hat* gewartet), Plusquamperfekt (er *war* gekommen, sie *hatte* gewartet), Futur (wir *werden* siegen) und Futur exakt (ihr *werdet* verloren *haben*) verwendet.

Himmel

In vielen Religionen ist der Himmel der Wohnsitz der Götter. Im christlichen Glauben ist das Himmelreich die Wohnung Gottes und der Engel. → Jesus Christus ist nach seiner Auferstehung »in den Himmel aufgefahren«. In den Himmel und damit zu Gott kommen nach dem Tod alle Menschen, die ihre irdischen Taten nicht in der → Hölle büßen oder sich im Fegefeuer läutern müssen.

Hinduistische Hauptgottheiten

Brahma (Schöpfer)
weibliche Entsprechung und Gemahlin: *Saraswati*

Wischnu (Erhalter)
weibliche Entsprechung: *Lakschmi*

Schiwa (Zerstörer und Erneuerer)
weibliche Entsprechung: *Kali* oder *Durga*

■ *Himalaja:* Im Khumbu Himal

Hi-Fi ['haifi], Abkürzung für → *Highfidelity*.
high [engl. hai »hoch«], in einem Gefühl der Hochstimmung (vor allem nach dem Genuss von Rauschgift).
Highfidelity [engl. 'haifi'dɛliti »hohe Treue«], *die*, bei Rundfunk, Schallplattenspielern und anderen elektroakustischen Geräten eine möglichst wirklichkeitsgetreue Wiedergabe von Tönen. In Deutschland müssen Hi-Fi-Geräte die technischen Anforderungen der DIN 45 500 erfüllen.
Hightech ['hai'tɛk], *der,* Kurzform für engl. *High Technology* (Hoch- oder Spitzentechnologie), die modernste Technologie, die bei ihren Produkten die neuesten Verfahren und Materialien verwertet.
Hildebrandslied, ein nur bruchstückhaft erhaltenes Heldenlied in althochdeutscher Sprache, das etwa 810–820 in Fulda aufgezeichnet wurde. Es ist das einzige erhaltene Beispiel eines germanischen Heldenliedes und schildert in Langzeilen mit Stabreim den tragischen Zweikampf zwischen Hildebrand, dem Waffenmeister Dietrich von Berns, und seinem Sohn Hadubrand, die sich in zwei feindlichen Heeren gegenüberstehen.
Hilfsverb, *Hilfszeitwort,* ein → Verb, das in Verbindung mit einem Vollverb bestimmte grammatikalische Formen ausdrücken kann. Hilfsverben können aber auch als Vollverben verwendet werden.
Himalaja [sanskrit »Stätte des Schnees«], *der,* das höchste Gebirge der Erde. Der zwischen der indischen Tiefebene und dem Hochland von → Tibet gelegene Gebirgszug ist 120–300 km breit und etwa 2500 km lang. Die höchsten Erhebungen neben dem Mount → Everest sind *Kangchenjunga* (8586 m), *Lhotse* (8516 m), *Makalu* (8463 m), *Dhaulagiri* (8167 m), *Nanga Parbat* (8126 m) und *Annapurna* (8091 m). Das erdgeschichtlich junge Gebirge stellt eine Klimascheide zwischen dem trockenen, an Vegetation armen Norden und dem regenreichen, tropischen Süden dar. In der zentralen Zone mit den höchsten Bergen bestehen die Gesteine zumeist aus Gneis und Granit.
Himmel, *Firmament,* das Himmelsgewölbe, das sich scheinbar als Kugel *(Himmelskugel)* um die Erde spannt und an dem sich die → Sterne befinden. Für den Beobachter auf der Erde erscheint der Himmel als Halbkugel, die durch den → Horizont von der Erdoberfläche getrennt ist. Der Scheitelpunkt des Himmelsgewölbes direkt über dem Beobachter wird als → Zenit bezeichnet, sein Gegenpunkt als → Nadir.
Hindernislauf, ein Laufwettbewerb der → Leichtathletik, der über eine 3000 m lange Strecke geht. In jeder Runde müssen die Läufer drei Hürden (91 cm hoch) und eine Hürde mit Wassergraben (3,66 m breit) überwinden.
Hinduismus [von pers. Hindu = »Inder«], *der,* ab Mitte des 1. Jt. v. Chr. entstandene Religion, die vor allem in Indien verbreitet ist und als drittgrößte Weltreligion etwa 650 Mio. Anhänger hat. Der Hinduismus umfasst zahlreiche Richtungen und Sekten und verbindet den wedischen Polytheismus (mit einer Vielzahl von Göttern) mit dem Glauben an einen höchsten Gott (→ Brahma, → Schiwa oder → Wischnu. Als heilige Schriften gelten die *Weda* (zwischen 2500 und 500 v. Chr. entstandene religiöse Schriften der indogermanischen Einwanderer), außerdem wird die Zugehörigkeit zu einem → Kastensystem anerkannt. Nach hinduistischem Glauben wird der Mensch ständig wiedergeboren, als Mensch oder als anderes Lebewesen. Das → *Karma* bestimmt dabei, in welcher Form er wiedergeboren wird, weil er in dem neuen Leben für früher begangene Taten büßen muss oder für gute Taten belohnt wird. Es gibt mehrere Wege, um von diesem ewigen Geburtenkreislauf erlöst zu werden: Magische Riten, körperlich-geistige Übungen, Werke, Erkenntnis und Gottesliebe können die Vereinigung der Einzelseele mit der Allseele, dem *Brahman,* erreichen. Deshalb spielen Askese, Meditation, → Yoga und → Tantra eine wichtige Rolle im Hinduismus.
Hinterindien, südasiatische Halbinsel (ca. 2 Mio. km²) zwischen dem Golf von Bengalen und dem Südchinesischen Meer, die Thailand, Myanmar, einen Teil von Malaysia, Singapur, Laos, Kambodscha und Vietnam umfasst.
Hip-Hop, *der,* aus New York stammende Stilrichtung der → Rockmusik, die sich Ende der 70er Jahre als Straßenmusik aus dem → Rap

entwickelt hat und ursprünglich vor allem von schwarzen Musikern gespielt wurde. Hip-Hop ist in erster Linie Tanzmusik. Wichtigste Elemente der Musik sind das → Sampling und der Einsatz von Drum-Computern.

Hippies [von engl. hip = »eingeweiht, erfahren«], *Mz.*, auch als »Blumenkinder« bezeichnete Vertreter einer alternativen Lebensweise, die Ende der 60er Jahre politisch für *Love and Peace*, »Liebe und Frieden«, eintraten, eine unkonventionelle, farbenfrohe Kleidung trugen und ein einfaches Leben befürworteten.

Hippokrates (um 460–um 370 v. Chr.), griechischer Arzt, der die Medizin als Wissenschaft begründete. Er versuchte, rationale Erklärungen für die Krankheiten zu finden und sie durch unvoreingenommene Beobachtung auf Ursachen zurückzuführen.

Hirnhautentzündung, *Meningitis*, durch unterschiedliche Ursachen (→ Viren, Bakterien, Pilze, Zeckenbiss, Strahlen) hervorgerufene Erkrankung der (das → Gehirn umgebenden) Gehirnhaut, die zu Fieber, Kopfschmerzen, bleibenden Schäden und (vor allem bei Säuglingen) zum Tod führen kann.

Hiroshima, japanische Stadt (1,1 Mio. Einwohner) auf der Hauptinsel Honshu. Über Hiroshima wurde am 6. August 1945 die erste → Atombombe abgeworfen. Damals kamen 100 000–200 000 Menschen ums Leben. Die gesundheitlichen Folgeschäden durch → Radioaktivität sind bis heute wirksam.

Hirsche, weltweit verbreitete Familie von Paarhufern, die bis zu 3 m lang und bis über 2 m hoch werden können. Die männlichen Hirsche tragen mit wenigen Ausnahmen (Moschustier) ein → Geweih. Zu den Hirschen gehören neben den *Echthirschen* (z. B. Rot- und Damhirsch) auch die *Trughirsche* wie etwa das → Reh oder → Rentier und → Elch.

Hirschkäfer, eine mit mehr als 1000 Arten über die ganze Erde verbreitete Familie von Blatthornkäfern, die bis zu 10 cm lang werden können. Ihren Namen haben sie von dem vergrößerten Oberkiefer, dessen Zangen an ein Hirschgeweih erinnern und mit dem die Männchen kämpfe um ein Weibchen austragen.

Hirse, zu den Süßgräsern gehörende → Getreideart, die auch auf trockenen, nährstoffarmen Böden wächst. Die *Rispenhirse* wird vor allem in Mittel-, Ost- und Südasien sowie in Südeuropa angebaut. Ihre Körner besitzen einen hohen Nährwert und werden als Nahrungsmittel (Brei und Brotfladen) sowie zur Herstellung von Bier und Branntwein verwendet. Eine andere Gattung stellt die *Sorghum-* oder *Mohrenhirse* dar, die u. a. in Afrika und Australien angebaut wird und ähnliche Verwendung findet. Eine weitere in Afrika angebaute Art ist die *Negerhirse*, aus der ebenfalls Brei und Bier bereitet werden.

Hispaniola, in der Karibik gelegene Insel (76 192 km²), die 1492 von → Kolumbus entdeckt wurde. Sie umfasst die selbstständigen Staaten → Haiti (Westteil) und → Dominikanische Republik (Ostteil).

Hit [engl. »Treffer«], *der*, in der Musik ein besonders populäres Stück, das im Deutschen oft als *Schlager* bezeichnet wird.

Hitler, Adolf (1889–1945), deutscher Politiker. Der in Österreich geborene Hitler trat 1919 in die spätere → NSDAP ein und wurde 1921 ihr Vorsitzender. Nach einem gescheiterten Putschversuch am 9. November 1923 in München (»Marsch zur Feldherrnhalle«) wurde er zu fünf Jahren Festungshaft verurteilt, aber bereits Ende 1924 entlassen. Während der Haftzeit begann er mit seinem Buch »Mein Kampf«, in dem er seine politischen Gedanken und Ziele (→ Nationalsozialismus) darlegte. Hitlers NSDAP gewann vor allem während der Weltwirtschaftskrise viele Anhänger und wurde bei den Reichstagswahlen 1932 die stärkste politische Kraft. Von rechten Parteien und der Industrie unterstützt, wurde Hitler am 30. Januar 1933 zum Reichskanzler ernannt (»Machtergreifung«). Durch Notverordnungen und ein Ermächtigungsgesetz gelang es ihm, eine Diktatur zu errichten, in der alle anderen Parteien verboten und das Parlament ausgeschaltet wurden. Nach dem Tod des Reichspräsidenten *Paul von Hindenburg* (1847–1934, ab 1925 Reichspräsident) übernahm Hitler als »Führer« auch das Amt des Staatsoberhaupts.

Hitler errichtete einen totalitären Führerstaat, in dem Andersdenkende und Minderheiten mit Terrormethoden (→ Gestapo, → SS) verfolgt wurden. Er betrieb die Ermordung von mehr als 6 Mio. → Juden (»Endlösung«). Durch die Aufrüstung der Wehrmacht versuchte er Deutschlands außenpolitische Stellung zu stärken. Zwar konnte er das Reichsgebiet 1938 durch den »Anschluss« von Österreich, die Einverleibung des Sudetenlandes (→ Münchner Abkommen) und die Besetzung der restlichen Tschechoslowakei vergrößern, löste aber mit dem Angriff auf Polen am 1. September 1939 den → Zweiten Weltkrieg aus. Hitlers Eroberungspläne hatten nur anfangs Erfolg. Nach dem Kriegseintritt

■ *Hiroshima:* Der Atom-Dom gemahnt an die Vernichtung der Stadt durch eine Atombombe am 6. August 1945

Hippokrates

Der *Eid des Hippokrates*, der Ärzte zur Erhaltung des menschlichen Lebens verpflichtet, legte bis in die Neuzeit die Pflichten des Ärztestandes fest.

■ *Propagandaplakat der **Hitler-Jugend***

Hochgeschwindigkeitszüge

Der → ICE der Deutschen Bahn z. B. fährt mit einer Höchstgeschwindigkeit von 280 km/h (1988 erreichte er 406 km/h). Der bekannteste und schnellste Hochgeschwindigkeitszug ist der französische *TGV (Train à Grande Vitesse,* 300 km/h Höchstgeschwindigkeit). In Japan verkehrt der *Shinkansen* (»Geschoss«). Eine noch schnellere Reisegeschwindigkeit soll der → *Transrapid,* eine Magnetschwebebahn, erreichen.

Hochsprung

Die meisten Springer benutzen heute die 1967 von *Dick Fosbury* eingeführte Flop-Technik: Der Springer läuft kurvenförmig an, dreht sich während des Sprungs seitlich zur Latte und überquert sie in Rückenlage, mit Kopf und Schulter voraus.

Hockey

Torschüsse zählen nur, wenn sie innerhalb des Schusskreises vor dem Tor (14,63 m Radius zum Torpfosten) abgegeben werden. Ein Ball über Schulterhöhe kann mit der Hand gestoppt werden, aber der Spieler muss ihn sofort zu Boden fallen lassen. Das Spielfeld ist in vier Abschnitte eingeteilt. Wird der Ball von einem Verteidiger im eigenen Viertel unabsichtlich ins Toraus gespielt,

(Fortsetzung siehe Seite 293)

der USA (Ende 1941) und der Niederlage der deutschen Truppen in Stalingrad (Anfang 1943) wurde die militärische Lage aussichtslos. Als die Einnahme Berlins durch die Rote Armee bevorstand, beging Hitler am 30. April 1945 im Führerbunker der Reichskanzlei Selbstmord.

Hitler-Jugend, *HJ,* eine 1926 gegründete Jugendorganisation der → NSDAP, die alle Jugendlichen zwischen 10 und 18 Jahren erfassen und gleichschalten sollte (ab 1936 Pflichtmitgliedschaft). Gegliedert war sie in *Deutsches Jungvolk* (10–14-jährige Jungen), *Jungmädelbund* (10–14-jährige Mädchen), eigentliche *Hitler-Jugend* (14–18-jährige Jungen) und *Bund Deutscher Mädel, BDM* (14–18-jährige Mädchen).

HIV, Abkürzung für engl. *Human Immunodefiency Virus,* den Erreger von → Aids. **HIV-positiv** bedeutet bei einem Aids-Test, dass jemand mit diesem Erreger infiziert ist.

Hobel, ein Werkzeug zum Glätten von Holzflächen. Es trägt ein scharfes, nach oben gestelltes Messer, mit dem man Späne vom Holz abschälen kann.

Hoch, *Hochdruckgebiet,* in der → Meteorologie ein mehrere hundert Kilometer großes Gebiet, in dem ein höherer Luftdruck herrscht als in der Umgebung. Ein Hoch ist im Sommer durch heiteres, warmes Wetter bestimmt, weil sich die Wolken wegen der absteigenden Luftbewegung auflösen, im Winter durch sonniges, mildes Wetter in höheren Lagen und nebliges, kaltes Wetter in den Niederungen. Auf der Wetterkarte wird ein Hoch durch ein *H* angezeigt.

Hochenergiephysik, Teilgebiet der Physik, das sich mit dem Verhalten von → Elementarteilchen, insbesondere ihrer Erzeugung und Umwandlung bei sehr hohen Energien (mehr als 100 Mega-Elektronenvolt) befasst. Solche Energien können künstlich in → Teilchenbeschleunigern erzeugt werden.

Hochfrequenz, der Frequenzbereich der → elektromagnetischen Schwingungen über 10 kHz. Der Frequenzbereich über 300 GHz wird als **Höchstfrequenz** bezeichnet.

Hochgeschwindigkeitszug, eine → Eisenbahn, die eine hohe Reisegeschwindigkeit erreicht.

Hochofen, bis zu 40 m hoher Schachtofen, mit dem man Roheisen aus Eisenerzen gewinnt. Der mit feuerfesten Steinen ausgekleidete Ofen wird von oben (von der »Gicht«) schichtweise mit Koks und Eisenerz befüllt. Durch Einblasen von heißer Luft in den brennenden Koks bildet sich Kohlenmonoxid (CO), das dem Eisenerz bei

etwa 1000–1300 °C Sauerstoff entzieht, so dass Kohlendioxid (CO_2) entsteht. Am Boden des Ofens, der »Rast«, sammelt sich das geschmolzene Roheisen und wird mit der auf der Schmelze schwimmenden Schlacke in bestimmten Abständen abgelassen (»abgestochen«). Das in die Gießerei transportierte Eisen enthält noch viel Kohlenstoff; es wird für die Herstellung von Gussteilen wie Rohren oder Kanaldeckeln verwendet.

Hochrechnung, bei Vorhersagen (vor allem von Wahlen) ein statistisches Verfahren, das aus den Teilergebnissen von Stichproben (z. B. in Wahlkreisen, die für den Bevölkerungsdurchschnitt repräsentativ sind) auf das Gesamtergebnis schließt.

Hochschulen, Bildungs- und Forschungseinrichtungen, die Studenten auf den Beruf vorbereiten und die Wissenschaften und Künste weiterentwickeln. In Deutschland gibt es drei Typen: *wissenschaftliche Hochschulen* (z. B. → Universitäten), *Fachhochschulen* sowie *Kunst-* und *Musikhochschulen.* Zum Hochschulstudium ist ein → Abitur oder Fachabitur notwendig.

Hochspannung, eine elektrische → Spannung über 500 Volt.

Hochsprung, ein Wettbewerb der → Leichtathletik, bei dem die Springer mit Anlauf eine auf einer bestimmten Höhe liegende Latte überqueren müssen. Für jede Höhe haben sie maximal drei Versuche.

Hochzahl, deutsche Bezeichnung für → Exponent.

Hockey [engl. ˈhɔki], *das,* schon im Altertum im Orient (China, Persien) bekanntes Ballspiel zwischen zwei Mannschaften, die versuchen, den Ball mit einem *Stock,* einem unten gekrümmten, auf der einen Seite abgeflachten, und auf der anderen abgerundeten Schläger in das gegnerische Tor (3,66 m breit, 2,14 m hoch) zu befördern.

Das Spiel wird in jeder Halbzeit mit einem → *Bully* am Mittelpunkt eröffnet. Ein Bully gibt es auch nach Spielunterbrechungen, dann jedoch an der Stelle, wo das Spiel unterbrochen worden ist. Der Ball, ein massiver Leder- oder Kunststoffball (etwa 23 cm Durchmesser, rund 160 g schwer) kann geschoben, geschlenzt oder geschlagen werden, aber nur mit dem flachen Ende des Stocks, der nie über Schulterhöhe gehalten werden darf.

Beim *Feldhockey* (2 x 35 Minuten) hat jede Mannschaft elf Spieler, von denen zwei ausgewechselt werden dürfen. Das Spielfeld ist 91,40 m lang

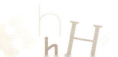

und 50–55 m breit, das Tor 3,66 m breit und 2,14 m hoch. Beim *Hallenhockey* (2 x 30 Minuten) sind die Abmessungen für Spielfeld, Tore und Schusskreis kleiner. Die Mannschaften bestehen hier aus fünf Feldspielern und einem Torwart (sowie sechs Auswechselspielern). Es gibt im Unterschied zum Feldhockey kein Abseits und keine langen Ecken. Außerdem darf der Ball nicht geschlagen werden und muss auf dem Boden bleiben; nur im Schusskreis kann er ins Tor geschlenzt werden.
Ähnlich wie beim → Eishockey sind die Regeln beim *Rollhockey.* Fünf Spieler und ein Torwart bewegen sich auf Rollschuhen. Das Spielfeld ist von einer Bande umgeben. Der Ball darf nie höher als 1,50 m gespielt werden. Die effektive Spielzeit beträgt 2 x 25 Minuten.

Hoden, die männlichen Keimdrüsen, die bei vielen Tieren und beim Menschen die Samenzellen (→ Spermium) sowie bei Insekten und Wirbeltieren auch → Hormone erzeugen. Beim Menschen befinden sich die beiden etwa walnussgroßen Hoden im **Hodensack,** der hinter dem Penis liegt (→ Geschlechtsorgane). Im Hoden bildet sich das männliche Geschlechtshormon *Testosteron,* das sowohl die Entwicklung der → Geschlechtsmerkmale als auch den Geschlechtstrieb beeinflusst.

Hoffmann, E. T. A. (= Ernst Theodor Amadeus) (1776–1822), deutscher Schriftsteller, Komponist und Maler, der in seinen Werken realistische Darstellungsweise mit phantastisch-schauerlichen Inhalten verbindet. Besonders bekannt unter seinen romantischen Erzählungen und Romanen sind Märchen wie »Der goldene Topf« (1814/15), der Schauerroman »Die Elixiere des Teufels« (1815) und der humoristische Roman »Die Lebensansichten des Katers Murr« (1820–1822).

Hofmannsthal, Hugo von (1874–1929), österreichischer Schriftsteller, der sich in seinen Dramen an griechischen, mittelalterlichen und barocken Vorbildern orientierte. Besonders bekannt sind neben dem Mysterienspiel »Jedermann« (1911) und der Komödie »Der Schwierige« (1921) die von Richard Strauss vertonten Dramen und Libretti wie »Elektra« (1903).

Höhenstrahlung, andere Bezeichnung für → kosmische Strahlung.

Hohenzollern, deutsches Fürstengeschlecht, dessen Stammsitz die Burg *Hohenzollern* bei Hechingen (Schwäbische Alb) war. 1214 spalteten sich die Hohenzollern in eine schwäbische und eine fränkische Linie. Der fränkischen Linie, die seit der Reformation evangelisch war, ent-

Die **Höhle** *la Forestière im französischen Departement Ardèche*

stammten die Markgrafen und Kurfürsten von Brandenburg, die nach dem Erwerb von Preußen ab 1701 preußische Könige wurden. 1871–1918 stellten die Hohenzollern den deutschen Kaiser.

Höhlen, natürliche unterirdische Hohlräume und Gänge, die entweder bei der Bildung des Gesteins oder durch die → Erosionswirkung von Wasser entstehen.

Höhlenmalerei, *Felsmalerei,* in vorgeschichtlicher Zeit entstandene gemalte oder eingeritzte Bilder, die in allen von Menschen bewohnten Erdteilen zu finden sind. Die auch als *Petroglyphen* bezeichneten Felszeichnungen wurden

gibt es eine *lange Ecke.* Sie wird von einem Punkt auf der Torauslinie ausgeführt, der höchstens 4,55 m von der Eckfahne entfernt ist. Falls der Verteidiger den Ball absichtlich ins Aus spielt oder im letzten Viertel ein Foul begeht, gibt es eine *kurze Ecke.* Sie wird von einem Punkt ausgeführt, der 9,14 m vom Torpfosten entfernt ist. Der Ball wird vor das Tor gespielt und dort von einem Mitspieler (mit der Hand) gestoppt, bevor er auf das Tor geschossen wird. Bis zu sechs Verteidiger dürfen sich beim Schuss hinter der Torlinie aufhalten. Bei schweren Fouls im Schusskreis wird ein *Strafstoß* verhängt, der vom Strafpunkt aus, 7,31 m weit vom Tor entfernt, ausgeführt wird.

Höhlenmalerei

Die ältesten entdeckten Felsbilder stammen aus der Eiszeit und sind über 40 000 Jahre alt. Besonders berühmt sind neben den Höhlenmalereien in Nordspanien (→ Altamira) und Südfrankreich (Lascaux) die Felsbilder in der Sahara (Tassili). Bis in die jüngste Zeit wurden Felszeichnungen von den → Buschmännern in Südafrika und den → Aborigines in Australien angefertigt.

Afrikanische **Höhlenmalereien** *aus vorgeschichtlicher Zeit*

Holmium
••••••••••••••••••••
Zeichen: Ho
Ordnungszahl: 67
Atommasse: 164,93
Dichte: 8,79 g/cm³
Schmelzpunkt: 1474 °C
Siedepunkt: 2695 °C

nicht nur in Höhlen, sondern auch an äußeren Felswänden angebracht. Wahrscheinlich hatten die Zeichnungen anfangs magische Funktionen (Jagd- und Abwehrzauber).

Hohlspiegel, ein zumeist parabolisch gewölbter Spiegel, der Lichtstrahlen bündelt (z. B. in Autoscheinwerfern oder Taschenlampen).

Hohltiere, im Wasser lebende vielzellige Tiere, die sehr einfach gebaut sind. Sie besitzen einen Hohlraum, in dem die Nahrung verdaut wird, und eine einzige Körperöffnung, mit der sie die Nahrung sowohl aufnehmen als auch ausscheiden. Häufig bilden sie Kolonien. Die kleinsten sind nicht einmal 1 mm groß, die größten über 1,5 m. Es gibt zwei Stämme, die *Nesseltiere* und die *Rippenquallen.*

Holbein der Jüngere, Hans (1497–1543), deutscher Maler und Zeichner, der zahlreiche Reisen unternahm und 1536 Hofmaler des englischen Königs Heinrich VIII. wurde. Unter dem Einfluss von → Renaissance und Humanismus schuf er zunächst religiöse Werke, die durch ihre Klarheit beeindrucken, dann für die Graphik bedeutsame Holzschnitte (vor allem »Totentanz«) und später genau beobachtete Porträts. Sein Vater, *Hans Holbein der Ältere* (um 1465–1524), blieb der Spätgotik verhaftet und malte vor allem große Altarwerke und realistisch dargestellte Porträts.

Hölderlin, Johann Christian Friedrich (1770 bis 1843), deutscher Dichter, der neben seinem Briefroman »Hyperion« (1797–1799) vor allem Gedichte schrieb. Seine Lyrik orientierte sich in ihren Formen (Ode, Hymne, Elegie) und Bildern an antiken Vorbildern, aber neben strengen Versmaßen verwendete Hölderlin auch freie Rhythmen.

Holland, die westlichen Provinzen *(Nord-* und *Südholland)* der → Niederlande; der Name wird oft fälschlich für das gesamte niederländische Königreich gebraucht.

Hölle, in vielen Religionen ein in der Unterwelt angesiedeltes Reich, das die Wohnstätte des → Teufels und der bösen Geister ist. Die Hölle ist auch der Ort, an den die sündigen Menschen nach dem Tod kommen, um für ihre irdischen Taten bestraft zu werden. Die christliche Hölle übernahm nicht nur jüdische Vorstellungen, sondern auch das germanische Totenreich → Hel. Sie ist als Gegensatz zum → Himmel ein Ort und Zustand der ewigen Verdammnis und Gottesferne.

Hollywood [ˈhɔlɪwʊd], Stadtteil von Los Angeles (Kalifornien) der wegen seiner vielen Filmstudios gleichbedeutend ist mit der amerikanischen Filmindustrie und aufwendigen, durch große Stars und Special Effects gekennzeichneten Kinofilmen.

Holmium [von lat. Holmia = »Stockholm«], *das,* ein → chemisches Element. Das silbergraue Metall gehört zu den seltenen Erden.

Holocaust [griech.-engl. »Brandkatastrophe«], *der,* die auch als *Shoa* bezeichnete Massenvernichtung der Juden während der nationalsozialistischen Gewaltherrschaft.

Holographie [von griech. holos = »ganz« und graphein = »schreiben«], ein Verfahren, um mit Hilfe von kohärentem Laserlicht räumliche Bilder *(Hologramme)* zu speichern und wiederzugeben.

Holozän [von griech. holos = »ganz« und kainos = »neu«], *das,* in der → Erdgeschichte die auch als *Alluvium* bezeichnete jüngste Abteilung des → Quartärs, die vor rund 13 000 Jahren begann und noch heute andauert (geologische Jetztzeit).

Holz, Hauptbestandteil des Stammes, der Äste und der Wurzeln von **Holzgewächsen.** Er ist aus → Zellulose, Hemizellulosen und Lignin zusammengesetzt. Der *Holzkörper* ist außen von der *Rinde* umgeben und umschließt das *Mark.* Holz ist ein Dauergewebe, das mehrere Meter dick und sehr fest werden kann. Gebildet wird es vom *Kambium,* das als dünner Mantel zwischen dem Holzkörper und dem → Bast liegt. Der ständig wachsende Holzkörper fügt jedes Jahr neue Schichten hinzu, die als *Jahresringe* zu erkennen sind. Außen befindet sich das hellere und weichere *Splintholz,* innen das dunklere, härtere *Kernholz,* dessen Zellen bereits abgestorben sind. Holz ist ein wertvoller Werk- und Rohstoff, der schon in frühester Zeit verwendet wurde (Herstellung von Waffen, Werkzeugen, Fahrzeugen und Behausungen sowie als Brennstoff). Auch heute noch nutzt man Holz für die Fertigung von Möbeln und zum Bauen und verarbeitet es weiter (vor allem zu → Papier).

Holzblasinstrumente, aus Holz hergestellte → Blasinstrumente. Der Ton wird entweder durch Anblasen einer Kante (bei den → Flöten) oder eines einfachen oder doppelten Rohrblattes erzeugt, das als aufschlagende oder gegenschlagende Zunge den Luftstrom unterbricht (z. B. Klarinette, Fagott, Oboe, Englischhorn). Die Tonhöhe wird mit Hilfe von Grifflöchern (mit oder ohne Klappen) verändert. Zu den Holzblasinstrumenten werden auch → Saxophon und → Querflöte gerechnet, obwohl sie heute aus Metall bestehen.

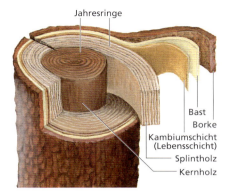

■ *Holz:* Schichtenstruktur des Baumes

Holzschnitt, eine der ältesten → Vervielfältigungstechniken für Kunstwerke, die eng mit dem Buchdruck (→ Drucken) verbunden ist. Die in China seit etwa dem 7. Jh. bekannte Holzschnitttechnik gelangte im Mittelalter nach Europa, wo sie zunächst für Einblattdrucke mit religiösem Inhalt und für Spielkarten verwendet wurde. Um 1430 entstanden die ersten Bücher im Holzschnittdruck. Nach der Erfindung des Buchdrucks mit beweglichen Lettern (→ Gutenberg) wurden Holzschnitte hauptsächlich zur Buchillustration verwendet.
Bedeutende Holzschnittkünstler waren Albrecht → Dürer, Lucas → Cranach d. Ä., Albrecht Altdorfer und Hans → Holbein d. J. Im 17. Jh. wurde der Holzschnitt fast vollständig von anderen graphischen Techniken wie → Kupferstich und → Radierung verdrängt. Erst während der Zeit des → Expressionismus erlangte er wieder künstlerische Bedeutung, etwa durch die Arbeiten von Emil Nolde, Franz → Marc, Max Beckmann, Ernst Barlach, Edvard Munch, Otto Pankok und Käthe → Kollwitz.

Homepage [engl. ˈhoʊmpeɪdʒ], *die,* Leitseite, die als Inhaltsverzeichnis (mit Hilfe von → Hyperlinks) auf weitere Seiten (→ Webseiten) im → Internet verweist. Da die meisten Anbieter von → Online-Diensten kostenlos Speicherplatz zur Verfügung stellen, gibt es neben den kommerziellen Homepages von Firmen und Organisationen auch sehr viele private, selbst gestaltete Homepages. Zu einer bestimmten Homepage gelangt man mit einem → Browser, wenn man die betreffende Adresse kennt, das heißt, auf welchem → Server das Dokument zu finden ist.

Homer (8 Jh. v. Chr.), griechischer Dichter, der in Ionien (Kleinasien) gelebt haben soll. Der als blinder Sänger dargestellte Homer vereinte in seinen beiden großen Werken, → »Ilias« und → »Odyssee«, vermutlich zahlreiche mündliche Überlieferungen. Er verband eine durch viele kunstvolle → Metaphern gekennzeichnete, sehr poetische Sprache in Hexametern mit einer inhaltlichen Fülle, die die gesamte altgriechische Mythologie enthält.

homogen [griech.], gleichartig, einheitlich aufgebaut. Gegensatz: → heterogen.

Homöopathie [von griech. homoios = »gleichartig« und pathos = »Leiden«], *die,* 1796 entwickeltes Heilverfahren, das nur Arzneimittel einsetzt, die in höherer Dosierung bei einem gesunden Menschen ähnliche Symptome wie bei dem behandelten Kranken hervorrufen *(Simile-Prinzip).* Die Arzneien werden *potenziert,* indem sie extrem verdünnt werden.

Homo sapiens [lat. »der vernunftbegabte Mensch«], *der,* wissenschaftliche Bezeichnung für den direkten Vorläufer des Jetztmenschen (siehe Sonderseite Evolution des Menschen).

Homosexualität [von griech. homos = gleich und lat. sexus = »Geschlecht«], *die,* Gleichgeschlechtlichkeit, eine → Sexualität, deren Empfinden auf das eigene Geschlecht ausgerichtet ist. Männliche Homosexuelle bezeichnet man als → Schwule, homosexuelle Frauen als → Lesben. Nach Schätzungen sind in Deutschland mindestens 5–10 % der Bevölkerung homosexuell.

homozygot [von griech. homos = gleich und

Holzschnitt

Für den Holzschnitt werden meist harte Holzsorten wie Obstbaumholz benutzt. Auf eine geglättete Holzplatte, *Holzstock* genannt, mit längslaufender Faserrichtung (Langholz) wird seitenverkehrt ein Bild aufgezeichnet. Alle Teile, die später das gedruckte Bild ergeben, bleiben »hoch« stehen (deshalb nennt man dieses Druckverfahren *Hochdruck);* das übrige Holz wird herausgeschnitten.
Verwendet man eine quer zur Faserrichtung geschnittene Holzplatte, Hirnholz genannt, spricht man von einem Holzstich. Der Holzstich ermöglicht eine große Detailgenauigkeit in der Zeichnung, weil das Hirnholz sehr widerstandsfähig ist und dünnste Linien und Schraffuren zulässt. Der fertig geschnittene Holzstock wird dann mit Farbe eingewalzt und auf Papier oder Pergament abgedruckt. Dabei erscheint das seitenverkehrte Bild des Holzschnitts seitenrichtig auf dem Abdruck.
Beim *Farbholzschnitt,* der Ende des 16. Jh. in China entwickelt wurde, wird für jede Farbe ein eigener Druckstock hergestellt.

Homosexualität im Tierreich

Homosexualität kommt auch bei Tieren vor. Bei Graugänsen beispielsweise beobachten Forscher gleichgeschlechtliche Ganterpaare und sogar homosexuelle Dreiergruppen bei Jungtieren. Die Tiere behandelten ihren Partner so, als ob dieser ein Weibchen sei. Allerdings schlossen die Forscher aus ihren Beobachtungen, dass die gleichgeschlechtliche Zuneigung auf einem Mangel an Weibchen beruht. Zwei Ganter wenden sich einander zu, wenn einem von ihnen der weibliche Partner weggestorben ist. Wissenschaftler vermuten, dass es sich bei homosexuellen Gänsepaaren möglicherweise nur um eine Zwischenlösung handelt, bis das Geschlechterverhältnis in der Gruppe wieder ausgeglichen ist. Bei vielen Affenarten hingegen gehören gleichgeschlechtliche Praktiken zum normalen sexuellen Verhalten.

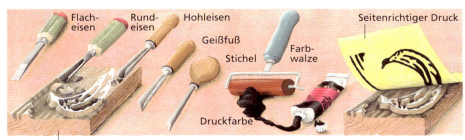

■ *Holzschnitt:* Werkzeuge und technisches Verfahren

Honduras

Honduras	
Staatsname:	Republik Honduras
Staatsform:	Präsidiale Republik
Hauptstadt:	Tegucigalpa
Fläche:	112 088 km²
Einwohner:	5,6 Mio.
Bevölkerungsdichte:	50/km²
Amtssprache:	Spanisch
Währung:	Lempira (L)
Nationalitätskennzeichen:	HN

Honduras

Hongkong

Hörbereich
· · · · · · · · · · · · ·
Der *Hörbereich* ist bei den einzelnen Arten sehr unterschiedlich. Der Mensch kann Schwingungen in einem Bereich zwischen 16 Hz und 20 kHz wahrnehmen, wobei die obere Hörgrenze bei Kleinkindern höher ist und mit dem Alter stark abnimmt. Schallwellen unterhalb der menschlichen Hörgrenze sind für den Menschen → *Infraschall,* Schallwellen über 20 Hz → *Ultraschall.* Delphine und Fledermäuse dagegen können noch extrem hohe Töne (über 200 kHz) hören.

zygotos = »verbunden«], reinerbig, bei gleichartigen Chromosomen für ein Gen dieselbe Erbanlage aufweisend. Gegensatz: *heterozygot.*

Honduras, Staat in Mittelamerika. Honduras ist ein Bergland mit vielen Becken und einer breiten Küstenebene. Die Bevölkerung, die hauptsächlich in der Landwirtschaft tätig ist (Bananen und Kaffee für den Export), besteht überwiegend aus Mestizen (fast 90 %) und Indianern. Das Gebiet gehörte zum Herrschaftsbereich der → Maya, bevor es im 16. Jh. von den Spaniern erobert wurde. Nach der Unabhängigkeit von der spanischen Kolonialherrschaft (1821) gehörte Honduras zuerst zu Mexiko und zur Zentralamerikanischen Föderation. Seit 1838 ist Honduras eine unabhängige Föderation, war aber seitdem häufig von inneren Unruhen und Konflikten mit den Nachbarstaaten geprägt.

Honecker, Erich (1912–1994), deutscher Politiker (SED). Er wurde als Mitglied der KPD 1935 verhaftet und war während der Zeit des Nationalsozialismus im Zuchthaus (1937–1945). In der → DDR wurde er 1976 Staatsratsvorsitzender, musste aber 1989 angesichts der zunehmenden wirtschaftlichen Probleme und der Proteste von Bürgerrechtsbewegungen zurücktreten. Ein Prozess gegen ihn wurde aus gesundheitlichen Gründen eingestellt.

Hongkong, chin. *Xiang Gang,* bis Mitte 1997 britische Kronkolonie in Ostasien, jetzt Sonderverwaltungsgebiet der Volksrepublik China (1084 km², 6 Mio. Einwohner). Das dicht besiedelte und stark industrialisierte Gebiet umfasst neben der Insel Hongkong (mit der Hauptstadt Victoria) die Halbinsel *Kaulun* und das als *New Territories* bezeichnete Hinterland. 1898 schlossen Großbritannien und China einen Pachtvertrag über das Hinterland der Halbinsel Kaulun und etliche Inseln im Südchinesischen Meer, der für 99 Jahre galt. Die Rückgabe des gesamten Gebiets von Hongkong an China zum 1. 7. 1997 wurde 1984 vereinbart. China sicherte dabei zu, das westliche Wirtschafts- und Gesellschaftssystem Hongkongs 50 Jahre weiter bestehen zu lassen (»ein Land, zwei Systeme«).

Honig, eine dickflüssige, klebrige Masse von süßem Geschmack, die von → Bienen aus Blütennektar erzeugt wird. Der in den Waben des Bienenstocks gespeicherte Honig ist wegen seines hohen Zuckeranteils und seiner Nährstoffe ein seit uralter Zeit geschätztes Nahrungsmittel. Honig kann hellgelb bis schwarz sein, je nachdem von welchen Pflanzen der Nektar stammt.

■ *Hopfen: Traditionelle Ernte in Franken*

Honorar [lat. »Belohnung«], *das,* finanzielle Vergütung für Leistungen von Freiberuflern oder nebenberufliche Tätigkeiten (z. B. von Wissenschaftlern).

Hooligan [engl. ˈhuːlɪgən], *der,* gewalttätiger, randalierender Besucher einer Großveranstaltung (vor allem einer Sportveranstaltung).

Hopfen, zu den → Hanfgewächsen gehörende Schlingpflanze, die bis zu 8 m hoch wird und in Europa und Asien wächst. Die Fruchtzapfen *(Hopfendolden)* der weiblichen Pflanzen enthalten das an Harz und Bitterstoffen reiche Lupulin, das dem → Bier beim Brauen seinen würzigen Geschmack und seine Haltbarkeit verleiht.

Hörbereich, *der* → Frequenzbereich, den ein Lebewesen durch seine Ohren als → Schall wahrnehmen kann.

Horizont [griech. »begrenzend(er Kreis)«], *der,* die sichtbare Grenzlinie zwischen Erde und Himmel; in der Geologie die kleinste Schicht bzw. der ihr entsprechende Zeitraum.

Hormone [von griech. horman = »anregen«], *Mz.,* Wirkstoffe, die im Körper von besonderen Drüsen gebildet und ins Blut abgegeben werden, um bestimmte Körperfunktionen (z. B. Stoffwechsel, Wachstum, Entwicklung, Emotionen) anzuregen oder zu regeln.

Horn, organischer Stoff, der von der Oberhaut gebildet wird und vor allem aus *Keratin,* einem Gerüsteiweiß, besteht. Aus Horn bestehen bei Tieren u. a. Federn, Haare, Schuppen, Schnäbel, Krallen und die → Hörner.

Hörner, 1. bei Paarhufern (z. B. Rinder, Ziegen, Antilopen) die Kopffortsätze, die als Hornscheiden auf den Knochenzapfen des Stirnbeins sitzen und unterschiedlich lang und verschieden geformt sein können. Zumeist tragen beide Geschlechter Hörner. Als Hörner bezeichnet man auch die hornförmigen Fortsätze des Nasenbeins beim → Nashorn; **2.** Blasinstrumente, die ursprünglich aus Tierhörnern angefertigt wur-

den. Die heute verwendeten Hörner bestehen aus einer konisch oder zylindrisch geformten, zumeist metallenen Röhre. Der Ton wird dadurch erzeugt, dass der Spieler seine Lippen an das Mundstück presst und vibrieren lässt. Hörner werden schon seit vorgeschichtlicher Zeit verwendet. Die erzeugten Töne, die oft als Signale (Warnung, Angriff) eingesetzt wurden, beschränkten sich zunächst auf die natürlichen Töne, die das Instrument von sich gab (noch heute beim hölzernen *Alphorn*). Später kamen Tonlöcher, Züge (bei der → Posaune) und Ventile hinzu. Im engeren Sinne sind Hörner → Blechblasinstrumente mit kreisförmig gebogenem, zwei- oder dreifach gewundenem Schallrohr (z. B. *Waldhorn*) gemeint.

Hornhaut, die äußerste Schicht der Haut, die aus verhornten Zellen besteht und als Verdickung (z. B. Schwielen) entsteht, wenn die Haut an diesen Stellen durch Reibung oder Druck besonders beansprucht wird. Beim → Auge bezeichnet man als Hornhaut die durchsichtige Haut vor dem Augapfel.

Hornisse, in Europa und Nordafrika vorkommende Wespenart, die in kleineren Staaten lebt (zumeist 200–500 Tiere). Die 2,5 cm lang werdenden Hornissen (die Königin erreicht eine Länge von 3,5 cm) wohnen in Papiernestern, die sie aus zerkautem Holz bauen.

Horoskop [von griech. horoskopeion = »Stundenseher«], *das,* die Aufzeichnung der Stellung bestimmter Gestirne zu einem besonderen Zeitpunkt (zumeist Geburt), um das Schicksal der betreffenden Person vorauszusagen.

Hors d'œuvre [frz. ɔr'dø:vrə], *das,* kalte oder warme Vorspeise, die den Appetit anregen soll.

Hörspiel, literarische Gattung, deren Werke für eine Ausstrahlung im → Rundfunk bestimmt sind. Das Hörspiel ist ein → Drama, das auf die Bedingungen eines nur akustischen Mediums zugeschnitten ist. Es verbindet Dialog und (inneren) Monolog mit erzählenden Elementen und verwendet zusätzlich Geräusche und musikalische Untermalung. Moderne Hörspiele bedienen sich auch der → Collage und montieren Originaltöne (z. B. Interviews) mit im Studio hergestellten Spielpassagen.

Hostie [lat. »Opfertier«], *die,* dünne, aus ungesäuertem Weizenmehl hergestellte Oblate, die in der katholischen und evangelischen Kirche für die Feier der → Eucharistie bzw. des Abendmahls verwendet wird.

Hotdog, *Hot Dog* [engl. »heißer Hund«], *der, und das,* aufgeschnittenes oder aufgebohrtes Brötchen, in dem sich ein warmes Würstchen mit Ketchup oder Senf befindet.

Hotline [engl. hotlan »heißer Draht«], *die,* eine für Notfälle (z. B. bei Problemen mit Computerprogrammen) oder Zusatzinformationen (z. B. bei bestimmten Fernsehsendungen) bereitstehende Telefonleitung.

Ho-Tschi-Minh-Stadt, vietnames. *Thanh Phô Hô Chi Minh,* im Mekongdelta gelegene größte Stadt von → Vietnam mit 3,9 Mio. Einwohnern. Das frühere *Saigon* war 1887–1902 Hauptstadt von Indochina und 1954–1976 Hauptstadt von Südvietnam. Nach der militärischen Niederlage Südvietnams wurde das wichtigste vietnamesische Industriezentrum zu Ehren des nordvietnamesischen Politikers Ho Tschi Minh (1890–1969) umbenannt.

Hottentotten, *Khoi-Khoin* (»Menschen der Menschen«), mit den → Buschmännern verwandtes Volk, das heute nur mehr in Namibia und Südafrika lebt (etwa 40 000). Sie waren ursprünglich Hirtennomaden.

House Music [engl. 'haʊs 'mjuːzɪk], *die,* einflussreiche Stilrichtung der → Rockmusik, die sich Mitte der 80er Jahre entwickelte. Der Name geht auf ein Tanzlokal in Chicago, das »Warehouse«, zurück. Die durch monotone, zumeist von Drumcomputern oder Rhythmusmaschinen erzeugte Rhythmen geprägte Musik wird vom → DJ durch Mischen mehrerer Platten »live« produziert. → Sampling spielt eine große Rolle und ermöglicht es, Einzelelemente aus vielen Musikstilen zu übernehmen. In erster Linie ist House eine Tanzmusik, die den Hörer animieren oder in einen tranceartigen Zustand versetzen soll. Aus der House Music ist → Techno entstanden.

Hubble-Effekt ['hʌbl-], nach dem amerikanischen Astronomen *Edwin Powell Hubble* (1889–1953) benannter Zusammenhang zwischen der Rotverschiebung in den Spektrallinien der Galaxien und ihrer Entfernung. Die Rotverschiebung lässt sich mit Hilfe des → Doppler-Effekts erklären: Demnach entfernen sich diese Galaxien mit wachsender Fluchtgeschwindigkeit, was für eine Expansion des Universums spricht. Die Fluchtgeschwindigkeit pro Megaparsek (= $3{,}263 \times 10^6$ Lichtjahre) wird als **Hubble-Konstante** bezeichnet. Ihr Wert liegt vermutlich zwischen 50 und 100 km/s.

Hubble-Weltraum-Teleskop, engl. *Hubble Space Telescope,* Spiegelteleskop, das im April 1990 mit einem Space Shuttle in eine Erdumlaufbahn befördert wurde. Das Hubble-Weltraum-Teleskop dient vor allem zur Beobachtung von

Horoskop

Das *chinesische Horoskop* kennt zwölf Tierkreiszeichen, die jeweils für das Geburtsjahr gelten. Da sich China aber nach dem Mondkalender richtet, kann der Jahresanfang auf einen Termin zwischen dem 21. Januar und dem 19. Februar fallen.

Tier	Geburtsjahr
Ratte	1972, 1984
Büffel	1973, 1985
Tiger	1974, 1986
Hase	1975, 1987
Drache	1976, 1988
Schlange	1977, 1989
Pferd	1978, 1990
Schaf	1979, 1991
Affe	1980, 1992
Hahn	1981, 1993
Hund	1982, 1994
Eber	1983, 1995

Hörspiel

Am berühmtesten ist das Hörspiel, das *Orson Welles* (1915–1985) nach einem utopischen Roman von H. G. Wells gestaltete: »The War of the Worlds« (Der Krieg der Welten). Das Spiel, das eine Invasion von Marsbewohnern auf der Erde in Form einer Rundfunkreportage schilderte, löste 1938 Panik unter den Zuhörern aus.

Hubble-Effekt

Aus dem Hubble-Effekt folgt, dass sich die Galaxien immer schneller bewegen, je weiter sie von der Erde entfernt sind. Für die am weitesten entfernten Objekte, die man bis jetzt kennt, die → Quasare, ist eine Geschwindigkeit von bis zu 270 000 km/s ermittelt worden. Aus der Fluchtgeschwindigkeit der Galaxien kann man indirekt auch auf das Alter des Universums schließen, d. h., wann die Expansion mit dem → Urknall begonnen hat (Kehrwert der Hubble-Konstante). Dieses »Weltalter« beträgt je nach Messung zwischen 12 und 18 Mrd. Jahren.

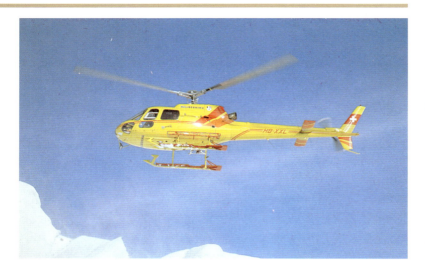

Hubschrauber werden auch zur Rettung von in Not geratenen Bergsteigern eingesetzt

Hühnervögel: Geierperlhuhn

weit entfernten Galaxien, die zu lichtschwach sind, um von der Erde aus beobachtet zu werden.

Hubraum, beim → Verbrennungsmotor der Rauminhalt der Zylinders, den die Kolben bei der Auf- und Abbewegung verdrängen. Der *Hub* ist die Länge der dabei zurückgelegten Strecke. Aus Hub und Zylinderdurchmesser, mit der Anzahl der Zylinder malgenommen, errechnet sich der Hubraum eines Motors (gemessen in Kubikzentimetern, z. B. 1589 cm³). Vom Hubraum und der Umdrehungszahl hängt die Leistung eines Motors ab.

Hubschrauber, *Helikopter,* ein Flugzeug, das anstelle starrer Tragflächen Drehflügel *(Rotoren)* mit propellerartigen Rotorblättern besitzt, die sich um ihre eigene Achse drehen. Die zumeist durch einen Verbrennungsmotor angetriebenen, verstellbaren Rotoren erzeugen den Auf- und den Vortrieb. Ein Hubschrauber kann deshalb senkrecht starten und landen, seitwärts fliegen und in der Luft schweben. Am Heck ist eine zusätzliche Luftschraube angebracht, die das Flugzeug stabilisiert. Hubschrauber können Geschwindigkeiten von bis zu 300 km/h erreichen.

Huf, bei den Unpaarhufern (z. B. Pferde) das Ende der dritten Zehe, das schuhförmig mit einer Hornmasse überzogen ist. Bei den Paarhufern werden die entsprechenden Zehenenden als *Klauen* bezeichnet.

Hugenotten [frz.], *Mz.,* ursprünglich Bezeichnung für die Anhänger des Protestantismus oder → Kalvinismus in Frankreich, im weiteren Verlauf für die Nachkommen dieser Kalvinisten, die im 17. Jh. aus Frankreich fliehen mussten (vor allem nach Nordamerika, Großbritannien, Brandenburg, in die Schweiz und die Niederlande). Die französischen Protestanten wurden in acht *Hugenottenkriegen* 1562–1598 grausam verfolgt; in der *Bartholomäusnacht* vom 23. auf den 24. 8. 1572 wurden Tausende von ihnen ermordet. Das *Edikt von Nantes* (1598) gewährte den Hugenotten vollständige Religionsfreiheit, doch 1685 wurde es wieder aufgehoben. Die unter → Ludwig XIV. neu einsetzende Unterdrückung führte dazu, dass mehrere hunderttausend, die nicht zum Katholizismus übertreten wollten, ins Ausland flüchteten. Endgültige Glaubensfreiheit erhielten die Hugenotten erst mit der → Französischen Revolution.

Huhn, ein seit mehr als 4000 Jahren als Haustier gehaltener → Hühnervogel. Alle Hühnerrassen gehen auf das indische *Bantivahuhn* zurück. Hühner werden entweder als *Legehühner* (die im Jahr bis zu 300 → Eier legen) oder als *Fleischhühner* (die bis zu 6 kg schwer werden) gezüchtet, zumeist in Massentierhaltung.

Hühnerauge, schmerzhafte Verdickung der Hornhaut, die an den Zehen durch Dauerdruck (z. B. zu enge Schuhe) entsteht.

Hühnervögel, weltweit verbreitete Bodenvögel, die nur schlecht fliegen können. Es gibt vier Familien: *Fasanenartige* (darunter → Fasan, Pfau, Perlhuhn, Truthuhn und auch das Haushuhn), *Großfußhühner* (in Australien, Ozeanien und Südostasien), *Hokkohühner* (in Mittel- und Südamerika, bis 1 m lang) und *Schopfhühner* (in Südamerika).

Hülse, eine → Frucht, die aus einem einzigen Fruchtblatt hervorgeht und bei der Reife aufspringt. Zumeist enthält sie mehrere Samen. Die bekanntesten **Hülsenfrüchtler** unter den Nutzpflanzen sind Bohnen, Erbsen, Linsen und Lupinen.

Humanismus [it.], *der,* spätmittelalterliche Strömung in Europa, die das Bildungsideal der antiken Kultur zu erneuern versuchte. Der zu Beginn der → Renaissancezeit in Italien entstandene Humanismus beschäftigte sich mit den Schriften der alten Römer und Griechen und versuchte, den Menschen aus der Enge des christlichen Mittelalters zu befreien und zu freier Selbstentfaltung zu befähigen. Die Wiederentdeckung des antiken Schrifttums förderte auch die Wissenschaften und erneuerte die Erziehung. Im 14.–16. Jh. breiteten sich humanistische Gedanken in ganz Europa aus. Bedeutende Humanisten waren die italienischen Dichter → Dante und

Francesco Petrarca (1304–1374), der niederländische Philologe Erasmus von Rotterdam (1466–1536), der englische Staatsmann und Philosoph Thomas Morus (1478–1535), der deutsche Reichsritter und Dichter Ulrich von Hutten (1488–1523), Johann Reuchlin (1455–1522) und Philipp Melanchthon (1497–1560). Allgemein versteht man heute unter Humanismus das Streben nach Menschlichkeit.

Humboldt, Alexander von (1769–1859), deutscher Naturforscher und Geograph, der 1799–1804 Mittel- und Südamerika bereiste und 1829 eine Expedition nach Zentralasien unternahm. Seine Forschungsergebnisse legte er in einem 30-bändigen Werk (1805–1834) in französischer Sprache nieder.

Hummeln, Staaten bildende, bis 3 cm groß werdende Bienen, die fast nur auf der nördlichen Erdhalbkugel vorkommen. Sie besitzen einen plumpen, behaarten Körper und legen ihre Nester, in denen sich zumeist 100–500 Tiere befinden, in Erd- oder Baumhöhlen an. In den Gebieten mit gemäßigtem Klima überwintern nur die befruchteten Weibchen. Hummeln spielen eine wichtige Rolle bei der → Bestäubung.

Hummer, im Meer lebende zehnfüßige Krebse, die bis zu 50 cm lang und bis zu 4 kg schwer werden können. Hummer gelten wegen ihres wohlschmeckenden Fleisches als Delikatesse.

Humus [lat. »Erdboden«], *der,* die oberste, fruchtbare Bodenschicht, die durch → Verwesung organischer Stoffe entsteht. Humus ist von brauner bis schwarzer Farbe. Er enthält viele Nährstoffe und Kleinlebewesen, was zur Auflockerung und Düngung des Bodens führt.

Hunde, eine Familie von Raubtieren, die bis 1,3 m lang werden können. Sie besitzen einen lang gestreckten Kopf und einen buschigen Schwanz. Zumeist jagen sie in Rudeln. Zu den Hunden gehören → Fuchs, Wolf, Schakal und Kojote.
Unser **Haushund** stammt vom Wolf ab und wurde schon in der mittleren Steinzeit domestiziert (→ Haustiere). Seitdem haben sich mehrere hundert *Hunderassen* herausgebildet, die entweder für bestimmte Aufgaben (z. B. *Jagd-, Wachhunde*) oder wegen ihres Aussehens gezüchtet werden.

Hundertjähriger Krieg, der 1337–1453 zwischen England (→ Großbritannien) und → Frankreich geführte Krieg. Anlass dafür war, dass der englische König Eduard III. (reg. 1327–1377) nach dem Aussterben der Kapetinger (1328) Anspruch auf den französischen Thron erhob. England war anfangs militärisch überlegen und gewann im Jahre 1360 Gebiete in Südwest- und Nordfrankreich. Nachdem die Engländer 1375 fast ganz vom Festland verdrängt worden waren, eroberten sie im 15. Jh. die nördliche Hälfte Frankreichs. Die militärischen Erfolge von → Jeanne d'Arc 1429/30 leiteten die endgültige Vertreibung der Engländer ein, die im Frieden von Picquigny nur noch Calais (bis 1558) und die → Kanalinseln behalten durften.

Hunnen, asiatisches Reitervolk, das erstmals im 3. Jh. v. Chr. als *Hsiang-nu* in der → Mongolei in Erscheinung trat. Als die Hunnen von den Chinesen besiegt wurden, zerbrach ihr innerasiatisches Reich. Der nach Westen ausweichende Teil der nomadisch lebenden Hunnen besiegte um 350 die Alanen am Aralsee und zerstörte 375 das Reich der Ostgoten in Südrussland. Sie drangen in die Donauebene vor, wo sie ab 405 ein Reich gründeten. Auf ihren Raubzügen gelangten sie unter → Attila bis Italien und Gallien, wurden aber 451 in der Schlacht auf den Katalaunischen Feldern geschlagen. Nach Attilas Tod (453) zerfiel ihr Reich.

Hunsrück, der südwestliche Teil des Rheinischen Schiefergebirges zwischen Mosel, Rhein und Nahe. Höchste Erhebung ist der *Erbeskopf* (816 m).

Hürdenlauf, mehrere Wettbewerbe der → Leichtathletik. Bei den Herren gibt es die Strecken 110 m (mit zehn 1,07 m hohen Hürden) und 400 m (zehn Hürden, 91 cm hoch), bei den Damen 100 m (zehn Hürden, 84 cm hoch) und 400 m (zehn Hürden, 76 cm hoch). Der Hürdenlauf verlangt einen besonderen Laufstil mit möglichst gleich bleibender Schrittzahl zwischen den einzelnen Hürden, die überlaufen, nicht übersprungen werden müssen.

Hurrikan [engl.-span.-indian. ˈhʌrɪkən], *der,* heftiger Wirbelsturm in Mittelamerika, vorwiegend

■ *Das Auge des **Hurrikan*** wird von riesigen Wolkenfeldern umschlossen

Bekannte Hunderassen

Airedale
Basset
Bernhardiner
Boxer
Bulldogge
Chihuahua
Chow-Chow
Cockerspaniel
Collie
Dackel
Deutscher Schäferhund
Deutsche Dogge
Dalmatiner
Dobermann
Foxterrier
Husky
Mastiff
Pekinese
Pudel
Setter
Spaniel
Spitz
Windhund (Afghane, Barsoi, Greyhund)

■ *Schabrackenhyäne*

in der Karibik. Er entsteht meistens im Sommer oder Frühherbst und erreicht Geschwindigkeiten von bis zu 200 km/h.

Hus, Jan, dt. *Johannes Huß* (um 1370–1415), tschechischer Reformator, der Gedanken des englischen Theologen *John Wyclif* (1320–1384) übernahm und sich in seinen Predigten gegen Missstände in der Kirche wandte. Auf dem Konzil von Konstanz wurde er trotz der Zusicherung freien Geleits als Ketzer angeklagt und verbrannt.
Seine Anhänger wurden als **Hussiten** bezeichnet. Nach seinem Tod kam es zu einem Aufstand in Böhmen gegen den deutschen Kaiser, der Anspruch auf die böhmische Krone erhob. Die *Hussitenkriege* (1419–1436) griffen auch auf die Nachbarländer über. Im 16. Jh. schlossen sich die meisten Hussiten der Reformation → Luthers an; eine Minderheit wurde 1594 wieder katholisch. Aus den Taboriten, der radikalen Gruppe der Hussiten, gingen die Böhmischen und Mährischen Brüder hervor, aus denen im 18. Jh. die *Herrnhuter Brüdergemeine* entstand.

Hütte, *Hüttenwerk,* Anlage zur Gewinnung und Verarbeitung von metallischen und nichtmetallischen Roh- und Werkstoffen wie Eisen, Kupfer, Glas oder Schwefel.

Hyänen, in Afrika und Asien lebende Raubtiere, die mit den Schleichkatzen verwandt sind. Sie werden bis zu 1,6 m lang und jagen vorwiegend nachts in Rudeln (auch Großwild) oder ernähren sich von Aas. Typische Erkennungszeichen sind der nach hinten stark abfallende Körper und das Bellen, das an ein Lachen erinnert. Es gibt drei Arten: *Tüpfel-, Streifen-* und *Schabrackenhyäne.*

Hyazinthen, aus dem Mittelmeerraum stammende Liliengewächse mit Blütentrauben, die in Mitteleuropa als Zierpflanzen gezüchtet werden.

Hybridantrieb, bei Kraftfahrzeugen ein Antrieb aus zwei unterschiedlichen Einzelsystemen wie z. B. die Kombination aus Benzin- oder Dieselmotor mit einem Elektromotor.

Hybride [lat.], *die,* in der Biologie ein durch Kreuzung entstandener → Bastard, bei dem sich die Elterntiere oder -pflanzen in mehreren Erbanlagen unterscheiden.

Hydrant [engl.], *der,* Wasserentnahmestelle am Straßenrand, wo die Feuerwehr oder die Straßenreinigung aus der öffentlichen Wasserleitung Lösch- bzw. Reinigungswasser abzapfen kann.

Hydraulik [aus griech. hydor = »Wasser« und aulos = »Rohr«], *die,* Teilgebiet der Physik, das sich als Strömungslehre mit dem Verhalten von Flüssigkeiten unter Druck in abgeschlossenen Gefäßen beschäftigt. Da sich Flüssigkeiten nicht zusammenpressen lassen, breitet sich der auf sie ausgeübte Druck nach allen Richtungen gleich stark aus. Eine hydraulische Presse beispielsweise kann einen sehr hohen Druck erzeugen. Auch alle Vorrichtungen an Fahrzeugen oder Geräten, die ihre Kraft mit Hilfe des Drucks einer Flüssigkeit übertragen (z. B. hydraulische Bremse), werden als Hydraulik bezeichnet.

Hydrokultur, das Züchten von Pflanzen in einer wässrigen Nährlösung anstatt in Erde.

Hygiene [von griech. hygieinos = »gesund«], *die,* Gesundheitslehre. Als medizinisches Fachgebiet umfasst sie alle Maßnahmen, die durch Vorbeugung Krankheiten verhüten und die Gesundheit des Menschen erhalten sollen (z. B. durch Überwachung von Lebensmitteln und Trinkwasser).

Hygrometer [griech.], *das,* Gerät zum Messen der Luftfeuchtigkeit. Es besteht zumeist aus einem eingespannten Haar, das mit einem Zeigermechanismus verbunden ist. Bei hoher Luftfeuchtigkeit dehnt sich das Haar aus, bei niedriger Luftfeuchtigkeit zieht es sich zusammen; diese Längenänderung wird auf eine Maßskala übertragen.

Hymen [griech. »Häutchen«], *das,* eine auch als *Jungfernhäutchen* bezeichnete dünne Schleimhautfalte, die den Eingang der weiblichen → Scheide bis auf eine kleine Öffnung ring- oder sichelförmig verschließt. Bei der → Defloration reißt das Hymen ein und blutet zumeist.

Hymne [griech.], *die,* **Hymnus,** *der,* in der Dichtung ein feierlicher Lobgesang, der in der Antike von einem Sänger oder einem Chor zu Ehren eines Gottes oder Helden vorgetragen wurde. In der deutschen Dichtung ist die Grenze zwischen der pathetischen Hymne und der → Ode fließend (z. B. Goethe, »Prometheus«). Die Hymne wurde im Christentum für die liturgischen Gesänge übernommen. Oft ist mit Hymne auch die → Nationalhymne gemeint.

Hype [engl. haɪp], *der,* Kurzform für *Hyperbole* (engl. »Übertreibung«), aufwendige, übertriebene Werbung für etwas, das sich als unbedeutend herausstellt, auch die Sache, für die auf solche Weise geworben wird (vor allem in der Popmusik).

Hyperbel [von griech. hyperbole »Darüberhinauswerfen«], *die,* in der Geometrie ein Kegelschnitt. Die Hyperbel ist eine Kurve mit zwei symmetrischen, ins Unendliche gehenden Ästen. Für alle Punkte darauf bleibt die Differenz ihrer

Abstände von zwei festen Punkten (auf der Mittelachse), den sog. *Brennpunkten,* konstant. In der Stilistik eine sprachliche Übertreibung (z. B. ein *himmelweiter* Unterschied).

Hypertext [engl. ˈhaɪpətɛkst], ein in einer bestimmten Markierungssprache *(HTML* = Hypertext Markup Language) formatiertes Dokument im → Internet, das man mit einem → Browser aufrufen kann. Es enthält **Hyperlinks,** farblich oder durch Unterstreichungen hervorgehobene Textteile, die man mit der Maus anklicken kann, um zu den betreffenden Informationen auf anderen Seiten zu gelangen (→ Webpages). Das entsprechende Übertragungsprotokoll für solche Dokumente ist **HTTP** (HyperText Transfer Protocol). Diese Abkürzung leitet die Internet-Adresse des einzelnen Hypertextes bzw. von deren → Homepage ein (http://^G...).

Hyperventilation [griech.-lat.], *die,* durch rasches, kurzes Einatmen gesteigerte Belüftung der Lunge, die den Körper über den unmittelbaren Bedarf hinaus mit Sauerstoff versorgt und den Kohlendioxidgehalt im Blut senkt. Hyperventilieren kann beim Menschen zu Muskelkrämpfen führen. Manche mit Lungen atmenden Tiere benutzen die Hyperventilation, um lange und in große Tiefen tauchen zu können (→ Pottwal).

Hypnose [von griech. hypnos = »Schlaf«], *die,* schlafähnlicher Bewusstseinszustand, der durch → Suggestion herbeigeführt wird und die Willensbildung vermindert. In diesem Zustand ist der Hypnotisierte besonders empfänglich für Befehle des *Hypnotiseurs,* die er bereitwillig ausführt, wenn sie nicht seiner Persönlichkeit zuwiderlaufen. Durch Hypnose können auch verdrängte Erinnerungen ins Bewusstsein zurückgerufen und Schmerzen ausgeschaltet werden.

Hypochonder [griech.], *der,* jemand, der sich grundlos einbildet, krank zu sein.

Hypotenuse [griech.], *die,* im rechtwinkligen Dreieck die Seite, die dem rechten Winkel gegenüberliegt.

Hypothek [griech. »Unterpfand«], *die,* Belastung eines Grundstücks als Sicherung für eine finanzielle Forderung.

Hypothese [griech. »Unterstellung«], *die,* eine zwar wissenschaftlich begründete, aber nicht bewiesene Annahme, die als Hilfsmittel verwendet wird, um etwas (z. B. eine Beobachtung) im weiteren Verlauf zu beweisen.

Hysterie [von griech. hystera = »Gebärmutter«], *die,* eine seelische Störung, die sich in körperlichen Symptomen (z. B. Zittern, Lähmungen, Erbrechen, Sinnesstörungen) und abnormem Verhalten (Schrei- und Weinanfälle) äußert. Umgangssprachlich ist damit eine übermäßige, unkontrollierte Reaktion gemeint.

■ *Hyazinthe*

I, bei römischen Zahlen Zeichen für 1 (II = 2, III = 3).
i, in der Mathematik Zeichen für → imaginäre Einheit.

Iberische Halbinsel, *Pyrenäenhalbinsel,* größte Halbinsel (580 000 km^2) im Südwesten Europas, die → Spanien und → Portugal umfasst.

Ibisse, hochbeinige Stelzvögel, die überwiegend in wärmeren Gebieten vorkommen. Sie stehen den Störchen nahe und besitzen einen Schnabel, der bei den *Sichlern* schlank und sichelförmig gebogen, bei den *Löfflern* flach und vorne löffelartig verbreitert ist. Im alten Ägypten galt der Ibis als heilig.

Ibsen, Henrik (1828–1906), norwegischer Dichter, der mit seinen gesellschaftskritischen Dramen den → *Naturalismus* beeinflusste. Besonders bekannt neben seiner Nationaldichtung »Peer Gynt« (1867) ist das Stück »Nora oder Ein Puppenheim« (1879).

IC, Abkürzung für *Intercity-Zug;* **ICE,** *Intercity-Express-Zug* (→ Eisenbahn).

Icon [engl. ˈaɪkən], *das,* ein Symbol, das in der → Menütechnik bestimmte Funktionen von Computerprogrammen anzeigt und auf dem Bildschirm als leicht verständliches → Piktogramm erscheint. Icons werden durch Anklicken mit der → Maus aktiviert.

Ideal [griech.-lat.], *das,* etwas, das höchste Vollkommenheit verkörpert und als Vorbild angestrebt wird.

Idealismus [griech.-lat.], *der,* philosophische Auffassung, die alles (Welt und Erkenntnis) auf den Geist und das Denken zurückführt. Die Außenwelt ist deshalb nur eine Erscheinung oder über die Erkenntnis zugänglich. Gegensätze: → Materialismus und → Empirismus.

Identität [lat.], *die,* Gleichheit. Dinge sind identisch, wenn sie völlig miteinander übereinstimmen. In der Psychologie bezeichnet die Identität die Einmaligkeit einer Person, die sich durch ihr Denken und Verhalten ausdrückt.

Ideologie [frz.], *die,* Auffassungen und Werte, die mit einer bestimmten Schicht oder Kultur verbunden sind, auch die politischen Ideen einer Partei.

Idiom [griech. »Eigentümlichkeit«], *das,* eine Sprachbesonderheit oder Sprechweise, die für eine Gruppe (z. B. eine gesellschaftliche Schicht) eigentümlich ist.

Idol [griech. »Götzenbild«], *das,* jemand, der als Vorbild sehr verehrt wird.

Idyll [griech. »Bildchen«], *das,* Idylle, *die,* ursprünglich eine Dichtung, die zumeist eine ländliche Szene zum Inhalt hatte. Heute bezeichnet man damit ein Bild oder einen Zustand, die für ein einfaches, friedliches Leben und die Einheit von Mensch und Natur stehen.

Igel, bis zu 45 cm langer Säuger aus der Ordnung der Insektenfresser, der vorwiegend nachtaktiv ist. Bei den *Stacheligeln* sind die Haare zu starren Stacheln umgebildet. Bei Gefahr können sich Igel kugelförmig zusammenrollen und die Stacheln aufrichten. Igel gelten als nützliche Schädlingsvertilger, weil sie in Gärten Schnecken, Würmer und Insekten fressen. Von November bis Ende März halten sie Winterschlaf.

Iglu [eskim.], *der* und *das,* aus Schneeblöcken errichtete, kuppelförmige Behausung der → Eskimos.

Ikarus, in der griechischen Mythologie der Sohn von → Dädalus.

Ikone [griech.-russ.], *die,* geweihtes, zumeist auf Holz gemaltes Bild der → orthodoxen Kirchen, das in vereinheitlichter Form Christus, Maria oder Heilige darstellt und von den Gläubigen besonders verehrt wird.

Ikonoklasmus [griech.], *der,* Bildersturm.

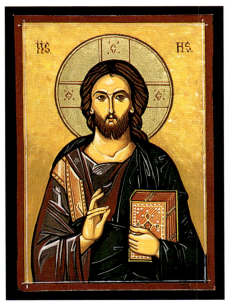
■ **Ikone** aus dem Kloster Agapia, Rumänien

Idealismus

Der *Deutsche Idealismus,* der an → Kant anknüpfte, bestimmte die Philosophie in Deutschland zwischen 1790 und → Hegels Tod (1831). Die Hauptvertreter dieser Vernunftphilosophie waren neben Hegel vor allem → Fichte und → Schelling.

■ **Ibis**

■ **Igel**

Ikonoklasmus

Mit *Bildersturm* als gewaltsamer Entfernung von bildlichen Kunstwerken ist zumeist der *Bilderstreit* gemeint, der im 8. und 9. Jh. im → Byzantinischen Reich ausbrach und sich gegen die Verehrung von Christus- und Heiligenbildern richtete. In der Reformationszeit führte die Ablehnung religiöser Bildnisse dazu, dass radikalere Reformatoren wie etwa → Calvin und → Zwingli diese entfernen ließen, während Luther nur die übertriebene Bilderverehrung ablehnte.

Immunisierung

Bei der *aktiven Immunisierung* werden dem Körper lebende, aber abgeschwächte Erreger (z. B. gegen Pocken oder Tollwut), abgetötete Erreger (z. B. gegen Grippe) oder unschädlich gemachte Erregergifte (z. B. gegen Diphtherie) verabreicht. Der Körper entwickelt daraufhin Abwehrstoffe gegen diese Erreger. Die Schutzimpfung soll verhindern, dass die entsprechende Krankheit ausbricht, bzw. ihren Verlauf mildern. Für Säuglinge und Kinder gibt es allgemein empfohlene Schutzimpfungen (vor allem gegen Diphtherie, Kinderlähmung, Tuberkulose, Tetanus), während sich Erwachsene bei Fernreisen in bestimmte Länder speziellen Schutzimpfungen unterziehen sollten oder sogar müssen (z. B. gegen Cholera, Typhus, Hepatitis A).
Bei der *passiven Immunisierung* (z. B. gegen Schlangengifte), die nur etwa drei bis vier Wochen anhält, erhält der Körper ein Immunserum (→ Serum), das von bereits immunisierten Tieren oder Menschen stammt und eine hohe Menge von Abwehrstoffen enthält.

Kategorischer Imperativ

Unter dem kategorischen Imperativ von → Kant versteht man eine allgemein gültige sittliche Grundforderung: Ein Verhalten ist in ethischer Hinsicht gut, wenn es sich zu einem sittlichen Gebot verallgemeinern lässt. (»Handle so, dass die Maxime deines Willens jederzeit zugleich als Prinzip einer allgemeinen Gesetzgebung gelten könne.«)

Ilias, in der zweiten Hälfte des 8. Jh. v. Chr. entstandenes Epos, das dem griechischen Dichter → Homer zugeschrieben wird. In 16 000 Versen, die in kunstvollen Hexametern abgefasst sind, wird eine entscheidende Phase aus dem → Trojanischen Krieg geschildert.

illegitim [lat.], unrechtmäßig. Ein illegitimes Kind ist ein außerehelich gezeugtes Kind.

Illusion [frz.], *die,* Selbsttäuschung, Wunschvorstellung, die nicht der Wirklichkeit entspricht.

Illustration [lat.], *die,* Abbildung (zu einem Text).

Illustrierte, Kurzform für die ältere Bezeichnung *illustrierte Zeitung,* Zeitschrift mit Bildberichten.

Iltis, in Eurasien und Nordamerika lebender → Marder. Das bis zu 45 cm lange, nachtaktive Raubtier besitzt einen langen, buschigen Schwanz und Stinkdrüsen, die bei Gefahr ein übel riechendes Sekret abgeben. Die für die Kaninchenjagd abgerichtete Zuchtform heißt Frettchen.

■ *Iltis*

IM, Abkürzung für → *Informeller Mitarbeiter.*
Image [engl. ˈɪmɪdʒ], *das,* Erscheinungsbild einer Person oder Gruppe in der Öffentlichkeit.
imaginär [frz.], nur in der Vorstellung bestehend. **imaginäre Zahlen,** in der Mathematik Zahlen, die das Produkt einer → reellen Zahl und der **imaginären Einheit** i (√−1) sind (z. B. √−49 = √49 × √−1 = 7i. Sie gehören zu den → komplexen Zahlen.
Imitation [lat.], *die,* Nachahmung (z. B. Nachbildung eines wertvollen Kunstwerks).
Immatrikulation [lat.], *die,* Einschreibung für das Studium an einer Hochschule.
Immission [lat. »Hineinlassen«], *die,* Einwirkung von Schadstoffen, Lärm oder Strahlung auf die Umwelt.
Immobilien [lat. »unbewegliche (Güter)«], *Mz.,* Grundbesitz und Gebäude.
Immunität [lat. »Freisein (von Leistungen)«], *die,* **1.** auf den Abwehrkräften des → Immunsystems beruhende Unempfindlichkeit für Krankheitserreger, die angeboren oder durch eine Impfung erworben wird; **2.** der in der Verfassung garantierte Schutz von → Abgeordneten und → Diplomaten, dass sie wegen einer Straftat nicht verfolgt werden können. Die Immunität eines Abgeordneten kann nur vom Bundes- bzw. Landtag aufgehoben werden.
Immunschwäche, *Immuninsuffizienz,* → Aids.
Immunsystem, das körpereigene Abwehrsystem, das die → Immunität gegenüber → Antigenen bewirkt. Zum Immunsystem gehören das Knochenmark, das für Nachschub an neuen Immunzellen sorgt, die sog. primären Immunorgane, die die → Lymphozyten erzeugen, und die sekundären Immunorgane (wie Milz, Lymphknoten und Mandeln, wo die Eindringlinge abgewehrt werden). Das Immunsystem bekämpft nicht nur Krankheitserreger und andere Eindringlinge, sondern löst durch seine Reaktionen auch → Allergien aus und stößt fremdes Gewebe bei → Transplantationen ab. Störungen im Immunsystem verursachen *Autoimmunkrankheiten;* die vom Immunsystem gebildeten Antikörper richten sich dabei gegen die körpereigenen Gewebe. Gestört ist das Immunsystem auch bei angeborenen oder erworbenen *Immundefekten,* die mit einer erhöhten Anfälligkeit gegenüber → Infektionskrankheiten verbunden sind.
Imperativ [lat.], *der,* in der Grammatik die Befehlsform des → Verbs (z. B. *verschwinde! hört auf!*).
Imperfekt [lat. »unvollendet«], *der,* in der Grammatik die erste Vergangenheitsform, die etwas Vergangenes schildert, das (vom Sprecher aus gesehen) abgeschlossen ist (z. B. Er *ging* weg).
Imperialismus [engl.], *der,* das Streben eines Staates, seine Macht auf ein möglichst großes Herrschaftsgebiet auszuweiten und andere Länder von sich abhängig zu machen und als → Kolonien auszubeuten. Die Wurzeln des Imperialismus liegen im Altertum; imperialistische Ziele verfolgte insbesondere das → Römische Reich. Im engeren Sinne meint Imperialismus die Zeit vom ausgehenden 19. Jh. bis zum Ersten Weltkrieg, als die europäischen Großmächte die übrige Welt unter sich als Einflussgebiete und Kolonien aufteilten.
Impfung, *Schutzimpfung,* Erzeugung von → Immunität gegenüber bestimmten Krankheitserregern, indem ein Impfstoff oder -serum in den Köper eingebracht wird (durch Injektion

oder mithilfe einer Impfpistole, Schnittimpfung mit einer Impflanzette oder Schluckimpfung).

Implantation [lat.], *die,* Einpflanzung von fremden Gewebestücken oder Organen in den Körper. Das eingepflanzte Gewebe wird als **Implantat** bezeichnet.

Implosion [lat.], *die,* plötzliches Zerbersten eines Hohlkörpers, der luftleer ist oder in dem ein Unterdruck herrscht, so dass er den äußeren Druck nicht mehr aushält (z. B. bei der Bildröhre eines Fernsehgeräts). Gegensatz: → Explosion.

Import [engl.], *der,* Einfuhr von Waren aus dem Ausland. Gegensatz: → Export.

Impotenz [lat. »Ohnmacht«], *die,* beim Mann die (durch psychische oder körperliche Störungen bedingte) Unfähigkeit, den → Geschlechtsverkehr in einer für ihn befriedigenden Weise zu vollziehen (Erektionsschwäche, verfrühte oder verzögerte Ejakulation, Ausbleiben des → Orgasmus).

imprägnieren [lat. »schwängern«], einen festen Stoff mit einem Schutzmittel durchtränken, um ihn wasserundurchlässig und haltbarer zu machen.

Impressionismus [frz.], *der,* Stilrichtung in der europäischen Kunst, Musik und Literatur. Ihren Ausgang nahm sie um 1870 in der französischen Malerei, als sich die Künstler von der Ateliermalerei ab- und der Freilichtmalerei zuwandten. Die impressionistische Malerei betonte nicht mehr die Bildkomposition und die Inhaltlichkeit, sondern den Eindruck, den der Gegenstand auf den Künstler im Augenblick des Malens machte. Das Bild versuchte deshalb, den flüchtigen Augenblick, den Wechsel des Lichts und die Bewegung festzuhalten. Verwendet wurden helle Farben, die oft erst aus einer gewissen Entfernung die gewünschte Wirkung erzielten. Der *Neoimpressionismus* (ab 1885) zerlegte die farbigen Flecken sogar in einzelne Farbpunkte (→ Pointillismus). Die Hauptvertreter des Impressionismus waren in Frankreich Claude → Monet, Edouard → Manet, Edgar → Degas und Auguste → Renoir, in Deutschland Max Liebermann (1847–1935), Lovis Corinth (1858–1925) und Max Slevogt (1868–1932).

In der Musik traten fließende Klangfarben, bei denen die → Tonalität und die harmonischen Beziehungen aufgelöst waren, an die Stelle von strengen Formen und gaben Stimmungen wieder oder erzeugten Empfindungen. Die wichtigsten impressionistischen Komponisten waren in Frankreich Claude → Debussy und Maurice → Ravel, in Spanien Manuel de Falla (1876–1946), in Italien Ottorino Respighi (1879–1936) und in Russland Alexander Skrjabin (1872–1915).

Ab 1890 entstand eine impressionistische Literatur, die sich vor allem in der Lyrik, Prosaskizzen und kurzen Stücken bemühte, sinnliche Eindrücke, Stimmungen und seelische Regungen zu erfassen und in einer möglichst differenzierten Sprache (Lautmalerei, → Synästhesie) wiederzugeben. Wichtige Vertreter in Deutschland waren Detlev von Liliencron (1844–1909) und mit ihren frühen Werken Hugo von → Hofmannsthal, Rainer Maria → Rilke, Arthur Schnitzler und Thomas → Mann.

Impressum [lat. »Hineingedrücktes«], *das,* in Zeitungen und Zeitschriften vorgeschriebene Angabe des Verlags, der Reaktion und der Druckerei.

Improvisation [frz.], *die,* Darbietung ohne Vorbereitung, aus dem Stegreif (z. B. bei einer → Performance). In der Musik versteht man unter Improvisation das gleichzeitige Erfinden und Spielen von musikalischem Material, insbesondere in der Jazzmusik.

Impuls [lat.], *der,* Anstoß, Regung; in der Physik ein kurzer elektrischer Strom- oder Spannungsstoß sowie eine Bewegungsgröße, die als Produkt aus Masse und Geschwindigkeit eines Körpers definiert ist. Die *Impulstechnik* verwendet Impulse als → Signale für die Übertragung von Informationen (→ Nachrichtentechniken) und Steuerbefehlen (Fernlenkung).

Inch [engl. ɪntʃ], *Zoll,* angelsächsisches Längenmaß, der 36. Teil eines → Yard, abgekürzt *in.* bzw. Zeichen ″ (1 ″ = 2,54 cm).

Index [lat.], *der,* **1.** alphabetisch angeordnetes Verzeichnis von Namen oder Sachen (zumeist am Ende eines Buchs); **2.** in der Statistik eine Messziffer, mit der man beispielsweise die Preisentwicklung aufzeigen kann (115 z. B. bedeutet, dass die Lebenshaltungskosten um 15 % gegenüber einem bestimmten Jahr gestiegen sind, dessen Preisniveau mit 100 festgelegt wurde; seit 1995 gilt als Vergleichsjahr 1991); **3.** in der Mathematik im Buchstabe oder eine Ziffer (zumeist tiefer gestellt), um gleichartige Größen voneinander zu unterscheiden (z. B. a_1, a_2 … a_n).

Indianer, die »Ureinwohner« Amerikas, die vermutlich vor 40 000–20 000 Jahren aus Asien einwanderten (→ altamerikanische Kulturen), im engeren Sinne die indianischen Stämme Nordamerikas. Die Indianer im Gebiet der heutigen USA und Kanadas kannten im Gegensatz zu den mittelamerikanischen Indianern nie eine

---

Impotenz

Mit Impotenz nicht zu verwechseln ist die Zeugungsunfähigkeit (Sterilität oder Unfruchtbarkeit), die mit keiner Einschränkung des Geschlechtsverkehrs verbunden ist, aber verhindert, dass Kinder gezeugt werden (z. B. bei → Sterilisation oder zu geringer Spermienzahl in der Samenflüssigkeit).

Impressionismus

Der Name *Impressionismus* geht auf ein Bild von Claude Monet zurück, das eine Landschaft mit aufgehender Sonne darstellt und 1874 in der ersten Ausstellung französischer impressionistischer Maler gezeigt wurde: »Impression – soleil levant« (1872).

Index

Wenn Bücher oder Filme *auf dem Index* stehen, sind sie verboten. Jugendgefährdende Schriften z. B. können indiziert werden, so dass sie nicht mehr offen zum Verkauf angeboten oder an Jugendliche verkauft werden dürfen. Außerdem darf für sie keine Werbung betrieben werden.

Bekannte Indianerstämme Nordamerikas

Subarktisches Gebiet:
Cree, Chippewa, Micmac, Chipewyan

Östliches Waldland:
Irokesen, Huronen, Algonkin, Ojibwa

Südöstliches Waldland:
Shawnee, Creek, Seminolen, Cherokee

Prärie:
Kiowa, Crow, Dakota (Sioux)

Plains:
Blackfoot, Cheyenne, Comanche

Platesu:
Flathead, Nez Percé

Großes Becken:
Shoshoni, Paiute

Nordwestküste:
Makah, Quileute, Yakutat

Kalifornien:
Pomo, Mohave, Yuki

Südwesten:
Pueblo, Hopi, Navajo, Apache

Indianische Völker und Stämme in Lateinamerika

Mexiko:
Azteken, Huaxteken, Mixteken, Zapoteken

Mittelamerika:
Maya, Guaymi, Mosquito

Kolumbien und Venezuela:
Chibcha, Mocoa, Paniquita

Pampa und Gran Chaco:
Araucania

Anden (Peru):
Atacameño, Aymara, Ketschua

Amazonas-Becken:
Arawak, Carib, Tupi, Guarani

■ **Indianer** vom Stamm der Kiowa

Hochkultur, sondern lebten in kleinen Stämmen, entweder als nomadisierende Jäger oder als sesshafte Ackerbauern mit festen Siedlungen.
Der typische Indianer, wie ihn später die europäischen Siedler in Nordamerika kennen lernten, war eine Entwicklung der Neuzeit. Bis zur Ankunft der Spanier gab es auf dem amerikanischen Doppelkontinent keine Pferde (die einst hier lebenden Urpferde waren lange vorher als Jagdwild ausgerottet worden). Erst als sich entlaufene Pferde zu großen Herden vermehrten, entstanden die reitenden Prärieindianer, die auf ihren Mustangs Bisonherden jagten. Je nach Lebensraum bildeten sich verschiedene Kulturen heraus. Viele der Stämme bekämpften sich gegenseitig und beraubten ihre Nachbarn. Als die Europäer Amerika entdeckten, gab es etwa eine Million Menschen in Nordamerika, die sich in mehr als 500 Stämme mit ebenso vielen Sprachen gliederten. Es gibt jedoch mehrere große Sprachgruppen; die wichtigsten sind: Algonkin, Athapaskisch, Caddo, Irokesen, Muskhogee, Na Déné, Penuti, Sahaptin, Sioux, Tano, Uto-Aztekisch.
Mit der Ankunft der Europäer und der schrittweisen Besiedlung des nordamerikanischen Kontinents wurde der Lebensraum der Indianer immer weiter eingeengt. In vielen Gebieten wurden ihnen → Reservate zugewiesen, die die Weißen ihnen später aber wieder wegnahmen oder verkleinerten. Viele Stämme wurden zwangsweise umgesiedelt. Die Ausrottung der → Bisons, die die Nahrungsgrundlage der Prärieindianer darstellten, Hunger, Seuchen und Feldzüge der amerikanischen Armee mit Massakern, bei denen auch Frauen und Kinder getötet wurden, dezimierten zahlreiche Stämme oder rotteten sie ganz aus.
Ein Großteil der etwa 2 Mio. Indianer wohnt noch heute in Reservaten, die dem *Büro für indianische Angelegenheiten* unterstehen und von eigenen Stammesräten verwaltet werden. Sie versuchen, die traditionelle Kultur zu bewahren. Der Name »Indianer« geht auf die fälschliche Benennung durch → Kolumbus zurück, der bei der Entdeckung Amerikas glaubte, es würde sich um Indien handeln, und sie als *Indios,* Bewohner Indiens, bezeichnete.

Indien, Staat in Südasien. Das Land liegt auf dem indischen Subkontinent, der an der asiatischen Landmasse als dreieckige Halbinsel in den → Indischen Ozean vorragt. Es gliedert sich in drei Großlandschaften: Hochgebirge (→ Himalaja und Karakorum) im Norden, Tiefebene des Pandschab und des Ganges-Brahmaputra-Tieflandes, sowie Hochland des Dekkan im Zentrum und im Süden der Halbinsel. Außerdem gehören zu Indien drei Inselgruppen, die *Lakkadiven* vor der Südwestküste sowie die *Andamanen* und die *Nikobaren* südöstlich des Golfs von Bengalen. Indien ist das Land mit der zweitgrößten Bevölkerungszahl (im Jahr 2000 über 1 Mrd. Menschen). Trotz seiner hohen Industrialisierung ist es immer noch ein Agrarland, das aber reiche Bodenschätze (Kohle, Erze) besitzt. Der indische Subkontinent war schon in der Steinzeit besiedelt. Eine erste Hochkultur (Harappa) entstand Anfang des 3. Jt. v. Chr. im Nordwesten, im → Industal. Um 1500 v. Chr. drangen indogermanische → Arier ein und siedelten sich im Industal an. Bis zur Zeitenwende erreichten sie die Südspitze Indiens. Ein erstes Großreich bildete sich Ende des 4. Jh. v. Chr.; seine größte Ausdehnung hatte es unter Aschoka (um 268 bis 232 v. Chr.), aber es zerfiel im 2. Jh. v. Chr. wieder. Ab 320 n. Chr. entstand in Nordindien unter der Gupta-Dynastie ein weiteres Großreich, das den Höhepunkt der altindischen Kultur darstellte. Während der Süden die hinduistische Kultur bewahrte und nach Südostasien ausbreitete, geriet der Norden ab dem späten 8. Jh. unter arabische Herrschaft. Ihren Höhepunkt erreichte die Islamisierung mit der Errichtung eines Sultanats von Delhi. Ein neues Großreich kam aber erst unter den mongolischen Mogulherrschern zustande. Akbar (reg. 1556–1605) dehnte es über ganz Indien mit Ausnahme des äußersten Südens aus.
Ab Ende des 15. Jh. griffen europäische Mächte ein, zunächst die Portugiesen, deren Handels-

■ *Indien:* der Palast der Winde in Jaipur

stützpunkte Goa und Diu bis 1961 in portugiesischem Besitz blieben. Um die Mitte des 18. Jh. setzten sich die Engländer durch. 1818 wurde Indien britische Kolonie, die zunächst der East India Company unterstand und ab 1858 direkt der Krone unterstellt war (1877 wurde → Viktoria Kaiserin von Indien). Nach dem Ersten Weltkrieg kam es zu Aufständen, aber erst → Gandhis Politik des gewaltlosen Widerstandes gelang es, Indien seine Unabhängigkeit zu verschaffen. 1947 wurde der islamische Teil unter dem Namen → Pakistan abgetrennt. Indien war zunächst → Dominion im Commonwealth und wurde 1950 eine unabhängige Bundesrepublik. 1961 verleibte es sich die portugiesische Kolonie Goa ein. Mit Pakistan gab es kriegerische Auseinandersetzungen um → Kaschmir (1948/49) und um die Loslösung des Ostteils (→ Bangladesch), mit China wegen Grenzstreitigkeiten (1956 und 1962).

Indigeno [span.], *der,* Bezeichnung für den mittel- oder südamerikanischen → Indianer.

Indigo [span.], *der* und *das,* ein blauer Farbstoff, der aus Pflanzen gewonnen wurde und seit 1890 künstlich hergestellt werden kann. Früher wurde er zum Färben von Gewebe verwendet.

Indikativ [lat. »anzeigende (Form)«], *der,* in der Grammatik die Wirklichkeitsform des → Verbs, die einen als tatsächlich dargestellten Sachverhalt zum Ausdruck bringt (z. B. sie *macht* ihre Hausaufgaben). Gegensatz: → Konjunktiv.

Indikator [lat.], *der,* etwas, das als Hinweis auf etwas anderes dient (z. B. ein biologischer Indikator, der frühzeitig auf Umweltschäden aufmerksam machen soll). In der Chemie ist ein Indikator ein Stoff, der den Verlauf einer Reaktion anzeigt, etwa durch eine Veränderung seiner Farbe (z. B. → Lackmus).

Indio [span.], *der,* abwertende und diskriminierende Bezeichnung für → Indigeno.

indirekte Rede, in der Grammatik eine abhängige Rede, die im Gegensatz zur direkten Rede mit einer konjunktivischen Verbform wiedergegeben wird (z. B. er sagt, *er sei es nicht gewesen*).

Indischer Ozean, *Indik,* das kleinste der drei Weltmeere (mit Nebenmeeren 75 Mio. km^2). Der Indische Ozean erstreckt sich zwischen Afrika, Asien, Australien und der Antarktis. Seine größte Tiefe erreicht er im Sundagraben (7455 m).

Indium [von lat. indicum = »Indigo«], *das,* ein → chemisches Element. Das sehr selten vorkommende silberweiße, stark glänzende Metall wird zur Herstellung von Halbleitern und als korrosionsbeständiger Gleitlagerüberzug in Motoren verwendet.

Individuum [lat.], *das,* Einzelwesen, mit abwertender Bedeutung ein unbekannter, als zweifelhaft beurteilter Mensch.

Indiz [lat.], *das,* Anzeichen; im Rechtswesen ein Umstand oder Gegenstand, der darauf schließen lässt, dass jemand eine bestimmte Tat begangen hat, obwohl er sie leugnet *(Indizienprozess).*

Indogermanen, die Völker, deren Sprachen zu den → indogermanischen Sprachen gehören. Der Name bezieht sich darauf, dass indogermanische Sprachen sowohl von germanischen Völkern (→ Germanen, → germanische Sprachen) im äußersten Nordwesten von Europa als auch von indischen Völkern im Südosten des indischen Subkontinents gesprochen werden. Möglicherweise gehen alle indogermanischen Völker auf gemeinsame Vorfahren zurück, die in vorgeschichtlicher Zeit entweder in Mittelasien oder in Mittel- bzw. Osteuropa lebten.

indogermanische Sprachen, *indoeuropäische Sprachen,* eine Gruppe von Sprachen, die sich aufgrund von Übereinstimmungen in Grammatik, Satzbau, Wortschatz und Lautstruktur auf eine gemeinsame Ursprache, das lediglich rekonstruierbare *Indogermanisch,* zurückführen lassen. Indoeuropäische Sprachen werden in fast ganz Europa sowie in West- und Südasien gesprochen; viele starben bereits im Altertum aus (z. B. Hethitisch, Skythisch, Illyrisch).

Indonesien, Staat in Südostasien, der 13 670 Inseln des Malaiischen Archipels umfasst (die *Großen Sundainseln* mit Sumatra, Java, Celebes und dem größten Teil von Borneo, die *Kleinen Sundainseln,* darunter → Bali, die *Molukken,* den Westteil von → Neuguinea und viele kleinere Inseln). Die Inseln, die den Rest einer Landbrücke zwischen Asien und Australien bilden, erstrecken sich über eine Länge von mehr

---

Indien (Bharat)

Staatsname:	Republik Indien
Staatsform:	Bundesrepublik
Hauptstadt:	New Delhi
Fläche:	3 287 782 km^2
Einwohner:	935 Mio.
Bevölkerungsdichte:	284/km^2
Amtssprache:	Hindi, Englisch
Währung:	Indische Rupie (iR)
Nationalitätskennzeichen:	IND

Indien

Indium
• • • • • • • • • • • • • • • • • •
Zeichen: In
Ordnungszahl: 49
Atommasse: 114,82
Dichte: 7,31 g/cm^3
Schmelzpunkt: 156,5 °C
Siedepunkt: 2080 °C

indogermanische Sprachen
• • • • • • • • • • • • • • • • • •
Germanisch (z. B. Deutsch,
  Englisch, Schwedisch)
Keltisch (z. B. Gälisch)
Romanisch (z. B. Italienisch,
  Französisch, Rumänisch)
Griechisch
Slawisch (z. B. Russisch, Polnisch,
  Bulgarisch)
Baltisch (z. B. Lettisch, Litauisch)
Albanisch
Armenisch
Iranisch (z. B. Persisch, Afghanisch)
Indisch (z. B. Hindi, Urdu, Singhalesisch)

Indonesien (Indonesia)

Staatsname:	Republik Indonesien
Staatsform:	Präsidiale Republik
Hauptstadt:	Jakarta
Fläche:	1 904 732 km²
Einwohner:	197 Mio.
Bevölkerungsdichte:	103/km²
Amtssprache:	Bahasa Indonesia
Währung:	Rupiah (Rp.)
Nationalitätskennzeichen:	RI

Indinesien

Indonesien
1996 erhielten der Bischof von Osttimor, Carlos Belo, und der Diplomat José Ramos Horta für ihr Engagement um die Unabhängigkeit Timors den Friedensnobelpreis.

als 5000 km. Größtenteils bestehen sie aus Faltengebirgen mit mehr als 70 noch tätigen Vulkanen. Die Bevölkerung setzt sich überwiegend aus malaiischen Völkern sowie → Papua (auf Neuguinea) und verschiedenen Minderheiten (u. a. Chinesen, Inder) zusammen. Indonesien ist in erster Linie ein Agrarland (Holz, Naturkautschuk, Kopra, Kaffee, Tee); es besitzt auch reiche Bodenschätze (Erdöl, Erze, Kohle) und macht große Fortschritte bei der Industrialisierung. Die Inseln wurden in mehreren Wellen vom Festland aus besiedelt. Hinduistische und buddhistische Königreiche entstanden ab dem 3. Jh. Ihren Höhepunkt hatten sie im 7.–15. Jh. Ab dem 13. Jh. breitete sich der Islam aus, der mit Ausnahme von Bali ganz Indonesien erfasste und im 16. Jh. zur Gründung von Sultanaten führte. Der Gewinn bringende Gewürzhandel lockte die Europäer nach Südostasien: Im 16. Jh. errichteten die Portugiesen erste Niederlassungen. Die zu Beginn des 17. Jh. nachfolgenden Niederländer konnten in langwierigen Kämpfen ganz Indonesien als *Niederländisch-Indien* unter ihre Kontrolle bringen. 1942–1945 war Indonesien von Japan besetzt, bevor es nach dem Zweiten Weltkrieg seine Unabhängigkeit erklärte, die aber erst 1949 von den Niederlanden gewährt wurde. Ein kommunistischer Putschversuch wurde 1965 von der Armee niedergeschlagen. 1963 kam der bis dahin niederländische Westteil von Neuguinea als *Irian Jaya* unter indonesische Verwaltung. Ende 1975 besetzte Indonesien die portugiesische Kolonie Osttimor und verleibte sie sich als Provinz ein; seitdem ist es dort wiederholt zu blutigen Unruhen gekommen. Präsident Suharto regierte 1968–98; sein autoritäres Regime stützte sich in erster Linie auf das Militär.

Induktion [lat. »Hinführen«], *die,* **1.** in der Philosophie und Wissenschaft eine Methode, vom Besonderen und Einzelfall auf das Allgemeine zu schließen. **2.** In der Elektrotechnik bezeichnet Induktion die Erzeugung von elektrischen Strömen durch die Bewegung eines elektrischen Leiters in einem Magnetfeld.

Indus, der längste Fluss (3180 km) des indischen Subkontinents, der im Transhimalaja entspringt und mit einem fast 8000 km² großen Delta ins Arabische Meer mündet.

Industrie [frz.], *die,* der Teil der Wirtschaft, der mit der Massenherstellung von Gütern mithilfe von Maschinen in Großbetrieben (mit Arbeitsteilung) beschäftigt ist.

industrielle Revolutionen, die Phasen der Industrialisierung, die sprunghafte technische Fortschritte brachten und mit einer Veränderung der gesellschaftlichen und wirtschaftlichen Bedingungen verbunden waren. Die erste industrielle Revolution, die in der zweiten Hälfte des 18. Jh. durch die Erfindung der → Dampfmaschine möglich wurde, leitete den Übergang von einer landwirtschaftlichen zu einer Industriegesellschaft ein, den inzwischen zahlreiche Staaten *(Industriestaaten)* vollzogen haben. Eine zweite industrielle Revolution bewirkte der Einsatz der elektrischen Energie ab dem späten 19. Jh. Weitere Revolutionen für die Technik bedeuteten die Automatisierung und die → elektronische Datenverarbeitung.

Infanterie [it.], *die,* beim Militär die Soldaten, die zu Fuß kämpfen.

Infarkt [lat. »hineingestopft«], *der,* in der Medizin das rasche Absterben eines Organs oder Gewebes aufgrund von Sauerstoffnot, wenn es durch Verschluss eines Blutgefäßes zu Blutleere gekommen ist.

Infektion [lat.], *die,* Ansteckung durch das Eindringen von Mikroorganismen (Bakterien, Viren, Pilze, Parasiten), die als Krankheitserreger wirken.

Infinitesimalrechnung [von lat. infinitus = »unbegrenzt«], in der Mathematik die Teilgebiete, die mit Grenzwerten rechnen, also → Differenzial- und → Integralrechnung.

Infinitiv [lat. »unbestimmt«], *der,* in der Grammatik die Grundform des → Verbs, die im Hinblick auf die Person, die Zahl und den → Modus nicht näher bestimmt ist (z. B. *lesen*).

Inflation [lat. »Anschwellung«], *die,* wachsende Entwertung des Geldes durch eine starke Vermehrung der im Umlauf befindlichen Geldmenge, ohne dass gleichzeitig auch die Güterproduktion erhöht wird. Die Preise werden übermäßig hoch, weil die Nachfrage das Angebot übersteigt.

Informatik, *die,* Wissenschaft, die sich mit dem Wesen und der Funktion von → Informationen sowie ihrer Verarbeitung und Übermittlung befasst, im engeren Sinne die Computerwissenschaft, die sich mit Informationen verarbeitenden Systemen (→ elektronische Datenverarbeitung) beschäftigt.

Information [lat. »Erläuterung«], *die,* allgemein eine Nachricht (die etwas für den Empfänger Neues, bisher Unbekanntes enthält). In einem engeren Sinne sind Informationen auf einen bestimmten Sachverhalt bezogen, über den jemand mehr in Erfahrung bringen will, und kön-

■ *Ingwer*

nen als → digitalisierte Daten technisch übermittelt und verarbeitet werden.

informeller Mitarbeiter, *IM,* in der ehemaligen → DDR eine Person, die vom Ministerium für Staatssicherheit (→ Stasi) für Spitzeldienste angeworben wurde (vor allem zum Aushorchen von Kollegen, Bekannten, Verwandten und sogar Familienmitgliedern).

Infotainment [ɪnfɔˈteɪnmənt], *das,* Kurzwort aus engl. *Information* und *Entertainment* (= »Unterhaltung«), eine Form der Nachrichtendarbietung, die entweder durch die Präsentation (nicht durch Nachrichtensprecher, sondern durch → Moderatoren) oder die Inhalte (Buntmeldungen und Kuriositäten) Information mit Unterhaltung verbindet.

Infrarotstrahlung, die für das menschliche Auge nicht sichtbare Wärmestrahlung, deren Wellenlänge im → Spektrum oberhalb des roten Lichts (760 nm) liegt und bis zum Mikrowellenbereich (1 mm) reicht. Die infrarote Strahlung wird u. a. für Heizzwecke *(Infrarotstrahler),* auf medizinischem Gebiet für Bestrahlungen (Wärmetherapie), für fotografische Aufnahmen bei Dunkelheit und trüber Luft *(Infrarotfotografie)* und Nachtsichtgeräte sowie für Fernbedienungen und zur Nachrichtenübertragung genutzt.

Infraschall, der → Schall, dessen Wellen eine Frequenz unterhalb von 16 Hz besitzen und für das menschliche Gehör nicht mehr wahrnehmbar sind. Gegensatz: → Ultraschall. Bei großer Stärke sind Infraschallwellen als Erschütterungen wahrnehmbar (z. B. bei Erdbeben) und können den Organismus schädigen.

Infrastruktur, *die,* alle Anlagen und Einrichtungen, die für das Funktionieren der Wirtschaft eines Landes notwendig sind, ohne dass sie direkt an der Güterproduktion beteiligt sind (z. B. das Verkehrsnetz).

Infusion [lat. »Hineingießen«], *die,* Zufuhr größerer Flüssigkeitsmengen durch eine Hohlnadel in den Körper (zumeist durch die Blutbahnen). Infusionen werden für die künstliche Ernährung von Patienten und für die → Narkose verwendet.

Ingenieur [frz. ɪnʒeˈnjøːə], *der,* ein Techniker, der seine Ausbildung an einer Universität oder Fachhochschule mit einem Diplom abschließt, abgekürzt *Ing. (grad.)* oder *Dipl.-Ing.*

Ingwer [frz.], *der,* schilfähnliche Pflanze, die bis zu 2 m hoch wird und ursprünglich aus Südostasien stammt. Der getrocknete und geschälte Wurzelstock der in tropischen und subtropischen Ländern angebauten Pflanze dient als Gewürz.

Initiation [von lat. initiare = »einweihen«], *die,* Aufnahme in einen Geheimbund, dessen Wissen nur Eingeweihten offen steht; bei vielen Naturvölkern die Einführung von Jugendlichen in die Gemeinschaft der Erwachsenen, die mit besonderen Zeremonien *(Initiationsriten)* verbunden ist.

Initiative [frz.], *die,* Unternehmungsgeist, erster Schritt, um eine Handlung einzuleiten.

Injektion [lat.], *die,* in der Medizin das Einspritzen von Flüssigkeiten in den Körper mit Hilfe einer Hohlnadel (Spritze). Im Unterschied zur → Infusion wird die Flüssigkeit (zumeist ein Medikament) verhältnismäßig schnell ins Blut oder ein Körpergewebe eingeführt.

Inka [span.-Ketschua »Herr«], *der,* eigentlich der Herrscher einer → altamerikanischen Kultur, deren Reich Ecuador, Peru und Bolivien sowie Teile von Chile und Argentinien umfasste. Zentrum des Reichs war die fast 3500 m hoch liegende Stadt *Cuzco* in den peruanischen Anden. Im 15. Jh. dehnte das um 1200 entstandene Inkareich seinen Einflussbereich gewaltsam fast auf den gesamten Nordwesten Südamerikas aus. 1527 wurde es aufgeteilt, aber schon 1532 von den Spaniern unter → Pizarro erobert.

Inkarnation [lat.], *die,* Fleischwerdung (eines

Knotenschrift (Quipu) der Inkas

Inka

Die Kultur der Inka lebte weitgehend von ihrer militärischen Stärke. Sie unterwarf frühere, oft höher entwickelte Kulturen und schuf einen straff organisierten Staat mit gut ausgebauten Fernstraßen. Die monumentalen Bauten (Tempel, Paläste) wurden aus exakt behauenen Steinblöcken ohne Mörtel errichtet. Im Mittelpunkt ihrer Religion stand der Sonnengott Inti, als dessen Abkömmling und Stellvertreter der jeweilige Inka galt.

Die größten Inseln der Erde

Name	Fläche in km²
Grönland (dänisch)	2 175 600
Neuguinea (Westteil indonesisch)	771 900
Borneo (Indonesien, Malaysia, Brunei)	746 950
Madagaskar	587 041
Sumatra (Indonesien)	424 979
Honshu (Japan)	231 089
Großbritannien	219 805
Celebes (Indonesien)	189 035
Südinsel (Neuseeland)	151 757
Java (Indonesien)	126 650
Nordinsel (Neuseeland)	114 597
Neufundland (Kanada)	108 860
Kuba	110 861
Island	103 000

■ *Inlineskating, inzwischen ein Massensport*

göttlichen Wesens, das Mensch wird), im übertragenen Sinne Verkörperung (z. B. Inkarnation des Bösen).

inkognito [it. »unerkannt«], unter einem anderen Namen auftretend.

Inkubationszeit [von lat. incubatio = »Brüten«], in der Medizin die Zeit von der Ansteckung bis zum Ausbruch einer Krankheit.

Inlineskate [engl. ˈɪnlaɪnskeɪt], *das,* auch als *Inliner* bezeichneter → Rollschuh, bei dem vier Hartplastikrollen hintereinander in einer Reihe sitzen.

Innovation [lat.], *die,* Neuerung.

Innsbruck, am Inn gelegene Landeshauptstadt (118 000 Einwohner) von → Tirol. Die österreichische Verwaltungs- und Industriestadt war 1420–1665 Residenzstadt der → Habsburger.

Input [engl.], *der,* Eingabe von Daten in eine Anlage der → elektronischen Datenverarbeitung. Gegensatz: → Output.

Inquisition [lat.], *die,* ein besonderes Gericht der katholischen Kirche, das im Mittelalter und in der frühen Neuzeit Untersuchungen und Prozesse gegen vermeintliche → Ketzer (ab dem 13. Jh. auch gegen → Hexen) durchführte. Berüchtigt wurde die Inquisition ab dem Hochmittelalter wegen ihrer grausamen Methoden. Die Inquisition, der Hunderttausende unschuldiger Menschen zum Opfer fielen, bestand in einigen Ländern bis ins 19. Jh.

I.N.R.I., Abkürzung für lat. *Iesus Nazarenus Rex Iudaeorum* (Jesus von Nazareth, König der Juden), die Aufschrift, die laut dem → Evangelium von Johannes über dem gekreuzigten Christus stand und noch heute an → Kruzifixen zu finden ist.

Insekten [von lat. insectum = »eingeschnitten«], *Kerbtiere,* mit über 770 000 Arten die artenreichste Tierklasse, deren Vertreter weltweit in fast allen Lebensräumen vorkommen. Während die kleinsten Insekten nicht einmal einen Millimeter groß werden, erreichen die größten eine Länge von mehr als 30 cm. Sie gehören zu den → Gliederfüßern und besitzen einen dreigegliederten Körper (Kopf, Vorder- und Hinterleib) und sechs Beine. Die meisten Insekten verfügen über Hautflügel. Der Kopf trägt zwei Fühler und große Facettenaugen (→ Auge); manchmal verfügt er noch zusätzlich über Punktaugen. Die Mundwerkzeuge sind je nach Ernährungsweise kauend, leckend, saugend oder stechend. Das starre Außenskelett besteht aus → Chitin und muss beim Wachsen mehrmals gewechselt werden (Häutung). Die Atmung geschieht durch → Tracheen. Insekten vermehren sich durch Eiablage; die Entwicklung vom Ei zum erwachsenen Voll-insekt vollzieht sich zumeist über Umwandlungsvorgänge (→ Metamorphose). Einige Insekten wie bestimmte → Ameisen, → Bienen oder → Termiten bilden Staaten. Die Insekten umfassen zwei Unterklassen, die flügellosen *Urinsekten* (z. B. Silberfischchen) und die *Fluginsekten.* Zu den Fluginsekten mit unvollständiger Umwandlung, deren Larven oft im Wasser leben, gehören → *Eintagsfliegen,* → *Libellen, Geradflügler* (z. B. → *Heuschrecken* und *Grillen*), → *Schaben,* → *Termiten,* → *Wanzen* und *Zikaden* (z. B. Blattläuse), zu den Fluginsekten mit vollständiger Umwandlung *Hautflügler* (z. B. → Ameisen und → Bienen), → *Käfer, Netzflügler* (z. B. Schlammfliegen), → *Schmetterlinge, Zweiflügler* (z. B. → Mücken und → Fliegen) und → *Flöhe.*

Insel, eine auf allen Seiten von Wasser umgebene Landfläche von unterschiedlicher Größe. Inseln sind häufig in Gruppen (→ Archipel) oder Reihen (Inselketten) angeordnet.

Insemination [lat.], *die,* künstliche Befruchtung.

Inserat [lat. »er möge einfügen«], *das,* Anzeige in einer Zeitung oder Zeitschrift.

Inspiration [lat.], *die,* Eingebung, Anregung.

Instanz [lat.], *die,* bei Behörden oder Gerichten die zuständige Stelle.

Instinkt [lat.], *der,* angeborenes Verhalten, das nicht erst durch Erfahrungen erlernt werden muss. Bei Tieren lösen bestimmte Situationen und Umweltfaktoren als *Schlüsselreize* instinktive Handlungen aus, die vom Körper durch innere Antriebe (Reaktionen des → Zentralnervensystems, Ausschüttung von → Hormonen) in Gang gesetzt werden. Solche Verhaltensweisen dienen dem Überleben (z. B. Nahrungssuche, Paarung, Flucht) und sorgen dafür, dass nicht nur das Einzelwesen, sondern auch die Art erhalten bleibt. Je niedriger die Tierart ist, desto stärker ist ihr Verhalten durch den Instinkt bestimmt. Bei höher entwickelten Tieren kommen individuelle Lernerfahrungen hinzu, während der Instinkt beim Menschen nur noch eine geringe Rolle spielt und weitgehend durch Lernen und vernunftmäßige Überlegung ersetzt wird.

Institut [lat.], *das,* Einrichtung, die der Ausbildung oder Forschung dient (z. B. an einer Universität).

Institution [lat.], *die,* öffentliche Einrichtung (des Staates).

Insulin [von lat. insula = »Insel«], *das,* ein Hormon, das von der Bauchspeicheldrüse in den Langerhansschen Inselzellen erzeugt wird. Es fördert den Abbau von Zucker und reguliert den Blutzuckerspiegel. Insulinmangel führt zu → Zuckerkrankheit. Viele → Diabetiker müssen sich das fehlende Insulin spritzen.

Integralrechnung [von lat. integralis = »ein Ganzes ausmachend«], in der Mathematik ein Teilgebiet der → Infinitesimalrechnung, das sich mit der Berechnung von (durch gekrümmte Linien begrenzten) Flächen und Rauminhalten mit Hilfe des *Grenzwerts* (→ Limes) befasst.

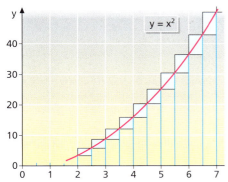

■ *Mit der **Integralrechnung** werden Flächen berechnet, die durch eine Kurve begrenzt sind*

Integration [lat. »Wiederherstellung eines Ganzen«], *die,* Eingliederung, Einbeziehung.

integrierte Schaltung, in der Elektronik eine auch als *IS* oder *IC* (Abkürzung für engl. Inte-

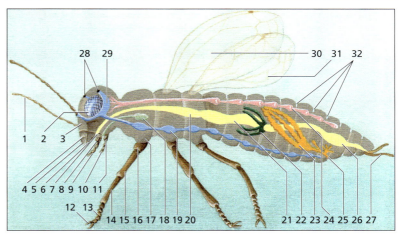

■ *Körperbauschema der **Insekten**: **1** Fühler (Antennen); **2** Facetten- oder Komplexauge; **3** Stirn; **4** Kopfschild (Clypens); **5** Oberlippe (Labrum); **6** Oberkiefer (Mandibeln); **7** Mundöffnung; **8** Unterkiefer (1. Maxillen); **9** Kiefertaster (Palpus maxillaris); **10** Lippentaster (Palpus labialis); **11** Unterlippe (2. Maxillen); **12** Krallen; **13** Fuß (Tarsus); **14** Schiene (Tibia); **15** Schenkel (Femur); **16** Schenkelring (Trochanter); **17** Hüfte (Coxa); **18** Speicheldrüse; **19** Bauchmark (Strickleiternervensystem); **20** Vorderdarm; **21** Mitteldarm; **22** Malpighi-Gefäße; **23** Eierschläuche; **24** Herz (mit Ostien); **25** Geschlechtsöffnung; **26** Enddarm; **27** Schwanzborsten (Cerci); **28** Punktaugen (Ozellen); **29** Gehirn (Oberschlundganglien); **30** Vorderflügel; **31** Hinterflügel; **32** Atemöffnungen (Stigmen).*

grated Circuit, integrierter Schaltkreis) bezeichnete Schaltung. Sie fasst mehrere Schaltelemente wie etwa → Transistoren, → Dioden, → Kondensatoren oder → Widerstände auf einem einzigen → Chip zusammen. Man unterscheidet dabei zwischen Halbleiterschaltkreisen (Monolithtechnik) und Schichttechnik. Die winzigen integrierten Schaltungen, die auf engstem Raum vollständige Schaltkreise vereinen, ermöglichen die Herstellung von → Mikroprozessoren.

Intellekt [lat.], *der,* Denkvermögen, Fähigkeit, durch Denken zu eigenen Erkenntnissen zu gelangen. Als **Intellektuelle** bezeichnet man Menschen mit akademischer Ausbildung, die in geistigen Berufen tätig sind und oft einseitig das Verstandesmäßige betonen.

Intelligenz [lat.], *die,* Fähigkeit, Bedeutungszusammenhänge zu erfassen und herzustellen, um neuartige Probleme zu lösen und sich in ungewohnten Situationen zurechtzufinden. Ungeklärt ist, in welchem Maß die Intelligenz angeboren ist oder durch Lernen erworben wird, d. h., ob geistige Fähigkeiten (z. B. Sprachbegabung oder künstlerische Talente) vererbt werden.

Die Intelligenz wird beim Menschen gemessen, indem man mit Hilfe von *Intelligenztests,* die besondere Fähigkeiten (z. B. Sprache, logisches,

Insulin

Insulinpräparate werden aus der Bauchspeicheldrüse von Schweinen und Rindern gewonnen; menschliches Insulin wird auch künstlich oder gentechnisch (→ Gentechnologie) hergestellt.

Intelligenz

Da die Intelligenz vom Lebensalter abhängt, ist der IQ als Quotient aus Intelligenzalter und Lebensalter mal 100 definiert. Ein IQ von 100 steht für eine durchschnittliche Intelligenz, ein IQ ab 140 für »Genialität« und ein IQ von weniger als 70 für »Schwachsinn«.

Die Internationale

Das 1888 von dem belgischen Arbeiter *Pierre Degeyter* komponierte Kampflied (mit einem Text des französischen Liedermachers *Eugène Pottier* von 1871) der sozialistischen Arbeiterbewegung wird ebenfalls als »Internationale« bezeichnet. In der deutschen Übersetzung beginnt die Internationale mit der Zeile »Wacht auf, Verdammte dieser Erde« und hat den Refrain »Völker, hört die Signale! Auf zum letzten Gefecht! Die Internationale erkämpft das Menschenrecht.«

Denken, räumliches Vorstellungsvermögen) überprüfen, den **Intelligenzquotienten** (IQ) bestimmt.

Intendant [frz. »Aufseher«], *der,* Leiter einer Rundfunkanstalt oder eines Theaters.

intensiv [frz.], stark, gründlich. In der Landwirtschaft meint ein *intensiver Anbau* eine Ausnutzung von kleinen Anbauflächen, auf denen mit großem Arbeitsaufwand und Düngereinsatz hohe Erträge erzielt werden.

interaktiv, auf **Interaktion**, d. h. auf einer Wechselbeziehung mehrerer Personen, die sich wechselseitig beeinflussen, beruhend. *Interaktive Medien* sind moderne Massenmedien, bei denen sich der Zuhörer oder Zuschauer nicht mehr passiv berieseln lassen muss, sondern aus einem großen Angebot gezielt auswählen kann, in Sendungen eingreifen und den Ablauf der Handlung (innerhalb eines bestimmten Rahmens) verändern kann, an Spielen teilnehmen oder das Medium für zusätzliche Dienste (z. B. Teleshopping) nutzen kann.

Interface [engl. ɪntəfeɪs], *das,* in der → elektronischen Datenverarbeitung eine *Schnittstelle*, d. h. eine Übergangs- oder Verbindungsstelle zwischen Systemen, die miteinander in Beziehung stehen. Man unterscheidet im EDV-Bereich die *Mensch-Maschine-Schnittstelle* (z. B. → Monitor, → Tastatur, → Maus), die eine Kommunikation des Menschen mit einem → Computer ermöglicht, und die *Maschine-Maschine-Schnittstelle*, die innerhalb eines Computersystems einzelne Funktionsgruppen verbindet (z. B. verschiedene Netzwerke über → Modem).

Interferenz [engl.], *die,* in der Physik die Überlagerung von Wellen (z. B. Licht-, Radio-, Schallwellen). Zwei gleichartige Wellenzüge schwächen sich ab oder löschen sich im Extremfall sogar aus, wenn der Wellenberg der einen Schwingung mit dem Wellental der anderen Schwingung zusammentrifft. Fallen die Wellenberge zusammen, so verstärken sich die Schwingungen gegenseitig.

Internationale, Kurzform für *Internationale Arbeiterassoziation,* eine 1864 in London gegründete überstaatliche Vereinigung von Sozialisten und Kommunisten, die bis 1876 bestand. 1889 bildete sich in Paris die *Zweite Internationale,* die bei Ausbruch des Ersten Weltkriegs zerbrach. Die *Sozialistische Arbeiter-Internationale* (1923 in Hamburg gegründet) löste sich nach dem Ausbruch des Zweiten Weltkrieges auf. Sie grenzte sich von der *Dritten* oder *Kommunistischen Internationalen* ab, die 1919

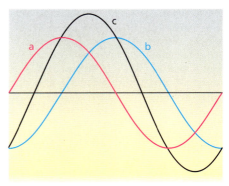

■ *Interferenz: Beim Zusammwirken mehrerer Wellen (a, b) in einem Punkt entsteht durch die die gegenseitige Verstärkung und Schwächung der Wellenberge und -täler eine neue Welle*

in Moskau gegründet worden war. Seit 1951 gibt es die → *Sozialistische Internationale* als Zusammenschluss von sozialdemokratischen und sozialistischen Parteien.

Internationaler Gerichtshof, das 1946 gegründete Gericht der → Vereinten Nationen (mit Sitz in Den Haag), das für Rechtsstreitigkeiten zwischen Staaten zuständig ist.

Internationaler Währungsfonds, *IWF,* 1944 zusammen mit der → Weltbank gegründete Sonderorganisation der → Vereinten Nationen (mit Sitz in Washington). Der IWF gewährt den rund 180 Mitgliedstaaten Kredite (die durch die Einlagen der Mitglieder finanziert werden), wenn sie Zahlungsschwierigkeiten haben, um die Stabilität und Konvertibilität der Währungen zu sichern. Die Kreditvergabe ist mit Auflagen verbunden: Das Empfängerland muss seine Staatsausgaben durch eine strenge Sparpolitik einschränken, um seine Wirtschaft dauerhaft zu sanieren.

Internationales Olympisches Komitee, *IOK (IOC),* 1894 gegründete oberste Instanz der → Olympischen Spiele (mit Sitz in Lausanne). Das IOC vergibt die Winter- und die Sommerspiele alle vier Jahre an einen Austragungsort und überwacht ihre Durchführung.

Internet [engl.], siehe S. 314–315.

Interpol, Kurzform für *Internationale Kriminalpolizeiliche Organisation.* Sie soll die internationale Verbrechensbekämpfung koordinieren und die nationalen Polizeibehörden bei ihrer Fahndungsarbeit unterstützen. Das deutsche nationale Büro ist das *Bundeskriminalamt* in Wiesbaden.

Interpretation [lat.], *die,* Auslegung, Deutung

■ Die **Intervalle** Prim, Oktave, Quinte, Quarte, Terz und Sexte gelten als konsonant, die übrigen als dissonant

Interpunktionsregeln

Der *Punkt* schließt einen Hauptsatz ab.
Das *Komma* gliedert einerseits Satzteile (z. B. Aufzählungen) und andererseits Haupt-, Neben- und Infinitivsätze sowie Einschübe.
Das *Semikolon* (Strichpunkt) wird für Aufzählungen (Gliederung von zusammengehörigen Begriffen) und für die Trennung von Hauptsätzen verwendet, wenn sich die Sätze in einer Satzreihung deutlich aufeinander beziehen.
Der *Doppelpunkt* kündigt den nachfolgenden Satz oder Satzteil an.
Nach Fragesätzen steht ein *Fragezeichen*, nach Ausrufesätzen ein *Ausrufezeichen*.
Drei Punkte deuten an, dass etwas Unwichtiges weggelassen, ein als anstößig geltender Ausdruck nicht oder nur unvollständig genannt (z. B. Das war ein Schei ... spiel.) oder ein Sachverhalt nicht weiter ausgeführt wird.
Der *Gedankenstrich* steht vor eingeschobenen Satzteilen, deutet bei neuen Sätzen und Abschnitten an, dass sich ein neuer Sprecher zu Wort meldet, oder ordnet (unterstützt durch Einzug und Absatz) Aufzählungen auch graphisch.
Anführungszeichen werden bei wörtlicher Rede, Zitaten und nicht wörtlich gemeinten Ausdrücken gesetzt, innerhalb von Anführungszeichen als einfache Anführungszeichen (z. B. »Er ihn als ›Dummkopf‹ bezeichnet.«).
Ergänzende Bemerkungen oder Erläuterungen stehen in *Klammern*, wobei innerhalb von runder Klammer und für nicht direkt zum Text gehörende Anmerkungen eckige Klammern verwendet werden (z. B. [Anmerkung des Herausgebers]).

(z. B. eines Gedichts), künstlerische Darbietung eines Musikstücks (durch einen *Interpreten*).
Interpunktion [lat. »Trennung (der Wörter) durch Punkte«], *die*, Zeichensetzung, die Gliederung eines schriftlichen Textes durch → *Satzzeichen*. Die Zeichensetzung soll die Betonung und Stimmführung (z. B. Pausen) der gesprochenen Sprache teilweise wiedergeben, aber vor allem das Lesen erleichtern, indem die grammatikalischen Bezüge verdeutlicht werden.
Intervall [lat.], *das*, Zwischenraum (zwischen zwei Größen), Zeitabstand. In der Musik versteht man unter einem Intervall den Unterschied zweier gleichzeitig oder nacheinander erklingender Töne in der Tonhöhe.
Intervention [frz.], *die*, Einmischung, Eingriff (z. B. *militärische Intervention* eines Staates).
Intimsphäre [von lat. intimus = »der innerste«], *die*, der Erlebnis- und Gefühlsbereich, den der Einzelne als persönlichen Freiraum gegenüber anderen abschirmt und der durch Persönlichkeitsrechte (z. B. Recht am eigenen Bild) gesetzlich geschützt ist.
Intoleranz [lat. »Unerträglichkeit«], *die*, eine Unduldsamkeit, die keine anderen Standpunkte gelten lässt.
intransitiv [lat. »nicht hinübergehend«], in der Grammatik die Bezeichnung für → *Verben*, die kein → *Objekt* im Akkusativ nach sich ziehen und bei denen auch keine persönliche Passivform gebildet werden kann (z. B. *beben*). Gegensatz: → *transitiv*.
Intrige [frz.], *die*, Ränkespiel, Hinterlist.
Intuition [lat. »unmittelbare Anschauung«], *die*, ein unmittelbares Erfassen ohne Nachdenken, Eingebung.
Invasion [lat.], *die*, widerrechtliches Eindringen in ein fremdes Staatsgebiet.
Investition [lat. »Bekleidung«], *die*, Anlage von Finanzkapital in Sachwerten.
In-vitro-Fertilisation [lat. »Befruchtung im Reagenzglas«], *die*, Befruchtung einer → *Eizelle* außerhalb des weiblichen Körpers, wozu die Eizelle aus den Eierstöcken genommen wird. Beim Menschen findet diese Befruchtung in einer Nährlösung statt. Danach wird die befruchtete Eizelle in die Gebärmutter eingesetzt. Ein durch solche *extrakorporale Befruchtung* entstandenes Kind wird häufig als → »Retortenbaby« bezeichnet.
Inzest [lat.], *der,* auch als *Blutschande* bezeichneter Geschlechtsverkehr zwischen Blutsverwandten (z. B. zwischen Geschwistern oder zwischen Eltern und Kindern).
Inzucht, die Paarung und Fortpflanzung von nahe verwandten Einzelwesen, beim Menschen als → *Inzest* bezeichnet. Bei Tieren oder Pflanzen wird die Inzucht oft gezielt betrieben, weil sie rasch eine Reinerbigkeit von Merkmalen herbeiführt. Da sich dabei jedoch auch unerwünschte → *rezessive* Erbanlagen durchsetzen können, birgt die Inzucht die Gefahr von erheblich geschädigten Nachkommen.
IOC, Abkürzung für engl. International Olympic Committee, das → Internationale Olympische Komitee.

In – vitro – Fertilation

Eine 53-jährige Frau ist 1992 in Buffalo (USA) gleichzeitig Mutter und Großmutter geworden. Sie brachte für ihre Schwiegertochter ihren eigenen Enkel zur Welt. Die damals 33jährige Schwiegertochter konnte nach einer Operation keine Kinder mehr bekommen. Ihr Ei war im Reagenzglas mit den Spermien ihres Mannes künstlich befruchtet und der »Oma« eingepflanzt worden.

Das *Internet* ist das größte Datennetz der Welt, das die ganze Erde umspannt. Ende 1996 waren bereits über 2 Mio. Rechner an dieses Netzwerk angeschlossen, während rund 50 Mio. Menschen in 60 Ländern Zugang zum Internet hatten. Und das Internet vergrößert sich ständig weiter.

Geschichte des Internet

Die meisten Menschen reden von »Internet«, meinen aber eigentlich das erst seit 1992 bestehende *World Wide Web (WWW)*. Das Web ist jedoch nur ein besonderer Bereich des Internet, der durch eine grafische Gestaltung und multimediale Darstellung seiner Informationen gekennzeichnet ist.
1969 wurde in den USA ARPANET, ein Projekt des amerikanischen Verteidigungsministeriums, in Betrieb genommen. Das Pentagon wollte durch die Vernetzung von Rechnern in amerikanischen Behörden und Universitäten ein Netzwerk aufbauen, das auch noch funktionsfähig blieb, wenn im Falle eines Atomkrieges Teile des Netzes zerstört würden und einzelne Rechenanlagen oder Telefonleitungen ausfielen. Deshalb verzichtete man auf die Einrichtung zentraler Rechner und verteilte die Daten über das Netz. Entscheidend war bei dieser Überlegung, dass die Daten übertragen werden, gleichgültig auf welchem Rechner sie sich befinden. Das militärische Projekt wurde rasch von den amerikanischen Universitäten übernommen und entwickelte sich nach der Aufhebung von Zugangsbeschränkungen zu einem Zusammenschluss von immer mehr Netzwerken, die schließlich einen weltweiten Datenaustausch ermöglichten.
Die Voraussetzung für die Vernetzung einer Vielzahl unterschiedlichster Rechner und Netzwerke waren gemeinsame Regeln für den Datenaustausch. Das Internet-Protokoll (IP), das heute für fast alle Rechnerplattformen verfügbar ist, macht es möglich, uneinheitliche Netzwerkstrukturen miteinander zu verbinden und Informationen zwischen Rechnern mit unterschiedlichen Betriebssystemen auszutauschen.
Die entscheidenden Verbesserungen, die eine weltweite Nutzung für jedermann ermöglichten, gelangen Anfang der 90er Jahre. In den USA wurde *Gopher* entwickelt, ein Programm, mit dem sich Informationen im Internet übersichtlich darstellen ließen und mit dem man Zugriff auf die Datenbestände angeschlossener Rechner hatte. Gopher war jedoch nur für Textinformationen geeignet. Die am europäischen Kernforschungszentrum CERN bei Genf entwickelte Programmiersprache *HTML* (Hypertext Markup Language) erlaubte hingegen eine Darstellung von Texten, Bildern, Tönen und Videos in Form von Hypertext-Dokumenten, deren Informationen durch Hyperlinks untereinander verbunden waren, gleichgültig, auf welchem Rechner die zugrunde liegenden Daten gespeichert waren. Dies war die Grundlage für das World Wide Web (WWW). An der Universität von Illinois wurde mit *Mosaic* der erste Web-Browser entwickelt; mit seiner Hilfe konnte man auf diese Dokumente zugreifen und durch das Web *surfen*.
Innerhalb von nicht einmal drei Jahrzehnten ist aus einem militärischen Versuchsprojekt eine weltweite »Datenautobahn« geworden. Die Fülle der Informationsangebote, die sich auf mehrere Millionen Datenbanken verteilen, ist heute so riesig, dass man *Suchmaschinen* entwickelt hat. Suchprogramme wie Archie, AltaVista oder Yahoo machen spezielle Informationen ausfindig, indem sie vom Benutzer eingegebene Suchbegriffe (Namen, Themengebiete usw.) mit den im Internet verfügbaren Daten vergleichen.
Damit nicht einzelne Benutzer die Leitungen blockieren, werden die Informationen im Internet auf der Senderseite in kleinere Einheiten aufgeteilt, sortiert und verschickt und auf der Empfängerseite wieder richtig zusammengesetzt. Dadurch erhöht sich jedoch die Übertragungszeit, wenn viele Teilnehmer die Leitungen gleichzeitig nutzen. Die Überlastung des bestehenden Telefonnetzes ist schon heute eines der größten Probleme des Internet, solange nicht leistungsfähige Glasfaserkabel zur Verfügung stehen, die über 20 Mrd. Bits pro Sekunde weiterleiten können. Auch die Übertragungsgeschwindigkeit der vorhandenen Modems (14 400 oder 28 800 Bits/s bei konventionellen und 64 000 Bits/s bei ISDN-Modems) ist gering, wenn es darum geht, farbige Bilder, Klänge oder gar bewegte Bilder zu übertragen, die mehrere Megabyte Information enthalten.

Möglichkeiten des Internet

Das Internet eröffnet zahlreiche Möglichkeiten, ein ungeheuer leistungsfähiges und weit verzweigtes Computernetz zu nutzen. Man kann u. a. Texte, Grafiken, Musik und bewegte Bilder abrufen, die in zahllosen Datenbanken gespeichert sind, selbst multimediale Dokumente erstellen und in einem Server für Interessenten ablegen, elektronische Post *(E-Mail)* versenden und empfangen, weltweit mit anderen Internet-Benutzern kommunizieren *(chatten)* und im *Usenet* in Diskussionsgruppen *(Foren* und

■ *Die Homepage der Verlagsgruppe Droemer als Beispiel für die funktionale Gestaltung einer informativ ausgerichteten Website*

Wissen im Überblick: Internet

■ *Diese Grafik veranschaulicht (stark vereinfacht) die internationale Verknüpfung des Internet. Dargestellt sind lediglich die Hauptadern, welche ein globales Netz über alle Kontinente hinweg bilden. Sie verbinden die MAE's (Metropolitan Area Exchange) miteinander, von denen auf jedem Kontinent einige vorhanden sind. Diese bilden die Hauptknotenpunkte für die Datenübertragung per Internet.*

Newsgroups) seine Meinung zu speziellen Themen austauschen, Software von anderen Rechnern auf seinen eigenen Computer laden oder auf räumlich entfernten Rechnern arbeiten und deren Software und Datenbestand nutzen. Außerdem kann man beispielsweise Bankgeschäfte tätigen, am Bildschirm einkaufen und virtuelle Ausstellungen besuchen. Da die Grundsprache der meisten Informationsangebote mit Ausnahme der nationalen Netze und Online-Dienste Englisch ist, sind gute Englischkenntnisse und eine Beherrschung des »Computerslang« mit englischen Abkürzungen (wie etwa fyi = for your information, »zu Ihrer Information«) und *Smileys* (wie :-) für »scherzhaft gemeint«) hilfreich.

Voraussetzungen für den Zugang zum Internet

Erforderlich sind ein *Personalcomputer* oder vergleichbarer Mikrocomputer (wobei ein schneller Prozessor und ein großer Arbeitsspeicher empfehlenswert sind) sowie ein *Telefon-* oder *ISDN-Anschluss,* der über ein (möglichst schnelles) *Modem* mit dem PC verbunden ist. Software, die den Zugang zum Internet ermöglicht, gibt es für fast alle Betriebssysteme.
Diese Software erhält man zumeist kostenlos bei der Anmeldung bei einem *Online-Dienst* oder *Internet-Provider* (Anbieter). Sie dient nicht nur als *Browser,* der es möglich macht, alle im Internet verfügbaren Informationsquellen zu nutzen, sondern erledigt auch das Anmelden beim *Host,*

d. h. dem als »Gastgeber« fungierenden Rechner des Anbieters, der mit dem Internet verbunden ist, sowie den Versand und den Empfang von elektronischer Post *(E-Mail.* Die meisten Anbieter verlangen eine monatliche Grundgebühr und eine Benutzungsgebühr, die sich nach der Betriebszeit richtet. Außerdem fallen für den Benutzer die jeweiligen Telefongebühren an, so dass sich ein naher *Einwählknoten* und ein günstiger Telefontarif (am besten Ortstarif am späten Abend) empfehlen.
Auf dem Rechner *(Server)* des Anbieters wird ein *Account* (Zugangsberechtigung) eingerichtet. Der Benutzer erhält außerdem ein *Passwort,* mit dem er sich über das Telefon auf dem betreffenden Server *einloggen* kann. Der zugeteilte Benutzername ist Teil der Adresse, unter der man auch seine E-Mail empfängt.
Über den Browser gelangt man ins Internet. Dann genügt die Eingabe einer Internet-Adresse, um die betreffenden Informationen aufzurufen. Auf dem Bildschirm erscheint die betreffende *Homepage* als Eröffnungsseite; sie enthält markierte Textstellen (im WWW in Blau und unterstrichen), die sog. *Hyperlinks,* die man mit der Maus anklickt, um zu damit verknüpften Seiten oder Dokumenten zu gelangen. Mit dem Browser oder Erweiterungen *(plug-ins)* kann man auch multimediale Informationen (wie etwa Töne oder bewegte Bilder) nutzen. Alle Informationen kann man auf seinen PC laden, speichern und ausdrucken.

Ionier

Irak ('Irāq)
Staatsname: Republik Irak
Staatsform: Präsidiale Republik
Hauptstadt: Bagdad
Fläche: 438 317 km²
Einwohner: 20,4 Mio.
Bevölkerungsdichte: 46,5/km²
Amtssprache: Arabisch
Währung: Irak-Dinar (ID)
Nationalitätskennzeichen: IRQ

Irak

Ion [griech. »wanderndes (Teilchen)«], *das,* ein elektrisch geladenes → Atom oder Molekül. Die elektrische Ladung entsteht durch einen Überschuss oder einen Mangel an → Elektronen. Sind in einem Atom mehr Elektronen vorhanden, als zum Ausgleichen der Protonenladung notwendig sind, liegt ein negatives *Anion* vor, das sich in einem elektrischen Feld zur → Anode hin bewegt. Bei weniger Elektronen spricht man von einem positiv geladenen *Kation,* das zur → Kathode wandert. Ionen sind *ein-, zwei-* oder *mehrwertig,* je nachdem wie viele überschüssige oder fehlende Elektronen sie besitzen (in der Chemie ausgedrückt durch + und –, z. B. Mg^{++}, OH^-).

Für die **Ionisation,** d. h. die Abspaltung von Elektronen, ist die Zuführung von Energie erforderlich (z. B. durch Licht- oder Röntgenstrahlen, Beschuss mit energiereichen Teilchen oder hohe Temperaturen).

Ionier, einer der vier Hauptstämme der → Griechen. Die Ionier wanderten als erste in Griechenland ein. Ein Teil von ihnen wich Ende des 2. Jt. v. Chr. vor den nachdrängenden → Dorern auf die *Ionischen Inseln* und an die West- und Südküste von → Kleinasien aus. Das Gebiet an der kleinasiatischen Westküste wird zusammen mit den vorgelagerten Inseln (vor allem Samos und Chios) als **Ionien** bezeichnet. Dort entstand der *Zwölferbund* (u. a. Milet und Ephesos). Im 6. Jh. v. Chr. wurden die ionischen Städte ins Persische Reich eingegliedert. Sie erhoben sich im *Ionischen Aufstand* (500–494 v. Chr.) gegen Persien, unterlagen aber.

Ionisches Meer, der Teil des → Mittelmeers, der zwischen Unteritalien und Griechenland liegt.

IQ, Abkürzung für *Intelligenzquotient* (→ Intelligenz).

IRA, Abkürzung für *Irish Republican Arm,* die Irisch-Republikanische Armee. Die 1919 gegründete katholische Untergrundorganisation kämpft seit 1969 mit terroristischen Mitteln (Bomben- und Mordanschläge) für einen Anschluss → Nordirlands, das überwiegend protestantisch ist, an die Republik Irland.

Irak, arabischer Staat im Nahen Osten. Das Land, das vom armenisch-iranischen Gebirgsland bis zum Persischen Golf reicht und im Südwesten und Süden Anteil an der Syrischen Wüste hat, umfasst den größten Teil des »Zweistromlands« (→ Mesopotamien), das schon in vorgeschichtlicher Zeit besiedelt war. Die Bevölkerung besteht überwiegend aus Arabern (80 %) und → Kurden (15 %). Die irakische Wirtschaft stützt sich in erster Linie auf die Erdölförderung, leidet aber seit dem zweiten Golfkrieg unter einem von den Vereinten Nationen verhängten Embargo, das nur sehr begrenzte Ölexporte zulässt. Das Gebiet war im Altertum das Zentrum von frühen Hochkulturen wie → Sumer, → Babylonien und → Assyrien. Nach der Eroberung durch die Perser (539 v. Chr.) wurde es ein Teil des Persischen Reiches (→ Persien). 635 n. Chr. von den Arabern erobert, wurde es im 8. Jh. das Zentrum der Abbasiden, deren Kalifen in → Bagdad als Hauptstadt regierten. Der Mongoleneinfall im 13. Jh. führte zu einem jahrhundertelangen Niedergang. 1638 fiel der Irak an das → Osmanische Reich. Nach dem Ersten Weltkrieg übernahm Großbritannien die Verwaltung und setzte einen König ein. Das Königreich erhielt 1932 seine Unabhängigkeit. 1958 wurde nach einem Militärputsch die Republik ausgerufen. Seit dem Staatsstreich von 1968 regiert die nationalistische Baath-Partei (seit 1979 ist Saddam Hussein Staatspräsident). 1980 und 1990 fiel der Irak in Nachbarstaaten (→ Iran bzw. → Kuwait) ein und löste damit die → Golfkriege aus. Die irakischen Militäranlagen werden seitdem von Inspektoren der Vereinten Nationen kontrolliert; außerdem gibt es von den USA überwachte Flugverbotszonen und Schutzzonen für die schiitische Minderheit im Süden sowie die → Kurden im Norden. Mitte 1996 kam es dort zu blutigen Machtkämpfen zwischen der Patriotischen Union Kurdistans (PUK) und der von irakischen Truppen unterstützten Kurdischen Demokratischen Partei (KDP).

Iran, Staat im Nahen Osten. Das von Gebirgen umrahmte wüstenhafte iranische Hochland erstreckt sich vom Kaspischen Meer bis zum Persischen Golf. Im Nordwesten liegt ein Bergland, während an den Küsten fruchtbare Tiefländer zu finden sind. Neben Persern (50 %) umfasst die Bevölkerung u. a. Aserbaidschaner (20 %), Kurden (8 %), Araber und Turkmenen. Wichtigstes Wirtschaftsgut stellt das Erdöl dar. Im 3. Jt. v. Chr. bildete sich im Südwesten das Reich von *Elam* (Hauptstadt Susa), das wiederholt von → Akkad, Babylon und Assyrien erobert und später eine persische Provinz wurde. Das → Persische Reich wurde 642 n. Chr. von den Arabern erobert und nahm als Provinz des islamischen Reiches den muslimischen Glauben an. Im 13. und 14. Jh. wurde Persien vorübergehend von den Mongolen unterworfen. Unter den Safawiden entstand ein Neupersisches Reich, das 1794–1925 von der Dynastie der Kadscharen beherrscht wurde. Persien musste große Teile

Iran: Die Freitagsmoschee in Shiraz

seines Reiches im Kaukasus (Georgien, Armenien und Aserbaidschan) an Russland abtreten und geriet zu Beginn des 20. Jh. ganz unter den Einfluss ausländischer Mächte. 1921 übernahm Reza Khan durch einen Staatsstreich die Macht und ließ sich 1925 zum *Schah* (»König«) ausrufen. Mohammed Reza Pahlawi (1919–1980), der 1941 nach der von den Alliierten erzwungenen Abdankung seines Vaters Schah wurde, setzte eine Modernisierung des Landes durch, aber seine diktatorische Herrschaft führte zu Aufständen, die ihn 1979 zum Verlassen des Landes zwangen. Der daraufhin aus dem französischen Exil zurückgekehrte Schiitenführer Ayatollah → Khomeini übernahm die Macht und machte den Iran zu einer islamischen Republik, die durch eine Herrschaft der Geistlichen *(Theokratie)* geprägt ist. Grenzkonflikte mit dem → Irak lösten 1980 den ersten → Golfkrieg (bis 1988) aus.

Iridium [lat.], *das,* ein → chemisches Element. Das sehr harte und spröde silberweiße Metall aus der Gruppe der → Platinmetalle wird in Legierungen (u. a. für zahnärztliche Instrumente) verwendet.

Iris [griech. »Regenbogen«], *die,* Regenbogenhaut des → Auges.

Irland, Inselstaat in Westeuropa. Das Land nimmt den größten Teil der gleichnamigen Insel (84 431 km²) ein, die zu den → Britischen Inseln gehört. Das zentrale Tiefland, das viele Seen und Moore besitzt, wird von Bergländern umrahmt. Dank der fruchtbaren Böden und des milden Klimas spielt die Landwirtschaft (vor allem Viehzucht) eine große Rolle, aber die Industrie gewinnt immer mehr an Bedeutung. Irland war bereits im Altertum bekannt und wurde vermutlich schon von den → Phöniziern angefahren. Im 3. Jh. v. Chr. wurde es von den → Kelten besiedelt, die ab dem 4. Jh. n. Chr. christianisiert wurden. Klöster spielten in der Folgezeit eine wich-

Iran	
Staatsname:	Islamische Republik Iran
Staatsform:	Islamische Präsidialrepublik
Hauptstadt:	Teheran
Fläche:	1 648 000 km²
Einwohner:	67,3 Mio.
Bevölkerungsdichte:	41/km²
Amtssprache:	Persisch (Farsi)
Währung:	Rial (Rl.)
Nationalitätskennzeichen:	IR

Iran

Iridium
. . . .
Zeichen: Ir
Ordnungszahl: 77
Atommasse: 192,22
Dichte: 22,42 g/cm³
Schmelzpunkt: 2410 °C
Siedepunkt: 4130 °C

Iris
. . . .
Iris ist in der griechischen Mythologie die Göttin des Regenbogens, der den Himmel mit der Erde verbindet, und deshalb auch die Botin der Götter.

Irland: Küstenlandschaft in der Nähe von Dingle

Irland (Éire, Ireland)
Staatsform: Republik
Hauptstadt: Dublin
Fläche: 70 284 km²
Einwohner: 3,5 Mio.
Bevölkerungsdichte: 50/km²
Amtssprache: Irisch, Englisch
Währung: Irisches Pfund (Ir £)
Nationalitätskennzeichen: IRL

Irland

Islam

ISSN

Für Zeitungen, Zeitschriften und Schriftenreihen gibt es ISSN (Abkürzung für engl. *International Standard Serial Number*), eine achtstellige Zahl, die u. a. eine eindeutige Zuordnung von Zitaten ermöglicht.

tige Rolle. Die in Irland entstehenden kleinen Königreiche mussten sich ab dem späten 8. Jh. bis ins 11. Jh. gegen die Einfälle der → Wikinger wehren. 1171 besetzte England die Insel. 1534 ließ sich der englische König → Heinrich VIII. zum König von Irland ausrufen. Ab dem 17. Jh. wurden im Norden Irlands, in der Provinz Ulster, englische Protestanten angesiedelt. Wiederholt kam es zu Aufständen gegen die britische Herrschaft. 1801 wurde Irland in das Vereinigte Königreich von Großbritannien und Irland eingegliedert. Die Hungersnöte um die Mitte des 19. Jh. führten zu einer riesigen Auswanderungswelle der Iren nach Nordamerika (bis zum Ende des Jahrhunderts etwa 3,5 Mio.). Nach dem niedergeschlagenen Osteraufstand 1916 (als Irland die Republik ausrief) und einem blutigen Unabhängigkeitskrieg (1919–1921) wurde Irland 1921 geteilt: Der Süden wurde zum *Freistaat Irland,* während der Norden (Ulster) an Großbritannien abgetreten werden musste (→ Nordirland). 1949 erklärte sich Irland zur Republik und trat aus dem Commonwealth aus. 1998 wurde in einer Volksabstimmung ein mit Großbritannien ausgehandeltes Friedensabkommen angenommen, das die Konflikte mit dem protestantischen Norden verringern soll.

Ironie [griech. »Spott«], *die,* versteckter Spott, mit dem man erkennbar das Gegenteil von dem meint, was man sagt.

irrational [lat. »unvernünftig«], der Vernunft widersprechend.

irrationale Zahlen, in der Mathematik alle Zahlen, die sich nicht als → Bruch von zwei → ganzen Zahlen darstellen lassen und nur durch unendliche Dezimalzahlen wiedergegeben werden können (z. B. $\sqrt{12} = 1{,}4142\ldots$ oder die Kreiszahl → $\pi = 3{,}14159\ldots$).

irreal [lat.], unwirklich.

Irrealis [lat.], *der,* in der Grammatik ein → Modus des → Verbs, der durch den → Konjunktiv nur Mögliches, Angenommenes oder Gewünschtes zum Ausdruck bringt (z. B. *Das Buch wäre fast nicht zustande gekommen.*

ISBN, Abkürzung für *Internationale Standardbuchnummer,* eine zehnstellige Kennziffer für jedes neue Buch, die Angaben über das Land (z. B. 3 für Deutschland), den Verlag, die Titelnummer und die Reihe enthält.

ISDN, Abkürzung für engl. *Integrated Services Digital Network* (Digitales Netz für zusammengefasste Dienstleistungen), ein weltweites Übertragungsnetz. Mit ISDN können Informationen aller Art (Texte, Töne und Bilder) als → binäre Daten übermittelt werden. Für die Übertragung wird das → digitalisierte Fernmeldenetz benutzt. ISDN besitzt eine Übertragungsgeschwindigkeit von 64 000 Bit pro Sekunde und macht es möglich, mit einem einzigen Anschluss zahlreiche Geräte (wie Telefon, Telefax) und mehrere Leistungen zu nutzen. Außerdem können → Computer direkt an ISDN angeschlossen werden, so dass kein → Modem mehr erforderlich ist;

Islam [arab. »Hingabe (an Gott)«], *der,* die von → Mohammed 622 n. Chr. begründete Religion, die mit fast 1 Mrd. Anhängern (vor allem im Vorderen Orient, in Nordafrika, Pakistan, Bangladesch und Indonesien) die zweitgrößte Weltreligion ist. Die Anhänger heißen *Muslime* oder *Moslems.* Der Islam ist in mehrere Richtungen gespalten, von denen die wichtigsten *Sunna* (→ Sunniten, etwa 80 %) und *Schia* (→ Schiiten, etwa 12 %) sind.

Der Islam ist eine streng monotheistische Religion (→ Monotheismus), die einen einzigen Gott kennt: → Allah. Grundlage der islamischen Religion, die neben arabischen Elementen auch jüdische und christliche enthält, sind die Visionen → Mohammeds, der als letzter und größter Prophet die Offenbarungen Gottes verkündete. Sie sind im → Koran zusammengefasst, der gemeinsam mit den mündlichen Überlieferungen von den Worten und Taten Mohammeds die Richtschnur für den gläubigen Muslim liefert. Das Schicksal des Menschen ist vorherbestimmt (→ Kismet). Für die Gläubigen gibt es fünf Hauptpflichten (»Säulen des Islam«): der alleinige Glaube an Allah, das Gebet, das fünfmal täglich verrichtet werden muss, Almosen für die Armen, das Fasten im Monat → Ramadan und die Pilgerfahrt nach Mekka (→ Hadsch). Der Genuss von Alkohol und Schweinefleisch ist verboten. Der Mann darf vier Ehefrauen haben, muss aber jede gleich behandeln.

Der Islam spielt in der Geschichte eine große Rolle, weil er schon früh bemüht war, sein Einflussgebiet durch Glaubenskriege (→ Dschihad) auszuweiten, und ausgedehnte Eroberungen in Asien und Afrika auslöste. Noch heute ist er in vielen Ländern Staatsreligion. In den sog. *Islamischen Republiken* (z. B. → Iran) nimmt er direkt Einfluss auf die Politik. Große Auswirkungen hat auch der islamische → Fundamentalismus, der vom Westen übernommene Lebensformen und Gedanken ablehnt.

Islamabad, im Norden des Landes gelegene Hauptstadt (als Ballungsraum 1,5 Mio. Einwohner) von → Pakistan.

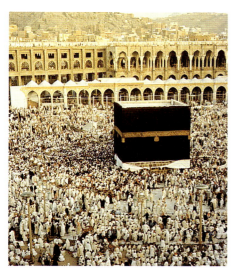

■ Die Kaaba, das Haupteiligtum des **Islam** in Mekka

Island, Inselstaat in Nordeuropa. Die zweitgrößte Insel Europas liegt im nördlichen Atlantik. Sie ist vulkanischen Ursprungs und besitzt etwa 30 noch tätige Vulkane. Aufgrund der Lage am nördlichen Polarkreis sind über 10 % der Fläche von Gletschern bedeckt. Im Süden befindet sich an der Küste flaches Land. Die Bevölkerung lebt vorwiegend an der Küste. Wirtschaftliche Grundlage ist die Fischerei. Island wurde ab dem 9. Jh. zuerst von schottischen Mönchen und dann von Wikingern besiedelt. 1262 unterstellte sich Island dem norwegischen König und kam 1380 zusammen mit Norwegen an Dänemark. Unabhängigkeitsbestrebungen verschafften ihm im 19. Jh. innere Autonomie. 1918 wurde es als selbstständiger Staat anerkannt, blieb aber mit Dänemark in → Personalunion verbunden. Seit 1944 ist Island eine unabhängige Republik.

Isolation [frz.], *die,* Absonderung, Vereinsamung.

Isolator [frz.], *der,* ein Stoff, der elektrische Energie oder Wärme schlecht oder überhaupt nicht leitet (z. B. Glas, Keramik, Kunststoffe).

Isotope [von griech. iso- »gleich« und topos = »Ort«], *Mz.,* die Atome eines → chemischen Elements, deren Kerne zwar dieselbe Anzahl von → Protonen besitzen, aber sich in der Zahl der → Neutronen unterscheiden. Isotope haben somit dieselbe → Ordnungszahl, aber verschiedene Atomgewichte.

Israel, Staat im Nahen Osten. Das 410 km lange Land ist nur zwischen 14 und 116 km breit. An der Küste erstreckt sich eine Ebene. Im Norden besteht Israel aus Hügel- und Bergland, das zum Jordangraben und zum → Toten Meer hin steil abfällt. Im Süden liegt die Wüste Negev. Die Bevölkerung besteht aus 82 % Israelis und 18 % → Palästinensern. Israel ist in erster Linie ein Industriestaat; die überwiegend genossenschaftlich betriebene Landwirtschaft (→ Kibbuz) ist in hohem Maße auf künstliche Bewässerung angewiesen. Der 1948 ausgerufene jüdische Staat entstand im Laufe des 20. Jh., als jüdische Einwanderer Siedlungen in → Palästina gründeten, um den von *Theodor Herzl* (1860–1904) angestrebten »Judenstaat« (→ Zionismus) zu verwirklichen. Großbritannien, das ab 1923 das Mandat des Völkerbunds über Palästina innehatte, unterstützte das Recht der → Juden auf eine »nationale Heimstätte« (Balfour-Erklärung 1917). Jüdische Masseneinwanderungen verschärften die Spannungen mit der arabischen Bevölkerung. Die 1947 von der UNO beschlossene Teilung Palästinas in ein jüdisches und ein arabisches Gebiet führte nach der Ausrufung des unabhängigen Staates Israel am 14. Mai 1948 zum ersten Nahostkrieg mit der Arabischen Liga. Die anhaltenden Konflikte mit den arabischen Nachbarn entluden sich in drei weiteren Kriegen (1956–1967 und 1973) die Israel erhebliche Gebietsgewinne brachten (Besetzung von Westjordanland, Golanhöhen, Sinai und Gazastreifen). Seit 1979 (Camp-David-Abkommen mit Ägypten) bemüht sich Israel um einen friedlichen Ausgleich mit den Nachbarstaaten. 1994 wurde den → Palästinensern in den von Israel besetzten Gebieten eine begrenzte Selbstverwaltung zugestanden. Die Umsetzung des Autonomieabkommens verzögerte sich jedoch in der Folge, als am 4. November 1995 der israelische Ministerpräsident Jitzhak Rabin wegen seiner Friedenspolitik von einem radikalen jüdischen Siedler ermordet wurde und bei den Wahlen im Mai 1996 der konservative Likud-Block (mit Benjamin Netanjahu als neuem Ministerpräsidenten) siegte (→ *Infokasten* siehe Seite 320)

Israeliten, die Angehörigen eines zwölf Stämme umfassenden semitischen Volks, das ab dem 15. Jh. v. Chr. in → Palästina einwanderte. Nach dem Tod von König → Salomo (926 v. Chr.) wurde ihr Reich in das Nordreich (Israel) und das Südreich (Juda) geteilt. Israel wurde 721 v. Chr. von den Assyrern erobert.

Istanbul, zu beiden Seiten des → Bosporus gelegene Stadt (als Ballungsraum 6,6 Mio. Einwohner) im Nordwesten der Türkei. Als *Konstanti-*

Island
Staatsname: Republik Island
Staatsform: Republik
Hauptstadt: Reykjavik
Fläche: 103 000 km²
Einwohner: 268 000
Bevölkerungsdichte: 2,6/km²
Amtssprache: Isländisch
Währung: Isländische Krone (ikr)
Nationalitätskennzeichen: IS

Island

Isotope

Viele Elemente kommen von Natur aus in mehreren Isotopen vor, die sich in ihren chemischen Eigenschaften nicht voneinander unterscheiden (z. B. Kohlenstoff als ^{12}C, ^{13}C und ^{14}C). Neben stabilen Isotopen gibt es auch radioaktive Isotope, die zerfallen. Blei beispielsweise besitzt acht Isotope, von denen vier instabil sind. Isotope können auch künstlich durch Kernreaktionen hergestellt werden.

320 Italien

Israel (Yisra'él)

Staatsname: Staat Israel

Staatsform: Republik

Hauptstadt: Jerusalem

Fläche: 20 770 km²

Einwohner: 5,6 Mio.

Bevölkerungsdichte: 270/km²

Amtssprache: Hebräisch, Arabisch

Währung: Neuer Schekel (NIS)

Nationalitätskennzeichen: IL

Israel

Istanbul

Eines der berühmtesten Bauwerke in Istanbul ist die *Hagia Sophia,* die 532–537 n. Chr. erbaut wurde. Die Kirche mit zentraler Hauptkuppel, zwei Halbkuppeln und je drei Nebenkuppeln war die Krönungskirche der byzantinischen Kaiser und diente nach der Eroberung Konstantinopels durch die Osmanen als Moschee (im 16. Jh. wurden Minarette hinzugefügt). Seit 1934 ist die Hagia Sophia ein Museum.

■ *Istanbul: Die Blaue Moschee*

nopel (bis 1930) war sie ab 395 n. Chr. die Hauptstadt des → Byzantinischen Reiches und ab 1453 (nach der Eroberung durch die Osmanen) die Hauptstadt des → Osmanischen Reiches bzw. der Türkei (bis 1923). Zwei Hängebrücken verbinden den europäischen und den asiatischen Teil der Stadt.

Italien, Staat in Südeuropa. Vier Fünftel des Landes sind gebirgig. Zwischen dem Bogen der → Alpen, die die natürliche Grenze zu den Nachbarländern Frankreich, Schweiz, Österreich und Slowenien bilden, und dem → Apennin erstreckt sich die fruchtbare Poebene, die etwa 400 km lang und bis zu 200 km breit ist. Zu Italien gehören neben → Sizilien und → Sardinien kleinere Inseln im Tyrrhenischen und im Adriatischen Meer. Die Bevölkerung umfasst auch mehrere Minderheiten mit eigener Sprache (insgesamt 5 % Sarden, Südtiroler, Ladiner, Slowenen u. a.). Auch wenn fast zwei Drittel der Gesamtfläche landwirtschaftlich genutzt werden (Anbau von Getreide, Obst, Wein), ist Italien in erster Linie ein Industrieland; allerdings befinden sich die Industriezentren (insbesondere Maschinen- und Fahrzeugbau) zumeist im Norden.

Die Apenninhalbinsel wurde in vorrömischer Zeit von den → Etruskern (9.–5. Jh. v. Chr.) und von den Griechen beherrscht, die in Süditalien und Sizilien Kolonien gründeten (ab 750 v. Chr.). Im 5. Jh. v. Chr. gewann Rom die Vorherrschaft (→ Römisches Reich). Nach dem Ende des Weströmischen Reiches 476 n. Chr. stand Italien zunächst unter dem Einfluss des Oströmischen Reiches (→ Byzantinisches Reich), das 553 die ostgotische Herrschaft beendete. Ab 568 gründeten die eindringenden → Langobarden ein eigenes Reich, das auf Bitten des Papstes im 8. Jh. von den Franken erobert wurde. Unter den → Karolingern und den → Ottonen, die sich in Rom zum Kaiser krönen ließen, gehörte Italien zum → Heiligen Römischen Reich. Der Papst konnte sich im Investiturstreit aus der Vorherrschaft des deutschen Kaisers lösen. Der deutsche Einfluss hörte mit dem Tod von Kaiser Friedrich II. (1250) auf, der in Sizilien einen modernen Beamtenstaat geschaffen hatte. In Norditalien waren mächtige Stadtrepubliken (wie Venedig und Genua) und Fürstentümer (wie Mailand) entstanden. Die Vormachtstellung des Papstes in Italien, der mit dem → Kirchenstaat über ein eigenes Herrschaftsgebiet verfügte, endete mit der von Frankreich erzwungenen Verlegung der Papstresidenz nach Avignon (1306–1376). Nach langen Kämpfen schlossen sich 1455 fünf Staaten (Neapel, Florenz, Mailand, Venedig und Kirchenstaat) zur Italienischen Liga zusammen.

Ab dem 16. Jh. kam Italien zunehmend unter den Einfluss ausländischer Mächte. Zunächst erlangte das habsburgische Spanien die Vormacht und erhielt Neapel, Sizilien, Sardinien und Mailand. Nach dem Spanischen Erbfolgekrieg (1701–1714) gewannen die österreichischen Habsburger Gebiete in Nord- und Mittelitalien und die spanischen → Bourbonen das Königreich Neapel-Sizilien, während Sardinien an Savoyen fiel. Nach der → Französischen Revolution geriet Italien unter den Einfluss Frankreichs. 1805 wurde Italien Königreich (mit → Napoleon als König), doch große Gebietsteile (z. B. Piemont und Toskana) wurden mit Frankreich vereinigt. Der → Wiener Kongress stellte 1815 zwar die alten Verhältnisse wieder her, aber es kam zunehmend zu Aufständen, die zunächst von Österreich niedergeschlagen wurden. Mit französischer Unterstützung konnte Sardinien 1859 die Lombardei gewinnen. Nach dem Anschluss Mittelitaliens und des Königreiches Sizilien (→ Garibaldi) entstand daraus 1861 das Königreich Italien, das 1866 um Venetien und 1870 um Rom erweitert wurde.

Zwischen 1881 und 1889 eroberte Italien in Afrika → Eritrea und Somaliland; 1911/12 gewann es von den Türken Gebiete in Libyen. Der Erste Weltkrieg brachte neue Gebietsgewinne (u. a. Südtirol und Istrien). Nach innenpolitischen Krisen bestimmte ab 1922 der → Faschismus unter *Benito Mussolini* (1883–1945) die italienische Politik. 1935 wurde → Äthiopien besetzt. Im Zweiten Weltkrieg kämpfte Italien auf deutscher Seite, musste aber 1943 kapitulieren. 1946 wurde die Monarchie abgeschafft. Die Nachkriegsgeschichte ist durch zahlreiche Regierungskrisen gekennzeichnet (bis Mitte 1996 gab es 55 Nachkriegsregierungen). Die Korruptionsskan-

Italien (Italia)
Staatsname: Italienische Republik
Staatsform: Republik
Hauptstadt: Rom
Fläche: 301 302 km²
Einwohner: 57,2 Mio.
Bevölkerungsdichte: 190/km²
Amtssprache: Italienisch
Währung: Italienische Lira (Lit)
Nationalitätskennzeichen: I

Italien

Italienische Regionen

Region	Fläche in km²	Hauptstadt
Abruzzen	10 794	L'Aquila
Aostatal*	3 264	Aosta
Apulien	19 357	Bari
Basilikata	9 992	Potenza
Emilia-Romagna	22 125	Bologna
Friaul-Julisch-Venetien*	7 847	Triest
Kalabrien	15 080	Catanzaro
Kampanien	13 595	Neapel
Latium	17 203	Rom
Ligurien	5 416	Genua
Lombardei	23 857	Mailand
Marken	9 694	Ancona
Molise	4 438	Campobasso
Piemont	25 399	Turin
Sardinien*	24 090	Cagliari
Sizilien*	25 708	Palermo
Toskana	22 992	Florenz
Trentino-Südtirol*	13 619	Trient
Umbrien	8 456	Perugia
Venetien	18 364	Venedig

(* autonom)

■ *Italien:* Das Forum Romanum in Rom mit dem Tempel des Pollux und den drei Säulen des Castor

dale, die bis in höchste politische Kreise reichten, führten 1993 zu einer Staatskrise, die einen völligen Umbau des Parteiensystems zur Folge hatte. Das siegreiche Rechtsbündnis unter der Führung von Silvio Berlusconi 1994 hielt nur sieben Monate. 1996 konnte sich bei vorgezogenen Parlamentswahlen ein Mitte-Links-Bündnis unter der Führung des neuen Ministerpräsidenten Romano Prodi durchsetzen.

IWF, Abkürzung für → *Internationaler Währungsfonds.*

J, Abkürzung für → Joule.

Jackson [engl. dʒæksn], Michael (* 1958), amerikanischer Popsänger. Seine eingängige Mischung aus rhytmisch betonter schwarzer Dancefloor-Music und melodiösem weißem Mainstream-Rock, unterstützt durch eindrucksvolle Tanzeinlagen und aufwendige Videoclips, macht ihn seit den 80er Jahren zu einem der erfolgreichsten Popstars.

Jagd, das Erlegen von Wild durch einen Jäger. In der Vor- und Frühgeschichte des Menschen lieferte die Jagd einen Großteil der Nahrung. Die Jagd spielte auch eine große Rolle im Altertum und im Mittelalter und hat noch heute gesellschaftliche Bedeutung (Treibjagd). Heute ist das Recht zur Jagd auf *Förster,* d. h. beamtete Jäger, und private Jäger mit behördlicher Genehmigung *(Jagdschein)* beschränkt. Das Jagen in den → Revieren hat heute auch die *Hege* des Wildes zur Aufgabe (Erhaltung des Wildbestands, Auslese von kranken Tieren). In Deutschland ist die Jagd zeitlich auf die *Jagdsaison* beschränkt:
Es gibt für die verschiedenen Tierarten *Jagd-* und *Schonzeiten.* Nach dem Jagdwild unterscheidet man *Hoch-* und *Niederwildjagd,* nach der Jagdmethode *Suche* (der Jäger verwendet einen Hund zum Aufstöbern von Hasen und Rebhühnern), *Pirsch* (der Jäger schleicht sich an Schalenwild wie Hirsche, Rehe und Wildschweine an), *Anstand-* oder *Ansitzjagd* (der Jäger wartet an einer getarnten Stelle oder auf einem Hochsitz auf das Wild), *Treibjagd* (Treiber scheuchen das Wild auf und treiben es dem Jäger zu) und *Fangjagd* (Raubtiere werden mit Fallen gefangen). Außerdem gibt es noch die *Beize* (Jagd mithilfe von abgerichteten Raubvögeln) und die Kaninchenjagd mit → Frettchen *(Frettieren).* In manchen Ländern sind auch *Hetzjagd* (Hunde hetzen das Wild) und *Parforcejagd* (mit reitenden Jägern und Hundemeuten, die das Wild hetzen) erlaubt.

Jaguar [port.-indian. »Fleisch fressendes Tier«], *der,* eine in Amerika (bis zum Süden von Nordamerika) vorkommende Raubkatze, die bis zu 1,80 m lang wird. Der Jaguar besitzt ein rötlich-

Jaguar

gelbes, schwarz geflecktes Fell und einen langen Schwanz. Er kann gut schwimmen und ernährt sich von kleineren Säugern, Vögeln und Reptilien.

Jahr, die Umlaufzeit der Erde um die Sonne, die als wichtigste Einheit für die Zeitrechnung benutzt wird. Seit alten Zeiten wird das Jahr nach der scheinbaren Bewegung der Sonne am Himmel berechnet. Dem Gregorianischen → Kalender liegt ein Jahr mit 365,2425 Tagen zugrunde.

Jahresringe, die ringförmigen Zonen, die bei Baumstämmen jährlich durch das Wachstum des → Holzes hinzukommen. Wenn man einen Stamm aufschneidet, kann man sie im Querschnitt als konzentrische Kreise und im Längsschnitt als sog. *Maserung* erkennen. Aus ihrer Anzahl kann man das Lebensalter von Bäumen bestimmen. Man nutzt dies bei der Altersbestimmung von hölzernen Funden *(Dendrochronologie).*

Jahreszeiten, die Abschnitte des → Jahres, die auf die unterschiedliche Stellung der Sonne zur Erde zurückgehen. Die Achse, um die sich die Erde dreht, steht nämlich nicht senkrecht auf der Bahnebene, in der sie die Sonne umläuft, sondern ist gegenwärtig um 23,5° geneigt (sog. *Schiefe der Ekliptik).* Die vier Jahreszeiten *Frühling, Sommer, Herbst* und *Winter* sind jeweils die Zeitspannen zwischen einem → Äquinoktium (Tagundnachtgleiche), wenn die Sonne den Himmelsäquator von Süden nach Norden oder von Norden nach Süden überquert, und einem Solstitium (Sonnenwende), wenn die Sonne den höchsten südlichen oder nördlichen Winkelabstand vom Himmelsäquator erreicht, bzw. zwischen einer Sonnenwende und einer Tagundnachtgleiche.

Jahwe, *Jahve* [hebr. »ich bin da«], der Name Gottes im → Alten Testament, den Gott den Israeliten durch Moses selbst mitteilte. Im späten Mittelalter bürgerte sich die falsche Aussprache → *Jehova* ein.

Michael Jackson

Michael Jacksons LP »Thriller« von 1982 wurde mit rund 45 Mio. Exemplaren die meistverkaufte Platte aller Zeiten.

Jahresdauer

Die tatsächliche Umlaufdauer beträgt 365,2425 Tage oder 365 Tage, 5 Stunden, 48 Minuten und 46 Sekunden. In der Astronomie bezeichnet man dies als *tropisches Jahr.* Dieses Sonnenjahr ist auf den Frühlingspunkt bezogen, den Schnittpunkt zwischen Ekliptik und Himmelsäquator, durch den sich die Sonne am Tag des Frühlingsäquinoktiums (→ Tagundnachtgleiche) bewegt. Ein Jahr ist der Zeitraum zwischen zwei solchen Durchgängen.

Jahreszeiten

Die Klimaunterschiede während dieser Jahreszeiten auf der nördlichen und der südlichen Erdhalbkugel sind dadurch bedingt, dass die Sonne am Mittag unterschiedlich hoch steht, also die Sonnenstrahlen unterschiedlich schräg einfallen, und die Sonneneinstrahlung verschieden lang andauert, also Tag und Nacht unterschiedlich lang sind. Je steiler die Sonne steht und je länger sie scheint, desto stärker ist die Erwärmung.

Jamaika
Staatsform: Parlamentarische Monarchie
Hauptstadt: Kingston
Fläche: 10 990 km²
Einwohner: 2,5 Mio.
Bevölkerungsdichte: 227,5/km²
Amtssprache: Englisch
Währung: Jamaika-Dollar (J $)
Nationalitätskennzeichen: JA

Jamaika

Jakobiner
• • • • • • • • • • • • • • • • •
Die Jakobiner verfolgten radikaldemokratische Ziele. Ihr Kennzeichen war die *Jakobinermütze,* eine nach vorn herabhängende rote Wollmütze, wie sie früher von den Marseiller Galeerensträflingen getragen wurde.

Jakarta, [dʒaˈkarta], bis 1950 *Batavia*, an der Nordwestküste von Java gelegene Hauptstadt (als Ballungsraum 11,5 Mio. Einwohner) von → Indonesien.
Jakobiner [frz.], nach ihrer Versammlungsstätte, dem ehemaligen Dominikanerkloster Saint-Jacques (frz. für hl. Jakob) in Paris, benannte Mitglieder eines radikalen politischen Clubs während der → Französischen Revolution. Ab 1791 standen sie unter der Leitung von → Robespierre, der mit ihrer Hilfe eine Schreckensherrschaft errichtete, aber 1794 zusammen mit zahlreichen anderen Jakobinern selbst hingerichtet wurde.
Jamaika, Inselstaat in der → Karibik. Der größte Teil der zu den Großen → Antillen gehörenden Insel ist sehr gebirgig, während der sumpfige Süden fruchtbare Schwemmlandebenen aufweist. Jamaika wurde 1493 von → Kolumbus entdeckt und im 16. Jh. von den Spaniern besiedelt. Nach der Ausrottung der einheimischen indianischen Bevölkerung wurden schwarze Sklaven aus Afrika eingeführt. Ihre Nachkommen machen heute die Bevölkerungsmehrheit aus (fast 75 % Schwarze und knapp 13 % Mulatten). Die Wirtschaft stützt sich neben dem Bergbau (Bauxit und Aluminium) auf die Landwirtschaft (Zuckerrohr, Bananen, Zitrusfrüchte). 1655 wurde Jamaika von England erobert, entwickelte sich aber erst im 18. Jh. zu einer Kolonie mit Plantagenwirtschaft. Die britische Kronkolonie (ab 1866) erhielt 1962 ihre Unabhängigkeit. Jamaika gehört aber weiterhin dem → Commonwealth an.
Jam Session [von engl. jam dʒæm = »improvisieren« und session ˈsɛʃən = »Sitzung«], *die,* in der → Jazz- und Rockmusik ein zwangloses Zusammenspiel von Musikern verschiedener Gruppen, oft sogar unterschiedlicher musikalischer Richtungen, die frei improvisieren.
Jangtsekiang, *Chang Jiang* [chin. tʃaŋdzi̯aŋ »Langer Strom«], mit 6300 km der längste Fluss in China. Er entspringt im Hochland von Tibet und mündet ins Ostchinesische Meer.
Japan, Inselstaat in Ostasien. Das Land umfasst vier Hauptinseln *(Honshu, Hokkaido, Kyushu* und *Shikoku)* und etwa 3900 kleinere Inseln, die sich als fast 3000 km lange Inselkette vom Ochotskischen bis zum Südchinesischen Meer erstrecken. Außerdem erhebt Japan Anspruch auf die beiden südlichsten Inseln der *Kurilen,* die 1945 von der ehemaligen Sowjetunion annektiert wurden und jetzt zu Russland gehören.
Die als Ureinwohner geltenden *Ainu* wurden von Einwanderern vom asiatischen Festland nach

■ *Japan:* Der Goldene Pavillon in Kioto

Norden verdrängt. Um 400 n. Chr. vereinigten sich mehrere Teilstaaten zum Yamato-Reich, das von der chinesischen Kultur beeinflusst war. Ab dem 7. Jh. entstand ein straff organisierter Beamtenstaat, in dem der *Tenno,* der Kaiser, die absolute Macht besaß. 794 wurde die Hauptstadt in das heutige Kioto verlegt. Der Machtzuwachs des Hofadels schränkte den Einfluss des Tenno ein. Kämpfe zwischen den mächtigen Familien führten zur Herrschaft der *Shogune,* der Reichsfeldherren, die zwischen 1192 und 1867 die tatsächliche Macht innehatten. Während dieser Zeit entstand ein Feudalsystem, das sich auf die *Samurai,* die japanischen Ritter, als Vasallen stützte. Im 13. Jh. konnte zweimal eine Invasion der Mongolen abgewehrt werden. 1603 wurde die Hauptstadt nach Edo (Tokio) verlegt. Im 17. Jh. schirmte sich Japan nach außen ab und schloss alle Häfen für Ausländer, bis die USA 1854 die Öffnung erzwangen. 1867 dankte der letzte Shogun ab. Nach der Abschaffung des Feudalsystems (Auflösung der Samurai-Kaste) wurde Japan zu einer konstitutionellen Monarchie. In Kriegen gegen China und Russland stieg es zu einer Großmacht in Asien auf, die sich 1910 → Korea einverleibte und im Ersten Weltkrieg die deutschen Kolonien in China erhielt. Auf sein Militär und seine Flotte gestützt, verstärkte Japan seine Vormachtstellung und annektierte vier chinesische Provinzen als Mandschukuo (1932). Als dieser Marionettenstaat nicht anerkannt wurde, trat Japan aus dem Völkerbund aus und verbündete sich mit Deutschland und Italien. 1937 erklärte es China den Krieg (bis 1945 etwa 20 Mio. Tote). Ende 1941 griff Japan den amerikanischen Flottenstützpunkt in Pearl Harbor (Hawaii) an,

womit es in den Zweiten Weltkrieg eintrat. Es konnte zunächst zwar große Gebiete in Ost- und Südostasien besetzen, musste aber nach militärischen Niederlagen und dem Abwurf von Atombomben auf → Hiroshima und Nagasaki im August 1945 bedingungslos kapitulieren.
Unter amerikanischer Besatzung wurden zahlreiche Reformen durchgeführt (1947 neue Verfassung und Einführung einer parlamentarischen Regierungsform). Der wirtschaftliche Wiederaufstieg ab den 60er Jahren machte Japan zur größten Wirtschaftsmacht in Asien und zu einem der führenden Industriestaaten der Erde.

Jazz [engl. dʒæz], *der*, eine in den USA entstandene Musikrichtung, die weltweite Bedeutung und Verbreitung erlangte. Schwarze Musiker vermischten gegen Ende des 19. Jh. rhythmische und melodische Einflüsse ihrer afrikanischen Heimat (aus der ihre Vorfahren als Sklaven nach Amerika verschleppt worden waren) mit westlicher Melodik und Harmonik. Daraus entstanden verschiedene eigenständige Formen: das *Spiritual*, das bei Gottesdiensten gesungen wurde, der *Work Song*, der während der Feldarbeit gesungen wurde, und der → *Blues*. Kennzeichnend für diese Musik waren die spontane Improvisation (Entwicklung neuer Melodielinien), das Synkopieren des Taktes (rhythmische Verschiebung gegenüber dem normalen Takt) und die Erweiterung der vorgegebenen Tonleiter um → *Blue Notes*.
Der erste Jazzstil entstand um 1890: → *Ragtime*, eine komponierte Musik für Piano, deren wichtigste Vertreter Scott Joplin und Jelly Roll Morton waren. Um 1900 entwickelte sich in New Orleans ein eigener Stil, der von der Musik der Begräbnis- und Karnevalskapellen geprägt war. Jazz wurde anfangs fast ausschließlich von schwarzen Musikern gespielt; doch bald ahmten weiße Musiker den Stil ihrer schwarzen Kollegen nach. So entwickelte sich um 1910 *Dixieland*, der größere technische Versiertheit an die Stelle von ausdrucksvollem Spiel setzte. Kennzeichnend waren einander ständig abwechselnde Melodielinien der Bläser. Nach dem Ersten Weltkrieg entwickelte sich Chicago zum Zentrum des Jazz, der in den 20er Jahren sehr populär wurde. In der Anfangszeit wurde viel improvisiert (→ Improvisation); ausgefeilte Arrangements kamen erst in den späten 20er Jahren auf. Die Bands wurden größer *(Bigbands)*; gleichzeitig traten einzelne Musiker als Solisten in den Vordergrund. Die 30er Jahre waren die Zeit des *Swing*, den das Frage-und-Antwort-Spiel der Holz- und Blechbläser, gute Arrangements und eingeschobene improvisierte Soli kennzeichneten. Swing wurde als Tanzmusik in großen Musikhallen gespielt; teilweise wurden die Konzerte von Benny Goodman oder Count Basie landesweit im Rundfunk übertragen. Anfang der 40er Jahre kam mit dem *Bebop* eine Gegenentwicklung zu den großen Jazzorchestern: Man beschränkte sich wieder auf kleine Gruppen und betonte technisches Können, Einfallsreichtum und neue Improvisationstechniken mit hastigen, nervösen → Phrasen. In den 50er Jahren kehrte der *Cool Jazz* zu einer »kühlen«, intellektuellen Spielweise zurück. Hauptvertreter dieser Richtung waren Miles Davis und das Modern Jazz Quartet. Eine vitale Weiterentwicklung des Bebop stellte in der zweiten Hälfte der 50er Jahre der *Hard Bop* dar (z. B. Art Blakey oder Horace Silver). Die 60er Jahre standen im Zeichen des → *Freejazz*, der melodische, harmonische und rhythmische Regeln bewusst missachtete, die Atonalität einbezog und den Klang bis zum Bereich des Geräusches erweiterte (Ornette Coleman, John Coltrane und Cecil Taylor). Elektrisch verstärkte und elektronische Instrumente (vor allem E-Piano und → Synthesizer) wurden verstärkt in den 70er Jahren verwendet. Miles Davis und andere Musiker aus seinem Umfeld (wie etwa Chick Corea, Herbie Hancock, John McLaughlin, Wayne Shorter und Joe Zawinul) versuchten Elemente aus Rock- und Jazzmusik zu verbinden (→ *Jazzrock*). Die schon vom Freejazz begonnene Einbeziehung von exotischen Instrumenten (wie Sitar, Tabla und anderen Perkussionsinstrumenten) sowie von außereuropäischen Musiktraditionen (afrikanische, arabische und indische Musik) führte dazu, dass Jazz zur *Fusion Music* wurde, die als Schmelztiegel viele Musikkulturen vermischte, aber von konservativen Jazzliebhabern heftig abgelehnt wurde. Die wechselseitige Befruchtung von Pop- und Rockmusik, später auch → HipHop und → Techno auf der einen und Jazz auf der anderen Seite setzte sich in den 80er Jahren (z. B. *Fake Jazz* der Gruppe Lounge Lizards, *No Wave* und *Noise Music* von DNA, Contortions und John Zorn, *Free Funk* von Defunkt, James Blood Ulmer und Material) und den 90er Jahren (vor allem *Acid Jazz*) fort.

Jazzrock, eine Stilrichtung der → Rockmusik, die Stilmittel des → Jazz und des Rock verbindet. Der Ende der 60er Jahre entstandene Jazzrock erweiterte die Rockmusik um Instrumente (vor allem Blasinstrumente, was oft zu einer Vergrößerung

Japan (Nippon, Nillon-Koku)
Staatsform: Parlamentarische Monarchie
Hauptstadt: Tokio
Fläche: 377 819 km²
Einwohner: 125 Mio.
Bevölkerungsdichte: 331/km²
Amtssprache: Japanisch
Währung: Yen (¥)
Nationalitätskennzeichen: J

Japan

Berühmte Jazzmusiker

Blasinstrumente:

Louis Armstrong (Trompete)
Chet Baker (Trompete)
Gato Barbieri (Saxofon)
Don Cherry (Trompete)
Ornette Coleman (Saxofon)
John Coltrane (Saxofon)
Miles Davis (Trompete)
Eric Dolphy (Klarinette)
Dizzy Gillespie (Trompete)
Benny Goodman (Klarinette)
Rahsaan Roland Kirk (Saxofon)
Albert Mangelsdorff (Posaune)
Herbie Mann (Flöte)
Branford Marsalis (Saxofon)
Wynton Marsalis (Trompete)
Gerry Mulligan (Saxofon)
Charlie Parker (Saxofon)
Artie Shaw (Klarinette)
Wayne Shorter (Saxofon)
Zoot Sims (Saxofon)

Jemen (al-Yaman)
Staatsname: Republik Jemen
Staatsform: Islamische Präsidialrepublik
Hauptstadt: Sana
Fläche: 527 698 km²
Einwohner: 14,5 Mio.
Bevölkerungsdichte: 27,5/km²
Amtssprache: Arabisch
Währung: Jemen-Rial (Y.RI)
Nationalitätskennzeichen: YE

Jemen

Bekannte Jazzrock-Gruppen

USA:

Blood, Sweat & Tears, Chase, Chicago, Crusaders, Flock, Free Spirits, Ides of March, Mahavishnu Orchestra, Return to Forever, Tony Williams Lifetime, Weather Report

Großbritannien:

Brian Auger & Trinity, Caravan, Centipede, Colosseum, Gong, Hatfield and the North, Henry Cow, If, Matching Mole, National Health, Nucleus, Soft Machine

Europäischer Kontinent:

Association P. C. (Niederlande-Deutschland), Burnin' Red Ivanhoe (Dänemark), Wolfgang Dauner Group (Deutschland), Klaus Doldinger & Passport (Deutschland), Volker Kriegels Mild Maniac Orchestra (Deutschland), Supersister (Niederlande), Wigwam (Norwegen)

der Bandbesetzung führte) und Spielweisen (Improvisation, ausgedehnte Soli, komplizierte Arrangements), die für den Jazz typisch sind. Häufig verwenden Rockgruppen Jazzelemente, ohne sich auf Jazzrock zu beschränken (z. B. Frank Zappa mit seinen Mothers); auf der anderen Seite spielten auch Jazzmusiker zeitweilig eine stark vom Rock beeinflusste Musik (z. B. Miles Davis, Chick Corea, Herbie Hancock und Tony Williams).

Jeanne d'Arc [ʒan'dark], *Johanna von Orléans* (um 1412–1431), eine auch *Jungfrau von Orléans* genannte französische Nationalheldin, die sich von »göttlichen Stimmen« dazu berufen glaubte, gegen England zu kämpfen. Die Tochter eines lothringischen Bauern konnte im → Hundertjährigen Krieg 1429 das von englischen Truppen belagerte Orléans befreien. Ihr Sieg bei Patay ermöglichte die Krönung Karls VII. zum französischen König in Reims. Nach ihrer Gefangennahme durch burgundische Soldaten 1430 wurde sie an die Engländer ausgeliefert und vom Bischof von Beauvais als Ketzerin und Hexe verurteilt. 1431 wurde sie auf dem Scheiterhaufen verbrannt. Jeanne d'Arc wurde 1920 heilig gesprochen.

Jeans [engl. dʒi:nz], *Mz.*, eine eng geschnittene Hose zumeist aus Baumwolle, die im Stil wie eine → Bluejeans gehalten ist.

Jeep [engl. dʒi:p], *der*, ein allradangetriebenes Geländefahrzeug.

Jehova [hebr.], eine fälschliche Lesart für den Gottesnamen → *Jahwe*, der im Hebräischen nur durch die vier Konsonanten JHWH wiedergegeben wird. Die Vokale wurden dem Ersatznamen *Adonai* (»mein Herr«, der eigentliche Name durfte nicht verwendet werden) entnommen. Übernommen wurde er u. a. von den → *Zeugen Jehovas* und den → Freimaurern.

Jelzin ['jeljtsɪn], Boris (* 1931), russischer Politiker, der 1985–1987 Chef der Moskauer KP und zunächst ein Anhänger von → Gorbatschows Politik war, aber später als Verfechter einer radikalen Reformpolitik zu einem Gegenspieler wurde. 1990 trat er aus der KPdSU aus, die er nach dem vereitelten Putschversuch von August 1991 verbieten ließ. 1991 wurde er zum Präsidenten der Russischen Föderation (→ Russland) gewählt. Mitte 1996 wurde er als Präsident wiedergewählt.

Jemen, Staat in Vorderasien. Das Land im Süden der Arabischen Halbinsel besitzt eine schmale Küstenebene, hinter der bis zu 3000 m hohe Randgebirge aufragen. Daran schließt sich das

■ *Jemen:* Traditionelle Stampflehmhäuser in Sana

zentrale Hochland an, das nach Norden hin abfällt und in eine Sandwüste übergeht. Neben der arabischen Mehrheit leben noch etwa 4 % Inder, Pakistani und Somalis im Jemen. Die Wirtschaft stützt sich vorwiegend auf die Landwirtschaft (Kaffee und Baumwolle für den Export) und die Fischerei. Das Gebiet war schon im 2. Jt. v. Chr. besiedelt. Das Reich von *Saba*, das im Altertum wegen seines Reichtums berühmt war, beherrschte um 300 n. Chr. ganz Südarabien. Ab 631 wurde der Jemen islamisiert und kam unter arabische, im 16. Jh. unter osmanische Herrschaft. Ab 820 wurde es von Imamen beherrscht, die zu den zaiditischen → Schiiten gehörten. Der Nordteil (mit Sana als Hauptstadt) wurde 1918 ein unabhängiges Königreich, aus dem 1962 nach einem Militärputsch die *Arabische Republik Jemen* wurde. Der Südteil stand als Protektorat Aden bis 1967 unter britischer Kontrolle. Nach dem Abzug der Briten und der Absetzung der Sultane entstand die *Demokratische Volksrepublik Jemen* mit einer sozialistischen Regierung. Nach Bürgerkriegen und Kämpfen vereinigten sich die beiden Staaten 1990. Seit 1991 ist der Jemen eine islamische Republik. 1994 kam es zu einem neuerlichen Bürgerkrieg, in dem sich der Süden abspaltete, aber vom Norden besiegt wurde.

Jenseits, in vielen Religionen und im → Spiritismus der Aufenthaltsort der Verstorbenen, der von der sichtbaren und greifbaren Welt (*Diesseits*) getrennt ist. Das Jenseits ist auch die Zustandsform für die körperlosen Seelen.

Jerusalem: Der Felsendom

Zumeist ist es in mehrere Bereiche unterteilt (→ Himmel, → Hölle).

Jerewan, früher *Eriwan,* im Arakstal gelegene Hauptstadt (als Ballungsraum 1,4 Mio. Einwohner) von Armenien.

Jericho, Stadt (15 000 Einwohner) im Westjordanland (im teilautonomen → Palästinensergebiet), die als blühende Oase am Nordrand des Toten Meeres über 250 m unter dem Meeresspiegel liegt. Sie war schon in vorgeschichtlicher Zeit besiedelt und gilt als älteste »Stadt« der Welt. Eine erste Siedlung entstand vor über 11 000 Jahren in der Nähe eines Heiligtums und einer Quelle; vor 10 000 Jahren gab es hier eine 1,6 ha große Stadt mit mächtiger Steinmauer und Rundturm.

Jerusalem, hebr. *Yerushalayim,* Hauptstadt (568 000 Einwohner) von Israel, die schon im 3. Jt. v. Chr. besiedelt war und um 1000 v. Chr. als Jebusiterfestung *Jebus* von den Israeliten unter König → David erobert wurde. Jerusalem wurde Hauptstadt des vereinigten Nord- und Südreiches und blieb nach der Teilung die Hauptstadt von Juda. 587 v. Chr. wurde die Stadt von den Babyloniern zerstört und erst gegen Ende des 6. Jh. v. Chr. von den aus der babylonischen Gefangenschaft zurückgekehrten Einwohnern wiederaufgebaut. Nach der Eroberung durch den römischen Feldherrn Pompejus (63 v. Chr.) stand Jerusalem unter der Oberhoheit Roms und wurde nach einem Aufstand 70 n. Chr. von dem römischen Feldherrn und späteren Kaiser Titus erobert und teilweise zerstört. Nach der Niederschlagung eines weiteren Aufstandes (135) durften die Juden Jerusalem nicht mehr betreten; die Stadt selbst wurde in *Aelia Capitolina* umbenannt. Unter Kaiser → Konstantin wurde Jerusalem eine christliche Stadt, die jedoch 637 unter arabische Herrschaft geriet. Im Mittelalter wurde das arabische *Al Kuds* (»das Heiligtum«) während der → Kreuzzüge 1099 erobert und war 1100–1187 und 1229–1244 im Besitz der Kreuzfahrer (→ Kreuzzüge). Die ab 1244 wieder islamische Stadt gehörte 1517–1917 zum → Osmanischen Reich, war ab 1922 Hauptstadt des britischen Mandatsgebiets → Palästina und wurde 1948 geteilt: Der moderne Westteil kam zu Israel, die Altstadt zu → Jordanien. Im »Sechstagekrieg« 1967 besetzte Israel auch Ostjerusalem. 1980 wurde Gesamtjerusalem von der Knesset zur israelischen Hauptstadt erklärt.

Jesuiten, von Ignatius von Loyola 1534 gegründeter Orden, der sich selbst als *Gesellschaft Jesu* (SJ = Societas Jesu) bezeichnet. Der Jesuitenorden unterstellte sich direkt dem Papst und setzte sich die Verbreitung des katholischen Glaubens vor allem durch Exerzitien, Predigt und Unterricht in Schulen zum Ziel. Die Mitglieder tragen keine Ordenskleidung und sind an kein Kloster gebunden. Große Bedeutung haben auch die philosophisch-theologischen Hochschulen der Jesuiten (vor allem Gregoriana in Rom).

Jesus Christus, *Jesus von Nazareth,* Begründer des → Christentums, der vermutlich um 4 v. Chr. geboren und um 30 n. Chr. hingerichtet wurde. Er wird von den Christen als Sohn Gottes verehrt, der Mensch geworden ist. Seine Lehre, dass das Reich Gottes angebrochen sei, richtete sich an Juden und Heiden gleichermaßen und machte keine Unterschiede zwischen Mann und Frau oder zwischen verschiedenen Gesellschaftsschichten. Nach christlicher Überzeugung erlöste er durch seinen Tod am Kreuz die Menschheit.

Jetlag [engl. ˈdʒɛtlæg »Zeitverschiebung«], *der,* in der Medizin die Bezeichnung für Beschwerden, die nach Langstreckenflügen zwischen unterschiedlichen Zeitzonen auftreten können, weil der Tag-und-Nacht-Rhythmus gestört ist.

Jiddisch, eine ab dem 11. Jh. aus dem Mittelhochdeutschen und hebräischen sowie ab dem 14. Jh. slawischen Elementen entstandene Sprache, die vor allem von den aus Deutschland nach Osteuropa ausgewanderten → Juden gesprochen wurde.

Jiu-Jitsu [japan. »sanfte Kunst«], *das,* ursprünglich aus China stammende und in Japan weiterentwickelte Technik der Selbstverteidigung, die ohne Waffen auskommt und vor allem Tritte, Schläge, Stöße, Würfe sowie Arm- und Beinhebel verwendet. Aus dem Jiu-Jitsu hat sich als Wettkampfsport das → Judo entwickelt.

Die Königin von Saba

Im Alten Testament wird eine *Königin von Saba* erwähnt, die König Salomo besucht haben soll, um seine gerühmte Weisheit auf die Probe zu stellen. Sie beschenkte ihn mit Gold, Edelsteinen und duftenden Ölen. Ihrer Verbindung entstammte ein Sohn, auf den sich die äthiopischen Kaiser, die Negusse, als Urahn beriefen.

Die Posaunen von Jericho

In der Bibel wird Jericho als erste Stadt genannt, die von den → Israeliten erobert wurde, als sie in Kanaan einwanderten. Auf Anweisung Gottes zogen sie sieben Tage lang mit der Bundeslade um die Stadt, wobei sieben Priester ihre Signalhörner bliesen. Am siebten Tag stürzten die Mauern Jerichos beim Klang der Hörner und des Kriegsgeschreis ein, so dass die Israeliten die Stadt einnehmen konnten.

Jerusalem

Jerusalem gilt drei Weltreligionen als *heilige Stadt;* dem Judentum (→ jüdische Religion), weil sich hier der von König → Salomo errichtete Tempel befand (die Juden beten noch heute an der *Klagemauer*), dem → Christentum, weil hier → Jesus Christus bis zu seinem Tod wirkte (christliches Heiligtum ist die *Grabeskirche*), und dem → Islam, weil hier der Prophet → Mohammed vom Tempelberg aus in den Himmel entrückt wurde (die Muslime verehren hier den *Felsendom*).

Jod

Zeichen: J
Ordnungszahl: 53
Atommasse: 126.9
Dichte: 4,93 g/cm³
Schmelzpunkt: 113,5 °C
Siedepunkt: 184 °C

Jordanien (al-Urdunn)
Staatsname: Haschemitisches Königreich Jordanien
Staatsform: Parlamentarische Monarchie
Hauptstadt: Amman
Fläche: 97 740 km²
Einwohner: 5,4 Mio.
Bevölkerungsdichte: 55/km²
Amtssprache: Arabisch
Währung: Jordan-Dinar (JD.)
Nationalitätskennzeichen: JOR

Jordanien

Jobsharing [engl. ˈdʒɔbʃɛərɪŋ], *das,* Aufteilung eines Arbeitsplatzes auf mehrere Teilzeitarbeitskräfte.

Jod, *Iod* [von griech. iodes = »veilchenfarbig«], *das,* ein → chemisches Element. Das metallisch glänzende grauschwarze Element aus der Reihe der → Halogene bildet weiche Kristalle, die beim Erhitzen einen giftigen rotvioletten Dampf entwickeln. Jodverbindungen werden u. a. in der Medizin (Desinfektionsmittel) und der Fotografie verwendet. Der menschliche Körper braucht Jod als Spurenelement in winzigen Mengen, damit die → Schilddrüse richtig funktioniert und sich nicht zu einem Kropf vergrößert. Deshalb wird Speisesalz *jodiert.*

Jogging [engl. ˈdʒɔgɪŋ], *das,* als Ausgleichs- und Freizeitsport betriebene Form des Dauerlaufs.

Joghurt, *Jogurt* [türk. »gegorene Milch«], *der* und *das,* durch Wasserentzug und Zusatz von Milchsäurebakterien eingedicktes Milchprodukt. Joghurt schmeckt säuerlich und wird häufig mit Früchten vermischt.

Johannes der Täufer, im → Neuen Testament ein Prophet, der den Weg für → Jesus Christus bereitete und zahlreiche Juden, auch Jesus, im Jordan taufte. Er wurde von König *Herodes Antipas* (20 v. Chr. – um 39 n. Chr.) hingerichtet, weil ihn Johannes wegen der Heirat seiner Schwägerin Herodias öffentlich gerügt hatte.

Johannes Paul II., eigentlich *Karol Wojtyla* (* 1920), römischer Papst. Er war 1964–1978 Erzbischof von Krakau und wurde 1978 als erster Nichtitaliener seit Hadrian VI. (1522–1523) zum Papst gewählt.

Johannesburg, größte Stadt (als Ballungsraum 1,9 Mio. Einwohner) der Republik → Südafrika. Das im Nordosten des Landes auf den Ausläufern des Witwatersrand gelegene Handels- und Industriezentrum befindet sich inmitten von etwa 30 Goldminen. Im Südwesten liegt die Bantu-Vorstadt *Soweto* (etwa 1 Mio. Einwohner).

Joint [engl. dʒɔɪnt »Verbindung«], *der,* eine große selbstgedrehte Zigarette, die entweder reines → Marihuana oder eine Mischung aus Tabak und → Haschisch enthält.

Jointventure, *Joint Venture* [engl. ˈdʒɔɪnt ˈvɛntʃə], *das,* Gemeinschaftsunternehmen, an dem Partner aus verschiedenen Ländern oder Branchen beteiligt sind und sich gegenseitig ergänzen (z. B. bringt der ausländische Partner in Entwicklungsländern das notwendige Kapital oder die Technologie mit ein).

Jordan, 330 km langer Fluss in Israel und Jordanien, der im Hermon entspringt, den See Genezareth durchfließt und in das → Tote Meer mündet.

Jordanien, arabischer Staat im Nahen Osten. Das östlich des → Jordan gelegene Land besteht hauptsächlich aus Wüste. Westlich der Wüstentafelländer befindet sich ein Bergland, das steil zum Jordangraben hin abfällt. Zur arabischen Bevölkerungsmehrheit (etwa 99 %) gehören auch 40 % Palästinenser. Nach dem Verlust Westjordaniens sind nur mehr 5 % der Gesamtfläche landwirtschaftlich nutzbar. Die jordanische Wirtschaft stützt sich deshalb auf den Abbau von Phosphat und Pottasche und auf die chemische Industrie. Das Gebiet war schon im Altertum von Arabern besiedelt und gehörte nach der Islamisierung zu Syrien. 1516–1918 war es Teil des → Osmanischen Reiches und kam dann zusammen mit → Palästina unter britische Verwaltung. 1921 wurde es als Emirat *Transjordanien* von Palästina abgetrennt und erhielt 1946 seine Unabhängigkeit. Das *Haschemitische Königreich,* das seit 1949 Jordanien heißt, besetzte im ersten Nahostkrieg die Altstadt von Jerusalem und das östliche Palästina, das 1950 als Westjordanland eingegliedert wurde. Seit 1952 ist Jordanien eine konstitutionelle Monarchie, die seitdem von König Hussein II. regiert wird. 1967 verlor es das Westjordanland an Israel, woraufhin etwa 350 000 → Palästinenser nach Jordanien flüchteten. 1970/71 kam es nach schweren Konflikten mit den Palästinensern zur Vertreibung der

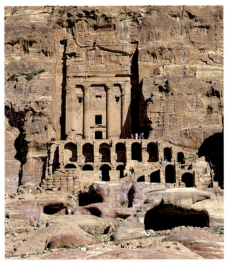

■ *Jordanien:* Eines der berühmten Felsengräber von Petra

palästinensischen Organisationen. Jordanien verzichtete 1974 zugunsten der Palästinenser auf das Westjordanland und gab 1988 alle Gebietsansprüche auf. Der seit 1948 offiziell herrschende Kriegszustand mit Israel wurde 1994 beendet.

Joule [dʒu:l], *das,* nach dem englischen Physiker *James Prescott Joule* (1818–1889) benannte Maßeinheit für die → Arbeit, Energie und Wärmemenge (Zeichen J). Das Joule ist seit 1978 an die Stelle der älteren Kalorie (1 cal = 4,186 J) getreten und entspricht einem → Newtonmeter bzw. einer → Wattsekunde.

Journalist [frz. ʒurnaˈlist], jemand, der berufsmäßig in Massenmedien (Presse, Hörfunk und Fernsehen) tätig ist und über aktuelle Ereignisse berichtet.

Joyce [dʒɔɪs], James (1882–1941), irischer Schriftsteller, der den modernen Roman mitbegründete. Vor allem in seinen beiden großen Romanen, »Ulysses« (1922) und »Finnegan's Wake« (1939), benutzt er für die Erzählweise neue Stilmittel, den → inneren Monolog *(stream of consciousness,* »Bewusstseinsstrom«) sowie den Traum, wobei er verstärkt mit der Sprache spielt.

Joystick [engl. ˈdʒɔɪstɪk »Steuerknüppel«], *der,* Eingabegerät für → Computer, das zumeist für → Computerspiele gebraucht wird. Ein Joystick besteht aus einem Hebel, den man mit der Hand bedienen und in alle Richtungen frei bewegen kann, um den → Cursor zu versetzen. An der Spitze dieses Hebels befinden sich ein oder zwei Knöpfe, mit denen man bestimmte Spielfunktionen auslösen kann.

Judas Iskariot, in den Evangelien des → Neuen Testaments einer der zwölf Apostel. Er verriet Jesus an die Hohen Priester und wurde beim letzten → Abendmahl von Jesus selbst als Verräter entlarvt. Nach der Verurteilung von Jesus warf Judas das Blutgeld (»Judaslohn«), 30 Silberstücke, in den Tempel und erhängte sich. Noch heute versteht man unter einem Judas einen treulosen Verräter.

Juden, ursprünglich Bezeichnung für die Bewohner des Südreiches Juda bzw. der Provinz Judäa, später Bezeichnung einerseits für alle ethnisch auf das jüdische Volk zurückgehenden Menschen und andererseits für die Anhänger der jüdischen Religion ungeachtet der Nationalität, also auch für die zum Judentum übergetretenen *(Proselyten).* Die in die babylonische Gefangenschaft verschleppten Juden durften ab 538 v. Chr. nach → Jerusalem zurückkehren und die Stadtmauer und den Tempel wieder aufbauen. Das Gebiet war zunächst persische Provinz. Unter dem Herrschergeschlecht der Makkabäer oder Hasmonäer entstand ein selbstständiger jüdischer Staat (142 v. Chr.), der sogar sein Herrschaftsgebiet um Samaria und das Ostjordanland erweitern konnte, aber im 1. Jh. v. Chr. unter römische Kontrolle kam (63 v. Chr. Eroberung Jerusalems). Die jüdischen Könige waren nur noch Vasallen Roms; die tatsächliche Macht lag bei den römischen Prokuratoren. Aufstände vor allem der *Zeloten* gegen die römische Besatzung führten zum Ersten Jüdischen Krieg. Nach zwei weiteren gescheiterten Aufständen (115–117 und 132–135 n. Chr.) wurde der größte Teil der jüdischen Bevölkerung vertrieben. Die Juden zerstreuten sich in die → Diaspora und verbreiteten sich über die gesamten römischen Kolonien in Vorderasien, Nordafrika und Europa.

Im Mittelalter siedelten sich viele Juden in Osteuropa an. Die Nachkommen der aus Deutschland ausgewanderten Ostjuden werden als *Aschkenasim* bezeichnet; ihre Sprache ist → Jiddisch. Sie waren die Hauptopfer der **Judenverfolgungen** (→ Antisemitismus) und mussten in vielen Städten in → Gettos wohnen. Die Nachkommen der Juden, die 1492, nach dem endgültigen Ende des arabischen Einflusses, Spanien verlassen mussten und sich vor allem in Nordafrika und im → Osmanischen Reich niederließen, werden als *Sephardim* oder Spaniolen bezeichnet. Ihre Sprache war *Ladino* (Judenspanisch). Der größte Teil von ihnen wanderte nach 1948 in den neu entstandenen jüdischen Nationalstaat → Israel aus.

Die **jüdische Religion** ist eine monotheistische Religion (→ Monotheismus), die als einzigen Gott → Jahwe anerkennt. Nach biblischer Überlieferung wählte sich Gott das Volk Israel aus (»auserwähltes Volk«) und offenbarte ihm durch → Moses seinen Willen. Die göttlichen Gesetze sind in den fünf Büchern Mose, insbesondere im fünften Buch (»Deuteronomium«), niedergelegt. Kernstück sind die »Zehn Gebote« *(Dekalog).* Die Tradition dieser *israelitischen* oder *mosaischen Religion* wurde mit Judentum nach der *babylonischen Gefangenschaft* (587–538 v. Chr.) fortgeführt, aber der Schwerpunkt verlagerte sich auf den Glauben an einen → Messias. In der Zeit des Exils wurden große Teile der → Bibel niedergeschrieben. Neben dem schriftlichen Gesetz *(Tora)* gibt es die mündliche Lehre, die in nachbiblischer Zeit, etwa vom 1.–5. Jh. n. Chr., im → *Talmud* gesammelt wurde. In der nachbiblischen Zeit, insbesondere in der Diaspora, entwickel-

Die Enthauptung Johannes des Täufers
••••••••••••••••••
Nach dem biblischen Bericht wurde Johannes der Täufer in einer Bergfeste eingekerkert, weil König Herodes nicht wagte, ihn hinrichten zu lassen. Als bei einem Fest zu Ehren des königlichen Geburtstags Salome, die Tochter von Herodias, vor den Gästen tanzte, gefiel der Tanz Herodes so gut, dass er versprach, ihr alles zu schenken, was sie sich wünsche. Salome beriet sich mit ihrer Mutter und wünschte sich dann den Kopf von Johannes. Da Herodes geschworen hatte, musste er ihr den Wunsch erfüllen. Ein Henker enthauptete Johannes und brachte Salome den Kopf auf einem Teller.

James Joyce
••••••••••••••••••
»Ulysses«, 1914–1921 entstanden, ist der berühmteste Roman des 20. Jahrhunderts. Der groß angelegte Roman beschreibt die Odyssee *(Ulysses* ist der englische Name für Odysseus) des Anzeigenverkäufers Leopold Bloom durch Dublin. Wiederholt begegnet er dabei dem jungen Stephen Dedalus, der in früheren Werken von Joyce vorkommt und autobiographische Züge trägt. Jedes Kapitel ist in einem anderen Erzählstil gehalten. Das letzte Kapitel ist ein innerer Monolog von Blooms Frau Molly und läuft ohne jedes Satzzeichen über viele Seiten hinweg. Das Ganze spielt am 16. Juni 1904, einem Tag, der alljährlich in Dublin von den Fans als »Bloomsday« gefeiert wird.

Judentum
••••••••••••••••••
Heute gibt es weltweit etwa 18 Mio. Juden, die meisten in den USA, Israel und den GUS-Staaten.
Das Judentum kennt zahlreiche Gebote, die u. a. die Reinigung, die Speisen (erlaubt sind nur *koschere* Speisen) und den → Sabbat betreffen. Männliche Juden werden beschnitten (→ Beschneidung). Es gibt zahlreiche Fest- und Gedenktage, die an Ereignisse der israelitisch-jüdischen Geschichte erinnern (z. B. das Pessach- oder Passahfest an die Befreiung aus der ägyptischen Knechtschaft).

■ **Jugendstil:** *Das 1908 von Bernhard Sehring erbaute Theater in Cottbus*

Bekannte Jugendbücher

»Robinson Crusoe« (1719) von Daniel Defoe
»Gullivers Reisen« (1726) von Jonathan Swift
»Lederstrumpf« (1824–1841) von James Fenimore Cooper
»Oliver Twist« (1838) von Charles Dickens
»Tom Sawyers Abenteuer« (1876) und »Huckleberry Finns Abenteuer« (1884) von Mark Twain
»Die Schatzinsel« (1883) von Robert Louis Stevenson
»Das Dschungelbuch« (1894) von Joseph Rudyard Kipling
»Herr der Fliegen« (1954) von William Golding
»Herr der Ringe« (1954/55) von J. R. R. Tolkien
»Der Fänger im Roggen« (1951) von Jerome David Salinger
»Das Kartengeheimnis« (1990), »Sofies Welt« (1991) und »Durch einen Spiegel, in einem dunklen Wort« (1993) von Jostein Gaarder

ten sich neben dem orthodoxen *Rabbinismus* (→ Rabbiner) mystische Richtungen des Judentums (z. B. *Kabbala* und *Chassidismus*).

Judikative [lat.], *die,* richterliche Gewalt, zusammen mit → Exekutive und → Legislative eine der drei staatlichen Gewalten.

Judo [japan. »sanfter Weg zur Geistesbildung«], *das,* in Japan aus dem → Jiu-Jitsu entwickelte waffenlose Kampfsportart, die ohne rohe oder gefährliche Griffe auskommt. Die *Judokas* verwenden verschiedene Halte-, Würge- und Hebelgriffe sowie Würfe, um den Angreifer zu Fall zu bringen. Nach ihrem Leistungsstand sind die Judokas in verschiedene Schüler- *(Kiu)* und Meistergrade *(Dan)* eingeteilt, erkennbar an der Farbe des Gürtels.

Jugendliteratur, speziell für jugendliche Leser geschriebene Literatur, die im 19. Jh. vorwiegend erzieherische Ziele verfolgte. Früher wurden auch Werke, die ursprünglich für Erwachsene geschrieben wurden, für junge Leser gekürzt oder bearbeitet (insbesondere die »Klassiker« der Weltliteratur), was oft zur Entstellung und Verniedlichung führte (z. B. »Gullivers Reisen« von → Swift oder »Robinson Crusoe« von → Defoe). In vielen Fällen haben sich auch Bücher, die zunächst ein erwachsenes Publikum ansprechen sollten, im Laufe der Zeit zu populären Jugendbüchern entwickelt (z. B. »Die drei Musketiere« von → Dumas).

Schon früh zählten Fabeln, → Märchen und Sagen zur bevorzugten Jugendliteratur. Seit dem letzten Jahrhundert sind vorwiegend erzählende Werke hinzugekommen, bei denen der Autor von Anfang an an jugendliche Leser dachte: historische Bücher wie die von Walter → Scott, Reiseerzählungen wie die von Karl → May, Abenteuergeschichten wie die von Jack → London oder Robert Louis Stevenson (1850–1894) und phantastische Erzählungen wie die von Jules → Verne. Jugendliche Helden sind jedoch bis auf wenige Ausnahmen eine Errungenschaft dieses Jahrhunderts.

Die heutige Jugendliteratur umfasst alle Genres und Bereiche. Besonders beliebt neben → Comics sind seit dem Zweiten Weltkrieg → Kriminalromane und Horrorgeschichten sowie → Sciencefiction- und Fantasy-Erzählungen, die an die Stelle der Abenteuerromane und Märchen getreten sind und häufig in Form von Heftromanen oder Taschenbüchern erscheinen.

Jugendschutz, Bestimmungen und Vorschriften, die Kinder (bis zum Erreichen des 14. Lebensjahrs) und Jugendliche (bis zur Vollendung des 17. Lebensjahrs) vor schädlichen Einflüssen auf die körperlich-seelische Gesundheit und die sittliche Entwicklung schützen sollen. Dazu gehört ein Verbot des Aufenthalts an bestimmten Orten (z. B. Spielhallen) und bei bestimmten Veranstaltungen (z. B. Varieté). An Jugendliche unter 16 Jahren dürfen keine alkoholischen Getränke verkauft werden; außerdem dürfen sie in der Öffentlichkeit nicht rauchen. Auch sog. *jugendgefährdende Schriften* (und Schallaufnahmen, die von der Bundesprüfstelle in eine besondere Liste aufgenommen worden sind) dürfen von ihnen nicht erworben werden. Der Jugendschutz schränkt den Besuch von Veranstaltungen, insbesondere von Kinofilmen, ein, die für bestimmte Altersstufen freigegeben werden. Der Erwerb von Videokassetten ist ebenfalls an Altersstufen gebunden.

Jugendstil, deutsche Bezeichnung für eine Stilrichtung in der europäischen Kunst, die in Frankreich *Art nouveau,* im angelsächsischen Raum *Modern Style,* in Spanien *Modernismo* und in Österreich *Sezessionsstil* genannt wird. Der deutsche Name leitet sich von der in München erscheinenden Zeitschrift »Jugend« ab. Der Jugendstil (1890–1914) richtete sich gegen die Nachahmung älterer Stile durch den Historismus und bemühte sich um einen neuen Stil, der auch die Architektur und das Kunstgewerbe (vor allem Schmuck und Möbel) mit einbezog. Besondere Merkmale sind ornamentale Flächenhaftigkeit und schwungvolle Linien mit pflanzlichen Motiven. Die bekanntesten Vertreter innerhalb der Malerei und Grafik waren der Engländer Aubrey Vincent Beardsley (1872–1898), der vor allem durch seine Illustrationen zu Oscar Wildes »Salome« (1894) Aufsehen erregte, der Schweizer Ferdinand Hodler (1853–1918), der Österreicher Gustav Klimt (1862–1918), der Norweger Edvard Munch (1863–1944) und der Deutsche Franz von Stuck (1863–1928).

Jugendstrafrecht, ein Sonderstrafrecht, das für Jugendliche vom 14. bis zur Vollendung des 17. Lebensjahrs gilt und in bestimmten Fällen auf Heranwachsende (bis zum Erreichen des 21. Lebensjahrs) angewendet werden kann. Da Jugendliche erst in ihrer Entwicklung begriffen sind, sollen sie vorwiegend durch Erziehungsmaßnahmen wieder in die Gesellschaft eingegliedert werden. Straftäter, die zum Zeitpunkt ihrer Tat noch keine 14 Jahre alt sind, gelten als strafunmündig und können strafrechtlich nicht zur Verantwortung gezogen werden. Zuständig für die jugendlichen Straftäter ist das **Jugendgericht,** das erzieherische Maßregelungen (z. B. Weisungen, Erziehungsbeistand, Fürsorgeerziehung) anordnen, sog. Zuchtmittel (Verwarnungen, Bußgeld, Wiedergutmachung, Jugendarrest) verfügen oder Jugendstrafen (Freiheitsentzug zwischen sechs Monaten und fünf Jahren, in schweren Fällen zehn Jahre, in einer Jugendstrafanstalt) verhängen kann.

Jugoslawien, Staat auf dem → Balkan. Nach dem Ersten Weltkrieg wurde aus Gebieten, die vorher zu → Österreich-Ungarn, zum → Osmanischen Reich und zum Königreich → Serbien gehört hatten, das *Königreich der Serben, Kroaten und Slowenen* gebildet. 1929 wurde es in *Königreich Jugoslawien* (= »Südslawien«) umbenannt. Konflikte zwischen den verschiedenen Nationalitäten prägten das autoritär regierte Land und führten 1934 zur Ermordung des Königs. Im Zweiten Weltkrieg stellte es sich auf die deutsche Seite, wurde aber 1941 besetzt und bis auf → Serbien und → Kroatien aufgeteilt. Der Staat Jugoslawien entstand nach dem Zweiten Weltkrieg als Föderative Volksrepublik, die sechs Teilrepubliken umfasste *(Serbien* mit den bis 1990 autonomen Provinzen *Vojvodina* und *Kosovo,* *Kroatien,* → *Slowenien, Montenegro, Bosnien und Herzegowina* sowie → *Makedonien).* Unter der Regierung von Josip Tito (1892–1980) konnte sich Jugoslawien vom Einfluss der Sowjetunion befreien und einen eigenständigen Sozialismus (mit Arbeiterselbstverwaltung) entwickeln. Außerdem spielte es eine wichtige Rolle

in der Bewegung der *Blockfreien Staaten.* Nachdem die Republiken bereits seit 1974 weitgehende Selbstständigkeit besaßen, verstärkten sich nach Titos Tod die Spannungen zwischen den Teilstaaten. Slowenien und Kroatien erklärten sich Mitte 1991 für unabhängig, Makedonien und Bosnien-Herzegowina Ende 1991. Diese Ablösung entfachte einen Bürgerkrieg, in dessen Verlauf die von Serbien beherrschte Bundesarmee mit Unterstützung serbischer Freischärler Teile Kroatiens *(Krajina)* und Bosnien-Herzegowinas *(Republika Srpska)* eroberte, weil die dort lebende serbische Bevölkerungsmehrheit diese Gebiete für sich beanspruchte. Seit 1992 ist Restjugoslawien eine Bundesrepublik, die nur noch aus Serbien und Montenegro besteht.

Jumbojet [engl. ˈdʒʊmboʊˈdʒɛt], *der,* ein Großraumdüsenflugzeug. Die Bezeichnung galt ursprünglich nur für die 1969 in Dienst gestellte *Boeing 747,* wurde aber später auch auf andere Großraumflugzeuge übertragen.

■ **Jumbojet:** Die Boeing 747

Junges Deutschland, eine Bewegung deutscher Schriftsteller und Journalisten, die 1830–1848 in ihren Werken (insbesondere Feuilletons in Zeitschriften) gegen die politische → *Restauration* und die Bevormundung durch überkommene moralische und religiöse Normen kämpften. Ihre Schriften wurden 1835 in Deutschland verboten. Die wichtigsten Vertreter waren Ferdinand Freiligrath (1810–1876), Karl Ferdinand Gutzkow (1811–1878), Georg Herwegh (1817–1875) und Heinrich Laube (1806–1884).

Jungfernhäutchen, deutsche Bezeichnung für → Hymen.

Jungferninseln, Inseln in der → Karibik, **1.** *Virgin Islands of the United States,* zu den → Vereinigten Staaten gehörendes Territorium (347 km², 102 000 Einwohner); **2.** *British Virgin Islands,* britische Kolonie (153 km², 18 000 Einwohner). Die zu den Kleinen → Antillen gehörenden Inseln wurden 1493 von → Kolumbus ent-

---

Jugoslawien (Jugoslavija)
Staatsname: Bundesrepublik Jugoslawien
Staatsform: Bundesrepublik
Hauptstadt: Belgrad
Fläche: 102 173 km²
Einwohner: 10,8 Mio.
Bevölkerungsdichte: 106/km²
Amtssprache: Serbisch
Währung: Jugoslaw. Neuer Dinar (N. Din)
Nationalitätskennzeichen: YU

Jugoslawien

Weisungen sind Strafen bei Jugendkriminalität

Die Strafen für Straftaten von Jugendlichen (unter 18 Jahren) heißen *Weisungen.* Es sind Gebote und Verbote, die der Jugendrichter ausspricht und die eine Geltungsdauer von zwei Jahren nicht überschreiten dürfen. Weisungen können beispielsweise einen Heimaufenthalt, Verkehrsunterricht oder die Annahme einer Lehrstelle betreffen. Sie gelten als Erziehungsmaßnahmen. Kommt ein Jugendlicher einer Weisung nicht nach, kann er bis zu vier Wochen Jugendarrest bekommen. Bei dieser Bestrafung gibt es drei Formen:
Freizeitarrest (Dauer der wöchentlichen Freizeit);
Kurzarrest (Dauer höchstens sechs Tage);
Dauerarrest (eine bis höchstens vier Wochen).

332 Jungfernzeugung

Jura

Jüngstes Gericht
• • • • • • • • • • • • • • • • • •
Die bildende Kunst kennt zahlreiche Darstellungen des Jüngsten Gerichts; am berühmtesten ist die von → Michelangelo in der Sixtinischen Kapelle in Rom.

Jupiter
• • • • • • • • • • • • • • • • • •
Durchmesser: 142 800 km

Entfernung von der Sonne:
 779 Mio. km

Umlaufzeit: 11 Jahre 318 Tage

Rotationsdauer:
 9 Stunden 50 Minuten

Masse: $1,9 \times 10^{24}$ t

Dichte: $1,33$ g/cm^3

Größte Monde:
 Ganymed (Ø 5262 km),
 Kallisto (Ø 4800 km),
 Io (Ø 3630 km),
 Europa (Ø 3138 km)

deckt. Sie waren von indianischen Kariben bewohnt, die von den Spaniern ausgerottet wurden, und wurden später mit schwarzen Sklaven besiedelt. Drei Inseln waren bis 1917 in dänischem Besitz.

Jungfernzeugung, *Parthenogenesis,* eingeschlechtliche Form der → Fortpflanzung, bei der sich die Nachkommen aus unbefruchteten → Eizellen entwickeln (z. B. bei niederen Tieren). Bei Pflanzen (z. B. Zitrusfrüchte) bezeichnet man die Fruchtentwicklung ohne Befruchtung und Ausbildung von Samen als *Jungfernfrüchtigkeit* oder *Parthenokarpie.*

Jungfrau, allgemein Bezeichnung für ein Mädchen, das noch keinen → Geschlechtsverkehr gehabt hat; in der Astronomie ein → Tierkreiszeichen (♍), das dem gleichnamigen → Sternbild (lat. *Virgo*) und im → Horoskop dem Zeitraum 24. August–23. September entspricht.

Jungsteinzeit, *Neolithikum,* ein Abschnitt der → Vorgeschichte.

Jüngstes Gericht, in vielen Religionen das Gericht, das Gott über alle Menschen, die Lebenden wie die Toten, abhält. Es findet am *Jüngsten Tag,* statt, bevor die Welt untergeht oder wenn der Erlöser wiederkehrt, und bestimmt als Urteil über die irdischen Taten des Einzelnen, wo er sich für immer aufhalten wird, bei Gott im → Himmel oder fern von ihm in der → Hölle.

Junta [span. ˈxʊnta »Versammlung«], *die,* herrschende Gruppe einer durch einen Putsch an die Macht gekommenen Militärdiktatur, vor allem in lateinamerikanischen Ländern.

Jupiter, 1. in der römischen Mythologie der oberste Gott, der ursprünglich ein altitalischer Lichtgott war und später mit dem griechischen → Zeus gleichgesetzt wurde; **2.** der größte Planet im Sonnensystem (Zeichen ♃), der überwiegend aus Wasserstoff besteht. Er ist von einer dichten Wolkendecke eingehüllt, die aufgrund der raschen Rotation als dunkle und helle Bänder erscheint. Die auffälligste Erscheinung ist der *Große Runde Fleck,* ein seit Jahrhunderten anhaltender Wirbelsturm, der bis zu 40 000 km Durchmesser hat. Der Jupiter wird von sechzehn Monden umkreist und besitzt ein von der

■ *Jupiter*, der größte Planet unseres Sonnensystems

Erde aus nicht erkennbares Ringsystem aus Staub.

Jura, 1. Abschnitt in der → Erdgeschichte (vor 210–140 Mio. Jahren); 2. Gebirgszug in der Schweiz und Frankreich; 3. Kanton in der → Schweiz.

Jurist [lat.], jemand, der **Jura** (Rechtswissenschaft) studiert hat und als Richter oder Anwalt einen Beruf in der Rechtspflege ausübt.

Jury [frz. ʒyˈriː], *die,* ein Ausschuss aus Sachverständigen oder Preisrichtern, die über etwas entscheiden (vor allem bei Wettbewerben). In den angelsächsischen Ländern werden die Geschworenen als *Jury* [ˈdʒʊəri] bezeichnet.

Justiz [lat.], *die,* das Rechtswesen und alle Behörden, die mit der Rechtspflege und -sprechung befasst sind.

Jute [engl.-bengal.], *die,* Bastfaser der gleichnamigen, bis zu 4 m hoch werdenden Pflanze, die zu den Lindengewächsen gehört und in den Tropen vorkommt. Aus den Jutefasern werden u. a. Säcke und Gurte oder zusammen mit anderen Materialien Gewebe hergestellt.

K, Einheitenzeichen für → Kelvin.

k, bei physikalischen Einheiten Zeichen für → Kilo (z. B. *kg* = Kilogramm).

Kaaba [von arab. ka'b = »Würfel«], *die,* das höchste islamische Heiligtum in Mekka, das auch das Ziel der Pilger ist. Es handelt sich dabei um ein würfelförmiges, mit schwarzem Stoff verkleidetes Bauwerk (12 × 10 × 15 m), an dessen Südostseite ein schwarzer Meteorit eingemauert ist. Diesen Stein müssen die Pilger bei ihrem siebenmaligen Umschreiten küssen. Die Kaaba wurde bereits in vorislamischer Zeit von den Arabern verehrt.

Kabarett [frz.], *das,* eine Form der Kleinkunst, bei der die Künstler auf der Bühne mit Sketchen und Liedern Stellung zum Zeitgeschehen nehmen.

Kabbala [hebr. »Überlieferung«], *die,* jüdische mystische Geheimlehre, die ab dem 8. Jh. entstand und eine große Rolle im *Chassidismus* (ab 18. Jh.) spielte (→ Juden). Hauptwerk ist das Buch »Sohar« (13. Jh.).

Kabelfernsehen, eine Form des Fernsehempfangs, bei der die Programme den Empfänger nicht drahtlos über eine Antenne, sondern über ein Kabel erreichen. In das Kabelnetz können wesentlich mehr Programme eingespeist werden, als → Frequenzen für die drahtlose Ausstrahlung zur Verfügung stehen. Außerdem wird die Empfangsqualität nicht durch Störungen in der Atmosphäre beeinträchtigt.

Kabeljau, wirtschaftlich wichtigste Art der → Dorsche, die in den Schilfgebieten des Nordatlantiks vorkommt. Der Kabeljau wird bis zu 1,5 m lang und kann ein Gewicht von 40 kg erreichen.

Kabriolett, *Cabriolet* [frz. kabrio'le: »leichter, einspänniger Wagen«], *das,* ein häufig auch als *Kabrio* bezeichneter Personenkraftwagen mit zurückklappbarem Verdeck (aus Stoff). Gegensatz: Limousine.

Kabul, *Kabol,* Hauptstadt (als Ballungsraum 2 Mio. Einwohner) von → Afghanistan.

Käfer, die artenreichste Ordnung der → Insekten (350 000 Arten). Ihre Vertreter werden zwischen 0,25 mm und 16 cm lang. Käfer besitzen zumeist einen harten Panzer. Die verhornten Vorderflügel schützen die großen, zusammenfaltbaren Hinterflügel. Die Beine sind je nach Lebensweise zu Lauf-, Sprung-, Grab- oder Schwimmbeinen umgebildet. Käfer ernähren sich von Aas, Pflanzen oder als Räuber von anderen Insekten oder Kleintieren. Während unter den Pflanzenfressern viele Schädlinge (wie etwa → Maikäfer oder Kartoffelkäfer) sind, gelten einige räuberische Arten, die von Schadinsekten leben, als nützlich (z. B. → Marienkäfer).

Kaffee [von arab. qahwa = »Wein«], *der,* ein Getränk, das aus dem gerösteten Samen des *Kaffeebaums* bereitet wird. Der bis zu 8 m hoch werdende Kaffeebaum wird hauptsächlich in tropischen Gebieten Afrikas, Lateinamerikas und Südostasiens angebaut. Die kirschenähnlichen roten Steinfrüchte enthalten bohnenförmige Samen, die *Kaffeebohnen.* Nach dem Entfernen des Fruchtfleisches werden die grünen Bohnen getrocknet, geschält und geröstet, wodurch sie ihre braune Farbe und ihr Aroma erhalten. Kaffee enthält einen anregenden Stoff: → Koffein (bis zu 2,5 %).

Kafka, Franz (1883–1924), österreichischer Schriftsteller, der in seinen Werken die Schuld und Entfremdung des Menschen in einer undurchschaubaren Welt darstellte und in surrealistischen Bildern beschrieb. Zu Lebzeiten erschienen nur wenige von seinen Erzählungen (z. B. »Die Verwandlung« und »Das Urteil«, 1916). Die unvollendet gebliebenen Romane »Der Prozess«, »Das Schloss« und »Amerika« wurden nach seinem Tod von seinem Freund *Max Brod* herausgegeben.

■ *Ein ärmlich anmutender Basar in* **Kabul**

Kaffee

Im 17. Jh. kam die seit dem späten Mittelalter in Arabien verbreitete Sitte, gemahlenen Kaffee zu einem Getränk aufzubrühen, auch nach Europa. Kaffee war zunächst ein Luxusgetränk, aber schon im 18. und 19. Jh. entstanden Kaffeehäuser, wo er öffentlich ausgeschenkt wurde.

■ *Maikäfer*

Kain und Abel

Hinter der Erzählung von Kain und Abel, die von den Israeliten nur übernommen wurde, verbirgt sich die uralte Auseinandersetzung zwischen sesshaften Ackerbauern und nomadischen Hirten, die in vorgeschichtlicher Zeit das Leben im Vorderen Orient prägte.

Kaiser

Weitere europäische Herrscher, die einen dem Kaisertitel entsprechenden Titel annahmen, waren → Napoleon (frz. *Empereur*) und die Könige von Großbritannien, die sich ab → Viktoria (1877) als Kaiser von Indien bezeichneten (engl. *Emperor* bzw. *Empress*). In Russland trugen die Zaren ab Peter I. (1721) den Titel Kaiser *(Imperator)*.

Außereuropäische Herrscher, deren Titel dem des Kaisers entspricht, gab es u. a. in China, Korea, Äthiopien und Iran sowie vorübergehend in Brasilien und Mexiko. Der letzte heute existierende Kaiser ist der japanische Tenno.

■ **Kaktus:** *Die Saguaro in Arizona können bis zu 15 m hoch werden*

Kalium

Zeichen: K
Ordnungszahl: 19
Atommasse: 39,1
Dichte: 0,86 g/cm³
Schmelzpunkt: 63 °C
Siedepunkt: 760 °C

Kaimane, zur Familie der → Alligatoren gehörende Panzerechsen, die in Mittel- und Südamerika leben und zumeist kleiner als die anderen Krokodile sind je nach Art zwischen 1,25 und 4,7 m).

Kain und Abel, im → Alten Testament die Kinder von → Adam und Eva. Kain, der Ackerbauer, erschlägt seinen Bruder Abel, den Schafhirten, weil Gott dessen Opfer mit Wohlwollen annimmt und sein eigenes nicht beachtet. Gott verflucht ihn deswegen, aber das *Kainsmal* sorgt dafür, dass sich kein Mensch an ihm vergreift.

Kairo, arab. *Al-Qāhira,* am Beginn des Nildeltas gelegene Hauptstadt (als Ballungsraum 15 Mio. Einwohner) von → Ägypten. Auf der anderen Seite des → Nils liegt *Gizeh* mit den berühmten → Pyramiden.

Kaiser, der höchste weltliche Herrschertitel, abgeleitet von → *Cäsar,* dem Beinamen, den die römischen Imperatoren ab Augustus trugen. Mit → Karl dem Großen nahmen die deutschen Könige diesen Titel für sich in Anspruch und ließen sich in Rom zum Kaiser des → Heiligen Römischen Reichs krönen. Die Herrscher → Österreichs und des 1871 gegründeten → Deutschen Reiches trugen ebenfalls diesen Titel.

Kaiserschnitt [von lat. sectio caesarea], Schnittentbindung; Operation, bei der die Bauchdecke und die Gebärmutter aufgeschnitten werden, um das Kind herauszuholen.

Kakadu [ndl.-malai.], *der,* in Australien und Ozeanien beheimateter → Papagei, der bis zu 50 cm lang wird. Charakteristisch ist die aufrichtbare Federhaube.

Kakao [span. -aztek ka'kau], *der,* Pulver aus den Samen des bis zu 10 m hohen *Kakaobaums,* der ursprünglich aus dem nördlichen Südamerika stammt und heute vor allem in Afrika angebaut wird. Die gurkenförmigen, bis zu 20 cm langen gelben oder roten Früchte (Trockenbeeren) enthalten 300 *Kakaobohnen.* Nach dem Entfernen des Fruchtfleisches werden die fettreichen Samen gewaschen, getrocknet und einem Gärvorgang (→ Fermentation) unterzogen, der die Bitterstoffe abbaut und das Aroma erzeugt. Nach dem Rösten und Mahlen wird das Fett *(Kakaobutter)* entzogen, das zur Herstellung von → Schokolade oder Seife und Medikamenten verwendet wird. Aus dem *Kakaopulver* kann man Trinkschokolade und Kakaogetränke bereiten.

Kakerlaken, *Küchenschaben,* zu den → Schaben gehörende Insekten, die ursprünglich aus dem Orient stammen. Die bis zu 3 cm langen Tiere, die lange Laufbeine besitzen und unangenehm riechen, sind als Ungeziefer in warmen Räumen (Bäckereien, Küchen) verbreitet und können als Vorratsschädlinge durch ihre Ausscheidungen Krankheiten übertragen.

Kakteen, in tropischen und subtropischen Wüsten- und Steppengebieten Amerikas wachsende Pflanzen, die bis zu 15 m hoch werden können. Die Kaktusgewächse gehören zu den *Sukkulenten* oder *Saftpflanzen,* die in Trockengebieten wachsen und in Dürreperioden Wasser in verdickten Blättern oder im Stamm speichern können. Die Blätter sind entweder ganz verkümmert oder zu Dornen, Borsten und Haaren umgebildet. Der Stamm kann sehr vielfältige Formen annehmen (schlangen- bis kugelförmig).

Kalender [lat.], *der,* Verzeichnis der Tage eines → Jahres in der zeitlichen Aufeinanderfolge, zu → Wochen und Monaten zusammengefasst. Da das zugrunde liegende Sonnenjahr nicht genau 365 Tage umfasst, muss die Abweichung durch regelmäßige Einschaltungen von zusätzlichen Tagen *(Schalttage* in *Schaltjahren)* ausgeglichen werden.

Kalif [arab. halifa = »Nachfolger«], *der,* Titel islamischer Herrscher (bis 1924 in der Türkei). Das *Kalifat* knüpfte unmittelbar an → Mohammed an: Nach dem Tod Mohammeds wurde ein »Nachfolger« gewählt, der weltliches und geistliches Oberhaupt der islamischen Gemeinschaft war. Der Herrschaftsbereich wurde als Kalifenreich bezeichnet. Die Sultane des → Osmanischen Reiches trugen ebenfalls den Kalifentitel.

Kalifornien, engl. *California,* drittgrößter und mit fast 31 Mio. Einwohnern bevölkerungsreichster Bundesstaat der → Vereinigten Staaten von Amerika. Der an der Pazifikküste liegende Staat nimmt den Nordteil der gleichnamigen Landschaft ein (der Südteil, die Halbinsel Kalifornien oder Niederkalifornien gehört zu → Mexiko). Kalifornien wurde im 16. und 17. Jh. von Spaniern besiedelt und war 1821–1848 mexikanische Provinz, bevor es 1850 als 31. Staat zu den USA kam.

Kalium [arab.], *das,* ein → chemisches Element. Das leichte silberweiße Metall ist wachsweich und reagiert heftig mit Wasser. Es ist für pflanzliche und tierische Organismen lebenswichtig. Kalium kommt in der Natur nur in Form von Verbindungen vor. *Kalisalze* sind wichtige Düngemittel (Kalidünger).

Kalk, eine Verbindung von → Calcium und → Kohlenstoff *(Calciumkarbonat, CaCO$_3$),* die in der Natur als *Kalkstein,* Marmor und Kreide vor-

Kambodscha 335

■ *Kalifornien:* Die Skyline von San Diego

kommt und oft ganze Gebirgszüge (wie z. B. die Kalkalpen) aufbaut. Diese Ablagerungen sind größtenteils aus den Gehäusen von Muscheln, Schnecken und anderen Tieren entstanden. Kalk ist ein wichtiger Rohstoff zum Bauen. Nach dem Erhitzen von Kalkstein bildet sich *gebrannter Kalk* oder *Ätzkalk,* der für → Zement verwendet wird. Wenn man Wasser hinzugibt, entsteht *gelöschter Kalk,* wobei sich Wärme entwickelt. Mit Sand vermischt, bildet sich Mörtel. Nach dem Trocknen entsteht wieder fester Kalkstein. Kalk wird auch als Dünger und zur Bodenverbesserung benutzt.

Kalkutta, *Calcutta,* an einem Mündungsarm des → Ganges gelegene drittgrößte Stadt (4,4 Mio. Einwohner, als Ballungsraum 11 Mio. Einwohner) → Indiens. Die Hauptstadt des indischen Bundesstaats Westbengalen, die 1773–1912 die Hauptstadt von Britisch-Indien war, ist der Mittelpunkt des wichtigsten Industriegebiets des Landes; doch ein Drittel der Bevölkerung lebt in den → Slums.

Kalorie [von lat. calor = »Wärme«] *die,* frühere Maßeinheit für die Wärmemenge (die 1 g Wasser um 1 °C, von 14,5 auf 15,5 °C, erwärmt) und für den Energiewert von Nahrungsmitteln (durch → Joule ersetzt).

Kältetechnik, Erzeugung von niedrigen Temperaturen und ihre technische Anwendung in Kühleinrichtungen. *Kältemaschinen* (z. B. Kühlschrank) erzeugen unter Druck ein Temperaturgefälle. Eine Kompressionsmaschine verdichtet ein Gas, das als Kältemittel dient (früher zumeist → Fluorchlorkohlenwasserstoffe, heute ein Kühl-

mittel, das die → Ozonschicht nicht schädigt). Dabei erhitzt sich das Gas und wird flüssig. Wenn sich das Kühlmittel im Verdampfer entspannt, entzieht es der Umgebung Wärme und kühlt auf diese Weise.

Kalvinismus, Sammelbezeichnung für die auf → Calvin zurückgehenden reformierten Kirchen.

Kambodscha, Staat in Südostasien. Das zentrale Becken um den Fluss Mekong und den Großen See (Tonle Sap), ein sumpfiges, aber fruchtbares Tiefland, ist von Bergketten umgeben. Neben Khmer (92 %) besteht die Bevölkerung aus Vietnamesen (5 %), Chinesen, Thai und Malaien. Kambodscha ist landwirtschaftlich geprägt. Die Wirtschaft leidet jedoch unter dem anhaltenden Bürgerkrieg. Ein seit dem 1. Jh.

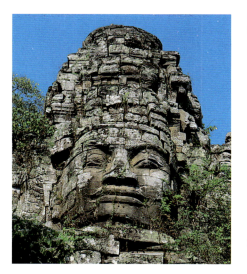

Kambodscha (Kămpŭchéa)
Staatsname: Königreich Kambodscha
Staatsform: Parlamentarische Monarchie
Hauptstadt: Phnom Penh
Fläche: 181 035 km²
Einwohner: 10,3 Mio.
Bevölkerungsdichte: 57/km²
Amtssprache: Khmer
Währung: Riel (CR)
Nationalitätskennzeichen: K

Kambodscha

Kambodscha

Etwa 230 km nordwestlich der kambodschanischen Hauptstadt Phnom Penh liegt unweit des Ton Saple die Ruinenstätte *Angkor.* Die 889 gegründete Stadt war die Hauptstadt des Khmer-Reiches und geriet nach ihrer endgültigen Zerstörung (1431 durch die Thai) für 400 Jahre in Vergessenheit. Die 155 km² große Anlage enthält etwa 200 reich verzierte Tempel sowie ein ausgeklügeltes Bewässerungssystem mit rechteckigen Wasserbecken und Kanälen. Besonders beeindruckend ist *Angkor Wat,* ein im 12. Jh. errichtetes Kloster, das größte Bauwerk in Südostasien.

■ *Kambodscha:* Das Westtor von Angkor Thom, Bodhisatva Avalokiteshvara

Kamerun (Cameroun, Cameroon)

Staatsname:	Republik Kamerun
Staatsform:	Präsidiale Republik
Hauptstadt:	Jaunde
Fläche:	475 442 km²
Einwohner:	13,2 Mio.
Bevölkerungsdichte:	28/km²
Amtssprache:	Französisch, Englisch
Währung:	CFA-Franc
Nationalitätskennzeichen:	CA

Kamerun

n. Chr. bestehendes, von indischen Einwanderern gegründetes Reich *Fun-Nan* wurde im 7. Jh. von den Khmer erobert. Das Khmer-Reich mit der Hauptstadt Angkor hatte seine größte Ausdehnung im 13. Jh., wurde aber wiederholt von den Nachbarstaaten bedrängt und stand unter der Oberherrschaft der Thai bzw. der Vietnamesen. 1863 wurde Kambodscha ein französisches Protektorat, das 1887 mit den Nachbarstaaten zu Indochina zusammengefasst wurde. Nach der Besetzung durch Japan und Thailand im Zweiten Weltkrieg rief König *Norodom Sihanouk* (seit 1942 auf dem Thron) die Unabhängigkeit aus, die 1954 von Frankreich gewährt wurde. Sihanouk, der 1955 abdankte und Ministerpräsident wurde (seit 1960 Staatspräsident), wurde 1970 gestürzt. In einem blutigen Bürgerkrieg setzten sich 1975 die *Roten Khmer* durch, deren kommunistischer Schreckensherrschaft unter *Pol Pot* etwa 1 Mio. Menschen zum Opfer fielen. 1979 wurde das Land von vietnamesischen Truppen erobert, die erst 1989 abzogen. In dem anhaltenden Bürgerkrieg vermittelte die UNO, die 1991 einen Waffenstillstand und die Einsetzung eines Nationalrats mit Beteiligung der vier Bürgerkriegsparteien erreichte. Nach einer Übergangsverwaltung durch die UNO 1992 und freien Wahlen kehrte Kambodscha im September 1993 zur Monarchie zurück; König wurde wieder Sihanouk. Die Roten Khmer kontrollierten bis 1998 noch etwa 20 % des Landes. Die innenpolitische Lage des Landes ist weiterhin instabil, im Juli 1997 putschte sich eine neue Regierung unter Hun Sen an die Macht.

Kambrium [von kelt.-lat. Cambria = »Nordwales«], *das*, ein Abschnitt in der → Erdgeschichte (vor 590–500 Mio. Jahren).

Kamele [arab. »Höckertier«], wiederkäuende Paarhufer, die in Wüsten- und Steppengebieten Nordafrikas, Asiens und Südamerikas vorkommen. Die dicht behaarten Tiere können in ihrem Magen Wasser und in ihren Höckern Fett speichern. Sie bewegen sich im → Passgang fort. Kamele wurden sowohl in Arabien als auch in den Anden schon in vorgeschichtlicher Zeit domestiziert (→ Haustiere) und werden auch heute noch als Last- und Reittiere verwendet. Man unterscheidet zwei Gattungen: die in Afrika und Asien lebenden *Großkamele* (mit dem einhöckerigen → Dromedar und dem zweihöckerigen Kamel oder → Trampeltier) und die in Südamerika lebenden → *Lamas*.

Kamerun, Staat im westlichen Zentralafrika. Das Land erstreckt sich vom Golf von Guinea im Südwesten mit einem schmalen Tiefland über teilweise vulkanische Berg- und Hochländer bis zum Tschadbecken im Norden. Die Bevölkerung besteht vorwiegend aus Bantu- (40 %) und Sudanvölkern (20 %). Die Wirtschaft stützt sich neben der Land- und Forstwirtschaft (Kaffee, Kakao, Holz) auf die Förderung von Erdöl (vor der Küste). Das Gebiet wurde 1884 deutsches Schutzgebiet. Nach der Eroberung durch französische und britische Truppen im Ersten Weltkrieg wurde der Ostteil von Frankreich, der Westteil von Großbritannien verwaltet. 1960 erhielt das französische Ostkamerun seine Unabhängigkeit. 1961 stimmte der südliche Teil des britischen Westkameruns für einen Anschluss, während der Norden bei → Nigeria blieb. Die *Bundesrepublik Kamerun* wurde 1972 in die zentralistisch regierte *Vereinigte Republik Kamerun* umgewandelt. Seit 1995 gehört Kamerun dem → Commonwealth an.

Kamille, zu den → Korbblütlern gehörende Pflanzen, die in Mitteleuropa in vier Arten vorkommen. Am bekanntesten ist die *Echte Kamille*, eine aromatisch duftende Heilpflanze, die wegen ihrer zahlreichen Inhaltsstoffe (u. a. ätherische Öle) getrocknet und für Kräutertees und Bäder verwendet wird.

Kammermusik, instrumentale oder vokale Musik, die im Gegensatz zur Orchester- und Chormusik von Solisten dargeboten wird und für eine kleine Besetzung (vom Duo bzw. Duett bis zum *Kammerorchester* bzw. *Kammerchor*) geschrieben ist. Sie wurde ursprünglich als *musica da camera* in den Musizierräumen von Fürstenhöfen gespielt und gesungen. Seit dem 19. Jh. gibt es öffentliche Kammerkonzerte.

Kammerton, ursprünglich in der → Kammermusik der Ton zum Stimmen der Instrumente. 1939 wurde er für das eingestrichene a (a') international auf 440 Hz festgelegt.

Kanada, Staat in Nordamerika. Das zweitgrößte Land der Erde nimmt bis auf → Alaska den Nordteil des nordamerikanischen Kontinents und die Inseln des Kanadisch-Arktischen Archipels im Nordpolarmeer ein. Nahezu die Hälfte macht der Kanadische Schild aus, ein felsiges, gewässerreiches Flachland, das sich um die Hudsonbai erstreckt. Westlich davon liegen die Inneren Ebenen. Daran schließen sich bis zur Pazifikküste die bis zu 6000 m hohen → Rocky Mountains an. Im Südosten liegt die Mittelgebirgs- und Hügellandschaft der → Appalachen. Der größte Teil der Bevölkerung, die vorwiegend britischer und französischer Herkunft ist (nur 3 %

Kanada (Canada)
Staatsform: Parlamentarische Monarchie
Hauptstadt: Ottawa
Fläche: 9 970 610 km²
Einwohner: 29,5 Mio.
Bevölkerungsdichte: 3/km²
Amtssprache: Englisch, Französisch
Währung: Kanadischer Dollar (kan $)
Nationalitätskennzeichen: CDN

Kanada

■ *Kanada:* Der Peyto Lake in Alberta

sind → Indianer und → Eskimos), lebt im Tal des → Sankt-Lorenz-Stroms und im Tiefland der Großen Seen (an der Grenze zu den USA). Kanada besitzt reiche Bodenschätze (Erze, Kohle, Erdöl und Erdgas). Neben der modernen Verarbeitungsindustrie haben die Land- und Forstwirtschaft (Getreide, Holz) weiterhin große Bedeutung. Nach der erneuten Entdeckung durch den italienischen Seefahrer Giovanni Caboto (John Cabot, um 1450–1499) im Jahre 1497 (vorher war die kanadische Küste bereits norwegischen Seefahrern bekannt gewesen) wurde das Gebiet am Sankt-Lorenz-Strom im 16. Jh. von Frankreich in Besitz genommen. Nach dem → Siebenjährigen Krieg musste Frankreich 1763 seine nordamerikanischen Kolonien an Großbritannien abtreten. Da den Kolonisten weitgehende Freiheit zugestanden wurde, blieben sie im Amerikanischen Unabhängigkeitskrieg (→ Vereinigte Staaten) dem britischen Mutterland treu. Der Versuch der USA, die britischen Besitzungen zu erobern, scheiterte 1812–1814 am Widerstand der Siedler. 1867 wurden mehrere Provinzen zum → Dominion Kanada vereinigt, dem sich die anderen Provinzen bis 1949 als Bundesstaaten anschlossen. Kanada erhielt nach dem Ersten Weltkrieg weitreichende Selbstständigkeit und 1931 die staatliche Unabhängigkeit. Mitte der 70er Jahre gab es in der französischsprachigen Provinz Quebec vorübergehende Loslösungsbestrebungen; Ende 1995 entschied sich Quebec nur knapp gegen eine Abspaltung als selbstständiger Staat. Seit 1982 ist Kanada völlig unabhängig von Großbritannien, gehört aber weiterhin dem → Commonwealth an.

Kanake [hawai. »Mensch«], ursprünglich Bezeichnung für Südseeinsulaner, heute in Europa in beleidigender Form für Ausländer verwendet.

Kanal [lat.], *der,* **1.** künstlich angelegter Wasserlauf, der Flüsse untereinander oder Flüsse mit Meeren verbindet und von Schiffen befahren werden kann (z. B. *Rhein-Main-Donau-Kanal*). Höhenunterschiede können durch Hebewerke und Schleusen überwunden werden. Als zumeist unterirdisch angelegter Graben dient ein Kanal auch zum Abführen von Abwässern; **2.** in der Fernmeldetechnik ist ein Kanal ein bestimmter → Frequenzbereich, in dem Signale übertragen werden (z. B. ein *Fernseh-* oder *Funkkanal*).

Kanalinseln, *Normannische Inseln,* zu → Großbritannien gehörende Inselgruppe (194 km², 147 000 Einwohner) im → Ärmelkanal vor der französischen Küste. Die größten sind *Jersey* und *Guernsey.*

Kanarienvogel, ursprünglich auf den → Kanarischen Inseln beheimateter Finkenvogel, der bis zu 12 cm lang wird und in Freiheit in kleinen Schwärmen lebt. Kanarienvögel werden heute in vielen Rassen gezüchtet und sind wegen ihres Gesangs beliebte Käfigvögel.

Kaninchen

Die als »Stallhasen« gehaltenen *Hauskaninchen* stammen alle vom Europäischen Wildkaninchen ab und werden heute in zahlreichen Rassen (z. B. *Angora-, Riesen-, Zwergkaninchen*) gezüchtet.

■ *Rotes Riesenkänguru*

Kannibalen

Man unterscheidet dabei zwischen *Endokannibalismus,* wenn nur Angehörige des eigenen Stamms (vor allem Verstorbene) verzehrt werden, und *Exokannibalismus,* wenn nur Fremde, in erster Linie getötete Feinde, verspeist werden. Der Name leitet sich von *Kariben* ab, womit die Spanier verschiedene kriegerische Indianerstämme in der Karibik und im nördlichen Südamerika bezeichneten, die ihre Feinde verzehrten.

Kanarische Inseln, *Kanaren,* Inselgruppe (7273 km², 1,5 Mio. Einwohner) vor der Nordwestküste Afrikas, die als autonome Region zu → Spanien gehört. Auf den sieben größeren *(Fuerteventura, Gomera, Gran Canaria, Hierro, Lanzarote, Palma, Teneriffa)* und den sechs kleineren Inseln, die alle vulkanischen Ursprungs sind, herrscht ein mildes, trockenes Klima, weshalb die Kanaren begehrte Urlaubsziele sind.

Kandinsky, Wassily (1866–1944), russischer Maler, der zu den Begründern der → abstrakten Kunst zählt. Er war in Deutschland Mitbegründer der Künstlervereinigung → *Blauer Reiter* (1911) und ab 1922 im → Bauhaus tätig.

Kängurus [engl.-austral.], Familie von → Beuteltieren, deren Vertreter in Australien und Neuguinea vorkommen. Während die kleinsten Kängurus nur Hasengröße erreichen, wird das *Rote Riesenkänguru* fast 2 m groß. Kängurus besitzen einen kleinen Kopf mit langer Schnauze, kurze Vorderbeine und lange, kräftige Hinterbeine sowie einen langen Schwanz, der sowohl beim Sitzen den Körper abstützt als auch beim Springen zum Ausbalancieren dient. Sie bewegen sich zumeist hüpfend fort, wobei die Sprünge bis zu 3 m hoch und bis zu 12 m weit sein können. Sie ernähren sich von Pflanzen und sind bis auf die *Baumkängurus* Bodenbewohner.

Kaninchen, Gattung von → Hasen, deren frei lebende Vertreter, die *Wildkaninchen,* ursprünglich nur in Südwesteuropa vorkamen. Heute gibt es sie in weiten Teilen Europas sowie in Amerika, Australien und Neuseeland. Die bis zu 45 cm langen Tiere, die kleiner und schlanker als Hasen sind und auch kürzere Ohren und Hinterbeine besitzen, leben in Erdhöhlen. Sie ernähren sich von Pflanzen und können Kulturpflanzen schädigen, weil sie sich sehr rasch vermehren (bei einer Tragzeit von 30 Tagen etwa alle fünf Wochen vier bis zwölf Junge, die schon nach fünf Monaten fortpflanzungsfähig sind).

Kannibalen [span.], *Mz.,* Menschenfresser. Bei manchen → Naturvölkern war es üblich, das Fleisch von Menschen zu verzehren, um sich die Kraft des Opfers anzueignen.

Kanon [griech. »Regel«], *der,* in der Musik ist der Kanon ein mehrstimmiges Stück, bei dem die verschiedenen Stimmen in festgelegten Abständen nacheinander einsetzen und dieselbe Melodie darbieten.

Känozoikum [von griech. kainos = »neu« und zoon = »Lebewesen«], *das,* in der → Erdgeschichte die mit dem Tertiär einsetzende Erdneuzeit.

Kant, Immanuel (1724–1804), deutscher Philo-

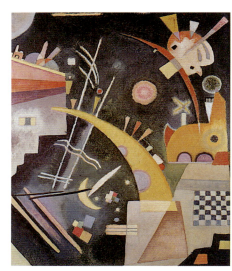

■ **Wassily Kandinsky:** *Hornform (1924). Berlin, Nationalgalerie*

soph, der als Professor für Logik und Metaphysik in seiner Heimatstadt Königsberg lehrte. In drei Werken legte er seine *Transzendentalphilosophie* dar, die das menschliche Erkenntnisvermögen untersuchte. Mit seiner »Kritik der reinen Vernunft« (1781) begründete er die *Erkenntnistheorie,* die sich mit den Möglichkeiten und Grenzen der menschlichen Erkenntnis befasst, mit der »Kritik der praktischen Vernunft« (1788) eine Ethik auf der Grundlage der Vernunft *(kategorischer → Imperativ)* und mit der »Kritik der Urteilskraft« (1790) eine subjektive Ästhetik, der eine »Zweckmäßigkeit ohne Zweck« (im Gegensatz zur Zweckmäßigkeit der Natur) zugrunde liegt. Kant konnte mit seiner kritischen Philosophie die → Aufklärung vollenden und gleichzeitig überwinden.

Kantate [it.], *die,* in der Musik ein mehrteiliges Gesangsstück (für Solisten oder Chor) mit instrumentaler Begleitung. In der Kantate wechseln musikalische Formen wie → Arie, → Rezitativ, Chorsatz und instrumentale Teile. Nach dem Text unterscheidet man zwischen *geistlichen* und *weltlichen* Kantaten.

Kanton [frz.], *der,* in Frankreich und Belgien ein Verwaltungsbezirk, in der → Schweiz ein Bundesstaat.

Kanu [engl.-indian.], *das,* ursprünglich in Nord- und Mittelamerika ein kielloses Boot, das aus einem ausgehöhlten Baumstamm mit durch Querstangen ausgeweiteten Seitenwänden oder aus einem mit Fell bespannten Holzrahmen

Kanusport: Kajaks im Wildwasser

bestand. Heute versteht man darunter ein Sportboot, das durch *Paddel* angetrieben wird.
Im **Kanusport** unterscheidet man zwischen dem *Kajak*, in dem man sitzt und ein Doppelpaddel verwendet, und dem *Kanadier*, in dem man halb kniet und ein Stechpaddel benutzt. In beiden Fällen befinden sich die Fahrer im Gegensatz zu Ruderbooten (→ Rudern) in Fahrtrichtung. Beim *Kanurennen* gibt es Einer, Zweier und Vierer, beim *Kanuslalom* oder *Wildwasserrennen* Einer und Zweier.

Kanzler, im Mittelalter zunächst ein Kanzleibeamter, der Urkunden ausfertigte, später der Leiter der Reichskanzlei oder einer fürstlichen Kanzlei. In manchen Ländern wird auch der Chef einer Regierung kurz als Kanzler bezeichnet (z. B. *Reichs-* und *Bundeskanzler*).

Kap [von lat. caput = »Kopf«], *das*, vorspringender Teil einer Felsenküste. Besonders bekannt sind das **Kap der Guten Hoffnung**, das Südende der Halbinsel südlich von Kapstadt in Südafrika, und **Kap Hoorn**, die Südspitze von Südamerika, die in der Schifffahrt wegen ihrer gefährlichen Klippen und schweren Stürme berüchtigt ist.

Kapazität [lat.], *die*, Fassungsvermögen (bei technischen Geräten, Gebäuden und im übertragenen Sinne), Leistungsvermögen (z. B. eines Kraftwerks). Ein hervorragender Fachmann wird ebenfalls als Kapazität bezeichnet.

Kapillaren [lat.], *Mz.*, Haargefäße, die feinsten Blutgefäße, die sehr dünnwandig sind und einen Durchmesser von nur 5–20 μm besitzen.

Kapitalismus [frz.], *der*, ein Wirtschaftssystem, das auf maximalem Gewinnstreben beruht und dem Kapital, d. h. den Vermögenswerten, den Vorrang gegenüber der Arbeitskraft einräumt. Der Unternehmer *(Kapitalist)* erwirbt für sein Kapital Produktionsmittel (Maschinen) und beschäftigt Arbeitskräfte, die dafür entlohnt werden, dass sie für ihn Waren herstellen. Durch den Verkauf der Waren erzielt er einen Gewinn, der teilweise wieder in das Unternehmen gesteckt wird, um den Gewinn zu erhöhen. Die Produktionsmittel und die Erzeugnisse gehören somit wenigen, die über das notwendige Kapital verfügen, während die vielen, die als Arbeiter die Gewinne erzielen, keinen Anteil daran haben. Der Kapitalismus entstand historisch, als es in der Neuzeit zu einer Trennung von Kapital und Arbeit kam und die Industrialisierung (→ industrielle Revolution) eine große Zahl von lohnabhängigen Arbeitern zur Folge hatte. Die erste Phase war der *Frühkapitalismus* ab dem 16. Jh. (→ Merkantilismus). Der *Hochkapitalismus* ab dem späten 18. Jh. war dadurch gekennzeichnet, dass der Staat das Wirtschaftsleben nicht mehr bestimmte und dem freien Wettbewerb überließ (→ Liberalismus). Im *Spätkapitalismus* (seit dem Ersten Weltkrieg) griff der Staat durch eine aktive Wirtschaftspolitik lenkend wieder ein; außerdem schlossen sich Unternehmen auf nationaler und internationaler Ebene zusammen. Nach dem Zweiten Weltkrieg trat in vielen Staaten an die Stelle des Kapitalismus die soziale → Marktwirtschaft.

Kapitell [lat. »Köpfchen«], *das*, der obere Abschluss einer → Säule oder eines Pfeilers, der je nach Stil unterschiedlich gestaltet ist.

Kapitol, im alten Rom einer der sieben Hügel, auf dem sich die Stadtburg und der Tempel des Jupiter Capitolinus befanden. Dort fanden auch die Eröffnungssitzungen des römischen → Senats statt. Das amerikanische Parlamentsgebäude in Washington wird ebenfalls als *Capitol* bezeichnet.

Kapitulation [frz.], *die*, Aufgaben, im Völkerrecht ein Vertrag, mit dem sich z. B. ein im Krieg unterlegener Staat dem siegreichen Gegner unterwirft und keinen Widerstand mehr leistet.

Kapstadt, engl. *Cape Town*, an der Südwestküste des afrikanischen Kontinents am Fuße des Tafelbergs gelegene zweitgrößte Stadt (als Ballungsraum 2,3 Mio. Einwohner) der Republik → Südafrika. Die 1652 von Niederländern gegründete Stadt ist der Regierungs- und Parlamentssitz.

Kap Verde, Inselstaat vor der westafrikanischen Küste. Die Kapverden umfassen zehn größere (darunter neun bewohnte) und fünf kleinere Inseln vulkanischen Ursprungs, die um die Mitte des 15. Jh. von den Portugiesen entdeckt und für den Sklavenhandel genutzt wurden. Die portugiesische Überseeprovinz (1951), die

Kapitalismus

Die Kritik am Kapitalismus, der insbesondere im Hochkapitalismus gleichbedeutend mit Ausbeutung der Arbeiter war, spielte eine wichtige Rolle im → Marxismus: Der wirtschaftliche und gesellschaftliche Gegensatz von Kapital und Arbeit führt danach zum Klassenkampf und zu einer proletarischen Revolution, die den → Sozialismus als Überwindung des Kapitalismus bringt.

Kap Verde (Cabo Verde)
Staatsname: Republik Kap Verde
Staatsform: Republik
Hauptstadt: Cidade de Preia
Fläche: 4033 km²
Einwohner: 390 000
Bevölkerungsdichte: 97/km²
Amtssprache: Portugiesisch
Währung: Kap-Verde-Escudo (KEsc)
Nationalitätskennzeichen: CV

Kap Verde

Karakorum: Der 7266 m hohe Diran (Minapin Peak)

heute überwiegend von Mulatten (über 70 %) bewohnt wird, erhielt 1975 ihre Unabhängigkeit. Die wirtschaftliche Grundlage bilden Fischerei und Landwirtschaft (Bananen).

Karakorum [türk.], *der,* Hochgebirge in Mittelasien zwischen → Pamir und → Himalaja. In dem zweithöchsten Gebirge der Welt befinden sich mehrere Gipfel mit über 8000 m Höhe.

Karaoke [japan. »leeres Orchester«], *das,* die instrumentale Fassung eines bekannten Popsongs, zu der man live singt. Amateure tragen bei Karaokeveranstaltungen ihr Lieblingslied vor Publikum vor, wobei der Spaß am Singen wichtiger als tonsicherer Gesang ist.

Karat [aus arab. qirat = »kleines Gewicht«], *das,* Maß für das Gewicht von Edelsteinen (1 Karat = 0,205 g), bei Goldlegierungen ein Maß zur Angabe des Goldanteils (reines Gold = 24 Karat, während 18karätiges Gold bedeutet, dass der Goldanteil 18/24 oder 75 % beträgt).

Karate [japan. »leere Hand«], *das,* aus Ostasien stammende Form der waffenlosen Selbstverteidigung, die heute auch als Sport betrieben wird. Gekämpft wird mit Händen und Füßen, wobei Schläge, Stöße und Tritte angebracht oder abgewehrt werden. Bei sportlichen Wettkämpfen werden diese Angriffe nur angedeutet, weil sie im Ernstfall schwere bis tödliche Verletzungen zufügen können.

Karawane [pers. »Kamelzug«], *die,* ursprünglich eine Reisegesellschaft oder Gruppe von Kaufleuten, die mit Reit- und Tragetieren in Wüsten oder abgelegenen Gebieten im Orient und in Mittelasien unterwegs waren.

Karbon [lat. »Kohle«], *das, ein Abschnitt in der* → Erdgeschichte (vor 360 bis 285 Mio. Jahren).

kardanische Aufhängung, eine dem italienischen Mathematiker *Ceroni Cardano* (1501 bis 1576) zugeschriebene Vorrichtung, um einen Körper aufzuhängen, der nach allen Seiten drehbar ist (z. B. ein Schiffskompass). Sie besteht aus ineinander beweglichen Ringen, die senkrecht zueinander stehen; im innersten Ring befindet sich der aufgehängte Körper. Selbst wenn das Schiff stark schwankt, bleibt ein so aufgehängter Kompass immer in einer waagerechten Lage.

Kardanwelle, in → Kraftfahrzeugen verwendete Antriebswelle. Zwei sich drehende Wellen werden durch die mit → Gelenken versehene Kardanwelle miteinander verbunden, wobei sie veränderliche Winkelstellungen einnehmen können. Bei Automobilen mit Frontmotor und Antrieb der Hinterräder verbindet die Kardanwelle das Getriebe mit der Hinterachse. Ein eingebautes Kardangelenk ermöglicht eine Federung des Fahrzeugs durch Anpassung an Fahrzeug- und Radschwingungen.

Kardinal [lat.], *der,* in der katholischen Kirche der höchste Würdenträger nach dem Papst. Wenn ein Papst stirbt, versammeln sich die Kardinäle im Konklave und wählen aus ihrer Mitte einen neuen Papst.

Kardinalzahlen [von lat. cardinalis = »im Angelpunkt stehend«], *Grundzahlen,* die natürlichen oder ganzen Zahlen (z. B. 1, 2,3 ...), die eine Anzahl von Elementen einer Menge angeben. Gegensatz: → Ordinalzahlen.

Karibisches Meer, Nebenmeer des → Atlantiks, das zwischen Mittelamerika, dem Inselbogen der

Karate

Kleinen und Großen → Antillen und der Nordküste Südamerikas liegt. Es umfasst etwa 2,7 Mio. km² und erreicht im Cayman-Graben südlich von → Kuba eine Tiefe von 7680 m. Die zugehörige Inselwelt wird als **Karibik** bezeichnet.

Karies, *Zahnkaries* [lat.], *die,* Zahnfäule, die die harten Gewebeteile des → Zahns von außen her zerstört. Wenn zuckerhaltige Speisereste an den Zähnen gären, wird das Eindringen von Bakterien begünstigt. Diese können das Zahnbein befallen und eine Infektion hervorrufen, die zum Verlust des Zahns führen kann. Richtige Ernährung (Mineralstoffe und Spurenelemente) und sorgfältige Zahnpflege dienen zur Vorbeugung von Karieserkrankungen.

Karikatur [it. »Überladung«], *die,* eine Zeichnung, die bestimmte (charakteristische) Merkmale oder Eigenschaften der dargestellten Person oder Sache übertreibt, um sie lächerlich erscheinen zu lassen.

Karl der Große (747–814), König des → Fränkischen Reiches (seit 768) und römischer Kaiser (seit 800). Er stellte die Einheit des Fränkischen Reichs wieder her. In zahlreichen Feldzügen erweiterte er seine Herrschaft auf das Gebiet der → Langobarden, Bayern und Sachsen, unterwarf die Awaren und machte die slawischen Nachbarn tributpflichtig. 787 nahm er den Titel eines langobardischen Königs an; 800 ließ er sich in Rom zum → Kaiser krönen. Er schaffte die alten Stammesherzogtümer ab und ersetzte sie durch Grafschaften. Die Vergabe von Ämtern und → Lehen an den Adel schuf die Grundlagen für den mittelalterlichen → Feudalismus, an dem auch die Kirche teilhatte. An den Grenzen wurden von Markgrafen verwaltete *Marken* eingerichtet, um das Reich nach außen abzusichern. Karls Weltreich, das von Spanien bis zur Elbe und von Mittelitalien bis zur Nordsee reichte, zerfiel unter seinen Nachfolgern, den → Karolingern, in mehrere Teile. Karl, der 1165 heilig gesprochen wurde, hatte große Wirkung auf die Nachwelt und wurde zum Gegenstand vieler Sagen.

Karlsruhe, in der Oberrheinischen Tiefebene gelegene südwestdeutsche Großstadt (277 000 Einwohner) in Baden-Württemberg. Die ehemalige Hauptstadt von → Baden (bis 1945) ist heute ein Verwaltungs- und Wirtschaftszentrum und u. a. Sitz des → Bundesgerichtshofs und des → Bundesverfassungsgerichts.

Kärnten, Bundesland in → Österreich. Das im äußersten Süden gelegene Gebiet, das Ende des 6. Jh. von Slawen besiedelt wurde und ab dem 9. Jh. zu Bayern gehörte, wurde 976 ein

■ **Karl der Große,** *Gemälde von Albrecht Dürer (1510)*

selbstständiges Herzogtum. Seit 1335 war es im Besitz der → Habsburger, musste aber 1920 zwei Täler an Jugoslawien und Italien abtreten. Den dicht besiedelten Kernraum bildet das von Gebirgsketten umgebene Klagenfurter Becken. Im Süden des von Landwirtschaft und Fremdenverkehr geprägten Kärntens lebt eine slowenische Minderheit.

Karolinger, nach → Karl dem Großen benanntes fränkisches Herrschergeschlecht, das mit der Absetzung der → Merowinger durch *Pippin den Jüngeren* an die Macht kam. Nach Karls Tod (814) regierte *Ludwig der Fromme* (778–840), aber nach dessen Tod wurde das → Fränkische Reich aufgeteilt. Die Karolinger starben in Ostfranken 911 aus, in Westfranken 987.

Karosserie [frz.], *die,* der äußere Wagenaufbau, der bei Kraftwagen auf dem Fahrgestell *(Chassis)* sitzt.

Karpaten, bogenförmiges Faltengebirge im Südosten von Mitteleuropa, das 1300 km lang ist und in Polen, der Slowakei, Rumänien und der Ukraine liegt. Die höchste Erhebung befindet sich in der *Hohen Tatra* (2654 m).

Karpfen, heute fast weltweit verbreitete Gattung der → Karpfenfische. Der Karpfen lebt als Allesfresser in stehenden und langsam fließen-

Kärnten

Karpfenfische

Zur Unterfamilie der Weißfische gehört dagegen der bis zu 1 m lang und 32 kg schwer werdende *Graskarpfen* oder *Weiße Amur,* der ursprünglich aus China und dem Amurbecken stammt, aber auch in Japan und Europa eingeführt wurde, wo er auf natürliche Weise das Wachstum von Wasserpflanzen begrenzt. Wie der Teichkarpfen ist er ein guter Speisefisch.

Karpfenfische

Kasachstan (Qazaqstan)
Staatsname: Republik Kasachstan
Staatsform: Präsidiale Republik
Hauptstadt: Astana
Fläche: 2 717 300 km²
Einwohner: 17,1 Mio.
Bevölkerungsdichte: 6/km²
Amtssprache: Kasachisch
Währung: Tenge (T)
Nationalitätskennzeichen: KZ

Kasachstan

■ **Kastanie:** Reife Früchte

den Gewässern. Er wird bis zu 50 cm lang und kann ein Gewicht von mehr als 30 kg erreichen. Karpfen werden bereits seit Jahrtausenden in China gezüchtet.

Karpfenfische, Ordnung der → Knochenfische, deren Vertreter in Süßgewässern der nördlichen Erdhalbkugel vorkommen. Die Karpfenfische lassen sich in die *Salmler,* die *Zitter-* und *Messeraale* und die *Karpfenähnlichen* einteilen; zu letzteren gehört neben zahlreichen einheimischen Fischarten, wie *Schleie, Barbe* und *Weißfische,* auch der → *Karpfen.*

Karriere [frz.], *die,* erfolgreiche berufliche Laufbahn.

Karst, Erosionserscheinungen in löslichen Gesteinen wie z. B. → Kalk, die nach der gleichnamigen Landschaft an der nördlichen Küste Kroatiens benannt sind. Durch Auflösungsvorgänge entstehen an der Oberfläche und im Erdinneren Rinnen, Dolinen (Erdtrichter mit einem Durchmesser von bis zu 1 km) und Höhlen. Karstgebiete zeichnen sich durch Wasserarmut und spärlichen Pflanzenwuchs aus.

Kartell [frz.], *das,* Zusammenschluss (vor allem von Wirtschaftsunternehmen), um durch abgestimmtes Handeln und durch Absprachen (über Preise) den Wettbewerb einzuschränken oder ganz auszuschalten. Da Kartelle in Deutschland grundsätzlich verboten sind, kontrolliert das *Bundeskartellamt* in Berlin die Vereinigung von Firmen, damit kein Unternehmen eine marktbeherrschende Stellung gewinnt.

Karthago, heute Ruinenstadt in Nordtunesien. Die Stadt wurde 814 v. Chr. von Tyros als phönizische Kolonie (→ Phönizier) gegründet und beherrschte rasch den westlichen Mittelmeerraum und die anderen phönizischen Kolonien. In den drei *Punischen Kriegen* (264–241, 218–201, 149–146 v. Chr.) kämpfte Karthago mit → Rom um die Vorherrschaft (u. a. unter dem Heerführer → Hannibal) und wurde 146 v. Chr. zerstört. Das karthagische Gebiet wurde zur römischen Provinz Africa.

Kartoffel [it. tartuffo = »Trüffelpilz«], *die,* krautiges → Nachtschattengewächs, das Mitte des 16. Jh. von den Spaniern aus Südamerika nach Europa gebracht wurde. Es besitzt weiße Blüten, aus denen sich giftige grüne Beerenfrüchte entwickeln. Nur die in der Erde wachsenden Knollen *(Erdäpfel)* sind essbar. Kartoffeln sind reich an Stärke (bis 30 %). Sie werden heute vorwiegend in Mittel- und Osteuropa angebaut und dienen als Nahrungsmittel sowohl für den Menschen als auch für das Vieh.

■ *Kartoffel*

Kartographie, *Kartografie, die,* Wissenschaft von der Darstellung der Erdoberfläche durch Abbildung auf Karten und Globen; im engeren Sinne die Anfertigung von → Landkarten und Stadtplänen.

Karzinom [griech.], *das,* in der Medizin eine Krebsgeschwulst.

Kasachstan, Staat in Mittelasien. Das Land zwischen dem → Kaspischen Meer und dem Oberlauf des Irtysch besteht überwiegend aus wüsten- und steppenhaften Ebenen und Niederungen. Im Osten und Südosten wird es von Hochgebirgen begrenzt. Die Bevölkerung umfasst hauptsächlich Kasachen (über 43 %) und Russen (36 %). Kasachstan verfügt über reiche Bodenschätze (Erze, Kohle und Erdöl). Die Landwirtschaft (Weizen, Baumwolle, Viehzucht) ist auf künstliche Bewässerung angewiesen. Das Gebiet wurde zu Beginn des 15. Jh. von nomadischen Turkstämmen besiedelt, die ein eigenes Reich gründeten, aber wiederholt von mongolischen Stämmen bedrängt wurden. Im 18. Jh. stellten sich die kasachischen Khanate unter den Schutz Russlands, das im 19. Jh. das Land gewaltsam unterwarf und es 1873 ins Zarenreich eingliederte. 1920 entstand innerhalb der Russischen Sozialistischen Föderativen Sowjetrepublik die *Kirgisische Autonome Sozialistische Sowjetrepublik* (weil die Kasachen damals noch Kirgisen genannt wurden). Sie wurde 1925 in *Kasachische ASSR* umbenannt. Während des Zweiten Weltkrieges wurden mehrere Völker, die von Stalin der Kollaboration mit den Deutschen verdächtigt wurden, nach Kasachstan umgesiedelt (u. a. Krimtataren und Wolgadeutsche). Die Uni-

onsrepublik (ab 1936) erklärte Ende 1990 ihre Souveränität. Seit Ende 1991 ist Kasachstan eine unabhängige Republik, die Mitglied der → GUS ist.

Kaschmir, Landschaft im → Himalaja- und Karakorumgebirge. Das ehemalige Fürstentum gehört größtenteils als Bundesstaat zu Indien, das Anspruch auf das gesamte Gebiete erhebt. Teile im Norden sind von Pakistan und China besetzt.

Käse, ein eiweiß- und fettreiches Nahrungsmittel, das aus Milch hergestellt wird. Durch Zusatz von *Lab,* einem → Ferment aus der tierischen Magenschleimhaut, oder durch Milchsäurebakterien wird die Milch zum Gerinnen gebracht. Dabei trennen sich der feste *(Bruch* oder → *Quark)* und der flüssige Anteil *(Molke).* Nach dem Pressen und Salzen wird der Käse gelagert und reift aus. Je nach Lab- und Milchsorte oder Behandlung entstehen die typischen Käsesorten, die auch mit essbarem *Schimmel (Edelpilzkäse)* durch- oder überzogen sein können.

Kaspisches Meer, mit 371 000 km^2 Fläche der größte abflusslose Binnensee der Erde, der an der Grenze zwischen Europa und Asien liegt. Er ist bis zu 1025 m tief und liegt 28 m unter dem Meeresspiegel. Die Hauptzuflüsse sind Wolga, Ural, Kura und Terek. Seit 1930 ist die Wasserfläche um mehr als 13 % zurückgegangen.

Kassettenrecorder, *Cassettenrecorder* [engl.], *der,* ein Tonbandgerät, mit dem man **Kassetten** (Tonbänder auf Spulen, die sich in einem Schutzgehäuse befinden) aufnehmen und abspielen kann. Gebräuchlich sind → Compactcassette und → DAT-Cassette. Es gibt auch bespielte Musi-Cassetten.

Kastagnetten [span.], Klapperinstrumente, die aus zwei ausgehöhlten, durch eine Schnur miteinander verbundenen Holzschalen bestehen und bei spanischen Tänzen als rhythmische Begleitinstrumente eingesetzt werden.

Kastanie, die Fruchtkapsel des gleichnamigen, zu den Buchengewächsen zählenden Baums, die bis zur Reife von einer stacheligen Hülle umschlossen ist. Die Früchte der bis zu 60 m hoch werdenden *Edelkastanie* sind essbar (→ Maronen). Eine andere Gattung stellt die *Rosskastanie* dar, die bis zu 25 m hoch wird und bei uns vor allem als Park- und Straßenbaum wächst.

Kaste [von lat. castus = »rein«], *die,* im → Hinduismus eine Gesellschaftsgruppe, die von den anderen durch strenge Vorschriften abgetrennt ist. Das indische *Kastensystem* teilt die Gesellschaft in vier Gruppen (Priester, Krieger, selbstständige Bauern, Handwerker und Händler, Arbeiter) sowie die außerhalb der Kastenordnung stehenden → Parias ein. Die Angehörigen der einzelnen Kasten dürfen beispielsweise nur untereinander heiraten.

Kastell [lat.], *das,* ursprünglich ein befestigtes Lager der Römer für ihre Grenztruppen, später allgemein eine Festung.

Kastration [lat.], *die,* operative Entfernung der Keimdrüsen (Hoden oder Eierstöcke) beim Menschen oder bei Tieren; im engeren Sinne die Entmannung.

Kasus [lat.], *der, Fall,* in der Grammatik der *Beugefall,* in dem die Wortarten wie → Substantiv, Pronomen, Artikel, Adjektiv und Numerale dekliniert werden (→ Deklination).

Katakomben [it.], *Mz.,* Grabgewölbe; eine unterirdische Begräbnisanlage aus frühchristlicher Zeit (in vielen Städten im Mittelmeerraum.

Katalysator [von griech. katalysis = »Auflösung«], *der,* allgemein ein Stoff, der schon in geringen Mengen chemische Reaktionen beschleunigt oder beeinflusst, ohne sich dabei selbst chemisch zu verändern (z. B. Metalle wie Platin oder Nickel). Im Organismus gibt es *Biokatalysatoren,* die → Enzyme.

Bei Kraftfahrzeugen ist damit eine Vorrichtung gemeint, die Abgase von schädlichen Stoffen reinigt. In die Auspuffanlage eingebaute Katalysatoren zerlegen die Schadstoffe in ungefährliche Verbindungen. Dabei strömt das Abgas durch einen mit → Platin, Rhodium oder Palladium überzogenen Keramikkörper, der mit wabenförmigen Kanälen versehen ist. Kohlenwasserstoffe und Kohlenmonoxid werden in Kohlendioxid und Wasser umgewandelt; die gefährlichen Stickoxide werden zu elementarem → Stickstoff. Da Blei die Katalysatormetalle außer Kraft setzt, darf nur bleifreies Benzin getankt werden.

Katar, Emirat am → Persischen Golf. Das kleine Land liegt auf einer schmalen Halbinsel, die durch Salzsümpfe und Wüste von der Arabischen Halbinsel getrennt wird. Die Bevölkerung besteht nur zu 45 % aus Arabern; über ein Drittel sind Inder und Pakistani, etwa 16 % Iraner. Das seit 1868 selbstständige Scheichtum stand bis 1916 unter osmanischer Herrschaft und war danach britisches Protektorat. Seit 1971 ist es unabhängig. Seine Wirtschaft hängt vollkommen von der Erdöl- und Erdgasförderung ab. Wegen der Trockenheit ist nur in den Oasen Landwirtschaft möglich.

Katarakt [griech.], *der,* eine Reihe von hinter-

Kasus

Im Deutschen gibt es vier Fälle: → Nominativ, → Genitiv, → Dativ und → Akkusativ, während in anderen Sprachen weitere Fälle (vor allem → Ablativ, Instrumentalis, Lokativ, Vokativ) hinzukommen können. Der Kasus kann durch die Endung (z. B. Mannes für den Genitiv Singular von Mann), Ablaut (Männern für den Dativ Plural), Artikel *(den* Mann für den Akkusativ Singular), Präposition *(ohne* Mann) oder die Stellung im Satz (die Römer fürchteten Asterix; Objekt im Akkusativ) angezeigt werden.

Katar (Qatar)
Staatsname: Staat Katar
Staatsform: Absolute Monarchie
Hauptstadt: Doha
Fläche: 11 437 km^2
Einwohner: 550 000
Bevölkerungsdichte: 48/km^2
Amtssprache: Arabisch
Währung: Katar-Riyal (QR)
Nationalitätskennzeichen: Q

Katar

Katastrophentheorie

Die von dem französischen Naturforscher Georges Baron de Cuvier (1769–1832) im 19. Jh. aufgestellte *Katastrophentheorie,* die auch als *Kataklysmentheorie* [von griech.] kataklysmos = Überschwemmung«] bezeichnet wird, versucht die Unterschiede der Tier- und Pflanzenwelt in den verschiedenen erdgeschichtlichen Abschnitten durch das Auftreten weltweiter Katastrophen zu erklären. Diese Theorie, wonach die Fauna und Flora mehrfach durch solche Katastrophen vernichtet wurde und sich danach neu und in veränderter Form wieder entwickelte, wurde lange Zeit verworfen, erhielt aber durch neue wissenschaftliche Erkenntnisse Unterstützung.

In der Geschichte der Erde kam es wiederholt zu Massensterben eines Großteils der Tier- und Pflanzenwelt; das größte Artensterben ereignete sich vor 250 und 245 Mio. Jahren, als bei zwei Katastrophen zwischen 80 und 95 % aller Meerestiere ausstarben. Das jüngste Beispiel für ein solches Massensterben ist das Verschwinden der → Dinosaurier vor etwa 65 Mio. Jahren. Als Ursachen für solche Katastrophen kommen mehrere Faktoren in Frage: kosmische (wie etwa der Einschlag großer → Meteoriten oder → Kometen) und irdische (wie etwa eine Veränderung der klimatischen Bedingungen).

Weitere solche Katastrophen ereigneten sich vor 440 Mio. Jahren (als fast zwei Drittel aller Tierarten ausstarben und der Meeresspiegel um etwa 100 m sank), vor 360 Mio. Jahren (als eine Klimaverschlechterung ein Massensterben im Meer bewirkte) und vor 210 Mio. Jahren (als ein weltweiter Temperaturanstieg die Hälfte aller Arten im Meer und an Land ausrottete).

Für manche Lebewesen bedeutete eine solche Erdkatastrophe das völlige Verschwinden (wie etwa für die Trilobiten), während für andere erst danach ihr Aufstieg begann (so etwa die Säuger nach der Katastrophe vor 65 Mio. Jahren).

Katholische Kirche

■ *Katarakt: Die Victoriafälle des Sambesi*

einander liegenden Stromschnellen oder Wasserfällen.

Katastrophe [griech. »Umkehr«], *die,* ein großes Unheil oder Unglück mit schwerwiegenden Folgen (z. B. *Naturkatastrophe).*

Katechismus [griech. »Unterricht«], *der,* ein Lehrbuch für den christlichen Glauben, das in verständlicher Sprache (oft in Frage-und-Antwort-Form) über Glaubens- und Sittenfragen unterrichtet.

Katharsis [griech. »Reinigung«], *die,* ursprünglich die Läuterung der Seele (des Zuschauers) als Wirkung der antiken → Tragödie; in der Psychologie heute die Theorie, dass ein Abreagieren der Gefühle von inneren Spannungen befreien kann.

Kathedrale [lat.], *die,* eine Kirche, die zum Sitz eines Bischofs gehört.

Katheten [von griech. kathetos = »Senkblei«], *Mz.,* die beiden Seiten, die im rechtwinkligen Dreieck die Schenkel des rechten Winkels bilden. Gegensatz: → Hypotenuse.

Kathode, *Katode* [von griech. kathodos = »herabführender Weg«], *die,* negative → Elektrode. Wenn in einer Gasentladungsröhre Ionen auf die Kathode auftreffen, gehen von ihr → Elektronen aus, die als **Kathodenstrahlung** bezeichnet werden. Kathodenstrahlen, die sich auch durch eine Glühemission erzeugen lassen, können durch elektrische und magnetische Felder abgelenkt werden. Sie regen beispielsweise Glas beim Auftreffen zur Aussendung eines grünlichen Lichts an (→ Fluoreszenz), was in Fernsehröhren (→ Fernsehen) genutzt wird.

katholische Kirche [griech. katholikos = »alle betreffend«], *römisch-katholische Kirche,* die größte christliche Religionsgemeinschaft (→ Christentum), die heute weltweit über 1 Mrd. Anhänger hat. Sie wird vom → Papst in Rom geleitet und begreift sich als die einzig wahre und allein selig machende Kirche, die von → Jesus Christus selbst gestiftet wurde. Historisch ist sie der abendländische Zweig der christlichen Kirche, die sich 1054 in eine West- und eine Ostkirche (→ orthodoxe Kirchen) spaltete. In der Neuzeit trennten sich von ihr die → evangelischen oder protestantischen Kirchen (→ Reformation). Die katholische Weltkirche ist hierarchisch aufgebaut (Papst, Bischöfe, Priester und Laien) und wird zentralistisch geleitet. In den einzelnen Ländern ist sie in → Diözesen oder Bistümer unterteilt, die jeweils einem Bischof unterstehen. Pfarreien und Kirchengemeinden bilden die seelsorgerischen Einheiten auf örtlicher Ebene.

Kation [griech.], *das,* positiv geladenes → Ion, das bei der Elektrolyse zur → Kathode wandert.

Katzen, Familie von Raubtieren, die fast in allen Erdteilen vorkommen. Sie besitzen einen kurzen, runden Kopf mit spitzen Fangzähnen und einen schlanken, geschmeidigen Körper mit langem Schwanz. Katzen können sich fast geräuschlos fortbewegen und haben bis auf den → Geparden einziehbare Krallen. Sie leben als Einzelgänger und ernähren sich ausschließlich von Fleisch. Die gut entwickelten Sinne (vor allem Gehör und Augen) begünstigen das Jagen in der Dämmerung. Die Größe schwankt zwischen 35 cm und fast 3 m Länge (ohne Schwanz). Es gibt drei Gruppen: *Großkatzen* (z. B. → Löwe, Tiger, Leopard, Jaguar) und *Kleinkatzen* (z. B. → Luchs, Puma, Ozelot, Serval), die zusammen die *echten Katzen* darstellen, und *Gepard.*

Die **Hauskatze** stammt von einer nordafrikanischen Wildkatze, der ägyptischen *Falbkatze,* ab und wurde schon im Altertum als Haustier gehalten (in Ägypten sogar als heilig verehrt). Hauskatzen werden heute in vielen Rassen (z. B. *Perser-, Siam-, Angora-, Kurzhaar-* und schwanzlose *Manxkatze)* gezüchtet.

Kaugummi, aus harzreichem, geschmacklosem → Kautschuk hergestellte Masse, die beim Kauen gummiartig wird und zumeist mit Zucker oder Süßstoffen und Aromastoffen versetzt ist. Kaugummi wurde in den USA erstmals in den 70er Jahren des 19. Jh. angeboten. Heute wird Kaugummi künstlich hergestellt.

Kaukasus, *der,* vergletschertes Hochgebirge zwischen Schwarzem Meer und Kaspischem Meer, das 1200 km lang und bis zu 200 km breit ist. Die höchsten Erhebungen sind *Elbrus* (5642 m) und *Kasbek* (5033 m)

Kaulquappe, → Larve der → Froschlurche. Kaulquappen leben im Wasser und zeigen durch → Kiemen ihre entwicklungsgeschichtliche Verwandtschaft mit den → Fischen; sie besitzen

Kehlkopf

■ *Kaulquappen des Grasfrosches*

zunächst keine Gliedmaßen, sondern bewegen sich mit einem Ruderschwanz fort. Bei der Umwandlung (Metamorphose) zu erwachsenen, an Land lebenden Fröschen entwickeln sie eine → Lunge und Beine, während sich der Schwanz zurückbildet und verschwindet.

Kaution [lat. »Vorsicht«], *die,* eine als Sicherheit (z. B. beim Mieten einer Wohnung) hinterlegte Geldsumme.

Kautschuk [frz.-indian.], *der,* aus dem milchigen Saft bestimmter tropischer Pflanzen (Gummibaum, Hevea) gewonnener oder künstlich hergestellter gummiartiger Rohstoff. Kautschuk wird hauptsächlich im Amazonasgebiet gewonnen. Zur Gewinnung von natürlichem Kautschuk (z. B. → Latex) wird die Rinde des Baums V-förmig eingeschnitten. Der heraustropfende Pflanzensaft wird in Behältern aufgefangen. Er gerinnt an der Luft und wird anschließend über Feuer geräuchert. Durch Vulkanisieren (starke Erwärmung mit Zusatz von Schwefel) erhält man → Gummi, der dehnbarer und elastischer als Rohkautschuk ist.

■ *Kautschukgewinnung im Amazonasgebiet*

Die künstliche Herstellung von Kautschuk gelang schon 1929 *(BuNa* = Butadien-Natrium). Viele Gegenstände des täglichen Gebrauchs sind aus Naturkautschuk hergestellt (z. B. Isoliermittel, Heftpflaster, Kondome), doch zunehmend wird er durch Kunststoffe ersetzt.

Käuze, bis fast 40 cm groß werdende → Eulen, deren dicker, runder Kopf keine Ohrfedern trägt. In Mitteleuropa kommen u. a. *Stein-, Wald-* und *Raufußkauz* vor. Im übertragenen Sinne versteht man unter einem **Kauz** einen Sonderling.

Kavalier [frz. »Reiter, Ritter«], *der,* ein Mann, der sich gegenüber Frauen höflich und zuvorkommend verhält.

Kavallerie [frz.], *die,* Reiterei, früher die berittene Truppe.

Kaviar [türk.] *der,* gesalzener → Rogen von → Stören, die vorwiegend im Schwarzen, Kaspischen und Asowschen Meer leben.

Kebab, [türk.-arab.], *der,* orientalisches Gericht aus stark gewürzten Fleischstücken von einem am Spieß gebratenen Hammel.

Kefir [russ.], *der,* ein aus Milch durch Gärung (Zusatz von Kefirbakterien und -hefen) hergestelltes Getränk, das säuerlich schmeckt und einen geringen Alkoholgehalt hat.

Kegel, *Konus,* in der Mathematik ein geometrischer Körper, bei dem alle Punkte eines Kreises mit einem Punkt außerhalb der Ebene dieses Kreises durch gerade Strecken verbunden sind. Er wird durch die Kreisfläche und den Mantel begrenzt. Man unterscheidet dabei zwischen *geraden* (Spitze senkrecht über dem Mittelpunkt des Kreises) und *schiefen* Kegeln. Wenn die Spitze parallel zur Grundfläche abgeschnitten ist, spricht man von einem *Kegelstumpf.* Wird ein gerader Kegel durch eine Ebene geschnitten, so entstehen die sog. **Kegelschnitte** (→ Kreis, → Ellipse, → Parabel und → Hyperbel).

Kegeln, ein Kugelspiel, bei dem mit einer etwa 3 kg schweren Vollkugel aus Holz oder Kunststoff neun *Kegel* umgestoßen werden müssen. Die Kugel muss dazu über eine mehr als 20 m lange Bahn gerollt werden. Am anderen Ende stehen die neun Kegel in einem Quadrat, mit der Spitze nach vorn, in einem Abstand von jeweils 15 cm. Ziel ist es, mit einem einzigen Wurf alle Kegel umzuwerfen, d. h., einige Kegel so zu treffen, dass sie beim Umstürzen die anderen mit umreißen. Beim *Wurf in die Vollen* werden jeweils alle neun Kegel aufgestellt, während beim *Abräumen* die Kegel getroffen werden müssen, die beim ersten Wurf stehen geblieben sind. Damit verwandt ist das amerikanische → Bowling.

Kehlkopf, bei Wirbeltieren, die mit Lungen atmen, der oberste Teil der → Luftröhre, der durch Knorpel gestützt wird. Beim Menschen

Katharsistheorie

Eine wichtige Rolle spielt die Katharsistheorie im Hinblick auf die Rezeption von Gewalt (z. B. im Film), d. h., ob das Ansehen von gewalttätigen Szenen eine Ersatzfunktion hat und eigene Gewalthandlungen verhindert oder ob es abstumpft oder gar zur Nachahmung anregt.

Katholische deutsche Bischofskonferenz

Der Vorsitzende der katholischen deutschen Bischofskonferenz ist seit 1987 *Karl Lehmann* (* 1936), der Bischof von Mainz.

Kavaliersdelikt

Unter einem Kavaliersdelikt versteht man eine Handlung, die zwar dem Gesetz nach strafbar ist, aber von der Gesellschaft als nicht verwerflich betrachtet wird (z. B. »Schwarzfahren«).

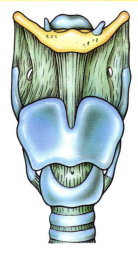

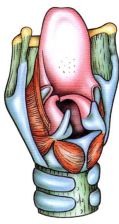

■ **Kehlkopf** mit Luftröhre; oben: *von vorne;* unten: *von hinten;* gelb: Zungenbein; grün: bindegewebige Membran; blau: der Schildknorpel sitzt auf dem Ringknorpel; violett: Kehldeckel und darunter die Stimmbänder; braun: Kehlkopfmuskeln

Kernfusion

Eine künstliche Kernfusion ist bislang nur in unkontrollierter Form als Explosion von → Wasserstoffbomben möglich. In verschiedenen Versuchsanlagen wie z. B. JET (Joint European Torus) bei London wird seit Jahren erforscht, ob eine kontrollierte Kernfusion durchführbar ist. Um die Kerne der gasförmigen Ausgangsstoffe, Deuterium und → Tritium, miteinander zu verschmelzen, müssen sie auf eine Tempera-

besteht er aus Ringknorpel, zwei drehbaren Stellknorpeln, Schildknorpel (der beim Mann als Adamsapfel erkennbar ist) und Kehldeckelknorpel. Dieses Knorpelgerüst ist durch Bänder verbunden. Die Stimmbänder, die sich zur Stimmritze verengen, haben sich zu einem Organ für die Lauterzeugung (Sprechen) entwickelt. Der Kehldeckel verschließt beim Schlucken den Eingang des Kehlkopfes und verhindert so, dass Nahrung in die Luftröhre eindringt.

Keilschrift, im frühen 3. Jt. v. Chr. in → Mesopotamien entwickelte Schrift, die mithilfe von Rohrgriffeln in weiche Tontafeln geritzt wurde. Die einzelnen Schriftzeichen waren ursprünglich bildhafte Symbole, wurden aber später stark vereinfacht. Die bei den → Sumerern, Akkadern, Babyloniern und Assyrern verwendeten Zeichen (ursprünglich 2000, später 500) waren keilförmig und standen für ganze Silben.

Keim, in der Biologie bei Pflanzen der erste Trieb, aus dem sich eine neue Pflanze entwickelt; bei Tieren und beim Menschen die befruchtete Eizelle im ersten Entwicklungsstadium. In der Medizin versteht man unter Keim → Mikroorganismen, die Krankheiten verursachen.

Keimbahn, die Zellfolge, die bei der Entwicklung eines → Embryos von der befruchteten Eizelle über die sog. *Urgeschlechtszellen* (die schon von Beginn der Keimentwicklung an vorhanden sind) zu den → Keimzellen (des geschlechtsreifen Organismus) führt. Im Gegensatz zu den übrigen Körperzellen sterben diese Zellen nicht nach einer bestimmten Zeit ab, sondern werden von Generation zu Generation an die Nachkommen weitergegeben. Als **Keimbahntherapie** bezeichnet man die künstliche Veränderung menschlicher Keimzellen. Wenn in die Keimbahn neue Gene eingebracht werden, entstehen → transgene Lebewesen. Die mit den eingefügten Genen verbundenen neuen Eigenschaften werden an alle Nachkommen weitergegeben.

Keimzellen, deutsche Bezeichnung für → Gameten.

Keller, Gottfried (1819–1890), schweizerischer Schriftsteller, der als Vertreter des bürgerlichen → Realismus ein heiter-melancholisches Erzählwerk mit Episoden aus dem Alltagsleben des Kleinbürgertums schuf. Sehr bekannt ist sein autobiographischer Bildungsroman »Der grüne Heinrich« (erste Fassung 1854/55, zweite Fassung 1879/80).

Kelten, indogermanisches Volk (→ Indogermanen), das im 1. Jt. v. Chr. in West- und Mitteleuropa lebte und sich im 9. Jh. v. Chr. nach Spa-

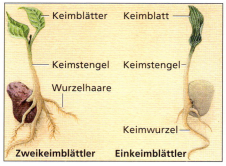

■ **Keim:** *Schematische Darstellung der Einkeim- und Zweikeimblättler*

nien und auf die Britischen Inseln ausbreitete. Die Kelten, die in Mitteleuropa die Träger der eisenzeitlichen → *Hallstatt-* und *Latènekultur* waren, drangen ab 400 v. Chr. nach Italien, in den Donauraum, auf den Balkan und nach Kleinasien vor. Mit Beginn der → Völkerwanderung wurden die Kelten von den Germanen aus ihrer Heimat östlich des Rheins verdrängt. In den meisten übrigen Siedlungsgebieten wurden sie von den Römern unterworfen (→ Gallien). Antike keltische Stämme sind die *Keltiberer* (Spanien), *Gallier* (im heutigen Frankreich), die *Belgen* (Nordfrankreich und Belgien) und die *Helvetier* (Schweiz). Auf den Britischen Inseln wurden die *Briten* (England und Wales) und die *Gälen* (Irland und Schottland) von den germanischen → Angelsachsen in Gebiete zurückgedrängt, wo noch heute keltische Sprachen gesprochen werden (z. B. Gälisch).

Kelvin, nach dem englischen Physiker *Lord Kelvin of Largs,* eigentlich William Thomson (1824 bis 1907), benannte Maßeinheit für die Temperatur (Zeichen *K*). Diese Temperaturskala geht vom → absoluten Nullpunkt aus (1 K = –273,15 °C) und ist genau wie die → Celsius-Skala unterteilt.

Kenia, Staat in Ostafrika. Das Kerngebiet bildet ein bis zu 3000 m hoch liegendes Hochland, das vom Ostafrikanischen Graben geteilt und von Vulkanen überragt wird. Im Osten liegt am Indischen Ozean eine Küstenebene, während sich im Westen das Becken des Victoriasees befindet. Das Tafelland im Norden ist wüstenhaft. Mehr als 60 % der etwa 40 Völker Kenias gehören den → Bantu an. Der größte Teil der Bevölkerung ist in der Landwirtschaft tätig (Kaffee und Tee für den Export). Eine wichtige Einnahmequelle stellt der Fremdenverkehr dar. Die Küste des Landes wurde von den Arabern für den Handel genutzt. Die Portugiesen, die ab dem

16. Jh. Stützpunkte besetzten, konnten sich nicht gegen die Araber behaupten. Im 19. Jh. standen die Küstenstädte unter der Oberhoheit des Sultanats Sansibar. Nachdem sich Großbritannien mit Deutschland über die Aufteilung der ostafrikanischen Interessensgebiete geeinigt hatte, erhielt ersteres 1895 das Protektorat Ostafrika (Kenia und → Uganda). 1920 wurde daraus die britische Kronkolonie Kenia. Unruhen innerhalb der schwarzen Bevölkerung wegen der Benachteiligung gegenüber den weißen Siedlern gipfelten im Mau-Mau-Aufstand 1952–1956, der von britischen Truppen niedergeschlagen wurde. Die von *Jomo Kenyatta* (1891–1978) gegründete KANU (Kenya African National Union) gewann bei den Wahlen 1963 die Mehrheit. Ende 1963 wurde Kenia unabhängig; ein Jahr später wurde die Republik proklamiert. Unter Staatspräsident Kenyatta entwickelte sich Kenia zu einem autoritär regierten Einparteienstaat. Erst 1991 wurden wieder Oppositionsparteien zugelassen.

Kennedy [ˈkɛnɪdi], John F. (1917–1963), amerikanischer Politiker (Demokrat), der 1961–1963 der 35. Präsident der USA war und in Dallas durch ein Attentat ermordet wurde. Sein Bruder, *Robert F. Kennedy* (1925–1968), war 1961–1963 Justizminister und kam als Präsidentschaftskandidat der Demokraten bei einem Attentat ums Leben.

Kepler, Johannes (1571–1630), deutscher Astronom, der aus astronomischen Beobachtungsdaten die Gesetzmäßigkeiten der elliptischen Planetenbahnen mathematisch herleitete *(Keplersche Gesetze).* 1611 entwickelte er ein → Fernrohr für astronomische Zwecke.

Keramik [griech. »Töpferkunst«], *die,* Sammelbezeichnung für Gegenstände, die aus gebrannten tonhaltigen Erden bestehen (z. B. Porzellan, Steingut, Steinzeug).

Kernenergie, *Atomenergie,* die Energie, die bei der Umwandlung von → Atomkernen freigesetzt wird. Wenn Atomkerne aus → Protonen und → Neutronen gebildet werden, wird als *Bindungsenergie* die Energie frei, die notwendig wäre, um den Kern auseinander zu reißen, also die → Kraft zu überwinden, die den Kern zusammenhält. Da diese Bindungsenergie bei mittelschweren Kernen am größten ist, kann man sowohl bei der Verschmelzung leichter Kerne (→ Kernfusion) als auch bei der Spaltung schwerer Kerne (→ Kernspaltung) Energie gewinnen.

Kernfusion, *Kernverschmelzung,* die Vereinigung von zwei leichten Atomkernen zu einem schwereren. Damit zwei Kerne miteinander verschmelzen können, müssen sie die elektrostatische Kraft überwinden, mit der sich die Kerne gegenseitig abstoßen. Dies ist nur möglich, wenn sie sich mit sehr hoher Geschwindigkeit aufeinander zu bewegen (z. B. in einem sehr heißen → Plasma). In der Natur geschieht dies im Inneren von Sternen wie etwa unserer → Sonne. Dort verschmelzen Atomkerne (Protonen) von → Wasserstoff, dem leichtesten Element, bei einer Temperatur von mindestens 10 Mio. °C (in der Sonne 15 Mio. °C) und einem ungeheuren Druck zu Heliumkernen (mit zwei Protonen und zwei Neutronen). Als Zwischenstufen entstehen dabei Kerne von → Deuterium und dem Heliumisotop ^{3}He (mit zwei Protonen und einem Neutron), die mit Wasserstoffkernen bzw. untereinander verschmelzen. Die Energie, die dabei frei wird, ist etwa zehn Millionen Mal größer als bei chemischen Reaktionen (z. B. Verbrennung von fossilen Brennstoffen).

■ *Das **Kernkraftwerk** Grafenrheinfeld in Unterfranken*

Kernkraftwerk, *KKW,* ein auch als *Atomkraftwerk (AKW)* bezeichnetes Kraftwerk, das durch → Kernspaltung Wärmeenergie für den Betrieb von Generatoren (→ Kraftwerke) erzeugt. In → Kernreaktoren wird eine kontrollierte → Kettenreaktion eingeleitet. Die Wärme, die bei der Kernspaltung entsteht, wird mithilfe eines Kühlmittels (Wasser, flüssige Metalle oder Gase) aus dem Reaktorkern zu einem Wärmetauscher geleitet, der Dampf zum Betrieb von → Turbinen erzeugt. Mit diesen Turbinen sind → Generatoren verbunden, die elektrischen Strom produzieren. Da dabei auch gefährliche hochradioaktive Stoffe gebildet werden (neben den Spaltprodukten auch radioaktive Isotope im Kühlmittel sowie in den Bauteilen), sind der gesamte Reaktor und der sog. *Primärkreislauf*

tur von mehr als 100 Mio. °C aufgeheizt werden. Dieses heiße Plasma muss für längere Zeit, z. B. mithilfe von starken Magnetfeldern, eingeschlossen werden.

Die Kernfusion bietet den Vorteil, dass ein nahezu unbegrenzter Vorrat an Brennstoff im Wasser vorhanden ist. Allerdings ist die technische Nutzung in Form von Fusionsreaktoren noch in weiter Ferne, weil gegenwärtig mehr Energie benötigt wird, um die Kernreaktion in Gang zu setzen, als dabei aus der Fusionsreaktion gewonnen wird.

Kenia (Kenya)	
Staatsname:	Republik Kenia
Staatsform:	Präsidiale Republik
Hauptstadt:	Nairobi
Fläche:	582 646 km²
Einwohner:	28,3 Mio.
Bevölkerungsdichte:	48,5/km²
Amtssprache:	Kisuaheli
Währung:	Kenia-Schilling (K. Sh.)
Nationalitätskennzeichen:	EAK

Kenia

Kernkraftwerk

Kernkraftwerke sind wegen der Unfallrisiken und der Entsorgungsprobleme in der Bevölkerung umstritten, haben aber in vielen Ländern einen hohen Anteil an der Stromerzeugung (weltweit über 15 %, in Deutschland fast 30 %, in Frankreich über 75 %). 1996 waren über 430 Kernkraftwerke in 30 Ländern in Betrieb.

Kernreaktor

In den heutigen Kernkraftwerken werden verschiedene Reaktortypen verwendet. Nach dem verwendeten Kühlmittel, das die im Reaktor erzeugte Wärme abführt, unterscheidet man u. a. *Siedewasser-, Druckwasser-* und *gasgekühlte* Reaktoren, nach der verwendeten Moderatorsubstanz *Leichtwasser-, Schwerwasser-* und *Graphitreaktoren*. Reaktoren, die mehr spaltbares Material erzeugen als sie verbrauchen (indem sie Uran 238 und Thorium 232 in das spaltbare Plutonium 239 bzw. Uran 233 umwandeln), werden als *Brutreaktoren (u. a. Schneller Brüter)* bezeichnet.

von einem dicken Mantel aus Beton und Stahl umgeben. Diese und weitere Sicherheitsvorkehrungen sollen verhindern, dass → Radioaktivität in die Umwelt gelangt, was vor allem bei möglichen Unfällen bis hin zum → GAU geschehen könnte. Ein weiteres Problem stellt die Entsorgung der radioaktiven Abfälle dar (→ Atommüll). Teilweise versucht man, das spaltbare Material der abgebrannten Brennstäbe in → Wiederaufbereitungsanlagen zurückzugewinnen. Außerdem haben Kernkraftwerke nur eine begrenzte Lebensdauer und müssen nach der Stilllegung unter erheblichem Kostenaufwand abgebaut werden.

Kernphysik, Teilgebiet der → Physik, das sich mit → Atomkernen befasst und ihren Aufbau und ihre Eigenschaften untersucht. Die *hochenergetische Kernphysik* hat sich als *Teilchenphysik* zu einem eigenständigen Gebiet weiterentwickelt (→ Hochenergiephysik).

Kernreaktion, eine Umwandlung von → Atomkernen, die durch Zerfall von instabilen Kernen (→ Radioaktivität), → Kernspaltung oder → Kernverschmelzung hervorgerufen wird. Die erste künstliche Kernreaktion wurde 1919 von dem britischen Physiker *Ernest Rutherford* (1871 bis 1937) vorgenommen, als er Stickstoff mit → Alphateilchen beschoss und Kerne des Sauerstoffisotops O 17 erhielt. Künstlich eingeleitete Kernreaktionen werden in → Kernreaktoren zur Energieerzeugung und für die Erzeugung künstlicher Elemente (→ Transurane) genutzt.

Kernreaktor, *Atomreaktor,* eine Anlage, in der durch → Kernreaktionen Energie erzeugt wird (→ Kernkraftwerk). Gegenwärtig sind nur Reaktoren in Betrieb, in denen eine kontrollierte → Kernspaltung abläuft. In einem Reaktor werden die Atomkerne von spaltbarem Material, dem *Kernbrennstoff* (in erster Linie Uranisotopen U 235 und 238 und Plutonium 239), durch → Neutronen gespalten. Da beim Auseinanderbrechen der Kerne auch Neutronen frei werden, wird eine → Kettenreaktion eingeleitet. Um diese Reaktion zu steuern, wird der Spaltungsvorgang durch Regelstäbe und Moderatorstoffe beeinflusst, die die Neutronen abbremsen oder ganz absorbieren und somit die Reaktion verlangsamen.

Kernreaktoren werden nicht nur in Kraftwerken, sondern auch für Forschungszwecke und für Nuklearantriebe (bei Schiffen) verwendet.

Kernspaltung, die Spaltung von schweren → Atomkernen, so dass leichtere Kerne entstehen. In der Natur zerfallen sehr schwere Kerne nach einer bestimmten Zeit von selbst *(spontane Kernspaltung)*. Eine Kernspaltung kann jedoch auch erzwungen werden, wie Otto → Hahn 1938 entdeckte. Beim Beschuss eines schweren Atomkerns mit → Neutronen oder anderen Teilchen zerbricht der Kern in zwei Bruchstücke. Gleichzeitig werden dabei etwa 10 % der Bindungsenergie freigesetzt. Da auch jeweils schnelle Neutronen frei werden, die weitere Kerne spalten können und neue Neutronen freisetzen, wird eine → Kettenreaktion eingeleitet. Für die Kernspaltung verwendet man in erster Linie die Kerne der Uranisotope U 235 und U 238 sowie des Plutoniumisotops Pu 239, die sich bereits durch langsame Neutronen spalten lassen.

Die Kernspaltung wurde schon bald nach ihrer Entdeckung zur Herstellung von → Atomwaffen verwendet, während die friedliche Nutzung in → Kernkraftwerken erst in den 50er Jahren gelang. Die Kernspaltung setzt zwar riesige Energien frei (ungefähr das Zweieinhalbmillionenfache wie bei der Verbrennung von Kohle), hat aber den Nachteil, dass dabei gefährliche radioaktive Spaltprodukte anfallen (→ Radioaktivität).

Kerosin [von griech. keros = »Wachs«], *das,* ein aus → Erdöl erzeugter Treibstoff, der hauptsächlich für → Strahltriebwerke von Flugzeugen verwendet wird und Ähnlichkeit mit Petroleum hat.

Kettenreaktion, in den Naturwissenschaften ein Vorgang, der andere Vorgänge in Gang setzt. In der dadurch ausgelösten Reaktionskette nimmt die Zahl der Reaktionen lawinenartig zu. Bei der *Kernkettenreaktion* erzeugt jede → Kernspaltung, die durch ein → Neutron eingeleitet wird, Neutronen, die weitere Kernspaltungen auslösen. Diese Kettenreaktion verläuft entweder explosionsartig und unter Freisetzung gewaltiger Energiemengen, bis das gesamte spaltbare Material aufgebraucht ist (bei der Explosion einer → Atombombe), oder in kontrollierter Form in einem → Kernreaktor.

Ketzer, ursprünglich Bezeichnung für die *Katharer,* eine christliche Sekte im Mittelalter, die von der katholischen Kirche im 13. Jh. blutig verfolgt wurde. Später nannte man so alle Häretiker, die von der Lehre der katholischen Kirche abwichen (→ Häresie).

Keuchhusten, eine durch Bakterien verursachte und durch Tröpfcheninfektion übertragene, sehr ansteckende Krankheit, die vor allem bei Kleinkindern auftritt. Auf einen Katarrh folgen nach etwa zehn Tagen krampfartige Hustenanfälle mit Erstickungsgefühl. Keuchhusten klingt nach etwa sechs bis acht Wochen allmählich ab. Da als Komplikation eine → Lungenentzündung auftreten kann, empfiehlt sich für Säuglinge und Kleinkinder eine Schutzimpfung.

Keyboard [engl. ˈkibɔːd], *das,* in der Rock- und Jazzmusik allgemeine Bezeichnung für ein → Tasteninstrument.

Kfz, Abkürzung für → *Kraftfahrzeug.*

Khartum, *Al-Khartum,* am Zusammenfluss von Blauem und Weißem → Nil gelegene Hauptstadt (als Ballungsraum 1,6 Mio. Einwohner) des → Sudan.

Khomeini, *Chomeini,* Ruhollah, eigentlich *Ruhollah Mussowi Hendi* (1900–1989), iranischer Politiker und geistliches Oberhaupt (→ *Ayatollah*) der iranischen → Schiiten. Er musste 1964 ins Exil gehen und sammelte im Ausland die Gegner des Schah-Regimes um sich. Sein Einfluss auf die Mullahs, die iranischen Geistlichen, trug wesentlich zum Sturz von Schah Reza Pahlewi bei (→ Iran). 1979 kehrte Khomeini in den Iran zurück und rief im April desselben Jahres die Islamische Republik aus, die sich zu einer von der Geistlichkeit beherrschten Diktatur entwickelte. Als Revolutionsführer nahm er wesentlichen Einfluss auf die Politik.

KI, Abkürzung für → *Künstliche Intelligenz.*

Kibbuz [hebr. »Gemeinschaft«], *der,* eine zumeist ländliche Siedlung in Israel, in der die Bewohner auf freiwilliger Basis genossenschaftlich (→ *Genossenschaft*) zusammenarbeiten und auf Privatbesitz verzichten. Die heute durch Industriebetriebe und Touristenheime ergänzten Kibbuzim dienten lange Zeit auch als Siedlerbastionen im Grenzgebiet und in den von Israel besetzten Gebieten.

Kiefer, eine Gattung der *Kiefergewächse,* die zu den → Nadelhölzern gehören. In Mitteleuropa kommt die auch als *Föhre* bezeichnete *Waldkiefer* vor, die bis zu 50 m hoch wird, während man im Mittelmeerraum die niedrigere *Strandkiefer* findet. Zu den Kiefern gehört auch die → Pinie.

Kiel, der unterste Teil eines Schiffes oder Bootes, der als eine Art Rückgrat, flach, balkenförmig oder schneidenartig, die Seitenwandung mittschiffs verbindet.

Kiemen, Atmungsorgane von Tieren, die ständig im Wasser leben. → Weichtiere, → Krebse und → Fische besitzen dünne, gut durchblutete Hautausstülpungen, die den im Wasser gelösten → Sauerstoff aufnehmen. Während sie sich bei

■ *Kilimandscharo*, mit 5270 m der höchste Berg Afrikas

den Weichtieren in der Mantelhöhle befinden, liegen sie bei den → Haien frei und sind bei den → Knochenfischen durch einen Kiemendeckel geschützt. → Amphibien besitzen während ihres → Larvenstadiums Kiemen, die sich aber bei der → Metamorphose zurückbilden und durch → Lungen ersetzt werden.

Kiesinger, Kurt Georg (1904–1988), deutscher Politiker (CDU), der 1958–66 Ministerpräsident von Baden-Württemberg und 1967–1971 Vorsitzender der CDU war. Nach dem Rücktritt der Regierung → Erhard war er 1966–1969 Bundeskanzler einer großen Koalition von CDU/CSU und SPD.

Kiew, ukrain. *Kyjiv,* am Dnjepr gelegene Hauptstadt (als Ballungsraum 3,4 Mio. Einwohner) der → Ukraine.

kiffen [engl.-arab.], → Marihuana oder → Haschisch rauchen.

Kilimandscharo, der höchste Berg Afrikas (im Nordosten von → Tansania). Das ständig von Eis bedeckte Vulkanmassiv besteht aus drei Gipfeln *(Kibo,* 5895 m, *Mawensi,* 5270 m, und Schira, 4300 m).

Kilo- [von griech. chilioi = »tausend«], Vorsatz bei Maßeinheiten mit der Bedeutung »tausendfach« (z. B. *Kilometer* = 1000 Meter).

Kilobyte, in der → elektronischen Datenverarbeitung Maßeinheit für die Speicherkapazität, die 2^{10} (= 1024) Byte entspricht.

Kilogramm, Maßeinheit für die → Masse (Zeichen *kg).* Häufig wird Kilogramm auch fälsch-

Keyboard

Da viele Rock- und Jazzmusiker mehrere Tasteninstrumente spielen, beschränkt sich die Angabe bei der Besetzung oft auf »Keyboards«. Dies kann sehr viele Instrumente umfassen, vom → Klavier und der Orgel über elektronische Tasteninstrumente wie Hammondorgel und E-Klavier bis zum → Synthesizer.

■ Blühende **Kiefer**

Kilogramm

Das *Urkilogramm* ist durch einen Zylinder aus Platin-Iridium definiert, der 39 mm hoch ist und einen Durchmesser von 39 mm besitzt und im Internationalen Büro für Maße und Gewichte in Paris aufbewahrt wird.

Bekannte Verfasser von Kinderbüchern

Michael Ende (1929–1995), »Jim Knopf und Lukas, der Lokomotivführer« (1960), »Jim Knopf und die wilde 13« (1962), »Momo« (1973), »Die unendliche Geschichte« (1979)
Erich Kästner (1899–1974), »Emil und die Detektive« (1929), »Pünktchen und Anton« (1930), »Das fliegende Klassenzimmer« (1933), »Das doppelte Lottchen« (1949), »Die Konferenz der Tiere« (1950)
Astrid Lindgren (* 1907), »Pippi Langstrumpf« (1945 ff.), »Michel aus Lönneberga« (1963 ff.), »Die Brüder Löwenherz« (1974), »Ronja Räubertochter« (1981)

Klassische Kinderbücher

»Der Struwwelpeter« (1847) von Heinrich Hoffmann
»Max und Moritz« (1865) von Wilhelm Busch
»Alice im Wunderland« (1862) und »Alice hinter dem Spiegel« (1871) von Lewis Carroll
»Heidi« (1881) von Johanna Spyri
»Die Abenteuer des Pinocchio« (1883) von Carlos Collodi
»Die wunderbare Reise des kleinen Nils Holgersson mit den Wildgänsen« (1906) von Selma Lagerlöf
»Der Wind in den Weiden« (1908) von Kenneth Grahame
»Die Biene Maja und ihre Abenteuer« (1912) von Waldemar Bonsels
»Der kleine Prinz« (1943) von Antoine-Marie-Roger de Saint-Exupéry

lich für Gewichtsmaße verwendet; das → Gewicht wird aber richtig in Newton (1 kp = 9,80665 N) gemessen.

Kindergeld, Zuschuss, den in Deutschland der Staat für jedes Kind an die Sorgeberechtigten zahlt, um die finanziellen Belastungen zu vermindern. Alternativ können **Kinderfreibeträge** geltend gemacht werden, die steuermindernd wirken.

Kinderlähmung, spinale *Kinderlähmung*, *Polio* (von Poliomyelitis), eine durch Viren hervorgerufene meldepflichtige Infektionskrankheit, die durch Tröpfchen- und Schmierinfektion übertragen wird und sehr ansteckend ist. Sie befällt vorwiegend Kinder und führt zu einer Erkrankung des Zentralnervensystems, vor allem des → Rückenmarks. Die auftretenden Lähmungen verschwinden zumeist wieder, können aber zum Tod führen, wenn die Atmung betroffen ist. Als Vorbeugung wird bei Kindern eine Schluckimpfung durchgeführt.

Kinderliteratur, für Kinder geschriebene Bücher (Romane, Erzählungen, Bilderbücher, Gedichte und Sachbücher). Zur Kinderliteratur zählen seit langem → Märchen sowie in neuerer Zeit → Comics, die oft an die Stelle der älteren Bildergeschichten (illustrierte Erzählungen) getreten sind. In vielen Fällen schreiben Kinderbuchautoren überwiegend oder sogar ausschließlich für junge Leser (z. B. Astrid Lindgren). Unter den Kinderbüchern gibt es viele Entwicklungsromane, die in mehreren Bänden den Werdegang und das Schicksal eines jungen Menschen beschreiben (z. B. Mädchenbücher wie »Trotzkopf« von Emmy von Rhoden, und Serien mit gleich bleibenden Helden (z. B. »Hanni und Nanni« von Enid Blyton). Der Übergang zur Jugendliteratur ist fließend.

Kinetik [von griech. kinetikos = »die Bewegung betreffend«], *die*, in der Physik die Lehre von der Bewegung unter dem Einfluss von äußeren und inneren Kräften.

kinetische Energie, die Bewegungsenergie, die durch die träge Masse und die Geschwindigkeit eines sich bewegenden Körpers bestimmt ist.

King, Martin Luther (1929–1968), schwarzer amerikanischer Geistlicher und Bürgerrechtler, der gewaltlos gegen die Rassendiskriminierung in den USA kämpfte. 1964 erhielt er den Friedensnobelpreis. Nach mehreren erfolglosen Mordanschlägen wurde er in Memphis Opfer eines Attentats.

Kinshasa [kɪnˈʃaːza], am Unterlauf des → Kongo gelegene Hauptstadt (als Ballungsraum 3,8 Mio. Einwohner) der Demokratischen Republik → Kongo.

Kirchenstaat, das Herrschaftsgebiet, das der → Papst seit dem Mittelalter in Mittel- und Süditalien besaß. Der Kirchenstaat geht auf die *Pippinsche Schenkung* zurück, die der Frankenkönig Pippin der Jüngere, 754 Papst Stephan II. (752–757) machte. Das Gebiet umfasste u. a. Rom und Ravenna und hatte seine größte Ausdehnung unter Papst Julius II. (1503–1513). 1870 wurde es in das Königreich → Italien eingegliedert. In den *Lateranverträgen* (1929) erhielt der Papst vom italienischen Staat ein selbstständiges Gebiet um den Petersdom und den Vatikan herum (→ Vatikanstaat).

Kirchentonarten, vom frühen Mittelalter bis zum 17. Jh. verbreitete diatonische Tonarten, die den Umfang einer → Oktave hatten. Zunächst gab es vier *authentische* (ursprüngliche) Haupttonarten und vier *plagale* (abgeleitete) Nebentonarten, die nach griechischen Stämmen benannt waren; im 16. Jh. kamen vier weitere hinzu.

Kirgistan, Staat in Mittelasien. Das überwiegend aus Hochgebirge (Tian Shan) bestehende Land enthält Kältewüsten *(Syrten)*, Halbwüsten und Steppen. Neben Kirgisen (über 56 %) umfasst die Bevölkerung vor allem Russen und Usbeken. Kirgistan ist reich an Bodenschätzen (Kohle, Erdöl und Erdgas, Erze) und besitzt nicht nur eine bedeutende Landwirtschaft (Anbau von Getreide, Baumwolle, Obst und Gemüse, Vieh- und Seidenraupenzucht), sondern auch eine leistungsfähige Industrie (Maschinenbau, Textilien). Das von nomadischen Turkstämmen bewohnte Gebiet stand im 13. Jh. unter mongolischer Oberherrschaft und wurde mehrmals von den Oiraten verwüstet, bevor es im 18. Jh. unter chinesische Oberhoheit kam. Ab dem 19. Jh. wurde der südliche Teil vom Khanat Kokand erobert. Um die Mitte des 19. Jh. griff Russland in Kirgistan ein, eroberte 1863 den Nordteil und verleibte sich 1876 auch den Südteil ein. Nach dem Aufstand gegen Russland 1916 gehörte Kirgistan zur 1918 gegründeten *Turkestanischen Autonomen Sozialistischen Sowjetrepublik*, ehe 1924 das *Karakirgisische*, ab 1925 das *Kirgisische Autonome Gebiet* entstand. Dieses wurde 1926 zur *Kirgisischen ASSR* und 1936 zur Unionsrepublik erhoben. Seit 1991 ist Kirgistan unabhängig und Mitglied der → GUS.

Kiribati, Staat in → Ozeanien. Der überwiegend von → Mikronesiern bewohnte Inselstaat im Pazifischen Ozean umfasst etwa 40 Inseln *(Linie-, Gil-*

Kirgistan (Kyrgyzstan)

Staatsname: Kirgisische Republik
Staatsform: Präsidiale Republik
Hauptstadt: Bischkek
Fläche: 198 500 km²
Einwohner: 4,7 Mio.
Bevölkerungsdichte: 24/km²
Amtssprache: Kirgisisch
Währung: Kirgistan-Som (K. S.)
Nationalitätskennzeichen: KS

Kirgistan

Kiribati

Staatsname: Republik Kiribati
Staatsform: Präsidiale Republik
Hauptstadt: Bairiki
Fläche: 810 km²
Einwohner: 77 000
Bevölkerungsdichte: 95/km²
Amtssprache: Gilbertesisch, Englisch
Währung: Australischer Dollar/ Kiribeti ($ A/K)
Nationalitätskennzeichen: KIR

Kiribati

Die Kirchentonarten

authentische Tonarten:
dorisch (d–d')
phrygisch (e–e')
lydisch (f–f')
mixolydisch (d–d')
äolisch (a–a')
ionisch (c–c')

plagale Tonarten:
hypodorisch (A–a)
hypophrygisch (H–h)
hypolydisch (c–c')
hypomixolydisch (d–d')
hypoäolisch (e–e')
hypoionisch (g–g')

■ *Kirsche*

bert- und *Phönixinseln),* die in erster Linie von der Landwirtschaft (Kokosnussprodukte) und der Fischerei leben. Die im 18. Jh. entdeckten Gilbertinseln waren ab 1892 britisches Protektorat (ab 1916 Kolonie). 1976 wurden die Ellice-Inseln (→ Tuvalu) verwaltungsmäßig abgetrennt.

Seit Mitte 1979 sind die Gilbertinseln unter dem Namen Kiribati unabhängig, gehören aber weiterhin dem → Commonwealth an.

Kirschen, die Steinfrüchte des zu den Rosengewächsen gehörenden *Kirschbaums.* Sie sind zumeist rot bis schwarz, bisweilen auch gelb und kommen in zahlreichen Sorten auf den Markt. Man unterscheidet *Sauerkirschen* (Weichseln und Amarellen), die vorwiegend für Säfte und zum Einmachen verwendet werden, *Süß-* oder *Vogelkirschen* (Herz- und Knorpelkirschen), die als Obst gegessen werden, und *Bastardkirschen* (Kreuzungen zwischen Süß- und Sauerkirschen).

Kismet [türk.-arab.], *das,* im Islam das unabwendbare Schicksal als das Los, das → Allah dem Menschen zugeteilt hat.

Kitsch, nur scheinbar künstlerische Erzeugnisse in allen Gattungen (Literatur, bildende Kunst, Musik, Theater, Film), die Originalität durch

■ *Klapperschlange*

Klapperschlange

Mit ihrer »Rassel« erzeugen Klapperschlangen bei Erregung ein durchdringendes schwirrendes Geräusch, indem sie das Schwanzende in seitliche Bewegungen versetzen (40- bis 100-mal in der Sekunde). Es handelt sich dabei um harte, trockene Hornringe, die bei früheren Häutungen übrig geblieben und lose miteinander verbunden sind; bei jeder Häutung (etwa dreimal pro Jahr) vermehrt sich die Rassel um ein Glied, aber die Endglieder brechen zumeist wieder ab. Vermutlich dient das Rasseln als Warnlaut, um Feinde abzuschrecken.

Klassik

In der deutschen Literatur bezeichnet man als Klassik oder *Weimarer Klassik* die Zeit zwischen 1786 (Beginn von Goethes Italienreise) und 1805 (Tod Schillers), als sich die vor allem durch → Goethe und → Schiller geprägte Dichtung an der Antike orientierte. Sie strebte Ausgewogenheit und Klarheit in der Sprache und strenges Ebenmaß und Geschlossenheit in der Form an, um die Harmonie zwischen Kunst und Natur, Geist und Körper, Mensch und Welt darzustellen.
In der Musik spricht man von der *Wiener Klassik*, der Zeit zwischen 1750/70 und 1827, als → Haydn, → Mozart und → Beethoven eine neue Idealvorstellung von Musik entwickelten und zweckfreie, eigenständige Werke schufen. Zentrale Bauform wurde die → Sonate, zum Träger der musikalischen Elemente das Thema.

Nachahmung, echte Gefühle durch Rührseligkeit und Dramatik durch bloße Effekte ersetzen und häufig industriell hergestellt werden.

Kitzler, deutsche Bezeichnung für → Klitoris.

Kiwi [engl.-maori], *die,* essbare, hühnereigroße Frucht mit behaarter brauner Schale, deren grünes Fruchtfleisch säuerlich schmeckt und einen hohen Gehalt an → Vitamin C besitzt. Sie stammt von dem ursprünglich in China wachsenden *Chinesischen Strahlengriffel,* einer Schlingpflanze, die heute vorwiegend in Neuseeland sowie in Australien, Südafrika, Japan, Kalifornien und den Mittelmeerländern angebaut wird.

Kiwis [maori], flugunfähige Laufvögel, die bis zu 35 cm groß werden. Die schnepfenartigen Vögel besitzen kräftige Beine und einen langen Schnabel. Sie leben als Nachttiere in den Wäldern von Neuseeland. Der Kiwi ist das neuseeländische Wappentier.

Klagenfurt, östlich des Wörther Sees gelegene Landeshauptstadt (91 000 Einwohner) des österreichischen Bundeslandes → Kärnten.

Klapperschlangen, Gattung der Grubenottern (→ Vipern). Die Gemeinsamkeit der zahlreichen in Amerika verbreiteten Giftschlangen ist ihre »Rassel«.

Kläranlage, Anlage für die Reinigung von Haushalts- und Industrieabwässern. Moderne Kläranlagen haben drei Reinigungsstufen: *mechanische, biologische* und *chemische* Abwasserreinigung. In der mechanischen Stufe werden grobe, ungelöste Bestandteile durch Rechen und Siebe herausgefiltert. Die biologische Stufe nutzt → Mikroorganismen. Diese Bakterien »fressen« organische Reste im Abwasser unter Sauerstoffzufuhr auf. Dabei bilden sich Faulgas (→ Methan, mit dem Energie erzeugt werden kann) und Faul-

schlamm. Der Faulschlamm wird je nach Schadstoffbelastung zur Düngung benutzt oder verbrannt bzw. deponiert. In der chemischen Stufe werden Schadstoffe wie etwa → Nitrate oder Phosphate auf chemischem Weg durch Zusatz von z. B. Aluminium- oder Eisensalzen entfernt. Erst nach vollständiger Reinigung darf das Abwasser in den Vorfluter (Bäche oder Flüsse) eingeleitet werden.

Klarinette [frz.-it.], *die,* Holzblasinstrument mit zylindrischer Bohrung, das aus einer mehrteiligen Röhre mit Schalltrichter und einem Mundstück mit einfachem Rohrblatt besteht. Es verfügt über zahlreiche Grifflöcher, die durch Klappen verschließbar sind. Klarinetten gibt es in verschiedenen Stimmlagen und Größen, von der *Sopran-* bis zur *Kontrabassklarinette.* Die Ende des 17. Jh. entwickelte Klarinette spielt nicht nur in der → E-Musik eine wichtige Rolle, sondern wird auch in älteren Stilrichtungen des → Jazz (vor allem Swing) eingesetzt.

Klasse, allgemein Gruppe, die eine Reihe von Merkmalen gemeinsam hat; in der Biologie eine Einheit in der Systematik, die zwischen → Stamm und → Ordnung steht (z. B. *Klasse der Säugetiere*). Im soziologischen Sinne versteht man darunter eine gesellschaftliche Gruppe, die durch die wirtschaftlichen Bedingungen ihrer Angehörigen bestimmt ist (z. B. *Arbeiterklasse*). Heute spricht man zumeist von einer Schicht.

Klassik [von lat. classicus = »mustergültig«], *die,* ursprünglich die Kunst und Kultur der griechisch-römischen Antike, später allgemein in der Geschichte eines Volkes die Epoche, in der die kulturellen Höchstleistungen vollbracht wurden (z. B. Klassik der Inkakultur). Die Schöpfer von Werken (und ihre Werke), die ihre Zeit überleben und auch von der Nachwelt als mustergültig empfunden werden, bezeichnet man als **Klassiker.**

klassische Musik, die auch als → E-Musik, *Bildungs-* oder *Kunstmusik* von der → Volks- und → U-Musik abgegrenzte Musik des Abendlandes vom späten Mittelalter bis zur Gegenwart. Siehe auch S. 354–355.

Klassizismus, Bezeichnung für Kunstströmungen, die sich stilistisch die (zumeist griechische) Antike zum Vorbild nehmen. Solche Richtungen gibt es in der Baukunst seit dem 16. Jh. Auch der *Neoklassizismus* im späten 19. und im 20. Jh., der sich aber nicht eindeutig vom Historismus abgrenzen lässt, orientiert sich erkennbar an der Antike. Im engeren Sinne versteht man unter Klassizismus eine europäische Stilrichtung

(1750–1840), die sich gegenüber dem Spätbarock abhob und auf strenge, klar gegliederte Formen zurückgriff. Berühmte Beispiele für klassizistische Bauwerke sind die Glyptothek (1816–1830) von Leo von Klenze (1784–1864) in München, die Neue Wache von Karl Friedrich Schinkel (1781–1841) und das Brandenburger Tor von Carl Gotthard Langhans (1732–1808) in Berlin. Historienbilder bestimmen die klassizistische Malerei (z. B. Jacques Louis David, 1748–1825, und Jean Auguste Dominique Ingres, 1780–1867, in Frankreich oder Johann Heinrich Wilhelm Tischbein, 1751–1829, in Deutschland).

Klavier [frz. »Tastenreihe«], *das,* ursprünglich Sammelbezeichnung für Tasteninstrumente, seit 1800 Bezeichnung für das *Hammerklavier,* seit Mitte des letzten Jahrhunderts in erster Linie für das *Pianino* oder *Pianoforte.* Die Saiten verlaufen in Längsrichtung zur Klaviatur und werden mit kleinen, filzbelegten Hämmern angeschlagen. Beim → Flügel liegen die Saiten waagerecht, beim Piano sind sie senkrecht gespannt. Durch unterschiedlich starken Tastenanschlag kann man zwischen leise *(piano)* und laut *forte)* wechseln. Mit Hilfe von Pedalen kann man den Klang verändern (dämpfen oder echohaft halten). Das Klavier spielt eine wichtige Rolle als Melodieinstrument in der E-Musik (auch als Begleitung für Lieder) ebenso wie in der U-Musik (vor allem im Jazz und in der Rockmusik).

Klebstoffe, natürliche oder künstlich hergestellte Stoffe, mit denen man verschiedene Materialien miteinander verbinden kann. Natürliche Klebstoffe sind → Stärke, *Gummi arabicum* oder Knochenleim, künstliche z. B. Kunststoffe und Kautschuklösungen.

Klee, Paul (1879–1940), deutsch-schweizerischer Maler und Graphiker, der zur deutschen Künstlervereinigung → Blauer Reiter gehörte und am → Bauhaus tätig war. Nach seiner Emigration nach Bern wurden viele seiner Bilder von den Nazis zu → »entarteter Kunst« erklärt. Seine Bildsprache verbindet Traumgebilde und geometrische Formen.

Klee, zu den → Schmetterlingsblütlern gehörende Kräuter, die in Gebieten mit gemäßigtem und subtropischem Klima wachsen und zumeist drei Blätter haben. Klee wird seit dem Altertum als Futterpflanze verwendet. Außerdem wird er zur Anreicherung des Bodens mit Stickstoff verwendet, weil *Knöllchenbakterien* in den Wurzeln Stickstoff aus der Luft binden.

Kleinasien, zu Asien gehörende Halbinsel im äußersten Westen, die zwischen → Schwarzem Meer und östlichem → Mittelmeer liegt und heute den asiatischen Teil der → Türkei bildet.

Kleist, Heinrich von (1777–1811), deutscher Dichter, der in seinen Werken den Konflikt zwischen Bewusstsein und Gefühl darstellt und damit zwischen → Klassik und → Romantik steht. Neben bedeutenden Dramen und Lustspielen schrieb er kunstvoll-geradlinige Erzählungen und Novellen. Aus Verzweiflung über seinen ausbleibenden Erfolg beging er zusammen mit Henriette Vogel Selbstmord.

Klerus [griech.], *der,* die Gesamtheit der geweihten katholischen Geistlichen.

Klestil, Thomas (* 1932), österreichischer Wirtschaftswissenschaftler und Politiker, der 1992 als Kandidat der ÖVP zum Bundespräsidenten gewählt wurde.

Kletten, zu den → Korbblütlern gehörende Kräuter, die am Wegesrand und vor allem auf Schuttplätzen wachsen. Ihre Hüllblätter besitzen an der Spitze Widerhaken.

Klima [griech. »Neigung«], *das,* der normale Verlauf des Wetters, der für ein bestimmtes Gebiet der Erde typisch ist (z. B. *Mittelmeerklima*) und durch die Angabe der mittleren Werte für Temperatur, Niederschläge, Sonneneinstrahlung usw. beschrieben werden kann.

Klimakterium [von griech. klimakter »Stufe«], *das,* bei der Frau die *Wechseljahre* (etwa zwischen dem 45. und 55. Lebensjahr). Während dieser Zeit hört die monatliche Blutung (→ Menstruation) allmählich auf. Die Eierstöcke stellen die Produktion ihrer → Hormone ein, was vorübergehend zu körperlichen, teilweise auch psychischen Beschwerden führen kann.

■ **Paul Klee:** Rote Brücke. *Stuttgart, Staatsgalerie*

Werke von **Kleist**
• • • • • • • • • • • • • • • • • • •
Dramen:
»Penthesilea« (1807)
»Amphytrion« (1807)
»Der zerbrochene Krug« (1808)
»Das Käthchen von Heilbronn« (1808)
»Prinz Friedrich von Homburg« (1811)
Erzählungen:
»Die Marquise von O …« (1807)
»Michael Kohlhaas« (1810)
»Der Findling« (1811)

Die Klimazonen
• • • • • • • • • • • • • • • • • • •
Die Erde umfasst verschiedene Klimazonen, die vor allem von der geographischen → Breite und der Sonneneinstrahlung abhängen und sich in der Durchschnittstemperatur unterscheiden: *tropische, subtropische, gemäßigte, winterkalte, subpolare* und *polare* Zone. Geht man von den Niederschlägen aus, so kann man zwischen *immerfeuchten, sommerfeuchten* und *ständig trockenen* Zonen unterscheiden. In den einzelnen Zonen gibt es erhebliche klimatische Unterschiede zwischen dem Tiefland und größeren Höhen, Küstengebieten (*ozeanisches* oder *maritimes* Klima) und dem Landesinneren (*Kontinentalklima*).

Wissen im Überblick: Klassische Musik

Das Gute gegen den »Kitsch«

Die *E-Musik* (oder »Ernste Musik«) wird inhaltlich und formal von der *U-Musik* (oder »Unterhaltungsmusik«) abgegrenzt. Ende des 19. Jh. setzte sich erstere gegen die vorherrschende romantische Tradition der sog. Salonmusik durch, der Verflachungstendenzen bis hin zum »musikalischen Kitsch« nachgesagt wurden. Floskelhafte Klänge (leere Oktaven, Akkordbrechungen), die durch sentimentale Melodien führten, wurden als »Plüschsofa-Romantik« bezeichnet; diese setzte sich über Operetten und Schlager ins 20. Jh. fort. Dem gegenüber stand die E-Musik als »hohe Kunst«, die sich den klassischen Idealen verpflichtet fühlte: mustergültig, schön, wahr, harmonisch und verständlich. Nicht der kurzzeitige »Gebrauchswert« der Musik bestimmte die Qualität, sondern ein aus dem »Geniekult« geborener Anspruch auf dauerhafte Gültigkeit. E- oder Kunstmusik wurde mit Bildung (Wissen, Erkenntnis), U-Musik mit »Unbildung« gleichgesetzt. Der Geschmack, der dieser Beurteilung zugrunde lag, stützte sich vorwiegend auf Werte des Bildungsbürgertums.

In der zweiten Hälfte des 20. Jh. wurde diese Trennung infrage gestellt und von vielen »modernen« Komponisten zurückgewiesen. Musikästhetisch sind die Grenzen längst überwunden. Neben den klassischen Werken stehen Jazzsinfonien, von der balinesischen Gamelan- oder der indischen Ragamusik beeinflusste Kompositionen sowie Klangexperimente, die alle möglichen Tonquellen bis hin zu Alltagsgeräuschen nutzen. Trotzdem hat sich die Unterscheidung bis heute gehalten, um musikalische Werke einzuordnen. So etwa werden Oper und Sinfonie generell der E-Musik zugeordnet, Rocksong, Musical und Chanson der U-Musik.

Vom Barock bis zur Moderne

Kulturgeschichtlich kann man die E-Musik in die Epochen *Barock, Klassik, Romantik* und *Moderne (Neue Musik)* einteilen. Die Zeit von 1600 bis 1750 wird als Stilepoche des **Barock** bezeichnet. Sphärenharmonie, Jahreszeiten (bei Vivaldi), christliche Feste (Weihnachtsoratorien), aber auch weltliche Anlässe (Hofmusik) wurden zu Inhalten einer Musik, die Gemütsbewegungen und Gefühle darstellen wollte. Der *Generalbass* war die harmonische Basis, die vor allem bei den Kompositionen Johann Sebastian Bachs (1685–1750) als fortlaufende instrumentale Bassstimme die Grundlage für die konzertante Stimmführung abgab. Prägendes Instrument des Barock wurde die Orgel. Die Anfänge der *Oper* reichen ebenfalls in diese Musikepoche zurück: Monteverdis »Orfeo« (1607), Händels »Rinaldo« (1711), zunächst als *Opera seria* (ernste Gesangsoper), später als *Opera buffa* mit komischen Szenen und derben Liedern. Um 1640 kam das *Oratorium* auf, eine Musikform, die mit zumeist biblischen Texten die Zuhörer gefühlsmäßig ansprechen sollte. Als berühmtestes Beispiel gilt *Georg Friedrich Händels* »Der Messias« (1742). Die Hauptgattung des Barock war die *Fuge,* ein streng kontrapunktisches mehrstimmiges Werk, bei dem Thema und Gegenthema einander wechselseitig ablösen. Eines der bekanntesten Beispiele ist Bachs »Wohltemperiertes Klavier« (1722 und 1738–1742).

Unter **Klassik** (genauer gesagt *Wiener Klassik*) versteht man die Zeit der drei bedeutenden in Wien wirkenden Komponisten Haydn, Mozart und Beethoven. Ebenmaß, Harmonie und Vollkommenheit leiten sich aus dem Geniebegriff ab; der schöpferische Komponist erschien als völlig natürlich und unverbildet und kam ohne überkommene musikalische Regeln aus. Diese Epoche endete mit Beethovens Tod 1827. Als **Vorklassik** wird die kurze Stilepoche des *Rokoko* um 1750–1760 bezeichnet. In der Klassik erlebte sich der Mensch als Handelnder; ein neuartiges Zeitbewusstsein der »dramatischen Gestaltung« strebte zu Neuem. Wolfgang Amadeus Mozarts (1756–1791) späte C-Dur-Sonate brachte diese Lebenshaltung zum Ausdruck: Neue Ideen und überraschende Elemente prägen die Tonsprache; anstelle von barocken Motiven bestimmen Kontraste den musikalischen Ausdruck. Neben der *Sinfonie* wurden die *Sonatensatzform* und das *Menuett* die bestimmenden Formen. Ständige Variationen gehörten zum Kompositionsprinzip. Glanzstücke der Opern waren die *Arien.* Christoph Willibald Gluck (1714–1787) reformierte nach 1752 die Oper. Dramatische Texte bildeten nunmehr die Grundlage der Handlung; das Liedhafte dominierte über die Arien. Joseph Haydn (1732–1809) komponierte ab 1759 seine konzertanten Sinfonien. Er vergrößerte das Orchester, blieb aber noch barocken Traditionen verhaftet (z. B. Jagdsinfonie Nr. 31). Erst Ludwig van Beethoven (1770–1827) entwickelte die Sinfonie zu ihrem klassischen Höhepunkt. In dieser Zeit entstanden auch die großen *Solokonzerte* mit Orchester für Violine und Klavier (Mozart, Beethoven).

Das 19. Jh. gilt in der Musikgeschichte als Zeit der **Romantik.** Sie wuchs nahezu bruchlos aus der Klassik hervor, betonte aber die poetischen und religiösen Aspekte. Dem Rationalismus der Klassik wurde der Subjektivismus entgegengesetzt. Die drei Zeitabschnitte der Epoche können stellvertretend folgenden Komponisten zugeordnet werden:
– die **Frühromantik** (1800–1830): Franz Schubert (1797–1828) mit seinen formvollendeten romantischen Liedern und seiner Instrumentalmusik;
– die **Hochromantik** (1830–1850): Robert Schumann (1810–1856), Franz Liszt (1811–1886) und Frederic Chopin (1810–1849) mit virtuoser Klaviermusik;
– die **Spätromantik** (1850–1900): Richard Wagner (1813–1883) und Anton Bruckner (1824–1896), Zeit der großen Opern (»Ring des Nibelungen«) und der romantischen Sinfonien (Bruckners 4. Sinfonie »Die Romantische«).

Um die Jahrhundertwende deuteten sich in den Sinfonien von Gustav Mahler (1860–1911) und den Tondichtungen von Richard Strauss (1864–1949) neue Musiktendenzen an, die bereits auf die Moderne hinwiesen.

Die **Moderne** begann mit Arnold Schönbergs (1874–1951) atonalen Kompositionen (1908), die ihn 1921 zur *Zwölftonmusik* führten. Andere Stilrichtungen des frühen 20. Jh. waren *Impressionismus* (subtile Klänge mit Betonung der Klangfarbe), *Expressionismus* (Steigerung des Ausdrucks bis hin zur Atonalität) und *Futurismus* (Einbeziehung von Geräuschen vor allem auch aus der

Wissen im Überblick: Klassische Musik

Industrie in die Musik), zu denen um 1920 als Gegenreaktion der *Neoklassizismus* hinzukam und auf alte Gattungen und Formen im Geiste der klassischen Ästhetik zurückgriff. Um 1950 entwickelte sich aus der Zwölftonmusik die *Serielle Musik,* die nach der nationalsozialistischen Diktatur, die der Musik eine neoklassizistische Auffassung verordnet hatte, als Avantgarde galt. Ohne Anbindung an eine Tradition wurden alle Elemente der Komposition (Tonhöhe, Tondauer, Klangfarbe usw.) gleichberechtigt nebeneinander gestellt; das »Reihendenken« setzte sich durch. Die serielle Musik baute vor allem auf Anton Webern (1883–1945) auf und wurde in Frankreich von Pierre Boulez (* 1925) fortgeführt. Karlheinz Stockhausen (* 1928) wurde als erster deutscher Komponist nach dem Kriegsende auch international berühmt. Sein 1979 begonnener Opernzyklus »Licht« ist noch nicht abgeschlossen. Boulez und Stockhausen wurden wesentlich von ihrem Lehrer Olivier Messiaen (1908–1994) beeinflusst, von dem eine starke Klangprägung für die moderne Musik in der zweiten Hälfte des 20. Jh. ausging (»Turangalila-Sinfonie«, 1948).

Die *Musique concrète* um den französischen Komponisten Pierre Schaeffer (* 1910) war der Beginn einer Stilexplosion: John Cage (1912–1992) erhob den Zufall zum Kompositionsprinzip. Luciano Berio (* 1925) verband Klang und Bedeutung unter Verwendung von Collagen und Zitaten zu neuen Gesangstexten. Luigi Nono (1924–1990) verstand sich als »kommunistischer Komponist« und sah in seinen Werken ein Mittel des Klassenkampfes (»Intolleranza«, »Sul ponte di Hiroshima«). Die *elektronische Musik* erweiterte die Klangmöglichkeiten durch die Einbeziehung neuer Instrumente (Tongeneratoren) und Hilfsmittel (Tonband) und später des Computers. Im experimentellen Musiktheater (Mauricio Kagel, * 1931) lösten sich die Grenzen von Oper, Performance, Geräusch und Musik auf. Eine Reaktion darauf war die *Minimal Music,* die in den 70er Jahren mit sich ständig wiederholenden Melodien bei kleinsten Verschiebungen eine »neue Tonalität« brachte (Philip Glass, * 1937, Steve Reich, * 1936). Der *Polystilismus* von Alfred Schnittke (* 1934) ist für den Musikstil der 90er Jahre ebenso prägend, wie es die formbildende *Clustertechnik* von György Ligeti (* 1923) in den 60er und 70er Jahren war (»Lux aeterna«, 1966).

Andere wichtige Komponisten

17. Jahrhundert:
Heinrich Schütz (1585–1672)
Jean-Baptiste Lully (1632–1687)
Dietrich Buxtehude (1637–1707)
Henry Purcell (1659–1695)
François Couperin (1668–1733)

18. Jahrhundert:
Tomaso Albinoni (1671–1751)
Antonio Vivaldi (1678–1741)
Georg Philipp Telemann (1681–1767)
Jean-Philippe Rameau (1683–1764)

19. Jahrhundert:
Johann Nepomuk Hummel (1778–1837)
Carl Maria von Weber (1786–1862)
Gioacchino Rossini (1792–1868)
Albert Lortzing (1801–1851)
Hector Berlioz (1803–1869)
Felix Mendelssohn Bartholdy (1809–1847)
Giuseppe Verdi (1813–1901)
Jacques Offenbach (1819–1880)
César Franck (1822–1890)
Bedřich Smetana (1824–1884)
Johannes Brahms (1833–1897)
Edvard Grieg (1834–1907)
Camille Saint-Saëns (1835–1921)
Georges Bizet (1838–1875)
Max Bruch (1838–1920)
Modest Mussorgskij (1839–1881)
Antonin Dvořák (1841–1904)

Nikolaj Rimskij-Korsakow (1844–1908)
Gabriel Fauré (1845–1924)
Leoš Janáček (1854–1928)
Peter Tschaikowski (1858–1893)
Giacomo Puccini (1858–1924)
Max Reger (1873–1916)

20. Jahrhundert:
Edward Elgar (1857–1934)
Isaac Albéniz (1860–1909)
Claude Debussy (1862–1918)
Paul Dukas (1865–1909)
Carl Nielsen (1865–1931)
Jean Sibelius (1865–1975)
Erik Satie (1866–1925)
Hans Pfitzner (1869–1949)
Albert Roussel (1869–1937)
Alexander von Zemlinsky (1871–1942)
Ralph Vaughan Williams (1872–1958)
Ottorino Respighi (1879–1936)
Alexandr Skrjabin (1872–1915)
Sergej Rachmaninow (1873–1943)
Gustav Holst (1874–1934)
Charles Ives (1874–1954)
Maurice Ravel (1875–1937)
Manuel de Falla (1876–1946)
Béla Bartók (1881–1945)
Karol Szymanowski (1882–1937)
Igor Strawinsky (1882–1971)
Edgar Varèse (1883–1965)
Alban Berg (1885–1935)
Heitor Villa-Lobos (1887–1959)

Bohuslav Martinu (1890–1959)
Sergej Prokofjew (1891–1953)
Arthur Honegger (1892–1955)
Darius Milhaud (1892–1974)
Paul Hindemith (1895–1963)
Carl Orff (1895–1982)
Henry Cowell (1897–1965)
Hanns Eisler (1898–1962)
George Gershwin (1898–1937)
Aaron Copland (1900–1990)
Kurt Weill (1900–1950)
Joaquín Rodriguez (* 1901)
Aram Chatschaturjan (1903–1978)
Karl Amadeus Hartmann (1905–1963)
Michael Tippett (* 1905)
Dmitrij Schostakowitsch (1906–1975)
Samuel Barber (1910–1981)
Benjamin Britten (1913–1976)
Witold Lutoslawski (1913–1994)
Ysang Yun (* 1917)
Bernd Alois Zimmermann (1918–1970)
Bruno Maderna (1920–1973)
Iannis Xenakis (* 1922)
Hans Werner Henze (* 1926)
Dieter Schnebel (* 1930)
Henryk Górecki (* 1933)
Krzysztof Penderecki (* 1933)
Helmut Lachenmann (* 1935)
Arvo Pärt (* 1935)
Terry Riley (* 1935)
Udo Zimmermann (1943)
John Adams (*1947)
Wolfgang Rihm (* 1952)

Klon

Die Klonierung als Herstellung von identischen DNA-Molekülen ist ein wichtiges Verfahren der → Gentechnologie. Dabei werden kleinere Abschnitte der DNA, die mithilfe von Restriktionsenzymen zerlegt und mithilfe von sog. DNA-Ligasen verbunden werden, in die DNA einer Bakterie oder einer Gewebekultur eingefügt. Das geschieht mit einem sog. *Klonierungsvektor,* einem Plasmid (ringförmiges DNA-Molekül) oder einer Bakteriophage (ein Virus, das Bakterien befällt), der sich in der fremden Zelle vermehrt und dabei auch das eingebaute DNA-Stück vervielfältigt.

Kloster

Die christlichen Klöster entwickelten sich aus Einsiedeleien und waren im Mittelalter Träger und Mittelpunkt der damaligen Kultur, weil die Mönche durch Abschreiben von wissenschaftlichen und literarischen Werken Bibliotheken anlegten und sich mit wissenschaftlicher Forschung beschäftigten.

■ *Kloster:* Roussanu, eines der berühmten Meteoraklöster in Thessalien, Griechenland

Klischee [frz.], *das,* im Druckwesen ein Druckstock oder eine Hochdruckplatte; im übertragenen Sinne ein Abklatsch oder eine abgegriffene Vorstellung bzw. Redewendung.

Klitoris [griech. »kleiner Hügel«], *die,* auch als *Kitzler* bezeichnetes weibliches Geschlechtsorgan, das beim Menschen aus zwei Schwellkörpern und einer Eichel besteht. Die bis zu 2,5 cm lange Klitoris befindet sich zwischen den kleinen → Schamlippen. Bei sexueller Erregung vergrößert sie sich um das Zwei- bis Dreifache und versteift sich dabei. Sie ist die wichtigste → erogene Zone der Frau und kann bei Reizungen einen → Orgasmus auslösen.

Kloake [lat. »Abzugskanal«], *die,* unterirdischer Abwasserkanal. Bei Lurchen, Reptilien und Vögeln sowie einigen wirbellosen Tieren wird auch der gemeinsame Ausgang von Darm, Harnblase und Geschlechtsorgan als Kloake bezeichnet. Die niederen Säugetiere, die ebenfalls einen solchen gemeinsamen Ausgang besitzen, heißen **Kloakentiere** (z. B. Schnabeltier).

Klon [griech. »Sprössling«], *der,* ein durch ungeschlechtliche Vermehrung entstandenes Lebewesen, dessen Erbgut mit dem des Elternwesens identisch ist. Bei Pflanzen sind dies zumeist *Stecklinge,* d. h. abgetrennte Teile von Pflanzen, die zu neuen Pflanzen heranwachsen. Als **klonen** oder **klonieren** bezeichnet man die Erzeugung einer zumeist größeren Anzahl von identischen Nachkommen eines einzigen Lebewesens. Dies geschieht beispielsweise durch die Ersetzung von Zellkernen befruchteter Eizellen durch Körperzellen oder die Verwendung von Embryozellen nach den ersten Zellteilungen, solange sich diese Zellen noch nicht differenziert haben und jede von ihnen einen vollständigen Organismus hervorbringen kann.

Kloster [von lat. claustrum = »abgeschlossener Ort«], *das,* von der Außenwelt abgeschlossener Lebensraum für männliche oder weibliche Angehörige eines → Ordens. Klöster gibt es in verschiedenen Religionen (z. B. im → Buddhismus). Ein Kloster besteht aus mehreren Gebäuden: Im Mittelpunkt befindet sich eine Kirche mit Kreuzgang; darum gruppieren sich Wohngebäude (mit Dormitorium oder Schlafsaal, Refektorium oder Speisesaal, Kapitelsaal oder Versammlungsraum usw.) und Wirtschaftsgebäude. Während die Mönche in den Klöstern der Ostkirchen Privatbesitz und einen eigenen Haushalt haben, leben die Mönche in den katholischen Klöstern unter der Leitung eines Abts und die Nonnen unter der Leitung einer Äbtissin in einer Gemeinschaft zusammen.

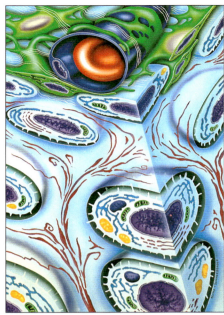

■ *Knorpelgewebe:* grün: Knorpelhaut mit verschiedenen Zellarten und Gefäßarten (blau; darin ein totes Blutkörperchen); darunter die großen Knorpelzellen mit dem violetten Zellkern und anderen Zellbestandteilen; zwischen den Knorpelzellen die glasige Grundsubstanz mit den elastischen Fasern (dunkelrot)

Knallgas, eine Mischung aus zwei Teilen → Wasserstoff und einem Teil → Sauerstoff. Wenn man dieses Gemisch entzündet, explodiert es mit einem lauten Knall. Dabei entsteht Wasserdampf. Mit Knallgasgebläsen kann man bei hohen Temperaturen (bis 2000 °C) Metalle schweißen oder schneiden.

Knoblauch, zwiebelähnliches Liliengewächs, das ursprünglich aus Zentralasien stammt und stark riecht. Die *Knoblauchzehen,* die als Nebenzwiebeln die Zwiebelknolle umgeben, werden als Gewürz und Gemüse sowie als Heilmittel (z. B. gegen Bluthochdruck) verwendet.

Knochen, bei Wirbeltieren die Stützelemente des Körpers, die zusammen das → Skelett bilden. Sie bestehen aus der *Knochenhaut,* die den Knochen umgibt und Blutgefäße und Nerven enthält, der *Knochensubstanz,* die sich aus Zellen, kollagenen Fasern und anorganischen Kalksalzen (Calciumphosphat und -carbonat) zusammensetzt, und dem *Knochenmark,* das sich als weiches Gewebe im Innenraum des Knochens befindet und Blutzellen bildet. Die Knochen, die auch dem Schutz von inneren Organen dienen, sind durch → Gelenke miteinander verbunden und können teilweise über Sehnen und Bänder durch Muskeln bewegt werden. Man unterscheidet lange *Röhrenknochen,* die mit Knochenmark gefüllt sind (z. B. Armknochen), *platte* Knochen (z. B. Schulterblatt) und *kurze* Knochen (z. B. Wirbel). Der Mensch besitzt insgesamt über 200 verschiedene Knochen.

Knochenfische, Klasse der → Fische, bei deren Vertretern das Skelett anders als bei den urtümlicheren → Knorpelfischen ganz oder teilweise verknöchert ist. Die Haut fast aller echten Knochenfische ist mit Schuppen bedeckt.

Knorpel, bei Wirbeltieren ein elastisches Stütz- und Schutzgewebe. Der einzelne Knorpel wird von der *Knorpelhaut* umhüllt, die ihn ernährt und regeneriert. Man unterscheidet zwischen *hyalinen* Knorpeln, die von kollagenen Fasern durchsetzt sind (an Gelenkenden), *elastischen* Knorpeln, die ein Netz von elastischen Fasern enthalten (z. B. in der Ohrmuschel), und *Faserknorpeln,* in die Faserbündel eingelagert sind (z. B. Zwischenwirbelscheiben).

Knorpelfische, Klasse der → Fische, deren Innenskelett im Gegensatz zu den → Knochenfischen aus Knorpelmasse aufgebaut ist. Die Haut dagegen enthält Knochenanteile und weist zahllose »Hautzähnchen« auf. Die fast ausschließlich im Meer lebenden Knorpelfische gliedern sich in zwei Unterklassen auf: *Plattenkiemer* (→ Haie, → Rochen) und *Seedrachen* oder *Chimären* (z. B. Seekatze, Seeratte).

Knoten, Verschlingung von Seilen, Schnüren oder Fäden, die sich fester zusammenzurrt, je stärker man daran zieht. Es gibt verschiedene Arten (z. B. *Seemanns-, Weberknoten).*

Know-how [engl. nɔʊˈhaʊ »wissen, wie«], *das,* allgemein das Wissen, wie man etwas macht, im Hinblick auf die Technologie auch das durch Forschung und Praxis erworbene Wissen, wie bestimmte Dinge hergestellt werden können.

K. o., Abkürzung für engl. *Knock-out.* Im Boxen bezeichnet man damit einen Niederschlag, der den Gegner kampfunfähig macht.

Koala [engl.-austral.], *der,* in Australien lebender *Beutelbär,* der bis zu 80 cm lang wird. Das schwanzlose, dicht behaarte Beuteltier, das auf Bäumen lebt und sich ausschließlich von den Blättern bestimmter Eukalyptusbäume ernährt, ist mit seinem Aussehen (runder Kopf und große, runde Ohren) das Vorbild für den Teddybär.

Koalition [frz.], *die,* Bündnis zwischen Staaten, um ein bestimmtes Ziel durchzusetzen. Parteien können eine zeitlich begrenzte Koalition (nor-

■ *Koala*

malerweise für eine → Legislaturperiode) eingehen, wenn keine Partei die Mehrheit im → Parlament besitzt.

Kobalt, *Cobalt* [lat.], *das,* ein → chemisches Element. Das silberweiße, schwach rötliche Metall ist härter und fester als → Stahl. Es wird Metalllegierungen und Spezialstählen zur Veredlung zugesetzt. Die tiefblaue Farbe auf Porzellangeschirr *(Kobaltblau)* erhält man durch Kobalt-Sauerstoff-Verbindungen.

Kobras, Gattung der Giftnattern, deren Vertreter in Asien (Mittel-, Süd- und Ostasien) und Afrika vorkommen. Die Kobras können dank ihrer verlängerten Halsrippen die lose Haut im Nackenbereich scheibenförmig oder oval auseinander spreizen. Am bekanntesten ist die → *Brillenschlange.*

Koch, Robert (1843-1910), deutscher Mediziner, der die Bakteriologie begründete. Er entdeckte u. a. die Erreger des Milzbrandes, einer tödlichen Seuche bei Haustieren, der → Tuberkulose und der → Cholera. 1905 erhielt er den Nobelpreis für Medizin.

Kochsalz, *Steinsalz,* eine wichtige Verbindung von → Natrium und → Chlor (NaCl). Gelöst kommt es in der Natur in Salzquellen und im Meer (3–4 %) vor. In fester Form findet man es in Lagerstätten im Gebirge und in Salzstöcken. In der Industrie werden aus Salz fast alle Natriumverbindungen hergestellt.

Knoten

In der Seefahrt ist Knoten (Zeichen *kn*) eine Einheit für die Geschwindigkeit von Schiffen (1 kn = 1 Seemeile pro Stunde = 1,852 km/h), weil die Geschwindigkeit früher mithilfe von Leinen gemessen wurde, die abzählbare Markierungsknoten besaßen.

Kobalt

Zeichen: Co
Ordnungszahl: 27
Atommasse: 58,93
Dichte: 8,9 g/cm^3
Schmelzpunkt: 1495 °C
Siedepunkt: 2870 °C

Der Name *Kobalt* leitet sich von »Kobold« her, weil die Bergleute früher glaubten, dass ihnen das wertlos erscheinende Metall in den Silberminen von Kobolden untergeschoben worden sei.

Kochsalz

Salz ist für den Menschen lebensnotwendig. Damit der Wasserhaushalt einwandfrei funktioniert, müssen mindestens 1,2 g des als → Elektrolyt dienenden Kochsalzes pro Tag aufgenommen werden.

■ *Kobra*

Kohle

In der → Erdgeschichte war das → Karbon ein Abschnitt, in dem es verstärkt zur Kohlebildung kam. Damals entstand die Steinkohle, die in → Flözen zwischen anderen Gesteinsschichten eingelagert ist und heute bergmännisch unter Tage abgebaut wird. Aus dem → Tertiär stammen riesige Braunkohlevorkommen, die zumeist im Tagebau gefördert werden.

Koeffizient [von lat. con = »zusammen« und efficere = »bewirken«], *der,* in der Mathematik ein konstanter Faktor, der mit einer veränderlichen Größe verbunden ist (als bestimmte oder unbestimmte Zahl, z. B. *2x* oder *ax*). In der Physik und Technik versteht man darunter eine Größe, die für bestimmte physikalische bzw. technische Vorgänge oder verwendete Stoffe kennzeichnend ist (z. B. *Reibungskoeffizient*).

Koexistenz [frz.-lat.], *die,* gleichzeitiges Nebeneinanderbestehen, friedliches Nebeneinander von unterschiedlichen Gesellschaftssystemen.

Koffein [von engl. coffee = »Kaffee«], *das,* ein → Alkaloid, das in → Kaffee, → Kakao, → Tee und Kolanüssen enthalten ist. In geringen Mengen wirkt es anregend auf die Atmung und die Herztätigkeit; in größeren Mengen genossen verursacht es Nervosität und Schlaflosigkeit. Eine Menge von 11 g reinem Koffein ist für einen Erwachsenen tödlich.

Kogge, breites Last- oder Kriegsschiff der → Hanse, das ab dem 13. Jh. eingesetzt wurde.

Kohäsion [von lat. cohaerere = »zusammenhängen«], *die,* auf die Anziehungskraft gleichartiger Atome und Moleküle zurückgehender innerer Zusammenhalt eines Stoffs. Gegensatz: → Adhäsion.

Kohl, Helmut (* 1930), deutscher Politiker (CDU). Er war 1969–1976 Ministerpräsident von Rheinland-Pfalz und ist seit 1973 Vorsitzender der CDU. 1982 wurde er nach einem → konstruktiven Misstrauensvotum gegen die SPD-FDP-Regierung unter Kanzler → Schmidt zum Bundeskanzler einer CDU/CSU-FDP-Koalition gewählt. Er hatte maßgeblichen Anteil an der deutschen Wiedervereinigung.

Kohle, ein Gestein, das im Laufe großer Zeiträume aus pflanzlichen Stoffen entstanden ist und heute vorwiegend als Brennstoff genutzt wird. Die Bäume vorgeschichtlicher tropischer Sumpfwälder wurden von Schlamm, Sand und Gesteinen bedeckt und waren dadurch von der Luft abgeschlossen. Als sie in tiefere Erdlagen gerieten, wo sich Druck und Temperatur erhöhten, begann der *Inkohlungsprozess*. Nach dem Grad der Inkohlung unterscheidet man zwischen *Torf, Braunkohle, Steinkohle* und *Anthrazit*. Die Verfestigung und der Kohlenstoffgehalt wie auch der → Heizwert nehmen von Torf (400 %) bis Anthrazit (90–99 %) zu.

Die bei der Verbrennung von Kohle entstehenden Rauchgase Kohlendioxid, Schwefel- und Stickoxid tragen wesentlich zur Umweltbelastung bei.

Kohlekraftwerk, ein zumeist mit → Braunkohle betriebenes Kraftwerk, das Wärme und elektrischen Strom erzeugt. Bei der Verbrennung von schwefelhaltiger Kohle kann sich Schwefeldioxid bilden, das eine Ursache für → sauren Regen ist. Deshalb sind für Kohlekraftwerke Filter notwendig.

Kohlendioxid, CO_2, *das,* farbloses, nicht brennbares Gas, das schwerer als Luft ist und einen Anteil von 0,03 % an der Erdatmosphäre hat. Da Kohlendioxid die Atmung behindert, sind mehr als 8 % in der Atemluft für den Menschen tödlich. Pflanzen benötigen das Gas zusammen mit Wasser und Sonnenlicht für die → Photosynthese. In der Natur kommt es in Mineralwässern und Gasen aus → Vulkanen vor. Bei der Verbrennung fossiler Brennstoffe wie → Kohle oder Erdöl wird Kohlenstoff, der seit Jahrmillionen gebunden ist, in Form von Kohlendioxid frei. Dieser Überschuss trägt zum → Treibhauseffekt bei. *Kohlensäure* ist die Bezeichnung für Kohlendioxid, das in Wasser gelöst ist. Bei kohlensäurehaltigen Erfrischungsgetränken wie Limonaden oder Cola wird künstlich Kohlendioxid zugesetzt.

Kohlenhydrate, *Mz.,* eine Gruppe von wichtigen organischen Verbindungen, die aus → Kohlenstoff, Wasserstoff und Sauerstoff aufgebaut sind (z. B. Zucker, Stärke, Zellulose). Sie werden in der Natur von Pflanzen durch → Photosynthese gebildet. Besonders viele Kohlenhydrate sind in → Getreide, Kartoffeln und Rüben sowie in zuckerhaltigen Erzeugnissen enthalten. Neben → Eiweiß und → Fett sind Kohlenhydrate lebenswichtige Bestandteile der menschlichen Ernährung. In den Zellen des Organismus verbrennen Zucker und Stärke zu → Kohlendioxid und Wasser. Die dabei frei werdende Energie verbraucht der Körper, oder er baut diese Stoffe in Fett um, das er im Gewebe als Energiespeicher einlagert. Kohlenhydrate dienen auch als Stützsubstanzen (z. B. Zellulose in → Holz).

Kohlenmonoxid, *CO, das,* farb- und geruchloses Gast, das schwerer als Luft ist und bei unvollständiger Verbrennung entsteht. Kohlenmonoxid verhindert die Sauerstoffaufnahme der roten Blutkörperchen und wirkt deshalb bei hoher Konzentration tödlich.

Kohlenstoff, ein → chemisches Element. Das nichtmetallische Element kommt in der Natur rein nur als → Diamant und → Graphit vor. Kohlenstoff ist jedoch ein wesentlicher Bestandteil organischer Verbindungen. Er besitzt eine Sonderstellung unter allen Elementen, weil seine

■ *Kojote*

Atome im Stande sind, beliebig lange Ketten und Ringe zu bilden. Daran können sich andere Elemente wie z. B. Wasserstoff und Sauerstoff anhängen und eine ungeheure Vielfalt von Verbindungen aufbauen. Die → organische Chemie ist das Teilgebiet der Chemie, das sich mit Kohlenstoffverbindungen befasst.

Kohlenwasserstoffe, eine Gruppe von organischen Verbindungen, die aus → Kohlenstoff und → Wasserstoff aufgebaut sind. Sie können fest (z. B. Paraffin), flüssig (Benzin) oder gasförmig (Erdgas) sein.

Koitus, *Coitus* [von lat. coire = »zusammenkommen«], *der,* → Geschlechtsverkehr.

Kojote [span.-aztek.], *der,* ein auch als *Präriewolf* bezeichnetes hundeartiges Raubtier, das in Nord- und Mittelamerika lebt. Kojoten werden bis zu 95 cm lang und besitzen einen langen, buschigen Schwanz. Charakteristisch für die vorwiegend nachtaktiven Tiere ist das hohe, winselnde Heulen.

Kokain, *das,* ein → Alkaloid, das aus den Blättern des Kokastrauchs gewonnen wird. Wegen seiner anregenden Wirkung auf das Zentralnervensystem wird es als Rauschgift und wegen seiner betäubenden Wirkung in der Medizin verwendet. Kokain, in der Drogenszene auch »Koks« genannt, wird als Pulver geschnupft oder in Wasser aufgelöst gespritzt. Es ruft eine Steigerung der Leistungsfähigkeit, eine Verminderung von Hunger- und Durstgefühlen und einen Wechsel von Hochstimmung und Niedergeschlagenheit hervor. Bei häufigem Schnupfen von Kokain wird die Nasenscheidewand zerstört.

Wegen der raschen Gewöhnung liegt die Gefahr einer Überdosierung nahe, die Atemlähmung und Herzversagen bewirken kann.

Kokken [von griech. kokkos = »Kern«], *Mz.,* kugelförmige → Bakterien, die nach der Teilung oft in Form von Ketten *(Streptokokken),* Trauben *(Staphylokokken)* oder Platten *(Sarzinen)* zusammenbleiben.

Kokon [frz. ko'kō: »Gespinst der Seidenraupe«], *der,* die Hülle, die entweder die Eier von einigen Tieren (z. B. Spinnen) oder die → Puppe von Insekten (z. B. → Schmetterlinge) als Gespinst umgibt. Der Kokon besteht aus einem Sekret, das von Spinndrüsen erzeugt wird. Aus den Kokons der Seidenraupen wird → Seide gewonnen.

Kokosinseln, zu → Australien gehörendes Territorium (14 km², 600 Einwohner) im Indischen Ozean. Die beiden südwestlich von Sumatra liegenden → Atolle wurden 1609 entdeckt und werden seit 1955 von Australien verwaltet.

Kokospalme [von port. coco = »Schreckgespenst«], eine in tropischen Gebieten aller Erdteile wachsende → Palme, die bis zu 30 m hoch wird. Ihre Frucht ist die **Kokosnuss,** eine bis zu 1 kg schwere Steinfrucht. Im harten Steinkern befindet sich der größtenteils aus Nährgewebe bestehende Samen. Der süßlich-säuerlich schmeckende flüssige Teil des Gewebes wird als *Kokosmilch* bezeichnet und verfestigt sich bei der Reife, wird dabei aber ungenießbar. Der feste, ölreiche Teil schmeckt nussartig. Er kommt in geraspelter Form als *Kokosflocken* auf den Markt, wird in zerkleinerter, getrockneter Form als *Kopra* verkauft oder für die Herstellung von Fetten und Seifen verwendet. Die faserige Hülle liefert Material zum Flechten (z. B. Kokosmatten). Aus dem Saft der verletzten Blüten wird *Palmwein* hergestellt.

Koks [engl.], *der,* fester Rückstand der → Steinkohle, der beim Erhitzen unter Luftabschluss zurückbleibt. Da alle flüchtigen Bestandteile der Kohle entweichen und fast reiner → Kohlenstoff entsteht, erhöht sich der → Heizwert. Koks wird beispielsweise in → Hochöfen verwendet.

Kolben, Maschinenteil, das sich in → Verbrennungsmotoren, Dampfmaschinen und Kompressoren im Zylinder auf und ab bewegt. Im Drehoder → Kreiskolbenmotor vollführt der Kolben eine Drehbewegung.

Kolibakterien [von griech. kolon = »Darm«], im Darm von Menschen und Tieren lebende Bakterien *(Escherichia coli),* die eine wichtige Rolle bei der Verdauung spielen, aber außerhalb des

Kohlenstoff
Zeichen: C (von lat. *carbo* = »Kohle«)
Ordnungszahl: 6
Atommasse: 12,01
Dichte: 3,51 g/cm³
Schmelzpunkt: 3550 °C
Siedepunkt: 4827 °C

■ *Kolibri*

Kolibri
Da Kolibris ihre Flügel bis zu 80-mal in der Sekunde bewegen können, schweben sie im Rüttelflug über den Blüten. Möglich wird dies durch eine ungeheure Steigerung des Stoffwechsels (teilweise nehmen sie das Doppelte ihres Körpergewichts als Nahrung auf) und des Herzschlags (500–1200 Herzschläge pro Minute).

Kolonien
∙ ∙

Kolonien wurden schon im Altertum gegründet, aber der Kolonialismus im engeren Sinne, der die Eroberung und Besiedlung außereuropäischer Länder meint, begann erst in der Neuzeit, mit dem Zeitalter der → Entdeckungen. Die Erschließung von Seewegen nach Südostasien, die Entdeckung von Amerika und die Gründung von Niederlassungen an der afrikanischen Küste bereiteten ab dem 15./16. Jh. die Eroberungspolitik der damaligen europäischen Großmächte vor. Spanier und Portugiesen gewannen neue Gebiete in Übersee, indem sie die einheimische Bevölkerung unterdrückten, teilweise sogar ausrotteten. Ihnen folgten im 17. und 18. Jh. Großbritannien, Frankreich und die Niederlande, im 19. Jh. auch Deutschland. In Asien verfolgten auch Russland und Japan eine Kolonialpolitik, die zur Eroberung großer Gebiete in Mittel- und Ostasien führte. Den Höhepunkt erreichte der Kolonialismus in der Zeit zwischen 1880 und dem Ersten Weltkrieg, als die europäischen Mächte über die Hälfte der Erde unter sich aufgeteilt hatten. Die größten Kolonialmächte waren dabei Großbritannien und Frankreich. Dennoch kündigte sich das Ende des Kolonialismus bereits im 18. Jh. an, als sich ein Teil der nordamerikanischen Kolonien von Großbritannien löste (Unabhängigkeitskrieg), und im 19. Jh., als die spanischen Kolonien in Lateinamerika ihre Unabhängigkeit erkämpften. Nach dem Zweiten Weltkrieg wurden die meisten Kolonien in Afrika und Asien unabhängig, oft aber erst nach Aufständen und Befreiungskriegen. Heute besitzen nur noch wenige Staaten Besitzungen in Übersee, die aber zumeist mit dem Mutterland gleichgestellt sind oder eine innere Selbstverwaltung haben.

Darms gefährliche Krankheitserreger sind (z. B. Harnwegsinfektionen).
Kolibris [frz.], *Mz.,* kleine Vögel, die in mehr als 300 Arten vorwiegend in tropischen Gebieten Südamerikas vorkommen und ein prächtig gefärbtes, metallisch schillerndes Gefieder besitzen. Die kleinsten von ihnen *(Hummelkolibris)* sind nur etwa 6 cm lang und 2 g schwer. Mit ihrem langen Schnabel und ihrer langen Zunge können sie aus Blüten Nektar saugen, wobei sie die Blüten gleichzeitig bestäuben.
Kolik [griech. »Darmleiden«], *die,* in der Medizin die krampfartige, sehr schmerzhafte Zusammenziehung eines Organs im Bauchraum (z. B. *Nierenkolik).* Koliken sind oft mit Übelkeit und Schweißausbrüchen verbunden und gehen vielfach auf eingeklemmte Steine zurück.
Kollaboration [frz. »Mitarbeit«], *die,* freiwillige Zusammenarbeit mit einer Besatzungsmacht. Der **Kollaborateur** verletzt dabei die Interessen des eigenen Landes.
Kollaps [lat.], *der,* Zusammenbruch; in der Medizin ein durch Kreislaufversagen verursachter Schwächeanfall.
Kollektiv [lat.], *das,* Gruppe von Menschen, die zusammenleben oder zusammenarbeiten, wobei sich der Einzelne dem Gruppenwillen unterordnet. In sozialistischen Ländern verstand man

■ **Käthe Kollwitz:** *Kinder im Hof (Kohlezeichnung)*

■ *Das* **Kolosseum** *in Rom*

darunter eine Arbeits- oder Produktionsgemeinschaft, deren Mitglieder gleiche Rechte und Pflichten hatten, einander gegenseitig unterstützen und auf Ansprüche des Einzelnen verzichten sollten.
Kolloid [von griech. kolla = »Leim«], *das,* ein Stoff, der sich nicht wirklich auflöst, sondern sich in einem anderen Stoff in feinster Verteilung befindet (→ Dispersion). Beispiele für Kolloide sind Milch (Fett in Wasser) und Tusche (Ruß in Wasser).
Kollwitz, Käthe (1867–1945), deutsche Grafikerin und Bildhauerin, die in ihren Werken die soziale Not der Arbeiterschicht, vor allem der Mütter und Kinder, darstellte.
Köln, am Niederrhein gelegene deutsche Großstadt (1 Mio. Einwohner) in Nordrhein-Westfalen. Die viertgrößte Stadt Deutschlands geht auf eine römische Siedlung zurück und wurde bereits 313 Bistum. Köln ist heute ein bedeutendes Industrie- und Handelszentrum mit großem Binnenhafen und besitzt außerdem zahlreiche Museen und Ämter. Der *Kölner Dom,* der 1248–1560 errichtet und erst 1842–1880 vollendet wurde, ist die größte gotische Basilika Deutschlands.
Kolonialismus, die Politik von Staaten, wenig entwickelte Länder durch militärischen oder wirtschaftlichen Druck abhängig zu machen und als Rohstoffquellen oder Absatzmärkte auszubeuten.
Kolonie [von lat. colonia = »Länderei«], *die,* **1.** die Besitzung eines Staates im Ausland, die politisch zum Mutterland gehört; **2.** in der Biologie sind Kolonien Zusammenschlüsse von ein- oder mehrzelligen Pflanzen und Tieren zu Verbänden, wobei die Einzelwesen oft spezielle Aufgaben übernehmen.
Kolosseum [lat. »riesengroß«], *das,* ein von Kaiser Vespasian 72 n. Chr. begonnenes und von Kaiser Titus 80 vollendetes → Amphitheater in Rom, das mit über 50 000 Sitz- und Stehplätzen

Kommunikation 361

das größte Amphitheater der antiken Welt war. Es wurde bis in 6. Jh. für Zirkusspiele genutzt und verfiel erst im Mittelalter.

Kolumbien, südamerikanischer Staat in den → Anden. Das Land, das sich von der mittelamerikanischen Festlandbrücke bis zum Amazonastiefland erstreckt, besteht zu zwei Dritteln aus Tiefebenen, an der Pazifik- und an der Karibikküste sowie im Einzugsgebiet von Orinoco und → Amazonas. Der größte Teil der Bevölkerung (fast 60 % Mestizen, 20 % Weiße und 14 % Mulatten) lebt in den Tälern und Becken der Anden. Kaffee und Erdöl bilden die wirtschaftliche Grundlage. Wichtige Bodenschätze sind Gold, Platin, Eisenerz und Kohle. Ein Problem stellt der Anbau von Koka dar, aus deren Blättern das Rauschgift Kokain gewonnen wird. Das Gebiet wurde ab 1536 von den Spaniern erobert und bildete das Generalkapitanat *Neugranada.* Es war auch das Zentrum des 1717 geschaffenen gleichnamigen Vizekönigreichs, das außerdem noch → Ecuador, Panama und Venezuela umfasste. Nach einem Unabhängigkeitskampf 1810–19 unter der Führung von *Simon Bolivar* (1783–1830) entstand die Republik *Großkolumbien,* die 1830 in Neugranada, Ecuador und Venezuela zerfiel. 1886 benannte sich Neugranada in Kolumbien um. Auf Druck der USA löste sich die Provinz → Panama ab. Ein Bürgerkrieg (1948–58) kostete 200 000 Menschen das Leben. Kolumbien wird seit Jahrzehnten von Auseinandersetzungen zwischen Regierungstruppen und linken → Guerillaorganisationen und durch den anhaltenden Kampf gegen die Drogenmafia *(Medellin-Kartell)* erschüttert.

Kolumbus, Christoph, *Cristobal Colon* (1451–1506), italienischer Seefahrer (aus Genua), der in spanischen Diensten am 12. Oktober 1492 Amerika (die zu den Bahamas gehörende Insel Guanahani) entdeckte.

Koma [griech. »tiefer Schlaf«], *das,* in der Medizin ein Zustand tiefster Bewusstlosigkeit, der bei einer Schädigung oder Erkrankung des Gehirns eintritt.

Komet [von griech. kometes = »langes Haar tragend«], *der,* Schweif- oder Haarstern, der bei der Annäherung an die Sonne zu einer auffälligen Himmelserscheinung wird. Er besitzt einen Kern, der sich aus Eis- und Staubteilchen zusammensetzt (sog. »schmutziger Schneeball«) und zwischen 1 und 100 km Durchmesser haben kann. Wenn er sich der Sonne nähert, verdampft ein Teil des Eises und erzeugt eine Gashülle, die *Koma,* die 50 000–150 000 km Durchmesser

■ **Komet:** *Der Halleysche Komet*

besitzt. Im inneren Bereich des Sonnensystems entsteht der charakteristische *Kometenschweif,* wenn der → Sonnenwind Gasteile wegreißt. Der leuchtende Schweif ist von der Sonne abgewandt und kann viele Millionen Kilometer lang sein. Koma und Schweif sind von so geringer Dichte, dass ihn ein Planet gefahrlos durchqueren kann. Die Lebensdauer von Kometen ist begrenzt, weil sie nach ein paar hundert Umläufen zerfallen oder ihre gesamte Eismasse verlieren und dann als planetoidenähnliche Himmelskörper (→ Planetoid) weder eine Koma noch einen Schweif besitzen.

Komitee [frz.], *das,* ein Ausschuss, allgemein eine Personengruppe, die mit der Vorbereitung und Durchführung einer Veranstaltung beauftragt ist (z. B. Festkomitee).

Komma [griech. »Schlag«], *das,* ein Satzzeichen (→ Interpunktion).

Kommentar [lat. »Niederschrift«], *der,* erläuterndes Zusatzwerk oder Anmerkungen zu einem gedruckten Werk (z. B. zu einer wissenschaftlichen Veröffentlichung oder einem Gesetzestext); persönlicher Beitrag in der Presse, im Hörfunk oder im Fernsehen, der kritisch zu einem aktuellen Geschehen Stellung nimmt.

Kommune [frz.], *die,* → Gemeinde, die das Recht zur **kommunalen Selbstverwaltung** hat. Als Kommune bezeichnete man auch eine Lebens- und Wohngemeinschaft mehrerer Personen, die Ende der 60er Jahre im Zuge der Protestbewegung der Jugend gegen überkommene Formen des Zusammenlebens aufkam.

Kommunikation [lat. »Mitteilung«], *die,* Austausch von → Informationen, die durch Zeichen

Kolumbien (Colombia)
Staatsname: Republik Kolumbien
Staatsform: Präsidiale Republik
Hauptstadt: Bogotá
Fläche: 1 141 748 km²
Einwohner: 36,3 Mio.
Bevölkerungsdichte: 32/km²
Amtssprache: Spanisch
Währung: Kolumbianischer Peso (kol $)
Nationalitätskennzeichen: CO

Kolumbien

Christoph Kolumbus

Kolumbus wollte eigentlich einen Seeweg nach Indien finden und wählte dazu die westliche Route über den Atlantik, weil er davon ausging, dass die Erde eine Kugel war. Allerdings unterschätzte er ihre Größe und hielt die von ihm entdeckten Inseln und Küstengebiete für Teile Indiens. Deshalb heißen die Inselwelt der Karibik immer noch → Westindien und die Ureinwohner Amerikas → Indianer oder *Indios.*

Kommunismus

Historisch bezeichnet der Kommunismus die politische Richtung und Bewegung, die auf eine Abschaffung des → Kapitalismus hinarbeitete und von kommunistischen Parteien getragen wurde. In den sozialistischen Staaten, die nach dem Ersten und Zweiten Weltkrieg nach dem Vorbild der → Sowjetunion entstanden, war die durch → Lenin weiterentwickelte kommunistische Lehre die allein zugelassene Staatsideologie. Daraus entstand ein System, das weitgehend durch Verstaatlichung aller Produktionsmittel, zentrale Lenkung der Wirtschaft und Unterdrückung oder Ausschaltung jeglicher Opposition gekennzeichnet war. Der Staat, der von einer einzigen Partei regiert wurde, erstarkte gegenüber den arbeitenden Menschen, die ihn eigentlich als »Diktatur des Proletariats« hätten beherrschen sollen. Dieses Stadium des »real existierenden Sozialismus« wurde als notwendiges Übergangsstadium im Wettkampf mit dem kapitalistischen Gesellschaftssystem der westlichen Länder angesehen. Aber über den Zusammenbruch der Wirtschaft in den sozialistischen Staaten führte es zum Niedergang des Kommunismus und zum Zerfall des kommunistischen Machtblocks, der sich als Einflussbereich der UdSSR nach dem Zweiten Weltkrieg gebildet hatte. Die kommunistische Idee fand in den 50er und 60er Jahren viele Anhänger in den Entwicklungsländern (vor allem in Asien und Afrika), wo – zumeist nur kurzlebige – sozialistische Volksdemokratien entstanden. Heute gibt es nur noch wenige Staaten auf der Erde, in denen der Kommunismus Politik und Gesellschaftssystem bestimmt, und selbst in diesen gehorcht die Wirtschaft nicht mehr den kommunistischen Zielsetzungen (z. B. Abkehr von der Planwirtschaft und Zulassung von privaten Unternehmen in der Volksrepublik China).

(Sprache, Schrift, Gesten) übermittelt werden. Zumeist versteht man darunter die unmittelbare Verständigung zwischen Menschen. Tritt ein technisches Medium dazwischen, spricht man von → *Telekommunikation.* Eine Kommunikation gibt es auch zwischen Tieren, die sich nicht nur durch Laute, sondern oft auch durch Berührungsreize und Duftstoffe miteinander verständigen können.

Kommunion [lat. »Gemeinschaft«], *die,* in der katholischen Messfeier der Empfang des → Abendmahls. Der feierlich vollzogene erste Empfang des Eucharistiesakraments bei Kindern (normalerweise zwischen sieben und zehn Jahren) wird als *Erstkommunion* bezeichnet.

Kommunismus [von communis = »gemeinsam«], *der,* nach der marxistischen Theorie (→ Marxismus) die Entwicklungsstufe, die auf den → Sozialismus folgen soll (Aufhebung aller sozialen Unterschiede und gemeinsamer Besitz aller Produktionsmittel und Erzeugnisse). Die kommunistische Idee der Abschaffung von Privateigentum reicht bis in die Antike zurück und wurde teilweise im Urchristentum verwirklicht. Ihre politische Zielsetzung, die eine gewaltsame Umwandlung der Gesellschaftsordnung vorsah, erhielt sie im 18. Jh. durch den französischen Revolutionär *François Noël Babeuf* (1760–1797) und im 19. Jh. durch den deutschen Frühsozialisten *Wilhelm Weitling* (1808–1871). Die theoretischen Grundlagen für einen historisch begründeten Kommunismus schufen Karl → Marx und Friedrich → Engels mit dem **Kommunistischen Manifest** (1848), das als programmatische Schrift die marxistischen Gedanken zusammenfasste und als Endziel der geschichtlichen Entwicklung eine klassenlose Gesellschaft (ohne Ausbeutung und Herrschaft von Menschen über andere Menschen) vorsah.

kommunizierende Röhren, in der Physik Röhren, die unten miteinander verbunden und oben offen sind. Eine Flüssigkeit darin steht in allen Röhren gleich hoch, unabhängig davon, wie groß der Durchmesser der einzelnen Gefäße ist, weil die Verbindung den Druck ausgleicht. Genutzt wird dies beispielsweise beim → artesischen Brunnen.

Komödie [griech.], *die,* heiteres Theaterstück, Lustspiel. Gegensatz: → Tragödie.

Komoren, afrikanischer Staat im Indischen Ozean. Der Inselstaat vor der ostafrikanischen Küste umfasst drei große und zahlreiche kleine Inseln vulkanischen Ursprungs, die gebirgig sind. Bewohnt werden sie von einer Mischbevölkerung, die aus Arabern, Madegassen und Bantu hervorgegangen ist. Die Inseln, die vorwiegend von der Landwirtschaft leben (Vanille und Gewürznelken für den Export), standen lange Zeit unter arabischem Einfluss, bevor sie im 19. Jh. unter die Kontrolle Frankreichs kamen. 1886 wurden sie französisches Protektorat, 1946 französisches Überseeterritorium. 1975 erklärten die Komoren ihre Unabhängigkeit mit Ausnahme von → *Mayotte.* Ein Putschversuch ausländischer Söldner wurde 1995 mit Hilfe französischer Truppen vereitelt.

Komparativ [lat. »zum Vergleichen dienender (Steigerungsgrad)«], *der,* in der Grammatik die erste Steigerungsstufe bei Adjektiven oder Adverben (z. B. *besser*).

Kompass [it. »Zirkel«], *der,* ein Gerät, mit dem man die Himmelsrichtungen bestimmen kann. Es ist in Europa seit dem 12./13. Jh. bekannt; sein Prinzip wurde aber schon Jahrhunderte vorher in China genutzt. Beim *Magnetkompass* pendelt sich eine Magnetnadel, deren Schwerpunkt auf einer dünnen Spitze gelagert ist, unter der Einwirkung des erdmagnetischen Feldes in Nord-Süd-Richtung ein.
Auf Schiffen verwendet man einen *Kreiselkompass.* Eine elektrisch angetriebene Scheibe dreht sich dabei in einer → kardanischen Aufhängung um eine Achse, die sich selbstständig auf die Nord-Süd-Richtung einstellt.

Kompatibilität [engl.], *die,* in der → elektronischen Datenverarbeitung spricht man von Kompatibilität, wenn verschiedene Geräte oder Programme miteinander vereinbar sind oder gegenseitig ausgetauscht werden können.

Kompensation [lat.], *die,* Ausgleich; in der Psychologie der Ausgleich von (vermeintlichen) Mängeln durch Ersatzbestätigungen auf anderen Gebieten.

Kompetenz [lat.], *die,* Eignung, Fähigkeit, Zuständigkeit. Gegensatz: *Inkompetenz.*

Komplementärfarbe [von frz. complémentaire = »ergänzend«], eine Farbe im → Spektrum, die zusammen mit einer anderen Farbe Weiß ergibt (z. B. Rot und Grün oder Blau und Gelb).

Komplex [lat. »Verknüpfung«], *der,* Gesamtheit zusammengehöriger, aber deutlich gegliederter Einzelteile; Gruppe von Gebäuden. In der Psychologie versteht man darunter eine Gruppe von verdrängten Vorstellungen und Erlebnissen, die bei jemandem peinliche Gefühle hervorrufen und zur Entstehung einer → Neurose führen können (z. B. *Minderwertigkeitskomplex*).

komplexe Zahlen, in der Mathematik Zahlen,

Konfiguration 363

■ **Komplementärfarben:** Die sich in diesem Farbkreismodell gegenüberstehenden Farben bezeichnet man als Komplementärfarben. Die komplementären Farbpaare sind dementsprechend Rot/Cyan, Blau/Gelb und Grün/Magenta

die als Summe einer → reellen Zahl und einer → imaginären Zahl darstellbar sind (z. B. a + bi, wobei a und b reelle Zahlen sind und i die imaginäre Einheit √–1 ist).

Komponist, *Tonsetzer,* Schöpfer eines musikalischen Werkes, einer **Komposition.**

Kompositum [lat.], *das,* in der Grammatik ein Wort, das aus mehreren selbstständigen Wörtern oder Wortteilen zusammengesetzt ist, die auch allein einen Sinn ergäben (z. B. *Haustür*).

Kompost [lat. »Zusammengesetztes«], *der,* natürlicher Dünger, der aus Erde, Pflanzenresten und organischen Abfällen besteht. **Kompostierung** ist die Verarbeitung von Pflanzenresten (z. B. gemähtes Gras) und organischen Abfällen (»Biomüll«) auf einem *Komposthaufen.* Die organischen Stoffe werden dabei von Bakterien zersetzt und zu → Humus abgebaut, der als Dünger verwertet werden kann.

Kompressor [von comprimere = »zusammenpressen«], *der,* Gerät zum Verdichten von Luft, Gasen und Dämpfen. Es gibt *Kolbenkompressoren,* die wie eine Fahrradpumpe arbeiten: Ein Kolben in einem Zylinder verdichtet die angesaugte Luft durch Verkleinerung des Raums, wobei ein bestimmter Druck erzeugt wird. Außerdem findet man *Rotations-* und *Turbokompressoren,* die beispielsweise in Motoren von Kraftfahrzeugen eingesetzt werden.

Kompromiss [lat.], *der,* Übereinkunft, bei der beide Seiten Zugeständnisse machen.

Kondensation [lat.], *die,* Verdichtung; in der Physik die Verflüssigung eines gas- oder dampfförmigen Stoffes durch Druck oder Abkühlung (z. B. Wasserdampf zu Wasser); in der Chemie die Vereinigung von zwei → Molekülen zu einem größeren Molekül, wobei einfache Stoffe (z. B. Wasser) abgespalten werden.

Kondensator [lat. »Verdichter«], *der,* in der Elektrotechnik ein Gerät, das elektrische Ladungen speichert. Ein *Plattenkondensator* beispielsweise besteht aus zwei oder mehr elektrischen Leitern, die durch eine Isolierschicht voneinander getrennt sind. Die Aufnahmefähigkeit (→ Kapazität) eines Kondensators hängt von seinem Aufbau und von seiner Größe ab.

Kondition [lat.], *die,* Gesamtverfassung, insbesondere die körperliche Leistungsfähigkeit eines Menschen. Unter *Konditionen* versteht man auch Bedingungen (z. B. für eine Zahlungsweise).

Kondom [engl.], *das,* eine auch als *Präservativ* bezeichnete Hülle aus vulkanisiertem → Gummi (Latex) oder Polyurethan, die der Mann vor dem Geschlechtsverkehr über den Penis zieht. Kondome dienen als Mittel zur → Empfängnisverhütung und zum Schutz vor → Geschlechtskrankheiten und helfen auch, die Übertragung von → Aids zu verhindern.

Kondor [span.-indian.], *der,* ein Neuweltgeier (→ Geier), der als Aasfresser in den südamerikanischen Hochgebirgen lebt. Mit einer Flügelspannweite von 3 m ist er der größte Geier. Zu erkennen ist er an dem nackten roten Kopf mit der weißen Halskrause.

■ **Kondor**

Konfession [lat.], *die,* Bekenntnis, eine Glaubensgemeinschaft (z. B. die *evangelische Konfession*).

Konfiguration [lat.], *die,* Gestalt; in der Che-

Komoren (Comores, Komori)
Staatsname: Islamische Bundesrepublik Komoren
Staatsform: Islamische Bundesrepublik
Hauptstadt: Moroni
Fläche: 1862 km²
Einwohner: 650 000
Bevölkerungsdichte: 349/km²
Amtssprache: Komorisch, Französisch
Währung: Komoren-Franc (FC)
Nationalitätskennzeichen: COM

Komoren

Kompass

Der magnetische und der geographische Pol fallen nicht zusammen (→ Erdmagnetismus). Deshalb gibt es örtlich unterschiedliche kleine Abweichungen; auf Land- und Seekarten wird diese »Missweisung« in Winkelgraden angegeben. Die Abweichung der Kompassnadel von der geographischen Nord-Süd-Richtung (die durch die Erdachse bestimmt ist) nach Osten oder Westen wird als *Deklination* bezeichnet. *Inklination* nennt man die Neigung der Nadel gegenüber der waagrechten Richtung.

Konfuzius
• • • • • • • • • • • • • • •
Unter Berufung auf das jahrtausendealte chinesische Sittengesetz entwickelte Konfuzius eine praktische Philosophie, in deren Mittelpunkt die Menschlichkeit steht (mit fünf konfuzianischen Kardinaltugenden: Liebe, Rechtschaffenheit, Weisheit, Sittlichkeit und Aufrichtigkeit, und drei Grundregeln: absoluter Gehorsam des Staatsdieners und Volkes gegenüber dem Herrscher, des Sohnes gegenüber dem Vater und der Frau gegenüber dem Mann).

Kongo (Congo)
Staatsname: Demokratische Republik Kongo
Staatsform: Präsidiale Republik
Hauptstadt: Kinshasa
Fläche: 2 344 885 km²
Einwohner: 43,9 Mio.
Bevölkerungsdichte: 18,5/km²
Amtssprache: Französisch
Währung: Neuer Zaïre (NZ)
Nationalitätskennzeichen: ZRE

Kongo, Demokratische Republik

mie die räumliche Anordnung von Atomen und Atomgruppen in einem → Molekül; in der elektronischen Datenverarbeitung die zweckmäßige Zusammenstellung der verschiedenen Geräte einer Rechneranlage (Zentraleinheit, Eingabe- und Ausgabegeräte, externe Speicher usw.).

Konfirmation [lat. »Bestärkung«], *die,* in der evangelischen Kirche die feierliche Aufnahme der jugendlichen Gemeindemitglieder (im Alter von etwa vierzehn Jahren) in die Gemeinschaft der Erwachsenen und Bestätigung des Taufbundes durch Handauflegen und Gebet. Die *Konfirmanden* werden danach zum heiligen → Abendmahl zugelassen.

Konflikt [lat. »Zusammenstoß«], *der,* Auseinandersetzung (auch auf militärischer Ebene), Streit, Widerstreit (zwischen gegensätzlichen Gefühlen oder Wünschen).

Konföderation [lat.], *die,* Bündnis, Zusammenschluss (von gleichberechtigten Staaten).

Konformismus [engl.], *der,* Anpassung der persönlichen Einstellung an vorherrschende Meinungen und Verhaltensweisen. Bei einer abweichenden, auf der eigenen Meinung bestehenden Haltung spricht man von *Nonkonformismus.*

Konfuzius, chin. *Kong Fuzi, Konfutse,* »Meister Kong«, eigentlich *Kong Qiu* (551–479 v. Chr.), chinesischer Philosoph, der als Minister und umherziehender Fürstenberater und danach als Lehrer das Streben nach vollkommener Tugend zum Ideal erhob und die Sittlichkeit zur Grundlage des Staates erklärte.
Der nach ihm benannte **Konfuzianismus** ist eine im 5.–3. Jh. v. Chr. entstandene Moral- und Gesellschaftslehre, die vom 2. Jh. v. Chr. bis 1912 offizielle Staatslehre war und noch heute 6 Mio. Anhänger hat. Die philosophischen Grundanschauungen sind in fünf Schriften gesammelt.

Konglomerat [frz.], *das,* ein Gemenge verschiedener Dinge; in der Geologie ein Sedimentgestein, das aus durch Bindemittel fest verkittetem Geröll besteht.

Kongo, 1. *Zaire,* mit 4374 km der zweitlängste, wasserreichste Fluss Afrikas, der im Südosten der Demokratischen Republik Kongo als *Lualaba* entspringt. Er besitzt zahlreiche Stromschnellen, darunter die 100 km langen *Stange-* oder *Malebofälle,* mit denen er in das flache Kongobecken eintritt, und im Unterlauf die 32 *Livingstonfälle.* Die über 4,5 km breite Trichtermündung in den Atlantik reicht etwa 150 km weit ins Landesinnere hinein.
2. *Republik Kongo,* Staat in Zentralafrika. Im Nordosten befindet sich eine riesige sumpfige Niederung des Kongobeckens, während sich im Westen an das Küstentiefland ein Bergland anschließt. Die Bevölkerung besteht überwiegend aus Bantu; im Norden leben noch → Pygmäen. Die Wirtschaft stützt sich in erster Linie auf die Land- und Forstwirtschaft (Kaffee, Kakao, Erdnüsse und Holz für den Export) sowie auf die Erdölförderung und den Bergbau (Erze, Diamanten). Das Gebiet nördlich des Kongo kam im späten 19. Jh. unter französischen Einfluss. Maßgeblichen Anteil daran hatte der italienisch-französische Afrikaforscher *Pierre Savorgnan de Brazza* (1852–1905), nach dem die spätere Hauptstadt benannt wurde. Die Kolonie (seit 1891) gehörte ab 1910 zur *Föderation Französisch-Äquatorialafrika.* Das Überseeterritorium (ab 1946) erhielt 1958 seine Autonomie und wurde 1960 als Republik *Kongo-Brazzaville* unabhängig. 1970 wurde daraus die *Volksrepublik Kongo.* Die sozialistische Militärdiktatur wurde 1990 beendet.

3. *Demokratische Republik Kongo,* Staat in Zentralafrika, der den größten Teil des Kongobeckens einnimmt und von vier Randschwellen umrahmt wird. Im Westen hat das zur Hälfte von tropischem Regenwald bedeckte Land mit einem schmalen Korridor Zugang zum Atlantik. Es wird hauptsächlich von Bantuvölkern bewohnt, im Regenwald leben noch → Pygmäen. Kongo verfügt zwar über reiche Bodenschätze (vor allem Diamanten, Kobalt, Kupfer, Uran, Zink, Silber, Gold, Erdöl und Kohle), aber der größte Teil seiner Bevölkerung leidet aufgrund der innenpolitischen Situation dennoch unter Armut. Als das Gebiet 1482 von den Portugiesen entdeckt wurde, bestand bereits ein einheimisches Königreich. Im 19. Jh. erforschte *Henry Morton Stanley* (1841–1904) Zentralafrika auf dem Kongo und erwarb 1880–1884 im Auftrag des belgischen Königs Leopold II. durch Schutzverträge mit 400 Häuptlingen große Teile des Kongobeckens. Dieser *Kongo-Freistaat* war zunächst Privatbesitz des Königs und wurde 1908 unter dem Namen *Belgisch-Kongo* belgische Kolonie. Nach Unruhen in den 50er Jahren wurde das Land 1960 als *Demokratische Republik Kongo* in die Unabhängigkeit entlassen. Noch im selben Jahr sagte sich die Kupferprovinz *Katanga* (heute *Shaba*) unter *Moise Tschombe* los. Die Abspaltung wurde nach fast drei Jahren durch den Einsatz von UN-Truppen gewaltsam beendet. Mit einem Militärputsch übernahm Joseph (Sese Seko) Mobutu Ende 1965 die Macht. Als Staatspräsident baute er eine Einheitspartei auf und leitete Verstaatlichungen ein. 1971 wurde das Land in *Zaire* (afrikanischer Name für den Kongofluss) umbenannt. Auf die Streitkräfte und die Polizei gestützt, konnte Mobutu trotz mehrerer Umsturzversuche, Aufstände und anhaltender Unruhen sein diktatorisches Regime aufrechterhalten. 1990 musste er jedoch neue Parteien zulassen, verschob aber immer wieder die angekündigten Wahlen. Ende 1993 erklärte sich die Provinz Shaba unter dem Namen Katanga wieder für selbstständig. Die Zerfallserscheinungen verschärften sich Mitte der 90er Jahre durch die militärischen Erfolge von Tutsirebellen im Osten des Landes, die auch dazu führten, dass der größte Teil der über 1 Mio. Hutuflüchtlinge, die im Grenzgebiet in Lagern lebten, nach → Ruanda zurückkehrte. Nach einem Bürgerkrieg, bei dem sich die AFDL (»Allianz demokratischer Kräfte für die Befreiung von Kongo«) gegen die Regierungstruppen durchsetzen konnte, wurde im Mai 1997 eine Übergangsregierung unter Laurent-Desire Kabila etabliert. Zaire wurde wieder umbenannt in *Demokratische Republik Kongo.*

Kongress [lat.,] *der,* Zusammenkunft, Versammlung (von Fachleuten oder Politikern); in den USA Bezeichnung für das Parlament (Senat und Repräsentantenhaus).

Kongruenz [lat.], *die,* Übereinstimmung; in der Geometrie die Deckungsgleichheit (z. B. von Vierecken); in der Grammatik die formale Übereinstimmung von zusammengehörigen Satzteilen im Hinblick auf → Kasus, Genus, Numerus und Person (z. B. Er schreibt *an einem neuen Gedicht*).

Koniferen [lat.], *Mz.,* → Nadelhölzer.

König, der höchste Herrschertitel nach → Kaiser. In einer → Monarchie ist der König der oberste Herrscher. Er wird entweder gewählt oder durch Erbfolge bestimmt, d. h., in der Regel folgt der älteste Sohn auf dem Thron nach.

Königsberg, russ. *Kaliningrad,* Hauptstadt (400 000 Einwohner) der gleichnamigen russischen Exklave, die zwischen Litauen und Polen oberhalb der Mündung des Pregel in das Frische Haff liegt. Die Stadt entstand um eine 1255 vom → Deutschen Orden errichtete Burg herum und war im Mittelalter Mitglied der Hanse, ab 1457 Sitz des Hochmeisters des Ordens sowie 1525–1618 Sitz der preußischen Herzöge. Nach dem Ersten Weltkrieg war Königsberg (Pr) als Hauptstadt → Ostpeußens durch den → Versailler Vertrag vom Deutschen Reich abgetrennt. Die durch einen 42 km langen Kanal mit der Ostsee

■ **Königsberg:** *Die Ruine des Doms*

verbundene Hafenstadt gehört seit dem → Potsdamer Abkommen zu Russland.

Konjugation [lat. »Verbindung«], *die,* Beugung des Verbs im Hinblick auf Person, Numerus, Tempus und Modus (z. B. 1. Person, Einzahl, Imperfekt, Indikativ: ich *dachte*).

Konjunktion [lat. »Verbindung«], *die,* **1.** ein *Bindewort,* das Wörter, Wortgruppen oder Sätze miteinander verbindet; **2.** in der Astronomie eine Stellung, bei der Erde, ein Planet und Sonne in einer geraden Verbindungslinie stehen.

Konjunktiv [lat. »der Verbindung dienend«], *der,* in der Grammatik die Möglichkeitsform des → Verbs, die gewünschte, denkbare oder vorgestellte Sachverhalte zum Ausdruck bringt (z. B. Er *lebe* hoch. Sie *könnte* es tun. Vielleicht *wäre* es richtig). Gegensatz: → Indikativ. Eine wichtige Rolle spielt der Konjunktiv in Nebensätzen wie etwa Konditionalsätzen (Wenn Bernd *käme,* *würden* wir uns *freuen*) und zur Kennzeichnung der indirekten Rede (z. B. Sie sagt, sie *habe* es nicht *gewusst*).

Konjunktur [lat.], *die,* allgemein die Entwicklung der Wirtschaft, manchmal auch ein wirtschaftlicher Aufschwung. Gegenteil: Rezession.

konkav [lat.] bei Linsen nach innen gewölbt. Gegensatz: → konvex.

Konklave [lat. »verschließbarer Raum«], *das,* der abgeschlossene Versammlungsraum der → Kardinäle bei der Wahl eines Papstes; auch die Kardinalsversammlung.

Konkordat [lat.], *das,* völkerrechtlicher Vertrag über die gegenseitigen Beziehungen zwischen dem Vatikan als Vertreter der → katholischen Kirche und einem Staat.

konkret [lat. »zusammengewachsen«], gegenständlich, greifbar, bestimmt. Gegensatz: → abstrakt.

Konkurs [lat. »Zusammenlaufen (der Gläubi-

Kongo (Congo)
Staatsname: Republik Kongo
Staatsform: Republik
Hauptstadt: Brazzaville
Fläche: 342 000 km²
Einwohner: 2,6 Mio.
Bevölkerungsdichte: 7,5/km²
Amtssprache: Französisch
Währung: CFA-Franc
Nationalitätskennzeichen: RCB

Kongo, Republik

Könige

Könige gab es bereits im Altertum bei vielen Völkern (z. B. im Vorderen Orient, in Ägypten und in frührömischer Zeit in Italien). Bei den Germanen war der König ein gewählter Heerführer mit begrenzter Macht. Das deutsche Königtum des Mittelalters war ebenfalls ein Wahlkönigtum (wahlberechtigt waren die → Kurfürsten), während sich in Frankreich und England ein Erbkönigtum durchsetzte. Ihre größte Macht in Europa erlangten die Könige in der Zeit des → Absolutismus als »Herrscher von Gottes Gnaden«. Diese Machtfülle wurde nach der Aufklärung durch die konstitutionelle Monarchie eingeschränkt, in der auch der König an die Verfassung gebunden war. In den modernen parlamentarischen Monarchien ist er nur noch der Repräsentant des Staates.

Konsonanten

Nach der Art und Weise, wie sie gebildet werden, unterscheidet man bei den Konsonanten:
Verschlusslaute oder *Explosive* [p, b, t, d, ts, k, g], *Nasenlaute* oder *Nasale* [m, n, ɲ, ŋ],
Seitenlaute oder *Laterale* [l, ʎ],
Schwinglaute oder *Vibranten* [r],
Reibelaute oder *Frikative* [β, f, v, θ, ð, s, z, ʃ, ʒ, ç, z, j, x, ɣ, h],
Affrikaten [pf, ts] und *Halbvokale* [w, ɣ, j].

Nach der Stelle im Mund, wo die Konsonanten gebildet werden, unterscheidet man: *bilabiale* (Lippenlaute wie p, b, m), *labiodentale* (Lippenzahnlaute wie f, v),
dentale (Zahnlaute wie t oder d),
palatoalveolare (zwischen vorderem Gaumen und Alveolen, d. h. dem Vorsprung des harten Gaumens hinter den oberen Schneidezähnen, gebildete Laute wie ʃ oder ʒ), *alveolopalatale* (zwischen Alveolen und vorderem Gaumen gebildete Laute wie ç oder z),
palatale (Vordergaumenlaute wie ç und j),
velare (Hintergaumenlaute wie k oder g)
und *glottale* Laute (Stimmritzenlaute wie h).

ger)«], *der,* Zahlungsunfähigkeit einer Firma, so dass sie beim Amtsgericht ein *Konkursverfahren* anmelden muss, das der *Konkursverwalter* durchführt. Alle Gläubiger werden dann gleichmäßig aus der Konkursmasse entschädigt.

Konsekutivsatz, in der Grammatik ein Nebensatz, der die Folge eines Sachverhalts im Hauptsatz zum Ausdruck bringt (z. B. Er arbeitete so viel, *dass er ganz erschöpft war*).

konservativ [von lat. conservare = »bewahren«], am Bestehenden und Überlieferten festhaltend (besonders im politischen Bereich).

Konservatorium [it.], *das,* Institut, an dem Musiker und Musiklehrer in Theorie und Praxis ausgebildet werden.

Konserve [lat.], *die,* durch Einkochen, Trocknen oder Eingefrieren (in manchen Ländern auch durch radioaktive Bestrahlung) haltbar gemachte Lebensmittel. Eine *Blutkonserve* ist Spenderblut, das für Bluttransfusionen in einem Spezialbehälter aufbewahrt wird.

Konsistenz [von lat. consistere = »dicht werden«], *die,* Beständigkeit, Beschaffenheit (eines Stoffes); Widerspruchsfreiheit (von Theorien).

Konsonant [lat.], *der,* ein *Mitlaut,* der normalerweise nur zusammen mit einem → Vokal gesprochen wird und nicht selbst eine Silbe bilden kann, z. B. d(e), g(a).

Konstante [von lat. constans = »feststehend«], *die,* feste Größe, in der Mathematik eine Größe, deren Wert sich nicht ändert. Physikalische Konstanten sind feststehende Werte, die von der Natur vorgegeben sind.

Konstantin der Große, eigentlich *Flavius Valerius Constantinus* (280–337), römischer Kaiser (seit 306), der die Christenverfolgungen beendete und das Christentum durch das Mailänder Toleranzedikt (313) als gleichberechtigte Religion anerkannte. Nachdem er von seinen Truppen zum Kaiser ausgerufen worden war, erkämpfte er sich durch Siege über seine Rivalen die Alleinherrschaft im Westteil (312) und im Ostteil (324) des → Römischen Reiches. 330 machte er anstelle von Rom die griechische Hafenstadt → Byzanz unter dem Namen **Konstantinopel** zur neuen Hauptstadt.

Konstitution [lat.], *die,* Verfassung (durch die Erbanlagen bedingte und durch Umwelteinflüsse ausgeprägte Gesamtverfassung eines Organismus), körperlicher Zustand (→ Körperbautypen); auch Verfassung eines Staates. Eine Monarchie ist **konstitutionell,** wenn ihre Staatsgewalt im Gegensatz zu einer absoluten Monarchie (→ Absolutismus) an eine → Verfassung gebunden ist.

konstruktives Misstrauensvotum, im Bundestag eine Abstimmung, bei der das Parlament der Regierung mehrheitlich das Misstrauen ausspricht und gleichzeitig einen neuen Bundeskanzler wählt. Dadurch soll gewährleistet werden, dass bei einer Regierungskrise eine neue, arbeitsfähige Regierung zustande kommt.

Konsul [lat.], *der,* historisch der höchste Staatsbeamte in der römischen Republik (ab 450 v. Chr.). Die Volksversammlung wählte jeweils zwei Konsuln auf ein Jahr, die oberste Richter und Verwaltungsbeamte waren und im Krieg auch das Heer führten. Heute ist ein Konsul der ständige Vertreter eines Staates, der im Ausland die Interessen seines Landes (insbesondere auf wirtschaftlichem Gebiet) vertritt, ohne vollen diplomatischen Status zu besitzen. Er leitet ein **Konsulat.**

Konsum [von lat. consumere = »verbrauchen«], *der,* Verbrauch von Bedarfsgütern, oft auch abwertend für die wahllose Aufnahme von Kulturgütern gebraucht (einen Film *konsumieren*).

Kontaktlinsen, auch als *Haftschalen* bezeichnete Sehhilfen in Form von dünnen, geschliffenen → Linsen. Sie werden aus Kunststoff oder Glas hergestellt (*ultradünne, weiche, halbweiche* oder *harte* Linsen) und im Gegensatz zu Brillengläsern direkt auf die → Hornhaut des Auges aufgesetzt. Ihre korrigierende Wirkung erreichen sie zusammen mit der Brechkraft der Tränenflüssigkeit. Kontaktlinsen können auch stärkere → Kurzsichtigkeit ausgleichen.

Kontext [lat.], *der,* Zusammenhang, Umgebung (z. B. der sprachliche Zusammenhang oder die Situation, aus denen heraus ein Wort oder eine Äußerung verstanden werden muss).

Kontinent [lat.], *der,* zusammenhängende Landmasse, Festland, Erdteil.

Kontingent [frz.], *das,* begrenzte Menge (wenn

■ **Konstantin der Große**

z. B. Waren *kontingentiert* werden, so dass man von einem Artikel nur bis zu einer bestimmten Höchstmenge kaufen darf). Ein *Truppenkontingent* sind die Truppen, die ein Land zur Verfügung stellt.

Konto [it. »Rechnung«], *das,* die laufende Abrechnung, die alle Geschäftsvorgänge (zwischen der Bank und einem Kunden) zusammenfasst und dabei die Belastungen oder Zahlungsausgänge auf der linken Seite *(Sollseite)* den Gutschriften oder Zahlungseingängen auf der rechten Seite *(Habenseite)* gegenüberstellt (mit dem *Saldo* als Kontenstand). Während für den Zahlungsverkehr (durch Überweisungen) ein → *Girokonto* eingerichtet wird, kann man auf einem *Sparkonto* Geld ansparen und erhält dafür → *Zinsen*.

Kontrabass, tiefstes → Streichinstrument, das im 16. Jh. entwickelt wurde. Der Kontrabass besitzt einen großen, bis zu 110 cm langen geigenförmigen Resonanzkörper und einen kurzen Hals mit zumeist vier Saiten. Er steht mit einem kurzen Stachel auf dem Boden. Gespielt wird er entweder stehend oder sitzend, wobei die Saiten mit einem Bogen gestrichen oder mit der Hand gezupft (vor allem im Jazz) oder geschlagen werden (im → Rock 'n' Roll und Rockabilly).

Kontrapunkt [lat. (punctus) contra punctum = »(Note) gegen Note«], *der,* in der Musik eine Kompositionsweise, bei der zu einer Hauptstimme eine oder mehrere Begleit- oder Gegenstimmen hinzugefügt werden. Diese melodisch oder rhythmisch selbstständigen Stimmen erweitern eine Melodie zur Polyphonie.

Kontrast [it.], *der,* Gegensatz; bei fotografischen oder Fernsehbildern der Unterschied zwischen hellen und dunklen Stellen.

Kontrazeptivum [von lat. contra = »gegen« und capere = »fassen«], *das,* Mittel zur → Empfängnisverhütung, das eine Vereinigung von Ei- und Samenzelle und damit die Entstehung von Leben verhindern soll. Dabei gibt es *Spermagifte,* die als schaumbildende Substanzen in die Scheide eingeführt werden müssen, *Ovulationshemmer* in Form von Pillen (sog. → *Antibabypille*) oder Spritzen sowie *mechanische Mittel* (z. B. → Kondom und Intrauterinpessar).

Konvention [frz.], *die,* Übereinkunft, Vereinbarung (z. B. → Genfer Konvention), auch die Regeln, die für das richtige Verhalten in der Gesellschaft gelten.

Konvergenz [lat.], *die,* Annäherung, Übereinstimmung. Gegensatz: Divergenz.

■ *Ein Zug von Häftlingen im Konzentrationslager Theresienstadt*

Konversation [frz.], *die,* Unterhaltung, unverbindliches Gespräch im Plauderton.

Konverter [engl.], *der,* Umwandler; in der Elektrotechnik ein Gerät zum Umformen von Signalen einer Frequenz in Signale einer anderen Frequenz; bei der Verhüttung ein großer Behälter zur Gewinnung von Stahl (aus Roheisen) oder Kupfer (aus Kupfererz oder -legierungen), in dem unedle Begleitstoffe entfernt werden.

Konvertierbarkeit [von frz. converter = »umtauschen«], die freie Umtauschbarkeit einer → Währung in die Währung eines anderen Landes zum jeweiligen Wechselkurs.

konvex [lat.], bei Linsen nach oben bzw. außen gewölbt. Gegensatz: → konkav.

Konzentration [frz. »Zusammenziehung«], *die,* Zusammenballung (z. B. von wirtschaftlichen Kräften); geistige Anspannung; in der Chemie der Gehalt eines gelösten Stoffes in einer → Lösung. Er wird in Prozent angegeben (bei festen Stoffen in Gewichtsprozenten, bei Flüssigkeiten in Volumenprozenten).

Konzentrationslager, KZ, die Arbeits- und Vernichtungslager, in denen während der nationalsozialistischen Herrschaft etwa 6 Mio. Juden und eine halbe Million nichtjüdische Häftlinge festgehalten und ermordet wurden (→ Holocaust). Politische Gefangene wurden ab 1933 in Lager der SS eingeliefert; ab 1935 wurden weitere missliebige Personengruppen eingewiesen (Geistliche, Zeugen Jehovas, Juden, Polen, Roma und Sinti, Ausländer, Homosexuelle sowie angeb-

Kontinente

Die sechs Kontinente der Erde sind Afrika, Amerika (eigentlich ein Doppelkontinent), Antarktis, Asien, Australien und Europa. Die heutige Form und Größe der Kontinente entwickelte sich über einen langen Zeitraum hinweg (→ Erdgeschichte). Aus einem einzigen Urkontinent *(Pangea)* entstanden durch *Kontinentalverschiebung* die verschiedenen Erdteile. Nach dieser 1912 von dem deutschen Geophysiker *Alfred Wegener* (1880–1930) aufgestellten Theorie »schwimmen« die relativ leichten Landmassen auf dem zähflüssigen Bereich des Erdmantels (→ Erde) und bewegen sich in Form von großen Platten aufeinander zu und voneinander weg (→ Plattentektonik).

Konvergenz

In der Biologie versteht man unter *Konvergenz* die Entstehung ähnlicher äußerlicher Merkmale und Organe bei Tiergruppen, die entwicklungsgeschichtlich nicht miteinander verwandt sind, aber in ähnlichen Lebensräumen vorkommen. Beispielsweise haben die Beuteltiere in Australien viele Nischen besetzt, die in den übrigen Teilen der Erde von moderneren Säugetieren übernommen wurden, so dass sich im Aussehen und in der Lebensweise ähnliche Formen herausbildeten, die sich als besonders zweckmäßig erwiesen.

Konzentrationslager

Der Name leitet sich vermutlich vom englischen *concentration camp* ab; in diesen Internierungslagern hielten die Briten während des Burenkrieges (1899–1902) Teile der Zivilbevölkerung in Südafrika gefangen. Bereits vorher hatten die Spanier auf Kuba während des Unabhängigkeitskampfes Konzentrationslager eingerichtet. KZ-ähnliche Lager gab es auch in anderen Ländern (z. B. in der Sowjetunion und in mehreren Republiken des ehemaligen Jugoslawiens während des Bürgerkrieges).

Konzentrationslager während der NS-Zeit

Vernichtungslager (in Polen):
Auschwitz-Birkenau
Belzec
Chełmno (Kulmhof)
Lublin-Majdanek
Sobibor
Treblinka

Arbeitslager:
Buchenwald (bei Weimar)
Bergen-Belsen (in der Lüneburger Heide)
Dachau (bei München)
Flossenbürg (in der Oberpfalz)
Groß-Rosen (in Schlesien)
Hertogenbosch-Voght (in den Niederlanden)
Krakau-Plaszów (in Polen)
Mauthausen (bei Linz)
Mittelbau-Dora (in Thüringen)
Natzweiler (bei Straßburg)
Neuengamme (bei Hamburg)
Ravensbrück (bei Berlin)
Sachsenhausen-Oranienburg (bei Berlin)
Stutthof (bei Danzig)
Theresienstadt (in Böhmen)
Valvara (in Estland)

Konzeptalbum

Ein *Konzeptalbum* ist eine Langspielplatte oder CD, deren Stücke inhaltlich oder formal zusammengehören und ein gemeinsames Thema haben (von Songzyklen wie »Sergeant Pepper's Lonely Hearts Club Band« von den Beatles, »S. F. Sorrow« von den Pretty Things oder »The Lamb Lies Down On Broadway« von Genesis bis zu Rockopern wie »Tommy« und »Quadrophenia« von den Who).

liche Arbeitsscheue und Gewohnheitsverbrecher). Die Zwangsarbeit spielte ab 1938 eine große Rolle. Ab Ende 1941 wurden in Konzentrationslagern in Polen vor allem jüdische Häftlinge (Männer, Frauen und Kinder) systematisch ermordet. Die Häftlinge mussten anstrengende Zwangsarbeit leisten und litten dabei unter menschenunwürdigen Lebensbedingungen mit unzureichender Ernährung. Außerdem mussten sie willkürliche Bestrafungsmaßnahmen, Foltern und medizinische Experimente über sich ergehen lassen. 1944 gab es 20 Konzentrationslager mit 165 Arbeitslagern (als »Außenlager«).

Konzept [lat. »Zusammengefasstes«], *das,* in Stichworten abgefasster Entwurf (z. B. für eine Rede), Plan.

Konzern [engl. »Unternehmung«], *der,* Zusammenschluss von Firmen, die zwar wirtschaftlich (durch Beteiligungen oder Verträge) zusammengehören und eine gemeinsame Leitung und Verwaltung haben, aber rechtlich selbstständig sind.

Konzert [it.], *das,* öffentliche Aufführung von musikalischen Werken; im engeren Sinn eine Komposition für Soloinstrumente oder -stimmen und Orchester (z. B. *Klavierkonzert*).

Konzession [lat.], *die,* Zugeständnis; die befristete behördliche Genehmigung, ein Gewerbe auszuüben, das der staatlichen Kontrolle unterliegt (z. B. Konzession für eine Gaststätte).

Konzil [lat.], *das,* in der katholischen Kirche eine Versammlung von hohen geistlichen Würdenträgern (vor allem Bischöfe), die unter dem Vorsitz des Papstes wichtige kirchliche Angelegenheiten (Glaubens- und Sittenfragen) beraten. Wenn die Beschlüsse vom Papst bestätigt werden, sind sie für die katholische Kirche verbindlich (z. B. Unfehlbarkeit des Papstes, 1869/70).

Kooperation [lat.], *die,* Zusammenarbeit.

Koordinatensystem [von lat. coordinare = »zuordnen«], *das,* in der Mathematik ein Bezugssystem mit mehreren Achsen, in dem Punkte, Kurven und Flächen durch die Angabe ihrer **Koordinaten** (Werte für die x-Achse, y-Achse usw.) genau bestimmt werden können.

Kopenhagen, dän. *København,* am Öresund gelegene Hauptstadt (als Ballungsraum 1,35 Mio. Einwohner) von → Dänemark.

Kopernikus, *Koppernigk,* Nikolaus (1473–1543), deutscher Astronom, der das → heliozentrische Weltbild begründete. Er erkannte, daß sich die Sonne nicht, wie bisher angenommen, um die Erde dreht, sondern dass die Erde und die anderen Planeten die Sonne umkreisen.

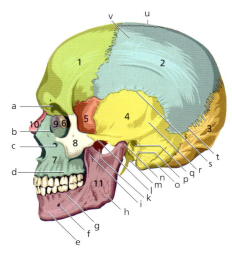

■ **Schädel eines Erwachsenen** in Seitenansicht: **1** *Stirnbein;* **2** *Scheitelbein;* **3** *Hinterhauptschuppe;* **4** *Schläfenbein;* **5** *großer Keilbeinflügel;* **6** *Augenhöhlenblatt des Siebbeins;* **7** *Oberkiefer;* **8** *Jochbein;* **9** *Tränenbein;* **10** *Nasenbein;* **11** *Unterkiefer,* **a** *Stirneinschnitt,* **b** *Grube für den Tränensack,* **c** *Infraorbitalloch,* **d** *zähnetragender Fortsatz des Oberkiefers,* **e** *Kinn,* **f** *Kinnloch,* **g** *zahntragender Fortsatz des Unterkiefers,* **h** *Kieferwinkel,* **i** *Muskelfortsatz des aufsteigenden Kieferastes,* **k** *äußeres Blatt des Flügelfortsatzes,* **l** *Jochbogen,* **m** *dolchförmiger Fortsatz,* **n** *Gelenkfortsatz des aufsteigenden Kieferastes,* **o** *Warzenfortsatz,* **p** *knöcherner Gehörgang,* **q** *äußerer Gehörgang,* **r** *Schuppe des Schläfenbeins,* **s** *Schuppennaht,* **t** *Lambdanaht,* **u** *Pfeilnaht,* **v** *Kranznaht*

Kopf, der Kopf umschließt das Gehirn, die Sinnesorgane und den Anfangsteil des Atem- und Verdauungsweges. Man unterscheidet Gehirnschädel und Gesichtsschädel. Der Gehirnschädel besteht aus dem Schädeldach, das sich aus dem Stirnbein, den beiden Scheitelbeinen und Schläfenbeinschuppen sowie der Hinterhauptschuppe zusammensetzt, und der Schädelbasis, die vom Siebbein, dem Keilbein, dem Hinterhauptbein und den beiden Schläfenbeinen gebildet wird. Zum Gesichtsschädel gehören: Oberkiefer, Jochbein, Nasenbein, Tränenbein, Gaumenbein, Pflugscharbein, untere Nasenmuschel und Unterkiefer.

Kopffüßer, eine Klasse von → Mollusken, deren Vertreter ausschließlich im Meer leben. Die Meerestiere besitzen einen Körper, bei dem Kopf und Fuß miteinander verschmolzen sind, In einer Darmanhangdrüse bilden sie ein tiefbraunes Sekret (»Tinte«), das sie bei Gefahr ausstoßen. Sie verfügen über hoch entwickelte Linsenaugen und leben als Räuber, wobei sie sich rück-

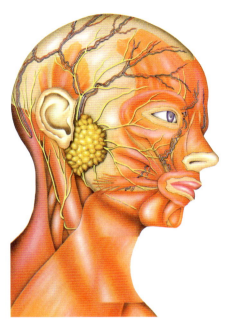

■ **Kopf** mit Muskeln, Blutgefäßen und Nerven. Vor dem Ohr die Ohrspeicheldrüse

wärts schwimmend fortbewegen, indem sie ihr Atemwasser ausstoßen. Bei den heute lebenden Arten ist die Schale zu einer kalkigen, oft vom Mantel überwachsenen Rückenplatte *(Schulp)* zurückgebildet, während ausgestorbene Formen wie etwa die → *Ammoniten* ein starkes Gehäuse besaßen. Man unterscheidet zwei Unterklassen: die *Tetrabranchiata* (mit zwei Kiemenpaaren), von denen es heute nur noch eine Gattung gibt: die im Indischen und im Pazifischen Ozean lebenden *Perlboote* (oder *Nautilus*) mit spiralig aufgerolltem Gehäuse und bis zu 90 in zwei Kreisen angeordneten Fangarmen, und die *Dibranchiata* (mit zwei Kiemen) oder *Tintenschnecken.* Zu letzteren gehören die *Zehnarmer* (vor allem → *Tintenfische* und *Kalmare)* und die achtarmigen → *Kraken.* Die zehn oder acht Fangarme *(Tentakel)* sind mit Saugnäpfen ausgestattet, mit denen Beutetiere festgehalten werden können. Bei den männlichen Kopffüßern ist ein Fangarm zum Begattungsorgan umgebildet. Die größten Kopffüßer erreichen einschließlich ihrer Fangarme eine Länge von mehr als 20 m und sind somit die größten wirbellosen Tiere.
Kopie [lat.], *die,* Abschrift oder Durchschrift (bei geschriebenen Texten); auch technische Vervielfältigung des Originals (durch → Kopierge-
räte und audiovisuelle Aufnahmegeräte); bei Kunstwerken eine originalgetreue Nachbildung.
Kopiergeräte, Geräte, mit denen man originalgetreue Kopien von Dokumenten (Texte, Zeichnungen usw.) in beliebiger Anzahl herstellen kann. Die Kopien können entweder dieselbe Größe wie das Original besitzen oder vergrößert bzw. verkleinert werden. Es gibt mehrere Kopierverfahren: *fotografisches* (→ Fotokopie), *elektrofotografisches* (→ Xerographie) und *Wärmekopieren* (auf wärmeempfindlichem Kopiermaterial). Heute gibt es auch *Farbkopierer* und die Möglichkeit, Kopien über das Telefonnetz zu übermitteln (Fernkopierer).
Koproduktion [engl.], *die,* gemeinsame Herstellung einer Sache (z. B. die internationale Koproduktion eines Films).

■ *Riff mit verschiedenen* **Korallen**

Korallen, *Blumentiere,* im Meer lebende → Hohltiere, die als → Polyp festsitzen. Korallen können nur wenige Millimeter groß sein, aber auch bis zu 1,5 m Größe erreichen. Sie besitzen → Tentakel und bilden durch Kalkabscheidung ein Skelett, das nach dem Absterben übrig bleibt. Da sie oft in → Kolonien leben, entstehen aus den Skeletten einiger Arten riesige Riffe und Inseln.
Koran [arab. qur'n = »Lesung«], *der,* das heilige Buch des → Islam, in dem die Offenbarungen → Mohammeds gesammelt sind.
Korbblütler, Pflanzenfamilie, die etwa 20 000 Arten umfasst. Die Blüten der Kräuter und Stauden sind oft zu einem körbchenförmigen Blütenstand zusammengefasst, der von Hüllblättern umgeben ist. Zu den Korbblütlern gehören neben Löwenzahn und Distel viele Nutzpflanzen (z. B. Sonnenblume, Salat, Artischocke, Kamille) und Zierpflanzen (z. B. Aster, Chrysantheme, Dahlie).
Kordilleren, Kettengebirge am Westrand des

Konzil

Seit dem Konzil von Nicäa (325) hat es insgesamt 21 *ökumenische Konzile* (der höchsten kirchlichen Würdenträger) gegeben; das bisher letzte, das *II. Vatikanische Konzil,* fand 1962–1965 statt.

Kopie

In der elektronischen Datenverarbeitung ist auch das Kopieren von Programmen möglich; die Weitergabe oder mehrfache Verwendung solcher Kopien ist aber aus urheberrechtlichen Gründen verboten, falls der Benutzer keine → Lizenz für eine mehrfache Verwertung erwirbt.

Das größte Korallenriff

Das größte von Lebewesen errichtete »Bauwerk« ist das *Great-Barrier-Riff* vor der australischen Küste. Es erstreckt sich über eine Fläche von 207 000 km^2 und besteht aus mehreren hundert Millionen zumeist abgestorbenen Korallen. Vermutlich mussten 600 Mio. Jahre vergehen, damit sich das Korallenriff zu seiner heutigen Größe entwickeln konnte.

Koran

Der erst nach dem Tod des Propheten in Versprosa niedergeschriebene und 655 endgültig bearbeitete Koran besteht aus (der Länge nach geordneten) 114 Kapiteln (Suren), die bis auf die neunte Sure stets mit derselben Einleitungsformel »Im Namen Allahs, des Allbarmherzigen« eingeleitet werden.

Nordkorea (Choson)

Staatsname: Demokratische Volksrepublik Korea

Staatsform: Volksrepublik

Hauptstadt: Pjöngjang

Fläche: 120 538 km²

Einwohner: 23,9 Mio.

Bevölkerungsdichte: 198/km²

Amtssprache: Koreanisch

Währung: Won

Nationalitätskennzeichen: DVRK

Nordkorea

amerikanischen Doppelkontinents, die von Alaska bis Kap Hoorn reichen. Mit 15 000 km Länge sind die bis zu 2500 km breiten Kordilleren das längste Faltengebirge der Erde. In Nordamerika bestehen sie aus zwei Hauptketten, dem *Küstengebirge* (Coast Range) und dem *Felsengebirge* (→ Rocky Mountains), zwischen denen Beckenlandschaften liegen. Häufig versteht man unter Kordilleren nur die südamerikanischen → *Anden*.

Korea, Land auf der gleichnamigen Halbinsel in Ostasien, das in *Nord-* und *Südkorea* geteilt ist. Die koreanische Halbinsel, die im Westen vom Gelben Meer und im Osten vom Japanischen Meer umgeben ist, bildet ein Gebirgsland, das sich nach Westen hin abflacht. An der Westküste befindet sich eine breite Ebene. Zu Südkorea gehören noch rund 3500 vorgelagerte Inseln, von denen nur 200 bewohnt sind.

2333 v. Chr. (Beginn der koreanischen Zeitrechnung) soll das Reich *Choson* gegründet worden sein. Die Bewohner der koreanischen Halbinsel, eingewanderte tungusische Stämme, vermischten sich im 2. Jt. v. Chr. mit Trägern der chinesischen Kultur, die eine dünne Oberschicht bildeten. Die seit 1122 v. Chr. bestehende Kija-Dynastie wurde gegen Ende des 2. Jh. v. Chr. beendet, als das Land von China erobert wurde. Danach gab es drei kleinere Reiche, von denen *Silla* im 7. Jh. n. Chr. die beiden anderen unterwerfen konnte. 918 entstand das vereinigte Reich *Koryo*, das 1231–1356 von den Mongolen besetzt war. 1392–1910 regierte die Yi-Dynastie. Eine japanische Invasion konnte Ende des 16. Jh. abgewehrt werden, aber 1627 wurde Korea von den tungusischen Mandschu erobert (die später in → China die Qing-Dynastie stellten). Als Vasallenstaat des Chinesischen Reiches schloss sich Korea gegenüber dem Ausland ab, bis ausländische Großmächte (Japan, Großbritannien, Deutschland und Russland) ab 1876 eine Freigabe von Handelshäfen erzwangen. 1895 wurde Korea von China unabhängig. Die Annäherung des koreanischen Kaiserreiches *Taehan* (ab 1897) an Russland führte zum Russisch-Japanischen Krieg 1904/05. Korea wurde zunächst japanisches Protektorat und später unter dem Namen *Chosen* Generalgouvernat (ab 1910) bzw. Provinz (ab 1929) des Japanischen Kaiserreichs.

Nach der Niederlage Japans im Zweiten Weltkrieg besetzten 1945 sowjetische Truppen den nördlichen Teil und amerikanische Truppen den südlichen Teil Koreas. Da keine gemeinsame Regierung zustande kam, wurde 1948 im Süden die *Republik Korea* und im Norden die *Demokratische Volksrepublik Korea* ausgerufen. Nach dem Abzug der sowjetischen und amerikanischen Truppen kam es zu bewaffneten Auseinandersetzungen zwischen den beiden Landesteilen. Der Einfall nordkoreanischer Truppen Mitte 1950 führte zum **Koreakrieg** (1950–1953). Truppen der Vereinten Nationen, in erster Linie amerikanische Einheiten, unterstützten Südkorea, während Nordkorea Hilfe von der Volksrepublik China erhielt. Ein ab Mitte 1951 ausgehandelter Waffenstillstand legte den 38. Breitengrad als Grenze fest. Seitdem kam es wiederholt zu Konflikten zwischen Nord- und Südkorea, während Verhandlungen über einen Friedensvertrag oder eine Wiedervereinigung erfolglos blieben.

1. In der nordkoreanischen Volksrepublik entstand eine kommunistische Diktatur, die einen Personenkult um den ab 1972 regierenden *Kim il Sung* (1912–1994) betrieb. Seit dem Zusammenbruch des Kommunismus in der Sowjetunion, an die sich Nordkorea eng angelehnt hatte, ist das Land fast völlig isoliert und befindet sich trotz seines Reichtums an Bodenschätzen (Kohle, Eisenerz) und der gut entwickelten Industrie in einer schweren Wirtschaftskrise.

2. In der südkoreanischen Republik entwickelte sich ein autoritäres Regime. Nach einem Putsch von Offizieren regierte ab 1961 eine antikommunistische Militärjunta, deren Führer *Park Chung Hee* 1979 einem Attentat zum Opfer fiel. Nach Studentenunruhen Mitte 1980 übernahm das Militär erneut die Macht. Erst 1988 gab es wieder Parlamentswahlen; seit 1993 hat Südkorea wieder ein ziviles Staatsoberhaupt. Die Industrialisierung ist in Südkorea weit fortgeschritten; für den Export werden vor allem elektronische Geräte, Fahrzeuge und Schiffe erzeugt.

Kork [von lat. cortex = »Baumrinde«], *der,* abgestorbenes Gewebe, das sich bei einigen Samenpflanzen in der äußeren Rinde von Stämmen, Zweigen und Wurzeln befindet. Es ist wasser- und gasundurchlässig und soll das Gewebe im Inneren vor Austrocknung schützen. Aufgrund seiner Poren ist es sehr leicht. Kork wird hauptsächlich aus der Rinde der *Korkeiche* gewonnen, die im Mittelmeerraum in Plantagen angebaut wird. Er wird nicht nur für Flaschenverschlüsse *(Korken)* und Schwimmgürtel genutzt, sondern auch für die Herstellung von wärme- und schallisolierenden Stoffen verwendet; aus den Abfällen stellt man Linoleum her.

■ *Verarbeitung von* **Kork** *in Portugal*

Korn, zusammenfassende Bezeichnung für die Brotgetreidesorten (→ Getreide), zumeist für das in einer Gegend am häufigsten angebaute Getreide, weil die Früchte *Körner* heißen.

Körper, in der → Geometrie ein räumliches, durch Flächen begrenztes Gebilde (z. B. Kugel, Pyramide).

Körperbautypen, eine Einteilung menschlicher Körper nach bestimmten Merkmalen der Erscheinungsform, die häufig mit bestimmten Verhaltensweisen oder → Temperamenten in Verbindung gebracht werden. Versuche einer solchen Typisierung reichen bis in die Antike zurück (u. a. → Hippokrates). Das wichtigste Bestimmungsmerkmal für den einzelnen Typ ist das Längenwachstum. Am bekanntesten ist die Typenlehre des deutschen Psychiaters *Ernst Kretschmer* (1888–1964), der zwischen einem hoch gewachsenen, schlanken *(leptosomen),* einem kurz gewachsenen, rundlichen *(pyknischen)* und einem kräftigen *(athletischen)* Körperbau unterscheidet.

Körpersprache, *nonverbale Kommunikation,* die → Mimik und Gebärdensprache, die in der Verständigung zwischen Menschen oft unbewusst eingesetzt wird, um Gefühle zum Ausdruck zu bringen oder um dem anderen etwas anzudeuten, ohne dass man dazu gesprochene Wörter braucht.

Korps [frz. koːʀ], *das,* größerer Truppenverband, der mehrere → Divisionen umfasst.

Korrelation [lat.], *die,* Wechselbeziehung.

Korrespondenz [frz.], *die,* Briefwechsel. Zeitungen, Fernsehen, Hörfunk und Nachrichtenagenturen haben im Ausland Mitarbeiter, die als **Korrespondenten** regelmäßig von Geschehen aus diesen Ländern berichten.

Korrosion [lat. »Zernagung«], *die,* allgemein die Schädigung und Zerstörung von Metallen und Gesteinen durch chemische oder elektrochemische Reaktionen, wenn Wasser, Säuren, Laugen, oder Gase auf die Oberfläche dieser Stoffe einwirken. Eisen beispielsweise **korrodiert** durch Rosten (→ Rost). Als *Korrosionsschutz* dient eine Schutzschicht (Anstrich, Folie aus Kunststoff, Überzug).

korrupt [lat.], bestechlich, in moralischer Hinsicht verdorben.

Korsika, eine 8680 km² große Insel im Mittelmeer, vor der Westküste Italiens, die seit 1768 zu → Frankreich gehört. Die gebirgige, von tiefen Tälern durchzogene Insel besitzt fruchtbare Küstenebenen mit Landwirtschaft.

Kosmetik [griech. »Kunst des Schmückens«],

■ **Korsika:** *Blick auf den Hafen und die Altstadt von Bastia*

Südkorea (Han-guk)
Staatsname: Republik Korea
Staatsform: Präsidiale Republik
Hauptstadt: Seoul
Fläche: 99 143 km²
Einwohner: 45 Mio.
Bevölkerungsdichte: 454/km²
Amtssprache: Koreanisch
Währung: Won (₩)
Nationalitätskennzeichen: ROK

Südkorea

Kosmetik

Kosmetika, mit denen bestimmte Körperpartien geschmückt und verschönert werden, gibt es seit dem frühesten Altertum (z. B. zum Färben der Haare, Augenbrauen, Finger- und Fußnägel oder Lippen, Schminke für Wangen und Lider, Duftöle und Salben).

kosmische Geschwindigkeit

Die Geschwindigkeit, die ein (künstlicher) → Satellit haben muss, um sich auf einer kreisförmigen Umlaufbahn um einen Himmelskörper zu bewegen, wird ebenfalls als kosmische Geschwindigkeit bezeichnet; sie ist abhängig von der Entfernung (auf der → geostationären Umlaufbahn um die Erde beträgt sie bei einer Höhe von etwa 35 800 km etwas mehr als 3 km/s).

Kosmos

Die Entwicklung des Kosmos umfasst mehrere Abschnitte, von denen einige extrem kurz waren, aber die weitere Entwicklung entscheidend prägten. Im ersten Stadium war das gesamte Universum auf einen ungeheuer winzigen Raum konzentriert; vermutlich waren alle Naturkräfte (→ Kraft) zu einer einzigen Kraft vereinigt. Die Temperatur war extrem hoch (möglicherweise einige hundert Quintillionen Grad). Danach bildeten sich in einem zweiten Stadium → Quarks, Leptonen und Photonen. Das Universum dehnte sich explosionsartig aus. Mit sinkender Temperatur spalteten sich die Kräfte auf. In der dritten Phase entstanden die → Hadronen. Noch immer in der ersten Sekunde, als die Temperatur einige Milliarden Grad hoch war, zerfielen die Myonen. Elektronen und Positronen vernichteten einander bis auf den Teil, der die Ladung in den Atomkernen ausglich. Im fünften Stadium bestimmte die Stra-

(Fortsetzung nächste Seite)

die, Schönheitspflege, die vor allem Haut, Nägel, Lippen und Haare betrifft.

kosmische Geschwindigkeit, die Geschwindigkeit, die ein Flugkörper benötigt, um der Anziehungskraft eines Himmelskörpers zu entkommen. Für die Erde beträgt sie 11,189 km/s. Um das Sonnensystem zu verlassen, muss eine → Raumsonde eine Geschwindigkeit von 16,7 km/s erreichen.

kosmische Hintergrundstrahlung, äußerst kurzwellige Strahlung im Bereich der → Mikrowellen, die als Reststrahlung des → Urknalls gedeutet wird.

kosmische Strahlung, *Höhenstrahlung,* sehr energiereiche Strahlung, die die Erde aus den unterschiedlichsten Teilen des Weltalls erreicht. Die außerhalb der Erdatmosphäre nachweisbare *Primärstrahlung* besteht überwiegend aus Atomkernen von Wasserstoff und Helium (23 %) sowie Atomkernen schwererer Elemente, Elektronen und Positronen. Sie stammt von der Sonne, anderen Sternen (vor allem → Supernovae) und Objekten außerhalb der Milchstraße (z. B. → Quasare). In der Erdatmosphäre entsteht durch Reaktion mit Luftmolekülen eine *sekundäre kosmische Strahlung* (u. a. → Mesonen und → Baryonen). Die kosmische Strahlung, deren Intensität zu den Polen hin steigt, ist sogar noch im Meer und in der Erdkruste nachweisbar.

Kosmologie [griech.], *die,* Lehre vom Aufbau der Welt. Als Teilgebiet der → Astronomie beschäftigt sie sich nicht nur mit der räumlichen Struktur des Universums, sondern auch mit seiner Entstehung und zeitlichen Entwicklung.

Der → Kosmos war nicht immer so, wie wir ihn heute sehen (wobei unser Blick ohnehin in die Vergangenheit zurückgeht, weil das Licht für so große Entfernungen viel Zeit benötigt, also aus der Vergangenheit kommt). Er entwickelte sich aus einem Anfangsstadium, das als → Urknall bezeichnet wird, dehnte sich zur heutigen Größe aus und expandiert weiter. Ob er für immer expandieren wird, so dass sich alle Objekte darin immer weiter voneinander entfernen, oder ob diese Ausdehnung zu einem Stillstand kommt und sich umkehrt, so dass der Kosmos in sich zusammenstürzen wird *(Big Crunch),* hängt von der im Universum enthaltenen → Materiemenge ab.

Kosmonaut [russ.], *der,* Weltraumfahrer, russische Entsprechung zum → Astronauten.

Kosmopolit [griech.], *der,* Weltbürger, jemand, der sich in erster Linie als Mitglied der Menschheit und nicht als Bürger eines bestimmten Nationalstaates empfindet.

Kosmos [griech.], *der,* das auch als *Universum* bezeichnete Weltall, das vermutlich einen Radius von 18 Mrd. Lichtjahren besitzt.

KPD, Abkürzung für *Kommunistische Partei Deutschlands.* Die 1919 von Rosa Luxemburg (1870–1919) und Karl Liebknecht (1871–1919) gegründete Partei strebte eine Umgestaltung Deutschlands nach sowjetischem Vorbild an. Sie wurde Ende 1920 mit dem linken Flügel der USPD vereinigt und hatte in der → Weimarer Republik großen Erfolg bei den Wählern, bevor sie 1933 von den Nationalsozialisten verboten wurde. Nach dem Zweiten Weltkrieg wurde sie in der sowjetischen Besatzungszone mit der → SPD zur → SED zwangsweise vereinigt, während sie in der Bundesrepublik 1956 für verfassungswidrig erklärt wurde (1968 wurde die Nachfolgeorganisation → DKP gegründet).

Krabben, eine Unterordnung von Zehnfußkrebsen (→ Krebse), deren Vertreter vorwiegend im Meer leben. Sie besitzen einen kurzen, flachen Körper und tragen am ersten Beinpaar oft große Scheren. Krabben bewegen sich am Meeresgrund zumeist seitwärts fort. Sie gelten als geschätzte Speisekrebse. Besonders bekannt sind *Taschenkrebs, Wollhand-* und *Winkerkrabbe.*

Kraft, eine physikalische Größe, die bei Körpern eine Verformung oder Bewegungsänderung (→ Beschleunigung) bewirkt. In der Physik ist sie als Produkt von Masse und Beschleunigung definiert; ihre Einheit ist das → Newton (= 1 kg × m/s²). Grafisch kann man sie als → Vektor

■ *Eine **Rote Süßwasserkrabbe** mit Beutefisch*

darstellen, mit dem man die Größe der Kraft (Betrag) und die Richtung, in der sie wirkt, angeben kann.

Im Alltag unterscheidet man verschiedene Kräfte wie Druck, Reibung, Anziehung usw., aber alle Kräfte im Universum lassen sich auf *Grundkräfte* zurückführen, die als Wechselwirkungen zwischen den → Elementarteilchen erklärbar sind. Heute sind vier solche Grundkräfte bekannt: die → Gravitation, die elektromagnetische Kraft, die Elektrizität und Magnetismus vereint (→ Elektromagnetismus), die schwere Kraft, die für den Zusammenhalt des Atomkerns verantwortlich ist, und die schwache Kraft, die etwa für den Zerfall eines Neutrons in ein Proton und ein Elektron verantwortlich ist.

Kraftfahrzeug, *Kfz,* ein Landfahrzeug, das sich durch Maschinenkraft selbst bewegt (→ Automobil) und nicht an Schienen gebunden ist (siehe auch Übersichtsgrafik auf Seite 374).

Kraftstoffe, brennbare Stoffe, die sich für den Betrieb von → Verbrennungsmotoren eignen. Je nach Motor wählt man zwischen → Benzin, Diesel und → Kerosin.

Kraftwerke, Anlagen zur Erzeugung von elektrischer Energie durch → Generatoren, die eine andere Energie in elektrischen Strom umwandeln. Die Leistung von Kraftwerken wird in *Kilowatt* bzw. *Megawatt* (→ Watt) angegeben.

Krähen, bis zu 50 cm große → Rabenvögel, deren Name sich von ihren krächzenden Lauten ableitet. In Mitteleuropa kommen drei schwarz gefiederte Arten vor: *Raben-* oder *Nebel-, Saat-* und *Alpenkrähe.*

Kraken [norweg.], achtarmige → Kopffüßer, die einen sackförmigen Körper besitzen und einschließlich ihrer Fangarme bis zu 3 m lang werden können. Bekannt ist der in allen Meeren vorkommende *Oktopus.*

Krampf, anfallartige, schmerzhafte Muskelzusammenziehung (z. B. bei Übermüdung oder schlechter Durchblutung eines Gewebes).

Kraniche, Familie von hochbeinigen, bis zu 1,5 m großen Vögeln mit langem Hals und langem Schnabel, die vor allem in Sumpfgebieten leben. Auf der nördlichen Erdhalbkugel sind die Kraniche Zugvögel. Der in Mitteleuropa vorkommende *Graue Kranich* ist vom Aussterben bedroht.

Krater [griech. »Kessel«], *der,* trichterförmige Öffnung (eines Vulkans) oder Vertiefung im Boden (z. B. als Folge eines Meteoriteneinschlags).

Krautrock, in den späten 60er Jahren in der Bun-

■ *Schwarzhals-Kronenkranich*

desrepublik entstandene Stilrichtung der → Rockmusik. Der Krautrock war der erste erfolgreiche Versuch deutscher Rockgruppen, sich von angloamerikanischen Vorbildern zu lösen und einen eigenständigen → Sound zu schaffen. Die deutschen Gruppen nahmen dabei Elemente des englischen und amerikanischen → Psychedelic Rock auf und entwickelten sie weiter, wobei sie auch Bestandteile der → elektronischen Musik und des → Freejazz einbezogen. Am einflussreichsten erwiesen sich die Gruppen, die mit elektronischen Instrumenten Neuland betraten (z. B. *Kraftwerk, Neu!, Faust*) oder wie *Amon Düül II* oder *Can* eine Synthese vielfältiger Elemente aus Rock, Jazz, Elektronik, E-Musik und Folk schufen.

Krebs, → Tierkreiszeichen (♋), das dem gleichnamigen Sternbild (lat. *Cancer*) und im → Horoskop dem Zeitraum 22. Juni–22. Juli entspricht.

Krebse, eine Klasse von → Gliederfüßern, die mit etwa 35 000 Arten in allen Meeren und Süßgewässern verbreitet ist. Krebse werden zwischen 0,2 mm und 60 cm lang und besitzen einen Körper mit kräftigem Chitinpanzer, bei dem Kopf und Bruststück zumeist verschmolzen sind. Die auch als *Krustentiere* bezeichneten Krebstiere verfügen neben zwei Antennenpaaren (Fühler) über vielgestaltige Beine, die teilweise zu Sche-

hlung den Kosmos. Die Temperatur sank auf mehrere tausend Grad. Durch → Kernfusion entstanden die leichten Elemente; die schwereren bildeten sich erst später im Inneren der Sterne. Atome entstanden durch die Bindung von Elektronen an einen Kern. Als nach 100 000 bis 1 Mio. Jahren die Strahlungs- oder Plasmaphase zu Ende ging, begann die noch heute anhaltende Ära der Materie. → Galaxien und Sterne bildeten sich. Da die ältesten dieser Objekte etwa 12 Mrd. Jahre alt sind, muss das Universum noch älter sein.

Kraftwerke

Je nach der genutzten Kraftquelle unterscheidet man zwischen *Wasser-, Gezeiten-, Dampf-, Kern-, Wind-, Solar-* und *geothermischen* Kraftwerken. Wasserkraftwerke beispielsweise werden durch aufgestautes Flusswasser betrieben, während → Gezeitenkraftwerke die Energie der unterschiedlichen Wasserstände bei Ebbe und Flut ausnutzen. Dampfkraftwerke erzeugen durch die Verbrennung von Kohle, Erdgas oder Erdöl Wasserdampf, der die Generatoren antreibt. Bei Kernkraftwerken wird die Energie zum Antrieb der Generatoren durch die Spaltung radioaktiver Materialien erzeugt. Wind- und Solarkraftwerke wandeln die mechanische Energie des Windes bzw. die Lichtenergie der Sonne in elektrischen Strom um. Bei geothermischen Kraftwerken wird die Erdwärme genutzt.

Kraftfahrzeug

Viertaktmotor (Arbeitsweise)

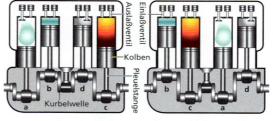

a 1. Takt: Ansaugen des Brennstoff-Luftgemisches
b 2. Takt: Verdichtung (Kompression)
c 3. Takt: Zündung und Verbrennung (Arbeitstakt), Ausdehnung treibt Kolben abwärts
d 4. Takt: Ausschub der Verbrennungsgase

Zweitaktmotor (Arbeitsweise)

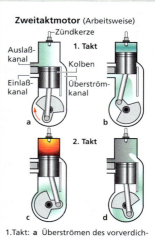

1. Takt: a Überströmen des vorverdichteten Gemisches durch Überströmkanal in den Zylinderraum
b Verdichtung und Zündung über, Ansaugen von Gemisch unter dem Kolben
2. Takt: c Verbrennung, Ausdehnung treibt Kolben abwärts (Arbeitstakt), Vorverdichtung des neu eingetretenen Gemisches im Kurbelraum
d Ausschub verbrannter Gase, Überströmen des Gemisches beginnt

Bremsen

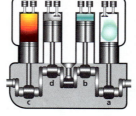

Hydraulische Bremse
(Einfache Zweibackenbremse)

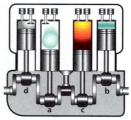

Kolben drückt Belag gegen die rotierende Bremsscheibe
Scheibenbremse (Teilscheibenbremse)

Schnitt durch Einscheiben-Trockenkupplung

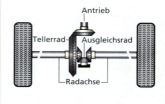

Differential Ausgleichsgetriebe, schematisch

Viergang-Wechselgetriebe (Volkswagen)

a Antriebswelle (Verlängerung der Kupplungswelle)
b Vorlegewelle
c Antriebskegelrad

Schaltstellungen

1. Gang
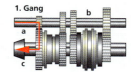

2. Gang
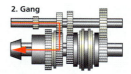

3. Gang
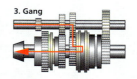

4. Gang

■ *Grafische Darstellung verschiedener technischer Bestandteile von Kraftfahrzeugen*

ren, Blatt- oder Springbeinen umgebildet sind. Sie atmen durch Kiemen bzw. Tracheen und leben bis auf die → Asseln im Wasser.

Krebserkrankung, allgemeine Bezeichnung für bösartige Geschwülste, im engeren Sinne für *Karzinome,* d. h. bösartige Geschwülste des Deck- und Organgewebes, während bösartige Geschwülste des Stütz- und Bindegewebes als *Sarkome* bezeichnet werden. Gemeinsames Merkmal von Krebserkrankungen ist, dass sich Zellen im Körper unkontrolliert teilen und vermehren und zu einer Geschwulst heranwachsen. Solche → *Tumore* dringen in das umliegende Gewebe ein und zerstören es. Außerdem können sich einzelne Zellen ablösen, die über Blut- oder Lymphbahnen zu anderen Teilen des Körpers wandern und dort → *Metastasen* (Tochtergeschwülste) bilden.

Kredit [von lat. creditum = »Anvertrautes«], *der,* eine Geldsumme, die jemandem aufgrund seiner Vertrauenswürdigkeit als → Darlehen überlassen wird.

Kreide, ein Abschnitt in der → Erdgeschichte (vor 140–66 Mio. Jahren). In der Kreidezeit bildete sich aus den Schalen winziger Meerestiere ein feines weißes Kalkgestein, das als Kreide bezeichnet wird und in reiner Form z. B. auf der Insel → Rügen vorkommt. Früher wurde es zum Schreiben auf Schiefertafeln verwendet, während die Schreibkreide heute aus Gips und Bindemitteln besteht.

Kreis, eine geometrische Figur, die als einfachster Kegelschnitt entsteht. Der Kreis ist eine geschlossene Linie in der Ebene, deren sämtliche Punkte von einem Punkt innerhalb des Kreises *(Mittelpunkt)* gleich weit entfernt sind. Den Abstand von der Kreislinie zum Mittelpunkt bezeichnet man als → *Radius* (r). Zur Berechnung des Umfangs (= $2r\pi$) und der Fläche (= $r^2\pi$) des Kreises ist eine besondere Zahl notwendig, die Kreiszahl → Pi.

Kreisel, starrer Körper von beliebiger Form, der in einem Punkt (Rotationszentrum) drehbar gelagert ist und sich um eine Rotationsachse durch diesen Punkt frei drehen kann. Kreisel werden in der Technik verwendet (z. B. beim *Kreiselkompass*).

Kreiskolbenmotor, ein → Verbrennungsmotor, bei dem sich der → Kolben kreisförmig bewegt (z. B. → *Wankelmotor*).

Kreislauferkrankungen, Störungen des → Blutkreislaufs, die auf Erkrankungen und Fehlfunktionen des → Herzens und der Blutgefäße zurückgehen können. Sie können von Unregelmäßig-

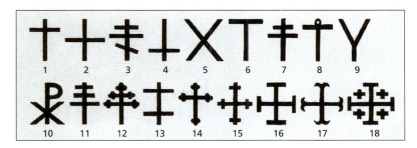

keiten des Blutdrucks über Schwächeanfälle und Ohnmachten bis zum tödlichen *Kreislaufversagen* reichen.

Krematorium [von lat. cremare = »einäschern«], *das,* Anlage für die Feuerbestattung, in der menschliche Leichen eingeäschert werden.

Kreml [russ.], *der,* allgemein der befestigte Stadtkern russischer Städte, im engeren Sinne der *Moskauer Kreml,* der mehrere Paläste und Kirchen enthält und heute Sitz der russischen Regierung ist. Er wurde in seiner heutigen Form ab Ende des 15. Jh. erbaut und diente dem Großfürsten, dem Metropoliten und ab 1918 der sowjetischen Regierung als Sitz.

Kreolen [span.-frz.], ursprünglich die Nachkommen spanischer Einwanderer in Lateinamerika; später Bezeichnung für die nichtindianische Bevölkerung, die auf europäische Siedler und schwarze Sklaven zurückgeht.

Kreta, die größte griechische Insel (8336 km^2, 464 000 Einwohner) im östlichen Mittelmeer. Die gebirgige Insel (höchste Erhebung: Ida, 2498 m) ist vor allem an der Nordküste dicht besiedelt. Im Altertum war Kreta das Zentrum der minoischen Kultur.

Kreuz, 1. ein seit uralten Zeiten als Ornament und Symbol verwendetes Zeichen zweier Linien, die sich im rechten Winkel schneiden. Es wurde durch die *Kreuzigung* (eine bei den Römern übliche Todesstrafe für Schwerverbrecher und Aufständische) von → Jesus Christus zum Symbol für das → Christentum; **2.** in der Musik ist das Kreuz ein *Versetzungszeichen,* das vor eine Note gesetzt den betreffenden Ton um einen Halbton erhöht (Zeichen #).

Kreuzblütler, eine Familie von Kräutern und Stauden, die an ihren vier kreuzförmig angeordneten Kelch- und Kronblättern zu erkennen sind. Als Früchte haben sie zumeist Schoten. Zu ihnen gehören auch viele Nutzpflanzen (z. B. Kresse, Kohl, Rettich, → Senf) und Zierpflanzen (z. B. Goldlack, Levkoje).

Kreuzotter, in Europa und Asien verbreitete Art

■ **Kreuzformen: 1** *lateinisches Kreuz (Passionskreuz);* **2** *griechisches Kreuz;* **3** *russisches (orthodoxes) Kreuz;* **4** *Petruskreuz;* **5** *Andreaskreuz (burgundisches Kreuz);* **6** *Antoniuskreuz (ägyptisches Kreuz);* **7** *Lothringer Kreuz (Doppelkreuz);* **8** *Henkelkreuz;* **9** *Schächerkreuz;* **10** *konstantinisches Kreuz (Christusmonogramm);* **11** *päpstliches Kreuz (Papstkreuz);* **12** *Kardinalkreuz (Patriarchenkreuz);* **13** *Doppelkreuz (erzbischöfliches Kreuz);* **14** *Kleeblattkreuz (Lazaruskreuz, Brabanter Kreuz);* **15** *Wiederkreuz;* **16** *Krückenkreuz;* **17** *Ankerkreuz;* **18** *Jerusalemkreuz*

Krebserkrankungen

Krebserkrankungen, die bei Frauen besonders häufig die Brüste und die Gebärmutter, bei Männern die Lunge und die Prostata sowie Dickdarm und Blut- und Lymphsystem befallen, sind in Deutschland die zweithäufigste Todesursache. Krebs ist oft erblich bedingt, wird aber durch Umweltfaktoren begünstigt und in manchen Fällen sogar ausgelöst (z. B. Zigarettenrauchen, übermäßige UV-Strahlung, Radioaktivität, bestimmte chemische Stoffe). Wenn Krebs durch Vorsorgeuntersuchungen schon im Frühstadium erkannt wird, sind die Heilungsaussichten gut. Die Geschwülste und Krebszellen können operativ entfernt oder durch → Bestrahlung und Medikamente (*Chemotherapie*) zerstört werden.

Kretische Palastkultur

Spuren der sog. *Palastkultur* findet man an der Nordküste Kretas in *Knossos,* das in seiner Blütezeit im 16. Jh. v. Chr. mehr als 50 000 Einwohner zählte und dessen Zentrum eine ausgedehnte, aus zahlreichen Gebäudekomplexen bestehende Palastanlage ist.

Kreuzzüge

Insgesamt gab es zwischen 1096 und 1270 sieben Kreuzzüge, an denen nicht nur Könige, Fürsten und ihre Ritter, sondern auch Abenteurer teilnahmen, denen es in erster Linie um Beute ging. Die Kreuzfahrerheere eroberten mehrmals Jerusalem, konnten es aber nicht auf Dauer halten; damals entstanden auch kurzlebige Kreuzfahrerstaaten wie das Königreich Jerusalem und das Lateinische *Kaiserreich* (1204–1261). Ein von deutschen und französischen Kindern 1212 unternommener *Kinderkreuzzug* endete damit, dass die meisten auf dem Weg nach Italien bzw. Marseille, wo sie sich einschiffen wollten, umkamen oder später als Sklaven verkauft wurden.

Kricket

Ein etwa 160 g schwerer Ball (mit ca. 23 cm Umfang) wird auf ein Tor geworfen und muss von der verteidigenden Schlagpartei mit einem Schlagholz abgewehrt werden. Die Schlagmannschaft, die allein Punkte erzielen kann, besteht aus zwei Schlagmännern *(Batsmen)* und neun Spielern, die sie ablösen, die gegnerische Fangmannschaft ebenfalls aus elf Spielern. Der Werfer *(Bowler)* versucht, die auf dem Tor liegenden Querhölzer zu treffen. Der Verteidiger muss dagegen versuchen, den Ball möglichst weit wegzuschlagen, und läuft dann zum anderen Tor, um den Platz mit dem dortigen Schlagmann zu wechseln. Ein solcher Lauf *(Run)* bringt einen Punkt. Fliegt der Ball über die Begrenzung des Spielfeldes (etwa 80 x 60 m) hinaus, gibt dies sogar vier oder sechs Punkte. Die Fang- oder Feldmannschaft muss den Ball möglichst rasch zurückholen und auf das Tor werfen. Dies ist die Aufgabe des Fängers hinter dem Tor und der anderen neun Feldspieler. Wenn der Wurf auf das Tor gelingt, ist der Schlagmann »ausgeschlagen« und muss durch einen anderen Schlagmann ersetzt werden. Nach zehn ausgeschiedenen Schlagmännern ist eine Runde beendet; das Schlagrecht geht dann auf die andere Mannschaft über.

■ *Kreuzotter*

der → Ottern. Die Kreuzotter wird bis zu 90 cm lang und besitzt eine graue bis fast schwarze Farbe mit dunklem Zickzackmuster auf dem Rücken. Sie bringt lebende Jungen zur Welt. Ihr Biss kann für Kinder lebensgefährlich sein.

Kreuzung, bei der Züchtung von Pflanzen und Tieren die Paarung von Einzelwesen, die verschiedenen Rassen, Sorten oder Arten angehören und unterschiedliche Erbanlagen besitzen. Die daraus hervorgehenden Nachkommen werden als → *Bastarde* oder *Hybriden* bezeichnet.

Kreuzzüge, Kriegszüge, die im Mittelalter von europäischen Heeren unternommen wurden, um im Namen der Kirche die christlichen Stätten im → Heiligen Land von islamischer Herrschaft zu befreien oder → Ketzer zu verfolgen, die eine andere christliche Lehre als die Kirche in Rom verkündeten (vor allem die Kreuzzüge im 13. Jh. gegen die Albigenser oder Katharer und im 15. Jh. gegen die → Hussiten). Anlass für den ersten Kreuzzug war ein vom Papst unterstützter Hilferuf des → Byzantinischen Reiches, das von den Seldschuken bedroht wurde. Ihren Namen erhielten die Kreuzzüge nach dem roten Stoffkreuz, das sich die *Kreuzritter* auf ihr Gewand nähten.
Zur Zeit der Kreuzzüge entstanden auch die *Ritterorden* (wie der → Deutsche Orden, die Johanniter und die Templer), die gegründet wurden, um die heiligen Stätten und die Pilger zu schützen und die Verwundeten und Kranken zu pflegen.

Kricket [engl.], *das,* ein im 13. Jh. in England entstandenes Schlagballspiel. Zwei Mannschaften zu je elf Spielern spielen auf einem ebenmäßigen Spielfeld, in dessen Mitte sich zwei Tore *(Wickets)* befinden. Jedes Tor ist 22,8 cm breit und besteht aus drei Pfosten (81,5 cm hoch), auf denen zwei, je 11 cm breite Querlatten liegen. Die Wurfbahn zwischen den beiden Toren ist 20 m lang und 2,66 m breit.

Kriechstrom, unerwünschter elektrischer Strom, der bei mangelnder Isolation von Stromkabeln und bei Feuchtigkeit auftreten kann.

Kriechtiere, deutsche Bezeichnung für → Reptilien.

Kriegsdienstverweigerung, andere Bezeichnung für → Wehrdienstverweigerung.

Krim, eine Halbinsel (25 500 km^2) zwischen dem → Schwarzen und dem Asowschen Meer, die im Altertum von den Kimmeriern und Skythen besiedelt war, bevor dort griechische Kolonien entstanden. Die Halbinsel stand ab 1478 unter der Oberhoheit des → Osmanischen Reiches und wurde 1783 von Russland erobert. 1853–1856 war sie Schauplatz des *Krimkrieges* zwischen Russland auf der einen und dem Osmanischen Reich, Großbritannien und Frankreich auf der anderen Seite. 1954 wurde die Krim der Ukrainischen SSR eingegliedert. Seit 1992 ist sie eine autonome Republik innerhalb der → Ukraine.

Kriminalroman, ein literarisches → Genre, das ein Verbrechen, seine Ausführung und seine Aufklärung, zum Thema hat. Das Hauptgewicht liegt auf der Spannung, die durch die Frage nach dem Täter, durch die Beweggründe für seine Tat und oft durch eine aktionsreiche Handlung erzeugt wird.

Krischna [Sanskrit »der Dunkle«], einer der Hauptgötter im → Hinduismus.

Kristall [griech. »Eis«], *der,* ein Festkörper, der von regelmäßigen Flächen begrenzt wird. Bei der *Kristallisation* nehmen die Atome, Ionen oder Moleküle eine bestimmte, regelmäßig wiederkehrende Anordnung ein: ein *Kristallgitter*. Die Gitter sind symmetrisch aufgebaut und entstehen bei freiem Wachstum stets in derselben Form.

Kristallnacht, *Reichskristallnacht,* die Nacht vom 9. auf den 10. November 1938, als in Deutschland 265 → Synagogen und über 7000 jüdische Geschäfte (von nicht uniformierten → SA- und SS-Trupps) zerstört und geplündert, vermutlich mehr als 90 jüdische Mitbürger ermordet und etwa 25 000 verhaftet und in → Konzentrationslager verschleppt wurden.

Kriterium [griech.], *das,* unterscheidendes Merkmal, das als Prüfstein für etwas dient.

Kritik [griech.], *die,* Beurteilung, Bewertung (vor allem von künstlerischen Werken), in negativem Sinne eine Beanstandung.

kritische Masse, in der Physik die Masse an spaltbarem Material, die für den Ablauf einer

→Kettenreaktion in einem Kernreaktor notwendig ist. Diese Kettenreaktion läuft explosionsartig ab, wenn die Masse *überkritisch* wird (in einer →Atombombe).

Kroatien, Staat auf dem →Balkan. Das Land reicht von der Adriaküste (Istrien und Dalmatien mit 1185 vorgelagerten Inseln) bis zur Drau und zur Donau. Es umfasst bewaldete →Karstplateaus, Hügel- und Gebirgslandschaften sowie eine fruchtbare Ebene zwischen den Flüssen Save und Drau. Die Bevölkerung besteht neben knapp 80 % Kroaten und etwa 12 % Serben aus verschiedenen Minderheiten (u. a. Slowenen, Muslime, Ungarn, Albaner, Italiener). Die kroatische Wirtschaft stützt sich in erster Linie auf die verarbeitende Industrie. Eine wichtige Einnahmequelle stellt der (durch den Bürgerkrieg beeinträchtigte) Fremdenverkehr dar. Das im Altertum von den Illyrern und Kelten bewohnte Land wurde im 1. Jh. n. Chr. von den Römern erobert. Ab dem 7. Jh. wanderten südslawische Stämme ein, die unter byzantinischer Oberhoheit ein Königreich gründeten. 1102 fiel Kroatien an Ungarn, 1527 an die →Habsburger. Es wurde wiederholt von den Türken bedrängt. 1526–1699 gehörte der östliche Teil zum →Osmanischen Reich. Das 1849 geschaffene Kronland Kroatien wurde 1867 Ungarn unterstellt, erhielt aber ein Jahr später weitgehende innere Autonomie. Nach dem Ersten Weltkrieg wurde es Teil des *Königreichs der Serben, Kroaten und Slowenen* (→Jugoslawien). 1941 entstand nach der Zerschlagung Jugoslawiens ein von der faschistischen *Ustascha* beherrschter »Unabhängiger Staat Kroatien«. Nach dem Zweiten Weltkrieg wurde Kroatien eine Volksrepublik des jugoslawischen Bundesstaats. Die anhaltenden Spannungen zwischen Kroaten und Serben führten jedoch Mitte 1991 zur Proklamation der Unabhängigkeit. Im Verlauf des danach ausbrechenden Bürgerkrieges besetzte das von Serben beherrschte Bundesheer etwa ein Drittel Kroatiens. 1995 gelang es Kroatien, Westslawonien und das Gebiet, das Ende 1991 seine Unabhängigkeit als *Republik Serbische Krajina* erklärt hatte, zurückzuerobern. Die Rückgabe von Ostslawonien an Kroatien wurde vereinbart.

Krokodile, Familie der →Panzerechsen, deren Vertreter in den tropischen Flussgebieten der ganzen Erde vorkommen. Dazu gehören die Gattungen *Stumpfkrokodile* (1,9 m lang, in Westafrika beheimatet), *Sunda-Gaviale* (bis 5 m lang, auf der Malaiischen Halbinsel, Sumatra und Borneo) und eigentliche *Krokodile*. Letztere findet man in Afrika, Asien, Amerika und Australien und Ozeanien. Am größten werden die Leistenkrokodile (über 7 m lang), die ins offene Meer hinausschwimmen und sich bis Ozeanien und Australien ausgebreitet haben.

Krokus [griech. »Safran«], *der,* zu den Schwertliliengewächsen gehörende Knollenpflanze, die häufig als Zierblume angepflanzt wird und schon sehr früh im Jahr weiß, gelb oder violett blüht.

Kronos, in der griechischen Mythologie der Sohn des Uranos (Himmel) und der →Gaia (Erde), einer der →Titanen. Bei den Römern wurde er mit →Saturn gleichgesetzt.

Kronzeuge, im englischen und amerikanischen Strafrecht ein Zeuge, der selbst an einer Straftat beteiligt war, aber als Hauptzeuge der Anklage aussagt und dafür eine mildere Strafe erhält oder ganz straffrei ausgeht. In Deutschland wurde 1989 eine Kronzeugenregelung für aussagewillige terroristische Straftäter eingeführt.

Kropf, bei wirbellosen Tieren (z. B. Bienen) und Vögeln eine Erweiterung der Speiseröhre, die zum kurzzeitigen Aufbewahren der Nahrung oder zu ihrer Zerkleinerung oder Vorverdauung dient. Beim Menschen führen Jodmangel (→Jod), Störungen in der Jodverwertung, Überfunktion, Entzündungen und Karzinome der →Schilddrüse zu einer krankhaften Schilddrüsenvergrößerung, die als Kropf bezeichnet wird.

Kröten, Familie der →Froschlurche. Die Kröten sind kurzbeiniger als die →Frösche und besitzen eine warzige Haut mit vielen Drüsen. Sie leben vorwiegend an Land und wandern nur zum Wasser, um sich zu paaren und zu laichen. Viele Kröten, z. B. die *Erdkröte,* die bekannteste Krötenart in Mitteleuropa, sondern durch Drüsen, die hinter den Augen liegen, einen giftigen Saft ab. Teilweise sind bereits die Kröteneier giftig. Zur selben Unterordnung wie die Kröten gehören auch die *Laubfrösche.*

Kruzifix [lat. »ans Kreuz geheftet«], *das,* plastische Darstellung des gekreuzigten Christus.

Krypta [griech. »verdeckter Gang«], *die,* ursprünglich Grabkammer eines Märtyrers, später ein unterirdischer Raum unter dem Chor einer Kirche, in dem Heilige, Bischöfe und hoch stehende Persönlichkeiten (z. B. Kaiser wie im Dom von Speyer) bestattet und →Reliquien aufbewahrt wurden.

Krypton [griech. »verborgen«], *das,* ein →chemisches Element. Das sehr seltene →Edelgas wird als Füllgas für Glühlampen verwendet.

KSZE, Abkürzung für *Konferenz für Sicherheit und Zusammenarbeit in Europa,* eine erstmals

---

Kroatien (Hrvatska)

Staatsname: Republik Kroatien
Staatsform: Republik
Hauptstadt: Zagreb
Fläche: 55 538 km^2
Einwohner: 4,8 Mio.
Bevölkerungsdichte: 86,5/km^2
Amtssprache: Kroatisch
Währung: Kuna (K)
Nationalitätskennzeichen: HR

Kroatien

Krypton

Zeichen: Kr
Ordnungszahl: 36
Atommasse: 83,8
Dichte: 3,73 g/l
Schmelzpunkt: –156,5 °C
Siedepunkt: –152 °C

Kuala Lumpur

In Kuala Lumpur steht das gegenwärtig höchste Gebäude (→ Wolkenkratzer) der Welt: die *Petronas Towers* mit 452 m Höhe.

Kuba (Cuba)
Staatsname: Republik Kuba
Staatsform: Sozialistische Republik
Hauptstadt: Havanna
Fläche: 110 861 km^2
Einwohner: 11 Mio.
Bevölkerungsdichte: 99/km^2
Amtssprache: Spanisch
Währung: Kubanischer Peso (kub $)
Nationalitätskennzeichen: C

Kuba

Kuba

Im Südosten von Kuba befindet sich in der Bucht von *Guantánamo* ein Marinestützpunkt, den die USA seit 1903 gepachtet haben.

1973–1975 in Genf durchgeführte Zusammenkunft von 33 europäischen Mitgliedstaaten sowie USA und Kanada. Die Konferenz spielte eine wichtige Rolle im Entspannungsprozess zwischen Ost und West. Sie befasste sich u. a. mit der Sicherheit in Europa, der Zusammenarbeit auf wirtschaftlichem und kulturellem Gebiet und der Einhaltung der Menschenrechte. An die Stelle der KSZE trat 1995 die → OSZE.

Kuala Lumpur, im Südwesten der Malaiischen Halbinsel gelegene Hauptstadt (als Ballungsraum 1,2 Mio. Einwohner) von → Malaysia.

Kuba, Inselstaat in der → Karibik. Neben der Hauptinsel, die größtenteils aus Tiefland besteht, aber im Südosten, in der Mitte und im Westen Gebirge besitzt, umfasst Kuba etwa 1800 kleinere Inseln und Korallenriffe, die der Küste vorgelagert sind. Die Bevölkerung setzt sich überwiegend aus Weißen (70 %) sowie Mulatten (17 %) und Schwarzen (12 %) zusammen. Die kubanische Wirtschaft, die in hohem Maße unter dem amerikanischen Embargo leidet, stützt sich in erster Linie auf die Landwirtschaft (Zuckerrohr, Tabak) und den Bergbau (Erze). Eine wichtige Einnahmequelle ist der Fremdenverkehr. Die 1492 von → Kolumbus entdeckte Insel, die zu den Großen → Antillen gehört, wurde 1511 von den Spaniern erobert. An die Stelle der weitgehend ausgerotteten indianischen Bevölkerung traten ab Mitte des 16. Jh. schwarze Sklaven aus Afrika. 1762 wurde Kuba von den Briten erobert, die es 1763 im Tausch gegen → Florida an Spanien abtraten. 1898 fiel Kuba an die USA, 1902 wurde die Insel selbstständig, blieb aber wegen ihrer wirtschaftlichen und strategischen Bedeutung unter amerikanischer Kontrolle. Die ab 1933 herrschende Militärdiktatur Batistas wurde 1959 nach mehrjährigem Guerillakrieg von *Fidel Castro Ruz* (* 1927) gestürzt, der eine sozialistische Einparteienregierung errichtete und sich eng an den Ostblock anlehnte. 1961 scheiterte ein vom CIA unterstützter Versuch von Exilkubanern, in der Schweinebucht zu landen. Die Stationierung sowjetischer Atomraketen führte 1962 zur *Kubakrise,* einer direkten Konfrontation zwischen den USA und der UdSSR, die erst durch den Abzug der Mittelstreckenraketen beendet wurde. Die durch amerikanische Handelsbeschränkungen und die Einstellung der sowjetischen Wirtschaftshilfe (seit 1990) verursachte Wirtschaftskrise hatte 1994 schwere Unruhen und Flüchtlingsströme zur Folge.

Kubik- [lat. »würfelförmig«], in zusammen-

■ Ein **Kuckuck** wird von einem Teichrohrsänger aufgezogen

gesetzten Wörtern mit der Bedeutung »Raum-« bzw. »dritte Potenz von«, insbesondere bei Raummaßen (Zeichen ^{3}, z. B. *Kubikmeter* = m^3).

Kubismus [von lat. cubus = »Würfel«], der, Kunstrichtung im frühen 20. Jh., die in ihren Werken die sichtbare Welt auf wenige geometrische Formen reduzierte: Würfel, Kegel und Kugel. In der Malerei wurde der Kubismus 1908 von Pablo → Picasso und Georges Braque (1882–1963) entwickelt.

Kuckuck, in Eurasien und Afrika vorkommender, über 30 cm langer Vogel mit blaugrauem Gefieder. Er legt seine Eier einzeln in den Nestern von Singvögeln ab, wobei die Schale farblich den Eiern der »Pflegeeltern« angepasst ist. Wenn das Kuckucksjunge ausschlüpft, stößt es die anderen Eier oder Jungen aus dem Nest.

Kugel, geometrischer Körper, bei dem alle Punkte auf der Oberfläche von einem Punkt innerhalb der Kugel *(Mittelpunkt)* gleich weit entfernt sind. Die Oberfläche ($4 \times r^2 \pi$) und der Rauminhalt ($\frac{4}{3} r^3 \pi$) einer Kugel lassen sich mithilfe des → Radius und der Kreiszahl → Pi berechnen.

Kugellager, technisches Bauteil bei Fahrzeugen und Maschinen, mit dessen Hilfe die → Reibung zwischen einer sich drehenden Welle und dem zugehörigen Achslager vermindert wird. Es besteht aus einem Innenring, einem Kugelkäfig, der die Stahlkugeln in gleichem Abstand voneinander hält, und einem Außenring. Durch das Abrollen der Kugeln zwischen Innen- und Außenring wird die hohe Gleitreibung in die wesentlich geringere Rollreibung umgewandelt. Anstelle von Kugeln können auch kegel- oder zylinderförmige Rollen eingesetzt werden. Kugel- und Rollenlager bezeichnet man zusammen als *Wälzlager.*

Kugelstoßen, in der → Leichtathletik eine Sportart, bei der eine Metallkugel (bei Herren 7,25 kg, bei Damen 4 kg schwer) mit einer Drehbewegung des Körpers aus dem Wurfkreis (2,135 m Durchmesser) möglichst weit gestoßen werden muss.

Ku-Klux-Klan [engl. 'kjuːklʌksˈklæn], ein 1865 in den USA gegründeter Geheimbund, in dem sich weiße Farmer in den Südstaaten zusammenschlossen, um mit Terrormethoden gegen die Gleichberechtigung der Schwarzen zu kämpfen. Die Mitglieder trugen weiße Kutten mit spitzen Kapuzen und verwendeten ein brennendes Kreuz als Symbol. Der Ku-Klux-Klan wurde 1869 aufgelöst, entstand aber 1915 wieder und richtet sich seitdem allgemein gegen religiöse und ethnische Minderheiten.

Kulanz [frz.], *die,* Entgegenkommen im Geschäftsleben.

Kult [lat. »Pflege, Verehrung«], *der,* an bestimmte Vorschriften, Formen und Orte gebundene Ausübung einer Religion, um eine Gottheit zu verehren, auch übertriebene Verehrung einer Person *(Starkult)* oder Sache.

Kultur [lat. »Pflege (von Körper und Geist«], *die,* **1.** alle geistigen und künstlerischen Formen, mit denen sich eine Gemeinschaft, vor allem ein Volk, ausdrückt (z. B. die *Kultur der alten Griechen)*. Beim einzelnen Menschen versteht man unter Kultur eine verfeinerte Lebensweise, die mit Bildung verbunden ist; **2.** in der Biologie bedeutet Kultur die Züchtung von Mikroorganismen (z. B. *Bakterienkultur)* oder Zellen *(Gewebekultur)* auf Nährböden.

Kunst, die Gesamtheit der Werke, die einen ästhetischen Anspruch erheben (→ Ästhetik) und oft bestimmten Regeln unterliegen, im engeren Sinne die → bildenden Künste.
Kunstwerke dienen im Gegensatz zu Gebrauchsgegenständen keinem unmittelbaren Zweck. Die Zweckfreiheit des *l'art pour l'art* (= »Kunst um der Kunst willen«) ist aber erst eine Errungenschaft der Neuzeit, weil die Kunst bis dahin genau umrissene Aufgaben für die Gesellschaft hatte (z. B. Verherrlichung von Gottheiten oder Herrschern). Was Kunst ist, hängt in den verschiedenen Epochen vom jeweiligen Kunstbegriff ab, d. h., ob das Kunstwerk eine bestimmte Aufgabe erfüllen muss oder ob es dem Schönheitsmaßstab der Zeit genügt. Das führt zur Ausbildung von zeitbedingten Kunstrichtungen. In jedem Fall ist die Kunst eine Auseinandersetzung des Menschen mit der Wirklichkeit, die er nach bestimmten Ordnungsprinzipien (z. B. Schönheit oder Wahrheit) zu erfassen und darzustellen versucht. Dieses spielerische Erschaffen einer neuen Wirklichkeit bietet dem *Kunstrezipienten* als Betrachter oder Hörer einen ästhetischen Genuss, der mehr als bloße Unterhaltung ist und ihn die Welt neu und schärfer sehen und hören lässt. Die Grenzen zum *Kunstgewerbe,* das lediglich künstlerische Versatzstücke verwendet, und zur unschöpferischen Unterhaltungskunst, die kritiklos konsumiert werden kann, sind dabei fließend.

Kunstdünger, künstlich hergestelltes Düngemittel, das auch als *Mineraldünger* bezeichnet wird. Es enthält vor allem Stickstoff (in Form von Nitrat), Phosphat, Kalium, Calcium und Magnesium. Kunstdünger ist wichtig für eine intensive Landwirtschaft (vor allem bei nährstoffarmen Böden), aber der übermäßige Einsatz birgt Gefahren für die Umwelt.

künstliche Befruchtung, eine Befruchtung der weiblichen → Eizelle ohne Geschlechtsverkehr, indem eine gesunde männliche → Samenzelle durch Einsatz von technischen Hilfsmitteln mit einer Eizelle vereinigt wird. Als künstliche Besamung *(Insemination)* ist sie eine wichtige Methode für die Tierzucht (vor allem in der Landwirtschaft). Beim Menschen wird die künstliche Befruchtung angewendet, wenn der Mann zeugungsunfähig ist oder die Frau nicht auf natürlichem Weg empfangen kann. Dabei wird Sperma (vom Ehemann oder von einem fremden Spender) in den Gebärmutterhals gespritzt oder vor die Gebärmutter gebracht. Bei der → *In-vitro-Fertilisation* wird eine außerhalb des weiblichen Körpers befruchtete Eizelle in die Gebärmutter oder den Eileiter eingesetzt.

künstliche Intelligenz, *KI,* ein Zweig der → Informatik. KI versucht die menschliche Intelligenz durch → Simulation mit Hilfe von Computersystemen nachzubilden, d. h., diese Computersysteme können Wissen speichern und erweitern, also selbst lernen, logische Schlussfolgerungen ziehen und selbstständig Probleme lösen. Anwendungsgebiete von KI-Systemen sind die Sprach- und Mustererkennung sowie → Expertensysteme.

Kunststoffe, organische chemische Stoffe, die entweder durch eine chemische Veränderung natürlicher Stoffe oder künstlich aus anorganischen oder organischen Rohstoffen (z. B. Erdöl, Erdgas, Kohle) hergestellt werden. Sie bestehen aus riesigen Molekülketten, die oft miteinander vernetzt sind. Die Grundbausteine bildet → Kohlenstoff, der so lange Molekülketten bilden kann. Kunststoffe gibt es in vielfältiger Form: als Flüssigkeiten, Folien, Fasern oder Pressmassen. Man unterscheidet sie nach ihrem Ver-

Hochkultur

Wenn ein Volk einen kulturellen Entwicklungsstand erreicht, der es zum Aufbau eines geordneten Staatswesens, zum schriftlichen Festhalten seiner Geschichte und zur Ausbildung von Technik, Wissenschaft und Kunst befähigt, spricht man von einer *Hochkultur.*

Künstler

Kunstwerke werden in der Regel von Spezialisten, *Künstlern,* geschaffen. Im Altertum galten die Künstler zunächst nur als Handwerker und blieben zumeist ungenannt. Erst bei den Griechen wurden daraus geachtete Schöpfer, die namentlich bekannt sind. Auch das Mittelalter kannte anfangs keine individuellen Künstler. Baumeister und Steinmetzen waren in Bauhütten zusammengeschlossen, Maler und Bildschnitzer in Zünften. Erst die → Renaissance brachte den individuellen Originalkünstler hervor, der eigene Kunstwerke schöpferisch erfand.

Kupfer

• • • • • • • • • • • • • • • • • • • •

Zeichen: Cu
Ordnungszahl: 29
Atommasse: 63,55
Dichte: 8,96 g/cm³
Schmelzpunkt: 1083 °C
Siedepunkt: 2567 °C

Kupfertöpfe zerstören Vitamine

• • • • • • • • • • • • • • • • • • • •

Für vitaminschonendes Kochen sind Kupfertöpfe ungeeignet. So ist zum Beispiel Sauerkraut nach der Zubereitung im Kupfertopf vitaminmäßig nur noch die Hälfte wert; anderen Gemüsesorten ergeht es ebenso. Beim Erhitzen treten aus dem Metall kleine Teilchen aus, die Sauerstoff binden und die Vitamine zerstören. Besser sind Töpfe aus Aluminium oder rostfreiem Stahl. Glas ist nur bedingt geeignet, da bei verlängerter Kochzeit die Vitamine durch die Hitze vollständig vernichtet werden.

■ *Kupferstich* von Theodor de Bry, Americae Westindische Reisen

halten bei Erwärmung. *Thermoplaste* oder *Plastomere* werden bei höheren Temperaturen weich und lassen sich dann leicht verformen. *Duroplaste* oder *Duromere* sind unlöslich und weder verformbar noch schmelzbar.

Kupfer [von lat. cuprum = »zyprisch«], *das*, ein → chemisches Element. Das zähe, weiche Metall mit der rotglänzenden Farbe leitet sehr gut Wärme und elektrischen Strom, weshalb es für Heizungsrohre, Kühlschlangen, Kessel und Pfannen sowie in der Elektrotechnik eingesetzt wird. Durch Ziehen kann man dünnste Kupferdrähte herstellen. Seit alten Zeiten wird Kupfer als Werkstoff genutzt, zunächst rein (schon vor etwa 8000 Jahren) und seit dem 3. Jt. v. Chr. in → Legierungen, wodurch sich Härte und Festigkeit erhöhen. Die bekanntesten *Kupferlegierungen* sind → Bronze (mit Zinnanteil) und → Messing (mit Zinkanteil). In der Natur kommt Kupfer als gediegenes, d. h. reines Metall und als Erz (z. B. *Kupferkies*) vor.

Kupferstich, eine Tiefdrucktechnik (→ Drucken) zur Vervielfältigung von Grafiken. Die Zeichnung wird dabei mit einem *Grabstichel*, manchmal auch mit einer Stahlnadel oder einem Diamantstift, in eine polierte Kupferplatte eingraviert. Wenn die eingegrabenen Rillen mit Druckfarbe aufgefüllt werden und die Farbe von den glatten Flächen abgewischt wird, kann man die Zeichnung auf ein Papierblatt übertragen. Der Kupferstich wurde im frühen 15. Jh. in Deutschland entwickelt und hatte seine Blütezeit im späten 15. und im 16. Jh. (u. a. Albrecht → Dürer).

Kupplung, eine Vorrichtung, die zwei sich drehende Maschinenteile lösbar verbindet. Im Kraftfahrzeug beispielsweise befindet sich die Kupplung zwischen → Motor und → Getriebe. Wenn sie betätigt wird, trennt sie den Motor von der Antriebswelle und macht es möglich, einen Gang einzulegen.

Kurden, ein indogermanisches Volk, das in Vorderasien lebt. Kernland des in viele Stämme aufgesplitterten Bergvolks ist der Süden Armeniens. *Kurdistan* als Siedlungsgebiet der Kurden wurde im 20. Jh. auf fünf Staaten aufgeteilt; Kurden wohnen heute im Osten der Türkei (50 %), im Norden des → Irak (18 %), im Westen des Iran (24 %), im Nordosten Syriens (5 %) und in Armenien (3 %). Besonders stark unterdrückt werden die Kurden im Irak, wo im Norden seit 1974 eine drei Provinzen umfassende *Autonome Region Kurdistan* (ca. 38 000 km²) besteht (seit dem zweiten → Golfkrieg teilweise unter dem Schutz der UNO), und in der Türkei, wo die linksextremistische Kurdische Arbeiterpartei PKK mit terroristischen Methoden für einen unabhängigen kurdischen Staat kämpft.

Kurfürsten, die Fürsten, die im → Heiligen Römischen Reich das Recht hatten, den deutschen → König zu wählen. Das seit dem 12. Jh. geltende Recht wurde 1356 in der → Goldenen Bulle festgeschrieben. Die sieben wahlberechtigten Kurfürsten waren die Erzbischöfe von Mainz, Trier und Köln, der Pfalzgraf bei Rhein, der Herzog von Sachsen, der Markgraf von Brandenburg und der König von Böhmen (später kamen der Herzog von Bayern und der Herzog von Braunschweig-Lüneburg als Kurfürst von Hannover hinzu).

Kurie [lat.], *die*, der päpstliche Hofstaat bzw. die oberste Verwaltungsbehörde des Heiligen Stuhls (*Römische Kurie*).

Kursivschrift [von lat. cursiva = »umlaufende (Schrift)«], eine schräge Druckschrift *(die Wörter innerhalb dieser Klammern sind kursiv gesetzt)*.

Kurve [lat.], *die*, in der Mathematik und Statistik eine gekrümmte Linie, die den Zusammenhang zwischen Größen (z. B. eine → Funktion) grafisch darstellt; auch Krümmung einer Fahr- oder Flugbahn.

Kurzschluss, eine elektrisch leitende Verbindung zwischen zwei Spannungspolen einer Stromquelle, wobei der Widerstand fast gleich null ist. Die Spannung bricht dann zusammen,

während der Strom seinen Höchstwert erreicht. Um eine übermäßige Erhitzung der Leitungen (Brandgefahr) zu vermeiden, gibt es → Sicherungen, die eine Kurzschlussstelle vom übrigen Stromnetz abtrennen.

Kurzschrift, deutsche Bezeichnung für → Stenografie.

Kurzsichtigkeit, *Myopie,* ein durch einen Brechungsfehler in der → Hornhaut des Auges hervorgerufener Sehfehler, der dazu führt, dass sich die parallel einfallenden Lichtstrahlen bereits vor der Netzhaut vereinigen und von weiter entfernten Gegenständen ein unscharfes Bild erzeugen.

Kurzwellen, *KW,* elektromagnetische Wellen mit einer Wellenlänge zwischen 10 und 100 m und einer Frequenz von 30 bis 3 MHz, die wegen ihrer großen Reichweite für den → Rundfunk und den Funkverkehr genutzt werden.

Kuwait, Emirat auf der Arabischen Halbinsel. Der größte Teil des Landes am Persischen Golf besteht aus Wüste. Wegen des hohen Anteils ausländischer Arbeitskräfte (vor allem aus Ägypten und Indien) sind nur 43 % der Bevölkerung arabische Kuwaiter. Die kuwaitische Wirtschaft stützt sich fast ausschließlich auf die großen Erdöl- und Erdgasvorkommen, die das Emirat zu einem der reichsten Länder der Erde machen. Das seit Mitte des 18. Jh. unabhängige Scheichtum, dessen Grenzen erst 1921 festgelegt wurden, war ab 1899 britisches Protektorat. Seit 1961 ist Kuwait unabhängig. Grenzstreitigkeiten mit dem → Irak, der Anspruch auf Kuwait (als 19. Provinz) erhebt, führten 1990 zur Invasion und Besetzung durch irakische Truppen. Einer internationalen Streitmacht gelang 1991 im Auftrag der UNO die Befreiung des Emirats (→ Golfkrieg).

Kybernetik [griech. »Steuermannskunst«], *die,* Wissenschaft, die sich mit Steuerungs- und Regelungsvorgängen bei natürlichen (biologischen) und künstlichen (technischen) Systemen befasst und dafür Modelle und mathematische Beschreibungen verwendet.

kyrillische Schrift, nach dem Slawenapostel *Kyrillos* (eigentlich Konstantinos, 826–869) benannte Schrift, die heute in Russland, Weißrussland, der Ukraine, Bulgarien, Serbien und Makedonien verwendet wird. Die Schrift wurde von Kyrillos und seinem Bruder *Methodios* (eigentlich Michael, 816/820–885) aus griechischen Großbuchstaben entwickelt, um biblische Texte ins Slawische übersetzen zu können.

KZ, Abkürzung für → *Konzentrationslager.*

Kuwait	
Staatsname:	Staat Kuwait
Staatsform:	Monarchie
Hauptstadt:	Kuwait
Fläche:	17 818 km²
Einwohner:	1,5 Mio.
Bevölkerungsdichte:	84/km²
Amtssprache:	Arabisch
Währung:	Kuwait-Dinar (KD.)
Nationalitätskennzeichen:	KWT

Kuwait

L, 1. bei römischen Zahlen das Zeichen für 50; **2.** Abkürzung für die Währungseinheiten italienische Lira und Pfund Sterling (£).
l, Einheitenzeichen für → Liter.

Label [engl. leɪbl], *das,* eigentlich aufklebbares Etikett, insbesondere bei Schallplatten; im weiteren Sinne eine Firma, die Musikträger produziert.

Laboratorium, *Labor* [lat.], *das,* Forschungsstätte, in der naturwissenschaftliche und technische Versuche (→ Experimente) durchgeführt werden.

Labyrinth [griech.], *das,* **1.** Irrgarten, eine Anlage mit verwirrend vielen Gängen, aus der man nur mühsam wieder herausfinden kann (z. B. in Barockgärten); **2.** bei Wirbeltieren das Innenohr (→ Ohr), in dem sich der Sitz des → Gleichgewichtssinns befindet.

Lachs, *Salm,* Gattung der Lachsfische, zu der auch die → Forellen gehören. Der *Atlantische Lachs* ist ein Wanderfisch, der seine Jugend in den Oberläufen von Flüssen in Nord- und Mitteleuropa sowie in Nordamerika verbringt, danach ins Meer wandert und als erwachsener Fisch wieder in die Flüsse aufsteigt, wo er als Jungtier gelebt hat. Dort laicht er. Bei ihrer Wanderung flussaufwärts können Lachse bis zu 45 km pro Tag zurücklegen und springen auch kleine Wasserfälle überwinden. Die männlichen Lachse werden bis zu 1,5 m lang und über 35 kg schwer, während die Weibchen kleiner bleiben (bis 1,2 m und 20 kg). Der Lachs ist ein begehrter Speisefisch, der auch als *Räucherlachs* in den Handel kommt.

Lackmus [ndl.], *der* und *das,* aus der *Lackmusflechte* gewonnener blauer Farbstoff, der in der Chemie als → Indikator verwendet wird. *Lackmuspapier* verfärbt sich rot, wenn eine Lösung sauer ist (→ Säure), und blau, wenn sie alkalisch ist (→ Alkalien). Heute verwendet man anstelle von Lackmus zumeist beständigere synthetische Farbstoffe.

Ladung, *elektrische Ladung,* die Eigenschaft von → Elementarteilchen, die für das umgebende elektromagnetische Feld (→ Elektromagnetismus) und die elektromagnetische Wechselwirkung verantwortlich ist. Zwischen gleichnamigen Ladungen herrscht eine abstoßende Kraft, während sich ungleichnamige Ladungen anziehen. Wenn *positive* und *negative* Ladungen in

■ **Lachse** bei der hindernisreichen Wanderung zu ihren Laichplätzen

einem Elementarteilchen oder Körper in gleichen Mengen vorhanden sind, gleichen sie einander aus, so dass die betreffende Materie elektrisch *neutral* ist. Bewegte elektrische Ladungen werden als elektrischer Strom (→ Elektrizität) bezeichnet. Die Ladung muss immer ein Vielfaches der → Elementarladung sein; lediglich bei den nicht frei vorkommenden → Quarks beträgt sie ein oder zwei Drittel davon. Die elektrische Ladung wird in → Coulomb gemessen.

La Fontaine [lafõ'tɛn], Jean de (1621–1695), französischer Dichter, der vor allem durch seine → Fabeln bekannt ist. In zwölf Büchern fasste er über 250 zumeist gereimte Fabeln zusammen, wobei er auch Texte antiker Dichter wie Äsop oder Phaedrus übersetzte. La Fontaine beschreibt den Kampf ums Dasein mit heiterem Spott über die zeitgenössische Gesellschaft.

Lagos, am Atlantischen Ozean gelegene größte Stadt (als Ballungsraum 5,7 Mio. Einwohner) von → Nigeria. Die bedeutendste Hafenstadt des Landes war 1954–1991 auch Hauptstadt.

Lagune [it.], *die,* vom offenen Meer durch Sandbänke, schmale Landzungen oder Inseln abgetrenntes Flachwasser, das an der Ostsee als *Haff* bezeichnet wird.

Laich, *der,* Eier von Wassertieren und → Amphibien, die im Wasser abgelegt bzw. an Wasserpflanzen angeheftet werden. Die Eier sind zumeist von einer schleimigen oder gallertartigen Schutzhülle umgeben. Zahlreiche Fisch- und Amphibienarten besitzen spezielle *Laichplätze,* zu denen sie wandern (*Laichwanderungen*).

Labyrinth

Die Bezeichnung geht zurück auf die griechische Sage, in der Dädalus für den → Minotaurus ein Labyrinth baute, und wurde auf die Palastanlage von Knossos (auf → Kreta) angewandt, die einen verwirrenden Eindruck auf die Griechen machte.

Lagos

Lagos ist die am schnellsten wachsende Großstadt der Erde und wird im Jahre 2010 den derzeitigen Wachstumsraten zufolge vermutlich über 21 Millionen Menschen beherbergen.

■ *Lama*

Landfrieden

Der *Landfrieden* war im Mittelalter der vom König oder Kaiser ausgerufene Friede, der für einen begrenzten Zeitraum → Fehden und später auch andere Gewalttaten verbot und bestimmte Personen (z. B. Geistliche, Bauern und Kaufleute) unter den Schutz des Reiches stellte. 1495 verkündete Maximilian I. mit dem *Ewigen Landfrieden* ein dauerndes Fehdeverbot.

Landkarte

Die Abmessungen sind in einem bestimmten → *Maßstab* gehalten. Dieser gibt das Verhältnis an, in dem Strecken auf der Karte zu den tatsächlichen Strecken in der Natur stehen. Ein Maßstab von 1:25 000 beispielsweise zeigt an, dass 1 cm auf der Karte 250 m (25 000 cm) in der Natur entspricht. Ein so großer Maßstab ist jedoch nur für Karten möglich, die ein kleines Gebiet zeigen, z. B. *Umgebungskarten* bei Stadtplänen. Bei Landkarten (z. B. in Atlanten) werden hauptsächlich kleine Maßstäbe von mindestens 1:1 000 000 verwendet (1 cm entspricht 10 km).

Laie [lat.-griech. »zum Volk gehörig«], *der,* in der katholischen Kirche ein Mitglied, das nicht dem → Klerus angehört, also kein Geistlicher ist. Im übertragenen Sinne versteht man darunter einen Nichtfachmann.

lakonisch, kurz und treffend ausgedrückt, wortkarg.

Lamas [span.-indian.], Gattung von → Kamelen, die in Südamerika (Anden) leben. Sie werden bis zu 1,3 m hoch und bis zu 2,25 m lang. Die höckerlosen Tiere, die auch als Klein- oder Schafkamele bezeichnet werden, wurden schon früh domestiziert (→ Haustiere) und sind in den hoch gelegenen Gebieten von Peru und Bolivien noch immer wichtige Lasttiere. Außerdem liefern sie Fleisch, Milch und Wolle. Man unterscheidet *Guanako* (Stammform der beiden Haustierformen), *Alpaka* (langhaarige Haustierrasse des Guanakos), *Lama* (Zuchtform aus dem Guanako mit kürzerer, weniger wertvoller Wolle) und *Vikunja* (kleinere der beiden Wildarten mit kostbarer Wolle, heute in Reservaten lebend).

Lamaismus [von tibet. blama = »der Obere«], *der,* in Tibet sowie in anderen Himalajastaaten, Nordchina und der Mongolei verbreitete Form des → Buddhismus, die sich als Mönchsreligion zu Beginn des 15. Jh. entwickelte. Das weltliche Oberhaupt des tibetischen Lamaismus ist der → *Dalai-Lama,* das geistliche der *Pantschen-Lama.*

Lamelle [frz. »Blättchen«], *die,* bei den Blätterpilzen ein unter dem Hut wachsendes feines Blättchen, das die Sporen trägt; in der Technik eine dünne, schmale Scheibe oder Platte.

Landeshauptmann, in Österreich der Vorsitzende der Regierung eines Bundeslandes.

Landfriedensbruch, Straftat, bei der die öffentliche Sicherheit durch Gewalttätigkeit einer Menschenmenge gegenüber Menschen oder Sachen gefährdet ist.

Landkarte, verkleinerte (gezeichnete) Abbildung der Erdoberfläche oder eines Ausschnitts davon. Dabei werden in ein *Kartennetz* (Projektion des → *Gradnetzes* der Erdkugel auf die Kartenebene) u. a. Grenzen, Höhen, Straßen, Eisenbahnlinien und Orte eingetragen. Diese Bildzeichen *(Signaturen)* werden in der *Legende* erklärt. Je nach Kartentyp (z. B. topographische oder thematische, geographische, physikalische, geologische oder politische Karte) werden Grenz- und Höhenlinien, Schraffierungen und Farben verwendet (um Tief- und Hochländer voneinander zu unterscheiden oder Gewässer, Vegetationstypen etc. anzuzeigen).

Durch verschiedene Projektionsweisen wird versucht, die Erdoberfläche möglichst genau auf die Zeichenebene abzubilden. So gibt es flächengetreue Projektionen, die zwar die Flächen im richtigen Verhältnis, die Winkel jedoch verzerrt darstellen. Eine winkeltreue Darstellung ermöglicht die *Mercator-Projektion,* bei der aber die Flächen nicht die richtige Größe besitzen.

Landkreis, *Kreis,* in Deutschland eine überörtliche Verwaltungseinheit, die für die Gemeinden innerhalb des Kreises zuständig ist. Die Organe des Landkreises sind der *Kreistag* und der *Landrat,* die von den Bürgern gewählt werden.

Landtag, in Deutschland und Österreich die Volksvertretung der Bundesländer. In Bremen und Hamburg wird das Landesparlament als *Bürgerschaft,* in Berlin als *Abgeordnetenhaus* bezeichnet.

Länge, *geographische Länge,* die Lage eines Punktes auf der Erdoberfläche, die durch den Winkel zwischen seinem **Längenkreis** und dem → Nullmeridian bestimmt ist und angibt, wie weit der Punkt vom Nullmeridian entfernt ist. Die Erdoberfläche ist in **Längengrade** eingeteilt, wobei nach Osten und nach Westen je 180 Grad gemessen werden. Alle Orte bis 180° östlich des Nullmeridians haben eine *östliche Länge,* alle Orte westlich davon eine *westliche Länge.* Die Längenkreise oder *Meridiane* sind gedachte Kreise, die durch beide Pole verlaufen.

Langobarden, germanischer Stamm (→ Germanen), der ursprünglich in Skandinavien lebte und sich um die Zeitenwende an der Elbe ansiedelte. Im Zuge der Völkerwanderung drangen die Langobarden nach Südosten vor und eroberten Ende des 5. Jh. Pannonien (Ungarn). 568 fielen sie in Oberitalien ein und gründeten in der späteren *Lombardei* ein Königreich, das sein Herrschaftsgebiet ausdehnte und erst 774 von → Karl dem Großen unterworfen wurde.

Langusten, zu den Panzerkrebsen gehörende → Krebse, die bis zu 45 cm lang werden und ein Gewicht von 8 kg erreichen können. Sie besitzen einen farbenprächtigen Panzer und verfügen über keine Scheren.

Langwellen, *LW,* elektromagnetische Wellen mit einer Wellenlänge zwischen 1000 m und 10 km und einer Frequenz von 300 bis 30 kHz. Der Wellenbereich von 1,05–2 km wird wegen der großen Reichweite für den Hörfunk (→ Rundfunk) genutzt.

Lanthan [von griech. lanthanein = »verborgen sein«], ein → chemisches Element. Das seltene silberweiße Metall ist sehr reaktionsfähig. Ein Oxid wird für Spezialgläser verwendet.

■ *Languste*

Laos, Staat in Südostasien. Der Binnenstaat auf der hinterindischen Halbinsel besteht im Norden aus Gebirgsland. Die sich anschließende Bergkette bildet im Osten die Grenze zu Vietnam, während das Land nach Westen hin terrassenförmig abfällt. Im Südwesten liegt das fruchtbare Tiefland des Mekong, der Laos gegenüber Thailand und Kambodscha abgrenzt. Laos gehört zu den am wenigsten entwickelten Ländern der Erde. Der größte Teil der Bevölkerung, die etwa 70 Volksgruppen und Stämme umfasst, ist in der Landwirtschaft tätig. Noch immer wird Schlafmohn angebaut, aus dem das Rauschgift → Opium gewonnen wird. Eine wichtige Rolle spielt die Wasserkraft, die für die Stromerzeugung genutzt wird. Das Land gehörte zum Herrschaftsbereich der Khmerkönige (→ Kambod-scha), bevor die mit den Thai (→ Thailand) verwandten *Lao* 1353 den Staat *Lan Chang,* das »Reich der Millionen Elefanten«, gründeten. Im 17. Jh. zerfiel es in rivalisierende Teilreiche und kam im 18. Jh. unter die Oberhoheit des Nachbarstaats → Siam. Gegen Ende des 19. Jh. musste Laos an Frankreich abgetreten werden, das es seinem Kolonialbesitz Indochina eingliederte. Das im Zweiten Weltkrieg von Japan besetzte Land erklärte sich 1945 für unabhängig, erhielt aber erst 1949 von Frankreich die Selbstständigkeit und 1954 die volle staatliche Unabhängigkeit. In einem langen Bürgerkrieg, in den auch Nordvietnam und die USA eingriffen, eroberte die kommunistische Pathet-Lao-Bewegung bis 1973 den größten Teil des Landes und rief 1975 die *Demokratische Volksrepublik Laos* aus. Ende der 80er Jahre wurde auf wirtschaftlichem Gebiet eine Liberalisierung eingeleitet.

Laotse, *Laodse,* chin. *Lao-zi* (»der Alte Meister«) eigentlich *Li Er* (4./3. Jh. v. Chr.), chinesischer Philosoph, der den → Taoismus begründete und später vergöttlicht wurde.

La Paz [span. la'paθ], in einem Talkessel der Anden etwa 3700 m hoch gelegene größte Stadt (als Ballungsraum 1,9 Mio. Einwohner) → Boliviens. Sie ist der Sitz der bolivianischen Regierung.

Lapislazuli [lat. »Blaustein«], *der,* tiefblaues Mineral (Lasurit), das zu den Halbedelsteinen zählt und als Schmuckstein verwendet wird.

Lappland, etwa 400 000 km² großes Gebiet in → Skandinavien, das zu → Norwegen, Schweden, Finnland und Russland gehört. Lappland ist eine seenreiche Landschaft mit Nadelwald im Süden und Tundra im Inneren. Von den rund 450 000 Bewohnern sind 30 000 **Lappen**, die sich selbst als *Samen* bezeichnen und traditionell Rentierzucht betreiben. Sie sprechen eine → finnisch-ugrische Sprache.

■ *Sumpflandschaft in* **Lappland**

Laptop [von engl. lap læp = »Schoß« und top = »Arbeitsplatte«], *der,* kleiner, tragbarer → Personalcomputer mit flachem Plasmabildschirm (→ Monitor) im aufklappbaren Deckel. Mit Hilfe eines aufladbaren → Akkumulators kann das Gerät mehrere Stunden lang unabhängig von einem Netzanschluss betrieben werden. Laptops kamen Mitte der 80er Jahre auf den Markt. Sie verfügen über eine Festplatte, → Diskettenlaufwerke (meist auch für → CD-ROM), Schnittstel-

Laos (Lao)
Staatsname: Demokratische Volksrepublik Laos
Staatsform: Volksrepublik
Hauptstadt: Vientiane
Einwohner: 4,9 Mio.
Bevölkerungsdichte: 21/km²
Amtssprache: Lao
Währung: Kip
Nationalitätskennzeichen: LAO

Laos

Längengrad
• • • • • • • • • • • • • • • • • • • •
Alle Orte auf einem Längenkreis besitzen dieselbe Uhrzeit (Ortszeit), wobei ein Abstand von 1° zwischen den Längenkreisen einem Zeitunterschied von vier Minuten entspricht. 15° machen eine Stunde aus und ergeben eine neue Zeitzone.

Lanthan
• • • • • • • • • • • • • • • • • • • •
Zeichen: La
Ordnungszahl: 57
Atommasse: 138,91
Dichte: 6,14 g/cm³
Schmelzpunkt: 921 °C
Siedepunkt: 3454 °C

*Nutzung von **Laserstrahlen** bei der Bearbeitung von Metall*

lateinische Schrift

Die lateinische Schrift, die sich im 7. Jh. aus dem griechischen → Alphabet entwickelte, wurde in erster Linie durch das Christentum zur Grundlage der Schreib- und Druckschriften in den meisten europäischen Ländern.

len für den Anschluss an einen stationären Computer, einen Drucker und andere → Peripheriegeräte sowie oft über ein → Modem (für Fax- und Online-Verbindungen).

Lärche, zu den Kieferngewächsen zählender sommergrüner Nadelbaum, der bis zu 50 m hoch werden kann.

largo [it.], in der Musik Anweisung für einen langsamen Vortrag.

Larve [lat. »Maske«], *die,* Jugendstadium bei Tieren, die sich nach dem Ausschlüpfen aus dem Ei nicht direkt zu erwachsenen, geschlechtsreifen Exemplaren entwickeln, sondern eine Umwandlung *(Metamorphose)* durchlaufen. Larven findet man z. B. bei den → Insekten (→ *Made, Raupe*) und → Amphibien (→ *Kaulquappe*).

Laser [ˈleɪzə], *der,* Kurzwort aus engl. *Light amplification by stimulated emission of radiation* (Lichtverstärkung durch angeregte Aussendung von Strahlung), ein Verstärker für kohärente, d. h. sich überlagernde elektromagnetische Schwingungen von gleicher Wellenlänge im infraroten, sichtbaren und ultravioletten Bereich des → Spektrums; im engeren Sinne eine Lichtquelle, die energiereiche, stark gebündelte Lichtstrahlen erzeugt. Ein Laser besteht aus einem *Lasermedium* (ein Kristall wie etwa Rubin, ein Halbleiter, eine flüssige Lösung von Farbstoffen oder ein Gas) und einem Anreger (z. B. Blitzlampe). Beim Feststofflaser ist der zylindrische Kristall, der am einen Ende eine hoch reflektierende Spiegelfläche und am anderen Ende eine teilweise durchlässige Spiegelfläche besitzt, von einer Blitzröhre wendelförmig umgeben. Die Energie der Blitzlampe regt die Atome im Kristall an, Licht von einer bestimmten Wellenlänge abzugeben. Durch Reflexion an den spiegelnden Wänden wird das Licht im Kristall verstärkt und gebündelt.

Laserstrahlen werden heute in vielen Bereichen der Technik angewendet, u. a. in der Industrie (z. B. zum Schneiden, Bohren und Schweißen), der Messtechnik (Messen von Entfernungen), der Nachrichtentechnik (Informationsübertragung in Glasfaserkabeln) und der Medizin (z. B. in der Chirurgie und Augenheilkunde). Ein bedeutsames Anwendungsgebiet ist die → Optoelektronik (z. B. → CD und → CD-ROM). Die → Holographie funktioniert ebenfalls mit Laserlicht.

Laser-Disc, ein besonderes Speichermedium für digitalisierte Ton- und Bildsignale (bis zu 60 Minuten Film in hervorragender Ton- und Bildqualität). Die mit Hilfe eines speziellen Laser-Disc-Players abspielbare Laser-Disc ist mit einem Durchmesser von 30 cm so groß wie eine Langspielplatte und teurer als eine kleine → CD.

Latein, → indogermanische Sprache, die von den alten Römern benutzt wurde und sich in der Zeit des römischen Imperiums auch in Westeuropa ausbreitete. In einigen Ländern wurden die einheimischen Sprachen durch die lateinische Amts- und Verwaltungssprache verdrängt, so dass die heutigen → romanischen Sprachen entstanden. Latein blieb auch nach dem Untergang des Weströmischen Reiches die wichtigste Verkehrs- und Literatursprache des Abendlandes, die in der christlichen Kirche auch als gesprochene Sprache lebendig blieb.

Das ab dem 6. Jh. verwendete Latein wird als *Mittellatein* bezeichnet. Es wurde in der Kirche, der Verwaltung und von den Gelehrten benutzt und brachte eine reiche, eigenständige Literatur hervor. Während das Mittellatein sprachschöpferisch war, griff das vom → Humanismus empfohlene *Neulatein* auf das klassische Latein → Ciceros zurück, so dass sich das Lateinische von einer lebendigen Sprache in eine tote Kunstsprache verwandelte, die jedoch bis ins 19. Jh. für die Wissenschaft eine große Rolle spielte.

Lateinamerika, Bezeichnung für Süd- und Mittelamerika (einschließlich Mexiko), weil diese Teile Amerikas überwiegend von Spaniern und Portugiesen kolonisiert worden sind und dort vorwiegend romanische Sprachen gesprochen

Lavaströme im Gebiet des Kilauea auf Hawaii

werden, die auf das Lateinische zurückgehen. Häufig wird auch die Bezeichnung *Iberoamerika* verwendet, weil die Kolonisatoren von der → Iberischen Halbinsel stammten.

Latène-Zeit [laˈtɛːn], nach dem Fundort La Tène am Neuenburger See (Westschweiz) benannter Abschnitt der → Eisenzeit, der von 400 v. Chr. bis zur Zeitenwende dauerte.

latent [lat.], verborgen; vorhanden, aber nicht offen zu Tage tretend.

Laterna magica [lat. »Zauberlaterne«], *die*, ein 1655 von dem niederländischen Physiker, Astronomen und Mathematiker *Christian Huygens* (1629–1695) erfundener Projektionsapparat, ein Vorläufer des → Diaprojektors. Diese »Zauberlaterne« ermöglichte mithilfe einer Lampe und einer einfachen Linse als Objektiv farbige Projektionen auf einen Hintergrund mit gemalten, später fotografierten Bildern.

Laubbäume, zu den → Bedecktsamern gehörende *Laubhölzer,* die im Gegensatz zu den Nadelbäumen breitflächige *Laubblätter* besitzen. In Gebieten mit gemäßigtem Klima werfen sie ihre Blätter im Herbst ab und erhalten im nächsten Frühjahr neue *(sommergrüne* Arten). Die *immergrünen* Arten (wie z. B. die Stechpalme) besitzen ihr Laub das ganze Jahr über. Als *Laubwälder* bilden die Laubbäume insbesondere in den Tropen riesige Lebensgemeinschaften *(Regenwald).*

Lauge, wässrige Lösung einer → Base, die alkalisch reagiert.

Laurel und Hardy, [ˈlɔrəl – ˈhɑːdɪ], in Deutschland auch *Dick und Doof* genanntes amerikanisches Komikerpaar. *Stan Laurel,* eigentlich *Arthur Stange Jefferson* (1890–1965), und *Oliver Hardy* (1892–1957) traten ab 1917 gemeinsam in zahlreichen Slapstick-Filmen auf.

Lausanne [loˈzan], am Nordufer des Genfer Sees gelegene Hauptstadt (127 000 Einwohner) des schweizerischen Kantons → Waadt.

Läuse, auf der ganzen Erde verbreitete → Insekten, die zwischen 1 und 6 mm groß werden. Die flügellosen Läuse ernähren sich als Blutsauger vom Blut von Säugern und Vögeln und können dabei auch Krankheiten übertragen (z. B. Fleckfieber). Sie leben im Haar- und Federkleid des Wirts, wo sie auch ihre Eier *(Nissen)* festkleben. Man unterscheidet zwischen *Menschenläusen (Kleiderlaus,* auf unbehaarten Körperteilen und in der Kleidung lebend, *Kopflaus,* im Haupthaar, und *Filzlaus,* in den Schamhaaren) und *Tierläusen* (beißend-kauende *Federlinge,* im Gefieder, und stechend-saugende *Läuse,* wie etwa Hunde- oder Rinderlaus). Zumeist beschränken sich die Läuse auf eine bestimmte Wirtsart und wechseln nicht den Wirt.
Eine andere Gruppe bilden die zu den Gleichflüglern gehörenden *Pflanzenläuse* wie etwa Blatt- und Schildläuse sowie Blattflöhe.

Laute [von arab. al'ud = »Schildkröte«], Zupfinstrument mit birnenförmigem Schallkörper und sechs Saiten, das über Spanien nach Europa gelangte. Im 15.–17. Jh. war die Laute ein wichtiges Melodieinstrument.

Lautschrift, eine phonetische Umschrift (→ Transkription), die Wörter so wiedergibt, wie sie ausgesprochen werden. In vielen Sprachen schreibt man Laute anders, als man sie ausspricht (z. B. im Englischen und Französischen). Außerdem haben manche Buchstaben je nach Umgebung und Stellung im Wort eine unterschiedliche Aussprache (z. B. das e in »edel« [e], »echt« [ɛ] und »träge« [ə]). Die Lautschrift verwendet nach Möglichkeit für jeden Laut nur ein einziges Zeichen und gibt auch an, ob ein Laut lang oder kurz, betont oder unbetont, hoch oder tief, steigend oder fallend gesprochen wird. Neben den gewohnten Buchstaben des → Alphabets benutzt sie weitere Zeichen, die einzelne Laute genauer bezeichnen, als dies Buchstabenkombinationen (z. B. ʃ für »sch«) oder stellungsbedingte Varianten (z. B. ɛ für »Ebbe« und ə für »Ebbe«) vermögen, sowie diakritische Zeichen (z. B. ˜ für nasale Laute, ː für Längen und ˈ für betonte Silben).

Lautsprecher, ein Gerät, das elektromagnetische Schwingungen in → Schallwellen umwandelt. Die am häufigsten verwendeten *dynamischen* Lautsprecher bestehen aus einer kegelförmigen Membran, an deren Abschluss das Wandlersystem befestigt ist. Auf diesem ringförmigen Abschluss ist eine Spule aufgewickelt, die sich in einem Dauermagneten befindet. Wenn Wechselstrom durch die Spule fließt, wird diese

Latène-Kultur

Die von den → Kelten getragene *Latène-Kultur* hatte in Europa ein Einflussgebiet, das von Britannien bis zum Unterlauf der Donau und vom nördlichen Mitteleuropa bis Norditalien reichte. Sie übernahm auch Techniken aus dem Mittelmeerraum (z. B. Keramik und Metallbearbeitung).

Laterna Magica

Im 20. Jh. kombinierte die tschechoslowakische Laterna Magica in Prag, die ursprünglich für den tschechoslowakischen Pavillon der Weltausstellung 1958 in Brüssel vorgesehen war, lebende Darsteller und Pantomime mit Dia- und Filmprojektionen und erzeugte auf diese Weise ein verwirrendes Illusionsspiel von Räumen sowie von echten und projizierten Darstellern.

Lautschrift

Um eine einheitliche Lautschrift für alle Sprachen (unabhängig von der in den einzelnen Ländern verwendeten Schrift) zu schaffen, wurde 1886 die *Association Phonétique Internationale* (heute *International Phonetic Association* mit Sitz in London) gegründet. Ihr Alphabet liegt auch der in diesem Buch verwendeten Lautschrift zugrunde.

Lawrencium
∙∙∙∙∙∙∙∙∙∙∙∙∙∙∙∙∙∙∙∙
Zeichen: Lr
Ordnungszahl: 103

Das älteste Lebewesen
∙∙∙∙∙∙∙∙∙∙∙∙∙∙∙∙∙∙∙∙
Auf Tasmanien wurde das vermutlich älteste Lebewesen der Erde entdeckt: eine Huon-Kiefer, die mindestens 10 500 Jahre, vielleicht aber auch zwischen 20 000 und 30 000 Jahre alt ist. Ihre Wurzeln und Triebe nehmen eine Fläche von mehr als 1 ha ein; alle Teile sind genetisch identisch.

Leber
∙∙∙∙∙∙∙∙∙∙∙∙∙∙∙∙∙∙∙∙
Auf eine Erkrankung der Leber weist die → Gelbsucht hin. Viren können eine *Leberentzündung* (→ Hepatitis) hervorrufen, die zur tödlich endenden *Leberzirrhose* (Leberschrumpfung) und zu Leberversagen führen kann. Auch chronischer → Alkoholismus kann eine Ursache von Leberzirrhose sein.

magnetisch und bewegt sich zusammen mit der Membran im Magnetfeld. Das rhythmische Schwingen der Membran erzeugt die hörbaren Schallwellen. In den Lautsprecherboxen von → Hi-Fi-Anlagen sind zumeist zwei oder drei Lautsprecher eingebaut. Große Lautsprecher sind für tiefe Töne zuständig, kleinere für hohe Töne *(Hoch-, Mittel-* und *Tieftonlautsprecher).* Durch eine Frequenzweiche wird jedem Lautsprecher sein spezieller Frequenzbereich zugeteilt.
Lava [it.], *die,* bei Vulkanausbrüchen austretendes, flüssiges → Magma, das zu porösem oder glasigem Gestein erstarrt.
Law and order [engl. 'lɔː ənd 'ɔːdə], Recht (eigentlich Gesetz) und Ordnung, schlagwortartige Forderung oder Ankündigung von harten Maßnahmen zur Bekämpfung der Kriminalität.
Lawine [ladin.], *die,* an Steilhängen im Gebirge niedergehende Schnee-, Eis- oder Steinmassen, die Bergsteiger, Skifahrer oder auch Straßen und Häuser mitreißen und verschütten können. Je nach Beschaffenheit der Schneemassen entstehen *Staublawinen* (bei Pulverschnee), *Grundlawinen* (bei Nassschnee), *Schneebretter* (bei Neuschnee auf Altschnee) oder *Gletscher-* bzw. *Eislawinen* (bei Gletscherabbrüchen). Als Schutz gegen Lawinen legt man Dämme, keilförmige Lawinenbrecher und Schutzwälder an.
Lawrencium, [loˈrɛntsi̯ʊm], *das,* ein künstliches → chemisches Element. Das 1961 entdeckte radioaktive Element gehört zu den → Transuranen.
Lay-out, Layout [engl. 'leiaʊt], *das,* die textliche und graphische Gestaltung einer Seite in einem Buch, einer Zeitung oder einer Zeitschrift.
LCD, Abkürzung für engl. *Liquid Crystal Display* (→ Flüssigkristallanzeige), ein Anzeigesystem bei elektronischen Geräten (z. B. Taschenrechner), das mit Hilfe von flüssigen Kristallen Ziffern und andere Symbole darstellt. Da der Strombedarf sehr gering ist, eignet sich ein solches Anzeigesystem besonders für Geräte, die mit Sonnenenergie betrieben werden.
Leasing [engl. 'liːzɪŋ], *das,* das Mieten von Fahrzeugen, Geräten oder Industrieanlagen mit der Möglichkeit, die gemieteten Gegenstände später zu kaufen, wobei die Mietzahlung mit angerechnet werden kann.
Leben, die Gesamtheit aller *Lebensformen,* die aufgrund von biochemischen Reaktionen aktiv in chemische und physikalische Wechselbeziehung zur Umgebung treten. Irdisches Leben ist an Zellen gebunden, die aus Riesenmolekülen (→ Aminosäuren) aufgebaut sind.

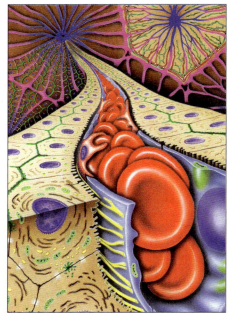

■ *Mikroskopischer Aufbau der* **Leber**. *Oben: Zwei Leberläppchen mit Blutgefäßen (rot und blau) und Gallenkapillaren (grün); davor ein Detailausschnitt: aufgeschnittene Blutkapillare (blau) mit roten Blutkörperchen (rot); links und rechts davon Leberzellen (hellbraun) mit Kern (violett) und anderen Zellteilen; zwischen den Leberzellen verlaufen die Gallenkapillaren (grün).*

Zwei Grundprinzipien kennzeichnen alle **Lebewesen,** die an → Proteine gebundene Eiweißsynthese und der in den → Nukleinsäuren gespeicherte → genetische Code. Lebewesen sind gegenüber der Umgebung deutlich abgegrenzt und bilden eigene Einheiten. Alle Lebewesen lassen sich ungeachtet ihrer Entwicklungsstufe durch mehrere Merkmale bestimmen: → Stoffwechsel und → Fortpflanzung (mit Vererbung des genetischen Materials). Die Vielfalt der Lebensformen und die Ausbildung hochentwickelter Fähigkeiten (z. B. Körper- und Sinnesorgane) sind ein Ergebnis der → Evolution und der entwicklungsgeschichtlichen Veränderung des Erbmaterials. Die Grenze zwischen der belebten und der unbelebten Natur ist jedoch fließend. So stellen → Viren eine Zwischenstufe dar, weil sie zwar aus Eiweiß und Nukleinsäuren aufgebaut sind und sich auch vermehren (und genetisch verändern) können, aber nicht selbst über einen Stoffwechsel verfügen.
Leber, eine → Drüse, die eine wichtige Rolle beim Stoffwechsel spielt. Die Leber, die sich in der

Bauchhöhle unterhalb des Zwerchfells befindet und beim erwachsenen Menschen etwa 1,5 kg schwer ist, hat mehrere miteinander verbundene Aufgaben. Sie verwandelt Eiweiße in Kohlenhydrate und Kohlenhydrate in Fett und speichert Kohlenhydrate aus dem Blut als Glykogen. Außerdem erzeugt sie Gallenflüssigkeit, die für die Verdauung von Bedeutung ist. Die Leber ist an der Entgiftung des Blutes beteiligt, indem sie Abbaustoffe in → Harnstoff umwandelt, sie speichert Blut und baut alte Blutkörperchen sowie Blutfarbstoffe ab.

Lebertran, aus der Leber von Fischen (Dorsch, Kabeljau und Schellfisch) gewonnenes Öl. Lebertran ist reich an den → Vitaminen A und D und wird als Kräftigungsmittel, vor allem gegen → Rachitis, eingesetzt.

LED, Abkürzung für engl. *Light Emitting Diode*, eine Leuchtdiodenanzeige für Ziffern und Buchstaben z. B. bei Taschenrechnern und elektrischen Geräten. Sie sendet Licht in bestimmten Farbtönen (z. B. rot oder grün) aus, wenn Strom hindurchfließt.

Leder, die enthaarte Haut von Tieren, die durch → Gerben und Einfetten besonders präpariert wird, so dass sie weich und geschmeidig bleibt.

Lee, die Seite (z. B. eines Schiffs), die vom Wind abgewandt ist. Gegensatz:→ Luv.

Legasthenie [von lat. legere = »lesen« und griech. astheneia = »Schwäche«], *die,* Lernschwäche bei Kindern (von ansonsten normaler → Intelligenz), die Schwierigkeiten haben, Wörter und Texte zu lesen und richtig zu schreiben. Das legasthenische Kind verwechselt Buchstaben, Ziffern und Wortteile oder stellt sie um. Bei frühzeitiger Erkennung lässt sich diese Lernstörung durch besondere Übungen schrittweise beheben.

legato [it.], in der Musik die Anweisung, beim Vortrag Töne miteinander zu verbinden, was durch einen Bogen unter den betreffenden Noten angezeigt wird. Gegensatz:→ staccato.

Legende [lat. »zu lesende Stücke«], *die,* Heiligenerzählung oder fromme Sage; auch eine sagenhafte, eher unglaubwürdige Geschichte. Auf Landkarten (zumeist am Rand) gibt die Legende die Erklärung für die verwendeten Symbole.

Legierung [von it. legare = »verbinden«], *die,* ein durch Zusammenschmelzen von mindestens zwei Stoffen (zumeist → Metallen) entstehendes Gemenge. Legierungen haben gegenüber den Ausgangsstoffen neue Eigenschaften und sind beispielsweise härter und fester, leichter zu bearbeiten und korrosionsbeständiger. In der Technik sind Legierungen von größerer Bedeutung als reine Metalle.

Legion [lat.], *die,* bei den Römern eine Truppeneinheit, die ursprünglich 4200 Fußsoldaten und 300 Reiter umfasste. Später wurde die Legion auf 6100 Fußsoldaten und 726 Reiter sowie zusätzliche leichte und Hilfstruppen vergrößert, doch im 4. Jh. bestand sie nur noch aus 1000 Soldaten.

Legislative [frz.], *die,* gesetzgebende Gewalt, neben Exekutive und → Judikative eine der drei Staatsgewalten.

Legislaturperiode, *die,* der Zeitraum, für den eine gesetzgebende Versammlung gewählt wird (in Deutschland normalerweise vier Jahre).

legitim [lat.], rechtmäßig, gesetzlich anerkannt. Gegensatz: illegitim. Ein *legitimes Kind* ist ein ehelich geborenes Kind.

Leguane, Familie der → Echsen, deren Vertreter in Nord- und Südamerika sowie auf Madagaskar und in Ozeanien (Fidschi- und Tongainseln) leben. Der Schwanz ist bei allen Leguanen länger als der Körper (Gesamtlänge 10–220 cm); viele sind an auffälligen Signalorganen (Nacken- und Rückenkamm, Kehlsack) zu erkennen. Die einzelnen Arten haben sich in ihrer Lebens- und Ernährungsweise den unterschiedlichsten Lebensräumen (Regenwald, Steppe, Gebirge, Wüste, Meeresküste) angepasst. Bekannte Leguangattungen und -arten sind der *Grüne Leguan,* die *Meerechse,* die *Basilisken* und die *Drusenköpfe.*

Lehen, im Mittelalter ein Gut (Land oder Amt), das der *Lehnsherr* einem *Lehnsmann* oder *Vasallen* überließ und das diesen zur Treue und zu bestimmten Dienstleistungen verpflichtete. Das auch als → *Feudalismus* bezeichnete **Lehnswesen** entwickelte sich im → Fränkischen Reich und wurde zur Grundlage des → Heiligen Römischen Reiches und der mittelalterlichen Gesellschaft und Kultur. An der Spitze der feudalistischen Gesellschaft stand als oberster Lehnsherr der Kaiser oder König. Der Vasall hatte das Recht zur Nutzung seines Lehens auf Lebenszeit. Dafür musste er Kriegsdienste leisten *(Heerfahrt)* und seinem Herrn durch persönliche Anwesenheit mit Rat und Tat beistehen *(Hoffahrt).* Das Lehen wurde schon im 9./10. Jh. erblich.

Lehnwort, ein Wort, das einer fremden Sprache entlehnt worden ist, aber im Gegensatz zum → Fremdwort nicht als sprachlicher Fremdkörper aufgefasst wird, weil es sich lautlich und in der Schreibweise der eigenen Sprache angepasst hat (z. B. »Streik« aus engl. *strike*).

■ *Grüner Leguan*

Lehnswesen

Das *Lehnswesen* führte in Deutschland zu einer Schwächung des Königtums und zu einer Stärkung der Kronvasallen, die als Landesherren immer mehr Macht gewannen. In Frankreich und England dagegen, wo auch die Aftervasallen unmittelbare Untertanen des Königs waren, bildete sich eine starke Zentralgewalt heraus. Im späten Mittelalter verlor das Lehnswesen jedoch an Bedeutung, als Söldnerheere an die Stelle der adligen Ritterheere traten und die öffentlichen Ämter mit Beamten besetzt wurden.

Leibniz

Für **Leibniz** ist die Welt ein hierarchisches System von kleinsten Einheiten *(Monaden),* die als Kraftzentren die Wirklichkeit in unterschiedlichem Maße wahrnehmen, aber in einer von Gott eingerichteten *prästabilierten Harmonie* aufeinander abgestimmt sind. In seiner »Theodizee« (1710) legt er dar, dass die bestehende Welt die beste aller möglichen Welten sein müsse, denn andernfalls hätte Gott in seiner Güte und Weisheit eine bessere geschaffen.

Völkerschlacht bei Leipzig

An die *Völkerschlacht bei Leipzig* erinnert das Völkerschlachtdenkmal: Am 16. bis 19. Oktober 1813 brachten die verbündeten Truppen Preußens, Österreichs und Russlands → Napoleon eine entscheidende Niederlage bei und zwangen ihn zum Rückzug.

Lemminge

Wenn sich Lemminge zu stark vermehren, kommt es zu Wanderungen von großen Gruppen. Da sie dabei auch an Flussufern und Meeresküsten nicht Halt machen und oft in großer Zahl ertrinken, glaubte man lange, sie würden bewusst Selbstmord begehen.

Lemuren

Der kleinste Maki ist der mausgroße, nur 31 g schwere *Zwergmausmaki.* Der auf Madagaskar lebende Kleinaffe ist der kleinste Primat. Die mit ihm verwandten Arten, der *graue* und der *rote Mausmaki,* sind auch nicht viel größer; sie werden 60 bzw. 50 g schwer.

Leningrad

Nach Lenins Tod wurde ihm zu Ehren die 1703 von Zar Peter I. errichtete Stadt *Sankt Petersburg,* die 1914–1924 *Petrograd* hieß, in *Leningrad* umbenannt. Nach dem Ende der Sowjetunion entschieden sich die Einwohner der zweitgrößten russischen Stadt wieder für den alten Namen.

Lehre, heute als *Berufsausbildung* bezeichnete, zwei- bis dreijährige Ausbildung in einem handwerklichen oder kaufmännischen Beruf, die mit einer Gesellen- oder Gehilfenprüfung abgeschlossen wird. Der *Auszubildende* hieß früher **Lehrling.**

Leibeigenschaft, die persönliche Abhängigkeit eines Menschen von seinem *Leibherrn.* Die Leibeigenschaft war erblich. Diese im mittelalterlichen deutschen Recht festgelegte Form der Unfreiheit galt vor allem für Bauern, die verpflichtet waren, für ihren Herrn bestimmte *Frondienste* (Zwangsarbeiten wie Ackerbestellung, Hilfsdienste auf dem Hof und Fahrten) und Abgaben in Form von Geld und Naturalien zu leisten. Im Unterschied zum Leibeigenen konnte der *Hörige,* der als Halbfreier an einen bestimmten Bauernhof gebunden, d. h. von einem Grundherrn dinglich abhängig war und neben Grundzinsen auch bestimmte Frondienste verrichten musste, bewegliches Eigentum erwerben. Im späten Mittelalter verwischten sich die Unterschiede zwischen den Formen der dinglichen und persönlichen Abhängigkeit. Besonders streng war die Leibeigenschaft im russischen Zarenreich. Die Bauern lehnten sich schon früh gegen ihre Unfreiheit auf (→ Bauernkriege), aber erst im 18. und 19. Jh. wurde die Leibeigenschaft abgeschafft.

Leibniz, Gottfried Wilhelm von (1646–1716), deutscher Philosoph und Gelehrter, der auf zahlreichen Wissensgebieten forschte. Er begründete u. a. die → Differenzial- und Integralrechnung, entwickelte eine mathematische oder formale Logik und erfand eine Rechenmaschine.

Leichtathletik, Sammelbezeichnung für verschiedene Sportarten. Dazu zählen die *Laufwettbewerbe,* die von Kurzstrecken (ab 100 m) über Mittel- und Langstrecken (bis 10 000 m) bis zum → Marathonlauf reichen und zusätzlich → Hürden- und Hindernislaufen umfassen, die *Sprungwettbewerbe* (→ Weit- und Dreisprung, Hoch- und Stabhochsprung), die *Wurfwettbewerbe* (→ Kugelstoßen, Diskus-, Hammer- und Speerwerfen) und die *Mehrkämpfe* (→ Sieben- und Zehnkampf).

Leichtmetalle, alle Metalle mit einer Dichte unter 4,5 g/cm^3, z. B. Alkali- oder Erdalkalimetalle wie → Aluminium oder → Magnesium. Neben diesen Metallen werden vor allem im Flugzeugbau und in der Raumfahrt → Titan und → Beryllium eingesetzt. Leichtmetalle und ihre Legierungen besitzen eine große Festigkeit und Zähigkeit.

Leideform, deutsche Bezeichnung für → Passiv.

Leihmutter, eine Frau, die Eizellen für eine künstliche Befruchtung spendet (der → Embryo wird einer anderen Frau eingesetzt) oder den Embryo einer anderen Frau bis zur Geburt austrägt (in Deutschland verboten).

Leipzig, an der Weißen Elster gelegene deutsche Großstadt (481 000 Einwohner) in Sachsen. Die bedeutende Handels- und Industriestadt ist seit dem späten Mittelalter ein wichtiger Messeplatz (vor allem *Leipziger Messe)* und seit dem 19. Jh. Mittelpunkt des Buchdrucks und des Buchhandels.

Leistung, in der Physik die → Arbeit, die innerhalb der dafür notwendigen Zeit verrichtet wird. Die Maßeinheit für die Leistung ist → *Watt* (= J/s). Eine *mechanische Leistung* lässt sich auch als Produkt aus → Kraft und → Geschwindigkeit (= Nm/s) angeben, d. h., eine Masse wird innerhalb einer Zeiteinheit um eine bestimmte Strecke bewegt. Die *elektrische Leistung* ist beim Gleichstrom das Produkt aus Spannung und Stromstärke (= VA). Bei elektrischen Geräten wird die aufgenommene Leistung angegeben, d. h., wie stark der Strom ist, der bei 220 Volt Spannung hindurchfließt.

Leiter, ein Material, das elektrischen Strom gut leitet (→ Elektrizität). Gegensatz: → Isolator. In einem elektrischen Leiter sind die Ladungsträger (→ Elektronen oder Ionen) in großer Zahl beweglich, so dass bereits ein schwaches elektrisches Feld für den Stromfluss ausreicht. Bei Metallen (vor allem Silber und Kupfer) ist die elektrische Leitfähigkeit am höchsten.

Leitfossilien, versteinerte Überreste und Spuren von Tieren und Pflanzen (→ Fossilien), die für eine spezielle → geologische Formation charakteristisch sind und eine zeitliche bzw. erdgeschichtliche Einordnung (→ Erdgeschichte) von Gesteinsschichten ermöglichen.

Lektüre [frz.], *die,* das Lesen (eines Buches); Lesestoff.

Lemminge, bis zu 20 cm lange Nagetiere, die zu den Wühlmäusen gehören und in den nördlichen Gebieten Europas, Asiens und Amerikas vorkommen.

Lemuren [lat.], *Mz,* eine Familie von Halbaffen, die als nachtaktive Baumbewohner auf Madagaskar leben und bis zu 50 cm groß werden können, aber oft sehr klein sind. Sie sind dicht behaart und besitzen lange Hinterbeine und einen langen Schwanz. Zu den Lemuren gehören auch die *Makis.*

■ *Roter Lemur*

Lenin, eigentlich *Wladimir Iljitsch Uljanow* (1870–1924), russischer Politiker, der die → Sowjetunion gründete. Lenin betätigte sich schon früh als Revolutionär und ging 1900 nach einer dreijährigen Verbannung nach Sibirien ins Ausland (London, München und Genf). Dort verfasste er seine Schriften (z. B. »Was tun?«, 1902) und wurde zum Führer der → Bolschewiki. 1917 kehrte er nach Russland zurück, als dort die Februarrevolution ausbrach. Nach einem gescheiterten Arbeiter- und Soldatenaufstand im Juli 1917 gelangte Lenin durch die → Oktoberrevolution an die Macht. Als Vorsitzender des Rates der Volkskommissare schuf er die Grundlagen für die Sowjetunion. Außenpolitisch sorgte er dafür, dass sich sein Land nicht mehr am → Ersten Weltkrieg beteiligte (März 1918 Frieden von Brest-Litowsk mit dem Deutschen Reich), arbeitete aber gleichzeitig mit der 1919 gegründeten Komintern (→ Internationale) auf die Weltrevolution hin. Im Inneren stärkte er die Macht der Kommunistischen Partei (Schaffung des Politbüros und des Sekretariats des Zentralkomitees), musste jedoch 1921 auf wirtschaftlichem Gebiet die bisherige Politik der Verstaatlichung und Zentralisierung durch die *Neue Ökonomische Politik* ablösen. Gegen Lenins erklärten Willen wurde → Stalin sein Nachfolger.
Die von Lenin entwickelte Gesellschaftstheorie wird als **Marxismus-Leninismus** bezeichnet. Sie ist eine Weiterentwicklung des → Marxismus, die diesen den veränderten historischen Bedingungen anpasst. Der Marxismus-Leninismus wurde 1920 zur verbindlichen Grundlage für alle kommunistischen Parteien erklärt. Lenin begründete darin, warum das rückständige, landwirtschaftlich geprägte Russland zum Träger der proletarischen Revolution werden und die Revolution von einer straff aufgebauten Partei getragen werden musste.

Leonardo da Vinci [-daˈvɪntʃi], (1452–1519), italienischer Künstler, Universalgelehrter und Konstrukteur. Er begann als Maler und entwickelte dabei neue Techniken; am berühmtesten wurden sein Fresko »Abendmahl« (1495–1497) und sein Gemälde »Mona Lisa« (um 1503). Wie seine Skizzen und Zeichnungen zeigen, betätigte er sich auch auf dem Gebiet der Bildhauerei und entwarf zahlreiche Schlossanlagen, Kirchenbauten, Festungen, Straßen und Kanäle. Noch erstaunlicher ist seine Vielseitigkeit auf technisch-naturwissenschaftlichem Gebiet: Er konstruierte eine Vielzahl von Maschinen und Geräten (z. B. Pumpen, Kräne, Katapulte, Brennspiegel, Fallschirme), beschäftigte sich mit Anatomie, Botanik, Zoologie und Geologie und strebte eine umfassende Kosmologie an, um die Grundgesetze der Natur darzustellen.

Leopard [von lat. leo = »Löwe« und pardus = »Panther«], *der,* eine in Afrika und Asien vorkommende Großkatze (→ Katzen), die bis zu 2 m lang wird. Leoparden jagen zumeist nachts oder in der Dämmerung und können gut klettern und schwimmen. Der Leopard besitzt ein blass- bis rötlichgelbes Fell mit schwarzen Flecken. Tiere mit schwarzem Fell werden als *Schwarzer Panther* bezeichnet.

Lepra [griech.], *die,* eine auch als *Aussatz* bezeichnete Infektionskrankheit, die durch Bakterien hervorgerufen wird. Die Lepra, von der heute etwa 12 Mio. Menschen betroffen sind, befällt die Haut und das Nervensystem und führt oft zu Verunstaltungen des Gesichts und der Gliedmaßen, weil der Leprakranke keine Schmerz- und Temperaturempfindung hat.

Leptonen [von griech. leptos = »dünn«], *Mz.,* die leichten → Elementarteilchen, deren Masse sehr gering ist und die nicht der starken Wechselwirkung unterliegen. Zu ihnen gehören → Elektronen, Myonen, Tauonen und zugehörige → Neutrinos sowie ihre Antiteilchen.

Lerchen, graubraune Singvögel, die auf dem Boden brüten und bis 20 cm lang werden.

Lesbierinnen, *Lesben, Mz.,* Bezeichnung für homosexuelle Frauen.

Lesotho, Staat in Südafrika. Der ganz von der Republik Südafrika umschlossene Binnenstaat besteht überwiegend aus einem (bis zu 3000 m hohen) Hochplateau. Im tiefer gelegenen Nordwesten lebt der größte Teil der Bevölkerung (fast ausschließlich Bantu). Wirtschaftlich ist Lesotho ganz vom Nachbarland Südafrika abhängig. Das ursprünglich von → Buschmännern bewohnte Land, in das sich im 19. Jh. die *Sotho* flüchteten, konnte sich gegen die → Buren

Lepra
Da die Infektion durch langzeitigen direkten Kontakt erfolgt, wurden die Leprakranken im Altertum und im Mittelalter isoliert (»ausgesetzt«) und mussten die gesunde Bevölkerung durch eine besondere Kleidung oder durch Lärminstrumente (Klapper, Horn) warnen.

■ *Lenin*

■ *Leopard*

Lesbierinnen
Die Bezeichnungen *Lesbierin* und *lesbisch* leiten sich von der griechischen Insel Lesbos ab, wo die Dichterin → Sappho mit einem Kreis von jungen Mädchen lebte.

Lesotho
Staatsname: Königreich Lesotho
Staatsform: Parlamentarische Monarchie
Hauptstadt: Maseru
Fläche: 30 355 km²
Einwohner: 2,1 Mio.
Bevölkerungsdichte: 69/km²
Amtssprache: Sesotho, Englisch
Währung: Loti (M)
Nationalitätskennzeichen: LS

Lesotho

Leuchtkraft der Sterne

Nach ihrer unterschiedlichen Leuchtkraft werden die Sterne in sieben Klassen eingeteilt: 0 = Super-Überriesen, I = Überriesen, II = helle Riesen, III = normale Riesen, IV = Unterriesen, V = Zwerge oder Hauptreihensterne, VI = Unterzwerge. Unsere Sonne gehört zur Leuchtkraftklasse V.

behaupten, wurde aber 1868 als *Basatoland* britisches Protektorat. 1966 wurde Lesotho ein unabhängiges Königreich innerhalb des Commonwealth.

Lessing, Gotthold Ephraim (1729–1781), deutscher Dichter und Kritiker, der in seinen Werken die Gedanken der → Aufklärung betonte. In den Kritiken der »Hamburgischen Dramaturgie« (1767–1769) legte er seine bürgerliche Dramentheorie dar, die er dann wegweisend durch vier Theaterstücke in die Praxis umsetzte: die beiden Trauerspiele »Miss Sara Sampson« (1755) und »Emilia Galotti« (1772), das Lustspiel »Minna von Barnhelm« (1767) und das dramatische Gedicht »Nathan der Weise« (1779). Außerdem verfasste er → Fabeln und Sinngedichte.

Lethargie [griech. »Schlafsucht«], *die,* Teilnahmslosigkeit.

Lettland, Staat im → Baltikum. Eine Hügellandschaft mit weiten Ebenen prägt den größten Teil des Landes, während sich an der Ostseeküste eine schmale Ebene erstreckt. Die Bevölkerung besteht überwiegend aus Letten (54 %) und Russen (33 %). Lettland ist in hohem Maße industrialisiert; Viehzucht ist der wichtigste landwirtschaftliche Bereich. Das im 9. Jh. von baltischen Stämmen besiedelte Land an der Ostsee kam zu Beginn des 13. Jh. unter die Herrschaft des → Deutschen Ordens. *Livland,* das Gebiet im Norden, und *Kurland,* im Süden und Südwesten gelegen, standen ab Mitte des 16. Jh. unter polnischer Oberhoheit. 1621 wurde Livland schwedisch, fiel aber 1721 an Russland. Das Herzogtum Kurland kam nach der dritten Teilung Polens 1795 an Russland. 1801 wurden die Ostseeprovinzen Kurland, Livland und Lettgallen vereinigt. Die 1918 ausgerufene Republik Lettland, die nach einem Staatsstreich 1934 autoritär regiert wurde, geriet nach dem Hitler-Stalin-Pakt zunächst unter sowjetischen Einfluss und wurde 1940 besetzt und in die Sowjetunion eingegliedert. 1941–1944 war Lettland von deutschen Truppen besetzt. Die 1945 wiederhergestellte *Lettische SSR* erlebte nach dem Zweiten Weltkrieg eine »Russifizierung« mit Zwangsumsiedlung von Letten nach Sibirien und Mittelasien. Die Unabhängigkeitsbestrebungen Ende der 80er Jahre führten 1990 zur Ausrufung einer unabhängigen Republik, die im September 1991 von Moskau anerkannt wurde.

Letzte Ölung, in der katholischen und orthodoxen Kirche ein (heute zumeist als *Krankensalbung* bezeichnetes) → Sakrament für Schwerkranke. Ein Priester salbt den Kranken mit geweihtem Öl und betet sowohl um Vergebung der Sünden als auch um Genesung.

Leuchtkäfer, weltweit verbreitete Käfer, die als Larven und Vollinsekten auf der Bauchseite Leuchtorgane besitzen. Die flugunfähigen Weibchen, die ein grünlich gelbes Licht aussenden, um die Männchen anzulocken, werden ebenso wie die Larven *Glühwürmchen* genannt.

Leuchtkraft, die Gesamtenergie, die ein Stern pro Sekunde abstrahlt.

Leuchtstofflampe, röhrenförmige Lichtquelle. In einer mit Edelgas (Helium oder Neon) und Quecksilberdampf gefüllten Glasröhre wird durch Anlegen einer elektrischen Spannung und Vorschalten eines sog. *Starters* (Glimmzünder) eine Gasentladung in Gang gesetzt. Das dadurch erzeugte »kalte« UV-Licht wird durch eine Leuchtstoffbeschichtung an der Glaswand in sichtbares Licht umgewandelt.

Leuchtturm, an der Küste oder in Hafeneinfahrten erbautes Seezeichen mit einem Leuchtfeuer, d. h. einer starken Lichtquelle, an der sich vorüberfahrende Schiffe bei schlechtem Wetter oder in der Dunkelheit orientieren können.

Leukämie [von griech. leukos = »hell« und haima = »Blut«], *die,* auch als *Blutkrebs* bezeichnete Erkrankung der Gewebe (Knochenmark, Milz und Lymphknoten), die weiße Blutkörperchen (→ Blut) bilden. Diese durch bestimmte chemische Stoffe, ionisierende Strahlen und Viren ausgelöste Krankheit führt zu einer starken Vermehrung der → Leukozyten und zu einem Mangel an roten Blutkörperchen und Blutplättchen. Da die weißen Blutkörperchen aber nicht mehr ihre volle Funktionsfähigkeit besitzen, kommt es häufig zu Infektionen, die tödlich enden können.

Leukozyten [griech.], *Mz.,* die weißen Blutkörperchen (→ Blut), die aus *Granulozyten* (60–70 %, im Knochenmark erzeugt), → *Lymphozyten* (20–30 %) und *Monozyten* (2 %, größte weiße Blutzellen) bestehen. Sie besitzen eine wichtige Aufgabe bei der Abwehr von Infektionen.

Lexikon [griech. »Wörterbuch«], *das,* ein Nachschlagewerk, dessen Stichwörter alphabetisch angeordnet sind und entweder alle Wissensgebiete *(Konversationslexikon)* oder ein bestimmtes Sachgebiet (z. B. *Chemielexikon)* behandeln.

Lianen [frz.], *Mz.,* Kletterpflanzen, die an anderen Gewächsen, Spalieren oder Mauern hochklettern. Lianen sind vor allem in tropischen Regenwäldern verbreitet, finden sich aber auch in Mitteleuropa (z. B. Brombeere, Efeu, wilder Wein, Erbse, Bohne und Hopfen).

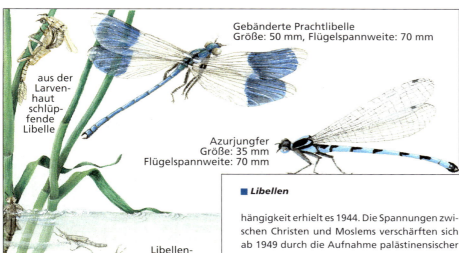

Gebänderte Prachtlibelle
Größe: 50 mm, Flügelspannweite: 70 mm

aus der Larvenhaut schlüpfende Libelle

Azurjungfer
Größe: 35 mm
Flügelspannweite: 70 mm

Libellen-Larven

■ *Libellen*

Lettland (Latvija)

Staatsname: Republik Lettland
Staatsform: Republik
Hauptstadt: Riga
Fläche: 64 589 km²
Einwohner: 2,6 Mio.
Bevölkerungsdichte: 40/km²
Amtssprache: Lettisch
Währung: Lats (Ls)
Nationalitätskennzeichen: LV

Lettland

Libanon, Staat im Nahen Osten. Das Land, das im Norden und Osten von Syrien umgeben ist und im Süden an Israel grenzt, besitzt im Westen eine 220 km lange Küste mit schmaler Ebene. Daran schließen sich zwei parallel verlaufende Gebirge an, der Libanon und der Antilibanon. Dazwischen erstreckt sich die nur bis zu 15 km breite, aber 120 km lange Bekaa-Hochebene. Die Bevölkerung besteht überwiegend aus Arabern sowie Kurden und Armeniern; einen hohen Anteil stellen Palästinenser und Syrer. Der Libanon war vor dem Bürgerkrieg ein bedeutender Finanz- und Handelsumschlagplatz; eine wichtige Rolle spielte außerdem der Fremdenverkehr. Schon im Altertum gab es an der Mittelmeerküste Handelsstädte der → Phönizier. Das Libanongebirge war berühmt für seine Zedern; die ausgedehnten Wälder wurden jedoch durch Raubbau schon früh zerstört. Im 7. Jh. kam der Libanon unter arabische Herrschaft und gehörte ab 1516 zum → Osmanischen Reich. In Rückzugsgebieten wehrten sich jedoch die christlichen *Maroniten* erfolgreich gegen eine Islamisierung. Während Frankreich 1840 die Maroniten unter seinen Schutz stellte, wurden die *Drusen,* eine islamische Sekte, von Großbritannien unterstützt. Kämpfe zwischen beiden Gruppen führten 1860 zu einem blutigen Bürgerkrieg. Das 1918 von britischen und französischen Truppen besetzte Land wurde 1920 zusammen mit → Syrien französisches Völkerbundmandat. 1926 wurde es von Syrien abgetrennt. Seine Unabhängigkeit erhielt es 1944. Die Spannungen zwischen Christen und Moslems verschärften sich ab 1949 durch die Aufnahme palästinensischer Flüchtlinge. 1958 brach ein Bürgerkrieg aus, der durch das Eingreifen amerikanischer Truppen beigelegt wurde, aber Mitte der 70er Jahre erneut aufflammte. Der blutige Kampf zwischen den durch politische und religiöse Gegensätze getrennten Bürgerkriegsparteien, der etwa 150 000 Menschenleben kostete und die Wirtschaft zeitweilig vollständig zum Erliegen brachte, endete erst 1991. Der größte Teil des in verschiedene Einflusssphären aufgesplitterten Landes wird von syrischen Truppen kontrolliert. Im Südlibanon, den israelische Truppen 1982–1985 besetzt hielten, besteht eine 15 km breite Pufferzone zu Israel. Raketenangriffe der (vom Iran unterstützten) schiitischen Hisbollah-Milizen wurden von Israel wiederholt mit Gegenschlägen beantwortet (*Infokasten* siehe Seite 394).

■ *Libelle* beim Schlüpfakt

Libellen, auch als *Wasserjungfern* bezeichnete Insekten, die einen farbenprächtigen Körper besitzen und bis zu 15 cm lang werden. Mit ihren vier großen Hautflügeln können sie eine Geschwindigkeit von mehr als 50 km/h erreichen.
Liberalismus [engl.], *der,* eine in der → Aufklä-

Libanon (Lubnān)	Liberia	Libyen (Lībiyā)
Staatsname: Libanesische Republik	Staatsname: Republik Liberia	Staatsname: Sozialistische Libysch-Arabische Volksjamahiriya
Staatsform: Republik	Staatsform: Präsidiale Republik	Staatsform: Islamisch-Sozialistische Volksrepublik
Hauptstadt: Beirut	Hauptstadt: Monrovia	Hauptstadt: Tripolis
Fläche: 10 400 km²	Fläche: 111 369 km²	Fläche: 1 775 500 km²
Einwohner: 3,9 Mio.	Einwohner: 3 Mio.	Einwohner: 5,4 Mio.
Bevölkerungsdichte: 375/km²	Bevölkerungsdichte: 27/km²	Bevölkerungsdichte: 3/km²
Amtssprache: Arabisch	Amtssprache: Englisch	Amtssprache: Arabisch
Währung: Libanesisches Pfund (L £)	Währung: Liberianischer Dollar (Lib $)	Währung: Libyscher Dinar (LD.)
Nationalitätskennzeichen: RL	Nationalitätskennzeichen: LB	Nationalitätskennzeichen: LAR

Libanon — Liberia — Libyen

Liberalismus

Die Grundgedanken des Liberalismus, dessen Wurzeln im England des 17. Jh. liegen, fanden ihre Ausprägung in den Verfassungen Großbritanniens (1689), der USA (1787) und Frankreichs (1789) und wurden zur Grundlage des liberalen Rechtsstaates, der dem → Absolutismus das Prinzip der → Gewaltenteilung gegenüberstellte.

rung entstandene Auffassung, die in politischer, wirtschaftlicher und gesellschaftlicher Hinsicht für die größtmögliche Freiheit und Selbstverantwortung des Einzelnen eintritt und dem Staat nur die Aufgabe zuweist, den Bürger zu schützen und die Ordnung aufrechtzuerhalten. Der Liberalismus entwickelte sich mit dem Erstarken des Bürgertums und dem Niedergang des Adels. Er spielte zunächst in vielen Ländern eine wichtige Rolle als wirtschaftspolitische Auffassung. Im Gegensatz zum → Merkantilismus lehnte er Eingriffe des Staates ab und setzte ganz auf den freien Wettbewerb. Politische Bedeutung gewann der Liberalismus erst nach den Revolutionen, die den Ständestaat beseitigten. Liberale Parteien bildeten sich vor allem im 19. Jh.; doch im 20. Jh. verloren sie zunehmend an Bedeutung, weil wichtige liberale Gedanken (wie Glaubens- und Meinungsfreiheit, keine Zen-

sur von Nachrichten und Kunst) inzwischen von anderen Parteien übernommen worden waren.
Liberia, Staat in Westafrika. Das Land am Atlantik besteht an der Küste (früher als »Pfefferküste« bezeichnet, weil hier Guineapfeffer gewonnen wurde) aus einer schmalen, sumpfigen Ebene. Dahinter breitet sich ein Plateau- und Hügelland mit einzelnen Bergzügen aus, während im Norden Mittelgebirge aufragen. Die Bevölkerung umfasst 16 verschiedene Völker. Die durch den Bürgerkrieg beeinträchtigte Wirtschaft stützt sich auf die Land- und Forstwirtschaft (Kaffee, Kakao, Kautschuk und Edelhölzer für den Export) sowie auf den Bergbau. Das Küstengebiet wurde 1816 von einem amerikanischen Kolonisationsverein erworben, um dort ab 1822 freigelassene schwarze Sklaven anzusiedeln. Die Siedlungen schlossen sich zusammen und riefen 1847 eine unabhängige Republik aus. Kämp-

fe zwischen den von den USA wirtschaftlich unterstützen Nachkommen der amerikanischen Liberianer und der einheimischen Bevölkerung führten wiederholt zu Kämpfen. Ende 1989 brach ein Bürgerkrieg aus, der die Regierung stürzte und 1992 durch das Eingreifen einer westafrikanischen Friedenstruppe beendet wurde.

Libido [lat.], *die,* Geschlechtstrieb.

Libretto [it. »Büchlein«], *das,* Textbuch zu einer Oper, Operette, Kantate oder einem Oratorium.

Libyen, Staat in Nordafrika. Das Land erstreckt sich zwischen dem Mittelmeer und der zentralen → Sahara. 85 % des Gebiets sind Wüste mit mehreren Gebirgsmassiven. Der größte Teil der Bevölkerung, neben Arabern vor allem Berber, lebt im schmalen Küstenstreifen. Da nur 2 % der Gesamtfläche landwirtschaftlich nutzbar sind, stützt sich Libyens Wirtschaft ganz auf den Erdölexport. Im Altertum entstanden an der Küste phönizische und griechische Kolonien. Im 1. Jh. v. Chr. fiel das Gebiet an die Römer und wurde 395 n. Chr. zwischen dem Weströmischen und dem Oströmischen Reich aufgeteilt. Nach der Eroberung durch die → Wandalen (450–533) und der Rückgewinnung durch Ostrom wurde es ab 643 von den Arabern besetzt. Ab Mitte des 16. Jh. war Libyen eine Provinz des → Osmanischen Reiches. Italien gewann 1911 das Land in einem Krieg gegen die Türkei. Im Zweiten Weltkrieg wurde Libyen von britischen und französischen Truppen besetzt. 1951 erhielt es die Unabhängigkeit als Königreich, aber 1969 wurde die Monarchie durch einen Militärputsch abgeschafft. Die Macht übernahm Oberst *Muammar al-Gaddafi,* der zwar 1979 als Staatschef zurücktrat, aber weiterhin die Politik seines Landes, eine Mischung aus Sozialismus und islamischem Fundamentalismus, bestimmt. Libyen versuchte mehrmals vergeblich, eine Vereinigung mit anderen arabischen Ländern zu erreichen.

Licht, eine Strahlung, die sich in Form von → elektromagnetischen Wellen ausbreitet. Der für das menschliche Auge sichtbare Bereich ist nur ein kleiner Ausschnitt und umfasst eine Wellenlänge zwischen etwa 0,38 und 0,75 μm, wobei den verschiedenen Wellenlängen bestimmte → Farben entsprechen. Jenseits des roten Lichts schließt sich das für den Menschen nur als Wärmestrahlung empfindbare → *infrarote* Licht an, jenseits des violetten Lichts das ebenfalls für das menschliche Auge nicht sichtbare → *ultraviolette* Licht. Lichtstrahlen breiten sich mit sehr hoher Geschwindigkeit (→ *Lichtgeschwindigkeit*) geradlinig aus, sofern sie nicht abgelenkt werden (→ Brechung). Licht entsteht, wenn → Elektronen in der Elektronenhülle um ein → Atom in einen energetisch tiefer liegenden Zustand überwechseln und dabei diesen Energieunterschied in Form von Licht abstrahlen. Nachdem schon im 19. Jh. der Wellencharakter von Licht nachgewiesen werden konnte (u. a. aufgrund von → Beugungs- und Interferenzerscheinungen), erkannte man im 20. Jh., dass Licht auch einen Teilchencharakter besitzt (→ Photonen).

Lichtempfindlichkeit, in der → Fotografie die Empfindlichkeit von Filmmaterial gegenüber Licht, die durch den ISO-Wert angegeben wird.

Lichtgeschwindigkeit, die Geschwindigkeit, mit der sich → Licht im Raum ausbreitet. Sie ist so hoch, dass auf der Erde Licht im selben Augenblick wahrgenommen wird, in dem es aufleuchtet (z. B. durch Einschalten einer Lichtquelle). Das liegt jedoch nur an den begrenzten Entfernungen. Wie die Sterne zeigen, braucht das Licht im Weltraum oft sehr lange Zeit, bis es das Auge des Betrachters auf der Erde erreicht. Bereits im 17. Jh. konnte der dänische Astronom *Olaus Römer* (1644–1710) die Lichtgeschwindigkeit bestimmen, indem er die Zeit maß, die der innerste Jupitermond benötigte, um in den Schatten seines Planeten einzutreten. Mit verbesserten Methoden hat man inzwischen eine Geschwindigkeit von 299 792,5 km/s im luftleeren Raum ermittelt.

Lichtgriffel, *Lightpen,* Eingabegerät für → Computer. Ein Lichtgriffel sieht wie ein Kugelschreiber aus, der durch ein Kabel mit dem Computer verbunden ist. Man kann mit ihm auf dem Bildschirm »schreiben«. An seiner Spitze befindet sich eine Fotozelle, die die Hell-Dunkel-Unterschiede vom → Terminal über das Kabel an den Computer überträgt.

Lichtjahr, in der Astronomie verwendete Maßeinheit; die Strecke, die das → Licht im Vakuum in einem Jahr zurücklegt. Ein Lichtjahr entspricht 9,46 Billionen km.

Lichtmaschine, ein Gleichstromgenerator (→ Generator), der in Kraftfahrzeugen vom Motor angetrieben wird und Strom erzeugt, um die Autobatterie aufzuladen.

Lichtschranke, eine Anlage, bei der z. B. eine Lampe auf eine Photozelle scheint. Wird der Lichtstrahl unterbrochen, wird ein elektrischer Impuls ausgelöst. Lichtschranken werden beispielsweise als Sicherheitseinrichtung (z. B. in Aufzügen, bei Rolltreppen und bei Alarmanlagen) und in Messanlagen (z. B. zur Geschwindigkeitsmessung) eingesetzt.

Liechtenstein	
Staatsname:	Fürstentum Liechtenstein
Staatsform:	Parlamentarische Monarchie
Hauptstadt:	Vaduz
Fläche:	160 km²
Einwohner:	30 500
Bevölkerungsdichte:	191/km²
Amtssprache:	Deutsch
Währung:	Schweizer Franken (sfr)
Nationalitätskennzeichen:	FL

Liechtenstein

Lichtgeschwindigkeit

Nach der → Relativitätstheorie ist die Lichtgeschwindigkeit die höchste Geschwindigkeit, die im Universum möglich ist (Naturkonstante *c*). Teilchen mit nennenswerter Masse können sich ihr nur annähern, weil die Beschleunigung auf Lichtgeschwindigkeit eine unendlich große Energie erfordern würde und die Masse bei Erreichen der Lichtgeschwindigkeit ebenfalls unendlich groß wäre.

Wenn ein Stern wie die *Wega* 27 Lichtjahre entfernt ist, braucht das Licht 27 Jahre bis zur Erde, d. h., wir sehen im Augenblick die Wega so, wie sie vor 27 Jahren war.

Lilie
Die Lilie, die wegen ihrer weißen Farbe als Sinnbild der Reinheit gilt, war das Wappensymbol der französischen Könige.

Linksextremismus
Linksextreme Gruppierungen entstanden in der Bundesrepublik Ende der 60er Jahre während der Zeit der großen Koalition und der Studentenunruhen und verstanden sich als Außerparlamentarische Opposition (→ APO), weil sie bei den Wahlen weit unterhalb der → Fünf-Prozent-Klausel blieben.
Seinen Höhepunkt erreichte der Linksextremismus in den terroristischen Aktionen der → RAF, aber in den 80er Jahren verlor er an Bedeutung und trat in den 90er Jahren deutlich hinter den → Rechtsextremismus zurück.

Linkshändigkeit
In manchen Kulturen (z. B. Arabien, Indien) wird die *linke Hand* traditionell für sog. »unreine Tätigkeiten« (wie die Säuberung nach der Notdurft) benutzt, so dass man mit ihr nicht essen oder sie einem anderen nicht reichen darf.

Liebig, Justus von (1803–1873), deutscher Chemiker, der die → organische Chemie begründete. Zu seinen Erfindungen zählen der mineralische → Kunstdünger und ein nach ihm benannter Fleischextrakt.

Liechtenstein, Zwergstaat in Mitteleuropa. Das 1719 entstandene Fürstentum, das zwischen der Schweiz und Österreich in den Alpen liegt, wurde nach dem Ende des → Heiligen Römischen Reiches selbstständig und gehörte 1815–1866 dem Deutschen Bund an. Bis zum Ende des Ersten Weltkrieges lehnte es sich an Österreich an. Seit 1923 hat es eine Zoll- und Wirtschaftsunion mit der Schweiz, von der es auch völkerrechtlich vertreten wird.

Lilien, etwa 100 Arten umfassende Gattung von Zwiebelgewächsen, die auf der nördlichen Erdhalbkugel in Gebieten mit gemäßigtem Klima vorkommen. Die seit alten Zeiten als Zierpflanzen gezüchteten Blumen werden bis zu 1 m hoch und besitzen schmale Blätter und große Blüten. Zur Familie der *Liliengewächse* gehören neben vielen Zierpflanzen (z. B. Tulpe) auch Nutzpflanzen wie → Knoblauch, → Zwiebel und → Spargel.

Lilienthal, Otto (1848–1896), deutscher Erbauer von Gleitflugzeugen und Luftpionier. Er führte mit Fluggeräten, die er zusammen mit seinem Bruder *Gustav* (1849–1933) konstruierte, erste Flüge durch (bis zu 300 m weit) und kam bei einem solchen Versuch ums Leben.

Lima, in der Nähe der Pazifikküste gelegene Hauptstadt (als Ballungsraum 6,4 Mio. Einwohner) von → Peru.

Limes [lat.], *der,* **1.** römischer Grenzwall, der ab dem 1. Jh. n. Chr. errichtet wurde, um das → Römische Reich zu schützen. Der aus Militärstraßen und Befestigungen (Erdwälle, Gräben, Palisaden und steinerne Wachtürme) sowie Kastellen bestehende Limes reichte in Germanien vom Rhein (Rheinbrohl) bis zur Donau (Eining bei Kelheim) und war über 550 km lang. Er erfüllte aber bereits Ende des 2. Jh. seine Aufgabe nicht mehr und wurde 260 von den → Alemannen durchbrochen. Ähnliche Befestigungsanlagen errichteten die Römer auch in Britannien (*Hadrianswall*), in Nordafrika, am Mittel- und Unterlauf der Donau und im Vorderen Orient; **2.** in der Mathematik bezeichnet man als Limes (Abk. *lim*) den Grenzwert, der eine wichtige Rolle in der → Infinitesimalrechnung spielt.

Limit [engl.], *das,* eine Grenze, die nicht über- oder unterschritten werden darf (z. B. für ein Preisangebot).

Lincoln ['lɪŋkən], Abraham (1809–1865), 16. amerikanischer Präsident (seit 1861), der die Sklaverei in den USA abschaffte. Seine Wahl führte zur versuchten Abspaltung der Südstaaten (→ Sezessionskrieg 1861–1865). Nach seiner Wiederwahl wurde er von *J. W. Booth,* einem fanatischen Südstaatler, ermordet.

Linden, Gattung von bis zu 40 m hohen Laubbäumen, die in der gemäßigten Klimazone der nördlichen Erdhalbkugel vorkommen und etwa 1000 Jahre alt werden können. Die gelblichen oder weißen Blüten, die in kleinen Trugdolden herabhängen, werden für den schweißtreibenden, fiebersenkenden *Lindenblütentee* verwendet. Das weiche Holz eignet sich gut für Schnitzereien.

linear [lat.], geradlinig, gleichmäßig. Eine **lineare Gleichung** ist eine Gleichung ersten Grades, die nur Unbekannte der ersten → Potenz enthält (z. B. $6x - 3y = 3$).

Linksextremismus, Sammelbezeichnung für die Tätigkeit von politischen Organisationen und Gruppen, die das Ziel haben, die demokratische Ordnung zu beseitigen und an ihrer Stelle ein sozialistisches Gesellschaftssystem zu schaffen.

Linkshändigkeit, angeborene Bevorzugung der linken Hand bei bestimmten Tätigkeiten, die besondere Geschicklichkeit oder Kraftanwendung voraussetzen. Bei Linkshändern ist die rechte Gehirnhälfte stärker differenziert, so dass eine gewaltsame Umstellung auf die rechte Hand zu schweren Störungen (Gedächtnis- und Konzentrationsschwäche, → Legasthenie, psychische und körperliche Folgeerscheinungen) führen kann.

Linse, aus durchsichtigem Material (Glas, Quarz, Kunststoff) hergestellter Körper, der eine genau berechnete, oft symmetrische Form besitzt. Lichtstrahlen, die auf die Oberfläche auftreffen, werden je nach Linsenart abgelenkt (→ Brechung). Man unterscheidet zwischen → konvex gekrümmten *Sammellinsen,* die parallel einfallende Lichtstrahlen in einem Punkt hinter der Linse vereinigen, und → konkav gekrümmten *Zerstreuungslinsen,* die parallel zur optischen Achse einfallende Lichtstrahlen so brechen, als ob sie von einem bestimmten Punkt auf der optischen Achse, dem scheinbaren *Brennpunkt,* kommen würden. Linsen werden in Brillen, Vergrößerungsgläsern, Fernrohren, Mikroskopen, Kameras und anderen optischen Geräten verwendet.

Linz, an der Donau gelegene Landeshauptstadt (213 000 Einwohner) von Oberösterreich.

Lipide [von griech. lipos = »Fett«], *Mz.,* Sammelbezeichnung für → Fette und fettähnliche Stof-

■ *Lissabon:* Blick auf die Altstadt

fe (sog. **Lipoide**), die bei Pflanzen und Tieren vom Organismus gebildet werden.
Lippenblütler, weltweit verbreitete Familie von Kräutern und Stauden, die an ihrer Blüte (verwachsener Kelch in zwei Lippen geteilt, lange Röhre als Krone) zu erkennen sind.
Lissabon, port. *Lisboa,* an der Mündung des Tejo in den Atlantik gelegene Hauptstadt (als Ballungsraum 2 Mio. Einwohner) von → Portugal. Die auf einen phönizisch-karthagischen Handelsstützpunkt zurückgehende Stadt ist der größte Hafen und das bedeutendste Wirtschafts- und Kulturzentrum des Landes.
Liszt [lɪst], Franz von (1811–1886), ungarisch-deutscher Komponist und Pianist, der durch die von ihm geschaffene Gattung der »sinfonischen Dichtung« Verknüpfung von Musik und Dichtung, z. B. »Les preludes«, 1848, »Hungaria«, 1854) der Programmmusik (→ Musik) den Weg bereitete. Er schuf nicht nur virtuose Klavierwerke, die wegen ihrer technischen Schwierigkeit Pianisten große Probleme bereiten, sondern komponierte auch wegweisende Orchesterwerke (z. B. die Sinfonien »Faust«, 1854–1857, und »Dante«, 1855/56) sowie bedeutende geistliche Werke.
Litauen, Staat im → Baltikum. Die von der Eiszeit geformte Landschaft besteht aus Ebenen und Niederungen an der Ostseeküste und im Landesinneren sowie Moränen im Süden und Norden. Neben mehr als 80 % Litauern umfasst die Bevölkerung vor allem Russen und Polen. Wirtschaftlich stützt sich Litauen auf die Industrie und die Landwirtschaft (Viehzucht, Anbau von Futterpflanzen). Das Mitte des 13. Jh. entstandene Großfürstentum konnte sich gegenüber dem → Deutschen Orden behaupten und sein Herrschaftsgebiet nach Süden und Osten ausdehnen. Durch Heirat mit der polnischen Königin Jadwiga wurde der litauische Großfürst Jogaila zum Begründer der polnischen Dynastie der Jagiellonen. 1569 wurde Litauen mit → Polen in der Union von Lublin zu einem großen Staat vereinigt, aber zunehmend polonisiert. Nach der dritten Teilung Polens fiel es bis auf das ostpreußische Memelland an Russland. Das im Ersten Weltkrieg von deutschen Truppen besetzte Land erklärte Ende 1917 seine Unabhängigkeit, die es auch gegen sowjetische Truppen verteidigen konnte. Nachdem es 1939 das Memelland an Deutschland abtreten musste, wurde es nach dem Hitler-Stalin-Pakt 1940 von der Sowjetunion einverleibt. Die 1941–1944 von deutschen Truppen besetzte *Litauische SSR* strebte ab Ende der 80er Jahre verstärkt nach Selbstständigkeit und erklärte sich 1990 gegen den Widerstand der Sowjetunion, die erheblichen wirtschaftlichen und militärischen Druck ausübte, als erste Unionsrepublik für unabhängig. Die Unabhängigkeit wurde 1991 auch von Moskau anerkannt, das bis Ende 1993 seine gesamten Truppen abzog.
Liter [frz.], *der,* Hohlmaß (Zeichen *l*), besonders für Flüssigkeiten, das einem Kubikdezimeter reinem Wasser entspricht.
Literatur [lat. »Buchstabenschrift«], *die,* Gesamtheit der schriftlichen Aufzeichnungen eines Volkes (z. B. *französische Literatur*) oder einer Epoche (z. B. *Barockliteratur),* im engeren Sinne nur die jeweilige → Dichtung oder die Sprachkunstwerke einschließlich stilistisch geformter Gebrauchstexte. Sie unterscheidet sich von den nur mündlich weitergegebenen Überlieferungen (z. B. → Märchen, Sagen), bei denen zumeist kein individueller Urheber angegeben werden kann.
Als *Weltliteratur* bezeichnet man die bedeutenden literarischen Werke aller Völker und Epochen, gleichgültig, in welcher Sprache sie abgefasst sind, während die Werke, die ein Volk im Laufe seiner Geschichte hervorgebracht hat und die in der Muttersprache dieses Volkes geschrieben sind, als *Nationalliteratur* zusammengefasst werden. Innerhalb der Literatur wird die Dichtung oder → Belletristik von der → Trivialliteratur abgegrenzt, die den Leser in erster Linie unterhalten will und den Inhalt gegenüber der sprachlichen Gestaltung in den Vordergrund stellt. Manche Teile der Literatur wenden sich an ein spezielles Lesepublikum, was sich in besonderen Themen (z. B. *Frauenliteratur)* oder einer besonderen Darstellungsweise (→ *Kinder-* und *Jugendliteratur)* äußert. Inhaltlich gesehen gibt es zahlreiche literarische → Genres (z. B. → *Kriminal-, Horror-, Fantasy-, Sciencefiction-Literatur).*

Litauen (Lietuva)
Staatsname: Republik Litauen
Staatsform: Republik
Hauptstadt: Wilna
Fläche: 65 200 km²
Einwohner: 3,7 Mio.
Bevölkerungsdichte: 57/km²
Amtssprache: Litauisch
Währung: Litas (LTL)
Nationalitätskennzeichen: LT

Litauen

Leseempfehlungen

Homer, »Ilias«, »Odyssee« (8. Jh. v. Chr.)
Dante Alighieri, »Die göttliche Komödie« (1301–1321)
Miguel de Cervantes Saavedra, »Don Quijote de la Mancha« (1605–1615)
Hans Jakob Christoffel von Grimmelshausen, »Der abenteuerliche Simplicissimus Teutsch« (1667)
Johann Wolfgang von Goethe, »Die Leiden des jungen Werther« (1774/87)
Herman Melville, »Moby Dick« (1851)
Leo Tolstoi, »Krieg und Frieden« (1864–1869)
Heinrich Mann, »Der Untertan« (1914)
Franz Kafka, »Der Prozess« (1925), »Das Schloss« (1926)
Hermann Hesse, »Der Steppenwolf« (1927)
George Orwell, »1984« (1949)

Lithium

Zeichen: Li
Ordnungszahl: 3
Atommasse: 6,94
Dichte: 0,53 g/cm³
Schmelzpunkt: 180,5 °C
Siedepunkt: 1342 °C

Logarithmentafeln

In sog. *Logarithmentafeln* sind die (dekadischen) Logarithmen mit annähernder Genauigkeit tabellarisch aufgeführt. Die Zahlen hinter dem Komma werden dabei als *Mantisse* des Logarithmus von x bezeichnet, die Zahl vor dem Komma als *Kennziffer* (z. B. hat ln 80 die Kennziffer 1 und die Mantisse 90308999 bei acht Stellen hinter dem Komma). Solche Logarithmentafeln gibt es bereits seit dem frühen 17. Jh.

Lithium [von griech. lithos = »Stein«], *das,* ein → chemisches Element. Das weiche, reaktionsfreudige silberweiße Metall ist das leichteste feste Element (0,5 g/cm³ Dichte). Es kommt in der Natur in Mineralen vor und wird in Trockenbatterien, Legierungen und Kernreaktoren verwendet.

Lithographie, *Lithografie* [griech.], *die, Steindruck,* Ende des 18. Jh. von *Aloys Sennefelder* entwickeltes Flachdruckverfahren (→ Drucken), bei dem die zu druckende Zeichnung auf eine Kalksteinplatte übertragen wurde (heute wird eine körnige Zink- oder Aluminiumplatte verwendet). Die feinporige, chemisch behandelte Platte nimmt nur an bestimmten Stellen (an denen mit fetthaltiger Kreide oder Tusche die Zeichnung aufgetragen wurde) die Druckfarbe an. Bei farbigen Lithographien muss für jede Farbe eine eigene Platte verwendet werden. Auch ein so gedrucktes Kunstblatt wird als Lithographie bezeichnet.

Litschi, *Lychee* [chin.], *die,* Frucht des in Südchina wachsenden, bis zu 9 m hohen *Litschibaums.* Sie ist pflaumengroß und hat einen saftigen, an Erdbeeren erinnernden Geschmack.

Liturgie [griech. »öffentlicher Dienst«], *die,* in der katholischen und orthodoxen Kirche alle Handlungen, die zum Gottesdienst gehören und in ihrer Form und Reihenfolge streng vorgeschrieben sind. In den evangelischen Kirchen ist die Liturgie ein Teil des Gottesdienstes.

live [engl. lạif »lebend«], direkt übertragen (z. B. *Livesendung),* unmittelbar dargeboten, d. h. nicht im → Playback-Verfahren (z. B. *Liveauftritt).*

Lizenz [lat.], *die,* Genehmigung, Nutzungsrecht (auf ein Patent, eine Buchausgabe oder ein Software-Programm).

Ljubljana (deutsch *Laibach),* am Oberlauf der Save gelegene Hauptstadt (270 000 Einwohner) von → Slowenien.

Lobby [engl. »Vorhalle«], *die,* eigentlich der Vorraum eines Parlaments, wo sich die Abgeordneten mit Vertretern von Interessengruppen treffen; im weiteren Sinne die Interessengruppen selbst, die auf die Parlamentarier Einfluss zu nehmen versuchen.

Lochkarte, maschinenlesbarer Datenträger mit eingestanzten Löchern. Die 1886 von dem Amerikaner *Herman Hollerith* (1860–1929) entwickelte Karte besaß 80 Spalten und zwölf Zeilen, so dass durch die unterschiedlichen Positionen jeweils bis zu 80 Zeichen darstellbar waren. Verarbeitet wurde sie mit Hilfe eines *Lochkartenlesers,* wobei durch das Loch Licht auf eine Photozelle fiel. Lochkarten wurden früher in → EDV-Anlagen verwendet, die als Ausgabegeräte *Lochkartenstanzer* benutzten; doch ihre Verarbeitungsgeschwindigkeit war so gering (maximal 2000 Karten pro Minute), dass sie durch die magnetische Datenspeicherung abgelöst wurden (→ Computer).

Logarithmus [von griech. logos = »Verhältnis« und arithmos = »Zahl«], *der,* in der Mathematik der → Exponent y, mit dem man eine Zahl a (→ Basis) zur Potenz erheben muss, um eine Zahl x (Numerus) zu erhalten ($y = \log_a x$ als Umkehrfunktion der Exponentialfunktion $y = a^x$). Man unterscheidet dabei den *natürlichen Logarithmus* (ln) mit der Basis $e = 2{,}71828$ (z. B. $2{,}197224577 = \log_e 9 = \ln 9$), den *dekadischen* oder *Briggsschen Logarithmus* (lg) mit der Basis 10 (z. B. $3 = \log{\to}10_{1000} = \lg 1000$) und den *dyadischen* oder *Duallogarithmus* (ld) mit der Basis 2 (z. B. $4 = \log 2 16 = \operatorname{ld} 16$). Der Logarithmus gilt nur für positive → reelle Zahlen, wobei $\log_a 1 = 0$.

Logik [von griech. logos = »Vernunft«], *die,* Wissenschaft von den Formen und Gesetzen des Denkens, auch folgerichtiges *(logisches)* Denken.

Logistik [frz.], *die,* Planung und Bereitstellung von Hilfsmitteln, die für einen militärischen Einsatz notwendig sind; alle Tätigkeiten eines Unternehmens, die für die Organisation des Produktionsablaufs erforderlich sind.

Logo, *das,* Kurzform für **Logogramm** [von griech. *logos* = »Wort« und *gramma* = »Schriftzeichen«], ein aus mehreren Buchstaben gebildetes Kürzel (z. B. ZDF), und für *Logetype* [engl.], ein aus mehreren Buchstaben gebildetes Firmen- oder Markenzeichen, das wegen seiner besonderen Gestaltung einen hohen Wiedererkennungswert besitzt.

Loire [waːr], *die,* mit 1020 km der längste Fluss Frankreichs, der in den Cevennen entspringt und mit einem fast 50 km langen Ästuar (Trichtermündung) bei Saint-Nazaire in den Atlantik mündet.

London [engl. 'lʌndən], Hauptstadt und größte Stadt (als *Greater London* 6,8 Mio. Einwohner) von → Großbritannien und Nordirland. London liegt an der → Themse, etwa 75 km oberhalb der Mündung. Die auf eine römische Siedlung aus dem 1. Jh. n. Chr. zurückgehende Stadt wurde im 12. Jh. englische Hauptstadt und entwickelte sich als Handelsmetropole ab dem 17. Jh. zu einer Weltstadt (im frühen 20. Jh. war London die größte Stadt der Welt). In London gibt es viele berühmte Kirchen (wie *Westmin-*

ster Abbey und Saint Paul's Cathedral), Paläste (Buckingham Palace, Windsor Castle) und öffentliche Gebäude (Tower, Parlament) sowie bedeutende Museen (Britisches Museum), Galerien (National und Tate Gallery), Opernhäuser und Theater.

London [ˈlʌndən], Jack, eigentlich *John Griffith* (1876–1916), amerikanischer Schriftsteller, der ein sehr abenteuerliches Leben führte (u. a. als Goldsucher, Landstreicher, Seemann und Kriegsberichterstatter), das er literarisch verarbeitete, und 1916 Selbstmord beging. Am bekanntesten sind »Der Ruf der Wildnis« (1903), »Der Seewolf« (1904), »Wolfsblut« (1906) und »Lockruf des Goldes« (1910).

Loop [engl. luːp »Schleife«], *der,* **1.** in der → elektronischen Datenverarbeitung eine Programmschleife, bei der bestimmte Teile des Programms mehrfach durchlaufen werden können; **2.** in der → Technomusik eine zumeist gesampelte Tonfolge (→ Sampling), die sich schleifenförmig ständig wiederholt.

Lorbeer, ein im Mittelmeerraum wachsender, bis zu 12 m hoher Baum, dessen längliche, lederartige immergrüne Blätter als Gewürz in der Küche verwendet werden. Zu den *Lorbeergewächsen* gehören auch Kampfer-, Zimt- und → Avocadobaum.

Lord [engl. »Herr«], *der,* Adelstitel in Großbritannien.

Lorelei, Sagengestalt, die, auf einem Felsen im

■ **Lorbeer**

Rhein sitzend und ihr Haar kämmend, durch ihre Schönheit und ihren Gesang die vorbeifahrenden Schiffer anlockte und ihre Boote kentern ließ. *Loreley* heißt auch ein 132 m hoher Schieferfelsen am rechten Rheinufer bei St. Goarshausen, der früher eine Gefahr für die Schifffahrt darstellte.

Los Angeles, [lɔsˈændʒɪlɪs], amerikanische Groß-

■ **London:** *Die berühmte Tower Bridge*

stadt (3,5 Mio. Einwohner, als Ballungsraum 14,5 Mio. Einwohner) in Südwestkalifornien. Die 1781 von Spaniern gegründete Stadt ist der Mittelpunkt des zweitgrößten Ballungsraums in den Vereinigten Staaten. Das Handels- und Finanzzentrum beherbergt eine bedeutende Flugzeug- und Filmindustrie (→ Hollywood).

Löss, *Löß,* gelber bis gelbbrauner, durch den Wind beförderter Flugstaub. Der luft- und wasserdurchlässige Löss besteht hauptsächlich aus feinsten Quarzkörnchen und Kalkteilchen. Wegen seines hohen Mineralgehalts ist er sehr fruchtbar.

Lösung, homogene Mischung von zwei oder mehr Stoffen, in der Atome, Moleküle oder Ionen in einem Lösungsmittel fein verteilt sind. Es gibt Lösungen von festen, flüssigen und gasförmigen Stoffen, doch im engeren Sinne versteht man darunter Lösungen von Feststoffen in einem flüssigen *Lösungsmittel.* Zuckermoleküle oder Ionen von Steinsalz lösen sich beispielsweise in Wasser auf, so dass die Lösung durchsichtig ist. In der Chemie spielen Lösungen eine große Rolle, weil die fein verteilten Teilchen sehr reaktionsfreudig sind. Lösungen heißen *gesättigt,* wenn sie keinen zusätzlichen Stoff mehr aufnehmen können. Die *Löslichkeit* ist die Menge eines Stoffes, die bei einer bestimmten Temperatur von einem Lösungsmittel aufgenommen werden kann.

Lot, 1. in der Mathematik die Gerade, die von einem vorgegebenen Punkt auf eine Gerade

Lorbeer

Kränze aus Lorbeerblättern (*Lorbeerkranz*) wurden bereits im Altertum als Zeichen für Siege und Ruhm verliehen. Noch heute sagt man, jemand ernte die *Lorbeeren,* wenn er Erfolg hat, oder wirft jemandem vor, er *ruhe sich auf seinen Lorbeeren aus,* wenn er es mit guten Anfangsleistungen bewenden lässt und dann faul wird.

Lot
• • • • • • • • • • • • • • • • • •
In der Schifffahrt benutzte man früher ein ähnliches Instrument, dessen Leine mit Markierungen versehen war, um die Wassertiefe zu bestimmen, aber dieses *Handlot* ist durch das → Echolot abgelöst worden.

■ *Lot*

Löwe
• • • • • • • • • • • • • • • • • •
Der Löwe gilt in der Literatur als »König der Tiere«. Er war bereits im Altertum ein Symbol der Macht und ist ein häufig verwendetes Wappentier.

oder eine Ebene gefällt wird und senkrecht auf ihr steht; **2.** als Lot *(Senklot* oder *-blei)* wird auch ein kegelförmiges Metallstück bezeichnet, das an einer dünnen Schnur hängt und im Bauwesen verwendet wird, um die senkrechte Richtung zu ermitteln.

löten, das Verbinden von zwei Metallteilen durch Aufschmelzen einer bestimmten Legierung, die als *Lot* bezeichnet wird. Der Schmelzpunkt des Lots liegt beim *Weichlöten* bei etwa 450 °C, beim *Hartlöten* bei 450–900 °C. Weichgelötet (mit einer Legierung von Blei und Zinn) wird vor allem im Elektronikbereich, in dem Bauteile wie etwa Widerstände und Transistoren auf Leiterplatten aufgebracht werden. Hartlot (aus Zink und Kupfer) wird in der Technik und im Installationswesen (Heizungsbau) eingesetzt.

Lothringen, frz. *Lorraine,* Region (23 547 km²) in Nordostfrankreich, die zwischen Vogesen, Champagne und Ardennen liegt (Hauptstadt *Nancy).* Die an Eisenerz- und Kohlevorkommen reiche Landschaft fiel als *Lotharingen* im späten 9. Jh. an das Ostfränkische Reich und wurde 965 in Ober- und Niederlothringen (1100 in die Herzogtümer Brabant und Limburg zerfallen) geteilt. 1766 kam Lothringen zu Frankreich und wurde später in vier Departements aufgeteilt. Teile von zwei lothringischen Departements gehörten ab 1871 zusammen mit dem → Elsass zum Deutschen Reich, mussten aber nach dem Ersten Weltkrieg an Frankreich zurückgegeben werden.

Lotosblumen, zu den Seerosengewächsen gehörende Wasserpflanzen, die mit großen Schwimmblättern aus dem Wasser herausragen und langstielige weiße oder rosa Blüten besitzen. In den wärmeren Gebieten Asiens wächst die *Indische Lotosblume,* die kelchförmige Blätter und essbare Samen besitzt; sie gilt als Symbol des Universums und der Reinheit.

Lotse, ein Seemann, der auf schwierigen Wasserstraßen (z. B. Kanäle, Hafenein- und -ausfahrten oder Flussmündungen) die Führung eines Schiffes übernimmt, weil er dank seiner besonderen Ausbildung das Fahrwasser genau kennt.

Löwe, 1. bis 2 m lange Raubkatze (→ Katzen) mit grau- bis ockergelbem Fell, die ursprünglich nicht nur in ganz Afrika, sondern auch in Südosteuropa, im Vorderen Orient und in Südasien verbreitet war. Die männlichen afrikanischen Löwen besitzen eine rotbraune bis schwarze Mähne. Löwen leben in Rudeln, wobei zumeist die Weibchen jagen; **2.** → Tierkreiszeichen (♌), das dem gleichnamigen → Sternbild (lat. *Leo)*

■ *Löwen (Männchen und Weibchen)*

und im → Horoskop dem Zeitraum 23. Juli–23. August entspricht.

loyal [frz.], treu gegenüber einer Staatsordnung, Regierung oder einem Vorgesetzten, redlich, rechtschaffen.

LSD, Abkürzung für *Lysergsäurediäthylamid,* ein halbsynthetisches, 1943 von dem Schweizer Chemiker *Albert Homann* entdecktes → Halluzinogen, das schon in geringer Dosis eine bewusstseinserweiternde Wirkung hat. Der in der Natur vorkommende Bestandteil ist ein → Alkaloid des *Mutterkorns,* eines auf Getreide vorkommenden Pilzes. Neben einer Intensivierung der Wahrnehmungen kann LSD auch Halluzinationen, Angst einflößende Erlebnisse *(Horrortrips)* und psychische Störungen hervorrufen.

Lübeck, *Hansestadt Lübeck,* an der Trave und der Ostsee gelegene deutsche Großstadt (217 000 Einwohner) in Schleswig-Holstein. Die 1258 von dem Welfen Heinrich dem Löwen neu gegründete Stadt war im Mittelalter die führende → Hansestadt.

Lübke, Heinrich (1894–1972), deutscher CDU-Politiker, der 1953–1959 Bundesminister für Ernährung und Landwirtschaft und 1959–1969 zweiter Bundespräsident war.

Luchs, bis zu 1,1 m lang werdende Raubkatze (→ Katzen), die in Eurasien und Nordamerika vorwiegend in Wäldern vorkommt. In Deutschland war der Luchs ausgerottet, wird aber seit den 70er Jahren wieder eingebürgert.

Ludwig II. (1845–1886), bayerischer König (seit 1864), der als romantischer Schwärmer und »Märchenkönig« in die Geschichte einging. Er war ein großer Bewunderer und Förderer von Richard → Wagner und errichtete prächtige Schlösser (Herrenchiemsee, Linderhof und Neuschwanstein). Kurz nachdem er für geisteskrank erklärt und entmündigt worden war, ertrank er unter ungeklärten Umständen im Starnberger See.

Ludwig XIV. (1638–1715), französischer König (seit 1643), der den europäischen → Absolutismus maßgeblich prägte. Der »Sonnenkönig«, der ab 1661 allein herrschte, wurde dank seiner Macht und Prachtentfaltung (insbesondere in seinem Schloss → Versailles) zum Vorbild für viele europäische Fürsten. In zahlreichen Kriegen versuchte er, Frankreich die Vormachtstellung in Europa zu verschaffen, führte dabei aber das Land an den Rand des Staatsbankrotts.

Luft, Gasgemisch, aus dem die → Atmosphäre der Erde besteht. In den unteren Schichten setzt sie sich hauptsächlich aus → Sauerstoff (21 %) und → Stickstoff (78 %) zusammen. Weitere Bestandteile sind → Kohlendioxid, Wasserdampf und → Edelgase wie etwa Argon und Neon.

Luftdruck, der Druck, den die → Atmosphäre aufgrund ihres Gewichts auf die Erdoberfläche ausübt. Der Luftdruck nimmt in den höheren Schichten mit der Dichte der Luft ab (in 5000 m Höhe beträgt er nur noch die Hälfte des auf der Erdoberfläche gemessenen Werts). Die Maßeinheit für den Luftdruck, der mit einem → Barometer gemessen wird, war früher Millibar (→ Bar); seit 1984 verwendet man Hektopascal (→ Pascal). In Meereshöhe herrscht im Durchschnitt ein Luftdruck von 1013 hPa, was einem Druck von 1 kg/cm^2 entspricht. Der Luftdruck spielt eine große Rolle in der → Meteorologie, wo man zwischen → Hoch- und → Tiefdruckgebieten unterscheidet.

Luftfahrt, *Aeronautik,* Fortbewegung im Luftraum mit *Luftfahrzeugen,* die entweder leichter als Luft (z. B. → Ballons und → Luftschiffe) oder schwerer als Luft sind (→ Flugzeuge).

Luftkissenfahrzeug, *Hovercraft,* ein auch als *Bodeneffektfahrzeug* bezeichnetes Amphibienfahrzeug, das durch den Rückstau eines nach unten gerichteten Luftstrahls wie von einem »Kissen« getragen wird und in geringer Höhe über dem Boden oder dem Wasser schwebt. Der Vortrieb wird durch Propeller oder Turbinen erzeugt. Luftkissenfahrzeuge (erstmals 1959) eignen sich gut für sumpfiges Gelände und Küstengebiete und werden auch als Fähren (z. B. über den Ärmelkanal) eingesetzt.

Luftröhre, die etwa 10 cm lange Verbindung zwischen → Kehlkopf und → Lunge, die sich am Ende in zwei Äste (→ Bronchien) teilt und die beiden Lungenflügel mit Luft versorgt. Innen ist sie mit einer Schleimhaut mit Flimmerzellen ausgekleidet, die Staubteilchen, Bakterien und andere Fremdkörper zusammen mit Schleim zum Kehlkopf befördert, wo sie abgehustet werden.

■ *Luftkissenfahrzeug*

Luftschiff, lenkbares Luftfahrzeug, das leichter als Luft ist. Das berühmteste Luftschiff wurde 1900 von *Ferdinand Graf von Zeppelin* (1838–1917) entwickelt und nach ihm benannt. Starre Luftschiffe besitzen ein Skelett aus Leichtmetall und Gaszellen, die mit Wasserstoff oder Helium gefüllt sind. Unstarre Luftschiffe verfügen über gasgefüllte Ballons; sie werden heute vor allem für Reklamezwecke eingesetzt. Der Antrieb erfolgt durch Propellertriebwerke; für die Steuerung gibt es ein Leitwerk. Die größten Luftschiffe, die bis zu 100 Personen transportierten, waren über 200 m lang und erreichten eine Geschwindigkeit von bis zu 130 km/h. Nach dem Brand der »Hindenburg« (Verkehrsluftschiff LZ 129) im Jahre 1937 wurden der Bau und der Betrieb von Großluftschiffen für den Passagierverkehr weltweit eingestellt.

Luftspiegelung, *Fata Morgana,* optische Erscheinung, bei der ein weit entfernter Gegenstand als Spiegelbild, teilweise auch mehrfach und auf dem Kopf stehend, gesehen wird. Ursache dafür ist, dass über einer stark erwärmten oder gekühlten Fläche (z. B. Wüste oder Wasser) Luftschichten von unterschiedlicher Dichte entstehen, in denen das Licht durch Brechung und Reflexion gekrümmt wird.

Lügendetektor, Gerät, mit dem man die Wahrheit von Aussagen überprüft. Zu diesem Zweck werden der Blutdruck, der Puls, die Atmung, die Hautfeuchtigkeit und die Hirnströme gemessen, deren Schwankungen anzeigen sollen, ob jemand besonders erregt oder unsicher ist.

lukullisch, üppig (als Bezeichnung für ein Mahl).

Lumineszenz [von lat. lumen = »Licht«], *die,* Abstrahlung von Licht (auch infrarotem und ultraviolettem) durch feste, flüssige oder gasförmige Stoffe, die nicht durch eine hohe Tempe-

Geschichte der Luftfahrt

1783: erster bemannter Heißluftballon der Brüder Montgolfier und erster mit Wasserstoff gefüllter Ballon von J. A. C. Charlière
1890: erster Gleitflug von Otto Lilienthal
1900: erster Flug eines Zeppelins
1903: erster Motorflug (Orville und Wilbur Wright)
1909: erster Flug über den Ärmelkanal (Louis Blériot)
1913: erster Flug einer viermotorigen Maschine (Igor Sikorsky)
1915: erster Flug eines Ganzmetallflugzeugs (Hugo Junkers)
1919: erste Überquerung des Atlantiks (John Alcock und Arthur Whitten-Brown)
1924: erster Flug um die Welt
1927: erste Atlantiküberquerung im Alleinflug (Charles A. Lindbergh)
1931: erste Pazifiküberquerung
1936: erster lenkbarer Hubschrauber
1939: erstes Flugzeug mit Strahltriebwerk (Heinkel He 178)
1947: erster Überschallflug (Bell X-1)
1949: erste Umrundung der Erde ohne Zwischenlandung
1968: erster Senkrechtstarter und erstes Überschallverkehrsflugzeug
1976: Linienverkehr zwischen Europa und Amerika mit dem Überschallflugzeug Concorde wird aufgenommen

lukullisch

Lukullisch leitet sich von dem römischen Feldherrn *Lucullus* (um 117–57 v. Chr.) her, der dank seines Reichtums ein besonders luxuriöses Leben führte.

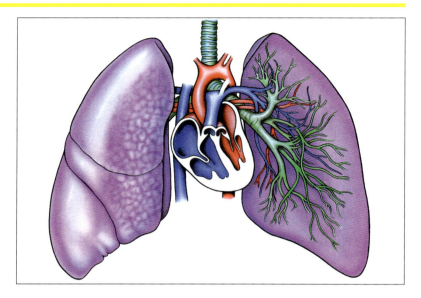

■ **Lungen** mit Bronchialbaum, Herz und Blutgefäßen. *In der Mitte oben die Luftröhre (blau); darunter der Bogen der Aorta (rot); unter diesem das aufgeschnittene Herz: die rechte Herzhälfte (blau) und die linke Herzhälfte (rot); rechte Lunge mit 3 Lungenlappen; die linke Lunge ist aufgeschnitten, die Bronchien (grün), ihre Verzweigungen und die Blutgefäße (rot und blau) sind zu sehen.*

Lutetium

Zeichen: Lu
Ordnungszahl: 71
Atommasse: 174,97
Dichte: 9,84 g/cm³
Schmelzpunkt: 1663 °C
Siedepunkt: 3395 °C

Martin Luther

Auf der Wartburg übersetzte *Luther* das → Neue Testament in die deutsche Sprache, so dass die Bibel auch für das Volk zugänglich wurde. Mit seiner 1522 gedruckten Bibelübersetzung (1534 erschien die gesamte Bibel) schuf er auch die Grundlage für eine einheitliche Hochsprache in Deutschland. 1529 verfasste er einen »Kleinen Katechismus« zur Belehrung des Volkes und einen »Großen Katechismus« für die Geistlichen.

ratur des Stoffes bewirkt wird, sondern auf eine vorausgehende Anregung (z. B. durch Bestrahlung mit UV-Licht, Röntgen- oder Gammastrahlen) zurückgeht.

Luna, in der römischen Mythologie die Mondgöttin.

Lunge, das Atmungsorgan der → Lurche, Reptilien, Vögel und Säugetiere. Beim Menschen besteht die Lunge aus zwei Flügeln, die sich im Brustraum befinden. Der rechte Lungenflügel ist in drei, der linke in zwei Lappen unterteilt. Beim Einatmen gelangt die Luft durch die → Luftröhre und die sich immer weiter verzweigenden und feiner werdenden → Bronchien in die *Lungenbläschen (Alveolen).* In den etwa 400 Mio. Lungenbläschen, die nur einen Fünftelmillimeter groß sind, vollzieht sich der Gasaustausch: Sauerstoff tritt ins Blut über (kleiner → Blutkreislauf), während Kohlendioxid in die Bläschen abgegeben wird.
Infektionen der Lunge durch Bakterien oder Viren können eine **Lungenentzündung** hervorrufen, die mit hohem Fieber, Schüttelfrost, Husten und Auswurf verbunden ist.

Lupe, Vergrößerungsglas für kleine Gegenstände, das eine Sammellinse (→ Linse) mit geringer → Brennweite benutzt und Vergrößerungen bis zum 25fachen erreichen kann.

Lupinen, zu den → Schmetterlingsblütlern gehörende Kräuter, die in Nordamerika und im Mittelmeerraum wachsen. In der Landwirtschaft verwendet man Lupinen als Futterpflanzen *(Süßlupinen)* und zur Gründüngung, weil sie mithil-

fe von *Knöllchenbakterien* (die mit ihnen in → Symbiose leben und Luftstickstoff binden) Stickstoff liefern.

Lurche, *Amphibien,* wechselwarme, vierfüßige Wirbeltiere, die sowohl im Wasser als auch auf dem Land leben können und als erwachsene Tiere durch → Lungen atmen. Sie besitzen eine verhornte Oberhaut, während die Unterhaut zahlreiche Schleim- und teilweise auch Giftdrüsen aufweist. Da sie leicht austrocknen, sind sie auf Feuchtigkeit angewiesen, die sie durch ihre Haut aufnehmen, und leben deshalb im Süßwasser oder in feuchten Gebieten. Die meisten Lurche laichen im Wasser, wo sich auch die → Larven entwickeln. Diese atmen durch → Kiemen und verwandeln sich nach zwei bis drei Monaten in Landbewohner (z. B.→ Frösche, → Molche). Bei Arten, die ihre Eier am Land absetzen, wird das Larvenstadium oft übergangen; es gibt sogar Gattungen, die voll entwickelte Junge gebären (z. B. *Alpensalamander).* Die erwachsenen Lurche sind alle Fleischfresser. Die Klasse der Lurche ist in die → *Froschlurche* und die → *Schwanzlurche* unterteilt.

Lustspiel, deutsche Bezeichnung für → Komödie.

Lutetium [von lat. Lutetia = »Paris«], *das,* → chemisches Element. Das zu den seltenen Erden gehörende Metall wird für Mischmetalle und → Katalysatoren verwendet.

Luther, Martin (1483–1546), deutscher Reformator, der die → evangelische Kirche begründete. Er studierte zunächst Jura, trat aber 1505 in ein Augustinerkloster ein und wurde Mönch. Nach dem Theologiestudium lehrte er ab 1512 als Professor an der Universität in Wittenberg. Aus Besorgnis über die Missstände in der römischen Kirche schlug er am 31. Oktober 1517 seine 95 Thesen zum Missbrauch des → Ablasses an das Portal der Schlosskirche in Wittenberg. Damit begann die → Reformation. Für Luther war die Bibel die einzige Autorität in Glaubensfragen, während er den verderblichen Einfluss des Papst-

■ *Lupe*

■ *Martin Luther*, Gemälde von Lukas Cranach dem Älteren (1528). Weimar, Kunstsammlungen

tums ablehnte und eine Unfehlbarkeit der → Konzilien leugnete. Nach seinem wissenschaftlichen Streitgespräch mit dem katholischen Theologen *Johann Eck* (1486–1543) in Leipzig (1519) und drei grundlegenden Reformationsschriften (1520) drohte ihm der Papst den → Bann an und exkommunizierte ihn Anfang 1521. Als Luther auf dem Reichstag zu Worms 1521 einen Widerruf seiner Lehre ablehnte, wurde er vom Kaiser geächtet, aber sein Landesherr, der sächsische Kurfürst, schützte ihn und versteckte ihn 1521/22 zehn Monate lang als Junker Jörg auf der Wartburg. Ab 1522 reformierte er in Wittenberg den Gottesdienst und baute damit eine eigene Kirchenorganisation auf. 1525 heiratete er die ehemalige Nonne *Katharina von Bora*. Durch seine sprachgewaltigen Schriften fand er viele Anhänger, er lehnte jedoch den politischen Kampf ab und stellte sich in den → Bauernkriegen auf die Seite der Obrigkeit. Luther grenzte sich entschieden von »Schwärmern« und radikalen Sekten wie den Wiedertäufern ab und betonte die Freiheit des Evangeliums und die »Rechtfertigung« des Menschen durch die Gnade Gottes.

Luv [von ndl. loefzijde = »Ruderseite«], *das,* die dem Wind zugewandte Seite (z. B. eines Schiffes). Gegensatz: → Lee.

Lux [lat. »Licht«], *das,* in der Physik Einheit für die Beleuchtungsstärke.

Luxemburg, Staat in Mitteleuropa. Der Westen und Norden von Belgien, im Nordosten und Osten von Deutschland und im Süden von Frankreich umgebene Binnenstaat hat im Norden Anteil an den Ardennen *(Ösling).* Die Mitte und der Süden des Landes bilden das *Gutland,* ein fruchtbares Hügelland. Mehr als ein Viertel der Bevölkerung sind Ausländer, vor allem Franzosen, Portugiesen, Belgier und Deutsche. Luxemburg ist ein bedeutendes Finanzzentrum mit mehr als 200 Banken. Die Stahlindustrie befindet sich in einer schweren Krise. 50 % der Gesamtfläche können landwirtschaftlich genutzt werden. Die im 10. Jh. entstandene, nach der *Lützelburg* benannte Grafschaft wurde 1354 zum Herzogtum erhoben. Im 15. Jh. kam Luxemburg zunächst zu Burgund und fiel dann an die Habsburger. Im 17. und 18. Jh. wurde es zwischen Frankreich und Österreich aufgeteilt, aber auf dem → Wiener Kongress als Großherzogtum wiederhergestellt. Der westliche Teil musste 1830 an Belgien abgetreten werden. Luxemburg, das bis 1866 Mitglied des Deutschen Bundes war und bis 1890 mit dem niederländischen Königshaus in Personalunion verbunden blieb, wurde trotz seiner Neutralität (1867–1948) in beiden Weltkriegen von deutschen Truppen besetzt. 1958 schloss es mit Belgien und den Niederlanden eine Wirtschaftsunion *(Benelux).*

Luzern, Stadt und Kanton in der → Schweiz.

Luzifer [lat. »Lichtbringer«], *der,* im Christentum als gestürzter Engel mit dem → Satan der Bibel gleichgesetzt.

Lymphe [lat. »Quellwasser«], *die,* eiweißreiche Körperflüssigkeit, die bei den Wirbeltieren in den *Lymphgefäßen* (ein dem Blutgefäßsystem ähnliches Netz von → Kapillaren und größeren Gefäßen, die parallel zu den Venen verlaufen) abgeleitet wird. Sie versorgt die Gewebe mit Nährstoffen und transportiert nicht mehr verwertbare Stoffe ab. Der Mensch erzeugt täglich etwa 2 l Lymphe, die in der Nähe des Herzens in das Venenblut zurückgeführt wird. Das Lymphgefäßsystem enthält zahlreiche bis zu 2 cm große *Lymphknoten,* die die Lymphe filtern und von Krankheitserregern reinigen. Sie produzieren auch die → Lymphozyten.

Lymphozyten [lat.-griech.], *Mz.,* Untergruppe der weißen Blutkörperchen (→ Blut). Die in der → Milz und in den Lymphknoten produzierten Lymphozyten reagieren auf → Antigene und erzeugen entweder Antikörper gegen die Fremdstoffe oder zerstören die Eindringlinge direkt als »Killerzellen«.

lynchen [engl.], ohne Gerichtsurteil töten.

Lyon, [ljõ], an der Mündung der Saône in die → Rhône gelegene französische Großstadt (422 000

Luxemburg (Luxembourg, Lëtzebuerg)
Staatsname: Großherzogtum Luxemburg
Staatsform: Parlamentarische Monarchie
Hauptstadt: Luxemburg
Fläche: 2586 km^2
Einwohner: 405 000
Bevölkerungsdichte: 157/km^2
Amtssprache: Französisch, Deutsch, Lëtzebuergisch
Währung: Luxemburgischer Franc (lfr)
Nationalitätskennzeichen: L

Luxemburg

Luzern

Einwohner). Der fast 1,3 Mio. Einwohner beherbergende Ballungsraum ist ein wichtiges Industrie- und Handelszentrum mit bedeutenden Messen.

Lyrik [von griech. lyrikos = »zum Spiel der Leier gehörig«], *die,* literarische Gattung, die eine Vielzahl von Formen besitzt (vom Lied über Gedichtformen mit strengem → Metrum und Reim bis zu Texten mit freiem Rhythmus oder experimenteller Sprache). In der griechischen Antike waren damit gesungene Texte gemeint, die von einer Leier *(Lyra)* begleitet wurden. Später wurden für lyrische Texte der subjektive, unmittelbare Ausdruck von Erlebtem oder Empfundenem, die Verdichtung zu sprachlichen Bildern und die enge Verbindung mit den klanglichen und rhythmischen Elementen der Sprache kennzeichnend. Die Lyrik umfasst eine große Bandbreite an Inhalten und Gestaltungsformen (z. B. Stimmungs-, Erlebnis-, Gedanken-, Gebrauchs-, politische Lyrik, → Konkrete Poesie). Neben → Epik und → Dramatik ist sie eine der drei dichterischen Gattungen und wird heute oft mit → Poesie gleichgesetzt.

Bekannte Lyriker

Antike:
Sappho (um 600 v. Chr.)
Anakreon (580–495 v. Chr.)
Pindar (518/522–um 438 v. Chr.)
Vergil (70–19 v. Chr.)
Horaz (65–8 v. Chr.)
Ovid (43 v. Chr.–um 17 v. Chr.)

Mittelalter:
Walther von der Vogelweide (1170–1228)
Dante Alighieri (1265–1321)
Francesco Petrarca (1304–1374)
François Villon (um 1431–1463)

17. Jahrhundert:
William Shakespeare (1564–1616)
Martin Opitz (1597–1639)
John Milton (1608–1674)
Andreas Gryphius (1616–1664)

18. Jahrhundert:
Matthias Claudius (1740–1815)
Johann Wolfgang von Goethe (1749–1832)
William Blake (1757–1827)
Friedrich Schiller (1759–1805)
Friedrich Hölderlin (1770–1843)
Novalis (1772–1801)
Lord Byron (1788–1824)

19. Jahrhundert:
Clemens Brentano (1778–1842)
Joseph von Eichendorff (1788–1857)
Friedrich Rückert (1788–1866)
Alphonse de Lamartine (1790–1869)
Percy Shelley (1792–1822)
John Keats (1795–1821)
Heinrich Heine (1797–1856)
Giacomo Leopardi (1798–1837)
Nikolaus Lenau (1802–1850)
Eduard Mörike (1804–1875)
Walt Whitman (1819–1892, »Grashalme«, 1855)
Charles Baudelaire (1821–1867, »Die Blumen des Bösen«, 1857)
Conrad Ferdinand Meyer (1825–1898)
Paul Verlaine (1844–1896)
Arthur Rimbaud (1854–1891)

20. Jahrhundert:
Gabriele d'Annunzio (1863–1938)
Arno Holz (1863–1929, »Phantasus«, 1925)
Stefan George (1868–1933, »Das Jahr der Seele«, 1897)
Christian Morgenstern (1871–1914)
Hugo von Hofmannsthal (1874–1929)
Rainer Maria Rilke (1875–1926)
Else Lasker-Schüler (1876–1945)
Joachim Ringelnatz (1883–1934)
Ezra Pound (1885–1972, »Cantos«, 1925–1968)
Gottfried Benn (1886–1956)
Hans Arp (1887–1966)
Georg Heym (1887–1912)
Georg Trakl (1887–1914)
Johannes R. Becher (1891–1958)
Ossip Mandelstam (1891–1939)
Nelly Sachs (1891–1970)
Paul Eluard (1895–1952, »Hauptstadt der Schmerzen«, 1925)
Bert Brecht (1898–1956)
Erich Kästner (1899–1974)
Pablo Neruda (1904–1973, »Aufenthalt auf Erden«, 1933–1947)

nach dem Zweiten Weltkrieg:
Jaroslav Seifert (1901–1986)
Günter Eich (1907–1972)
Paul Celan (1920–1970, »Mohn und Gedächtnis«, 1952)
H. C. Artmann (* 1921)
Erich Fried (1921–1988, »100 Gedichte ohne Vaterland«, 1978)
Helmut Heissenbüttel (1921–1996, »Textbücher«, 1960–1987)
Ernst Jandl (* 1925, »Sprechblasen«, 1968)
Ingeborg Bachmann (1926–1973)
Hans Magnus Enzensberger (* 1929, »Verteidigung der Wölfe«, 1957)
Jürgen Becker (* 1932)
Reiner Kunze (* 1933)
Sarah Kirsch (* 1935)
Wolf Biermann (* 1936, »Die Drahtharfe«, 1965)
F. C. Dellus (* 1943)
Ulla Hahn (* 1945, »Herz über Kopf«, 1981)
Dürs Grünbein (* 1962)

M, 1. bei römischen Zahlen das Zeichen für 1000 (= Mille); **2.** bei physikalischen Einheiten das Zeichen für → Mega- (z. B. *Mt* = Megatonne).

m, 1. Einheitenzeichen für → Meter; **2.** bei physikalischen Einheiten das Zeichen für → Milli- (z. B. *mm* = Millimeter)

Mäander: Bachschlingen in einer Talaue

Mäander [griech.], *der,* eine Reihe von regelmäßigen Windungen oder Schleifen bei einem Fluss; auch Bezeichnung für ein aus rechtwinkligen oder spiraligen Linien bestehendes Ziermuster.

Maar, durch vulkanische Tätigkeit entstandene runde, trichterförmige Vertiefung in der Erdoberfläche, die zumeist mit Wasser gefüllt ist. In Deutschland gibt es solche Maarseen in der Eifel.

Machiavelli [makia'vɛli], Niccolo (1469–1527), italienischer Politiker und Schriftsteller, der zu Beginn des 16. Jh. eine führende Rolle in der Stadtrepublik Florenz spielte.

Mach-Zahl, nach dem österreichischen Physiker *Ernst Mach* (1838–1916) benannter Kennwert (Zeichen *M*) für das Verhältnis der Geschwindigkeit eines (Flug-)Körpers zur → Schallgeschwindigkeit des Mediums, in dem sich dieser Körper bewegt (wenn ein Düsenjäger mit *Mach 2* fliegt, hat er doppelte Schallgeschwindigkeit).

MAD, Abkürzung für den *Militärischen Abschirmdienst,* der die → Bundeswehr vor Spionage, Sabotage und Zersetzung der Wehrkraft schützen soll.

Madagaskar, Inselstaat im Indischen Ozean, der neben der Hauptinsel mehrere kleinere Inseln umfasst. Die viertgrößte Insel der Erde liegt 400 km von der afrikanischen Ostküste entfernt und wird durch die Straße von Mosambik vom Festland getrennt. Madagaskar besteht im Inneren größtenteils aus Hochland, das von Gebirgen überragt wird, und fällt zur Ostküste hin steil ab, während es im Westen allmählich in Schwemmlandebenen übergeht. Die Madegassen (etwa 99 % der Bevölkerung) sind ein Mischvolk, das aus Malaien und afrikanischen Stämmen entstand. Der größte Teil der Bevölkerung lebt von der Landwirtschaft (Vanille und Kaffee für den Export). Außerdem besitzt Madagaskar Bodenschätze (Graphit, Erze) und Wasserkraft für die Stromerzeugung. Die in mehreren Einwanderungswellen von Afrika und Südasien aus besiedelte Insel wurde ab dem 9. Jh. von arabischen Kaufleuten für Handelsniederlassungen genutzt. 1500 wurde sie von den Portugiesen entdeckt, aber in der Folgezeit scheiterten alle europäischen Versuche, die Insel zu besetzen. Das Merina-Königreich, das die gesamte Insel beherrschte, wurde erst gegen Ende des 19. Jh. von den Franzosen unterworfen. Die französische Kolonie (ab 1896) erlebte mehrere Aufstände, die von Frankreich gewaltsam unterdrückt wurden. 1960 wurde Madagaskar unabhängig. Die seit 1972 bestehende Militärdiktatur mit sozialistischem System wurde nach Unruhen und Streiks 1992/93 durch die Rückkehr zur parlamentarischen Demokratie beendet.

Made, die beinlose → Larve einiger Insekten (→ Fliegen, Bienen sowie bestimmter Käfer).

made in [engl. 'meɪd ɪn], hergestellt in ... (auf Waren Angabe des Herstellungslandes), z. B. *Made in Germany* (= hergestellt in Deutschland).

Madeira [ma'de:ra], zu → Portugal gehörende Inselgruppe (794 km², 270 000 Einwohner), die vor der Westküste Nordafrikas im Atlantik liegt. Von dort kommt auch ein gleichnamiger süßer Wein.

Madonna [it. »meine Herrin«], *die,* Bezeichnung für die Jungfrau → Maria und ihre künstlerische Darstellung (zumeist mit dem Jesuskind).

Madrid [span. ma'ðrið], im zentralen Hochland von Kastilien gelegene Hauptstadt (als Ballungs-

---

Madagaskar (Madagasikara)

Staatsname: Republik Madagaskar

Staatsform: Republik

Hauptstadt: Antananarivo

Fläche: 587 041 km²

Einwohner: 14,5 Mio.

Bevölkerungsdichte: 25/km²

Amtssprache: Malagasy, Französisch

Währung: Madagaskar-Franc (FMG)

Nationalitätskennzeichen: RM

Madagaskar

Machiavelli

Die größte Wirkung hatte Machiavellis Buch »Il principe« (»Der Fürst«, 1513), das sich zur Staatstheorie des → Absolutismus entwickelte. Die fürstliche Macht wurde darin zum höchsten Wert der staatlichen Ordnung erhoben: Um die Macht aufrechtzuerhalten, war der Herrscher von allen sittlichen Zwängen befreit und nur der politischen Zweckmäßigkeit verpflichtet.
Heute versteht man unter *Machiavellismus* eine rücksichtslose Politik, der es nur um den Machterhalt geht.

Mafia

Die *Mafia* entstand im 17. Jh. ursprünglich zum Schutz der Bevölkerung gegen Verbrechen und Staatswillkür und entwickelte sich im 19. Jh. zu einer verbrecherischen Organisation. Unter dem Namen *Cosa Nostra* (»Unsere Sache«) bildete sich in den 20er Jahren des 20. Jh. in den USA ein weit verzweigtes Netz, das großen Einfluss auf Wirtschaft und Politik hatte. Der berühmteste amerikanische *Mafioso* war der in Chicago aktive Bandenchef Al Capone (1899–1947). Die Mafia ist an der organisierten Kriminalität (vor allem Drogen- und Waffenhandel, Schutzgelderpressung) beteiligt. Vergleichbar mit der Mafia ist die *Camorra* in Neapel. Die Bezeichnung Mafia wird heute auch für andere kriminelle Verbindungen verwendet (z. B. Russische *Mafia*).

Magellan

Nach Magellans Tod setzte eines seiner Schiffe die Reise zu den Molukken fort und kehrte 1522 nach Spanien zurück. Diese erste Weltumsegelung war auch ein Beweis dafür, dass die Erde eine Kugel ist.

Magie

Im Mittelalter unterschied man zwischen Weißer Magie *(Theurgie)* und Schwarzer Magie *(Goetie),* je nachdem, ob man den Zauber durch gute oder böse Geister zu erreichen versuchte und ob man anderen damit helfen oder schaden wollte. Viele Völker hatten früher eine magische Naturvorstellung und glaubten, dass der Mensch in eine Weltordnung eingebunden sei, in der sich Weltall und Mensch entsprechen. Insbesondere bei manchen Naturvölkern waren magische Praktiken untrennbar mit der Religion verbunden (→ Schamane).

Magisches Quadrat

(mit neun Zahlen und der Quersumme 15)

8	1	6
3	5	7
4	9	2

■ **Madrid:** Renommierbauten an der Calle de Alcalá

raum 4,9 Mio. Einwohner) von → Spanien. Die größte spanische Stadt geht auf eine maurische Festung aus dem 10. Jh. zurück und ist heute das zweitgrößte Industriezentrum des Landes und der kulturelle Mittelpunkt (mit bedeutenden Museen wie dem *Prado*).

Mafia [it. »Prahlerei«], *die*, kriminelle Geheimorganisation in Sizilien, die mit Erpressung und Terror arbeitet.

Magdeburg, am Mittellauf der Elbe gelegene Hauptstadt (265 000 Einwohner) von → Sachsen-Anhalt. Die im 9. Jh. entstandene Stadt war im Mittelalter ein bedeutender Handelsplatz und ist heute eine Industriestadt mit großem Binnenhafen.

Magellan, Ferdinand, eigentlich *Fernão de Magalhães* (1480–1521), portugiesischer Seefahrer, der 1519 mit fünf Schiffen aufbrach, um die → Molukken in westlicher Richtung zu erreichen. 1520 passierte er die nach ihm benannte **Magellanstraße,** die Meerenge zwischen dem Südende von Südamerika und Feuerland, und befuhr als erster Europäer den Pazifik. Über die Marianen gelangte er 1521 zu den → Philippinen, wo er von Eingeborenen getötet wurde.

Magen, zum Verdauungstrakt gehörendes Hohlorgan, das auf die Speiseröhre folgt. Der Magen speichert die aufgenommene Nahrung und leitet den (vom *Magensaft* aufbereiteten) Speisebrei an den → Darm weiter. Der Magensaft wird von der Magenschleimhaut erzeugt und enthält u. a. → Enzyme, die Eiweiße spalten. Manche Tiere besitzen mehrere Mägen, vor allem → Bienen *(Honigmagen)* und → Wiederkäuer (vier Abschnitte: *Pansen, Netz-, Blätter-* und *Labmagen*).

Magersucht, starke Gewichtsabnahme, die als psychisch bedingte Appetitlosigkeit vor allem Mädchen und junge Frauen (zwischen dem 10. und 25. Lebensjahr) betrifft und in extremen Fällen sogar zum Tod führen kann.

Magie [griech.], *die,* Zauberei, Zauberkunst; Lehre von den geheimen Kräften, die angeblich der Natur innewohnen. Der *Magier,* der die Kräfte kennt und beherrscht, nutzt sie, um andere Menschen oder die Umwelt in seinem Sinne zu beeinflussen.

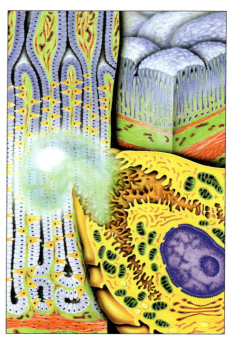

■ Schnitt durch die **Magenwand**. Rechts oben: *Schleimhautschicht (blau), gefäß- und nervenführende Bindegewebsschicht (grün), Muskelschicht (wieder grün).* Links oben: *Unterteilung der Schleimhautschicht; das Epithel der Schleimhaut zeigt Einsenkungen sowie verschiedene Arten von Drüsenzellen.* Rechts unten: *Belegzelle, eine besondere Art der Magendrüsen, die eine Vorstufe der Magensalzsäure absondert; Zellkern (violett), Zellleib (orange), Sekretkanälchen (braun) mit großem Sekrettröpfchen (grün-blau, durchscheinend).*

magisches Quadrat, ein quadratisches Schema von (ganzen positiven) Zahlen, deren Summe – waagerecht, senkrecht oder diagonal zusammengezählt – immer gleich ist.

Magistrat [lat. »Behörde«], *der,* Stadtverwaltung.

Magma [griech. »geknetete Masse«], *das,* glutflüssige Gesteinsmasse aus dem Erdinneren. Wenn Magma an der Erdoberfläche austritt (z. B. in Vulkanen), bilden sich Ergussgesteine (→ Lava), beim Erstarren in der Erdkruste Tiefengesteine.

magmatische Gesteine, *Magmatite,* zusammenfassende Bezeichnung für die Gesteine, die beim Erstarren von → Magma entstehen. Sie bestehen größtenteils aus Silikatmineralen. Nach dem Ort der Bildung unterscheidet man zwischen Tiefengesteinen *(Plutonite),* die sich in größerer Tiefe im Erdinneren bilden, und Ergussgesteinen *(Vulkanite),* die durch rasche Abkühlung aus → Lava entstehen (z. B. Tuff).

Magna Charta [lat.], *die,* eigentlich *Magna Carta libertatum* (große Urkunde der Freiheiten), der Freibrief, in dem der englische König *Johann I. ohne Land* (1167–1216) im Juni 1215 dem aufständischen Adel und dem Klerus zahlreiche Rechte einräumen musste, die seine eigene Macht einschränkten. Die Magna Charta war ein Vorläufer allgemeiner Freiheitsrechte und bereitete in England den Parlamentarismus vor. Deshalb versteht man darunter allgemein ein Grundgesetz.

Magnesium [nach der altgiechischen Landschaft Magnesia], *das,* ein → chemisches Element. Das leichte, weiche Metall hat eine silberweiße Farbe. Da es mit sehr hellem weißem Licht verbrennt, wurde es früher in Blitzlichtbirnen verwendet. In der Natur kommt Magnesium nur in Verbindungen vor. Es ist ein wichtiger Zusatz in Legierungen und wird in der Technik für Leichtbauweise verwendet. Magnesium ist auch ein lebenswichtiges Spurenelement in Körperzellen und am Aufbau des Skeletts beteiligt; Pflanzen benötigen es für den Aufbau von → Chlorophyll.

Magnet [griech.], *der,* ursprünglich ein Gegenstand, der Eisenstücke anzieht. Jeder Magnet besitzt einen positiven Pol, der als *Nordpol* bezeichnet wird, und einen negativen Pol, der *Südpol* genannt wird. Ungleichnamige Pole ziehen sich an, gleichnamige Pole stoßen sich ab. Die magnetische Kraftwirkung, die der Magnet ausübt, kann man sich als magnetisches → Feld vorstellen, das den Gegenstand umgibt und dessen Kraftlinien außerhalb des Körpers vom Nordpol zum Südpol verlaufen (→ Magnetismus). Deshalb ist jeder Gegenstand, der von einem Magnetfeld umgeben ist, ein Magnet. Neben natürlichen Magneten *(Dauer-* oder *Permanentmagnete)* gibt es → *Elektromagnete,* die erst durch das Fließen eines elektrischen Stroms magnetisch werden.

Magnetband, ein Kunststoffband, das mit einer magnetisierbaren Beschichtung (aus Eisenoxid, Chromoxid oder Reineisen) versehen ist. Darauf können Töne, Bilder oder Daten gespeichert werden, indem die Schicht mit Hilfe von *Magnetköpfen* bei der Aufzeichnung verschieden stark magnetisiert wird. Bei der Wiedergabe werden die gespeicherten magnetischen Signale durch einen anderen Magnetkopf in elektrische Signale zurückverwandelt.

Magnetismus, ursprünglich die Fähigkeit eines Stoffes, Eisen anzuziehen. Körper mit magnetischen Fähigkeiten werden als → *Magnete* bezeichnet. Im weiteren Sinne versteht man darunter das Verhalten von Materie in einem *magnetischen Feld.*

magneto-optische Speicher, in der → EDV verwendete Speicher, bei denen die Daten wie bei Magnetplatten (→ Festplatte) durch Magnetisierung aufgezeichnet, aber mit einem → Laserstrahl abgetastet werden. Solche *optischen Platten* ermöglichen eine wesentlich höhere Speicherkapazität, benötigen jedoch bisher eine höhere Zugriffszeit beim Schreiben und Lesen der Daten.

Magnetschwebebahn, Schienenfahrzeug, das

■ **Magnetschwebebahn** im Epcot Skyline Center, Florida (USA)

Magnesium

Zeichen: Mg
Ordnungszahl: 12
Atommasse: 24,3
Dichte: 1,74 g/cm^3
Schmelzpunkt: 649 °C
Siedepunkt: 1090 °C

Magnet

Wenn man einen Stabmagneten in zwei Teile zersägt, entstehen zwei Magnete mit jeweils zwei Polen, deren magnetische Anziehungskraft allerdings nur noch halb so groß ist. Zerteilt man diese wiederum, erhält man immer schwächere Magnete, aber es sind immer → *Dipole,* d. h., es gibt keinen Magneten, der nur aus einem Pol *(Monopol)* besteht.

Magnetismus

Der **Magnetismus** kann auf der Ebene der → Atome erklärt werden, nämlich durch die Bewegung der elektrischen → Ladungen in der Elektronenhülle und durch das magnetische Moment der Atome, das auf den → Spin der Elektronen zurückgeht.

Makedonien (Makadonija)
Staatsname: Republik Makedonien
Staatsform: Republik
Hauptstadt: Skopje
Fläche: 25 713 km²
Einwohner: 2,1 Mio.
Bevölkerungsdichte: 82/km²
Amtssprache: Makedonisch
Währung: Denar (Den)
Nationalitätskennzeichen: MK

Makedonien

durch → Magnete getragen oder angetrieben wird. Da das Fahrzeug auf einem Magnetfeld über den Schienen schwebt, benötigt es keine beweglichen Antriebsteile wie etwa Räder. In Deutschland ist der → Transrapid als Hochgeschwindigkeitsmagnetschwebebahn geplant. Magnetschwebebahnen verbrauchen weniger Energie, weil die Reibung entfällt, und verkehren bei Geschwindigkeiten bis zu 150 km/h fast geräuschlos.

Magritte [ma'grit], Rene (1898–1967), belgischer Maler, dessen umfangreiches Werk vom → Surrealismus geprägt ist. Seine Bilder erzielen eine verfremdende Wirkung, indem sie fast naturalistisch dargestellte Gegenstände des Alltags in neue, oft der Erfahrung und den Naturgesetzen widersprechende Zusammenhänge stellen.

Mahabharata [Sanskrit »großer Kampf der Bharata«], *das,* Nationalepos der Inder. Es umfasst 106 000 Doppelverse und entstand zwischen dem 4. Jh. v. Chr. und dem 4. Jh. n. Chr. Kern des in → Sanskrit abgefassten Werkes ist eine Heldendichtung (Kampf von zwei Familien um die Königswürde), in die zahlreiche Göttersagen, Tierfabeln und philosophisch-moralische Lehrgedichte eingefügt sind.

Mahagoni [indian.], *das,* glänzendes rotbraunes Hartholz des in Mittel- und Südamerika wachsenden, bis zu 40 m hohen *Mahagonibaums,* das vor allem für die Herstellung von Möbeln verwendet wird.

Mahler, Gustav (1860–1911), österreichischer Komponist und Dirigent, der in seinen Kompositionen zwischen Romantik und Moderne steht. In seinen zehn Sinfonien (1884–1910) erweiterte er die überlieferten Mittel durch überraschende Verwendung und nahm Kompositionstechniken der Neuen Musik vorweg. Bekannt sind auch seine Lieder mit Orchesterbegleitung (z. B. »Kindertotenlieder«, 1901–1904).

Mähren, tschech. *Morava,* Teil von → Tschechien, der zwischen den Böhmisch-Mährischen Höhen und den Kleinen und Weißen Karpaten liegt. Mähren, das im 6. Jh. von Slawen besiedelt wurde und im 9. Jh. ein eigenes Großmährisches Reich besaß, fiel im 11. Jh. an → Böhmen und kam im 16. Jh. zu Österreich. Seit 1918 war es Bestandteil der Tschechoslowakischen Republik.

Maikäfer, ein bis zu 3 cm langer Laubkäfer, der in Mitteleuropa in zwei Arten *(Feld-* und *Waldmaikäfer)* vorkommt. Sein Name rührt davon her, dass er vorwiegend im Mai als Käfer auftritt und Blätter frisst. Seine Larve, der → *Engerling,* entwickelt sich vier Jahre lang. Beide sind Schädlinge, die oft in Massen auftreten und Kulturpflanzen heimsuchen.

Mailand, it. *Milano,* in der nördlichen Poebene gelegene Hauptstadt der italienischen Region Lombardei. Die zweitgrößte Stadt Italiens (1,3 Mio. Einwohner) ist sein Wirtschaftszentrum und sein kultureller Mittelpunkt (mit bedeutenden Kunstsammlungen und dem weltberühmten Opernhaus *Scala).*

Mailbox [engl. 'meɪl- »Briefkasten«], *die,* in einem Datennetz ein elektronischer Speicher, in dem die Benutzer unter einer Adresse Nachrichten hinterlegen und abrufen können (→ E-Mail). Falls sich die Mailbox nicht in einem → Netzwerk befindet, an das der Rechner angeschlossen ist, benötigt man ein → Modem, das die → Datenfernübertragung über die Telefonleitung herstellt.

Mail-order [engl. 'meɪl 'ɔ:də »Postbestellung«], *die,* Verkauf von Waren (z. B. Bücher, Schallplatten) nur über den Versandhandel.

Mainz, am Rhein (gegenüber der Mainmündung) gelegene Landeshauptstadt (186 000 Einwohner) von → Rheinland-Pfalz. Die auf eine keltisch-römische Siedlung zurückgehende Stadt war im Mittelalter ein wichtiger Handelsplatz und wurde zwischen dem 15. und 19. Jh. zu einer bedeutenden Festung ausgebaut. In Mainz hat das → ZDF seinen Sitz.

Mais, eine zu den Süßgräsern zählende → Getreideart, die schon vor 5000 Jahren in Mittelamerika angebaut wurde. Sie kann bis zu 2,5 m hoch werden und ist heute weltweit verbreitet. Die Früchte, die Maiskörner, sitzen an dicken, von Hüllblättern umgebenen Kolben. Es gibt zahlreiche Sorten, die unterschiedlich verwendet werden: z. B. *Weich-* (für Stärke), *Puff-* (für Cornflakes), *Zahn-* (für Viehfutter) und *Hartmais* (für die Zubereitung von Polenta und Tortilla sowie die Herstellung von → Traubenzucker).

Maische, breiartige Masse aus gemahlenen Früchten oder Getreidekörnern, die bei der Herstellung von Wein (Trauben), Bier (Gerstenmalz) und Branntwein (Früchte oder Getreide) vergoren wird.

Majorität [frz.], *die,* Mehrheit (der Stimmen). Gegensatz: → Minorität.

Makedonien, *Mazedonien,* Staat auf dem → Balkan. Das in zahlreiche Beckenlandschaften gegliederte Gebirgsland wird hauptsächlich von slawischen Makedoniern (etwa zwei Drittel) und Albanern (23 %) bewohnt. Wirtschaftliche Grundlage ist der Bergbau (Erze); die Landwirtschaft (Viehzucht und Ackerbau) ist wegen der

Dürreperioden auf künstliche Bewässerung angewiesen. Nach einer Blütezeit in der Antike (→ Mazedonien) stand das Gebiet im Mittelalter unter bulgarischer und byzantinischer Herrschaft, bevor es Ende des 14. Jh. von den Türken besetzt wurde und über 500 Jahre lang zum → Osmanischen Reich gehörte. Nach dem Russisch-Türkischen Krieg 1877/78 fiel es vorübergehend an → Bulgarien. 1913 wurde es dreigeteilt und kam zu → Serbien, Bulgarien und Griechenland. Aus dem südserbischen Teil entstand nach dem Zweiten Weltkrieg die Volksrepublik Makedonien, die ab 1945 ein Teilstaat → Jugoslawiens war. Makedonien erklärte sich 1991 für unabhängig und wurde 1993 unter der provisorischen Bezeichnung *Frühere jugoslawische Republik Makedonien* international anerkannt.

Make-up [engl. ˈmeɪkʌp »Aufmachung«], *das,* Gesichtsverschönerung mit kosmetischen Mitteln (→ Kosmetik).

Makrelen, in tropischen und subtropischen Meeren lebende → Knochenfische mit schlankem, spindelförmigem Körper. Die bekannteste Art ist die *Europäische Makrele,* die bis zu 50 cm lang wird und ein geschätzter Speisefisch ist.

Makrokosmos [frz.], *der, das* Weltall. Gegensatz: → Mikrokosmos.

Makromolekül, ein aus sehr vielen (über 1000) → Molekülen aufgebautes Riesenmolekül, bei dem die Atome der Einzelmoleküle zu Ketten verknüpft sind. Makromoleküle spielen vor allem bei → Kunststoffen eine wichtige Rolle.

Malaiischer Archipel, die Inseln zwischen dem asiatischen Festland und Australien bzw. Neuguinea. Der größte Teil der rund 22 000 Inseln gehört zu → Indonesien und den → Philippinen.

Malaria [it. »schlechte Luft«], *die,* auch als *Sumpffieber* bezeichnete Infektionskrankheit, die vorwiegend in tropischen und subtropischen Ländern auftritt. Überträger sind als *Anopheles* bezeichnete Stechmücken, die insbesondere in den Tropen in der Nähe von stehenden Gewässern und Sumpfgebieten vorkommen. Jährlich erkranken weltweit zwischen 100 und 250 Mio. Menschen weltweit an Malaria; 1 bis 2 Mio. sterben daran. Neben zahlreichen vorbeugenden und behandelnden Mitteln gibt es neuerdings auch einen Impfstoff.

Malawi, Staat in Südostafrika. Der Binnenstaat liegt westlich und südlich des Malawi- oder Njassasees (28 878 km²), des drittgrößten Sees von Afrika. Der größte Teil befindet sich als einförmige, teilweise von Bergen überragte Hochfläche im Ostafrikanischen Grabenbruch. Die hauptsächlich aus Bantu bestehende Bevölkerung lebt vorwiegend von der Landwirtschaft (Tabak, Tee und Zucker für den Export). Das Gebiet wurde um 1860 von dem britischen Missionar und Forscher *David Livingstone* (1813–1873) entdeckt. 1891 wurde es britisches Protektorat (zunächst als *Britisch-Zentralafrika,* ab 1907 als *Njassaland).* Nachdem es ab 1953 zusammen mit → Rhodesien zur *Zentralafrikanischen Föderation* gehörte, erlangte es 1964 seine Unabhängigkeit. Seit 1966 ist es eine Republik, gehört aber weiterhin dem → Commonwealth an. 1994 fand das seit 30 Jahren bestehende Einparteiensystem des autoritär regierenden Präsidenten H. K. Banda ein Ende.

Malaysia, Staat in Südostasien. Die Föderation umfasst 13 Bundesstaaten und zwei Bundesterritorien, die auf dem südlichen Teil der Malaiischen Halbinsel *(Malakka)* bzw. im Norden → Borneos liegen, durch einen 600 km breiten Meeresarm voneinander getrennt. Malakka ist überwiegend gebirgig, mit Hügelländern und Schwemmlandebenen an der Küste, während der Nordteil Borneos Schwemmland (mit Gebirge im Süden) und Bergländer umfasst. Über 60 % der Bevölkerung sind malaiischer Abstammung; Chinesen machen 30 % aus. Den wichtigsten Wirtschaftszweig bildet die Industrie (u. a. Elektronik). Außerdem besitzt Malaysia Bodenschätze (Erdöl, Zinn, Bauxit) und produziert im landwirtschaftlichen Bereich Kautschuk, Palmöl und Gewürze. Im 15. Jh. entwickelte sich die Halbinsel Malakka, die bis dahin unter dem Einfluss der indonesischen Reiche (→ Indonesien) gestanden hatte, zu einem mächtigen Sultanat und bedeutenden Umschlagplatz für den Handel. Sie wurde 1511 von den Portugiesen erobert, fiel aber 1641 an die Niederlande. Gegen Ende des 18. Jh. besetzte Großbritannien Malakka, nachdem es bereits die Insel Penang gepachtet hatte. Beide Gebiete sowie das 1824 erworbene → Singapur wurden 1867 Kronkolonien. Die malaiischen Sultanate wurden britische Protektorate: Daraus entstanden 1895 die *Föderierten Malaiischen Staaten,* während die anderen Sultanate auf der Halbinsel die *Unföderierten Malaiischen Staaten* bildeten. Nach dem Zweiten Weltkrieg wurde 1946 die *Malaiische Union* gegründet, die 1948 in den aus neun Sultanaten und zwei britischen Kolonien bestehenden *Malaiischen Bund* umgewandelt wurde. 1963 wurde die *Föderation Malaysia* ausgerufen, der zusätzlich die ehemaligen britischen Protektorate Sabah und Sarawak in Nordborneo

Malawi	
Staatsname:	Republik Malawi
Staatsform:	Präsidiale Republik
Hauptstadt:	Lilongwe
Fläche:	118 484 km²
Einwohner:	11 Mio.
Bevölkerungsdichte:	93/km²
Amtssprache:	Chichewa, Englisch
Währung:	Malawi-Kwacha (MK)
Nationalitätskennzeichen:	MW

Malawi

Malaria

Erreger der Malaria sind *Plasmodien,* eine Gattung der zu den → Protozoen gehörenden Sporentierchen. Sie gelangen beim Mückenbiss mit dem Speichel in den menschlichen Körper, reifen in der Leber heran und befallen dann die roten Blutkörperchen. Dort teilen sie sich, bis die Blutzelle platzt, und befallen neue Blutkörperchen, bis nach mehreren Teilungszyklen geschlechtliche Formen entstehen und von Blut saugenden Stechmücken aufgenommen werden. Der Zerfall der Blutzellen führt zu regelmäßig oder unregelmäßig wiederkehrenden Fieberanfällen (daher auch der Name *Wechselfieber).*

Geschichte der Malerei

Die Malerei reicht viele Jahrtausende in die Vorgeschichte des Menschen zurück, wie die → Höhlenmalerei zeigt. Die Darstellungen waren damals vermutlich mit magischen und kultischen Zwecken (Jagdzauber) verbunden, aber bald kam die schmückende Funktion hinzu. In früherer Zeit dienten Gemälde außerdem der Information.

Im Altertum kannte man Wand- und Vasenmalerei; im Mittelalter kamen Tafel-, Buch- und Glasmalerei hinzu. Im Abendland war die Malerei zunächst eng mit dem Christentum verknüpft, bevor sie sich von der religiösen Bestimmtheit löste und eine eigenständige Kunstform wurde. Gleichzeitig entwickelten sich seit dem ausgehenden Mittelalter neue Darstellungsarten, die mithilfe der → Perspektive einen räumlichen Eindruck erweckten.

In der Neuzeit entstanden in Europa zahlreiche Stilrichtungen, die in erster Linie das Tafelbild (Gemälde) benutzten. In der außereuropäischen Malerei spielte die Wandmalerei die größte Rolle. Im islamischen Raum entstand eine vielfältige *Miniaturmalerei*, die vor allem der Illustrierung von dichterischen und naturwissenschaftlichen Werken diente. In Ostasien malte man auch auf Seide und Holz. Die Bemalung von Keramik war in Amerika verbreitet; in Nordamerika malten die Indianer auch auf Leder, während es in Mittelamerika bebilderte Handschriften gab.

Malaysia	
Staatsname:	Staatenbund Malaysia
Staatsform:	Wahlmonarchie
Hauptstadt:	Kuala Lumpur
Fläche:	329 758 km²
Einwohner:	20 Mio.
Bevölkerungsdichte:	61/km²
Amtssprache:	Malaiisch
Währung:	Malaysischer Ringgit (RM)
Nationalitätskennzeichen:	MAL

Malaysia

Malediven (Divehi Rājjē)	
Staatsname:	Republik Malediven
Staatsform:	Präsidiale Republik
Hauptstadt:	Male
Fläche:	298 km²
Einwohner:	250 000
Bevölkerungsdichte:	839/km²
Amtssprache:	Maldivisch (Dhivehi)
Währung:	Rufiyaa (Rf)
Nationalitätskennzeichen:	MV

Malediven

sowie → Singapur beitraten. Singapur verließ die Föderation aber bereits 1965 aufgrund von Spannungen zwischen Malaien und Chinesen. Alle fünf Jahre wählen die neun Sultane aus ihrer Mitte einen König als Staatsoberhaupt.

Malediven, asiatischer Inselstaat im → Indischen Ozean, der 20 Atolle mit etwa 2000 Koralleninseln umfasst (nur etwa 200 davon sind bewohnt). Die Bevölkerung ist aus der Vermischung singhalesischer, malaiischer und arabischer Gruppen entstanden. Nur 10 % der Gesamtfläche lassen sich landwirtschaftlich nutzen (Kopra und Kokosnüsse). Haupterwerbszweig ist deshalb die Fischerei. Eine wichtige Einnahmequelle bildet der Fremdenverkehr, weil die kleineren Inseln (keine ist größer als 13 km²), die nur etwa 2,5 m aus dem Meer aufragen, mit ihren Sandstränden und dem tropischen Klima viele Touristen anlocken. Ab dem 12. Jh. verdrängte der von arabischen Händlern eingeführte Islam den Buddhismus. Nach der Entdeckung durch die Portugiesen (1518) beanspruchten die Niederländer um die Mitte des 17. Jh. die Malediven als Kolonie. Das Sultanat wurde 1887 britisches Protektorat und verwaltungsmäßig → Ceylon zugeschlagen. Als Ceylon unabhängig wurde (→ Sri Lanka), erhielten die Malediven 1953 innere Selbstverwaltung. Seit 1965 sind sie unabhängig, gehören aber weiterhin dem → Commonwealth an.

Malerei, eine Form der → bildenden Künste, die im Gegensatz zu den räumlich oder plastisch arbeitenden Formen (→ Baukunst und → Bildhauerei) eine Fläche gestaltet und im Unterschied zu → Zeichnung und Grafik zumeist Farben verwendet. Nach dem Bildträger unterscheidet man zwischen *Wand-* und *Decken-, Tafel-* und *Buchmalerei;* im kunstgewerblichen Bereich kommen noch andere Formen wie *Hinterglas-* und *Porzellanmalerei* hinzu. Die Malerei benutzt

Mali
Staatsname: Republik Mali
Staatsform: Präsidiale Republik
Hauptstadt: Bamako
Fläche: 1 240 192 km²
Einwohner: 10,5 Mio.
Bevölkerungsdichte: 8,5/km²
Amtssprache: Französisch
Währung: CFA-Franc
Nationalitätskennzeichen: RMM

Mali

■ *Mallorca:* Blick auf Palma de Mallorca

Malta
Staatsname: Republik Malta
Staatsform: Republik
Hauptstadt: Valletta
Fläche: 316 km²
Einwohner: 365 000
Bevölkerungsdichte: 1155/km²
Amtssprache: Maltesisch, Englisch
Währung: Maltes. Lira (Lm)
Nationalitätskennzeichen: M

Malta

verschiedene Techniken und Farben (z. B. *Fresko-* und *Secco-, Öl-, Pastell-, Aquarell-* und *Gouachemalerei*). Innerhalb der Malerei haben sich verschiedene Gattungen herausgebildet, die durch spezielle Themen bestimmt sind (z. B. *Landschafts-, Historien-, Porträt-, Genremalerei, Stillleben*). Grundsätzlich unterscheidet man, ob der Künstler sein Motiv im Atelier oder in der freien Natur *(Freilichtmalerei)* malt.

Mali, afrikanischer Staat in der → Sahelzone. Der Binnenstaat ist im Norden wüstenhaft und wird im Süden vom → Niger durchflossen. Der größte Teil der Bevölkerung (vor allem Sudanvölker) wohnt im Süden, während im Norden nomadische Fulbe und Tuareg zu finden sind. Über die Hälfte der Bevölkerung lebt in absoluter Armut. Da fast keine Bodenschätze vorhanden sind, bilden Landwirtschaft (Erdnüsse, Baumwolle, Viehzucht) und Fischerei die wirtschaftliche Grundlage. Um 1100 bildete sich am Oberlauf des Niger das Reich von Mali, das seine größte Ausdehnung im 14. Jh. hatte, jedoch im 15. Jh. wieder zerfiel. Ein neuer islamischer Staat entstand im 19. Jh., konnte sich aber nicht gegen die Franzosen behaupten, die Mali unter dem Namen *Soudan* in ihre Kolonie Westafrika eingliederten. 1959 bildete Französisch-Sudan zusammen mit dem → Senegal die unabhängige *Föderation Mali,* die aber bereits 1960 zerbrach. Mali, das seinen Namen behielt, verfolgte zunächst eine sozialistisch orientierte Politik und wurde nach einem Militärputsch 1968 von General Moussa Traore und seiner Einheitspartei UDPM regiert. Nach dessen Sturz 1991 wurde ein Mehrparteiensystem eingeführt.

malignes Melanom [von lat. *malignus* = »bösartig« und griech. *melas* = »dunkel«], auch als *Hautkrebs* bezeichnete bösartige Geschwulst von brauner bis schwärzlicher Farbe, das sich auf Haut oder Schleimhaut bildet. Maligne Melanome, die im Anfangsstadium ähnlich wie Leberflecke aussehen, müssen möglichst früh operativ entfernt werden, weil sie zu → Metastasenbildung in anderen Organen führen können.

Mallorca [span. maˈʎɔrka], die größte Insel (3684 km²) der → Balearen. Sie zählt zu den beliebtesten Ferienzielen der Deutschen.

Malta, südeuropäischer Inselstaat im Mittelmeer, der neben der Hauptinsel Malta und zwei größeren bewohnten Inseln noch mehrere kleinere Inseln umfasst. Die Maltesischen Inseln sind die Überreste einer ehemaligen Landbrücke zwischen Sizilien und Nordafrika. Die Hauptinsel besteht aus einem nach Südwesten ansteigenden Kalksteinplateau und besitzt im Süden und Westen verkarstete Steilküsten. Neben den Maltesern (96 %), einem Mischvolk, das aus den verschiedenen Eroberern hervorgegangen ist, leben auf Malta britische und italienische Minderhei-

Letzte Mammuts erst lang nach der Eiszeit ausgestorben

Auf der Insel Wrangel in Nordostsibirien sind Überreste von Mammuts entdeckt worden, deren Alter mit 3730 Jahren bestimmt wurde. Bisher hatte man angenommen, Mammuts seien bereits am Ende der Eiszeit, vor rund 10 000 Jahren, ausgestorben.

Malteserorden

Mandeln

Es gibt *Bitter-* und *Süßmandeln*. Beide Sorten sind essbar; allerdings müssen bittere Mandeln vor dem Verzehr gekocht oder geröstet werden, um die enthaltene giftige Blausäure unschädlich zu machen (bereits sieben Bittermandeln sind tödlich). Mandeln sind reich an Fett, Eiweiß, Mineralstoffen und Vitaminen (vor allem A und E). Aus fein gemahlenen süßen Mandeln wird → Marzipan hergestellt. Durch Auspressen erzeugtes *Mandelöl* wird vor allem in der Kosmetik verwendet. Die zurückbleibende *Mandelkleie* wird als Waschmittel bei Hautunreinheiten eingesetzt.

ten. Zwei Fünftel der Fläche lassen sich landwirtschaftlich nutzen, jedoch besteht Wassermangel. Wichtigster Erwerbszweig neben der Industrie (Maschinenbau, Werften) ist der Fremdenverkehr. Malta war bereits in vorgeschichtlicher Zeit besiedelt und ein Zentrum der → Megalithkultur. Ab Anfang des 1. Jt. v. Chr. bestanden hier phönizische, später karthagische Stützpunkte. 218 v. Chr. wurde es römische Kolonie. Ab 533 gehörte es zum Byzantinischen Reich, bevor es Ende des 9. Jh. von den Arabern erobert wurde. Die Araber wurden 1091 von Sizilien aus von den Normannen vertrieben. 1530 erhielt der Johanniterorden (→ Malteserorden) von Kaiser Karl V. die Insel als Lehen und gründete einen Ordensstaat, der sich erfolgreich gegen die Osmanen wehrte und erst 1798 Napoleon unterlag. 1802 unterstellte sich Malta der Oberhoheit Großbritanniens und wurde 1814 britische Kronkolonie. Der damals errichtete Flottenstützpunkt bestand bis 1979. Seine Unabhängigkeit innerhalb des Commonwealth erhielt Malta 1964; seit 1974 ist es eine Republik.

Malteserorden, Name des *Johanniterordens* seit der Verlegung des Sitzes nach → Malta im Jahre 1530. Die Ordensgemeinschaft, die Mitte des 11. Jh. im Heiligen Land gegründet wurde, betreute nicht nur Kranke und Pilger, sondern übernahm auch die Grenzsicherung. Seit 1859 wird vor allem der katholische Zweig des Ordens als Malteserorden bezeichnet; er widmet sich karitativen Aufgaben.

Malz, angekeimtes Getreide (zumeist → Gerste oder Roggen), das zur Herstellung von → Bier, Spirituosen, Malzkaffee und Süßwaren benötigt wird. Wenn die Getreidekörner in Wasser eingeweicht werden, quellen sie auf und keimen. Die → Stärke des Getreides wird u. a. zu Malzzucker *(Maltose)* umgewandelt. Bei der alkoholischen → Gärung entstehen daraus → Alkohol und Kohlensäure.

Mammographie [von lat. mamma = »Mutterbrust« und graphein »schreiben«], *die,* Röntgenuntersuchung der weiblichen Brust, die eine Früherkennung von Brustkrebs ermöglicht.

Mammut [frz.-jakut.], *das,* Gattung der → Elefanten, deren letzte Vertreter nach der → Eiszeit ausstarben. Mammuts wurden bis zu 4 m hoch und lebten in den Steppen Eurasiens und Nordamerikas (wo sie vermutlich von den Indianern ausgerottet wurden). Das *Kältesteppenmammut* besaß eine dichte, lange Behaarung und bis zu 5 m lange, nach oben gebogene Stoßzähne.

■ *Mammutbaum*

Mammutbaum, im Westen von Nordamerika wachsender Baum, der zu den Sumpfzypressengewächsen gehört. Sein Stamm kann bis zu 135 m hoch und bis zu 12 m dick werden. Seine Nadeln sind schuppenförmig. Mammutbäume erreichen ein Alter von bis zu 4000 Jahren.

Manager [engl. ˈmɛnɪdʒɐ], *der,* Leiter eines Unternehmens; bei Künstlern und Sportlern ein Betreuer, der sich um die finanziellen Angelegenheiten kümmert.

Mandala [Sanskrit »Kreis«], *das,* in der indischen Kunst ein vielfach gegliedertes geometrisches Muster aus Kreis oder Quadrat, das ein Sinnbild für die von einem Zentrum ausstrahlenden göttlichen Kräfte ist.

Mandarine [frz.], *die,* orangefarbene Frucht des *Mandarinenbaums,* eines ursprünglich aus Südostasien stammenden Strauchs. Die Mandarine besitzt eine Schale, die sich zumeist leicht ablösen lässt, und süßes Fruchtfleisch. Sie kommt in mehreren Sorten vor (u. a. als kleine, rötliche *Tangerine,* als frühreife, kernlose *Satsuma* und als sehr süße, kernlose *Klementine*).

Mandat [lat.], *das,* Auftrag zur juristischen Vertretung; Amt und Sitz eines → Abgeordneten im Parlament.

Mandela, Nelson (* 1918), südafrikanischer Politiker, der maßgeblich dazu beitrug, dass die süd-

■ *Mandelbaum:* Blüte und Frucht

afrikanische Rassentrennungspolitik (→ Apartheid) in den 90er Jahren gelockert und schließlich ganz aufgegeben wurde. Der Führer des ANC *(African National Congress)* war 1964–1990 in Haft und ist seit 1994 Staatspräsident der Republik → Südafrika. Zusammen mit dem weißen Politiker *Frederik Willem de Klerk,* der 1989–1994 südafrikanischer Staatspräsident war, erhielt er 1993 den Friedensnobelpreis.

Mandelbaum, aus Mittelasien stammender Baum, der zu den Rosengewächsen gehört und heute vor allem im Mittelmeerraum, in Nordamerika, Südafrika und Australien angebaut wird. Die rosa Blüten blühen vor dem Laubaustrieb. Die samtig behaarten Steinfrüchte sind 3,5 cm lang. Darin befindet jeweils ein Samen: die **Mandel.**

Mandeln, zu den lymphatischen Organen gehörende mandelförmige Organe im Mund-, Nasen- und Rachenraum, die (mithilfe von → Lymphozyten) mit der Atemluft eingedrungene Bakterien, Pilze und andere Erreger bekämpfen. Zumeist sind die Gaumen- und Rachenmandeln gemeint, die besonders häufig erkranken.

Mandoline [it.], *die,* ein im 17. Jh. entwickeltes lautenförmiges Zupfinstrument mit vier Doppelsaiten aus Metall, die mit einem → Plektrum angerissen werden. Da die Töne nur sehr kurz nachklingen, werden sie zumeist mit einem für das Instrument typischen → Tremolo gespielt.

Manet [maˈnɛ], Édouard (1832–1883), französischer Maler, der den → Impressionismus mitbegründete. Indem er seine Farben durch flächige Malweise zu einem Spiel von Licht und Stimmungen steigerte, verlieh er ihnen einen hohen Eigenwert.

Mangan [lat., nach der griechischen Stadt Magnesia], *das,* ein → chemisches Element. Das harte, spröde Schwermetall von silbergrauer Farbe wird vor allem in Form von Manganerzen (Braunstein, am Meeresboden als *Manganknollen*) gewonnen und zur Stahlveredelung verwendet. Es ist ein wichtiges Spurenelement für Lebewesen.

Mangroven [von span. mangle = »Wurzelbaum« und engl. grove = »Gehölz«], *Mz,* im Gezeitenbereich flacher tropischer und subtropischer Meeresküsten wachsende Pflanzen. Die immergrünen Gehölze werden bei Flut vom Salzwasser überschwemmt. Sie besitzen ein dichtes Geflecht von nach unten (in den Schlickboden) wachsenden *Stelzwurzeln* und nach oben wachsenden *Atemwurzeln.* Ein Mangrovenwald kann bis zu 20 m hoch werden.

Manichäismus, von dem persischen Religionsstifter *Mani* (216–277) begründete Religion, die ihre Blütezeit im 4. Jh. hatte und damals zu den Weltreligionen gehörte. Die manichäische Religion, die von einem → Dualismus zwischen guter Lichtwelt und böser Finsternis ausging, strebte eine Erlösung des Einzelnen durch strenge → Askese an, so dass sich die Seele mit der himmlischen Lichtwelt vereinigen konnte. In Europa wurden die Manichäer ab 382 als Gefahr für das Christentum grausam verfolgt.

Manie [griech. »Raserei«], *die,* übersteigerte, krankhafte Leidenschaft für etwas.

Manierismus, in der Kunst eine Stilrichtung zwischen → Renaissance und → Barock, die in Italien um 1520 einsetzte und sich bis zum Ende des 16. Jh. in Europa verbreitete. Kennzeichnend sind in der Malerei überlange, in sich gedrehte Figuren mit kleinen Köpfen und gezierten Gesten sowie betonte Kontraste von Hell und Dunkel. Wichtige Vertreter waren → Michelangelo, Tintoretto (1518–1594), El → Greco und Pieter → Bruegel der Ältere. Die Bildhauerei betonte ebenfalls eine unruhige Bewegtheit, während die Baukunst komplizierten angeordneten Bauwerken mit langen Fluchten den Vorzug gab.

Manifest [lat.], *das,* öffentliche Grundsatzerklärung, vor allem einer politischen, literarischen oder künstlerischen Gruppe (z. B. das *Manifest des Surrealismus*).

Maniküre [frz.], *die,* Handpflege, die sich vor allem mit den Fingernägeln befasst.

Manila, auf der Insel Luzon gelegene Hauptstadt (als Ballungsraum 7,8 Mio. Einwohner) der → Philippinen.

Manipulation [frz.], *die,* Handhabung, vor allem in der Technik. *Manipulatoren* sind Werkzeuge, mit denen man Gegenstände in einem

Mandelentzündung

Mandelentzündungen werden durch Bakterien oder Viren (z. B. Streptokokken) hervorgerufen. Wenn die Mandeln durch häufige Erkrankung zerklüftet sind und die Gefahr besteht, dass Erreger verschleppt werden, entfernt man sie operativ.

Mangan

Zeichen: Mn
Ordnungszahl: 25
Atommasse: 54,94
Dichte: 7,21 g/cm^3
Schmelzpunkt: 1244 °C
Siedepunkt: 1962 °C

■ *Thomas Mann*

Klaus Mann

Thomas Manns Sohn *Klaus* (1906 bis 1949), der u. a. den Roman »Mephisto« (1936) über seinen Schwager, den Schauspieler und Regisseur *Gustav Gründgens,* schrieb, beging Selbstmord. Ein anderer Sohn, *Golo* (1909–1994), war ein bedeutender Historiker und Politologe, der u. a. die Biographie »Wallenstein« (1971) verfasste.

Die bekanntesten Werke von Thomas Mann

»Buddenbrooks« (1901)
»Tonio Kröger« (1903)
»Der Zauberberg« (1924)
»Joseph und seine Brüder« (1933–43)
»Lotte in Weimar« (1939)
»Doktor Faustus« (1947)
»Bekenntnisse des Hochstaplers Felix Krull« (1954)

Mao Zedong

Mao gehörte 1921 zu den Gründern der chinesischen Kommunistischen Partei. Nach dem Zerbrechen des Bündnisses mit der Nationalpartei Guomindang 1927 organisierte er

(Fortsetzung siehe Seite 415)

nicht zugänglichen Raum (z. B. in der Kerntechnik) greifen und bewegen kann, ohne sie direkt mit der Hand berühren zu müssen. In negativer Bedeutung meint Manipulation die gezielte Beeinflussung von Menschen, ohne dass es diesen bewusst wird, insbesondere die Verfälschung von Nachrichten und anderen Informationen (z. B. durch Auswählen und Weglassen). Auch die Verfälschung eines Wettbewerbs oder einer Wahl wird als Manipulation bezeichnet.

Mann, Heinrich (1871–1950), deutscher Schriftsteller, der neben kritischen Essays vor allem satirisch-zeitkritische Romane (wie »Der Untertan«, 1914) und historische Romane (»Die Jugend des Königs Henri Quatre«, 1935) verfasste. 1933 erhielt er Schreibverbot und musste emigrieren.

Mann, Thomas (1875–1955), deutscher Schriftsteller, der als bedeutendster deutscher Erzähler des 20. Jh. gilt. Vom Realismus beeinflusst, erweiterte der Bruder Heinrich Manns den Roman um die ironische Brechung. Seine Hauptthemen waren zunächst der Niedergang des Bürgertums und der Konflikt zwischen Künstlertum und Bürgerlichkeit; später beschäftigte er sich in seinen Werken eingehend mit Philosophie, Mythos, Musiktheorie und Geschichte. Mann, der 1933–1952 in der Emigration lebte, verfasste auch zahlreiche Essays zu Kultur, Literatur und Politik. 1929 erhielt er den Nobelpreis.

Mannequin [frz. 'manəkɛ̃], *das,* eine Frau, die Damenmode vorführt.

Mannheim, an der Mündung des Neckar in den Rhein gelegene südwestdeutsche Großstadt (320 000 Einwohner). Die zweitgrößte Stadt Baden-Württembergs ist ein bedeutendes Industriezentrum mit großem Binnenhafen.

Manometer [von griech. manos = »dünn«], *das,* Gerät, mit dem der Druck von Gasen und Flüssigkeiten gemessen wird.

Manuskript [lat.], *das,* Handschrift, Vorlage für ein gedrucktes Werk, das der Autor mit der Hand geschrieben oder maschinell (mit Schreibmaschine oder Computer) erstellt hat.

Maori, die Eingeborenen von → Neuseeland. Die zu den → Polynesiern gehörenden Maori, die in der neuseeländischen Bevölkerung vor allem aufgrund der vernichtenden, von Europäern angeheizten Kriege zwischen den einzelnen Stämmen im 19. Jh. heute nur noch eine Minderheit von 300 000 Menschen ausmachen, wanderten erst im 14. Jh. von den → Cookinseln ein. Besonders hoch entwickelt war das Kunsthandwerk.

■ *Franz Marc:* Drei Katzen. Düsseldorf, Kunstsammlung Nordrhein-Westfalen

Mao Zedong [maʊdzʌdʊŋ], *Mao Tse-tung* (1893–1976), chinesischer Politiker, der die Volksrepublik → China gründete.

Marathon, Langstreckenlauf, der über 42,195 km geht und nach dem gleichnamigen griechischen Ort benannt ist.

Marc, Franz (1880–1916), deutscher Maler und Grafiker, der den → Blauen Reiter mitbegründete. Er malte zunächst impressionistisch (→ Impressionismus) und kubistisch (→ Kubismus) und entwickelte dann einen eigenen Stil, der sehr expressiv war und sich durch seine reinen Farben und an Kristalle erinnernden Formen der → abstrakten Kunst annäherte.

Märchen, zur epischen Dichtung (→ Epik) gehörende Form der Erzählung, in der die naturwissenschaftlichen Gesetze keine unbedingte Geltung haben. Die reale Welt geht in die Welt des Wunderbaren über, so dass Personen übermenschliche Fähigkeiten besitzen, Tiere sprechen können, Ungeheuer (z. B. Drachen und Riesen) und Phantasiewesen des Volksglaubens (z. B. Gnome) vorkommen und übernatürliche Wesen (wie Feen, Geister und Teufel) in die Handlung eingreifen.

Marder, Familie von weltweit verbreiteten Raubtieren. Die bis zu 1,5 m langen Tiere besitzen zumeist einen schlanken Körper und einen langen Schwanz. In Mitteleuropa leben zwei Arten, der *Baum-* und der *Steinmarder.* Zu den Mardern gehören auch → Dachs, Iltis, Nerz, Fisch- und Seeotter (→ Otter), Wiesel und Zobel.

Margarine [von frz. acide margarique = »perlfarbene Säure«], *die,* ein mithilfe von *Emulgatoren* (Stoffe, die eine → Emulsion ermöglichen) aus Pflanzenölen (z. B. Sonnenblumen-, Kokos-, Soja-, Palm- oder Palmkernöl) und Wasser hergestelltes Speisefett, dem oft noch → Vitamine zugesetzt sind. Margarine enthält weniger →

■ *Exotische* **Marionette**

Cholesterin als die aus tierischen Fetten hergestellte → Butter.

Maria, im → Neuen Testament die Mutter von → Jesus Christus. In der katholischen Kirche wird sie, durch vier → Dogmen festgelegt, als jungfräuliche Muttergottes verehrt (Jesus stammt demnach nicht von ihrem Mann *Joseph,* sondern ist vom → Heiligen Geist empfangen), die von der Erbsünde frei war (→ *Unbefleckte Empfängnis*) und mit Leib und Seele in den Himmel aufgenommen wurde *(Mariä Himmelfahrt).* Dagegen erkennt die orthodoxe Kirche nur die Gottesmutterschaft an; die reformierten Kirchen lehnen eine Verehrung sogar ganz ab.

Maria Theresia (1717–1780), österreichische Kaiserin.

Marienkäfer, weltweit verbreitete Familie von Käfern, die zwischen 1 und 12 mm groß sind. Sie besitzen rote, gelbe oder schwarze Flügeldecken und je nach Art unterschiedlich viele Punkte (z. B. der *Siebenpunkt).* Marienkäfer und ihre Larven fressen kleine Insekten, darunter Schädlinge wie → Blatt- und Schildläuse.

Marihuana [span.], *das,* aus getrockneten Blüten und Blättern der Hanfpflanze (→ Cannabis) gewonnenes Rauschgift, das eine euphorisierende Wirkung hat. Der Wirkstoff ist der gleiche wie bei → Haschisch, aber in wesentlich geringerer Konzentration. Das auch als *Gras* bezeichnete Marihuana wird geraucht.

Marine [frz.], *die,* alle Hochseeschiffe eines Staates, die militärischen *(Kriegsmarine)* oder wirtschaftlichen Zwecken *(Handelsmarine)* dienen. Im engeren Sinne versteht man darunter die Seestreitkräfte eines Landes.

Marionette [frz. »Mariechen«], *die,* an Fäden aufgehängte, bewegliche Gliederpuppe; im übertragenen Sinne ein willenloser Mensch, der von anderen als Werkzeug missbraucht wird.

Mark, 1. *die,* Grenze, Grenzgebiet, ein seit der Zeit → Karls des Großen errichtetes Verwaltungsgebiet, das zur Verteidigung des Reiches oder zur Gewinnung von Neuland diente (z. B. *Spanische Mark* oder *Ostmark)* und unter dem Befehl eines *Markgrafen* stand; **2.** *die,* ursprünglich eine mittelalterliche Gewichtseinheit, später als Münzgewicht für Edelmetalle verwendet und schließlich Geldstück, seit Ende 1871 die Einheit für die deutsche Währung (seit 1876 alleinige Geldeinheit im → Deutschen Reich, später durch *Rentenmark, Reichsmark* und 1948 durch die → *Deutsche Mark* abgelöst); **3.** *das,* in der Biologie das innere, zumeist weichere Gewebe von bestimmten tierischen und menschlichen Organen (z. B. *Knochen-* und → *Rückenmark)* sowie von pflanzlichen Sprossen.

Mark Twain [ˈmɑːk ˈtweɪn], eigentlich *Samuel Longhorne* (1835–1910), amerikanischer Schriftsteller, der humorvolle Romane, Kurzgeschichten und Reiseberichte verfasste. Am bekanntesten sind seine Jugendbücher »Die Abenteuer des Tom Sawyer« (1876) und »Die Abenteuer und Fahrten des Huckleberry Finn« (1884).

Marktwirtschaft, eine Wirtschaftsordnung, in der im Gegensatz zur → Planwirtschaft die Produktion und der Verkauf und Kauf der Güter vom *Markt* bestimmt werden. Die erzeugte Menge und der Preis richten sich also im freien Wettbewerb nach Bedarf und Angebot aus. Während bei der *freien Marktwirtschaft* der Staat überhaupt nicht regulierend eingreift, versucht die *soziale Marktwirtschaft,* wie sie in Deutschland besteht, unsoziale Auswirkungen zu vermeiden, indem der Staat unerwünschte Erscheinungen wie z. B. Kartellbildungen (→ Kartell) durch Verbote verhindert, wichtige gesellschaftliche Aufgaben (z. B. Bildung) selbst übernimmt und soziale Nachteile (z. B. bei Arbeitslosigkeit) ausgleicht.

Marmor [griech. »Felsblock«], *der,* feinkristallines Gestein, das durch Druck- und Temperatureinwirkung in der Erdkruste aus → Kalkgestein entstanden ist. Durch Verunreinigungen mit Kohlenstoff erhält der ansonsten völlig weiße Marmor seine graue oder schwarze Färbung.

Bauernaufstände und Partisanenkämpfe, musste aber 1935 mit Tausenden von Getreuen nach Nordchina flüchten (»Langer Marsch«). Mao konnte sich als Parteiführer durchsetzen und schaffte es, nach einem erneuten Zweckbündnis mit der Guomindang gegen die Japaner während des Zweiten Weltkrieges, in einem Bürgerkrieg (1945–1949) das gesamte chinesische Festland zu erobern und seinen nationalchinesischen Gegenspieler Tschiang Kai-schek auf die Insel Taiwan zu vertreiben. Im Oktober 1949 rief er die Volksrepublik China aus und war zunächst Vorsitzender der Zentralregierung und 1954–1959 Staatsoberhaupt. Nach einem Machtkampf in der Partei trat er 1959 von seinen Staatsämtern zurück, konnte jedoch 1966–1969 in der »Großen Kulturrevolution«, die er zusammen mit seiner Frau *Chiang Ching* einleitete, seine Gegner in der Partei ausschalten. Nach seinem Tod entledigte sich die neue Parteiführung vieler seiner Mitarbeiter, vor allem der sog. »Viererbande«.

Märchen

Märchen spielen in der Literatur zahlreicher Völker eine große Rolle und sagen viel über die Kultur und Geschichte vor allem von Naturvölkern aus. Häufig liegen Märchen in verschlüsselter Form psychologische Konflikte zugrunde, die allgemein gültig sind (z. B. Problematik der Pubertät und erwachenden Sexualität, Auseinandersetzung zwischen Eltern und Kindern).
Man unterscheidet grundsätzlich zwischen *Volks-* und *Kunstmärchen.* Volksmärchen wurden zunächst mündlich überliefert, also von einer Generation an die nächste durch Erzählen weitergegeben und erst später aufgezeichnet. Deshalb gibt es auch keinen eigentlichen Verfasser. Insbesondere in der → Romantik wurden in Deutschland solche Volksmärchen gesammelt (die bekannteste Sammlung sind die »Kinder- und Hausmärchen« der Brüder Grimm), wobei allerdings mit der schriftlichen Aufzeichnung oft auch Stil und Inhalt im Sinne der jeweiligen Zeit verändert wurden. Da nunmehr vorwiegend junge Leser das Zielpublikum waren, wurden die Märchen durch Entfernung von übermäßigen Grausamkeiten oder sexuell freizügigen Szenen verfälscht und verniedlicht.

Marokko

Marokko (al-Maġrib)
Staatsname: Königreich Marokko
Staatsform: Parlamentarische Monarchie
Hauptstadt: Rabat
Fläche: 458 730 km²
Einwohner: 27 Mio.
Bevölkerungsdichte: 59/km²
Amtssprache: Arabisch
Währung: Dirham (DH)
Nationalitätskennzeichen: MA

Marokko

Mars

Der *Mars* ist von zahlreichen amerikanischen und sowjetischen → Raumsonden untersucht worden, die entweder in geringer Entfernung an dem Planeten vorbeiflogen, in eine Umlaufbahn einschwenkten oder sogar darauf landeten. 1976 landeten die beiden amerikanischen Marssonden *Viking 1* und *2* auf dem Mars, 1997 die Marssonde *Pathfinder* (mit dem Marsmobil Sojourner); sie übermittelten zahlreiche Fotos von der Oberfläche und führten auch chemische Untersuchungen der Atmosphäre und von Bodenproben durch. Dabei konnte kein Leben festgestellt werden. Hingegen fand man 1996 in einem Meteoriten, der mit hoher Wahrscheinlichkeit vom Mars stammt, Spuren von mikroskopischem Leben.

Marokko, Staat in Nordafrika. Das im Westen an den Atlantik und im Norden an das Mittelmeer grenzende Land wird von Nordosten nach Südwesten von den Gebirgsketten des → Atlas durchzogen. Östlich und südlich der Gebirge erstrecken sich das steppenhafte Hochland des Schott und die Wüste → Sahara. Die Bevölkerung besteht hauptsächlich aus Arabern (etwa 50 %) und → Berbern. Die marokkanische Wirtschaft stützt sich in erster Linie auf die Bodenschätze (Phosphat, Erze) sowie den Fremdenverkehr; die Landwirtschaft ist teilweise auf künstliche Bewässerung angewiesen. In dem von Berberstämmen bewohnten Land gab es im Altertum phönizische und karthagische Siedlungen. Im 1. Jh. n. Chr. wurde es unter dem Namen *Mauretania* Teil des Römischen Reiches. Die → Wandalen eroberten es im 5. Jh. Nachdem es im 6. Jh. unter die Herrschaft von Byzanz gekommen war, wurde es ab dem späten 7. Jh. von den Arabern unterworfen. Selbstständige Reiche bestanden unter verschiedenen Dynastien wie den Idrisiden (789–974), Almoraviden (1061–1147), Almohaden (1147–1269) und Meriniden (1269–1465). Das Herrschaftsgebiet dehnte sich vorübergehend auf Teile Afrikas südlich der Sahara aus und umfasste auch den südlichen Teil der → Iberischen Halbinsel. Ab Anfang des 15. Jh. errichteten die Europäer einzelne Stützpunkte. 1912 wurde Marokko bis auf das Rifgebiet (spanisch) und Tanger (internationalisiert) französisches Protektorat. Seit 1956 ist es ein unabhängiges Königreich. Zu Konflikten mit den Nachbarstaaten Algerien und Mauretanien kam es in den 70er Jahren um die ehemalige Kolonie Spanisch-Sahara (→ Westsahara). Außerdem erhebt Marokko Anspruch auf die spanischen Exklaven *Ceuta* und *Melilla* auf nordafrikanischem Gebiet.

Maronen, die essbaren Früchte der Edelkastanie (→ Kastanie).

Mars, 1. in der römischen Mythologie der Kriegsgott, der als Vater von Romulus und Remus galt und somit der Stammvater der Römer war; **2.** von der Sonne aus gesehen der vierte Planet im Sonnensystem (Zeichen ♂), der wegen seiner Nähe zur Erde (im günstigsten Fall etwa 55 Mio. km entfernt) am besten erforscht ist. Obwohl der Mars nur einen etwa halb so großen Durchmesser wie die Erde besitzt, ist er am erdähnlichsten. Er verfügt über eine Atmosphäre, die allerdings sehr dünn ist (an der Oberfläche nicht einmal ein Hundertstel des irdischen Luftdrucks) und größtenteils aus Kohlendioxid (über 95 %) sowie Stickstoff (2,7 %), Argon (1,6 %) und geringen Mengen von Sauerstoff und Wasserdampf besteht. Die Temperatur kann in Äquatornähe bis 20 °C ansteigen, sinkt aber in der Nacht auf unter –80 °C ab und beträgt an den Polen weniger als –130 °C. Die Oberfläche des Mars besteht überwiegend aus trocken-kalten Wüstengebieten, die rötlich leuchten und dem Planet zu seinem Beinamen »Roter Planet« verholfen haben, zeigt aber auch gewundene Täler und Schluchten, die auf eine Erosion durch Wasser (von geschmolzenem Eis) hinweisen. Neben flachen, abgetragenen Meteoritenkratern von oft beträchtlicher Größe (teilweise über 250 km Durchmesser) gibt es erloschene Vulkane (der größte, *Olympus Mons,* hat einen Durchmesser von 600 km und ist 26 km hoch, der höchste Berg im Sonnensystem). Auf dem Mars toben gewaltige Sandstürme. Die Polkappen sind vereist, aber dieses Eis besteht vermutlich zum größten Teil aus gefrorenem Kohlendioxid.

Marsch, 1. *die,* niedrig gelegenes, fruchtbares Land an flachen Meeresküsten und Flussmündungen, die dem Einfluss der → Gezeiten ausgesetzt sind; **2.** *der,* Musikstück, das ursprünglich den Gleichschritt (bei Umzügen, Prozessionen, Paraden und vor allem Truppenbewegungen) unterstützen sollte. Besondere Bedeutung hat der Marsch für die Militärmusik.

Marseillaise [marsɛˈjɛːz], *die,* französische Nationalhymne (benannt nach Revolutionären aus → Marseille, die das Lied 1792 beim Einzug in Paris erstmals sangen).

Marseille [marˈsɛjə], am Mittelmeer gelegene südfranzösische Großstadt (als Ballungsraum 1,1 Mio. Einwohner). Der zweitgrößte Stadt Frankreichs, die auf eine um 600 v. Chr. entstandene griechische Kolonie *(Massalia)* zurückgeht, ist heute der bedeutendste Hafen des Landes und ein wichtiges Industriezentrum.

Marshall-Inseln [ˈmɑːʃəl-], ozeanischer Inselstaat im westlichen Pazifik, der zwei Inselgruppen umfasst, *Ratak* mit 16 Atollen und *Ralik* mit 18 Atollen (darunter auch → Bikini). Die überwiegend aus → Mikronesiern bestehende Bevölkerung lebt von der Landwirtschaft (Kokospalmen). Die Inseln wurden 1529 von den Spaniern entdeckt und waren ab 1884 deutsches und ab 1920 japanisches Schutzgebiet, bevor sie 1947 unter amerikanische Treuhandschaft kamen. Seit 1990 sind sie unabhängig, aber die USA, mit

denen sie 1983 ein Assoziationsabkommen abschlossen, bleiben weiterhin für die Verteidigung zuständig.

Marshallplan ['mar∫al-], nach dem früheren amerikanischen General und Außenminister *George C. Marshall* (1880–1959) benanntes Hilfsprogramm. Es wurde nach dem Zweiten Weltkrieg von den USA ins Leben gerufen, um die Wirtschaft in den westeuropäischen Ländern zu unterstützen und die Abwehrfront gegen die Sowjetunion zu stärken. Die Bundesrepublik trat dem Abkommen Ende 1949 bei.

Martinique [marti'nik], französisches Überseedepartement in der → Karibik (1106 km², 375 000 Einwohner). Die zu den Kleinen → Antillen gehörende Insel wurde 1502 von Kolumbus entdeckt, war seit 1674 französische Kolonie und ist seit 1946 Überseedepartement.

Märtyrer [griech. »Zeuge«], *der,* jemand, der aufgrund seines Glaubens verfolgt, gefoltert und getötet wird.

Marx, Karl (1818–1883), deutscher Philosoph, der zunächst den Ideen der Junghegelianer (→ Hegel) nahestand und sich später dem → Materialismus zuwandte. Der Einfluss der französischen Frühsozialisten und der russischen Anarchisten führte ihn zur Idee eines revolutionären → Sozialismus. Zusammen mit Friedrich → Engels verfasste er für den Bund der Kommunisten, dem er 1847 beitrat, das → *Kommunistische Manifest*. 1849 ging er nach dem Verbot der Neuen Rheinischen Zeitung, deren Chefredakteur er war, in die Emigration nach London. Dort beschäftigte er sich mit Wirtschaft und Geschichte und verfasste seine Hauptwerke, »Zur Kritik der politischen Ökonomie« (1859) und »Das Kapital« (1. Band 1867; weitere Aufzeichnungen zu geplanten Folgebänden wurden von Engels überarbeitet und 1885 und 1894 herausgegeben).

Die von Marx und Engels entwickelten philosophischen, politischen, geschichtlichen und wirtschaftlichen Theorien werden zusammenfassend als **Marxismus** bezeichnet. Beim Versuch einer politischen Umsetzung wurde der Marxismus von anderen weiterentwickelt und den jeweiligen Bedingungen der Zeit und des Landes angepasst, beispielsweise von → Lenin (als *Marxismus-Leninismus*) oder von → Mao Zedong (als *Maoismus*).

Marzipan [it.], *das,* weiche Masse, die aus fein geriebenen Mandeln, Zucker und Aromastoffen hergestellt und für Süßigkeiten geformt wird.

Maschine [frz.], *die,* eine mechanische Vorrichtung, die bewegliche Teile besitzt und entwe-

Marxismus

Die marxistische Lehre, die Hegels Dialektik mit dem materialistischen Ansatz des Philosophen Ludwig Feuerbach (1804–1872) verknüpfte, geht davon aus, dass das Sein (die materielle Wirklichkeit) das Bewusstsein prägt, nicht umgekehrt. Sie zielt auf praktische Umsetzung der Theorie durch politisches Handeln ab. Für Marx bilden die wirtschaftlichen Abläufe die Grundlage für die Entwicklung des Menschen und prägen deshalb auch die Geschichte. Alles andere, z. B. Philosophie, Politik und Kultur, sind der *ideologische Überbau*.

Die Hauptbestandteile des Marxismus sind: *dialektischer* und *historischer* → Materialismus, die sich mit der objektiven, durch Gegensätze und Sprünge gekennzeichneten Entwicklung der Materie und mit der Geschichte und ihren wirtschaftlichen Grundlagen befassen, kritische Darstellung der wirtschaftlichen Strukturen und Eigentumsverhältnisse (Produktionsverhältnisse) der *kapitalistischen Gesellschaft* (→ Kapitalismus) und *wissenschaftlicher Sozialismus,* der die nach Marx notwendige und wissenschaftlich ableitbare Entwicklung hin zum → Kommunismus beschreibt.

Ziel des Marxismus ist eine Aufhebung der historisch bedingten gesellschaftlichen Entfremdung des Menschen (insbesondere von seiner Arbeit) durch die Verwirklichung einer klassenlosen Gesellschaft. Diese Entfremdung entstand, als nach der klassenlosen Urgesellschaft in der Frühzeit der Menschheit körperliche und geistige Tätigkeiten zunehmend getrennt wurden und sich verschiedene gesellschaftliche Klassen und Eigentumsverhältnisse herausbildeten. Die damit verbundenen Widersprüche führten zu Revolutionen und Klassenkämpfen, so dass sich in der Geschichte unterschiedliche Gesellschaftssysteme (Sklavenhaltergesellschaft, → Feudalismus und bürgerliche Gesellschaft) ablösten. Träger des letzten Klassenkampfes, der sich gegen die → *Bourgeoisie* als die herrschende Klasse der kapitalistischen Gesellschaft richtet, ist das → *Proletariat*. Dessen Sieg soll den Weg frei machen für eine neue klassenlose Gesellschaft, wobei die sozialistische Gesellschaft nur ein Übergangsstadium zur kommunistischen Gesellschaft darstellt.

der Kraft überträgt und bestimmte, für den Menschen zu schwierige oder zu eintönige Arbeiten durchführt oder eine Energieform in eine andere umwandelt (z. B. → Motor).

Maschinensprache, *Maschinencode,* eine → Programmiersprache, die als Abfolge von → binären Zeichen formuliert ist und vom jeweiligen Computersystem direkt verstanden werden kann.

Masern, durch ein Virus hervorgerufene, ansteckende Krankheit, die vor allem Kinder befällt. Sie führt zu Hautausschlag mit hellroten Flecken

---

Marshall-Inseln (Marshall Islands)

Staatsname: Republik Marshall-Inseln

Staatsform: Republik

Hauptstadt: Rita

Fläche: 181 km²

Einwohner: 52 000

Bevölkerungsdichte: 287/km²

Amtssprache: Englisch

Währung: Dollar (US-$)

Nationalitätskennzeichen: MH

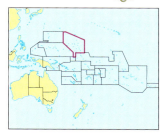

Marshall-Inseln

■ *Karl Marx*

Mars

Durchmesser: 6794 km
Entfernung von der Sonne: 227,9 Mio. km
Umlaufzeit: 687 Tage
Rotationsdauer: 24 Stunden 37 Minuten
Masse: $6,45 \times 10^{20}$ t
Dichte: 3,93 g/cm³
Satelliten: Phobos, Deimos

Masochismus

In vielen seiner Werke stellte Sacher-Masoch eine Erotik dar, die dadurch gekennzeichnet ist, dass sich ein Mann dem Willen einer Frau vollkommen unterwirft und von ihr herrisch behandelt, gedemütigt und misshandelt werden will. Am berühmtesten ist sein Roman »Venus im Pelz« (1870).

Materialismus

Der *dialektische Materialismus,* der die idealistische Philosophie Hegels vom Kopf »auf die Füße« stellen wollte, bemühte sich um eine Analyse der materiellen Bedingungen des menschlichen Lebens und wandte dazu die hegelsche → Dialektik auf die gesellschaftlichen und wirtschaftlichen Verhältnisse an. Das Ergebnis dieser geschichtsphilosophischen Untersuchung war, dass sich die materiellen Grundlagen *dialektisch* entwickeln, indem gesellschaftliche Gegensätze und Widersprüche zusammenprallen und sich auf einer höheren Ebene aufheben. Der *historische Materialismus* vertritt die Auffassung, dass die geschichtliche Entwicklung von den wirtschaftlichen Verhältnissen bestimmt wird und Arbeit, Warenproduktion und Eigentumsverhältnisse für den Fortgang und Wandel in der Welt entscheidend sind. Dialektischer und historischer Materialismus bilden zusammen die Grundlage für den → Marxismus und → Kommunismus.

Materie

Als *dunkle Materie* bezeichnet man die Materie im Universum, die von der Erde aus nicht mit Teleskopen und anderen Instrumenten wahrnehmbar ist und keine erkennbare Strahlung aussendet.
Beobachtungen über das Rotationsverhalten von Galaxien deuten darauf hin, dass diese mehr Materie als feststellbar enthalten müssen.
Von der Menge der Materie hängt es ab, wie sich das Universum entwickelt, d. h., ob es sich für immer ausdehnt und immer größer wird (sog. *Inflationstheorie*) oder ob die Ausdehnung abgebremst wird, weil die gegenseitige Anziehung der

(Fortsetzung siehe Seite 419)

(zuerst im Gesicht, dann am Oberkörper, Bauch und an den Gliedmaßen), Bindehaut- und Schleimhautentzündung und ist mit Fieber verbunden.

Maskulinum [lat.], *das,* in der Grammatik das männliche Geschlecht (z. B. der *Bogen*).

Masochismus, *der,* nach dem österreichischen Schriftsteller *Leopold Ritter von Sacher-Masoch* (1836–1895) benannte Form des Sexualverhaltens, bei der jemand durch das Erdulden von körperlichen Misshandlungen und Erniedrigungen geschlechtlich erregt wird.

Massage [frz. ma'saːʒə], *die,* Heilbehandlung des Körpers, bei der der ganze Körper oder bestimmte Körperteile mit den Händen oder mechanischen bzw. elektrischen Geräten bearbeitet werden (durch Streichen, Kneten, Klopfen usw.), um die verspannte Muskulatur zu lockern und die Durchblutung der Haut zu verbessern.

Massaker [frz.], *das,* Blutbad, Gemetzel.

Masse, in der Physik eine Größe, die eine Grundeigenschaft der → Materie ist. Man unterscheidet zwischen *träger Masse* (die dafür verantwortlich ist, dass jeder Körper einer Änderung seiner Bewegung einen Widerstand entgegensetzt, → Trägheit) und *schwerer Masse* (bedingt durch die Anziehungskraft von Körpern, → Gravitation). Maßeinheit für die Masse ist das → Kilogramm. Im Unterschied zum → Gewicht ist die Masse nicht vom Ort abhängig. Masse und → Energie sind einander äquivalent.

Maßeinheiten, die für die Messung physikalischer Größen verwendeten gesetzlichen Einheiten. Seit 1970 gelten in der Bundesrepublik die → SI-Einheiten.

Massenmedien, technische Einrichtungen, die Informationen in Wort, Ton und Bild an ein großes Publikum verbreiten. Dazu gehören vor allem Presse, Fernsehen, Rundfunk und Film sowie Buch, Schallplatte, CD, Tonkassette, Video und neue Medien wie → CD-ROM und Computernetze (→ Online-Dienste). Diese technisch vermittelte → Kommunikation, die nicht nur der Information, sondern auch oder überwiegend der Unterhaltung dient, wird als **Massenkommunikation** bezeichnet.

Maßstab, das Verkleinerungs- oder Vergrößerungsverhältnis zwischen einer tatsächlichen Größe in der Natur und ihrer zeichnerischen Darstellung (z. B. auf einer → Landkarte).

Masturbation [lat.], *die,* geschlechtliche Befriedigung durch Reizung der Geschlechtsorgane mit der Hand, entweder als Selbstbefriedigung (→ Onanie) oder beim Partner.

Match [engl. mɛtʃ], *das,* ein (sportlicher) Wettkampf (z. B. ein *Tennismatch*). Ein **Matchball** ist beim Tennis der Aufschlag, mit dem ein Spieler den für den Sieg entscheidenden Punkt machen kann.

Materialismus [frz.], *der,* philosophische Anschauung, nach der die gesamte Wirklichkeit, auch der Geist und das Denken, auf die → Materie zurückgeht. Der Materialismus steht damit im Gegensatz zum → Idealismus. In der Neuzeit gewann der Materialismus mit der Aufklärung an Bedeutung; er übernahm dabei die Methoden der Naturwissenschaften und schloss notwendigerweise die Existenz eines Gottes aus. Besonders wichtig wurde er im 19. Jh. für die Entwicklung des → Marxismus. Beeinflusst von dem deutschen Philosophen *Ludwig Feuerbach* (1804–1872), der zu den Linkshegelianern (→ Hegel) zählte und die Wirklichkeit als nur durch die Sinne vermittelt auffasste, entwickelten *Karl* → *Marx* und *Friedrich* → *Engels* die Theorie des dialektischen Materialismus..

Materie [lat.], *die,* Stoff, in der Physik das Stoffliche, gleichgültig, welchen → Aggregatzustand und welche → Masse es hat. Die Materie füllt jedoch nicht – wie es den Anschein hat – den Raum aus, sondern beruht auf → Atomen als Trägern, so dass man sich die Materie richtiger als Ergebnis des Feldes vorstellen muss, das durch die Wechselwirkung von → Elementarteilchen gebildet wird.

Mathematik [griech. »Wissenschaft«], *die,* Wissenschaft, die sich mit Zahlen und ähnlichen Größen sowie geometrischen Gebilden und ihren Beziehungen untereinander befasst. Sie entstand ursprünglich aus praktischen Problemen des Zählens, des Rechnens und der Feldvermessung. Ihre Grundlagen wurden bereits im Altertum entwickelt, vor allem in Mesopotamien, Ägypten und Griechenland. Im Mittelalter wurde die Mathematik besonders in Indien und von den Arabern gepflegt, die ihre Kenntnisse auch nach Europa vermittelten. Seit der Renaissance bildete sich in Europa die heutige Mathematik heraus, die zahlreiche Teilgebiete (z. B. Algebra, Arithmetik und Geometrie) umfasst. Grundsätzliche Unterscheidungen, etwa in *elementare* und *höhere* oder in *reine* und *angewandte* Mathematik sind ungenau und zeitabhängig. Die Mathematik spielt auch eine wichtige Rolle für andere Wissenschaften, die heute zunehmend *mathematisiert* sind (z. B. → Logik, Sprachwissenschaft, Informatik). Auch viele für die Gegenwart bedeutsame Theorien, die komplizierte Zusammenhänge beschreiben können, gehen wie etwa die → Chaostheorie auf mathematische Theorien zurück.

mathematische Zeichen, Symbole, die in der → Mathematik verwendet werden, um Zahlen und andere mathematische Ausdrücke miteinander zu verknüpfen, so dass sich damit Beziehungen und Rechenoperationen ausdrücken lassen.

Matisse [ma'tis], Henri (1869–1954), französischer Maler, der den Fauvismus begründete. Er entwickelte nach impressionistischen Anfängen seinen eigenen Stil, indem er die Farben intensivierte und sie als klar abgegrenzte Flächen einander gegenüberstellte. Durch Reduzierung und Vereinfachung der körperlichen Formen erreichte er eine fast ornamentale Wirkung.

Matriarchat [von lat. mater = »Mutter« und griech. arche = »Herrschaft«], *das,* mutterrechtliche Herrschaft, eine Gesellschaftsordnung, bei der die Frau die beherrschende Stellung (in der Familie und in der Gemeinschaft) innehat und auch die Erbfolge in der weiblichen Linie, d. h. über die weiblichen Nachkommen, verläuft. Gegensatz: → Patriarchat.

Matrix [lat. »Stammutter«], *die,* in der Mathematik ein rechteckiges Zahlenschema, bei dem die Elemente (zumeist Zahlen) in *m* waagerechten Zeilen und *n* senkrechten Spalten angeordnet sind. Eine **Matrixanzeige** ist ein → Display, das ein matrixförmiges Muster aus Bildpunkten (in Zeilen und Spalten angeordnet) darstellt.

Matrize [frz. »Gussform«], *die,* Hohlform aus Metall oder einem anderen Material, die eingeprägte Zeichen enthält, um davon durch Gießen oder Pressen einen Abdruck herzustellen (z. B. Schallplatten, Drucktypen).

Matterhorn, it. *Monte Cervino,* Gipfel in den Walliser Alpen an der Grenze zwischen Schweiz und Italien (4478 m).

Matura [von lat. maturus = »reif«], *die,* in Österreich und der Schweiz Bezeichnung für → Abitur.

Mauersegler, zu den *Seglern* gehörender Vogel mit langen, sichelförmigen Flügeln, der 15 cm lang wird und eine Geschwindigkeit von bis zu 180 km/h erreicht.

Maulesel, Kreuzung zwischen einem männlichen → Pferd und einem weiblichen Hausesel (→ Esel). Die Kreuzung zwischen einem männlichen Esel und einem weiblichen Pferd bezeichnet man als Maultier. Beide sind ausdauernde Last- und Reittiere, müssen aber immer wieder neu gezüchtet werden, weil sie in der Regel unfruchtbar sind.

■ *Matterhorn*

Maulwurf, bis zu 20 cm langer Insektenfresser, der in Eurasien und Nordamerika vorkommt. Die Ohren und Augen sind fast völlig verkümmert, aber Maulwürfe können sehr gut riechen und Erschütterungen wahrnehmen. Sie leben unterirdisch, wobei sie mit ihren schaufelförmig umgebildeten Vorderbeinen Gänge mit mehreren Ausgängen *(Maulwurfshügel)* graben. Die Hauptnahrung sind Regenwürmer und Insektenlarven.

■ *Maulwurf*

Mauren, ursprünglich Bezeichnung (lat. *Mauri*) für die nordafrikanischen → Berber, im Mittelalter Bezeichnung (span. *Moros*) für die islamischen Eroberer Spaniens (Araber und Berber).

Mauretanien, nordwestafrikanischer Staat in der → Sahelzone. Der größte Teil des Landes, das im Westen an den Atlantik grenzt, ist wüstenhaft, mit steinigen Hochflächen und Geröllfeldern im Inneren. Im Süden bildet der Senegal die Grenze zum gleichnamigen Nachbarstaat. Die Bevölkerung besteht zu mehr als 80 % aus Mauren, einem aus Berbern und Arabern entstandenen Mischvolk, sowie schwarzafrikani-

Materie eine weitere Expansion verhindert und sich das Universum wieder zusammenzieht, bis es in sich zusammenstürzt.

Für das Problem dieser »fehlenden Materie« gibt es mehrere Lösungsmöglichkeiten: Die Dunkelmaterie, die möglicherweise 90 % der Materie im Universum darstellt, könnte aus kleinen, extrem lichtschwachen Sternen *(Braune Zwerge),* → Schwarzen Löchern, bislang nicht nachgewiesenen → Elementarteilchen oder kosmischen → Strings bestehen. Eine andere Erklärung könnte sein, dass die → Neutrinos, die bisher als masselose Teilchen angenommen wurden, doch Masse besitzen.

Wichtige mathematische Zeichen

=	gleich
≠	ungleich
≡	identisch
≈	ungefähr gleich
~	proportional
>	größer als
≥	größer oder gleich
<	kleiner als
≤	kleiner oder gleich
+	plus
−	minus
±	plus oder minus
· oder ×	mal
: oder /	geteilt durch
$\sqrt[n]{a}$	n-te Wurzel aus
a^n	n-te Potenz von a

Mengenlehre:

∈	Element von
∉	kein Element von
⊂	Teilmenge
∩	Vereinigungsmenge
∪	Schnittmenge

geometrische Zeichen:

∥	parallel
⊥	senkrecht auf
≅	deckungsgleich

Mauren

Die Mauren, die ab 711 die Iberische Halbinsel besetzten und bis Südfrankreich vordrangen, errichteten hier eine hoch stehende Kultur. Ihr Reich endete 1492 mit der Einnahme von Granada. Die maurische Bevölkerung, auch als *Morisken* bezeichnet, wurde teilweise zwangsbekehrt und umgesiedelt und zu Beginn des 17. Jh. nach Nordafrika vertrieben.

Mauretanien (Mawrītāniyya)
Staatsname: Islamische Republik Mauretanien
Staatsform: Präsidiale Republik
Hauptstadt: Nouakchott
Fläche: 1 030 700 km²
Einwohner: 2,3 Mio.
Bevölkerungsdichte: 2/km²
Amtssprache: Arabisch
Währung: Ouguiya (UM)
Nationalitätskennzeichen: RIM

Mauretanien

Mausoleum

Der Begriff *Mausoleum* stammt von dem Grabmal, das um die Mitte des 4. Jh. v. Chr. für König Mausolus von Karien in Halikarnassos (an der Südwestküste Kleinasiens) errichtet wurde. Das von Pytheos geschaffene Werk (hoher Sockel mit quadratischem Grundriss, ionische Säulenhalle und Pyramidendach mit Figurengruppen sowie Relieffriese) zählte zu den sieben → Weltwundern der Antike.

schen Völkern. Die wichtigsten Erwerbszweige sind Landwirtschaft (Viehzucht) und Fischerei sowie Bergbau (Erze). Das seit dem 4. Jh. von Berbern besiedelte Land wurde im 11. Jh. von den marokkanischen Almoraviden islamisiert. Während der Nordteil des Landes zu Marokko gehörte, war der Süden ein Teil des Reiches von → Mali. Um die Mitte des 15. Jh. errichteten die Portugiesen dort einen Stützpunkt für den Sklavenhandel. 1905 wurde Mauretanien französisches Protektorat und 1920 als Kolonie Französisch-Westafrika eingegliedert. Seit 1960 ist es unabhängig. Mitte der 70er Jahre kam es mit den Nachbarstaaten zu Konflikten um die ehemalige Kolonie Spanisch-Sahara (→ Westsahara). 1978 übernahm das Militär die Macht. Seit 1991 ist Mauretanien eine islamische Republik.
Mauritius, afrikanischer Inselstaat im → Indischen Ozean, der 800 km östlich von → Madagaskar liegt und neben der gleichnamigen Hauptinsel die Insel *Rodrigues,* die Agalega-Inseln und mehrere kleinere Inseln umfasst. Die beiden großen Inseln sind vulkanischen Ursprungs und von Korallenriffen umgeben. Die Hauptinsel besteht aus einem 600 m hohen Plateau mit einzelnen Bergen und tiefen Schluchten. Über zwei Drittel der Bevölkerung sind indischer Herkunft, mehr als Viertel Kreolen, d. h. Nachkommen von Europäern und Afrikanern. Wirtschaftliche Grundlage sind landwirtschaftliche Erzeugnisse (Zucker, Tee, Tabak); eine wichtige Einnahmequelle bildet außerdem der Fremdenverkehr. Mauritius wurde Anfang des 16. Jh. von den Portugiesen entdeckt und 1598 von den Niederländern in Besitz genommen. 1715 kam es unter dem Namen *Île de France* zu Frankreich, das die Insel 1810 an Großbritannien abtrat. Seit 1968 ist Mauritius unabhängig, gehört aber weiterhin dem → Commonwealth an.
Maus, Eingabegerät (Abrollgerät) für → Computer. Das etwa zigarettenschachtelgroße Gerät besitzt auf der Unterseite eine Kugel und auf der Oberseite ein bis drei Drucktasten. Wenn die Maus auf dem Tisch gerollt wird, bewegt sich die Kugel. Diese Bewegung wird durch eine spezielle Treibersoftware in Impulse umgewandelt, die den → Cursor auf dem Bildschirm steuern. Neben Mausgeräten, die über Kabel mit dem Computer verbunden sind, gibt es auch drahtlose Mäuse, die ihre Informationen durch Infrarotlicht, Ultraschall oder Funk übermitteln. Durch einfaches oder mehrfaches Betätigen der Taste(n), das sog. *Anklicken,* kann man auf dem Bildschirm Text- und Bildfelder aktivie-

■ *Maya: Die Ruinenstätte Chichén Itzá, Yukatán (Mexiko)*

ren oder an bestimmten Stellen (zumeist durch → Icons angezeigt) Befehle eingeben. Andere Formen mausähnlicher Eingabegeräte sind → Trackball und → Trackpad.
Mäuse, Familie von kleinen Nagetieren. Die bis zu 15 cm langen *Echten Mäuse* (in Mitteleuropa z. B. Feld-, Wald- und Hausmaus) besitzen eine lange Schnauze (mit Tasthaaren) und einen langen Schwanz. Größere Vertreter der Echten Mäuse werden als → Ratten bezeichnet. Zu den *Mäuseartigen* gehören u. a. *Wühl-, Renn-* und *Blindmäuse,* während die mäuseartigen → Spitzmäuse zu den Insektenfressern zählen.
Mauser, Federwechsel bei Vögeln. Der durch → Hormone gesteuerte Wechsel des Gefieders ist an bestimmte Jahreszeiten gebunden. Die wichtigsten Arten sind *Jugend-* (wenn die Jungvögel das oft andersfarbige Gefieder der erwachsenen Vögel erhalten), *Brut-* (oft auffälliges buntes Hochzeitsgefieder) und *Ruhemauser* (unscheinbares Gefieder).
Mausoleum, *das,* monumentaler Grabbau in Form eines Gebäudes.
Maxime [frz.], *die,* entscheidender Grundsatz (für das eigene Verhalten), Lebensregel.
Maximum [lat. »das Größte«], *das,* der höchste Wert. Gegensatz: → Minimum.
May, Karl (1842–1912), deutscher Schriftsteller,

der zahlreiche an exotischen Schauplätzen (wie Vorderer Orient und Wilder Westen Amerikas) spielende Reiseerzählungen verfasste. Seine spannenden Romane, die mit vielen lehrhaften, aus angelesenem Wissen gewonnenen Anmerkungen durchsetzt sind und die menschlichen Werte mit klar umrissenen, positiven Helden betonen, finden noch heute viele junge Leser. Viele der Geschichten um den Icherzähler (im Wilden Westen *Old Shatterhand* genannt, im Orient *Kara Ben Nemsi*) und seine jeweiligen Freunde, den edlen Apachenhäuptling *Winnetou* und den treuen Scheich *Hadschi Halef Omar*, sind verfilmt worden.

Maya, indianisches Volk in Mittelamerika, vor allem im südöstlichen Mexiko (→ altamerikanische Kulturen). Die Blütezeit der Maya lag im 4.–9. Jh. Bedeutende Zentren waren Copán, Tikal und Chichén Itzá. Die Städte waren um Kultbauten (Tempel und Paläste in Form von Stufenpyramiden mit Plattformen) herum angelegt. Die Maya besaßen eine hoch entwickelte Astronomie und Mathematik, was in einem sehr genauen Kalender (genauer als der gregorianische → Kalender) zum Ausdruck kam.

Mayotte [ma'jɔt], französisches Überseeterritorium im → Indischen Ozean (374 km², 105 000 Einwohner). Die zur Inselgruppe der → Komoren gehörende Insel ist seit 1841 französisch.

MAZ, Abkürzung für *Magnetische Bildaufzeichnung*, beim → Fernsehen ein Verfahren, mit dem (von elektronischen Kameras aufgezeichnete) Bildsignale auf einem → Magnetband gespeichert werden, um sie später ausstrahlen zu können.

Mazedonien, *Makedonien*, Landschaft in Südosteuropa, die heute unter drei Staaten aufgeteilt ist (→ Griechenland, → Bulgarien und → Makedonien). In der Antike war das Land von Illyrern, Phrygiern, Thrakern und Griechen besiedelt. Ein einheitlicher Staat entstand erst im 5. Jh. v. Chr. Unter *Philipp II.* (um 382–336 v. Chr.) gewann Mazedonien dank seiner militärischen Stärke die Vormachtstellung in Griechenland und dehnte sie unter → *Alexander dem Großen* auf große Teile Asiens aus. Das mazedonische Weltreich zerfiel nach Alexanders Tod in mehrere → Diadochenstaaten. Das zunächst von Antipater und danach von den Antigoniden beherrschte Mazedonien konnte seine Oberhoheit über Griechenland bis zum Ende des 3. Jh. v. Chr. behalten, bevor es in mehreren Kriegen von Rom unterworfen und 148 v. Chr. römische Provinz wurde. Nach der Teilung des Römischen Reiches kam es zu Byzanz, wurde jedoch ab dem 7. Jh. wiederholt von anderen Völkern angegriffen und besetzt. Das seit dem 6. Jh. verstärkt von Slawen besiedelte Gebiet kam 1371 unter die Herrschaft des → Osmanischen Reiches. Im 2. Balkankrieg (1913) konnte Mazedonien zwar der osmanischen Herrschaft entrissen werden, wurde aber zwischen Griechenland, Bulgarien und Serbien aufgeteilt und blieb auch weiterhin durch gegenseitige Gebietsansprüche umstritten.

Mäzen, *der*, Kunstfreund, großzügiger Förderer von Künstlern.

Mechanik [griech. »Maschinenkunst«], *die*, in der Physik die Lehre von der Bewegung der Körper und den Kräften, die sie bewirken. Die Mechanik umfasst mehrere Teilgebiete: *Statik* (die an einem Körper angreifenden Kräfte sind im Gleichgewicht), *Dynamik* (Bewegung von Körpern unter dem Einfluss von Kräften) und *Kinematik* (Bewegung von Körpern ohne Berücksichtigung der auf sie einwirkenden Kräfte). Auch bewegliche Teile eines Gerätes, z. B. ein Räderwerk, werden als Mechanik bezeichnet.

Mecklenburg-Vorpommern, Bundesland in Norddeutschland, das im Norden an die Ostsee (mit mehreren vorgelagerten Inseln, darunter → Rügen) und im Osten an Polen grenzt. Moränenablagerungen aus der Eiszeit, Seen und Wälder bestimmen die Landschaft des landwirtschaftlich geprägten Gebiets. Wirtschaftliches Zentrum

Mauritius
Staatsname: Republik Mauritius
Staatsform: Republik
Hauptstadt: Port Louis
Fläche: 2040 km²
Einwohner: 1,1 Mio.
Bevölkerungsdichte: 539/km²
Amtssprache: Englisch
Währung: Mauritius-Rupie (MR)
Nationalitätskennzeichen: MS

Mauritius

Mecklenburg-Vorpommern

Fläche: 23 170 km²
Einwohner: 1,82 Mio.
Hauptstadt: Schwerin

Mecklenburg-Vorpommern

Meere

Der Meeresboden ist je nach Tiefe in bestimmte Bereiche gegliedert. Der bis zu 200 m Tiefe reichende *Kontinentalschelf* liegt als Gürtel um die Erdteile herum und stürzt beim Kontinentalabfall in Tiefen bis zu 4000 m steil ab. *Tiefseebecken* liegen 4000–6000 m tief. Die größte Tiefe erreichen die *Tiefseegräben* (bis fast 11 000 m).
Der tiefste Punkt der Erde liegt nach neuen Messungen (1993) in der Challengertiefe im Marianengraben im Westpazifik, südöstlich der Inselgruppe der Marianen. Er befindet sich 10 920 m unter dem Meeresspiegel.
Meerwasser hat einen durchschnittlichen Salzgehalt von 3,5 % (35 g pro Liter). Am Meeresboden lagern sich große Massen von verwittertem Gestein, abgestorbenen Organismen und chemischen Ausfällungsprodukten wie etwa Manganknollen ab.
Der Lebensraum im Meer lässt sich in drei große Bereiche einteilen: *Benthos, Nekton* und → *Plankton.* Das Benthos umfasst alle am Meeresgrund festsitzenden oder kriechenden Lebewesen, während das Nekton alle schwimmenden Tiere wie Fische, Tintenfische, Robben und Wale meint. Das Plankton besteht aus den im Meer treibenden Tieren und Pflanzen. Das Meer ist ein riesiges Nahrungsreservoir, aber zunehmend von der Umweltverseuchung bedroht.

ist die Hafenstadt *Rostock* (245 000 Einwohner). Das ursprünglich von germanischen Stämmen besiedelte Gebiet wurde ab 600 n. Chr. von slawischen Wenden besetzt. Im 12. und 13. Jh. wurde die Bevölkerung im Rahmen der Ostkolonisation christianisiert. Mecklenburg wurde 1621 und 1701 in zwei Herzogtümer geteilt, die 1815 zu Großherzogtümern erhoben wurden. Daraus entstanden 1920 die beiden Freistaaten *Mecklenburg-Strelitz* und *Mecklenburg-Schwerin,* die 1934 zum Land Mecklenburg vereinigt wurden. 1945 kamen Vorpommern und Rügen hinzu. Nach der Gründung der DDR wurde das Land 1952 in die Bezirke *Neubrandenburg, Rostock* und *Schwerin* aufgelöst. 1990 wurde Mecklenburg-Vorpommern nach der deutschen Wiedervereinigung als Bundesland wiederhergestellt.

Medici ['mɛːditʃi], Adelsgeschlecht in Florenz, das 1434 die Regierung der florentinischen Stadtrepublik übernahm, aber zweimal vertrieben wurde. Die Familie, die durch Handel und Geldgeschäfte reich wurde, bescherte Florenz sowohl auf wirtschaftlichem als auch auf kulturellem Gebiet eine hohe Blüte.

Medien [engl.], *Mz.,* Einrichtungen, die zur Übermittlung von Informationen dienen (→ Massenmedien); im Schulunterricht Hilfsmittel, die Lehrinhalte veranschaulichen.

Medina, arab. *Al-Madīnah,* Stadt (290 000 Einwohner) in → Saudi-Arabien, die eine heilige Stätte der Moslems ist, weil sie 622 n. Chr. der Zufluchtsort von → Mohammed war und die Gräber des Propheten und seiner Tochter Fatima birgt.

Meditation [lat.], *die,* tiefes, betrachtendes Nachdenken. Eine besondere Rolle spielt die Meditation in östlichen Religionen (z. B. → Buddhismus und Hinduismus) und in der christlichen → Mystik sowie in der → Esoterik. Der Meditierende versenkt sich dabei in sein Innerstes, um sein Bewusstsein zu erweitern und spirituelle Erfahrungen zu machen.

Medium [lat. »Mitte«], *das,* Mittel, etwas, das der Vermittlung dient, in der Naturwissenschaft ein Träger von physikalischen Vorgängen (z. B. Luft als Medium für Schallwellen). Als Medium wird auch eine Person bezeichnet, die besondere übersinnliche Fähigkeiten besitzen soll und angeblich Verbindungen zum Jenseits, zu Geistern und Verstorbenen, herstellen und Botschaften übermitteln kann.

Medizin [lat. »Heilkunst«], *die,* Wissenschaft, die sich als *Humanmedizin* mit dem Aufbau des menschlichen Körpers, den normalen Funktionen des Organismus und krankhaften Veränderungen, der Erhaltung der Gesundheit und der Heilung von Krankheiten befasst. Die Medizin umfasst zahlreiche Teilgebiete (z. B. *Anatomie, innere Medizin, Chirurgie, Gynäkologie, Physiologie).* Die entsprechende medizinische Wissenschaft für Tiere wird als → Veterinärmedizin bezeichnet.

Medizinmann, bei Naturvölkern (vor allem in Afrika, Australien, Ozeanien und Südamerika) eine Person mit übernatürlichen Kräften und besonderen Kenntnissen in der Naturheilkunde, die als »Zauberer« nicht nur Krankheiten heilen soll, sondern auch die Aufgabe hat, unheilvolle Einflüsse auf den Stamm abzuwehren, die Natur positiv zu beeinflussen, Kontakt mit den Göttern und Geistern zu halten und in die Zukunft zu schauen. Solche Zauberpriester werden auch als → Schamanen bezeichnet.

Medley [engl. 'mɛdlɪ], *das,* ein → Potpourri, eine Zusammenfassung bekannter Musikstücke zu einem neu arrangierten Stück.

Meere, große, zusammenhängende Wasserflächen, die gegenwärtig etwa 71 % der Erdoberfläche (361 Mio. km²) bedecken. Der größte Teil davon befindet sich auf der südlichen Erdhalbkugel. Es gibt drei Weltmeere: → *Pazifischer, Atlantischer* und *Indischer Ozean.* Rand- oder Küstenmeere wie die → Nordsee sind durch Halbinseln oder Inselgruppen vom offenen Meer abgetrennt. Binnenmeere sind wie das → Kaspische Meer innerhalb eines Erdteils eingeschlossen oder besitzen wie das → Schwarze Meer nur eine schmale Verbindung (Meerenge) zu anderen Meeren.

Meeresschildkröten, *Seeschildkröten,* bis zu 1,4 m lange → Schildkröten, die in tropischen und subtropischen Meeren leben. Sie besitzen einen abgeflachten Körper und flossenartige Beine. Zur Eiablage (im Sand) müssen sie an Land kriechen. Besonders bekannt ist die *Suppenschildkröte.*

Meeresströmungen, die Bewegungen des Wassers in den Weltmeeren, die auf die Unterschiede in der Dichte, im Salzgehalt und in der Wassertemperatur zurückgehen. Bis zu einer Tiefe von 200 m werden sie auch vom Wind beeinflusst. Die warmen und kalten Meeresströmungen haben große Auswirkungen auf das Klima und das Leben im Meer; für Europa ist der warme → Golfstrom von großer Bedeutung.

Meerkatzen, Gattung von → Affen, die in Wäldern und Savannen Afrikas südlich der Sahara vorkommt. Die bis zu 70 cm langen, in Gruppen lebenden Baumbewohner besitzen einen langen Schwanz.

Meerschweinchen, Familie von → Nagetieren, die in Südamerika vorkommen und bis 75 cm lang werden. Sie sind nachtaktive Pflanzenfresser mit kurzem Schwanz. Die heute weltweit gezüchteten und als Haustiere gehaltenen *Hausmeerschweinchen,* die etwa 20 cm lang werden, gehen alle auf das in den Anden lebende *Wildmeerschweinchen* zurück.

Meeting [engl. 'miːtɪŋ]. *das,* Treffen, Zusammenkunft (mit Erörterung von Fachfragen).

Mega- [griech. »groß-«], in Maßeinheiten als Vorsatz mit der Bedeutung »millionenfach« (10^6, z. B. 1 *Megawatt* = 1 000 000 Watt); in zusammengesetzten Wörtern mit der Bedeutung »groß, gewaltig« (z. B. *Megastar).*

Megabyte ['megabaɪt], *das,* in der → elektronischen Datenverarbeitung Maßeinheit für die Speicherkapazität, die 2^{20} (= 1 046 576) Byte entspricht.

Megalithkultur [von griech. megas = »groß« und lithos = »Stein«], eine vorgeschichtliche Kulturstufe, die sich während der späten Jungsteinzeit (3. Jt. v. Chr.) im Mittelmeerraum, in West- und Nordeuropa ausbreitete und Anlagen aus riesigen Steinen errichtete. Erhalten geblieben sind vor allem die **Megalithgräber,** auch als *Hünengräber* bezeichnete Grabanlagen aus großen, unbehauenen Steinblöcken, und die → *Menhire.* Ein eindrucksvolles Zeugnis der Megalithkultur ist → Stonehenge in England.

Megaphon [von griech. megas = »groß« und

phone = »Stimme«], *das,* trichterförmiges Sprachrohr, das die Schallwellen bündelt, um die Stimme zu verstärken, heute zumeist elektrisch verstärkt.

Mehrwertsteuer, eine Umsatzsteuer, die nach dem Wertzuwachs von Waren und Dienstleistungen bei jedem Arbeitsgang (Produktion, Lagerung, Verkauf etc.) bemessen wird, weil sie dabei immer »mehr wert« werden. Von diesem Mehrwert muss eine Steuer an den Staat gezahlt werden. Da die Mehrwertsteuer auf den Endpreis aufgeschlagen wird, muss sie letztlich der Verbraucher bezahlen. In Deutschland beträgt der Mehrwertsatz gegenwärtig 16 %; für Güter von besonderer sozialer oder kultureller Bedeutung (z. B. Nahrungs- und Arzneimittel, Bücher) besteht ein ermäßigter Satz von 7 %.

Mehrzahl, deutsche Bezeichnung für → Plural.

Meile, veraltetes Längenmaß; heute ist in der Schifffahrt noch die *Seemeile* (1,852 km) gebräuchlich. In angelsächsischen Ländern wird die Meile (engl. *mile*) immer noch für Längenangaben verwendet und entspricht dort 1609,34 m.

Meineid, vorsätzlich falscher Schwur, um eine Aussage zu beeiden (vor allem vor Gericht). Meineid wird mit Freiheitsstrafen nicht unter einem Jahr geahndet.

Meinungsforschung, deutsche Bezeichnung für → Demoskopie.

Meinungsfreiheit, das Recht auf freie Meinungsäußerung, in Deutschland als → Grundrecht in der Verfassung verbürgt.

■ *Die Suppenschildkröte ist die bekannteste Art der* **Meeresschildkröten**

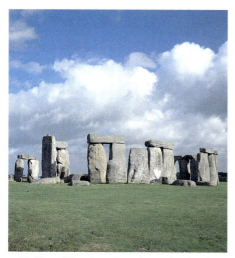

■ *Die* **Megalithanlage** *Stonehenge (England)*

Blaumeise

Mendelsche Regeln

Gleichförmigkeits- oder Uniformitätsregel: Bei der Kreuzung von reinerbigen Individuen, die sich in einem einzigen Merkmal unterscheiden (z. B. Blütenfarbe), entstehen Nachkommen, die untereinander alle gleich und mischerbig sind.
Spaltungs- oder Segregationsregel: Bei der Kreuzung von mischerbigen Individuen entstehen sowohl misch- als auch reinerbige Nachkommen, d. h., die Nachkommen haben in der dritten Generation zu 50 % mischerbig das Merkmal der Elterngeneration und zu je 25 % reinerbig das jeweilige Merkmal der Großelterngeneration.
Regel der unabhängigen Verteilung oder der freien Kombinierbarkeit: Bei der Kreuzung von reinerbigen Individuen, die sich in mehreren Merkmalen unterscheiden, werden die einzelnen Merkmale unabhängig voneinander vererbt, so dass Nachkommen mit völlig neuen Merkmalskombinationen entstehen. Allerdings weiß man heute, dass Merkmale, deren Gene sich auf demselben Chromosom befinden, gemeinsam weitergegeben werden.

Mendelevium

Zeichen: Md
Ordnungszahl: 101
Atommasse: 258

Meiose [griech. »Verringern«], *die,* Reduktionsteilung, bei der die Chromosomenzahl halbiert wird. Auf diese Weise ist in den → Gameten nur noch ein einfacher (→ haploider) Chromosomensatz vorhanden, der nach der Verschmelzung von zwei Geschlechtszellen wieder zur zweifachen (→ diploiden) Chromosomenzahl der normalen Körperzellen verdoppelt wird.
Meisen, Familie von bis zu 14 cm langen Singvögeln der nördlichen Erdhalbkugel. In Mitteleuropa kommen u. a. *Blau-, Kohl-, Hauben-, Sumpf-, Tannen-* und *Weidenmeise* vor.
Meister, ein Handwerker, der nach seiner Zeit als → Geselle vor der zuständigen Handwerkskammer eine *Meisterprüfung* (mündliche und schriftliche Prüfung sowie Anfertigung eines *Meisterstücks*) abgelegt hat und berechtigt ist, einen Betrieb zu führen und → Auszubildende anzuleiten.
Mekka, arab. *Makkah,* Stadt (550 000 Einwohner) in → Saudi-Arabien, die als Geburtsort → Mohammeds eine heilige Stätte der Moslems ist. Mekka ist der Hauptwallfahrtsort (→ Hadsch) und birgt das zentrale Heiligtum des Islam, die → Kaaba. Moslems verrichten ihre täglichen Gebete, indem sie sich in Richtung Mekka niederwerfen.
Melancholie [griech. »Schwarzgalligkeit«], *die,* Schwermütigkeit, Traurigkeit ohne einen besonderen Anlass.
Melanesien [von griech. melas = »schwarz« und nesos = »Insel«], die Inselwelt im Nordosten Australiens. Dazu gehören u. a. → Neuguinea, Salomonen, Neue Hebriden, Fidschi-Inseln und Neukaledonien. Die **Melanesier** sind dunkelhäutig und kraushaarig und unterscheiden sich deutlich von den anderen Bewohnern → Ozeaniens, den Mikro- und Polynesiern.
Melbourne [ˈmɛlbən], an der Südostküste gelegene Hauptstadt des australischen Bundesstaats Victoria. Die 1836 gegründete zweitgrößte Stadt (3,2 Mio. Einwohner) Australiens ist heute ein bedeutendes Finanz- und Wirtschaftszentrum und der wichtigste Einfuhrhafen des Kontinents.
Melodie [griech. »Singweise«], *die,* in der Musik eine erkennbar gegliederte, abgeschlossene Tonfolge, die zumeist durch → Tonalität, Wechsel oder Wiederholung von → Intervallen sowie besondere Spannung und innere Dynamik gekennzeichnet ist.
Melone [it.], *die,* zu den Kürbisgewächsen zählende Kletterpflanze, die in wärmeren Gebieten wächst. Die großen, fleischigen Beerenfrüchte der *Garten-* oder *Zuckermelone* werden roh als

Melonen (Charantais, Wassermelone, Galia)

Obst gegessen. Besonders süß ist die *Honigmelone* (mit gelber Schale).
Membran, *Membrane* [lat. »Häutchen«], *die,* in der Biologie ein dünnes Häutchen (z. B. Trommelfell im Ohr oder bei einer Zelle); in der Technik ein Blättchen, das schwingen kann und Veränderungen im Druck überträgt (z. B. Schallwellen bei einem Lautsprecher).
Memoiren [frz. meˈmɔaːrən], *Mz.,* die Lebenserinnerungen einer bekannten Persönlichkeit in Buchform, die mit einer Darstellung des Zeitgeschehens verbunden sind.
Memorandum [lat. »Erwähnenswertes«], *das,* eine Denkschrift oder Stellungnahme (von Diplomaten oder Politikern). Gebräuchlicher ist heute die Kurzform **Memo,** die ganz allgemein für eine kurze Stellungnahme oder einen Merkzettel steht.
Mendel, Gregor (1822–1884), österreichischer Augustinermönch, der die Vererbungslehre (→ Genetik) begründete. Durch seine Beobachtungen bei der Kreuzung von Erbsenpflanzen stellte er Gesetzmäßigkeiten fest, die der Weitergabe von Merkmalen an die Nachkommen zugrunde liegen. Die von ihm erkannten Vererbungsgesetze werden als **Mendelsche Gesetze** oder **Regeln** bezeichnet.
Mendelevium [nach → Mendel], *das,* → chemisches Element, das zu den → Transuranen gehört und erstmals 1955 künstlich hergestellt wurde.
Mendelssohn Bartholdy, Felix (1809–1847), deutscher Komponist und Dirigent, der in seiner Musik klassische Formen mit romantischem Empfinden verband. Am berühmtesten ist seine Bühnenmusik zu → Shakespeares »Sommernachtstraum« (1843).
Menetekel [aramäisch], *das,* allgemein ein schwer zu deutendes Zeichen, das vor einer bevorstehenden Gefahr warnt.
Mengenlehre, ein Teilgebiet der → Mathematik, das **Mengen** untersucht. Eine Menge ist eine Zusammenfassung von einzelnen *Elementen* zu

einem Ganzen. Man unterscheidet dabei Mengen mit endlich und unendlich vielen Elementen, *leere* oder *Nullmengen* (die kein Element enthalten), *Teil-* oder *Untermengen* (wenn jedes Element einer Menge auch in einer anderen Menge enthalten ist) und *Obermengen* (wenn eine Menge alle Elemente einer anderen und zusätzlich noch weitere enthält). Eine *Vereinigungsmenge* von zwei Mengen ist die Menge, die alle Elemente enthält, die mindestens einer der beiden Mengen angehören, während eine *Durchschnittsmenge* die Elemente vereint, die in jeder der beiden Mengen enthalten sind.

Menhir [von breton. maen-hir = »langer Stein«], *der,* ein aufgestellter Steinblock. Die bis zu 20 m hohen Menhire sind Zeugnisse der jungsteinzeitlichen → Megalithkultur und hatten vermutlich eine kultische Aufgabe.

Meniskus [griech. »mondförmiger Körper«], *der,* scheibenförmiger Zwischenknorpel im Kniegelenk, der als Puffer für Oberschenkel und Schienbein dient und bei Sportverletzungen häufig reißt.

Menopause [von griech. men = »Monat« und pausis = »Aufhören«], *die,* Ausbleiben der Monatsblutung (→ Menstruation) in den Wechseljahren der Frau.

Mensch, der auch als *Homo sapiens sapiens* bezeichnete Jetztmensch, der sich evolutionär aus dem Vor- und Frühmenschen entwickelt hat und der einzige heute existierende Vertreter der Gattung *Homo* ist. In der Biologie wird die Gattung Homo zur Familie der → Affen gerechnet. Der Mensch ist das am höchsten entwickelte Lebewesen der Erde, das dank seines Gehirns zum abstrakten Denken fähig ist, sich mithilfe der Sprache mit anderen Menschen auch über komplizierte Sachverhalte und Vorstellungen verständigen kann und im Stande ist, Werkzeuge herzustellen und zu gebrauchen. Zur Evolution des Menschen siehe S. 426.

Menschenaffen, Familie von → Affen, die in den Wäldern Afrikas und Südostasiens (Sumatra, Borneo) leben. Die Menschenaffen, die vier Arten umfassen (→ Schimpanse, → Bonobo, → Gorilla und → Orang-Utan), sind die am engsten mit dem → Menschen verwandten Säugetiere und besitzen unter den Tieren vermutlich das am höchsten entwickelte Gehirn.

Menschenrechte, die Rechte des einzelnen Menschen, die ihn vor Eingriffen des Staates schützen und als → Grundrechte in der Verfassung eines Staates verbürgt sind. Es handelt sich dabei um unveräußerliche, überstaatliche

■ **Menschenaffen:** Orang-Utan

Rechte, die jeder Mensch, unabhängig von Herkunft, Rasse und Geschlecht, von Natur aus besitzt, die aber nicht von allen Staaten anerkannt und eingeräumt werden.

Menstruation [von lat. menstrualis = »monatlich«], *die,* auch als *Regel* oder *Periode* bezeichnete Monatsblutung bei der geschlechtsreifen Frau. In einem bestimmten Zyklus, der im Durchschnitt 29,5 Tage umfasst, wird die Gebärmutterschleimhaut abgestoßen, wenn nach dem → Eisprung keine Befruchtung stattgefunden hat. Die etwa zwei Wochen nach dem Eisprung eintretende Blutung dauert drei bis fünf Tage. Der Vorgang ist mit erheblichen hormonellen Veränderungen im weiblichen Körper verbunden und kann, individuell verschieden, zu körperlichen Beschwerden und Stimmungsumschwüngen führen. Die Menstruation setzt zumeist zwischen dem 11. und 16. Lebensjahr ein *(Menarche)* und endet zumeist zwischen dem 47. und 52. Lebensjahr *(Menopause).*

mental [lat.], geistig, den Verstand betreffend.
Mentalität [frz.], *die,* Sinnesart eines Menschen.
Menü [frz.], *das,* **1.** Speisenfolge bzw. ein Gericht, das aus mehreren Gängen (z. B. Vorspeise, Hauptgericht, Nachspeise) besteht; **2.** in der → EDV eine Auswahlliste auf dem → Monitor, in der der Benutzer aus einem → Programm spezielle Funktionen mit dem → Cursor auswählen und dann durch Anklicken mithilfe der → Maus oder durch Eingabe von Befehlen aufrufen kann. Es gibt dabei *Menüleisten* (zumeist am oberen Rand des Bildschirms), über die man nach unten ein Menü mit weiteren Begriffen *(Pull-down-Menü)* öffnen kann.

Menuett [frz.], *das,* aus Frankreich stammender Gesellschaftstanz (im 3/4-Takt), in der Musik außerdem Satz in einer → Suite oder Sinfonie.

Merchandising [von engl. merchandise 'mə:tʃəndaɪz = »den Absatz einer Ware durch Werbung steigern«], *das,* verkaufsfördernde

Menetekel

Bei Menetekel handelt es sich um die Anfangsworte einer geheimnisvollen Schrift, die laut dem Bericht des Propheten Daniel im Alten Testament dem babylonischen König Belsazar († um 539 v. Chr.) an der Wand erschienen sein soll, um ihn auf den bevorstehenden Untergang seines Reiches hinzuweisen: *Mene mene tekel u-parsin* (»gezählt, gewogen, geteilt«). In der Auslegung von Daniel waren die Tage der Herrschaft des Königs von Gott gezählt und der König selbst als zu leicht befunden worden, so dass sein Reich unter den Medern und Persern geteilt werden würde.

Menstruation

Das Ausbleiben der Menstruation muss nicht zwangsläufig bedeuten, dass eine → Schwangerschaft vorliegt. Um endgültige Sicherheit zu haben, ist ein Schwangerschaftstest oder eine ärztliche Untersuchung erforderlich.

Wissen im Überblick: Evolution des Menschen

Der Mensch hat sich aus demselben Zweig entwickelt, aus dem alle heute lebenden *Primaten* entstanden sind, doch er spaltete sich bereits früh ab. Vor etwa 5 bis 7 Mio. Jahren trennte sich die Entwicklung des Menschen von der des Gorillas und des Schimpansen, die im Tierreich seine nächsten Verwandten sind. Die damals entstandenen **Hominiden** (Menschenartige) waren zwar noch keine Menschen, aber Vorläufer, die gleichzeitig das Bindeglied zwischen Mensch und Menschenaffe darstellen. Die ältesten Vormenschen, die durch Knochenfunde belegt sind, werden als **Australopithecinen** (»Südaffen«) bezeichnet. Ihr ältester Vertreter ist *Australopithecus ramidus,* der vor mindestens 4,4 Mio. Jahren lebte. Andere, jüngere Vertreter sind *Australopithecus anamensis, Australopithecus afarensis* und *Australopithecus robustus.* Die Australopithecinen waren zwischen 1 und 1,50 m groß, gingen aufrecht und hatten ein 400–530 cm^3 großes Gehirn. Sie entwickelten sich alle in Afrika und lebten als vorwiegende Pflanzenfresser in der Savanne. Die letzten von ihnen starben vor weniger als 1 Mio. Jahre aus.

Klimatische Veränderungen beschleunigten die Entwicklung der Hominiden. Eine weltweite Abkühlung führte in Afrika zu einer Ausbreitung der Savannengebiete. Die Anpassung an die veränderten Lebensbedingungen förderte einen aufrechten Gang, wodurch die Hände zum Greifen frei wurden. Die Verlagerung des Kehlkopfes war die Voraussetzung für die Fähigkeit zum Sprechen. Vor rund 3 Mio. Jahren entwickelte sich wahrscheinlich aus *Australopithecus africanus* der erste Vertreter der Gattung **Homo**. Diese Frühmenschen waren Allesfresser und benutzten bereits einfache Steinwerkzeuge. Der *Homo habilis,* der »(zum Werkzeuggebrauch) fähige Mensch«, besaß nur ein wenig größeres Gehirn (bis 650 cm^3), aber bereits der *Homo erectus* (der »aufgerichtete Mensch«), der sich vor mehr als 1,8 Mio. Jahren entwickelte, verfügte über ein Gehirnvolumen von bis zu 1250 cm^3 und wurde bis zu 1,65 m groß. Möglicherweise entwickelte sich der Homo erectus aus dem *Homo rudolfensis,* der vor etwa 2,4 Mio. Jahren lebte und Merkmale der Australopithecinen und des Homo erectus vereinte. Der Homo erectus blieb nicht in Afrika, sondern wanderte in andere Erdteile, Asien und Europa, aus. Funde auf Java weisen darauf hin, daß er dort schon vor 1,6 bis 1,8 Mio. Jahren vorkam. Vor 1 bis 1,4 Mio. Jahren nutzte er auch bereits das Feuer. Unklar ist, ob sich aus ihm der heute lebende Jetztmensch nur in Afrika entwickelte und dann die übrigen Erdteile besiedelte oder auch getrennt davon in anderen Erdteilen entstand. Jedenfalls war der Homo erectus der einzige Hominide, der die extremen Klimaschwankungen der vor etwa 1 Mio. Jahre einsetzenden Eiszeit überstand. Neue Altersbestimmungen von Funden auf Java weisen darauf hin, dass der Homo erectus in manchen Gegenden der Erde noch vor 50 000 oder sogar 30 000 Jahren lebte.

Vor etwa 400 000 Jahren entwickelte sich mit dem *Homo sapiens* (»weiser Mensch«) der direkte Vorläufer des Jetztmenschen. Sein Gehirnvolumen betrug bis zu 1400 cm^3. Dieser Frühmensch entwickelte auch eine Technik, Steine durch Abschlagen zu bearbeiten und so vielfältige Werkzeugtypen zu schaffen. In Europa bildete sich vor rund 150 000 Jahren der *Homo sapiens neandertha-*

■ *Die Evolutionsreihe des Menschen von den Hominiden zum Jetztmenschen*

Stammbaum des Menschen

Australopithecus anamensis (vor 4,2 Mio. Jahren)
Australopithecus africanus (vor 3 Mio. Jahren)
Homo habilis oder Homo rudolfensis
  (vor 2,5–2,4 Mio. Jahren)
Homo erectus (vor 1,8 Mio. Jahren)
Homo sapiens (vor 400 000 Jahren)
Jetztmensch (vor 120 000 Jahren)

lensis heraus, der **Neandertaler,** dessen Gehirnvolumen mit bis zu 1750 cm^3 dem des Jetztmenschen entsprach. Obwohl er bereits ein soziales Zusammenleben kannte, seine Toten bestattete und vermutlich an etwas »Jenseitiges« glaubte, ist er kein direkter Vorläufer des Jetztmenschen, sondern ein Seitenzweig, dessen Entwicklungslinie sich schon vor etwa 600 000 Jahren abtrennte und der besonders gut an das kalte Klima der Eiszeit angepaßt war. Er wurde knapp 1,60 m groß und besaß kräftige Augenüberwülste und eine flache Stirn. Der Neandertaler starb vor rund 30 000 Jahren aus. Vor mehr als 120 000 Jahren entstand in Afrika der *Homo sapiens sapiens,* der **Jetztmensch,** der im Laufe der nächsten 100 000 Jahre alle Kontinente mit Ausnahme der Antarktis eroberte. Er verbesserte nicht nur die Werkzeuge und erfand Waffen und Jagdgeräte, mit denen man auch aus größerer Entfernung töten konnte, sondern schuf auch Wasserfahrzeuge, mit denen er Meere überqueren und Inseln und andere Kontinente erreichen konnte, und Kunstwerke (Felsmalereien, Statuetten). Damit begann die eigentliche Vor- und Frühgeschichte der Menschheit.

Wie man anhand von Untersuchungen der menschlichen Mitochondrien-DNA festgestellt hat, stammen vermutlich alle heute lebenden Menschen von einer einzigen Ur-Eva ab, einem weiblichen Frühmenschen, der vor über 200 000 Jahren in Afrika, südlich der Sahara, lebte. Damals trennte sich die weitere Entwicklung der Menschheit, so dass verschiedene Gruppen entstanden, die sich über die ganze Erde ausbreiteten, und daraus später die heute existierenden Menschenformen hervorgingen. Da das Erbgut dieser gemeinsamen weiblichen Vorfahrin noch heute in uns vorhanden ist, müssen alle früheren Entwicklungslinien inzwischen ausgestorben sein.

Maßnahmen (z. B. durch Gestaltung eines Artikels, Werbung usw.); im weiteren Sinne die kommerzielle Vermarktung des Ruhms eines Sportvereins, einer Popgruppe usw., indem Fanartikel (wie Poster oder T-Shirts, die den Namen, das Emblem oder das Bild von Sportlern bzw. Popstars tragen) in großer Zahl verkauft werden.

Meridian [von lat. circulus meridianus = »Mittagskreis«], *der,* ein → Längenkreis, der von Pol zu Pol reicht und senkrecht auf dem Äquator steht (alle Orte auf dieser Linie haben dieselbe Zeit). Jeder Meridian ist durch eine in Winkelgraden ausgedrückte Zahl gekennzeichnet: Der sog. → *Nullmeridian* verläuft durch Greenwich, einen Vorort von London; nach Osten und Westen werden jeweils 180 Meridiane (= Winkelgrade) gezählt.

Merkantilismus [frz.], *der,* das Wirtschaftssystem in der Zeit des → Absolutismus, das auf eine Stärkung des Außenhandels abzielte, um Geld für die Staatskasse zu beschaffen.

Merkur, 1. in der römischen Mythologie der Gott der Kaufleute, der mit dem griechischen → Hermes gleichgesetzt wurde; **2.** der sonnennächste Planet im Sonnensystem (Zeichen ☿), der nur eine sehr dünne Atmosphäre aus Edelgasen wie Helium und Argon sowie Natrium besitzt. Die Temperaturen liegen zwischen 430 °C auf der der Sonne zugewandten Seite und weniger als −180 °C auf der sonnenabgewandten Seite. Die Oberfläche des Merkur zeigt eine große Ähnlichkeit mit der des Mondes und besitzt zahlreiche Meteoritenkrater, von denen der größte einen Durchmesser von 625 km hat.

Merowinger, fränkisches Königsgeschlecht, das Ende des 5. Jh. das → Fränkische Reich gründete und bis 751 herrschte. Der bedeutendste Merowinger war *Chlodwig I.* (um 466–511).

Mesonen [von griech. mesos = »mittel«], *Mz.,* → Elementarteilchen, deren Masse zwischen der Masse der → Baryonen und der der → Leptonen liegt. Die Mesonen sind instabile Teilchen, die bei Zusammenstößen von energiereichen Neutronen und Protonen entstehen, aber keinen Bestand haben und in leichtere Teilchen (Leptonen und Photonen) zerfallen.

Mesopotamien [griech.], *das,* »Zweistromland« zwischen → Euphrat und → Tigris, das bereits in der Steinzeit besiedelt war. Im Süden Mesopotamiens entwickelte sich gegen Ende des 4. Jt. v. Chr. die älteste Hochkultur (→ Sumer). Den sumerischen Stadtstaaten folgten in Mesopotamien mächtige Reiche (→ Akkad, → Babylon und → Assyrien). Im 6. Jh. v. Chr. wurde das Gebiet Teil des persischen Reiches, ehe es von → Alexander dem Großen erobert wurde. Später fiel es an die Parther, war mehrmals römische Provinz und wurde nach der Herrschaft der Sassaniden schließlich um die Mitte des 7. Jh. n. Chr. von den Arabern erobert. Heute gehört der größte Teil des Gebiets von Mesopotamien zum → Irak; Anteil am Norden und Nordwesten haben auch die → Türkei und → Syrien.

Mesozoikum [griech.], *das,* in der → Erdgeschichte das Erdmittelaltertum, das vor etwa 250 Mio. Jahren mit der → Trias einsetzte und bis einschließlich der → Kreidezeit dauerte.

Messe [von lat. ite, missa est (contio) = »geht, (die Versammlung) ist entlassen«], *der,* Gottesdienst (mit Eucharistiefeier) in der katholischen Kirche; außerdem eine musikalische Komposition, die der Ausgestaltung der Messfeier dient (z. B. *Totenmesse*). Da an den Festen der Heiligen oft Jahrmärkte stattfanden, wurde die Bezeichnung auf Jahrmarkt und dann später auf Ausstellung übertragen. Heute versteht man darunter zumeist eine alljährlich stattfindende große Ausstellung, auf der das Angebot eines bestimmten Wirtschaftszweigs (oft in Form von Mustern) in erster Linie dem Handel gezeigt wird.

Messenger-RNA [engl. 'mɛsɪndʒə-], *Boten-RNA,* die → RNA, die bei der → Transkription die genetische Information zu den → Ribosomen transportiert. Die Reihenfolge der Bausteine der M-RNA ist komplementär zu der Reihenfolge der Nukleotide der → DNA, in der die Information für die Bildung von Eiweißen codiert ist.

Messias [griech. »der Gesalbte«], *der,* im → Alten Testament der Erlöser, der dem jüdischen Volk von Gott verheißen wurde, im → Neuen Testament mit Jesus Christus gleichgesetzt.

Messing, eine Gruppe von Legierungen aus → Kupfer und → Zink (10–45 %). Das gelbe Metall wird in der Technik vor allem wegen seiner leichten Bearbeitbarkeit und Korrosionsbeständigkeit verwendet. Außerdem wird es zu Schmuck und zu kunstgewerblichen Gegenständen verarbeitet.

Mestize [span.], *der,* Nachkomme aus der Verbindung eines weißen und eines indianischen Elternteils.

Met, *der,* auch als *Honigwein* bezeichnetes Getränk aus vergorenem Honig, Wasser und Gewürzen, das zu den ältesten alkoholischen Getränken gehört.

Meta- [griech.], in zusammengesetzten Wörtern in der Bedeutung »zwischen, inmitten, nach, später« (z. B. *Metasprache* als eine wissenschaftli-

Merkur

Durchmesser: 4878 km
Entfernung von der Sonne: 57,9 Mio. km
Umlaufzeit: 87,97 Tage
Rotationsdauer: 58,65 Tage
Masse: 3,15–10^{20} t
Dichte: 5,44 g/cm^3

Metalle

Metalle mit einer Dichte von mehr als 5 g/cm³ heißen *Schwermetalle*, mit einer geringeren Dichte *Leichtmetalle*. Bestimmte Metalle wie Gold, Silber oder Platin, die von Luft, Feuchtigkeit oder Säuren kaum angegriffen werden, bezeichnet man als *Edelmetalle*. Unedle Metalle wie Eisen gehen mit Sauerstoff chemische Verbindungen ein: *Metalloxide* (wie z. B. Rost).

Metamorphose

Bei den Insekten gibt es mehrere Formen, in erster Linie die vollkommene Verwandlung *(Holometabolie)*, bei der sich Larve und Vollinsekt sowohl im Körper als auch in der Lebensweise deutlich voneinander unterscheiden und der Umwandlung ein Ruhestadium als → Puppe vorausgeht (z. B. bei Käfern, Hautflüglern und Schmetterlingen), und die unvollkommene Verwandlung *(Hemimetabolie)*, die kein Puppenstadium kennt und allmählich vor sich geht (z. B. Heuschrecken).

Metaphysik

Die Bezeichnung *Metaphysik*, die der griechische Philosoph Andronikos von Rhodos (1. Jh. v. Chr.) für die philosophischen Werke von → Aristoteles prägte, rührt daher, dass diese Schriften in einer Aristotelesausgabe erst *nach* (griech. »meta«) den naturwissenschaftlichen Schriften (»Physik«) kamen.

Meter

Meter wurde zunächst als vierzigmillionster Teil eines → Meridians definiert. Das Urmeter, ein Stab aus Platin-Iridium, befindet sich im Internationalen Büro für Maße und Gewichte in Paris. Die Neudefinition von 1983 legte 1 m als die Strecke fest, die das Licht im Vakuum innerhalb des 299 792 458. Teils einer Sekunde zurücklegt.

che Sprache, mit der man die natürliche Sprache beschreiben kann).

Metalle [griech. »Erzgrube«], *Mz.,* umfangreiche Gruppe von → chemischen Elementen, die mit Ausnahme von → Quecksilber (das bei Raumtemperatur flüssig ist) in fester Form vorliegen. Metalle sind lichtundurchlässig, besitzen einen »metallischen« Glanz und sind teilweise farbig. Sie leiten elektrischen Strom. Mit → Säuren bilden sie → Salze und z. T. Wasserstoffverbindungen *(Hydride)*. Sie lassen sich gut walzen, ziehen, pressen und schmieden und können auf diese Weise plastisch verformt werden. Mischungen von zwei oder mehr Metallen nennt man → Legierungen.

metamorphe Gesteine [von griech. metamorphein = »die Gestalt ändern«], *Metamorphite,* durch Druck und Temperatur in der Erdkruste umgewandelte Gesteine. Aus → Sedimentgesteinen (z. B. Sandgestein) entstehen die *Parasteine* (Paragneis), aus → magmatischen Gesteinen wie Granit die *Orthogesteine* (Orthogneis).

Metamorphose [griech.], *die,* Verwandlung, Umgestaltung. In der Biologie versteht man darunter die Entwicklung vom Ei zum erwachsenen, geschlechtsreifen Tier, die mit einer Umgestaltung des Körpers verbunden ist und besondere Zwischenstufen einschaltet (z. B. bei → Insekten vom Ei über die → Larve zum Vollinsekt oder bei → Amphibien vom Laich über die → Kaulquappe zum Frosch). In der Geologie bezeichnet man als Metamorphose die Umwandlung eines Gesteins durch Druck oder Temperatur in ein anderes Gestein.

Metapher [griech. »Übertragung«], *die,* bildhafte Umschreibung, bei der der verwendete Ausdruck im übertragenen Sinne gebraucht, d. h. auf einen anderen Bereich übertragen wird (z. B. *ins Gras beißen* für »sterben«).

Metaphysik [griech.], *die,* Lehre von den Dingen, die jenseits der erfahrbaren Welt liegen, und von den Grundursachen des Seins.

Metastase [griech. »Umstellung«], *die,* Tochtergeschwulst, die sich durch Verschleppung von Tumorkeimen an einer Stelle im Körper gebildet hat, die vom ursprünglichen Tumor entfernt ist.

Meteor [griech. »Himmelserscheinung«], *der,* eine auch als *Sternschnuppe* bezeichnete Leuchterscheinung am Himmel, die darauf zurückgeht, dass Materieteilchen aus dem Weltall in die Erdatmosphäre eindringen und verglühen. Besonders helle Meteore werden auch *Feuerkugeln* oder *Boliden* genannt. Der feste Körper,

■ *Kaulquappe des Grasfrosches bei der **Metamorphose** zum Frosch*

der diese Leuchterscheinung auslöst, wird als **Meteorit** bezeichnet (außerhalb der Atmosphäre spricht man von einem *Meteoroiden*). Solche Meteoriten bestehen aus Gesteinen oder Eisen und können zwischen weniger als 1 mm und mehreren Kilometern groß sein. Die meisten verglühen oder verdampfen in der Atmosphäre; doch wenn sie groß genug sind, erreichen sie die Erdoberfläche und schlagen einen manchmal riesigen Krater (z. B. das Nördlinger Ries, das 25 km Durchmesser hat).

Meter [griech. »Maß«], *der* und *das,* international gebräuchliches Längenmaß (Kurzzeichen *m*), das Ende des 18. Jh. in Frankreich eingeführt wurde.

Meteorologie [griech.], *die, Wetterkunde,* die sich mit den für das Wettergeschehen verantwortlichen Vorgängen in der Erdatmosphäre befasst.

Methadon, künstlich hergestelltes Opiat (→ Opium), das Süchtigen als Ersatz für → Heroin dienen kann und von staatlichen Stellen ausgegeben wird, um Entzugserscheinungen zu vermeiden und so die Süchtigen aus einem kriminellen Umfeld (Illegalität und Beschaffungskriminalität) fer zu halten. Allerdings macht Methadon ebenfalls abhängig.

Methan [von griech. methy = »Wein«], *das,* ein farb- und geruchloses Gas, das brennbar ist und zum Heizen verwendet wird. Methan, die einfachste Kohlenwasserstoffverbindung (CH_4), ist der Hauptbestandteil von → Erdgas. Es entsteht bei der Zersetzung von organischem Material wie Pflanzen unter Luftabschluss und wird beispielsweise von Rindern bei der Verdauung gebildet.

Methode [griech. »Gang einer Untersuchung«], *die,* planmäßiges Vorgehen (z. B. eine wissenschaftliche Methode, um zu einer neuen Erkenntnis zu gelangen).

Metrik [griech.], *die,* Verslehre, die sich mit den

Meteor: Meteoritenkrater in Arizona (USA)

Gesetzmäßigkeiten des Versbaus und den Versmaßen befasst (→ Vers). Das Versmaß wird als **Metrum** bezeichnet; in der Musik ist damit das Taktmaß gemeint.

Metronom [griech.], *das,* aufziehbares oder elektrisches Gerät, das durch Ticken den → Takt angibt, wobei verschiedene Tempi eingestellt werden können.

Metropole [griech. »Mutterstadt«], *die,* eine Hauptstadt oder Großstadt, die Mittelpunkt eines Landes ist und sich durch ihren weltstädtischen Charakter auszeichnet.

Metternich, Klemens Fürst von (1773–1859), österreichischer Staatsmann, der 1821–1848, österreichischer Staatskanzler war und als Vorsitzender des → Wiener Kongresses die → Restauration in Europa betrieb. Er war außenpolitisch um ein Gleichgewicht der europäischen Mächte bemüht, stützte sich aber innenpolitisch auf die Polizeigewalt und musste 1848 nach Ausbruch der Märzrevolution zurücktreten.

Mexiko, Staat in Nord- und Mittelamerika. Der größte Teil des Landes umfasst das Südende des nordamerikanischen Kontinents, der an der Landenge von Tehuantepec nur etwa 200 km breit ist. Den westlichsten Teil bildet die vom Festland durch den Golf von Kalifornien abgetrennte Halbinsel Niederkalifornien. Bereits zu Mittelamerika gehört die in den Golf von Mexiko vorragende Halbinsel Yucatan. Die Bevölkerung besteht aus Mestizen (75 %) und Weißen. Mexiko ist ein stark industrialisiertes Schwellenland mit reichen Bodenschätzen (Erdöl und Erdgas, Edelmetalle, Erze und Kohle). Trotz ungünstiger Klima- und Bodenverhältnisse (im Norden wüstenhaft trocken; nur 12 % der Gesamtfläche sind für den Ackerbau nutzbar) spielt die Landwirtschaft noch eine wichtige Rolle. Das hoch gelegene Gebiet, in dessen südlichem Teil noch tätige Vulkane wie der Popocatépetl liegen, ist schon seit vielen Jahrtausenden besiedelt. Mehrere indianische Kulturen (→ altamerikanische Kulturen) entfalteten sich dort in vorkolumbischer Zeit, insbesondere Olmeken, Zapoteken, Mixteken, Tolteken, → Maya und → Azteken. Ab dem 12. Jh. drangen die Azteken von Norden her vor und errichteten ein Reich (mit der Hauptstadt Tenochtitlán), das 1519 bis 1521 von dem spanischen Konquistador Hernando → Cortez unterworfen wurde. Bis Mitte des 16. Jh. eroberten die Spanier ganz Mexiko, das als Vizekönigreich *Neuspanien* spanische Kolonie wurde. Erhebungen gegen Spanien (ab 1810) erkämpften 1821 die Unabhängigkeit. 1823 lösten sich die mittelamerikanischen Provinzen (→ Guatemala) ab. Häufige Regierungswechsel (allein 34 Regierungen bis 1854) und Bürgerkriege bestimmten Mexikos Geschichte. Im Krieg gegen die USA (1846–1848) verlor es große Teile seines Territoriums in Nordamerika (Kalifornien, Arizona und Neumexiko), nachdem sich Texas schon 1836 unabhängig gemacht hatte. 1864 wurde es nach französischem Eingreifen kurzzeitig wieder eine Monarchie (wobei der österreichische Erzherzog Maximilian, 1832–1867, zum Kaiser gekrönt wurde). 1876 übernahm General Porfirio Díaz (1830–1915) durch einen Putsch für 35 Jahre die Macht. Nach einem weiteren Bürgerkrieg konnte man sich erst 1917 auf eine neue Verfassung einigen. Seit über 50 Jahren regiert die PRI (Partido Revolucionario Institucional), 1997 verlor sie erstmals die absolute Mehrheit im Parlament. Die Proteste indianischer Minderheiten führten Mitte der 90er Jahre im Süden zu bewaffneten Aufständen, die für Reformen und eine größere Unabhängigkeit der Indios kämpften.

Mexiko-Stadt, span. *Ciudad de Mexico,* im zentralen Hochland (2240 m hoch) gelegene Hauptstadt (als Ballungsraum 19,4 Mio. Einwohner) → Mexikos. Sie ist der wirtschaftliche und kulturelle Mittelpunkt des Landes.

Meyer, Conrad Ferdinand (1825–1898), schweizerischer Dichter, der neben Balladen und symbolistischen Gedichten vor allem Novellen verfasste. Seine Erzählungen behandeln zumeist Themen aus der Geschichte (z. B. »Gustav Adolfs Page«, 1882), aber das Hauptgewicht liegt auf der psychologischen Charakterisierung der Personen.

MEZ, Abkürzung für → *Mitteleuropäische Zeit.*

Mezzosopran [von it. mezzo »mittlerer, halb«], *der,* zwischen → Sopran und → Alt liegende Stimmlage bei Frauen mit einem Umfang von g bis c^3.

Mexiko (México)
Staatsname: Vereinigte Mexikanische Staaten
Staatsform: Präsidiale Bundesrepublik
Hauptstadt: Mexiko-Stadt
Fläche: 1 958 201 km^2
Einwohner: 93,5 Mio.
Bevölkerungsdichte: 48/km^2
Amtssprache: Spanisch
Währung: Mexikan. Peso (mex $)
Nationalitätskennzeichen: MEX

Mexiko

Migräne

Etwa 14 Prozent aller Frauen und acht Prozent der Männer leiden unter Migräne. Drei Prozent der deutschen Bevölkerung haben ständige (chronische) Kopfschmerzen. Die Behandlung ist schwierig, weil die Mediziner 164 verschiedene Arten von Kopfschmerzen unterscheiden. Die Ursachen für Spannungskopfschmerzen (beidseitig) und Migräne (bohrend) sind immer noch nicht bekannt. Wetterlage, Stress, Lärm oder Hormone können die Schmerzen auslösen.

Mikrofone

Beim *Kohlemikrofon* befinden sich hinter der Membran Kohlestückchen, die je nach Schwingung unterschiedlich stark zusammengepresst werden. Dabei verändert sich der elektrische Widerstand und damit auch der durchfließende Gleichstrom, der dem Rhythmus der Schallwellen angepasst wird. Dieses von → Edison 1876 entwickelte Mikrofon wird bei → Telefonapparaten verwendet.

Bei dem besser funktionierenden *dynamischen* oder *Tauchspulenmikrofon* wird das umgekehrte Prinzip wie beim → Lautsprecher benutzt. An der Membran ist eine Spule befestigt, die sich in einem Magnetfeld befindet und von Strom durchflossen wird.

Kondensatormikrofone nutzen den Effekt, dass sich der Widerstand eines → Kondensators und dessen Kapazität entsprechend der Verformung der Membran durch Schallwellen ändern.

Bei *Kristallmikrofonen* wird die Eigenschaft bestimmter Kristalle ausgenutzt, bei mechanischer Beanspruchung eine elektrische Spannung zu entwickeln.

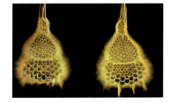

■ *Mikroben:* Radiolarien, mikroskopisch kleine Wurzelfüßer

■ *Michelangelo:* David. Florenz, Akademie

Michelangelo [mikeˈlandʒelo], eigentlich *Michelangelo Buonarrotti* (1475–1564), italienischer Bildhauer, Maler und Baumeister, der als Hauptvertreter der Hochrenaissance und Wegbereiter des → Manierismus gilt. Sein weit gespanntes Werk umfasst Skulpturen, Deckengemälde, Grabmäler und Bauprojekte. Michelangelo, der auch Gedichte verfasste, verkörperte einen neuen Künstlertyp, der sich von den Bindungen der Tradition befreite und in seinem Werk neue Ausdrucksmöglichkeiten entwickelte. Zu seinen berühmtesten Arbeiten zählen die Fresken in der Sixtinischen Kapelle im Vatikan (»Das Jüngste Gericht«, 1536–1541) und die über 4 m hohe Statue des »David« (1501–1504) in Florenz.

MIDI, Abkürzung für engl. *Musical Instrument Digital Interface,* eine Anschlussmöglichkeit von Musikinstrumenten (z. B. → Synthesizern) an → Computer.

Miesmuschel, bis zu 8 cm lange → Muschel, die im nördlichen Atlantik vorkommt. Sie besitzt eine blauschwarze Schale und setzt sich oft in großer Zahl (Muschelbänke) an Pfählen und Steinen fest. Wegen ihres wohlschmeckenden Fleisches wird sie auch gezüchtet.

Migräne [frz.], *die,* heftiger, meist in Anfällen auftretender Kopfschmerz, der oft mit Übelkeit und Brechreiz oder sogar mit Beeinträchtigungen des Seh- und Sprachvermögens und Störungen des vegetativen Nervensystems verbunden ist.

Mikro- [griech.], als Vorsatz bei Maßeinheiten in der Bedeutung »ein Millionstel« (10^{-6}, Zeichen μ), z. B. *Mikrometer* (1 μm = 0,000001 m); in zusammengesetzten Wörtern mit der Bedeutung »klein« (z. B. Mikroklima als Kleinklima, das ein eng umgrenztes Gebiet betrifft).

Mikroben [frz.], *Mz.,* einzellige Lebewesen, die auch als → Mikroorganismen bezeichnet werden.

Mikrobiologe, Teilgebiet der Biologie, das sich mit Kleinstlebewesen befasst.

Mikrocomputer, die kleinste Klasse der → Computer. Dazu gehören vor allem → Personalcomputer. Da es die → Mikroelektronik ermöglichte, immer kleinere Bauteile in ein einziges Gerät zu integrieren, sind die heute verwendeten Mikrocomputer sehr leistungsfähige Rechner, die dank externer Speicher und → Schnittstellen auch für anspruchsvolle Anwendungen geeignet sind.

Mikroelektronik, Teilgebiet der → Elektronik, das sich vor allem mit der Entwicklung und Verwendung von → integrierten Schaltkreisen und → Halbleiter-Bauelementen beschäftigt.

Mikrofilm, ein Film für Mikrokopien, der sehr feinkörnig ist, damit Texte und Bilder bis zu 48mal verkleinert werden können. Mikrofilme ermöglichen die Speicherung von umfangreichen Dokumenten und lassen sich mit speziellen Lesegeräten wieder vergrößern. Für die *Mikrodokumentation* gibt es auch *Mikrokarten* und *Mikrofiches,* Mikrofilmblätter im Postkartenformat, auf denen die winzigen Bilder zeilenweise nebeneinander angeordnet sind.

Mikrofon, *Mikrophon* [engl.], *das,* ein auch kurz als *Mikro* bezeichnetes Gerät, mit dem mechanische (→ Schallwellen) in elektrische Schwingungen umgewandelt werden, um Töne zu verstärken, zu übertragen oder aufzuzeichnen. Über eine → Membran wird der Schall aufgenommen.

Mikrokosmos, *der,* die Welt der → Elementarteilchen, im Gegensatz zum → Makrokosmos.

Mikrometer, *Mikrometerschraube,* ein Gerät zum Messen kleiner Längen (ab 0,01 mm, mit einem Messbereich von etwa 25 mm).

Mikronesien [von griech. mikros = »klein« und nesos = »Insel«], **1.** Bezeichnung für die von den *Mikronesiern* bewohnte Inselwelt des westlichen Pazifiks, die *Karolinen, Marianen,* → Marshallinseln, Gilbert-Inseln *und* → Nauru; **2.** ozea-

nischer Inselstaat im westlichen Pazifik, der 607 Inseln umfasst, die früher als *Karolinen* bezeichnet wurden. Die Koralleninseln bilden niedrige → Atolle, während die Inseln vulkanischen Ursprungs höher aufragen und stärker zerklüftet sind. Die Bevölkerung ist mikronesischer und polynesischer Herkunft und lebt vorwiegend von der Landwirtschaft (Kokospalmen) und der Fischerei. Wirtschaftlich ist Mikronesien auf amerikanische Finanzhilfe angewiesen. Die Inseln waren im 19. Jh. spanisch, gehörten ab 1898 Deutschland und wurden nach dem Ersten Weltkrieg von Japan als Völkerbundsmandat verwaltet, bevor 1947 die USA die Treuhandschaft übernahmen. Seit 1985 besteht ein Assoziationsabkommen mit den USA, das Außenpolitik und Verteidigung regelt. Die *Föderierten Staaten von Mikronesien* sind seit Ende 1990 unabhängig.

Mikroorganismen, *Mz.,* Bezeichnung für die winzigen pflanzlichen und tierischen Organismen, die nur unter dem Mikroskop sichtbar sind.

Mikroprozessor [engl.], *der,* auch als → CPU bezeichnete zentrale Steuereinheit eines Computers. Sie besteht aus einem → Chip, der nicht nur die notwendigen Rechenoperationen ausführt, sondern auch die anderen Einheiten des Rechners (Arbeitsspeicher, Festplatte) koordiniert und die Ein- und Ausgabe der Daten steuert. Er besitzt ein Rechen- und ein Leitwerk und ist über den sog. *Bus* (Übertragungsleitung innerhalb eines PC) mit den anderen Komponenten verbunden. Speicherkapazität und Taktfrequenz bestimmen die Leistungsfähigkeit und Arbeitsgeschwindigkeit des Mikroprozessors und damit des Computers.

Mikroskop [von griech. mikros = »klein« und skopein = »schauen«], *das,* optisches Vergrößerungsgerät, mit dem man kleine Dinge mithilfe eines Linsensystems bis zu 2000-mal größer sehen kann. Es besteht im wesentlichen aus zwei Linsensystemen, dem → *Okular,* durch das das Auge schaut, und dem → *Ojektiv.* Die Linsen befinden sich in einem Rohr *(Tubus).* Das Objektiv liefert ein seitenverkehrtes, stark vergrößertes Bild des betrachteten Gegenstands. Dieses Bild wird durch das Okular angesehen, das als Lupe funktioniert. Für stärkere Vergrößerungen ist eine höhere Auflösung notwendig, als sie mithilfe von optischen Mikroskopen möglich ist; dafür braucht man → Elektronenmikroskope.

Mikrowellen, elektromagnetische Schwingungen mit einer Wellenlänge zwischen 30 cm und 0,3 mm (Frequenz: 1 GHz–1 THz), die für die → Nachrichtentechnik und Navigation sowie zur Erwärmung (z. B. im *Mikrowellenherd*) verwendet werden.

Milben, weltweit verbreitete Ordnung von Spinnentieren, die zwischen 0,1 mm und 3 cm groß sind. Sie besitzen einen gedrungenen Körper mit zumeist acht Beinen und kauende oder stechend-saugende Mundwerkzeugen. Viele Milben ernähren sich als Parasiten, die entweder Pflanzensäfte (z. B. Gallmilben) oder Blut (wie die → Zecken) saugen. Einige rufen auch Hauterkrankungen hervor wie Krätze oder Räude.

Milch, eine Flüssigkeit, die in den *Milchdrüsen* von weiblichen → Säugetieren gebildet wird. Milch besteht neben Wasser (etwa 85 %) vor allem aus Eiweiß, Fett und Milchzucker *(Lactose)* und dient auch wegen ihrer vielen Mineralstoffe und Spurenelemente den Jungtieren als oft einziges Nahrungsmittel.

Milchstraße, die → Galaxie, in der sich unser → Sonnensystem befindet. Die Milchstraße hat ihren Namen von dem Anblick, den sie am Nachthimmel bietet: ein für das bloße Auge verschwommen wahrnehmbares nebliges Band, das sich über das gesamte Himmelsgewölbe spannt.

Milieu [frz. mi'liø:], *das,* Umgebung, Umwelt.

Militär [frz.], *das,* Heer, die Soldaten eines Landes. Unter **Militarismus** versteht man eine Überbetonung des Soldatenwesens in einer Gesellschaft, die auch die Politik des betreffenden Staates prägt.

Miliz [lat. »Gesamtheit der Soldaten«] *die,* eine Truppe von nur kurzzeitig ausgebildeten Soldaten, die erst einberufen werden, wenn sie gebraucht werden; in osteuropäischen Ländern auch Bezeichnung für eine halbmilitärische Polizei.

Milli- [lat.], Vorsatz bei Maßeinheiten mit der Bedeutung »Tausendstel« (Zeichen *m,* z. B. 1 *Millimeter* = 0,001 m).

Milz, ein bei Wirbeltieren in Magennähe liegendes Organ, das zum → Lymphsystem gehört. Die bohnenförmige, etwa 12 cm lange Milz bildet weiße Blutkörperchen (→ Blut) und bei Bedarf (bei schweren Infektionskrankheiten) Antikörper und baut nicht mehr funktionsfähige rote Blutkörperchen ab.

Mimik [lat. »Schauspielkunst«], *die,* Mienenspiel des Gesichts, in dem sich auch die persönlichen Empfindungen ausdrücken.

Mimikry [engl.], *die,* bei Tieren, insbesondere Insekten, die Nachahmung anderer Tiere (in der Körperform oder Färbung), um sich vor Feinden zu schützen. Nachgeahmt werden dabei Tiere, die nicht genießbar sind und deshalb auch

---

Mikronesien (Micronesia)

Staatsname: Föderierte Staaten von Mikronesien

Staatsform: Bundesrepublik

Hauptstadt: Kolonia

Fläche: 707 km^2

Einwohner: 120 000

Bevölkerungsdichte: 170/km^2

Amtssprache: Englisch

Währung: Dollar (US-$)

Nationalitätskennzeichen: FSM

Mikronesien

Milchstraße

Die Milchstraße ist ein → Spiralnebel, d. h. ein scheibenförmiges Sternsystem, das um einen dichteren Kern rotiert und mehrere Spiralarme besitzt. Der Durchmesser dieser Scheibe beträgt über 100 000 Lichtjahre, die Dicke zwischen 60 000 Lichtjahren im Kernbereich und 3000 Lichtjahren in den Außenbereichen. Um diese Scheibe herum dehnt sich kugelförmig das sog. *Halo* aus; es hat einen Durchmesser von 160 000 Lichtjahren und enthält vor allem die *Kugelsteinhaufen,* dichte, kugelförmige Sternsysteme, die zwischen 10 000 und 1 Mio. Sonnenmassen enthalten und vergleichsweise alt sind. Unsere Galaxie umfasst zwischen 200 und 300 Mrd. Sterne. Unsere Sonne ist etwa 28 000 Lichtjahren vom Zentrum entfernt. Das galaktische Zentrum liegt in der Richtung des → Sternbildes Schütze.

Mimosen

■ *Mimikry:* Ein Wandelndes Blatt (ca. 12 cm) aus Malaysia

Minimal Music

Die *Minimal Music,* die von der balinesischen Gamelan- (Bali) und indischen → Ragamusik sowie von Komponisten wie *Erik Satie* und *Györgi Ligeti* beeinflusst ist, verwendet neben traditionellen Instrumenten wie Streich- und Blasinstrumenten vor allem Tasteninstrumente und → Synthesizer. Bekannte Vertreter sind die amerikanischen Komponisten *La Monte Young* (* 1935), *Terry Riley* (* 1935, »A Rainbow in Curv-ed Air«, 1969), *Steve Reich* (* 1936, »Music For 18 Musicians«, 1976) und *Philip Glass* (* 1937, »Music in Twelve Parts«, 1971–1974).
Die Minimal Music hatte auch Einfluss auf die Rockmusik (z. B. bei Soft Machine und Kraftwerk) und war von Bedeutung für die Entwicklung der → Techno-Musik.

nicht gefressen werden; oder Tiere, die wehrhafter sind und somit seltener angegriffen werden (z. B. Wespen von bestimmten Schmetterlingen oder Fliegen). Die Nachahmung von unbelebten Gegenständen der Natur oder Pflanzenteilen, die für mögliche Feinde uninteressant sind wird als **Mimese** bezeichnet.

Mimosen [griech.], auch als *Sinnpflanzen* bezeichnete Kräuter, Sträucher und Bäume, die in tropischen und subtropischen Regionen Amerikas wachsen. Ihre gefiederten Blätter reagieren auf Berührungsreize, indem sie zusammenklappen. Deshalb versteht man im übertragenen Sinne unter einer Mimose einen überempfindlichen Menschen, der schnell beleidigt ist.

Minarett [türk.-arab.], *das,* Turm einer → Moschee. Von dort ruft der → Muezzin die Stunden des Gebets aus.

Minderheiten, *Minoritäten,* Gruppen in der Bevölkerung, die sich durch ihre ethnische Zugehörigkeit, ihre Religion, ihr Verhalten (z. B. → Homosexualität) oder ihre politischen Auffassungen von der Mehrheit unterscheiden und zahlenmäßig in der Minderheit sind. Obwohl Minderheiten verfassungsrechtlich oder durch besondere Gesetze geschützt sind, werden sie in manchen Ländern benachteiligt oder sogar verfolgt.

Minderjährigkeit, der Lebensabschnitt bis zum Erreichen der → Volljährigkeit. Minderjährige besitzen nur eine eingeschränkte → Geschäftsfähigkeit und sind für die von ihnen begangenen Handlungen nur bedingt verantwortlich (→ Jugendstrafrecht).

Mine [frz.], *die,* unterirdische Abbaustätte von Erzen, Kohle oder Mineralen, auch ein mit Graphit *(Bleistift)* oder Tinte gefüllter Schreibstift *(Kugelschreiber).* Mine nennt man auch einen Sprengkörper, der im Boden vergraben *(Landmine),* im Wasser schwimmend verlegt *(Seemine)* oder aus der Luft abgeworfen wird und bei Berührung explodiert.

Minerale, *Mineralien* [lat. »Erzgestein«], *Mz.,* die anorganischen Bestandteile der Erdkruste oder von Himmelskörpern, die physikalisch und chemisch einheitlich sind → Gesteine, bestehen zumeist aus einem Gemenge verschiedener Minerale. Die meisten Minerale bilden sich aus übersättigten, wässrigen oder Schmelzlösungen und erstarren in Form von → Kristallen. Von den rund 2000 Mineralen sind nur wenige gesteinsbildend; zehn davon bauen über 90 % der Erdkruste auf. Minerale können chemische Elemente (Gold, Silber) oder Verbindungen sein. Wichtige Minerale sind die → Erze, die an manchen Orten abbauwürdige Lagerstätten bilden.

Mini Disc, *MD, die,* ein digitales Speichermedium, das im Gegensatz zur → CD (beliebig oft) bespielt werden kann und eine hohe Aufnahme- und Wiedergabequalität bietet. Die Mini Disc ist kleiner als eine CD (nur 6,4 cm Durchmesser) und hat eine ähnliche Spielzeit (etwa 74 Minuten), befindet sich aber ähnlich wie eine → Floppy Disk in einem schützenden Gehäuse und braucht ein eigenes Aufnahme- und Abspielgerät. Die Daten werden mit einem Magnettonkopf auf die magnetische Oberfläche übertragen und mithilfe eines Laserstrahls abgetastet und in hörbare Signale umgewandelt. Vorbespielte MDs verwenden wie CDs für die Informationen eingepresste Pits und können nicht wieder bespielt werden. Die Mini Disc bewältigt die Datenfülle durch eine Reduzierung der Daten, indem nur die für das menschliche Ohr hörbaren Töne (etwa 20 Prozent der Gesamtdaten) gespeichert werden, also weniger Speicherplatz benötigt wird. Die Mini Disc kann auch als Datenspeicher für Computer verwendet werden (bis zu 140 Mbyte Kapazität), erfordert aber ein spezielles Laufwerk.

Minigolf, eine Form des → Bahnengolfs.

Minimal Art [engl. ˈmɪnɪməl ˈɑːt], *die,* aus den USA stammende Kunstrichtung, die in den 60er Jahren entstand und einfachste geometrische Formen oder Farbfelder präsentiert oder aneinander reiht. Der Verzicht auf eine kompositorische Veränderung bewirkt eine Eigenständigkeit der Form oder Farbe.

Minerale: Krokoit aus Tasmanien (Australien)

Minimal Music [engl. 'mɪnɪməl 'mjuzɪk], *die,* Mitte der 60er Jahre in den USA entwickelte Musikrichtung, die durch ständig wiederholte, nur leicht abgewandelte Melodie- und Rhythmusmuster gekennzeichnet ist. Auf diese Weise entstehen charakteristische flirrende Klangflächen.

Minimum [lat.], *das,* niedrigster Wert (z. B. der Temperatur), Mindestmaß. Gegensatz: → Maximum.

Minister [frz. »Staatsdiener«], *der,* Mitglied der Regierung (eines Staates oder Bundeslandes), das für einen bestimmten Bereich zuständig ist (z. B. der *Außenminister* für auswärtige Angelegenheiten). Die von ihm geleitete Verwaltungsbehörde heißt **Ministerium.**

Ministerpräsident, Leiter einer Staatsregierung (in der Bundesrepublik Deutschland einer Landesregierung).

Ministrant [lat.], *der,* Messdiener.

Minnesang, höfische Liebeslyrik, die ihre Blütezeit im Hochmittelalter (um 1200) hatte. Der Minnesang war der künstlerische Ausdruck der damals in Westeuropa gepflegten **Minne,** d. h. der Verehrung, die ein Ritter der von ihm angebeteten, zumeist unerreichbaren Dame entgegenbrachte.

Joan Miró: Landschaft (Der Hase). *New York, Solomon Guggenheim Museum*

Minorität [frz.], *die,* → Minderheit. Gegensatz: → Majorität.

Minotaurus [lat. »Stier des Minos«], *der,* in der griechischen Sage ein Ungeheuer mit menschlichem Körper und Stierkopf.

Minsk, an einem Nebenfluss des Dnjepr gelegene Hauptstadt (1,7 Mio. Einwohner) von → Weißrussland. Die Industriestadt Minsk gehört zu den ältesten russischen Städten.

minus [lat. »weniger«], in der Mathematik das Zeichen für die → Subtraktion einer Zahl, bei Temperaturangaben Kennzeichnung für eine Temperatur unterhalb des Gefrierpunkts (z. B. minus 3 Grad), in der Elektrotechnik für den *Minuspol* oder die → Kathode (Zeichen –).

Minute [lat. »verringert«], *die,* Einheit für das Messen der Zeit (der 60. Teil einer → Stunde); als Bogenmaß der 60. Teil eines → Grads (Zeichen ').

Minze, zu den → Lippenblütlern gehörende Staudengewächse, die bis zu 90 cm hoch werden. Ihre Blätter und Stengel enthalten ein ätherisches Öl (Menthol).

Miró, Joan (1893–1983), spanischer Maler, Grafiker und Bildhauer, der für seine vom → Surrealismus beeinflusste »Traummalerei« einen eigenen, unverkennbaren Stil entwickelte. Er verband kubistische Elemente und schroffe Linien mit den bunten Farben der → naiven Malerei und kindlich wirkenden Strichzeichnungen sowie Symbolen.

Misanthropie [griech.], *die,* (krankhafte) Abneigung gegenüber anderen Menschen. Gegensatz: → Philanthropie.

Mischlinge, in der Biologie durch Kreuzung von zwei Arten entstandene Nachkommen (→

Minnesang

Der deutsche Minnesang entwickelte sich unter dem Einfluss der provenzalischen → Troubadourlyrik. Seine bekanntesten deutschen Vertreter waren *Reinmar von Hagenau, Heinrich von Morungen* und *Walther von der Vogelweide,* während sich bei *Neidhart von Reuenthal* im 13. Jh. in der Vermischung von höfischer Sprache und bäuerlich-derben Themen bereits der Niedergang der höfischen Sitten abzeichnete.

Die **Minnesänger** trugen ihre Dichtungen zu selbst komponierten Melodien vor. Die Texte wurden seit dem 13. Jh. aufgezeichnet; die Melodien hingegen wurden erst um die Mitte des 14. Jh. festgehalten. Eine berühmte Sammlung von Minneliedern ist die *Manessische Handschrift* oder *Große Heidelberger Liederhandschrift,* die Anfang des 14. Jh. entstand.

Minotaurus

Geboren wurde der *Minotaurus* von Pasiphae, der Frau des kretischen Königs Minos. Als dieser einen prächtigen Stier des Poseidon nicht opferte, verliebte sich Pasiphae in den Stier und zeugte mit ihm den Minotaurus. Der griechische Erfinder → Dädalus musste ein unterirdisches → Labyrinth erbauen, in dem das Ungeheuer versteckt gehalten wurde. Das tributpflichtige Athen musste jedes Jahr sieben Jünglinge und sieben Jungfrauen schicken, die der Minotaurus verschlang, ehe ihn → Theseus tötete.

Mistel

Die *Mistel* spielt eine bedeutende Rolle in der → Mythologie mancher Völker (z. B. der Mistelzweig, mit dem → Balder getötet wird).

■ *Mistel*

Mithras

Im Römischen Reich wurde Mithras zu einem → Mysteriengott, der besonders von den Soldaten verehrt und später als »unbesiegbarer Sonnengott« *(Sol invictus)* zu einem vom Christentum bekämpften Reichsgott erhoben wurde. Sein Geburtsfest am 25. Dezember übernahm die christliche Kirche jedoch als Weihnachtsfest.

Mittelalter

Als Epochenbegriff eignet sich das Mittelalter aber nur für die europäische Geschichte der germanischen und romanischen Staaten. Diese Epoche, die manchmal auch abwertend *finsteres Mittelalter* genannt wird, ist durch eine einheitliche Weltauffassung, geprägt durch Antike und Christentum, eine enge Verbindung von Kirche und Staat und eine feudale Gesellschaftsordnung (→ Feudalismus) gekennzeichnet.

Bastard). Beim Menschen bezeichnet man als Mischlinge die Nachkommen von Eltern, die verschiedenen → Rassen angehören, vor allem → *Mulatten*, → *Mestizen* und *Zambos*.

Mischpult, in der Ton- und Fernsehtechnik ein elektronisches Schaltgerät mit Reglern und Messinstrumenten. Mithilfe der Regler können die Klänge einer Tonquelle bzw. verschiedene Bildsignale gemischt und verändert werden.

Missbildung, bei einem Lebewesen eine angeborene Abweichung gegenüber dem normalen Erscheinungsbild der Art. Solche krankhaft veränderten Körperteile oder das Fehlen von Körperteilen können genetisch bedingt sein oder durch äußere Einflüsse vor der Geburt verursacht sein (chemische Stoffe, Strahlung, beim Menschen auch Alkohol- und Medikamentenmissbrauch während der Schwangerschaft).

Mission [lat.], *die,* Entsendung, Auftrag, auch Bezeichnung für die diplomatische Vertretung eines Staates. Ein Geistlicher, der von der Kirche entsandt wird, um nichtchristliche Personen zum christlichen Glauben zu bekehren, wird als **Missionar** bezeichnet.

Mississippi [indian. »Vater der Flüsse«], mit 3778 km der längste Fluss Nordamerikas. Er entspringt in Nordminnesota im Itascasee und mündet in den Golf von Mexiko.

Missouri [indian. mɪˈzuərɪ »Schlammfluss«], mit 3725 km Länge der größte Nebenfluss des → Mississippi. Er entspringt in den Rocky Mountains und mündet bei St. Louis in den Mississippi.

Misstrauensvotum, in demokratischen Staaten der Beschluss eines → Parlaments, der Regierung mit der Mehrheit der Stimmen das Misstrauen auszusprechen, um sie zum Rücktritt zu zwingen. Wenn keine neue Regierung gebildet werden kann, die im Parlament eine Mehrheit erhält, müssen die Volksvertretung aufgelöst und Neuwahlen ausgeschrieben werden. In Deutschland ist nur das → konstruktive Misstrauensvotum erlaubt, das mit der gleichzeitigen Wahl eines neuen Bundeskanzlers verbunden ist.

Mistel, immergrünes, strauchartiges Gewächs, das als Schmarotzer auf bestimmten Bäumen *(Laubholz-, Tannen-* und *Kiefernmistel)* lebt. Sie besitzt längliche, ledrige Blätter und beerenartige Früchte. In Mitteleuropa ist nur die *Weiße Mistel* heimisch.

Mitbestimmung, die Mitwirkung der Arbeitnehmer in Betrieben und Behörden. Während dieses Recht in kleineren Firmen vom → Betriebsrat ausgeübt wird, ist in größeren Unternehmen vorgeschrieben, dass die Arbeitnehmer im → Auf-

■ *Mississippi Raddampfer*

sichtsrat ebenso viele Sitze haben wie die Kapitalseite. Im öffentlichen Dienst gibt es für jede Dienststelle einen gewählten *Personalrat*.

Mithras, persische Gottheit, die in der Antike als Lichtgott verehrt wurde, bevor → Zarathustra den Mithraskult bekämpfte.

Mitlaut, deutsche Bezeichnung für → Konsonant.

Mitose [von griech. mitos = »Faden«], *die,* indirekte Kernteilung, bei der aus einem Zellkern zwei Tochterkerne mit identischem zweifachen (→ diploiden) Chromosomensatz entstehen. Auf diese Weise vermehrt sich das Erbmaterial bei der Teilung von Körperzellen.

Mitra [lat.], *die,* Bischofsmütze, eine Mütze mit zwei Spitzen und zwei auf der Rückseite herabfallenden Bändern.

Mittelalter, Abschnitt der Menschheitsgeschichte, der zwischen → Altertum und → Neuzeit liegt und den Zeitraum von der → Völkerwanderung (3.–6. Jh. n. Chr.) bzw. dem Untergang des Weströmischen Reiches (476 n. Chr.) bis zum Zeitalter der Entdeckungen (zumeist 1492 als Entdeckung Amerikas) oder bis zur → Reformation umfasst. Bisweilen wird das Mittelalter weiter unterteilt: *Frühmittelalter* (bis → Karl der Große), *Hochmittelalter* (Zeit der → Ottonen bis Interregnum) und *Spätmittelalter*.

Mittelamerika, die schmale Landbrücke zwischen → Nord- und Südamerika, die neben einem Teil → Mexikos die zentralamerikanischen Staaten Guatemala, Honduras, El Salvador, Costa Rica und Panama umfasst. Zu Mittelamerika gehört auch die als → Westindien bezeichnete Inselkette.

Mitteleuropäische Zeit, *MEZ,* die mittlere Ortszeit des 15. Längenkreises. Sie liegt eine Stunde vor der → Weltzeit (d. h., es ist 13 Uhr, wenn es in Greenwich 12 Uhr ist) und gilt für Norwegen, Schweden, Dänemark, Deutschland, die Niederlande, Belgien, Luxemburg, Polen, Österreich,

Schweiz, Frankreich, Italien, Malta, Spanien, Slowakei, Tschechische Republik, die Staaten des ehemaligen Jugoslawien, Makedonien und Albanien sowie für verschiedene Staaten in Afrika.

Mittelgebirge, Gebirge mit einer Höhe bis zu 1000 m, die durch abgerundete Formen und eine spezielle Pflanzen- und Tierwelt gekennzeichnet sind.

Mittelmeer, das auch als *Mittelländisches Meer* bezeichnete, zwischen Südeuropa, Kleinasien und Nordafrika liegende Binnenmeer, das mit seinen Randmeeren (u. a. Adria, Ägäis) knapp 3 Mio. km² umfasst und durch die Straße von → Gibraltar mit dem → Atlantischen Ozean verbunden ist. Dardanellen, Marmarameer und Bosporus bilden die Verbindung zum → Schwarzen Meer, einem anderen Randmeer.

mittelozeanische Rücken, Gebirgsschwellen im Meer, die etwa 3000–4000 m tief liegen und mit einzelnen Spitzen als Inseln (z. B. → Azoren) sogar über den Meeresspiegel hinausragen. Sie bilden ein die ganze Erde umspannendes System von Gebirgen aus → magmatischen Gesteinen, die jeweils einen tiefen, bis zu 60 km breiten Zentralgraben aufweisen. Sie stellen die Grenzen der sich voneinander entfernenden Platten der Erdkruste (→ Plattentektonik) dar. An ihrem Scheitel strömen flüssige Basaltschmelzen ein, so dass sich der Meeresboden ausweitet (sog. *Sea-Floor-Spreading*) und die Kontinente auseinander driften (im Jahr etwa 1–2 cm).

Mittelwellen, *MW,* elektromagnetische Wellen mit einer Wellenlänge zwischen 100 und 1000 m (Frequenz 3000–300 kHz). Der Bereich von 525 bis 1605 kHz wird für den Hörfunk genutzt. Die Reichweite über dem Meer beträgt im Seefunkverkehr über 1000 km, während sie über dem Land aufgrund von Absorption vor allem tagsüber geringer ist.

Mitternachtssonne, Erscheinung in den Polargebieten. Die Sonne ist dabei den ganzen Tag über sichtbar und sinkt selbst bei ihrem tiefsten Stand, um Mitternacht, nicht unter den Horizont. In der Nähe der → Polarkreise dauert diese Erscheinung nur wenige Tage, während sie an den Polen selbst ein halbes Jahr lang beobachtbar ist.

Mitterrand [mitɛˈrã], François (1916–1996), französischer Politiker (Sozialist), der 1981–1995 Staatspräsident war.

mittlere Reife, Schulabschluss nach der 10. Klasse an Gymnasien, Real- und Hauptschulen, der für den Besuch weiterführender Fachschulen Voraussetzung ist.

Mob [engl.], *der,* Pöbel.

Mobbing [engl.], *das,* Verunglimpfung und schlechte Behandlung eines Arbeitskollegen, um ihn zur Kündigung zu treiben.

mobil [lat.], beweglich. Bei Truppen bedeutet es auch einsatzbereit *(Mobilmachung* als Vorbereitung für einen möglichen Krieg).

Mobilfunk, zusammenfassende Bezeichnung für Funknetze, die ein drahtloses Telefonieren (→ Funktelefon) oder Übermitteln von Nachrichten und Daten ermöglichen. In Deutschland gibt es mehrere Netze, das analoge *C-Netz* und die digitalen *D-* und *E-Netze* (bei denen die Umwandlung der elektrischen Signale in digitale Impulse eine höhere Teilnehmerzahl und eine bessere Übertragungsqualität ermöglicht) sowie Netze, die für bestimmte Dienste (z. B. Scall) reserviert sind.

Modell [it.], *das,* Muster, Entwurf in verkleinertem Maßstab (z. B. eines Gebäudes), vereinfachte Darstellung eines komplizierten Vorgangs oder Zusammenhangs (z. B. Atommodell), Fabrikat (z. B. Automodell).

Modem [engl.], *der* und *das,* aus *Modulator* und *Demodulator* gebildete Bezeichnung für ein Gerät, mit dem man über eine Fernsprechleitung Daten übertragen kann. Bei Computersystemen wandelt ein Modem → analoge Signale (z. B. Sprache oder Töne) in → digitale Signale und umgekehrt um. Modems werden dazu verwendet, Daten von einem Computer zu einem anderen, zu einem → Terminal oder einem Fernsehgerät (→ Btx) zu übertragen.

Moderator [lat. »Mäßiger«], *der,* im Fernsehen oder Rundfunk jemand, der die einzelnen Teile einer Sendung (z. B. Beiträge verschiedener Redakteure) durch erklärende oder unterhaltende Texte verbindet.

moderner Fünfkampf, Sportwettbewerb, der fünf Übungen aus fünf verschiedenen Sportarten umfasst (Geländeritt, Degenfechten, Pistolenschießen, Freistilschwimmen und Geländelauf), die an fünf aufeinander folgenden Tagen durchgeführt werden.

Modul [lat.-engl.], *das,* in der Elektronik eine aus mehreren Bauteilen bestehende Baugruppe (z. B. eine Steckkarte), die eine oder mehrere Funktionen erfüllt und als Ganzes leicht ausgetauscht werden kann.

Modulation [lat. »das Taktmäßige«], *die,* **1.** in der Musik der Übergang von einer → Tonart in eine andere; **2.** in der Elektrotechnik die Veränderung einer Trägerfrequenz, so dass sie Signale übermittelt, die für Nachrichten benutzt wer-

Modus

> **Moldau (Moldova)**
> Staatsname: Republik Moldau
> Staatsform: Republik
> Hauptstadt: Chisinau
> Fläche: 33 700 km²
> Einwohner: 4,4 Mio.
> Bevölkerungsdichte: 130,5/km²
> Amtssprache: Moldawisch
> Währung: Moldau-Leu (MDL)
> Nationalitätskennzeichen: MD

Moldau

Mohammed

Mohammed entstammte einer Sippe, die sich um das Heiligtum in → Mekka kümmerte. Auf seinen Handelsreisen kam er mit den religiösen Vorstellungen christlicher und jüdischer Gruppen in Kontakt. Als er 40 Jahre alt war, hatte er auf dem Berg Hira ein Offenbarungserlebnis, nach dem er sich als von Gott gesandter Prophet fühlte. Diese Offenbarungen wurden später im → Koran niedergeschrieben.
Mohammed fand zunächst nur wenige Anhänger und wanderte 622 nach → Medina aus, wo er zum religiösen und politischen Führer wurde. 630 zog er in Mekka ein und begann, ganz Arabien zu unterwerfen und zum Islam zu bekehren.

den können. Im Empfänger wird die Nachricht durch *Demodulation* zurückgewonnen, indem die Modulationsschwingungen von der Trägerschwingung getrennt werden.
Modus [lat. »Art und Weise«], *der*, in der Grammatik die Aussageweise des → Verbs, d. h., ob es im → Indikativ, → Konjunktiv oder → Imperativ steht.
Mofa, Kurzwort aus *Motorfahrrad*, ein Kleinkraftrad, das einen Hilfsmotor (bis zu 50 cm³ Hubraum) besitzt und eine Höchstgeschwindigkeit von 25 km/h erreicht. Mofas dürfen ab einem Alter von 15 Jahren gefahren werden.
Möglichkeitsform, deutsche Bezeichnung für → Konjunktiv.
Mohammed, eigentlich *Abul Kasim Muhammed Ibn Abdallah* (um 570–632), arabischer Religionsstifter, der den → Islam begründete. Seine Nachfolger als weltliches und geistliches Oberhaupt nach seinem Tod waren die → Kalifen.
Mohn, vorwiegend auf der nördlichen Erdhalbkugel in Gebieten mit gemäßigtem Klima wachsende Kräuter und Stauden, die bis zu 1,5 m hoch werden können und einen milchigen Saft enthalten. Die Blüten von Mohn können rot, violett, gelb oder weiß sein. Am bekanntesten in Mitteleuropa ist der auf Feldern wachsende *Klatschmohn*. Aus dem Milchsaft des *Schlafmohns* wird → Opium gewonnen.
Molche, Familie der → Schwanzlurche, zu der auch die → *Salamander* gehören. Die im Wasser lebenden Molche besitzen einen seitlich zusammengedrückten Schwanz.
Moldau, *Moldawien*, Staat in Osteuropa. Das flachwellige Land erstreckt sich im wesentlichen zwischen den Flüssen Pruth und Dnjestr. Neben knapp 65 % Moldauern besteht die Bevölkerung vor allem aus Ukrainern (14 %) und Russen (13 %). Moldawien ist ein an Bodenschätzen armes Agrarland (Anbau von Getreide, Gemüse, Obst und Wein). Das im Altertum von den Dakern und später von den Römern und Goten bewohnte Gebiet wurde ab dem 6. Jh. von slawischen Stämmen besiedelt. Um die Mitte des 14. Jh. entstand das *Moldauische Fürstentum*, das neben Moldowa auch Bessarabien und die Bukowina umfasste. Es kam zu Beginn des 16. Jh. unter osmanische Herrschaft. 1711 schloss es ein Bündnis mit Russland. Nach dem Russisch-Türkischen Krieg 1806–1812 fiel das als *Bessarabien* bezeichnete Gebiet zwischen Dnjestr und Pruth an Russland. Bessarabien rief 1917 die *Moldawische Demokratische Republik* aus, die jedoch kurz darauf von rumänischen Truppen

■ *Schlafmohn*

besetzt wurde. 1918 musste Bessarabien an Rumänien abgetreten werden. 1924 wurde am linken Dnjestrufer die *Moldauische Autonome Sowjetrepublik* gegründet, von der der größte Teil wieder an die Ukraine zurückfiel, als die Sowjetunion im Juni 1940 Bessarabien annektierte. Die 1940 gegründete Unionsrepublik Moldau war 1941–1944 von deutschen Truppen besetzt. 1990 erklärte sich Moldau für selbstständig. Seit 1991 ist es eine unabhängige Republik, die Mitglied der → GUS ist, sich aber stark an den Nachbarn Rumänien anlehnt. Moldau umfasst auch das Autonome Gebiet *Gagausien* und die überwiegend von Russen bewohnte *Dnjestr-Region*, die als Republik Transnistrien die Unabhängigkeit und eine stärkere Anlehnung an Russland anstrebt.
Molekül [lat.-frz.], *das*, kleinster Teil einer → chemischen Verbindung. Ein Molekül besteht aus mehreren → Atomen, die durch chemische Bindung zusammengehalten werden. Manche Elemente kommen in der Natur nur in Form von Molekülen vor (z. B. H_2 = Wasserstoff). Die einfachsten Moleküle enthalten nur zwei gleich- oder verschiedenartige Atome, während komplizierte → Makromoleküle aus mehreren Millionen Atomen aufgebaut sein können. Aus welchen und wie vielen Atomen ein Molekül besteht, zeigt die → chemische Formel, die auch die räumliche Anordnung der Atome im einzelnen Molekül wiedergeben kann.
Molekulargewicht, *relative Molekülmasse*, die Masse des → Moleküls, die sich aus der Summe der Atomgewichte der darin enthaltenen Atome ergibt.

■ *Mollusken:* Rote Wegschnecke

Molière [mɔˈljɛːr], eigentlich *Jean Baptiste Poquelin* (1622–1673), französischer Dichter, der als Schauspieler einer Wandertruppe zwölf Jahre lang die französische Provinz bereiste und dabei den Publikumsgeschmack kennen lernte. Während er in seinen ersten Stücken die Situationskomik in den Vordergrund stellte, entwickelte er später Charakterkomödien, die menschliche Schwächen anhand von typisierten Helden entlarven und lächerlich machen. Seine bekanntesten Stücke sind »Der Misanthrop« (1667), »Der Geizige« (1668), »Tartuffe« (1669) und »Der eingebildete Kranke« (1673).

Moll [von lat. mollis = »weich«], *das,* eines der beiden Tongeschlechter. Seinen Namen hat es nach der kleinen Terz auf der Tonika, die vom Hörer als »weich« klingend empfunden wird. Gegensatz: → Dur.

Mollusken, *Weichtiere,* ein seit dem → Kambrium bestehender Tierstamm, dessen Vertreter weltweit in Meeren, Süßgewässern und auf dem Land verbreitet sind. Ihre Größe reicht von 1 mm bis zu 20 m. Die Mollusken sind wirbellose Tiere, deren muskulöser Körper in Kopf, Fuß und Eingeweidesack gegliedert ist. Die drüsenreiche Haut, der *Mantel,* bildet die Kalkschale: mehrere dachziegelartige Schalenplättchen bei den *Stachelweichtieren* (z. B. Käfer- und Wurmschnecken) oder ein Schalengehäuse, das bei den *Schalenweichtieren* den ganzen Körper umhüllt (Napfschaler, Kahnfüßer, → Muscheln und die meisten → Schnecken) oder zurückgebildet ist (→ Kopffüßer und Nacktschnecken).

Moloch [hebr.], *der,* ursprünglich eine semitische Gottheit in Kanaan, der Menschenopfer, vor allem Kinder, dargebracht wurden. Heute versteht man darunter eine unersättliche Macht, die alles verschlingt.

Molukken, zu → Indonesien gehörende Inselgruppe (83 675 km², 1,4 Mio. Einwohner), die zwischen Celebes und Neuguinea liegt. Die Inseln, die schon im 11. Jh. eine wichtige Rolle im Gewürzhandel spielten und deshalb auch *Gewürzinseln* genannt wurden, waren seit dem frühen 16. Jh. zwischen den europäischen Kolonialmächten umkämpft, bevor sich die Niederländer 1816 durchsetzten,

Molybdän [griech. »Bleiglanz«], *das,* ein → chemisches Element. Das relativ seltene silberweiße Schwermetall, das in der Natur vor allem in Verbindungen vorkommt, spielt für Pflanzen und Tieren eine Rolle als Spurenelement und wird in der Technik u. a. für Legierungen verwendet.

Monaco, europäischer Zwergstaat am → Mittelmeer. Der nach dem Vatikan kleinste unabhängige Staat der Erde liegt an der Côte d'Azur und wird von Frankreich umschlossen. Das Fürstentum besteht aus drei Siedlungen: dem gleichnamigen Regierungssitz, der sich auf einem steilen Felskap befindet, dem Badeort *Monte Carlo* (mit dem berühmten Spielkasino) und *La Condamine* (mit Hafen). Nur etwa 15 % der Bevölkerung sind Monegassen; der hohe Ausländeranteil erklärt sich teilweise aus den niedrigen Steuern. Die Wirtschaft stützt sich in erster Linie auf den Fremdenverkehr; eine wichtige Einnahmequelle stellt auch das Spielkasino dar. Mit Frankreich besteht eine Wirtschafts- und Währungsunion. Monaco wurde bereits im 5. Jh. v. Chr. von griechischen Kolonisten gegründet. Die 1215 errichtete Festung wurde Ende des 13. Jh. von der aus Genua stammenden Familie Grimaldi erobert. Seit 1454 wird Monaco von den Grimaldi regiert. Es stand unter französischer und sardischer Schutzherrschaft und wurde 1792–1814 von Frankreich annektiert. Eine Zollunion mit Frankreich wurde 1861 geschlossen, ein Schutzvertrag 1918. Sollte die Dynastie der Grimaldi aussterben, wird Monaco französisches Protektorat.

Monarchie [griech. »Alleinherrschaft«], *die,* eine Staatsform, bei der ein einzelner Herrscher, der **Monarch,** an der Spitze steht. Die Nachfolge in der Monarchie wird geregelt durch Erbnachfolge oder Wahl. In der Neuzeit unterscheidet man zwischen → absoluter, → konstitutioneller und parlamentarischer Monarchie.

Monat, *der,* Zeitabschnitt, der ursprünglich durch die Umlaufzeit des → Mondes um die Erde festgelegt wurde. Da ein solcher Monat als die Zeit zwischen zwei gleichen Mondphasen (z. B. von Neumond bis Neumond) aber etwas länger als 29 1/2 Tage dauert, musste man zwischen Monaten mit 29 und solchen mit 30 Tagen wechseln. Der jüdische und der islamische Kalen-

---

Monaco

Staatsname: Fürstentum Monaco

Staatsform: Parlamentarische Monarchie

Hauptstadt: Monaco

Fläche: 1,95 km²

Einwohner: 32 000

Bevölkerungsdichte: 16 410/km²

Amtssprache: Französisch

Währung: Französischer Franc (FF)

Nationalitätskennzeichen: MC

Monaco

Moloch

Laut → Altem Testament opferten auch die Israeliten im Hinnomtal Kinder, indem sie sie verbrannten (daraus leitet sich teilweise die mittelalterliche Vorstellung von der → Hölle ab).
Bei den → Phöniziern und Karthagern war der Moloch eine mit dem Feuer in Verbindung gebrachte Gottheit, der keine Kinder geopfert, sondern lediglich Ersatzopfer dargebracht wurden.

Molybdän

Zeichen: Mo
Ordnungszahl: 42
Atommasse: 95,94
Dichte: 10,22 g/cm³
Schmelzpunkt: 2617 °C
Siedepunkt: 4612 °C

Die Kaiser, Könige und Fürsten der Welt (1997)

Bahrain: Scheich Isa bin Salman al-Khalifa
Belgien: König Albert II.
Brunei: Sultan Hassan al-Bolkliah
Bhutan: König Jigme Singye Wangchuk
Dänemark: Königin Margarethe II.
Großbritannien: Königin Elizabeth II.
Japan: Kaiser Akihito
Jordanien: König Hussein Ibn Talal
Kambodscha: König Sihanouk
Katar: Emir Scheich bin Khalif Hamad al-Thani
Kuwait: Emir Scheich Jaber al-Ahmad al-Jaber al-Sabah
Lesetho: König Letsie III.
Liechtenstein: Fürst Hans Adam II.
Luxemburg: Großherzog Jean
Malaysia: König Yang di-Pertuan Besar, Sultan von Negri Sembilan
Marokko: König Hassan II.
Monaco: Fürst Rainier III.
Nepal: König Birendra Bir Bikram Shah Dev
Niederlande: Königin Beatrix Wilhelmina Armgard
Norwegen: König Harald V.
Oman: Sultan Kabus bin Said
Saudi-Arabien: König Fahd bin Abdol-Aziz As-Sa'ud
Schweden: König Carl Gustav XVI.
Spanien: König Juan Carlos I. de Borbón y Borbón
Swasiland: König Maswati III.
Thailand: König Bhumibol Adulyadej, Rama IX.
Tonga: König Taufa'ahau Tupou IV.
Vereinigte Arabische Emirate: Scheich Zayid Bin Sultán al-Nahayân

Monatsnamen

Die deutschen Monatsnamen gehen auf den römischen → Kalender zurück, der ursprünglich nur zehn Monate hatte und mit dem März anfing. Diese Namen sind entweder von römischen Gottheiten (Janus, Mars, Juno, Maius), Festen (Reinigungsfest februum) oder vergöttlichten Herrschern (Julius Cäsar und Augustus) abgeleitet oder beziehen sich auf die Zählweise des römischen Kalenders (siebter bis zehnter Monat für September bis Dezember). Die Herkunft des Namens April ist ungeklärt; möglicherweise leitet er sich vom lateinischen Verb aperire (= »öffnen«) ab und spielt auf das Öffnen der Knospen an.

der sind noch heute mit dem Mondjahr verbunden und umfassen nur 354 Tage, so dass regelmäßig Schaltmonate eingefügt werden müssen. Für unseren Kalender, dem der Erdumlauf um die Sonne (→ Jahr) zugrunde liegt, mussten die Monate verlängert werden, damit zwölf Monate (die mit Ausnahme des Schaltmonats Februar 30 oder 31 Tage haben) genau in ein Sonnenjahr passen. Allerdings stimmt diese Einteilung der Monate nicht mehr mit der Wiederkehr der Mondphasen überein.

Mönchtum [von griech. monachos = »Einsiedler«], in fast allen Weltreligionen verbreitete Erscheinung, dass jemand sein Leben vorübergehend oder ganz ausschließlich religiösen Zielen widmet. Der **Mönch** (das Mönchtum erfasste vor allem Männer, aber bereits im 4. Jh. gab es im Christentum ein erstes Frauenkloster) wendet sich von der Welt ab und verzichtet auf Ehe und Besitz, um sich als Einsiedler, asketischer Wandermönch oder in einer klösterlichen Gemeinschaft (→ Kloster) auf sein Seelenheil zu konzentrieren. Besonders stark ausgeprägt ist die Weltverneinung in den indischen und fernöstlichen Mönchsreligionen (vor allem → Buddhismus und → Lamaismus), während sich im Christentum das Mönchtum zunehmend von dem aus Nordafrika stammenden Eremitentum abkehrte und das Gemeinschaftsleben betonte. Das gemeinsame Leben, Beten und Arbeiten führte ab dem 6. Jh. zur Gründung von → Orden

■ *Buddhistische Mönche in Thailand*

mit festen Regeln. Die christlichen Mönche hatten schon seit dem Mittelalter eine wichtige Aufgabe innerhalb der Kirche; neben der Pflege der Wissenschaft und Kultur (z. B. durch Abschreiben alter Bücher) übernahmen sie vor allem die Missionierung und Krankenpflege.

Mond, der → Trabant der → Erde. Da er für einen Satelliten ungewöhnlich groß ist (der Durchmesser beträgt über ein Viertel des Erddurchmessers), bildet er mit der Erde zusammen ein Doppelplanetensystem. Er wendet der Erde immer dieselbe Seite zu, weil seine Rotationszeit mit der Umlaufzeit um die Erde übereinstimmt. Die erdabgewandte Seite des Mondes konnte deshalb erst Mitte der 60er Jahre mit Hilfe von Raumsonden wie Lunar Orbiter erforscht werden Der größte Teil der Mondoberfläche ist von einer bis zu 18 m dicken Schuttschicht bedeckt. Seit der Landung bemannter amerikanischer Raumschiffe (→ Apollo-Programm) sind basaltähnliche Mondgesteine im Labor erforscht worden. Auf dem Mond herrschen extrem lebensfeindliche Bedingungen: Während die Temperatur auf der Tagseite bis 130 °C ansteigen kann, sinkt sie auf der Nachtseite auf unter −150 °C.

Der Mond ist nicht nur der hellste Himmelskörper am Nachthimmel, sondern hat aufgrund seiner Nähe auch große Auswirkungen auf die Erde (vor allem → Gezeiten). Immer noch nicht

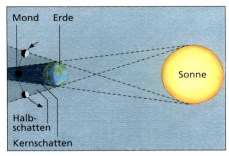

■ Stand von Mond, Erde und Sonne bei einer **Mondfinsternis**

geklärt ist, wie er entstanden ist. Da er fast genauso alt wie die Erde ist, muss er sich bereits in der Frühzeit des → Sonnensystems gebildet haben. Möglicherweise hat er sich beim Zusammenstoß der jungen Erde mit einem anderen großen Himmelskörper abgespalten oder er entstand unabhängig von der Erde.

Neben dem Erdmond werden auch die Satelliten der anderen → Planeten bisweilen als Monde bezeichnet.

Da der Mond keine Atmosphäre besitzt, sind Einzelheiten auf seiner Oberfläche im Fernrohr gut zu erkennen. Erste Mondkarten entstanden schon im 17. Jh.; von der damaligen Namensgebung, die sich an den Gegebenheiten auf der Erde orientierte, rühren die irreführenden lateinischen Bezeichnungen wie *Mare* (lat. »Meer« für große dunkle Flächen), *Siaus* (»Bucht«), *Lacus* (»See«) und *Palus* (»Sumpf«) her.

Neben ausgedehnten Ebenen (von denen das Mare Imbrium mit 960 km Durchmesser die größte ist) besitzt der Mond gewaltige Kettengebirge, die bis zu 10 km hoch sein können, und eine Unzahl von großen und kleinen Kratern, die auf Einschläge von → Meteoriten und → Planetoiden zurückgehen. Die auch als Ringgebirge bezeichneten großen Krater stammen aus der Frühzeit des Mondes und können bis zu 200 km Durchmesser haben.

Mondfinsternis, Verfinsterung des → Mondes, wenn der Trabant der Erde bei Vollmond in der → Ekliptik den Kernschatten der Erde durchläuft. Da sich die Erde bei Vollmond zwischen Sonne und Mond befindet, wirft sie einen Schatten: den dunklen Kernschatten und den aufgehellten Halbschatten. Der Kernschatten der Erde ist in Höhe der Mondbahn etwa dreimal so breit wie der Monddurchmesser, so dass eine vollständige Mondfinsternis bis zu 100 Minuten dauern kann. Der Mond verschwindet bei einer Finsternis in den meisten Fällen nicht völlig, sondern verfärbt sich nur rötlich.

Monet [mɔˈnɛ], Claude (1840–1926), französischer Maler, der den → Impressionismus mit begründete. Er war ein entschiedener Verfechter der Freilichtmalerei (→ Malerei) und entwickelte eine besondere Technik, um darzustellen, wie sich farbige Erscheinungen in der Natur im Licht verändern. Deshalb betonte er das flüchtige Spiel von Licht und Farbe gegenüber der Form bis hin zur Auflösung des Gegenständlichen und malte dieselben Motive zu verschiedenen Tageszeiten.

Mongolei, 1. Hochland (2,8 Mio. km²) in Mittelasien, das seit dem Altertum von nomadisch lebenden mongolischen und Turkvölkern bewohnt wird. Es gehörte seit Ende des 3. Jh. v. Chr. zum Reich der → Hunnen und im 5./6. Jh. n. Chr. zum Reich der Awaren. Im 13. Jh. errichtete → Dschingis-Khan von hier aus durch Eroberungen ein mongolisches Großreich. Seit dem 17. Jh. gehörte die Mongolei zum chinesischen Kaiserreich. 1911 erklärte die *Äußere Mongolei* ihre Unabhängigkeit von China. Die *Innere Mongolei* ist eine autonome Region innerhalb der Volksrepublik → China.

2. Staat in Mittelasien. Die Mongolei ist ein gebirgiges Hochland (fast 1600 m hoch). Im Westen und in der Mitte umschließen hohe Gebirgszüge abflusslose Becken. Im Osten ist das Land flach und weist Senken mit Salzseen und Salzsümpfen auf, während sich im Süden die Wüste → Gobi erstreckt. Bewohnt wird das Land von → Mongolen (über 88 %) und Turkvölkern (7 %) sowie russischen und chinesischen Minderheiten. Die Landwirtschaft ist durch die Viehzucht (vor allem Schafe) geprägt; nur 1 % der Gesamtfläche ist für den Ackerbau nutzbar. Die reichen Bodenschätze (Erze, Edelmetalle, Uran, Kohle) sind nur zum Teil erschlossen. Die *Äußere Mongolei* erklärte sich 1911 für unabhängig von China, wurde aber vorübergehend besetzt und erkämpfte mit sowjetischer Hilfe ihre Unabhängigkeit, die erst 1946 von China anerkannt wurde. 1924 wurde die *Mongolische Volksrepublik* ausgerufen, die sich eng an die Sowjetunion anlehnte. Seit 1992 ist die Mongolei eine parlamentarische Republik mit Mehrparteiensystem (→ *Infokasten* siehe Seite 440).

Mongolen, ursprünglich nomadisch lebende Völker (→ Nomaden), die seit der Steinzeit in den innerasiatischen Steppen siedelten. In geschichtlicher Zeit drangen verschiedene mongolische Reitervölker aus ihrem Ursprungsge-

Altdeutsche Monatsnamen

Hartung (Wintarmanoth) = Januar
Hornung = Februar
Lenzinmanoth = März
Ostarmanoth = April
Wunnimanoth (Weidemonat) = Mai
Brachmanoth (erstes Pflügen) = Juni
Hawimanoth (Heumonat) = Juli
Aranmanoth (Erntemonat) = August
Witumanoth (Holzsammeln) = September
Windumemanoth (Weinlese) = Oktober
Herbistmanoth = November
Heilagmanoth (heiliger Monat) = Dezember

Mond

Durchmesser: 3476 km
Entfernung von der Erde:
384 403 km (größte Entfernung: 406 740 km, kleinste Entfernung: 356 410 km)
Umlaufzeit um die Erde:
27 Tage 7 Stunden 43 Minuten
Masse: $7{,}35 \times 10^{19}$ t
Dichte: 3,34 g/cm³

Mondphasen

Der Mond leuchtet nicht selbst, sondern reflektiert das Licht, das er von der Sonne erhält. Je nach Stellung ist er von der Erde aus in verschiedenen **Mondphasen** zu sehen: Befindet er sich zwischen Sonne und Erde, kehrt er uns als *Neumond* die unbeleuchtete Nachtseite zu. Wenn der Mond weiterwandert, taucht (von der Nordhalbkugel der Erde aus gesehen) rechts eine schmale Sichel auf, die jede Nacht zunimmt *(zunehmender Mond)*, bis nach etwas mehr als einer Woche der zunehmende *Halbmond* (oder *Erstes Viertel*) zu sehen ist. Nach einer weiteren Woche, wenn die Erde zwischen Sonne und Mond steht, wendet uns der Mond seine voll erhellte Seite zu *(Vollmond)*. Danach wird die rechte Seite allmählich dunkel *(abnehmender Mond)*; nach etwas mehr als einer Woche kann man nur noch die linke Seite beobachten *(abnehmender Halbmond* oder *Letztes Viertel)*. Die halbe Scheibe schrumpft sichelförmig, bis nach einer weiteren Woche wieder Neumond ist.

Mongolei (Mongol)
Staatsname: Staat der Mongolei
Staatsform: Republik
Hauptstadt: Ulan-Bator
Fläche: 1 566 500 km²
Einwohner: 2,4 Mio.
Bevölkerungsdichte: 1,5/km²
Amtssprache: Mongolisch
Währung: Tugrik (Tug.)
Nationalitätskennzeichen: MNG

Mongolei

Monotheismus
Die meisten Hochreligionen sind monotheistisch. Ansätze zu monotheistischen Religionen gab es im Altertum auch im Orient (vor allem durch → Zarathustra) und in Ägypten (alleinige Verehrung des Sonnengottes *Aton* durch den Pharao Echnaton) sowie in der Spätantike (z. B. Kult des unbesiegbaren Sonnengottes, *Sol invictus,* durch Kaiser Aurelian).

biet bis weit nach Ostasien und Europa vor (vor allem → Hunnen und Awaren). Die Mongolen, die ab dem 13. Jh. ein Großreich in Asien schufen, zahlreiche Reiche (darunter Nordchina und Persien) unterwarfen und bis nach Kleinasien, Russland und Polen vorstießen, vereinigten neben mongolischen Horden auch Turkvölker. Die kurzlebigen Weltreiche der mongolischen Herrscher, der *Khane,* stützten sich auf die hervorragende Kriegstechnik der Reiterheere. Nach dem Zusammenbruch dieser Reiche zogen sich die Mongolen in ihr Kernland zurück. Heute bilden sie das Staatsvolk der → Mongolei, sind aber auch noch in China und Russland zu finden.

Mongolismus, veraltete Bezeichnung für → *Down-Syndrom.* Die Erbkrankheit geht auf ein dreifaches Vorhandensein des Chromosoms 21 *(Trisomie 21)* zurück und tritt vor allem bei Kindern von überdurchschnittlich alten Eltern auf. Symptome sind eine geistige Entwicklungsstörung oder Behinderung, Fehlbildungen von Organen und Muskelgewebe und eine verminderte Infektionsabwehr.

Monitor [engl.], *der,* Kontrollbildschirm, an dem beispielsweise ein Fensehredakteur eine Sendung überwacht. Bei → Computern ist der Monitor das Ausgabegerät, das Texte und Grafiken darstellen kann.

Mono- [griech.], in zusammengesetzten Wörtern mit der Bedeutung »allein, einzeln« (z. B. *Monozelle* = Batterie aus einem einzigen Element). Als Abkürzung von *monophon* bedeu-

■ *Das Massiv des Montblanc*

tet **mono,** dass eine Tonaufnahme (z. B. Schallplatte oder Rundfunk) nur einen Kanal benutzt. Gegensatz: stereo (→ Stereophonie).

Monogamie [griech.], *die,* Einehe.

Monogramm [lat.], *das,* ein Namenszeichen, das aus den Anfangsbuchstaben des Vor- und Familiennamens besteht und oft kunstvoll gestaltet ist.

Monokultur, *die,* landwirtschaftliche Anbauweise, bei der die Anbaufläche nur für eine einzige Pflanzenart genutzt wird. Eine solche Anbauweise hat den Vorteil, dass sie einen besseren Einsatz landwirtschaftlicher Maschinen ermöglicht, birgt aber viele Gefahren für den Boden (Auslaugen der Nährstoffe) und die Pflanzen (vermehrter Schädlingsbefall und stärkere Anfälligkeit für Krankheiten) und benötigt große Mengen an Dünger und Schädlingsbekämpfungsmitteln.

Monolith [griech.], *der,* ein Denkmal, das nur aus einem einzigen Steinblock geschaffen worden ist. Monolithen sind beispielsweise die → Menhire und die → Obelisken.

Monolog [frz.], *der,* Selbstgespräch; in der Literatur, vor allem im Drama und in erzählenden Gattungen (Ichroman, Tagebuch) als Kunstform eingesetzt, um die Gedanken und innersten Gefühle einer Person darzustellen. Gegensatz: → Dialog.

Monopol [lat.-griech.] *das,* alleiniges Recht auf

etwas (z. B. das Recht, etwas zu verkaufen oder herzustellen). Ein Unternehmen besitzt eine Monopolstellung, wenn es auf einem bestimmten Gebiet den Markt beherrscht und damit die Preise bestimmen kann.

Monotheismus [griech.], *der,* Glaube an einen einzigen Gott (Gegensatz: → Polytheismus).

monoton [frz.], eintönig, gleichförmig.

Monsun [arab.-port.-engl.], *der,* ein Wind in tropischen Gebieten (vor allem Südasien), der halbjährlich seine Richtung wechselt, wenn sich die äquatoriale Tiefdruckzone zwischen den → Passatwinden verlagert. Auf der nördlichen Erdhalbkugel zeigt sich der Monsun im Winter als trockener, kühler Wind, der von Mittelasien her weht, während er im Sommer vom Ozean kommt und feucht und warm ist, begleitet von heftigen Niederschlägen.

Montblanc [mõˈblã], mit 4807 m der höchste Gipfel der → Alpen, an der Grenze zwischen Frankreich und Italien gelegen.

Montevideo, am Rio de la Plata gelegene Hauptstadt (1,4 Mio. Einwohner) von → Uruguay.

Montreal [engl. mɔntriˈɔːl], frz. *Montréal* [mɔreˈal], auf einer Insel im Zusammenfluss von Ottawa und → Sankt-Lorenz-Strom gelegene größte Stadt Kanadas (als Ballungsraum 3,3 Mio. Einwohner) in der Provinz Quebec.

Moog-Synthesizer [ˈmoʊg zyntəˈsaɪze], *der,* ein nach seinem amerikanischen Erfinder *Robert A. Moog* (* 1934) benannter → Synthesizer, der 1964 das erste funktionierende Beispiel eines solchen elektronischen Musikinstruments war. Das Spielen von Akkorden ermöglichte erst der 1976 entwickelte *Polymoog.*

Moor, ein in manchen Gegenden auch als *Moos, Ried* oder *Fenn* bezeichnetes sumpfiges Gelände, wo dem Boden mehr Wasser zugeführt wird, als ablaufen, versickern oder verdunsten kann, und sich eine dicke → Torfschicht bildet. *Flach-* oder *Niedermoore* entstehen, wenn ein nährstoffreicher See oder Flusslauf verlandet. *Hochmoore* bilden sich in niederschlagsreichen Gebieten mit kühl-gemäßigtem Klima, wo die Vegetation vom Grundwasser abgeschlossen ist und vor allem anspruchslose Moose die Torfdecke bilden.

Moore [mʊə], Henry (1898–1986), britischer Bildhauer und Grafiker, der sich bei seinen oft monumentalen Plastiken von der archaischen Kunst und der Kunst der Naturvölker beeinflussen ließ. Seine Arbeiten sind vor allem aus Stein, Holz und Bronze.

Moose, kleine, blütenlose Pflanzen, die sich im

■ *Moosbewachsene Uferfläche*

→ Generationswechsel geschlechtlich als Moospflanzen (mit Blättern) und ungeschlechtlich über → Sporen fortpflanzen. Die ungeschlechtliche Generation bleibt dabei mit der Moospflanze verbunden und wird von ihr ernährt. Anstelle von Wurzeln besitzen Moose wurzelähnliche Organe *(Rhizoide),* mit denen sie sich im Boden festhalten und ernähren können. Sie umfassen zwei Klassen, *Laub-* und *Lebermoose.*

Moped, Kurzwort vermutlich aus *Motor* und *Pedal,* ein Kleinkraftrad mit Hilfsmotor (Hubraum bis zu 50 cm³), das eine Höchstgeschwindigkeit von 40 km/h hat. Sein Fahren setzt einen Führerschein voraus.

Moral [frz.], *die,* das sittliche Verhalten und die sittlichen Grundsätze, die diesem Verhalten zugrunde liegen. Da die Verhaltensnormen nur für eine bestimmte Gemeinschaft gelten, ist die Moral immer zeit- und gesellschaftsabhängig.

Moräne, Gesteinsschutt, der von einem → Gletscher mitgeführt wird und sich ablagert, wenn das Eis schmilzt. Nach der Lage dieses Materials unterscheidet man zwischen *Grund-, Seiten-, Rand-, Mittel-, Ober-* und *Endmoränen.*

Mord, vorsätzliche Tötung eines Menschen, die aus niedrigen Beweggründen (z. B. *Sexual-* oder *Raubmord),* heimtückisch oder grausam oder um eine Straftat zu verdecken oder zu ermöglichen durchgeführt wird. In Deutschland steht auf Mord eine lebenslängliche Freiheitsstrafe.

Morgenland, heute veraltete Bezeichnung für → Orient.

Mörike, Eduard (1804–1875), deutscher Dichter, der mit seinen schlichten, vom Volkslied beeinflussten Gedichten, Balladen, Märchen und Prosawerken (z. B. der Roman »Maler Nolten«, 1832) zwischen → Romantik und → Realismus steht.

Mormonen, 1830 in den USA von *Joseph Smith* (1805–1844) gegründete Religionsgemeinschaft, die sich selbst als *Kirche Jesu Christi der Heiligen der letzten Tage* bezeichnet. Dank ihrer

Moog-Synthesizer

Die erste vollständig mit einem Moog eingespielte LP war 1968 »Switched-On Bach« des amerikanischen Komponisten *Walter Carlos* (* 1939, seit seiner Geschlechtsumwandlung *Wendy Carlos),* der die Barockmusik von Johann Sebastian Bach ausschließlich mit den künstlich erzeugten Tönen des Synthesizers wiedergab.
Der Moog-Synthesizer wurde in erster Linie von Gruppen aus dem Bereich des → Progressive Rock (wie etwa Nice, Emerson, Lake and Palmer, King Crimson und Yes) eingesetzt, aber im Studio auch von anderen Rockmusikern verwendet. Die wichtigste Rolle spielte er bei Gruppen, die elektronischen Rock spielten (vor allem Tangerine Dream).

Mormonen

Der Name leitet sich von dem »Buch Mormon« ab (und steht für einen mythischen Propheten). Das Buch, das Smith auf der Grundlage angeblicher Offenbarungen diktierte, verbindet Gedankengut der → Bibel mit einer mythologischen Entdeckungsgeschichte Amerikas. Nach der Ermordung ihres Religionsstifters brachen die Mormonen zu einem 1700 km langen Marsch nach Westen auf und siedelten sich schließlich im späteren Bundesstaat Utah (→ Vereinigte Staaten von Amerika) an. Dort gründeten sie ein von Priestern (mit strenger Hierarchie) beherrschtes Gemeinwesen. In der Hauptstadt Salt Lake City entstand 1853–1859 ein sechstürmiger Tempel als mormonisches Heiligtum.
Die Mormonen erwarten ein baldiges → Jüngstes Gericht mit der Wiederkehr Christi. Sie waren zunächst Anhänger der → Polygamie, mussten aber die Vielehe bereits Ende des 19. Jh. wieder aufgeben.

Mosambik (Moçambique)
Staatsname: Republik Mosambik
Staatsform: Republik
Hauptstadt: Maputo
Fläche: 799 380 km²
Einwohner: 16,6 Mio.
Bevölkerungsdichte: 21/km²
Amtssprache: Portugiesisch
Währung: Metical (MT)
Nationalitätskennzeichen: MOC

Mosambik

Moschee

Die Moschee ist häufig ein Kuppelbau mit ein bis vier schlanken Türmen (→ Minarette). Im Vorhof befindet sich ein Brunnen für rituelle Waschungen. Die Bethalle *(haram)* dient dem gemeinsamen Gebet der Gläubigen; für die weiblichen Muslime gibt es einen abgetrennten Raum. Die Gebetsnische *(mihrab)* weist die Richtung nach → Mekka. Bei der Freitagspredigt wird von der Lesekanzel *(minbar)* der Koran vorgelesen. Außerdem gibt es Räume für den religiösen Unterricht. Vor dem Betreten der Moschee muss man die Schuhe ausziehen.

■ *Mosaik* im Haus des Dionysos, Paphos (Zypern)

regen Missionstätigkeit gibt es heute rund 4,5 Mio. Anhänger in zahlreichen Ländern.

Morphium, *Morphin, das,* ein nach dem griechischen Gott des Schlafes *Morpheus* benanntes → Alkaloid, das aus → Opium gewonnen und in der Medizin zur Linderung von Schmerzen eingesetzt wird, aber auch als → Droge missbraucht werden kann.

Morsealphabet, nach dem amerikanischen Erfinder *Samuel Morse* (1791–1872) benanntes Alphabet, das für die Übermittlung von Nachrichten mithilfe eines Telegrafen verwendet wird. Die Zeichen dieses Alphabets bestehen aus Punkten und Strichen, die als kurze und lange Stromimpulse überliefert werden.

Mosaik [frz.], *das,* ein Bild oder Muster, das aus kleinen, bunten Einzelteilen (z. B. Steinen oder Glassplittern) zusammengesetzt ist.

Mosambik, *Moçambique,* Staat in Südostafrika. Im Süden befinden sich weite Tiefländer, in der Mitte Bergland; nördlich des Sambesi liegen Hochländer mit einzelnen Bergen. Die Bevölkerung besteht hauptsächlich aus Bantuvölkern (über 60 %). Der größte Teil lebt von der Landwirtschaft (Cashewnüsse, Baumwolle und Zucker für den Export). Wichtige Erwerbszweige sind außerdem die Fischerei (vor allem Fang von Garnelen) und der Bergbau (Kohle, Erze). Das Land am Indischen Ozean, in dem arabische Händler ab dem 10. Jh. Stützpunkte errichteten, wurde 1496 von Vasco da → Gama entdeckt und ab 1508 von den Portugiesen besetzt. Die portugiesische Kolonie (seit 1752) wurde 1951 zur Überseeprovinz erklärt. Mehrere Befreiungsorganisationen schlossen sich zur FRELIMO zusammen, die für die Unabhängigkeit des Landes kämpfte. Seit 1975 ist Mosambik unabhängig. Ein bis 1991 dauernder Bürgerkrieg zwischen der Regierung und rechtsgerichteten RENAMO-Rebellen forderte etwa 1 Mio. Menschenleben. 1990 wurde die marxistische Volksrepublik in eine parlamentarische Republik mit Mehrparteiensystem umgewandelt. 1994 fanden erste freie Wahlen statt. Seit Ende 1995 gehört Mosambik dem → Commonwealth an.

Moschee [arab. »Gebetshaus«], *die,* islamisches Gotteshaus.

Moses, *Mose,* um die Mitte des 13. Jh. v. Chr. lebender Religionsstifter. Er begründete die Religion der → Israeliten, die deshalb auch als *mosaische Religion* bezeichnet wird (→ jüdische Religion). Nach ihm sind fünf Bücher der → Bibel benannt, als deren Verfasser er gilt.

Moskau, russ. *Moskwa,* Hauptstadt (9 Mio. Einwohner) von → Russland. Die erstmals um die Mitte des 12. Jh. erwähnte, im 13. Jh. von den Mongolen und im 16. Jh. von den Krimtataren zerstörte Stadt war bereits im 14. Jh. die Hauptstadt eines Großfürstentums und später die Hauptstadt des Russischen Reiches, bevor Zar Peter I. seine Residenz 1712 nach St. Petersburg verlegte. 1812 brannten zwei Drittel der Gebäude nach der Eroberung Moskaus durch die Truppen Napoleons nieder. Erst 1923 wurde Moskau offiziell Hauptstadt der → Sowjetunion (bis 1991). Es ist das wirtschaftliche und

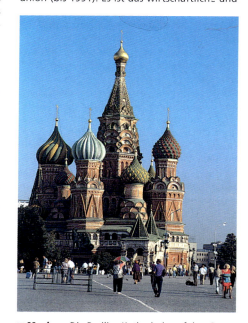

■ *Moskau: Die Basilius-Kathedrale auf dem Roten Platz*

■ *Moto-Cross*

kulturelle Zentrum der Russischen Föderation mit zahlreichen Museen, Theatern und Bibliotheken und der Sitz der russischen Regierung (→ Kreml) sowie des Patriarchen der russisch-orthodoxen Kirche.

Moskito [span.], *der,* andere Bezeichnung für → Stechmücke.

Moslem, andere Bezeichnung für → Muslim.

Motiv [lat.], *das,* Beweggrund, Antrieb (für eine Handlung). In der Kunst und Literatur versteht man darunter einen wichtigen dargestellten Bestandteil eines Werks. In der Musik ist das Motiv die kleinste Einheit innerhalb eines Themas; eine besonders wichtige Rolle spielt es als Leitmotiv.

Moto-Cross [engl.], *das,* im Motorradsport ein Querfeldeinrennen, das durch ein Gelände mit Steigungen, Gefälle, Sprunghügeln, Schlamm und Wasser führt.

Motor [lat. »Beweger«], *der,* eine Maschine, die etwas in Bewegung setzt, indem sie Energie (z. B. elektrische Energie oder Wärmeenergie) in mechanische Bewegungsenergie umwandelt.

Motorrad, *Kraftrad, Krad,* ein einspuriges, zweirädriges Kraftfahrzeug, das von einem → Verbrennungsmotor (zumeist luftgekühlter Zweitakt-, Viertakt- oder Wankelmotor) angetrieben wird und auch einen Beiwagen besitzen kann. Zu den *Kleinkrafträdern* mit einem Hubraum bis zu 125 cm³ gehören → Mofa, → Moped und *Mokick (Mo*torrad mit *Kick*starter). Für Krafträder gibt es je nach Bauart, Hubraum und Leistung verschiedene Altersgrenzen und Führerscheinklassen. Ein **Motorroller** ist ein Motorrad mit kleinen Rädern, bei dem Vorderfront und Fahrwerk verkleidet sind.

Motorsport, zusammenfassende Bezeichnung für Sportarten, bei denen die Teilnehmer motorisierte Fahrzeuge benutzen. Im weiteren Sinne versteht man darunter auch Rennen für Motorboote und Wettbewerbe für Motorflugzeuge, zumeist jedoch Rennen für Automobile oder Motorräder.

Motten, weltweit verbreitete Familie von kleinen → Schmetterlingen, die einen behaarten Kopf und schmale Flügel besitzen. Ihre Raupen ernähren sich von Pflanzen oder eingetrockneten tierischen Kadavern oder fressen an Pelzen *(Pelzmotte)* und Wollstoffen *(Kleidermotte).*

Motto [it.], *das,* Wahlspruch, der Leitspruch, der beispielsweise einem Buch vorangestellt ist.

Möwen, weltweit verbreitete Wasservögel, die in Kolonien brüten und sich in erster Linie von anderen Tieren ernähren. Sie sind gewandte Flieger und kommen an Meeresküsten und an Binnengewässern sowie in feuchtem Gelände vor. Am bekanntesten in Europa sind *Lach-, Silber-* und *Sturmmöwe.*

Mozart, Wolfgang Amadeus (1756–1791), österreichischer Komponist der → Wiener Klassik. Trotz seiner kurzen Lebenszeit komponierte er zahlreiche Werke: u. a. 90 geistliche Werke, 50 Sinfonien, 50 Konzerte und 20 Bühnenwerke. Sein Gesamtwerk, das im *Köchel-Verzeichnis* aufgelistet ist, zählt 626 Kompositionen.
Von seinem Vater, dem Komponisten und Kapellmeister *Leopold Mozart* (1719–1787) schon in frühester Kindheit unterrichtet, wurde Mozart zu einem Wunderkind, das bereits im Alter von sechs Jahren auf Konzertreisen durch sein virtuoses Klavierspiel Aufsehen erregte. Mit 13 Jahren wurde er Konzertmeister des Erzbischofs von Salzburg. Auf drei Italienreisen wurde er stark von der italienischen Musik beeinflusst. 1781 verließ er die erzbischöflichen Dienste und übersiedelte nach Wien. Als freischaffender Komponist, Pianist und Musiklehrer litt er wirtschaftliche Not, obwohl seine Werke große Begeisterung hervorriefen. Mit nur 35 Jahren starb er verarmt.

MTV [engl. ˈɛmtiviː], Abkürzung für engl. *Music Television,* einen über Satellit und Kabel ausgestrahlten Privatsender, der rund um die Uhr nur Musikprogramme (Pop- und Rockmusik) bzw. Nachrichten und Interviews aus der Musik-, Film- und Modebranche sowie Werbung sendet. Durch seine Sendeweise (überwiegend wenige Minuten dauernde Videoclips) hat MTV auch die Seh-

Moses

Laut dem Bericht des → Alten Testaments erschien dem Moses am Berg Horeb Gott in einem brennenden Dornbusch und forderte ihn auf, das Volk Israel aus der ägyptischen Knechtschaft zu befreien. Moses führte die nach Ägypten eingewanderten Israeliten durch die Wüste Sinai bis zum östlichen Jordanufer, durfte selbst aber nicht mehr das verheißene Land betreten, weil er an Gott gezweifelt hatte. Während des 40 Jahre dauernden Zuges durch die Wüste hatte er den Bund zwischen → Jahwe und dem Volk Israel vermittelt und den Israeliten am Berg Sinai ein Gesetz gegeben (»Zehn Gebote«), das ihm Gott selbst diktierte.

Motorsport

Beim Automobilsport gibt es *Rundstreckenrennen* (auf eigenen Kursen wie Nürburgring, Indianapolis oder Monza), *Bergrennen* und → *Rallyes.* Die Wagen sind dabei in Kategorien (z. B. Formel 1) eingeteilt, die bestimmten technischen Vorschriften unterliegen. Bei Motorradrennen sind die Rennmaschinen in Hubraumklassen sowie in die Klasse für Seitenwagengespanne eingeteilt. Neben den *Straßenrennen* gibt es noch weitere Wettbewerbe: → *Moto-Cross, Trial* (Rennen in schwierigem Gelände, bei denen Strafpunkte vergeben werden, wenn der Fahrer den Fuß auf den Boden setzt, von der vorgeschriebenen Bahn abkommt oder stürzt), *Speedway* (Rennen mit bremsenlosen Spezialmaschinen auf 400 m langen, ovalen Aschenbahnen) *Eis-* (Rennen auf Eisbahnen, wobei die Maschinen an den Hinterrädern Spikes haben), *Sandbahn-* und *Grasbahnrennen.*

Die bekanntesten Werke von Mozart

Opern:
»Die Entführung aus dem Serail« (1782)
»Die Hochzeit des Figaro« (1786)
»Don Giovanni« (1787)
»Cosi fan tutte« (1790)
»Die Zauberflöte« (1791)

Andere Werke:
Eine kleine Nachtmusik (1787)
Jupiter-Sinfonie (1788)
Requiem (1791)

Münchner Abkommen

Das *Münchner Abkommen*, das am 29. September 1938 in München zwischen Deutschland, Großbritannien, Frankreich und Italien abgeschlossen wurde, legte die Abtretung der von den → Sudetendeutschen bewohnten Grenzgebiete Böhmens an das Deutsche Reich fest, konnte aber weder den Bestand der restlichen → Tschechoslowakei bewahren noch die Kriegsgefahr für längere Zeit bannen. Das Abkommen wurde Ende 1973 in einem Normalisierungsvertrag zwischen der Bundesrepublik und der Tschechoslowakei für nichtig erklärt.

■ *Mumie* eines Kindes in den Katakomben von Palermo (Sizilien)

weise der Zuschauer beeinflusst (kurze Szenen mit raschem Wechsel der Perspektive). MTV wurde 1981 in den USA gegründet und erhielt 1987 einen europäischen Ableger. Er wendet sich an ein breites, vorwiegend junges Publikum.

Mücken, zu den Zweiflüglern gehörende → Insekten, die weltweit verbreitet sind. Die langbeinigen, schlanken Tiere werden bis zu 5 cm lang und ernähren sich von Pflanzensäften, als Räuber oder als Blutsauger (→ Stechmücken).

Muezzin [arab.], *der,* in der islamischen Religion der Ausrufer, der vom → Minarett aus die Gebetszeiten verkündet.

Mulatte [span.], *der,* ein Mensch, der einen weißen und einen schwarzen Elternteil hat.

Müll, Abfallstoffe, die nicht wieder verwendbar sind und deshalb nicht dem Wertstoffkreislauf zugeführt werden können.

multilateral [lat.], mehrseitig (z. B. ein *multilateraler Vertrag*). Gegensatz: → bilateral.

Multimedia [engl.], *Mz.,* Verwendung mehrerer → Medien (z. B. im Unterricht). Eine **Multimediashow** setzt sowohl visuelle als auch akustische Mittel, d. h. Bild und Ton, ein. Heute ist damit das Zusammenwirken mehrerer Darstellungsformen (Text, Grafik, Film bzw. Video, Sprache und Musik) gemeint, so dass verschiedene, sich ergänzende Informationen mit einem einzigen Gerät (vor allem → Personalcomputer) gleichzeitig abgerufen werden können. Das wichtigste Speichermedium für multimediale Informationen ist gegenwärtig die → CD-ROM, die eine → interaktive Nutzung ermöglicht.

Multiple-choice-Verfahren [engl. 'mʌltɪpl 'tʃɔɪs »Mehrfachauswahl«], ein Prüfungsverfahren, bei dem der Prüfling bei jeder Frage unter mehreren Antworten auswählen und eine oder mehrere richtige ankreuzen muss.

multiple Sklerose, *die,* eine Erkrankung des → Zentralnervensystems, deren Ursache noch ungeklärt ist. Die durch einen herdförmig auftretenden Zerfall der Markscheiden der Nervenzellen gekennzeichnete Krankheit führt zu schubartigen Beeinträchtigungen der Sinnesorgane und zu Bewegungsstörungen.

Multiplikation [lat.], *die,* Vervielfachung, in der Mathematik eine der vier → Grundrechenarten (Zeichen x und ·). Die Zahl, mit der eine andere malgenommen wird, bezeichnet man als **Multiplikator,** die Zahl, die malgenommen wird, als **Multiplikand** (bei 2 x 10 ist die 2 der Multiplikator, die 10 der Multiplikand).

Mumbai, früher *Bombay,* an der Westküste gelegene größte Stadt (10 Mio. Einwohner, als Ballungsraum 15,1 Mio. Einwohner) Indiens.

Mumie [it.], *die,* ein Leichnam, der durch natürliche Austrocknung (vor allem in heißen Wüstengebieten) oder Einbalsamierung vor Verwesung geschützt ist und lange Zeit aufbewahrt werden kann, ohne dass er zerfällt.

Mumps, *Ziegenpeter,* durch ein Virus ausgelöste Infektionskrankheit, die in erster Linie Kinder befällt und zu Fieber und Schwellungen der Speicheldrüsen führt.

Munch [muŋk], Edward (1863–1944), norwegischer Maler und Grafiker, einer der Wegbereiter des → Expressionismus, fand in seinem ornamental-linearen Stil zu einer Kunst psychologischer Durchdringung und symbolischer Darstellung.

München, an der Isar gelegene Landeshauptstadt von → Bayern und drittgrößte deutsche Stadt (1,3 Mio. Einwohner). Der 1158 von Herzog Heinrich dem Löwen (1129–1195) als *Munichen* gegründete Ort wurde 1255 Residenz der → Wittelsbacher. 1918/19 bestand in München die erste Räterepublik. 1923 scheiterte dort ein Putsch → Hitlers. München, das im Zweiten Weltkrieg zu zwei Fünfteln zerstört wurde, ist heute ein wirtschaftliches und kulturelles Zentrum mit zahlreichen Theatern und Museen (vor allem *Deutsches Museum*).

Münchhausen, Karl Friedrich Hieronymus Freiherr von (1720–1797), deutscher Offizier, der als »Lügenbaron« in die Geschichte einging, weil er

■ *München:* Die Frauenkirche

zahlreiche unglaublich klingende Geschichten aus seinem abenteuerlichen Leben erzählte (Reisen in fremde Länder und Teilnahme am Krieg gegen die Türken).

Mundart, deutsche Bezeichnung für → Dialekt.

Münster, am Dortmund-Ems-Kanal gelegene westdeutsche Großstadt (265 000 Einwohner) in Nordrhein-Westfalen. Im Mittelalter war sie Hansestadt. 1648 wurde hier der → Westfälische Friede unterzeichnet.

Münzen, von einem Staat geprägte Metallstücke, die ebenso wie Papiergeld als Zahlungsmittel gelten. Daneben gibt es *Gedenkmünzen,* die anlässlich besonderer Ereignisse geprägt werden und manchmal einen hohen Sammlerwert haben.

Muränen, Familie schlangenförmiger Raubfische aus der Unterordnung der → Aale. Die bis zu 1 m langen Muränen leben in allen tropischen und subtropischen Meeren; sie halten sich an Felsküsten oder in Korallenbänken auf, wo sie sich tagsüber in Löchern und Spalten verbergen. Sie besitzen ein großes Maul mit kräftigen Fangzähnen und Giftdrüsen.

Murmeltiere, zu den Erdhörnchen gehörende Nagetiere, die in Eurasien und Nordamerika vorkommen. Die bis zu 80 cm langen Tiere besitzen einen gedrungenen, dicht behaarten Kör-

■ *Murmeltiere*

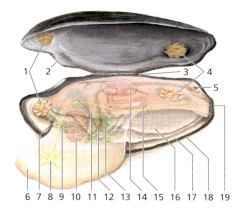

■ **Flussmuschel** mit Lage der inneren Organe: **1** vorderer Schließband; **4** hintere Schließmuskeln; **5** Ausfuhröffnung; **6** Fuß; **7** Mund; **8** Fußknoten; **9** Gehirnknoten; **10** »Leber« (Mitteldarmdrüse); **11** Magen; **12** Darm; **13** Keimdrüsen; **14** Herz; **15** Niere; **16** Kiemen; **17** Mantel; **18** Schale; **19** Einfuhröffnung

per mit kurzen Beinen und kurzem Schwanz. Sie leben tagaktiv in Erdbauten, in denen sie auch ihren bis zu acht Monate langen Winterschlaf halten.

Muscheln, in Meeren und Süßwasser verbreitete Klasse von → Mollusken. Ihr Körper ist von einer aus zwei Hälften bestehenden Kalkschale umgeben, die mithilfe von kräftigen Schließmuskeln fest verschlossen werden kann. Zur Fortbewegung haben sie einen muskulösen Fuß. Sie ernähren sich von kleinen Lebewesen, die sie aus dem Wasser herausfiltern. Einige Muscheln (wie z. B. → Austern, Mies-, Venus-, Herzmuscheln) sind geschätzte Meeresfrüchte. Die in tropischen Meeren lebenden *Seeperlmuscheln* liefern → Perlen und → Perlmutt.

Musen, in der griechischen Mythologie Töchter von Zeus, die für einzelne Künste oder Wissenschaften zuständig waren. Die enge Verbindung mit der Dichtung zeigt sich darin, dass man noch heute sagt, ein Dichter werde von der Muse geküsst.

Museum [griech.-lat.], *das,* ein Gebäude, in dem Kunstwerke, Gebrauchsgegenstände, technische und wissenschaftliche Gegenstände, Fossilien oder präparierte Lebewesen oder Naturgegenstände ausgestellt werden, um einen Überblick über ein Gebiet oder eine Epoche zu geben.

Musical [engl. 'mju:zikl], *das,* Kurzform für *musical comedy* bzw. *musical play,* eine aus den USA stammende Form des Musiktheaters, die seit dem frühen 20. Jh. entstand und Elemente der Oper

Münchhausen

Die erste, 1781 erschienene Sammlung von Münchhausen-Erzählungen wurde 1785 von *Rudolf Erich Baspe* (1737–1794) ins Englische übersetzt und erweitert. 1786 übersetzte *Gottfried August Bürger* (1747–1794) die Erzählungen ins Deutsche zurück, fügte weitere Lügengeschichten hinzu und gab ihnen ihre volkstümliche Form.

Münzen

Die ersten Münzen wurden bereits im 7. Jh. v. Chr. in Kleinasien aus Edelmetall geprägt. Lange Zeit war der Wert des verwendeten Edelmetalls bestimmend für den Wert der Münze (sog. *Kurantmünze*). Als sich das Papiergeld (→ Geld) durchsetzte, ging man zu *Scheidemünzen* über, die lediglich einen bestimmten Nennwert haben und fast nur noch für den alltäglichen kleinen Geldverkehr von Bedeutung sind, weil ihr Wert unter dem der kleinsten Banknoten liegt.

Die neun Musen

Kalliope (epische Dichtung und Philosophie)
Klio (Geschichte)
Euterpe (Flötenspiel und lyrische Dichtung)
Terpsichore (Chordichtung und Tanz)
Erato (Liebesdichtung)
Melpomene (Tragödie)
Thalia (Komödie)
Polyhymnia (ernster Gesang)
Urania (Astronomie)

Bekannte Musicals

- »Show Boat« (1927) von Jerome Kern
- »Oklahoma« (1943) von Richard Rogers
- »Annie Get Your Gun« (1946) von Irving Berlin
- »Kiss Me, Kate« (1948) von Cole Porter
- »Guys and Dolls« (1950) von Frank Loesser
- »The King and I« (1951) von R. Rogers
- »My Fair Lady« (1956) von Frederick Loewe
- »West Side Story« (1957) von Leonard Bernstein
- »The Sound of Music« (1959) von R. Rogers
- »Hello Dolly« (1964) von Jerry Herman
- »Fiddler On the Roof« (1964, dt. »Anatevka«) von Jerry Bock
- »Funny Girl« (1964) von Jule Styne
- »The Man From La Mancha« (1965) von Mitch Leigh
- »Cabaret« (1966) von John Kander
- »Hair« (1967) von Galt McDermot
- »Jesus Christ Superstar« (1971) von Andrew Lloyd Webber
- »A Chorus Line« (1975) von Marvin Hamlish
- »Evita« (1978) von A. Lloyd Webber
- »Les misérables« (1980) von Claude Michel Schönberg
- »Cats« (1981) von A. Lloyd Webber
- »La cage aux folles« (1983, dt. »Ein Käfig voller Narren«) von J. Herman
- »Sunday Night in the Park with George« (1984) von Stephen Sondheim
- »Starlight Express« (1984) von A. Lloyd Webber
- »Linie 1« (1986) von Birger Heymann
- »The Phantom of the Opera« (1986) von A. Lloyd Webber
- »Chess« (1988) von Benny Andersson und Björn Ulvaeus
- »Miss Saigon« (1989) von C. M. Schönberg
- »Elisabeth« (1992) von Sylvester Levay
- »Tommy« (1992) von Pete Townshend

und Operette, des Jazz und der Unterhaltungsmusik, seit den 60er Jahren auch der Pop- und Rockmusik mit Tanzrevue, Show und Sprechtheater verbindet.

Musik, *Tonkunst,* die Kunst, durch die menschliche Stimme oder mit Hilfe von → Musikinstrumenten erzeugte Töne nach gewissen Ordnungsprinzipien so zusammenzufügen, dass sie in bestimmten harmonischen, melodischen und rhythmischen Beziehungen zueinander stehen. Auf der Grundlage der verwendeten Intervalle haben sich im Laufe der Geschichte in den verschiedenen Kulturen unterschiedliche Tonsysteme herausgebildet (vor allem Dur-Moll-Tonalität), die auch die Regeln für die traditionellen Kompositionen liefern. Im 20. Jh. entstanden jedoch Kompositionen, die sich bewusst von dieser Tonalität entfernten und neuen Regeln folgten (→ *atonale Musik*).

Ursprünglich hatte die Musik zumeist kultische Aufgaben, aber schon im Altertum gab es rhythmische Gesänge, die schwere körperliche Arbeit erleichtern sollten. Die Musik war somit zweckgerichtet, was sie beispielsweise auch als geistliche Musik in der christlichen Kirche blieb. Doch bereits bei den Griechen entwickelte sie sich zu einer eigenständigen Kunstform. Lange Zeit war die Musik in erster Linie Begleitung, zum einen für die Sprache (Gesang) und zum anderen für stilisierte Bewegungen (Tanz). Eine reine Instrumentalmusik bildete sich im Abendland erst ab dem 14./15. Jh. heraus. Während die Musik anfangs dem Augenblick entsprang oder aus dem Gedächtnis nachgespielt wurde und deshalb eine vergängliche Kunstform war, ermöglichte die → *Notenschrift* das Festhalten von Kompositionen und das tongetreue Nachspielen durch andere. Die → *Improvisation* blieb jedoch ein wichtiges Element des Musizierens. Im Mittelalter befreite sich die Musik in der Form des → *Minnesangs* und später des Meistersangs von der Einbindung in die christliche Liturgie und bereitete der weltlichen Musik den Weg. Mit der Ausweitung der verwendeten Instrumente und der Entwicklung neuer Instrumente und damit auch Klangfarben entstand eine Fülle von neuen musikalischen Gattungen, sowohl von vokalen (wie etwa → *Oper* und *Oratorium*) als auch rein instrumentalen (wie etwa → *Konzert* und *Sinfonie*).

Die Musik blieb lange Zeit *Gebrauchsmusik,* auch wenn die Kompositionen komplizierter und das Spiel virtuoser wurden. Sie diente der Unterhaltung, insbesondere als Tanzmusik. Die Vokal- und Tanzmusik für die unteren Schichten unterschied sich zunehmend von der Musik für ein höfisches Publikum und trennte sich als → *Volksmusik* von der musikalischen Entwicklung ab und verlor an Wertschätzung. Aus der an den Fürstenhöfen gepflegten Musik entstand die *Kunstmusik,* die auch als → *E-Musik* (ernste Musik) bezeichnet wird, weil sie sich spätestens seit dem 18. Jh. von der → *U-Musik* (Unterhaltungsmusik) distanzierte (zur Entwicklung der E-Musik siehe Sonderseite Klassische Musik). Es gab und gibt jedoch eine Vermischung und gegenseitige Durchdringung von E- und U-Musik, Kunst- und Volksmusik. Außerdem entstanden im 20. Jh. innerhalb der U-Musik neue Musikrichtungen, die für die Entwicklung der Gesamtmusik (Herausbildung neuer Tonsysteme und Klangfarben, Verwendung neuer Instrumente) große Bedeutung haben sollten (vor allem → *Jazz-* und *Rockmusik*).

Musikinstrumente, Geräte zum Erzeugen von Klängen. Nach der Art und Weise, wie oder womit sie ihre Töne erzeugen, lassen sie sich in fünf Gruppen unterteilen: → *Tasten-, Saiten-, Blas-, Schlag-* und *elektronische Instrumente.* Eine andere Unterscheidung gliedert die mechanischen Instrumente in *Idiophone* (»Selbstklin-

■ *Muskatnuss*

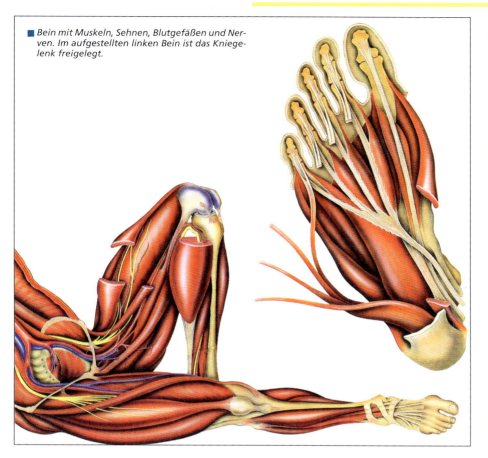

Bein mit Muskeln, Sehnen, Blutgefäßen und Nerven. Im aufgestellten linken Bein ist das Kniegelenk freigelegt.

Absolute und Programmmusik

In der Kunstmusik unterscheidet man zwischen absoluter und Programmmusik. Die absolute Musik versteht sich als eine eigenständige Kunst, die nur auf innermusikalischen Gesetzen beruht und zweckfrei ist. Sie ist eine Errungenschaft der Barockmusik und kann ab etwa 1750 (z. B. Bachs »Kunst der Fuge«) angesetzt werden. Allerdings ist auch diese »autonome Musik« sehr oft durch ihre Form oder ihre Absicht zweckbestimmt.

Die Programmmusik dagegen zielt bewusst auf außermusikalische Bezüge ab, die oft schon im Titel der Komposition sichtbar werden. Sie ordnet sich einem Gedanken unter, der außerhalb der Musik liegt, und illustriert ein Geschehen, eine Gestalt oder eine Stimmung oder ahmt mit musikalischen Mitteln tonmalerisch außermusikalische akustische Erscheinungen nach (z. B. Vogelrufe, Sturm, Plätschern eines Baches). Solche Tendenzen findet man bereits in der mittelalterlichen und Renaissancemusik; doch besondere Bedeutung hatte das außermusikalische Programm für die sinfonischen Dichtungen des 19. und 20. Jh. (vor allem bei Liszt und Strauss). Noch wichtiger ist das »Programmatische« bei Bühnen- und Filmmusiken, bei denen die Musik das Geschehen auf der Bühne bzw. der Leinwand untermalt.

ger« wie etwa Becken oder Glockenspiel), *Membranophone* (»Fellklinger« wie Pauken und Trommeln), *Chordophone* (»Saitenklinger« wie Klavier, Geige oder Gitarre) und *Aerophone* (»Luftklinger« wie Blasinstrumente oder Orgel) und nimmt *Elektrophone* (»Stromklinger« wie elektrische Orgel oder Synthesizer) hinzu.

Musil, Robert (1880–1942), österreichischer Schriftsteller, der in seinen Novellen und seinem kurzen Roman »Die Verwirrungen des Zöglings Törleß« (1906) die psychologische Entwicklung des Menschen darstellte. Mit seinem unvollendet gebliebenen Roman »Der Mann ohne Eigenschaften« (1930–1943) beeinflusste er maßgeblich die Entwicklung des modernen Romans.

Muskatnuss [von lat. muscala = »nach Moschus duftend«], *der,* Samen des bis zu 18 m hohen *Muskatnussbaums,* der von den Südseeinseln stammt und heute in Westindien, Brasilien und Afrika angebaut wird. Die Muskatnuss befindet sich in einer fleischigen Fruchtkapsel und enthält ätherisches Öl und etwa 35 % Öl. Der umgebende Samenmantel *(Muskatblüte)* wird getrocknet und gerieben; das orangegelbe Pulver wird als Gewürz verwendet. Die Muskatnuss dient ebenfalls als Küchengewürz.

Muskel [lat.], *der,* ein aus Muskelgewebe bestehendes Körperorgan, das sich zusammenziehen und dabei Gliedmaßen und andere Organe bewegen oder in ihrer Form verändern kann. Die *Skelettmuskulatur* besteht aus *quer gestreiften* Muskelfasern, die beim Menschen bis zu 12 cm lang sind und dem Willen unterliegen, also bewusst bewegt werden können. Der *Herzmuskel* ist zwar ebenfalls quer gestreift, aber nicht vom Willen abhängig. Die *glatten* Muskeln arbeiten unwillkürlich, d. h. ohne Beeinflussung durch den Willen, und sind u. a. für Blutgefäße und Eingeweide zuständig. Da sich das Muskelgewebe zusammenziehen, aber nicht selbst wieder dehnen kann, benötigt jeder Muskel einen Gegenspieler, der ihn wieder verlän-

Muskulatur

Unter Muskelkater versteht man eine vorübergehende, schmerzhafte, manchmal auch mit Krämpfen verbundene Ermüdung von Muskeln, die auf eine Anreicherung mit bestimmten Stoffwechselprodukten (vor allem Milchsäure) nach einer Überbeanspruchung zurückgeht.

Myanmar (Myanma Pye)

Staatsname: Union Myanmar

Staatsform: Sozialistische Republik

Hauptstadt: Rangun

Fläche: 678 033 km²

Einwohner: 46,5 Mio.

Bevölkerungsdichte: 68,5/km²

Amtssprache: Birmanisch

Währung: Kyat (K)

Nationalitätskennzeichen: BUR und MYA

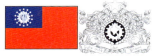

Myanmar

Muttermilch stärkt Gehirn- und Nervensystem

Muttermilch ist für die Entwicklung des Gehirns und des Nervensystems bei Kleinkindern wichtig. Eine besondere Bedeutung kommt den sog. langkettigen, mehrfach ungesättigten Fettsäuren in der Muttermilch zu, die in der Flaschenmilch fehlen. Diese Stoffe sind wichtige Bestandteile der Gehirn- und Nervenzellen. Neugeborene können diese Substanzen erst vier Monate nach der Geburt erzeugen. In den Niederlanden durchgeführte Untersuchungen an mehr als 500 Kindern nach der Geburt und nach neun Jahren ergaben, dass die Flaschenkinder später häufiger neurologische Störungen aufwiesen als die gestillten Kinder.

gert, oder eine andere Gegenbewegung (z. B. durch Flüssigkeitsdruck in den Blutgefäßen). Nach der Bewegung, die der einzelne Muskel bewirkt, unterscheidet man Beuger und Strecker, Heber und Senker, Einwärts- und Auswärtsdreher. Insgesamt besitzt der Mensch etwa 600 Muskeln.

Muslim, *Moslem* [arab. »der sich Gott unterwirft«], *der,* ein Anhänger des → Islam.

Mustang [span.-engl.], *der,* ein in den nordamerikanischen Prärien wild lebendes Pferd, das von entlaufenen Hauspferden (im 16./17. Jh. aus Europa eingeführt) abstammt und sehr genügsam ist.

Musterung, von den Kreiswehrersatzämtern durchgeführte Prüfung der Wehrpflichtigen, ob sie für den Wehrdienst tauglich sind und in welchen Waffengattungen sie eingesetzt werden können.

Mutation [lat.], *die,* plötzlich auftretende Veränderung des Erbmaterials, die an die Nachkommen weitergegeben wird. Lebewesen können ohne erkennbare Ursache **mutieren** (*Spontanmutation*), oder die Veränderungen im Erbgut werden durch Mutagene ausgelöst.

Muttermal, angeborene Fehlbildung der Haut oder Schleimhaut, die teilweise verfärbt, warzenartig oder behaart ist. Dazu gehören auch *Leberfleck* und *Feuermal.* Muttermale gehen auf embryonale Entwicklungsstörungen zurück und sind in der Regel gutartig.

Muttermilch, von der weiblichen Brustdrüse abgesonderte → Milch, mit der eine Frau nach der Entbindung ihr Kind stillen kann. Sie enthält die für den Säugling notwendigen Nähr- und Abwehrstoffe (Antikörper gegen Infektionen) und genügt in den ersten Lebensmonaten als alleinige Nahrung.

My, μ, als Vorsatz das Zeichen für → Mikro- (z. B. μm).

Myanmar, früher *Birma,* engl. *Burma,* Staat in Südostasien. Das Land, das den westlichen Teil Hinterindiens einnimmt, hat im Norden Anteil am → Himalaja. Zwischen zwei parallel verlaufenden Gebirgsketten erstreckt sich die fruchtbare Ebene des Irawadi, der ein riesiges Delta bildet. Die Bevölkerung besteht neben Birmanen (fast 70 %) aus zahlreichen Minderheiten, von denen die bedeutendsten die Shan, die Karen, die Rohingya und die Mon sind. Myanmar ist landwirtschaftlich geprägt (Reis, Zuckerrohr, Baumwolle, Teakholz) und besitzt reiche Bodenschätze, die nur teilweise erschlossen sind (Erze, Erdöl). Dem Fremdenverkehr kommt

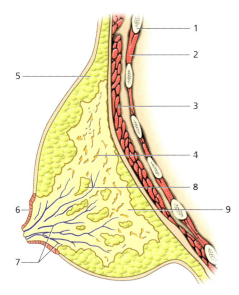

■ *Aufbau der weiblichen Brustdrüse (Milchdrüse).* **1** *Rippe;* **2** *Zwischenrippenmuskel;* **3** *Brustmuskel;* **4** *Drüsengewebe der Brust;* **5** *Fettgewebe;* **6** *Warzenhof;* **7** *Milchgänge;* **8** *Fettgewebe zwischen den Läppchen des Drüsengewebes;* **9** *Bindegewebe*

wachsende Bedeutung zu. Die aus West- und Südchina eingewanderten Birmanen gründeten im 11. Jh. ein Reich (mit *Pagan* als Hauptstadt), das sich nach der Eroberung des Mon-Reiches bis nach Südbirma hin ausdehnte. Im 13. Jh. eroberten Mongolen das Land. Der Kampf um die Vorherrschaft, der zwischen Birmanen, Mon und Shan geführt wurde, endete Mitte des 18. Jh. mit der Gründung eines birmanischen Reiches, das sich im 19. Jh. auf das Gebiet von Assam und Bengalen auszubreiten versuchte. In drei Kriegen mit Großbritannien wurde Birma bis 1886 von den Briten annektiert und der Kolonie Indien angegliedert. 1942–1945 war das Land, das seit 1937 eine selbstständige britische Kolonie war, von den Japanern besetzt. 1948 wurde es als *Union von Birma* (die auch die Karen- und Shanstaaten umfasste) unabhängig. 1962 übernahm das Militär die Macht. Birma, das einen eigenständigen Sozialismus verfolgte, isolierte sich gegenüber dem Ausland. 1988 wurden Demokratisierungsbestrebungen durch einen Militärputsch vereitelt. Die sozialistische Republik (seit 1974) benannte sich 1989 in *Union von Myanmar* um. Die Opposition unter Führung der Friedensnobelpreisträgerin *Aung San Suu Kyi* (* 1945; mehrfach unter Hausarrest

Mykene: *Das Löwentor*

gestellt) gewann 1990 zwar die Wahlen, wurde aber an der Regierungsübernahme gehindert. Die ethnischen Minderheiten, die jahrzehntelang gegen die birmanische Zentralregierung für ihre Unabhängigkeit kämpften, sollen in einer geplanten neuen Republik eigene Regionen erhalten. Ende 1996 gab es erneut Studentendemonstrationen.

Mykene, griechische Stadt in der Argolis (auf dem → Peloponnes), die der Sage nach Sitz von König → Agamemnon war. Im → Altertum war Mykene eines der Zentren der nach ihm benannten **mykenischen Kultur** (etwa 1600–1200 v. Chr.). Typisch für diese sind die gewaltigen »kyklopischen« Stadtmauern.

Mysterium [lat.-griech.], *das,* Geheimnis (vor allem in religiöser Hinsicht). Die **Mysterien** waren in der Antike Geheimkulte in Griechenland und im Römischen Reich, die aus Thrakien, Kleinasien und dem Orient stammten. Die Feiern waren nur Eingeweihten vertraut und versprachen ihnen Unsterblichkeit durch Teilnahme am Schicksal der sterbenden und wiederauferstehenden Gottheit.

Mystik [lat.], *die,* besondere Form der Religion, bei der jemand durch Versenkung und Ekstase eine unmittelbare Vereinigung mit Gott *(unio mystica* = »geheimnisvolle Vereinigung«) einzugehen versucht. Die Mystiker wollen dadurch die höchstmögliche Gotteserkenntnis erreichen. Mystische Elemente und Bestrebungen finden sich in allen Religionen. Der bedeutendste deutsche Mystiker war *Meister Eckart* (um 1260–1328), ein Dominikanermönch, der seine mystische Lehre in eindrucksvollen Predigten zum Ausdruck brachte und auch die deutsche Sprache prägte. Die Mystik beeinflusste im Mittelalter die Frömmigkeit in vielen Klöstern (vor allem auch bei Nonnen).

Mythologie [griech.], Götterlehre, die Gesamtheit der → Mythen eines Volkes und ihre wissenschaftliche Erforschung.

Mythos, *Mythus* [griech. »Erzählung, Sage«], *der,* die in einem Volk oft aus grauer Vorzeit überlieferte Erzählung über die Entstehung der Welt und die Götter und Helden; auch eine besondere Sage über einen Gott oder einen → Heroen. Im übertragenen Sinne versteht man unter einem Mythos eine Person oder eine Sache, die den Charakter einer Legende bekommen hat (z. B. *Jimi Hendrix ist zu einem Mythos geworden).*

Die wichtigsten Götter der Antike

Griechen	Römer
Zeus	Jupiter
Hera	Juno
Athene	Minerva
Apollon	Apollo
Aphrodite	Venus
Artemis	Diana
Ares	Mars
Hermes	Merkur
Demeter	Ceres
Hephaistos	Vulkan
Dionysos	Bacchus
Poseidon	Neptun
Hades	Orcus

Nahrungskette

N, Einheitenzeichen für → Newton.

n, bei physikalischen Einheiten das Zeichen für Nano- (z. B. ns = Nanosekunde).

Nabel, runde Vertiefung in der Mitte des Bauchs, wo nach der Geburt die **Nabelschnur** abgetrennt wird. Durch den 500 cm langen und etwa 2 cm dicken Nabelstrang ist der Embryo bzw. Fetus während der → Schwangerschaft mit der → Plazenta verbunden, die ihn mit Sauerstoff und Nährstoffen aus dem Mutterleib versorgt.

Nachricht, eine Meldung, die über ein aktuelles Ereignis oder einen interessanten Sachverhalt informiert (→ Information). Nachrichten werden über → Massenmedien verbreitet. Nachrichten in Wort und Bild werden von **Nachrichtenagenturen** gesammelt und an die Medien weitergeleitet; die bekanntesten sind: *United Press International (UPI)* und *Associated Press (AP*, USA), *Reuters* (Großbritannien), *Agence France Press* (*AFP*, Frankreich) und *Deutsche Presseagentur* (*dpa, Deutschland*).

Nachrichtensatellit, auch *als Kommunikationssatellit* bezeichneter künstlicher Satellit, der die Erde (oft auf einer → geostationären Bahn) umkreist und Fernseh- und Rundfunkprogramme, Telefongespräche, Fernschreiben und Daten als → Relaisstation weltweit übermittelt. Direktsatelliten wie *Astra* oder *Eutelsat,* die Programme unmittelbar an Heimempfänger übertragen, sind die Voraussetzung für → Satellitenfernsehen.

Nachrichtentechnik, Teilbereich der → Elektrotechnik, der sich mit der Übertragung von → Informationen durch elektrische Signale befasst.

Nachtigall, knapp 17 cm langer Singvogel, der in Europa, Nordafrika und Westasien in Wäldern und dichtem Gebüsch lebt. Die Nachtigall ist für ihren nächtlichen Gesang bekannt.

Nachtschattengewächse, Familie von weltweit verbreiteten Bäumen, Sträuchern und Kräutern, deren Früchte (Beeren oder Kapseln) häufig → Alkaloide enthalten. Zu den Nachtschatten gehören zahlreiche Nutzpflanzen (z. B. → Tomaten, → Paprika, → Kartoffel und → Tabak) und Zierpflanzen (z. B. Petunie), aber auch giftige Pflanzen wie etwa → Tollkirsche, Bilsenkraut und Stechapfel.

Nadelhölzer, *Koniferen,* zu den Nacktsamern gehörende Bäume, die kleine nadel- oder schuppenförmige Blätter besitzen. Auf der nördlichen Erdhalbkugel bilden sie dichte *Nadelwälder,* die fast drei Viertel der Waldfläche ausmachen. Bekannte Nadelhölzer sind → *Eibe, Fichte, Kiefer, Lärche, Tanne* und *Zypresse.*

Nadir [arab.], *der,* Fußpunkt senkrecht unter dem Beobachter. Auf der Himmelskugel liegt ihm der → Zenit gegenüber.

Nagel, Anhangsgebilde der → Haut, das beim Menschen als Hornplatte die Endglieder der Finger und Zehen bedeckt.

Nagetiere, weltweit verbreitete Ordnung von Säugetieren, die zwischen 5 cm und 1 m lang werden. Kennzeichnend sind je zwei *Nagezähne* im Ober- und Unterkiefer, die nachwachsen, sobald sie abgenutzt sind. Nagetiere ernähren sich vorwiegend von Pflanzen. Sie vermehren sich rasch und werden deshalb oft als Versuchstiere in Laboratorien verwendet. Viele sind Schädlinge, die Nutzpflanzen und Nahrungsvorräte fressen; einige können auch Krankheiten übertragen (z. B. Ratten). Es gibt vier Unterordnungen: *Hörnchen* (→ Eichhörnchen), *Mäuseartige* (→ Mäuse), *Stachelschweinartige* (→ Stachelschweine) und *Meerschweinchenartige* (→ Meerschweinchen).

Naher Osten, *Vorderer Orient,* Bezeichnung für die vorderasiatischen Staaten, die am östlichen Mittelmeer, Roten Meer, Arabischen Meer und Persischen Golf liegen. Neben der Türkei, Zypern, Israel und Libanon sind dies die arabischen Staaten (Syrien, Jordanien, Saudi-Arabien, Jemen, Oman, Vereinigte Arabische Emirate, Kuwait, Bahrain und Irak), die früher zum → Osmanischen Reich gehörten.

Nahrungskette, der Weg, den Nahrungsstoffe von der Erzeugung bis zum Abbau durch verschiedene Organismen nehmen. Die Nahrungskette verbindet Lebewesen, die in ihrer Ernährung voneinander abhängig sind: Pflanzen, Pflanzen fressende Tiere, Fleischfresser und Aasfresser sowie Mikroorganismen. Am Beginn der Nahrungskette stehen grüne Pflanzen, die durch → Photosynthese aus anorganischen Stoffen organische Verbindungen aufbauen. Von den Pflanzen ernähren sich Tiere, die diese Stoffe nicht selbst erzeugen können. Pflanzenfresser

■ *Nachtigall*

Nahostkonflikt

Der *Nahostkonflikt* ist die langwierige Auseinandersetzung zwischen Israel und seinen arabischen Nachbarn um → Palästina, die zwischen 1948 und 1973 zu vier Kriegen führte und auch eine Rolle beim Bürgerkrieg im → Libanon spielte.

452 Nahtod-Erfahrungen

Namibia

Staatsname:	Republik Namibia
Staatsform:	Republik
Hauptstadt:	Windhuk
Fläche:	824 292 km²
Einwohner:	1,5 Mio.
Bevölkerungsdichte:	2/km²
Amtssprache:	Englisch
Währung:	Namibia-Dollar (N $)
Nationalitätskennzeichen:	NAM

Namibia

Nahtod-Erfahrungen

Übereinstimmend erzählen solche Personen, dass sie sich von ihrem Körper lösten und zu schweben begannen, wobei sie durch einen dunklen Tunnel ins Licht gelangten. Sie begegneten dann oft verstorbenen Verwandten und Freunden und einem Lichtwesen, das ihnen ein Gefühl von höchstem Glück und Verständnis vermittelte. Der »Sterbende« blickte zumeist auf sein ganzes Leben zurück, bevor er in seinen Körper zurückkehrte oder zurückgeschickt wurde. Derartige Erlebnisse werden wissenschaftlich als → Halluzinationen und Phantasien erklärt, weil der menschliche Körper in Extremsituationen (wie dem Sterben) rauschgiftähnliche Substanzen (→ Endorphine) ausschüttet, die den Schmerz unterdrücken.

sind die Nahrung von Fleischfressern. Daneben gibt es Allesfresser, die sich sowohl von Pflanzen als auch von Tieren ernähren. Am Ende der Nahrungskette stehen im Boden lebende Tiere (z. B. Aaskäfer) und Mikroorganismen, die tote Lebewesen verzehren und zu anorganischem Material abbauen. Dieses wiederum kann von den Pflanzen am Anfang der Nahrungskette verwertet werden.

Nahtod-Erfahrungen, sie werden von Menschen berichtet, die vorübergehend *klinisch tot* waren und durch ärztliche Behandlung (→ Reanimation) ins Leben zurückgerufen wurden.

Nairobi, im südlichen Hochland (1670 m) gelegene Hauptstadt (1,5 Mio. Einwohner) von → Kenia.

naiv [frz.], natürlich, einfältig, in seinem Denken und Fühlen unmittelbar und unkritisch.

naive Malerei, Laienmalerei, bei der die Künstler keine akademische Ausbildung haben und sich keiner Kunsttheorie zuordnen lassen. Realistische Darstellungsweise, Detailreichtum und Farbenfreude verbinden sich auf vielen Bildern naiver Künstler mit dem Fehlen ausgefeilter Techniken (wie z. B. perspektivische Darstellung), wobei die Themen von der alltäglichen Umwelt bis zu phantastischen Traumwelten reichen. Am bekanntesten sind die amerikanische Farmersfrau *Anna Mary Moses* (1860–1961), die als *Grandma Moses* berühmt wurde, und der französische Zöllner *Henri Rousseau* (1844–1910).

Name, Bezeichnung für eine einzelne Person, um sie als nur einmal vorhandenes Individuum hervorzuheben. Bei den gesetzlich zugelassenen *Personennamen* unterscheidet man heute in den meisten Ländern zwischen dem *Vornamen,* den eine Person nach der Geburt erhält, und dem *Familiennamen,* der von den Eltern (auch bei einer Adoption) weitergegeben wird.

Das seit 1994 in Deutschland geltende **Namensrecht** erlaubt es, dass sich Ehepaare nicht mehr auf einen gemeinsamen Ehenamen verständigen müssen, sondern ihren jeweiligen Namen behalten dürfen. Die Kinder müssen alle den gleichen Familiennamen haben. Wenn die Eltern verschiedene Namen haben, müssen sie sich für die Kinder auf einen Familiennamen einigen; ansonsten entscheidet das Vormundschaftsgericht.

Namibia, Staat in Südafrika. Das Land besteht in der Mitte aus Hoch- und Bergländern, fällt nach Westen hin steil zur etwa 1300 km langen Küstenwüste Namib ab und hat im Osten Anteil an der abflusslosen Beckenlandschaft der Kala-

hari (mit dem Etoschawildpark, dem größten Wildschutzgebiet der Erde). Die Bevölkerung, überwiegend Bantu (vor allem Ovambo) sowie über 6 % Weiße und knapp 3 % → Buschmänner, lebt hauptsächlich vom Bergbau (reiche Bodenschätze, insbesondere Diamanten, Uran, Erze) und von der Landwirtschaft (Viehzucht). Die Küste wurde zwar schon im 15. Jh. von Portugiesen entdeckt, aber erst im 18. Jh. liefen Walfänger die *Walfischbucht* an, die 1878 von den Briten in Besitz genommen wurde. 1884 wurde das Land als *Deutsch-Südwestafrika* deutsches Schutzgebiet. Zu Beginn des 20. Jh. kam es zu Aufständen der eingeborenen Bevölkerung, die von den deutschen Kolonialtruppen blutig niedergeschlagen wurden. Nach dem Ersten Weltkrieg erhielt Südafrika das Mandat des Völkerbundes. Die UNO entzog dieses Mandat 1966 und erkannte in den 70er Jahren die Unabhängigkeitsbewegung *SWAPO* (South West African People's Organization) gegen den Widerstand Südafrikas als einzigen rechtmäßigen Vertreter Namibias an. 1990 wurde Namibia unabhängig. Nach der ersten Wahl übernahm die SWAPO die Regierung. Die *Walfischbucht,* einen wichtigen Fischereihafen, behielt Südafrika bis März 1994 als Exklave. Namibia gehört dem → Commonwealth an.

Nano- [von griech. nanos = »Zwerg«], als Vorsatz für Maßeinheiten mit der Bedeutung »Milliardstel« (= 10^6, Zeichen *n,* z. B. *Nanometer,* 1 nm = 0,000000001 m).

Nansen, Fridtjof (1861–1930), norwegischer Polarforscher und Diplomat, der 1888 als erster Grönland von Osten nach Westen durchquerte und 1893–1896 das Nordpolarmeer erforschte. Als Hochkommissar des → Völkerbundes für Flüchtlingsfragen half er mit, deutsche Kriegsgefangene aus Russland rückzuführen, organisierte Hilfsaktionen für die hungernde Bevölkerung in der Sowjetunion und schuf den *Nansenpass,* einen Passersatz, für staatenlose politische Flüchtlinge. 1922 erhielt er den Friedensnobelpreis.

Napalmbombe, Brandbombe, die mit (durch *Natriumpalmitrat* eingedicktem) Benzin gefüllt ist. Das Gemisch entzündet sich bei einer Temperatur von 1200 °C. Es ist nur schwer zu löschen und bleibt haften, während es brennt. Napalm wurde von den USA im Zweiten Weltkrieg und vor allem im Vietnamkrieg eingesetzt.

Napoleon I., eigentlich *Napoléon Bonaparte* bzw. *Buonaparte* (1769–1821), französischer Kaiser. Der auf Korsika geborene Napoleon stieg

während der → Französischen Revolution zum Armeebefehlshaber auf. Er hatte den Oberbefehl beim Italienfeldzug 1796/97 und unternahm 1798 eine gegen England gerichtete Militärexpedition nach Ägypten, die jedoch scheiterte. 1799 kehrte er nach Frankreich zurück und übernahm in einem Staatsstreich die Macht als Erster Konsul (zunächst auf zehn Jahre, 1802 auf Lebenszeit). 1804 krönte er sich selbst zum Kaiser und wurde dadurch zum letzten absolutistischen Herrscher, auch wenn er mit der Einführung des *Code Napoléon* Freiheit und Gleichheit verfassungsrechtlich verankerte.

In mehreren Kriegen eroberte er große Teile Europas und setzte in den besetzten Gebieten seine Verwandten als Herrscher ein oder verheiratete sie mit verbündeten Herrscherhäusern. Seine größten Rivalen auf dem Kontinent konnte er besiegen (z. B. 1806 in der Doppelschlacht von Jena und Auerstedt Sieg über Preußen, 1809 Niederschlagung der Erhebung Österreichs) oder sich mit ihnen verbünden (1807 Bündnis mit dem russischen Zaren Alexander I.). Während es ihm gelang, das Deutsche Reich zu zerschlagen und sich die Unterstützung süd- und westdeutscher Fürsten mit der Gründung des *Rheinbundes* (1806) zu sichern, wollte er die flottenmäßig überlegenen Engländer durch einen Wirtschaftskrieg in die Knie zwingen (1806 Verhängung der Kontinentalsperre.) Beim Versuch, auch Russland zu erobern, das Ende 1810 die Kontinentalsperre aufhob, kam er zwar bis nach Moskau, musste aber bei Einbruch des Winters unter großen Menschenverlusten zurückkehren. In den Befreiungskriegen (1813–1815) erhoben sich die europäischen Völker gegen die französische Besetzung. Die Niederlage in der »Völkerschlacht« bei → Leipzig (1813) besiegelte seinen Niedergang und leitete den Zerfall des napoleonischen Systems ein (u. a. Auflösung des Rheinbundes). Als die Verbündeten Ende März 1814 Paris besetzten, musste er abdanken und sich auf die Mittelmeerinsel Elba zurückziehen. Im März 1815 kehrte er jedoch zurück, sammelte Truppen um sich und zog in Paris ein. Die »Herrschaft der 100 Tage« endete mit der Niederlage bei Waterloo (gegen die Heere des preußischen Feldmarschalls Blücher und des englischen Herzogs von Wellington). Napoleon musste erneut abdanken und wurde auf die Insel → Sankt Helena verbannt, wo er 1821 starb.

■ *Napoleon I.*

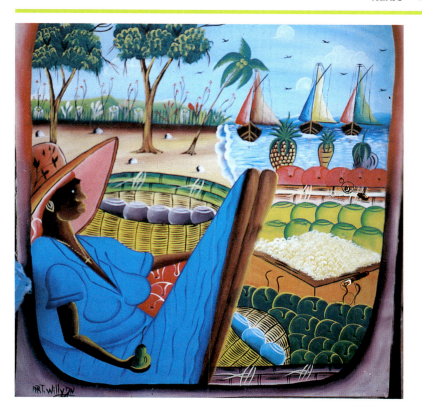

■ *naive Malerei* ist weltweit verbreitet, hier ein Beispiel aus der Karibik

Namen

Wenn sich ein Ehepaar auf den Namen des Mannes oder der Frau als gemeinsamen Namen einigt, kann der Ehepartner, der seinen Geburtsnamen aufgibt, den bisherigen Namen dem gemeinsamen Namen (davor oder dahinter) hinzufügen. Falls also Herr Knaur Frau Droemer heiratet und der Name der Frau der gemeinsame Name sein soll, kann sich der Mann Droemer-Knaur oder Knaur-Droemer nennen. Bei Doppelnamen muss einer der beiden Namensteile gewählt werden.

Narbe, 1. Endzustand beim Verheilen einer Wunde, wobei zunächst gefäßreiches rotes und später festes, nicht sehr elastisches neues Gewe-

Nationalstaaten

Während im Mittelalter eine übernationale Staatsidee vorherrschte, entstanden in der Neuzeit förmliche *Nationalstaaten*, so im 19. Jh. Deutschland und Italien oder die süd- und mittelamerikanischen Staaten. Das Ende des → Kolonialismus führte im 20. Jh., insbesondere nach dem Zweiten Weltkrieg, zum Entstehen junger Nationalstaaten in Afrika und Asien. Mit dem Zusammenbruch des Kommunismus in der Sowjetunion wurden aus den Unionsrepubliken Nationalstaaten, während → Jugoslawien durch den Bürgerkrieg in national bestimmte Teilrepubliken auseinander brach.

Die deutsche Nationalhymne

Als Hymne für die Bundesrepublik Deutschland wird seit 1952 das Deutschlandlied verwendet, dessen Musik das 1797 von Haydn komponierte Kaiserquartett (ursprünglich mit dem Text »Gott erhalte Franz, den Kaiser«) ist. Mit abgewandeltem Text wurde die Melodie unter Kaiser Franz Joseph zur österreichischen Hymne erhoben. 1841 schrieb A. H. Hoffmann von Fallersleben (1790–1874), ein nationalliberaler Germanist und Dichter, den Text, der 1922 in der Weimarer Republik der Haydn-Melodie unterlegt wurde. Das Deutschlandlied (»Deutschland, Deutschland, über alles ...«) blieb auch im Dritten Reich die deutsche Hymne. Heute wird aufgrund des nationalistischen Inhalts der beiden ersten Strophen offiziell nur noch die dritte Strophe (»Einigkeit und Recht und Freiheit ...«) gesungen.

be von weißer Farbe entsteht; **2.** der oberste Teil des Fruchtknotens einer → Blüte. Die Narbe befindet sich auf der Spitze des Griffels und nimmt bei der → Bestäubung den Blütenstaub (→ Pollen) auf.

Narkose [griech. »Erstarrung«], *die*, in der Medizin die Betäubung des Körpers (→ Anästhesie) durch Medikamente (*Narkotika),* so dass er in einen Zustand der Bewusstlosigkeit verfällt und für Schmerzen unempfindlich wird. In diesem Zustand können chirurgische Eingriffe vorgenommen werden.

Narzissen [lat.], Gattung von Zwiebelpflanzen, die in Mitteleuropa und im Mittelmeerraum wachsen. Sie sind beliebte Zierblumen, wie etwa die gelb blühende *Osterglocke.*

Narzissmus [lat.], *der,* ein übertriebenes bis krankhaftes Selbstverliebtsein. Der Name rührt von einer griechischen Sage her, nach der sich ein Jüngling namens *Narkissos* in sein Spiegelbild verliebte. Nach der lateinischen Form *Narcissus* wird eine eitle Person, die in sich selbst verliebt ist, heute noch als **Narziss** bezeichnet.

NASA, Abkürzung für *National Aeronautics and Space Administration,* die Nationale Luft- und Raumfahrtbehörde der USA. Die 1958 gegründete NASA ist die amerikanische Behörde, die für die Planung und Durchführung nichtmilitärischer Luft- und Raumfahrtprojekte zuständig ist. Sie verfügt über zahlreiche Einrichtungen, u. a. das *Kennedy Space Center* am Cape Canaveral, das für die Starts von Satelliten, Raumsonden und bemannten Raumschiffen zuständig ist.

Nase, Geruchsorgan der Wirbeltiere, das bei Landtieren mit Lungenatmung zu den Atemwegen gehört und mit der Mund- und Rachenhöhle verbunden ist. Beim Menschen besteht die äußere Nase aus einem knorpelig-knöchernen Gerüst. Der Innenraum ist durch die *Nasenscheidewand* zweigeteilt und besitzt seitlich je drei

■ *Nase: Schnitt durch Gesichtsschädel, Kehlkopf und Schlund.* **1** *Nasenbein;* **2** *Nasenmuscneln;* **3** *Stirnhöhle;* **4** *Keilbeinhöhle;* **5** *Oberkiefer;* **6** *Oberkieferknochen;* **7** *weicher Gaumen mit Zäpfchen;* **8** *Rachenmandel;* **9** *Gaumenmandel;* **10** *Zunge;* **11** *Unterkieferknochen;* **12** *Halswirbel;* **13** *Zungenbein;* **14** *Kehldeckel;* **15** *Schildknorpel;* **16** *Stimmbänder;* **17** *Ringknorpel;* **18** *Luftröhre;* **19** *Speiseröhre;* **20** *Schilddrüse;* **21** *Hypophyse;* **22** *Atemweg (blaue Pfeile);* **23** *Speiseweg (rote Pfeile; im mittleren Teil des Rachens kreuzen sich Atem- und Speiseweg)*

vorragende *Nasenmuscheln,* die sich vergrößern können und die Atemluft anwärmen, sowie drei *Nasengänge,* die zu den *Nebenhöhlen* (Stirn-, Kiefer- und Siebbeinhöhle) führen. Der Innenraum ist mit Schleimhäuten ausgekleidet, deren Drüsen das schleimförmige *Nasensekret* produzieren. Im Nasenvorhof schützen *Nasenhaare* gegen das Eindringen von Fremdkörpern. Im oberen Teil befindet sich in jeder Nasenhälfte eine für den → Geruchssinn zuständige Rinne mit Riechsinneszellen.

Nashörner, *Rhinozerosse,* Familie von → Unpaarhufern, die bis zu 4 m lang und bis zu 2 m hoch werden. Ihren Namen haben sie von dem einen oder den zwei »Hörnern« auf dem Nasenrücken. Die plump wirkenden Pflanzenfresser leben in den Savannen Afrikas und Asiens. Sie sind stark vom Aussterben bedroht, weil sie wegen ihrer Hörner von Wilderern getötet werden.

Nation [lat.-frz.], *die,* politische Gemeinschaft, deren Mitglieder aufgrund ihrer gemeinsamen Abstammung, Sprache, Kultur und Geschichte ein Zusammengehörigkeitsgefühl besitzen und innerhalb der gleichen Staatsgrenzen leben. Eine Übersteigerung der Nationalidee hat einen → *Nationalismus* zur Folge.

■ **Breitmaulnashorn** *mit Jungtier*

Nationalhymne, Lied, das bei feierlichen Anlässen, Besuchen von Staatsoberhäuptern im Ausland und Siegerehrungen gespielt oder gesungen wird.

Nationalismus [frz.], *der,* im positiven Sinne das erwachende Nationalgefühl eines Volks, das beispielsweise in den Kolonialstaaten zur Bildung eigener Nationalstaaten (→ Nation) führte. Im negativen Sinne versteht man darunter ein übersteigertes Nationalgefühl, das einseitig nur auf das Wohlergehen der eigenen Nation abzielt, andere Nationen hingegen als weniger wichtig missachtet. Besonders übersteigerte Formen des Nationalismus waren → Nationalsozialismus, → Faschismus und → Imperialismus.

Nationalrat, in Österreich die für die Gesetzgebung maßgebliche Volksvertretung, deren 183 Abgeordnete alle vier Jahre gewählt werden (zweite Kammer ist der → Bundesrat); in der Schweiz eine der beiden gleichberechtigten Kammern des Parlaments mit 200 nach der Bevölkerungszahl der Kantone gewählten Mitgliedern (zweite Kammer ist hier der 46-köpfige *Ständerat*).

Nationalsozialismus, 1919 in Deutschland aufgekommene politische Bewegung mit extrem nationalistischen Zielen. Die nationalsozialistische Ideologie fand nach der deutschen Niederlage im Ersten Weltkrieg einen günstigen Nährboden, weil sie die Unzufriedenheit über den → Versailler Vertrag schürte und versprach, Deutschland wieder zu einer Weltmacht zu machen. Sie verband politische Vorstellungen des → Faschismus mit rassistischen (Überlegenheit der arischen Rasse) und antisemitischen Gedanken (→ Antisemitismus). Angesprochen werden sollten vor allem Arbeitslose, Bauern und das Kleinbürgertum. Juden (als angebliche Vertreter des Großkapitals) und Kommunisten galten hingegen als Hauptfeinde.

Der Nationalsozialismus wurde in der wirtschaftlichen Krisenzeit der → Weimarer Republik zur stärksten politischen Kraft und gewann mithilfe seiner offiziellen Partei, der → NSDAP, auch die Mehrheit im Parlament. Durch Terror (vor allem der beiden paramilitärischen Organisationen → SA und → SS) gelang Adolf → Hitler als Führer der NSDAP die Übernahme der Macht in Deutschland, wobei ihn rechtskonservative Kreise, insbesondere Teile der Wirtschaft, finanziell und politisch unterstützten. Das demokratische System und die anderen Parteien sowie die Gewerkschaften wurden zerschlagen. Von 1933 bis zum Ende des Zweiten Weltkrieges beherrschte der Nationalsozialismus als Ideologie des → Dritten Reiches das politische und gesellschaftliche Denken in Deutschland. Im Inneren schalteten → Propaganda, die mit Terrormethoden und zahlreichen Spitzeln arbeitende → Gestapo und das undemokratische, gelenkte Gerichtswesen jegliche Opposition aus. Die Bekämpfung von Andersdenkenden und Minderheiten (ethnische Gruppen, Homosexuelle und Geisteskranke) hatte ihren Höhepunkt in der Errichtung von → Konzentrationslagern und dem systematischen Massenmord insbesondere an der jüdischen Bevölkerung.

Außenpolitisch mündete die nationalsozialistische Bewegung, die durch Großmachtstreben und militärische Aufrüstung innere Probleme (vor allem die Arbeitslosigkeit) zu lösen versuchte, in der Einverleibung von Gebieten (Österreich, Tschechoslowakei) und schließlich im → Zweiten Weltkrieg. Versuche von Widerstandsgruppen, gegen das NS-Regime im Inneren zu kämpfen (z. B. die Flugblattaktionen der Geschwister → Scholl) oder Hitler zu beseitigen (z. B. Attentat auf Hitler am 20. Juli 1944 durch deutsche Offiziere), scheiterten. Erst die militärische Niederlage Deutschlands und die Besetzung durch die → Alliierten beendeten die nationalsozialistische Gewaltherrschaft.

NATO, Abkürzung für engl. *North Atlantic Treaty Organizsation,* den 1949 gegründeten Nordatlantikpakt, der das Verteidigungsbündnis der westlichen Staaten (Nordamerika, Kanada und 14 europäische Staaten) darstellt. Ihren Sitz hat die NATO in Brüssel.

Natrium: [ägypt.-arab.], *das,* ein → chemisches Element. Das weiche, schneidbare Metall hat eine silberglänzende Farbe. In der Natur kommt es nur in Verbindungen vor, vor allem in Form von Steinsalz (→ Kochsalz). Es ist sehr reaktionsfähig und muss unter Petroleum aufbewahrt werden, weil es Wasser unter Flammenentwicklung zerlegt. Dabei entstehen *Natriumlauge* (NaOH), eine stark ätzende → Lauge (die für die Seifenindustrie und die Herstellung von Kunstseide von großer Bedeutung ist) und Wasserstoff, der sich entzündet. Natriumionen sind für tierische Organismen und einen Teil der Pflanzenwelt lebensnotwendig. Metallisches Natrium wird in Natriumdampflampen verwendet, die ein besonders helles Licht ausstrahlen. Wegen des niedrigen Schmelzpunktes wird es in → Kernreaktoren als Kühlmittel eingesetzt.

Nattern, artenreichste Familie der → Schlangen, deren weltweit verbreitete Vertreter 25 cm bis

NATO

Die Bundesrepublik Deutschland trat der NATO 1955 bei. Griechenland und die Türkei wurden 1952 Mitglieder, Spanien 1982. Frankreich kündigte 1996 die militärische Zusammenarbeit auf, blieb aber weiterhin Bündnismitglied. Das politische und militärische Bündnis richtete sich während des → Kalten Krieges gegen die Sowjetunion und ihre Verbündeten. Nach der Auflösung des → Warschauer Pakts ist eine Erweiterung der NATO auf osteuropäische Staaten geplant, um ein russisches Vormachtstreben zu verhindern. Jedoch soll Russland durch Zusammenarbeit auf dem Gebiet der Sicherheitspolitik einbezogen werden. Bereits beschlossen ist die Aufnahme von Ungarn, Polen und der Tschechischen Republik. Generalsekretär der NATO ist seit Ende 1995 der frühere spanische Außenminister *Javier Solana Madariaga* (* 1942).

NATO

Natrium

Zeichen: Na
Ordnungszahl: 11
Atommasse: 22,99
Dichte: 0,97 g/cm^3
Schmelzpunkt: 98 °C
Siedepunkt: 883 °C

Nationalparks in Deutschland

Bayerischer Wald (13 300 ha, Waldgebiet mit Rotwild, Luchsen und Vögeln)
Berchtesgaden (21 000 ha, Alpengebiet rund um Königssee und Watzmann mit Steinadlern und Rauhfußhühnern)
Elbtalaue (10 900 ha, Niedersachsen)
Hainich (7610 ha, Buchenwald in Thüringen mit gefährdeten Pflanzenarten)
Harz (15 800 ha, Niedersachsen)
Hochharz (5868 ha, rund um Brocken, Wildkatzen)
Jasmund (3000 ha, Gebiet rund um die Kreidefelsen von Rügen, Orchideen)
Müritz (31 300 ha, im Zentrum der Mecklenburgischen Seenplatte mit Brutgebieten von Fisch- und Seeadlern sowie Schwarzstörchen)
Sächsische Schweiz (9300 ha, an der Elbe und Nebenflüssen, mit Fischottern, Eisvögeln und Uhus)
Unteres Odertal (22 300 ha, und 10 000 ha in Polen, Auenwiesen und Altwasserarme mit Vogelschutzgebieten)
Vorpommersche Boddenlandschaft (80 500 ha, buchtenreiche Innenküsten westlich von Rügen mit Kranichrastplatz und Brutgebieten von Seeadlern und Zwergseeschwalben)
Wattenmeer (240 000 ha in Niedersachsen, alle Ostfriesischen Inseln; 11 700 ha bei Hamburg, Scharhörn und Neuwerk; 285 000 ha in Schleswig-Holstein, nordfriesische Küste und Inseln)

Neodym

Zeichen: Nd
Ordnungszahl: 60
Atommasse: 144,24
Dichte: 6,8 g/cm^3
Schmelzpunkt: 1021 °C
Siedepunkt: 3068 °C

über 3,5 m lang werden. Sie haben sich an die unterschiedlichsten Lebensräume angepasst und Arten hervorgebracht, die am Boden, auf Bäumen oder im Wasser leben. Im Unterschied zu den Giftnattern (→ Giftschlangen) sind sie entweder ungiftig oder verfügen (wie die *Trugnattern*) nur über ein schwach wirkendes Gift. Die bekannteste einheimische Art ist die bis zu 1 m lang werdende *Ringelnatter*, die zu den Wassernattern gehört.

Naturalismus [frz.], *der*, in der Kunst und Literatur eine Richtung, der es um die möglichst naturgetreue Wiedergabe der Wirklichkeit geht. In der bildenden Kunst ist der Naturalismus gleichbedeutend mit → Realismus. In der europäischen Literatur bezeichnet er die Epoche zwischen 1870 und 1900. Der literarische Naturalismus entwickelte sich aus dem Realismus, verschärfte jedoch die objektive Wirklichkeitsbeschreibung; er konzentrierte sich in sozialkritischer Absicht auf das wirtschaftliche Elend der untersten Gesellschaftsschichten (Kleinbürgertum und Proletariat) und die Determiniertheit (→ Determinismus) des Menschen durch soziale Umgebung und Vererbung (der Mensch wird im Sinne der positivistischen Philosophie als Produkt von Veranlagung und Umwelt gesehen). Als bedeutendster Naturalist gilt *Emile Zola* (1840–1902). In Deutschland war Gerhart → Hauptmann mit seinen frühen Werken der wichtigste Vertreter des Naturalismus.

Naturheilkunde, Behandlungsmethode von Krankheiten, die auf die natürlichen Abwehr- und Selbstheilkräfte des Menschen zurückgreift und anstelle von Medikamenten naturbelassene Heilmittel (chemisch nicht veränderte Stoffe von Pflanzen, Tieren und Mineralien) sowie natürliche Reize (Licht, Wasser, Wärme, Bewegung, Fasten usw.) einsetzt.

natürliche Zahlen, die positiven ganzen Zahlen (1, 2, 3, ...). Oft wird auch die → Null hinzugerechnet.

Naturschutz, alle (gesetzlichen) Maßnahmen, die dem Erhalt oder der Wiederherstellung von natürlich entstandenen Landschaften als Lebensraum für Tiere und Pflanzen dienen sollen. In Deutschland gibt es ein Bundesnaturschutzgesetz, das durch Bestimmungen der Bundesländer ergänzt wird. Neben den Behörden setzen sich auch private Organisationen für den Naturschutz ein (auf internationaler Ebene vor allem → Greenpeace, Robin Wood und → WWF). Eine wichtige Rolle für die Erhaltung der Natur spielen die eigens ausgewiesenen **Naturschutz-**

■ *Naturschutzgebiet:* Muschelbank im Wattenmeer

gebiete, in denen Tiere und Pflanzen besonderen Schutz genießen, die aber auch der Erholung des Menschen dienen sollen. Besonders geschützte Gebiete in Deutschland sind die Landschaftsschutzgebiete, Naturparks und Nationalparks.

Naturvölker, Völker, die in ihrer Lebensweise sehr stark der natürlichen Umgebung angepasst sind. Sie leben traditionell als Wildbeuter (Jäger und Sammler, Fischer), Bauern oder Viehzüchter (oft als → Nomaden). Ihre Kultur unterscheidet sich stark von der durch Technologie geprägten Zivilisation der sog. *Kulturvölker* und ist durch ein enges Verhältnis zur Natur geprägt (oft mit → Animismus und → Schamanen verbunden).

Naturwissenschaften, alle Wissenschaften, die sich mit der Erforschung von Naturerscheinungen und ihren Gesetzmäßigkeiten beschäftigen und deren Regelhaftigkeit mithilfe von mathematischen Formeln zu erfassen versuchen. In Abgrenzung zu den → Geisteswissenschaften werden sie auch als *exakte Wissenschaften* bezeichnet. Beobachtung auf erfahrungsmäßiger Grundlage und Nachweis durch Versuche kennzeichnen die naturwissenschaftlichen Methoden. Zu den Naturwissenschaften gehören vor allem Astronomie, Physik, Chemie, Geologie und Biologie.

Nauru, ozeanischer Inselstaat im westlichen Pazifik. Die kleine Koralleninsel, die vorwiegend von einer Mischrasse aus → Polynesiern, Mikronesiern und Melanesiern bewohnt wird, lebt fast ausschließlich vom Phosphatabbau. Sie wurde 1798 entdeckt. Nach der Besetzung durch das Deutsche Reich (1888) fiel sie 1914 an Australien und wurde später als Mandat des → Völkerbundes (ab 1947 als Treuhandgebiet der UNO) von Australien, Neuseeland und Großbritannien gemeinsam verwaltet. Seit 1968 ist Nauru unabhängig, gehört aber weiterhin dem Commonwealth an.

Navigation [lat. »Schiffahrt«], *die*, bei Wasser-, Luft- und Raumfahrzeugen die Bestimmung des Standorts und die Einhaltung des Kurses mithilfe von verschiedenen Instrumenten. Auf der Erde verwendet man neben dem → Kompass u. a. *Log* (zur Messung der Geschwindigkeit von Schiffen) und → Sextant.

Neandertaler, *Homo sapiens neanderthalensis,* frühzeitliche Nebenform des → Menschen, die sich vor etwa 200 000–150 000 Jahren entwickelte und vor allem in Mittel- und Westeuropa sowie in Nordafrika und im Vorderen Orient lebte (siehe Sonderseiten Evolution des Menschen und Vor- und Frühgeschichte).

Neapel, it. *Napoli,* am Golf von Neapel (westlich des → Vesuvs) gelegene Hauptstadt (1,2 Mio. Einwohner) der italienischen Region Kampanien. Das heutige süditalienische Wirtschaftszentrum geht auf eine griechische Kolonie aus dem 5. Jh. v. Chr. zurück.

Nebel, 1. Wettererscheinung, bei der Wassertröpfchen in der Atmosphäre die Sichtweite deutlich herabsetzen (weniger als 1 km). Nebel entsteht, wenn sich die Lufttemperatur dem Taupunkt nähert und sich der Wasserdampf in der Luft zu feinen, etwa 0,01 mm großen Tröpfchen verdichtet. Das geschieht, wenn entweder warme Luft über einen kalten Untergrund strömt oder die Luft über dem Boden durch Abstrahlung oder Aufsteigen an Wärme verliert. Falls kalte Luft und ein warmer, feuchter Untergrund zusammentreffen, kommt es zu *Nebelschwaden,* die sich bewegen. *Bodennebel* liegt flach über Wiesen und Seen oder hängt über Tälern, während sich *Hochnebel* als Schichtwolke oberhalb der Dunstgrenze bildet; **2.** in der Astronomie bezeichnet man seit dem 17. Jh. verschwommene, oft lichtschwache Objekte am Himmel als Nebel. Heute unterscheidet man zwischen *extragalaktischen* (→ Galaxien oder → Spiralnebel) und *galaktischen* Nebeln (Wolken aus interstellarer Materie oder Überreste von → Supernovae innerhalb der Milchstraße).

Nebensatz, abhängiger Satz in einem Satzgefüge. Nebensätze sind zumeist leicht zu erkennen: an dem Wort, das sie einleitet (vor allem → Konjunktion, Relativpronomen, Fragepronomen), oder an einer besonderen Verbkonstruktion (→ Infinitiv, Partizip). Bei der indirekten Rede zeigt der Konjunktiv an, dass es sich um einen Nebensatz handelt. Nebensätze können in einem Satz das Subjekt, das Objekt, eine adverbiale Bestimmung oder ein Attribut vertreten oder eine bestimmte inhaltliche Beziehung zum Hauptsatz zum Ausdruck bringen (z. B. Final-, Kausal-, Konsekutiv-, Konditional-, Temporalsatz).

Negation [lat.], *die,* Verneinung, Verneinungswort (z. B. *nicht, kein, niemand, nie*).

negativ [lat.], verneinend, ungünstig. Gegensatz: → positiv. Unter *negativen Zahlen* versteht man Zahlen, deren Wert kleiner als Null ist; sie sind durch das Vorzeichen – gekennzeichnet.

Negativ, *das,* fotografisches Bild, das nach dem Entwickeln die umgekehrten Helligkeitswerte wie das aufgenommene Objekt (bei Farbfotografien auch die Komplementärfarben) aufweist. Vom Negativ wird als Abzug das → Positiv hergestellt.

Neger [von span. negro = »schwarz«], oft abwertend gebrauchte Bezeichnung für Angehörige der → Negriden, die ursprünglich aus Afrika stammten. Anstelle des verletzenden Ausdrucks werden heute zumeist Bezeichnungen wie »Schwarze« oder (für schwarze Amerikaner) »Afroamerikaner« verwendet.

Negride, Menschenform, die ursprünglich in Afrika (südlich der Sahara) beheimatet war. Äußerliche Kennzeichen für die Zugehörigkeit sind eine dunkelbraune bis schwarze Haut und schwarzes, krauses Haar.

Nehrung, schmale Landzunge, die ein → Haff vom offenen Meer trennt und durch eine Versetzung des Strandes entstanden ist (z. B. *Kurische Nehrung* vor der ostpreußischen Küste).

Nektar [griech.], *der,* in der Biologie versteht man darunter die zuckerhaltige Absonderung, mit der bestimmte Blüten Insekten anlocken.

Nenner, beim → Bruch die Zahl unter dem Bruchstrich.

Nennform, deutsche Bezeichnung für → Indikativ.

Neodym [griech.], *das,* → chemisches Element. Das zu den seltenen Erden gehörende Schwermetall wird für Legierungen und zum Färben (z. B. von Glas und Porzellan) verwendet.

Neofaschismus, politische Bewegung, die nach dem Zweiten Weltkrieg insbesondere in Italien und Deutschland versuchte, den → Faschismus neu zu beleben. Die deutschen Neofaschisten, die an die Ideen des → Nationalsozialismus anknüpfen und u. a. antisemitische (→ Antisemitismus) und ausländerfeindliche Gedanken vertreten, sind in kleine Gruppen aufgespalten und stehen den rechtsextremen Parteien nahe. Trotz des Verbotes mehrerer Organisationen kam es wiederholt zu neofaschistischen Gewalttaten gegen Sachen und Menschen.

Nauru (Naoero)
Staatsname: Republik Nauru
Staatsform: Republik
Hauptstadt: Yaren
Fläche: 21,2 km²
Einwohner: 11 000
Bevölkerungsdichte: 519/km²
Amtssprache: Nauruisch, Englisch
Währung: Austral. Dollar ($ A)
Nationalitätskennzeichen: NAU

Nauru

Neandertaler

Der nach seinem ersten Fundort (1856), dem Neandertal bei Düsseldorf, benannte Urmensch, der nach Genanalysen kein direkter Vorfahre des Jetztmenschen war, besaß einen gedrungenen, etwa 160 cm hohen Körper mit kurzen Beinen und einen niedrigen Schädel mit fliehender Stirn. Er war in hohem Maße an die klimatischen Bedingungen der letzten Eiszeit angepasst. Sein Gehirnvolumen war mit dem des Jetztmenschen vergleichbar. Der Neandertaler benutzte verfeinerte Werkzeuge und war ein geschickter Jäger; außerdem hatte er vermutlich einen Jenseitsglauben (Bestattung von Toten). Vor etwa 40 000 Jahren verschwand dieser Menschentypus wieder, als er vom überlegenen Cro-Magnon-Menschen verdrängt wurde.

Nepal	
Staatsname:	Königreich Nepal
Staatsform:	Parlamentarische Monarchie
Hauptstadt:	Katmandu
Fläche:	147 181 km²
Einwohner:	21,8 Mio.
Bevölkerungsdichte	148/km²
Amtssprache:	Nepali
Währung:	Nepalesische Rupie (NR)
Nationalitätskennzeichen:	NEP

Nepal

Neon
∙ ∙ ∙ ∙ ∙ ∙ ∙ ∙ ∙ ∙ ∙ ∙ ∙ ∙ ∙ ∙ ∙ ∙ ∙ ∙
Zeichen: Ne
Ordnungszahl: 10
Atommasse: 20,18
Dichte: 0,9 g/l
Schmelzpunkt: −249 °C
Siedepunkt: −246 °C

Neptun
∙ ∙ ∙ ∙ ∙ ∙ ∙ ∙ ∙ ∙ ∙ ∙ ∙ ∙ ∙ ∙ ∙ ∙ ∙ ∙
Durchmesser: 49 528 km
Entfernung von der Sonne: 4496,7 Mio. km
Umlaufzeit: 145,79 Jahre
Rotationsdauer: 16 Stunden 7 Minuten
Masse: 1,0210 t
Dichte: 1,64 g/cm³
Größte Satelliten: Triton (2740 km), Nereid (340 km)

Neon [engl.], *das,* ein → chemisches Element. Das farb-, geruch- und geschmacklose → Edelgas ist äußerst reaktionsträge. Es wird in Glimm- und Leuchtröhren *(Neonröhren)* gefüllt, weil es beim Durchfließen von elektrischem Strom hell leuchtet.

Nepal, Staat im → Himalaja. Das zwischen der nordindischen Tiefebene und dem Hochland von Tibet gelegene Gebirgsland ist durch extreme Höhenunterschiede gekennzeichnet und reicht von den Monsunwäldern der Gangesebene bis zu den höchsten Berggipfeln der Erde. Bewohnt wird es vorwiegend von indonepalesischen sowie altnepalesischen Bergvölkern. Nepal ist landwirtschaftlich geprägt; eine zunehmend wichtige Rolle spielt der Fremdenverkehr. Es wurde im 18. Jh. von den hinduistischen Gurkha erobert, die ein eigenes Königreich gründeten. Um die Mitte des 19. Jh. übernahm die adlige Familie der Rana die Macht und regierte bis 1950 diktatorisch. 1951 wurde Nepal eine konstitutionelle Monarchie, auch wenn die Demokratisierung 1962 für längere Zeit gebremst wurde. 1990 wurde das Parteienverbot nach Demonstrationen wieder aufgehoben.

Neptun, 1. ein altitalischer Gott von fließenden Gewässern, der bei den Römern als Meeresgott mit dem griechischen → Poseidon gleichgesetzt wurde; **2.** der zweitäußerste Planet im Sonnensystem (Zeichen Ψ). Er wurde erst 1846 entdeckt, obwohl man wegen seines Einflusses auf die Umlaufbahnen der Nachbarplaneten bereits vorher von seiner Existenz wusste. Der Neptun besitzt acht Monde, von denen sechs erst 1989 von der Raumsonde Voyager 2 aufgefunden wurden; vorher waren nur die beiden großen Monde Triton und Nereid bekannt. Außerdem verfügt er über ein Ringsystem, das aus drei Ringen von Staubteilchen besteht. In seiner Atmosphäre, die sich vor allem aus Wasserstoff, Helium und Methan zusammensetzt, herrscht eine Temperatur von −190 °C. Bemerkenswert ist der sog. *Große Dunkle Fleck* (12 000 km lang und 8000 km breit), ein gewaltiger Sturm, der in seiner Atmosphäre tobt.

Neptunium [lat.], *das,* ein → chemisches Element, das zu den radioaktiven → Transuranen gehört. Es wurde 1940 als erstes künstliches Element erzeugt, kommt aber als Bestandteil der Zerfallsreihe von → Plutonium natürlich vor und entsteht als Nebenprodukt in Kernreaktoren. Seinen Namen hat das Neptunium von dem Planeten *Neptun,* weil sich dieser jenseits des Planeten Uranus befindet und Neptunium das erste

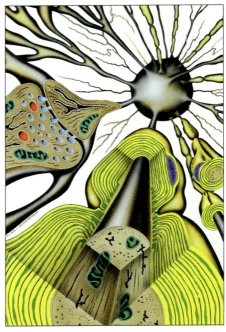

■ *Nervengewebe.* Rechts oben: *Nervenzelle (braun) mit verzweigten Fortsätzen (Dendriten) und unverzweigtem Fortsatz (Neurit).* Links oben: aufgeschnittener verzweigter Fortsatz; die Dendriten empfangen die Erregung von anderen Nervenzellen. An den Dendriten ist der Endkolben einer Erregung bringenden Zelle angelagert; die Erregung wird durch besondere Übertragerstoffe (Transmitter; blau) übertragen. Unten: *unverzweigter langer Fortsatz; er bildet die Achse einer weiter verlaufenden langen Nervenfaser; die Neuriten leiten die Erregung von einer Nervenzelle weiter; sie sind von dicken markhaltigen Scheiden (grün-gelb) umgeben.*

Element jenseits des letzten natürlichen Elements → Uran ist.

Nero, eigentlich *Lucius Domitius Ahenobarbus* (37–68 n. Chr.), römischer Kaiser (seit 54).

Nerv [lat. »Sehne«], *der,* aus Nervenfasern bestehender Strang, der in Bindegewebe eingebettet ist und die Aufgabe hat, → Reize zwischen Zentralnervensystem und den Organen zu leiten. Die Nervenzellen heißen → *Neuronen.* Nervenzellen und ihre Bahnen bilden zusammen das

Nervensystem. Man unterscheidet dabei *zentrales, peripheres* und *vegetatives* Nervensystem. Das → Zentralnervensystem besteht aus Gehirn und Rückenmark, das periphere aus gemischten Nervensträngen, die einerseits sensorische Reize von den Sinnesorganen und inneren Organen als Meldungen zum zentralen Nervensystem übertragen und andererseits motorische Impul-

■ *Nerz*

se vom Zentralnervensystem als Befehle zu den Muskeln und den Drüsen weiterleiten. Das vegetative Nervensystem ist verantwortlich für die Steuerung von Organen und Vorgängen im Inneren des Körpers, die nicht durch den Willen beeinflusst werden.

Nerze, zu den → Mardern gehörende Raubtiere, die bis zu 50 cm lang werden und einen buschigen Schwanz besitzen. Sie leben zumeist in sumpfigem Gelände, können gut schwimmen und ernähren sich von kleinen Säugern, Vögeln, Fröschen und Fischen. Der *europäische Nerz* (oder *Sumpfotter*) ist heute in Europa weitgehend ausgerottet. Der heute in Zuchtfarmen gehaltene *nordamerikanische Nerz* (oder *Mink*), der etwas größer ist, liefert wertvolle Pelze.

Nestflüchter, Tiere, die bei der Geburt so weit entwickelt sind, dass sie keine Brutpflege durch die Elterntiere mehr benötigen und rasch ihr Nest oder ihren Geburtsort verlassen können. Beispiele sind die Reptilien, einige Vögel (wie z. B. Hühner) und Huftiere. Im Gegensatz dazu sind die **Nesthocker** darauf angewiesen, von ihren Eltern manchmal mehrere Jahre lang ernährt und beschützt zu werden, bevor sie ihr Leben eigenständig führen können. Beispiele dafür sind viele Säugetiere (z. B. Nagetiere) und Vögel (z. B. Greifvögel).

Nestroy, Johann Nepomuk (1801–1862), österreichischer Schriftsteller und Schauspieler, der viele Possen und Singspiele für das Wiener Volkstheater schrieb.

netto [it. »unvermischt«], im Geschäftsleben nach Abzug der Unkosten. Das *Nettogewicht* ist das Gewicht einer Ware ohne Verpackung, der *Nettolohn* das Einkommen nach Abzug von Steuern und Sozialversicherungsbeiträgen. Gegensatz: → brutto.

Netzwerk, Verbindung von zwei oder mehr Computern über Kabel und/oder Telefonleitungen.

Neu-Delhi, engl. *New Delhi,* im nordindischen Tiefland gelegene Hauptstadt (301 000 Einwohner) von → Indien. Neu-Delhi ist eigentlich nur ein (1911–1931 entstandener) Stadtteil der indischen Großstadt *Delhi* (7,2 Mio. Einwohner), die heute das drittwichtigste Industriezentrum des Landes darstellt.

Neue Hebriden, Inselgruppe in → Ozeanien, die seit 1980 unter dem Namen → Vanuatu unabhängig ist.

neue Musik, in der → E-Musik zusammenfassende Bezeichnung für die Strömungen der Gegenwartsmusik bzw. der Musik des 20. Jh., die sich von der traditionellen, der → Tonalität verpflichteten → klassischen Musik wegentwickelt und neue Klänge erschlossen hat (z. B. → atonale Musik, Zwölftonmusik, elektronische Musik).

Neuenburg, frz. *Neuchâtel,* Stadt und Kanton in der → Schweiz.

neue Religionen, *Jugendreligionen,* Bezeichnung für → Sekten und religiöse Gruppen, die seit Mitte der 50er Jahre in den USA und Asien entstanden sind und vorwiegend Jugendliche und junge Erwachsene als Mitglieder anwerben. Solche Gruppen nutzen oft die geringen sozialen Bindungen oder die ungenügend erfüllten Bedürfnisse nach sozialer Geborgenheit aus, um die neuen Mitglieder an die Gemeinschaft zu binden. Gemeinsame Merkmale sind ein hierarchischer Aufbau mit einem Führer oder Meister, dem sich der Einzelne bedingungslos unterwerfen muss (bis hin zum Betteln oder zur Prostitution), ein streng geregeltes Gemeinschaftsleben (teilweise mit besonderer Einheitskleidung und neuen Namen) und eine persönlichkeitsbeeinflussende Behandlung der Mitglieder (bis hin zur Gehirnwäsche). Zumeist werden Elemente aus dem christlichen Glauben und verschiedenen östlichen Religionen verwertet.

Neues Testament, *NT,* der Teil der → Bibel, der von → Jesus Christus und seinen Aposteln handelt und die Grundlage des christlichen Glaubens (→ Christentum) bildet.

Neue Welt, Bezeichnung für Amerika, im Unterschied zu den schon in der Antike bekannten Kontinenten (→ Alte Welt).

Neufundland, Insel (108 860 km²) vor der Nordostküste Amerikas, die als Provinz zu → Kanada gehört. Das Gebiet ist moor- und waldreich; an der steilen Küste mit vielen Fjorden und Buchten wird Fischfang betrieben.

Neuguinea, zweitgrößte Insel (771 900 km²)

Neptunium

Zeichen: Np
Ordnungszahl: 93
Atommasse: 237,05
Dichte: 20,25 g/cm³
Schmelzpunkt: 640 °C
Siedepunkt: 3902 °C

Neuenburg

Nero

Nero, der Sohn Agrippinas der Jüngeren, der vierten Gemahlin von Kaiser Claudius (10 v. Chr.–54 n. Chr.), wurde 50 von Claudius adoptiert, heiratete 53 dessen Tochter Octavia (die er 62 nach der Scheidung ermorden ließ) und gelangte durch die Unterstützung seiner Mutter (die ihren Ehemann Claudius vergiftete) auf den Thron. Nach fünf Jahren einer maßvollen Regierung, vor allem unter dem Einfluss seines Lehrers, des Philosophen und Schriftstellers *Seneca* (um 4 v. Chr.–65 n. Chr.), errichtete er eine Willkürherrschaft. Er ließ seine Mutter umbringen und zeigte zunehmend Züge eines »Cäsarenwahns« (u. a. Auftritte als Wagenlenker, Schauspieler und Sänger, Verfolgung von vermeintlichen Gegnern). Als im Jahre 64 in Rom ein großer Brand ausbrach, schob er die Schuld auf die Christen und nahm dies zum Anlass für die erste Christenverfolgung (bei der auch die Apostel Petrus und Paulus hingerichtet wurden). Neros Tyrannei fielen auch Seneca und der Dichter *Petronius* († 66 n. Chr., Verfasser des nur als Fragment erhaltenen satirischen Romans »Satiricon«) zum Opfer. Nach Aufständen in Gallien und Spanien wurde Nero abgesetzt und beging Selbstmord.

Neuseeland (New Zealand)
Staatsform: Parlamentarische Monarchie
Hauptstadt: Wellington
Fläche: 270 534 km²
Einwohner: 3,6 Mio.
Bevölkerungsdichte: 13/km²
Amtssprache: Englisch
Währung: Neuseeland-Dollar (NZ $)
Nationalitätskennzeichen: NZ

Neuseeland

der Erde. Die von → Papua bewohnte Insel, die nördlich von Australien im Pazifik liegt, wurde 1526 von den Portugiesen entdeckt. Während die Westhälfte ab 1818 niederländisch war, wurde der Südostteil 1884 britisches Protektorat und der Nordostteil als *Kaiser-Wilhelms-Land* deutsche Kolonie (beide Gebiete wurden ab 1906 bzw. 1919 von Australien verwaltet). Heute ist die Insel politisch zweigeteilt: Die Westhälfte stand seit 1963 unter indonesischer Verwaltung und gehört seit 1969 als Provinz *Irian Jaya* zu → Indonesien, während die Osthälfte zusammen mit dem vorgelagerten Bismarckarchipel seit 1975 als → *Papua-Neuguinea* unabhängig ist.

Neumann, Johann Balthasar (1687–1753), deutscher Baumeister des Barock, der u. a. die Würzburger Residenz (1720–1744) und die Wallfahrtskirche Vierzehnheiligen in Oberfranken (1743–1772) schuf.

Neurologie [von griech. neuron = »Sehne, Nerv«], *Nervenheilkunde,* die Wissenschaft, die sich mit dem Aufbau und der Aufgabe des Nervensystems sowie den Nervenkrankheiten und ihrer Heilung befasst.

Neuron [griech.], *das,* Nervenzelle, ein Bauelement des → Nervensystems. Eine Nervenzelle besteht aus dem Zellleib *(Soma)* und mehreren Fortsätzen *(Neuriten* und *Dendriten),* die nervöse Erregungen weiterleiten.

Neurose [griech.-engl.], *die,* früher Bezeichnung für jede Nervenkrankheit, heute Sammelbegriff für Störungen, die psychische Ursa-

■ *Neuguinea:* Ein Mann vom Volk der Muli

chen haben und auf nicht verarbeitete seelische Konflikte (vor allem in der Kindheit) zurückgehen.

Neuseeland, ozeanischer Staat im Pazifik südöstlich von Australien. Neuseeland umfasst zwei große Inseln, *Nordinsel* (114 597 km²) und *Südinsel* (151 757 km²), die durch die nur 23 km breite Cookstraße voneinander getrennt sind, sowie viele kleinere bewohnte und unbewohnte Inseln. Die beiden Hauptinseln bestehen hauptsächlich aus Bergländern, wobei die Nordinsel etwas gebirgiger ist. Die Urbevölkerung, die polynesischen → Maori, wanderte erst im 6. und 14. Jh. ein. Heute setzt sich die Bevölkerung zu fast drei Vierteln aus Nachkommen europäischer Einwanderer zusammen; die Maori machen nur noch knapp 10 % aus. Die neuseeländische Wirtschaft stützt sich vor allem auf die Land- und Forstwirtschaft und den Bergbau; eine wichtige Einnahmequelle bildet der Fremdenverkehr. Neuseeland wurde 1642 von dem Niederländer *Abel Tasman* (1603–1659) entdeckt, geriet aber danach wieder in Vergessenheit, bis James → Cook sie auf seiner ersten und zweiten Reise (1769 und 1772–1775) näher erforschte. Zahlreiche britische Einwanderer besiedelten die Inseln, die 1840 von Großbritannien offiziell in

■ *Neuseeland:* Bergseen im Tongariro Nationalpark

New Wave 461

Besitz genommen wurde. Ab 1907 britisches Dominion, wurden Neuseeland 1931 unabhängig, ist aber weiterhin Mitglied des → Commonwealth. Neuseeland war ab 1984 ein entschiedener Gegner von Atomkraft und verbot lange Zeit allen Schiffen mit nuklearem Antrieb oder Atomwaffen die Einfahrt in seine Häfen. An dieser Haltung zerbrach auch der 1951 von Australien, Neuseeland und den USA gegründete ANZUS-Pakt, ein Bündnis zur Sicherung des Friedens im Pazifik (1986 aufgelöst).
Zu Neuseeland gehören seit 1901 auch die → *Cookinseln,* die seit 1965 innere Selbstverwaltung haben, und die Koralleninsel *Niue,* die seit 1974 innere Selbstständigkeit besitzt.

Neusiedler See, flachster See Europas (nur 1–2 m tief, die Größe schwankt stark je nach Trockenheit). Der im → Burgenland an der Grenze zu Ungarn gelegene See (das Südende ist ungarisch) bietet in seinem breiten Schilfgürtel Lebensraum für seltene Vögel.

neutral [lat.], unparteiisch, nicht elektrisch geladen.

Neutrino [it. »kleines Neutron«], *das,* ein stabiles → Elementarteilchen, das keine elektrische Ladung und vermutlich auch keine oder nur eine sehr geringe Masse besitzt. Die Neutrinos gehören zu den → Leptonen, wobei jedem elektrisch geladenen Lepton ein eigenes Neutrino entspricht, also *Elektronen-Neutrino, Myonen-Neutrino* und *Tauonen-Neutrino.* Für jedes Neutrino gibt es ein → Antiteilchen.

Neutron [engl.], *das,* ein → Elementarteilchen im Atomkern, das fast dieselbe Masse wie ein → Proton besitzt, aber keine elektrische Ladung aufweist. Ein Neutron, das nicht in einem Atomkern gebunden ist, zerfällt in ein Proton, ein → Elektron und ein Antineutrino (Antiteilchen des → Neutrinos).

Neutronenbombe, → Atomwaffe, die eine kleine → Wasserstoffbombe mit einer Plutoniumbombe (als Zünder) kombiniert und bei relativ geringer Explosionswucht einen hohen Anteil an → Neutronen freisetzt. Die Neutronenstrahlung vernichtet das Leben im Umkreis der Explosion, während lebloses Material unversehrt bleibt und wenig radioaktive Stoffe ausfallen.

Neutronenstern, ein Stern, der fast ausschließlich aus → Neutronen besteht und trotz seiner gewaltigen Masse nur einen Durchmesser von 20–24 km besitzt.

Neutrum [lat.], *das,* in der Grammatik das sächliche Geschlecht (z. B. *das Leben*).

Neuzeit, jüngster Zeitabschnitt in der Menschheitsgeschichte, der auf das → Mittelalter folgt. Als Beginn der Neuzeit wird zumeist die Entdeckung Amerikas (1492) oder der Anfang der Reformation (1517) angesetzt.

Newage, *New Age* [engl. ˈnjuːˈeɪdʒ »Neues Zeitalter«], *das,* ein neues Bewusstsein, das mit dem kommenden *Zeitalter des* → *Wassermanns* verbunden ist. Dieses neue Weltbild soll durch ein ganzheitliches Denken geprägt sein und östliche Weisheitslehren mit abendländischer Philosophie und Wissenschaft verbinden. Ansätze zu einer solchen Synthese aus → Esoterik und Naturwissenschaft gibt es seit dem Ende der 60er Jahre (z. B. bei dem amerikanischen Physiker und Philosophen *Fritjof Capra*).

Newton [ˈnjuːtn], Sir Isaac (1643–1727), englischer Physiker und Mathematiker, der bahnbrechende Leistungen für die Entwicklung der exakten Wissenschaften hervorbrachte, vor allem auf den Gebieten der Physik, der Astronomie und der Mathematik (Erfindung der → Differenzialrechnung). Er entdeckte u. a. die drei Grundgesetze der → Mechanik (Trägheitsgesetz, dynamisches Grundgesetz und Wechselwirkungsgesetz) und das → Gravitationsgesetz und wandte sie auch auf die Bewegung der Himmelskörper an. Das nach ihm benannte **Newton** (Zeichen *N*) ist die Maßeinheit für die → Kraft, die seit 1970 an die Stelle des → Kilopond getreten ist, definiert als 1 N = 1 kg × m/s² = 0,101 kp. Ein **Newtonme-**

■ **Isaak Newton**

ter ist die Maßeinheit für die Energie (Zeichen Nm), die einem → Joule entspricht.

Neutronenstern

Ein Neutronenstern entsteht, wenn eine alte massenreiche Sonne in sich zusammenstürzt, weil ihre Kernfusion bei Eisenatomen angelangt ist und keine Energie mehr freisetzen kann. Während die äußeren Schichten in einer → Supernovaexplosion abgestoßen werden, bricht der Kern zusammen und verdichtet sich zu einem Neutronenstern. Die Dichte (10^{13}–10^{14} g/cm³) entspricht der im Inneren eines Atoms, so dass Protonen und Elektronen in Neutronen umgewandelt werden. Neutronensterne sind das Endstadium von Sternen, deren Masse 1,44–3-mal so groß wie die der Sonne ist. Sie sind extrem lichtschwach, lassen sich aber als Quellen von Radio- oder Röntgenstrahlung nachweisen (→ Pulsar).

Bekannte New-Wave-Gruppen

USA:

Blondie, Chrome, Devo, Richard Hell & The Voidoids, Pere Ubu, Residents, Jonathan Richman & The Modern Lovers Talking Heads, Television, Tuxedomoon

Großbritannien:

Buzzcocks, Cabaret Voltaire, Elvis Costello & The Attractions, Cure, Ian Dury & The Blockheads, Echo & the Bunnymen, Jam, Magazine, Only Ones, Pop Group Public Image Ltd., Siouxsie and The Banshees, Stranglers, Teardrop Explodes, Ultravox, Undertones, Visage, Wire, XTC

Neue Deutsche Welle:

Abwärts, Deutsch-Amerikanische Freundschaft, Einstürzende Neubauten, Fehlfarben, Nina Hagen Band, Hans-a-Plast, Ideal, Mittagspause, Nena, Neonbabies, Palais Schaumburg, Der Plan, Spliff, Tempo

Nicaragua
Staatsname: Republik Nicaragua
Staatsform: Präsidiale Republik
Hauptstadt: Managua
Fläche: 130 682 km²
Einwohner: 4,4 Mio.
Bevölkerungsdichte: 34/km²
Amtssprache: Spanisch
Währung: Córdoba (C $)
Nationalitätskennzeichen: NIC

Nicaragua

Nibelungen

Das Nibelungenlied lieferte auch den Stoff für Friedrich → Hebbels Dramentrilogie »Die Nibelungen« (1862) und Richard → Wagners Opernzyklus »Der Ring des Nibelungen«.

Nickel

Der Name geht auf eine Bezeichnung der Bergleute für Erz zurück, aus dem sich kein Kupfer gewinnen ließ: *Nickel* war ein schwedischer Berggeist, der das Erz verhexte.

Zeichen: Ni
Ordnungszahl: 28
Atommasse: 58,71
Dichte: 8,9 g/cm³
Schmelzpunkt: 1453 °C
Siedepunkt: 2732 °C

New Wave [engl. 'nju: 'weɪv »neue Welle«], *die,* allgemein eine neue Richtung innerhalb der Kunst oder Kultur. In der → Rockmusik meint New Wave eine ab 1976 im Gefolge des → Punkrock entstandene Musikrichtung, die über die Einfachheit des Punk wieder hinausging und Mut zu experimentellen Klängen, komplizierten Rhythmen und anspruchsvolleren Texten zeigte, aber gleichzeitig neues Leben in die erstarrte, kommerzialisierte Rockszene brachte. In Deutschland entstand Anfang der 80er Jahre die kurzlebige *Neue Deutsche Welle,* deren Gruppen sich vor allem von den anderen deutschen Rockgruppen dadurch abhoben, dass sie deutsch sangen.

New York ['nju: 'jɔ:k], größte Stadt (7,3 Mio. Einwohner, als Ballungsraum 18 Mio. Einwohner) der → Vereinigten Staaten von Amerika. Sie wurde 1626 von den Niederländern an der amerikanischen Ostküste (im Mündungsgebiet des Hudson River auf der Insel Manhattan) als Handelsstation *Nieuw Amsterdam* gegründet. Nach ihrer Eroberung durch englische Kolonisten 1664 wurde sie in New York umbenannt und blieb bis 1783 britisch. Das aus fünf Stadtvierteln *(Manhattan, Brooklyn, Queens, Richmond* und *Bronx)* bestehende New York, das zum größten Teil auf drei Inseln liegt, ist nicht nur das bedeutendste Handels- und Finanzzentrum der Erde, sondern auch die wichtigste kulturelle Metropole Amerikas (mit zahlreichen Museen und Theatern), außerdem eine bedeutende Universitätsstadt und einer der wichtigsten Verkehrsknotenpunkte (drei große Flughäfen und der größte amerikanische Hafen). In New York haben auch

■ **New York:** *Die Skyline von Manhattan*

die → Vereinten Nationen ihren Sitz. Wahrzeichen der Stadt ist die Freiheitsstatue in der Hafeneinfahrt.

Nibelungen, in der germanischen Sage ursprünglich Bezeichnung für ein Zwergengeschlecht, das den *Nibelungenhort* hütete. Später wurde der Name für → Siegfried, der den Schatz errang, und für die Burgunden verwendet, die durch die Ermordung Siegfrieds in seinen Besitz kamen. Das Schicksal Siegfrieds und den Untergang der Burgunden am Hof des Hunnenkönigs Etzel (als Rache Kriemhilds für den Mord Hagen von Tronjes an ihrem Mann) schildert das **Nibelungenlied,** eine um 1200 verfasste Versdichtung, die als bedeutendstes mittelhochdeutsches Heldenepos gilt.

Nicaragua, Staat in Mittelamerika. Das größte mittelamerikanische Land, das von der Gebirgskette der → Kordilleren (mit noch tätigen Vulkanen) durchzogen wird, besteht im Norden und in der Mitte aus Bergland, während sich im Osten ein schmaler sumpfiger Tieflandstreifen (»Moskitoküste«) befindet. In südöstlicher Richtung erstreckt sich die Nicaraguasenke, in der zwei große Seen liegen: der Nicaraguasee und der Managuasee. Die Bevölkerung (fast 70 % Mestizen) lebt hauptsächlich an diesen beiden Seen sowie an der Pazifikküste und im Bergland. Die durch den Bürgerkrieg beeinträchtigte Wirtschaft stützt sich in erster Linie auf die Landwirtschaft (Kaffee, Baumwolle, Zuckerrohr); außerdem besitzt Nicaragua Bodenschätze (Edelmetalle, Erze). Das Land wurde 1502 von Kolumbus entdeckt und ab 1522 von den Spaniern erobert. 300 Jahre lang gehörte es zum Vizekönigreich Neuspanien, bevor es 1821 seine Unabhängigkeit erklärte. Zwei Jahre lang war es Teil des mexikanischen Königreichs und danach bis 1838 Mitglied der Zentralamerikanischen Föderation. Großbritannien und später die USA nahmen wiederholt Einfluss auf die Politik Nicaraguas. Ab 1937 bestand eine diktatorische Regierung der Familie Somoza, die 1979 nach einem blutigen Bürgerkrieg von der linksgerichteten *Sandinistischen Befreiungsfront* gestürzt wurde. Die Sandinisten übernahmen die Regierung, mussten sich aber gegen die rechtsgerichteten, von den USA unterstützten *Contras* behaupten. 1990 löste ein Oppositionsbündnis die sandinistische Regierung ab.

nichteheliche Kinder, auch als *außer-* oder *unehelich* bezeichnete Kinder, die keiner gesetzlichen Ehe entstammen. Sie sind also Kinder einer unverheirateten Frau oder Kinder, deren Ehelichkeit wirksam angefochten wurde, oder Kinder aus aufgelösten Ehen, sofern sie später als 302 Tage nach Auflösung der Ehe geboren wurden. Das Kind trägt den Namen der Mutter, kann aber auch mit seinem Einverständnis und dem der Mutter den Familiennamen des Vaters annehmen und hat gegenüber dem Vater Unterhalts- und Erbansprüche.

Nickel, *das,* ein → chemisches Element. Das zähe silberweiße Schwermetall kommt in reiner Form nur in → Meteoriten vor. Es besitzt ähnliche Eigenschaften wie Eisen und wird für Stahllegierungen verwendet. Außerdem kann man damit Metalloberflächen überziehen *(vernickeln).* Nickel ist auch in → Akkumulatoren (Nickel-Cadmium-Akku) enthalten.

Nidwalden, amtliche Bezeichnung *Unterwalden nid dem Wald,* Halbkanton in der → Schweiz.

Niederlande, Staat in Westeuropa. Das Tiefland, von dem ein Drittel sogar unter dem Meeresspiegel liegt, wird durch Deiche, Dünen und Entwässerungskanäle gegen Überflutung geschützt; es befindet sich im Mündungsgebiet der drei Flüsse → Rhein, Maas und Schelde. Ein Großteil besteht aus Binnengewässern, von denen das größte das *IJsselmeer* (oder *Zuidersee*) ist. Durch Trockenlegung dieser Binnengewässer gewinnt man seit Jahrhunderten fruchtbares Neuland. Der Nordseeküste vorgelagert sind die *Westfriesischen Inseln* (→ Friesische Inseln). Dank der fruchtbaren Böden können etwa zwei Drittel der Gesamtfläche landwirtschaftlich genutzt werden (vor allem für Viehzucht, Gemüseanbau und Blumenzucht). Außerdem besitzen die Niederlande eine hoch entwickelte Industrie und sind ein wichtiger Handelsumschlagplatz (besonders für Rohöl). Im 1. Jh. v. Chr. wurde das von germanischen Stämmen (Bataver und Friesen) bewohnte Land von den Römern erobert, die im 4. Jh. im Zuge der Völkerwanderung von den Franken und Sachsen verdrängt wurden. Während die spätere Grafschaft Flandern bei der Teilung des → Fränkischen Reichs an Frankreich fiel, kam der größte Teil der Niederlande, der ab dem 10. Jh. zum Herzogtum *Lothringen* bzw. *Niederlothringen* gehörte, zum Mittelreich und dann zum Deutschen Reich. Im 14. und 15. Jh. wurde das aus mehreren Grafschaften bestehende Gebiet burgundisch (→ Burgund). Der größte Teil ging 1477 durch Heirat in den Besitz der → Habsburger über. 1555 fielen die niederländischen Provinzen an die spanische Linie, aber der Versuch des spanischen Königs Philipps II. (seit 1556 auf dem Thron), die → Reformation in den Niederlanden gewaltsam zu bekämpfen, und die Unterdrückung durch den spanischen Statthalter, den Herzog von Alba, führten zur Erhebung, die *Wilhelm von Oranien* (1533–1584) anführte. Während die südlichen (katholischen) Provinzen den Kampf bald einstellten und bei Spanien blieben, schlossen sich die nördlichen (protestantischen) Provinzen 1579 zur *Union von Utrecht* zusammen und erklärten 1581 als *Republik der Vereinigten Niederlande* ihre Unabhängigkeit von Spanien. Diese Unabhängigkeit wurde 1648 im Westfälischen Frieden (→ Dreißigjähriger Krieg) offiziell bestätigt. Im 17. Jh. wurden die Niederlande, gestützt auf eine gewaltige Handelsflotte, zur führenden Handelsmacht Europas und bauten ein großes Kolonialreich vor allem in Südostasien und Amerika auf. Nachdem sie sich in mehreren Kriegen gegen Frankreich und England behauptet hatten, wurden sie 1795 von Napoleon besetzt und 1810 Frankreich angegliedert. Auf dem → Wiener Kongress wurden sie mit den ehemaligen spanischen Niederlanden, die seit 1713 zu Österreich gehörten, zum *Königreich der Niederlande* vereinigt. Doch schon 1830 spaltete sich der Süden als → Belgien ab. Mehrere Verfassungsreformen machten die Niederlande zu einer parlamentarisch regierten konstitutionellen Monarchie. Trotz Neutralität wurde das Land im Zweiten Weltkrieg von deutschen Truppen besetzt. Die von den Japanern besetzten Kolonien in Niederländisch-Indien wurden 1949 als → Indonesien unabhängig; 1963 ging auch der Westteil von → Neu-

Nidwalden

Niederlande (Nederlands)
Staatsname: Königreich der Niederlande
Staatsform: Parlamentarische Monarchie
Hauptstadt: Amsterdam
Fläche: 41 544 km²
Einwohner: 15,4 Mio.
Bevölkerungsdichte: 371/km²
Amtssprache: Niederländisch
Währung: Holländischer Gulden (hfl)
Nationalitätskennzeichen: NL

Niederlande

Niederländische Antillen

Niger	
Staatsname:	Republik Niger
Staatsform:	Präsidiale Republik
Hauptstadt:	Niamey
Fläche:	1 267 000 km²
Einwohner:	9,2 Mio.
Bevölkerungsdichte:	7/km²
Amtssprache:	Französisch
Währung:	CFA-Franc
Nationalitätskennzeichen:	RN

Niger

Niederösterrich

Niedersachsen

guinea verloren. 1958 wurde eine gemeinsame Wirtschaftsunion mit Belgien und Luxemburg gegründet *(Benelux-Union)*. → Suriname wurde 1975 in die Unabhängigkeit entlassen, während das andere Überseegebiet in Amerika, die → Niederländischen Antillen, weiterhin zu den Niederlanden gehören.

Niederländische Antillen, Überseegebiet der → Niederlande in der Karibik, das seit 1954 innere Autonomie besitzt. Der größtenteils von Schwarzen und Mulatten bewohnte Staat (880 km², 266 000 Einwohner) besteht aus zwei etwa 900 km voneinander entfernten Inselgruppen, *Curaçao* und *Bonaire* vor der Küste Venezuelas und *Sint Maarten* (Südteil von Saint Martin), *Sint Eustatius* und *Saba* in den Leeward-Inseln. *Aruba* besitzt seit 1986 einen politischen Sonderstatus.

Niederösterreich, Bundesland in → Österreich, das von der Donau durchflossen wird und das Bundesland → Wien umschließt. Nördlich der Donau liegen das *Waldviertel* und das *Weinviertel*, die an Tschechien und die Slowakei grenzen. Im Süden hat es Anteil an den Alpen. Niederösterreich, das geschichtlich das Kerngebiet Österreichs (ab 1278 im Besitz der Habsburger) bildet, ist landwirtschaftlich geprägt, besitzt aber auch eine bedeutsame Industrie im Wiener Becken sowie Erdöl- und Erdgasvorkommen.

Niedersachsen, zweitgrößtes Bundesland in Nordwestdeutschland, das von der Nordsee (mit den vorgelagerten *Ostfriesischen Inseln*) bis zum → Harz im Süden reicht und im Westen an die Niederlande grenzt. Das von mehreren germanischen Stämmen bewohnte Gebiet wurde im 10. Jh. zum Herzogtum Sachsen, das im 13. Jh. in mehrere Kleinstaaten zerfiel. Im 17. Jh. entstand das Kurfürstentum *Hannover,* das 1714–1837 mit Großbritannien in Personalunion verbunden war und 1815 zum Königreich erhoben wurde, bevor es 1866 preußische Provinz wurde. Nach dem Zweiten Weltkrieg wurde von der britischen Besatzungsregierung aus der ehemaligen preußischen Provinz sowie den Ländern Braunschweig, Oldenburg und Schaumburg-Lippe das Land Niedersachsen gebildet. Fast 60 % der Gesamtfläche werden landwirtschaftlich genutzt. Daneben gibt es vor allem im Süden eine bedeutende Industrie (insbesondere Maschinen- und Fahrzeugbau), die durch den *Mittellandkanal* gefördert wird, sowie Bergbau und Erdölförderung (im Emsland). Eine wichtige Rolle spielt auch die Fischerei.

Niere, paariges Ausscheidungsorgan, das beim

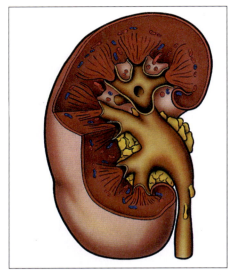

■ *Aufbau der **Niere**.* Oben: *Auf die äußere Bindegewebskapsel folgen Rindensubstanz, Marksubstanz und Nierenkelche; diese vereinigen sich zum Nierenbecken, das in den Harnleiter mündet.* Unten: *Gliederung der Nierenkanälchen (rot), in denen aus dem Blut der Harn bereitet wird; die Nierenkanälchen münden in das Sammelrohr (gelb), das den Harn in den Nierenkelch leitet.*

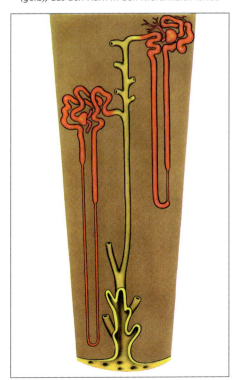

Menschen aus zwei bohnenförmigen, etwa 10–12 cm langen und bis zu 200 g schweren Organen besteht und sich in der Nähe des Zwerchfells im hinteren Bauchraum befindet. Die Nieren werden täglich von etwa 1000 l Blut durchströmt und bilden den Harn, der über den Harnleiter abgeführt wird. Sie filtern dabei giftige Abbaustoffe und Stoffwechselschlacken heraus, die mit dem Harn ausgeschieden werden. Wenn sich Mineralsalze, die normalerweise im Harn gelöst sind, in der Niere ablagern, entstehen *Nierensteine*. Kleinere gehen mit dem Urin durch die Harnröhre ab, doch größere können stecken bleiben und zu schmerzhaften *Nierenkoliken* führen. Wenn die Nieren ihre Aufgabe nicht mehr erfüllen können, muss das Blut mithilfe einer *künstlichen Niere* »gewaschen« werden (→ Dialyse), damit es zu keiner Harnvergiftung kommt.

Nietzsche, Friedrich (1844–1900), deutscher Philosoph. Unter dem Einfluss → Schopenhauers lehnte er die überkommenen bürgerlichen Werte ab und forderte ein neues Wertesystem, mit dem sich der »Übermensch« über die christliche Sklavenmoral erhebt. In seinen glänzend geschriebenen Werken (z. B. »Also sprach Zarathustra«, 1883–1885, »Jenseits von Gut und Böse«, 1886) wendet er sich gegen die → Metaphysik und vertritt einen aktiven → Nihilismus.

Niger, 1. mit 4184 km der drittlängste Fluss Afrikas, der in Südguinea entspringt, mehrere westafrikanische Staaten durchquert und in einem riesigen Delta in Nigeria in den Golf von Guinea mündet; **2.** Staat in der → Sahelzone, der zu zwei Drittel aus Wüste (Sahara) oder Halbwüste besteht. Das überwiegend von Haussa bewohnte Land, das zu den am wenigsten entwickelten Staaten der Erde gehört und sich wirtschaftlich auf den Bergbau (Uran) und die Landwirtschaft (Anbau von Baumwolle, Viehzucht) stützt, wurde Ende des 19. Jh. von den Franzosen erobert und gehörte als Kolonie zu *Französisch-Westafrika*. 1958 entstand ein selbstständiger Staat innerhalb der Französischen Gemeinschaft, der 1960 seine Unabhängigkeit erhielt. Das Militärregime, das 1974 mit einem Staatsstreich an die Macht kam, wurde 1993 kurzzeitig durch eine zivile Regierung (mit Einführung eines Mehrparteiensystems) abgelöst. Anfang 1996 übernahm das Militär erneut die Macht.

Nigeria, Staat in Westafrika und das bevölkerungsreichste afrikanische Land. Das im Süden an den Golf von Guinea grenzende Land besteht an der Küste aus Tiefland, das vom → Niger durchflossen wird. Westlich und östlich vom Unterlauf erstrecken sich Hügelländer, während die Mitte des Landes von einer Hochebene eingenommen wird. Nigeria wird von mehr als 400 Stämmen bewohnt (vor allem Haussa, Yoruba, Ibo und Fulbe), die im Norden zumeist islamisch und im Süden überwiegend christlich sind. Es kann sich auf reiche Bodenschätze (vor allem Erdöl und Erdgas sowie Erze und Kohle) stützen, leidet aber unter dem Verfall der Preise auf dem Weltmarkt. Die Hälfte der Gesamtfläche kann landwirtschaftlich genutzt werden (Kakao, Kautschuk, Palmöl, Baumwolle, Erdnüsse für den Export). Nigeria hat eine lange Geschichte; bereits um die Jahrtausendwende gab es hier viele Stadtstaaten. Später entstanden mehrere Königreiche. Im 17. und 18. Jh. war das Gebiet ein wichtiger Sklavenmarkt. Im 19. Jh. gründeten Briten, Franzosen und Deutsche Handelsstützpunkte, ehe Großbritannien ab 1880 das Land unterwarf und es 1914 zum Protektorat machte. 1960 erhielt die Kolonie ihre Unabhängigkeit. Der Föderation trat 1961 auch Britisch-Kamerun bei. 1963 wurde die Republik ausgerufen, aber 1966 übernahm ein Militärregime die Macht, das einen Einheitsstaat schaffen wollte. Als sich 1967 die Ostregion *Biafra* abspaltete, kam es zu einem blutigen, bis 1970 dauernden Bürgerkrieg, der mit der militärischen Unterwerfung Biafras endete. Die Demokratisierung wurde wiederholt durch Militärputsche gestoppt.

Nihilismus [von lat. nihil = »nichts«], *der,* philosophische Anschauung, die davon ausgeht, dass alles sinnlos ist, und alle bestehenden Werte bedingungslos verneint. Der philosophische Nihilismus des 19. Jh. leugnete alle Erkenntnismöglichkeiten und forderte auf dem Gebiet der Moral eine Umwertung aller Werte (→ Nietzsche), während der politische Nihilismus (vor allem in Russland) jede Gesellschaftsordnung ablehnte und ihre Zerschlagung durch Terror forderte.

Nikotin [frz.], *das,* Alkaloid der → Tabakpflanze, das sich in den Wurzeln bildet und in den Blättern ablagert. Nikotin ist ein starkes Gift, entfaltet aber in kleiner Menge beim Rauchen eine anregende Wirkung. Bei häufigem Genuss führt es zu Gewöhnung und Abhängigkeit und schädigt die Gesundheit.

Nil, mit 6671 km ist dieser afrikanische Fluss der längste der Erde. Er hat zwei Quellen, die erst 1770 bzw. 1892 entdeckt wurden.

Nilpferd, andere Bezeichnung für das *Große* → Flusspferd (Abb. siehe Seite 466).

Niedersachsen

Fläche: 47 348 km²
Einwohner: 7,78 Mio.
Hauptstadt: Hannover
Regierungsbezirke:
 Braunschweig
 Hannover
 Lüneburg
 Weser-Ems (Hauptstadt: Oldenburg)

Nigeria

Staatsname: Bundesrepublik Nigeria
Staatsform: Präsidiale Bundesrepublik
Hauptstadt: Abuja
Fläche: 923 768 km²
Einwohner: 111 Mio.
Bevölkerungsdichte: 120/km²
Amtssprache: Englisch
Währung: Naira (N)
Nationalitätskennzeichen: WAN

Nigeria

Nil

Der *Weiße Nil* entspringt als *Kagera* in Ruanda, durchfließt den Victoriasee, Uganda und dem Sudan, bevor er sich bei Khartum mit dem *Blauen Nil* vereinigt, der im Hochland von Äthiopien entspringt.

Niob
Zeichen: Nb
Ordnungszahl: 41
Atommasse: 92,91
Dichte: 8,57 g/cm³
Schmelzpunkt: 2468 °C
Siedepunkt: 4742 °C

Der von der griechischen Sagenfigur Niobe abgeleitete Name erklärt sich daraus, dass Niobe die Tochter des → Tantalus war und Niob in der Natur zusammen mit dem Element → Tantal vorkommt.

Nixen
Der männliche Wassergeist wird als *Nix* (oder *Wassermann*) bezeichnet und ist zumeist ein bösartiges Flussungeheuer; der weibliche heißt *Nixe* (auch *Wasser-* oder *Nixen* haben einen menschlichen Oberkörper und einen beschuppten Unterkörper mit Fischschwanz und sind von betörender Schönheit.

Nobelium
Zeichen: No
Ordnungszahl: 102
Atommasse: 259

Nordirland
Seit der Stationierung britischer Soldaten Ende der 60er Jahre und der Aufhebung der Selbstverwaltung 1972 herrscht ein religiös und sozial bedingter Konflikt zwischen der überwiegend protestantischen Bevölkerung Nordirlands und der sozial benachteiligten katholischen Minderheit, die den Anschluss an die Republik → Irland fordert. Die bürgerkriegsähnlichen Spannungen entluden sich in zahlreichen Terroranschlägen der → IRA und Morden protestantischer Extremisten (bisher etwa 3000 Tote).
1994 ermöglichte ein von der IRA einseitig verkündeter Waffenstillstand Verhandlungen zwischen der britischen Regierung und der Sinn Féin, der politischen Vertretung der IRA. Als Vorbereitung für Allparteiengespräche wurde Mitte 1996 ein Friedensforum (als parlamentarische Versammlung für Nordirland) gewählt.
1998 stimmte die nordirische Bevölkerung in einem Referendum für ein zwischen Großbritannien und Irland vereinbartes Friedensabkommen.

■ *Nilpferd*

Niob, *Niobium,* ein → chemisches Element. Das seltene weißglänzende Metall wird für die Stahlverdelung verwendet.

Nirwana [Sanskrit »Erlöschen«], *das,* im → Buddhismus das Erlösungsziel, nämlich zu Lebzeiten die Überwindung von Daseinsbegierde, Verblendung und Hass und nach dem Tod die Befreiung vom ewigen Kreislauf der → Wiedergeburten, so dass der Einzelne im göttlichen Bewusstsein aufgeht.

Nitrate [von griech. nitron = »Laugensalz«], Salze der Salpetersäure, die früher *Salpeter* hießen. Sie sind Verbindungen von Stickstoff, Sauerstoff und zumeist einem Metall und werden hauptsächlich als Düngemittel und Grundstoffe für die chemische Industrie verwendet. Durch Überdüngung der Felder kann Nitrat in das Grund- und Trinkwasser gelangen, so dass dieses ungenießbar und vor allem für Kleinkinder giftig wird.

Nitroglyzerin, *Glycerintrinitrat, das,* Verbindung von Salpetersäure und → Glyzerin. Die ölige Flüssigkeit von leicht gelber Farbe ist giftig und findet als Sprengstoff Verwendung. Sie ist so empfindlich, dass es bereits bei Erhitzung, Stoß, Schlag oder Erschütterung zur Explosion kommt. Wenn man damit Kieselgur tränkt, entsteht → Dynamit. Nitroglyzerin wird auch in der Medizin eingesetzt, weil es in winzigen Mengen gefäßerweiternd wirkt.

Niveau [frz.ni'vo], *das,* Höhenstufe; im übertragenen Sinne auch der Grad der Bildung oder der Rang eines Kunstwerks.

Nixen, in der germanischen Mythologie Wassergeister, die dem Menschen oft feindlich gesinnt sind und ihn zu sich hinabziehen.

Nobelium [abgeleitet von Alfred Nobel], *das,* ein → chemisches Element, das zu den → Transuranen zählt. Das radioaktive Element wurde 1958 erstmals künstlich erzeugt.

Nobelpreise, nach dem schwedischen Chemiker *Alfred Nobel* (1833–1896) benannte Auszeichnungen, die alljährlich von der schwedischen Akademie der Wissenschaften bzw. der Schönen Künste und beim Friedensnobelpreis von einem fünfköpfigen Ausschuss des norwegischen Parlaments vergeben werden. Die Preise werden für herausragende Leistungen auf den Gebieten Physik, Chemie, Medizin bzw. Physiologie, Wirtschaftswissenschaften, Literatur und Frieden verliehen und sind gegenwärtig mit einer Summe von ca. 500 000 DM dotiert. Die Preisverleihung findet jeweils am 10. Dezember, dem Todestag Nobels, in Stockholm statt; der Friedensnobelpreis wird in Oslo verliehen.

Nomaden [griech.], Angehörige eines Hirtenvolks, die mit ihren Viehherden umherwandern. Sie haben keinen dauerhaften Wohnsitz, weil sie regelmäßig weiterziehen müssen, um für ihre Herden neue Weidegründe zu suchen.

Nomen [lat. »Name«], *das,* in der Grammatik ein Wort, das sich deklinieren lässt (→ Deklination), im engeren Sinne ein → Substantiv.

Nominativ [lat. »Nennfall«], *der,* in der Grammatik der 1. Fall oder *Werfall,* in dem das → Subjekt eines Satzes steht (z. B. *Der Drache* speit Feuer).

nominieren [lat.], für eine Wahl oder ein Amt benennen.

Nonne, Angehörige eines katholischen geistlichen → Ordens, die weibliche Entsprechung zum → Mönch. Nonnen leben ähnlich wie Mönche nach bestimmten Regeln in → Klöstern *(Klosterfrauen)* und müssen feierliche Gelübde ablegen.

Nordamerika, nördlicher Teil des amerikanischen Doppelkontinents (→ Amerika), der Kanada, die Vereinigten Staaten von Amerika und den Norden Mexikos sowie die Insel → Grönland umfasst.

Nordirland, nördlicher Teil der Insel → Irland, der seit 1921 Bestandteil des Vereinigten Königreichs (→ Großbritannien) ist. Hauptstadt der früheren Provinz *Ulster* (14 121 km²) ist *Belfast.*

nordische Kombination, Wintersportart, die sich aus zwei Wettbewerben zusammensetzt: Skispringen von der Normalschanze und Skilanglauf über 15 km.

Nordlicht, *das* → Polarlicht auf der nördlichen

Nordrhein-Westfalen
Fläche: 34 071 km²
Einwohner: 17,89 Mio.
Hauptstadt: Düsseldorf
Regierungsbezirke: Arnsberg, Detmold, Düsseldorf, Köln, Münster

Nordrhein-Westfalen

Norwegen (Norge)
Staatsname: Königreich Norwegen
Staatsform: Parlamentarische Monarchie
Hauptstadt: Oslo
Fläche: 323 878 km²
Einwohner: 4,3 Mio.
Bevölkerungsdichte: 13/km²
Amtssprache: Norwegisch
Währung: Norwegische Krone (nkr)
Nationalitätskennzeichen: N

Norwegen

Nordlicht, *das* → Polarlicht auf der nördlichen Erdhalbkugel.

Nordpol, der vom → Äquator am weitesten entfernte Punkt auf der Nordhalbkugel, durch den die Rotationsachse der Erde verläuft.

Nordrhein-Westfalen, bevölkerungsreichstes Bundesland in Westdeutschland, das im Westen an Belgien und die Niederlande grenzt. Landschaftlich wird es zum größten Teil durch das Norddeutsche Tiefland geprägt, reicht aber im Süden bis in die Mittelgebirgszone (Rheinisches Schiefergebirge und Weserbergland) hinein. Von großer wirtschaftlicher Bedeutung ist der Rhein, der das Gebiet von Süden nach Norden durchfließt. Das Land Nordrhein-Westfalen wurde 1946 aus dem Nordteil der preußischen Rheinprovinz und der preußischen Provinz Westfalen gebildet; 1947 kam das ehemalige Fürstentum Lippe-Detmold hinzu. Bis auf kleinere Ballungszentren gehören alle Großstädte Nordrhein-Westfalens zum größten zusammenhängenden städtischen Siedlungsgebiet Mitteleuropas, dessen Kern, das → *Ruhrgebiet,* eines der bedeutendsten Industriezentren Europas (vor allem Bergbau und Schwerindustrie) ist, aber unter den Absatzkrisen bei Stahl und Kohle zu leiden hat. Eine wichtige Rolle spielt nach wie vor die Land- und Forstwirtschaft.

Nordsee, ein Nebenmeer (580 000 km²) des → Atlantischen Ozeans, das zwischen dem europäischen Festland, den Britischen Inseln, den Shetland-Inseln und der skandinavischen Halbinsel liegt. Durch das *Kattegat* ist es mit der → Ostsee verbunden. Im Südwesten trennt es nur der schmale → Ärmelkanal vom Atlantik. Das flache Schelfmeer hat eine mittlere Tiefe von 93 m und erreicht im norwegischen *Skagerrak* seine größte Tiefe (725 m). Von wirtschaftlicher Bedeutung ist der große Fischreichtum. Außerdem gibt es in der Nordsee reiche Erdgas- und Erdölvorkommen.

Norm [lat.], *die,* Regel, Richtschnur (für die Rechtsprechung), vorgeschriebene Leistung; in der Technik Anweisung für eine bestimmte Größe, um bei Gütern, die in großer Stückzahl produziert werden, die Abmessungen, Namen, Güteklassen usw. zu vereinheitlichen *(Normung).*

Normalnull, *NN,* die festgelegte Höhe (mittlerer Wasserstand des Meeres in Amsterdam), auf die sich alle Höhenmessungen der Erdoberfläche beziehen.

Normandie, Landschaft (29 841 km²) im Nordwesten Frankreichs, die an den Ärmelkanal grenzt. Hauptstadt ist *Rouen.* Die ehemalige Provinz wurde im 9. Jh. von den → Normannen erobert, nach denen sie benannt ist.

Normannen, *Nordmannen,* andere Bezeichnung für → *Wikinger.*

Normannische Inseln, andere Bezeichnung für *Kanalinseln.*

Norwegen, Staat im Westen → Skandinaviens. Das größtenteils aus Gebirgen und unwirtlichen

■ ***Normandie:*** *Die Kalkklippen bei Etretat*

Hochebenen bestehende Land, das zu einem Drittel nördlich des Polarkreises liegt, ist nur an der fjordreichen Küste und in den großen Tälern bewohnt. Zu Norwegen gehören neben zahlreichen vorgelagerten Inseln auch die Inselgruppe *Svalbard* (mit → *Spitzbergen* und *Bäreninsel,* insgesamt 62 700 km^2) und *Jan Mayen* (380 km^2) im Nordmeer, die *Bouvet-Insel* im Südatlantik und die *Peter-I.-Insel* im Pazifik. Die Bevölkerung umfasst neben rund 96,5 % Norweger verschiedene Minderheiten (u. a. – Lappen und Finnen). Die norwegische Wirtschaft stützt sich in erster Linie auf die Erdöl- und Erdgasförderung in der Nordsee; für die Stromerzeugung wird fast ausschließlich Wasserkraft genutzt. Eine wichtige Rolle spielt die Fischerei. Norwegen besitzt eine der größten Handelsflotten der Welt. Die Stammeskönigtümer wurden erstmals im 9. Jh. von Harald I. Schönhaar geeinigt. Norwegische → Wikinger gelangten auf ihren Schiffen nach Island und Grönland, die im 13. Jh. endgültig norwegischer Besitz wurden. Gegen Ende des 10. Jh. wurde Norwegen chris-tianisiert. Nach dem Aussterben der männlichen Linie des norwegischen Königshauses kam das Land 1319 unter die Oberhoheit Dänemarks. In der *Kalmarer Union* (1397) war es auch mit Schweden verbunden. Während Schweden 1523 aus dieser Union ausschied, wurde Norwegen 1536 durch die *Union von Bergen* (1450) zu einem Teil des dänischen Königreiches. Im 16. Jh. wurde die Reformation in Norwegen eingeführt. Mehrere Kriege im 17. Jh. gaben dem Land sein heutiges Herrschaftsgebiet (u. a. Verlust von Provinzen an Schweden). Im Kieler Frieden (1814) wurde Dänemark zum Verzicht auf Norwegen (ohne Island, Grönland und Faröer-Inseln) gezwungen. Bis 1905 war Norwegen mit Schweden in Personalunion verbunden, erklärte dann aber seine Unabhängigkeit. Das norwegische Königreich, das im Ersten Weltkrieg seine Neutralität wahrte, wurde im Zweiten Weltkrieg von deutschen Truppen besetzt. 1949 trat es der NATO bei. Der geplante Beitritt zur EU wurde 1972 und 1994 von der Bevölkerung abgelehnt.

Nostalgie [lat. »Heimweh«], *die,* Sehnsucht nach einer Vergangenheit, die im Rückblick verklärt erscheint, und die damit verbundene Stimmung.

Notebook [engl. 'noʊtbʊk »Notizbuch«], *das,* tragbarer → Mikrocomputer, der nur zwischen 1,5 und 4 kg schwer ist und dennoch die Leistungsfähigkeit eines modernen PC bietet. Notebooks können mehrere Stunden lang mithilfe einer aufladbaren Batterie unabhängig von einem Stromnetz arbeiten.

Notenbank, die Zentralbank eines Staates, die → Banknoten ausgeben darf. In Deutschland ist dies die *Deutsche → Bundesbank,* in Österreich die *Österreichische Nationalbank.*

Notenschrift, System von Zeichen, sog. **Noten,** mit deren Hilfe der rhythmische Wert der einzelnen Note (ganze, halbe, Viertel-, Achtel-, Sechzehntelnote usw.) angegeben werden kann. Wie lange ein Ton dauert, zeigt die Form der Note an (Kopf unausgefüllt oder geschwärzt, mit Notenhals oder Fähnchen versehen). Außerdem gibt es zusätzliche Zeichen, die für eine → Pause stehen oder angeben, wie ein bestimmter Ton verändert wird (beispielsweise ein Punkt, um den Tonwert um die Hälfte zu verlängern). Die Tonhöhe ist durch die Stellung des Notenkopfes in einem *Notenliniensystem* (auf der Notenlinie oder im Zwischenraum zwischen zwei Linien) bestimmt. Seit dem 16. Jh. besteht dieses System aus fünf Linien (in Terzabständen); im 19. Jh. kamen als Ergänzung (bis zu fünf) Hilfslinien oberhalb und unterhalb davon hinzu. Ein vorgesetzter **Notenschlüssel** legt dabei für die einzelnen Stimmlagen und Instrumente die absolute Tonhöhe fest (z. B. der *G*- oder *Violinschlüssel,* der auf der zweiten Linie von unten die Note als *g* festlegt). Die Noten können durch → Vorzeichen um einen oder zwei Halbtöne erhöht oder erniedrigt werden. Daneben findet man noch Angaben für den → Takt (z. B. $^3/_4$, $^4/_4$) und das Tempo.

Notstand, besondere Umstände (z. B. bei Gefahr für Leib und Leben, Bedrohung der inneren oder äußeren Sicherheit eines Staates und Naturkatastrophen), die es rechtfertigen, eine eigentlich rechtswidrige Handlung vorzunehmen und Maßnahmen zu treffen, die bestehende Grundrechte verletzen oder zeitweilig aufheben.

Notwehr, Verteidigungsmaßnahme, die notwendig ist, um einen rechtswidrigen Angriff abzuwehren oder einem anderen zu helfen.

Nougat [frz. 'nu:gat], *der* und *das,* weiche Masse aus fein zerriebenen Nüssen oder Mandeln sowie Zucker und Kakao, die als Füllung für → Schokolade und Pralinen verwendet wird.

Nova [lat.], *die,* ein *neuer Stern,* der am Himmel als hell aufleuchtendes Gestirn auffällt. Wie man heute dank der besseren Beobachtungsmethoden weiß, handelt es sich bei einer Nova um keinen neuen Stern, sondern um einen Stern, der vorher schwach leuchtete und dann

Notstandsverfassung

Seit 1968 besteht in Deutschland eine *Notstandsverfassung,* durch die Regierung und Behörden ermächtigt werden, besondere Ab-wehrmaßnahmen zu ergreifen, wenn die freiheitliche Grundordnung bedroht ist.

Nova, Supernova

Das Novastadium ist das Schicksal von weißen → Zwergsternen mit hoher Oberflächentemperatur (in → Doppelsternsystemen, wenn Material vom anderen Stern zum Weißen Zwerg überströmt), während massereiche Sterne zu → Supernovae werden. Vermutlich gibt es in einer Galaxis jedes Jahr mehrere Dutzend Novae, von denen aber die wenigsten von der Erde aus zu beobachten sind.

■ **Novalis**

NSDAP

Die NSDAP war auf allen Ebenen untergliedert (in Gaue, Kreise, Zellen und Blocks mit speziellen Leitern). Als diktatorisch geleitete »Führerpartei« funktionierte sie nach dem Befehlsprinzip von oben nach unten. Sie durchdrang alle Bereiche des öffentlichen und privaten Lebens, indem große Teile der Bevölkerung Mitglied in der Partei selbst oder in einer der angeschlossenen Parteiorganisationen (z. B. *Hitlerjugend, NS-Frauenschaft, NS Deutscher Studentenbund*) waren.

innerhalb von wenigen Tagen eine starke Helligkeitszunahme (bis zum Hunderttausendfachen der ursprünglichen Helligkeit) zeigt. Die Leuchtstärke nimmt bis zu einem Höhepunkt zu und fällt dann mit Schwankungen wieder ab. Dabei bläht sich der Stern explosionsartig auf und stößt Teile seiner Hülle ab. Diese Ausbrüche können sich nach Jahrzehnten oder Jahrhunderten wiederholen.

Novalis, eigentlich *Georg Philipp Friedrich von Hardenberg* (1772–1801), deutscher Dichter der Frühromantik. In seinem dichterischen Werk versuchte er sämtliche Künste und Wissenschaften zu einer Universalpoesie zu vereinen. Berühmt sind seine Gedichte »Hymnen an die Nacht« (1797) und der unvollendet gebliebene Roman »Heinrich von Ofterdingen« (1802), in dem auch das Symbol der Romantik, die blaue Blume, erscheint.

Novelle [it.], *die,* in der Literatur eine Prosaerzählung, die kürzer und straffer organisiert ist als ein Roman. Bei → Goethe enthält sie eine »unerhörte Begebenheit«. Bekannte deutschsprachige Verfasser von Novellen sind Heinrich von → Kleist, E. T. A. → Hoffmann, Eduard → Mörike, Gottfried → Keller, C. F. → Meyer, Adalbert → Stifter und Thomas → Mann. Im Rechtswesen versteht man unter einer Novelle einen Nachtrag zu einem Gesetz, wodurch dieses ergänzt oder abgeändert wird.

NS, Abkürzung für → *Nationalsozialismus.*

NSDAP, Abkürzung für *Nationalsozialistische Deutsche Arbeiterpartei,* rechtsradikale Partei, die Anfang 1919 als *Deutsche Arbeiterpartei* gegründet wurde und 1920 umbenannt wurde. Adolf → Hitler, der das Parteiprogramm ausarbeitete, wurde Mitte 1921 ihr Vorsitzender. Durch seine agitatorischen Reden sowie den Terror und die Propaganda der angeschlossenen paramilitärischen Organisationen → SA und → SS entwickelte sich die NSDAP in der → Weimarer Republik zur gefährlichsten antirepublikanischen Partei, auch wenn sie nach Hitlers gescheitertem Putschversuch 1923 vorübergehend zerfiel und Anfang 1925 neu gegründet wurde. Ab 1930 wurde die NSDAP zu einem parlamentarischen Machtfaktor (107 Sitze); 1932 errang sie die meisten Sitze im Reichstag. Nach der Machtübernahme Hitlers 1933 wurden die anderen Parteien aufgelöst oder verboten, so dass die NSDAP die alleinige Staatspartei wurde.
Nach dem Zweiten Weltkrieg wurde die NSDAP im Oktober 1945 vom Alliierten Kontrollrat aufgelöst und verboten. Ihre Führer wurden aus

■ *Blick auf* **Nürnberg**

Staatsämtern entfernt und für ihre Verbrechen verurteilt (→ Nürnberger Prozesse). Mit Fragebogen und Gerichtsverfahren wurde gegen ihre Mitglieder ermittelt *(Entnazifizierung).*

Nuklear- [von lat. nucleus = »Kern«], in zusammengesetzten Wörtern mit der Bedeutung »Atomkern-« oder »Kernspaltungs-« (z. B. *Nuklearwaffen*).

Nukleinsäuren, zusammenfassende Bezeichnung für die → Desoxyribonukleinsäure und die → Ribonukleinsäure, chemische Verbindungen, die in Zellen, vor allem im Zellkern (daher auch der Name), vorkommen und die Erbinformationen speichern bzw. als Informationsträger für den Eiweißaufbau umsetzen (→ Transkription und Translation).

Nukleonen [lat.], → Elementarteilchen, die im Atomkern (→ Atom) zu finden sind, → Protonen und → Neutronen.

Null [lat. »nichts«], *die,* in der Mathematik die Ziffer bzw. Zahl 0, die zwischen den positiven und negativen Zahlen steht. Wenn man sie zu einer anderen Zahl hinzuzählt oder von dieser abzieht, ergibt sich wieder die ursprüngliche Zahl. Man erhält Null, wenn man eine Zahl mit Null malnimmt. Zahlen dürfen nicht durch Null geteilt werden.

Nullmeridian, der → Meridian, der durch die Sternwarte des englischen Vororts Greenwich (bei London) verläuft und von dem aus seit 1911 die Längenkreise gezählt werden.

Numerus [lat. »Zahl«], *der,* in der Grammatik die Kategorie, die angibt, ob ein Wort (vor allem Substantiv und → Verb) im → Singular oder im → Plural steht. Die Zahlform kann im Deutschen beim Substantiv durch den → Artikel und/oder besondere Endungen (Frau: Frau*en*) bzw. Umlaute (Mann: M*ä*nner) zum Ausdruck gebracht werden.

Numerus clausus [lat.], *der,* zahlenmäßige

■ *Nutria*

Beschränkung eines Studienfachs, d. h., nur eine begrenzte Zahl von Studenten wird in bestimmten Fächern als Studienanfänger zugelassen, weil es für die vorhandenen Studienplätze zu viele Bewerber gibt oder die Aussichten auf eine Anstellung (z. B. im Lehrfach) begrenzt sind.

Nuntius [lat. »Bote«], *der,* Botschafter des Papstes bei anderen Regierungen.

Nürnberg, bayerische Großstadt (496 000 Einwohner) in → Franken. Im Mittelalter entwickelte sie sich zu einer der mächtigsten Reichsstädte und erlebte ihre Blüte im 16. Jh. nach der Reformation. Die erste deutsche Eisenbahnlinie führte 1835 von Nürnberg nach Fürth. Die Bundesanstalt für Arbeit hat ihren Sitz in Nürnberg.

Nuss, eine Schließfrucht, bei der die Fruchtwand ledrig oder holzig wird, wenn sie reift. Diese harte Fruchtwand umschließt einen Samen, der bisweilen essbar ist. Nüsse sind beispielsweise die Früchte der → Eiche *(Eichel)* und der → Buche *(Buchecker),* ebenso → Maronen und → Haselnüsse, während andere Früchte, die als Nüsse bezeichnet werden, eigentlich keine Nüsse sind, z. B. → Walnuss (eine Steinfrucht) oder → Erdnuss (eine Hülsenfrucht).

Nutria, auch als *Biberratte* oder *Sumpfbiber* bezeichnetes Nagetier, das bis zu 60 cm lang wird und einen langen Schwanz besitzt. Nutrias leben in Südamerika in Flüssen und Seen, werden aber als Pelztiere auf besonderen Farmen gezüchtet.

Nymphen, in der griechischen Mythologie weibliche Naturgottheiten, die man sich als schöne junge Frauen vorstellte.

Nürnberg

Während des Dritten Reiches war Nürnberg die Stadt der Reichsparteitage. 1935 erlangte es traurige Berühmtheit durch die *Nürnberger Gesetze,* die sich gegen die jüdische Bevölkerung in Deutschland richteten (→ Antisemitismus) und u. a. Eheschließungen zwischen jüdischen und »arischen« Bürgern als »Rassenschande« verboten.
Nach dem Zweiten Weltkrieg wurden in Nürnberg 1945/46 von einem internationalen Militärgericht der Siegermächte die *Nürnberger Prozesse* durchgeführt, in denen nationalsozialistische Kriegsverbrecher (u. a. Hermann Göring, Alfred Rosenberg, Julius Streicher, Rudolf Heß) verurteilt wurden. 1946–1949 fanden in Nürnberg 12 Nachfolgeprozesse vor amerikanischen Militärgerichten statt.

OAS, Abkürzung für engl. *Organization of American States,* die 1948 gegründete Organisation amerikanischer Staaten. Das Generalsekretariat hat seinen Sitz in Washington. Die OAS soll den Frieden in der Region sichern und die Zusammenarbeit der Mitgliedstaaten auf wirtschaftlichem, sozialem und kulturellem Gebiet fördern.

Oase [griech.], *die,* fruchtbarer Ort in der Wüste oder Wüstensteppe, wo es Wasser gibt und Pflanzen wachsen. Oasen sind oft viel besuchte Stützpunkte an alten Handelsstraßen.

■ Eine **Oase** in Marokko

OAU, Abkürzung für engl. *Organization of African Unity,* die 1963 gegründete Organisation für afrikanische Einheit. Das Generalsekretariat hat seinen Sitz in Addis Abeba (Äthiopien). Die OAU soll heute die politische, wirtschaftliche, wissenschaftliche und kulturelle Zusammenarbeit zwischen den Mitgliedstaaten fördern und die Anerkennung der bestehenden Grenzen garantieren.

Obduktion [lat. »Verhüllung«], *die,* Leichenöffnung; von einem Gericht angeordnete Untersuchung eines Leichnams, um die Todesursache zu klären.

Obelisk [griech. »Bratspießchen«], *der,* rechteckige Steinsäule, die sich nach oben verjüngt und als Abschluss eine pyramidenförmige Spitze hat. Im alten → Ägypten waren Obelisken die Symbole des Sonnengottes Re und wurden paarweise vor dem Tempeleingang aufgestellt.

Oberhaus, bei einem aus zwei Kammern bestehenden → Parlament die erste Kammer, die in der Regel nicht vom Volk gewählt wird. Zumeist ist damit das britische *House of Lords* gemeint, in dem die Angehörigen des Hochadels und der hohen Geistlichkeit des Vereinigten Königreichs vertreten sind. Das Oberhaus hat heute in Großbritannien nur noch geringes politisches Gewicht und besitzt lediglich ein Einspruchsrecht mit aufschiebender Wirkung auf die vom → Unterhaus beschlossenen Gesetze.

Oberösterreich, von der Donau durchflossenes Bundesland in → Österreich, das im Süden an die Nördlichen Kalkalpen, im Westen an Deutschland und im Norden an die Tschechische Republik grenzt. Industrielles Zentrum ist die Hauptstadt → Linz.

Obertöne, die Töne, die mitklingen, wenn ein Ton gespielt oder gesungen wird. Ihre → Frequenzen sind jeweils ganzzahlige Vielfache des Grundtons, d. h., Grundton und Obertöne verhalten sich zueinander wie 1:2:3:4 usw. *(Obertonreihe).* Die Obertöne verleihen einem Musikinstrument oder einer Stimme die Klangfarbe.

Obervolta, früherer Name von → Burkina Faso.

Objekt [lat. »entgegengeworfen«], *das,* Gegenstand, Sache, in der Grammatik die Satzergänzung, die das → Verb verlangt (z. B. Sie mag *den Jungen).* Gegensatz: → Subjekt.

objektiv, sachlich, ohne Vorurteile und Gefühle. Gegensatz: → subjektiv.

Objektiv, *das,* bei optischen Geräten (z. B. Kamera, Mikroskop, Fernrohr) die Linse, die im Unterschied zum → Okular dem Objekt zugewandt ist und ein (vergrößertes oder verkleinertes) Bild vom Gegenstand erzeugt.

obligatorisch [lat.], verbindlich, verpflichtend.

Oboe [von frz. haut-bois »hoch klingendes Holz«], *die,* im 17. Jh. entwickeltes Holzblasinstrument, das aus einer dreiteiligen konischen Röhre besteht und ein Doppelrohrblatt besitzt. Typisch für die Oboe ist ihr nasaler Klang. Ein größerer, tiefer klingender Vertreter dieser Instrumentenfamilie ist das *Englischhorn.*

Obolus [lat.], *der,* ursprünglich eine kleine Münze im antiken Griechenland; heute eine kleine Geldspende.

Observatorium [lat.], *das,* Beobachtungsstation, Sternwarte.

Obst, Sammelbezeichnung für essbare → Früchte (und Samen). Man unterscheidet vor allem *Kern-* (Sammelbalgfrüchte mit Kernhaus), *Stein-* (Früchte mit Steinkern), *Beeren-* (Beerenfrüchte) und *Schalenobst* (Früchte, bei denen nur der Kern essbar ist). Obst aus tropischen oder sub-

OAS
• •
Mitglieder sind alle 34 Staaten Nord-, Mittel- und Südamerikas mit Ausnahme von Kuba (dessen Mitgliedschaft seit 1962 aufgehoben ist).

OAU
• •
Mitglieder sind alle 52 unabhängigen Staaten Afrikas (mit Ausnahme von Marokko) sowie die Demokratische Arabische Republik Sahara. Marokko, das selbst Anspruch auf → Westsahara erhebt und das Gebiet besetzt hält, trat 1984 wegen der Mitgliedschaft der DARS aus.

OAU

■ Der **Obelisk** auf der Place de la Concorde in Paris

Oberösterreich

Obstarten

Kernobst:
Äpfel, Birnen, Quitten, Zitrusfrüchte
Steinobst:
Aprikosen, Avocado, Datteln, Kirschen, Mangos, Oliven, Pfirsiche, Pflaumen
Beerenobst:
Bananen, Brombeeren, Erdbeeren, Guaven, Heidelbeeren, Himbeeren, Johannisbeeren, Kiwis, Papayas, Preiselbeeren, Stachelbeeren, Weintrauben
Schalenobst:
Kastanien, Nüsse, Pistazien

Obwalden

Oder-Neiße-Linie

Die *Oder-Neiße-Linie* bildet heute die Staatsgrenze zwischen Deutschland und Polen. Sie wurde nach dem Zweiten Weltkrieg von den Alliierten als Grenze festgelegt, wobei die Gebiete östlich davon (sog. *Ostgebiete*) an Polen und die Sowjetunion fielen. 1950 wurde sie von der DDR, 1972 im Rahmen der Ostverträge auch von der Bundesrepublik Deutschland anerkannt. Diese Anerkennung wurde 1990 nach der deutschen Wiedervereinigung endgültig bestätigt.

Ödipus

Die berühmteste Tat von *Ödipus* war die, dass er das Rätsel der → Sphinx löste. Die Sphinx stellte ihm das Rätsel, dass es etwas gebe, das am Morgen auf vier, am Mittag auf zwei und am Abend auf drei Beinen laufe und am langsamsten sei, wenn es sich auf den meisten Beinen bewege. Ödipus antwortete, das sei der Mensch: »Als Säugling bewegt er sich auf allen vieren, dann aufrecht auf zwei Beinen. Im Alter stützt er sich auf einen Stock als drittes Bein.« Bei dieser richtigen Antwort stürzte sich die Sphinx zu Tode. Als Dank für seine Tat erhielt Ödipus den Thron von Theben und die Hand der Königswitwe Iokaste.

tropischen Ländern nennt man häufig *Südfrüchte* oder *exotische Früchte*. Obst ist wichtig für die Ernährung, weil es zumeist einen hohen Gehalt an → Vitaminen und Spurenelementen besitzt.

obszön [lat.], das Schamgefühl verletzend, anstößig.

Obwalden, amtliche Bezeichnung *Unterwalden ob dem Wald,* Halbkanton in der → Schweiz.

Ode, ursprünglich in Griechenland eine Dichtung, die zu musikalischer Begleitung vorgetragen wurde; seit der Renaissance ein feierliches reimloses Gedicht mit strenger metrischer Form.

Odenwald, südwestdeutsches Bergland zwischen der Rheinebene und dem Main (höchste Erhebung: *Katzenbuckel,* 626 m).

Oder, 860 km langer Fluss im östlichen Mitteleuropa, der im mährischen Odergebirge entspringt und in die Ostsee mündet.

Ödipus, in der griechischen Sage ein tragischer Held, der unwissentlich seinen Vater Laios erschlug und seine Mutter Iokaste heiratete. Er hatte als König von Theben mit Iokaste vier Kinder, die gleichzeitig seine Stiefgeschwister waren. Als die schreckliche Wahrheit entdeckt wurde, erhängte sich Iokaste. Ödipus blendete sich und zog blind durch das Land, geführt von seiner Tochter → Antigone. Das Schicksal von Ödipus wurde bereits von griechischen Dramatikern wie → Sophokles, Aischylos und Euripides dargestellt.

Odyssee, ein im 8. Jh. v. Chr. entstandenes Werk, das dem altgriechischen Dichter → Homer zugeschrieben wird. In 12 000 Versen und 24 Gesängen werden die zehn Jahre dauernden Irrfahrten des → Odysseus und seine Rückkehr nach Ithaka geschildert. Allgemein versteht man heute unter einer Odyssee eine Irrfahrt.

Odysseus, in der griechischen Sage ein Held, der wegen seines Listenreichtums berühmt war. Er war König der Insel Ithaka und nahm am zehnjährigen Krieg gegen → Troja teil. Auf seinen Rat hin bauten die Griechen ein hölzernes Pferd und täuschten ihren Abzug vor. Die in dem Pferd verborgenen Krieger konnten danach die Stadt einnehmen.

OECD, Abkürzung für engl. *Organization for Economic Cooperation and Development,* die Organisation für wirtschaftliche Zusammenarbeit und Entwicklung, die 1961 gegründet wurde, um die auf Westeuropa beschränkte *OEEC* (1948 gegründet zur Koordinierung des → Marshallplans) abzulösen. Die OECD, die ihren Sitz in Paris hat, soll die wirtschaftliche Zusammenarbeit zwischen den Industrieländern fördern, insbesondere bei der Konjunktur- und Währungspolitik, und die Entwicklungsländer unterstützen. Die OECD umfasst gegenwärtig 28 Mitglieder.

Œuvre [frz. œːvr], *das,* Gesamtwerk eines Künstlers.

Offenbarung, auf übernatürliche Weise (z. B. durch eine → Vision) gewonnene Erkenntnis vom Wesen und Willen Gottes, die auch eine wichtige Rolle in den Weltreligionen spielt (vor allem → jüdische Religion, Christentum und Islam). Empfänger solcher Offenbarungen sind die → Propheten.

Offensive [frz.], *die,* Angriff. Gegensatz: → Defensive.

offiziell [frz.], amtlich, verbürgt, förmlich.

Offizier [frz.], *der,* beim Militär die Rangstufen für die mit Führungsaufgaben betrauten Dienstgrade, vom Leutnant bis zum General.

Offsetdruck [engl. »Abziehen«], Druckverfahren, bei dem Texte oder Bilder von einer Druckform (Folie oder Metallplatte) zunächst auf einen Zylinder, der mit einem Gummituch bespannt ist, und von dort auf Papier übertragen werden.

Ohm, nach dem deutschen Physiker *Georg Simon Ohm* (1789–1854) benannte Maßeinheit für den elektrischen → Widerstand (Zeichen Ω). Nach dem *Ohmschen Gesetz* ist der elektrische Strom, der durch einen → Leiter fließt, proportional zu der Spannung, die zwischen den Enden des Leiters herrscht (bei gleich bleibender Temperatur). 1 Ω = 1 V/A (der Widerstand, wenn beim Anlegen einer Spannung von 1 Volt ein Strom von 1 Ampere Stärke fließt).

Ohnmacht, durch verminderte Durchblutung des Gehirns herbeigeführter kurzer Verlust des Bewusstseins.

Ohr, paariges Organ für den Gehörsinn, das aus einem *äußeren* und einem *inneren* Ohr besteht. Das äußere Ohr wird von der *Ohrmuschel* gebildet, deren Gerüst aus elastischen Knorpeln aufgebaut ist. Sie soll die Schallwellen auffangen. Das Vorhandensein von zwei Ohren ermöglicht es, die Richtung festzustellen, aus der die Schallwellen kommen. Außerdem enthält die Ohrmuschel den äußeren Gehörgang, der vom → *Trommelfell* luftdicht abgeschlossen wird.
Daran schließt sich das *Mittelohr* an. Es besteht aus der *Paukenhöhle,* die über die *Ohrtrompete* oder *Eustachische Röhre* mit dem Nasen-Rachen-Raum verbunden ist (so dass der Luftdruck auf beiden Seiten des Trommelfells gleich

ökologisches Gleichgewicht 475

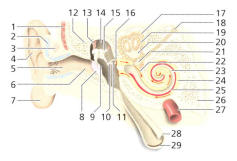

■ Übersicht über **äußeres Ohr, Mittelohr und Innenohr:** **1** Schläfenmuskel; **2** Ohrknorpel; **3, 4** Ohrmuschel; **5** Knorpeliger Teil des äußeren Gehörganges; **6** Knöcherner Teil des äußeren Gehörganges; **7** Ohrläppchen; **8** Trommelfell; **9** Hammergriff; **10** Steigbügel; **11** Rundes Fenster; **12** Schläfenbein; **13** Oberes Band des Hammerkopfes; **14** Paukenhöhle; **15** Amboß; **16** Steigbügelplatte im ovalen Fenster; **17** Perilymphatischer Raum; **18** Endolymphatischer Gang; **19** Häutiger Bogengang; **20** Großes Vorhofsäckchen; **21** Kleines Vorhofsäckchen; **22** Vorhoftreppe; **23** Schneckenkanal; **24** Paukentreppe; **25** Cortisches Organ; **26** Markräume im Knochen; **27** Gehirnkarotis; **28** Knorpel und **29** Schleimhaut der Ohrtrompete

hoch ist). In der Paukenhöhle befinden sich die durch Gelenke miteinander verbundenen *Gehörknöchelchen* (wegen ihrer Form *Hammer, Amboss* und *Steigbügel* genannt); sie leiten die Schwingungen des Trommelfells an das Innenohr weiter und verstärken sie gleichzeitig. Die Schwingungen werden auf das *ovale Fenster* übertragen, eine Membran, die das Innenohr vom Mittelohr trennt.
Das *Innenohr*, das auch als *Ohrlabyrinth* bezeichnet wird, besteht aus einem schneckenförmigen Gang, der mit einer Lymphflüssigkeit (→ Lymphe) gefüllt ist. Die mechanischen Schwingungen pflanzen sich durch wellenförmige Verschiebungen des Flüssigkeitsvolumens in der Schnecke fort und gelangen zum *runden Fenster*. Haarförmige Sinneszellen, die durch die Druckschwankungen der *Basiliarmembran* gereizt werden, wandeln die Schwingungen in elektrische Nervenimpulse um, die von den *Hörnerven* zum Gehirn weitergeleitet werden. Im Innenohr befindet sich der aus drei Bogengängen bestehende *Vestibularapparat* des → Gleichgewichtssinns.
Ohrwürmer, zu den Geradflüglern gehörende → Insekten, die bis zu 5 cm lang werden und in Ritzen leben. Ihre Schwanzborsten sind zu zangenförmigen Greifwerkzeugen umgebildet.
Okapis, zu den → Giraffen gehörende Paarhufer, die in den zentralafrikanischen Regenwäldern leben. Diese *Kurzhals-* oder *Baumgiraffe* wurde erst 1901 entdeckt. Sie wird über 2 m lang und erreicht eine Höhe von etwa 1,8 m.

■ *Okapi*

okay [engl. oʊˈkeɪ], eigentlich O. K., englische Abkürzung für *oll korrekt = all correct,* alles in Ordnung, abgemacht.
Okkultismus [von lat. occultus = »verborgen«], *der,* ursprünglich Lehre von den verborgenen Dingen; heute zusammenfassende Bezeichnung für alle geheimwissenschaftlichen Disziplinen wie auch für die außersinnlichen Wahrnehmungen und Erscheinungen, die von der Parapsychologie wissenschaftlich erforscht werden. Zu den okkulten Phänomenen gehören Erscheinungen, die sich bislang nicht durch die Naturgesetze erklären lassen (z. B. Telepathie, Telekinese, Präkognition, Spuk).
Okkupation [lat.], *die,* Besetzung eines fremden Staatsgebiets.
Ökologie, *die,* Teilgebiet der → Biologie, das sich mit den Wechselbeziehungen zwischen den Lebewesen und ihrer Umwelt befasst. Von großer Bedeutung ist die Ökologie vor allem angesichts der Umweltschäden (→ Umweltschutz), weil sie untersucht, wie sich Eingriffe des Menschen in die Natur auswirken.
ökologisches Gleichgewicht, natürlicher Zustand eines → Ökosystems, der den Weiterbestand einer Lebensgemeinschaft garantiert. Die Zahl und die Vielfalt der verschiedenen Tier- und Pflanzenarten verändert sich nicht wesentlich, sondern regelt sich durch die natürliche Geburts- und Sterberate sowie Zu- und Abwanderung. Das ökologische Gleichgewicht wird bedroht, wenn sich eine Art übermäßig vermehrt oder ausstirbt. Gründe dafür können klimatische Veränderungen und Naturkatastrophen oder Eingriffe des Menschen sein.

Ödipuskomplex

Als *Ödipuskomplex* bezeichnet man seit → Freud das Begehren des Kindes nach dem Elternteil des anderen Geschlechts, d. h. des Sohnes nach der Mutter und der Tochter nach dem Vater, und die gleichzeitige Rivalität gegenüber dem gleichgeschlechtlichen Elternteil in einer Phase der erwachenden Sexualität.

Odyssee

Auf seiner Heimreise von Troja erlebte Odysseus zahlreiche Abenteuer. Doch seine Irrfahrt dauerte zehn Jahre, weil er auf der Insel der → Zyklopen den einäugigen Riesen Polyphem blendete und sich dadurch den Zorn von dessen Vater, dem Meeresgott → Poseidon, zuzog. Unterwegs entging er den Menschen fressenden Laistrygonen, konnte sich vor dem betörenden Gesang der → Sirenen retten und überstand die Ungeheuer Skylla und Charybdis. Er überwältigte die Zauberin Kirke (→ Circe), lebte sieben Jahre lang bei der Nymphe Kalypso, die ihm sogar die Unsterblichkeit versprach, und erreichte schließlich mithilfe der gastfreundlichen Phäaken seine Heimat Ithaka. Dort wurde seine treue Gemahlin → Penelope von mehr als hundert Freiern bedrängt. Der Sieger eines Wettbewerbs, bei dem die Freier mit dem Bogen des Odysseus einen Pfeil durch zwölf Axtringe hindurchschießen mussten, sollte ihre Hand erhalten. Als Bettler verkleidet nahm Odysseus an dem Wettkampf teil und siegte. Zusammen mit seinem Sohn Telemach (der ihn jahrelang vergeblich gesucht hatte) tötete Odysseus alle Freier.

Offenbarung des Johannes

Als *Offenbarung des Johannes* oder → *Apokalypse* wird ein prophetisches Buch des → Neuen Testaments bezeichnet.

476 Ökonomie

Oktoberrevolution: Rotgardisten bei Kämpfen in Petrograd (Sankt Petersburg)

Oktanzahl

Benzin werden Antiklopfmittel wie z. B. Metallverbindungen oder Methanol zugesetzt; früher wurde hauptsächlich giftiges Tetraethylblei verwendet. Normalbenzin hat 90–93, Superbenzin 96–98 Oktan. Bei → Dieselmotoren gibt es eine entsprechende *Cetanzahl* (CaZ), die die Zündwilligkeit eines Dieselkraftstoffs angibt.

Öle

Mineralöle werden aus → Erdöl gewonnen und als Motoren-, Schmier- und Heizöle verwendet.
Synthetische Öle sind künstlich hergestellte Erzeugnisse aus Erdölbestandteilen.
Pflanzliche Öle erhält man aus Früchten oder Samen von *Ölgewächsen* wie etwa Sonnenblumenkernen, Oliven oder Sojabohnen.
Ein *tierisches Öl* ist beispielsweise Waltran.
Ätherische Öle sind flüchtige pflanzliche Aromastoffe (z. B. Pfefferminz-, Eukalyptus- und Rosenöl), die intensiv riechen und oft sehr kostbar sind.
Als *fette Öle* bezeichnet man dickflüssige → Fette, die aus pflanzlichen Samen oder tierischem Fettgewebe gewonnen werden.

Ökonomie [griech. »Hauswirtschaft«], *die,* Wirtschaft, Wirtschaftswissenschaft, auch Wirtschaftlichkeit. Ein *ökonomisches Handeln* ist ein rein zweckgebundenes Handeln, das mit den geringstmöglichen Mitteln auskommt.

Ökosystem, natürlich gewachsenes System, das aus Tieren und Pflanzen sowie der unbelebten Umwelt besteht, in der sie gemeinsam leben. Dank der Wechselbeziehungen zwischen ihnen bildet das Ökosystem eine gleich bleibende, voneinander abhängige Kleinswelt und Lebensgemeinschaft (z. B. ein See oder ein Wald). Die meisten Ökosysteme, sogar → Naturschutzgebiete, sind heute Eingriffen des Menschen ausgesetzt.

Oktanzahl, *OZ,* Maßzahl für die Klopffestigkeit von Benzin. Das *Klopfen,* eine hörbare Selbstentzündung des Benzin-Luft-Gemisches vor dem Überspringen des Zündfunkens im Zylinder, mindert die Motorleistung und kann zu Motorschäden führen. Völlig klopffest ist ein Treibstoff mit der Oktanzahl 100.

Oktave [lat. »achter«], *die,* in der Musik der achte Ton einer diatonischen Tonleiter (vom Grundton aus gerechnet) und das acht Töne umfassende Intervall. Eine → Tonleiter umfasst eine Oktave.

Oktoberrevolution, die Revolution der → Bolschewisten am 7./8. November (nach dem damals in Russland gültigen Julianischen → Kalender am 25./26. Oktober) 1917. Damals wurde die bürgerliche Regierung gestürzt, die in der Februarrevolution die Macht in → Russland übernommen hatte.

Okular [von lat. oculus = »Auge«], *das,* bei optischen Geräten (wie z. B. Fernrohr, Mikroskop) die Linse, die dem Auge zugewandt ist. Sie dient dazu, das vom → Objektiv erzeugte Bild zu betrachten.

Ökumene [griech. »die bewohnte Erde«], *die,* ursprünglich die Erde als Lebensraum der Menschen; im engeren Sinne die gesamte Christenheit. Unter **ökumenischer Bewegung** versteht man die Bestrebung aller christlichen Kirchen und Konfessionen, in Fragen des Glaubens zusammenzuarbeiten und die historische Trennung zu überwinden.

Okzident [lat.], *der,* → Abendland.

Öle [von lat. oleum], organische Verbindungen, die bei Raumtemperatur flüssig sind. Sie sind leichter als Wasser und lösen sich nur schwer darin.

Oleander [griech.-ital.], *Rosenlorbeer,* mediterraner Strauch mit immergrünen, lanzettförmigen Blättern und weißen, rosenroten, roten oder gelben Blüten.

Olive [lat.], die Frucht des *Öl-* oder *Olivenbaums,* der im gesamten Mittelmeerraum wächst und bis zu 20 m hoch wird. Seine eiförmigen grünen, rötlichen oder blauschwarzen Steinfrüchte, die eine Größe von 1 bis 3,5 cm haben, sind sehr ölhaltig (bis 50 % fette → Öle). Durch Pressen von überreifen Oliven gewinnt man *Olivenöl.*

Olive

Olme, Familie der → Schwanzlurche. Die Olme verbleiben in ihrem → Larvenzustand und haben verkümmerte Augen. Der europäische *Grottenolm* kommt nur in den unterirdischen Gewässern des Dinarischen → Karstes vor.

Olymp, *der,* höchster Berg (2911 m) Griechen-

Olympische Spiele

Olympische Spiele

lands; in der griechischen Mythologie der Sitz der Götter *(Olympier)*.

Olympische Spiele, alle vier Jahre ausgetragener sportlicher Wettbewerb, bei dem die besten Sportler aller Länder gegeneinander antreten.

Die Tradition der Olympischen Spiele stammt aus der griechischen Antike. Damals fanden alle vier Jahre beim Heiligtum des Zeus von **Olympia** (in Elis) Spiele statt, an denen Sportler aller griechischen Stadtstaaten teilnahmen. Zugelassen waren nur freie Bürger; Frauen war sogar das Zuschauen verboten. Neben athletischen Wettbewerben wie Laufen, Fünfkampf, Ringen, Faustkampf und Pankration, einer Mischung aus Faust- und Ringkampf, wurden auch Wagen- und Pferderennen durchgeführt. Die Sieger, die *Olympioniken,* wurden in ihrer Heimat hoch geehrt. Während der Olympischen Spiele herrschte Waffenruhe. Die mindestens bis ins 8. Jh. v. Chr. zurückreichenden Spiele wurden 393 n. Chr. von dem römischen Kaiser Theodosius verboten.

In der Neuzeit wurde diese antike Tradition 1896 von Pierre de → Coubertin wieder aufgenommen. Mit Ausnahme der Kriegsjahre wurden seitdem alle vier Jahre in wechselnden Städten die *Olympischen Sommerspiele* veranstaltet. Seit 1924 gibt es auch *Olympische Winterspiele,* die seit 1994 einen eigenen vierjährigen Turnus haben und seitdem in einem zweijährigen Wechsel mit den Sommerspielen stattfinden. Während ursprünglich nur → Amateure zugelassen waren, dürfen seit den 80er Jahren in vielen Sportarten auch Profisportler teilnehmen.

Das Symbol der Olympischen Spiele sind die *Olympischen Ringe,* fünf ineinander verschlungene Ringe in fünf unterschiedlichen Farben, die für die fünf Kontinente stehen. Die Olympiade für Behinderte heißt → *Paralympics.*

Die Olympischen Spiele der Neuzeit

Sommerspiele

1896	Athen (Griechenland)
1900	Paris (Frankreich)
1904	St. Louis (USA)
1908	London (Großbritannien)
1912	Stockholm (Schweden)
1920	Antwerpen (Belgien)
1924	Paris (Frankreich)
1928	Amsterdam (Niederlande)
1932	Los Angeles (USA)
1936	Berlin (Deutschland)
1948	London (Großbritannien)
1952	Helsinki (Finnland)
1956	Melbourne (Australien)
1960	Rom (Italien)
1964	Tokio (Japan)
1968	Mexiko-City (Mexiko)
1972	München (Deutschland)
1976	Montreal (Kanada)
1980	Moskau (UdSSR)
1984	Los Angeles (USA)
1988	Seoul (Südkorea)
1992	Barcelona (Spanien)
1996	Atlanta (USA)
2000	Sydney (Australien)

Winterspiele

1924	Chamonix (Frankreich)
1928	St. Moritz (Schweiz)
1932	Lake Placid (USA)
1936	Garmisch-Partenkirchen (Deutschland)
1948	St. Moritz (Schweiz)
1952	Oslo (Norwegen)
1956	Cortina d'Ampezzo (Italien)
1960	Squaw Valley (USA)
1964	Innsbruck (Österreich)
1968	Grenoble (Frankreich)
1972	Sapporo (Japan)
1976	Innsbruck (Österreich)
1980	Lake Placid (USA)
1984	Sarajevo (Jugoslawien)
1988	Calgary (Kanada)
1992	Albertville (Frankreich)
1994	Lillehammer (Norwegen)
1998	Nagano (Japan)
2002	Salt Lake City (USA)

Oman ('Umān)

Staatsname: Sultanat Oman

Staatsform: Absolute Monarchie

Hauptstadt: Maskat

Fläche: 212 457 km²

Einwohner: 2,2 Mio.

Bevölkerungsdichte: 10/km²

Amtssprache: Arabisch

Währung: Rial Omani (R. O.)

Nationalitätskennzeichen: OM

Oman

Olympia

Onanie

Die Bezeichnung Onanie leitet sich fälschlich von der alttestamentarischen Gestalt Onan her, die im 1. Buch Mose vorkommt: Onan war der Sohn von Juda, einem Sohn des Patriarchen Jakob, und einer kanaanitischen Frau. Als der erstgeborene Bruder Onans starb, bevor er Nachkommen zeugen konnte, sollte Onan auf Wunsch seines Vaters mit seiner Schwägerin Tamar schlafen, um auf diese Weise seinem toten Bruder zu einer Nachkommenschaft zu verhelfen. Doch da Onan wusste, dass alle mit Tamar gezeugten Kinder nicht als seine eigenen Nachkommen gelten würden, ließ er jedes Mal, wenn er mit Tamar schlief, »den Samen zur Erde fallen«. Onan war somit nicht der Ahnherr der Selbstbefriedigung, sondern bestenfalls der Erfinder des → Coitus interruptus. Allerdings missfiel auch dies Gott im Alten Testament, so dass er Onan sterben ließ.

Oman, asiatischer Staat an der Ostspitze der → Arabischen Halbinsel. Das Land besteht größtenteils aus Wüstengebiet und stützt sich wirtschaftlich auf Erdölvorkommen. Neben Arabern umfasst die Bevölkerung verschiedene Minderheiten (Belutschen, Perser, Inder, Pakistani, Schwarzafrikaner). Das im 7. Jh. islamisierte Gebiet wurde im 9. Jh. unabhängig. Die Portugiesen konnten es 1509 erobern, wurden aber um die Mitte des 17. Jh. vertrieben. Im 18. und 19. Jh. dehnte der Oman sein Herrschaftsgebiet auf Teile Ostafrikas aus (vor allem → Sansibar, wohin 1840 die Residenz verlegt wurde). 1856 trennte er sich von seinen ostafrikanischen Kolonien und wurde 1891 britisches Protektorat. 1977 zogen die letzten britischen Truppen ab. Der Oman ist seit Mitte des 18. Jh. eine absolute Monarchie, aber der jetzige Sultan leitete eine Modernisierung des Landes ein.

Omega, Ω, der letzte Buchstabe des griechischen Alphabets.

Omen [lat.], *das,* schlechtes oder gutes Vorzeichen.

Onanie [engl.], *die,* Selbstbefriedigung durch Reizen der eigenen Geschlechtsorgane mit den Händen, häufig auch als → Masturbation bezeichnet. Onanie hat keine schädlichen Auswirkungen, obwohl dies früher oft behauptet wurde; vielmehr ist sie ein wichtiger Teil der geschlechtlichen Entwicklung beim Jugendlichen und kann auch später körperliche Erregungszustände abbauen helfen.

online [engl. 'ɔnlaɪn »auf Leitung«], in der → elektronischen Datenverarbeitung die direkte Verbindung eines Peripheriegerätes mit der → Zentraleinheit eines Rechners oder eines Computers mit einem anderen Computer, z. B. über ein Kabel oder ein → Modem, was einen raschen Datenaustausch ermöglicht.

Online-Dienste, Informationsdienste, die es durch die direkte Verbindung zwischen einem Computer und Großrechnern ermöglichen, auf eine Fülle von Daten (z. B. in → Datenbanken) zurückzugreifen, selbst »elektronische Post« zu verschicken (durch Hinterlassen von persönlichen Nachrichten in → Mailboxes) oder mit anderen Teilnehmern zu diskutieren (→ Forum).

Die Online-Dienste bieten heute mit ihren → Browsern auch Zugänge zum → Internet oder stellen ihre Informationen und Dienste direkt im → World Wide Web zur Verfügung. Sie verlangen vom Benutzer neben dem Monats- oder Jahresbeitrag (für die Mitgliedschaft) teilweise auch Gebühren für die Nutzung. Neben dem PC braucht der Nutzer ein Modem, über das er sich in das Netz des Online-Dienstes einwählen kann. Außerdem muss er Zugang zu einem der kommerziellen Anbieter haben.

Opal [Sanskrit »Stein«], *der,* sprödes → Mineral aus wasserhaltiger Kieselsäure, das bunt schillert und in vielen Abarten vorkommt.

OPEC, Abkürzung für engl. *Organization of the Petroleum Exporting Countries,* die 1960 gegründete Organisation Erdöl exportierender Länder, in der wichtige Förderstaaten (z. B. Saudi-Arabien, Iran, Libyen, Venezuela) zusammengeschlossen sind. Sitz ist Wien. Die Förderquoten der Mitgliedstaaten und die je nach Qualität des Erdöls festgelegten Preise je → Barrel bestimmten früher die Erdölpreise auf dem Weltmarkt.

Open-Air, *Open Air* [engl. 'oʊpn'ɛə], Freiluft-, im Freien stattfindend (z. B. *Open-Air-Festival*).

Oper [it.], *die,* musikalisches Bühnenwerk, in dem die Handlung vorwiegend von Sängern dargestellt wird und die Dialoge, Monologe und anderen Texte zu Orchesterbegleitung gesungen werden. Ein wichtiges Element sind auch Chöre, die Massenszenen ermöglichen.

Die Oper entwickelte sich Ende des 16./Anfang des 17. Jh. in Italien aus der Vertonung von Bühnendichtungen. Als erste Oper gilt »Dafne«

■ **Oper:** *Ein Duett*

von Jacopo Peri (1597/98). Zunächst wurden die Opern an Fürstenhöfen aufgeführt, aber schon 1637 gab es das erste öffentliche Opernhaus in Venedig. In Italien entstanden die *Opera seria,* die ernste Oper, die tragische heroische, mythologische oder historische Stoffe gestaltete, und die jüngere *Opera buffa,* die komische Oper, die heitere volkstümliche Stoffe vertonte. Die Oper blieb in Italien lange Zeit eine *Nummernoper,* die nicht durchkomponiert war; vielmehr bestand sie aus in sich abgeschlossenen Einzelstücken (Arien, Ensemble- und Chorgesänge, Instrumentalstücke) und verwendete Rezitative und gesprochene Dialoge als Verbindungsstücke. In den einzelnen Ländern bildeten sich besondere Opernformen heraus, so etwa in Frankreich die *Tragédie lyrique,* die auch dem Tanz eine wichtige Rolle einräumte *(Comédieballet), Opéra comique,* die auch Sprechrollen enthielt, und die *Grand opéra,* die die Darstellungsformen beider Gattungen verband, im deutschsprachigen Raum das *Singspiel* (z. B. »Die Zauberflöte« von W. A. Mozart), die *romantische Oper* (»Der Freischütz« von C. M. von Weber), die *komische Oper* (»Zar und Zimmermann« von Albert Lortzing) und das *Musikdrama* (vor allem von Richard → Wagner).

In der modernen Oper werden die unterschiedlichsten Kompositionstechniken (z. B. → Zwölftonmusik bei Alban Berg oder → Minimal Music bei Philipp Glass) verwendet, häufig auch in der Form von Zitaten. Durch die Einbeziehung neuer Darstellungsformen, Musikstile (wie Jazz und Rockmusik) und Instrumente (z. B. elektronische Instrumente) hat sich die Oper zum *Musiktheater* weiterentwickelt.

Wichtige musikalische Gesangselemente sind neben den → Arien und → Rezitativen der Solosänger die Ensembles mehrerer Solisten (z. B. Duett, Terzett) und die Chorgesänge. Eine bedeutsame Rolle spielen auch die rein instrumentalen Teile des Orchesters, vor allem → Ouvertüre und Zwischenspiele, die oft musikalische Themen vorwegnehmen oder die Stimmung andeuten.

Bekannte Opern

»Orfeo« (1607) von Claudio Monteverdi (1567–1643)
»Alceste« (1674) von Jean-Baptiste Lully (1632–1687)
»Dido und Aeneas« (1689) von Henry Purcell (1659–1695)
»King Arthur« (1691) von H. Purcell
»The Beggar's Opera« (1728) von John Gay (1685–1732)
»Orpheus und Eurydike« (1762) von Christoph Willibald Gluck (1714–1787)
»Die Hochzeit des Figaro« (1782) von Wolfgang Amadeus Mozart (1756–1791)
»Don Giovanni« (1787) von W. A. Mozart
»Die Zauberflöte« (1791) von W. A. Mozart
»Fidelio« (1804/14) von Ludwig van Beethoven (1770–1827)
»Der Barbier von Sevilla« (1816) von Gioachino Rossini (1792–1868)
»Der Freischütz« (1821) von Carl Maria von Weber (1786–1826)
»Norma« (1831) von Vincenzo Bellini (1801–1835)
»Lucia di Lammermoor« (1835) von Gaetano Donizetti (1797–1848)
»Zar und Zimmermann« (1837) von Albert Lortzing (1801–1851)
»Nabucco« (1842) von Giuseppe Verdi (1813–1901)
»Tannhäuser« (1845) von Richard Wagner (1813–1883)
»La damnation de Faust« (1846) von Hector Berlioz (1803–1869)
»Martha« von Friedrich von Flotow (1812–1883)
»Die lustigen Weiber von Windsor« (1849) von Otto Nicolai (1810–1849)
»La Traviata« (1853) von G. Verdi
»Faust« (1859) von Charles Gounod (1818–1893)
»Tristan und Isolde« (1865) von R. Wagner
»Die Meistersinger von Nürnberg« (1868) von R. Wagner
»Aida« (1871) von G. Verdi
»Boris Godunow« (1874) von Modest Mussorgski (1839–1881)
»Carmen« (1875) von Georges Bizet (1838–1875)
»Der Ring des Nibelungen« (1876) von R. Wagner
»Eugen Onegin« (1879) von Peter Tschaikowski (1840–1893)
»Hoffmanns Erzählungen« (1881) von Jacques Offenbach (1819–1880)
»Parsifal« (1882) von R. Wagner
»Othello« (1887) von G. Verdi
»Cavalleria rusticana« (1890) von Pietro Mascagni (1863–1945)
»Der Bajazzo« (1892) von Ruggiero Leoncavallo (1857–1919)
»Werther« (1892) von Jules Massenet (1842–1912)
»Hänsel und Gretel« (1893) von Engelbert Humperdinck (1854–1921)
»La Bohème« (1896) von Giacomo Puccini (1858–1924)
»Pelléas et Mélisande« (1902) von Claude Debussy (1862–1918)
»Tiefland« (1903) von Eugen d'Albert (1864–1932)

(Fortsetzung siehe nächste Seite)

»Madame Butterfly« (1904) von G. Puccini
»Salome« (1905) von Richard Strauss (1864–1949)
»Elektra« (1909) von R. Strauss
»Der Rosenkavalier« (1911) von R. Strauss
»Herzog Blaubarts Burg« (1918) von Béla Bartók (1881–1945)
»Die tote Stadt« (1920) von Erich Wolfgang Korngold (1897–1957)
»Wozzeck« (1925) von Alban Berg (1885–1935)
»Die Dreigroschenoper« (1928) von Kurt Weill (1900–1950)
»Aufstieg und Fall der Stadt Mahagonny« (1930) von K. Weill
»Moses und Aaron« (1930–32) von Arnold Schönberg (1874–1951)
»Lady Macbeth des Mzensker Bezirks« (1934) von Dmitri Schostakowitsch (1906–1975)
»Porgy and Bess« (1935) von George Gershwin (1898–1937)
»Lulu« (1937/39) von A. Berg
»Mathis der Maler« (1938) von Paul Hindemith (1895–1963)
»Der Mond« (1939) von Carl Orff (1895–1982)
»Peter Grimes« (1945) von Benjamin Britten (1913–1976)
»The Rake's Progress« (1951) von Igor Strawinsky (1882–1971)
»Intolleranza« (1961) von Luigi Nono (* 1924)
»Der junge Lord« (1965) von Hans Werner Henze (* 1926)
»Die Soldaten« (1965) von Bernd Alois Zimmermann (1918–1970)
»Die Teufel von Loudun« (1969) von Krzystof Penderecki (* 1939)
»Licht« (1975 ff.) von Karlheinz Stockhausen (* 1928)
»Lear« (1978) von Aribert Reimann (* 1936)
»Satyagraha« (1980) von Philip Glass (* 1937)
»Saint François d'Assise« (1983) von Olivier Messiaen (1908–1992)
»X, The Life and Times of Malcolm X« (1985) von Anthony Davis (* 1951)
»Nixon in China« (1988) von John Adams (* 1947)
»Leben mit einem Idioten« (1992) von Alfred Schnittke (* 1934)

Operation [lat. »Verrichtung«], *die*, in der Medizin ein chirurgischer Eingriff.

Operette [it. »kleine Oper«], *die*, musikalisches Bühnenwerk, das im Gegensatz zur → Oper einen leichten, heiteren Charakter hat und gesprochene Dialoge sowie Tanz- und instrumentale Einlagen enthält. Der Gesang der Solisten und Chöre bleibt liedartig. Die Mitte des 19. Jh. aus der französischen komischen Oper (Opéra comique) und dem deutschen Singspiel entstandene Operette nahm die jeweils aktuelle Tanzmusik (z. B. Walzer und Cancan) und später auch die Schlagermusik auf. Zentren der Operette waren Paris (vor allem Jacques Offenbach), Wien (Johann Strauß, Franz Léhar, Franz von Suppé) und Berlin (Paul Lincke, Eduard Künneke). Nach dem Ersten Weltkrieg wurde die Operette weitgehend von der Revue, nach dem Zweiten Weltkrieg vom → Musical abgelöst.

Bekannte Operetten
»Orpheus in der Unterwelt« (1858) von Jacques Offenbach (1819–1880)
»Die schöne Galathee« (1865) von Franz von Suppé (1819–1880)
»Frau Luna« (1896) von Paul Lincke (1866–1946)
»Die Fledermaus« (1874) von Johann Strauß (1825–1899)
»Der Bettelstudent« (1882) von Karl Millöcker (1842–1899)
»Der Mikado« (1885) von Arthur Sullivan (1842–1900)
»Der Zigeunerbaron« (1885) von J. Strauß
»Der Vogelhändler« (1891) von Carl Zeller
»Der Opernball« (1898) von Richard Heuberger (1850–1914)
»Die lustige Witwe« (1905) von Franz Lehár (1870–1948)
»Der fidele Bauer« (1907) von Leo Fall (1873–1925)
»Ein Walzertraum« (1907) von Oscar Straus (1870–1954)
»Wie einst im Mai« (1913) von Walter Kollo (1878–1940)
»Die Csárdásfürstin« (1915) von Emmerich Kálmán (1882–1953)
»Das Dreimäderlhaus« (1916) von Heinrich Berté (1857–1924)
»Das Schwarzwaldmädel« (1917) von Leon Jessel (1871–1942)
»Der Vetter aus Dingsda« (1921) von Eduard Künneke (1885–1953)
»Das Land des Lächelns« (1923) von F. Léhar
»Gräfin Mariza« (1924) von E. Kálmán
»Victoria und ihr Husar« (1930) von Paul Abraham (1892–1960)
»Im Weißen Rössl« (1930) von Ralph Benatzky (1887–1957)
»Clivia« (1933) von Nico Dostal (1895–1981)
»Zwei Herzen im Dreivierteltakt« (1933) von Robert Stolz (1880–1975)
»Maske in Blau« (1937) von Fred Raymond (1900–1954)

Opium, aus den unreifen Früchten des Schlafmohns (→ Mohn) gewonnenes Rauschgift. Seine schon seit dem Altertum bekannte Wirkung (u. a. schmerzlindernd und beruhigend) rührt von den **Opiaten** her, → Alkaloiden, die im Opium enthalten sind. Das bekannteste ist *Morphin*, das in der Medizin als schmerzstillendes Mittel verwendet wird, aber süchtig macht. Opium dient vor allem in Asien als Rauschmittel, das geraucht oder gegessen wird. Aus Opium wer-

■ *Zentralamerikanisches Opossum*

den auch die Rauschgifte → Morphium und → Heroin hergestellt.

Opossum [engl.-indian.], *das,* in Nord- und Südamerika lebende Beutelratte (→ Beuteltiere), die bis zu 50 cm lang wird und einen langen Schwanz besitzt. Dank ihrer Greiffüße kann sie sehr gut klettern. Das nordamerikanische Opossum wird wegen seines dichten Pelzes gejagt.

Opportunist [frz.], *der,* jemand, der nur das tut, was zu seinem Vorteil ist, und sich rasch und bedenkenlos der jeweiligen Situation anpasst.

Opposition [lat.], *die,* Widerstand; im engeren Sinne die politischen Parteien, die nicht an der Regierung beteiligt sind und sie auch nicht unterstützen.

Optik [griech. »Lehre vom Sehen«], *die,* Teilgebiet der Physik, das sich mit dem sichtbaren Licht und seiner Entstehung, Ausbreitung und Wahrnehmung, im weiteren Sinne mit allen elektromagnetischen Schwingungen von → ultraviolettem bis zu infrarotem Licht beschäftigt. Je nach Ausgangspunkt unterscheidet man zwischen und *Strahlenoptik* (→ Strahlen) und *Wellenoptik.* Im Bereich der Strahlenoptik gibt es Erscheinungen wie → Brechung, → Dispersion und → Reflexion, im Bereich der Wellenoptik Erscheinungen wie → Diffraktion, → Interferenz und Polarisation. Die *Quantenoptik,* die Licht als Strom von kleinen Teilchen (→ Photonen) auffasst, erklärt Erscheinungen wie den → Photoeffekt und die Funktionsweise des → Lasers.

Optimismus [frz.], *der,* zuversichtliche Auffassung, die das Leben bejaht, bei allen Dingen die positiven Seiten sieht und sich von der Zukunft das Beste erwartet. Gegensatz: → Pessimismus.

Option [lat. »Wunsch«], *die,* freie Entscheidungs- oder Wahlmöglichkeit. Wenn man die Option für eine Sache erwirbt, erhält man das Recht, diese später zu kaufen, ohne dass man dieses Recht wahrnehmen muss.

optische Täuschung, Wahrnehmung, die nicht den tatsächlichen Verhältnissen entspricht, d. h., das vom menschlichen Auge aufgenommene Bild wird im Gehirn falsch beurteilt. Optische Täuschungen haben physiologische Ursachen, die mit dem Bau des menschlichen → Auges zusammenhängen, oder psychologische Gründe (falsche Einschätzungen). Beispielsweise erscheinen zwei Strecken ungleich lang, je nachdem, ob die sie begrenzenden pfeilartigen Winkel nach innen oder nach außen zeigen.

Optoelektronik, Teilgebiet der → Elektronik, das sich mit der Umwandlung von Lichtenergie in elektrische Energie oder umgekehrt beschäftigt. Genutzt wird dies beispielsweise für Photoelemente, Leuchtdioden (→ LED) und → Solarzellen. Optoelektronische Bauelemente dienen zur Steuerung von Maschinen und zur Übertragung von Informationen (z. B. mit → Glasfaser).

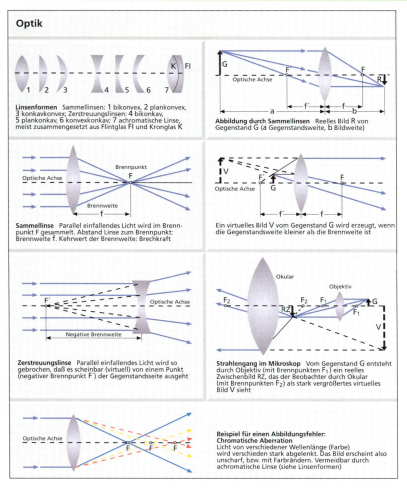

Optik

Linsenformen Sammellinsen: 1 bikonvex, 2 plankonvex, 3 konkavkonvex; Zerstreuungslinsen: 4 bikonkav, 5 plankonkav, 6 konvexkonkav; 7 achromatische Linse, meist zusammengesetzt aus Flintglas Fl und Kronglas K

Abbildung durch Sammellinsen Reelles Bild R von Gegenstand G (a Gegenstandsweite, b Bildweite)

Sammellinse Parallel einfallendes Licht wird im Brennpunkt F gesammelt. Abstand Linse zum Brennpunkt: Brennweite f. Kehrwert der Brennweite: Brechkraft

Ein virtuelles Bild V vom Gegenstand G wird erzeugt, wenn die Gegenstandsweite kleiner als die Brennweite ist

Zerstreuungslinse Parallel einfallendes Licht wird so gebrochen, daß es scheinbar (virtuell) von einem Punkt (negativer Brennpunkt F') der Gegenstandsseite ausgeht

Strahlengang im Mikroskop Vom Gegenstand G entsteht durch Objektiv (mit Brennpunkten F_1) ein reelles Zwischenbild RZ, das der Beobachter durch Okular (mit Brennpunkten F_2) als stark vergrößertes virtuelles Bild V sieht

Beispiel für einen Abbildungsfehler: Chromatische Aberration Licht von verschiedener Wellenlänge (Farbe) wird verschieden stark abgelenkt. Das Bild erscheint also unscharf, bzw. mit Farbrändern. Vermeidbar durch achromatische Linse (siehe Linsenformen)

Opus magnum

Als *Opus magnum* bezeichnet man das überragende Hauptwerk eines Künstlers (etwa bei Richard → Wagner den »Ring des Nibelungen«).

Bekannte katholische Orden

Augustiner (800 von Augustinus von Hippo gegründet)
Barmherzige Brüder (1540, Johannes von Gott)
Benediktiner (529, Benedikt von Nursia)
Dominikaner (1216, Dominikus von Calerusga)
Franziskaner (1209, Franz von Assisi)
Jesuiten (1534, Ignatius von Loyola)
Kapuziner (1528, Matthäus von Bascio)
Karmeliter (1209, Albertus von Jerusalem)
Kartäuser (1084, Bruno von Köln)
Klarissen (1212, Klara von Assisi)
Prämonstratenser (1120, Norbert von Xanten)
Redemptoristen (1732, Alfons von Liguori)
Salesianer (1857, Giovanni Bosco)
Trappisten (1678, A.-J. Le Bouthillier de Rancé)
Ursulinen (1535, Angela Merici)
Weiße Väter (1886, Charles Lavigerie)
Zisterzienser (1098, Robert von Molesme)

Opus [lat.], *das,* Werk (besonders in der Kunst und Literatur). In der Musik wird Opus (Abkürzung *op.)* für Kompositionen im Gesamtwerk eines Komponisten verwendet; die zugehörige Zahl (z. B. op. 15) zeigt die chronologische Reihenfolge an.

Orakel [lat.], *das,* in der Antike eine Stätte, wo Priester oder Priesterinnen Weissagungen der Götter verkündeten. Berühmt sind die rätselhaften (»orakelhaften«) Sprüche des Orakels von → Delphi, die mehrdeutig waren und von den Priestern ausgelegt wurden, bevor sie an die Fragesteller weitergegeben wurden. Auch die Weissagung selbst wird als Orakel bezeichnet.

Oralverkehr, Spielart des → Geschlechtsverkehrs, bei der die Geschlechtsorgane des Partners mit dem Mund (Lippen, Zunge und Zähne) erregt werden.
Die orale Reizung des männlichen Geschlechtsorgans wird als → *Fellatio,* die des weiblichen Geschlechtsorgans als → *Cunnilingus* bezeichnet.

Orange [pers.-frz. oˈrãːʒə], *Apfelsine,* zu den → Zitrusfrüchten gehörende Frucht eines ursprünglich in China wachsenden, heute weltweit in subtropischen Gebieten gezüchteten Baums, der bis zu 8 m hoch wird. Die leicht ablösbare Schale der apfelgroßen Früchte hat eine orange Farbe. Das saftige, süßsäuerlich schmeckende Fruchtfleisch ist reich an Vitamin C. Heute gibt es zahlreiche Zuchtsorten, u. a. auch die rot gefärbte *Blutorange.*

Orang-Utan [malai. »Waldmensch«], *der,* auf Sumatra und Borneo lebender → Menschenaffe, der bis zu 1,5 m groß wird. Er besitzt ein dichtes rotbraunes Fell und ist mit seinen langen Kletterarmen und seinen kurzen Beinen hervorragend an das Leben auf Bäumen angepasst. Er ernährt sich von Blättern und Früchten.

Oratorium [lat. »Bethaus«], *das,* ursprünglich in Klöstern und Schlössern ein Saal zum Beten. Als Oratorium wird auch ein Musikwerk bezeichnet, das einen episch-dramatischen Stoff ohne szenische Darstellung bietet und neben Chor, Solostimmen und Orchester häufig einen Erzähler verwendet. Dabei wechseln → Rezitative und Chöre, die die Handlung tragen, mit → Arien und Chorälen, die lyrisch-betrachtend sind. Die Texte sind zumeist geistlicher Natur und oft der Bibel entnommen.

Orbit [engl.], *der,* Umlaufbahn (z. B. eines Satelliten) um einen Himmelskörper. Ein Raumfahrzeug, das in eine solche Umlaufbahn gebracht wird, bezeichnet man als **Orbiter.**

■ *Orang Utan: Mutter mit Jungem*

Orchester [griech.], *das,* ursprünglich im antiken Theater der runde Raum für den → Chor; im 17. Jh. der vertiefte Raum zwischen Bühne und Zuschauern, wo sich die Musiker befanden. Heute bezeichnet man damit ein Ensemble von Musikern, die unter der Leitung eines → Dirigenten zusammenspielen und entweder Instrumentalwerke darbieten (z. B. *Sinfonieorchester)* oder Gesangsdarbietungen begleiten (z. B. *Opernorchester).* Ein Orchester besteht aus verschiedenen Gruppen von Instrumenten, die häufig mehrfach besetzt sind, d. h., es verfügt über mehrere Musiker, die das gleiche Instrument spielen, um eine größere Klangfülle zu erreichen. Während ein großes Orchester zwischen 60 und 150 Musiker umfasst, kommt ein *Kammerorchester* mit einer Besetzung von 25 bis 40 aus. Daneben gibt es Orchester mit einer speziellen Besetzung für bestimmte Musikstücke und -stile, etwa reine *Streich-* und *Blasorchester* oder *Tanz-* und *Jazzorchester.*

Orchideen [griech.-frz.], artenreiche Familie von Staudengewächsen, die vorwiegend durch ihre bunten Hochblätter und ihre prächtig gefärbten Blüten auffallen. Orchideen sind vor allem in tropischen und subtropischen Gebieten verbreitet, wo sie oft auf Bäumen wachsen. Die in Mitteleuropa wachsenden Orchideen (z. B. *Frauenschuh, Knabenkraut)* stehen alle unter Naturschutz.

Orden [von lat. ordo = »Ordnung, Stand«], **1.** klösterliche Gemeinschaft, zu der sich → Mönche oder Nonnen zusammenschließen. Die Mitglieder eines solchen Ordens, die in der katholischen Kirche drei Gelübde (Armut, Keuschheit und Gehorsam) ablegen müssen, verbringen ihr Leben gemeinsam und widmen sich dabei gemäß ihrer *Ordensregel* entweder dem Gebet und der Vervollkommnung des christlichen Lebens (sog. *kontemplative Orden*) oder dem Dienst am Nächsten in der Seelsorge, schulischen Erziehung oder Krankenpflege *(aktive Orden)*. Jedem Kloster steht ein Oberer bzw. eine Oberin voran. Geistliche Orden gibt es auch in anderen Religionen, vor allem im → Buddhismus und → Lamaismus. Im Mittelalter entstanden während der Kreuzzüge die geistlichen *Ritterorden* (z. B. → Malteserorden und → Deutscher Orden), die sich in erster Linie der Krankenpflege widmeten; **2.** als Orden bezeichnet man auch Auszeichnungen, die oft in verschiedenen Rangstufen für besondere Verdienste verliehen werden (z. B. *Bundesverdienstkreuz*). Diese Orden sind aus den Abzeichen für die spätmittelalterlichen Ordensgemeinschaften entstanden, die von den Herrschern nach dem Vorbild der Ritterorden geschaffen wurden (z. B. *Hosenbandorden* in England). Wenn der Herrscher jemanden besonders ehren wollte, ernannte er ihn zum Mitglied eines solchen Ordens. Daneben wurden ab dem späten 17. Jh. Tapferkeitsorden als Auszeichnung für militärische Leistungen vergeben (z. B. der Orden *Pour le mérite* in Preußen).
Ordinalzahlen [lat.], Ordnungszahlen (z. B. *erster, 1.*). Gegensatz: → Kardinalzahlen.
Ordnung, in der biologischen → Systematik eine Kategorie, die → Familien von Tieren oder Pflanzen mit gemeinsamen Merkmalen zusammenfasst.
Ordnungszahl, in der Chemie die Zahl, die angibt, an welcher Stelle im → Periodensystem ein → chemisches Element steht. Sie stimmt mit der Anzahl der → Protonen im Atomkern *(Kernladungszahl)* überein. Wasserstoff beispielsweise besitzt die Ordnungszahl 1, Sauerstoff 8, Blei 82 und Uran 92.
Orestes, *Orest,* in der griechischen Sage der Sohn des → Agamemnon, der den Mord an seinem Vater rächte. Das Schicksal Orests wurde von → Aischylos in der *Orestie* dargestellt.
Orff, Carl (1895–1982), deutscher Komponist, der in seiner Musik den Rhythmus betont und einfache melodische und harmonische Elemente verwendet.

Organ [griech. »Werkzeug«], *das,* bei Menschen, Tieren und Pflanzen ein Körperteil, das aus unterschiedlichen Zellen und Geweben besteht und eine bestimmte Aufgabe erfüllt (z. B. Magen) *Siehe Grafik auf Seite 484.*
Organisation [frz.], Gliederung oder Gestaltung nach einem bestimmten Plan; ein Verband, der sich zur Durchführung bestimmter Ziele zusammengeschlossen hat (z. B. politische Organisation).
organische Chemie, Teilbereich der Chemie, der sich im Unterschied zur → anorganischen Chemie mit den Verbindungen des → Kohlenstoffs (mit Ausnahme von Oxiden, Carbonaten, Carbiden und Metallcyaniden) befasst. Sie kennt heute mehrere Millionen von natürlichen und künstlichen Verbindungen und hat vor allem die → Analyse und → Synthese von Naturstoffen zum Gegenstand.
Organismus [frz.], *der,* Gesamtheit der → Organe eines Körpers. In der Biologie bezeichnet man jedes pflanzliche oder tierische Lebewesen als Organismus.
Organverpflanzung, *Organtransplantation,* die Übertragung eines gesunden Organs auf einen Körper, in dem das gleiche Organ unheilbar erkrankt ist und seine Aufgabe nicht mehr erfüllen kann.
Orgasmus [von griech. orge = »Erregung«], *der,* Höhepunkt der geschlechtlichen Erregung. Er ist mit einer plötzlichen, krampfartigen Entladung von großer körperlicher Spannung verbunden und wird von einer verstärkten Durchblutung, einem Wärmegefühl im gesamten Körper und einer Erhöhung des Blutdrucks und des Pulses begleitet. Beim Orgasmus selbst, der nur wenige Augenblicke dauert, zieht sich die Beckenmuskulatur vor allem im Bereich der → Genitalien ruckartig zusammen. Während der Mann in der Regel jeweils nur einen Orgasmus hat, der zumeist mit dem Samenerguss (→ Ejakulation) zusammenfällt, kann die Frau mehrere Orgasmen von unterschiedlicher Stärke hintereinander erleben.
Orgel [von griech. organon = »Werkzeug«], *die,* → Tasteninstrument, das mithilfe von Pfeifen Töne erzeugt. Man unterscheidet *Labial-* oder *Lippenpfeifen,* die wie Blockflöten funktionieren, und *Lingual-* oder *Zungenpfeifen,* die aufschlagende oder durchschlagende Zungen besitzen. Die Länge der Pfeifen entscheidet über die Tonhöhe. Früher wurde der erforderliche Luftstrom durch einen Blasebalg erzeugt, während heute ein elektrisches Gebläse den Luftdruck

Orestes

Zusammen mit seiner Schwester Elektra tötete Orestes Agamemnons Mörder, seine Mutter Klytämnestra und ihren Geliebten Aigisthos. Um sich von seiner Schuld zu reinigen, musste er ein Bildnis der Göttin Artemis aus dem Land der Taurer (Krim) zurückbringen. Dort fand er seine ältere Schwester Iphigenie, die als Priesterin alle Fremden der Artemis opfern musste. Mit ihrer Hilfe kehrte er in seine Heimat zurück.

Carl Orff

Orffs bekanntestes Werk sind die »Carmina Burana« (1937), eine Vertonung von mittelalterlichen Liedern in lateinischer und mittelhochdeutscher Sprache, die im Kloster Beuren entdeckt worden waren. Daneben komponierte er mehrere Opern, für die er die Stoffe aus antiken Dramen (»Antigonae«, 1949, »Oedipus der Tyrann«, 1959, »Prometheus«, 1968), mittelalterlichen Geschehnissen (»Die Bernauerin«, 1947) und Märchen (»Der Mond«, 1939, »Die Kluge«, 1943) bezog und teilweise Texte in altgriechischer und bayerischer Sprache wählte. Für den Musikunterricht entwickelte er das »Schulwerk« (1930–1935), eine elementare Musiklehre mit einfachen Schlaginstrumenten.

Orgel

Es gibt auch elektronische Orgeln, die den Klang von Orgelpfeifen nachahmen. Bei diesen Tasteninstrumenten erzeugen Tongeneratoren die Töne, die durch hinzuschaltbare Filter verändert werden können. Elektronische Orgeln besitzen ein bis drei Manuale sowie Pedale.

Die *Hammondorgel* ist ein nach ihrem amerikanischen Erfinder *Laurens Hammond* (1895–1973) benanntes halbelektronisches Tasteninstrument mit zwei Manualen. Die Töne werden als elektromagnetische Schwingungen erzeugt, durch Filter in ihrer Klangfarbe verändert und erst durch Lautsprecher hörbar gemacht. Die Hammondorgel spielt vor allem in der Jazzmusik eine wichtige Rolle und wird auch in der Rockmusik verwendet (insbesondere im → Psychedelic Rock).

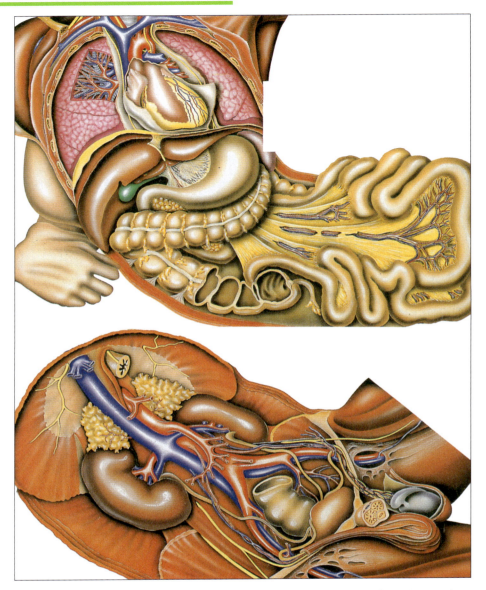

■ **Organe:** Oben: **Brust- und Bauchhöhle.** Die Brusthöhle mit Herz, Lungen und Luftröhre ist von der Bauchhöhle durch das Zwerchfell getrennt. In der Bauchhöhle sieht man unter dem Zwerchfell den rechten größeren und den linken kleineren Leberlappen, unter dem rechten Leberlappen die Gallenblase, unter dem linken Leberlappen den Magen und unter diesem einen Teil des Dickdarms. Im Gekröse (gelb) verlaufen zahlreiche Blutgefäße; die Schlingen um das Gekröse gehören zum Dünndarm.

Unten: **Bauchraum und Becken.** Die Darmeingeweide sind entfernt, so daß man den hinter der Bauchhöhle liegenden Raum (Retroperitonealraum) erblickt. Durch das Zwerchfell tritt die untere Hohlvene (blau), rechts daneben die angeschnittene Speiseröhre; außerdem sind die beiden bohnenförmigen Nieren mit den darauf sitzenden Nebennieren zu erkennen. Der Hoden mit Nebenhoden ist ganz unten (blaugrau) eingezeichnet. Unterhalb einer Arteriengabelung (rot) ist der Mastdarm angeschnitten, unter diesem liegt die Harnblase, zu der von den beiden Nieren die beiden Harnleiter ziehen.

■ Die **Orgel** im Dom von Kaunas, Litauen

(Wind) liefert. Wenn das Pfeifenwerk in der Klangfarbe unterschiedliche Pfeifen enthält, sind die Pfeifen einer Klangfarbe zu einem *Register* zusammengefasst. Über mehrere Tastenreihen *(Manuale)* und Pedale kann man die einzelnen

■ *Origano*

Pfeifen, über Registerzüge die verschiedenen Register anwählen.
Ihre Blüte hatte die Orgel in der Barockmusik (vor allem J. S. → Bach), aber zumeist war die Orgelmusik in den Gottesdienst einbezogen und konnte sich erst ab dem späten 19. Jh. auch außerhalb der Kirche durchsetzen. Orgeln haben von allen Musikinstrumenten den größten Tonumfang (bis zu zehn Oktaven). Neben den großen Pfeifenorgeln kennt man auch tragbare pedallose Kleinorgeln wie *Portativ, Positiv* und *Regal.*

Orient [lat.], *der,* → Morgenland; heute zumeist für die Länder in Vorder- und Mittelasien verwendete Bezeichnung.
Origano, *Oregano* [it.], *der,* wilder Majoran oder *Dost,* ein Gewürzkraut aus der Familie der → Lippenblütler, dessen getrocknete Blätter als Gewürz für Fleisch- und Nudelgerichte verwendet werden. Als Heilkraut hat Origano eine verdauungsfördernde und appetitanregende Wirkung.
Original [lat.], *das,* Urbild, d. h. die Urfassung eines Textes oder eines künstlerischen Werkes. Als Original wird auch ein Mensch bezeichnet, der durch seine Eigenart auffällt.
originell [frz.], neuartig, eigentümlich.
Orkan [indian.-ndl.], *der,* sehr heftiger Sturm mit Windstärke 12 und mehr, der vor allem auf See vorkommt. An Land können Orkane, die eine Geschwindigkeit von mehr als 120 km/h erreichen, schwere Verwüstungen anrichten und beispielsweise Bäume entwurzeln.
Ornament [lat.], *das,* Verzierung.
Ornithologie [von griech. ornis = »Vogel«], die, Vogelkunde.
Orpheus, in der griechischen Sage der größte Sänger.
orthodox [griech.], rechtgläubig. Von orthodox spricht man auch, wenn eine Auffassung mit der strengen Lehrmeinung übereinstimmt oder an überlieferten Anschauungen festhält, so dass das Wort den Nebensinn von unnachgiebig hat.

Orpheus

Orpheus soll ein Sohn oder Schüler des → Apollon und der → Muse Kalliope gewesen sein und konnte so wunderbar singen, dass ihm die ganze Natur lauschte. Als seine Frau Eurydike an einem Schlangenbiss starb, war er so untröstlich, dass er ihr in die Unterwelt folgte. Dort konnte er → Hades und Persephone erweichen. Eurydike durfte mit ihm in die Welt der Lebenden zurückkehren, aber nur unter einer Bedingung: er musste ihr auf dem Weg in die Oberwelt vorausgehen und durfte sich nicht nach ihr umblicken. Kurz vor dem Ziel sah er sich aus übergroßer Liebe um und verlor sie für immer.
In seiner Trauer zog er sich in die Einsamkeit zurück. Später wurde er von den thrakischen Mänaden, den Frauen im Gefolge des Gottes → Dionysos, zerrissen, weil sie zornig darüber waren, dass er sie verschmähte.

Orthographie

Seit der Einführung der Rechtschreibreform Mitte 1996 (ab 1. August 1998 gültig) ist eine zwischenstaatliche Kommission der drei deutschsprachigen Länder für die richtige Schreibung der deutschen Sprache verantwortlich. Diese Kommission besteht aus sechs deutschen, drei österreichischen und drei Schweizer Fachleuten und hat ein Sekretariat am Institut für deutsche Sprache in Mannheim.

Osiris

Osiris wurde von seinem Bruder Seth ermordet. Seine Schwester und Gemahlin Isis sammelte die Teile des Leichnams ein, belebte sie und empfing den gemeinsamen Sohn *Horus.* Als Herr der Unterwelt herrschte Osiris über die Toten und ließ die Pflanzen aus der Erde hervorsprießen. Das Werden und Vergehen in der Natur spiegelte das Sterben und Wiederauferstehen des Gottes wider.

■ **orthodoxe Kirchen:** *Die Basilius-Kathedrale auf dem Roten Platz in Moskau*

Osmium

Zeichen: Os
Ordnungszahl: 76
Atommasse: 190,2
Dichte: 22,57 g/cm³
Schmelzpunkt: 3045 °C
Siedepunkt: 5027 °C

Ostblock

Die *Ostblockstaaten* waren durch Verträge wirtschaftlich (*COMECON, Council for Mutual Economic Assistance*, Rat für Gegenseitige Wirtschaftshilfe) und militärisch (→ *Warschauer Pakt*) miteinander verbunden. Während sich Jugoslawien 1948 aus dem Ostblock lösen und als *blockfreier Staat* zwischen dem Westen und dem Osten bestehen konnte, wurden spätere Versuche in anderen Ostblockstaaten, mehr Freiheit zu erringen, gewaltsam durch sowjetische Truppen niedergeschlagen oder unterdrückt (1953 in der DDR, 1956 in Ungarn und 1968 in der Tschechoslowakei). Ab 1989 leiteten Reformen und Volksaufstände den Zusammenbruch des → Sozialismus in allen Ostblockstaaten ein. 1991 wurden Warschauer Pakt und der COMECON auch offiziell aufgelöst.

Osterinseln

Die Urbevölkerung wanderte vermutlich um 600 aus Polynesien ein und entwickelte eine eigene Kultur (u. a. hieroglyphenähnliche Schriftzeichen), die aber bereits um die Mitte des 18. Jh. nach mehreren Kriegen erlosch. Besonders bemerkenswert sind die mehr als 240 aus schwarzem Tuffstein gefertigten Büsten, die bis zu 25 m hoch sind und zwischen 5 und 10 t wiegen. Diese *Moai* zeigen merkwürdig geformte Riesenköpfe und sollten an besonderen Kultplätzen entlang der Küste, die bis zu 20 km vom Steinbruch entfernt waren, die Ahnen symbolisieren.

orthodoxe Kirchen, die → Ostkirchen, die sich 1054 im *Morgenländischen Schisma* von der römisch-katholischen Kirche trennten und nur die sieben ersten ökumenischen → Konzile anerkennen. Die orthodoxen Kirchen, die sich über den Balkan und in den slawischen Ländern ausbreiteten, sind jeweils völlig selbstständig *(Autokephalie)* und besitzen einen obersten *Patriarchen*. In ihrer → Liturgie verwenden sie noch altertümliche Volkssprachen (wie Altslawisch). Die zahlenmäßig größten orthodoxen Kirchen sind die *russisch-orthodoxe,* die *rumänisch-orthodoxe,* die *griechisch-orthodoxe* und die *serbisch-orthodoxe* Kirche.

Orthographie, *Orthografie* [griech.], *die,* Rechtschreibung, die verbindlich festlegt, wie die Wörter einer Sprache geschrieben werden müssen.

Orthopädie [frz.], *die,* Teilgebiet der Medizin, das sich mit angeborenen und erworbenen Verformungen und Funktionsfehlern der Bewegungsorgane (Knochen, Gelenke, Bänder und Skelettmuskeln) befasst.

Orwell [ˈɔːwəl], George, eigentlich *Eric Arthur Blair* (1903–1950), englischer Schriftsteller und Journalist, der vor allem durch seine satirische Parabel »Farm der Tiere« (1945) und seinen utopischen Roman »1984« (1949) berühmt wurde. In beiden Büchern schildert er die Gefahren und Schrecken der Diktatur.

Oscar, volkstümlicher Name für die Statuette, die alljährlich als *Academy Award* von der Academy of Motion Pictures Arts and Sciences, der amerikanischen Filmakademie in → Hollywood, für die besten (englischsprachigen) Filme und ihre Macher und Darsteller verliehen wird.

Osiris, altägyptischer Fruchtbarkeitsgott.

Oslo, am gleichnamigen Fjord gelegene Hauptstadt (478 000 Einwohner) von → Norwegen. Oslo ist nicht nur die Residenz des norwegischen Königs, sondern auch der kulturelle und wirtschaftliche Mittelpunkt des Landes und der größte Hafen.

Osmanisches Reich, das von der Dynastie der *Osmanen* gegründete Weltreich, das 1288–1922 bestand. Sein Gründer, *Osman I. Ghasi* (1258 bis 1326), war der Herrscher eines Turkvolks, das im 13. Jh. vor den → Mongolen flüchtete und sich im westlichen → Anatolien niederließ. Er nahm 1290 den Titel eines → Sultan an und schuf ein selbstständiges Reich in Kleinasien. Nach der Eroberung von Konstantinopel (→ Byzanz) im Jahre 1453 wurde die Stadt das neue Zentrum des Osmanischen Reiches. Seine größte Ausdehnung hatte das Osmanische Reich im späten

■ **Osterinsel:** *Die monumentalen Moais*

17. Jh., als es in Europa den gesamten Balkan beherrschte und bis an die Grenzen Österreichs und Polens reichte, große Gebiete nördlich des Schwarzen Meers umfasste und im Mittelmeerraum Nordafrika (Algerien und Ägypten), Syrien und Arabien besaß. Nach seiner Niederlage im Ersten Weltkrieg endete das Osmanische Reich 1922 mit dem Sturz des letzten Sultans; in der → Türkei wurde die Republik ausgerufen.

Osmium [von griech. osme = »Geruch«], *das,* ein sehr seltenes → chemisches Element, das zu den Platinmetallen gehört. Das spröde und sehr harte blaugraue Metall hat die größte Dichte von allen bekannten Stoffen auf der Erde (22,57 g/cm³) und ist das schwerste Element. Wegen seines hohen Schmelzpunktes gehört es zu den am schwierigsten schmelzbaren Stoffen. Osmium wird für elektrische Kontakte und Füllfederspitzen (zusammen mit → Iridium) verwendet.

Osmose [von griech. osmos = »Stoß«], *die,* Ausgleich von Lösungen unterschiedlicher Konzentration, die durch eine halb durchlässige Wand (z. B. eine Membran) getrennt sind. Durch → Diffusion wandern die kleinen Moleküle des flüssigen Lösungsmittels (z. B. Wasser) durch die

■ **Österreich:** Telfes im Stubaital

Wand, während die größeren Moleküle des gelösten Stoffes (z. B. Salz) zurückgehalten werden. In die Lösung mit der höheren Konzentration strömen dabei mehr Moleküle als in der umgekehrten Richtung. Durch das einströmende Lösungsmittel und die gelösten Moleküle entsteht ein *osmotischer Druck,* der so lang steigt, bis er die Zufuhr von weiterem Lösungsmittel stoppt. Die Osmose ist von großer Bedeutung für den Stoffwechsel von lebenden Zellen, weil die Zellmembranen ebenfalls halb durchlässig sind und auf diesem Weg Wasser und Nährstoffe aufnehmen können.

Ostblock, frühere Bezeichnung für die Länder in Osteuropa und Asien, die unter dem Einfluss der → Sowjetunion standen und eine ähnliche sozialistische Gesellschaftsordnung besaßen.

Osterinsel, *Rapanui,* die östlichste polynesische Insel (162,5 km²), die 3800 km von der Westküste Südamerikas entfernt liegt und zu → Chile gehört. Sie wurde am Ostersonntag des Jahres 1722 von Niederländern entdeckt.

Ostern, christliches Fest, das am ersten Sonntag nach dem ersten Vollmond (→ Mond) im Frühling gefeiert wird, um der Auferstehung von → Jesus Christus zu gedenken. Der Ostersonntag kann frühestens auf den 22. März und spätestens auf den 25. April fallen.

Österreich, Staat in Mitteleuropa, der neun Bundesländer umfasst. Landschaftlich geprägt wird Österreich von den → Alpen, die etwa zwei Drittel des Landes einnehmen, und der → Donau, die Ober- und Niederösterreich durchfließt. Im Norden reicht es bis zu den Mittelgebirgen des Böhmischen Massivs, während der Osten mit dem → Neusiedler See zur Ungarischen Tiefebene gehört. Die österreichische Wirtschaft verfügt über eine vielseitige Industrie (vor allem chemische und Schwerindustrie sowie Maschinenbau). Fast die Hälfte der Gesamtfläche wird landwirtschaftlich genutzt (Ackerbau im Norden und Osten, Anbau von Obst und Wein in Niederösterreich, im Burgenland und in der Steiermark sowie Viehzucht und Milchwirtschaft in den Bergen und im Voralpenland). Einen wichtigen Erwerbszweig bildet der Fremdenverkehr. Neben rund 93,5 % Österreichern umfasst die Bevölkerung deutsche, slowenische, kroatische und ungarische Minderheiten. Die römische Herrschaft, die ab 15 v. Chr. in den Provinzen Noricum und Rätien begann, endete im 6. Jh., als sich im Westen germanische Bajuwaren und im Osten slawische Slowenen ansiedelten. Unter den Karolingern gehörte das Gebiet als Teil des bayerischen Herzogtums zum → Fränkischen Reich. Im 10. Jh. kam → Niederösterreich als bayerische *Ostmark* in den Besitz der Babenberger, während → Kärnten und → Steiermark selbstständige Herzogtümer wurden. Die Babenberger erwarben im 12. und 13. Jh. → Oberösterreich und die Steiermark. Nach ihrem Aussterben fiel das Herzogtum Österreich zunächst an Böhmen, ehe es 1282 an die → Habsburger ging. Diese gewannen im 14. Jh. Kärnten und Tirol hinzu. Durch Heiraten entwickelte sich Österreich im 15. Jh. zu einem Weltreich, zu dem Spanien mit seinen Kolonien, die → Niederlande, Ungarn, Böhmen und Teile Italiens gehörten. Auf seinem Weg zu einer Weltmacht musste es sich jedoch mehrmals Angriffe des Osmanischen Reiches erwehren (→ Türkenkriege). Im 17. und 18. Jh. konnte Österreich die Türken aus Europa verdrängen und erreichte durch Expansion auf dem Balkan seine größte Ausdehnung. Nachdem es im Spanischen Erbfolgekrieg (1701–1714) Spanien an die → Bourbonen verloren hatte, musste es in den → Schlesischen Kriegen auch Schlesien aufgeben. Dafür konnte es einen Teil Polens und die Bukowina in den Ostkarpaten gewinnen. Unter → Maria Theresia bildete sich ein abso-

Österreich	
Staatsname:	Republik Österreich
Staatsform:	Parlamentarische Republik
Hauptstadt:	Wien
Fläche:	83 859 km²
Einwohner:	8 Mio.
Bevölkerungsdichte:	95/km²
Amtssprache:	Deutsch
Währung:	Österreichischer Schilling (S)
Nationalitätskennzeichen:	A

Österreich

Österreichische Bundesländer

Bundesland	Hauptstadt	Fläche	Einwohner in km²
Burgenland	Eisenstadt	3 966	275 000
Kärnten	Klagenfurt	9 533	562 000
Niederösterreich	St. Pölten	19 172	1 522 000
Oberösterreich	Linz	11 980	1 384 000
Salzburg	Salzburg	7 154	508 000
Steiermark	Graz	16 587	1 208 000
Tirol	Innsbruck	12 647	660 000
Vorarlberg	Bregenz	2 601	344 000
Wien	Wien	415	1 593 000

lutistisch regierter Beamtenstaat heraus. Ab 1438 stellten die Habsburger den deutschen Kaiser. 1806 musste Franz II. (1768–1835), der sich 1804 zum österreichischen Kaiser ernannt hatte, auf den Titel des deutschen Kaisers verzichten; damit hörte das → Heilige Römische Reich zu bestehen auf. Das österreichische Kaiserreich verlor durch die Niederlage gegen → Napoleon 1809 zahlreiche Gebiete, gewann aber auf dem → Wiener Kongress einen Großteil davon zurück. Es hatte zwar im Deutschen Bund die Führung inne (Vorsitz in der Bundesversammlung), konnte jedoch nicht verhindern, dass Preußen allmählich die Vormachtstellung in Deutschland errang, und verlor im Deutschen Krieg 1866 seine italienischen Gebiete. Durch den Ausschluss aus dem → Deutschen Reich war es gezwungen, sich auf seine *Donaumonarchie* zu konzentrieren. Die zunehmenden Nationalitätenkonflikte unter der Herrschaft von Franz Joseph I. (1830–1916, seit 1848 Kaiser) gipfelten 1914 in der Ermordung des österreichischen Thronfolgers Franz Ferdinand in Sarajevo, die zum Ausbruch des → Ersten Weltkriegs führte. Nach dem Zerfall der Habsburgermonarchie (Ende Oktober 1918 Loslösung von → Ungarn) wurde im deutschsprachigen Teil Österreichs die Republik ausgerufen. Österreich musste u. a. auf → Südtirol und die Bukowina (an Rumänien) verzichten und die Selbstständigkeit der Tschechoslowakei, Ungarns, Polens und Jugoslawiens anerkennen und durfte sich nicht an Deutschland anschließen.

Nach dem autoritären Regime von Bundeskanzler Engelbert Dollfuß (1892–1934), der bei einem gescheiterten Putschversuch der verbotenen nationalsozialistischen Partei ermordet wurde, verfiel die Demokratie unter Bundeskanzler Kurt Schuschnigg (1897–1977) in Österreich weiter. 1938 wurde Österreich durch Zwangsanschluss ein Teil des Deutschen Reiches, aber 1945 wurde es von den Alliierten als eigener Staat wiederhergestellt. Österreich erhielt 1955 seine Souveränität (Beendigung des Besatzungsstatus), musste sich jedoch zu immer währender Neutralität verpflichten. Die österreichische Nachkriegspolitik wird von drei großen Parteien bestimmt. SPÖ (Sozialdemokratische Partei Österreichs) und ÖVP (Österreichische Volkspartei) regieren seit 1987 in einer großen Koalition das Land. Dritte Kraft sind die Freiheitlichen (früher FPÖ). Anfang 1995 trat Österreich der EU bei.

Österreich-Ungarn, die auch als *Donaumonarchie* bezeichnete österreichisch-ungarische Monarchie, die 1867 durch den Österreichisch-Ungarischen Ausgleich geschaffen wurde und bis 1918 bestand (→ Österreich). In dieser Doppelmonarchie war der österreichische Kaiser gleichzeitig ungarischer König. Der Vielvölkerstaat umfasste neben dem heutigen Österreich und Ungarn noch Böhmen und Mähren sowie Teile Italiens, Polens, Rumäniens und Jugoslawiens.

Ostkirchen, *Orientalische Kirchen,* Sammelbezeichnung für alle christlichen Kirchen, die im Oströmischen Reich entstanden. Dazu gehören neben der *koptischen Kirche* Ägyptens, der *abessinischen Kirche* Äthiopiens und der *armenischen Kirche* vor allem die → *orthodoxen Kirchen.*

Ostpreußen, Landschaft in Nordosteuropa, die von der Weichsel und Nogat im Westen bis zur Memel im Nordosten reicht. Das Gebiet war ursprünglich von den Goten bewohnt und wurde später von den Pruzzen oder Preußen besiedelt. Im 13. Jh. wurde es vom → Deutschen Orden erobert und von deutschen Siedlern kolonisiert. Im 15. Jh. fiel die Westhälfte an Polen. Aus dem Ordensstaat wurde im 16. Jh. das Herzogtum → Preußen. Bei der ersten Teilung → Polens kam Westpreußen zum Königreich Preußen. Das frühere Preußen wurde zur Provinz Ostpreußen, die ab 1871 zum Deutschen Reich gehörte. Nach dem Zweiten Weltkrieg fiel Ostpreußen an die Sowjetunion (Nordteil) und Polen (Südteil). Der russische Teil Ostpreußens mit der Hauptstadt *Kaliningrad* (→ Königsberg) ist heute eine Exklave, die durch Litauen vom übrigen Russland getrennt ist.

Östrogene [von griech. oistros = »Leidenschaft«], *Mz.,* weibliche Sexualhormone, die u. a. für die Ausbildung der sekundären → Geschlechtsmerkmale und die Entwicklung der Gebärmutterschleimhaut verantwortlich sind. Östrogene werden auch in Mitteln zur Empfängnisverhütung verwendet.

Oströmisches Reich, andere Bezeichnung für das → Byzantinische Reich.

■ *Ottawa:* Das Hotel Château Laurier

Ostsee, *Baltisches Meer,* Randmeer (422 000 km²) des → Atlantischen Ozeans, das zwischen Skandinavien, Russland, den baltischen Staaten, Polen, Deutschland und Dänemark liegt und auch den *Bottnischen Meerbusen,* den *Finnischen Meerbusen,* den *Rigaischen Meerbusen* und die *Beltsee* umfasst. Mit der → Nordsee ist es durch Skagerrak und Kattegat, Großen und Kleinen Belt sowie Sund verbunden. Außerdem gibt es Kanäle zur Nordsee *(Nord-Ostsee-Kanal)* und zum Nördlichen Polarmeer *(Weißmeer-Ostsee-Kanal).* Die flache Ostsee (mittlere Tiefe nur 55 m) enthält zahlreiche Inseln, u. a. → Rügen, Fünen, Lolland, Seeland, Bornholm, Öland und Gotland.

■ *Fischotter*

OSZE, Abkürzung für *Organisation für Sicherheit und Zusammenarbeit in Europa,* eine Regionalorganisation der → Vereinten Nationen, der gegenwärtig 54 Mitgliedstaaten angehören. Sie ersetzte 1995 die → KSZE und soll mit Vereinbarungen über konventionelle Abrüstung sowie zahlreichen Abkommen und Projekten die Sicherheit und Stabilität in Europa fördern und die Zusammenarbeit zwischen den Staaten verbessern.

Oszillation [lat.], *die,* Schwingung. Ein **Oszillator** ist eine Schaltanordnung (z. B. in → Elektronenröhren), mit der man sinusförmige Schwingungen erzeugen kann. Mit einem **Oszilloskop** kann man Schwingungen durch Ablenkung eines Elektronenstrahls auf einem Leuchtschirm sichtbar machen.

Ottawa, am gleichnamigen Fluss (einem Nebenfluss des → Sankt Lorenz Stroms) gelegene Hauptstadt (als Ballungsraum 980 000 Einwohner) von → Kanada in der Provinz Ontario.

Otter, Unterfamilie der → Marder, deren Vertreter fast weltweit verbreitet sind. Die Otter leben im Wasser und sind vorzügliche Schwimmer. Mit ihrem dichten Fell, ihren verschließbaren Ohren, den Schwimmhäuten zwischen den Zehen, den teilweise flossenartig ausgebildeten Hinterbeinen und dem abgeplatteten Ruderschwanz sind sie an das Leben im Wasser gut angepasst. Zu den Ottern gehören der auch in Mitteleuropa heimische, bis zu 80 cm lange *Fischotter,* der nur im Salzwasser lebende, bis zu 1,3 m lange *Meerotter* und der in Südamerika vorkommende bis zu 1,5 m lange *Riesenotter.*

Ottern, Gattung der → Vipern, deren Vertreter in Europa, Asien und Afrika vorkommen. Am bekanntesten neben der → Kreuzotter ist die *Sandotter,* die als giftigste Schlange Südeuropas gilt. Außerdem bezeichnet man mit »Ottern« die Familie der Vipern.

Ottomotor, ein 1876 von dem deutschen Ingenieur *Nikolaus August Otto* (1832–1891) entwickelter → Verbrennungsmotor.

Ottonen, sächsisches Adelsgeschlecht deutscher Herrscher, das auf den Grafen *Liudolfing* († 866) zurückgeht. Dessen Enkel *Heinrich I.* (um 875–936) wurde 919 deutscher König. Der bedeutendste Ottone war Otto I. (912–973), der 936 deutscher König und 962 Kaiser des → Heiligen Römischen Reiches wurde. Er unterwarf 950 Böhmen, eroberte 951 das lombardische Königreich und besiegte 955 die Ungarn. Im Inneren stärkte er seine Macht dadurch, dass er die Stammesherzogtümer unterwarf und eine Reichskirche schuf, in der die Bischöfe und Äbte auch weltliche Ämter erhielten. Das ottonische Geschlecht, das über ein Jahrhundert lang den deutschen Herrscher stellte, erlosch mit *Heinrich II.* (973–1024).

outen [engl. ˈaʊtn], in der ursprünglichen Bedeutung ist damit gemeint, dass sich jemand in der Öffentlichkeit zu etwas bekennt (zumeist zu seinen bis dahin verborgenen homosexuellen Neigungen). Dies wird auch als **Coming-out** bezeichnet. Heute wird das Wort zumeist → transitiv gebraucht, d. h., man outet jemanden und

Ottomotoren

In dem Viertaktmotor bewegt sich ein Kolben in einem Zylinder auf und ab. Beim ersten Takt öffnet sich das Einlassventil, wenn der Kolben den obersten (Tot-)Punkt (OT) erreicht. Der Kolben saugt ein Luft-Kraftstoff-Gemisch an. Der zweite Takt beginnt nach dem Erreichen der untersten Stellung (UT), nachdem sich das Ventil geschlossen hat, mit dem Verdichten. Am OT wird das Gemisch durch eine Zündkerze entzündet. Der Kolben wird nach oben gedrückt und verrichtet dabei Arbeit. Am UT öffnet sich das Auslassventil; der Kolben drückt beim vierten Takt die Verbrennungsgase aus dem Zylinder. Nach dem OT beginnt dann wieder der erste Takt. Bei Vergasermotoren wird das → Benzin zerstäubt, während → Einspritzmotoren eine Einspritzanlage benutzen.

Wissen im Überblick: Ozon

Ozon kommt als natürlicher Bestandteil der Luft vor und tritt in der Stratosphäre (15–50 km Höhe) in hoher Konzentration auf. Ozon, das unter dem Einfluss der energiereichen UV-Strahlung des Sonnenlichts oder bei elektrischen Entladungen von Blitzen aus dem normalen Sauerstoff entsteht, bildet in der Erdatmosphäre eine *Ozonschicht*. Diese wirkt als für das Leben auf der Erde unverzichtbarer Filter, weil sie einen Großteil der für den Menschen sehr schädlichen UV-Strahlung zurückhält, aber die Licht- und Wärmestrahlung, die für das Leben notwendig sind, zur Erdoberfläche durchlässt.

1985 entdeckte man, dass die Ozonschicht seit 1977 über der Antarktis in den Monaten September und Oktober drastisch zurückging. Messungen und Klimabeobachtungen ergaben, dass ein jährlich wiederkehrendes Ozonloch existiert, verursacht durch industriell hergestellte Fluorchlorkohlenwasserstoffe (FCKW).

Die schlimmsten Schadstoffe für die Ozonschicht sind FCKW, die früher in Spraydosen als Treibmittel verwendet wurden. Sie werden noch immer in Kühlsystemen als Kältemittel eingesetzt, so dass große Mengen davon in die Luft gelangen. Auf Klimakonferenzen haben sich deshalb alle Staaten geeinigt, die FCKW-Verwendung zu verringern.

Ozon bildet sich unter bestimmten Bedingungen auch in Bodennähe. Es entsteht durch eine photochemische Reaktion bei intensivem Sonnenlicht. Die Schlüsselrolle fällt dabei Stickstoffdioxid (NO_2) zu. Wenn UV-Licht darauf einwirkt, zerfällt es in Stickstoffmonoxid (NO) und atomaren Sauerstoff (O):

$$NO_2 \rightarrow NO + O$$

Das Sauerstoffatom verbindet sich sofort mit dem molekularen Sauerstoff der Luft zu Ozon:

$$O_2 + O \rightarrow O_3$$

Stickoxide in der Luft stammen zu 43 % von Autoabgasen, zu 22 % von Kraftwerken und zu 17 % von anderen Quellen, die fossile Brennstoffe (Kohle, Erdöl und Erdgas) nutzen. Der natürliche Ozongehalt bodennaher Luft liegt bei 20 Mikrogramm pro Kubikmeter. Als unbedenklich gelten Konzentrationen bis 120 μg. Die Richtlinien der Weltgesundheitsorganisation WHO sehen 100 bis 120 μg Ozon als Obergrenze des Normalwertes in Europa an, während in Deutschland der offizielle Richtwert bei 180 μg liegt. In der Stratosphäre schützt Ozon zwar vor ultraviolettem Licht, doch in Bodennähe wirkt es auf Menschen, Tiere und Pflanzen als Gift. Dort, wo das Ozon lebenswichtig ist, nämlich in der Stratosphäre, wird es immer weniger (Ozonloch). Wo es jedoch schadet, also in der bodennahen Troposphäre, nimmt es dagegen immer stärker zu (Sommersmog).

Der Straßenverkehr erzeugt den Sommersmog

Der Straßenverkehr ist die Hauptquelle für die Entstehung von Ozon in Bodennähe. Kraftfahrzeuge setzen große Mengen an Stickstoffoxiden und Kohlenwasserstoffen frei. Beide Schadstoffgruppen werden über große Entfernungen hinweg transportiert, so dass an sonnigen Tagen hohe Ozonkonzentrationen nicht nur in den Ballungszentren, sondern auch in Erholungsgebieten auftreten, die eigentlich als »Reinluftgebiete« gelten. Da die Ozonbildung von der Sonneneinstrahlung abhängt, kommt es vor allem in den Sommermonaten zu erhöhten Ozonwerten *(Sommersmog)*. In der Regel steigen in den Morgenstunden die Ozonwerte steil an, halten dann mehrere Stunden lang an und klingen erst wieder in den frühen Abendstunden ab.

Smogalarm wird in Deutschland ausgelöst, wenn der Ozonwert die Grenze von 360 μg/m³ Luft eine Stunde lang als Mittelwert überschreitet. Dann sind Fahrverbote für Autos vorgesehen, die keinen Drei-Wege-Katalysator bzw. keinen schadstoffarmen Dieselmotor besitzen.

Wie wirkt Ozon auf den Menschen?

Je nach Dauer und Konzentration kommt es unter der Einwirkung von Ozon zu verschiedenen gesundheitlichen Beeinträchtigungen

Wissen im Überblick: Ozon

■ Erhöhte Ozonkonzentrationen in der bodennahen Luft sind unsichtbar; Bilder wie dieses veranschaulichen jedoch die Belastung der Atmosphäre durch industrielle Emissionen

wie verstärktem Hustenreiz, Augenbrennen, Kopfschmerzen und Atembeschwerden, die zu einer Abnahme der körperlichen Leistungsfähigkeit führen. Ein eindeutiger Schwellenwert lässt sich für diese Symptome nicht angeben. Als Risikogruppen für eine besondere Ozonempfindlichkeit gelten Asthmatiker, chronisch Bronchitiskranke, Menschen mit Herz-Kreislauf-Schwäche, Kleinkinder und alte Menschen. Ihnen wird schon bei Ozonkonzentrationen über 120 µg geraten, sich nicht im Freien aufzuhalten und auf körperliche Anstrengungen zu verzichten.

Als medizinische Erfahrungswerte gelten: Ab einer Konzentration von 100 µg können Kopfschmerzen auftreten, ab 160 µg Atembeschwerden bei körperlicher Belastung, ab 200 µg eine erhöhte Anzahl weißer Blutkörperchen, ab 240 µg Zunahme von Asthmaanfällen, ab 400 µg Husten und Brustschmerzen sowie akute Atemnot, ab 800 µg entzündliche Reaktionen des Gewebes. Nach sechsstündiger Ozonbelastung von mehr als 1000 µg (in Los Angeles wurden 1970 sogar 1160 µg/m^3 gemessen) kann es zu Schädigungen im Erbgut kommen.

Ozon und Umweltschäden

Ozon ist nicht nur für den Menschen schädlich, sondern verursacht auch erhebliche Umweltschäden. Der Ertrag bei Hafer, Gerste, Tomaten und Bohnen geht in Sommern mit hoher UV-Strahlung erheblich zurück. In den USA macht man das Ozon für Ernteverluste in einer Höhe von mehr als 1 Mrd. $ verantwortlich. Neben Tabak und Weizen sind dort vor allem Reis, Mais, Baumwolle und Sojabohnen betroffen. Auch die Waldschäden zeigen eine deutliche Zunahme in Gebieten mit erhöhten Ozonkonzentrationen. Ozon trägt außerdem zur Erwärmung der Erdatmosphäre durch den »Treibhauseffekt« bei.

Weltweit hat sich das Ozon in der Atmosphäre in den letzten 25 Jahren um rund 10 Prozent verringert. Am stärksten ist der Ozonabbau über dem Süd- und dem Nordpol. Mitte der 90er Jahre hatte das Ozonloch über der Antarktis bereits eine Größe von 32 Mio. km^2 erreicht; in bestimmten Jahreszeiten nimmt dort die Ozonkonzentration um bis zu 70 Prozent ab. Über der nördlichen Erdhalbkugel ist die Ozonschicht zu etwa 20 Prozent zerstört; ein besonders hoher Ozonabbau (um fast 50 Prozent) wurde Anfang 1996 über der Arktis festgestellt. Je stärker sich die Ozonschicht verringert, desto höher ist der Anteil an ultraviolettem Licht, das mit dem Sonnenlicht zur Erde gelangt. Die erhöhte UV-Strahlung wiederum führt beim Menschen zu einem beträchtlichen Anstieg der Gefahr von Hautkrebs, so dass schon kurze Sonnenbäder, in manchen Gegenden der Erde (vor allem in Australien) schon der bloße Aufenthalt im Freien das Krebsrisiko erhöhen.

Ozeanien
●●●●●●●●●●●●●●●●●●
Unabhängige Staaten:
Fidschi
Kiribati
Marshall-Inseln
Mikronesien
Nauru
Neuseeland
Palau (Belau)
Papua-Neuguinea
Salomonen
Samoa (West)
Tonga
Tuvalu
Vanuatu

Abhängige Gebiete:
Amerikanisch-Samoa (am.)
Cook-Inseln (neuseel.)
Guam (am.)
Hawaii (am.)
Irian Jaya (indones.)
Kokos-Inseln (austral.)
Neukaledonien (frz.)
Niue (neuseel.)
Nördliche Marianen (am.)
Norfolk-Insel (austral.)
Osterinsel (chil.)
Pitcairn (brit.)
Polynesien (frz.)
Tokelau (neuseel.)
Wallis und Futuna (frz.)
Weihnachtsinsel (austral.)

■ *Ozelot*

macht etwas bekannt, was bisher ein Geheimnis seines Privatlebens war.
Outfit [engl. 'aʊtfɪt], *das,* Ausrüstung, Kleidung bzw. die äußere Aufmachung.
Output [engl. 'aʊtpʊt »Ausstoß«], *der,* in der → elektronischen Datenverarbeitung jegliche Art von Datenausgabe eines Computersystems. Die verarbeiteten Daten können z. B. als Bilder oder Textzeilen auf einem Bildschirm (→ Monitor) oder über einen → Drucker, als Töne über eine → Soundkarte oder als abrufbare Daten auf magnetischen Speichermedien (z. B. → Diskette) ausgegeben werden.
Ouvertüre [frz. uvɛrˈtyːrə »Eröffnung«], *die,* in der Musik ein instrumentales Orchesterstück, das eine → Oper, ein Oratorium oder ein Ballett bzw. als Bühnenmusik ein Schauspiel einleitet.
oval [von lat. ovum = »Ei«], länglich rund.
Ovation [lat.], *die,* stürmischer Beifall.
Overdubbing [engl. 'oʊvədʌbɪŋ], *das,* in der Musik ein Aufnahmeverfahren, bei dem die einzelnen Instrumente und Singstimmen auf getrennten Tonbandspuren (zumeist 24–48 Spuren) aufgezeichnet und später zusammengefügt werden *(Abmischung).* Dadurch ist es möglich, falsche oder unerwünschte Klänge nachträglich zu korrigieren, als Musiker mehrere Instrumente nacheinander zu spielen oder als Einzelsänger mehrstimmig zu singen und die Aufnahme durch besondere Effekte (z. B. Hall) zu verändern.
Overheadprojektor [engl. 'oʊvəhɛd-], *der,* auch als *Tageslichtprojektor* bezeichnetes Projektionsgerät, mit dem man den Text oder das Bild von einer durchsichtigen Vorlage (Folie, die sich auf einer von unten beleuchteten Glasfläche befindet) an die Wand hinter dem Vortragenden werfen kann. Der Raum muss dazu nicht verdunkelt werden.
Ovid, eigentlich *Publius Ovidius Naso* (43 v. Chr.–18 n. Chr.), römischer Dichter, der vor allem durch seine Liebeselegien (»Amores«) bekannt wurde und die Lyrik bis in die Neuzeit hinein beeinflusste.
Ovulation [von lat. ovum = »Ei«], *die,* → Eisprung.
Oxidation, *Oxydation* [von griech. oxys = »scharf, sauer«], *die,* chemische Reaktion, bei der Stoffe eine Verbindung mit → Sauerstoff eingehen (z. B. Rosten als Oxidation von → Eisen); im weiteren Sinne jeder chemische Vorgang, bei dem ein Element oder eine Verbindung → Elektronen abgibt, die von einem anderen Stoff *(Oxidationsmittel)* aufgenommen werden. Gegensatz: → Reduktion. Die bei einer Oxidation entstehenden Verbindungen von chemischen Elementen mit Sauerstoff werden als **Oxide** bezeichnet. Da bei einer Oxidation Energie frei wird, ist sie von großer Bedeutung für biologische und technische Vorgänge. Eine schnell ablaufende Oxidation nennt man → Verbrennung.
Ozean [griech.], *der,* Weltmeer. Auf der Erde gibt es drei Ozeane, den → Pazifischen, den Atlantischen und den Indischen Ozean.
Ozeanien, Bezeichnung für die im Pazifik gelegene Inselwelt, die östlich von → Australien liegt. Es sind mehr als 10 000 Inseln, die zusammen 830 000 km² Fläche einnehmen und sich über eine Meeresfläche von 66 Mio. km² verteilen, aber nicht einmal von 10 Mio. Menschen bewohnt werden (Irian Jaya und Hawaii nicht gerechnet). Sie umfasst neben → *Neuseeland* und → *Neuguinea* verschiedene Inseln und Inselgruppen, die aufgrund ihrer Bevölkerung unter den Namen → *Melanesien, Mikronesien* und *Polynesien* zusammengefasst werden und heute selbstständige Staaten oder abhängige Gebiete sind. Die Inseln bestehen zumeist aus → Korallenkalk oder sind vulkanischer Herkunft. Sie wurden in mehreren Einwanderungswellen ab dem Ende der letzten Eiszeit von Völkern verschiedener Abstammung und Sprachgruppen besiedelt und ab dem frühen 16. Jh. von Europäern entdeckt und in Besitz genommen.
Ozelot [frz.-indian.], *der,* auch als *Pardelkatze* bezeichnete Raubkatze (→ Katzen), die in Südamerika und im Süden von Nordamerika vorkommt. Das bis zu 1 m lange Tier besitzt ein gelbes Fell mit schwarzen Flecken und wird wegen seines Pelzes gejagt. Ozelote werden heute auch in Zuchtfarmen gehalten.
Ozon [griech. »das Duftende«], *der* und *das,* unbeständiges Gas, dessen Moleküle aus drei → Sauerstoffatomen bestehen (O₃). Siehe S. 490–491.

p, bei physikalischen Einheiten Zeichen für → Pico- (z. B. *ps* = Picosekunde)

Paarhufer, *Paarzeher,* Ordnung von → Säugetieren, bei denen die dritte und die vierte Zehe der Vorder- und Hinterbeine verlängert sind und in hufartigen *Klauen* enden. Die meisten Paarhufer leben in Herden oder größeren Gruppen und ernähren sich von Pflanzen. Man unterscheidet → *Wiederkäuer* (wie z. B. Kamele oder Rinder) und *Nichtwiederkäuer* (wie etwa Schweine oder Flusspferde).

Paarung, bei Tieren die → Begattung.

Pacht, in einem *Pachtvertrag* vereinbarte Überlassung eines Gegenstands (z. B. Grundstück, landwirtschaftlich genutzte Fläche oder Betrieb) für einen bestimmten Zeitraum. Der *Pächter* zahlt dem *Verpächter* ein Entgelt *(Pachtzins)* und darf dafür den gepachteten Gegenstand nutzen und Erträge behalten.

Packeis, Treibeis in den Polargebieten, dessen Eisschollen vom Meer übereinander geschoben und meterhoch aufgetürmt werden.

Pädagogik [griech.], *die,* Erziehungswissenschaft.

Päderastie [von griech. paiderastes = »einer, der Knaben liebt«], *die,* Knabenliebe, als Sonderform der → Homosexualität eine geschlechtliche Beziehung zwischen einem erwachsenen Mann und einem männlichen Jugendlichen.

Pagina [lat.], *die,* Seitenzahl (in einem Buch).

Pagode [drawid.], *die,* Tempelturm in Südostasien, der auch als → Stupa bezeichnet wird.

Pakistan, Staat in Südasien. Das Land im Nordwesten des indischen Subkontinents reicht vom Arabischen Meer bis zum Himalaja und besteht fast zur Hälfte aus Wüsten (im Osten und Westen) und Gebirgen (im Norden und Westen). Das Kerngebiet bildet die Tiefebene des → Indus, der das gesamte Land von Norden nach Süden durchfließt. Das Industal war bereits im Altertum besiedelt, aber bis ins 20. Jh. war die Geschichte des Landes untrennbar mit der → Indiens verbunden. Die Bevölkerung umfasst mehrere Volksgruppen, von denen die Pandschabi (etwa 50 %), die Sindhi und die Paschtunen die größten sind. Die pakistanische Wirtschaft stützt sich in erster Linie auf die Landwirtschaft (vor allem Baumwolle für den Export); der größte Teil der Anbauflächen muss jedoch künstlich bewässert wer-

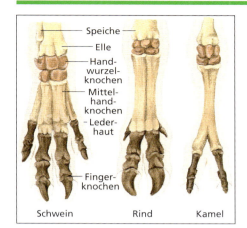

■ *Paarhufer* (Vorderbeine)

den. Wichtigster industrieller Bereich ist die Textilindustrie. Pakistan verfügt zwar über viele Bodenschätze, doch bislang sind nur wenige erschlossen. Schon ab dem 10. Jh. breitete sich der Islam in Indien aus, aber erst in der Kolonialzeit entluden sich die Spannungen zwischen den hinduistischen und muslimischen Bevölkerungsteilen in blutigen Kämpfen. Ab 1940 forderte die Muslimliga einen eigenen Staat. 1947 wurde *Britisch-Indien* in einen Hindu- (Indien) und einen Muslimstaat geteilt, was zur Massenflucht der Hindus in das Staatsgebiet Indiens und der Muslime in das pakistanische Staatsgebiet führte. Daneben kam es zu Religionskämpfen mit einer halben Million Toten. Das islamische

Pakistan	
Staatsname:	Islamische Republik Pakistan
Staatsform:	Föderative islamische Republik
Hauptstadt:	Islamabad
Fläche:	796 095 km²
Einwohner:	140 Mio.
Bevölkerungsdichte:	176/km²
Amtssprache:	Urdu, Pandschabi, Sindhi, Paschtu u. a.
Währung:	Pakistanische Rupie (pR)
Nationalitätskennzeichen:	PK

Pakistan

■ *Pagodentempel* in Bhaktapur, Nepal

Palästina

Pakistan bestand zunächst aus *Westpakistan* und *Ostpakistan,* dem Ostteil Bengalens, die durch Indien räumlich voneinander getrennt waren. Bis 1956 war Pakistan britisches → Dominion, bevor die Republik ausgerufen wurde. Das von der Zentralregierung unterdrückte Ostpakistan konnte seine Autonomiebestrebungen erst mit indischer Hilfe verwirklichen, nachdem ein Aufstand blutig niedergeschlagen worden war, und erklärte Ende 1971 seine Unabhängigkeit (→ Bangladesch). Das Militär, das in Pakistan mehrmals die Macht übernahm, hat großen Einfluss auf die Politik. Pakistan hält seit 1947 einen Teil des ehemaligen Fürstentums → *Kaschmir* besetzt, um das es mehrmals kriegerische Auseinandersetzungen mit Indien gab.

Palais [frz. paˈlɛː], *das,* Schloss, Palast.

Paläontologie [von griech. palaios = »alt«], *die,* Wissenschaft, die sich mit den ausgestorbenen Lebewesen früherer Zeitabschnitte der → Erdgeschichte beschäftigt und sich auf → *Fossilien* stützt.

Paläozoikum [griech.], *das,* in der → Erdgeschichte das Erdaltertum, das mit dem → Kambrium begann und bis zum → Perm dauerte.

Palästina, historisches Gebiet zwischen der östlichen Mittelmeerküste und dem → Jordan, das seinen Namen von den → Philistern *(Peleset)* hat. Im Altertum war es als *Kanaan* teilweise von den → Phöniziern und später von den Philistern bewohnt, bevor die → Israeliten eindrangen und die Reiche → *Israel* und *Juda* entstanden. 63 v. Chr. wurde das Land römische Provinz. Nach mehreren gescheiterten Aufständen musste die jüdische Bevölkerung im 2. Jh. n. Chr. ins Exil gehen. Palästina kam bei der Teilung des → Römischen Reiches im Jahre 395 zu → Byzanz. Ab 634 wurde es von den Arabern erobert. Während der Zeit der → Kreuzzüge bestanden im »Heiligen Land« im 12. und 13. Jh. kurzlebige christliche Staaten, bevor Palästina wieder islamisch wurde und Ende des 13. Jh. an Ägypten fiel. Ab 1517 gehörte es 400 Jahre lang zum → Osmanischen Reich. Während der muslimischen Herrschaft war auch die jüdische Bevölkerung wieder verstärkt zurückgekehrt.

Nach dem Ersten Weltkrieg wurde Palästina britisches Mandatsgebiet, doch bereits 1923 wurde das Gebiet östlich des Jordan als eigenständiges Emirat *Transjordanien* (→ Jordanien) abgetrennt. Jüdische Einwanderungswellen verschärften die Konflikte mit der arabischen Bevölkerung. Ende 1947 wurde die Teilung des Landes in einen jüdischen und einen arabischen Nationalstaat beschlossen. Die Gründung des Staates → Israel 1948 führte zu Kriegen mit den arabischen Nachbarn und zur Vertreibung von 900 000 → Palästinensern. Der östliche Teil Palästinas westlich des Jordans, die sog. *West Bank,* die von Jordanien besetzt wurde, und der *Gazastreifen,* den Ägypten 1948 besetzte, wurden im 3. israelisch-arabischen Krieg von Israel erobert und annektiert. Sie bilden das Gebiet des Ende 1988 von der → PLO ausgerufenen unabhängigen Staates, nachdem die Palästinenser bis dahin auf ganz Palästina (einschließlich des israelischen Staatsgebietes) Anspruch erhoben und immer wieder Terroranschläge gegen Israel unternommen hatten.

1993 und 1995 wurde zwischen Israel und der PLO ein Grundlagenabkommen über eine Autonomie der Palästinenser in den israelisch besetzten Gebieten ausgehandelt. Dieses sieht zunächst für den Gazastreifen und um die Stadt → Jericho eine palästinensische Selbstverwaltung und ab 1999 die territoriale Unabhängigkeit vor und regelt außerdem den Abzug der israelischen Truppen aus den palästinensischen Städten und die Wahl eines Autonomierates. 1994 unterzeichneten beide Seiten einen Friedensvertrag. Die palästinensische Bevölkerung wählte Anfang 1996 erstmals eine parlamentarische Vertretung; Vorsitzender dieses *Palästinenserrates* und der *Autonomiebehörde* ist Jassir → Arafat. Die Umsetzung der Vereinbarungen (vor allem der Abzug der Besatzungstruppen) wurde aber in der Folge sowohl durch palästinensische Anschläge wie auch durch israelische Verzögerungen (beim Truppenabzug) und Gegenmaßnahmen (Ausbau der israelischen Siedlungen im Westjordanland) behindert.

Palästinenser, die arabischen Bewohner → Palästinas (und Israels) und die Nachkommen der seit 1948 aus Israel und den israelisch besetzten Gebieten vertriebenen oder geflüchteten palästinensischen Araber, die in vielen arabischen Ländern in Flüchtlingslagern leben. Ihre politische Vertretung ist die → PLO.

Palau, *Belau,* ozeanischer Inselstaat in → Mikronesien. Der östlich der Philippinen im Pazifik liegende Inselstaat besteht aus 241 Inseln, von denen nur elf bewohnt sind. Die vorwiegend aus Mikronesiern bestehende Bevölkerung lebt neben der Fischerei vor allem vom Fremdenverkehr. Palau ist weiterhin auf amerikanische Entwicklungshilfe angewiesen. Die zu den westlichen *Karolinen* gehörenden Inseln waren zunächst spanischer Besitz und ab 1899 deut-

Kokospalme

sches Schutzgebiet. Nach dem Ersten Weltkrieg wurden sie japanisches Mandatsgebiet. Ab 1947 wurden sie als Treuhandgebiet von den USA verwaltet. Die Inseln erklärten 1981 ihre Unabhängigkeit als Republik Belau, aber erst seit 1994 sind sie ein selbstständiger Staat und mit den USA frei assoziiert.

Palestrina, Giovanni Pierluigi da (um 1525 bis 1594), italienischer Komponist. Seine mehr als 100 Messen und etwa 250 Motetten (mehrstimmige geistliche Lieder) im → A-cappella-Stil hatten großen Einfluss auf die katholische Kirchenmusik.

Palindrom [griech. »rückläufig«], *das,* ein Wort oder ein Satz, der rückwärts gelesen denselben Sinn (z. B. *Reliefpfeiler*) oder überhaupt einen Sinn (*Tor - rot, Leben - Nebel*) ergibt.

Palladium, *das,* ein → chemisches Element, das zu den → Platinmetallen gehört. Das harte Metall von hellsilberner Farbe ist sehr korrosionsbeständig und wird u. a. für Legierungen und elektrische Kontakte verwendet.

Palmen [von lat. palma= »Handfläche«], in tropischen und subtropischen Gebieten vorkommende Holzgewächse, die bis zu 40 m hohe Stämme und große gefiederte oder fächerartige Blätter mit langen Stielen besitzen. Die Früchte sind Beeren, Steinfrüchte oder Nüsse. Pal-

men sind wichtige Nutzpflanzen, die vielfältige Produkte (von Bauholz über Fasern bis zu Futter, Speiseölen und Lebensmitteln) liefern. Bekannte Vertreter sind *Kokos-, Öl-, Dattel-* und *Sagopalme.*

PAL-System, Abkürzung für engl. *Phase Alternation Line* (zeilenweise Phasenveränderung), ein von *Walter Bruch* (1908–1990) konzipiertes Farbfernsehsystem (→ Fernsehen). Seine Weiterentwicklung ist das Mitte der 90er Jahre eingeführte System *PALplus* mit besserer Bildqualität und → Breitwandformat.

Pamir [kirgis. »Dach der Welt«], Gebirgsstock in Zentralasien, der bis zu 7495 m hoch ist. Von ihm gehen mächtige Gebirge wie *Tian Shan, Kualun Shan,* → *Karakorum,* → *Himalaja* und *Hindukusch* aus.

Pampa [indian. »Ebene«], *die,* Grassteppe in Argentinien, die hauptsächlich für Viehzucht und Ackerbau genutzt wird. Berittene *Gauchos* hüten dort Rinderherden.

Pampelmuse [Tamil-ndl.], die größte → Zitrusfrucht (bis zu 25 cm Durchmesser und bis zu 6 kg Gewicht). Der *Pampelmusenbaum* stammt ursprünglich aus Indonesien und wird heute in Asien, im Mittelmeerraum, im Süden von Nordamerika und in der Karibik gezüchtet.

Pamphlet [engl.], *das,* politische Streitschrift, die den Gegner verunglimpft.

Pan- [griech.], in zusammengesetzten Wörtern mit der Bedeutung »ganz, gesamt« (z. B. *panarabisch*).

Pan, in der griechischen Mythologie ein Wald- und Weidegott. Seine äußerliche Gestalt mit Beinen und Hörnern eines Ziegenbocks, wurde im Mittelalter auf den → Teufel übertragen.

Panama, Staat in Mittelamerika. Das Land nimmt den südöstlichen Abschluss der zentralamerikanischen Landbrücke ein und wird vom → Panamakanal in zwei Hälften geteilt. Zu Panama gehören auch zahlreiche Inseln im Pazifik und in der Karibik. Die Bevölkerung besteht zu zwei Dritteln aus Mestizen sowie Schwarzen und Mulatten (13 %), Weißen (10 %) und Indianern (über 8 %). Wichtigste Einnahmequelle ist der Kanal. Nur ein Drittel der Gesamtfläche ist landwirtschaftlich nutzbar (vor allem Viehzucht sowie Anbau von Bananen, Kaffee, Kakao und Zuckerrohr für den Export). Das gebirgige Land, das an der schmalsten Stelle nur 55 km breit ist, wurde 1501 von den Spaniern entdeckt. Bis 1821 war es spanisch. Danach schloss es sich Großkolumbien (→ Kolumbien) an. 1903 erklärte Panama unter dem Einfluss der USA seine Unabhängig-

Palau (Belau)
Staatsname: Republik Palau
Staatsform: Präsidiale Republik
Hauptstadt: Koror
Fläche: 487 km²
Einwohner: 17 000
Bevölkerungsdichte: 35/km²
Amtssprache: Englisch, Palauisch
Währung: US-Dollar (US-$)
Nationalitätskennzeichen: PAL

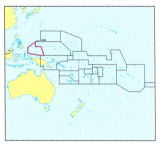

Palau

Palladium

Zeichen: Pd
Ordnungszahl: 46
Atommasse: 106,42
Dichte: 12,02 g/cm³
Schmelzpunkt: 1554 °C
Siedepunkt: 2970 °C

Pan

Die alten Griechen waren der Meinung, die Nähe Pans sei für die *panische* Angst verantwortlich, die einen Menschen bisweilen in der freien Natur überfällt. Unter *Panik* versteht man heute eine plötzlich ausbrechende Angst, die bei den Betroffenen überstürzte, kopflose Handlungen hervorruft.

Panama

Staatsname:	Republik Panama
Staatsform:	Präsidiale Republik
Hauptstadt:	Panamá
Fläche:	77 082 km²
Einwohner:	2,6 Mio.
Bevölkerungsdichte:	34/km²
Amtssprache:	Spanisch
Währung:	Balboa (B/.)
Nationalitätskennzeichen:	PA

Panama

Pandora

Die *Büchse der Pandora* war die Quelle allen Unheils, das die Götter über die Menschen ausschütteten. Pandora wurde von → Zeus erschaffen, um sich an den Menschen dafür zu rächen, dass ihnen → Prometheus das Feuer des Himmels gegeben hatte. Hephaistos schuf daraufhin aus Ton eine Frau, die von den anderen Göttern mit Leben, Schönheit und Heimtücke ausgestattet wurde. Zeus gab ihr eine verschlossene Büchse mit, die alle Leiden und Krankheiten enthielt. Als Pandora auf die Erde geschickt wurde und diese Büchse öffnete, kam daraus über die Menschen all das Leid, das seitdem das menschliche Leben bestimmt. Da sie das Gefäß rasch wieder verschloss, blieb nur die Hoffnung darin eingesperrt.

■ *Pandas*

keit, als sich Kolumbien weigerte, den Vereinigten Staaten eine 10 Meilen breite Zone für den geplanten Kanalbau für die Dauer von 100 Jahren abzutreten. Panama verpachtete die Kanalzone auf unbegrenzte Zeit an die USA und überließ diesen außerdem ein Einmischungsrecht. Nach wiederholten Unruhen und nordamerikanischen Interventionen erreichte Panama in den 50er Jahren eine Erhöhung seiner Beteiligung am Kanal und die Anerkennung seiner Selbstständigkeit. Ein 1977 unterzeichneter Vertrag vereinbarte, dass der Kanal bis zum Jahr 2000 ganz in panamaischen Besitz übergehen sollte. Ab Anfang der 80er Jahre bestimmte General Manuel Antonio Noriega, der Oberbefehlshaber der Nationalgarde, die Politik des Landes. Nach seiner Machtübernahme griffen die USA 1989 mit Truppen ein, nahmen Noriega fest und stellten ihn wegen seiner Verwicklungen in den Drogenhandel vor Gericht.

Panamakanal, wichtige Schifffahrtsstraße zwischen dem Atlantischen und dem Pazifischen Ozean, der die Landenge von → Panama durchbohrt. Der 81,6 km lange Schleusenkanal hat eine Mindestbreite von 152 m und eine Mindesttiefe von 14,3 m. Er wurde nach achtjähriger Bauzeit 1914 eröffnet. Der von den USA errichtete Kanal verkürzt den Seeweg von der nordamerikanischen Ost- zur Westküste um etwa 15 000 km.

Pandas, *Katzenbären,* Gattung von Raubtieren, die in hoch gelegenen Bergwäldern Südostasiens und Chinas leben. Man unterscheidet zwei Familien: den *Kleinen Panda* oder *Katzenbär,* der bis zu 60 cm lang wird und einen buschigen, 50 cm langen Schwanz besitzt, und den *Großen Panda* oder *Bambusbär,* der bis zu 1,5 m groß wird und sich durch eine schwarz-weiße Färbung des Fells auszeichnet. Er kommt nur noch in der westchinesischen Provinz Sichuan vor und ist vom Aussterben bedroht.

Pandora [griech. »Allgeberin«], in der griechischen Sage die erste Frau auf Erden und die Ursache allen irdischen Übels.

Panflöte, *Syrinx,* → Blasinstrument, das seit dem Altertum (Griechenland, China) bekannt ist. Die Panflöte besteht aus mehreren zusammengebundenen Röhren, die unten geschlossen sind und keine Grifflöcher besitzen. Die einzelnen Flöten (5–13) sind nach ihrer Länge nebeneinander angeordnet.

Panorama, *das,* Rundblick, Ausblick auf eine Landschaft.

Pantheismus [griech.], *der,* die Auffassung, dass Gott und die Welt eins sind bzw. Gott in allem zu finden ist.

Panther, *Panter,* → Leopard, insbesondere die Exemplare mit schwarzem Fell *(Schwarzer Panther).*

Pantoffeltierchen, pantoffelförmige → Wimpertierchen, die bis zu 0,3 mm lang werden und vor allem in faulendem Süßwasser leben.

Pantograph [griech. »Allesschreiber«], *der,* Gerät, mit dem man Zeichnungen in einen anderen Maßstab übertragen kann, indem man die Vorlage mit einem Stift nachfährt.

Pantomime [von griech. pantomimos = »alles nachahmend«], *die,* Darstellung ohne Worte, bei der nur Mienenspiel, Gebärden und Bewegungen eingesetzt werden.

Panzer, bei Tieren ein starres Außenskelett, das durch Verdickung einen starren Schutzmantel bildet (z. B. bei → Schildkröten, Krebsen und Gliederfüßern). Nach diesem Vorbild entwickelte der Mensch eine Schutzkleidung aus Leder und Metall, die vor allem für kriegerische Zwecke eingesetzt wurde.

Panzerechsen, Ordnung der → Reptilien, deren Vertreter die letzten Überreste der ausgestorbenen Großsaurier sind. Die Panzerechsen leben zumeist in tropischen und subtropischen Gebieten ufernah im Süßwasser, wagen sich aber auch ins Meer hinaus. Sie besitzen einen echsenartigen, gepanzerten Körper mit kräftigem Ruderschwanz und sie sind gewandte Schwimmer. Ihre Größe reicht von 1,5 bis zu über 7 m. Zu den Panzerechsen gehören drei Familien: *Alligatoren, Krokodile* und *Gaviale.*

Papageien, Ordnung und Familie von → Vögeln, die in allen wärmeren Gebieten mit Ausnahme Europas leben. Sie besitzen einen kräftigen, gekrümmten Oberschnabel und häufig ein buntes Gefieder. Die Größe der mehr als 320 Arten schwankt zwischen 10 cm und 1 m. Papageien können sehr vielfältige Laute hervorbringen und auch die menschliche Sprache nachahmen. Manche Arten können über 100 Jahre alt werden. Bekannte Unterfamilien sind → *Kakadus* und *Loris.* Zu den *Echten Papageien* gehören u. a. *Grau-* und *Amazonenpapageien, Aras* und → *Wellensittiche.*

Papaya, *Baummelone,* melonenförmige, bis zu 80 cm lange und bis zu 9 kg schwere Beerenfrucht des bis zu 10 m hohen *Papaya-* oder *Melonenbaums,* der in zahlreichen tropischen Ländern angebaut wird.

Papier [von griech.-lat. → Papyrus], *das,* aus (zumeist pflanzlichen) Fasern hergestellter Stoff, der zum Beschreiben und Bedrucken oder zum Verpacken verwendet wird. Die Faserstoffe (vor allem → Holz und Zellstoff sowie Altpapier und Textilabfälle werden zerkleinert und mit Wasser verdünnt, gereinigt und mit Füll- und Leimstoffen versetzt. Der so entstandene Faserbrei wird auf ein Sieb gegeben, wo die Fasern verfilzen und der größte Teil des Wassers abfließt. Diese gleichmäßig verteilte Schicht wird zu dünnen Papierbahnen gepresst, die sich beim Trocknen verfestigen. Je nach Zusammensetzung der Faserrohstoffe, Art der zugesetzten Hilfsstoffe und Nachbehandlungsmethode (z. B. Streichen, Beschichten, Färben) kann man verschiedene *Papiersorten* herstellen (z. B. *holzfreies Papier, Zeitungs-, Schreib-, Seidenpapier).* Wenn das Papier ein Gewicht von mehr als 150 g/m^2 hat,

■ **Panther**

■ **Papayas**

spricht man von *Karton,* bei über 300 g/m^2 von *Pappe;* (Grafik zur Papierherstellung siehe Seite 498).

Paprika [ungar.], *der,* zu den → Nachtschattengewächsen gehörende Pflanze, die ursprünglich aus Mittel- und Südamerika stammt, aber heute auch in vielen wärmeren Gebieten Europas, Asiens und Afrikas angebaut wird. Die Früchte des einjährigen, bis zu 1 m hoch werdenden, buschförmigen Krauts werden als *Paprikaschoten* bezeichnet. Sie werden etwa faustgroß und bis zu 250 g schwer und besitzen zumeist eine grüne oder rote, manchmal aber auch weiße, gelbe, violette oder schwarze Farbe. *Gemüsepaprika* wird roh oder gekocht gegessen. Durch das Mahlen getrockneter Paprikaschoten erhält man den als Gewürz verwendeten pulverförmigen Paprika, der süß (ohne Samen zermahlen) oder scharf (mit Samen) sein kann.

Papst [von lat. papa = »Vater«], *der,* Titel des → Bischofs von Rom, der als Nachfolger des Apostels Petrus das Oberhaupt der römisch-katholischen Kirche ist und den Primat innerhalb der Bischöfe besitzt. Als Stellvertreter von → Jesus Christus auf Erden ist er der oberste Lehrer, Gesetzgeber und Richter der katholischen Gläubigen. Seit 1870 gilt er als unfehlbar, wenn er sich in seinem Lehramt zu Glaubens- und Sittenfragen äußert. Stirbt ein Papst, so wird vom *Konklave* der → Kardinäle (die noch nicht das 80. Lebensjahr vollendet haben) mit Zweidrittelmehrheit (+ 1 Stimme) aus ihrer Mitte ein Nachfolger auf Lebenszeit gewählt. Dieser nimmt beim Amtsantritt einen neuen Namen an.

Der Papst besaß im Mittelalter auch große politische Macht. Bis 1870 war er auch weltliches Oberhaupt des italienischen → Kirchenstaats; heute ist er das Oberhaupt des → *Vatikanstaats.*

Papua, dunkelhäutige, kraushaarige Urbevölkerung Neuguineas und einiger benachbarter Inseln, die zu den → Melanesiern gehört.

Panflöte

Der Name Syrinx geht auf eine Nymphe zurück, der Pan nachstellte. Auf der Flucht vor ihm ließ sie sich in Schilf verwandeln, aber Pan schnitt es ab und setzte die Rohre in verschiedener Länge zu einer Flöte zusammen. Als er darauf spielte, brachte das Instrument sehnsüchtig-klagende Laute hervor.

Panzer

Als Panzer bezeichnet man auch einen durch Panzerplatten geschützten Kampfwagen, der zumeist mit Raupenketten ausgestattet ist. Er wurde erstmals 1916 von den Briten im Ersten Weltkrieg unter dem Namen *Tank* eingesetzt. Im Zweiten Weltkrieg wurden schnellere, beweglichere Panzerfahrzeuge entwickelt.

Heute gibt es mehrere Panzertypen, die aufgrund ihrer Bauweise für besondere Aufgaben geeignet sind und über eine unterschiedliche Bewaffnung *(Panzerkanone,* Raketenwerfer, Maschinengewehr) verfügen (z. B. wendige, schnelle *Aufklärungspanzer,* stark gepanzerte *Kampf-* und *Sturmpanzer,* schwimmfähige *Amphibien-* und *Schwimmpanzer,* leichte *Luftlandepanzer,* besonders ausgerüstete *Berge-* und *Brückenlegepanzer).*

Papageienkrankheit

Die *Papageienkrankheit,* die zutreffender als *Ornithose* oder »Vogelseuche« bezeichnet wird, weil sie auch von anderen Vögeln (z. B. Tauben, Hühner, Enten und Kanarienvögel) übertragen wird, ist eine gefährliche Infektionskrankheit, die sich beim Menschen als grippeähnliche Erkrankung und Lungenentzündung auswirkt. Sie wird durch kleine Bakterien ausgelöst, die beim Kontakt mit erkrankten oder auch gesunden Vögeln, die den Erreger in sich tragen, auf den Menschen übertragen werden.

Papua-Neuguinea (Papua Niugini)

Staatsname: Unabhängiger Staat Papua-Neuguinea

Staatsform: Parlamentarische Monarchie

Hauptstadt: Port Moresby

Fläche: 462 840 km²

Einwohner: 4,3 Mio.

Bevölkerungsdichte: 9/km²

Amtssprache: Englisch, Pidgin, Motu

Währung: Kina (K)

Nationalitätskennzeichen: PNG

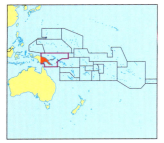

Papua-Neuguinea

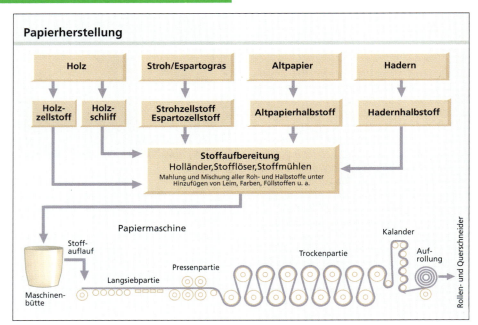

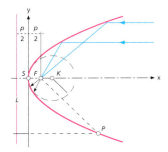

■ **Parabel:** S = Scheitel, F = Brennpunkt, L = Leitlinie, K = Mittelpunkt des Krümmungsradius für den Scheitel der Parabel. Ist der Parameter p der Abstand der Leitlinie zum Brennpunkt, so lautet die Formel der Parabel y² = 2px.

Papua-Neuguinea, Staat in → Ozeanien, der den Ostteil von → Neuguinea einnimmt. Zum Staatsgebiet gehören mehrere vorgelagerte Inselgruppen im Osten und Norden, vor allem *Bismarck-Archipel, Bougainville* und *Buka* sowie etwa 600 kleinere Inseln. Papua-Neuguinea entstand aus dem Territorium Papua und dem Treuhandgebiet Neuguinea (beide von Australien verwaltet) und wurde 1975 unabhängig, gehört aber weiterhin dem → Commonwealth an. Der größte Teil der Bevölkerung besteht aus → Papuas, die aber in mehr als 750 Stämme zersplittert sind. Fast drei Viertel sind in der Landwirtschaft tätig (Anbau von Kaffee und Kakao für den Export). Eine wichtige Rolle spielen Bergbauprodukte (vor allem Kupfer und Gold).

Papyrus [griech.], *der,* papierähnliches Schreibmaterial, das aus übereinander gelegten und verklebten Streifen des Marks der *Papyrusstaude,* einer bis zu 3 m hohen Wasserpflanze, hergestellt wurde und im alten Ägypten schon vor 4500 Jahren bekannt war.

Parabel [lat.-griech.], *die,* in der Mathematik eine Kurve, die durch einen → Kegelschnitt gebildet wird. Auf dieser Kurve liegen alle Punkte, die von einem festen Punkt *(Brennpunkt)* und einer festen Geraden denselben Abstand haben. In der Literatur ist die Parabel eine selbstständige Erzählung, die einen Gedanken oder eine sittliche Idee gleichnishaft veranschaulicht.

Parabolspiegel, besondere Form eines → Spiegels, der eine parabolische, d. h. durch Drehung einer → Parabel um ihre Symmetrieachse entstandene Form besitzt. Ein solcher Spiegel sammelt alle Lichtstrahlen, die parallel zur Achse einfallen, im Brennpunkt und wirft von dort ausgehende Lichtstrahlen parallel zur Achse zurück. Parabolspiegel werden deshalb z. B. in Scheinwerfern verwendet.

Paradies [pers. »Garten«], *das,* in vielen Religionen ein Ort des Friedens und des Überflusses, wo es weder Tod noch Krankheit gab. Nach dem → Alten Testament wurden die ersten Menschen nach ihrem Sündenfall aus dem paradiesischen Garten → Eden vertrieben.

paradox [griech.], widersinnig, seltsam. Ein **Paradoxon** ist etwas, das (scheinbar) widersprüchlich ist.

Paragraph [griech.], *der,* Abschnitt in Gesetzesbüchern und Verträgen (Zeichen §).

Paraguay, Staat in Südamerika, der vom gleichnamigen Strom, dem größten Nebenfluss des Parana, durchflossen wird. Die überwiegend aus Mestizen (etwa 90 %) bestehende Bevölkerung lebt hauptsächlich von der Landwirtschaft. Paraguay besitzt keine bedeutenden Bodenschätze, verfügt aber über große Wasserkraftreserven für die Stromerzeugung. Das größtenteils aus Flachland bestehende Gebiet wurde 1536 von den Spaniern entdeckt und besiedelt. Im Ostteil

bestand 1617–1767 ein Jesuitenstaat, in dem sich die Guarantindianer selbst verwalteten, bis die Jesuiten aus den spanischen Kolonien vertrieben wurden. Das Land erklärte 1811 seine Unabhängigkeit. Bis 1840 war es völlig von der Außenwelt isoliert und öffnete sich erst danach für Einwanderer aus Europa. Zwischen 1865 und 1870 versuchte Paraguay vergeblich, in einem Krieg gegen Brasilien und Argentinien einen Zugang zum Atlantik zu erringen. Es büßte dabei Teile seines Staatsgebiets ein und wurde jahrelang von Brasilien besetzt. 1932–1935 führte es erfolgreich gegen Bolivien einen Krieg um die Erdölvorkommen im Gran Chaco. 1954 übernahm das Militär mit einem Putsch die Macht. Die Diktatur von General Alfredo Stroessner endete erst 1989. Seitdem befindet sich Paraguay auf dem Weg zu einer Demokratie.

Parallaxe [griech. »Abweichung«], *die,* in der Astronomie der Winkel, unter dem ein Himmelskörper von zwei verschiedenen Standorten aus erscheint. Da die Verschiebung des scheinbaren Standorts nicht nur vom Abstand der beiden Beobachtungspunkte, sondern auch von der Entfernung des Objekts abhängt, kann man die Parallaxe zur Entfernungsmessung heranziehen. Als Abstand der Beobachtungspunkte benutzt man dabei entweder den Erdradius (für Messungen innerhalb des Sonnensystems) oder den mittleren Abstand zwischen Erde und Sonne (→ Astronomische Einheit), wenn die Entfernung von Fixsternen bestimmt werden soll.

Eine **Parallaxensekunde** oder ein *Parsec,* abgekürzt *pc,* ist die Entfernung, in der die Parallaxe eines Sterns eine Bogensekunde ausmacht, d. h., der mittlere Abstand zwischen Erde und Sonne unter einem Winkel von 1″ erscheint. Diese astronomische Längeneinheit entspricht 3,2633 → Lichtjahren oder 30 857 Mrd. km.

Parallele [griech. »nebeneinander laufend«], *die,* in der Mathematik eine Gerade, die im selben Abstand zu einer anderen Geraden verläuft und keinen Schnittpunkt im Endlichen mit ihr hat.

Parallelogramm, *das,* Viereck, bei dem die gegenüberliegenden Seiten jeweils parallel sind.

Parallelrechner, Computertyp, der im Gegensatz zu *seriellen Rechnern,* die alle Arbeitsschritte nacheinander ausführen, die Rechenarbeit auf mehrere → Prozessoren verteilt, die ein → Programm parallel, d. h. unabhängig voneinander und gleichzeitig verarbeiten.

Paralympics [engl. pærə'lɪmpɪks], *Mz.,* → Olympische Spiele der Behindertensportler, die an Austragungsorten der jeweiligen Sommer- und Winterspiele stattfinden, von diesen aber zeitlich getrennt sind.

Parameter [griech.], *der,* in der Mathematik eine unbestimmte Größe, die in einer Funktion oder Gleichung als Hilfsvariable verwendet wird; allgemein eine veränderliche Größe (z. B. physikalische Parameter wie Temperatur oder Druck), die bei einer Untersuchung oder einem Experiment konstant gehalten wird, aber beim nächsten Schritt verändert werden kann.

Parapsychologie, Wissenschaft, die sich mit außer- und übersinnlichen Erscheinungen (z. B. → Telepathie und Telekinese) befasst, die außerhalb der normalen Wahrnehmung des Menschen liegen.

Parasiten [griech.], *Schmarotzer,* Lebewesen, die ihre Nahrung oder Nährstoffe anderen Lebewesen entziehen und dabei den *Wirt* schädigen, ohne ihn jedoch zu töten. Der *Parasitismus* ist im Gegensatz zur → Symbiose eine Form des Zusammenlebens, die nur einem der beiden Partner Nutzen bringt und deshalb auf Kosten des anderen Partners geht. Es gibt tierische und pflanzliche Parasiten. Man unterscheidet dabei zwischen *Ekto-* oder *Außenparasiten,* die auf der Körperoberfläche des Wirtsorganismus leben (z. B. Flöhe, Läuse, Zecken und die meisten pflanzlichen Schmarotzer), und *Endo-* oder *Innenparasiten,* die im Inneren des Wirts leben (z. B. Bandwürmer, Maden).

Parcours [frz. par'kuːɐ̯], *der,* im → Reitsport eine Strecke mit Hindernissen, die möglichst ohne Fehler übersprungen werden müssen.

Parfum [frz. par'fœ̃ː], *Parfüm, das,* Flüssigkeit (zumeist alkoholisch-wässrige Lösung) aus natürlichen und künstlich hergestellten Duftstoffen, die einen intensiven, anhaltenden Wohlgeruch verbreitet. Parfüms sind schon seit dem Altertum bekannt.

Paria [engl.-ind.], *der,* ursprünglich ein Angehöriger der niedrigsten Kaste in Indien, zumeist aber für die Menschen dort gebraucht, die außerhalb jeder Kaste stehen und besonders verachtete Berufe (Totengräber, Gerber, Abdecker) ausüben.

Paris [frz. pa'ri], an der Seine gelegene Hauptstadt und größte Stadt (als Ballungsraum 9,3 Mio. Einwohner) von → Frankreich. Die von den → Kelten gegründete Stadt hieß in römischer Zeit *Lutetia.* Ihren heutigen Namen hat sie von den keltischen Parisiern. Paris, das seit 987 französische Hauptstadt ist, entwickelte sich zum wirtschaftlichen und kulturellen Zentrum Frankreichs und ist heute nicht nur Sitz der ober-

---

Paraguay

Staatsname:	Republik Paraguay
Staatsform:	Präsidiale Republik
Hauptstadt:	Asunción
Fläche:	406 752 km²
Einwohner:	5 Mio.
Bevölkerungsdichte:	12/km²
Amtssprache:	Spanisch, Guaraní
Währung:	Guaraní (G)
Nationalitätskennzeichen:	PY

Paraguay

Parallele

Das in der → euklidischen Geometrie geltende *Parallelenaxiom* besagt, dass es zu jedem Punkt, der nicht auf einer gegebenen Gerade liegt, nur eine Geraden gibt, auf der dieser Punkt liegt und die mit der anderen Gerade keinen Punkt gemeinsam hat, d. h., dass jede Gerade genau eine Parallele durch einen Punkt hat, der auf ihr selbst liegt. Ist dies nicht der Fall, spricht man von einer nichteuklidischen Geometrie.

Paris

Paris wurde als Schiedsrichter angerufen, als sich drei Göttinnen darum stritten, wem ein Apfel mit der Aufschrift »der Schönsten« (den die Göttin der Zwietracht unter die Gäste einer Hochzeit geworfen hatte) zustehe. → Hera versprach ihm Macht, → Athene den Sieg in der Schlacht, → Aphrodite die schönste Frau der Erde. Als Paris der Liebesgöttin den Apfel zusprach, führte sie ihn mit → Helena zusammen. Ihre Entführung durch Paris war der Anlass für den → Trojanischen Krieg.

Parteien

Parteiähnliche Interessenvertretungen gab es bereits im Altertum (z. B. Patrizier und Plebejer in Rom), doch die modernen Parteien sind ein Ergebnis des → Parlamentarismus und erst seit dem 18. Jh. entstanden. Dabei bildeten sich *konservative* (Verteidigung der bestehenden Verhältnisse und Werte), *liberale* (Betonung der Rechte des Einzelnen) sowie *sozialistische* (und *sozialdemokratische*) Parteien (Betonung des Gemeinwohls) heraus, die nach ihrer Sitzordnung im Parlament auch als *Rechts-*, *Mitte-* und *Linksparteien* bezeichnet werden. Die großen *Volksparteien* sind jedoch heute bemüht, sehr viele verschiedene Interessen in der Bevölkerung zu vertreten, um eine möglichst große Wählerschaft anzusprechen.
Während in Demokratien sowohl Regierungs- als auch Oppositionsparteien im Parlament vertreten sind, gibt es in autoritär regierten Staaten oft nur eine einzige zugelassene Partei, die als *Staatspartei* fungiert (z. B. die Kommunistische Partei in der Volksrepublik China).

■ **Paris:** Der Arc de Triomphe

sten staatlichen Behörden und der Nationalversammlung, sondern auch internationaler Organisationen wie → UNESCO und → OECD. Paris besitzt zahlreiche Hochschulen (u. a. *Sorbonne*), Bibliotheken, Museen (am bekanntesten ist der *Louvre*) und Theater. Außerdem findet man dort berühmte Bauwerke wie die Kirchen *Notre-Dame* und *Sacre-Cœur*, den *Arc de Triomphe* und den *Eiffelturm*.

Paris, in der griechischen Sage ein Sohn des trojanischen Königs Priamos.

Parität [lat.], *die,* Gleichheit. In der Finanzpolitik versteht man darunter das offiziell festgelegte Verhältnis, in dem die Währungen zweier Länder gegeneinander ausgetauscht werden, was sich im → Wechselkurs ausdrückt.

Parlament [engl.-frz.], *das,* Volksvertretung, die aus den vom Volk gewählten → Abgeordneten besteht. In einer → Demokratie beschließt das Parlament die Gesetze und wählt und kontrolliert die Regierung, bisweilen auch das Staatsoberhaupt. Man unterscheidet dabei zwischen *Einkammer-* (z. B. Schweden) und *Zweikammerparlament* (z. B. Unter- und Oberhaus in Großbritannien, Repräsentantenhaus und Senat in den USA).
Als **Parlamentarismus** bezeichnet man eine Regierungsform, in der die Regierung dem Parlament und damit dem Volk verantwortlich ist. In einem **parlamentarischen System** wird der Regierungschef im Gegensatz zu einem Präsidialsystem vom Parlament gewählt.

Parodie [von griech. paroidia = »Nebengesang«], *die,* übertreibende Nachahmung eines (künstlerischen) Stils oder einer Person, um eine komische Wirkung zu erzielen.

Parodontose [griech.], *die,* Erkrankung des Zahnbettes, bei der ein Schwund des Zahnfleisches und eine Rückbildung des Kieferknochens zu einer Lockerung und zum Ausfall eines Zahns führen können.

Parsek, *Parsec,* Kurzform für → *Parallaxensekunde.*

Parteien, Zusammenschlüsse von Gleichgesinnten, die ähnliche politische Ziele verfolgen und durch die Vertretung in den vom Volk gewählten Parlamenten Einfluss auf die Gesetzgebung sowie die Bildung und Besetzung der Regierung haben wollen. Im Unterschied zu → Bürgerinitiativen und politischen Bewegungen sind sie fest und auf Dauer organisiert.

Parthenogenese [von griech. parthenos = »Jungfrau«], *die, Jungfernzeugung.* In der Biologie versteht man darunter die Fortpflanzung durch unbefruchtete Keimzellen, wie sie bei Insekten, Würmern und manchen Blütenpflanzen vorkommt.

Parther, südöstlich vom Kaspischen Meer im Gebiet des heutigen Iran beheimatetes Volk. Zusammen mit anderen skythischen Stämmen schuf es ab 250 v. Chr. bis 224 n. Chr. unter der Dynastie der *Arsakiden* ein mächtiges Reich, das sich im Osten bis China und Indien und im Westen bis zum Euphrat ausdehnte.

Partikel [lat.], Teilchen, **1.** *die,* in der Grammatik ein Wort, das nicht gebeugt wird; dazu gehören → Präpositionen, → Konjunktionen und → Adverbien; **2.** *das,* ein sehr kleines Materieteilchen, vor allem ein → Elementarteilchen.

Partisan [frz. »Parteigänger«], *der,* Widerstandskämpfer, der den Feind (der in sein Heimatland eingedrungen ist oder dieses besetzt hält), bekämpft, aber nicht den regulären Streitkräften angehört..

Partitur [it.], *die,* Niederschrift einer vokalen oder instrumentalen Komposition, die mehrere Stimmen umfasst. Dabei wird jede der gleichzeitig erklingenden Einzelstimmen in → Notenschrift auf eigenen, zumeist übereinander liegenden Liniensystemen festgehalten.

Partizip [lat.], *das,* in der Grammatik ein Wort, das eine Mittelstellung zwischen → Verb und → Adjektiv besitzt und deshalb im Deutschen auch als *Mittelwort* bezeichnet wird. Das Partizip leitet sich von einem Zeitwort her, hat aber im Satz die Funktion eines Eigenschaftswortes. Man

unterscheidet dabei zwischen dem *Partizip Präsens* oder Mittelwort der Gegenwart (z. B. *liebend* und dem *Partizip Perfekt* oder Mittelwort der Vergangenheit (z. B. *geliebt*).

Parzen, in der römischen Mythologie drei *Schicksalsgöttinnen,* die bei den Griechen *Moiren* hießen.

Pascal, nach dem französischen Philosophen und Mathematiker *Blaise Pascal* (1623–1662) benannte Maßeinheit für den Druck (Zeichen *Pa*). 1 Pa = 1 N/m^2 = 10^{-5} bar. Bei Angaben des → Luftdrucks ist *Hektopascal* (= 100 Pa) seit 1984 an die Stelle von Millibar (→ Bar) getreten: 1 hPa = 1 mbar.

Pass, 1. im Gebirge ein schmaler, von der Natur vorgegebener Weg, der über die niedrigste Stelle (Gebirgssattel) führt; **2.** Ausweis, mit dem man in andere Länder reisen darf *(Reisepass),* der aber auch im Inland als *Personalausweis* gilt.

Passage [frz. pa'sa:ʒə], *die,* Durchfahrt oder Durchgang, in Städten auch eine überdachte Ladenstraße. Eine Passage ist auch eine Reise mit dem Schiff oder Flugzeug; deshalb bezeichnet man Fahr- und Fluggäste als **Passagiere.** Im übertragenen Sinne meint eine Passage eine zusammenhängende Textstelle.

Passat [ndl.], *der,* Wind, der in den Tropen (innerhalb der beiden → Wendekreise) auf der nördlichen Erdhalbkugel aus Nordost und auf der südlichen Erdhalbkugel aus Südost weht. Er entsteht durch die Drehung der Erde in östliche Richtung.

Passepartout [frz. paspar'tu: »passt überall«], *das,* Rahmen aus Karton um ein Bild herum. Auch ein Hauptschlüssel, der überall aufsperrt, wird als Passepartout bezeichnet.

Passgang, bei vierbeinigen Tieren eine Gangart, bei der das Vorder- und das Hinterbein auf einer Seite gleichzeitig nach vorn gesetzt werden (z. B. beim Kamel).

Passion [lat. »Leiden«], *die,* allgemein eine Leidenschaft oder Vorliebe für etwas. Im engeren Sinne versteht man darunter die Leidensgeschichte Jesu Christi und ihre Darstellung in der bildenden Kunst oder als Vertonung.

Passionsfrucht, *Maracuja,* Frucht einiger Arten der *Passionsblume,* die teilweise sehr schöne Blüten hervorbringt. Die ursprünglich aus Mittel- und Südamerika stammenden, heute auch in Australien, Neuseeland, Afrika und Kalifornien angebauten Passionsfrüchte sind je nach Art unterschiedlich groß und besitzen eine gelbliche, rote, violette oder dunkelbraune Schale, die glatt oder schrumpelig ist. Im Inneren befindet

■ *Passionsfrucht*

sich ein Gehäuse mit bis zu 200 Kernen, die man mitessen kann. Das Fruchtfleisch hat einen süßsäuerlichen Geschmack.

passiv [lat. »duldend«], untätig, teilnahmslos. Gegensatz: → aktiv. Unter *passivem Wahlrecht* versteht man das Recht, gewählt zu werden. (→ Wahlrecht).

Passiv [lat.], *das,* in der Grammatik die auch als *Leideform* bezeichnete Handlungsrichtung eines → Verbs, die ausdrückt, was mit dem → Subjekt des Satzes geschieht (z. B. Das Schwein *wird geschlachtet*). Gegensatz: → Aktiv.

Passiva, *Mz.,* im Rechnungswesen die Schulden oder Verbindlichkeiten. Gegensatz: → Aktiva.

Pastellmalerei [von it. pastello = »Farbstift«], Maltechnik, die mit Pastellfarben arbeitet. Pastellfarben bestehen aus Kreide und Ton sowie einem Farbstoff und werden mit einem Bindemittel zu Stiften geformt. Sie ergeben einen zarten Farbton.

Pasteur [pas'tœ:r], Louis (1822-1895), französischer Chemiker und Biologe, der → Mikroorganismen untersuchte und Schutzimpfungen gegen Seuchen wie → Tollwut und Milzbrand entwickelte. Er erfand außerdem ein Verfahren, um Milch und andere empfindliche Lebensmittel auf schonende Weise haltbar zu machen: die **Pasteurisierung,** eine Wärmebehandlung, bei der flüssige Lebensmittel auf Temperaturen zwischen 58 und 90 °C erhitzt werden, um sie keimfrei und dadurch länger haltbar zu machen.

Pastor [lat. »Hirt«], *der,* evangelischer Geistlicher, Pfarrer.

Patent [lat.], *das,* das Recht, eine Erfindung allein zu nutzen. Wer eine Erfindung schützen will, muss sie bei einer Behörde *(Patentamt)* zum Patent anmelden. Wenn sie angenommen wird,

■ *Blaise Pascal*

■ *Louis Pasteur*

muss jeder andere, der die Erfindung gewerblich nutzen will, vom Patentinhaber eine → Lizenz dafür erwerben. Das Schutzrecht ist zeitlich begrenzt und gilt 20 Jahre lang.

Pater [lat. »Vater«], *der,* katholischer Ordensgeistlicher.

pathogen [von griech. pathos = »Krankheit«], krankheitserregend. Die **Pathologie** ist die Lehre von den Krankheiten.

Pathos [griech.], *das,* leidenschaftlicher, ergriffener Ausdruck; in abwertendem Sinne eine übertriebene, oft unechte Gefühlsäußerung.

Patriarch [griech. »Sippenoberhaupt«], *der,* im → Alten Testament ein Stammvater des israelitischen Volkes (z. B. Abraham); in den orthodoxen Kirchen Titel für den obersten Geistlichen und die leitenden Bischöfe in den → Ostkirchen. Unter einem **Patriarchat** versteht man eine Männerherrschaft, d. h. eine Gesellschaftsform, in der Männer die beherrschende Stellung in der Familie und im Staat innehaben und die Erbfolge in der männlichen Linie verläuft. Gegensatz: → Matriarchat.

Patriotismus [frz.], *der,* Vaterlandsliebe.

Patrizier [lat.], im alten Rom ein Mitglied des Adels, im Mittelalter ein wohlhabender Bürger.

Patron [lat.], *der,* Schutzherr, Schutzheiliger.

Patrone [frz. »Musterform«], *die,* als Munition für Handfeuerwaffen verwendete Metallhülse, in der sich Schießpulver befindet. Vorne ist ein Geschoss aufgesteckt. Am hinteren Ende der Hülse sitzt das Zündhütchen, das nach dem Aufprall des Schlagbolzens der Waffe die Treibladung zündet.

Patrouille [frz. paˈtrʊljə], *die,* Spähtrupp, Kontrollgang.

Patt [frz.], *das,* im Schachspiel eine als unentschieden (→ *remis*) gewertete Stellung, in der ein Spieler keine Figur ziehen kann, ohne dass sein (vom anderen Spieler nicht angegriffener) König im → Schach steht.

Pauke, *Kesselpauke,* kesselförmiges → Schlaginstrument, dessen Klangkörper mit Tierhäuten bespannt ist. Durch Schrauben zum Spannen der Haut kann man die Tonhöhe verändern. Die Pauke wird mit Filz-, Holz- oder Lederschlegeln geschlagen.

Paulus, jüdischer Name *Saulus* († um 63/67 n. Chr.), aus Kleinasien stammender → Apostel und Heiliger, der ursprünglich jüdischer Schriftgelehrter war und sich um 32/34 (angeblich aufgrund einer visionären Christuserscheinung) zum Christentum bekehrte. Als Missionar setzte er

■ *Mantelpavian*

sich für die Heidenchristen ein. Nach drei Missionsreisen (Kleinasien und Griechenland) wurde er verhaftet und starb bei den Christenverfolgungen in Rom unter → Nero den Märtyrertod. Große Bedeutung für die christliche Theologie haben die von ihm verfassten *Apostelbriefe* (→ Neues Testament).

Pause [griech.], allgemein eine Unterbrechung in einer Tätigkeit (z. B. *Arbeits-, Schulpause).* In der Musik ist damit ein zeitweiliges Aussetzen einzelner oder aller Stimmen gemeint. Die Länge der Pause wird in der Notenschrift durch bestimmte Zeichen angegeben. Jeder Note entspricht ein *Pausenzeichen.*

Paviane, zu den Meerkatzenartigen gehörende Gattung von *Hundsaffen,* deren Vertreter über 1,1 m groß und über 50 kg schwer werden können und einen bis zu 70 cm langen Schwanz besitzen. Die stämmigen Allesfresser, die zumeist auf dem Boden leben, kommen in Afrika und Südarabien vor. Sie leben in großen Horden und haben einen großen Kopf mit hundeartiger Schnauze und starken Zähnen. Deutlich ausgeprägt sind die leuchtend roten Gesäßschwielen. Am bekanntesten ist der *Mantelpavian,* bei dem die Männchen eine silbergraue Mähne haben.

Pay-TV [engl. ˈpeɪtiˈviː], *das,* ein Fernsehen, bei dem der Zuschauer eine gesonderte monatliche Gebühr zahlen muss, wenn er die Sendungen des betreffenden Senders sehen will. Für den Empfang solcher Programme, die über Satellit oder Kabel in verschlüsselter Form ausgestrahlt werden, benötigt man einen → Decoder (und eine → Smart-Card bzw. einen »Schlüssel«). Bei anderen Formen des Pay-TV muss man für Sendungen einzeln im Voraus bezahlen *(Pay-per-view)*.

Pazifischer Ozean, *Pazifik* [von port. Mar Pacifico = »friedliches Meer«], der *Stille Ozean*, das größte Weltmeer der Erde (166 Mio. km²). Der im Süden auch als *Südsee* bezeichnete Ozean liegt zwischen Asien, Australien und Amerika und bedeckt mehr als ein Drittel der Erdoberfläche. Die mittlere Tiefe beträgt 3940 m; seine größte Tiefe erreicht er im Marianengraben mit 11 022 m (→ Meere). Solche Ketten von Tiefseegräben, die ihn am Nord-, Ost- und Westrand säumen, sind typisch für den Pazifik. Verbunden damit sind Zonen mit starker Erdbebentätigkeit und vulkanischer Aktivität, was auf die Plattengrenzen der Erdkruste hinweist (→ Plattentektonik). Zahlreiche als Tiefseekuppen über den Wasserspiegel hinausragende Inseln sind erloschene oder noch tätige Vulkane (wie z. B. die Vulkane Mauna Loa und Kilauea bei Hawaii). Im Pazifik gibt es neben → Passat- und Monsunwinden auch gefährliche Wirbelstürme und → Taifune.

Pazifismus [frz.], *der*, Weltanschauung, die Krieg und militärische Rüstung ablehnt und alle politischen Konflikte mit friedlichen Mitteln lösen will.

PC, Abkürzung für → *Personalcomputer*.

PDS, Abkürzung für *Partei des Demokratischen Sozialismus*. Die PDS ging Anfang 1990 durch Umbenennung aus der → SED hervor.

Pech, zumeist dunkler Rückstand, der bei der → Destillation von → Teer, Harzen oder → Erdöl zurückbleibt. Die zähflüssige bis harte Masse wird u. a. für die Herstellung von Dachpappe, Lacken und Briketts, zum Abdichten von Mauern und Fässern sowie für Straßenbeläge verwendet.

Pedal [lat. »zum Fuß gehörig«], *das*, Hebel, der mit dem Fuß bedient wird (im Auto z. B. die Pedale für Gas, Bremse und Kupplung, beim Fahrrad der Teil der Tretkurbel, auf dem der Fuß ruht). Pedale gibt es auch bei einigen Musikinstrumenten, so etwa beim Klavier, um die Lautstärke des angeschlagenen Tons zu dämpfen, oder bei der Orgel, um die Basspfeifen zu betätigen.

Pedant [frz.], *der*, jemand, der übertrieben gewissenhaft ist.

Pegasus, in der griechischen Sage ein geflügeltes Pferd, das dem Körper der Medusa entsprang.

Pegel, Vorrichtung, mit dem man den Wasserstand vor allem von Gewässern messen kann. Der *Pegelstand*, der sich beispielsweise an einer Messlatte ablesen lässt, gibt die Höhe eines Hochwassers an.

Peilung, Richtungsbestimmung, um den eigenen Standort festzustellen. Zwei bekannte, weithin sichtbare Punkte (auf See z. B. zwei Leuchttürme) werden mit Fernrohr und Kompass angepeilt. Der Schnittpunkt der beiden Peillinien auf der Karte ergibt dann den tatsächlichen Standort. Bei der *Funkpeilung* braucht man eine Richtantenne und einen Empfänger.

Peking, andere Schreibweise für → Beijing.

Pelikane, Familie von Schwimmvögeln, die bis zu 1,8 m lang werden können. Sie kommen in tropischen und subtropischen Gebieten (Afrika, Asien, Amerika und Südosteuropa) an Binnengewässern und Meeresküsten vor. Die gesellig lebenden Vögel, die sich vorwiegend von Fischen ernähren, nisten in oft riesigen Kolonien (mehrere tausend Tiere). Sie besitzen Schwimmhäute zwischen den Zehen und können, obwohl sie schwerfällig wirken, dank ihrer großen Flügel (bis zu 3 m Spannweite) ausgezeichnet fliegen. Typisch sind der lange Schnabel und der große, dehnbare Kehlsack.

Peloponnes, *der*, Halbinsel (21 439 km²), die den südlichsten Teil von → Griechenland bildet und durch den *Isthmus von Korinth* mit dem Festland verbunden ist. Auf der gebirgigen, von fruchtbaren Talebenen durchzogenen Halbinsel gibt es viele historisch bedeutsame Orte und Stät-

■ *Der Himmelstempel in* **Peking**

Pazifischer Ozean

Der Name *Pazifischer Ozean* rührt daher, dass der portugiesische Seefahrer → Magellan, der den Pazifik als erster Europäer befuhr, diesen Ozean als friedliches Meer ohne Stürme erlebte.

PDS

Spitzenpolitiker der PDS ist der Rechtsanwalt Gregor Gysi (* 1948), der von Ende 1989 bis Anfang 1993 Parteivorsitzender war und seit 1990 Bundestagsabgeordneter und Vorsitzender der PDS-Bundestagsgruppe ist.

Penalty

Bei der Ausführung des Penalty stehen sich nur der gefoulte Spieler und der Torwart gegenüber. Der Angreifer fährt von der Mitte aus auf den Torhüter zu, der im Torraum verharren muss, bis der Puck die blaue Linie überquert hat. Der Spieler darf nur einmal schießen und auch keinen Abpraller aufnehmen.

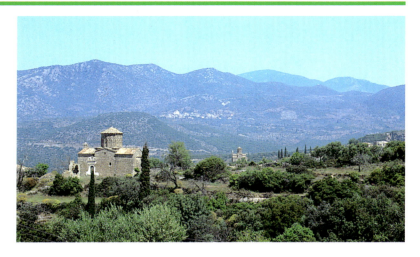

■ *Peloponnes: Das Hinterland von Kalamata*

Pendel

Wie lange ein Pendel für eine Schwingung braucht, hängt nicht vom Gewicht, sondern nur von der Länge des Pendels ab. Ein Pendel mit einer Länge von 99,4 cm braucht für eine halbe Schwingung eine Sekunde und wird deshalb als *Sekundenpendel* bezeichnet.

Penelope

Penelope wartete über zwanzig Jahre lang auf ihren Gemahl, während dieser vor → Troja kämpfte und später auf dem Meer umherirrte. Die zahlreichen Freier, die während der langen Abwesenheit von Odysseus um sie warben, hielt sie jahrelang hin: Sie wolle erst einen Mann erhören, wenn sie ein Leichentuch für ihren Schwiegervater Laertes fertiggestellt habe. Doch nachts trennte sie das Gewebte immer wieder auf.

■ *Pentagramm*

ten wie beispielsweise → Mykene, → Olympia und → Sparta.

Peloponnesischer Krieg, kriegerische Auseinandersetzung (431–404 v. Chr.) zwischen → Athen und → Sparta um die Vorherrschaft in → Griechenland.
Mit persischer Unterstützung besiegte die Landmacht Sparta die Seemacht Athen.

Penalty [engl. ˈpɛnḷti], *der,* im → Eishockey ein Strafstoß. Er wird verhängt, wenn ein Angreifer nur noch den Torwart vor sich hat und von hinten gefoult wird oder der Puck von einem Verteidiger im Torraum mit der Hand aufgehoben oder festgehalten wird.

PEN-Club, Abkürzung für engl. *Poets and Playwrights, Essayists and Editors, Novelists,* 1921 gegründete internationale Schriftstellervereinigung.

Pendant [frz. pãˈdãː], *das,* Entsprechung, Gegenstück.

Pendel, allgemein ein Körper, der sich frei um eine Achse oder einen Punkt drehen kann und unter dem Einfluss der → Schwerkraft eine gleichmäßige Bewegung ausführt. Da das Pendel bei seinen Schwingungen potenzielle → Energie in Bewegungsenergie und Bewegungsenergie in potenzielle Energie umwandelt, wird es bei *Pendeluhren* dazu verwendet, das Uhrwerk in Gang zu halten. Dabei muss dem Pendel jedoch durch das Hochziehen eines Gewichts in regelmäßigen Abständen neue Energie zugeführt werden, weil die Pendelbewegung nach einer gewissen Zeit infolge der Luftreibung zum Stillstand kommen würde.

Penelope, in der griechischen Sage die Frau des → Odysseus, die ein Sinnbild der ehelichen Treue ist.

Penicillin [lat. »Pinselschimmelpilz«], *das,* Stoffwechselprodukt eines bestimmten → Schimmelpilzes, das 1928 von dem schottischen Mikrobiologen *Alexander Fleming* (1881–1955) entdeckt wurde. Es ist ein wirksames → Antibiotikum, das bei bestimmten → Bakteriengruppen ein Wachstum verhindert. Manche Bakterienstämme können resistent dagegen werden.

Penis [lat. »Schwanz«], *der,* beim Menschen und bei Tieren das männliche → Geschlechtsorgan, das der Begattung dient. Beim Menschen umschließt der Penis die → Harnröhre, durch die bei der → Ejakulation auch der Samen ausgestoßen wird. Er besteht aus dem *Penisschaft,* der vorne in der *Eichel* ausläuft, und enthält drei *Schwellkörper,* die sich bei der → Erektion mit Blut füllen, wobei sie den Penis vergrößern und gleichzeitig versteifen. Im nicht erigierten Zustand ist die Eichel von der → Vorhaut bedeckt, aber in manchen Kulturen und aus medizinischen Gründen (z. B. wegen → Phimose) wird diese Vorhaut entfernt (→ Beschneidung).

Pension [frz.], *die,* Ruhestand *(in Pension gehen);* bei Beamten auch das Ruhegehalt. Als Pension wird auch ein kleines Hotel bezeichnet, das Unterkunft und Verpflegung bietet.

Pentagramm [griech.], *das,* regelmäßiges sternförmiges Fünfeck, das im Mittelalter auch *Drudenfuß* genannt wurde und im Volksglauben als Abwehrmittel gegen böse Geister galt.

Pentatonik [griech. »mit fünf Tönen«], *die,* in der Musik ein Tonsystem, das nur aus Ganztönen besteht und fünf Stufen kennt. Pentatonische Tonsysteme ohne Halbtöne waren schon in frühgeschichtlicher Zeit bekannt.

Percussion [engl. pəˈkʌʃn], *die,* in der Jazz- oder Rockmusik das Schlagzeug und andere verwendete → Schlaginstrumente, die auch als *Perkussionsinstrumente* bezeichnet werden.

Perestroika [russ. »Umbau«], *die,* in der ehemaligen Sowjetunion die Politik der Umgestaltung vor allem im wirtschaftlichen Bereich unter → Gorbatschow.

perfekt [lat.], vollkommen, vollendet.

Perfekt [lat.], *das,* in der Grammatik die Zeitform des → Verbs, die ein Geschehen ausdrückt, das in den Augen des Sprechers abgeschlossen ist (z. B. Er *hat* den Brief *geschrieben.*)

Performance [engl. pəˈfɔːməns], *die,* in den 70er Jahren entstandene Form der Aktionskunst, bei der jedoch im Gegensatz zum → Happening das

Publikum nicht in den Handlungsablauf einbezogen wird. Der Künstler, der sie durchführt, wird als *Performer* bezeichnet.

Performanz [engl.], *die,* in der Sprachwissenschaft der Sprachgebrauch im Gegensatz zur Kompetenz.

Pergament [lat.], *das,* bearbeitete Tierhaut, die man beschreiben kann und die vor der Erfindung des → Papiers als Schreibmaterial diente. Auch das Schriftstück auf einer solchen Tierhaut wird als Pergament bezeichnet.

Perihel [von griech. peri = »in der Nähe von« und helios = »Sonne«], *das,* sonnennächster Punkt auf der Umlaufbahn eines Planeten.

Perikles (um 495–429 v. Chr.), griechischer Staatsmann, der als Führer des *Demos,* der unteren Volksschichten, und als einer der zehn *Strategen* (die den Oberbefehl über Heer und Flotte innehatten) großen Einfluss auf die athenische Politik gewann. Er stärkte nicht nur Athens Macht, sondern machte es auch zu einem Zentrum der Kultur und Wissenschaft *(Perikleisches Zeitalter).*

Periode [griech. »Umlauf«], *die,* regelmäßige Wiederkehr von bestimmten Erscheinungen oder Vorgängen, auch der dadurch bestimmte Zeitabschnitt. In der Mathematik spricht man von einer Periode, wenn sich bei einer unendlichen Dezimalzahl eine Zahlengruppe ständig wiederholt. Auch ein Satzgefüge, der aus Haupt- und Nebensätzen besteht, wird als Periode bezeichnet. Periode nennt man außerdem den weiblichen Zyklus der → Menstruation.

Periodensystem, in der Chemie das System, in dem alle bekannten → chemischen Elemente nach ihren Eigenschaften und ihrem atomaren Aufbau angeordnet sind. Wenn man die Elemente nach ihrer steigenden → Ordnungszahl anordnet, erkennt man nämlich, dass vergleichbare (chemische und physikalische) Eigenschaften in Gruppen von Elementen, den sog. *Perioden,* wiederkehren. Stellt man diese übereinander, erhält man ein Schema, in dem die senkrechten Spalten (sog. *Gruppen* wie z. B. die Gruppe der Edelgase) die Elemente mit ähnlichen Eigenschaften enthalten; in den waagerechten Zeilen für die Perioden wächst die Ordnungszahl, während sich die Eigenschaften ändern.

Das erste derartige System wurde 1869 fast gleichzeitig und unabhängig voneinander von dem russischen Chemiker *Dimitri Iwanowitsch Mendelejew* (1834–1907) und dem deutschen Chemiker *Julius Lothar Meyer* (1830–1895) aufgestellt. Mit Hilfe des Periodensystems konnten zahlreiche bis dahin noch nicht entdeckte Elemente mit ihren Eigenschaften vorhergesagt werden, bis sämtliche Lücken aufgefüllt waren. Durch die Herstellung künstlicher Elemente (→ Transurane) wird das Periodensystem noch erweitert.

Peripherie [griech. »Herumtragen«], *die,* in der Mathematik die Umfangslinie (z. B. eines Kreises), im allgemeinen Sinne ein Randgebiet. Als **Peripheriegeräte** werden in der → elektronischen Datenverarbeitung alle Geräte bezeichnet, die über Schnittstellen an einen Computer angeschlossen sind (z. B. Drucker, externe Festplatte).

Periskop [von griech. peri = »um ... herum« und skopein = »schauen«], *das,* ausfahrbares Sehrohr, das sich drehen lässt und mit Hilfe von → Prismen und Spiegeln die Lichtstrahlen umlenkt, so dass ein knapp unter der Wasseroberfläche schwimmendes U-Boot die Umgebung über Wasser beobachten kann.

Perlen, zumeist kugelförmige Gebilde, die von *Perlmuscheln* (→ Muscheln) abgeschieden werden. Die erbsengroßen Perlen entstehen, wenn ein Fremdkörper (z. B. ein Sandkorn) eindringt und die äußere Mantelschicht der Muschel, die die Schale bildet, um diesen Kern herum schichtweise *Perlmutt* absondert. **Perlmutt** ist eine schillernde Substanz der inneren Schalenschicht von → Weichtieren. Die sehr langsam wachsenden *Naturperlen* werden von *Perltauchern* aus dem Meer geholt. Schneller wachsen *Zuchtperlen,* bei denen in »Perlfarmen« (die in flachen Meeresbuchten eingerichtet werden) den Muscheln künstliche Perlkerne eingepflanzt werden.

Perm [nach der russ. Stadt Perm], *das,* Abschnitt in der → Erdgeschichte (vor 285–250 Mio. Jahren).

Perpetuum mobile [lat. »das ständig Bewegliche«], *das,* eine in der Praxis nicht mögliche Maschine, die sich ständig bewegt, ohne dass von außen Energie zugeführt wird. Aus dem *Energieerhaltungssatz,* dem ersten Hauptsatz der Thermodynamik (→ Wärmelehre), folgt aber, dass eine derartige Maschine nicht zu verwirklichen ist.

Perserkriege, zwischen 492 und 449 v. Chr. geführte Kriege zwischen → Persien und → Griechenland. Ausgelöst wurde der jahrzehntelange Konflikt durch den *Ionischen Aufstand* (500 bis 494 v. Chr.), in dem sich die griechischen Kolonien (→ Ionier) in Kleinasien gegen die persische Herrschaft auflehnten und dabei

■ *Perikles*

Perspektive

Die sog. Zentralperspektive stellt die Dinge so dar, wie sie auf der Netzhaut (→ Auge) des Betrachters abgebildet werden. Da sie auf einen unendlich fernen *Fluchtpunkt* ausgerichtet ist, in dem alle Sehstrahlen zusammenlaufen, werden die Gegenstände im Hintergrund eines Bildes mit wachsendem Abstand vom Bildvordergrund kleiner, d. h., Linien verkürzen sich und Proportionen schrumpfen. Befindet sich der Fluchtpunkt hoch über dem Horizont (in dem sich die durch die Augenhöhe bestimmte Sehebene des Betrachters mit der Bildebene schneidet), so spricht man von *Vogelperspektive,* liegt er deutlich darunter, von *Froschperspektive.*

Perversion

Die Vorstellungen von richtigem und krankhaftem Sexualverhalten sind kulturabhängig und ändern sich mit der Gesellschaft und der Zeit. Während man früher in christlicher Tradition Sexualität nur in der Ehe und zum Zweck der Fortpflanzung zuließ und dabei lediglich den »normalen« → Geschlechtsverkehr zwischen Mann und Frau als erlaubt ansah, besteht heute eine größere Freiheit auf sexuellem Gebiet.

Dennoch gelten gewisse Verhaltensweisen in den meisten Kulturen immer noch als *pervers,* wenn das sexuelle Verhalten auf ein ungewöhnliches »Sexualobjekt« hin ausgerichtet ist, und sind durch Gesetze ausdrücklich verboten. Solche perversen Sexualpraktiken, die von der → Psychoanalyse auf Entwicklungsstörungen in einem frühkindlichen Stadium zurückgeführt werden, sind beispielsweise *Inzest* (Geschlechtsverkehr mit nahen Verwandten), *Pädophilie* (mit Kindern), *Zoophilie* (mit Tieren), *Nekrophilie* (mit Leichen), *Fetischismus* (mit unbelebten Objekten). In anderen Fällen wird die sexuelle Befriedigung ausschließlich durch ungewöhnliche Handlungen erreicht, z. B. *Voyeurismus* (Beobachtung der Nacktheit anderer oder von geschlechtlichen Handlungen) und *Exhibitionismus* (Entblößung der eigenen Geschlechtsorgane).

Andere Verhaltensweisen gelten zwar als pervers, werden aber nicht bestraft, wenn sie im privaten Rahmen ausgeübt werden: z. B. *Transvestismus* (Anziehen von Kleidung des anderen Geschlechts), *Sadismus* (dem Sexualpartner Schmerzen oder Erniedrigungen zufügen) und *Masochismus* (lustvolles Ertragen von Schmerzen oder Erniedrigungen). Bisweilen werden auch → Homosexualität und bestimmte Spielarten des Geschlechtsverkehrs (wie etwa → Anal- oder → Oralverkehr) von Teilen der Gesellschaft als perverses Sexualverhalten bewertet; in manchen Kulturen und Staaten sind solche Formen der Sexualität sogar ausdrücklich verboten.

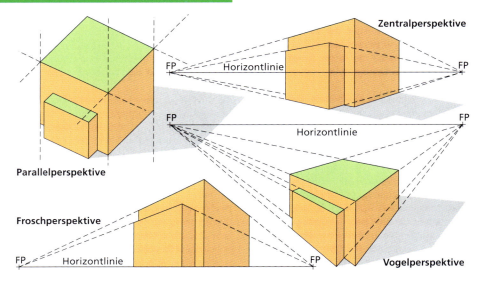

■ *Verschiedene Formen der* **Perspektive**

von Athen unterstützt wurden. Nach der Niederwerfung des Aufstands griffen persische Truppen Griechenland an, wurden aber 490 v. Chr. bei → Marathon und nach einem erneuten Vorstoß 480 v. Chr. bei Salamis zu See und 479 v. Chr. bei Platää zu Land besiegt. Nach der Vernichtung der restlichen persischen Flotte (479 v. Chr. bei Mykale) führte Athen den Krieg mithilfe des von ihm gegründeten *Attischen Seebundes* weiter und erreichte im Kalliasfrieden die Selbstständigkeit der griechischen Städte in Kleinasien sowie die Sperrung der Ägäis für persische Schiffe.

Perseus, in der griechischen Sage ein Sohn des Zeus, der die Medusa tötete und die Königstochter Andromeda vor einem Seeungeheuer rettete.

Persien, alte Bezeichnung für den → Iran. Die im Süden lebenden Perser gründeten unter der *Achämeniden-Dynastie* (700–330 v. Chr.) das **Persische Reich,** das sich zum größten Reich des frühen Altertums entwickelte. Es umfasste nicht nur den gesamten Iran, sondern dehnte sich auch auf Babylonien, Syrien, Palästina, Kleinasien (Lydien) und Ägypten im Westen sowie Afghanistan, Teile Mittelasiens und Indien im Osten aus. Die Perser konnten zwar um 500 v. Chr. den Aufstand der ionischen Städte in Kleinasien niederschlagen, scheiterten aber beim Versuch, Griechenland zu erobern, und wurden in mehreren Schlachten von den Griechen zurückgeworfen (→ Perserkriege). Das riesige, in Satrapien und Provinzen unterteilte Reich mit den Hauptstädten Susa und Persepolis wurde von → Alexander dem Großen erobert und danach vom Diadochenreich der *Seleukiden* beherrscht, das sich von Kleinasien bis zum Indus ausdehnte. Es verlor jedoch immer mehr Gebiete und wurde ab dem 3. Jh. v. Chr. schrittweise von den → Parthern erobert, ehe es im 1. Jh. v. Chr. an die Römer fiel. 224 n. Chr. begründete Ardaschir die Dynastie der *Sassaniden,* deren Reich Mesopotamien und Armenien zurückeroberte und seinen Einfluss bis Zentralasien und Nordindien ausdehnte. Im 6./7. Jh. konnten die Sassaniden den ganzen Vorderen Orient einnehmen, aber ihr Reich wurde im langjährigen Krieg mit dem → Byzantinischen Reich so geschwächt, dass es 642 den eindringenden → Arabern unterlag und eine Provinz des islamischen Reiches wurde.

Persischer Golf, zwischen der Arabischen Halbinsel und dem Iran gelegenes Randmeer des → Indischen Ozeans. Das etwa 240 000 km² große Meer ist recht flach (größte Tiefe 170 m). Durch die nur bis zu 100 km breite *Straße von Hormus* ist es mit dem Golf von Oman verbunden.

Personalcomputer [engl. 'pəsənəl kɔm'pju:tə »persönlicher Rechner«], *der,* ein zumeist als *PC* bezeichneter → Mikrocomputer, der in seiner Leistungsfähigkeit zwischen Homecomputer und → Workstation liegt und zumeist nur von einer einzigen Person benutzt wird. Personalcomputer sind kompakte Rechneranlagen, die teilweise sehr klein und tragbar sein können (→ Laptop und → Notebook). Man kann sie sowohl im Privatbereich (z. B. Spiele, Schreiben

von Briefen) als auch für berufliche Zwecke nutzen.

Personalunion, Vereinigung von Ämtern oder Aufgaben in der Hand einer Person (z. B. Helmut Kohl ist in Personalunion Regierungschef und Parteivorsitzender). Früher bezeichnete man damit die Vereinigung von zwei vorher selbstständigen Staaten unter der Herrschaft eines Monarchen, der durch Erbe auch den Thron des anderen Staates gewonnen hatte.

Perspektive [lat. »hindurchblickende (Kunst«], *die,* zeichnerische Darstellung, die Gegenstände und Personen auf einer ebenen Fläche so wiedergibt, dass sie räumlich wirken und dem Betrachter einen »anschaulichen« Eindruck von dem dargestellten Objekt vermittelt.

Peru, Staat im Westen Südamerikas. Das Land umfasst drei große Landschaftsräume: das schmale, wüstenhafte Küstengebiet am Pazifik, die im Norden aus drei Gebirgszügen und im Süden aus Hochland bestehenden → Anden sowie das Tiefland des Amazonas. Die Bevölkerung besteht überwiegend aus Indianern und Mestizen (zusammen fast 80 %). Wirtschaftlich stützt sich Peru vor allem auf den Bergbau (Erdöl, Erze und Minerale sowie Kohle). Die Landwirtschaft ist auf wenige Gebiete beschränkt (in erster Linie Viehzucht). 60 % der Gesamtfläche sind bewaldet. Einen wichtigen Erwerbszweig bildet die Fischerei. Indianische Hochkulturen gab es in Peru schon vor 3000 Jahren, doch erst im 15. Jh. entstand ein einheitlicher Staat, als die → Inka das Gebiet der anderen örtlichen Kulturen eroberten. Das Inkareich ging aber schon 1532 unter. Der spanische Konquistador → Pizarro nahm das Land für Spanien in Besitz und schuf das Vizekönigreich Peru, das alle spanischen Gebiete in Südamerika umfasste. Im 18. Jh. wurden die Vizekönigreiche Rio de la Plata und Neugranada abgetrennt. 1820 erklärte Peru seine Unabhängigkeit von Spanien und war vorübergehend Teil von Großkolumbien. 1825 büßte es → Bolivien ein. Im sog. *Salpeterkrieg* 1879-1883 verlor Peru einen Teil seines Staatsgebiets an Chile, das erst 1929 eine der drei Salpeterprovinzen zurückgab und für eine weitere eine Entschädigung zahlte. Seit den 30er Jahren wurde Peru wiederholt vom Militär regiert. Erst 1980 übernahm eine gewählte Zivilregierung die Macht. Unter Präsident Alberto Fujimori (seit 1990) entwickelte sich Peru zu einer autoritär regierten Präsidialrepublik. Das wichtigste Problem des Landes ist seit den 80er Jahren die Bekämpfung linksge-

■ **Peru:** *Die alte Inkasiedlung Machu Picchu*

richteter Guerillaorganisationen (vor allem »Leuchtender Pfad«).

Perversion [lat. »Verdrehung«], *die,* krankhafte Abweichung vom normalen Verhalten (insbesondere auf dem Gebiet der Sexualität).

Pessar [lat. »Mutterkranz«], *das,* Mittel zur → Empfängnisverhütung (bei der Frau).

Pessimismus [von lat. pessimus = »der schlechteste«], *der,* Lebensauffassung, die alle Dinge negativ sieht, d. h., an einer Sache nur die schlechten Seiten erkennt. Gegensatz: → Optimismus.

Pest [lat. »Seuche«], *die,* durch → Bakterien hervorgerufene, sehr ansteckende Infektionskrankheit, die zur Entzündung der Lymphgefäße *(Beulenpest)* oder zu einer schweren Lungenentzündung *(Lungenpest)* führt und vor der Erfindung chemischer Behandlungsmittel und von Schutzimpfungen zumeist tödlich endete. Überträger sind die → Flöhe von pestbefallenen Nagetieren (in erster Linie Ratten). Die schon im Altertum bekannte Pest breitete sich im Mittelalter als gefürchtete Seuche auch in Europa aus und forderte dort Mitte des 14. Jh. etwa 25 Mio. Todesopfer (»Schwarzer Tod«). Heute kommt sie fast nur mehr in außereuropäischen Ländern vor.

Pestalozzi, Johann Heinrich (1746–1827), schweizerischer Pädagoge, der mit seinen Ideen (Erziehung als Entfaltung der natürlichen Anlagen des Kindes durch Anschauung und Selbsttätigkeit, Einbindung in die Gemeinschaft) Wegbereiter der Volksschule wurde.

Peru (Piruw)
Staatsname: Republik Peru
Staatsform: Präsidiale Republik
Hauptstadt: Lima
Fläche: 1 285 216 km²
Einwohner: 23,8 Mio.
Bevölkerungsdichte: 18,5/km²
Amtssprache: Spanisch, Ketschua, Aymará
Währung: Neuer Sol (S/.)
Nationalitätskennzeichen: PE

Peru

Pfadfinder

Die deutschen Pfadfinder sind größtenteils im *Ring deutscher Pfadfinderbünde* zusammengeschlossen und nach Altersgruppen gegliedert (→ *Wölflinge:* 7–11 Jahre, *Jungpfadfinder:* 11–14 Jahre, *Pfadfinder:* 10–17 Jahre, *Rovers:* 17–25 Jahre).

Pfeffer

Pfeffer war schon im Altertum ein geschätztes Gewürz. Im Mittelalter war er ein so begehrtes und teures Handelsgut, dass man noch heute von *gepfefferten* Preisen spricht.

Pferde

Es gibt zahlreiche Hauspferdrassen, die nach ihrem Temperament und Körperbau in *Warm-* (schlanke, leichte Pferde, die vorwiegend als Reittiere verwendet werden, z. B. → *Araber, Trakehner*) und *Kaltblüter* (große, schwere Pferde, die hauptsächlich als Zugtiere dienen, z. B. *Rheinisch-Deutsches Kaltblut*) eingeteilt werden. Außerdem gibt es als → *Ponys* bezeichnete Kleinpferde (z. B. *Shetlandpony*). Nach der Färbung des Fells unterscheidet man *Schimmel* (weißes Fell), *Rappe* (schwarz), *Brauner* (braun), *Fuchs* (rotbraun), *Falbe* (graugelb) und *Apfelschimmel* (weißgraue Flecken). Ein männliches Pferd wird als *Hengst* bezeichnet, als *Wallach* hingegen, wenn es kastriert (→ *Kastration*) ist, ein weibliches als *Stute;* das Junge heißt *Fohlen.*

■ *Ein **Pfau** bei der Balz*

Pestizide [lat.], *Mz,* chemische Schädlingsbekämpfungsmittel.

Peter I., *der Große* (1672-1725) russischer Zar, der → Russland zu einer europäischen Großmacht und zu einem modernen Staat nach dem Vorbild westeuropäischer Länder machte. Ab 1689 Alleinherrscher, gewann er im zweiten *Nordischen Krieg* (1700–21) von Schweden die Ostseeprovinzen und errang die Vormachtstellung Russlands im Ostseeraum. Im Inneren führte er zahlreiche Reformen durch (u. a. Aufbau eines stehenden Heeres und einer modernen Flotte, Beschneidung der Macht der Fürsten, Modernisierung der Verwaltung). 1713 verlegte er die Hauptstadt an die Newamündung nach → *St. Petersburg,* das er 1703 gegründet hatte. 1721 nahm er den → Kaisertitel an.

Petersilie [griech.], *die,* aus dem Mittelmeerraum stammendes Doldengewächs, das über 1 m hoch werden kann und seit dem Mittelalter als Küchenkraut angepflanzt wird. Als Gewürz werden vor allem die Blätter verwendet, die reich sind an ätherischen → Ölen.

■ **Pfeffer**

Petition [lat.], *die,* Bittschrift, Eingabe.

Petroleum [lat. »Steinöl«], *das,* durch → Destillation aus → Erdöl gewonnene brennbare Flüssigkeit von heller, gelblicher Farbe. Der Anteil, der bei 150–200 °C siedet, wird als *Kerosin* bezeichnet und vor allem als Flugzeugtreibstoff verwendet.

Petrus [von griech. petros = »Fels«], eigentlich *Simon* († um 64/67 n. Chr.), Apostel und Heiliger. Laut dem biblischen Bericht der → Evangelien wurde er von Jesus Christus zu seinem ersten Jünger berufen. Petrus leitete nach dem Tod von Jesus die christliche Gemeinde in Jerusalem und ging später auf Missionsreisen. Vermutlich erlitt er während der Christenverfolgungen unter Nero den Märtyrertod. Petrus gilt als erster Bischof von Rom und damit als erster → Papst.

Petting [von engl. pet = »liebkosen«], *das,* gegenseitige Berührung und Reizung des Körpers des Partners, insbesondere der Geschlechtsorgane. Ziel ist es, sich gegenseitig sexuell zu erregen, ohne dass es jedoch zum Geschlechtsverkehr kommt.

Pfadfinder, internationale Jugendorganisation, die 1907 von dem englischen Offizier Lord *Baden-Powell* (1857–1941) als *Boy-Scouts* gegründet wurde. Die parteiunabhängige Pfadfinderbewegung, die rasch in vielen Ländern Nachahmer fand (1909 in Deutschland), wollte die jungen Mitglieder ursprünglich zu einer sinnvollen Freizeitbetätigung mit dem Erlernen nützlicher Handfertigkeiten und zur Hilfsbereitschaft gegenüber den Mitmenschen erziehen (Verpflichtung zu einer täglichen »guten Tat«); heute steht das Engagement für eine humane, in Frieden zusammenlebende Welt im Vordergrund. Seit 1920 gibt es auch weibliche Pfadfinder.

Pfalz [von lat. palatium = »Palast«], *die,* **1.** im Mittelalter die Burg, in der sich der deutsche König bzw. Kaiser mit seinem Hofstaat auf seinen Reisen aufhielt. Bedeutende Pfalzen waren in karolingischer Zeit Aachen, Worms und Frankfurt, in ottonischer Zeit Quedlinburg und Magdeburg. **2.** Die Pfalz ist auch eine historische Landschaft am Rhein, die im 12. Jh. den Pfalzgrafen bei Rhein gehörte und 1214 in den Besitz der → Wittelsbacher kam. 1329 wurde sie zusammen mit dem später als *Oberpfalz* bezeichneten bayerischen Nordgau von Bayern getrennt. Seit 1356 besaß sie die Kurwürde *(Kurpfalz).* Im Westfälischen Frieden (→ Dreißigjähriger Krieg) verlor sie die Oberpfalz an Bayern. Nach dem → Wiener Kongress wurde sie ein bayerischer Regierungsbezirk. 1918–1930 von Frankreich besetzt, fiel der westliche Teil an das → Saarland. Seit 1946 ist die Pfalz ein Teil des Bundeslandes → Rheinland-Pfalz.

Pfändung, Beschlagnahmung von Sachen und Rechten aufgrund eines Gerichtsbeschlusses (Zwangsvollstreckung), um Geldforderungen des Gläubigers zu befriedigen.

Pfarrer [von lat. parochus = »Inhaber«], ein Geistlicher, der als Inhaber des *Pfarramts* die Seelsorgepflichten in einer Kirchengemeinde *(Pfarrei)* erfüllt. In der katholischen Kirche ist der Pfarrer ein geweihter → Priester, der vom → Bischof der jeweiligen → Diözese berufen wird. In der evangelischen Kirche, in der es seit 1978 auch *Pfarrerinnen* gibt, wird der Pfarrer entweder von der Gemeinde gewählt oder von der zuständigen Kirchenbehörde eingesetzt.

Pfauen, mit den Fasanen verwandte → Hühnervögel, die in Südostasien heimisch sind. Die Männchen besitzen eine metallisch glänzende, prächtig gefärbte Oberschwanzdecke, die weit über den Schwanz hinausreicht und mit augenähnlichen Flecken gemustert ist. Diese kann bei der → Balz zu einem »Rad« ausgebreitet und aufgerichtet werden.

Pfeffer (Sanskrit-griech.), aus Indien stammende Kletterpflanze, die heute in vielen tropischen Ländern angebaut wird. Der *Pfefferstrauch* liefert einsamige Steinfrüchte, die wegen ihrer ätherischen Öle und → Alkaloide ein wichtiges Gewürz darstellen. Während *schwarzer Pfeffer* durch das Trocknen von unreif geernteten, ungeschälten Früchten gewonnen wird, erhält man *weiße Pfefferkörner* von reifen Früchten, bei denen das Fruchtfleisch durch → Fermentation entfernt wird.

Pfefferminze, eine bis zu 80 cm hohe Staude, die in zahlreichen Sorten angebaut wird. Das in den Blättern und Stengeln enthaltene *Pfefferminzöl* wird u. a. als Aromastoff (Menthol) verwendet. *Pfefferminztee* ist ein Heilmittel gegen Verdauungsstörungen und Erkältungen.

Pfeife, Instrument, bei dem man durch Anblasen Töne erzeugen kann. Man unterscheidet dabei zwischen *Lippen-* (Pfeifenrohr mit scharfer Kante am Blasloch) und *Zungenpfeife* (schwingendes Blatt an der Rohröffnung). Von der Länge des Rohrs hängt es ab, wie hoch der erklingende Grundton ist. Beide Pfeifentypen werden bei der *Pfeifenorgel* (→ Orgel) verwendet. Die *Trillerpfeife* ist eine geschlossene Lippenpfeife, bei der eine kleine Kugel hochgewirbelt wird. Mit der sog. Galton-Pfeife kann man sogar Töne im → Ultraschallbereich (bis 100 kHz) erzeugen.

Pfeil, Geschoss, das mit Hilfe eines → Bogens, einer Armbrust oder eines Blasrohrs geschleudert wird. Pfeile sind zumeist dünne Stäbe, die zugespitzt sind oder eine scharfe, teilweise auch mit Widerhaken versehene oder vergiftete Spitze besitzen. An ihrem Ende haben sie Federn, damit sie während des Flugs stabil bleiben.

Pferde, Familie von → Unpaarhufern, zu der auch → Zebras und → Esel gehören. Die langbeinigen, Gras fressenden Tiere besitzen eine stark verlängerte Mittelzehe, die in einem → Huf ausläuft, während die übrigen Zehen zurückgebildet sind. Die heute weltweit verbreiteten *Hauspferde,* die schon vor 4000 Jahren als Reit- und Zugtiere domestiziert wurden (→ Haustiere), sind alle aus einer Wildpferdart, dem noch heute in der Mongolei vorkommenden *Przewalskipferd,* gezüchtet worden. Dagegen wurden der in Südrussland lebende *Steppentarpan* und der in Mittel- und Osteuropa vorkommende *Waldtarpan* im 18. und 19. Jh. vollständig ausgerottet. Die in Amerika lebenden Wildpferde sind lediglich verwilderte Hauspferde, die erst von den Europäern eingeführt worden waren; denn die einheimischen Pferde starben dort bereits gegen Ende des → Tertiär aus.

■ *Pferde:* Eine Haflingerherde

Pferdesport, alle Sportarten, bei denen Pferde als Reit- oder Zugtiere verwendet werden. Neben den → Reitsportarten umfasst der Pferdesport **Pferderennen** (*Galopprennen* als Flach- oder Hindernisrennen, bei denen der *Jockey* auf dem Pferderücken sitzt, und *Trabrennen,* bei denen das Pferd einen → Sulky zieht und nur → traben darf), → Polo und *Gespannfahren* (Dressurprüfungen, Hindernis- und Geländefahren für Ein- und Mehrspänner wie z. B. Vierer- und Sechserzüge).

Pferdestärke, *PS,* früher verwendete Maßein-

Pflanzen

Die → Systematik als Teilgebiet der → Botanik teilt das Pflanzenreich in folgende Kategorien ein, die bis zu Arten hinunterreichen (hier am Beispiel des Ackerstiefmütterchens):

Abteilung
Samenpflanzen

Unterabteilung
Bedecktsamige Pflanzen

Klasse
Zweikeimblättrige Pflanzen

Unterklasse
Freikronblättler

Ordnung
Parietales

Familie
Veilchengewächse

Gattung
Veilchen

Sammelart
Stiefmütterchen

Art
Ackerstiefmütterchen

■ *Pharao:* Tutenchamun und seine Gemahlin Anchesenpaaton

Phallus

Bei vielen Naturvölkern und in einigen Religionen gibt es einen förmlichen *Phalluskult* (z. B. im → Hinduismus, der im *Lingam* das Glied des Gottes → Schiwa verehrt).

heit für die Leistung (vor allem bei Kraftfahrzeugen), heute durch Kilowatt ersetzt (1 PS = 0,735 kW; 1 kW = 1,36 PS).

Pfingsten [von griech. pentekoste = »fünfzigster«], in der christlichen Kirche das Fest der Herabsendung des → Heiligen Geistes (am 50. Tag nach → Ostern).

Pfirsiche [von lat. persicum (malum) = »persischer (Apfel)«], Steinfrüchte des zu den Rosengewächsen zählenden *Pfirsichbaums.* Der bis zu 8 m hohe Baum stammt ursprünglich aus China und wird heute in zahlreichen Ländern gemäßigt-warmer und subtropischer Gebiete angepflanzt. Die schon seit mehr als 4000 Jahren gezüchteten Pfirsiche besitzen eine samtartig behaarte Schale und enthalten einen 3–4 cm langen, sehr harten Kern, der den Samen umschließt. Das saftige, süße Fruchtfleisch ist weiß bis gelb oder rot. Früchte mit glatter Haut werden als *Nektarinen* bezeichnet.

Pflanzen, im Unterschied zu den → Tieren sich selbstständig ernährende (autotrophe) Lebensformen, die anorganische Stoffe in körpereigene Stoffe umwandeln können. Ausnahmen bilden die meisten → Bakterien, Pilze und pflanzliche Parasiten, die über kein → Chlorophyll verfügen und somit nicht zur → Photosynthese fähig sind.
Pflanzliche Lebewesen sind die ältesten Lebensformen der Erde und lassen sich schon seit dem → Präkambrium nachweisen. Sie pflanzen sich entweder ungeschlechtlich durch → Sporen oder Knospung oder geschlechtlich durch die Vereinigung von Geschlechtszellen fort (→ Fortpflanzung). Pflanzen sind im Unterschied zu der Mehrzahl der Tiere in der Regel ortsgebunden. Im Laufe der → Evolution hat sich ähnlich wie in der Tierwelt auch bei den Pflanzen eine ungeheure Vielfalt herausgebildet, die durch die Höherent-

wicklung von einfachsten einzelligen Organismen über Algen, Pilze, Flechten, Moose und Farne bis zu Samenpflanzen gekennzeichnet ist.
Pflanzen prägen heute in hohem Maße das Landschaftsbild, insbesondere als Wälder und Wiesen, und bilden in den einzelnen Klimazonen unterschiedliche Vegetationsgürtel (z. B. sommergrüne Laubwälder, Regenwälder). Außerdem sind sie ein wichtiges Glied in der → Nahrungskette und werden vielfach vom Menschen genutzt *(Nutzpflanzen).*

Pflaumen, Steinfrüchte des zu den Rosengewächsen gehörenden *Pflaumenbaums.* Der ursprünglich aus Vorderasien stammende, bis zu 10 m hohe Baum, der schon im Altertum bekannt war, wird heute weltweit angebaut. Von den runden bis eiförmigen Früchten gibt es mehrere Arten: *Zwetschen* oder *Zwetschgen, Pflaumen, Renekloden* und *Mirabellen.*

Pflichtteil, der Teil des gesetzlichen Erbes, den Kinder, Ehegatten und Eltern fordern können, wenn sie *enterbt* werden (→ Erbrecht).

Pflug, landwirtschaftliches Gerät zum Lockern und Wenden des Bodens. Eine Vorform ist der *Grabstock,* der noch heute bei Naturvölkern im Gebrauch ist. Der modernere *Hakenpflug,* ein hakenförmiges Holzstück mit harter Spitze aus Stein bzw. später aus Metall, das von Menschen oder Tieren gezogen wird, wurde vermutlich vor 5000 Jahren erfunden. Heute verwendet man von Traktoren gezogene *Ein-* oder *Mehrscharpflüge.*

Pfund, 1857 in Deutschland eingeführte Gewichtseinheit (= 500 g), die heute gesetzlich nicht mehr zulässig ist. In Großbritannien ist Pfund (engl. *pound*) eine Währung (Pfund Sterling).

Phagozyten [griech.], *Mz.,* Fresszellen, die im Blut von Mensch und Tier vorkommen. Sie haben die Aufgabe, Fremdkörper (z. B. Bakterien) unschädlich zu machen, um eine → Infektion abzuwehren, und abgestorbene Gewebeteile zu entfernen.

Phallus [griech.], *der,* erigierter → Penis; Symbol der Fruchtbarkeit und Zeugungskraft.

Phänomen [griech.], *das,* Erscheinung, insbesondere wenn es sich um etwas Erstaunliches handelt.

Phänotyp [von griech. phainesthai = »erscheinen«], *der,* in der Biologie das äußere Erscheinungsbild eines Organismus, das durch das Wechselspiel von Erbanlagen (→ Genotyp) und Umweltbedingungen geprägt wird.

Phantasie, *Fantasie* [griech. »Vorstellung«], *die,* Einbildungskraft, die Fähigkeit, sich etwas vor-

zustellen; Einfallsreichtum. Als Phantasie bezeichnet man auch etwas nur Vorgestelltes.
Phantom [frz.], *das,* Trugbild, etwas Gespenstisches. Ein **Phantombild** ist ein nach Zeugenaussagen angefertigtes Bild von einem gesuchten Täter. Unter **Phantomschmerz** versteht man einen scheinbaren Schmerz in einem bereits amputierten Glied.
Pharao [ägypt. »großes Haus«], *der,* ursprünglich Bezeichnung für den Palast des ägyptischen Herrschers; später Herrschertitel im alten → Ägypten.
Pharisäer [hebr. »die Abgesonderten«], eine religiöse Gruppierung von Juden, die sich besonders streng an die Gesetze der Thora hielten. Heute versteht man unter einem Pharisäer einen selbstgerechten Menschen.
Pharmazie [von griech. pharmakon = »Heilmittel«], *die,* Arzneikunde, Wissenschaft von der Zusammensetzung und Herstellung der Arzneimittel.
Phase [frz.], *die,* Abschnitt (in einem Ablauf); bei Himmelskörpern, die nicht selbst leuchten, die wechselnde Lichtgestalt von der Sichel bis zur Kreisscheibe (beim → Mond sowie bei Merkur, Venus und Mars). In der Physik bezeichnet die Phase den Zustand eines Systems, das sich in Schwingung befindet (z. B. bei einem Pendel). In der Elektrotechnik nennt man die Strombahnen in einem elektrischen Netz mit → Wechselstrom Phasen, wobei der keinen Strom führende Leiter *Nullphase* heißt.
Pheromone [von griech. pherein = »tragen« und Hormon], *Mz..,* auch als *Ektohormone* bezeichnete Stoffe, die von Tieren erzeugt und abgegeben werden, um den Stoffwechsel und das Verhalten von Artgenossen zu beeinflussen (z. B. sexuelle Anlockung des Geschlechtspartners, Markierung von Revieren). Sie wirken schon in äußerst geringer Konzentration.
Philanthropie [griech.], *die,* Menschenfreundlichkeit. Gegensatz: → Misanthropie.
Philatelie [von griech. philein = »lieben« und ateles = »abgabenfrei«], *die,* Briefmarkenkunde, das Sammeln von Briefmarken.
Philharmonie [lat. »Liebe zur Musik«], *die,* Name von musikalischen Gesellschaften und von Sinfonieorchestern mit großer Besetzung (die oft als **Philharmoniker** bezeichnet werden, z. B. die *Berliner Philharmoniker).* Auch große Konzertgebäude und -säle werden Philharmonie genannt.
Philippinen, Inselstaat in Südostasien, der die gleichnamige Inselgruppe umfasst. Die Inselgruppe besteht aus mehr als 7100 zum → Malaiischen Archipel gehörenden Inseln, von denen etwa 860 bewohnt sind. Die größten der gebirgigen Inseln, die noch viele tätige Vulkane aufweisen, sind *Luzon* (104 688 km^2) und *Mindanao* (94 630 km^2); sie machen fast zwei Drittel der Gesamtfläche aus. Die Bevölkerung setzt sich aus mehreren Volksgruppen zusammen (vor allem jung- und altmalaiischer sowie indonesischer, indischer, polynesischer und chinesischer Herkunft). Von der zwergenwüchsigen Urbevölkerung, den zu den Negritos zählenden *Aeta* (→ Pygmäen), gibt es heute nur noch eine kleine Minderheit. Fast die Hälfte der Filipinos ist noch in der Landwirtschaft tätig (vor allem Gewinnung von Kopra); eine wichtige Rolle spielen Fischerei und Forstwirtschaft. Die Industrie stützt sich beim Export vorwiegend auf die Herstellung von elektronischen Bauteilen und Textilien. Außerdem sind reiche Bodenschätze vorhanden (insbesondere Kupfer, Gold, Silber und Chrom). Die Philippinen wurden ab der Steinzeit in mehreren Einwanderungswellen besiedelt. Sie gehörten zunächst zum indischen und später zum chinesischen Einflussbereich und wurden im 15. Jh. von Süden her islamisiert. 1521 wurden die Inseln von → Magellan entdeckt und nach dem spanischen König Philipp II. benannt. Sie wurden anfangs von Mexiko aus verwaltet. Eine wichtige Rolle bei der Besitznahme für Spanien spielten die Missionare, so dass die philippinische Bevölkerung heute zu mehr als 90 % christlich ist. Die soziale Ungleichheit führte zu zahlreichen Aufständen, die Ende des 19. Jh. in einer Revolution gipfelten. 1898 erklärten die Philippinen ihre Unabhängigkeit und unterstützten die USA im Krieg gegen Spanien. Sie kamen jedoch unter amerikanische Herrschaft und erhielten die zugesicherte Unabhängigkeit erst 1946, nachdem sie im Zweiten Weltkrieg von Japan besetzt worden waren. Die Diktatur von Ferdinand Marcos (1917–1989), der 1965 Staats-

Philippinen (Pilipinas)
Staatsname: Republik der Philippinen
Staatsform: Präsidiale Republik
Hauptstadt: Manila
Fläche: 300 000 km^2
Einwohner: 67,5 Mio.
Bevölkerungsdichte: 225/km^2
Amtssprache: Pilipino
Währung: Philippinischer Peso (P)
Nationalitätskennzeichen: RP

Philippinen

■ *Philippinen: Reisterrassen auf der Insel Luzon*

Phosphor

Zeichen: P
Ordnungszahl: 15
Atommasse: 30,97
Dichte: 1,82 g/cm³ (weiß)
Schmelzpunkt: 44 °C
Siedepunkt: 280 °C

Photoeffekt

Genutzt wird der Photoeffekt beim Photoelement, das aus → Halbleitermaterial besteht und mit dem man Lichtenergie in elektrische Energie umwandeln kann. Solche elektronischen Bauteile werden z. B. in Belichtungsmessern von → Fotoapparaten verwendet. Ähnlich arbeitet auch die *Photozelle*, eine Röhre, die beispielsweise in Lichtschranken und Dämmerungsschaltern (zum automatischen Einschalten von Lampen) Verwendung findet.

■ **Photosynthese:** *Die rostbraunen Flecken auf diesem Spitzahornblatt verdeutlichen die Umwandlung des aus der Luft aufgenommenen Kohlendioxids zusammen mit Wasser mittels der Strahlungsenergie der Sonne und des Blattgrüns (Chlorophyll)*

präsident wurde und ab 1972 autoritär regierte, endete 1986. Als es zu bürgerkriegsähnlichen Zuständen kam, musste Marcos auf amerikanischen Druck zurücktreten und das Land verlassen. Corazon Aquino, die 1986 Präsidentin wurde und sich für Landreformen stark machte, blieb weitgehend vom Militär abhängig. 1992 wurde der frühere Generalstabschef Fidel Ramos zum Präsidenten gewählt. Er konnte durch Verhandlungen 1996 den Bürgerkrieg mit den muslimischen Rebellen beenden, die im Süden der Philippinen, vor allem auf der Insel Mindanao, seit 1972 für einen eigenen muslimischen Staat kämpften.

Philister, in der → Bibel erwähntes Volk, das um 1200 v. Chr. mit den sog. *Seevölkern* aus dem Gebiet des Schwarzen Meers bis zu den Grenzen Ägyptens vordrang und sich nach ihrer Niederlage gegen die Ägypter in → Palästina niederließ. Die Philister kämpften später gegen die → Israeliten und wurden erst gegen Ende des 8. Jh. v. Chr. von den Assyrern unterworfen.

Philologie [griech.], *die,* Wissenschaft, die sich mit einer bestimmten Sprache und der in ihr abgefassten Literatur befasst (z. B. *Deutsche Philologie*).

Philosophie [griech. »Weisheitsliebe«], *die,* Wissenschaft, die sich mit den Ursprüngen und Zusammenhängen der Dinge, mit der Welt, dem Sein, dem Menschen und dem Denken befasst.

Phimose [griech. »das Verschließen«], *die,* Vorhautverengung des → Penis, so dass die Vorhaut nicht über die Eichel zurückgezogen werden kann.

Phlegma [griech.], *das,* Trägheit, Schwerfälligkeit.

Phon [griech.], *das,* Einheit für die subjektiv empfundene Lautstärke (Zeichen *phon).* Die Skala reicht dabei von 0 Phon (= Töne an der Hörschwelle) bis 120 Phon (= Töne an der Schmerzschwelle). Anstelle von Phon verwendet man heute für die Messung der Lautstärke → Dezibel.

Phonem [griech.], *das,* kleinste sprachliche Einheit, die bedeutungsunterscheidend ist, aber selbst keine Bedeutung trägt, d. h. der Laut, in dem sich zwei bedeutungsverschiedene Wörter eines Wortpaares allein voneinander unterscheiden (z. B. sind *r* und *b* Phoneme in den Wörtern »Ritter« und »bitter«).

Phönizier, *Phöniker,* semitische Bevölkerung der Mittelmeerküste in Kanaan, die gegen Ende des 3. Jt. v. Chr. einwanderte. **Phönizien** war kein einheitlicher Staat, sondern bestand aus Stadtstaaten (vor allem Byblos, Tyros, Sidon, Ugarit und Berytos), die sich ab etwa 1000 v. Chr. einen Namen als Seefahrer und Kaufleute machten. Sie gründeten Handelsniederlassungen und Kolonien im gesamten Mittelmeerraum und gelangten auf ihren Reisen bis in den Atlantik. 64 v. Chr. wurde Phönizien römische Provinz. Von den zahlreichen phönizischen Kolonien auf Zypern, Sizilien, Malta, Sardinien, Südspanien und Nordafrika wurde → *Karthago* die mächtigste.

Phönix, in der ägyptischen Mythologie ein als *Benu* bezeichneter heiliger Vogel, der als Verkörperung des Sonnengottes verehrt wurde. In der Antike entstand daraus die Sage von einem adlerähnlichen Vogel, der sich angeblich in großen Zeitabständen regelmäßig selbst verbrannte und aus der Asche verjüngt hervorging. Auf diese Weise wurde er zum Symbol für Unsterblichkeit, Wiedergeburt und Erneuerung.

Phosphate, Salze der *Phosphorsäuren,* die in erster Linie als Düngemittel verwendet werden, weil sie wichtige Nährstoffe für Pflanzen sind. Wenn sie durch Überdüngung der Felder in Gewässer gelangen, können sie dort übermäßigen Pflanzenwuchs (vor allem Algen) hervorrufen. Dies kann zum »Umkippen« eines Gewässers führen, so dass alle Lebewesen darin sterben.

Phosphor [griech. »lichttragend«], *der,* ein → chemisches Element, das als *weißer* und *roter* nichtmetallischer Phosphor vorkommt. Metallischen Charakter zeigt der *schwarze* Phosphor. Weißer Phosphor, der im Dunkeln leuchtet, ist sehr giftig und entzündet sich selbst, so dass er unter Wasser aufbewahrt werden muss. Die Salze der Phosphorsäure bezeichnet man als → Phosphate. Ein wichtiger Bestandteil der Knochen von Tieren und Menschen ist *Calciumphosphat.*

Phosphoreszenz, bei bestimmten Stoffen die Eigenschaft, dass sie nachleuchten. Sie senden also noch für eine gewisse Zeit (von wenigen Sekunden bis zu Monaten) Licht aus, wenn die Strahlung, die auf sie eingewirkt hat, abgeschaltet wird.

Photo- [griech.], in zusammengesetzten Wörtern mit der Bedeutung »Licht-« (z. B. *Photometer),* heute zumeist **Foto-** (z. B. Fotografie) geschrieben.

Photoeffekt, lichtelektrischer Effekt, bei dem Lichtstrahlen oder andere elektromagnetische Schwingungen → Elektronen von Atomen aus ihrer Bindung herauslösen, so dass sie Ladungen transportieren können und somit Strom fließt.

■ **Picasso:** Les Demoiselles d'Avignon. New York, Museum of Modern Art

Dies geschieht, wenn energiereiches Licht (z. B. ultraviolettes Licht) auf eine Metallplatte fällt *(äußerer Photoeffekt)* oder elektromagnetische Wellen auf Kristalle auftreffen, die eigentlich → Isolatoren sind und durch die zugeführte Energie eine geringe Leitfähigkeit erhalten *(innerer Photoeffekt).*
Photonen, → Elementarteilchen, die sich mit Lichtgeschwindigkeit bewegen. Ein Photon verkörpert die kleinste Energiemenge elektromagnetischer Strahlungen und wird deshalb auch als *Energiequant* (→ Quantentheorie) bezeichnet. Es besitzt keine Masse und auch keine elektrische Ladung.
Photosynthese [griech.], *die,* Nutzung von Lichtenergie durch grüne Pflanzen, die aus anorganischen Stoffen organische Stoffe herstellen können (→ Assimilation). Mithilfe von → Chlorophyll wandeln Pflanzen die Strahlungsenergie des Sonnenlichts in chemische Bindungsenergie um. Sie spalten Wasser auf und übertragen den → Wasserstoff auf → Kohlendioxid aus der Luft, wobei Sauerstoff frei wird. Die so entstandenen Kohlenstoffverbindungen (→ Kohlenhydrate) sind Energiespeicher, die sowohl den Energiebedarf der Pflanze als auch den von Pflanzen fressenden Tieren decken.
Phrase [griech. »Ausdruck«], *die,* Redewendung (oft in abwertendem Sinne als abgegriffene Wendung). In der Sprachwissenschaft ist damit ein aus mehreren Wörtern bestehender zusammengehörender Satzteil gemeint. In der Musik ist eine Phrase eine mehrere Einzeltöne umfassende melodisch-rhythmische Sinneinheit oder ein Teilmotiv, während **Phrasierung** die Gliederung einer Tonfolge nach sinnvollen musikalischen Einheiten meint.
Phrygien, antike Landschaft in Kleinasien. Die **Phrygier** wanderten um 1200 v. Chr. in Anatolien ein und gründeten im 8. Jh. v. Chr. ein Reich, das bis Kilikien im Süden und Lydien im Westen reichte. 695 v. Chr. wurde es von den Kimmeriern, einem nomadischen Reitervolk aus Südrussland, vernichtet. Seinen größten Machtbereich erlangte es unter König Midas II. (738–696 v. Chr.).
pH-Wert, Zahlenwert, der angibt, ob eine wässrige Lösung sauer oder basisch (alkalisch) ist oder sich neutral wie reines Wasser verhält. Dem pH-Wert liegt die Konzentration der Wasserstoffionen zugrunde.
Physik [lat.-griech.], *die,* Naturlehre, die Wissenschaft, die sich mit der unbelebten Natur und ihrem Aufbau sowie ihren Eigenschaften befasst. Die Physik erforscht durch Messungen und experimentelle Beobachtungen die Vorgänge in der unbelebten Natur, die allgemein gültigen Gesetzen (Naturgesetze) unterliegen. Sie untersucht einerseits den → Makrokosmos, der das Gebiet der *klassischen Physik* (mit → Mechanik, Akustik, Thermodynamik und Elektrodynamik) ist, und andererseits den → Mikrokosmos, der das Gebiet der *Teilchenphysik* und der → *Quantentheorie* ist. Weitere Teilgebiete der Physik sind die *physikalische Chemie,* die *Astrophysik* und die *Geophysik.*
Physiognomie [griech.], *die,* äußere Erscheinung, Gesichtsausdruck.
Physiologie [griech. »Naturkunde«], *die,* Wissenschaft, die sich mit Lebensvorgängen, insbesondere mit den Vorgängen des menschlichen Organismus befasst.
physisch [lat.], natürlich, körperlich; Gegensatz: → psychisch.
Pi, π, der 16. Buchstabe des griechischen Alphabets, der in der Mathematik als *Ludolfsche Zahl* das Verhältnis vom Umfang des Kreises zum Durchmesser des Kreises angibt. π = 3,1415926536 ...
piano [it. »flach«], in der Musik die Anweisung für einen leisen Vortrag. Die Anweisung **pianissimo** verlangt einen sehr leisen Vortrag. Piano oder **Pianoforte** ist eine Bezeichnung für das → Klavier.
Picasso, Pablo, eigentlich *Pablo Ruiz y Picasso* (1881–1973), spanischer Maler, Grafiker und Bildhauer, der mit seinem umfangreichen Werk (neben Gemälden und Zeichnungen auch viele

Picasso

Nach einer »blauen« und einer »rosa Periode«, in denen Blau- und Rosatöne seine Bilder bestimmten, löste sich Picasso vom Gegenständlichen und entwickelte zeitgleich mit Georges Braque den → Kubismus (»Les Demoiselles d'Avignon«, 1906/07). Später malte er teilweise wieder gegenständlicher in einem klassizistischen Stil und schuf, beeinflusst vom → Surrealismus, mythologische Mischwesen. Auch nach dem Zweiten Weltkrieg benutzte er immer wieder neue Techniken. Besonders bekannt sind sein 1937 geschaffenes monumentales Wandgemälde »Guernica«, das als Anklage gegen die Greuel des Krieges nach der Zerstörung der gleichnamigen baskischen Stadt im spanischen Bürgerkrieg entstand.

Ringschmuck am Bauchnabel: Achtung vor Bakterien

Piercing ist die neue Mode. Jugendliche und junge Erwachsene lassen sich fast überall Löcher stechen, durch die sie Ringe ziehen: in die Lippen und in die Nase, in die Augenbrauen und sogar in den Bauchnabel. Hautärzte warnen dabei vor zwei Gefahren: Die Ringe sollten absolut nickelfrei sein und nicht in Hautfalten gesetzt werden. Immer mehr Menschen leiden an schweren Nickelallergien; in Hautfalten halten sich nach dem Stechen hartnäckig Bakterien und verursachen nicht enden wollende Entzündungen. Der Bauchnabel sollte als »faltenreiche Tabuzone« ringfrei bleiben.

Pilze

Es gibt mehrere Gruppen von Pilzen. Zu den *Echten Pilzen* gehören auch die Pilze, deren Fruchtkörper (der aus miteinander verwachsenen Pilzfäden besteht und an der Oberfläche oder in inneren Hohlräumen die Sporen trägt) in der Umgangssprache Pilze genannt werden. Wichtige Klassen sind die *Schlauchpilze,* die sich geschlechtlich fortpflanzen, und die *Ständerpilze,* die sich von Fäulnisprodukten oder als Schmarotzer auf Pflanzen ernähren. Bekannte Schlauchpilze sind die → Hefepilze sowie die als Speisepilze geschätzten → Trüffel und Morcheln. Bekannte Ständerpilze sind die *Bauchpilze* (deren Fruchtkörper knollenförmig wie beim Kartoffelbovist oder bizarr geformt sein kann wie beim Tintenfischpilz) und die *Lamellen-* oder *Blätterpilze* (die einen hutförmigen Fruchtkörper auf einem Stiel tragen). Unter diesen Lamellenpilzen, die wegen ihrer Form im Volksmund auch Hutpilze genannt werden, findet man zahlreiche Speisepilze (z. B. → Champignon, → Steinpilz), aber auch → Giftpilze wie Knollenblätterpilz und → Fliegenpilz.

Pilze können mikroskopisch klein sein wie die einzelligen → Schimmelpilze, aber mit ihren Pilzfäden auch viele Meter lang werden. Viele Arten leben in → Symbiose mit Pflanzen (z. B. mit Waldbäumen), einige bilden sogar eine untrennbare Symbioseeinheit (vor allem → Flechten). Andere Pilze dagegen sind Pflanzenschädlinge (z. B. Mehltaupilze) oder gefährliche Krankheitserreger, die Mykosen hervorrufen. Da Pilze auch bestimmte chemische Vorgänge wie → Fermentation und → Gärung bewirken, werden sie vom Menschen für die Herstellung von Lebens- und Genussmitteln (z. B. Käse, Wein, Bier) genutzt. Einige Pilze werden industriell gezüchtet, um → Antibiotika zu erzeugen.

Die größten und schwersten Pilze

In den USA wurde in den Wäldern des Bundesstaates Washington ein *Hallimasch* entdeckt, dessen unterirdisches Fadengeflecht eine Fläche von mehr als 600 ha einnahm. Der schwerste Pilz, den man bisher

(Fortsetzung siehe Seite 515)

Radierungen, Lithographien, Kupferstiche, Plastiken und bemalte Keramiken) die Kunst in der ersten Hälfte des 20. Jh. nachhaltig prägte.

Pico-, *Piko-* [von it. piccolo = »klein«], Vorsatz bei Maßeinheiten mit der Bedeutung »Billionstel« (10^{-12}, Zeichen *p*, z. B. *Pikofarad*).

Pidgin [engl. ˈpɪdʒɪn], *das,* vereinfachte Verkehrssprache, die durch Vermischung von Elementen zweier unterschiedlicher Sprachen entsteht, wobei die verwendete Formenlehre sehr beschränkt ist. Bekanntestes Beispiel dafür ist das **Pidgin-Englisch,** das man in mehreren Ausprägungen in Afrika, Südost- und Ostasien sowie in Ozeanien findet.

Piercing [engl. ˈpɪəsɪŋ], *das,* Durchbohren von Körperteilen mit Schmuck.

Pietät [lat. »Frömmigkeit«], *die,* Rücksichtnahme auf die (religiösen) Gefühle anderer, Achtung vor den Toten.

Piezo- [von griech. piezein = »drücken«], in zusammengesetzten Wörtern mit der Bedeutung »Druck-« (z. B. *Piezochemie*).

Piezoelektrizität, auf dem *piezoelektrischen Effekt* beruhende Erscheinung, dass bei Quarzkristallen durch Druck, Zug oder Verdrehung Elektrizität entsteht, indem sich die Prismenflächen positiv und negativ aufladen.

Pigment [lat.], *das,* Farbstoff, eine Substanz, die in menschlichen, tierischen und pflanzlichen Geweben in Form von winzigen Körnern abgelagert oder in der Körperflüssigkeit gelöst ist. Solche Pigmente verleihen beispielsweise Blut, Haut, Iris und Haaren, bei Tieren auch Federn, Schuppen und dem Chitinpanzer ihre Farbe. Als Schutz gegen → Ultraviolettstrahlung lagert die menschliche Haut vermehrt das Pigment *Melanin* ein, das eine Bräunung bewirkt. Wenn die Pigmentbildung gestört ist, kommt es zu → Albinismus. Pflanzen erhalten ihre grüne Farbe durch das Pigment → *Chlorophyll*.

pikant [frz.], kräftig gewürzt; im übertragenen Sinne auch anzüglich, schlüpfrig (ein *pikanter Roman*).

Pikkoloflöte [it. »klein«], kleine, etwa 25 cm lange → Querflöte mit sehr hellem Klang ($d^2–b^4$).

Piktogramm [lat.-griech.], *das,* Bildsymbol, bildhaftes Zeichen mit einer international festgelegten Bedeutung, um beispielsweise auf Gefahren hinzuweisen (z. B. ein Totenkopf).

Pilot [frz.-it. »Steuermann«], *der,* Flugzeugführer, auch Fahrer eines Rennwagens. In zusammengesetzten Wörtern bedeutet **Pilot-,** dass etwas als Muster oder Versuchsobjekt dient (z. B. *Pilotfilm* für eine Serie).

Pilze, zumeist zum Pflanzenreich gerechnete Lebewesen, die über kein → Chlorophyll verfügen und sich deshalb von organischen Stoffen ernähren müssen. Diese Stoffe gewinnen sie entweder aus dem Boden (von vermodernden toten Organismen) oder aus lebenden Organismen (als Schmarotzer auf Pflanzen oder in Tieren und im Menschen). Die vielzelligen Pilzfäden *(Hyphen)* durchziehen den Untergrund mit einem Geflecht, das insgesamt als *Myzel* bezeichnet wird. Die Zellwände bestehen zumeist aus → Chitin. Pilze vermehren sich ungeschlechtlich durch → Sporen oder geschlechtlich (durch Verschmelzung von Geschlechtszellen oder von Behältern, die Gameten enthalten), manchmal auch durch Zerfall des Myzels in Einzelzellen.

Pinguine, Ordnung und Familie von Meeresvögeln, deren Vertreter nur auf der südlichen Erdhalbkugel (vor allem Antarktis und gemäßigtkühle Zonen, teilweise aber auch in subtropischen und tropischen Regionen) vorkommen. Ihre Größe reicht von 40 bis 120 cm, während ihr Gewicht zwischen 1 und 30 kg schwankt. Sie besitzen eine längliche Gestalt und sind dem Leben im Wasser von allen Vögeln am stärksten angepasst, so dass sich einige Arten mehrere Monate lang im Wasser aufhalten können. Die Flügel der flugunfähigen Tiere sind zu Flossen umgebildet, während die Beine im Wasser als Ruderschaufeln und der Schwanz als Steuerruder dienen. Eine dicke Fettschicht sorgt bei den polaren Arten für einen Kälteschutz. An Land wirken sie durch ihre schreitende oder hüpfen-

■ ***Kaiserpinguine*** *mit Jungtieren*

■ *Pistazien*

de Fortbewegung in aufrechter Haltung unbeholfen, aber sie sind ausgezeichnete Schwimmer und erreichen eine Geschwindigkeit von 36 km/h. Bei ihrer Suche nach Beute (Fische, Krebse und Weichtiere) können sie etliche Minuten lang tauchen. Pinguine brüten zumeist in großen Kolonien, wobei sich Männchen und Weibchen beim Ausbrüten der Eier abwechseln (beim Kaiserpinguin brütet nur das Männchen). Bekannte Großpinguinarten sind *Kaiser-* und *Königspinguin.*

Pinien, im Mittelmeerraum wachsende → Kiefern, die bis zu 25 m hoch werden und an ihrer schirmähnlichen Krone erkennbar sind. Ihre Samen, die fälschlich als *Pinienüsse* bezeichnet werden, enthalten längliche essbare Kerne.

Pionier [frz. »Fußsoldat«], *der,* Wegbereiter, Vorkämpfer; als Soldat Angehöriger einer technischen Truppe, die beispielsweise für den Brückenbau zuständig ist, um die Kampftruppen zu unterstützen.

Pipeline [engl. 'paɪplaɪn], *die,* Rohrleitung, durch die Erdöl oder Erdgas über weite Strecken z. B. von einem Hafen zur → Raffinerie transportiert wird.

Piranhas, *Pirayas,* zu den → Karpfenfischen gehörende *Sägesalmler,* die in Südamerika vorkommen. Sie besitzen kräftige Kiefer mit sehr scharfen Zähnen; als Raubfische ernähren sie sich vorwiegend von (verwundeten oder kranken) Fischen, aber einige Arten greifen in Schwärmen auch andere Wirbeltiere und bei Nahrungsmangel sogar verletzte Menschen oder Vieh an.

Pirat [it.], *der,* Seeräuber.

Pirouette [frz. piˈrʊɛtə], *die,* beim Ballettanz und beim Eiskunstlauf eine schnelle, mehrmalige Drehung im Stand um die eigene Achse.

Pistazien [pers.], Steinfrüchte des bis zu 10 m hohen *Pistazienbaums,* der in Vorderasien beheimatet ist, heute aber auch im Mittelmeerraum und in Nordamerika angebaut wird. Die 1–2 cm langen Früchte besitzen eine harte, scharfkantige Schale, die bei Reife aufspringt. Im Inneren befindet sich ein öl- und eiweißreicher, aromatisch schmeckender Kern.

Pistole [tschech.], *die,* kurzläufige Handfeuerwaffe. Aus einschüssigen *Vorderladerpistolen,* wie sie im 16. Jh. aufkamen, entwickelten sich zunächst Mitte des 19. Jh. *Hinterladerpistolen* und Ende des 19. Jh. mehrschüssige *Selbstladepistolen.* Als *Maschinenpistolen* (MPs) bezeichnet man kleine Schnellfeuerwaffen.

Pitcairn [ˈpɪtkɛən], Vulkaninsel (4,35 km², etwa 50 Einwohner) im südlichen Pazifik (→ Ozeanien), die zusammen mit drei unbewohnten Koralleninseln in britischem Besitz ist. Pitcairn wurde 1767 entdeckt und 1790 von britischen Meuterern und Tahitianern besiedelt. Seit 1838 sind die Inseln britische Kolonien.

Pixel, Kurzwort aus engl. *Picture element* (Bildelement). Als Pixel oder *Bildpunkte* bezeichnet man die Lichtpunkte, aus denen bei der → EDV und der → Telekommunikation die Bilder zusammengesetzt sind.

Pizarro [span. piˈθarro], Francisco (um 1478 bis 1541), spanischer Konquistador, der 1532 das Reich der → Inka eroberte. Er ließ 1533 den letzten Inkaherrscher, Atahualpa, hinrichten und gründete 1535 → Lima.

Placeboeffekt [von lat. placebo = »ich werde gefallen«], *der,* heilende Wirkung eines eigentlich unwirksamen Scheinmedikaments.

Plagiat [frz.], *das,* Diebstahl von geistigem Eigentum, bei dem jemand das Werk eines anderen oder Teile daraus unter seinem eigenen Namen veröffentlicht.

Planck, Max (1858–1947), deutscher Physiker, der die → Quantentheorie begründete. Er entdeckte 1894 eine allgemein gültige Naturkonstante, das *Plancksche Wirkungsquantum* (Zeichen *h*). Danach wird Strahlung nicht kontinuierlich, sondern in → Quanten, d. h. in kleinsten Energieeinheiten, abgegeben. 1918 erhielt er den Nobelpreis für Physik.

Planet [griech.], *der,* auch als *Wandelstern* bezeichneter Himmelskörper, der nicht selbst leuchtet, sondern das Licht der Sonne reflektiert, um die er kreist. Da Planeten sehr lichtschwach sind, wenn sie nicht sehr nah sind, kennen wir heute nur die (einschließlich der Erde neun) Planeten unseres eigenen Sonnensystems. Die entdeckt hat, ist ein Hallimasch in Michigan, der eine Fläche von mehr als 15 ha einnimmt und über 100 t wiegt. Vermutlich ist er über 1500 Jahre alt und wächst unterirdisch etwa 2 cm pro Tag. Die umgangssprachlich als Pilze bezeichneten Fruchtkörper sind dagegen wesentlich kleiner und leichter: Der größte essbare Pilz, den man bislang fand, war ein Bovist, der einen Umfang von mehr als 2,5 m hatte. Der schwerste bisher gefundene essbare Pilz wog über 45 kg.

Pixel
. . . .
Bei der Darstellung auf einem Bildschirm wird das Bild in einzelne Punkte aufgeteilt, die in einem Schema aus Zeilen und Spalten *(Bildraster)* angeordnet sind und einzeln angesteuert werden können. Die *Auflösung,* d. h. die Zerlegung des Bilds in einzelne Pixel, bestimmt die Bildqualität. Die genaue Erkennbarkeit eines Bildes für das menschliche Auge steigt, wenn ein Bild aus vielen Bildpunkten besteht, die möglichst groß sind und einen möglichst geringen Abstand voneinander haben. Ab einem bestimmten Abstand (weniger als ein Hundertstelmillimeter aus einer Entfernung von 0,5 m) kann das menschliche Auge nämlich nicht mehr zwischen zwei Einzelpunkten trennen und sieht dann ein zusammenhängendes Bild. Hochauflösende Bildschirme haben eine Auflösung von 1280 x 1024 Bildpunkten, Grafikbildschirme sogar eine von 2048 x 1024. Bei → Druckern und → Scannern wird die Auflösung und damit die Abbildungsqualität in *Dots per inch (dpi),* d. h. in Bildpunkten pro Zoll, angegeben. Ab 150 dpi ist eine Abbildung gut zu erkennen. Während für Texte eine geringere Auflösung notwendig ist, erfordern Bilder eine höhere. Die heutigen Drucker haben eine Auflösung von mindestens 300 dpi. Dies entspricht etwa 118 Bildpunkten pro Zentimeter oder 13 950 pro cm².

Platin

Zeichen: Pt
Ordnungszahl: 78
Atommasse: 195,08
Dichte: 21,45 g/cm³
Schmelzpunkt: 1772 °C
Siedepunkt: 3827 °C

Platon

Im Mittelpunkt von Platons Philosophie stehen die *Ideen* als Urbilder der Dinge, so dass die wahre Welt die geistige Welt ist und die sinnlich wahrnehmbare Welt nur deren Abbild darstellt. Die höchste Idee war dabei die des Guten. Platon begründete damit den → Idealismus. In seinem Werk »Politeia« entwarf er einen idealen Staat, in dem der Philosoph als König und Erzieher an der Spitze stehen sollte.

Plattentektonik

Die Platten, aus denen sich die Erdoberfläche zusammensetzt, verhalten sich wie starre Körper, die Bewegungen auf dem zähflüssigen Bereich der Erde ausführen. Den Bewegungen liegen Wärmeströmungen im Erdinneren zugrunde; diese sog. Konvektionsströme befördern bis zu 3100 °C heißes Gesteinsmaterial aus dem Erdmantel bis zur Unterseite der Erdkruste, während kühles Material nach unten sinkt. Die Platten gleiten aneinander vorbei, bewegen sich voneinander weg, stoßen zusammen, schieben sich übereinander oder tauchen untereinander ab. Wenn eine Platte unter eine andere abtaucht *(Subduktion)*, entstehen Tiefseegräben. Am → Mittelozeanischen Rücken bewegen sich Platten auseinander. Dort wird → Magma nach oben gepresst und neuer Meeresboden gebildet. Vollzieht sich diese Bewegung bei starker Spannung an den Plattengrenzen ruckweise, entstehen → Erd- und Seebeben. Es kann dabei auch zu starker vulkanischer Tätigkeit kommen. Die großen Gebirge der Erde wurden durch diese Kräfte aufgefaltet.
Das Aussehen der Erde hat sich auf diese Weise in den letzten 200 Mio. Jahren stark verändert. Aus dem zerbrochenen Urkontinent Pangäa entstanden die heutigen Kontinente, die durch die Plattentektonik an ihren gegenwärtigen Standort rückten.

■ *Plankton* (3,5-fach vergrößert)

Planeten sind in einem frühen Stadium des → Sonnensystems vor etwa 4,5 Mrd. Jahren entstanden, wobei vermutlich kleinere Körper *(Planetesimale)* zusammenstießen und sich zu größeren Körpern zusammenballten.
Planetarium, *das,* Vorrichtung, mit der man die Bewegungen von Planeten und anderen Himmelskörpern anschaulich vorführen kann. Dabei wird der Sternhimmel an die Innenfläche einer Kuppel projiziert.
Planetoid [griech. »planetenähnlich«], *der,* Kleinplanet, der sich ähnlich wie die großen Planeten um die Sonne bewegt. Die meisten Planetoiden sind zwischen Jupiter und Mars zu finden *(Planetoidengürtel* in ca. 450 Mio. km Entfernung von der Sonne). Ihre Größe reicht von wenigen Metern bis zu über 1000 km Durchmesser *(Ceres* ist mit 1020 km Durchmesser der größte Planetoid). Einige Planetoiden kreuzen auch die Umlaufbahn der Erde und kommen dieser sehr nahe. Planetoiden werden auch – vor allem im englischen Sprachraum – als → *Asteroiden* bezeichnet.
Plankton [griech. »Umhertreibendes«], *das,* die Gesamtheit aller im Wasser schwebenden pflanzlichen und tierischen Lebewesen (vor allem Algen, Hohltiere, Kleinkrebse, Weichtiere und Larven), die sich selbst nicht oder kaum fortbewegen, sondern von der Strömung getrieben werden. Von Plankton ernähren sich viele Fische.
Plantage [frz. plan'ta:ʒə], *die,* Pflanzung, wo auf großen Flächen Nutzpflanzen zumeist in → Monokultur angebaut werden (z. B. Bananen).
Planwirtschaft, Wirtschaftsform, bei der die wirtschaftlichen Vorgänge eines Landes von einer staatlichen Behörde zentral geplant und auch gelenkt werden (z. B. in sozialistischen Staaten). Gegensatz: → Marktwirtschaft.
Plasma [griech. »Gebilde«], *das,* ionisiertes, sehr heißes Gas, das aus frei beweglichen elektrisch geladenen Teilchen (→ Ionen und → Elektronen) sowie neutralen Teilchen besteht und eine große elektrische Leitfähigkeit besitzt. Das Plasma wird manchmal auch als vierter → Aggregatzustand der Materie bezeichnet. Plasmen findet man in der Natur vor allem im Weltraum (z. B. interstellare Gase oder im Inneren von Sternen). Im Labor versucht man, mithilfe eines Plasmas aus → Deuterium oder → Tritium eine kontrollierte → Kernfusion durchzuführen.
Plastik, 1. [griech. »Kunst des Gestaltens«], *die,* Bildhauerkunst; auch das künstlerische Werk eines Bildhauers. In der Medizin versteht man darunter die operative Wiederherstellung von Gewebe und Organteilen *(plastische Operation);* **2.** [engl. »formbar«], *das,* → Kunststoff.
plastisch, räumlich wirkend, anschaulich.
Plateau [frz. pla'to:], *das,* Hochfläche, die nach allen Seiten hin steil abfällt.
Platin [span. »Silberkörnchen«], *das,* ein → chemisches Element. Das weiche, zähe → Edelmetall von silberweißer Farbe kommt in der Natur in reiner Form vor. Es ist gegenüber Luft und Säuren unempfindlich und wird deshalb nicht nur zu kostbarem Schmuck verarbeitet, sondern auch in der Technik für elektrische Kontakte und Laborgeräte verwendet. Besondere Bedeutung hat Platin als → Katalysator. Als **Platinmetalle** fasst man neben Platin die Edelmetalle → *Ruthenium, Rhodium, Palladium, Osmium* und *Iridium* zusammen.
Platine [frz.], *die,* in der Elektrotechnik eine Kunststoffplatte, die auf der einen Seite gedruckte Leiterbahnen enthält und auf der anderen Seite mit Schaltelementen bestückt ist. Im → Personalcomputer gibt es eine *Grund-* oder *Hauptplatine,* die die → Zentraleinheit darstellt. Sie verfügt über Steckplätze, in die zusätzliche Platinen als Steckkarten (für → Peripheriegeräte) hineingeschoben werden können.
Platon (427–347 v. Chr.), griechischer Philosoph, ein Schüler des → Sokrates. Nach ausgedehnten Reisen gründete Platon 386 v. Chr. in Athen eine eigene philosophische Schule, die bis 529 n. Chr. bestehende *Akademie.* Er hinterließ zahlreiche Schriften, die in Gesprächsform abgefasst sind. Unter **platonischer Liebe** versteht man eine metaphysische, d. h. vergeistigte Liebe, die das sexuelle, sinnlich-körperliche Begehren ausschließt.
Plattenspieler, ein Gerät zum Abspielen von → Schallplatten. Der Plattenspieler tastet die Schallplatten mechanisch ab. Er besteht im wesentlichen aus einem *Plattenteller* mit Antrieb und einem Tonabnehmersystem (mit drehbar

gelagertem Tonarm und Abtastkopf). Die feine Abtastnadel, zumeist ein besonders geschliffener Diamant (→ Saphir) wird bei der Drehung der Platte auf dem Plattenteller in der Rille seitlich abgelenkt und in Schwingung versetzt. Diese Schwingungen werden im Tonabnehmersystem in elektrische Schwingungen umgewandelt. Diese werden verstärkt und durch einen → Lautsprecher in hörbare Schallwellen zurückverwandelt.

Plattentektonik [von griech. tektonikos = »die Baukunst betreffend«], *die,* wissenschaftliche Theorie, die davon ausgeht, dass die Erdoberfläche aus sechs größeren und mehreren kleinen Platten der Erdkruste und des oberen Erdmantels besteht, die sich bewegen (→ Erde). Sie baut auf der Theorie der Kontinentalverschiebung auf, die *Alfred Wegener* (1880–1930) schon 1912 aufstellte.

Plattfische, Ordnung der → Knochenfische, deren Vertreter in allen Meeren vorkommen und von wenigen Zentimetern *(Zwergzunge)* bis zu mehreren Metern (→ *Heilbutt*) groß werden. Gemeinsames Kennzeichen ist ihr seitlich stark abgeplatteter, verbreiteter Körper. Beide Augen befinden sich entweder auf der linken (z. B. bei den *Butten*) oder auf der rechten Körperseite (z. B. *Schollen*). Zu den Plattfischen gehören die Schollenartigen wie etwa der *Steinbutt* und die Zungenartigen wie etwa die → *Seezunge.*

Playback [engl. 'pleɪbæk »Wiedergabe«], *das,* Verfahren, bei dem Sänger oder Musiker ihren Gesang oder ihr Spielen z. B. bei einem Auftritt nur mimen, während der Ton als schon fertige Aufnahme gleichzeitig eingespielt wird. Auch das Band, das die Musik enthält, wird als Playback bezeichnet.

Plazenta [lat.], *die,* auch als *Mutterkuchen* bezeichnetes Organ, das während der Schwangerschaft im Leib der Frau entsteht. Es übernimmt für den → Fetus die Aufgaben der Atmung, Ernährung und Ausscheidung und erzeugt außerdem für den Schwangerschaftsablauf wichtige → Hormone.

Plebiszit [frz.], *das,* Volksentscheid, ein durch eine Befragung des Volkes gewonnener Beschluss.

Pleistozän [von griech. pleistos = »am meisten« und kainos = »neu«], *das,* in der → Erdgeschichte die untere Stufe des → Quartär, die vor rund 1,8 Mio. Jahren begann und erst vor 13 000 nach der letzten Eiszeit endete.

Plektron, *Plektrum* [von griech. plessein = »schlagen«], *das,* Plättchen oder Stäbchen, mit dem die Saiten von Zupfinstrumenten (z. B. Gitarre, Mandoline, Zither) angerissen werden.

Plenum [lat.], *das,* Vollversammlung (z. B. eines Parlaments).

Pleuelstange, eine Stange, die hin- und hergehende Bewegungen von Maschinenteilen (z. B. → Kolben in einem Motor) in eine Drehbewegung umwandelt.

PLO, Abkürzung für engl. *Palestine Liberation Organization,* die 1964 gegründete Palästinensische Befreiungsorganisation. Jassir → Arafat ist seit 1967 Vorsitzender der PLO. Während die PLO in ihrer Anfangszeit häufig mit terroristischen Mitteln kämpfte, versuchte sie ab Ende der 80er Jahre, ihr Ziel, einen Palästinenserstaat in den von Israel besetzten arabischen Teilen → *Palästinas* zu schaffen, mit politischen Mitteln durchzusetzen (Anerkennung des Existenzrechts von Israel, Verhandlungen über Teilautonomie, Friedensvertrag).

Plombe [frz.], *die,* Zahnfüllung aus Kunststoff, Metall (→ Amalgam) oder Porzellan. Als Plombe bezeichnet man auch ein Blei- oder Blechsiegel, um z. B. Fahrzeugtüren *(Zollplombe)* oder Geräte (Stromzähler) zu verplomben, so dass sie nicht unbemerkt von einem Unbefugten geöffnet werden können.

Plotter [engl.], *der,* in der → elektronischen Datenverarbeitung ein Zeichengerät, mit dem man als Ausgabegerät hochwertige Grafiken wie

■ *Plattentektonik:* Die tiefen Risse zeugen von einem schweren Erdbeben

Pluto

Durchmesser: 2300 km
Entfernung von der Sonne: 5,91 Mrd. km
Umlaufzeit: 247,7 Jahre
Rotationsdauer: 6,39 Tage
Masse: etwa 1/400 Erdmasse
Dichte: 2 g/cm^3
Satellit: Charon (1190 km)

Plutonium

Zeichen: Pu
Ordnungszahl: 94
Atommasse: 244
Dichte: 19,84g/cm^3
Schmelzpunkt: 641 °C
Siedepunkt: 3232 °C

■ *Edgar Allan Poe*

Pointillismus

Der auch als *Neoimpressionismus* oder *Divisionismus* bezeichnete Pointillismus verwendet eine besondere Maltechnik: Die reinen Farben werden nicht als Flächen auf die Leinwand aufgetragen, sondern rasterartig als kleine Punkte (frz. *point* = »Punkt«), die aus einiger Entfernung als in verschiedenen Farbtönen abgestufte Flächen und Formen wahrgenommen werden; d. h., erst das Auge des Betrachters mischt die Grundfarben und setzt die Einzelpunkte zu Gegenständen und Figuren zusammen.

z. B. Baupläne oder technische Zeichnungen erstellen kann.

Plural [lat.], *der,* in der Grammatik die Mehrzahl. Die Pluralform eines Wortes gibt an, dass ein → Pronomen (z. B. *wir*) oder ein → Substantiv (z. B. *Hasen*) in der Mehrzahl steht oder ein → Verb ein Subjekt in der Mehrzahl besitzt (z. B. sie *laufen*).

Pluralismus [lat.], *der,* in der Soziologie eine Auffassung, dass es viele gesellschaftliche Kräfte gibt, die in einem modernen demokratischen Staat nebeneinander wirken und miteinander konkurrieren. In einer **pluralistischen** Gesellschaft sind die verschiedenen sozialen Gruppen gleichberechtigt und können sich frei entfalten, sofern sie sich an gewisse gesellschaftliche Spielregeln halten. Der Staat greift lediglich regulierend ein, damit das Kräfteverhältnis gewahrt bleibt.

plus [lat. »mehr«], und, zuzüglich; in der Mathematik Zeichen + für die → Addition. Bei Temperaturen gibt plus an, dass der Wert über dem Gefrierpunkt von Wasser liegt (z. B. plus 5 °C).

Plusquamperfekt [lat. »mehr als vollendet«], *das,* in der Grammatik die Zeitstufe für die Vorvergangenheit, die beim Verb angibt, dass ein Geschehen aus der Sicht des Sprechers zeitlich vor etwas Vergangenem liegt (z. B. Er *hatte* sie *geliebt.*).

Pluto, 1. in der römischen Mythologie der Gott der Unterwelt. Er geht auf *Plutos* oder *Pluton,* den griechischen Gott des Reichtums der Erde (Pflanzen und Bodenschätze), zurück, der später mit → Hades gleichgesetzt wurde; **2.** der äußerste Planet im Sonnensystem (Zeichen *B*), der erst 1930 entdeckt wurde. Zusammen mit seinem Mond *Charon* bildet er ähnlich wie Erde und Mond ein Doppelplanetensystem. Pluto bewegt sich auf einer exzentrischen Bahn, die sogar die Bahn des → Neptun schneidet, so dass er zeitweilig der Sonne näher ist als der achte Planet. Auf dem Pluto herrschen extrem niedrige Temperaturen von etwa −230 °C. Vermutlich hat er eine dünne, aus → Methan bestehende Atmosphäre, während die Oberfläche von gefrorenen Gasen bedeckt ist.

Plutonium [nach dem Planeten Pluto], *das,* ein → chemisches Element. Das silberweiße Metall gehört zu den radioaktiven → Transuranen und kommt in der Natur in Uranmineralen (in winzigen Mengen) vor, wo es aus → Uran entsteht. Größere Mengen lassen sich in → Kernreaktoren erzeugen. Das äußerst giftige Plutonium wird als Kernbrennstoff (→ Kernkraftwerke) und zum Bau von → Atombomben verwendet. Außerdem benutzt man es zur Erzeugung von anderen Transuranen.

Pneumatik [von griech. pneuma = »Luft«], *die,* Teilgebiet der → Mechanik, das sich mit der Nutzung von Gasen, insbesondere → Druckluft, befasst.

Po, mit 652 km der längste Fluss Italiens. Er entspringt in den Westalpen, fließt durch Oberitalien *(Poebene)* und mündet in einem großen Delta in die Adria.

Pocken, *Blattern,* durch → Viren ausgelöste, sehr ansteckende Infektionskrankheit, die hohes Fieber, Ausschlag mit Bildung von Bläschen (die *Pockennarben* hinterlassen) sowie Blutungen hervorruft und vielfach tödlich endet. Dank Schutzimpfungen ist die Pockenkrankheit seit Ende der 70er Jahre nahezu ausgerottet.

Poe [poʊ], Edgar Allan (1809–1849), amerikanischer Schriftsteller und Literaturtheoretiker. Berühmt wurde er mit seinen Kurzgeschichten, wobei er einerseits die phantastische Schauergeschichte meisterhaft vollendete (z. B. »Untergang des Hauses Usher«, 1839, und andererseits mit »Der Doppelmord in der Rue Morgue« (1839) das Genre der Detektivgeschichte bzw. überhaupt der Kriminalerzählung begründete.

Poesie [frz.], *die,* Dichtkunst; im engeren Sinne die in Versen abgefasste Dichtung. Gegensatz: → Prosa.

Pogrom [russ. »Verwüstung«], *das,* Ausschreitungen gegen ethnische oder religiöse Minderheiten (vor allem *Judenpogrom*).

Pointe [frz. 'pɔɛ̃:tə »Spitze«], *die,* überraschende Schlusswendung (z. B. bei einem Witz).

Pointillismus [frz. 'pɔɛ̃ti'jismʊs], *der,* in der Malerei eine Stilrichtung, die sich in den 80er Jahren des 19. Jh. aus dem → Impressionismus entwickelte. Die wichtigsten Vertreter sind Georges Seurat (1859–1891) und Paul Signac (1863–1935).

Poker [engl.], *der,* aus den USA stammendes Glücksspiel mit 52 Karten, bei dem jeder Spieler für seine Karten eine bestimmte Summe in einen gemeinsamen *Pot* (»Topf«) einzahlt und die Mitspieler aussteigen, mitgehen oder den Einsatz steigern. Wenn die Karten zum Schluss aufgedeckt werden, gewinnt der Spieler mit der höchsten Kartenkombination bzw. bei gleichen Kombinationen mit der ranghöchsten Karte oder der höchsten Farbe.

Pol [griech.], *der,* Drehpunkt; Endpunkt der Rotationsachse der Erde oder eines anderen Himmelskörpers *(Nord-* und *Südpol).* In der Astronomie versteht man darunter den Schnittpunkt der Verlängerung der Erdachse mit dem Himmelsgewölbe (*Himmelspol*). In der Physik ist der Pol der Punkt, an dem magnetische Kraftlinien beim → Magneten ein- oder austreten (*negativer* und *positiver* Pol) und die stärkste Anziehung bzw. Abstoßung ausüben (bei Stabmagneten beispielsweise die beiden Enden). In der Elektrotechnik bezeichnet man als Pol die Anschlussstelle einer Stromquelle, an der ein elektrischer Strom ein- bzw. austritt (*Plus-* und *Minuspol*).

Polarisation, *die,* in der → Optik die Beschränkung der Richtung von → elektromagnetischen Schwingungen auf eine Ebene. Während natürliches Licht (z. B. Sonnenlicht) in sämtlichen Richtungen senkrecht zur Ausbreitungsrichtung schwingt, kommt es bei der → Spiegelung und der → Brechung zu einer Polarisation des Lichts, die störende Spiegelungen vermeiden. Im übertragenen Sinne versteht man unter Polarisation oder *Polarisierung* das Hervortreten von Gegensätzen.

Polarkreise, die beiden geographischen Breitenkreise (von 66,5° nördlicher bzw. südlicher Breite), die Polargebiete abgrenzen.

Polarlicht, Leuchterscheinung in den oberen Schichten der → Atmosphäre auf der Nachtseite der Erde.

Polarnacht, in den Polargebieten die Zeitspanne, in der die Sonne täglich 24 Stunden lang unter dem Horizont verschwunden bleibt, so dass ständige Dunkelheit herrscht. Unmittelbar an den Polen dauert die Polarnacht sechs Monate. Gegensatz: → Mitternachtssonne.

Polarstern, der hellste Stern im Sternbild Kleiner Bär, der in der Nähe des nördlichen Himmelspols (→ Pol) steht und deshalb auch als *Nordstern* bezeichnet wird.

Polemik [frz.], *die*, eine Kritik, die weniger auf sachliche Argumente als auf einen persönlichen Angriff abzielt.

Polen, Staat im östlichen Mitteleuropa, der von der Ostsee bis zu den Karpaten reicht. Landschaftlich ist das Land hauptsächlich durch die Polnische Tiefebene geprägt. Die Bevölkerung umfasst neben fast 99 % Polen zahlreiche Minderheiten (besonders Deutsche, Ukrainer und Weißrussen). 60 % der Gesamtfläche werden landwirtschaftlich genutzt (vor allem Anbau von Getreide, Kartoffeln und Zuckerrüben); doch die polnische Wirtschaft stützt sich in erster Linie auf die Industrie (Maschinenbau und chemische Industrie). Polen verfügt über große Kohle- und Erzvorkommen. Das Land wurde im 6. und 7. Jh. von slawischen Stämmen besiedelt, darunter auch den *Polani*, von denen Polen seinen Namen hat. Das erste bedeutende Reich entstand in der zweiten Hälfte des 10. Jh., als das Fürstengeschlecht der *Piasten* in Zentralpolen ein Herzogtum schuf und das Christentum annahm. Das Piastenreich dehnte seinen Herrschaftsbereich im Süden aus und wurde unter *Boleslaw Chrobry* 1025 ein Königreich. Die Teilfürstentümer, in die es im 12. Jh. zerfiel, förderten eine Einwanderung vor allem von deutschen Siedlern. 1225 wurde der → Deutsche Orden ins Land gerufen, um den Polen im Kampf gegen die heidnischen Pruzzen (→ Preußen) zu helfen. Damals eroberten die Ordensritter das spätere → Ostpreußen und errichteten einen eigenen Staat, der bald mit Polen in Konflikt geriet. Im 14. Jh. bildete sich ein einheitlicher polnischer Staat. Durch die Heirat der polnischen Königstochter *Jadwiga* mit dem litauischen Großfürsten *Jagietto* wurde Polen 1386 mit → Litauen in Personalunion vereinigt. Das Geschlecht der Jagiellonen beherrschte ein Reich, das von der Ostsee bis zum Schwarzen Meer reichte. 1410 besiegte Polen den Deutschen Orden in der *Schlacht bei Tannenberg* und gewann die Oberhoheit über Westpreußen. Die Jagiellonen brachten Ende des 15. Jh. Böhmen und Ungarn unter ihre Herrschaft, verloren aber beide Gebiete 1526 an die → Habsburger. Dafür wurden im 16. Jh. Ostpreußen, Kurland und Livland lehenspflichtig. In der *Lubliner Union* wurde Polen auch förmlich mit Litauen vereinigt.

Nach dem Aussterben des Jagiellonengeschlechts 1572 wurde in Polen das Wahlkönigtum eingeführt. 200 Jahre lang herrschten immer wieder ausländische Fürsten auf dem polnischen Thron. Polen büßte in Kriegen gegen Russland, Schweden und Brandenburg u. a. Livland, große Teile der Ukraine und Preußen ein. Der Niedergang Polens und der wachsende Einfluss Russlands führten zu einem vierjährigen Bürgerkrieg zwischen den Katholiken und den benachteiligten nichtkatholischen Polen, der durch die *Polnischen Teilungen* beendet wurde. 1772, 1793 und 1795 wurde das polnische Staatsgebiet schrittweise unter Russland, Österreich und Preußen aufgeteilt, so dass Polen als Staat zu bestehen aufhörte. Das von → Napoleon gebildete *Herzogtum Warschau*, das sich aus den preußischen und österreichischen Teilen Polens zusammensetzte, bestand nur 1807–1815. Auf dem → Wiener Kongress wurde *Kongresspolen* geschaffen, während Posen zu Preußen und Galizien zu Österreich kam und Krakau Republik wurde. Das Königreich Polen war mit Russland in Personalunion vereinigt. In zwei

Polen (Polska)	
Staatsname:	Republik Polen
Staatsform:	Republik
Hauptstadt:	Warschau
Fläche:	312 683 km²
Einwohner:	38,4 Mio.
Bevölkerungsdichte:	123/km²
Amtssprache:	Polnisch
Währung:	Zloty (Zl)
Nationalitätskennzeichen:	PL

Polen

Polarlicht

Das rötliche, grünliche oder weißliche Leuchten des Polarlichts ändert sich in der Form (Streifen, Wolken, Kronen und Bogen in Horizontnähe) und Stärke. Je nachdem ob es in den hohen Breiten des Nordens oder Südens beobachtet wird, bezeichnet man es als *Nord-* bzw. *Südlicht*. In beiden Fällen wird es von elektrisch geladenen Teilchen ausgelöst, die von der Sonne stammen und bei gewaltigen Ausbrüchen (*Eruptionen*) in den Weltraum geschleudert werden. Sie erreichen nach etwas mehr als einem Tag die Erde und werden vom → magnetischen Feld der Erde zu den Polen hin abgelenkt, wo sie in 80–1000 km Höhe die Atome in der Erdatmosphäre zum Leuchten anregen

Polizeistaat

Ein *Polizeistaat* ist ein Staat, der die Aufrechterhaltung der inneren Ordnung ohne gesetzliche Be-schränkung und Kontrolle betreibt und dabei seine Bürger unterdrückt und nicht gegen Übergriffe durch die Sicherheitsbehörden schützt. Er steht im Gegensatz zum *Rechtsstaat*, in dem in der Verfassung genau festgelegt ist, was der Staat bei der Verwaltung des Gemeinwesens tun darf. Polizeistaaten entstanden im 17. und 18. Jh. im Rahmen des → *Absolutismus* (z. B. der preußische Staat unter Friedrich II. oder der österreichische Staat unter Joseph II.) und wurden im 20. Jh. von totalitären Regierungen fortgeführt (z. B. Deutschland während des → Nationalsozialismus oder die Sowjetunion unter dem → Stalinismus).

■ *Marco Polo* (Holzschnitt)

Marco Polo

Marco Polo reiste 1271 mit seinem Vater und seinem Onkel, Kaufleuten aus Venedig, die bereits 1260–1269 in China gewesen waren, durch den Vorderen Orient und den → Pamir auf der Seidenstraße nach China. Dieses wurde damals von den → Mongolen beherrscht. Im Dienst des Herrschers *Kublai Khan* (1215–1294) unternahm er verschiedene Reisen durch das chinesische Kaiserreich, bevor er 1292 auf dem Seeweg zurückkehrte. Die Berichte über seine Erlebnisse stießen bei den Zeitgenossen auf Unglauben, wurden aber später von anderen Reisenden bestätigt.

Aufständen versuchten die Polen 1830/31 und 1863 vergeblich, sich gegen die Fremdherrschaft aufzulehnen. Im Ersten Weltkrieg eroberten Deutschland und Österreich Krakau und Polen. Das von ihnen proklamierte polnische Königreich hatte jedoch keinen Bestand.

Ende 1918 wurde die Republik Polen ausgerufen, in der Marschall *Józef Klemens Piłsudski* (1867–1935) die Regierungsgewalt übernahm. Polen erhielt im → Versailler Vertrag große Teile Posens und Westpreußens, wollte aber durch Vorstöße gegen Weißrussland und die Ukraine das Staatsgebiet in den Grenzen von 1772 wiederherstellen und musste sich eines Gegenangriffs der Roten Armee erwehren, bis 1921 die Ostgrenze festgelegt wurde. Für Teile von Ost- und Westpreußen sowie Oberschlesien wurden Volksabstimmungen vereinbart. Die Entscheidung der Bevölkerung in Masuren, bei Deutschland zu bleiben, die Teilung → Schlesiens und die Probleme der deutschen Minderheit in Polen belasteten das Verhältnis zu Deutschland. Nach dem Abschluss eines Nichtangriffspakts mit der Sowjetunion marschierte Deutschland am 1. September 1939 in Polen ein, was zum Ausbruch des → Zweiten Weltkriegs führte. Deutschland und die Sowjetunion teilten Polen unter sich auf, wobei die deutschen Truppen das westliche Gebiet bis zum Bug besetzten (ein Teil wurde dem Deutschen Reich einverleibt, der andere als Generalgouvernement verwaltet). Während der Besatzungszeit wurde die polnische Bevölkerung unterdrückt und in großer Zahl als Zwangsarbeiter nach Deutschland deportiert. Besonders schlimm war die Unterdrückung der Juden, die zunächst in den größeren Städten in → Gettos zusammengepfercht und später in → Konzentrationslager abtransportiert wurden, wo sie größtenteils ermordet wurden. Ein Aufstand polnischer Widerstandsgruppen im August 1944 in Warschau wurde blutig niedergeschlagen. Nach dem Krieg erhielt Polen als Entschädigung für seine an die Sowjetunion verlorenen Gebiete im Osten der deutschen Ostgebiete bis zur → Oder-Neiße-Linie. Die deutsche Bevölkerung wurde zwangsausgesiedelt. Bis 1952 entstand in Polen eine kommunistische Volksrepublik. Nach zahlreichen Arbeiterstreiks wurde 1980 in Danzig die unabhängige Gewerkschaft *Solidarność* (»Solidarität«) gegründet, die für eine Verbesserung der Wirtschaftslage und für mehr Freiheiten kämpfte. Ihr Vorsitzender war *Lech Wałęsa* (* 1943), der 1983 den Friedensnobelpreis erhielt. Um ein militärisches Eingreifen der Sowjetunion zu verhindern, verhängte die polnische Regierung Ende 1981 das Kriegsrecht, das bis Mitte 1983 galt. Bei den teilweise freien Parlamentswahlen, die Mitte 1989 abgehalten wurden, mussten die Kommunisten eine Niederlage hinnehmen. Eine Allparteienkoalition unter nichtkommunistischer Leitung übernahm die Führung. Seitdem ist Polen wieder eine Republik. Der 1990 zum polnischen Präsidenten gewählte ehemalige Gewerkschaftsvorsitzende *Wałęsa* wurde Ende 1995 von *Aleksander Kwaśniewski*, dem Chef der SLD (Nachfolgeorganisation der kommunistischen Arbeiterpartei), abgelöst.

Police [frz. po'li:sə], *die*, Urkunde, die man beim Abschluss einer → Versicherung unterzeichnet.

Politik [griech. »Kunst der Staatsverwaltung«], *die*, alle Maßnahmen und Handlungen, die der Führung eines Gemeinwesens (z. B. eines Staates) dienen. Es geht dabei um die Gestaltung des öffentlichen Lebens im Rahmen von → Gesetzen. Nach den Teilbereichen des gesellschaftlichen Lebens unterscheidet man auch verschiedene Politikbereiche (z. B. *Außen-, Innen-, Sozial-, Finanz-, Kulturpolitik*).

Political Correctness [engl. pə'lıtıkəl kə'rɛktnıs »politische Korrektheit«], *die*, in den USA entstandener Begriff, der eine Sprech- und Verhaltensweise bezeichnet, die bestimmte Wörter, Bilder und Handlungen tabuisiert (→ Tabu) und vermeidet (oder durch »harmlose« Entsprechungen ersetzt), wenn angenommen wird, daß bestimmte Bevölkerungsgruppen (z.B. ethnische Minderheiten, Behinderte, Frauen) dadurch beleidigt werden könnten.

Polizei [lat.], Behörde, die die öffentliche Ordnung aufrechterhalten und die Sicherheit der Bürger gewährleisten soll. Sie umfasst die *Vollzugspolizei* und den Verwaltungsbereich (z. B. Aufsichtsämter für Bau und Gewerbe). Die Polizei ist ein Hilfsorgan der → Justiz. Bei der Vollzugspolizei gibt es verschiedene Zuständigkeitsbereiche (*Schutz-, Kriminal-* und *Bereitschaftspolizei*). In Deutschland ist das Polizeiwesen mit Ausnahme des → *Bundesgrenzschutzes* und des *Bundeskriminalamts* (BKA) Sache der Länder.

Pollen [lat. »Mehlstaub«], *der*, Blütenstaub; winzige Körner, die sich in den Pollensäcken der → Staubblätter bilden. Die *Pollenkörner* sind die männlichen Fortpflanzungszellen von → Samenpflanzen.

Eine **Pollenallergie** ist eine → Allergie, die durch den Kontakt (besonders Einatmen) mit dem Pollen bestimmter Pflanzen ausgelöst wird. Bekannt ist vor allem der → *Heuschnupfen*.

Pollution [lat. »Befleckung«], *die,* unwillkürlicher Samenerguss (z. B. im Schlaf).

Polo [tibet.-engl.], *das,* Ballspiel, bei dem zwei Mannschaften aus je vier Spielern zu Pferd einen hölzernen Hartball mit einem etwa 1,1 m langen hammerförmigen Schläger in das gegnerische Tor (zwei Stangen ohne Querlatte, die 7 m voneinander entfernt stehen) schießen müssen. Die Pferde müssen nach jedem *Chukker* (7,5 Minuten) gewechselt werden. Gespielt werden vier oder acht Chukkers, wobei zwischen jedem Spielabschnitt eine Pause liegt. Polo wurde in Persien bereits vor 2500 Jahren gespielt und kam Mitte des 19. Jh. über Indien nach Europa.

Polo, Marco (1254–1324), venezianischer Reisender, dessen Berichte in Europa erstmals ein umfassendes Bild von China und dem Fernen Osten vermittelten.

Polonium [lat.], *das,* ein → chemisches Element. Das radioaktive silberweiße Metall, das als Zerfallsprodukt in geringer Menge in Uranmineralen vorkommt, wird als Energiequelle genutzt. Marie → Curie entdeckte das Element 1898 zusammen mit ihrem Ehemann Pierre im Mineral Pechblende als erste.

Poly- [griech.], in zusammengesetzten Wörtern mit der Bedeutung »viel« (z. B. *polychrom* = »vielfarbig«).

Polyeder [griech.], *der, Vielflächner,* geometrischer Körper, der von mehreren ebenen Flächen begrenzt wird (z. B. Pyramide, Quader).

Polygamie [griech.], *die,* Vielweiberei, d. h. eine Ehe, bei der ein Mann mehrere Ehefrauen haben darf (z. B. im Islam). Gegensatz: → Monogamie.

Polygon [griech.], *das,* Vieleck.

Polymer [von griech. poly = »viel« und meros = »Teil«], *das,* in der Chemie eine Verbindung, deren Moleküle aus → Makromolekülen aufgebaut sind. Polymere sind wichtige Verbindungen in der belebten Natur (z. B. → Nukleinsäuren, Stärke). Die **Polymerisation** ist eine Vereinigung von vielen einzelnen Molekülen *(Monomeren)* zu einer neuen kettenförmigen Verbindung. Sie ist ein wichtiges Verfahren für die Herstellung von → Kunststoffen.

Polynesien [von griech. poly = »viel« und nesos = »Insel«], zu → Ozeanien gehörendes Gebiet im östlichen Pazifik, das aus Tausenden von Inseln und Inselgruppen besteht. Die größten Inselgruppen sind → *Fidschi, Tonga, Samoa, Marquesas, Cook-, Tuaomotu-, Gesellschafts-, Tubuai-* und *Phönixinseln.* Zu Polynesien gehören auch → *Neuseeland, Hawaii* und die *Osterinsel.* Die meisten Inseln sind vulkanischen Ursprungs oder aus → Korallen entstanden und bilden oft → Atolle. Das feuchtwarme, subtropische bis tropische Klima liegt im Einfluss der Passatwinde. Die verhältnismäßig hellhäutigen **Polynesier** sind vermutlich ab dem späten 2. Jt. v. Chr. aus Südostasien eingewandert.

Polypen [griech.], Mz., **1.** Erscheinungsform der Nesseltiere, deren schlauchförmiger Körper mit einer Fußscheibe am Untergrund festhaftet. Polypen vermehren sich zumeist ungeschlechtlich (durch Knospung oder Teilung) und leben häufig in großen Kolonien. **2.** Als Polypen bezeichnet man auch gutartige → Geschwülste der → Schleimhäute, die vor allem im Nasenbereich vorkommen.

Polyphonie [griech.], *die,* in der Musik eine Mehrstimmigkeit, bei der die einzelnen Stimmen melodisch und rhythmisch selbstständig sind, aber bei der Stimmführung bestimmte Regeln (wie z. B. → Kontrapunkt beachtet werden.

Polytheismus [griech.], *der,* Vielgötterei; ein Glaube, der mehrere oder viele Götter verehrt. Gegensatz: → Monotheismus.

Pommern, ehemalige preußische Provinz südlich der Ostsee, deren Hauptstadt *Stettin* (heute poln. *Szczecin*) war. Westlich der → Oder liegt das zu Deutschland gehörende *Vorpommern,* östlich davon *Hinterpommern,* das seit 1945 polnisches Staatsgebiet ist.

Pommes frites [frz. pɔm 'frɪt], *Mz,* streifenförmige Stückchen von rohen Kartoffeln, die in heißem Fett schwimmend herausgebacken werden.

Pompeji, antike Stadt am Fuße des → Vesuvs, die 79 n. Chr. bei einem Vulkanausbruch verschüttet wurde. Die Ruinen der etwa 20 000 Einwohner zählenden römischen Stadt sind seit

■ **Pompeji:** Der Tempel des Apollon

Polonium

Zeichen: Po
Ordnungszahl: 84
Atommasse: 209
Dichte: 9,32 g/cm³
Schmelzpunkt: 254 °C
Siedepunkt: 962 °C

■ Die **Hydropolypen** vermehren sich auf ungeschlechtlichem Weg

Teenybopper- und Boygroups

Zu den auffälligsten Erscheinungen der Popmusik gehört von Anfang an, dass bestimmte Stars und Gruppen eine besondere Wirkung auf junge Fans haben, insbesondere auf Mädchen, die für ihre Idole schwärmen und ihnen Liebesbriefe schreiben, bei Konzerten laut kreischen oder sogar vor Aufregung in Ohnmacht fallen. Der Grund für diese erregende Wirkung liegt oft weniger in der Musik als im Aussehen und Auftreten der einzelnen Gruppenmitglieder. Teilweise werden die Gruppen bewusst so »entworfen«, dass für jeden der weiblichen Fans ein Jungentypus vorhanden ist, der sich als Zielobjekt ihrer Wunschträume besonders eignet. Gefördert wird diese kultische Verehrung noch durch Berichte in Jugendmagazinen und einschlägigen Fernsehsendungen, die jede Kleinigkeit der umschwärmten Stars mitteilen.

In den 60er Jahren waren die Beatles und die Bee Gees auch Bands, die mit ihren Liveauftritten vor allem Mädchen ansprachen. Popgruppen, die sich gezielt an sehr junge Fans wandten, entstanden erstmals in den 70er Jahren: beispielsweise die Osmonds und die Partridge Family in den USA oder in Großbritannien die Bay City Rollers und Rubettes. Eigentliche Boygroups kamen jedoch erst Ende der 80er Jahre auf. Der Erfolg solcher Gruppen ist zumeist eher kurzlebig, weil sich die Gruppen bald wieder auflösen oder (wenn ihre Fans älter wurden) von anderen abgelöst werden. Die bekanntesten sind New Kids On The Block, Take That, Caught in The Act, Bed & Breakfast, Backstreet Boys und 'N Sync. Noch jüngere Fans schwärmten in den 90er Jahren vor allem für die Kelly Family.

Mitte des 18. Jh. ausgegraben worden. Die Anlage der Stadt, ihre Bauten sowie die Wandmalereien und Mosaike vermitteln ein anschauliches Bild von der Kultur und vom Alltag der Römer.

Ponys [engl.], *Mz.,* Rassen von kleinwüchsigen Hauspferden (→ Pferde), die wegen ihrer Genügsamkeit und Robustheit als Arbeits- und Reittiere verwendet werden. Die bekanntesten Kleinpferderassen (Schulterhöhe maximal etwa 145 cm) sind *Shetland-* und *Islandpony.*

Poolbillard [engl. 'pū:l-], *das,* auch als *Lochbillard* bezeichnete Variante des → Billardspiels.

Pop- [von engl. popular = »volkstümlich, beliebt«] in zusammengesetzten Wörtern mit der Bedeutung »modern, Jugendliche ansprechend« (z. B. *Popkultur*). Pop ist auch eine Kurzform für → Popmusik.

Pop-Art [engl. 'pɔplaːɹt], *die,* eigentlich *populäre Kunst;* in den 50er Jahren in den USA und Großbritannien entstandene Kunstrichtung, die für sich die Werbung und die Welt der Unterhaltung als Themen entdeckte. Die Pop-Art-Künstler wählten triviale Gegenstände, die sie in einem fotorealistischen oder buntplakativen Stil darstellten, aber durch extreme Vergrößerung, Herauslösung aus der gewohnten Umgebung, ungewöhnliche Ausschnitte und Reihung zu Kunstobjekten machten. Sie benutzte besondere Techniken wie *Fotomontage, Environment* und → *Happening.* Bedeutende Vertreter der Pop-Art sind Robert Rauschenberg (* 1925), Roy Lichtenstein (1923–1997), Andy Warhol (1928–1987) und David Hockney (* 1937).

Popmusik, *Pop,* kommerziell ausgerichtete Form der → U-Musik, die in erster Linie ein junges Publikum anspricht. Im Gegensatz zur → Rockmusik wird sie von Plattenfirmen und -produzenten gezielt entworfen, während die Popgruppen und -sänger, die sie darbieten, lediglich ausführende Interpreten sind. Popmusik zielt auf einen raschen Verkaufserfolg ab, der sich in → *Hits* widerspiegelt, und orientiert sich an den aktuellen Trends. Sie ist rhythmisch, hat einfache und klare Melodien, um eingängig zu sein, und hat leicht verständliche, unverbindliche Texte. Da die Popmusik Erfolg versprechende Elemente und Inhalte anderer musikalischer Stile aufnimmt, sind die Grenzen zur → Rockmusik und zur Schlagermusik fließend. In einem weiteren Sinne bezeichnet Popmusik die gesamte *populäre* Musik, von der Rockmusik über Countrymusik und Schlager bis hin zur volkstümlichen Musik.

populär [frz.], volkstümlich, beliebt.

Population [lat. »Bevölkerung«], *die,* in der Bio-

■ *Pop-Art:* Andy Warhol, Marilyn (1964)

logie die Einzelwesen z. B. einer Art, die in einem bestimmten Gebiet leben. In der Astronomie versteht man darunter eine Gruppe von Sternen, die aufgrund ihrer Entwicklung ähnliche Eigenschaften haben.

Populismus [von lat. populus = »Volk«], *der,* eine Politik, die sich an den gerade aktuellen Stimmungen im Volk orientiert und mit oft demagogischen Mitteln versucht, die Volksmassen für sich zu gewinnen.

Pornographie [von griech. porne = »Hure« und graphein = »schreiben«], *die,* Darstellung von Geschlechtsorganen und geschlechtlichen Vorgängen in Wort oder Bild, die sexuell erregen soll und keine künstlerischen Ziele verfolgt (z. B. *Pornofilm*).

Porträt [frz. pɔrˈtrɛː], *das,* Bildnis eines Menschen.

Portugal, Staat in Südwesteuropa, der den westlichen Teil (etwa ein Sechstel) der → Iberischen Halbinsel einnimmt. Das landwirtschaftlich geprägte Land besteht überwiegend aus Hochland (vor allem im Norden und Osten) sowie Tiefland an der Küste und im Süden. Zu Portugal gehören auch die Inseln → *Azoren* und → *Madeira* sowie *Macao.* Ein Großteil der Bevölkerung (ca. 4 Mio.) lebt im Ausland (vor allem in Brasilien und den EU-Staaten). Rund die Hälfte der Gesamtfläche wird landwirtschaftlich genutzt (insbesondere Ackerbau, Anbau von Gemüse und Wein, Viehzucht). Die Industrie stützt sich in erster Linie auf die Herstellung von Textilien und die Verarbeitung von Nahrungsmitteln, Leder und Metall. Von Bedeutung sind auch Fischerei und Fremdenverkehr. Das von iberokeltischen *Lusitanern* bewohnte Gebiet wurde ab dem 2. Jh. v. Chr. von den Römern unterworfen. Die römische Provinz Lusitania (seit 72 v. Chr.) wurde im 5. Jh. von den germanischen → Sueben und im 6. Jh. von den → Westgoten erobert. 711 wurde Portugal arabisch und gehörte zum Kalifat von Cordoba. Die Wiedereroberung des Landes *(Reconquista)* begann im 10./11. Jh. von Norden her. Der spanische König Alfons VI. schenkte 1095 Graf Heinrich von Burgund Portugal als Lehen. Unter dessen Sohn Alfons I. wurde die Grafschaft zum Königreich und dehnte sich nach Süden aus. Portugal befreite sein Gebiet bis zur Mitte des 13. Jh. von der maurischen Herrschaft und erkämpfte sich im 14. Jh. endgültig die Unabhängigkeit von Kastilien. Ab dem 15. Jh. breitete es sich außerhalb von Europa aus, errichtete zahlreiche Handelsstützpunkte und schuf ein riesiges Kolonialreich in Afrika, Asien und Amerika. Als 1580 das portugiesische Königshaus ausstarb, wurde das Land mit Spanien in → Personalunion vereinigt und büßte in dieser Zeit seine ostindischen Besitzungen an die Niederlande ein. 1640 löste sich Portugal wieder von Spanien und erkämpfte mit französischer und englischer Unterstützung seine Unabhängigkeit zurück, hatte aber seine Großmachtstellung verloren. Es blieb wirtschaftlich von England abhängig. 1822 wurde Portugal nach einer Revolution konstitutionelle Monarchie, während die Kolonie → Brasilien ihre Unabhängigkeit erklärte. Nachdem König Carlos I. 1908 zusammen mit seinem ältesten Sohn bei einem Attentat ums Leben gekommen war, wurde die Monarchie 1910 beseitigt. Bis 1926 erlebte die Republik 44 Regierungen, bevor das Militär die Macht übernahm. In dem autoritären Einparteienstaat regierte António de Oliveira Salazar (1889–1970) ab 1932 als Ministerpräsident diktatorisch. Sein Nachfolger Marcello Caetano (1906–1980) setzte die autoritäre Politik fort, wurde aber 1974 vom Militär gestürzt. Die außereuropäischen Besitzungen, die 1951 in »überseeische Provinzen« umgewandelt worden waren, erhielten ihre Unabhängigkeit. Nach misslungenen Putschversuchen von links und rechts setzte sich 1976 die Demokratie durch. 1986 trat Portugal der EU bei. Mitte 1996 wurde die Gemeinschaft der Staaten portugiesischer Sprache geschaffen, die neben Portugal die ehemaligen Kolonien in Südamerika und Afrika umfasst.

Porzellan [it.], *das,* dichte → Keramik von durchscheinender weißer Farbe, die durch Brennen aus Kaolin (Porzellanerde), Feldspat und Quarz hergestellt wird; im engeren Sinne das Geschirr daraus. Die Kunst der Porzellanherstellung war in China mindestens schon seit dem 7. Jh. bekannt; doch erst zu Beginn des 18. Jh. gelang es in Europa, eigenes Porzellan herzustellen (1708 durch den deutschen Physiker *E. W. von Tschirnhaus* und den deutschen Alchemisten *Johann Friedrich Böttger,* 1682–1719). Schon kurz darauf entstanden die ersten *Porzellanmanufakturen* (1710 Meißen).

Der Kaolingehalt bestimmt die Härte des Porzellans. Aus den fein gemahlenen Bestandteilen wird zusammen mit Wasser ein knetbarer Brei hergestellt, den man auf Töpferscheiben formt oder in Gipsformen gießt. Nach dem Trocknen werden die Stücke bei etwa 1000 °C im Ofen gebrannt. Nach dem Bemalen oder Glasieren folgt das zweite Brennen bei etwa 1400 °C.

Posaune [von lat. bucina], *die,* → Blechblasinstrument, das wie die → Trompete ein Kesselmundstück besitzt, aber aus zwei U-förmig gebogenen Rohren besteht, die ineinander stecken. Bei der schon Mitte des 15. Jh. entwickelten *Zugposaune* können die Rohre gegeneinander verschoben werden, um die Schwingungsröhre zu verlängern. Im 19. Jh. entstand die *Ventilposaune,* bei der das Zugrohr nicht mehr beweglich ist.

Poseidon, in der griechischen Mythologie der Gott des Meeres. Zumeist wurde er mit einem Dreizack in der Hand dargestellt.

positiv [lat.], bejahend, günstig, gewiss. In der Mathematik sind die *positiven Zahlen* die Zahlen über Null.

Positiv [lat.], *das,* ein fotografisches Bild, das durch ein Kopierverfahren von einem → Negativ hergestellt wird (→ Fotografie) und hinsichtlich Wiedergabe der Seiten, Helligkeitswerte und Farben dem abgebildeten Objekt entspricht.

Positivismus, *der,* Weltanschauung, die alles auf das *Positive,* d. h. das tatsächlich Vorhandene und Beobachtbare, beschränkt und metaphysische Überlegungen (→ Metaphysik) ablehnt.

Positron, → Elementarteilchen, das dem → Elektron entspricht und die gleiche Masse, aber die entgegensetzte elektrische Ladung besitzt, also positiv geladen ist.

Posse, derbe → Komödie, die anspruchslose Unterhaltung bietet.

Post- [lat.], in zusammengesetzten Wörtern mit der Bedeutung »nach, hinter« (z. B. *postindustriell*).

Portugal	
Staatsname:	Portugiesische Republik
Staatsform:	Republik
Hauptstadt:	Lissabon
Fläche:	91 985 km²
Einwohner:	9,9 Mio.
Bevölkerungsdichte:	107,5/km²
Amtssprache:	Portugiesisch
Währung:	Escudo (Esc)
Nationalitätskennzeichen:	P

Portugal

Portugal in Übersee

Als einzige von Portugals überseeischen Besitzungen ist *Macao* in Ostasien übrig geblieben. Das etwa 19 km² große Gebiet an der südchinesischen Küste, das auch zwei Inseln umfasst und von fast 400 000 Menschen (hauptsächlich Chinesen) bewohnt wird, wurde 1557 portugiesische Kolonie. Seit 1976 besitzt die Überseeprovinz innere Selbstverwaltung. 1999 fällt sie an die Volksrepublik China zurück.

Post

Vorläufer von regulären Postdiensten gab es bereits im Altertum, als berittene Kuriere oder Boten zu Fuß Nachrichten übermittelten. Im Mittelalter hatte man private Botendienste. In Mitteleuropa baute die Familie *Thurn und Taxis* ab Ende des 15. Jh. einen organisierten Postbetrieb mit regelmäßigen Verbindungen auf. Ab Mitte des 17. Jh. transportierten *Postkutschen* auch regelmäßig Personen. Nachdem der Staat im 19. Jh. den Postverkehr in Deutschland übernommen hatte, wurde 1871 die *Reichspost* gegründet (Bayern und Württemberg hatten bis 1920 eigene Postdienste). 1950 entstand in der Bundesrepublik die *Deutsche Bundespost,* in der DDR die *deutsche Post,* für die jeweils ein eigenes Ministerium zuständig war. Die 1989 eingeleitete Postreform privatisierte die Bundespost und teilte ihre Aufgaben auf drei Unternehmen auf; nach dem Abschluss der Privatisierung wurde das Bundespostministerium aufgelöst.

Potsdam

Nach dem → Zweiten Weltkrieg wurde in Potsdam vom 17. Juli bis zum 2. August 1945 von den Siegermächten USA, Sowjetunion und Großbritannien die *Potsdamer Konferenz* abgehalten, die festlegte, wie das besiegte Deutschland in politischer und wirtschaftlicher Hinsicht behandelt werden sollte. Die Regierungschefs Truman (für die USA), → Stalin (Sowjetunion) und Churchill bzw. Attlee (Großbritannien) vereinbarten das *Potsdamer Abkommen,* dem am 7. August auch Frankreich unter Vorbehalt zustimmte. Es regelte nicht nur die Aufteilung in Besatzungszonen und die geplante Entmilitarisierung und Entnazifizierung sowie die → Reparationen, sondern auch die künftigen Grenzen Deutschlands, wobei das nördliche → Ostpreußen mit → Königsberg bis zu einem endgültigen Friedensvertrag der sowjetischen Verwaltung und die deutschen Ostgebiete östlich der → Oder-Neiße-Linie der polnischen Verwaltung unterstellt wurden. Die Ausweisung der deutschen Bevölkerung, die in Polen, der Tschechoslowakei und Ungarn lebte, geht ebenfalls auf dieses Abkommen zurück.

Post, Einrichtung, die Nachrichten (Briefe, Telegramme, Telefaxe und Telefonate), kleinere Güter (z. B. Päckchen und Pakete befördert sowie bargeldlosen Zahlungsverkehr *(Postgiroverkehr)* übernimmt und Spargelder *(Postsparkasse)* verwaltet. In Deutschland ist die → Deutsche Post für diese Leistungen zuständig. Den internationalen Postverkehr regelt der 1874 gegründete *Postverein* (mit Sitz in Bern), der heute eine Sonderorganisation der → UNO ist.

Postleitzahl, Ortskennzahl, die auf Postsendungen den Empfangsort eindeutig bezeichnet, damit die Zustellung erleichtert wird.

Poster [engl. 'pousta], *das* und *der,* Plakat, das entweder kunstvoll-dekorativ gestaltet ist oder bewusst provozieren will.

Postmoderne, *die,* in der Architektur und Kunst eine Mitte der 70er Jahre entstandene Stilrichtung, die sich von den Ideen der *Moderne* (z. B. Avantgardegedanke) abwendet und in spielerischer Weise auf traditionelle Formen zurückgreift, unterschiedliche Stile mischt und Formen radikal vereinfacht. Allgemein versteht man darunter den Zeitabschnitt, der auf die Moderne folgt und gesellschaftlich durch Dezentralisierung, Pluralismus und demokratische Mitwirkung gekennzeichnet ist.

Postulat [lat.], *das,* in der Philosophie eine Annahme, die zwar glaubhaft und für einen Denkvorgang notwendig ist, sich aber nicht beweisen lässt. Im Sprachgebrauch auch: Forderung.

Potenz [lat.], *die,* **1.** Zeugungsfähigkeit bzw. die Fähigkeit des Mannes, den Geschlechtsverkehr durchzuführen (Gegensatz: → Impotenz); **2.** in der Mathematik die Zahl, die sich ergibt, wenn man eine Zahl zweimal, dreimal usw. mit sich selbst multipliziert (z. B. *dritte Potenz* von 3 = $3 \times 3 \times 3 = 27$).

Potenzial [lat.], *das,* allgemein die Leistungsfähigkeit, die Möglichkeiten, die zur Verfügung stehen. In der Physik versteht man darunter ein Maß, mit dem man die Stärke eines Kraftfeldes (→ Feld) an einem Punkt bestimmen kann.

Potpourri [frz. 'pɔtpuri »Eintopf«], *das,* aneinanderreihung bekannter Lieder und Melodien zu einem neuen Stück.

Potsdam, an der Havel gelegene Hauptstadt (138 000 Einwohner) des Bundeslandes → Brandenburg. Die schon 993 urkundlich erwähnte Stadt wurde im 18. Jh. unter den preußischen Königen zur Garnisonsstadt ausgebaut. → Friedrich II. errichtete in der zweiten Residenzstadt Preußens sein Schloss *Sanssouci* (1745–1747).

■ **Potsdam:** Das Neue Palais

Pottwale, Familie von Zahnwalen (→ Wale), deren Vertreter in größeren Familienverbänden vorwiegend in tropischen und subtropischen Meeren leben. Die Männchen können bis zu 25 m lang werden und ein Gewicht von 50 t erreichen. Der Pottwal besitzt das kräftigste Gebiss aller Tiere, 50 klobige, kegelförmige Zähne, und ist der größte Räuber im gesamten Tierreich.

Prä- [lat.], in zusammengesetzten Wörtern mit der Bedeutung »vor« (z. B. *prähistorisch* = »vorgeschichtlich«).

Präambel [lat.], *die,* Einleitung zu einem Staatsvertrag oder einer Verfassung.

Prädestination [lat.], *die,* Vorbestimmung, der Glaube, dass ein Mensch durch den Willen Gottes zur Seligkeit oder zur Verdammnis bestimmt ist (z. B. bei → Calvin).

Prädikat [lat.], *das,* Bewertung, Rangbezeichnung. In der Grammatik ist das Prädikat die Satzaussage, die durch das → Verb ausgedrückt wird (z. B. Er *singt* das Lied).

Prag, tschech. *Praha,* an der Moldau gelegene Hauptstadt (1,2 Mio. Einwohner) von Tschechien. Sie war bereits im Mittelalter der kulturelle Mittelpunkt Böhmens und wurde im 14. Jh. kaiserliche Residenz. 1348 wurde hier die erste Universität des Deutschen Reiches gegründet. Berühmt ist der Stadtteil *Hradschin* mit der Burganlage.

pragmatisch [von griech. pragma = »Sache«], sachbezogen, auf Erfahrungen beruhend.

Pragmatische Sanktion, 1713 von Kaiser Karl VI. (reg. 1711-1740) erlassenes Staatsgesetz, das in → Österreich die Erbfolge in der weiblichen Linie für seine Tochter → Maria Theresia sicherte und die Unteilbarkeit der habsburgischen Länder anordnete.

Präkambrium, *das,* in der → Erdgeschichte die vor dem → Kambrium (als Beginn des Erdaltertums) liegende *Erdurzeit.*

■ *Prag:* Blick auf die Prager Burg

Präludium [lat.], *das,* Vorspiel (insbesondere in der Musik).
Prämie [lat.], *die,* Belohnung (für etwas), zusätzliche Bezahlung für besondere Leistungen; bei Versicherungen der Betrag, den der Versicherte regelmäßig zahlen muss.
pränatal [lat.], vor der Geburt.
Pranger, früher ein Schandpfahl, an dem ein Verurteilter angekettet stehen musste und dem Spott und der Demütigung durch die Bevölkerung preisgegeben war. Der ab dem Spätmittelalter in Deutschland verbreitete Pranger wurde im 19. Jh. abgeschafft.
Präposition [lat. »Voransetzung«], *die, Verhältniswort,* in der Grammatik eine Wortart, die zum Ausdruck bringt, in welchem Verhältnis (z. B. räumlich, zeitlich, kausal) ein Wort zu einem anderen steht (z. B. *in* dem Haus, *vor* nächster Woche, *wegen* der Angst).
Prärie [frz.], *die,* Graslandschaft im mittleren Westen von Nordamerika.
Präsens [lat.], *das,* in der Grammatik die Gegenwartsform des → Verbs, die im Satz ein Geschehen ausdrückt, das aus der Sicht des Sprechers gegenwärtig ist (z. B. Sie *küsst* den Jungen).
Praseodym [griech.], *das,* ein → chemisches Element. Das zu den seltenen Erden gehörende Schwermetall kommt nur in Verbindungen vor. Es wird für Cer-Mischmetalle und zum Glasfärben verwendet.
Präservativ [frz.], *das,* ein auch als Kondom bezeichnetes → Verhütungsmittel (für den Mann).
Präsident [lat.], *der,* Vorsitzender, Leiter (einer Organisation), Staatsoberhaupt (z. B. in den USA). Gegensatz: → parlamentarisches System.
Präteritum [lat. »vorübergegangene (Zeit)«], *das,* in der Grammatik die Zeitform des Verbs, die ein Geschehen als vergangen ausdrückt; im engeren Sinne das → Imperfekt.

präventiv [frz.], vorbeugend, schützend.
Präzedenzfall, ein Fall, der als Musterbeispiel für zukünftige Fälle dienen kann.
Premiere [frz.], *die,* Uraufführung (z. B. eines Theaterstücks).
Presley ['prɛzlɪ], Elvis (1935–1977), amerikanischer Rock-'n'-Roll-Sänger und Schauspieler, der mit einer Mischung aus Countrymusik und Rhythm & Blues den Rockabilly begründete.
Preßburg, slowak. *Bratislava,* an der Donau gelegene Hauptstadt (449 000 Einwohner) der → Slowakei. Das heutige kulturelle und wirtschaftliche Zentrum des Landes war zwischen 1526 und 1784 die Hauptstadt von Ungarn.
Presse [frz.], eigentlich Bezeichnung für alle Produkte, die mit Hilfe einer *Druckerpresse* hergestellt werden. Heute sind damit alle periodisch erscheinenden → Printmedien gemeint, die sich in Wort und Bild an ein breites Publikum wenden, d. h. die täglich, wöchentlich, monatlich usw. erscheinenden → *Zeitungen, Zeitschriften* und *Magazine.*
Prestige [frz. prɛs'ti:ʒə], *das,* Ansehen (in der Öffentlichkeit).
presto [it.], in der Musik die Anweisung für einen schnellen Vortrag. **Prestissimo** verlangt ein sehr schnelles Spiel.
Pretoria, im Nordosten des Landes gelegene Hauptstadt (als Ballungsraum 1,1 Mio. Einwohner) und Regierungssitz der Republik → Südafrika Die 1855 gegründete Stadt ist heute ein wichtiges industrielles Zentrum mit bedeuten-

Pottwale

Obwohl der Pottwal nur relativ kleine Lungen besitzt, kann er bis zu zwei Stunden tauchen. Eine besondere Atemtechnik, die → Hyperventilation, mit der er den gesamten Körper durch tiefes, bis zu 70-maliges Luftholen mit Sauerstoff anreichert, ermöglicht es ihm, Tiefen bis zu mehr als 1000 m zu erreichen. Dort jagt er seine Beute, Tintenfische, Kraken und Tiefseefische. Er wagt sich dabei sogar an riesige Kraken, die einschließlich ihrer Fangarme bis zu 45 m lang sind.

Praseodym

Zeichen: Pr
Ordnungszahl: 59
Atommasse: 140,91
Dichte: 6,77 g/cm^3
Schmelzpunkt: 931 °C
Siedepunkt: 3512 °C

Elvis Presley

Elvis Presley hatte zwischen 1956 und 1958 zahlreiche Hits, zum einen mit lauten, aggressiven Songs wie »Heartbreak Hotel« und zum anderen mit gefühlvollen Balladen wie »Love Me Tender«. Als *Elvis the Pelvis* (»Elvis, das Becken«) schockierte er die amerikanische Öffentlichkeit durch seine sexuell aufreizenden Auftritte.
Nach seinem Militärdienst konzentrierte er sich in den 60er Jahren auf seine Schauspielerkarriere in mehr als 30 Filmen und auf Shows in Las Vegas. In den 60er und 70er Jahren hatte er nur mehr wenige Hits (wie »In the Ghetto« oder »Suspicious Minds«), verkaufte aber bis zu seinem Tod mehr als 500 Mio. Schallplatten und war der höchstbezahlte Entertainer. Presley hatte Probleme mit Drogen und Medikamentenmissbrauch und starb im August 1977 an Herzversagen. Seine zahllosen Fans besuchen auch heute noch *Graceland,* die Villa des »Königs des Rock 'n' Roll« in Memphis.

■ *Elvis Presley,* Szene aus dem Film »Jailhouse Rock« (1957)

Programmierung

Maschinenorientierte Sprachen (wie Assembler) erlauben es dem Programmierer, die Möglichkeiten der jeweiligen → CPU des Computers voll auszunutzen (weshalb diese Programme auch sehr schnell ablaufen). Sie haben aber den Nachteil, dass sie nur schwer erlernbar und nicht portabel sind (d. h. sie können immer nur für den → Prozessor eingesetzt werden, für den das Programm geschrieben worden ist).
Die Nachteile der maschinenorientierten Sprachen wurden durch die Entwicklung der problemorientierten Sprachen weitgehend behoben; allerdings wird dieser Vorteil durch eine geringere Geschwindigkeit beim Programmablauf erkauft. Eine Sonderstellung nimmt hier die Sprache C ein, die es ermöglicht, trotz hoher Strukturiertheit sehr maschinennah zu programmieren, so dass solche Programme sehr schnell laufen. Beispielsweise sind die → Betriebssysteme OS/2 und Unix in C geschrieben. Seit Mitte der 80er Jahre verwendet man auch objektorientierte Sprachen. Der Grundgedanke der objektorientierten Programmierung ist die Absicht, Aufgabenstellungen der realen Welt durch eine möglichst nahe → Simulation auf dem Computer zu lösen. Im Gegensatz zu den oben genannten sog. prozeduralen Sprachen, die die zu verarbeitenden Daten und die Verarbeitungsanweisungen trennen, ist es hier möglich, geschlossene Objekte aus Daten und Anweisungen, wie diese verarbeitet werden sollen, zu bilden. Verschiedene Objekte können durch den Austausch von Nachrichten *(Messages)* aufeinander reagieren. Objekte mit gleichen Eigenschaften können zu Klassen zusammengefasst werden. 4 GL-Sprachen werden hauptsächlich im kommerziellen Bereich von Datenbankverwaltungen eingesetzt. Sprachen der 5. Generation (Prolog, Lisp) finden in der → KI-Forschung Anwendung.

den Bergwerken in der Umgebung (Diamanten, Gold und Silber).

Preußen, größter Teilstaat des → Deutschen Reiches, der aus dem gleichnamigen Königreich hervorgegangen war und 1945 aufgelöst wurde. Das 1525 aus dem ehemaligen Herrschaftsgebiet des → Deutschen Ordens entstandene Herzogtum Preußen stand unter polnischer Lehenshoheit. 1618 fiel es an die → Hohenzollern, die als Kurfürsten in → Brandenburg herrschten. Unter *Friedrich Wilhelm* (1620–1688), dem »Großen Kurfürsten«, erlangte Preußen seine Selbstständigkeit. Der Name *Preußen* galt seitdem für den gesamten Hohenzollernstaat. Sein Sohn *Friedrich I.* (1657–1713) krönte sich 1701 zum preußischen König. *Friedrich Wilhelm I.* (1688–1740), der »Soldatenkönig«, bereitete mit dem Aufbau des preußischen Militär- und Beamtenstaats den Aufstieg zur Großmacht vor. Unter → *Friedrich II.* (1712–1786) vergrößerte Preußen, gestützt auf seine schlagkräftige Armee, sein Staatsgebiet erheblich und gewann in den → Schlesischen Kriegen Schlesien sowie durch die erste Polnische Teilung (→ Polen) 1772 Westpreußen und das Ermland, wodurch Brandenburg und Ostpreußen miteinander verbunden wurden. Preußen konnte sich zwar aufgrund der zweiten und dritten Polnischen Teilung 1792 und 1795 weiter ausdehnen und kurzzeitig auch fast ganz Norddeutschland beherrschen, unterlag aber 1806 den Truppen → Napoleons und musste große Gebiete abtreten. Im Inneren wurden unter den Ministern Freiherr *vom und zum Stein* (1757–1831) und Fürst *von Hardenberg* (1750–1822) Reformen durchgeführt (u. a. Bauernbefreiung, Städteordnung, Gewerbe- und Religionsfreiheit, allgemeine Wehrpflicht).
Nach den Befreiungskriegen konnte Preußen auf dem → Wiener Kongress seine Großmachtstellung zurückgewinnen und erhielt neben Posen und dem schwedischen Teil von Vorpommern auch einen großen Teil Sachsens, Westfalen und die Rheinprovinz. Preußen hatte durch die Gründung des *Deutschen Zollvereins* (1834), der die meisten deutschen Staaten wirtschaftspolitisch vereinte, zwar die Führung in Deutschland inne; doch König Friedrich Wilhelm IV. weigerte sich nach der *Märzrevolution* von 1848, die deutsche Kaiserkrone anzunehmen. Im Deutschen Krieg siegte Preußen 1866 bei Königgrätz über Österreich und wurde damit die alleinige Führungsmacht in Deutschland. 1867 gründete es den *Norddeutschen Bund,* aus dem nach dem → Deutsch-Französischen Krieg 1871 das Deutsche Kaiserreich hervorging. Das Deutsche Reich, an dessen Schaffung der preußische Ministerpräsident und spätere Reichskanzler Otto von → *Bismarck* maßgeblich beteiligt war, umfasste alle deutschen Staaten mit Ausnahme Österreichs (»kleindeutsche Lösung«). Zum deutschen Kaiser wurde der preußische König *Wilhelm I.* (1797–1888) ausgerufen. Mit der Abdankung seines Enkels *Wilhelm II.* (1859–1941) als deutscher Kaiser und preußischer König 1918 endete die Vormachtstellung Preußens in Deutschland.
Nach der Novemberrevolution wurde Preußen innerhalb der → *Weimarer Republik* ein Freistaat, der unter dem nationalsozialistischen Ministerpräsidenten und Reichsluftfahrtminister *Hermann Göring* (1893–1946) gleichgeschaltet wurde. Preußen, dessen Staatsgebiet sich durch den Verlust der Ostgebiete stark verringerte, wurde 1947 von den Alliierten als Staat aufgelöst.

Preview [engl. ˈpriːvjuː], *die,* Voraufführung eines Films (bevor er offiziell in die Kinos kommt).

Priester, in den → Religionen eine Person, die berufsmäßig als Vermittler zwischen Gott bzw. den Göttern und den Menschen wirkt und besondere kultische Zeremonien (Opfer, Gebete) verrichtet. Im Christentum erhält der Priester sein Amt durch eine Weihe *(Priesterweihe)* und muss als katholischer Priester ehelos bleiben (→ *Zölibat),* während die evangelische Kirche das allgemeine Priestertum aller Gläubigen betont.

Primär- [frz.], in zusammengesetzten Wörtern mit der Bedeutung »Anfangs-, Grundlagen-« (z. B. *Primärliteratur).* Gegensatz: Sekundär-.

Primaten [lat.], *Mz.,* auch als *Herrentiere* bezeichnete Ordnung von → Säugetieren, die → Affen und → Halbaffen umfasst. Die Primaten, zu denen biologisch und entwicklungsgeschichtlich auch der → Mensch zählt, sind die hinsichtlich des Großhirns (→ Gehirn) am höchsten entwickelten Lebewesen. Die Größe ist bei den fast 200 Arten sehr unterschiedlich (Mausgröße bis zu übermannsgroßen → Gorillas), aber allen sind die fünf Finger bzw. Zehen gemeinsam, die dank des Daumens bzw. der großen Zehen zum Greifen fähig sind. Die meisten Primaten leben überwiegend auf Bäumen.

primitiv [frz.], ursprünglich, einfach, dürftig.

Primzahl, in der Mathematik eine → natürliche Zahl, die größer als 1 und nur durch sich selbst und 1 teilbar ist (z. B. 3, 5, 7, 11, 13 ...).

Printmedien [engl.], *Mz.,* umfassende Bezeichnung für alle Druckerzeugnisse (Bücher, Zeitungen, Zeitschriften).

Prinzip [lat.], *das,* Grundsatz, Regel.

Prionen, Eiweißstoffe mit ansteckenden Eigenschaften, die als Erreger für → BSE gelten.
Priorität [frz.], *die,* Vorrang, Stellenwert.
Prisma [griech. »das Zersägte«], *das,* in der Geometrie ein Körper, der aus zwei deckungsgleichen Vielecken als Grundflächen sowie mehreren → Parallelogrammen als Seitenflächen besteht. In der Physik versteht man darunter einen aus einem durchsichtigen Stoff (z. B. Glas) bestehenden Körper, der mindestens zwei ebene Flächen hat, die nicht parallel verlaufen. Wenn ein Lichtstrahl hindurchgeht, wird er durch → Brechung abgelenkt. Ein Prisma zerlegt weißes Licht in seine Spektralfarben (→ Spektrum), weil es die einzelnen → Farben unterschiedlich stark bricht.
privat [lat. »gesondert«], persönlich, nicht öffentlich, vertraulich.
Privatfernsehen, alle Fernsehsender, die nicht von öffentlich-rechtlichen Anstalten betrieben werden und sich nicht durch Rundfunkgebühren, sondern ausschließlich durch Werbeeinnahmen finanzieren.
Privileg [lat.], *das,* Vorrecht.
pro [lat. »für«], je (z. B. drei Tabletten *pro Tag*).
Productplacement, *Product Placement* [engl. ˈprɔdʌktˈpleɪsmənt], *das,* indirekte Werbung im Film oder Fernsehen, indem das Produkt einer Firma z. B. in einem Film erkennbar ins Bild gebracht wird, dies aber mit der Handlung in einem inhaltlich-logischen Zusammenhang steht (wenn etwa James Bond das Auto einer bestimmten Marke fährt). Die Firmen zahlen Geld dafür, weil ihr Produkt dadurch bekannt wird.
Produkt [lat.], *das,* Erzeugnis; in der Mathematik das Ergebnis der → Multiplikation bzw. ein aus mehreren → Faktoren bestehender Ausdruck (z. B. 2 × 3).
Produktion [frz.], *die,* Herstellung (z. B. von Waren oder geistigen Inhalten, auch die Verwirklichung einer Schallplatte, einer Fernsehsendung oder eines Films.
profan [lat. »ungeheiligt«], weltlich (Gegensatz: → sakral), gewöhnlich, alltäglich.
Profil [frz.], *das,* Seitenansicht (bei einem Gesicht), in der Geologie die zeichnerische Darstellung eines senkrechtes Schnittes durch die Erdoberfläche (so dass die verschiedenen Schichten erkennbar werden). Bei Schuhen und Gummireifen versteht man unter einem Profil die Einkerbungen in der Lauffläche, die eine bessere Bodenhaftung ermöglichen sollen.
Prognose [griech. »Vorherwissen«], *die,* Vorhersage (z. B. welche Partei bei einer Wahl gewinnt).

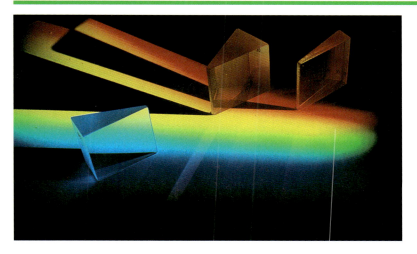

Programm [griech. »schriftliche Bekanntmachung«], *das,* **1.** der geplante Ablauf einer Veranstaltung und das Heft, in dem dies verzeichnet ist. Auch das gesamte Angebot, das ein Theater, ein Kino oder eine Fernseh- und Rundfunkanstalt präsentiert, wird als Programm bezeichnet. Im übertragenen Sinne versteht man darunter die Ziele, die beispielsweise eine Partei verkündet. **2.** In der → elektronischen Datenverarbeitung ist das Programm eine Anweisung bzw. eine Folge von Befehlen für den Rechner, damit er eine bestimmte Aufgabe löst und die dazu erforderlichen Arbeitsschritte in einer festgelegten Reihenfolge ausführt. Solche Programme sind in einer *Programmiersprache* abgefasst, die der Rechner lesen kann. Man unterscheidet dabei zwischen *Systemprogrammen,* die für die Steuerung der inneren Abläufe in einem Rechner zuständig sind (→ Betriebssystem), und *Anwendungsprogrammen,* die für besondere Aufgaben (z. B. → Textverarbeitung) erforderlich sind. Programme werden zusammenfassend als → Software bezeichnet.
programmieren, für einen → Computer ein → Programm erstellen. Benutzt werden dabei bestimmte **Programmiersprachen.** Das sind künstliche, meist dem Englischen nahe Sprachen. Man unterscheidet dabei zwischen *maschinenorientierten* (→ Assembler), *problemorientierten* (z. B. Cobol, Basic, Fortran, Pascal, C), *objektorientierten* (z. B. Simula, Smalltalk, C++), *4 GL-* und Sprachen der *5. Generation* (z. B. Prolog, Lisp).
progressiv [engl.], fortschrittlich, auch fortschreitend (z. B. bei Krankheiten, die sich verschlimmern).

■ *Prismen* in farbigem Licht

Primaten

Die Gibbons spalteten sich entwicklungsgeschichtlich bereits vor mehr als 20 Mio. Jahren ab, die Orang-Utans vor etwa 15 Mio. Jahren. Vor 5–10 Mio. Jahren trennte sich die Entwicklung von Gorillas, Schimpansen und Menschen, wobei sich die Gorillas am frühesten in eine eigene Richtung entwickelten. In vielerlei Hinsicht sind die Schimpansen enger mit dem Menschen als mit dem Gorilla verwandt, wie Vergleiche des → genetischen Codes zeigen.

Bekannte Progressive-Rock-Gruppen

Großbritannien:

Camel
Electric Light Orchestra
Emerson, Lake & Palmer
Flash
Genesis
Gentle Giant
Greenslade
Jethro Tull
King Crimson
Moody Blues
Nice
Procol Harum
Rare Bird
Van der Graaf Generator

USA:

Ars Nova
Lett Banke
New York Rock and Roll Ensemble
Vanilla Fudge

Übrige Welt:

Ekseption
Focus
Wallenstein

■ *Sergej Prokofjew*

Promethium

Zeichen: Pm
Ordnungszahl: 61
Atommasse: 145
Dichte: 7,22 g/cm3
Schmelzpunkt: 1168 °C
Siedepunkt: 2460 °C

■ Durch **Parallelprojektion** gewinnt man die Aufrißtafel, die Grundrißtafel und das perspektivische Bild von räumlichen Gebilden

Progressive Rock [prəˈgrɛsɪvlrɔk], *der,* Ende der 60er, Anfang der 70er Jahre entstandene Richtung der → Rockmusik, die sich in ihren Kompositionen stärker an der E-Musik orientierte und von kurzen, liedhaften Stücken zu komplizierter aufgebauten, oft sehr langen Stücken überging. Die progressive Rockmusik nahm vielfältige musikalische Einflüsse auf, vor allem aus dem → Jazz und der → Klassik, und vermischte sie zu einer jedoch nicht eigenständigen Mischung von Klangformen und Musikstilen. Außerdem verwendete sie ausufernde → Improvisationen. Als Gegenreaktion zu dieser aufwendigen Musik, die durch Tasteninstrumente (vor allem → Synthesizer) geprägt war und teilweise sogar von großen Sinfonieorchestern begleitet wurde, entstand Mitte der 70er Jahre der → Punkrock.

Projekt [lat. »nach vorn Geworfenes«], *das,* Vorhaben, Entwurf.

Projektion [lat.], *die,* in der Mathematik die Abbildung von Punkten auf einer Geraden oder Ebene. Allgemein versteht man darunter die vergrößerte Wiedergabe von Bildern, die mit einem → Projektor auf eine Leinwand geworfen werden. Bei → Landkarten ist damit die Abbildung der gekrümmten Erdoberfläche auf eine ebene Fläche gemeint.

Projektor [lat.] *der,* ein Gerät, mit dem man Bilder (Dias, Folien, Fotografien oder Filme) an eine helle Wand werfen *(projizieren)* und gleichzeitig vergrößern kann.

Proklamation [frz.], *die,* öffentliche Bekanntmachung, Verkündigung (z. B. der Selbstständigkeit eines Staates).

Prokofjew, Sergej (1891–1953), russischer Komponist und Pianist, der in seinem Werk Elemente der Volksmusik und des Klassizismus mit fortschrittlicher Harmonik und lyrischer Einfachheit vereinigte. Eines seiner bekanntesten Werke ist das sinfonische Märchen »Peter und der Wolf« (1936).

Proletarier [von lat. proles = »Nachkomme«], im alten Rom Bezeichnung für Bürger der besitzlosen Schicht. Der → Marxismus versteht darunter Lohnarbeiter, die keinen Besitz an den Produktionsmitteln haben und ihre Arbeitskraft verkaufen müssen. Nach marxistischer Auffassung wird das **Proletariat** im Kapitalismus ausgebeutet und hat die Aufgabe, den Klassenkampf zu tragen, um eine klassenlose Gesellschaft zu verwirklichen.

Prolog [griech.], *der,* Vorrede, Einleitung (in einem Buch).

Prometheus [griech. »der Vorausdenkende«], in der griechischen Mythologie ein Sohn des → Titanen Iapetos. Er brachte den Menschen das Feuer, das er den Göttern stahl, und die Kultur. Nach einer anderen Überlieferung schuf er sogar die Menschheit, indem er aus Ton Männer und Frauen formte, denen Athene Leben einhauchte. Aus Zorn über den Diebstahl des Feuers ließ ihn Zeus an einen Felsen im Kaukasus ketten. Dort fraß ein Adler jeden Tag an der Leber des unsterblichen Titanen, bis ihn → Herakles befreite.

Promethium [von Prometheus], *das,* ein → chemisches Element. Das unbeständige, radioaktive Metall von silberweißer Farbe, das zu den seltenen Erden gehört, wurde 1945 entdeckt.

Promille [lat.], *das,* ein Teil vom Tausend (Zeichen ‰). Häufig ist damit der Blutalkohol, d. h. der in Promille gemessene Alkoholanteil des Blutes, gemeint.

Promotion [lat. »Beförderung«], *die,* 1. Erlangung bzw. Verleihung des → Doktortitels; 2. [engl. ˈprəmɔʃn], gezielte Werbung mit besonderen Mitteln, um den Verkauf eines Produkts zu fördern.

Pronomen [lat.], *das,* Fürwort, das für ein → Nomen steht und dieses im Satz ersetzen kann.

Propaganda [von lat. propagare = »ausbreiten«], *die,* Werbung mit großem Aufwand für etwas, vor allem für politische Ideen, wobei versucht wird, jemanden in einer bestimmten Richtung zu beeinflussen. Der Begriff hat häufig eine abwertende Nebenbedeutung in dem Sinne, dass hinter der Propaganda keine Inhalte stecken.

Propan, Kurzwort aus *Propylen* und → Methan, ein gesättigter Kohlenwasserstoff in Gasform, der wegen seines hohen Heizwerts als Brenn-

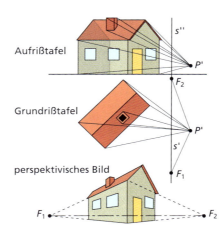

■ *Propeller*

stoff verwendet wird. Es wird aus Erdgas oder Erdöl gewonnen.

Propeller [engl. »Antreiber«], *der,* schraubenförmige Vorrichtung zum Antrieb von Flugzeugen oder Schiffen. Die *Luftschraube* besteht zumeist aus zwei bis vier schmalen, lang gestreckten Flügeln (Blätter), während die *Schiffsschraube* drei bis sieben breite, abgerundete Flügel besitzt.

Prophet [griech.], *der,* ursprünglich ein Deuter von Orakelsprüchen; in der → Bibel ein von Gott berufener Seher, der durch → Offenbarungen den Willen Gottes und zukünftige Ereignisse erfuhr und dies den Menschen verkündete. Das → Alte Testament enthält mehrere prophetische Bücher. Als Prophet wird auch → Mohammed bezeichnet, der nach visionären Erlebnissen den Islam stiftete.

Prophylaxe [griech. »Vorsicht«], *die,* Vorbeugung (zur Verhütung von Krankheiten).

Proportion [lat.], Größenverhältnis. Wenn sich ein Wert **proportional** verändert, erfolgt die Veränderung im gleichen Verhältnis zu einem anderen Wert.

Prosa [lat. »gerade ausgerichtete (Rede)«], *die,* gesprochene oder geschriebene Sprache, die im Gegensatz zur → Poesie nicht gebunden ist, d. h. keine Verse, keinen besonderen Rhythmus und keine Reime verwendet.

Prospekt [lat. »Ausblick«], *der,* Werbeschrift, die in der Regel mit Bildern ausgestattet ist; im Theater der gemalte Bühnenhintergrund.

Prostata [griech. »Vorsteher«], *die,* Vorsteherdrüse beim Mann. Das kastaniengroße Organ unterhalb der → Harnblase umfasst die Harnröhre ringförmig. Insbesondere in höherem Lebensalter vergrößert sich die Prostata bisweilen und kann dabei die Harnentleerung behindern, so dass die Wucherungen operativ entfernt werden müssen.

Prostitution [von lat. prostituere = »vorn hinstellen«], *die,* gewerbsmäßiges Anbieten von sexuellen Handlungen, vor allem des Geschlechtsverkehrs.

Protactinium [von griech. proto und → Actinium], *das,* → chemisches Element, das als Zerfallsprodukt in winzigen Mengen in Uranmineralen vorkommt. Das radioaktive silberweiße Metall gehört zu den seltensten Elementen.

Proteine [von griech. protos = »erster«], *Mz,* → Eiweiße.

Protektion [frz.], *die,* Förderung einer Person, indem man sie im Beruf begünstigt. In der Wirtschaft versteht man unter **Protektionismus** den Schutz der einheimischen Warenproduktion durch Maßnahmen, die den Import ausländischer Konkurrenten erschweren (z. B. Schutzzölle, Einfuhrbeschränkungen).

Proterozoikum [von griech. proteros = »früher« und zoon = »Lebewesen«], *das,* in der → Erdgeschichte der jüngste Abschnitt der Erdurzeit.

Protest [it.], *der,* deutliche Missfallensbekundung, um zu zeigen, dass man mit etwas nicht einverstanden ist.

Protestantismus [von lat. protestari = »öffentlich bezeugen«], *der,* umfassende Bezeichnung für alle christlichen Kirchen, die aus der → Reformation im 16. Jh. hervorgegangen sind.

Prothese [griech. »Hinzufügen«], *die,* künstlicher Ersatz für ein amputiertes Körperglied (z. B. *Armprothese)* oder für herausgebrochene oder vom Zahnarzt gezogene Zähne *(Teil-* und *Vollprothese).*

Proto- [griech.], in zusammengesetzten Wörtern mit der Bedeutung »erster, Ur-« (z. B. *Protozoon* = »Urtierchen«).

Pronomen

Personalpronomen, die Personen und Dinge bezeichnen (z. B. *ich, dir, ihnen);*

Reflexivpronomen, die sich auf das → Subjekt des Satzes rückbeziehen (z. B. er fürchtet *sich);*

Possessivpronomen, die ein Besitzverhältnis oder eine Zugehörigkeit zum Ausdruck bringen (z. B. *mein, unseres, euer);*

Demonstrativpronomen, die auf eine Person oder eine Sache hinweisen (z. B. *dieser, jene, dasselbe);*

Relativpronomen, die → Relativsätze einleiten (z. B. der Mensch, *der* ... das Kind, *dem* ..);

Interrogativpronomen, die Fragesätze einleiten (z. B. *wer, was, welcher);* und

Indefinitpronomen, die Personen und Dinge nicht näher bezeichnen oder eine unbestimmte Menge zum Ausdruck bringen (z. B. *jemand, alle, man, kein, nichts, niemand).*

Propheten

Nach dem Umfang der prophetischen Bücher in der Bibel unterscheidet man vier *große* Propheten (Jesaja, Jeremia, Hesekiel oder Ezechiel und Daniel) sowie zwölf *kleine* Propheten (Amos, Habakuk, Haggai, Hosea, Joel, Jona, Maleachi, Micha, Nahum, Obadja, Sacharja, Zephanja).

Protactinium

Zeichen: Pa
Ordnungszahl: 91
Atommasse: 231,04
Dichte: 15,37 g/cm³
Schmelzpunkt: 1600 °C

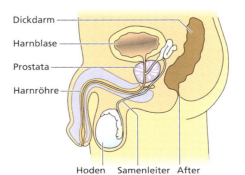

■ Die **Prostata** umgreift die Harnröhre

Bekannte Psychedelic-Rock-Gruppen
• • • • • • • • • • • • • • • • •
Großbritannien:
Blossom Toes
Eric Burdon & The New Animals
Crazy World of Arthur Brown
Creation
Gong
Hawkwind
Incredible String Band
John's Children
Kaleidoscope
Man
Misunderstood
Move
Open Mind
Pink Floyd
Skip Bifferty
Smoke
Tomorrow
Traffic

USA:
Amboy Dukes
Blues Magoos
Chocolate Watch Band

(Fortsetzung siehe Seite 531)

■ *Marcel Proust*

Protokoll [griech. »vorgeleimtes Blatt«], *das,* wortgetreue Niederschrift eines Verhörs, schriftliche Zusammenfassung des Ablaufs und der Ergebnisse z. B. einer Sitzung. Im diplomatischen Verkehr bezeichnet man so auch alle gebräuchlichen Umgangsformen, beispielsweise, was für den Besuch eines Staatsoberhaupts vorgeschrieben ist.
Proton, *das,* → Elementarteilchen, das zu den → Baryonen gehört und eine positive elektrische Ladung besitzt. Zusammen mit dem → Neutron ist es ein Baustein des Atomkerns (→ *Nukleon*). Es bildet allein den Kern des → Wasserstoffatoms. Die Zahl der Protonen in einem Atomkern, die → Ordnungs- oder Kernladungszahl, legt die chemischen Eigenschaften fest und bestimmt, zu welchem Element im → Periodensystem das Atom gehört.
Protophyten [von griech. protos = »erster« und phyton = »Gewächs«], *Mz.,* einzellige → Pflanzen (z. B. → Bakterien). Zu den Protophyten werden auch lockere Zellverbände gezählt.
Protoplasma [griech.], *das,* Grundsubstanz in den → Zellen aller Lebewesen, die aus Wasser, Eiweiß, Fetten, Kohlenhydraten, Vitaminen und Mineralsalzen besteht. Als → *Zytoplasma* umschließt es die Organellen der Zellen (wie z. B. Mitchochondrien) und den Zellkern.
Prototyp [griech.], *der,* das Urbild, das alle Merkmale verkörpert, die für etwas als typisch gelten (z. B. der Prototyp eines Revolutionärs); in der Technik das Probemodell eines Fahrzeugs, bevor es in Serie geht.
Protozoen [von griech. protos = »erster« und zoon = »Lebewesen«], *Mz.,* auch als → Urtierchen bezeichnete einzellige Tiere (z. B. → Wimpertierchen), die zwischen 0,001 und 2 mm groß sind.
Protuberanz [von lat. protuberare = »hervortreten«], *die,* leuchtende Gasmasse von sehr geringer Dichte, die aus der Sonne herausschießt und eine Temperatur von nur 10 000–20 000 °C besitzt. Protuberanzen, die mit einer Geschwindigkeit von bis zu 700 km/h hochschießen und über 1 Mio. km weit in den Weltraum hineinragen können, lassen sich leicht am Sonnenrand beobachten (vor allem bei → Sonnenfinsternissen).
Proust [prust], Marcel (1871–1922), französischer Schriftsteller, der vor allem durch seinen siebenbändigen Roman »Auf der Suche nach der verlorenen Zeit« (1913–1922) berühmt wurde. In seinem für den modernen Roman sehr einflussreichen Werk benutzt er vorwiegend die neuartige Erzähltechnik der Assoziation und Erinnerung, um das subjektive Bewusstsein des Icherzählers darzustellen.
Provinz [lat.], *die,* ein Landesteil, der eine eigene Verwaltungseinheit bildet. In abwertendem Sinne ist damit eine ländliche oder kleinstädtische Gegend gemeint, die in kultureller Hinsicht (im Vergleich zu Großstädten) als rückständig gilt.
provisorisch [frz.], behelfsmäßig, vorläufig.
Provokation [lat.], *die,* bewusste Herausforderung einer anderen Person (durch Gesten oder Worte).
Prozent [it.], *das,* vom Hundert, der hundertste Teil (Zeichen %).
Prozess [lat.], *der,* Verlauf, Vorgang; im Rechtswesen ein Gerichtsverfahren (z. B. *Strafprozess*).
Prozessor [engl.], *der,* in der → elektronischen Datenverarbeitung die Bezeichnung für die → Zentraleinheit.
PS, Abkürzung für → *Pferdestärke* und Abkürzung für *Postskriptum,* eine Nachschrift in einem Brief, die nach dem eigentlichen Text folgt.
Psalm [griech.], *der,* in der Bibel Bezeichnung für die 150 religiösen Lieder (Hymnen, Klage- und Danklieder) des Volkes Israel, die im Buch der Psalmen *(Psalter)* gesammelt sind; später ein geistliches Lied, das einem biblischen Psalm eine Melodie unterlegte.
Pseudo- [von griech. pseudein = »täuschen«], in zusammengesetzten Wörtern mit der Bedeutung »falsch, Schein-« (z. B. *pseudowissenschaftlich).*
Pseudonym [griech. »mit falschem Namen«], *das,* Deckname für jemanden, der etwas nicht unter seinem eigenen Namen veröffentlichen will oder einen anderen Namen verwendet, weil der eigene nicht publikumswirksam genug erscheint.
Psi, ψ, der vorletzte Buchstabe des griechischen → Alphabets. Er bezeichnet alle parapsychologischen Erscheinungen (wie etwa die außersinnliche Wahrnehmung).
Psyche [griech. »Hauch, Seele«], *die,* Gesamtheit der seelisch-geistigen Vorgänge des Menschen im Gegensatz zum Körperlichen (Physis). Als **psychisch** bezeichnet man alle bewussten und unbewussten Vorgänge des Erlebens (z. B. Denken, Fühlen).
psychedelisch [griech.-engl. »die Seele offenbarend«], bewusstseinserweiternd. **Psychedelische Drogen** sind → Halluzinogene, die in einen rauschähnlichen Zustand versetzen und eine Veränderung der Wahrnehmung und des Erlebens bewirken (u. a. Aufhebung des Zeit-

gefühls, Intensivierung der Farbwahrnehmung, Verzerrung der Sicht, Erleben von nur in der Phantasie vorhandenen Bildern, Tönen usw.).

Psychedelic Rock [ˈsaɪkɪdɛlɪk ˈrɔk], ab 1966 entstandene Stilrichtung der → Rockmusik, die versuchte durch besondere Klänge und Geräusche sowie Licht- und Farbeffekte beim Zuhörer eine bewusstseinserweiternde Wirkung zu erzeugen oder die Stimmung eines Drogenerlebnisses mit musikalischen Mitteln nachzubilden. Sie war teilweise das Ergebnis von → psychedelischen Drogen. Die psychedelische Rockmusik, die in den USA auch als *Acid Rock* oder *Head Rock* bezeichnet wurde, entwickelte sich aus zahlreichen Musikrichtungen, vor allem aus → Folk, Blues und amerikanischem Garagenrock, und schuf daraus eine sehr vielfältige, die zuvor bestehenden Grenzen der Rockmusik sprengende Musik. Auch exotische Instrumente (wie etwa → Sitar) wurden verwendet und ungewöhnliche Klänge (vor allem mit Hilfe elektronischer Instrumente) oder sogar Geräusche einbezogen. In den USA war die psychedelische Rockmusik eng mit der → Hippiekultur verbunden. Ihre kommerzialisierte Form hieß *Flower Power* (z. B. das Musical »Hair«). In Großbritannien begann sich der psychedelische Rock 1966/67 durchzusetzen, als Gruppen wie die Yardbirds (»Over Under Sideways Down«, »Happenings Ten Years Time Ago«) und die Beatles »Tomorrow Never Knows«, »Strawberry Fields Forever«) die herkömmliche Blues- und Liedform aufbrachen und erweiterten. Im »Sommer der Liebe« 1967 schlossen sich ihnen zahlreiche Rockgruppen an. Der britische Psychedelic Rock war stärker melodieorientiert, während die amerikanischen Gruppen lange → Improvisationen bevorzugten.

Anfang der 70er Jahre entwickelte sich daraus der *Space Rock,* der vor allem von Rockgruppen auf dem europäischen Kontinent fortgeführt wurde. Erst Ende der 70er Jahre entwickelte sich innerhalb der → New Wave erneut eine psychedelische Rockmusik, die bewusst auf die Musik der späten 60er Jahre zurückgriff, in den 80er Jahren auch als *Sixties Revival* und in den 90er Jahren als *Retro-Rock* und *Britpop* bezeichnet wurde.

Psychiater [von griech. psyche = »Seele« und iatros = »Arzt«], *der,* ein Facharzt für die Behandlung von Geisteskrankheiten und seelischen Störungen.

Psychoanalyse, *die,* von Sigmund → Freud entwickelte Methode, seelische Störungen (→ Neurosen) dadurch zu behandeln, dass der **Psycho-**

■ *Ptolemäer:* Kleopatra VII., Königin von Ägypten (69 - 30 v. Chr.)

analytiker verdrängte Wünsche, Empfindungen und Erlebnisse wieder bewusst macht. Der Patient muss die ins → Unbewusste verdrängten Erfahrungen sowie seine Träume und Phantasien erzählen, um unbewältigte Gefühle zu verarbeiten, weil sich dahinter die Beweggründe für sein Verhalten verbergen.

Psychologie [griech.], *die,* Wissenschaft, die sich mit dem Verhalten des Menschen und den zugrunde liegenden → *psychischen* Vorgängen befasst.

Psychose [griech.], *die,* Sammelbegriff für psychische Störungen, die oft mit einem Realitätsverlust und schwerwiegenden Verhaltensveränderungen verbunden sind, ohne dass zumeist organische Ursachen dafür erkennbar sind.

Psychosomatik [von griech. psyche »Seele« und soma = »Körper«], *die,* Richtung innerhalb der → Medizin, die sich mit den Wechselbeziehungen zwischen → psychischen Vorgängen und körperlichen Erscheinungen, insbesondere mit den seelischen Ursachen von körperlichen Erkrankungen befasst.

Ptolemäer, Herrschergeschlecht in → Ägypten, das sein Diadochenreich 330–323 v. Chr. regierte und nach einer Expansionsphase zunehmend von Rom abhängig wurde.

Pubertät [lat. »Mannbarkeit«], *die,* bei Jugend-

Electric Prunes
Grateful Dead
Iron Butterfly
H. P. Lovecraft
Jefferson Airplane
Lemon Drops
Love
Moving Sidewalks
Red Krayola
Seeds
Steve Miller Band
Strawberry Alarm Clock
13th Floor Elevator
Ultimate Spinach
United States of America
West Coast Pop Art Experimental Band

Übrige Welt:

Amon Düül II
Brainticket
Group 1850
Nektar
Tangerine Dream

New Psychedelia:

Bevis Front
Chills
Charlatans
Church
Julian Cope
Dukes of Stratosfear
Echo and The Bunnymen
Flaming Lips
Gorky's Zygotic Mynci
Robyn Hitchcock
Inspiral Carpets
Kula Shaker
Legendary Pink Dots
Miles Over Matter
Moffs
Opal
Outskirts of Infinity
Plan 9
Plasticland
Porcupine Tree
Rain Parade
Shiny Gnomes
Soft Boys
Spaceman 3
Spectrum
Steppes
Super Furry Animals
Teardrop Explodes
Television Personalities
Vietnam Veterans

532 Publicity

Puerto Rico

Bekannte Punkrockgruppen

Großbritannien:

Adverts
Clash
Damned
Ruts
Sex Pistols
Vibrators
X-Ray Spex

USA:

Dead Kennedys
Ramones
Patti Smith

Deutschland:

Die Ärzte
DIN a Testbild
Geisterfahrer
Mittagspause
Pack
Plan
S.Y.P.H.
Tempo
Tote Hosen

■ *Puma*

lichen die Entwicklungsphase, in der die Geschlechtsreife eintritt. Sie wird von → Geschlechtshormonen ausgelöst. Die Pubertät, die bei Mädchen etwa mit elf und bei Jungen etwa mit zwölf Jahren beginnt, ist der Beginn des Jugendalters, das zwischen Kindheit und Erwachsensein liegt. Sie setzt mit dem ersten Auftreten sekundärer → Geschlechtsmerkmale ein (bei Mädchen und Jungen Wachstum von Schambehaarung, bei Mädchen Vergrößerung der Brüste, bei Jungen Wachstum der Hoden, später auch Bartwuchs und → Stimmbruch) und umfasst nach der Reifung der inneren Geschlechtsorgane die erste → Menstruation bzw. den ersten Samenerguss (→ Ejakulation oder → Pollution). Die Pubertät ist nicht nur mit körperlichen Veränderungen, sondern auch mit seelischen Problemen bei der körperlich-geistigen Umstellung verbunden, so dass die pubertierenden Jugendlichen oft gefühlsmäßig unausgeglichen und leicht reizbar sind, gegen die Erwachsenenwelt aufbegehren und sich in ihrer Umgebung erst neu orientieren müssen. Im Allgemeinen endet die Pubertät bei Mädchen mit etwa 15 und bei Jungen mit etwa 16 Jahren.

Publicity [engl. pa'blısiti], *die,* öffentliche Bekanntheit.

Public Relations [engl. 'pʌblɪk rɪ'leɪʃənz »öffentliche Beziehungen«], *Mz.,* die Öffentlichkeitsarbeit etwa eines Unternehmens mit dem Ziel, bei der Öffentlichkeit Vertrauen für seine Erzeugnisse oder Aktionen zu gewinnen. Public Relations wird häufig zu *PR* verkürzt (z. B. *PR-Abteilung*).

Publikation [lat.], *die,* Veröffentlichung, gedrucktes Werk. Ein **Publizist** ist jemand, der beruflich (z. B. als → Journalist) in den → Massenmedien tätig ist oder als Schriftsteller über aktuelle Themen und Tagespolitik schreibt.

Puccini [put'tʃi:ni], Giacomo (1858–1924), italienischer Komponist. Seine naturalistischen Opern griffen publikumswirksame, zeitgenössische Stoffe auf, die er mit eingängigen Melodien vertonte. Am bekanntesten sind »La Bohème« (1896), »Tosca« (1900) und »Madame Butterfly« (1904).

Puck [von engl. poke = »stoßen«], *der,* Hartgummischeibe, die beim → Eishockey mit dem Schläger ins gegnerische Tor befördert werden muss.

Puerto Rico, mit den → Vereinigten Staaten von Amerika assoziierter Freistaat in der → Karibik, der neben der gleichnamigen Insel drei weitere Inseln der Großen → Antillen umfasst. Puerto Rico wurde 1493 von → Kolumbus entdeckt und ab 1508 von den Spaniern besiedelt. Afrikanische Sklaven ersetzten bald die indianische Urbevölkerung. 1898 musste Spanien die Tropeninsel an die USA abtreten. Die größtenteils spanischsprachige Bevölkerung, die seit 1952 innere Selbstverwaltung genießt, lehnte 1967 sowohl die Unabhängigkeit als auch den Anschluss als 51. Bundesstaat ab und sprach sich Ende 1993 für die Beibehaltung des Assoziierungsstatus aus.

Puls [lat. »Schlag«], *der,* **1.** eine besonders an der Innenseite der Handgelenke fühlbare rhythmische Füllung und Entleerung der → Arterien mit Blut, wenn sich die Druckwelle im → Blutkreislauf entsprechend dem Herzschlag fortpflanzt. Beim Erwachsenen beträgt der Puls in Ruhe etwa 60–80 Schläge pro Minute. **2.** In der Physik ist ein Puls eine regelmäßige Folge von gleichartigen → Impulsen.

Pulsar [engl.], *der,* Kurzwort aus *Pulse* (→ Puls) und → *Quasar.* In der Astronomie wird damit eine Strahlungsquelle im Kosmos bezeichnet, die in sehr raschen (zwischen 4 Sekunden und 1,6 Millisekunden), regelmäßigen Abständen pulsförmige Radiowellen aussendet. Es handelt sich dabei um rotierende → Neutronensterne.

Pulver [lat. »Staub«], *das,* trockener, fester Stoff, der fein zerteilt ist.

Pumas [indian.-span.], auch als *Silber-* oder *Berglöwen* bezeichnete Raubkatzen (→ Katzen), die in Nord- und Südamerika vorkommen. Die hellbraunen bis silbergrauen Tiere werden bis zu 1,6 m lang und besitzen einen langen Schwanz (bis 85 cm).

Pumpe, Maschine, mit der man Flüssigkeiten oder Gase fördern und bewegen kann. Gase können verdünnt *(Vakuumpumpe)* oder zusammengepresst *(Kompressor)* werden. Die einfachste Bauart ist die *Kolbenpumpe,* in der sich ein Kolben in einem Zylinder hin- und herbewegt. Beim Saughub wird die Flüssigkeit angesaugt, beim Druckhub wieder ausgestoßen. Bei der *Kreiselpumpe,* die für hohe Umlaufzahlen konstruiert ist, wird Wasser mithilfe von Schaufelrädern in eine Leitung gepresst. Sie fördert im Gegensatz zur stoßweise arbeitenden Kolbenpumpe ohne Unterbrechung.

Punische Kriege, drei im 3./2. Jh. v. Chr. zwischen Karthago und → Rom geführte Kriege um die Vorherrschaft im westlichen Mittelmeerraum.

Punk [engl. pʌŋk »Abfall«], *der,* Mitte der 70er Jahre in England entstandene Bewegung von Jugendlichen, die mit ihrem Verhalten gegen

■ *Punks*

die trostlose gesellschaftliche Situation protestierten. Sie betonten das Hässliche, Laute, Aggressive und Dilettantische, weil dies »Werte« waren, die von der Gesellschaft nicht anerkannt wurden. Die Angehörigen dieser Bewegung, die vor allem durch wirre, grell gefärbte Haare und zerrissene Kleidung auffielen, wurden als *Punks* bezeichnet. Ihren musikalischen Ausdruck fand diese Bewegung im → Punkrock.

Punkrock, *Punk* [ˈpʌŋk-], Mitte der 70er Jahre in den USA und England entstandene Stilrichtung der → Rockmusik, die sich als Gegenbewegung zur damals immer komplizierter werdenden Rockmusik von Gruppen wie Yes oder Genesis (→ Progressive Rock) verstand und sich auch rasch in ganz Europa ausbreitete. Kennzeichen des Punk waren die monotone, riffbetonte Gitarrenmusik sowie die aggressiven, zynischen Texte, die häufig bewusst provozierten. Die Punkmusik wurde ebenso wie die grelle Aufmachung schnell kommerzialisiert; die Musik verfeinerte sich und die Texte wurden harmloser. Aus dem Punk entwickelten sich u. a. → New Wave, Post-Punk, Hardcore und Grunge.

Punkt [lat. »das Gestochene«], *der,* **1.** in der Geometrie ein Gebilde, das keine Ausdehnung besitzt. Zwei nicht parallele → Geraden schneiden sich beispielsweise in einem Punkt. Ein Punkt ist in der Mathematik durch seine → Koordinaten bestimmt. **2.** Der Punkt (Zeichen .) erfüllt auch mehrere Aufgaben in der geschriebenen Sprache: als Schlusszeichen für den Satz (→ Interpunktion), als Kennzeichen für eine Abkürzung (z. B. hl. = heilige(r)) oder für eine → Ordnungszahl (z. B. 3. = dritter).

Pupille [lat. »Püppchen«], *die, Sehloch,* die Öffnung in der Regenbogenhaut des → Auges.

Puppe, Entwicklungsstadium von → Insekten, die eine vollkommene Verwandlung durchlaufen. Die → Larve nimmt keine Nahrung mehr zu sich und *verpuppt* sich an einem geeigneten Ort. Nach der Verpuppung sieht die Puppe bereits weitgehend wie ein voll ausgebildetes Insekt aus, ist aber weitgehend bewegungsunfähig, während sich ihre inneren Organe umbilden. Deshalb schützt sie sich oft in Höhlen oder in einem → Kokon.

Puppen, zumeist verkleinerte Nachbildungen des Menschen; Spielzeugpuppen mit starrem Körper oder beweglichen Gliedern gab es bereits im Altertum.

Puritanismus [engl.], *der,* Mitte des 16. Jh. in England entstandene Bewegung des Kalvinismus (→ Calvin), die die protestantische Kirche in England von allen katholischen Elementen befreien wollte. Da der Puritanismus ein sittenstrenges Leben des Einzelnen verlangte, wird als **Puritaner** auch allgemein ein sittenstrenger Mensch bezeichnet.

Puschkin, Alexander (1799–1837), russischer Dichter, der neben Gedichten den Versroman »Eugen Onegin« (1825–1833) und die Tragödie »Boris Godunow« (1831) verfasste. Puschkin trug zur Ausbildung einer modernen russischen Literatursprache bei.

Puszta [ungar. ˈpʊsta »Heide«], *die,* flache, fast baumlose Grassteppe im Ungarischen Tiefland, in der vor allem Viehzucht und Ackerbau betrieben werden.

PVC, Abkürzung für *Polyvinylchlorid,* einen thermoplastischen, durch Wärme verformbaren Kunststoff, der als *Hart-* und *Weich-PVC* verfügbar ist. PVC wird für Kabelisolierungen, Kunstleder, Folien und Bodenbeläge verwendet.

Pygmäen [griech. pygmaios = »eine Faust lang«], *Mz.,* Angehörige einer zwergwüchsigen Rasse (bei den Männern durchschnittlich 1,50 m Größe) in Zentralafrika. Die Pygmäenstämme leben als nomadisierende Wildbeuter in den tropischen Regenwäldern.

Pyramide [griech.], *die,* in der Geometrie ein

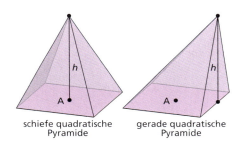

schiefe quadratische Pyramide   gerade quadratische Pyramide

Puppen

Im Puppenspiel treten Puppen als *Hand-, Stabpuppen* oder *Marionetten* an die Stelle von Schauspielern. Puppenspiele, die es schon seit dem Altertum gibt, findet man bei fast allen Völkern. Heute wenden sich diese Stücke zumeist an ein sehr junges Publikum und sollen nicht nur unterhalten, sondern auch belehren. Eine besondere Form des Puppentheaters ist das für Kinder bestimmte *Kasperletheater.*
Im Film werden Puppen auch eingesetzt, um phantastische Geschöpfe darzustellen (z. B. Ungeheuer). Im Fernsehen können Puppen, die bekannten Persönlichkeiten (vor allem Politiker) nachgebildet sind, auch satirische Aufgaben übernehmen (z. B. in der englischen Fernsehserie »Spitting Image«).

■ **Pupille**, das Sehloch des Linsenauges

Pyramiden

Pyramidenförmige Bauwerke sind von vielen Völkern als Tempelbauten und Grabdenkmäler für ihre Herrscher errichtet worden. Die klassische Form der ägyptischen Pyramiden entwickelte sich im 3. und 2. Jt. v. Chr. aus einer Stufenpyramide (um 2600 v. Chr. in Sakkara). Bei der Pyramide mit glatten Seitenflächen sind lediglich die Zwischenräume der Stufen mit einer Verkleidung aufgefüllt. Am größten ist die um 2500 v. Chr. entstandene *Cheopspyramide,* die ursprünglich 146,6 m hoch war. Stufenpyramiden findet man auch bei einigen → altamerikanischen Kulturen in Mittel- und Südamerika, wo sie zumeist Tempel trugen. Die drei Pyramiden von Gizeh, die im Alten Reich von den ägyptischen Pharaonen Cheops, Chephren und Mykerinos errichtet wurden, zählten bereits im Altertum zu den sieben → Weltwundern.

Der Lehrsatz des Pythagoras vereinfacht

Der berühmte Lehrsatz des Pythagoras für rechtwinklige Dreiecke kann auch ohne die Quadratwurzel gelöst werden. Zu dieser revolutionären Erkenntnis kam der italienische Mathematiker Lucio Giadorou-Astori. Der Privatgelehrte führt seine Entdeckung auf 4000 Jahre alte Schrifttafeln aus Babylon zurück, in denen er 60 Zifferngruppen in Keilschrift fand, die 15 rechtwinklige Dreiecke mit vollständigen Seiten darstellen. Ohne die Quadratwurzeln, so Giadorou-Astori, können trigonometrische Gleichungen besser gelöst werden. Vorteile ergeben sich daraus für Mineralogie, Optik und Astrophysik.

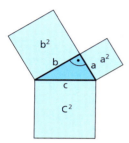

pythagoreischer Lehrsatz

■ *Königspython*

spitz zulaufender Körper, der ein Vieleck (zumeist ein Quadrat, oder auch ein Dreieck) als Grundfläche hat.

Pyrenäen, Hochgebirge im Südwesten Europas zwischen Spanien und Frankreich. Das 450 km lange und bis zu 110 km breite Kettengebirge erstreckt sich vom Golf von Biscaya (Atlantik) bis zum Golf von Lion (Mittelmeer). Höchste Erhebung ist der *Pico de Aneto* (3404 m).

Pyro- [griech.], in zusammengesetzten Wörtern mit der Bedeutung »Feuer-, Hitze-« (z. B. *Pyromanie* = »krankhafter Drang zur Brandstiftung«, *Pyrotechniker* = »Feuerwerker«).

Pyrrhus (319–272 v. Chr.), König von Epirus (in Griechenland), der im Kampf gegen Rom sehr verlustreiche Siege errang. Als **Pyrrhussieg** bezeichnet man deshalb einen nur scheinbaren Erfolg, der mit so vielen Opfern oder Nachteilen erkauft worden ist, dass er eigentlich eine Niederlage darstellt.

Pythagoras *von Samos* (um 570 bis um 480 v. Chr.), griechischer Philosoph, der in Unteritalien eine philosophische Schule *(Pythagoreer)* gründete. Er befasste sich vor allem mit → Seelenwanderung und den Zahlenverhältnissen in der Natur. Auf ihn wird auch der **pythagoreische Lehrsatz** zurückgeführt, der besagt, dass in einem rechtwinkligen Dreieck das Quadrat über der → Hypotenuse *(c)* der Summe der Quadrate über den beiden → Katheten *(a* und *b)* flächengleich ist: $a^2 + b^2 = c^2$.

Pythia, die Priesterin des → Orakels von Delphi, durch deren Mund der Gott → Apollon sprach. Sie saß auf einem goldenen Dreifuß und wurde von Dämpfen, die aus einer Erdspalte hochstiegen, in einen Rauschzustand versetzt. Die Laute, die sie dabei ausstieß, wurden von Priestern in mehrdeutige Verse (»Orakelsprüche«) übersetzt.

Pythonschlangen, Unterfamilie der → Riesenschlangen, deren Vertreter in der Alten Welt verbreitet sind. Die größten Pythons können bis 9 m lang werden *(Netzpython)*. Neben Bodenbewohnern gibt es auch ausgesprochene Baumschlangen *(Baumpythons)*. Die Pythons legen Eier und bebrüten sie etwa zwei Monate lang.

q, frühere Abkürzung für Quadrat(z. B. *qkm* = Quadratkilometer)

Quader [von lat. quadrus = »viereckig«], *der,* geometrischer Körper. Er wird von sechs Rechtecken begrenzt, von denen die beiden gegenüberliegenden jeweils parallel und gleich sind. Wenn alle Flächen Quadrate sind, spricht man von einem → *Würfel*.

Quadrat [lat.], *das,* geometrische Figur; Sonderform des → Vierecks mit vier gleichen Seiten und vier rechten Winkeln. Die Fläche des Quadrats lässt sich dadurch berechnen, dass man die Länge einer Seite *a* mit sich selbst malnimmt (also a × a).

Quadrat- ist der Vorsatz von Flächenmaßen (Zeichen früher q, heute ²) und zeigt an, dass die jeweilige Maßeinheit mit sich selbst multipliziert wird (z. B. *Quadratmeter,* 1 m² = 1 m × 1 m, d. h. ein Rechteck, das 1 m lang und 1 m breit ist).

Die **Quadratwurzel** (Zeichen √) ist die zweite → Wurzel einer nicht negativen Zahl, d. h. die Zahl, die mit sich selbst malgenommen werden muss, damit man die Zahl erhält, aus der man die Wurzel zieht (z. B. 2 × 2 = 4, also √4 = 2).

Quäker [von engl. quake = »zittern«], Angehörige einer Mitte des 17. Jh. in England entstandenen protestantischen Gemeinschaft. Gegründet wurde sie 1652 von dem Wanderprediger *George Fox* (1624–1691). Die *Society of Friends* (Gesellschaft von Freunden), wie sie auch hieß, ging aus dem → Puritanismus hervor und lehnte eine Kirchenorganisation sowie äußere Formen des Gottesdienstes (wie etwa Sakramente, geweihte Priester oder berufsmäßige Prediger) ab. Da die Quäker bis ins späte 17. Jh. in England verfolgt wurden, wanderten viele von ihnen nach Nordamerika aus.

Qualifikation [frz.], *die,* Befähigung (z. B. für eine bestimmte Aufgabe); im Sport die Berechtigung, an einem bestimmten Wettkampf teilzunehmen.

Qualität [lat.], *die,* Beschaffenheit, zumeist im positiven Sinne als Güte, Wert.

Qualle, *Meduse,* frei schwimmende Erscheinungsform der Nesseltiere. Die Quallen, deren Durchmesser je nach Art zwischen wenigen Zentimetern und 2 m betragen kann, besitzen einen schirm- oder glockenförmigen Gallertkörper, der zu mehr als 95 % aus Wasser besteht. Sie bewegen sich nach dem → Rückstoßprinzip fort, indem sie ihren durchscheinenden Körper zusammenziehen und Wasser nach unten ausstoßen. Die Fangarme tragen Nesselzellen, deren Berührung Jucken und Hautverbrennungen hervorrufen kann.

Quant [lat. »wie groß«], *das,* kleinstmögliche, nicht weiter teilbare Menge einer physikalischen Größe wie etwa der Energie *(Energiequant)* oder der elektrischen Ladung (→ Elementarladung). Die Größe eines solchen Quants lässt sich mithilfe des Planck'schen Wirkungsquantums berechnen: E = b × v (wobei h das Wirkungsquant bezeichnet und v für die → Frequenz der ausgesandten oder aufgenommenen Strahlung steht).

Quantentheorie, wissenschaftliche Theorie, die Erscheinungen im Bereich der → Moleküle, → Atome und → Elementarteilchen beschreibt. Die Vorgänge im → Mikrokosmos laufen nicht stetig, sondern sprunghaft ab (in *Quantensprüngen).* Die um 1900 von Max → Planck entwickelte Quantentheorie, die 1905 Albert → Einstein auf den photoelektrischen Effekt angewendet hat, wurde Mitte der 20er Jahre von Werner Heisenberg, Pascual Jordan, Max Born und Paul Dirac zur *Quantenmechanik* erweitert; diese erklärt u. a. das Verhalten der Elementarteilchen im Atom. Die *Quantisierung* der → Mechanik begreift Materie, beispielsweise → Elektronen, als → Teilchen und als → Wellen. Allerdings ist es nicht möglich, den Ort und die Geschwindigkeit bzw. den → Impuls eines Teilchens gleichzeitig ganz genau zu bestimmen (→ Unschärferelation). Die Quantisierung wurde später auf andere Gebiete der Physik übertragen; so entstanden die *Quantenelektrodynamik* (die das elektromagnetische Feld quantentheoretisch beschreibt) und die *Quantenfeldtheorien.*
Physikalische Vorgänge im → Makrokosmos lassen sich mit den Gesetzen der klassischen → Physik erklären, weil auf dieser Ebene sehr viele Quantenübergänge gleichzeitig stattfinden. Das Verhalten solcher Systeme lässt sich als statistischer Mittelwert des quantenmechanischen Verhaltens der einzelnen Teilchen beschreiben. Die klassischen physikalischen Theorien wie etwa die Mechanik sind somit Spezialfälle der Quantentheorien.

Quäker

Die Quäker lehnen Vergnügungen ab und üben strenge Enthaltsamkeit von Alkohol und Nikotin; außerdem verweigern sie den Militärdienst und leisten keinen Eid. In den USA halfen sie vor allem den Sklaven. Für ihre Verdienste um den Frieden (Hilfsaktionen nach beiden Weltkriegen) erhielten die Quäker, die heute weltweit etwa 500 000 Anhänger zählen, 1947 den Friedensnobelpreis.
Die Bezeichnung Quäker (= »Zitterer«) war ursprünglich ein Spottname. Er rührte daher, dass die Mitglieder dieser Religionsgemeinschaft bei ihren Gottesdiensten in stiller Andacht auf die Erleuchtung eines Mitglieds warteten, das dann in ein von ekstatischen Erlebnissen ausgelöstes starkes Zittern verfiel.

Feuerqualle

Quarantäne

Die Bezeichnung *Quarantäne* erklärt sich daraus, dass im Mittelalter Schiffe 40 Tage lang im Hafen unter Sperre lagen, wenn der Verdacht bestand, pestkranke Personen könnten an Bord sein.

Die sechs bekannten Quarks

Name	Ladung	Masse in Gigaelektronenvolt
Up (u)	$+\frac{2}{3}$	0,004
Down (d)	$-\frac{1}{3}$	0,007
Strange (s)	$-\frac{1}{3}$	0,15
Charm (c)	$+\frac{2}{3}$	1,5
Bottom (b)	$-\frac{1}{3}$	4,7
Top (t)	$+\frac{2}{3}$	174

(Die Ruhemasse von Elementarteilchen wird in → Elektronenvolt gemessen:
1 GeV = 1 000 000 000 eV)

Den Namen für die anfangs nur vermuteten Quarks entlehnte der amerikanische Physiker Murray Gell-Mann (*1929) einem Phantasienamen, der in dem Roman »Finnegan's Wake« von James Joyce schemenhafte Wesen bezeichnet. Gell-Mann und George Zweig führten die Quarks schon 1964 als hypothetische Teilchen ein, aber nachgewiesen wurden sie erst zwischen 1969 und 1994.

Quecksilber

Zeichen: Hg (von griech.-lat. *Hydrargyrum* = »silbernes Wasser«)
Ordnungszahl: 80
Atommasse: 200,59
Dichte: 13,55 g/cm^3
Schmelzpunkt: –39 °C
Siedepunkt: 356,5 °C

Quarantäne [frz. »Zeitraum von 40 Tagen«], *die*, gesetzlich vorgeschriebene Absonderung von Personen oder Tieren von der Umgebung, um bei Seuchengefahr oder Verdacht auf eine sehr ansteckende Krankheit die Ausbreitung einer → Epidemie zu verhindern.

Quark, eiweißreicher, leicht säuerlich schmeckender Frischkäse, der durch Säuerung aus Milch hergestellt wird, indem man die Molke entzieht.

Quarks [engl. kwɔːks], *Mz.*, → Elementarteilchen, aus denen alle schweren Elementarteilchen (→ Baryonen) aufgebaut sind. Es gibt sechs Arten von Quarks. Sie treten paarweise auf, aber nur zwei davon sind wichtig für die Materie, die heute in beständiger Form im Kosmos vorhanden ist, nämlich das *Up-Quark* (u) und das *Down-Quark* (d). Aus ihnen bestehen die → Protonen und → Neutronen. Je drei bilden ein Proton oder Neutron. Da Quarks drittelzahlige Ladungen (u = $+\frac{2}{3}$ bzw. d = $-\frac{1}{3}$) besitzen, summiert sich die Ladung von zwei u und einem d zu +1 (= Ladung des Protons) oder von zwei d und einem u zu 0 (= Ladung des Neutrons).
Die Quarks kommen unter den heutigen Bedingungen nie einzeln, sondern stets nur im Dreierverbund vor. Neben der elektrischen Ladung verfügen sie nämlich noch zusätzlich über eine Eigenheit, die als ihre »Farbe« bezeichnet wird. Diese *Farbladung* ist für die starken Kräfte verantwortlich, die zwischen Quarks herrschen. Sie entsteht durch den Austausch von masselosen Teilchen, den *Gluonen.* Es gibt drei Farbzustände oder Erscheinungsformen von Quarks, die sich nach außen hin aufheben. Somit existieren insgesamt 18 Quarks (sowie gleich viele *Antiquarks* mit entgegengesetzter Ladung und Farbladung).

Quartär [frz. »(die) vierte (Formation)«], *das,* in der → Erdgeschichte der jüngste Abschnitt der Erdneuzeit, der vor etwa 1,8 Mio. Jahren begann. Er umfasst → Holozän und → Pleistozän.

Quarte [lat. »die vierte«], *die,* in der Musik der vierte Ton einer diatonischen Tonleiter (vom Grundton aus gerechnet) und das zugehörige → Intervall.

Quartett [it.], *das,* Gruppe von vier Soloinstrumenten oder -stimmen; auch Komposition für eine solche Gruppe (z. B. *Streichquartett).*

Quarz, *Kieselsäure,* sehr hartes, schwer schmelzbares → Mineral, das aus → Silicium und Sauerstoff besteht (SiO^2). Nach den → Feldspäten ist Quarz das zweithäufigste Mineral in der Erdkruste. Wenn es säulenförmig auskristallisiert und farblos durchsichtig ist, heißt es *Bergkristall.* Einlagerungen von Spurenelementen verleihen ihm seine Farbe. Solche farbigen, teilweise als → Edelsteine bezeichneten Spielarten sind z. B. *Rosenquarz,* → *Achat, Jaspis* und *Chalcedon.* Quarz ist in vielen Gesteinen enthalten, beispielsweise in → *Granit.*

Quarzuhr, eine → Uhr, die durch einen Quarzkristall gesteuert wird. Dieser Kristall wird durch einen elektrischen Strom in Schwingung versetzt, wobei die Umkehrung der → Piezoelektrizität ausgenutzt wird. Da die Eigenfrequenz von Quarzkristallen (etwa 100 000 Hz) recht konstant ist, messen Quarzuhren die Zeit sehr genau und gehen in einem Jahr nicht einmal eine Sekunde vor oder nach.

Quasar, *der,* Kurzwort für engl. *Quasistellar (source),* eine sternähnliche Radioquelle. Quasare sind weit entfernte Objekte im Kosmos, die eine starke Radiostrahlung abgeben und optisch wie ein Stern aussehen. Aus den → Spekt-ren der Quasare schließt man auf eine → Rotverschiebung, die darauf hindeutet, dass sich diese Objekte mit extrem hoher Geschwindigkeit (bis zu 250 000 km/s) von uns entfernen. Die fernsten Quasare müssen demnach eine Entfernung von bis zu 18 Mrd. Lichtjahren haben. Da sie trotzdem erkennbar bleiben, muss die Energie, die sie aussenden, sehr hoch sein.

Quastenflosser, Ordnung der Fleisch- oder Muskelflosser, die bis 1938 als ausgestorben galten, weil sie nur in Form von → Fossilien bekannt waren. Ihre Blütezeit hatten die Quastenflosser bereits im Erdaltertum (vor etwa 345–395 Millionen Jahren im → Devon). Die einzige lebende Art ist der *Komoren-Quastenflosser.* Da sie sich in einer Tiefe von 200 m aufhalten, können sie nicht an der Wasseroberfläche überleben. Besonders bemerkenswert sind ihre paarigen Flossen, mit denen sie sich auf dem Meeresgrund

Rauchquarz

Quitte

fortbewegen. Zusammen mit den *Lungenfischen* gelten die Quastenflosser entwicklungsgeschichtlich als Vorfahren der vierbeinigen Landwirbeltiere; sie sind eng mit den → Amphibien verwandt.

Quecksilber, ein → chemisches Element, das silbrig glänzt. Es ist das einzige Metall, das bei Raumtemperatur flüssig ist. Quecksilberdämpfe und -verbindungen sind sehr giftig. Mit anderen Metallen (z. B. Silber) bildet es → Amalgame, die lange Zeit als Zahnfüllung verwendet wurden. Da sich Quecksilber für das menschliche Auge erkennbar ausdehnt, wenn die Umgebungstemperatur steigt, und sich zusammenzieht, wenn sie sinkt, wurden früher → Thermometer häufig damit gefüllt. Quecksilberdampflampen erzeugen ultraviolettes Licht.

Quelle, aus der Erde austretendes fließendes Grund- oder Sickerwasser. Wasserundurchlässige Erdschichten wie etwa → Ton stauen das Wasser, das durch wasserdurchlässige Schichten wie Kies oder Sand sickert. Steigt der Grundwasserspiegel über die Oberkante des Geländes an, so tritt das Wasser als Quelle zuTage. *Mineralquellen* enthalten in gelöster Form geringe Mengen an → Mineralen, die sie bei ihrem Weg durch das Gestein aufgenommen haben. Sie können eine heilende Wirkung besitzen *(Heilquellen).*

Querflöte, → Blasinstrument aus Holz oder Metall, das im Gegensatz zur → Blockflöte in Querrichtung an den Mund gehalten wird.

Querschnitt, Schnitt durch einen Körper, der im Gegensatz zum *Längsschnitt* senkrecht zur Längsachse vorgenommen wird.

Querschnittslähmung, eine Lähmung des Körpers von der Stelle abwärts, wo das → Rückenmark teilweise oder völlig unterbrochen ist. Von der Lähmung betroffen sind insbesondere Beine, Mastdarm (→ Darm) und Blase. Ursache dafür kann eine Verletzung der → Wirbelsäule, ein Tumor oder eine Erkrankung des Rückenmarks sein.

Quersumme, bei einer mehrstelligen → natürlichen Zahl die Summe ihrer Ziffern (beispielsweise ist 13 die Quersumme von 5143).

Queue [frz. kø: »Schwanz«], *das,* beim → Billardspiel der knapp 1,5 m lange Stock, mit dem die (weiße) Kugel gestoßen wird.

Quinte [lat. »die fünfte«], *die,* in der Musik der fünfte Ton einer diatonischen Tonleiter (vom Grundton aus gerechnet) und das zugehörige Intervall.

Quintenzirkel, *der,* kreisförmige Darstellung aller Dur- und Moll-Tonarten, die so angeordnet sind, dass die jeweils zwölf → Tonarten in aufsteigenden Quinten fortschreiten. Der Quintenzirkel ist wichtig für die Verwandtschaften von Tonarten.

Quintessenz [von lat. quinta essentia »das fünfte Seiende«], *die,* Wesen einer Sache; Hauptinhalt (z. B. eines Gedankengangs).

Quintett [it.], *das,* Gruppe von fünf Solisten (instrumental oder vokal); auch Komposition für eine solche Gruppe. Ein Quintett ist ein um ein Instrument erweitertes → Quartett (z. B. *Klavierquintett* = Klavier mit Streichquartett).

Quito [ˈkiːto], in den Anden 2850 m hoch gelegene Hauptstadt (1,4 Mio. Einwohner) von → Ecuador. Die Stadt wurde 1534 von den Spaniern errichtet und ist die älteste südamerikanische Hauptstadt.

Quitte, Frucht eines ursprünglich aus Vorderasien stammenden, bis zu 8 m hohen Baums, der zu den → Rosengewächsen gehört. Die apfel- oder birnenförmigen gelben Früchte, die über 1 kg schwer sein können, besitzen ein aromatisches, aber zumeist hartes Fruchtfleisch, das roh nicht essbar ist.

Qumran [kʊmˈraːn], Ruinenstätte am → Toten Meer, die bis ins 1. Jh. n. Chr. von der jüdischen Sekte der → Essener bewohnt war. Bei Ausgrabungen wurden dort Schriftrollen gefunden, die

Quasare sind verschmolzene Galaxien

Quasare sind die im All am hellsten strahlenden Objekte. Jetzt scheint klar zu sein, woher die Energie kommt, die es Quasaren ermöglicht, hundertmal so hell zu strahlen wie die 100 Milliarden Sterne unserer Milchstraße. Bei den Quasaren handelt es sich um → Galaxien aus der Jugendzeit des Universums, die zusammengeprallt und miteinander verschmolzen sind.
Die Kerne solcher Galaxien waren vermutlich → Schwarze Löcher, die unaufhörlich Sterne und Gas aus ihrer Umgebung aufsaugten. Das ungeheuer starke Schwerefeld der Schwarzen Löcher beschleunigte die heranwirbelnde Materie. Beim Zusammenstoß wurde Gravitationsenergie in Wärme umgesetzt, wodurch die gigantische Leuchtkraft der Quasare entstand.

Quersumme

Mit Hilfe der Quersumme kann man feststellen, ob eine Zahl durch 9 oder 3 teilbar ist. In diesem Fall muss nämlich auch die Quersumme durch 9 bzw. 3 teilbar sein. Beispielsweise ist 108 (ebenso wie die Quersumme 9) durch 9 und 57 (ebenso wie die Quersumme 12) durch 3 teilbar.

Quintenzirkel

Ausgehend von C folgen im Uhrzeigersinn zunächst die sechs → Dur-Tonarten, bei denen jeweils ein Kreuz-Vorzeichen hinzukommt (G-D-A-E-H-Fis). Sie treffen in Fis (sechs Kreuze) mit den sechs Dur-Tonarten (Ges-Des-As-Es-B-F) zusammen, bei denen die *b*-Vorzeichen jeweils um ein *b* abnehmen (wobei aus Fis das gleich klingende Ges wird, sog. *enharmonische Verwechslung*) und zum vorzeichenlosen C zurückkehren. Ähnlich sind die → Moll-Tonarten angeordnet, bei denen im Uhrzeigersinn auf die vorzeichenlose Tonart a-Moll die sechs Moll-Tonarten mit zunehmenden Kreuz-Vorzeichen (e-h-fis-cis-gis-dis) und die sechs Moll-Tonarten mit abnehmenden b-Tonarten (es, b, f, c, g, d, enharmonische Verwechslung dis = es) folgen.

die ältesten erhaltenen Texte des → Alten Testaments darstellen.

Quote [lat. »der wievielte (Teil)«], *die,* der Anteil, der bei einer Aufteilung entsprechend einem bestimmten, vorher festgesetzten Verhältnis auf den Einzelnen oder eine Gruppe entfällt (z. B. *Frauenquote).*

Quotient [lat. »wie oft«], *der,* in der Mathematik das Ergebnis einer → Division; auch der aus → Dividend und → Divisor bestehende Ausdruck (z. B. 13:2).

R, Abkürzung für Réaumur, eine nach dem französischen Physiker René Réaumur (1683–1757) benannte Thermometerskala. Wie die → *Celsius-Skala* geht die Réaumur-Skala vom Gefrierpunkt von Wasser aus (= 0 °R), ist aber in 80 Grad unterteilt; der Siedepunkt ist deshalb 80 °R.

r, in der Geometrie das Zeichen für → *Radius*

Rabat, arab. *Ar-Ribot,* an der Atlantikküste gelegene Hauptstadt von → *Marokko,* die zusammen mit dem benachbarten Salé 1,4 Mio. Einwohner zählt.

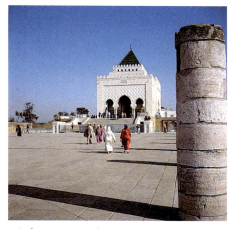

■ *Rabat: Das Mausoleum von König Mohammed V.*

Rabbiner [von hebr. rabb = »Lehrer«], jüdischer Religions- und Gesetzeslehrer, der als Geistlicher in einer jüdischen Gemeinde den Ehrentitel **Rabbi** trägt.

Rabenvögel, Familie von → *Singvögeln,* deren Vertreter fast über die ganze Erde verbreitet sind. Die kräftigen, bis zu 65 cm großen Vögel besitzen einen starken Schnabel und sind Allesfresser. Mit Ausnahme der *Häher* haben alle ein dunkles Gefieder. Rabenvögel zählen zu den intelligentesten und gelehrigsten Vögeln; dank ihrer wandlungsfähigen Stimme können sie Laute anderer Vögel und sogar die menschliche Sprache nachahmen. Zu den Rabenvögeln gehören u. a. **Raben** (wie der in Mitteleuropa vorkommende *Kolkrabe*), → *Krähen,* → *Elstern, Dohlen* und *Häher (z. B. Eichelhäher).*

Rachen, beim Menschen der hinter dem Mund liegende Raum, der über den → *Kehlkopf* zur Luft- und Speiseröhre führt.

Rachitis [von griech. rhachis = »Rückgrat«], *die,* auch als *englische Krankheit* bezeichnete Stoffwechselstörung, die auf einen Mangel an → *Vitamin D* zurückgeht.

Rad, eine der wichtigsten technischen Erfindungen der Menschheit, die Kräfte und Bewegungen übertragen kann. Das Rad besteht aus einem kreisrunden Radkranz (Felge), der durch Speichen oder eine Scheibe mit der Nabe im Mittelpunkt verbunden ist. Die Radnabe dreht sich auf der Achse. Die ersten Räder gab es schon um 4000 v. Chr.

Radar, *der* und *das,* Kurzwort aus *Radio detection and ranging* (Funkermittlung und -entfernungsmessung), Verfahren, bei dem man mithilfe von Funkwellen den Standort von Gegenständen (z. B. Flugzeuge, Schiffe, Berge) bestimmt. Die Wellenlänge der verwendeten Radarstrahlen liegt bei 0,75–80 cm. Eine Radaranlage besteht aus einem Sender, einer Antenne, einem Empfänger und einem Bildschirm. Die Antenne strahlt elektromagnetische Schwingungen (im Kurzwellenbereich) aus, die reflektiert werden, wenn sie auf einen festen Gegenstand auftreffen. Ein Teil dieser zurückgeworfenen Strahlen wird von einer Empfangsantenne aufgefangen, wobei auch die Zeit gemessen wird, die zwischen dem Senden und dem Empfangen vergeht. Anhand einer Entfernungsskala kann die Entfernung des Objekts abgelesen werden. Die Geschwindigkeit beweglicher Objekte wird durch Standortvergleich und wiederholte Messungen bestimmt. Zumeist werden rotierende Antennen eingesetzt, die die Umgebung rundherum abtasten. Die vom Radar erfassten Objekte werden auf einem Bildschirm sichtbar.

Radierung [von lat. radere »schaben«], Weiterentwicklung des Kupferstichs, bei der eine Zeichnung mit einer *Radiernadel* in eine säurefeste Wachs-Harz-Schicht auf einer Kupferplatte eingeritzt wird. Taucht man die Platte in ein Säurebad, dringt die Säure in die eingeritzten Stellen ein und ätzt das Metall, so dass die Zeichnung auf die Platte übertragen wird. Von der eingeätzten Zeichnung können dann Abzüge

Rachitis

Die Störung im Stoffwechsel von → *Calcium* und → *Phosphat* führt zur Erweichung und Verformung von Knochen, weil die Knochen nicht genügend verkalken. Die durch einseitige Ernährung oder Mangel an Sonnenlicht mit UV-Strahlung hervorgerufene Erkrankung kann insbesondere bei Kleinkindern Verformungen des Brustkorbes, des Beckens, der Wirbelsäule und der Beine *(O-* oder *X-Beine)* bedingen.

Radioaktivität

Der Zeitraum, in dem sich die Hälfte der Atomkerne eines *radioaktiven* Elements umwandelt, heißt → Halbwertszeit. Die Geschwindigkeit, mit der sich dieser radioaktive Zerfall vollzieht, ist sehr unterschiedlich und für die einzelnen Elemente charakteristisch: Während Uran 238 erst nach 4,51 Mrd. Jahren und Thorium 232 sogar erst nach 14,1 Mrd. Jahren zur Hälfte zerfallen ist, besitzen andere Elemente bzw. ihre Isotope Halbwertszeiten von nur wenigen Jahren (z. B. Blei 210 mit 21 Jahren), Tagen (Radon 222: 4 Tage), Minuten (Polonium 218: 3 Minuten) oder sogar Sekundenbruchteilen (Polonium 214: 0,0000016 Sekunden). Das radioaktive → Kohlenstoffisotop C 14, dessen Halbwertszeit 5730 Jahre beträgt, wird zur → Altersbestimmung von Fossilien herangezogen.

Radium

Zeichen: Ra
Ordnungszahl: 88
Atommasse: 226,02
Dichte: 6 g/cm³
Schmelzpunkt: 700 °C
Siedepunkt: 1140 °C

Radon

Zeichen: Rn
Ordnungszahl: 86
Atommasse: 222
Dichte: 9,73 g/cm³
Schmelzpunkt: –71 °C
Siedepunkt: –62 °C

Radsport

Zu den Straßenrennen zählen *Etappenrennen*, die über eine lange Strecke gehen und in einzelne Abschnitte (Etappen) aufgeteilt sind (z. B. → Tour de France, Giro d'Italia), *Rundstreckenrennen*, bei denen Start und Ziel am selben Ort erfolgen (der Rundkurs kann auch mehrmals durchfahren werden), *Bergrennen* (Strecken mit teilweise erheblichen Steigungen und Gefällen), *Querfeldeinrennen*, die durch schwieriges Gelände führen, so dass

(Fortsetzung siehe Seite 541)

■ **Raffael:** *Die Schule von Athen. Vatikan, Vatikanische Museen*

hergestellt werden. Auch ein auf diese Weise hergestelltes Blatt wird als Radierung bezeichnet. Bedeutende Radierungen stammen u. a. von → Rembrandt.

Radikal, *das,* in der Chemie eine Gruppe von Atomen, die ungepaarte Elektronen besitzen und deshalb sehr reaktionsfreudig sind.

Radikalismus [von lat. radicalis = »bis auf die Wurzel gehend, gründlich«], *der,* weltanschauliche Richtung, die in ihren Ideen und Mitteln bis zum Äußersten geht und auf eine grundlegende Veränderung der bestehenden Gesellschaftsverhältnisse auch mit Gewalt abzielt (z. B. → *Linksextremismus,* → *Rechtsradikalismus*).

Radio [engl.], *das,* umgangssprachliche Bezeichnung für Hörfunk (→ Rundfunk) und Rundfunkempfänger.

Radioaktivität [von lat. radius = »Strahl«], *die,* Eigenschaft bestimmter → chemischer Elemente, dass die Atomkerne einiger → Isotope ohne äußere Einwirkung in leichtere Kerne zerfallen und dabei eine Strahlung abgeben. Die abgegebene Strahlung, die aus → Elementarteilchen besteht, wird als → *Alpha-, Beta-* und *Gammastrahlung* bezeichnet. Sie ist für die menschlichen Sinnesorgane nicht wahrnehmbar, lässt sich aber mit einem → Geigerzähler nachweisen und in ihrer Stärke messen.

Neben der *natürlichen Radioaktivität,* die in der Natur vorkommende radioaktive Stoffe besitzen, gibt es auch eine *künstliche Radioaktivität,* die dadurch erreicht wird, dass die Atomkerne stabiler Elemente durch den Beschuss beispielsweise mit Neutronen, Gammastrahlen oder Heliumkernen in radioaktive Kerne umgewandelt werden, die instabil sind und zerfallen. Solche *radioaktiven Isotope* kann man in → Kernreaktoren herstellen. Radioaktive Strahlen durchdringen aufgrund ihrer hohen Energie viele Stoffe. Dicke Bleiwände dagegen schützen vor Radioaktivität. Organismen werden von radioaktiven Strahlen schwer geschädigt, wenn sie innerhalb einer bestimmten Zeit eine zu hohe Dosis (früher in *Millirem,* heute in *Mikrosievert* gemessen, 1 Rem = 0,01 Sievert) aufnehmen. Außerdem kann Radioaktivität das Erbgut verändern und zu → Mutationen führen. In der Medizin werden radioaktive Substanzen zur Behandlung von Krebserkrankungen eingesetzt.

Radioastronomie, Teilgebiet der → Astronomie, das die aus dem Kosmos kommende *Radiostrahlung,* d. h. die nicht sichtbare Strahlung im Bereich der → Kurz-, Ultrakurz- und Mikrowellen, mithilfe von *Radioteleskopen* untersucht.

Radium [von lat. radius = »Strahl«], *das,* ein chemisches Element. Das weiß glänzende radioaktive Metall, das 1898 von Pierre und Marie → Curie entdeckt wurde, entsteht beim Zerfall von → Uran.

■ *Rafting*

Radius [lat. »Strahl«], *der,* in der Mathematik der Halbmesser des Kreises (abgekürzt *r*).

Radon [von lat. radius = »Strahl«], *das,* ein → chemisches Element. Das radioaktive → Edelgas entsteht beim Zerfall von → Radium und kommt in Heilquellen und -schlamm vor.

Radsport, Wettbewerbe für → Amateure oder Berufsfahrer, bei denen ein → Fahrrad verwendet wird. Es gibt dabei Einzel- und Mannschaftswettbewerbe. Man unterscheidet dabei zwischen *Straßen-* und *Bahnrennsport.*

RAF, Abkürzung für *Rote-Armee-Fraktion,* eine deutsche linksextremistische Terrororganisation, die 1968 als sog. *Baader-Meinhof-Gruppe* entstand. In den 70er und 80er Jahren verübte die RAF zahlreiche Terroranschläge.

Raffael, eigentlich *Raffaello Santi* (1483–1520), italienischer Maler und Baumeister der → Renaissance. Neben bedeutenden Wandmalereien in den Prunkgemächern des Vatikan und Deckenfresken in der Villa Farnesina in Rom schuf er große Tafelbilder, zahlreiche Madonnenbilder (z. B. »Sixtinische Madonna«) und Papstporträts. Kennzeichnend sind die ausgewogene Komposition der Figuren, die idealisierte Darstellung der Personen und die stimmungsvollen Landschaften als Hintergrund.

Raffinerie [von frz. raffiner = »verfeinern«], *die,* Anlage, in der bestimmte Rohstoffe (wie etwa Zucker, Fette oder Erdöl) gereinigt oder veredelt werden (z. B. durch → Destillation, Filtrierung oder Zentrifugierung).

Rafting [engl. »flößen«], *das,* → Extremsportart, bei der eine Gruppe mit einem Floß oder einem großen Schlauchboot auf einem Wildwasser fährt.

Raga [Sanskrit »das Färben«], *der,* in der indischen Musik ein Melodiesystem, das für → Improvisationen verwendet wird. Überliefert sind mehrere tausend Ragas mit bestimmter Stimmung oder Bedeutung. Als Melodieinstrument wird häufig die → Sitar verwendet, die von → Tablas als Rhythmusinstrumenten begleitet wird.

Ragtime [engl. 'rægtaɪm »zerrissene Schlagzeit«], *der,* in den USA um 1890 entstandene Spielweise, bei der man versuchte, auf dem Klavier den Rhythmus des Banjo nachzuahmen, und mit der rechten Hand → Synkopen spielte. Ragtime gilt als erste Stilrichtung der → Jazzmusik und wurde vorwiegend von schwarzen Musikern gespielt. Nach 1900 war er fester Bestandteil der Unterhaltungs- und Tanzmusik und wurde auch von europäischen Komponisten adaptiert. Der berühmteste Ragtime-Komponist und -Pianist war *Scott Joplin* (1868–1917).

Rakete [von it. rocchetta »kleine Spindel«], *die,* Flugkörper, der sich nach dem → Rückstoßprinzip bewegt und sehr hohe Geschwindigkei-

Geräteteil	Europarakete Ariane
Nutzlastverkleidung	
Satellit	
Steuerungsteil	40 m
3. Stufe	
Flüssigwasserstoff (H_2)-/Flüssigsauerstoff (O_2)-Tank	
HM7-Triebwerk	30 m
2. Stufe	
UDMH-Tank N_2O_4-Tank	
Viking-IV-Triebwerk	20 m
1. Stufe	
Distickstofftetroxid (N_2O_4)-Tank	10 m
UDMH-Tank (unsymmetrisches Dimethylhydrazin)	
vier Viking-V-Triebwerke	0

ten erreicht. Durch Variation der Antriebsmittel [continues]

der Fahrer sein Rad teilweise schieben oder tragen muss,
und *Kriterium* (ein kurzer Rundkurs, der 50- bis 100mal innerhalb einer bestimmten Zeit zurückgelegt werden muss, wobei es Punkte für Spurten und Überrundungen gibt).

Bahnrennen werden im Freien oder in der Halle auf ovalen Rennbahnen durchgeführt, die bis zu 500 m lang sind und in den einander gegenüberliegenden Kurven eine starke Überhöhung aufweisen.
Dazu gehören *Sprinterrennen* (zwei Teilnehmer fahren über 1000 m gegeneinander),
Verfolgungsrennen (gegen die Uhr), *Zeitfahren* (über eine bestimmte Strecke oder über einen bestimmten Zeitraum beim *Stundenrennen,* wo die höchste Kilometerleistung zählt),
Punktefahren (mit Wertungsspurts), *Tandemrennen* (mit jeweils zwei Fahrern auf einem Rad)
und *Steherrennen,* bei denen die Räder im Windschatten von Schrittmachermaschinen (spezielle Motorräder, auf denen der Fahrer im Stehen fährt, daher auch der Name) fahren.
Besonders populäre Hallenbahnrennen sind die *Sechstagerennen,* bei denen die Berufsfahrer in Zweierteams antreten und insgesamt rund 50 Stunden fahren (teilweise mit zusätzlicher Punktewertung).
Als *Hallenradsport* bezeichnet man *Kunstfahren* (Ausführen von komplizierten Figuren auf Sattel und Lenker; bewertet wird ein Programm aus bis zu 28 Figuren),
Radball (bei dem sich zwei Zweiermannschaften gegenüberstehen, die versuchen, einen 18 cm großen Ball mit dem Rad in ein 2 x 2 m großes Tor zu schießen)
und *Radpolo* (nur für Damen, wobei zwei Zweiermannschaften einen Ball mit einem etwa 1 m langen Schlagstock ins gegnerische Tor schießen müssen).

Rallye
• •
Die älteste Rallye ist die *Rallye Monte Carlo* (seit 1911), die vor allem durch die französischen Seealpen führt (etwa 3000 km lang). Als härteste gilt die etwa 13 000 km lange *Rallye Paris-Dakar,* an der neben Pkws auch Motorräder und Lastwagen teilnehmen.

■ *Die Rakete Ariane*

Bekannte Rapmusiker
• •
Africa Bambaata
Kurtis Blow
Beastie Boys
Cypress Hill
De La Soul
Fun-Da-Mental
Grandmaster Flash & The Furious Five
Hammer
Ice Cube
Ice T
Coolio
Mantronix
MC Lyte
New Kingdom
N. W. A.
Public Enemy
Rage Against The Machine
Run-DMC
Salt-n-Pepa
Snoop Doggy Dogg
Sugar Hill Gang
Urban Dance Squad
Whodini
Wu-Tang Clan

ten erreicht. Der Raketenantrieb ist auch im luftleeren Raum verwendbar. Raketen werden einerseits als Waffen eingesetzt, wobei sie einen Sprengkopf tragen, und andererseits für die Raumfahrt genutzt, wo sie Nutzlasten und Passagiere befördern können. Auch Feuerwerkskörper werden als Raketen bezeichnet.

Für den Antrieb werden entweder flüssige oder feste Treibstoffe verwendet. Während man in der → Weltraumfahrt für die Trägerraketen Flüssigtreibstoffe einsetzt (Brennstoff und der zum Verbrennen notwendige Sauerstoff werden dabei in getrennten Behältern aufbewahrt), benutzt man für Signal- und Feuerwerksraketen sowie Raketenwaffen feste Treibstoffe. Um in der Raumfahrt die Reichweite zu erhöhen, stattet man die Raketen oft mit mehreren Stufen aus, die jeweils abgeworfen werden, wenn eine Stufe ausgebrannt ist.

Rallye [engl. 'rɛli], *die,* im Automobilsport ein auch als *Sternfahrt* bezeichneter Wettbewerb, der zumeist mehrere Etappen umfasst und bei dem teilweise Sonderprüfungen abgelegt werden müssen. Die Teilnehmer (jeweils ein Fahrer und ein Beifahrer) verwenden Serienwagen (in Serie hergestellt), die eine Höchstleistung von 300 PS haben. Rallyes werden sowohl auf abgesperrten Strecken mit schwierigem Gelände als auch auf normalen Straßen (unter Einhaltung der Verkehrsordnung) durchgeführt.

RAM, Abkürzung für engl. *Random Access Memory* (Speicher mit wahlfreiem Zugriff), in der → elektronischen Datenverarbeitung ein fest eingebauter Lese- und Schreibspeicher. Der Inhalt der einzelnen Speicherzellen kann verändert werden; doch wenn man die Stromzufuhr abschaltet, werden alle vorher beschriebenen Speicherzellen gelöscht.

Ramadan [arab. »der heiße Monat«], *der,* Fastenmonat im Islam (nach dem Mondkalender der neunte Monat), in dem die gläubigen → Muslime zwischen Sonnenaufgang und -untergang auf alle leiblichen Genüsse (vor allem Essen und Trinken) verzichten müssen.

Rangordnung, bei gesellig lebenden Tieren eine → Hierarchie, die das Verhalten untereinander regelt. Die Stellung innerhalb der Gruppe bestimmt auch, welche Vorrechte (z. B. bei der Paarung oder bei der Futterverteilung) und Aufgaben (Führung und Verteidigung der Gruppe oder Herde) das einzelne Tier hat. Während die Rangordnung bei niederen Tieren allein durch den → Instinkt geregelt wird, bildet sie sich bei höheren Tieren durch Kämpfe zwischen einzelnen Gruppenmitgliedern heraus. Die Rangordnung ändert sich, wenn heranwachsende Jungtiere einen Platz in der Gruppe beanspruchen oder das Leittier *(Alphatier)* von einem Rivalen verdrängt wird. Entscheidend für den Rang innerhalb einer Gruppe sind neben körperlicher Stärke oft auch Intelligenz und Erfahrung. Bei Vögeln wird die Rangordnung als → Hackordnung bezeichnet.

Rangun, ursprünglich und heute wieder *Yangon,* an der Mündung des Irawadi gelegene Hauptstadt (3,3 Mio. Einwohner) und wichtiger Hafen von → Myanmar.

Rap [engl. ræp »stoßweise sprechen, quatschen«], *der,* Mitte der 70er Jahre in den USA entstandene Stilrichtung der → Rockmusik, die vorwiegend von schwarzen Musikern gespielt wird. Rap ist eine besondere Art des rhythmischen, monoton abgehackten Sprechgesangs, die großen Wert auf den Text (oft politische oder

■ **Rangun:** Der goldene Stupa

sozialkritische Themen) legt. Die *Rapper* verwenden dabei die Umgangssprache, die viele → Slangausdrücke enthält. Den musikalischen Hintergrund liefern → Samples anderer Schallplatten und Rhythmusmaschinen oder Drumcomputer (→ Schlagzeug). Die instrumentale Spielart der Rapmusik ist → HipHop.
Rap wurde ursprünglich von Diskjockeys entwickelt, die beim Abspielen von Schallplatten die Stücke durch → Scratching und andere Techniken veränderten, so dass eine Art Klang- und Rhythmuscollage (→ Collage) entstand. In den 80er Jahren erreichte der Rap ein breiteres Publikum, als er auch von weißen Gruppen wie den Beastie Boys gespielt wurde und Elemente des → Hardrock aufnahm. Inzwischen gibt es Rap in vielen Landessprachen (deutsch singen z. B. Die Fantastischen Vier.)
Raps, bis zu 2 m hohe, gelb blühende Kohlpflanze in Mitteleuropa, aus deren Samen → Öl (Speiseöl und technisches Öl z. B. für Biodiesel) gewonnen wird.
Rasse, in der Biologie eine *Unterart,* die durch (natürliche) Auslese entsteht, zumeist auf einen bestimmten Lebensraum beschränkt ist und besondere Merkmale ausbildet. Angehörige einer Rasse unterscheiden sich von ihren Artgenossen durch Merkmale, die im Erbgut verankert sind und an die Nachkommen weitergegeben werden, können sich aber weiterhin mit ihnen paaren. In der Natur entstehen Rassen, wenn sich kleinere Gruppen räumlich isolieren. Der Mensch kann durch → Züchtung Rassen mit bestimmten erwünschten Merkmalen und Eigenschaften erzeugen (in erster Linie bei → Haustieren und Nutzpflanzen).
Rassismus, Auffassung, die von der natürlichen Überlegenheit einer bestimmten → Rasse (aufgrund von angeborenen biologischen Eigenschaften) gegenüber anderen Rassen ausgeht. Rassistische Lehren dienten in der Geschichte häufig als Rechtfertigung für die Unterdrückung oder Ausrottung anderer Völker (vor allem in der Zeit des → Kolonialismus) oder für die Benachteiligung von Bevölkerungsgruppen (insbesondere → Apartheidpolitik in Südafrika). Die nationalsozialistische Ideologie (→ Nationalsozialismus) behauptete eine Überlegenheit der »arischen« Rasse, um die Unterwerfung Osteuropas und den Massenmord an der jüdischen Bevölkerung zu begründen.
Raster [von lat. rastrum = »Rechen«], *der,* in der Technik ein vorgegebenes Schema von gitterförmigen Linien bzw. das dadurch entstehende Muster von regelmäßigen Linien oder Punkten, in das man ein Bild zerlegen kann.
Rastertunnelmikroskop, → Elektronenmikroskop, bei dem das untersuchte Objekt zeilenweise abgetastet wird. Eine winzige Wolframspitze wird im Vakuum der Oberfläche des Untersuchungsobjekts bis auf weniger als einen Nanometer genähert, wobei eine Spannung angelegt wird. Das Mikroskop nutzt den quantenmechanischen *Tunneleffekt* aus und kann Oberflächen in der Größe von Atomen (0,2 nm) erfassen.
Rate [it.], *die,* Teilzahlung; Anteil von etwas (z. B. *Sterberate).*
Rätesystem, Regierungssystem, das eine → Gewaltenteilung ablehnt und sowohl gesetzgeberische als auch vollziehende Befugnisse hat. Im Gegensatz zur repräsentativen Demokratie werden die Räte auf der untersten Ebene direkt gewählt, sind an die Weisungen ihrer Wählerschaft gebunden (sog. *imperatives Mandat*) und können jederzeit abgewählt werden. Aus diesen Räten wiederum werden Vertreter für Räte auf höheren Ebenen gewählt.
Ratifikation [lat.], *die,* Bestätigung eines völkerrechtlichen Vertrages, den die Regierung abgeschlossen hat, durch das Parlament. Erst nach dieser Zustimmung kann der Vertrag in Kraft treten.
Ratio [lat.], *die,* Vernunft, logisches Denkvermögen. Als **rational** bezeichnet man etwas, das auf der Vernunft beruht und verständlich ist. Gegensatz: → irrational.
Ration [lat.-frz.], *die,* zugeteilte Menge. Etwas wird **rationiert,** wenn es planmäßig und in kleinen Mengen verteilt wird.
rationale Zahlen, in der Mathematik alle Zahlen, die sich im Gegensatz zu → irrationalen Zahlen durch Brüche von ganzen Zahlen (positive und negative Zahlen sowie Null) ausdrücken lassen.
Rationalisierung [lat.-frz.], in der Wirtschaft die zweckmäßige Neugestaltung der bisherigen Arbeitsabläufe, um die Produktionsverfahren leistungsfähiger und billiger zu machen (z. B. durch bessere Ausnutzung der vorhandenen Möglichkeiten, Einsparung von Arbeitsplätzen und Einsatz von Maschinen).
Rationalismus, *der,* eine im 17. und 18. Jh. entwickelte philosophische Richtung, die das logische Denken und die Vernunft als einzige Erkenntnismöglichkeit ansieht und sich an Mathematik und exakten → Naturwissenschaften orientiert (Gegensatz: → Empirismus).
Rätoromanen, Angehörige von drei romani-

Rasse

Der Rassenbegriff wird auch auf den Menschen angewendet. Als Rassen werden dabei große Menschengruppen aufgefasst, die sich in ihren Erbmerkmalen unterscheiden. Früher stützte man sich vorwiegend auf den äußerlichen Typ (Gesichtsform, Haar, Hautfarbe, Körperbau), während heute vor allem in ihre Blutgruppen oder die zugrunde liegenden genetischen Unterschiede untersucht werden. Da der Begriff der Rasse in der Geschichte jedoch oft politisch missbraucht wurde (→ Rassismus), spricht man lieber von Bevölkerungsgruppen. Es gibt drei große Bevölkerungsgruppen oder Rassenkreise, die sich äußerlich vor allem in ihrer Hautfarbe unterscheiden: *Europide* (aufgehellte Haut- und Haarfarbe, in Europa, Nordafrika, Westasien und Teilen Ozeaniens als Urbevölkerung verbreitet), *Mongolide* (gelbe Hautfarbe, straffes schwarzes Haar, in Mittel-, Ost- und Südostasien sowie als indianische Bevölkerung in Amerika) und *Negride* (dunkle Hautfarbe, Kraushaar, in Schwarzafrika, Südostasien, Ozeanien und Australien).

Räterepublik

Das bereits bei → Marx und Engels zu findende Rätesystem, das die Volksherrschaft durch eine Selbstbestimmung der bis dahin unterdrückten Arbeiter- und Bauernschicht erreichen wollte, wurde 1917 von den → Bolschewiki nach der → Oktoberrevolution in Russland eingeführt und später auf die gesamte → Sowjetunion übertragen, deren Parlamente offiziell Räte (russ. *Sowjets*) waren. Allerdings wurde diese radikaldemokratische Grundlage durch die Alleinherrschaft der Kommunistischen Partei zerstört. 1918 gab es kurzzeitig auch in Deutschland Arbeiter- und Soldatenräte, 1919 in Bayern sogar eine *Räterepublik* unter der Führung Kurt Eisners (1367–1919), die allerdings nur kurze Zeit (7. April–2. Mai 1919) bestand

Ratten

In Deutschland gibt es 200 Mio. Ratten. Der Kampf gegen die Nager ist aussichtslos, denn sie überleben sogar radioaktive Strahlung und können sich im Extremfall von Kunststoffen und Steinen ernähren. Die Rattenzähne wachsen enorm schnell nach. Mithilfe ihrer Beißer haben sich Ratten schon durch Beton und Bleirohre in die Freiheit genagt. Die *Hausratte* ist eine Vegetarierin; sie ist die kleinere Verwandte der aggressiven Wanderratte, die auf der ganzen Erde verbreitet ist. Ratten leben in Sippen und haben strenge Regeln. Beispielsweise beißen sie fremden Ratten in die Nase oder in die Kehle. Doch nicht alle Menschen finden Ratten unappetitlich. So setzt sich etwa der *Rattenverein Deutschland* für die Nager ein.

■ *Wanderratte*

Raumstation

Während die amerikanische Weltraumfahrt nur in den 70er Jahren eine Raumstation *(Skylab)* in eine Umlaufbahn um die Erde beförderte und sich die Astronauten darin nicht länger als 84 Tage aufhielten, erprobt Russland seit Anfang 1986 eine Raumstation *(Mir),* die ständig bemannt ist und in der russische Kosmonauten und Astronauten aus anderen Ländern teilweise länger als ein Jahr blieben. Die veraltete, zunehmend störanfällige Mir-Station soll 1999 durch eine internationale Raumstation ersetzt werden.

sierten Volksstämmen der *Räter,* eines nicht indogermanischen Volks, das im Altertum in den Alpen und in Oberitalien lebte. Von ihnen gibt es heute noch etwa 600 000 in der Schweiz (die *Bündner* in Graubünden) und Italien (die *Ladiner* in Südtirol und die *Furlaner* in Friaul). Sie haben eine eigene → romanische Sprache (mit mehreren Mundarten).

Ratten, Gattung von → Mäusen, deren Vertreter dank ihrer großen Anpassungsfähigkeit weltweit vertreten sind. Die bis zu 30 cm langen Nagetiere besitzen einen Schwanz, der meist länger als der Körper ist. Sie sind Allesfresser, die teilweise in ihrem Lebensraum eng an den Menschen gebunden sind und sich vorwiegend als Vorratsschädlinge ernähren. Einige Arten übertragen gefährliche Krankheiten. In Europa kommen die *Hausratte* und die etwas größere, aus Asien stammende *Wanderratte* vor.

Raubtiere, Ordnung von → Säugetieren, deren Größe von 20 cm bis zu mehr als 6 m reicht. Obwohl sie zumeist ein kräftiges Gebiss mit scharfen Reißzähnen und spitze Krallen besitzen, gibt es unter ihnen nicht nur Fleischfresser. Die meisten Raubtiere sind Landtiere. Die → Robben dagegen haben sich an das Leben im Wasser angepasst.

Raubvögel, zusammenfassende Bezeichnung für → Greifvögel und → Eulen.

Rauch, bei der → Verbrennung entstehendes Gemisch aus *Rauchgasen* (vor allem → Kohlendioxid, Kohlenmonoxid, Schwefeldioxid, Wasserdampf und Stickstoff) und flüssigen oder festen Schwebeteilchen, die darin fein verteilt sind (z. B. → Ruß und Asche).

Raumfahrt, andere Bezeichnung für → Weltraumfahrt.

Raumsonde, unbemanntes Raumfahrzeug, das durch eine Trägerrakete in den Weltraum befördert wird und danach mithilfe von Mess- und Beobachtungsgeräten den erdfernen Weltraum oder Himmelskörper erforscht.

Raumstation, *Orbitalstation,* größeres bemanntes Raumfahrzeug, das längere Zeit oder auf Dauer die Erde umkreist. Raumstationen ermöglichen einen monatelangen Aufenthalt von → Astronauten (bzw. Kosmonauten) im Weltall, wo sie wissenschaftliche Untersuchungen und Versuche durchführen können. Die Zubringerdienste übernimmt dabei ein Raumfahrzeug (wie etwa die sowjetischen *Sojus*-Raumfahrzeuge) oder eine Raumfähre (wie der amerikanische → *Spaceshuttle).*

Raumtransporter, *Raumfähre,* wieder ver-

■ *Raumtransporter: Astronauten bei Aussenarbeiten*

wendbares Raumschiff für den Transport von Personen und Nutzlast. Raumfähren können mithilfe einer Trägerrakete in den Weltraum befördert werden, dort Untersuchungen und Versuche vornehmen oder an einer → Raumstation andocken. Nach dem Wiedereintritt in die Erdatmosphäre landet ein solches Fahrzeug wie ein Flugzeug im Gleitflug (→ Spaceshuttle).

Raupen → Larvenform der → Schmetterlinge. Sie besitzen drei Paar mit Klauen versehene Beine am Vorderleib und bis zu sieben Beinpaare am Hinterleib. Die Haut ist häufig mit Haaren oder Borsten besetzt. Zumeist ernähren sie sich von Pflanzen. Da sie fast ununterbrochen fressen, sind die Raupen einiger Schmetterlingsarten als Schädlinge gefürchtet. Nach mehreren Häutungen verpuppen sie sich, wobei die Spinndrüsen einen → Kokon erzeugen, und wandeln sich zu Schmetterlingen um (→ Metamorphose).

Rauschgift, Sammelbezeichnung für alle natürlichen und künstlich erzeugten **Rauschmittel** oder → Drogen, die einen rauschartigen oder euphorischen Zustand herbeiführen.

Rave [engl. reɪv »toben«], *der,* in Großbritannien Bezeichnung für eine große Tanzparty (oft in riesigen, leer stehenden Lagerhallen). Heute handelt es sich zumeist um kommerzielle, oft mehrere Tage dauernde Großveranstaltungen. Die Raves entwickelten sich Ende der 80er Jahre im Gefolge von Acid House (→ House Music). Heute wird Rave fast ausschließlich mit → Technomusik in Verbindung gebracht. Die Teilnehmer an einer solchen Party heißen **Raver.**

Ravel [raˈvɛl], Maurice (1875–1937), französi-

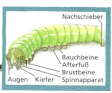

Spannerraupe (etwa 2 cm)   Ligusterschwärmer (5–15 cm)   Erleneulenraupe (3–6 cm)   Brauner Bär (6–7 cm)   Birkenspinner (5–6 cm)

scher Komponist, dessen vom → Impressionismus beeinflusste Werke teilweise mit spanischen Elementen durchsetzt sind. Sehr bekannt ist die »Rhapsodie espagnole« (1907).

Razzia [von arab. gazwa = »Kriegszug (gegen einen anderen Stamm)«], *die,* überraschende, groß angelegte Polizeiaktion, um nach einem Straftäter zu fahnden.

re- [lat.], Vorsilbe mit der Bedeutung »zurück, wieder« (z. B. *rekonstruieren*).

Reagan ['reɪgən], Ronald (* 1911), amerikanischer Filmschauspieler und Politiker (Republikaner), der 1967–1975 Gouverneur von Kalifornien und 1981–1989 der 40. Präsident der USA war.

Reaktion [lat. »Rückwirkung«], *die,* **1.** allgemein eine Gegenwirkung, die durch etwas ausgelöst wird bzw. auf etwas *reagiert.* **2.** Wenn ein Körper auf einen anderen Körper eine Kraft ausübt (z. B. einen Druck), ist die *Reaktionskraft* in der Physik eine gleich große, aber entgegengesetzte Kraft (actio = reactio, nach dem 3. → Newton'schen Gesetz). **3.** In der Chemie versteht man unter Reaktion einen Vorgang, bei dem aus mehreren Ausgangsstoffen durch Umwandlung eine andere → chemische Verbindung entsteht.

reaktionär [lat.-frz.], abwertende Bezeichnung für eine Person, die sich dem (politischen) Fortschritt entgegenstellt und an überholten gesellschaftlichen Zuständen festhalten möchte.

Reaktor [engl.], *der,* in der Chemie eine Apparatur, in der eine → Reaktion abläuft (z. B. *Bioreaktor);* auch Kurzform für → Kernreaktor.

real [von lat. res = »Sache«], wirklich, tatsächlich (Gegensatz: → irreal).

Realismus, *der,* Wirklichkeitssinn; in der Philosophie die Auffassung, dass es eine vom menschlichen Bewusstsein unabhängige Wirklichkeit gibt, eine äußere **Realität.** In der Kunst und Literatur versteht man darunter eine Stilrichtung, die auf Nachahmung der Wirklichkeit abzielt und eine wirklichkeitsgetreue Darstellung betont.

In der bildenden Kunst ist damit eine naturalistische Darstellung gemeint, wie sie vor allem die niederländische und spanische Malerei im 17. Jh. und die europäische Malerei im zweiten Drittel des 19. Jh. prägte. Der wichtigste Vertreter der realistischen Malerei im 19. Jh. war der französische Maler Gustave Courbet (1819–1877).

Etwa zwischen 1830 und 1880 bestimmte der Realismus die europäische Literatur, insbesondere → Roman und → Novelle. Im Unterschied zur zeitlich vorausgehenden → Romantik ging es um eine anschauliche und objektive Darstellung der Wirklichkeit. Während die realistische Literatur in den meisten europäischen Ländern gesellschaftskritisch war, neigte der im deutschsprachigen Raum erst mit Verspätung (um 1850) einsetzende *poetische Realismus* zu einer humorvollen bis resignativen Darstellung, die die Wirklichkeit eher verklärt sah. Bedeutende Vertreter waren in Frankreich → Flaubert und Balzac, in England → Dickens, in Russland → Tolstoi und → Dostojewski sowie im deutschsprachigen Raum → Keller, → Storm, → Fontane und Wilhelm Raabe (1831–1910).

Reality-TV [engl. rɪ'ælɪtɪ 'tiːvi »Wirklichkeitsfernsehen«], *das,* Fernsehsendungen, die wirkliche Geschehnisse (bevorzugt Verbrechen, Katastrophen, Krieg) im Detail zeigen oder nachstellen.

Realschule, früher als *Mittelschule* bezeichneter weiterführender Schultyp, der in sechs Schuljahren zur *mittleren Reife* führt.

Reanimation [lat.], *die,* Wiederbelebung, d. h. alle Maßnahmen, die bei akutem Atem- oder Herzstillstand die Lebensfunktionen wieder in Gang bringen sollen (z. B. künstliche Beatmung, Herzmassage).

Rebhuhn, zu den *Feldhühnern* gehörender buntscheckiger Fasanenvogel, der bis zu 30 cm lang wird. In Mitteleuropa lebt er in niedrigen Gehölzen an Feldrändern.

Reblaus, zu den → Blattläusen gehörende, etwa 1 mm lange Laus, die als Pflanzenschädling gefürchtet ist.

Rechner, Sammelbezeichnung für alle mechanischen (→ Abakus) und elektronischen Rechen- bzw. Datenverarbeitungsmaschinen.

Sozialistischer Realismus

Der sozialistische Realismus war eine besondere Form der künstlerischen Darstellung, die 1932 von der Kommunistischen Partei in der Sowjetunion als Doktrin verkündet und in den meisten sozialistischen Ländern als ausschließlich gültige Kunstauffassung übernommen wurde. Er hatte die Aufgabe, die gesellschaftliche Wirklichkeit im Rahmen der revolutionären Entwicklung zum Sozialismus darzustellen und das Kunstwerk als Mittel der ideologischen Beeinflussung einzusetzen. Dies geschah in der Literatur und im Film durch idealisierte positive Helden, in der Malerei durch Szenen aus der Arbeitswelt und in der Bildhauerei durch heroisch anmutende Idealgestalten.

Reblaus

Die im 19. Jh. aus Nordamerika eingeschleppte Reblaus befällt die Blätter und Wurzeln von → Weinreben und richtet schwere Schäden in Weinbaugebieten an, weil die durch ihren Speichel hervorgerufenen Wurzelgallen zum Absterben oder Eingehen der befallenen Rebstöcke führen. In wärmeren Gegenden wechseln die Reblausgenerationen zwischen Blatt- und Wurzelläusen. Da eine Bekämpfung mit Pflanzenschutzmitteln schwierig ist, hat man europäische Edelreben auf amerikanische Rebstöcke als Unterlage aufgepfropft; die amerikanischen Reben sind nämlich gegen die Reblaus resistent.

■ *Rebhuhn*

Redundanz

Auch in der Sprache gibt es viele redundante Elemente, d. h., bestimmte Beziehungen im Satz werden mehrfach ausgedrückt (z. B. Kasusformen im Deutschen wie etwa der Genitiv Plural: *der Männer).* Der Sinn eines Satzes kann deshalb auch verstanden werden, wenn man Teile davon nicht hört.

Reflex

Man unterscheidet zwischen einem *bedingten,* d. h. erworbenen Reflex (den ein höheres Tier während seines Lebens erst durch Dressur oder Gewöhnung erlernt, indem es auf einen bestimmten Reiz immer mit dem gleichen Verhalten reagiert) und einem *unbedingten,* d. h. zwangsläufigen Reflex, der immer auftritt, wenn die Sinnesorgane einen Reiz wahrnehmen (z. B. unwillkürliches Schließen des Augenlids, wenn etwas die Hornhaut berührt). Unbedingte Reflexe sind angeboren und erleichtern das Überleben eines Lebewesens, weil sie wichtige Schutzmechanismen bei Gefahr sind.

Reformation

Die protestantische Reformbewegung stieß nicht nur auf den Widerstand Roms, sondern wurde auch vom deutschen Kaiser und verschiedenen Fürsten abgelehnt. 1530 legten die protestantischen Fürsten und Städte ihr eigenes Bekenntnis vor (→ *Augsburger Bekenntnis),* um sich gegenüber dem katholischen Glauben abzugrenzen. Die deutschen Fürsten, die Luther unterstützten und sich im *Schmalkaldischen Bund* zusammenschlossen, wurden zwar 1546/47 besiegt; doch im → *Augsburger Religionsfrieden* (1555) erhielten die Reichsstände, d. h. die weltlichen und geistlichen Landesherren sowie die → Reichsstädte, das Recht, sich frei zwischen Katholizismus und Reformation zu entscheiden. Der Landesherr konnte somit bestimmen, welche Religion seine Untertanen ausüben durften. Damit wurde die konfessionelle Spaltung Deutschlands bestätigt.

Recht, die Ansprüche des Einzelnen im Rahmen von Verhaltensnormen und → Gesetzen, und die *Rechtsordnung,* die das menschliche Zusammenleben in einer Gemeinschaft verbindlich regelt. Bei Streitigkeiten über die Auslegung dieser Rechte entscheidet in Gesellschaften mit → Gewaltenteilung die *Rechtsprechung,* die eine Durchsetzung anordnen kann.
Rechtsanwalt, ein Jurist, der von der Justizverwaltung des zuständigen Bundeslandes zur Rechtspflege zugelassen ist und in allen rechtlichen Angelegenheiten als → Verteidiger, Rechtsbeistand oder Bevollmächtigter auftreten darf.
Rechteck, → Parallelogramm mit vier gleichen *(rechten)* Winkeln. Ein Sonderfall ist das → Quadrat, das auch gleich lange Seiten besitzt.
Rechtschreibung, deutsche Bezeichnung für → Orthographie.
Rechtsradikalismus, Rechtsextremismus, alle politischen Bestrebungen, die einen extremen → Nationalismus vertreten und die Demokratie bekämpfen. Kennzeichen rechtsradikaler Gruppen sind Ausländerfeindlichkeit, → Rassismus und → Antisemitismus.
Rechtsstaat, ein Staat, in dem die staatliche Gewalt durch eine Rechtsordnung beschränkt ist. Der einzelne Bürger ist verfassungsrechtlich gegen staatliche Übergriffe geschützt; er besitzt → Grundrechte und kann unabhängige → Gerichte anrufen.
Recycling [engl. ri'sajklıŋ], *das,* Wiederverwendung von sog. *Wertstoffen* im → Abfall (Papier, Glas, Kunststoffe und Metalle). Die Stoffe müssen wieder aufbereitet werden, bevor sie in den Kreislauf des Gebrauchs zurückgeführt werden können. Recycling hilft nicht nur bei der Vermeidung von Restmüll, sondern spart auch Rohstoffe.
Reduktion [lat. »Zurückführung«], *die,* Verringerung; in der Chemie der Entzug von Sauerstoff aus einer sauerstoffhaltigen Verbindung (Gegensatz: → Oxidation) bzw. das Einbringen von Wasserstoff in eine → chemische Verbindung.
Redundanz [lat. »Überfluss«], *die,* etwas überreichlich Vorhandenes; in der Nachrichtentechnik der Teil einer Nachricht, der keine zusätzliche → Information enthält. Redundanzen stellen sicher, dass eine Nachricht auch verstanden wird, wenn Teile davon den Empfänger nicht erreichen.
reelle Zahlen [von frz. réel = »tatsächlich«], in der Mathematik eine zusammenfassende Bezeichnung für alle → rationalen und → irrationalen Zahlen. Nicht reelle Zahlen nennt man → imaginäre Zahlen.

■ *Recycling setzt eine funktionierende Mülltrennung voraus*

Referat [lat. »er möge berichten«], *das,* mündliche oder schriftliche Darlegung zu einem bestimmten Thema; Abteilung einer Behörde, die von einem **Referenten** als »Berichterstatter« geleitet wird.
Referendar [lat. »Berichterstattender«], *der,* Anwärter auf die höhere Beamtenlaufbahn, der sich nach dem ersten Staatsexamen im Vorbereitungsdienst befindet (z. B. *Studienreferendar* an der Schule).
Referendum [lat. »zu Berichtendes«], *das,* Volksentscheid, → Volksabstimmung.
Referenz [frz. »Auskunft«], *die,* Empfehlung (wenn jemand als Referenz angegeben wird, kann er über die betreffende Person günstige Auskünfte erteilen.
Reflex [frz.], *der,* Widerschein eines spiegelnden Körpers. Als Reflex bezeichnet man auch die → Reaktion eines Organismus auf einen äußeren → Reiz (z. B. Wärme).
Reflexion [frz.], *die,* Zurückwerfen von → Wellen, wenn sie auf eine Oberfläche auftreffen. Je nach Beschaffenheit verschlucken Gegenstände einen Teil der auftreffenden Lichtstrahlen (→ Absorption) oder reflektieren einen Teil. Gegenstände, die nicht selbst leuchten, werden für das menschliche Auge erst dadurch wahrnehmbar, dass sie Licht zurückwerfen. Wenn sie das gesamte Licht absorbieren, erscheinen sie schwarz, wenn sie das gesamte Licht zurückwerfen, weiß. Reflektieren sie dagegen nur Licht bestimmter Wellenlängen, sieht man sie als farbig (→ Farben).
Reform [frz.], *die,* Umgestaltung, die etwas Bestehendes erneuern oder verbessern soll.
Reformation [lat. »Erneuerung«], *die,* allgemein jedes Bestreben, in einer Glaubensgemeinschaft Missstände zu beseitigen und den ursprünglichen Zustand wiederherzustellen, der ihrem wahren Wesen entspricht. Im engeren Sin-

■ *Reformation:* Martin Luther (Mitte) übersetzt die Bibel auf der Wartburg

ne ist damit die 1517 von *Martin → Luther* in Gang gesetzte Bewegung gemeint, die eine Erneuerung der → *katholischen Kirche* erreichen wollte und zur Entstehung der von Rom unabhängigen → evangelischen Kirchen führte. Ursachen für die Reformbemühungen Luthers waren die Zustände innerhalb der Kirche (u. a. Lebensweise der Geistlichen, Ablasshandel und übertriebenes Streben geistlicher Würdenträger nach weltlicher Macht). Luther verwarf die Autorität des Papstes und ließ allein die Heilige Schrift als Grundlage für den christlichen Glauben gelten. Mit der Reformation endete das → *Mittelalter,* indem das einheitliche religiöse Weltbild zerstört und die kirchliche Einheit auch im Abendland aufgelöst wurde.

Die lutherische Lehre griff auch auf andere europäische Länder über, vor allem auf die skandinavischen Länder. In der Schweiz traten mit → *Zwingli* und → *Calvin* eigenständige Reformatoren auf. In England entstand eine eigene von Rom unabhängige Staatskirche, die → *Anglikanische Kirche.*

Als Reaktion auf die Reformation kam es in der katholischen Kirche ab dem 16. Jh. zu einer *Gegenreformation,* die vor allem von den → *Jesuiten* getragen wurde und sich ihrerseits um eine Erneuerung des Katholizismus bemühte. Oftmals wurde sie von politischen Zwangsmaßnahmen gegen den Protestantismus unterstützt. Während die Gegenreformation in den romanischen Ländern weitgehend ihr Ziel erreichte, führte sie in den Kernländern des Heiligen Römischen Reiches zum → *Dreißigjährigen Krieg.*

reformierte Kirchen, Bezeichnung für die selbstständigen evangelischen Kirchen, die auf die Reformatoren → *Calvin* und → *Zwingli* zurückgehen.

Refrain [frz. rəˈfrɛ̃: »Rückprall«], *der,* in einem Gedicht oder einem Lied regelmäßig wiederkehrende Wortfolge oder Strophe.

Refraktion [lat.], *die,* andere Bezeichnung für → Brechung.

Regeltechnik, Zweig der Technik, der sich mit der Planung und Ausführung von automatischen Vorgängen befasst.

Regen, flüssiger Niederschlag, der in Form von Tropfen vom Himmel fällt. Wenn sich mit Feuchtigkeit (Wasserdampf) gesättigte Luft abkühlt, bilden sich Tröpfchen, die immer größer (0,3–7 mm) und schwerer werden, bis sie schließlich niederfallen.

Regenbogen, bogenförmige Lichterscheinung am Himmel, die manchmal bei abziehendem Regen zu beobachten ist. Das Sonnenlicht wird durch die Wassertropfen gebrochen (→ Brechung) und reflektiert (→ Reflexion). Die einzelnen Wasserteilchen wirken dabei wie ein → Prisma und spalten das weiße Licht in die verschiedenen Farben des → Spektrums auf, so dass man von außen nach innen Rot, Orange, Gelb, Grün, Blau, Indigo und Violett unterscheiden kann.

Regeneration [lat. »Wiedererzeugung«], *die,* Erneuerung (z. B. der Kräfte); Wiederherstellung (von verletztem oder abgestorbenem Gewebe).

Regensburg, an der Donau gelegene bayerische Stadt (126 000 Einwohner). Die Hauptstadt des Regierungsbezirks Oberpfalz war zwischen 1663 und 1803 Sitz des immer währenden → Reichstags.

Regenwald, immergrüner Wald in Gebieten, die das ganze Jahr über feucht sind (zwischen 1200 und 4500 mm Niederschläge pro Jahr). Während die Regenwälder in tropischen und subtropischen Gebieten artenreich sind, ist der temperierte Regenwald (z. B. in Australien oder im Süden Chiles) durch wenige Arten gekennzeichnet. Die Bäume in den Regenwäldern des Amazonasbeckens oder des afrikanischen Kongobeckens werden bis zu 60 m hoch und bilden ein undurchdringliches Geflecht mit mehreren »Stockwerken«. Regenwälder sind wichtig für das Klima, weil sie große Mengen → Kohlendioxid binden und Sauerstoff freisetzen, aber ihr Bestand ist (vor allem im → Amazonasgebiet) durch Rodung oder übermäßigen Holzeinschlag gefährdet.

Regenwürmer, zu den *Ringelwürmern* gehörende → Würmer, die bis zu 30 cm lang werden. (Der *Australische Riesenregenwurm* erreicht sogar eine Länge von mehr als 3 m.) Sie leben in feuchten Böden und ernähren sich von Pflanzenresten. Sie nehmen dabei Erdreich auf und

Reformationsfest

Seit dem 18. Jh. wird der 31. Oktober, der Tag, an dem Martin Luther im Jahre 1517 seine 95 Thesen an der Kirche in Wittenberg anschlug, von den evangelischen Kirchen als *Reformationsfest* gefeiert.

Regen

Regen mit großen Tropfen wird *Platzregen* genannt. Bei kleinen Tropfen spricht man von *Niesel-* (Tropfengröße unter 0,3 mm) oder *Sprühregen* (bis 0,5 mm). Einen plötzlich einsetzenden Regen mit großen Tropfen, der nach kurzer Zeit wieder aufhört, bezeichnet man als *Schauer,* während *Wolkenbrüche* sehr starke, zumeist bei Gewitter auftretende Regengüsse sind. Bei *Eisregen* entsteht Glatteis, wenn Regenwasser auf die unter 0 °C abgekühlte Erdoberfläche auftrifft und dort sofort gefriert. Im Regenwasser können chemische Stoffe gelöst sein. Aus Stickstoffverbindungen (z. B. von Auto- und Industrieabgasen) entsteht im Wasserdampf der Atmosphäre schweflige Säure. Wenn ihr Anteil zu hoch wird, fällt → *saurer Regen.*

Regenbogen

In vielen Mythologien wird der Regenbogen als Brücke der Götter auf dem Weg zur Erde oder als Weg der Verstorbenen zum Himmel betrachtet. Viele Organisationen nutzen ihn als bildhaften Namen (so etwa Greenpeace mit ihrem Schiff »Rainbow Warrior«).
Als *Regenbogenpresse* bezeichnet man wöchentlich erscheinende Zeitschriften, die sich in bunter Aufmachung hauptsächlich mit Gesellschaftsklatsch befassen.

Bekannte Reggaemusiker

Big Youth
Black Uhuru
Burning Spear
Inner Circle
Jimmy Cliff
Bob Marley and The Wailers
Steel Pulse
Third World
Peter Tosh

Eng mit dem Reggae verbunden sind die *Rastafari* oder *Rasta,* eine religiös-politische Protestbewegung in Jamaika. Ihr Name leitet sich ab von Ras (äthiop. »Fürst«) Tafari, dem Namen des späteren Kaisers von Äthiopien, Halle Selassie I. (1892–1975), den die Rastafaris als gottgleichen König aller im Exil lebenden Afrikaner verehren. Die *Rastafarians* oder *Rasta-Men* kämpfen für die Legalisierung von → Marihuana, das auf Jamaika *Ganja* genannt wird.

Reibung

Durch gegenseitige Reibung von zwei Körpern aus verschiedenen Stoffen, die eigentlich ungeladene → Isolatoren sind (z. B. aus Glas und Leder oder Hartgummi und Wolle) kann → Elektrizität erzeugt werden, weil bei der engen Berührung eine Spannung entsteht und elektrische → Ladungen getrennt werden.

Reichsstädte

In Deutschland gab es zeitweilig nicht weniger als 83 reichsunmittelbare Städte (darunter Köln, Augsburg und Nürnberg), die aber alle zu Beginn des 19. Jh. ihren Status verloren. Von den vier Städten, die auf dem → Wiener Kongress als Freie Städte wiederhergestellt wurden, konnten nur → Hamburg und → Bremen ihre Selbstständigkeit bewahren, während → Frankfurt am Main 1866 und → Lübeck 1937 zu Preußen kamen.

Reichstag

Als Reichstag wird auch das 1884–1894 errichtete Gebäude in → Berlin bezeichnet, in dem der Reichstag zusammentrat und künftig der → Bundestag zusammenkommt, wenn der Umzug aus Bonn abgeschlossen ist.

scheiden die unverdauliche Erde wieder aus; deshalb sind sie wichtig für die → Humusbildung. Da sie bis zu 10 m tiefe Gänge graben, durchlüften sie gleichzeitig den Boden. Regenwürmer atmen durch die Haut und müssen deshalb an die Erdoberfläche kommen, wenn Wasser in ihre Gänge eindringt. Wegen ihrer lichtempfindlichen Haut verenden sie aber an der Erdoberfläche rasch. Regenwürmer sind → Zwitter und begatten sich wechselseitig. Außerdem besitzen sie die Fähigkeit, abgetrennte Teile ihres Körpers zu regenerieren.

Reggae [engl. ˈrɛgeɪ], *der,* aus Jamaika stammende Stilrichtung der → Rockmusik, die durch einen gleich bleibenden Rhythmus gekennzeichnet ist und die normalerweise unbetonten Taktteile hervorhebt. Die Vorläufermusik entstand Ende der 50er/Anfang der 60er Jahre in Jamaika durch die Vermischung von → Rhythm and Blues und Elementen der afrikanischen und karibischen Musik (z. B. Calypso). Diese auch als *Ska* oder *Blue Beat* bezeichnete Musik gelangte in den 60er Jahren nach Großbritannien, wo sie später auch von weißen Rockgruppen (z. B. Madness) gespielt wurde. Der eigentliche Reggae entwickelte sich ab Mitte der 60er Jahre, als überwiegend elektrisch verstärkte Instrumente (bis dahin häufig Bläser) eingesetzt und mithilfe des → Dubverfahrens übereinander geschichtete Rhythmen verwendet wurden. Außerdem wurden die Texte politischer und brachten den Protest gegen die Unterdrückung durch die Weißen und die Sehnsucht nach der afrikanischen Heimat zum Ausdruck. Dieser religiös-politische Protest ist eng mit der *Rastafari*-Bewegung verbunden. Zum wichtigsten Reggaemusiker wurde ab Ende der 60er Jahre Bob Marley, der mit seiner Gruppe The Wailers Reggae auch in Europa und Amerika populär machte. In der Folge wurden auch weiße Rockgruppen vom Reggae beeinflusst (z. B. Police, Specials, UB 40). Nach dem Tod Marleys 1981 stagnierte die Reggaemusik, bis in den 90er Jahren aus der Verbindung mit → Rap und → HipHop härtere Stilarten entstanden: *Ragga* und *Raggamuffin.* Mitte der 90er Jahre entwickelte sich aus dem Ragga in Verbindung mit HipHop und → Techno als Form der Tanzmusik Drum 'n' Bass.

Regie [frz. reˈʒiː], *die,* (künstlerische) Leitung eines auf der Bühne aufgeführten Stückes, eines Films sowie einer Fernseh- oder Rundfunksendung.

Regierung, oberste Behörde eines Staates, Landes oder Bezirks, die als ausführende Gewalt die Politik des Gemeinwesens bestimmt und die

■ **Reggae:** Bob Marley (1945–1981)

Verwaltung leitet. Auf der obersten staatlichen Ebene besteht die Regierung aus dem *Regierungschef* (in Deutschland → Bundeskanzler) und den für die einzelnen Bereiche zuständigen → Ministern oder Staatssekretären.

Regime [frz. reˈʒiːm], *das,* abwertende Bezeichnung für eine Herrschaftsform, deren Regierung zumeist nicht durch demokratische Wahlen an die Macht gekommen ist und das Volk unterdrückt (z. B. *Militärregime*).

Region [lat.], *die,* Gegend, Gebiet, Bereich.

Register [lat.], *das,* **1.** alphabetisches Verzeichnis, das angibt, welche Namen (*Namensregister*), Orte (*Ortsregister*) oder Begriffe (*Sachwortregister*) in einem Buch vorkommen; **2.** amtliches Verzeichnis, in dem rechtlich bedeutsame Vorgänge eingetragen werden müssen (z. B. die Gründung einer Firma im *Handelsregister*); **3.** bei einer → Orgel eine Gruppe von Pfeifen, die alle die gleiche Klangfarbe haben.

Rehe, in Europa und Asien vorkommende Hirschart (→ Hirsche), deren Vertreter bis zu 1,4 m lang werden und eine Schulterhöhe von knapp 80 cm erreichen. Der *Rehbock* trägt ein Geweih, das aus zwei- bis vierendigen Stangen besteht. Das weibliche Reh wird als *Ricke* bezeichnet, das Junge als *Kitz.*

Reibung, in der Physik der Widerstand, der auftritt, wenn zwei Körper in Bewegung einander berühren. Die *äußere* Reibung (der Berührungsflächen) führt zu einer Hemmung der Bewegung, d. h. zu einem Verlust an mechani-

scher Energie, die in Wärmeenergie umgewandelt wird. Die *innere Reibung* betrifft die Hemmung der Bewegung von Teilen eines Körpers, die sich gegeneinander bewegen. Diese Hemmung beruht bei festen Körpern auf winzigen Unebenheiten der Oberfläche, bei Flüssigkeiten und Gasen auf der → Adhäsion. Um den Reibungswiderstand zu überwinden, muss man eine bestimmte Kraft aufwenden. Die Größe dieser Kraft hängt davon ab, aus welchem Stoff die Körper bestehen, wie rau ihre Oberfläche ist und wie schnell sie sich gegeneinander bewegen. Am höchsten ist sie in Ruhelage (*Haftreibung*), während sie mit steigender Geschwindigkeit abnimmt. Bei einem rollenden Körper (z. B. Rad) ist sie als *Rollreibung* erheblich geringer als bei einem Körper, der über eine Fläche gleitet (*Gleitreibung*).

Reichsstädte, im → Heiligen Römischen Reich die Städte, die unmittelbar dem König bzw. Kaiser unterstanden. Im Gegensatz dazu unterstanden die *Landstädte* dem jeweiligen Landesherrn. Die Städte, die sich im 13. und 14. Jh. von der Herrschaft ihrer geistlichen Herren befreien konnten, wurden als *Freie Reichsstädte* bezeichnet.

Reichstag, Ständeversammlung im → Heiligen Römischen Reich. Sie entwickelte sich aus den Hoftagen zu einer festen Einrichtung, die die königliche Macht beschränkte. Zunächst bestand der Reichstag nur aus den Fürsten, später auch aus den Grafen und freien Herren sowie den → Reichs- und Bischofsstädten. Er wurde vom König einberufen, um über Heerfahrten und Reichskriege, Reichssteuern und für das gesamte Reich geltende Gesetze zu entscheiden. 1663–1803 tagte er als ständiger Kongress von Gesandten (*immer währender Reichstag*) in → Regensburg. Im Deutschen Kaiserreich und in der → Weimarer Republik stellte der Reichstag das → Parlament dar, das die Gesetze erließ. 1871–1918 geschah dies zusammen mit dem *Bundesrat*, der aus den Vertretern der deutschen Bundesstaaten bestand und nach der Verfassung das oberste Organ darstellte. In der Weimarer Republik hatte die als *Reichsrat* bezeichnete Ländervertretung nur ein abgeschwächtes Einspruchsrecht besessen, so dass dem Reichstag eine starke Stellung zukam. In der Zeit des → Nationalsozialismus (1933–1945) büßte der Reichstag seine Aufgabe als Volksvertretung ein, weil ihm nach dem Verbot bzw. der Selbstauflösung der politischen Parteien nur noch Mitglieder der → NSDAP angehörten.

Reif, gefrorener Niederschlag von Wasserdampf in der Luft, der sich auf Flächen bildet, die kälter als 0 °C sind. Er setzt sich in Form von feinen Eiskristallen vor allem an spitzen Pflanzenteilen und Gegenständen wie etwa Zäunen und Drähten ab.

Reifen, auf die Felge aufgespannter, abnehmbarer Teil eines Rades. Es gibt *Metall-, Vollgummi-* und *luftgefüllte Reifen*. Autoreifen sind zumeist schlauchlose Reifen, deren Decke am Felgenrand abdichtet. Je nach vorherrschendem Verwendungszweck haben sie unterschiedliche → Profile.

Reiher, Familie von *Stelzvögeln,* die bis zu 1,4 m lang werden und fast weltweit vorwiegend an Binnengewässern und in sumpfigen Gebieten vorkommen. Die langbeinigen Vögel, die oft in großen Kolonien brüten, besitzen einen langen Hals und einen langen Schnabel. Sie ernähren sich von Fischen, Mäusen, Kriechtieren, Insekten und Würmern. Die bekannteste in Mitteleuropa lebende Art ist der *Grau-* oder *Fischreiher.*

Reim, Gleichklang von Wörtern und Silben durch lautliche Übereinstimmung ab dem letzten betonten → Vokal. Im Gegensatz zum germanischen *Stabreim,* bei dem die Anfangslaute von betonten Silben übereinstimmten, versteht man heute unter Reim zumeist den *Endreim,* der sich mit der mittellateinischen Literatur entwickelte. Reime spielen eine wichtige Rolle in der → Lyrik, um Verse miteinander zu verbinden; doch seit dem 18. Jh. ist eine reimlose Versdichtung entstanden, die heute in der modernen Lyrik überwiegt.

Reims [rɛ̃:s], nordfranzösische Stadt (185 000 Einwohner) in der Champagne. Reims war 1179–1825 Krönungsort der französischen Könige.

Reinkarnation [lat.], *die,* Wiedergeburt; in verschiedenen Religionen, vor allem im → Hinduismus und → Buddhismus, der Glaube an die → Seelenwanderung, wonach die Seele des Menschen nach seinem Tod in einen neuen Körper übergeht.

Reis, aus Südostasien stammende Getreidepflanze, die zu den → Süßgräsern gehört und heute in allen wärmeren Regionen angebaut wird. Das über 1,5 m hoch werdende Rispengras wird seit mehr als 5000 Jahren genutzt und ist heute nach dem → Weizen das am häufigsten angebaute Getreide. In den südost- und ostasiatischen Ländern ist Reis das wichtigste Nahrungsmittel. Er wird entweder als *Nassreis* auf künstlich bewässerten Terrassenfeldern oder überschwemmten

■ *Graureiher*

Reim

Beim *Endreim* unterscheidet man nach dem Ausgang des Reimworts zwischen *männlichem* (das Reimwort endet mit einer Hebung, z. B. fort – dort) und *weiblichem* Reim (das Reimwort endet mit einer Senkung, z. B. Tage – Sage).

Binnenreime entstehen, wenn sich zwei Wörter innerhalb desselben Verses reimen. Folgen die beiden Reimwörter unmittelbar aufeinander, spricht man von *Schlagreim,* reimen sich ein Wort im Inneren und am Ende des Verses, von *Innenreim.* Wenn nur die Vokale übereinstimmen, liegt eine → Assonanz vor.

Beim *reinen Reim* stimmen Schlussvokal und -konsonanten (z. B. Mund – Schund) überein, während sie beim *unreinen Reim* nur ähnlich klingen (z. B. dir – Tür, bringt – sinkt).

Nach der Aufeinanderfolge der sich reimenden Verse kann man mehrere gebräuchliche Reimformen unterscheiden:

Paarreim (aa bb cc ..., d. h., jeweils zwei aufeinanderfolgende Verszeilen reimen sich),

Kreuzreim (ab ab cd cd ..., erste und dritte Zeile, zweite und vierte Zeile usw. reimen sich),

umarmender Reim (abba cddc ..., erste und vierte Zeile und zweite und dritte Zeile reimen sich jeweils),

Schweifreim (aab ccb ..., neben den Paarreimen in der ersten und zweiten sowie der vierten und fünften Zeile reimen sich auch die dritte und sechste Zeile).

■ *Reitsport:* Sprung über den Oxer

Relativistischer Effekt

Die *relativistischen Effekte* machen sich bei geringen Geschwindigkeiten kaum bemerkbar (bei halber Lichtgeschwindigkeit vergrößert sich die Masse lediglich um etwa 16 % gegenüber der Ruhemasse und wächst bei 99 % Lichtgeschwindigkeit nur auf etwa das Siebenfache an, während 90 % Lichtgeschwindigkeit notwendig sind, damit die Zeit halb so schnell wie auf der Erde abläuft). Würde ein Astronaut in einem Raumschiff mit sehr hoher Geschwindigkeit fliegen, würde er langsamer altern als die auf der Erde zurückbleibenden Personen. Die Relativitätstheorie besagt jedoch, dass kein Körper die Lichtgeschwindigkeit selbst erreichen (weil dann seine Masse unendlich groß wäre) oder gar überschreiten kann.

Böden oder als *Bergreis* in trockeneren Bergregionen angebaut. Die *Reiskörner,* besondere Nussfrüchte, werden zumeist in Mühlen geschält und poliert, wobei das vitaminreiche *Silberhäutchen* entfernt wird.

Reitsport, alle Sportarten, bei denen Pferde als Reitpferde verwendet werden. In erster Linie sind damit → *Dressur-,* → *Springreiten* (Mächtigkeitsspringen und Jagdspringen) sowie die → *Vielseitigkeitsprüfung* oder *Military* gemeint. Hinzu kommen noch die auf speziellen Rennbahnen ausgetragenen *Pferderennen* (→ *Pferdesport).*

Reiz, jede Veränderung der Umgebung, die auf einen → Organismus einwirkt und in ihm eine Erregung auslöst. Voraussetzung dafür ist die Reizempfänglichkeit von Organen und Zellen, die häufig besondere *Rezeptoren* für die Reizaufnahme haben. Der Organismus leitet die Erregung über → Nerven zum Gehirn weiter, wo der Reiz durch eine spezifische → Reaktion (z. B. Auslösung einer Sinnesempfindung) beantwortet wird, oder reagiert unmittelbar mit einem → Reflex darauf.

Reklame [frz.], *die,* Werbung, das Anpreisen von Waren auf Plakaten, im Kino und in den Massenmedien (Fernsehen, Rundfunk).

Rekrut [von frz. recrue = »Nachwuchs«], *der,* ein Soldat, der noch nicht fertig ausgebildet ist.

Rektor [lat.], *der,* Leiter einer Hochschule oder einer schulischen Einrichtung.

Relais [frz. rəˈlɛː], *das,* in der Elektrotechnik eine Schaltvorrichtung, bei der ein schwacher Schaltstrom einen stärkeren Arbeitsstrom ein- oder ausschaltet. Eine **Relaisstation** ist ein Zwischensender, der etwa beim → Richtfunk die Signale von einem Hauptsender empfängt, verstärkt und weitergibt, um die Empfangsmöglichkeiten in ansonsten schwer erreichbaren Gebieten zu erhöhen. Als Relaisstationen werden heute oft → Nachrichtensatelliten eingesetzt.

Relation [lat.], *die,* Beziehung (auch zwischen mathematischen Größen).

relativ [frz.], verhältnismäßig, im Verhältnis zu etwas stehend; Gegensatz: → absolut.

Relativitätstheorie, eine von *Albert* →*Einstein* begründete Theorie, nach der physikalische Größen wie Zeit und Raum, Masse und Energie nicht absolut sind, sondern vom Bezugssystem des Beobachters, insbesondere von seiner Bewegung, abhängen. Einstein entwickelte 1905 seine *spezielle Relativitätstheorie,* die für sich gleichförmig und geradlinig bewegende Systeme gilt, und 1915 seine *allgemeine Relativitätstheorie,* mit der er das Relativitätsprinzip auch auf beschleunigte Systeme erweiterte und die → *Gravitation* mit einbezog.

Die → Lichtgeschwindigkeit ist unabhängig von der Bewegung des jeweiligen Systems, weil sie die höchste Geschwindigkeit ist, mit der sich etwas im Universum bewegen kann. Für einen ruhenden Beobachter verkürzt sich die Länge eines sich bewegenden Gegenstands in Richtung der Bewegung *(Längenkontraktion).* Mit wachsender Geschwindigkeit nimmt die Masse zu; gleichzeitig vergeht die Zeit langsamer (sog. *Zeitdilation).* Aus der Relativitätstheorie folgt auch, dass Masse und → Energie einander äquivalent, d. h. gleichwertig sind.

Aus der allgemeinen Relativitätstheorie folgt, dass Licht durch Schwerkraft (z. B. wenn es an einem Stern vorbeigeht) abgelenkt wird, weil sich die Wirkung eines → Feldes (Gravitationsfeld) nicht von einer beschleunigenden Kraft auf eine Masse unterscheiden lässt. Dies konnte bereits 1919 bei einer Sonnenfinsternis nachgewiesen werden. Diese Äquivalenz von träger und schwerer → Masse erklärt sich aus dem besonderen Aufbau des Universums: Die Welt ist ein vierdimensionales Raum-Zeit-Kontinuum, wobei der Raum als unbegrenzt, aber aufgrund seiner »Krümmung« (örtlich unterschiedlich durch den Einfluss von Gravitationsfeldern) endlich aufgefasst wird.

Relativsatz, → Nebensatz, der durch ein Relativpronomen eingeleitet wird. Das Relativpronomen (oder eine Relativpartikel wie z. B. *wie, wo, wodurch)* bezieht sich auf ein Wort im Hauptsatz (zumeist auf ein → Nomen).

■ **Relief:** *Das Passionsrelief im Naunburger Dom (Teilansicht)*

Relief [frz.], *das,* Oberfläche eines Geländes und die plastische Nachbildung davon. In der Kunst versteht man darunter ein erhaben gearbeitetes Bild, bei dem sich die Darstellung aus einer Fläche erhebt.

Religion [lat. »Gottesfurcht«], *die,* Auseinandersetzung mit einer geheimnisvollen, überirdischen Macht, die oft als Person (→ Gott) aufgefasst und mit menschlichen Zügen ausgestattet wird. Diese Macht gilt als Schöpfer der Welt und des Lebens oder übt zumindest einen besonderen Einfluss aus, der sich beispielsweise in den Naturgewalten äußert. Da diese Gottheit dem Menschen unendlich überlegen ist, kann sie ihm helfen, aber auch von ihm Gehorsam und Verehrung verlangen. Daraus sind förmliche Gebete, Bitt- und Dankopfer sowie → Riten entstanden, wobei oft → Priester als Mittler zwischen Gottheit und Gläubigen auftreten.

Religionen findet man bei allen Völkern. Sie sind entweder auf einen kleinen geographischen Raum oder ein Volk beschränkt *(Volksreligionen)* oder *Universalreligionen,* die sich durch Missionierung über die ganze Erde verbreitet haben (→ Weltreligionen). Wenn in der Religion ein einziger Gott verehrt wird, spricht man von → *Monotheismus.* Gibt es in einer Religion mehrere oder viele Götter, bezeichnet man sie als *polytheistische* Religion (→ Polytheismus).

In den meisten demokratischen Staaten ist in der Verfassung die **Religionsfreiheit** verankert, die den Bürgern das Recht auf freies Bekenntnis zu einer Religion (→ Konfession) und zur freien Religionsausübung zusichert.

Reliquie [lat. »Zurückgelassenes«], *die,* etwas, das von einem Heiligen, seiner Kleidung oder mit ihm in Verbindung stehenden Gegenständen (z. B. Marterwerkzeuge) stammt und religiöse Verehrung genießt.

Rembrandt, eigentlich *Rembrandt Harmensz van Rijn* (1606–1669), niederländischer Maler und Grafiker, der als bedeutendster niederländischer Meister gilt. Sein umfangreiches Werk umfasst über 400 Gemälde, mehr als 300 Radierungen und etwa 1400 Zeichnungen. Neben biblischen und historischen Szenen malte er vor allem Selbstporträts (über 100) und Gruppenbilder. Kennzeichnend für Rembrandts Stil sind der dramatische Gegensatz von Licht und Dunkel, die ausgewogene Komposition und die Ausdrucksstärke der Personen.

Remis [frz. rəˈmi: »zurückgestellt«], *das,* Unentschieden (beim Schach).

REM-Phase, Abkürzung für engl. *Rapid Eye Movements* (schnelle Augenbewegungen), die während des Schlafes mehrmals auftretende Phase, in der man während des Schlafes träumt (→ Traum). Sie ist daran zu erkennen, dass sich die Augen des Schlafenden rasch und ruckartig bewegen.

Renaissance [frz. rənɛˈsã:s »Wiedergeburt«],

Religion

Eine besondere Rolle spielt in den meisten Religionen der Jenseitsglaube, der davon ausgeht, dass das menschliche Leben nicht mit dem Tod endet. Um jedoch nach dem Tod mit der angebeteten Gottheit vereint zu werden, muss der Mensch ein »gottgefälliges« Leben führen, das bestimmte göttliche Gebote beachtet. Eine sündige Lebensweise wird dagegen mit Gottesferne (→ Hölle) bestraft. Die Gottheit kann sich dem Menschen in → Offenbarungen mitteilen. Solche Offenbarungen und Überlieferungen von Begegnungen mit der göttlichen Macht werden entweder als → Mythen weitergegeben oder in »Heiligen Schriften« (wie etwa → Bibel oder → Koran) gesammelt, so dass der Glaube eine verbindliche Form erhält. Neben den gewachsenen Religionen, die oft auch Gottheiten aus anderen Kulturen übernehmen (wie z. B. die griechische und die römische Religion), gibt es auch *Offenbarungsreligionen,* die auf eine historische Gestalt als Stifter zurückgehen (z. B. das Christentum auf → Jesus Christus oder der Islam auf → Mohammed).

Renaissance

In der Renaissance kam der weltlichen Baukunst die gleiche Bedeutung wie dem Kirchenbau zu. Alle Bauelemente wurden harmonisch aufeinander bezogen; außerdem griff man auf antike Vorbilder zurück. Bedeutende Baumeister der Renaissance waren Michelangelo, Bramante, Brunelleschi und Palladio. Die Bildhauerkunst löste sich von der Architektur und entwickelte die frei stehende Plastik, die eine naturgetreue, anatomisch richtige Darstellung des Menschen zum Ziel hatte. In der Malerei wurden auch weltliche Themen (historische Ereignisse und mythologische Stoffe, Landschaften, Akte und Porträts) dargestellt, aber religiöse Motive standen weiterhin im Mittelpunkt. In der Maltechnik wurde die flächenhafte Gestaltung zugunsten einer perspektivischen Darstellung (→ Perspektive) überwunden; bei der Darstellung des Menschen wurden die Proportionen genau beachtet.

Die wichtigste Errungenschaft der Renaissancekunst waren die Herausbildung individueller Künstler und die Verselbstständigung des Kunstwerks, d. h., das Kunstwerk war nicht mehr zweckgebunden, sondern brachte den Gestaltungswillen seines Schöpfers zum Ausdruck. Bedeutende Renaissancekünstler waren in Italien → Raffael, → Leonardo da Vinci, → Michelangelo, → Botticelli und → Tizian. In Deutschland wurden vor allem → Dürer und → Holbein der Jüngere von der italienischen Renaissance beeinflusst. Die Renaissanceliteratur knüpfte ebenfalls an antike Vorbilder an und verwirklichte das neue Lebensgefühl auch in der Dichtung, wobei neben dem Lateinischen die jeweilige Volkssprache für die Dichtung verwendet wurde. Die vom → Humanismus beeinflusste Literatur entfaltete sich vor allem in Italien (Petrarca, Boccaccio, Ariosto), Frankreich (Rabelais, Montaigne) und Spanien (→ Cervantes).

die, allgemein die Wiedererweckung von Vergangenem durch Anknüpfen an ältere Kulturtraditionen. Im engeren Sinne versteht man darunter die europäische Kulturepoche am Übergang vom Mittelalter zur Neuzeit, in der Elemente der antiken Kultur wieder erweckt wurden und sich Wissenschaft und Kunst von der Unterordnung unter den christlichen Glauben befreiten. Die Renaissancekunst leitete einen Zusammenhang zwischen Schönheit und Gesetzmäßigkeit der Darstellung ab und stellte den Menschen wieder in den Mittelpunkt.

Ihren Ausgang nahm die Renaissance in Italien, zunächst in Florenz, später in Mailand, Venedig und Rom, und griff im 16. Jh. auch auf die anderen Länder Europas über. In Italien löste sie um 1420 die → Gotik ab *(Frührenaissance),* erreichte ihren Höhepunkt mit der *Hochrenaissance* (um 1500) und endete mit der ab 1520 einsetzenden *Spätrenaissance* (oft auch als → Manierismus bezeichnet). Als Förderer der Künste und Wissenschaften traten neben dem Papst und anderen kirchlichen Würdenträgern die führenden fürstlichen Familien (wie etwa die → Medici in Florenz) hervor.

Rendezvous [frz. rãdeˈvuː], *das,* Verabredung, Stelldichein.

Renoir [rəˈnwaːr], Auguste (1841–1919), französischer Maler des → Impressionismus. Typisch für ihn sind die Heiterkeit und Sinnlichkeit der Darstellung und die Leuchtkraft der Farben.

Rente [lat.-frz.], *die,* ursprünglich ein regelmäßiges Einkommen, das auf den Zinsen eines Vermögens beruhte. Heute versteht man darunter eine finanzielle Altersabsicherung, die vom Staat (im Rahmen der gesetzlichen Sozialversicherung), von einem Betrieb oder einer privaten Lebensversicherung ab einem bestimmten Alter oder bei Arbeitsunfähigkeit monatlich als *Ruhestandsgeld* bzw. *Invaliditätsrente* ausgezahlt wird.

Rentiere, Hirschart (→ Hirsche), die in den arktischen Gebieten Europas, Asiens und Nordamerikas vorkommt. Die Rentiere, bei denen sowohl männliche als auch weibliche Tiere starke Geweihe tragen, werden über 2 m lang und bis zu 1,2 m hoch. In Nordeuropa wird das Ren von den → Lappen in großen Herden gehalten. Im nördlichen Nordamerika leben die *Karibus,* die große Schaufeln tragen.

Reparationen [lat.], *Mz.,* Kriegsentschädigungen, die ein besiegtes Land nach einem verlorenen Krieg dem Sieger in Form von Geld, Sachwerten (z. B. Industrieanlagen und Maschinen) und Arbeit leisten muss, um die von ihm angerichteten Schäden wieder gutzumachen.

Replikation [lat. »Wiederholung«], *die,* in der Biologie die Selbstverdopplung der → DNA oder → RNA durch die Bildung einer genauen Kopie des genetischen Materials.

Reportage [frz. repɔrˈtaːʒə], *die,* Tatsachenbericht eines **Reporters** über ein zumeist aktuelles Thema in einer Zeitung, im Rundfunk oder im Fernsehen.

Repräsentantenhaus, engl. *House of Representatives,* in Australien und Neuseeland die zweite Kammer des Parlaments; in den USA eine der beiden Kammern des → Kongresses, in der die vom Volk gewählten Abgeordneten vertreten sind.

Reproduktion [lat.], Wiedergabe, Nachbildung, Vervielfältigung einer Vorlage (z. B. eines Bil-

■ **Auguste Renoir:** *Nachmittag der Kinder in Wargemont.* Berlin, Nationalgalerie

Reptilien: Borneo-Schönechse

des); in der Biologie die → Fortpflanzung und Weitergabe der Erbinformation.
Reptilien, Klasse der → Wirbeltiere. Die Reptilien oder Kriechtiere sind entwicklungsgeschichtlich (→ Evolution) die ersten echten Landbewohner. Ihre verhornte, mit Schuppen oder Schildern versehene Haut schützt sie im Gegensatz zu den → Amphibien vor Austrocknung. Sie traten erstmals vor etwa 260 Mio. Jahren im → Karbon auf und hatten ihre Blütezeit im Erdmittelalter (→ Trias, Jura und Kreide). Mit den → Sauriern entwickelten sie sich zu den größten Landtieren, die je auf der Erde gelebt haben. Die meisten Entwicklungslinien starben vor rund 65 Millionen Jahren an der Grenze zum → Tertiär aus. Heute gibt es nur noch relativ wenige Arten: → *Schildkröten,* → *Panzerechsen,* → *Brückenechsen* und Schuppenkriechtiere (→ *Echsen,* → *Schlangen*).
Die Kriechtiere pflanzen sich normalerweise durch Eier fort; da diese Eier eine Schale besitzen, können sie anders als bei den Amphibien an Land abgelegt werden. Es gibt aber auch lebend gebärende Echsen und Schlangen, bei denen die Keimlingsentwicklung im Eileiter abläuft und fertig ausgebildete Jungtiere zur Welt kommen. Die Reptilien sind stammesgeschichtlich die Vorfahren sowohl der Säuger als auch der → *Vögel.*
Republik [lat.], *die,* Staatsform, bei der die Macht beim Volk liegt und die jeweilige Regierung für einen bestimmten Zeitraum vom Volk gewählt wird. Die Republik im heutigen Sinne, die als Gegensatz zur → Monarchie aufgefasst werden kann, entstand mit der → Französischen Revolution. Sozialistische Staaten wie China bezeichnen sich als → *Volksrepublik.*
Republikaner, allgemein Anhänger der republikanischen Staatsform, im Besonderen Anhänger der *Republikanischen Partei* in den USA. In Deutschland sind *Die Republikaner* eine Partei, die eine rechtsextremistische, nationalistische Politik mit ausländerfeindlichen Parolen vertritt.
Requiem [lat.], *das,* Totenmesse; auch musikalische Gestaltung einer Totenmesse (z. B. die Requien von → Mozart, → Verdi und → Berlioz).
Requisiten [lat. »Erfordernisse«], *Mz.,* Gegenstände, die für eine Bühnenaufführung oder einen Film notwendig sind.
Reservat [von lat. reservare = »aufbewahren«], *das,* auch als **Reservation** bezeichnetes Schutzgebiet für bestimmte Bevölkerungsgruppen (z. B. in Nordamerika für die → Indianer). Als Reservat bezeichnet man auch ein Schutzgebiet für Tier- und Pflanzenarten, die von Ausrottung bedroht sind.
Résistance [frz. rezisˈtãːs], *die,* Bezeichnung für die französische Widerstandsbewegung, die während des → Zweiten Weltkriegs in den von Deutschland besetzten Teilen Frankreichs nicht mit der Besatzungsmacht zusammenarbeitete (→ Kollaboration), sondern Anschläge, Sabotageakte und Streiks organisierte.
Resistenz [lat.], *die,* Widerstandsfähigkeit (gegenüber Krankheitserregern).
Resonanz [frz.], *die,* Widerhall; in der Physik das Mitschwingen eines Körpers mit der Schwingung eines anderen Körpers. Wenn eine äußere Kraft auf ein schwingendes System periodisch einwirkt und annähernd die *Eigenfrequenz* dieses Systems trifft, verstärkt es dessen Schwingung.
Resorption [von lat. resorbere = »aufsaugen«], *die,* Aufnahme eines flüssigen oder gelösten Stoffes im Zellinneren bzw. der verdauten Nahrung durch die Wände des → Darms.
Ressort [frz. rɛˈsoːɐ̯], *das,* Aufgabenbereich, Geschäftsbereich (z. B. eines Ministers).
Ressourcen [frz. rɛˈsʊrsən], *Mz.,* Hilfsmittel, Rohstoffquellen; die in der Natur vorhandenen Mittel (Bodenschätze, Nutzflächen usw.), die für die Zukunft zur Verfügung stehen.
Restauration [lat.], *die,* Wiederherstellung; in der Geschichte bezeichnet man vor allem die Zeit nach dem → Wiener Kongress als Restauration, weil 1815–1848 versucht wurde, in Frankreich und Deutschland die durch die → Französische Revolution und → Napoleon ausgelösten Veränderungen rückgängig zu machen und zur vorrevolutionären Ordnung zurückzukehren.
Restaurierung, Wiederherstellung eines Kunst- oder Bauwerks, das entweder ausgebessert oder in seinen ursprünglich Zustand zurückversetzt wird.

Resonanz
Bei Musikinstrumenten nutzt man die Resonanz durch einen sog. *Resonanzkörper* aus, einen mit Luft gefüllten Hohlraum, der den erzeugten Klang verstärkt. Im menschlichen Körper wirkt vor allem der Brustkorb als Resonanzkörper für die Stimme.

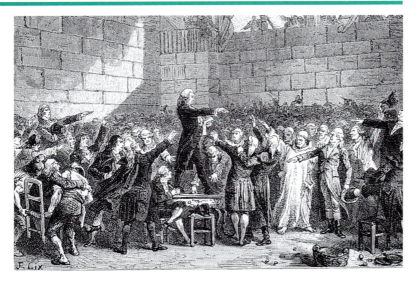

■ *Revolution:* Mit dem Schwur im Ballhaus am 20.6.1789 leitete der Dritte Stand die Französische Revolution ein

Retortenbaby

Ein *Retortenbaby* ist ein Kind, das durch → In-vitro-Fertilisation außerhalb des Mutterleibes entstanden und als befruchtete Eizelle in die Gebärmutter eingesetzt worden ist. Das erste Retortenbaby war Louise Brown, die Mitte 1978 in England geboren wurde. Vier Jahre später kamen auch in Deutschland Kinder zur Welt, die im Reagenzglas gezeugt wurden. Heute gibt es weltweit mehr als 100 000 solcher Retortenbabys, darunter etwa 15 000 in der Bundesrepublik.

Revue

Die Revue entwickelte sich in den 30er Jahren des 19. Jh. in Paris und wurde ab der zweiten Hälfte des 19. Jh. vorwiegend in Varietéhäusern wie Moulin Rouge oder Folies-Bergère gespielt, wo sie heute oft mit Stripteasevorführungen verbunden ist. Berühmt wurden im ersten Drittel des 20. Jh. die Revuen von *Florenz Ziegfeld* (1869–1932) in New York.
In Berlin trat in den 20er und frühen 30er Jahren neben die Kostümrevue, die teilweise die Tradition der → Operette fortführte, die politische *Kabarettrevue*. Nach dem Zweiten Weltkrieg wurden Elemente der Revue in die Fernsehshow und das → Musical übernommen.

Retorte [lat. »die Zurückgedrehte«], *die,* ein rundliches Glasgefäß mit gebogenem Hals, das im Labor zum → Destillieren verwendet wird.
Retro- [lat.], in zusammengesetzten Wörtern mit der Bedeutung »zurück, rückwärts« (z. B. *Retrospektive* = »Rückschau«).
Retroviren, Familie von → Viren, deren Erbgut aus → RNA besteht. Ihren Namen haben sie von der *Reversen Transkriptase,* einem → Enzym, das einen zu einem RNA-Strang komplementären DNA-Strang aufbaut (umgekehrter Vorgang wie bei der → Transkription). Die Retroviren benutzen dieses Enzym, um ihr Erbmaterial in der Wirtszelle, in die sie eindringen, in DNA umzuschreiben. Wenn sie sich in die DNA einer Zelle einbauen, können sie die Erbinformation dieser Zelle verändern und → Krebs hervorrufen. → HIV, das für → Aids verantwortliche Virus, ist ebenfalls ein Retrovirus. Es befällt die T-Helferzellen des menschlichen → Immunsystems.
Réunion [rey'njö] französisches Überseedepartement (2512 km², 640 000 Einwohner) im Indischen Ozean, das neben der Hauptinsel mehrere kleinere Inseln umfasst. Die knapp 800 km östlich von Madagaskar liegende Vulkaninsel wurde zu Beginn des 16. Jh. von den Portugiesen entdeckt. Im 17. Jh. wurde sie von den Franzosen unter dem Namen *Île Bourbon* in Besitz genommen. Réunion, das vorübergehend *Île Bonaparte* hieß, besitzt seit 1946 den Status eines Überseedepartements.

Revanche [frz. re'vãʃ], *die,* Vergeltung; im Sport und Spiel eine Möglichkeit, die Niederlage durch eine Wiederholung auszugleichen.
Revier [ndl.], *das,* abgegrenzter Bezirk (z. B. *Jagdrevier*). Als Revier bezeichnet man auch den Lebensraum eines Tieres, der gegen Eindringlinge verteidigt und oft durch Duftmarken gekennzeichnet wird.
Revision [lat.], *die,* Nachprüfung; im Rechtswesen die Anrufung einer höheren Instanz (→ Gerichte), um ein Gerichtsurteil überprüfen zu lassen.
Revolution [frz.], *die,* politischer, zumeist gewaltsamer Umsturz der Gesellschaftsordnung und Herrschaftsverhältnisse.
Revolver [engl.], *der,* kurzläufige, mehrschüssige Handfeuerwaffe mit einem drehbaren trommelförmigen Magazin für die Patronen.
Revue [re'vy:], *die,* Mischung aus Theater, gesprochenen Szenen, Gesang, Tanznummern und artistischen Einlagen, die oft in einer losen Rahmenhandlung mit Orchesterbegleitung dargeboten wird. Kennzeichnend ist auch die aufwendige Ausstattung.
Reykjavík, an der Südwestküste unweit des nördlichen Polarkreises gelegene Hauptstadt (109 000 Einwohner) von → Island mit eisfreiem Hafen.
rezessiv [lat.], nicht in Erscheinung tretend (bei Erbfaktoren), d. h. durch andere Erbanlagen überdeckt. Gegensatz: → dominant.
reziproker Wert [von lat. reciprocus = »auf demselben Weg zurückkehrend«], in der Mathematik der Kehrwert, der sich ergibt, wenn man bei einem Bruch Zähler und Nenner vertauscht (beispielsweise ist $\frac{5}{8}$ der reziproke Wert von $\frac{8}{5}$).
Rezitativ [it.], *das,* in der Musik ein Sprechgesang, der im Gegensatz zur → Arie den handlungstragenden Text bietet und entweder von einem Soloinstrument oder vom Orchester begleitet wird (vor allem in der → Oper des 17.–19. Jh.).
Rhabarber [lat.-it.], *der,* zu den Knöterichgewächsen gehörende Staude mit großen Blättern. Essbar sind die fleischigen Blattstiele.
Rhein, längster und wasserreichster Fluss Deutschlands (1320 km lang, davon 867 km auf deutschem Gebiet). Der Rhein ist seit Jahrhunderten von Bedeutung für die Binnenschifffahrt (insbesondere Beförderung von Kohle, Öl und Mineralen); heute bildet er die Hauptader eines Wasserstraßennetzes, die durch Kanäle mit anderen Flüssen verbunden ist.
Rheinisches Schiefergebirge, Rumpfgebirge

im westlichen Teil der deutschen Mittelgebirgsschwelle. Das von Kuppen und ausgedehnten Hochflächen geprägte Gebirge wird von → Rhein, Nahe, Mosel, Lahn und Sieg durchflossen. Auf der linken Seite des Rheins gliedert es sich in → *Hunsrück, Eifel* und *Hohes Venn,* auf der rechten Rheinseite in → *Taunus, Westerwald, Rothaargebirge, Bergisches Land, Sauerland* und *Kellerwald.*

Rheinland-Pfalz, Bundesland in Südwestdeutschland, das im Westen an Belgien und Luxemburg grenzt. Es besteht überwiegend aus Berg- und Hügelland (im Norden → Rheinisches Schiefergebirge, im Süden Pfälzer Wald), während sich die Ballungsräume auf die Flusstäler (vor allem Rhein mit Ludwigshafen, Mainz und Koblenz) konzentrieren. Dank des milden Klimas und der fruchtbaren Böden spielt die Landwirtschaft eine große Rolle (die Weinbauregionen Rheinpfalz, Rheinhessen, Mosel-Saar-Ruwer, Mittelrhein, Nahe und Ahr machen insgesamt 70 % der deutschen Rebfläche aus). Bedeutendster Industriezweig ist die chemische Industrie. Das Land wurde 1946 aus französischen Besatzungsgebieten gebildet: aus der → *Pfalz,* die früher zu Bayern gehörte, *Rheinhessen,* dem linksrheinischen Teil Hessens, und den Bezirken *Koblenz* und *Trier,* die zur preußischen Rheinprovinz gehört hatten, sowie mehreren Kreisen der ehemaligen preußischen Provinz Hessen-Nassau.

Rhenium [von lat. Rhenus = »Rhein«], ein → chemisches Element. Das weiß glänzende Metall wird wegen seiner Härte und Beständigkeit u. a. für Schreibfedern und Glühdrähte verwendet.

Rhesusaffen, zu den Makaken gehörende Affen, die vor allem in Südasien in großen Horden leben. Sie werden über 60 cm groß und besitzen einen bis zu 30 cm langen Schwanz.

Rhesusfaktor, erbliches Merkmal der roten Blutkörperchen, das für die → Blutgruppen von Bedeutung ist. Man unterscheidet zwischen *Rhesusfaktor positiv* (Zeichen *Rh*) und *Rhesusfaktor negativ* (Zeichen *rh*). Rund 85 % der Bevölkerung sind rhesus-positiv, die anderen 15 % rhesus-negativ. Bei Bluttransfusionen ist die Beachtung des Rhesusfaktors besonders wichtig, da bei dem Zusammentreffen unterschiedlicher Faktoren schwere gesundheitliche Schäden die Folge sein können.

Rhetorik [griech.], *die,* Redekunst; auch Lehre von der wirkungsvollen Gestaltung von (öffentlichen) Reden.

Rheumatismus, *Rheuma* [griech. »das Flie-

■ **Rhesusaffen** *bei der Fellpflege*

ßen«], Sammelbezeichnung für schmerzhafte Erkrankungen von Gelenken, Muskeln, Sehnen und Bindegeweben, die vor allem den Bewegungsapparat betreffen, mit unterschiedlichen Ursachen.

Rhinozeros [griech.], *das,* andere Bezeichnung für → Nashorn.

Rhodesien, Gebiet in Südafrika, das Ende des 19. Jh. von den Briten in Besitz genommen wurde. Aus *Südrhodesien* ging der unabhängige Staat → Simbabwe hervor, während *Nordrhodesien* zu → Sambia wurde.

Rhodium [von griech. rhodon = »Rose«], *das,* ein → chemisches Element. Das zähe silberweiße Metall kommt in der Natur als Begleiter von Platin und Gold in reiner Form vor. Verwendet wird es u. a. für → Katalysatoren.

Rhodos, zu → Griechenland gehörende Insel (1398 km²), die vor der Südwestküste der Türkei in der Ägäis liegt. Die gleichnamige Hauptstadt wurde Ende des 5. Jh. v. Chr. gegründet und entwickelte sich zu einer der reichsten griechischen Städte. Anfang des 14. Jh. kam die Insel in den Besitz des Johanniterordens (→ Malteserorden). 1523 wurde sie von den Türken (→ Osmanisches Reich) besetzt. 1921–1947 stand sie unter italienischer Verwaltung.

■ **Rhodos:** *Die Akropolis von Lindos*

Rhein

Der Rhein entspringt als *Vorderrhein* im → Sankt-Gotthard-Massiv und vereinigt sich mit dem *Hinterrhein* bei Reichenau zum *Alpenrhein.* Dieser mündet bei Bregenz in den → Bodensee und verlässt ihn als *Hochrhein.* Nach dem 21 m hohen *Rheinfall* bei Schaffhausen tritt er als *Oberrhein* bei Basel in das Oberrheinische Tiefland ein. Als *Mittelrhein* durchquert er ab Bingen das → Rheinische Schiefergebirge. Danach wird er als *Niederrhein* bezeichnet. Auf niederländischem Gebiet bildet er zusammen mit der Maas ein großes Delta und mündet als *Lek* und *Waal* in die Nordsee.

Rheinland-Pfalz
Fläche: 19 846 km²
Einwohner: 3,98 Mio.
Hauptstadt: Mainz
Regierungsbezirke: Koblenz Rheinhessen-Pfalz (Hauptstadt: Neustadt an der Weinstraße) Trier

Rhenium

Zeichen: Re
Ordnungszahl: 75
Atommasse: 186,21
Dichte: 21,02 g/cm³
Schmelzpunkt: 3180 °C
Siedepunkt: 5627 °C

Rhodium

Zeichen: Rh
Ordnungszahl: 45
Atommasse: 102,91
Dichte: 12,41 g/cm³
Schmelzpunkt: 1966 °C
Siedepunkt: 3727 °C

RNA

Die RNA ist ebenso wie die → DNA aus Nukleotiden aufgebaut, die zu langen Ketten aufgereiht sind. Diese Nukleotide haben jedoch anstelle von Desoxyribose als Zucker *Ribose*. Außerdem sind nur drei Basen dieselben wie in der DNA, nämlich Adenin, Cytosin und Guanin, während an die Stelle von Thymin die Base Uracil tritt.
Am bedeutsamsten ist, dass die RNA im Gegensatz zur DNA normalerweise nicht als Doppelstrang, sondern als Einzelstrang auftritt. So kann sie Stränge aufbauen, die in der Reihenfolge ihrer Nukleotide zu den DNA-Strängen komplementär sind und ihre besonderen Aufgaben bei der → Transkription und → Translation der genetischen Information erfüllen.

Richelieu

Als Erster Minister (ab 1624) von König *Ludwig XIII.* beeinflusste Richelieu maßgeblich die Innen- und Außenpolitik Frankreichs (Beseitigung der Sonderrechte der → Hugenotten und der Macht des Hochadels, Ausbau der Flotte und Armee, Gründung der *Académie française*) und vollendete nicht nur das absolutistische Herrschaftssystem (→ Absolutismus), sondern befreite Frankreich auch aus der Umklammerung durch die → Habsburger und ebnete den Weg zur Vormachtstellung Frankreichs in Europa.

Riesenschlangen

Während die echten Baumbewohner unter den Riesenschlangen schlank sind und nur etwa 2 m lang werden, können die größten Arten eine Länge von mehr als 9 m erreichen; mehrere Arten leben vorwiegend im Wasser (z. B. → Anakonda). Die Riesenschlangen besitzen keine Giftzähne, sondern töten ihre Beute (Tiere bis zu maximal 50 kg), indem sie die Tiere umschlingen und erdrücken. Da sie ihren Ober- und Unterkiefer aus dem Gelenk lösen können, sind sie fähig, ihr Maul weit aufzureißen und riesige Bissen zu verschlingen. Sie schlingen das Opfer als Ganzes hinunter, wobei sich ihr Magen weit dehnen kann, brauchen aber sehr lange zum Verdauen.

Rhombus [griech. »verschobenes Quadrat«], *der, Raute,* → Parallelogramm mit vier gleich langen Seiten, wobei die Winkel im Gegensatz zum → Quadrat nicht gleich sind.
Rhön, Mittelgebirge vulkanischen Ursprungs, das zwischen → Hessen, Bayern und Thüringen liegt. Die höchste Erhebung der waldarmen Rhön ist die *Wasserkuppe* (950 m).
Rhone, frz. *Rhône* [ro:n], wasserreichster Fluss Frankreichs. Der 812 km lange Strom entspringt am *Rhonegletscher* in den Berner Alpen, durchfließt den → Genfer See und mündet bei Marseille ins Mittelmeer. Die südfranzösische Deltaebene wird als *Camargue* bezeichnet.
Rhythm and Blues [engl. ˈrɪðəm and ˈbluːz], *der, R&B,* in den 40er und 50er Jahren in den USA entstandene Musikrichtung, die von schwarzen Amerikanern gespielt wurde. Sie übernahm neben dem Bluesschema auch Elemente des Jazz und wurde zunächst als Tanzmusik populär, Mitte der 50er entwickelte sich daraus unter Einbeziehung von Elementen des → Country and Western der → Rock 'n' Roll. In Großbritannien wurde der Rhythm and Blues in den 60er Jahren zur Wurzel der → Rockmusik, während sich in den USA durch Hinzufügung von → Gospelelementen die schwarze → Soulmusik entwickelte.
Rhythmus [griech. »geregelte Bewegung«], *der,* allgemein eine gleichmäßig gegliederte Bewegung oder eine regelmäßige Wiederkehr von Vorgängen. In der Dichtung versteht man darunter den Wechsel von betonten und unbetonten Silben *(Hebungen* und *Senkungen),* der entweder durch ein festes Versmaß geregelt wird oder metrisch ungebunden ist *(freier Rhythmus).* In der Musik gliedert der Rhythmus mithilfe des Metrums (→ Metrik) bzw. des → Takts und des → Tempos den zeitlichen Ablauf eines Stücks und regelt die Dauer der Töne im Verhältnis zueinander.
Riad, arab. *Ar-Rijad,* in der Mitte der Arabischen Halbinsel gelegene Hauptstadt (2 Mio. Einwohner) von → Saudi-Arabien. Die im 19. Jh. entstandene Oasenstadt ist die Residenz der wahhabitischen Herrscherdynastie.
Ribonukleinsäure, zumeist *RNS* oder international *RNA* abgekürzt, eine → Nukleinsäure, die in den Zellen aller Lebewesen vorkommt und wichtige Aufgaben für die Umsetzung der Erbinformation in Eiweiße erfüllt. Es gibt drei verschiedene RNA-Arten: *ribosomale RNA* (in den → Ribosomen), → *Messenger-RNA* und → *Transfer-RNA*.
Ribosomen, in allen → Zellen vorkommende

■ **Tilman Riemenschneider:** *Der Altar der Magdalenenkirche in Münnerstadt*

winzige Körperchen (bis zu 100 000 pro Zelle), die aus → Proteinen und Nukleinsäuren (→ RNA) bestehen. An den Ribosomen findet die Eiweißsynthese statt.
Richelieu [riʃəˈljø], Armand Jean du Plessis (1585–1642), französischer Staatsmann. Er war ab 1622 Kardinal und ab 1631 Herzog.
Richter, beamtete Juristen, die im Auftrage des Staates die → Rechtsprechung ausüben.
Richterskala, nach oben offene Skala, mit der die Stärke von → Erdbeben bewertet wird.
Richtfunk, drahtlose Übertragung von Informationen. Der Sender strahlt stark gebündelte elektromagnetische Wellen ab, die von der auf ihn ausgerichteten Empfängerantenne aufgenommen werden. Auf diese Weise werden Daten (z. B. Telefongespräche, Fernsehprogramme) über große Entfernungen hinweg übermittelt.
Riemenschneider, Tilman (um 1460–1531), deutscher Bildhauer und Bildschnitzer. Er überwand durch die ausgewogene Komposition und Gestaltung seiner feingliedrigen, vergeistigten Figuren den naturalistischen Stil der Spätgotik. Als Materialien verwendete er neben Holz auch Marmor, Kalkstein und Alabaster. Zu seinen bedeutendsten Werken gehören Einzelfiguren (z. B. Adam und Eva für die Würzburger Mari-

enkapelle), Altäre (u. a. Heiligblutaltar in Rothenburg) und Grabmale (u. a. für Kaiser Heinrich II. und Kunigunde im Bamberger Dom).
Riesengebirge, höchster Gebirgszug der Sudeten, entlang der polnisch-tschechischen Grenze. Die höchste Erhebung ist die *Schneekoppe* (1603 m).
Riesenschlangen, Familie der → Schlangen. Sie kommen in den tropischen und subtropischen Gebieten der Erde vor. Die bekanntesten der vier Unterfamilien sind die → *Boaschlangen* und die → *Pythonschlangen.*
Riesenslalom, zum alpinen → Skisport gehörende Mischung aus → Slalom und → Abfahrtslauf, bei der ein Höhenunterschied von 250–400 m überwunden werden muss. Dabei sind mindestens 30 Tore (4–8 m breit) zu durchfahren.
Riesensterne, Sterne von großem Durchmesser, die eine höhere Leuchtkraft als die sog. Hauptreihensterne (→ Sternentwicklung) der gleichen → Spektralklasse haben.
Riff, *das,* schmale Bank oder Klippe im Meer, die aus Felsen, abgelagertem Sand oder → Korallenstöcken besteht.
Riga, an der Dünamündung gelegene Hauptstadt (960 000 Einwohner) von → Lettland. Die 1201 von deutschen Kaufleuten gegründete Stadt war im Mittelalter Mitglied der → Hanse.
Rikscha [von japan. jin-riki-sha = »durch Menschen bewegter Wagen«], *die,* in Ostasien ein zweirädriger Wagen, der von einem Mann (heute zumeist auf einem Fahrrad) gezogen wird und Personen befördert.
Rilke, Rainer Maria, eigentlich *René Maria Rilke* (1875–1926), österreichischer Schriftsteller, der in der ersten Hälfte des 20. Jh. die deutschsprachige Lyrik prägte. Während seine frühen Gedichte noch von Impressionismus und Dekadenz geprägt waren, wandte er sich später dem »Dinggedicht« zu, das auf ein lyrisches Ich verzichtete und freie Rhythmen und eine metaphernreiche Sprache verwendete. Am bekanntesten sind das »Stunden-Buch«, 1905, »Neue Gedichte«, 1907/08, und »Sonette an Orpheus«, 1923.
Rinder, zu den → Wiederkäuern gehörende Unterfamilie der Hornträger, die auch → Büffel und → Bisons umfasst. Dabei besitzt sowohl das männliche als auch das weibliche Tier Hörner. Unter den *Echten Rindern* gibt es mehrere Gattungen von Wildrindern wie etwa den in Südostasien lebenden *Gaur,* der bis zu 3,3 m lang und über 2 m hoch wird, den kleineren *Banteng,*

der ebenfalls in Südostasien lebt, und den → *Yak.* Ein anderes Wildrind, der → *Auerochse,* war früher in fast ganz Europa, großen Teilen Asiens und in Nordafrika verbreitet, starb aber aus (in Asien bereits in frühgeschichtlicher Zeit, in Europa erst im frühen 17. Jh.). Ebenfalls auf den Auerochsen gehen die in Asien und Afrika gezüchteten *Buckelrinder* (→ Zebu) zurück.
Rinderwahnsinn, umgangssprachliche Bezeichnung für → BSE.
Ringelnatter, in Mitteleuropa vorkommende → Natter.
Ringelnatz, Joachim, eigentlich *Hans Bötticher* (1883–1934), deutscher Schriftsteller und Kabarettist, der vor allem durch seine skurril-satirischen Gedichtet bekannt wurde (»Turngedichte«, »Kuttel Daddeldu«, beide 1920).
Ringen, Kampfsportart, bei der jeder der zwei Kämpfer versucht, den Gegner durch bestimmte Griffe niederzuringen und beide Schultern eine Sekunde lang auf die Matte zu drücken. Die Matte besitzt eine Kreisfläche (mit einem Durchmesser von 9 m), die in einen 1 m breiten Außenring (Passivitätszone) und die eigentliche Kampffläche unterteilt ist. Wenn keiner der beiden Kämpfer einen Schultersieg schafft, wird der Sieger nach Punkten ermittelt. Der Kampfrichter vergibt nämlich sog. Technikpunkte für gelungene Griffe und Strafpunkte; bei technischer Überlegenheit eines Ringers kann er den Kampf abbrechen.

■ *Korallenriff*

Rote Riesen

Es gibt *Rote Riesen,* die zehn- bis tausendmal größer sind als unsere Sonne und alte Sterne darstellen. Sie haben bereits den größten Teil ihres Wasserstoffs im Sonneninneren in Helium umgewandelt und blähen sich zu *Überriesen* auf, die noch größer und heller sind, bevor am Ende ihrer Entwicklung ein → *Zwergstern* steht. Am Himmel mit bloßem Auge sichtbare rote Riesensterne sind beispielsweise Aldebaran und Beteigeuze.
Blaue Riesen sind dagegen junge Sterne, die jedoch nur eine geringe Lebenserwartung besitzen.

Rinder

Aus dem Auerochsen entstand durch Domestizierung das *Hausrind* (→ Haustiere). Durch → Züchtung entwickelte sich eine Vielzahl von Rassen, von denen einige (wie etwa *Camargue-, Spanische Kampf-* oder *Schottische Hochlandrinder*) im Körperbau und in der Form der Hörner noch viel Ähnlichkeit mit dem Urahnen haben. Andere sind in ihrem Aussehen ganz durch die Aufgabe geprägt, für die sie gezüchtet werden (Hochland- und Tieflandrassen).

Ringen

Ringen ist eine sehr alte Sportart, die schon im Altertum (z. B. in Ägypten und China) bekannt war und bei den → Olympischen Spielen der griechischen Antike zum Fünfkampf gehörte (wobei die griechischen Ringer ähnlich wie beim heutigen Freistilringen im Stehen kämpften).

Man unterscheidet heute zwei Stilarten: *griechisch-römisches Ringen* (erlaubt sind nur Griffe oberhalb der Gürtellinie, wobei auch die Beine nicht zum Kämpfen eingesetzt werden dürfen und deshalb überwiegend im Bodenkampf gerungen wird) und *Freistilringen* (erlaubt sind Griffe am gesamten Körper, wobei auch die Beine zu Hilfe genommen werden dürfen).

Eine Sonderform des Ringens ist das japanische *Sumoringen*, das nach traditionellen, stark ritualisierten Regeln ausgetragen wird und in Japan zu den beliebtesten Sportarten gehört. Die schwergewichtigen Sumokämpfer (90–140 kg), die nur eine Art Lendenschurz tragen, versuchen dabei, den Gegner mithilfe von 48 festgelegten Griffen zu Boden zu werfen oder aus dem Kampfring zu drängen.

Rittertum

Das *Rittertum* als eigener Stand entwickelte sich, weil die Ritter mit einem erblichen Rittergut belehnt wurden. Im Hochmittelalter bildeten sich besondere Standesideale und eine eigene ritterliche Kultur (z. B. → Minnesang und höfische Epen) heraus, die vor allem in der Zeit der Kreuzzüge eine bedeutende Rolle spielte. Der Ritter wurde nach der *Knappenzeit* (ab dem 14. Lebensjahr) durch die *Schwertleite* oder den *Ritterschlag* in die Ritterschaft aufgenommen.

Ab dem Spätmittelalter erlebte das Rittertum seinen Niedergang; denn nicht nur die Landesfürsten, sondern auch das Bürgertum erstarkte. Außerdem stellte das Aufkommen von → Feuerwaffen den militärischen Wert von Rittern in Frage. Manche der verarmten Ritter verkamen zu *Raubrittern*.

■ *Rio de Janeiro: Der Strand von Copacabana*

Rio de Janeiro [ˈrriu di ʒeˈneiru], in einer Bucht am Atlantik gelegene zweitgrößte Stadt Brasiliens (als Ballungsraum 11,1 Mio. Einwohner) und wichtigster Hafen des Landes. Wahrzeichen der 1531 von Portugiesen gegründeten Stadt ist der *Zuckerhut,* ein glockenförmiger Fels.

Rippen, knorpelige und knöcherne Teile des Brustkorbs, die sich an die → Wirbelsäule anschließen.

Ritter, ursprünglich bei den Römern berittene Soldaten, aus denen sich ein besonderer Stand entwickelte. Im Mittelalter waren die Ritter adlige Krieger, die zu Pferd kämpften und durch eine schwere Rüstung geschützt waren.

Ritual [lat.], *das,* eine Handlung oder ein Vorgehen nach einer festgelegten Ordnung.

Ritus [lat.], *der,* genau festgelegter religiöser Brauch; Gesamtheit der im Gottesdienst verwendeten Bräuche (z. B. *katholischer Ritus*).

Riviera [it. »Küstenland«], *die,* Mittelmeerküste von Marseille bis La Spezia. Der schmale, von Buchten durchzogene Küstenstreifen gliedert sich in die französische *(Côte d'Azur)* und die italienische Riviera.

RNA, Abkürzung für engl. *Ribonucleic Acid,* die → Ribonukleinsäure.

■ *Sattelrobbe*

Robben, zu den Säugetieren gehörende *Wasserraubtiere,* die drei Familien umfasst: *Ohrenrobben* (u. a. → Seelöwen), → *Walrosse* und *Hundsrobben* (darunter → Seeelefanten, Seehunde). Bis auf wenige Arten leben sie in kälteren Meeren der nördlichen und südlichen Erdhalbkugel; lediglich die *Mönchsrobben* kommen in subtropischen und tropischen Meeren, einige Seehundarten in Binnenseen (z. B. im → Baikalsee) vor. Die Robben sind zwischen 1,4 und 6,5 m lang und können über 3,5 t schwer werden. Da manche Robbenarten begehrte Pelztiere sind, wurden sie früher stark gejagt.

Robespierre [rɔbɛsˈpjɛːr], Maximilien de (1758 bis 1794), französischer Revolutionär, der zu den → Jakobinern gehörte.

Robin Hood [ˈrɔbɪn ˈhʊd], sagenhafter englischer Volksheld, der im 14. Jh. gelebt haben soll und zunächst in Balladen besungen wurde. Der edelmütige Räuber, der als Geächteter in den Wäldern von Sherwood lebte und zusammen mit seinen Getreuen reiche Adlige und Geistliche ausraubte und die Armen unterstützte, steht für den Widerstand der angelsächsischen Bevölkerung gegen die normannische Oberschicht.

Robinson Crusoe [ˈrɔbɪnsn ˈkruːsoʊ], Titelheld eines Romans von *Daniel* → *Defoe* aus dem Jahre 1719, der als Schiffbrüchiger 28 Jahre lang auf einer einsamen Insel verbringt. Fernab der Zivilisation vollzieht er mit einfachsten Mitteln, nur unterstützt von dem Eingeborenen *Freitag,* die technisch-kulturelle Entwicklung der Menschheit nach.

Roboter [von tschech. robot = »Arbeit«], *der,* ursprünglich gedacht als künstlicher Mensch oder Maschinenmensch, d. h. ein Automat, der äußerlich wie ein Mensch aussieht und sich ähnlich verhält (in → Sciencefictionromanen und -filmen). Die technisch verwirklichten Roboter sind programmgesteuerte Apparaturen, die nicht menschenähnlich sind, sondern lediglich → Sensoren und Greifvorrichtungen besitzen, um komplizierte Arbeitsvorgänge durchzuführen (z. B. *Industrieroboter).*

Rochade [frz. rɔˈʃaːdə], *die,* im → Schachspiel ein Doppelzug mit König und Turm.

Rochen, Ordnung der → Knorpelfische, deren Vertreter entweder eine haiähnliche Gestalt (z. B. *Sägerochen*) oder einen scheibenförmig abgeplatteten Körper besitzen. Der lange, peitschenförmige Schwanz der *Stachelrochen* dient zur Abwehr; er trägt einen spitzen, mit Widerhaken versehenen Stachel, der eine Giftdrüse

Bekannte Rocksänger (mit bemerkenswerter Stimme)

Marc Almond
Ian Anderson (Jethro Tull)
Jon Anderson (Yes)
Bono (U 2)
Ian Brown (Stone Roses)
Jack Bruce (Cream)
Tim Buckley
Eric Burdon (Animals)
Richard Butler (Psychedelic Furs)
Captain Beefheart
David Bowie
Nick Cave
Roger Chapman (Family, Streetwalkers)
Alex Chilton (Box Tops)
David Clayton-Thomas (Blood, Sweat & Tears)
Joe Cocker
Phil Collins (Genesis)
Julian Cope (Teardrop Explodes)
Elvis Costello
Roger Daltrey (Who)
Chris Farlowe (Thunderbirds, Colosseum)
Bryan Ferry (Roxy Music)
Peter Gabriel (Genesis)
Ian Gillan (Deep Purple)
Green (eigentlich Green Strohmeyer-Gartside)
Peter Hammill (Van Der Graaf Generator)
Roy Harper
Alex Harvey (Sensational Alex Harvey Band)
Michael Jackson
Mick Jagger (Rolling Stones)
Elton John
Holly Johnson (Frankie Goes To Hollywood)
Greg Lake (Emerson, Lake & Palmer)
John Lydon, auch Jonny Rotten genannt (Sex Pistols, PIL)
Billy MacKenzie (Associates)
Steve Marriott (Small Faces)
Ian McCulloch (Echo and The Bunny Men)
Meat Loaf
Freddy Mercury (Queen)
Jim Morrison (Doors)
Van Morrison (Them)
Morrissey (Smiths)
Robert Plant (Led Zeppelin)
Iggy Pop (Stooges)
Prince (auch Symbol oder The Artist Formerly Known As Prince – TAFKAP – genannt)
Paul Rogers (Free)
Feargal Sharkey (Undertones)
Paul Simon (Simon & Garfunkel)
Richard Sinclair (Caravan)
Cat Stevens
Rod Stewart
Sting (Police)
Neil Tennant (Pet Shop Boys)
Michael Stipe (R. E. M.)
Tom Waits
Scott Walker (Walker Brothers)
Steve Winwood (Traffic)
Robert Wyatt (Soft Machine, Matching Mole)

Bekannte Rocksängerinnen (mit außergewöhnlicher Stimme)

Tori Amos
Joan Armatrading
Maggie Bell (Stone the Crows)
Björk
Kate Bush
Sonja Cristina (Curved Air)
Sandy Denny (Fairport Convention, Fotheringay)
Julie Driscoll
Marianne Faithful
Elisabeth Frazer (Cocteau Twins, This Mortal Coil)
Lisa Gerrard (Dead Can Dance)
Polly Harvey (PJ Harvey)
Nina Hagen
Chrissie Hynde (Pretenders)
Grace Jones
Janis Joplin
Annie Lennox (Eurythmics)
Madonna
Jacqui McShee (Pentangle)
Joni Mitchell
Gianna Nannini
Olivia Newton-John
Sinéad O'Connor
Liz Phair
Jane Relf (Renaissance)
Linda Ronstadt
Sade
Siouxsie Sioux (Siouxsie & The Banshees)
Grace Slick (Jefferson Airplane)
Pattie Smith
Tina Turner

enthält. Am größten sind die Teufels- oder Mantarochen, die eine Spannweite von bis zu 7 m erreichen.

Rock [engl.], *der*, Kurzform von → *Rockmusik*.

Rocker [engl.], *der*, Mitglied einer zumeist motorisierten Gruppe von Jugendlichen, die einheitlich Lederkleidung tragen und durch betont aggressives Verhalten die Umwelt provozieren.

Rockmusik, siehe Sonderseite.

Rock 'n' Roll [engl. rɔkənˈroʊl], *der*, Mitte der 50er Jahre in den USA entstandene Musikrichtung, die sich aus dem → Rhythm and Blues entwickelte. Dank der Übernahme von Elementen des → Country and Western und der Ballade erreichte die ursprünglich vorwiegend von Schwarzen gespielte und gehörte Musik nunmehr auch ein breites weißes Publikum. Die Anfang der 50er Jahre im Umfeld von Memphis entstandene Mischung aus Blues- und Countryelementen, die im Gegensatz zum Rhythm and Blues von weißen Musikern gespielt wurde und häufig R&B-Songs schwarzer Musiker in kom-

Robben

Robben sind mit den → Bären verwandt und haben sich schon im frühen → Tertiär aus bären- und marderähnlichen Landraubtieren entwickelt. Im Laufe ihrer Entwicklung haben sie sich stark an das Leben im Wasser angepasst (insbesondere Umwandlung der Beine zu flossenähnlichen Gliedmaßen, Rückbildung der Ohren und Nasen). Der spindelförmige Körper besitzt eine dicke Fettschicht und ein dichtes Haarkleid, die gegen Kälte schützen. Im Unterschied zu den anderen im Wasser lebenden Säugern, den Walen und Seekühen, haben Robben eine amphibische Lebensweise und müssen sich an Land fortpflanzen. Sie schlafen häufig auch an Land oder auf Eisschollen, bewegen sich aber an Land schwerfällig, während sie sehr gute Schwimmer sind. Robben ernähren sich vorwiegend von Fischen, Krebsen, Tintenfischen und anderen Wassertieren, teilweise auch von Seevögeln. Viele Robben leben in großen Herden, wobei die stärksten Bullen zur Paarungszeit oft einen großen Harem von Weibchen um sich scharen.

Robespierre

Robespierre errichtete während der → Französischen Revolution als Vorsitzender des Wohlfahrtsausschusses ab Mitte 1794 eine diktatorische Schreckensherrschaft. Er verfolgte radikaldemokratische Ziele, die er mit terroristischen Methoden durchzusetzen versuchte, und schaltete sowohl seine gemäßigten (Girondisten und Dantonisten) als auch radikaleren Konkurrenten (Hébertisten) aus. Mitte 1794 wurde er mit seinen Anhängern verhaftet und hingerichtet.

Robinson Crusoe

Historisches Vorbild für Robinson Crusoe war der schottische Matrose *Alexander Selkirk*, der zu Beginn des 18. Jh. fünf Jahre lang allein auf einer heute zu Chile gehörenden Pazifikinsel der Juan-Fernández-Gruppe (heute *Isla Robinson Crusoe* genannt) lebte.

Wissen im Überblick: Rockmusik

Anfang der 60er Jahre entstand in Großbritannien und den USA aus dem weißen Rock 'n' Roll und dem schwarzen Rhythm and Blues die Rockmusik. Sie nahm im Laufe ihrer Entwicklung Elemente anderer Musikrichtungen auf (z. B. Skiffle, Country, Folk) und bildete zahlreiche Stilrichtungen aus. Die Grenzen zur Popmusik, die in erster Linie das kommerziell orientierte Produkt von Plattenfirmen und -produzenten ist, die Hitparadenerfolge anstreben, sind fließend. Rockmusiker komponieren und texten jedoch zumeist selbst oder spielen Traditionals und Coverversionen eigenständig nach. In dem Maße, wie auch die Rockmusik zum großen Geschäft geworden ist und vom Vertrieb großer Plattenfirmen und von der Werbung durch Anzeigen in Zeitungen und Zeitschriften und durch aufwendige Videoclips im Fernsehen abhängt, unterliegt sie ebenfalls immer stärker kommerziellen Zwängen.

In Großbritannien entwickelte sich zu Beginn der 60er Jahre vor allem in London und Liverpool *(Mersey Beat)* die sog. *Beatmusik* (frühe Beatles), die noch stark am Popmarkt orientiert war. Die Bands hatten zumeist eine traditionelle Besetzung (ein oder zwei Gitarren, Bassgitarre und Schlagzeug). Ungefähr zur gleichen Zeit entstand in den USA aus dem Rock 'n' Roll die *Surfmusik* (Beach Boys), deren Texte sich um Strände, Autos und Mädchen drehten. Eine wichtige Rolle spielte in der ersten Hälfte der 60er Jahre auch der britische Rhythm and Blues (z. B. Animals, Pretty Things), der anfangs Stücke (zumeist schwarzer) amerikanischer Musiker nachspielte, aber bald einen eigenen Stil entwickelte. Ab Mitte der 60er Jahre wurde daraus eine eigenständige Rockmusik, die von Anfang an durch eine große Offenheit gekennzeichnet war und musikalische Elemente aus vielen Stilen und Kulturen aufnahm. Da sich die Texte Themen widmeten, die in erster Linie ein jugendliches Publikum ansprachen, wurden Rockmusik und Jugendkultur fast gleichbedeutend. Die Rockmusiker begannen zwar in den meisten Fällen als Amateurmusiker, doch bald wurde die Rockmusik einerseits kommerzieller und andererseits komplizierter und technisch perfekter. Deshalb kam es immer wieder zu Gegenbewegungen, die einer virtuosen Beherrschung der Instrumente und komplexen Songstrukturen dilettantische Spielfreude und aggressive Texte innerhalb von simplen Stücken mit wenigen Akkorden entgegensetzten und den kommerziellen Massenerfolg mit selbst produzierten, von kleinen unabhängigen Firmen *(Independents)* vertriebenen Platten beantworteten.

Ab 1965 differenzierte sich die Rockmusik. Es entstanden spezielle Stilrichtungen, auch wenn viele Gruppen anfangs sehr vielfältig blieben (Yardbirds, Beatles). Stark an den schwarzen Wurzeln orientiert blieb der *Blues Rock* (Alexis Korner oder John Mayall in Groß-

■ *Links: Michael Jackson; Mitte: The Rolling Stones (v.l.n.r.: Ron Wood, Mick Jagger, Keith Richards); Rechts: R.E.M.*

britannien). Elemente der englischen bzw. amerikanischen Volksmusik übernahm der *Folk Rock*, der traditionelle Lieder mit elektrisch verstärkten Instrumenten spielte (in Großbritannien Fairport Convention und Pentangle, in den USA Byrds und Lovin' Spoonful). 1966/67 erweiterte sich die Rockmusik zum *Psychedelic Rock*, der neue, teilweise exotische Instrumente, elektronische Klänge, Soundeffekte und Geräuschcollagen einbezog und poetische, oft märchenhafte oder surrealistische Texte schuf; die Livekonzerte wurden durch eine Lightshow ergänzt (in Großbritannien Pink Floyd und Tomorrow, in den USA als *Acid Rock* Jefferson Airplane und Grateful Dead). Aus dem anfangs eng mit der Drogen- und Hippiekultur verbundenen Psychedelic Rock entstanden in den 70er Jahren *Space Rock* (Hawkwind, mit Sciencefiction- und Fantasy-Themen) sowie *Electronic Rock* (Verwendung von Synthesizern wie bei Tangerine Dream). Die Befruchtung durch außereuropäische Musikkulturen führte zu mehreren Stilrichtungen, die exotische Melodiemuster und Instrumente verwendete (z. B. der kurzlebige indisch beeinflusste *Raga Rock* mit Sitar und Tabla oder der lateinamerikanisch beeinflusste *Latin Rock* von Santana). 1967/68 gab es vor allem in den USA eine Gegenbewegung hin zur Countrymusik. Der *Conntry Rock* (Band, Poco) entwickelte sich später zum *Southern Rock* weiter (Allman Brothers).

Das Element der Improvisation und die technische Beherrschung der Instrumente verstärkten sich Ende der 60er Jahre und in den frühen 70er Jahren im *Jazz Rock* (Mahavishnu Orchestra und Soft Machine), der die Besetzung der Gruppen vergrößerte und Bläser einbezog (etwa bei Blood, Sweat & Tears und Chicago). Einen anderen Weg, Rockmusik komplexer zu gestalten und neue Instrumente einzubeziehen (insbesondere Tasten- und Streichinstrumente), wählte der *Classic, Art* oder *Baroque Rock*, der Elemente und Formen der klassischen Musik übernahm, teilweise sogar bekannte

Wissen im Überblick: Rockmusik

Stücke aus dem klassischen Repertoire (etwa von Bach, Mussorgski oder Beethoven) mit rocktypischen Instrumenten nachspielte oder mehrteilige, sinfonieähnliche Formen schuf, die sich aber zumeist in gefährlicher Nähe zu Kitsch, Pathos und Bombast bewegten (Procol Harum, Nice und ELP in Großbritannien, Ars Nova und Vanilla Fudge in den USA). Eine Synthese von Rockmusik, Jazz und klassischen Elementen versuchte der *Progressive Rock* in den 70er Jahren (Yes, King Crimson, Gentle Giant), der aber mit seinen überlangen Stücken und Konzeptalben (die über eine ganze Langspielplatte hinweg ein bestimmtes Thema abhandelten) die Zuhörer rasch ermüdete und bald in bloßem Kunstgewerbe erstarrte. Eine Rückkehr zum einfachen, scheinbar unverfälschten Rock stellte ab Ende der 60er Jahre der zumeist auf dem Blues aufbauende *Hardrock* (Deep Purple und Black Sabbath in Großbritannien, Blue Cheer in den USA) dar, der aber härter und lauter war und sich in den 70er Jahren zum wesentlich aggressiveren *Heavy Metal* weiterentwickelte (Led Zeppelin, Blue Oyster Cult). Die Heavy-Metal-Musik hat inzwischen zahlreiche Stile hervorgebracht, die sich entweder durch die Vorliebe für bestimmte Themen oder Stimmungen (z. B. *Death, Black* und *Doom Meta* oder durch eine besonders schnelle Spielweise (z. B. *Speed Metal*) unterscheiden. Ein Ableger des Hard Rock, der sich mehr durch auffällige Bühnenshows, Kostüme und extrovertierten Gesang als durch einen besonderen musikalischen Stil auszeichnete, war in den 70er Jahren der *Glam Rock* (David Bowie, Marc Bolan & T. Rex).
Eine Vereinfachung stellte auch der *Pub Rock* dar (Brinsley Schwarz, Dr. Feelgood); doch die wichtigste Abkehr von einer als zu kompliziert und zu kommerziell empfundenen Rockmusik bedeutete ab 1977 der *Punk Rock*, der anfangs aggressiv und betont amateurhaft-primitiv war und keine aufwendigen Studioproduktionen benötigte (Sex Pistols und Clash in Großbritannien, Dead Kennedys in den USA). Der Punk wurde in den 80er Jahren vom *Hard Core* weitergeführt, der im *Grunge Rock* (Nirvana) wieder eine kommerzielle Ausprägung fand. Ab Ende der 70er Jahre ging aus der Punkbewegung auch die *New Wave* hervor, die wieder versuchsfreudiger wurde und sich an kompliziertere Songgebilde wagte (Siouxsie and the Banshees, Wire, XTC in Großbritannien, Talking Heads und Television in den USA).
In Deutschland war die Rockmusik in den 60er Jahren ganz von der britischen Beatmusik beeinflusst gewesen (Rattles, Lords) und hatte erst Anfang der 70er Jahre mit *Kraut Rock* (Amon Düül II, Can, Faust) einen eigenständigen Beitrag geleistet. Deutsche Texte verwendeten außer Udo Lindenberg fast nur Politrockgruppen wie Floh de Cologne, Lokomotive Kreuzberg oder Ton, Stein, Scherben. Unter dem Einfluss der Punkbewegung entstand Ende der 70er Jahre die *Neue Deutsche Welle,* die wieder deutsch sang. Neben deutschem Punk (Big Balls and The Great White Idiot, PVC) und eingängigeren, tanzbaren Rhythmen (Ideal, DAE) entstanden auch experimentelle Gruppen (Einstürzende Neubauten).
In den 80er Jahren entwickelten sich aus der New Wave *Dark Wave* oder *Gothic Rock* mit düster-eintönigen Stücken (Sisters of Mercy) und *Synthie Pop* (Depeche Mode, Heaven 17), der elektronische Klänge mit tanzbaren Rhythmen verband. An die psychodelische Musik der späten 60er Jahre knüpften in Großbritannien *Sixties Revival* (Television Personalities, Times) und *Retrorock* (Stone Roses) an. Vor allem an der Musik der Beatles orientierte sich der Mitte der 90er Jahre kommerziell sehr erfolgreiche *Britpop* (Blur, Oasis). In den 90er Jahren entstanden auch Richtungen wie *Lo-Fi Rock,* der bei seinen Produktionen auf aufwendige Studiotechnik verzichtete und sich mit billigen elektronischen Instrumenten begnügte (Flying Saucer Attack), *Easy Listening Rock,* der mit seinem eingängigen, durch elektronische Instrumente geprägten Sound Anleihen bei der Filmmusik der 60er und 70er Jahre nahm (Stereolab), und *Post Rock,* der in seinen zumeist instrumentalen Stücken rocktypische Songstrukturen vermied und auf Wiederholung und Improvisation setzte (Tortoise).
Die Synthese von Elektronik und Tanzmusik führte Ende der 80er Jahre zur → *Technomusik,* die ähnlich wie 25 Jahre früher die Rockmusik vielfältige musikalische Einflüsse aufnahm. Techno kehrte zwar zu den Wurzeln der Rockmusik zurück, nämlich zur Tanzmusik, entfernte sich aber gleichzeitig durch die nahezu ausschließliche Verwendung elektronischer Instrumente oder sogar Computer von der ursprünglichen Spielweise, so dass sie heute als eigenständige Musikrichtung aufgefasst werden muss.
Von Anfang an bestand neben der weißen Rockmusik eine schwarze Rockmusik, die zu Beginn stärker im Blues und in der Gospelmusik wurzelte. *Soul* war dabei stets stärker tanzorientiert, richtete sich aber an ein älteres Publikum (Temptations, Supremes). Während sich Soul mit dem *Motown Sound* mehr am Popgeschmack orientierte (Verwendung von Orchestern) und mit dem *Philly Sound* auch verstärkt ein weißes Publikum ansprach, entstand ab Ende der 60er Jahre ein experimenteller *Soul* und *Funk Rock* (Sly and The Family Stone, Stevie Wonder, George Clinton), den Michael Jäcken und Prince später für ein breiteres Publikum kommerzialisierten. Im *Disco Sound* vermischten sich Mitte der 70er Jahre Einflüsse des Soul und der weißen Tanzmusik. Die Weiterentwicklung der Tanzmusik mit der Emanzipation des Diskjockeys als Musiker war ab Ende der 80er die *House Music*. Große Popularität genießt

Wissen im Überblick: Rockmusik

seit den 80er Jahren die ursprünglich nur von schwarzen Musikern gesungene und gespielte *Rap-* und *HipHop-Musik,* die ebenfalls eng mit der Tanzmusik und der DJ-Kultur zusammenhängt. Als langsamere Spielart der HipHop-Musik entstand Mitte der 90er Jahre *TripHop.* Eine große Rolle seit den 70er Jahren spielt der aus Jamaika stammende *Reggae,* der in Großbritannien zum *Ska* führte und Eingang in die New Wave und in die Tanzmusik fand, während seine härtere Spielart, der *Ragga,* zu einem wichtigen Element von *Jungle* und *Drum 'n' Bass* wurde.

Die heutige Rockmusik zeigt eine fast nicht mehr überschaubare Stilvielfalt mit sehr vielen Richtungen. Ihre größte stilistische Freiheit findet sie in der *World Music,* die für Einflüsse aus allen Musikkulturen offen ist und einerseits authentische, traditionellere Musikformen außereuropäischer Länder präsentiert (z. B. pakistanische Qawwali-Musik) und andererseits solche Formen mit modernen, westlichen Elementen zum *Ethno Rock* verbindet (z. B. Transglobal Underground) bzw. Musiker beider unterschiedlicher Kulturen zusammenbringt (wie etwa bei Peter Gabriel).

Hörempfehlungen (Langspielplatten bzw. CDs)

Beach Boys, »Pet Sounds« (1966)
Bob Dylan, »Blonde on Blonde« (1966)
Yardbirds, »The Yardbirds/Roger The Engineer« (1966)
Beatles, »Sergeant Pepper's Lonely Hearts Club Band« (1967)
Byrds, »Younger Than Yesterday« (1967)
Doors, »The Doors« (1967)
Pink Floyd, »The Piper At the Gates of Dawn« (1967)
Velvet Underground, »The Velvet Underground & Nico« (1967)
Cream, »Wheels of Fire« (1968)
Jimi Hendrix Experience, »Electric Ladyland« (1968)
Rolling Stones, »Beggars Banquet« (1968)
Small Faces, »Ogden's Nut Gone Flake« (1968)
Captain Beefheart, »Trout Mask Replica« (1969)
Grateful Dead, »Live Dead« (1969)
King Crimson, »In The Court Of The Crimson King« (1969)
Who, »Tommy« (1969)
Tim Buckley, »Starsailor« (1970)
Black Sabbath, »1st Album« (1970)
Deep Purple, »In Rock« (1970)
Allman Brothers Band, »At The Fillmore East« (1971)
Amon Düül II, »Tanz der Lemminge« (1971)
Can, »Tago Mago« (1971)
Caravan, »In The Land Of Grey And Pink« (1971)
David Bowie, »The Rise And Fall Of Ziggy Stardust And The Spiders From Mars« (1972)
Jethro Tull, »Thick As a Brick« (1972)
Led Zeppelin, »Four« (1972)
Roxy Music, »The Roxy Music«
Elton John, »Goodbye Yellow Brick Road« (1973)
Mahavishnu Orchestra, »Birds of Fire« (1973)
Genesis, »The Lamb Lies Down On Broadway« (1974)
Kraftwerk, »Autobahn« (1974)
Bob Marley & The Wailers, »Natty Dread« (1975)
Queen, »A Night At the Opera« (1975)
Patti Smith, »Horses« (1975)
Ramones, »The Ramones« (1976)
Stevie Wonder, »Song In The Key Of Life« (1976)
Sex Pistols, »Never Mind the Bollocks« (1977)
Television, »Television« (1977)
Stranglers, »Black And White« (1978)
Wire, »Chairs Missing« (1978)
Clash, »London Calling« (1979)
Talking Heads, »Fear of Music« (1979)

XTC, »Drums and Wires« (1979)
Joy Divison, »Unknown Pleasures« (1980)
Siouxsie & the Banshees, »Kaleidoscope« (1980)
Heaven 17, »Penthouse And Pavement« (1981)
Soft Cell, »Non Stop Erotic Cabaret« (1981)
Cure, »Pornography« (1982)
Michael Jackson, »Thriller« (1982)
Depeche Mode, »Construction Time Again« (1983)
Grandmaster Flash & The Furious Five, »1st Album« (1983)
Hüsker Dü, »Zen Arcade« (1983)
Frankie Goes To Hollywood, »Welcome to the Pleasure Dome« (1984)
R.E.M., »Reckoning« (1984)
Kate Bush, »Hounds of Love« (1985)
Einstürzende Neubauten, »Halber Mensch« (1985)
Jesus and the Mary Chain, »Psychocandy« (1985)
Nick Cave & The Bad Seeds, »Your Funeral My Trial« (1986)
Smiths, »The Queen Is Dead« (1986)
Prince, »Sign O' the Times« (1987)
U 2, »The Joshua Tree« (1987)
Metallica, »... And Justice For All« (1988)
Tom Waits, »Big Time« (1988)
Ice-T, »The Iceberg, Freedom Of Speech ...« (1989)
Stone Roses, »The Stone Roses« (1989)
Pixies, »Bossanova« (1990)
Lou Reed & John Cale, »Songs for Drella« (1990)
Nirvana, »Nevermind« (1991)
The Orb, »Adventures Beyond the Ultraworld« (1991)
Ice Cube, »Predator« (1992)
Public Enemy, »Greatest Misses - Don't Miss It« (1992)
Frank Zappa, »Yellow Shark« (1993)
Björk, »Debut« (1993)
Suede, »Dog Man Star« (1994)
Neil Young, »Sleep With Angels« (1994)
Blur, »The Great Escape« (1995)
Seefeel, »Succour« (1995)
The Future Sound Of London, »Dead Cities« (1996)
Tortoise, »Millions Now Living Will Never Die« (1996)
Tricky, »Pre-Millenium-Tension« (1996)
Wu-Tang Clan, »Wu-Tang Forever« (1997)
Prodigy, »The Fat of the Land« (1997)
Goldie, »Saturnzreturn« (1998)
Massive Attack, »Mezzanine« (1998)

■ **Rock 'n' Roll:** Bill Haley (oben) mit seiner Gruppe The Comets

merziellen → Coverversionen bot, bezeichnete man als **Rockabilly**.
Rock 'n' Roll wurde bis zum Ende der 50er Jahre Ausdruck einer neuen Jugendkultur, die bei den Erwachsenen lange Zeit auf Ablehnung stieß. Während sich die Rock-'n'-Roll-Musik in den 60er Jahren zur → Rockmusik weiterentwickelte, erhielt sich der zugehörige Tanz im 4/4-Takt; er ist durch rasche Bewegungen und teilweise sogar akrobatisches Geschick erfordernde Überwürfe gekennzeichnet.

Rocky Mountains [ˈrɒkɪ ˈmaʊntɪnz], *Felsengebirge,* östlicher Teil der nordamerikanischen → Kordilleren. Das rund 4500 km lange Gebirge erstreckt sich von Alaska über Kanada bis zum Süden der USA. Die höchste Erhebung ist der *Mount Elbert* (4396 m). Nach Osten hin fällt es steil zu den *Great Plains* ab. In den Rocky Mountains gibt es zahlreiche Nationalparks.

Rodeln, Fahren auf einem als *Rodel* oder *Schlitten* bezeichneten Gefährt, das sich auf zwei Kufen über den Schnee bewegt. Beim *Rennrodeln* wird ein leichtes hölzernes Gefährt mit schräg nach außen gestellten Stahlkufen verwendet. Die Lenkung erfolgt durch Gewichtsverlagerung, Druck mit den Füßen und Unterschenkeln auf die Kufenhörner oder durch Ziehen am Lenkgurt, der an den Kufenenden befestigt ist. Es gibt *Ein-* und *Doppelsitzer.* Gefahren wird jeweils mit gespreizten Beinen in Rückenlage, wobei die beiden Fahrer auf dem Zweierschlitten übereinander liegen und der Obermann für die Lenkung zuständig ist. Auf den künstlich angelegten Rodelbahnen können Geschwindigkeiten von bis zu 100 km/h erreicht

werden. Eine besondere Form des Rodelsports ist der Skeletonsport.

Rodeo [von span. rodear = »zusammentreiben«], *das,* Wettkampfveranstaltung in den westlichen USA, bei der → Cowboys auf Wildpferden und Bullen reiten und sich dabei möglichst lange im Sattel halten müssen oder Kälber in möglichst kurzer Zeit einfangen sollen.

Rodin [rɔˈdɛ], Auguste (1840–1917), französischer Bildhauer, der seinen realistisch dargestellten Figuren mithilfe von Licht und Schatten eine fast impressionistische Wirkung und Bewegtheit verlieh. Bekannte Werke sind seine Bronzefiguren »Der Denker« und die »Bürger von Calais«, die Steinplastik »Der Kuss« sowie das unvollendet gebliebene »Höllentor«.

Rodung, das Abholzen von Wald, um landwirtschaftliche Nutzflächen oder Siedlungsraum zu gewinnen.

Rogen, *der,* die Eier von → Fischen (in den Eierstöcken der Weibchen). Als Delikatesse wird der Rogen verschiedener → Störarten geschätzt (→ Kaviar).

Roggen, zu den → Süßgräsern gehörende Getreidepflanze, die vor allem in Nord- und Osteuropa sowie in Sibirien angebaut wird. Aus den Körnern wird Mehl hergestellt. Ein Großteil wird als Viehfutter verwendet.

Rohstoffe, Ausgangsstoffe für die Herstellung von Wirtschaftsgütern. Natürliche Rohstoffe sind z. B. Erdöl, Erdgas, Metallerze und Kohle.

Rokoko [von frz. rocaille = »Muschelwerk«], *das,* Stilrichtung in der europäischen Kunst, die Epoche zwischen 1720 und 1790, die in Frankreich als Reaktion auf das → Barock entstand. Die monumentalen, vom Pathos geprägten Formen des Barock wurden im Rokoko durch die zierliche Eleganz verspielter kleiner Formen ersetzt.

Bekannte Rock-'n'-Roll-Musiker

Chuck Berry
Fats Domino
Bill Haley and The Comets
Buddy Holly
Jerry Lee Lewis
Little Richard
Roy Orbison
Elvis Presley

Die Bezeichnung Rock 'n' Roll soll auf den weißen Diskjockey Alan Freed zurückgehen, der den Begriff aus dem Slang der schwarzen Amerikaner übernahm. Sie wurde von Freed ab 1954 in seinen Hörfunksendungen verwendet und bedeutet eigentlich »Geschlechtsverkehr (haben)«.
Freed zu Ehren, der 1952 das erste Rockfestival der Musikgeschichte, den »Moondog Coronation Ball«, in seine Heimatstadt Cleveland geholt hatte, wurde 1995 in Cleveland die erste und weltweit einzige Ruhmeshalle des Rock 'n' Roll eröffnet.

Rokoko

Während sich der Rokokostil in Frankreich vorwiegend im höfischen Rahmen entfaltete, fand er in Süddeutschland seine vollkommenste Ausprägung im Kirchenbau, vor allem bei Dominikus Zimmermann (Wieskirche), Johann Michael Fischer (Abteikirchen Ottobeuren), den Brüdern Asam (Abteikirche Weltenburg) und Balthasar Neumann (Wallfahrtskirche Vierzehnheiligen).

Rolandslied

Das von dem *Pfaffen Konrad* um 1170 in mittelhochdeutscher Sprache gedichtete *Rolandslied* geht auf eine altfranzösische Vorlage *(Chanson de Roland)* aus dem 11. Jh. zurück, das einen historischen Stoff verarbeitete: den Tod des bretonischen Markgrafen *Hruotland,* der 778 beim Rückzug Karls des Großen aus Spanien als Führer der Nachhut im Kampf gegen die Basken fiel. In verschiedenen Städten Nord- und Mitteldeutschlands wurden im 13.–18. Jh. sog. *Rolandsäulen* aufgestellt (z. B. in Bremen), die einen Ritter mit gezücktem Schwert zeigen und vermutlich ein Sinnbild für die Gerichtsbarkeit darstellen.

■ **Auguste Rodin:** Die Bürger von Calais (1884–1886)

Rom

Rom wurde der Sage nach im Jahre 753 v. Chr. von Romulus und Remus errichtet: Tatsächlich jedoch waren hier bereits im 10. und 9. Jh. v. Chr. erste Ansiedlungen auf mehreren Hügeln entstanden. Die dörflichen Siedlungen schlossen sich im 8./7. Jh. v. Chr. zur »Siebenhügelstadt« zusammen, die ab dem späten 6. Jh. v. Chr. Mittelpunkt des → Römischen Reiches wurde.

Während der Kaiserzeit war Rom eine riesige Metropole, die zwischen 600 000 und 2 Mio. Einwohner hatte. Nach dem Untergang des Weströmischen Reiches (476 n. Chr.) wurde die Stadt im 5. und 6. Jh. mehrmals von germanischen Völkern erobert und verfiel, bevor sie Mitte des 8. Jh. von den → Franken unter ihren Schutz gestellt wurde. Im Hochmittelalter und vor allem während der → Renaissance- und Barockzeit blühte sie dank des Papsttums wieder auf. Bis 1870 gehörte sie zum päpstlichen → Kirchenstaat. Nach der Eroberung durch Truppen des neu entstandenen Königreichs Italien wurde Rom 1871 italienische Hauptstadt.

■ *Rokoko: Schloß Linderhof nahe Ettal wurde ab 1870 im Auftrag von Ludwig II. von Bayern errichtet*

Der Rokokostil war in erster Linie ein heiterer Dekorationsstil, der in der Ausgestaltung von Innenräumen zum Ausdruck kam und neben dem Ornament (insbesondere die Muschelform) kunstgewerbliche Gegenstände (vor allem Möbel) und die Porzellanplastik bevorzugte. In der Rokokomalerei wurden neben höfisch-galanten Szenen ideale Landschaften dargestellt. Bedeutende Rokokomaler waren → Watteau, François Boucher (1703–1770) und Jean Honoré Fragonard (1732–1806).

Die Rokokoliteratur bedeutete in Frankreich eine Abkehr von der klassizistischen Strenge und eine Hinwendung zum Galanten, Heiteren und Geistreichen. In Deutschland äußerte sich der Rokokostil vor allem in der *Anakreontik,* einer Lyrik, die vorzugsweise Liebe, Wein und Freundschaft behandelte, und im Werk von Christoph Martin Wieland (1733–1813) besonders zum Ausdruck kam.

Roland, der Sage nach der Neffe → Karls des Großen. Nach einem Feldzug blieb er mit einem kleinen Heer zurück, wurde von den Heiden überfallen und fiel schließlich trotz heldenhafter Gegenwehr.

Rollerskates [engl. ˈrʊʊləskeɪts], *Mz.,* → Rollschuhe mit lenkbaren, an Achsen befestigten Kunststoffrollen und einem verstellbaren Stopper zum Bremsen.

Rollschuhe, Sport- und Freizeitgerät, das aus Schuhen mit Rollen besteht. Die vier Räder bzw. Rollen sind aus Metall, Holz oder Kunststoff und laufen paarweise auf Kugellagern. Vorne besitzen sie an der Unterseite einen Hartgummistopper, den der Läufer auch zum Abspringen benutzen kann.

Im **Rollsport** gibt es *Rollkunstlaufen* (Einzel- und Paarlaufen), *Rolltanz* und *Rollschnellaufen* (als Bahn- oder Straßenrennen) sowie *Rollhockey* (wobei die Mannschaften je fünf Spieler haben und einen kleinen Ball mit speziellen Schlägern in das gegnerische, 1,55 x 1,05 m große Tor schießen müssen). Zum Rollsport gehört auch das → Skateboardfahren.

Rom, it. *Roma,* in Mittelitalien am Tiber gelegene Hauptstadt und größte Stadt (2,7 Mio. Einwohner) von → Italien. Rom ist das politische und kulturelle Zentrum des Landes; es ist auch Sitz des Papstes (→ Vatikanstadt und mehrerer UN-Organisationen. Sie besitzt noch zahlreiche Zeugnisse aus der römischen Antike (u. a. → Kolosseum, Ruinenfeld des Forum Romanum, Katakomben) und enthält eine Fülle von Renaissance- und Barockbauwerken (darunter die Peterskirche).

ROM, Abkürzung für engl. *Read-only Memory* (Nur-Lese-Speicher), in der → elektronischen Datenverarbeitung ein Halbleiterspeicher in einem → Computer, der zwar gelesen, aber nicht mit neuen Daten beschrieben werden kann. Im Gegensatz zum → RAM verliert ein ROM jedoch nicht die in ihm gespeicherten Daten, wenn der Strom abgeschaltet wird.

■ *Rom: Ansicht des Forum Romanum*

Roma [romani »Mensch«], *Mz.,* Angehörige einer früher als → Zigeuner bezeichneten Volksgruppe, die ursprünglich aus Indien kommt und zu der auch die → Sinti zählen. Die Roma sind in vielen Ländern verbreitet, vor allem auf dem Balkan und in Ungarn. Weltweit beläuft sich ihre Zahl auf etwa 7–9 Mio. Ihre Sprache, *Romani,* gehört zu den → indogermanischen Sprachen.

Roman [frz.], *der,* umfangreiche Prosaerzählung. Der europäische Roman im heutigen Sinne entwickelte sich erst ab dem 13. Jh. und verbreitete sich vor allem nach der Erfindung des Buchdrucks. Erst im 18. Jh. wurde er als eigenständige dichterische Gattung anerkannt, die zum Ausdrucksmittel des erstarkenden Bürgertums wurde. Während sich im 19. Jh. zahlreiche Romanformen (wie etwa *Bildungs-, Gesellschafts-* und *historischer Roman*) entwickelten, wurden im 20. Jh. die Darstellungsmöglichkeiten des Romans durch formale Experimente erweitert.

Romanik [von lat. Romanus = »römisch«], *die,* europäischer Kunststil des Mittelalters, der sich an die *karolingische* Kunst anschloss. Die Romanik, die 950 begann und bis etwa 1250 dauerte, übernahm Elemente der antiken römischen Baukunst (z. B. Rundbogen, Säule, Gewölbeformen), fügte sie aber in wuchtigere, kühlere Formen ein. In erster Linie kam der romanische Stil im Kirchen- und Klosterbau (Umgestaltung der → Basilika durch Gewölbe, Gliederung der Fassaden durch Säulen und Galerien) zum Ausdruck (z. B. Dome in Speyer, Mainz und Worms). Die romanische Plastik war als → Relief und Rundplastik eng mit den Gebäuden verbunden und durch Strenge, Geschlossenheit und Vereinfachung gekennzeichnet. Von der flächenhaften Malerei (Wand- und Glasmalereien mit biblischen Szenen in Kirchen sowie Miniaturmalereien in Büchern) ist nur wenig erhalten geblieben.

romanische Sprachen, zu den → indogermanischen Sprachen gehörende Sprachengruppe, die sich seit dem 3. Jh. n. Chr. innerhalb des → Römischen Reiches aus dem gesprochenen → Latein entwickelte. Zu den romanischen Sprachen gehören *Italienisch, Spanisch, Portugiesisch, Französisch, Rumänisch, Rätoromanisch* und *Sardisch.*

Romantik [von frz. romantique = »romanhaft, phantastisch«], *die,* Kunstrichtung, die Gefühl und Subjektivität betonte. Sie besann sich auf die Vergangenheit zurück, verklärte diese aber und wählte das Wunderbare oder Wahnsinnige als Themen. Die Romantik machte es sich zum

■ **Romanik:** *Der Dom von Mainz (975 bis 1239 errichtet)*

Ziel, alle Strömungen in sich aufzunehmen und Vernunft und Irrationales, Wirklichkeit und Traum zu vereinen, um Zugang zu den seelischen Bereichen zu finden und das »Gesamtkunstwerk« zu verwirklichen. Deshalb interessierten sich die Romantiker besonders für das Mittelalter und seine Märchen, Sagen und Mythen, die sich im Volk erhalten hatten.

Römisches Reich, *Imperium Romanum,* bedeutendstes Reich des → Altertums, das von der Stadt → Rom ausging. Der Sage nach herrschten im römischen Stadtstaat, der eine Gründung der → Etrusker war, zwischen der Mitte des 8. Jh. (753 v. Chr. angebliche Gründung von Rom) und dem Ende des 6. Jh. v. Chr. sieben Könige. Während der Königszeit gewann Rom die Vorherrschaft in Latium. Um 510 v. Chr. wurde Rom nach der Vertreibung des letzten etruskischen Königs eine Republik, in der zwei vom → Senat für ein Jahr gewählte → Konsuln die Politik bestimmten. Bis zur Mitte des 3. Jh. v. Chr. konnten die Römer die gesamte italienische Halbinsel unterwerfen, obwohl die keltischen Gallier (→ Kelten) 387 v. Chr. Rom eingenommen und niedergebrannt hatten. Rom besiegte nicht nur die in Mittelitalien beheimateten Völker, sondern auch die griechischen Kolonien in Unteritalien.

Im Inneren erkämpften die *Plebejer,* die Angehörigen der Unterschicht, ihre politische Gleich-

Roman
. . . .
Im Unterschied zum → Epos konzentriert der Roman seine Darstellung auf die persönliche Geschichte einzelner Charaktere, schildert die Handlung aber im Gegensatz zur Novelle und Erzählung ausführlicher und baut oft Nebenhandlungen ein. Innerhalb des Romans haben sich zahlreiche Formen (z. B. *Brief-, Tagebuch-, Ichroman*) und Genres (z. B. *Kriminal-, Sciencefiction-, Heimat-, Liebesroman*) herausgebildet.

Romantik
. . . .
In der Literatur bezeichnet Romantik die Epoche zwischen 1790 und 1830. Die deutsche Romantik wählte neben Gedicht, Roman und Erzählung vorzugsweise das *Fragment* als Darstellungsform und verwendete häufig Symbole. So wurde die »blaue Blume« zum Symbol der Romantik. Die *schwarze Romantik* bevorzugte die dunklen Seiten des Menschen und widmete sich dem Phantastischen und Schauerlichen. Die bedeutendsten Vertreter der deutschen Romantik sind → Novalis, → Brentano, → Eichendorff, E. T. A. → Hoffmann und Ludwig Tieck (1773–1853).

In der romantischen Malerei kam ebenfalls das subjektive, stimmungsvolle Erleben der Natur zum Ausdruck, insbesondere in der Darstellung von Landschaften (z. B. bei Caspar David → Friedrich oder William Turner). Andere Maler (wie etwa Moritz von Schwind, 1804–1871) wandten sich der Darstellung von märchen- und sagenhaften Themen zu oder widmeten sich religiösen Themen *(Nazarener* und *Präraffaeliten).*

Besonders nachhaltig beeinflusste die Romantik die Musik. Die romantische Musik prägte fast das gesamte 19. Jh. und reichte mit der *Spät-* und *Neoromantik* noch ins 20. Jh. hinein. Sie brachte das subjektive Gefühl sowie Stimmungen zum Ausdruck und löste die klassische Melodik und Harmonik auf. Der Klang gewann eine große Selbstständigkeit und wurde durch die Erweiterung des Orchesters gesteigert. Oper und Lied befassten sich mit der Natur und phantastisch-mystischen Vorgängen. Bedeutende Komponisten der Romantik waren → Weber, Schubert, Chopin, Liszt, Schumann, Mendelssohn Bartholdy, Berlioz, Brahms, Wagner, Bruckner, Strauss, Max Reger und Mahler.

römische Ziffern und Zahlen

I	=	1
II	=	2
III	=	3
IV	=	4
V	=	5
VI	=	6
VII	=	7
VIII	=	8
IX	=	9
X	=	10
XX	=	20
XXX	=	30
XL	=	40
L	=	50
LX	=	60
LXX	=	70
LXXX	=	80
XC	=	90
C	=	100
CC	=	200
CCC	=	300
CD	=	400
D	=	500
M	=	1000

Die Zahl ergibt sich durch Kombination der verwendeten Zeichen, wobei I, X, C und M mehrmals nebeneinander (I, X und C bis zu dreimal, M beliebig oft) geschrieben werden dürfen. Gleiche Zahlen werden zusammengezählt (XXX = 30). Steht ein kleineres Zahlenzeichen rechts von einem größeren, wird es jeweils hinzugezählt (LV = 55). Steht es links davon, wird es davon abgezogen (XC = 90); jedoch darf man bei dieser Schreibweise immer nur ein kleineres Zeichen benutzen: also 1997 = MCMXCVII, aber 1999 = MIM.

stellung gegenüber den *Patriziern,* dem Grundbesitzenden Adel, der zunächst die Macht innehatte. Zwischen 264 und 146 v. Chr. siegte Rom in drei Kriegen (→ *Punische Kriege*) über die phönizische Kolonie → Karthago, den mächtigsten Rivalen im westlichen Mittelmeer. Das Herrschaftsgebiet wurde um die außeritalienischen Provinzen Sizilien, Sardinien und Korsika sowie Spanien erweitert und dehnte sich nach Norden über die Poebene hinaus aus. Gleichzeitig begann die Expansion nach Osten (Eroberung von Illyrien und → Mazedonien). Im 2. Jh. v. Chr. sicherte sich Rom auch die Herrschaft im östlichen Mittelmeer, musste jedoch Aufstände in Spanien und Griechenland niederwerfen. Doch die Kriege führten zu einer Verarmung der Landbevölkerung. Deshalb kam es ab 133 v. Chr. zu Bürgerkriegen. Zudem strebten immer mächtiger werdende Feldherren die Alleinherrschaft an (vor allem Marius, Sulla, Pompejus und → Cäsar). Die Ermordung Cäsars durch Senatoren (44 v. Chr.) erhielt die Republik nur für kurze Zeit, denn 31 v. Chr. ging Octavian aus den Kämpfen mit Marcus Antonius, seinem Rivalen im zweiten Triumvirat, siegreich hervor. Als ihm der Senat 27 v. Chr. das Prinzipiat übertrug, endete die Republik. Er nahm den Ehrentitel → *Augustus* an und herrschte als erster Kaiser *(Imperator)* über das Römische Reich.

Während der Kaiserzeit vergrößerte sich das römische Herrschaftsgebiet weiter. Seine größte Ausdehnung hatte es unter Trajan, als es im Osten bis Assyrien und Armenien und im Süden bis Nordafrika und Arabien reichte. Doch schon im 1. Jh. war es zu Aufständen gekommen (u. a. in Judäa und Gallien). Im Norden errichteten die Römer den → Limes, um ihre Grenzen am Rhein und an der Donau gegen germanische Einfälle zu sichern. Auf die julisch-claudische und die flavische Dynastie folgten ab 96 die »Adoptivkaiser«, die keine Söhne hatten und ihre Nachfolger selbst bestimmten. Mit Septimus Severus wurde 193 die severische Dynastie begründet. Nachdem im 1. Jh. bereits alle italischen Stämme südlich des Po das römische Bürgerrecht erhalten hatten, wurden 212 alle freien Bewohner des Römischen Reiches römische Bürger. Im 3. Jh. gewann das Heer so großen Einfluss, dass es die Kaiser ernannte *(Soldatenkaiser)*. Zwischen 235 und 284 wurden von den Legionen rund 40 Kaiser ausgerufen, die sich gegenseitig bekämpften und oft nur Teile des Imperiums beherrschten. Erst 284 gelang es Diokletian, das Reich durch Verwaltungsreformen wieder zu stabili-

sieren. Konstantin konnte sich 312 und 324 durch Siege über seine Mitregenten die Alleinherrschaft im West- und im Ostreich sichern und nahm das Christentum an. 330 gründete er Konstantinopel (Byzanz) als zweite Hauptstadt des Reiches. Dennoch setzte sich der Verfall des Römischen Reiches fort und wurde noch durch die Einfälle von germanischen Stämmen beschleunigt, die im Zuge der → Völkerwanderung nach Süden vorstießen. Nach dem Tod von Theodosius (395), dem letzten Alleinherrscher des Römischen Reiches, wurde das Reich endgültig geteilt. Das *Oströmische* oder → *Byzantinische Reich* mischte sich zwar noch wiederholt in die Politik des Westteils ein, hatte jedoch ab dem 6. Jh. eine eigene, bis zur Mitte des 15. Jh. dauernde Geschichte. Versuche des oströmischen Kaisers Justinian (482–565), durch die Eroberung der germanischen Reiche in Italien, Spanien und Nordafrika die Einheit des Reiches wiederherzustellen, schlugen fehl. Im 5. Jh. mehrten sich die Invasionen germanischer Stämme → Westgoten und → Vandalen. In der Mitte des 5. Jh. wurden die germanischen Stämme innerhalb des Römi-

Römische Kaiser

Julisch-Claudisches Haus:

Augustus	27 v. Chr.–14 n. Chr.
Tiberius	14–37
Caligula	37–41
Claudius	41–54
Nero	54–58
Dreikaiserjahr	68/69

Flavisches Haus:

Vespasian	69–79
Titus	79–81
Domitian	81–96
Adoptivkaiser	96–192
Trajan	98–117
Hadrian	117–138
Marc Aurel	161–180
Fünfkaiserjahr	193

Severisches Haus:

Caracalla	198/212–217
Soldatenkaiser	235–284
Valerian	253–260
Tetrarchie	284–324
Diokletian	284–305

bis zur Reichsteilung:

Konstantin der Große	306/324–337
Theodosius der Große	379/394–395
Weströmische Kaiser	395–476

schen Reiches immer selbstständiger. Als Romulus Augustulus, der letzte Kaiser der Westhälfte, von dem germanischen Heerführer Odoaker abgesetzt wurde, endete das Weströmische Reich. Ab 476 herrschten Germanen in Italien.

römische Ziffern, im → Römischen Reich und in Europa bis ins späte Mittelalter gebräuchliche Ziffern. Sie wurden durch die → arabischen Ziffern abgelöst. Es gibt sieben Zahlenzeichen (I, V, X, L, C, D und M), mit deren Hilfe man sämtliche Zahlen bilden kann.

Röntgenstrahlung, sehr energiereiche Strahlung, deren Wellenlänge zwischen 0,25 nm und 10^{-12} m (Frequenz: 3×10^{16} bis 3×10^{20} Hz) liegt. Röntgenstrahlen entstehen, wenn schnelle → Elektronen durch den Aufprall auf Materie plötzlich abgebremst *(Bremsstrahlung)* oder in einem Magnetfeld beschleunigt *(Synchrotronstrahlung)* werden. Sie können zahlreiche Stoffe in unterschiedlichem Maße durchdringen und schwärzen fotografische Platten. Deshalb lässt sich die Röntgenstrahlung für die **Röntgendiagnostik** nutzen, die mit hilfe von *Röntgenaufnahmen* (»Schattenbilder« von Organen oder Körperteilen, die Röntgenstrahlen erzeugen) oder *Röntgendurchleuchtung* Organveränderungen feststellen kann (die Röntgenstrahlen machen dabei innere Organe auf einem Leuchtschirm sichtbar, wenn der Patient ein sog. *Kontrastmittel* schluckt, das die Röntgenstrahlen stärker oder schwächer als das umgebende Gewebe absorbiert). Röntgenstrahlen werden auch für die Untersuchung von Werkstoffen eingesetzt.

Röntgenstrahlen werden in speziellen *Röntgenröhren* erzeugt, in denen Elektronenstrahlen beschleunigt werden und auf Metall aufprallen. Sie können jedoch lebendes Gewebe zerstören, so dass sie zwar in der Medizin für die → Bestrahlung bösartiger Geschwülste verwendet werden können, aber ihr Einsatz wegen des Strahlenrisikos stark eingeschränkt werden muss.

Rosen, Gattung der *Rosengewächse* mit mehr als 100 Arten, die zumeist als Sträucher mit stacheligen Zweigen und großen Blüten wachsen. Neben den vielen wilden Rosen (wie etwa Hecken-, Hunds- und Essigrose) gibt es heute zahllose Züchtungen, die beliebte Zierpflanzen sind. Die durch Kreuzung und Auslese entstandenen Gartenrosen zeichnen sich durch ihre farbigen, oft duftenden Blüten aus. Das für die Parfümherstellung verwendete, sehr teure *Rosenöl* wird aus den Blütenblättern der *Damaszenerrose* gewonnen.

Rossini, Gioacchino (1792–1868), italienischer Komponist, der vor allem durch seine Opern berühmt wurde. Er komponierte 40 heitere und ernste Opern, sehr berühmt ist »Der Barbier von Sevilla« (1816).

Rost, braunroter Überzug auf → Eisen, der sich bei Feuchtigkeit bildet und leicht abbröckelt. Chemisch gesehen handelt es sich um *Eisenoxid* oder *Eisenoxidhydrat,* d. h., Rost ist das Ergebnis einer → Oxidation von Eisen. Da der Rost immer tiefer in das Innere des Eisens eindringt, verursacht er schwerwiegende Schäden. Um dies zu verhindern, verwendet man entweder einen *Korrosionsschutz* (z. B. Schutzanstrich oder Metallüberzug durch → Galvanisierung) oder *rostfreien* Stahl (durch die Beimischung von bestimmten Metallen wie Chrom oder Nickel).

Rostock, an der Ostsee gelegene Stadt (233 000 Einwohner) in Mecklenburg-Vorpommern. Die im 12. Jh. gegründete Hafenstadt war im Mittelalter eine bedeutende Handelsstadt und Mitglied der Hanse. Rostock besitzt die älteste norddeutsche Universität (1419 gegründet).

Röteln, ansteckende Viruskrankheit, die masernähnliche Flecken auf der Haut und eine schmerzhafte Schwellung der Lymphknoten hervorruft. Während Röteln bei Kindern harmlos sind und eine lebenslange Immunität hinterlassen, können sie bei schwangeren Frauen während der ersten drei Schwangerschaftsmonate den Fetus schädigen.

Rotes Kreuz, 1863 von dem schweizerischen Schriftsteller Henri → Dunant ins Leben gerufene Hilfsorganisation, die sich bei kriegerischen Konflikten und Katastrophen um Verwundete, Flüchtlinge, Kriegsgefangene und Vermisste kümmert. Ihr Zeichen ist ein rotes Kreuz auf weißem Grund; es soll aufgrund der → Genfer Konventionen dem neutralen Sanitätspersonal Schutz gewähren. Die islamischen Hilfsorganisationen verwenden in der Türkei und im Iran den *Roten Halbmond,* die israelische den *Roten Davidstern.*

Rotes Meer, 2240 km langes Nebenmeer des → Indischen Ozeans zwischen Afrika und Arabien. Seinen Namen hat das bis zu 2605 m tiefe Meer von der Rotfärbung durch Algen. Im Norden ist es durch den → Suezkanal mit dem Mittelmeer, im Süden durch die Meerenge von Bab el-Mandeb mit dem Indischen Ozean verbunden. Wegen der hohen Verdunstung und des geringen Zuflusses von Süßwasser ist der Salzgehalt sehr hoch (etwa 4 %).

Röntgenstrahlung

Benannt ist die Röntgenstrahlung nach ihrem Entdecker, dem deutschen Physiker *Wilhelm Conrad Röntgen* (1845–1923), der sie selbst als *X-Strahlen* bezeichnete (in den meisten Ländern hat sich dieser Name erhalten, z. B. engl. *X-rays,* frz. *rayons X).*

Da auch Objekte im Kosmos Röntgenstrahlen aussenden, gibt es eine *Röntgenastronomie.* Allerdings ist sie auf Raketen und Satelliten (z. B. *ROSAT*) angewiesen, weil die Röntgenstrahlen aus dem Weltall bereits in den höheren Atmosphärenschichten absorbiert werden und nicht die Erdoberfläche erreichen.

Bereits 1912 wurde entdeckt, dass Kristalle Röntgenstrahlen beugen können (→ Diffraktion). Mithilfe dieser *Röntgenbeugung* ist es möglich, die Struktur von Atomen in Kristallen zu bestimmen, weil Röntgenstrahlen eine viel kürzere Wellenlänge als Lichtstrahlen haben.

Rosengewächse

Die Rosengewächse sind eine Familie von zweikeimblättrigen Pflanzen, die über 3000 Arten umfasst. Neben Balgfrüchten bringen sie Nuss- und Steinfrüchte hervor, die oft zu Sammelfrüchten vereinigt sind. Unter den formenreichen Rosengewächsen, die als Stauden, Sträucher und Bäume auftreten, befinden sich viele Obstpflanzen wie etwa → Apfel, Birne, Kirsche, Pflaume, Mandel, Himbeere, Brombeere und Erdbeere.

Rotes Kreuz

Rotes Kreuz

Das *Internationale Rote Kreuz* (IRK), das 155 nationale Rotkreuz-Gesellschaften umfasst, hat seinen Sitz in Genf. Das *Deutsche Rote Kreuz* (DRK) entstand 1921 (1950 neu gegründet mit Sitz in Bonn) und ist vor allem im Rettungswesen, in der Unfallhilfe, im Blutspendedienst und im Katastrophenschutz sowie in der Krankenpflege tätig.

Ruanda (Rwanda)

Staatsname:	Republik Ruanda
Staatsform:	Präsidiale Republik
Hauptstadt:	Kigali
Fläche:	26 338 km²
Einwohner:	8 Mio.
Bevölkerungsdichte:	304/km²
Amtssprache:	Kinyarwanda, Französisch, Englisch
Währung:	Ruanda-Franc (F.Rw.)
Nationalitätskennzeichen:	RWA

Ruanda

Russisches Roulett

Beim *russischen Roulett* dreht jemand an der Trommel eines Revolvers, in der nur eine Patrone steckt. Er hält sich die Waffe an den Kopf und drückt ab, ohne zu wissen, ob die Kammer leer ist.

Rubidium

Zeichen: Rb
Ordnungszahl: 37
Atommasse: 85,47
Dichte: 1,53 g/cm³
Schmelzpunkt: 39 °C
Siedepunkt: 686 °C

Rotor [engl.], *der,* sich drehendes Maschinenteil (z. B. der Drehflügel bei einem → Hubschrauber).
Rotterdam, an der Neuen Maas gelegene zweitgrößte Stadt (596 000 Einwohner) der → Niederlande und größter Hafen Europas.
Rotwild, Bezeichnung für den *Rothirsch* (→ Hirsche).
Roulett [frz. ru'lɛt »Rädchen«], *das,* Glücksspiel, bei dem man auf Zahlen, eine Farbe oder bestimmte Zahlenkombinationen setzt. In einem Gerät mit einer drehbaren Scheibe muss eine Kugel in eines von 37 nummerierten schwarzen oder roten Fächern rollen.
Rousseau [ru'so], Jean-Jacques (1712–1778), französischer Philosoph und Schriftsteller, der in seinen Werken den negativen Einfluss der Kultur auf die Sitten beschrieb.
Ruanda, *Rwanda,* Staat in Ostafrika, der zu den am dichtesten bevölkerten Ländern Afrikas zählt. Der hoch gelegene Binnenstaat wird überwiegend von *Hutu* bewohnt, die zu den → Bantu gehören. Diese wurden seit dem 16. Jh. von den *Tutsi* beherrscht. Die Tutsi sind eine etwa 9 % ausmachende hamitische Oberschicht, die als halbnomadische Großviehzüchter einwanderten und die Ackerbau treibenden Hutu unterwarfen, aber ihre Sprache annahmen. Daneben gibt es noch die *Twa,* eine Minderheit von Pygmäen (1 %). Der größte Teil der Bevölkerung lebt von der Landwirtschaft (Anbau von Kaffee und Tee für den Export). Ende des 19. Jh. wurde das Gebiet als deutsches Protektorat zusammen mit dem Nachbargebiet unter dem Namen *Ruanda-Urundi* in die Kolonie *Deutsch-Ostafrika* eingegliedert. Belgien verwaltete es ab 1920 zunächst als Völkerbundsmandat und ab 1946 als Treuhandgebiet der UNO. Ruanda-Urundi wurde 1962 in zwei unabhängige Staaten geteilt. Während in → Burundi die Tutsi weiterhin die herrschende Schicht bildeten, stellten in Ruanda die Hutu die Regierung, weil sie 1959 die Tutsi-Herrschaft gestürzt und einen Großteil der Tutsi vertrieben hatten. Nach ständigen Spannungen zwischen den beiden Bevölkerungsgruppen übernahm die Armee die Macht. 1994 brach ein blutiger Bürgerkrieg zwischen Armee und Tutsi-Rebellen aus, die als *Patriotische Front Ruandas* (FPR) gegen die Regierungstruppen kämpften. Die Massaker an den Tutsi endeten erst, als die FPR Mitte 1994 die Hauptstadt eroberte und eine Regierung der Nationalen Einheit bildete. Die Kämpfe und die Angst vor Vergeltungsmaßnahmen führten zu einer Massenflucht von etwa 1,7 Mio. Hutu in die Nachbarländer Kongo und Tansania. Der größte Teil von ihnen kehrte Ende 1996 zurück. Der Bürgerkrieg forderte vermutlich über 1 Mio. Opfer.
Rüben, bei zweikeimblättrigen Pflanzen Speicherorgane, die durch Verdickung der Hauptwurzel *(Pfahlwurzel)* und teilweise des untersten Abschnitts des Stängels entstehen. Rüben sind deshalb reich an Nährstoffen (vor allem Kohlenhydrate).
Zu den **Rübenpflanzen** gehören *Karotte, Rote Bete, Runkelrübe,* → *Zuckerrübe.*
Rubens [ndl. 'rybəns], Peter Paul (1577–1640), flämischer Maler des Barock. In seiner Werkstatt in Antwerpen entstanden über 2000 Bilder nach seinen farbigen Skizzen. Beeinflusst von der italienischen Malerei entwickelte er einen eigenen Stil, der durch die sinnliche Darstellung üppiger Körper und der kraftvollen Bewegtheit der Gestalten gekennzeichnet ist. Neben oft monumentalen mythologischen und historischen Szenen, Altarbildern und Porträts

■ *Peter Paul Rubens: Dianas Heimkehr von der Jagd. Dresden, Staatliche Kunstsammlung*

schuf er auch stimmungsvoll-allegorische Landschaftsbilder.
Rübezahl, Sagen- und Märchenfigur, die ursprünglich ein in Bergwerken sein Unwesen treibender Kobold war und später zum Herrn des → *Riesengebirges* wurde.
Rubidium [lat. »dunkelrot«], *das,* ein → chemisches Element. Das weiche weiß glänzende Metall ist sehr reaktionsfreudig und wird für Photozellen und Elektronenröhren verwendet.
Rubin [von lat. rubeus = »rot«] *der,* tiefroter Edelstein, eine Spielart des *Korunds.*
Rückenmark, im Wirbelkanal der → Wirbelsäule befindlicher Teil des → Zentralnervensystems. Beim Menschen ist das Rückenmark ein

■ **Rudern:** Achter mit Steuermann

1–1,5 cm dicker Strang, der vom → Gehirn ausgeht und bis zum zweiten oder dritten Lendenwirbel reicht. Es enthält im Inneren die *graue Substanz,* die von → Nervenzellen gebildet wird, und seitlich davon die *weiße Substanz,* die aus den Leitungsbahnen der Nervenfasern besteht. Im Rückenmark wurzeln 31 Paar *Rückenmarks-* oder *Spinalnerven,* die motorische und sensorische Reize leiten und zur Muskulatur und Haut des Rumpfes führen. Das Rückenmark leitet einerseits Erregungen (z. B. Druck-, Wärme- und Schmerzempfindungen) von der Haut, den Muskeln oder Gelenken zum Gehirn und zurück. Daneben besitzt es Nervenzentren, die selbstständig auf bestimmte Reize reagieren (→ Reflex) und Bewegungen koordinieren. Bereits geringe Schädigungen führen zu schwerwiegenden Störungen (Ausfall von Sinnesempfindungen, Störung der Bewegungskoordination, Lähmungen).

Rückgrat, andere Bezeichnung für → Wirbelsäule.

Rückkoppelung, Selbststeuerung von Vorgängen, indem die Folgen des Vorgangs durch Rückwirkung den weiteren Ablauf beeinflussen. Dieses Prinzip wird sowohl in der → Regeltechnik und der → Kybernetik (in Form von *Regelkreisen* für Vorgänge, die sich automatisch regeln) als auch in lebenden Systemen genutzt (z. B. bei der Wärmeregulierung in den Körpern von Lebewesen). Die Psychologie versteht darunter die Beeinflussung von Verhaltensweisen durch Rückmeldungen *(Feedback).* Eine *akustische Rückkoppelung* macht sich als durchdringendes Pfeifen bemerkbar, wenn vom Lautsprecher abgestrahlte Schallwellen auf ein Mikrofon im selben Raum zurückwirken und dann verstärkt erneut wiedergegeben werden, so dass ein ständig lauter werdender Ton entsteht.

Rückstoß, in der Physik die Kraft, die auf dem Gesetz von Wirkung und Gegenwirkung beruht (→ Reaktion). Stößt ein Körper eine Masse aus oder ab, so wirkt auf den Körper eine entgegengesetzte Kraft ein. Nach dem Rückstoßprinzip funktionieren alle → Raketen und Raumfahrzeuge sowie Flugzeuge mit → Strahltriebwerk.

Rudern, Wassersportart, bei der ein Boot durch Muskelkraft vorwärts bewegt wird. Dabei taucht man Ruderstangen (die aus einem Holm und einem Ruderblatt bestehen und am Boot bzw. einem Ausleger drehbar befestigt sind) ins Wasser und zieht sie zum Körper hin.
Im Rudersport werden leichte Rennboote aus Sperrholz oder Kunststoff verwendet, die pfeilförmig und sehr flach gebaut sind. Die Wettbewerbe *(Regatten)* gehen zumeist über 2000 m. Es gibt verschiedene Bootsklassen: *Einer* (auch *Skiff* genannt), *Doppelzweier* mit und ohne Steuermann, *Doppelvierer* mit und ohne Steuermann und *Doppelachter* mit Steuermann (alles Skullboote), *Zweier, Vierer* mit und ohne Steuermann, *Achter* mit Steuermann (alles Riemenboote).

Rugby [engl. ˈrʌgbɪ], *das,* Ballspiel, das eine Kombination aus Hand- und Fußball darstellt.

Rügen, größte deutsche Insel (926 km², 85 000 Einwohner) in der Ostsee, die zu Mecklenburg-Vorpommern gehört. An der östlichen Steilküste befinden sich Kreidefelsen aus weichem Kalkstein. Durch einen 2,5 km langen Fahrdamm, der

Rousseau

Rousseau sprach sich für eine freie Erziehung aus (»Emil oder Über die Erziehung«, 1762). Rousseau ging davon aus, der Mensch sei von Natur aus gut (vor allem der »edle Wilde«) und werde erst durch die Gesellschaft verdorben. In seinem Roman »Julie oder Die neue Héloise« (1761) und in seinen autobiographischen Schriften (»Die Bekenntnisse«, 1765–1770) überwand er den → Rationalismus der Aufklärung und betonte das Gefühlsmäßige.
Mit seinem »Gesellschaftsvertrag« (1762), der den Staat als freiwillige Übereinkunft der einzelnen Menschen auffasste und jedem Bürger gleiche Rechte zuwies, schuf er die theoretischen Voraussetzungen für die → Französische Revolution.

Rudern

Beim Rudern unterscheidet man als *Riemen* bezeichnete Ruderstangen, die etwa 3,8 m lang sind und beidhändig bedient werden, also abwechselnd links und rechts am Boot angebracht sind, und *Skulls,* die mit einer Hand gezogen werden, so dass jeder Ruderer gleichzeitig ein Paar knapp 3 m langer Ruderstangen bedient.
Die Ruderer sitzen auf Rollsitzen mit dem Rücken zur Fahrtrichtung. Die einzelnen Ruderbewegungen müssen dabei genau aufeinander abgestimmt werden. Deshalb bestimmt der am → Heck sitzende Ruderer die *Schlagzahl,* d. h. die Anzahl der pro Minute ausgeführten Ruderschläge. Bei Booten mit *Steuermann* übernimmt dieser die Aufgabe. Die am Heck aufgehängte Steuerflosse wird mit Hilfe eines Seilzugs vom Steuermann bzw. vom hintersten Ruderer bedient.

Rugby

Rugby ist ein Kampfspiel zwischen zwei Mannschaften (je 15 Spieler), das auf einem Rasenplatz (von maximal 100 m Länge und 68,4 m Breite) ausgetragen wird. An das Spielfeld schließt sich hinter dem torähnlichen, aus Seitenstangen (im Abstand von ca. 5,6 m) und einer Querlatte (in etwa 3 m Höhe) bestehenden *Mal* jeweils ein Malfeld an. Ein Spiel dauert 2 x 40 Minuten.

Rumänien (România)
Staatsform: Republik
Hauptstadt: Bukarest
Fläche: 237 500 km²
Einwohner: 22,8 Mio.
Bevölkerungsdichte: 96/km²
Amtssprache: Rumänisch
Währung: Leu (l)
Nationalitätskennzeichen: RO

Rumänien

Digitaler Rundfunk

Noch im Versuchsstadium befindet sich der *digitale Rundfunk*. Die Verwendung digitaler Signale erfordert eine geringere Sendeleistung und macht nicht nur die Ausstrahlung von bis zu zwölf Programmen auf einer einzigen Frequenz (bei größerer Reichweite und besserer Klangqualität) möglich, sondern erlaubt auch die zusätzliche Übermittlung von Daten und Bildern.

nach Stralsund führt, ist die Insel mit dem Festland verbunden.

Ruhrgebiet, bedeutendstes Industriegebiet Deutschlands. Das dicht besiedelte Gebiet erstreckt sich im Norden bis zur Lippe und im Süden bis über die Ruhr, einen Nebenfluss des Rheins, und umfasst zahlreiche Großstädte. Die wirtschaftliche Bedeutung lag früher neben der günstigen Verkehrslage (Rhein) auf den großen Steinkohlevorkommen, bis Erdöl und Erdgas die Kohleindustrie zurückdrängten.

Rum [engl.], *der,* aus Rohrzucker hergestellter Branntwein.

Rumänien, Staat in Osteuropa, der sich überwiegend nördlich des Unterlaufs der → Donau erstreckt und im Osten an das Schwarze Meer grenzt. Den größten Teils des Landes prägen die → Karpaten, die einen nach Westen offenen Bogen bilden und das Siebenbürgische Hochland umgeben. An den Außenseiten schließen sich Flachländer an. Neben knapp 90 % Rumänen umfasst die Bevölkerung über 7 % Ungarn, fast 2 % Roma sowie zahlreiche Minderheiten (vor allem Deutsche, Bulgaren, Ukrainer). Die Wirtschaft des an Bodenschätzen (Erdöl, Kohle, Edelmetalle, Bauxit, Uran) reichen Landes stützt sich in erster Linie auf die Industrie (chemische und Schwerindustrie). In der Landwirtschaft überwiegen der Anbau von Getreide, Kartoffeln und Zuckerrüben sowie Viehzucht. Im Altertum gehörte das von den Dakern bewohnte Gebiet als Provinz zum → Römischen Reich, bevor ab dem 3. Jh. im Zuge der Völkerwanderung verschiedene germanische und Turkvölker und im 6. und 7. Jh. slawische Völker eindrangen. Dennoch blieb in der Bevölkerung ein starkes romanisches Element erhalten. Ab dem 11. Jh. gelangte → *Siebenbürgen* im Inneren des Karpatenbogens unter ungarischen Einfluss. Die Fürstentümer *Walachei* und *Moldau* (→ Moldau), die im 14. Jh. entstanden, kamen trotz heftigen Widerstands im 15. Jh. unter die Oberhoheit des → Osmanischen Reiches. Ende des 16. Jh. konnte der walachische Fürst Michael der Tapfere sein Land für kurze Zeit mit Siebenbürgen und der Moldau vereinigen. Das Fürstentum Siebenbürgen fiel Ende des 17. Jh. an das → Habsburgerreich, das 1775 auch die *Bukowina* in Besitz nahm. Nachdem die beiden anderen Fürstentümer im 19. Jh. bis zum Krimkrieg (1853–1856) zunehmend unter russischen Einfluss geraten waren, vereinigten sie sich 1862 unter dem Namen Rumänien.

Das rumänische Königreich erhielt nach dem Ersten Weltkrieg Siebenbürgen sowie Gebiete, die vorher zu Österreich-Ungarn, Russland und Bulgarien gehört hatten. Rumänien stand im Zweiten Weltkrieg bis 1944, als die faschistische Militärdiktatur Marschall Ion Antonescus gestürzt wurde, auf der Seite Deutschlands und musste Gebietsverluste an die Sowjetunion und Bulgarien hinnehmen. Nach der erzwungenen Abdankung von König Michael I. entstand bis 1948 eine kommunistische Volksrepublik. Unter Nicolae Ceausescu (1918–1989), der seit 1965 Generalsekretär der Rumänischen Kommunistischen Partei und seit 1967 Staatsoberhaupt war, entwickelte sich in Rumänien ein autoritäres System (insbesondere mithilfe des rumänischen Geheimdienstes *Securitate*. Gleichzeitig betrieb das Land innerhalb des Ostblocks eine relativ eigenständige Außenpolitik und öffnete sich gegenüber dem Westen. Doch in den 80er Jahren isolierte sich Rumänien zunehmend von den Reformbestrebungen in Osteuropa und geriet in eine schwere wirtschaftliche Krise. Ende 1989 wurde Ceausescu nach einer Volkserhebung durch einen Staatsstreich gestürzt und zusammen mit seiner Frau hingerichtet. Seit 1991 ist Rumänien eine Republik. Die Staatsbetriebe wurden bis 1996 privatisiert. Ende 1996 löste der Konservative Emil Constantinescu den 1990 gewählten Ion Iliescu als Staatspräsident ab.

Rundfunk, drahtlose Verbreitung von Ton- und Bildsignalen, zusammenfassende Bezeichnung für Hörfunk und → Fernsehen. Im allgemeinen Sprachgebrauch versteht man unter Rundfunk zumeist nur den Hörfunk. Dabei werden Töne von einem Mikrofon in elektrische Signale umgewandelt, die durch → Modulation Trägerwellen aufgeprägt und verstärkt werden. Die von der Sendeantenne ausgestrahlten Signale erzeugen in der Empfangsantenne eine Wechselspannung, die zum Rundfunkempfänger *(Radio)* weitergeleitet wird. Die Hörfunkprogramme werden in verschiedenen Wellenbereichen *(Lang-, Mittel-, Kurz-* und *Ultrakurzwellen)* ausgestrahlt, die eine unterschiedliche Reichweite besitzen. Das Empfangsgerät trennt die einzelnen Sender voneinander und verstärkt die Signale. Dabei werden die Tonsignale durch Demodulation von der Trägerwelle abgetrennt und durch Lautsprecher hörbar gemacht.

Runen, *Mz.,* Schriftzeichen der → Germanen, bevor die → lateinische Schrift übernommen wurde. Die Runen wurden in Stein, Holz und Metall eingeritzt und standen nicht nur für einen bestimmten sprachlichen Laut, sondern hatten

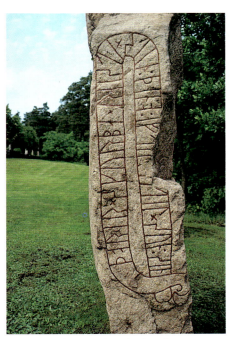
■ **Runenstein** in Mariestad, Schweden

auch eine begriffliche Bedeutung, einen Runennamen.

Ruß, pulverförmiger schwarzer Stoff, der überwiegend aus → Kohlenstoff besteht und bei unvollständiger → Verbrennung entsteht.

Rüsselkäfer, Familie von 1 bis 20 mm großen Käfern, die sich von Pflanzenteilen ernähren. Ihren Namen haben sie von dem rüsselförmig verlängerten Kopf, der kurze Kauwerkzeuge trägt. Viele Arten gelten als Schädlinge.

Rüsseltiere, Ordnung von großen Landsäugetieren, bei denen die Nase zu einem Rüssel verlängert ist. Im Tertiär waren sie weit verbreitet, aber seit der letzten Eiszeit sind sie bis auf zwei Gattungen von → *Elefanten* ausgestorben. Zu den Rüsseltieren gehörten *Mastodonten, Stegodonten, Dinotherien* und *Byratherien*, die bis zu 4 m groß werden konnten.

Russland, *Russische Föderation,* Staat in Osteuropa und Mittel- und Ostasien. Russland ist das größte Land der Erde. Der europäische Teil, der im Westen an die baltischen Staaten, Weißrussland und die Ukraine grenzt, erstreckt sich von der Ostsee bis zum Schwarzen Meer. Der asiatische Teil, der ganz Nordasien (→ Sibirien) einnimmt, reicht vom → Ural im Westen bis zum Pazifik im Osten und wird im Norden vom Nordpolarmeer begrenzt. Zu Russland gehören außerdem die Exklave *Kaliningrad* (→ Königsberg) sowie Inseln im Nordpolarmeer (darunter *Nowaja Semlja*) und im Ochotskischen Meer *(Sachalin* und die von → Japan beanspruchten *Kurilen).* Westlich und östlich bestimmen zwei Tiefebenen die Landschaft, die Osteuropäische Tiefebene und das Westsibirische Tiefland. Östlich des Jenissei schließen sich Berg- und Gebirgsländer an. Im Süden wird Russland von Hochgebirgen begrenzt (u. a. → Kaukasus, Tian Shan, Pamir und Altai). Das riesige Land ist durch eine Vielzahl von Klimazonen gekennzeichnet und beherbergt als Vielvölkerstaat insgesamt 128 Völker. Die Mehrheit der Bevölkerung besteht aus Russen (fast 83 %); für die nichtrussischen Volksgruppen gibt es 21 autonome Teilrepubliken sowie über 50 Gebiete, Kreise und Regionen. Russland gehört zu den an Bodenschätzen reichsten Ländern der Erde (vor allem Erdöl und Erdgas, Kohle, Gold und Eisenerz); doch die Wirtschaft leidet unter den Nachwirkungen der → Planwirtschaft und veralteten Betrieben. Die russische Wirtschaft stützt sich in erster Linie auf die Industrie (chemische und Schwerindustrie, Maschinenbau). Die Landwirtschaft kann die Eigenversorgung jedoch nicht sicherstellen.

In dem von ostslawischen Stämmen bewohnten Gebiet, der sog. *Rus,* entstand im 8./9. Jh. das *Kiewer Reich.* Es wurde Ende des 10. Jh. von Byzanz aus christianisiert, zerfiel im 12. Jh. in mehrere Fürstentümer, die im 13. Jh. von den → Mongolen unterworfen wurden. Ab Mitte des 13. Jh. entstand das Fürstentum *Moskau*, das sich im 14./15. Jh. von der mongolischen Herrschaft befreien konnte. 1547 wurde *Iwan IV., der Schreckliche* (1530–1584) zum ersten Zaren von Russland gekrönt. Das russische Zarenreich vergrößerte sein Herrschaftsgebiet durch Eroberungen an der Wolga und in → Sibirien beträchtlich und stieß damit in nicht von Slawen bewohnte Gebiete vor. Nach der »Zeit der Wirren« kam 1613 das bis 1917 regierende Haus *Romanow* auf den Zarenthron. 1667 wurde die → Ukraine zwischen Russland und Polen aufgeteilt. Unter Peter I., dem Großen, der 1682–1725 regierte, stieg Russland zur Großmacht auf und errang im Nordischen Krieg (1700–1721) gegen Schweden einen Zugang zur Ostsee. Ab 1713 war das neu gegründete *St. Petersburg* im Westen die Hauptstadt Russlands. Unter Katharina II., *der Großen* (1729–1796) konnte Russland in zwei Türkenkriegen (1768–1774 und 1787–1792) die Schwarzmeerküste mit der → Krim gewinnen und in den

Russland (Rossija)
Staatsname: Russische Föderation
Staatsform: Präsidiale Republik
Hauptstadt: Moskau
Fläche: 17 075 400 km²
Einwohner: 148,4 Mio.
Bevölkerungsdichte: 9/km²
Amtssprache: Russisch
Währung: Rubel (Rbl)
Nationalitätskennzeichen: RUS

Russland

Ruthenium

Zeichen: Ru
Ordnungszahl: 44
Atommasse: 101,07
Dichte: 12,41 g/cm³
Schmelzpunkt: 2310 °C
Siedepunkt: 3900 °C

Polnischen Teilungen (→ Polen) weitere Gebietsgewinne im Westen verzeichnen. Russland schlug 1812 im sog. *Vaterländischen Krieg* die Invasion → Napoleons zurück, obwohl dieser bis Moskau vordrang und die Stadt in Brand setzte, und gewann die Vormachtstellung auf dem europäischen Kontinent. Nachdem Russland 1809 bereits Finnland erobert hatte, wurde auf dem → Wiener Kongress das neue Königreich Polen (Kongresspolen) in Personalunion mit der russischen Krone vereinigt. Russland führte seine Expansionspolitik fort, wurde aber im *Krimkrieg* (1853–1856) von England und Frankreich gestoppt. Es musste sich nicht nur aus den Donaufürstentümern zurückziehen, sondern auch den südlichen Teil Bessarabiens (→ Moldau) abtreten. Danach verlagerte es sein Expansionsstreben nach Mittelasien und in den Fernen Osten, bis es im Russisch-Japanischen Krieg (1904/05) unterlag. Im Inneren führten Unruhen in der Bevölkerung 1905 zu einer Revolution, die den Zaren zwang, eine Verfassung und ein Parlament *(Duma)* zuzulassen. Die militärische Niederlage im → Ersten Weltkrieg trug zum Niedergang des Zarenreichs bei. Die bürgerlich-liberale Regierung der nach der Abdankung des Zaren *(Februarrevolution* 1917) entstandenen Republik konnte sich nicht behaupten. In der → *Oktoberrevolution* 1917 übernahmen die → Bolschewiki die Macht, schlossen im März 1918 einen Sonderfrieden mit den Mittelmächten und gründeten die *Russische Sozialistische Föderative Sowjetrepublik.* Nach dem Bürgerkrieg 1918–1920 entstand Ende 1922 die → Sowjetunion, in die Russland als Unionsrepublik eingegliedert wurde. Die RSFSR bestimmte als größte und wirtschaftlich bedeutsamste Republik maßgeblich die Politik in der UdSSR.

Mitte 1990 erklärte sich Russland unter Präsident *Boris* → *Jelzin* für unabhängig. Nach der Niederschlagung eines Putschversuchs von orthodoxen Kommunisten gegen → Gorbatschow im August 1991 zerfiel die UdSSR endgültig. Zusammen mit elf weiteren früheren Unionsrepubliken gehört die *Russische Föderation,* die seit 1991 eine föderale Republik ist, zur Ende 1991 gegründeten

Autonome Teilrepubliken der Russischen Föderation

Republik	Fläche in km²	Hauptstadt
Adygien	7 600	Maikop
Altai	92 600	Gomo-Altaisk
Baschkortostan	143 600	Ufa
Burjatien	351 300	Ulan-Ude
Chakassien	61 900	Abakan
Dagestan	50 300	Machatschkala
Inguschien	3 600	Nasran
Kabardino-Balkarien	12 500	Naltschik
Kalmückien	75 900	Elista
Karatschajewo-Tscherkessien	14 100	Tscherkessk
Karelien	172 400	Petrosawodsk
Komi	415 900	Syktywkar
Mari El	23 200	Joschkar-Ola
Mordwinien	26 200	Saransk
Nordossetien	8 000	Wladikawkas
Sacha (Jakutien)	3 103 200	Jakutsk
Tatarstan	68 000	Kasan
Tschetschenien	15 700	Grosny
Tschuwaschien	18 300	Tscheboksary
Tuwa	170 500	Kysyl
Udmurtien	42 100	Ischewsk

Gemeinschaft Unabhängiger Staaten (→ GUS). Innerhalb des russischen Vielvölkerstaats regelt ein Föderationsvertrag von 1992 das Verhältnis zwischen Russland und den autonomen Republiken und Gebieten, aber in vielen Regionen gibt es Unabhängigkeitsbestrebungen; (vor allem in → Tschetschenien).

Rüstung, ursprünglich eine Schutzbekleidung von Kriegern, die aus Leder und Metall oder ganz aus Metall (z. B. der Harnisch des mittelalterlichen Ritters) bestand und bei Hieben, Stichen und Schusswaffen gegen Verwundungen schützen sollte. Heute bezeichnet man als Rüstung alle Maßnahmen (insbesondere die Produktion von Waffen), mit denen sich ein Staat militärisch schützt oder auf einen Krieg vorbereitet.

Ruthenium [von lat. Ruthenia = früherer Name der Ukraine], *das,* ein → chemisches Element. Das seltene → Platinmetall von silberweißer Farbe ist sehr hart und spröde.

S, in der Literatur Abkürzung für Seite (z. B. S. 23)

s, 1. Einheitenzeichen für → Sekunde; **2.** in der Literatur Abkürzung für siehe (z. B. s. S. 35)

SA, Abkürzung für *Sturm-Abteilung,* eine 1920 von der → NSDAP gegründete, paramilitärisch organisierte Kampf- und Propagandatruppe. Sie wurde zur Terrorisierung politischer Gegner und bei Straßenschlachten und nach der Machtübernahme Hitlers als Hilfspolizei eingesetzt. Unter *Ernst Röhm* als oberstem SA-Führer verschärften sich die ideologischen Unstimmigkeiten mit der NSDAP und Mitte 1934 ließ Hitler Röhm ermorden (sog. *Röhm-Putsch*). Die SA verlor danach an politischer Bedeutung und wurde von der → SS abgelöst.

Saarbrücken, nahe der französischen Grenze gelegene Landeshauptstadt (189 000 Einwohner) des → Saarlandes. Sie ist ein Zentrum der Kohle- und Eisenindustrie.

Saarland, Bundesland in Westdeutschland, das mit Ausnahme der Stadtstaaten das kleinste deutsche Land ist. Das im Westen an Frankreich und Luxemburg grenzende Gebiet, das seinen Namen vom Fluss *Saar* hat, ist überwiegend bergig und zu einem Drittel mit Wald bedeckt. Es wurde ab dem späten 14. Jh. von den Grafen von Nassau-Saarbrücken beherrscht, stand aber schon früh unter französischem Einfluss. Als *Saargebiet* wurde es nach dem Ersten Weltkrieg aus Teilen der zu Preußen gehörenden Rheinprovinz und der zu Bayern gehörenden → Pfalz gebildet. Es wurde 15 Jahre lang der Verwaltung durch den → Völkerbund unterstellt. Nach einer Volksabstimmung, in der sich über 90 % für die Rückkehr zu Deutschland aussprachen, wurde es 1935 wieder in das Deutsche Reich eingegliedert. Nach dem Zweiten Weltkrieg wurde das Saargebiet aus der französischen Besatzungszone ausgegliedert und wirtschaftlich mit Frankreich vereinigt, erhielt aber 1947 eine innere Selbstverwaltung. 1957 wurde das Saarland nach einem deutsch-französischen Abkommen ein Bundesland der Bundesrepublik Deutschland. Die Wirtschaft des Saarlands stützte sich seit dem 19. Jh. auf den Bergbau (Steinkohle) und die Schwerindustrie (Stahl und Eisen), aber in den letzten Jahrzehnten leiden gerade diese Bereiche unter einer schweren Absatzkrise.

Sabbat [hebr.], *der,* bei den Juden der wöchentliche Feiertag (von Freitag- bis Samstagabend), an dem alle Arbeit ruhen muss, um Gott und seine Schöpfung zu ehren.

Sabotage [frz. zabo'ta:ʒə], *die,* gezielte Behinderung einer Tätigkeit, um den anderen am Erreichen seiner Ziele zu hindern (vor allem im militärischen und wirtschaftlichen Bereich durch Beschädigung von Waffen oder Maschinen).

Sachs, Hans (1494–1576), deutscher Dichter, der als Schuhmachermeister und Meistersinger in Nürnberg lebte.

Sachsen, 1. westgermanischer Volksstamm, der ab dem 2. Jh. nördlich der Elbe ansässig war und sich später bis zum Niederrhein ausdehnte. Im 5. Jh. wanderte ein Teil der Sachsen nach Britannien aus (→ Angelsachsen). Die Sachsen beherrschten einen großen Teil Norddeutschlands, bevor sie von → Karl dem Großen in den *Sachsenkriegen* (772–804) unterworfen und gewaltsam zum Christentum bekehrt wurden. Nach dem Aussterben der → Karolinger stellten sie mit den → Ottonen die erste deutsche Kaiserdynastie. **2.** Bundesland in Ostdeutschland, das im Süden an Tschechien und im Osten an Polen grenzt. Es erstreckt sich vom Erz- und Elbsandsteingebirge im Süden über das Vogtland bis zum Norddeutschen Tiefland und zur Niederlausitz. Sachsen ist reich an Bodenschätzen (vor allem Stein- und Braunkohle, Eisen, Kupfer) und besitzt eine vielfältige Industrie (Maschinen-, Textil- und chemische Industrie), die auf die großen Städte → Dresden, → Leipzig und → Chemnitz konzentriert ist. Sächsisches Kernland wurde Ende des 10. Jh. die Markgrafenschaft *Meißen,* die Mitte des 13. Jh. → Thüringen erwarb. Die *Wettiner,* die im späten 11. Jh. die Markgrafen wurden, gewannen 1423 das Kurfürstentum *Sachsen-Wittenberg*. Sachsen wurde 1485 unter Kurfürst Ernst (*ernestinische Linie*) und Herzog Albrecht (*albertinische Linie*) aufgeteilt. Während die albertinische Linie Mitte des 16. Jh. die Kurwürde und einen Teil des ernestinischen Gebiets erhielt, zerfiel das restliche Gebiet in Herzogtümer. Im 17. Jh. kam die Lausitz hinzu. Friedrich August I. (1670–1733), der absolutistisch regierende Kurfürst, wurde 1697 als August II. (»der Starke« genannt) sogar König von Polen. Nach seinem Beitritt zum Rheinbund im Jahre 1806 wurde Sachsen von → Napoleon zum Königreich

Saarland

Fläche: 2 570 km^2
Einwohner: 1,08 Mio.
Hauptstadt: Saarbrücken

Sabbat

• • • • • • • • • • • • • • • • •

Der Sabbat als Ruhetag geht zurück auf die Überlieferung des → Alten Testaments: In der Schöpfungsgeschichte wird berichtet, dass Gott die Welt in sechs Tagen schuf und sich am siebten Tag von seinem Werk ausruhte.

Hans Sachs

• • • • • • • • • • • • • • • • •

Hans Sachs schrieb etwa 200 Fastnachtsspiele und Schauspiele, 4000 Meisterlieder und 1800 Spruchgedichte, die in einer volkstümlichen Sprache und häufig in Knittelversen verfasst waren. Mit seinem Gedicht »Die Wittembergisch Nachtigall« (1523) unterstützte er Luther und die Reformation. Richard → Wagner machte ihn zu einer Hauptfigur seiner Oper »Die Meistersinger von Nürnberg«.

Sachsen

Fläche: 18 408 km^2
Einwohner: 4,57 Mio.
Hauptstadt: Dresden

Sachsen-Anhalt
Fläche: 20 443 km²
Einwohner: 2,74 Mio.
Hauptstadt: Magdeburg

■ *Sachsen-Anhalt:* Das Bernburger Schloss

Sadismus

Der Name *Sadismus* leitet sich von dem französischen Schriftsteller *Donatien-Alphonse-François Marquis de Sade* (1740–1814) ab, der in seinen vom Geist der Aufklärung geprägten Romanen (vor allem »Justine und Juliette«, 1797, »Die 120 Tage von Sodom«, 1785) sexuelle, durch Grausamkeit gekennzeichnete Exzesse beschrieb.

Safran

Safran ist eines der teuersten Gewürze der Welt, weil die Ernte sehr mühsam ist. Von den Blüten werden die dreigliedrigen gelben Narben abgezwickt, getrocknet und dann zumeist zu Pulver gemahlen. Etwa 100 000 Blüten müssen geerntet werden, um 1 kg Safran zu erhalten. Da Safran sehr stark gelb färbt, wurde er früher als Färbemittel benutzt (hauptsächlich für Lebensmittel).

erhoben. Auf dem → Wiener Kongress wurden große Teile abgetrennt, die als *Provinz Sachsen* an Preußen fielen. Im Deutschen Krieg (1866) kämpfte Sachsen auf der Seite Österreichs und musste nach der Niederlage dem Norddeutschen Bund und später dem Deutschen Reich beitreten. 1918 entstand nach dem Thronverzicht des sächsischen Königs eine Republik. Der *Freistaat Sachsen* wurde 1933 gleichgeschaltet und war nach dem Zweiten Weltkrieg Teil der sowjetischen Besatzungszone, wobei die westlich der Neiße gelegenen Teile → Schlesiens hinzukamen. Nach der Bildung der → DDR wurde das Land 1952 in die drei Bezirke *Dresden, Leipzig* und *Chemnitz* (bzw. 1953–1990 *Karl-Marx-Stadt*) aufgeteilt. 1990 wurde das Land Sachsen wiederhergestellt, das seit 1992 ein Freistaat ist.

Sachsen-Anhalt, Bundesland in Nordostdeutschland, das vom Harz im Südwesten bis in die Norddeutsche Tiefebene im Nordosten hineinreicht. Wirtschaftlich stützt sich das Gebiet insbesondere im Bereich der Städte Halle, Merseburg und Bitterfeld auf die chemische Industrie sowie auf große Braunkohlevorkommen, während der Norden landwirtschaftlich geprägt ist. Das Land wurde 1945 innerhalb der sowjetischen Besatzungszone gebildet. Dabei wurden große Teile der ehemaligen preußischen *Provinz → Sachsen* mit dem ehemaligen Freistaat Anhalt vereinigt. Nach der Bildung der → DDR wurde Sachsen-Anhalt 1952 in die Bezirke *Halle* und *Magdeburg* aufgeteilt. 1990 wurde es als Bundesland wiederhergestellt.

Sachsenspiegel, von dem sächsischen Ritter Eike von Repgow (um 1180–1233) zwischen 1221 und 1231 erstellte Sammlung mündlicher Rechtsgrundlagen, die im Mittelalter eines der wichtigsten Werke zur Rechtsprechung war.

Sadismus, Empfinden von geschlechtlicher Erregung durch Zufügen von körperlicher und seelischer Gewalt, allgemein die Lust am Quälen.

Safari [Suaheli-arab.], *die,* ursprünglich eine Reise in unwegsame Gebiete Afrikas, für die man eingeborene Träger zur Beförderung des Gepäcks (Vorräte, Zelte) verwendete. Heute ist eine Safari eine mehrtägige Reise durch Afrika in geländegängigen Fahrzeugen, um Tiere zu beobachten.

Safran [arab.], *der,* als Gewürzpflanze verwendete → Krokusart, die ursprünglich aus dem Orient stammt, aber heute auch in Südfrankreich und Spanien angebaut wird.

Saga [isländ. »Erzählung«], *die,* Bezeichnung für altisländische Prosaerzählungen des 12. und 13. Jh.

Sage, ursprünglich mündlich überlieferte Erzählung, die zumeist mythische oder wunderbare Ereignisse (Erschaffung der Welt, Götter und Helden, Ungeheuer und Naturgeister) zum Inhalt hat und erst später schriftlich fixiert wurde. Sagen liegen oft geschichtliche Ereignisse zugrunde. Im Gegensatz zum → Märchen sind Sagen fast immer an Orten angesiedelt, die historisch nachweisbar sind.

Sahara, *die,* größte Wüste der Erde (ca. 9 Mio. km²). Sie erstreckt sich in Nordafrika vom

■ *Safran*

■ *Wandernde Dünenmeere in der **Sahara***

Atlantik bis zum Roten Meer und misst in Nord-Süd-Richtung etwa 2000 km. Bis auf die → Oasen besteht sie überwiegend aus Sand-, Geröll- und Felstrümmerebenen, die im Inneren von mehreren, bis über 3400 m hohen Bergländern (*Ahaggar* und *Tibesti*) und Beckenlandschaften unterbrochen werden. Insbesondere im Norden gibt es Erdöl- und Erdgasvorkommen. Das Klima ist trocken-heiß, mit starken Temperaturgegensätzen und geringen Niederschlägen. Die Sahara war in den feuchten Perioden (letztmals vor 8000 Jahren) ein fruchtbares Gebiet mit Viehzucht und Ackerbau, wovon Felsbilder zeugen. Aber die Wüste dehnt sich heute immer mehr aus und schiebt sich weiter nach Süden vor (→ Sahelzone).

Sahelzone [von arab. sabil = »Küste«], Übergangsgebiet zwischen der → Sahara und den → Savannen im Süden, das sich in Afrika etwa zwischen dem 12. und 18. nördlichen Breitengrad erstreckt und als breiter Gürtel vom Atlantik bis zum Roten Meer reicht. In dieser Zone liegen zahlreiche Staaten, die aufgrund der langen Dürreperioden seit Ende der 60er Jahre immer wieder von Hungerkatastrophen heimgesucht wurden.

Saint Kitts und Nevis [seɪnt ˈkɪts- ˈniːvɪs], Inselstaat in der → Karibik, der aus den beiden Inseln *St. Kitts* (168 km²) und *Nevis* (93 km²) besteht. Die 1494 von → Kolumbus entdeckten Inseln vulkanischen Ursprungs, die zu den Kleinen → Antillen gehören, waren seit 1623 britische Kolonien. Die Föderation St. Kitts und Nevis, die ab 1967 ein mit Großbritannien assoziierter Staatenbund war und zu der bis 1971 auch die britische Kolonie → *Anguilla* gehörte, erhielt 1983 ihre Unabhängigkeit unter dem Namen *St. Christopher und Nevis,* gehört aber weiterhin dem → Commonwealth an. Seit 1987 verwendet Saint Christopher die Kurzform *Saint Kitts*. Wirtschaftlich stützt sich der überwiegend von Schwarzen und Mulatten bewohnte Inselstaat auf die Landwirtschaft und die elektronische Industrie sowie den Fremdenverkehr.

Saint-Exupéry [sɛ̃tɛgzypeˈri], Antoine-Marie-Roger de (1900–1944), französischer Pilot und Schriftsteller, der in seinen Werken die moderne Zivilisation kritisierte, Brüderlichkeit und Pflichterfüllung betonte und das Erlebnis des Fliegens beschrieb. Bekannt ist vor allem sein Märchen »Der kleine Prinz« (1940).

Saint Lucia [seɪnt ˈluːʃə], Inselstaat in der → Karibik. Die gleichnamige Insel, die zu den Kleinen → Antillen gehört, ist vulkanischen Ursprungs und wird im Landesinneren durch bewaldete Gebirge geprägt. Sie wurde 1502 von → Kolumbus entdeckt und ab dem 17. Jh. von Engländern besiedelt, blieb aber bis 1814 zwischen England und Frankreich umstritten. Saint Lucia war ab 1967 mit Großbritannien assoziiert und wurde 1979 unabhängig, gehört aber weiterhin dem → Commonwealth an. Die überwiegend aus Schwarzen und Mulatten bestehende Bevölkerung lebt hauptsächlich von der Landwirtschaft

Saint Kitts und Nevis
Staatsname: Föderation St. Kitts und Nevis
Staatsform: Parlamentarische Monarchie
Hauptstadt: Basseterre
Fläche: 269 km²
Einwohner: 42 000
Bevölkerungsdichte: 156/km²
Amtssprache: Englisch
Währung: Ostkaribischer Dollar (EC $)
Nationalitätskennzeichen: KN

Saint Kitts und Nevis

Saint Lucia
Staatsform: Parlamentarische Monarchie
Hauptstadt: Castries
Fläche: 616 km²
Einwohner: 145 000
Bevölkerungsdichte: 235/km²
Amtssprache: Englisch
Währung: Ostkaribischer Dollar (EC $)
Nationalitätskennzeichen: WL

Saint Lucia

576 Saint-Pierre und Miquelon

Saint Vincent und die Grenadinen (St. Vincent and the Grenadines)
Staatsform: Parlamentarische Monarchie
Hauptstadt: Kingstown
Fläche: 389 km²
Einwohner: 111 000
Bevölkerungsdichte: 285/km²
Amtssprache: Englisch
Währung: Ostkaribischer Dollar (EC $)
Nationalitätskennzeichen WV

Saint Vincent und die Grenadinen

Sakramente

7 in der katholischen Kirche:
Taufe
Buße
Eucharistie
Firmung
Ehe
Krankensalbung
Priesterweihe

2 in der evangelischen Kirche:
Taufe
Abendmahl

Salomonisches Urteil

Als *salomonisches Urteil* wird noch heute eine kluge Entscheidung bezeichnet, die eine für beide Seiten befriedigende Lösung erzielt.

■ *Saint Lucia: Der Hafenort Soufrière und die markanten Vulkanberge, die Pitons*

(vor allem Anbau von Bananen für den Export) und zunehmend vom Fremdenverkehr.
Saint-Pierre und Miquelon [sɛ̃'pjɛ:r – mi'klõ], französisches Überseedepartement (242 km², 6400 Einwohner) in Nordamerika, das vor der Südküste → Neufundlands im Atlantik liegt.
Saint Vincent und die Grenadinen [seɪnt 'vɪnsənt], Inselstaat in der → Karibik, der aus der zu den Kleinen → Antillen gehörenden Vulkaninsel *Saint Vincent* (344 km²) und der Inselgruppe der *Grenadinen* (insgesamt 32 Inseln) besteht. Der im 18. Jh. zwischen den Franzosen und Engländern umstrittene Inselstaat wurde 1979 unabhängig, gehört aber weiterhin dem → Commonwealth an. Neben Schwarzen und Mulatten (85 %) umfasst die Bevölkerung über 5 % Inder. Haupterwerbszweig ist die Landwirtschaft (vor allem Ausfuhr von Bananen); eine wichtige Einnahmequelle bildet der Fremdenverkehr.
Saite, Faden aus gedrehten Schafsdärmen, Seiden-, Kunststoff- oder Metallfasern.
Saiteninstrumente, Musikinstrumente, die Töne durch das Schwingen von → Saiten erzeugen. Die Schwingungen werden zumeist durch einen → Resonanzkörper oder elektrisch verstärkt. Nach der Art und Weise, wie die Saite zum Schwingen gebracht wird, unterscheidet man zwischen → *Streich-* und *Zupfinstrumenten*. Manche Saiteninstrumente werden auch durch Anschlagen gespielt (z. B. → Klavier und Hackbrett).
sakral [von lat. sacer = »heilig«], religiöse Zwecke betreffend (z. B. *Sakralbau*). Gegensatz: → profan.
Sakrament [lat. »Weihe«], *das,* in der katholischen und evangelischen Kirche eine religiöse Handlung, die auf → Christus und sein im Neuen Testament geschildertes Wirken zurückgeführt wird. Sakramente sollen dem Menschen, der sie empfängt, eine göttliche Gnade vermitteln.
Säkularisation [von lat. saecularis = »weltlich«], *die,* ursprünglich die Einziehung von kirchlichem Besitz durch den Staat, ohne dass die Kirche dazu ihre Erlaubnis gibt; Verweltlichung.
Salamander, Familie der → Schwanzlurche, zu der auch die → *Molche* gehören. Die Salamander sind Landbewohner mit rundem Schwanz. Ihre Haut ist nicht schleimig.

■ *Feuersalamander*

Saline [lat. »Salzgrube«], *die,* Anlage zur Gewinnung von → Kochsalz aus Meerwasser, salzhaltigem Wasser (Sole) von Salzseen, salzhaltigen Quellen oder Salzbergwerken. Früher bestand eine Saline aus einem flachen Becken, in dem das Salz nach dem Verdunsten des Wassers als kristalline Kruste zurückblieb. Modernere Verfahren verwenden Siedepfannen oder Verdampfungsanlagen.
Salmonellen, nach dem amerikanischen Bakteriologen D. E. Salmon (1850–1914) benannte Gruppe von → Bakterien, die bei Menschen und Tieren Darmerkrankungen wie etwa → Typhus hervorrufen können. Salmonellen werden beispielsweise durch verunreinigte Nahrungsmittel (vor allem Eier und Speiseeis) und verschmutztes Wasser übertragen.
Salomo, *Salomon* (um 965–926 v. Chr.), in der → Bibel für seine Macht und Weisheit gerühmter König von → Israel und Juda. Ihm werden drei Bücher des → Alten Testaments zugeschrieben (Buch der Sprüche, Buch Kohelet und Hohes

Lied, eine Sammlung von Hochzeitsgesängen und Liebesliedern).

Salomonen, Inselstaat in → Ozeanien, der aus der gleichnamigen Inselgruppe (bis auf *Bouguinville* und *Buka*, die zu → Papua-Neuguinea gehören) sowie kleineren Inseln (u. a. *Santa-Cruz-Inseln*) besteht. Die überwiegend von → Melanesiern bewohnten Inseln liegen östlich von Neuguinea im Westpazifik. Die größeren sind vulkanischen Ursprungs und von tropischem Regenwald bedeckt; außerdem gibt es zahlreiche Korallenriffe und Atolle. Die Wirtschaft stützt sich hauptsächlich auf die Land- und Forstwirtschaft sowie die Fischerei. Die Inselgruppe wurde schon Mitte des 16. Jh. durch Spanier entdeckt (von Peru aus); doch erst im 18. Jh. wurde sie von Engländern wieder entdeckt. Während Deutschland die nördlichen Salomonen 1885 als Schutzgebiet beanspruchte, wurde der südliche Teil 1893 britisches Protektorat. Der Nordteil kam später unter australische Verwaltung und schließlich zu Papua-Neuguinea. Die *Britischen Salomonen* erhielten 1978 die Unabhängigkeit, gehören aber weiterhin dem → Commonwealth an.

Salpeter [von lat. sal petrae = »Salz des Steins«], *der,* heute noch gebräuchliche Bezeichnung für einige technisch wichtige → Nitrate wie etwa *Natriumnitrat* (Natronsalpeter), *Kaliumnitrat* (= Kalisalpeter) der *Ammoniumnitrat* (= Ammonsalpeter). Salpeter wird u. a. als Düngemittel verwendet.

Salto [it. »Sprung«], *der,* Sprung, bei dem sich der Körper mindestens einmal um die horizontale Achse dreht, d. h. sich in der Luft überschlägt.

Salze, chemische Verbindungen, die aus Kationen und Anionen (→ Ionen) bestehen. Die Kationen liefern zumeist Metalle, während die Anionen vorwiegend Säurereste sind. Aus den entgegengesetzt geladenen Ionen, die sich stark anziehen, bauen die Salze ein Kristallgitter auf. Sie sind deshalb in festem Zustand hart und haben einen hohen Schmelz- und Siedepunkt, lösen sich aber in Wasser auf. Salze bilden sich beispielsweise, wenn eine Säure auf ein Metall einwirkt. Salze sind → Elektrolyte. Außerdem spielen sie eine wichtige Rolle im Mineralstoffwechsel von Lebewesen. Im engeren Sinne versteht man unter Salzen die im Bergbau geförderten Salze, vor allem → Kochsalz.

Salzburg, an der Salzach gelegene Landeshauptstadt (146 000 Einwohner) des gleichnamigen österreichischen Bundeslandes (→ Österreich). Die auf eine römische Gründung *(Iuva-*

■ *Salzburg:* Blick über die Altstadt

vum) aus dem 1. Jh. zurückgehende Stadt ist reich an barocken Bauwerken. Sie ist der Geburtsort von Wolfgang Amadeus → Mozart. Weltberühmt sind die alljährlich stattfindenden *Salzburger Festspiele.* Das Bundesland Salzburg erstreckt sich vom Alpenvorland im Norden über die Kalkalpen bis zu den Zentralalpen (Hohe Tauern) im Süden. Die Wirtschaft stützt sich neben der vielseitigen Industrie vor allem auf die Landwirtschaft und den Fremdenverkehr. Das Gebiet gehörte zu der Mitte des 1. Jh. n. Chr. geschaffenen römischen Provinz *Noricum,* bevor es im 6. Jh. von den Bayern besetzt wurde. Salzburg wurde schon im frühen 8. Jh. Bistum (798 zum Erzbistum erhoben) und war dann ab dem 13. Jh. ein geistliches Fürstentum, bis es 1803 säkularisiert wurde und 1805 zu Österreich kam. 1810–1815 war es bayerisch. Seit 1918 ist es österreichisches Bundesland.

Salzsäure, wässrige Lösung von *Chlorwasserstoff,* eine farblose, an der Luft rauchende Flüssigkeit. Je nach Konzentration hat sie eine stark ätzende Wirkung und löst viele unedle Metalle auf.

Samariter, *Samaritaner,* im Altertum ein Volk, das im mittleren → Palästina lebte. Die Samariter waren aus israelitischen Einwohnern und zwangsweise angesiedelten Kolonisten entstanden. Sie entwickelten einen eigenen, von der jüdischen Religion abweichenden Kult und wurden deshalb von den Juden als unrein verachtet.

Samarium, *das,* ein → chemisches Element. Das hellgraue Metall wird für Glaslegierungen und Laserkristalle verwendet. Seinen Namen hat es von dem Mineral *Samarskit,* in dem es zuerst als Verbindung nachgewiesen wurde.

Sambesi, mit 2736 km der längste Fluss im südlichen Afrika, der auf der Lundaschwelle entspringt und die Grenze zwischen → Sambia und → Simbabwe bildet. Über die 1,7 km breiten und

---

Salomonen (Solomon Islands)

Staatsform: Parlamentarische Monarchie

Hauptstadt: Honiara

Fläche: 28 369 km²

Einwohner: 375 000

Bevölkerungsdichte: 13/km²

Amtssprache: Englisch

Währung: Salomonen-Dollar (SI $)

Nationalitätskennzeichen: SOL

Salomonen

Samariter

In der Bibel (Lukas-Evangelium) kommt der *Barmherzige Samariter* vor, der als einziger einem von Räubern überfallenen und halb tot geschlagenen Reisenden hilft. Nach diesem Gleichnis benannte sich eine Ende des 19. Jh. gegründete Vereinigung, deren Mitglieder bei Unfällen und Katastrophen Erste Hilfe leisten und in der Krankenpflege tätig sind (seit 1945 *Arbeiter-Samariter-Bund Deutschland*).

Salzburg

Samarium

Zeichen: Sm
Ordnungszahl: 62
Atommasse: 150,36
Dichte: 7,52 g/cm³
Schmelzpunkt: 1077 °C
Siedepunkt: 1791 °C

Sambia (Zambia)

Staatsname: Republik Sambia
Staatsform: Präsidiale Republik
Hauptstadt: Lusaka
Fläche: 752 614 km²
Einwohner: 9,5 Mio.
Bevölkerungsdichte: 12,5/km²
Amtssprache: Englisch
Währung: Kwacha (K)
Nationalitätskennzeichen: Z

Sambia

Sambia: Die berühmten Viktoriafälle

110 m hohen *Viktoriafälle* stürzt er in das Tiefland von Mosambik, wo er in den Indischen Ozean mündet.

Sambia, Staat in Südafrika. Der überwiegend von Bantustämmen bewohnte Binnenstaat nimmt eine teilweise bewaldete Hochfläche (1100–1500 m) im Einzugsgebiet des → Sambesi ein. Zwei Drittel der Bevölkerung sind zwar in der Landwirtschaft tätig, doch die Wirtschaft stützt sich in erster Linie auf den Bergbau (vor allem Kupfererz). Das Gebiet, in dessen Westteil seit dem 17. Jh. das Barotsereich bestand, kam ab 1890 in britischen Besitz. Das Protektorat *Nordrhodesien,* wie das Land nach dem britischen Politiker Cecil Rhodes (→ Rhodesien) benannt wurde, gehörte 1953–1963 zusammen mit Südrhodesien (→ Simbabwe) und Njassaland (→ Malawi) zur *Zentralafrikanischen Föderation*. 1964 erhielt es unter dem Namen *Sambia* die Unabhängigkeit, gehört aber weiterhin dem → Commonwealth an. In den 70er Jahren entstand unter Kenneth Kaunda ein Einparteienstaat; doch bei den ersten freien Wahlen 1991 siegte eine Bewegung für eine Mehrparteiendemokratie, die auch eine Privatisierung der Wirtschaft einleitete.

Samen, 1. bei Tieren und beim Menschen die → Samenflüssigkeit; **2.** bei Pflanzen das Verbreitungsorgan der → Samenpflanzen, das den pflanzlichen → Embryo enthält. Der Samen entwickelt sich nach der → Befruchtung der **Samenanlage,** die das weibliche Geschlechtsorgan der Samenpflanzen darstellt. Er umhüllt den Embryo mit einer schützenden *Samenschale* und enthält zusätzlich Nährstoffe. Der etwa 1 mm große Samen wird zumeist durch Wind, teilweise aber auch durch Tiere (Insekten, Vögel) zu dem Ort transportiert, wo er keimt.

Samenleiter, bei Säugetieren und beim Menschen ein schlauchförmiger Gang, der paarweise von den Hoden zur → Harnröhre führt und die → Spermien transportiert.

Samenpflanzen, *Blütenpflanzen,* Abteilung von hoch entwickelten Landpflanzen, die sich mit Hilfe von → Samen vermehren. Ihre Fortpflanzungsorgane befinden sich in → Blüten. Nach der Lage ihrer Samenanlagen unterscheidet man *Nacktsamer* und *Bedecktsamer.*

Samoa, Inselgruppe (3039 km²) in → Polynesien, die 15 Inseln im südlichen Pazifik umfasst. Die 1722 entdeckten Inseln sind vulkanischen Ursprungs. Sie wurden 1899 zwischen Deutschland und den USA aufgeteilt. Der westliche Teil bildet heute den unabhängigen Staat → *Westsamoa,* während der Ostteil als *Amerikanisch-Samoa* noch immer ein zu den → Vereinigten Staaten gehörendes Territorium (195 km², 55 000 Einwohner) ist.

Sample [engl. »Muster«], *das,* in der → Statistik und Demoskopie eine *Stichprobe,* bei der etwa 1000–2000 Personen befragt werden.

Sampling [engl. ˈsæmplɪŋ], *das,* Verfahren, bei dem Töne in digitalisierte Form umgewandelt, gespeichert und bei Bedarf wieder abgerufen und hörbar gemacht werden. Die *gesampelten* Klänge können auch bearbeitet werden (z. B. mit einem Computer).

Samurai [japan. »Dienender«], *der,* im Japan der Feudalzeit (ab dem 13. Jh.) ein Angehöriger des adligen Kriegerstandes.

Sand, lockere Anhäufung kleiner Mineralkörner, die zwischen 0,06 mm *(Feinsand)* und 2 mm *(Grobsand)* groß sind und durch Verwitterung oder Abrieb aus verschiedenen Mineralen (wie etwa Quarz oder Kalk) entstehen. Sand ist Bestandteil zahlreicher Lockergesteine und Böden und wird technisch für die Herstellung von → Glas und → Porzellan genutzt.

Sandstein, → Sedimentgestein aus → Sand, dessen einzelne Körner durch natürliche Bindemittel verfestigt sind. Nach dem Hauptbestandteil unterscheidet man *Quarz-* und *Kalksandstein.*

Sanduhr, schon im Altertum verwendetes Gerät zur → Zeitmessung. Eine Sanduhr besteht aus zwei zumeist halbkugelförmigen (Glas-)Gefäßen, die durch ein dünnes Röhrchen miteinan-

Samurai

Die Samurai, die sich aus bewaffneten Wachen entwickelten und später zur obersten Aristokratie der japanischen Gesellschaft wurden, besaßen besondere Vorrechte, unterlagen einer speziellen Gerichtsbarkeit und hatten einen eigenen strengen Ehrenkodex *(Bushido).* Sie waren ihrem Herrn zu lebenslanger Treue verpflichtet und begingen → Harakiri, wenn sie ihre Ehre verloren.

*In den Straßen von **San Francisco***

der verbunden sind. Aus dem oberen Teil rinnt eine genau bemessene Menge Sand durch das Verbindungsröhrchen in das untere Gefäß. Wenn das obere Gefäß leer ist, zeigt dies an, dass ein bestimmter Zeitabschnitt vergangen ist.

San Francisco [eng. sænfrən'sɪskoʊ], nordamerikanische Großstadt (als Ballungsraum 6,3 Mio. Einwohner) in → Kalifornien. Die an der gleichnamigen Bucht gelegene Stadt, die 1776 von spanischen Franziskanern als Missionsstation *Jerba Buena* gegründet wurde und 1821–1847 in mexikanischem Besitz war, wurde 1906 durch ein Erdbeben zum großen Teil zerstört. Heute ist sie der wichtigste Hafen der USA an der Westküste und ein bedeutendes Industrie- und Handelszentrum. Wahrzeichen ist die *Golden Gate Bridge*, eine über 2 km lange Hängebrücke, die die Meeresstraße Golden Gate überspannt.

Sanitäter [von lat. sanitas = »Gesundheit«], Krankenpfleger oder eine in → Erster Hilfe ausgebildete Person. Beim Militär ist der Sanitäter ein Soldat, der in der Krankenbetreuung und -pflege Dienst tut.

Sankt Gallen, Stadt und Kanton in der → Schweiz.

Sankt Gotthard, Gebirgsmassiv in den Schweizer Alpen mit den Quellen von → Rhein und → Rhone. Vom Reußtal führt eine Straße über den 2108 m hohen *Sankt-Gotthard-Pass* in das Tessin. 1980 wurde ein 16,3 km langer Straßentunnel fertig gestellt, nachdem bereits seit 1882 ein 15 km langer Bahntunnel bestand.

Sankt Helena, zu → Großbritannien gehörende Kronkolonie im südlichen Atlantik, etwa 2000 km von der afrikanischen Westküste entfernt. Auf der gleichnamigen Vulkaninsel (122 km², 7000 Einwohner), die zu Beginn des 16. Jh. von den Portugiesen entdeckt wurde, lebte → Napoleon in Verbannung (von 1815 bis zu seinem Tod 1821). Zu der britischen Kolonie gehören noch *Ascension* und die Inselgruppe *Tristan da Cunha.*

Sanktion [lat. »Heiligung«], *die,* Billigung, dass etwas anerkannt oder sogar zu einem verbindlichen Gesetz gemacht wird; Zwangsmaßnahme gegen jemanden, der als Einzelner die gesellschaftlichen Regeln oder als Staat das Völkerrecht verletzt hat.

Sankt-Lorenz-Strom, 1287 km langer Abfluss der *Großen Seen,* der die Grenze zwischen den USA und Kanada bildet und in den *Sankt-Lorenz-Golf* (Atlantik) mündet. Der 1959 fertig gestellte *Sankt-Lorenz-Seeweg,* der die Großen Seen mit dem Atlantischen Ozean verbindet, ist mit 3770 km die längste Binnenwasserstraße der Erde (für Ozeanschiffe bis zu 8,22 m Tiefgang befahrbar).

Sankt Petersburg, russ. *Sankt-Peterburg,* im Nordwesten des Landes an der Mündung der Newa in den Finnischen Meerbusen gelegene

Amerikanisch-Samoa

St. Helena

■ ***Sank Petersburg:*** *Petrodworez, die Sommerresidenz Zar Peters I.*

San Marino	
Staatsname:	Republik San Marino
Staatsform:	Republik
Hauptstadt:	San Marino
Fläche:	60,6 km²
Einwohner:	24 500
Bevölkerungsdichte:	404/km²
Amtssprache:	Italienisch
Währung:	Italienische Lira (Lit)
Nationalitätskennzeichen:	RSM

San Marino

Santo Domingo

Die 1521–1541 errichtete Kathedrale *Santa Maria la Menor* von Santo Domingo ist der erste Kirchenbau in der Neuen Welt. 1586 wurde sie von dem englischen Piraten Drake geplündert. Früher befand sich in der Kirche das Grab von Christoph → Kolumbus, das 1877 wieder entdeckt wurde. Das neogotische Mausoleum (1898) wurde 1992 in den *Faro a Colón*, ein riesiges Betonmonument in der Form eines Kreuzes, überführt.

Sarajevo

Das Attentat auf den habsburgischen Thronfolger Erzherzog Franz Ferdinand, der am 28. Juni 1914 in Sarajevo von einem serbischen Nationalisten ermordet wurde, löste den → Ersten Weltkrieg aus.

russische Großstadt (als Ballungsraum 5,4 Mio. Einwohner), die 1914–1924 *Petrograd* und 1924–1991 *Leningrad* hieß. Die Stadt wurde 1703 von Peter I. gegründet. Sie war 1712–1918 Residenz des Zaren und russische Hauptstadt. Die an barocken und klassizistischen Bauwerken reiche Stadt beherbergt berühmte Museen (z. B. Gemäldegalerie *Eremitage).*

San Marino, Zwergstaat in Südeuropa, der ganz von Italien umschlossen ist. Der winzige Staat, der sich um ein Kloster bildete, am Osthang des Apennins erlangte seine Unabhängigkeit 1263; es ist damit die älteste bestehende Republik der Welt. 1463 wurde das Staatsgebiet festgelegt. Seit dem 19. Jh. hat es eine Wirtschafts- und Währungsunion mit Italien, das San Marino seit 1897 auch außenpolitisch vertritt. Nach einer friedlichen Revolution entstand ein gewähltes Parlament (der Große Rat). Die exekutive Gewalt übt der zehnköpfige Staatsrat aus, an dessen Spitze zwei halbjährlich wechselnde »regierende Kapitäne« stehen. Die Wirtschaft stützt sich vor allem auf den Fremdenverkehr.

Sansibar, 1659 km² große Insel vor der ostafrikanischen Küste, die zusammen mit der Insel *Pemba* (984 km²) sowie kleineren Inseln ein Teilstaat von → Tansania ist. Die vom afrikanischen Festland nur durch eine 40 km breite Wasserstraße getrennte Insel stand im Mittelalter unter arabischem Einfluss und besaß eine blühende Handelskultur. Zu Beginn des 16. Jh. wurde sie von den Portugiesen erobert, bevor sie im 17. Jh. von → Oman aus wieder von den Arabern zurückgewonnen wurde und Teil eines osmanischen Sultanats war (im 19. Jh. sogar Verlegung der Hauptstadt nach Sansibar). 1890 wurde Sansibar britisches Protektorat, nachdem Deutschland die Insel den Briten im Tausch gegen → Helgoland überlassen hatte. Nach der Unabhängigkeit (1963) wurde Sansibar eine Volksrepublik, die sich 1964 mit Tanganjika zur *Vereinigten Republik Tansania* zusammenschloss.

Sanskrit, altindische Sprache, die im frühen 2. Jt. v. Chr. entstand und damit die älteste bekannte → indogermanische Sprache ist. Im 1. Jt. v. Chr. entwickelte sie sich zu einer noch heute in Indien verwendeten Gelehrten- und Literatursprache.

Santiago de Chile, am Fuß der Anden gelegene Hauptstadt (als Ballungsraum 5,1 Mio. Einwohner) von → Chile. Die 1541 von den Spaniern gegründete Stadt ist heute der kulturelle und wirtschaftliche Mittelpunkt des Landes.

Santo Domingo, an der Südostküste der Insel → Hispaniola gelegene Hauptstadt (2,1 Mio. Ein-

■ *Sardinien:* Hafen und Altstadt von Alghero

wohner) der → Dominikanischen Republik. Die 1496 gegründete Stadt zählt zu den ältesten europäischen Siedlungen in Amerika.

Sao Paulo, [brasilian. sēum'paulu], am Rio Tietê etwa 50 km von der Atlantikküste entfernt gelegene Hauptstadt des gleichnamigen brasilianischen Bundesstaates. Die 1554 gegründete Stadt (als Ballungsraum über 18 Mio. Einwohner) gilt als zweitgrößte Stadt der Erde und ist heute das wichtigste Industriezentrum Brasiliens.

São Tomé und Príncipe, Inselstaat im Golf von Guinea, der aus zwei vulkanischen Inseln vor der westafrikanischen Küste besteht. Die Inseln wurden bereits 1470/71 von Portugiesen entdeckt und später mit Verbannten und schwarzen Sklaven besiedelt, die auf den Plantagen arbeiteten. Die portugiesische Überseeprovinz erhielt 1975 ihre Unabhängigkeit. Der wenig entwickelte Inselstaat ist landwirtschaftlich geprägt (in erster Linie Anbau von Kakao für den Export).

Saphir [griech.], *der,* Spielart des Korund, die aufgrund von Eisen- und Titanbeimischungen blau schimmert. Saphire sind wertvolle Edelsteine.

Sappho (um 600 v. Chr.), griechische Dichterin, die auf der Insel Lesbos einen Kreis adliger junger Mädchen um sich sammelte und sie bis zur Verheiratung unterrichtete. Sie verfasste Hochzeits- und Liebeslieder sowie Hymnen auf Göttinnen in einer einfachen, aber ausdrucksvollen Sprache.

■ *Der **Saturn** mit seinem charakteristischen Ringsystem*

Sarajevo, im Osten des Landes gelegene Hauptstadt (390 000 Einwohner) von → Bosnien-Herzegowina. Die ab 1463 unter osmanischer Herrschaft stehende und 1878–1918 zu Österreich-Ungarn gehörende Stadt war im Bürgerkrieg heftig umkämpft.

Sarazenen [arab. »Morgenländer«], im Mittelalter Bezeichnung für Araber und → Muslime.

Sardinen, zu den → Heringen gehörender Speisefisch, der in Schwärmen vor den Küsten von West- und Südwesteuropa sowie im nördlichen Mittelmeer und im Schwarzen Meer vorkommt.

Sardinien, zu → Italien gehörende Insel im Mittelmeer und autonome Region. Die gebirgige, heute vor allem von der Landwirtschaft und vom Tourismus lebende Insel wurde schon 6 Jt. v. Chr. besiedelt. 237 v. Chr. machten die Römer Sardinien zur Provinz. Nach wiederholtem Besitzwechsel kam die Insel 1720 an Savoyen. Das Königreich Sardinien wurde 1861 Bestandteil des Königreichs Italien.

Sarkophag [griech. »Fleischverzehrer«], *der,* prunkvoller Sarg (aus Stein), in dem Herrscher und andere hoch gestellte Persönlichkeiten beigesetzt werden.

Sartre [sartr], Jean-Paul (1905–1980), französischer Philosoph und Schriftsteller, der als Vertreter des → Existenzialismus berühmt wurde. Themen seiner Werke sind vor allem die Selbstverantwortlichkeit des Menschen, die Sinnfindung der eigenen Existenz und die Auseinandersetzung mit der eigenen Freiheit. 1964 lehnte er den Nobelpreis für Literatur ab.

Satan [hebr. »Widersacher«], *der,* im → Alten Testament ursprünglich ein Gegner im Krieg. Später wurde Satan in der jüdischen und christlichen Religion zum Gegner Gottes und bezeichnete das Böse schlechthin (→ Teufel).

Satellit [lat. »Leibwächter«], *der,* in der Astronomie ein Himmelskörper, der einen → Planeten umkreist (z. B. ist der Mond der Satellit der Erde). Heute versteht man darunter zumeist einen künstlichen Satelliten, d. h. ein technisches Gerät, das in eine Umlaufbahn (zumeist um die Erde) geschossen wird. Die Aufgaben, die solche Satelliten erfüllen, sind wissenschaftlicher (Sammeln von Beobachtungsdaten), technischer (Übermittlung von Nachrichten) oder militärischer Natur (Beobachtung anderer Staaten).

Satellitenfernsehen, alle Fernsehsendungen, die über Nachrichtensatelliten übermittelt und entweder mithilfe von Parabolschüsseln empfangen oder in das Kabelnetz eingespeist werden.

Satire [lat.], *die,* Darstellung, die durch Übertreibung, Witz und Ironie gesellschaftliche Missstände oder Personen kritisiert und deren Lächerlichkeit oder Gefährlichkeit bewusst macht.

Saturn, 1. *Saturnus,* römischer Gott des Ackerbau, der später mit dem griechischen → Kronos gleichgesetzt wurde. **2.** Von der Sonne aus gesehen der sechste Planet im Sonnensystem (Zeichen ♄) und nach dem → Jupiter der zweitgrößte Planet. Er besteht überwiegend aus Wasserstoff und Helium. Auf dem Saturn herrscht eine Temperatur von –180 °C. Charakteristisch für ihn ist sein schon seit dem 17. Jh. bekanntes Ringsystem, das sich aus 500–1000 aus Eisteilchen bestehenden Einzelringen zusammensetzt. Der größte Ring hat einen Durchmesser von mehr als 273 500 km, ist aber nur einige hundert Meter dick. **3.** Amerikanische Trägerrakete für die → Apollo-Raumkapsel.

Satyr, in der griechischen Sage ein Waldgeist.

Satz, 1. in der → Grammatik eine Abfolge von zusammengehörenden Wörtern, die in sich abgeschlossen ist und einen Sinn ergibt; **2.** in der Musik abgeschlossener Teil einer Komposition (z. B. einer → Sinfonie); **3.** im Sport (z. B. → Tennis, Badminton, Volleyball) Spielabschnitt, der beendet ist, wenn eine bestimmte Mindestpunktzahl erreicht ist.

Satzzeichen, Zeichen für die → Interpunktion.

Saudi-Arabien, vorderasiatischer Staat, der den größten Teil der Arabischen Halbinsel (→ Arabien) einnimmt. Das Land fällt nach Osten zum Persischen Golf allmählich ab, während im Westen am Roten Meer Küstengebirge und eine Küstenebene liegen. Im Norden befindet sich die

---

São Tomé und Príncipe

Staatsname: Demokratische Republik São Tomé und Príncipe

Staatsform: Republik

Hauptstadt: São Tomé

Fläche: 964 km²

Einwohner: 130 000

Bevölkerungsdichte: 135/km²

Amtssprache: Portugiesisch

Währung: Dobra (Db)

Nationalitätskennzeichen: STP

São Tomé und Príncipe

Sartre

Am bekanntesten von Sartres Werken sind sein philosophisches Hauptwerk »Das Sein und das Nichts« (1943), die Romane »Der Ekel« (1938) und »Der Pfahl im Fleisch« (1949), die Dramen »Die Fliegen« (1943), »Die ehrbare Dirne« (1946) und »Die Eingeschlossenen« (1960) sowie die Autobiographie »Die Wörter« (1964) und die Flaubert-Biographie »Der Idiot der Familie« (1971/72).

Saturn

Durchmesser: 120 536 km
Entfernung von der Sonne:
  1427 Mio. km
Umlaufzeit: 29,458 Jahre
Rotationsdauer: 10 h 39 Min.
Masse: 5,7 × 10²³ t
Dichte: 0,71 g/cm³
Größter Satellit: Titan (5150 km)

Saudi-Arabien (al-'Arabīyya as-Saūdiyya)

Staatsname: Königreich Saudi-Arabien

Staatsform: Islamische absolute Monarchie

Hauptstadt: Er Riad

Fläche: 2 153 168 km²

Einwohner: 17,9 Mio.

Bevölkerungsdichte: 8/km²

Amtssprache: Arabisch

Währung: Saudi Riyal (S. RI.)

Nationalitätskennzeichen: KSA

Saudi Arabien

Sauerstoff
Zeichen: O (von lat. *oxygenium*)
Ordnungszahl: 8
Atommasse: 16
Dichte: 1,43 g/cm³
Schmelzpunkt: −218,5 °C
Siedepunkt: −183 °C

Scandium
Zeichen: Sc
Ordnungszahl: 21
Atommasse: 44,96
Dichte: 2,99 g/cm³
Schmelzpunkt: 1541 °C
Siedepunkt: 2831 °C

Sandwüste Nefud, im Süden Gebirge, die bis über 2900 m hoch sind. Das Kerngebiet bildet das steppenartige Hochland von Nedschd. Die saudi-arabische Bevölkerung besteht aus etwa 400 Stämmen, von denen noch fast ein Drittel als Nomaden oder Halbnomaden lebt; der Ausländeranteil ist mit über 27 % sehr hoch (insbesondere Arbeitskräfte aus den arabischen Nachbarländern sowie Indien, Pakistan und den Philippinen). Das Land wurde im 7. Jh. zum Ausgangspunkt eines arabischen Weltreiches, das aber schon im 9. Jh. in mehrere Teilreiche zerfiel. Ab 1517 kam Arabien unter die Herrschaft des → Osmanischen Reiches. Eine wichtige Rolle bei der Einigung der zahlreichen Stämme spielte die im 18. Jh. entstandene strenggläubige Sekte der *Wahhabiten.* Zu ihr gehörte auch die Dynastie der *Sauds,* die sich das Nedschd als Herrschaftsgebiet sicherte. Mit britischer Hilfe konnte sich Arabien im 20. Jh. von der Oberhoheit der Osmanen befreien. 1921–1925 eroberte Ibn Saud (1880–1953) das Vizekönigreich Hedschas an der Westküste, wo sich die heiligen Städte der Muslime, → Mekka und Medina, befinden. Er wurde 1926 »König von Hedschas und Nedschd und seiner Nebenländer«, die 1932 unter dem Namen *Saudi-Arabien* vereinigt wurden. Seit 1982 wird das Land von König Fahd Ibn Abd al-Asis regiert. Die Wirtschaft, die sich fast ausschließlich auf die Erdöl- und Erdgasförderung stützt, ist aufgrund der niedrigen Preise für Erdöl auf dem Weltmarkt in eine schwere Krise gestürzt. Im Inneren gibt es zunehmend Forderungen nach einer Reformierung der absolutistischen Herrschaft.

Sauerland, nordöstlicher Teil des → Rheinischen Schiefergebirges mit mehreren Mittelgebirgen (höchste Erhebung: *Langenberg,* 843 m).

Sauerstoff, → chemisches Element, das auf der Erde das am häufigsten vorkommende Element ist (Anteil in der Luft fast 21 %). Das geruch- und geschmacklose Gas reagiert mit fast allen Elementen außer Edelgasen (→ Oxidation). In seiner elementaren Form besteht es aus zweiatomigen Molekülen (O²). Dreiatomige Sauerstoffmoleküle werden als → Ozon bezeichnet. Sauerstoff ist für die Atmung fast aller Lebewesen unentbehrlich.

Säugetiere, am höchsten entwickelte Klasse der → Wirbeltiere, die mit etwa 6000 Arten weltweit verbreitet ist. Bis auf die → Kloakentiere bringen Säugetiere lebende Jungen zur Welt, die anfangs mit → Muttermilch ernährt (»gesäugt«) werden. Alle Säuger sind warmblütige Lungenatmer. Sie haben sich vor etwa 220 Mio. Jahren aus den → Reptilien entwickelt.

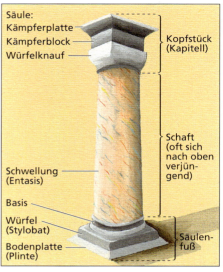
■ *Aufbau einer* **Säule**

Säule, senkrecht und frei stehendes Stützglied, das das Gebälk eines Bauwerks trägt. Die Säule hat im Gegensatz zum Pfeiler einen runden Querschnitt, der sich oft nach oben verjüngt.

Säuren, chemische Verbindungen, die sich in einem Lösungsmittel (vor allem Wasser) in positiv geladene Wasserstoffionen und negativ geladene Säurereste aufspalten. Säuren sind → Elektrolyte. Sie schmecken sauer (wie etwa die *Zitronen-* oder die *Apfelsäure* zeigt) und färben → Lackmus rot. Durch Neutralisation mit → Basen entstehen → Salze. Viele Säuren lösen → Metalle auf, wobei ebenfalls Salze sowie Wasserstoff entstehen.

saurer Regen, Niederschlag mit hohem Säuregehalt. Durch die Verbindung von Schwefeloxiden (die bei der Verbrennung schwefelhaltiger Brennstoffe wie Heizöl, Kohle oder Erdgas entstehen) und Stickoxiden (die in Autoabgasen enthalten sind) mit Regenwasser steigt der Säuregehalt von Niederschlägen um das Zehn- bis Hundertfache. Durch die Übersäuerung des Bodens wird das biologische Gleichgewicht erheblich gestört. Der saure Regen gehört zu den Hauptursachen des → Waldsterbens.

Saurier [griech. »Echsen«] *die,* Sammelbezeichnung für größere ausgestorbene → Amphibien und → Reptilien, die im Erdmittelalter lebten. Oft sind damit nur die Großsaurier (→ Dinosau-

Schafe

■ *Das* **Saxophon** *wird vor allem im Jazz verwendet*

rier) sowie die Fischsaurier, Paddelechsen und Flugsaurier gemeint. In der Zoologie bezeichnet man mit diesem Namen alle → Echsen.

Savanne [span.-indian.], *die,* Grassteppe in tropischen und subtropischen Gebieten, in der vereinzelt Bäume und Sträucher wachsen.

Saxophon, *Saxofon, das,* → Holzblasinstrument mit Schnabelmundstück und einfachem Rohrblatt. Das konische Rohr besitzt einen Mantel aus Metall; vom Altsaxophon an ist es abgewinkelt, so dass das Schallstück aufwärtsgebogen ist. Die Stimmlage reicht vom Sopran- bis zum Kontrabasssaxophon.

Scandium [von lat. Scandia = »Skandinavien«], *das,* ein → chemisches Element, das ein silberweißes Leichtmetall ist.

Scanner [engl. ˈskɛnɛ »Abtaster«], *der,* elektronisches Gerät, mit dem man Texte, Bilder und Körper abtasten und die Daten direkt in einen Computer eingeben kann. Der Scanner löst die abzutastende Fläche mithilfe eines Rasters in Bildpunkte auf und digitalisiert sie. Die digitalisierten Informationen werden in elektrische Signale umgewandelt und können von einem Computer weiterverarbeitet (z. B. als Grafik in ein Dokument eingebaut) und am Bildschirm wiedergegeben werden. Die Darstellungsqualität hängt dabei von der Auflösung ab, z. B. 300 dpi *(dots per inch* = Bildpunkte pro Zoll).

Schaben, weltweit in etwa 3500 Arten verbreitete Ordnung von Käfern, die 2 mm–11 cm lang werden. Die Wärme liebenden Allesfresser besitzen einen flachen Körper und lange Fühler. In Mitteleuropa kommt vor allem die *Küchenschabe* vor.

Schach, [arab.], *das,* eines der ältesten Brettspiele, das wahrscheinlich aus Indien stammt.

Schädel, knöcherner Skelettteil des Kopfes von Wirbeltieren. Beim Menschen besteht er aus dem *Gesichts-* und dem *Hirnschädel.*

Schädlinge, Bezeichnung für tierische und pflanzliche Lebewesen, die dem Menschen direkt oder indirekt Schaden zufügen (z. B. in der Forst- und Landwirtschaft, bei Nahrungsvorräten und als Überträger von Krankheiten). Zu den pflanzlichen Schädlingen gehören manche Bakterien, Pilze, Moose, Flechten und Unkräuter, zu den tierischen neben Einzellern vor allem Insekten und ihre Larven, Spinnen, Schnecken, Würmer und Nagetiere.

Schafe, Gattung von → Wiederkäuern, die in Herden leben. Schafe werden bis zu 2 m lang und über 1 m hoch. Die männlichen Tiere *(Widder)* besitzen kräftige, nach hinten gekrümmte Hörner.

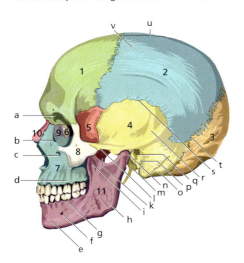

■ **Schädel** *eines Erwachsenen in Seitenansicht.* **1** *Stirnbein;* **2** *Scheitelbein;* **3** *Hinterhauptschuppe;* **4** *Schläfenbein;* **5** *großer Keilbeinflügel;* **6** *Augenhöhlenblatt;* **7** *Oberkiefer;* **8** *Jochbein;* **9** *Tränenbein;* **10** *Nasenbein;* **11** *Unterkiefer;* **a** *Stirneinschnitt;* **b** *Grube für den Tränensack;* **c** *Infraorbitalloch;* **d** *zahntragender Fortsatz des Oberkiefers;* **e** *Kinn;* **f** *Kinnloch;* **g** *zahntragender Fortsatz des Unterkiefers;* **h** *Kieferwinkel;* **i** *Muskelfortsatz des aufsteigenden Kieferastes;* **k** *äußeres Blatt des Flügelfortsatzes;* **l** *Jochbogen;* **m** *dolchförmiger Fortsatz;* **n** *Gelenkfortsatz des aufsteigenden Kieferastes;* **o** *Warzenfortsatz;* **p** *knöcherner Gehörgang;* **q** *äußerer Gehörgang;* **r** *Schuppe des Schläfenbeins;* **s** *Schuppennaht;* **t** *Lambdanaht;* **u** *Pfeilnaht;* **v** *Kranznaht*

Säulen

In der griechischen Antike entwickelten sich drei *Säulenordnungen,* die den drei Hauptbaustilen der griechischen Baukunst entsprechen: Die *dorische* Säule steht auf einem dreistufigen Unterbau und hat keine Basis. Der Säulenschaft ist mit senkrechten Rillen *(Kannelüren)* versehen und verjüngt sich nach oben. Das → *Kapitell* ist zweiteilig; auf einem kreisförmigen Wulst liegt eine viereckige Deckplatte *(Abakus).* Die *ionische* Säule steht auf einer Basis; sie ist schlanker als die dorische Säule und verjüngt sich auch nach oben. Der Säulenschaft ist ebenfalls mit Kannelüren versehen, die aber viel schmaler als bei der dorischen Säule sind. Das Kapitell weist zur Schauseite hin schneckenartige Einrollungen (→ *Voluten)* auf. Die Voluten bilden zur Seite hin walzenförmige Körper.

Das *korinthische* Kapitell besteht aus aufrecht stehenden Akanthusblättern (die Blättern der Bärenklaupflanze nachempfunden sind). Die Akanthusblätter sind so angeordnet, dass sich nach allen vier Seiten gleiche Ansichten ergeben.

Schach

Als Spielfeld wird ein quadratisches Brett verwendet, das in 8 x 8 Felder unterteilt ist. Die beiden Spieler haben 16 weiße bzw. schwarze Figuren zur Verfügung, die aus je 8 »Offizieren« (1 König, 1 Dame, 2 Türme, 2 Läufer und 2 Springer) und 8 »Bauern« bestehen. Ziel des Spiels ist es, den gegnerischen König »matt« zu setzen, d. h. ihm durch das Zusammenwirken der eigenen Figuren die Möglichkeit zu nehmen, auf ein Feld zu ziehen, das nicht von fremden Figuren bedroht ist.

Die einzelnen Figuren dürfen nur nach bestimmten Regeln ziehen (der König auf jedes Nachbarfeld, die Dame in jeder Richtung, der Turm senkrecht oder waagerecht zu der Reihe, in der er steht, der Läufer in diagonaler Richtung zu seinem Feld, der Springer zwei Felder nach vorn und ein Feld seitlich oder zwei Felder seitlich und ein Feld nach vorn und ein Bauer ein Feld nach vorn, vom Startfeld aus zwei Felder). Wenn die Figur mit diesem Zug ein Feld erreicht, das von einer gegnerischen Figur besetzt ist, schlägt sie

(Fortsetzung siehe Seite 584)

Schaffhausen

diese; lediglich Bauern rücken beim Schlagen schräg nach vorn.
Beim Angriff auf den gegnerischen König bietet man ihm Schach. Kann sich ein noch nicht angegriffener König jedoch nicht bewegen, ohne beim nächsten Zug bedroht zu werden, ist das Spiel → Patt (als Unentschieden gewertet). Das Spiel ist ebenfalls → *remis*, falls es keinem der beiden Spieler mehr möglich ist, mit seinen Figuren den gegnerischen König matt zu setzen, oder wenn sie sich auf ein Unentschieden einigen.
Seit 1866 gibt es Schachweltmeisterschaften, seit 1948 in einem Zyklus von drei Jahren..

Schallgeschwindigkeit

Die *Schallgeschwindigkeit* hängt vom umgebenden Medium ab; sie ist in Flüssigkeiten zumeist größer als in Gasen und kleiner als in festen Stoffen. In der Luft beträgt sie 331 m/s, im Wasser 1497 m/s und in Eisen beispielsweise 5950 m/s (bei einer Temperatur von 20 °C).
Als *Schallmauer* bezeichnet man den sprunghaften Anstieg des Luftwiderstandes bei Annäherung an die Schallgeschwindigkeit. So verursacht ein Flugzeug, das Schallgeschwindigkeit erreicht, eine Druckänderung, die auf der Erdoberfläche als lauter Knall wahrnehmbar ist und sogar Fensterscheiben zerbersten lassen kann.

Schaffhausen, Stadt und Kanton in der → Schweiz.
Schah [pers. »König«], *der,* seit dem 3. Jh. n. Chr. in Persien Titel für den Herrscher.
Schakale, hundeartige → Raubtiere, die in Steppengebieten Südosteuropas, Asiens und Afrikas vorkommen. Sie sind hochbeinige, bis zu 90 cm lange Aasfresser, die in Rudeln leben und teilweise auch jagen.
Schall, mechanische Schwingungen, die sich in einem elastischen Medium (z. B. Luft) wellenförmig ausbreiten. Das menschliche → Ohr kann Schallwellen mit einer Frequenz von 16 bis 20 000 Hz (→ Hertz) wahrnehmen. Schallwellen, die eine geringere Frequenz haben, bezeichnet man als → *Infraschall,* Schallwellen mit höherer Frequenz als → *Ultraschall.*
Schallplatte, scheibenförmiger Tonträger, den man nicht selbst bespielen kann. Die Töne sind als Schwingungen auf beiden Seiten in Form einer Rille, die spiralförmig von außen nach innen verläuft, mechanisch eingeprägt. Sie können mithilfe einer Abtastnadel, die am Tonarm eines → Plattenspielers befestigt ist, wieder abgenommen und als elektrische Signale an einen → Lautsprecher weitergeleitet werden.
Die ersten Schallplatten, die auf der 1887 von dem amerikanischen Elektroingenieur *Emil Berliner* (1851–1929) erfundenen Seitenschrift beruhten, bestanden aus wachsüberzogenen Zinkplatten. Sie wurden später durch die widerstandsfähigeren Schellackplatten abgelöst. 1948 wurden Kunststoffplatten eingeführt. *Stereophone* Platten, die eine Zweikanalwiedergabe ermöglichten und auf diese Weise einen räumlichen Höreindruck erzeugen konnten, kamen 1958 auf den Markt. In den 90er Jahren wurde die Schallplatte weitgehend durch die digitale → CD abgelöst.
Schalter, Vorrichtung zum Ein- und Ausschalten elektrischer → Stromkreise. Das Prinzip eines Schalters besteht darin, dass metallische Kontaktstücke beim Einschalten verbunden (Strom kann fließen) und beim Ausschalten getrennt werden (Strom kann nicht mehr fließen).
Schaltung, 1. elektrische oder elektronische Verbindung von verschiedenen Einzelelementen (z. B. → Transistoren, Widerstände, Kondensatoren) zu einem *Schaltkreis,* so dass durch sämtliche Bauteile Strom fließen kann. **2.** Als Schaltung bezeichnet man die *Gangschaltung* bei Kraftfahrzeugen, die es ermöglicht, verschiedene Übersetzungen für das → Getriebe zu wählen.

■ *Schabrakenschakal*

Schamane [tungus.], *der,* bei Naturvölkern (hauptsächlich in Asien, aber auch bei den Indianern) ein Zauberpriester, Magier oder Medizinmann, der mit verschiedenen Hilfsmitteln (Tanz, Trommeln, Drogen) versucht, sich in einen → Trancezustand zu versetzen und mit Geistern und Verstorbenen in Kontakt zu treten.
Schamlippen, Teil der äußeren weiblichen → Geschlechtsorgane. Sie bestehen aus den *großen* oder äußeren Schamlippen, die als Wülste die Schamspalte umgrenzen, und den *kleinen* oder inneren Schamlippen, die als dünne, unbehaarte Hautfalten unter den großen Schamlippen liegen und sich oben zur → Klitorisvorhaut vereinigen.
Schäre [schwed. »Klippe«], *die,* kleine, abgerundete Felsinsel, die das Überbleibsel einer vom Meer überfluteten Rundhöckerlandschaft ist. Schären findet man vor allem an den Ostseeküsten → Schwedens und → Finnlands.
Scharia, *Scheria* [arab. »heiliges Gesetz, Weg zur Tränke«], *die,* aus dem → Koran und der Hadith oder Sunna (Überlieferung der Aussprüche Mohammeds) hervorgegangenes, nicht kodifiziertes Gesetz, das im → Islam das gesamte gesellschaftliche Leben regelt. In islamischen Republiken gewinnt die Scharia immer mehr Einfluss auf das Rechtssystem.
Scharlach, zumeist durch Tröpfcheninfektion übertragene ansteckende Krankheit, die vor allem bei Kindern auftritt. Sie ruft hohes Fieber, Kopf- und Halsschmerzen, Erbrechen und Schüttelfrost sowie Zungenbelag und Hautausschlag in Form von kleinen roten Flecken hervor.
Schatt al-Arab, *der,* gemeinsamer, etwa 150 km langer Unterlauf von → Euphrat und → Tigris, der in den Persischen Golf mündet, teilweise die Grenze zwischen → Irak und → Iran bildet und gleichzeitig eine wichtige Schifffahrtsstraße ist.

■ *Schattenspiel aus Malaysia*

Schatten, der dunkle Raum hinter einem lichtundurchlässigen Körper, der von einer Lichtquelle beleuchtet wird. Dieser *Schlagschatten* besteht aus einem *Kernschatten* (Bereich, in den überhaupt kein Licht eindringt) und einem *Halbschatten* (Bereiche, die nur von einem Teil der Lichtquelle Licht erhalten).

Schattenspiel, besondere Form des Puppenspiels, bei der die flächenhaften Spielfiguren aus Leder, Pappe, Pergament oder geöltem Papier gefertigt sind und vom Spieler mit zwei oder mehr Stäben bewegt werden. Gespielt wird entweder vor oder hinter einer beleuchteten Stoffwand. Das Schattenspiel entstand ursprünglich in China oder Indien (wo es im 10.–13. Jh. eine höfische Kunstform war).

Schaumwein, auch als → *Sekt* bezeichnetes alkoholisches Getränk, das aus Wein hergestellt wird. Im Gegensatz zum »stillen« → Wein enthält er viel gelöste Kohlensäure.

Schauspiel, oft auch als → *Drama* bezeichnetes Theaterstück, dessen Handlung zwar eine ernste Situation zugrunde liegt, das aber zu einer positiven Konfliktlösung findet.

Scheck [engl.], *der,* Zahlungsanweisung, die jemand auf sein Guthaben bei einer Bank ausstellt, um beispielsweise bargeldlos einkaufen zu können. Es gibt *Barschecks,* die an den Überbringer in bar ausgezahlt werden, und *Verrechnungsschecks,* die dem Konto des Überbringers gutgeschrieben werden.

Scheel, Walter (* 1919), deutscher Politiker, der 1968–1974 den Parteivorsitz der FDP innehatte, 1969 in der sog. kleinen Koalition von SPD und FDP das Amt des Bundesaußenministers und Vizekanzlers übernahm und 1974–1979 Bundespräsident war.

Scheich, *Scheik* [arab. »Ältester«], *der,* bei den Arabern das Oberhaupt eines Herrschaftsgebietes oder eines Stammes; in vielen arabischen Ländern auch als Ehrentitel verwendet (z. B. für den Bürgermeister eines Dorfes).

Scheide, deutsche Bezeichnung für → Vagina.

Scheidung, Auflösung einer → Ehe durch ein Urteil des Familiengerichts, wenn einer der beiden Ehepartner oder beide auf Scheidung klagen. Soweit ein Partner an den anderen Unterhaltsansprüche erhebt, ist der besser verdienende Teil zur Zahlung von Unterhalt verpflichtet. Bestand bei der Eheschließung keine Gütertrennung, wird das gemeinsam erworbene Vermögen geteilt.

Schelf [engl.], *der,* vom Meer bedeckter Festlandssockel (bis zu einer Tiefe von 200 m).

Schellfisch, nach dem → Kabeljau zweitwichtigster Speisefisch aus der Familie der Dorsche. Er ist ebenfalls im Nordatlantik verbreitet und kommt ausschließlich im Schelfgebiet vor. Er wird bis zu 1 m lang und erreicht ein Gewicht von 12 kg.

Schema [griech. »Gestalt«], *das,* zeichnerische Darstellung, die etwas in vereinfachter, aber dafür übersichtlicher Form wiedergibt.

Schenkel, in der Geometrie die Seiten im → Dreieck bzw. die Geraden, die einen Winkel einschließen.

Scherenschnitt, Darstellung, bei der Gesichter und Figuren, aber auch Ornamente als Umrisse (Schattenriss) oder mit inneren Konturen aus Papier oder Stoff ausgeschnitten werden.

Schia [arab. »Partei«], *die,* neben dem → Sunnismus die zweite Hauptrichtung des → Islam. Ihre Anhänger, die **Schiiten,** erkennen nur Ali, den Schwiegersohn → Mohammeds, und seine Nachkommen als rechtmäßige Nachfolger des Propheten an. Die Schiiten bilden im Iran und Irak die Mehrheit; im Iran ist die Schia sogar Staatsreligion.

Schicksal, Vorstellung von einer höheren, oft unpersönlichen Macht, die das Weltgeschehen und auch das Leben des Einzelnen lenkt, ohne dass sich der Mensch dieser Macht entziehen oder sie beeinflussen kann.

Schiefer, Gesteine, die sich aufgrund ihrer schichtweisen Entstehung in dünne Platten spalten lassen (z. B. *Tonschiefer*).

Schielen, Sehbehinderung, bei der es unmöglich ist, die Blicklinien beider Augen auf den gleichen Punkt zu richten, weil die Bewegungen der Augäpfel nicht koordiniert werden können. Dadurch wird das räumliche Sehen beeinträchtigt. Schielen kann durch Brillen, Sehübungen und Operationen behandelt werden.

Schierling, in Südafrika, Europa und Asien vor-

Scheckkarte

Zusammen mit den Schecks geben die Banken an ihre Kunden auch eine *Scheckkarte* aus, die sicherstellen soll, dass der Aussteller des Schecks mit dem Kontoinhaber identisch ist (was die persönliche Unterschrift auf der Scheckkarte überprüfbar macht). Diese Scheckkarte ist außerdem eine Garantie, dass Schecks bis zu einer Höhe von 400 DM von der Bank eingelöst werden, und ermöglicht (zusammen mit einer persönlichen Geheimnummer) das Abheben von Bargeld an Geldautomaten oder das bargeldlose Bezahlen an bestimmten Kassen (bis zu einer bestimmten Höhe).

■ *Indianischer **Schamane** (Ecuador)*

■ *Schiefer*

Schießsport

Als Gewehre werden im Wettkampf *Kleinkaliber-* und *Luftgewehre* benutzt, mit denen man je nach Disziplin liegend, kniend oder stehend auf eine Zielscheibe (fest oder sich waagerecht bewegend) schießt. Seltener sind Schießwettbewerbe mit Vorderlader- oder Steinschlossgewehren.
Für das *Wurftaubenschießen* verwendet man spezielle Schrotflinten: Beim *Trapschießen* darf der Schütze auf die Wurftaube bis zu zwei Schüsse abgeben, während beim *Skeetschießen* jeweils nur ein Schuss erlaubt ist.
Pistolenschießen gibt es für *Luft-, kleinkalibrige Sport-, Freie* und *Schnellfeuerpistolen.* Hier wird stehend auf eine Zielscheibe geschossen.
Beim Bogen- und Armbrustschießen soll der Schütze ebenfalls eine möglichst große Punktzahl auf der Zielscheibe erreichen, d. h., den innersten Zielkreis treffen.
Schießwettbewerbe gibt es auch beim → modernen Fünfkampf und beim → Biathlon.

Schildkröten

Die kanadische Schmuckschildkröte besitzt in ihren Körperzellen eine Art »Frostschutzmittel«, das es ihr erlaubt, Temperaturen bis zu –8 °C zu überleben. Bei anderen Tieren würde sich bei einer solchen Temperatur in den Zellen Eis bilden. Die schützende Substanz ist eine Mischung von Glyzerin, Traubenzucker und der Aminosäure Taurin. Diese Schildkröte ist das einzige hoch entwickelte Wirbeltier mit einem solchen Frostschutz.

kommendes Doldengewächs, das 1–2 m hoch und sehr giftig ist. Im antiken Griechenland wurde → Sokrates zum Tod durch den *Schierlingsbecher* verurteilt.

Schießpulver, ursprünglich von den Chinesen erfundenes Gemisch aus Kaliumnitrat, Schwefel und Kohle, das sich rasch entzündet und sehr schnell verbrennt. Es wurde im 8./9. Jh. für Feuerwerkskörper verwendet. In Europa wird die Erfindung des *Schwarzpulvers* zumeist dem deutschen Mönch *Berthold Schwarz* (zweite Hälfte des 14. Jh.) zugeschrieben; seine Verwendung lässt sich jedoch schon für die erste Hälfte des 14. Jh. nachweisen. Schwarzpulver wurde bis ins 19. Jh. als Treibmittel für Geschosse von → Feuerwaffen verwendet.

Schießsport, zusammenfassende Bezeichnung für sportliche Wettbewerbe, bei denen mit Schusswaffen auf feste oder bewegliche Ziele geschossen wird. Als Sportwaffen werden heute → *Gewehr,* → *Pistole,* (→ *Bogenschießen)* und → *Armbrust* verwendet.

Schiff, großes Wasserfahrzeug, das sich schwimmend fortbewegt und Personen *(Passagierschiff)* oder Güter *(Frachtschiff)* transportiert. Die ältesten Schiffe waren *Ruderschiffe,* bei denen menschliche Muskelkraft für den Vortrieb sorgte. Danach entstanden → *Segelschiffe,* die den Wind ausnutzten. Anfang des 19. Jh. wurde die Dampfkraft für den Antrieb eingesetzt, wobei zunächst Schaufelräder und später Schiffsschrauben verwendet wurden. Im 20. Jh. kamen Dieselmotoren, Gasturbinen und Nuklearantrieb auf.

Schildbürger, die Bürger der erfundenen Stadt **Schilda,** deren närrisches Verhalten (»Schildbürgerstreiche« wie etwa der Bau eines Rathauses ohne Fenster) in einer Schwanksammlung aus dem Jahre 1598 geschildert wird.

Schilddrüse, bei Wirbeltieren im Halsbereich gelegene Drüse, die für den Stoffwechsel, das Wachstum, die Atmung, den Kreislauf und für das Nervensystem wichtige jodhaltige → Hormone erzeugt. Eine Über- oder Unterfunktion führt beim Menschen zu Krankheiten (z. B. *Kropf*).

Schildkröten, Ordnung der → Reptilien, deren sehr urtümliche Vertreter in allen Erdteilen und Meeren mit warmem und gemäßigtem Klima vorkommen. Sie besitzen einen gedrungenen Körper mit knöchernem Rücken- und Bauchpanzer (Teil des Skeletts); unter diesen Panzer, der mit Hornschilden oder bei den *Weichschildkröten* mit einer lederartigen Haut bedeckt ist, können sie ihren Kopf, ihre Beine und ihren Schwanz

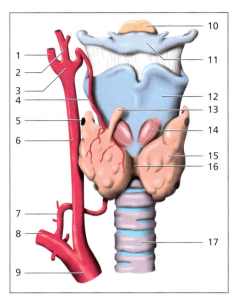

■ **Schilddrüse,** Nebenschilddrüsen, Kehlkopf und rechte Halsschlagader. **1** *Gehirnkarotis;* **2** *Gesichtskarotis;* **3** *Karotissinus;* **4** *obere Schilddrüsenarterie;* **5** *rechtes oberes Epitelkörperchen;* **6** *gemeinsame Halsschlagader;* **7** *untere Schilddrüsenarterie;* **8** *rechte Schlüsselbeinarterie;* **9** *gemeinsamer Stamm für Hals- und Armschlagader;* **10** *Kehldeckel;* **11** *Zungenbein;* **12** *Schildknorpel;* **13** *unregelmäßig vorkommender pyramidenförmiger Fortsatz;* **14** *Ringschildknorpelmuskel;* **15** *linker Lappen der Schilddrüse;* **16** *Isthmus der Schilddrüse;* **17** *Knorpelspange der Luftröhre*

fast vollständig einziehen. Die an Land lebenden Schildkröten besitzen Säulenbeine, während die Beine bei den im Wasser lebenden Arten zu abgeflachten Ruderbeinen oder sogar zu kräftigen Schwimmflossen umgestaltet sind. Die kleinsten Schildkröten sind nur 10 cm lang; die größten werden bis zu 2 m lang und erreichen ein Gewicht von 800 kg *(Lederschildkröte).* Mehrere Arten können über 100 Jahre alt werden. Alle Schildkröten pflanzen sich durch Eier fort; diese werden (auch von den im Wasser lebenden Arten) ausschließlich an Land abgelegt, wo die Bodenwärme das Ausbrüten übernehmen muss. Zu den *Landschildkröten* gehören die Riesenschildkröten und die in Südeuropa lebende Griechische Landschildkröte (bis 20 cm lang). Im Süßwasser leben die Schlamm- und Sumpfschildkröten; die bis zu 25 cm lange *Europäische Sumpfschildkröte* ist die einzige in Deutschland noch vereinzelt vorkommende Art. Ausschließlich im Salzwasser leben die *Meeresschild-*

Schildkröte aus Madagaskar

kröten, die größer und schwerer als ihre landbewohnenden Verwandten werden können. Die *Weichschildkröten* leben ebenfalls im Wasser, zumeist im Süßwasser, aber teilweise auch im Meer.

Schilfrohr, *Schilf,* Gattung von weltweit verbreiteten → Gräsern. In Mitteleuropa wächst an den Ufern von Seen oder langsam fließenden Flüssen das bis zu 4 m hohe *Gemeine Schilfrohr,* das eine braune Rispe (bis zu 40 cm lang) besitzt.

Schiller, Friedrich von (1759–1805), deutscher Dichter, der zusammen mit → Goethe die → Weimarer Klassik prägte. Unter dem Einfluss aufklärerischer Schriften verfasste er frühe Gedichte und → Sturm-und-Drang-Dramen. 1782 flüchtete er aus Stuttgart, als er nach der Uraufführung seines Stücks »Die Räuber« (1781) Schreibverbot erhielt. Er arbeitete zunächst als Theaterautor in Mannheim, wurde 1789 Professor für Geschichte und Philosophie in Jena und zog 1799 nach Weimar um, wo er seine klassischen Dramen schrieb. Gemeinsam mit Goethe, mit dem er seit 1794 befreundet war, gab er 1795–1797 die »Horen«, die bedeutendste Zeitschrift der Klassik, heraus und schrieb zusammen mit ihm 1796 die »Xenien« (satirische Gedichte). Seine Dichtungen sind stark vom → Idealismus beeinflusst und durch Reflexion sowie pathetischen Sprache geprägt. Neben dichterischen Werken verfasste er auch geschichtliche Studien und philosophisch-ästhetische Schriften. 1805 starb er an Tuberkulose.

Schilling, Währungseinheit in Österreich. 1 Schilling = 100 Groschen.

Schimmelpilze, winzige → Pilze, die als → Parasiten lebende und tote Tiere und Pflanzen befallen oder organische Stoffe überziehen. Sie wachsen sehr schnell und vermehren sich durch → Sporen. Die Gefahr liegt in ihren Stoffwechselprodukten, die giftig sein können. *Verschimmelte* Nahrungsmittel können zu Krankheiten führen.

Einige Arten von Schimmelpilzen werden aber auch vom Menschen genutzt: für die Produktion von → Antibiotika und Enzymen, die Reifung bestimmter Käsesorten und die Fermentierung von Reis.

Schimpansen, → Menschenaffen in Äquatorialafrika (Savannen- und Waldgebiete), die bis zu 1,70 m groß werden. Sie besitzen ein schwarzbraunes oder schwarzes Fell, aber einige Stellen des Körpers (wie etwa Gesicht, Hand- und Fußflächen) sind unbehaart. Schimpansen leben in Großfamilien mit strenger → Rangordnung und sind Allesfresser. Sie zählen zu den intelligentesten Tieren und gebrauchen einfache Werkzeuge.

Schinkel, Karl Friedrich (1781–1841), deutscher Baumeister, der vor allem in Berlin zahlreiche Bauwerke im klassizistischen Stil (→ Klassizismus) schuf. Sehr berühmt ist z. B. die Neue Wache (1817/18).

Schintoismus [von japan. shinto = »Weg der Götter«], *der,* japanische Nationalreligion, die vor allem durch Naturverehrung und Ahnenkult bestimmt ist und zahlreiche Götter verehrt. Besondere Bedeutung hat die Sonnengöttin *Amaterasu,* auf die der → Tenno seine göttliche Abstammung zurückführt.

Schintoismus: Mönche beim Meiji-Schrein in Tokio

Schisma [griech. »Spaltung«], *das,* Spaltung, insbesondere Kirchenspaltung.

Schiwa, *Shiva* [Sanskrit »der Freundliche«], einer der drei Hauptgötter im → Hinduismus, der Sinnbild für das Zerstörerische ist. Da mit ihm auch die Zeugung verbunden wird, verehrt man seinen → Phallus *(Lingam).*

Bekannte Werke von Schiller

Dramen:

»Die Räuber« (1777–1780)
»Fiesco« (1782)
»Kabale und Liebe« (1784)
»Don Carlos« (1787)
»Wallenstein (Trilogie, 1793–1799)
»Maria Stuart« (1800)
»Die Jungfrau von Orleans« (1801)
»Die Braut von Messina« (1803)
»Wilhelm Tell« (1804)

Gedichte und Balladen:

»Lied an die Freude« (1786)
»Die Götter Griechenlands« (1788)
»Der Taucher« (1797)
»Die Kraniche des Ibykus« (1797)
»Die Bürgschaft« (1797)
»Das Lied von der Glocke« (1799)

Prosawerke:

»Verbrecher aus verlorener Ehre« (1786)
»Der Geisterseher« (1788)

Schisma

In der Geschichte der christlichen bzw. katholischen Kirche gab es zwei Schismen, das *morgenländische Schisma* (1054), als sich die → Ostkirche von der römischen Kirche trennte, und das *abendländische Schisma* (1378–1417), als es gleichzeitig mehrere Päpste gab.

Schlafphasen

Man unterscheidet mehrere Schlafphasen, die der Schläfer drei- bis fünfmal durchläuft: *Tiefschlaf, mitteltiefer Schlaf, Leichtschlaf, Einschlafstadium* und *entspannter Wachzustand.* Während des Leichtschlafs treten sog. → *REM-Phasen* auf, die für → *Träume* typisch sind. Möglicherweise dient der Schlaf auch dazu, dass sich das Gehirn im Wachzustand gemachte Erfahrungen einprägt (durch Wiederholung von Erregungsmustern im Tiefschlaf) und die Lernfähigkeit der Gehirnzellen auffrischt (in den Schlummerphasen).

Das Schlafbedürfnis des Menschen nimmt mit zunehmendem Alter ab (Neugeborene: 16, Kinder 10–14, Erwachsene 7, ältere Menschen 6 Stunden oder weniger).

Schlagzeug

Gebräuchlich sind beim Schlagzeug ein oder zwei *Große Trommeln (Bass Drums),* die mit den Füßen (mithilfe einer Fußmaschine) geschlagen werden, eine *Kleine Trommel (Snare Drum* mit Schnarrsaite), mehrere *Tom-Toms* (ein- oder zweifellige Trommeln mit zylindrischem Korpus, die hängen oder stehen), ein *Hi-Hat* (stehendes Doppelbecken, das mit einem Pedal gegeneinander bewegt und zusätzlich mit Stöcken angeschlagen wird) und mehrere *Becken.* Verwendung findet das Schlagzeug vor allem in der → Jazz- und Rockmusik sowie allgemein in der Unterhaltungsmusik.

Die heutigen Schlagzeuge sind zumeist elektrisch verstärkt (z. B. durch Mikrophone im Korpus der Trommeln). Daneben gibt es elektronische Schlagzeuge mit flachen Schlagflächen *(Pads),* mit denen man gesampelte Klänge (→ Sampling) abrufen kann. An die Stelle des Schlagzeugs ist in der Rockmusik, insbesondere im → HipHop und in der → Technomusik, der *Drum Computer* getreten, mit dem man wie bei einem → Synthesizer bestimmte künstlich erzeugte oder gesampelte perkussive Klänge abruft. Die einfachste Form ist die *Rhythmus-Box.* Mit Hilfe eines Drum Computers kann man vorprogrammierte Klänge spielen und variieren, ohne dass man auf einen menschlichen Schlagzeuger angewiesen ist.

■ *Schlagzeug:* **1** *Ride;* **2** *Stand-Tom;* **3** *Hänge-Toms;* **4** *Bass Drum;* **5** *Snare;* **6** *Crash;* **7** *Hi-Hat*

Schizophrenie [von griech. schizein = »spalten« und phren = »Geist«], *die,* Geisteskrankheit, bei der schwere Wahrnehmungs- und Verhaltensstörungen auftreten. Der Kranke erlebt sich z. B. als von außen gesteuert und verfolgt, hört nicht vorhandene Stimmen und leidet unter → Halluzinationen und Wahnideen.

Schlaf, Erholungsphase des Organismus (besonders des → Zentralnervensystems), die durch eine Verminderung des Bewusstseins und Reduzierung bestimmter Körperfunktionen gekennzeichnet ist. Im Schlaf sinkt die Körpertemperatur. Die Atmung wird verlangsamt, gleichzeitig entspannt sich die Muskulatur.

Schlafwandeln, *Somnambulismus,* Aufstehen, Umhergehen und Ausführen von Handlungen während des Schlafs, ohne dass sich der Betroffene nach dem Aufwachen dessen bewusst ist. Ursache dafür ist, dass die Abstimmung von Schlaf- und Wachzustand gestört ist.

Schlagader, deutsche Bezeichnung für → Arterie.

Schlaganfall, schwere, oft tödlich verlaufende Funktionsstörung des Gehirns bzw. bestimmter Gehirnbereiche. Ein Schlaganfall kann auf Durchblutungsstörungen, Herzversagen, plötzlichen Abfall des Blutdrucks oder Gefäßverschlüsse (→ Embolie) zurückgehen. Die Folge sind oft halbseitige Lähmungen und Sprechunfähigkeit, die aber wieder verschwinden können.

Schlaginstrumente, Musikinstumente, bei denen die Töne durch Anschlagen erzeugt werden. Zum Anschlagen benutzt man entweder die Hand oder einen Schlegel oder man schlägt sie paarweise gegeneinander (z. B. Becken). Schlaginstrumente sind entweder selbstklingend, d. h., ihr Korpus wird zum Klingen gebracht (z. B. Glocke, Xylophon, Gong), oder sie erzeugen ihre Töne mithilfe einer schwingenden Membran wie bei Trommeln und Pauken). Schlaginstrumente sind in erster Linie Rhythmusinstrumente, die den vorgegebenen Takt halten.

Schlagwetter, *schlagende Wetter,* in Kohlebergwerken entstehendes hochexplosives Gemisch aus Methan und Luft oder Grubengas, das durch Funken oder Flammen leicht entzündet wird und eine Kohlenstaubexplosion auslösen kann.

Schlagzeug, Zusammenstellung von verschiedenen → Schlaginstrumenten, die von einem einzigen Musiker bedient werden.

Schlangen, Unterordnung der Schuppenkriechtiere, deren Vertreter mit etwa 2500 Arten vorwiegend in warmen Gebieten leben. Sie besitzen einen lang gestreckten Körper, der zwischen 10 cm *(Blindschlangen)* und fast 9 m *(Riesenschlangen)* lang sein kann und keine Gliedmaßen besitzt. Schlangen bewegen sich deshalb an Land kriechend vorwärts. Die verhornte, aus Schuppen bestehende Haut kann nicht wachsen und wird in regelmäßigen Abständen abgeworfen (Häutung). Die meisten Schlangen legen Eier, die sie in Erdgruben ablegen, aber viele Arten bringen auch lebende Junge zur Welt. Ein Drittel der Schlangen zählt zu den → *Giftschlangen;* ungiftig sind dagegen die → *Riesenschlangen.* Der Gehörsinn der Schlangen ist stark verkümmert; dafür können sie aber sehr gut Erschütterungen wahrnehmen. Mit ihrer langen, gespaltetenen Zunge nehmen sie Duftstoffe auf. Die Schlangen haben nahezu alle Lebensräume erobert; die *Seeschlangen* haben sich sogar an ein ständiges Leben im Wasser angepasst.

Schleichen, Familie der → Echsen, deren Vertreter über alle Erdteile (außer Australien) verbreitet sind. Sie haben sich erst in der → Kreidezeit entwickelt und sind stammesgeschichtlich Vorläufer der → Schlangen. Die Schleichen besitzen einen eidechsen- oder schlangenförmigen Körper mit körperlangem Schwanz, den sie wie → Eidechsen abwerfen können. Die vierbeinigen Formen (wie z. B. *Krokodilschleiche)* werden 20 bis 40 cm lang, die beinlosen 50–140 cm. Die bekannteste Schleichenart in Europa ist die → *Blindschleiche.*

Schleim, bei Tieren und beim Menschen eine zähflüssige, farblose Absonderung der *Schleimdrüsen*, die als schützende Schicht die **Schleimhäute** überzieht. Die Schleimhäute kleiden Hohlorgane aus (z. B. Darm, Magen, Luftwege und Geschlechtsgänge). Bei Pflanzen besteht der Schleim aus → Kohlenhydraten, die beispielsweise Kakteen, Orchideen oder Zwiebeln als Speicherstoffe dienen.

Schlesien, Gebiet an der mittleren und oberen Oder, das heute zu → Polen gehört. Das sehr fruchtbare, landwirtschaftlich geprägte Gebiet wurde ab dem 6. Jh. von → Slawen besiedelt und kam im 10. Jh. unter die Herrschaft der polnischen Piasten. Im 12. Jh. wurde es in zwei Herzogtümer aufgeteilt und zerfiel im 13. Jh. in weitere Teilgebiete. Im 14. Jh. fielen die schlesischen Herzogtümer an → Böhmen, mit dem sie 1526 Eigentum der → Habsburger wurden. In den *Schlesischen Kriegen* ging der größte Teil Schlesiens an → Preußen über. Die preußische Provinz Schlesien wurde 1815 um die Oberlausitz erweitert. Nach dem Ersten Weltkrieg wurde das bei Österreich verbliebene schlesische Gebiet zwischen Polen und der Tschechoslowakei aufgeteilt. *Oberschlesien* wurde zwischen Polen und Deutschland aufgeteilt, wobei Polen das oberschlesische Industrie- und Kohlerevier erhielt. Nach dem Zweiten Weltkrieg wurde im → Potsdamer Abkommen festgelegt, dass die schlesischen Gebiete östlich der Neiße an Polen fielen, während Schlesien westlich davon Sachsen zugeschlagen wurde. Die deutsche Bevölkerung im polnischen Teil musste ihre Heimat verlassen.

Schleswig-Holstein, Bundesland in Norddeutschland, das im Norden an Dänemark grenzt und im Westen von der Nordsee und im Osten von der Ostsee umgeben ist. Die Landschaft wird im Osten von einer hügeligen Seenplatte und tief eingeschnittenen Förden und Buchten bestimmt, in der Mitte durch die sandige Geest und im Westen durch Marschland. Davor erstreckt sich das Wattenmeer. Zu Schleswig-Holstein gehören außerdem mehrere Inseln wie *Sylt* und *Föhr* (Nordfriesische Inseln) vor der Nordseeküste und *Fehmarn* vor der Ostseeküste. Die beiden Landesteile *Schleswig* (im Norden) und *Holstein* (im Süden) sind durch den Nord-Ostsee-Kanal voneinander getrennt. Schleswig-Holstein besitzt verhältnismäßig wenig Industrie; fruchtbare Böden ermöglichen eine landwirtschaftliche Nutzung von etwa drei Viertel der Gesamtfläche. Eine wichtige Rolle spielt außerdem der Fremdenverkehr. Holstein war ein sächsisches Stammesgebiet, das zu Beginn des 9. Jh. von den Franken unterworfen wurde. 1386 wurden die Grafen von Schauenburg, die seit dem frühen 12. Jh. in Holstein herrschten, vom dänischen König mit dem Herzogtum Schleswig belehnt. 1460 wurde der dänische König Christian I. Landesherr, sicherte aber die Unteilbarkeit beider Gebiete zu. Dennoch wurden sie später aufgeteilt und gerieten immer stärker unter den Einfluss Dänemarks. Als Schleswig Mitte des 19. Jh. Dänemark eingegliedert werden sollte, kam es zu zwei *Deutsch-Dänischen Kriegen* (1848–1852 und 1864). Dänemark musste nicht nur auf die Herzogtümer Schleswig und Holstein verzichten, sondern auch Lauenburg abtreten. Nach dem *Deutschen Krieg* (1866) wurde Schleswig-Holstein preußische Provinz. *Nordschleswig* entschied sich 1920 für die Angliederung an Dänemark. Seit 1946 ist die ehemalige preußische Provinz mit unverändertem Gebiet ein Land.

Schleudersitz, Pilotensitz in Test- und Militärflugzeugen, der mithilfe eines Pulvertriebsatzes bei Absturzgefahr aus dem Flugzeugrumpf hinauskatapultiert wird, so dass der Pilot mit einem Fallschirm sicher landen kann.

Schleuse, Vorrichtung zum Ausgleich unterschiedlich hoher Wasserstände in schiffbaren Gewässern. Man unterscheidet dabei zwischen Unterwasser (der niedrigere Wasserpegel) und Oberwasser (der höhere Wasserpegel). Ein vollständig abschließbarer Raum zwischen zwei Räumen mit unterschiedlichen Druckverhältnissen wird ebenfalls als Schleuse bezeichnet.

Schliemann, Heinrich (1822–1890), deutscher Kaufmann und Archäologe, der private Ausgrabungen vornahm. Auf die Angaben in → Homers »Ilias« gestützt, entdeckte er → Troja (1870). Weitere antike Stätten fand er bei Ausgrabungen in Griechenland (Mykene, Orchomenos und Tiryns).

Schmarotzer, deutsche Bezeichnung für → Parasit.

Schmelzpunkt, Temperatur, bei der ein Stoff vom festen in den flüssigen → Aggregatzustand übergeht.

Schmerz, bei Mensch und Tier durch äußere oder innere Reize hervorgerufene unangenehme Empfindung, die von Schädigungen des Gewebes ausgelöst wird. Schmerzen sind immer ein Warnsignal des Körpers gegenüber für ihn schädliche Reize von außen (Hitze, Kälte, Verletzungen) oder Bedrohung des Gesamtorganismus von innen (z. B. Entzündungen).

Schmetterlinge, über 150 000 Arten umfassen-

Berühmte Schlagzeuger

Ginger Baker (Cream)
Jon Bonham (Led Zeppelin)
Terry Bozzio (Mothers, Jeff Beck Group)
Bill Bruford (Yes, King Crimson)
Billy Cobham (Mahavishnu Orchestra)
Ainsley Dunbar (Ainsley Dunbar Retaliation, Mothers)
Jon Hiseman (Colosseum)
Keith Moon (Who)
Pip Pyle (Gong, Hatfield and the North)
Robert Wyatt (Soft Machine, Matching Mole)

Die Schlesischen Kriege

Im 18. Jh. führten Preußen und Österreich um den Besitz Schlesiens drei *Schlesische Kriege*, die mit dem Österreichischen Erbfolgekrieg zusammenhingen: Im *1. Schlesischer Krieg* (1740–1742) fiel Preußen in Schlesien ein und gewann Niederschlesien sowie Teile Oberschlesiens; im *2. Schlesischen Krieg* (1744/45) sicherte Preußen diese Eroberungen; der *3. Schlesische Krieg* war Teil des → Siebenjährigen Krieges.

Schleswig-Holstein

Fläche: 15 732 km^2
Einwohner: 2,73 Mio.
Hauptstadt: Kiel

Schneegrenze
••••••••••••••
Die Schneegrenze ist die Grenzlinie zwischen immer mit Schnee bedeckten und schneefreien Flächen im Gebirge. Sie hängt von der Jahreszeit ab und kann je nach Klima zwischen kaum Meereshöhe (Arktis) und über 6000 m (Himalaja, chilenische Anden) liegen.

■ *Schmetterling:* Schwalbenschwanz

■ **Helmut Schmidt**

de Ordnung von Insekten, deren Vertreter hauptsächlich in den Tropen vorkommen. Die 1 mm bis 6 cm langen Tiere besitzen zwei mit feinen, farbigen Schuppen besetzte Flügelpaare, die je nach Art zwischen 3 mm und 30 cm Spannweite haben. Mit ihrem einrollbaren Saugrüssel nehmen sie Obstsäfte und Nektar auf. Am Kopf tragen sie zwei große Facettenaugen und dazwischen zwei Fühler als Geruchs- und Tastorgane. In der Dämmerung und in der Nacht aktive Arten besitzen außerdem am Hinterleib oft für Ultraschall empfindliche Hörorgane, damit sie ihren natürlichen Feinden, den Fledermäusen, ausweichen können. Der Schmetterling entwickelt sich durch vollkommene → Metamorphose über eine → Raupe, die sich in einem Kokon verpuppt (→ Puppe) zum voll ausgebildeten Falter, der zumeist nur wenige Wochen lebt. Man unterscheidet dabei bei Tag aktive *Tagfalter,* die oft farbenprächtig sind (z. B. Weißlinge, Bläulinge, Fleckenfalter, Augenfalter, Ritterfalter), und in der Dunkelheit aktive *Nachtfalter,* die zumeist unscheinbar sind (z. B. Schwärmer, Spinner, Spanner, Eulenfalter). Zu den Schmetterlingen gehören auch → Motten.

Schmetterlingsblütler, zu den Hülsenfrüchtlern gehörende Familie von Pflanzen (Kräuter, Ranken und Sträucher), deren Blüten schmetterlingsförmig sind. Ihre Samen sind reich an Eiweiß, Fett und Stärke. Neben Nutzpflanzen wie → Erbse, Linse, Garten- und Sojabohne, Erdnuss, Klee, Lupine und Luzerne zählen auch Zierpflanzen dazu (z. B. Goldregen, Glyzinie, Ginster).

Schmidt, Arno (1911–1979), deutscher Schriftsteller, der in seinen oft phantastischen Erzählungen und Romanen (z. B. »Zettels Traum«, 1970) mit der Sprache experimentierte und neue Erzählformen entwickelte.

Schmidt, Helmut (*1918), deutscher Politiker (SPD), der 1974–1982 Bundeskanzler war. Vorher war er im Kabinett von Willy → Brandt Verteidigungs- (1969–72) und Finanzminister (1972–1974) gewesen.

Schnabeltier, zu den → Kloakentieren gehörendes Säugetier, das in Australien und Tasmanien vorkommt und Eier legt. Es wird einschließlich des abgeplatteten Schwanzes bis zu 60 cm lang. Schnabeltiere besitzen einen zahnlosen Hornschnabel und Schwimmhäute zwischen den Zehen. Die männlichen Tiere tragen an den Fersen Stacheln, die mit Giftdrüsen verbunden sind. Schnabeltiere leben an den Ufern von Binnengewässern und ernähren sich von Krebsen, Würmern, Schnecken und Muscheln.

Schnaken, Familie von schlanken → Mücken, die bis zu 3,5 cm lang werden. Ihre schmalen Flügel können bis zu 10 cm Spannweite haben. Sie ernähren sich von Pflanzensäften.

Schnecken, über 100 000 Arten umfassende Klasse von → Weichtieren, die im Wasser oder auf dem Land leben. Schnecken sind zwischen 1 mm und 60 cm lang. Sie tragen am Kopf zwei oder vier Fühler und Augen. Ihre Nahrung zerkleinern sie mithilfe einer Reibeplatte *(Radula)* auf der Zunge. Sie bewegen sich mit einem zu einer Kriechsohle umgewandelten Fuß fort. Der *Mantel,* eine Hautverdoppelung an der Rückenseite des Fußes, scheidet eine Kalkschale ab, die sich zu einem spiraligen Gehäuse formt. Bei den *Nacktschnecken* fehlt diese Schale. Es gibt unter den Schnecken Kiemenatmer, die überwiegend im Meer leben, und Lungenatmer, die vor allem an Land leben. Schnecken sind zumeist Pflanzenfresser, aber es gibt auch räuberische Arten. Die meisten Schnecken sind → Zwitter.

Schnee, fester Niederschlag in Form von kleinen Eiskristallen, die sich bei Temperaturen unter 4 °C aus dem Wasserdampf in der Luft bilden. Die Eiskristalle vereinigen sich zu *Schneeflocken* und bei tieferen Temperaturen zu Eisnadeln oder -plättchen. Unter *Pulverschnee* versteht man feinkörnigen, trockenen Schnee, während großflockiger, feuchter Schnee als *Pappschnee* bezeichnet wird. *Harsch* heißt die mehrmals geschmolzene und wieder gefrorene obere Schicht der Schneedecke.

Schnittlauch, in Europa, Asien und Nordamerika vorkommendes Lauchgewächs, das bis zu 50 cm hoch wird und röhrenförmige Blätter besitzt. Schnittlauch wird als Küchengewürz verwendet.

Schnittstelle, deutsche Bezeichnung für → Interface.

Schnorchel, mit einem Ventil ausgerüstetes, bis zu 40 cm langes Rohr, mit dem ein Taucher unter Wasser Luft zum Atmen ansaugen kann.

Schöffen [ahdt. »Abgeordnete«], ehrenamtliche Laienrichter bei Amts-, Landes- und Jugendgerichten. Schöffen haben gleiches Stimmrecht wie Berufsrichter. Sie werden aus Vorschlagslisten der Gemeinden gewählt (Amtsdauer: vier Jahre). Das Schöffenamt muss angenommen werden, wenn keine zwingenden Hinderungsgründe vorliegen.

Schokolade [von mexikan.-indian. chocolatl = »Kakaotrank«], *die,* in Tafeln gewalzte oder in Figuren gegossene → Kakaomasse, die mit Zucker, Kakaobutter und Milch, teilweise auch Gewürzen, Aromastoffen, Nüssen oder Früchten vermischt wird und süß, halbbitter oder bitter schmeckt.

Scholl, Hans (1918–1943) und Sophie (1921–1943) waren Mitglieder der gegen den Nationalsozialismus gerichteten Widerstandsgruppe »Weiße Rose«. Sie wurden bei einer ihrer Flugblattaktionen an der Universität München verhaftet und am 22. 2. 1943 vom Volksgerichtshof zum Tode verurteilt und hingerichtet.

Schollen, Familie aus der Ordnung der → Plattfische, die ihre Augen fast immer auf der rechten Körperseite haben. Der größte Vertreter der Schollen, die wichtige Speisefische sind, ist der → *Heilbutt.* Weitere bekannte Arten sind der *Goldbutt* und die *Flunder,* die häufig auch *Butt* genannt wird.

Schönberg, Arnold (1874–1951), österreichischer Komponist, der die →Zwölftonmusik schuf. Nach spätromantischen Frühwerken gelangte er zur →atonalen Musik und entwickelte nach dem

■ **Schollen:** *Flunder*

■ **Schottland:** *Das aus dem 13. Jh. stammende Eilean Donan Castle*

Ersten Weltkrieg mit der Zwölftontechnik eine neue Kompositionsmethode, die großen Einfluss auf die Entwicklung der modernen Musik hatte. Zu seinen Schülern gehörten Alban → Berg und Anton von → Webern, die zusammen mit Schönberg die sog. *Zweite Wiener Klassik* bildeten.

Schopenhauer, Arthur (1788–1860), deutscher Philosoph, der mit seiner Kunstauffassung (wonach in der Kunst alle Begierden erlöschen und das Leiden überwunden werden kann) die Philosophie, Literatur und Kunst des 19. und 20. Jh. nachhaltig beeinflusste. Er vertrat eine pessimistische, vom → Buddhismus geprägte Welt- und Lebensauffassung, wonach der Mensch Schmerz und Leid durch Askese und Mitleiden überwinden kann. Sein Hauptwerk ist »Die Welt als Wille und Vorstellung« (1819).

Schote, längliche Kapselfrucht, die aus zwei in der Mitte durch eine Scheidewand getrennten Fruchtblättern besteht.

Schottland, der nördliche Teil (78 764 km^2) des Vereinigten Königreichs (→ Großbritannien und Nordirland), zu dem auch die *Hebriden, Orkney-* und → *Shetlandinseln* gehören. Hauptstadt ist *Edinburgh.* Im Norden und Süden liegen kaum besiedelte heide- und moorbedeckte Hochländer *(Highlands),* während das Tiefland *(Lowlands)* dazwischen dicht besiedelt ist und neben Landwirtschaft eine starke Industrialisierung insbesondere um Glasgow aufweist. Das Land wurde im 4. Jh. v. Chr. von den keltischen *Pikten* besiedelt. Im 1. Jh. n. Chr. erober-

Schüler- und Jugendwettbewerbe

Bei einer Reihe von Wettbewerben gibt es für Jugendliche Geld und Ansehen zu gewinnen. Oft erhalten die Gewinner Ausbildungsangebote verschiedener Institutionen. Nach einer Vereinbarung der Kultusministerkonferenz von 1984 werden folgende Schüler- und Jugendwettbewerbe gefördert:

Schülerwettbewerb Deutsche Geschichte um den Preis des Bundespräsidenten

Schülerwettbewerb zur politischen Bildung Bundeswettbewerb Fremdsprachen

Bundesolympiade für russische Sprache und Landeskunde

Bundeswettbewerb Mathematik

Wettbewerb »Jugend forscht«

Bundeswettbewerb Informatik

Auswahlwettbewerb zur »Internationalen Mathematik-Olympiade«

Auswahlwettbewerb zur »Internationalen Physik-Olympiade«

Auswahlwettbewerb zur »Internationalen Chemie-Olympiade«

Bundeswettbewerb »Jugend musiziert«

Bundeswettbewerb der Schulen »Jugend trainiert für Olympia«

Bundesjugendspiele

Vorlesewettbewerb des deutschen Buchhandels

(Nähere Einzelangaben mit Adressen und den Wettbewerbsbedingungen können von dem für Wissenschaft und Forschung zuständigen Bundesministerium in Bonn angefordert werden.)

■ *Franz Schubert*

ten die Römer den Süden und errichteten dort 122 den *Hadrianswall.* Ab dem 5. Jh. drangen die irischen *Skoten* ein, die im 9. Jh. das Königreich *Alban* gründeten. Bereits im 6. Jh. war Schottland christianisiert worden. Mitte des 12. Jh. musste Schottland die englische Oberhoheit anerkennen. Als das schottische Herrschergeschlecht der Canmore 1286 ausstarb, übernahm der englische König den schottischen Thron; doch 1328 erkämpfte Schottland seine Unabhängigkeit zurück. Der schottische König Jakob VI. aus dem seit 1371 regierenden Haus → Stuart wurde 1603 als Jakob I. auch König von England. Im 17. Jh. wurden Schottland und England in Personalunion regiert; seit 1707 sind sie als Großbritannien vereinigt.

Schreibmaschine, Schreibgerät, mit dem man durch Tastendruck über ein Farbband Buchstaben, Zahlen und Zeichen auf Papier bringen kann. Es gibt mechanische, elektrische und elektronische Schreibmaschinen, die entweder mit Typenhebeln, Kugelkopf oder Typenrad drucken. Die Schreibmaschine ist heute weitgehend durch den Personalcomputer ersetzt worden.

Schrift, grafisches Zeichensystem, mit dessen Hilfe man gesprochene → Sprache festhalten kann. Die ersten Schriften bestanden aus bildhaften Zeichen, die ganze Begriffe darstellten (→ Hieroglyphen). Im 9. Jh. v. Chr. wurde von den → Phöniziern ein → Alphabet entwickelt, dessen einzelne Zeichen für Laute standen. Es wurde von den Griechen übernommen, die diese Lautschrift ihrer Sprache anpassten. Vom griechischen Alphabet leiten sich alle heute gebräuchlichen europäischen Schriften ab, auch die von uns verwendete → lateinische Schrift.

Schröder, Gerhard (* 1944), deutscher Politiker (SPD). Er war 1978–1980 Bundesvorsitzender der Jungsozialisten und ist seit 1990 Ministerpräsident von Niedersachsen. Bei der Bundestagswahl 1998 war er Kanzlerkandidat der SPD.

Schub, in der Physik die Vortriebskraft, die z. B. bei → Strahltriebwerken oder Raketenantrieben entsteht und Flugzeuge und Raketen vorwärts bewegt.

Schubert, Franz (1797–1828), österreichischer Komponist, der hauptsächlich durch seine Lieder bekannt wurde. Mit seinen mehr als 600 Liedern (z. B. die Zyklen »Die schöne Müllerin« oder »Die Winterreise«), die oft Vertonungen literarischer Vorlagen waren, führte er das deutsche Kunstlied zu höchster Vollkommenheit. Viel Beachtung fanden seine acht Sinfonien und Instrumentalwerke (vor allem Klavierkompositionen und kammermusikalische Werke wie das »Forellenquintett«).

Schule [von lat. *schola* = »Unterrichtsstätte, Muße«], Bildungseinrichtung, die Kindern und Jugendlichen Wissen, Bildung und soziales Verhalten vermitteln soll. In Deutschland unterliegt die Schulhoheit den einzelnen Bundesländern. Die *Grundschule* dauert 4 Jahre, in den Stadtstaaten teilweise 6 Jahre. Als *Förder-* oder *Orientierungsstufe* wird an → Gesamtschulen das 5. und 6. Schuljahr bezeichnet. Die Sekundarstufe I gliedert sich in *Hauptschule, Mittel-* oder *Realschule* und *höhere Schule* (→ Gymnasium) und dauert vom 5. bis zum 10. Schuljahr. Die Sekundarstufe II umfasst das 11.–13. Schuljahr aller allgemein bildenden Schulen (Gymnasium und → zweiter Bildungsweg), wozu auch berufsbildende bzw. berufsweiterbildende Schulen (wie Berufsschule, Fachoberschule und Fachgymnasium) gehören. Die Hauptschule (5.–9. Schuljahr) ist Pflichtschule für alle Schüler, die keine andere Schule besuchen. Die → Realschule schließt mit der »mittleren Reife« ab. Am Gymnasium erwirbt man nach dem 10. Schuljahr die Oberstufenreife; die Oberstufe führt zur Hochschulreife (→ Abitur).

Schumann, Robert (1810–1856), deutscher Komponist der → Romantik. Er wurde vor allem durch seine Klavierkompositionen und Liederzyklen (»Liederkreis«, »Myrthen«) bekannt, komponierte aber auch vier Sinfonien und kammermusikalische Werke. Schumann war ab 1840 mit *Clara Wieck* (1819–1896) verheiratet, die eine bedeutende Pianistin war und auch selbst komponierte.

Schuppen, bei Tieren meist aus Horn (bei Insekten aus → Chinin) bestehende Hautgebilde, die eine Schutzfunktion besitzen. Fischschuppen sind vermutlich Überbleibsel von Hautpanzern.

Schuppentiere, Säugetierordnung, deren Vertreter in Afrika und Südasien leben. Sie können einschließlich des körperlangen Schwanzes bis zu 180 cm lang werden. Der Körper ist an der Oberseite mit plattenartigen Hornschuppen bedeckt. Schuppentiere sind nachtaktiv und ernähren sich von Ameisen und Termiten. Bei Gefahr rollen sie sich kugelförmig zusammen.

Schütze, → Tierkreiszeichen (♐), das dem gleichnamigen → Sternbild (lat. *Sagittarius*) und im → Horoskop dem Zeitraum 23. November bis 21. Dezember entspricht.

Schwaben, 1. deutscher Volksstamm, der heute überwiegend in Baden-Württemberg ansässig ist. Ursprünglich umfasste das schwäbische

Siedlungsgebiet, das zu Beginn des 10. Jh. im ehemaligen Herrschaftsbereich der → Alemannen als Stammesherzogtum entstand und bis etwa zur Mitte des 13. Jh. existierte, auch Teile der deutschsprachigen Schweiz, des Elsass, Vorarlbergs und Bayerns. **2.** Regierungsbezirk in Südwestbayern (→ Bayern).

Schwäbische Alb, 220 km langer und bis zu 40 km breiter Mittelgebirgszug (höchste Erhebung: *Lemberg* mit 1015 m) in Südwestdeutschland, der sich zwischen Neckar und Donau erstreckt.

Schwachstrom, vor allem in der Fernmeldetechnik gebräuchlicher Strom mit einer Spannung bis zu 60 Volt.

Schwalben, mit etwa 75 Arten fast weltweit verbreitete Familie von → Singvögeln, die über 20 cm lang werden. Schwalben können sehr gut und schnell fliegen und ernähren sich von Insekten, die sie im Flug fangen. In unseren Breiten sind sie → Zugvögel. Typische Merkmale sind ihre Sichelflügel und der oft gegabelte Schwanz. In Mitteleuropa kommen *Mehl-, Rauch-* und *Uferschwalben* vor.

Schwämme, Stamm von → wirbellosen Tieren, der etwa 5000 Arten umfasst. Sie leben überwiegend im Meer. Ihre Größe reicht von wenigen Millimetern bis zu 2 m. Oft bilden sie → Kolonien. Der Schwammkörper besteht zumeist aus einem Stützskelett (aus Kalk, Kieselsäure oder hornähnlichem Material), das von einer gallertartigen Masse umgeben ist. Schwämme haben weder Sinnesorgane noch Muskeln und ernähren sich von im Wasser enthaltenen Kleinstlebewesen. Sie pflanzen sich entweder umgeschlechtlich (durch Knospung oder Brutkörper) oder geschlechtlich (durch Eier, aus denen Schwimmlarven hervorgehen) fort. Die getrockneten und gebleichten Skelette der Schwämme werden als *Badeschwämme* verwendet.

Schwäne, in allen Erdteilen (außer Afrika) vorkommende Unterfamilie der → Entenvögel. Sie werden bis zu 1,8 m lang und leben hauptsächlich an Binnengewässern. Schwäne ernähren sich von Pflanzen. In unseren Breiten sind sie → Zugvögel. Neben dem in Mitteleuropa vorkommenden *Höckerschwan* (weiß mit schwarzem Schnabelhöcker) sind vor allem der *Singschwan* und der *Zwergschwan* bekannt, die man als Ziervögel an Seen und Teichen findet.

Schwangerschaft, siehe Sonderseiten 594–596.

Schwangerschaftsabbruch, auch als → Abtreibung bezeichneter Abbruch einer Schwanger-

schaft durch Abtötung des → Fetus. In Deutschland ist die Abtreibung zwar rechtswidrig, aber in den ersten zwölf Schwangerschaftswochen nicht strafbar. Vor dem Eingriff ist eine Beratung vorgeschrieben, die auch über Alternativen informiert und dem Schutz des ungeborenen Lebens dienen soll. Wenn das Leben der Mutter bedroht ist oder für das Kind schwere körperlich-geistige Schäden zu erwarten sind, ist ein Abbruch bis zur 20. Woche erlaubt.

Schwanzlurche, eidechsenähnliche → Lurche mit schwach entwickelten Gliedmaßen, bei denen der Schwanz auch nach der Umwandlung der Larve erhalten bleibt. Es gibt acht Familien mit zahlreichen Arten, darunter → *Salamander,* → *Molche* und → *Olme.* Sie bevorzugen bergige Regionen mit gemäßigtem, feuchtem Klima.

Schwarzarbeit, nicht angemeldete Arbeit, bei der die Steuergesetze umgangen werden und der Arbeitgeber keine Sozialabgaben abführt. Schwarzarbeit ist sowohl für den Arbeitnehmer als auch den Arbeitgeber strafbar.

Schwarzes Loch, kosmisches Objekt, das am Ende der → Sternentwicklung entsteht, wenn ein massereicher Stern nach dem Aufbrauchen seiner gesamten Energievorräte in sich zusammenstürzt *(Gravitationskollaps).* Die Masse fällt so weit in sich zusammen, bis nur noch ein Punkt von unendlicher Dichte übrig bleibt. Die Gravitation dieses Gebildes ist so hoch, dass alles in seiner Umgebung verschlungen wird und nicht einmal mehr Licht entweichen kann. Ein Schwarzes Loch ist nicht direkt beobachtbar, aber man

■ **Schwäbische Alb:** *Das Donautal*

Schuppen

Beim Menschen gehen *Schuppen* auf eine Abstoßung (Abschilferung) der oberen Hornhautschicht zurück, wenn neue Hautzellen aus der Keimschicht nachgeschoben werden. Zumeist treten sie auf der Kopfhaut auf.

Wissen im Überblick: Schwangerschaft und embryonale Entwicklung

Schwangerschaft ist die Zeitspanne, in der im weiblichen Körper eine befruchtete Eizelle bis zur Geburt eines Kindes heranreift. Sie dauert 9 Kalendermonate, vom Zeitpunkt der letzten Menstruation an gerechnet, oder – vom Tag der Befruchtung an gerechnet – 8 3/4 Kalendermonate.

Bei einem weiblichen Fetus sind schon im Mutterleib alle Eizellen in den Eierstöcken vorhanden, die im gesamten späteren Leben benötigt werden: etwa 2 Mio. potenzielle Eizellen, die sich später auf 300 000 verringern. Während der fruchtbaren Zeit einer Frau, von der ersten bis zur letzten Menstruation, reifen davon etwa 400 nacheinander heran. Diese Reifung vollzieht sich in einem monatlichen Zyklus. Etwa alle vier Wochen reift ein Ei in den Eierstöcken heran. Der Eisprung *(Ovulation)* findet in der Mitte dieses Zyklus statt. Dabei wird eine reife Eizelle vom Eierstock abgestoßen und wandert in den Eileiter. Von diesem Zeitpunkt an ist sie zwölf Stunden lang befruchtungsfähig.

Während des Geschlechtsverkehrs gelangen beim Samenerguss des Mannes etwa 300 Mio. Samenzellen *(Spermien)* in die Scheide der Frau. Sie haben einen langen, geißelförmigen Schwanz, mit dem sie sich durch die Scheide und die Gebärmutter schlängelnd in den Eileiter zur befruchtungsfähigen Eizelle bewegen. Lediglich die Samenzelle, die bei diesem Wettrennen die Eizelle zuerst erreicht, kann sie befruchten. Alle anderen sterben ab.

Bei der Befruchtung verschmilzt die Eizelle mit der Samenzelle. Der menschliche Körper besteht aus mehreren Billionen Zellen. Deshalb muss sich diese erste Zelle (die den vollen Chromosomensatz enthält) durch Teilungen vermehren. Dabei wandert das befruchtete Ei den Eileiter abwärts zur Gebärmutter. Bis etwa zum **7. Tag** nach der Befruchtung muss sich der *Keim* in der (durch Hormone für seine Aufnahme vorbereiteten) Gebärmutterschleimhaut eingenistet haben, damit er sich weiterentwickeln kann. Die Gebärmutterschleimhaut bleibt dann bis zur Geburt erhalten und wird nicht mehr wie sonst, wenn keine Einnistung stattgefunden hat, während der monatlichen Blutung abgestoßen.

Bis zum **12. Tag** nach der Befruchtung hat sich der Keim endgültig in der Gebärmutterschleimhaut eingenistet. Der winzige *Embryo* ist von einer Fruchtblase, der inneren Fruchthaut *(Amaion)*, umschlossen. In ihr befindet sich das *Fruchtwasser*, das den heranwachsenden Embryo schützt. Um die innere Fruchthaut herum entsteht eine äußere Fruchthaut *(Chorion)*. Der Embryo ist mit dem Chorion durch einen Haftstiel, die spätere *Nabelschnur*, verbunden. Das Chorion bildet zahlreiche mit Blutgefäßen versehene Ausstülpungen. Diese verschmelzen an einer Stelle mit der Gebärmutterschleimhaut und bilden später den Mutterkuchen *(Plazenta)*.

Bis zum **12. Lebenstag** des Embryos entwickeln sich die ersten Blutgefäße. Um den **21. Lebenstag** herum entsteht das Herz. Es beginnt sofort zu schlagen und pumpt frisches, sauerstoffreiches Blut durch den Embryo. Der Embryo hat inzwischen eine Größe von 1,7 mm erreicht. Das zukünftige Rückenmark bildet sich. Am oberen Ende entsteht eine Verdickung. Dort beginnt sich das Gehirn zu entwickeln.

26 Tage nach der Befruchtung ist der Embryo etwa 3 mm groß. Er beginnt sich in der Fruchtblase zu krümmen. Augenbläschen bil-

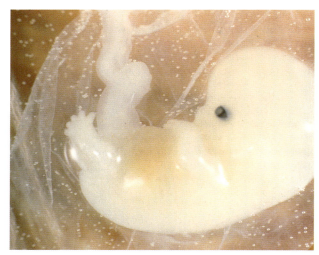

■ *Ein Embryo etwa 6 Wochen nach der Befruchtung der Eizelle; gut erkennbar die Nabelschnur und die bereits ausgebildeten Zehenanlagen*

den sich; die Lunge wird angelegt. Danach formt das Gehirn Bläschen für Vorder,- Mittel- und Rautenhirn aus. Auch Leber, Magen, Bauchspeicheldrüse und Darmrohr entwickeln sich. Der Embryo besitzt eine C-förmige Gestalt und ist inzwischen rund 6 mm groß. Etwa am **28. Lebenstag** bilden sich erste Ansätze *(Knospen)* von Armen, drei Tage später die Beinknospen. Um den **32. Lebenstag** herum verbreitern sich die Armknospen zu Handplatten. Augenbecher bilden sich. Fußplatten entstehen zwischen dem **37.** und **40. Lebenstag.** An der Stelle der Augenbecher kommt eine pigmentierte Netzhaut zum Vorschein. Ohrwülste bilden sich. Der Embryo ist 8–11 mm groß. Zwischen dem **31.** bis **43. Lebenstag** bilden sich die Anlagen für Finger, Elle, Speiche und Oberarmknochen. Inzwischen hat sich die Nabelschnur entwickelt, die den Embryo mit der Plazenta verbindet. Durch die Nabelschnur verlaufen drei Blutgefäße, zwei Arterien und eine Vene.

Zwischen dem **44.** und **46. Lebenstag** kommen die Zehenanlagen zum Vorschein. Die Augenlider bilden sich. Zwischen dem **49.** und **51. Lebenstag** werden die Arme länger, die Ellbogen beugen sich. Finger sind erkennbar. Das Einknicken der Arme und Hände sind erste Einübungen späterer Bewegungsabläufe. Diese ersten, für die noch Mutter unmerklichen Bewegungen des 18–22 mm großen Embryos sind für die spätere Entwicklung des Kindes außerordentlich wichtig.

Zwischen dem **52.** und **53. Lebenstag** werden im Gehirn *Synapsen* gebildet. Sie geben Informationen aus der Umwelt des Embryos, erste Wahrnehmungserfahrungen über seine Lage in der Gebärmutter und die Temperatur, an das Gehirn weiter. Sinneseindrücke von Mund, Nase, Ohr, Haut und Gelenken nehmen die Zusammenarbeit mit den zugehörigen Zentren im Gehirn auf.

Zwischen dem **54.** und **56. Lebenstag** schließen sich die Augen, wobei die Lider verkleben. Sie bleiben bis kurz vor der Geburt geschlossen. Der Kopf ist jetzt halb so groß wie der Körper. In den

Wissen im Überblick: Schwangerschaft und embryonale Entwicklung

äußeren Geschlechtsorganen zeigen sich schon Unterschiede. Reflexzentren für Atembewegungen entstehen. Die Mundregion ist bereits empfindlich für Berührungsreize. Auch Geruchs- und Geschmackssinn sind bereits angelegt. Die ersten Lebenswochen sind von großer Bedeutung für die Entwicklung des Zentralnervensystems und damit auch für die meisten Fehlbildungen. Der Embryo ist noch vollständig von der Chorionhülle umschlossen und direkt mit dem mütterlichen Stoffwechsel verbunden. So können alle körpereigenen und von außen kommenden Schadstoffe der Mutter (falsche Ernährung, Vitaminmangel, Krankheitserreger, Röntgenstrahlen, Medikamente) direkt auf den Embryo einwirken. Störungen in diesem frühen Entwicklungsstadium können große Behinderungen nach sich ziehen. Erst später filtert die Plazenta einige dieser Schadstoffe heraus.

Am Ende der **8. Lebenswoche** ist der Embryo etwa 27–31 mm groß. Er wird von jetzt an als *Fetus* bezeichnet. Alle äußeren und inneren Organe sind angelegt. Tastsinn und Gleichgewichtssinn ermöglichen es dem Fetus, dass er Bewegungen ausführt und seine Lage verändert. Wenn ihm seine Lage im Mutterleib nicht mehr gefällt, kann er sich strecken und sogar Purzelbäume schlagen. Während der **10. Lebenswoche** wird der ganze Körper des Fetus empfindlich für Berührungsreize. Er ist in der Lage, eine Faust zu machen. Ab der **12. Lebenswoche** ist das Geschlecht des Fetus eindeutig zu erkennen. Hormone führen dazu, dass sich Feten mit einem X- und einem Y-Chromosom in männliche Wesen verwandeln, während sich die Keimzellen in Feten mit zwei X-Chromosomen zu Eierstöcken entwickeln. Die Knochenbildung schreitet voran. Der Gaumen schließt sich; in den Wangen entstehen Saugmuskeln. Die Speicheldrüse bildet sich. Der Fetus kann schlucken und schmecken. Er trinkt Fruchtwasserflüssigkeit und scheidet einen Teil davon wieder mit dem Urin aus.

Mit der **14. Lebenswoche** ist der Geschmackssinn ausgereift. Die Schneckenwindungen des inneren Ohrs sind angelegt; das Gehör entwickelt sich. Der Gleichgewichtssinn wird vervollkommnet. Mit der **16. Lebenswoche** werden die Proportionen des Fetus immer babyähnlicher. Der Kopf wächst im Verhältnis zum Körper nicht mehr so schnell.

Mit dem **4. Lebensmonat** des Fetus verwächst seine Nahrungsquelle, das Chorion, an einer Stelle mit der Gebärmutterschleimhaut zur Plazenta, die ihn mit Sauerstoff und Nahrungsstoffen versorgt. Aber auch schädliche Substanzen gelangen dabei zum Fetus, weil die Plazenta nur wenige dieser Stoffe herausfiltert. Die Nabelschnur als Verbindung zwischen Säugling und Plazenta wächst mit dem Fetus mit. Bei der Geburt kann sie bis zu 60 cm lang sein. In der **18. Lebenswoche** bildet sich um die zarte Haut des Fetus eine weißliche Fettschicht. In der **20. Lebenswoche** entwickeln sich Augenbrauen und Haare. Am ganzen Körper kommen feine Härchen zum Vorschein, die aber später bis auf die Kopfhaare wieder verschwinden. Das Herz schlägt laut und kräftig; die Bewegungen sind für die Mutter wahrnehmbar. Mitunter beginnt der Fetus schon zu schlafen und träumt auch bereits.

Die **22. Lebenswoche** ist der früheste Zeitpunkt, von dem an eine *Frühgeburt* im Brutkasten am Leben erhalten werden kann. Inzwischen ist der Fetus etwa 30 cm groß und wiegt ungefähr 630 g. In der **24. Lebenswoche** sind die Fingernägel ausgebildet. Die Haut ist runzelig geworden. In der **26. Lebenswoche** kann der Fetus zwar bereits atmen, wäre aber außerhalb des Mutterleibs (ohne Brutkasten) nicht überlebensfähig. Die Augen öffnen sich. Das Zentralnervensystem reguliert jetzt auch die Körpertemperatur. Es ist bereits so weit entwickelt, dass der Fetus seine Umwelt wirklich erlebt. Nachweisbar reagiert ein neugeborenes Kind auf bestimmte Hörreize, die ihm wie etwa Stimme und Herzschlag der Mutter schon aus dem Mutterleib bekannt sind, anders als auf ungewohnte Geräusche. Deswegen sind auch die Gefühle einer Mutter

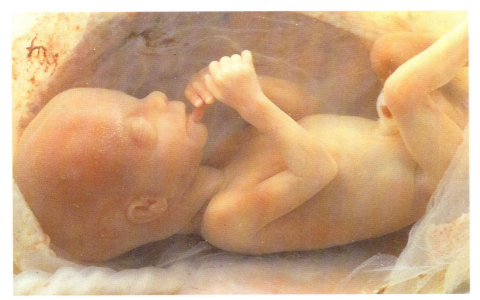

■ *Ein Embryo etwa 16 Wochen nach der Befruchtung der Eizelle; die Proportionen des Körpers sind bereits ausgebildet*

Wissen im Überblick: Schwangerschaft und embryonale Entwicklung

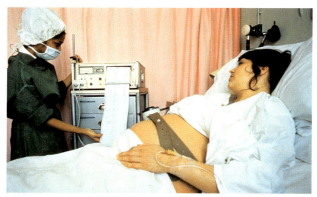

■ *Sobald sich die Geburt durch das Einsetzen der Wehen angekündigt hat, werden laufend die Regelmäßigkeit und Stärke der Wehen beobachtet sowie die Herztöne des Fetus gemessen*

Bei der schwangeren Frau vollziehen sich zahlreiche physische Veränderungen, während das Kind in ihrem Bauch heranwächst. Am offensichtlichsten ist die Gewichtszunahme. Sie beträgt in den ersten drei Monaten zwar nur 1–2 kg, aber im zweiten Drittel bereits 6 kg und im letzten Drittel noch einmal 5 kg. Gleichzeitig vergrößern sich die Brüste, die sich auf die Produktion von Muttermilch für das Baby umstellen, und die Gebärmutter. Mit der Schwangerschaft sind auch zahlreiche körperliche Beschwerden verbunden, von Übelkeit und Verdauungsstörungen über Müdigkeit und Rückenschmerzen bis zu geschwollenen Händen und Füßen, aufgedunsenem Gesicht, Kurzatmigkeit und Bluthochdruck.

Die werdende Mutter, die sich gesund ernähren sollte und mehr Flüssigkeit (vor allem Mineralwasser und ungesüßte Fruchtsäfte) zu sich nehmen muss, sollte auf Drogen, überflüssige Medikamente und Genussmittel wie Koffein, Alkohol und Nikotin verzichten. Notwendig sind außerdem regelmäßige Arztbesuche, die feststellen können, ob sich das Kind richtig entwickelt. Bestimmte Krankheiten der Mutter (z. B. Röteln, Geschlechtskrankheiten wie etwa Herpes, Aids) können zu Fehlbildungen führen oder den Fetus anstecken. Das beste Alter für eine Erstschwangerschaft liegt zwischen dem 20. und 35. Lebensjahr, während in einem höheren Lebensalter das Risiko für Fehlbildungen und Mongolismus steigt. Eine Fruchtwasseruntersuchung *(Amniozentese)* kann Aufschluss über chromosomale Abweichungen und mögliche Erbkrankheiten geben. In der 20. Lebenswoche lässt sich das Geschlecht des Fetus auch mittels einer Ultraschalluntersuchung feststellten.

gegenüber ihrem ungeborenen Kind wichtig für dessen spätere seelische und körperliche Gesundheit.
In der **28. Lebenswoche** sind die Augen ganz geöffnet. Für den Fetus wird es immer enger im Mutterleib. Er ist mit der Stimme der Mutter vertraut. In der **30. Lebenswoche** sind die Zehennägel ausgebildet; die Fettpolster unter der Haut vermehren sich stark.
In der **32. Lebenswoche** wird die Haut immer glatter und rosig. Arme und Beine werden rundlich. Der Fetus wiegt jetzt bereits etwa 1300 g und misst schon 30 cm. Seitliche Drehungen sind die einzigen größeren Bewegungen, die er noch machen kann. Sie sind besonders wichtig für die Geburt, um die richtige Lage zu finden und mit Beinstößen und Schraubbewegungen des Körpers die Geburt zu unterstützen. Meist liegt der Kopf, der schwerste Körperteil, jetzt in der Gebärmutter unten.
In der **36. Lebenswoche** ist der Körper weich und rundlich geworden. Täglich lagern sich etwa 14 g Fettgewebe im Körper ein. Ausgestreckt ist der Fetus jetzt 52 cm groß; er wiegt ungefähr 3000 g. Der letzte der Sinne ist ausgebildet: Er reagiert auf sehr helles Licht, das auf den Mutterbauch gerichtet wird.
In der **38. Lebenswoche** ist der Zeitpunkt der Geburt gekommen: Die Wehen setzen ein, und das Kind verlässt den sicheren Lebensraum im Mutterleib. In den meisten Fällen geschieht dies um den 280. Tag herum, von der letzten Menstruation der Mutter an gerechnet, oder um den 266. Tag nach dem Tag der Befruchtung. Viele Kinder werden auch 14 Tage früher oder später geboren.

kann es feststellen, wenn sich in seiner Nähe ein Stern befindet, von dem Materie in das Loch hineinstürzt und dabei eine starke Röntgenstrahlung abgibt. Vermutlich befindet sich im Zentrum vieler → Galaxien und → Quasare ein riesiges Schwarzes Loch, dessen Masse mehrere Millionen Sonnenmassen beträgt.

Schwarzes Meer, östliches Nebenmeer (423 000 km^2) des → Mittelmeeres, mit dem es durch → Bosporus, Marmarameer und Dardanellen verbunden ist. Über die Straße von Kertsch ist es mit dem *Asowschen Meer* verbunden.

Schwarzwald, 160 km langer und bis zu 60 km breiter Mittelgebirgszug (höchste Erhebung: *Feldberg,* 1493 m) in Baden-Württemberg, der sich vom Hochrhein bis zum Kraichgau erstreckt. Er erhebt sich steil aus der Oberrheinischen Tiefebene und fällt nach Osten allmählich ab. Der Schwarzwald besitzt zahlreiche Seen (u. a. *Schluch-, Titi-* und *Feldsee*).

Schweden, Staat in → Skandinavien, der außer der östlichen Hälfte der skandinavischen Halbinsel die Inseln *Gotland* und *Öland* in der → Ostsee sowie zahllose → Schären vor der Ostseeküste umfasst. Der Norden ist größtenteils bewaldet und senkt sich zur Ostsee hin ab. Südlich davon schließt sich die seenreiche Mittelschwedische Senke an. Im Süden folgen Hochebenen, Bergländer und die Tiefebene der Halbinsel Schonen. Ein Großteil der Industrie stützt sich auf die Bodenschätze und den Holzreichtum des Landes. Die Bevölkerung, die neben knapp 91 % Schweden eine finnische Minderheit (2,5 %) umfasst, wohnt zu drei Vierteln im klimatisch begünstigten Südteil; die etwa 6000 Samen (→ Lappen) leben vorwiegend als Rentierzüchter im Norden. Süd- und Mittelschweden waren von germanischen Stämmen *(Gauten* oder *Göten* und *Svear)* besiedelt, die im Frühmittelalter von Kleinkönigen beherrscht wurden. Ende des 6. Jh. unterwarfen die Svear die Gauten. Schwedische Seefahrer drangen als → Wikinger auf ihren Raubzügen im Westen bis Spanien vor, während im Osten Kriegerkaufleute, die *Waräger,* nach → Russland vorstießen, wo sie im 9. Jh. das Reich von Nowgorod gründeten und sogar Byzanz erreichten. Schweden blieb lange Zeit ein loser Verband von Stammesfürstentümern, die einander bekämpften. Im 11. Jh. begann die Christianisierung von Süden aus. Mitte des 13. Jh. unterwarf Schweden das Nachbarland Finnland, aber Ende des 14. Jh. kam es unter dänische Oberhoheit. Erst 1523 konnte es sich endgültig aus der *Kalmarer Union* von 1397 befreien. Unter König

■ **Schweden:** *Der Abyfjord nördlich von Göteborg*

Gustav I. Wasa (1496/97–1560) führte es die → Reformation ein. Schweden entwickelte sich zu einer europäischen Großmacht, die im 16. Jh. Estland eroberte und kurzzeitig auch die Herrschaft über Polen innehatte. Im 17. Jh. vergrößerte sich der Herrschaftsbereich um weitere Gebiete an der Ostsee (u. a. → Pommern). Im → Dreißigjährigen Krieg kämpfte das schwedische Heer unter König Gustav II. Adolf (1594–1632) auf der Seite der deutschen Protestanten. Schweden erhielt im Westfälischen Frieden Vorpommern und mehrere Herzogtümer in Norddeutschland. Seine größte Ausdehnung erreichte es in der zweiten Hälfte des 17. Jh., als es von Dänemark ganz Südschweden und die Insel Bornholm gewann. Doch im *Nordischen Krieg* (1700–1721) verlor es seine Ostseeprovinzen an Russland und Ostpommern an Preußen. 1809 musste es Finnland an Russland abtreten, erhielt aber 1814 von Dänemark im Tausch gegen Vorpommern und Rügen → Norwegen, das bis 1905 in Personalunion mit der schwedischen Krone verbunden blieb. In der zweiten Hälfte des 19. Jh. wurde ein parlamentarisches System eingeführt. Schweden bewahrte im Ersten und Zweiten Weltkrieg seine Neutralität und entwickelte sich seit Kriegsende zu einem Wohlfahrtsstaat. Anfang 1995 trat Schweden der → EU bei.

Schwefel, ein → chemisches Element, das in fester, flüssiger und gasförmiger Form vorkommt. Bei Zimmertemperatur ist Schwefel ein sprödes, aus gelben Kristallen bestehendes Nichtmetall. In der Natur findet man ihn in zahlreichen Erzen (z. B. Kupferkies und Pyrit) und vulkanischen Gesteinen. Außerdem ist er Bestandteil fossiler Brennstoffe wie Kohle, Erdöl und Erdgas und in organischen Verbindungen wie etwa → Aminosäuren enthalten. Schwefel verbrennt zu → Schwefeldioxid. Er wird u. a. für die Herstellung von Streichhölzern, Schwarzpulver, Antibiotika und Pflanzenschutzmitteln sowie zur Vulkanisierung von → Kautschuk verwendet.

Schweden (Sverige)

Staatsname: Königreich Schweden

Staatsform: Parlamentarische Monarchie

Hauptstadt: Stockholm

Fläche: 449 964 km^2

Einwohner: 8,8 Mio.

Bevölkerungsdichte: 19,5/km^2

Amtssprache: Schwedisch

Währung: Schwedische Krone (skr)

Nationalitätskennzeichen: S

Schweden

Schwefel

Zeichen: S (von lat. *sulphur*)
Ordnungszahl: 16
Atommasse: 32,06
Dichte: 1,96 g/cm^3
Schmelzpunkt: 113 °C
Siedepunkt: 445 °C

Schwefeldioxid

Schweiz (Suisse, Svizzera)
Staatsname: Schweizerische Eidgenossenschaft
Staatsform: Parlamentarischer Bundesstaat
Hauptstadt: Bern
Fläche: 41 285 km²
Einwohner: 7,2 Mio.
Bevölkerungsdichte: 174/km²
Amtssprache: Deutsch, Französisch, Italienisch, Rätoromanisch
Währung: Schweizer Franken (sfr)
Nationalitätskennzeichen: CH

Schweiz

Schwefeldioxid, SO_2, Verbindung von → Schwefel und → Sauerstoff. Das stechend riechende, farblose Gas entsteht bei der Verbrennung fossiler Brennstoffe und ist auch in Autoabgasen enthalten. Schwefeldioxide sind u. a. für die Entstehung von → Smog und → saurem Regen mitverantwortlich.

Schweigepflicht, für Angehörige bestimmter Berufsgruppen (z. B. Ärzte, Psychiater, Rechtsanwälte und Geistliche) die Verpflichtung, dass sie die ihnen im Rahmen ihres Berufes oder Amtes anvertrauten Geheimnisse nicht weitergeben.

Schweine, Familie von → Paarhufern, die mit acht Arten in Europa, Asien und Afrika vertreten ist. Die bis zu 1,8 m langen und bis zu 200 kg schweren Tiere besitzen ein mit Borsten besetztes Fell. Zu erkennen sind sie vor allem an ihrem gedrungenen Körper mit den kurzen Beinen und dem großen Kopf mit der rüsselartigen Schnauze. Schweine sind Allesfresser. Aus dem europäischen → *Wildschwein* wurde vor mehr als 7000 Jahren das *Hausschwein* gezüchtet, das heute zu den wichtigsten Nutztieren gehört. Wild leben *Fluss-, Riesenwald-* und *Warzenschwein*.

Schweiß, bei Tieren und beim Mensch die farblose Absonderung der **Schweißdrüsen**, die vorwiegend aus Wasser (ca. 98 %) besteht und Mineralsalze (insbesondere → Kochsalz) sowie organische Verbindungen enthält. Schweiß hat eine wichtige Funktion bei der Wärmeregulierung des Körpers und dient außerdem als Säureschutz gegen Bakterien.

Schweißen, Herstellung einer nicht lösbaren Verbindung zwischen zwei Metallen durch Wärme (und Druck). Es gibt verschiedene Schweißverfahren, wobei man vor allem zwischen *Press-* und *Schmelzschweißen* unterscheidet.

Schweitzer, Albert (1875–1965), elsässischer Theologe, Arzt, Philosoph und Organist, der 1913 ein Tropenhospital in Lambarene (Gabun) gründete und dort als Missionsarzt tätig war. 1952 erhielt er den Friedensnobelpreis.

Schweiz, Staat in Mitteleuropa. Der schweizerische Bundesstaat besteht aus 26 → Kantonen. Mehr als die Hälfte des Landes liegt in den → Alpen (höchste Erhebung: *Monte Rosa*, 4634 m). Im Nordwesten und Westen erstreckt sich der Jura, der die Grenze zu Frankreich bildet. Im Norden grenzt die Schweiz mit dem Rhein und dem Bodensee an Deutschland, während im Osten Österreich und Liechtenstein und im Süden Italien die Nachbarn sind. Zwischen Jura und Alpen, Genfer See und Bodensee liegt das hügelige Schweizer Mittelland, das wirtschaftliche Kerngebiet. Es gibt drei große Sprachräume (deutschsprachig im größten Teil des Mittellandes, französischsprachig im Jura und Südwesten, italienischsprachig in Graubünden und Tessin), zu denen in Graubünden noch → Rätoromanen hinzukommen. Die Schweiz gehört zu den reichsten Ländern der Erde und besitzt nicht nur eine hoch entwickelte Industrie und eine intensive Landwirtschaft, sondern ist auch ein bedeutendes Finanzzentrum und ein viel besuchtes Urlaubsland.

Das von → Kelten (wie etwa den Helvetiern) bewohnte Gebiet wurde im 1. Jh. v. Chr. von den Römern erobert (Provinz *Helvetia*). Damals entstanden auch die ersten Sprachgrenzen, als der Westen an die Provinz Gallia angegliedert und später von den Burgundern in Besitz genommen wurde und der Osten zur Provinz Rätien kam. Der Einfall der germanischen → Alemannen führte zur Entstehung eines deutschsprachigen Gebiets. Ab dem 6. Jh. war die Schweiz Teil des

■ *Die Schweizer Kantone:*
1 *Aargau; Appenzell:* **2** *Außerrhoden;* **3** *Innerrhoden; Basel:* **4** *Basel-Stadt;* **5** *Basel-Land;* **6** *Bern;* **7** *Freiburg;* **8** *Genf;* **9** *Glarus;* **10** *Graubünden;* **11** *Jura;* **12** *Luzern;* **13** *Neuenburg;* **14** *Sankt Gallen;* **15** *Schaffhausen;* **16** *Schwyz;* **17** *Solothurn;* **18** *Tessin;* **19** *Thurgau; Unterwalden:* **20** *Obwalden;* **21** *Nidwalden;* **22** *Uri;* **23** *Waadt;* **24** *Wallis;* **25** *Zug;* **26** *Zürich*

Schwerbeschädigte

Schweiz: Die berüchtigte Nordwand des Eiger (3970 m)

→ Fränkischen Reiches und fiel bei dessen Teilung an das Ostfränkische Reich. Im 11. Jh. kam der schweizerische Teil von → Burgund hinzu. Während der Westen unter dem Einfluss Savoyens stand, versuchten im deutschsprachigen Teil die → Habsburger ihre Herrschaft auszudehnen. 1291 schlossen sich die sog. *Urkantone* Schwyz, Uri und Unterwalden zu einem »Ewigen Bund« zusammen. Dieses Ereignis ist der historische Hintergrund für die Legenden vom *Rütlischwur* und vom schweizerischen Nationalhelden Wilhelm → Tell. Nach dem Sieg über die Habsburger (1315) vereinigten sich acht Kantone zu einer Eidgenossenschaft, deren Unabhängigkeit die Habsburger 1389 anerkennen mussten. Bis 1513 erweiterte sich die Eidgenossenschaft auf dreizehn Orte. Ihre Unabhängigkeit vom deutschen Reich (→ deutsche Geschichte) erkämpfte sich die Schweiz bereits Ende des 15. Jh. im sog. *Schwabenkrieg,* aber erst 1648 wurde diese Loslösung im → Westfälischen Frieden bestätigt. Im 16. Jh. breitete sich in mehreren Kantonen die → Reformation Zwinglis und Calvins aus. Die konfessionelle Spaltung und die Gegensätze zwischen Städtern und Bauern führten im 17. und 18. Jh. zu Kriegen. Die neue Bundesverfassung von 1814 betonte die Eigenständigkeit der inzwischen 22 Kantone und die »immer währende Neutralität«. Nach dem *Sonderbundkrieg* (1847) zwischen konservativ-klerikalen und liberalen Kantonen wurde die Schweiz 1848 zu einem Bundesstaat. Die Schweiz blieb im Ersten und Zweiten Weltkrieg neutral. Sie gehörte 1960 zu den Gründern der → EFTA; doch Ende 1992 lehnte die Bevölkerung im Gegensatz zu den übrigen EFTA-Staaten eine Mitgliedschaft im Europäischen Wirtschaftsraum ab, der einen freien Personen-, Waren- und Kapitalverkehr vorsieht. Obwohl mehrere Organisationen der → UN ihren Sitz in der Schweiz haben, gehört die Schweiz den Vereinten Nationen bislang nicht an.

Schwellenländer, → Entwicklungsländer, die kurz vor der Stufe zum Industriestaat stehen. Nach der Definition der UNO haben Schwellenländer mindestens ein → Bruttoinlandsprodukt von 2000 $ pro Einwohner, wobei ein Drittel davon durch die Industrie erwirtschaftet wird.

Schwerathletik, Sammelbezeichnung für Sportarten, deren Ausübung besondere Körperkraft erfordert. Die Teilnehmer werden zumeist nach ihrem Körpergewicht in verschiedene → Gewichtsklassen eingeteilt.

Schwerbeschädigte, Sammelbegriff für Personen, deren Arbeitsfähigkeit durch körperliche, seelische oder geistige Behinderung um mindestens 50 % vermindert ist. Das Schwerbehindertengesetz regelt die Wiedereingliederung in die Arbeitswelt.

Schweizer Kantone

Kanton	Hauptort	Fläche (km²)	Einwohner
Aargau	Aarau	1405	529 000
Appenzell/Außerrhoden*	Herisau	243	54 000
Appenzell/Innerrhoden*	Appenzell	172	15 000
Basel-Land*	Liestal	517	252 000
Basel-Stadt*	Basel	37	196 000
Bern	Bern	5962	942 000
Freiburg	Freiburg	1670	225 000
Genf	Genf	282	395 000
Glarus	Glarus	685	39 000
Graubünden	Chur	7106	185 000
Jura	Delémont	837	69 000
Luzern	Luzern	1492	341 000
Neuenburg	Neuenburg	797	165 000
Nidwalden*	Stans	276	36 000
Obwalden*	Sarnen	491	31 000
Sankt Gallen	Sankt Gallen	2014	442 000
Schaffhausen	Schaffhausen	298	74 000
Schwyz	Schwyz	908	122 000
Solothurn	Solothurn	791	239 000
Tessin	Bellinzona	2811	305 000
Thurgau	Frauenfeld	1013	223 000
Uri	Altdorf	1077	36 000
Waadt	Lausanne	3219	606 000
Wallis	Sitten	5226	271 000
Zug	Zug	239	92 000
Zürich	Zürich	1729	1 175 000

(* Halbkantone)

Schwerathletik

Zur Schwerathletik zählen vor allem → *Gewichtheben* und *Sportakrobatik* oder *Kunstkraftsport* (Verbindung von gymnastischen, akrobatischen und tänzerischen Übungen mit und ohne Hilfsgeräte), Kampfsportarten wie → Boxen, → Ringen und → Judo sowie *Rasenkraftsport* (Hammer- und Gewichtwerfen, Steinstoßen).

Schwerkraft

Die Schwerkraft ist auf der Erde zum Erdmittelpunkt hin gerichtet, so dass jeder Körper nach unten fällt. Die Geschwindigkeit, mit der er fällt, erhöht sich dabei in jeder Sekunde um 9,81 m/s (*Fallbeschleunigung* g = 9,81 m/s^2 am 45. Breitengrad). Am höchsten ist die Schwerkraft an der Erdoberfläche, während sie mit wachsender Entfernung von der Erde abnimmt, bis sie außerhalb des *Schwerefeldes*, d. h. der Umgebung, in der sich die Schwerkraft auswirkt, nicht mehr zu spüren ist (*Schwerelosigkeit*). Im Zustand der Schwerelosigkeit (z. B. in einem Raumschiff im Weltraum) haben die Körper trotz ihrer Masse fast kein Gewicht mehr und fallen nicht, sondern schweben.
Die Schwerkraft errechnet sich als Produkt der Masse des Körpers und der Fallbeschleunigung (G = m × g).

Schwimmsport

Nach dem Schwimmstil unterscheidet man *Brust-, Kraul-, Delphin-* und *Rücken-* sowie *Freistil-* und *Lagenschwimmen*. Dabei gibt es Einzel- und Staffelwettbewerbe über verschiedene Strecken (50–1500 m). Normalerweise werden sowohl im Freien als auch in der Halle 50-m-Bahnen benutzt, so dass die Schwimmer am Ende jeder Bahn eine Wende mit Anschlag durchführen müssen. Zum Schwimmsport gehören außerdem noch *Synchronschwimmen* (künstlerische Schwimmbewegungen zu Musik mit Pflichtfiguren und freier Vorführung, für Einzelschwimmerinnen, Duette und Gruppen, nur für Damen) sowie *Kunst-* (vom federnden Dreimeterbrett) und *Turmspringen* (von einer festen Plattform in 10 m Höhe), bei dem bestimmte Sprünge (z. B. Rückwärts-, Schrauben-, Auerbachsprung, zweieinhalbfacher Salto vorwärts mit doppelter Schraube) von unterschiedlichem Schwierigkeitsgrad ausgeführt werden müssen. Eine Verbindung von Ballspiel und Schwimmen ist das → *Wasserballspiel*.

Schwyz

Schwerkraft, Kraft, die auf einem Himmelskörper auf einen Körper wirkt und dafür verantwortlich ist, dass Körper mit einer bestimmten → Masse ein entsprechendes → Gewicht haben. Sie setzt sich zusammen aus der → Anziehungskraft, die auf die → Gravitation zurückgeht, und der → Zentrifugalkraft, die durch die Rotation des Himmelskörpers bewirkt wird.

Schwermetalle, Sammelbezeichnung für Metalle mit einer höheren Dichte als 4,5 g/cm^3. Von den 78 bekannten Metallen gehören 65 zu den Schwermetallen.

Schwerpunkt, derjenige Punkt eines Körpers, in dem seine gesamte Masse als vereinigt gedacht werden kann. Wenn man einen Körper an diesem Punkt unterstützt, befindet er sich im → Gleichgewicht.

Schwert, für den Nahkampf geeignete Hieb- und Stichwaffe. Ein Schwert besteht aus einem Griff und einer ein- oder zweischneidigen, vorne spitzen Klinge.

Schwertfische, zu den Makrelenartigen gehörende Fische, die einen langen, degenförmigen Schnabel haben, der durch eine Verlängerung des zahnlosen Oberkiefers gebildet wird. Er kann damit Beutetiere aufspießen und zerstückeln und auch größere Gegner angreifen. Der bis 4 m lange und 300 kg schwere Schwertfisch kommt in tropischen und gemäßigt warmen Meeren vor.

Schwertschwanz, andere Bezeichnung für Pfeilschwanzkrebs.

Schwimmsport, Sammelbezeichnung für alle Schwimmwettbewerbe.

Schwingkreis, elektrischer Stromkreis, der aus einem Kondensator und einer Induktionsspule besteht. Schickt man durch den Kondensator einen elektrischen Strom, entlädt er sich über die angeschlossene Spule und erzeugt dort ein elektromagnetisches Feld, das sich wiederum in den Kondensator entlädt. Schwingkreise werden in der Funk- und Nachrichtentechnik für Sende- und Empfangsgeräte benutzt.

Schwingung, gleichmäßiges Schwanken einer physikalischen Größe zwischen zwei Werten. Ein → Pendel veranschaulicht diesen Vorgang: Als Schwingungsweite oder Amplitude wird die größte überwundene Entfernung von der Gleichgewichtslage zum Umkehrpunkt der Bewegung des Pendels bezeichnet. Die Zeit zwischen zwei Ausschlägen in die gleiche Richtung nennt man Schwingungszeit oder → Periode. Die Frequenz einer Schwingung ist die Anzahl der Schwingungen pro Zeiteinheit und wird in → Hertz gemessen. Neben mechanischen Schwingungen (wie etwa → Schallwellen) gibt es vor allem → elektromagnetische Schwingungen.

Schwule, Bezeichnung für männliche Homosexuelle (→ Homosexualität). Die weibliche Entsprechung dazu sind → Lesben.

Schwurgericht, Strafkammer bei Landgerichten, die für die Aburteilung von schweren Straftaten (z. B. Mord, Totschlag) zuständig ist. Das Schwurgericht ist mit drei Berufsrichtern und zwei → Schöffen besetzt, die gleiches Stimmrecht haben.

Schwyz, Stadt und Kanton in der → Schweiz.

Sciencefiction [von engl. science ˈsaɪəns = »Wissenschaft« und fiction ˈfɪkʃən = »Erfindung«], *die,* zunächst in der Literatur entstandenes Genre, das teilweise auf naturwissenschaftlicher Grundlage Themen behandelt, die sich mit der Zukunft der menschlichen Gesellschaft und vor allem ihren technischen Möglichkeiten (Raumfahrt) und Gefahren (Atomkrieg, Umweltzerstörung) sowie der Existenz außerirdischer Lebewesen befassen. Im Gegensatz zur → Utopie ordnet die Sciencefiction den philosophisch-künstlerischen Anspruch einer spannenden Erzählung unter. Ein Großteil wird deshalb der → Trivialliteratur zugerechnet.

Das kurz auch *SF* oder *Sci-Fi* bezeichnete Genre wurde rasch auf andere Medien, vor allem den Film, übertragen, wo spektakuläre, durch verblüffende Tricktechnik realistisch wirkende Beispiele entstanden (z. B. »Krieg der Sterne«). Auch im Fernsehen sind SF-Serien populär (z. B. »Startrek« oder »Raumschiff Orion«).

Im strengen Sinne unterscheidet man von der Sciencefiction die → Fantasy, die sich nicht um eine wissenschaftliche Absicherung des Dargestellten kümmert und eher die Tradition der phantastischen Literatur, der Sage und des Märchens fortführt.

Bekannte Sciencefiction-Autoren

Brian W. Aldiss (»Helliconia«-Trilogie)

Douglas Adams (»Per Anhalter durch die Galaxis«)

Carl Amery (»Der Untergang der Stadt Passau«)

Isaac Asimov (»Der Tausendjahresplan«)

J. G. Ballard (»Karneval der Alligatoren«)

Stephen Baxter (»Xeelee«-Zyklus)

Alfred Bester (»Die Rache des Kosmonauten«)

Ray Bradbury (»Fahrenheit 451«)

John Brunner (»Morgenwelt«)
Arthur C. Clarke (»2001: Odyssee im Weltraum«)
John Crowley (»Little, Big oder Das Parlament der Feen«)
Samuel R. Delaney (»Babel-17«)
Thomas M. Disch (»Concentration Camp«)
Philip K. Dick (»Das Orakel vom Berge«)
Philip José Farmer (»Die Flusswelt der Zeit«)
Herbert W. Franke (»Endzeit«)
William Gibson (»Neuromancer«)
Joe Haldeman (»Welten«-Trilogie)
Harry Harrison (»New York 1999«)
Robert Heinlein (»Fremder in einem fremden Land«)
Frank Herbert (»Wüstenplanet«-Zyklus)
Ursula Le Guin (»Winterplanet«)
Stanisław Lem (»Solaris«)
Walter M. Miller Jr. (»Lobgesang auf Leibowitz«)
Michael Moorcock (»I.N.R.I. oder Die Reise mit der Zeitmaschine«)
Larry Niven (»Ringwelt«)
Dan Simmons (»Hyperion«)
Olaf Stapledon (»Der Sternenschöpfer«)
Bruce Sterling (»Schismatrix«)
Arkadij und Boris Strugatzki (»Es ist nicht leicht, ein Gott zu sein«)
Theodore Sturgeon (»Die neue Macht der Welt«)
Joan D. Vinge (»Die Schneekönigin«)
A. E. van Vogt (»Die Expedition der Space Beagle«)
Kurt Vonnegut (»Schlachthof 5«)
H. G. Wells (»Die Zeitmaschine«)
Roger Zelazny (»Die Prinzen von Amber«)
Marion Zimmer Bradley (»Darkover«)

Scientology [engl. saɪənˈtɒlədʒɪ], *die,* eine 1954 von dem amerikanischen SF-Autor *Ron Hubbard* (1911–1986) gegründete → Sekte, die als Religionsgemeinschaft auftritt. Da die wie ein kommerzielles Wirtschaftsunternehmen (mit zahlreichen Tarn- und Unterorganisationen) aufgebaute Sekte (weltweit schätzungsweise 25 Mio. Mitglieder) umstrittene Verbreitungspraktiken (mit sehr teuren Psychotechnik-Kursen) anwendet, ihre Mitglieder beständig überwacht und Aussteiger und Gegner verfolgt, gerät sie immer stärker unter öffentliche Kritik.

Scott, Sir Walter (1771–1832), schottischer Schriftsteller, der den historischen Roman begründete. In Werken wie »Waverley« (1814), »Ivanhoe« (1819) und »Quentin Durward« (1823) schilderte er auf der Grundlage historischer Studien die Geschichte Schottlands und anderer Länder und schuf anschauliche Zeitbilder.

Scratching [engl. ˈskrætʃɪŋ »Kratzen«], *das,* Erzeugung besonderer Toneffekte durch rhythmisches Vor- und Zurückbewegen von Schallplatten, die auf dem Plattenteller laufen, insbesondere in der → Rap- und → HipHop-Musik.

Séance [frz. seˈɑ̃ːs], *die,* spiritistische Sitzung (→ Spiritismus), bei der ein → Medium Verbindung zu Verstorbenen aufnimmt oder Geister herbeiruft.

SED, Abkürzung für *Sozialistische Einheitspartei Deutschlands,* die Staatspartei der → DDR, die 1946 in der sowjetischen Besatzungszone durch zwangsweisen Zusammenschluss von → KPD und → SPD gegründet wurde. Ende 1989 wurde die SED in → PDS (Partei des Demokratischen Sozialismus) umbenannt.

Sediment [lat.], *das,* Bodensatz, Ablagerung.

Sedimentgesteine, durch Ablagerung entstandene → Gesteine. Da sich die Gesteinsbildung in Schichten vollzieht, werden sie auch als *Schichtgesteine* bezeichnet. Die Ablagerung kann durch Wasser, Gletschereis oder Wind geschehen.

See, stehendes Gewässer ohne direkte Meeresverbindung. Die Wasserzufuhr erfolgt ober- oder unterirdisch durch Quellen, Flüsse, Grundwasser und Niederschläge. Nach der Entstehung unterscheidet man verschiedene Typen von Seen: *Vulkanische Seen* sind mit Wasser gefüllte Vulkankrater, auch *Maare* genannt. *Glazialseen* sind mit Schmelzwasser gefüllte, muldenförmige Auswaschungen von → Gletschern. Abgeschnürte Meeresteile bezeichnet man als *Restseen* (z. B. → Aralsee). *Grabenseen* sind überflutete tektonische Gräben (z. B. → Baikalsee).

Seeelefanten, größte → Robbengattung, deren Vertreter in südlichen Meeren und in kleinen Beständen an der nordamerikanischen Pazifikküste vorkommen. Seeelefanten sind Rüsselrob-

■ *Seeelefanten*

SED

Den Parteivorsitz der SED hatten bis 1948 *Wilhelm Pieck* und *Otto Grotewohl* gemeinsam inne. Unter der Führung von *Walter Ulbricht* (1893–1973, Generalsekretär 1950–1953, Erster Parteivorsitzender bis 1971) wurde die SED in eine marxistisch-leninistische Partei nach dem Vorbild der KPdSU umgewandelt. 1971 wurde Ulbricht durch *Erich* → *Honecker* abgelöst. Honecker wurde am 18. 10. 1989 gestürzt, aber sein Nachfolger *Egon Krenz* trat bereits am 8. 12. 1989 zurück.

Segeln

Es gibt zwei allgemeine Bootsklassen: *Kielboote* oder *Jachten,* die lang und schmal gebaut sind und einen Metallballast im Kiel haben, und *Schwertboote* oder *Jollen,* die leicht gebaut sind und über ein drehbares Schwert zur Stabilisierung verfügen.
Für Hochseeregatten (wie etwa den *Admiral's Cup*) werden spezielle Hochseejachten verwendet.
Nationale und internationale Regatten werden in zahlreichen Bootsklassen durchgeführt, von denen sechs auch bei Olympischen Spielen zugelassen sind: *Soling* (drei Mann Besatzung), *Tornado-Katamaran* (zwei Mann), *Star* (zwei Mann), *Flying Dutchman* (zwei Mann), *470er* (zwei Mann) und *Finn-Dinghy* (ein Mann).

ben, die bis zu 7 m lang und über 3,5 t schwer werden. Kennzeichnend für sie ist die beim Männchen zu einem Rüssel verlängerte Schnauze, die sich bei Erregung aufbläht.

Seehunde, Unterfamilie der → Robben, deren Vertreter an den Meeresküsten der nördlichen Erdhalbkugel vorkommen. Sie werden bis 3 m lang und sind gewandte Schwimmer und Taucher. Da sie wegen ihres Fells gejagt werden, sind einige Arten stark gefährdet.

Seeigel, Klasse von → Stachelhäutern, die mit mehr als 850 Arten in allen Meeren vorkommen. Ihre Größe reicht von wenigen Millimetern bis zu 30 cm. Der kugelförmige Körper, der keine Arme besitzt, ist mit beweglichen, teilweise giftigen Stacheln besetzt.

Seekrankheit, Bewegungskrankheit, die durch eine Überreizung des Gleichgewichtsorgans im Ohr hervorgerufen wird (vor allem bei hohem Seegang an Bord eines Schiffes). Die Erkrankung führt zu Übelkeit, Schwindel und Erbrechen.

Seekühe, Ordnung von → Säugetieren, deren Vertreter sich ständig im Wasser aufhalten. Sie kommen in tropischen und subtropischen Regionen in Küstennähe im Meer oder in Flüssen und Binnenseen vor. Entwicklungsgeschichtlich sind sie mit den Huftieren verwandt. Es gibt zwei Familien: *Manatis* (Rundschwanzseekühe) und *Dugongs* (Gabelschwanzseekühe). Sie werden bis zu 4 m lang und bis zu 400 kg schwer. Die gesellig lebenden Tiere besitzen einen walzenförmigen Körper mit flossenähnlichen Gliedmaßen.

Seele, das oft mit dem Geist oder Gemüt gleichgesetzte Innere des Menschen im Gegensatz zu seinem materiellen Körper. Viele Religionen setzen voraus, dass der Mensch eine unsterbliche Seele hat, die sich nach dem Tod vom Körper trennt. Andere Religionen (z. B. → Buddhismus) nehmen auch bei Tieren und Pflanzen eine Seele an.

Seelenwanderung, auch als → *Reininkarnation* oder *Wiedergeburt* bezeichneter Kreislauf des Lebens, wonach das Leben in verschiedenen Formen neu gelebt werden kann (beispielsweise kann ein Mensch als Tier oder Pflanze wiedergeboren werden). Der aus Indien kommende Wiedergeburtsglaube hat auch westliche Denkströmungen wie etwa die → Anthroposophie beeinflusst.

Seelöwen, große Ohrenrobben (→ Robben), die hauptsächlich an der amerikanischen Pazifikküste leben. Die bis zu 3,2 m langen Tiere sind schnelle Schwimmer, die sich auch an Land gut fortbewegen können.

Seemeile, in der Schifffahrt und Luftfahrt gebräuchliche Längeneinheit (1 Seemeile = 1,852 km).

Seepferdchen, Gattung von → Knochenfischen, deren Vertreter vorwiegend in warmen Meeren, aber auch im Mittelmeer und im Schwarzen Meer vorkommen. Sie werden bis zu 30 cm lang und besitzen einen pferdeähnlichen Kopf. Der Schwanz dient als Greiforgan. Zumeist schwimmen sie in S-förmiger Haltung aufrecht. Die Männchen brüten in ihren Bruttaschen etwa 450 Eier aus.

Seerosen, 1. weltweit verbreitete Wasserpflanzen, die am Grund von flachen stehenden oder langsam fließenden Gewässern wurzeln und große Schwimmblätter haben. Die größten Blätter besitzt die in Südamerika vorkommende *Königsseerose* (über 2 m Durchmesser); ihre Blüten sind leuchtend gefärbt. In Deutschland findet man die unter Naturschutz stehende *Weiße Seerose* (mit weißer Blüte). Besonders bekannt sind die → *Lotosblumen.* **2.** Auch verschiedene → Korallenarten werden als Seerosen (oder *Seeanemonen*) bezeichnet.

Seesterne, Klasse der → Stachelhäuter, deren Vertreter eine Spannweite zwischen 3 cm und 1 m haben. Sie kommen mit 1500 Arten in allen Meeren vor. Seesterne sind zumeist fünfarmig, können aber auch über 25 Arme haben. An der Unterseite des Körpers haben sie Saugfüße, mit denen sie sich fortbewegen. Auf der Oberseite sitzen manchmal Stacheln.

Seezungen, zu den → Plattfischen gehörende Fischart, die im Nordostatlantik lebt. Die als Speisefische geschätzten Seezungen, die bis zu 60 cm lang werden, haben sich mit ihrem ovalen, gestreckten Körper und in ihrer Färbung ganz dem Leben auf dem Meeresgrund angepasst.

Segelflug, antriebsloses Fliegen in einem motorlosen Fluggerät (*Segelflugzeug*), bei dem aufsteigende Luftströmungen (Thermik) ausgenutzt werden.

Segeln, Wassersportart, bei der mit verschiedenen Typen von → Segelschiffen Rennen (*Regatten*) veranstaltet werden. Die Regatten werden entweder auf Hochsee (*Hochseeregatten*) oder auf Dreieckskursen durchgeführt, die durch Bojen gekennzeichnet sind. Zum Segelsport gehört auch das *Segel-* oder → *Windsurfen.*

Segelschiffe, Schiffe, die sich durch Ausnutzung des Windes vorwärtsbewegen. Sie verwenden dazu **Segel,** d. h. große Tuchflächen aus einem festen Stoff, die an Masten befestigt sind. Der Wind bläht die drei- oder viereckig geschnit-

Segelschiff: Vorne der Spinnaker, links die Fock, hinten das Großsegel

tenen Segel auf und treibt das Schiff durch den Druck vorwärts. Die Segel können in Ruhestellung längs (*Schrat-* oder *Gaffelsegel*) oder quer zum Schiff stehen (*Rahsegel*). Große Segelschiffe besitzen bis zu fünf Masten und benutzen verschieden geformte Segel. Masten, Rahen, Segel und Taue werden als *Takelage* zusammengefasst. Da die Segel drehbar sind, können die Schiffe auch quer zum Wind oder sogar gegen den Wind segeln.

Die ersten Segelschiffe kamen bereits um 1000 v. Chr. bei den Phöniziern und Kretern auf. Seit der Mitte des 19. Jh. sind sie von Dampf- und Motorschiffen verdrängt worden und werden heute fast nur noch als Schulschiffe (für die Ausbildung in der Marine), Fischereifahrzeuge und im Sport (→ Segeln) eingesetzt. Kleinere Segelschiffe werden als *Segelboote* bezeichnet.

Segment [lat.], *das,* Abschnitt (z. B. deutlich gegliedertes Teilstück eines Körpers). In der Geometrie bezeichnet man als Segment ein Stück, das bei zweidimensionalen Figuren und Kurven durch eine Gerade und bei räumlichen Körpern durch eine Ebene begrenzt wird.

Sehne, 1. in der Geometrie die direkte Verbindung (Linie) zwischen zwei Punkten einer Kurve oder eines Kreises; **2.** in der Biologie ein fester Strang, der aus Bindegewebe besteht und die Muskeln mit den Skelettknochen verbindet.

Seide, Stoff, der aus den Fäden von → Kokons des *Maulbeerspinners,* eines → Schmetterlings, besteht. Bei ihrer Verpuppung spinnt sich die *Seidenraupe* in einen Kokon ein, indem sie ein Sekret absondert, das zu einem hauptsächlich aus Fibrion bestehenden Faden erstarrt. Der Verpuppungsvorgang dauert 70–80 Stunden. Dabei entsteht ein 3000–4000 m langer Faden. Zur Seidengewinnung weicht man die Kokons in heißem Wasser oder unter Dampf auf und wickelt dann den Faden ab. Nur 10–20 % des Fadens sind für die Weiterverarbeitung brauchbar. Nach dem Spinnen der Fäden wird der Stoff gewebt. Zur Herstellung von Seide eignen sich mehrere Spinnerarten (und sogar einige Muschelarten). Seide ist in China schon seit dem 3. Jt. v. Chr. bekannt.

Seifen, Waschmittel, die aus wasserlöslichen Natrium- oder Kaliumsalzen von Öl- oder Fettsäuren bestehen. Da sie die Oberflächenspannung des Wassers vermindern, fördern sie das Benetzungsvermögen des Wassers und können auf diese Weise Schmutz- und Fettteilchen besser ablösen. Man unterscheidet *Schmier-, Kern-* und *Invertseifen.*

Seismograph [von griech. seismos = »Erschütterung« und graphein = »schreiben«], *der,* Gerät zum Messen von Bodenschwingungen oder Erschütterungen (vor allem → Erdbeben). Das Gerät besteht aus einer schweren Masse, die möglichst erschütterungsfrei gelagert ist. Erschütterungen werden auf diese Weise in ihrer Höhe und Länge über einen Hebelmechanismus übertragen und aufgezeichnet.

Sekret [lat. »das Abgesonderte«], *das,* Ausscheidung von → Drüsen oder Drüsenzellen, die zumeist bestimmte Aufgaben erfüllt (z. B. Verdauung, Schutz, Anlocken).

Sekt [von frz. (vin) sec = »trockener (Wein)«], *der,* andere Bezeichnung für → Schaumwein.

Sekten [von lat. sequi = »folgen«], kleine religiöse oder pseudoreligiöse Gemeinschaften, die sich von einer großen Glaubensgemeinschaft getrennt haben. Als Sekten bezeichnet man auch erst in neuerer Zeit entstandene Religionen, die wie etwa die → Neuen Religionen ihren Anhängern einen religionsähnlichen Ersatz anbieten. Andere wollen auf der Grundlage einer Pseudowissenschaft die Welt retten und versprechen ihren Anhängern einen neuen Sinn oder eine größere Selbstverwirklichung (wie etwa die →

Seidenstraße

Die *Seidenstraße* ist eine seit dem 2. Jt. v. Chr. bekannte Handelsstraße, die Asien mit dem Mittelmeer und Indien verband. Sie führte entlang der Chinesischen Mauer nach Westen über das Pamirgebirge zum Mittelmeer (Syrien). Von China bis zum Mittelmeer und zurück brauchte man sechs bis acht Jahre. Wichtigstes Handelsgut war zunächst Seide; doch auch nachdem die Seidenraupenzucht in Europa bekannt war (etwa seit dem 6. Jh.), behielt die Seidenstraße ihre Bedeutung als Handelsweg.

Seidenspinner bei der Paarung

Die größten Sekten in Deutschland

	Mitglieder
Scientology	200 000
Zeugen Jehovas	170 000
Transzendentale Meditation	100 000
Universelles Leben	40 000
Siebentags-Adventisten	30 000

Selen

Zeichen: Se
Ordnungszahl: 34
Atommasse: 78,96
Dichte: 4,79 g/cm^3
Schmelzpunkt: 217 °C
Siedepunkt: 685 °C

Scientology). Neben den traditionellen Sekten, die christliches Gedankengut übernommen haben (z. B. *Mormonen,* → *Zeugen Jehovas, Pfingstbewegung, Neuapostolische Kirche*) gibt es heute vor allem Sekten, die sich in ihrer Lehre auf östliche Religionen wie → Hinduismus und Buddhismus stützen (z. B. *Hare-Krishna-Bewegung, Transzendentale Meditation*).

Sektor [lat. »Abschneider«], *der,* **1.** in der Geometrie eine durch zwei → Schenkel abgegrenzte Fläche (z. B. innerhalb eines Kreises); bei räumlichen Objekten ein durch eine Fläche abgeschnittener Teil eines Körpers (z. B. bei einer Kugel oder einem Kegel; **2.** Sachgebiet, das Teil eines größeren Gebiets ist.

Sekunde [von lat. (pars minuta) secunda = »(kleinster Teil) zweiter Ordnung«], *die,* **1.** Maßeinheit für die Zeit (der 60. Teil einer → Minute), seit 1967 im Verhältnis zur Eigenschwingung des Cäsiumatoms festgelegt (→ Atomuhr); **2.** Mathematik: Der 60. Teil einer Bogenminute, Zeichen: "; **3.** In der Musik versteht man unter einer Sekunde den zweiten Ton in einer diatonischen Tonleiter (→ *Diatonik*) und das zugehörige Intervall.

Selbstbefriedigung, deutsche Bezeichnung für → Onanie und → Masturbation.

Selbstlaut, deutsche Bezeichnung für → Vokal.

Selektion [lat.], *die,* Auslese, in der Biologie die natürliche oder künstliche Aussonderung von schwachen und kranken Einzelwesen aus einem Gesamtbestand. Die natürliche Auslese hat zur Folge, dass nur diejenigen Einzelwesen überleben, die sich den Umweltbedingungen anpassen können. Bei der künstlichen Auslese greift der Mensch ein. Eine zielgerichtete Auslese ist die *Zucht,* bei der nur diejenigen Tiere und Pflanzen zur Vermehrung zugelassen sind, die bestimmte erwünschte Eigenschaften besitzen.

Selen [von griech. selene = »Mond«], *das,* ein → chemisches Element, das als Bestandteil von Schwefelmineralen vorkommt. Das graue Selen ist ein Halbmetall, das bei Belichtung im Dunkeln elektrischen Strom besser leitet, so dass es in der Elektronik, in Belichtungsmessern und in der → Xerographie Verwendung findet.

Seligsprechung, im katholischen Glauben Vorstufe zur Heiligsprechung. Im Gegensatz zu → Heiligen werden *Selige* nicht in der Gesamtkirche verehrt.

Semantik [von griech. sema = »Zeichen«], *die,* Teilgebiet der Sprachwissenschaft, das sich mit der Bedeutung von sprachlichen Zeichen befasst; inhaltliche Bedeutung eines Wortes oder Satzes.

Semester [lat. »sechsmonatig«], *das,* an Hochschulen ein Studienhalbjahr *(Winter-* und *Sommersemester).*

semi- [lat.], in zusammengesetzten Wörtern mit der Bedeutung »halb« (z. B. *Semifinale*).

Semikolon [von lat. semi = »halb« und griech. kolon = »Satzglied«], *das,* Strichpunkt (Zeichen ;), ein → Satzzeichen.

Seminar [lat. »Pflanzschule«], *das,* Bezeichnung für Lehrveranstaltungen an Hochschulen unter der Leitung eines Dozenten. Mit Seminar kann auch ein Hochschulinstitut gemeint sein (z. B. *Germanistisches Seminar*).

Semiotik [von griech. semeiotikos = »zum Bezeichnen gehörend«], *die,* Wissenschaft von den Zeichen und ihrer Verwendung.

Semiten [nach Sem, dem ältesten Sohn des biblischen Patriarchen Noah], Bezeichnung für die Völker, die dem semitischen Sprachkreis angehören. *Semitische Sprachen* sind u. a. Hebräisch, Aramäisch, Arabisch und Äthiopisch.

Senat [lat. »Rat der Alten«], *der,* im → Römischen Reich während der Zeit der Republik das oberste politische Beratungsgremium. In manchen Staaten mit Zweikammerparlament wird eine Kammer als Senat bezeichnet (z. B. in den USA). Die Regierung der → Stadtstaaten in der Bundesrepublik heißt ebenfalls Senat. Mit Senat bezeichnet man außerdem Oberlandes- und

■ *Senf* und Senfkörner

Bundesgerichte, die mit mehreren Richtern besetzt sind.

Senegal, westafrikanischer Staat in der →Sahelzone. Das am Atlantik liegende Land befindet sich im flachen Tiefland der beiden Flüsse Senegal und Gambia. Die Bevölkerung, die überwiegend aus Sudanstämmen besteht, ist hauptsächlich in der Landwirtschaft und Fischerei tätig. Im Bergbau werden vor allem Phosphate gefördert. Das senegalesische Staatsgebiet umschließt →Gambia, mit dem es 1982–1989 die Konföderation *Senegambia* bildete. Das Land wurde ab dem 17. Jh. von den Franzosen erobert und gehörte ab 1904 als Kolonie zu *Französisch-Westafrika.* Nachdem der Senegal 1946 Überseeterritorium geworden war und 1955 die innere Autonomie erhalten hatte, wurde er 1958 eine selbstständige Republik innerhalb der Französischen Gemeinschaft. 1960 erklärte sich der Senegal für unabhängig.

Senf, zu den Kreuzblütlern gehörende Pflanze, die bis zu 1,5 m hoch wird und heute fast weltweit angebaut wird. Aus gemahlenen Senfkörnern, den Samen des *Weißen* und des *Schwarzen* Senfs, wird *Speisesenf* oder *Mostrich* hergestellt.

Sensor [engl.], *der,* Messfühler, d. h. ein elektronisches Gerät, das physikalische Werte (wie z. B. Temperatur, Licht, Druck, Bewegung oder Berührung) misst und in weiterverarbeitbare Impulse umwandelt.

Seoul, [korean. sɔul], in der Nähe der Westküste gelegene Hauptstadt (10,7 Mio. Einwohner) von Südkorea (→Korea).

Separatismus [von lat. separatus = »abgetrennt«], *der,* Streben nach Absonderung (z. B. bei einer nationalen Minderheit, die sich einem anderen Staat anschließen oder einen eigenen Staat gründen möchte).

Septime [lat. »der siebte«], *die,* in der Musik der siebte Ton einer diatonischen Tonleiter (→*Diatonik*) und das zugehörige Intervall.

Sequenz [lat.], *die,* Aufeinanderfolge (z. B. in der Musik von Tönen oder im Film von Einstellungen, die eine Handlungseinheit ergeben); in der →Molekularbiologie die Reihenfolge der molekularen Bausteine, aus denen ein →Protein, eine →DNA oder eine →RNA besteht.

Serbien, Teilrepublik von Restjugoslawien (→Jugoslawien), zu der die beiden früher autonomen Provinzen *Vojvodina* und *Kosovo* gehören. Während der Norden landwirtschaftlich genutztes Flachland ist, schließt sich im Süden ein von der Morava durchflossenes Bergland an. Die Bevölkerung umfasst neben etwa zwei Dritteln Serben zahlreiche ethnische Minderheiten (vor allem Albaner im Kosovo). Das Land ist reich an Bodenschätzen (insbesondere Buntmetalle und Kohle), so dass sich die Wirtschaft vorwiegend auf die Industrie stützt. Das im Altertum von →Illyrern und Thrakern besiedelte Gebiet stand zunächst unter griechischem und später unter römischem Einfluss, bevor ab dem 6. Jh. die →Slawen die gesamte Balkanhalbinsel besiedelten. Erste serbische Staaten bildeten sich ab dem späten 8. Jh. Das serbische Königreich, das Ende des 12. Jh. von Stefan Nemanja gegründet wurde, konnte in der ersten Hälfte des 14. Jh. Teile des →Byzantinischen Reichs erobern, zerfiel aber rasch wieder. Im 14. und 15. Jh. kam Serbien unter osmanische Oberhoheit, wurde jedoch nur in geringem Maße islamisiert. Die von Österreich im 17. Jh. geführten →Türkenkriege führten zur Befreiung serbischer Gebiete von der osmanischen Herrschaft, doch erst im 19. Jh. konnte sich Serbien nach großen Aufständen und mit der Unterstützung der europäischen Großmächte, vor allem Russlands, die Unabhängigkeit erkämpfen. 1882 entstand das *Königreich Serbien*. In den Balkankriegen 1912/13 erweiterte Serbien sein Herrschaftsgebiet um →Makedonien und den Kosovo, doch gleichzeitig verschärfte sich das Verhältnis zu Österreich, das Bosnien und Herzegowina in Besitz genommen hatte. Das Attentat auf den österreichischen Thronfolger in →Sarajevo führte 1914 zum Ausbruch des →Ersten Weltkrieges, als Serbien von Österreich der Krieg erklärt wurde. Ende 1918 wurde das gemeinsame *Königreich der Serben, Kroaten und Slowenen* ausgerufen, das aber im Zweiten Weltkrieg zerschlagen wurde. Serbien wurde 1945 die größte Teilrepublik innerhalb der Föderativen Volksrepublik Jugoslawien. Nach dem Tod von Staatspräsident Tito (1980) beherrschten die Serben zunehmend den jugoslawischen Bundesstaat und strebten die Verwirklichung eines großserbischen Staates an. Als mit Ausnahme von Montenegro die übrigen Teilrepubliken ihre Unabhängigkeit erklärten, versuchte Serbien dies mit Hilfe der Bundesarmee vergeblich zu verhindern. In →Kroatien und →Bosnien-Herzegowina rief die serbische Bevölkerung unabhängige Staaten aus, die den Bürgerkrieg weiterführten und vergeblich auf einen Anschluss an Serbien hinarbeiteten. Ende 1996 kam es in Serbien zu anhaltenden Massendemonstrationen gegen die autoritäre Regierung Milošević. Im Kosovo fanden 1998 bürgerkriegs-

Senegal (Sounougal)
Staatsname: Republik Senegal
Staatsform: Präsidiale Republik
Hauptstadt: Dakar
Fläche: 196 722 km²
Einwohner: 8,3 Mio.
Bevölkerungsdichte: 42/km²
Amtssprache: Wolof, Französisch
Währung: CFA-Franc
Nationalitätskennzeichen: SN

Senegal

■ *Serpentine:* Die Tollstiege bei Adalsnes, Norwegen

Seychellen (Seychelles, Sesel)
Staatsname: Republik Seychellen
Staatsform: Präsidiale Republik
Hauptstadt: Victoria
Fläche: 453 km²
Einwohner: 73 000
Bevölkerungsdichte: 161/km²
Amtssprache: Kreolisch, Englisch
Währung: Seychellen-Rupie (SR)
Nationalitätskennzeichen: SY

Seychellen

Die fett- und eiweißreichen Samen werden als Gewürz und zur Herstellung von Speiseöl verwendet.

Seuche, sich schnell ausbreitende Infektionskrankheit bei Mensch und Tieren (beim Menschen Tuberkulose, Cholera, Pest).

Sextant [lat. »Sechstel«], *der,* in der → Navigation verwendetes Instrument, mit dem man den Winkel von Sternen oder die Höhe eines Sternes über dem Horizont messen kann, um den eigenen Standort zu bestimmen (z. B. auf See).

Sexte [lat.], *die,* in der Musik die sechste Stufe in einer diatonischen Tonleiter (→ *Diatonik*) und das zugehörige Intervall.

■ *Sextant*

Sexualität, siehe Sonderseite 608.

Seychellen [zeˈʃɛlən], asiatischer Inselstaat im → Indischen Ozean, der 115 größtenteils unbewohnte Inseln vor der ostafrikanischen Küste umfasst. Die Inseln sind entweder gebirgig wie die Hauptinsel *Mahé* oder es sind flache Koralleninseln. Die Wirtschaft der Seychellen stützt sich in erster Linie auf den Tourismus und den Fischfang. Die 1501 von Vasco da → Gama entdeckte Inselgruppe wurde im 18. Jh. zunächst von den Franzosen und später von den Briten besetzt. Ab 1903 waren die Seychellen eine britische Kronkolonie. 1976 wurden sie unabhängig, gehören aber weiterhin dem → Commonwealth an. Die Regierung, die 1977 durch einen Staatsstreich an die Macht kam, ist inzwischen durch Wahlen legitimiert worden.

Sezessionskrieg [von lat. secessio = »Abtrennung«], amerikanischer Bürgerkrieg, der 1861–1865 zwischen den Nord- und Südstaaten der USA geführt wurde. Ausgelöst wurde der Krieg durch die gegensätzliche Haltung zur → Sklaverei und die Wahl Abraham → Lincolns zum amerikanischen Präsidenten. Nach Lincolns Wahl traten elf Südstaaten aus der Union aus. Der Krieg endete am 9. 4. 1865 mit der Kapitulation der »Konföderierten Staaten« (Südstaaten).

ähnliche Auseinandersetzungen zwischen Regierungstruppen und albanischer Bevölkerungsmehrheit statt.

Serenade [von it. sera »Abend«], *die,* abendliches Ständchen; heiteres (vokales oder instrumentales) Musikstück für kleine Besetzung (z. B. für Bläser), das sich im 18. Jh. aus der Barocksuite entwickelte.

serielle Musik, in den 50er Jahren entstandene Kompositionstechnik der → Zwölftonmusik, bei der alle musikalischen Größen (z. B. Tonmaterial, Lautstärke, Tondauer, Klangfarbe usw.) nach bestimmten Zahlenreihen ausgewählt und vorgegeben wurden. Bedeutung hatte die serielle Musik vor allem für die elektronische Musik. Wichtige Komponisten waren Pierre Boulez (* 1925) und Karlheinz Stockhausen (* 1928).

Serpentine [von lat. serpens = »Schlange«], *die,* Bergstraße, die zur Überwindung von Höhenunterschieden häufig Kurven (Spitzkehren) macht.

Serum [lat. »Molke«], *das,* farblose Flüssigkeit des Blutes; Heilserum, das für → Impfungen verwendet wird.

Server [engl. ˈsəːvə »Bediener«], *der,* Rechner, der in einem → Netzwerk oder im → Internet andere Computer (sog. *clients* oder »Kunden«) mit Daten versorgt.

Sesam [lat.-griech.], *der,* in tropischen und subtropischen Regionen Afrikas und Indiens wachsende Pflanze, die als Kraut bis zu 1 m hoch wird.

■ **Seychellen:** Die Granitfelsen von La Digue

sezieren [von lat. secare = »zerschneiden«], eine Leiche für Untersuchungszwecke zerlegen.

Shakespeare [ˈʃeɪkspɪə], William (1564–1616), englischer Dichter, der als bedeutendster Dramatiker der Neuzeit gilt. Er war ab 1587 als Schauspieler, Regisseur und Bühnenautor am Londoner *Globe Theatre* tätig, bevor er 1610 in seine Heimatstadt Stratford-upon-Avon zurückkehrte. Neben Verserzählungen und Sonetten verfasste er insgesamt 37 Stücke, wobei jedoch nicht feststeht, ob sie alle auch wirklich von ihm stammen. Sprachreichtum, Verbindung von Komik und Tragik, psychologische Zeichnung der Personen und zeitlose Aktualität der Themen kennzeichnen seine Dramen, die großen Einfluss auf die Entwicklung des Theaters hatten und ihn zum meistgespielten Dramatiker machten.

Shanghai [chin. ʃaŋxai̯], südlich der Mündung des → Jangtsekiang gelegene größte Stadt Chinas (als Ballungsraum 15,1 Mio. Einwohner). Shanghai ist das bedeutendste Industriezentrum und der größte Hafen des Landes.

Shareware [engl. ˈʃɛəˈwɛə], *die,* → Software, die man preisgünstig kaufen und zuerst ausprobieren kann, bevor man durch eine zusätzliche Zahlung eine Vollversion oder das Nutzungsrecht erwirbt.

Shaw [ʃɔː], George Bernard (1856–1950), irischer Schriftsteller und Kritiker, der vor allem durch seine zeit- und gesellschaftskritischen Theaterstücke bekannt wurde. 1925 erhielt er den Nobelpreis für Literatur. Sehr bekannt sind u. a. »Pygmalion« (1912, die literarische Vorlage für das Musical »My Fair Lady«) und »Die heilige Johanna« (1923).

Sheriff [engl. ˈʃɛrɪf], *der,* in England früher höchster Verwaltungsbeamter und Richter einer Grafschaft (County), heute ehrenamtlicher Repräsentant; in den USA ein auf Zeit gewählter Vollzugsbeamter mit polizeilichen und richterlichen Befugnissen.

Sherlock Holmes [ˈʃəːlɔk ˈhoʊmz], Titelheld einer Reihe von Kriminalerzählungen von *Sir Arthur Conan Doyle* (1859–1930), in denen der scharfsinnige Meisterdetektiv durch seine Kombinationsgabe verblüfft.

Shetlandinseln [ˈʃɛtlənd-], zu → Großbritannien gehörende Inselgruppe (1433 km²), die etwa 200 km nordöstlich von Schottland im Atlantik liegen. Auf den mehr als 100 Inseln, von denen nur 29 bewohnt sind, wird vor allem Schaf- und Ponyzucht *(Shetlandponys)* betrieben.

Shoah [hebr. »Vernichtung«], *die,* Bezeichnung in Israel für den jüdischen → Holocaust.

Shrimps, *Schrimps* [engl.], *Mz.,* Bezeichnung für essbare kleine → Garnelen oder Krabben, die in der Nordsee, im Atlantik, in arktischen und asiatischen Meeren vorkommen.

Siam, frühere Bezeichnung für → Thailand.

siamesische Zwillinge, eineiige → Zwillinge, die zumeist an Brust, Rücken oder Kopf miteinander verwachsen sind und deren Trennung nur möglich ist, wenn dabei keine lebenswichtigen Organe getrennt werden müssen.

Sibirien, nördlicher Teil Asiens der vom → Ural im Westen bis zum Pazifischen Ozean im Osten und vom Polarmeer im Norden bis zu den mittelasiatischen Steppengebieten und Hochgebirgen im Süden reicht. Das riesige Gebiet (12,9 Mio. km²), das im Westen aus einer Tiefebene und im Osten aus Mittelgebirgen besteht und von einem kontinentalen Klima mit kur-

■ **Shanghai:** Die gigantische Nangpu-Brücke überspannt den Fluss Huangpu

Die dramatischen Werke Shakespeares

Geschichtsdramen
»Heinrich VI. (3 Teile)« (1590/92)
»Richard III.« (1592/93)
»Richard II.« (1595/97)
»König Johann« (1596)
»Heinrich IV. (Teil 1 & 2)« (1597)
»Heinrich V.« (1598/99)
»Heinrich VIII.« (1611)

Komödien
»Die Komödie der Irrungen« (1591)
»Verlorene Liebesmüh« (1594)
»Die beiden Veroneser« (1594/95)
»Ein Sommernachtstraum« (1595/96)
»Der Widerspenstigen Zähmung« (1598)
»Viel Lärm um nichts« (1598)
»Wie es euch gefällt« (1599)
»Die lustigen Weiber von Windsor« (1600)
»Was ihr wollt« (1600/02)
»Ende gut, alles gut« (1603)
»Maß für Maß« (1603/04)
»Ein Wintermärchen« (1611)
»Der Sturm« (1611)

Tragödien
»Titus Andronicus« (1593/94)
»Romeo und Julia« (1594/96)
»Der Kaufmann von Venedig« (1596/97)
»Julius Cäsar« (1599)
»Hamlet, Prinz von Dänemark« (1601/02)
»Troilus und Cressida« (1601/02)
»Othello, der Mohr von Venedig« (1602)
»König Lear« (1604/05)
»Macbeth« (1606)
»Antonius und Kleopatra« (1607)
»Coriolan« (1608)
»Timon von Athen« (1605/08)
»Perikles, Fürst von Tyrus« (1607/08)
»Kymbelin« (1608/09)

Shanghai

Von Shanghai leitet sich *schanghaien,* ein Ausdruck der Seemannssprache, ab. Damit bezeichnete man früher die Sitte, Seeleute in einer Kneipe betrunken zu machen, um sie in diesem Zustand als Matrosen auf einem Schiff anzuheuern.

Wissen im Überblick: Sexualität

Die Sexualität oder *Geschlechtlichkeit* ist eine für die Evolution des Lebens auf der Erde unabdingbare Eigenschaft der Lebewesen, die eng mit der Fortpflanzung zusammenhängt. Im Laufe der Entwicklung des Lebens bildete sich die geschlechtliche Vermehrung heraus, bei der die Reproduktion des Lebens nicht mehr wie bei der ungeschlechtlichen Vermehrung auf ein einzelnes Lebewesen beschränkt ist, sondern jeweils zwei Lebewesen benötigt. Voraussetzung dafür ist auf der Ebene der Weitergabe der genetischen Information die Teilung des zweifachen Chromosomensatzes in einen einfachen Chromosomensatz, der in besonderen Körperzellen *(Geschlechtszellen)* enthalten ist. Die Ausbildung von zwei Geschlechtern mit spezialisierten Organen, die sich teilweise ergänzen, ermöglicht die Vermischung der einfachen Chromosomensätze durch Verschmelzung der Geschlechtszellen (Befruchtung). Damit sich die Geschlechtszellen vereinigen können, ist die Sexualität notwendig. Ziel der Arterhaltung im Pflanzen- und Tierreich ist es, dass die männlichen Samenzellen zu den weiblichen Eizellen gelangen und sich mit ihnen vereinigen. Der Vorteil einer solchen Art der Vermehrung ist eine größere Variation, die gleichzeitig die natürliche Auslese und damit die bestmögliche Anpassung an die vorhandenen Lebensbedingungen erleichtert.

Im Laufe der Evolution haben sich je nach Lebensraum und Art zahlreiche Ausdrucksformen geschlechtlichen Verhaltens entwickelt. Dabei beweisen gerade die Pflanzen, deren Sexualität man erst Ende des 17. Jh. feststellte, eine ungeheure Vielfalt. Da Pflanzen ihre Geschlechtsorgane zumeist nicht direkt miteinander in Kontakt bringen können, sind sie auf fremde Unterstützung angewiesen, um die männlichen Geschlechtszellen (Pollen) zum weiblichen Geschlechtsorgan (Narbe) zu befördern. Sie nutzen dabei sowohl Naturkräfte (wie den Wind) als auch Tiere aus, die sie durch besondere Formen, Farben und Düfte anlocken und dazu bringen, unfreiwillig den Blütenstaub zu übertragen. Im Tierreich gibt es ebenfalls vielfältige Formen der Sexualität, die bisweilen mit komplizierten Ritualen des Werbens und der Paarung verbunden sind. Doch bei nahezu allen Tierarten ist der Geschlechtstrieb an begrenzte zeitliche Phasen (Brunft) gebunden, in denen besondere Geschlechts- oder Sexualhormone die Paarungsbereitschaft beider Geschlechter steuern. Außerdem ist das Weibchen nur in diesem Zeitraum fruchtbar.

Beim Menschen hingegen ist die Sexualität vom Zwang zur Fortpflanzung befreit. Die Sexualhormone, die bei jedem Menschen für die Ausprägung der männlichen bzw. weiblichen Geschlechtsmerkmale verantwortlich sind, steuern zwar seinen Sexualtrieb. Aber der Mensch kann diesen Trieb auch durch sein Denken beeinflussen und ihn bewusst hemmen oder steigern. Außerdem kann er anders als Tiere die mit Sexualität verbundenen Empfindungen das ganze Jahr und nahezu sein ganzes Leben lang genießen. Die menschliche Sexualität eröffnet eine große Bandbreite von Ausdrucksformen, die nicht auf den Koitus von Mann und Frau festgelegt sind, sondern sich innerhalb hetero- und homosexueller Beziehungen auf viele Arten Lustgewinn verschaffen können. In manchen Gesellschaften wird das Sexualverhalten durch strenge Vorschriften oder religiöse Gebote und Verbote geregelt, während es in den modernen Gesellschaften jedem freigestellt ist, wie er seine Sexualität auslebt. Gesetzliche Einschränkungen betreffen nur den Schutz von Minderjährigen und stellen gewaltsames oder aufdringliches Sexualverhalten sowie verbotene sexuelle Praktiken, die als krankhafte Abweichungen vom normalen sexuellen Verhalten gelten (Perversionen), unter Strafe.

Sexualität beschränkt sich beim Menschen nicht auf Körperkontakte, sondern beschäftigt auch das Denken und Fühlen. Deshalb ist sie in vielfältiger Form, von der Erotik bis zur Pornographie, zu einem untrennbaren Teil der Kultur geworden, die lediglich in manchen Gesellschaften oder Zeiten aus der Öffentlichkeit in den rein privaten Bereich verdrängt oder ganz unterdrückt wird. Sexualität ist eine zwischenmenschliche Erfahrung, die als Erleben des eigenen Körpers und Lustempfindens beim Einzelnen schon in frühester Kindheit beginnt und bis ins hohe Alter anhält. Sie ist ein lebensnotwendiger Teil der menschlichen Existenz, selbst dort, wo sie vorübergehend oder auf Dauer vermieden wird oder nicht ausgeübt wird (z. B. in religiösen Orden mit Keuschheitsgelübde oder im Sinne einer Askese). Besondere Bedeutung hat sie auch für starke, gefühlsbetonte Liebesbeziehungen zu einem anderen Menschen, die zu einer längeren oder dauerhaften partnerschaftlichen Bindung führen können.

Die Sexualität ist nicht allein biologisch bedingt und wird nicht ausschließlich durch Geschlechtshormone gesteuert. Insbesondere die Geschlechtsidentität, d. h., ob sich der Einzelne als Mann oder als Frau fühlt, ist nicht unveränderlich durch angeborene Anlagen festgelegt, sondern wird auch durch die gesellschaftliche Umgebung beeinflusst, vor allem durch die Geschlechtserziehung. Die sozialen Reaktionen auf das eigene Verhalten prägen auch das sexuelle Empfinden und Verhalten, so dass als männlich bzw. weiblich geltende Gefühle und Eigenheiten verstärkt oder unterdrückt werden können.

Sosehr sich auch die menschliche Sexualität dank der Prägung durch die Kultur und der steuernden Rolle des Bewusstseins vom Geschlechtstrieb unterscheidet, so sind doch gewisse körperliche Merkmale und Verhaltensweisen ein Produkt der Evolution der Sexualität und damit ein Erbe unserer tierischen Vorfahren. Vermutlich ist sogar die *Liebe*, die als starke, gefühlsbetonte Bindung an einen anderen Menschen, unser Zusammenleben, Fühlen und Denken in hohem Maße beeinflusst, ein Evolutionsprodukt der Sexualität. Eine Vorstufe davon entstand wahrscheinlich bereits in einer frühen Entwicklungsphase des Vor- oder Frühmenschen, als sich die enge gefühlsmäßige und körperliche Beziehung zwischen zwei Menschen als vorteilhaft für das Überleben der Einzelnen und auch der Sippe erwies. Die Wahl eines Partners, der dem Schönheitsideal jener Zeit entsprach (kräftig, gesund, jung usw.), war die beste Garantie dafür, dass der Partner beim Nahrungserwerb half und Schutz bot bzw. für die Nachkommen sorgte. Günstig für eine Vermischung der Gene und eine Vermeidung von Erbkrankheiten war überdies, wenn jemand seinen Partner außerhalb der eigenen Sippe suchte. Aus dem Zusammenleben der Frühmenschen entwickelten sich auf diese Weise dauerhafte Zweierbeziehungen, die den Weg für eine zwischenmenschliche Beziehung ebneten, die nicht allein durch sexuelles Begehren und Zweckgemeinschaft bestimmt war.

zen, heißen Sommern und langen, sehr kalten Wintern geprägt wird, gehört zu → Russland. Es war ursprünglich von → Mongolen und finnisch-ugrischen Stämmen besiedelt, zu denen später Turkvölker hinzukamen. Ab dem späten 16. Jh. dehnte sich das russische Zarenreich nach Osten aus. Im 18. Jh. war Sibirien eines der acht Gouvernements des Russischen Reiches. Nachdem die Expansion in Sibirien Mitte des 19. Jh. zur Abtretung des Amur- und Ussurigebiets von China geführt hatte, endete sie 1905 mit der Niederlage Russlands gegen Japan. Sibirien ist reich an Bodenschätzen (vor allem Erdöl und Erdgas, Kohle, Eisenerz, Gold und Diamanten). Im Süden gibt es große Ackerbaugebiete. Wegen der Weite des Landes wurde Sibirien unter den Zaren und in der Sowjetunion als Ort für Verbannung und Zwangsarbeit benutzt. Der größte Teil der Bevölkerung (ca. 30 Mio.), die heute überwiegend aus Russen besteht, lebt im Süden, in erster Linie in den Städten entlang der *Transsibirischen Eisenbahn*.

Sicherung, Schutzvorrichtung für elektrische Leitungen oder Geräte gegen Kurzschluss, Überlastung oder Kabelbrand infolge Überhitzung. In solchen Fällen wird der betreffende → Stromkreis automatisch unterbrochen. Man unterscheidet *Schmelzsicherung, Sicherungsautomaten, Überspannungs-* und *Transformatorsicherungen*.

Sicherungsverwahrung, Freiheitsentzug nach Verbüßung einer Haftstrafe, wenn das Gericht diese Maßnahme zum Schutz der Allgemeinheit angeordnet hat (z. B. bei Triebtätern).

Siebdruck, auch *Serigraphie* genanntes Druckverfahren. Das Prinzip besteht darin, dass man beim Drucken ein Sieb oder ein anderes durchlässiges Material (z. B. Stoff) verwendet und die Teile, die später auf dem Bild keine Farbe tragen sollen, abdeckt oder mit einer farbundurchlässigen Schicht (z. B. mit Lack oder Wachs) versieht.

Siebenbürgen, *Transsilvanien,* Gebiet in → Rumänien, das im Norden, Osten und Süden von den → Karpaten umschlossen wird. Nachdem es im 11. Jh. unter ungarischen Einfluss kam, wurde es ab Mitte des 12. Jh. von deutschen Kolonisten, den *Siebenbürger Sachsen,* besiedelt. Das Fürstentum (seit 1541) stand zunächst unter der Oberhoheit des → Osmanischen Reiches und fiel Ende des 17. Jh. an das → Habsburgerreich. Nach dem Ersten Weltkrieg sprach sich die Bevölkerungsmehrheit für einen Anschluss an Rumänien aus. Der Norden gehörte 1940–1947 zu Ungarn.

■ *Siebenschläfer*

Siebengebirge, rechtsrheinischer Teil des → Rheinischen Schiefergebirges. Die höchste Erhebung der vulkanischen, stark bewaldeten Berggruppe ist der *Große Ölberg* (460 m)

Siebenjähriger Krieg, 1756–1763 zwischen Preußen und Österreich um den Besitz Schlesiens geführter Krieg (deshalb auch als 3. → *Schlesischer Krieg* bezeichnet). Gleichzeitig kämpften Frankreich (als Verbündeter Österreichs) und England (auf Seiten Preußens) um die Vorherrschaft in den überseeischen Kolonien. Preußen behielt Schlesien, während England die französischen Kolonien in Nordamerika (→ Kanada) und in Westafrika (→ Senegal) gewann.

Siebenkampf, in der → Leichtathletik Mehrkampf der Damen, der aus 100-m-Hürden-Lauf, Kugelstoßen, Hochsprung, 200-m-Lauf, Weitsprung, Speerwerfen und 800-m-Lauf besteht.

Siebenschläfer, *Bilch,* ein Nagetier, das bis zu 20 cm lang wird und einen langen, buschigen Schwanz besitzt. Siebenschläfer sind nachtaktive Allesfresser, die in Europa und Südwestasien in Laubwäldern vorkommen. Je nach Klima halten sie einen sieben- bis neunmonatigen Winterschlaf.

Siedepunkt, Temperatur, bei der eine Flüssigkeit in den gasförmigen → Aggregatzustand übergeht, d. h. verdampft.

SI-Einheiten [von frz. système international], die international empfohlenen Grundeinheiten, die seit 1978 in Deutschland allein zulässig sind. Aus den SI-Einheiten können alle → Maßeinheiten abgeleitet werden.

Siegel, Stempel- oder Ringabdruck in einem Material, das sich bei Erwärmen verformt (z. B.

Transsibirische Eisenbahn

Die *Transsibirische Eisenbahn,* kurz Transsib genannt, wurde 1891–1916 errichtet. Die 9300 km lange Strecke verbindet den europäischen Teil Russlands mit Sibirien. Sie ist die längste Eisenbahnlinie der Welt.

Siegfried

Siegfried brachte sich in den Besitz des Nibelungenschatzes, indem er einen Drachen erschlug. Als er im Blut des Drachen badete, wurde er bis auf eine Stelle am Rücken unverwundbar. Er rettete danach die → Walküre *Brünhild,* heiratete aber später *Kriemhild,* die Schwester des Burgunderkönigs *Gunther.* Für diesen warb er um die Hand Brünhilds, die er aufgrund eines Liebestranks vergessen hatte, und gewann sie in einem Wettkampf (im Schutz seiner Tarnkappe) als Gunthers Gemahlin. Aus Rache ließ ihn die betrogene Brünhild später durch Hagen von Tronje ermorden.

Sierra Leone
Staatsname: Republik Sierra Leone
Staatsform: Präsidiale Republik
Hauptstadt: Freetown
Fläche: 71 740 km²
Einwohner: 4,6 Mio.
Bevölkerungsdichte: 64/km²
Amtssprache: Englisch
Währung: Leone (Le)
Nationalitätskennzeichen: WAL

Sierra Leone

■ *Das bedeutendste Heiligtum der* **Sihks** *– der Goldene Tempel von Amritsar*

Wachs oder *Siegellack).* Ein Siegel wird verwendet, um eine Urkunde zu beglaubigen oder die Unversehrtheit von Schriftstücken anzuzeigen.

Siegfried, germanische Heldengestalt, die als *Sigurd* in der → Edda auftritt und die Hauptfigur des → Nibelungenliedes ist.

Sierra Leone, Staat in Westafrika. Das Land nimmt eine feuchtheiße Küstenebene mit bergigem Hinterland ein. Die Bevölkerung, die aus rund 20 Völkern besteht, lebt hauptsächlich von der Landwirtschaft und vom Bergbau. Das Mitte des 15. Jh. von Portugiesen entdeckte Gebiet, das schon früh für den Sklavenhandel diente, wurde ab Mitte des 17. Jh. von britischen Kaufleuten besiedelt. 1787 wurde auf der Halbinsel Sierra Leone die heutige Hauptstadt *Freetown* gegründet. Nachdem 1808 die Halbinsel britische Kronkolonie geworden war, stellte Großbritannien 1896 auch das Hinterland unter seine Schutzherrschaft. Beide Teile wurden erst in den 50er Jahren vereinigt. 1961 erlangte Sierra Leone seine Unabhängigkeit. Seit 1971 ist es eine Republik (innerhalb des → Commonwealth), die mehrere Militärputsche erlebte. Seit Ende der 80er Jahre herrscht ein Bürgerkrieg, in dem Rebellen der sog. *Revolutionären Vereinigten Front RUF* gegen die Truppen des Militärregimes kämpfen.

Signal [von lat. signum = »Zeichen«], *das,* Zeichen, das auf akustischem oder optischem Weg oder durch ein technisches Hilfsmittel übertragen wird, um eine → Nachricht zu übermitteln.

Sikhs [Sanskrit »Schüler«], Bezeichnung für die Anhänger einer indischen Sekte (etwa 18. Mio. Mitglieder), die im 16. Jh. gegründet wurde. Der Sikh-Glaube versucht, hinduistische und islamische Einflüsse zu vereinigen. In Indien kam es immer wieder zu blutigen Auseinandersetzungen mit den Hindus. 1966 erhielten die Sikhs einen eigenen indischen Bundesstaat (Pandschab).

Silber, ein → chemisches Element. Das weißglänzende Edelmetall leitet hervorragend elektrischen Strom und Wärme. Silber wird nicht nur wegen seiner leichten Formbarkeit seit alter Zeit zur Schmuckherstellung und für Münzen verwendet, sondern spielt auch eine wichtige Rolle in der Fotografie, weil Silbersalze lichtempfindlich sind.

Silicium [von lat. silex = »Kiesel«], *das,* ein → chemisches Element. Das Halbmetall ist in der Erdkruste das zweithäufigste Element. Es ist ein → Halbleiter und wird deshalb hauptsächlich für die Herstellung von Halbleiterbauelementen verwendet.

Silikate, *Silicate,* Salze der Kieselsäure, einer Siliciumverbindung. Die natürlichen sind als *Silikatminerale* häufige Bestandteile der Erdkruste (→ Erde). Außerdem sind Silikate Hauptbestandteil von künstlichen Erzeugnissen wie etwa → Glas, Email oder Porzellan.

Silikon, *das,* durch → Polymerisation erzeugter Kunststoff, der zu Schmiermitteln, Dichtungs- und Isoliermaterialien und Lackzusätzen verarbeitet wird.

Silur [nach dem vorkelt. Stamm der Silurer], *das,* Abschnitt in der → Ergeschichte (vor 440–410 Mio. Jahren).

Simbabwe, Staat in Südostafrika. Das überwiegend von → Bantustämmen bewohnte Land besteht größtenteils aus Hochland. Es stützt sich wirtschaftlich auf den Bergbau, besitzt aber auch eine vielfältige Industrie und Landwirtschaft. In dem Binnenstaat gab es bereits im 1. Jt. eine hoch entwickelte Kultur, von der insbesondere die Ruinenstadt *Simbabwe* zeugt. Das Gebiet wurde Ende des 19. Jh. von Cecil Rhodes (→ Rhodesien) erobert und hieß *Südrhodesien.* Die britische Kolonie (ab 1923), die 1953–1963 zur *Zentralafrikanischen Föderation* gehörte, erklärte sich 1965 einseitig für unabhängig. Rhodesien blieb aber auch nach der Ausrufung der Republik 1970 wegen seiner Apartheidpolitik international isoliert. Der langjährige Guerillakrieg der beiden Befreiungsbewegungen ZANU und ZAPU sowie der internationale Druck zwangen die weiße Minderheitsregierung von Ian Smith, freie, von Großbritannien überwachte Wahlen zuzulassen. 1980 wurde das Land unter dem Namen *Simbabwe* in die Unabhängigkeit entlassen. Es gehört wieder dem → Commonwealth an. Seit 1980 ist die aus der gleichnamigen Unabhängigkeitsbewegung hervorge-

Singapur 611

Simbabwe (Zimbabwe)
Staatsname: Republik Simbabwe
Staatsform: Präsidiale Republik
Hauptstadt: Harare
Fläche: 390 759 km²
Einwohner: 11,3 Mio.
Bevölkerungsdichte: 29/km²
Amtssprache: Englisch
Währung: Simbabwe-Dollar (Z. $)
Nationalitätskennzeichen: ZW

Simbabwe

Singapur (Singapore, Singapura)
Staatsname: Republik Singapur
Staatsform: Republik
Hauptstadt: Singapur
Fläche: 626 km²
Einwohner: 2,8 Mio.
Bevölkerungsdichte: 4473/km²
Amtssprache: Englisch, Malaiisch
Währung: Singapur-Dollar (S $)
Nationalitätskennzeichen: SGP

Singapur

Silber

Zeichen: Ag (von lat. *argentum*)
Ordnungszahl: 47
Atommasse: 107,87
Dichte: 10,5 g/cm³
Schmelzpunkt: 962 °C
Siedepunkt: 2212 °C

Silicium

Zeichen: Si
Ordnungszahl: 14
Atommasse: 28,08
Dichte: 2,33 g/cm³
Schmelzpunkt: 1410 °C
Siedepunkt: 2355 °C

gangene ZANU-Partei an der Regierung, die 1987 mit der ZAPU zur ZANU-PF vereinigt wurde. Präsident Robert Mugabe regiert das Land autoritär. Eine 1992 verabschiedete Bodenreform ermöglichte eine Enteignung der zumeist weißen Großfarmer zugunsten von Kleinbauern.
Simulation [lat. »Vorspiegelung«], *die,* Nachahmung von Vorgängen und Systemen mithilfe von **Simulatoren,** d. h. technischen Geräten, die wirklichkeitsgetreue Verhältnisse künstlich herstellen, um menschliches Verhalten (z. B. in einem Flugsimulator als Nachbildung des Arbeitsbereiches einer Flugzeugbesatzung) oder Fahrzeuge gefahrlos zu testen.
Sinai, zu → Ägypten gehörende Halbinsel, die zwischen Mittelmeer und Rotem Meer liegt und durch den Golf von Suez und den → Suezkanal von Afrika getrennt ist. Das Tafelland steigt nach Süden zu dem gleichnamigen Gebirge hin an (bis 2637 m hoch). Auf dem *Berg Sinai* soll → Moses von Gott die Tafeln mit den Zehn Geboten empfangen haben. Der Sinai besteht größtenteils aus unbewohntem Wüstengebiet. 1967 besetzte Israel die Halbinsel im 3. Nahostkrieg und gab sie erst 1979–1982 schrittweise zurück.
Sinfonie [it. »Zusammenklang«], *die,* mehrteiliges, zumeist viersätziges Instrumentalwerk für Orchester. Die Sinfonie entwickelte sich etwa ab 1730 zu einer eigenständigen Form, die später immer weiter vervollkommnet wurde. Der erste → Satz war fast immer als lebhafter Sonatenhauptsatz (→ Sonate) gestaltet, der zweite war langsam, der dritte tänzerisch (als → Menuett oder Scherzo), der vierte wieder lebhaft. Die Sinfonie war charakteristisch für die Klassik.
Singapur, südasiatischer Stadtstaat an der Südspitze der Malaiischen Halbinsel, der neben der gleichnamigen Hauptinsel 57 kleinere Inseln

■ *Die Skyline von* **Singapur**

Singlehaushalte

In Schweden leben die meisten Singles. 40 % aller Haushalte werden in diesem Land von nur einer Person geführt. An zweiter Stelle stehen Norwegen und Dänemark mit jeweils 35 %, gefolgt von Deutschland mit 34 %.
Jeder dritte deutsche Haushalt zieht das Alleinsein einem Familienleben vor. Das Schlusslicht unter den entwickelten Ländern ist die Türkei. Von 100 Haushalten sind dort nur drei in der Hand von Singles, vornehmlich in den industriellen Ballungszentren. Weitere Länder: USA: 25 %, Japan: 22 %, Frankreich 28 %

umfasst. Zum großen Teil unfruchtbare Tiefländer und Hügelland prägen die Hauptinsel im Landesinneren. Der Inselstaat war bereits im 7. Jh. ein bedeutender Handelsplatz, der jedoch im 14. Jh. zerstört wurde. 1819 gründeten die Briten an der Stelle des früheren Hafens die Stadt Singapur. Die Kronkolonie (ab 1867) wurde 1923 zu einem Marinestützpunkt ausgebaut. 1963 erhielt Singapur zusammen mit Malaya und dem britischen Teil von → Borneo seine Unabhängigkeit und trat der Malaiischen Föderation (→ Malaysia) bei; doch bereits 1965 schied es wegen der Konflikte zwischen der chinesischen und malaiischen Bevölkerung aus. Singapur ist im Gegensatz zu Malaysia mehrheitlich von Chinesen bewohnt. Es gehört weiterhin dem → Commonwealth an. Der autoritär regierte Stadtstaat, der das öffentliche Leben mit strengen Gesetzen kontrolliert, zählt zu den Ländern mit dem höchsten Wirtschaftswachstum. Seine Wirtschaft stützt sich vor allem auf seine hoch entwickelte Industrie und seinen Handel.

Single [engl. sɪŋgl »einzeln«], **1.** *die,* kleine → Schallplatte (Durchmesser: 17 cm) mit ursprünglich einem Titel auf jeder Seite; **2.** *der,* Bezeichnung für Personen, die (zumeist) absichtlich ohne festen Partner leben und in einem Einpersonenhaushalt wohnen.

Singular [von lat. singularis = »einzeln«], *der,* Einzahl, in der Grammatik die jeweilige Form, die bei einem → Nomen oder → Pronomen anzeigt, dass es sich nur um eine Person oder einen Gegenstand handelt (z. B. *das Kind, es*). Auch beim → Verb gibt es besondere Singularformen (ich *gehe,* du *kommst,* er, sie, es *bleibt*).

Singvögel, Unterordnung der Sperlingsvögel, die weltweit etwa 4000 Arten umfasst. Gemeinsames Merkmal der kleinen bis mittelgroßen Vögel ist die Ausbildung des unteren Kehlkopfes, der mehrere (drei bis neun) Muskelpaare besitzt. Dies befähigt die meisten der Vögel, wohltönende Laute zu erzeugen. Der »Gesang« dient der Abgrenzung und Verteidigung des eigenen → Reviers. Deshalb singen vorwiegend die Männchen, am stärksten vor und zu Beginn der Brutzeit. Bekannte Arten, die in Mitteleuropa vorkommen, sind z. B. → *Amsel, Drossel* (Singdrossel), *Lerche, Nachtigall* und *Star.*

Sinnesorgane, Organe, die Menschen und Tieren zur Aufnahme von *Sinnesreizen* (von außen oder aus dem Körperinneren) dienen. Sie betreffen vor allem den Geruchs-, Geschmacks-, Temperatur-, Tast-, Gesichts- (optische Wahrnehmung), Gleichgewichts- und Schmerzempfindungssinn. Jede einzelne *Sinneszelle* kann nur ganz bestimmte Reize über das Nervensystem an das Gehirn weiterleiten.

Sintflut [von ahdt. sinvluot = »große Flut«], riesige Flut, die einem Bericht des → Alten Testaments zufolge alles Leben auf der Erde vernichtete. Sie wurde als Strafgericht Gottes gedeutet, dem nur der gottesfürchtige Noah und seine Familie sowie ein Paar jeder Tierart entgingen. Noah hatte nämlich auf Gottes Befehl ein großes Schiff, die *Arche,* gebaut.

Sinti, *Mz.,* Selbstbezeichnung der in Mitteleuropa lebenden → Roma, die früher → Zigeuner genannt wurden.

Sinus [lat. »Bogen«], *der,* in der → Trigonometrie eine Winkelfunktion (Abkürzung *sin),* die im rechtwinkligen Dreieck das Verhältnis von Gegenkathete zu Hypotenuse ausdrückt.

Sippe, aus mehreren Einzelfamilien bestehender, blutsverwandter Familienverband. Kennzeichnend ist die streng hierarchische Führung durch einen Stammesältesten.

Sirenen, in der griechischen Sage Frauen mit Vogelkörpern, deren betörender Gesang die Seefahrer dazu brachte, dass sie ihnen entweder für immer lauschten oder an den Klippen zerschellten.

Sirius, hellster → Fixstern am Nachthimmel, der auch als *Hundsstern* bezeichnet wird, weil er der Hauptstern des Sternbildes *Großer Hund* ist. Der von der Erde 8,7 Mio. Lichtjahre entfernte

Sirius ist ein → Doppelstern, der einen lichtschwachen Weißen Zwerg als Begleiter hat.

Sisyphos, *Sisyphus,* in der griechischen Sage ein für seine List und Verschlagenheit berühmter Held. Als er in hohem Alter starb, wurde er dazu verurteilt, im → Tartaros einen schweren Felsblock einen Hügel hinaufzurollen. Seine Mühsal hatte jedoch kein Ende, weil der Stein kurz vor dem Ziel immer wieder zurückrollte. Deshalb wird eine besonders mühsame und sinnlos erscheinende Tätigkeit als *Sisyphusarbeit* bezeichnet.

Sitar [pers.], *die,* indisches Saiteninstrument mit langem Hals und rundem, zumeist birnenförmigem Resonanzkörper, das 4–5 Melodiesaiten sowie zwei mitschwingende Basssaiten und bisweilen mehrere Resonanzsaiten aus Metall besitzt. Die Saiten werden mit einem → Plektron gezupft. Die Sitar spielt eine wichtige Rolle in der indischen → Ragamusik.

Sizilien, zu → Italien gehörende Insel und autonome Region. Die größte Mittelmeerinsel liegt südwestlich der Apenninhalbinsel und ist durch die teilweise nur 3 km breite *Straße von Messina* vom Festland getrennt. Im Osten der bergigen Insel befindet sich der noch tätige Vulkan *Ätna* (3350 m). Bereits im 8. Jh. v. Chr. gründeten die Griechen auf Sizilien Kolonien, von denen *Syrakus* die mächtigste wurde. Ende des 5. Jh. v. Chr. eroberten die Karthager den größten Teil der Insel. 227 v. Chr. wurde Sizilien römische Provinz. Später kam die Insel unter die Oberhoheit germanischer Völker (→ Vandalen und Ostgoten) und von Byzanz. Im 9. Jh. wurde sie von den Arabern besetzt, bevor ab 1061 die Normannen ein selbstständiges Königreich errichteten, das im 12. Jh. mit Unteritalien vereinigt wurde. Nachdem Sizilien bis 1268 im Besitz der → Staufer war, fiel es an Spanien. Im 18. Jh. war es kurzzeitig im Besitz Savoyens und der → Habsburger, bevor es 1735 wieder mit Neapel zu einem Königreich vereinigt wurde. Seit 1861 ist Sizilien Bestandteil Italiens.

Skala [it. »Treppe«], *die,* Maßeinteilung bei Messgeräten zum Ablesen von Werten. Die Anzeige kann digital oder analog sein und durch Zahlen oder über einen Zeiger (mit *Strichskala*) erfolgen.

Skalden, Bezeichnung für skandinavische Dichter (hauptsächlich in Norwegen und Island) im 9.–14. Jh. Die Dichtungen der Skalden wurden bei Hofe vorgetragen und gingen teilweise in die → Sagas ein.

Skalp [engl.], *der,* getrocknete behaarte Kopf-

■ *Sizilien: Der Ätna ist der größte tätige Vulkan Europas*

haut eines besiegten Gegners, die bei einigen nordamerikanischen → Indianern als Trophäe am Gürtel, an der Lanze oder am Zelt hing.

Skandinavien, nordeuropäische Halbinsel (ca. 750 000 km^2), die zwischen dem Atlantik, der Nordsee und der Ostsee liegt und durch Lappland mit dem europäischen Kontinent verbunden ist. Politisch besteht sie aus → Norwegen und → Schweden. Die skandinavische Halbinsel ist im Westen und Osten gebirgig und an der Westküste in zahlreiche → Fjorde gegliedert. Nach Nordosten und Süden geht die Landschaft in Tiefland über. In weiterem Sinne versteht man unter Skandinavien neben Norwegen und Schweden auch die drei anderen nordeuropäischen Länder Dänemark, Finnland und Island (Karte S. 614).

Skarabäus, auch Pillendreher genannter Mistkäfer. Der in den Mittelmeerländern vorkommende Käfer war im alten Ägypten heilig, göttliches und Sonnensymbol.

Skateboard [von engl. skate skeɪt = »rollen« und board bɔːd = »Brett«], *das,* in den USA entwickeltes Sportgerät. Ein 55–120 cm langes und 15–25 cm breites Brett aus Holz, Kunststoff oder Metall lagert auf vier federnden Rollen. Der Skateboardfahrer steht auf dem Rollbrett und kann es durch Verlagerung seines Gewichts steuern. Es gibt Wettbewerbe verschiedener Disziplinen wie Figurenfahren, Slalom, Weit- und Hindernisspringen oder Steilwandfahren.

Skelett [von griech. skeletos = »ausgetrocknet«], *das,* inneres oder äußeres Stützgerüst des Körpers, das aus → Knochen oder anderen Materialien (z. B. bei Gliederfüßern aus → Chinin) besteht. Bei den Wirbeltieren und beim Menschen unterscheidet man zwischen Kopf-, Rumpf- und Gliedmaßenskelett.

Skateboard-Begriffe

Airials: Tricks auf dem Skateboard, die der Skater in der Luft vollführt, wobei er das Brett mit einer Hand festhält.
Bail: Ein kalkulierter Sturz, wenn ein Trick nicht klappt.
Freestyle: Kürlauf nach Musik.
Halfpipe: U-förmige Holzrampe, auf deren Rändern die Tricks vorgeführt werden.
Handplant: Handstand auf der Kante der Halfpipe.
Kickturn: Halbe Drehung des Boards auf der Hinterachse.
Ollie: Der Skater springt mit dem Board, ohne es festzuhalten.
Shredden: Rabiates Skaten.
Slam: Unfreiwilliger Sturz.
Streetstyle: Skate-Kurs mit Rampen, Metallröhren, Schrottautos zur Demo-Straßenfahrt.

Skisport
··················

Skisport ist die Sammelbezeichnung für alle Wintersportarten, die auf Skiern betrieben werden. Man unterscheidet dabei zwischen *nordischem* und *alpinem* Skisport. Zu den nordischen Disziplinen gehören *Skilanglauf* (mit langen, schmalen Skiern) als Einzel- oder Staffelwettbewerb (Streckenlänge bei den Herren: 15, 30 und 50 km, bei den Damen: 5, 10 und 20 km), → *Biathlon*, *Skispringen* (auch als Spezialspringen bezeichneter Sprunglauf von einer Sprungschanze, bei der die Springer eine möglichst große Weite erzielen und zusätzlich für ihre Haltung während des Sprungs und bei der Landung bewertet werden, wobei es Normal- und Großschanzen gibt) und *Skifliegen* (von einer Flugschanze) sowie → *Nordische Kombination*. Der alpine Skisport umfasst → *Abfahrtslauf*, *Slalom*, *Riesenslalom*, *Super-G* und alpine Kombination sowie *Trickskifahren*.

Ski, *Schi* [norweg. »Scheit«], *der*, schon in vorgeschichtlicher Zeit in Skandinavien entwickeltes Gerät, mit dem man sich auf Schnee fortbewegen kann. Erst gegen Ende des 19. Jh. gelangte der Ski nach Mitteleuropa und wurde hier zu einem Sport- und Freizeitgerät. Ursprünglich bestand der Ski aus Holz, während er heute aus Kunststoff oder Metall gefertigt wird. Für die verschiedenen Skisportarten gibt es spezielle Skier, die sich vor allem in ihrer Länge und Breite unterscheiden. Die *Sicherheitsbindung*, mit der der Schuh am Ski befestigt ist, geht beim Sturz auf, um Fußverletzungen zu verhindern.

Skinhead [von engl. skin = »Haut« und head [hɛd] = »Kopf«], *der*, wegen seines extrem kurzen Haarschnitts (oder Glatzenschnitts) so bezeichneter Jugendlicher. Ein weiteres Kennzeichen ist die einheitliche Kleidung (Bomber-

■ *Skifahren* - der beliebteste Wintersport

jacken und Springerstiefel). Viele Skinheads geben sich betont gewalttätig und neigen mit ihrer Ausländerfeindlichkeit zum → Rechtsradikalismus.

Skizze [von it. schizzo = »Spritzer«], *die,* in der bildenden Kunst, Literatur oder Architektur eine flüchtig entworfene Darstellung, die einen Grundgedanken zur späteren weiteren Ausarbeitung festhält.

Sklaverei [von lat. sclavus = »Unfreier«], im Unterschied zur → Leibeigenschaft ein dauerhafter Zustand der Abhängigkeit und des Eigentumsrechts eines *Sklaven* (der Herr hatte das Recht, seinen Sklaven zu verkaufen oder sogar zu töten). Die Sklaverei entstand im Altertum; in Vorderasien war sie seit etwa 2300 v. Chr. bekannt. Zumeist handelte es sich bei den Sklaven um Kriegsgefangene oder geraubte und verschleppte Angehörige anderer Völker und um deren Nachkommen. Sie wurden zu niedrigen Arbeiten eingesetzt und spielten in manchen Hochkulturen eine wichtige Rolle als billige Arbeitskräfte (insbesondere beim Errichten großer Bauwerke). Auch in Griechenland und im Römischen Reich hatten Sklaverei und Sklavenhandel große Bedeutung. Im Mittelalter war die Sklaverei vor allem in den islamischen Staaten verbreitet, während in der Neuzeit Sklaven aus Afrika insbesondere nach Amerika transportiert wurden, um dort auf den Plantagen zu arbeiten. Nach der Französischen Revolution begannen die meisten europäischen Staaten damit, die Sklaverei in ihren Kolonien abzuschaffen. In den USA, wo Mitte des 19. Jh. etwa 4 Mio. schwarze Sklaven lebten, führte das Verbot der Sklaverei zum → Sezessionskrieg. Endgültig wurde die Sklaverei dort erst 1865 abgeschafft. In Brasilien wurde sie sogar erst 1888 beseitigt.

Skorbut [lat.], *der,* Mangelkrankheit, die durch Unterversorgung des Körpers mit → Vitamin C hervorgerufen wird. Skorbut, der zu Mattigkeit, Apathie oder Zahnausfall führt, war früher vor allem bei Seeleuten auf langen Fahrten verbreitet.

Skorpion, → Tierkreiszeichen (♏), das dem gleichnamigen → Sternbild (lat. *Scorpius*) und im → Horoskop dem Zeitraum 24. Oktober–22. November entspricht.

Skorpione, etwa 600 Arten umfassende Ordnung der Spinnentiere, deren Vertreter vor allem in tropischen und subtropischen Gebieten (Steppen und Wüsten) vorkommen. Skorpione werden bis zu 18 cm lang und bringen überwiegend lebende Junge hervor. Sie besitzen acht Beine, ein Paar kleine und ein Paar lange, große Scheren und tragen am Hinterleib einen Giftstachel. Skorpione sind Räuber, die sich von Spinnen und Insekten ernähren.

■ *Skorpion*

Skulptur [lat.], *die,* auch als → *Plastik* bezeichnetes Werk eines Bildhauers, das zumeist aus Stein, Marmor oder Metall besteht (→ Bildhauerkunst).

Skythen, ostiranisches Reitervolk, das im 9./8. Jh. v. Chr. in das Gebiet zwischen Don und Karpaten einwanderte. Sie haben zahlreiche hervorragende Goldschmiedearbeiten hinterlassen.

Slalom [norweg. »leicht abfallende Skispur«], *der,* auch als *Torlauf* bezeichneter Wettbewerb des alpinen → Skisports. Die Läufer müssen in möglichst kurzer Zeit eine abgesteckte Strecke hinabfahren und dabei fehlerfrei eine bestimmte Anzahl von Toren durchfahren. Bei den Herren sind es 55–57, bei den Damen zwischen 40

Slowakei (Slovensko)
Staatsname: Slowakische Republik
Staatsform: Republik
Hauptstadt: Bratislava
Fläche: 49 036 km^2
Einwohner: 5,4 Mio.
Bevölkerungsdichte: 110/km^2
Amtssprache: Slowakisch
Währung: Slowakische Krone (Sk)
Nationalitätskennzeichen: SK

Slowakei

und 60. Der Höhenunterschied beträgt bis zu 220 m bei den Herren und bis zu 180 m bei den Damen. Die Gesamtzeit von zwei Läufen entscheidet über den Sieg. Der Slalom ist auch Bestandteil der alpinen Kombination.

Slang [engl. slæŋ], *der,* Umgangssprache oder derbe Ausdrucksweise der niederen Gesellschaftsschichten (in Großbritannien und den USA).

Slawen, zu den → Indogermanen gehörende Völker, die im Altertum im Gebiet des heutigen Polens, Weißrusslands und der Ukraine siedelten. Im Zuge einer großen Völkerwanderung zogen sie ab dem 5. Jh. nach Süden, Westen und Osten. Sie gelangten bereits zu Beginn des 6. Jh. an die untere Donau und drangen im 7. Jh. auf dem → Balkan bis → Makedonien vor. Im Westen stießen sie im 6. Jh. in die von den Germanen aufgegebenen Gebiete bis zur Elbe und Saale sowie nach → Böhmen und → Mähren vor, im Südwesten bis Österreich und → Slowenien. Später breiteten sie sich auch im Osten aus und besiedelten → Russland und → Sibirien. Im Mittelalter fielen slawische Siedlungsgebiete im Westen und Süden durch die deutsche Ostkolonisation an deutsche Siedler.

Slowakei, Staat in Mitteleuropa. Das Land nimmt ein überwiegend gebirgiges Gebiet im Bereich der → Karpaten sowie flache Tiefländer im Südwesten ein. Wirtschaftlich stützt es sich vor allem auf Bergbau (Eisen und Braunkohle) und Industrie. Das ab dem 6. Jh. von slawischen Stämmen besiedelte Gebiet gehörte im 9. Jh. zu Mähren, im 10. Jh. zu Böhmen und ab etwa 1000 zu Ungarn. Als *Oberungarn* war es im Mittelalter Teil des ungarischen Königreichs. Die slowakische Nationalbewegung im 19. Jh. richtete sich gegen die Magyarisierung des öffentlichen Lebens. Im → Ersten Weltkrieg verbündeten sich die Slowaken mit den Tschechen, um ihre Selbstständigkeit zu erlangen. Als Ende 1918 die → Tschechoslowakei entstand, wurde die Slowakei Teil der *Tschechoslowakischen Republik,* erhielt jedoch keine Selbstverwaltung. Nach dem Einmarsch deutscher Truppen 1939 in Böhmen und Mähren erklärte sie sich zu einem unabhängigen Staat unter deutschem Schutz, war aber in Wirklichkeit ein Satellitenstaat des Deutschen Reiches. Auch nach dem Zweiten Weltkrieg blieb der Slowakei innerhalb der Tschechoslowakischen Sozialistischen Republik die Selbstständigkeit versagt, aber sie besaß eine eigene Regierung. Die Autonomieforderungen verstärkten sich nach dem Sturz des kommunistischen Regimes Ende 1989, obwohl die Slowakei ab 1990 Teil einer *Tschechischen und Slowakischen Bundesrepublik* war. Mitte 1992 erklärte sie sich für selbstständig. Seit Anfang 1993 ist die *Slowakische Republik* ein unabhängiger Staat. Ein Sprachengesetz, das Ende 1995 Slowakisch als alleinige Amtssprache zuließ, und eine Gebietsreform Anfang 1996 schränkten die Rechte der ungarischen Minderheit ein.

Slowenien, Staat im südöstlichen Mitteleuropa, der ein waldreiches Bergland im Bereich der Alpen und des → Karstgebiets einnimmt und im äußersten Südwesten an die Adria grenzt. Das ab dem 6. Jh. von slawischen Stämmen besiedelte Gebiet kam bereits im 8. Jh. unter fränkische Herrschaft und wurde zu einer Grenzmark im Abwehrkampf gegen die Awaren. Die slowenischen Grafschaften und Herzogtümer, die sich ab dem 10. Jh. bildeten, fielen zwischen dem Ende des 13. Jh. und Anfang des 16. Jh. alle an die → Habsburger. Im österreichischen Kaiserreich wurden die slowenischen Gebiete Kronländer. Nach dem Erstarken einer Nationalbewegung in der zweiten Hälfte des 19. Jh. erklärte Slowenien im Ersten Weltkrieg seine Selbstständigkeit innerhalb des Habsburgerreiches und löste sich 1918 vollständig. Ab Ende 1918 gehörte es zum neu gebildeten *Königreich der Serben, Kroaten und Slowenen.* Nach der Zerschlagung → Jugoslawiens 1941 wurde Slowenien unter Deutschland, Ungarn und Italien aufgeteilt. 1945 wurde es mit veränderten Grenzen (wobei Teile von Julisch-Venetien hinzukamen) Teilrepublik des jugoslawischen Bundesstaates. Nachdem bereits Ende der 80er Jahre ein Mehrparteiensystem eingeführt worden war, erklärte sich Slowenien 1990 zunächst für wirtschaftlich selbstständig. Mitte 1991 trat es als unabhängige Republik aus dem jugoslawischen Bundesstaat aus, musste sich aber militärisch gegen das von den Serben beherrschte Bundesheer wehren. Unter den osteuropäischen Ländern besitzt Slowenien eine sehr leistungsfähige Wirtschaft, die sich vor allem auf den Bergbau (u. a. Braunkohle, Eisen) und die Industrie stützt.

Slums [engl. slʌmz], *Mz.,* Elendsviertel in Großstädten, in denen sozial benachteiligte Menschen unter sehr schlechten Lebensbedingungen wohnen.

Smaragd, durch Chromverbindung grün gefärbte Spielart des *Beryll,* die seit dem Mittelalter zu den besonders wertvollen Edelsteinen gehört.

Smart-Card [engl. ˈsmɑːtkɑːd »intelligente Karte«], *die,* programmierbare Chipkarte, eine

Snowboarding – längst kein Exotensport mehr

8,55 x 5,4 cm große und nicht einmal einen Millimeter dicke Plastikkarte, in die ein winziger → Chip eingebaut ist. Smart-Cards können mehrere Funktionen erfüllen und aufgeladen werden. Eine Smart-Card ist auch zum Empfang von → Pay-TV notwendig.

Smog [von engl. smoke = »Rauch« und fog = »Nebel«], *der,* Bezeichnung für ein durch nicht entgiftete Abgase (von Autos, Heizungen und Industrie) entstehendes Gemisch aus Luft, Nebel und Schadstoffen (z. B. Schwefeldioxid, Stickoxid). Smog kann zu Gesundheitsschädigungen wie etwa Pseudokrupp, Erhöhung des Krebsrisikos oder Atemwegserkrankungen führen.

sniffen [von engl. sniff = »schnüffeln«], mit der Nase durch Einatmen chemische Substanzen (wie etwa Äther oder Klebstoffverdünner) einnehmen, die berauschend wirken, aber zumeist die Gesundheit erheblich schädigen.

Snowboard [engl. ˈsnoʊbɔːd »Schneebrett«], *das,* ein 120–180 cm langes Gleitbrett, mit dem man ähnlich wie mit einem → Ski auf Schnee fahren und Sprünge durchführen kann. Das Mitte der 70er Jahre in den USA entwickelte Sportgerät wird heute auch in speziellen Rennen eingesetzt.

Soap-opera [engl. ˈsoʊpˌɔpərə], *die,* »Seifenoper«, Fortsetzungsgeschichte, die ursprünglich in den USA im Rundfunk ausgestrahlt wurde und in den Werbeunterbrechungen vor allem Reklame für Seifenhersteller machte. Solche Serien wurden auch bald vom Fernsehen übernommen, wo sie oft mehrere Jahrzehnte lang laufen. Soap-operas bieten zumeist wenige, einfach gezeichnete Figuren, mit denen man sich leicht identifizieren kann, und überschaubare, zumeist triviale Geschichten, behandeln manchmal aber auch aktuelle Probleme wie Rassismus und Ausländerfeindlichkeit in unterhaltsamer Form (z. B. »Lindenstraße«).

Soccer [von der Kurzform soc von engl. association football = »Verbandsfußball«], *der* und *das,* die amerikanische Bezeichnung für → Fußball (zur Unterscheidung von → Football).

Soda [span.-it.], *das,* auch als *Natron* oder *Natriumcarbonat* bezeichnetes Natriumsalz der Kohlensäure. In der Natur kommt Soda in Salzseen vor. Soda wird hauptsächlich für die Produktion von Waschmitteln, Glas und Papier verwendet.

Sodbrennen, durch Über- oder Untersäuerung des → Magens hervorgerufenes brennendes Gefühl im unteren Teil der Speiseröhre, das von Magenkontraktionen verursacht wird, wenn Teile des Mageninhalts in die Speiseröhre zurückgepumpt werden.

Sodom und Gomorrha, zwei im → Alten Testament erwähnte Städte in der Nähe des Toten Meeres, die wegen der lasterhaften Sitten ihrer Einwohner durch ein Strafgericht Gottes vernichtet wurden.

Sodomie, nach der biblischen Stadt → Sodom benannter Geschlechtsverkehr von Menschen mit Tieren.

Sofia, bulgar. *Sofija,* in einem Talkessel im Westen des Landes gelegene Hauptstadt (1,1 Mio. Einwohner) von → Bulgarien.

soft [engl.], in zusammengesetzten Wörtern mit

Sofia: Die Alexander-Nevski-Kathedrale

Slowenien (Slovenija)
Staatsname: Republik Slowenien
Staatsform: Republik
Hauptstadt: Ljubljana (Laibach)
Fläche: 20 251 km²
Einwohner: 2 Mio.
Bevölkerungsdichte: 99/km²
Amtssprache: Slowenisch
Währung: Tolar (SLT)
Nationalitätskennzeichen: SLO

Slowenien

Sodom und Gomorrha

Dem Regen aus »Feuer und Schwefel«, der Sodom und Gomorrha zerstörte, entging nur die von zwei Engeln gewarnte Familie Lots, des Neffen von → Abraham. Als sich Lots Frau umdrehte und zurückschaute, erstarrte sie zu einer Salzsäule.

Solo

In der Jazz- und Rockmusik spricht man auch von einem Solo, wenn ein Instrument innerhalb eines Stücks eine längere Passage allein spielt, um die besonderen Fähigkeiten des betreffenden Musikers zu zeigen. In diesen zumeist improvisierten Teilen treten oft auch Instrumente solistisch hervor, die üblicherweise nur die Aufgaben von Begleit- und Rhythmusinstrumenten haben (z. B. *Schlagzeug-, Basssolo*).

Solothurn

Alexander Solschenizyn

Solschenizyn wurde 1945 wegen abfälliger Bemerkungen über → Stalin zu Zwangsarbeit und Verbannung in Mittelasien verurteilt. 1957 wurde er rehabilitiert und schrieb über das Leben in Zwangslagern (»Ein Tag im Leben des Iwan Denissowitsch«, 1960). Ab 1967 durfte er seine Bücher nicht mehr in der UdSSR veröffentlichen. Während zwei Romane nur noch im *Samisdat* (»Selbstverlag« mithilfe von Schreibmaschinen und Verbreitung im Untergrund) erscheinen konnten, wurden die späteren Werke nur noch im Westen gedruckt.
Als in Paris der erste Band seines »Archipel Gulag« (ein mehrbändiges dokumentarisches Werk über die sowjetischen Straflager) erschien, wurde Solschenizyn 1974 ausgebürgert. Er hielt sich zunächst in der Schweiz auf und lebte ab 1976 in den USA. 1994 kehrte er nach Russland zurück. Weitere bekannte Werke sind die Romane »Krebsstation« (1963–1967) und »Im ersten Kreis der Hölle« (1968) sowie ein Romanzyklus über den Ersten Weltkrieg (»August 14«, »November 16«, »März 17«).

der Bedeutung »weich« (z. B. *Softeis* für Sahneeis).

Software [engl. 'sɔftwɛə], *die,* alle → Programme, die zum Betrieb eines → Computers notwendig sind (Gegensatz: → Hardware). Man unterscheidet dabei zwischen der *Systemsoftware* (Programme für → Betriebssysteme wie MS-DOS) und *Anwendersoftware* (Programme für → Textverarbeitung, Desktop-Publishing, Grafik usw.).

Sojabohne, seit dem 3. Jt. v. Chr. bekannte Kulturpflanze aus der Familie der → Schmetterlingsblütler, die ursprünglich aus Südostasien stammt und bis zu 1 m hoch wird. Sowohl Keimlinge (*Sojasprossen*) als auch die Früchte (*Sojabohnen*) sind essbar. Die eiweißreichen Sojabohnen sind wichtig für die menschliche Ernährung. Aus ihnen wird auch ein Speiseöl (*Sojaöl*) gepresst. Sojabohnen werden hauptsächlich in China, den USA und Mittelamerika angebaut.

Sojus [russ. sa'jus »Union«], *der,* Name einer sowjetischen Baureihe von bemannten Raumfahrzeugen (einschließlich ihrer dreistufigen Trägerraketen). Das erste Sojus-Raumfahrzeug startete am 23. 4. 1967.

Sokrates (um 470–399 v. Chr.), griechischer Philosoph, der in Athen lehrte. Er hinterließ selbst keine Schriften, aber seine Philosophie ist durch die Werke seiner Schüler (in erster Linie → Platon) bekannt. Sokrates befasste sich vor allem mit der menschlichen Tugend und verband theoretisches Wissen mit praktischem Handeln. Das Gespräch wurde von ihm zu einer philosophischen Erkenntnismethode entwickelt. Wegen angeblicher Einführung neuer Götter und als Jugendverführer wurde er zum Tode durch den → Schierlingsbecher verurteilt.

Solarzelle, auch als *Sonnenbatterie* bezeichnete *photovoltaische* Zelle, die mithilfe von → Halbleitermaterialien Sonnenlicht in elektrischen Strom umwandelt. Da die Leistung der einzelnen, etwa 4 cm^2 großen Zellen nur gering ist (weniger als 0,1 Watt), kombiniert man Solarzellen zu größeren Flächen.

Soldat [it.], *der,* Angehöriger der Armee eines Staates. In Deutschland gibt es *Wehrpflichtige* (die ihren gesetzlichen → Wehrdienst ableisten), *Zeitsoldaten,* die sich länger verpflichten, und *Berufssoldaten.*

Söldner, Krieger, der sich für Geld (*Sold*) in den Dienst einer (ausländischen) Armee stellt. Söldner wurden bereits im Altertum eingesetzt; noch heute sind sie in der französischen → Fremdenlegion üblich.

Solo [it.], *das,* in der Musik ein Stück, das nur von einer Person gespielt oder gesungen wird. Der jeweilige Interpret wird als **Solist** bezeichnet.

Solothurn, Stadt und Kanton in der → Schweiz.

Solschenizyn [səlʒə'nitsin] Alexander, (*1918), russischer Schriftsteller, der 1970 den Nobelpreis für Literatur erhielt.

Somalia, Staat an der nördlichen Spitze Ostafrikas, der den größten Teil der am Indischen Ozean liegenden Somalihalbinsel umfasst. Das am Golf von Aden steil abfallende, nach Südosten sich abflachende Land wird überwiegend von hamitischen Stämmen bewohnt, von denen noch viele nomadisch oder halbnomadisch leben. Die Wirtschaft stützt sich in erster Linie auf Viehzucht und Anbau von Bananen. An der Somaliküste soll sich im Altertum das Land *Punt* befunden haben. Das nördliche Somaliland stand bereits seit dem 7. Jh. unter arabischer Oberhoheit, während die Ostküste erst im 19. Jh. von Sansibar aus in Besitz genommen wurde. Ende des 19. Jh. wurde das Gebiet von den Franzosen (Nordwesten), Briten (Norden) und Italienern (Ostküste) kolonialisiert, während sich Äthiopien das Innere der Halbinsel (*Ogaden*) einverleibte. Der italienische Teil von Somalia, der ab 1941 unter britischer Oberhoheit stand, wurde ab 1950 als Treuhandgebiet der UN wieder von Italien verwaltet. 1960 wurden das britische Nordsomalia und das italienische Südsomalia unabhängig und schlossen sich zu einer Republik zusammen. Das Militär übernahm 1969 die Macht. Unter General Mohammed Siad Barre entwickelte sich Somalia zu einem sozialistischen Staat mit Einheitspartei. Nach dem Sturz des Diktators brach 1991 ein Bürgerkrieg zwischen den rivalisierenden Clans aus, der auch trotz des Eingreifens von UNO-Truppen (1992–1995 in Somalia stationiert) nicht beendet werden konnte. Das Land wird von den verschiedenen einander bekämpfenden Milizen kontrolliert. Etwa 200 000 Menschen flohen vor den Kämpfen in die Nachbarländer. Eine somalische Nationalbewegung rief 1991 im Norden die unabhängige Republik *Somaliland* aus, die jedoch international nicht anerkannt ist.

Sommer, Jahreszeit zwischen Sommersonnenwende (21. oder 22. Juni) und Herbsttagundnachtgleiche (23. September) auf der nördlichen Erdhalbkugel (22. Dezember bis 21. März auf der südlichen Erdhalbkugel).

Somnambulismus [von lat. somnus = »Schlaf« und ambulare = »umhergehen«], *der,* → Schlafwandeln.

■ Die **Sonne**, oben gut erkennbar eine Protuberanz

Sonar, Kurzwort aus engl. *Sound navigation and ranging* (Schallortung und Entfernungsmessung), Verfahren zur Schallortung, bei dem Schallwellen ausgesendet werden und die Zeit der von einem Hindernis reflektierten Wellen gemessen wird, um die Entfernung zu bestimmen. Andere Anwendungsgebiete sind Geschwindigkeitsmessung und Unterwasserortung.

Sonate [it.], *die,* ursprünglich (seit dem frühen 17. Jh.) Bezeichnung für jede Form von Instrumentalmusik in kleiner Besetzung. Im 18. Jh. bildete sich die klassische Sonatenform heraus, die aus drei oder zumeist vier → Sätzen (unterschiedlichen Tempos) bestand. Der *Sonatenhauptsatz* als Kopfsatz von Sonaten oder anderen Werken besteht aus drei Teilen: in der Exposition werden ein oder zwei Themen vorgestellt, in der Durchführung weiterentwickelt und in der Reprise leicht verändert wiedergegeben.

Sonde [frz.], *die,* in der Medizin ein Gerät, mit dem man Hohlorgane und -räume im Inneren des Körpers (z. B. Magen) untersuchen kann. Es besteht zumeist aus einem stab- oder röhrenförmigen, in der Regel biegsamen Hohlkörper, der durch eine natürliche Körperöffnung oder einen kleinen operativen Schnitt eingeführt wird. An seiner Spitze befindet sich eine kleine Kamera mit einer Lampe, die aus dem Körperinneren Bilder überträgt. Sonden können auch chirurgische Werkzeuge für kleine Eingriffe tragen.

Sonett [it.], *das,* in der ersten Hälfte des 13. Jh. in Italien entwickelte Gedichtform. Die klassische Sonettform ist ein 14-zeiliges Gedicht, das sich aus zwei Vier- und zwei Dreizeilern zusammensetzt und spezielle → Reimschemata verwendet (z. B. abab abab cdc dcd).

Sonne, Zentralgestirn unseres → Sonnensystems. Die Sonne besitzt eine 333 000-mal so große Masse wie die Erde, die etwa eine Million Mal in die Sonne passen würde. Sie ist ein glühender Gasball, der überwiegend aus Wasserstoff (etwa 75 %) und Helium (knapp 23 %) sowie 2 % schwereren Elementen besteht. Im Inneren der Sonne herrscht eine Temperatur von 14,6 Mio. °C, während der Druck etwa 200 Milliarden Mal so hoch wie auf der Erdoberfläche ist. Die Temperatur an der Oberfläche beträgt dagegen nur 5500 °C. Die *Korona,* die sie als Teil der Sonnenatmosphäre kranzförmig umgibt und die man vor allem bei einer → Sonnenfinsternis beobachten kann, ist etwa 1 Mio. °C heiß. An der Oberfläche entstehen gewaltige Ausbrüche heißer Gase, die als riesige Fackeln *(Protuberanzen)* bis zu 100 000 km hoch schießen können.

Sonnenblumen, zu den → Korbblütlern gehörende Pflanzen, die dicke, behaarte Stengel besitzen und bis zu 4 m hoch werden können. Charakteristisch ist ihre zumeist gelbe Blütenscheibe (bis zu 45 cm Durchmesser). Ihre ölreichen Samen liefern ein Speiseöl und dienen als Viehfutter. Häufig wird sie auch in Gärten als Zierpflanze gezogen.

Sonnenenergie, *Solarenergie,* von der → Sonne stammende Energie (Sonnenlicht), die durch → Solarzellen in elektrischen Strom umgewandelt wird. Wegen der zunehmenden Umweltbelastung bei der Energieerzeugung durch die Verbrennung fossiler Brennstoffe und angesichts der Gefahren der → Kernenergie kommt der Sonnenenergie immer größere Bedeutung zu. Sie gehört zu den sog. erneuerbaren Energien (→ alternative Energien). Jedoch ist der elektrische Wirkungsgrad (das Verhältnis zwischen aufgewendeter und nutzbarer Energie) noch so gering (gegenwärtig etwa 25 %), dass der Anteil der Sonnenenergie an der Stromerzeugung bislang nicht sehr hoch ist. Bisher wird die Sonnenenergie in Deutschland vor allem mithilfe von *Sonnenkollektoren* genutzt, die auf Hausdächern das Sonnenlicht einfangen und mit ihrer gewonnenen Energie die Heizkosten senken (Warmwasseraufbereitung). In anderen Ländern dagegen sind in Gegenden mit hoher Sonneneinstrahlung auch *Sonnenkraftwerke* in Betrieb.

Sonnenfinsternis, Abdeckung der Sonne durch eine besondere Konstellation von Erde, Mond und Sonne. Der Mond tritt dabei zwischen die direkte Achse Erde–Sonne und verdeckt die Son-

Somalia
Staatsname: Demokratische Republik Somalia
Staatsform: Republik
Hauptstadt: Mogadischu
Fläche: 637 657 km²
Einwohner: 9,3 Mio.
Bevölkerungsdichte: 14,5/km²
Amtssprache: Somali
Währung: Somalia-Shilling (So.Sh.)
Nationalitätskennzeichen: SP

Somalia

Sonne

Durchmesser: 1 392 000 km
Entfernung:
147,1 Mio. km (geringster Abstand),
152,1 Mio. km (größter Abstand)
Masse: $1,99 \times 10^{27}$ t
Dichte: 1,41 g/cm³

Die Sonne erzeugt ihre ungeheuer große Energie durch → Kernfusion, indem sie Wasserstoff in Helium umwandelt. Dabei werden in einer Sekunde etwa 655 Mio. t Wasserstoff verbraucht, wobei 650 Mio. t Helium entstehen. Die fehlenden 5 Mio. t ergeben die Licht- und Wärmeenergie, die sie großenteils in den Weltraum abstrahlt. Trotz dieses gewaltigen Verbrauchs hat die Sonne eine Lebensdauer von etwa 10 Mrd. Jahren, von denen noch nicht einmal die Hälfte vergangen ist.

Entstehung des Sonnensystems

Unser Sonnensystem entstand vor etwa 4,5 Mrd. Jahren, als sich eine Gas- und Staubwolke aus interstellarer Materie infolge der Gravitationswirkung verdichtete. Im Zentrum bildete sich die → Sonne, in deren Kern unter dem ungeheuren Druck die Wasserstoffatome verschmolzen. Bei dieser → Kernfusion wurde eine ungeheuer große Energie frei, die als Strahlung abgegeben wurde und gleichzeitig verhinderte, dass diese Sonne in sich zusammenstürzte.

Die weiter entfernten Bereiche der Wolke kühlten sich ab, begannen zu rotieren und formten eine Scheibe (*Akkretionsscheibe*), in der die Teilchen untereinander zusammenstießen und immer größere Körper bildeten. Schließlich entstanden *Planetesimale*, die sich durch neuerliche Zusammenstöße zu Planeten zusammenballten. Die sonnennahen Planeten verloren rasch die leichtesten Elemente, während die schwereren Elemente in die Tiefe sanken. Die sonnenfernen Planeten dagegen behielten einen Großteil der leichten Elemente und blieben Gasriesen.

Die übrige Materie verdichtete sich zu Planetoiden, Satelliten, Meteoriten, Kometen und Planetenringen. Eine Ausnahme bildet → Pluto, der möglicherweise eine Zwischenform zwischen einem Planeten und einem Kometen ist. Solche → Kometen befinden sich in ungeheuer großer Zahl weit entfernt von der Sonne in einer kugelförmigen Wolke. Insgesamt konzentrieren sich etwa 99 % der Materie des Sonnensystems in der Sonne, wohingegen nur etwa 1 % auf alle übrigen Körper entfällt.

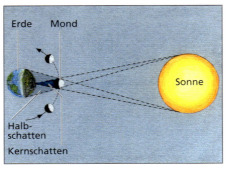

■ *Schematische Darstellung der* **Sonnenfinsternis**

ne ganz oder teilweise. Man spricht dabei von totaler oder partieller Sonnenfinsternis.

Sonnenflecken, dunkle Flecken auf der Sonnenoberfläche, die meist in Gruppen auftreten. Sie können bis zu 300 000 km² groß sein und bestehen durchschnittlich nur sechs Tage. Ihre Häufigkeit wechselt in einem bestimmten Rhythmus von 11,1 Jahren. Alle Sonnenflecken sind von starken Magnetfeldern umgeben.

Sonnensystem, ein System, das aus einem Zentralgestirn (teilweise auch Mehrfachsternen) besteht und häufig → Planeten sowie Planetoiden und andere kleinere Himmelskörper enthält. Vermutlich gibt es allein in der → Milchstraße Millionen von Sternen, die wie unsere → Sonne von Planeten umkreist werden.

Sonnenuhr, seit dem Altertum (z. B. als *Gnomon* bei den Griechen) bekannte Vorrichtung, mit der man die Zeit messen kann. Dabei wird ein Stab senkrecht auf eine Fläche oder in eine halbkugelförmige Schale gesetzt. Der Schatten, den der Stab wirft, zeigt die wahre Sonnenzeit des jeweiligen Ortes an.

Sonnenwende, *Solstitium,* Tag, an dem sich die Stelle, an der die Sonne aufgeht, nicht weiter gegenüber der Stelle verschiebt, an dem sie untergeht, sondern sich wieder umkehrt. Die Sonne erreicht an diesem Tag auf ihrer scheinbaren Umlaufbahn um die Erde den höchsten Stand am Himmel. Es gibt zwei Sonnenwenden: die *Sommersonnenwende* (auf der nördlichen Erdhalbkugel am 21. oder 22. Juni) und die *Wintersonnenwende* (21. oder 22. Dezember). Auf der Südhalbkugel ist es genau umgekehrt. Der Tag der Sommersonnenwende, an dem der Sommer beginnt, ist der längste, der Tag der Wintersonnenwende (→ Winter) der kürzeste.

Sonnenwind, von der Sonnenkorona (→ Sonne) ausgehende Strahlung, die aus Teilchen besteht (vor allem Wasserstoffkernen und Elektronen sowie Heliumionen und → Neutrinos). Der Sonnenwind, der innerhalb von etwa 24 Stunden die Erde erreicht und sich in der Erdatmosphäre als → Polarlicht bemerkbar macht, dringt bis über die Umlaufbahn des → Pluto hinaus in den Weltraum vor.

Sophokles (um 496–um 406 v. Chr), griechischer Tragödiendichter, der die Handlung vom Mythos löste und die Einzelpersönlichkeit in den Mittelpunkt seiner Dramen stellte. Er führte einen dritten Schauspieler ein und erweiterte die Mitgliederzahl des Chors. Von seinen 123 Stücken sind nur sieben erhalten geblieben, darunter »Antigone«, »König Ödipus« und »Elektra«.

Sopran [it.], *der,* höchste Stimmlage bei Frauen (und Knaben), die einen Umfang von c^1–f^3 hat.

SOS, internationaler Hilferuf, der mit Morsezeichen (drei kurze, drei lange und drei kurze Zeichen) gesendet wird (→ *Morsealphabet*) und darauf hinweist, dass jemand (insbesondere ein Schiff) sich in einer Notlage befindet.

Soul [engl. sɔʊl »Seele«], *der,* ursprünglich aus dem Jazz der 50er Jahre stammender Begriff, der eine besondere Form des Hard-Bop bezeichnete. Seit den 60er Jahren ist damit eine spezielle Richtung der schwarzen → Rockmusik gemeint, die sich aus dem → Rhythm and Blues entwickelt hat und Elemente des → Gospelsongs verwendet. Der Schwerpunkt liegt dabei auf dem ausdrucksvollen, »beseelten« Gesang, der von geschickt arrangierten Instrumentalklängen (vor allem Bläser) begleitet wird. Die Soulmusik wurde rasch kommerziell, um ein möglichst breites Publikum zu erreichen. In den 70er Jahren wandte sich der stark geglättete *Phillysound* vorwiegend an ein weißes Publikum.

Sound [engl. saʊnd], *der,* Bezeichnung für den besonderen, durch den persönlichen Stil eines Musikers, einer Gruppe oder eines Orchesters geprägten Klang von Musikstücken. Wichtig für den Sound sind die Klangfarben und das Zusammenklingen von Instrumenten und Stimmen.

Soundcheck [engl. ˈsaʊndtʃɛk], *der,* Einstellen des *PA (Public Address),* d. h. der Lautsprecheranlage, auf die besonderen Bedingungen der Örtlichkeit, an der ein elektrisch verstärktes Konzert veranstaltet wird.

Soundkarte [ˈsaʊnd-], bei → Mikrocomputern eine Erweiterungskarte, die für die Erzeugung und Wiedergabe von Klängen und Geräuschen zuständig ist.

Soundtrack [engl. 'saʊndtræk], *der,* auf Schallplatte oder CD veröffentlichte Filmmusik.

Sowjetunion, *Union der Sozialistischen Sowjetrepubliken, UdSSR,* von 1922 bis Ende 1991 bestehender Staat in Osteuropa und Nordasien, der sich aus 15 Unionsrepubliken zusammensetzte. Mit einer Fläche von 22,4 Mio. km^2 war die UdSSR der größte Staat der Erde. Die Bevölkerung (287 Mio.) setzte sich aus rund 120 verschiedenen Nationalitäten zusammen. Die Sowjetunion wurde 1922 gegründet, nachdem das russische Zarenreich 1917 in zwei Revolutionen, der bürgerlichen *Februarrevolution* und der sozialistischen → *Oktoberrevolution,* zerbrochen war und die Bolschewiki, die »Roten«, siegreich aus dem Bürgerkrieg (1918–1920) mit den »Weißen« (bürgerlich-demokratische Gruppen) hervorgingen.
Im Zweiten Weltkrieg hatte die Sowjetunion nach dem Einmarsch deutscher Truppen Mitte 1941 große Menschenverluste und materielle Schäden. Die sowjetische Siegermacht, die im → Potsdamer Abkommen das ostpreußische Gebiet um → Königsberg zugesprochen bekam, konnte nach dem Krieg ganz Osteuropa einschließlich seiner Besatzungszone in Ostdeutschland (→ DDR) unter seinen Einfluss bringen. Sie stieg zu einer Weltmacht auf, die im kommunistischen → Ostblock die uneingeschränkte Führung innehatte. Nach Stalins Tod setzte unter Nikita Chruschtschow (1894–1971), der 1953 Parteichef wurde und ab 1958 auch Ministerpräsident war, eine kurze »Tauwetterperiode« ein. Die Sowjetunion gründete 1955 das Militärbündnis des → *Warschauer Pakts* und unterdrückte gewaltsam alle Versuche der anderen osteuropäischen Staaten, sich von der sowjetischen Vorherrschaft zu befreien. Dagegen musste sie 1962 in der *Kubakrise* nachgeben. In den 60er Jahren kam es zum Konflikt mit der Volksrepublik → China. Trotz der Intervention in der → Tschechoslowakei 1968 leitete die Politik Leonid Breschnews (1906–1982), der seit 1964 Parteichef war, in den 70er Jahren eine Entspannung gegenüber dem Westen ein. Der Einmarsch sowjetischer Truppen in → Afghanistan führte zu einem zehnjährigen Krieg. Die Politik Michail → Gorbatschows, der seit Mitte 1985 Generalsekretär der Kommunistischen Partei und seit 1988 auch Staatsoberhaupt war, brachte mit Glasnost und → Perestroika einen Umbau der sowjetischen Wirtschaft und Gesellschaft und verbesserte das Verhältnis zum Westen (internationale Abrüstung). Die demokratischen Reformen, die auch auf die anderen osteuropäischen Länder übergriffen, hatten im Inneren Auflösungserscheinungen zur Folge: Die meisten Unionsrepubliken erklärten ab 1990 ihre Selbstständigkeit. Als im August 1991 ein Putschversuch orthodoxer Kommunisten gegen Gorbatschow scheiterte, wurde die Kommunistische Partei in den meisten Republiken verboten. Ende 1991 wurde die Sowjetunion offiziell aufgelöst. Als Nachfolgeorganisation wurde von zwölf der bisherigen Republiken die *Gemeinschaft Unabhängiger Staaten* (→ GUS) vereinbart.

Sozialdemokratie, aus der Arbeiterbewegung entstandene politische Richtung, die Gedanken des → Sozialismus mit der Demokratisierung aller gesellschaftlichen Bereiche verbinden will. In Deutschland, wo sich die Sozialdemokratie ab Mitte des 19. Jh. entwickelte, wird sie heute durch die → SPD vertreten.

Sozialhilfe, Bezeichnung für alle nach dem Bundessozialhilfegesetz geregelten Maßnahmen und Hilfen, auf die bedürftige oder in Notlagen geratene Bürger Anspruch haben, wenn sie keine Unterstützung im Rahmen der → Sozialversicherung erhalten.

Sozialismus, politische Bewegung, die als Reaktion auf die Folgen der Industrialisierung entstand. Der Sozialismus verfolgt das Ziel, das Privateigentum (z. B. Produktionsmittel, Grundbesitz) in das Eigentum der Allgemeinheit zu überführen. Er fordert gleiche Rechte für alle Bürger. Historisch sollte die Herrschaft einer kleinen besitzenden Gesellschaftsgruppe über andere, besitzlose Gruppen beendet werden. Die Ideen des Sozialismus gehen auf das 18. Jh. zurück. Nach der → Französischen Revolution, die mit ihrem Leitspruch »Freiheit, Gleichheit, Brüderlichkeit« den Boden für sozialistische Gedanken bereitete, traten in Frankreich die ersten Theoretiker (z. B. François Babeuf, Louis Blanc, Etienne Cabet, Henri de Saint-Simon) an die Öffentlichkeit. Sie werden als *Frühsozialisten* oder – weil ihr Denken utopische Züge hatte – als *utopische Sozialisten* bezeichnet. Der Deutsche Ferdinand Lassalle (1825–1864), der den Staat als Instrument zur Regulierung gesellschaftlicher Ungerechtigkeiten und Missstände auffasste, gilt als Begründer des *Staatssozialismus.* → Marx und → Engels entwickelten eine Theorie des Sozialismus auf wissenschaftlicher Grundlage (→ Marxismus). Während der Sozialismus in Westeuropa die → Sozialdemokratie hervorbrachte, die auf Reformen statt Revolution setzte, entwickelte er sich nach der → Oktoberrevolution zuerst in Russland und spä-

Bekannte Soulsänger

James Brown
Solomon Burke
Ray Charles
Sam Cooke
Four Tops
Aretha Franklin
Marvin Gaye
Al Green
Isaac Hayes
Jäcken Five
Gladys Knight
O'Jays
Wilson Pickett
Martha and The Vandellas
Smokey Robinson and The Miracles
Otis Redding
Diana Ross and the Supremes
Sam and Dave
Percy Sledge
Temptations
Three Degrees
Bobby Womack
Stevie Wonder

Sowjetunion

Als *Sowjet* (russ. »Rat«) wurden ursprünglich während der Revolutionen in Russland (1905 und 1917) die Arbeiterräte bezeichnet, die von den revolutionären Gruppen gewählt wurden (→ Rätesystem). Später ging die Bezeichnung auf die Regierungsorgane der UdSSR über. Anfangs gehörten der Sowjetunion → Russland, die → Ukraine, → Weißrussland sowie → Georgien, → Armenien und → Aserbaidschan (bis 1936 in der *Transkaukasischen Sozialistischen Sowjetrepublik* vereinigt) an. 1925 kamen → Usbekistan und → Turkmenistan, 1929 → Tadschikistan hinzu. Nach der Selbstständigkeit von → Kasachstan und → Kirgistan umfasste die UdSSR 1936 elf Unionsrepubliken. Stalin, der 1924 der Nachfolger → Lenins geworden war, schloss 1939 einen Pakt mit Hitler, der es der Sowjetunion erlaubte, polnische Gebiete im Osten, die der Ukraine und Weißrussland zugeschlagen wurden, sowie die baltischen Staaten → Estland, → Litauen und → Lettland zu besetzen. Als 15. und letzte Unionsrepublik wurde 1940 → Moldau eingegliedert, das Rumänien abtreten musste.

ter auch in den anderen osteuropäischen Ländern zum Staatskommunismus weiter (→ Kommunismus).

Sozialversicherung, öffentlich-rechtlich organisierte Pflichtversicherung, die Arbeitnehmer und ihre Angehörigen vor den Folgen von Krankheit, Unfall, Berufsunfähigkeit und Tod schützt und für ihr Alter vorsorgt. Dazu gehören *Kranken-, Unfall-, Pflege-* und *Rentenversicherung.* In der Bundesrepublik funktioniert die Sozialversicherung nach dem Solidaritätsprinzip, d. h., die Versicherten müssen Beiträge zahlen, die sich nach ihrem Einkommen richten, aber die Leistungen, die sie erhalten, sind unabhängig von der Beitragshöhe.

Soziologie, Wissenschaft, die sich mit den Formen und Gesetzmäßigkeiten des menschlichen Zusammenlebens innerhalb von Gemeinschaften befasst.

Spaceshuttle [engl. 'speɪsʃʌtl], *der,* Weltraumfähre, ein von der → NASA entwickeltes, wieder verwendbares bemanntes Raumfahrzeug. Der Weltraumtransporter, der neben zwei Piloten eine Besatzung von bis zu fünf Personen und eine Nutzlast von 30 t in den Weltraum tragen kann, besteht aus einer Startstufe *(Booster)* und dem Flugkörper *(Orbiter).* Der Booster besitzt drei Raketenmotoren und einen Tank, der abgeworfen wird, sowie zwei Zusatzraketen, die feste Treibstoffe verwenden. Der Orbiter umkreist die Erde und landet nach dem Wiedereintritt in die Atmosphäre wie ein Flugzeug. Der erste bemannte Spaceshuttle startete am 12. 4. 1981.

Spanien, südwesteuropäischer Staat, der den größten Teil der → Iberischen Halbinsel einnimmt. Zu Spanien gehören außerdem zwei Inselgruppen, die → *Balearen* im Mittelmeer und die → *Kanarischen Inseln* im Atlantik, sowie kleinere Inseln vor der marokkanischen Küste und die beiden Städte *Ceuta* und *Melilla* in Nordafrika. Im Landesinneren besteht Spanien aus einem von mehreren Gebirgen durchzogenen Hochland *(Meseta).* Dieses ist von Randgebirgen umgeben. Nach Westen hin geht Spanien in ein Tafelland über, das zur Atlantikküste abfällt. Im Nordosten bilden die → Pyrenäen, die auch die Iberische Halbinsel vom restlichen Europa trennen, die Grenze zu Frankreich. Südlich davon schließt sich das fruchtbare Becken des Ebro an, der in das Mittelmeer mündet. Im Südwesten befindet sich eine vom Guadalquivir durchflossene Tiefebene am Atlantik. Die Bevölkerung besteht neben kastilischen Spaniern (73 %) vor allem aus Katalanen (16 %), Galiciern (8 %) und

■ *Start eines Spaceshuttle*

→ Basken (über 2 %). Die landwirtschaftlich genutzte Fläche macht über 40 % aus (vor allem Wein, Zitrusfrüchte und Olivenöl für den Export). Die spanische Wirtschaft stützt sich jedoch in erster Linie auf die Industrie (Bergbau, Schwerindustrie, Fahrzeug- und Maschinenbau). Eine wichtige Einnahmequelle stellt der Fremdenverkehr dar.

Das Land wurde ab dem frühen 3. Jt. v. Chr. von den Iberern besiedelt. Gegen Ende des 2. Jt. v. Chr. gründeten die → Phönizier an der Südküste Niederlassungen. Ab 900 v. Chr. eroberten Kelten den Norden der Halbinsel. Die Griechen gründeten ab dem 7. Jh. v. Chr. Kolonien an der Ostküste, wurden jedoch bereits im 6. Jh. v. Chr. von den Karthagern (→ Karthago) verdrängt. Die Iberische Halbinsel gelangte nach dem 2. Punischen Krieg in römischen Besitz. Im 5. Jh. kamen die → Westgoten als Hilfstruppen in die römischen Provinzen und übernahmen später die Herrschaft. Ab 711 eroberten die → Mauren von Nordafrika aus fast die gesamte Halbinsel. In dem nicht von den Muslimen beherrschten Teilen entstanden mehrere Königreiche und Grafschaften, vor allem *Asturien, Navarra, Leon, Aragonien, Katalonien* und *Kastilien,* die teilweise unter fränkischem Einfluss standen. Im 11. Jh. setzte der Niedergang des Kalifats von Córdoba ein. Im 13. Jh. bestand nur noch ein Emirat an der Südküste. Kastilien, das schon im 11. Jh. Asturien und Leon in Besitz nahm, konnte bis 1492 (Eroberung von Granada) das ganze

Spanien: Die Kathedrale La Sagrada Familia in Barcelona

Land zurückgewinnen (sog. *Reconquista*). Das seit dem 12. Jh. mit Katalonien vereinigte Königreich Asturien konnte nicht nur die Balearen erwerben, sondern gewann auch Sardinien, Sizilien und das Königreich Neapel und bildete eine Großmacht im Mittelmeerraum. 1469 wurden die beiden spanischen Königreiche durch die Heirat zwischen Isabella von Kastilien und Ferdinand von Aragon vereinigt. Das spanische Königreich stieg zu einer Großmacht auf, die sich vor allem auf ihre mächtige Flotte *(Armada)* stützte und ein riesiges Kolonialreich in Süd- und Mittelamerika sowie in Afrika errichtete. Kurze Zeit war der spanische König Karl I. (reg. 1516–1556), der als Karl V. auch zum deutschen Kaiser gewählt wurde (→ Habsburger), der Herrscher eines gewaltigen Weltreiches; doch bereits 1556 wurden die spanischen und österreichischen Besitzungen wieder getrennt. 1580–1640 besaß Spanien auch → Portugal mit dessen Kolonialreich. Im späten 16. Jh. begann mit der Niederlage der spanischen Armada gegen die englische Flotte (1588) der Niedergang Spaniens, das im Westfälischen Frieden (→ Dreißigjähriger Krieg) die Unabhängigkeit der (nördlichen) → Niederlande anerkennen musste. Als der letzte Habsburger auf dem spanischen Thron kinderlos starb (1700), kam es zum → Spanischen Erbfolgekrieg (1701–1714), an dessen Ende ein Zweig der französischen → Bourbonen auf den Thron gelangte. In einem Unabhängigkeitskrieg (1808–1814) wehrte sich Spanien erfolgreich gegen die französische Besetzung. Im 19. Jh. zerfiel das überseeische Kolonialreich: Alle Kolonien mit Ausnahme von Puerto Rico, Kuba und den Philippinen lösten sich vom Mutterland. Im Inneren gab es Konflikte um die Einführung einer Verfassung (1812). Kurzzeitig war Spanien sogar eine Republik (1873), bevor ein Jahr später eine konstitutionelle Monarchie eingeführt wurde. Ende des 19. Jh. büßte Spanien seine letzten großen Kolonien in Übersee im Krieg gegen die USA ein (seine afrikanischen Besitzungen behielt es bis nach dem Zweiten Weltkrieg). Nachdem 1931 die Republik ausgerufen worden war und die »Volksfront« der Linksparteien einen Wahlsieg errungen hatte, unternahmen 1936 konservative Offiziere unter der Führung von General Francisco Franco Bahamonde (1892–1975) einen Militärputsch. In dem darauf folgenden *Spanischen Bürgerkrieg* (1936–1939), der 1,2 Mio. Todesopfer forderte, setzte sich Franco, unterstützt von italienischen und deutschen Truppen, gegen die Republikaner durch, auf deren Seite Freiwilligenverbände aus zahlreichen Ländern *(internationale Brigaden)* kämpften. Mit dem Sieg der Nationalisten 1939 begann eine Diktatur Francos, der sich 1947 zum Staatschef auf Lebenszeit ernennen ließ. Der *Caudillo* (»Führer«), wie Francos offizieller Titel lautete, errichtete einen faschistischen Staat, der lange Zeit in Europa isoliert blieb. Nach seinem Tod wurde 1975 in Spanien wieder die Monarchie eingeführt, doch unter König Juan Carlos (* 1938) wurde das Land demokratisiert. Seit 1979 wird das zentralistische Spanien in einen föderalistischen Staat umgewandelt (Autonomiestatus u. a. für das Baskenland und Katalonien), aber noch immer gibt es zahlreiche Terroranschläge der Basken, die für einen eigenen Staat kämpfen. 1982 trat Spanien der → NATO, 1986 der → EU bei.

Spanischer Erbfolgekrieg, 1701–1714 ausgetragener Konflikt, der nach dem Tod des letzten spanischen → Habsburgers zwischen Frankreich und Österreich (sowie dessen Verbündeten England, Portugal und Niederlande) ausbrach. Im Frieden von Utrecht (1713) wurde vereinbart, dass der → Bourbone Philipp V. König von Spanien wurde, während die spanischen Besitzungen in Italien sowie die Niederlande an Österreich fielen und England neben Gibraltar französische Kolonien in Nordamerika erhielt.

Spannung, *elektrische Spannung,* → Potenzialunterschied zwischen zwei Punkten eines elektrischen Feldes. Dieses Gefälle ist dafür ver-

Spanien (España)
Staatsname: Königreich Spanien
Staatsform: Parlamentarische Monarchie
Hauptstadt: Madrid
Fläche: 505 954 km²
Einwohner: 39,6 Mio.
Bevölkerungsdichte: 78/km²
Amtssprache: Spanisch, Katalanisch
Währung: Peseta (Pta)
Nationalitätskennzeichen: E

Spanien

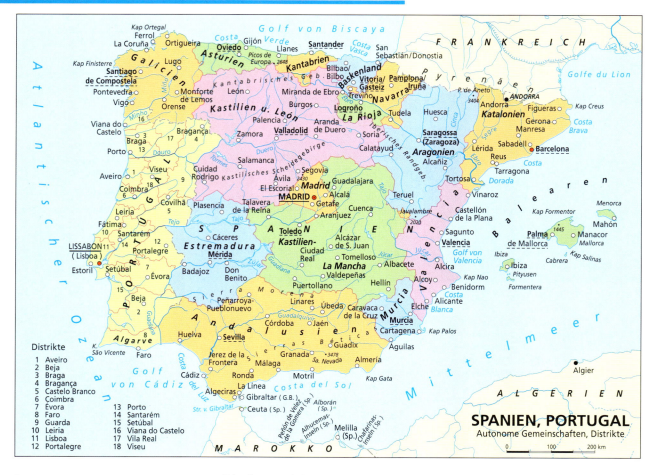

Sparta

Die spartanische Gesellschaft war in drei Klassen gegliedert: die herrschende Klasse der *Spartiaten* (Krieger und ihre Familien, etwa 8000), die Klasse der *Periöken* (Händler, etwa 60 000), die zwar frei waren, aber keine Bürgerrechte besaßen, und die rechtlose Klasse der *Heloten* (die Ureinwohner, die zumeist Bauern waren, etwa 150 000). Ehen zwischen Angehörigen verschiedener Schichten waren verboten. Das Erziehungswesen war streng reglementiert (von der harten Wehrertüchtigung der Jugend und der anspruchslosen Lebensweise rührt noch der Ausdruck »spartanisch« her).

antwortlich, dass ein elektrischer Strom fließt. Die Spannung wird in → Volt gemessen.

Spargel, zu den Liliengewächsen gehörende Gattung von bis zu 1,5 m hohen Halbstrauchgewächsen. Die oberirdischen Sprosse des Wurzelstocks (Rhizom) werden durch Aufschütten von Erde dazu gebracht, dass sie eine bleiche Farbe behalten und zart bleiben. Diese Spargelstangen werden nach dem Erreichen der Erdoberfläche »gestochen«, d. h. in einer Länge von ca. 20 cm unter der Erdoberfläche geerntet. Der oberirdisch wachsende Spargel wird als *grüner Spargel* bezeichnet.

Sparta, griechische Stadt auf dem → Peloponnes, die zwischen 950 und 800 v. Chr. von den → Dorern gegründet wurde. An der Spitze des spartanischen Staates standen zwei Könige. Ende des 6. Jh. v. Chr. war Sparta neben Athen der bedeutendste Stadtstaat in Griechenland, insbesondere nach der Gründung des *Peloponnesischen Bundes*. Unter seiner Führung konnte Griechenland die Perser besiegen (→ Perserkriege), aber nach der Gründung des Attischen Seebundes wuchs die Rivalität zwischen Sparta und Athen. Im → Peloponnesischen Krieg siegte Sparta, verlor jedoch seine führende Rolle in Griechenland durch Niederlagen gegen → Theben (371 und 362 v. Chr.). Im Jahre 395 wurde Sparta von den Westgoten unter Alarich zerstört.

Spatz, volkstümliche Bezeichnung für den Haussperling (→ Sperlinge).

SPD, Abkürzung für Sozialdemokratische Partei Deutschlands, die älteste bestehende deutsche Partei. Die 1890 gegründete SPD ging aus der Arbeiterbewegung (Allgemeiner deutscher Arbeiterverein und Sozialdemokratische Arbeiterpartei Deutschlands) hervor. Ihr Parteiprogramm war eine Mischung von radikal-bürgerlichen Demokratievorstellungen und sozialistischen Gedanken (→ Sozialismus) von Ferdinand

Lassalle und Karl → Marx. 1917 spaltete sich die radikalere *USPD* (Unabhängige Sozialdemokratische Partei Deutschlands) ab. In der → Weimarer Republik, deren demokratisches Zustandekommen sie durchsetzte, war sie mehrmals an Regierungen beteiligt, bevor sie 1933 verboten wurde. Nach dem Ende des Zweiten Weltkrieges wurde sie in Westdeutschland unter Kurt Schumacher (1895–1952) als Vorsitzendem wieder aufgebaut, während sie in der → DDR mit der → KPD zur → SED zwangsvereinigt wurde. Mit der Verabschiedung des »Godesberger Programms« entwickelte sich die SPD zu einer Volkspartei, die 1966–1982 (zunächst in einer »großen« Koalition mit CDU/CSU und 1969–1982 in einer »kleinen« Koalition mit der FDP) auf Bundesebene Regierungsverantwortung übernahm, wobei sie mit → Brandt und → Schmidt jeweils den Bundeskanzler stellte.

Spechte, weltweit vorkommende Vogelfamilie, die über 200 Arten zählt. Zumeist handelt es sich um Baumvögel, die bis zu 55 cm lang werden. Sie besitzen kräftige Greiffüße und können gut klettern. Mit ihrem starken, spitzen Schnabel hacken sie in Baumstämme, um unter der Rinde lebende Insekten und Maden freizulegen, die sie dann mit ihrer langen, klebrigen Zunge herausholen. Außerdem meißeln sie damit Baumhöhlen aus, in denen sie brüten. Bei uns kommen *Bunt-, Grün-* und *Schwarzspecht* vor.

Speerwerfen, zur → Leichtathletik zählender Wurfwettbewerb. Der **Speer,** der schon in der Vorzeit als Waffe oder Jagdgerät verwendet wurde, ist heute eine Wurfstange aus Holz, Metall oder Fiberglas mit einer 25–35 cm langen Metallspitze. Länge und Gewicht sind vorgeschrieben. Die Länge des Anlaufs beträgt 30–36,5 m.

Speichel, wässriges bis schleimiges Sekret, das von den Speicheldrüsen in der Mundhöhle abgesondert wird, um die Nahrung aufzuweichen und für die weitere → Verdauung vorzubereiten. Durch ein im Speichel enthaltenes → Enzym (Ptyalin) wird der Abbau von Kohlenhydraten beschleunigt.

Spektralklassen, *Spektraltypen,* in der Astronomie eine Einteilung der → Sterne nach ihrem → Spektrum. Dabei stehen an der Spitze die blauweißen und weißen Sterne, die eine hohe Oberflächentemperatur besitzen, und am Ende rote Sterne mit niedriger Oberflächentemperatur.

Spektrum [lat. »Gespenst«], *das,* Aufspaltung von (mehrfarbigem) Licht in die verschiedenen Farben *(Spektralfarben)* bzw. Wellenlängen, aus denen es sich zusammensetzt. Ein Spektrum entsteht beispielsweise, wenn weißes Licht (wie etwa Sonnenlicht) durch ein → Prisma fällt, weil die im weißen Licht enthaltenen Farben verschieden stark gebrochen werden (→ Brechung). In der Natur stellt der → Regenbogen ein Spektrum dar.

Sperber, zur Familie der → Habichte gehörende Greifvögel, die bis zu 40 cm groß werden. Sie jagen kleinere Vögel.

Sperlinge, zu den Webervögeln gehörende Unterfamilie von weltweit verbreiteten Singvögeln, die bis zu 20 cm lang werden und zumeist unauffällig gefärbt sind. In Mitteleuropa kommt neben dem auch als *Spatz* bezeichneten *Haussperling* der *Feldsperling* vor.

Sperma [griech. »Samen«], *das,* Samenflüssigkeit, die die männlichen Samenzellen enthält und durch die Harnröhre ausgestoßen wird (→ Ejakulation).

Spermium [lat.], *das,* männliche Samenzelle beim Menschen und beim Tier. Spermien sind fadenförmig aufgebaut. Der Kopfteil ist Träger der → Erbinformation, während der Schwanz dank seiner schlängelnden Bewegung dafür sorgt, dass das Spermium zur weiblichen → Eizelle gelangt. Beim → Befruchtungsvorgang dringt das Kopfteil in die Eizelle ein, so dass beide Zellen miteinander verschmelzen.

Spessart, bewaldetes Mittelgebirge in Hessen und Franken, das zwischen Rhön und Odenwald liegt (höchste Erhebung: *Geyersberg,* 585 m).

Spezies [lat.], *die,* in der Biologie wissenschaftliche Bezeichnung für eine Tier- oder Pflanzenart (→ Art).

spezifisches Gewicht [von lat. specificus = »eigentümlich«], veralteter Begriff für → Wichte.

Sphinx [griech.], *der* und *die,* Fabelwesen in der griechischen und ägyptischen Sagenwelt. **1.** Der Sphinx war in Ägypten Symbol für den Pharao, später Sinnbild für einen Gott mit übermenschlichen Kräften. Der altägyptische Sphinx bestand aus einem geflügelten Löwen- oder Widderleib mit einem Menschenkopf. Am bekanntesten ist der 57 m lange Sphinx bei den → Pyramiden von Gizeh. **2.** In der griechischen Sage ist die Sphinx ein geflügeltes Ungeheuer, das einen Löwenkörper und einen Frauenkopf besitzt. Es lauerte den Bewohnern Thebens auf, stellte ihnen eine Rätselfrage und verschlang sie, wenn sie das Rätsel nicht lösen konnten. Als → Ödipus die Frage richtig beantwortete, stürzte es sich in den Tod.

SPD

Vorsitzender ist seit Ende 1995 Oskar Lafontaine (* 1943), der seit 1985 saarländischer Ministerpräsident ist und 1990 Kanzlerkandidat der SPD war. Die SPD hat ca. 804 000 Mitglieder.

Spektralklassen

Es gibt elf Spektralklassen, die mit Buchstaben bezeichnet sind (W, O, B, A, F, G, K, M, R, N, S). Die am häufigsten vorkommenden sind durch Ziffern (0–9) weiter unterteilt. Außerdem gibt es noch voran- und nachgestellte Buchstaben für Besonderheiten (wie etwa sehr scharfe Spektrallinien oder Riesenstern). Unsere Sonne besitzt den Spektraltyp G 2.

■ *Sperber*

Spektrum

Ein *kontinuierliches Spektrum* zeigt das gesamte farbige Lichtband von Violett bis Rot. Wenn dagegen ein Gas zum Leuchten angeregt wird, entsteht ein *Linienspektrum,* wobei die dunklen Linien, die bei bestimmten Wellenlängen auftreten, für das jeweilige chemische Element charakteristisch sind. Mittels der 1859 von Robert Wilhelm Bunsen und Gustav Robert Kirchhoff entwickelten *Spektralanalyse* kann man anhand dieser Spektrallinien feststellen, aus welchen Elementen ein Stoff besteht. Die Spektralanalyse lässt sich auch auf → Sterne anwenden. Auch bei anderen → elektromagnetischen Schwingungen kann man ein Spektrum erzeugen (z. B. *Röntgenspektrum*).

Spiegelteleskop, → Fernrohr, bei dem das Objektiv nicht aus einem Linsensystem, sondern aus einem Hohlspiegel oder einem aus mehreren Spiegeln bestehendem System besteht. Spiegelteleskope finden in der → Astronomie Verwendung, weil mit ihnen ein helleres Bild als mit herkömmlichen Fernrohren erzielt werden kann.

Spiegelung, 1. in der Optik → Reflexion; **2.** in der Mathematik die → Abbildung einer geometrischen Figur auf sich (→ Symmetrie); **3.** in der Medizin: Endoskopie (→ Endoskop).

Spin [engl. spɪn »Drehung«], *der,* eigentlich Bezeichnung für den → Impuls eines Körpers, der sich um seine eigene Achse dreht. Bei → Elementarteilchen ist dieser Eigendrehimpuls eine wichtige physikalische Größe, die einen bestimmten halb- oder ganzzahligen Wert besitzt. Als Rotation der Elementarladung ist der Spin auch für das magnetische Moment verantwortlich (→ Magnetismus).

Spinnen, weltweit mit etwa 20 000 Arten verbreitete Ordnung der → Gliederfüßer. Spinnen werden zwischen 1 mm und 9 cm lang. Ihr Körper besteht aus dem mit einem Außenskelett aus → Chitin versehenen Vorderleib und dem weichhäutigen Hinterleib. Am Vorderleib befinden sich ein bis vier Paar Augen, zwei Kiefer und vier Beinpaare, am Hinterleib Warzen mit Drüsen. Das Sekret, das diese Drüsen absondern, erstarrt an der Luft zu Fäden. Bis auf die in Süßwasser lebende *Wasserspinne* sind alle Spinnen Landtiere. Spinnen ernähren sich überwiegend von kleineren Insekten. Viele Arten fangen ihre Beutetiere mithilfe von *Spinnennetzen.* Die Beutetiere werden bereits außerhalb des Körpers »verdaut«, indem die Spinne ihrem Opfer Verdauungssaft einspritzt und dann den Nahrungsbrei einsaugt. Bei der Paarung frisst das Weibchen oft das Männchen. Spinnen pflanzen sich durch Ablage von Eiern fort. Zu den *Spinnentieren* gehören neben den Spinnen u. a. → Skorpione, → Milben und → Weberknechte.

Spionage [frz. -'naːʒə], *die,* Auskundschaften von politischen, militärischen und wirtschaftlichen Geheimnissen eines Staates im Auftrag eines fremden Staates.

Spirale [von lat. spira = »kreisförmige Windung«], *die,* Kurve, die (unendlich) viele Umläufe um einen festen Punkt macht und dabei ihren Abstand immer weiter vergrößert.

Spiralnebel, weit entfernte → Galaxien, die im Fernrohr nur als schwach leuchtende Nebelflecke zu erkennen sind. Da sie sich um ihre eigene Ach-

■ *Röhrenspinnen* graben Erdröhren, von denen aus Fangfäden gezogen werden

se drehen, besitzen viele von ihnen eine Spiralform. Am auffälligsten sind die Nebel mit dichtem Kern und mehreren Spiralarmen (fast zwei Drittel der bekannten Galaxien).

Spiritismus [von lat. spiritus = »Geist«], *der,* Glaube an die Möglichkeit der Geisterbeschwörung. Die Geister zeigen sich angeblich bei okkulten Handlungen (→ Okkultismus) oder treten durch Klopf- oder Schriftzeichen bzw. über → Medien mit den Menschen in Kontakt.

Spiritual [engl. 'spɪrɪtjuəl »geistlich«], *der,* geistliches Lied der Schwarzen in Nordamerika, das fester Bestandteil der religiösen Folklore ist und als musikalisches Element in den → Jazz aufgenommen wurde.

Spirituosen [frz.], *Mz.,* alkoholische Getränke mit einem Alkoholgehalt von mehr als 20 % (z. B. Cognac, Whisky, Rum, Wodka, Gin).

Spiritus [lat.], *der,* → Alkohol, der durch Vergällung, d. h. durch den Zusatz von Bitterstoffen, für den Trinkgenuss unbrauchbar gemacht worden ist und als Brennstoff *(Brennspiritus)* sowie für Arzneien verwendet wird.

Spitzbergen, zu → Norwegen gehörende Inselgruppe (62 050 km^2) im Nordpolarmeer, die aus vier großen und vielen kleineren Inseln besteht. Die nur von etwa 3000 Menschen bewohnten Inseln sind zu 60 % mit Eis bedeckt und werden heute für den Kohleabbau, die Pelztierjagd und den Fischfang genutzt.

Spitzmäuse, fast über die ganze Erde verbreitete Familie von nachtaktiven Insektenfressern, die zwischen 3 und 18 cm lang werden. Sie sind mausähnlich, besitzen aber eine rüsselartig zugespitzte Schnauze und gehören nicht zu den → Nagetieren. Unter den etwa 250 Arten befinden sich die kleinsten → Säugetiere überhaupt. In Mitteleuropa kommen *Wald-, Feld-, Alpen-, Zwerg-* und *Wasserspitzmaus* vor.

Spitzweg, Carl (1808–1885), deutscher Maler und Zeichner des Biedermeier, der vor allem das

*In Staubwolken austretende **Sporen** des Bovists*

Kleinbürgertum darstellte. Zu seinen bekanntesten Gemälden gehört »Der arme Poet« (1839).

Spoiler [engl. »Verminderer«], *der,* bei Flugzeugen eine Klappe auf der Oberseite eines Tragflügels, deren Ausfahren den Auftrieb verringert (z. B. beim Landen). Personenkraftwagen verwenden Bug- oder Heckspoiler, die einen Luftwiderstand hervorrufen, um bei hohen Geschwindigkeiten die Bodenhaftung des Fahrzeugs zu erhöhen.

Sponsor [engl. »Förderer«], *der,* eine Person oder (geschäftliche) Organisation, die eine Veranstaltung, ein Projekt oder einen Verein mit Geldmitteln unterstützt. Als Gegenleistung wird der Name des Sponsors genannt.

Sporen [griech. = »Saat, Samen«], *Mz.,* ein- oder mehrzellige Vermehrungs- und Verbreitungsorgane bei niederen Pflanzen. Sporen sind die Keimzellen von Algen, Pilzen, Farnen und Moosen, die sich ungeschlechtlich vermehren.

Sprache, Mittel zur Verständigung mithilfe von lautlichen Zeichen; im weiteren Sinne auch jedes System von bedeutungstragenden Zeichen (z. B. *Gebärdensprache*) oder eine Kommunikationsform, mit der sich eine Tierart verständigt (z. B. *Bienensprache*). Eine Sprache besteht aus einem bestimmten Vorrat an Lauten, die zu beliebig vielen Wörtern verknüpft werden können, und einem System von grammatischen Regeln, wie die Wörter zu einer sinnvollen Äußerung kombiniert werden müssen.

Diese Sprachbeherrschung wird als → Kompetenz vom Kind erworben, wenn es seine *Muttersprache* erlernt. Gleichzeitig eignet sich das Kind dabei einen wachsenden Wortschatz an, mit dem es einen möglichst großen Bereich seiner Umwelt beschreiben kann. Wenn ein Mensch später eine weitere Sprache, eine *Fremdsprache,* erlernt, kennt er bereits die meisten der verwendeten Laute, muss aber oft auch noch neue Laute einüben (z. B. Lispellaute im Englischen, Nasale im Französischen). Zumeist kann er auch einen Teil der grammatischen Regeln übernehmen.

Die menschliche Sprache ermöglicht es, → konkrete Gegenstände und Handlungen, aber auch → abstrakte Begriffe, Gedanken und Gefühle zu benennen und einem anderen Menschen mitzuteilen. Neben der *gesprochenen* Sprache gibt es eine *geschriebene* Sprache, die Laute – bei manchen Sprachen (wie Chinesisch) auch ganze Begriffe – mithilfe einer → Schrift in gleichwertige grafische Zeichen überträgt.

Im Laufe der Geschichte haben sich viele Sprachen herausgebildet, die sich durch die verwendeten Laute und Grammatikregeln, vor allem aber durch ihren Wortschatz unterscheiden. Alle natürlichen Sprachen verändern sich mit ihren Sprechern und passen sich den besonderen Bedürfnissen der Sprachgemeinschaft an. Durch räumliche Trennung der Sprachbenutzer entstehen über lange Zeiträume hinweg neue Sprachen, so dass heute fast jedes Volk seine eigene Sprache hat. Aber auch innerhalb eines Sprachraums gibt es Unterschiede, → Dialekte, die auf einen kleineren Raum begrenzt sind.

Daneben findet man auch *Soziolekte,* Sondersprachen, die sich vor allem in ihrem Wortschatz oder in ihrer speziellen Verwendung von Wörtern unterscheiden und durch die gemeinsame Zugehörigkeit der Sprecher zu einer gesellschaftlichen Schicht (→ *Slang*), Altersgruppe *(Kinder-* und *Jugendsprache)* oder Berufsgruppe (z. B. *Jägersprache)* bedingt sind. Außerdem gibt es eine verbindliche *Hoch-* oder *Standardsprache,* die beispielsweise in der Schule gelehrt und in erster Linie im schriftlichen Sprachgebrauch verwendet wird.

Die heute verwendeten Sprachen lassen sich aufgrund von Gemeinsamkeiten zu Sprachfamilien zusammenfassen, d. h., alle Sprachen einer solchen größeren Sprachengruppe haben sich aus einer gemeinsamen Ursprache entwickelt, als die Sprecher noch nicht räumlich voneinander getrennt waren. Auch die einzelnen Sprachen

Die großen Sprachgruppen der Erde

Indogermanisch
Kaukasisch (z. B. Abchasisch, Georgisch)
Hamito-semitisch (z. B. Arabisch, Berberisch, Hebräisch)
Drawidisch (z. B. Tamil)
Paläoasiatisch (z. B. Tschuktschisch)
Ural-altaisch (z. B. → Finnisch-Ugrisch, Türkisch, Mongolisch)
Tibeto-chinesisch (z. B. Birmanisch, Thai, Nepalisch, Mandarin)
Austroasiatisch (z. B. Mon-Khmer)
Austronesisch (z. B. Indonesisch, Polynesisch, Melanesisch)
Australisch
Bantu (z. B. Kisuaheli)
Sudanisch (z. B. Nuba, Ewe, Haussa)
Khoisan (z. B. Buschmännisch, Hottentottisch)
Indianersprachen (z. B. Nadene, Algonkin, Nahua, Ketschua, Tupi, Araukanisch)
Isolierte Sprachen (z. B. Japanisch, Koreanisch, Papua)

Wie viele Sprachen gibt es weltweit?

Sprachwissenschaftler nehmen an, dass es weltweit etwa 3000 Sprachen und 12 000 Dialekte gibt. Die genaue Zahl ist nicht feststellbar, da einige Sprachen nur gesprochen existieren. Zwei Drittel der Weltbevölkerung beherrschen eine der folgenden elf Sprachen lesend und schreibend: Chinesisch, Hindi, Englisch, Spanisch, Russisch, Arabisch, Bengali, Portugiesisch, Deutsch, Französisch und Japanisch. Diese Sprachen werden weltweit am meisten unterrichtet.

Springreiten

Innerhalb eines → Parcours ist eine bestimmte Anzahl von verschieden hohen oder breiten Hindernissen (z. B. Mauer, Wall, Gatter, Oxer, Wassergraben, zwei- und dreifache Kombinationen) aufgestellt, die das Pferd in einer bestimmten Reihenfolge fehlerfrei überspringen muss. Fehlerpunkte gibt es für das Abwerfen von Hindernisteilen bzw. Aufkommen im Wassergraben (4 Punkte), Verweigern vor dem Hindernis (3 Punkte) oder Sturz des Pferdes bzw. Abwurf des Reiters (8 Punkte). Wenn dabei eine bestimmte Höchstzeit überschritten wird, erhält der Reiter Zeitfehlerpunkte angerechnet. Sieger ist der Reiter mit den wenigsten Sprung- und Zeitüberschreitungsfehlern. Sind mehrere Reiter fehlerfrei, gibt es ein sog. *Stechen,* bei dem der Parcours verkürzt, aber die Hindernisse erhöht werden.

Squash

Auf einem 9,75 x 6,40 m großen *Squashcourt,* der von vier mindestens 4,5 m hohen Wänden umgeben ist, wird dieses Spiel mit zwei oder vier Spielern durchgeführt. Gespielt wird der 24 g schwere Vollgummiball mit einem 69 cm langen Schläger, der Ähnlichkeit mit einem Tennisschläger hat, aber eine kleinere Schlagfläche besitzt.
Der Aufschlag erfolgt gegen die Vorderwand des Court und muss dabei eine 1,85 m hohe Aufschlaglinie übertreffen. Nach dem Aufschlag darf der Ball beliebig oft die Seitenwände, aber nur einmal den Boden berühren, bevor ihn der Gegner zurückschlägt. Die Wände darf der Ball allerdings nur oberhalb einer bestimmten Linie (48 cm hoch) und unterhalb einer Fehlerlinie (2,13 cm) Höhe treffen. Bei den wuchtigen Schlägen kann der Ball Geschwindigkeiten von bis zu 120 km/h erreichen. Nur der aufschlagende Spieler kann Punkte erzielen. Macht er einen Fehler, wechselt der Aufschlag an den Gegenspieler. Normalerweise geht ein Spiel über drei Gewinnsätze mit je neun Punkten.

bleiben nicht gleich, wie etwa die deutsche Sprache zeigt, die als Vorläufer das Althochdeutsche und das Mittelhochdeutsche kennt und sich auch noch weiter verändern wird.

Sprengstoffe, chemische Verbindungen (in fester Form, als Pulver, Paste oder Gelatine), die durch Entzündung, Schlag oder Reibung schnell hoch verdichtete Gase freisetzen. Am gebräuchlichsten sind heute *Nitroverbindungen* (wie → Nitroglyzerin, → Dynamit, TNT). Seit der Erfindung der Atom- und Wasserstoffbombe gibt es auch *nukleare Sprengstoffe.*

Springreiten, Reitsportwettbewerb, der auf einer künstlich angelegten Strecke im Freien oder in der Halle durchgeführt wird. Es gibt Einzel- und Mannschaftswettbewerbe. Das Springreiten ist auch Bestandteil des → Modernen Fünfkampfes und der → Vielseitigkeitsprüfung.

Spross, oberirdischer Teil von höheren Pflanzen, insbesondere der *Sprosspflanzen.* An der Sprossachse (Stängel oder Stamm), bilden sich häufig Seitensprosse, die Blätter oder Blüten tragen. Sprosse können auch unterirdisch oder unter Wasser wachsen (z. B. Zwiebeln bzw. Wasserpflanzen).

Spulwürmer, Familie der → Fadenwürmer, deren Vertreter bis zu 40 cm lang werden und als → Parasiten im Darm von Wirbeltieren (auch des Menschen) leben.

Spurenelemente, Sammelbezeichnung für chemische Elemente, die für die Ernährung und den Stoffwechsel lebensnotwendig sind, aber nur in sehr geringer Menge in den Nahrungsmitteln enthalten sind (z. B. Eisen, Flor, Jod).

Sputnik [russ. »Gefährte«], *der,* Name der ersten sowjetischen künstlichen → Satelliten. *Sputnik 1* wurde am 4. 10. 1957 in eine Umlaufbahn um die Erde befördert.

Squash [von engl. squash skwɔʃ »zusammenpressen«], *das,* aus England stammendes Ballspiel, das Mitte des 19. Jh. entstand.

Squaw [engl.-indian. skwɔ: »Weib«], *die,* nordamerikanischen Indianerstämmen Bezeichnung für Frau.

Sri Lanka, früher *Ceylon,* Inselstaat in Südasien, der die gleichnamige Insel sowie mehr als 20 kleinere Inseln im Indischen Ozean einnimmt. Die Hauptinsel ist vom indischen Subkontinent durch die *Palkstraße* getrennt. Bis auf das gebirgige Innere besteht sie überwiegend aus Tiefland. Den Hauptteil der Bevölkerung machen Singhalesen (fast drei Viertel) und Tamilen (ein Achtel) aus. Die Wirtschaft beruht in erster Linie auf landwirtschaftlichen Produkten (vor allem Tee). Die Urbevölkerung stellen die heute nur noch im Nordosten als Wildbeuter lebenden Wedda dar. Später wurde die Insel von Südindien aus besiedelt, bevor um die Mitte des 1. Jt. v. Chr. die indogermanischen Singhalesen folgten. Bereits um 200 v. Chr. bildete sich ein buddhistischer Staat. Ceylon stand mehrmals unter indischer Oberhoheit. Im 14. Jh. entwickelte sich ein unabhängiges tamilisches Königreich. Um 1500 eroberten die Portugiesen Teile der Insel, aber 1656 fiel Ceylon an die Niederländer, auf die 1796 die Briten folgten. 1815 wurde Ceylon britische Kronkolonie. Der Inselstaat erhielt 1948 seine Unabhängigkeit, gehört aber weiterhin dem → Commonwealth an. 1972 wurde er Republik und benannte sich in *Sri Lanka* um. Die langjährigen Gegensätze zwischen den Singhalesen und der tamilischen Minderheit im Norden und Osten, die einen eigenen Staat forderte, führten in den 80er Jahren zu einem Bürgerkrieg, der bis heute etwa 30 000 Todesopfer kostete. Trotz eines von Indien vermittelten Friedensabkommens 1987, das eine Föderation vorsah, und eines 1995 zwischen Regierung und tamilischer Befreiungsorganisation LTTE geschlossenen Waffenstillstandes halten die Terroranschläge und die Offensiven der Regierungsarmee an.

SS, Abkürzung für *Schutzstaffel,* die im nationalsozialistischen Deutschland unter der Führung Heinrich Himmlers die vollständige Kontrolle im Staat übernahm. Sie war eng mit der → Gestapo verbunden. Aufgabe der SS war die politische Überwachung der Bevölkerung im Inland und – nach Beginn des Zweiten Weltkrieges – auch im Ausland. 1942 wurde sie offiziell mit der Überwachung der → Konzentrationslager beauftragt. Unter der Aufsicht der SS bzw. des von der SS geschaffenen *Sicherheitsdienstes* (SD) wurden im In- und Ausland Straf- und Vernichtungsaktionen durchgeführt, die Millionen von Toten forderten. Das alliierte Militärtribunal erklärte die SS bei den → Nürnberger Prozessen zu einer »verbrecherischen Organisation«.

Staat [von lat. status = »Stand, Zustand«], *der,* als politische Einheit organisierter Zusammenschluss einer größeren Gemeinschaft *(Staatsvolk)* innerhalb eines räumlich abgegrenzten *Staatsgebiets,* die unter der gemeinsamen Herrschaft einer → *Staatsgewalt* steht. Erste Staaten bildeten sich im Altertum mit dem Aufkommen von Hochkulturen (vor mehr als 5000 Jahren zuerst in → Mesopotamien und → Ägypten), als zunächst eng begrenzte Stadtstaaten entstanden und sich später Stämme zu größeren Rei-

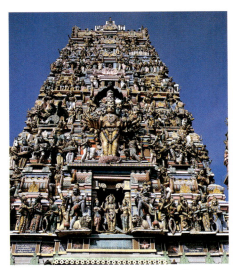

Sri Lanka: *Hinduistischer Tempel in Colombo*

chen zusammenschlossen. Nationalstaaten, die nach Möglichkeit alle Angehörigen eines historisch gewachsenen Sprachraums oder eines Volks umfassen, sind dagegen erst Errungenschaften der Neuzeit.

Staatsangehörigkeit, Recht zur Ausübung der Bürgerrechte in einem Staat, dem man entweder durch Geburt (das Kind übernimmt automatisch die Staatsbürgerschaft der Eltern) oder durch den Geburtsort angehört. Die Staatsangehörigkeit verleiht nicht nur Rechte (z. B. Wahlrecht, Schutz durch die diplomatische Vertretung im Ausland), sondern bürdet auch Pflichten auf (z. B. Steuern, Wehrpflicht). In den meisten Staaten kann man die Staatsbürgerschaft durch Einbürgerung *(Naturalisation)* oder Eheschließung erwerben.

Staatsanwaltschaft, Organ, das die öffentlichen Interessen des Staates bei Gerichten vertritt. Die Staatsanwaltschaft übernimmt bei Ermittlungsverfahren die Leitung und ist vor Gericht Vertreter der Anklage.

Staatsgewalt, staatliche Herrschaftsbefugnisse, die gekennzeichnet sind durch die Herrschaft über ein Gebiet *(Gebietshoheit)* und die Staatsangehörigen *(Personalhoheit)* sowie die Macht zur Anwendung von Gewalt, um eine Rechtsordnung durchzusetzen *(Gewaltmonopol).* In einer modernen Demokratie sind die klassischen Staatsgewalten, → *Legislative, Judikative* und *Exekutive,* getrennt (→ *Gewaltenteilung*).

Stabhochsprung, Sprungdisziplin der → Leichtathletik, bei der die Springer mit Hilfe eines bis zu 5 m langen Glasfiberstabes mit Anlauf eine hohe Sprunglatte überqueren müssen.

staccato [it.], in der Musik Anweisung für eine kurze, gestoßen wirkende Vortragsweise, bei der jeder Ton einzeln gesungen oder gespielt wird. Angezeigt wird dies durch Punkte unter den betreffenden Noten. Gegensatz: → *legato.*

Stachelhäuter, Stamm von → wirbellosen Tieren, der etwa 6000 Arten umfasst. Stachelhäuter leben im Meer und besitzen einen stern-, kugel-, scheiben- oder walzenförmigen Körper mit einem Kalkskelett, das oft Stacheln aufweist. Zu den Stachelhäutern gehören u. a. → *Seesterne, Haarsterne, Seelilien, Schlangensterne, Seewalzen* und → *Seeigel.*

Stachelschweine, Familie von → Nagetieren, deren Vertreter in Afrika, Asien, Südosteuropa und Süditalien vorkommen. Typisch für sie sind die bis zu 40 cm langen, spitzen Stacheln, die sie am Hinterrücken tragen. Die nachtaktiven Tiere leben in selbst gegrabenen Höhlen und ernähren sich von Pflanzen.

Stadtstaaten, in der Bundesrepublik die Bundesländer, deren Hoheitsgebiet sich auf eine Stadt und deren unmittelbare Umgebung beschränkt (Hamburg, Bremen und Berlin).

Stahl, Gruppe von Eisenlegierungen, deren Eigenschaften (Festigkeit, Zähigkeit und chemische Beständigkeit) durch die Art der → Legierung bestimmt werden. → Eisen ist ein Metall, das einen Kohlenstoffgehalt bis zu 1,7 % hat und sich walzen und schmieden lässt. Eisenlegierungen mit einem Kohlenstoffgehalt von mehr als 2 % sind spröde und nicht mehr verformbar. Durch das sog. »Frischen« (Umwandlung von Roheisen in Stahl durch Oxidierung der Begleitstoffe) wird der Kohlenstoffgehalt des im Hochofen gewonnenen Roheisens auf weniger als 2 % gesenkt. Beimischungen von anderen Metallen wie → Chrom oder Nickel verändern die Eigenschaften des Metalls. Nicht rostender Stahl z. B. enthält über 12,5 % Chrom, säurebeständiger Stahl zusätzlich bis zu 8 % Nickel.

Stalagmit [von griech. stalagmos = »Getröpfel«], *der,* in → Tropfsteinhöhlen vom Boden aus emporwachsender Ablagerungskörper, der meist aus Kalkstein besteht und oft eine bizarre Gestalt besitzt. Das Gegenstück dazu ist der **Stalaktit** [von griech. stalaktos = »tröpfelnd«], der von der Decke der Tropfsteinhöhle herunterwächst.

Stalin [russ. »der Stählerne«], Josef Wissarionowitsch, eigentlich *J. W. Dschugaschwili* (1879–1953), aus Georgien stammender sowjetischer Politiker. Er war ab 1922 Generalsekre-

---

Sri Lanka

Staatsname: Demokratische Sozialistische Republik Sri Lanka

Staatsform: Sozialistische Präsidialrepublik

Hauptstadt: Colombo

Fläche: 65 610 km²

Einwohner: 18,4 Mio.

Bevölkerungsdichte: 280/km²

Amtssprache: Singhalesisch, Tamil

Währung: Sri-Lanka-Rupie (SL. Re.)

Nationalitätskennzeichen: CL

Sri Lanka

■ **Stalaktiten**

Stalin
· · · · · · · · · ·
Die von Stalin weiterentwickelte Form des → Marxismus-Leninismus wird als Stalinismus bezeichnet. Sie war hauptsächlich durch eine Diktatur des Parteiapparats bzw. des Parteiführers gekennzeichnet, wobei die von der Führung festgelegte politische Linie auch mithilfe von psychischer und physischer Gewalt durchgesetzt und politische Gegner beseitigt wurden. Der Stalinismus spielte in den 50er Jahren auch in anderen osteuropäischen Staaten eine wichtige Rolle, bevor nach Stalins Tod eine *Entstalinisierung* einsetzte.

Stare – Kirschendiebe verschmähen Fische nicht
· · · · · · · · · · · · · · · · · ·
Stare fressen nicht nur Kirschen, sondern auch Fische. Auf der Hallig Norderoog im Wattenmeer der Nordsee wurden Stare beobachtet, die ihre Jungen mit kleinen Fischen fütterten und sich selbst von größeren Exemplaren ernährten. Die als »Kirschendiebe« bekannten Vögel verschmähen auch andere Meeresfrüchte nicht. In Nistkästen fanden Vogelforscher die Überreste von Wattschnecken. Stare passen sich offenbar bei der Nahrungswahl ihrer Umgebung an.

■ *Star*

tär der Kommunistischen Partei und wurde nach dem Tode → Lenins (1924) dessen Nachfolger. Bis 1927 baute er seine Macht zu einer Diktatur aus. In den 30er Jahren führte er mehrere blutige Säuberungen durch, bei denen politische Gegner rücksichtslos ausgeschaltet und umgebracht wurden. Ebenfalls mit Gewalt betrieb er die wirtschaftliche und gesellschaftliche Umgestaltung des Landes. Nach dem Zweiten Weltkrieg konnte er den sowjetischen Einfluss durch geschicktes Taktieren erheblich erweitern und aus der Sowjetunion eine Großmacht machen.

Stamm, 1. in der Botanik der verdickte und verholzte Hauptspross (Sprossachse) von Bäumen und Sträuchern; **2.** in der Biologie die Kategorie, die mehrere Klassen zusammenfasst (→ Systematik). **3.** Als Stamm bezeichnet man auch eine Gruppe von Menschen, die die gleiche Sprache und Kultur haben.

Stammbaum, bildliche Darstellung der Verwandtschaftsverhältnisse einer Familie über Generationen hinweg; auch Darstellung der entwicklungsgeschichtlichen Abstammung von Lebewesen.

Standard [engl. »Fahne«], *der,* allgemeines Niveau oder Norm für die Beschaffenheit einer Ware (z. B. *Lebensstandard*).

Stände, Gruppen innerhalb einer → Gesellschaft, die durch Gemeinsamkeiten hinsichtlich Geburt, Beruf, Interessen und Organisation gekennzeichnet und im Gegensatz zu gesellschaftlichen Schichten stärker gegeneinander abgeschlossen sind. Ihre Mitglieder haben deshalb ein größeres Zugehörigkeitsgefühl und ein bestimmtes *Standesbewusstsein.* Das spätmittelalterliche *Ständewesen* kannte vier Stände: Adel, Klerus, Bürger und Bauern.

Stare, Familie von → Singvögeln, von der mehr als 100 Arten in Europa, Asien und Afrika verbreitet sind. Sie werden bis zu 30 cm lang und leben gesellig. Stare brüten in Felslöchern und Erdhöhlen. Sie ernähren sich von Insekten und Früchten. In unseren Breiten sind Stare Zugvögel. Zu den Staren gehören auch der südasiatische *Beo* und der afrikanische *Glanzstar.*

Stärke, → Kohlenhydrat, das Pflanzen bei der → Photosynthese bilden. Die Stärke wird entweder sofort in → Zucker umgewandelt oder als Nahrungsreserve verwendet und gespeichert (z. B. beim Getreide in Körnern oder bei der Kartoffel in Knollen).

Stasi, abwertende Kurzbezeichnung für den *Staatssicherheitsdienst,* die politische Polizei der ehemaligen DDR. Die Stasi war zuständig für die Absicherung sämtlicher Lebensbereiche gegen »staatsgefährdende Regungen« und für die Spionage im Ausland.

Statik [griech. »(Kunst des) Wägens«], *die,* Teilgebiet der → Mechanik, das sich mit dem Gleichgewicht von Kräften befasst, die auf ruhende Körper wirken, im weiteren Sinne das Verhältnis der Kräfte, die auf ein Bauwerk wirken und für Stabilität sorgen.

Statistik [lat.], *die,* wissenschaftliche Methode, die gleichartige Dinge oder Erscheinungen zählt. Durch die Auswertung solcher Zahlen lassen sich massenhafte Erscheinungen analysieren, so dass aufgrund mathematischer Verfahren Wahrscheinlichkeitsvorhersagen möglich werden.

Statue [lat.], *die,* Standbild, rundplastische, meist frei stehende Figur eines Menschen oder Tieres, die zumeist auf einem Sockel steht.

Staubblätter, *Staubgefäße,* bei den → Samenpflanzen zu männlichen Geschlechtsorganen umgebildete Blattorgane, die den → Pollen enthalten.

Stauden, winterharte Pflanzen mit unterirdischen Sprossen, die nach dem Absterben ihrer oberirdischen Pflanzenteile (im Herbst) zu Beginn des Frühlings neu austreiben.

Staufer, schwäbisches Adelsgeschlecht, das aus dem Geschlecht der *Hohenstaufen* hervorging und 1135–1254 den deutschen König stellte. Die bedeutendsten Staufer waren → Friedrich I., Heinrich VI. (1165–1197), der auch das Königreich → Sizilien gewann, und Friedrich II. (1194–1250), die alle drei auch den Kaisertitel des → Heiligen Römischen Reiches trugen.

Stausee, künstlich durch eine Talsperre angelegter See, der dazu dient, Flussläufe zu regulieren, umliegendes Land zu bewässern, Trinkwasser zu speichern oder mit Hilfe von Wasserkraftwerken Elektrizität zu erzeugen.

Stechmücken, mit etwa 2500 Arten weltweit verbreitete Familie von → Mücken, die vorwiegend in den Tropen vorkommen. Die weiblichen Tiere sind Blutsauger, die Krankheiten übertragen können (z. B. → Malaria oder Gelbfieber).

Steckplatz, *Slot,* auf der Grundplatine (→ Platine) Einsteckmöglichkeit für verschiedene elektronische Bauelemente (z. B. Grafikkarte, Soundkarte).

Steiermark, zweitgrößtes Bundesland von → Österreich, das vorwiegend in den Ostalpen liegt und nach Südosten hin in eine Hügellandschaft übergeht. Das wirtschaftlich durch Bergbau (Eisen und Braunkohle) und Landwirtschaft

■ *Steinbock*

(Viehzucht, Obstbau) geprägte Gebiet wurde im 1. Jh. n. Chr. die römische Provinz *Noricum.* Ende des 6. Jh. wanderten die slawischen Slowenen ein. Ab dem späten 8. Jh. gehörte das Gebiet zu Bayern. Die Steiermark war lange Teil von → Kärnten, bevor 1180 das Herzogtum Steiermark entstand. Dieses kam 1278 in den Besitz der → Habsburger, wurde aber im 15. Jh. von den Ungarn besetzt und mehrmals von den Osmanen verwüstet. Nach dem Ersten Weltkrieg fiel der slowenische Süden an → Jugoslawien, während aus dem deutschen Siedlungsgebiet ein österreichisches Bundesland wurde.

Steinbock, → Tierkreiszeichen (♐ ♑), das dem gleichnamigen → Sternbild (lat. *Capricornus*) und im → Horoskop dem Zeitraum 22. Dezember–20. Januar entspricht.

Steinböcke, zur Gattung der → Ziegen gehörende Hornträger, die in den Hochgebirgen Europas, Asiens und Nordafrikas vorkommen. Steinböcke sind gewandte Kletterer. Das männliche Tier besitzt bis zu 1,4 m lange Hörner, die säbelförmig gekrümmt sind.

Steinfrucht, → Frucht, deren innere Schicht einen harten Kern (mit Samen) bildet, während der äußere Teil saftig und fleischig ist (z. B. Pfirsich, Pflaume, Kirsche).

Steinkohle, durch *Inkohlung* von Pflanzen vor allem im → Karbon entstandene harte Kohle mit einem Kohlenstoffgehalt von 75 bis 95 %. Pflanzen lagerten sich dabei in teilweise meterdicken Schichten ab, wurden von anderen Sedimenten begraben und überflutet, so dass sich unter Luftabschluss und hohem Druck der in den Pflanzen enthaltene → Kohlenstoff anreicherte.

Steinpilz, zu den Röhrlingen gehörender Speisepilz (→ Pilze), der in Laub- und Nadelwäldern vorkommt. Er besitzt eine bis zu 35 cm breite Kappe von zumeist brauner Farbe und einen bis zu 30 cm langen Stiel.

Steinsetzung, religiöses Grabmal oder Kultstätte aus der Jungsteinzeit (z. B. → Stonehenge). Kreisförmige Steinsetzungen werden als **Steinkreise** bezeichnet.

Steinzeit, frühester Abschnitt der Menschheitsgeschichte (→ Vor- und Frühgeschichte), der durch die Verwendung von Werkzeugen aus *Stein* gekennzeichnet ist. Die Steinzeit, die zumeist in drei Entwicklungsphasen *(Alt-, Mittel- und Jungsteinzeit)* unterteilt wird, begann vor rund 1 Mio. Jahren, als noch Vorläufer des Jetztmenschen (Evolution des → Menschen) die Erde bevölkerten, und endete in frühgeschichtlicher Zeit, als die Menschen dazu übergingen, ihre Werkzeuge hauptsächlich aus Metall herzustellen (→ Bronzezeit).

Steißbein, letzter Abschnitt der Wirbelsäule beim Menschen und bei Menschenaffen, der ein zurückgebildeter Rest des Schwanzskeletts ist.

Stenografie, *Stenographie* [von griech. *stenos* = »eng« und *graphein* = »schreiben«], *die,* Kurzschrift, ein Schreibsystem, das aus einer Mischung von Buchstabenschrift und bestimmten Silbenkürzeln besteht und zum schnellen Mitschreiben entwickelt wurde.

Steppe, in Tockengebieten außerhalb der Tropen verbreitete baumlose Ebenen mit Gras- oder Strauchbewuchs (in Ungarn als *Puszta,* in Südamerika als *Pampas* oder in Nordamerika als *Prärie* bezeichnet).

Sterbehilfe, psychologische, therapeutische oder medikamentöse Maßnahmen, um das Sterben zu erleichtern. Als *passive* Sterbehilfe bezeichnet man das Unterlassen lebenserhaltender oder -verlängernder Maßnahmen, als *aktive* Sterbehilfe Maßnahmen, die (etwa durch Verabreichung von Gift) den Tod eines sterbewilligen Kranken herbeiführen. In Deutschland ist die aktive Sterbehilfe verboten.

Stereogramm [griech. »räumliches Bild«], *das,* von einem Computer erzeugtes oder verändertes Bild, das mithilfe einer besonderen Blicktechnik einen räumlichen Eindruck erweckt. Dabei enthält das Bild neben einem Muster ein dahinter liegendes Objekt, das erst entdeckt wird, wenn die Pupillen das Bild gleichzeitig

Stereogramm – Magic Eye

Magic Eye oder *Magisches Auge* bezeichnet ein dreidimensionales Illusionsbild in Büchern, auf dem außer dem Muster des Vordergrundbildes noch ein weiteres, scheinbar davor schwebendes Bild erkennbar wird. Notwendig ist dazu eine besondere Technik, das Bild anzuschauen, die auf dem beidäugigen Sehen beruht. Wenn man aus geringer Entfernung das Bild betrachtet, als würde man hindurchschauen, und es dann langsam etwas weiter wegbewegt, nehmen nach etwas Übung beide Augen ein getrenntes Bild auf, das im Gehirn zu einem einzigen räumlichen Bild vereinigt wird. Zwei zweidimensionale Bilder, die in dem oft regellos wirkenden Muster verborgen sind, werden somit durch das räumliche Sehen (nämlich die Tiefe, die die beiden etwas auseinander stehenden Augen erzeugen) entschleiert und im Gehirn zu einem dreidimensionalen Bild zusammengesetzt.

Steiermark

Sterne
• • • • • • • • • • • • • • •
Unsere Sonne ist ebenfalls ein Hauptreihenstern. Sie bleibt insgesamt etwa 10 Mrd. Jahre auf der Hauptreihe, bevor sie sich zu einem Weißen Zwerg entwickelt. Da sie bereits über 4,5 Mrd. Jahre alt ist, nimmt ihre Helligkeit zu. In 3,5–5 Mrd. Jahren wird sie zu einem Roten Riesen, der einen Durchmesser von 60 Mio. km hat, und sich danach sogar zu einem Roten Überriesen mit 550 Mio. km Durchmesser aufblähen. Dabei verschlingt sie auch die inneren Planeten, darunter die Erde. Wenn die Sonne ihre äußere Hülle abgestoßen hat, entsteht ein *Planetarischer Nebel*. Im Zentrum dagegen bleibt der dichte Kern als Weißer Zwerg zurück, der in weiteren Jahrmilliarden abkühlt.

aus leicht unterschiedlichen Blickwinkeln betrachten. Im Gehirn entsteht dann ein Gesamtbild, das dreidimensional wirkt. Bekannt wurden diese Stereogramme durch das Buch »Magic Eye«.

Stereophonie, *Stereofonie,* oft kurz als *Stereo* bezeichnetes Aufnahme- und Wiedergabeverfahren von Tönen, das beim Hörer einen räumlichen Klangeindruck erweckt, wobei mindestens zwei getrennte Kanäle benutzt werden.

steril [lat.], keimfrei, unfruchtbar; im übertragenen Sinn von kalter Nüchternheit, langweilig, unkreativ.

Sterilisation [lat.], *die,* operativer Eingriff beim Menschen oder bei Tieren, der durch Unterbrechen der Samenstränge bzw. der Eileiter Unfruchtbarkeit hervorruft. Im Gegensatz zur → Kastration bleibt bei dieser Methode der Sexualtrieb erhalten. Die Sterilisierung ist auch ein besonders wirksames Mittel der → Empfängnisverhütung und Familienplanung; sie kann entweder beim Mann (→ Vasektomie) oder bei der Frau (→ Tubenligatur) durchgeführt werden.

Sternbilder, Gruppen von Sternen, die für den Betrachter auf der Erde nahe beieinander zu stehen und die Umrisse einer Figur oder eines Gegenstandes zu bilden scheinen. Die meisten Sternbilder, die wir heute kennen, gehen auf die Antike zurück. Sternbilder dienten vor allem in der Schifffahrt zur Orientierung. Eine besondere Stellung nehmen die zwölf Sternbilder des → Tierkreises ein.

Sterne, im weitesten Sinne alle leuchtenden Himmelskörper *(Gestirne)*. In der Astronomie ist jedoch nur ein selbstleuchtender Himmelskörper ein Stern, während die Himmelskörper, die nicht selbst leuchten, sondern nur das Licht von Sternen reflektieren, → Planeten, → Planetoiden, → Monde, → Meteoriten usw. sind. Der nächste Stern ist unsere → Sonne. Tatsächlich sind die meisten Sterne ähnlich wie unsere Sonne aufgebaut, d. h., sie sind riesige Gaskugeln, die im Inneren bis zu 1 Mrd. °C heiß sind und durch → Kernfusion Energie erzeugen. Bei jedem Stern wirken Schwerkraft und Gasdruck einander entgegen. Wenn diese beiden Kräfte im Gleichgewicht sind, bläht sich der Stern weder auf noch stürzt er in sich zusammen. Aber dieser Zustand hält nicht auf Dauer an: Sterne entstehen und vergehen auch wieder.

Die **Sternentwicklung** beschreibt die zeitliche Veränderung dieses Zustands. Sterne entstehen aus interstellarer Materie, die vorwiegend in Form von Wasserstoff und Helium (nur etwa 1–2 % schwerere Elemente und Verbindungen) im Weltraum ungeheuer fein verteilt ist. Diese interstellare Materie ist vor allem in den → Spiralnebeln zu finden und bildet oft dichtere »Wolken«. Wenn sich eine solche Gas- und Staubwolke infolge der Gravitation oder aufgrund von Schockwellen, die von Sternexplosionen (→ Supernova) ausgelöst werden, zusammenzieht und verdichtet, entwickelt sich je nach Sternmasse innerhalb von nur 10 000 oder auch 100 Mio. Jahren eine rotierende, heiße Sonne, in der die Atomkerne miteinander verschmelzen. Danach durchlaufen die Sterne je nach Masse und Temperatur eine unterschiedliche Entwicklung, an deren Ende ein Sternenkollaps steht.

Die Dauer dieser Entwicklung, d. h. die Lebenserwartung der Sterne, hängt davon ab, wie lange sie die in ihrem Inneren vorhandenen Vorräte an Gasen durch Kernfusion umwandeln können. Massereiche Sterne wandeln ihren Wasserstoff relativ schnell in Helium um und verbrennen danach Helium, wobei sie sich zu Roten → Riesensternen aufblähen. Sterne mit geringerer Masse verbrauchen dagegen ihre Vorräte langsamer und werden älter. Die Kernfusion im Inneren der Sterne funktioniert aber im allgemeinen nur bis zur Umwandlung von leichteren Elementen in Eisen. Danach fällt der Kern zusammen, so dass ein Weißer Zwerg entsteht, der immer kühler wird. Bei massereichen Sternen führt der Zusammenbruch zu einem → Neutronenstern oder einem → Schwarzen Loch. Der Kollaps ist mit einer Explosion verbunden, bei der die äußeren Schichten des Sterns in den Weltraum geschleudert werden (→ Supernova).

Die Entwicklung der meisten Sterne verläuft im sog. *Hertzsprung-Russell-Diagramm* auf der *Hauptreihe*. Dieses Diagramm setzt die → Spektralklasse eines Sterns in Beziehung zu seiner Leuchtkraft. Die Hauptreihe verläuft von links oben, von den heißen Sternen mit blauweißer Farbe, die die höchste Leuchtkraft besitzen, nach rechts unten, zu den relativ kühlen Sternen mit roter Farbe und geringer Leuchtkraft. Von dieser Hauptreihe entfernt sind die Weißen Zwerge, Roten Riesen und Überriesen.

Sternschnuppe, andere Bezeichnung für → Meteor.

Sternwarte, *Observatorium,* astronomische Forschungsstation, die Himmelsbeobachtungen mit optischen → Teleskopen oder Radioteleskopen durchführt.

Sternbilder 633

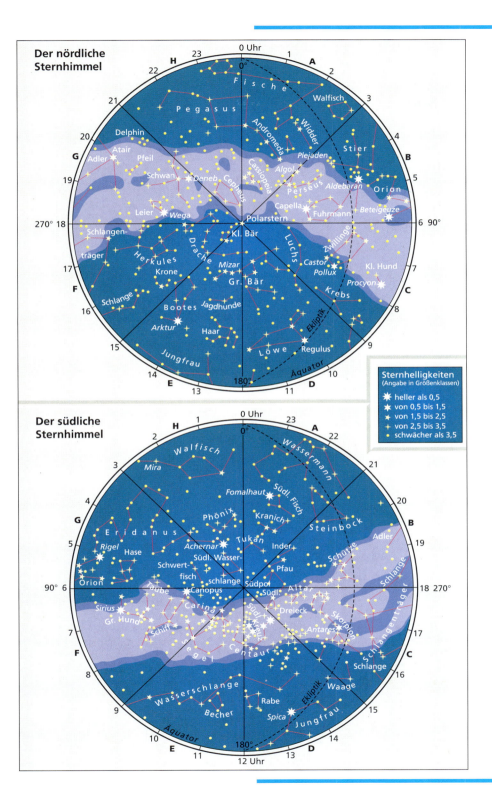

Steuern in Deutschland

Steuerart	Einnahmen (1996)
Gemeinschaftliche Steuern	in Mrd. DM
Lohn- und veranlagte Einkommensteuer	262,8
Umsatzsteuern	237,2
Bundessteuern	
Branntweinsteuer	5,1
Mineralölsteuer	68,3
Tabaksteuer	20,7
Versicherungssteuer	14,6
Ländersteuern	
Erbschaftssteuer	4,1
Kraftfahrzeugsteuer	13,7
Vermögenssteuer	9,0
Gemeindesteuern	
Gewerbesteuer	45,9
Grundsteuer	14,8

Stickstoff

Zeichen: N (von lat. *nitrogenium*)
Ordnungszahl: 7
Atommasse: 14,01
Dichte: 1,25 g/l
Schmelzpunkt: −210 °C
Siedepunkt: −196 °C

Stierkampf

Für den Stierkampf gibt es feste Regeln. Stierkämpfe (span. *Corridas*) finden in großen Stadien *(Arenas)* statt. Zunächst reizen die *Capeadores* den Stier *(Toro)* mit einem farbigen Mantel *(Capa).* Dann schwächen die *Picadores* (auf Pferden) und die *Banderileros* den Stier durch leichte Stiche mit einer Lanze in den Nacken bzw. durch Würfe von bändergeschmückten Pfeilen. Der Stierkämpfer (*Torero* oder *Matador)* tritt dem Stier allein entgegen, nur mit einem Degen *(Espada)* und einem roten Tuch *(Muleta)* bewaffnet. Er tötet den Stier mit seinem Degen durch einen Stich ins Herz (zwischen den Schulterblättern hindurch), nachdem er die Angriffe des Stiers immer wieder ganz nah am Körper vorbeigelenkt hat.

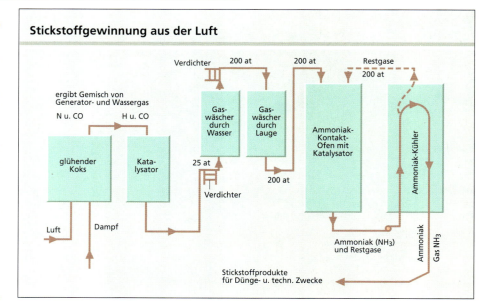

Stickstoffgewinnung aus der Luft

Stethoskop [von griech. stethos = »Brust«], *das,* Hörrohr, ein Gerät, das vom Arzt z. B. zum Abhorchen von Herz- oder Lungengeräuschen verwendet wird.

Steuerbord, auf Schiffen die rechte Seite, weil sich dort früher das Steuerruder befand.

Steuern, Abgaben, die der Staat (Bund, Länder und Gemeinden) von seinen Bürgern erhebt, um die öffentlichen Aufgaben finanzieren zu können. Man unterscheidet dabei *Besitz-* (auf Einkommen und Vermögen), *Verkehrs-* (Umsatz-, Lotterie-, Versicherungssteuern usw.) und *Verbrauchssteuern* (für Verbrauchsgüter wie Tabak, Sekt, Mineralöl usw.).

Stichwahl, erneuter Wahlgang, wenn bei einer Wahl im ersten Wahlgang kein Sieger ermittelt werden konnte, weil keiner der Bewerber die notwendige Stimmenzahl erreichte. Dann wird zwischen den verbliebenen Kandidaten durch eine Stichwahl der Wahlsieger ermittelt.

Stickstoff, ein → chemisches Element. Das ungiftige, farb-, geschmack- und geruchlose Gas ist das häufigste Element der Erdatmosphäre (78 %). Es ist auch in → Eiweißen und Nukleinsäuren enthalten. Da es reaktionsträge ist, setzt man es als Inertgas ein. Stickstoff wird in großen Mengen zur Herstellung von Düngemitteln verwendet.

Stier, 1. allgemein männliches → Rind; **2.** → Tierkreiszeichen (♉ ♉), das dem gleichnamigen → Sternbild (lat. *Taurus*) und im → Horoskop dem Zeitraum 21. April–20. Mai entspricht.

Stierkampf, in der Antike (in Ägypten und Mesopotamien), heute vor allem in Spanien öffentlich ausgetragener Kampf zwischen Mensch und Stier.

Stifter, Adalbert, (1805–1868), österreichischer Schriftsteller, der zunächst von der → Romantik beeinflusst war und in seinem Spätwerk klassische Ideale mit christlicher Frömmigkeit verband. Am bekanntesten neben seinem Erziehungsroman »Der Nachsommer« (1857) und seinem Geschichtsroman »Witiko« (1865–1867) sind seine in Sammelbänden veröffentlichten Erzählungen (»Studien«, 1844–1850, und »Bunte Steine«, 1853).

Stigma [griech.], *das,* ursprünglich in der Antike ein Mal, das den Sklaven eingebrannt wurde; später vor allem ein Wundmal Christi. Im

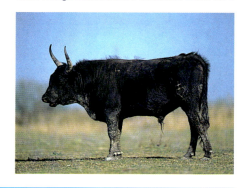

■ *Stier*

Die Megalithanlage **Stonehenge**

übertragenen Sinne versteht man darunter ein Merkmal, das in der Gesellschaft negativ bewertet wird (z. B. Hautfarbe).

Stil [lat. »Griffel«], *der,* besondere sprachliche Ausdrucksweise (z. B. eines Schriftstellers); in der Kunst allgemein eine einheitliche Darstellungsweise, die für eine bestimmte Epoche (z. B. *Renaissancestil)* oder für einen Künstler charakteristisch ist.

Stiller Ozean, deutsche Bezeichnung für → Pazifischer Ozean.

Stillleben, ein Gemälde, auf dem unbewegte Gegenstände (z. B. Früchte oder Blumen) dargestellt sind.

Stimmbruch, Senkung der Stimmhöhe bei männlichen Jugendlichen in der → Pubertät um etwa eine → Oktave, weil der Kehlkopf wächst und die Stimmbänder sich verlängern. Während dieser Zeit schwankt die Stimme häufig zwischen der Knaben- und Erwachsenenstimmlage.

Stimmgabel, gabelförmiges Metallgerät (mit zwei Zinken), mit dem durch Anschlagen der → Kammerton a¹ erzeugt wird, um Musikinstrumente oder Chöre einzustimmen.

Stimmlagen, Einteilung der menschlichen Singstimme nach ihrem Tonumfang. Bei Frauen unterscheidet man zwischen → *Sopran,* → *Mezzosopran* und → *Alt,* bei Männern zwischen → *Tenor,* → *Bariton* und → *Bass.*

Weißstörche

Stinktiere, Unterfamilie der → Marder, deren Vertreter mit neun Arten in Amerika leben. Die bis zu 50 cm großen Tiere besitzen ein schwarz-weiß gestreiftes Fell und einen langen Schwanz. Stinktiere haben eine Drüse in Afternähe, mit der sie bei Gefahr ein übel riechendes Sekret zielsicher verspritzen können.

Stipendium [lat. »Steuer«], *das,* finanzielle Unterstützung für Schüler, Studenten oder junge Wissenschaftler, die je nach Art wegen Bedürftigkeit oder aufgrund besonderer Leistungen vergeben wird.

Stoa [griech. »Säulenhalle«], *die,* griechische Philosophenschule, die um 300 v. Chr. von dem Philosophen *Zenon* (um 336–264 v. Chr.) gegründet wurde. Nach der Lehre der Stoa ist die Natur von einem göttlichen Vernunftprinzip *(Logos)* bestimmt. Deshalb muss auch der Mensch im Einklang mit sich selbst und der Natur leben. Ihre Anhänger wurden *Stoiker* genannt.

Stockholm, an der Ostseeküste teilweise auf Inseln errichtete Hauptstadt (als Ballungsraum 1,7 Mio. Einwohner) von → Schweden. Stockholm wurde Mitte des 13. Jh. als Handelsplatz gegründet und ist heute nicht nur die Residenz des Königs, sondern auch das industrielle Zentrum des Landes. Sein Hafen muss allerdings im Winter von Eisbrechern eisfrei gehalten werden.

Stoffwechsel, *Metabolismus,* alle in einem Organismus (z. B. menschlicher Körper) ablaufenden biochemischen Vorgänge, die für die Erhaltung des Lebens notwendig sind. Dazu gehören der Austausch von Stoffen zwischen dem Organismus und der Umwelt sowie alle Umwandlungsprozesse, bei denen innerhalb des Organismus Substanzen auf-, um- und abgebaut werden, um Baustoffe für den Körper zu erzeugen, Energie zu gewinnen, Körperfunktionen aufrechtzuerhalten und Abfallprodukte auszuscheiden. Dabei übernehmen oft → Enzyme und → Hormone die Aufgabe von → Katalysatoren.

Stonehenge [ˈstoʊnˈhɛndʒ], vorgeschichtliche Kultstätte in Südengland (12 km nördlich von Salisbury), die in mehreren Phasen zwischen 3100 und 1100 v. Chr. errichtet wurde (→ Megalithkultur).

Störche, Familie von Stelzvögeln, die in Regionen mit gemäßigtem oder warmem Klima leben. Störche sind hochbeinige Vögel (bis zu 1,4 m hoch) und besitzen einen langen Hals und einen langen Schnabel. Sie ernähren sich von Insekten und Kleintieren (vor allem Frösche und kleine Säugetiere). In Deutschland kommen der *Wei-*

Stigmatisation

Stigmatisation ist das Sichtbarwerden der fünf Wundmale von → Jesus Christus am Körper eines Menschen (erstmals 1224 bei Franz von Assisi). Menschen, die sich besonders stark in das Leiden Christi hineinfühlen, zeigen dabei nicht nur Hautblutungen, sondern haben auch ekstatische Visionen und kommen angeblich ohne Schlaf und Nahrung aus. Bis in die Neuzeit sind mehr als 300 solche Fälle bekannt.

Stoffwechsel

Stoffwechselkrankheiten sind Störungen des Stoffwechsels, die zumeist erblich bedingt sind und aufgrund von fehlenden Enzymen oder Unterfunktion von Organen bestimmte Stoffe nicht bilden können oder im Übermaß Zwischenprodukte ablagern (z. B. Fettsucht, Zuckerkrankheit, Gicht).

Europas erstes Storchendorf

In dem kleinen kroatischen Dorf Cigoc an der Save im Nationalpark Lonjsko Polje leben immer mehr Störche als Menschen. 1994 wurde die Ortschaft zum ersten »Storchendorf« Europas erklärt. Jährlich brüten in Cigoc zwischen 50 und 56 Storchenpaare und ziehen pro Nest mindestens drei Jungvögel auf. Auf diese Weise leben in dem Dorf mit 127 Einwohnern im Sommer über 260 Störche. Die Dächer der alten Häuser aus Stieleichenholz bieten den Störchen beste Nistmöglichkeiten. Nahrungsgrundlage für die Weißstörche sind artenreiche »Hutweiden«, auf denen Kühe, Schweine und Pferde frei gehalten werden.

Stimmgabel

ße oder *Hausstorch,* der sein Nest auf Bäumen und Hausdächern baut, und äußerst selten der *Schwarzstorch* vor. Störche sind in unseren Breiten Zugvögel.

Storchschnabel, deutsche Bezeichnung für → Pantograph.

Störe, Ordnung der Knorpelganoiden, die seit mindestens 200 Mio. Jahren vorkommen. Die Störe, die einen spindelförmigen Körper mit langem Schnauzenfortsatz besitzen, sind die größten Süßwasserfische der Welt (bis 8,5 m lang und 1300 kg schwer). Sie leben als Wanderfische auf der nördlichen Erdhalbkugel und steigen zum Überwintern und Ablaichen in die Zuflüsse ihrer Heimatmeere auf.

Storm, Theodor (1817–1888), deutscher Dichter des poetischen → Realismus, der in seinen Werken eine wehmütige bis schwermütige Stimmung mit schlichter Sprache verband. Am bekanntesten sind seine Novellen, wie etwa »Der Schimmelreiter« (1888).

Stoß, Veit, (um 1448–1533), deutscher Bildhauer, Maler und Kupferstecher der Spätgotik, der bedeutende Werke für Kirchen schuf (z. B. Hochaltar in der Marienkirche in Krakau, »Englischer Gruß« in der Lorenzkirche in Nürnberg und Altar im Bamberger Dom). Die Figuren von Stoß zeichnen sich durch ihre Bewegtheit und ihren beseelten Ausdruck aus.

Strafgesetzbuch, *StGB,* Zusammenfassung aller strafbaren Handlungen (z. B. Verbrechen oder Vergehen), die auch die vorgesehenen Strafandrohungen enthält. Die Erstfassung in Deutschland (1871) wurde wiederholt geändert.

Strafmündigkeit, das Alter, mit dessen Erreichen ein Täter vor dem Gesetz für eine begangene Straftat voll zur Rechenschaft gezogen wird (in Deutschland mit Vollendung des 18. Lebensjahrs). Eingeschränkt strafmündig sind Täter zwischen dem 14. und 18. Lebensjahr.

Strafprozess, Verfahren vor einem *Strafgericht* nach der *Strafprozessordnung* (StPO). Ein Strafprozess besteht aus drei Verfahren. Er beginnt mit dem Ermittlungsverfahren, das unter der Leitung der → Staatsanwaltschaft und unter Mithilfe der Polizei durchgeführt wird. Kommt es zur Einreichung einer Anklageschrift beim zuständigen Gericht, so folgt das Zwischenverfahren, in dem das Gericht entscheidet, ob es die Anklagepunkte der Staatsanwaltschaft für ausreichend hält. Wenn eine Strafverfolgung im öffentlichen Interesse liegt, wird das Hauptverfahren eröffnet, an dem der → Angeklagte und sein → Verteidiger, der Staatsanwalt sowie die Zeugen und bei Bedarf Sachverständige teilnehmen. Es dient der Urteilsfindung.

Strafvollzug, Maßnahmen nach der rechtskräftigen Verurteilung eines Straftäters. In der Regel wird darunter eine Freiheitsstrafe in einer Justizvollzugsanstalt verstanden; daneben gibt es Besserungs- und Sicherungsverwahrung. Sinn des Strafvollzugs ist die *Resozialisierung,* die Wiedereingliederung des Häftlings in die Gesellschaft.

Strahlen, in der Mathematik die Menge aller Punkte, die auf einer Geraden liegen; in der Physik jeder Materie- oder Energiestrom, der sich gerichtet ausbreitet.

Strahlenbelastung, in Millirem pro Jahr (mrem/a) gemessene Belastung, die durch natürliche oder künstliche → Radioaktivität, → Röntgenstrahlung oder → kosmische Strahlung hervorgerufen wird. Die natürliche Strahlenbelastung beträgt durchschnittlich 110 mrem/a.

Strahlflugzeug, auch als → *Düsenflugzeug* bezeichnetes Flugzeug, das durch ein → Strahltriebwerk angetrieben wird. Die Ende der 30er Jahre entwickelten Strahlflugzeuge sind die schnellsten und leistungsfähigsten → Flugzeuge, so dass sie heute fast alle größeren Kampf- und Verkehrsflugzeuge darstellen.

Strahltriebwerk, Sammelbezeichnung für Triebwerke, die Schubkraft durch den Ausstoß von Masseteilchen (Verbrennungsgase) durch eine → Düse erzeugen.

Straßburg, frz. *Strasbourg,* französische Stadt (256 000 Einwohner) im → Elsass. Die Hauptstadt des Departements Bas-Rhin ist Sitz des Europarates und des Europaparlaments. Die aus einem römischen Heerlager des 1. Jh. n. Chr. hervorgegangene Stadt fiel im 9. Jh. an den Ostteil des → Fränkischen Reiches. Ab 1262 war sie deutsche Reichsstadt, bis sie 1681 von Frankreich erobert wurde. Nach dem → Deutsch-Französischen Krieg kam sie mit Elsass-Lothringen erneut zum Deutschen Reich, bevor sie nach dem Ersten Weltkrieg endgültig an Frankreich fiel. Berühmt ist das *Straßburger Münster,* eines der Hauptwerke der französischen → Gotik.

Strategie von griech. stratos = »Heer« und agein = »führen«], *die,* eigentlich die Kunst der Kriegsführung; im übertragenen Sinne die genaue Planung und die Durchführung eines Plans.

strategische Waffen, alle mit Atomsprengköpfen ausgerüsteten Raketen mit einer Reichweite von über 5500 km, womit sie andere Kontinente bedrohen können.

Stratosphäre [von lat. stratum = »Decke« und

Strahltriebwerk eines Jumbo-Jet

griech. sphaira = »Kugel«], *die,* Schicht der → Atmosphäre in ca. 10–50 km Höhe.

Sträucher, Holzgewächse, die keinen Hauptstamm haben, sondern mehrere bis viele, etwa gleich lange Äste aufweisen, die sich bereits am Boden verzweigen.

Strauß, Franz Josef (1915–1988), deutscher Politiker, der die → CSU mitbegründete. Er war 1953–1962 Bundesminister (für besondere Aufgaben, danach für Atomfragen und zuletzt für Verteidigung) und musste 1962 wegen der sog. *Spiegelaffäre* zurücktreten. 1966–1969 war er Bundesfinanzminister in der großen Koalition von CDU/CSU und SPD. Ab 1978 war er Ministerpräsident von Bayern. Als Kanzlerkandidat der CDU/CSU unterlag er bei den Bundestagswahlen 1980 gegen Helmut → Schmidt.

Strauß, Johann (1825–1899), österreichischer Komponist, der als »Walzerkönig« berühmt wurde. Der Sohn von *Johann Strauß Vater* (1804–1849), der den Walzer populär machte und über 150 Kompositionen (z. B. »Radetzkymarsch«, 1848) schrieb, führte das musikalische Erbe seines Vaters weiter. Er komponierte 479 Walzer (z. B. »An der schönen blauen Donau«, 1867, »Wiener Blut«, 1871, »Kaiserwalzer«, 1888) und 16 Operetten; seine bekanntesten sind »Die Fledermaus« (1874), »Eine Nacht in Venedig« (1883) und »Der Zigeunerbaron« (1868).

Strauss, Richard (1864–1949), deutscher Komponist und Dirigent. Als Komponist erweiterte er das Klangspektrum des Orchesters über die Spätromantik hinaus und schuf die moderne Oper in den Grenzen der → Tonalität. Er komponierte 15 Opern (darunter »Salome«, 1905, »Elektra«, 1909, »Der Rosenkavalier«), bei denen er häufig Libretti von → Hofmannsthal vertonte, zahlreiche Ballette, Orchesterwerke (z. B. sinfonische Dichtungen wie »Also sprach Zarathustra«), Konzerte, Kammer- und Klaviermusik sowie viele Lieder.

Strauße, afrikanische Laufvögel, die mit fast 3 m Höhe die größte lebende Vogelart darstellen. Strauße leben in Halbwüsten, Steppen und Savannen. Sie sind flugunfähig, erreichen aber dank ihrer kräftigen Beine Geschwindigkeiten von mehr als 50 km/h.

Strawinski, Igor (1882–1971), russisch-amerikanischer Komponist, der ein umfangreiches und in stilistischer Hinsicht sehr vielfältiges Werk schuf. In seinen Werken übernahm er Elemente der russischen Volksmusik und des Jazz, wandte sich ab den 20er Jahren einem neoklassizistischen Stil zu und verwendete im Spätwerk auch serielle Kompositionstechniken. Strawinski war in fast allen musikalischen Gattungen tätig, von Ballettmusiken über Konzerte, Opern und Sinfonien bis zu Kammermusik, geistlicher Musik und Liedern.

Streetball [engl. ˈstriːtbɔːl »Straßenball«], *der,* aus den USA kommendes Ballspiel, das auf Plätzen und Hinterhöfen gespielt wird und dem → Basketball ähnlich ist, aber pro Mannschaft nur drei Spieler kennt und ohne Schiedsrichter auskommt.

Streichinstrumente, Familie von → Saiteninstrumenten, bei denen die Töne erzeugt werden, indem die *Saiten* mit einem *Bogen* (gebogene, etwa 75 cm lange Holzstange, zwischen deren Enden bis zu 250 Rosshaaare gespannt sind) angestrichen werden. Dazu gehören → Geige, Bratsche, Cello und Kontrabass, aber auch Drehleier und Glasharmonika.

Streik [von engl. strike = »Schlag«], *der,* befristete Arbeitsniederlegung, die zumeist von einer Gewerkschaft organisiert wird und die Durchsetzung bestimmter Forderungen verfolgt (z. B. höherer Lohn, bessere Arbeitsbedingungen).

Stress [engl. »Anspannung«], *der,* starke körperliche oder seelische Belastung durch physische (z. B. Lärm, Hitze) oder psychische Stressfaktoren (Prüfungsangst, Eheprobleme, familiäre Schwierigkeiten), die zur erhöhten Ausschüttung von → Adrenalin führt. Stress in geringem Maß ist nicht gesundheitsschädlich, sondern sogar lebensnotwendig. Andauernder Stress *(Distress)* kann jedoch die Gesundheit schädigen,

Igor Strawinski

Strontium

• • • • • • • • • • • • • • • •
Zeichen: Sr
Ordnungszahl: 38
Atommasse: 87,62
Dichte: 2,54 g/cm³
Schmelzpunkt: 769 °C
Siedepunkt: 1384 °C

Sturm und Drang

• • • • • • • • • • • • • • • •
Die Bewegung des *Sturm und Drang* war die Auflehnung einer jungen Dichtergeneration gegen den → Rationalismus der → Aufklärung, gesellschaftliche Konventionen und Standesschranken. Die jungen Dichter setzten diesen Normen Kreativität, Gefühl, Phantasie und Spontaneität sowie das künstlerische Genie entgegen. Die Bewegung knüpfte u. a. an → Homer, → Shakespeare und → Rousseau an. Die theoretischen Grundlagen für den Sturm und Drang lieferte → Herder. Die literarischen Werke, die vor allem das Natürliche und Ursprüngliche betonen, waren ganz durch das geniale Dichterindividuum geprägt. Seinen wirkungsvollsten Ausdruck fand der Sturm und Drang im Drama, z. B. »Götz von Berlichingen«(1774) von Goethe, »Die Räuber« (1781) oder »Kabale und Liebe« von → Schiller, »Der Hofmeister« (1774) und »Die Soldaten« (1774) von Jakob Michael Reinhold Lenz und »Die Kindermörderin« (1776) von Heinrich Leopold Wagner (1747–1779).

indem er z. B. Magengeschwüre, Herz- oder Kreislauferkrankungen hervorruft.

Strichcode, *Barcode,* ein aus unterschiedlich breiten dunklen Streifen bestehender → Code, der vor allem im Handel verwendet wird und bestimmte Informationen über ein Produkt (z. B. Artikel, Hersteller, Herkunftsland) enthält. An der Kasse wird der Strichcode mit einem Scanner gelesen und von einem Computer entschlüsselt, der den jeweiligen Preis an die Registrierkasse übermittelt.

Strings [engl. »Fäden«], Mz., in der Astrophysik angenommene Gebilde, die extrem dünn sind (etwa 10^{-27} m) und schleifenförmig oder gekrümmt weit in den Weltraum hineinreichen, so dass sie dennoch eine gewaltige Masse besitzen. Die *kosmischen Strings* sollen sich in einem frühen Stadium des → Universums gebildet haben und sind möglicherweise bereits wieder verschwunden.

Strobelight [engl. 'stroʊblaɪt], *das,* mit dem *Stroboskop* verwandtes Beleuchtungsgerät, das als Effektgerät auf der Bühne eingesetzt wird. Durch rasch aufeinanderfolgende Lichtblitze (etwa zehnmal in der Sekunde) entsteht für das Auge eine Folge von abgehackten Bewegungen.

Stromkreis, geschlossener → Leiter, der von elektrischem Strom durchflossen wird.

Strontium [engl.], *das,* ein → chemisches Element, das zu den Erdalkalielementen gehört. Das graue Leichtmetall ist sehr reaktionsfähig. Radioaktives Strontium 90 wird vom menschlichen und tierischen Körper anstelle von Calcium in die Knochensubstanz aufgenommen. Da Strontiumverbindungen Flammen leuchtend rot färben, verwendet man *Strontiumnitrat* zur Herstellung von Feuerwerkskörpern.

Strophe [griech. »Wendung«], *die,* ein Abschnitt in einem Lied oder Gedicht, der aus mehreren Versen besteht und einen einheitlichen Rhythmus oder → Reim besitzt.

Struktur [lat. »Bauwerk«], *die,* Gefüge; innerer Aufbau einer Sache, einer Denkungsart oder eines Begriffes (z. B. *Gesellschaftsstruktur*).

Strukturformel, in der Chemie eine Formel, die graphisch darstellt, wie die Atome in einem → Molekül räumlich angeordnet sind.

Stuart, schottisches Adelsgeschlecht, das bis ins 11. Jh. zurückreicht. Mit Robert II. gelangten die Stuarts 1371 auf den schottischen Königsthron. Die Stuarts erhoben später auch Anspruch auf den englischen Thron, weil Jakob IV. (1473–1513) Margarete Tudor, eine Schwester → Heinrichs VIII., geheiratet hatte. Jakob I.

■ *Der **Stupa** von Swajambunath in Katmandu, Nepal*

(1566–1625), der Sohn Maria Stuarts (deren Schicksal Friedrich → Schiller zu einem Drama verarbeitete), erwarb 1603 auch den englischen Thron. In der Revolution 1688/89 wurde die Dynastie gestürzt und von der Regierung ausgeschlossen.

Student [von lat. studere = »eifrig betreiben«], *der,* Hochschüler, der an einer Universität oder Fachhochschule eingeschrieben ist.

Studie, in der Kunst ein Entwurf oder eine Vorarbeit zu einem Kunstwerk (z. B. zu einem Bild), in der Wissenschaft eine Untersuchung zu einem bestimmten Thema.

Studio [it.], *das,* Raum, in dem Ton- oder Bildaufnahmen gemacht werden.

Stummheit, Unfähigkeit, sprachliche Laute zu bilden, eine Sprachbehinderung, die auf Kehlkopfkrankheiten oder Störungen des Sprachzentrums im Gehirn zurückgeht, manchmal auch seelisch bedingt ist *(Mutismus).* Bei Taubheit ist sie angeboren (→ Taubstummheit).

Stunde, Zeiteinheit (Zeichen *h* von lat. *hora),* das 60fache einer → Minute bzw. das 3600fache einer → Sekunde.

Stuntman [engl. 'stʌntmən], *der,* bei Filmproduktionen ein Darsteller, der zum Teil lebensgefährliche Szenen spielt und dabei häufig einen

Hauptdarsteller als → Double vertritt. Die Darbietung des Stuntmans wird als **Stunt** bezeichnet.

Stupa [Sanskrit »Haarschopf«], *der,* halbkugelförmiger Kultbau im → Buddhismus. Der Stupa war ursprünglich ein Grabhügel und wurde später hauptsächlich zur Aufnahme von Reliquien verwendet. Er versinnbildlicht das Weltei mit dem Weltberg.

Sturm, Wind der → Windstärke 9–11, der an Land Schäden verursacht und auf See zu hohem Wellengang führt.

Sturm und Drang, auch als *Geniezeit* bezeichnete literarische Epoche in Deutschland (etwa 1765–1790).

Stuttgart, am Neckar gelegene Landeshauptstadt (588 000 Einwohner) von → Baden-Württemberg. Die südwestdeutsche Großstadt, die ab dem späten Mittelalter Residenz der württembergischen Herzöge war, ist heute eine moderne Industriestadt.

Subjekt [lat. »das Zugrundeliegende«], *das,* in der → Grammatik der Satzgegenstand, über den der Satz etwas aussagt (z. B. *Der Herausgeber* ist für das Buch verantwortlich.). Allgemein ist das Subjekt das bewusst denkende und handelnde Wesen im Gegensatz zum → Objekt. Unter **subjektiv** versteht man eine persönliche Sicht, die auch voreingenommen und unsachlich sein kann (Gegensatz: → objektiv).

Sublimation [von lat. sublimis »erhaben«], *die,* **1.** in der Chemie der direkte Übergang eines Stoffes vom festen in den gasförmigen → Aggregatzustand, ohne dass er die flüssige Zwischenstufe durchläuft. **2.** In der Psychologie spricht man von Sublimation oder **Sublimierung,** wenn einem Verhalten der Sexualtrieb als Antrieb zugrunde liegt, ohne dass eine unmittelbare Beziehung erkennbar ist. Nach → Freud ist die Sublimierung ein Abwehrmechanismus, mit dem primitivere Motivbefriedigung durch eine gesellschaftlich in höherem Ansehen stehende Tätigkeit ersetzt wird (z. B. eine künstlerische Tätigkeit).

Substantiv [lat. »ein für sich selbst bestehendes (Wort)«], *das,* in der → Grammatik ein *Haupt-* oder *Dingwort,* das auch als → Nomen bezeichnet wird (z. B. *Mensch, Feuer, Hass*).

Substanz [lat. »Bestand«], *die,* Stoff, in der Chemie Element oder eine Verbindung; im übertragenen Sinne das Wesentliche einer Sache.

Substitution [lat.], *die,* Ersetzung, in der Chemie die Ersetzung eines Atoms oder einer Atomgruppe innerhalb eines → Moleküls durch ein anderes Atom bzw. eine andere Atomgruppe.

■ *Südafrika:* Die Bantu stellen die Bevölkerungsmehrheit

Subtraktion [von lat. subtrahere = »entziehen«], *die,* in der Mathematik eine der vier → Grundrechenarten, das Abziehen einer Zahl von einer anderen (z. B. 12 − 4 = 8). Die Zahl, die abgezogen wird, heißt **Subtrahend,** während die Zahl, von der etwas abgezogen wird, als *Minuend* bezeichnet wird.

Subtropen, Klimazonen, die als Übergangsgebiet zwischen den → Tropen und den Regionen mit gemäßigtem Klima liegen.

Subvention [lat. »Hilfeleistung«], *die,* staatliche finanzielle Zuschüsse, die zweckgebunden sind, beispielsweise, um bestimmte Wirtschaftszweige oder private Unternehmen in wirtschaftlich schwachen Gebieten zu unterstützen.

Sucht, zwanghaftes Abhängigkeitsverhältnis von einer Sache oder Tätigkeit. Zumeist ist damit die Abhängigkeit von → Rauschmitteln, Alkohol oder Medikamenten gemeint. Dabei gibt es eine physische und eine psychische Abhängigkeit.

Südafrika, Staat im Süden von Afrika, der im Westen, Süden und Osten vom Atlantik bzw. vom Indischen Ozean umgeben ist. Zu Südafrika gehören noch mehrere unbewohnte Inseln im Indischen Ozean. Das Landesinnere, Hochländer und Becken, ist von Tafel- und Faltengebirgen eingerahmt. Südafrika ist das am stärksten industrialisierte afrikanische Land und kann sich auf reiche Bodenschätze stützen (vor allem Gold, Uran, Platin, Diamanten, Chrom, Kohle); außerdem besitzt es eine vielseitige Landwirtschaft. Das ursprünglich von → Buschmännern und → Hottentotten bewohnte Gebiet wurde ab dem 16. Jh. von → Bantustämmen besiedelt. Anfang des 17. Jh. kamen niederländische Siedler, die die Urbevölkerung in unwegsame Landstriche zurückdrängten. 1652 wurde an der Südwestküste → *Kapstadt* gegründet. Im 18. Jh. drangen die → *Buren,* wie die niederländischen Siedler genannt wurden, weiter ins Landesinnere vor

Südafrika (South Africa, Zuid-Afrika)
Staatsname: Republik Südafrika
Staatsform: Republik
Hauptstadt: Pretoria
Fläche: 1 222 161 km^2
Einwohner: 41,6 Mio.
Bevölkerungsdichte: 34/km^2
Amtssprache: Englisch, Afrikaans, Ndebele, Sotho, Setswana, Swati, Tsonga, Venda, Xhosa, Zulu
Währung: Rand (R)
Nationalitätskennzeichen: ZA/RSA

Südafrika

Sudan
Staatsname: Republik Sudan
Staatsform: Islamische Republik
Hauptstadt: Khartum
Fläche: 2 505 813 km²
Einwohner: 28 Mio.
Bevölkerungsdichte: 11/km²
Amtssprache: Arabisch
Währung: Sudanesischer Dinar (sD)
Nationalitätskennzeichen: SUD

Sudan

und vertrieben in den blutigen »*Kaffernkriegen*« (1779–1879) die Bantu. Ende des 18. Jh. erklärte Großbritannien die Kapprovinz zu einer britischen Kronkolonie. Während der Eroberungen der Buren dehnte sich das einheimische Reich der → Zulu aus, so dass es zu blutigen Zusammenstößen kam. Großbritannien erkannte zunächst die Eigenständigkeit der Burenrepubliken Oranje und Transvaal an, verleibte sie sich aber nach der Entdeckung von Diamanten im *Burenkrieg* (1899–1902) ein. Die Südafrikanische Union wurde 1910 Dominion und erhielt 1931 ihre volle Unabhängigkeit. Ab 1948 regierte die Nationale Partei, die mit ihrer → Apartheidpolitik eine strikte Rassentrennung verfolgte. Diese gipfelte in der Errichtung von zehn *Homelands,* die formal eine Selbstverwaltung hatten, aber wirtschaftlich nicht lebensfähig waren. Deshalb war ihre Bevölkerung gezwungen, sich in den Gebieten als »Gastarbeiter« zu verdingen. Die weiße Minderheit (knapp 13 %) enthielt nicht nur der schwarzen Bevölkerungsmehrheit (über 76 %) alle politischen Rechte vor, sondern auch Mischlingen (8,5 %) und Indern (2,5 %). Die Schwarzafrikaner wehrten sich dagegen zunächst gewaltlos mit dem *Afrikanischen Nationalkongress* (ANC), von dem sich 1959 der militante *Panafrikanische Kongress* (PAC) abspaltete. 1960 wurden beide verboten und setzten ihre oppositionelle Tätigkeit als Befreiungsbewegungen im Untergrund fort. 1961 trat das wegen seiner Rassenpolitik isolierte Südafrika aus dem → Commonwealth aus und erklärte sich zur Republik. Anhaltende Unruhen und internationale Sanktionen zwangen die Regierung dazu, in den 90er Jahren ihre Apartheidpolitik aufzugeben, nachdem sie in den 80er Jahren erfolglos mehrere Homelands in die (international jedoch nicht anerkannte) Unabhängigkeit entlassen und den Mischlingen und Indern eine gewisse politische Mitsprache eingeräumt hatte. Der ANC wurde 1990 wieder zugelassen. 1994 wurden die ersten freien Wahlen abgehalten, bei denen der ANC unter Nelson → Mandela siegte. Zunächst wurde die Politik des Landes von einer »Regierung der Nationalen Einheit« bestimmt, an der sich alle größeren Parteien beteiligten. Eine Neugliederung des Landes führte zur Auflösung der Homelands und zur Einteilung Südafrikas in neun Provinzen. Die außenpolitische Isolierung endete mit der Wiederaufnahme in die → UNO, die → OAU und das → Commonwealth. Nach der Verabschiedung einer neuen Verfassung, die allen südafrikanischen Bürgern gleiche Rechte zusichert, schied die Nationale Partei Mitte 1996 aus der Regierung aus.

Südamerika, südlicher Teil des amerikanischen Doppelkontinents (→ Amerika), der sich von der Landbrücke von Panama (Verbindung zu → Mittelamerika) bis Kap Hoorn erstreckt und politisch aus zwölf Staaten besteht.

Sudan, Staat in der → Sahelzone, der im Nordosten Afrikas am Oberlauf des Nils liegt und im Osten an das Rote Meer grenzt. Das Gebiet besteht überwiegend aus Flachland, das von Bergländern (bis über 3000 m hoch) eingerahmt wird. Die Wirtschaft beruht fast ausschließlich auf landwirtschaftlichen Produkten (Export von Baumwolle und Erdnüssen). Während sich das obere Niltal in der Pharaonenzeit unter der Oberhoheit → Ägyptens befand, entstanden im 1. Jt. v. Chr. mit *Kusch* und *Nubien* im Norden selbstständige Reiche. Nach der Christianisierung bildeten sich ab dem 6. Jh. mehrere nubisch-koptische Staaten. Ab dem 13. Jh. eroberten die Araber den Sudan. Der Norden wurde Ende des 17. Jh. ein muslimisches Reich. Der Süden hingegen diente als Nachschubgebiet für den arabischen Sklavenhandel. Im 19. Jh. kam der Sudan zunehmend unter ägyptischen Einfluss. Der *Mahdi-Aufstand,* der 1881 ausbrach und sich gegen die ägyptische Regierung richtete, konnte erst Ende des 19. Jh. von britischen Truppen niedergeworfen werden. 1899 wurde das Land britisch-ägyptisches Kondominium. 1956 wurde der Sudan in die Unabhängigkeit entlassen. Bereits 1958 übernahm die Armee die Macht. Nach der Regierungsübernahme durch General Al Numeiri lehnte sich der Sudan an Ägypten an und strebte sogar eine gemeinsame Union an. 1985 musste Numeiri nach einem Militärputsch ins Exil gehen. 1986 wurde die islamische Republik eingeführt. Die Zivilregierung wurde 1989 durch einen erneuten Militärputsch gestürzt. Seit 1955 herrscht ein blutiger Bürgerkrieg (bisher etwa 2 Mio. Tote und über 5 Mio. Flüchtlinge) zwischen dem muslimisch-arabischen Norden und den Rebellen der Sudanesischen Volksbefreiungsarmee SPLA im Süden, wo vorwiegend christliche und animistische Schwarzafrikaner wohnen. 1972 war vorübergehend eine Friedensregelung erreicht worden, als die Zentralregierung dem Süden Autonomie gewährte; doch 1983 wurde diese Selbstverwaltung wieder aufgehoben. Daraufhin brach der Bürgerkrieg wieder aus. Seit 1989 ist eine islamische Militärregierung an der Macht, die versucht, den Süden gewaltsam zu

■ *Südtirol:* Die Burg Lebenberg bei Meran

Sündenbock

Bei den Juden bestand die Sitte, ein Tier als *Sündenbock* in die Wüste zu schicken und durch Handauflegen des Hohen Priesters die Sünden des Volkes darauf zu übertragen. In anderen Kulturen übernahm ein Mensch die Ersatzrolle.
Heute versteht man darunter eine Person, die für die Schuld eines anderen büßen muss, weil der wahre Schuldige nicht greifbar ist.

■ *Mahmut II. (1785-1839)*, **Sultan** des Osmanischen Reiches

islamisieren. 1996 schloss die Regierung ein Abkommen mit zwei Rebellengruppen, die sich 1991 von der SPLA abgespaltet hatten.

Sudetendeutsche, Bezeichnung für die deutschstämmige Volksgruppe, die in der → Tschechoslowakei lebte und nach dem Zweiten Weltkrieg fast vollständig das Land verlassen musste. Ihr Siedlungsgebiet, das nach dem Ersten Weltkrieg eingegliedert worden war, hieß **Sudetenland,** im → Münchner Abkommen wurde die Tschechoslowakei gezwungen, den Anschluss des Sudetenlands an das Deutsche Reich zu dulden. Nach dem Krieg fiel es wieder an die Tschechoslowakei zurück. Ihren Namen haben die Sudetendeutschen von den Sudeten, einem Mittelgebirge, das sich zwischen → Schlesien (heute Polen), Sachsen und Böhmen erstreckt.

Südpol, das südliche Ende der Rotationsachse der Erde. Der Südpol liegt im Inneren der → Antarktis und wurde erstmals 1911 von Roald → Amundsen erreicht.

Südsee, frühere Bezeichnung für den → Pazifischen Ozean, heute zumeist für den südwestlichen Teil des Pazifiks verwendet, in dem sich die Inselwelt → Ozeaniens befindet.

Südtirol, südlich des Brenners gelegener Teil von → Tirol, der zu → Italien gehört und heute auf italienisch *Alto Adige* (Oberetsch) heißt. Südtirol ist der deutschsprachige Teil (autonome Provinz Bozen) der autonomen Region *Trentino-Alto Adige.* Nach dem Ersten Weltkrieg musste Österreich Südtirol an Italien abtreten.

Suezkanal [ˈzuːɛs-], Schifffahrtskanal zwischen dem Golf von Suez (Rotes Meer) und dem Mittelmeer. Der 195 km lange, heute 365 m breite und 20 m tiefe Kanal wurde 1854–1869 von dem französischen Diplomaten Ferdinand de Lesseps (1805–1894) erbaut und am 17. 11. 1869 eingeweiht. Ab 1882 stand die Kanalzone unter der Oberhoheit der Briten, die → Ägypten besetzten, aber Schiffe aller Nationen durften den Kanal passieren. Nach dem Abzug der britischen Truppen verstaatlichte Ägypten 1956 den Suezkanal und löste damit die *Suezkrise* aus, die zum Einsatz britischer, französischer und israelischer Truppen führte. 1967 wurde der Kanal während des 3. Nahostkrieges für die Schifffahrt gesperrt und konnte erst 1975 wieder befahren werden.

Suffix [lat. »angeheftet«], *die,* Nachsilbe (z. B. herz*los,* Gerechtig*keit,* Pferd*chen*).

Sufismus [von arab. suf = »grober Wollstoff«], *der,* Richtung des → Islam, die durch → Mystik und → Askese eine möglichst große Annäherung an Gott erreichen will. Im 12. Jh. bildeten sich ordensähnliche Vereinigungen von Sufischülern, aus denen die späteren → Derwische hervorgingen.

Suggestion [von lat. suggerere = »einflüstern«], *die,* Beeinflussung des Willens eines anderes Menschen durch Ausschaltung seiner verstandesmäßigen Einsicht (z. B. in der Werbung und Propaganda).

Suite [frz. ˈsviːtə »Folge«], *die,* in der Musik eine aus mehreren → Sätzen bestehende Komposition, deren einzelne Teile in sich abgeschlossen sind und nur einen lockeren Zusammenhang haben (z. B. gleiche Tonart). Die Suite entstand in der spätmittelalterlichen Tanzmusik, in der schnelle und langsame Einzeltänze miteinander verbunden wurden.

Sulky [engl.], *der,* leichter, zweirädriger Wagen beim Trabrennen (→ Pferdesport), in dem der Fahrer sitzt und das Pferd mit Zügeln lenkt.

Sultan [arab. »Herrscher«], *der,* Titel islamischer Herrscher (etwa seit dem 11. Jh. gebräuchlich).

Sumer, älteste bekannte Hochkultur, die im 4. Jt. v. Chr. im Süden von → Mesopotamien entstand und zunächst aus unabhängigen Stadtstaaten wie Uruk, Ur, Eridu, Lagasch oder Kisch bestand. Vorübergehend befand es sich im Herrschaftsgebiet von → Akkad. Der dritten Dynastie von Ur gelang die Ausdehnung der Macht auf ganz Sumer, ehe dieses neusumerische Reich zerfiel und in den Machtbereich von → Babylon geriet. Die eindrucksvollsten Bauwerke waren die *Zikkurats,* die stufenförmigen Tempelber-

*Die **Supernova** Vela; die diagonale Linie ist ein Erdsatellit, der das Sichtfeld des Teleskops während der Belichtungszeit kreuzte*

ge oder -türme, die den Mittelpunkt eigener Tempelbezirke bildeten. Das bedeutendste Werk der sumerischen Literatur ist das → *Gilgamesch-Epos*.

Summe [lat. »höchste (Zahl)«], *die,* in der Mathematik das Ergebnis einer → Addition, allgemein die Gesamtheit von etwas (z. B. die Summe des Steueraufkommens); außerdem Bezeichnung für einen Geldbetrag. Als **Summanden** werden die Zahlen bezeichnet, die zusammengezählt werden.

Sünde, in vielen Religionen Bezeichnung für eine Entfernung des Menschen von der jeweiligen Gottheit, indem der Mensch gegen göttliche Gebote oder Verbote verstößt. Im Christentum sündigt der Mensch, der sich bewusst gegen Gott auflehnt, aber er kann Vergebung erlangen, wenn er sich wieder zu Gott bekennt. Im Katholizismus wird der Mensch in die → Erbsünde hineingeboren, die aber durch die Taufe hinweggenommen wird, weil Jesus Christus die Sünden aller Menschen durch seinen Tod gesühnt hat.

Sunnismus [von arab. sunna = »Brauch«], *der,* neben der → Schia eine Hauptrichtung des → Islam. Seine Anhänger, die **Sunniten,** stützen sich auf die **Sunna,** eine Sammlung der Aussprüche Mohammeds und der ersten vier Kalifen.

Super-G [engl. 'zuːpə dʒɪ], *der,* im alpinen Wintersport ein auch als *Superriesenslalom* bezeichneter Wettbewerb, der eine Mischung aus → Riesenslalom und → Abfahrt darstellt.

Superlativ [lat. »steigernd«], *der,* in der Grammatik die zweite Stufe der Steigerung (z. B. am *schönsten*).

Supernova, in der Astronomie eine besonders helle → Nova, deren Leuchtkraft plötzlich um das Milliardenfache ansteigt. Eine Supernova kann dabei innerhalb von wenigen Wochen eine so große Energie abstrahlen wie unsere Sonne in 10 oder 100 Mio. Jahren.

Superstrings [engl.], *Mz.,* in der Teilchenphysik Bezeichnung für → Elementarteilchen, die nicht als punktförmige, sondern als eindimensionale Gebilde aufgefasst werden. Superstrings sind nur rund 10^{-31} m lang. Nach der Theorie der Superstrings besaß das → Universum ursprünglich neun räumliche → Dimensionen, von denen sich aber schon in einem sehr frühen Stadium nur drei, nämlich die heute bekannten (Länge, Breite, Höhe) weiter ausdehnten. Die sechs anderen dagegen sind innerhalb ihrer winzigen Abmessung verblieben und deshalb kaum mehr zu erkennen.

Supraleitfähigkeit, eine sprunghaft erhöhte elektrische Leitfähigkeit ohne Widerstand, die Stoffe (insbesondere Metalle oder auch keramische Materialien) bei einer Temperatur nahe dem → absoluten Nullpunkt zeigen. Diese Eigenschaft ermöglicht es, Strom ohne Energieverlust zu leiten.

Surfing [von engl. surf ˈsəːf = »Brandung«], *das,* auch als *Wellenreiten* bezeichnete Wassersportart, die an Meeresküsten mit starker Brandung betrieben wird. Der Surfer steht dabei auf einem aus Holz oder Kunststoff gefertigten, stromlinienförmigen Surfbrett und lässt sich von den Wellen zum Ufer tragen. Eine besondere Form des Surfens ist das → *Windsurfing*.

Suriname [ndl. syriˈnaːmə], *Surinam,* Staat in Südamerika, der einen Teil des Berglands von Guayana an der atlantischen Nordostküste einnimmt. Das überwiegend von Mischlingen und Indern bewohnte Land ist landwirtschaftlich geprägt und besitzt neben seinem Holzreichtum große Bauxitvorkommen. Das Gebiet wurde Ende des 16. Jh. von den Spaniern erobert und Mitte des 17. Jh. von den Briten besiedelt. Die Niederlande erhielten es (zusammen mit Britisch-Guyana) 1667 im Tausch gegen ihre nordamerikanische Kolonie Neu-Amsterdam (→ New York). *Niederländisch-Guyana* war ab 1954 gleichberechtigter Bestandteil des niederländischen Mutterlandes, bevor es 1975 unabhängig wurde.

Supernova

Supernovae *sind ein spätes Stadium* innerhalb der → Sternentwicklung und treten nur bei alten massereichen Sternen auf. Im Inneren des Sterns sind dann durch → Kernfusion immer schwerere Elemente bis hin zu Eisen entstanden. Da die weitere Kernfusion keine Energie mehr liefert und der Gasdruck nicht mehr der Schwerkraft widerstehen kann, fällt der Stern in sich zusammen. Dabei werden die äußeren Schichten explosionsartig abgestoßen, während der Kern des Sterns zu einem → Neutronenstern oder sogar einem → Schwarzen Loch zusammenstürzt.

Bei einem zweiten Supernovatyp wird ein Weißer Zwergstern durch einen Begleitstern aufgeheizt, indem er von diesem Materie aufnimmt, bis er explodiert. Die abgestoßenen Sternhüllen sind oft noch jahrtausendelang zu beobachten (z. B. *Crabnebel*). Supernovae sind auch für die anderen Sterne wichtig, weil sie riesige Mengen von schweren Elementen in den Weltraum schleudern, die später neu entstehende Sonnensysteme aufnehmen.

Solche Sternexplosionen sind nur relativ selten innerhalb unserer eigenen → Galaxie zu beobachten (die letzte im 17. Jh.), während man zahlreiche Supernovae in anderen Galaxien entdeckt hat.

644 Surrealismus

Suriname

Staatsname:	Republik Suriname
Staatsform:	Präsidiale Republik
Hauptstadt:	Paramaribo
Fläche:	163 265 km²
Einwohner:	420 000
Bevölkerungsdichte:	2,5/km²
Amtssprache:	Niederländisch
Währung:	Suriname-Gulden (sf)
Nationalitätskennzeichen:	SME

Suriname

Surrealismus

Der Surrealismus wollte den Geist von inneren und äußeren Zwängen befreien und nutzte die Erkenntnisse der → Psychoanalyse und der Traumdeutung, um die Bereiche des Unbewussten zu erschließen. Die Ausschaltung jeder rationalen Kontrolle und aller ästhetischen Regeln und moralischen Bedenken sollte Einblicke in das wirkliche Wesen des Denkens gewähren und eine künstlerische »Überwirklichkeit« schaffen. Der Künstler sollte der Inspiration folgen, die ihm aus den Bereichen des Halb-, Vor- und Unbewussten, des Traumes und der Halluzination, der spontanen Assoziation, der wahnhaften Vision und des Drogenrausches zuflossen. Elemente des → Dadaismus wurden im Surrealismus fortgeführt.

1980 übernahm das Militär die Regierungsmacht. Erst Ende 1987 wurde eine zivile Regierung gewählt.

Surrealismus [frz. »Überrealismus«], *der,* künstlerische Bewegung, die nach dem Ersten Weltkrieg in Europa entstand (mit Zürich und Paris als Zentren). Die theoretischen Grundlagen des Surrealismus lieferte André Breton (»Erstes Manifest des Surrealismus«, 1924). Wichtige Vertreter in der Literatur waren die französischen Schriftsteller Louis Aragon (1897–1982), Antonin Artaud (1896–1948), Georges Bataille (1897–1962) und Paul Eluard (1895–1952). In der bildenden Kunst, vor allem in der surrealistischen Malerei, spielte die Verfremdung, die Kombination von scheinbar nicht zusammengehörenden Gegenständen und Vorgängen eine große Rolle, um die traditionelle Sehweise zu erschüttern. Bedeutende Vertreter sind Hans Arp (1886–1966), → Dali, Marcel Duchamp (1887–1968), Max Ernst (1891–1976), →Magritte, → Miró und Yves Tanguy (1900–1955). Der Surrealismus beeinflusste in der Fotografie Man Ray (1890–1976), im Film vor allem Luis Buñuel (1900–1983) und Jean Cocteau (1889 bis 1963).

Suspension [von lat. *suspendere* = »aufhängen«], *die,* **1.** in der Chemie feinste Verteilung von festen Stoffen in einer Flüssigkeit. **2.** Als Suspension oder **Suspendierung** bezeichnet man auch, wenn jemand einstweilig seines Postens enthoben wird (z. B. ein Beamter, gegen den wegen Bestechung ermittelt wird).

Süßgräser, Familie der echten Gräser, deren Vertreter über die ganze Erde verbreitet sind. Zu ihnen zählen u. a. alle → Getreidepflanzen.

Süßholz, Wurzel des zu den Schmetterlingsblütlern gehörenden *Süßholzstrauches,* der vor allem in Südosteuropa und Asien wächst. Aus dem zuckerhaltigen Wurzelstock wird Lakritze hergestellt.

Süßstoffe, zumeist künstlich hergestellte Substanzen, die zwar erheblich stärker süßen als → Zucker, aber einen wesentlich geringeren Nährwert besitzen (z. B. *Saccharin,* dessen Süßkraft über 500-mal höher ist als der von Zucker).

Swasiland, Binnenstaat in Südafrika, der ein Bergland zwischen der Republik Südafrika und Mosambik einnimmt. Die *Swasi,* ein Bantuvolk, das heute 97 % der Bevölkerung ausmacht, wanderten ab dem 16. Jh. ein und siedelten sich nach Kämpfen mit den → Zulu zu Anfang des 19. Jh. an. Durch Verkauf von Land an weiße Siedler kam das Land ab 1880 unter britischen Einfluss. 1907 wurde das Gebiet britisches Protektorat. Swasiland erhielt 1967 die innere Selbstverwaltung und 1968 seine Unabhängigkeit, gehört aber weiterhin dem → Commonwealth an. 1986 kam König Mswati III. an die Macht, der das autoritäre System seines Vaters fortführt. Swasiland ist im Vergleich zu den meisten afrikanischen Staaten wohlhabend (vor allem Viehzucht und Bergbauprodukte), aber in wirtschaftlicher Hinsicht ganz von seinem Nachbarn Südafrika abhängig, wohin viele Bewohner als Wanderarbeiter gehen.

Swift, Jonathan (1667–1745), irischer Schriftsteller, der durch seine satirischen Schriften bekannt wurde. Am berühmtesten ist sein Roman »Gullivers Reisen« (1726), der in der Form eines phantastischen Reiseromans bissige Kritik an der zeitgenössischen Gesellschaft übte.

Swing [engl. »schwingen«], *der,* **1.** Stilart des → Jazz, die vor allem zwischen 1930 und 1945 populär war (z. B. Duke Ellington, Count Basie, Woody Herman, Benny Goodman). Ein *swingender* Rhythmus ergibt sich in der Musik, wenn ein bewegliches, schwingendes Spannungsverhältnis zwischen einem Grundrhythmus und dagegen verschobenen melodisch-rhythmischen Melodieakzenten besteht. **2.** In der Wirtschaft ist der Swing bei zweiseitigen Handelsabkommen die obere Kreditgrenze.

Sydney, [engl. ˈsɪdnɪ], an der Südostküste des Kontinents gelegene größte Stadt Australiens (3,7 Mio. Einwohner). Sie wurde 1788 als Sträflingskolonie gegründet und ist die älteste australische Siedlung. Heute ist sie das wichtigste Handelszentrum und der größte Hafen des Landes. Wahrzeichen ist das an Muschelschalen erinnernde Opernhaus (1966–1978).

Symbiose [griech.], *die,* in der Biologie das Zusammenleben von zwei Lebewesen, die sich gegenseitig Nutzen bringen (z. B. Termiten und Einzeller, die in ihrem Darm leben und → Zellulose spaltende Enzyme erzeugen, so dass die Termiten Holz verdauen können, während die Einzeller andererseits im Termitendarm ideale Lebensbedingungen mit reichlicher Nahrungszufuhr vorfinden). Gegensatz: → Parasitismus.

Symbol [griech. »Kennzeichen«], *das, Sinnbild,* etwas, das stellvertretend für etwas anderes steht, ohne dass dieses andere unmittelbar wahrnehmbar ist (z. B. Kreuz und Christentum); ein abstraktes oder bildhaftes Zeichen, das eine festgelegte oder erkennbare Bedeutung hat (z. B. Schrift- und Bildzeichen); in den Naturwissenschaften und in der Mathematik ein Kurzzeichen (z. B. für ein chemisches Element oder eine physikalische Größe).

■ *Die Skyline von **Sydney** mit dem berühmten Opernhaus*

Symbolismus, *der,* Kunstrichtung, die sich Ende des 19. Jh. in Europa als Gegenbewegung zum → Realismus und Naturalismus) entwickelte. Sie entstand zunächst in Frankreich, reicht in ihren Wurzeln aber bis in die → Romantik zurück. Wichtige Vertreter des literarischen Symbolismus waren in Frankreich Charles Baudelaire (1821–1867), Stéphane Mallarmé (1842–1898), Arthur Rimbaud (1854–1891) und Paul Verlaine (1844–1896), im deutschsprachigen Raum Stefan George (1868–1933), → Hofmannsthal und → Rilke. In der Malerei vertraten u. a. → Gauguin, Ferdinand Hodler (1853–1918) und Edvard Munch (1865–1944) sowie die Maler des → Jugendstils eine symbolistische Kunstauffassung.

Symmetrie [griech. »Ebenmaß«], *die,* spiegelbildliche Gleichheit oder Zerlegbarkeit; im übertragenen Sinne die Gleichheit mehrerer Teile. Gegensatz: Asymmetrie. In der Geometrie unterscheidet man zwischen *Achsen-, Dreh-* und *Punktsymmetrie.* Eine geometrische Figur ist zu einer bestimmten Geraden symmetrisch, wenn sie durch → Spiegelung, d. h. durch Umklappung, in eine deckungsgleiche Figur überführt wird. Diese Gerade wird als **Symmetrieachse** bezeichnet. Wenn eine Figur bei einer Drehung um einen bestimmten Punkt, der als ihr Drehpunkt oder -zentrum bezeichnet wird, wieder in sich übergeht, ist sie drehsymmetrisch. Bei einer Drehung um 180° spricht man von Punktspiegelung oder Umwendung.

Sympathie [griech. »Mitleiden«], *die,* Zuneigung aufgrund von gegenseitiger Anziehung (z. B. Wesensverwandtschaft). Gegensatz: *Antipathie.*

Symptom [griech.], *das,* Anzeichen oder warnender Hinweis auf eine Krankheit.

Synagoge [griech. »Versammlung«], *die,* jüdisches Gebets- und Gotteshaus, das im 6. Jh. v. Chr. im babylonischen Exil entstand, nachdem der Tempel → Salomos in Jerusalem zerstört worden war. Die Synagoge wurde auch nach dem Wiederaufbau des Tempels beibehalten und entwickelte sich nach der Zerstörung des zweiten Tempels durch die Römer (70 n. Chr.) zur alleinigen Kultstätte der Juden.

■ *Die **Synagoge** in Celle*

Synapse [griech. »Verbindung«], *die,* in der Biologie die Stelle, an der zwei Nervenzellen (→ Neuronen) Kontakte bilden, um → Reize auszutauschen.

Synästhesie [griech. »Mitempfindung«], *die,* Verknüpfung von Empfindungen verschiedener

Swasiland (kaNgwane)
Staatsname: Königreich Swasiland
Staatsform: Parlamentarische Monarchie
Hauptstadt: Mbabane
Fläche: 17 364 km²
Einwohner: 900 000
Bevölkerungsdichte: 52/km²
Amtssprache: Siswati
Währung: Lilangeni (E)
Nationalitätskennzeichen: SD

Swasiland

Symbolismus

Die symbolistische Literatur und Kunst betonte das Subjektive, Irrationale und Mystische und schuf aus den in *Symbole* zerlegten Elementen der realen Welt eine eigenständige Welt der Schönheit, die weder Zweckhaftigkeit noch gesellschaftlichen Bezug kennt. Hauptziel war es, die geheimnisvollen Beziehungen zwischen allen Dingen, zwischen äußerer Welt, Ideen und Seele aufzuspüren, so dass die Dichtung sich vor allem lyrischer Elemente (Klang, Rhythmus) bediente und zu traumhaften Bildern, rätselhaften → Metaphern und zur → Synästhesie griff.

Synthesizer

Ein besonderer Synthesizer ist der *Fairlight,* ein 1979 entwickelter Musikcomputer, mit dem man Klänge aller Art mithilfe der → Sampling-Technik digitalisieren und weiterverarbeiten kann. Die künstlichen oder natürlichen Klänge lassen sich als Wellenformen auf einem Bildschirm anzeigen und können dann mit einem → Lichtgriffel oder einem → Grafiktablett verändert werden. Der Fairlight kann auch selbst Klänge aufzeichnen.

Syphilis

Der Name Syphilis stammt aus einem Lehrgedicht des italienischen Arztes *Girolamo Fracastoro* (1478–1553), »Syphilis sive de morbo gallico« (1521): Die Titelfigur, der Schäfer Syphilus, leidet dort an dieser Krankheit.

Systematik

Die erste Systematik wurde von dem schwedischen Naturforscher Carl von Linné entwickelt, der in seinem Werk »Systema naturae« (1735 erstmals erschienen) die sog. binäre Nomenklatur einführte, bei der jede Art außer durch den Artnamen zusätzlich durch den vorangestellten Gattungsnamen bezeichnet wird (z. B. *Panthera leo* = Löwe, wobei *Panthera* die Gattung der Großkatzen und *leo* die Art bezeichnet; bei Bedarf können noch weitere Bezeichnungen für Unterarten hinzukommen, wie etwa *Panthera leo senegalensis* = Senegal-Löwe). In wissenschaftlichen Werken stehen dahinter noch der Name des Beschreibers (L. = Linné) und zumeist auch die Jahreszahl, wann die betreffende Art erstmals beschrieben worden ist.

Bisher unbekannte Lebewesen entdeckt

Dänische Wissenschaftler haben 1995 in der Mundhöhle von Hummern ein Lebewesen gefunden, das in keine der bisher bekannten biologischen Kategorien passt. Es handelt sich dabei um einen sackförmigen Schmarotzer, der etwa 1 mm lang ist und den wissenschaftlichen Namen *Symbion pandora* trägt.

Sinnesorgane (z. B. von Gehör- und Geruchssinn »duftige Klänge«).

synchron [von griech. syn = »zusammen« und chronos = »Zeit«], zur gleichen Zeit erfolgend, gleichlaufend.

Synchronisation [griech.], *die,* **1.** allgemein, vor allem in der Technik die Abstimmung von Vorgängen, Maschinen oder Geräten aufeinander; **2.** Übertragung eines fremdsprachigen Films in die eigene Sprache, wobei die übersetzten Dialoge möglichst den Lippenbewegungen der Darsteller angepasst werden, außerdem die nachträgliche Vertonung eines Films.

Synkope [von griech. sygkoptein = »zusammenschlagen«], *die,* in der Musik die Bindung eines unbetonten Taktteils an den folgenden betonten, die über die Taktgrenze hinweggeht.

Synode [griech. »beratende Versammlung«], *die,* in der katholischen Kirche die Versammlung der Bischöfe, die entweder regional begrenzt oder unter Leitung des Papstes Beschlüsse und Kirchengesetze fasst (→ Konzil). In der evangelischen Kirche bezeichnet Synode das regelmäßige Zusammenkommen von Gemeinde- und Kirchenkreisbeauftragten zu gemeinsamer Beratung und Beschlussfassung.

Synonym [griech.], *das,* ein Wort, das die gleiche oder eine ähnliche Bedeutung wie ein anderes Wort hat (z. B. *selten* und *rar*).

Syntax [griech. »Zusammenstellung«], *die,* in der Grammatik die Lehre vom Satzbau und der Satzbau selbst.

Synthese [griech. »Zusammensetzung«], *die,* **1.** in der Philosophie die ordnende Zusammenfassung und Verknüpfung (im Gegensatz zur → Analyse); in der → Dialektik die Zusammensetzung von → These und Antithese zu einem Neuen, das beide aufhob. **2.** In der Naturwissenschaft versteht man darunter die künstliche Herstellung einer → chemischen Verbindung aus → chemischen Elementen oder verschiedenen Verbindungen.

Synthesizer [engl. ˈzyntəˈsaɪzɐ], *der,* elektronisches Musikinstrument, bei dem die Tonerzeugung durch Tongeneratoren, Filter, Modulatoren und Sequenzer erfolgt. Der erste Synthesizer war der → Moog-Synthesizer. Anfangs wurden die Töne → analog erzeugt, wobei nur jeweils ein einziger Ton hervorgerufen werden konnte (monophone Synthesizer). In den 70er Jahren wurden mehrstimmige Synthesizer entwickelt. Außerdem wurde es möglich, die Töne → digital zu erzeugen und zu bearbeiten. In den 80er Jahren wurden Synthesizer erfunden, die auch Töne sampeln (→ Sampling) und gesampelte Klänge wiedergeben können (z. B. Fairlight, Synclavier). Die heute verwendeten Synthesizer verbinden elektronisch erzeugte Töne mit gesampelten natürlichen Tönen, um die Klänge natürlicher Instrumente naturgetreu zu imitieren. Synthesizer, die zumeist als → Tasteninstrumente gespielt werden, haben neben der → elektronischen Musik vor allem große Bedeutung in der → Rockmusik (vor allem → Techno) und modernen Unterhaltungsmusik, weil sie eine große Klangfülle bis hin zu orchestralen Klängen erzeugen bzw. nachahmen können.

Syphilis, *die,* ansteckende Geschlechtskrankheit, die durch Bakterien ausgelöst und zumeist beim Geschlechtsverkehr übertragen wird. Spätfolgen sind: Geschwüre und Zerstörung der Haut, der inneren Organe, der Knochen und des Nervensystems; Erkrankungen des Rückenmarks und des Gehirns sind möglich. Syphilis wird mit → Penicillin behandelt.

Syrien, Staat im Nahen Osten, der das Gebiet zwischen Mittelmeer, Kleinasien, Mesopotamien, Arabien und Palästina einnimmt. Syrien ist überwiegend ein Kalktafelland, das im Norden und Osten vom → Euphrat durchflossen wird, im Südwesten mit Hochgebirgen an den Libanon grenzt und im Südosten in Wüstengebiete übergeht. Die Bevölkerung umfasst neben Arabern (89 %) vor allem Kurden und Armenier sowie türkischstämmige Minderheiten. Die Wirtschaft stützt sich hauptsächlich auf die Landwirtschaft (Baumwolle) und den Handel mit Erdölprodukten. Im Altertum war Syrien ein häufig genutztes Durchgangsgebiet für den Handel zwischen Kleinasien und Mesopotamien, Arabien und Ägypten. Insbesondere an der Küste entstanden im 3. Jt. v. Chr. bedeutende Städte. Das Land wurde wiederholt von Nachbarvölkern überfallen und in Besitz genommen. Zahlreiche Eroberer wechselten einander im 1. Jt. v. Chr. ab, bis Syrien im 1. Jh. v. Chr. unter römische Oberhoheit kam. 636 eroberten es die Araber, die ab dem Ende des 11. Jh. vorübergehend kleine Kreuzritterstaaten in Antiochien dulden mussten (→ Kreuzzüge). Ab 1517 war das Land Bestandteil des → Osmanischen Reichs. Nach dem Ersten Weltkrieg kam es als Völkerbundsmandat unter die Oberhoheit der Franzosen. Das Gebiet wurde in fünf Regionen geteilt, von denen der → Libanon 1926 abgetrennt wurde und die Provinz Alexandrette 1939 zur Türkei kam. Erst 1944 erhielt Syrien auf britischen Druck hin seine Unabhängigkeit. 1958–1961 schloss sich Syrien vorübergehend mit

Ägypten zur *Vereinigten Arabischen Republik* zusammen. 1963 übernahm die sozialistische *Baath-Partei* die Regierung. Seit 1971 ist der 1970 durch einen Militärputsch an die Macht gekommene General Hafez al-Assad Staatspräsident, der das Land autoritär regiert. Syrien beteiligte sich an den Kriegen gegen → Israel, verlor dabei aber 1967 die strategisch wichtigen Golanhöhen. Dagegen konnte es den Libanon unter seinen Einfluss bekommen, indem syrische Truppen ab 1976 große Teile des Landes besetzten und nach dem Ende des Bürgerkrieges die Rolle einer Ordnungsmacht übernahmen. Verhandlungen über einen Friedensschluss mit Israel blieben bislang erfolglos, weil sich Israel weigert, die Golanhöhen zurückzugeben.

System [griech. »Gebilde«], *das,* geordnetes Ganzes, das aus zusammenwirkenden Einzelteilen besteht.

Systematik, *die,* Teilgebiet der → Botanik und der Zoologie, das die bekannten Pflanzen (→ Flora) und Tiere (→ Fauna) nach äußeren Merkmalen und stammesgeschichtlichen Unterschieden (→ Evolution) in Kategorien unterteilt, die hierarchisch aufgebaut sind.

Szene [von lat. scena = »Schaubühne«], *die,* Schauplatz einer Bühnenhandlung; auch kleinste Einheit eines Films oder Theaterstücks, insbesondere im → Drama Teil eines Aktes, der dem Auftritt einer neuen Figur entspricht.

Szylla, *Skylla,* in der griechischen Sage ein sechsköpfiges Meeresungeheuer, das vorüberfahrenden Schiffen die Ruder raubte. Es befand sich in der Straße von Messina gegenüber der → Charybdis, einem Strudel, der als weibliches Ungeheuer angesehen wurde. Noch heute heißt es, dass man sich *zwischen Szylla und Charybdis* befindet, wenn man in einer ausweglosen Situation nur zwischen zwei Übeln wählen kann.

Syrien (as-Sūrīyya)
Staatsname: Arabische Republik Syrien
Staatsform: Präsidiale Republik
Hauptstadt: Damaskus
Fläche: 185 180 km²
Einwohner: 14,7 Mio.
Bevölkerungsdichte: 79/km²
Amtssprache: Arabisch
Währung: Syrisches Pfund (syr £)
Nationalitätskennzeichen: SYR

Syrien

Tafelmalerei 649

T, 1. in der Meteorologie Zeichen für → Tiefdruckgebiete (z. B. auf Wetterkarten); **2.** bei physikalischen Einheiten das Zeichen für Tera- (z. B. *Tm* = Terameter).
t, Zeichen für → Tonne.

Tabak [indian.-span.], *der,* zu den Nachtschattengewächsen zählende Pflanze, die mit rund 100 Arten vorwiegend in den tropischen und subtropischen Gebieten Amerikas wächst. Tabak wird heute in vielen Ländern der Erde angebaut, u. a. auch in einigen Gegenden Deutschlands.

Tabelle [lat. »Rechentafel«], *die,* übersichtlich in Spalten geordnete Zusammenstellung von Zahlen oder Begriffen.

Tabernakel [lat. »kleine Hütte«], *der* und *das,* in der katholischen Kirche oft kunstvoll gearbeiteter Schrein, der das Allerheiligste, die geweihten → Hostien, enthält.

Tabla [Sanskrit], *die,* indisches Schlaginstrument (Handpauke), das zumeist paarweise gespielt wird. Der Spieler schlägt mit den bloßen Händen auf das Fell, eine in der Mitte aufgeklebte Platte oder den Rand der Tablas. Die Tabla ist das wichtigste Rhythmusinstrument in der indischen → Ragamusik.

Tabu [polynes.-engl.], *das,* Bezeichnung für ein bei einigen Naturvölkern herrschendes Verbot, bestimmte Personen, Lebewesen oder Gegenstände zu berühren, bestimmte Orte zu betreten und über bestimmte Dinge zu reden, damit kein Unheil über die Gemeinschaft kommt. Im übertragenen Sinne ist das Tabu eine in einer Gemeinschaft (z. T. stillschweigend) vereinbarte und von ihren Mitgliedern akzeptierte Norm, aus sittlichen oder religiösen Gründen über etwas nicht zu sprechen oder etwas nicht zu tun.

Tachometer [von griech. tachos = »Geschwindigkeit« und metron = »Maß«], *der* und *das,* bei Fahrzeugen ein Gerät zum Messen der Geschwindigkeit. Es misst die *Drehzahl* der Räder und zeigt die Geschwindigkeit auf einer kreisförmigen oder gestreckten Skala mit einem Zeiger oder auf einer digitalen Skala mit Zahlen an. Da der Tachometer zumeist mit einem *Kilometerzähler* gekoppelt ist, kann er auch die gefahrenen Kilometer anzeigen.

Tacitus, Publius Cornelius (um 55–um 120), römischer Historiker, der in seinem Werk »Germania« (um 98) die → Germanen und ihr Land beschrieb, dabei aber die tatsächlichen Verhältnisse teilweise idealisierte, um die dekadenten Sitten der Römer anzuprangern.

■ **Tabak:** Reife Tabakblätter werden getrocknet

Tadschikistan, Staat im Südosten Mittelasiens, der ein talreiches Hochgebirgsland vor allem im → Pamir und Alai einnimmt. Die Wirtschaft des vorwiegend von iranischen Tadschiken und türkischen Usbeken bewohnten Landes stützt sich auf die Landwirtschaft (Anbau von Baumwolle) und die Bodenschätze (Erze, Erdöl, Erdgas und Kohle). Im Altertum befand sich das Gebiet im Einflussbereich der Perser, später der Hunnen, Türken, Araber und Mongolen. Ab dem frühen 8. Jh. wurde es islamisiert. Es gehörte ab dem 16. Jh. zum Khanat Buchara. In der zweiten Hälfte des 19. Jh. kam der Norden zum Russischen Reich. Nach der → Oktoberrevolution wurde das tadschikische Gebiet der Autonomen Republik *Turkestan* eingegliedert, kam aber 1924 als *Tadschikische Autonome Sowjetrepublik* zu → Usbekistan. 1929 wurde daraus als *Tadschikische Sozialistische Sowjetrepublik* ein selbstständiger Gliedstaat der UdSSR. Im August 1990 erklärte sich Tadschikistan für selbstständig, 1991 für unabhängig. Seit 1992 herrscht in Tadschikistan, das Mitglied der → GUS ist, ein Bürgerkrieg zwischen der autoritären Regierung, auf deren Seiten auch GUS-Friedenstruppen kämpfen, und islamischen Fundamentalisten, die von → Afghanistan unterstützt werden.

Taekwondo [korean.], *das,* aus Korea stammende Form der waffenlosen Selbstverteidigung, die Fuß- *(Tae)* und Handtechniken *(Kwon)* einsetzt. Taekwondo wird heute als Kampfsport durchgeführt.

Tafelmalerei, im Gegensatz zur → Wandmalerei jede Art von freier Malerei auf Holz, Metall,

---

Tadschikistan (Toçikiston)

Staatsname: Republik Tadschikistan

Staatsform: Präsidiale Republik

Hauptstadt: Duschanbe

Fläche: 143 100 km²

Einwohner: 6,1 Mio.

Bevölkerungsdichte: 42,5/km²

Amtssprache: Tadschikisch

Währung: Tadschikistan-Rubel (TR)

Nationalitätskennzeichen: TJ

Tadschikistan

Tabak

Samen der Tabakpflanzen und die Sitte des Rauchens, die → Kolumbus bei den Indianern in der Karibik und in Mittelamerika beobachtete, gelangten im 16. Jh. nach Europa. Anfangs bevorzugte man hier Schnupf- und Kautabak. Das Rauchen verbreitete sich ab dem 17. Jh., wobei bis ins 19. Jh. nur die *Pfeife* und die → *Zigarre* gebräuchlich waren. Die → *Zigarette* wurde erst um die Mitte des 19. Jh. erfunden. Mit Ausnahme des Samens enthalten alle Teile der Tabakpflanze → Nikotin. Aus den Blättern der Tabakpflanzen werden *Rauch-, Kau-* und *Schnupftabak* gewonnen. Die reifen Tabakblätter werden getrocknet und danach in Ballen gepresst. Nach mehrwöchiger Fermentierung werden die Blätter häufig »soßiert«, d. h. mit Aromastoffen besprüht, in die gewünschte Breite geschnitten und in Trockenanlagen bei 70–100 °C geröstet.

Taiwan (Chung-hua)
Staatsname: Nationalchina
Staatsform: Republik
Hauptstadt: Taipeh
Fläche: 36 000 km²
Einwohner: 21,2 Mio.
Bevölkerungsdichte: 589/km²
Amtssprache: Chinesisch
Währung: Neuer Taiwan-Dollar (NT $)
Nationalitätskennzeichen: RC

Taiwan

Elfenbein, Pappe, Pergament, Leinwand und anderen Geweben.

Tag, Zeitspanne, die die Erde für eine Drehung um ihre Achse benötigt. Als Tag bezeichnet man auch die helle Zeit des Tages, vom Aufgang bis zum Untergang der Sonne. Gegensatz: Nacht.

Tagundnachtgleiche, *Äquinoktium,* Zeitpunkt, an dem Tag und Nacht gleich lang sind, zu Beginn des → *Frühlings* (21. März) und des Herbstes (23. September). Die Sonne kreuzt dann den Himmelsäquator und geht an allen Orten der Welt um 6 Uhr Ortszeit auf und um 18 Uhr unter.

Tahiti, größte der *Gesellschaftsinseln* (1042 km², 116 000 Einwohner), die zu → *Französisch-Polynesien* gehört. Sie besteht aus zwei vulkanischen Teilen, die durch eine Landenge verbunden sind. Die Insel wurde 1767 entdeckt und war ab 1842 französisches Protektorat.

Taifun [chines.-engl.], *der,* tropischer Wirbelsturm, der vor allem im westlichen Pazifikgebiet auftritt (hauptsächlich zwischen Juni und November).

Taiga [russ.], *die,* sumpfige Waldlandschaft in → *Sibirien,* die zwischen der → *Tundra* im Norden und dem Steppengebiet im Süden liegt. Sie ist zwischen 1000 und 2500 km breit und hauptsächlich mit Fichten, Lärchen und Birken bewachsen.

■ Die **Taiga** im Osten Sibiriens

Taipeh, *T'aipei,* unweit der Nordküste gelegene Hauptstadt (2,7 Mio. Einwohner) von → Taiwan.

Taiwan, früher *Formosa,* Staat in Ostasien, der die gleichnamige, vom chinesischen Festland durch die Formosastraße getrennte Insel, die in

■ **Taiwan:** Eine buddhistische Tempelanlage

der Formosastraße gelegenen *Pescadoresinseln* sowie mehrere Inselgruppen vor der chinesischen Ostküste, darunter *Matsu* und *Quemoy,* einnimmt. Außerdem erhebt Taiwan Anspruch auf die *Spratleyinseln.* Die gebirgige Hauptinsel ist zur Hälfte bewaldet. Sie stand schon früh unter dem Einfluss der Chinesen vom Festland. Im 12. Jh. siedelten sich chinesische Bauern an und drängten die malaiisch-polynesische Bevölkerung ins Landesinnere zurück. 1590 landeten die Portugiesen als erste Europäer hier. Im 17. Jh. besetzten Niederländer und Spanier die Insel, wurden aber von den Chinesen vertrieben. Ab dem 17. Jh. kam es auch zu verstärkten Einwanderungswellen aus Südchina. China musste Ende des 19. Jh. Taiwan an Japan abtreten; erst 1945 erhielt es die Insel zurück. 1947 wurde ein Aufstand der taiwanesischen Bevölkerung, die die Unabhängigkeit forderte, blutig niedergeschlagen. Als sich 1949 die Kommunisten auf dem Festland durchsetzten und die Volksrepublik → China gründeten, musste die Guomindang-Regierung unter Chiang Kai-shek (1887–1975) mit mehr als 2 Mio. Anhängern nach Taiwan flüchten. Dort wurde 1950 die Republik China ausgerufen, die sich als alleiniger Vertreter des chinesischen Volkes betrachtete. Von den USA politisch, militärisch und wirtschaftlich unterstützt, entwickelte sich *Nationalchina* (inoffizieller Name für die Republik China) zu einem bedeutenden Wirtschaftsland. Es verlor jedoch an Bedeutung, als sich die USA der Volksrepublik China annäherten. Mit der Aufnahme der Volksrepublik China in die Vereinten Nationen 1971 verlor Taiwan seinen eigenen Sitz und geriet in eine außenpolitische Isolation. Heute unterhalten nur noch wenige Staaten diplomatische Beziehungen zu Taiwan. Dennoch bleibt Taiwan eines der wichtigsten → Schwellenländer im Fernen Osten, dessen Wirtschaft sich vor allem auf den Export, seit den 80er Jahren vor allem von elektrotechnischen und elektronischen Geräten, stützt. Nach Chiang Kai-sheks Tod wurde sein Sohn Chiang Ching-kuo (1910–1988) taiwanesischer Staatspräsident; er führte das autoritäre Regime fort. Unter seinem Nachfolger Lee Teng-hai kam es im Inneren zu einer Liberalisierung und Demokratisierung. Die Volksrepublik, die Taiwan lediglich als abtrünnige »Provinz« betrachtet, versuchte wiederholt, die Inselchinesen einzuschüchtern.

Takt [lat. »Berührung«], *der,* **1.** in der Musik das Zeitmaß und die Betonung, die die rhythmische Bewegung eines Musikstücks festlegen. Die *Taktart* wird am Beginn des Stücks durch eine Bruchzahl (z. B. 2/4, 6/8) angegeben. In jeder durch *Taktstriche* abgeteilten Einheit gibt es *schwere* und *halbschwere,* d. h. betonte (im 4/4-Takt normalerweise das erste bzw. dritte Viertel) und *leichte* oder unbetonte *Zählzeiten;* **2.** bei einem → Personalcomputer entspricht der Takt dem Grundrhythmus, auf den alle gleichzeitig ablaufenden Vorgänge abgestimmt sind. Die *Taktfrequenz* bestimmt die Geschwindigkeit, mit der ein Computer Befehle ausführt; **3.** als Takt oder *Arbeitstakt* bezeichnet man auch den in sich abgeschlossenen Abschnitt eines Arbeitsvorgangs, der sich ständig wiederholt, vor allem die Bewegung einer Hubkolbenmaschine in einem → Ottomotor.

Taktik [griech. »Kunst der Aufstellung«], *die,* ein zweckmäßiges Verhalten oder planmäßiges Vorgehen.

Tal, lang gestreckter, zumeist schmaler Einschnitt in die Erdoberfläche, der durch die → Erosionswirkung von fließenden Gewässern oder Gletschern entstanden ist und in der Regel in einer Richtung ein Gefälle aufweist. Es gibt verschiedene Talformen wie etwa *Klamm* (mit steilen, manchmal sogar überhängenden Wänden), *Schlucht* oder *Cañon,* V-förmiges *Kerbtal, Sohlental* (mit ebenem Talboden), *Muldental* (mit allmählichem Übergang zwischen Talboden und Hängen) und U-förmiges *Trogtal.*

Talg, die körnig-feste Fettmasse aus dem Fettgewebe von Schafen und Rindern, die als Speisefett sowie zur Herstellung von Kerzen, Seifen und Lederfett verwendet wird.

Talisman [arab. »Zauberbild«], *der,* Gegenstand, den man bei sich trägt, damit er Glück bringt oder einen beschützt.

Talmud [hebr. »Lehre«], *der,* zwei zu den heiligen Schriften der → jüdischen Religion zählende Sammlungen. Sie enthalten mündlich überlieferte Gesetze und Auslegungen *(Mischna)* und erläuternde religiöse Schriften *(Gemara),* die seit dem 5. bzw. 7. Jh. entstanden sind.

Tamagotchi [jap. -tʃi »kleines, niedliches Ei«], *das,* elektronisches Spielzeug in Form eines eiförmigen Schlüsselanhängers, das 1996 in Japan auf den Markt kam und seitdem über 40 Millionen Mal verkauft worden ist. Das Tamagotchi ist ein virtuelles Haustier (→ virtuelle Realität), das auf dem → LCD-Display wie ein Küken aussieht. Mithilfe von Knöpfen kann man sein Wachstum und Verhalten beeinflussen. Es ist so programmiert, daß es auf Zuwendung oder Vernachlässigung durch seinen Besitzer reagiert.

Tamburin [arab.-frz.], *das,* flache, einseitig bespannte Handtrommel, an deren Rand teilweise Schellen befestigt sind.

Tamilen, südindisches Volk, das eine drawidische Sprache benutzt und seit dem 3. Jh. auch im Norden von → Sri Lanka ansässig ist. Die Tamilen sind zumeist Hindus.

Tandem [lat.-engl.], *das,* → Fahrrad, auf dem zwei Personen fahren können. Ein Tandem besitzt zwei Sitze und zwei Tretkurbelpaare und wird vom vorn sitzenden Fahrer gelenkt.

Tang, *Seetang,* Sammelbezeichnung für große Meeresalgen, vor allem Braun- und Rotalgen (→ Algen).

Tangens [von lat. tangere = »berühren«], *der,* eine → Winkelfunktion (Zeichen *tan*), in der Geometrie das Verhältnis von Gegenkathete zu Ankathede.

Tangente [lat.], *die,* in der Geometrie eine Gerade, die eine gekrümmte Linie oder Fläche in einem Punkt berührt.

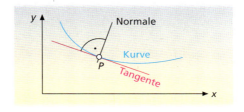

Tango [span.], *der,* Ende des 19. Jh. in Argentinien entwickelter Paartanz in langsamem 2/4- oder 4/8-Takt, mit Schräglage, Kreuz- und Knickschritten und abruptem Stillstand der Tänzer.

Kultobjekt Tamagotchi

Wenn das Tamagotchi eingeschaltet wird, schlüpft das Küken aus dem Ei. Mithilfe von drei Knöpfen ruft sein Besitzer eine einfache Menüleiste auf, auf der bestimmte Funktionen (wie Licht, Füttern, Spielen, Medizin) ausgewählt und in Gang gesetzt werden können. Da das Tamagotchi nicht mehr abgeschaltet werden kann, muß sich sein Besitzer regelmäßig darum kümmern. Von seiner Fürsorge hängt es ab, wie sich das virtuelle Haustier entwickelt und wie lang es lebt. Er muß es füttern, mit ihm spielen, es sauber halten, sich um seine Gesundheit kümmern und es erziehen. Durch Anzeigen über seinen jeweiligen Zustand (Alter, Gewicht, Hunger, Glück, Wohlerzogenheit) und Pieptöne macht es auf sich aufmerksam. Das Tamagotchi hat nur eine begrenzte Lebensdauer. Je besser sich sein Besitzer darum kümmert, desto länger »lebt« es. Wenn es stirbt, kann man den Reset-Knopf drücken und ein neues Tamagotchi schlüpfen lassen.
Inzwischen gibt es auch Tamagotchis, die wie Engel, Dämonen, Käfer oder Wale aussehen, viele Nachahmungen und weiterentwickelte virtuelle Wesen, die im PC zu Hause sind und aufgrund umfangreicherer Programme wesentlich mehr Reaktionen zeigen. Mit Fin Fin, einem Wesen, das halb wie ein Vogel und halb wie ein Delphin aussieht, kann man sogar (mithilfe eines an den PC angeschlossenen Mikrofons) sprechen.

Tantal

Zeichen: Ta
Ordnungszahl: 73
Atommasse: 180,95
Dichte: 16,65 g/cm³
Schmelzpunkt: 2996 °C
Siedepunkt: 5425 °C

Tansania (Tanzania)
Staatsname: Vereinigte Republik Tansania
Staatsform: Föderative Präsidialrepublik
Hauptstadt: Dodoma
Fläche: 939 470 km²
Einwohner: 29,5 Mio.
Bevölkerungsdichte: 31,5/km²
Amtssprache: Kisuaheli, Englisch
Währung: Tansania-Schilling (TSh)
Nationalitätskennzeichen: EAT

Tansania

Seit den 20er Jahren ist der Tango ein Gesellschaftstanz und zählt heute zu den Standardtänzen (→ Tanz).

Tannen, Nadelbäume aus der Gattung der → Kieferngewächse, die mit etwa 40 Arten hauptsächlich auf der nördlichen Erdhalbkugel wachsen. Sie kommen vor allem in Gebirgswäldern vor und werden bis zu 80 m hoch. Tannen haben flache Nadeln und aufrecht stehende Zapfen.

Tannine [frz.], *Mz.,* Gruppe von natürlichen Gerbstoffen, die u. a. in Galläpfeln, Holz, Weintrauben (vor allem Stiele und Kerne) und Tee enthalten sind.

Tansania, Staat in Ostafrika, der aus den beiden Landesteilen *Tanganjika* und → *Sansibar* besteht. Der festländische Teil liegt südlich des Äquators zwischen dem Indischen Ozean und dem Zentralafrikanischen Graben mit Tanganjika- und Malawisee im Westen. Das Landesinnere nehmen Hochländer ein, zu denen hohe Vulkanberge (wie der → Kilimandscharo) und Krater gehören. Tansania ist landwirtschaftlich geprägt (Baumwolle, Kaffee, Tee, Gewürznelken, Sisal für den Export). Das Land wurde ab dem 3. Jh. von Bantustämmen besiedelt, die heute den größten Teil der Bevölkerung ausmachen. Im 9. Jh. gründeten arabische Händler an der Küste und auf den Inseln erste Niederlassungen. Daraus entstand ab dem 12. Jh. im Küstenbereich eine islamische Kultur. Aus → Oman stammende Araber beherrschten von → Sansibar aus im 18. und 19. Jh. auch große Teile der ostafrikanischen Küste. Gegen Ende des 19. Jh. erwarb Deutschland Gebiete in Tanganjika, die 1891 zur Kolonie *Deutsch-Ostafrika* kamen. Nach dem Ersten Weltkrieg wurde Tanganjika britisches Völkerbundsmandat. 1954 entstand die Befreiungsbewegung TANU (Tanganyka African National Union), die unter Julius Nyerere 1961 die Unabhängigkeit für das Land erreichte. Nachdem Tanganjika Ende 1962 Republik geworden war, schloss es sich 1964 mit Sansibar zur *Vereinigten Republik Tansania* zusammen. Nyerere, der 1964–1985 Staatspräsident war, verstaatlichte im Rahmen eines tansanischen Sozialismus Banken und Industrieunternehmen und gründete eine Einheitspartei. Unter seinem Nachfolger wurden ein Mehrparteiensystem eingeführt und die Betriebe wieder privatisiert.

Tantal, *das,* ein → chemisches Element. Das sehr harte und beständige Schwermetall von glänzender grauer Farbe wird für Stahllegierungen, chemische Geräte und medizinische Instrumente verwendet.

Tantalus, Gestalt in der griechischen Sage, der wegen seiner Frevel an den Göttern ewige Qualen erleiden mußte: Er stand in einem See, während über seinem Kopf köstliche Früchte hingen. Doch er konnte weder seinen Hunger noch seinen Durst stillen, weil das Wasser und die Früchte zurückwichen, sobald er sie zu erreichen versuchte. Deshalb spricht man heute von **Tantalusqualen,** wenn man etwas Ersehntes greifbar nahe weiß, ohne es erreichen zu können.

Tantiemen [frz.], *Mz.,* Gewinnanteil, den jemand für seine Beteiligung an einem Unternehmen erhält; finanzielle Vergütung der → Urheberrechte von Autoren und Komponisten, wenn Werke von ihnen aufgeführt, gespielt oder gesendet werden.

Tantra [Sanskrit »Gewebe«], *das,* Schrifttum des **Tantrismus,** eine im 1. Jh. n. Chr. entstandene indische Erlösungslehre, die seit dem 5./6. Jh. großen Einfluss auf → Hinduismus und → Buddhismus gewonnen hat. Die Erlösung des Menschen sucht der Tantrismus durch Kontakt mit dem Göttlichen zu erreichen, indem der Einzelne bestimmte Rituale und Zeremonien vollzieht und neben magisch-mystischen Übungen vor allem die sexuelle Vereinigung mit einem Partner ausführt.

Tanz, von rhythmischen Bewegungen bestimmte, oft ritualisierte Ausdrucksweise des Menschen, die Musik, Gesang oder Geräusche begleiten. Ursprünglich war der Tanz vielfach eine kultische, magische oder religiöse Handlung. Doch schon früh diente er auch der Unterhaltung. Seit dem 13. Jh. entwickelte sich an den Fürstenhöfen eine ständische Tanzkultur. Seit dem 15. Jh. lassen sich *Volkstanz* und höfischer *Gesellschaftstanz* unterscheiden. Mit dem im 17. Jh. in Frankreich entstandenen, von Berufstänzern vorgeführten *Ballet de cour* kam der *Kunsttanz* auf. Heute unterscheidet man Volkstanz (z. B. Polka, Ländler), Gesellschaftstanz (Standardtänze, nord- und lateinamerikanische Tänze und teilweise nur kurzlebige *Modetänze* (wie Charleston, Twist, Bossanova oder Lambada) und Kunsttanz (Ballett, Ausdruckstanz, Tanztheater, New Dance). In der U-Musik spielt der Tanz eine große Rolle, weil ein Großteil *Tanzmusik* ist oder neue Musikstile hervorgebracht hat (wie etwa → Rock 'n' Roll, → Disco, → HipHop, → House Music und → Techno).

Tao, *Dao* [chines. »Weg«], *das,* in der chinesischen Philosophie die Urkraft und das göttliche

■ *Tapir* mit Jungtier

Gesetz, dem alles im Weltall folgt. Der von → Laodse begründete **Taoismus** ist eine mystisch und buddhistisch beeinflusste Philosophie, die sich im alten China zu einer mit Elementen der Naturverehrung und des Geisterglaubens durchsetzten Volks- und Staatsreligion entwickelte.

Tapire, mit den Nashörnern verwandte → Unpaarhufer, von denen heute nur mehr vier Arten in Lateinamerika und Südostasien leben (*Flachland-, Berg-, Mittelamerikanischer* und *Schabrackentapir*). Die bis zu 2,5 m langen und bis zu 1,2 m schulterhohen Tiere besitzen einen massigen Körper mit stämmigen Beinen und kurzem Schwanz. Der Kopf läuft in einem kurzen Rüssel aus.

Taranteln, zur Familie der *Wolfsspinnen* gehörende Laufspinnen, die im Mittelmeerraum vorkommen und bis zu 5 cm lang werden. Sie töten ihre Opfer (andere Spinnen und Insekten) durch Gift.

Tarif [frz. ta'ro:], *der,* amtliches Verzeichnis von Preisen der Gebühren, die für bestimmte Leistungen festgelegt sind; vertraglich festgelegte Höhe und Staffelung der Löhne, die in Deutschland zwischen den **Tarifpartnern,** d. h. Arbeitgebern und Arbeitnehmern, ohne staatliche Einmischung ausgehandelt werden (*Tarifautonomie*).

Tarot [frz.], *der* und *das,* dem *Tarock* ähnliches Kartenspiel mit 78 Karten, die symbolische Darstellungen zeigen. Tarotkarten werden seit langem zum Wahrsagen und in der → Esoterik benutzt.

Tartaros [griech. »Untergrund«], *der,* in der griechischen Mythologie der tiefste Raum des → Hades, in dem die → Titanen gefangen gehalten wurden und besonders schlimme Sünder wie → Tantalus oder Sisyphos ihre ewige Strafe verbüßen mussten.

Tarzan, Romanfigur von *Edgar Rice Burroughs* (1875–1950). Der weißhäutige, unbesiegbare Held erlebt zahlreiche Abenteuer im Dschungel.

Taschenbuch, *Paperback,* zumeist in hohen Auflagen hergestelltes Buch in handlichem Taschenformat ohne festen Einband, das preiswerter als ein Hardcover ist. Als Taschenbücher erscheinen heute nicht nur Nachdrucke, sondern auch Erstausgaben.

Taschenrechner, elektronisches Rechengerät mit → Tastatur und → LED- oder LCD-Anzeige, das wegen seiner handlichen Größe leicht in der Tasche mitgeführt werden kann.

Taschkent, an den Ausläufern des Tian Shan in einer Oase gelegene Hauptstadt (als Ballungsraum 3,2 Mio. Einwohner) von → Usbekistan. Die etwa 2000 Jahre alte Stadt, die ab dem 16. Jh. ein wichtiger Handelsplatz war und 1966 durch ein Erdbeben zerstört wurde, ist heute eine moderne Industriestadt.

Tasmanien, Bundesstaat des Australischen Bundes (→ Australien), der die gleichnamige Insel (67 894 km²) sowie kleinere Inseln in der Umgebung umfasst. Tasmanien ist durch die Bass-Straße vom australischen Festland getrennt. Tasmanien, das 1642 von dem niederländischen Seefahrer *Abel Janszoon Tasman* entdeckt wurde, war bis 1853 Sträflingskolonie. Es gehörte bis 1825 zu Neusüdwales und trat erst 1901 dem Australischen Bund bei.

■ **Tasmanien:** Lavendel reif für die Ernte

Tastatur [it.], *die,* Gesamtheit der Tasten bei einer Rechen- oder Schreibmaschine, beim → Personalcomputer als → Keyboard bezeichnet.

Tasteninstrumente, Sammelbezeichnung für Musikinstrumente, die mit hebelartigen Tasten (*Klaviatur, Manual* oder *Pedale*) ausgestattet sind, um die Töne auszulösen. Dazu gehören neben → Orgel, Klavier, Cembalo, Spinett, Harmonium und Akkordeon auch einige elektronische Instrumente (→ Synthesizer).

Tanzsport

Als *Tanzsport* oder *Tuniertanz* bezeichnet man die wettkampfmäßig ausgetragene Spielart des Gesellschaftstanzes, die sich Anfang des 20. Jh. entwickelte. Zu den Tuniertänzen gehören die fünf Standardtänze *Langsamer Walzer, Wiener Walzer, Tango, Slowfox* und *Quickstep* sowie die vier lateinamerikanischen Tänze *Cha-Cha-Cha, Samba, Rumba, Paso doble,* zusätzlich auch *Jive.*
Bei Turnieren bewerten drei bis fünf Jurymitglieder die Tänzer nach Takt, Grundrhythmus, Körperhaltung, Bewegungsablauf, rhythmischer Gestaltung und Fußarbeit. Turniere gibt es für Einzelpaare und Formationstanzgruppen.

Tarantel

Der Biss der Tarantel für Menschen ist zwar schmerzhaft, aber nicht gefährlich; dennoch galt er früher als Ursache des Veitstanzes. Daher kommt auch die Redewendung »von der Tarantel gebissen«.

Tauben
• • • • • • • • • • • • • • • • • • • •
Aus der *Felsentaube* ist die *Haustaube* entstanden, die heute in mehr als 100 Arten gezüchtet wird. Sie wird nicht nur zur Fleischgewinnung, sondern auch als *Brieftaube* gehalten, weil sie einen ausgezeichneten Orientierungssinn besitzt und selbst bei großer Entfernung zu ihrem heimatlichen Schlag zurückfindet. Brieftauben, die bereits im Altertum zur Nachrichtenübermittlung eingesetzt wurden, können an einem Tag bis zu 1000 km zurücklegen. Haustauben neigen zur Verwilderung und haben sich in vielen Städten so stark vermehrt, dass sie zu einer Plage geworden sind.

■ *Tätowierung*

Tastsinn, *Fühlsinn,* der Sinn, der Lebewesen in die Lage versetzt, Berührungsreize wahrzunehmen. Während der Mensch für mechanische Reize empfängliche Sinneszellen vor allem in der Haut besitzt, verfügen manche Tiere über spezielle Organe (z. B. Fühler bei Insekten oder Tasthaare bei Säugetieren). Das Fehlen des Tastsinnes nennt man **Tastblindheit.**
Tataren, aus Mongolen, Turkvölkern, Wolgafinnen und Slawen entstandenes Mischvolk, das in Russland in der autonomen *Tatarischen Republik* (Hauptstadt Kasan), im Wolgagebiet, auf der Krim, im Kaukasus und im Ural lebt. Ursprünglich waren die Tataren ein mongolischer Stamm im Osten der → Mongolei, aber im Mittelalter wurde der Name für alle mittelasiatischen Steppenvölker verwendet.
Tätigkeitsform, deutsche Bezeichnung für → Aktiv.
Tätigkeitswort, deutsche Bezeichnung für → Verb.
Tätowierung, *Tatauierung* [von polynes. tatau = »Zeichen«], Zeichnung auf der Haut, die beständig bleibt. Die Farbstoffe werden mithilfe von Nadeln in tiefere Hautschichten eingebracht. Besonders kunstvoll sind die Tätowierungen in Ozeanien, Australien und Afrika. Bei den dortigen Völkern ist die Tätowierung nicht nur Schmuck, sondern auch ein Zeichen der Geschlechtsreife oder des gesellschaftlichen Standes. Tätowierungen lassen sich nur mühsam mithilfe von → Laserstrahlen wieder entfernen.

Tau, Niederschlag in Form von kleinen Tröpfchen, der sich an Pflanzen, Gegenständen und auf der Erdoberfläche absetzt. Er entsteht durch die Kondensation von Wasserdampf, wenn die Temperatur unter den *Taupunkt* (Temperatur, bei der die Luft den höchstmöglichen Wasserdampfgehalt aufweist) sinkt.
Tauben, Familie von *Taubenvögeln,* die mit rund 300 Arten fast weltweit verbreitet sind. Die bis zu 80 cm langen Tiere ernähren sich von Pflanzen, Körnern und Früchten, die sie in ihrem Kropf aufweichen. Sie sind kräftig und besitzen einen kleinen Kopf mit kurzem Schnabel. Tauben leben oft gesellig in großen Schwärmen. Ihre locker zusammengefügten Nester bauen sie zumeist in Büschen oder Bäumen. Sie sind Nesthocker. Zu den bekanntesten Taubenarten gehören *Ringel-, Turtel-, Türken-* und *Lachtaube,* die in Europa, Asien und Nordostafrika vorkommen. Die Taube ist das Sinnbild des Friedens, der Treue und der Trauer. Im Neuen Testament und in der christlichen Kunst steht sie für den → Heiligen Geist.
Taubheit, *Gehörlosigkeit,* angeborener oder erworbener Verlust des Hörvermögens.
Taubnessel, Gattung der → Lippenblütler, deren Vertreter herzförmige Blätter und weiße, purpurrote oder gelbe Blüten besitzen. Die in Europa, Asien und Nordafrika in Wäldern und auf Feldern wachsenden Kräuter haben nesselartig behaarte Blätter, die aber im Gegensatz zur → Brennnessel nicht »brennen«. Die bekanntesten einheimischen Arten sind *Weiße* und *Rote Taubnessel* sowie *Goldnessel.*
Taubstummheit, Unfähigkeit zu sprechen, wenn aufgrund angeborener → Taubheit die normale Sprachentwicklung ausbleibt, obwohl die Sprechorgane intakt sind, oder wenn das Sprechen wegen des Verlustes des Hörvermögens vor dem 8. Lebensjahr wieder verlernt wird. Taubstumme werden in besonderen Schulen unterrichtet, damit sie sich durch Zeichensprache (Fingersprache mit Handalphabet) und Lautsprache (Artikulierung) verständigen und gesprochene Sprache von den Lippen ablesen können.
Tauchen, Schwimmen unter Wasser, wobei zwischen *Schnorchel-* und *Gerätetauchen* unterschieden wird. Schnorcheltaucher sind neben dem → Schnorchel nur mit Schwimmflossen und Taucherbrille ausgerüstet. Sie können aufgrund der begrenzten Sauerstoffmenge, die sie durch Luftholen aufnehmen, nur bis zu etwa drei Minuten tauchen. Die maximale Tauchtiefe beträgt 30–40 m. Bis zu 300 m Tiefe kann man mithilfe von **Tauchgeräten** tauchen. Dazu gehören

Pressluftatemgeräte mit mehreren Druckluftflaschen und Schutzanzüge oder Taucherhelme und luftdicht verschlossene Taucheranzüge mit Schlauchleitungen, die von einem Schiff aus die Druckluft befördern. Für noch größere Tiefen sind druckfeste Taucherkugeln und Unterwasserfahrzeuge notwendig.

Gefahren beim Tauchen sind u. a. der *Tiefenrausch* und die *Druckfallkrankheit.* Der Tiefenrausch kann schon in Tiefen von 40 m auftreten und zu Bewusstlosigkeit und Tod führen. Die Druckfallkrankheit wird durch zu schnelles Auftauchen verursacht. Während des Tauchens reichert sich die Körperflüssigkeit mit Stickstoff an. Der Taucher darf deshalb nur langsam und stufenweise aufsteigen, damit er das gelöste Gas allmählich wieder ausatmen kann und die Gasbläschen nicht zu Embolien und Schädigungen des Körpergewebes führen.

Taufe, → Sakrament der christlichen Kirchen. Die Taufe bedeutet im Christentum den Empfang des Heiligen Geistes, Eingliederung des Täuflings in die Kirche und Vergebung der Sünden. Im Urchristentum wurde der Täufling untergetaucht, während heute in der abendländischen Kirche sowohl bei der *Kinder-* als auch der *Erwachsenentaufe* symbolisch Wasser über den Kopf des Täuflings gegossen wird. Die Taufe wird normalerweise von einem Geistlichen vollzogen, kann aber prinzipiell von jedem Menschen gespendet werden. Als Zeuge ist der *Taufpate* anwesend.

Taunus, südöstlicher Teil des → Rheinischen Schiefergebirges, ein Mittelgebirge zwischen Lahn, Mittelrhein und Untermain (höchste Erhebung: *Großer Feldberg,* 878 m).

Tausendfüßer, *Tausendfüßler,* Klasse der → Gliederfüßer, deren Vertreter mit über 10 000 Arten in feuchten Lebensräumen ausschließlich auf dem Land vorkommen. Der Körper besteht aus dem klar abgesetzten Kopf mit Fühlern sowie zahlreichen, als Körperringe erkennbaren Segmenten, die jeweils mit einem Paar Füßen *(Bandfüßer)* oder mit zwei Paaren *(Schnurfüßer)* ausgestattet sind. Die Höchstzahl der Beinpaare reicht bei manchen tropischen Arten bis zu 340.

Tausendundeine Nacht, arabische Sammlung von über 300 Erzählungen verschiedensten Ursprungs (vor allem Märchen, Liebes- und Abenteuergeschichten, Legenden, Fabeln). Die heute bekannte Fassung entstand vermutlich im 16./17. Jh. in Ägypten, reicht aber bis ins 9. Jh. zurück.

Tautologie [griech. »Wiederholung des bereits

■ *Taucher* am Riff

Gesagten«], *die,* sprachlicher Ausdruck, der einen Sachverhalt doppelt wiedergibt (z. B. *weißer Schimmel, runder Kreis*).

Tbc, Abkürzung für → *Tuberkulose.*

Teakholz [engl. 'ti:k-], hartes, duftendes Edelholz von gelblich brauner Farbe, das wegen seiner Witterungsfestigkeit vielseitig verwendbar ist (vor allem im Schiffbau, für Fußböden und zur Möbelherstellung). Der bis zu 40 m hohe *Teakbaum* wächst in Südostasien.

Technetium [von griech. technetos = »künstlich gemacht«], *das,* ein → chemisches Element. Das radioaktive silberweiße Metall, das als Spaltprodukt von Uran anfällt, ist nur künstlich herstellbar und wird u. a. in der Nuklearmedizin und in der Supraleitungstechnik verwendet.

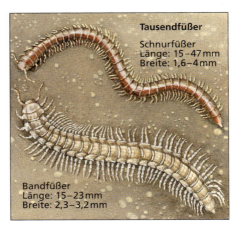

Tausendfüßer
Schnurfüßer
Länge: 15–47 mm
Breite: 1,6–4 mm

Bandfüßer
Länge: 15–23 mm
Breite: 2,3–3,2 mm

Tauchen

Die größte Tauchtiefe erreichte bisher der Bathyskaph von Jacques Piccard (* 1922) mit 10 916 m im Marianengraben (1960).

1001 Nacht

In der Rahmenerzählung unterhält die kluge Scheherazade einen orientalischen König, der bis dahin alle Frauen am Morgen nach der Hochzeitsnacht töten ließ, 1001 Nächte lang mit Geschichten. An der spannendsten Stelle bricht sie jeweils ab und verspricht die Fortsetzung für die kommende Nacht. Aus diesem Grund verschiebt der neugierige Herrscher immer wieder die Hinrichtung und lässt sie zum Schluss am Leben. Zu den bekanntesten Erzählungen gehört »die umfangreiche Geschichte von »Sindbad dem Seefahrer«.

Eine persische Sammlung von orientalischen Märchen trägt den Titel *Tausendundein Tag.* Darin ist u. a. das Märchen von der Prinzessin Turandot enthalten.

Technetium

Zeichen: Tc
Ordnungszahl: 43
Atommasse: 98
Dichte: 11,5 g/cm^3
Schmelzpunkt: 2172 °C
Siedepunkt: 4877 °C

Wissen im Überblick: Techno

oben: Zahllose Flyer informieren über Clubnächte und Raves.
rechts: Typische Design-Beispiele von CD-Covers

Techno, auch *Tekkno* genannt, ist eine Anfang der 90er Jahre entstandene Musikrichtung, die als elektronische Tanzmusik vollsynthetisch erzeugt wird. Die Wurzeln reichen in die 70er und frühen 80er Jahre (elektronische Musik und Minimal Music, Electronic Rock, insbesondere von deutschen Gruppen wie Kraftwerk, Ambient Music von Brian Eno, Synthie Pop) zurück. Ein wichtiger Einfluss aus dieser Zeit war auch der Industrial Rock, der Umweltgeräusche und Industrielärm mithilfe der Elektronik in die Musik aufnahm (vor allem Throbbing Gristle und Cabaret Voltaire). Unmittelbare Vorläufer der Technomusik waren die Anfang der 80er Jahre in Belgien entstandene *Electronic Body Music,* eine Weiterentwicklung des Industrial Rock, *Electro,* eine Mitte der 80er Jahre in den USA durch Rhythmusgeräte, Vocodergesang und Synthesizer geprägte Spielart des HipHop, und vor allem die *House Music,* die in den 80er Jahren in Chicago Disco weiterführte. Als sich um die Mitte der 80er Jahre die erschwinglich gewordenen elektronischen Instrumente (vor allem Synthesizer und Drumcomputer) in der schwarzen Tanzmusik durchsetzten, entstanden in den USA Spielarten der elektronischen Tanzmusik wie *Detroit Techno* und *Acid House,* die auch die Tanzmusik in Großbritannien (vor allem *New Beat*) und im übrigen Europa beeinflussten.

Daraus entwickelte sich Anfang der 90er Jahre zeitgleich in Europa und den USA *Techno,* eine Tanzmusik, die vor allem durch ihre technologische Erzeugung gekennzeichnet ist, d. h. fast ausschließlich synthetische oder gesampelte Klänge und Rhythmen verwendet und zugunsten von Synthesizern, Bass- und Rhythmusgeräten weitgehend auf die üblichen Musikinstrumente der Rockmusik verzichtet. Getragen wird sie deshalb nicht mehr von Musikern, sondern von Produzenten, die im Studio mithilfe von Synthesizern ihre Klänge erzeugen oder gesampelte Klänge zusammenfügen, und Diskjockeys, die aus vorhandenen Aufnahmen, die sie beim Abspielen der Schallplatten stark verändern (z. B. durch *Pitching,* die Verminderung oder Erhöhung der Geschwindigkeit durch Drehen am Pitch-Regler), und aus zusätzlichen elektronischen Soundeffekten und Rhythmen live ein neues, tanzbares Musikstück schaffen.

Die Rhythmusbetontheit der Technomusik äußert sich in den *beats per minute* (bpm), den Schlägen pro Minute, die die Geschwindigkeit der Musikstücke angeben. Obwohl man unter Techno zumeist eine Musik ab 120 bpm meint, reicht die Spannweite der Technostile von langsamen Stücken, die fast ohne Beats auskommen *(Ambient),* über ruhige Stücke mit monotonem Beat *(Trance)* bis zu extrem schnellen Stücken mit maschinenähnlichen Beats (bis zu mehr als 250 bpm).

Techno ist in erster Linie eine Musik zum Tanzen bzw. in seiner ruhigeren Ausprägung eine Musik zum Entspannen nach dem Tanzen, die weitgehend auf Melodien verzichtet und dafür Rhythmen und Klangfarben betont. Sie hat innerhalb von wenigen Jahren eine Fülle von Spielarten hervorgebracht, die oft durch den besonderen Klang eines Rhythmusgeräts bestimmt sind. Dank der Erschwinglichkeit des notwendigen Instrumentariums ist Techno einerseits eine Do-it-yourself-Musik, die im kleinsten Studio oder sogar zu Hause verwirklicht werden kann, aber andererseits eine stark kommerzialisierte Musik, die eine Unzahl von billigen Schallplatten und CDs abwirft.

Techno ist nicht nur die populärste Musikrichtung der 90er Jahre geworden, die sich vorwiegend an ein junges Publikum richtet, sondern hat sich auch von der Rockmusik so weit emanzipiert, dass sie zu einer eigenständigen Musik geworden ist. Gleichzeitig hat sie eine Vielzahl von Stilrichtungen hervorgebracht, die Elemente anderer Musikrichtungen (wie Reggae, HipHop und Rap oder Jazz) aufgreifen und verarbeiten (z. B. *Jungle, Drum 'n' Bass* oder *TripHop).*

Techno bezeichnet auch einen eigenen Lebensstil, der durch eine

Auf der Loveparade geht's knall-laut und schrill zu

Wissen im Überblick: Techno

hedonistische Einstellung gekennzeichnet ist, d. h. den Genuss als Lebensziel in den Vordergrund stellt (Spaßkultur) und am Wochenende stunden- oder tagelang Vergnügung und körperliche Entspannung im »Abtanzen« sucht. Die unpolitische Haltung drückt sich im Slogan »Love, Peace and Ecstasy« aus, wobei *Ecstasy* sowohl die gleichnamige Droge als auch das ekstatische Glücksgefühl meint, das beim Tanzen bis zur körperlichen Erschöpfung entsteht. Die Technoanhänger sehen sich als große Familie (»Unity«), die keine gesellschaftlichen Schranken oder sozialen Berührungsängste kennt.

Ursprünglich als multikulturelle Bewegung verstanden, haben sich jedoch in den letzten Jahren einzelne Stile herausgebildet, die zumindest in Großbritannien wieder bevorzugt ein weißes, schwarzes oder indisches Publikum ansprechen. Die *Raves* sind heute zumeist kommerzielle Veranstaltungen in oft riesigem Rahmen (über 1 000 000 Teilnehmer an der »Love Parade« in Berlin). Im Unterschied zur schwarzen Dancefloor Music und auch zum Disco tanzt man nicht mehr miteinander, sondern als Einzelner in einer riesigen sich bewegenden Masse. Das Massenerlebnis steigert das Zusammengehörigkeitsgefühl auf eine fast stammesähnliche Weise.

Wichtige Begriffe und Stile der Technomusik

Ambient: Durch atmosphärische, fließende Klänge und ruhigen Rhythmus (unter 60 bpm) gekennzeichnete Spielart, die oft Naturgeräusche einbezieht.
Chill-out: Ruhephase zum Abkühlen nach dem Tanzen und dem Drogengenuss, musikalisch mit Ambient und Trance verbunden.
Drum 'n' Bass: Weiterentwicklung des Jungle mit HipHop-Elementen, durch schnelle, prasselnde Beats und langsamen, fetten Basssound gekennzeichnet.
Ecstasy: Modedroge der Technoanhänger, die einerseits die Empfänglichkeit für akustische und taktile Reize erhöht und andererseits das Durchhaltevermögen beim Tanzen steigert.
Gabber: Anfang der 90er Jahre in den Niederlanden entstandene schnellste und kompromissloseste Spielart des Techno (200–250 bpm).
Goa: Von der psychedelischen Musik beeinflusste Spielart, die oft fernöstliche Instrumente einbezieht.
Hardcore: Schnelle, laute Spielart des Techno, die durch einen Rhythmus ab 150 bpm gekennzeichnet ist.
House Music: In den 80er Jahren in den USA entstandene Form der Tanzmusik, die eine Vielzahl von Stilen hervorgebracht hat (wie etwa *Deep House, Techno House* und *AcidHouse*).

Jungle: Vom jamaikanischen Reggae beeinflusste Spielart des Techno, bei dem der Beat (etwa 150 bpm) die Melodiefunktion übernimmt und die Bässe oft unterhalb der menschlichen Hörgrenze sind.
Loop: Gesampelte Tonfolge, die sich schleifenförmig wiederholt.
Trance: Ruhigere und langsamere Spielart des Techno, die durch hypnotisch wirkende Musikpassagen mit monotonem Beat gekennzeichnet ist.
TripHop: Vom HipHop beeinflusste Spielart mit langsamem Grundbeat, die Jazzelemente enthält.

Bekannte Technomusiker

808 State	Jeff Mills
Aloof	Moby
Aphex Twin	The Orb
Atom Heart	Orbital
Autechre	Oval
Banco di Gala	Phuture
Biosphere	Quazar
Cosmic Baby	Sabres of Dancehall
Carl Cox	Seefeel
Der dritte Raum	Shamen
Eat Static	Spooky
Future Sound of London	Solar Quest
Laurent Garnier	System 7
Goldie	Underworld
Jam & Spoon	Sven Väth
LFO	Christian Vogel
Marusha	Westbam

Tee

Während Tee in China schon seit mehr als 1000 Jahren getrunken wird, gelangte er erst im Mittelalter über die Araber nach Europa. Ab dem 17. Jh. entwickelte er sich in Großbritannien zum Nationalgetränk, so dass die Briten im 19. Jh. in ihren indischen Kolonien den Teeanbau in Plantagen einführten.
Tee enthält mehrere → Alkaloide, darunter → Koffein (bis zu 5 %), ätherische Öle und Gerbstoffe, die ihm seinen bitteren Geschmack verleihen. Diese Inhaltsstoffe werden beim Aufbrühen mit heißem Wasser nach und nach freigesetzt, wobei Tee, der nur zwei Minuten zieht, anregend wirkt und länger ziehender Tee beruhigt.
Man unterscheidet *grünen*, der schnell getrocknet wird, und *schwarzen* Tee, der langsam getrocknet und fermentiert wird. Die verschiedenen Handelssorten werden nach der Blattqualität (beispielsweise besteht *Orange Pekoe* aus den Knospen und den ersten voll entwickelten Blättern), dem Erntezeitpunkt (z. B. *First Flush* = erste Ernte) und dem Herkunftsgebiet (z. B. *Assam, Darjeeling, Ceylon*) unterschieden. Die Blattabfälle und der abgesiebte Teestaub kommen zumeist in Form von Aufgussbeuteln in den Handel. Häufig werden dem Tee Aromastoffe beigemischt *(aromatisierte Tees* wie etwa der mit Bergamotteöl verfeinerte *Earl Grey).*

Technik [von griech. technikos = »kunstvoll«], *die*, ursprünglich eine Methode oder ein praktisches Verfahren, eine Leistung auf einem Gebiet hervorzubringen, das bestimmte Fertigkeiten erfordert (z. B. *Mal-, Eislauf-* oder *Verkaufstechnik).* Heute versteht man darunter zumeist die Nutzbarmachung der Naturkräfte und der in der Natur vorkommenden Stoffe für den Menschen (durch praktische Verwertung der naturwissenschaftlichen Erkenntnisse für die Herstellung und Bearbeitung von Werkzeugen, Geräten und Maschinen, insbesondere für die industrielle Produktion).
Techno siehe Sonderseite 656–657.
Technologie [griech.], *die,* Gesamtheit der Verfahren auf einem bestimmten Gebiet (z. B. *Raumfahrttechnologie)* oder für die Gewinnung und Verarbeitung bestimmter Stoffe (z. B. *Erdöltechnologie);* oft auch im Sinne von → Technik verwendet. Die Weitergabe von technischem Wissen (Forschungsergebnisse) an ein Entwicklungsland, das sie dann praktisch für die Produktion von bestimmten Gütern verwerten kann, bezeichnet man als **Technologietransfer.**
Tee [chin.], *der,* getrocknete junge Blätter und Blattknospen des *Teestrauchs,* der frei wachsend in Südostasien baumartig bis zu 30 m hoch wird, aber in den Teeplantagen nur zu einem 1–1,5 m hohen Strauch gezogen wird. Durch Züchtung und Auslese sind zahlreiche Sorten entstanden. Tee wird heute vor allem in Indien, Sri Lanka und China, aber auch in Russland, Japan, Indonesien und Afrika (Kenia) angebaut. Auch Aufgüsse von getrockneten Pflanzenteilen (Blätter, Blüten) und Früchten werden als Tee bezeichnet *(Kräuter-, Früchtetee).*
Teer, flüssige bis halbfeste Masse, die durch Erhitzung unter Luftabschluss von Kohle, Holz, Öl oder Torf gewonnen wird. Je nach Ursprung unterscheidet man z. B. zwischen *Steinkohlen-, Holz-, Schiefer-* oder *Braunkohlenteer.* Im Straßenbau wird *Teerbeton* verwendet. Als Teer bezeichnet man auch das gesundheitsschädliche Kondensat des Tabakrauchs.
Teheran, pers. *Tehrān,* am Elbrusgebirge gelegene Hauptstadt von → Iran. Die größte Stadt Vorderasiens (als Ballungsraum 6,5 Mio. Einwohner) ist das wirtschaftliche und kulturelle Zentrum des Landes.
Teilchen, *Korpuskel, Partikel,* allgemein Bezeichnung für kleine materielle Körper (z. B. *Staubteilchen);* im engeren Sinne die Bestandteile des → Atoms und die → Elementarteilchen.
Teilchenbeschleuniger, Sammelbezeichnung für Anlagen, mit denen elektrisch geladene → Teilchen (Atomkerne und Elementarteilchen) mithilfe von elektrischen und magnetischen Feldern auf hohe Geschwindigkeit und damit hohe Energien beschleunigt werden können. In *Linearbeschleunigern* bewegen sich die Teilchen auf einer geradlinigen Bahn, in *Zirkularbeschleunigern* auf einer Kreisbahn. Mit Teilchenbeschleunigern werden die Elementarteilchen untersucht und erzeugt, die unter normalen Bedingungen in der Natur nicht beobachtbar sind (z. B. → Quarks).
Tektonik [von griech. tektonikos = »die Baukunst betreffend«], *die,* in der Geologie die Lehre vom Bau der Erdkruste und von den darin stattfindenden Bewegungsvorgängen und den sie erzeugenden Kräften.
Tel Aviv-Jaffa, an der Mittelmeerküste gelegene israelische Hafenstadt, die heute das wirtschaftliche Zentrum des Landes ist. Das 1950 mit der über 3500 Jahre alten Stadt Jaffa (hebr. *Yafo)* vereinigte Tel Aviv war von der Staatsgründung bis 1950 die Hauptstadt → Israels.
Tele- [griech.], in zusammengesetzten Wörtern mit der Bedeutung »fern, weit« (z. B. *Telemeter* = »Entfernungsmesser«) oder »Fernsehen« (z. B. *Teleshopping* = »Einkaufen über das Fernsehen«).
Telefax [von griech. tele = »fern« und lat. fac simile = »mache gleich«], *das,* oft auch nur als *Fax* bezeichneter Fernkopierer, der Schriftstücke und Schwarzweißabbildungen über das

■ *Teheran: Das Shayad-Monument, Wahrzeichen der Stadt*

öffentliche Fernsprechnetz übermittelt. Die Vorlage wird vom Telefaxgerät, das sowohl senden als auch empfangen kann, mithilfe eines Lichtstrahls abgetastet und in Rasterpunkte zerlegt. Diese Helligkeitswerte werden in elektrische Signale umgewandelt und über die Telefonleitung an das Empfangsgerät übertragen, das die Signale entschlüsselt und in bis zu 64 Graustufen eine Kopie auf Thermopapier oder normalem Papier erstellt. Der Empfang ist auch mit einem → Personalcomputer möglich, der über eine *Faxkarte* verfügt, wobei die Kopie dann auf dem Bildschirm erscheint. Auch die übermittelte Fernkopie wird als Telefax oder Fax bezeichnet.

Telefon [von griech. tele = »fern« und phone = »Stimme«], *das, Fernsprecher,* Gerät, das mithilfe eines Mikrofons Schallwellen in elektrische Signale umwandeln und mithilfe eines Lautsprechers *(Telefonhörer* oder Freisprechanlage) elektrische Signale in Schallwellen zurückwandeln kann. Die Signale werden über das *Fernsprechnetz* an ein anderes Telefongerät übertragen.
Über eigene Netze verfügen die → Funktelefone des → Mobilfunks. Erweiterte Möglichkeiten bietet das Telefon durch das → ISDN-Netz. Dazu gehört auch das *Bildtelefon,* das vom Gesprächspartner nicht nur den Ton, sondern auch ein Bild übermittelt.

Telegrafie [von griech. tele = »fern« und graphein = »schreiben«], *die,* Übertragung von Nachrichten **(Telegramm)** durch Impulse, die festgelegten Zeichen entsprechen wie etwa beim → Morsealphabet.

Telekinese [von tele = »fern« und kinesis = »Bewegung«], *die,* in der → Parapsychologie Bezeichnung für die Bewegung von Gegenständen durch geistige Kräfte, ohne dass sie berührt werden.

Telekommunikation, umfassende Bezeichnung für den Informationsaustausch (Sprache, Texte, Bilder und andere Daten) mithilfe der modernen → Nachrichtentechnik.

Telemann, Georg Philipp (1681–1767), deutscher Komponist, dessen umfangreiches Werk etwa 50 Opern, Oratorien, 46 Passionen, Messen, Psalmen, etwa 1400 Kirchenkantaten, Kammer-, Klavier- und Orgelwerke umfasst.

Teleologie [von griech. telos = »Ziel« und logos = »Wort«], *die,* Lehre, dass jede Entwicklung im Universum auf ein Ziel hin gerichtet ist.

Telepathie [von griech. tele = »fern« und pathein = »leiden«], *die,* in der Parapsychologie

■ *Teleskop*

das Übertragen und Wahrnehmen von geistigseelischen Vorgängen ohne Vermittlung der Sinnesorgane, im engeren Sinne Gedankenlesen und Gedankenübertragung.

Teleskop [griech. »weit schauend«], *das,* Fernrohr, im weiteren Sinn ein Gerät für astronomische Untersuchungen, das andere → elektromagnetische Schwingungen als Licht verwertet (z. B. *Radio-, Röntgenteleskop).*

Telex, *das,* Kurzwort aus engl. *Teleprinter exchange* (Fernschreiberaustausch), international gebräuchliche Bezeichnung für Fernschreiber und Fernschreiben.

Tell, Wilhelm, sagenhafter Nationalheld der → Schweiz.

Tellur [von griech. tellus = »Erde«], *das,* ein → chemisches Element. Das Halbmetall, das als silberweiße Kristalle und schwarzbraunes Pulver vorkommt, wird für Legierungen, Halbleiterbauelemente und in der Supraleitungstechnik eingesetzt.

Tempel [lat.], *der,* ursprünglich eine als heilig geltende Stätte, die der Verehrung einer Gottheit vorbehalten war und als Aufenthaltsort des Gottes bzw. der Göttin galt. Daraus entstand bereits im Altertum ein oft mit großem Aufwand errichteter Bau, der einem oder mehreren Göttern geweiht war und ihnen oder ihrem Kultbild als Wohnung dienen sollte. Allgemein versteht man unter einem Tempel ein nichtchristliches Heiligtum.

Wilhelm Tell
Wilhelm Tell wurde von dem verhassten habsburgischen Landvogt Geßler gezwungen, seinem Sohn einen Apfel vom Kopf zu schießen. Nachdem ihm dies gelungen war, tötete er den Landvogt und löste damit den Aufstand gegen die Habsburgerherrschaft aus.
Friedrich → Schiller verarbeitete den Stoff zu seinem klassischen Drama »Wilhelm Tell«.

Tellur
Zeichen: Te
Ordnungszahl: 52
Atommasse: 127,6
Dichte: 6,24 g/cm^3
Schmelzpunkt: 449,5 °C
Siedepunkt: 990 °C

Tempel
In Mesopotamien waren die Tempel abgegrenzte Bezirke, in deren Zentrum die Tempelbauten lagen. Besonders eindrucksvolle Bauten sind die Zikkurats. Stufenpyramiden (→ Pyramiden) mit Tempeln entstanden auch in den indianischen Hochkulturen Mittelamerikas. Die abendländische Vorstellung vom Tempel ist vor allem durch die griechischen und römischen Tempel geprägt, deren lang gestreckter Bau aus einem überdachten Innenraum mit Kultbild *(Cella),* bisweilen einer Vor- oder auch Rückhalle sowie zahlreichen → Säulen bestand, die das Satteldach abstützten oder den Kernbau umgaben.

■ *Tempel:* Der Concordia-Tempel bei Agrigent, Sizilien

Temperament

Der griechische Arzt → Hippokrates entwarf ein Schema, das anhand der vier »Kardinalsäfte« des menschlichen Körpers (gelbe Galle, schwarze Galle, Schleim und Blut) vier Typen von menschlichen Temperamenten beschreibt: den *Choleriker*, den *Melancholiker*, den *Phlegmatiker* und den *Sanguiniker*.
Da es aber keine reinen Typen gibt, bemüht sich die moderne Persönlichkeitspsychologie, unabhängige Faktoren für das Temperament zu finden, um den jeweiligen individuellen Ausprägungen des Temperaments gerecht zu werden.

Tennis

Tennisspieler benutzen verschiedene Spieltechniken, um den Ball ins gegnerische Feld zu schlagen (z. B. *cross* = quer über das Feld, *longline* = parallel zu einer der Außenlinien oder *Lob* = in einem Bogen über den Gegner hinweg). Der Ball kann auch direkt im Flug *(volley)* angenommen und zurückgeschlagen werden. Der Spieler kann den Ball mit voller Kraft mit einem *Smash* (Schmetterball) zurückbefördern oder dem Ball mit einem *Stop* den gesamten Schwung wegnehmen und ihn gerade noch über das Netz bringen. Neben dem normalen *Drive* (Treibschlag) gibt es noch den *Slice*, bei dem der Ball angeschnitten wird, und den *Topspin*, bei dem der Ball überrissen wird, indem der Schläger nach oben gerissen wird.

Temperament [lat. »rechtes Maß«], *das,* Gemütsart eines Menschen.

Temperatur [lat. »Beschaffenheit«], *die,* in der Physik eine Größe, die den Wärmezustand eines festen, flüssigen oder gasförmigen Stoffes beschreibt und mit der Wärmeempfindung (→ Wärme) zusammenhängt. Die Temperatur eines Körpers wird durch die Bewegung seiner → Moleküle bestimmt. Würden sich die Moleküle überhaupt nicht bewegen, wäre die Temperatur 0 → Kelvin (→ absoluter Nullpunkt). Die Temperatur wird mithilfe eines → Thermometers und verschiedener Skalen (vor allem → *Celsius, Fahrenheit* und *Kelvin*) gemessen.

Tempus [lat. *Zeit*], *das,* Zeitform des Verbs, die ausdrückt, ob sich eine Handlung in der Vergangenheit (→ Präteritum), Gegenwart (→ Präsens) oder Zukunft (→ Futur) abspielt. Im Deutschen wird das Tempus durch die → Flexion oder Hilfsverben ausgedrückt.

Tendenz [lat.-frz.], *die,* Neigung, Hang, etwas zu tun, oder eine Entwicklung, die sich abzuzeichnen beginnt. In abwertendem Sinne bedeutet Tendenz auch, dass eine künstlerische Darstellung (z. B. ein Film oder ein Buch) eine bestimmte, zumeist politische Richtung verfolgt.

Teneriffa, span. *Tenerife,* größte der zu → Spanien gehörenden → Kanarischen Inseln. Im zentralen Teil der 2057 km^2 Insel, die heute dank ihres ganzjährig milden Klimas überwiegend vom Tourismus lebt, erhebt sich der höchste Berg Spaniens, der erloschene Vulkan *Pico de Teide* (3718 m).

Tennis [engl.], *das,* Ballspiel, das zwischen zwei (Herren- und Dameneinzel) oder vier Spielern (Doppel und Mixed) ausgetragen wird. Das Spielfeld ist 23,77 m lang und 8,23 m breit. Beim Doppel kommt auf beiden Seiten ein jeweils 1,37 m breiter Streifen hinzu, so dass das Feld insgesamt 10,97 m breit ist. In der Mitte ist ein 91,5 cm hohes Netz gespannt. In jeder Hälfte gibt es zwei rechteckige Felder hinter dem Netz, in die der Ball beim Aufschlag gespielt werden muss. Im Freien wird auf Rasen, Asche, Asphalt oder Beton, in der Halle auf Parkett, Korklinoleum, Teppich oder Kunststoff gespielt. Der 6,5 cm große und etwa 58 g schwere Ball ist hohl und besteht aus Gummi, umhüllt von einer Filzschicht. Der Schläger ist mit Darm- oder Kunststoffsaiten bespannt.
Der aufschlagende Spieler hat zwei Versuche, um den Ball von der Grundlinie aus ins gegnerische Aufschlagfeld zu schlagen. Berührt der Ball dabei das Netz, muss der Aufschlag wiederholt werden. Der Ball darf höchstens einmal auf dem Boden aufspringen, bevor ihn der Gegner zurückschlägt. Ein Punkt wird erzielt, wenn der Gegner den Ball nicht zurückbefördern kann oder ihn nur ins Aus schlägt.
Dabei wird der erste Punkt als 15, der zweite als 30 und der dritte als 40 gezählt. Mit dem vierten Punkt ist das Spiel *(Game)* gewonnen. Jedoch muss der Spieler mindestens zwei Punkte Vorsprung haben. Beim Stand von 40:40 heißt es deshalb *Einstand.* Bevor der Siegpunkt erreicht ist, muss deshalb noch ein weiterer Punkt *(Vorteil)* erzielt werden.
Sechs gewonnene Spiele sind notwendig, um einen *Satz (Set)* zu gewinnen. Doch auch hier muss der Sieger wiederum mindestens zwei gewonnene Spiele Vorsprung haben (also 6:4). Beim Stand von 6:6 wird (außer beim Daviscup) der Satzgewinn im → *Tie-Break* ermittelt. Zum Gewinn eines Gesamtspiels *(Match)* sind zwei oder drei Gewinnsätze notwendig, so dass also je nach Turnier bis zu drei oder fünf Sätze gespielt werden müssen.

Tenno [japan. »himmlischer Herrscher«], *der,* Titel des japanischen Kaisers, der ursprünglich als Gott verehrt wurde.

Tenor [lat.], *der,* Inhalt, Sinn oder Wortlaut einer Aussage. Der aus dem Italienischen übernommene **Tenor** bezeichnet in der Musik die hohe Stimmlage für Männer, die einen Umfang von A–c^2 hat.

Tentakel [von lat. tenare = »betasten«], *der* und *das,* in der Zoologie Bezeichnung für Fangarme, die bei → wirbellosen Tieren (z. B. Nesseltiere, Kopffüßer, Mollusken) dazu dienen, Beutetiere zu ergreifen und zur Mundöffnung zu befördern. Da sie oft über viele Sinneszellen verfügen, übernehmen sie auch die Aufgabe von Tastorganen.

Terbium [nach der schwed. Stadt Ytterby], *das,* ein → chemisches Element. Das silbergraue Metall wird in der Lasertechnik und für elektronische Bauelemente verwendet.

Terminal [engl. 'tə:minl], **1.** *der,* Abfertigungshalle im Flughafen oder Empfangshalle im Bahnhof; **2.** *das,* in der → elektronischen Datenverarbeitung die Endstelle, an der die Daten ein- und ausgegeben werden. Sie besteht aus einer → Tastatur zur Eingabe von Daten und einem → Monitor zur Datenausgabe.

Termiten [lat. »Holzwürmer«], Staaten bildende Insekten, die mit rund 2000 Arten in tropischen und subtropischen Gebieten verbreitet sind. Termiten kommen hauptsächlich in Nord-

amerika, aber auch in Mittel- und Südeuropa vor. Sie werden zwischen 2 mm und 10 cm groß. Der Termitenstaat ist streng hierarchisch geordnet. Die fortpflanzungsfähigen Tiere besitzen vorübergehend Flügel. Die flügellosen Arbeiter und Soldaten (mit übergroßen Oberkiefern) sind nicht fortpflanzungsfähig.

Eine Königin und ein König gründen zusammen einen neuen Staat. Nach der Eiablage werden die ersten Larven als Helfer aufgezogen. Wenn der König oder die Königin stirbt, können als Ersatz Geschlechtstiere durch eine besondere, eiweißreiche Nahrung aus Larven herangezogen werden. Termiten sind lichtscheu. Sie legen ihre aus zerkautem Holz, Pflanzenteilen, Ton und Erde bestehenden Bauten zumeist unterirdisch oder in Hölzern an. Erst wenn der Staat wächst, wird er überirdisch ausgebaut.

Terrakotta [it. »gebrannte Erde«], *die,* Gefäße oder künstlerische Gegenstände aus gebranntem, unglasiertem Ton.

Terrarium [von lat. terra = »Erde«], *das,* zumeist aus Glas bestehender Behälter, in dem → Kriechtiere gehalten werden.

Terrier, [engl. »Erdhund«], aus England stammende Rasse von → Hunden, die zumeist als Jagdhunde gezüchtet werden. Terrier sind drahthaarige Hunde mit massigem Körper und langem Kopf, der einen Schnauzbart besitzt. Bekannte Formen sind *Fox-, Bull-* und *Airedaleterrier.*

Territorium [lat.], *das,* Gebiet, Staatsgebiet.

Terror [lat. »Schrecken«], *der,* Verbreitung von Angst oder Unsicherheit durch (gezielte) Gewaltaktionen. Der systematische Einsatz von Terror (z. B. Anschläge gegen Personen und Sachen) für politische Ziele wird als **Terrorismus** bezeichnet.

Tertiär [lat.-frz. »die dritte«], *das,* in der → Erdgeschichte der ältere Zeitabschnitt der Erdneuzeit (vor etwa 65,5 bis vor knapp 2 Mio. Jahren).

Terz [lat.], *die,* in der Musik der dritte Ton einer diatonischen Tonleiter (→ Diatonik) und das zugehörige → Intervall.

Terzett [it.], *das,* Gruppe von drei gemeinsam singenden Sängern; Komposition für drei Singstimmen.

Tessin, it. *Ticino,* Kanton in der → Schweiz.

Testament [lat.], *das,* Vermächtnis, letzter Wille, in dem der Erblasser festlegt, wie die Hinterlassenschaft nach seinem Tod aufgeteilt werden soll (→ Erbrecht). Ein Testament wird entweder eigenhändig vom Erblasser verfasst und

unterschrieben oder von einem Notar nach Angaben des Erblassers aufgesetzt und von diesem unterschrieben.

Tetanus [lat. »Halsstarre«, griech. »Spannung«], *der,* auch als *Wundstarrkrampf* bezeichnete Wundinfektionskrankheit, die zum Tod führen kann. Die im Erdboden und in menschlichen und tierischen Exkrementen vorkommenden Tetanusbakterien setzen dabei in einer verschmutzten Wunde große Mengen eines → Toxins frei. Dieses Gift dringt bis zum Rückenmark vor und befällt die Muskulatur, wo sie schmerzhafte Krämpfe und Starre auslöst. Schutzimpfungen werden ärztlich empfohlen.

Teufel [griech. diabolos »Verleumder«], in zahlreichen Religionen ein mächtiger Dämon, der das Böse verkörpert. In der christlichen Religion ist der Teufel ein von Gott abgefallener Engel (→ Luzifer), der die Menschen zur Sünde verführen will. Die Teufelsvorstellung und -darstellung in der christlichen Welt ist einerseits durch die im Alten Testament vorkommende Gestalt → Satan und andererseits durch Gottheiten ande-

Tennisbegriffe

Advantage: Vorteil (gewonnener Ballwechsel beim Stand von 40:40)
Ass: erfolgreicher Aufschlag, der nicht vom Gegner erreicht wird
Break: Spiel, das nicht der Aufschläger, sondern sein Gegner gewinnt, wodurch erst ein Satzgewinn möglich wird
Deuce: Einstand (Ausgleich eines Vorteils beim Stand von 40:40)
Doppelfehler: zwei Fehler in Folge beim Aufschlag, so dass der Gegner einen Punkt erzielt
Matchball: zum Matchgewinn notwendiger allerletzter Punkt
Racket: Schläger
Re-break: Ausgleich eines Breakspiels durch den Gegner
Return: erfolgreicher Rückschlag des Gegners
Satzball: zum Satzgewinn notwendiger letzter Punkt
Service: Aufschlag

Terbium

Zeichen: Tb
Ordnungszahl: 65
Atommasse: 158,92
Dichte: 8,23 g/cm³
Schmelzpunkt: 1356 °C
Siedepunkt: 3130 °C

Termiten

Beim Menschen sind Termiten gefürchtet, weil sie ganze Gebäude zum Einsturz bringen können, indem sie das Holz von innen heraus zerfressen. Termiten können zwar die → Zellulose des Holzes nicht direkt verwerten, aber sie besitzen in ihrem Darm Geißeltierchen und Bakterien, die mit ihnen in → Symbiose leben und die Zellulose in Zucker spalten können.

Tessin

■ **Tessin:** Ein Bergdorf im Val Leventina

Thailand (Prathet Thai)
Staatsname: Königreich Thailand
Staatsform: Parlamentarische Monarchie
Hauptstadt: Bangkok
Fläche: 513 115 km²
Einwohner: 58,8 Mio.
Bevölkerungsdichte: 114,5/km²
Amtssprache: Thai
Währung: Baht (฿)
Nationalitätskennzeichen: THA

Thailand

Thallium

Zeichen: Tl
Ordnungszahl: 81
Atommasse: 204,38
Dichte: 11,85 g/cm³
Schmelzpunkt: 303,5 °C
Siedepunkt: 1457 °C

■ **Thailand:** Die Galerie der 1000 Buddhas im Wat Suthat in Bangkok

rer Religionen (vor allem den griechischen → Pan und die Satyrn) beeinflusst.
Im Mittelalter glaubte man, sich den Teufel für einen bestimmten Zeitraum dienstbar machen zu können, indem man ihm seine Seele verpfändete *(Teufelspakt* wie bei → Faust). Eine okkulte Teufelsverehrung pflegt der → Satanismus.

Teutonen, germanisches Volk, das bereits im 4. Jh. v. Chr. an der Westküste Jütlands ansässig war. Nach einer Sturmflut verließen die Teutonen im späten 2. Jh. v. Chr. zusammen mit den benachbarten Kimbern ihre Heimat und zogen südwärts nach Gallien und Spanien. Sie besiegten mehrmals römische Heere, wurden aber 102 v. Chr. bei Aquae Sextiae (Aix-en-Provence) vernichtend geschlagen.

Textverarbeitung, in der → EDV die Erstellung, Speicherung und Veränderung von Texten am Computer mithilfe einer speziellen → Software *(Textverarbeitungsprogramme* wie etwa Word.)

Thailand, Staat in Südostasien, der den mittleren Teil Hinterindiens und im Süden einen schmalen Streifen auf der Malaiischen Halbinsel einnimmt. Er grenzt im Westen und Nordwesten an Myanmar, im Nordosten und Osten an Laos, im Südosten an Kambodscha und im Süden an Malaysia und liegt teilweise an der Andamansee und am Golf von Thailand. Die thailändische Wirtschaft stützt sich neben der Landwirtschaft (Export von Reis) vor allem auf Maschi-

nenbau und Elektronikindustrie sowie auf den Bergbau (Zinn). Im 1. Jt. stand das Gebiet, das im Norden und in der Mitte von den aus Westchina stammenden *Mon* besiedelt war, unter indischem Einfluss. Ab dem 6. Jh. stießen aus → Kambodscha die *Khmer* vor, bis ab dem 9. und vor allem dem 13. Jh. aus Südchina Thaivölker eindrangen, die heute etwa 85 % der Bevölkerung ausmachen. Ein erstes Königreich der Thai entstand im 13. Jh. *Sukhothai* konnte sich bis Laos und Birma ausdehnen und die gesamte Malaiische Halbinsel erobern. Es wurde Mitte des 14. Jh. von *Ayutthaya* abgelöst, aus dem sich später das Königreich Siam entwickelte. Dieser Name blieb bis 1939 erhalten. Im 16. und 18. Jh. stand Thailand zeitweilig unter birmanischer Herrschaft. König Rama I. (1782–1809) begründete die noch heute regierende Chakkri-Dynastie und verlegte die Hauptstadt nach Bangkok. Im 19. Jh. schloss Siam Freundschaftsverträge und Handelsabkommen mit den USA, Großbritannien und Frankreich und behielt dadurch als einziger Staat in Südostasien seine Unabhängigkeit. Der siamesische Staat wurde nach europäischem Vorbild modernisiert; doch erst 1932 wurde nach einem Militärputsch die konstitutionelle Monarchie eingeführt. Seit Ende 1938 erlebte das Land mehrere Militärputsche. Die 1993 eingeleitete Demokratisierung wurde 1995 durch eine Verfassungsreform gestärkt, die den politischen Einfluss des Militärs verminderte. Dennoch spielt das Militär nach wie vor eine wichtige Rolle neben dem König (seit 1946 König Bhumibol).

Thales-Kreis, nach dem Lehrsatz des *Thales von Milet* (um 625 v. Chr.–um 547 v. Chr.) ein geometrischer Ort, der beweist, dass alle Winkel, deren Scheitel auf diesem Halbkreis liegen und deren Schenkel durch die Endpunkte seines Durchmessers gehen, rechte Winkel sind.

Thallium [von griech. thallos = »grüner Zweig«], *das,* ein → chemisches Element. Das sehr weiche, giftige Schwermetall von bläulich weißer Farbe wird für Quecksilberlegierungen und in der Halbleiterindustrie verwendet.

Theater [von griech. theatron = »Schauplatz«], *das,* Sammelbezeichnung für alle szenischen Darstellungen, die auf einer *Bühne* aufgeführt werden, wobei entweder Schauspieler oder künstliche Figuren (*Puppentheater*) auftreten können. Auch das Gebäude, in dem gespielt wird, bezeichnet man als Theater.
Seine Ursprünge hat das Theater im → Dionysoskult der griechischen Antike. Aus Gesängen und Tänzen sowie Reden entwickelten sich damals Komödie und Tragödie (→ Drama), wobei es zunächst nur wenige Schauspieler (mit Masken und *Kothurnen,* Schuhen mit erhöhten Sohlen) und einen Chor gab. Gespielt wurde auf einem runden Platz *(Orchestra),* zu dem später ein hölzernes Bühnengebäude *(Skene)* hinzukam. In einem Halbrund umschloss der Zuschauerraum mit den stufenweise ansteigenden Sitzbänken den Spielraum. Die Stücke wurden unter freiem Himmel gespielt. Ab dem 4. Jh. v. Chr. wurden die Theater aus Stein errichtet und fassten teilweise 40 000 Zuschauer. Im römischen Theater war die Orchestra halbrund. Während im Mittelalter das Theater in Kirchen (geistliche Dramen) oder auf den Marktplätzen (weltliche Stücke, vor allem Fastnachtspiele) stattfinden musste, errichtete man Ende des 16. Jh. die ersten festen Theatergebäude (wie etwa 1599 das Globe Theatre in London). Dort entwickelte sich im 17. Jh. die heute noch gebräuchliche *Guckkastenbühne,* in der die Bühne vom Zuschauerraum (zumeist durch einen Vorhang) getrennt ist und der Zuschauer nur durch die Kulissen abgegrenzten Bühnenraum einsehen kann.

Theben, 1. Stadt in Oberägypten (in der Nähe von Luxor), die ab dem Ende des 3. Jt. v. Chr. religiöses Zentrum (Verehrung des Gottes Amun) und in der 18. Dynastie (1550–1314 v. Chr.) Hauptstadt des Neuen Reiches war. 663 v. Chr. wurde sie von den Assyrern zerstört; **2.** griechische Stadt in Böotien, die der Sage nach von *Kadmos* gegründet wurde. Sie entstand in mykenischer Zeit (etwa im 15. Jh. v. Chr.), hatte aber ihre Blütezeit erst im 4. Jh. v. Chr., nachdem sie 371 → Sparta besiegt hatte. 335 v. Chr. wurde Theben von → Alexander dem Großen zerstört.

Themse, engl. *Thames,* mit 346 km der längste Fluss in England, der in den Cotswold Hills entspringt, durch → London fließt und in einem fast 150 km langen Ästuar (Trichtermündung) in die Nordsee mündet.

Theoderich der Große (um 454–526), König der Ostgoten (seit 471). Er kämpfte im Auftrag des byzantinischen Kaisers Zenon gegen den in Italien herrschenden germanischen Heerführer Odoaker und gründete nach seinem Sieg 493 ein ostgotisches Königreich in Italien. Sein Grabmal befindet sich in Ravenna, der Hauptstadt seines Reiches. In der deutschen Sage wurde er zu → Dietrich von Bern.

Theologie [von griech. theos = »Gott« und logos = »Lehre«], *die,* Wissenschaft, die sich mit der (christlichen) Religion befasst.

Theorie [griech. »Betrachtung«], *die,* System von wissenschaftlich begründeten Erklärungen für Tatsachen und Erscheinungen, die auch die gesetzmäßigen Zusammenhänge erfassen. Unter Theorie versteht man auch eine rein gedankliche Betrachtungsweise, die im Gegensatz zur Praxis steht.

Therapie [griech. »Heilung«], *die,* alle Maßnahmen, die zur Behandlung und Heilung einer Krankheit ergriffen werden.

Thermo- [griech.], in zusammengesetzten Wörtern mit der Bedeutung »Wärme« (z. B. *Thermohose).*

Thermodynamik, Teilgebiet der *Wärmelehre,* das untersucht, wie sich physikalische Systeme verhalten, wenn Wärmeenergie zu- oder abgeführt wird und sich Wärme in eine andere Energieform verwandelt und umgekehrt. Grundlegend für die Thermodynamik sind die drei Hauptsätze der → Wärmelehre.

Thermometer, *das,* Gerät zum Messen der Temperatur. Zumeist verwendet man *Ausdehnungsthermometer* (z. B. Quecksilber- und Alkoholthermometer). Da sich die im Thermometer enthaltene Flüssigkeit bei Erwärmung ausdehnt und bei Abkühlung zusammenzieht, steigt oder fällt sie in einem Röhrchen, neben dem eine geeich-

Bekannte Autoren von Theaterstücken

Antike:
Aischylos (um 525–456/455 v. Chr.)
Sophokles (um 497–um 406 v. Chr.)
Euripides (um 480–406 v. Chr.)

16. Jahrhundert:
William Shakespeare (1564–1616)

17. Jahrhundert:
Pedro Calderón de la Barca (1600–1681)
Pierre Corneille (1606–1684)
Molière (1622–1673)
Jean Baptiste Racine (1639–1699)

18. Jahrhundert:
Gotthold Ephraim Lessing (1729–1781)
Johann Wolfgang von Goethe (1749–1832)
Jakob Michael Reinhold Lenz (1751–1792)
Friedrich Schiller (1759–1805)

19. Jahrhundert:
Heinrich von Kleist (1777–1811)
Ferdinand Raimund (1751–1836)
Christian Dietrich Grabbe (1801–1836)
Johann Nepomuk Nestroy (1801–1862)
Georg Büchner (1813–1837)
Friedrich Hebbel (1813–1863)
Henrik Ibsen (1828–1906)
August Strindberg (1849–1912)
Anton Tschechow (1860–1904)
Arthur Schnitzler (1862–1931)
Alfred Jarry (1873–1907)

20. Jahrhundert:
Maxim Gorki (1868–1936)
Gerhart Hauptmann (1862–1946)
Hugo von Hofmannsthal (1874–1929)
Antonin Artaud (1896–1948)
Bert Brecht (1898–1956)
George Bernard Shaw (1856–1950)
Frank Wedekind (1864–1918)

nach dem Zweiten Weltkrieg:
Carl Zuckmayer (1896–1977)
Jean-Paul Sartre (1905–1980)
Samuel Beckett (1906–1989)
Max Frisch (1911–1991)
Eugene Ionescu (1912–1994)
George Tabori (* 1914)
Arthur Miller (* 1915)
Peter Weiss (1916–1982)
Friedrich Dürrenmatt (1921–1990)
Heinar Kipphardt (1922–1982)
Tankred Dorst (* 1929)
Heiner Müller (1929–1995)
John Osborne (* 1929)
Harold Pinter (* 1930)
Thomas Bernhard (1931–1989)
Rolf Hochhuth (* 1931)
Tom Stoppard (* 1937)
Botho Strauß (* 1944)

Theseus
Theseus wurde in der Argolis geboren. Als er zu seinem Vater nach Athen reiste, befreite er unterwegs das Land von sechs Plagen: Er tötete den Keulenmann Periphetes, den Fichtenbeuger Sinis, den Riesen Skeiron, den Ringer Kerkyon und den Riesen Damastes, der auch Prokrustes oder Strecker genannt wurde, und erschlug die krommyonische Sau. Außerdem tötete er auf Kreta den → Minotaurus, dem die Athener jedes Jahr sieben Jünglinge und sieben Jungfrauen senden mussten.

Thorium
Zeichen: Th
Ordnungszahl: 90
Atommasse: 232,04
Dichte: 11,72 g/cm³
Schmelzpunkt: 1750 °C
Siedepunkt: 4790 °C

Thulium
Zeichen: Tm
Ordnungszahl: 69
Atommasse: 168,93
Dichte: 9,32 g/cm³
Schmelzpunkt: 1545 °C
Siedepunkt: 1947 °C

Der Name des Elements Thulium leitet sich von der sagenhafte Insel *Thule* ab, die bereits von antiken Schriftstellern erwähnt wurde. Sie befand sich angeblich im hohen Norden Europas und wird heute zumeist mit den Shetlandinseln, Island oder Norwegen gleichgesetzt.

Thurgau

■ *Thomas von Aquin,* Gemälde von Sasetta (Stefano di Giovanni)

te Temperaturskala (→ Celsius oder Fahrenheit) angebracht ist. Zum Messen der Körpertemperatur gibt es besondere *Fieberthermometer.*
Thermostat [von griech. thermos = »warm« und statos = »feststehend«], *der,* Regler, mit dem man eine Temperatur (z. B. in einem Raum) einstellen und auf einem bestimmten Wert halten kann.
These [griech.], *die,* Lehrsatz oder Behauptung; in der → Dialektik Behauptung, der die → Antithese entgegengestellt wird.
Theseus, in der griechischen Sage Nationalheld der Athener.
Thing, *Ding,* germanische Volksversammlung, die als Heeres- und Gerichtsverhandlung über Krieg und Frieden und die politischen Führer entschied und die Rechtsangelegenheiten des Stammes beriet.
Thomas von Aquin (1225/26–1274), italienischer Theologe, der 1323 heilig gesprochen und 1567 zum Kirchenlehrer erhoben wurde. Er war der bedeutendste Vertreter der *Scholastik* und schuf ein umfassendes philosophisch-theologisches System, das Glauben und Vernunft zu verbinden suchte. Sein Hauptwerk ist »Summa theologiae« (1266–1273).
Thor, in der nordischen Mythologie der Gott des Donners, des Blitzes und des Wetters. Bei den Südgermanen hieß er → Donar.
Thorium [nach dem nordischen Gott → Thor], *das,* ein radioaktives → chemisches Element. Das weiche Schwermetall von silberweißer Farbe wird für Legierungen und als Zusatz für optische Gläser und Elektronenröhren verwendet.
Thrombose [von griech. thrombos = »Blutpfropf«], *die,* Bildung eines Blutpfropfens durch Veränderungen in der Blutzusammensetzung oder durch eine Verengung der Aderwand (z. B. durch Ablagerungen oder Entzündung). Wenn sich der **Thrombus** löst und im → Blutkreislauf bewegt, kann er eine → Embolie auslösen, indem er ein Gefäß eines lebenswichtigen Organs verstopft. Er kann dadurch beispielsweise einen Herzinfarkt oder einen Gehirnschlag verursachen. Thrombosen treten besonders nach Operationen in den Beinen auf.
Thulium, *das,* ein → chemisches Element. Das harte silbergraue Metall kommt in der Natur sehr selten vor.
Thunfisch, makrelenähnlicher Fisch, der bis 5 m lang und 820 kg schwer werden kann. Zahlreiche Arten sind geschätzte Speisefische.
Thurgau, Kanton in der → Schweiz.
Thüringen, Bundesland in Mitteldeutschland, das sich innerhalb der deutschen Mittelgebirgsschwelle zwischen dem Harz im Norden und dem Thüringischen Schiefergebirge sowie der Rhön im Süden und zwischen der Werra im Westen und der Saale im Osten erstreckt. Der Name leitet sich vom germanischen Stamm der Hermunduren ab. Im 5. Jh. entstand ein erstes thüringisches Königreich, das im 6. Jh. unter fränkische und sächsische Herrschaft kam. Als die Ludowinger, seit 1130 Landgrafen von Thüringen, 1247 ausstarben, wurde das Gebiet aufgeteilt. Erst 1920 vereinigten sich die acht Herzogtümer und Fürstentümer zum Land Thüringen (mit der Hauptstadt Weimar). 1945 wurde Thüringen zunächst von den Amerikanern besetzt, die es aber den sowjetischen Besatzungstruppen überließen. 1948 wurde der Regierungssitz von Weimar nach Erfurt verlegt. In der ehemaligen → DDR wurde das Land Thüringen 1952 in die Bezirke *Erfurt, Suhl* und *Gera* aufgeteilt. 1990 wurde es wiederhergestellt. Die thüringische Wirtschaft befindet sich trotz der vielseitigen Industrie (Maschinen- und Fahrzeugbau, Textil- und Glasindustrie) seit der Wiedervereinigung in einer tiefen Krise.
Tiara [lat. »Bischofsmütze«], *die,* dreifache Krone (drei Reifen für Hirten-, Lehr- und Priesteramt), die der Papst bei feierlichen Anlässen trägt.
Tiber, it. *Tevere,* längster Fluss (405 km) Mittelitaliens, der im südlichen Apennin entspringt, durch Rom fließt und bei Ostia in einem Delta in das → Tyrrhenische Meer mündet.

Tibet, autonome Region (1 214 000 km²) im Westen → Chinas, die sich vom Hauptkamm des → Himalaja im Süden bis zum Kunlun im Norden und von den tibetischen Randketten im Osten bis zum Pamir und Karakorum im Westen erstreckt. Den Kernraum bildet das 4 505 000 m hohe Hochland von Tibet, das »Dach der Welt«. Im 7. Jh. entstand in dem von mongolischen Hirtennomaden bewohnten Land ein buddhistisches Königreich. Die buddhistische Religion entwickelte sich zum → Lamaismus, der ab dem 15. Jh. auch auf die Politik Einfluss nahm. Tibet geriet im 18. Jh. immer stärker unter die Oberhoheit Chinas. 1911 konnten die Chinesen vertrieben werden, aber 1950 wurde das Land durch den Einmarsch chinesischer Truppen von der Volksrepublik China annektiert. Damit endete die Herrschaft des lamaistischen Klerus. Nach der Niederschlagung von Aufständen flüchtete der → Dalai-Lama, das weltliche Oberhaupt, 1959 nach Indien. Seit 1965 ist Tibet eine autonome Region, die aber von den chinesischen Behörden politisch und religiös unterdrückt wird und deshalb seit den späten 80er Jahren verstärkt nach Unabhängigkeit strebt.

Tidenhub, Höhenunterschied zwischen Hoch- und Niedrigwasser bei Flut und Ebbe (→ Gezeiten).

Tie-Break [von engl. tie taɪ = »Unentschieden« und break breɪk »Bruch«], *der,* im → Tennis bei unentschiedenem Stand von 6:6 eine besondere Zählweise, die die Entscheidung zum 7:6 in einem verkürzten Satz herbeiführt. Nach jeweils zwei Aufschlägen wechselt das Aufschlagsrecht an den Gegenspieler. Der Spieler, der als erster mindestens sieben Punkte und zwei Punkte Vorsprung hat, gewinnt den Satz.

Tiefdruckgebiet, *Tief,* auf Wetterkarten mit *T* angezeigt, ein Gebiet, in dem der Luftdruck niedriger als in der Umgebung ist und zur Mitte hin abnimmt. In den unteren Schichten strömen Luftmassen unterschiedlicher Temperatur ein. Dadurch kommt es zu Aufwärtsbewegungen, die zur Bildung von Wolken und Niederschlägen führen.

Tiefenpsychologie, mehrere Richtungen in der Psychologie, die davon ausgehen, dass das Seelenleben nur mithilfe des → Unbewussten verstanden werden kann. Dazu gehören die → *Psychoanalyse* von Sigmund → Freud und die daraus entstandenen Richtungen der *Analytischen Psychologie* (C. G. Jung, 1875–1961) und der *Individualpsychologie* (Alfred Adler, 1870–1937).

Tiefsee, Bereich des Weltmeeres, der tiefer als 4000 m liegt und aufgrund seiner besonderen Bedingungen (Lichtmangel, Fehlen von Pflanzen, hoher Druck) eine besondere *Tiefseefauna* besitzt.

Tiere, Lebensformen, die im Gegensatz zu den meisten → Pflanzen heterotroph, d. h. in ihrer Ernährung auf organische Stoffe anderer Organismen angewiesen sind. Im Laufe der Erdgeschichte hat sich aus den einfachen → Einzellern, die am Anfang des tierischen Lebens standen, eine ungeheure Vielfalt herausgebildet (→ Evolution).

Tierkreis, *Zodiakus,* Zone, die die Himmelskugel umspannt und in deren Mitte die → Ekliptik verläuft. Innerhalb dieser etwa 20 Grad breiten Zone vollziehen sich die scheinbaren Bewegungen der Sonne, der Planeten und des Mondes. Der seit dem Altertum angenommene Tierkreis enthält die zwölf **Tierkreissternbilder,** die von der Ekliptik geschnitten werden. Während diese Sternbilder eine unterschiedliche Länge besitzen, sind die in der → Astrologie wichtigen **Tierkreiszeichen** jeweils 30 Grad lang; sie sind nach den zwölf Sternbildern benannt und entsprechen festen Zeiträumen, die bei der Erstellung von → Horoskopen zugrunde gelegt werden.

Der Standort der Sonne im Tierkreis verschiebt sich jährlich um 50,37″ in entgegengesetzter Richtung (sog. *Präzession),* so dass sie den Tierkreis einmal in 25 780 Jahren (sog. *Platonisches Jahr)* durchwandert; der Frühling beginnt deshalb etwa alle 2150 Jahre in einem anderen Tierkreiszeichen. Man unterscheidet *Wasser-* (Fische, Krebs, Skorpion), *Erd-* (Steinbock, Stier, Jungfrau), *Luft-* (Wassermann, Zwilling, Waage) und *Feuerzeichen* (Widder, Löwe, Schütze).

Tierkreiszeichen

Symbol	Name	Zeitraum
♈	Widder	21. März – 20. April
♉	Stier	21. April – 20. Mai
♊	Zwillinge	21. Mai – 21. Juni
♋	Krebs	22. Juni – 22. Juli
♌	Löwe	23. Juli – 23. Aug.
♍	Jungfrau	24. Aug. – 23. Sept.
♎	Waage	24. Sept. – 23. Okt.
♏	Skorpion	24. Okt. – 22. Nov.
♐	Schütze	23. Nov. – 21. Dez.
♑	Steinbock	22. Dez. – 20. Jan.
♒	Wassermann	21. Jan. – 19. Febr.
♓	Fische	20. Febr. – 20. März

Tierschutz, Maßnahmen zum Schutz von Tieren, insbesondere von Haus- und Versuchstieren, vor Quälerei und nicht artgerechter Behandlung.

Thüringen

Fläche: 16 175 km²
Einwohner: 2,5 Mio.
Hauptstadt: Erfurt

Systematik des Tierreiches

In der → Systematik wird das Tierreich in folgende Kategorien eingeteilt, die bis zu Arten und Unterarten hinunterreichen (hier am Beispiel des Nordafrikanischen Wildesels):

Unterreich	Vielzeller
Abteilung	Gewebetiere
Unterabteilung	Zweiseitig Symmetrische
Reihe	Neumünder
Stamm	Chordatiere
Unterstamm	Wirbeltiere
Klasse	Säugetiere
Überordnung	Mittelachsentiere
Ordnung	Unpaarhufer
Unterordnung	Pferdeverwandte
Überfamilie	Pferdeartige
Familie	Einhufer
Untergattung	Esel
Art	Afrikanische Wildesel
Unterart	Nordafrikanischer Wildesel

Tierstimmenarchiv

In Berlin gibt es ein Tierstimmenarchiv, in dem im Laufe von 40 Jahren mehr als 300 000 Tonaufnahmen von Tieren zusammengetragen worden sind. Auf etwa 40 000 Tonbandspulen sind 1800 Vogelstimmen, 580 Laute von Säugetieren sowie zahllose akustische Signale von Reptilien, Amphibien, Fischen und Insekten gespeichert.

Tischtennis

Der aufschlagende Spieler versucht, den Ball so hart oder platziert über das Netz zu schlagen, dass der Gegner ihn nicht zurückbefördern kann. Der Ball darf nur einmal im eigenen Feld aufspringen. Nach fünfmaligem Aufschlag wechselt das Aufschlagrecht.

Jeder Fehler des Gegners bringt einen Punkt. Zum Satzgewinn sind mindestens 21 Punkte notwendig, wobei der Sieger jedoch zwei Punkte Vorsprung haben muss (also 22:20 usw.). Drei Gewinnsätze sind für den Gesamtsieg erforderlich, wobei nach jedem Satz die Seiten gewechselt werden.

Ähnlich wie beim → Tennis kann der Ball angeschnitten oder mit Topspin oder Unterschnitt gespielt werden. Da der Ball eine Geschwindigkeit bis zu 170 km/h erreichen kann und beim Aufsprung weit fliegt, stehen die Spieler oft mehrere Meter weit von der Platte entfernt.

Titan

Zeichen: Ti
Ordnungszahl: 22
Atommasse: 47,88
Dichte: 4,54 g/cm^3
Schmelzpunkt: 1660 °C
Siedepunkt: 3287 °C

Tirol

Tierversuche, Experimente in wissenschaftlichen Laboratorien und Forschungsinstituten, die an lebenden Tieren durchgeführt werden, um Impfstoffe zu gewinnen und Medikamente und Behandlungsmethoden auszuprobieren, die später beim Menschen Verwendung finden sollen.

Tiflis, georg. *Tbilisi,* an der Kura gelegene Hauptstadt (als Ballungsraum 1,5 Mio. Einwohner) von → Georgien.

Tiger, schwarz gestreifte, gelbbraune oder weiße Raubkatzen, die in Süd- und Ostasien vorkommen. Die größte Unterart ist der bis zu 2,8 m lange *Sibirische Tiger,* die größte lebende Raubkatze. Die meisten Unterarten leben in tropischen Urwäldern und dichtem Dschungel (z. B. *Königs-, Sumatratiger*). Tiger sind Einzelgänger, die ein großes Revier besitzen und vor allem Großwild (bis zur Größe von Hirschen und Wildrindern) jagen. Der Tiger ist heute in den meisten Gebieten vom Aussterben bedroht.

■ *Tiger*

Tigris, Fluss in Vorderasien, der im Taurus entspringt, sich im Irak mit dem → Euphrat zum → Schatt al-Arab vereinigt und nach rund 1800 km in den Persischen Golf mündet.

Tintenfische, *Sepien,* Gattung von zehnarmigen Kopffüßern, die mit etwa 80 Arten in zahlreichen Meeren leben. Tintenfische besitzen eine innere Schale (Schulp). Bei Gefahr sondern sie ein schwarzbraunes Sekret ab (das getrocknet auch als Farbstoff verwendet wird). Der *Gemeine Tintenfisch,* der auch im Mittelmeer und an den Atlantikküsten vorkommt, wird bis zu 35 cm lang und hat 30 cm lange Fangarme, von denen zwei besonders lang sind und zum Ergreifen der Beute (vor allem Fische und Krebse) dienen. Tintenfische können ihre Farbe wechseln und ihre Körperfärbung der Umgebung anpassen. Während sie sich tagsüber zumeist in den Boden wühlen, gehen sie nachts auf Jagd.

■ *Tintenfisch*

Tirana, alban. *Tiranë,* am Rande des albanischen Berglandes gelegene Hauptstadt (245 000 Einwohner) von → Albanien.

Tirol, Bundesland in → Österreich, das aus den räumlich getrennten Teilen *Nord-* und *Osttirol* besteht. Es liegt in den Alpen und besitzt zahlreiche Tallandschaften. Das Inntal, in dem sich auch die Landeshauptstadt → Innsbruck befindet, ist nicht nur ein wichtiger Verbindungsweg nach Italien, sondern auch die bedeutendste Wirtschaftsregion Tirols. Das im Altertum von den Illyrern und Kelten bewohnte und im 1. Jh. v. Chr. von den Römern besetzte Gebiet wurde ab dem 6. Jh. von germanischen Stämmen (vor allem Bayern) besiedelt. Im 11. Jh. entstand eine Grafschaft Tirol, die im 14. Jh. an die → Habsburger fiel. Nach der Niederlage Österreichs gegen → Napoleon kam Tirol 1805 zu Bayern. Die Bevölkerung erhob sich 1809 unter *Andreas Hofer* gegen die Besetzung. Nach der Niederschlagung des Aufstandes (Hofer wurde 1810 standrechtlich erschossen) wurde Tirol geteilt, wobei der Norden an Bayern und der Süden an das französische Königreich Italien fiel. Doch bereits 1814 wurde Österreich wieder ganz Tirol zugesprochen. Nach dem Ersten Weltkrieg musste Österreich das Gebiet südlich des Brenners an Italien abtreten (→ Südtirol).

Tischtennis, Ballspiel, das im Einzel oder Doppel ausgetragen wird und als Freizeitsport auch *Pingpong* genannt wird. »Spielfeld« ist eine 274,5 cm lange und 152,5 cm breite Platte, die in 76 cm Höhe steht. In der Mitte ist ein 15,25 cm hohes Netz gespannt. Der Holzschläger besteht aus einem kurzen Griff und der Schlagfläche, die auf beiden Seiten mit einem bis zu 4 mm dicken Noppengummi belegt ist. Der Zelluloidball hat einen Durchmesser von 3,8 cm und ist 2,5 g schwer.

Titan, *das,* ein → chemisches Element. Das silberweiße Metall, das sehr korrosionsbeständig ist, wird vor allem für Stahllegierungen verwendet.

Titanen, in der griechischen Mythologie die sechs Töchter und sechs Söhne, die aus der Verbindung von Uranos und Gäa (Himmel und Erde) hervorgegangen sind: *Tethys, Phoibe, Eurybie, Theia, Klymene* und *Rheia* sowie ihre Brüder und Gatten *Okeanos, Koios, Krios, Iapetos, Hyperion* und → *Kronos.* Auch einige von deren Kindern galten als Titanen, vor allem der Sonnengott *Helios,* → *Prometheus* und → *Atlas.* Als Zeus seinen Vater Kronos stürzte, musste er auch gegen die Titanen kämpfen und schloss sie nach seinem Sieg in den → *Tartaros* ein.

Titicacasee, größter See Südamerikas (8288 km²), der in einer Höhe von 3812 m an der Grenze zwischen Bolivien und Peru liegt.

Tizian, eigentlich *Tiziano Vecellio* (um 1477/90–1576), italienischer Maler der Renaissance. Mit seinen ausdrucksstarken Gemälden (Altarbilder, allegorische Darstellungen und Porträts) überwand er die Starre der klassischen Hochrenaissance und beeinflusste durch seine Bildkompositionen die barocke Malerei.

TNT, Abkürzung für *2,4,6-Trinitrotoluol,* einen konventionellen Sprengstoff, dessen Sprengkraft (1 kg entwickelt eine Energie von 3800 kJ) zur Angabe der Detonationskraft von → *Atomwaffen* benutzt wird.

Tod, *Exitus,* bei einem Organismus das Ende aller Lebensfunktionen. Medizinisch gesehen unterscheidet man zwischen *klinischem Tod* (Herz- und Atmungsstillstand), wobei in den ersten Minuten Möglichkeiten zur Wiederbelebung bestehen, und *biologischem Tod* (zentraler Hirntod).

Todesstrafe, in den vielen Staaten (z. B. in manchen Bundesstaaten der USA) immer noch vorgesehene Höchststrafe für besonders schwere Verbrechen (vor allem Mord), aber in diktatorisch regierten Staaten teilweise auch für politische und militärische Delikte (Landesverrat). Vollzogen wird die Todesstrafe zumeist durch Hinrichtung auf dem elektrischen Stuhl, eine Giftinjektion, den Strang oder Erschießen. In der Bundesrepublik Deutschland wurde sie 1949 abgeschafft, ebenso in Österreich und der Schweiz.

Todsünde, in der katholischen Lehre im Gegensatz zur lässlichen → *Sünde* eine bewusst und freiwillig begangene, schwere Sünde, die ohne die Vergebung im Bußsakrament (→ *Beichte*) den Verlust der Gnade Gottes und der ewigen Seligkeit zur Folge hat.

Togo, Staat in Westafrika, der als schmaler Korridor zwischen Ghana im Westen, Burkina Faso im Norden und Benin im Osten liegt und im Süden an den Golf von Guinea grenzt. Neben Baumwolle, Kaffee und Kakao wird vor allem Phosphat exportiert. Das von Sudan- und Voltavölkern bewohnte Land wurde Ende des 15. Jh. von den Portugiesen entdeckt. Es wurde 1884 deutsches Schutzgebiet und später Kolonie. 1922 wurde das im Ersten Weltkrieg von britischen und französischen Truppen eroberte Gebiet als Völkerbundsmandat unter die Verwaltung Großbritanniens (westlicher Teil) und Frankreichs (östlicher Teil) gestellt. Der britische Teil wurde der Kolonie *Goldküste* eingegliedert, während der französische Teil zu Dahome (→ *Benin*) kam. Auch nach dem Zweiten Weltkrieg, als Togo Treuhandgebiet der UN wurde, blieb die Spaltung bestehen. 1957 wurde Britisch-Togoland nach einer Volksabstimmung Teil des späteren → *Ghana*. Der französische Teil von Togo erhielt 1960 seine Unabhängigkeit. 1967 übernahm das Militär in einem unblutigen Staatsstreich die Macht. Das seitdem errichtete autoritäre Regime musste nach Unruhen Oppositionsparteien zulassen.

Tokio, jap. *Tōkyō,* an der Ostküste der Insel Honshu gelegene Hauptstadt (als Ballungsraum 11,8 Mio. Einwohner) von → *Japan,* die früher *Edo* oder *Yedo* hieß. Die mehrmals durch Erdbeben und 1772 durch einen Großbrand zerstörte Stadt ist heute nicht nur das politische und kulturelle Zentrum, sondern auch der wirtschaftliche Mittelpunkt des Landes und einer der wichtigsten Finanzplätze der Welt. Zusammen mit mehreren Nachbarstädten bildet die moderne Metropole ein riesiges industrielles Ballungsgebiet, in dem über 20 Mio. Menschen leben.

Toleranz, [von lat. *tolerare* = »erdulden, ertragen«] *die,* Nachsichtigkeit gegenüber anderen Meinungen, Überzeugungen und Verhaltensweisen. Gegensatz: → *Intoleranz*.

Tollkirsche, bis zu 1,5 m hohes Nachtschattengewächs, das mit fünf Arten in Eurasien vorkommt. Am bekanntesten ist die *Schwarze Tollkirsche,* deren schwarze Beeren aufgrund mehrerer → *Alkaloide* sehr giftig sind. In der Medizin wird die Tollkirsche als pupillen- und gefäßerweiterndes sowie als krampflösendes Mittel eingesetzt (z. B. bei Asthma).

Tollwut, durch → *Viren* hervorgerufene Infektionskrankheit des → *Zentralnervensystems,* die tödlich verläuft, wenn keine Impfung erfolgt. Auf den Menschen wird die Tollwut zumeist durch den Speichel von Hauskatzen oder Hun-

Togo
Staatsname: Republik Togo
Staatsform: Präsidiale Republik
Hauptstadt: Lomé
Fläche: 56 785 km²
Einwohner: 4,1 Mio.
Bevölkerungsdichte: 72/km²
Amtssprache: Französisch, Kabyé, Ewe
Währung: CFA-Franc
Nationalitätskennzeichen: RT

Togo

Tonga	
Staatsname:	Königreich Tonga
Staatsform:	Konstitutionelle Monarchie
Hauptstadt:	Nuku'alofa
Fläche:	748 km²
Einwohner:	98 000
Bevölkerungsdichte:	131/km²
Amtssprache:	Tonga
Währung:	Pa'anga (T $)
Nationalitätskennzeichen:	TO

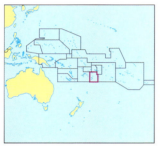

Tonga

Torf
Torfbildung ist die erste Stufe der Entstehung von → Kohle (Inkohlung). Wenn ein Moor entwässert worden ist, kann man den Torf *stechen*. Frisch gestochener Torf enthält 75–90 % Wasser, verliert aber beim Trocknen an der Luft zwei Drittel davon. Zu Bricketts gepresste Torfe werden zum Heizen verwendet, während *Torfmull* im Garten und im medizinischen Bereich (Moorbad) genutzt wird.

den (in Bisswunden) übertragen, die sich bei kranken Waldtieren angesteckt haben. Haustiere kann man durch eine Impfung schützen.

Tolstoi [russ. tal'stɔj], Leo, eigentlich *Graf Lew Nikolajewitsch Tolstoi* (1828–1910), russischer Dichter, der in seinen Werken Realismus und psychologische Darstellung verband und sittliche Werte über ästhetische Forderungen stellte. Zu seinen bekanntesten Werken zählen die Romane »Krieg und Frieden« (1868/69) und »Anna Karenina« (1878).

Tomaten, ursprünglich aus Lateinamerika stammende → Nachtschattengewächse, die im 16. Jh. nach Europa eingeführt wurden. Die bis zu 2 m hoch werdenden Tomatenpflanzen werden heute fast weltweit angebaut. Die großen roten und gelben Beerenfrüchte, die viele Samen enthalten, sind giftig, solange sie grün und unreif sind. Das saftige, wohlschmeckende Fleisch hat einen hohen Wassergehalt (94 %) und ist reich an Vitaminen und Mineralstoffen.

Tomographie [von griech. tomos = »Schnitt« und graphein = »schreiben«], *die,* medizinisches Aufnahmeverfahren, bei dem mithilfe von Röntgenstrahlen einzelne Körperschichten aufgenommen werden, um Krankheitsherde besser lokalisieren zu können.

Ton, 1. sinusförmige Schallwelle, die eine Gehörempfindung auslöst (reiner Ton). Der reine Ton ist das Grundelement für das Geräusch und den Klang; **2.** feinkörniges Lockergestein, das neben Tonmineralen u. a. aus → Quarzen, Glimmer und Feldspat besteht. Ton ist ein wichtiger Rohstoff, der beispielsweise für die Herstellung von → Zement oder → Keramik verwendet wird.

Tonalität, in der Musik die funktionale Bezogenheit von Tönen und Akkorden untereinander und zu einem gemeinsamen Grundton. In der europäischen Musik dominierte die Tonalität ab dem 16./17. Jh. mit der Entwicklung der → Dur-Moll-Tonalität, bevor im 20. Jh. die → Atonalität hinzukam.

Tonart, Verteilung der Ganz- und Halbtonschritte innerhalb einer → Oktave, die durch das *Tongeschlecht,* → Dur oder → Moll, bestimmt wird. Die einzelnen Tonstufen sind, ausgehend von einem Grundton, in → Tonleitern angeordnet (z. B. C-Dur oder a-Moll).

Tonband, *Magnettonband,* ein Kunststoffband, das mit magnetisierbarem Material beschichtet ist und zur magnetischen Aufzeichnung und Wiedergabe von Schall mithilfe eines **Tonbandgerätes** verwendet wird (→ Magnetband).

■ *Ein* **Tornado** *hinterläßt meist eine Schneise der Verwüstung*

Tonga, Inselstaat im südlichen Pazifik, der 170 auch als *Freundschaftsinseln* bezeichnete Inseln umfasst. Die zumeist bewaldeten Inseln sind vulkanischen Ursprungs. Sie wurden bereits ab 1000 v. Chr. von Polynesiern besiedelt. Ein Königreich entstand gegen Ende des 10. Jh. 1616 wurden die nördlichsten Inseln von Niederländern entdeckt, aber erst Ende des 18. Jh. ließen sich die ersten Europäer auf Tonga nieder. Schon 1875 wurde Tonga eine konstitutionelle Monarchie, deren Unabhängigkeit von Deutschland, Großbritannien und den USA anerkannt wurde. Seit 1900 stand Tonga unter britischer Schutzherrschaft. 1970 erhielt das Königreich seine völlige Unabhängigkeit, gehört aber weiterhin dem → Commonwealth an. Wirtschaftlich stützt es sich auf die Landwirtschaft (Bananen und Kopra für den Export).

Tonika [it.], *die,* in der Musik die erste Stufe einer → Tonleiter, ihr Grundton.

Tonleiter, in der Musik eine in bestimmten Abständen (→ Intervalle) angeordnete Abfolge von Tönen entsprechend ihrer Höhe. Die Tonleiter gibt die Tonstufen einer → Tonart an, wobei unterschieden wird zwischen *chromatischen* Tonleitern mit zwölf Stufen (in Halbtonschritten) und *diatonischen* Tonleitern mit sieben Stufen (in zwei Halb- und fünf Ganztonschritten). Nach dem Tongeschlecht (→ Tonart) unterscheidet man Dur- und Moll-Tonleitern (z. B. die C-Dur-Tonleiter mit c, d, e, f, g, a, h, c).

Tonne, gesetzliche Einheit (Zeichen *t*) für die → Masse bzw. das → Gewicht. 1 t = 1000 kg (→ Kilogramm).

Topographie, *Topografie* [von griech. topos = »Ort« und graphein = »schreiben«], *die,* Teilgebiet der → Geographie, bei dem es um die Erfassung und Wiedergabe von Geländeformen mit allen Objekten (wie etwa Gewässer, Straßen oder Gebäuden) geht.

■ **Toskana:** San Gimignano

Torf, hauptsächlich in Mooren unter Luftabschluss gebildetes, überwiegend pflanzliches Zersetzungsprodukt.

Tornado [span.], *der,* heftiger Wirbelsturm in Nordamerika, der vor allem in den warmen Jahreszeiten bei großen Temperaturunterschieden in Verbindung mit Gewittern auftritt. In ihren Wirbeln, die einen Durchmesser von einigen hundert oder sogar mehr als tausend Meter besitzen, kann der Wind eine Geschwindigkeit von bis zu 600 km/h erreichen.

Toronto [təˈrɔntoʊ], am Ontariosee gelegene kanadische Stadt (als Ballungsraum 4,1 Mio. Einwohner). Die Hauptstadt der Provinz Ontario ist ein Handels- und Industriezentrum.

Torpedo [lat. »Zitterrochen«], *der,* zigarrenförmiges Unterwassergeschoss (bis zu 9 m lang und bis zu 2 t schwer) zur Zerstörung gegnerischer Schiffe. Der mit einem Sprengsatz an der Spitze versehene Torpedo steuert dann mithilfe eines eigenen Antriebs das Ziel an und wird dort beim Aufprall oder kurz vorher gezündet.

Toskana, mittelitalienische Region (→ Italien), zu der auch mehrere Inseln im Ligurischen Meer gehören (z. B. *Elba, Montecristo*). Sie erstreckt sich vom Mittelmeer bis zum nördlichen Apennin. Das Gebiet war im Altertum das Kernland der → Etrusker, bevor es im 3. Jh. v. Chr. von den Römern erobert wurde und *Tuscia* hieß. Im Mittelalter war es in mehrere Stadtstaaten unterteilt, die unter der Herrschaft von → *Florenz* standen.

totalitär [frz.], im politischen Sinne alles für sich in Anspruch nehmend und der Kontrolle unterwerfend. Unter **Totalitarismus** versteht man eine Herrschaft, die ihre Ideologie gewaltsam aufzwingt und im Gegensatz zur autoritären Herrschaft, die nur die politische Freiheit einschränkt, nach völliger Kontrolle über alle Lebensbereiche des Menschen strebt.

Totem [engl.-indian.], *das,* bei manchen Naturvölkern ein Lebewesen, Gegenstand oder Naturphänomen, das in einer mystischen Verwandtschaft zu einem einzelnen Menschen oder einer Sippe steht und oft als Ahnherr angesehen wird. Es wird daher als Beschützer verehrt und darf nicht berührt, verletzt, getötet oder gegessen werden.

Totes Meer, 1020 km² großer Salzsee im Jordangraben, der an der Grenze zwischen Jordanien und Israel liegt. Er befindet sich 395 m unter dem Meeresspiegel und ist bis zu 18 km breit und bis zu 80 km lang.

Touchscreen [engl. ˈtatʃskriːn], *der,* berührungsempfindlicher Bildschirm, der als Eingabe- und als Ausgabemedium dient. Wenn man den Schirm an einer bestimmten Stelle berührt, wird ein bestimmter Befehl ausgelöst.

Toulouse-Lautrec [tuluzloˈtrɛk], Henri de (1864 bis 1901), französischer Maler und Grafiker. Er fand seine Motive in Vergnügungslokalen, Vorstadttheatern und Bordellen. Die Farblithographie sowie die Plakatgestaltung erhielten durch Toulouse-Lautrec künstlerischen Rang. Eines seiner berühmtesten Plakate ist das 1891 entstandene »Moulin Rouge«.

Tour de France [frz. turdəˈfrãːs], berühmtestes Etappenrennen (→ Radsport), das seit 1903 jährlich ausgetragen wird. Die Gesamtstrecke (3500 bis 4000 km) ist auf 20–23 Etappen aufgeteilt, die größtenteils in Frankreich liegen und an jeweils einem Tag zurückgelegt werden müssen. Während der Startort heute wechselt, ist das Ziel immer Paris.

Toxin [von griech. toxikon = »Pfeilgift«], *das,* Giftstoff, der von Pflanzen, vor allem Bakterien und Pilzen, oder Tieren ausgeschieden wird. Solche Stoffe werden deshalb als **toxisch** bezeichnet.

Tower [engl. taʊə »Turm«], *der,* **1.** Kontrollturm auf Flugplätzen, von dem aus der Flugverkehr überwacht wird und mit dem der Pilot beim Start und bei der Landung im Funkkontakt steht, weil er von dort Anweisungen bekommt; **2.** Burg von → London (11.–13. Jh.), die im 16. und 17 Jh. Staatsgefängnis war und heute als Museum genutzt wird. Die berühmten Kronjuwelen und die Waffensammlung sind darin ausgestellt.

Trab, Gangart von Pferden und anderen Huftieren, bei der jeweils ein Vorderfuß und der entgegengesetzte Hinterfuß gleichzeitig aufgesetzt werden (also linker Vorder- und rechter Hinterfuß bzw. rechter Vorder- und linker Hinterfuß).

Trabant [tschech. »Leibwächter«], *der,* → Satellit, der um einen → Planeten kreist.

Totes Meer

Mit einer Tiefe von bis zu 398 m stellt das Tote Meer die tiefste *Depression* (Einsenkung, die tiefer als der Meeresspiegel liegt) der Erde dar. Die Wassertemperaturen liegen im Sommer zwischen 30 °C und 46 °C und im Winter nicht unter 10 °C. Wegen der starken Verdunstung und aufgrund der nur geringen Süßwasserzufuhr durch den Jordan ist das Wasser extrem salzhaltig (über 30 %) und enthält keine Lebewesen.

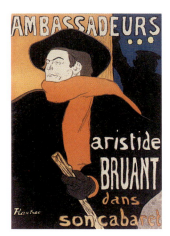

■ ***Henri de Toulouse-Lautrec****,* Meister des künstlerischen Plakats

■ *Fortsätze der **Tracheen** einer Schnakenlarve*

Tragödie

Die griechische *Tragodia* bedeutet eigentlich »Bocksgesang« und bezieht sich auf das Lied, das beim → Dionysosfest beim Opfern eines Bockes gesungen wurde. Als Begründer der antiken Tragödie gilt der griechische Dichter → Aischylos.

Tracheen [griech.], *Mz.,* röhrenartige Atmungsorgane der → Gliederfüßer, die als Hauteinstülpungen von Atemöffnungen ausgehen und im Körperinneren immer feiner und stärker verästelt werden. Bei Pflanzen (z. B. bei Bedecktsamern und einigen Farnen) sind die Tracheen ein Röhrensystem, das die ganze Pflanze durchzieht und Wasser und Nährstoffe transportiert.
Trackball [engl. 'trækbɔːl], *der,* stationäres Abrollgerät bei Personalcomputern, das den → Cursor bewegt. Die Rollkugel befindet sich auf der Oberseite des Geräts und muss direkt mit dem Finger bewegt werden.
Trackpad [engl. 'trækpæd], *das,* auch als *Touchpad* bezeichnetes Gerät bei → Notebooks, mit dem man den Cursor steuern kann. Man verwendet dabei einen Finger, um durch Druck auf eine spezielle Unterlage die Zeigerbewegung exakt zu lenken.
Tragflügelboot, auch als *Tragflächenboot* bezeichnetes Wassserfahrzeug, das unter seinem Rumpf Tragflügel besitzt. Diese heben das Boot mit steigender Geschwindigkeit aufgrund des Auftriebs aus dem Wasser. Da Tragflügelboote sehr ruhig laufen und bei ruhigem Seegang Reisegeschwindigkeiten von rund 90 km/h erreichen, werden sie zur schnellen Personenbeförderung eingesetzt.
Trägheit, Bestreben eines Körpers, gegen jede Veränderung seines Bewegungszustandes Widerstand zu leisten (Trägheit der Masse oder *Beharrungsvermögen).* Deshalb reagiert jeder Körper mit Verzögerung auf eine Einwirkung von außen.
Tragikomödie, *die,* Schauspiel, das tragische und komische Elemente wechselseitig verbindet, so dass ihre Wirkung abgeschwächt oder gesteigert wird.
Tragödie [griech.], *die,* Trauerspiel, Form des → Dramas, für das ein tragisches Geschehen bzw. ein ungelöst bleibender Konflikt der wesentliche Inhalt ist.
Training [engl. 'trɛːnɪŋ], *das,* körperliche oder geistige Übungen im Sport; planmäßige Durchführung von körperlichen Übungen, um die Kondition und die Leistungsfähigkeit (vor allem für Wettkämpfe und Spiele) zu verbessern.
Trajan (53–117), römischer Kaiser, der als erster aus einer Provinz stammte. Er wurde 97 von Nerva adoptiert und zum Cäsar ausgerufen, womit die Epoche der *Adoptivkaiser* begann (→ Römisches Reich). Unter Trajan hatten nicht nur die Literatur und die Kunst eine Blütezeit, sondern das römische Herrschaftsgebiet erreichte auch

■ *Tragflügelboot*

seine größte Ausdehnung. In Rom erinnert an ihn u. a. die *Trajanssäule.*
Trampeltier, zur Familie der → Kamele gehörender zweihöckriger Wiederkäuer, der als *Wild-* und als *Hauskamel* vorkommt. Es besitzt lange Beine und einen langen Hals. Wild lebt es vor allem noch in Zentralasien. Es ist aber bereits im 4. oder 3. Jh. v. Chr. domestiziert worden. Die Haustierform des zweihöckrigen Kamels, die sich über weite Gebiete Asiens verbreitet hat, wird als Last- und Reittier genutzt und liefert außerdem Wolle, Milch und Fleisch.
Trampolin [it.], *das,* Sprunggerät, das aus einem etwa 4 x 2 m großen gespannten Sprungtuch aus Nylon besteht, das durch Seile oder Stahlfedern an einem Leichtmetallrahmen befestigt ist. Auf einem Trampolin kann man neben hohen Sprüngen (bis zu 6 m) auch Überschläge und Schraubenfiguren ausführen.
Tran, *der,* dickflüssiges Fett von Robben, Walen und Fischen, aus dem u. a. Speiseöle, Fette, Margarine, Seifen und Kerzen hergestellt werden.
Trance [engl. 'trãːs(ə)], *die,* durch → Hypnose, Autosuggestion, Ekstase oder Drogen herbeigeführter Bewusstseinszustand, bei dem die Realität verändert wahrgenommen wird und auf Umweltreize nur bedingt reagiert werden kann. Teilweise ist auch die Entscheidungsfreiheit eingeschränkt.
Tränen, Absonderung der *Tränendrüsen.* Die leicht antibakteriell wirkende *Tränenflüssigkeit* dient zur Reinigung und Befeuchtung des Auges und wird mithilfe des Lidschlages verteilt. Gesteuert wird die Absonderung der Tränenflüssigkeit durch Nerven. Sie kann bei Trauer, Freude oder Schmerz so stark werden, dass man weint, die Augen sozusagen überfließen.
Tranquilizer [engl. 'træŋkwɪlaɪzə], *der,* zur Gruppe der *Psychopharmaka* gehörendes Mittel, das vorwiegend dämpft.
Transfer-RNA, *t-RNA,* bei der → Translation als

Transformatoren

Adapter dienende Nukleinsäure (→ RNA), die für die Übersetzung der genetischen Information in entsprechende Eiweiße notwendig ist. Die kleinen aufgefalteten RNA-Moleküle enthalten ähnlich wie die → DNA sog. *Tripletts,* d. h. Dreiergruppen von Nukleotiden, die jeweils Nukleotid-Tripletts der → Messenger-RNA erkennen. Außerdem tragen sie die → Aminosäure, die nach dem → genetischen Code zu diesem Triplett gehört.

Transformator [frz.], *der,* Gerät, das Wechselspannungen in niedrigere oder höhere → Spannungen gleicher Frequenz umwandeln kann.

Transfusion [lat. »Hinübergießen«], *die,* Kurzbezeichnung für → Bluttransfusion.

transgen, Eigenschaft von Pflanzen und Tieren, in deren → Keimbahn mithilfe der → Gentechnik neues Erbmaterial eingefügt worden ist. Durch die neuen Gene erhalten die transgenen Organismen neue Eigenschaften, die sie an ihre Nachkommen weitergeben. Insbesondere in der Landwirtschaft wird dies genutzt.

Transistor [engl.], *der,* Kurzwort aus engl. *transfer* und *resistor* (Übertragungswiderstand), elektronisches → Halbleiterbauelement, das elektrische Spannungen und Ströme verstärken kann und als Schalt- und Steuerelement (z. B. als Gleichrichter) verwendet wird.

Transit [it. »Übergang«], *der,* Durchreise von Personen und Durchfuhr von Waren durch ein anderes Land, das nicht das Zielland ist. Für die Durchreise mancher Staaten ist ein *Transitvisum* erforderlich.

transitiv [lat. »übergehend«], bei Verben ein → Akkusativobjekt nach sich ziehend (z. B. *lieben*). Gegensatz: → intransitiv.

Transkription [lat. »schriftliche Übertragung«], *die,* **1.** Umschrift, d. h. möglichst lautgetreue Übertragung einer Schrift in eine andere (z. B. Wiedergabe in Lautschrift). Gegensatz: → Transliteration; **2.** in der Musik versteht man darunter die Übertragung eines Musikstücks in eine andere Besetzung als die ursprüngliche (z. B. *Klaviertranskription);* **3.** in der Molekularbiologie bezeichnet man mit Transkription die Umschrift der genetischen Information von der → DNA auf die → Messenger-RNA.

Translation [lat. »Übersetzung«], *die,* in der Genetik die Übersetzung der Information, die in der → Messenger-RNA gespeichert ist, in die Proteine, die nach dieser Anweisung gebildet werden.

Transliteration [von lat. trans = »hinüber« und littera = »Buchstabe«], *die,* möglichst buchstabengetreue Umwandlung einer Buchstabenschrift in eine andere, die eine buchstabengetreue Rückübersetzung möglich macht. Deshalb werden nicht die Laute genau wiedergegeben, sondern → diakritische Zeichen verwendet.

Transplantation [lat.], *die,* Verpflanzung von lebendem Gewebe oder Organen auf einen lebenden Organismus (z. B. *Hauttransplantation).*

transponieren [lat. »versetzen«], ein Musikstück in eine andere Tonart übertragen, wobei aber Melodie und Rhythmus nicht verändert werden.

Transrapid, *der,* eine → Magnetschwebebahn, die sich im Versuchsstadium befindet und zunächst auf einer Strecke zwischen Berlin und Hamburg verkehren soll (ab 2005). Ein Elektromotor erzeugt beim Transrapid ein Magnetfeld, das den Zug etwa 1 cm über der Schiene schweben lässt und ihn gleichzeitig mit einer Geschwindigkeit von bis zu 500 km/h vorwärts bewegt.

Der **Transrapid** *soll ab 2005 mit einer Geschwindigkeit bis zu 500 km/h auf einer Strecke zwischen Berlin und Hamburg verkehren*

Traumdeutung

Die *Traumdeutung*, die bereits im alten Ägypten und in hellenistischer Zeit belegt ist, bemühte sich früher um eine wahrsagerische Auslegung einzelner Träume. Seit → Freud hingegen, der im Traum eine Befriedigung verdrängter Wünsche und unterdrückter Triebe sah, verschmolzen mit Erinnerungen, geht es um den Sinngehalt von Träumen, die jemand in einer bestimmten Lebenssituation hat. Außerdem beeinflussen persönliche Erlebnisse und Sinneseindrücke während des Schlafs den Träumenden. Nach der Traumdeutungstheorie von C. G. Jung kommen → Archetypen als grundlegende und immer wiederkehrende Symbole des kollektiven Unbewussten hinzu. Die moderne Traumforschung hat festgestellt, dass jeder Schläfer zwischen drei- und sechsmal pro Nacht träumt, insgesamt etwa eine Stunde lang. Eine ständige Verhinderung des Träumens (z. B. indem ein Schläfer immer wieder aufgeweckt wird, wenn er zu träumen beginnt) führt zu psychischen Störungen. Noch nicht völlig geklärt ist die Funktion, die das Träumen hat. Möglicherweise handelt es sich um die biochemische »Erholung« des Gehirns oder auch die Übernahme von Erinnerungen in das Langzeitgedächtnis, was der Entlastung des Gehirns dient.

Die trigonometrischen Funktionen

Sinus (sin): Verhältnis von der Gegenkathete zur Hypotenuse
Kosinus (cos): Verhältnis von der Ankathete zur Hypotenuse
Tangens (tan): Verhältnis von der Gegenkathete zur Ankathete
Kotangens (cot): Verhältnis von der Ankathete zur Gegenkathete
Sekans (sec): Verhältnis von der Hypotenuse zur Ankathete
Kosekans (cosec): Verhältnis von der Hypotenuse zur Gegenkathete

Transsexualität [lat.], *die,* beim Menschen der Wunsch, eine → Geschlechtsumwandlung durchführen zu lassen, weil er sich gefühlsmäßig nicht mit seinem Geschlecht identifizieren kann, sondern die Rolle des anderen Geschlechts übernehmen möchte.

Transurane, Bezeichnung für alle → chemischen Elemente, die eine höhere → Ordnungszahl als → Uran besitzen. Sie kommen bis auf geringe Mengen (zwei Isotope von → Neptunium und → Plutonium) in der Natur nicht vor, können aber künstlich erzeugt werden. Bisher sind 19 Transurane bekannt, die alle radioaktiv sind und zumeist sehr rasch zerfallen.

Transversale, *die,* in der Mathematik eine Gerade, die eine geometrische Figur schneidet.

Transversalwellen, Wellen, die senkrecht zu der Richtung schwingen, in der sie sich fortpflanzen. Die elektromagnetischen Schwingungen sind transversale Wellen.

Transvestit [von lat. trans = »hinüber« und vestire = »sich kleiden«], *der,* jemand, der sich wie ein Vertreter des anderen Geschlechts kleidet und gibt, weil er sich diesem Geschlecht zugehörig fühlt (→ Transsexualität).

transzendente Zahlen [von lat. transcendens = »hinübersteigen«], Zahlen in der Mathematik, die sich nicht als Lösung einer algebraischen Gleichung darstellen lassen (z. B. die Kreiszahl π = 3,14159 oder die Euler'sche Zahl e = 2,71828, die Basis der natürlichen → Logarithmen).

Trapez [griech. »Tischchen«], *das,* **1.** in der Geometrie ein Viereck mit zwei parallelen Seiten, die unterschiedlich lang sind; **2.** das von Artisten (vor allem im Zirkus) verwendete Trapez oder *Schaukelreck* ist eine an zwei langen Seilen hängende, kurze Stange, an der in teilweise großer Höhe akrobatische Übungen durchgeführt werden.

Trappen, hochbeinige, hellgrau und rötlich braun gefärbte Laufvögel, die in Steppen und Halbwüsten vor allem in Afrika und Eurasien vorkommen. Es gibt 24 Arten, die zwischen 30 und 130 cm groß werden.

Traube, Blütenstand, der an einer verlängerten Achse einzelne Blüten an Stielen trägt. Zumeist wird damit auch der Fruchtstand der → Weinrebe bezeichnet, die eigentlich eine Rispe ist.

Traubenzucker, *Glucose, Dextrose,* → Kohlenhydrat, das in süßen Früchten wie etwa Weintrauben und in Honig vorkommt. Aufgrund seiner chemischen Zusammensetzung wird es sofort vom Blut aufgenommen, ohne dass der Körper lange Spaltungsprozesse vornehmen muss. Deshalb dient Traubenzucker als Nähr- und Kräftigungsmittel oder zur schnellen Energiegewinnung für Sportler.

Trauerspiel, deutsche Bezeichnung für → Tragödie.

Traum, Phantasieerlebnis während des Schlafes (in der sog. → REM-Phase). Alle Menschen träumen, auch wenn sie sich beim Aufwachen nicht mehr daran erinnern können. Im Gegensatz zum Wacherleben herrschen im Traum gefühlsmäßiges, assoziatives Denken und vieldeutige Bilder vor. Die örtlichen und zeitlichen Verhältnisse sind nicht klar. Umwelt und Ich sind nicht deutlich voneinander getrennt.

Trauma [griech. »Wunde«], *das,* in der Psychologie ein seelischer Schock, der durch ein Erlebnis (vor allem in der Kindheit) ausgelöst wird und eine tiefgreifende Änderung der Psyche bewirken kann (z. B. → Neurose). In der Medizin bezeichnet man eine gewaltsame Verletzung durch Schlag oder Stoß als Trauma.

Trauung, standesamtliche oder kirchliche Eheschließung. In der katholischen Kirche gilt die Eheschließung als → Sakrament.

Treibgase, Sammelbezeichnung für brennbare Gase, die sich zum Antrieb von Verbrennungsmotoren eignen (z. B. Holz-, Flüssig- oder Generatorgas). Auch unter Druck stehende Gase, die in Spraydosen verwendet werden, bezeichnet man als Treibgase. Die lange Zeit gebräuchlichen Fluorchlorkohlenwasserstoffe sind jedoch inzwischen in Deutschland verboten, weil sie den Abbau der → Ozonschicht fördern und den → Treibhauseffekt in der Atmosphäre unterstützen. Neben Spraydosen mit Pumpsystem verwendet man deshalb brennbare Gase wie Propan, Butan oder Dimethyläther.

Treibhauseffekt, allgemein die Erscheinung, dass bei Sonneneinstrahlung in glasgedeckten Häusern die Temperatur wesentlich über die Außentemperatur ansteigt und auch nachts nicht deutlich abkühlt. Dieser in Treibhäusern genutzte Effekt kommt durch die unterschiedliche Durchlässigkeit für Strahlungen von verschiedener Wellenlänge zustande.

Tremolo [it.], *das,* in der Musik die rasche mehrfache und bebende Wiederholung des gleichen Tons oder Intervalls, um bei Musikinstrumenten eine Vibration zu erzeugen.

Trend [engl.], *der,* Richtung, in die eine neue Entwicklung geht (z. B. Mode, politische Entwicklung, Börse). Ein **Trendsetter** ist jemand, der durch sein Beispiel eine neue Mode oder Gewohnheit in Gang bringt.

Trial-and-error-Methode [engl. 'traɪəl and 'ɛrə- »Versuch und Irrtum«], Verfahren, bei dem man über das praktische Ausprobieren verschiedener Möglichkeiten und oft auch falscher Wege zu einer Lösung für ein Problem kommt.

Triangel [lat. »Dreieck«], *die,* → Schlaginstrument, das aus einem zu einem gleichseitigen Dreieck geknickten Stahlstab besteht und an einer Ecke offen ist. Es wird an einer Schlinge frei hängend gehalten und mit einem Metallstab angeschlagen. Der Triangel ergibt einen hellen Ton von unbestimmter Tonhöhe.

Trias [griech. »Dreiheit«], *die,* Abschnitt in der → Erdgeschichte (vor 210–250 Mio. Jahren).

Triathlon [von griech. tria = »drei« und athlon = »Wettkampf«], *der,* Mehrkampf, der an einem einzigen Tag und ohne Pause in den Disziplinen Schwimmen, Radfahren und Laufen durchgeführt wird. Während der *Kurztriathlon* aus 1,5 km-Schwimmen, Radfahren über 40 km und 10 km-Lauf besteht, müssen die Teilnehmer am berühmtesten Triathlonwettbewerb, dem *Ultra-* oder *Ironman-Triathlon,* der jedes Jahr auf Hawaii ausgetragen wird, 3,8 km schwimmen, 180 km Rad fahren und einen → Marathonlauf bestreiten.

Trichinen [von griech. trichos = »Haar«], Fadenwürmer, die als 1,5–4 mm lange → Parasiten im Dünndarm von Menschen und einigen Säugetieren (z. B. Schwein, Hund, Katze, Ratte) leben. Durch den Verzehr von Fleisch, das mit Trichinen befallen ist, gelangen sie in den Wirt. Dort bohren sich die Weibchen in die Darmwand und gebären 300–1500 Larven. Diese wandern mit dem Blut in die Muskeln, wo sie in eingekapseltem Zustand viele Jahre (beim Menschen über 30) überleben können. Die Ausscheidungen der noch nicht eingekapselten Trichinen sind giftig und rufen starke Muskelschmerzen hervor. Die *Trichinose* kann sogar zum Tode führen. Da sie auch auf Menschen übertragen werden kann, müssen geschlachtete Tiere auf Trichinenbefall hin untersucht werden.

Trigonometrie [von griech. trigonon = »Dreiwinkel«], *die,* Teilgebiet der → Geometrie, das sich mit der Berechnung von Dreiecken beschäftigt. Grundlage sind die **trigonometrischen Funktionen,** nämlich *Sinus, Kosinus, Tangens, Kotangens, Sekans* und *Kosekans,* die als Verhältnisse von jeweils zwei Seiten dargestellt werden (→ Hypotenuse, An- und Gegenkathete).

Triller, musikalische Verzierung, bei der in sehr kurzen Abständen und in mehrmaligem Wechsel eine Hauptnote und ihre obere Nebennote (Halb- oder Ganztonabstand) erklingen.

■ **Trinidad und Tobago:** *Scarborough an der Rockly Bay (Tobago)*

Trilogie [griech.], *die,* ein Werk, das aus drei selbstständigen, aber inhaltlich zusammengehörenden Teilen besteht (z. B. die »Star Wars«-Trilogie).

Trinidad und Tobago, Inselstaat vor der Nordküste Südamerikas, der die Inseln *Trinidad* (4828 km^2 und *Tobago* (300 km^2) umfasst. Die heute überwiegend von Schwarzen und Indern bewohnten Inseln wurden 1498 von → Kolumbus entdeckt. Ab Mitte des 16. Jh. wurden sie von den Spaniern besiedelt. Die Briten eroberten sie Ende des 18. Jh. und vereinigten sie 1888 zu einer Kronkolonie. 1958 wurden sie Teil der *Westindischen Föderation.* Seit 1962 sind Trinidad und Tobago unabhängig, gehören aber weiterhin dem → Commonwealth an. Die Wirtschaft stützt sich neben der Förderung und Verarbeitung von Erdöl auf die größten natürlichen Asphaltvorkommen der Erde (Asphaltsee *Pitch Lake),* die Landwirtschaft und den Tourismus.

Trinität [lat.], *die,* Dreieinigkeit oder → Dreifaltigkeit Gottes.

Trinkwasser, Wasser, das für den menschlichen Genuss geeignet ist, also frei von Krankheitserregern sein muss. Gutes Trinkwasser ist farb- und geruchlos, klar und frei von schädlichen Beimischungen.

Trio [it.], *das,* Gruppe von drei solistischen Instrumentalmusikern (z. B. *Streichertrio);* Komposition für eine solche Gruppe.

Tripper, andere Bezeichnung für → Gonorrhö.

Trinidad und Tobago

Staatsname: Republik Trinidad und Tobago

Staatsform: Präsidiale Republik

Hauptstadt: Port of Spain

Fläche: 5123 km^2

Einwohner: 1,3 Mio.

Bevölkerungsdichte: 254/km^2

Amtssprache: Englisch

Währung: Trinidad-und-Tobago-Dollar (TT $)

Nationalitätskennzeichen: TT

Trinidad und Tobago

Treibhauseffekt

Eine ähnliche Wirkung wie das Glasdach eines Treibhauses hat die Erdatmosphäre für die Erdoberfläche. Hier wird die → Infrarotstrahlung durch Wasserdampf und Kohlendioxid absorbiert, so dass ein großer Wärmeverlust in der Nacht verhindert wird. Dieser natürliche Treibhauseffekt ist notwendig für die Entstehung und Erhaltung des Lebens auf der Erde.
Bedenklich ist jedoch der zusätzliche Treibhauseffekt, der auf die durch die Menschen verursachte Zunahme von Spurengasen zurückzuführen ist. Diese Spurengase entstehen hauptsächlich bei der Verbrennung fossiler Energieträger wie Erdöl, Erdgas und Kohle. Das wichtigste von diesen etwa 50 Gasen ist → Kohlendioxid, dessen Ausstoß im Industriezeitalter sprunghaft angestiegen ist. Weitere Gase sind → Methan sowie Fluorchlorkohlenwasserstoffe. Der Treibhauseffekt führt zu einer Erhöhung der Temperaturen auf der Erdoberfläche.

Triumphbogen

Als Ehrentor, durch das der römische Feldherr mit seinen Legionen einzog, wurde ein steinerner Triumphbogen errichtet (z. B. *Titus-* und *Konstantinsbogen* in Rom). Auch in späteren Zeiten wurden solche Bauwerke zur Erinnerung an große militärische Siege errichtet (z. B. der *Arc de Triomphe* in Paris).

Troja

Bei Homer ist Troja der Mittelpunkt eines Sagenkreises der griechischen Mythologie. Als König Priamos in Troja herrschte, entführte sein Sohn → Paris aus Sparta → Helena, die Frau von Menelaos, und löste dadurch den *Trojanischen Krieg* aus, der auch die olympischen Götter entzweite. → Agamemnon führte die gemeinsame Streitmacht der Griechen an, die Troja zehn Jahre lang vergeblich belagerte. Auf griechischer Seite kämpften u. a. die Helden → Achilleus und → Odysseus, während die bedeutendsten trojanischen Helden Hektor und → Äneas waren. Homer schildert in seiner »Ilias« nur das zehnte Jahr des Krieges.
Eine List von Odysseus brachte die Entscheidung. Die Griechen bauten aus Holz das *Trojanische Pferd*, in dem sich 30 Krieger versteckt hielten. Nachdem das hölzerne Pferd von den Trojanern in die Stadt geholt worden war, stiegen die Griechen nachts heraus und öffneten ihren Truppen die Tore. Damit war der Untergang Trojas besiegelt.

Triptychon [griech. »dreifach«], *das,* dreiteiliges Tafelgemälde; insbesondere Flügelaltar, der aus einem Mittelstück und zwei halb so breiten, beweglichen Flügeln besteht.
Tritium [von griech. tritos = »dritter«], *das,* ein radioaktives Wasserstoffisotop (→ Isotope), das auch als überschwerer → Wasserstoff (Zeichen T und ^3H) bezeichnet wird. Der Atomkern von Tritium besteht aus einem Proton und zwei Neutronen.
Triumph [lat.], *der,* ursprünglich feierlicher Einzug eines römischen Feldherrn nach einem Sieg auf das Kapitol; heute allgemein Genugtuung, Sieg, Freude über einen großen Erfolg.
Triumvirat [lat.], *das,* im → Römischen Reich Bund von drei Politikern, die sich die Macht im Staat teilten. Das erste Triumvirat wurde 60 v. Chr. von → Cäsar, Pompejus und Crassus gebildet, die ihre gemeinsamen politischen Absichten verwirklichen wollten und sich deshalb vorübergehend verbündeten. Das zweite wurde 43 v. Chr. nach der Ermordung Cäsars von Oktavian (→ Augustus), Marcus Aemilius Lepidus und Marcus Antonius geschlossen und richtete sich gegen die Mörder Cäsars und den Senat, um eine staatliche Neuordnung durchzusetzen.
trivial [lat. »jedem zugänglich«], gewöhnlich, allgemein bekannt, abgedroschen, belanglos.
Trivialliteratur, *die,* Unterhaltungsliteratur, die sich an ein breites Publikum richtet und inhaltlich und formal geringe Ansprüche an den Leser stellt.
Trockeneis, → Kohlendioxid in festem, d. h. gefrorenem Aggregatzustand, das ähnlich wie Wassereis zum Kühlen und Konservieren verwendet werden kann. Trockeneis geht bei –78,9 °C vom festen in den gasförmigen Aggregatzustand über (→ *Sublimation),* ohne Schmelzflüssigkeit zu hinterlassen. *Trockeneisnebel* entsteht, wenn Trockeneis mit Wasser in Verbindung tritt.
Trockenzeit, an Niederschlägen arme oder niederschlagslose Zeit in tropischen und subtropischen Gebieten. Gegensatz: → Regenzeit.
Troja, *Ilion,* von → Homer überlieferter Name einer frühgeschichtlichen Stadt im Nordwesten Kleinasiens nahe dem Eingang der Dardanellen, in der Ebene des Skamander. Die Ruinen wurden von Heinrich → Schliemann 1870–1894 entdeckt und ausgegraben. Schliemann fand neun Hauptschichten mit Siedlungen und Städten, die durch unterschiedliche Katastrophen (Brände, Erdbeben) zerstört wurden. Die älteste Siedlung reicht bis ins frühe 3. Jt. v. Chr.

■ *Tropfsteinhöhle mit Stalagmiten*

zurück, während die jüngste erst 500 n. Chr. unterging. Der angebliche »Schatz des Priamos«, den Schliemann bei seinen Ausgrabungen in der zweiten Schicht entdeckte, ist etwa 4500 Jahre alt. Als wahrscheinlichster Schauplatz für das homerische Troja kommt die Siedlung der sechsten Schicht in Frage, die um 1700 v. Chr. entstand. Diese bronzezeitliche Stadt, die tatsächlich gewaltige Verteidigungsanlagen besaß, wurde um 1250 v. Chr. zerstört.
Trommel, Sammelbezeichnung für → Schlaginstrumente, die entweder aus einem ausgehöhlten Holzstück bestehen (z. B. *Schlitztrommel, Holzblock)* oder mit einem (oben Schlagfell) bzw. zwei Fellen (unten zusätzlich Resonanzfell) bespannt sind. Nach der Form unterscheidet man zwischen *Röhren-, Rahmen-* (→ Tamburin) und *Kesseltrommeln* (→ Pauke). Manche Trommeln können gestimmt werden, indem die Felle mit Schrauben gespannt werden. Sie werden entweder mit den Händen oder mit Trommelstöcken (Schlegeln), angeschlagen, bei der großen Trommel des → Schlagzeugs auch mit einem Fußpedal. Die bekanntesten Trommeltypen sind *Kesselpauke, Pauke, Kleine* und *Große Trommel, Tom-Tom, Timbales* (mit Schlegeln geschlagen), *Bongo* und *Conga* (mit den Händen geschlagen).
Trommelfell, im Inneren des → Ohrs liegende Membran, die durch die auftreffenden Schallwellen in Schwingungen versetzt wird und diese an die Gehörknochen (Hammer, Amboss und Steigbügel) weiterleitet.
Trompete [frz.], *die,* → Blechblasinstrument mit Kesselmundstück. Die zylindrisch-konische Schallröhre, die zumeist aus Messing besteht, ist bügelförmig gebogen. Während die *Orches-*

tertrompete drei Drehventile besitzt, hat die heller klingende *Jazztrompete* drei Pumpventile. Trompeten gibt es in verschiedenen Stimmungen (von Sopran bis Bass).

Tropen [von griech. tropai (heliou) = »(Sonnen-)Wende«], *Mz.,* die heiße Zone beiderseits des → Äquators zwischen den → Wendekreisen. Das tropische Klima ist durch heftige, meist gewittrige Regenfälle und hohe Temperaturen gekennzeichnet, die nur geringen tages- oder jahreszeitlichen Schwankungen unterliegen.

Tropfsteinhöhle, eine Höhle, in der das kalkhaltige Tropfwasser eiszapfenähnliche oder säulenförmige Gebilde aus Kalkspat bildet (→ Stalaktiten, Stalagmiten).

Trophäe [von griech. tropaion = »Siegeszeichen«], *die,* im engeren Sinne etwas, das als Zeichen des Sieges vom Gegner erbeutet worden ist; im weiteren Sinne der Preis, den der Sieger in einem Sportwettbewerb erhält.

Troposphäre [von griech. tropos = »Drehung«], *die,* unterste Schicht (durchschnittlich 11 km dick) der → Atmosphäre auf der Erde, in der sich die Wettervorgänge abspielen.

Trotzki, Leo, eigentlich *Leib Bronschtein* (1879–1940), russischer Revolutionär und Politiker, der eine auf dem → Marxismus beruhende Theorie entwickelte *(Trotzkismus).* Er hielt an der dauerhaften Revolution und am proletarischen Internationalismus fest. Da er die Politik → Stalins bekämpfte, wurde er mehrmals verbannt und im mexikanischen Exil ermordet.

Troubadour [frz. 'tru:badu:ɐ̯]. *der,* provenzalischer (auch italienischer und spanischer) Minnesänger aus ritterlichem Stand (11.–14. Jh.), der an den Fürstenhöfen selbst verfasste Lieder vortrug. Die Troubadourdichtung beeinflusste auch die deutsche Literatur des Mittelalters.

Trüffel [lat.-franz.], unterirdisch wachsender, teurer Speise- und Gewürzpilz, der mit rund 50 Arten in Nordamerika und Europa vorkommt. Trüffeln werden mithilfe von Schweinen und Hunden gesucht.

Truthuhn, zur Unterfamilie der → Hühnervögel gehörender Vogel, der als Bodenbrüter in Nordamerika lebt. Während das wild lebende Truthuhn nur etwa 7,5 kg schwer wird, erreichen Zuchtrassen ein Gewicht von bis zu 20 kg. Der Truthahn wird *Puter,* die Truthenne *Pute* genannt.

Tschad, afrikanischer Staat in der → Sahelzone, der sich von der → Sahara mit dem Tibesti-Massiv im Norden bis zu innertropischen Gebieten im Süden erstreckt. Die durch den langen Bürgerkrieg und häufige Dürreperioden beeinträchtigte Wirtschaft stützt sich vor allem auf den Anbau von Baumwolle. In dem überwiegend von Sudanvölkern und Arabern bewohnten Land bildeten sich ab dem 9. Jh. mehrere islamische Großreiche, die sich auf den Sklavenhandel stützten. Ende des 19. Jh. zerfiel das Gebiet in drei Königreiche, die von französischen Truppen besetzt wurden. Der Tschad gehörte zunächst zu *Französisch-Äquatorialafrika* und wurde nach dem Zweiten Weltkrieg französisches Überseeterritorium. Seit 1958 autonome Republik innerhalb der Französischen Gemeinschaft, wurde er 1960 unabhängig. 1975 übernahm das Militär mit einem Putsch die Macht. Machtkämpfe hatten einen anhaltenden Bürgerkrieg zur Folge, der 1990 durch einen neuerlichen Militärputsch beendet wurde. Seitdem wurde eine Demokratisierung mit einem Mehrparteiensystem eingeleitet. Die 1996 durch eine Volksbefragung angenommene neue Verfassung sieht die Errichtung eines Zentralstaats vor, der jedoch von den Bewohnern im Süden des Landes abgelehnt wird.

Tschador [pers.], *der,* langer Schleier, der den Kopf und teilweise den Körper bedeckt und von streng islamischen Frauen getragen wird.

Tschaikowski, Pjotr Iljitsch, (1841–1893), russischer Komponist, der in seinem Werk die russische Tradition mit westeuropäischen Elementen der Romantik verband. Besonders bekannt sind seine Ballette (z. B. »Schwanensee«, 1877), seine Opern (»Eugen Onegin«, 1870, und »Pique Dame«, 1890) und die Sinfonie Nr. 6 (»Pathéthique«, 1893).

Tschechien, *Tschechische Republik,* Staat im östlichen Mitteleuropa, der bis Ende 1992 Teil der → Tschechoslowakei war. Er besteht aus → Böhmen und Mähren sowie schlesischen Randgebieten und erstreckt sich vom Erzgebirge im Nordwesten bis zu den Karpaten im Südosten, während im Westen der Böhmerwald die Grenze zu Deutschland und im Osten die Sudeten die Grenze zu Polen bilden. Neben mehr als 94 % Tschechen umfasst die Bevölkerung mehrere Minderheiten (vor allem Slowaken, Deutsche, Ungarn und Roma). Seit Anfang 1993 ist Tschechien eine eigene Republik, die sich wirtschaftlich vor allem auf die Industrie (Schwerindustrie, Maschinen- und Fahrzeugbau) stützt. Seit der Trennung von der → Slowakei hat Tschechien den Übergang von der Planwirtschaft zur Marktwirtschaft beschleunigt. Bis Ende 1995 wurden die Staatsbetriebe privatisiert und eine volle →

Tschad (Tashād, Tchad)
Staatsname: Republik Tschad
Staatsform: Präsidiale Republik
Hauptstadt: N'Djaména
Fläche: 1 284 000 km²
Einwohner: 6,4 Mio.
Bevölkerungsdichte: 5/km²
Amtssprache: Französisch, Arabisch
Währung: CFA-Franc
Nationalitätskennzeichen: TCH

Tschad

Tschechien (Česko)

Staatsname: Tschechische Republik

Staatsform: Republik

Hauptstadt: Prag

Fläche: 78 884 km^2

Einwohner: 10,3 Mio.

Bevölkerungsdichte: 130,5/km^2

Amtssprache: Tschechisch

Währung: Tschechische Krone (Kč)

Nationalitätskennzeichen: CZ bzw. CR

Tschechien

Tschernobyl

Einer der vier Reaktorblöcke des Siedewasser-Druckröhren-Reaktors wurde durch Explosionen zerstört. Dabei wurden etwa zehn Tage lang radioaktive Stoffe frei, die in der Atmosphäre bis nach Nord- und Mitteleuropa gelangten und dort die Umwelt jahrelang belasteten. In der näheren Umgebung führte der Unfall zu erheblichen Gesundheitsschädigungen und Langzeitschäden bei der Bevölkerung. Das Gebiet im Umkreis von 5 km ist unbewohnbar; in einem weiteren Umkreis mussten etwa 135 000 Menschen evakuiert werden. Weite Flächen sind noch immer verseucht.

Konvertierbarkeit der Währung erreicht. Eine gemeinsame deutsch-tschechische Erklärung über die Aussöhnung beider Länder, die auch auf die Vertreibung der Sudetendeutschen nach dem Krieg eingeht, wurde Anfang 1997 unterzeichnet.

Tschechoslowakei, bis Ende 1992 bestehende Republik in Mitteleuropa, die → Tschechien und die → Slowakei umfasste. Nach dem Ersten Weltkrieg bildete sich aus → Böhmen, Mähren und der Slowakei, die zur habsburgischen Donaumonarchie (→ Österreich) gehörten, die *Tschechoslowakische Republik.* Da zum Staatsgebiet auch Teile → Schlesiens und der Karpato-Ukraine gehörten, gab es Probleme mit Minderheiten, insbesondere der deutschen Bevölkerung (etwa ein Viertel). 1938 erzwang → Hitler im → Münchner Abkommen die Abtretung der sudetendeutschen Gebiete (→ Sudetendeutsche) und besetzte 1939 die restliche »Tschechei«, während die Slowakei ein nur dem Namen nach selbstständiger Staat wurde. Nach dem Zweiten Weltkrieg wurde die Tschechoslowakei wiederhergestellt. Das → Potsdamer Abkommen führte zur Ausweisung der 2,5 Mio. Sudetendeutschen. 1948 übernahmen die Kommunisten in einem Staatsstreich die Macht und machten aus der föderativen Republik eine sozialistische Volksrepublik *(Tschechoslowakische Sozialistische Republik* oder *ČSSR).* Die Liberalisierungstendenzen und Reformbestrebungen des sog. *Prager Frühlings* unter dem KP-Chef Alexander Dubček (1921–1992) wurden im August 1968 durch den Einmarsch von Truppen des → Warschauer Pakts gewaltsam beendet. In den 70er Jahren entstand die Bürgerrechtsbewegung *Charta 77,* die Ende der 80er Jahre eine wichtige Rolle bei der »sanften Revolution« spielte, als Massenproteste der Bevölkerung die kommunistische Regierung zum Rücktritt zwangen. Ende 1992 wurde der Schriftsteller Vaclav Havel (* 1936) zum Staatspräsidenten gewählt. Obwohl die bereits 1969 eingeleitete Föderalisierung, die einen Bundesstaat zum Ziel hatte, 1990 zur Bildung der *Tschechischen und Slowakischen Föderativen Republik* führte, konnten die slowakischen Unabhängigkeitsbestrebungen nicht befriedigt werden. Deshalb trennten sich die *Tschechische* und die *Slowakische Republik* mit Wirkung vom 1. Januar 1993.

Tschernobyl, Stadt in der Nordukraine, wo sich am 26. April 1986 in dem etwa 20 km entfernten Kernkraftwerk der bisher schwerste Reaktorunfall ereignete.

■ *Tschechien: Der Altstädter Ring und die Teynkirche in Prag*

Tschetschenien, autonome Republik im Nordkaukasus, die überwiegend von Muslimen bewohnt wird und zu → Russland gehört, aber im Oktober 1991 einseitig ihre Unabhängigkeit erklärte. Ende 1994 schickte Russland Truppen und eroberte Anfang 1995 in einem blutigen Krieg, der 80 000 Tote forderte, die Hauptstadt Grosny. Der anhaltende Guerillakrieg wurde erst Mitte 1996 durch einen Waffenstillstand beendet. Das gemeinsame Abkommen über eine politische Lösung des Konflikts schob die Klärung des Status von Tschetschenien bis 2002 auf. Anfang 1997 fanden Wahlen statt.

Tsetsefliege, Gattung der → Fliegen, deren Vertreter mit 25 Arten in den tropischen Regenwald- und Savannengebieten Afrikas vorkommen. Sie saugen vor allem das Blut von Großwild und Weidevieh. Beim Menschen sind sie Überträger der Schlafkrankheit.

Tuba [lat. »Röhre«], *die,* ein zu den Bügelhörnern gehörendes → Blechblasinstrument, das im Orchester die Bassstimme übernimmt. Sie besitzt eine konische Schallröhre mit mehreren ovalen Windungen, ein becherförmiges Mundstück und drei bis fünf Ventile. Beim Spielen wird der Blastrichter aller Tuben mit Ausnahme des *Sousaphons* nach oben gehalten. Die Tuba wird auch in der volkstümlichen Blasmusik verwendet.

Tubenligatur, operative Unterbrechung der → Eileiter, indem bei jedem Eileiter ein Abschnitt herausgeschnitten wird und die Enden abgebunden werden. Diese → Sterilisation verhindert eine Schwangerschaft.

Tuberkulose [von lat. tuberculum = »Knötchen«], *Tbc, die,* durch *Tuberkelbakterien* ausgelöste Infektionskrankheit, die Menschen und

Tiere, vor allem Haustiere befällt. Übertragen werden die Bakterien hauptsächlich durch Tröpfcheninfektion und Einatmen von Staubteilchen. Die Tuberkulose ist eine meldepflichtige Krankheit, die schubweise verläuft. Bei der *Lungentuberkulose,* der häufigsten Tbc-Form, werden die Bakterien über die Lymph- und Blutbahnen über den ganzen Körper verteilt. Dabei entstehen Knötchen *(Tuberkel).* Wenn bei fortschreitender Krankheit ein Lungenflügel unbrauchbar wird, kommt es zu einer Lungenentzündung *(galoppierende Schwindsucht),* die früher zumeist den Tod des Kranken zur Folge hatte. Tuberkelbakterien können auch andere Organe befallen (z. B. Darm, Knochen, Nieren, Blase, Genitalien). Es gibt eine Schutzimpfung gegen die Tuberkulose.

Tucholsky, Kurt (1890–1935) deutscher Journalist und Schriftsteller, der auch unter mehreren Pseudonymen schrieb (Ignaz Wrobel, Peter Panter, Kaspar Hauser und Theobald Tiger). Er begann als Theaterkritiker bei der Zeitschrift »Die Schaubühne«. 1933 wurden seine Werke von den Nationalsozialisten verbrannt, er selbst verfemt und aus Deutschland ausgebürgert. 1935 beging er Selbstmord. Tucholsky schrieb neben satirischen und ironischen Werken auch die erfolgreichen heiteren Romane »Rheinsberg« (1921) und »Schloss Gripsholm« (1931).

Tudor ['tjuːdə], englisches Adelsgeschlecht, das 1485–1603 die englischen Herrscher stellte. Mit Königin Elisabeth I. (1533–1603) erlosch das Geschlecht auch in der weiblichen Linie. Der *Tudorstil* ist eine Spätphase der englischen → Gotik.

Tuff, *der,* nachträglich verfestigte vulkanische Asche, die oft mit Bruchstücken anderer Gesteine vermischt ist. Andere Tuffarten entstehen durch Absetzung von Calciumcarbonat oder Kieselsäure in sauerstoffreichen Quellen (z. B. *Kalktuff).*

Tumor [lat.], *der,* andere Bezeichnung für → Geschwulst.

Tundra [russ.], *die,* baumlose Kältesteppe in Gebieten der arktischen Zone jenseits der polaren Baumgrenze, wo ein polares oder subpolares Klima herrscht. Ihr Bewuchs besteht hauptsächlich aus Flechten, Moosen und Heide.

Tuner [engl. 'tjuːnɐ], *der,* eigentlich der Teil eines Rundfunkempfängers, der zum Einstellen der Wellenlänge, d. h. zur Senderwahl dient; zumeist Bezeichnung für das Rundfunkempfangsteil einer Stereoanlage.

Tunesien, Staat in Nordafrika, der zwischen Algerien im Westen und Libyen im Südosten liegt und an das Mittelmeer angrenzt. Zu Tunesien gehören mehrere vorgelagerte Inseln, darunter *Djerba* (514 km²). Der Norden des überwiegend von Arabern sowie Berbern (2 %) bewohnten Landes wird von den Ausläufern des → Atlasgebirges bestimmt, während sich südlich davon Steppen mit großen Salzseen *(Schotts),* eine Sandwüste und ein Kalksteinplateau anschließen. Die tunesische Wirtschaft stützt sich neben der Landwirtschaft (u. a. Olivenöl, Früchte und Getreide für den Export) und der Industrie vor allem auf den Tourismus.

Im Altertum wurde das Küstengebiet um 1100 v. Chr. von den → Phöniziern kolonisiert, die hier im 9. Jh. v. Chr. → Karthago gründeten. Erst 146 v. Chr. wurde das karthagische Handelsreich nach drei Kriegen (→ Punische Kriege) von den Römern zerstört. Tunesien war danach Teil der römischen Provinz *Africa.* 439–534 gehörte das Gebiet zum nordafrikanischen Reich der → Vandalen, bevor es an Byzanz fiel. Die Araber eroberten Tunesien ab Mitte des 7. Jh. und unterwarfen dabei die einheimischen Berber. Nach der Herrschaft mehrerer arabischer Dynastien kam Tunesien 1574 unter die Oberhoheit des → Osmanischen Reiches und wurde von Provinzstatthaltern *(Beys)* beherrscht. Im 19. Jh. verstärkte sich der europäische Einfluss, so dass das Land 1881 französisches Protektorat wurde. 1956 wurde Tunesien unabhängig. Der Bey nahm den Titel eines Königs an, wurde aber bereits 1958 gestürzt. Unter Habib Bourguiba als Staatspräsident der Republik entstand ein autoritäres Regime. Nach wiederholten Unruhen wurde Bourguiba 1987 abgesetzt. Sein Nachfolger leitete Reformen ein (u. a. Privatisierung und Ausbau der Wirtschaft).

Tunis, nahe der Mittelmeerküste gelegene Hauptstadt (als Ballungsraum 1,6 Mio. Einwohner) von → Tunesien.

Turban [türk.-pers.], *der,* bei den Muslimen und

Tunesien (Tūnis)
Staatsname: Tunesische Republik
Staatsform: Präsidiale Republik
Hauptstadt: Tunis
Fläche: 163 610 km²
Einwohner: 8,9 Mio.
Bevölkerungsdichte: 54/km²
Amtssprache: Arabisch
Währung: Tunesischer Dinar (tD)
Nationalitätskennzeichen: TN

Tunesien

■ *Die **Tundra** in Lappland, Schweden*

Türkei (Türkiye)
Staatsname: Republik Türkei
Staatsform: Republik
Hauptstadt: Ankara
Fläche: 779 452 km^2
Einwohner: 61,5 Mio.
Bevölkerungsdichte: 79/km^2
Amtssprache: Türkisch
Währung: Türkische Pfund Lira (TL)
Nationalitätskennzeichen: TR

Türkei

Turks- und Caicosinseln

Hindus eine Kopfbedeckung, die aus einem langen, um den Kopf geschlungenen Tuch besteht.
Turbine [von lat. turbo = »Kreisel«], *die*, Maschine zur Erzeugung von Kraft. Sie besteht aus einem sich drehenden Laufrad mit gekrümmten Schaufeln und wird durch Wasser, Dampf, Wind oder Gas in Bewegung gehalten. Diese Drehbewegung wird in → Schubkraft umgewandelt.
Turbolader, Kurzwort für *Abgasturbolader,* im Kraftfahrzeug Vorrichtung mit einer durch Abgase betriebenen → Turbine, die die Leistung erhöhen kann.
Turbulenz [lat. »Verwirrung«], *die*, Wirbelbildung in strömenden Gasen und Flüssigkeiten.
Türkei, Staat in Europa und Kleinasien, der vorwiegend die Halbinsel Kleinasien zwischen Schwarzem Meer und Mittelmeer einnimmt. Der europäische Teil (Ostthrakien) ist durch die beiden Meerengen Dardanellen und Bosporus sowie das Marmarameer von Asien getrennt. Kleinasien oder → Anatolien ist im Inneren ein Hochland (900–1100 m), das von Gebirgen umrahmt wird (höchste Erhebung: *Ararat* mit 5165 m). Die Bevölkerung besteht überwiegend aus Türken (70 %) und → Kurden (20 %).
Im Altertum schufen die → Hethiter in Kleinasien ein Reich, das um 1200 v. Chr. unterging. Danach wurden Teile Anatoliens u. a. von den Phrygiern, Lydern und Skythen beherrscht. Im 1. Jt. v. Chr. gründeten die Griechen Kolonien an der Westküste. Die Perser eroberten Kleinasien im 6. Jh. v. Chr., bevor → Alexander der Große das Gebiet 331 v. Chr. seinem Reich einverleibte. Im 2. Jh. v. Chr. wurde es römisch und gehörte später zum → Byzantinischen Reich, das hier seine Hauptstadt Byzanz hatte. Nachdem Teile Kleinasiens im 8. Jh. vorübergehend unter arabische Herrschaft gekommen waren, drangen ab dem 11. Jh. nomadische Turkstämme ein. Ende des 13. Jh. gründete Osman I. das → Osmanische Reich, das bis 1922 bestand. Nach ihrer Niederlage im Ersten Weltkrieg musste die Türkei auf alle Gebiete außerhalb Kleinasiens mit Ausnahme eines kleinen europäischen Teils verzichten. 1923 wurde die Republik ausgerufen. Mustafa Kemal Pascha (1881–1938), der den Beinamen *Atatürk* trug, wurde der erste Staatspräsident. Er führte Reformen durch, um aus der Türkei einen modernen, nach Europa hin ausgerichteten Staat zu machen. 1952 trat sie der → NATO bei. Die Spannungen mit Griechenland wegen → Zypern verschärften sich, als türkische Truppen 1974 den Nordteil der Insel besetzten. Im Inneren wurde die Demo-

■ *Die Laufradschaufeln einer alten* **Turbine**

kratie mehrmals durch Militärputsche erschüttert. 1980 übernahm das Militär die Macht, zog sich aber seit 1982 aus der Politik zurück. Seit Mitte der 80er Jahre hat sich der Konflikt mit den Kurden verschärft, die in mehreren Provinzen die Bevölkerungsmehrheit bilden. Die türkische Regierung verhängte 1987 in den Kurdengebieten im Südosten des Landes den Ausnahmezustand und ging wiederholt militärisch gegen die verbotene Kurdische Arbeiterpartei PKK vor, wobei die Truppen teilweise auch die kurdische Schutzzone im Nordirak angriffen. Die islamistische Wohlfahrtspartei, die Ende 1995 bei den Parlamentswahlen siegte, war seit 1996 bis zum Koalitionsbruch 1997 an der Regierung beteiligt.
Türkenkriege, alle Kriege der christlichen Staaten in Europa, die gegen das in Südosteuropa eingedrungene und sich nach Westen ausdehnende → Osmanische Reich geführt wurden. Zunächst hatten die Kriege den Charakter von → Kreuzzügen; später traten aber machtpolitische Motive in den Vordergrund. 1354 fassten die Osmanen mit einem Stützpunkt auf der Halbinsel Gelibolu erstmals in Europa Fuß. 1453 eroberten sie Konstantinopel (→ Byzantinisches Reich) und machten es zur Hauptstadt ihres Reiches. Zwischen 1423 und 1669 kämpfte → Venedig, damals die führende Seemacht im östlichen Mittelmeerraum, in sechs Kriegen gegen die Türken und verlor dabei seine Besitzungen in Griechenland und in der Ägäis sowie Zypern und Kreta. Ab dem 16. Jh. mussten die → Habsburger mehrere Angriffe der Osmanen abwehren, die 1529 und 1683 sogar Wien belagerten und große Teile des Balkans besetzten. Bis Ende des 17. Jh. konnte Österreich die Osmanen aus Ungarn und Siebenbürgen vertreiben. Russland führte im 18. und 19. Jh. mehrere Kriege gegen

■ *Die Totenmaske von* **Tut-ench-Amun**. *Kairo, Ägyptisches Museum*

das Osmanische Reich, wobei es vor allem um Gebiete am Schwarzen Meer ging. Im 19. Jh. verlor das Osmanische Reich zunehmend an Einfluss und wurde zu schwach, um sein Riesenreich zu erhalten oder gar auszudehnen.

Türkis [frz. »türkisch«], *der,* glänzendes Mineral, das durch Metallbeimischungen seine blaue, blaugrüne oder hellgrüne Farbe erhält. Geschliffene Türkise werden als Schmucksteine verwendet.

Turkmenistan, Staat in Mittelasien, der im Nordwesten an Kasachstan, im Norden, Nordosten und Osten an Usbekistan und im Südosten an Afghanistan, im Südwesten an den Iran und im Westen an das Kaspische Meer grenzt. Die Wirtschaft stützt sich in erster Linie auf die reichen Erdölvorkommen. Turkmenistan war im Altertum eine wichtige Station an der → Seidenstraße und gehörte im Mittelalter zum mongolischen Reich. Mitte des 19. Jh. wurde es Teil des Russischen Reiches. Nach der → Oktoberrevolution wurde es zunächst der bis 1924 bestehenden *Autonomen Republik Turkestan* eingegliedert und war seit Oktober 1924 als *Turkmenische Sozialistische Sowjetrepublik* ein eigener Teilstaat der UdSSR. Bis in die 30er Jahre blieb die Kultur vom arabischen und iranischen Einfluss geprägt, bevor das Land sowjetisiert wurde. Im August 1990 erklärte sich Turkmenistan für selbstständig. Seit 1991 ist es eine unabhängige Republik, die Mitglied der → GUS ist.

Turks- und Caicosinseln ['tə:ks- 'kaıkas-], britische Kronkolonie (430 km², 14 000 Einwohner) in der → Karibik, die aus etwa 30 Koralleninseln (nur etwa sechs bewohnt) besteht und durch die *Turks Island Passage* voneinander getrennt sind. Die Inseln wurden 1512 und im 17. Jh. von Briten besiedelt. Seit 1973 sind sie eine eigenständige Kronkolonie.

Turkvölker, *Türkvölker,* Bezeichnung für alle Volksgruppen und Völker (z. B. Chasaren, Petschenegen und Ogusen), die eine *Turksprache,* d. h. eine mit dem Türkischen verwandte Sprache haben (z. B. Tschuwaschisch, Tatarisch, Aserbaidschanisch, Kirgisisch). Die Verbreitung dieser Sprachfamilie reicht vom Balkan bis nach China und vom Polarkreis bis zum südlichen Iran und umfasst etwa 130 Mio. Menschen.

Turnen, von *Friedrich Ludwig Jahn* (»Turnvater Jahn«, 1778–1852) geprägte Sammelbezeichnung für alle Leibesübungen, die zur körperlichen Ertüchtigung dienen. Das *Kunstturnen* besteht aus *Boden-* und *Geräteturnen* (Reck, Barren, Langpferd und Ringe für Herren, Stufenbarren, Seitpferd und Schwebebalken für Damen). Das *Sonderturnen* dient der Verhinderung von Haltungsfehlern und -schäden. Im weiteren Sinne gehören zum Turnsport → Trampolinturnen, *Rhythmische Sportgymnastik* (→ Gymnastik), *Turnspiele* und *Aerobic* dazu.

Turnier [frz.], *das,* ursprünglich ein mittelalterliches Kampfspiel zu Pferd zwischen → Rittern, das Festcharakter hatte oder der Vorbereitung auf den Kampf diente; heute ein sportlicher Wettkampf mit einer großen Zahl von Teilnehmern, bei dem der Sieger in mehreren Durchgängen ermittelt wird (z. B. *Schachturnier*).

Tut-ench-Amun, *Tutanchamun* († 1337 v. Chr.), ägyptischer König der 18. Dynastie, der um 1347 v. Chr. Nachfolger von König *Echnaton* (Amenophis IV.) wurde und zur alten, von Echnaton (zugunsten von Aton als einzigem Gott) abgeschafften Amunreligion zurückkehrte.

Tuvalu, Inselstaat in → Ozeanien, der neun Atolle umfasst. Einziges landwirtschaftliches Erzeugnis sind Kokosnüsse. Die flachen, aus Korallenriffen bestehenden Inseln wurden ab 300 von polynesischen Einwanderern besiedelt. Im 16. Jh. wurden sie von den Spaniern entdeckt, aber erst im 19. Jh. ließen sich europäische und amerika-

---

Turkmenistan (Türkmenistan)
Staatsform: Präsidiale Republik
Hauptstadt: Aschgabad
Fläche: 488 100 km²
Einwohner: 4,1 Mio.
Bevölkerungsdichte: 8/km²
Amtssprache: Turkmenisch
Währung: Turkmenistan-Manat (TMM)
Nationalitätskennzeichen: TM

Turkmenistan

Tut-ench-Amun
••••••••••••••••••••
Bedeutung erlangte der Pharao Tut-ench-Amun vor allem durch die Entdeckung seines Grabes durch den englischen Archäologen Howard Carter (1922). Es war nahezu unversehrt und enthielt u. a. den Sarkophag des Königs. Dieser bestand aus vier ineinander gestellten vergoldeten Holzschreinen in einem Quarzitsarkophag mit wiederum drei reich verzierten mumienförmigen Schreinen. Der innerste ist aus reinem Gold gefertigt und enthält die Mumie des Königs, der im Alter von etwa 18 Jahren ermordet wurde.

Tuvalu
Staatsform: Parlamentarische Monarchie
Hauptstadt: Vaiaku bei Fongafale
Fläche: 26 km²
Einwohner: 9000
Bevölkerungsdichte: 346/km²
Amtssprache: Tuvaluisch, Englisch
Währung: Austral. Dollar ($ A)
Nationalitätskennzeichen: TUV

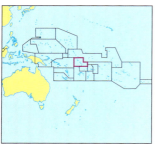

Tuvalu

nische Händler nieder. Als *Ellice-Inseln* wurden die Inseln 1892 gemeinsam mit den benachbarten Gilbert-Inseln britisches Protektorat und 1916 Kolonie. Nach der Trennung von den Gilbert-Inseln (1976) wurden die Inseln 1978 unter dem neuen Namen *Tuvalu* (»Achtergruppe«) unabhängig, gehören aber weiterhin dem → Commonwealth an.

Twist [engl.], *der,* Modetanz in schnellem $4/4$-Takt, der Ende der 50er Jahre in den USA entstand.

Typ [von griech. typos = »Gepräge«], *der,* Urbild, Grundform, in der Psychologie die Eigenarten, die jemand mit einer Gruppe von anderen Menschen gemeinsam hat.

Typhus [von griech. typhos = »Nebel«], *der,* meldepflichtige Infektionskrankheit, die mit hohem Fieber, in der zweiten Woche mit Durchfall und Ausschlag verbunden ist. Die Krankheit wird durch → Salmonellen hervorgerufen und durch verunreinigtes Wasser oder den Urin oder Stuhlgang einer infizierten Person übertragen.

Tyr, *Tiu, Ziu,* in der germanischen Mythologie der Gott des Krieges.

Tyrann [griech.], *der,* im Altertum ein Alleinherrscher. Die **Tyrannis** war in Griechenland vom Ende des 7. Jh. bis etwa zur Mitte des 5. Jh. v. Chr. eine gebräuchliche Staatsform, die die bis dahin übliche Adelsherrschaft ablöste. Insbesondere in wirtschaftlich blühenden Städten betrieben Tyrannen eine zielgerichtete Politik und förderten oft die Kunst (z. B. Peisistratos in Athen). Heute versteht man unter einem Tyrannen allgemein einen Gewaltherrscher oder einen herrschsüchtigen Menschen, dessen auf Willkür gegründete Herrschaft als **Tyrannei** bezeichnet wird.

Tyrrhenisches Meer, Teil des → Mittelmeers zwischen Sardinien, Sizilien und dem italienischen Festland.

U, Abkürzung für »Umdrehungen« bei Drehzahlen (z. B. 33 1/3 U/s).

Überlagerung, in der Physik → Interferenz.

Überschallgeschwindigkeit, Geschwindigkeit, die größer ist als die → Schallgeschwindigkeit in der Luft, also höher als etwa 1200 km/h.

U-Boot, Abkürzung für → Unterseeboot.

UdSSR, Abkürzung für *Union der Sozialistischen Sowjetrepubliken* (→ Sowjetunion).

UEFA, Abkürzung für frz. *Union Européenne de Football Association,* die Europäische Fußballunion (mit Sitz in Bern). Die 1954 gegründete internationale Vereinigung der Fußballverbände führt alle vier Jahre die Europameisterschaft durch und organisiert alljährlich die Europapokalspiele.

UFO, eigentlich Abkürzung für engl. *Unidentified Flying Object* (unidentifiziertes Flugobjekt), aber im Deutschen zumeist als Abkürzung für *Unbekanntes Flugobjekt* gedeutet.

Uganda, Staat in Ostafrika, der den Nordteil des Ostafrikanischen Hochlandes, einer 1000–2000 m hoch liegenden Hochebene, einnimmt. Der Binnenstaat erstreckt sich vom Victoriasee im Süden entlang dem Oberlauf des Weißen → Nils und wird im Westen und Osten von Randschwellen mit hohen Vulkanen überragt *(Ruwenzori-Massiv* bis 5109 m hoch). Wirtschaftlich stützt sich Uganda in erster Linie auf den Export landwirtschaftlicher Erzeugnisse (vor allem Kaffee sowie Tabak und Tee). In dem überwiegend von Bantustämmen bewohnten Gebiet bestanden vier Königreiche unter der Oberhoheit von *Buganda,* als es 1896 britisches Protektorat wurde. 1962 erlangte Uganda seine Unabhängigkeit und wurde 1963 eine föderative Republik, die weiterhin dem → Commonwealth angehört. Nach einem Staatsstreich von Ministerpräsident Obote wurden 1966 die bis dahin bestehenden Monarchien aufgelöst. Das Terrorregime General Idi Amins, der 1971 mit einem Militärputsch die Macht übernahm, wurde 1979 mithilfe tansanischer Truppen beendet. Ein weiteres Militärregime, das

■ **Uganda:** *Die Portal Peaks (4280m) im Ruwenzori-Massiv*

1985 an die Macht kam, wurde 1986 von der Nationalen Widerstandsbewegung unter Yoweri Museveni abgelöst. Nach der Verabschiedung einer neuen Verfassung (1995) wurde Museveni 1996 als Präsident gewählt. Uganda leidet unter den afrikanischen Staaten am stärksten unter → Aids (etwa 8,5 % der Bevölkerung sind mit dem Aids-Virus infiziert, was bisher über 400 000 Todesopfer gefordert hat. (Siehe auch *Infokasten* auf Seite 682.)

UHF, Abkürzung für engl. *Ultra High Frequency,* der Bereich elektromagnetischer Wellen zwischen 300 und 3000 MHz, die aufgrund ihrer Wellenlänge (100–10 cm) auch als *Dezimeterwellen* bezeichnet und für → Fernsehen und Richtfunk genutzt werden.

Uhr, Gerät, mit dem man die → Zeit messen und als *Uhrzeit* anzeigen kann. Dabei wird entweder ein gleichförmiger astronomischer Ablauf (wie der scheinbare Umlauf der Sonne um die Erde), ein gleichmäßig ablaufender Vorgang (wie etwa das Fließen von Wasser oder das Rinnen von Sand aus einem Gefäß in ein anderes) oder ein sich periodisch wiederholender Vorgang (Schwingung eines → Pendels, einer → Unruh, eines → Quarzkristalls oder eines Atoms bzw. Moleküls) zugrunde gelegt.

Uhu, größte → Eulenart Europas. Der bis zu 70 cm lange Uhu, dessen Flügel eine Spannweite von 1,7 m erreichen, besitzt ein gelb- oder dunkelbraun geflecktes Gefieder mit langen Ohrfederbüscheln, einen Hakenschnabel und Greiffüße. Er kann seinen dicken Kopf mit den großen, runden Augen um 180° drehen. Uhus jagen nachts oder in der Dämmerung.

Ukraine, Staat in Osteuropa, der den südwestlichen Teil der Osteuropäischen Ebene umfasst und sich im Süden bis zum Schwarzen Meer erstreckt. Die Bevölkerung umfasst neben knapp 73 % Ukrainern und 22 % Russen zahlreiche

Überschallflugzeug

Als erstes *Überschallflugzeug* durchbrach die amerikanische Bell X-1 bereits 1947 die → Schallmauer. Während solche Flugzeuge zunächst nur im militärischen Bereich eingesetzt wurden, gibt es seit den 70er Jahren auch Passagierflugzeuge, die mit Überschallgeschwindigkeit fliegen (Concorde).
Beim Überschallflug erhöht sich der Luftwiderstand aufgrund der hohen Verdichtung, so dass das Flugzeug ein → Strahltriebwerk mit hoher Schubkraft benötigt. Gleichzeitig überholt es seine Schallwellen und schleppt sie als kegelförmige Kopfwelle hinter sich her, die sich im überflogenen Gebiet als *Überschallknall* und Lärmteppich bemerkbar macht.

UFO

Als UFOs werden Leuchterscheinungen bezeichnet, die in ihrem Ursprung nicht eindeutig erklärbar sind. Angebliche Fotoaufnahmen, die flache, rotierende Gebilde zeigen, führten auch zur Bezeichnung »Fliegende Untertassen«. Da sich diese Lichter wesentlich schneller als alle bekannten Flugzeugtypen bewegen, vermuten manche eine außerirdische Herkunft, d. h., bei den UFOs soll es sich um Raumschiffe aus anderen Sonnensystemen handeln. Es wird sogar behauptet, dass abgestürzte UFOs (teilweise mit Insassen) sowohl in den USA als auch in der früheren UdSSR entdeckt worden sind. Andere glauben eher an Besucher aus der Zukunft oder einer anderen Dimension. Die meisten Beobachtungen konnten jedoch wissenschaftlich erklärt werden: als Wetterballons, Ultraleichtflugzeuge, Lichtreflexe in der Atmosphäre, Kugelblitze, Sinnestäuschungen oder Täuschungsversuche durch gefälschte Foto- und Filmaufnahmen.

Uganda

Staatsname:	Republik Uganda
Staatsform:	Präsidiale Republik
Hauptstadt:	Kampala
Fläche:	241 038 km²
Einwohner:	21 Mio.
Bevölkerungsdichte:	87/km²
Amtssprache:	Kisuaheli, Englisch
Währung:	Uganda-Shilling (U. Sh.)
Nationalitätskennzeichen:	EAU

Uganda

Ultraschalldiagnostik

Im Prüfkopf des Gerätes werden Ultraschallimpulse ausgesendet, die von der Gewebsflüssigkeit und den Gewebeteilen unterschiedlich stark reflektiert, dann im Prüfkopf als Echo wieder empfangen und auf einen Bildschirm übertragen werden. Die Ultraschalldiagnostik wird auch im Rahmen von Schwangerschaftsvorsorgeuntersuchungen eingesetzt, um festzustellen, wie groß der → Fetus ist und wie seine Entwicklung abläuft.

Minderheiten (u. a. Juden, Moldauer, Bulgaren, Polen und Ungarn). Die Ukraine ist reich an Bodenschätzen (u. a. Kohle, Erdöl und Erdgas, Erze) und besitzt eine bedeutende Schwer- und Maschinenindustrie. Das im Altertum von den Kimmerern und Skythen bewohnte Gebiet wurde ab Mitte des 1. Jt. v. Chr. von ostslawischen Stämmen besiedelt. Ende des 9. Jh. bildete sich das *Kiewer Reich,* das seine Blütezeit im 11. Jh. hatte. Bereits 988 wurde das Land von Byzanz aus christianisiert. Ab 1054 zerfiel das Kiewer Reich in mehrere Fürstentümer. Kiew selbst geriet im 13. Jh. in die Abhängigkeit der Mongolen. Im 14. Jh. wurden ukrainische Gebiete von Litauen erobert oder fielen an Polen. Ab Ende des 15. Jh. musste sich die Ukraine der Osmanen und der Krimtataren erwehren. Nach der Vereinigung von Polen und Litauen 1569 wurde Kiew polnisch. Ein Aufstand der Kosaken, die sich im 16. Jh. am Dnjepr niedergelassen hatten, erreichte ab 1648 unter dem Hetman Bogdan Chmelnizki (um 1595–1657) mit russischer Hilfe die Unabhängigkeit der Ukraine, aber nach seinem Tod wurde die Ukraine aufgeteilt: Russland erhielt das ukrainische Gebiet östlich des Dnjepr, Polen das ukrainische Gebiet westlich davon. Mit der zweiten und dritten Teilung → Polens fiel Ende des 18. Jh. auch die westlich des Dnjepr liegende Ukraine (mit Ausnahme von Ostgalizien und Nordbukowina, die bei der ersten Teilung zu Österreich gekommen waren) an Russland. Nach der Oktoberrevolution entstand die *Ukrainische Sozialistische Sowjetrepublik.* Nach dem Polnisch-Russischen Krieg 1920 erhielt Polen erneut die westliche Ukraine, während der östliche Teil 1922 Unionsrepublik der → Sowjetunion wurde. Als Polen nach dem Pakt zwischen → Hitler und → Stalin und dem Einmarsch deutscher Truppen 1939 aufgeteilt wurde, kamen Ostgalizien und Wolhynien, 1940 auch die Nordbukowina zur Ukraine zurück. 1945 wurde Karpato-Russland eingegliedert, das vor dem Ersten Weltkrieg und ab 1938 zu Ungarn und 1919–1938 zur → Tschechoslowakei gehört hatte. Die → Krim wurde 1954 der Ukraine zugeschlagen. Nachdem sich die Ukraine bereits Mitte 1990 für selbstständig erklärt hatte, verkündete sie 1991 ihre Unabhängigkeit, ist aber Mitglied der → GUS. Mitte 1996 wurde eine neue Verfassung verabschiedet, die den Präsidenten stärkt. Die Ukraine verzichtete 1996 auf alle Atomwaffen der früheren UdSSR. Die überwiegend von Russen bewohnte Krim ist eine autonome Republik mit eigener Verfassung, die aber Bestandteil der Ukraine bleibt.

UKW, Abkürzung für → *Ultrakurzwelle.*

Ulmen, zu den *Ulmengewächsen* gehörende Gattung von zumeist sommergrünen Bäumen und Sträuchern, die auf der nördlichen Erdhalbkugel in Gebieten mit gemäßigtem Klima oder Gebirgsregionen wachsen.

■ *Die in Büscheln stehenden Blüten einer* **Ulme**

Ulster [ˈʌlstə], historische Provinz in → Irland, die seit 1921 geteilt ist. Sechs Grafschaften gehören seitdem als → Nordirland zum Vereinigten Königreich (→ Großbritannien und Nordirland), drei zur Republik Irland.

Ultrakurzwellen, *UKW,* engl. *VHF,* → elektromagnetische Schwingungen mit einer Frequenz zwischen 30 und 300 MHz, die wegen ihrer Wellenlänge (10–1 m) auch als *Meterwellen* bezeichnet werden. Im Gegensatz zu → Lang-, Mittel- und Kurzwellen breiten sich Ultrakurzwellen in der Atmosphäre geradlinig aus, so dass ihre Reichweite weitgehend durch die Sichtweite ohne Hindernis begrenzt ist, sofern es nicht zu Überreichweiten kommt. Verwendung finden sie im Hörfunk und Fernsehen sowie in der Flugnavigation und im Polizeifunk.

Ultraschall, → Schallwellen jenseits des menschlichen Hörvermögens, d. h. mit einer Frequenz über 20 kHz. Da Ultraschallwellen einen hohen Schalldruck haben, können sie zur Übertragung von Energie verwendet werden. Aufgrund ihrer geradlinigen Ausbreitung finden sie außerdem

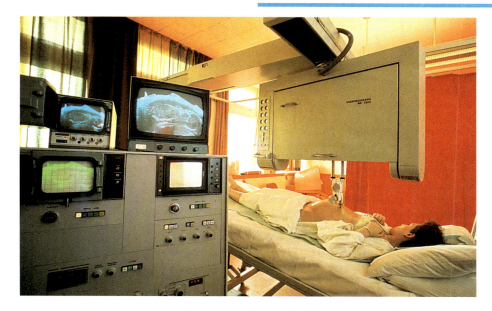

Ukraine (Ukraïna)
Staatsform: Republik
Hauptstadt: Kiew
Fläche: 603 700 km²
Einwohner: 51,5 Mio.
Bevölkerungsdichte: 85/km²
Amtssprache: Ukrainisch
Währung: Griwna
Nationalitätskennzeichen: UA

Ukraine

■ *Ultraschalldiagnostik*

Verwendung bei der Untersuchung von Werkstoffen und der Ortung (→ Echolot).

Ultraschalldiagnostik, *Sonographie, die,* Verfahren, mit dem man schmerzfrei und ohne Strahlenbelastung für den Patienten Organe im Inneren des Körpers sichtbar machen kann. Verwendet werden Ultraschallwellen mit 1–10 MHz.

Ultraviolettstrahlung, *UV-Strahlung,* für das menschliche Auge nicht sichtbare → elektromagnetische Schwingungen, die sich im → Spektrum an das violette Licht anschließen und eine Wellenlänge von 400–10 nm haben. UV-Strahlen fördern in kleinen Dosen die Gesundheit und regen den Stoffwechsel an. Sie bewirken eine Bräunung der Haut (durch Dunkelfärbung von → Pigmenten) und führen im Körper zur Bildung von Vitamin D, das → Rachitis verhütet. Überdosierung kann Schäden hervorrufen. UV-Strahlung ist im Sonnenlicht enthalten, aber ein Großteil wird durch die → Ozonschicht in der Erdatmosphäre abgehalten. Außerdem wird UV-Licht in hohem Maße durch Glas absorbiert (Sonnenbrille).

Umlaut, Veränderung eines → Vokals unter dem Einfluss eines nachfolgenden Vokals oder Halbvokals (i bzw. j in der Folgesilbe): von *a* zu *ä* (z. B. *Kahn – Kähne*), *o* zu *ö* (*Sohn – Söhne*), *u* zu *ü* (*Kuh – Kühe*) sowie *au* zu *äu* (*Baum – Bäume*).

Umstandswort, deutsche Bezeichnung für → Adverb.

U-Musik, Abkürzung für → Unterhaltungsmusik.

Umwelt, natürlicher Lebensraum eines Lebewesens; beim Menschen auch die soziale Umgebung.

UN, Abkürzung für engl. *United Nations,* → Vereinte Nationen.

Unabhängigkeitskrieg, *amerikanische Revolution,* Krieg, den die 13 britischen Kolonien in *Neuengland* gegen Großbritannien führten, um ihre Unabhängigkeit vom Mutterland zu erreichen. Die Revolution wurde 1773 durch die sog. *Boston Tea Party* ausgelöst, als verkleidete Mitglieder einer Unabhängigkeitsbewegung eine Schiffsladung Tee im Hafen von Boston vernichteten, um gegen die Zollabgaben zu protestieren. 1774 beschloss der erste Kontinentalkongress der neuenglischen Kolonien einen Boykott britischer Waren. Nach ersten Gefechten zwischen britischen Truppen und nordamerikanischen Milizen (1775) erklärten die Kolonien Mitte 1776 ihre Unabhängigkeit (4. Juli 1776 Verabschiedung der *Unabhängigkeitserklärung* durch den Kontinentalkongress). Unter dem Oberbefehl von George → Washington erkämpften die USA mit französischer Unterstützung bis 1781 die Loslösung vom Mutterland. Großbritannien erkannte die Unabhängigkeit 1783 im Frieden von Paris endgültig an.

Unbefleckte Empfängnis, 1854 von Papst

Umweltschutz

Unter *Umweltschutz* versteht man alle Maßnahmen und Bestrebungen, die natürlichen Lebensgrundlagen für Menschen, Tiere und Pflanzen zu erhalten und bereits eingetretene Schäden zu beseitigen bzw. neue Schädigungen einzuschränken oder ganz zu verhindern. Der Umweltschutzgedanke entwickelte sich in den 70er Jahren und fand auch schnell Eingang in die Gesetzgebung, so dass es nicht nur Umweltministerien auf Bundes- und Länderebene gibt, sondern auch gesetzlich verankerte Grenzwerte für die Belastung der Luft, des Wassers und der Böden bestehen. Besondere Bedeutung kommt dem Tier- und Pflanzenschutz zu, weil viele Arten vom Aussterben bedroht sind. Da der Schutz der Umwelt ein globales, für die ganze Erde geltendes Problem ist, existieren auch internationale Umweltschutzorganisationen wie → *Greenpeace* und → *WWF* und ein Umweltprogramm der → Vereinten Nationen, das Umweltschutzmaßnahmen koordinieren soll (*UNEP*).

Ungarn (Magyarország)
Staatsname: Republik Ungarn
Staatsform: Republik
Hauptstadt: Budapest
Fläche: 93 036 km²
Einwohner: 10,1 Mio.
Bevölkerungsdichte: 108,5/km²
Amtssprache: Ungarisch
Währung: Forint (Ft)
Nationalitätskennzeichen: H

Ungarn

UNESCO

Pius IX. erlassenes → Dogma der katholischen Kirche, das besagt, dass Maria von ihrer Empfängnis an ohne → Erbsünde war.

Unbewusstes, alle psychischen Vorgänge, die nicht bewusst erlebt werden, d. h. dem unmittelbaren Zugriff des Bewusstseins entzogen sind. Mit dem Unbewussten befasst sich die → Tiefenpsychologie.

unendlich, in der Mathematik die Aussage, dass eine Größe (Zeichen ∞) jeden beliebigen endlichen Wert übersteigt. Unendlich viele natürliche Zahlen bedeutet also, dass es zu jeder Zahl eine noch größere gibt. Eine wichtige Rolle spielt der Begriff der Unendlichkeit in der → Infinitesimalrechnung als *unendlich kleiner* Wert, der gegen Null strebt.

UNESCO, Abkürzung für engl. *United Nations Educational Scientific and Cultural Organization,* die Organisation der → Vereinten Nationen für Erziehung, Wissenschaft und Kultur, die vor allem die Schulausbildung in den Entwicklungsländern und den Kulturaustausch fördern soll.

Unfehlbarkeit, in der katholischen Kirche die 1870 durch ein Dogma festgelegte Überzeugung, dass der → Papst in Glaubens- und Sittenfragen nicht irren kann, wenn er die kirchliche Lehre förmlich (»ex cathedra«) verkündet.

Unfruchtbarkeit, *Sterilität,* Unfähigkeit, lebende Nachkommen zu zeugen oder zu gebären.

Ungarn, Staat in Mitteleuropa, der eine ausgedehnte Senke (Großes und Kleines Ungarisches Tiefland) einnimmt und von Mittelgebirgen umrahmt wird. Das Land wird zu fast 98 % von Ungarn bewohnt, doch seit dem Verlust von früheren Gebieten leben rund 3,5 Mio. Ungarn als Minderheiten im Ausland (vor allem in Rumänien und der Slowakei). Ungarn stützt sich in erster Linie auf seine Industrie, besitzt aber wenig Bodenschätze (mit Ausnahme von Bauxit und Braunkohle); die Landwirtschaft konzentriert sich auf Getreideanbau. Im Altertum drangen Skythen und Kelten in die Ungarische Tiefebene ein. Im 1. Jh. v. Chr. entstand die römische Provinz *Pannonia.* Nachdem ab dem 3. Jh. germanische Völker (wie etwa die Goten) eingedrungen waren, wurde das Gebiet im 5. Jh. von den → Hunnen, später von den Awaren beherrscht. Noch Ende des 9. Jh. war die Bevölkerung überwiegend slawisch, bevor um 900 die Magyaren unter Arpad einfielen. Das halbnomadische Volk von Reiterhirten wurde im 10. Jh. sesshaft. 997 entstand ein ungarisches Königreich, das unter Stephan I. (997–1038) das Christentum annahm. Unter Ludwig I. (1342–82)

■ **Ungarn:** Die Puszta Hortobágy, das größte Steppengebiet Mitteleuropas

gewann Ungarn nicht nur die Vormachtstellung auf dem Balkan, sondern wurde auch 1370 in Personalunion mit → Polen vereinigt (bis 1526). Im 15. Jh. wurde es unter Matthias I. Corvinus (1458–1490) zu einer europäischen Großmacht, aber nach der Niederlage bei Mohács 1526 gegen das → Osmanische Reich zerfiel es in drei Teile. Der Nordwesten kam unter die Herrschaft der → Habsburger, während der Rest unter osmanischer Oberhoheit stand; → Siebenbürgen im Osten blieb jedoch verhältnismäßig selbstständig. Nachdem die Osmanen bis Ende des 17. Jh. zurückgedrängt worden waren (→ Türkenkriege), wurde ganz Ungarn 1699 habsburgisches Kronland. Sowohl der ungarische Freiheitskampf Anfang des 18. Jh. als auch die ungarische Revolution 1848/49 wurden niedergeworfen. Doch 1867 gestand Österreich mit der österreichisch-ungarischen Doppelmonarchie Ungarn weitgehende Gleichberechtigung zu. Nach dem Ersten Weltkrieg wurde Ungarn unabhängig. Zunächst wurde die Republik ausgerufen. 1919 bestand sogar kurzzeitig eine Räterepublik (→ Rätesystem). Ab 1920 war Ungarn eine Monarchie mit Miklós Horthy als Reichsverweser. Ungarn musste im Frieden von Trianon (1920) mehr als zwei Drittel seines Staatsgebiets abtreten. 1946 wurde erneut die Republik ausgerufen; doch ab 1949 war Ungarn eine Volksrepublik nach sowjetischem Muster mit Verstaatlichung der Industrie und Kollektivierung der Landwirtschaft. Nach der Niederschlagung eines Volksaufstandes 1956 durch sowjetische Truppen verfolgte Ungarn eine vorsichtige Liberalisierung auf wirtschaftlichem Gebiet (»Gulasch-Kommunismus«). Ab 1987 bildeten sich Oppositionsparteien; 1989 verzichtete die Kommunistische Partei auf ihr Machtmonopol. Ungarn ist seit Oktober 1989 eine demokratische Republik. 1990 fanden die ersten freien Wahlen statt. Zahlreiche Staatsbetriebe sind seitdem privatisiert worden.

Ungleichung, mathematischer Ausdruck, bei dem die Größen entweder durch das Zeichen für ungleich (≠) oder für »kleiner« (<), »kleiner oder gleich« (≤), »größer« (>) oder »größer oder gleich« (≥) miteinander verknüpft sind.

UNICEF, *die,* Abkürzung für engl. *United Nations International Children's Emergency Fund,* das Internationale Kinderhilfswerk der → Vereinten Nationen, das die Ernährung und medizinische Versorgung von Kindern und Jugendlichen in hilfebedürftigen Ländern sicherstellen soll.

universal [lat.], allgemein, umfassend, gesamt; auch in zusammengesetzten Wörtern (z. B. *Universalschlüssel*).

Universität [lat. »Gesamtheit«], *die,* → Hochschule, die als Lehr- und Forschungsstätte alle Wissensgebiete (vorwiegend wissenschaftliche) behandelt.

Universum [lat.], *das,* Weltall, Weltraum (→ Kosmos).

Unken, Gattung der niederen → Froschlurche, deren Vertreter bis zu 7 cm lang werden. Die gesellig lebenden Tiere halten sich ihr ganzes Leben lang vorwiegend im Wasser auf. Bei Gefahr wölben sie ihren Körper schüsselförmig auf und zeigen ihre grell gefärbten Hand- und Fußflächen. Ihre mit Warzen besetzte Haut sondert ein giftiges Sekret ab, das die Schleimhäute stark reizt. In Mitteleuropa sind *Gelbbauch-* und *Rotbauchunke* verbreitet.

UNO, *die,* Abkürzung für engl. *United Nations Organization* (→ Vereinte Nationen).

Unpaarhufer, *Unpaarzeher,* Ordnung von → Säugetieren, die eine besonders stark ausgebildete Mittelzehe besitzen, während die übrigen Zehen mehr oder weniger stark zurückgebildet sind (→ Nashörner → Pferde, → Tapire).

unplugged [engl. 'ʌnplʌgd] »nicht ans Stromnetz angesteckt«], Bezeichnung für Aufnahmen von Rockmusik, die weitgehend ohne elektrisch verstärkte Instrumente und live, ohne großen Studioaufwand, eingespielt worden sind.

Unruh, *Unruhe,* in mechanischen → Uhren das Schwungrad, dessen Drehschwingung den Gang der Uhr regelt.

Unschärferelation, *Heisenberg'sche Unschärferelation,* von Werner Heisenberg (1901–1976) innerhalb der → Quantentheorie 1927 entwickelte Beziehung, nach der die Geschwindigkeit (bzw. der → Impuls) und der Ort eines → Elementarteilchens nicht gleichzeitig mit der gleichen Genauigkeit gemessen werden können. Misst man den Impuls des betreffenden Teil-

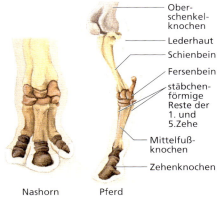

■ **Unpaarhufer:** *Das Hauptgewicht des Körpers lastet auf der Mittelzehe*

chens, so kann man den Ort dieses Teilchens zur Zeit der Messung nicht mehr genau bestimmen. Deshalb ist es auch unmöglich, die Bewegung eines Teilchens genau vorauszuberechnen.

Unsterblichkeit, Glaube an das Fortleben des Menschen nach seinem Tod. Die meisten Religionen glauben an die Unsterblichkeit der → Seele und nehmen entweder an, dass der Mensch nach seinem Tod wiedergeboren wird (→ Reinkarnation) oder ein körperloses Leben im Jenseits weiterführt.

Untergrundbahn, *U-Bahn,* elektrische Schnellbahn für die Personenbeförderung, die hauptsächlich in Großstädten verkehrt. Das Schienennetz befindet sich überwiegend unter der Erde, aber teilweise, vor allem in Außenbezirken, sind auch Abschnitte möglich, auf denen die U-Bahn teilweise als *Hochbahn* fährt. Die Zuleitung des elektrischen Stromes erfolgt über eine Stromschiene, die neben den Fahrschienen verlegt ist.

Unterhaltungsmusik, *U-Musik,* im weitesten Sinne die gesamte Musik, die der Unterhaltung dient, aber seit dem 19. Jh. als Abgrenzung gegenüber der Kunst- oder E-Musik (klassische Musik) verwendete Bezeichnung für die »leichte« Musik, die in ihrer Form gefällig ist und sich an ein breites Publikum wendet. Die Unterhaltungsmusik fand ihren Ursprung im zweiten Drittel des letzten Jahrhunderts mit der Entstehung volkstümlicher Singspiele und → Operetten. Die kommerziell ausgerichtete U-Musik macht heute bei weitem den größten Teil der Musik aus und besitzt eine große Bandbreite, die von der → Volksmusik über Schlager und Tanzmusik bis zur → Popmusik reicht. Verschie-

Die ältesten Universitäten

Parma	1066
Bologna	1119
Oxford	um 1170
Modena	1175
Salamanca	1218

Weitere alte Universitäten:

Paris	1253
Lissabon	1290
Rom	1303
Prag	1348
Krakau	1364
Wien	1356
Heidelberg	1386
Köln	1388

U-Bahn

Die erste U-Bahn wurde 1863 in London in Betrieb genommen, zunächst als Dampfbahn; doch bereits 1890 wurde sie durch eine elektrische Bahn ersetzt. Elektrische U-Bahnen gab es bald auch in anderen europäischen und amerikanischen Städten, so in Paris (»Metro«, 1900), Berlin (1902) und New York (1904). Heute bestehen weltweit in etwa 80 Städten U-Bahn-Netze, das längste mit mehr als 400 km in London.

Uran

Zeichen: U
Ordnungszahl: 92
Atommasse: 238,03
Dichte: 18,95 g/cm³
Schmelzpunkt: 1132 °C
Siedepunkt: 3818 °C

Uranus

Durchmesser: 51 118 km
Entfernung von der Sonne:
 2871 Mio. km
Umlaufzeit: 84,01 Jahre
Rotationsdauer:
 17 Stunden 14 Minuten
Masse: 8,7·10²¹ t
Dichte: 1,2 g/cm³
Größte Satelliten:
 Titania (1580 km),
 Oberon (1524 km),
 Umbriel (1172 km),
 Ariel (1158 km),
 Miranda (480 km)

Uri

Universum

Nach dem Standardmodell des Universums war das gesamte Weltall vor 12–20 Milliarden Jahren zu einer winzigen *Singularität* mit extrem hoher Temperatur und Dichte zusammengedrängt. In diesem Zustand hatten die bekannten Gesetze der Physik keine Gültigkeit; Materie und Energie waren ebenso wie die verschiedenen → Kräfte noch nicht voneinander getrennt. Mit dem »Urknall« setzte eine explosionsartige Ausdehnung ein; das Universum blähte sich nach 10 Sekunden ungeheuer stark auf. Doch bereits nach 10 Sekunden endete diese sog. *inflationäre Phase* wieder. Die Ausdehnung verlangsamte sich danach sehr stark und erreichte allmählich den heutigen Wert. Gleichzeitig sank die Temperatur innerhalb von Sekundenbruchteilen so stark, dass die Entwicklung zu dem heute bekannten Universum einsetzen konnte.

■ *Unterseeboot*

dene Bereiche, die ebenfalls der U-Musik zugerechnet werden, wie etwa → Jazz und Rockmusik, besitzen jedoch ein eigenes künstlerisches Niveau.

Unterhaus, Bezeichnung für die zweite Kammer eines aus zwei Kammern bestehenden → Parlaments (z. B. in Kanada und Japan). In engerem Sinn ist damit das britische *House of Commons* gemeint, das zusammen mit dem → Oberhaus das Parlament in Großbritannien bildet.

Unterseeboot, *U-Boot,* Unterwasserfahrzeug, das für militärische Zwecke, Forschungsaufgaben oder spezielle Arbeiten unter Wasser eingesetzt wird. Der Rumpf eines Unterseeboots besteht aus zwei Hüllen. Zwischen diesen Hüllen befinden sich die Ballasttanks, die geflutet werden können. Das U-Boot taucht, indem es Wasser aufnimmt. Dadurch vergrößert es sein Gewicht so stark, dass es das Gewicht der von ihm verdrängten Wassermenge übertrifft. Zum Auftauchen wird das Wasser mithilfe von Druckluft wieder herausgedrückt. Für den Antrieb sorgen Diesel- und Elektromotoren, seit 1955 auch Atomkraft. Die Höchstgeschwindigkeit beträgt etwa 45 km/h. Für militärische Zwecke können U-Boote mit → Torpedos, Wasserbomben und Raketen mit nuklearen Sprengköpfen ausgerüstet sein.

Untersuchungsausschuss, in Deutschland ein vom Bundestag oder von einem Landtag eingesetztes Gremium, das bestimmte Sachverhalte (z. B. Vorwurf der Bestechlichkeit eines Politikers) aufklären und dann dem Parlament darüber berichten soll. Ein Untersuchungsausschuss muss eingesetzt werden, wenn ein Viertel der Abgeordneten dies beantragt.

Unterwalden, zwei Halbkantone in der → Schweiz, *Unterwalden nid dem Wald* (→ Nidwalden) und *Unterwalden ob dem Wald* (→ Obwalden).

Unze, Maß- und Gewichtseinheit, die bereits in der Antike verwendet wurde. Die Unze ist noch heute im angloamerikanischen Raum als *Ounce* (= 28,35 g) gebräuchlich und wird als Feingewicht für Edelmetalle benutzt *(Feinunze* = 29,82 g).

Update [engl. 'ʌpdeɪt], *das,* neue Programmversion einer → Software, mit deren Hilfe man ein im PC vorhandenes Programm auf den aktuellen Entwicklungsstand bringen kann.

Ur, antiker Stadtstaat in → Sumer, der seine Blütezeit um die Mitte des 3. Jt. v. Chr. (1. Dynastie von Ur) und im neusumerischen Reich (3. Dynastie von Ur, etwa 2100–1950 v. Chr.) hatte. Die Ruinenstätte befindet sich heute im südlichen → Irak.

Ur, *der,* → Auerochse.

Urabstimmung, bei → Gewerkschaften Abstimmung der Mitglieder, ob ein → Streik durchgeführt oder beendet oder ein Tarifvertrag angenommen werden soll. Dabei müssen 75 % der abstimmenden Mitglieder zustimmen.

Ural, über 2000 km langes und bis zu 150 km breites Mittelgebirge (höchste Erhebung: *Narodnaja,* 1894 m) in Russland, das die Osteuropäische Ebene vom Westsibirischen Tiefland trennt. Es erstreckt sich in nord-südlicher Richtung von der Karasee, einem Randmeer des Polarmeers, bis zur Kaspischen See. Zusammen mit dem gleichnamigen 2534 km langen Fluss, der im südlichen Ural entspringt, bildet das Gebirge die Grenze zwischen Europa und Asien. Da der Ural reich an Bodenschätzen ist, hat sich hier eine bedeutende russische Industrie entwickelt.

Uran [nach dem Planeten → Uranus], *das,* ein → chemisches Element. Das silberweiße Schwermetall, das in vielen Gesteinen, vor allem in *Uranpecherz,* enthalten ist, zerfällt, weil es radioaktiv ist (→ Radioaktivität). Das → Isotop Uran 235 wird für die → Kernspaltung verwendet und für → Atombomben sowie als Brennelement in → Kernreaktoren genutzt.

Uranus, von der Sonne aus gesehen der siebte Planet im Sonnensystem (Zeichen ⛢). Er wurde erst 1781 von Friedrich Wilhelm Herschel (1738–1822) mit dem Teleskop entdeckt. Seit 1977 weiß man, dass er ähnlich wie der → Saturn ein Ringsystem besitzt: insgesamt elf Ringe, die aus Eisbrocken bestehen, aber wegen des kohlenstoffhaltigen Überzugs dunkel sind. Über der gefrorenen Oberfläche befindet sich eine Atmosphäre aus Wasserstoff, Helium, Ammoniak und Methan. Eine Besonderheit des Uranus ist die extreme Neigung seiner Rotationsachse zur Bahnebene (um 98°), d. h., er rotiert nahezu in der Bahnebene und wendet der Sonne 42 Jah-

re lang, die Hälfte seiner Umlaufzeit, jeweils einen Pol zu. Neben den fünf großen Hauptmonden besitzt der Uranus noch mindestens zehn kleine Satelliten.

Urheberrecht, *Copyright,* Recht des Schöpfers eines künstlerischen oder wissenschaftlichen Werks (Literatur, Musik, Film, Fotografie, bildende Kunst usw.), über sein Werk bzw. die Idee als geistiges Eigentum zu verfügen. Das bedeutet, dass eine Vervielfältigung und Verbreitung nur mit seiner Genehmigung und zumeist gegen Zahlung einer Gebühr *(Lizenz)* erlaubt ist. Dieses Schutzrecht endet erst 70 Jahre nach dem Tod des Urhebers (bei Fotografien bereits 25 Jahre nach der Veröffentlichung).

Uri, Kanton in der → Schweiz.

Urin [lat. »Wasser«], *der,* auch als *Harn* bezeichnete Körperflüssigkeit, die von den Nieren über die → Harnröhre ausgeschieden wird und in gelöster Form Stoffwechselprodukte und Mineralsalze enthält.

Urknall, engl. *Big bang* [ˈbɪɡ ˈbæn], in der → Kosmologie die Bezeichnung für die früheste Entwicklungsphase des Universums.

Urstromtäler, breite, flache Täler in Norddeutschland, die während der → Eiszeiten entstanden sind. Die in Ost-West-Richtung verlaufenden Täler bildeten sich, als sich beim Abschmelzen der Gletscher das zur Nordsee hin abfließende Schmelzwasser vor dem Eisrand in Rinnen sammelte.

Urtierchen, deutsche Bezeichnung für → Protozoen.

Uruguay, Staat an der südamerikanischen Ostküste, der im Südosten und Süden an den Atlantik bzw. an den Río de la Plata, einen 300 km tief ins Festland hineinreichenden Mündungstrichter, grenzt. Das Hügelland wird im Westen durch den Río Uruguay von Argentinien getrennt, während im Norden und Osten kleinere Flüsse die Grenze zu Brasilien bilden. Das heute überwiegend von den Nachkommen weißer Siedler bewohnte Land war von den indianischen Chamía besiedelt, die seit dem 19. Jh. ausgestorben sind. 1515 wurde es von den Spaniern entdeckt, aber die spanische und portugiesische Besiedlung erfolgte erst im 17. Jh. Nach der Vertreibung der Portugiesen (1777) kam das Gebiet östlich des Uruguay-Flusses zum spanischen Vizekönigreich *Río de la Plata*. Als sich Argentinien 1810 gegen Spanien erhob, schloss sich Uruguay an; doch 1817 eroberten die Portugiesen das Land und gliederten es Brasilien an. Nach einem neuerlichen Freiheitskampf erlang-

■ **Uruguay:** *Die Plaza de la Independencia in Montevideo mit dem Palacio Salvo*

te Uruguay 1828 seine Unabhängigkeit. Der Bürgerkrieg zwischen den traditionellen Parteien, den liberalen »Colorados« und den konservativen »Blancos«, und ein Krieg gegen → Paraguay (1865–1870) schwächten das Land, bevor das Militär 1876 die Macht übernahm. Ab 1890 hatte Uruguay eine zivile Regierung. Im frühen 20. Jh. entwickelte es sich sogar zu einem Wohlfahrtsstaat, aber der Niedergang der Wirtschaft, die sich in hohem Maße auf die Landwirtschaft stützt (Anbau von Getreide und Viehzucht), und die terroristischen Aktionen der Tupamaros (Stadtguerilla) führten Ende der 60er Jahre zu einer Diktatur und 1973 zu einem Militärputsch. Seit den Parlamentswahlen 1984 ist Uruguay zur Demokratie zurückgekehrt.

Urwald, von menschlichen Eingriffen unberührt gebliebener → Wald, der sich noch in seinem Urzustand befindet und nicht wirtschaftlich genutzt wird.

Uruguay	
Staatsname:	Republik Östlich des Uruguay
Staatsform:	Präsidiale Republik
Hauptstadt:	Montevideo
Fläche:	176 215 km²
Einwohner:	3,2 Mio.
Bevölkerungsdichte:	18/km²
Amtssprache:	Spanisch
Währung:	Uruguayischer Peso (urug $)
Nationalitätskennzeichen:	ROU

Uruguay

■ **Urwald** *in Tasmanien*

Usbekistan (Uzbekiston)
Staatsname: Republik Usbekistan
Staatsform: Präsidiale Republik
Hauptstadt: Taschkent
Fläche: 447 400 km²
Einwohner: 22,8 Mio.
Bevölkerungsdichte: 51/km²
Amtssprache: Usbekisch
Währung: Usbekistan-Sum (U. S.)
Nationalitätskennzeichen: UZB

Usbekistan

USA, die, Abkürzung für engl. *United States of America* (→ Vereinigte Staaten von Amerika).

Usbekistan, Staat in Mittelasien, der vorwiegend wüstenhafte Ebenen südöstlich des Aralsees einnimmt. Im Osten, wo sich das fruchtbare Ferganatal befindet, ist er gebirgig. Zu Usbekistan gehört auch die Autonome Republik *Karakalpakistan* im Westen. Hauptexportgut des überwiegend von Usbeken (muslimisches Turkvolk, das erst im 16. Jh. einwanderte) bewohnten Landes ist Baumwolle. Außerdem werden Kohle, Erdöl und Erdgas, Erze und Gold gefördert. Das Gebiet spielte im Altertum eine wichtige Rolle an der → Seidenstraße. Es befand sich zunächst unter dem Einfluss der Bakirier, Parter und Choresmer, bevor es von den Persern und danach von den Griechen erobert wurde. Die ab dem 8. Jh. entstehenden kleinen Reiche kamen unter die Oberhoheit der Araber, bis im 13. Jh. die Mongolen das Land eroberten. Das Gebiet gehörte danach zu mehreren Khanaten, ehe es um die Mitte des 19. Jh. an das Russische Reich fiel. 1924 wurde die *Usbekische Sowjetrepublik* gegründet, die Teile Turkestans sowie die Sowjetrepubliken Buchara und Choresmien umfasste. Usbekistan erklärte sich 1990 für selbstständig. Seit 1991 ist es eine unabhängige Republik, die Mitglied der → GUS ist.

User [engl. ˈjuːzə »Benutzer«], der, jemand, der einen → PC nutzt.

Uterus [lat.], der, andere Bezeichnung für → Gebärmutter.

Utopie [von griech. ou = »nicht« und topos = »Ort«], die, ursprünglich literarische Schilderung einer Zukunfts- oder Idealwelt, nach dem Roman »Utopia« (1516) von *Thomas Morus* (1478–1535); allgemein ein unerfüllbarer Wunschtraum. Der *utopische Roman* ist ein phantastischer Roman, der eine in der Zukunft oder in einem geheimnisvollen, nicht wirklich existierenden Land angesiedelte Gesellschaft schildert. Diese Gesellschaft kann erhoffte ideale Züge tragen *(positive Utopie)* oder befürchtete negative Entwicklungen verkörpern *(negative Utopie* oder *Anti-Utopie,* z. B. »1984« von → Orwell oder »Schöne neue Welt« von Aldous Huxley). Wenn die Utopie die technischen Gesichtspunkte gegenüber der Gesellschaftskritik betont oder in erster Linie der Unterhaltung dient, spricht man von → Sciencefiction.

UV, Abkürzung für ultraviolett (z. B. *UV-Licht).*

V, 1. Einheitenzeichen für die elektrische Spannung → Volt; **2.** bei römischen Zahlen das Zeichen für die Zahl 5.

Vagina [lat.], *die*, Scheide, weibliches → Geschlechtsorgan. Die schlauchartige Verbindung zwischen Scheidenvorhof und Gebärmutterhals ist mit → Schleimhaut ausgekleidet. Da die Vagina auch als Geburtskanal dient, kann sie sich sehr stark ausdehnen.

Vakuum [lat.], *das*, luftleerer Raum, in der Physik ein Raum, in dem sich keine oder nur sehr wenig Materie befindet.

Valentin [ˈfalɛntiːn], Karl, eigentlich Valentin Ludwig Fey (1882–1948), deutscher Komiker. In seinen selbst verfassten Sketchen und kurzen Stücken, die er zumeist zusammen mit seiner langjährigen Partnerin *Liesl Karlstadt* (eigentlich *Elisabeth Wellano*, 1892–1960) aufführte, verband er hintergründigen Wortwitz mit scharfer Ironie.

Valenz [lat. »Stärke«], *die*, in der Chemie die Wertigkeit.

Valuta [it.], *die*, eine ausländische → Währung.

Vampir [slaw.], *der*, **1.** Familie von → Fledermäusen, deren Vertreter in den tropischen und subtropischen Gebieten Amerikas vorkommen. Die bis zu 9 cm langen Tiere ernähren sich vom Blut großer Säugetiere (vor allem Haustiere); **2.** dem Aberglauben der slawischen Bevölkerung in Südosteuropa zufolge sind Vampire unverweste Tote *(Untote)*, die nachts ihrem Grab entsteigen und den Lebenden das Blut aussaugen, indem sie ihr Opfer mit zwei langen, dolchartigen Zähnen in die Halsschlagader beißen.

Vanadium [nach Vanadis, einem Beinamen der nordischen Göttin Freya], *das*, ein → chemisches Element. Das stahlgraue Metall ist sehr beständig und wird für Stahllegierungen und als → Katalysator verwendet.

Vandalen, *Wandalen*, ostgermanisches Volk, das ursprünglich in Skandinavien beheimatet war und im 1. Jh. in Mittelschlesien siedelte (der Name »Schlesien« stammt von dem vandalischen Stamm der *Silingen*). Im 2. und 3. Jh. stießen sie bis Dakien (Rumänien) vor, wo sie von den Goten besiegt wurden. Von den Römern in Pannonien angesiedelt, zogen sie zu Beginn

■ *Falscher Vampir*

des 5. Jh. westwärts über Gallien nach Spanien. Unter *Geiserich* setzten sie 429 nach Nordafrika über, wo sie ein ausgedehntes Reich gründeten. Auf ihren Eroberungszügen plünderten sie 455 zwei Wochen lang auch Rom. 534 wurde das Vandalenreich von Byzanz vernichtet.

Vanen, *Wanen,* in der nordgermanisches Mythologie Göttergeschlecht, das vorwiegend Fruchtbarkeitsgottheiten umfasste.

Vanille [span.], *die*, zu den → Orchideen zählende Schlingpflanze, von der etwa 100 Arten in tropischen Gebieten Amerikas, Afrikas und Südasiens wachsen. Aus den getrockneten und fermentierten schotenähnlichen Früchten (bis zu 30 cm lange *Vanillestangen*) der *Gewürzvanille* gewinnt man ein Gewürz, das für Süßspeisen und als Duftstoff für die Parfümherstellung verwendet wird.

Vanuatu, Inselstaat in → Ozeanien, der 70 Vulkaninseln im südwestlichen Pazifik umfasst. Die zwischen Australien und Fidschi liegende Inselgruppe, die früher als *Neue Hebriden* bezeichnete wurde, ist seit etwa 3000 Jahren von → Melanesiern bewohnt. Sie wurde zu Beginn des 18. Jh. von den Spaniern entdeckt und 1774 von James → Cook erforscht. Nachdem ein Großteil der Insulaner als Sklaven verschleppt worden war, errichteten Frankreich und Großbritannien 1906 ein gemeinsam verwaltetes Kondominium. Seit Mitte 1980 ist die gesamte Inselgruppe unter dem Namen *Vanuatu* (= »das Land, das sich aus dem Meer erhebt«) unabhängig, gehört aber weiterhin dem → Commonwealth

Vakuum

Technisch ist es nicht möglich, ein Vakuum herzustellen, in dem überhaupt keine Gasmoleküle sind. Durch Auspumpen von Gefäßen (mithilfe spezieller Pumpen) erzeugt man einen Raum, dessen Gasdichte und -druck stark vermindert sind. Es gibt verschiedene Stufen von Vakuen: *Grob-*, *Fein-*, *Hoch-* und *Ultrahochvakuum*. Während der Druck im Grobvakuum zwischen 1 und 1000 mbar beträgt, liegt er im Ultrahochvakuum unter einem zehnmillionstel Millibar.

Vanadium

Zeichen: V
Ordnungszahl: 23
Atommasse: 50,94
Dichte: 6,11 g/cm^3
Schmelzpunkt: 1890 °C
Siedepunkt: 3380 °C

Vandalismus

Auf die Plünderung Roms durch die Vandalen beziehen sich die Wendung »hausen wie die Vandalen« und das Ende des 18. Jh. im Französischen geprägte Wort *Vandalismus*. Noch heute bezeichnet man einen Menschen, der von blinder Zerstörungswut befallen wird, als Vandalen.

■ *Karl Valentin*

Vanuatu
Staatsname: Republik Vanuatu
Staatsform: Republik
Hauptstadt: Port Vila
Fläche: 12 189 km²
Einwohner: 168 000
Bevölkerungsdichte: 14/km²
Amtssprache: Bislama, Englisch, Französisch
Währung: Vatu (VT)
Nationalitätskennzeichen: VU

Vatikanstadt
Staatsname: Staat der Vatikanstadt
Staatsform: Wahlmonarchie
Fläche: 0,44 km²
Einwohner: 1000
Amtssprache: Latein, Italienisch
Währung: Vatikanische Lira
Nationalitätskennzeichen: V

Venezuela
Staatsname: Republik Venezuela
Staatsform: Präsidiale Bundesrepublik
Hauptstadt: Caracas
Fläche: 912 050 km²
Einwohner: 21,8 Mio.
Bevölkerungsdichte: 24/km²
Amtssprache: Spanisch
Währung: Bolívar (Bs.)
Nationalitätskennzeichen: YV

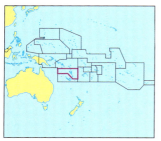

Vanuatu

Vatikanstadt

Venezuela

an. Die Wirtschaft beruht vor allem auf der Landwirtschaft (vor allem Export von Kopra und Kakao) und auf der Fischerei.
Variable [frz.], *die,* Veränderliche, in der Mathematik veränderliche Größe (z. B. in einer → Funktion). Gegensatz: → Konstante.
Variante [frz.], *die,* Spielart, leicht veränderte Form von etwas.
Variation [lat.], *die,* Abwandlung, Veränderung, **1.** in der Biologie Abweichung im Erscheinungsbild (→ *Phänotyp*) eines einzelnen Lebewesens gegenüber seiner Art oder Population, die auf eine → Mutation oder Umwelteinflüsse zurückgehen kann; **2.** in der Musik Abwandlung eines Themas (in der Melodie, in der Harmonik oder im Rhythmus).
Varietee, *Varieté* [frz. »Abwechslung«], *das,* Unterhaltungstheater, in dem ein bunt gemischtes, wechselndes Programm mit tänzerischen, gesanglichen und artistischen Darbietungen gezeigt wird.
Vasall [lat.-frz.], *der,* im Mittelalter ein Lehnsmann (→ Lehen); im übertragenen Sinne (zumeist abwertend) ein abhängiger Gefolgsmann.
Vasektomie [von lat. vas = »Gefäß« und griech. ektome = »Ausschneiden«], *die,* auch als *Vasoresektion* bezeichnete operative Entfernung eines Stücks des → Samenleiters. Diese → Sterilisation des Mannes ist ein Mittel der → Empfängnisverhütung.
Vatikan, *der,* nach einem Hügel in Rom *(Mons Vaticanus)* benannter Palast des → Papstes, der seit 1378 päpstliche Residenz ist; gleichzeitig Name der höchsten Behörde der → katholischen Kirche.
Vatikanstadt, Kirchenstaat in Rom, der auf dem rechten Tiberufer auf dem Monte Vaticano liegt. Er ist auf drei Seiten von der *Leoninischen Mau-*

er (von Papst *Leo IV.*, 847–855, erbaut) und im Osten von den im 17. Jh. von *Gian Lorenzo Bernini* errichteten Säulenvorhallen des Petersdoms umgeben. Im Vatikanstaat befinden sich u. a. die *Peterskirche* mit dem Petersplatz, der *Vatikanspalast* mit seinen Gärten, die *Sixtinische Kapelle* und die *Vatikanischen Museen*. Außerdem gehören dazu mehrere Kirchen und Gebäude in Rom (u. a. der *Lateranpalast*) sowie *Castel Gandolfo,* die päpstliche Sommerresidenz, die 25 km von Rom entfernt in den Albaner Bergen liegt. Die seit den Lateranverträgen (1929, 1984 ergänzt) unabhängige Vatikanstadt, der kleinste Staat der Erde, ist historisch Nachfolgerin des 1870 aufgelösten → Kirchenstaates.

Vegetarier [engl.], jemand, der sich überwiegend oder ausschließlich von pflanzlicher Kost ernährt.

Vegetation [lat. »Wachstumskraft«], *die,* alle Pflanzen eines bestimmten Gebiets; Wachstum von Pflanzen.

vegetatives Nervensystem, bei Wirbeltieren (einschließlich Mensch) das nicht vom Willen gesteuerte → Nervensystem, das aus *Sympathicus* und *Parasympathicus* besteht und vor allem die inneren für Kreislauf und Verdauung zuständigen Organe kontrolliert.

Vektor [lat. »Träger«], *der,* in der Mathematik und Physik eine Größe, die durch ihren Betrag und ihre Richtung bestimmt ist und geometrisch als gerichtete Strecke dargestellt werden kann (z. B. *Kraftvektor*).

Velázquez [beˈlaθkeθ], Diego, eigentlich *Diego Rodriguez de Silva y Velázquez* (1599–1660), spanischer Maler des Barock und Hofmaler König Philipps IV. Er zählt nicht nur zu den bedeutendsten Porträtmalern (z. B. Bildnis von Papst Innozenz X.), sondern schuf auch herausragende historische Gemälde (z. B. »Die Übergabe von Breda«).

Vene [lat.], *die,* Blutgefäß, in dem das Blut zum Herzen fließt (→ Blutkreislauf). Gegensatz: → Arterie.

Venedig, it. *Venezia,* oberitalienische Großstadt (306 000 Einwohner). Die Hauptstadt der Region *Venetien* (it. *Veneto*) liegt in einer Lagune, etwa 4 km vom Festland entfernt, mit dem sie durch eine Eisenbahn- und Straßenbrücke verbunden ist. Die Gebäude sind mithilfe von tief in den Untergrund getriebenen Pfählen auf 118 dicht beieinander liegenden und durch zahlreiche Brücken verbundenen Inseln errichtet worden. Auf den Kanälen übernehmen Motorboote und Gondeln den Verkehr. Venedig besitzt

■ **Venedig:** *Der Canal Grande mit der Rialto-Brücke*

viele Sehenswürdigkeiten, wie etwa die Basilika *San Marco* auf dem Markusplatz, den *Dogenpalast* und den von Palästen gesäumten *Canal Grande* mit der *Rialto*-Brücke.

Venezuela, Staat in Südamerika, der im Norden des Kontinents am Karibischen Meer liegt. Zu Venezuela gehören mehrere vorgelagerte Inseln, von denen die größte die *Isla de Margarita* (1085 km^2) ist. Das überwiegend von Mestizen und Mulatten (fast 70 %) bewohnte Land verfügt über reiche Bodenschätze (vor allem Erdöl und Erdgas sowie Gold, Erze, Diamanten und Bauxit), aber dennoch leben über drei Viertel der Bevölkerung in Armut. Die Küste an der Mündung des Orinoco wurde bereits 1498 von → Kolumbus entdeckt. Wegen seiner indianischen Pfahlbaudörfer erhielt das Land später den Namen »Kleinvenedig« (span. *Venezuela*). Im 16. Jh. kam es unter spanische Verwaltung. Der Freiheitskampf von Simon Bolivar (1783–1830) führte 1811 zur Ausrufung der Unabhängigkeit; doch gleichzeitig brach ein Bürgerkrieg aus, der bis 1821 dauerte. Venezuela gehörte zunächst zu *Großkolumbien,* das aber bereits 1830 auseinanderbrach. Bürgerkriege und diktatorische Regierungen bestimmten die Geschichte Venezuelas, das sich dank seiner Erdölvorkommen zu einem modernen Staat entwickelte. Erst seit 1958 gibt es eine demokratische Regierung, die sich trotz wiederholter Putschversuche des Militärs und linksgerichteter Guerillaorganisationen behauptet.

Ventil [lat. »Kanalschleuse«], *das,* Vorrichtung, mit der man den Ein- und Auslass von Flüssigkeiten oder Gasen regeln bzw. absperren kann; bei Blechblasinstrumenten und Orgeln ein Mechanismus, mit dem man den Luftstrom steuert.

Venus, 1. [lat. »Anmut, Liebreiz«] ursprünglich römische Göttin des Acker- und Gartenbaus, die schon früh als Liebesgöttin mit der griechi-

Venedig

Venedig entstand bereits im 1. Jh. v. Chr. und diente während der Hunneninvasion und der Völkerwanderung als Zufluchtsort. Seit Ende des 7. Jh. wurde die Stadt von einem gewählten *Dux* bzw. *Dogen* regiert. Ab dem 11. Jh. entwickelte sich Venedig zu einer Handelsmacht, die dank ihrer Flotte im 14. Jh. die Vormachtstellung im östlichen Mittelmeerraum innehatte. Im 16. und 17. Jh. verlor es im Kampf gegen das Osmanische Reich u. a. Rhodos, Zypern und Kreta (→ Türkenkriege). 1797 fiel Venedig an Österreich, bevor es 1866 zum Königreich Italien kam.

Venus
• • • • • • • • • • • • • • •
Durchmesser: 12 102 km
Entfernung von der Sonne:
 108,2 Mio. km
Umlaufzeit: 224,7 Tage
Rotationsdauer: 243 Tage
Masse: 4,87 × 10^{21} t
Dichte: 5,25 g/cm³

Verbrennungen
• • • • • • • • • • • • • • •
In der Medizin unterscheidet man zwischen Verbrennungen *ersten* (Rötung und schmerzhafte Schwellung der Haut), *zweiten* (Blasenbildung), *dritten* (flächige Zerstörung des Gewebes und Verschorfung) und *vierten Grades* (Verkohlung).

schen → Aphrodite gleichgesetzt wurde; **2.** von der Sonne aus gesehen der zweitinnerste Planet im Sonnensystem (Zeichen ♀) und nach dem Mond als → Abend- und Morgenstern der zweithellste Himmelskörper am Nachthimmel. Die Venus besitzt eine Atmosphäre vor allem aus Kohlendioxid (95 %) und Stickstoff und wird von dichten Wolken verhüllt, so dass ihre Oberfläche erst mithilfe von Raumsonden erforscht werden konnte. Ein Großteil der Venusoberfläche, die nur zwei Hochländer aufweist, besteht aus tätigen Vulkanen, teilweise riesigen Kratern (bis über 500 km Durchmesser) und gewaltigen Lavaströmen. Als Folge des starken → Treibhauseffektes herrschen auf der Venus extrem hohe Temperaturen (bis zu 465 °C).

Venusfliegenfalle, zu den *Sonnentaugewächsen* gehörende → Fleisch fressende Pflanze, die in nordamerikanischen Torfmooren vorkommt.

veränderliche Sterne, Sterne, die starke regelmäßige oder unregelmäßige Schwankungen in ihrer Helligkeit zeigen. Man unterscheidet zwischen *physischen Veränderlichen,* bei denen die Helligkeitsschwankungen auf Pulsationen oder Eruptionen zurückgehen (vor allem → Supernovae und Novae), und *optischen Veränderlichen,* Doppelsternen, die ihre Helligkeit nur dadurch wechseln, dass ein Stern den anderen beim Umlauf regelmäßig verdeckt.

Verb, *Verbum* [lat.], *das, Zeit-* oder *Tätigkeitswort,* das im Satz eine Tätigkeit (z. B. *machen*), einen Vorgang *(wachsen)* oder einen Zustand *(liegen)* zum Ausdruck bringt. Es gehört zu den flektierbaren Wortarten und unterliegt der → Konjugation. Dabei unterscheidet man im Deutschen *regelmäßige* oder *schwache* Verben, die bei der Beugung ihren Stammvokal nicht verändern (z. B. *sagen, sagte, gesagt*), und *unregelmäßige* Verben, bei denen die *starken* Verben bei der Beugung ihren Stammvokal wechseln (→ Ablaut, z. B. *stinken, stank, gestunken*). Doch die starken Verben gehen zurück oder verändern ihre Konjugation (beispielsweise sagt man heute bei *saugen* häufiger *saugte* und *gesaugt* als *sog* und *gesogen*). Neue Verben werden sogar grundsätzlich schwach gebeugt (z. B. *surfen, surfte, gesurft*). Neben *Vollverben,* die allein eine Satzaussage bilden können (z. B. *schlafen, helfen*), gibt es → *Hilfsverben,* die eine grammatikalische Aufgabe übernehmen und zusammen mit einem Vollverb stehen *(sein, haben, werden),* und *Modalverben,* die die Bedeutung eines Vollverbs modifizieren *(können, dürfen, müssen, mögen, sollen, wollen).*

Verbrennung, 1. rasch ablaufende chemische → Reaktion eines Stoffes mit Sauerstoff (→ Oxidation), bei der sich Wärme und zumeist auch Licht oder Flammen entwickeln. Die Reaktion wird bei einer bestimmten Temperatur durch *Entzündung* oder *Entflammung* des brennbaren Stoffes in Gang gesetzt. Auch langsam ablaufende Reaktionen (ohne Flammenerscheinung) innerhalb des tierischen oder menschlichen Organismus werden als Verbrennung bezeichnet (z. B. Verbrennung von → Kohlenhydraten); **2.** in der Medizin spricht man von Verbrennung, wenn das Gewebe durch Hitze geschädigt wird (bei heißen Flüssigkeiten auch *Verbrühung* genannt).

Verbrennungsmotor, → Motor, der als Kraftmaschine durch → Verbrennung von Kraftstoffen Wärmeenergie freisetzt und diese mithilfe eines → Kolbens in mechanische Arbeit umwandelt (z. B. → *Otto-, Diesel-* und *Wankelmotor*). Der Kolben bewegt sich kreisförmig (→ Kreiskolbenmotor) oder in einem Zylinder hin und her (Hubkolbenmotor), was durch Kurbelwelle und Pleuelstange in eine Drehbewegung umgesetzt wird.

Verdauung, chemische Umwandlung der durch die → Zähne zerkleinerten Nahrungsbestandteile in einfachere Nährstoffe, die vom Körper aufgenommen werden können. Diese Zerlegung wird durch → Enzyme bewirkt. Während die Spaltung der → Kohlenhydrate bereits im Mund beginnt (mit Hilfe eines Enzyms im Speichel), vollziehen sich die Verdauung von → Eiweißen und Fetten sowie der weitere Abbau der Mehrfachzucker im → Magen und Darm, wo mit dem Magensaft und mit den Verdauungssekreten der Bauchspeicheldrüse und Gallenblase weitere Enzyme hinzukommen. Die gelösten Stoffe werden im Dünndarm absorbiert und gelangen in die Blutgefäße. Den Bestandteilen der Nahrung, die nicht vom Körper verwertet werden können, wird im Dickdarm das Wasser entzogen, bevor sie als Kot ausgeschieden werden.

Verdi, Giuseppe (1813–1901), italienischer Komponist, der die italienische Oper des 19. Jh. zur Vollendung führte, indem er die alte Nummernoper überwand und eindrucksvollen Gesang mit realistisch-leidenschaftlichen Charakteren und dramatischem Handlungsablauf verband. Viele seiner insgesamt 26 Opern zählen noch heute zu den meistgespielten, vor allem »Nabucco« (1842), »Rigoletto« (1851), »Der Troubadour« (1853), »La Traviata« (1853), »Ein Maskenball« (1859), »Don Carlos« (1867), »Aida« (1871), »Othello« (1887) und »Falstaff« (1893).

Vereinigte Staaten von Amerika

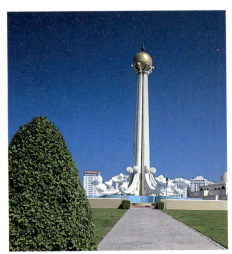

■ **Vereinigte Arabische Emirate:** Das Föderationsmonument in Shardjah

Verdrängung, in der → Psychoanalyse Bezeichnung für die Unterdrückung von Triebwünschen, so dass sie nicht bewusst werden, und für den Abwehrmechanismus, mit dem Vorstellungen und Erinnerungen ins → Unbewusste abgedrängt werden, wenn sie einen Konflikt auslösen können.

Verdunstung, Übergang eines Stoffes vom flüssigen in den gasförmigen → Aggregatzustand, der bei Temperaturen unterhalb des → Siedepunkts stattfindet und sich nur an der Oberfläche der Flüssigkeit vollzieht. Die Umgebung kühlt dabei ab, weil ihr Energie entzogen wird *(Verdunstungskälte)*. Ein Beispiel dafür ist das Schwitzen, mit dem der Körper seine Temperatur reguliert.

Veredelung, im Gartenbau (vor allem Obstbau) die Verpflanzung eines Zweiges *(Edelreis)* oder einer Knospe *(Edelauge)* auf eine andere (weniger edle, aber stärkere) Pflanze *(Wildling)*, die als *Unterlage* die »edlere« Pflanze ernährt und sie zu stärkerem Wuchs anregen oder sie vor Krankheitserregern schützen soll.

Vereinigte Arabische Emirate, Staatenbund auf der Arabischen Halbinsel, der sich aus sieben autonomen Emiraten *(Abu Dhabi, Dubai, Shardscha, Adschman, Ras al-Chaima, Fudschaira, Umm al-Kaiwain)* zusammensetzt. Die fast ausschließlich aus Wüstengebieten bestehende Föderation liegt im Südosten der Arabischen Halbinsel am Persischen Golf. Dank der großen Erdölvorkommen gehören die Vereinigten Arabischen Emirate zu den reichsten Staaten der Erde, aber nur in vier Emiraten wird Öl und Erdgas gefördert, während zwei andere Emirate vorwiegend von der Fischerei leben. Wegen der vielen vorgelagerten Inseln, Riffe und Sandbänke war die Küste früher als »Piratenküste« berüchtigt. Im 18. Jh. kam es zu Konflikten zwischen den hier gelegenen Scheichtümern und den Briten, die den Seeweg nach Indien zu sichern versuchten. 1853 schloss Großbritannien einen »ewigen Waffenstillstand« mit sieben Scheichtümern, die danach als »Befriedetes Oman« oder »Vertragsstaaten« bezeichnet wurden. Seit 1892 war Großbritannien die alleinige Schutzmacht der Vertragsstaaten. Die Scheichtümer arbeiteten ab den 50er Jahren enger zusammen. Nachdem Großbritannien Mitte der 60er Jahre seinen Rückzug angekündigt hatte, fassten sie 1968 den Plan zur *Föderation Arabischer Emirate am Persischen Golf.* Ende 1971 erhielten sie ihre Unabhängigkeit und gründeten die heutige Föderation, der Ras al-Chaima erst im Februar 1972 beitrat.

Vereinigte Staaten von Amerika, *USA,* Staat in Nordamerika, der im Westen vom Pazifik, im Osten vom Atlantik, im Norden von Kanada und im Süden von Mexiko begrenzt wird. Zu den USA gehören noch die Bundesstaaten → Alaska und → Hawaii sowie als assoziierte Gebiete zahlreiche Inseln in der Karibik (→ *Puerto Rico* und *amerikanische* → *Jungferninseln*) und im Pazifik *(Amerikanisch-Samoa,* → *Samoa, Nördliche Marianen* und → *Guam).* Landschaftlich wird das Kerngebiet durch zwei große, von Norden nach Süden verlaufende Gebirge geprägt, die → Kordilleren im Westen und die → Appalachen im Osten. Dazwischen breiten sich weite Ebenen aus. Die USA sind die bedeutendste Industrie- und Handelsnation der Erde. Sie besitzen riesige Bodenschätze (vor allem Erdöl und Erdgas, Kohle und Erze) und eine ausgedehnte Land- und Forstwirtschaft (etwa 40 % der Fläche werden landwirtschaftlich genutzt, vor allem Getreideanbau und Viehzucht, etwa 30 % des Staatsgebiets sind bewaldet). Die vielfältige, hoch entwickelte Industrie hat ihre Schwerpunkte in der Elektronik und Elektrotechnik sowie im Flug- und Fahrzeugbau.

Das Land war seit Jahrtausenden von → Indianern bewohnt, die in zahllose Stämme zersplittert waren und nie eine Hochkultur aufbauten. Ab dem frühen 16. Jh. wanderten europäische Siedler ein und drängten die indianische Urbevölkerung immer weiter zurück oder rotteten sie aus, so dass die Indianer heute nur mehr 1 %

Vereinigte Arabische Emirate (Dawlat al-Imārāt al-'Arabīyya al-Muttahida)

Staatsform: Föderation autonomer Emirate

Hauptstadt: Abu Dhabi

Fläche: 83 600 km²

Einwohner: 1,9 Mio.

Bevölkerungsdichte: 23/km²

Amtssprache: Arabisch

Währung: Dirham (DH)

Nationalitätskennzeichen: UAE

Vereinigte Emirate

Veredlung

Es gibt mehrere Veredlungsverfahren, wobei entweder nur eine Knospe in einen Schlitz in der Rinde der Unterlage eingesetzt wird *(Okulieren)*, ein Zweig in einen seitlichen Schlitz eingesetzt wird *(Pfropfen)* oder ein Zweig mit einer Unterlage von gleicher Stärke vereinigt wird *(Kopulieren)*.

694 Vereinigte Staaten von Amerika

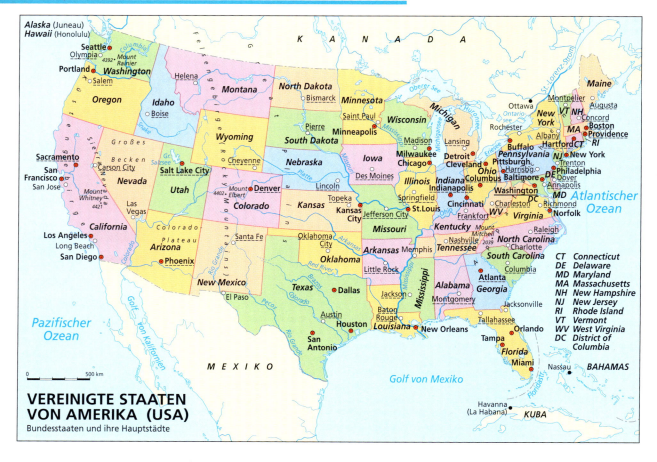

VEREINIGTE STAATEN VON AMERIKA (USA)
Bundesstaaten und ihre Hauptstädte

der Bevölkerung ausmachen. Die Spanier stießen ab 1539 von Mexiko aus in den Süden des Landes vor und brachten bis Mitte des 18. Jh. Florida, Kalifornien, New Mexico, Texas und den Westteil von Louisiana unter ihre Herrschaft. Die Franzosen drangen von Norden her ein und sicherten sich das Gebiet von den Großen Seen bis zur Mississippimündung. Ab dem frühen 17. Jh. besiedelten die Engländer Nordamerika (u. a. 1620 Landung der puritanischen Pilgerväter mit der »Mayflower«) und gründeten bis zum 18. Jh. dreizehn Kolonien an der Ostküste (»Neuengland«). Im Rahmen des → Siebenjährigen Krieges kam es zum Krieg zwischen England und Frankreich um die Kolonien in Nordamerika. England konnte im Frieden von Paris (1763) das gesamte östlich des Mississippi liegende Gebiet gewinnen, während der Westen in spanischem Besitz blieb.

Die neuenglischen Kolonien, die sich durch die englischen Steuerabgaben und Handelsbestimmungen eingeschränkt fühlten, lösten sich ab 1773 in einem → Unabhängigkeitskrieg (Amerikanische Revolution) vom englischen Mutterland. Während die Kolonien im Norden des Kontinents (→ Kanada) England die Treue hielten, wurde das Gebiet südlich der Großen Seen als Vereinigte Staaten von Amerika unabhängig. Der nordamerikanische Bundesstaat, der bis 1788 zustande kam, erwarb im 19. Jh. zunächst den Westen Louisianas von Frankreich und Florida von Spanien und annektierte gewaltsam Texas und das Gebiet von New Mexico bis Kalifornien. 1812 scheiterte der Versuch, die britischen Kolonien in Kanada zu erobern; bis zur Mitte des 19. Jh. wurden die Grenzen zu Kanada im Norden und zu Mexiko im Süden festgelegt. 1867 wurde → Alaska von Russland gekauft. Gleichzeitig dehnten sich die USA im Westen bis zum Pazifik aus, indem Pioniere vieler Nationen, die frei Land in Besitz nehmen durften, die Siedlungsgrenze (engl. Frontier) weiter nach Westen

Vereinigte Staaten von Amerika

Die amerikanischen Bundesstaaten

	Fläche in km²	Hauptstadt
Alabama	133 667	Montgomery
Alaska	1 518 800	Juneau
Arizona	295 022	Phoenix
Arkansas	137 538	Little Rock
California	411 012	Sacramento
Colorado	269 998	Denver
Connecticut	12 973	Hartford
Delaware	5 328	Dover
Florida	151 670	Tallahassee
Georgia	152 488	Atlanta
Hawaii	16 705	Honolulu
Idaho	216 413	Boise City
Illinois	146 075	Springfield
Indiana	93 993	Indianapolis
Iowa	145 791	Des Moines
Kansas	213 063	Topeka
Kentucky	104 623	Frankfort
Louisiana	125 674	Baton Rouge
Maine	86 027	Augusta
Maryland	27 394	Annapolis
Massachusetts	21 386	Boston
Michigan	150 779	Lansing
Minnesota	217 735	Saint Paul
Mississippi	123 584	Jäcken
Missouri	180 486	Jefferson City
Montana	381 087	Helena
Nebraska	200 017	Lincoln
Nevada	286 296	Carson City
New Hampshire	24 097	Concord
New Jersey	20 295	Trenton
New Mexico	315 113	Santa Fé
New York	128 401	Albany
North Carolina	136 197	Raleigh
North Dakota	183 022	Bismarck
Ohio	106 765	Columbus
Oklahoma	181 090	Oklahoma City
Oregon	251 180	Salem
Pennsylvania	117 412	Harrisburg
Rhode Island	3 144	Providence
South Carolina	80 432	Columbia
South Dakota	199 552	Pierre
Tennessee	109 412	Nashville-Davidson
Texas	692 403	Austin
Utah	219 932	Salt Lake City
Vermont	62 629	Montpelier
Virginia	105 674	Richmond
Washington	176 617	Olympia
West Virginia	62 629	Charleston
Wisconsin	145 438	Madison
Wyoming	253 597	Cheyenne
District of Columbia	173	Washington D. C.

Präsidenten der Vereinigten Staaten

1. George Washington 1789–1797
2. John Adams 1797–1801
3. Thomas Jefferson 1801–1809
4. James Madison 1809–1817
5. James Monroe 1817–1825
6. John Quincy Adams 1825–1829
7. Andrew Jäcken 1829–1837
8. Martin Van Buren 1837–1841
9. William H. Harrison 1841
10. John Tyler 1841–1845
11. James K. Polk 1845–1849
12. Zachary Taylor 1849–1850
13. Millard Fillmore 1850–1853
14. Franklin Pierce 1853–1857
15. James Buchanan 1857–1861
16. Abraham Lincoln 1861–1865
17. Andrew Johnson 1865–1869
18. Ulysses S. Grant 1869–1877
19. Rutherford B. Hayes 1877–1881
20. James A. Garfield 1881
21. Chester A. Arthur 1881–1885
22. S. Grover Cleveland 1885–1889
23. Benjamin Harrison 1889–1893
24. S. Grover Cleveland 1893–1897
25. William McKinley 1897–1901
26. Theodore Roosevelt 1901–1909
27. William H. Taft 1909–1913
28. T. Woodrow Wilson 1913–1921
29. Warren G. Harding 1921–1923
30. Calvin Coolidge 1923–1929
31. Herbert C. Hoover 1929–1933
32. Franklin D. Roosevelt 1933–1945
33. Harry S. Truman 1945–1953
34. Dwight D. Eisenhower 1953–1961
35. John F. Kennedy 1961–1963
36. Lyndon B. Johnson 1963–1969
37. Richard M. Nixon 1969–1974
38. Gerald R. Ford 1974–1977
39. James E. Carter 1977–1981
40. Ronald W. Reagan 1981–1889
41. George Bush 1989–1993
42. Bill Clinton seit 1993

Vereinigte Staaten von Amerika (United States of America)

Staatsform: Präsidiale Bundesrepublik

Hauptstadt: Washington

Fläche: 9 529 106 km²

Einwohner: 263 Mio.

Bevölkerungsdichte: 27,5/km²

Amtssprache: Englisch

Währung: US-Dollar ($)

Nationalitätskennzeichen: USA

Vereinigte Staaten von Amerika

Die wirtschaftlichen Gegensätze zwischen dem industrialisierten Norden und dem landwirtschaftlich geprägten Süden mit seinen großen Plantagen führten neben der Sklavenfrage (→ Sklaverei) zum → Sezessionskrieg (1861–1865), als sich elf Südstaaten als *Konföderierte Staaten von Amerika* abspalteten. Der Bürgerkrieg, der mehr als 600 000 Menschenleben kostete, wurde militärisch von den Nordstaaten entschieden, aber trotz Sklavenbefreiung konnte der Gegensatz jahrzehntelang nicht überwunden werden, zumal der Süden verarmte.

Bis zum Ende des 19. Jh. entwickelten sich die USA zur führenden Industriemacht in der Welt und gewannen von den Spaniern → Kuba, → verschoben und dabei die Indianer vertrieben oder umbrachten. Bereits 1869 verband die erste Eisenbahnstrecke den Atlantik mit dem Pazifik.

Vereinte Nationen

UNO-Generalsekretäre

Trygve H. Lie (Norwegen) 1946–52
Dag Hammarskjöld (Schweden) 1953–61
Sithu U Thant (Birma) 1961–72
Kurt Waldheim (Österreich) 1972–81
J. Perez de Cuellar (Peru) 1982–91
Boutros Boutros Ghali (Ägypten) 1992–96
Kofi Annan (Ghana) seit 1997

Sonderorganisationen der Vereinten Nationen

FAO (Food and Agriculture Organization, Ernährungs- und Landwirtschaftsorganisation, Rom, 1945)

IBRD (International Bank for Reconstruction and Development, Internationale Bank für Wiederaufbau und Entwicklung, Weltbank, Washington, 1944), mit *IFC* (Internationale Finanzkorporation) und *IDA* (Internationale Entwicklungsorganisation)

ICAO (International Civil Aviation Organization, Internationale Zivilluftfahrtorganisation, Montreal, 1947)

IFAD (International Fund for Agricultural Development, Internationaler Agrarentwicklungsfonds, Rom, 1976)

ILO (International Labour Organization, Internationale Arbeitsorganisation, Sitz in Genf, 1946)

IMF (International Monetary Fund, Internationaler Währungsfonds, Washington, 1945)

IMO (International Maritime Organization, Internationale Schiffahrtsorganisation, London, 1948)

ITU (International Telecommunication Union, Internationale Fernmeldeunion, Genf, 1932)

UNESCO (United Nations Educational, Scientific and Cultural Organi-

(Fortsetzung siehe Seite 697)

Puerto Rico und die → Philippinen. 1898 wurde auch → Hawaii annektiert. Im 20. Jh. wurden die USA die größte Weltmacht, zogen sich aber, nachdem sie 1917 in den Ersten Weltkrieg eingegriffen und die Entscheidung zugunsten der → Entente herbeigeführt hatten, vorübergehend in eine Isolation zurück. Ende der 20er Jahre stürzte das Land in eine große Wirtschaftskrise, die trotz der neuen Wirtschafts- und Sozialpolitik von Präsident Roosevelt (»New Deal«) bis zum Ausbruch des Zweiten Weltkrieges anhielt. Nach dem japanischen Überfall auf die amerikanische Flotte vor Pearl Harbour traten die USA Ende 1941 in den Krieg ein. Mit dem Einsatz amerikanischer Truppen in Europa (ab Mitte 1944 Landung in der Normandie) und dem Abwurf von → Atombomben auf zwei japanische Städte erzwangen sie die Kapitulation des Deutschen Reiches und des japanischen Kaiserreiches. Als Führungsmacht der → NATO bestimmten die USA nach dem Krieg die Politik des Westens gegenüber dem Ostblock. Nach der Phase des Kalten Krieges mit starker Aufrüstung und einer Politik der Stärke bemühten sie sich seit den 70er Jahren um Entspannung und gegenseitige Abrüstung. Trotz schwerer Krisen (u. a. Vietnamkrieg und innenpolitische Probleme wie die Diskriminierung der schwarzen Bevölkerung, die heute 13 % ausmacht, oder die wirtschaftliche Rezession) sind die USA vor allem seit dem Auseinanderbrechen der Sowjetunion unbestritten die politisch und militärisch bedeutendste Macht der Erde.

Vereinte Nationen, engl. *United Nations* (UN), amtlich *United Nations Organization* (UNO), internationale Organisation (mit Sitz in New York; Unterorganisationen haben ihren Sitz in Genf und Wien). Ihr Ziel ist es, den Weltfrieden zu sichern und die Zusammenarbeit zwischen den Mitgliedstaaten zu fördern. Den Vereinten Nationen gehören fast alle souveränen Staaten der Erde an (gegenwärtig 185 Mitgliedstaaten, die den Haushalt nach einem bestimmten Schlüssel durch jährliche Beiträge finanzieren müssen, Deutschland beispielsweise mit 9,04 %). Die Vereinten Nationen wurden 1945 als Nachfolgeorganisation des → *Völkerbundes* gegründet. Deutschland ist erst seit 1973 Mitglied (damals Bundesrepublik und DDR).
In der *Generalversammlung* (Vollversammlung) ist jedes Mitgliedsland mit einer Stimme vertreten. Sie tritt mindestens einmal jährlich zusammen, wählt für jede Versammlung ihren Präsidenten, bestimmt die Mitglieder der einzelnen Organe und entscheidet normalerweise mit einfacher Mehrheit, wobei ihre Beschlüsse nur den Charakter von Empfehlungen haben. Der *Sicherheitsrat* ist das oberste Entscheidungsgremium. Dem Weltsicherheitsrat gehören fünf ständige Mitglieder (USA, Russland, Großbritannien, Frankreich und Volksrepublik China) an, die ein Vetorecht gegen alle Beschlüsse haben. Weitere zehn Mitglieder (5 aus Asien und Afrika, 2 aus Lateinamerika, 2 aus Westeuropa und 1 aus Osteuropa) werden von der Vollversammlung für zwei Jahre gewählt. Der Sicherheitsrat gibt ebenfalls nur Empfehlungen ab, kann aber z. B. Wirtschaftssanktionen und den Einsatz von »Friedenstruppen«, sog. »Blauhelmen«, anordnen. Da die UNO jedoch über keine eigene Streitmacht verfügt, ist sie bei ihren »friedenserhaltenden« Maßnahmen in Krisengebieten darauf angewiesen, dass Mitgliedstaaten freiwillig Truppen zur Verfügung stellen.
Als weitere Gremien gibt es den *Wirtschafts- und Sozialrat* (54 Mitglieder, auf drei Jahre gewählt), der für Wirtschafts-, Sozial- und Kulturfragen zuständig ist und dem auch die Sonderorganisationen unterstehen, und den Treuhandrat, der für die Gebiete ohne eigene Regierung (Treuhandgebiete) die Verantwortung trägt. Der → *Internationale Gerichtshof* (in Den Haag), dessen 15 Richter von der Generalversammlung und dem Sicherheitsrat auf neun Jahre gewählt werden, soll internationale Rechtsstreitigkeiten schlichten. Die Verwaltung übernimmt das *Sekretariat,* das von einem auf fünf Jahre gewählten *Generalsekretär* geleitet wird.

Vererbung, Weitergabe von → Erbanlagen an die Nachkommen. Pflanzen, Tiere und der Mensch geben bei der Fortpflanzung ihren Bauplan weiter, der in codierter Form (→ genetischer Code) in ihren → Chromosomen enthalten ist. Die Nachkommen bilden somit die gleichen oder ähnlichen Merkmale und Eigenschaften wie die Eltern aus. Durch → Mutation kommt es zu Veränderungen der Erbanlagen. Mit den Gesetzmäßigkeiten der Vererbung befasst sich die → Genetik.

Verfassung, Grundordnung eines Staates, die festlegt, wie ein Staat aufgebaut und gegliedert ist, welche Herrschaftsform er hat und wie die Macht aufgeteilt ist (→ Gewaltenteilung). In Deutschland ist das → *Grundgesetz* die Verfassung.

Verfassungsschutz, *Bundesamt für Verfassungsschutz* und *Verfassungschutzämter* der Länder, die dem Bundesinnenministerium bzw.

■ *Jan Vermeer:* Junge Frau am Spinett sitzend. London, National Gallery

den Innenministerien der Länder unterstehen. Aufgabe des Verfassungsschutzes ist es, im Landesinneren Informationen über alle Bestrebungen zu sammeln, die sich gegen die freiheitlich-demokratische Grundordnung der Bundesrepublik richten, und geheimdienstliche Tätigkeiten für andere Staaten zu verhindern.

Vergangenheit, deutsche Bezeichnung für → Präteritum.

Vergaser, Vorrichtung in einem → Ottomotor, in der flüssiger Kraftstoff fein zerstäubt wird, so dass zusammen mit der angesaugten Luft ein zündfähiges Gemisch entsteht. Dieses wird dann im → Zylinder verdichtet und verbrannt. Damit das Gemisch vollständig verbrannt wird, muss das Verhältnis zwischen Luft und Kraftstoff etwa 14–15:1 betragen. Der Vergaser sorgt für das richtige Mischungsverhältnis, wobei für den Start und den Übergang zu höheren Drehzahlen ein *fetteres* Gemisch (mit Luftmangel) erforderlich ist, das die Leistung erhöht. Im Vergaser entsteht durch Unterdruck eine Saugwirkung, die den Kraftstoff mitreißt. Eine Drosselklappe, die mit dem Gaspedal betätigt wird, verändert diese Saugwirkung, so dass die angesaugte Gemischmenge und damit die Motorleistung gesteuert werden kann. Beim Start kann man die Saugwirkung mit Hilfe eines *Choke* oder einer *Startautomatik* erhöhen. Neben Vergasermotoren gibt es → Einspritzmotoren, die ohne Vergaser auskommen.

Vergil, *Virgil,* eigentlich *Publius Vergilius Maro* (70–19 v. Chr.), römischer Dichter, der neben anderem das römische Nationalepos »Äneis« (→ Äneas) verfasste.

Verhaltensforschung, *Ethologie,* Teilgebiet der Biologie, das sich mit der Erforschung der Verhaltensweisen von Tieren und Menschen befasst. Untersucht wird sowohl das angeborene, durch → Instinkte bedingte als auch das durch Nachahmung und Anpassung erworbene Verhalten, das mit inneren und äußeren → Reizen und Vorgängen im Körper (zentrales Nervensystem, Ausschüttung von Hormonen) in Verbindung gebracht wird. Zu den Begründern der modernen Verhaltensforschung gehört der österreichische Zoologe *Konrad Lorenz* (1903–1989), der 1973 den Nobelpreis für Medizin erhielt.

Verhältniswort, deutsche Bezeichnung für → Präposition.

Verhütungsmittel, mechanische oder chemische Mittel, die verhindern sollen, dass ein → Koitus ungewollt zu einer Schwangerschaft führt (→ Empfängnisverhütung).

Verjährung, Verlust des rechtlichen Anspruchs z. B. auf Schadensersatz durch den Ablauf einer bestimmten Frist. Auch Straftaten verjähren und können dann nicht mehr verfolgt werden.

Verkehrszeichen, Zeichen, die zur Regelung des Straßenverkehrs dienen. Man unterscheidet dabei *Gefahren-* (Grundform: Dreieck), *Vorschrifts-* (kreisförmig) und *Richtzeichen* (viereckig) sowie Blink- und Lichtzeichenanlagen (wie etwa Ampeln).

Verklappung, Beseitigung fester und flüssiger Abfälle im Meer. Spezialschiffe transportieren ihre Fracht auf hohe See und versenken sie durch Öffnen ihrer Klappen. Verklappt werden vor allem Klärschlämme, die als nicht mehr verwertbare Rückstände in Kläranlagen anfallen. Die Verklappung von Dünnsäure (die bei chemisch-technischen Vorgängen anfällt und zumeist stark verunreinigt ist) wurde Ende der 80er Jahre verboten.

Verlobung, *Verlöbnis,* gegenseitiges Versprechen von zwei Menschen, dass sie die Ehe eingehen wollen. Das Eheversprechen ist jedoch nicht bindend, d. h., jeder der beiden Verlobten kann davon zurücktreten, muss aber unter Umständen einen Schadensersatz leisten und die Verlobungsgeschenke zurückgeben.

Vermeer, Jan, eigentlich *Johannes Vermeer,* genannt *Vermeer van Delft* (1632–1675), niederländischer Maler, der vor allem Genrebilder schuf und im Spätwerk den allegorischen Sinn beton-

zation, Organisation der Vereinten Nationen für Erziehung, Wissenschaft und Kultur, Paris, 1946)

UNIDO (United Nations Industrial Development Organization, Organisation der Vereinten Nationen für industrielle Entwicklung, Wien, 1966)

UPU (Universal Post Union, Weltpostverein, Bern, 1948)

WHO (World Health Organization, Weltgesundheitsorganisation, Genf, 1948)

WIPO (World Intellectual Property Organizsation, Weltorganisation für geistiges Eigentum, Genf, 1970)

WMO (World Meteorological Organizsation, Weltorganisation für Meteorologie, Genf, 1950)

Außerdem gibt es verschiedene Sonderorgane und Programme der Vereinten Nationen: u. a. *UNCTAD* (Welthandels- und Entwicklungskonferenz, Genf), *UNEP* (Umweltprogramm, Nairobi), *UNHCHR* (Hochkommissar für Menschenrechte, Genf), *UNHCR* (Hoher Flüchtlingskommissar, Genf), *UNICEF* (Kinderhilfswerk, New York), *UNRWA* (Hilfswerk für Palästina-Flüchtlinge, Wien).

Verjährung

Im deutschen Strafrecht beträgt die *Verjährungsfrist* bei Verbrechen 10–30 Jahre, bei Vergehen 5 bzw. 3 Jahre. Für Völkermord und Mord gibt es in Deutschland jedoch keine Verjährung.

■ Das Schloss von **Versailles**, ein Hauptwerk des französischen Barock

Versailles

1919 wurde in Versailles der Friedensvertrag zwischen dem Deutschen Reich und den Ententemächten unterzeichnet. Der *Versailler Vertrag* gehörte zu den Pariser Vorortverträgen, die den → Ersten Weltkrieg beendeten. Deutschland musste die Alleinschuld anerkennen und wurde dazu verurteilt, 70 000 km² seines Staatsgebiets (u. a. Elsass-Lothringen und Westpreußen) und seine gesamten Kolonien (die Mandatsgebiete des → Völkerbundes wurden) abzutreten, sein Heer auf 100 000 Mann ohne schwere Waffen zu begrenzen und auf eine Wehrpflicht zu verzichten sowie hohe → Reparationen zu leisten.

te. Sein Gesamtwerk umfasst nicht ganz 40 Gemälde (z. B. »Die Spitzenklöpplerin«).

Verne [vɛrn], Jules (1828–1905), französischer Schriftsteller, der utopische Abenteuerromane verfasste, die teilweise technische Errungenschaften des 20. Jh. vorwegnahmen (z. B. Flug zum Mond in »Von der Erde zum Mond«). Bekannte Werke sind »Die Reise zum Mittelpunkt der Erde« (1864), »20 000 Meilen unter dem Meer« (1870), »Die Reise um die Erde in 80 Tagen« (1873), »Der Kurier des Zaren« (1876).

Vers [von lat. vertere = »umkehren«], *der,* nach bestimmten metrischen Regeln (→ Metrik) gegliederte Grundeinheit (zumeist Zeile) eines dichterischen Werks, das in »gebundener Rede« abgefasst ist und einem bestimmten → Rhythmus folgt. Zu den Versdichtungen gehören Gedichte (→ Lyrik), Versepen und Versdramen. Der einzelne Vers ist durch die regelmäßige Abfolge von Hebungen und Senkungen bzw. betonten und unbetonten Silben bestimmt (Versmaß). In der Antike wurden lange und kurze Silben verwendet.

Versailles [vɛr'sɑːj], südwestlich von Paris gelegene Hauptstadt (91 000 Einwohner) des französischen Departements Yvelines. Die Stadt entwickelte sich um das gleichnamige Schloss, das von → Ludwig XIV. 1661–1710 errichtet wurde und bis 1789 Residenz der französischen Könige war.

Versetzungszeichen, *Vorzeichen,* in der Musik ein Zusatzzeichen, das vor den Noten steht und den betreffenden Ton als Kreuz (♯) um einen Halbton (Doppelkreuz um zwei Halbtöne) erhöht oder als ♭ um einen Halbton (Doppel-♭ um zwei) erniedrigt. Die Erhöhung bzw. Erniedrigung wird durch ein besonderes *Auflösungszeichen* (♮) wieder aufgehoben.

Versicherung, Vertrag, mit dem sich der Einzelne gegen mögliche Schäden und Risiken absichert. Der Versicherte wälzt das finanzielle Risiko auf eine Versicherungsgesellschaft ab, die im Schadensfall eine festgelegte Summe auszahlt. Dafür entrichtet er jährliche *Prämien,* deren Gesamtaufkommen nach der Schadenswahrscheinlichkeit alle Schäden abdeckt. Neben der → Sozialversicherung, die als Zwangsversicherung gegen die Folgen von Arbeitslosigkeit, Krankheit oder altersbedingter Erwerbslosigkeit absichert, gibt es *Privatversicherungen,* die man zumeist freiwillig abschließen kann (z. B. *Lebens-, Sterbe-, Haftpflicht-, Einbruch- und Diebstahl-, Unfall-, Feuer-, Hausratversicherung).*

Verstärker, in der Elektrotechnik Gerät oder Bauteil, das elektrische Spannungen, Ströme oder Leistungen oft stufenweise erhöht; im engeren Sinn ein Gerät, das die schwachen elektrischen Signale z. B. eines Rundfunkempfängers verstärkt, bevor sie von einem → Lautsprecher hörbar gemacht werden.

Verteidiger, im Rechtswesen jeder bei Gericht zugelassene → Rechtsanwalt, der die Interessen des Beschuldigten wahrnimmt und ihn im Prozess vor Gericht vertritt.

Verteiler, bei → Verbrennungsmotoren ein umlaufender Kontakt, der *Verteilerfinger,* der den in der Zündspule (→ Zündung) erzeugten Strom an die Zündkerzen weiterleitet (verteilt).

vertikal [lat.], senkrecht. Gegensatz: horizontal.

Vertrag, Rechtsgeschäft, das dadurch zustande kommt, dass sich zwei oder mehr Personen über die Rechte und Pflichten einigen, die sich beispielsweise aus dem Kauf einer Sache ergeben. Wichtige Verträge werden schriftlich abgeschlossen.

Verwesung, Zersetzung organischer Stoffe durch Mikroorganismen (→ Pilze, Bakterien), die sich unter Luftzufuhr vollzieht. Dabei entstehen in erster Linie → Ammoniak, Kohlendioxid und Wasser. Wenn keine Luft hinzutritt, nennt man diesen Vorgang → Fäulnis.

Verwitterung, Zerstörung von Gesteinen durch von außen einwirkende Kräfte (z. B. Hitze, Frost), die das Gestein in seine Bestandteile zerlegen und es teilweise chemisch verändern.

Vesuv, am Golf von Neapel gelegener, 1281 m

Videokunst

■ **Verwitterung:** erodierte Sandsteinformationen im Rainbow Valley, Australien (Nordterritorium)

hoher Vulkan, der gegenwärtig der einzige aktive Vulkan auf dem europäischen Festland ist. Die letzten Ausbrüche fanden 1906 und 1944 statt. 79 n. Chr. zerstörte ein großer Ausbruch die Städte → Pompeji, Herculaneum und Stabiae.

Veterinärmedizin [von lat. veterinae = »Zugvieh«], Tierheilkunde.

Veto [lat. »ich verbiete«], *das,* Einspruch, der die Ausführung eines Beschlusses verhindert.

VHF, Abkürzung für engl. *Very High Frequency,* Frequenzbereich der → Ultrakurzwellen.

Vibraphon, *Vibrafon* [engl.], *das,* zu Beginn des 20. Jh. in den USA entwickeltes → Schlaginstrument, bei dem gestimmte Metallstäbe, in zwei Reihen angeordnet, mit weichen Schlegeln angeschlagen werden. Unter den Stäben befinden sich metallene Röhren als Resonanzkörper, die mithilfe von Scheiben geöffnet und geschlossen werden können, so dass ein regulierbares → Vibrato zustande kommt.

Vibrato [it.], *das,* in der Musik ein leichtes Zittern des Tons, das durch geringe Tonhöhenschwankungen erzeugt wird.

Video [lat. »ich sehe«], *das,* 1956 entwickeltes Verfahren, Bilder und Töne magnetisch aufzuzeichnen. Als Aufzeichnungs- und Wiedergabegerät wird ein **Videorecorder** verwendet, der dank eines eingebauten Empfangsteils Fernsehsendungen auf einer **Videokassette** aufzeichnen und – wenn er an ein Fernsehgerät angeschlossen ist – über den Fernsehbildschirm abspielen kann. Wiedergegeben werden können auch bereits bespielte Leih- und Kaufkassetten (z. B. Kinofilme) sowie Videobänder, die man mit einer **Videokamera** selbst aufgenommen hat. Häufig wird auch die Videoaufnahme selbst als Video bezeichnet.

Video-CD, *CDV,* eine → Compact Disc (mit 12 cm Durchmesser), auf der Bilder gespeichert sind, die mit einem speziellen CD-Player über das Fernsehgerät abgespielt werden können. Während die CDV Bilddaten nur als → analoge Signale speichert und lediglich eine Spieldauer bis zu sechs Minuten hat, enthält die auch als CD-Movie bezeichnete Video-CD digitale Bilddaten in komprimierter Form, die eine Spieldauer bis zu 74 Minuten haben und dabei eine deutlich bessere Bildqualität als Videobänder bieten. Ihre Weiterentwicklung ist die → Digital Video Disc.

Videokunst, seit den 60er Jahren entstandene Kunstform, die einerseits zur Aufzeichnung künstlerischer Ereignisse wie → Happenings oder → Performances dient und andererseits mithilfe bearbeiteter Videobilder oder mit der Umwandlung von Tönen in Videosignale besondere optische Eindrücke ermöglicht. Außerdem gibt es *Videoskulpturen* oder *Videoobjekte,* bei denen die Monitore in eine skulpturähnliche Installation einbezogen sind. Der bedeutendste

Begriffe aus dem Videobereich

Es gibt verschiedene Video-Systeme:
VHS: Video Home System, von der japanischen Firma JVC 1977 eingeführtes Standardsystem mit $^1/_2$-Zoll-Bändern (12,65 mm breit), und 19 x 11,5 x 2,5 cm großen Kassette (bis zu 300 Minuten Spieldauer).
S-VHS: Super-VHS, Weiterentwicklung von VHS, die Ende der 80er Jahre eingeführt wurde und eine bessere Bildqualität bietet.
VHS-C: VHS-Compact, Mitte der 80er Jahre für Camcorder entwickeltes VHS, das zwar ebenfalls 12,65 mm breite Bänder, aber nur 9,2 x 5,8 x 2,2 cm große Kassetten (bis zu 45 Minuten Laufzeit) verwendet.
Betamax: 1978 von der japanischen Firma Sony eingeführtes System mit $^1/_2$-Zoll-Bändern und 15,6 x 9,6 x 2,5 cm großen Kassetten, seit Mitte der 80er Jahre nahezu vom Markt verdrängt.
Video 2000: 1979 von den europäischen Firmen Grundig und Philips eingeführtes System mit $^1/_2$-Zoll-Bändern, die zwei Spuren besitzen und bis zu 2 x 8 Stunden Spieldauer ermöglichen, Mitte der 80er Jahre vom Markt genommen.
Video 8: Mitte der 80er Jahre für Videokameras entwickeltes System, das 8 mm breite Bänder (bis zu 90 Minuten Aufnahmezeit) verwendet und eine deutlich bessere Qualität als VHS bietet.
DV(C): Digital Video (Cassette), Mitte der 90er Jahre entwickeltes Aufzeichnungsverfahren, bei dem Bild und Ton in digitaler Form auf Magnetband (in kleinen Kassetten) gespeichert werden.
VPS: Video-Programm-System, 1985 eingeführtes Verfahren zum Programmieren des Videorecorders, bei dem auch Fernsehsendungen zeitgenau aufgenommen werden können, wenn der Beginn oder das Ende von den in der Fernsehzeitschrift angegebenen Zeiten abweicht. Voraussetzung dafür ist die Ausstrahlung eines besonderen VPS-Signals durch die Fernsehanstalt, das den Videorecorder zur richtigen Zeit in Gang setzt und wieder abschaltet.
ShowView: 1993 eingeführte Programmierhilfe für den Videorecorder, bei dem anstelle der sonst üblichen Daten (Anfangs- und Endzeit, Datum und Programmkanal) nur eine bestimmte Ziffernfolge (in besonderen Programmzeitschriften angegeben) eingegeben werden muss.

Vietnam (Viêt-Nam)
Staatsname: Sozialistische Republik Vietnam
Staatsform: Sozialistische Republik
Hauptstadt: Hanoi
Fläche: 329 566 km²
Einwohner: 74,5 Mio.
Bevölkerungsdichte: 226/km²
Amtssprache: Vietnamesisch
Währung: Dong (D)
Nationalitätskennzeichen: VN

Vietnam

Vietcong, Ab den 60er Jahren führte die Nationale Befreiungsfront *Vietcong* einen Guerillakrieg gegen das südvietnamesische Regime und beherrschte dank der militärischen Unterstützung durch Nordvietnam große Teile des Landes. Die USA griffen ab 1964 mit Truppen (insgesamt 500 000 Mann) in den Bürgerkrieg ein, der sich dadurch zum *Vietnamkrieg* ausweitete. Bis zu seinem Ende forderte der Krieg insgesamt etwa 2 Mio. Opfer, darunter etwa 56 000 US-Soldaten. Mit Bombardierungen und dem Einsatz von → Napalm versuchten die amerikanischen Truppen vergeblich, die Nachschubwege in Nordvietnam, Kambodscha und Laos abzuschneiden. Nach dem Friedensabkommen von Paris (1973) zogen die USA ihre Truppen aus Vietnam zurück. Bis 1975 eroberte der Vietcong mit der Hilfe nordvietnamesischer Truppen den gesamten Süden.

■ *Vietnam:* Töpfer auf dem Weg zum Markt

Videokünstler ist der Koreaner *Nam June Paik* (* 1932).

Videospiele, → Computerspiele, die über eine Videokonsole an ein Fernsehgerät angeschlossen sind, so dass der Spielablauf auf dem Bildschirm zu sehen ist.

Videotext, *Teletext,* Verfahren zur Daten- und Nachrichtenübermittlung innerhalb des Fernsehsignals (→ Austastlücke). Der Informationsdienst, der bei Fernsehempfängern mit einem speziellen → Decoder über die Fernbedienung abgerufen werden kann, bietet auf Texttafeln das Fernsehprogramm, aktuelle Nachrichten und Serviceleistungen sowie zu speziellen Sendungen Untertitel.

Vieleck, *Polygon,* geometrische Figur, die aus *n* Punkten (als Ecken) und ebenso vielen geraden Verbindungsstrecken besteht. Nach der Anzahl der Ecken unterscheidet man → Drei-, Vier-, Fünfeck usw.

Vielseitigkeitsprüfung, früher als *Military* bezeichnete Reitsportart. Sie setzt sich zusammen aus → Dressurreiten, Geländeritt (zwei Wegstrecken, eine Rennbahn mit Hindernissen, eine Querfeldeinstrecke mit natürlichen Hindernissen) und → Springreiten.

Vielzeller, *Metazoen,* vielzellige Tiere, die in allen Lebensräumen weltweit verbreitet sind und über 1 Mio. Arten umfassen. Sie bestehen im Unterschied zu den → Protozoen aus zahlreichen Zellen, die in mindestens zwei Schichten und im Erwachsenenalter in Körperzellen und Keimzellen geordnet sind.

Viereck, → Vieleck das durch vier Eckpunkte und vier gerade Verbindungsstrecken gegeben ist. Besondere Vierecke sind → *Rechteck, Quadrat, Trapez* und *Parallelogramm* oder *Raute.*

Viertaktmotor, → Verbrennungsmotor, der nach dem Viertaktverfahren (Ansaugen des Kraftstoff-Luft-Gemisches, Verdichten, Zünden und Verbrennen, Ausstoßen der Abgase) arbeitet (→ Ottomotor).

Vierte Welt, Bezeichnung für gegenwärtig 46 Entwicklungsländer, die aufgrund fehlender Rohstoffe schlechtere wirtschaftliche Bedingungen als die Länder der → Dritten Welt haben und von der UNO als besonders arm eingestuft werden (z. B. Mosambik, Tansania).

Vietnam, Staat in Südostasien, der einen nur 60 bis 600 km breiten Streifen an der Ostküste → Hinterindiens einnimmt. Im Norden befindet sich das dicht besiedelte Tonkindelta, im Süden das riesige Mekongdelta. Dazwischen erstreckt sich überwiegend gebirgiges Gebiet. Die Landwirtschaft (vor allem Anbau von Reis) hat wirtschaftlich die größte Bedeutung. Ende des 4. Jh. v. Chr. drangen Viet-Völker aus Südchina in den Norden des Landes ein. Ihr Reich *Nam Viet* stand vom späten 2. Jh. v. Chr. bis zum 10. Jh. unter chinesischer Oberhoheit. Danach entstand *Dai Viet* (mit der Hauptstadt Ha Noi), das sich im 15. Jh. nach Süden ausdehnte und das von der indischen Kultur beeinflusste Königreich *Champa* in Zentralvietnam unterwarf. Bereits ab der Mitte des 16. Jh. zeichnete sich die spätere Zweiteilung des Landes ab, als im Norden das Adelsgeschlecht der *Trinh* und im Süden das der *Nguyen* herrschte. Im 18. Jh. wurde nach mehreren Bürgerkriegen die Adelsherrschaft im Tay-Son-Aufstand beendet. General Nguyen Anh vereinigte das Land mit französischer Unterstützung. Frankreich machte 1862 die Provinzen im Süden unter dem Namen *Kotschinchina* zu einer Kolonie, die 1887 mit den französischen Protektoraten *Annam* (Zentralvietnam) und *Tonkin* (Nordvietnam) sowie → Kambodscha (und später auch → Laos) zur *Indochinesischen Union* (→ Indochina) zusammengelegt wurden. Nach dem Zweiten Weltkrieg rief die kommunistische Befreiungsbewegung *Vietminh* unter Ho Chi Minh (1890–1969) 1946 die *Demokratische Republik Vietnam* aus und wehrte sich gegen die französische Rekolonialisierung. Nach der Niederlage Frankreichs bei Dien Bien Phu (1954) wurde auf der Indochina-Konferenz in Genf ein Waffenstillstand geschlossen, der Vietnam in eine nördliche und eine südliche Zone teilte. Nordvietnam lehnte sich an den kommunistischen Nachbarn China und die Sowjetunion an, während Südvietnam von den USA unterstützt wurde. Nach dem Ende des Vietnamkrieges wurde Vietnam Mitte 1976 unter dem Namen *Sozialistische Republik Vietnam* wiedervereint. Hunderttausende Vietnamesen flohen in den folgenden Jahren über das Meer ins nichtkommunistische Ausland (»Boat People«). Nachdem es ab Ende 1977 zu Konflikten mit Kambodscha gekommen war, eroberten vietnamesische Truppen 1979 und 1985 das Nachbarland, setzten eine Vietnam-freundliche Regierung ein und zogen erst 1989 alle Truppen wieder ab. Grenzkämpfe mit chinesischen Truppen in den 80er Jahren führten dazu, dass ein Großteil der chinesischen Minderheit (etwa 2 %) das Land verließen. Vietnam leitete Anfang der 90er Jahre eine wirtschaftliche Liberalisierung und Öffnung des Landes ein, nachdem es keine Unterstützung durch die Sowjetunion mehr erhalten konnte.

Viktoria (1819–1901), Königin von Großbritannien und Irland (seit 1837). Ihre 63jährige Regierungszeit prägte die britische Geschichte, so dass man vom *Viktorianischen Zeitalter* spricht. Viktoria trug ab 1876 den Titel einer Kaiserin von Indien.

Vinyl, Kurzbezeichnung für Kunststoffe auf der Grundlage von Vinyl (eine Kohlenwasserstoffgruppe), nämlich *Polyvinylchlorid* und *Polyvinylacetat,* aus denen → Schallplatten hergestellt werden.

Violine [it.], *die, Geige,* Sopraninstrument aus der Familie der Armgeigen. Die Violine besitzt einen auf beiden Seiten eingebuchteten Korpus mit zwei f-förmigen Schallöchern in der Decke und angesetztem Hals, dessen Griffbrett keine Bünde aufweist. Die vier Saiten sind in Quinten gestimmt. Sie werden normalerweise mit einem Bogen gestrichen, bisweilen auch gezupft *(Pizzicato).* Seit der Klassik ist die Violine das wichtigste Streichinstrument in der Kammermusik und im Sinfonieorchester.

Violoncello [it. vi̯olɔnˈtʃɛlo], *das,* zumeist kurz als *Cello* bezeichnetes Tenor-Bass-Instrument aus der Familie der Armgeigen, das zwischen den Knien gehalten wird und seit 1800 mit einem »Stachel« auf dem Boden steht. Das Cello übernahm zunächst die Bassstimme, verdrängte aber später die Gambe als Tenorstimme, nachdem der → Kontrabass die Bassstimme im Orchester spielte. Es hat auch eine wichtige Aufgabe in der Kammermusik.

Vipern, *Ottern,* Familie von Giftschlangen, die nur in der Alten Welt vorkommen und 30 cm bis 1,8 m lang werden. Die beiden Giftzähne sind dank verkürzter Oberkieferknochen einklappbar und können deshalb recht lang sein. Die meisten Vipern sind lebend gebärend. Wichtige Gattungen sind die *Echten Ottern* und die *Puffottern.*

■ *Aspisviper*

Virtuelle Realität, siehe Sonderseite 702–703.

Virtuose [von it. virtuoso = »tüchtig«], *der,* jemand, der seine Kunst mit vollkommener Meisterschaft beherrscht, insbesondere ein Musiker.

Virus [lat. »Schleim«], *das,* **1.** mikroskopisch kleiner Krankheitserreger, der lediglich aus genetischem Material (entweder → RNA oder → DNA) und einer Eiweißhülle besteht und auf lebendes Gewebe angewiesen ist, um sich zu vermehren. Da Viren keinen eigenen Stoffwechsel besitzen, werden sie zumeist nicht zu den lebenden Organismen gerechnet; **2.** als Virus bezeichnet man auch ein *Virusprogramm,* das sich in einem Computer an ein → Programm anlagert, sich unkontrolliert vermehrt und es zerstört (→ Computervirus).

Visier [frz.], *das,* **1.** beweglicher Teil des mittelalterlichen Ritterhelms, heute von Schutzhelmen (z. B. von Motorradfahrern), der in heruntergeklapptem Zustand das Gesicht und die Augen schützt; **2.** Zielvorrichtung von Feuerwaffen und Geschützen.

Vision [lat. »das Sehen«], *die,* Erscheinung, die jemand in seiner Vorstellung hat; optische → Halluzination, die beispielsweise durch → Drogen oder Meditation ausgelöst wird. Im religiösen Bereich ist die Vision ein Erlebnis, in dem ein Mensch übermenschliche Wesen oder Verstorbene wahrnimmt, als → Prophet zukünftige Ereignisse vorhersieht oder göttliche → Offenbarungen erhält. Im übertragenen Sinne versteht man unter einer Vision das Bild, das jemand von der Zukunft entwirft.

Visum [lat. »das Gesehene«], *das,* Sichtvermerk im Reisepass, der als Erlaubnis für die Einreise in ein fremdes Land gilt. Visa werden von der → Botschaft bzw. vom → Konsulat des betreffenden Landes ausgestellt.

Vitamine [von lat. vita = »Leben«], Sammelbezeichnung für eine Gruppe lebenswichtiger Wirkstoffe, die vor allem von Pflanzen und

Violine

Berühmte Geigenbauer, deren Instrumente wegen ihres ausgezeichneten Klangs noch heute gespielt werden, waren Nicola Amati, Antonio Stradivari und Giuseppe Guaneri in Cremona.

Viper

Eng verwandt mit den Vipern sind die bis über 3,5 m langen *Grubenottern* (z. B. → *Klapperschlangen),* die zwischen Auge und Nasenloch ein spezielles (ein Sinnesorgan zur Wahrnehmung von Wärmeunterschieden bis zu 0,003 °C).

Viren

Viren benötigen Wirtszellen, in die sie eindringen oder ihre → Nukleinsäure einschleusen können. Der genetische Code des Virus »programmiert« dann die Zelle um und steuert ihren Stoffwechsel so, dass in erster Linie Bausteine (Eiweiße und Nukleinsäuren) für neue Viren erzeugt werden. Wenn eine neue Generation von Viren entsteht, geht die Wirtszelle zumeist zugrunde. Die Zerstörung der Zelle dauert manchmal nicht einmal eine Stunde. Solche Viren können dann andere Zellen befallen, so dass es zu einer → Infektion kommt. In anderen Fällen wird die Nukleinsäure des Virus in die der Wirtszelle eingebaut und vermehrt sich mit ihr, wenn sich die Zelle teilt.

Man kennt heute etwa 1500 Virusarten, die zwischen 8 und 300 nm groß sind. Manche von ihnen sind auf ganz bestimmte Wirte (Mensch, Tier- und Pflanzenarten) spezialisiert. Über 200 Virusarten infizieren den Menschen (z. B. *Pocken, Grippe),* wobei viele von Wirtstieren wie etwa → Stechmücken oder → Zecken übertragen werden.

Das → Immunsystem des Organismus bekämpft die Viren als Eindringlinge, solange sie nicht in das Zellinnere eingedrungen sind. Gegen Viruserkrankungen helfen weder Antibiotika noch chemische Heilmittel, sondern nur Impfstoffe (→ Impfung). In manchen Fällen führt eine überstandene Virusinfektion zu → Immunität gegenüber dem Erreger.

Wissen im Überblick: Virtuelle Realität

Eine virtuelle Realität, kurz *VR* genannt, ist eine Scheinwirklichkeit, die von einem Computer erzeugt wird und nur aus elektronischen Daten besteht. Da im weitesten Sinne alle von Rechnern erzeugten Bilder, Animationen usw. virtuell sind, könnte man sämtliche *Computerspiele* als virtuelle Realitäten auffassen. Doch die VR will mehr als das: Sie simuliert die Wirklichkeit und schafft dreidimensionale Räume und Gegenstände, die für den Betrachter möglichst real erscheinen sollen. Deshalb bauen VR-Programme nach Möglichkeit Ton- und Filmaufnahmen der realen Welt in ihre Simulationen mit ein. Auch das Fernsehen bedient sich heute der VR und benutzt für viele Sendungen ein *virtuelles Studio,* das ohne aufwendige Kulisse auskommt, weil der Rechner den Bildhintergrund ausfüllt und auch Filmzuspielungen integrieren kann. Internet-Angebote nutzen ebenfalls die VR-Technik: Man findet dort digitale Ausstellungen mit Kunstwerken und digitale Rekonstruktionen von antiken Bauwerken und Städten, die man am Bildschirm besichtigen und durchwandern kann. Es gibt sogar perspektivisch gestaltete *virtuelle Plauderwelten,* in denen sich die Teilnehmer als *Avatars* bewegen. Ein Avatar (in der hinduistischen Religion eine menschliche Gestalt, die ein Gott annimmt) ist der elektronische Doppelgänger, der den Computerbenutzer in der virtuellen Welt vertritt. Aber die Bilder sind wegen der unzureichenden Übertragungsgeschwindigkeit noch sehr unfertig.

Realistischer wirken virtuelle Realitäten, die ein Rechner mithilfe von CD-ROM oder CD-i erzeugt. Dank der verfügbaren Datenfülle können sie sogar interaktiv sein, so dass der Benutzer in begrenztem Maße über den Fortgang eines Spiels oder Films entscheiden kann. Dennoch bleibt der Benutzer in erster Linie ein Betrachter, der außerhalb der virtuellen Welt steht. Erst die Vervollkommnung der VR-Technik zum *Cyberspace* eröffnet dem Benutzer die Möglichkeit, als sinnlich Wahrnehmender und Handelnder an der virtuellen Welt teilzunehmen und sie zu verändern, als wäre sie eine wirkliche Welt. Allerdings sind dazu besondere Hilfsmittel und leistungsfähige Rechner notwendig.

Es gibt zwei Grundformen der VR. Für die bekannteste braucht man einen **Datenhelm,** der mit kleinen Bildschirmen und Kopfhörern ausgestattet ist, und einen **Datenhandschuh.** Möglicherweise lassen sich solche Helme bald durch »Bildschirmbrillen« ersetzen, bei denen die Abbildung der virtuellen Welt direkt auf den menschlichen Augapfel erfolgt. Für die andere Form ist ein kompletter **Datenanzug** erforderlich, der den ganzen Körper umhüllt. In beiden Fällen wird der Benutzer in eine virtuelle Welt versetzt, die er sinnlich wahrnimmt (sehend und hörend, im Datenanzug auch taktil). Er kann sich in der künstlichen Welt bewegen, Gegenstände darin berühren, verschieben und verformen oder Abläufe beeinflussen.

Ein Computer erfasst dabei mithilfe von Sensoren, die am Körper angebracht sind, wo sich der VR-Benutzer befindet und wie er seinen Kopf, seine Hände usw. bewegt. Er verfolgt alle Bewegungen, berechnet sie und reagiert mit seinem Programm darauf. Bückt sich beispielsweise jemand, so modifiziert der Rechner die gespeicherten Bilder. Auf den Bildschirmen im Datenhelm erscheint dann der Raum aus der Froschperspektive, wie ihn ein Betrachter in der realen Welt sehen würde. Wenn der Benutzer den Kopf dreht, verändert sich das Blickfeld dementsprechend. Verzerrung und Achsenverschiebung ahmen das reale menschliche Sehen nach. Der Computer vermittelt dem Benutzer also Sinneseindrücke, die ihm glaubhaft eine real erlebte Wirklichkeit vortäuschen.

Im Datenhandschuh befinden sich Sensoren, die es möglich machen, dass der Besucher einer virtuellen Welt Gegenstände darin anfassen und ihre Lage oder ihre Form verändern kann. Außerdem kann man sich mithilfe dieses Handschuhs in der virtuellen Welt bewegen. Ein Rudern mit dem Arm bewirkt beispielsweise eine Drehung oder Vorwärtsbewegung. Damit das VR-Erlebnis als wirklich erscheint, muss der Computer die Signale von den Sensoren etwa sechzigmal in der Sekunde abrufen und in die Rechenvorgänge mit einbeziehen.

Während unsere reale Welt aus Atomen und Molekülen besteht, die für ihre Gestalt verantwortlich sind, wird die virtuelle Welt aus Polygonen aufgebaut. Aus je mehr (winzigen) Vielecken pro Sekunde das dreidimensional wirkende Computerbild aufgebaut wird, desto realer wirkt es. Eine genaue Abbildung der realen Welt durch den Rechner würde allerdings eine Erzeugung von 80 bis 100 Mio. Polygonen in jeder Sekunde erfordern. Bei gängigen Zeichentrickfilmen werden lediglich 500 Polygone pro Sekunde verarbeitet. Die heutigen VR-Computer haben bislang nur eine Leistung von etwa 10 000 Polygonen pro Sekunde.

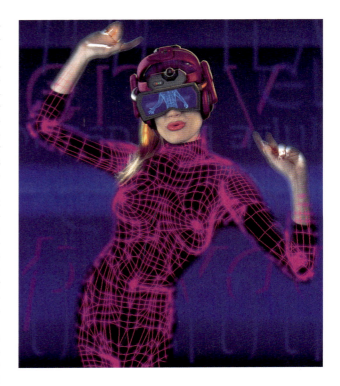

■ *Die Cybernautin mit Datenhelm als dreidimensionaler Konstruktionsentwurf mittels Rasternetz – eine mit dem erotischen Element spielende, sehr technikorientierte Vision*

Wissen im Überblick: Virtuelle Realität

■ *Der Entwurf virtueller Welten setzt der Phantasie keine Grenzen*

Die VR wurde ursprünglich für militärische Zwecke entwickelt. Doch heute gibt es zahlreiche zivile Anwendungen: Wissenschaftler können in virtuellen Mikro- und Makrokosmen Modelle von Atomen und Molekülen bzw. von Sternen und Galaxien erproben, angehende Mediziner schwierige Operationen einüben, unerfahrene Flugkapitäne Flüge unter schwierigen Bedingungen simulieren, Konstrukteure Fahrzeuge entwerfen und ausprobieren, Architekten Gebäude planen, die der Auftraggeber nicht nur besichtigen, sondern auch begehen kann. Am ausgiebigsten bedient sich die Unterhaltungsindustrie der VR. Es gibt zahlreiche Computerspiele mit VR-Anwendungen: einfache für den Heimgebrauch und aufwendige in Spielsalons (auch für mehrere Spieler gleichzeitig).

Drei Komponenten sind für die virtuelle Realität wesentlich:

Die VR schließt den Betrachter mit ein.
Sie ist interaktiv, d. h. durch den Teilnehmer veränderbar.
Alle Abläufe darin erfolgen in Echtzeit ohne Verzögerung.

Wie überzeugend eine virtuelle Realität ist, lässt sich mithilfe eines in den USA entwickelten »Ducktests« überprüfen: Wenn sich jemand in einer VR aufhält und sich vor einem heranfliegenden Stein duckt (obwohl dieser Stein ja nicht wirklich existiert), ist diese virtuelle Welt glaubhaft. Dies bezeichnet man als *Immersion*. Bei *totaler* Immersion gäbe es keinen erkennbaren Unterschied zwischen tatsächlicher und virtueller Welt.
Für die totale Immersion einer VR sind drei Faktoren entscheidend: die Grafik, die Interaktion und das Verhalten. Diese drei Bereiche werden durch fünf »i« beschrieben: *intensiv, interaktiv, immersiv, illustrativ* und *intuitiv*. Technologien mit großer Speicherkapazität oder hoher Übertragungsgeschwindigkeit wie CD-ROM bzw. Breitband-Glasfaserkabel tragen dazu bei, die Qualität virtueller Welten ständig zu verbessern.

Vitamine

Man unterscheidet vor allem die *fettlöslichen* Vitamine *A, D, E* und *K* und die *wasserlöslichen* Vitamine der *B*-Gruppe und Vitamin *C*. Vitamine sind in den meisten Nahrungsmitteln enthalten, vor allem in frischen Gemüsen, Obst, Getreide, Milch, Butter, Eiern und Fleisch (insbesondere Innereien).
Bei fehlender Zufuhr oder Mangel an bestimmten Vitaminen kann es zu Erkrankungen kommen. Vitaminmangelkrankheiten sind beispielsweise → Skorbut (bei Vitamin-C-Mangel), → Rachitis (Vitamin-D-Mangel), Beriberi (Vitamin-B1-Mangel, → Reis) und Nachtblindheit (Vitamin-A-Mangel).

Vokale

Man unterscheidet nach der Lage der Zunge im Mund zwischen *vorderen* Vokalen wie *i*, *e* und *a* und *hinteren* wie *o* und *u*.
In der geschriebenen Sprache verwendet das Deutsche nur fünf Vokale und drei Umlaute, doch die Aussprache, wie sie die → Lautschrift darstellt, kennt neben den Grundvokalen noch zahlreiche Varianten, die sich darin unterscheiden, ob ein Vokal im Hinblick auf die Lage der Zunge offen oder geschlossen (z. B. ɔ oder o), hell oder dunkel (a oder ɑ) oder abgeschwächt (ǝ) ist.
Halbvokale werden vor anderen Vokalen unsilbisch ausgesprochen (z. B. *i* in Ionien als *j*). In → *Diphthongen* ist der zweite Vokal unsilbisch. Während alle Vokale im Deutschen Mundvokale sind, werden in anderen Sprachen (z. B. Französisch) einige auch nasaliert. Bei Nasalen wird das Gaumensegel gesenkt, so dass der Nasenraum als Resonanzraum offen steht. Solche nasalen Vokale kommen auch in Fremdwörtern wie etwa »Teint« [tɛ̃:] vor.

Mikroorganismen (→ Bakterien), aber nicht vom tierischen oder menschlichen Organismus hergestellt werden können. Sofern sie nicht von Bakterien produziert werden, die wie etwa die Darmbakterien im Körper enthalten sind, müssen sie regelmäßig mit der Nahrung aufgenommen werden. Vitamine werden zwar nur in winzigen Mengen benötigt, regeln aber als *Koenzyme* viele Stoffwechselvorgänge.

Vivaldi, Antonio Lucio (1678–1741), italienischer Komponist und Geiger, der fast 480 Konzerte für verschiedene Instrumente schuf und die barocke Musik stark beeinflusste. Am bekanntesten von seinen etwa 780 Kompositionen ist sein Concerto grosso »Die vier Jahreszeiten« (1725).

Vivarium [von lat. vivus = »lebendig«], *das*, kleinere Anlage, in der lebende (wechselwarme) Tiere gehalten werden (z. B. → Aquarium, Terrarium).

Vize- [von lat. vice »an Stelle von«], in zusammengesetzten Wörtern mit der Bedeutung »stellvertretend« (z. B. *Vizekanzler*) oder »an zweiter Stelle« (z. B. *Vizemeister*).

Vögel, Klasse von gefiederten → Wirbeltieren, die zumeist flugfähig sind. Einige der rund 8600 Arten können auch schwimmen. Die Vögel stammen von den Reptilien (→ Dinosaurier) ab, wie der Urvogel *(Archaeopterix)* zeigt. Kennzeichen der Vögel ist ihr Gefieder (→ Feder), das fast den gesamten Körper bedeckt. Sie laufen ausschließlich auf den Hinterbeinen, während sich die Vorderbeine zu Flügeln umgebildet haben. Anstelle von Zähnen besitzen sie einen Schnabel. Die Knochen sind mehr oder weniger hohl, so dass das Skelett sehr leicht gebaut ist. Vögel gehören zu den → Warmblütern und weisen eine durchschnittliche Körpertemperatur von 41–43 °C auf. Die Vermehrung erfolgt über (hartschalige) Eier, die zwischen zehn Tagen und neun Wochen ausgebrütet werden. Die Jungen können nach dem Ausschlüpfen bereits sehr selbstständig (→ Nestflüchter wie etwa Entenküken) oder noch völlig hilflos sein (→ Nesthocker wie etwa Amseln). In unseren Breiten sind viele Vögel → Zugvögel, die nicht das ganze Jahr über hier bleiben.

Vogelspinnen, Unterordnung von bis zu 9,5 cm langen → Spinnen, die in tropischen Ländern vorkommen. Vogelspinnen sind nachtaktive Tiere, die ihre Beutetiere (neben Insekten auch Jungvögel, Frösche und Kriechtiere) jagen, anspringen und durch Gift töten.

Vogesen, frz. *Vosges* [voːʒ], Mittelgebirge in Ostfrankreich, das sich in einer Länge von 125 km

■ *Die Vogesen westlich von La Bresse*

am Westrand des oberrheinischen Tieflandes erstreckt (höchste Erhebung: *Großer Belchen*, 1423 m).

Vokal, *der*, *Selbstlaut*, d. h. ein Laut, der gebildet wird, indem die Stimmbänder im Kehlkopf schwingen, während die Atemluft durch den Mund ungehindert ausströmt (im Gegensatz zur Bildung von → Konsonanten). Je weiter vorn sich dabei der höchste Punkt des Zungenrückens befindet, desto heller klingt ein Vokal.

Völkerbund, 1920 gegründete Organisation, die die Zusammenarbeit zwischen den Völkern fördern und den Frieden sichern sollte. Sie entstand nach dem Ersten Weltkrieg auf Anregung der USA, die jedoch selbst nicht beitraten. Gründungsmitglieder waren die 32 Siegermächte sowie 13 neutrale Staaten. Deutschland wurde 1926 Mitglied. Die Friedenssicherung scheiterte jedoch. Nach dem Zweiten Weltkrieg wurden als Nachfolgeorganisation 1946 die → Vereinten Nationen gegründet.

Völkerrecht, alle Rechte, die den Verkehr und die Beziehungen zwischen selbstständigen Staaten regeln (z. B. diplomatische Beziehungen, vertragliche Vereinbarungen).

Völkerwanderung, großräumige Wanderungsbewegungen der germanischen Stämme im 3.–6. Jh. Sie war Mitauslöser für den Untergang des Weströmischen Reiches (→ Römisches Reich) und wird auch als Ende des → Altertums bzw. Übergang zum → Mittelalter betrachtet. Diese Wanderungsbewegungen schufen die Grundlagen für die Bevölkerungsverteilung im heutigen Europa; denn in die von den Germanen aufgegebenen Gebiete rückten im 6. und 7. Jh. slawische Völker nach.

Volksabstimmung, unmittelbare Abstimmung der Bevölkerung über eine politische Sachfrage. Während Volksabstimmungen oder *Plebis-*

zite eine große Rolle in der Schweiz spielen, sind sie in der Bundesrepublik verfassungsrechtlich nur vorgesehen, wenn ein Bundesland neu gegliedert werden soll. Allerdings sind auf Landesebene in einigen Bundesländern (z. B. Bayern) **Volksbegehren** möglich, mit denen ein Gesetzesvorschlag zur Volksabstimmung gebracht wird, sofern eine vorgeschriebene Mindestanzahl von Unterschriften erreicht wird *(Quorum).* Die Listen dazu werden in den Gemeinden ausgelegt. Bei dem **Volksentscheid** zu dem entsprechenden Gesetzesentwurf werden dann alle Wahlberechtigten zur Abstimmung aufgefordert.

Volksdemokratie, Staatsform in kommunistischen Staaten, die im Gegensatz zur bürgerlichen → Demokratie keine Gewaltenteilung kennt und in der die gesamte Herrschaft von der kommunistischen Staatspartei ausgeübt wird. Die Produktionsmittel sind in Volksdemokratien zumeist »vergesellschaftet«, d. h. im Besitz der Allgemeinheit. Als Volksdemokratien wurden die nach dem Zweiten Weltkrieg in erster Linie in Osteuropa und Asien entstandenen sozialistischen Staaten bezeichnet (z. B. Albanien, Bulgarien, Polen, Rumänien, Tschechoslowakei, Nordkorea, Vietnam, China).

Volkshochschule, *VHS,* öffentliche Einrichtung, die zumeist von der Gemeinde getragen wird und Möglichkeiten zur Weiterbildung anbietet.

Volkskammer, das Parlament der ehemaligen → DDR.

Volkslied, zumeist mündlich überliefertes Lied, das im Gegensatz zum *Kunstlied* von keinem namentlich bekannten Schöpfer stammt und in einer breiten Volksschicht populär ist. Volkslieder besitzen in der Regel eine einfache Melodie und einen einprägsamen, zumeist aus mehreren Strophen bestehenden Text, so dass sie leicht nachzusingen sind.

Volksmusik, zumeist ältere Musikstücke, die in erster Linie mündlich überliefert worden sind und unter der ländlichen Bevölkerung bestimmter Regionen verbreitet sind. Am gebräuchlichsten sind dabei *Volkslieder* und *-tänze.* Ab dem späten 19. Jh. wurde die Volksmusik vieler Völker systematisch gesammelt und aufgezeichnet. Daneben entstand eine kommerziell ausgerichtete **volkstümliche Musik,** die lediglich die einfachen Melodiemuster und Texte der Volksmusik nachahmt, aber ansonsten eher von der Schlager- und Popmusik beeinflusst ist und sich an ein breites Publikum wendet.

Volksrepublik, *VR,* eine sozialistische Republik, der die Prinzipien der → Volksdemokratie zugrunde liegen.

Volleyball, um die Jahrhundertwende in den USA entwickeltes Ballspiel, bei dem sich zwei Mannschaften mit je sechs Spielern gegenüberstehen. Das Spielfeld, 18 m lang und 9 m breit, ist durch ein Netz (bei den Herren 2,43 m hoch, bei den Damen 2,24 m) in zwei Hälften geteilt. Der Ball, ein 260 g schwerer, luftgefüllter Lederball, wird von der aufschlagenden Mannschaft über das Netz geschlagen und muss mit höchstens drei Schlägen zurückbefördert werden, ohne dass er in der eigenen Spielhälfte den Boden berührt.

Volljährigkeit, *Großjährigkeit, Mündigkeit,* Erreichen eines bestimmten Lebensalters, mit dem ein Jugendlicher seine → Geschäftsfähigkeit erlangt und das elterliche Sorgerecht bzw. die → Vormundschaft enden. Volljährige können wählen und ohne Zustimmung ihrer Eltern heiraten. In Deutschland ist man mit dem vollendeten 18. Lebensjahr volljährig, in Österreich ab dem 19. und in der Schweiz ab dem 20. Lebensjahr.

Volontär [frz. »Freiwilliger«], *der,* jemand, der ohne Bezahlung oder gegen eine geringe Vergütung in einem Betrieb arbeitet, um eine praktische Ausbildung für einen Beruf zu erhalten.

Volt, *das,* SI-Maßeinheit für die elektrische → Spannung (Zeichen *V*). V = W/A, d. h., die Spannung zwischen zwei Punkten eines elektrischen Leiters beträgt 1 Volt, wenn beim Fließen eines 1 Ampere starken Stroms eine Leistung von 1 Watt umgesetzt wird. 1908 wurde als Definition für Volt eingeführt, das die Spannung, die an einem Widerstand von 1 Ohm einen 1 Ampere starken Strom erzeugt, 1 Volt beträgt.

Voltaire [vɔl'tɛːr] eigentlich *François Marie Arouet* (1694–1778), französischer Schriftsteller und Philosoph der → Aufklärung.

Volumen [lat. »Schriftrolle«], *das,* Rauminhalt eines Körpers; auch Band eines mehrere Bücher umfassenden Werkes (abgekürzt *vol.*).

Vorarlberg, westlichstes Bundesland in → Österreich, das im Norden an Deutschland und den Bodensee, im Westen und Süden an die Schweiz und Liechtenstein und im Osten an Tirol grenzt. Landschaftlich reicht es von Hochgebirgen im Süden über Mittelgebirge bis zum Rheintal, in dem der größte Teil der Bevölkerung lebt. Im Rheintal wird auch Ackerbau betrieben, während sich die Landwirtschaft ansonsten auf die Viehzucht konzentriert. Neben der Industrie (vor

Völkerwanderungen

Die erste Völkerwanderung wurde gegen Ende des 2. Jh. eingeleitet, als die → Goten aufgrund einer Verschlechterung des Klimas in ihrer Heimat zum Schwarzen Meer zogen.
Die zweite Völkerwanderung begann erst im 4. Jh. mit dem Einfall der → Hunnen in Europa (375 Unterwerfung der Ostgoten). Dadurch verschoben sich die Siedlungsräume verschiedener Völker; germanische Völker drangen in der Folge in das Römische Reich ein. So zogen die Westgoten durch den Balkan und Italien nach Südfrankreich und Nordspanien. Die Ostgoten stießen nach Italien vor und gründeten dort ein eigenes Reich, während die → Vandalen nach Afrika vordrangen. Ab dem 5. Jh. überschritten die → Alemannen, → Burgunder und → Franken den Rhein und errichteten germanische Reiche. Die → Angeln, Sachsen und Jüten siedelten sich um die Mitte des 5. Jh. in Britannien an. Mit der Eroberung Oberitaliens durch die → Langobarden (bis 580) endete die germanische Völkerwanderung.

■ *Voltaire*

Voltaire

Voltaire verfasste zahlreiche dichterische Werke (u. a. den Roman »Candide«, 1759), Theaterstücke (»Mahomet«, 1741) sowie historische und philosophische Schriften (»Das Zeitalter Ludwigs XIV.«, 1735–51, »Über die Geschichte und die Sitten und den Geist der Nationen«, 1756–1757).

Wissen im Überblick: **Vor- und Frühgeschichte**

■ *Die Megalithanlage Stonehenge bei Salisbury (Großbritannien) stammt aus der älteren Bronzezeit (Beginn des 2. Jt. v. Chr.)*

Die Vorgeschichte umfasst den Zeitraum der Menschheitsgeschichte, aus dem keine schriftlichen Aufzeichnungen vorliegen. Die Übergangszeit zur Geschichte wird als Frühgeschichte bezeichnet. Die Abgrenzung zwischen prähistorischer und historischer Zeit ist in den einzelnen Gebieten der Erde sehr unterschiedlich. Nach dem wichtigsten Werkstoff, aus dem Werkzeuge und Waffen angefertigt wurden, teilt man die Vor- und Frühgeschichte in *Stein-, Bronze-* und *Eisenzeit* ein. In manchen Gebieten der Erde entwickelten sich bereits in der Bronze- und Eisenzeit Hochkulturen mit einer eigenen Geschichte, die durch schriftliche Dokumente belegt ist.
Die Vorgeschichte reicht weit in die Entwicklungsgeschichte des Menschen zurück. Bereits die Vorläufer des Jetztmenschen, die Vor- und Frühmenschen, verwendeten und stellten einfache Werkzeuge aus Stein, Holz und Knochen her. Die **Steinzeit** geht deshalb über die Geschichte des *Homo sapiens sapiens* hinaus. Sie wird zumeist in drei große Abschnitte eingeteilt: *Alt- (Paläolithikum), Mittel- (Mesolithikum)* und *Jungsteinzeit (Neolithikum)*. Gekennzeichnet sind die einzelnen Abschnitte durch eine Verfeinerung der Herstellungsmethoden für die Werkzeuge. Die einzelnen Kulturstufen sind nach bedeutenden Fundorten benannt.
Der längste Abschnitt der Steinzeit entfällt auf die **Altsteinzeit,** die mit den Eiszeiten und den dazwischen liegenden Warmzeiten zusammenfällt. Der früheste Abschnitt ist das *Altpaläolithikum,* das vor etwa 2 Mio. Jahren begann und in Mitteleuropa die drei ersten Eiszeiten andauerte. Seine wichtigsten Kulturstufen sind *Abbevillien* (bis vor etwa 300 000 Jahren) und *Acheuléen* sowie *Micoquien*. Der Faustkeil entwickelte sich während dieser Zeit von einem roh behauenen Werkzeug zu einem sorgfältig bearbeiteten Gerät, das im Micoquien noch weiter verfeinert wurde und sogar Spitzen erhielt. Außerdem nutzte der Mensch das Feuer. Vor rund 100 000 Jahren schloss sich daran das *Mittelpaläolithikum* an. Wichtigste Kulturstufe war das *Moustérien,* das vom Neandertaler, einem Seitenzweig des Menschen, geprägt wurde. Als neue Werkzeuge kamen Schaber hinzu. Die Neandertaler bearbeiteten auch Knochen, verwendeten Farben und bestatteten ihre Toten; Grabbeigaben deuten darauf hin, dass sie an ein Weiterleben nach dem Tod glaubten. In der letzten Eiszeit setzte vor 40 000 Jahren das *Jungpaläolithikum* ein. Seine Kulturstufen, die (in Westeuropa) als *Aurignacien, Gravettien, Solutréen* und *Magdalénien* bezeichnet werden, kannten bereits verfeinerte Werkzeuge; sie wurden ganz vom Jetztmenschen bestimmt. Der Mensch entwickelte Fernwaffen (Speer) und fertigte neue Geräte wie etwa Stichel und Spitzen an. Die bemerkenswerteste Neuerung waren beidseitig bearbeitete Klingen, die bisweilen aus hartem Feuerstein bestanden. Damals entstanden auch die ersten künstlerischen Zeugnisse (Felsritzungen und -bilder, Statuetten und Schmuck). Nach dem Ende der Eiszeit begann vor rund 10 000 Jahren das **Mesoli-**

Wissen im Überblick: Vor- und Frühgeschichte

Zeitabschnitte (in Mitteleuropa)

Steinzeit

Paläolithikum
Unteres oder Altpaläolithikum
(etwa 2 000 000–100 000 v. Chr.)
Mittleres oder Mittelpaläolithikum
(100 000–40 000 v. Chr.)
Oberes oder Jungpaläolithikum
(40 000–10 000 v. Chr.)
Mesolithikum (10 000–4000 v. Chr.)
Neolithikum (4000–2000 v. Chr.)

Metallzeit

Bronzezeit (2000–800 v. Chr.)
Eisenzeit (800 v. Chr. bis Christi Geburt)

■ *Ausgrabung in Mykene (Griechenland); die mykenische Kultur übte in der zweiten Hälfte des 2. Jt. v. Chr. in der Ägäis die Vormachtstellung aus*

thikum. Damals veränderten die Menschen allmählich ihre Lebensweise. Kleine Stämme, die Früchte und Körner von wild wachsendem Getreide sammelten, mit Pfeil und Bogen Wild jagten und Fische fingen, legten schon Vorräte an und wurden über einen längeren Zeitraum hinweg sesshaft.

Im **Neolithikum,** das in Europa um 4000 v. Chr. begann, gab es mehrere Kulturen, die auf bestimmte Regionen beschränkt waren, u. a. *Bandkeramik-, Trichterbecherkultur.* Am folgenreichsten war die »neolithische Revolution«, der Übergang zur produzierenden Landwirtschaft mit dem Anbau von Nutzpflanzen und der Domestizierung von Tieren (z. B. Rind, Schaf, Ziege, Schwein). Verbunden war damit eine sesshafte Lebensweise mit festen, dorfähnlichen Ansiedlungen, die bereits Arbeitsteilung kannten und Tauschhandel betrieben. Diese gewaltige Veränderung der Lebensweise, die schon vor mehr als 5000 Jahren die Grundlage für erste Hochkulturen bildete, breitete sich vom Vorderen Orient nach Nordafrika und über den Balkan nach Mitteleuropa aus. Einer späten Phase der Jungsteinzeit gehört die *Megalithkultur* an, die zahlreiche monumentale Zeugnisse hinterlassen hat. Gegen Ende der Jungsteinzeit wurden schon Metalle wie Kupfer und Gold für Geräte und Schmuck verwendet. In die Jungsteinzeit fallen auch große Wanderungsbewegungen wie die der indogermanischen Völker.

Die **Bronzezeit** fing in Mesopotamien und in Ägypten um 3000 v. Chr. an, während sie Europa erst um 2000 v. Chr. erreichte. Bedeutende bronzezeitliche Kulturen waren die *minoische* und die *mykenische Kultur* in Griechenland, die *Terramare-Kultur* in Oberitalien sowie *Hügelgräber-, Urnenfelder-* und *Lausitzer Kultur* in Mitteleuropa. Wichtigster Werkstoff war damals Bronze, eine für Werkzeuge, Waffen und Schmuck verwendete Kupferlegierung. Während der Bronzezeit gab es schon blühende Hochkulturen, einen ausgedehnten Handel, der von der Nordsee bis zum Mittelmeerraum reichte, Schifffahrt und verheerende Kriege.

Die **Eisenzeit,** die um die Mitte des 2. Jt. v. Chr. im Vorderen Orient die Bronzezeit ablöste, begann in Mitteleuropa um 800 v. Chr. Das härtere Metall Eisen wurde damals der hauptsächliche Werkstoff für Waffen und Geräte. Während die Eisenzeit bei vielen Kulturen im Mittelmeerraum und in Asien bereits der geschichtlichen Epoche des Altertums angehört und durch eine eigene Geschichtsschreibung dokumentiert ist, wurde sie in Mitteleuropa durch die *Hallstatt-* (800–500 v. Chr.) und die *Latènekultur* (bis 1. Jh. v. Chr.) geprägt, die beide von den Kelten getragen wurden.

SI-Vorsätze bei Maßeinheiten

Vorsätze der dezimalen Teilung:

Dezi- (d) = Zehntel = 10^{-1}
Zenti- (c) = Hundertstel = 10^{-2}
Milli- (m) = Tausendstel = 10^{-3}
Mikro- (μ) = Millionstel = 10^{-6}
Nano- (n) = Milliardstel = 10^{-9}
Pico- (p) = Billionstel = 10^{-12}
Femto- (f) = Billiardstel = 10^{-5}
Atto- (a) = Trillionstel = 10^{-18}

Vorsätze der dezimalen Vervielfachung:

Deka- (da) = zehn = 10^{1}
Hekto- (h) = hundert = 10^{2}
Kilo- (k) = tausend = 10^{3}
Mega- (M) = Millionen = 10^{6}
Giga- (G) = Milliarden = 10^{9}
Tera- (T) = Billionen = 10^{12}
Peta- (P) = Billiarden = 10^{15}
Exa- (E) = Trillionen = 10^{18}

allem Textilindustrie) lebt Vorarlberg auch vom Fremdenverkehr. Das überwiegend von Kelten bewohnte Gebiet wurde Ende des 1. Jh. v. Chr. römisch. Ab dem 5. Jh. drangen → Alemannen ein. Zwischen 1363 und 1523 kam das Land schrittweise in den Besitz der → Habsburger. Es unterstand Tirol und vorübergehend Vorderösterreich. 1805–1814 war es kurzzeitig bei Bayern, bevor es endgültig an Österreich fiel. Seit 1919 ist Vorarlberg ein österreichisches Bundesland.

Vorderasien, das südwestliche Asien, das politisch neben der Insel Zypern die Staaten Türkei (in → Kleinasien), Syrien, Libanon, Israel, Jordanien, Syrien, Irak und Iran, auf der arabischen Halbinsel Saudi-Arabien, Jemen, Vereinigte Arabische Emirate, Oman, Katar und Kuwait sowie Bahrain im Persischen Golf und in Kaukasien Armenien, Aserbaidschan und Georgien umfasst. Afghanistan liegt bereits im Übergangsbereich zu Zentralasien.

■ *Vulkanausbruch* in Island

Vorderindien, Subkontinent, der als Halbinsel im Süden → Asiens liegt und durch Gebirge (vor allem durch den → Himalaja im Norden) vom übrigen Kontinent abgetrennt ist. Politisch gehören dazu die Staaten Nepal, Bhulan, Indien, Pakistan, Bangladesch sowie als vorgelagerte Insel Sri Lanka.

Vorgeschichte, siehe Sonderseite 706–707.

Vorhaut, sackförmige Haut, die beim → Penis in nicht erigiertem Zustand die Eichel bedeckt.

Vormärz, Epoche der deutschen Geschichte zwischen → Wiener Kongress (1815) und Märzrevolution (1848). Der Deutsche Bund versuchte damals in dem in 39 Einzelstaaten zersplitterten Deutschland die liberalen und nationalen Kräfte, die mehr Freiheiten, die Einführung von Verfassungen und die Errichtung eines Nationalstaats forderten, durch Weiterführung der absolutistischen Herrschaft, politische Verfolgung der Opposition und eine Verschärfung der Zensur (Karlsbader Beschlüsse 1819) zu unterdrücken. Die meisten Forderungen konnten nach dem Scheitern der deutschen Revolution 1848 erst im deutschen Kaiserreich verwirklicht werden.

Vormund, eine Person, die vom Amtsgericht beauftragt wird, die **Vormundschaft** für einen anderen Menschen *(Mündel)* und sein Vermögen zu übernehmen, wenn dieser minderjährig ist und nicht mehr unter elterlicher Fürsorge steht (z. B. wenn die Eltern sterben). Die Auswahl des Vormunds nimmt das *Vormundschaftsgericht* vor. Bei nichtehelichen Kindern übernimmt das Jugendamt die Amtsvormundschaft. Wenn volljährige Personen entmündigt werden (→ Entmündigung), tritt seit 1990 an die Stelle eines Vormundes ein *Betreuer*.

Vorsätze, Vorsilben von metrischen Maß- und Gewichtseinheiten, die eine dezimale Vervielfachung oder Teilung anzeigen (z. B. → *Kilo-* für das 1000fache).

Vorzeichen, 1. in der Mathematik Bezeichnung für Zeichen, durch die → positive (Pluszeichen +) und negative Zahlen (Minuszeichen –) unterschieden werden; **2.** in der Musik → Versetzungszeichen.

Voyeur [voaˈjøːɐ̯], von frz. voir = »sehen«], *der,* jemand, der sexuell erregt wird, wenn er andere heimlich bei geschlechtlichen Handlungen beobachtet oder ihre Geschlechtsorgane betrachtet.

Vranitzky, Franz, (* 1937), österreichischer Politiker (SPÖ), der 1984–86 Bundesfinanzminister und 1987–1997 Bundeskanzler sowie 1988–1997 Vorsitzender der SPÖ war. Nach Vranitzkys Rücktritt Anfang 1997 wurde der bisherige Finanzminister *Viktor Klima* (* 1947) sein Nachfolger.

Vulkan [lat.], *der,* nach dem römischen Gott des Feuers *Vulcanus* benannter Berg, der durch den Austritt von → Magma aus dem Erdinneren entsteht; im weiteren Sinne jede Stelle an der Erdoberfläche, an der Magma in Form von Lava oder Gasen austritt. Das Magma kann sich bis zu 50 km tief im Erdinneren befinden. Da es aufgrund der enthaltenen Gase unter hohem Druck steht, steigt das flüssige, bis zu 1000 °C heiße

Berühmte tätige Vulkane

Name	Land	letzter Aus-bruch
Ätna	Italien	1992
Fujiyama	Japan	1707
Kilaeu	USA (Hawaii)	1992
Krakatau	Indonesien	1884
Pinatubo	Philippinen	1994
Popocatépetl	Mexiko	1938
Santorin	Griechenland	1950
Saint Helens	USA	1991
Stromboli	Italien	ständig
Vesuv	Italien	1944

Gestein in Spalten und Schloten nach oben und bricht an der Erdoberfläche mit einem *Krater* explosionsartig aus oder strömt als dünnflüssige Lava an die Oberfläche. Bei den Eruptionen werden auch Gesteinsbrocken, Dämpfe und Asche hoch in die Atmosphäre geschleudert. Durch das Erstarren der Lava und Schlacke und den Auswurf von Asche bilden sich Vulkankegel, die bei jedem Ausbruch höher werden.

Es gibt steil ansteigende *Aschenkegel,* flache *Schildvulkane* aus Lava, deren Krater einen kochenden Lavasee enthalten kann, und schichtartig aus Asche und Lava aufgebaute *Stratovulkane.* Man unterscheidet dabei *aktive* und *erloschene* Vulkane. Weltweit gibt es etwa 500 tätige Vulkane, die sich größtenteils in Gebieten befinden, in denen Platten der Erdkruste zusammenstoßen (→ Plattentektonik), vor allem im Bereich von jungen Faltengebirgen und Bruchzonen. Die gesamte vulkanische Tätigkeit bezeichnet man als **Vulkanismus.**

Vulva [lat. »Hülle«], *die,* äußerer Bereich der weiblichen → Geschlechtsorgane, bestehend aus den großen und kleinen → Schamlippen, die den Scheidenvorhof (→ Vagina) mit der Schamspalte umgrenzen.

W, Einheitenzeichen für die Leistung →Watt.

Waadt, frz. *Vaud* [vo], Kanton in der →Schweiz.

Waage, 1. Gerät, mit dem man die →Masse oder das →Gewicht eines Körpers messen kann *(Wägung)*. Es gibt verschiedene Arten von Waagen, die alle nach dem Prinzip arbeiten, dass Kräfte verglichen werden und eine unbekannte Kraft mithilfe einer bekannten ermittelt wird. **2.** →Tierkreiszeichen (♎ ♎), das dem gleichnamigen →Sternbild (lat. *Libra*) und im →Horoskop dem Zeitraum 24. September bis 23. Oktober entspricht.

Wacholder, zur Gattung der Zypressengewächse gehörende Nadelbäume und -sträucher, die auf der nördlichen Erdhalbkugel vorkommen. Die bekannteste einheimische Art ist der *Heidewacholder* (oder *Machandel),* ein bis zu 12 m hoher Strauch mit dunkelblauen Fruchtzapfen *(Wacholderbeeren),* die zur Herstellung von Schnäpsen und Säften sowie als Gewürz Verwendung finden.

Wachse, natürliche oder künstlich hergestellte organische Verbindungen, die bei Zimmertemperatur fest und knetbar oder brüchig sind und bei Temperaturen über 40 °C schmelzen. Sie sind nicht in Wasser löslich und dienen u. a. als Schutz- und Pflegemittel für Fußböden und Autokarosserien, zum Imprägnieren von Kleidung und zur Herstellung von Kerzen, Salben und Farbstiften. Solche fettähnlichen Stoffe werden von manchen Tieren (z. B. Bienen, Läuse) und tropischen Pflanzen (Zuckerrohr, Palmen) abgesondert oder aus Mineralen (z. B. *Erdwachs*) und Erdöl *(Paraffine)* gewonnen.

Wachtel, zu den *Feldhühnern* gehörender →Hühnervogel, der in Eurasien und Afrika verbreitet ist. Der bis zu 18 cm lange Vogel von brauner Farbe lebt auf dem Boden (Wiesen, Felder und Brachland).

Wadi [arab.], *das,* Trockental in den Wüstengebieten Nordafrikas und Arabiens, das nur nach heftigen Regenfällen Wasser führt.

Waffen, allgemeine Bezeichnung für Geräte oder Vorrichtungen, die zum Angriff oder zur Verteidigung genutzt werden. Die *Kriegswaffen,* die der Schädigung oder Vernichtung eines Gegners dienen, reichen von bereits in vorgeschichtlicher Zeit verwendeten *Hieb-, Stich-* und *Wurfwaffen* bis zu *Feuerwaffen,* Geschützen und →Raketen. Nach dem Wirkungsbereich unterscheidet man zwischen *Nahkampf-* (wie Dolch, Schwert) und *Fernkampfwaffen* (Pfeil und Bogen, Wurfspieß, Handfeuerwaffen). Neben diesen sog. *konventionellen Waffen* gibt es auch die erst im 20. Jh. entwickelten →*ABC-Waffen.* Ein kleiner Teil der Waffen wird schon seit alten Zeiten als *Jagdwaffen* benutzt, während andere heute als *Sportwaffen* Verwendung finden.

Waffenruhe, völkerrechtliche Vereinbarung zwischen Krieg führenden Parteien, dass die Kampfhandlungen vorübergehend eingestellt werden (damit z. B. die Zivilbevölkerung aus dem Kriegsgebiet evakuiert werden kann). Weiter gehend ist der **Waffenstillstand,** bei dem die Krieg führenden Parteien vereinbaren, ihre bewaffneten Feindseligkeiten zeitweilig oder auf Dauer zu beenden. Zumeist ist ein Waffenstillstand die Vorstufe zu endgültigen Friedensverhandlungen.

Wagner, Richard (1813–1883), deutscher Komponist, der die deutsche Oper zur Vollendung führte und großen Einfluss auf die Musik des 20. Jh. hatte. In dem bayerischen König →Ludwig II. fand er einen Gönner, der seine aufwendigen Opern finanzierte. 1872 wurde der Grundstein zum Festspielhaus in Bayreuth gelegt; dort finden seit 1876 alljährlich die *Bayreuther Festspiele* statt, bei denen alle wichtigen Opern Wagners aufgeführt werden. Mit dem Musikdrama schuf Wagner ein »Gesamtkunstwerk«, in dem

Waadt

Waage

Bei den gebräuchlichsten Waagetypen verwendet man einen →Hebel, bei dem als Gegengewicht zu dem zu ermittelndem Gewicht eine geeichte Masse eingesetzt wird (z. B. *Balken-, Brief Brückenwaage),* eine →Feder, die verformt wird und durch die Stärke der Verformung anzeigt, wie schwer eine Masse ist *(Torsionswaage),* oder eine Flüssigkeit, auf die einen Kolben Druck ausübt (hydraulische Waage).
Daneben gibt es elektromechanische, elektromagnetische und elektronische Waagen.

Waffenhandel

Der Handel mit Waffen ist ein riesiges Geschäft. Hauptexporteur sind die USA, die 1996 Waffen im Wert von 10,2 Mrd. Dollar verkauften, vor Russland (4,5 Mrd. $), Frankreich (2,1 Mrd. $) und Großbritannien (1,8 Mrd. $).

■ *Richard Wagner*

■ *Wachtel*

Die Opern von Richard Wagner

»Die Feen« (1833/34)
»Das Liebesverbot« (1834–1836)
»Rienzi« (1838–1840)
»Der fliegende Holländer« (1839–1841)
»Tannhäuser« (1842–1845)
»Lohengrin« (1845–1848)
»Das Rheingold« (1852–1854)
»Die Walküre« (1852–1856)
»Tristan und Isolde« (1847–1859)
»Siegfried« (1851–1857)
»Götterdämmerung« (1848–1874)
»Die Meistersinger von Nürnberg« (1861–1867)
»Parsifal« (1877–1882)

Wahlsysteme

Zur Ermittlung der personellen Zusammensetzung eines Parlaments gibt es mehrere *Wahlsysteme*. Beim *Mehrheitswahlsystem* wird in einem *Wahlkreis* der Kandidat gewählt, der die absolute Mehrheit der Stimmen erringt oder die meisten der abgegebenen Stimmen auf sich vereinigt. Im Unterschied zu dieser *Persönlichkeitswahl* entscheiden bei der *Verhältniswahl* die für eine *Wahlliste* abgegebenen Stimmen über die Anzahl der Sitze, die eine Partei erhält. In Deutschland werden beide Wahlverfahren zu einer Mischwahl kombiniert: Bei der Bundestagswahl beispielsweise hat jeder Wähler zwei Stimmen: eine *Erststimme*, mit der er einen Wahlkreisabgeordneten direkt wählt, und eine *Zweitstimme*, die er für eine Landesliste abgibt. Die Zweitstimmen entscheiden über die Sitzverteilung im Bundestag, die Parteien erhalten also so viele Sitze, wie es ihrem Stimmenanteil entspricht. Allerdings gibt es in der Bundesrepublik eine → Fünf-Prozent-Klausel, die verhindern soll, dass eine Fülle kleiner Splitterparteien in das Parlament einzieht.
Erzielt eine Partei durch die Erststimmen mehr *Direktmandate*, als ihr aufgrund der Zweitstimmen zustehen würden, werden sog. *Überhangmandate* gebildet: die Zahl der Gesamtmandate wird um diese zusätzlichen Mandate erhöht.

Musik, Text, dramatische Handlung und Inszenierung gleichberechtigt sind. Er machte die sinfonische Technik für die Oper nutzbar und wies dem Orchester eine zentrale Rolle zu. Große Bedeutung für die Musik haben dabei die Leitmotive. Wagner verfasste auch die Texte für seine Opern selbst, wobei er im Falle der »Ring«-Tetralogie auf den germanischen Stabreim zurückgriff.

Wahlen, Abstimmung der wahlberechtigten Bürger eines Volkes, um über die Besetzung von hohen öffentlichen Ämtern oder die Zusammensetzung eines Parlaments zu entscheiden. In der Bundesrepublik sind politische Wahlen *allgemein, unmittelbar, frei, gleich* und *geheim:* Alle deutschen Staatsbürger dürfen wählen und gewählt werden. Die Wahl vollzieht sich direkt, d. h. ohne zwischengeschaltete Wahlmänner (wie in den USA), und frei, ohne dass Druck ausgeübt wird oder eine Wahlpflicht besteht. Die Gleichheit der Wahl besagt, dass jede Stimme gleich viel wert ist. Außerdem gibt der Wähler seine Stimme in einer Wahlkabine ab, so dass seine Wahlentscheidung geheim bleibt.
Beim **Wahlrecht** gibt es das *aktive* Wahlrecht *(Stimmrecht),* d. h. das Recht, bei einer Wahl für jemanden seine Stimme abzugeben, und das *passive* Wahlrecht *(Wählbarkeit),* d. h. die Berechtigung, sich für ein bestimmtes politisches Mandat oder Amt aufstellen zu lassen. In Deutschland ist jeder wahlberechtigt, der die deutsche Staatsbürgerschaft besitzt und mindestens 18 Jahre alt ist.
Währung, auch als *Valuta* bezeichnetes Geldsystem eines Landes; im engeren Sinne das jeweilige gesetzlich anerkannte Zahlungsmittel (Währungseinheit). Währungen haben einen bestimmten Außenwert, der angibt, was man dafür in anderen Ländern erhält. Dieser Außenwert wird durch den → Wechselkurs bestimmt.
Währungsreform, Neuordnung des Geldwesens eines Landes, die notwendig wird, wenn die → Währung durch einen Krieg oder eine → Inflation zerrüttet worden ist. In Deutschland gab es nach beiden → Weltkriegen eine Währungsreform (1923 und 1948).
Wald, → Ökosystem, das durch dicht beieinander stehende Bäume geprägt wird und als natürliche Lebensgemeinschaft Tieren und Pflanzen besondere Klima- und Bodenbedingungen bietet. In unseren Breiten herrscht von Natur aus sommergrüner *Laubwald* vor, wenn nicht aus wirtschaftlichen Gründen Nadelbäume angepflanzt worden sind. Nach Osten zu und in höheren Lagen geht er in *Misch-* und *Nadelwald* über. Im Norden, wo es zu kühl dafür wird, dass die Samen von Laubbäumen ausreifen, schließt sich *Nadelwald* an. Nach Süden zu bestimmen in trockenen subtropischen Gebieten Hartlaubgehölze den Wald, während in den Tropen Regenwälder zu finden sind. Nach der Entstehung unterscheidet man zwischen → *Urwald* (natürlicher Wald), *Sekundärwald,* der natürlich nachwächst, nachdem der Mensch beispielsweise durch Rodung eingegriffen hat, und *Wirtschaftswald,* der vom Menschen angelegt wird, um das Holz von rasch wachsenden Bäumen zu nutzen. Wälder sind nicht nur wichtig als → Biotope für viele Tier- und Pflanzenarten, sondern haben zudem große Bedeutung für die klimatischen Verhältnisse und schützen den Boden vor → Erosion und Versteppung. Sie sind wichtige Wasserspeicher und produzieren Sauerstoff, wobei sie Kohlendioxid binden. In Deutschland gibt es etwa 104 000 km^2 Waldflächen.
Seit Mitte der 70er Jahre kann man in weiten Teilen Europas und Nordamerikas großflächig auftretende Schäden an Laub- und Nadelbäumen beobachten, die als **Waldsterben** bezeichnet werden. Heute sind bereits mehr als zwei Drittel aller Waldbäume davon betroffen. Hauptursachen sind neben der Industrialisierung der Ausstoß von Luftschadstoffen wie etwa → Schwefeldioxid und Stickoxiden (vor allem durch Kraftwerke, Kraftfahrzeuge und Haushalte), die Verwendung von Pestiziden und Nitraten in der Landwirtschaft und der → saure Regen sowie ein verstärktes Auftreten von Schädlingen.
Waldmeister, vor allem in Laubwäldern wachsende, bis zu 30 cm hohe Pflanze, die zur Gattung der *Labkräuter* gehört. Die Blätter enthalten den Geruchsstoff *Cuamrin* und werden deshalb zum Würzen verwendet (vor allem von Süßspeisen und Maibowle).
Waldorfschulen, private Gesamtschulen, die 1919 in Stuttgart gegründet wurden. Ihr erster Leiter war Rudolf Steiner, der die pädagogischen Ziele auf der Grundlage seiner → Anthroposophie entwickelte.
Wale, Ordnung von im Wasser lebenden Säugetieren, die äußerlich Ähnlichkeit mit Fischen haben, sich aber durch ihre waagerecht gestellte Schwanzflosse unterscheiden. In den Weltmeeren gibt es etwa 90 Arten davon; lediglich der Flussdelphin lebt im Süßwasser. Die Größe reicht von 1,25 m bis zu 33 m, das Gewicht von 23 kg bis zu 136 t (Blauwal). Es gibt zwei große Gruppen: Die *Zahnwale* ernähren sich vorwie-

■ *Wales:* Die Bucht von Cardigan

gend von Fischen und Tintenfischen, teilweise auch (wie etwa der *Schwert-* oder *Mörderwal*) von Pinguinen, Robben und anderen Walen. Die *Bartenwale* hingegen leben von winzigen Krebsen und besitzen deshalb anstelle von Zähne sog. Barten (Hornplatten, die beim Nahrungserwerb als Sieb dienen). Zu den Bartenwalen gehören die größten Wale wie etwa der → Blauwal, das größte lebende Tier überhaupt. Die kleineren Zahnwale werden zumeist als → *Delphine,* die größeren als Wale bezeichnet; zu letzteren gehören der *Potwal* und der *Narwal,* der einen bis zu 2,5 m langen Stoßzahn besitzt.

Wales [weɪlz], Landesteil von → Großbritannien, der die gleichnamige Halbinsel im Südwesten des Landes sowie die Insel *Anglesey* umfasst (20 761 km²). Ab dem 13. Jh. stand das Fürstentum Wales unter englischer Herrschaft; seit 1536/42 ist es als gleichberechtigter Landesteil mit England vereinigt. Das *Walisische,* das noch von etwa 20 % der Bevölkerung gesprochen wird, gehört zu den keltischen Sprachen (→ Kelten).

Walkie-Talkie [von engl. walk wɔːk = »gehen« und talk tɔːk = »sprechen«], *das,* kleines tragbares Funksprechgerät, für das keine Funklizenz erforderlich ist.

Walkman [ˈwɔːkmən von engl. walk = »spazieren gehen« und man = »Mensch«], *der,* kleines Abspielgerät für Tonkassetten (→ Kassettenrecorder), das nicht viel größer als eine Kompaktkassette ist und das man bei sich tragen kann. Die Kassetten kann man über einen Kopfhörer abhören.

Walküren, in der germanischen → Mythologie die Botinnen des Gottes Odin (Wotan). Sie wählten auf dem Schlachtfeld die Helden aus, denen es bestimmt war, dass sie im Kampf fallen würden. Die Gefallenen erweckten sie durch einen Kuss wieder zum Leben und brachten sie nach

Walhall, einer gewaltigen Halle in → Asgard, wo Odin die Krieger um sich versammelte, um sie in die letzte Entscheidungsschlacht gegen die Feinde der Götter zu führen.

Wallenstein (eigentlich *Waldstein),* Albrecht Wenzel Eusebius von (1583–1634), deutscher Feldherr, der als kaiserlicher Generalissimus (seit 1625) im → Dreißigjährigen Krieg kämpfte.

Wallis, frz. Valais [vaˈlɛ], Kanton in der → Schweiz.

Wallis und Futuna, französisches Überseeterritorium im südlichen Pazifik (274 km², 14 000 Einwohner). Es besteht aus den beiden Inselgruppen *Îles Wallis* (Ouvéa und über 20 kleineren Koralleninseln) und *Îles de Horn* (Futuna und Alofi). Das überwiegend von Polynesiern bewohnte Archipel, das 1888 französisches Protektorat und 1917 Kolonie wurde, ist seit 1961 Überseeterritorium.

Wallonen, französischsprachige Bevölkerung → Belgiens.

Walnuss, Steinfrucht des *Walnussbaums,* der in Südeuropa, Westasien, Nordamerika und in den Anden wächst und bis zu 30 m hoch wird. Der essbare, fettreiche Samen wird auch zur Gewinnung von Speiseöl verwendet.

Walpurgisnacht, nach der hl. Walburga benannte Nacht vom 30. April auf den 1. Mai. Nach dem Volksglauben fliegen die → Hexen in dieser Nacht zum *Blocksberg* (= Brocken im → Harz).

Walross, Familie von → Robben, deren Vertreter in arktischen Meeren leben. Die Männchen werden bis zu 4,5 m lang und bis zu 1,3 t schwer.

Walther von der Vogelweide (um 1170 bis um 1230), deutscher Dichter, der als → Minnesänger in mittelhochdeutscher Sprache zahlreiche Minnelieder, politisch-lehrhafte Spruchdichtun-

■ *Walrösser*

Wale

Die Vorfahren der Wale waren Landtiere, die vor etwa 755 Mio. Jahren ins Wasser zurückgekehrt sind und sich so stark an diese Lebensweise angepasst haben, dass sie an Land nicht mehr lebensfähig sind und sich im Wasser auch fortpflanzen. Während sich die Vorderbeine zu Flossen umgestaltet haben, sind die hinteren Extremitäten äußerlich nicht mehr zu erkennen.

Wale können ausgezeichnet schwimmen; die schnellsten erreichen eine Geschwindigkeit von bis zu 50 km/h. Obwohl sie Lungenatmer sind, können sie bis zu 1000 m tief tauchen, wobei sie über einundhalb Stunden lang unter Wasser bleiben.

Wale sind sehr intelligent und lernfähig. Viele Arten gehören zu den bedrohten Tieren, weil sie noch immer gejagt werden.

Wallenstein

Wallenstein entstammte einer protestantischen böhmischen Adelsfamilie und trat zum katholischen Glauben über, als er in den Diensten des Kaisers stand. Durch Heirat und den Erwerb enteigneter Güter kam er zu beträchtlichem Vermögen. 1625 wurde er zum Reichsfürsten von Friedland erhoben. Er stellte auf eigene Kosten ein riesiges Söldnerheer auf, das aus der Kriegsbeute bezahlt wurde, und erhielt den Oberbefehl über alle kaiserlichen Truppen. Mit seinen Truppen eroberte er fast ganz Norddeutschland, wurde aber wegen seiner Machtfülle auf Betreiben der anderen Reichsfürsten 1630 entlassen. Nach den Siegen der schwedischen Truppen unter Gustav II. Adolf wurde er 1631 vom Kaiser erneut mit dem Oberbefehl betraut und konnte die Schweden aus Süddeutschland vertreiben. Nachdem er eigenmächtig mit dem Feind verhandelt hatte, um den Krieg zu beenden, wurde er 1634 wegen angeblichen Hochverrats geächtet und in Eger ermordet. Wallensteins Schicksal wurde von Friedrich Schiller in einer Dramentrilogie gestaltet.

Wallis

Wankelmotor

Der Wankelmotor ist ein → Viertaktmotor, bei dem sich der Kolben (dreieckiger Querschnitt mit konvexen Seiten) nicht auf und ab, sondern kreisförmig bewegt. Er kommt ohne Ventile aus, läuft ruhiger als der → Ottomotor und hat eine höhere Leistung. Dennoch konnte er sich nicht durchsetzen, weil die Dichtungen zwischen Kolben und Gehäuse einem großen Verschleiß unterliegen und der Kraftstoffverbrauch höher ist.

Hauptsätze der Wärmelehre

Der *1. Hauptsatz* besagt, dass Wärme eine Form von Energie ist und die Gesamtmenge der Energieformen in einem geschlossenen System gleich bleibt, d. h., Energie kann nicht verloren gehen, sondern sich lediglich in eine andere Energie umwandeln *(Satz von der Erhaltung der Energie).*

Laut dem *2. Hauptsatz* kann Wärmeenergie nur von einem wärmeren zu einem kälteren Körper fließen und nicht umgekehrt, es sei denn, dass dem System Energie zugeführt wird *(Entropiesatz).*

Im *3. Hauptsatz*, den man auch als *Nernst'sches Wärmetheorem* bezeichnet, heißt es, dass der absolute Nullpunkt der Temperatur (−273,15 C°) unter keinen Umständen erreicht werden kann, weil die → Entropie am absoluten Nullpunkt den Wert null hat.

gen und religiöse Gedichte verfasste (insgesamt etwa 100 erhalten). Walther, der als bedeutendster deutscher Lyriker des Mittelalters gilt, beeindruckt durch die persönliche Einfühlsamkeit seiner Dichtungen, die auch die Standesschranken durchbrachen.

Walzer, Paartanz (→ Tanz) im 3/4-Takt, der sich Ende des 18. Jh. aus dem langsameren Ländler entwickelte. Seit dem → Wiener Kongress setzte er sich als Gesellschaftstanz international durch. Vater und Sohn Johann → Strauß wurden mit Walzerkompositionen berühmt. Neben dem schnellen *Wiener Walzer* gibt es langsamere Spielarten wie *English Waltz* und *Boston.*

Wandalen, andere Schreibweise für → Vandalen.

Wandmalerei, im Gegensatz zur → Tafelmalerei Gemälde auf Wänden, Decken oder Gewölben mit unterschiedlichen Techniken.

Wankelmotor, → Kreiskolbenmotor, der in den 50er Jahren bei NSU in Neckarsulm entwickelt wurde und nach seinem Erfinder, dem deutschen Ingenieur *Felix Wankel* (1902–1988), benannt ist.

Wanzen, Ordnung von *Schnabelkerfen,* deren Vertreter mit fast 40 000 Arten weltweit verbreitet sind. Die käferartigen Insekten besitzen einen abgeplatteten, zwischen 1 mm und 12 cm langen Körper mit stechend-saugenden Mundwerkzeugen. Während die *Wasserwanzen* räuberisch leben und sich vorwiegend von Insektenlarven ernähren, sind die meisten *Landwanzen* entweder Pflanzensauger oder saugen Körpersäfte von Insekten bzw. Blut von Vögeln und Säugern. Menschenblut saugt die bis zu 8 mm lange *Bettwanze,* die auch Krankheitserreger übertragen kann. Viele Wanzen besitzen Stinkdrüsen zur Abwehr von Feinden.

Wappen, farbiges Abzeichen, das sich im 12. Jh. aus der Kennzeichnung der → Ritter (vor allem auf dem Schild) entwickelte und heute für eine Person, eine Familie, eine Stadt oder ein Land steht. Die Farben und Formen im Wappenschild sind genau festgelegt. Mit der Geschichte und Beschreibung von Wappen befasst sich die *Heraldik* oder Wappenkunde.

Warane, Familie der → Echsen, deren Vertreter in Afrika, Südasien und Australien leben. Während die kleinsten Warane nur 20 cm lang sind und etwa 20 g wiegen, werden die größten über 3 m lang und bis zu 135 kg schwer. Sie besitzen einen massigen Körper mit kräftigen Beinen und scharfen Krallen sowie einen dicken, langen Schwanz, den sie auch als Waffe

einsetzen können. Die größte Art ist der *Komodowaran,* der sogar kleine Hirsche und Wildschweine jagt.

Warenkorb, Bezeichnung für etwa 750 Waren und Dienstleistungen, die ein Durchschnittshaushalt in der Bundesrepublik mit einem bestimmten Monatseinkommen für den alltäglichen Bedarf benötigt. Der Warenkorb, der alle fünf Jahre aktualisiert wird, bildet die Grundlage für die Berechnung des sog. *Preisindexes.* Dieser zeigt an, wie sich die *Lebenshaltungskosten* der privaten Haushalte im Hinblick auf ein bestimmtes Ausgangsjahr verändern.

Warenzeichen, Zeichen Ⓦz, Kennzeichnung von Waren, um einen Artikel von gleichartigen Produkten anderer Erzeuger abzugrenzen. Es besteht aus Buchstaben oder Bildzeichen, die teilweise grafisch besonders gestaltet sind. Damit es geschützt ist und nicht von anderen benutzt werden darf, muss es in ein Register (Zeichenrolle) des Patentamts eingetragen sein. International wird es als *Registered Trademark* (Zeichen ®) bezeichnet.

Warmblüter, Tiere, die im Gegensatz zu den → wechselwarme Tieren eine gleich bleibende Körpertemperatur unabhängig von der Umgebungstemperatur besitzen. Sie können die Wärme regulieren und erzeugen bei Überhitzungsgefahr durch Schwitzen Verdunstungskälte bzw. betätigen sich bei Abkühlung körperlich. Warmblüter sind alle → Vögel und → Säugetiere einschließlich Mensch.

Wärme, *Wärmeenergie,* Energieform, die eine auch als → Temperatur bezeichnete Sinnesempfindung auslöst. Da man die Wärmeenergie als Bewegungsenergie von Atomen und Molekülen eines Stoffes auffassen kann, lässt sich die Wärme in der Maßeinheit für → Arbeit angeben (→ Joule).

Wärmelehre, Teilgebiet der Physik, das sich mit der Wärmeenergie befasst, im engeren Sinne die → *Thermodynamik.* Grundlegend sind die drei Hauptsätze der Wärmelehre.

Warschau, poln. *Warszawa,* an der Weichsel gelegene Hauptstadt (1,6 Mio. Einwohner) von → Polen. Das heutige kulturelle und wirtschaftliche Zentrum des Landes war ab Ende des 16. Jh. die Residenz des polnischen Königs und ab 1815 Hauptstadt von Kongresspolen. Die *Warschauer Aufstände* (1943 im jüdischen Getto und 1944 von der polnischen Widerstandsbewegung) führten zur Zerstörung der Stadt durch die deutschen Besatzungstruppen.

Warschauer Pakt, 1955 in der polnischen

Waschbären 715

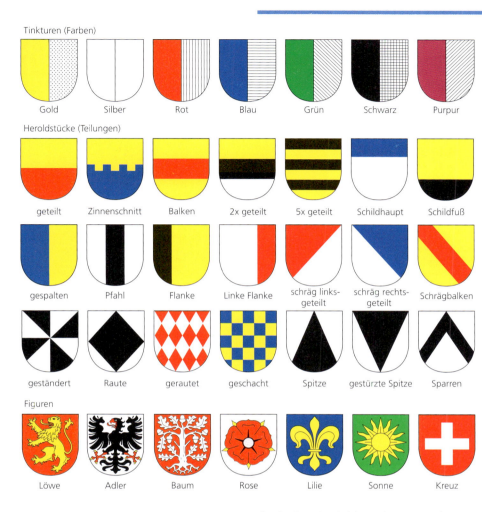

Wappen setzen sich aus Farben (1. Reihe), Heroldsstücken (2. bis 4. Reihe) und Figuren (5. Reihe) zusammen

Hauptstadt → Warschau gegründetes Militärbündnis, das die kommunistischen Staaten Osteuropas als »Vertrag über Freundschaft und gegenseitigen Beistand« schlossen. Das Bündnis unter der Führung der → Sowjetunion, die Truppen in den Mitgliedstaaten stationierte, hatte einen gemeinsamen militärischen Oberbefehl und richtete sich gegen die → NATO. 1991 wurde es aufgelöst.

Wartburg, im 11. Jh. errichtete Burganlage oberhalb von Eisenach. Der ehemalige Sitz der Landgrafen von Thüringen war im Mittelalter ein Zentrum der höfischen Kultur.

Warzen, gutartige Wucherungen der Oberhaut, die bis erbsengroß werden können. Sie werden durch eine Virusinfektion hervorgerufen und führen zu vermehrter Hornhautbildung.

Waschbären, Gattung nachtaktiver Kleinbären (→ Bären), deren Vertreter bis zu 70 cm lang werden und mit sieben Arten in Amerika vorkommen. Seit Mitte der 50er Jahre sind Waschbären auch in Mitteleuropa verbreitet.

Wartburg

Der Aufenthalt der beiden Dichter → Wolfram von Eschenbach und → Walther von der Vogelweide liegt der Sage vom »Sängerkrieg auf der Wartburg« zugrunde, die Richard → Wagner in seiner Oper »Tannhäuser« verarbeitete. In der Reformationszeit war die Burg Zufluchtsort für Martin → Luther, der hier das Neue Testament ins Deutsche übersetzte.

Warzen

Warzen treten vor allem im Kindesalter gehäuft auf. Sie bilden sich jedoch oft spontan zurück, was den alten Glauben an die Wirksamkeit des »Besprechens« von Warzen erklärt.

Waschbär

Der Name rührt daher, dass der Waschbär seine Nahrung (Kleintiere, Würmer, Insekten und Früchte) in flaches Wasser taucht und mit den beiden Vorderpfoten reibt, als würde er sie waschen.

■ *Waschbären*

Wasser

Als **Salzwasser** bezeichnet man *Meerwasser*, weil sich im Wasser der Meere im Gegensatz zu Binnengewässern durchschnittlich 3,5 % gelöste Stoffe befinden. Mehr als drei Viertel davon sind → Kochsalz. Der Salzgehalt erhöht sich in Meeren mit geringem Zufluss oder großer Verdunstung (z. B. → Rotes Meer).
Im Gegensatz dazu nennt man Wasser mit einem geringeren Salzgehalt als 0,5 % Süßwasser. In der Natur kommt **Süßwasser** in der Form von Binnengewässern und Grundwasser vor. Es spielt eine lebenswichtige Rolle als Trinkwasser.

Wasserball

Die Mannschaften bestehen aus sechs Feldspielern und einem Torwart sowie sechs Auswechselspielern (fünf Feldspieler und ein zweiter Torhüter). Ein Spiel dauert 4 x 7 Minuten (effektive Spielzeit).
Gespielt wird mit einem 450 g schweren Gummiball, der in ein 3 m breites und 90 cm hohes Tor geworfen werden muss. Tore können nur erzielt werden, wenn der Ball vorher von mindestens zwei Spielern berührt worden ist. Ein Angriff muss innerhalb von 35 Sekunden mit einem Wurf auf das Tor abgeschlossen werden, wobei der Ball nur mit der Innenseite der Hand gespielt werden darf. Fangen oder fausten darf den Ball nur der Torwart.
Bei Regelverstößen und Unsportlichkeiten gibt es Freiwürfe und Strafwürfe *(Viermeterball)* oder Hinausstellungen. Wenn ein Spieler im Ballbesitz ist, darf er angegriffen und unter Wasser gezogen werden.

Wasserfall

Als höchster Wasserfall gilt der *Salto Angel* oder *Angel Fall* in Venezuela, der fast 1000 m in die Tiefe stürzt. Dieser Wasserfall befindet sich an einem Arm des Carrao. In Deutschland sind die *Tribergwasserfälle* an der Gutach im Schwarzwald am höchsten (163 m über sieben Stufen). Als breiteste Wasserfälle gelten die Khônefälle am Mekong in Laos, die zwar nur zwischen 15 und 21 m hoch sind, aber eine Breite von 10,8 km haben.

Washington [ˈwɔʃɪŋtən], die am Potomac gelegene Bundeshauptstadt (als Ballungsraum 3,9 Mio. Einwohner) der → Vereinigten Staaten von Amerika, die gleichzeitig den Bundesdistrikt Columbia *(District of Columbia, zumeist D. C. abgekürzt)* bildet, ist benannt nach George → Washington. Sie wurde 1790 gegründet und ist heute Sitz des Präsidenten *(Weißes Haus)*, des → Kongresses *(Kapitol)* und des Bundesgerichtshofes.

Washington [ˈwɔʃɪŋtən], George (1732–1799), amerikanischer General und erster Präsident der → USA, der ab 1775 Oberbefehlshaber der amerikanischen Revolutionstruppen war und 1789 zum Präsidenten gewählt wurde.

Wasser, chemische Verbindung von → Wasserstoff und → Sauerstoff *(Wasserstoffoxid H_2O)*. Wasser ist eine durchsichtige, geruchs- und geschmacklose Flüssigkeit, die bei 0 °C zu → Eis gefriert und bei 100 °C verdampft. Seine größte Dichte hat es bei 4 °C, so dass Eis auf dem Wasser schwimmt. Als häufigste Verbindung an der Oberfläche der Erde bedeckt es etwa 71 % der Erde und hat in der Atmosphäre einen Anteil von 4 % (Wasserdampf). Es ist nicht nur ein wichtiges Lösungsmittel, sondern bildet auch den Hauptbestandteil der Organismen: Landtiere und Mensch bestehen bis zu 70 % aus Wasser, manche Hohltiere oder Algen bis zu 98 %. Außerdem hat es eine große Bedeutung für die Pflanzen (→ Photosynthese).

Als **Wasserhaushalt** bezeichnet man die Aufnahme und Abgabe von Wasser, die bei Lebewesen über die Körperoberfläche oder die Nahrung bzw. durch Ausscheidung (Exkremente, Schweiß) erfolgt. Da sehr viele Mineralstoffe im Wasser gelöst sind, spielt das Wasser auch eine wichtige Rolle für den → Stoffwechsel. Das Wasser ist auf der Erde ständig in Bewegung. Diese Bewegung bezeichnet man als **Wasserkreislauf**. Durch Verdunstung gelangt das Wasser aus dem Meer in die Luft. Wenn sich der Wasserdampf abkühlt und verdichtet, entstehen → Wolken. Die Wassertropfen fallen in Form von Niederschlägen auf die Erde und fließen dann entweder als Bäche oder Flüsse ab oder versickern im Erdboden.

Wasserball, zum Schwimmsport zählendes Mannschaftsspiel, das innerhalb einer 30 x 20 m großen Wasserfläche in einem mindestens 1,8 m tiefen Becken ausgetragen wird.

Wasserfälle, senkrecht in die Tiefe stürzende Wassermassen eines Baches oder Flusses bei der Führung des Wasserlaufs über eine Klippe oder einen Abhang.

■ *Wasserskilaufen (Slalom)*

Wassermann, → Tierkreiszeichen (♒), das dem gleichnamigen → Sternbild (lat. *Aquarius*) und im → Horoskop dem Zeitraum 21. Januar bis 19. Februar entspricht.

Wasserpflanzen, höhere Pflanzen, die an das Leben im Wasser besonders angepasst sind. Man unterscheidet wurzellose Wasserpflanzen wie etwa die *Wasserlinse*, die an der Oberfläche schwimmt, oder den *Wasserschlauch*, der untergetaucht schwimmt, und verwurzelte Wasserpflanzen (z. B. Wasserknöterich, → Seerosen).

Wasserscheide, Grenzlinie, die Abflusssysteme von Gewässern trennt. Zumeist handelt es sich um einen Höhenrücken; die Wasserscheide kann jedoch auch innerhalb eines Tales liegen, wenn sich ein Flussnetz in jüngerer Zeit verändert hat.

Wasserskilaufen, Wassersportart, bei der die »Läufer« auf ein oder zwei etwa 1,8 m langen Wasserskiern stehen und von Motorbooten oder einem Wasserskilift gezogen werden. Es gibt vier wettkampfmäßige Disziplinen: *Slalom, Trickski, Springen* und *Wasserskirennen*.

Wasserstoff, ein → chemisches Element. Das farb- und geruchlose Gas ist das leichteste und einfachste Element im Universum. Sein → Atom besteht lediglich aus einem → Proton und einem → Elektron. In der Natur kommt es zumeist als zweiatomiges → Molekül (H_2) vor, während atomarer Wasserstoff sehr reaktionsfähig ist. Von

Wasserstoff gibt es noch zwei weitere Isotopen, → *Deuterium* und → *Tritium*. Während Wasserstoff auf der Erde fast nur in Verbindungen auftritt, ist er im Weltall das häufigste Element, das den Sternen ihre Energie durch → Kernfusion liefert. In der Technik wird Wasserstoff zur Herstellung vieler Verbindungen, zum Schweißen und als Kühlmittel, Treibstoff und Energieträger verwendet.

Wasserstoffbombe, *H-Bombe,* Kernwaffe, die ihre gewaltige Vernichtungskraft aus der Verschmelzung leichter Atomkerne bezieht (→ Deuterium, Tritium und Lithium). Um die für die → Kernfusion erforderliche hohe Temperatur von mehreren Millionen Grad zu erreichen, muss zunächst eine → Atombombe gezündet werden. Die ersten H-Bomben wurden Anfang der 50er Jahre von den USA erprobt.

Wasserwaage, Instrument, mit dem man feststellen kann, ob eine Mauer oder ein Bauteil genau waagerecht oder senkrecht ist. Es besteht aus einem Brett mit einer Glasröhre *(Libelle),* die bis auf eine Gasblase mit Flüssigkeit gefüllt ist. Diese Blase verändert je nach Neigung des Bretts ihre Lage. Wenn die Unterlage waagerecht ist, befindet sie sich genau in der Mitte der Markierungsstriche.

■ *Wasserwaage*

Wasserzeichen, besonderes Zeichen, das in einem Blatt Papier zu erkennen ist, wenn man es gegen das Licht hält. Es dient zur Kennzeichnung hochwertiger Papiersorten (z. B. um die Echtheit von Papiergeld zu garantieren). Wasserzeichen werden bei der Papierherstellung eingewalzt oder entstehen durch Muster in den Schöpfformen; sie können auch in trockenes Papier eingeprägt werden.

Watt, 1. allgemein ein flacher Küstenstreifen im → Gezeitenbereich, der bei Flut überspült wird und bei Ebbe trocken ist. Im Besonderen versteht man darunter Streifen an der Nordsee, die bis zu 30 km breiten Bereiche zwischen der dänischen, deutschen und niederländischen Küste und den → Friesischen Inseln, die von Schlick und Schlamm bedeckt und von tiefen Furchen *(Prielen)* als Abflussrinnen durchzogen sind. Wattgebiete besitzen eine eigentümliche Vegetation (z. B. Queller und Schlickgras) und eine reiche Tierwelt (Muscheln, Schnecken, Würmer, Krebse); **2.** nach dem englischen Ingenieur *James Watt* (1736–1819), der die → Dampfmaschine entscheidend verbesserte, benannte Maßeinheit (Zeichen *W*) für → Leistung. 1 W = 1 J/s (d. h. die Leistung, bei der in einer Sekunde die Arbeit von einem → Joule verrichtet wird) = 1 Nm/s (→ Newton mal Meter pro Sekunde). Als SI-Einheit für die → Arbeit bzw. Energie (vor allem für die elektrische) verwendet man **Wattsekunde** (Zeichen *Ws*), wobei 1 Ws = 1 J = 1 Nm, und **Wattstunde** (Zeichen *Wh*, 1 Wh = 3600 Ws).

Watteau [va'to], Jean Antoine (1684–1721), französischer Maler des Rokoko. Bevorzugte Motive waren höfisch-galante Szenen und Figuren der italienischen Komödie in Parklandschaften.

Weber, Carl Maria Freiherr von (1786–1826), deutscher Komponist, der die deutsche romantische Oper schuf. Sein bekanntestes Werk ist der »Freischütz« (1821).

Weberknechte, *Kanker,* Ordnung von Spinnentieren (→ Spinnen), die mit über 3000 Arten weltweit verbreitet sind. Sie haben einen bis zu 2 cm langen Körper und acht lange Beine (bis zu 16 cm).

Webern, Anton (von) (1883–1945), österreichischer Komponist, der die → Zwölftonmusik Schönbergs weiterentwickelte und großen Einfluss auf die → serielle Musik hatte.

Web-Seiten, engl. *Web pages,* Dokumente im »Web« (→ World Wide Web), die auf dem Bildschirm eines PC als einzelne Seiten darstellbar sind. Die in der Sprache HTML (→ Hypertext) verfassten Seiten verbinden Texte, Grafiken und teilweise Töne, Animationen und Videos und enthalten Hyperlinks, über die man zu anderen Seiten gelangt.

Wechsel, schriftliches Zahlungsversprechen, das in vorgeschriebener Form abgefasst sein muss. Er beinhaltet die Anweisung, dass an den Besitzer eine bestimmte Geldsumme ausbezahlt werden soll.

Wechselkurs, *Devisenkurs,* Preis, den man in inländischen Währungseinheiten zahlen muss, um eine bestimmte ausländische Währung zu erhalten.

Wechselstrom, elektrischer Strom, der sich in seiner Richtung und Stärke periodisch ändert. Gegensatz: → Gleichstrom.

wechselwarme Tiere, auch als *Kaltblüter*

Wasserstoff

Zeichen: H (von lat. *hydrogenium*)
Ordnungszahl: 1
Atommasse: 1
Dichte: 0,9 g/l
Schmelzpunkt: –259 °C
Siedepunkt: –253 °C

Wechsel

Der Aussteller eines *gezogenen Wechsels (Tratte)* weist eine andere Person, nämlich den *Bezogenen,* an, den auf dem Wechsel genannten Betrag an den *Remittenten,* d. h. den Wechselnehmer, zu zahlen, wenn der Wechsel fällig wird. Beim *Solawechsel* verpflichtet sich der Wechselaussteller, den Betrag selbst zu zahlen.

Wehen

Etwa vier Wochen vor dem Geburtstermin treten erste *Senkwehen* auf, die dazu dienen, den Kopf des Kindes in der richtigen Geburtsstellung in das Becken zu bringen. Wehen in fünf- bis sechsminütigen Abständen erweitern den Gebärmutterhals und leiten die letzte Phase (Austreibungsphase) ein, bei der das Kind mit *Presswehen* durch den Geburtskanal gedrückt wird. In der Nachgeburtsphase dienen die *Nachwehen* zur Rückbildung der Gebärmutter.

Wehrbeauftragte

1956 wurde in der Bundesrepublik Deutschland der *Wehrbeauftragte* eingeführt, der die Bundeswehr kontrollieren und die Grundrechte der Soldaten schützen soll. Der Wehrbeauftragte wird vom Bundestag für fünf Jahre gewählt und legt dem Parlament jährlich einen Bericht vor. Soldaten können sich mit ihren Beschwerden direkt an dieses Hilfsorgan wenden. Wehrbeauftragte ist gegenwärtig die CDU-Abgeordnete Claire Marienfeld.

Deutsche Weinbaugebiete

Ahr
Baden
Franken
Hessische Bergstraße
Mittelrhein
Mosel-Saar-Ruwer
Nahe
Pfalz
Rheingau
Rheinhessen
Saale-Unstrut
Sachsen
Württemberg

Kategorien des deutschen Weins

Tafelwein
Landwein
Qualitätswein bestimmten Anbaugebiets

Qualitätswein mit Prädikat:
Kabinett
Spätlese
Auslese
Beerenauslese
Eiswein
Trockenbeerenauslese

bezeichnete Tiere, die im Gegensatz zu den → Warmblütern ihre Körpertemperatur nicht konstant halten können, sondern weitgehend von der Umgebung abhängen. Wenn die Temperatur zu stark sinkt, werden wechselwarme Tiere inaktiv oder fallen sogar in eine Starre *(Winterstarre)*. Alle Tiere mit Ausnahme der → Vögel und → Säugetiere gehören zu den wechselwarmen Tieren.

Wechselwirkung, gegenseitige Beeinflussung von zwei physikalischen Objekten, die gleichzeitig aufeinander einwirken. Alle physikalischen Kräfte, die in der Natur wirken, lassen sich auf vier Wechselwirkungen zurückführen: → *Gravitation, elektromagnetische, starke* und *schwache Kraft*. Sie werden durch Austauschteilchen übermittelt (→ Elementarteilchen).

Wehen, unwillkürliche, schmerzhafte Zusammenziehungen der → Gebärmutter, die eine → Geburt einleiten oder während der Geburt erfolgen.

Wehrdienstverweigerung, *Kriegsdienstverweigerung,* in der Bundesrepublik im Grundgesetz (Artikel 4) verankertes Recht, den Kriegs- oder Militärdienst (→ Wehrpflicht) zu verweigern. Anerkannte Wehrdienstverweigerer müssen jedoch anstelle des Wehrdienstes einen → Zivildienst ableisten.

Wehrpflicht, in Staaten ohne Berufsheer die gesetzliche Verpflichtung aller wehrfähigen Bürger, einen zeitlich begrenzten **Wehrdienst** zu leisten, so dass sie notfalls den Staat mit der Waffe verteidigen können. In der Bundesrepublik besteht für Männer ab dem vollendeten 18. Lebensjahr (normalerweise bis zum 25. Lebensjahr) eine *allgemeine* Wehrpflicht in der → Bundeswehr, die einen zehnmonatigen *Grundwehrdienst* sowie die Verfügungsbereitschaft für zweimonatige *Wehrübungen* umfasst. In Österreich dauert der Wehrdienst acht Monate, während er sich in der Schweiz aus einer 15wöchigen Ausbildungszeit sowie zehn dreiwöchigen Wehrübungen zusammensetzt. Eine Wehrpflicht auch für Frauen besteht nur in wenigen Ländern (z. B. Israel).

Weichtiere, deutsche Bezeichnung für → Mollusken.

Weiden, Gattung von Bäumen und Sträuchern, die vorwiegend auf der nördlichen Erdhalbkugel in Gebieten mit gemäßigtem und arktischem Klima wachsen. Sie besitzen pelzige zweihäusige Blüten *(Weidenkätzchen)*. Ihre Zweige *(Weidenruten)* sind sehr biegsam und werden deshalb als Flechtmaterial für Körbe verwendet.

Weihnachten, *Christfest,* in den christlichen Kirchen zur Erinnerung an die Geburt von → Jesus Christus gefeiertes Fest (seit dem 4. Jh. am 25. Dezember; ursprünglich an Epiphanias, 6. Januar). Inzwischen ist es in Europa üblich geworden, das Fest bereits am 24. Dezember abends zu feiern *(Heiliger Abend)*.

Weimar, Stadt (69 000 Einwohner) in → Thüringen), die bis 1918 Residenzstadt des Großherzogtums Sachsen-Weimar-Eisenach und 1920–1952 Hauptstadt des Landes Thüringen war. Im späten 18. und frühen 19. Jh. war sie vor allem aufgrund des Wirkens → Goethes und → Schillers das Zentrum der deutschen → Klassik.

Weimarer Republik, Bezeichnung für den zwischen 1919 und 1933 bestehenden ersten parlamentarisch-demokratischen Staat auf deutschem Boden (→ deutsche Geschichte). Der Name rührt daher, dass → Weimar der Ort der ersten verfassunggebenden Versammlung war.

Wein, aus dem Saft von *Weintrauben,* d. h. Beerenfrüchten der Weinrebe, durch alkoholische → Gärung gewonnenes Getränk. *Rotwein* wird hergestellt, indem die gepflückten dunklen Trauben nach der Lese zerquetscht werden und sofort gären dürfen *(Maischegärung)*, damit aus den dunklen Schalen der Farbstoff und die Gerbstoffe *(Tannine)* ausgezogen werden. Beim *Weißwein* hingegen werden die zumeist weißen Trauben in Pressen gekeltert, so dass der Most farblos bleibt. Rosé, d. h. »rosa« Wein, entsteht, wenn man den Most nur kurze Zeit auf den dunklen Schalen belässt. Je nach Zuckergehalt unterscheidet man zwischen *trockenem, halbtrockenem* und *süßem Wein*. In Deutschland beruht die gesetzliche Einteilung der Weine in

■ *Purpurweide*

■ *Weitsprung*

verschiedene Kategorien auf dem Reifegrad der Trauben. Die Höhe des Mostgewichts entscheidet über die Güteklasse des Weins.

Weiße Rose, studentische Widerstandsgruppe, die 1942/43 an der Universität München entstand. Sie protestierte mit Flugblättern gegen den Nationalsozialismus und rief die Bevölkerung zum Widerstand auf, bevor sie zerschlagen wurde. Ihre Mitglieder, *Hans* und *Sophie Scholl,* Professor *Kurt Huber, Christoph Probst, Alexander Schmorell* und *Willi Graf,* wurden 1943 vom Volksgerichtshof zum Tode verurteilt und hingerichtet.

Weißrussland, Staat in Osteuropa, der zwischen Polen im Westen, Litauen und Lettland im Nordwesten, Russland im Nordosten und Osten sowie der Ukraine im Süden in der Osteuropäischen Ebene liegt. Landschaftlich ist Weißrussland durch ein flachwelliges, von vielen Flüssen durchzogenes Hügelland geprägt. Die Bevölkerung umfasst neben etwa 78 % Weißrussen und über 13 % Russen verschiedene Minderheiten (vor allem Polen, Ukrainer und Juden). Wirtschaftliche Grundlagen sind Landwirtschaft (in erster Linie Viehzucht) und eine vielfältige Industrie (insbesondere Fahrzeug- und Maschinenbau). Das Gebiet war seit dem 1. Jt. von drei slawischen Stammesverbänden besiedelt. Die meisten der kleinen Fürstentümer gehörten im 9.–11. Jh. zum Kiewer Reich (→ Ukraine), kamen aber im 12. und 13. Jh. unter die Herrschaft → Litauens und ab 1569 → Polens. Nach dem Zerfall des Zarenreiches strebte Weißrussland zunächst die Unabhängigkeit an; doch 1918/19 entstand die *Weißrussische Sozialistische Sowjetrepublik,* die im polnisch-sowjetischen Krieg einen Teil ihres Gebiets verlor. Der westliche Teil, der im Frieden von Riga (1921) an Polen abgetreten werden musste, wurde aber 1939 nach dem Abkommen zwischen Hitler und Stalin und dem Einmarsch deutscher Truppen in Polen mit Weißrussland wiedervereinigt. 1945 wurde der westliche Grenzverlauf neu geregelt. Die Weißrussische SSR, die seit 1922 Unionsrepublik der → Sowjetunion war, erklärte sich Mitte 1990 für selbstständig. Seit 1991 ist sie eine unabhängige Republik, die Mitglied der → GUS ist. Weißrussland lehnt sich wirtschaftlich eng an Russland an. Während die Kommunisten eine Vereinigung mit Russland anstreben (1996 Vertrag über die Bildung der SSR, der Gemeinschaft Souveräner Staaten), lehnt die Opposition die Aufgabe von Souveränitätsrechten ab. Der autoritär regierende Präsident Lukaschenko ließ Ende 1996 seine Vollmachten in einer umstrittenen Volksabstimmung durch eine Verfassungsänderung erweitern.

Weitsichtigkeit, *Hyperopie,* durch einen Brechungsfehler des → Auges entstehende Fehlsichtigkeit. Das Sehbild wird dabei erst hinter der Netzhaut erzeugt und ist somit unscharf.

Weitsprung, in der → Leichtathletik eine Disziplin, bei der die Sportler in eine mit Sand gefüllte *Sprunggrube* springen. Beim Absprung (nach bis zu 40 m langem Anlauf) darf der in den Boden eingelassene *Absprungbalken* nicht übertreten werden. Gemessen wird die Entfernung des Abdrucks in der Sandkiste, der dem Absprungbalken am nächsten liegt.

Weizen, zu den → Süßgräsern gehörende → Getreidesorte, die heute in den gemäßigten und subtropischen Zonen der ganzen Erde angebaut wird. Weizen ist das weltweit am häufigsten angebaute Getreide. Am wichtigsten ist dabei der *Weich-* oder *Saatweizen,* dessen Körner in erster Linie zu Mehl verarbeitet werden, während der im Süden wachsende *Hartweizen* für Teigwaren verwendet wird.

Weizsäcker, Richard Freiherr von (* 1920), deutscher Politiker (CDU), der 1981–1984 Regierender Bürgermeister von Berlin und 1984–1994 Bundespräsident war.

Welfen, fränkisches Adelsgeschlecht, das auf *Welf I.* († um 820) zurückgeht. Die Welfen waren Rivalen der → Staufer und bis zum 12. Jh. Her-

Weißrussland (Belarus')
Staatsname: Republik Weißrussland
Staatsform: Präsidiale Republik
Hauptstadt: Minsk
Fläche: 207 600 km^2
Einwohner: 10,2 Mio.
Bevölkerungsdichte: 49/km^2
Amtssprache: Weißrussisch, Russisch
Währung: Belarus-Rubel (BYR)
Nationalitätskennzeichen: BY

Weißrussland

■ *Wellenreiten* vor der Insel Maui, Hawaii

zöge von Kärnten, Sachsen und Bayern, seit 1180 nur noch von Braunschweig und Lüneburg. Aus dem Herzogtum Braunschweig-Lüneburg entstand das Kurfürstentum *Hannover*, das bis 1866 (seit 1814 als Königreich) bestand. 1714–1837 stellte das Haus Hannover den englischen König.

Welle, 1. regelmäßige Zustandsveränderung einer physikalischen Größe, die sich in einem festen, flüssigen oder gasförmigen Medium fortpflanzt. Jede Welle besitzt Wellenberge und Wellentäler. Der Abstand zwischen zwei Wellenbergen oder zwei Wellentälern ist die *Wellenlänge*. Nimmt man die Wellenberge bzw. Wellentäler pro Sekunde, so erhält man die → Frequenz. Wellen breiten sich mit sehr unterschiedlicher Geschwindigkeit aus, wobei die Geschwindigkeit auch vom umgebenden Medium abhängt. Während → Schallwellen recht langsame Wellen sind, haben Lichtwellen die höchste im Universum erreichbare Geschwindigkeit. *Längs-* oder *Longitudinalwellen* schwingen in der Ausbreitungsrichtung, *Quer-* oder *Transversalwellen* senkrecht dazu. Wenn sich Wellen gegenseitig überlagern, kommt es zu → Interferenzerscheinungen; **2.** in der Technik versteht man unter einer Welle eine Stange, die sich um ihre Längsachse drehen kann und dabei Kräfte als Drehmomente weiterleitet (z. B. *Kurbelwelle*).

Wellenreiten, *Surfen,* Wassersportart, die nur im Meer ausgeübt werden kann. Der Surfer steht dabei auf einem 2,50–2,80 m langen und etwa 50 cm breiten Brett und lässt sich mit der Brandungswelle ans Ufer tragen.

Wellensittich, zu den Sittichen gehörender Papageienvogel, der in der freien Natur in Australien vorkommt. Die bis zu 20 cm langen Tiere werden seit mehr als 100 Jahren in Europa als Käfigvögel gezüchtet. Ihr am Rücken gewelltes Gefieder ist normalerweise hellgrün, kann aber bei den Zuchtformen auch gelb, blau oder sogar violett sein. In Gefangenschaft ahmen Wellensittiche die menschliche Sprache nach.

Wellington [ˈwɛlɪŋtən], an der Südwestküste der Nordinsel gelegene Hauptstadt (als Ballungsraum 327 000 Einwohner) von → Neuseeland.

Welse, in allen Erdteilen vorkommende Ordnung der → Knochenfische. Fast alle Arten leben im Süßwasser, wobei sie sich als dämmerungs- und nachtaktive Raubfische zumeist am Boden aufhalten. Zu erkennen sind sie an ihren Barteln am Maul, die als Geschmacks- und Tastorgane zum Aufspüren der Nahrung dienen. Der größte europäische Wels ist der auch als Speisefisch geschätzte *Flusswels* oder Waller, der über 3 m lang und 150 kg schwer werden kann.

Weltall, der gesamte mit Materie und Strahlung erfüllte Raum, das → Universum.

Weltbank, Kurzbezeichnung für die *Internationale Bank für Wiederaufbau und Entwicklung*, eine 1945 von den → Vereinten Nationen gegründete Sonderorganisation (mit Sitz in Washington), die langfristige Kredite an Entwicklungsländer vergibt, um dort die Armut zu bekämpfen und die wirtschaftliche Entwicklung zu fördern.

Weltkriege, siehe Sonderseite 722–724.

Weltraumfahrt, *Raumfahrt,* die Erforschung und Nutzbarmachung des Weltalls mit Hilfe einer neuen Technologie, die es möglich macht, die Erdanziehung zu überwinden und bemannte und unbemannte Raumfahrzeuge in den Weltraum zu befördern. Notwendig war dazu der Raketenantrieb, der Ende des 19. Jh. erstmals ersonnen und während des Zweiten Weltkrieges von den Deutschen für militärische Zwecke erprobt wurde (Raketenwaffe V2). Nach dem Krieg entwickelten sowohl die USA als auch die Sowjetunion eine eigene Raketentechnik. 1957 gelang es sowjetischen Wissenschaftlern, den ersten künstlichen Satelliten, → *Sputnik 1,* in eine Umlaufbahn um die Erde zu befördern. 1958, knapp vier Monate später, folgte mit *Explorer 1* der erste amerikanische Satellit. Nach Versuchen mit Tieren begann 1961 die bemannte Weltraumfahrt mit dem sowjetischen Kosmonauten *Juri Gagarin* (1934–1968), der mit dem Raumfahrzeug *Wostok 1* 108 Minuten lang die Erde

Weltraumforschung

Aufbauschema des »Space-Shuttle«-Systems

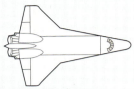

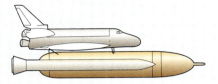

der Raumgleiter allein, Draufsicht

Der Start

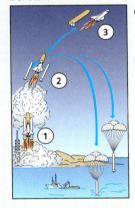

① Zum Start der Raumfähre werden die Haupttriebwerke des Orbiters und die beiden Feststoffraketen gezündet.

② In 50 Kilometer Höhe werden die leergebrannten Feststoffraketen abgesprengt. Sie kehren an Fallschirmen zur Erde zurück und werden von Spezialschiffen aufgefischt.

③ Acht Minuten nach dem Start, kurz vor Erreichen der Umlaufbahn wird der leere Außenbordtank abgetrennt. Um die Trennung vom Tank zu erleichtern, fliegt die Raumfähre bis hierhin in Rückenlage. Der leere Tank verglüht in der Atmosphäre. Die Astronauten zünden die OMS-Triebwerke und erreichen damit die Umlaufbahn.

Die Landung

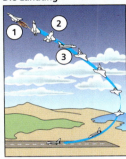

① Zur Landung wird die Raumfähre in der Erdumlaufbahn so gedreht, daß ihre Triebwerke nach vorn zeigen. Durch Zünden der OMS-Triebwerke wird die Raumfähre abgebremst, dann wird sie mit der Nase wieder nach vorn gedreht.

② Mit einem Anstellwinkel von 40 Grad taucht die Fähre in die Atmosphäre ein. An der Außenhaut des Schutzschildes treten dabei Temperaturen von über 1500 Grad auf.

③ In der letzten Phase (ab 18 000 Meter Höhe) fliegt die Raumfähre als Segelflugzeug. Mit hoher Sinkgeschwindigkeit (100 Meter abwärts auf je 450 Meter Vorwärtsflug) steuert sie die Landepiste an. Mit 380 Stundenkilometern setzt die Raumfähre auf.

---

umkreiste. Im Rahmen des → *Apollo*-Programms landeten amerikanische Astronauten 1969–1972 fünfmal auf dem Mond.

Da die Raumfahrt mit ungeheuren Kosten verbunden ist und der praktische Nutzen der bemannten Raumfahrt bislang eher gering war, wurde nach Apollo 17 die *erdferne* bemannte Raumfahrt aufgegeben. Die Sowjetunion und die USA beschränkten sich bei der bemannten Raumfahrt seitdem auf den erdnahen Weltraum, bemühten sich aber gleichzeitig darum, dass ihre Kosmonauten bzw. Astronauten möglichst lang im Erdorbit verblieben und auch ausgedehnte Weltraumausflüge durchführten. Die Versuche mit der amerikanischen Raumstation *Skylab* in den 70er Jahren und vor allem mit der sowjetischen Raumstation *Mir* in den 80er und 90er Jahren, die monatelange Aufenthalte von Kosmonauten und Astronauten im Weltraum ermöglichten, waren notwendige Vorstufen für ständige Raumstationen und interplanetare Raumflüge; doch aus finanziellen Gründen wurden die meisten Projekte aufgegeben oder verschoben. Seit Anfang der 80er Jahre gibt es wieder verwendbare Raumfähren, die wie Flugzeuge landen können *(Spaceshuttle)* und eine wichtige Rolle für den Pendelverkehr zwischen Erde und Raumstationen spielen sollen.

Bedeutende Fortschritte machte die *erdferne* unbemannte Raumfahrt, die es sich seit den 80er Jahren zur Aufgabe machte, den interplanetaren Raum zu erforschen. Seitdem ist es vor allem amerikanischen → Raumsonden wie *Mariner*, *Viking* und *Voyager* gelungen, alle Planeten mit Ausnahme von Pluto aus der Nähe zu fotografieren und zu erforschen. Auf dem Mond, dem Mars und der Venus konnten Raumsonden weich landen. Weitere Untersuchungen galten der Sonne, Meteoriten und Kometen.

Am stärksten wird die *erdnahe* unbemannte Raumfahrt genutzt, weil sie mit den geringsten Kosten verbunden ist und außerdem den größten praktischen Nutzen hat. Seit dem ersten künstlichen Satelliten wurden mehrere tausend Satelliten in eine Umlaufbahn um die Erde befördert: vor allem Nachrichten-, Wetter-, Erderkundungs- und Navigationssatelliten sowie Satelliten für militärische Zwecke. Der Bedarf an

Wissen im Überblick: Weltkriege

Erster Weltkrieg 1914-1918

In der Zeit vor dem Ersten Weltkrieg begann sich das Kräftegleichgewicht aufzulösen, so dass in Europa zwei Machtblöcke entstanden. Großbritannien und Frankreich bildeten gegen das Vormachtstreben des Deutschen Reiches eine »Entente cordiale« (1904), die sich 1907 durch den Beitritt Russlands zur *Triple Entente* erweiterte. Ihr gegenüber standen die *Mittelmächte* Deutschland und Österreich-Ungarn. Zum Weltkrieg kam es, als Bündnisverpflichtungen eine friedliche Lösung lokaler Konflikte verhinderten. Auslöser für den Krieg wurden nationalistische Bestrebungen der Südslawen, die sich gegen die Ansprüche der österreichisch-ungarischen Donaumonarchie auf dem Balkan richteten. Als Österreich nach der Ermordung des habsburgischen Thronfolgers, Erzherzog Franz Ferdinand, in Sarajevo durch einen serbischen Nationalisten **(28.6.1914)** Vergeltungsmaßnahmen forderte, die Serbien nicht erfüllte, erklärte Österreich-Ungarn am **28. Juli** Serbien den Krieg. Da Russland als Schutzmacht Serbiens die Generalmobilmachung anordnete, erklärte das Deutsche Reich seinerseits am **1. August** Russland und zwei Tage später auch Frankreich, das sich nicht neutral verhalten wollte, den Krieg. Der Einmarsch deutscher Truppen in das neutrale Belgien führte zur Kriegserklärung Großbritanniens. Japan trat auf Seiten der Entente in den Krieg ein, um seinen Einfluss in China ausdehnen zu können, während sich Italien erst Mitte 1915 den Alliierten anschloss und dafür territoriale Zugeständnisse erhielt.

Die Mittelmächte, die später nur vom Osmanischen Reich und Bulgarien unterstützt wurden, waren im Westen, Süden und Osten durch Landfronten eingeschlossen; zu See hatte die britische Flotte die eindeutige Überlegenheit. Im Westen gelangte die deutsche Armee zwar schon Ende August bis zur Marne; doch der Versuch, die französischen Truppen durch eine umfassende Offensive rasch zu besiegen, um sich ganz auf die Ostfront konzentrieren zu können (Schlieffenplan), scheiterte. Aus dem Bewegungskrieg wurde ein verlustreicher und langwieriger Stellungskrieg, der trotz wiederholter Offensiven von beiden Seiten bis Mitte 1918 keine Entscheidung brachte. 1915 setzte die deutsche Seite Giftgas ein *(Schlacht bei Ypern)*. Allein die monatelange *Schlacht um Verdun* (1916) forderte auf beiden Seiten 700 000 Tote. Im Osten wurden die russischen Truppen besiegt. Deutschland konnte 1915/16 Polen und die baltischen Staaten erobern. Auf dem Balkan und im Südosten gelang der Sieg über Serbien und Rumänien. Nach der Oktoberrevolution schloss Russland im Dezember 1917 einen Waffenstillstand mit Deutschland und musste im *Frieden von Brest-Litowsk* (3. 3. 1918) auf umfangreiche Gebiete im Westen verzichten.

Die Entlastung im Osten nutzte den Mittelmächten jedoch nichts, weil sie den Alliierten hinsichtlich der Truppenstärke und vor allem technisch und materialmäßig unterlegen waren. Zudem hatte der abermalige »uneingeschränkte« U-Boot-Krieg (seit Februar 1917) im April 1917 die USA zum Kriegseintritt bewegt. Im August 1918 gelang den alliierten Truppen der Durchbruch an der Westfront, so dass die deutsche Armee zum Rückzug gezwungen wurde. Im September brach auch die Front auf dem Balkan zusam-

Oben: Mobilmachung im August 1914 – Deutsche Soldaten auf dem Weg zur Westfront
Unten: Westfront 1916 – schweres deutsches Geschütz im Wald von Hardoumont (bei Verdun)

men. Nachdem im September und Oktober 1918 bereits Bulgarien, das Osmanische Reich und Österreich-Ungarn einen Waffenstillstand mit den Entente-Mächten geschlossen hatten, unterzeichnete Deutschland, wo inzwischen die Monarchie gestürzt worden war, am **11. November** einen Waffenstillstand.

Den Abschluss des Ersten Weltkrieges stellten die *Pariser Friedensschlüsse* 1919/20 zwischen den 27 Siegerstaaten und den vier Verlierermächten dar. Der am **28.6.1919** vom Deutschen Reich unterzeichnete Versailler Vertrag bedeutete für Deutschland erhebliche Gebietsverluste (u. a. Elsass-Lothringen, Westpreußen, Posen, Memelgebiet) und den Verzicht auf sämtliche Kolonien und verlangte eine Entwaffnung und Beschränkung der Armee auf ein

Wissen im Überblick: Weltkriege

100 000 Mann starkes Berufsheer sowie eine Anerkennung der Kriegsschuld und hohe Reparationen (neben umfangreichen Sachleistungen 269 Mrd. Goldmark). Österreich musste die Unabhängigkeit von Ungarn, der Tschechoslowakei, Polens und Jugoslawiens anerkennen und Gebiete abtreten (u. a. Südtirol, Triest, Istrien und Dalmatien). Das jetzt selbstständige Ungarn musste auf einen Großteil seines Gebiets verzichten (u. a. Slowakei, Banat, Siebenbürgen und Burgenland). Der 1919 gegründete *Völkerbund* sollte künftige Kriege verhindern; für die Schlichtung von Streitigkeiten zwischen den Staaten wurde der *Ständige Internationale Gerichtshof* in Den Haag eingerichtet.

Zweiter Weltkrieg 1939-1945

Dem neuerlichen Vormachtstreben Deutschlands, das vom nationalsozialistischen Regime durch eine rasche Wiederaufrüstung und aggressive Expansionspolitik (»Eroberung neuen Lebensraums«) betrieben wurde, begegneten Großbritannien und Frankreich zunächst mit einer Beschwichtigungspolitik (Duldung des »Anschlusses« von Österreich, Abtretung des Sudetenlandes im *Münchner Abkommen* 1938). Nach der Zerschlagung der Tschechoslowakei im März 1939 schloss Hitler im August mit Stalin einen *deutsch-sowjetischen Nichtangriffspakt*, der eine Aufteilung Osteuropas vorsah. Am **1. September 1939** marschierten deutsche Truppen in Polen ein, das sich den Forderungen Deutschlands nach einer Angliederung Danzigs und einer Verbindung zwischen Ostpreußen und dem Reichsgebiet widersetzte. Am 3. September erklärten Großbritannien und Frankreich, die ein Bündnis mit Polen abgeschlossen hatten, Deutschland den Krieg. In der ersten Phase des Krieges konnte Deutschland die meisten Gegner jeweils innerhalb weniger Wochen unterwerfen (»Blitzkrieg«). Es eroberte im Osten den westlichen Teil Polens, im Norden Dänemark und Norwegen, im Westen die Niederlande, Belgien und den größten Teil Frankreichs, das Mitte 1940 in ein besetztes und ein unbesetztes Gebiet aufgeteilt wurde, sowie 1941 im Südosten Jugoslawien und Griechenland. Hingegen misslang es, die britische Luftwaffe auszuschalten. 1940 schloss Deutschland mit Italien und Japan ein Bündnis (*Dreimächtepakt*), dem später andere Staaten wie Ungarn, Rumänien, Slowakei, Bulgarien, Kroatien und Finnland beitraten.
Am **22. Juni 1941** griff Deutschland die Sowjetunion an. Nach anfänglichen Erfolgen wurde die deutsche Offensive, die fast bis Moskau vordrang, im Winter 1941 von sowjetischen Truppen und endgültig im Winter 1942 durch eine Gegenoffensive zurückgeworfen. Die in *Stalingrad* eingekesselte 6. Armee musste Anfang 1943 kapitulieren. Damit war der Krieg an der Ostfront verloren. Bereits Ende 1941 hatte sich der europäische Krieg zu einer globalen Auseinandersetzung ausgeweitet, als der japanische Bündnispartner am **7. Dezember** den US-Flottenstützpunkt *Pearl Harbour* (auf Hawaii) überfiel und die amerikanische Pazifikflotte größtenteils zerstörte. Die USA erklärten daraufhin Japan den Krieg. Mit der Kriegserklärung Deutschlands und Italiens an die USA begann der eigentliche Weltkrieg. Zum Schluss befand sich Deutschland mit 67 Staaten im Kriegszustand. Obwohl Deutschland einen Großteil Europas und Teile Nordafrikas besetzte und Japan in der ersten Hälfte des Jahres 1942 ein riesiges Gebiet in Ost- und Südostasien eroberte, waren sie im Hinblick auf Truppenstärke und vor allem Nachschub an Waffen und Treibstoff hoffnungslos unterlegen. Die japanische Offensive wurde bereits Mitte 1942 bei den Midway-Inseln gestoppt. Die Rückeroberung des pazifischen und südostasiatischen Raums durch amerikanische Truppen dauerte jedoch bis 1945.

Besprechung der Offensive 1942 - Hitler umgeben von den Generälen Heusinger, von Sodenstern, von Weichs, Paulus, Mackensen und von Bock

Im Mai 1943 mussten die deutschen und italienischen Truppen in Nordafrika kapitulieren. Italien fiel als Bündnispartner aus, nachdem das faschistische Regime Mussolinis im Juli 1943 gestürzt wurde. Italien erklärte Deutschland den Krieg und wurde teilweise von deutschen Truppen besetzt, die sich bis April 1945 halten konnten (Apenninfront). Der Abfall mehrerer Bundesgenossen im Südosten (Rumänien, Bulgarien und Ungarn) brachte neue Fronten. Im Deutschen Reich schwächten Luftangriffe der Alliierten (mit Flächenbombardierungen deutscher Großstädte ab März 1942), die gewaltige Zerstörungen und hohe Verluste unter der Zivilbevölkerung verursachten, die deutsche Wirtschaft. Auch die Ausrufung des »totalen Krieges« (durch Propagandaminister Goebbels ab Februar 1943) konnte die militärische Überlegenheit der alliierten Mächte nicht wettmachen, sondern zögerte nur die unvermeidliche Niederlage hinaus. Bereits Mitte 1944 landeten alliierte Truppen in der Normandie, im August auch in Südfrankreich und drängten die deutschen Truppen bis zu den Ardennen zurück. Bis März 1945 stießen sie bis zum Rhein vor. Ende April trafen die amerikanischen und britischen Kräfte an der Elbe mit den sowjetischen Verbänden zusammen, die in schweren Kämpfen bis Anfang 1945 Ostpreußen erreicht und im Februar 1945 die Ostfront ganz auf deutsches Gebiet zurückgeschoben hatten. Am 24. April wurde Berlin umzingelt. Bereits am 13. April erreichte die Rote Armee Wien, traf mit amerikanisch-britischen Verbänden zusammen und

Wissen im Überblick: Weltkriege

■ *Die alliierte Invasion in der Normandie am 6. Juni 1944*

befreite im Mai die Tschechoslowakei. Im Bunker der Berliner Reichskanzlei eingekesselt, setzte Hitler Großadmiral Dönitz als Nachfolger ein und beging am 30. April Selbstmord. Am **7.** und **8. Mai 1945** kapitulierte die deutsche Wehrmacht bedingungslos. Deutschland wurde danach vollständig besetzt und entwaffnet. Japan kapitulierte erst am **2. September,** nachdem die USA am **6.** und **8. August** zwei Atombomben auf die japanischen Städte *Hiroshima* und *Nagasaki* abgeworfen hatten, die eine bis dahin noch nie dagewesene Vernichtungswirkung besaßen.

Eine einheitliche Friedensregelung wie nach dem Ersten Weltkrieg unterblieb, weil die Koalition der Alliierten nicht lang bestand. 1947 wurden in Paris Friedensverträge mit Finnland, Italien, Ungarn, Rumänien und Bulgarien geschlossen. Der Friedensvertrag mit Japan (1951 in San Francisco) wurde von der Sowjetunion nicht unterzeichnet. In Österreich endete die Besatzung durch die Alliierten am **15. Mai 1955** mit dem Abschluss eines Staatsvertrages, der das Land zu immer währender Neutralität verpflichtete und einen Anschluss an Deutschland verbot. Das *Potsdamer Abkommen* **(Juli/August 1945)** legte die Aufteilung Deutschlands in Besatzungszonen fest, die von den vier Siegermächten kontrolliert wurden, und bestimmte neben Reparationen und Abbau von Industrieanlagen auch, dass die Ostgebiete der polnischen bzw. sowjetischen Verwaltung unterstellt und die deutsche Bevölkerung in Polen, der Tschechoslowakei und Ungarn umgesiedelt werden sollte. Offiziell beendet wurde der Kriegszustand jedoch erst **1951** (mit den Westmächten) und **1955** (mit der Sowjetunion). Seine volle Souveränität erhielt Deutschland sogar erst im **Oktober 1990** wieder, kurz vor der Wiedervereinigung, obwohl das Besatzungsstatut in der Bundesrepublik bereits seit 1955 weitgehend aufgehoben war *(Deutschlandvertrag).*

Im Gegensatz zu räumlich begrenzten Kriegen zwischen zwei oder mehreren Staaten bezeichnet ein Weltkrieg eine Ausweitung kriegerischer Konflikte auf große Teile der Erde, wobei die meisten Völker in diese Auseinandersetzungen verwickelt werden oder darunter zu leiden haben. Obwohl es bereits in früheren Zeiten Kriege gab, die auf mehreren Kontinenten geführt wurden (z. B. Siebenjähriger Krieg), sind Weltkriege im eigentliche Sinne erst im 20. Jh. möglich geworden: einerseits durch die technischen Fortschritte im Nachrichten-, Verkehrs- und Transportwesen, die es erlauben, Soldaten in großer Zahl, Waffen und Gerät innerhalb kurzer Zeit in weit entfernte Gebiete zu bringen, und andererseits durch die politische und wirtschaftliche Verflechtung der Staaten untereinander. Die beiden Weltkriege unterschieden sich auch in ihrem Ablauf erheblich von früheren Kriegen (langwierige Stellungskriege mit ungeheurem Materialverbrauch) und brachten neue Kriegstechniken hervor (neben dem Einsatz von Propaganda auch Entwicklung neuer Waffen, insbesondere bei Flugzeugen und Panzern). Der Einsatz von Vernichtungswaffen (Bomben) führte nicht nur bei den kämpfenden Truppen zu hohen Verlusten, sondern traf vor allem die Zivilbevölkerung. Der Erste Weltkrieg forderte etwa 10 Mio. Tote (davon 1,8 Mio. auf deutscher Seite). Von den rund 55 Mio. Menschen, die im Zweiten Weltkrieg ums Leben kamen, waren etwa 30 Mio. Zivilisten; die meisten Opfer gab es auf der sowjetischen (über 20,5 Mio.) und chinesischen Seite (etwa 10 Mio.), während es auf deutscher Seite über 5 Mio. waren. Die Massenmorde an der jüdischen Bevölkerung kosteten mehr als 6 Mio. Juden das Leben. Beide Kriege waren zunächst europäische Kriege, bei denen es um die Vormachtstellung in Europa ging, und weiteten sich erst im weiteren Verlauf zu globalen Konflikten aus. Sie führten zu tief greifenden politischen Veränderungen, die bis in die jüngste Gegenwart die Geschichte prägen. Im Ersten Weltkriege zerbrachen mehrere Großreiche und Monarchien (Habsburger Donaumonarchie, Deutsches Kaiserreich, Russisches Zarenreich, Osmanisches Reich). Nach dem Zweiten Weltkrieg lösten sich auch die Kolonialreiche auf, vor allem das britische und das französische. Die bisherigen europäischen Großmächte wurden durch die beiden Supermächte USA und Sowjetunion abgelöst, die bis Ende der 80er Jahre die Weltpolitik bestimmten. Der Zeitabschnitt seit 1917 (Kriegseintritt der USA) oder seit 1945 (Ende des Zweiten Weltkrieges) wird auch als Zeitgeschichte bezeichnet.

Wissenschafts- und Kommunikationssatelliten ist so groß geworden, dass Trägerraketen, die Satelliten in den Orbit bringen, ein großes Geschäft darstellen (vor allem die europäische → *Ariane*). Satelliten im Orbit können nicht nur Fernsehprogramme und Telefongespräche übermitteln, sondern eröffnen auch günstigere Beobachtungsmöglichkeiten, die auf der Erde aufgrund der Atmosphäre nicht gegeben sind. Beobachtungsgeräte wie das *Hubble-Weltraumteleskop,* das seit 1990 die Erde umkreist und Ende 1993 repariert wurde, sammeln Daten, die unser Bild des Universums entscheidend erweitern und verändern.

Weltreligionen, Bezeichnung für alle → Religionen, die für ihre Lehre universelle Geltung beanspruchen, sich durch Mission in vielen Ländern ausgebreitet haben und einen Großteil der Weltbevölkerung als Anhänger haben (in erster Linie → Christentum, → Islam, → Hinduismus, → Buddhismus).

Weltwirtschaftskrise, Bezeichnung für den Zusammenbruch der Wirtschaft in Amerika und Europa, der durch den New Yorker Börsenkrach am 25. Oktober 1929 *(Schwarzer Freitag)* ausgelöst wurde und in vielen Ländern zu Massenarbeitslosigkeit und einem starken Produktionsrückgang führte. Die bis etwa 1933 dauernde Krise der internationalen Wirtschaft war eine Spätfolge des Ersten Weltkrieges (→ Weltkriege).

Weltwunder, sieben in der Antike als »septem miracula mundi« bezeichnete Kunstwerke, die durch ihre besondere Schönheit und Einzigartigkeit herausragten. Es gibt verschiedene Zusammenstellungen solcher »Wunderwerke«; die bekannteste ist die von Antipatros von Sidon (2. Jh. v. Chr.). Von diesen Weltwundern sind heute nur noch die ägyptischen Pyramiden erhalten.

Weltzeit, *WZ,* engl. *Universal Time* (UT), mittlere Sonnenzeit für den Nullmeridian (→ Meridian). Die Weltzeit bildete früher die Grundlage für die Zonenzeiten (→ Zeit); seit 1972 beruhen diese auf einer *koordinierten Weltzeit,* die sich auf eine Atomzeitskala stützt. Da die Weltzeit die Ausgangszeit für alle anderen Zeitzonen bildet, kann jede Zonenzeit im Verhältnis zu ihr angegeben werden.

Wendekreise, Bezeichnung für zwei (gedachte) Kreise, die parallel zum → Äquator verlaufen und jeweils 23° 26′ 45″ von ihm entfernt sind. Dort kehrt die Sonne ihre scheinbare Bewegungsrichtung um (→ Sonnenwende) und nähert

■ *Wespen: Eine Kolonie im Nest*

sich wieder dem Äquator. Den *Wendekreis des Krebses* erreicht die Sonne auf der nördlichen Erdhalbkugel am 21. oder 22. Juni, den *Wendekreis des Steinbocks* auf der südlichen Erdhalbkugel am 21. oder 22. Dezember.

Wertigkeit, *Valenz,* in der Chemie die Anzahl von Wasserstoffatomen (oder gleichwertigen Atomen), die ein → Atom eines → chemischen Elements binden oder in einer → Bindung ersetzen kann. Kohlenstoff ist beispielsweise in Methan (CH_4) vierwertig.

Wertpapiere, alle Urkunden, in denen ein privates Vermögensrecht verbrieft ist. Dieses Recht ist an den Besitz des jeweiligen Wertpapiers gebunden (z. B. Aktie, Wechsel, Scheck).

Werwolf, [von ahdt. wer = »Mann, Mensch«], im Volksglauben ein Mensch, der sich in einen Wolf verwandeln kann oder muss. Er gewinnt dadurch gewaltige Kräfte und tötet Menschen.

Wespen, Sammelbezeichnung für mehrere Familien von Hautflüglern, von denen die bekannteste die Familie der *Faltenwespen* ist. Der gelb-schwarze Körper ist zumeist durch die sprichwörtliche »Wespentaille« in Vorder- und Hinterleib gegliedert. Der kräftige Stachel am Hinterleib steht mit einer Giftdrüse in Verbindung. Die größte europäische Wespe ist die → *Hornisse.*

Westerwald, Teil des → Rheinischen Schiefergebirges zwischen Lahn und Sieg (höchste Erhebung: *Fuchskauten,* 656 m).

Westfalen, Nordostteil von → Nordrhein-Westfalen, der sich zwischen Weser und Rhein erstreckt und die Regierungsbezirke Arnsberg und Münster sowie die westlichen Teile des Regierungsbezirks Detmold umfasst (Hauptort: Münster). Das Gebiet war ursprünglich Teil des sächsischen Stammesherzogtums, bevor es im 12. Jh. aufgeteilt wurde. 1807–1813 bestand das *Königreich Westfalen,* das von → Napoleons Bruder Jérôme regiert wurde. 1815 fiel das heuti-

Wespen

Die meisten der weltweit verbreiteten Wespen bilden einen Staat, der aber nur ein Jahr lang besteht, weil lediglich einige befruchtete Weibchen überwintern. In jedem Frühjahr gründet eine *Königin* eine Kolonie, indem sie Brutzellen anlegt. Aus den befruchteten Eiern entwickeln sich nicht fortpflanzungsfähige Arbeiterinnen, während die Geschlechtstiere, Weibchen und stachellose Männchen, erst im Herbst ihre Entwicklung abschließen. Im Winter stirbt der gesamte Staat bis auf die begatteten jungen Weibchen ab. Die teilweise sehr großen Nester (mit bis zu 5000 Tieren), die bei einigen Arten unterirdisch, bei anderen oberirdisch angelegt sind, bestehen aus Holzfasern, die von den Arbeiterinnen zerkaut und mit Speichel verklebt werden, bis sie zu einer papierartigen Masse erhärten.

Die sieben Weltwunder der Antike

1. die → Pyramiden von Gizeh;
2. die Hängenden Gärten der Semiramis in → Babylon;
3. der Tempel der → Artemis in Ephesos;
4. das Standbild des → Zeus in Olympia;
5. das → Mausoleum in Halikarnassos;
6. der Koloss von → Rhodos;
7. Leuchtturm von Pharos vor der Küste von → Alexandria.

Westsamoa (Sāmoa-i-Sisifo)

Staatsname:	Unabhängiger Staat Westsamoa
Staatsform:	Parlamentarische Monarchie
Hauptstadt:	Apia
Fläche:	2831 km²
Einwohner:	170 000
Bevölkerungsdichte:	60/km²
Amtssprache:	Samoanisch, Englisch
Währung:	Tala (WS $)
Nationalitätskennzeichen:	WS

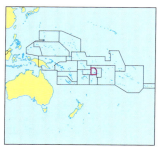

Westsamoa

Westfälischer Frieden
• • • • • • • • • • • • • • • • • • • •
Frankreich erhielt im Westfälischen Frieden die habsburgischen Besitzungen im Elsass sowie Metz, Toul und Verdun, Breisach und den Sundgau, während Schweden Vorpommern, Rügen, Stettin und Wismar sowie die Bistümer Bremen und Verden bekam und künftig im deutschen Reichstag vertreten war. Bayern durfte die Oberpfalz und die Kurwürde behalten, die ihm schon 1623 zugesprochen worden waren; für die Rheinpfalz wurde eine neue, achte Kurwürde geschaffen. Brandenburg gewann u. a. Hinterpommern. Außerdem wurde die Unabhängigkeit der → Schweiz und der

(Fortsetzung siehe Seite 727)

ge Westfalen als Provinz an Preußen. Seit 1946 ist es ein Bestandteil des Bundeslands Nordrhein-Westfalen.

Westfälischer Frieden, die Friedensverträge, die nach vierjährigen Verhandlungen 1648 unterzeichnet wurden, um den → Dreißigjährigen Krieg zu beenden. Die Unterzeichner waren der Kaiser, die deutschen Reichsstände, Frankreich *(Friede von Münster)* und Schweden *(Friede von Osnabrück).*

Westgoten, Teilvolk der → Goten, das sich nach der Aufspaltung um 270 n. Chr. zunächst in Siebenbürgen niederließ und im 4. Jh. die Donau überschritt, als es von den Hunnen angegriffen wurde. Um die Mitte des 4. Jh. nahmen die Westgoten das Christentum an. Unter König *Alarich* (um 370–410) drangen sie Ende des 4. Jh. in Griechenland ein und eroberten 410 Rom. Danach zogen sie über Gallien nach Spanien und errichteten im 5. Jh. ein eigenes Reich, das den größten Teil Spaniens und Gallien zwischen Loire und Rhône umfasste. Während das gallische Gebiet bereits 507 an die → Franken fiel, bestand das westgotische Reich in Spanien bis ins 8. Jh., bevor es 711 dem Ansturm der Araber erlag.

Westindien, die *Westindischen Inseln,* die sich als fast 4000 km langer Bogen zwischen Nord- und Südamerika erstrecken. Die karibische Inselwelt besteht vor allem aus den → Bahamas sowie den Großen und Kleinen → Antillen.

Westpreußen, ehemalige preußische Provinz am Unterlauf der Weichsel. Das Gebiet kam 1772 bei der ersten Polnischen Teilung zu → Preußen, wurde im 19. Jh. vorübergehend mit → Ostpreußen vereinigt und war seit 1878 wieder eigene Provinz (mit Danzig als Hauptstadt). Nach dem Ersten Weltkrieg fiel der größte Teil an Polen, während der Ostteil zu Ostpreußen kam und Danzig mit der Weichselmündung ein Freistaat wurde. Seit 1945 ist ganz Westpreußen polnisch; Danzig heißt heute Gdańsk.

Westsahara, von → Marokko besetztes Gebiet in Nordafrika, das an der Nordwestküste und in der westlichen Sahara liegt. Es befindet sich zwischen Marokko und Mauretanien und grenzt im äußersten Osten an Algerien. Das von den *Saharauís,* einem berberisch-arabischen Mischvolk, bewohnte Gebiet war ab 1885 spanisches Protektorat und 1958–1976 als *Spanisch-Sahara* Überseeprovinz. Nach dem Abzug der spanischen Truppen teilten es Marokko und Mauretanien, die beide Ansprüche auf die reichen Phosphatvorkommen erhoben, ohne die vorgesehene Volksabstimmung untereinander auf. 1976 rief die Befreiungsbewegung *Frente Polisario* die *Demokratische Arabische Republik Sahara* aus, die von vielen Staaten anerkannt wurde. Der Guerillakrieg verschärfte sich, als Marokko 1979 auch den südlichen Teil des Landes besetzte, den Mauretanien aufgegeben hatte. 1991 trat ein Waffenstillstand in Kraft. Die vereinbarte Volksabstimmung, die unter der Aufsicht der UNO stattfinden soll, wurde bislang nicht durchgeführt, weil man sich nicht darüber verständigen konnte, wer wahlberechtigt ist (nur die ursprüngliche Bevölkerung oder auch die seitdem dort angesiedelten Marokkaner).

Westsamoa, Inselstaat im südlichen Pazifik. Er umfasst den westlichen Teil der → Samoainseln mit den beiden größeren Inseln *Savaii* und *Upolu* sowie sieben kleinere, teilweise unbewohnte Inseln. Das frühere deutsche Schutzgebiet wurde nach dem Ersten Weltkrieg von Neuseeland verwaltet (1920–1946 als Mandatsgebiet des Völkerbundes, 1946–1961 als Treuhandgebiet der Vereinten Nationen). Nach einer Volksabstimmung erhielt Westsamoa 1962 seine Unabhängigkeit, wurde aber noch bis 1976 außenpolitisch von Neuseeland vertreten. Der von einer Häuptlingsaristokratie regierte Staat, der in erster Linie von der Landwirtschaft lebt (vor allem Export von Kopra), gehört dem → Commonwealth an.

Wetter, in der → Meteorologie Bezeichnung für das Geschehen in der → Atmosphäre, das durch das Zusammenwirken verschiedener Faktoren wie Temperatur, Luftdruck, Luftfeuchtigkeit, Wind, Wolken und Niederschläge bestimmt wird. Von großem Einfluss für die Entstehung eines bestimmten Wetters sind die als → Hoch- und → Tiefdruckgebiete bezeichneten Wirbel, die sich verlagern und für den Transport großer Luftmassen sorgen. Die *Wetterkunde,* die mit Hilfe von Beobachtungsstationen, Messballons mit Radiosonden und Satelliten die physikalischen Vorgänge in der → Troposphäre erforscht, bemüht sich darum, die wahrscheinlichen Veränderungen für mehrere Tage vorherzusagen (*Wettervorhersage*). Das Wettergeschehen für ein Vorhersagegebiet wird anhand einer **Wetterkarte** veranschaulicht.

Whisky [ˈwɪskɪ], *der,* aus Getreide hergestellter Branntwein, der mehrere Jahre im Holzfass gelagert wird, damit das Aroma reift.

WHO, Abkürzung für engl. *World Health Organization,* die Weltgesundheitsorganisation (mit Sitz in Genf), die 1948 als Sonderorganisation der → Vereinten Nationen gegründet wurde.

■ *Wetter:* Die Balkanhalbinsel, aufgenommen von einem Wettersatelliten

Zu ihren Aufgaben gehören die Beratung beim Aufbau von Gesundheitsdiensten, die Unterstützung der medizinischen Ausbildung in Entwicklungsländern, die Bekämpfung von Seuchen und Epidemien sowie die Verbesserung der hygienischen Verhältnisse.

Wichte, *spezifisches Gewicht,* Verhältnis von → Gewicht und Rauminhalt eines Stoffs. Im Gegensatz zur → Dichte ist die Wichte vom Ort abhängig; doch auf der Erde stimmt sie mit der Dichte überein. SI-Einheit der Wichte ist Newton pro m³.

Widder, 1. Schafbock (→ Schafe); **2.** → Tierkreiszeichen (♈ ♈), das dem gleichnamigen → Sternbild (lat. *Aries*) und im → Horoskop dem Zeitraum 21. März bis 20. April entspricht.

Widerstand, *elektrischer Widerstand,* das Verhältnis von → Spannung und Stromstärke, das in → Ohm gemessen wird. Legt man eine Spannung an einen Stromkreis an, so stellt dieser dem Stromfluss einen Widerstand entgegen. Die Elektronen können nämlich in einem → Leiter nicht ungehindert fließen, sondern stoßen mit den Leiteratomen zusammen. Der Widerstand hängt deshalb vom Material und von den Abmessungen des Leiters sowie von der Temperatur ab. Als Widerstand bezeichnet man auch ein elektrisches oder elektronisches Bauteil, das einen festen oder einstellbaren Widerstand hat und beispielsweise in Schaltungen verwendet wird.

Widerstandsbewegung, politische Bewegung, die mit politischen Mitteln oder Waffen gegen eine als Unterdrückung oder als unrechtmäßig empfundene Herrschaft, gegen eine Besatzungsmacht oder gegen eine von einer ausländischen Macht eingesetzte Regierung kämpft.

Wiederaufarbeitung, *Wiederaufbereitung,* Rückgewinnung von spaltbarem Material aus Abfällen von → Kernreaktoren. Eine **Wiederaufbereitungsanlage** ist eine Anlage, in der die verbrauchten Brennelemente in ihre Bestandteile zerlegt werden. Während die hochradioaktiven Stoffe an einen sicheren Ort gebracht werden müssen (→ Endlagerung), können die nicht genutzten Anteile an Uran 235 und Plutonium 239 (etwa 96 %) neu angereichert und zu neuen Brennstäben verarbeitet werden. So ist es möglich, die begrenzten Uranvorräte in den → Kernkraftwerken länger und besser auszunutzen.

Wiedergeburt, deutsche Bezeichnung für → Reinkarnation.

Wiedergutmachung, finanzielle Entschädigung der Opfer der nationalsozialistischen Gewaltherrschaft (→ Nationalsozialismus) durch die Bundesrepublik, insbesondere von Angehörigen des jüdischen Volkes.

Wiederkäuer, Unterordnung der → Paarhufer, die weltweit mit rund 170 Arten verbreitet sind. Wiederkäuer sind hochspezialisierte Pflanzenfresser, die mit einem besonderen vierteiligen Magen ausgestattet sind. Die Nahrung kommt zunächst wenig zerkaut in den *Pansen* und dann zerkleinert und durchgemischt in den *Netzmagen.* Von dort wird sie zum Wiederkäuen in das Maul zurückbefördert und zwischen den Backenzähnen zerrieben, bevor sie wieder als Brei hinuntergeschluckt wird. Der Nahrungsbrei gelangt danach in den *Blättermagen* und weiter in den *Labmagen,* wo er endgültig verdaut

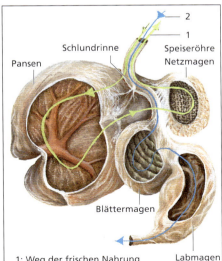

1: Weg der frischen Nahrung (Schlundrinne weitgehend geschlossen)
2 (blau): Weg der wiedergekäuten Nahrung (Schlundrinne geöffnet)

■ *Der Magen eines* **Wiederkäuers**

Vereinigten → Niederlande anerkannt. Den Reichsständen wurde die volle Landeshoheit zugestanden, die es ihnen auch erlaubte, Bündnisse mit ausländischen Mächten zu schließen. Der → Augsburger Religionsfrieden wurde bestätigt, indem das katholische und das protestantische Bekenntnis als gleichberechtigt anerkannt und das Restitutionsedikt, das 1629 eine Rückgabe der von den Protestanten eingezogenen Kirchengüter verfügt hatte, aufgehoben wurden.

Wetter

Die Linien, die ein Hoch oder Tief umgeben, werden als Isobaren bezeichnet, weil auf ihnen derselbe Luftdruck herrscht (durch eine Zahl in Hektopascal oder Millibar markiert).
Tiefdruckgebiete werden mit weiblichen Vornamen bezeichnet, während für Hochdruckgebiete männliche Vornamen gewählt werden. Diese Namen werden seit Ende der 50er Jahre in Deutschland nach einer alphabetischen Liste vergeben.

Whisky

Whisky wird in Irland und den USA *Whiskey* genannt. Für schottischen Whisky (Scotch) wird Gerste oder Gerstenmaische (für *Malt Whisky*) verwendet. Während der *Blended* aus verschiedenen Whiskysorten zusammengemischt wird, ist der *Straight* ein unverschnittener Whisky. Irischer Whiskey ist immer unverschnitten und wird aus Gerste (gemälzt oder ungemälzt), Weizen und Hafer hergestellt. In den USA benutzt man Roggen und Mais für *(Kentucky) Bourbon,* Mais für *Corn Whiskey* und Roggen für *Rye Whiskey.* Kanadischer Whisky wird aus Weizen gebrannt.

Wiedergutmachungsabkommen

In dem 1952 unterzeichneten *Wiedergutmachungsabkommen* verpflichtete sich die Bundesrepublik, an den Staat → Israel, der durch die Aufnahme jüdischer Flüchtlinge finanziell belastet worden war, 3 Mrd. DM zu zahlen. Weitere 450 Mio. DM gingen an Organisationen, die Einzelinteressen verfolgter Juden und ihrer Erben wahrnehmen.

Wiedertäufer

1523 entstand die erste Gemeinde in Zürich, als sich Konrad Grebel von → Zwingli trennte. Die Wiedertäufer wurden überall grausam unterdrückt und mit der Todesstrafe bedroht. Die meisten ihrer Gemeinschaften waren friedliebend. In Verruf geriet die gesamte Bewegung jedoch durch das 1534 in Münster gegründete »Reich Zion«, in dem Gütergemeinschaft und sexuelle Freizügigkeit praktiziert wurden. Die Schreckensherrschaft des »Königs« Johann Bokkelson wurde 1535 nach sechzehnmonatiger Belagerung gewaltsam beendet.

Wiener Klassik

Als *Wiener Klassik* wird ein Abschnitt der Musikgeschichte (→ klassische Musik) bezeichnet, der durch drei in Wien wirkende Komponisten, → Haydn, → Mozart und → Beethoven, bestimmt war. Sie dauerte von 1781 (Übersiedlung Mozarts nach Wien) bis etwa 1827 (Tod Beethovens). Als Zweite *Wiener Schule* wird oft der Kreis um → Schönberg, → Berg und → Webern bezeichnet, der im frühen 20. Jh. die Dur-Moll-Tonalität auflöste und die → Zwölftonmusik schuf.

Wikinger

Die Wikinger stießen im 9. Jh. bis zum Mittelrhein und ins Rhônetal vor und suchten Italien heim. Zeitweilig entstand im 11. Jh. ein Großreich unter dänischer Führung, das die drei Nordländer zusammenfasste. Während das Hauptziel der Norweger die Britischen Inseln waren, richtete sich das Interesse der Dänen zuerst vor allem auf den Kontinent. In der zweiten Hälfte des 9. Jh. gingen sie dazu über, dauerhafte Siedlungen zu errichten. So entstand im frühen 10. Jh. an der Seinemündung aus einer normannischen Niederlassung die → Normandie, von der aus im 12. Jh. die Normannen, nachdem sie die französische Kultur übernommen hatten, England eroberten (→ Großbritannien).

wird. Zu den Wiederkäuern gehören fünf Familien: Zwergferkel, → Hirsche, Giraffen, Gabelhorntiere und Hornträger (darunter → Rinder, Antilopen, Gazellen).

Wiedertäufer, in der → Reformationszeit entstandene Bewegung, die u. a. die Kindertaufe (→ Taufe) ablehnte und auf der Erwachsenentaufe bestand, weil erst im Erwachsenenalter eine freie Entscheidung möglich sei.

Wien, Hauptstadt von → Österreich und Bundesland (1,54 Mio. Einwohner). Das kleinste österreichische Bundesland liegt an der → Donau zwischen Leopoldsberg und Bisamberg. Die Stadt entstand an der Stelle einer ehemaligen Römersiedlung (*Vindobona*). 1276–1918 war sie die Residenz der Habsburger und widerstand dabei zweimal der Belagerung durch die Osmanen (→ Türkenkriege). Seit 1804 ist Wien österreichische Hauptstadt. Die Stadt ist heute Sitz der Bundesregierung und des Parlaments und beherbergt viele internationale Organisationen. Sie ist ein kulturelles Zentrum mit zahlreichen Theatern und Museen sowie viel besuchten Sehenswürdigkeiten (u. a. *Prater, Stephansdom, Schloss Schönbrunn*).

Wiener Kongress, Zusammenkunft aller europäischen Herrscher und Staatsmänner (mit Ausnahme des Osmanischen Reiches), die 1814/15 unter der Leitung des österreichischen Staatskanzlers Fürst Metternich in Wien abgehalten wurde. Ziel des Kongresses war es, Europa nach dem Sturz → Napoleons I. politisch neu zu ordnen. Die Veränderungen, die durch die → Französische Revolution und die nachfolgenden napoleonischen Kriege herbeigeführt worden waren, sollten rückgängig gemacht und durch die alte Ordnung ersetzt werden (→ Restauration). Der Wiener Kongress führte auch zu territorialen Veränderungen (u. a. Gebietsgewinne für → Preußen). An die Stelle des 1806 aufgelösten → Heiligen Römischen Reiches trat der *Deutsche Bund* (→ deutsche Geschichte).

Wiesbaden, zwischen Taunus und Rhein gelegene Landeshauptstadt (266 000 Einwohner) von → Hessen. Die auf ein römisches Kastell zurückgehende Stadt war im 18. Jh. Hauptstadt des Fürstentums Nassau-Usingen.

Wiesel, Gattung der → Marder, von der zwölf Arten in Europa, Asien, Nordafrika und Nordamerika vorkommen. Die schlanken, kurzbeinigen Raubtiere ernähren sich vor allem von kleinen Nagern und Vögeln. In Mitteleuropa leben der → *Hermelin* und das *Mauswiesel*.

Wigwam [indian.-engl. »Hütte«], *der,* Behau-

■ *Wildschwein* mit Frischlingen

sung der nordamerikanischen Algonkinindianer im Gebiet der Großen Seen, eine kuppelförmige, mit Baumrinden, Fellen oder Schilfmatten bedeckte Hütte; später allgemeine Bezeichnung für indianische Zeltbehausungen.

Wikinger, *Normannen,* skandinavische Kriegervölker, die vom 8. bis 11. Jh. mit ihren seetüchtigen, schnellen Schiffen Beutezüge und Eroberungsfahrten an den europäischen Küsten unternahmen.

Die Schweden, die als Kriegerkaufleute (*Waräger*) auf den russischen Flüssen bis nach Byzanz gelangten, ließen sich im 9. Jh. in erster Linie im Ostseeraum und in → Russland nieder, wo sie das Reich von Kiew gründeten. Im 11. und 12. Jh. brachten die Normannen Sizilien und Unteritalien in ihren Besitz. Die Normannen waren auch wagemutige Entdecker, wie die Besiedlung Islands und Grönlands im 9. und 10. Jh. durch norwegische Wikinger zeigt. Um 1000 erreichten sie sogar Nordamerika.

Wild, Sammelbezeichnung für alle in freier Natur lebenden Tiere, die gejagt werden (→ Jagd).

Wildschweine, einzige Art der → Schweine, die in Europa wild lebend vorkommt. Das ursprünglich nur in Eurasien vorkommende Wildschwein, von dem auch das Hausschwein abstammt, wird bis zu 1,8 m lang und erreicht bei einer Schulterhöhe von 1,1 m ein Gewicht von bis zu 350 kg. Es besitzt einen gedrungenen Körper mit wuchtigem Hals und großem Kopf, der rüsselartig ausläuft und verlängerte untere Eckzähne besitzt. Das langhaarige, borstige Fell ist braunschwarz bis hellgrau. In der Jägersprache werden Wildschweine als *Schwarzwild* bezeichnet. Die Jungtiere (*Frischlinge*) sind längs gestreift. Die Weibchen (*Bachen*) bilden mit den Frischlingen zusammen Rudel, während die Männchen (*Keiler*) außerhalb der Paarungszeit Einzelgänger sind.

Wildschweine ernähren sich als Allesfresser von Würmern, Schnecken, Insekten, Kriechtieren, Aas, Pflanzen und Früchten.

Wilhelm I. (1797–1888), preußischer König (ab 1861) aus dem Geschlecht der → Hohenzollern, der 1871 erster Kaiser des → Deutschen Reiches wurde.

Wilhelm II. (1859–1941), preußischer König und deutscher Kaiser (1888–1918), der als Sohn von Kaiser *Friedrich III.* (1831–1888) bereits nach 99 Tagen seinem Vater auf dem Thron nachfolgte. Er drängte auf Reformen in der Sozialpolitik und auf ein militanteres Auftreten in der Außenpolitik und entließ → Bismarck als Reichskanzler. Nach dem Ersten Weltkrieg dankte er ab und floh in die Niederlande. Nach ihm nennt man die damalige Epoche in Deutschland *Wilhelminisches Zeitalter*.

Wilhelm der Eroberer (um 1027–1087), normannischer Herzog der Normandie, der in der Schlacht bei Hastings (1066) England eroberte und sich zum englischen König krönen ließ. Bis 1072 eroberte er den Norden Englands und leitete eine normannische Vorherrschaft ein.

Wimbledon [ˈwɪmbldən], südwestlicher Vorort von → London, der als Austragungsort der internationalen Tennismeisterschaft von England *(All England Championship,* seit 1877) berühmt ist.

Wimpertierchen, Stamm von einzelligen → Urtierchen, zu dem → *Pantoffel-, Trompeten-, Glocken-* und *Saugtierchen* gehören. Sie kommen frei schwimmend oder fest sitzend im Meer und in Süßwasser vor; einige leben auch als Parasiten. Wimpertierchen sind die höchstorganisierten Einzeller. Sie besitzen → Organellen (wie etwa Zellmund und -after, Saugtentakel). Mit ihren über den ganzen Zellleib verteilten Wimpern bewegen sie sich fort und strudeln Nahrung herbei.

Wind, vorwiegend horizontale Luftströmung in der → Atmosphäre, die auf Unterschiede im Luftdruck zurückgeht. Luft bewegt sich, wenn sie aus einem Gebiet mit hohem Luftdruck (→ Hoch) in ein Gebiet mit niedrigem Luftdruck (→ Tiefdruckgebiet) strömt. Aufgrund der Erdrotation werden die Winde dabei seitlich abgelenkt (→ Coriolis-Kraft).

Die **Windstärke,** die in m/s gemessen wird, hängt von den Luftdruckunterschieden ab. Die von dem britischen Admiral Sir *Francis Beaufort* (1774–1857) entwickelte Beaufort-Skala teilt die Windstärke in zwölf Stufen ein, die sich nach den Auswirkungen richtet (von Windstille über sich bewegende Zweige, Äste und Bäume bis zu Schäden an Dächern, entwurzelten Bäumen und schweren Verwüstungen). 1949 wurde die Skala auf 17 Stufen erweitert.

Windkanal, Anlage, mit der man die aerodynamischen Eigenschaften (→ Aerodynamik) von Modellen ermitteln kann. Die Modellkörper (Flug- und Fahrzeuge, Gebäudeteile, Brücken usw.) werden einer möglichst gleichmäßigen Luftströmung ausgesetzt, damit man herausfindet, wie hoch ihr Luftwiderstand ist.

Windkraftanlage, Anlage, mit der man mithilfe des → Windes mechanische oder elektrische Energie gewinnen kann. Man verwendet dazu eine Art Windrad, das an einem Turm angebracht ist und dessen Schaufelflächen so geformt sind, dass sie vom Wind in Drehung versetzt werden. Windkraftanlagen arbeiten umweltfreundlich und werden deshalb auch in Deutschland verstärkt eingesetzt, um Elektrizität zu erzeugen, sogar in küstenfernen Gebieten.

Windows [engl. wɪndoʊz »Fenster«], grafische → Benutzeroberfläche für → Personalcomputer mit dem Betriebssystem MS-DOS. Windows arbeitet mit der Fenstertechnik, bei der mehrere Dateien und sogar Programme nebeneinander laufen können und der Benutzer von einem »Fenster« unmittelbar zu einem anderen wechseln kann. Als Dienstprogramm kann Windows (seit 1998 in der Version *Windows 98*) auch Anwenderprogramme verwalten.

Windpocken, vor allem als Kinderkrankheit (zwischen dem 2. und 6. Lebensjahr) auftretende Viruskrankheit, die sehr ansteckend ist und durch Tröpfcheninfektion übertragen wird. Zwei bis drei Wochen nach der Ansteckung kommt es zu leichtem Fieber und juckendem Ausschlag. Aus den kleinen roten Flecken entstehen mit Flüssigkeit gefüllte Bläschen, die nach drei bis vier Tagen austrocknen und für ein bis zwei Wochen einen Grind bilden. Die Krankheit verläuft in der Regel gutartig und hinterlässt eine lebenslange Immunität.

Windsurfing [von engl. surf sə:f = »Brandung«], *das,* Wassersportart, bei der ein flaches, stromlinienförmiges Kunststoffbrett mit Schwert verwendet wird. Der Surfer steht auf dem Brett und nutzt den Wind mithilfe eines drehbaren Segels (bis zu 10 m² Segelfläche), wobei er das Brett durch Gewichtsverlagerung und mithilfe eines Gabelbaums steuert (Abbildung siehe S.730).

Winkel, in der Geometrie zwei Linien *(Schenkel),* die von einem gemeinsamen Punkt *(Scheitelpunkt)* ausgehen. Die Größe von Winkeln wird in Grad gemessen. *Spitze* Winkel sind klei-

Wimpertierchen

Wimpertierchen vermehren sich durch Zellteilung, doch nach mehreren Teilungen findet eine Art geschlechtliche Fortpflanzung statt, bei der sich zwei Wimpertierchen aneinander legen. Sie verschmelzen dabei an einer Stelle und tauschen Stücke des kleineren ihrer beiden Zellkerne aus. Nach diesem als *Konjugation* bezeichneten Vorgang verschmelzen die Teile des eigenen und des fremden Kerns miteinander, wodurch genetisches Material ausgetauscht wird.

Windstärken

Windstärke	Geschwindigkeit in m/s
0 Stille	0–0,2
1 leiser Zug	0,3–1,5
2 leichter Wind	1,6–3,3
3 schwacher Wind	3,4–5,4
4 mäßiger Wind	5,5–7,9
5 frischer Wind	8–10,7
6 starker Wind	10,8–13,8
7 steifer Wind	13,9–17,1
8 stürmischer Wind	17,2–20,7
9 Sturm	20,8–24,4
10 schwerer Sturm	24,5–28,4
11 orkanartiger Sturm	28,5–32,6
12 Orkan	32,7–36,9

Die fünf weiteren Stufen reichen bis zu einer Windgeschwindigkeit von mehr als 56 m/s, d. h., sie gehen über 200 km/h hinaus.

Betriebssystem Windows

Bereits 1993 kam *Windows NT* (Windows New Technology) auf den Markt, das als → Betriebssystem für leistungsfähige Personalcomputer (insbesondere Mehrplatzrechner und Netze) entwickelt wurde und auch für Programme verwendet werden kann, die ursprünglich für Windows entwickelt wurden.

Winkelfunktionen

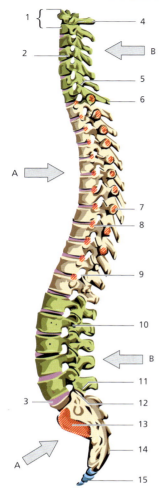

■ *Windsurfing*

■ *Seitenansicht der* **Wirbelsäule**. *Grün: Hals- und Lendenwirbel, beige: Brustwirbel und Kreuzbein, rot: Gelenkflächen;* **A** *Kyphose,* **B** *Lordose;* **1** *Atlas und Axis (erster und zweiter Halswirbel);* **2** *Loch für die Wirbelarterie;* **3** *Vorsprung zwischen fünftem Lendenwirbel und Kreuzbein;* **4** *hinterer Atlasbogen;* **5** *Zwischenwirbelgelenk;* **6** *Dornfortsatz;* **7** *Gelenkfläche am Querfortsatz für das Rippenhöckerchen;* **8** *Gelenkfläche am Wirbelkörper für den Rippenkopf;* **9** *Zwischenwirbelloch;* **10** *Querfortsatz eines Lendenwirbels;* **11** *unterer Gelenkfortsatz des fünften Lendenwirbels;* **12** *Gelenkfortsatz des Kreuzbeins;* **13** *Gelenkfläche des Kreuzbeins mit dem Darmbein;* **14** *mittlerer Kreuzbeinkamm;* **15** *Steissbein*

ner, *stumpfe* Winkel größer als 90°, während *rechte* Winkel genau 90° messen. *Überstumpfe* Winkel haben Werte zwischen 180 und 360°. Zwei Winkel, die sich zu 90° bzw. zu 180° ergänzen, heißen *Komplement-* bzw. *Supplementwinkel.*

Winkelfunktionen, andere Bezeichnung für → trigonometrische Funktionen.

Winter, eine der vier Jahreszeiten, die Zeit zwischen Wintersonnenwende (→ Sonnenwende) und Frühlingstagundnachtgleiche (→ Tagundnachtgleiche), wenn die Sonne ihren niedrigsten Mittagsstand hat (auf der nördlichen Halbkugel vom 21. Dezember bis zum 21. März, auf der südlichen Halbkugel vom 21. Juni bis zum 23. September). Tatsächlich beginnt der Winter aber schon einige Zeit, bevor die Sonne ihren tiefsten Stand erreicht hat. Deshalb dauert er in unseren Breiten von Anfang Dezember bis Ende Februar.

Winterschlaf, durch → Hormone ausgelöster Ruhezustand mancher Säugetiere, die in Gebieten mit gemäßigtem Klima oder im Gebirge leben. In der kalten Jahreszeit, wenn die Temperatur unter einen bestimmten Wert fällt, ziehen sich diese Tiere in ihren Bau zurück und senken ihren Stoffwechsel, so dass alle Lebensfunktionen zurückgehen. Sie unterbrechen ihre schlafähnliche Ruhe nur selten. Wenn es zu kalt wird und Gefahr besteht, dass sie erfrieren würden, erwachen sie wieder. Die zum Überleben notwendige Energie gewinnen die Schläfer aus den vorher angefressenen Fettpolstern, die sie langsam aufzehren. Winterschläfer sind u. a. Hamster, Igel, Murmeltiere und Fledermäuse, während andere Säugetiere, die nur einen Großteil der kalten Jahreszeit verschlafen, ohne dass die Körpertemperatur sinkt, und diesen Schlaf auch immer wieder unterbrechen, um Nahrung zu suchen, als *Winterruher* bezeichnet werden (z. B. Eichhörnchen, Dachs, Bären). Der bewegungslose Zustand → wechselwarmer Tiere im Winter heißt *Winterstarre.*

Wirbellose, Sammelbezeichnung für alle niederen Tiere, die kein aus knöchernen oder knorpeligen Wirbeln bestehendes Rückgrat (→ Wirbelsäule) besitzen. Die Wirbellosen umfassen den bei weitem größten Teil der Tierwelt (etwa 95 %). Ihre Bandbreite reicht von Einzellern über Nesseltiere, Würmer und Mollusken bis zu Gliederfüßern, Stachelhäutern und Manteltieren.

Wirbelsäule, *Rückgrat,* bei → Wirbeltieren (einschließlich Mensch) die knöcherne oder seltener knorpelige Achse des → Skeletts, die den Rumpf stützt und den Schädel trägt. Sie besteht aus einer Vielzahl einzelner *Wirbel,* die gegeneinander beweglich sind (beim Menschen sind es sieben Hals-, zwölf Brust- und fünf Lendenwirbel sowie fünf miteinander verschmolzene Kreuz- und drei bis fünf rückgebildete Steißbeinwirbel). Zwischen den einzelnen Wirbeln, die durch Muskeln und Bänder miteinander verbunden sind, sitzen knorpelige → Bandscheiben. Die Wirbelsäule des Menschen ist S-förmig gekrümmt. Im Wirbelkanal befindet sich das → Rückenmark.

Wirbelstürme, heftige Luftwirbel, die um ein Zentrum mit sehr tiefem Luftdruck kreisen und Orkanstärke (→ Windstärken) mit Geschwindigkeiten von bis zu 250 km/h erreichen. Sie bilden sich vor allem über warmen Meeren tropischer Gebiete.

Wirbeltiere, Unterstamm der *Chordatiere* (alle Tiere, die als Stütze für den Fortbewegungsapparat in Längsrichtung einen elastischen Stab, die *Chorda,* bzw. als Weiterentwicklung eine → Wirbelsäule besitzen). Die Wirbeltiere, von denen es heute etwa 46 500 Arten gibt, haben alle Lebensräume erobert. Die ersten von ihnen entwickelten sich bereits vor mehr als 500 Mio. Jahren. Wirbeltiere haben zwei Paar Gliedmaßen, die sehr unterschiedlich gestaltet sein können. Das → Gehirn befindet sich in einem knöchernen Schädel, vom übrigen Nervensystem abgegliedert. Die Sinnesorgane sind in der Regel hoch entwickelt. Das Blut enthält bei fast allen Wirbeltieren rote Blutkörperchen. Die Haut ist zumeist mit Schuppen, Federn oder Haaren bedeckt. Wirbeltiere pflanzen sich geschlechtlich fort und sind bis auf wenige → Zwitter fast immer getrenntgeschlechtig (→ Sexualität). Man unterscheidet *niedere* (Rundmäuler, → Fische und Lurche) und *höhere* Wirbeltiere (→ Reptilien, Vögel und Säugetiere).

Wirklichkeitsform, deutsche Bezeichnung für → Indikativ.

Wirt, in der Biologie Bezeichnung für ein Lebewesen, das einen → Parasiten beherbergt und ihn unfreiwillig ernährt.

Wisent, größtes lebendes Wildrind (→ Rinder). Es wird bis zu 3,5 m lang, erreicht eine Schulterhöhe von 2 m und wiegt etwa 1000 kg. Ursprünglich gab es zwei Arten, die in den Misch- und Laubwäldern Eurasiens und Nordafrikas lebten. Heute gibt es nur noch kleine Wisentherden in Polen und Westkaukasien, die aus reinblütigen Zootieren gezüchtet wurden. Die dunkelbraunen, an Kopf und Vorderkörper wollig, am Hinterkörper kurz behaarten Tiere leben gesellig oder als Einzelgänger.

Wismut, *das,* ein → chemisches Element. Das spröde Schwermetall hat eine glänzende silberweiße Farbe mit rötlichem Stich. Es wird für leicht schmelzende Legierungen (z. B. in Schmelzsicherungen), Elektroden und Halbleiterelemente verwendet.

Wittelsbacher, bayerisches Herrschergeschlecht, das seinen Namen von der Stammburg Wittelsbach in Aichach (Oberbayern) hat und Bayern 1180–1918 regierte (seit 1623 als Kurfürsten und seit 1806 als Könige). Aus dem Geschlecht gingen auch zwei deutsche Kaiser (Ludwig der Bayer, 1314–1347, und Karl VII. Albrecht, 1742–1745) hervor.

Woche, Zeitraum von sieben Tagen, der zur fortlaufenden Unterteilung des Kalenderjahres dient. Die Sieben-Tage-Woche wurde im Jahre 321 von Kaiser → Konstantin gesetzlich verankert. Das Jahr hat 52 Wochen und einen Tag (in Schaltjahren kommt noch ein Tag hinzu). Die Wochentage wurden bereits bei den Babyloniern und Ägyptern sowie bei den Griechen und Römern nach den sieben »Planeten« Sonne, Mond, Mars, Merkur, Jupiter, Venus und Saturn bzw. den entsprechenden Gottheiten benannt.

Wodan, *Wotan,* Name der Westgermanen für Odin.

Wolf, Christa (* 1929), deutsche Schriftstellerin, die in der DDR lebte. Besonderen Erfolg hatte sie mit dem Roman »Der geteilte Himmel« (1963), der die Teilung Deutschlands zum Thema hat. Bekannt sind auch »Nachdenken über Christa T.« (1969) und »Kassandra« (1983).

Wölfe, zu den Hundeartigen gehörende Raubtierart, die früher in ganz Eurasien und Nordamerika verbreitet war, aber heute in vielen Ländern ausgerottet ist. Durch Domestizierung entstand aus dem Wolf der → Hund. Wölfe leben

■ *Wölfe*

in Rudeln mit fester → Rangordnung, die von einem Leittier angeführt werden. Sie werden bis zu 1,6 m lang und erreichen bei einer Schulterhöhe von 1 m ein Gewicht von 80 kg. Wölfe besitzen ein viele Quadratkilometer großes Jagdgebiet.

Wolfram, ein → chemisches Element. Das weißglänzende Schwermetall wird wegen seines hohen Schmelzpunktes (3410 °C) für Glühfäden in Glühbirnen und für Legierungen verwendet.

Wolfram von Eschenbach (um 1170 bis um 1220), deutscher Dichter, der ein unstetes Wanderleben führte und neben Liedern vor allem Epen in mittelhochdeutscher Sprache verfasste. Wegen seines individuellen Sprachstils und seiner das Ritterbild ins Allgemeingültige übersteigernden Darstellung gehört er zu den bedeutendsten Vertretern der höfischen Epik. Sein Hauptwerk ist der höfische Roman »Parzival« (um 1200–10).

Wolga, der längste Strom Europas (3685 km). Er entspringt nordwestlich von Moskau in den Waldaihöhen, durchfließt Russland und mündet mit einem 150 km breiten Delta in das → Kaspische Meer.

Wolken, in der Atmosphäre schwebende Ansammlungen von Wassertröpfchen und Eiskristallen, die im Gegensatz zu dem in der Luft vorhandenen Wasserdampf sichtbar sind. Wassertröpfchen bilden sich, wenn die Feuchtigkeit so hoch ist, dass die Luft keinen weiteren Wasserdampf mehr aufnehmen kann. Bei kühler Luft ist diese Sättigung schneller erreicht. Kühlen sich die Luftmassen ab, während sie aufsteigen, so kondensiert der Wasserdampf zu winzigen Tröpfchen. In noch größeren Höhen sinkt die Temperatur sogar unter den Gefrierpunkt, so dass die Wassertröpfchen gefrieren. Nach der Form und der Höhe, in der sie auftreten, unterscheidet man zehn Wolkengattungen.

Wolkenkratzer, engl. *Skyscraper,* Hochhaus aus

Wismut

Zeichen: Bi (von lat. *bismutum*)
Ordnungszahl: 83
Atommasse: 208,98
Dichte: 9,75 g/cm³
Schmelzpunkt: 271 °C
Siedepunkt: 1560 °C

Wochentage

Montag (nach dem Mond)
Dienstag (nach dem germanischen Kriegsgott Ziu, der den Beinamen Thingsus hatte)
Mittwoch (Wochenmitte, weil die Woche bis 1976 mit dem Sonntag begann)
Donnerstag (nach dem germanischen Gott Donar)
Freitag (nach der germanischen Göttin Frija)
Samstag (vom griechischen Wort für → Sabbat)
Sonntag (nach der Sonne)

Wolfram

Zeichen: W
Ordnungszahl: 74
Atommasse: 183,85
Dichte: 19,3 g/cm³
Schmelzpunkt: 3410 °C
Siedepunkt: 5660 °C

Wolken

Hohe Wolken (über 7000 m, aus Eiskristallen):

Zirrus: Federwolken
Zirrostratus: Schleierwolken
Zirrokumulus: kleine Schäfchenwolken

Mittelhohe Wolken (2000 bis 6000 m, Mischwolken aus Eiskristallen und Wassertröpfchen):

Altokumulus: große Schäfchenwolken
Altostratus: faserige Schichtwolken
Nimbostratus: dunkle, schwere Regenwolken

Tiefe Wolken (unter 2000 m, aus Wassertröpfchen):

Stratokumulus: Haufenschichtwolken
Stratus: Schichtwolken
Kumulus. Haufenwolken
Kumulonimbus: turmförmige Gewitterwolken

Die höchsten Gebäude der Welt

Petronas Towers (Kuala Lumpur, 1996 erbaut), 452 m
Sears Tower (Chicago, 1974 erbaut), 443 m
World Trade Center (New York, 1973), 417 m
Empire State Building (New York, 1931), 381 m
Bank of China (Hongkong, 1989), 359 m
Standard Oil Building (Chicago, 1971), 346 m
John Hancock Center (Chicago, 1967), 344 m

Geplant sind noch höhere Gebäude, u. a. in China das *Shanghai World Financial Center,* das 461 m hoch sein wird und 2001 vollendet werden soll. In Hongkong soll ein über 500 m hohes Gebäude entstehen, während es in Tokio sogar Pläne für Bauwerke gibt, die über 800 m oder sogar 2000 m hoch werden sollen.

■ *Wolkenkratzer: Die Bank of China in Hongkong*

Stahl und Beton. Die ersten Wolkenkratzer wurden ab 1880 in den USA errichtet.

Wolle, Bezeichnung für die aus dem Unterhaar von → Schafen gewonnenen Fasern, die versponnen werden können. Wolle ist ein wichtiger Rohstoff für Textilien. Auch andere Tiere liefern Wolle (z. B. → Kamele, Angora- und Kaschmirziegen, Angorakaninchen).

Workshop [engl. wəːkʃɔp »Werkstatt«], *der,* Kurs, Veranstaltung, Seminar oder Arbeitsgruppe, bei denen ein bestimmtes Thema in Diskussionsform erarbeitet wird.

Workstation [engl. ˈwəːksteɪʃn »Arbeitsplatz«], *die,* Arbeitsplatzrechner mit überdurchschnittlich leistungsfähigem → Mikroprozessor, der über einen großen Arbeitsspeicher und eine Festplatte mit mehreren Gigabyte Kapazität verfügt. Workstations besitzen auch die notwendigen → Peripheriegeräte (wie etwa → Scanner und Laserdrucker), um anspruchsvolle Arbeiten im Konstruktions- und Entwicklungsbereich durchzuführen (→ CAD). Häufig sind sie an ein lokales → Netzwerk angeschlossen.

World Music [engl. ˈwəːld ˈmjuːzɪk], *Weltmusik,* umfassende Bezeichnung für die Volksmusik der verschiedenen Völker, insbesondere die Musik der außereuropäischen Kulturen. Die Weltmusik beeinflusste auch die Jazz- und vor allem die Rockmusik, indem Musiker und Sänger aus asiatischen und afrikanischen Ländern zusammen mit europäischen und amerikanischen Musikern Aufnahmen machten und ihre Musikkultur mit einbrachten. Daneben versuchen westliche Musiker seit langem, exotische Klänge und Instrumente in ihre eigene Musik einzubeziehen.

World Wide Web [engl. ˈwəːldwaɪdwɛb »weltweites (Spinnen-)Netz«], *das,* oft als *Web* oder *WWW* abgekürztes Informationssystem im → Internet. Es handelt sich dabei um eine Sammlung von sog. → Web-Seiten, die untereinander durch Hyperlinks verbunden sind und auch Grafiken, Fotos, Tonaufnahmen und bewegte Bilder enthalten. Um sie mit einem PC abrufen zu können, muss der Benutzer Zugang zum Internet und einen → Browser zur Verfügung haben.

Worms, am Oberrhein gelegene westdeutsche Stadt (77 000 Einwohner) in Rheinland-Pfalz. Worms gehört zu den ältesten deutschen Städten (keltische Siedlung, die Mitte des 1. Jh. v. Chr. römisch wurde) und war im Mittelalter eine bedeutende Stadt, in der 45 → Reichstage abgehalten wurden. 1122 wurde hier mit dem *Wormser Konkordat* der Investiturstreit zwischen dem deutschen Kaiser und dem Papst beigelegt. 1521 wurde in Worms die Reichsacht über Martin → Luther verhängt *(Wormser Edikt).*

Wort, kleinste sprachliche Einheit, die selbstständig für sich stehen kann und im Satz sowohl eine lexikalische Bedeutung als auch eine grammatikalische Funktion hat.

Wortart, Gruppe oder Klasse von Wörtern, die im Satz eine spezielle Funktion hat. Im Deutschen unterscheidet man zumeist neun Wortarten: → *Verb, Substantiv, Adjektiv, Artikel, Pronomen, Partikel* (Adverb, Präposition, Konjunktion) und *Interjektion.*

WTO, Abkürzung für engl. *World Trade Organization,* die Welthandelsorganisation, die seit Anfang 1995 → GATT ersetzt. Die WTO ist eine Sonderorganisation der → Vereinten Nationen mit Sitz in Genf und hat die Aufgabe, den Welthandel zu überwachen und Zölle und andere Handelshemmnisse abzubauen. Gegenwärtig hat sie 111 Vollmitglieder.

Wundstarrkrampf, deutsche Bezeichnung für → Tetanus.

Wuppertal, an der Wupper gelegene westdeutsche Großstadt (384 000 Einwohner) in Nordrhein-Westfalen. Die Industriestadt besitzt seit 1901 eine 13,3 km lange *Schwebebahn.*

Würfel, ein geometrischer Körper, der von sechs gleich großen → Quadraten begrenzt wird.

Würmer, Sammelbezeichnung für verschiedene → wirbellose Tiere, die verschiedenen Tierstämmen angehören. Gemeinsam ist ihnen ein lang gestreckter, röhrenförmiger oder abgeflachter Körper. Dazu gehören *Platt-, Schnur-, Rund-, Spritz-, Ringel-* (z. B. → Regenwurm) und *Zungenwürmer.*

Württemberg, östlicher Teil des Bundeslandes → Baden-Württemberg, der landschaftlich durch den Schwarzwald und die Schwäbische Alb sowie das Neckarbecken geprägt wird und die beiden Regierungsbezirke Stuttgart und Tübingen umfasst. Das Gebiet war zunächst von den → Sueben bewohnt und wurde im 3. Jh. von den → Alemannen besiedelt. Die Grafschaft wurde Ende des 15. Jh. zum Herzogtum erhoben. Seit 1805 Königreich, wurde Württemberg nach dem Ersten Weltkrieg Freistaat. Nach dem Zweiten Weltkrieg bildete es zwei Besatzungszonen, *Württemberg-Baden* und *Württemberg-Hohenzollern.* Eine Volksabstimmung führte 1952 zum Zusammenschluss beider Länder unter dem Namen *Baden-Württemberg.*

Würzburg, am Main gelegene nordbayerische Stadt (128 000 Einwohner). Die Hauptstadt des Regierungsbezirks Unterfranken war im Mittelalter eine fränkische Königspfalz und besitzt zahlreiche barocke Bauwerke (u. a. fürstbischöfliche Residenz).

Wurzel, 1. in der Botanik Bezeichnung für den in den Boden wachsenden Teil von Sprosspflanzen. Wurzeln, mit denen die Pflanzen im Boden verankert sind und durch die sie Wasser und Nährstoffe aufnehmen, wachsen zumeist unterirdisch und besitzen keine Blätter, können aber teilweise Reservestoffe speichern; **2.** in der Mathematik ist die Wurzel (Zeichen √) die Zahl *a*, die n-mal mit sich selbst multipliziert oder potenziert (→ Potenz) werden muss, damit sie eine bestimmte Zahl *b* ergibt, also $a_1 \times a_2 \times a_3 \times \ldots \times a_n = b$ (z. B. vierte Wurzel von 4096 = 8, weil $8 \times 8 \times 8 \times 8 = 4096$). Die Zahl b wird dabei als *Radikand* bezeichnet, n als *Wurzelexponent,* während der Rechenvorgang Wurzelziehen (oder *Radizieren)* genannt wird. Die zweite Wurzel einer Zahl heißt → *Quadratwurzel,* die dritte *Kubikwurzel.*

Wüste, im weitesten Sinne jedes Gebiet der Erdoberfläche, das überhaupt nicht von Pflanzen bewachsen oder zumindest vegetationsarm ist (unter 50 % Bodenbewuchs) und deswegen vom Menschen nicht auf Dauer bewohnt werden kann. Dazu gehören sowohl *Trocken-* oder *Hitzewüsten* in tropischen oder subtropischen Regionen als auch *Kälte-* oder *Eiswüsten* in polaren und subpolaren Gegenden. Die größte Wüste der Erde ist die → Sahara.

WWF, Abkürzung für *World Wide Fund for Nature,* früher *World Wildlife Fund,* 1961 gegründete internationale Organisation zum Schutz gefährdeter Tiere, Pflanzen und Landschaften.

■ **Wüste:** *Durch ständige Verwehung von Sand und Staub bilden sich Wanderdünen, die eine Höhe von über 200 m erreichen können*

X, bei römischen Zahlen die Ziffer 10.

x, 1. in mathematischen Gleichungen die Variable, die für unbekannte Größen steht; **2.** im → Koordinatensystem die Variable auf der waagerechten Achse (Abszisse oder x-Achse).

y, 1. in mathematischen Gleichungen die zweite Variable, die für unbekannte Größen steht; **2.** im → Koordinatensystem die Variable auf der senkrechten Achse (Ordinate oder y-Achse).

Xanthippe, Gemahlin des griechischen Philosophen → Sokrates. Zänkische Frauen werden heute als Xanthippen bezeichnet.

X-Chromosom, eines der beiden → Chromosomen, die das Geschlecht eines Lebewesens bestimmen (→ Geschlechtschromosomen). In der weiblichen Körperzelle sind zwei X-Chromosomen enthalten. Das Gegenstück für das männliche Geschlecht ist das Y-Chromosom.

Xenon [griech. »das Fremde«], *das,* ein → chemisches Element, das zu den → Edelgasen gehört. Es wird zur Füllung von Glühlampen und Leuchtröhren verwendet.

Xenophon (um 430 bis um 354 v. Chr.), griechischer Historiker. Er war ein Schüler des → Sokrates und wurde aus → Athen verbannt, weil er die Demokratie ablehnte.

Xerographie [von griech. xero- = »trocken« und graphein = »schreiben«], *die,* elektrofotografisches Vervielfältigungsverfahren. Ein positiv aufgeladener, beschichteter Zylinder wird belichtet. Die Entwicklung geschieht mit einem negativ aufgeladenen Tonerpulver, das nur an den unbelichteten Stellen haftet. Dieses Tonerbild wird auf Papier übertragen und durch geheizte Andruckwalzen fixiert.

Xerxes (um 519–465 v. Chr.), persischer Großkönig (seit 486), der die Eroberungspolitik seines Vaters Dareios I. fortsetzte. Sein Versuch, Griechenland zu erobern, scheiterte jedoch trotz anfänglicher Erfolge. Die persische Flotte wurde bei Salamis (480) besiegt, das Landheer bei Plataä (479) (→ Perserkriege).

Xylophon [von griech. xylon = »Holz« und phone = »Stimme«], *das,* → Schlaginstrument, dessen Töne durch Anschlagen von verschieden langen, gestimmten Holzplatten mit hölzernen Klöppeln erzeugt werden. Das seit dem 19. Jh. auch im Sinfonieorchester verwendete Xylophon benutzt zur Verstärkung des Klangs Röhren, die unter den Klangstäben hängen.

Yak, *Jak* [tibet.-engl.], *der,* Wildrindart, die in → Tibet lebt. Das bis zu 3,25 m lange und über 2 m hohe Tier besitzt ein dichtes, teilweise mähnenartiges Haarkleid von schwarzbrauner Farbe. Da es ein gewandter Kletterer und sehr genügsam ist, kommt es im zentralasiatischen Hochland bis in Höhen von 6000 m vor. Das männliche Tier hat fast 1 m lange, geschwungene Hörner. Aus dem Wildyak wurde im 1. Jt. v. Chr. eine kleinere Art gezüchtet, der als Haustier gehaltene *Grunzochse,* der Fleisch, Milch und Wolle sowie als Brennstoff dienenden Dung liefert.

■ *Yak*

Yankee [engl. ˈjæŋkɪ], *der,* zumeist abwertend gebrauchte Bezeichnung für einen US-Amerikaner.

Yard [engl. jɑːd »Maßstab«], *der,* Längenmaß in angloamerikanischen Ländern (= 0,9144 m).

Y-Chromosom, eines der beiden → Chromosomen, die das Geschlecht eines Lebewesens bestimmen (→ Geschlechtshormone). Das Gegenstück für das weibliche Geschlecht ist das → X-Chromosom. In jeder männlichen Körperzelle sind ein Y- und ein X-Chromosom enthalten.

Yen [von chines. yuan = »rund«], *der,* japanische Währungseinheit.

Yeti [nepales.], *der,* auch als *Schneemensch* bezeichnetes sagenhaftes Wesen, das in abgelegenen Hochgebirgsregionen des → Himalaja leben soll.

Xenon
Zeichen: Xe
Ordnungszahl: 54
Atommasse: 131,29
Dichte: 5,89 g/l
Schmelzpunkt: –112 °C
Siedepunkt: –107 °C

Xenophon
Neben philosophischen, politischen und lehrhaften Schriften verfasste Xenophon vor allem zwei Geschichtswerke, die wegen ihrer einfachen Sprache und ihrer anschaulichen Darstellung großen Einfluss auf die Geschichtsschreibung hatten: »Anabasis« (über den Marsch der 10 000 griechischen Söldner, die auf Seiten von Kyros dem Jüngeren gegen den persischen König Artaxerxes II. kämpften) und »Hellenika« (griechische Geschichte von 411–362 v. Chr.).

Ytterbium
• • • • • • • • • • • • • • • • • • • •
Zeichen: Yb
Ordnungszahl: 70
Atommasse: 173,04
Dichte: 6,96 g/cm^3
Schmelzpunkt: 819 °C
Siedepunkt: 1194 °C

Yttrium
• • • • • • • • • • • • • • • • • • • •
Zeichen: Y
Ordnungszahl: 39
Atommasse: 88,91
Dichte: 4,47 g/cm^3
Schmelzpunkt: 1522 °C
Siedepunkt: 3338 °C

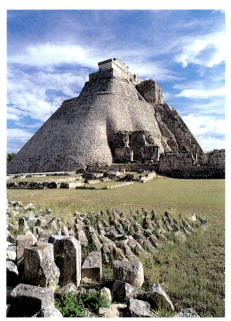

■ *Yucatán:* Die Pyramide des Wahrsagers in der alten Maya-Stadt Uxmal

Yin und Yang, *Jin und Jang* [chin. »Schatten- und Sonnenseite des Berges«], *das,* in der chinesischen Philosophie zwei gegensätzliche Prinzipien, die untrennbar zusammengehören und einen gemeinsamen Ursprung haben. Sie sind für das Wechselspiel der Dinge und für das gesamte Geschehen im Universum bestimmend und stehen für Himmel und Erde. Während das Yin die Eigenschaften des *Weiblichen* repräsentiert, das dunkle und weiche, passive und empfangende Prinzip, bedeutet das Yang die Urkraft des *Männlichen,* das helle und harte, aktive und schöpferische Prinzip.

Yoga, *Joga* [Sanskrit »Anschirrung«], *der* und *das,* eine aus Indien stammende Lehre, die den Menschen zur Vereinigung mit Gott oder dem Absoluten führen will. Durch besondere Übungen soll der Mensch vollkommene Herrschaft über seinen Körper gewinnen, um seinen Geist auf das Wesentliche zu lenken. Erreicht wird dies durch verschiedene Methoden von der Selbstkontrolle über körperliche Übungen und Kontrolle der Atmung bis zur Meditation und Erleuchtung. Der Meister des Yoga wird **Yogi** genannt.

Ytterbium [nach dem schwed. Fundort Ytterby], *das,* ein → chemisches Element. Das weiche Metall von silberglänzender Farbe ist sehr selten.

Yttrium [nach dem schwed. Fundort Ytterby], *das,* ein → chemisches Element. Das giftige graue Leichtmetall wird u. a. für Legierungen verwendet.

Yucatán, Halbinsel (180 000 km^2) im Nordwesten Zentralamerikas, die zwischen dem Golf von Mexiko und dem Karibischen Meer liegt. Politisch gehört sie größtenteils zu → Mexiko, während im Süden und Südosten → Guatemala und → Belize Anteil haben. Auf Yucatán blühte die Hochkultur der → Maya.

Zagreb, an der Save gelegene Hauptstadt (707 000 Einwohner) von → Kroatien.

Zahl, grundlegender Begriff der → Mathematik, der dazu dient, um etwas zu *zählen,* d. h. in seiner Anzahl zu bestimmen, zu messen, zu vergleichen oder um damit zu rechnen. Es gibt verschiedene Typen von Zahlen, die sich durch die einzelnen Rechenoperationen ergeben. Durch Zusammenzählen (→ Addition) erhält man die → *natürlichen* Zahlen, durch Abziehen (→ Subtraktion) die Null und die → *negativen* Zahlen. Zusammen heißen sie *ganze* Zahlen. Teilt man sie (→ Division), so kommt man durch Hinzufügen der Bruchzahlen zu den *rationalen* Zahlen. Wenn man aus einer positiven rationalen Zahl die → Wurzel zieht, können *irrationale* Zahlen entstehen. Rationale und irrationale Zahlen bilden zusammen die *reellen* Zahlen. Indem man aus einer negativen rationalen Zahl die Wurzel zieht, gelangt man zu den → *imaginären* Zahlen. Die Verknüpfung von reellen und imaginären Zahlen schließlich ergibt die → *komplexen* Zahlen.

Zähler, in der Mathematik bei einem → Bruch die Zahl, die über dem Bruchstrich steht.

Zähne, harte, hauptsächlich aus *Zahnbein* bestehende Gebilde in der Mundhöhle der meisten Wirbeltiere und des Menschen, die zusammen das *Gebiss* bilden. Das Gebiss dient dazu, die Nahrung zu ergreifen, festzuhalten, anzuschneiden, abzureißen, zu zerkleinern und zu zermahlen. Deshalb hat sich das Gebiss je nach Ernährungsweise der Tierart spezialisiert und besonders geformte Zähne entwickelt, die spezielle Aufgaben übernehmen (z. B. *Nage-, Fang-, Schneide-, Mahlzähne*).

Der Mensch besitzt als Erwachsener 32 Zähne, je 16 im Ober- bzw. Unterkiefer. Jeder der beiden Kieferbögen enthält vorne vier *Schneidezähne,* an die sich links und rechts je ein *Eckzahn* anschließen. Beiderseits folgen dann zwei *Vorbacken-* und drei *Backenzähne.* Beim Kind bilden sich zunächst die *Milchzähne,* insgesamt nur 20, weil die hinteren Mahlzähne fehlen. Sie werden von der Wurzel her abgebaut, wenn es zum Zahnwechsel kommt, während darunter die Zähne des bleibenden Gebisses wachsen. Der Zahn sitzt im *Zahnfleisch.* Der sichtbare Teil des Zahnes wird als *Zahnkrone* bezeichnet. Sie ist

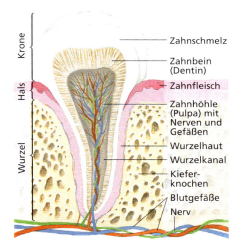

Querschnitt durch einen vorderen Backenzahn

mit einer dünnen Schicht aus hartem *Zahnschmelz* überzogen und trägt auch die Schneide- bzw. Kaufläche. Mit der *Zahnwurzel* ist der Zahn im Kiefer verankert. In ihre Spitze münden Nerven und Blutgefäße, die das *Zahnmark* im Inneren ernähren.

Zahnrad, Maschinenteil aus Metall oder Kunststoff, das Drehbewegungen und damit Kräfte in einem bestimmten Übersetzungsverhältnis zwischen zwei → Wellen übertragen kann, indem zahnähnliche Vorsprünge wechselseitig in die Aussparungen des anderen Zahnrads greifen.

Zaire [zaˈiːr], früherer Name der Demokratischen Republik → Kongo.

Zar [russ.], *der,* Titel für den russischen (bis 1917) und den bulgarischen (1908–1946) Herrscher, der auf den Namen → Cäsar zurückgeht.

Zarathustra, *Zoroaster,* eigentlich *Spitama* (um 628 bis um 551 v. Chr.), iranischer Dichter und Priester, der als Reformator der altiranischen Volksreligion die monotheistische Religion des *Parsismus* begründete. Seine Offenbarungen schrieb Zarathustra in den 16 Gesängen *(Gatha)* des *Awesta,* der heiligen Schrift des Parsismus, nieder.

Zaunkönige, Familie von → Singvögeln, die mit über 60 Arten in Eurasien, Nordafrika und Amerika verbreitet ist. Der auch in Mitteleuropa beheimatete *Europäische Zaunkönig,* der mit einer Länge von 10 cm und einem Gewicht von nur 9 g zu den kleinsten Singvögeln in Europa gehört, ernährt sich von kleinen Insekten und Spinnen, die er im Gebüsch sucht.

Bezeichnungen für hohe Zahlen

Tausend	=	10^3
Million	=	10^6
Milliarde	=	10^9
Billion	=	10^{12}
Billiarde	=	10^{15}
Trillion	=	10^{18}
Trilliarde	=	10^{21}
Quadrillion	=	10^{24}
Quadrilliarde	=	10^{27}
Quintillion	=	10^{30}
Quintilliarde	=	10^{33}
Sextillion	=	10^{36}
Sextilliarde	=	10^{39}
...		
Zentillion	=	10^{600}

In verschiedenen Ländern, vor allem den USA, gibt es keine Zahlen, die auf -arde enden; dort entspricht die Billion unserer Milliarde, die Trillion unserer Billiarde, die Quadrillion unserer Trillion usw.

Zarathustra – Begründer des Parsismus

Die Religion der *Parsen* (Perser) verehrte den Gott *Ahura Mazda* als Schöpfer und Weltenrichter. Er war die Verkörperung des Guten und bekämpfte die Welt der Finsternis und des Truges, verkörpert durch *Ahriman,* den obersten Teufel, den er schließlich besiegte.

Die Zehn Gebote

(nach der Einheitsübersetzung des Alten Testaments, Buch Exodus, 20, 3–17)

1. Du sollst neben mir keine anderen Götter haben.
2. Du sollst dir kein Gottesbild machen ...
3. Du sollst den Namen des Herrn, deines Gottes, nicht missbrauchen ...
4. Gedenke des Sabbats: Halte ihn heilig! ...
5. Ehre deinen Vater und deine Mutter ...
6. Du sollst nicht morden.
7. Du sollst nicht die Ehe brechen.
8. Du sollst nicht stehlen.
9. Du sollst nicht falsch gegen deinen Nächsten aussagen.
10. Du sollst nicht nach dem Haus deines Nächsten verlangen ... oder nach irgend etwas, das deinem Nächsten gehört.

Zecken

Entdeckt man eine Zecke an sich oder an einem Haustier, darf man sie keinesfalls einfach herausziehen, weil sonst der Vorderleib abreißt und in der Haut stecken bleibt, sondern muss sie vorsichtig herausdrehen (am besten mit einer Zeckenzange). Zecken können gefährliche Krankheiten wie *Frühjahr-* und *Sommer-Enzephalitis* (Gehirnhautentzündung) oder *Borreliose* (durch Bakterien hervorgerufene Krankheit, die Haut, Gelenke und Nervensystem befällt) übertragen, gegen die es teilweise Schutzimpfungen gibt.

■ **Zecken** in verschieden stark vollgesogenen Stadien

■ *Steppenzebras*

ZDF, Abkürzung für *Zweites Deutsches Fernsehen,* das 1961 als öffentlich-rechtliche Rundfunkanstalt (mit Sitz in Mainz) gegründet wurde und im April 1963 den Sendebetrieb aufnahm.

Zebras, Gattung von → Pferden, die mit drei Arten *(Berg-, Steppen-* und *Grévyzebra)* in Ost- und Südafrika vorkommt. Die schwarz-weiß gestreiften, bis zu 1,6 m schulterhohen Unpaarhufer leben in kleinen, die Steppenzebras auch in großen Herden in Savannengebieten.

Zebu, *Buckelrind,* aus dem → Auerochsen gezüchtetes Hausrind (→ Rinder), das als Arbeitstier in Südasien, Afrika und Südamerika verwendet wird. Es besitzt einen schmalen Kopf und hohe Beine und fällt durch seinen buckelartigen Schulterhöcker auf. Bei den Hindus ist das Zebu heilig.

Zecken, weltweit verbreitete Familie von → Milben. Die größten der etwa 800 Arten werden, wenn sie mit Blut vollgesogen sind, bis zu 3 cm lang. Alle Zecken ernähren sich als Außenparasiten vom Blut von Reptilien, Vögeln und Säugern. Sie lassen sich von Halmen und Sträuchern auf ein Wirtstier fallen, wenn sie Erschütterungen wahrnehmen. Nur das weibliche Tier saugt Blut. Es bohrt sich mit seinen Mundwerkzeugen, die mit Widerhaken versehen sind, tief in die Haut hinein und pumpt sich, während es mit dem ganzen Vorderleib in der Wunde steckt, mit Blut voll. Der Hinterleib schwillt an, so dass die Zecke das 200fache ihres Gewichts erreicht, bevor sie wieder abfällt. Ohne Wirt können Zecken bis zu 18 Monaten ohne Blut auskommen. Die bekannteste heimische Art ist der *Holzbock,* der (vollgesogen) über 1 cm lang wird und auch den Menschen befällt.

Zedern, Gattung von immergrünen Nadelbäumen, die zu den → Kieferngewächsen gehören. Die bis zu 50 m hohen Bäume, die eine ausladende Krone besitzen und bläulich grüne Nadeln tragen, kommen mit vier Arten *(Atlas-, Libanon-, Himalaja-* und *Rote Zeder)* im südlichen und östlichen Mittelmeerraum sowie in Mittelasien vor. Das aromatisch duftende, widerstandsfähige Holz wird vor allem für Möbel, Boote und Bleistifte genutzt.

Zehn Gebote, *Dekalog,* die göttlichen Gebote, die Moses laut dem → Alten Testament auf dem Berg Sinai in Form von zwei steinernen Tafeln empfing. Sie stellen eine Richtschnur für das menschliche Handeln dar.

Zehnkampf, in der → Leichtathletik der Mehrkampf der Herren, der an zwei aufeinander folgenden Tagen ausgetragen wird. Von den zehn Disziplinen finden am ersten Tag 100-m-Lauf, Weitsprung, Kugelstoßen, Hochsprung und 400-m-Lauf, am zweiten Tag 110-m-Hürdenlauf, Diskuswerfen, Stabhochsprung, Speerwerfen und 1500-m-Lauf statt.

Zehnt, eine Abgabe, die im Mittelalter (seit dem späten 6. Jh.) und in der Neuzeit bis zur Bauernbefreiung bzw. Französischen Revolution als zehnter Teil des Vermögens bzw. der Erträge des Grundbesitzes von der Kirche und seit dem 9. Jh. von weltlichen Grundherren gefordert wurde. Ursprünglich wurde der Zehnte in Naturalien (Getreide, Vieh usw.), ab dem 13. Jh. auch in Geld geleistet.

Zeichen, allgemein etwas sinnlich Wahrnehmbares (Gegenstand, Vorgang, Handlung), das

Zeitlupe 739

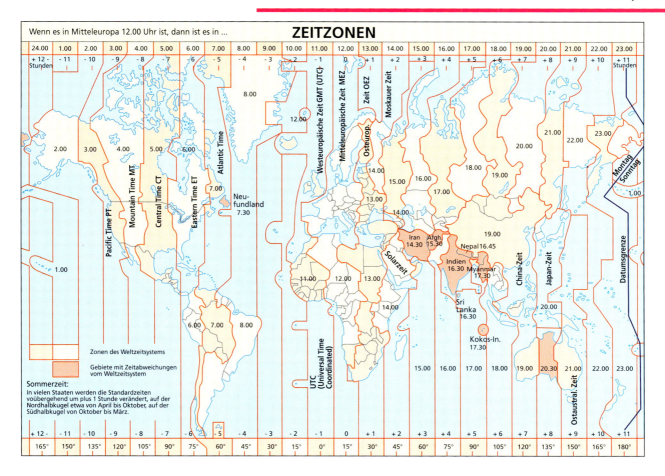

stellvertretend für etwas anderes verwendet wird. Diese Bedeutung kann unmittelbar einsichtig (z. B. Gesten) oder innerhalb einer Gemeinschaft festgelegt sein (z. B. Lautsprache, Schrift).

Zeichnung, Gestaltung auf einer Fläche, die im Unterschied zur → Malerei vorzugsweise Linien verwendet. Zeichnungen werden zumeist auf Papier ausgeführt. Zum Zeichnen verwendet man u. a. Bleistift, Kohle, Pastellkreide, aber auch Tusche oder Tinte, die mit der Feder oder dem Pinsel aufgetragen wird.

Zeit, allgemein die Abfolge des Geschehens und der Vorgänge, die nacheinander ablaufen und nicht umkehrbar sind. Der Mensch erfährt die Zeit als *Vergangenheit* (in der Erinnerung), *Gegenwart* (erlebend und wahrnehmend) und *Zukunft* (in der Vorstellung und Erwartung). In der Physik unterscheidet man zwischen dem *Zeitpunkt,* an dem ein Ereignis eintritt, und der *Zeitspanne,* die ein Vorgang andauert bzw. die zwischen zwei Ereignissen liegt. Seit der → Relativitätstheorie von Albert Einstein weiß man, dass die Zeit nicht überall gleich schnell vergeht, sondern von der Eigengeschwindigkeit des Beobachters abhängt. Deshalb wird die Zeit mit dem Raum zu einem vierdimensionalen *Raum-Zeit-Kontinuum* verknüpft.

Zeitgeschichte, der jüngste Abschnitt der → Neuzeit, der den Zeitraum der gegenwärtig lebenden Generationen umfasst und bis in die jüngste Gegenwart hineinreicht. Als Beginn wird in Deutschland entweder das Jahr 1917 (Eintritt der USA in den Ersten Weltkrieg und russische Revolution) oder das Ende des Zweiten Weltkrieges angesetzt.

Zeitlupe, Aufnahmetechnik, bei der die Kamera mit einer wesentlich höheren Bildzahl pro Sekunde aufnimmt, als die Zahl der Bilder bei der Wiedergabe beträgt. Beim Abspielen läuft

Zeit

Für die Zeitmessung verwendet man → Uhren, die mithilfe periodisch ablaufender Vorgänge gleich bleibende Zeitabschnitte angeben. Verbindliche → SI-Einheit für die Zeitmessung ist seit 1967 die »Atomsekunde« (→ Sekunde), die 9 192 631 770 Schwingungen des Atoms des → Cäsiumisotops 133 dauert.

Da das Zeitempfinden des Lebens auf der Erde in erster Linie durch die periodischen Veränderungen bestimmt wird, die sich aus der Drehung der Erde um ihre Achse (→ Tag) und dem Umlauf der Erde um die Sonne (→ Jahr) ergeben, kann man die kleinsten Zeitabschnitte wie Sekunde, Minute und Stunde auch astronomisch definieren, nämlich als bestimmte Teile des mittleren Sonnen- oder Sterntages bzw. Sonnen- oder Sternjahres.

Beginn der Zeitrechnung

Die Juden beginnen ihre Zeitrechnung mit der Erschaffung der Welt, die sie (umgerechnet) auf das Jahr 3761 v. Chr. festlegten. Der Beginn der islamischen Zeitrechnung ist das Jahr 622 n. Chr., als Mohammed nach Medina floh. Der kurzlebige Revolutionskalender in Frankreich begann mit dem Jahr 1792, als die Republik ausgerufen wurde.

der Film mit der normalen Bildgeschwindigkeit (24 Bilder pro Sekunde), so dass ein Zuschauer den Eindruck hat, als würden die Vorgänge langsamer ablaufen.
Nach dem umgekehrten Prinzip funktioniert der **Zeitraffer.** Dabei werden weniger als 24 Bilder pro Sekunde aufgenommen, so dass bei der Wiedergabe mit normaler Geschwindigkeit Vorgänge verkürzt erscheinen und rascher ablaufen. Wenn es sich um sehr langsame Vorgänge wie etwa das Wachstum einer Pflanze handelt, kann die Kamera auch mit einer Schaltuhr verbunden werden und nur noch in regelmäßigen Abständen Einzelbilder aufnehmen. Die Zeitraffertechnik wird auch für den Trickfilm genutzt, wenn Bewegungen aus Einzelbildern zusammengestellt werden müssen.

Zeitrechnung, Festlegung der → Zeit mithilfe eines → Kalenders, wobei als Anfang der Zeitrechnung zumeist ein wichtiges Ereignis in der Geschichte der Menschheit gewählt wird. Alle Hochkulturen besitzen eine eigene Zeitrechnung. Heute gilt in den meisten Staaten der Erde die abendländische Zeitrechnung, die mit der Geburt von → Jesus Christus beginnt und alle Ereignisse mit einer Jahreszahl *vor* oder *nach Christi Geburt* angibt, oft auch als *vor* bzw. *nach unserer Zeitrechnung* bezeichnet.

Zeitschrift, Druckerzeugnis, das in regelmäßigen Abständen (wöchentlich, monatlich usw.) erscheint und sich im Unterschied zur → Zeitung zumeist an einen kleineren Leserkreis wendet und spezielle, in der Regel nicht aktuelle Themen behandelt. Die Zeitschrift entstand im 17. Jh. Neben *Fach-* (z. B. Computer-, Musik-, Sportzeitschrift) und *Verbandszeitschriften* (die sich lediglich an die Mitglieder einer bestimmten sozialen Gruppe oder Organisation wenden) gibt es *Rundfunkzeitschriften*, politische *Magazine*, *Illustrierte* und *Publikumzeitschriften* für Freizeit und Unterhaltung.

Zeitung, regelmäßig, zumeist täglich *(Tageszeitung)* oder wöchentlich *(Wochen-, Sonntagszeitung)* erscheinendes Druckerzeugnis, das in erster Linie über das aktuelle Geschehen informiert, aber im Unterschied zur → Zeitschrift zumeist eine größere inhaltliche Vielfalt besitzt und allgemein zugänglich ist. Nach der Verbreitung unterscheidet man *Lokal-, Regional-* und *überregionale Zeitungen*.

Zeitwort, deutsche Bezeichnung für → Verb.

Zelle, zumeist mikroskopisch kleine Einheit, aus der alle Lebewesen aufgebaut sind. Während die kleinsten und einfachsten Lebewesen nur

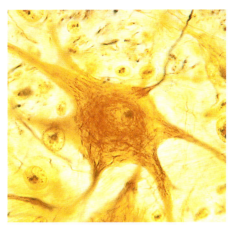

■ *Die **Nervenzelle** mit ihren charakteristischen verästelten Ausläufern*

aus einer einzigen Zelle bestehen (→ *Einzeller*), setzen sich die übrigen Lebewesen aus vielen Zellen zusammen, die differenziert sind, d. h. sich in Form und Aufgabe unterscheiden. Zellen können wachsen und sich vermehren (→ *Zellteilung*). Alle Zellen von eukaryontischen Lebewesen (→ *Eukaryonten*) besitzen einen **Zellkern,** der die Erbinformation (→ *Chromosomen*) enthält. Die Zelle ist bei den Pflanzen nach außen durch eine feste, mehrschichtige *Zellwand* und bei Tieren sowie beim Menschen durch eine dünne, für Wasser, Nährstoffe und Stoffwechselprodukte halbdurchlässige *Zellmembran* begrenzt. Im Inneren befindet sich das → *Zyto-* oder *Zellplasma.*

Zellstoff, aus → Zellulose bestehender Ausgangsstoff u. a. für die Herstellung von → Papier und Chemiefasern, der aus Holz, Stroh, Schilf, Bambus und Pflanzenteilen gewonnen wird.

Zellteilung, Teilung einer → Zelle in zwei neue Zellen bei der Zellvermehrung bzw. → Fortpflanzung.

Zellulose [von lat. cellula = »kleine Zelle«], die, von Pflanzen als Bestandteil der Zellwand (→ Zelle) gebildetes Polysaccharid (Vielfachzucker). Viele pflanzliche Rohstoffe, die vom Menschen genutzt werden, bestehen fast völlig (z. B. Baumwolle, Hanf, Flachs) oder zu einem großen Teil (Holz) aus Zellulose. Sie ist ein farb- und geruchloser Stoff, der als → Zellstoff auch für die chemische Industrie große Bedeutung hat.

Zelt, ursprünglich eine transportable Behausung von nomadisch lebenden Völkern. Auf ein Gerüst aus Holzstangen werden dabei Felle, Rinden, Stoffbahnen, Gras- oder Filzmatten gelegt. Heute besteht ein Zelt aus ineinander steckbaren Leichtmetallstangen und Zeltleinwand und ist mithilfe von Seilen und Pflöcken *(Heringe)* im Boden verankert.

Zement [lat. »Bruchstein«], *der,* aus gebranntem, gemahlenem → Kalk und → Ton oder Mergel hergestelltes Bindemittel, das nach dem Anmachen mit Wasser sowohl an der Luft als auch unter Wasser hart wird und fest bleibt. Zement dient zur Herstellung von → Beton und Mörtel.

Zen [japan. »Versenkung«], *das,* Richtung des → Buddhismus, die seit Ende des 12. Jh. vor allem in Japan verbreitet ist. Zen soll in erster Linie durch → Meditation und »sitzende Versenkung« zur Erleuchtung führen, nämlich zu der Erkenntnis, dass alles eins ist.

Zenit [arab.], *der,* in der Astronomie der Scheitelpunkt, d. h. der höchste Punkt am Himmelsgewölbe über dem Betrachter. Gegensatz: → Nadir.

Zensur [lat.], *die,* Prüfung von Büchern, Presseerzeugnissen, Filmen, Fernseh- und Hörfunksendungen usw. durch eine staatliche Behörde. Dadurch soll verhindert werden, dass Äußerungen an die Öffentlichkeit gelangen, die der offiziellen Meinung widersprechen oder nicht mit den herrschenden sittlichen Normen vereinbar sind. Während Zensur vor allem in totalitären Staaten üblich ist, findet in der Bundesrepublik Deutschland laut Grundgesetz keine Zensur statt. Allerdings können die → Pressefreiheit und die Freiheit der Kunst eingeschränkt werden, wenn Veröffentlichungen gegen bestehende Gesetze oder den → Jugendschutz verstoßen.

Zentauren, *Kentauren,* Fabelwesen der griechischen Mythologie, die einen Pferdekörper mit vier Beinen, aber einen menschlichen Oberkörper besaßen.

Zenti- [von lat. centum = »hundert«], Vorsatz bei Maßeinheiten mit der Bedeutung »der hundertste Teil« (Zeichen *c,* z. B. *Zentimeter,* 1 cm = 0,01 m).

Zentner, veraltete Maßeinheit für → Masse bzw. Gewicht (1 Ztr. = 100 → Pfund oder 50 kg).

Zentralafrikanische Republik, Staat in Zentralafrika, der sich nördlich des Flusses Ubangi, im Bereich der Asande- oder Nordäquatorialschwelle, erstreckt und im Norden in das Tschadbecken und im Südwesten in das Kongobecken hineinreicht. Das hauptsächlich von Banda und Gbaya bewohnte Gebiet wurde Ende des 19. Jh. von den Franzosen vom Kongo aus erobert. Ab 1910 wurde es als Kolonie *Ubangi-Schari* innerhalb von *Französisch-Äquatorialafrika* verwaltet. Nach dem Zweiten Weltkrieg wurde es zunächst Überseeterritorium und erhielt unter dem Namen *Zentralafrikanische Republik* Selbstverwaltung innerhalb der Französischen Gemeinschaft. Seit 1960 ist das Land unabhängig. 1966 kam Oberst Jean-Bédel Bokassa (1921–1996) mit einem Militärputsch an die Macht. Er ließ sich 1972 zum Präsidenten auf Lebenszeit ernennen und 1976 zum Herrscher des *Zentralafrikanischen Kaiserreiches* krönen. Sein mit französischer Unterstützung aufgebautes Terrorregime wurde 1979 von dem früheren Präsidenten David Dacko gestürzt, der die Republik wiederherstellte. Ein Militärputsch beendete 1981 die Demokratisierung, bevor 1993 wieder ein demokratisch gewählter Präsident an die Regierung kam. Die Zentralafrikanische Republik, die zu den ärmsten Entwicklungsländern zählt, stützt sich wirtschaftlich vor allem auf die Förderung von Diamanten und die Land- und Forstwirtschaft (Kaffee, Baumwolle und Tabak sowie Edelhölzer für den Export).

Zentralamerika, die mittelamerikanische Festlandbrücke, die Nordamerika mit Südamerika verbindet, wobei zumeist der Anteil → Mexikos und → Kolumbiens nicht hinzugezählt wird. Zu Zentralamerika gehören somit politisch Guatemala, Belize, El Salvador, Honduras, Nicaragua, Costa Rica und Panama.

Zentraleinheit, deutsche Bezeichnung für die → CPU.

Zentralismus, *der,* in der Politik die Zusammenfassung der staatlichen Lenkung und Verwaltung an einer Stelle und einem Ort (Hauptstadt). Gegensatz: → Föderalismus.

Zentralnervensystem, *ZNS,* der wichtigste Teil des → Nervensystems, der bei → Wirbeltieren und beim Menschen → Gehirn und → Rückenmark umfasst.

Zentrifugalkraft [von lat. centrum = »Mittelpunkt« und fugere = »fliehen«], die *Fliehkraft,* die bei jedem Körper auftritt, der sich nicht geradlinig bewegt, und die der Richtungsveränderung entgegenwirkt. Sie ist ein Ergebnis der → Trägheit der Masse. Beispielsweise wird ein Auto in einer Kurve bei schneller Fahrt nach außen gedrängt. Gegensatz: → Zentripetalkraft.

Zentripetalkraft [von lat. centrum = »Mittelpunkt« und petere = »nach etwas streben«], auch als *Radialkraft* bezeichnete Kraft, die der → Zentrifugalkraft entgegenwirkt und genau die gleiche Stärke besitzt.

Zentralafrikanische Republik (République Centralafricaine, Ködrö tî Bê-Afrîka)

Staatsform: Präsidiale Republik

Hauptstadt: Bangui

Fläche: 622 984 km²

Einwohner: 3,2 Mio.

Bevölkerungsdichte: 5/km²

Amtssprache: Französisch, Sangho

Währung: CFA-Franc

Nationalitätskennzeichen: RCA

Zentralafrikanische Republik

Zentrifugalkraft

Die Zentrifugalkraft wird von der *Zentrifuge* ausgenutzt, die auch als *Schleuder* bezeichnet wird. Sie ist ein Gerät, mit dem man Stoffgemische trennen kann, wenn die Bestandteile eine unterschiedliche Dichte besitzen. Dabei dreht sich ein Gefäß sehr schnell um seine senkrechte Achse, so dass der Inhalt nach außen getragen wird. Teilchen mit höherem spezifischem Gewicht (→ Wichte) sammeln sich dabei weiter außen, weil die Kraft, die auf sie einwirkt, größer ist, leichtere Teilchen dagegen weiter innen.

Zeugen Jehovas

Die Zeugen Jehovas legen die → Bibel wörtlich aus und erwarten den Weltuntergang und die Wiederkunft Christi für die nahe Zukunft. Sie haben strenge Vorschriften (Verbot von Genussmitteln wie Alkohol und Tabak, Ablehnung von Bluttransfusionen, Verweigerung von Kriegs- und Zivildienst). Neben regelmäßigen Zusammenkünften mit Predigten besteht die Haupttätigkeit im »Missionieren« von Haustür zu Haustür und in der Verteilung von religiösen Zeitschriften (z. B. »Der Wachtturm«).

Zeus

Das nicht erhaltene Kultbild des thronenden Gottes aus Gold und Elfenbein in Olympia, das von Phidias geschaffen wurde (432 v. Chr. begonnen), zählte zu den sieben → Weltwundern der Antike.

Zikaden

Die *Wasserzikaden* gehören dagegen zu den → Wanzen. Sie können ebenfalls »singen«, erzeugen aber ihre Töne, indem sie sich mit den Vorderbeinen, an denen Borsten sitzen, über ihren Kopffortsatz streichen. Im Gegensatz zu den Landzikaden sind beide Geschlechter im Stande, während der Paarungszeit lautstark umeinander zu werben. Diese Werbegesänge ertönen unter Wasser. Die männlichen Wasserzikaden nähern sich den singenden Weibchen kreisförmig an, weil sie nicht die Richtung erkennen können, aus der die Signale kommen.

■ *Zeppelin*

Zeppelin, *der,* nach seinem Erfinder *Ferdinand Graf von Zeppelin* benanntes → Luftschiff.

Zerberus, in der griechischen Mythologie der dreiköpfige Hund, der den Eingang zur Unterwelt bewachte.

zerebral [von lat. cerebrum = »Gehirn«], zum Gehirn gehörig, das Gehirn betreffend.

Zeremonie [lat.-frz. »Feierlichkeit«], *die,* fest geregelte, förmliche Handlung bei feierlichen Anlässen (z. B. beim Gottesdienst).

Zertifikat [von lat. certus = »sicher«], *das,* **1.** (amtliche) Bescheinigung; **2.** bei → Wertpapieren Anteilschein an einem Investmentfonds, die urkundliche Bestätigung für die Hinterlegung von Wertpapieren.

Zeuge, jemand, der einen Vorgang persönlich wahrgenommen hat und *Zeugnis* darüber ablegen kann. Der Zeuge ist verpflichtet, vor Gericht zu erscheinen und auszusagen, und muss seine Aussage auf Verlangen sogar beeidigen (→ Eid). Die Aussage verweigern dürfen Ehegatten, Verlobte, nahe Verwandte und Personen, die beruflich einer Schweigepflicht unterliegen (z. B. Geistlicher, Arzt).

Zeugen Jehovas, unter dem Namen *Ernste Bibelforscher* 1881 von dem amerikanischen Kaufmann *Charles Taze Russell* (1852–1916) als Abspaltung von den *Adventisten* gegründete religiöse Vereinigung

Zeus, in der griechischen Mythologie der oberste Herrscher aller Götter, der seinen Vater → Kronos entmachtete. Zusammen mit den anderen Göttern thronte er auf dem wolkenverhangenen → Olymp und herrschte über Himmel und Erde, während seine Brüder → Poseidon und → Hades über das Meer bzw. die Unterwelt regierten. Seine Gemahlin war seine Schwester → Hera, aber er hatte auch zahlreiche Kinder mit anderen Göttinnen und vor allem mit sterblichen Geliebten. Der bedeutendste Halbgott, der einer solchen Verbindung entsprang, war → Herakles. Bei den Römern entsprach ihm → Jupiter.

Ziegen, eng mit den Schafen verwandte, paarhufige Wiederkäuer, die in gebirgigen Gegenden Eurasiens und Nordafrikas verbreitet sind. Beide Geschlechter tragen nach hinten gebogene, gerippte Hörner. Wild lebende Ziegen sind u. a. → Steinböcke und *Bezoarziege.* Aus dieser bis zu 1,6 m langen Wildziege, die von Kreta bis Vorderasien vorkommt, wurde die *Hausziege* gezüchtet. Ziegen liefern nicht nur Milch, Käse und Fleisch, sondern auch Häute und Felle. Es gibt zahlreiche, sehr unterschiedlich aussehende Ziegenrassen, wie etwa die langhaarigen *Kaschmir-* und *Angoraziegen* oder die hornlose, kurzhaarige weiße *Schweizer Saanenziege,* die den höchsten Milchertrag liefert.

Ziegenpeter, umgangssprachlich für → Mumps.

Ziffern, Zeichen, mit denen man → Zahlen schriftlich darstellen kann (z. B. arabische Zahlen).

Zigarette [frz.], *die,* Papierhülle, die mit fein geschnittenem → Tabak gefüllt und entweder mit oder ohne Filter als Genussmittel geraucht wird. Die Zigarette wurde um die Mitte des 19. Jh. erfunden.

Zigarre [indian.-span.], *die,* zu einer dicken Rolle zusammengewickelte, grob geschnittene Tabakblätter, die zunächst mit einem Umblatt und darüber mit einem feinen *Deckblatt* umhüllt werden. Nach der Herkunft des Tabaks unterscheidet man beispielsweise *Havanna* und *Brasil.* Dünnere, kürzere Zigarren nennt man **Zigarillos.**

Zigeuner, heute als abwertend empfundene Bezeichnung für Angehörige des Volkes der → Sinti und → Roma.

Zikaden, *Zirpen,* mit rund 35 000 Arten weltweit verbreitete Unterordnung der Gleichflügler. Die zwischen 1 mm und 7 cm großen Insekten besitzen kräftige Hinterbeine, mit denen sie weit springen können. Die männlichen *Singzikaden* können mit Hilfe eines besonderen Trommelorgans am Hinterleib schrille Zirplaute hervorbringen, während die Weibchen stumm sind. Zikaden ernähren sich von Pflanzensäften, die sie mit ihrem Rüssel aufsaugen. Unter ihnen befinden sich zahlreiche Pflanzenschädlinge.

■ *Zimt*

Zimt, aus der Rinde des bis zu 15 m hohen *Ceylonzimtbaums* gewonnenes Gewürz, das u. a. für Süßspeisen und Glühwein verwendet wird. Die Innenrinde von jungen Zweigen wird von der äußeren Borke befreit und getrocknet. Zimt kommt als *Zimtstangen* (aus gerollten und ineinander gesteckten Rindenstücken) oder in gemahlener Form in den Handel. Das ätherische Öl, das die Rinde enthält, wird in der Parfüm- und Kosmetikindustrie verwertet.

Zink [lat.], *das,* ein → chemisches Element. Das Schwermetall von glänzender bläulich weißer Farbe ist an der Luft ziemlich beständig und wird zum Verzinken (z. B. von Eisenblech für Regenrinnen) und zum → Galvanisieren verwendet.

Zinn, ein → chemisches Element. Das silberweiß glänzende Schwermetall, das seit frühgeschichtlicher Zeit vor allem als Legierung mit Kupfer dient (→ Bronze), wird heute vor allem zum Verzinnen von Metallen (bei Eisen als *Weißblech*) und für besonders weiche Legierungen mit Blei verwendet.

Zinsen, das vertraglich festgesetzte Entgelt für die Überlassung von Kapital auf Zeit, aber auch von Sachen (z. B. *Mietzins*).

Zionismus, nach dem Tempelberg *Zion* in Jerusalem benannte politische Bewegung, die Ende des 19. Jh. von dem jüdischen Journalisten *Theodor Herzl* (1860–1904) gegründet wurde (»Der Judenstaat«, 1896). Ihr Ziel, in → Palästina für die Juden einen eigenen Staat zu schaffen, wurde 1948 mit der Ausrufung des Staates → Israel erreicht.

Zirbeldrüse, *Epiphyse,* bei Vögeln und bei den meisten Säugern ein Organ, das als erbsengroße Ausstülpung des Zwischenhirns → Hormone (vor allem *Melatonin*) ausschüttet. Beim Menschen hemmt die Zirbeldrüse die Reifung der Geschlechtsorgane, so dass ein verfrühtes Eintreten der Pubertät verhindert wird, und steuert als »innere Uhr« auch gleich bleibende Lebensvorgänge.

Zirkonium [nach dem Mineral Zirkon], *das,* ein → chemisches Element. Das relativ weiche Metall von glänzender silberweißer Farbe ist sehr beständig und wird vor allem für chemische Apparaturen und in der Reaktortechnik verwendet.

Zirkulation [lat.], *die,* Umlauf, Blutkreislauf.

Zirkus [lat. »Kreisbahn«], *der,* ursprünglich im Altertum bei den Römern eine Rennbahn in einer lang gestreckten → Arena, in der Wagenrennen, aber auch Gladiatorenkämpfe veranstaltet wurden. Heute versteht man unter einem Zirkus ein Unternehmen, das sein artistisches Programm (Tierdressuren, Vorführungen von Akrobaten und komische Einlagen von Clowns) zumeist als *Wanderzirkus* in einem mobilen Zelt vorführt.

■ *Zirkus:* Artisten in der Manege

■ *Schneeziegen* sind in Nordwestamerika verbreitet

Zimt als Vogelscheuche

Zimtaroma vertreibt Vögel und Mäuse aus Erntebeständen. Winzige Mengen von künstlich hergestellter Zimtsäure (Zimtsäureamid) in den Feldern seien deshalb besser als Vogelscheuchen oder Klapperbüchsen, fanden englische Wissenschaftler heraus. Zimt verscheucht sogar Schnecken und Ratten. Zimt ist umweltfreundlich und kann chemische Abschreckungsmittel wirkungsvoll ersetzen. Liegt ein leichter Zimtgeschmack über den Feldern, bleiben die tierischen Erntediebe weg.

Zink

Zeichen: Zn
Ordnungszahl: 30
Atommasse: 65,38
Dichte: 7,14 g/cm^3
Schmelzpunkt: 419,5 °C
Siedepunkt: 907 °C

Zinn

Zeichen: Sn (von lat. *stannum*)
Ordnungszahl: 50
Atommasse: 118,69
Dichte: 5,75 g/cm^3
Schmelzpunkt: 232 °C
Siedepunkt: 2270 °C

Zirkonium

Zeichen: Zr
Ordnungszahl: 40
Atommasse: 91,22
Dichte: 6,51 g/cm^3
Schmelzpunkt: 1852 °C
Siedepunkt: 4377 °C

Zirrhose [von griech. kirrhos = »orangefarben«], *die,* krankhafte Veränderung des Gewebes, die zur Verhärtung und Verkleinerung von Organen führt (z. B. *Leberzirrhose).*

Zisterne [lat.], *die,* unterirdischer oder in die Erde eingetiefter Auffangbehälter, der dazu dient, Regenwasser zu sammeln und zu speichern.

Zitat [lat. »das Erwähnte«], *das,* im genauen Wortlaut angeführte Stelle aus einem geschriebenen oder gesprochenen Text.

Zither [griech.], *die,* Sammelbezeichnung für → Zupfinstrumente. Am bekanntesten ist die *Tischzither,* die vor allem in der alpenländischen Volksmusik verwendet wird. Sie besitzt 5–7 Melodie- (mit Griffbrett und Bünden) und 24–39 Begleitsaiten, die mit den Fingern gezupft oder mit einem Schlagring am Daumen angerissen werden, sowie einen kastenförmigen, an einer Seite ausgebauchten Resonanzkörper.

Zitrone [it.], *die, Limone,* Frucht des bis zu 7 m hohen *Zitronenbaums,* der heute in allen subtropischen Ländern angebaut wird. Zitronen besitzen eine dünne gelbe Schale. Ihr Fruchtfleisch schmeckt säuerlich, weil es bis zu 8 % *Zitronensäure* enthält, und ist reich an → Vitamin C. Der Saft wird vor allem für *Limonaden* und andere Erfrischungssäfte verwendet.

Zitrusfrüchte [von lat. citrus = »Zitronenbaum«], Sammelbezeichnung für die Beerenfrüchte der *Zitruspflanzen,* die mit etwa 60 Arten in allen subtropischen und tropischen Gebieten angebaut werden. Zu den Zitrusfrüchten zählen → *Zitrone, Orange, Mandarine, Pomeranze, Pampelmuse* und *Grapefruit.*

Zitteraal, Messeraalart mit schleimiger Haut und nacktem Körper, die über 2 m lang wird und in Flüssen des nördlichen Südamerika vorkommt. Der Zitteraal gehört zu den elektrischen Fischen, die mit ihren Organen eine Spannung bis 550 V erzeugen können. Die ständigen Entladungen (bis zu 400 pro Sekunde) dienen zum Beutefang und zur Orientierung.

Zivildienst, Ersatzdienst für den Wehrdienst, den Kriegsdienstverweigerer im sozialen Bereich (z. B. Krankenpflege) ableisten müssen. In Deutschland dauert der Zivildienst seit 1996 dreizehn Monate und ist damit um ein Drittel länger als der Wehrdienst. In Österreich sind es elf Monate. In der Schweiz war Kriegsdienstverweigerung bislang strafbar; doch Mitte 1995 wurde ein Zivildienstgesetz verabschiedet, das einen Ersatzdienst vorsieht (eineinhalbmal so lang wie der Wehrdienst).

Zivilisation [frz.], *die,* Gesamtheit der technischen und kulturellen Entwicklungen im Gegensatz zum »primitiven« Urzustand von Naturvölkern.

Zivilschutz, alle (nicht militärischen) Maßnahmen zum Schutz der Bevölkerung im Falle eines Krieges oder einer Naturkatastrophe (z. B. Warndienst, Schutzräume, Gesundheitsvorsorge). Zum Zivilschutz gehört auch der Schutz der Kulturgüter.

Zobel, → Marderart, die heute nur mehr in der asiatischen → Taiga vorkommt. Zobel werden bis zu 40 cm lang und besitzen einen buschigen, etwa 16 cm langen Schwanz. Sie ernähren sich von kleinen Nagetieren, Vögeln und Reptilien sowie Samen und Beeren. Wegen ihres dunkelbraunen, im Winter langhaarigen Fells wurden sie früher stark gejagt, während sie heute auf Farmen gezüchtet werden.

Zölibat [von lat. caelebs = »ehelos«], *der* und *das,* Verpflichtung der Geistlichen in der römisch-katholischen Kirche (sowie der Mönche und Bischöfe in den → Ostkirchen), auf Dauer ehelos zu leben.

Zoll, 1. deutsche Bezeichnung für → Inch; **2.** Abgabe, die für Waren an der Grenze entrichtet werden muss, wenn sie in einen anderen Staat eingeführt werden. Der Einfuhrzoll gilt nicht innerhalb des Europäischen Binnenmarkts (→ Europäische Union).

Zoologie [von griech. zoon = »Lebewesen«], *die, Tierkunde,* Wissenschaft, die sich mit den Tieren befasst.

Zoologischer Garten, *Zoo,* auch als *Tiergarten* bezeichnete Einrichtung vieler größerer Städte, in denen vor allem exotische Tierarten gehalten werden. Sie sollen nicht nur dem Besucher einen lebendigen Anschauungsunterricht über »wilde« Tiere geben, wobei zunehmend Freigehege an die Stelle von Käfigen treten, sondern spielen auch eine wichtige Rolle bei der Erhaltung von seltenen Arten, die in freier Wildbahn vom Aussterben bedroht sind, und bei ihrer Züchtung oder Nachzuchtung. Tiergärten gab es bereits im 2. Jt. v. Chr. in China. Moderne Zoos entstanden im 19. Jh. Der erste deutsche Zoo wurde 1841 in Berlin errichtet.

Zoom [engl. zu:m »schnell ansteigen lassen«], *das,* bei Kameras ein → Objektiv mit einer stufenlos verstellbaren Brennweite, um das Objekt, das aufgenommen werden soll, näher heranzuholen.

Züchtung, durch gezielte → Auslese, Kreuzung und künstliche Mutationen gelenkte Herausbildung von → Rassen, Sorten und Spielarten (bei Tieren oder Pflanzen), die besondere, vom Menschen erwünschte Merkmale und Eigenschaften aufweisen (z. B. bestimmte Farben, Ausdauer). Die Züchtung hat große Bedeutung für die Haltung von Nutztieren und -pflanzen. Neue Möglichkeiten bietet dabei die → Gentechnologie.

Zucker, Sammelbezeichnung für kristalline → Kohlenhydrate, die sich in Wasser leicht lösen und zumeist süß schmecken. Man unterscheidet dabei *einfache* Zucker (oder *Monosaccharide*) wie etwa → Trauben- und Fruchtzucker, die nicht weiter spaltbar sind, und *zweifache* Zucker *(Disaccharide)* wie Rohr-, Rüben- und Malzzucker, die sich aus zwei Monosacchariden zusammensetzen. Es gibt auch *Vielfachzucker (Polysaccharide)*, die aus mehr als acht Monosacchariden bestehen (z. B. → Stärke, Zellulose). Da Mono- und Disaccharide vom Organismus leicht aufgenommen werden können, ist Zucker ein wichtiger Energielieferant für Lebewesen. Pflanzen bilden Zucker (in Form von Stärke) bei der → Photosynthese, doch Tiere und Menschen müssen ihn mit der Nahrung aufnehmen. Der Großteil des Zuckers, den der Mensch täglich verbraucht, wird aus → Zuckerrohr und → Zuckerrüben gewonnen.

Zuckerkrankheit, *Diabetes mellitus,* chronische Stoffwechselstörung, die zumeist erblich bedingt ist. Die → Bauchspeicheldrüse produziert dabei nicht genug → Insulin, so dass der Blutzuckerspiegel erhöht ist. Während die vom Körper aufgenommenen Kohlenhydrate nur noch ungenügend verwertet werden, wird Zucker mit dem Harn vermehrt ausgeschieden. Gleichzeitig werden Eiweiße und Fette abgebaut, was zu einer Übersäuerung des Blutes und des Körpergewebes führt. Als Folge davon kann der Zuckerkranke in ein Koma fallen, das mit einem Zusammenbruch des Kreislaufs verbunden ist. Leichtere Fälle können durch eine Umstellung der Ernährung (fett- und kalorienarme Diät) und Lebensweise behandelt werden. Wenn Medikamente nicht ausreichen, müssen sich Zuckerkranke (insbesondere Kinder und Jugendliche) regelmäßig Insulin spritzen.

Zuckerrohr, zu den → Süßgräsern zählende Staude, die bis zu 8 m hoch wird. Aus dem Mark der etwa 5 cm dicken Halme gewinnt man durch Quetschen und Auspressen braunen *Rohrzucker* (bis zu 20 %), der durch Raffinieren (→ Raffinerie) in weißen Zucker umgewandelt wird.

Zuckerrübe, aus der *Runkelrübe* gezüchtete

■ **Zuckerrohr** *ist in tropischen und subtropischen Regionen verbreitet*

Nutzpflanze, die in Gebieten mit gemäßigtem Klima angebaut wird, um → Zucker zu gewinnen. Im Gegensatz zur normalen Runkelrübe enthält sie bis zu 22 % Zucker. Für die Zuckergewinnung werden die Zuckerrüben zerkleinert und in warmem Wasser ausgelaugt. Aus der zuckerhaltigen Flüssigkeit lassen sich mithilfe von Kalk und Kohlendioxid die anderen Stoffe ausfällen. Der Zuckersaft wird dann durch Eindampfen eingedickt, bis eine Mischung aus Zuckerkristallen und dunklem Sirup *(Melasse)* übrig bleibt. Durch Raffinieren (→ Raffinerie) erhält man weißen Kristallzucker, der auch in Form von *Würfelzucker* in den Handel kommt.

Zuckmayer, Carl (1896–1977), deutscher Schriftsteller, der in seinen Werken volkstümlich-kraftvolle Sprache und Humor mit historischen oder zeitgeschichtlichen Themen verband. Am bekanntesten sind seine Theaterstücke, vor allem »Der fröhliche Weinberg« (1925), »Der Hauptmann von Köpenick« (1930) und »Des Teufels General« (1946).

Zug, Stadt und Kanton in der → Schweiz.

Zugspitze, mit 2963 m der höchste Berg Deutschlands, der sich am Rande des Wettersteingebirges an der deutsch-österreichischen Grenze erhebt.

Zugvögel, Vögel, die alljährlich ihren Aufenthaltsort wechseln und aus ihrem Brutgebiet zum Überwintern in Gebiete fliegen, die ihnen bessere Lebensbedingungen bieten. Dies gilt vor allem für Insektenfresser, aber auch für Störche und Wasservögel, die im Winter in unseren Breiten nicht genug Nahrung finden. Manche Vögel müssen keine großen Entfernungen überwinden, um ein Ersatzgebiet zu erreichen, aber andere Arten ziehen sogar in andere Kontinente. Für den Hin- und Rückweg legt der Weißstorch etwa 20 000 km, die Küstenseeschwalbe sogar bis zu 40 000 km zurück. Manche Arten

Zug

Zugvögel
• • • • • • • • • • • • • • • • • • • •
Der in der Arktis brütende Knutt hält unter den Zugvögeln den Weltrekord im Dauerfliegen. Ohne Unterbrechung legt er 4000 km zurück, wenn er zu seinem Lebensraum im Wattenmeer kommt. Um diesen Weg ohne Zwischenlandung durchstehen zu können, fressen sich die Knutts drei Wochen vor der Flugreise regelrecht fett. Dabei legen sie 80 Prozent ihres Körpergewichts zu. Diese Fettreserven werden dann innerhalb von zweieinhalb Tagen restlos verbraucht. Nur im Juni und Juli fliegen sie zum Brüten in die Arktis, um von dem dortigen Insektenreichtum zu profitieren.

Zürich

■ *Zulu: Frauen bei einem traditionellen Fest*

schaffen am Tag bis zu 800 km, aber die meisten legen Rastpausen ein. Etwa zwei Drittel der in Deutschland brütenden Vögel sind Zugvögel; davon überwintern die meisten in Afrika. Ein Drittel begnügt sich bereits mit dem Mittelmeerraum, aber viele Vögel fliegen bis nach Südafrika hinunter. In Nordamerika ziehen viele nach Südamerika, in Nord- und Ostasien nach Südasien, Ozeanien und Australien. Vögel, die nach der Brutzeit in einem begrenzten Gebiet umherstreifen, werden als *Strichvögel* bezeichnet, Vögel, die ihr Brutgebiet nicht verlassen, als *Standvögel*.

Zukunft, in der Grammatik deutsche Bezeichnung für → Futur.

Zulu, *Sulu,* → Bantuvolk im östlichen Südafrika, das heute über 35 % der Bevölkerung in der Republik → Südafrika ausmacht.

Zündung, elektrische Anlage, die beim → Ottomotor das Kraftstoff-Luft-Gemisch im Zylinder entzündet. Die **Zündkerze,** die in den Zylinderkopf eingeschraubt ist und aus einem Gehäuse mit Isolierkörper und Mittelelektrode sowie einer äußeren Masseelektrode besteht, bewirkt diese Zündung. Dabei springt zwischen Mittel- und Außenelektrode ein Funke über (Spannung bis zu 20 kV).

Zünfte, auch als *Gilden* bezeichnete Zusammenschlüsse von Handwerkern und anderen Berufen, die im Hochmittelalter in den europäischen Städten entstanden. Die Zünfte erließen Vorschriften für das jeweilige Gewerbe (z. B. Arbeitszeit, Zahl der Gesellen und Lehrlinge, Pflichten des Meisters, Qualität der Erzeugnisse). Wenn ein Handwerker in einer Stadt nicht Mitglied der jeweiligen Zunft war, wurde er boykottiert. Die einzelnen Zünfte entwickelten strenge Aufnahmebedingungen, hatten ihren gewählten Zunftmeister und eigene Zunftgerichte. Im Spätmittelalter gewannen die Zünfte in den Städ-

ten auch politischen Einfluss. Seit dem Ende des Dreißigjährigen Krieges verfiel das Zunftwesen. Mit der Industrialisierung und der Einführung der Gewerbefreiheit ab Ende des 18. Jh. in England und Frankreich und um die Mitte des 19. Jh. in Deutschland verlor es endgültig seine Bedeutung.

Zunge, muskulöses Organ, das sich bei den meisten → Wirbeltieren in der Mundhöhle befindet. Die Zunge spielt eine wichtige Rolle bei der Nahrungsaufnahme und wirkt beim Saugen, Kauen und Schlucken mit. Außerdem sitzen darauf Papillen, die für den → Geschmackssinn zuständig sind. Bei → Schlangen übernimmt die Zunge auch die Aufgabe des Geruchsorgans. Andere Tiere verwenden ihre lange Zunge, um ihre Beute einzufangen (→ Chamäleon) oder ihren Körper zu reinigen. Die menschliche Zunge, die mit einer rauhen Schleimhaut bedeckt ist, hat große Bedeutung für die Lautbildung. Da in ihr viele Nervenstränge enden, ist sie außerdem ein empfindliches Tastorgan.

Zupfinstrumente, Musikinstrumente, bei denen die Töne durch das Anreißen von → Saiten mit dem bloßen Finger oder mit einem → Plektron erzeugt werden (z. B. → Gitarre, Harfe, Laute, Zither). Zu den Zupfinstrumenten gehören auch mit Tasten ausgestattete Kielinstrumente (z. B. → Cembalo, Spinett).

Zürich, am Zürichsee gelegene größte schweizerische Stadt (351 000 Einwohner) und Kanton in der → Schweiz.

zweihäusig, *diözisch,* bei Pflanzen getrenntgeschlechtig, d. h. die männliche und die weibliche Blüte sind auf zwei Pflanzen verteilt (z. B. Weide, Hopfen). Gegensatz: → einhäusig.

Zweikammersystem, parlamentarisches System, bei dem die Gesetzgebung von zwei Kammern übernommen wird (z. B. in Deutschland → Bundestag und Bundesrat) oder zu der für die Gesetzgebung zuständigen Volksvertretung noch eine beratende Kammer hinzukommt. Während früher die zweite Kammer als Ständevertretung die gesellschaftliche Gliederung widerspiegelte, vertritt sie in föderalistisch aufgebauten Bundesstaaten die Interessen der Länder und wird nicht direkt gewählt.

Zweitaktmotor, ein → Verbrennungsmotor, der nach dem Zweitaktverfahren arbeitet (Verdichten des Gemisches mit Entzündung und Ausdehnen der Verbrennungsgase mit Vorverdichtung des neu eintretenden Gemisches).

zweiter Bildungsweg, Möglichkeiten, die (als Ergänzung zum normalen Bildungsweg) Abgängern von → Real- und Hauptschulen und Berufstätigen offen stehen, damit sie sich an → Fach- und Fachoberschulen, Abendrealschulen und -gymnasien und mithilfe von Kollegs weiterbilden und Abschlüsse bis zur Hochschulreife erwerben können.

Zweiter Weltkrieg, siehe Sonderseite Weltkriege.

Zwerchfell, an den Rippen befestigte dünne Muskelplatte, die Bauch- und Brusthöhle voneinander trennt und in den Brustraum hineinragt. Das Zwerchfell spielt eine wichtige Rolle bei der Bauchatmung.

Zwerge, im Volksglauben, in der Sage und im Märchen kleine Wesen, die zumeist in unterirdischen Behausungen leben. Gegenüber dem Menschen können sie sich hilfreich oder bösartig benehmen. Zu den Zwergen gehören *Kobolde, Erdgeister, Gnomen* und *Trolle.*

Zwergsterne, Sterne, deren Durchmesser und Masse kleiner als bei unserer Sonne sind. *Rote Zwerge* wie etwa Proxima Centauri, der sonnennächste Stern, besitzen eine geringe Leuchtkraft. Sie zählen zu den häufigsten Sternen, weil sie mit ihrem Energievorrat sparsam umgehen und somit eine lange Lebensdauer haben. Extrem masseärme Sterne, deren Masse nur etwa 8 % der Sonnenmasse beträgt, weisen im Inneren zu geringe Temperaturen auf, um Energie durch → Kernfusion zu erzeugen. Sie werden als *Braune Zwerge* bezeichnet. *Weiße Zwerge* sind nur etwa so groß wie die Erde, besitzen aber dabei die Masse der Sonne, so dass die Dichte im Inneren 100–1000 kg/cm³ beträgt. Sie sind das Endstadium von Sternen mit weniger als 1,4facher Sonnenmasse, wenn der Stern in sich zusammenstürzt. Weiße Zwerge sind lichtschwach, können aber noch weitere 10 Mrd. Jahre leuchten, bevor sie zu *schwarzen Zwergen* abkühlen.

Zwiebel, zumeist unterirdisch wachsender Teil der *Zwiebelpflanzen* (z. B. Liliengewächse), der aus der gestauchten und abgeflachten Sprossachse sowie verdickten, sich überdeckenden Blättern besteht. Die Zwiebel dient als Speicherorgan (Wasser und Nährstoffe). Mithilfe ihrer Zwiebel können mehrjährige Pflanzen ungünstige Wachstumsbedingungen (Kälte, Trockenheit) überdauern. Im engeren Sinne bezeichnet man als Zwiebel die *Speise-* oder *Küchenzwiebel,* eine ursprünglich aus Westasien stammende *Lauchart,* die heute in vielen Ländern angebaut wird. Die in zahlreichen Sorten (z. B. *Gemüse-, Silber-, Lauchzwiebel, Schalotte*) gezüchtete Zwiebel wird als Gewürz und Gemüse verwendet.

■ *Eineiige* **Zwillinge**

Sie enthält stechend riechende ätherische Öle, die die Schleimhäute reizen und Tränen hervorrufen.

Zwillinge, 1. zwei Nachkommen, die sich zur selben Zeit im Mutterleib entwickeln und kurz nacheinander geboren werden. Sie können aus einer einzigen befruchteten Eizelle *(eineiige Zwillinge)* entstehen, wenn sich der Keim in einem frühen Entwicklungsstadium in zwei gleiche Embryonalanlagen teilt, oder aus zwei befruchteten Eizellen *(zweieiige Zwillinge)* hervorgehen. Eineiige Zwillinge haben immer dasselbe Geschlecht, weil sie dasselbe Erbgut enthalten; zweieiige Zwillinge können auch verschiedenen Geschlechts sein und müssen einander nicht einmal besonders ähneln; **2.** → Tierkreiszeichen (♊ Ⅱ), das dem gleichnamigen → Sternbild (lat. *Gemini*) und im → Horoskop dem Zeitraum 21. Mai bis 21. Juni entspricht.

Zwingli, Ulrich (1484–1531), schweizerischer Reformator, der vom → Humanismus beeinflusst wurde und der politische Führer der Reformation in der Schweiz war. Er forderte die Abschaffung aller nicht biblisch begründbaren Dinge (wie etwa Heiligenbilder, Klöster, Prozessionen und bestimmten Sakramente). Mit Martin → Luther entzweite ihn der Streit um das Abendmahl (1529 Marburger Religionsgespräch).

Zwischenlagerung, bei der nuklearen Entsorgung die Lagerung der abgebrannten Brennelemente von → Kernreaktoren (in wassergekühlten Becken oder trocken in Transportbehältern mit Kühlrippen). Nach der Zwischenlagerung sollen die Brennstäbe entweder wieder genutzt (→ Wiederaufarbeitung) oder endgültig an sicheren Orten gelagert werden (→ Endlagerung).

Zwergwüchsigkeit

In der Humanmedizin gelten Menschen mit einer Körpergröße, die 40 % hinter dem normalen Längenwachstum zurückbleibt, als *zwergwüchsig.* Ursachen für den Zwergwuchs sind erbbedingte Wachstumsstörungen, die beispielsweise auf einen Mangel an Wachstumshormonen, eine Stoffwechselstörung oder eine Fehlfunktion der Hypophyse oder der Schilddrüse zurückgehen.

Zwillinge

Die Häufigkeit für eine Zwillingsgeburt beträgt beim Menschen etwa 1,15 %, d. h., auf 87 Geburten entfällt eine Zwillingsgeburt.

Zwitter

Beim Menschen ist der Hermaphroditismus eine Entwicklungsstörung. Sie führt entweder zur gleichzeitigen Entstehung von Hoden und Eierstöcken, die aber nicht empfängnisfähig sind, oder bei sog. *Scheinzwittern,* die männliche oder weibliche Keimdrüsen besitzen, lediglich zur Ausbildung der äußeren Geschlechtsmerkmale des anderen Geschlechts.

Zyklopen

Nach den Zyklopen sind die *Zyklopenmauern* benannt, die aus großen, unregelmäßig behauenen Steinen bestehen und ohne Mörtel zusammengefügt sind. Solche Mauern wurden vor allem in der → mykenischen Kultur errichtet.

Zwitter, *Hermaphrodit,* Lebewesen, das gleichzeitig funktionsfähige männliche und weibliche Geschlechtsorgane besitzt. Bei den Pflanzen sind Zwitter sehr häufig (alle → einhäusigen Pflanzen). Tierische Zwitter kommen bei vielen niederen Tieren (z. B. Schwämme, Nesseltiere, Würmer, Schnecken) vor; bei Wirbeltieren jedoch sind nur einige Fischarten echte Zwitter.

Zwölftonmusik, *Dodekaphonie,* von Arnold → Schönberg zu Beginn der 20er Jahre entwickelte Kompositionstechnik, die bewusst jede tonale Beziehung meidet, aber im Gegensatz zur freien Atonalität (→ atonale Musik) einem neuen musikalischen Ordnungsprinzip folgt. Die zwölf Töne der chromatischen → Tonleiter (Grundreihe) werden dabei als gleichberechtigt behandelt und sollen sich innerhalb der Reihe nicht wiederholen, solange nicht alle übrigen Töne erklungen sind. Die Weiterführung der Reihentechnik war die → serielle Musik.

Zyankali [von griech. *kyaneos* = »dunkelblau« und Kalium], *das,* eigentlich *Kaliumcyanid,* sehr giftiges Kaliumsalz der → Blausäure.

Zygote [griech. »(durch ein Joch) verbunden«], *die,* befruchtete → Eizelle, die aus der Verschmelzung von männlicher und weiblicher Keimzelle (→ Gamete) hervorgegangen ist und einen zweifachen Chromosomensatz enthält und bei den vielzelligen Organismen am Anfang der embryonalen Entwicklung steht.

Zyklopen, *Kyklopen* [von griech. *kyklos* = »Kreis« und *ops* = »Auge«], in der griechischen Mythologie Riesen, die nur ein einziges Auge (mitten auf der Stirn) hatten.

Zyklotron, *das,* ringförmiger → Teilchenbeschleuniger.

Zyklus [von griech. *kyklos* = »Kreis«], *der,* Kreislauf von regelmäßig wiederkehrenden Ereignissen (auch der weibliche Menstruationszyklus).

Zylinder [von griech. *kylindros* = »Walze«], *der,* **1.** in der Geometrie ein Körper, der durch zwei deckungsgleiche, krummlinige Grundflächen (z. B. Kreisflächen) und die sie verbindende Mantelfläche gebildet wird; **2.** im Maschinenbau eine Röhre, in der sich der Kolben einer Maschine bewegt (z. B. → Verbrennungsmotor); **3.** hoher Herrenhut mit steifem Rand, der bei festlichen Anlässen getragen wird.

zynisch [von griech. *kynikos* = »hündisch«], bissig, von verletzendem Spott. Der **Zynismus,** die spöttische Verächtlichmachung von Meinungen und der Personen, die sie vertreten, geht auf die philosophische Schule der griechischen *Kyniker* zurück.

■ **Zypern:** *Die Ruine der im 13. Jh. gegründeten Abtei von Bellapais*

Zypern, asiatischer Inselstaat im östlichen Mittelmeer, der die gleichnamige, vom kleinasiatischen Festland nicht einmal 70 km entfernte Insel einnimmt. Zwischen zwei Gebirgen im Norden und Südwesten erstreckt sich eine fruchtbare Ebene. Die schon in vorgeschichtlicher Zeit besiedelte Insel stand seit dem 14. Jh. v. Chr. unter griechischem Einfluss, bevor Ende des 9. Jh. v. Chr. die Phönizier Stützpunkte errichteten. In der Folgezeit kam sie unter die Herrschaft der Assyrer, Ägypter, Perser und Ptolemäer, ehe sie Mitte des 1. Jh. v. Chr. von den Römern erobert wurde. Ab Ende des 4. Jh. gehörte Zypern zum Byzantinischen Reich und wurde Ende des 12. Jh. ein Kreuzfahrerstaat, der 1489 in den Besitz Venedigs kam. Nach der Eroberung durch die Türken (1571) war es bis zum Ersten Krieg Teil des Osmanischen Reiches, wurde aber schon ab 1878 von Großbritannien verwaltet und 1914 annektiert (seit 1925 britische Kronkolonie). Die griechische Bevölkerung (über 80 %) strebte den Anschluss an Griechenland und versuchte 1931 vergeblich einen Aufstand. Unterstützt von der griechisch-orthodoxen Kirche, verstärkte sich der Widerstand gegen die britische Herrschaft. Nachdem sich die türkische Minderheit einem Anschluss an Griechenland widersetzte, erhielt Zypern 1960 seine Unabhängigkeit. Unter Staatspräsident Makarios (1913–1977), der gleichzeitig Erzbischof war, verschärfte sich der Gegensatz zwischen griechischer und türkischer Bevölkerung, was ab 1963 zu einem Bürgerkrieg und 1964 zum Einsatz von UN-Truppen führte. Als 1974 die zypriotische Nationalgarde auf Veranlassung der Militärregierung in Athen gegen Makarios putschte, griff die Türkei ein, um den Anschluss Zyperns an Griechenland zu verhindern, und besetzte den Nordteil der Insel.

■ *Zypressen*

1975 rief die türkische Bevölkerung dort den *Türkischen Föderationsstaat Zypern* aus, der sich aber aufgrund des internationalen Widerstands nicht an die Türkei anschließen konnte und seit 1983 *Türkische Republik Nordzypern* heißt. Eine Wiedervereinigung der beiden Inselteile ist bislang gescheitert, weil die türkischen Zyprioten nach wie vor auf einen eigenständigen Staat beharren. Wiederholt ist es zwischen beiden Seiten zu Auseinandersetzungen gekommen. Die Teilung wirkt sich auch auf die Wirtschaft aus: Während der türkische Norden zwar über die besseren landwirtschaftlich nutzbaren Gebiete und auch einen Großteil der Industrie verfügt, aber unter dem Handelsboykott leidet, hat sich der griechische Teil im Süden erholt und stützt sich vor allem auf den Fremdenverkehr.

Zypressen, Gattung der *Zypressengewächse*, die mit 15 Arten im Mittelmeerraum, in Nordafrika, Asien und Nordamerika verbreitet ist. Die *Echte Zypresse* ist ein Nadelbaum mit schuppenförmigen Blättern, der im gesamten Mittelmeergebiet wächst und bis zu 25 m hoch wird.

Zytologie [von griech. kytos = »Höhlung«], *die,* Wissenschaft, die sich mit dem Aufbau und der Aufgabe von → Zellen befasst.

Zytoplasma, *Zellplasma,* zähflüssige Grundsubstanz der → Zelle, die vor allem aus → Aminosäuren sowie Salzen besteht und von einer Membran umschlossen wird. Im Zytoplasma befinden sich der → Zellkern und verschiedene Organellen. Außerdem werden dort die Eiweiße hergestellt.

Zypern (Kýpros)
Staatsname: Republik Zypern
Staatsform: Präsidiale Republik
Hauptstadt: Lefkosia
Fläche: 9251 km²
Einwohner: 742 000
Bevölkerungsdichte: 80/km²
Amtssprache: Griechisch, Türkisch
Währung: Zypern-Pfund (Z £)
Nationalitätskennzeichen: CY

Zypern

Bildnachweis

Fotograf	Agentur/Rechte	Plazierung
A.N.T.	Silvestris	11 r
A.N.T.	Silvestris	42
A.N.T.	Silvestris	79
A.N.T.	Silvestris	143
A.N.T.	Silvestris	161
A.N.T.	Silvestris	162 u.l.
A.N.T.	Silvestris	460 o.
A.N.T.	Silvestris	555 o.
A.N.T.	Silvestris	681
A.N.T.	Silvestris	699
A.N.T.	Silvestris	725
A.N.T.	Silvestris	687 u.
Aberham	IFA	33 u.
Aberham	IFA	491
AFIP	Silvestris	639
Agence Nature	Silvestris	534
Agence Nature, Gohier	Silvestris	209 o.
Aitken	Silvestris	165
Aitken	Silvestris	219 u.
Aitken	Silvestris	369
Aitken	Silvestris	385 o.
Aitken	Silvestris	557
Aitken	Silvestris	606 r.
Aitken	Silvestris	666 o.
Albinger	Silvestris	546
Albinger	Silvestris	678
Arndt	Silvestris	281 o.
Bärwinkel		8 m.
Bärwinkel		60
Bärwinkel		120
Bärwinkel		121
Bärwinkel		207 o.
Bärwinkel		242
Bärwinkel		243
Bärwinkel		265 u.
Bärwinkel		363 o.
Bärwinkel		366 o.
Bärwinkel		400 l.
Bärwinkel		402
Bärwinkel		424 r.
Bärwinkel		445 o.
Bärwinkel		497
Bärwinkel		510
Bärwinkel		635 u.r.
Bärwinkel		717
Bauer	Silvestris	125
Bauer	Silvestris	291
Bauer	Silvestris	337
Bauer	Silvestris	489 o.
Bauer	Silvestris	503
Bauer	Silvestris	662
BCI	IFA	32 u.r.
Beck	Silvestris	40
Beck	Silvestris	71 u.
Beck	Silvestris	212
Beck	Silvestris	270
Beck	Silvestris	335 u.
Beck	Silvestris	500
Beck	Silvestris	542
Beck	Silvestris	564 o.
Beck	Silvestris	612
Beck	Silvestris	623
Beck	Silvestris	693
Beck	Silvestris	732
Bertrand	Silvestris	400 r.
Blythe	Silvestris	591 o.
Braun	Silvestris	590 u.
Braunger	Silvestris	460 u.
Breig	Silvestris	642 o.
Brinzer	Silvestris	71 o.
Brinzer	Silvestris	89 u.
Brinzer	Silvestris	289
Brockhaus	Silvestris	7 u.
Brockhaus	Silvestris	95
Brockhaus	Silvestris	191 u.
Brockhaus	Silvestris	342
Brockhaus	Silvestris	515
Brockhaus	Silvestris	590 o.
Brockhaus	Silvestris	603 r.
Brosette	Silvestris	731
Buchhorn	Silvestris	405
Bühler	Silvestris	47 u.
Bühler	Silvestris	279
Bühler	Silvestris	301
Bühler	Silvestris	682
Craddock	Silvestris	89 o.
Cramm	Silvestris	99
Cramm	Silvestris	363 u.
Cramm	Silvestris	544 u.
Cramm	Silvestris	629 u.
Cuveland	Silvestris	45
Daily Telegraph Library	Silvestris	39 o.
Daily Telegraph Library	Silvestris	43 u.
Daily Telegraph Library	Silvestris	50 o.
Daily Telegraph Library	Silvestris	88 u.
Daily Telegraph Library	Silvestris	177 o.
Daily Telegraph Library	Silvestris	190
Daily Telegraph Library	Silvestris	202
Daily Telegraph Library	Silvestris	218
Daily Telegraph Library	Silvestris	223
Daily Telegraph Library	Silvestris	226
Daily Telegraph Library	Silvestris	231
Daily Telegraph Library	Silvestris	271
Daily Telegraph Library	Silvestris	299
Daily Telegraph Library	Silvestris	319
Daily Telegraph Library	Silvestris	332
Daily Telegraph Library	Silvestris	386
Daily Telegraph Library	Silvestris	429
Daily Telegraph Library	Silvestris	581
Daily Telegraph Library	Silvestris	594
Daily Telegraph Library	Silvestris	595
Daily Telegraph Library	Silvestris	596
Daily Telegraph Library	Silvestris	683
Daily Telegraph Library	Silvestris	686
Daily Telegraph Library	Silvestris	706
Daily Telegraph Library	Silvestris	745
Danegger	Silvestris	164 u.
Danegger	Silvestris	287
Danegger	Silvestris	304
Danegger	Silvestris	424 l.
Danegger	Silvestris	445 u.
Danegger	Silvestris	545
Dani/Jeske	Silvestris	9 r.
Dani/Jeske	Silvestris	108 m.
Dani/Jeske	Silvestris	735
Dani/Jeske	Silvestris	481
Daniel	Interfoto	216
DDB	IFA	25
Dennis	Silvestris	233
Dennis	Silvestris	357 o.
Dennis	Silvestris	587 o.
Diemer	Silvestris	387
Dietrich	Silvestris	564 u.
Ebenhog	Silvestris	24/25
Eckhardt	Silvestris	53
Eckhardt	Silvestris	159 u.
Eckhardt	Silvestris	347
Eschment	Silvestris	553
Everts	IFA	9 l.
Farenholtz	Silvestris	154
Fischer	Silvestris	102 o.
Fleetham	Silvestris	276 o.
Fleetham	Silvestris	423 o.
Fleetham	Silvestris	535
Fleetham	Silvestris	655
FLPA	Silvestris	110
FLPA	Silvestris	183
FLPA	Silvestris	383
FLPA	Silvestris	492
FLPA	Silvestris	516
FLPA	Silvestris	619
FLPA	Silvestris	668
Franz	Silvestris	507
Franz	Silvestris	585 m.
Frenzel	Silvestris	338 l.
Friedrich	Silvestris	433 o.
Gangl	Silvestris	473 l.
Gebhard	Silvestris	12 u.
Gebhard	Silvestris	704
Geiersperger	IFA	541
Geiersperger	Silvestris	170
Genson	Silvestris	401
Giel	Silvestris	711 l.
Glaser	Silvestris	219 o.
Glaser	Silvestris	317 u.
Glaser	Silvestris	571
Graf	IFA	246
Hackenberg	Silvestris	106
Hackenberg	Silvestris	334
Hamstetter	Silvestris	525 o.
Hanneforth	Silvestris	203 o.
Happenhofer	Silvestris	718
Harding	Silvestris	37 o.
Harding	Silvestris	54
Harding	Silvestris	185
Harding	Silvestris	361
Harding	Silvestris	438
Harding	Silvestris	544 o.
Harding	Silvestris	576 o.
Harding	Silvestris	622
Harding	Silvestris	659 o.
Harding	Silvestris	687 o.
Hecker	Silvestris	207 o.
Hecker	Silvestris	521 u.
Hecker	Silvestris	626
Hecker	Silvestris	635 u.l.
Hecker	Silvestris	670 l.
Hecker	Silvestris	701
Hecker	Silvestris	738 u.
Heine	Silvestris	77 r.
Heine	Silvestris	105
Heine	Silvestris	187
Heine	Silvestris	196
Heine	Silvestris	238
Heine	Silvestris	285 o.
Heine	Silvestris	303 o.
Heine	Silvestris	345 u.
Heine	Silvestris	356
Heine	Silvestris	365
Heine	Silvestris	462

Bildnachweis 751

Heine	Silvestris	485 u.
Heine	Silvestris	577
Heine	Silvestris	645 u.
Heine	SilvestrIS	743 u.
Heitmann	Silvestris	393
Höfele	Silvestris	630
Hofmann	Silvestris	327
Hollweck	Silvestris	320
Hollweck	Silvestris	397
Hollweck	Silvestris	406
Hollweck	Silvestris	579 u.
Holweck	Silvestris	267
Hosking	Silvestris	57 u.
Hosking	Silvestris	83
Hosking	Silvestris	205
Hot Shot-Fotografenteam	Silvestris	407
Hubacher	Silvestris	303 m.
Irsch	Silvestris	265 o.
Irsch	Silvestris	281 u.
Jacobi	Silvestris	419 u.
Jacobi	Silvestris	441
Jagusch	Silvestris	591 u.
Janicek	Silvestris	17 o.
Janicek	Silvestris	20
Janicek	Silvestris	39 u.
Janicek	Silvestris	61
Janicek	Silvestris	65
Janicek	Silvestris	239 u.
Janicek	Silvestris	321
Janicek	Silvestris	328
Janicek	Silvestris	399
Janicek	Silvestris	423 u.
Janicek	Silvestris	449
Janicek	Silvestris	539
Janicek	Silvestris	580
Janicek	Silvestris	617 u.
Janicek	Silvestris	635 o.
Janicek	Silvestris	671 o.
Janicek	Silvestris	676
Jürgens	Silvestris	650 u.
Kalden	Silvestris	419 o.
Karger-Decker	Interfoto	37 u.
Karger-Decker	Interfoto	391 m.
Karger-Decker	Interfoto	403
Karger-Decker	Interfoto	476
Karger-Decker	Interfoto	501 m.
Karger-Decker	Interfoto	501 u.
Karger-Decker	Interfoto	505
Karger-Decker	Interfoto	518
Karger-Decker	Interfoto	530
Karger-Decker	Silvestris	417
Kehrer	Silvestris	749
Keller	Silvestris	607 o.
Keller	Silvestris	653 u.
Keren	Silvestris	114
Keren	Silvestris	496
Kerscher	Silvestris	310
Kerscher	Silvestris	340 u.
Kerscher	Silvestris	415
Kerscher	Silvestris	617 o.
Kerscher	Silvestris	716
Kneer	Silvestris	380
Kneer	Silvestris	442 u.
Koch, A.	Interfoto	353
Koch, A.	Interfoto	697
Koch, A.	Silvestris	247 u.
Koch, Birgit	IFA	27
Kohlhas	IFA	17 o.
Korall	Silvestris	94
Korall	Silvestris	191 u.
Korall	Silvestris	485 o.
Korall	Silvestris	521 o.
Korall	Silvestris	565
Korall	Silvestris	656
Kottal	Silvestris	138
Kottal	Silvestris	284
Kozeny	Silvestris	162 o.
Krall	Silvestris	486
Kraus	Silvestris	360 o.
Kraus	Silvestris	742
Krebs	Silvestris	443
Krebs	Silvestris	719
Kuchelbauer	Silvestris	122
Kuchelbauer	Silvestris	164 o.
Kuchelbauer	Silvestris	331
Kürschner	Silvestris	203 u.
Kürschner	Silvestris	293 o.
Lacz	Silvestris	16
Lacz	Silvestris	146/147
Lacz	Silvestris	169
Lacz	Silvestris	283
Lacz	Silvestris	323
Lacz	Silvestris	359 l.
Lacz	Silvestris	391 u.
Lacz	Silvestris	425
Lacz	Silvestris	454
Lacz	Silvestris	502
Lacz	Silvestris	609
Lacz	Silvestris	653 o.
Lacz	Silvestris	666 u.
Lacz	Silvestris	715
Lane	Silvestris	85
Lane	Silvestris	181
Lane	Silvestris	300
Lane	Silvestris	517
Lane	Silvestris	708
Lane	Silvestris	713 o.
Lange	Silvestris	12 o.
Lange	Silvestris	132
Lange	Silvestris	222 l.
Lange	Silvestris	629 o.
Layer	Silvestris	24 u.
Layer	Silvestris	103
Layer	Silvestris	155
Layer	Silvestris	192
Layer	Silvestris	391 o.
Layer	Silvestris	436
Layer	Silvestris	501 o.
Layer	Silvestris	584
Layer	Silvestris	631
Layer	Silvestris	738 o.
Legler	Silvestris	720
Lenz	Silvestris	159 o.
Lenz	Silvestris	437
Lenz, Leonhard	Silvestris	70
Lenz, Leonhard	Silvestris	615 o.
Lenz, Leonhard	Silvestris	730
Lenz, Lothar	Silvestris	21 u.
Lenz, Lothar	Silvestris	126
Lenz, Lothar	Silvestris	221
Lenz, Lothar	Silvestris	384
Lenz, Lothar	Silvestris	482
Lessing	AKG	10 u.
Lessing	AKG	50 u.
Lichtenegger	Silvestris	8 u.
Lindenburger, Eva	Silvestris	129 r.
Lindenburger, Eva	Silvestris	178
Lindenburger, Jürgen	Silvestris	78
Lindenburger, Jürgen	Silvestris	333 o.
Lindenburger, Jürgen	Silvestris	533 u.
Lindenburger, Jürgen	Silvestris	555 u.
Lughofer	Silvestris	307
Lughofer	Silvestris	340 o.
Lughofer	Silvestris	511
Lughofer	Silvestris	610
Lughofer	Silvestris	649
Lughofer	Silvestris	658
Lughofer	Silvestris	669 o.
Lughofer	Silvestris	698
Lughofer	Silvestris	700
Maier	IFA	7 o.
Maier	Silvestris	31
Maier	Silvestris	459
Maier	Silvestris	471 r.
Maier	Silvestris	508
Maier	Silvestris	509
Maier	Silvestris	576 u.
Maier	Silvestris	585 l.
Maier	Silvestris	634
Marc	IFA	24 m.
Marc	IFA	654
Marc	IFA	671 r.
Martini	Silvestris	569
Mauritius	Interfoto	547
Meissner	Silvestris	335 o.
Meyers	Silvestris	14
Meyers	Silvestris	743 u.
Montgomery	IFA	607 u.
Münker	Silvestris	257
Nagel	Silvestris	344
Nagy	Silvestris	324
NHPA	Silvestris	30
NHPA	Silvestris	80 l.
NHPA	Silvestris	80 r.
NHPA	Silvestris	88 o.
NHPA	Silvestris	113 o.
NHPA	Silvestris	352
NHPA	Silvestris	357 o.
NHPA	Silvestris	558 u.
NHPA, Dalton	Silvestris	627
NHPA, Dalton	Silvestris	689 o.
Niesters	Silvestris	150
Nill	Silvestris	451
Nowak	Silvestris	468
Nowotny	Silvestris	747
Otto	Silvestris	11 l.
Otto	Silvestris	411
Otto	Silvestris	442 u.
Otto	Silvestris	551
P.A.N.	IFA	33 o.
Pace	Silvestris	603 l.
Partsch	Silvestris	434 l.
Pavenzinger	Silvestris	371
Peasold	Silvestris	733
Pelka	Silvestris	303 u.
Pfeiffer	Silvestris	110
Pfeiffer	Silvestris	247 o.
Pfeiffer	Silvestris	512
Pfirrmann	Silvestris	306
Pforr	Silvestris	372
Pieper	Silvestris	475
Pölking	Silvestris	495
Postl	Silvestris	122
Postl	Silvestris	412
Postl	Silvestris	497 u.
Postl	Silvestris	613
Postl	Silvestris	637 o.
Postl	Silvestris	650 u.
Prenzel	Silvestris	177 u.
Prenzel	Silvestris	434 r.
Radike	Silvestris	349 u.
Radnicky	Interfoto	360 u.
Radnicky	Interfoto	664
Ramstetter	Silvestris	182
Ramstetter	Silvestris	579 o.
Rauch	Silvestris	29

Bildnachweis

Rauch	Silvestris	29		Sycholt	Silvestris	746		AKG	338 r.
Rauch, Friedrich	Interfoto	587 u.						AKG	414 r.
Rauch, Willi	Silvestris	39 m.		Teuffen	Interfoto	531		AKG	433 u.
Rauchensteiner	Silvestris	209 u.		Teuffen	Interfoto	563 u.		Bavaria	315
Rauchensteiner	Silvestris	477		TH Foto Werbung	Silvestris	310 o.		Bavaria	702
Rausch	Silvestris	268 o.		TH Foto Werbung	Silvestris	326		Daimler Benz	127
Rausch	Silvestris	293 u.		TH-Foto-Werbung	Silvestris	34		Daimler Benz Aerospace	
Redeker	Silvestris	606 l.		TH-Foto-Werbung	Silvestris	122		Airbus GmbH	118
Ritterbach	IFA	583		TH-Foto-Werbung	Silvestris	536		IFA	13
Robba	Silvestris	64 u.		Thielscher	Silvestris	378		IFA	77 l.
Robba	Silvestris	430 u.		Tilcher		43 o.		IFA	490
Robba	Silvestris	727		Tilcher		47 o.		IFA	527
Robba	Silvestris	740		Tilcher		92		Interfoto	57 o.
Rohdich	Silvestris	90		Tilcher		98		Interfoto	217
Rohdich	Silvestris	674		Tilcher		189		Interfoto	218
Rolfes	Silvestris	82		Tilcher		198		Interfoto	239 o.
Rolfes	Silvestris	214		Tilcher		290		Interfoto	292
Rosing	Silvestris	166		Tilcher		493		Interfoto	341
Rosing	Silvestris	215		Tilcher		504		Interfoto	366 u.
Rosing	Silvestris	234		Tilcher		638		Interfoto	367
Rosing	Silvestris	262		Tilcher		691		Interfoto	414 l.
Rudolph	Silvestris	91		TPC	IFA	28		Interfoto	430 o.
Rudolph	Silvestris	453 o.		Tschanz	IFA	249		Interfoto	453
								Interfoto	461
Sauer	Silvestris	187		Ulrich	Silvestris	707		Interfoto	470
Sauer	Silvestris	227		Unbescheid	Silvestris	204		Interfoto	513
Schäfer	Silvestris	296		Ungar. Werbefoto Studio	Silvestris	478		Interfoto	520
Schilgen	Silvestris	471 l.		Ungarphot.	Silvestris	529		Interfoto	522
Schilgen	Silvestris	550						Interfoto	525 u.
Schmidt, Fritz	IFA	136		Vokmar	Silvestris	549		Interfoto	528
Schmidt, Rudolf	Silvestris	176						Interfoto	548
Schneider & Will	Silvestris	151		Wagner	Silvestris	108 r.		Interfoto	552
Schneider & Will	Silvestris	661		Wagner	Silvestris	149		Interfoto	554
Scholz	Silvestris	171		Wagner	Silvestris	487		Interfoto	560
Schwirtz	Silvestris	261		Wagner	Silvestris	673		Interfoto	560
Schwirtz	Silvestris	713 u.		Wahl	Silvestris	285 u.		Interfoto	561
Sohns	Silvestris	68		Walz	Silvestris	278		Interfoto	563 o.
Sohns	Silvestris	373		Wegner	Silvestris	55		Interfoto	568
Sohns	Silvestris	489 u.		Wegner	Silvestris	597		Interfoto	592
Sohns	Silvestris	601		Weidner-Weiden	Interfoto	556		Interfoto	637 u.
Spaeth	Silvestris	72		Weinzierl	Silvestris	157		Interfoto	642 u.
Spaeth	Silvestris	599		Weinzierl	Silvestris	333 u.		Interfoto	669 u.
Speicher	Superbild	703		Weinzierl	Silvestris	345 o.		Interfoto	679
Sprank	Silvestris	385 u.		Weinzierl	Silvestris	428		Interfoto	689 u.
Stadler	Silvestris	58		Weinzierl	Silvestris	432		Interfoto	705
Stadler	Silvestris	64 o.		Welsh	IFA	578		Interfoto	711 r.
Stadler	Silvestris	72		Weltbild	Interfoto	540		Interfoto	722
Stadler	Silvestris	102 u.		Wendler	Silvestris	93		Interfoto	722
Stadler	Silvestris	148		Wendler	Silvestris	558 o.		Interfoto	723
Stadler	Silvestris	196		Werner	Silvestris	330		Interfoto	724
Stadler	Silvestris	222 r.		Werner	Silvestris	574		Siemens	124
Stadler	Silvestris	229		Werner	Silvestris	748		Silvestris	21 o.
Stadler	Silvestris	232		Wernicke	Silvestris	456		Silvestris	23
Stadler	Silvestris	371		Wilmshurst	Silvestris	375		Silvestris	28
Stadler	Silvestris	420/421		Wisnieski	Silvestris	37 m.		Silvestris	32 u.l.
Stadler	Silvestris	473 r.		Wisnieski	Silvestris	259		Silvestris	36
Stadler	Silvestris	524		Wisnieski	Silvestris	514		Silvestris	97
Stadler	Silvestris	533 o.		Wolf	Silvestris	113 u.		Silvestris	129 l.
Stadler	Silvestris	585 o.		Wothe	Silvestris	276 u.		Silvestris	144
Stadler	Silvestris	593		Wothe	Silvestris	349 o.		Silvestris	152
Stadler	Silvestris	645 o.		Wothe	Silvestris	359 r.		Silvestris	162 u.r.
Stadler	Silvestris	659 u.		Wothe	Silvestris	615 u.		Silvestris	167
Stadler	Silvestris	677		Wothe	Silvestris	684		Silvestris	220
Stadler	Silvestris	736		Wurch	Silvestris	32 o.		Silvestris	258
Steger	Baxter	248						Silvestris	275
Stock	Silvestris	225		Zachl	Silvestris	156		Silvestris	298 o.
Sunset	Silvestris	134						Silvestris	298 u.
Sunset	Silvestris	264			AKG	8 o.		Silvestris	444
Sunset	Silvestris	339			AKG	10 o.		Silvestris	575
Sunset	Silvestris	389			AKG	44		Silvestris	625
Sunset	Silvestris	440			AKG	63		Silvestris	670 r.
Sunset	Silvestris	466			AKG	84		Silvestris	728
Sunset	Silvestris	532			AKG	163			